Pinkhof Compact medisch woordenboek

Pinkhof

Compact medisch

woordenboek

redactie

dr. J.J.E. van Everdingen (hoofdredacteur)

drs. A.M.M. van den Eerenbeemt

Bohn Stafleu van Loghum

Houten 2010

© 2010 Bohn Stafleu van Loghum, Houten

Alle rechten voorbehouden. Niets uit deze uitgave mag worden verveelvoudigd, opgeslagen in een geautomatiseerd gegevensbestand of openbaar gemaakt, in enige vorm of op enige wijze, elektronisch, mechanisch, door fotokopieën, opnamen of op enig andere manier, zonder voorafgaande schriftelijke toestemming van de uitgever.

Voor zover het maken van kopieën uit deze uitgave is toegestaan op grond van artikel 16b Auteurswet 1912 j° het Besluit van 20 juni 1974, Stb. 351, zoals gewijzigd bij Besluit van 23 augustus 1985, Stb. 471 en artikel 17 Auteurswet 1912, dient men de daarvoor wettelijk verschuldigde vergoedingen te voldoen aan de Stichting Reprorecht (Postbus 882, 1180 AW Amstelveen). Voor het overnemen van (een) gedeelte(n) uit deze uitgave in bloemlezingen, readers en andere compilatiewerken (artikel 16 Auteurswet 1912) dient men zich tot de uitgever te wenden.

ISBN 97890313 8300 9
NUR 872

ontwerp omslag en binnenwerk	Peter Matthias Noordzij, Hurwenen, www.teff.nl
technische ondersteuning bij lexicografisch databeheer	Hans Anschütz, Acolada GmbH, Neurenberg/Nürnberg, Duitsland
trefwoordartikelinkorting	Martin Kabos, Peter Gijsbers
zetwerk	Frank Zimmermann, mediaTEXT GmbH, Jena, Duitsland

Bohn Stafleu van Loghum
Postbus 246
3990 GA HOUTEN

www.bsl.nl | www.pinkhof.nl

Pinkhof houdt woord

lezerssuggesties: **pinkhof@bsl.nl**

Woord vooraf

Al bijna een eeuw lang is *Pinkhof geneeskundig woordenboek* een begrip in het geneeskundeonderwijs en in de gezondheidszorg in Nederland en Vlaanderen. In de loop van de elf sinds 1923 verschenen drukken is deze uitgave uitgegroeid tot een nagenoeg encyclopedisch medisch naslagwerk. Vele generaties hebben 'de Pinkhof' met vrucht gebruikt tijdens hun (para)medische opleiding veel artsen en paramedici zijn het boek nadien in hun dagelijkse praktijk blijven gebruiken.

De almaar groeiende omvang van dit boek – de elfde editie omvat meer dan 47.000 trefwoordartikelen op ruim 1300 pagina's – betekent echter dat het werk voor sommige gebruikers meer informatie biedt dan zij nodig hebben. Dit heeft de uitgever doen besluiten *Pinkhof Compact medisch woordenboek*, de compacte versie van *Pinkhof Geneeskundig woordenboek*, uit te brengen.

Waarin verschilt deze compacte editie van de grote editie? Het opvallendste verschil betreft, afgezien van de prijs, de uitgebreidheid van de omschrijvingen. Waar het grote woordenboek een 250-tal zogeheten 'profieltermen' – encyclopedische beschrijving van de meest gangbare ziekten – biedt, zijn in de compacte editie deze en veel andere omschrijvingen tot hun kern teruggebracht. Daarbij is wel belangrijke informatie verloren gegaan. Gebruikers die daaraan behoefte houden, blijven op *Pinkhof Geneeskundig woordenboek* aangewezen.

Een tweede structurele verandering in deze compacte editie betreft de anatomische trefwoorden. Waar de grote editie ruim 10.000 Latijnse en Nederlandse anatomische termen in detail omschrijft, veronderstelt de compacte editie dat de gebruikers een anatomische atlas tot hun beschikking hebben, waarin alle anatomische structuren kunnen worden gevonden. Dit woordenboek beperkt zich wat de anatomie betreft daarom tot enkele honderden hoofdtrefwoorden en hiermee samengestelde termen met enige betekenis in de klinische praktijk. De gebruiker vindt dus niet 'arteriola temporalis retinae inferior', maar wel 'arteriola', 'temporalis', 'retina' en 'inferior'. Het is met enige zoekstappen mogelijk de betekenis van menige anatomische term te vinden. Sneller is het de structuur in een atlas op te zoeken. In veel gevallen is met het o aangegeven dat in de 'grote' Pinkhof meer informatie te vinden is.

De lezer vindt de volgende informatie wel in de grote editie, maar niet in de compacte editie:
- streepjes in het vet gedrukte trefwoord onder te beklemtonen klinker;
- spellingvarianten van het trefwoord;
- grammaticalia (Latijnse verbuigingen, woordherkomst, verwarbaarheidsaanduidingen, stijlregisteraanduidingen);
- biografische gegevens van personen die hun naam aan het trefwoord hebben gegeven;
- synoniemen;
- *zie ook*-verwijzingen;
- meervoudige opname van veel trefwoorden als hoofd- en subtrefwoord voor snellere naslag.

De 'compacte Pinkhof' is hiermee een ander woordenboek geworden dan zijn grote broer: minder trefwoorden, minder diepgang in omschrijvingen, minder informatie – maar wel het aangewezen woordenboek voor de gebruiker die snel toegang wil hebben tot een schat aan medische termen en die tegelijkertijd weet dat meer termen en meer informatie te vinden zijn in *Pinkhof Geneeskundig woordenboek* (boek, cd-rom, pda, on-line).

Voor anatomische naslag raden wij de volgend titels aan:
– *Prometheus Anatomische atlas* (drie delen)
– *Sobotta Atlas van de menselijke anatomie* (twee delen)
– Gilroy, *Anatomische atlas* (eendelige versie van de *Prometheus*-atlassen)
– Feneis, *Geïllustreerd anatomisch zakwoordenboek*

De gebruiker vindt vertalingen van medische vaktermen in het Engels in de nieuwe uitgave *Pinkhof Medisch Engels* (2009, boek, pc-editie). Controle van de spelling van medische termen op de pc is mogelijk met *Pinkhof Medische spellingcontrole* (2010). Van beide digitale uitgaven wordt een kosteloze probeerversie aangeboden op de website **www.pinkhof.nl**. Al deze titels zijn uitgaven van Bohn Stafleu van Loghum.

Een volledig en foutloos naslagwerk is een onbereikbaar doel, al streeft de redactie uiteraard voortdurend naar verbetering van de inhoud van *Pinkhof Compact medisch woordenboek* en *Pinkhof Geneeskundig woordenboek*. Suggesties voor opname of juist verwijdering van nieuwe resp. verouderde trefwoorden en voor aanvullingen in omschrijvingen zijn dan ook welkom. Deze kunnen worden gemaild naar **pinkhof@bsl.nl** of per brief naar de uitgeverij worden gezonden.

Houten, mei 2010 – de redactie:

Jannes van Everdingen (hoofdredacteur)
Arnoud van den Eerenbeemt

www.bsl.nl | www.pinkhof.nl

Pinkhof houdt woord

Aanwijzingen voor het gebruik

Hoofdtrefwoorden en subtrefwoorden

Een begrip is in dit woordenboek opgenomen als hetzij een hoofdtrefwoord, hetzij een subtrefwoord. Een hoofdtrefwoord wordt altijd voluit uitgeschreven en springt links in de kantlijn uit. Soms staat het aan het begin van een rubriek waarin betekenisverwante subtrefwoorden zijn verzameld. Het vormt dan de gemeenschappelijke noemer van deze subtrefwoorden. Ter besparing van ruimte wordt een hoofdtrefwoord waar mogelijk in subtrefwoorden vervangen door een herhalingsteken, de tilde (~).
Elk trefwoord is in het woordenboek slechts éénmaal opgenomen. Vindt men een begrip niet onder de beginletter, dan zoeke men het bij het trefwoord dat deel van de zoekterm uitmaakt, bijvoorbeeld 'aspiratiedrainage' onder 'drainage'.

Verwijzingen

Bij een minder gangbaar trefwoord verwijst de *zie*-verwijzing naar een gebruikelijker synoniem van het trefwoord, dat dan elders in het woordenboek wordt omschreven.

Spellingregels

In de spellingberegeling van de Nederlandse taal hebben zich tussen 1995 en 2005 ontwikkelingen voorgedaan die verstrekkende gevolgen hebben gehad voor het woordbeeld in de medische terminologie. Deze komen in detail aan de orde in de uitvoerige helpfunctie van de digitale uitgave *Pinkhof Medische spellingcontrole* van Bohn Stafleu van Loghum. De spelling van Engelstalige medische vaktermen wordt uitgelegd in *Pinkhof Medisch Engels*. Zie de productinformatie op **www.pinkhof.nl**.

Medische eponiemen

Sommige medische begrippen worden gevormd met behulp van een eigennaam, veelal de naam van de ontdekker of de naam van de plaats van herkomst. Voorbeelden zijn 'alzheimerdementie' (dr. Alzheimer), 'dotterprocedure' (dr. Dotter), 'hajekulcus' (dr. Hajek), 'grampositief' (dr. Gram) en 'fuchsine' (dr. Fuchs). Niet-medische eponiemen zijn bijvoorbeeld 'saxofoon' (de ontdekker Sachs) en 'dieselmotor' (ing. Diesel).
Lange tijd was de persoonsnaam in een Nederlands woord herkenbaar dankzij de beginhoofdletter(s) van de opgenomen naam/namen en door streepje(s). Naarmate eponiemen ingeburgerd zijn geraakt, zijn deze spellingkenmerken weggevallen: niet meer 'Gram-kleuring' en 'Down-syndroom', maar 'gramkleuring' en 'downsyndroom'.
De officiële spellingregels schrijven voor dat persoonsnamen in eponiemen geen

beginhoofdletter(s) hebben en dat het liggend streepje vervalt, behoudens tussen gekoppelde persoonsnamen (vb. 'budd-chiarisyndroom') en bij meerledige namen ('gilles-de-la-tourettesyndroom'). De spellingregels bieden de taalgebruiker echter ook de keuzemogelijkheid omwille van de leesbaarheid een of meer streepjes te handhaven. *Pinkhof Geneeskundig woordenboek* vermeldt bij elk eponiem de officiële vorm, strikt op de spellingregels gebaseerd (bv. 'hajekulcus'), gevolgd door een vormvariant met een liggend streepje omwille van de leesbaarheid ('hajek-ulcus'). *Pinkhof Compact medisch woordenboek* laat deze vormvariant echter omwille van een compact zetbeeld weg.

Een subvorm van het eponiem is het geoniem, een begrip waarin niet een persoonsnaam, maar een geografische naam (stad, rivier, vallei, gebergte, land enz.) is verwerkt, bijvoorbeeld 'balkannefropathie', 'jeruzalemsyndroom', 'congorood', 'ebolavirus' (Ebola = rivier), 'lassakoorts' (Lassa = plaats in Nigeria) en 'marburgvirus'. De in 2005 ingevoerde spellingregels geven aan dat een geoniem de hoofdletter(s) behoudt indien het uitsluitend betrekking heeft op de daarin vermelde plaats en het erin vervatte begrip niet elders wordt aangetroffen c.q. is opgesteld: 'Vienna-classificatie', 'Glasgow-comaschaal', 'endemische Waddenborreliose', 'Hoogkarspellegionellose'. Bij twijfel over de herkomst schrijve men het geoniem met kleine letters.

Veelgebruikte namen van families en geslachten van micro-organismen verliezen de hoofdletter, vb. 'salmonellabesmetting', 'candidavaginitis', 'yersiniapseudotuberculose', maar 'een infectie met *Candida*'.

Men omzeilt het probleem van onoverzichtelijk lange medische eponiemen zonder hoofdletters door te kiezen voor een gangbaar synoniem dat geen eponiem is of door onwerkbaar lange samenstellingen tot een woordgroep te herleiden. Zo kan men in plaats van 'caffey-silvermansyndroom' ook 'syndroom van Caffey-Silverman' schrijven of hiervoor het synoniem 'infantiele corticale hyperostose' kiezen. Het begrip 'mallory-weisslaesie' wordt dan 'laesie van Mallory-Weiss', de 'ziekte van Bechterew-Strümpell-Marie' wordt 'spondylitis ankylopoetica' enzovoort.

Terminologia Anatomica

De Terminologia Anatomica is een systematisch ingedeelde verzameling van ca. 7500 macroscopisch-anatomische begrippen ten behoeve van de anatomische nomenclatuur. De lijst is gezamenlijk opgesteld door de Federative International Committee on Anatomical Terminology (FICAT) en de International Federation of Associations of Anatomists (IFAA), is in 1997 in São Paulo (Brazilië) officieel gepresenteerd als wereldwijd te gebruiken nomenclatuur en is in 1998 gepubliceerd.

Deze nomenclatuur volgt de *Nomina Anatomica* (NA, 1975) op. Daarvoor verschenen nomenclaturen zijn, successievelijk vanaf 1895: *Basle Nomina Anatomica* (BNA, 1895), *Jena Nomina Anatomica* (JNA, 1935) en *Paris Nomina Anatomica* (PNA, 1955). Een beperkt aantal termen uit deze vier verouderde nomenclaturen is in dit woordenboek gehandhaafd ten behoeve van lezers van historische vakliteratuur (bijv. 'hilus')

In 2005 is de *Terminologia Histologica* verschenen, eveneens van de hand van de IFAA/FICAT. Deze nomenclatuur beschrijft microscopische anatomische structuren. Addenda inzake cytologie, embryologie en tandheelkunde zijn bij de IFAA/FICAT in voorbereiding.

Zo'n tien procent van alle begrippen in de *Nomina Anatomica* (NA) is in de TA weggelaten omdat zij onnauwkeurig, ambigu of anderszins ongeschikt zijn bevonden. In totaal zijn zo'n duizend nieuwe begrippen geïntroduceerd, waarvan de belangrijkste begrippen voor het geneeskundig onderwijs in *Pinkhof Compact medisch woordenboek* zijn opgenomen. In de publicatie van de TA is ten behoeve van Engelssprekende medici bij elk Latijns begrip een officieuze Engelse vertaling opgenomen.

Vele honderden termen zijn inhoudelijk gewijzigd. Zo zijn veel neuroanatomische objecten voorzien van een nieuwe naam als gevolg van inzichten door de nieuwste beeldvormende technieken. Hierdoor is bijvoorbeeld een term als 'diaphragma urogenitale' komen te vervallen.

Taalkundig opvallend is de vernieuwing in de TA met betrekking tot Latijnse bijvoeglijke naamwoorden, waarin het liggend streepje, dat in de NA na voorvoegsels volgde, consequent wordt weggelaten: NA 'articulatio atlanto-occipitalis' is TA 'articulatio atlantooccipitalis', zo ook NA 'juxta-articularis' = TA 'juxtaarticularis', NA 'genito-urethralis' = TA 'genitourethralis'. Let op dat in Nederlandstalige afleidingen hiervan het streepje ter voorkoming van klinkerbotsing uiteraard wel voorkomt: 'atlanto-occipit*aal*', 'juxta-articul*air*', 'genito-urethr*aal*' enz. Voorts schrijft men nu 'anulus' en niet meer 'annulus'.

Enkele tractussen in de *Nomina Anatomica* zijn in de *Terminologia Anatomica* door 'systema' vervangen (vb. systema digestorium, ~ respiratorium, ~ urinarium, ~ genitale femininum, ~ genitale masculinum, ~ cardiovasculare, ~ lymphoideum, ~ nervosum).

Lijst van gebruikte afkortingen

a.	arteria		mot.	motorisch
aa.	arteriae		mv.	meervoud
a.g.v.	als gevolg van		n.a.v.	naar aanleiding van
ant.	antoniem		N.A.	Nomina Anatomica
bijv.	bijvoorbeeld		neg.	negatief
bijv. nw.	bijvoeglijk naamwoord		n.	nervus
CI, CII	eerste, tweede enz. cervicale wervel		nl.	namelijk
			nn.	nervi
C1, C2	eerste, tweede enz. cervicale zenuw		o.a.	onder andere(n)
			ontspr.	ontspringt
CZS	centraal zenuwstelsel		onz.	onzijdig
D.	Duits		parasymp.	parasympathisch
d.i.	dat is		path.-anat.	pathologisch-anatomisch
d.m.v.	door middel van			
E.	Engels		pos.	positief
e.a.	en anderen		s	seconde
F.	Frans		SI, SII	eerste, tweede enz. sacrale wervel
fam.	familie			
G.	Grieks		S1, S2	eerste, tweede enz. sacrale zenuw
geb.	geboren			
gen.	genitief (bezitsvorm, tweede naamval)		s.g.	soortelijk gewicht
			s.m.	soortelijke massa
gl.	glandula		sens.	sensibel, sensorisch
i.e.z.	in engere zin		Sp.	Spaans
i.h.a.	in het algemeen		stat.	statistiek
i.h.b.	in het bijzonder		symp.	sympathisch
i.p.v.	in plaats van		syn.	synoniem
i.t.t.	in tegenstelling tot		TA	Terminologia Anatomica
i.v.m.	in verband met			
inn.	innervatie, innerveert		TH	Terminologia Histologica
LI, LII	eerste, tweede enz. lumbale wervel			
			t.g.v.	ten gevolge van
L1, L2	eerste, tweede enz. lumbale zenuw		TI, TII	eerste, tweede enz. thoracale wervel
L.	Latijn		T1, T2	eerste, tweede enz. thoracale zenuw
lig.	ligamentum			
ligg.	ligamenta		uitspr.	uitspraak, spreek uit
m	meter		v.	vena
m.	musculus		vb.	voorbeeld
m.b.t.	met betrekking tot		vgl.	vergelijk
m.b.v.	met behulp van		vnl.	voornamelijk
m.n.	met name		vr.	vrouwelijk
mann.	mannelijk		vv.	venae
min.	minuut		z.nw.	zelfstandig naamwoord
mm.	musculi			

A

A 1 bloedgroep uit het ABO-systeem; 2 ampère.
A. (verloskunde) achterhoofdsligging; A.a.l.a. = achterhoofdsligging, met achterhoofd linksachter; A.a.a. = achterhoofdsligging met achterhoofd achter.
A$_2$ tweede aortatoon.
a atto- = 10^{-18}; 1 ag = 1 attogram = 10^{-18} gram.
a- voorvoegsel in woordverbindingen met de betekenis 'niet, geen, zonder'.
a. 1 *zie* arteria; **2** (verloskunde) achterhoofd, achter; vb. A.a.l.a.
AA (cardiol.:) aneurysma aortae *zie* aorta-aneurysma.
Aa. aangezichtsligging; vb. Aa.k.la.
aa (ana partes aequales) van elk evenveel (rec.).
AAA abdominaal aorta-aneurysma, aneurysma aortae abdominalis.
aambeeld *zie* incus.
aambeien *zie* hemorroïden.
aandachtsstoornis stoornis i.h. richten en vasthouden v.d. aandacht; kernsymptoom v.h. delier.
⊛ **aandachtstekortstoornis met hyperactiviteit** stoornis waarbij het leren en de omgang met anderen ernstig wordt belemmerd door aandachtsproblemen, impulsiviteit en overactiviteit (ook wel 'hyperactiviteit' genoemd); ontstaat meestal i.d. kinderjaren en blijft daarna vaak bestaan; vroeger wel 'minimal brain damage/dysfunction' (MBD) genoemd, maar dit bredere begrip wordt wegens onduidelijkheid niet meer gebruikt; de meest gangbare aanduiding in Nederland is het Engelse synoniem 'attention-deficit hyperactivity disorder' (ADHD).
aandeel (statist., epidemiol.) *zie* proportie.
aandoening | arbeidsgebonden ~ ziekte die het gevolg is v.h. uitoefenen van bepaalde arbeid. • **werkgerelateerde** ~ *zie* arbeidsgebonden ~.
aangeboren *zie* congenitaal.
aangeboren afwijking afwijking, genetisch of niet-genetisch bepaald, die reeds bij de geboorte aanwezig is; behoeft nog niet manifest te zijn.
aangekleurd bewerkt volgens een kleuringsprocedé.
aangeleerde hulpeloosheid gedrag bij depressieve patiënt waarbij deze niet meer probeert zijn omgeving en/of situatie te veranderen of te beïnvloeden omdat hij daartoe geen mogelijkheid ziet.
aangezicht facies [L], prosopon [G].
aangezichtsbeenderen de 14 beenderen die de aangezichtsschedel vormen.
aangezichtsmasker masker dat over mond en neus past, toegepast bij beademing.
aangezichtsspleet groeve i.h. gelaat tijdens de embryonale ontwikkeling; verdwijnt gewoonlijk, maar kan pathologisch voortbestaan als hazenlip e.d.
aangezichtsverlamming *zie* facialisparalyse.
aangifteplicht verplichting tot het aangeven (melden) van bepaalde besmettelijke ziekten (nl. de A-, de B- en de C-ziekten) aan de GGD; dit geldt o.a. voor polio, kinkhoest, meningokokkenziekte en legionellose; de GGD geeft de melding door aan de landelijke inspectie.
aanhoudend *zie* persisterend, chronisch.
aannemelijkheidsverhouding *zie* ratio | likelihood ~.
aanpassingsmechanisme anatomische en/of fysiologische verandering als aanpassing aan een wijziging i.h. externe of interne milieu.

aanpassingsstoornis tekortschieten v.d. normale aanpassing aan een aantoonbare psychosociale stressor, waardoor verstoring i.h. beroepsmatige of sociale functioneren optreedt.

aanpassingssyndroom *zie* aanpassingsstoornis.

aanrakingszin het vermogen om lichte aanraking waar te nemen.

aanranding iemand dwingen tot lichamelijk contact en seksuele handelingen (zonder penetratie).

aanspanningstijd de korte beginfase v.d. systole waarin de hartkleppen al zijn gesloten, maar de spiercontractie nog niet begonnen is.

aanspanningswarmte de warmte die vrijkomt bij een aanhoudende isometrische spiercontractie.

aanspraak recht op bepaalde zorg ter voorkoming van ziekten of op behandeling, verpleging of verzorging.

aansprakelijkheid het tot schadevergoeding kunnen worden aangesproken op grond v.e. wettelijke regeling.

aanstellingskeuring medische keuring i.v.m. het aangaan en wijzigen v.e. arbeidsverhouding.

aanval plotselinge en veelal kortstondige verergering van symptomen v.e. ziekte. • **adversief~** epileptisch insult waarbij (althans i.h. begin) hoofd en ogen, soms ook de romp, naar rechts of links worden gedraaid. • **atone ~** *zie* val~. • **complex-partiële ~** aanval die optreedt bij focale epilepsie, gekenmerkt door een gedaald bewustzijn, vreemde gewaarwordingen en onwillekeurige handelingen, zoals doelloos friemelen of rondlopen, met achteraf amnesie voor een deel v.d. aanval dan wel tijdens de aanval een inprentingsstoornis. • **contraversief~** epileptisch insult waarbij althans i.h. begin hoofd en ogen, soms ook de romp, v.d. haard af worden gedraaid. • **hart ~** *zie* myocardinfarct. • **ipsiversief~** epileptisch insult waarbij hoofd en ogen, soms ook de romp, i.d. richting v.d. haard worden gedraaid. • **koliek~** *zie* koliek. • **malaria-~** *zie* malaria. • **migraine~** *zie* migraine. • **paniek~** duidelijk omschreven, beperkte periode van plotseling optredende intense angst, gepaard gaande met lichamelijke symptomen als hartkloppingen, zweten en daarnaast met cognitieve verschijnselen zoals angst om dood te gaan. • **psychomotorische ~** *zie* status | complex partiële ~ epilepticus. • **tonisch-klonische ~** epilepsieaanval met peracuut bewustzijnsverlies en tonische spierkramp van alle spieren, gevolgd door een korte periode met klonische trekkingen en tot slot postictaal coma. • **transiënte ischemische ~** (TIA) kortdurende, voorbijgaande aanval van neurologische uitvalsverschijnselen die worden veroorzaakt door een tijdelijke, focale stoornis i.d. bloedvoorziening v.d. hersenen; in recente definities (2006) wordt de klassieke grens van 24 uur niet meer aangehouden. • **transitoire ischemische ~** *zie* transiënte ischemische ~. • **uncinatus~** vorm van jacksonepilepsie door verweking v.d. gyrus uncinatus (= uncus). • **val~** epileptische aanval die wordt gekenmerkt door plotseling verlies v.d. tonus waardoor men al valt optreedt. • **voorbijgaande ischemische ~** *zie* transiënte ischemische ~. • **vreet~** *zie* binge-eating.

aanvalsvrije periode periode waarin geen aanvallen meer voorkomen v.d. aandoening waar iemand aan lijdt.

aanwijzing | tegen~ *zie* contra-indicatie.

aars *zie* anus.

aarsmade *zie* Enterobius vermicularis.

AAT *zie* aneurysma aortae thoracalis.

ABo (AB-nul) *zie* bloedgroep | ABO-~systeem.

ab- weg van, van... af.

abacterieel zonder aanwezigheid of invloed van bacteriën; NB: niet verwarren met 'steriel': een virusmeningitis is bijv. abacterieel.

abacteriële meningitis *zie* meningitis.

A-band het deel v.e. contractiele eenheid (sarcomeer) in spiervezels dat uit parallel gerangschikte dikke filamenten bestaat.

ABBE (aandoeningen aan het bewegingsapparaat in de bovenste extremiteit) *zie* repetitive strain injury.

ABCD-schema ademweg, ademhaling (*breathing*), circulatie en pupilreacties (*disability*).

abcederen het necrotiseren en verweken v.e. ontstekingsinfiltraat waarbij een met etter gevulde ruimte ontstaat.

abces plaatselijke ophoping i.e. niet-gepreformeerde ruimte van pus a.g.v. afsterving en vervloeiing van weefsel, gewoonlijk veroorzaakt door een pyogene bacterie. • **~ van**

Bezold *zie* Bezold | bezoldabces. • **abscessus calidus** *zie* warm ~. • **abscessus congestionis** *zie* verzakkings~. • **abscessus subphrenicus** *zie* subfrenisch ~. • **amoebenlever~** i.d. lever gevormd abces bij amoebiasis a.g.v. infectie met *Entamoeba histolytica*. • **boordenknoop~** oppervlakkig abces dat door een nauw kanaal is verbonden met een dieper gelegen abces. • **brodie~** omschreven, chronische, centrale osteomyelitis i.d. lange pijpbeenderen. • **desault~** koud abces dat optreedt bij bottuberculose. • **douglas~** ophoping van pus in excavatio rectouterina. • **eileider~** ophoping van pus i.e. afgesloten eileider, veelal voorafgegaan door een salpingitis. • **fixatie~** obsolete vorm van therapie waarbij men door inspuiting van terpentijn een steriel abces teweegbracht, dat 'afleidend' zou werken op ontsteking of 'bloedvergiftiging'. • **hersen~** abces i.d. hersenen, veelal veroorzaakt door streptokokken. • **koud ~** tuberculeus abces. • **lever~** intrahepatische begrensde etterophoping i.e. niet-gepreformeerde ruimte. • **long~** abces i.d. long. • **metastatisch ~** op afstand v.e. primaire haard ontstaan abces, door vervoer van pyogene bacteriën via het bloed. • **munro~sen** microscopisch zichtbare, leukocytaire infiltraatjes i.h. stratum corneum bij psoriasis. • **neusseptum~** ontsteking v.h. kraakbenige neustussenschot, soms v.h. benige septum met destructie v.h. neustussenschot. • **pancreas~** ophoping van pus en necrotisch materiaal in of net buiten de alvleesklier, met blijvende hoge koorts, ernstige pijn i.d. bovenbuik en een achteruitgang i.d. algemene toestand v.d. patiënt; treedt als complicatie op v.e. acute pancreatitis. • **paranefritisch~** ettervorming i.h. retroperitoneale vetweefsel. • **pautriermicro~** ophoping van lymfo- en histiocyten i.h. stratum spinosum v.d. huid, bij mycosis fungoides. • **pericolisch ~** intra-abdominaal abces i.d. pericolische weefsels, bijv. t.g.v. een peridiverticulitis. • **perinefritisch ~** abces tussen de nier en het nierkapsel, veelal een complicatie v.e. gevorderde chronische ontsteking. • **periproctitisch ~** een bij of om het rectum ontstaan abces. • **peritonsillair ~** etterige ontsteking v.h. bindweefsel rondom de tonsillen, veelal optredend na tonsillitis. • **psoas~** typische vorm van tuberculeus verzakkingsabces bij spondylitis tuberculosa v.d. onderste borst- en bovenste lendenwervels. • **retrofaryngeaal ~** zeldzame abcesvorming v.d. retrofaryngeale klieren, meestal na een acute faryngitis of bij een peritonsillair abces. • **subareolair ~** abces aan de rand v.d. tepelhof; meestal chronisch. • **subfrenisch ~** etterophoping vlak onder het middenrif, meestal boven de maag of de lever. • **tandwortel~** aan de wortelpunt v.e. tand of kies ontstaan abces. • **tuberculeus ~** *zie* koud ~. • **verzakkings~** opgehoopte tuberculeuze etter die zich langs spieren en fasciën een weg zoekt naar een plaats waar wat meer ruimte is. • **warm ~** abces t.g.v. acute (veelal plaatselijke) ontsteking. • **wortelpunt~** *zie* tandwortel~.

abdomen buik. • **burst ~** [E] *zie* platzbauch.
abdominaal betrekking hebbend op, behorend tot, via de buik.
abdominaal spierverzet *zie* défense musculaire.
abdominale circumferentie (AC) buikomvang v.d. foetus, gemeten d.m.v. echografie.
abdominalis vb. typhus abdominalis, ostium abdominale.
abdominis gen. van abdomen.
abdomino- voorvoegsel in woordsamenstellingen met de betekenis 'via of m.b.t. de buik'.
abducens afvoerend, wegtrekkend; vb. nervus abducens.
abduceren v.d. middellijn af bewegen, in geval v.e. arm of been v.d. mediaanlijn af, in geval v.d. duim of pink v.d. middellijn v.d. arm af.
abductie 1 de beweging v.h. abduceren; 2 de stand die na het abduceren bereikt is.
abductor een spier die abduceert.
abductus geabduceerd, v.d. middellijn af staand; vb. pes abductus.
ABEP (auditory brainstem-evoked potentials) *zie* potentiaal | brainstem-evoked auditory potential.
aberrans afdwalend, afwijkend; vb. vas aberrans.
aberratie 1 afdwaling, afwijking; 2 somatisch: abnormale ligging v.e. lichaamsdeel; vb. aberratio testis; 3 psychische afwijking; vb. aberratio mentis; 4 (optiek) chromatische a-ie (afwijking door kleurschifting), sferische a-ie (afwijking door kromming

v.h. lensoppervlak). • **sferische** ~ afwijking v.e. gekromd brekend oppervlak, zodat de stralen die er van uitgaan, niet in één punt samenkomen.

aberratus afgedwaald; vb. struma aberrata.

A-bèta-2M-amyloïdose *zie* amyloïdose.

abfractie (tandheelkunde) kleine wigvormige glazuurdefecten rondom de tandhals van premolaren en molaren i.d. onderkaak a.g.v. knarsen.

ABI (Ankle Brachial Pressure Index) *zie* index | enkel-arm~.

abiose onvatbaarheid voor het leven, vroegtijdige dood door bij de geboorte reeds bestaande gebrekkige voedingstoestand.

abiotrofie *zie* abiose.

ablatie 1 (chir.:) het chirurgisch verwijderen van een gezwel of een lichaamsdeel; **2** (pathol.:) loslating v.e. orgaan of lichaamsdeel, bijv. a. placentae, a. retinae. • **ablatio mammae** *zie* mastectomie. • **ablatio placentae** *zie* abruptio placentae. • ⊛ **ablatio retinae** loslaten v.h. netvlies door netvliesscheur, gezwel, trauma of tractie vanuit het glasvocht. • **cryo**~ katheterablatie d.m.v. weefselbevriezing. • **katheter**~ behandeling v.e. hartritmestoornis die niet op medicatie reageert; hierbij wordt een katheter via de arteria of vena femoralis naar het hart opgeschoven en naar de plek geleid die de normale prikkelwerking v.h. hart verstoort; doel is onderbreking v.e. elektrisch circuit of uitschakeling v.e. prikkelvormend focus. • **radiofrequente** ~ (RF-ablatie) ablatie met gebruikmaking v.e. speciale katheter die m.b.v. radiofrequente stroom sterk wordt verhit. • **regmatogene ablatio retinae** meest voorkomende vorm van netvliesloslating, ontstaan t.g.v. een scheur in (de periferie van) het netvlies.

ablatief vernietigend, uitschakelend, chirurgisch door excisie of anderszins.

ABLB-test *zie* test | balans~.

abortief onvolkomen ontwikkeld.

abortivum 1 middel om een ziekte te couperen, dus te zorgen dat de ziekte slechts onvolledig tot ontwikkeling komt; **2** middel tot het opwekken v.e. miskraam.

abortivus abortief, onvolkomen ontwikkeld; vb. variola abortiva.

⊛ **abortus 1** spontane expulsie v.e. embryo (inclusief lege vruchtzak en mola) of een foetus met gewicht <500 gr. (zwangerschapsduur van ca. 20-22 wkn.); indeling: men onderscheidt in hoofdzaak: 1) abortus completus (complete a., waarbij vrucht, vruchtzak en decidua intact zijn uitgedreven); 2) abortus imminens (dreigende abortus); 3) abortus incipiens (in gang zijnde abortus); 4) abortus incompletus (onvolledige a., waarbij resten v.h. zwangerschapsproduct i.d. baarmoeder zijn achtergebleven, veelal placentaresten); 5) habituele abortus (drie of meer achtereenvolgende spontane abortussen); 6) tubaire abortus, waarbij het zwangerschapsproduct zich i.d. tuba uterina bevindt (extra-uteriene graviditeit, EUG) en dit uit de ampulla tubae naar de buikholte wordt uitgedreven; **2** door een medisch bevoegde persoon kunstmatig (volgens de kunst) opgewekte (iatrogene) abortus; bij vroegtijdige abortus (<50 dgn na laatste menstruatie, < 3 wkn. over tijd) geeft men meestal de 'abortuspil' (mifepriston), die ervoor zorgt dat het embryo v.d. baarmoedermond loskomt; daarna worden met misoprostol weeën opgewekt, waarna een miskraam op gang komt; een gravida in Nederland moet vijf dagen bedenktijd in acht nemen; risico van complicaties (o.a. door curettage): uterusperforatie, bloeding, infectie, verkleving v.h. cavum uteri (syndroom van Asherman); NB: term 'abortus' zonder toevoeging betreft strikt genomen spontane abortus ('miskraam'), maar wordt in toenemende mate in algemeen spraakgebruik onder zowel artsen als leken geassocieerd met abortus provocatus lege artis (APLA). • ~ **completus** complete a., waarbij vrucht, vruchtzak en decidua intact zijn uitgedreven. • ~ **imminens** dreigende abortus. • ~ **incipiens** toestand waarbij de abortus (uitstoting) v.d. foetus is ingetreden. • ~ **incompletus** onvolledige a. waarbij nog resten i.d. baarmoeder achtergebleven zijn. • ~ **provocatus lege artis** (APLA) abortus die kunstmatig en lege artis ('volgens de regelen der kunst') wordt opgewekt door een daartoe bevoegde persoon met inachtneming v.d. desbetreffende behandelrichtlijnen; kan o.a. d.m.v. zuigcurettage; NB: de term 'abortus' betreft strikt genomen spontane abortus (miskraam), maar wordt in algemeen spraakgebruik geassocieerd met abortus provocatus lege artis (APLA). • ~ **provocatus non lege artis** abortus provocatus die wordt uitgevoerd door een onbevoegde persoon en/of zonder opvolging van medische richtlijnen; i.h.b. toegepast in landen waar abortus provocatus lege artis (APLA) verboden is; betreft veelal medisch riskante doe-het-zelfingrepen (breinaald, zeepsop enz.). • **accidentele** ~ a., veroorzaakt door een ongeval. • **artificiële** ~ zie kunstmatige ~. • **habituele** ~ zich telkens herhalende spontane abortus. • **kunstmatige** ~ een met kunstmiddelen opgewekte a. • **missed abortion** [E] niet-vitale zwangerschap waarbij het embryo/de foetus (nog) niet is uitgestoten. • **spontane** ~ a. zonder aantoonbare oorzaak. • **tubaire** ~ miskraam i.v.e. tubaire zwangerschap, waarbij het zwangerschapsproduct naar de buikholte wordt uitgestoten. • **vroege** ~ vroegtijdig afbreken v.e. zwangerschap door medisch ingrijpen.

aboulie stoornis i.d. motivatie, gekenmerkt door een subjectief ervaren verminderd vermogen om tot wilsbesluiten te komen.

ABP androgen-binding protein.

ABPA zie aspergillose | allergische bronchopulmonale ~.

abrachius een zonder armen geboren kind.

abrasie 1 (chir.:) afkrabben v.e. zweer; 2 (gynaecol.:) uitkrabben (curetteren) v.d. baarmoeder; 3 (oogheelk.:) afschaven van hoornvlieszweren (a. corneae); 4 (tandheelk.:) het voortschrijdend verlies v.d. harde tandweefsels t.g.v. mechanische afslijting door niet-fysiologische oorzaken. • **cornea**-~ operatief afschaven v.e. dunne toplaag v.h. hoornvlies.

A-brief deel v.d. overlijdensverklaring waarop de arts aangeeft of de overledene een natuurlijke dood is gestorven zonder de oorzaak hiervan te noemen.

abruptio placentae plotselinge loslating v.d. placenta.

abscessus zie abces.

absence gegeneraliseerde vorm van epilepsie, gekenmerkt door kortdurende verlaging v.h. bewustzijn zonder voorafgaande tonisch-klonische spiercontracties of verlies van controle over het lichaam.

absolutus absoluut, zuiver; vb. spiritus absolutus, glaucoma absolutum.

absorbens stof die een andere stof absorbeert. • **CO_2**-~ chemische stof in korrelvorm die CO_2 uit de uitademingslucht bindt.

absorberen 1 (natuurk.) vasthouden, wegvangen van licht van bepaalde golflengte; 2 (biochem.) aantrekken en op fysische of chemische wijze binden v.d. ene stof door de andere; 3 minder juist gebruikt voor 're-sorberen'.

absorpt hetgeen wordt geabsorbeerd (licht, een stof).

absorptie 1 (gastro-enterol.) zie absorberen; 2 (nucl. geneesk.) vorm van energieafgifte van fotonen aan atomen v.h. materiaal waar zij op terechtkomen; hierbij wordt de intensiteit v.e. bundel straling afgezwakt.

absorptiespectrum het spectrum dat overblijft nadat licht een absorberende laag is gepasseerd.

absorptiometrie methode om de kalkrijkdom van bot te meten door het met gammastralen te doorstralen. • **dual-energy X-ray absorptiometry** (DEXA) bepaling v.d. botmineraaldichtheid door het meten v.d. stralingsabsorptie; diagnostische/prognostische bepaling bij osteoporose. • **dual-photon**-~ (DPA) absorptiometrie waarbij wordt gebruikgemaakt van gammastralen met twee verschillende energiepieken, met het doel de invloed van absorptie i.d. weke delen te elimineren. • **single-photon**-~ (SPA) absorptiometrie waarbij wordt gebruikgemaakt van gammastralen met één energiepiek.

abstinentie zie onthouding.

abstinentiesyndroom | neonataal ~ (NAS) afwijkingen die ontstaan i.d. neonatale periode door onttrekking van geneesmiddelen of drugs die door de moeder tijdens de zwangerschap werden gebruikt.

abstinentieverschijnselen lichamelijke en psychische klachten door plotselinge onthouding v.e. middel.

abstineren 1 het weloverwogen afzien van verdere behandeling; 2 het zich onthouden van iets, bijv. alcohol of seks.

abstract [E] samenvatting v.e. wetenschappelijk onderzoek ten behoeve v.e. publicatie of een presentatie op een wetenschappelijk congres.

abstractievermogen (psychol.) het vermogen om te generaliseren, te classificeren, te combineren en om bij het oplossen van problemen uit te stijgen boven een concrete, feitelijke manier van denken.

abusus misbruik, overmatig gebruik.

AC (abdominale circumferentie) zie abdominale circumferentie.

a.c. (ante cenam) vóór de maaltijd in te ne-

men (rec.).
acalculeus zonder stenen; vb. acalculeuze cholecystitis.
acalculie stoornis i.h. rekenen door een focale hersenbeschadiging.
acampsie gewrichtsstijfheid.
Acanthamoeba een amoebengeslacht. • *~ castellanii* vrij in modder en water levende amoebe, die soms bij de mens infectie kan teweegbrengen.
acanthion (antropometrie) punt ter aanduiding v.d. basis v.d. spina nasalis anterior maxillae.
acanthocyt erytrocyt met doornappelvorm.
acanthocytose aanwezigheid van veel acanthocyten i.h. bloed.
acanthodactylie *zie* arachnodactylie.
acantholyse verlies van samenhang v.d. stekelcellen i.h. stratum spinosum v.d. huid.
acantholytisch gekenmerkt door acantholyse.
acanthoom (obsoleet begrip) goedaardige, pseudo-epitheliomateuze epitheelwoekering. • **acanthoma fissuratum** gezwelletje dat is ontstaan a.g.v. chronische irritatie.
acanthorrexie verbroken samenhang v.d. stekelcellen i.h. stratum spinosum v.d. huid, voorkomend bij eczeem.
acanthose proliferatie v.d. stekelcellen en verdikking v.h. stratum spinosum, voorkomend bij eczeem, psoriasis, ziekte van Paget (v.d. tepel en extramammair). • **acanthosis nigricans benigna** acanthose in combinatie met bijv. adipositas. • **acanthosis nigricans maligna** acanthose als paraneoplastisch verschijnsel, in combinatie met bijv. buikkanker.
acapnie te laag kooldioxidegehalte v.h. bloed.
acarbose geneesmiddel dat de afbraak van polysachariden tot glucose i.d. darm remt en zo de opname van glucose uit de darm vertraagt.
acariasis infestatie met mijten.
acaricide 1 mijtendodend; 2 mijtendodend middel.
Acaridae familie kleine mijten v.d. orde *Acarina*; veroorzaken jeuk.
Acarina orde v.d. klasse der *Arachnida*.
Acarus verouderde naam voor mijt. • *~ scabiei Sarcoptes scabiei*, de verwekker van scabies.
acathisie onvermogen enige tijd eenzelfde houding te handhaven.
accelerans versnellend.

acceleratie versnelling; i.h.b. i.h. foetale hartfrequentiepatroon.
accelerator *zie* Ac-G.
accelerine stollingsfactor VI.
accelerometrie evalueren v.d. spierkracht door het meten v.d. versnelling v.e. door zenuwstimulatie opgewekte beweging.
acceptatieplicht van overheidswege door de overheid aan een zorgverzekeraar opgelegde verplichting personen als verzekerde te aanvaarden.
acceptor 1 een lichaam of een substantie die ontvangt en zich met een andere substantie of deel daarvan verenigt; 2 in oxidatie-reductiesystemen de substantie die zich verenigt met de actieve zuurstof resp. waterstof.
accessorisch bijkomstig, bijkomend.
accessorische voedingsstoffen niet-calorieën leverende, maar wel noodzakelijke voedingsstoffen.
accessorius accessoir, bijkomstig, bijkomend; vb. nervus accessorius, mamma accessoria.
accident onvoorzien voorval, ongeval; geen strikt medisch term. • **cerebrovasculair ~** *zie* cerebrovasculair accident. • **prik~** het per ongeluk i.d. eigen vinger prikken tijdens een medische behandeling.
accidenteel 1 bijkomstig, toevallig; 2 door een ongeval (accident) ontstaan; vb. een a-tele wond.
acclimatisatie gewenning of aanpassing aan andere (maatschappelijke of fysische) klimaat omstandigheden. • **hitte~** aanpassingsmechanismen bij langdurig verblijf i.e. hoge omgevingstemperatuur.
accommodatie (oogheelk.) vermogen v.h. oog om op verschillende afstanden scherp te zien door actieve verhoging v.d. ooglenskromming.
accommodatiebreedte afstand tussen het verst verwijderde punt en het dichtstbij gelegen punt waarvan de ooglens een scherp beeld op de retina kan geven.
accommodativus m.b.t. de accommodatie v.h. oog; vb. strabismus accommodativus.
accouchement [F] de leiding v.e. baring. • **~ forcé** [F] spoedverlossing, kunstmatig bespoedigde bevalling.
accreditatie het beoordelen v.d. kwaliteit v.d. zorgverlening of de opleiding i.e. instelling door een externe, onafhankelijke instantie.

accretio aangroeiing. • ~ **pericardii** vastgroeiing van pericard aan pleura, evt. aan diafragma.
accretus vergroeid; vb. hernia accreta.
acculturatie sociale en culturele assimilatie tussen groepen mensen uit verschillende culturen.
accuratesse mate van overeenkomst tussen de test die wordt geëvalueerd (de indextest) en de referentietest.
ACE angiotensineconverterend enzym.
aceetaldehyde toxische stof, gevormd bij alcoholmetabolisme en gisting van koolhydraten.
acephalus misvormde foetus zonder hoofd.
acervuloom *zie* psammoom.
acetabularis betreffende het acetabulum; vb. ramus acetabularis, labrum acetabulare.
acetabulum gewrichtskom voor de kop v.h. femur.
aceton kleurloze, met water mengbare vloeistof; eenvoudigste keton; wordt bij de stofwisseling via acetoacetaat gevormd en via de citroenzuurcyclus afgebroken; bij gestoorde koolhydraatstofwisseling (o.a. diabetes mellitus) verhoogde productie i.d. lever.
acetonemie aanwezigheid van aceton i.h. bloed.
acetylcholine (ACh) weefselhormoon dat de ionenpermeabiliteit v.d. celmembraan beïnvloedt bij synapsen en motorische eindplaatjes; komt vrij bij de motorische eindplaatjes en werkt als transmitter i.h. czs en bij de overdracht van impulsen van zenuwen op spiervezels.
acetyl-CoA *zie* acetylco-enzym A.
acetylco-enzym A (acetyl-CoA) het met de acetylrest H$_3$CO verbonden co-enzym A; fungeert als overdrager van acetylgroepen.
acetylering het invoeren v.e. acetylgroep i.e. molecuul.
Ac-G (Ac-globulin [E]) stollingsfactor V i.h. bloed (proaccelerine).
ACh *zie* acetylcholine.
⊛ **achalasie** motiliteitsstoornis a.g.v. ontbreken van relaxatie v.h. gladde spierweefsel v.d. onderste slokdarmsfincter door neuromusculaire disfunctie, resulterend i.e. vernauwing. • **achalasia cardiae** *zie* achalasie. • **vigoureuze** ~ het spontaan of na een slikbeweging optreden van enkele contracties i.d. slokdarm in combinatie met aperistaltiek en afwezige relaxatie v.d. onderste oesofagussfincter.
acheirie het aangeboren ontbreken v.e. of twee handen.
acheiropodie aangeboren afwijking waarbij de handen en voeten ontbreken.
achillobursitis ontsteking v.d. slijmbeurs rondom de achillespees (bursa tendinis calcanei).
achillodynie hevige pijn bij lopen en staan ter plaatse v.d. aanhechting v.d. achillespees aan de calcaneus.
achillotendinitis ontsteking v.d. achillespees.
achillotomie schuine of Z-vormige doorsnijding v.d. achillespees.
achirie *zie* acheirie.
achloorhydrie anaciditeit, het ontbreken van zoutzuur (acidum hydrochloricum) i.h. maagsap.
achloropsie *zie* blindheid | groen-~.
acholie het ontbreken van gal.
acholisch zonder galkleurstof.
achondrogenesie letale aangeboren skeletafwijking, gekenmerkt door sterke groeiachterstand en vervorming v.d. lange pijpbeenderen.
achondroplasie gebrekkige ontwikkeling v.h. kraakbeen tussen epifyse en diafyse van de pijpbeenderen, waardoor beide te vroeg vergroeien en het pijpbeen te kort blijft.
• **pseudo~** afwijkingen van epifyse en metafyse v.d. lange pijpbeenderen, m.a.g. een vroegtijdige degeneratie v.d. perifere gewrichten.
achrestisch *zie* anemie.
achromasie 1 het ontbreken van normaal pigment i.d. huid; 2 het niet opnemen van kleurstof door cellen, bij histologische kleuring; 3 *zie* blindheid | kleuren-~.
achromatine moeilijk kleurbare stof i.d. celkern i.d. vorm van draden, samengesteld uit linine.
achromatisch 1 niet kleurbaar (bijv. achromatische granula); 2 zonder schifting v.h. licht (bijv. een achromatische lens = een lens zonder chromatische aberratie); 3 kleurenblind (bijv. achromatische perceptie).
achromatopsie *zie* blindheid | kleuren-~.
• **incomplete** ~ *zie* pseudomonochromasie.
achromatose 1 tekort aan pigment i.d. huid of de iris; 2 verloren gegaan vermogen v.e. cel om een kleurstof op te nemen.
achromie totale afwezigheid van pigment

(plaatselijk of gegeneraliseerd).
achterhoofd *zie* occiput.
achterhoofdsgat *zie* foramen magnum.
achterste glasvochtloslating *zie* glasvochtloslating.
achterwaartsdraaier *zie* musculus supinator.
achylie het ontbreken van secretie. • **achylia gastrica** het ontbreken van maagsap. • **achylia pancreatica** het ontbreken van pancreassecretie.
ACI (anat.) *zie* arteria carotis interna.
acid. *zie* zuur.
acidemie verhoogde zuurgraad v.h. bloed (verminderde pH), acidose. • **propion~** organoacidemie door aangeboren defect i.d. aminozuurstofwisseling.
aciditeit zuurgraad. • **totale maag~** het gehalte v.d. maaginhoud aan vrij en gebonden zoutzuur, organische zuren en zure fosfaten.
acidofiel 1 (lab.) zich kleurend met zure kleurstoffen; gezegd van weefsel; **2** (bacteriol.) zich goed ontwikkelend in zuur milieu.
acidometrie bepaling v.d. zuurgraad.
acidose verstoring v.h. zuur-base-evenwicht door vermeerdering van zuur of door verlies van alkali, kenbaar aan verlaging v.d. pH (<7,36). • **compensatoire ~** toestand waarin compenserende mechanismen de pH weer genormaliseerd hebben. • **diabetische keto~** (DKA) ketoacidose bij patiënten met ontregelde diabetes mellitus. • **hyperchloremische ~** metabole acidose die gepaard gaat met een normale anion gap waarbij (relatief) lage concentraties HCO_3^- en hoge concentraties Cl^- worden gemeten; wordt veroorzaakt door bicarbonaatverlies via het maag-darmkanaal of door een defect i.d. bicarbonaatresorptie i.d. nieren. • **keto~** toestand waarbij de zuurgraad v.h. bloed daalt door overmatige productie van carbonzuren. • **lactaat~** acidose door verhoogde melkzuurproductie a.g.v. zuurstoftekort i.d. weefsels; komt bijv. voor bij shock. • **metabole ~** metabole ontregeling met daling v.d. zuurgraad v.h. bloed door overmatige productie van H^+-ionen met daling v.h. HCO_3^--gehalte. • **renale tubulaire ~** (RTA) metabole acidose op basis van verminderd urine-aanzurend vermogen v.d. nieren, te weten verminderde HCO_3^--resorptie i.d. tubulus of verminderde H^+-secretie i.d. niertubulus; klinisch gekenmerkt door polyurie met polydipsie en soms nefrocalcinose. • **respiratoire ~** daling v.d. zuurgraad v.h. bloed t.g.v. respiratoire insufficiëntie.
acidotisch gepaard gaand met acidose, i.e. toestand van acidose; vb. coma acidoticum.
acidum ascorbinicum *zie* zuur | ascorbine~.
acidum folicum *zie* zuur | folium~.
acidum uricum *zie* zuur | urine~.
acidurie | **alfaketoacidotische ~** uitscheiding van zuren via de urine a.g.v. stofwisselingsdefecten, leidend tot ketoacidose. • **branched-chain oxoacid aciduria** [E] disease | maple-syrup urine ~. • **dicarbon~** aanwezigheid van dicarbonzuren i.d. urine; komt in combinatie met hypoglykemie voor bij acyl-CoA-dehydrogenase-, carnitinedeficiënties en glycogenose type I. • **organo~** verhoogde zuurgraad v.d. urine door aminozuren of andere organische. • **oroot~** ophoping van orootzuur (6-carboxyuracil) in plasma en urine door een autosomaal recessief defect van orootzuurfosforibosyltransferase en orotidine-5-fosfaatdecarboxylase.
acies visus gezichtsscherpte.
Acinetobacter bacteriegeslacht v.d. fam. Neisseriaceae. • **calcoaceticus** een species die soms urineweginfectie kan veroorzaken.
acineus druifachtig.
acinus klierblaasje of -kwabje. • **lever~** het ruitvormige verzorgingsgebied v.e. eindtakje v.d. v. portae en v.d. a. hepatica.
ACL (acuut coronair lijden) *zie* syndroom | acuut coronair ~.
aclusie 'open beet', het niet op elkaar sluiten van boven- en ondergebit.
acme *zie* crisis.
acne verzamelnaam voor aandoeningen v.d. talgklieren; gewoonlijk wordt 'acne vulgaris' bedoeld. • **~ conglobata** acne met veel comedonen, infiltraten, abcessen, cysten, eventueel zelfs fistels en grote, soms hypertrofische littekens. • **~ cosmetica** acne, vooral perioraal, ontstaat door langdurig gebruik van cosmetica, meestal bij vrouwen. • **~ cystica** acne gepaard met cysten, gevuld met ingedikt sebum. • **~ ectopica** *zie* ectopisch ~. • **acné excoriée** [F] opengekrabde laesies door neurotisch dwangmatig manipuleren aan de puistjes. • **~ fulminans** zeldzame vorm van acne met acute koorts, ulceratieve acne conglobata

op de romp en algehele malaise. • ~ **infantum** *zie* acne neonatorum. • ~ **juvenilis** acne bij kinderen <5 jr. • ~ **keloidea** acne met keloïdvorming. • ~ **mechanica** acne op plaatsen van mechanische druk, zoals onder een voorhoofdsband. • ~ **neonatorum** acne bij baby's rond 3 maanden, alleen in gezicht, vnl. bij jongens. • ~ **oleosa** acne op plaatsen waar de huid in contact komt met olie. • ~ **pustulosa** acne met pustelvorming. • ~ **tropica** *zie* tropen-. • ~ **venenata** acne veroorzaakt door medicamenten (iatrogeen) of door uitwendige invloeden (bijv. beroepsmatig); vb. van stoffen die acne kunnen veroorzaken zijn gechloreerde koolwaterstoffen (isolatiemateriaal, insecticiden), minerale oliën en vetten (petrochemische industrie, in cosmetica), teer, halogenen (jodiden, bromiden), expectorantia, sedativa, corticosteroïden (uitwendig en inwendig), groeiremmers, antiepileptica, tuberculostatica, lithiumzouten, orale anticonceptiva en fenobarbital. • ~ **vulgaris** aandoening v.d. talgklieren waarbij, i.h.b. i.d. puberteit door hormonale stimulatie, a.g.v. een verhoogde sebumproductie en obstructie v.d. follikeluitvoergang papels, pustels en comedonen i.h. gelaat en op de romp ontstaan; in hevige vormen ook noduli, nodi, cysten en littekens; therapie is gericht op vermindering v.d. verhoogde talgklierproductie en op voorkoming van obstructie v.d. follikeluitgang en bacteriële kolonisatie. • **broom**~ acne veroorzaakt door overmatig en langdurig gebruik van broomzouten. • **chloor**~ a. door contact met chloor. • **ectopisch** ~ chronische inflammatoire afwijking v.d. talgklieren i.d. lichaamsplooien en op de billen, gekenmerkt door pijnlijke erythemateuze papels, pustels, noduli en nodi en fistels die verweken en gevuld zijn met pus. • **halogeen**~ acne door gebruik v.e. der halogenen (broom, chloor, fluor, jodium). • **jodium**~ *zie* halogeen-. • **keloïd**~ chronische, meestal infectieuze ontsteking v.d. haartalgklierfollikel. • **olie**~ *zie* acne oleosa. • **teer**~ a. door contact met teer, bitumen, enz. • **tropen**~ a. bij mensen die uit een gematigd klimaat verhuizen naar een warm, vochtig klimaat.

acneïform lijkend op acne; vb. acneïform uleryteem.

acnekeloïd *zie* acne keloidea.

acoasma gehoorshallucinatie.

acobaltose deficiëntie door tekort aan kobalt i.d. voeding.

acognosie geneesmiddelkunde.

acollis zonder hals; vb. uterus acollis.

aconitine voornaamste alkaloïd uit *Aconitum*-soorten.

acorea ontbreken v.d. pupil.

acousma *zie* acoasma.

acquisitus verkregen, verworven.

acra de uiteinden v.d. ledematen en uitstekende lichaamsdelen zoals de kin of de neus.

acria geneesmiddelen met plaatselijk prikkelende werking; vb. mosterd.

acro- voorvoegsel in woordsamenstellingen betrekking hebbend op een top, een uiteinde, de acra v.h. lichaam.

acroblasten partikels die bij de spermatogenese gedurende de deling v.h. Golgi-netwerk ontstaan, en zich tot acrosoom ontwikkelen.

acrobystitis ontsteking v.h. preputium.

acrobystoliet steen i.d. voorhuid.

acrocefalie *zie* schedel | toren-.

acrochordon filiform fibro-epithelioom vnl. i.d. hals en oksels en op de oogleden.

acrocyanose | **acrocyanosis e frigore** a. door koude-inwerking.

acrodermatitis • **acrodermatitis atrophicans chronica** *zie* Pick | pick-herxheimer-syndroom. • ~ **chronica atrophicans** zeldzame chronische huidaandoening, beginnend met roodheid en zwelling, meestal v.h. distale gedeelte v.e. been of arm, met centrifugale uitbreiding en eindigend met atrofie.

acrodermatose huidaandoening van handen of voeten.

acrodynie pijnlijkheid v.d. uiteinden v.d. ledematen, gepaard met trofische stoornissen.

acrofacialis m.b.t. de uiteinden v.h. gelaat.

acrogigantisme *zie* megalie | acro-.

acrokeratose verdikking v.d. hoornlaag aan handen, voeten, neus en oorschelpen.

• **acrokeratosis paraneoplastica** psoriasiforme hyperkeratotische laesies op rode bodem, voorkomend op de acra. • **acrokeratosis verruciformis** autosomaal dominante verhoorningsstoornis met wratachtige papels, vnl. op de rug van handen en voeten.

acromacrie *zie* arachnodactylie.

acromelalgie *zie* erytromelalgie.

acromialis acromiaal, tot het acromion behorend, ter hoogte v.h. acromion.
acromioclaviculair *zie* acromioclavicularis.
acromioclavicularis m.b.t. acromion en clavicula.
acromion schoudertop, uitsteeksel v.d. spina scapulae.
acronyx ingroeiende nagel, dwangnagel, unguis incarnatus.
acroot polsloos.
acropachydermie verdikking v.d. huid, vnl. aan de tenen.
acroparesthesie gevoel van kriebelen, matheid, soms pijn, aan de handen en de voeten, t.g.v. perifere zenuwlaesies of vasomotorische stoornissen.
acropostitis ontsteking v.d. voorhuid.
acrosarcoma Kaposi *zie* sarcoom | sarcoma idiopathicum multiplex haemorrhagicum.
acrosoom kapvormig voorste gedeelte v.d. kop v.e. spermatozoön.
acrotie polsloosheid.
acrylcement zelfhardend cement, polymethylmethacrylaat, voor het bevestigen v.e. endoprothese i.h. bot.
ACS *zie* syndroom | acuut coronair ~.
ACTH (adrenocorticotroop hormoon) *zie* hormoon | adrenocorticotroop ~.
actief luisteren manier van luisteren waarbij bijv. een arts door te parafraseren en te stimuleren tracht zoveel mogelijk informatie van bijv. een patiënt te verkrijgen.
actief transport vorm van transport (passage van stoffen door membranen) die energie, i.d. vorm van ATP, kost.
actief ziekteproces een nog min of meer hevig ziekteproces, een nog niet tot rust gekomen ziekteproces.
actiepotentiaal | **compound~** *zie* potentiaal | compound muscle action potential. • **motorische-eenheid~** *zie* potentiaal | motorunitactie~. • **re~** lokale corticale veranderingen i.h. elektro-encefalogram t.g.v. extern toegediende prikkels, bijv. lichtflitsen. • **samengesteld** ~ potentiaalveranderingen die meetbaar zijn aan een zenuw die vezelgroepen met verschillende geleidingssnelheden bevat; de achtereenvolgende toppen vormen elk de som v.d. actiepotentialen van tot één groep behorende vezels.
actieradius afstand waarover een werking zich uitstrekt, bijv. de afstand waarover een arm zich kan uitstrekken.
actiestroom de stroom die ontstaat door het bij prikkeling van spier- of zenuwvezels opgewekte potentiaalverschil; i.h. oog ontstaat een actiestroom bij belichting v.d. retina.
actieve immuniteit de door het lichaam zelf geproduceerde immuniteit, als reactie op een antigeen.
actine eiwit dat o.a. de dunne filamenten i.d. I-banden v.d. contractiele eenheden (sarcomeren) in spiervezels vormt.
actine-myosinecomplex complex van dunne actinefilamenten en dikke myosinefilamenten i.e. contractiele eenheid in spiervezels.
actine-myosine-interactie contractiemechanisme v.e. spiercel waarbij de actinefilamenten worden gekoppeld aan de kopjes v.d. myosinefilamenten en vervolgens hiertussen schuiven.
acting-out [E] heftig agerend en provocerend, vaak agressief en zelfs destructief gedrag bij persoonlijkheden met geringe frustratietolerantie.
actinicus actinisch; vb. conjunctivitis actinica.
actinine eiwit; hoofdbestanddeel v.d. Z-schijf in skeletspierweefsel. • **alfa-~** eiwit dat de belangrijkste structurele component v.d. Z-schijven in spiervezels vormt.
actinisch betreffende de werking van stralen, waarbij de energie van elektromagnetische stralen in chemische werking wordt omgezet.
actinometer een instrument om stralingsenergie te meten.
Actinomyces geslacht v.d. familie *Actinomycetaceae*.
Actinomycetaceae familie van anaerobe grampositieve niet-sporenvormende staven.
Actinomycetes *zie* *Actinomyces*.
actinomycetoom een door *Actinomycetes* veroorzaakt mycetoom.
actinomycose chronische, zich geleidelijk aan uitbreidende suppuratieve en granulomateuze ontsteking met *Actinomyces israelii*.
activatiefront route en tijdsverloop v.e. prikkel bij het activeren v.h. hartweefsel.
activatieverloop *zie* activatiefront.
activatiewarmte de warmte die geproduceerd wordt bij een enkelvoudige isometrische contractie.

activator een stof die een proces of een werking activeert, of die de werking v.e. andere stof in gang zet.

activerende gegevens gegevens die de medicus tijdens anamnese en lichamelijk onderzoek aan het denken zetten.

activeringsniveau mate waarin de hersenschors vanuit de formatio reticularis tot activiteit is gebracht, blijkens het elektro-encefalogram (eeg).

activiteit 1 werking, vermogen; **2** (nucl. geneesk.) aantal spontane atoomkernmutaties per seconde; de eenheid is becquerel (Bq) ofwel één atoomkernmutatie per seconde, afgekort: vroeger was de eenheid curie gangbaar. • **partieel agonistische ~** *zie* intrinsieke sympathicomimetische activiteit. • **specifieke ~** de activiteit v.e. radionuclide per massa-eenheid (aangegeven in mCi per gram).

activiteitshypertrofie vergroting v.e. orgaan door vermeerderde activiteit.

activities of daily living *zie* algemene dagelijkse levensverrichtingen.

actometer apparaat om pols of enkel om activiteit te meten.

actomyosine complex spiereiwit, gevormd uit actine en myosine.

ACTP adrenocorticotroop polypeptide, een hydrolysaat van ACTH.

actuariële methode methode i.d. epidemiologie om overlevingscurven te schatten.

acuïteit 1 (fysiol.) scherpte, i.h.b. van gehoor en van gezichtsvermogen; **2** (pathol.) mate van ernst, dringendheid, i.h.b. v.e. ziekte.

acuminatus spits; vb. condyloma acuminatum.

acupressuur complementaire, niet algemeen erkende geneeswijze als variant van acupunctuur waarbij plaatselijke massage in plaats van naalden wordt gebruikt.

acupunctuur complementaire, niet algemeen erkende geneeswijze waarbij specifieke punten op het lichaam worden gestimuleerd door inbrenging v.e. dunne naald i.d. huid en onderliggend weefsel.

acusticus m.b.t. het gehoor; vb. hyperaesthesia acustica, cilium acusticum.

acusticusneurinoom *zie* tumor | brughoek~.

⊛ **acute buik** buikpijn waarvan de oorzaak (nog) niet bekend is en die korter dan een week bestaat; men spreekt van 'acute buik' in engere zin wanneer zeker is of wordt vermoed dat door de pijn een chirurgische behandeling nodig is; dit is vaak het geval als het peritoneum op de een of andere manier wordt geprikkeld.

acute hersenhulp afdeling Spoedeisende Eerste Hulp (SEH) die in hersentrauma is gespecialiseerd en die zich toelegt op diagnostiek bij acute klachten, waarna zonodig plaatsing op een nabij gelegen IC-afdeling volgt.

acute mountain sickness (AMS) [E] *zie* ziekte | hoogte~.

acute stressreactie *zie* stressstoornis | acute ~.

acute ulcera *zie* gastritis | erosieve ~.

acutissimus hyperacuut; vb. variola acutissima.

acutus 1 acuut; vb. polyneuritis acuta, exanthema acutum; **2** scherp; vb. margo acutus.

acuut plotseling beginnend en hevig verlopend. • **per~** zeer plotseling, stormachtig. • **sub~** minder plotseling en hevig dan acuut, tussen acuut en chronisch in.

acuut reuma *zie* reuma | acuut ~.

acyanopsie *zie* blindheid | blauw~.

acystie het ontbreken v.d. urineblaas.

ad- voorvoegsel in woordsamenstellingen ter aanduiding v.e. richting of toevoeging.

ADA adenosine-desaminase.

adacrya onvermogen om tranen af te scheiden.

adactylie het ontbreken van vingers, tenen.

adactylus een zonder vingers of tenen geboren kind.

adamantine tandglazuur.

adamantinoom subtype van craniofaryngioom.

adamantinus bestaande uit, of m.b.t. email (tandglazuur).

adamantoom *zie* adamantinoom.

adaptatie aanpassing. • **centrale ~** fenomeen dat bij een onverminderde ontladingsfrequentie van sensoren toch geen gewaarwording v.d. stimulus optreedt dankzij inhibitie v.d. synapstransmissie i.h. centrale zenuwstelsel. • **perifere ~** verschijnsel dat bij een aanhoudende stimulus de ontladingsfrequentie van sensoren direct na het begin v.d. prikkeling het hoogst is en vervolgens afneemt.

adaptatiestoornis *zie* aanpassingsstoornis.

adapteren 1 (chir.:) het tegen elkaar aan voegen van wondranden; **2** (orthop. chir.:) het uitlijnen v.d. delen v.e. botfractuur;

3 (tandheelk.:) het reguleren v.e. onregelmatig groeiend gebit; **4** (microbiol.:) aanpassing van bacteriën aan de 'omgeving', het resistent worden tegen bepaalde stoffen; **5** (fysiol., oogheelk.:) aanpassing v.e. zintuigreactie aan de aanwezige prikkel; vb. de aanpassing v.d. vestibulaire reactie aan het bewegingspatroon van schip en zee, waardoor zeeziekte afneemt, of v.h. oog, waardoor men kan zien bij fel zonlicht, i.d. schemering en 's nachts; **6** (psychol., fysiol.) eigenschap van mens en dier om zich binnen bepaalde grenzen aan te passen aan gewijzigde omstandigheden, i.h.b. bij stress.

ADC *zie* dementie | aids~complex.

ADCC (antibody-dependent cell-mediated cytotoxicity) *zie* cytotoxiciteit | antistofafhankelijke cellulaire ~, test | ADCC~~.

ADD (attention deficit disorder) *zie* aandachtstekortstoornis met hyperactiviteit.

adde voeg toe (rec.).

addictie *zie* verslaving.

Addison | addisonisme 1 hypofunctie v.d. bijnierschors; **2** lichte vorm v.d. ziekte van Addison; **3** een of meer symptomen uit het gehele ziektebeeld, bijv. als 'monosymptomatische' vorm, zoals hypotensie, chronische gastro-enteritis, neurovegetatieve dystonie; hierbij kan een relatieve bijnierinsufficiëntie i.h. spel zijn, bijv. a.g.v. een stresssituatie. ⊛ **ziekte van** ~ primaire bijnierschorsinsufficiëntie; indeling: chronische aandoening met te lage productie van cortisol en mineralocorticoïden (aldosteron); een addisoncrisis is een acute exacerbatie hiervan; naast de primaire bijnierschorsinsufficiëntie is er de secundaire bijnierschorsinsufficiëntie, met ontbreken van hypofysaire stimulatie (ACTH-uitval; hierbij is er geen uitval van mineralocorticoïden.

additie summatie, ten onderscheid van potentiëring: een door a. teweeggebracht effect is gelijk aan de som v.d. effecten der afzonderlijke prikkels.

additivum chemische stof die wordt toegevoegd aan voedsel en geneesmiddelen om de houdbaarheid daarvan te verlengen en/of er een bepaalde kleur aan te geven.

adduceren naar de middellijn toe bewegen, v.e. arm of een been naar de lichaamsas toe, v.e. duim (grote teen) of pink (kleine teen) naar de as v.d. arm (het been) toe.

adductie 1 de beweging v.h. adduceren; **2** de stand die na het adduceren is bereikt.

adductor een spier die adduceert.

adductorenspleet *zie* hiatus tendineus adductorius.

adductorius 1 adducerend, aantrekkend; **2** m.b.t. de adductoren; vb. canalis adductorius.

ADEM acute gedissemineerde encefalomyelitis.

ademdiepte *zie* ademvolume.

ademen 1 het uitwisselen van gassen (zuurstof, kooldioxide) tussen de lichaamscellen en het bloed; **2** ademhalen.

ademequivalent verhoudingsgetal tussen AMV (ademminuutvolume) en de zuurstofopneming per minuut.

ademfrequentie *zie* ademhalingsfrequentie.

ademhaling 1 één enkele ademhalingsbeweging, te weten een inademing, gevolgd door een uitademing; **2** ademhalen. **· abdominale** ~ *zie* buik~. **· aerobe** ~ proces bij aerobe bacteriën waar zuurstof wordt gebruikt voor vastleggen van energie. **· anaerobe** ~ proces bij anaerobe bacteriën waar anorganische stoffen (bijv. nitraat, sulfaat of kooldioxide) worden gebruikt voor vastleggen van energie via de elektronentransportketen. **· atactische** ~ zeer onregelmatige ademhaling, zowel wat ritme als diepte betreft, bij laesies v.d. medulla oblongata. **· biot**~ intermitterende onregelmatige ademhaling met pauzen van apneu, gevolg van centrale ademhalingsstoornis. **· borst**~ a. door werking v.d. borstspieren, zichtbaar aan het heen en neer gaan v.d. borst. **· buik**~ a. door contractie v.h. diafragma en verslapping v.d. buikspieren. **· cel**~ samenspel van cytoplasmatische processen i.d. cel, waardoor deze opgenomen zuurstof kan benutten voor de productie van energierijke verbindingen. **· cheyne-stokes**~ ademhalingstype dat wordt gekenmerkt door periodiek toe- en afnemen v.d. ademdiepte, afgewisseld door korte apneuperioden. **· costale** ~ de door de ribspieren teweeggebrachte ademhalingsbeweging. **· diafragmatische** ~ *zie* buik~. **· elektrofrenische** ~ regulering v.d. ademhaling door ritmische elektrische prikkeling v.d. nervi phrenici. **· frenische** ~ *zie* buik~. **· gecontroleerde** ~ beademing v.e. patiënt die niet spontaan ademhaalt. **· grote** ~ *zie* Kussmaul | kussmaulademhaling. • **inwendige** ~ *zie* ademen. • **kunstmatige** ~ het teweegbrengen van in- en uitademing bij een niet spontaan ademhalende patiënt. • **middenrif**~ *zie* buik~. • **neus**~ het ademen door de neus; pasgeborenen ademen reflexmatig uitsl. door de neus. • **ondersteunde** ~ manuele of mechanische ondersteuning v.d. ademhaling v.e. patiënt die onvoldoende ademt. • **paradoxale** ~ intrekking v.d. buik bij inademing en uitzetting bij uitademing. • **pursed-lip**~ vorm van ademhaling waarbij de patiënt ontspannen uitademt door licht gesloten lippen. • **thoracale** ~ *zie* borst~. • **uitwendige** ~ 1 het complex v.d. ademhalingsbewegingen; 2 de opneming van zuurstof uit de lucht en de afgifte van kooldioxide.

ademhalingsexcursie toename v.d. thoraxomvang bij maximale inspiratie, gemeten over de vierde intercostale ruimte.

ademhalingsfermenten groep van enzymen die waterstof naar zuurstof overdragen en zo water vormen.

ademhalingsfrequentie het aantal ademhalingen per minuut.

ademhalingsketen reeks van mitochondriale reductie-oxidatiereacties waarbij waterstof op zuurstof wordt overgedragen, waardoor energie vrijkomt.

ademhalingsondersteuning behandeling d.m.v. non-invasieve positievedrukbeademing.

ademhalingsorganen het geheel v.d. cavitas nasi (neusholte), sinus paranasales (NB: 'sinus' is hier Lat. meervoud: bijholten), farynx/fauces (keel, keelholte), trachea (luchtpijp) en pulmones (longen).

ademhalingsstilstand *zie* apneu.

ademkalk basische stof bestaande uit NaOH, KOH en Ca(OH)$_2$ om CO$_2$ i.d. ademlucht te binden.

ademmechanica beschrijving v.d. mechanische processen die zich afspelen bij in- en uitademing.

ademminuutvolume (AMV) de hoeveelheid lucht die i.e. minuut wordt ingeademd. • **maximaal** ~ (MAMV) *zie* waarde | ademgrens~.

ademnood *zie* dyspneu. • **acute** ~ benauwdheid doordat de longen peracuut onvoldoende lucht krijgen.

adempauze de tijdsperiode tussen het slot v.d. uitademing en het begin v.d. inademing.

adempomp diastolische aanzuiging van bloed richting atria door negatieve intrathoracale druk tijdens inspiratie, waardoor de venen en het hart worden opengetrokken.

ademreserve het volume lucht dat maximaal kan worden ingeademd, uitgaande v.d. rusttoestand.

ademstilstand *zie* apneu.

ademteugvolume *zie* ademvolume.

ademvolume de hoeveelheid lucht die bij elke ademteug wordt ingezogen. • **maximaal** ~ *zie* capaciteit | vitale~.

ademvolumemeter apparaat om in of expiratoirademminuut of teugvolume al of niet per tijdseenheid te meten.

ademweerstand *zie* luchtwegweerstand.

ademweg *zie* luchtweg.

adenase enzym dat de afbraak van adenine katalyseert.

adendritisch zonder dendrieten.

adenectomie 1 operatieve verwijdering v.e. of meer klieren, i.h.b. lymfeklieren; 2 adenoïdectomie.

adenine een purinebase, voorkomend in plantaardige en dierlijke weefsels.

adenine-desaminase *zie* adenase.

adenitis ontsteking v.e. of meer klieren. • ~ **tropicalis** *zie* granuloom | granuloma venereum. • ~ **vulvovaginalis** *zie* bartholinitis.

adeno- voorvoegsel in woordsamenstellingen m.b.t. klieren.

adenocystoom adenoom met holten (cysten).

adenofibrose fibreuze (bindweefselachtige) degeneratie v.e. klier.

adenografie röntgencontrastonderzoek v.e. klier. • **lymf**~ radiologisch onderzoek waarbij 24 uur na contrastmiddelinloop een serie foto's van lymfevaten in verschillende projectierichtingen gemaakt wordt.

adenohypofyse het voorste deel van de hypofyse, dat microscopisch een klierachtige structuur toont.

adenoïcus m.b.t. het adenoïd (adenoïde vegetaties); vb. facies adenoïca.

adenoïd 1 (bijv. nw.) lijkend op klierweefsel; 2 (z. nw.) veelal adenoïde vegetaties, een bij kinderen voorkomende hyperplasie v.d. tonsilla pharyngea.

adenoïdectomie verwijderen v.d. neusamandelen.

adenoides lijkend op klierweefsel; vb. epithelioma adenoides.
adenoideus m.b.t. adenoïd weefsel; vb. vegetationes adenoideae (mv. van adenoidea).
adenoïde vegetatie *zie* tonsillen.
adenoïdhypertrofie vergroting v.d. neusamandel door terugkerende en/of voortdurende infectie.
adenoïditis ontsteking v.h. adenoïd (de tonsilla pharyngea).
adenolipomatose vorming van klier-vetgezwellen op verschillende delen v.h. lichaam. • **adenolipomatosis symmetrica** diffuse symmetrische vetafzetting aan de hals.
adenolipoom combinatiegezwel dat uitgaat van klierepitheel en vetweefsel.
adenolymfocele cysteuze verwijding v.e. lymfeklier, t.g.v. obstructie i.d. afvoerende lymfevaten.
adenomateus met adenoomvorming.
adenomatose hyperplasie van klieren. • **endocriene** ~ het voorkomen van hormoonproducerende adenomen in verschillende endocriene klieren tegelijk.
adenomyomatose de aanwezigheid of de vorming van adenomyomen i.d. uteruswand of i.d. para-uteriene weefsels.
adenomyoom menggezwel van klierepitheel en glad spierweefsel.
adenoom goedaardig gezwel dat zich uit klierepitheel ontwikkelt. • **acidofiel** ~ hypofyseadenoom met typische immunohistochemische kenmerken. • **ACTH-producerend** ~ hypofyseadenoom dat ACTH produceert. • **adenoma insulocellulare** *zie* insulinoom. • **adenoma sebaceum** veelal erfelijke, bij pubers i.h. gelaat voorkomende knobbelige zwelling door woekering van bindweefsel en talgklieren. • **adenoma sudoriferum** adenoom v.d. zweetklieren. • **basofiel** ~ variant van hypofyseadenoom. • **basofiel hypofyse~** *zie* ziekte van Cushing. • **B-cel~** goedaardig klierepitheelgezwel, uitgaand v.d. B-cellen v.d. eilandjes van Langerhans i.d. pancreas. • **bijnierschors~** benigne tumor v.d. bijnierschors, meestal klein en unilateraal; de meeste typen veroorzaken endocriene stoornissen door productie van mineralocorticoïden (syndroom van Conn) of glucocorticoïden (syndroom van Cushing). • **bijschildklier~** parathyroïdhormoon producerende benigne tumor v.d. bijschildklier. • **chromofoob** ~ een gezwel i.d. hypofyse, bestaande uit chromofobe cellen. • **eosinofiel** ~ *zie* acidofiel ~. • **heet** ~ knobbel i.d. schildklier die radiojodium vasthoudt en daardoor op het scintigram zichtbaar wordt. • **hypofyse~** goedaardig gezwel v.d. hypofyse. • **koud** ~ knobbel i.d. schildklier die geen radiojodium vasthoudt en op het scintigram onzichtbaar blijft. • **lever~** goedaardige tumor v.d. lever. • **lipo~** *zie* adenolipoom. • **macro~** hypofyseadenoom dat tot vergroting v.d. hypofyse buiten de normale contouren leidt. • **micro~** hypofyseadenoom dat zich manifesteert door hormonale activiteit, maar niet door vergroting v.d. hypofyse en/of druk op omgevende structuren. • **pancreas~** zeldzame benigne tumor v.d. alvleesklier. • **pancreaseilandcel~** *zie* insulinoom. • **pleiomorf** ~ *zie* pleiomorfe speekselklier~. • **pleiomorfe speekselklier~** goedaardige epitheliale tumor v.d. speekselklieren. • **prostaat~** *zie* prostaathyperplasie. • **somatotroof** ~ groeihormoon uitscheidende tumor v.d. hypofysevoorkwab, die o.a. acromegalie en voor de puberteit versterkte lengtegroei veroorzaakt. • **speekselklier~** *zie* pleiomorfe speekselklier~. • **syringo~** adenoom v.e. zweetuitvoergang. • **talgklier~** zeldzaam solitair adenoom van talgklieren op het behaarde hoofd of gelaat, bij volwassenen. • **toxisch** ~ autonoom hyperfunctionerende nodulus i.d. schildklier die leidt tot hyperthyreoïdie. • **tubulair** ~ adenoom met tubulaire structuur. • **tubulovilleus** ~ adenoom met kenmerken van zowel een villeus als een tubulair adenoom. • **villeus** ~ sessiele poliep, opgebouwd uit lange, smalle, vingervormige villi die vrij vlak groeit en moeilijk v.h. gewone slijmvlies te onderscheiden is.
adenopathie 1 ziekte van klieren i.h. algemeen; 2 vergroting van lymfeklieren. • **multipele endocriene** ~ (MEA) *zie* neoplasie | multipele endocriene ~.
adenose goedaardige woekering van klierepitheel zonder vorming v.e. omschreven gezwel. • **scleroserende mamma-~** goedaardige woekering v.h. epitheel v.d. klierkwabjes i.d. mammae met een scleroserende bindweefseltoename en opvallende microcalcificaties. • **adenosis vaginae** goedaardige woekering van vaginaal klierepitheel herkenbaar aan vlekkige gebieden

i.h. bovenste deel v.d. vagina.
adenosinase een enzym dat adenosine splitst.
adenosine adenine-d-ribose, een nucleotide, derivaat van nucleïnezuur.
adenosinedeaminase (ADA) enzym met sleutelrol i.h. purinemetabolisme (synthese van DNA).
adenosinedifosfaat (ADP) een der nucleotiden die energie stapelen en overdragen.
adenosinemonofosfaat (AMP) een der nucleotiden die energie stapelen en overdragen.
adenosinetrifosfaat (ATP) een der nucleotiden die energie stapelen en overdragen.
adenosinetrifosfatase (ATP-ase) enzym dat ATP splitst.
adenotomie verwijderen v.d. neusamandel d.m.v. een adenotoom.
adenotonsillectomie verwijdering v.d. tonsillen en de adenoïden.
adenotoom instrument ten gebruike bij adenotomie.
adenotroop op klierweefsel gericht.
adenylaatcyclase *zie* adenylcyclase.
adenylaatcylase *zie* adenylcyclase.
adenylcyclase een in celmembranen aanwezig enzym dat de omzetting v.h. intracellulaire ATP in cyclisch AMP bevordert.
adenylzuur a *zie* adenosinedifosfaat.
adenylzuur b *zie* adenosinetrifosfaat.
adeps vet.
adequaat overeenkomend met, passend bi.
ader *zie* vena. • **gemeenschappelijke halsslag**~ *zie* arteria carotis communis. • **halsslag**~ *zie* arteria carotis communis.
• **holle** ~ *zie* vena cava. • **knijp**~ 1 musculeuze venula waarvan het lumen kan worden verminderd en zo de bloedstroom kan worden afgeknepen; komt o.a. voor in zwellichamen van clitoris en penis en i.h. slijmepitheel v.d. darm; bij constrictie neemt de bloedafvoer af en neemt daar de resorptietijd v.d. nutriënten i.d. circulatie toe; 2 vene waarvan het lumen kan worden verminderd en zo de bloedstroom kan worden afgeknepen; komt vnl. i.h. slijmepitheel v.d. darm voor. • **lymfespat**~ *zie* varix | lymfe~.
• **poort**~ *zie* vena portae hepatis. • **spat**~ *zie* varix.
aderlating het aftappen van bloed uit een ader, i.h. verleden een vaak toegepaste therapeutische handeling bij allerlei ziekten.
aderlijk *zie* veneus.

adermine *zie* vitamine B_6.
aderspat obsolete term voor varix *zie* varix.
aderverkalking lekenterm voor sclerosering van bloedvaten *zie* atherosclerose.
adervervetting lekenterm voor sclerosering van bloedvaten *zie* atherosclerose.
aderverwijding *zie* flebectasie.
ADH 1 anti-diuretisch hormoon *zie* vasopressine; **2** alcoholdehydrogenase.
adhaerens junction *zie* zonula adhaerens.
ADHD (attention deficit hyperactivity disorder) *zie* aandachtstekortstoornis met hyperactiviteit.
adherens vastklevend.
adherentie niet te verwarren met 'adhesie' *zie* compliantie | artsen~.
adherentiegebied het geografische gebied waarvoor een bepaalde gezondheidszorginstelling i.d. zorgbehoefte voorziet.
adherentiestoornis stoornis i.d. hechting van fagocyten aan cellen
adhesie 1 het aan elkaar vastkleven, ook vastgroeien, van weefsel; **2** de gevormde streng zelf; **3** aanhechting aan een oppervlak. • **adhesio interthalamica** door de derde hersenventrikel verlopende, uit grijze massa bestaande, secundaire vergroeiing tussen rechter en linker thalamus.
adhesiemolecuul eiwit op de membraan van bloedcellen en endotheelcellen dat de hechting v.d. bloedcellen aan de endotheelcellen tot stand brengt. • **intercellulair** ~ (ICAM) [E] celoppervlakmolecuul, betrokken bij de cel-cel- en cel-matrixinteracties.
• **vasculair cellulair** ~ (VCAM) [E] endotheliaal adhesiemolecuul; behoort tot de immunoglobulinesupergenfamilie.
adhesinen antigenen die zich op de celwand v.e. bacterie bevinden en zich specifiek aan receptoren van lichaamscellen binden.
adhesiolyse het losmaken van adhesies.
adhesiotomie het doorsnijden, klieven, van adhesies.
adhesivus vastklevend; vb. pericarditis adhesiva.
adiastolie gebrekkige of uitblijvende verwijding v.d. hartkamers tijdens de diastole.
adipectomie het wegsnijden van vetweefsel.
adipeus *zie* obees.
adipocele ingewandbreuk waarvan de inhoud uit vetweefsel bestaat, bijv. een epiplocele.
adipocire wasachtige stof waarin het vet en

adipocyt

het eiwit v.e. lijk veranderen wanneer dit enige weken in water of vochtige aarde heeft gelegen, afgesloten van zuurstof.

adipocyt *zie* cel | vet~.

adiponecrose versterf van vetweefsel. • **adiponecrosis subcutanea neonatorum** zeldzame subcutane vetinduratie bij pasgeborenen.

adipopexie vetweefsel van elders i.h. lichaam i.e. holte brengen en vastleggen ter verkleining van die holte.

adipositas *zie* obesitas. • ~ **cordis 1** vetafzetting i.d. hartspier, onder het pericard, bij zwaarlijvige mensen; **2** vettige degeneratie v.d. hartspier. • ~ **dolorosa** *zie* Dercum | ziekte van ~.

adiposogenitalis m.b.t. adipositas en de genitalia; vb. dystrophia adiposogenitalis.

adiposus uit vet bestaand; vb. panniculus adiposus, seborrhoea adiposa, corpus adiposum.

adipotroop *zie* lipotroop.

aditus toegang, ingang.

adiuretine *zie* vasopressine.

adjuvans 1 toevoeging aan een geneesmiddel; **2** aspecifiek immunostimulantium.

adjuvant aanvullend, i.h.b. m.b.t. ondersteunende farmacotherapie bij of na een bestraling of chirurgische ingreep. • **neo~** (m.b.t. therapie) ondersteunend en toegediend voorafgaand aan een chirurgische ingreep.

adjuvante therapie | adjuvante radiotherapie radiotherapie als aanvulling v.e. andere therapievorm.

ADL *zie* algemene dagelijkse levensverrichtingen.

ADL-beperkingen beperkingen i.d. algemene dagelijkse levensverrichtingen.

ad lib. (ad libitum) naar verkiezen, naar goedvinden;.

adnatus bij de geboorte; vb. atelectasis adnata.

adnexa naburige, bijbehorende organen, meestal gebezigd voor de adnexa uteri. • **huidadnexen** de organen die i.d. huid liggen en die een afzonderlijke functie hebben. • ~ **uteri** aan weerszijde v.d. uterus gelegen vrouwelijke geslachtsorganen (tubae en ovaria) en steunweefsel van uterus.

adnexectomie chirurgische verwijdering v.d. adnexa uteri.

adnexitis ontsteking v.d. adnexa uteri *zie* pelvic inflammatory disease.

adnexopexie operatieve bevestiging v.d. adnexa aan de buikwand.

adolescent jongen of meisje van 17 à 22 (meisje: 19) jaar.

adolescentie 1 (endocrinol.:) leeftijdsperiode voor jongens van 17-22, voor meisjes van 17-19 jaar, de tijd van verworven geslachtsrijpheid; **2** (psychol.:) de periode tussen het verschijnen v.d. secundaire geslachtskenmerken en het bereiken v.d. volwassenheid.

adontie het ontbreken van tanden t.g.v. een ontwikkelingsstoornis.

adoptive transfer [E] techniek voor het bestuderen v.d. functie van lymfocyten die zijn ingebracht bij een ander dier dan waaruit ze geïsoleerd zijn.

ADP 1 E. adenosine diphosphate = adenosinedifosfaat; **2** antidiuretisch principe (v.d. hypofyse).

ADR (adverse drug reaction [E]) *zie* bijwerking.

adrenaal betrekking hebbend op, afkomstig v.d. bijnier(en).

adrenalectomie verwijdering v.d. bijnier (en).

adrenaline N.B. uitsl. nog in Groot-Brittannië de voorkeursvorm; elders vervangen door 'epinefrine' *zie* epinefrine.

adrenalitis ontsteking v.d. bijnier, o.a. t.g.v. een auto-immuunstoornis.

adrenarche toenemen v.d. bijnierwerking, op ongeveer het 8e levensjaar. • **premature** ~ pubisbeharing en daarna okselbeharing zonder andere tekenen van puberteit vóór de leeftijd van 8 jaar.

adrenerg 1 met een werking zoals die van epinefrine (adrenaline); **2** gevoelig voor epinefrine; **3** overgedragen via epinefrine; **4** geactiveerd door epinefrine.

adrenoceptor gangbare naam voor receptor die betrokken is bij de effecten van (nor) epinefrine.

adrenochroom oxidatieproduct (intermediair stofwisselingsproduct) van epinefrine (adrenaline).

adrenocorticaal *zie* corticoadrenaal.

adrenocorticotrofine *zie* hormoon | adrenocorticotroop ~.

adrenocorticotroop gericht op de bijnieren.

adrenogenitaal de bijnieren en de genitalia betreffend.

adrenomedullair m.b.t. het bijniermerg.

adrenotroop *zie* adrenocorticotroop.
adressinen adhesiemoleculen op cellen van organen waaraan lymfocyten met corresponderende homingreceptoren zich hechten.
ADS (attention-deficit syndrome) *zie* aandachtstekortstoornis met hyperactiviteit.
adsorbaat *zie* adsorpt.
adsorbens een stof die adsorbeert.
adsorberen verschijnsel dat een stof aan het oppervlak moleculen v.e. andere stof aantrekt.
adsorberende koolstof geactiveerde kool die vooral grote ongeladen moleculen i.h. maag-darmkanaal reversibel kan binden.
adsorpt een stof die geadsorbeerd wordt.
adsorptie het proces of het resultaat van adsorberen.
adstringens medicament dat bij applicatie op wonden of intacte slijmvliezen een membraan laat ontstaan door eiwitcoagulatie (looiende werking).
ADT *zie* androgeendeprivatietherapie.
adult volwassen, volwassene.
adultorum vb. rachitis a.
⊛ **adult respiratory-distress syndrome** (ARDS) [E] acuut levensbedreigend klinisch syndroom met respiratoire insufficiëntie door longoedeem van niet-cardiale oorsprong, waarbij de longen direct of indirect worden beschadigd.
adultus opgegroeid, volwassen.
ad us. ext. (ad usum externum) (rec.) voor uitwendig gebruik.
ad us. int. (ad usum internum), voor inwendig gebruik (rec.).
ad us. propr. (ad usum proprium) (rec.) voor eigen gebruik.
advanced glycation end product product van niet-enzymatische glycering (meestal eiwitten).
adventitia *zie* tunica adventitia.
adynamia episodica hereditaria *zie* adynamie.
adynamie krachteloosheid, (spier)zwakte. • **episodische** ~ *zie* periodieke ~. • **periodieke** ~ paroxismale verlammingen door stoornis i.d. kaliumhuishouding. • **recidiverende** ~ *zie* periodieke ~.
adynamisch krachteloos, asthenisch.
AE *zie* immuniteitseenheid.
AED *zie* defibrillator | automatische externe ~.
Aedes muggengeslacht (fam. *Culicidae*, sub-fam. *Culicinae*) waarvan sommige soorten ziektekiemen kunnen overbrengen. • ~ *aegypti* komt voor i.d. tropen en subtropen, overbrenger van dengue en gele koorts. • ~ *africanus* overbrenger van oerwoud-gelekoorts. • ~ *albopictus Aedes albopictus*, mug die endemisch in Zuidoost-Azië is; ontleent zijn naam aan witte strepen op lichaam en poten; is reservoir en vector van o.a. westnijlkoorts, Japanse encefalitis, chikungunya, dengue (knokkelkoorts) en gele koorts; is i.t.t. bijv. de anofelesmug (overbrenger van malaria) ook overdag en niet alleen tijdens de schemering actief.
AEP (auditory brainstem-evoked potential) *zie* potentiaal | brainstem-evoked auditory potential.
aequalis gelijk; vb. pulsus aequalis, gemini aequales.
aequator *zie* equator.
aer- voorvoegsel in woordverbindingen m.b.t. lucht of gas.
aerocele zakvormige zwelling, bestaande uit een met lucht gevulde holte.
Aerococcus bacteriegeslacht van grampositieve kokken.
aerocystografie het maken van röntgenfoto's v.d. urineblaas nadat deze met lucht is gevuld; obsolete techniek.
aerodontalgie pijn i.h. gebit t.g.v. wisselingen in atmosferische druk.
aerofagie het overmatig inslikken van lucht; kan voorkomen bij gespannenheid.
aerogeen 1 door of via de lucht overgebracht of ontstaan; **2** lucht of gas producerend.
aerogram röntgenfoto waarbij als contrastmiddel lucht is gebruikt.
aerometer instrument waarmee men de dichtheid of het gewicht v.d. lucht meet.
Aeromonas bacteriëngeslacht v.d. fam. der *Vibrionaceae*,.
Aeromonas hydrophila gramnegatieve, facultatief anaerobe bacterie van genus *Aeromonas*.
aeroob aangewezen op de aanwezigheid van lucht (zuurstof). • **facultatief** ~ aanwezigheid van zuurstof niet noodzakelijk. • **obligaat** ~ zuurstof wel noodzakelijk.
aeroob vermogen *zie* duurprestatievermogen.
aeroperitoneum *zie* pneumoperitoneum.
aeroplethysmograaf toestel voor het grafisch registreren v.d. hoeveelheid inge-

ademde lucht bij elke ademteug.

aerosol dispersie van kleine deeltjes (10^{-4} tot 10^{-7} cm) i.e. gas. • **dosis**~ spuitbus onder druk waarin een geneesmiddel als niet-colloïdale suspensie aanwezig is.

Aesculapius Latijnse naam voor de Griekse god Asklepios. • **staf van** ~ verticale staf met één slang eromheen gewonden; door de World Medical Association vastgelegd symbool v.d. artsenprofessie (rood op witte achtergrond); voor bep. (para)medische professies (tandartsen, dierenartsen, apothekers, verloskundigen enz.) wordt een afwijkende kleur gebruikt.

aestivalis in voorjaar of zomer voorkomend; vb. hydroa aestivalis.

aestivus m.b.t. voorjaar of zomer; vb. catarrhus aestivus, cholera aestiva.

AF 1 (cardiol.); **2** (biochem.) zie fosfatase | alkalische ~.

afaak zonder lens, i.h.b. gebruikt voor ogen zonder lens.

afagie onvermogen te eten of te slikken. • **aphagia algera** het niet willen (kunnen) slikken wegens de pijn bij de slikbeweging.

afakie afwezigheid v.d. ooglens.

afalangie 1 het verlies van kootjes van vingers of tenen, bij lepra mutilans; **2** afwezigheid van vinger- of teenkootjes.

afasie stoornis i.d. spraak door beschadiging v.d. taalgebieden i.d. hersenen: delen v.d. frontale, temporale en pariëtale hersenschors en de thalamus v.d. dominante hemisfeer; in ruimere zin stoornis in expressievermogen (spreken, schrijven, gesticuleren) en i.h. begrijpen van expressieve uitingen van anderen. • **amnestische** ~ vloeiende afasie met bijna alleen maar woordvindstoornissen. • **expressieve** ~ zie motorische ~. • **geleidings**~ vloeiende of niet-vloeiende a. waarbij nazeggen en het opzeggen van automatische rijtjes relatief ernstig gestoord is. • **gemengde** ~ vloeiende of niet-vloeiende a. met stoornissen in zowel taalexpressie als taalbegrip. • **globale** ~ niet-vloeiende a. waarbij spreken, nazeggen, en taalbegrip in gelijke mate ernstig zijn aangedaan. • **motorische** ~ zie Broca | broca-afasie. • **receptieve** ~ zie Wernicke | wernickeafasie. • **sensorische** ~ zie Wernicke | wernickeafasie. • **totale** ~ gecombineerde motorische en sensorische a. • **transcorticale** ~ vloeiende of niet-vloeiende a. waarbij het vermogen zinnen na te zeggen of automatische rijtjes op te noemen relatief behouden is.

afatisch m.b.t. afasie.

afdrijving zie abortus provocatus lege artis.

afebriel zonder koorts.

afemie uitspraakstoornis veroorzaakt door beschadiging v.e. deel v.d. frontale kwab v.d. dominante hemisfeer.

aferese zie plasmaferese. • **foto**~ vorm van immunotherapie waarbij geïsoleerde lymfocyten met een specifiek agens worden gefotosensibiliseerd en opnieuw worden ingespoten, waarna ze aan doelwitmoleculen binden en de functie ervan onderdrukken. • **LDL**-~ procedé waarbij uit donorbloed de trombocyten worden verwijderd, waarna de rest v.h. bloed bij de donor wordt gere-infundeerd. • **leukocyt**~ procedé waarbij uit donorbloed de leukocyten worden verwijderd, waarna de rest bij de donor wordt gere-infundeerd. • **lymfocyt**~ procedé ter verkrijging v.e. lymfocytensuspensie; daartoe wordt v.e. donor bloed afgenomen, waaruit de lymfocyten selectief verwijderd worden, waarna de overgebleven vloeistof bij dezelfde donor wordt gere-infundeerd. • **trombocyt**~ procedé waarbij uit donorbloed de trombocyten worden verwijderd, waarna de rest v.h. bloed bij de donor wordt gere-infundeerd.

affect 1 (psychol.) waarneembare expressie v.d. emotionele reactie v.d. patiënt op externe gebeurtenissen en interne stimuli; **2** (pathol., microbiol.) initiële ontstekingsmanifestatie bij specifieke infecties zoals tuberculose, syfilis. • **adequaat** ~ expressie v.h. affect (gevoelsleven), i.h.b. i.d. gelaatsexpressie, die bij de situatie past. • **inadequaat** ~ stoornis i.d. expressie v.h. affect waarbij de gevoelsuitingen niet passen bij de omstandigheden waarin de patiënt verkeert en bij zijn gedachten en handelingen. • **incongruent** ~ stoornis i.d. expressie v.h. affect waarbij er een discrepantie is tussen de indruk die men heeft v.d. emotie v.d. patiënt en hetgeen de patiënt zelf meedeelt over zijn stemming. • **labiel** ~ stoornis i.d. expressie v.h. affect waarbij dit herhaald op een abrupte manier wisselt, terwijl er geen of slechts een geringe externe aanleiding voor is. • **onbeweeglijk** ~ stoornis i.d. expressie v.h. affect waarbij hardnekkig hetzelfde affect wordt getoond. • **primair** ~ (pathol., microbiol.) het eerste lokale verschijnsel v.e. infectieziekte. • **psychisch** ~ kortdurende hevige gemoedsbeweging. • **theatraal** ~ stoornis i.d. intensiteit v.d. expressie v.h. affect. • **vlak** ~ stoornis i.d. expressie v.h. affect, gekenmerkt door een verminderd tot niet moduleren met de emotionele betekenis voor de patiënt v.h. onderwerp dat aan de orde is.

affectafweer (psychol.) afweermechanisme waarbij men het gevoel losmaakt v.d. inhoud van bepaalde gedachten en voorstellingen.

affectdiscordantie *zie* affect | inadequaat ~.

affecthandeling explosieve handeling onder invloed van hevige gemoedsbeweging.

affectief het gemoedsleven betreffend; door een affect teweeggebracht.

affectief tonusverlies *zie* kataplexie.

affectieve functies stemming, affect en bijbehorende somatische sensaties en verschijnselen.

affectieve stoornis *zie* stemmingsstoornis.

affectisolatie *zie* affectafweer.

affectiviteit het vermogen tot gevoelsmatige of emotionele beleving.

affectlabiliteit versterkte emotionele reactie op betrekkelijk onbelangrijke gebeurtenissen, waardoor sterke stemmingswisselingen ontstaan.

affectontlading gemoedsuitbarsting t.g.v. affectstuwing.

affectstoornis obsolete term voor 'stoornis i.h. gevoelsleven'.

affectvervlakking *zie* gevoelsarmoede.

afferens aanvoerend; vb. vas afferens; tegenstelling: efferens, deferens.

afferent aanvoerend; vb. een afferent vat, een a-te zenuw (centripetaal geleidend).

affiniteit 1 (chemie) wederzijdse aantrekking van elementen of atoomgroepen; **2** (psych.) sympathie, genegenheid; **3** (farmacodynamica) aantrekking v.e. geneesmiddel tot een bepaald orgaan.

affiniteitsmaturatie toename v.d. affiniteit van antilichamen voor antigenen tijdens de secundaire immuunrespons door de switch van IgM- naar IgG-productie.

affiniteitsrijping *zie* affiniteitsmaturatie.

affixus aangehecht.

afflux toestroming, bijv. van bloed of v.e. vloeistof, naar een bepaald lichaamsdeel.

afhankelijkheid het geheel van cognitieve, gedragsmatige en fysiologische verschijnselen waardoor een verslaafd iemand een middel blijft gebruiken. • **alcohol**~ combinatie m.b.t. alcoholgebruik v.d. volgende factoren: 1) lichamelijke afhankelijkheid; 2) psychische afhankelijkheid; 3) controleverlies; 4) langdurige wens en/of vergeefse pogingen om te minderen of stoppen; 5) gebruik van middelen tegen onthoudingsverschijnselen; 6) lichamelijke en/of sociale gevolgen v.h. gebruik; van al deze kenmerken wordt psychische afhankelijkheid tegenwoordig gezien als het centrale kenmerk, terwijl controleverlies en lichamelijke en/of sociale beperkingen veeleer als gevolgen worden gezien.

afibrinogenemie zeer sterke vermindering dan wel afwezigheid van fibrinogeen i.h. bloed.

Afipia felis intracellulair groeiende gramnegatieve bacterie.

afkicken *zie* ontwenning.

afklemmen het plaatsen v.e. klem op een drain om deze tijdelijk af te sluiten.

afleidbaarheid af te leiden aandacht of concentratie.

afleiding *zie* cardiografie | elektro~. • ~ **van Einthoven** *zie* standaard~. • **borstwand**~ vorm van ecg-meting waarbij vijf elektroden op standaardposities op de borstwand worden bevestigd. • **standaard**~ bipolaire ecg-afleidingen, aangeduid met I, II en III. • **unipolaire** ~ ecg-registratie waarbij wordt uitgegaan van één explorerende elektrode.

afnavelen de navelstreng doorsnijden en afklemmen.

AFO *zie* orthese | ankle-foot orthosis.

aforie onvruchtbaarheid.

AFP *zie* foetoproteïne | alfa~.

afreageren zich bevrijden van onaangename gevoelens door deze opnieuw te beleven, via vertellen (aan een psychoanalyticus) of door ontladingen zoals juichen, razen, huilen.

Afrikaanse oogworm *zie* Loa loa.

afrodisiacum middel dat seksueel verlangen en seksuele fantasie opwekt.

à froid i.d. fase waarin de acute ontsteking v.e. hol buikorgaan tot rust is gekomen of waarin een infiltraat om dat orgaan tot resorptie is gekomen.

afscheiding *zie* uitscheiding. • **vaginale** ~ *zie* fluor vaginalis.

afspraak *zie* consult. • **gezamenlijke medische** ~ (GMA) *zie* consult | gezamenlijk me-

disch ~.
afstoting *zie* transplantaatafstoting.
afstotingsreactie | **chronische** ~ *zie* transplantaatafstoting | chronische ~. • **hyperacute** ~ immuunreactie die binnen enkele uren na transplantatie tot afstoting leidt t.g.v. reeds circulerende antistoffen. • **versnelde** ~ immuunreactie die binnen enkele dagen na transplantatie tot afstoting leidt.
afstrijkje *zie* uitstrijkje.
aft kleine pijnlijke erosie, gewoonlijk multipel voorkomend, overgaand in ulcus, aan slijmvliezen v.d. mond, soms ook v.d. vulva. • **bednar-en** kleine, symmetrisch gelokaliseerde zweertjes achter op het harde verhemelte, bij zuigelingen.
aftenvirus *zie* virus | mond-en-klauwzeer-~.
afterload [E] *zie* belasting | na-~. • **linkerventrikel~** gemiddelde wandspanning i.d. linker hartkamer tijdens de systolische uitdrijvingsfase.
afterloadvermindering verlaging d.m.v. geneesmiddelen v.d. weerstand waartegen de linker hartventrikel moet pompen.
afteus door aften veroorzaakt of daarmee gepaard gaand; vb. afteus ulcus.
aftoïd lijkend op aften.
aftongie onvermogen te spreken, door kramp v.d. spraakspieren.
aftose met aften gepaard gaande aandoening.
afvalweefsel *zie* débris.
afvloed *zie* effusie.
afweer 1 stelsel van beschermingsmogelijkheden die het lichaam heeft om lichaamsvreemd materiaal te weerstaan en op te ruimen; 2 verkorte vorm van 'afweermechanisme' *zie* afweermechanisme. • **humorale** ~ bescherming door specifieke en niet-specifieke afweerstoffen die zich vrij i.d. extracellulaire ruimte bevinden. • **lokale** ~ afweersystemen die vnl. in huid en slijmvliezen gelokaliseerd zijn. • **natuurlijke** ~ *zie* niet-specifieke ~. • **niet-specifieke** ~ bescherming door fysische en fysiologische barrières, eiwitten en cellen met als kenmerk het ontbreken van immunologisch geheugen. • **niet-specifieke cellulaire** ~ afweer die bestaat uit fagocyterende cellen: neutrofiele en eosinofiele granulocyten, fagocyten en NK-cellen. • **niet-specifieke humorale** ~ afweer die bestaat uit i.d. extracellulaire vloeistof opgeloste stoffen. • **specifieke** ~ bescherming door B- en T-lymfocyten en antistoffen, gekenmerkt door specificiteit en immunologisch geheugen.
afweerdefect *zie* deficiëntie | immuno-~.
afweermechanisme 1 (immunol.) *zie* afweer; 2 (psychol.) onbewust proces waarmee een emotionerende werkelijkheid wordt vervorm of vertekend om zo de hiermee samenhangende angst te verminderen; vb. affectisolatie (affectafweer), dissociatie, ontkenning (loochening), overcompensatie, projectie (verplaatsing), rationalisering (intellectualisering), regressie, twijfelzucht en verdringing.
afweerstoornis defect i.e. v.d. afweersystemen, waardoor infectie met pathogenen, overgevoeligheid en/of auto-immuunreacties optreden.
afwezigheid *zie* absence.
afwikkelbalk boogvormige zool die als lichte aanpassing van normaal schoeisel het afrollen v.d. voet toelaat zonder de metatarsofalangeale gewrichten te belasten.
afzetten *zie* amputatie.
Ag *zie* antigeen.
agalactie geheel of gedeeltelijk ontbreken van zogsecretie.
agameet protozoön zonder geslachtelijke voortplanting.
agammaglobulinemie geheel of gedeeltelijk ontbreken van gammaglobuline i.h. bloed. • ~ **van Bruton** *zie* bruton-~. • **bruton-** ~ volledig ontbreken van immunoglobulineproductie waardoor geen opsonisatie plaatsvindt.
agamocytogenie *zie* schizogonie.
aganglionair zonder ganglioncellen.
aganglionose afwezigheid van ganglioncellen. • **aganglionosis coli** afwezigheid van ganglioncellen i.d. plexus van Meissner en Auerbach v.d. dikke darm, leidend tot verstoring v.d. motiliteit v.d. darm.
agar gedroogde slijm uit verschillende Aziatische zeewieren. • **bloed~** uit agar en bloed bestaand vast kweekmedium voor bacteriën. • **dieudonné~** voedingsbodem voor cholera-vibrio's; bevat bloed, alkali en agar.
agardiffusiemethode methode voor het testen v.d. bacteriële gevoeligheid voor antibiotica m.b.v. filtreerpapierschijfjes.
Agaricus zie Amanita. • ~ **muscarius** *zie Amanita muscaria*.
agarverdunningsmethode methode voor het testen v.d. bacteriële gevoeligheid voor

antibiotica.

agenesie uitblijvende of uitgebleven ontwikkeling v.e. lichaamsdeel of orgaan.
• **ovariële** ~ *zie* syndroom | turner-.
• **sacrale** ~ afwezigheid v.h. heiligbeen.
• **testis**~ *zie* anorchie. • **vaginale** ~ aangeboren afwezigheid van (een groot gedeelte van) de vagina *zie* syndroom van Mayer-Rokitansky-Küster.

agenetisch niet ontwikkeld.

agenitalisme het geheel of gedeeltelijk ontbreken van genitalia.

agens 1 (microbiol., pathol.:) actief werkend organisme; vb. infectieus agens; Engels syn. is 'agent', vb. *Norwalk agent*; 2 (z.nw.) werkzame stof; 3 (bv.nw.) handelend, werkend, werkzaam.

agent [E] *zie* agens. • **Norwalk** ~ *zie* virus | norwalk~.

ageusie verlies van smaakvermogen, meestal op basis van verlies van reukvermogen (anosmie); ook door beschadiging van smaakzenuwen (n. lingualis), door bestraling en door tongaandoeningen; tevens door tabakgebruik (pruimen) en medicijngebruik als amylotriptiline.

agger dam, verhevenheid.

agglomeratie samenklontering van kristallen waardoor steenvorming i.d. urinewegen plaatsvindt.

agglutinatie antigeen-antistofreactie waarbij het antigeen zich in deeltjesvorm bevindt en met de antistof een netwerk vormt waarin de deeltjes samenklonteren. • **H**-~ 'vlokkige' a. v.d. H-antigenen van bacteriën met zweepdraden onder invloed van specifieke H-agglutinine, die de zweepdraden verlamt en doet verkleven. • **mee**~ positieve agglutinatiereactie in lagere titers dan optredend met het specifieke antigeen en ontstaan door antigene verwantschap. • **O**-~ 'korrelige' a. v.d. O-antigenen van bacteriën zonder zweepdraden, onder invloed van specifieke O-agglutinine.

agglutinator stof die de agglutinatie bevordert.

agglutineren samenklonteren, het doen samenklonteren van kleine deeltjes tot grotere.

agglutinine antistof uit de bèta- of gammaglobulinefractie die met het homologe agglutinogeen reageert, waarbij agglutinatie plaatsvindt. • **auto**~ factor i.h. serum die autoagglutinatie teweegbrengt. • **auto-hem**~ antistof die de erytrocyten v.h. eigen lichaam agglutineert. • **fytohem**~ (PHA) een lectine uit bonen, agglutineert erytrocyten. • **H**-~ antistof tegen homoloog H-antigeen. • **hem**~ specifiek antigeen, o.a. op het oppervlak van influenza-virus, dat erytrocyten agglutineert. • **iso**~ agglutinine, afkomstig v.e. individu van dezelfde soort. • **isohem**~ hemagglutinine die de erytrocyten agglutineert v.e. tot dezelfde diersoort behorend individu. • **kcu**-~ antistof die de eigenschap heeft erytrocyten te doen agglutineren bij afkoeling. • **O**-~ antistof tegen homoloog O-antigeen. • **sperma**-~ antistof tegen spermatozoa.

agglutinogeen een antigene substantie die het organisme aanzet tot vorming van agglutinine.

agglutinoïd antistof uit de gammaglobulinefractie die wel het desbetreffende agglutinogeen kan binden, maar geen agglutinatie kan teweegbrengen.

aggravatie 1 het overdrijven, erger doen voorkomen van aanwezige symptomen; 2 het verergeren.

aggregaat ophoping, samenklontering.

aggregatie samenklontering.

aggregatus bij elkaar liggend, opeengehoopt.

aging brown cartilage [E ophoping van extracellulair verouderingspigment (ABC-glycopeptide) in pezen, ribkraakbeen en de anulus fibrosis v.d. tussenwervelschijf.

agio *zie* assistent-geneeskundige in opleiding.

agitans gepaard met voortdurende bewegingen en trillingen; vb. paralysis agitans.

agitatie rusteloze activiteit, gepaard met angstige opwinding.

agitatus rusteloos, opgewonden; vb. melancholia agitata.

aglaucopsie *zie* blindheid | groen-~.

aglomerulair zonder glomeruli.

agmina Peyeri folliculi lymphatici aggregati.

agnathie afwezigheid v.e. of beide kaken.

agnogeen van onbekende oorsprong.

agnosie stoornis i.h. herkennen van complexe visuele, auditieve of tactiele waarnemingen (bijv. objecten, gezichten, specifieke geluiden) door een focale hersenbeschadiging, waarbij enkoudigere elementen v.d. stimulus (bijv. kleur, toonhoogte, pijnprikkel) wel kunnen worden waargenomen. • **agrafognosie** tactiele agnosie waarbij de patiënt niet in staat is om met gesloten ogen letters te herkennen die de onderzoeker met zijn vinger op de handpalmen v.d. patiënt 'schrijft'. • **akoestische** ~ zie auditieve ~. • **auditieve** ~ stoornis i.h. herkennen van geluiden. • **links-rechts**~ vorm van agnosie waarbij men ruimtelijk links en rechts niet kan onderscheiden. • **optische** ~ zie visuele ~. • **prosop**~ vorm van visuele agnosie waarbij de patiënt het gezicht van hem bekende personen niet herkent. • **rechts-links**~ zie links-rechts~. • **simultaan**~ stoornis i.d. visuele herkenning van meerdere objecten tegelijk of v.d. afzonderlijke elementen v.e. object door beschadiging v.d. pariëtotemporale hersenschors. • **stereo**~ onvermogen om kleine voorwerpen in één afzonderlijke hand bij intacte sensibiliteit op de tast met gesloten ogen te herkennen. • **tactiele** ~ zie stereo~. • **vinger**~ onvermogen zijn eigen of een andermans vingers te herkennen, meestal door een beschadiging v.d. rechtspariëtale hersenschors. • **visuele** ~ stoornis i.d. visuele herkenning van objecten door beschadiging v.d. occipitale of temporale hersenschors.

agogie de arbeid die gericht is op het bewerken van gewenst geachte veranderingen bij mensen t.a.v. hun gedrag, onderlinge verhoudingen enz.

-agogum achtervoegsel in woordverbindingen betreffende 'drijvende' (uitdrijvende) middelen.

agonaal tot de doodsstrijd behorend.

agonadaal zonder gonaden.

agonadisme constitutionele toestand die het gevolg is v.h. ontbreken v.d. gonaden of van ontbrekende functie v.d. gonaden.

agonie angst, doodsstrijd.

agonist 1 een spier die door contractie een bepaalde beweging kan veroorzaken, welke kan worden tenietgedaan door de antagonist met een tegengesteld bewegingseffect; **2** (biochem., farmacol.) stimulerende stof die via de erbij behorende receptor leidt tot een biologisch effect. • **adrenerge bèta-2-receptor**~ bronchusverwijdend geneesmiddel, werkzaam door stimulatie van bètareceptoren. • **alfa-1-adrenoceptor**~ geneesmiddel dat door binding aan alfa-1-adrenoceptoren deze receptoren stimuleert; vaak toegepast ter decongestie van neusslijmvlies en conjunctiva; vb. nafazoline, xylometazoline. • **bèta-**~ zie adrenerge bèta-2-receptor~. • **partiële** ~ farmacon dat bij volledige bezetting v.d. receptoren geen maximale respons geeft. • **serotonine**~ zie remmer | serotonineheropname~.

agra | ~~ achtervoegsel in woordverbindingen m.b.t. hevige pijn, i.h.b. m.b.t. jicht. • **ancon**~ jicht (arthritis urica) i.h. elleboogsgewricht. • **chir**~ pijn door jicht (arthritic urica) i.d. hand. • **gon**~ pijn door jicht (arthritic urica) i.d. knie. • **ischi**~ pijn door jicht (arthritis urica) i.d. heup. • **pell**~ multipele avitaminose met ontbreken van vitamine B-complex. • **pod**~ pijn door jicht (arthritic urica) i.d. voet.

agrafe metalen krammetje waarmee een wond kan worden gesloten, een incisie kan worden gehecht enz.

agrafie stoornis v.h. schrijven door beschadiging v.d. taalgebieden i.d. dominante cerebrale hemisfeer. • **par**~ verschrijvingen bij patiënten met een agrafie.

agrammatisme spreken en schrijven in 'telegramstijl'.

agranulocyt een leukocyt zonder korreling.

agranulocytose 1 (plotselinge) verdwijning v.d. granulocyten uit het bloed; **2** het ziektebeeld dat zich ontwikkelt bij (plotselinge) verdwijning v.d. granulocyten uit het bloed en dat gepaard kan gaan met stomatitis en tonsillitis ulcerosa, hoge koorts en septikemie (sepsis agranulocytotica); zonder behandeling is de afloop letaal. • **infantiele** ~ zeldzame, autosomaal recessief erfelijke ziekte, waarbij vanaf de geboorte granulocytopenie bestaat, terwijl het aantal granulocyten i.d. eerste levensweek snel daalt.

agranulocytoticus gepaard gaand met, of i.v.m. agranulocytose; vb. sepsis agranulocytotica.

agraphia zie agrafie.

AGREE-instrument (Appraisal of Guidelines for Research and Evaluation) instrument om de kwaliteit van klinische richtlijnen te beoordelen en evalueren; ontwikkeld door een internationaal samenwerkingsverband (AGREE Collaboration).

agressie (psychol.) uiting van vijandigheid.

agressief 1 (psychol.) neigend tot vijandigheid en gewelddadigheid; vb. agressief gedrag; **2** (pathol.) tot beschadiging leidend;

vb. -ieve hepatitis.
agrin glycoproteïne dat acetylcholinereceptoren op het postsynaptische deel v.d. neuromusculaire overgang bijeenhoudt.
agrypnie *zie* slapeloosheid.
agyrie afwezigheid van hersenwindingen (gyri).
AHC *zie* conjunctivitis | acute hemorragische ~.
AICD *zie* defibrillator | automatische externe ~.
aid [E] hulpstuk, hulpmiddel, bijv. bij revalidatie, slechtziendheid.
AIDP *zie* neuropathie | acute inflammatoire demyeliniserende poly~.
aids (acquired immunodeficiency syndrome) verworven deficiëntie v.h. immuunsysteem t.g.v. infectie met het *Human immunodeficiency virus* (hiv).
aids [E] Eng. meervoudsvorm van *aid* = hulpmiddel; bijv. *visual aids* = bril, loep.
aidsdementiesyndroom *zie* dementie | aids-complex.
AIHA *zie* anemie | auto-immuunhemolytische ~.
ainhum fibreuze constrictie v.d. plooi tussen de vierde of vijfde teen en de voetzool die tot spontane afsnoering v.d. teen leidt.
AION *zie* neuropathie | anterieure ischemische opticus~.
aios *zie* arts in opleiding tot specialist.
AIP *zie* porfyrie | acute intermitterende ~.
airway management *zie* luchtwegverzekering.
AIS *zie* androgeenongevoeligheidssyndroom.
AIVA *zie* exercise-induced ventricular arrhythmia.
akaryocyt kernloze cel, i.h.b. een erytrocyt.
akatalasie het ontbreken v.h. enzym katalase i.d. erytrocyten.
akinesie vorm van hypokinesie waarbij de beweging niet snel kan worden gestart.
akinesthesie ontbreken v.h. bewegingsgevoel.
akinetisch zonder beweging; vb. akinetische epilepsie.
akinetopsie stoornis i.h. zien van bewegingen door beschadiging v.d. visuele hersenschors.
akoepedie onderricht aan slechthorenden, ter verbetering van communicatie.
akoepedist deskundige i.d. akoepedie.
akoestiek de leer v.h. geluid en v.h. gehoor.

akoestisch m.b.t. het gehoor of het horen. • ~ **systeem** *zie* systeem | auditief ~.
ala vleugelvormig aanhangsel of uitsteeksel. • ~ **vomeris** vleugelvormig uitsteeksel v.h. ploegschaarbeen voor de verbinding met de ossa sphenoidale en het palatinum.
alactie *zie* agalactie.
alanine ($C_2H_5NH_2COOH$) een der aminozuren waaruit de eiwitten v.h. menselijk lichaam zijn opgebouwd.
alaris tot de vleugel behorend; vb. cartilago alaris major.
alastrim gemitigeerde vorm van pokken met goedaardig karakter en lage sterfte door mild verloop.
ALAT *zie* transferase | alanineamino~.
alatus vleugelachtig; vb. scapula alata.
alba vr. van albus (wit); vb. lingua alba.
albedo witheid. • ~ **retinae** netvliesoedeem.
Albee | **beenspaan van** ~ een uit de tibia, rib of crista iliaca genomen beenspaan.
Albers-Schönberg | **ziekte van** ~ osteopetrosis generalisata.
albescens wit-achtig; vb. scintillatio albescens.
albicans wit-achtig; vb. corpus albicans, striae a-cantes.
albidus wit-achtig; vb. strophulus albidus, maculae albidae (mv. van albida).
albinisme aangeboren erfelijke aandoening a.g.v. stoornis i.d. pigmentvorming van ogen, huid en haar, waardoor geen omzetting van tyrosine in melanine plaatsheeft. • **albinismus localis** vorm van a. waarbij het pigment alleen op bepaalde plaatsen ontbreekt. • **albinismus totalis** vorm van a. waarbij alle pigment ontbreekt. • **albinismus universalis** *zie* albinismus totalis.
albino iemand die aan albinisme lijdt.
albinoticus m.b.t., t.g.v. voorkomend bij albinisme; vb. fundus albinoticus.
Albright | **albrightsyndroom 1** *zie* hypoparathyreoïdie | pseudo-; **2** *zie* syndroom | mccune-albright~.
albugineus wit-achtig; vb. tunica albuginea.
albumen eiwit, proteïne, verouderde term.
albuminaat verbinding van albumine met zuur of alkali.
albumine proteïne, oplosbaar in water en stollend door verhitting, wordt neergeslagen door sterke anorganische zuren en zouten; komt voor in serum, ei, melk. • **lact~** een op serumalbumine lijkend eiwit in

melk. • **methem**~ verbinding van gewoonlijk in bloedplasma voorkomende albumine met heem. • **nucleo**~ fosfoproteïne, bevat i.t.t. nucleoproteïne paranucleïnezuur. • **par**~ een eiwitstof in ovariumcysten, misschien identiek met pseudomucine. • **plasma**-~ *zie* serum-~. • **pre**~ een eiwitfractie die bij elektroforese iets sneller beweegt dan albumine. • **serum**~ een v.d. in serum voorkomende eiwitten.

albuminoideus eiwitachtig; vb. sputum albuminoideum.

albuminosus eiwitachtig; vb. periostitis albuminosa.

albuminurie | **koude**~ *zie* urie | proteïn~. • **renale** ~ *zie* urie | proteïn~.

albus wit; vb. fluor albus, linea alba.

Alcaligenes een genus micro-organismen v.d. fam. *Achromobacteraceae*. • ~ *faecalis* darmbewoner, vaak gevonden bij diarree, maar ook bij gezonde mensen.

ALCAPA (anomalous left coronary artery from pulmonary artery) zeldzame congenitale afwijking waarbij de a. coronaria sinistra abnormaal ontspringt uit de a. pulmonalis.

alcohol 1 koolwaterstof waarin een of meer H-atomen door -OH zijn vervangen; **2** (meestal bedoeld) ethylalcohol = ethanol.

alcoholafhankelijkheid | **geestelijke** ~ heftig verlangen (drang, zucht) naar alcohol. • **lichamelijke** ~ afhankelijkheid v.h. lichaam door de onthoudingsverschijnselen die optreden zodra gestopt wordt met het gebruik van alcohol.

alcoholdehydrogenase *zie* aldehydedehydrogenase.

alcoholgebruik het nuttigen van ethylalcohol bevattende drank als genotsmiddel. • **excessief** ~ extreme vorm van overmatig alcoholgebruik. • **gematigd** ~ drinkpatroon dat niet direct leidt tot lichamelijke klachten en/of psychische of sociale problemen. • **overmatig** ~ drinkpatroon dat leidt tot lichamelijke klachten en/of psychische of sociale problemen. • **problematisch** ~ drinkpatroon dat leidt tot lichamelijke klachten en/of psychische of sociale problemen dan wel verhindert dat bestaande problemen adequaat worden aangepakt. • **recreatief** ~ *zie* gematigd ~. • **sociaal** ~ *zie* gematigd ~.

alcoholicus 1 aan alcohol verslaafde persoon; het syn. 'potator' is verouderd; **2** veroorzaakt door of m.b.t. alcohol; vb. polyneuritis alcoholica, delirium alcoholicum.

alcoholintoxicatie syndroom dat optreedt a.g.v. langdurig overmatig alcoholgebruik en dat wordt gekenmerkt door verschillende symptomen, dosisafhankelijk v.d. bloedalcoholconcentratie.

alcoholisme *zie* afhankelijkheid | alcohol~.

alcoholmisbruik schadelijk alcoholgebruik.

⊚ **alcoholonthoudingssyndroom** verzamelbegrip voor alle gevolgen v.h. staken of het minderen van langdurig overmatig alcoholgebruik, variërend van enige verschijnselen van autonome hyperactiviteit tot alcoholonthoudingsdelier.

alcoholpromillage concentratie alcohol i.h. bloed, meestal tot uitdrukking als massa per eenheid volume.

⊚ **alcoholsyndroom** combinatie van lichamelijke en geestelijke verschijnselen o.b.v. overmatig alcoholgebruik, zoals controleverlies na enkele consumpties en hunkering naar alcohol; **indeling**: (volgens CBS) zwaar drinken, probleemdrinken, afhankelijkheid/misbruik van alcohol; 'zwaar drinken' = consumptie van 1 of meer dagen per week minstens 6 eenheden (glazen, = E) alcohol; probleemdrinken = drinken boven een bepaalde drempelwaarde in combinatie met allerlei gevolgen van alcoholconsumptie.

ALD adrenoleukodystrofie.

aldehydedehydrogenase (ADH) i.d. lever aanwezig enzym dat de omzetting van alcohol in acetaldehyde bevordert.

aldosteron een hormoon v.d. bijnierschors (zona glomerulosa) dat kalium uitdrijft en natrium retineert (door terugresorptie i.d. niertubuli).

aldosteronisme *zie* hyperaldosteronisme. • **primair** ~ vorm van aldosteronisme waarvan de oorzaak i.d. bijnier gelegen is. • **secundair** ~ de vorm van a. waarvan de oorzaak buiten de bijnier gelegen is.

aldosteronoom bijnieradenoom dat aldosteron afscheidt.

Aldridge | **aldridgeprocedure** operatie aan de tubae voor tijdelijke sterilisatie.

aleukemische leukose *zie* leukemie | a~.

alexandertechniek bewegingsdiscipline die zich richt op correctie van belemmerende gewoonten i.d. manier van staan, zitten, lopen en liggen, die leiden tot foutieve hou-

dingen en spierspanningen.
alexie stoornis v.h. lezen door beschadiging v.d. taalgebieden i.d. dominante cerebrale hemisfeer. • ~ **zonder agrafie** syndroom waarbij een patiënt wel kan schrijven, maar niet kan lezen. • **verbale** ~ *zie* blindheid | woord~.
alexithymie stoornis i.h. gevoelsleven waarbij de eigen gevoelens moeizaam worden onderkend en uitgedrukt.
alfa (α) eerste letter v.h. Griekse alfabet.
alfa-adrenerg een alfareceptor beïnvloedend.
alfa-adrenoreceptor *zie* receptor | alfa~.
alfa-amino-isocapronzuur *zie* leucine.
alfa-2-antiplasmine eiwit dat de fibrinolyse remt door blokkering van vrij circulerend plasmine.
alfa-1-antitrypsine enzym dat wordt gesynthetiseerd i.d. lever.
alfablokker geneesmiddel dat relaxatie geeft v.h. gladde spierweefsel i.d. prostaat, urethra en blaashals *zie* receptor.
alfachymotrypsinogeen voorstadium van alfachymotrypsine (ACT).
alfadeeltje positief geladen deeltje, bestaande uit twee protonen en twee neutronen.
alfa-gammacoactivatie ter onderdrukking v.d. myotatische reflex tijdens willekeurige bewegingen wordt gelijktijdig met de activiteitsverandering v.d. alfamotorneuron.
alfa-gammakoppeling *zie* alfa-gammacoactivatie.
alfagliadine het toxische agens dat coeliakie veroorzaakt.
alfahulp huishoudelijke hulp als vorm van thuiszorg waarbij niet de thuiszorgorganisatie een hulp in dienst heeft, maar degene die v.d. hulp gebruikmaakt.
alfaketopropionzuur *zie* zuur | pyrodruiven~.
alfamannosidase enzym dat alfagebonden mannoseresiduen hydroxyleert.
alfareceptoractivering stimulatie v.e. alfaadrenerge receptor v.e. effectorcel door binding van norepinefrine (noradrenaline), waardoor de intracellulaire calciumionenconcentratie stijgt; dit leidt tot contractie van gladde spieren; de calciumstijging is het gevolg van zowel een direct effect op receptorgeactiveerde calciumkanalen als de vrijmaking van calcium uit het sarcoplasmatisch reticulum.
5-alfa-reductaseremmer geneesmiddel dat wordt toegepast voor volumevermindering v.e. hypertrofische prostaat.
alfatocoferolacetaat *zie* vitamine E.
alfavezels *zie* zenuwvezels | alfa~.
alg chlorofyl-bevattende lagere plant, behorend tot de *Thallophyta* met als subfylum de *Algae* (wieren).
algemeen psychiatrisch ziekenhuis (APZ) zorg- en behandelingsinstituut met open en gesloten afdeling; voorziet in verzorging, begeleiding, onderzoek, behandeling en resocialisering van mensen met ernstig psychiatrische stoornissen.
algemene dagelijkse levensbehoeften verhaspeling van 'algemene dagelijkse levensverrichtingen' *zie* algemene dagelijkse levensverrichtingen.
algemene dagelijkse levensverrichtingen (ADL) o.a. i.d. revalidatie gebruikte term voor functies als zichzelf wassen, kleden, naar het toilet gaan, eten.
algerus pijnlijk; vb. akinesia algera.
algesie gevoeligheid of verhoogde gevoeligheid voor pijn; beter is dus eigenlijk 'hyperalgesie'.
algidus koud; vb. cholera algida, stadium algidum (bij cholera).
-algie achtervoegsel in woordsamenstellingen dat aangeeft dat i.h. desbetreffende lichaamsdeel pijn bestaat.
alginaat zout van alginezuur.
algo- voorvoegsel in woordsamenstellingen dat een betrekking tot pijn aangeeft.
algodystrofie *zie* complex regionaal pijnsyndroom.
algor koude. • ~ **mortis** lijkkoude.
algoritme expliciete beschrijving v.e. systematisch proces van opeenvolgende stappen waarbij elke stap afhangt v.d. uitkomst v.d. vorige. • **klinisch** ~ beschrijving van stappen ten aanzien van medisch handelen die opeenvolgend moeten worden uitgevoerd.
algos *zie* pijn.
alibidenie *zie* stoornis met verminderd seksueel verlangen.
alienatio mentis 'krankzinnigheid', obsoleet begrip.
aliënie agenesie v.d. milt.
alienus vreemd; vb. corpus alienum.
alignment-afwijking standsafwijking v.h. been ten opzichte v.d. lengteas.
alimentarius m.b.t. de spijsvertering; vb.

canalis alimentarius.
aliquot 1 een 1/n gedeelte v.e. te onderzoeken hoeveelheid (n); door onderzoek van 1 aliquot en vermenigvuldiging met n vindt men het getal voor de gehele hoeveelheid; **2** (minder juist): een willekeurig monster, stukje, beetje.
alkalescentie de concentratie van alkali.
alkaliëmie *zie* alkalose.
alkalireserve het vermogen v.h. bloed, zuur te binden zonder dat de pH noemenswaard verandert.
alkaloïden oorspronkelijk een v.d. vele producten van planten en schimmels die door alkalische reacties van elkaar konden worden onderscheiden. • **ergot**~ groep alkaloïde stoffen.
alkalopenie tekort aan alkali.
alkalose metabole ontregeling met een verhoogde zuurgraad v.h. bloed van pH > 7,45.
• **metabole** ~ a. door een toegenomen plasmabicarbonaatgehalte, bijv. door gastrointestinaal H+-verlies bij massaal braken of maagzuigen of door renaal H+-verlies bij hyperaldosteronisme. • **respiratoire** ~ a. door overmatig verlies van kooldioxide via de ademhaling.
alkapton *zie* zuur | homogentisine~.
alkylerende stoffen cytostatica, behorend tot de groep antimitotica (mitosegiften); ze hechten zich aan de kerneiwitten en belemmeren de profase v.d. celdeling (alkyleren = het invoeren v.e. alkylgroep i.e. organische verbinding).
ALL *zie* leukemie | acute lymfatische ~.
allantochorion een samengesteld vlies, ontstaan door vergroeiing van allantois en chorion.
allantois uitstulping v.d. embryonale endeldarm, die ingroeit i.d. ruimte tussen de serosa en het amnion, de buitenembryonale lichaamsholte.
allel 1 de ene helft v.e. genenpaar dat een of meer kenmerken v.h. nageslacht bepaalt; **2** een alternatieve vorm v. gen met zijn zetel op dezelfde locus. • **non**~ gen dat niet op dezelfde locus zetelt.
allelfrequentie de relatieve mate van voorkomen v.e. bepaald allel in een bevolkingsgroep.
allelisme de onderlinge verhouding van allelen. • **multipel** ~ aanwezigheid van vele alternatieve genen op één gen-locus.
allelomorfisme *zie* allelisme.

allelotypering analyse v.d. rol en locatie van allelen op de chromosomen.
allergeen 1 [znw.] stof die leidt tot een allergische reactie; **2** [znw.] allergeen extract; **3** [bnw.] allergie veroorzakend. • **contact**~ allergeen dat een type-IV-allergische reactie i.d. vorm van eczeem i.d. huid opwekt.
• **foto**~ stof die de huid sensibiliseert voor zonlicht. • **inhalatie**~ a. dat een immuunreactie i.d. luchtwegen opwekt. • **test**~ gezuiverd a. dat gebruikt wordt voor het vaststellen v.d. aard v.e. bestaande allergie.
• **voedings**~ allergeen dat na ingestie een allergische reactie opwekt.
allergeenbron bron die bepaalde allergenen bevat.
allergeeneliminatie preventieve maatregelen om contact met allergenen te vermijden die problemen zouden kunnen geven.
allergeen extract extract dat een of meer allergenen bevat, gebruikt voor diagnostiek en therapie.
allergicus 1 (bijv. nw.) allergisch; vb. dermatitis allergica; **2** (zelfst. nw.) iemand bij wie een overgeërfde allergische aanleg daadwerkelijk zichtbaar is geworden; reageert op blootstelling aan allergenen.
⊛ **allergie** overgevoeligheidsreactie die met een immunologisch proces gepaard gaat en die wordt veroorzaakt door contact via huid of slijmvliezen met een stof van buiten het lichaam (allergeen); indeling: er zijn verschillende typen allergieën, die zich onderling onderscheiden door de aard v.h. immunologisch proces en i.d. snelheid waarmee de allergische reactie na blootstelling aan het allergeen optreedt (uren tot dgn.); het meest gangbaar is nog steeds de indeling van Gell en Coombs in vier typen allergie (hoewel dit volgens de huidige inzichten een te simplistische weergave is), waarbij humorale componenten (m.n. immunoglobulinen, complementfactoren), dan wel cellulaire componenten (m.n. T-cellen, B-cellen en langerhanscellen), al of niet in combinatie, een bepaald reactiepatroon geven: 1) type-I-allergie (directe reactie, atopie), met als belangrijkste componenten IgE, mestcellen, basofiele granulocyten en histamine; 2) type-II-allergie (cytotoxische reactie) met IgG, IgM en complement; 3) type-III-allergie (immuuncomplexreactie), idem als type II i.d. vorm van immuuncomplexen; 4) type-IV-allergie

(cellulaire of vertraagde reactie) met T-lymfocyten, langerhanscellen en macrofagen. • **atopische** ~ *zie* type-I-~. • **auto**~ auto-immuunreactie waarbij het antigeen wordt gevormd door een exogene stof in combinatie met een lichaamscel. • **beroeps**~ allergische klachten (bijv. astma, rinitis, eczeem), veroorzaakt door beroepsmatige blootstelling aan allergenen. • **cellulaire** ~ *zie* type-IV-~. • **chromaat**~ overgevoeligheid voor chromaten, voorkomend o.a. bij mensen die met cement werken. • **contact**~ type-IV-allergie v.d. huid voor lichaamsvreemde stoffen waarbij antigeenpresenterende langerhanscellen T-lymfocyten rekruteren en activeren en ter plaatse eczeem ontstaat; antigenen zijn bijv. parfumgrondstoffen, conserveermiddelen, planten en metalen. • **cytotoxische** ~ *zie* type-II-~. • **directereactie** ~ *zie* type-I-~. • **foto**~ abnormale huidreactie door de gecombineerde werking v.e. chemische stof en licht. • **graankever**~ extrinsieke allergische alveolitis door inhalatie v.d. graankever bij het voeren van besmet graan. • **huisstofmijt**~ allergie voor de i.h. huisstof aanwezige uitwerpselen v.d. huisstofmijt (*Dermatophagoides pteronyssinus*). • **humorale** ~ *zie* type-I-~. • **immuuncomplex**~ *zie* type-III-~. • **kippeneiwit**~ type-I-allergie voor kippenei(wit), leidend tot diverse klachten. • **koemelkeiwit**~ type-I-allergie voor koemelk (eiwit); vooral bij kleine kinderen met atopisch syndroom. • **pollen**~ *zie* pollinose. • **stimulatoire** ~ type-II-allergische reactie waarbij de auto-immuunreagerende antilichamen het doelwitorgaan stimuleren door te binden aan de activerende receptoren. • **type-I**-~ door specifieke IgE-antistoffen gemedieerde ('directe') vorm van allergie *zie* hypersensitiviteit | immediate-type hypersensitivity. • **type-II**-~ door specifieke IgM- of IgG-antistoffen bepaalde vorm van allergie waarbij een reactie optreedt met cel- of membraangebonden antigenen. • **type-III**-~ allergie wordt bepaald door een immuuncomplex van allergenen en IgG-antistof. • **type-IV**-~ cellulaire (vertraagdtype)overgevoeligheidsreactie waarbij antigeenpresenterende langerhanscellen T-lymfocyten rekruteren en activeren.

allergietest | **intracutane** ~ diagnostische methode voor vaststelling van type-I-allergie waarbij een kleine hoeveelheid allergeen intracutaan i.d. huid wordt gespoten.

allergisch overgevoelig voor een stof die bij normale mensen geen reactie verwekt.
• ~ **contacteczeem** *zie* eczeem | contactallergisch ~.

allergische reactie | **vroege** ~ type-I-overgevoeligheidsreactie die onmiddellijk volgt op contact met het allergeen.

allergische sensitisatie gevoeliger worden voor een bepaalde stimulus en reflexreactie bij herhaalde stimulering.

allergologie de kennis, de leer, het specialisme m.b.t. de allergie

allergoloog specialist i.d. allergologie.

Allescheria boydii een schimmelsoort die mycetoma verwekt.

alligator boy [E] *zie* ichtyose | harlekijn-~.

allo- voorvoegsel in woordsamenstellingen met de betekenis anders, afwijkend v.d. norm.

allochromosoom *zie* chromosoom | geslachtschromosomen.

allodynie stoornis i.d. pijngewaarwording.

allogeen (m.b.t. transplantatietechniek) afkomstig v.e. genetisch niet-identiek individu van dezelfde species.

allomorf van vorm veranderd.

allomorfie verandering van vorm, bijv. de afronding van fibrocyten in oedemateus weefsel.

alloprothese *zie* implantaat.

allosterie beïnvloeding van enzymactiviteit door effectoren die niet substraten zijn en niet inwerken op het aangrijpingspunt v.h. enzym.

allothermie *zie* poikilothermie.

allotoop antigene determinant op IgG-molecuul die niet bij ieder individu voorkomt.

allotopie *zie* dystopie.

allotrio- voorvoegsel in woordverbindingen met de betekenis vreemd.

allotriofagie het eten van stoffen die voor voeding ongeschikt zijn (krijt, aarde).

allotriogeusie het proeven van iets anders dan hetgeen werkelijk wordt gegeten.

allotype variant v.h. constante gebied v.d. zware keten van antilichaammoleculen.

alloxaandiabetes bij proefdieren door toediening van alloxaan veroorzaakte diabetes.

alogie stoornis i.d. samenhang v.h. denken en de gesproken taal waarbij weinig woorden worden gebruikt of eventueel met veel woorden weinig gedachten worden uitgedrukt.

alopecia kaalheid; indeling: meest voorkomende vormen van kaalheid zijn alopecia androgenetica en alopecia areata; beide kunnen gepaard gaan met zichtbaar haarverlies (effluvium capillorum); andere vormen van haarverlies die soms tot kaalheid leiden, zijn anageen en telogeen effluvium. **· ~ androgenetica** androgeen geïnduceerde erfelijke en met de leeftijd toenemende vorm van haaruitval. **· ~ areata** haaruitval met scherp begrensde, ronde kale plekken. **· ~ atrophicans** verlittekende alopecia: er zijn geen haarfollikels meer aanwezig, haarverlies is blijvend. **· ~ cicatrisata** a. atrophicans. **· ~ congenita** aangeboren vollediige of pleksgewijze kaalheid. **· ~ diffusa** versterkte diffuse uitval van hoofdhaar. **· ~ hereditaria** erfelijke alopecia. **· ~ idiopathica** alopecia met onbekende oorzaak. **· ~ mucinosa** vorm van kaalheid die wordt gekenmerkt door folliculaire papels waarbij mucine tegen de follikel is neergeslagen. **· ~ mycotica** alopecie veroorzaakt door schimmels. **· ~ neurotica** obs. term voor a. bij psychische aandoeningen zie trichotillomanie. **· ~ postinfectiosa** symptomatische haaruitval na infectieziekten. **· ~ senilis** ouderdomskaalhoofdigheid. **· ~ totalis** uitval van alle hoofdhuidbeharing. **· ~ universalis** kaalheid over het gehele lichaam. **· centrale centrifugale cicatrificerende alopecie** groep van verlittekenende vormen van alopecia die moeilijk van elkaar kunnen worden onderscheiden. **· frontaal fibroserende alopecie** symmetrische bandvormige alopecie, langs de voorste haargrens gelokaliseerd blijvend. **· frontotemporale** ~ zie alopecia androgenetica. **· moth-eaten** ~ [E] pleksgewijze haaruitval i.h.k.v. secundaire syfilis. **· pseudo**~ ogenschijnlijk minder haar door afbreken van haar a.g.v. fragiliteit v.d. haarschacht. **· tractie**~ kaalheid, vnl. aan de slapen, a.g.v. voortdurend trekken aan het hoofdhaar.

ALS 1 zie amyotrofe laterale sclerose; **2** zie life support | advanced ~.

ALT zie transferase | alanineamino~.

ALTE zie apparent life-threatening event.

alter afzonderlijke identiteit of persoonlijkheidstoestand i.h. kader v.e. dissociatieve identiteitsstoornis.

alterans geneesmiddel dat door verandering v.d. stofwisseling de genezing zou bevorderen.

alteratie 1 (histol.) verandering v.e. weefsel; **2** (psych.) omslag in gemoedsstemming, beroering, ontsteltenis.

alternans wisselend, afwisselend; vb. pulsus alternans, hemiplegia alternans. **· hemiplegia ~ facialis** zie hemiplegie | hemiplegia alternans inferior.

Alternaria fungusgeslacht waarvan de sporen astma kunnen veroorzaken.

alternatieve behandelwijzen zie geneeswijze | alternatieve ~n.

alternatieve route activatie v.h. complementsysteem door bacteriële producten of IgA-antistoffen.

alternatieveroute-C3-convertase zie C3-convertase.

alternis horis alt. hor., om het andere uur, eens per twee uur (rec.).

alt. hor. zie alternis horis.

altitude sickness zie ziekte | hoogte~.

altus hoog; vb. pulsus altus, sectio alta.

aluminose aandoening v.d. luchtwegen door aluminiumstof, i.e.z. aluminiumstoflong, een vorm van pneumoconiose. **· aluminosis pulmonum** een vorm van pneumoconiosis, stoflong veroorzaakt door aluminiumstof.

alveodentalis m.b.t. de tandkas; vb. osteoperiostitis alveodentalis.

alveolair 1 (pulmonologie) m.b.t. een longblaasje (alveole); vb. alveolaire lucht; **2** (mond- en kaakziekten) m.b.t. een tandalveole (tandkas); vb. alveolair bot.

alveolair-arterieel zuurstofspanningsverschil verschil in zuurstofdruk tussen alveolaire lucht en arterieel bloed.

alveolaire ruimte luchthoudende ruimte i.d. longen, gevormd door de alveoli.

alveolaire zuurstofspanning de gasdruk die wordt opgebouwd door de zuurstoffractie in de met waterdamp verzadigde lucht i.d. longblaasjes.

alveolaris 1 m.b.t. de alveolen v.d. long; **2** m.b.t. de tandkassen; vb. pyorrhoea alveolaris, periosteum alveolare.

alveolitis 1 ontsteking v.d. (long-)alveolen; **2** periodontitis. **· cryptogene fibroserende** ~ (CFA) longaandoening met ontsteking van alveolaire wanden en daardoor interstitiële bindweefseltoename. **· exogeen-allergische** ~ ziekte gekenmerkt door algemene symptomen en ademhalingsstoornissen van niet-astmatische aard.

- **extrinsieke allergische ~** (EAA) *zie* extrinsieke allergische alveolitis. • **fibroserende ~** E. term ('fibrosing a.') voor interstitiële pneumonie.
alveolodentalis m.b.t. tandkas en tand.
alveololabialis m.b.t. tandkas en lip.
alveolus 1 (pulmon.:) *zie* alveolus pulmonis; **2** (tandheelk.:) *zie* alveolus dentalis. • **~ dentalis** holte i.d. processus alveolaris voor de tandwortel. • **~ pulmonis** longblaasje.
alveus groeve, kanaal, holte.
alvi gen. van alvus; vb. constipatio alvi.
alvleesklierkanker *zie* pancreascarcinoom.
alvleesklierontsteking *zie* pancreatitis.
alvus de buik met de ingewanden; vb. incontinentia alvi.
Alzheimer | **alzheimerfibrillen** verdikte neurofibrillen bij alzheimerdementie.
 • **neurofibrillaire degeneratie van ~** degeneratie van zenuwcellen en fragmentatie van uitlopers, vooral voorkomend bij de preseniele dementie van Alzheimer.
a.m. (ante meridiem), vóór de middag (innemen) (rec.).
AMAN acute motorische axonale neuropathie.
amandelen *zie* tonsillen. • **~ knippen** *zie* tonsillectomie. • **~ pellen** *zie* tonsillectomie, amandelen knippen. • **derde amandel** *zie* tonsilla pharyngealis. • **gehemelteamandel** *zie* tonsilla palatina. • **keelamandel** *zie* tonsilla pharyngealis. • **neusamandel** *zie* tonsillen. • **tongamandel** *zie* tonsilla lingualis.
Amanita een geslacht van giftige zwammen.
 • **~ muscaria** vliegenzwam.
amara bittere geneesmiddelen, met eetlustopwekkende werking.
amatoxinen toxische cyclische peptiden afkomstig v.d. zwam *Amantia*.
amaurose blindheid, i.h.b. met oorzaak buiten het oog gelegen en met verschillende genese: hersentrauma, aangeboren, bij glaucoom, uremie, vergiftiging e.a. • **amaurosis congenita van Leber** aangeboren en autosomaal recessief erfelijke oogaandoening. • **amaurosis fugax** voorbijgaande blindheid van één oog i.h.k.v. minuten durende aanvallen van voorbijgaande eenzijdige blindheid die verondersteld worden te zijn ontstaan door een tijdelijke doorbloedingsstoornis v.d. retina door kleine emboliën vanuit atherosclerotische afwijkingen i.d. arteria carotis i.d. hals of vanuit het hart i.c. arteria centralis retinae en de vertakkingen daarvan, of door vaatspasmen. • **amauros s partialis fugax** *zie* scotoom | flikker-. • **toxische ~** blindheid a.g.v. een ontsteking v.d. n. opticus door intoxicatie.
amaurotisch gepaard gaand met amaurose.
amb- voorvoegsel in woordsamenstellingen met als betekenis aan of naar beide zijden.
ambidexter met twee 'rechterhanden', dus links en rechts even 'handig'.
ambiguus naar beide zijden neigend; vb. nucleus a-guus.
ambitendentie katatone bewegingsstoornis waarbij de patiënt als het ware niet kan kiezen tussen twee bewegingen en afwisselend aan beide bewegingen begint.
ambivalent (genetica) pleiotroop.
ambivalentie 1 het gelijktijdig bestaan van twee tegengestelde gevoelens, gedachtengangen of strevingen; **2** (psych.) negatief symptoom bij schizofrenie waarbij de patiënt moeite heeft om beslissingen te nemen.
amblyoop lijdend aan amblyopie.
◉ **amblyopie** door een ontwikkelingsstoornis ontstane, met hulpmiddelen niet te verbeteren, vermindering v.d. gezichtsscherpte (visusdaling) aan één oog, in aanwezigheid v.e. normaal visueel systeem; men onderscheidt twee vormen: deprivatieamblyopie en suppressieamblyopie. • **amblyopia ex anopsia** verlies van gezichtsvermogen door het niet gebruiken v.e. oog (bij scheelzien). • **deprivatie-~** verminderde visus aan een oog, veroorzaakt door congenitale mediatroebelingen of een langdurige occlusie, bijv. ernstige ptosis. • **intoxicatie-~** amblyopie t.g.v. vergiftiging door stoffen die een axiale 'neuritis' v.d. gezichtszenuw teweegbrengen. • **amblyopia migrans** het fenomeen dat tijdens de behandeling v.e. amblyoop oog door een te langdurige occlusie v.h. fixerende oog dit oog amblyoop wordt.
amblyoscoop toestel voor oefening van amblyope ogen d.m.v. het stereoscopisch zien.
ambulans lopend; vb. pestis ambulans.
ambulant lopend, niet-bedlegerig, loopvaardig; vb. ambulante patiënt.
ambulatorium plaats waar lopende (extramurale) patiënten worden behandeld.
ambulatorius lopend; vb. typhus ambulatorius.
ambustie brandwond.

ambustiformis lijkend op verbranding; vb. ulcus ambustiforme.
amelanose het volledig ontbreken van melaninepigment.
amelanoticus *zie* amelanotisch.
amelanotisch zonder pigment; vb. amelanotisch melanoom.
ameloblastoom gezwel, uitgaande van ameloblasten.
amelocyt emailcel.
⊛ **amenorroe** het uitblijven v.e. regelmatig terugkerende menstruatie (menses), veelal gedefinieerd als het interval (amenorroeduur, AD) tussen vaginale bloedingen meer dan 6 mnd. bedraagt; indeling: klinisch wordt de uitval v.d. ovariumfunctie vaak onderverdeeld o.b.v.: 1) tijdstip van ontstaan, nl. primair (wanneer een vrouw op haar zestiende verjaardag nog niet heeft gemenstrueerd) of secundair (wanneer een vrouw gedurende zes mnd. niet heeft gemenstrueerd); 2) een meer functionele indeling, te weten hypergonadotrope (5%), hypogonadotrope (10%) en normogonadotrope amenorroe (85%); vgl. ook oligomenorroe (vaginale bloedingen vinden plaats met interval > 35 dgn. en < 6 mnd.).
• **fysiologische** ~ afwezigheid van menstruatie vóór de menarche, tijdens zwangerschap en lactatie en na de menopauze.
• **lactatie**~ postpartumverlenging v.d. amenorroe a.g.v. het geven van borstvoeding. • **postpil**~ a. die ontstaat als na het staken v.e. ovulatieremmer de hypothalamische klok geremd blijft. • **primaire** ~ een a. die nooit door een menstruatie is voorafgegaan. • **secundaire** ~ een a. bij een vrouw die tevoren wel heeft gemenstrueerd.
amenorroïsch behorend bij, a.g.v. amenorroe.
amentie toestand van acute verwardheid, verbijstering, onbegrip voor en waanachtige verwerking van zintuiglijke waarnemingen en angst. • **alcoholische ~ van Stearns** *zie* stearns-. • **stearns**~ vorm van alcoholische psychose met minder emotionele stoornis dan bij delirium tremens, maar van langere duur en met meer beneveld bewustzijn en meer amnesie.
amentieel gepaard gaand met, of i.v.m. amentie.
ametropie verzamelnaam voor brekingsafwijkingen v.h. oog.
amfetamine aan norepinefrine verwant sympathicomimeticum met perifere effecten en centrale effecten.
amfi- voorvoegsel in woordsamenstellingen met de betekenis 'aan beide zijden, dubbel'.
amfiartrose *zie* junctura cartilaginea.
amfiaster een bepaalde configuratie die ontstaat tijdens een bepaalde fase v.d. mitose: de chromosomen liggen in twee kegeloppervlakken gerangschikt.
amfibiose eigenschap v.e. micro-organisme om zich als een symbiont en als een parasiet te kunnen gedragen.
amfibool stadium stadium bij febris typhoidea met lage ochtend- en hoge avondtemperaturen.
amfigonie geslachtelijke voortplanting, door vereniging v.e. mannelijke en een vrouwelijke voortplantingscel.
amfoor als een kruik klinkend.
amfoteer zowel basisch als zuur reagerend.
amianthaceus asbestachtig; vb. tinea amianthacea.
amianthose asbestose.
amicron colloïdaal deeltje kleiner dan 1 μm (10^{-6} m), dat i.d. (licht)microscoop niet meer zichtbaar is.
amidase een amide-splitsend enzym zoals arginase, asparaginase, hippurase, urease.
amimie verlies v.h. uitdrukkingsvermogen.
aminegeur onwelriekende vaginale geur als symptoom bij vaginale infecties.
aminoacidemie aanwezigheid van (te veel) aminozuren i.h. bloed.
aminofosfolipide specifiek soort fosfolipide, gekenmerkt door aanwezigheid van aminogroep (NH_2).
aminofylline ethyleendiaminezout van theofylline, vroeger gebruikt als bronchusverwijdend geneesmiddel.
aminoglutethimide farmacon dat de opbouw van bijnierschorshormonen blokkeert, m.a.g. remming van oestrogeenproductie.
aminogluthetimide stof die synthese van steroïde hormonen remt.
aminoglycosiden groep antibiotica.
aminolevulinezuur | d-~ voorverbinding van porfobilinogeen.
aminonitrogeen aan eiwit gebonden stikstof.
aminopeptidase enzym i.d. darm dat een rol speelt bij de eiwitvertering.
aminoquinolinen groep anti-malariamid-

delen.

aminozuur bouwsteen van eiwitten; elk a. bevat de NH_2-(amino-) en de COOH-(carboxyl-)-groep. • **essentiële aminozuren** die a. welke niet door het lichaam kunnen worden gesynthetiseerd en dus met het voedsel moeten worden genuttigd: arginine, histidine, isoleucine, leucine, lysine, methionine, fenylalanine, treonine, tryptofaan, valine. • **glucogeen** ~ aminozuur dat via transaminering en desaminering wordt omgezet in alfa-ketoglutaraat, dat i.d. citroenzuurcyclus wordt gemetaboliseerd. • **ketogeen** ~ aminozuur dat i.d. lever wordt gedesamineerd en vervolgens via lipogenese wordt opgeslagen als vet, via acetylcoA i.d. citroenzuurcyclus wordt gemetaboliseerd of in ketonlichamen wordt omgezet.

amitose amitotische celdeling.

amitotisch niet-mitotisch.

AML *zie* leukemie | acute myeloïde ~.

AML-M3 *zie* leukemie | promyelocytaire ~.

ammoniak (NH_3) cytotoxisch kleurloos gas met kenmerkende, bijtende geur.

ammoniakbuffer door tubuluscellen v.d. nier geproduceerd ammoniak dat een reactie kan aangaan met zuur of base en daardoor de zuurgraad v.h. interne milieu stabiliseert.

amnesie 1 verlies van kennis en ervaringen, maar v.e. abnormaal geachte aard of omvang; 2 toestand waarbij via medicamenteuze weg de herinnering aan een onaangename ingreep verloren is gegaan.
• **amnesia lacunaris** geheugenverlies voor bepaalde gebeurtenissen. • **amnesia verbalis** *zie* afasie | amnestische ~. • **anterograde** ~ onvermogen in te prenten en te onthouden wat er gebeurt ná de ziekte die de amnesie heeft veroorzaakt. • **dissociatieve** ~ (psychol.:) een of meer episoden van onvermogen om zich belangrijke persoonlijke gegevens te herinneren die meestal van traumatische of stressveroorzakende aard zijn. • **hysterische** ~ *zie* psychogene ~.
• **infantiele** ~ het (normale) verlies aan herinnering aan de eerste drie tot vijf levensjaren. • **par**~ herinneringsvervorming of -verstoring a.g.v. een kwalitatieve geheugen- en/of perceptiestoornis. • **postictale** ~ periode na een epileptisch insult waarin geen inprenting mogelijk is. • **posttraumatische** ~ periode na een traumatisch schedelhersenletsel waarin geen inprenting mogelijk is. • **psychogene** ~ amnesie die niet het gevolg van organisch hersenletsel is. • **retrograde** ~ (psychol.) stoornis i.h. langetermijngeheugen, gekenmerkt door het onvermogen om gedurende een bepaalde periode gebeurtenissen op te roepen die vóór een acute hersenaandoening waren opgeslagen. • **transiënte globale** ~ (TGA) spontaan ontstane periode van anterograde en retrograde amnesie (inprentingsstoornis) en desoriëntatie zonder andere stoornissen of uitvalsverschijnselen.

amnestisch gepaard gaand met amnesie; NB: niet te verwarren met 'anamnestisch'.

amnialis m.b.t. het amnion; vb. hydrorrhoea amnialis.

amniografie röntgenonderzoek v.d. amnionholte na inspuiting v.e. contraststof.

amnion het binnenste v d eivliezen die de vrucht omgeven.

amnionholte *zie* vruchtzak.

amnionitis ontsteking v.h. amnion.

amnionvloeistof *zie* vruchtwater.

amniorroe het wegvloeien van amnionvocht.

amnioscoop een endoscoop waarmee amnioscopie wordt verricht.

amnioscopie rechtstreekse inspectie v.d. foetus en de eivliezen, alsmede beoordeling v.h. vruchtwater d.m.v. een via de cervix ingevoerde amnioscoop.

amniotomie het i.d. schede doorprikken v.d. eivliezen via de baarmoedermond.

amniotoom instrument om de vruchtzak te openen (vliezen te breken).

Amoeba eencellige parasiet (ofwel protozoön).

amoebe *zie Amoeba*.

amoebencyste amoebe in ruststadium, door een beschermende wand omgeven.

amoebiasis ziekte die door besmetting met amoeben is veroorzaakt. • ~ **extraintestinalis** a. van andere organen dan de darm.
• ~ **intestinalis** darmamoebiasis (colon en rectum). • **lever**~ infectie v.d. lever met *Entamoeba histolytica*.

amoebicide amoeben dodend.

amoebicidum amoebendodend middel.

Amoebida orde van *Protozoa* behorend tot de superklasse *Rhizopoda*.

amoeboïd lijkend op een amoebe.

amoeboïde beweging vormverandering en

verplaatsing d.m.v. pseudopodia, zoals bij een amoebe.
amoeboom fibreuze ontstekingstumor, veroorzaakt door amoeben.
amorfinisme complex van abstinentieverschijnselen die zich voordoen bij het plotseling onthouden van morfine aan iemand die daaraan verslaafd is.
amosiet asbestvezel; verantwoordelijk voor de meeste afwijkingen bij asbestose.
AMP *zie* adenosinemonofosfaat. • **cyclisch** ~ (cAMP) 3',5'-cyclisch adenosinemonofosfaat.
amphiaster *zie* amfiaster.
amphibolicus amfibool; vb. fistula amphibolica.
amphigastrula gastrula met ongelijke delen.
Amphitricha micro-organismen met aan beide einden een flagel.
amplificatie 1 het groter maken, bijv. v.e. auditieve of visuele prikkel, om de waarneming te verbeteren; **2** (genetica) de productie van kopieën v.e. deel v.h. DNA. • **gen**~ sterke vermeerdering v.h. aantal kopieën v.e. (onco)gen op een chromosoom.
amplitude uitslag, verschil tussen minimumwaarde en maximumwaarde. • **bloeddruk**~ het verschil tussen systolische en diastolische bloeddruk, normaliter 40 mm kwik (5,3 kPa).
ampul dunwandig, dichtgesmolten glazen buisje waarin een in te spuiten medicament steriel kan worden bewaard. • **epifrenische** ~ *zie* ampulla epiphrenica.
ampulla langwerpige verwijding v.e. buis. • ~ **epiphrenica** kruik- of spoelvormig, verwijd gedeelte v.d. slokdarm proximaal t.o.v. het diafragma. • ~ **hepatopancreatica** een i.d. wand v.h. duodenum gelegen verwijding v.d. tot één verenigde ductus choledochus en ductus pancreaticus. • ~ **ossea anterior** de met de vorengenoemde drie ampullae overeenkomende verwijdingen v.d. benige kanalen. • ~ **recti** het verwijde gedeelte v.h. rectum.
ampullaris fles- of kolfvormig; vb. crista ampullaris.
amputatie het afsnijden v.e. uitwendig lichaamsdeel (extremiteit, mamma, penis), i.e.z. bedoeld van extremiteiten, met doorzaging v.h. bot, i.t.t. exarticulatie. of afsnijden v.e. uitwendig lichaamsdeel (extremiteit, mamma, penis), i.e.z. bedoeld van extremiteiten, met doorzaging v.h. bot, i.t.t. exarticulatie. • ~ **volgens Bier** osteoplastische amputatie waarbij de zaagvlakken v.h. onderbeen met een periostbotlap worden bedekt. • ~ **volgens Bunge** amputatie v.e. extremiteit waarbij beenmerg en periost tot 1 cm proximaal v.h. zaagvlak v.h. pijpbeen worden weggenomen om beenwoekering te voorkomen. • ~ **volgens Carden** femuramputatie waarbij de amputatiestomp wordt bedekt met de patella plus weke delen. • ~ **volgens Gritti** *zie* gritti-~.
• ~ **volgens Gritti-Stokes** *zie* gritti-stokes-~.
• ~ **volgens Krukenberg** *zie* Krukenberg | krukenbergamputatie. • ~ **volgens Madden** *zie* madden-~. • ~ **volgens Malgaigne** *zie* malgaigne-~. • ~ **volgens Pirogoff** *zie* pirogoff-~. • ~ **volgens Teale** *zie* teale-~. • **amputatio spontanea 1** intra-uteriene afsnoering van ledematen door amnionstrengen of navelstreng; **2** afstoting v.e. lidmaateinde na necrose. • **chopart**~ eigenlijk geen amputatie, maar een exarticulatie i.h. gewricht van Chopart. • **forequarter**-~ radicale amputatie v.d. arm met medenemen v.d. gehele schoudergordel.
• **gemodificeerde radicale mamma**-~ (grm) verwijdering van gehele borst (met tepel) en okselvet met klieren; modificatie betreft behoud van mm. pectoralis major en minor. • **gritti**~ supracondylaire amputatie v.h. femur met behoud v.d. patella.
• **gritti-stokes**~ *zie* gritti-~. • **langenbeck**~ beenamputatie met vorming v.e. voor- en een achterlap. • **madden**~ gemodificeerd radicale mastectomie (grm) met het sparen v.d. onderliggende spieren maar met meenemen v.d. oksellymfeklieren.
• **malgaigne**~ chir. verwijdering v.d. voet zonder wegneming v.d. talus. • **mamma**-~ het operatief verwijderen v.d. borstklier, grote borstspier en okselvet met lymfeklieren. • **onderbeen**~ chirurgisch verwijderen v.h. onderbeen waarna huidspierlappen over de tibiastomp worden gehecht. • **patey**~ gemodificeerd radicale mastectomie.
• **pirogoff**~ amputatie v.d. voet. • **pulpa**-~ (tandheelk.) operatieve verwijdering v.h. i.d. tandkroon gelegen gedeelte v.d. pulpa.
• **radicale mamma**-~ het operatief verwijderen v.d. borstklier, grote en kleine borstspier en okselvet met lymfeklieren. • **re**~ hernieuwde amputatieoperatie ter verbetering v.e. slechte amputatiestomp. • **su**-

pravaginale uterus~ operatieve verwijdering v.h. corpus uteri boven de portio vaginalis. • **syme~** amputatie i.d. enkel, direct proximaal v.h. enkelgewricht, waarbij hielhuid behouden blijft. • **teale~** amputatie v.d. dij en vorming van twee lappen van huid en spierweefsel, een lange en een korte.

amputatiestomp het na een amputatie overgebleven einde v.e. lidmaat.

amputatio mediotarsea *zie* amputatie | chopart~.

AMS 1 acute mountain sickness *zie* ziekte | hoogte~; **2** *zie* arteria mesenterica superior.

AMSAN *zie* neuropathie | acute motorische en sensibele axonale ~.

Amsler | amslerkaartje kaartje met ruitpatroon voor het vaststellen en optekenen van centrale scotomen.

amyelencefalie aangeboren afwezigheid van ruggenmerg en hersenen.

amyelie aangeboren afwezigheid v.h. ruggenmerg.

amyelinicus mergloos.

amyelotrofie atrofie v.h. ruggenmerg.

amygdala 1 (neuranat.); **2** (kno-heelkunde) *zie* tonsillen.

amygdaloideus amandelvormig; vb. corpus amygdaloideum.

amygdaloliet *zie* tonsilloliet.

amylaceus stijfselachtig; vb. corpus amylaceum.

amylase ferment dat amylum (en glycogeen) splitst en waarbij als splitsingsproducten dextrinen, maltose of glucose ontstaan.

amylnitriet *zie* poppers.

amyloïd 1 grauwe, spek- of wasachtige eiwitsubstantie van wisselende samenstelling, die zich in sommige pathologische omstandigheden diffuus i.h. lichaam (gegeneraliseerde amyloïdose) dan wel i.e. of meer organen ophoopt (vb. amyloïdlever); **2** op zetmeel gelijkend, zetmeelachtig.
• **APUD-~** amyloïd, gemaakt uit hormonen en prehormonen door cellen v.h. APUD-systeem; APUD-amyloïd komt o.a. voor i.d. eilandjes van Langerhans bij diabetes mellitus, sommige insulinomen en het medullair schildkliercarcinoom.

amyloïdangiopathie afwijkingen die ontstaan door amyloïdafzetting i.d. bloedvaatwand.

amyloïde ontaarding amyloïde degeneratie.

amyloïdfibril met elektronenmicroscopie zichtbaar te maken fibril, bestaande uit een polypeptide-polysaccharideverbinding, waaruit amyloïd is opgebouwd.

⊚ **amyloïdose** verzamelnaam v.e. groep stapelingsziekten waarbij verschillende soorten eiwitten i.d. vorm van zeer kleine vezeltjes (fibrillen = amyloïd) i.d. organen en i.d. wanden van bloedvaten worden afgezet; indeling: belangrijkste systemische typen zijn AL, AA en A-bèta-2M-amyloïdose (zie verder); daarnaast zijn er vormen van orgaanamyloïdose waarbij de afzetting v.h. amyloïd tot slechts één orgaan beperkt blijft; voorbeelden hiervan zijn de afzetting van bèta-amyloïd i.d. hersenen bij de ziekte van Alzheimer en de afzetting van amyline i.d. alvleesklier bij type-II-diabetes. • **lever~** ophoping van amyloïd i.d. lever met hepatomegalie, ascites en icterus. • **lichteketen~** amyloïdose die voorkomt in samenhang met monoklonale gammopathie waarbij amyloïdfibrillen zijn opgebouwd uit delen v.d. lichte ketens v.h. monoklonale immunoglobulinemolecuul; leidt tot belangrijke orgaanfunctiestoornissen, zoals nefropathie en cardiomyopathie. • **par~** klinisch beeld van amyloïdose zonder dat er amyloïd kan worden aangetoond. • **seniele** ~ geïsoleerde amyloïdose met afwijkingen op een v.d. voorkeursplaatsen v.d. primaire amyloïdose.

amyloidosus m.b.t. amyloïd; vb. lichen amyloidosus.

amylolyse splitsing van amylum (in dextrine, maltose, glucose).

amylopectinose type IV v.d. elf bekende vormen van glycogeenstapelingsziekten; kan bij de foetus worden gediagnosticeerd door vruchtwateronderzoek.

amylorroe uitscheiding van onverteerd amylum met de ontlasting.

amyoplasie gebrekkige vorming v.d. spieren.

amyosthenie *zie* myasthenie.

amyotonia congenita *zie* myatonie | myatonia congenita.

amyotonie *zie* myatonie.

⊚ **amyotrofe laterale sclerose** (ALS) progressieve degeneratieve aandoening v.d. piramidezijstrengbanen (laterale sclerose) en motorische voorhoorncellen in ruggenmerg en hersenstam, leidend tot uitgebreide spieratrofie en uiteindelijk volledige verlamming; indeling: 1) typische ALS, uitval van perifere en centrale motorische cellen; 2) progressieve spinale spieratrofie, uitval van vnl. perifere motorische zenuwcellen; 3) progressieve bulbaire paralyse, verzwakking of uitval van keel- en gelaatsspieren. • **familiaire** ~ (FALS1) autosomaal dominant; ziekteverschijnselen zoals bij amyotrofe laterale sclerose.

amyotrofie *zie* atrofie | spier-~.

a.n. ante noctum: vóór de nacht.

an- voorvoegsel in woordsamenstellingen met de betekenis niet, geen, zonder.

ANA *zie* antistof | antinucleaire ~.

ana van elk eveneel (rec.).

ana- voorvoegsel met de betekenis 'omhoog', 'opnieuw', 'overeenkomstig', 'terug'.

anaal i.d. richting van, i.d. buurt v.d. anus.

anaal karakter (psychoanalytische theorie van Freud) karakter dat voortkomt uit fixatie aan conflicten i.d. anale fase.

anabiose herleving, terugkeer tot het leven, nadat dit schijnbaar was opgehouden.

anabole fase periode van herstel v.h. metabolisme.

anabolicum *zie* steroïd | anabool ~.

anabolisme de opbouw van weefsels.

anabool weefselopbouwend, eiwitsparend, endergonisch.

anaciditeit afwezigheid van zoutzuur i.h. maagsap.

anaclitisch leunend op, steun zoekend bij, sterk afhankelijk van anderen.

anacusis totale doofheid.

anaemia *zie* anemie.

anaemicus m.b.t. anemie, bloedleeg; vb. naevus anaemicus.

anaerobe drempel het moment tijdens inspanning waarop het zeker is dat er door aanhoudend zuurstoftekort overwegend anaerobe arbeid wordt verricht.

anaerobiose 1 leven onafhankelijk van lucht (zuurstof); 2 afwezigheid van zuurstof als levensvoorwaarde (obligate a.) of als levensmogelijkheid (facultatieve a.).

anaeroob 1 buiten de aanwezigheid van lucht (zuurstof); 2 alleen (of óók) gedijend bij afwezigheid van lucht (zuurstof); vb. *Clostridium welchii*. • **facultatief** ~ niet volkomen afwezigheid van zuurstof vereist.
• **obligaat** ~ waarbij een volkomen afwezigheid van zuurstof vereist is.

anaesthesia *zie* anesthesie.

anafase voorlaatste fase v.d. mitose.

anafrodisiacum geneesmiddel dat de seksuele impulsen remt.

anafylactisch 1 betreffende, of lijkende op anafylaxie; 2 gepaard gaand met anafylaxie; 3 t.g.v. anafylaxie; vb. anafylactische shock.

anafylactoïd 1 gepaard gaand met anafylactische verschijnselen; 2 analoog aan, lijkend op anafylaxie; vb. a-de reactie.

anafylaxie ernstige, levensbedreigende, gegeneraliseerde of systemische overgevoeligheidsreactie a.g.v. mestceldegranulatie met vrijkomen van mediatoren. • **actieve** ~ a. die ontstaan is doordat het lichaam na eerder contact met het oorzakelijke antigeen zelf actief antistoffen daartegen heeft gevormd. • **lokale** ~ anafylactische reactie die slechts lokale verschijnselen geeft. • **niet-allergische** ~ *zie* reactie | anafylactoïde ~. • **passieve** ~ a. die ontstaan is na inspuiting van antistoffen afkomstig v.e. ander, allergisch individu. • **verworven** ~ *zie* actieve ~.

anageen m.b.t. anagenese *zie* anagenese.

anageen stadium fase i.d. haargroeicyclus waarin de synthese v.h. haar plaatsvindt door proliferatie van matrixcellen, gekenmerkt door vele mitosen.

anagenese reproductie, herstel, opbouw, regeneratie van weefsel.

analepticum opwekkend middel, excitans, stimulans; de opwekkende werking heeft een centraal (i.h. centraal zenuwstelsel) of perifeer aangrijpingspunt.

analgesie gevoelloosheid voor pijn. • **analgesia algera** *zie* anesthesie | anaesthesia dolorosa. • **audio**- ~ afleiding van pijn door muziek; bijv. door tandartsen toegepast in aanvulling op lokale anesthesie, mede ter ontspanning v.d. patiënt. • **patiëntgecontroleerde** ~ vorm van pijnbestrijding waarbij patiënt zelf bepaalt hoeveel analgetica worden ingenomen. • **perioperatieve** ~ pijnbestrijding tijdens en na de operatie. • **stimulus-produced analgesia** [E] bestrijding van therapieresistente pijn door prikkeling v.d. grijze stof rond de derde ventrikel. • **stressgeïnduceerde** ~ toestand waarin bij stress geen of minder pijn gevoeld wordt, bijv. het niet opmerken van zware verwondingen of fracturen in extreme, zeer stressvolle omstandigheden.

analgetica pijnstillende geneesmiddelen, gewoonlijk ingedeeld in niet-opioïden en opioïden; niet-opioïden, onderverdeeld in prostaglandinesynthetaseremmers en overige niet-opioïden, zijn minder krachtige pijnstillers en hebben een antipyretische en/of antiflogistische werking; opioïden worden vrijwel uitsl. vanwege de krachtige pijnstilling toegepast. • **anti-inflammatoire** ~ *zie* ontstekingsremmer | niet-steroïdale ~. • **antipyretische** ~ analgetica met tevens koortsverlagende werking. • **eenvoudige** ~ (obs.) *zie* niet-opioïde ~. • **niet-opioïde** ~ groep perifeer werkende analgetica met uiteenlopende structuurformules en farmacologische werkingsmechanismen. • **opioïde** ~ *zie* opioïden.

analgetisch 1 niet gevoelig voor pijnprikkels; **2** pijnloos (na toediening v.e. analgeticum of inspuiting v.e. lokaal anaestheticum); **3** pijnstillend.

analgetisch stadium eerste stadium bij inhalatienarcose.

analgicus onpijnlijk; vb. panaritium analgicum.

analgie *zie* analgesie.

analis m.b.t. de anus; vb. canalis analis.

analist degene die analyseert (meestal bedoeld een laboratoriumwerker).

Anallantoidea *zie* Anamnia.

analogie overeenkomst ten aanzien v.h. onderwerp in kwestie, bijv. tussen het hart en een pomp.

analoog 1 (biochemie) een stof die in structuur gelijkenis met een andere stof vertoont maar niet per se een isomeer daarvan is; **2** (biologie) een v.d. delen v.h. paar organen die in verschillende diersoorten of planten voorkomen, welk deel zich in structuur of ontwikkeling onderscheidt maar de functie met het andere deel v.h. paar deelt. • **insuline**~ synthetisch geproduceerd insuline waarbij door modificatie t.o.v. het humane insulinemolecuul de farmacokinetiek en aldus het werkingsprofiel na subcutane toediening gewijzigd zijn.

• **niet-nucleoside**~ stof die niet lijkt op nucleoside en doorgaans ook specifieker tegen hiv werkt; vooralsnog zijn niet-nucleosiden alleen werkzaam tegen hiv-1. • **nucleoside**~ stof die lijkt op nucleoside, een v.d. bouwstenen van DNA en RNA; actief tegen hiv-1 en doorgaans ook tegen hiv-2 en soms ook tegen andere virussen; NB: niet te verwarren met 'nucleotideanaloog'. • **nucleotide**~ stof die lijkt op nucleotide, een v.d. bouwstenen van DNA en RNA; actief tegen hiv-1 en doorgaans ook tegen hiv-2 en soms ook tegen andere virussen.

analoog-digitaalconversie vertaling v.d. amplitude v.e. elektrische potentiaalverandering die i.e. geprikkelde zintuigcel ontstaat (analoog signaal) i.e. frequentie van actiepotentialen v.h. afferente zenuwuiteinde (digitaal signaal); een sterkere (analoge) prikkel leidt zo tot een toegenomen (digitale) ontladingsfrequentie v.d. zenuwcel.

analysandus de persoon die i.e. psychoanalytische sessie de analyse ondergaat.

analyse 1 onderzoek naar de samenstellende componenten; **2** (psych.) *zie* psycho-~.
• **analysis of variance** [E] (statist., epidemiol.) *zie* variantie-~. • **beslissings**~ identificeren, structureren en kwantificeren v.e. probleem d.m.v. een beslisboom. • **bewegings**~ bestudering van bewegingscoördinatie door splitsing en analyse v.e. beweging i.d. samenstellende componenten.
• **bio**~ analyse v.d. levensloop. • **bloedgas**~ (bepaling van) de in arterieel bloed aanwezige waarden van: O_2 (zuurstofsaturatie, s_{O_2} en zuurstofspanning, p_{O_2}), CO_2 en HCO_3; hierbij wordt tevens de pH bepaald.
• **cluster**~ statistische techniek waarmee objecten of personen gesorteerd worden op basis van gemeenschappelijke kenmerken.
• **discriminant**~ multivariate analysetechniek om een reeks van waarnemingen te classificeren in voorgedefinieerde klassen.
• **dot-blot**~ *zie* dot-blothybridisatie. • **factor**~ statistische rekentechniek om voor een groot aantal klarende variabelen een kleiner aantal achterliggende, verklarende variabelen te vinden, 'factoren' genoemd.
• **fourier**~ statistische methode die bepaalt welke frequentiecomponenten met welke intensiteit i.e. signaal voorkomen. • **gevoeligheids**~ (statist., epidemiol.) *zie* sensitiviteits-~. • **intention-to-treat-**~ [E] methode waarbij personen worden geanalyseerd i.d. groepen waaraan zij door randomisatie zijn toebedeeld, onafhankelijk v.d. werkelijke interventie. • **interim**~ analyse binnen wetenschappelijk onderzoek voordat het onderzoek is afgerond. • **IPD-**~ analyse met

gebruik van 'individual patient data' i.e. systematische review. • **knelpunten~** methode om inhoudelijke en/of organisatorische knelpunten i.d. zorg op te sporen. • **kosten-baten~** analysetechniek waarmee wordt beoogd de doelmatigheid v.h. medisch handelen te meten en waarbij zowel de kosten als de baten in geld worden uitgedrukt. • **kosteneffectiviteits~** analyse waarin kosten en effecten van een interventie en een alternatief, vergeleken worden, om de doelmatigheid v.e. interventie te bepalen. • **kostenminimalisatie~** het vergelijken van alternatieve interventies om vast te stellen welke het goedkoopste is. • **kostenutiliteits~** vorm van kosteneffectiviteitsanalyse, gerelateerd aan het nut dat aan een bepaalde gezondheidsuitkomst voor een patiënt wordt geacht. • **meta-~** kwantitatieve samenvatting v.d. resultaten van afzonderlijke onderzoeken, veelal toegepast i.h.b. systematische review. • **multivariate** ~ verzamelnaam voor een aantal analysetechnieken om de relatie tussen verschillende variabelen te beschrijven. • **patroon~** zie patroonherkenning. • **per-protocol-~** analyse v.e. behandeleffect in klinische trials waarbij voor de berekening v.h. aantal responders alleen gekeken wordt naar personen die de behandeling volledig hebben afgemaakt. • **psycho-~** 1 de theorieën van Sigmund Freud en zijn navolgers, o.a. met betrekking tot het bestaan van onbewuste gevoelens en strevingen, die zich hebben ontwikkeld i.d. vroege jeugd, vooral i.d. relatie tot de ouders; 2 psychotherapeutische methode op de basis v.d. genoemde theorieën; i.d. klassieke psychoanalytische behandeling ligt de patiënt op de bank en zit de analyticus erachter (inmiddels ook in gewone gesprekssetting aan tafel enz.); doorgaans zeer frequente (3-5 maal per week) ambulante behandeling; sommige artsen twijfelen aan het duurzame therapeutische effect van psychoanalyse. • **regressie~** analyse om de waarde v.e. continue variabele te voorspellen uit een of meer andere continue variabelen als er tussen die variabelen een verband bestaat. • **restrictie-enzym~** analyse van DNA m.b.v. restrictie-enzymen voor het opsporen of aantonen van bepaalde sequenties. • **semen~** onderzoek van vers sperma, bij vermoeden van subfertiliteit. • **sensitiviteits~** onderzoek naar de mate van beïnvloeding v.e. onderzoeksresultaat door het testen van verschillende scenario's. • **spectrale** ~ analyse v.e. stofmengsel op grond v.h. emissie-, absorptie- of fluorescentiespectrum. • **sperma-~** zie semen~. • **subgroep~** analyse v.d. resultaten v.e. subgroep t.o.v. de totale onderzoekspopulatie. • **survival~** statistische analyse van gebeurtenissen, i.h.b. de overleving, die i.d. loop v.d. tijd i.e. cohort optreden. • **systeem~** 1 (statist., epidemiol.) algemene omschrijving van formele vormen van analyse waarbij systematisch de doelen, kosten, effecten en risico's van alternatieve beleidsopties rond een complex probleem worden onderzocht; 2 (psychotherapie) zie therapie | systeem~. • **transactionele** ~ (TA) door Eric Berne ontwikkelde denkrichting i.d. psychologie en psychotherapie met als doel te analyseren wat zich tussen personen in hun verschillende 'ik-posities' afspeelt. • **tussentijdse** ~ (statist., epidemiol.) zie interim~. • **utiliteits~** toekennen v.e. waarde aan een bepaalde gezondheidstoestand. • **variantie** ~ statistische techniek om meer dan twee gemiddelden met elkaar te vergelijken. • **zaad~** zie semen~.

analyticus degene die een klassieke psychoanalytische behandeling toepast.

anamnese voorgeschiedenis v. ziekte zoals deze is te construeren uit mededelingen v.d. patiënt (autoanamnese) of van anderen (alloanamnese, heteroanamnese). • **algemene** ~ anamnese betreffende algemene vragen omtrent medische voorgeschiedenis, geneesmiddelengebruik, intoxicaties, overgevoeligheid e.d. • **allo~** zie hetero~. • **biografische** ~ anamnese die zich ook over de verdere levensgeschiedenis v.d. patiënt uitstrekt. • **blanco** ~ anamnese die geen gegevens heeft opgeleverd die relevant voor de diagnostiek zijn. • **cyclus** ~ anamnese gericht op de menstruele cyclus. • **familie~** ziektegegevens omtrent de familieleden v.d. patiënt. • **hetero~** de voorgeschiedenis v.e. ziekte zoals deze is te construeren uit mededelingen van andere personen dan de patiënt zelf. • **obstetrische** ~ aantal graviditeiten, bijzonderheden, beloop (pathologie, opname enz.), afloop; een belaste obstetrische anamnese kan een reden voor sectio caesarea zijn. • **psychosociale** ~ anamnese m.b.t. psychische en sociale aspecten. • **seksuologische** ~ anamnese i.d. context van seksuele problemen. • **speciële** ~ anamnese die is gericht op verheldering v.d. klacht(en) en/of de verschijnselen in verband waarmee de patiënt de arts consulteert. • **tractus**~ anamnese waarbij 'screenend' door de arts wordt nagegaan hoe de belangrijkste onderdelen en orgaansystemen v.h. lichaam functioneren. • **tractuspsychicus**~ anamnese van psychiatrische klachten i.d. somatische praktijk.

anamnestisch behorend tot, afkomstig van, m.b.t. de anamnese.

Anamnia lagere gewervelde dieren die geen eivliezen vormen.

anangioplasie ontbrekende of onvoldoende vorming van bloedvaten.

anaphylacticus m.b.t. of t.g.v. anafylaxie; vb. rhinitis anaphylactica.

anaplasie het ontstaan van minder gedifferentieerde cellen uit meer gedifferentieerde cellen.

Anaplasmataceae familie van obligaat parasitaire polyforme micro-organismen behorend tot de orde v.d. *Rickettsiales*.

anaplastisch gedifferentieerd.

anartrie onvermogen te spreken door een stoornis i.d. motoriek v.d. spieren die daarvoor nodig zijn.

anasarca gegeneraliseerd oedeem; o.a. voorkomend bij cardiaal oedeem.

anaspadie *zie* epispadie.

anastigmatisch zonder astigmatisme.

anastigmatische lens een lens die vrij is van astigmatisme ofwel een lens die een punt als een punt afbeeldt.

anastomose 1 (chir.:) operatieve hersteltechniek waarbij een verbinding wordt aangelegd tussen twee bloedvaten of tussen delen v.h. maag-darmkanaal; 2 (anat.:) natuurlijke verbinding tussen holle lichaamsstructuren. • ~ **volgens Roux-en-Y** *zie* roux-en-Y~. • **arteriolovenulaire** ~ verbinding tussen een arteriole (kleinste slagader) en een venule (kleinste ader).
• **arterioveneuze** ~ verbinding tussen een ader en een slagader. • **biliodigestieve** ~ verbinding tussen galwegen en darmkanaal. • **braun**~ enteroanastomose, side-to-side-hechting van aan- en afvoerende darmlis bij maagresectie resp. gastrectomie ter voorkoming v.h. aanvoerendelissyndroom. • **bypass**~ vaatomlegging die een atherosclerotisch afgesloten of vernauwd gedeelte v.e. arterie overbrugt. • **entero**~ 1 operatieve verbinding tussen twee stukken darm; 2 anastomose tussen twee darmlissen. • **gastro**~ operatieve verbinding van twee van elkaar verwijderd liggende gedeelten v.d. maag. • **hepatodigestieve** ~ anastomose tussen enerzijds een chirurgisch snijvlak van leverparenchym met bijbehorende kleine intrahepatische galwegen en anderzijds het jejunum.
• **ileoanale** ~ verbinding v.h. ileum met (het slijmvlies van) de anus. • **lymfonodoveneuze** ~ operatief vervaardigde verbinding tussen lymfklieren en venen met als doel herstel v.d. lymfeafvoer. • **mesocavale** ~ portocavale anastomose tussen v. mesenterica superior en v. cava inferior. • **portocavale** ~ aangeboren of operatief aangelegde verbinding tussen v. portae en v. cava inferior. • **roux-en-Y**~ Y-vormige anastomose met een dunnedarmsegment. • **schmidel**~n abnormale verbindingen tussen het systeem v.d. v. portae en dat v.d. v. cava.
• **splenorenale** ~ portocavale anastomose tussen v. renalis sinistra en v. lienalis. • **uretero-intestinale** ~ verbinding tussen ureter en colon of ileum.

anastomoseren een anastomose vormen.

anastomotisch i.v.m. een anastomose, deel uitmakend v.e. anastomose.

anatomicus anatomisch; vb. conjugata anatomica.

anatomie kennis van bouw en samenstelling v.h. lichaam. • **algemene** ~ de systematisch volgens de anatomische stelsels v.h. lichaam ingerichte ontleedkunde. • **beschrijvende** ~ *zie* algemene ~. • **descriptieve** ~ *zie* algemene ~. • **macroscopische** ~ de kennis v.d. macroscopisch zichtbare lichaamsvormen. • **neuro**~ de anatomie v.h. zenuwstelsel, de wetenschap betreffende de bouw v.h. zenuwstelsel. • **oppervlakte**~ bestudering v.d. samenstelling v.h. lichaamsoppervlak, i.h.b. in relatie tot de onderliggende structuren. • **regionale** ~ *zie* topografische ~. • **systematische** ~ *zie* algemene ~. • **topografische** ~ het onderdeel v.d. a. dat zich bezighoudt met de beschrijving v.d. plaatselijke samenhang van organen en weefsels. • **vergelijkende** ~ de kennis v.d. vorm en samenstelling v.d. organen en weefsels bij de dieren.

anatomisch 1 m.b.t. de anatomie; 2 volkomen (bijv. bij de repositie van fractuurstukken: een a-sche repositie).

anatoom deskundige op het gebied van anatomie.

ANCA *zie* antistof | anti-neutrofielencytoplasma~~.

anconeus tot de elleboog behorend; vb. musculus anconeus.

ANCOVA variantieanalyse waarbij voor covariaten wordt gecorrigeerd.

Ancylostoma nematode die bij de mens en bij zoogdieren i.d. dunne darm leeft. • ~ *americanum zie Necator americanus*. • ~ *brasiliense* komt bij honden en katten in Brazilië voor, veroorzaakt bij de mens 'creeping disease'. • ~ *caninum* komt voor bij honden en andere carnivoren, kan eveneens bij de mens 'creeping disease' veroorzaken. • ~ *ceylanicum* lijkt op *A. brasiliense*, komt voor bij honden en katten, soms ook bij de mens. • ~ *duodenale* de i.h. duodenum v.d. mens levende worm.

ancylostomiasis infectie v.d. mens met *Ancylostoma duodenale* of *Necator americanus*. • ~ *cutis* jeukende aandoening v.d. huid op de plaats waar de mijnwormlarven binnendringen.

Ancylostomum zie Ancylostoma.

andr- voorvoegsel in woordverbindingen met de betekenis man, mannelijkheid, mens.

andragogie de wetenschap m.b.t. het leiden, vormen, opvoeden van (volwassen) mensen.

androblastoom ovariumtumor die v.h. ovariële struma uitgaat.

androcorticoïden i.d. zona reticularis v.d. bijnierschors geproduceerde corticosteroïden.

androgeen 1 mannelijke kenmerken verwekkend; **2** testikelhormoon (er zijn verschillende testikelhormonen, bijv. testosteron, androsteendion, dehydro-epiandrosteron); androgenen worden ook elders i.h. lichaam geproduceerd, bijv. in bijnier, in ovarium.

androgeendeprivatietherapie (ADT) behandeling met antiandrogenen, vnl. voorgeschreven bij gemetastaseerd testosterongevoelig prostaatcarcinoom.

androgeenongevoeligheidssyndroom groep stoornissen samenhangend met een deficiëntie v.h. enzym 5a-reductase, testiculaire feminisatie en aanverwante stoornissen.

androgenese ontwikkeling v.e. haploïd individu door het te gronde gaan v.d. moederlijke en het behouden blijven v.d. vaderlijke chromosomen.

androgen insensitivity syndrome *zie* androgeenongevoeligheidssyndroom.

androgen resistance syndrome *zie* androgeenongevoeligheidssyndroom.

androgyn 1 (alg., seksuol.) kenmerk van uiterlijk, gedrag of emotie v.e. individu dat op de grens tussen het stereotiepe 'mannelijk' en 'vrouwelijk' ligt; **2** genetisch vrouwelijk met mannelijke kenmerken, of omgekeerd.

androgynie 1 (alg., seksuol.) qua uiterlijk, gedrag en/of emotie kenmerken van beide geslachten hebbend; **2** aanwezigheid van genetisch vrouwelijke cellen i.e. lichaam met uitwendig mannelijke kenmerken, of omgekeerd.

andrologie wetenschap van aandoeningen v.d. mannelijke geslachtsorganen.

andropauze fase i.h. mannenleven waarin het ouder worden zich uit in vermindering v.d. (seksuele) vitaliteit.

androsteendion tussenproduct bij synthese van testosteron.

androsteron een in mannelijke urine voorkomend mannelijk geslachtshormoon, een C_{19}-steroïd.

androtermon *zie* termon.

androtroop gebonden aan het mannelijk geslacht.

androtropie eigenschap v.e. ziekte die vnl. bij het mannelijk geslacht voorkomt.

anejaculatie stoornis waarin bij seksuele activiteit orgasme en zaadlozing geen van beide worden bereikt.

⊛ **anemie** vermindering v.d. hemoglobineconcentratie (Hb) en/of het aantal erytrocyten i.h. bloed; men spreekt van anemie bij een hemoglobineconcentratie <8,7 mmol/l bij volwassen mannen en <7,5 mmol/l bij volwassen vrouwen; cave afwijkend plasmavolume bij overhydratie (geeft lager Hb) en dehydratie (geeft hoger Hb); **indeling:** drie klinische vormen op basis van celgrootte en hoeveelheid Hb per cel: 1) hypochrome microcytaire anemie (t.g.v. ijzergebrek of hemoglobinopathie of bij chronische ziekte); 2) hyperchrome macrocytaire anemie, at.g.v. een tekort aan foliumzuur of vitamine B12 (pernicieuze anemie, ana-

emia perniciosa) of door myelodysplasie; 3) normochrome normocytaire anemie (t.g.v. bloedverlies, aanmaakstoornis, hemolyse of chronische ziekte). • **achrestische** ~ perniciosa-achtige macrocytaire a., resistent tegen vitamine B_{12} en tegen foliumzuur.
• **anaemia drepanocytaria** *zie* sikkelcel~.
• **anaemia neonatorum** a. v.d. pasgeborenen. • **anaemia oligosideraemica** *zie* ferriprieve ~. • **anaemia perniciosa** *zie* perniciosa. • **anaemia sideroachrestica** *zie* sideroachrestische ~. • **anaemia sphaerocytaria** *zie* microsferocytose. • **anaemia splenica** [E] syndroom | banti~. • **aplastische** ~ a. door uitblijvende aanmaak van erytrocyten of van alle bloedelementen.
• **auto-immuunhemolytische** ~ (AIHA) anemie door antilichamen tegen de eigen erytrocyten. • **dyserytropoëtische** ~ anemie door een pathologisch ontoereikende aanmaak van erytrocyten t.g.v. een stoornis i.h. nucleïnezuurmetabolisme. • **fanconi**~ autosomaal-recessief overervende pancytopenie, gepaard gaand met beenmergaplasie en multipele congenitale anomalieën. • **ferriprieve** ~ a. door tekort aan ijzer i.h. bloed.
• **ground-itch anemia** [E] *zie* ancylostomiasis. • **hemolytische** ~ a. door afbraak van erytrocyten. • **hyperchrome microcytaire** ~ a. met meer hemoglobine per erytrocyt dan normaal (kleurindex > 1). • **hypochrome** ~ a. met minder hemoglobine per erytrocyt dan normaal (kleurindex < 1).
• **hypochrome microcytaire** ~ a. met erytrocyten die kleiner zijn dan normaal.
• **ijzergebrek**~ *zie* ferriprieve ~. • **kogelcellen**~ *zie* microsferocytose. • **lood**~ anemie bij loodvergiftiging. • **macrocytaire** ~ a. met erytrocyten die groter zijn dan normaal. • **mechanische hemolytische** ~ anemie, ontstaan door mechanische beschadiging v.d. erytrocyten a.g.v. abnormale stroomverhoudingen, vreemd materiaal i.d. bloedbaan of afwijkingen v.h. endotheel. • **megaloblastaire** ~ a. met megaloblasten i.h. perifere bloed. • **microangiopathische hemolytische** ~ aandoening gekenmerkt door fragmentatie van erytrocyten in combinatie met afwijkingen aan de kleine bloedvaten in nieren en andere organen. • **Middellandse Zee**~ *zie* thalassemie | thalassaemia major. • **normocytaire** ~ a. met erytrocyten van normale grootte. • **pernicieuze** ~ (PA) *zie* pernicieuze anemie, anemie. • **pseudo**~ schijnbare anemie, d.w.z. uitwendige tekenen van anemie zonder stoornissen i.h. bloed. • **refractaire** ~ anemie met intact beenmerg. • **secundaire** ~ a. die het gevolg is v.e. ziekteproces (bijv. infectieziekte) of bloeding. • **sicklecell anaemia** [E] *zie* sikkelcel~. • **sideroachrestische** ~ anemie met verhoogd ijzergehalte i.h. bloed. • **sideroblastische** ~ ijzerrefractaire anemie, gekenmerkt door hypochrome of dimorfe erytrocyten, erytroblastenhyperplasie, gepaard met grote aantallen pathologische (ring)sideroblasten i.h. beenmerg en vermeerderde ijzerstapeling i.d. weefsels. • **sideroprieve** ~ *zie* ferriprieve ~. • **sikkelcel**~ anemie met sikkelvormige erytrocyten, voorkomend bij homozygote dragers v.h. sikkelcelgen; bij heterozygote dragers ontstaat sickle-cell trait, zonder anemie; komt vnl. bij negroïde rassen voor.

anemisch lijdend aan, veroorzaakt door, m.b.t. anemie.

anencefalie totaal of bijna totaal ontbreken v.d. grote hersenen en het schedeldak.

aneosinofilie het ontbreken van eosinofiele leukocyten i.h. bloed.

anergie 1 afwezigheid van afweerkrachten, blijkend uit het uitblijven van reactie bij injectie van antigeen of allergeen, resp. allergeenhoudend extract; **2** (psych.) stoornis i.h. gedrag, gekenmerkt door het ontbreken van fysieke energie, leidend tot inactiviteit en passiviteit. • **klonale** ~ inactivatie van functionele, tegen eigen lichaamsbestanddelen reagerende T-lymfocyten.

anergisch 1 inactief; **2** niet reagerend op injectie van antigeen of allergeen, resp. allergeenhoudend extract.

anerytroplasie *zie* anerytropoëse.

anerytropoëse verminderde of ontbrekende vorming van erytrocyten.

anerytropsie het onvermogen om de kleur rood waar te nemen.

anestheseren het verwekken van anesthesie.

anesthesie 1 (neurologie:) verstoorde sensibiliteit van zenuwuiteinden voor uitwendige prikkels (warmte, koude, aanraking); **2** (anesthesiologie:) het ongevoelig maken door narcose, toediening v e. anestheticum. • **acro**~ ongevoeligheid van uiteinden v.d. ledematen. • **algehele** ~ beheersbare onderdrukking v.h. centraal zenuwstelsel

waarbij de patiënt i.e. toestand van bewusteloosheid verkeert; pijnsensaties zijn hierbij afwezig en beschermende reflexen worden volledig of vrijwel volledig onderdrukt. • **anaesthesia dolorosa** toestand van (oppervlakkige) gevoelloosheid, gepaard gaand met spontane pijnlijkheid, voorkomend o.a. bij organische zenuwaandoeningen. • **circulaire** ~ kringvormige omspuiting voor plaatselijke verdoving.
• ~ **van het gevoelsleven** zie gevoelsleven~.
• ~ **volgens Oberst** zie oberst~. • **applicatie**~ zie oppervlakte~. • **basis**~ zie inleidende ~. • **caudale** ~ vorm van epidurale anesthesie door injectie v.e. lokaal anestheticum i.h. onderste gedeelte v.h. wervelkanaal. • **elektro**~ algemene term voor een d.m.v. een elektrische stroom teweeggebrachte analgesie, anesthesie of narcose.
• **endotracheale** ~ inhalatienarcose waarbij het (gasvormig) narcoticum via een buis i.d. trachea wordt toegediend. • **epidurale** ~ regionale anesthesie door toediening v.e. lokaal anestheticum i.d. ruimte rondom de dura mater. • **gecombineerde** ~ combinatie van continue epidurale analgesie en algehele anesthesie. • **gedissocieerde** ~ onvolledige gevoelloosheid, waarbij de gevoelskwaliteiten voor aanraking, pijn en temperatuurverschil ongelijk verminderd zijn (bij syringomyelie). • **geleidings**~ het ongevoelig maken van weefsel of v.e. lichaamsdeel door inspuiting v.e. anestheticum i.d. innerverende zenuw of plexus; toepassingen o.a. verdoving v.d. arm door injectie i.d. plexus brachialis. • **gevoelsleven**~ (psychiatrie) stemmingsstoornis, gekenmerkt door subjectief ervaren leegheid of afwezigheid van gevoelens. • **hemi**~ anesthesie van één lichaamshelft. • **infiltratie**~ plaatselijke gevoelloosheid door lokale inspuiting v.e. anestheticum diffuus i.h. weefsel. • **inhalatie**~ a. die wordt teweeggebracht door het laten inademen van gasvormige narcotica. • **inleidende** ~ parenterale toediening v.e. of meer sedativa om een staat van verminderd bewustzijn te bereiken, voor de toediening v.e. anestheticum voor volledige anesthesie. • **intraveneuze regionale** ~ anesthesie v.e. arm of been.
• **intubatie**~ zie endotracheale ~. • **laagdebiet**~ anesthesie waarbij d.m.v. een gesloten (cirkel)systeem een minimale hoeveelheid verse zuurstof en vers anestheticum wordt gebruikt. • **locoregionale** ~ verzamelterm (minder gangbaar) voor regionale en lokale anesthesie. • **lokale** ~ plaatselijke verdoving van zenuweindtakjes, waardoor geen zenuwprikkel kan ontstaan. • **lumbale** ~ vorm van spinale anesthesie waarbij i.h. lendengebied een lokaal anestheticum i.d. subarachnoïdale ruimte wordt gespoten. • **neurolept**~ narcosemethode waarbij een neurolepticum (bijv. droperidol) wordt gecombineerd met een narcoticum (bijv. lachgas-zuurstof); hierbij ontstaat wél bewusteloosheid (i.t.t. neuroleptanalgesie) zie neuroleptanalgesie. • **oberst**~ vorm van geleidingsanesthesie waarbij weefsel of een lichaamsdeel ongevoelig wordt gemaakt door injectie v.e. anestheticum i.d. innerverende zenuw of plexus v.h. desbetreffende gebied. • **oppervlakte**~ gevoelloosheid die wordt teweeggebracht door lokaal een anestheticum aan te brengen op huid of slijmvliezen. • **pall**~ verloren gegaan vermogen om fijne trillingen waar te nemen.
• **para**~ anesthesie v.d. onderste lichaamshelft, inclusief de benen. • **parametrane** ~ het teweegbrengen van plaatselijke gevoelloosheid v.d. cervix uteri door injectie v.e. anestheticum i.h. parametrium. • **par**~ 1 gevoelloosheid i.d. omgeving v.e. gebied dat gevoelloos is gemaakt; 2 subjectieve gewaarwording van verloren gegaan gevoel op plaatsen die in werkelijkheid wél gevoelig zijn. • **peridurale** ~ zie epidurale ~.
• **perifere** ~ tegenhanger van centrale a. in zoverre dat het czs intact is terwijl er een stoornis bestaat v.d. perifere innervatie.
• **perioperatieve** ~ zie analgesie | perioperatieve ~. • **plexus**~ geleidingsanesthesie door injectie v.e. anestheticum i.e. zenuwplexus; vb. verdoving v.d. arm door injectie i.d. plexus brachialis. • **regionale** ~ vorm van geleidingsanesthesie waarbij een hoeveelheid lokaal anestheticum wordt toegediend rond een zenuwplexus of een grote sensibele zenuw, waardoor een bepaalde regio v.h. lichaam gevoelloos wordt; wordt toegediend en niet ingeleid. • **retrobulbaire** ~ regionale anesthesie door toediening v.e. lokaal anestheticum i.d. ruimte achter de oogbol. • **rijbroek**~ ongevoeligheid voor aanraking v.d. huid i.h. gebied dat door een rijbroek bekleed wordt: rondom de anus, het perineum, de uitwendige geslachtsdelen. • **sacrale** ~ gevoelloosheid v.d. bilnaad

en de organen v.h. bekken, teweeggebracht door injectie v.e. anestheticum i.d. extradurale ruimte v.h. sacrale kanaal. • spinale ~ 1 gevoelloosheid a.g.v. injectie v.e. lokaal anestheticum i.d. subarachnoïdale ruimte rondom het ruggenmerg; 2 pathologische gevoelloosheid t.g.v. een ruggenmergaandoening. • **thermo**~ stoornis i.d. temperatuurzin, blijkend uit ongevoeligheid voor warmte en koude.

anesthesieapparaat *zie* anesthesieopstelling.

anesthesieopstelling samenstel van anesthesiesysteem, beademingsapparaat en bewakingsapparatuur.

anesthesietoestel *zie* anesthesieopstelling.

anesthesiologie wetenschap die zich bezighoudt met anesthesiologische aspecten (farmacologisch, fysiologisch en klinisch) v.e. operatieve behandeling waarbij algehele, epidurale of lokale anesthesie aan de orde is.

anesthesioloog beoefenaar v.h. medisch specialisme anesthesiologie.

anesthesist *zie* anesthesioloog.

anestheticum chemische stof die anesthesie kan veroorzaken. • **lokaal** ~ anestheticum met werking op de plaats van toediening, gebruikt bij lokale en regionale anesthesie.

anesthetisch 1 ongevoelig; 2 anesthetiserend.

anetodermie haardgewijze atrofie v.d. dermis onder intacte epidermis.

aneuploïdie het bezit v.e. aantal chromosomen dat niet precies een veelvoud is v.h. haploïde aantal.

aneurine *zie* vitamine B_1.

aneurinedeficiëntie *zie* deficiëntie | thiamine~.

aneurinepyrofosfaat *zie* cocarboxylase.

aneurysma plaatselijke verwijding v.e. bloedvat of het hart. • ~ **abdominale aortae** (AAA) aneurysma v.d. buikaorta. • ~ **arteriovenosum** *zie* varix aneurysmaticus. • ~ **cardiale** *zie* aneurysma cordis. • ~ **consecutivum** aneurysma dat optreedt a.g.v. een eerdere interventie; vorm van aneurysma spurium. • ~ **cordis** uitgerekt transmuraal littekenweefsel i.h. myocard. • ~ **dissecans** ophoping van bloed i.e. vals lumen via een intimascheur tussen de lagen v.d. arteriewand (aortawand), meestal de aorta thoracalis; het betreft een dissectie, zonder vaatverwijding en acuut optredend, waardoor 'aneurysma' hier geen juiste, maar wel gangbare aanduiding is. • ~ **fusiforme** spoelvormig aneurysma. • ~ **mycoticum** aneurysma ontstaan a.g.v. bacteriegroei i.d. arteriewand of bij een infectie v.e. vaatprothese. • ~ **sacciforme** zakvormig aneurysma. • ~ **spurium** *zie* vals ~. • ~ **aortae thoracalis** plaatselijke verwijding en uitbochting v.d. aorta i.h. thoracale beloop *zie* aorta-aneurysma. • ~ **thoracale** *zie* aneurysma aortae thoracalis. • ~ **traumaticum** een door trauma ontstaan aneurysma. • ~ **van Charcot-Bouchart** *zie* microaneurysma. • ~ **verum** echt aneurysma, waarvan de wand bestaat uit de gehele arteriewand. • **coronair** ~ lokale verwijding v.e. coronaire arterie. • **infectieus** ~ aneurysma veroorzaakt door een bacteriëmic t.g.v. een infectieproces elders i.h. lichaam. • **mycotisch** ~ door infectie veroorzaakte verwijding van slagader. • **onecht** ~ *zie* vals ~. • **pseudo**~ *zie* vals ~. • **sessiel** ~ aneurysma dat met een brede basis v.e. arterie uitgaat. • **vals** ~ aneurysma waarvan de wand niet of slechts voor een deel bestaat uit de arteriewand.

aneurysmectomie operatieve verwijdering v.e. aneurysma.

ANF 1 antinucleaire factor; 2 atriaal-natriuretische factor.

ANG *zie* gingivitis gangraenosa.

angi- voorvoegsel in woordsamenstellingen m.b.t. een vat of vaten.

angiasthenie vaatzwakte.

angiëctasie vaatverwijding.

angiitis ontsteking v.d. vaatwand. • **benigne lymfoctaire** ~ vasculitis met i.d. long infiltraten van soms licht atypische lymfocyten, plasmacellen en histiocyten, variant van 'small vessel vasculitis' v.d. long.

angina 1 (kno-heelk.:) tonsillitis, i.d. regel gepaard gaand met faryngitis; i.d. praktijk worden 'angina' en 'tonsillitis' door elkaar gebruikt, maar angina is eig. een ontsteking waarbij het lymfoïde weefsel v.d. ring van Waldeyer is betrokken terwijl tonsillitis een ontsteking van vnl. de tonsillae palatinae betreft; leken bedoelen met 'angina' vaak simpelweg keelpijn *zie* tonsillitis, faryngitis; 2 (int. geneesk., cardiol.:) aandoening die gepaard gaat met een gevoel van beklemming of omsnoering; vb. angina pectoris. • ~ **abdominalis** hevige pijnaanval i.d. buik a.g.v. atherosclerotische vernau-

wing van mesenteriale arteriën. • ~ **catarrhalis** lichte graad (catarre) van keelontsteking (de gehele farynx plus tonsillen).
• ~ **herpetica** a. met herpesblaasjes, veroorzaakt door Coxsackievirus A. • ~ **intestinalis** *zie* angina abdominalis. • ~ **Ludovici** flegmone v.d. mondbodem. • ~ **pectoris** (AP) *zie* angina pectoris. • ~ **pseudomembranacea** a. met vorming van pseudomembranen. • ~ **rheumatica** (obsoleet) keelontsteking bij of voorafgaand aan reumatische verschijnselen. • ~ **scarlatinosa** keelontsteking i.h. begin van roodvonk. • ~ **syphilitica** a. bij syfilis. • ~ **tonsillaris** tot de tonsillen beperkte keelontsteking. • ~ **ulceromembranacea** keelontsteking met beslag, veroorzaakt door de in symbiose levende *Fusobacterium plautivincenti* en *Treponema vincentii*. • ~ **van Plaut-Vincent** *zie* angina pseudomembranacea. • **herp**~ *zie* angina herpetica. • **instabiele ~ pectoris** vorm van a. p. met een onvoorspelbaar klachtenpatroon. • **onstabiele ~ pectoris** *zie* instabiele ~ pectoris. • **prinzmetal~** variant van angina pectoris, spontaan in rust verschijnend, zonder verband met inspanning of emotie, met tijdelijke elevatie v.h. ST-segment v.h. elektrocardiogram; oorzaak is hypoxie v.d. hartspier a.g.v. tijdelijke spasmen v.d. coronaire vaten.

⊛ **angina pectoris** (AP) benauwende, beangstigende, drukkende of beklemmende sensatie van pijn op de borst, vaak uitstralend naar een arm of beide armen, de keel, onderkaak en/of rug, vooral optredend bij inspanning en verdwijnend bij staken daarvan of bij gebruik van nitraten (nitroglycerine); meestal gevolg van anoxie v.h. myocard a.g.v. coronairinsufficiëntie ofwel vernauwing van takken v.d. kransslagaderen (arteriae coronariae); indeling: onderverdeeld in stabiele en onstabiele vorm; stabiele AP wordt gekenmerkt door een voorspelbaar klachtenpatroon over langere tijd; instabiele AP (tegenwoordig als onderdeel v.h. acuut coronair syndroom beschouwd) door een onvoorspelbaar klachtenpatroon, zoals een plotselinge verergering v.d. klachten of een plotseling optreden ervan; vooral aanvallen in rust met slechte reactie op nitraten duiden op een zeer instabiele situatie waarbij de kans op het ontstaan v.e. myocardinfarct groot is; prinzmetalangina, een uiterst zeldzame vorm, treedt vooral spontaan op in rust, zonder verband met inspanning of emotie; oorzaak hiervan is hypoxie v.d. hartspier door coronairspasmen; de gevolgen van vernauwing en afsluiting van takken v.d. arteriae coronariae (angina pectoris, myocardinfarct, plotselinge dood en hartfalen) worden samengevat met de termen 'coronairlijden', 'ischemische hartziekten' en 'coronaire hartziekten' (CHZ).

angine d'effort [F] angina pectoris bij inspanning.

angineus gelijkend op angina pectoris; vb. a-euze pijnen.

anginosus m.b.t., gepaard met, veroorzaakt door angina pectoris.

angiocaverneus met de bouw v.e. angioma cavernosum.

angiocavernosus angiocaverneus.

angiocholitis *zie* cholangitis.

angiogenese nieuwvorming van bloedvaten, o.a. in tumoren.

angiogeneseremmer signaalstof die de angiogenese naar en in tumorweefsel stimuleert.

angiografie 1 vorm van röntgenonderzoek waarbij via een katheter of injectie i.e. vene of arterie een jodiumhoudend, in water oplosbaar contrastmiddel wordt ingebracht om het hart of bloedvaten zichtbaar te maken; **2** beschrijving v.h. vaatstelsel. • **chol~** het röntgenologisch zichtbaar maken v.d. galwegen, m.b.v. contraststoffen. • **cine~** het op film vastleggen van bewegende röntgencontrastbeelden van hart, grote vaten en coronairarteriën. • **CO_2~** *zie* kooldioxide~. • **computertomo~** (CTA) *zie* CT~~.
• **coronaire ~** (CAG) röntgenonderzoek waarbij coronairarteriën zichtbaar worden gemaakt d.m.v. contrastmiddelinspuiting m.b.v. een katheter. • **coronaire magnetische resonantie~** (CMRA) toepassing van zeer gedetailleerde MRI-techniek voor de diagnostiek van coronair vaatlijden. • **CT-~** (CTA) combinatie van computertomografie en angiografie waarbij met een spiraaltechniek tijdens intraveneuze injectie v.e. laag osmolair röntgencontrastmiddel een groot aantal aansluitende CT-snedes v.h. te onderzoeken lichaamsgebied worden gemaakt, loodrecht op de lichaams-as; hiermee kunnen afwijkingen van bloedvaten als stenosen of aneurysmata goed zichtbaar worden gemaakt. • **digitale subtractie~**

(DSA) vorm van digitale radiografie waarbij alleen de bloedvaten zichtbaar worden. • **endoscopische pancreaticochol~** het röntgenologisch afbeelden van pancreas- en galafvoerwegen na intubatie via een fibroscoop (glasvezelendoscoop). • **fluorescentie~** (FAG) methode om door i.v. injectie van fluoresceïne de bloedvaten van choroidea en retina en de stroom daarin zichtbaar te maken en te fotograferen, waardoor lekkages i.e. vroeg stadium kunnen worden herkend. • **kooldioxide~** alternatieve vorm van angiografie waarbij CO_2 in plaats van jodiumhoudende vloeistof als contrastmiddel wordt gebruikt. • **lymf~** radiologisch onderzoek waarbij direct na contrastmiddelinloop een serie foto's van lymfevaten in verschillende projectierichtingen gemaakt wordt. • **magnetischeresonantie~** (MRA) techniek die bloedvaten in bekken en benen afbeeldt ten behoeve van diagnostiek van stenosen. • **pancreaticochol~** het röntgenologisch afbeelden van pancreas- en galafvoerwegen na opspuiting met contraststof via de papilla duodeni major. • **pneumo~** röntgenografie v.d. longvaten. • **pulmonale ~** röntgenologische afbeelding v.d. longvaten. • **radionuclide~** (RNA) scintigrafische bepaling v.d. pompfunctie (ejectiefractie) v.h. hart. • **radionuclidelymf~** ie scintigrafie | lymfe~. • **seldinger~** angiografie m.b.v. seldingerkatheterisatie. • **selectieve ~** zie seldinger~. • **serie~** het maken v.e. serie angiogrammen kort na elkaar, gericht op hetzelfde vaatgebied.

angiogram het beeld dat bij angiografie wordt verkregen. • **chol~** het bij cholangiografie verkregen beeld van galblaas en galwegen.

angioid streaks gepigmenteerde strepen i.h. netvlies, een symptoom van pseudoxanthoma elasticum.

angio-invasie ingroei van weefsel in bloed- en/of lymfvaten.

angiokeratoom intradermaal caverneus hemangioom, bedekt door wratachtig verdikte epidermis. • **angiokeratoma corporis diffusum** donkerrode vlekjes of papeltjes (teleangiëctasieën); symptoom v.d. ziekte van Fabry. • **diffuus ~** zie ziekte van Fabry.

angioliet een concrement i.d. wand v.e. bloedvat.

angiomatodes lijkend op angioom; vb. polypus angiomatodes.

angiomatose aanwezigheid van multiple aangeboren angiomen. • **angiomatosis retinae** erfelijk bepaalde ontwikkelingsanomalie, gekenmerkt door het optreden van vaattumoren in netvlies en soms ook in cerebellum. • **craniofaciale ~** zeldzame congenitale aandoening met partiële atrofie v.h. cerebrum, klinisch gekenmerkt door epilepsie, mentale retardatie en hemiplegie, gepaard met naevus flammeus aan één kant v.h. gelaat en enkelzijdige buphthalmus. • **encefalotrigeminale ~** zie craniofaciale ~.

angiomatosis cerebelli et retinae zie syndroom van von Hippel-Lindau.

angiomatosis Kaposi zie sarcoom | sarcoma idiopathicum multiplex haemorrhagicum.

angiomyolipoom goedaardige tumor, samengesteld uit vetweefsel, spierweefsel en bloedvaten.

angiomyoneuroom zie tumor | glomus~.

angiomyoom hamartoom, samengesteld uit bloedvaten en glad spierweefsel.

angioneurose verouderd begrip zie Raynaud | ziekte van ~.

angioom vaatgezwel. • **angioma capillare** angioom door vermeerdering van capillairen. • **angioma cavernosum** zie cavernoom. • **angioma corporis diffusum universale** (GE klin) rode vlekken op wangen, lippen, oksels, navel, scrotum, eindkootjes. • **angioma haemorrhagicum hereditarium** zie teleangiëctasie | teleangiectasia haemorrhagica hereditaria. • **angioma heredofamiliare** zie teleangiëctasie | teleangiectasia haemorrhagica hereditaria. • **angioma racemosum** druiventrosachtig kluwen van verwijde, zich slingerende kleine arteriën of venen. • **angioma senile** iets meer dan speldenkop groot angioom dat op hogere leeftijd soms in groten getale op de huid voorkomt. • **angioma simplex** zie naevus flammeus. • **angioma stellatum** zie naevus araneus. • **angioma tuberosum** vaatwoekering die omstreeks de geboorte begin. • **caverneus ~** circumscripte, goed afgekapselde langzaam groeiende vasculaire malformatie, geen tumor i.d. zin van weefselwoekering. • **caverneus hem~** zie caverneus ~. • **kerato~** zie angiokeratoom. • **stervormig ~** zie naevus araneus. • **ve-**

neus ~ vaatmalformatie, geen woekering in engere zin.
angiopathie aandoening v.d. bloedvaten. • **angiopathia diabetica** zie diabetische micro~, diabetische macro~. • **angiopathia haemorrhagica hereditaria** zie teleangiëctasie | teleangiectasia haemorrhagica hereditaria. • **angiopathia labyrinthica** zie Ménière | ziekte van ~. • **angiopathia retinae juvenilis (Axenfeld)** vaatstoornis i.h. netvlies, aanleiding gevend tot recidiverende glasvochtbloedingen. • **diabetische** ~ zie diabetische macro~, diabetische micro~. • **diabetische macro~** vroegtijdig optredend obstructief atherosclerotisch vaatlijden dat histologisch niet is te onderscheiden v.d. atherosclerose zoals die voorkomt bij patiënten zonder diabetes mellitus (DM). • **diabetische micro~** structurele en functionele veranderingen van zowel de cellulaire structuren als de extracellulaire matrix v.h. microvasculaire netwerk; betreft meest voorkomende langetermijnbeschadiging bij slecht ingestelde diabetes mellitus. • **intraretinale micro~** (IRMA) capillaire shunt die op het fluoresceïneangiogram te zien is bij preproliferatieve diabetische retinopathie. • **macro~** aandoening v.d. grote bloedvaten. • **micro~** ziekte v.d. bloedvaten v.d. microcirculatie.
angioplast zie blast | angio~.
angioplastiek | **percutane transluminale** ~ (PTA) het opschuiven v.e. door een venapunctie ingevoerde ballonkatheter via een arterie naar de plaats v.e. arteriële obstructie, die door opblazen v.d. ballon wordt verwijd. • **percutane transluminale coronaire** ~ (PTCA) ingreep waarbij een ballonkatheter door de huid en gewoonlijk via de a. femoralis wordt opgeschoven naar een coronaire stenose, die duurzaam wordt verwijd door ballondilatatie dotterbehandeling).
angiopoëse de vorming van (nieuwe) vaten.
angioscleroticus aangetast door, of veroorzaakt door angiosclerose.
angioscopie visuele inspectie v.d. binnenwand van grote(re) bloedvaten m.b.v. een endoscoop.
angioscotoom v.d. blinde vlek uitgaand streepvormig scotoom, veroorzaakt door de schaduw v.e. vat i.h. netvlies.
angiotensine vaatvernauwend, bloeddrukverhogend hormoon, dat door inwerking v.h. enzym renine uit een polypeptide v.d. lever ontstaat. • ~ **II** hormoon, gevormd na omzetting van angiotensine I o.i.v. angiotensin-converting enzyme.
angiotensinereceptorblokker (ARB) zie antagonist | angiotensine~.
angiotensinogeen een door de lever gesynthetiseerd alfa-2-globuline waarvan o.i.v. het enzym renine angiotensine-1 wordt afgesplitst.
angiotonine zie angiotensine.
angitis zie angiitis.
angor angst. • ~ **nocturnus** zie pavor nocturnus.
angst onaangenaam beklemmend gevoel van dreigend gevaar of onheil, gepaard met lichamelijke vegetatieve verschijnselen en angstige cognities. • **anticipatie~** angst voor het opnieuw optreden van angst i.e. bepaalde situatie. • **bloos~** angst om te gaan blozen in sociale situaties en hierom negatief beoordeeld te worden door anderen. • **desintegratie~** angst voor uiteenvallen v.d. integriteit v.h. zelf v.d. persoon met volledig controleverlies. • **faal~** overmatige angst om te falen of 'af te gaan' bij een taak/uitvoering. • **nacht~** zie pavor nocturnus. • **pathologische** ~ angst die te heftig is, te lang aanhoudt en optreedt bij een stimulus die geen of niet zo'n heftige angstreactie rechtvaardigt. • **precordiale** ~ gevoel van beklemming i.d. hartstreek, gepaard met angst. • **scheidings~** (ontwikkelingspsychologie): angst die de meeste kinderen bij het begin v.d. hechting (8 tot 9 maanden) gewoonlijk vertonen bij een plotselinge scheiding van ouder/verzorger; het kind protesteert heftig bij vertrek en zet alles i.h. werk voor een hereniging; bij een langere scheiding wordt het wanhopig en raakt het uiteindelijk onthecht d.w.z. niet meer geïnteresseerd i.d. ouder/verzorger. • **toestands~** angst die wordt opgeroepen door associatie met een specifiek verschijnsel, een gebeurtenis of gewaarwording. • **tril~** angst om te gaan trillen in sociale situaties en hierom negatief beoordeeld te worden door anderen. • **verlatings~** (ontwikkelingspsychologie) angst om door de ander i.d. steek gelaten te worden en hulpeloos achter te blijven. • **vlieg~** overmatige en irreële vrees voor het reizen per vliegtuig.
angstdroom (ontwikkelingspsychologie) op peuterleeftijd beginnende dromen met

als inhoud een angstwekkende situatie, bijv. het achtervolgd of opgejaagd worden.

angstequivalent klachten of verschijnselen die symptomen bij angst (kunnen) zijn.

angstreductie vermindering van angst en bezorgdheid door bijv. uitleg en informatie te geven over een te verrichten medische handeling of situatie, door toediening van medicatie of door gedragstherapie.

● **angststoornis** overkoepelende term voor stoornissen waarbij pathologische angst de belangrijkste klacht vormt; wordt gekenmerkt door overmatige dan wel irreële angst, niet passend bij de situatiestimulus, vaak gepaard gaand met anticipatieangst en vermijdingsgedrag; na aanpassing aan de uitlokkende situatie blijft de angst bestaan of de angst verstoort het dagelijkse functioneren zonder dat de uitlokkende situatie dit rechtvaardigt; indeling: op basis van DSM-IV-criteria onderscheidt men: gegeneraliseerde angststoornis, paniekstoornis, agorafobie, obsessief-compulsieve stoornis, posttraumatische stressstoornis, sociale fobie, specifieke fobie, aanpassingsstoornis. • **gegeneraliseerde** ~ (GAS) chronische, volhardende overmatige angst en bezorgdheid, niet gebonden aan bepaalde situaties. • **separatie~** een niet bij de ontwikkelingsfase horende en buitensporige angst waarbij het kind extreem bang is om gescheiden te worden v.d. ouders of verzorgers. • **sociale** ~ angst voor situaties waarin men sociaal moet functioneren of iets moet presteren en waarbij men blootgesteld wordt aan onbekenden of een mogelijke kritische beoordeling door anderen.

angulair hoekvormig; vb. a-e kyfose.

angularis angulair, hoekvormig, tot een hoek behorend; vb. gyrus angularis.

angulatie 1 vorming v.e. obstructie teweegbrengende scherpe bocht of afknikking i.e. buisvormig orgaan; **2** vorming v.e. bocht of afknikking i.e. ledemaat.

angulus hoek.

angustus smal, nauw; vb. pelvis angusta (algemeen vernauwd bekken).

anhedonie sterk onvermogen te genieten van gewoonlijk prettige activiteiten of gebeurtenissen.

anhidrose het ontbreken van zweetafscheiding.

anhidroticum zie antihidroticum.

anhydramnie het geheel of gedeeltelijk ontbreken van vruchtwater.

anhydrase een enzym dat de afscheiding van water uit een verbinding bevordert.

anhydrose zie anhidrose.

anicterisch zonder icterus.

anilisme chronische anilinevergiftiging.

anima 1 een v.d. archetypen van Jung: het vrouwelijk beginsel i.d. in aanleg biseksuele persoonlijkheidsstructuur; **2** i.d. psychoanalyse: het ideale beeld v.d. vrouw i.h. onbewuste v.d. man.

animaal 1 dierlijk; **2** gericht op de buitenwereld, ten onderscheid van vegetatief, sympathisch, autonoom.

animatie het in leven houden v.e. patiënt d.m.v. beademing.

animatus levend; vb. contagium animatum.

animus 1 een v.d. archetypen van Jung: het mannelijk beginsel i.d. in aanleg biseksuele persoonlijkheidsstructuur; **2** i.d. psychoanalyse: het ideale beeld v.d. man i.h. onbewuste v.d. vrouw.

anios arts niet in opleiding tot specialist.

aniridie afwezigheid v.d. iris (o.a. bij het syndroom van Biemond). • **traumatische** ~ aniridie a.g.v. ernstige penetratie waarbij de gehele iris verloren is gegaan.

anisakiasis infectie v.d. mens met de haringworm (*Anisakis simplex*).

Anisakis simplex haringworm.

aniseiconie ongelijkheid in grootte en vorm v.d. op het rechter en het linker netvlies ontworpen beelden.

anisochromasie ongelijkmatige of onderling ongelijke kleur v.d. erytrocyten (bij anemie).

anisochronie ongelijkheid in tijd bij vermeende gelijktijdigheid.

anisocorie ongelijkheid in diameter v.d. pupillen.

anisocytose ongelijkheid in grootte van cellen, meestal bedoeld erytrocyten.

anisodontie ongelijkheid van gebitselementen, zoals bij de mens.

anisoforie latent hoogtescheelzien, door verstoring i.h. evenwicht v.d. verticale oogspieren van linker en rechter oog, zodat de bliklijnen niet in één horizontaal vlak liggen.

anisogaam i.h. bezit van anisogameten.

anisogamie voortplanting door anisogameten.

anisognathie ongelijkheid tussen boven-

kaak en onderkaak, zoals bij de mens.
anisomastie ongelijkheid in grootte v.d. borsten.
anisomelie ongelijkheid van gepaarde ledematen.
anisometropie verschil in breking v.d. twee ogen.
anisopie ongelijk gezichtsvermogen tussen rechter en linker oog.
anisoploïdie het optreden v.e. oneven aantal chromosomen i.d. somatische cellen.
anisosfygmie ongelijkheid v.d. polsslag tussen rechter en linker extremiteit of tussen bovenste en onderste lichaamshelft.
anisotroop met ongelijke eigenschappen in verschillende richtingen.
anisotropie eigenschap van sommige substanties om doorvallend gepolariseerd licht in één polarisatievlak zo te draaien dat geen totale uitdoving optreedt bij gekruiste polarisatiefilters.
ankyloglossie te korte tongriem (frenulum linguae).
ankylopoëse het ontstaan van gewrichtsverstijving, bijv. bij spondylosis ankylopoetica.
ankylopoeticus krommakend, leidend tot, gepaard met ankylose; vb. spondylitis ankylopoetica.
ankylosans gewrichtsverstijvend.
ankylose gewrichtsverstijving. • **ankylosis artificialis** kunstmatige gewrichtsverstijving. • **ankylosis capsularis** gewrichtsverstijving door kapselschrompeling. • **ankylosis externa** extracapsulaire gewrichtsverstijving. • **ankylosis falsa** *zie* ankylosis externa. • **ankylosis fibrosa** gewrichtsverstijving door bindweefselwoekering.
• **ankylosis interna** *zie* ankylosis artificialis. • **ankylosis ligamentose** *zie* ankylosis fibrosa. • **ankylosis musculosa** myogene gewrichtsverstijving. • **ankylosis ossea** gewrichtsverstijving door processen i.d. aangrenzende botten, die tot benige vergroeiing leiden. • **ankylosis spuria** *zie* ankylosis externa. • **ankylosis vera** intracapsulaire gewrichtsverstijving. • **benige ~** verstijving v.e. gewricht, met benige doorbouw, meestal a.g.v. destructie van gewrichtskraakbeen en subchondraal bot.
Ankylostoma zie Ancylostoma.
ankylotisch gepaard gaande met, veroorzaakt door ankylose; vb. ankylotisch bekken.

annulair ringvormig.
annulus *zie* anulus.
anococcygeus m.b.t. anus en os coccygis; vb. ligamentum anococcygeum.
anodal break excitation [E.] fenomeen dat tijdens stimulatie v.e. prikkelbare cel m.b.v. gelijkstroom bij het onderbreken v.d. stroomdoorgang een actiepotentiaal ontstaat die v.d. anode uitgaat.
anode positieve pool, bijv. v.e. röntgenbuis of een elektrische batterij.
anodontie tandeloosheid.
anogenitalis m.b.t. anus en (uitwendige) geslachtsdelen; vb. pruritus anogenitalis.
anomaal afwijkend v.d. normale (natuurlijke) rangschikking, plaatsing, of gang v.e. proces.
anomalie v.d. norm afwijkende toestand; vb. stofwisselingsanomalie, refractieanomalie. • **~ van Taussig-Bing** *zie* syndroom | taussig-bing~. • **arterioveneuze ~** (AVA) *zie* malformatie | arterioveneuze ~.
• **ebstein~** *zie* ziekte van Ebstein. • **taussig-bing~** *zie* syndroom | taussig-bing~.
anomaloscoop *zie* Nagel | lantaarn van ~.
anomie stoornis i.h. benoemen van objecten.
anonychie congenitale afwezigheid v.e. of meer nagels.
anonymus zonder naam.
Anopheles geslacht v.d. subfamilie *Culicinae*; sommige soorten van *Anopheles* zijn overbrengers van malariaparasieten, enkele brengen filaria over.
Anoplura bloedzuigende luizen, een orde v.d. klasse *Insecta*.
anopsie het niet gebruiken v.e. oog bij aandoeningen zoals cataract, scheelzien.
• **kwadrant~** *zie* hemianopsie.
anorchie enkel- of dubbelzijdige testisagenesie a.g.v. laesies pre of durante partu.
anorectalis m.b.t. anus en rectum; vb. fistula anorectalis, syphiloma anorectale.
anorectal-outlet obstruction [E] syndroom waartoe een aantal ziektebeelden behoren die ernstige obstipatie tot gevolg hebben.
anorectica 1 (Lat., mv.:) groep van geneesmiddelen die de eetlust remmen; **2** (Lat., vrouw. enkelv.) vrouw die aan anorexie lijdt.
anorectisch m.b.t. anorexie, anorexie vertonen; geen of verminderde eetlust hebben.
anorexans geneesmiddel dat de eetlust

anorexie gebrek aan eetlust, tegenzin in voedsel. • **anorexia nervosa** stoornis die wordt gekenmerkt door doelbewust gewichtsverlies door onvoldoende voedselopname, vnl. bij jonge vrouwen voorkomend.

anorganisch 1 (chemie) betreffende de niet-koolstofbevattende stoffen; **2** (geneeskunde) niet op een organische afwijking berustend, bijv. een a. hartgeruis.

anorgasmie uitblijven v.h. orgasme tijdens seksuele activiteit waarbij wel verlangen en opwinding worden beleefd; bij primaire anorgasmie heeft de persoon in zijn/haar leven nog nooit een orgasme beleefd, bij secundaire anorgasmie is na een probleemloze fase het orgasme onmogelijk geworden.

anoscoop speculum om het eindgedeelte v.h. rectum te bezien.

anosmie totaal verlies van reukvermogen (een- of tweezijdig). • **hemi~** eenzijdig totaal verlies van reukvermogen.

anosognosie onvermogen de functie-uitval v.e. lichaamsdeel bij zichzelf te herkennen, meestal door beschadiging v.d. pariëtale hersenschors.

anotie aangeboren afwezigheid v.e. of beide oorschelpen.

ANOVA zie analyse | variantie~.

anovaginaal v.d. anus naar de vagina, bijv. een anovaginale fistel.

anovarie het aangeboren ontbreken v.d. ovaria.

anovulair niet gepaard gaand met ovulatie.

anovulatoria ovulatieremmende contraceptiva.

anoxemie onvoldoende zuurstofverzadiging v.h. bloed.

anoxie onvoldoende zuurstofconcentratie i.d. weefsels (dus eigenlijk beter: hypoxie).

ANP zie peptide | natriuretische ~n.

anreicherungsverfahren van Telemann zie telemannprocedure.

anrepeffect stijging v.d. contractiliteit v.h. hart bij toename v.d. uitgangsweerstand voor de ventrikel.

ansa boogvormige verbinding tussen twee naburige zenuwen. • **~ cervicalis** lusvormige verbindende zenuwbundel tussen de nervus hypoglossus en de bovenste drie halszenuwen. • **~e nervorum spinalium** lusvormige verbindende zenuwvezels tussen de ventrale wortels v.d. ruggenmergszenuwen. • **~ lenticularis** vezels tussen nucleus lentiformis en thalamus. • **~ nervi hypoglossi** a. cervicalis.

anserinus (als) v.e. gans; vb. pes anserinus, cutis anserina.

antacidum 1 geneesmiddel dat de maagzuurproductie remt; **2** geneesmiddel dat maagzuur gedeeltelijk neutraliseert.

antagonisme 1 elkaar opheffende werking van spieren, geneesmiddelen, organismen; **2** het op elkaar sluiten van gebitselementen van boven- en onderkaak. • **allo~** zie sensibilisatie | allo~. • **bloedgroep~** zie bloedgroepincompatibiliteit. • **competitief ~** antagonisme dat optreedt wanneer twee agonisten met een verschillende intrinsieke activiteit wedijveren om binding aan de receptor. • **niet-competitief ~** antagonisme met als kenmerk dat de werking v.d. antagonist niet kan worden opgeheven door verhoging v.d. concentratieagonist. • **resus~** bloedgroepantagonisme waarbij antilichamen tegen de resusbloedgroep worden gevormd.

antagonist 1 (anatomie:) spier die een werking heeft die tegengesteld is aan die v.e. andere, de agonist; **2** (tandheelk.:) gebitselement i.d. ene kaak dat articuleert met een element i.d. andere kaak; **3** (biochemie:) chemische stof die de werking v.e. ander opheft. • **alfa-1-adrenoceptor~** geneesmiddel dat door binding aan alfa-1-adrenoceptoren deze receptoren blokkeren; hierdoor treden vaatverwijding en relaxatie van glad spierweefsel i.d. prostaat op; vaak toegepast bij prostaathyperplasie en soms nog bij hypertensie. • **angiotensine~** stof die de werking van angiotensine inhibeert, waardoor o.a. de aldosteronsecretie niet wordt gestimuleerd. • **bètareceptor~** zie bètasympathicolytica. • **calcium~** stof die een aantal specifiek aan calcium toegeschreven effecten tegengaat. • **competitieve ~** een stof die een andere stof afhoudt van binding met een (metabol)e substantie. • **enzym~** een stof die een enzymwerking opheft. • **H1-receptor~** antihistaminicum dat zich competitief bindt aan de histamine-H1-receptoren. • **H2-receptor~** antihistaminicum dat zich competitief bindt aan de histamine-H2-receptoren. • **insuline~** stof die de insulinewerking opheft. • **interleukinereceptor~** cytokine met anti-inflammatoire werking. • **metabole** ~ een stof die de metabole utilisatie v.e. substantie stoort.

antagonistische gebaren handelingen ('trucs') om spasmes door focale dystonie tijdelijk op te heffen.

antebrachium onderarm.

antecedent 1 een voorafgegane gebeurtenis; **2** voorstadium (precursor) v.e. stof, bijv. tromboplastine-antecedent = factor XI v.d. bloedstollingsfactoren.

ante cenam (a.c.) vóór de maaltijd (in te nemen) (rec.).

antecolisch vóór het colon.

antecurvatie kromming v.h. bot naar voren.

anteflexie naar voren gebogen. • **anteflexio uteri** naar voren gebogen corpus uteri t.o.v. de cervix uteri, de fysiologische toestand.

antegraad naar voren lopend of vloeiend; vb. a-grade pyelografie, antegrade darmspoeling.

antemenstruum de periode vóór de menstruatie.

ante meridiem vóór de middag (in te nemen).

ante mortem vóór het intreden v.d. dood.

antenataal vóór de geboorte.

ante partum vóór de baring.

anterieure kniepijn pijn aan de voorzijde v.d. knie rondom het patellofemorale gewricht.

anterieurevoorhoornceldysgenesie contracturen en spierzwakte vanaf de geboorte a.g.v; een ontwikkelingsstoornis van motorische voorhoorncellen.

anterieur infarct *zie* infarct | voorwand~.

anterior vóór; anatomisch ook i.d. betekenis van ventraal; vb. cornu a-rius.

antero- voorvoegsel in woordsamenstellingen met de betekenis 'vóór'.

anterodorsalis dorsaal-vóór; vb. nucleus anterodorsalis.

anterograad zich naar voren bewegend of uitstrekkend; vb. a-grade amnesie.

antero-inferior vóór-beneden.

anterolateralis vóór-opzij; vb. fonticulus anterolateralis.

anteromediaal vóór-midden.

anteroposterieur (AP) voor-achterwaarts; vb. anteroposterieure radiol. opname (AP-opname).

anterosuperior vóór-boven.

anteversie naar voren hellende positie v.e. orgaan.

anthelix voor en evenwijdig aan de helix lopende winding, tevens achterste afsluiting v.h. cavum conchae.

anthelminthicum wormafdrijvend geneesmiddel; niet verwarren met 'enthelminth' = ingewandsworm.

anthracosilicosis *zie* silicose | antraco~.

anthracosis *zie* antracose.

anti- voorvoegsel in woordsamenstellingen met de betekenis 'tegen'.

anti-allergica groep geneesmiddelen die het verloop v.e. allergische reactie remmen of blokkeren.

antiandrogeen geneesmiddel dat de synthese en/of de werking van (de voorlopers van) androgenen remt.

antiangineus middel geneesmiddel dat angina pectoris tegengaat.

antiaritmica groep van geneesmiddelen ter vermindering, opheffing of voorkoming v.e. hartritmestoornis.

antiastmatica geneesmiddelen die een astma-aanval voorkomen dan wel couperen.

antiatherogeen atherosclerose remmend.

antibacterieel gericht tegen bacteriën.

antibacterieel middel *zie* antibioticum.

antibiogram uitleg v.d. bepaling v.d. gevoeligheid v.e. bepaald micro-organisme t.o.v. een aantal antibiotica.

antibiose bacterieel antagonisme, doordat de ene soort een stof uitscheidt, die de andere doodt.

antibioticum 1 (farmacie) geneesmiddel ter doding v.e. microbe als verwekker v.e. infectieziekte; **2** (fytologie) door bacteriën of schimmels afgescheiden substantie die dodelijk of groeiremmend op andere bacteriën c.q. schimmels werkt. • **bètalactamantibiotica** antibiotica die een bètalactamkern hebben; hiertoe behoren o.m. penicillines, cefalosporines, penems en monobactams; EBSL-bacteriën hydrolyseren bètalactam en zijn hierdoor resistent tegen deze geneesmiddelen. • **breedspectrumantibiotica** a. die tegen een groot aantal verschillende bacteriën werkzaam zijn. • **polyeenantibiotica** lacton-bevattende groep van antibiotica. • **smalspectrum~** antibioticum dat tegen een beperkt aantal uiteenlopende micro-organismen werkzaam is.

antibiotisch 1 m.b.t. antibiose; **2** m.b.t. antibiotica.

antibrachium *zie* antebrachium.

anticarcinogeen verbinding die een carcinogeen verminderd werkzaam of onwerkzaam maakt.

anticholinerg de werking van acetylcholine onderdrukkend.

anticholinergica stoffen die de werking van acetylcholine onderdrukken.

anticipatie 1 (psychol.) aspect van intelligentie waarbij bijv. emotionele gevolgen van gebeurtenissen i.d. toekomst tevoren worden onderkend en zo als coping-strategie wordt gebruikt; 2 (genetica) samenhang tussen het aantal herhalingen v.e. stukje gen en de mate waarmee dat aantal toeneemt bij het kopiëren v.h. gen tijdens de celdeling.

anticipatory grief *zie* rouwproces | anticiperende rouw.

anticoagulantia groep van geneesmiddelen die de stolling v.h. bloed tegengaan; men onderscheidt directe (o.a. heparine) en indirecte a. (de stof beïnvloedt de productie van stollingsfactoren, bijv. cumarine). • **circulerend anticoagulans** abnormaal agens dat in plasma aanwezig kan zijn en remmend op de stolling werkt. • **lupusanticoagulans** (LAC) niet-fysiologische, in bloed voorkomende bloedstollingsremmer, o.a. beschreven bij systemische lupus erythematodes. • **oraal anticoagulans** een a. dat per os wordt toegediend.

anticonceptie het geheel van middelen en methoden ter voorkoming van bevruchting v.d. eicel danwel innesteling v.d. bevruchte eicel. • **nood~** medicamenteuze behandeling tot afbreking v.d. zwangerschap na onbeschermde geslachtsgemeenschap of bij het falen van anticonceptie; vormt in deze zin een post-expositieprofylaxe (PEP).

anticonceptiemethode methode om conceptie tegen te gaan.

anticonceptiemiddel *zie* anticonceptivum. • **intra-uterien** ~ *zie* spiraaltje.

anticonceptiva | **orale** ~ (OAC) geneesmiddelen met bevruchtingsblokkerende werking; betreffen hormoonpreparaten, meestal combinatie van oestrogeen en progestativum ter hormonale onderdrukking van rijping van follikels in ovaria door onderdrukking van vorming en uitscheiding v.d. gonadotrope hormonen LH en FSH.

anticonceptivum middel dat de conceptie tegengaat door een mechanisch of farmacologisch werkingsprincipe.

anticonvulsivum *zie* anti-epilepticum.

anticus 1 anterior; 2 musculus anticus = m. cricothyroideus.

antidementivum geneesmiddel ter behandeling van dementie; men onderscheidt o.a. acetylcholinesteraseremmers en NMDA-antagonisten.

antidepressiva geneesmiddelen die werkzaam zijn bij de behandeling v.e. matige tot ernstige depressieve episode. • **cyclische** ~ antidepressiva met cyclische moleculaire structuur. • **tricyclische** ~ *zie* cyclische ~. • **tweedegeneratie~** antidepressiva met tricyclische structuur, waarvan de werking berust op selectieve remming v.d. heropname van norepinefrine en/of serotonine.

antidiabeticum geneesmiddel voor de behandeling van diabetes mellitus. • **oraal** ~ antidiabeticum waarvoor wordt gekozen wanneer dieetmaatregelen en het aanzetten tot lichamelijke activiteiten niet hebben geleid tot het bereiken v.d. streefwaarden voor het bloedglucose; enkel geïndiceerd als de pancreas nog enigszins werkt, i.h.b. bij beginnende type-2-diabetes (DM-2); stimuleert de resterende endogene insulinesecretie.

antidiabetisch tegen diabetes mellitus werkend, de bloedsuikerspiegel verlagend.

antidiabetogeen de ontwikkeling van diabetes verhinderend.

antidiarroïcum geneesmiddel tegen diarree.

antidotum middel dat een schadelijke (hoeveelheid v.e.) stof in het lichaam onschadelijk kan maken.

antidroom tegengesteld aan de normale richting verlopend.

anti-elastase antistof, gericht tegen elastase (proteolytisch pancreasenzym).

anti-emeticum geneesmiddel dat de braakreflex onderdrukt.

anti-epilepticum geneesmiddel ter onderdrukking van epilepsieaanvallen.

anti-epiligrin cicatricial pemphigoid *zie* pemfigoïd | antilaminine-5-slijmvlies~.

antifibrinolyticum geneesmiddel dat fibrinolyse tegengaat.

antiflogisticum *zie* ontstekingsremmer | niet-steroïdale ~.

antiflogistisch ontstekingwerend, ontstekingremmend.

antifungale middelen *zie* antimycotica.

anti-GBM auto-antistof, gericht tegen bestanddelen v.d. glomerulaire basaalmembraan (GBM) i.d. nier.

antigeen (Ag) **1** stof die door het afweersysteem als lichaamsvreemd wordt beschouwd en daarom aanleiding geeft tot productie van antistoffen; **2** een immuunreactie opwekkend. • **A**-~ bloedgroepantigeen uit het ABO-bloedgroepsysteem. • **allo**~ HLA-antigeen v.e. ander individu van dezelfde soort. • **Au**-~ *zie* hepatitis B-~. • **Australië**-~ (Au-antigeen) *zie* hepatitis B-~. • **auto**~ een als antigeen werkend lichaamseigen bestanddeel. • **B**-~ bloedgroepantigeen uit het ABO-systeem; komt tot expressie op erytrocyten bij individuen met fenotype B en AB. • **bloedgroep**~ aan erytrocyten gebonden antigeen dat i.h. lichaam van iemand met een incompatibele bloedgroep een reactie teweegbrengt. • **carcino-embryonaal** ~ (CEA) polypeptide dat in bloed voorkomt bij aanwezigheid van o.a. een maag-darmtumor of een medullair schildkliercarcinoom. • **carcinofoetaal** ~ *zie* carcino-embryonaal ~. • **CD**-~ specifiek celoppervlakmolecuul van leuko- en trombocyten dat m.b.v. monoklonale antilichamen kan worden gemerkt; wordt gebruikt om verschillende celpopulaties te onderscheiden. • **CD4**-~ specifieke celmarker die op 50-70% v.d. bloed-T-lymfocyten voorkomt. • **common-acute-lymphoblastic-leukaemia antigen** (CALLA) [E] antigeen dat normaal op minder dan 1% v.d. normale beenmergcellen tot expressie wordt gebracht. • **common leukocyte antigen** [E] antigeen dat specifiek lymfoïde cellen bindt. • **core antigen** [E] antigeen dat onderdeel is v.h. kern v.e. micro-organisme. • **delta**-~ (HDag) deel van hepatitis-D-virus dat samen met HbsAg het RNA v.h. HDV omgeeft. • **e**-~ (HBeAg) deel in bloed van patiënten met hepatitis B aangetroffen antigeen. • **endogeen** ~ lichaamseigen stof die onder bepaalde omstandigheden productie van antistoffen opwekt en daarmee reageert. • **exogeen** ~ lichaamsvreemde stof die leidt tot antistofvorming. • **extra-heerbaar nucleair** ~ (ENA) kernantigeen dat met fysiologisch zout kan worden geëxtraheerd uit een celkernpreparaat. • **Fas**-~ membraangebonden eiwit op B- en T-lymfocyten. • **flagel**-~ *zie* H-~. • **gesequestreerd** ~ *zie* verborgen ~. • **H**-~ Hauch-antigeen. • **hepatitis A**-~ (HAAg) antigeen dat i.h. bloed van patiënten met hepatitis A voorkomt. • **hepatitis B**-~ (HBAg) het antigeen dat i.h. bloed van lijders aan hepatitis B voorkomt. • **hepatitis B-core**-~ *zie* hepatitis B-~. • **hepatitis B-surface**-~ *zie* hepatitis B-~. • **hepatitisge-associeerd** ~ *zie* hepatitis B-~. • **histocompatibiliteits**~ antigeen op celmembranen. • **humaan leukocyten**~ (HLA) antigeen dat aanwezig kan zijn op de celmembranen van vrijwel alle lichaamscellen en een belangrijke rol bij transplantaties speelt. • **human lymphocyte antigen** [E] *zie* humaan leukocyten-~. • **incompleet** ~ stof die op zichzelf geen antistofproductie verwekt, maar dit wel doet in tegenwoordigheid v.e. ander, compleet antigeen. • **iso**~ antigeen afkomstig v.e. ander, tot dezelfde diersoort behorend individu. • **K**-~ uit polysachariden of eiwitten bestaand kapsel van cel met antifagocytaire en anticomplementaire werking. • **kapsel**~ antigeen, afkomstig van bacteriekapsels. • **klasse-I**-~ antigenen dat aanwezig kan zijn op de celmembranen van vrijwel alle lichaamscellen. • **klasse-II**-~ human-leukocyte-antigeen dat wordt gecodeerd door de genloci HLA-DP, DQ en DR op chromosoom 6; komen voor op B- en T-lymfocyten, macrofagen, monocyten, dendritische cellen en langerhanscellen. • **leukocyte-function antigen** (LFA) [E] membraanoppervlakmolecuul op macrofagen en monocyten dat betrokken is bij aanhechting en lysis van pathogenen en apoptotische lichaamscellen. • **lichaams**~ *zie* O-~. • **M**-~ typespecifieke proteïne van kapselloze pneumokokken. • **neo**~ antigeen dat wel tot expressie komt op een maligne cel, maar niet op de corresponderende normale lichaamscel. • **O**-~ een a., zo genoemd omdat het voorkomt i.h. bacterielichaam van salmonella's die op een kweekmedium zonder omgevende waas groeien. • **oppervlakte**~ antigeen dat op het oppervlak van cellen en/of micro-organismen tot expressie wordt gebracht. • **plasmacarcino-embryonaal** ~ antigeen dat i.h. bloedplasma voorkomt bij o.a. coloncarcinoom en rectumcarcinoom. • **prostaatspecifiek** ~ (PSA) door de prostaat afgescheiden klein eiwit dat onder het vocht uit de prostaat en de vesiculae seminales te laten vervloeien; onder fysiologische omstandig-

heden wordt slechts in beperkte mate PSA i.h. serum teruggevonden; door veranderingen aan het epitheel kan er meer lekkage v.h. PSA naar de bloedbaan optreden; i.h. geval van carcinoomcellen kan dit met een factor 4 tot 10 keer zo hoog plaatsvinden. • **resus**~ antigeen, behorend bij de resusclassificatie. • **serumhepatitis**~ *zie* hepatitis B~~. • **superantigenen** groep antigenen, veelal van bacteriële afkomst die T-lymfocyten op niet-specifieke wijze kunnen activeren door binding aan een T-celreceptor na binding aan een antigeenpresenterende cel. • **T**-~ tumorgeassocieerd antigeen dat voorkomt op vele tumoren, ongeacht de oorsprong v.d. tumor. • **thymusafhankelijk** ~ antigeen dat een T-lymfocyt nodig heeft om een immunorespons op te wekken. • **transplantatie**~ lichaamsvreemd antigeen op getransplanteerde cellen. • **tumor-associated antigen** (TAA) [E] antigeen dat op een tumor voorkomt. • **tumorspecifiek transplantatie**~ (TSTA) antigeen dat specifiek is voor één individuele tumor. • **verborgen** ~ lichaamseigen antigeen waarvoor geen immunologische tolerantie bestaat omdat het normaal gesproken niet in contact komt met het immuunsysteem. • **Vi-**~ (Vi = virulentie): een a. i.d. meest perifere laag v.d. celwand van salmonella's. • **viral capside antigen** [E] antigene structuur in/op het eiwitkapsel v.e. virus. • **weefsel**~ antigeen dat voorkomt op alle cellen van humane weefsels.
antigeenaffiniteit bindingssterkte van één antigeenbindingsplaats voor één enkel epitoop.
antigeen-antilichaambinding *zie* antigeen-antistofverbinding.
antigeen-antistofverbinding vorming van niet-covalente verbindingen tussen antigeen en aminozuren v.d. hypervariabele gebieden v.h. antilichaammolecuul.
antigeenbinding *zie* antigeen-antistofverbinding.
antigeendetectie *zie* antigeenherkenning.
antigeenherkenning herkenning van antigeen door antilichaam of T-celreceptor. • **MHC-beperkte** ~ herkenning van antigenen door T-celreceptoren; vindt alleen plaats wanneer het antigeen gebonden is aan lichaamseigen HLA-moleculen (waarvoor het MHC codeert).
antigeenpresentatie proces waabij antigeen wordt opgenomen door cellen, veelal v.h. mononucleaire fagocytensysteem, en daarna gepresenteerd aan andere cellen v.h. lymfoïde systeem.
antigeenspecificiteit de eigenschap dat antilichamen slechts één of een beperkt aantal antigenen herkennen.
antigen-binding fragment *zie* Fab.
antigenemie aanwezigheid van antigeen i.h. bloed.
antigene shift het optreden v.e. grote antigene wijziging bij micro-organismen.
antigeniteit het vermogen als antigeen te werken. • **tumorspecifieke transplantatie**~ (TSTA) antigene werking van getransplanteerde tumorcellen, blijkend uit de immunitaire afweer v.h. serum of van lymfocyten op getransplanteerde tumorcellen.
antigen-trapping mechanism [E] het langdurig binden van antigeen aan een dendritische macrofaag i.h. follikelcentrum v.e. lymfeklier.
anti-HBc antistof tegen HBcAg.
anti-HBe antistof tegen HBeAg.
anti-HBs antistof tegen HBsAg.
antihelix gebogen richel voor de buitenrand v.d. oorschelp.
antihemolysine een tegen hemolysine gerichte stof, een substantie die de werking van hemolysine tegengaat.
antihidroticum middel met anticholinerge of met zwakke eiwit-precipiterende werking.
antihistaminicum stof die de werking van histamine tegengaat.
antihyperhidrosica geneesmiddelen tegen overmatige transpiratie; vb. aluminiumchloride.
antihypertensief de bloeddruk verlagend.
antihypertensivum bloeddrukverlagend middel.
anti-infectieus tegen het infectieproces of tegen de infectieverwekker gericht.
anti-jeukmiddel *zie* antipruriticum.
anti-kinetochor *zie* antistof | anticentromeer~.
antileproticum middel tegen lepra.
antilichaam | **cytoplasmatische eilandcelantilichamen** autoantilichamen die i.d. regel vóór en op het moment van manifestatie van diabetes mellitus type 1 i.h. serum aantoonbaar zijn.
antilichaamblokkade *zie* antistofblokkade.
antilueticum *zie* antisyfiliticum.

antilysine stof of factor, gericht tegen de werking van lysinen.
antimalariamiddel geneesmiddel ter bestrijding van malaria.
antimetropie tegengestelde refractieanomalie v.d. twee ogen (myopie v.h. ene, hypermetropie v.h. andere oog).
antimitoticum *zie* mitoseremmer.
anti-Müllerian hormone *zie* factor | Müllerian Inhibiting Factor.
antimutageen 1 een agens (stof, licht, enzym), dat de mutatiefrequentie tegengaat; **2** (bijv. nw.) de mutatiefrequentie tegengaand.
antimycotica geneesmiddelen ter bestrijding van schimmelinfecties.
antineoplastisch *zie* cytostatisch.
antinion (antropometrie) plek tussen de wenkbrauwen, zijnde het punt op de schedel dat het verst verwijderd is v.h. inion.
anti-oestrogeen middel dat de werking van oestrogenen inhibeert door blokkade v.d. oestrogeenreceptor op doelorganen.
antioxidans stof die oxidatie tegengaat.
antiparasiticum middel tegen parasieten.
antipepsine geneesmiddel dat de activiteit van pepsine i.d. maag vermindert.
antiperistaltiek serie contracties v.d. circulaire en longitudinale spierlaag v.d. darm waardoor een beweging i.d. richting v.d. mond ontstaat i.p.v. richting endeldarm.
antiperspirans *zie* antihidroticum.
antiphlogisticum *zie* antiflogisticum.
antiplasmine een stof die de werking van plasmine remt.
antipolitzeren het doorblazen van geneesmiddelen in vloeistofvorm vanuit de gehoorgang door de tuba Eustachii met een politzerballon.
antiprogestageen middel met anti-progestatieve werking.
antiprotozoïcum geneesmiddel dat wordt gebruikt bij infecties door eencellige dierlijke micro-organismen.
antiprotrombine een anticoagulans dat de werking van protrombine remt.
antipruriginosum *zie* antipruriticum.
antipruriticum geneesmiddel dat de jeuk stilt; vb. 1% menthol in lanettecrème FNA, kamfer.
antipsychotica geneesmiddelen die psychotische verschijnselen kunnen verminderen of opheffen; hebben i.h. bijzonder effect op de positieve symptomen (wanen, hallucinaties) v.e. psychose.
antipyreticum koortswerend, koortsverlagend geneesmiddel.
antipyretisch koortsverlagend, koortswerend.
antiretrovirale therapie toediening van remmers van retrovirale replicatie i.h.k.v. behandeling van hiv-infectie.
antireumaticum middel tegen reuma; de Lat. schrijfwijze 'antirheumaticum' is verouderd. **· tweedelijns** ~ *zie* drug | disease-modifying antirheumatic ~.
antisepticum *zie* desinfectans. **· lokale antiseptica** desinfectantia die lokaal worden toegepast op levende oppervlakken.
antiseptisch een infectie voorkomend; NB: niet te verwarren met 'aseptisch'.
antishockbroek [E] verouderde methode waarbij men met een opblaasbare broek de benen (en buik) v.e. shockpatiënt comprimeert om de bloedcirculatie tot de vitale organen te beperken.
antisociaal gedrag individueel of groepsgebonden gedrag waarmee fundamentele rechten v.e. ander geweld worden aangedaan.
antispasmodica *zie* spasmolytica.
antistof substantie die hetzij van nature i.e. organisme aanwezig is, gericht tegen een antigeen, hetzij door een organisme wordt geproduceerd bij inwerking v.e. antigeen. **· agglutinerende** ~ antistof die het samenklonteren van cellen of micro-organismen induceert. **· anti-anti-idiotype** ~ antistof die bindt aan het idiotype v.e. anti-idiotypische antistof; op deze interacties is het immunoneuro-endocriene netwerk gebaseerd. **· anticardiolipine** ~ auto-immuunreagerende antistof tegen het celmembraanbestanddeel cardiolipine. **· anticentromeer** ~ auto-immuun reagerende antistof tegen componenten die de chromosoomscheiding tijdens de mitose stimuleren. **· anti-D-** ~ **fen** antistoffen gericht tegen bloedgroep D (resusfactor). **· anti-ds-DNA-** ~ *zie* DNA | anti-ds--. **· anti-endotheel** ~ auto-antistof, gericht tegen endotheelantigenen. **· anti-GM1-** ~ antistof tegen het ganglioside GM1. **· anti-GQ1b-** ~ antistof tegen het ganglioside GQ1b, dat in ca. 80% v.d. patiënten met het miller-fischersyndroom voorkomt. **· anti-idiotype** ~ antistof die de immuunrespons reguleert door binding aan het idiotype v.e. ander,

door antigeen geactiveerde antistof. • **anti-Jo-I** antistof tegen het Jo-I-antigeen; aantoonbaar bij een deel van patiënten met polymyositis. • **anti-MAG-**~ antistof tegen myelin-associated glycoprotein (MAG), een eiwit i.h. myeline dat een rol speelt i.h. compact houden v.h. myeline. • **anti-neutrofielencytoplasma-**~ (ANCA) auto-antistof tegen het enzym 29-kD-serineprotease. • **antinucleaire** ~ (ANA) auto-antistof, gericht tegen celkernbestanddelen. • **anti-PM-I** antistof tegen PM-I-antigeen; aantoonbaar bij een deel van patiënten met polymyositis. • **antireceptor**~ antistof, gericht tegen specifieke receptoren op celmembranen. • **antiresus**~ antilichaam tegen antigenen v.h. resusbloedgroepsysteem (C+/-, D+/-, E+/-). • **anti-RNP-**~ auto-immuun reagerende antistof tegen ribonucleoproteïnen; behoort tot de groep v.d. antinucleaire antistoffen. • **antispermatozoa-**~ (ASA) antistof die zich aan spermatozoa hecht en bevruchting verhindert. • **anti-SS-A** antistof tegen SS-A-antigeen. • **anti-SS-B** antistof tegen het SS-B-antigeen. • **auto**~ antistof, gericht tegen lichaamseigen antigenen; veroorzaakt auto-immuunreactie. • **bloedgroep**~ antistof, gericht tegen een antigeen dat op het membraan van erytrocyten zit. • **complementactiverende** ~ antistof die zowel de klassieke als de terminale complementroute activeert. • **hemagglutinatieremmende** ~ antistof die de agglutinatie van erytrocyten remt. • **hetero**~ antistof, opgewekt door en reagerend met heteroantigenen. • **hiv-**~ antistof, gericht tegen alle structurele eiwitten van hiv. • **HLA-**~ antistof, gericht tegen het humaan leukocytenantigeen. • **irregulaire** ~ antistof die i.t.t. een reguliere antistof bij slechts circa één procent v.d. mensen wordt gevonden. • **iso-** **1** antistof, afkomstig v.e. tot dezelfde diersoort behorend ander individu; **2** een tegen een isoantigeen gerichte antistof. • **koudereactieve** ~ antistof waarvoor de optimale reactietemperatuur beneden de 37°C ligt. • **kruisreagerende** ~ antistof die aan verschillende antigenen bindt. • **myositisspecifieke** ~ (MSA) antistof die overwegend of uitsl. bij poly- en dermatomyositis voorkomt. • **neutraliserende** ~ specifieke, neutraliserende immunoglobuline, gericht tegen bepaalde microbiële toxinen of viruseiwitten, waardoor replicatie wordt voorkomen. • **opsoniserende** ~ antistof met Fc-gedeelte waarmee na binding aan een antigeen een fagocyt kan worden gebonden. • **polyklonale** ~ antistof die vrijkomt bij een polyklonale reactie. • **precipiterende** ~ antistof die met een bepaald antigeen een immuuncomplex vormt dat in vivo kan leiden tot vasculitis, artritis of myalgie. • **reguliere** ~ antistof die bij iedereen voorkomt die het antigeen waarmee de a. reageert niet heeft. • **resus-** *zie* factor | resus-. • **schildklierauto**~ antistof met i.h. algemeen een remmende werking op de schildklier. • **schildklierstimulerende** ~**fen** thyreotropinereceptorstimulerende antistoffen (TSAB) of schildklierstimulerende immunoglobulines (TSI); zijn de oorzaak v.d. ziekte van Graves. • **tumorgeassocieerde** ~ antistof die tegen een bepaald soort tumor gericht is.

antistofblokkade vorm van IgG-gemedieerde suppressie van antistofvorming.

antistofimmuunrespons verandering v.d. antilichaamtiter v.h. serum i.d. tijd na contact met een antigeen; er is een primaire en een secundaire antilichaamimmuunrespons. • **primaire** ~ immuunreactie bij een eerste contact met een antigeen; kent vier fasen: lag-fase (geen antistofdetectie), log-fase (logaritmische toename antilichaamtiter), plateaufase (stabilisatie antistoftiter) en afnamefase (klaring en afbraak antistof). • **secundaire** ~ immuunreactie bij een tweede of volgend contact met een antigeen; verschilt v.d. primaire antistofrespons in tijdsduur (kortere lag-fase, totale respons houdt langer aan), antistoftiter (plateaufase ligt minstens factor 10 hoger), antistofklasse (IgG i.p.v. IgM) en door optreden van affiniteitsmaturatie.

antistofrespons *zie* antistofimmuunrespons.

antistofvorming productie van immunoglobulinen door B-lymfocyten na blootstelling aan antigenen.

antistollingsmiddelen *zie* anticoagulantia.

antistollingstherapie afremmen v.d. bloedstolling d.m.v. anticoagulantia om de kans op trombose en embolie te verkleinen. • **directe** ~ antistolling d.m.v. heparine. • **indirecte** ~ antistolling d.m.v. cumarinederivaten.

antistreptolysine antistof, gericht tegen

streptolysine, een bacterieel toxine van *Streptococcus pyogenes*.

antistreptolysinetiter (AST) aantal antistreptolysine-eenheden v.e. serum dat de hemolyse door een standaardstreptolysine neutraliseert.

antisyfiliticum geneesmiddel tegen syfilis; de Lat. schrijfwijze 'antisyphiliticum' is verouderd.

antithenar *zie* hypothenar.

antithymocytenserum *zie* immunoglobuline | antithymocyten~.

antithyreoïd gericht tegen de werking v.d. schildklier.

antithyreoïdica de Lat. schrijfwijze 'antithyreoidicum', zonder trema, is verouderd *zie* thyreostatica.

antitopo-isomerase antistof tegen het antitopo-isomeraseantigeen.

antitoxine-eenheid (AE) maateenheid voor de sterkte v.e. antitoxisch serum, meestal d.m.v. een door de WHO vastgesteld standaardpreparaat v.h. desbetreffende immuunserum.

antitragicus tot de antitragus behorend.

antitragohelicinus m.b.t. de antitragus en de helix (v.d. oorschelp); vb. fissura antitragohelicina.

antitrombinen in bloedplasma aanwezige eiwitten die de bloedstolling remmen.

antitromboplastine een i.h. bloed voorkomende stollingremmende stof, gericht tegen de werking van tromboplastine.

antitrombotica groep van geneesmiddelen ter voorkoming van trombose.

antitroop in tegengestelde richting.

antituberculoticum *zie* tuberculostatica.

antitussivum middel tegen hoest, hoestprikkeldemper.

antivirale therapeutica geneesmiddelen ter bestrijding v.e. virale infectie.

antizonnebrandmiddel *zie* zonwerend middel.

antizweetmiddel *zie* antihidroticum.

antoni-A-schwannoom *zie* neurilemmoom | antoni-type-A-~.

antoni-B-schwannoom *zie* neurilemmoom | antoni-type-B-~.

antonsyndroom corticale blindheid waarbij de patiënt zich van zijn blindheid niet bewust is en waarnemingen fabuleert of zich laat suggereren.

antraceen verbinding, behorend tot de cyclische koolwaterstoffen.

antracose vorm van pneumoconiose bij mijnwerkers door afzetting van ingeademde kooldeeltjes i.d. longen. • **silico~** *zie* silicose.

antrax aangifteplichtige infectieziekte die wordt veroorzaakt door *Bacillus anthracis*, vnl. bij dieren, maar soms overgaand op de mens door direct contact met sporen van zieke of dode dieren of indirect via dierlijke grondstoffen (wol, haren, beendermeel) en daaruit vervaardigde producten (scheerkwasten). • **anthrax intestinalis** ontsteking v.d. ingewanden door besmetting met *Bacillus anthracis* (miltvuurbacil). • **anthrax pulmonalis** ontsteking v.d. longen door besmetting met *Bacillus anthracis* (miltvuurbacil).

antrectomie verwijdering van (de wanden van) een holte.

antropofiel de voorkeur aan mensen gevend, bijv. sommige muggen.

antropoïd mensachtig, i.h.b. de mensachtige apen zoals chimpansee, gorilla, orang-oetan.

antropometrie wetenschap omtrent de afmetingen v.d. mens; deelgebied v.d. antropologie.

antropomorf mensachtig, naar de vorm v.d. mens.

antropozoönose ziekte die v.d. mens op een dier kan overgaan.

antroscopie endoscopische inspectie v.d. kaakholte.

antrostomie het maken v.e. opening i.e. antrum. • **~ volgens Claoué** *zie* claoué~.
• **claoué~** het chir. aanleggen v.e. klein venster i.d. onderste neusgang v.d. neus naar de sinus maxillaris bij chronische sinusitis die niet voldoende reageert op decongestie, kaakspoelingen en antibiotica.

antrotomie 1 het openen v.e. antrum of sinus; **2** mastoïdectomie. • **attico~** operatie waarbij via een incisie achter het oor de buitenste wand v.d. mastoïdholte en de buitenste wand v.d. koepel v.d. trommelholte worden weggeboord, waarna de botschotjes i.h. mastoïd en eventueel i.d. koepelholte worden uitgeboord.

antrum holte. • **~ mastoideum** de grootste v.d. cellen v.d. processus mastoideus.

antrumperforatie pathologische opening tussen de sinus maxillaris en de mondholte, veelal ontstaan t.g.v. een kiesextractie.

ANUG *zie* gingivitis gangraenosa.

anulair ringvormig.
anularis ringvormig, m.b.t. een ring.
anulatus van ringen voorzien.
anulocyt ring- of pessariumvormige erytrocyt, a.g.v. tekort aan hemoglobine.
anulocytose de aanwezigheid van anulocyten i.h. bloed.
anulus ringetje. • ~ **fibrosus** bindweefselring die de nucleus pulposus omvat en de twee wervellichamen met elkaar verbindt.
anurie | **extrarenale** ~ *zie* prerenale ~. • **fysiologische** ~ het uitblijven van urineproductie op de eerste levensdag. • **onechte** ~ a. door aandoening v.d. ureters zodat er geen urine i.d. blaas verschijnt, bij intacte afscheiding door de nieren. • **postrenale** ~ a. door aandoening v.d. urineafvoerwegen. • **prerenale** ~ a. door een stoornis vóór het nephron, bijv. bij shock, exsiccatie. • **reflectoire** ~ door reflex veroorzaakte stagnatie in urineproductie, bijv. bij prostaatoperatie. • **renale** ~ a. door primaire beschadiging v.h. nephron, bijv. bij glomerulonefritis. • **tubulaire** ~ a. door beschadiging v.d. tubuli. • **valse** ~ *zie* onechte ~.
anus einde v.h. darmkanaal. • ~ **praeternaturalis** (AP) kunstmatig aangelegde afvoeropening voor de feces, meestal tussen navel en darmbeenkam.
anuskloof *zie* fissura ani.
anusstrictuur *zie* strictuur | strictura analis.
anxietas angstgevoel, beklemming, nerveuze rusteloosheid. • ~ **tibiarum** *zie* syndroom | rustelozebenen-.
anxiolyse kalmering v.e. angstig persoon door het gebruik van farmaca zonder dat hierbij verlies van bewustzijn optreedt.
anxiolytica groep van geneesmiddelen die de verschijnselen van angst onderdrukken.
anxius angstig; vb. melancholia anxia.
aorta hoofdslagader v.h. lichaam, ontspringend aan de linker hartkamer, voert daarvandaan bloed af naar alle delen v.h. lichaam; de eerste aftakkingen v.d. i.h. begin omhoog lopende aorta (aorta ascendens) gaan naar het hart zelf; hierna buigt de aorta naar beneden (arcus aortae); de dalende aorta heet de aorta descendens; i.h. thoracale gedeelte v.d. aorta (aorta thoracica) zijn geen aftakkingen; i.h. abdominale gedeelte (aorta abdominalis) splitsen zich allerlei slagaders af i.d. richting v.d. buikorganen; daarna splitst de aorta zich in tweeën *zie* aorta-aneurysma. • **overrijdende** ~ aangeboren hartaandoening waarbij de positie v.d. oorsprong v.d. aorta verschoven is. • **riding** ~ *zie* overrijdende ~. • **rijdende** ~ *zie* overrijdende ~.
• **aorta-aneurysma** (AA) plaatselijke verwijding (en later uitbochting) v.d. aorta; ontstaat gewoonlijk ongemerkt; wordt doorgaans langzaam groter (0,2-1 cm/jaar) en kan uiteindelijk barsten (aortaruptuur), resulterend in hemorragische shock en doorgaans dood.
aortabifurcatie *zie* bifurcatie | bifurcatio aortica.
aortabroek bifurcatieprothese ter vervanging v.d. aortabifurcatie.
aortacoarctatie *zie* coarctatie | coarctatio aortae.
aortastenose | **musculaire** ~ asymmetrische septumhypertrofie. • **subvalvulaire** ~ vernauwing v.h. uitstroomgebied v.d. linker hartventrikel, vlak onder de aortakleppen. • **supravalvulaire** ~ vernauwing v.d. aorta ascendens vlak boven de aortakleppen door een membraan of een abnormale plooi v.d. aortawand. • **valvulaire** ~ *zie* stenose | aorta-.
aortavenster een op de röntgenfoto zichtbaar helder veld, omsloten door de aortaboog.
aortawortel meest proximale, licht verwijde deel v.d. aorta waaruit de coronairarteriën ontspringen.
aorticus tot de aorta behorend, m.b.t. de aorta; vb. hiatus aorticus.
aortitis ontsteking v.d. aortawand. • ~ **luetica** ontsteking v.d. vasa vasorum, de vaatjes die de aortawand zelf van bloed voorzien.
aortografie röntgenonderzoek v.d. aorta na inspuiting van contrastvloeistof i.d. aorta.
aortogram röntgenfoto, verkregen bij aortografie.
aorto-iliacaal m.b.t. de aorta en de a. iliaca communis; vb. aorto-iliacale trombose.
aortopulmonaal venster aangeboren anatomische afwijking waarbij een directe verbinding tussen de aorta en de longslagader bestaat.
AOS androgeenongevoeligheidssyndroom.
AP *zie* anteroposterieur.
a.p. 1 *zie* anus praeternaturalis; 2 angina pectoris; 3 ante prandium: vóór het eten; 4 anteroposterior: vóór-achterwaarts.
apallisch syndroom verouderde term voor

vegetatieve toestand *zie* vegetatieve toestand.
apathie stoornis in motivatie en gedrag, gekenmerkt door een gebrek aan nieuwsgierigheid en affectieve motivatie om tot handelen te komen.
apathisch gepaard gaand met apathie.
apathogeen niet-ziekteverwekkend.
apatiet een calciumfosfaatverbinding, bestanddeel van botweefsel en sommige nierstenen.
A-patroon afname v.d. scheelzienshoek bij het naar beneden kijken en toename bij het naar boven kijken.
APC 1 (immunol.) *zie* cel | antigeenpresenterende ~; **2** (gastro-enterol.) *zie* polyposis | adenomateuze ~ coli.
APC-virus *zie* virus | adeno-sen.
APD 3-amino-1-hydroxypropylideen-1,1-difosfonaat; behoort tot de groep der bisfosfonaten.
apepsie 1 het ontbreken van pepsine i.h. maagsap; **2** *zie* achylie | achylia gastrica.
apepsinie *zie* achylie | achylia gastrica.
aperistalsis het ontbreken van peristaltische bewegingen.
aperitivum 1 obsoleet voor laxans *zie* laxans; **2** eetlustopwekkend middel.
apertura opening. · **~ mediana ventriculi quarti** een i.d. middaanlijn gelegen opening i.h. dak v.d. vierde hersenventrikel.
· **~ sinus sphenoidalis** naar voren i.d. bovenste neusgang uitmondende opening v.d. sinus sphenoidalis.
apertus open; vb. spina bifida aperta.
apex punt, top, spits. · **~ cordis** het stompe uiteinde v.h. hart zoals dit door het linkerventrikel wordt gevormd. · **~ partis petrosae** de naar midden-voor gerichte punt v.d. pars petrosa v.h. slaapbeen.
APF *zie* factor | antiperinucleaire ~.
aphakia *zie* afakie.
aphonia *zie* fonie | a~.
aphthosum *zie* afteus.
aphthosus door aften veroorzaakt of daarmee gepaard gaand.
aphthovirus *zie* virus | mond-en-klauwzeer-~.
apicaal van of op een top.
apicaal abces abces i.d. longtop of aan een tandwortelpunt.
apicalis m.b.t. een top, apicaal; vb. nodi lymphatici apicales (mv. van apicalis).
apicis gen. van apex (top).

apicocaudaal i.d. richting v.d. top naar de basis (bij de longen).
apicolysis operatie waarbij een (vergroeide) longtop wordt losgemaakt.
apicomplexa afdeling v.d. *Protozoa*.
apituïtarisme 1 het ontbreken v.d. glandula pituitaria (= hypofyse); **2** het niet-functioneren v.d. hypofyse.
APLA *zie* abortus provocatus lege artis.
aplanatio afplatting. · **~ corneae** afplatting v.h. hoornvlies.
aplasie onvolkomen ontwikkeling, of ontbreken v.e. lichaamsdeel. · **beenmerg~** beenmerg dat i.d. normale hematopoëse/leukopoëse ernstig tekortschiet en onder de microscoop een leeg beeld te zien geeft.
· **kern~** aanlegstoornis van één of meer motorische kernen in hersenstam of ruggenmerg met kenmerkende afwezigheid van bijbehorende spieren. · **nier~** het congenitaal ontbreken van één v.d. twee nieren.
· **pure red cell aplasia** (PRCA) [E] ernstige bloedarmoede t.g.v. totaal ontbrekende erytropoëse met behoud van myelo- en trombocytopoëse. · **thyreo~** aangeboren gebrekkige ontwikkeling v.d. schildklier m.a.g. aangeboren myxoedeem. · **aplasia vaginae** congenitale afwezigheid v.d. vagina en v.d. cervix.
aplastisch niet vormend, bij of door aplasie.
apneu toestand van niet-ademhalen, fysiologisch bij de foetus, tijdens bepaalde stadia v.d. narcose. · **apnoe vera** ademstilstand die kan optreden wanneer, bijv. door opzettelijke hyperventilatie voorafgaand aan duiken, de kooldioxidespanning v.h. bloed te sterk gedaald is. · **centrale** ~ onderbreking v.d. ademhaling t.g.v. een stoornis i.h. centrale ademcentrum. · **obstructieve** ~ onderbreking v.d. ademhaling t.g.v. een blokkade of obstructie v.d. bovenste luchtwegen. · **secundaire** ~ stadium van asfyxie, kan volgen op periode van (onschuldige) primaire apneu; gaat gepaard met bloeddrukdaling en cerebrale beschadiging; bij apgarscore <3 is beademing noodzakelijk.
apneumatosis *zie* atelectase.
apneuse ademhalingsvorm die ontstaat na experimentele doorsnijding v.d. pons.
apneustisch ademen ademen met inspiratoire pauzes, meestal eindinspiratoir optredend.
apnoïsch in toestand van apneu.

apnoïsche pauze adempauze die intreedt na hyperventilatie a.g.v. lage CO_2-spiegel.
apo *zie* apolipoproteïne.
apo- voorvoegsel in woordsamenstellingen met de betekenis weg, vandaan, vanaf, afkomstig van.
apoA1 *zie* apolipoproteïne.
apocrien een vorm van kliersecretie waarbij een deel v.d. kliercellen met het secretieproduct mee wordt afgescheiden.
apodie afwezigheid v.e. of beide voeten.
apoferment *zie* enzym | apo-~.
apoferritine een eiwit i.d. mucosa v.d. dunne darm, dat samen met ijzer ferritine vormt.
apofyse uitgroei, processus (meestal van beenstukken).
apofyseolyse het loslaten v.e. apofyse.
apofysitis ontsteking v.e. apofyse. • **apophysitis calcanei** *zie* ziekte van Haglund.
• **apophysitis tibialis adolescentium** *zie* osteochondrose | osteochondrosis tuberositas tibiae.
apo-II-deficiëntie *zie* deficiëntie | lipoproteïnelipase-.
apolair zonder uitsteeksel, bijv. embryonale zenuwcellen.
apolipoproteïne (apo) eiwitdeel van lipoproteïnen i.h. bloed.
aponeurose bindweefselvlies dat spieren bedekt. • **aponeurosis palmaris** de zich verbredende pees v.d. musculus palmaris longus i.d. handpalm.
aponeuroticus lijkend op, behorend tot een peesvlies; vb. galea aponeurotica.
aponeurotomie doorsnijding v.e. aponeurose (bijv. bij de contractuur van Dupuytren).
apophyseolysis *zie* apofyseolyse.
apophysis *zie* apofyse.
apophysitis *zie* apofysitis.
apoplexie verouderde term voor 'beroerte'.
• **apoplexia cerebri** obsolete term *zie* cerebrovasculair accident. • **pituïtaire** ~ bloeding i.e. hypofysetumor. • **spinale** ~ *zie* hematomyelie.
apoproteïne aanduiding voor een groep polypeptiden die vetbestanddelen transporteren i.h. bloed.
apoptose het fysiologisch uiteenvallen van cellen en opruimen v.d. fragmenten.
apotheek verstrekkingspunt van geneesmiddelen onder leiding v.e. apotheker waar zowel geneesmiddelen voorradig worden gehouden als recepten van artsen worden bereid.
apozymase het apo-enzym van zymase, dat samen met cozymase het volledige enzym vormt.
apparaat 1 toestel, werktuig; **2** systeem, stelsel (bijv. urogenitaal a.).
apparatus systeem, stelsel, groep organen.
• ~ **digestorius** *zie* systema digestorium.
apparent life-threatening event (ALTE) [E] korte periode van apneu bij een baby jonger dan 18 maanden.
appendectomie chirurgische verwijdering v.d. appendix vermiformis, veelal laparoscopisch.
appendicis gen. van appendix.
◉ **appendicitis** ontsteking v.d. appendix vermiformis; indeling: acute en chronische vorm; gewoonlijk wordt met 'appendicitis' de acute vorm bedoeld. • ~ **acuta** acute ontsteking v.d. appendix. • ~ **nervosa** *zie* pseudoappendicitis. • ~ **chronica** 'chronische ontsteking' v. appendix (een ziektebeeld dat eigenlijk niet bestaat). • ~ **epiploica** vetinfarct v.d. vetkwabjes i.h. colon.
• ~ **gangraenosa** een met gangreen v.d. appendix-wand gepaard gaande a. • ~ **perforans** a. met perforatie v.d. appendix-wand.
• ~ **phlegmonosa** a. met vorming v.e. flegmone.
appendicoliet steen i.d. appendix.
appendiculair de appendix betreffende; vb. appendiculair abces, appendiculair infiltraat.
appendicularis m.b.t. de appendix; vb. vena appendicularis.
appendix 1 aanhangsel; **2** (gastro-enterol., i.h.b.) *zie* appendix vermiformis. • ~ **vermiformis** aanhangsel v.h. caecum. • **meso**~ de ophangband v.d. appendix vermiformis.
appendixcarcinoïd *zie* carcinoïd.
apperceptie bewuste waarneming van indrukken.
applanatie afvlakking, afplatting; vb. applanatie-tonometer.
applicatie toediening van geneesmiddel, i.h.b. lokaal.
applicator instrument waarmee een substantie, op een bepaalde plaats op of i.h. lichaam wordt gebracht.
appliceren aan-, opbrengen, opsmeren (van zalf).
appositie toeneming aan de buitenkant, van buitenaf. • **bot**~ aangroei van botweef-

sel.
appositioneel door appositie.
appropriate for gestational age (AGA) [E] aanduiding v.e. geboortegewicht dat overeenkomt met de gemiddelde waarde i.d. intra-uteriene groeicurve.
approximaal 1 grenzend aan; **2** (tandheelk.) *zie* interdentaal.
approximate answer *zie* paralogie.
APR *zie* reflex | achillespees~.
apraktisch met, door, van apraxie.
apraxie stoornis v.h. uitvoeren van gerichte handelingen die berust op een planningsstoornis. • **buccofaciale** ~ stoornis i.h. op verzoek uitvoeren of nadoen van bewegingen van mond en tong. • **constructieve** ~ stoornis i.h. construeren op grond van stoornissen i.h. ruimtelijk inzicht door beschadiging v.d. rechter pariëtale hersenschors. • **gang**~ *zie* ataxie | loop~. • **ideatorische** ~ onvermogen om een doelgerichte samengestelde reeks handelingen te verrichten, bij intacte motoriek, sensibiliteit en coördinatie en bij goed begrip en volledige coöperatie v.d. patiënt. • **ideomotorische** ~ onvermogen om op verzoek een handeling uit te voeren of na te bootsen, bij intacte motoriek en bij goed begrip en volledige coöperatie. • **kleding**~ onvermogen om zichzelf aan en uit te kleden, bij intacte motoriek, sensibiliteit. • **motorische** ~ samenvattende term voor constructieve, corticale en ideokinetische apraxie. • **neur**~ beschadiging v.e. zenuw door druk of rek met tijdelijke uitval v.d. prikkelgeleidingsfunctie bij behouden continuïteit v.d. zenuw. • **oculomotorische** ~ stoornis i.h. maken van saccadische oogbewegingen, waarbij willekeurige en onwillekeurige refixaties tot stand gebracht moeten worden door hoofdbewegingen. • **par**~ **1** onjuist gebruik van voorwerpen, onvermogen om een voorwerp op de juiste wijze te hanteren; **2** irrationeel gedrag. • **pseudo**~ een op apraxie lijkende toestand die niet door een afwijking i.d. hersenen wordt veroorzaakt. • **verbale** ~ *zie* afemie.
aprosodie stoornis v.d. expressie van melodie en intonatie i.d. spraak door beschadiging v.d. hersenschors v.d. niet-dominante hemisfeer.
aprosopie aangeboren aangezichtsdefecten.
aptyalisme verminderde of ontbrekende speekselafscheiding.
APUD-oom tumor die uitgaat v.h. APUD-systeem.
apyogeen 1 niet gepaard gaand met ettervorming, niet leidend tot ettervorming; **2** niet door verettering veroorzaakt; vgl. pyogeen.
APZ *zie* algemeen psychiatrisch ziekenhuis.
aq. (aqua) water.
aqueductus lett. 'waterleiding'; anatomisch: een verbinding tussen vloeistof bevattende ruimten. • ~ **cerebri** *zie* aqueductus mesencephali. • ~ **mesencephali** smal kanaal tussen 3e en 4e hersenventrikel.
aquosus waterig; vb. humor aquosus (kamerwater).
Arachnia bacteriegeslacht van korte grampositieve staafvormige bacteriën, verwant aan *Actinomyces*. • ~ *propionica* mondbacterie, soms verantwoordelijk voor infectie gelijkend op actinomycose.
Arachnida spinachtigen, klasse der *Arthropoda*.
arachnidisme spinnenbeetziekte.
arachnitis *zie* arachnoïditis.
arachnodactylie lange, smalle vingers, kan teken zijn van chronische hypoxemie.
arachnoïdaal *zie* arachnoidealis. • **sub**~ onder de arachnoidea, tussen arachnoidea en pia mater.
arachnoidea spinnenwebvlies. • ~ **spinalis** spinnenwebvlies v.h. ruggenmerg.
arachnoidealis m.b.t. het spinnenwebvlies.
arachnoïditis ontsteking v.d. arachnoidea van hersenen of ruggenmerg.
araneus in vorm spinnenwebachtig of spinachtig; vb. naevus araneus.
ARAS *zie* systeem | ascenderend reticulair activerend ~.
ARB (angiotensinereceptorblokkeerder) *zie* antagonist | angiotensine~.
arbeid (fysiol.) lichamelijke inspanning. • **adem**~ werk dat door de ademspieren t.b.v. de ademhaling moet worden verricht. • **anaerobe** ~ arbeid met zodanige zwaarte dat de aerobe stofwisseling niet voldoende energie kan leveren. • **droge** ~ baring na het vroegtijdig breken der vliezen. • **drukvolume**~ arbeid die het hart verricht om tijdens de isovolumetrische fase v.d. systole voldoende druk op te bouwen en de uitstroomkleppen te openen en het slagvolume uit te pompen. • **duur**~ arbeid die gedurende langere tijd kan worden volge-

houden doordat een evenwicht tussen zuurstofverbruik en energievrijmaking is ontstaan. • **kinetische hart**~ arbeid die het hart tijdens de systole verricht om in korte tijd het tevoren stilstaande bloed een relatief hoge uitstroomsnelheid te geven. • **negatieve** ~ mechanische energie die bij het afdalen v.e. helling door het lichaam i.d. spieren wordt opgenomen en omgezet in warmte.

arbeidshypertrofie *zie* hypertrofie.

arbeidsongeschiktheid het op medische gronden naar objectieve maatstaven gemeten niet kunnen of mogen verrichten van in aanmerking komende arbeid.

arbeidstherapie kortdurende activiteit als onderdeel van arbeidsre-integratie met als doel duidelijkheid te verkrijgen over belastbaarheid v.e. arbeidsongeschikte werknemer.

arbeidsvermogen de hoeveelheid arbeid die per tijdseenheid door één of meer spieren wordt verricht.

arbodienst dienst voor bedrijfsgezondheidszorg, geregeld i.d. Arbeidsomstandighedenwet (Arbo-wet), die gericht is op het beschermen en bevorderen v.d. gezondheid van werknemers.

arbor boom. • ~ **vitae** op doorsnede v.h. cerebellum op een levensboom lijkende vertakkingen v.d. witte stof.

arc de cercle [F] *zie* opisthotonus.

archaea micro-organismen die veel gelijkenis vertonen met bacteriën, maar daarvan verschillen door een andere wijze van genetische codering en eiwitbouw.

archenteron i.d. gastrula aanwezige primitieve holte waaruit zich het spijsverteringskanaal ontwikkelt.

archetypen volgens Jung de drijvende psychische krachten uit oertijden; overgeërfde onbewuste beelden.

archipallium de reukhersenen.

archiplasma de zone rondom een centriole i.h. celplasma.

archoptosis verzakking v.d. endeldarm.

arcuaris boogvormig; vb. kyphosis arcuaris.

arcuatus boogvormig; vb. pes arcuatus, arteria arcuata, fibrae arcuatae (mv. van arcuata).

arcus boog. • ~ **corneae** *zie* arcus senilis. • ~ **iliopectineus** deel v.d. fascia iliaca dat zich uitstrekt v.h. ligamentum inguinale tot de eminentia iliopubica, en de lacuna musculorum scheidt v.d. lacuna vasorum. • ~ **juvenilis** 1 *zie* embryotoxon; 2 een reeds bij kinderen voorkomende witte, ringvormige troebeling i.d. periferie v.d. cornea, overeenkomstig die bij a. senilis. • ~ **lipoides** smalle grijswitte ringvormige troebeling v.d. cornea, door een heldere zone gescheiden v.d. limbus, teken van vetstapeling i.h. stroma v.d. cornea, vooral nabij de membranen van Bowman en Descemet. • ~ **senilis** witte troebeling v.d. cornearand door cholesterolafzetting i.h.b. bij oudere mensen.

ARD acute respiratory disease.

ARDS adult respiratory-distress syndrome *zie* adult respiratory-distress syndrome.

area vlakte. • ~ **Celsi** *zie* alopecia areata. • ~ **centralis** *zie* fovea centralis. • ~ **nervi facialis** de intreeplaats v.d. nervus facialis i.d. canalis facialis i.d. inwendige gehoorgang. • ~ **striata** gestreept uitziend gedeelte v.d. gezichtsschors.

area pyramidalis gebied i.d. primaire motorische schors met zeer grote, tot de piramidebaan behorende cellen.

areatus pleksgewijs; vb. alopecia areata.

area under the receiver operating characteristic curve (AUC) [E] 1 (statistiek) maat voor de predictieve validiteit v.e. meetinstrument; 2 (farmacol.) oppervlakte onder plasmaconcentratie-tijdcurve als maat voor totale expositie aan een geneesmiddel.

areflexie het ontbreken van reflexen. • **familiaire hereditaire** ~ *zie* syndroom | adie~.

arenaceus zandachtig; vb. corpus arenaceum (mv. corpora arenacea; hersenzand).

arenosus zanderig; vb. peritonitis arenosa.

areola veldje.

areometer instrument om het soortelijk gewicht van vloeistoffen te meten.

argentaffinoom tumor (carcinoïd) v.h. darmkanaal, opgebouwd uit argentaffiene cellen.

arginase een i.d. lever voorkomend enzym dat arginine splitst in ureum en ornithine.

arginine een v.d. voor dieren essentiële aminozuren.

argininosuccinezuursynthetase (ASS) argininosuccinezuursynthetase.

argipressine vasopressine van mens en rund.

argyriase afzetting van zilver in huid en slijmvliezen.

argyrose afzetting van zilvereiwitverbindingen in m.n. de basale membranen van zweetklieren.

aritmie verstoord ritme, i.h. bijzonder van hersenritme (hersengolven) of hartritme *zie* hartritmestoornis. • **hyps**~ bij westsyndroom voorkomende eeg-afwijking.
• **par**~ *zie* parasystolie. • **respiratoire** ~ aritmie die door de ademhaling wordt veroorzaakt. • **sinus**~ abnormaal sinusritme met sterk wisselende intervallen tussen hartslagen. • **supraventriculaire** ~ verzamelbegrip voor hartritmestoornissen die worden gegenereerd i.d. SA-knoop, de atriawand of de AV-knoop.

aritmogeen m.b.t. een aritmie opwekkende omstandigheid.

aritmomanie ziekelijke dwang tot tellen.

arm brachio-, brachium (L.). • ~ **uit de kom** *zie* schoudergewrichtsluxatie. • **auto**~ periarthritis humeroscapularis, zou ontstaan door afkoeling tijdens autorijden met open portierraam. • **boven**~ brachium. • **computer**~ *zie* repetitive strain injury. • **geluxeerde** ~ *zie* schoudergewrichtsluxatie. • **krukenberg**~ amputatie v.d. onderarm met een radiale stomp en een ulnaire stomp die een afsluitbare spleet vormen. • **muis**~ *zie* repetitive strain injury. • **onder**~ antebrachium [L]. • **zondagmiddag**~**pje** *zie* elleboog | verrekte ~.

armlift plastisch-chirurgische ingreep waarbij de huid aan de mediale zijde v.d. arm wordt strakgetrokken door de overtollige, uitgerekte huid te verwijderen.

arm-longtijd (verouderde meetmethode) het aantal seconden tussen de injectie van ether i.e. armvena en het ogenblik waarop de onderzochte de ether ruikt.

arm-tongtijd (verouderde meetmethode) tijd tussen een injectie van magnesiumsulfaat i.e. armvene en het ontstaan v.e. gevoel van warmte in tong en keel.

Arneth | **linksverschuiving volgens** ~ procentuele vermeerdering v.h. aantal jonge neutrofiele leukocyten i.h. perifere bloed.
• **rechtsverschuiving volgens** ~ procentuele vermeerdering v.h. aantal oudere neutrofiele leukocyten i.h. perifere bloed, te herkennen aan het meer dan normale aantal segmenten v.d. leukocytenkern. • **rijping volgens** ~ het doorlopen v.e. aantal ontwikkelingsstadia door de witte bloedcellen.

arousal het opwekken v.e. heldere bewustzijnstoestand door prikkeling v.d. hersenschors vanuit de formatio reticularis.

arousals and awakenings technische term voor een uitkomstmaat gebaseerd op een polysomnografie, relevant bij onderzoek inzake slaapapneusyndroom.

ARR (statist., epidemiol.) *zie* risicoreductie | absolute ~.

arrenoblastoom *zie* androblastoom.

arrest stilstand; vb. cardiopulmonaal arrest.
• **cardiopulmonaal** ~ stilstand van hartspieractiviteit en longventilatie.

arrhenoblastoma *zie* arrenoblastoom.

arrhythmia *zie* aritmie.

ars kunst. • ~ **curandi** de kunst v.h. genezen.
• ~ **praescribendi** de kunst v.h. recepten schrijven. • **lege artis** naar de wet (het voorschrift) v.d. kunst, naar de regelen v.d. kunst.

ars amandi de kunst v.h. beminnen.

arseen (As) toxisch zwaar metaal; verstoort de oxidatieve fosforilering, m.a.g. cardiovasculaire, gastro-intestinale en neurologische stoornissen en leverfunctiestoornissen.

arsenicum *zie* arseen.

artefact 1 vertekening i.e. bevinding a.g.v. de uitgevoerde technische bewerking;
2 (psych.) moedwillige mutilatie.

artemisine derivaat v.d. plant *Artemisia annua* L.

arterenol *zie* epinefrine | nor-.

arteria (A.) [L.] bloedvat dat bloed vervoert v.h. hart naar de weefsels toe; een slagader heeft een dikke, gespierde, elastische wand die berekend is op de golf van bloed onder hoge druk die het hart bij elke slag wegpompt. • **distributiearterie** verdelende, musculeuze arterie. • **eindarterie** eindtak of laatste deel v.e. arterie, die geen anastomosen met andere arteriën vormt. • **right internal mammary artery** (RIMA) rechter deel v.d. arteria mammaria interna. • **sperrarterien** [D] arteriën die zichzelf kunnen afsluiten door opzwelling van epitheliöide cellen v.d. wand of door contractie van spiervezels. • ~**e intrarenales** nierarteriën.
• ~ **basilaris** uit de samenvloeiing v.d. rechter en linker a. vertebralis ontstaan, onder de hersenstam lopend. • ~ **calcarina** de i.d. sulcus calcarinus lopende tak v.d. a. cerebri posterior. • ~ **carotis communis** halsslagader, ontspringt rechts uit de truncus bra-

chiocephalicus, links uit de arcus aortae, loopt omhoog aan weerszijden v.d. trachea, verdeelt zich ter hoogte v.h. strottenhoofd i.d. a. carotis externa en interna (de arteriae carotides). • ~ **carotis interna** (ACI) begint aan de carotisvork. • ~ **centralis retinae** tak v.d. a. ophthalmica. • ~ **cerebri media** de andere eindtak v.d. a. carotis interna. • ~ **comitans nervi ischiadici** kleine tak v.d. a. glutea inferior, die de n. ischiadicus verzorgt. • ~ **facialis** tak v.d. a. carotis externa, loopt omhoog, kruist de onderkaak aan de voorgrens v.d. m. masseter, loopt langs de mondhoek verder omhoog tot de binnenste ooghoek. • ~ **femoralis** voortzetting v.d. a. iliaca ext. vanaf het lig. inguinale door het bovenbeen tot aan de a. poplitea. • ~ **iliaca communis** vanaf de bifurcatio aortae tot de splitsing in a. iliaca int. en ext. • ~ **iliaca externa** tak v.d. a. iliaca comm., heet vanaf het lig. inguinale: a. femoralis. • ~ **left internal mammary artery** (LIMA) linker deel v.d. arteria mammaria interna. • ~ **mesenterica superior** (AMS) tak v.d. aorta abdominalis, verdeelt zich i.h. mesenterium in takken.
• ~ **metatarsea perforans** *zie* ramus plantaris profundus arteriae dorsalis pedis.
• ~ **pancreatica dorsalis** tak v.d. a. lienalis, achter de pancreas afdalend. • ~ **pancreatica inferior** tak v.d. a. pancreatica dorsalis.
• ~ **pancreatica magna** tak v.d. a. lienalis naar de pancreasstaart. • ~ **pancreaticoduodenalis inferior** tak v.d. a. mesenterica superior, naar pancreas en duodenum.
• ~ **pancreaticoduodenalis superior** tak v.d. a. gastroduodenalis, loopt tussen pancreaskop en duodenum. • ~ **pancreaticoduodenalis superior anterior** eindtak; loopt op de pancreas naar caudaal en anastomoseert met een a. pancreaticoduodenalis inferior. • ~ **pancreaticoduodenalis superior posterior** loopt achter de pancreas, ongeveer met het duodenum mee; anastomoseert met de a. pancreaticoduodenalis inferior. • ~ **poplitea** voortzetting v.d. a. femoralis. • ~ **pulmonalis** *zie* truncus pulmonalis. • ~ **radialis** een der deeltakken v.d. a. brachialis. • ~ **renalis** ontspringt rechts en links aan de aorta abdominalis, loopt naar de rechter resp. linker nier. • ~ **spinalis anterior** een i.d. fissura mediana v.h. ruggenmerg tot aan het filum terminale lopende arterie. • ~ **spinalis posterior** beiderzijds uit de a. vertebralis ontspringende arterie. • ~ **subclavia** ontspringt rechts aan de truncus brachiocephalicus, links aan de arcus aortae, loopt over de eerste rib heen, zet zich voort i.d. a. axillaris. • ~ **temporalis superficialis** een eindtak v.d. a. carotis ext., opstijgend langs de n. auriculotemporalis. • ~ **vertebralis** tak v.d. a. subclavia, opstijgend door het achterhoofdsgat i.d. schedelholte,.

arteria anonyma *zie* truncus brachiocephalicus.

arterialisatie 1 verandering van zuurstofarm in zuurstofrijk bloed (i.d. longen); 2 'verandering in arterie', bijv. na een coronairbypassoperatie; na deze ingreep ondergaat de vaatwand een verandering en gaat de vene meer op een arterie lijken.

arteria-pulmonalis banding [E] operatieve behandeling bij grote flow bij ventrikelseptumdefect.

arteriapulmonalisdruk intravasculaire druk zoals gemeten door een katheter die zich i.d. a. pulmonalis bevindt.

arterie *zie* arteria.

arteriëctasie diffuse verwijding v.e. slagader.

arteriëctomie resectie v.e. (stuk) slagader.

arterieel slagaderlijk, m.b.t. arteriën, tot arteriën behorend.

arteriële cysteuze medianecrose afsterven van spiercellen en elastisch bindweefsel i.d. wand v.e. slagader en het ontstaan van mucoïd materiaal i.d. tussenliggende ruimte.

arteriële zuurstofspanning de partiële zuurstofdruk i.h. gasmengsel waarmee het slagaderlijk bloed in evenwicht is.

arteriëlezuurstofverzadiging percentage v.h. i.d. slagaderen aanwezige hemoglobine dat door zuurstof gebonden is.

arteriesectie ingreep waarbij een opening wordt gecreëerd i.d. wand v.e. arterie, met als doel een instrument in te brengen.

arterieverkalking slagaderverkalking.

arteriitis ontsteking v.d. slagaderwand.
• ~ **gigantocellularis** *zie* arteriitis temporalis. • ~ **obliterans** *zie* endangiitis obliterans.
• ~ **temporalis** segmentale vasculitis van middelgrote en met name grote arteriën, waarbij alle wandlagen zijn betrokken.
• **reuscel~** *zie* arteriitis temporalis.
• **tromb~** ontsteking v.d. slagaderwand t.g.v. embolie, of gepaard gaand met trombusvorming.

arteriografie het vervaardigen van röntgenfoto's van arteriën, na inspuiting v.e. contraststof. • **selectieve** ~ inbrengen v.e. katheter in zijtakken v.d. aorta of verder, veelal via de a. femoralis.

arteriogram 1 röntgenfoto, gemaakt m.b.v. arteriografie; **2** grafische weergave v.d. slagaderlijke druk, sfygmogram.

arteriola kleinste slagader, het laatste traject v.h. arteriële systeem, vóór de uitmonding i.h. capillaire stelsel.

arteriolair m.b.t. een arteriole.

arteriole *zie* arteriola.

arteriolitis ontsteking van arteriolae.

arteriorrexie ruptuur v.e. slagader.

arteriosclerose | arteriosclerosis cerebri arteriosclerose i.d. hersenvaten bij oudere patiënten. • **arteriosclerosis obliterans** met afsluiting gepaard gaande a.

arterioscleroticus arteriosclerotisch; vb. ulcus cruris arterioscleroticum.

arteriosclerotisch begeleid door of veroorzaakt door arteriosclerose.

arteriosus slagaderlijk; vb. ductus arteriosus, cor arteriosum.

arteriotomie slagaderlating, incisie v.e. slagader.

arterioveneus tussen een arterie en een vena.

arterioveneus zuurstofverschil verschil tussen zuurstofspanning in arteriën en venen.

arterioveneuze koppeling bindweefselverbinding tussen venen en middelgrote en kleine arteriën i.d. benen.

arthr- zie ook artr-.

arthriticus m.b.t. artritis; vb. nodus arthriticus, erythema arthriticum epidemicum.

arthritis mutilans *zie* artropathie | arthropathia mutilans.

arthrocentesis *zie* centese | artro-.

arthrocleisis *zie* artrodese.

arthrodesis *zie* artrodese.

arthrolysis *zie* artrolyse.

arthropathicus gepaard gaand met gewrichtsaandoening; vb. psoriasis arthropathica.

Arthropoda fylum v.d. geleedpotigen, met als klassen o.a. *Arachnida* (spinachtigen), *Insecta* .

arthrosis deformans *zie* artrose.

arthrospores *zie* spore | artro-.

arthrotomia *zie* artrotomie.

arthusreactie *zie* fenomeen | arthus-.

articulair m.b.t. een of meer gewrichten; vb. articulair panaritium; a-re contractuur.

articularis tot een gewricht behorend, m.b.t. een gewricht.

articulatie 1 (anat.:) *zie* articulatio; **2** (taalk., logopedie:) het coördineren van klanken zodanig dat ze verstaanbare fonemen vormen; **3** (gynaecol., verlosk.:) het i.h. slot vallen v.d. verloskundige tang; **4** (tandheelk.:) de aansluiting v.h. bovengebit bij het ondergebit.

articulatio gewricht. • **~nes carpi** gewrichten v.d. handwortel, gelegen tussen de handwortelbeentjes: articulatio mediocarpalis (met lig. carpi radiatum, ligg. intercarpalia dorsalia, ligg. intercarpalia palmaria, ligg. intercarpalia interossea) en articulatio ossis pisiformis (met lig. pisohamatum en lig. pisometacarpale). • **~ fibrosa** *zie* syndesmose. • **~ genus** kniegewricht. • **~nes intercarpales** *zie* articulationes carpi, gewricht | pols-. • **~nes intermetacarpales** gewrichten tussen de bases v.d. metacarpalia v.d. vier vingers, niet de duim. • **~ radiocarpalis** *zie* gewricht | pols-. • **~ spheroidea** multiaxiaal synoviaal gewricht waarbij een min of meer kogelvormig uitsteeksel v.h. ene bot past i.e. bolvormige holte i.h. andere bot; vb. heupgewricht.

articuleren 1 (anat., orthop.:) een gewricht vormen; **2** duidelijk woorden uitspreken.

articulorum gen. mv. van articulus (gewricht).

artificialis kunstmatig; vb. abortus artificialis, vgl. factitius.

artikel-18-functies bijzondere activiteiten v.e. ziekenhuis die krachtens Artikel 18 v.d. Wet Ziekenhuisvoorzieningen door de overheid aan een aantal ziekenhuizen zijn toebedeeld.

artr- voorvoegsel in woordsamenstellingen dat een betrekking tot een gewricht aangeeft.

artralgie gewrichtspijn.

artrectomie resectie v.e. gewricht.

artritis ontsteking v.e. gewricht, vroeger ook gebruikt voor niet-ontstekingachtige aandoeningen. • **arthritis ankylopoetica** tot verstijving leidende gewrichtsontsteking. • **arthritis gonorrhoica** gewrichtsontsteking bij gonorroe. • **arthritis psoriatica** gewrichtsklachten die gepaard gaan met artritis en die in combinatie met psoriasis voorkomen. • **arthritis purulenta** etterige gewrichtsontsteking. • **arthritis urica** *zie* jicht. • **bacteriële** ~ gewrichtsontsteking (vaak monoarticulair) waarbij een micro-organisme (veelal *Staphylococcus aureus*) uit de synoviale vloeistof/weefsel kan worden gekweekt. • **carcinoom**~ gewrichtsontsteking als reactie op de aantasting van gewrichtsweefsel door een metastase. • **hemofiele** ~ artropathie bij hemofilie. • **immuuncomplex**~ gewrichtsontsteking door neerslaan van immuuncomplexen i.h. gewricht. • **infectieuze** ~ *zie* bacteriële ~. • **juveniele chronische** ~ (JCA) zeldzame, invaliderende poly- of oligoartritis zonder bekende etiologie bij kinderen jonger dan 16 jaar. • **lyme**~ artritis a.g.v. infectie met *Borrelia burgdorferi* en als onderdeel van lymeborreliose. • **paraneoplastische** ~ *zie* carcinoom~. • **reactieve** ~ (ReA) aseptische a. die verband houdt met een infectie elders i.h. lichaam. • **reumatoïde** ~ (RA) *zie* reumatoïde artritis. • **septische** ~ *zie* bacteriële ~. • **silico**~ *zie* artrose | silico-~.

artrocele 1 zwelling aan een gewricht; 2 hernia v.e. synoviale membraan door een gewrichtskapsel.

artrochondritis ontsteking v.h. gewrichtskraakbeen.

artrodese operatieve fixatie om de voortdurende pijn uit te schakelen. • **watsonjones**~ operatieve verstijving v.h. heupgewricht.

artrodesekoker een, meestal i.d. schoen ingebouwde, koker die het enkelgewricht stabiliseert.

artrodynie gewrichtspijn.

artrofyt weefselwoekering i.e. gewricht.

artrogeen v.h. gewricht uitgaand; vb. a-gene contractuur.

artrografie het maken v.e. röntgenfoto v.e. gewricht na inbrengen v.e. contrastmiddel. • **pneumo**~ röntgenografie na contrastvulling v.e. gewricht met lucht of een gas.

artrogram de bij artrografie vervaardigde röntgenfoto.

artroliet *zie* gewrichtsmuis.

artrolyse het beweegbaar maken v.e. verstijfd gewricht door pannusweefsel op te ruimen.

artropathie gewrichtsaandoening.
• **amyloïd**~ artritis als reactie op afzetting van amyloïd eiwit i.h. gewricht; komt vooral voor bij chronische ontstekingsziekten.
• **arthropathia mutilans** zeldzame vorm van chronische polyartritis en arthritis psoriatica met trofoneurotische osteolyse v.d. vingerkootjes. • **cheiro**~ pathologische verandering v.d. vinger- en handgewrichten; kan leiden tot verminderde beweeglijkheid en verstijving; komt bij 40 procent van alle diabetici voor. • **hypertrofische pulmonale osteo**~ (HPO) *zie* ziekte van Marie-Bamberger. • **kristal**~ verzamelnaam voor ontstekingsreacties in gewrichten t.g.v. de afzetting van kristallen. • **neuro**~ gewrichtsaandoening die verband houdt met ziekte v.h. czs; vb. charcotgewricht. • **neurogene** ~ *zie* neuropathische ~. • **neuropathische** ~ *zie* Charcot | charcotgewricht.
• **pyrofosfaat**~ destructie v.e. gewricht a.g.v. een ontsteking, veroorzaakt door depositie van pyrofosfaatkristallen. • **uraat**~ chronische ontstekingsreactie i.e. gewricht door afzetting van ureumkristallen.

artroplastiek • **artroplastiek van McKee-Farrar** *zie* prothese | totale heup-~.

artropoden *zie Arthropoda*.

artrosator uitwendig apparaat voor het stabiliseren v.e. gewricht; vb. kniekorset.

artroscoop instrument waarmee het inwendige v.e. gewricht kan worden bekeken.

artroscopie 1 inspectie v.h. inwendige v.e. gewricht d.m.v. een artroscoop; 2 minimaal invasieve chirurgie i.e. gewricht.

⊛ **artrose** degeneratieproces van gewrichtskraakbeen (destructie) en veranderingen in subchondraal bot en periarticulaire structuren, gekenmerkt door progressief toenemende gewrichtspijn na belasting, door stijfheid en bewegingsbeperking; de aangedane gewrichten betreffen vooral handen (polyarticulair), de eerste metacarpo- en metatarsofalangeale gewrichten, heupen en knieën alsmede de facetgewrichten v.d. wervelkolom; indeling: primaire (idiopathische) en secundaire artrose (doet zich voor in afwijkend gewricht, t.g.v. mechanische, metabole of inflammatoire factoren). • **cervic**~ arthrosis deformans van cervicale wervels met osteofytaire woekering. • **dys**~ 1 slechte functie v.e. gewricht; begrip niet te verwarren met 'dysartrie' (spraakstoornis); 2 misvorming v.e. gewricht. • **erosieve** ~ vorm van artrose waarbij ontsteking en erosieve gewrichtsdestructie op de voorgrond staan, i.h. bijzonder aan de DIP-en PIP-gewrichten v.d. handen. • **gon**~ *zie* gonartrose. • **hemi**~ halfgewricht, kraakbeengewricht. • **ne**~ *zie* pseud~. • **om**~ destructie v.h. schoudergewricht. • **osteo**~ synoniem van 'artrose' dat in Nederland in onbruik raakt. • **pneum**~ 1 de aanwezigheid van lucht (gas) i.e. gewricht; 2 het aanbrengen v.e. gas i.e. gewrichtsholte, voor het maken v.e. pneumartrogram. • **polyarticulaire nodulaire** ~ goedaardige vorm van primaire artrose met nodulaire afwijkingen ter hoogte v.h. gewricht; meest voorkomende symptoom vormen de heberdennoduli (noduli van Heberden) bij artrose v.d. DIP-gewrichten en de bouchardnoduli (noduli van Bouchard) bij de PIP-gewrichten. • **pseud**~ onvoldoende consolidatie v.e. botbreuk, zodat de fractuurstukken beweeglijk t.o.v. elkaar blijven. • **pseudo**~ fractuur die niet binnen negen maanden genezen is. • **secundaire** ~ artrose op basis v.e. doorgemaakte artritis of afwijkende mechanische belasting zoals bij congenitale heupluxatie. • **silico**~ beroepsziekte van mijnwerkers: chronische polyartritis gecombineerd met sterke longfibrose. • **spondyl**~ artrose van de wervelkolom. • **spondylex**~ dislocatie v.e. wervel. • **syn**~ gewricht waarbij de beenstukken ten opzichte van elkaar weinig of niet beweeglijk zijn.

artrosynoviitis *zie* synoviitis.

artrotomie het opensnijden v.e. gewricht voor therapeutische of diagnostische doeleinden. • **heup**~ operatie waarbij het heupgewricht wordt geopend.

artrotroop met affiniteit tot gewrichten; vb. artrotroop virus.

arts persoon die met goed gevolg het artsdiploma heeft behaald en ingevolge de Wet op de Beroepen i.d. individuele Gezondheidszorg (BIG) bevoegd is handelingen te verrichten op het gebied v.d. geneeskunde. • ~ **arbeid en gezondheid** *zie* bedrijfs~. • ~ **consulent** NB: niet te verwarren met 'consultatiearts' = 'consultatiebureauarts' *zie* consultgever. • ~ **in opleiding tot specialist** (aios) arts in opleiding tot specialist; het letterwoord 'aios' wordt gevolgd door de richting waarin wordt gespecialiseerd: 'een aios huisartsgeneeskunde', 'twee aiossen interne geneeskunde' enz.; de termen 'aio'/'aio's', 'agio'/'agio's', 'agnio'/'agnio's' en 'haio'/'haio's' zijn in 2003 i.d. Nederlandse wet- en regelgeving komen te vervallen. • ~ **voor arbeid en gezondheid** arts die gespecialiseerd is i.d. medische aspecten van werk en arbeidsongeschiktheid. • ~ **voor verstandelijk gehandicapten** (AVG) arts die is gespecialiseerd in medische zorg voor mensen met een verstandelijke beperking; richt zich op de zorg voor een populatie en houdt zich bezig met gezondheidsproblemen die met een verstandelijke beperking verband houden. • **assistent**-~ (basis)arts, al of niet in opleiding, die onder toezicht v.e. bevoegde medisch specialist specialistische geneeskunde mag bedrijven. • **basis**~ algemene benaming voor een arts die op basis v.e. artsdiploma i.h. BIG-register is ingeschreven maar (nog) geen registratie i.e. v.d. erkende specialismen heeft. • **bedrijfs**~ arts die i.d. bedrijfsgeneeskunde is gespecialiseerd en als 'arts arbeid en gezondheid' staat geregistreerd. • **CAM**-~ arts die (tevens) complementaire en/of alternatieve geneeskunde uitoefent. • **huis**~ arts, gespecialiseerd i.d. huisartsgeneeskunde. • **keurings**~ arts die de keuring verricht en de keuringvrager zijn gevolgtrekking mededeelt dan wel de geneeskundig adviseur zijn bevinden rapporteert. • **kinder**~ arts die gespecialiseerd i.d. kindergeneeskunde. • **kno**~ specialist die zich bezighoudt met de keel-, neus- en oorheelkunde. • **mond**~ aanvankelijk (begin 20e eeuw) een arts die zich i.h.b. met het behandeling van mondziekten bezighield; begin 21e eeuw is met de terugkomst v.e. zesjarige opleiding aan 'mondarts' ingevoerd ter vervanging van 'tandarts'. • **natuur**~ beoefenaar v.d. natuurgeneeswijze. • **neuskeel-oor**~ [Vlaams] *zie* kno-~. • **nko**~ (neus-, keel- en oorarts [Vlaams]) *zie* kno-~. • **oog**~ specialist die zich met de oogheelkunde bezighoudt. • **oor**~ specialist die zich met de otologie als onderdeel v.d. kno-heelkunde bezighoudt. • **poort**~ arts die een toegeleidingsfunctie naar een andere arts verzorgt. • **SCEN**-~ speciaal opgeleide arts die toetst of bij een euthanasieverzoek aan alle zorgvuldigheidseisen is voldaan en die voorts informatie en advies over euthanasie kan verstrekken en de uitvoerende arts tot steun kan zijn. • **SEH**-~ *zie* spoed-~. • **spoed**~ arts die zich bezighoudt met spoedeisende geneeskunde. • **sport**~ medisch specialist die de sportgeneeskunde uitoefent. • **straat**~ arts die zich toelegt op sociaalmedische zorg, gericht op daklozen. • **verpleeghuis**~ *zie* specialist ouderengeneeskunde. • **verstandelijkgehandicapten**~ (AVG) *zie* arts voor verstandelijk gehandicapten. • **verzekerings**~ arts die zich bezighoudt met verzekeringsgeneeskunde. • **vrouwen**~ *zie* gynaecoloog. • **zenuw**~ benaming voor het specialisme dat in Nederland i.d. eerste helft v.d. 20e eeuw zowel de psychiatrie als de neurologie omvatte.

arts-assistent arts die zelfstandig patiënten ziet, maar die daarbij onder supervisie v.e. specialist of huisarts werkt; NB: niet te verwarren met 'doktersassistent(e)'.

artseneed *zie* Hippocrates | eed van ~.

artsenvisite *zie* visite.

artsexamen het examen dat de geneeskundestudent moet afleggen om de beroepsaanduiding en titel 'arts' te krijgen.

arts-patiëntrelatie de relatie tussen arts en patiënt waar het moment bij de patiënt zich met een hulpvraag richt tot de arts.

aryepiglotticus m.b.t. arytenoïd en epiglottis.

arylkoolwaterstofhydroxylase enzym dat bij detoxificatie betrokken is en dat door tabaksrook wordt geactiveerd.

arytenoïd *zie* cartilago arytenoidea.

arytenoïdectomie operatieve verwijdering v.h. arytenoïd.

arytenoideus waterkanvormig; vb. musculus arytenoideus, cartilago arytenoidea.

arytenoïdopexie vasthechting v.d. cartilago arytenoidea aan de cartilago thyroidea.

as *zie* lichaams~, hart~, axis. • **gewrichts**~ rotatiecentrum van krachtlijnen i.e. gewricht. • **hart**~ optelsom v.d. vectoren i.h. frontale vlak v.d. elektrische activiteit v.h. hart, normaal tussen -30° en +90°. • **hypothalamo-hypofysaire** ~ *zie* hypothalamus-hypofyse-bijnier~. • **hypothalamus-hypofyse-bijnier**~ systeem dat de afscheiding van glucocorticoïden coördineert en reguleert bij o.a. stress, met als doel (herstel van) homeostase. • **intermediaire hart**~ normale elektrische hartas, wijst i.e. richting tussen -30° en +90°. • **langs**~ *zie* longitudinale ~. • **lichaams**~ denkbeeldige assen die i.d. anatomie worden gebruikt ter aanduiding van plaats of richting i.h. lichaam; onderscheiden worden: 1) craniocaudale hoofdas, tussen hoofd en voeten (resp. cranium en cauda ('staart')), *syn.* longitudinale as, lengteas, verticale as, hierop samenvallend het mediane vlak (verticaal vlak dat het rechtopstaande lichaam i.e. rechter en linker helft verdeelt); 2) dorsoventrale nevenas (van rug naar buik), *syn.* sagittale as (van buik naar rug, 'als door de pijl (L. sagittus) doorboord'); 3) dwarse nevenas, *syn.* laterale, transversale of horizontale as. • **longitudinale** ~ lichaamsas die i.d. lengterichting v.h. lichaam verloopt, *syn.* craniocaudaal. • **neuro-endocriene** ~ traject v.d. hersenschors waar de psychische ervaringen binnenkomen, naar de hypothalamus, de hypofyse en de bijnieren. • **richtings**~ *zie* lichaams~.

ASA antispermatozoa-antistoffen.

ASAT *zie* transferase | aspartaatamino~.

asbest vezelige, onbrandbare stof, bestaande uit magnesium- en calciumsilicaat.

asbestose door inhalering van asbeststof ontstane ziekte, meestal asbestosis pulmonum.

ascariasis aanwezigheid van spoelwormen (*Ascaris lumbricoides*) i.d. darm.

ascaricide 1 ascariden dodend; 2 geneesmiddel dat ascariden doodt.

ascaricidum *zie* ascaricide.

Ascaris belangrijkste geslacht v.d. superfamilie *Ascaroidea*. • ~ **lumbricoides** parasiet die i.d. dunne darm v.d. mens leeft. • ~ **vermicularis** *zie Enterobius vermicularis*.

ascendens opstijgend; vb. ramus ascendens; mv. ascendentes.

ascendent (genet.) bloedverwant in opstijgende lijn.

ascendentie (genet.) voorgeslacht.

ascensus het opstijgen, een craniale verplaatsing v.e. orgaan tijdens embryonale ontwikkeling.

Aschoff | **aschoffcellen** grote cellen met speciale kenmerken, voorkomend i.d. lichaampjes van Aschoff. • **aschoff-tawaraknoop** *zie* nodus atrioventricularis.

ascilinder *zie* axon.

ascites vochtophoping i.d. vrije buikholte, minder juist ook gebruikt voor het vocht zelf.

ascitesvocht de vloeistof die zich bij ascites i.d. buikholte bevindt.

ascitisch met betrekking tot ascites.

Ascomycetes een klasse schimmels die ascosporen vormen.

ascomycose infectie door *Ascomycetes*; ver-

ouderde naam voor blastomycose.
ASD *zie* septumdefect | atrium~.
-ase 1 (biochem.:) uitgang achter de naam v.e. stof, geeft het enzym aan dat de genoemde stof splitst of omzet; **2** (pathol.:) *zie* -iase.
aseksueel 1 ongeslachtelijk, geslachtloos; **2** zonder geslachtsdrift.
aselecteren *zie* randomiseren.
aseptiek *zie* sepsis | a~.
aseptisch 1 (hyg.:) *zie* steriel; **2** (pathol.:) niet veroorzaakt door micro-organismen; NB: niet te verwarren met 'antiseptisch'; **3** (pathol., microbiol.:) abacterieel i.d. zin van 'niet door bacteriën, maar door een virus veroorzaakt'; vb. ~e meningitis, ~e botnecrose.
aseptische koorts koorts die niet door levende kiemen is veroorzaakt.
aseptische ontsteking een niet door kiemen veroorzaakte ontsteking.
asfyctisch i.e. toestand van asfyxie.
asfyxie belemmering van ademhaling bij een levende persoon; treedt o.a. op bij een belemmerde toegang v.d. luchtwegen; i.d. neonatologie wordt met 'asfyxie' veelal zuurstoftekort bij de geboorte bedoeld en hanteert men hiervoor als beschrijvende definitie 'apgarscore < 6 op tijdstip 5 min. na geboorte'. • **asphyxia cyanotica** *zie* traumatische ~. • **asphyxia foetalis** asfyxie v.d. foetus in utero door onderbreking van bloedtoevoer via de navelstreng. • **asphyxia localis** plaatselijk beperkte doorstroming v.d. huid met bloed. • **asphyxia neonatorum** ademnood bij de neonaat waarbij nog geen hypoxie optreedt. • **neonatale** ~ *zie* asphyxia neonatorum. • **perinatale** ~ stoornis i.d. zuurstofvoorziening voor, tijdens of vlak na de geboorte, gekenmerkt door hypoxie, hypercapnie en acidose. • **traumatische** ~ diep-blauwe verkleuring van hoofd en hals t.g.v. een plotselinge, ernstige compressie v.d. thorax. • **witte** ~ asfyxie waarbij de kleur v.d. huid wit is.
asfyxiofilie *zie* hypoxifilie.
asialie *zie* aptyalisme.
asiderose *zie* sideropenie.
asiel (obsol.) rijksinrichting voor veroordeelde geesteszieken.
Asklepios Griekse god v.d. geneeskunde.
aslengte afstand v.d. top v.h. hoornvlies tot de achterpool v.h. netvlies.
asomnie *zie* insomnie.

ASP asparaginase.
asparaginase enzym dat de splitsing van asparagine katalyseert.
asparagine monoamide van asparaginezuur, een v.d. niet-essentiële aminozuren.
aspartaat zout van asparaginezuur (een v.d. niet-essentiële aminozuren).
aspecifiek niet door een specifieke verwekker (zoals syfilisspirocheet, tuberkelbacterie) of speciale oorzaak teweeggebracht.
⊛ **aspecifieke lage rugpijn** elke vorm van rugpijn waarbij geen duidelijke aanwijzingen voor een specifieke oorzaak te vinden zijn.
aspecifieke nekklachten pijnlijke stijve nek veelal a.g.v. plotselinge torsie of langdurige ongunstige houding; waarschijnlijk t.g.v. hypertone paracervicale musculatuur; pijnklachten vaak eenzijdig, schouderwaarts uitstralend en geprovoceerd door beweging; echter niet uitstralende naar arm, wat veelal op cervicale HNP duidt.
aspect (anat.) elk v.d. zijden of kanten v.e. anat. structuur vanwaaruit deze kan worden waargenomen.
asper ruw, hobbelig; vb. linea a-ra.
aspergilloom bolvormige schimmelmassa (mycetoom), meestal i.e. bovenkwab v.e. long, door ingroei van *Aspergillus fumigatus*.
aspergillose bronchomycose, veroorzaakt door een schimmel v.h. geslacht *Aspergillus*, een facultatief pathogene schimmel.
• **allergische bronchopulmonale** ~ (ABPA) allergische reactie op *Aspergillus fumigatus*, gekenmerkt door een ernstige obstructief gestoorde longfunctie, eosinofilie en verhoogd IgE. • **invasieve pulmonale** ~ acute pulmonale infectie met *Aspergillus fumigatus* waarbij de schimmel i.h. longweefsel ingroeit.
Aspergillus schimmel i.d. vorm v.e. gesteeld bolletje met een kwastje, zeer wijd verspreid saprofytair voorkomend, meestal niet pathogeen.
aspermatogenese het ontbreken v.d. vorming van spermatozoa.
aspiraat hetgeen bij aspiratie wordt opgezogen of is ingeademd (bijv. meconium).
aspiratie 1 (pulmon.:) aanzuiging van vloeistof of vaste stof i.d. bronchi bij een inademing; NB: niet te verwarren met inspiratie = inademing van gas/lucht; **2** (chir., lab.:) opzuiging met een spuit, een pomp, bijv.

van beenmergcellen. • **beenmerg~** afzuigen van weefsel na het puncteren v.h. beenmerg m.b.v. speciale naald. • **eicel~** techniek waarbij vlak voor de te verwachten ovulatie een aspiratienaald via een vaginaal ingebrachte echoscoop intraperitoneaal wordt ingebracht en daarmee de eicellen uit de follikels worden gezogen, die vervolgens in vitro kunnen worden bevrucht. • **follikel~** het per laparoscoop opzuigen van rijpe eifollikels. • **meconium~** complicatie tijdens de geboorte waarbij meconiumhoudend vruchtwater door vroegtijdige adembewegingen i.d. longen v.h. kind terechtkomt.

aspirator toestel dat voor aspiratie wordt gebruikt.

aspireren 1 tijdens inademing een vaste stof of vloeistof aanzuigen die i.d. luchtwegen terechtkomt; **2** aanzuigen, opzuigen; vb. aspiratie bij barbotage.

aspirine *zie* zuur | acetylsalicyl~.

asplenie afwezigheid v.d. milt. • **functionele** ~ het niet functioneren v.d. milt.

ASS 1 (biochem.) argininosuccinezuursynthetase; **2** (psych.) *zie* stressstoornis | acute ~.

assay [E] onderzoek, reactie, test, i.h. bijz. kwantitatieve bepaling v.e. stof in oplossing of mengsel. • **bio~** onderzoek (naar de werking v.e. stof) op het levend organisme. • **enzyme immuno~** (EIA) [E] immunoassay waarbij een enzym covalent gebonden wordt aan een antigen of antistof. • **enzyme-linked immunosorbent** ~ (ELISA) [E] a. met een aan een enzym gekoppeld antigeen of antistof. • **immuno~** bepalingsmethode waarbij de concentratie v.e. onbekende stof gemeten wordt m.b.v. antilichamen die zich er specifiek aan binden. • **immunoradiometrische** ~ (IRMA) zeer gevoelige vorm van radio-immunoassay. • **radio-immuno~** (RIA) bepaling v.h. gehalte aan antigeen of antistof d.m.v. een radioactief gemerkt reagens.

assertiviteit de houding v.e. mens tegenover zijn omgeving waarbij hij een optimum aan zelfverzekerdheid toont, gelegen i.h. midden van onvriendelijke agressie en subassertiviteit.

assertiviteitstraining vorm van gedragstherapie waarbij men o.a. met rollenspel leert emoties beter te uiten en voor rechten op te komen.

assessment [E] het systematisch verzamelen, ordenen en interpreteren van informatie over een persoon en zijn situatie met het oog op een eventuele behandeling. • **health technology** ~ (HTA) [E] onderzoek naar een medische voorziening waarbij naast de effectiviteit ook andere aspecten i.d. evaluatie worden betrokken. • **medical technology** ~ (MTA) [E] *zie* health technology ~. • **technology** ~ [E] *zie* health technology ~.

assimilatie (fysiol.) het opnemen van stoffen uit de omgeving en de omvorming van deze stoffen tot lichaamseigen substantie.

assimilatieve integratie *zie* psychotherapie | integratieve ~.

assisted hatching (AH) iatrogene beschadiging van de zona pellucida om innesteling te bevorderen bij ivf.

assisted respiration [E] ondersteunde ademhaling, toegepast tijdens inhalatienarcose.

assistent-geneeskundige in opleiding (agio) arts in opleiding tot specialist; verouderde aanduiding, in 2003 vervangen door 'arts in opleiding tot specialist (aios)'.

associatie 1 (statist., epidemiol.) samenhang tussen twee of meer kenmerken i.e. populatie; **2** (psychologie) koppeling, in onderling verband gebracht. • **allelische** ~ het dicht bij elkaar op een chromosoom liggen van allelen, die daardoor minder kans hebben om te worden gesplitst door recombinatie en die dus vaker samen voorkomen. • **CHARGE-**~ zelden voorkomend complex van aangeboren misvormingen. • **VATER-**~ aantal samengaande aangeboren afwijkingen (V = vertebra, A = anus, T = trachea, E = esophagus, R = renaal, **v**.d. nier). • **vrije** ~ psychoanalytische methode waarbij de analysandus de gedachten beschrijft die hem tijdens de zitting invallen.

associatiebanen intersegmentaire verbindingsbanen i.d. hersenen.

associatiesnelheid snelheid waarmee twee moleculen, bijv. antistof en antigeen, een verbinding aangaan.

associatiestoornis *zie* zwakte | associatie-~.

associatietaak onderdeel van psychodiagnostisch onderzoek waarbij de onderzochte op een toegeroepen 'prikkelwoord' moet reageren met het eerste woord dat hem invalt.

assumptie (psych.) iemands fundamentele aannames over de eigen persoon, de anderen en de wereld. • **basale** ~ de aannames die iemand heeft over zichzelf, anderen en de wereld, bijv. 'ik ben een mislukkeling'. • **conditionele** ~ de aannames waarin iemand causale relaties schetst. • **instrumentele** ~ aanname i.d. vorm v.e. regel die een strategie voorschrijft en dient om narigheid te vermijden en/of positieve ervaringen te verkrijgen.

AST *zie* antistreptolysinetiter.

asteatose verminderde secretie v.d. talgklieren.

astereognosie *zie* agnosie | stereo~.

asterion (antropometrie) punt op de schedel waar de sutura lambdoidea, de sutura occipitomastoidea en de sutura parietomastoidea bij elkaar komen.

asterixis *zie* tremor | flapping ~.

asthenie (obsoleet) fysieke of psychische zwakte.

asthenisch zwak, slap, tegendeel van sthenisch; vb. asthenische habitus.

asthenopie spoedige vermoeidheid bij het kijken. • **accommodatieve** ~ asthenopie speciaal bij accommoderen. • **musculaire** ~ asthenopie bij convergeren.

asthmaticus 1 (bijv. nw.) gepaard gaand met, veroorzaakt door astma; vb. status asthmaticus; **2** (zelfst. nw., minder gangbaar) astmapatiënt.

astigmatisme beeldvorming t.g.v. asferische afwijkingen v.e. lenzensysteem. • **astigmatismus compositus** samengesteld a., waarbij beide hoofdmeridianen in verschillende graad myoop of hypermetroop zijn. • **astigmatismus corneae** a. a.g.v. onregelmatigheid v.h. corneaoppervlak. • **astigmatismus hypermetropicus** a. gecombineerd met hypermetropie. • **astigmatismus hypermetropicus compositus** astigmatismus hypermetropicus waarbij zowel de verticale als de horizontale meridiaan hypermetroop is. • **astigmatismus hypermetropicus simplex** astigmatismus hypermetropicus waarbij een der meridianen emmetroop is, en de andere hypermetroop. • **astigmatismus inversus** een vorm van a. waarbij tegen de regel de horizontale meridiaan sterker gekromd is dan de verticale. • **astigmatismus irregularis** een a. door onregelmatige kromming v.d. cornea t.g.v. littekenvorming. • **astigmatismus lenticularis** a. veroorzaakt door onregelmatige breking i.d. lens. • **astigmatismus mixtus** gemengd a., waarbij de ene meridiaan myoop, de andere hypermetroop is. • **astigmatismus myopicus compositus** astigmatismus myopicus waarbij alle meridianen myoop zijn. • **astigmatismus myopicus simplex** astigmatismus myopicus waarbij een der meridianen emmetroop is, de andere myoop. • **astigmatismus myopicus** a. gecombineerd met myopie. • **astigmatismus obliquus** astigmatisme waarbij de meridianen niet verticaal en horizontaal maar schuin staan. • **astigmatismus regularis** fysiologisch a., waarbij de ene meridiaan niet meer dan 0,5 dioptrie verschilt v.d. andere. • **totaal** ~ combinatie van cornea- en lensastigmatisme.

⊚ **astma** chronische aandoening met ontsteking v.d. luchtwegen waarbij men allergisch (atopisch) of hyperreactief op stoffen uit de leefomgeving reageert; wordt gekenmerkt door terugkerende perioden met uitgebreide, maar variabele luchtwegvernauwing, gewoonlijk van voorbijgaande aard, spontaan of door behandeling; vaak gepaard gaand met andere atopische aandoeningen, zoals constitutioneel eczeem en hooikoorts. • **acuut** ~ exacerbatie van astma binnen uren met sterke toename van bronchusobstructie t.g.v. inflammatieverschijnselen. • **allergisch** ~ inflammatie en daardoor constrictie van bronchi en bronchioli t.g.v. sensibilisatie door ingeadembe allergenen. • **aspergillus**~ vorm van astma die het gevolg is van type-I-allergische reactie op inhalatie van sporen en/of -hyfen van *Aspergillus*. • **asthma abdominale** benauwdheid door hoge diafragmastand, bijv. a.g.v. meteorisme. • **asthma bronchiale** aanval van benauwdheid met bemoeilijkte uitademing en hoesten met opgeven van taai wit sputum. • **asthma cardiale** meestal nachtelijke aanval van ernstige dyspneu door longstuwing a.g.v. acute linksdecompensatie. • **beroeps**~ *zie* beroepsastma. • **bronchiaal** ~ *zie* asthma bronchiale. • **gastric asthma** omstreden begrip i.d. etiologie van astma. • **inspannings**~ bij kinderen en jonge volwassenen voorkomende vorm van astma. • **intrinsiek** ~ hyperreactiviteit van bronchi en bronchioli t.g.v. niet-specifieke prikkeling.

astmolytica groep van geneesmiddelen die een astma-aanval doen afnemen.

astragalus *zie* talus.

astrocyt 1 gliacel met stervormig uitstralende uitlopers (Golgi); **2** cel in beenweefsel.
astrocytoom belangrijkste subtype v.d. gliomen, maakt ongeveer 80% van deze tumoren uit. • **cerebellair** ~ een vooral bij kinderen voorkomende langzaam groeiende, histologisch benigne hersentumor.
• **desmoplastisch cerebraal** ~ zeldzame goedaardige cysteuze tumor, voorkomend op jonge kinderleeftijd (< 1 jaar). • **gemistocytisch** ~ histologische variant v.h. diffuus groeiende astrocytoom met een sterkere neiging tot maligne ontaarding dan de overige histologische subtypen. • **juveniel pilocytair** ~ zie pilocytair ~. • **pilocytair** ~ goedaardig glioom dat vooral op kinderleeftijd voorkomt met een voorkeurslokalisatie i.h. cerebellum en n. opticus.
• **reuscel**~ subependymaal gelegen goedaardig astrocytoom.
astrosfeer sterfiguur rondom elk der dochtercentriolen na deling v.d. centriole i.d. profase v.d. mitose.
astrupbepaling micromethode ter bepaling v.h. zuur-basenevenwicht i.e. druppel capillair bloed.
asynclitisme richtingafwijking v.d. pijlnaad v.e. kind (tijdens de geboorte) v.d. as v.h. moederlijke geboortekanaal. • **asynclitismus anterior** fysiologische afwijking i.d. richting v.h. sacrum. • **asynclitismus posterior** afwijking i.d. richting v.d. symfyse.
asynergie coördinatiestoornis.
asystolie gebrekkige of geheel uitblijvende hartcontractie.
AT zie tachycardie | atriale ~.
atacticus veroorzaakt door, m.b.t. ataxie; vb. paraplegia atactica.
atactisch lijdend aan ataxie, ongecoördineerd, ongeordend; vb. atactische gang.
ataracticum zie anxiolytica.
atavisme het weer te voorschijn komen van eigenschappen bij een individu terwijl een aantal vorige geslachten deze eigenschappen niet bezitten.
ataxia hereditaria familialis zie ataxie | familiaire ~.
ataxie coördinatiestoornis v.d. spieren bij willekeurige bewegingen en niet a.g.v. tekortschietende tonus; meestal veroorzaakt door een aandoening van cerebellum of de achterstrengen. • **acute** ~ ataxie met spraakstoornissen, na infectieziekten.

• **acute** ~ **van Westphal** zie acute ~. • **acute benigne** ~ aandoening bij kinderen die gepaard gaant met acute coördinatiestoornis van romp en ledematen, dysartrie, hypotonie, soms oogbewegingsstoornissen, algehele malaise en lusteloosheid. • **acute cerebellaire** ~ **van de kinderleeftijd** zie acute benigne ~. • **ataxia telangiectasia** autosomaal-recessief erfelijke aandoening met neurologische en immunologische stoornissen. • **autosomaal dominante cerebellaire** ~ (ADCA) op latere leeftijd beginnende langzaam progressieve ataxie.
• **bulbaire** ~ a. bij aandoeningen v.h. verlengde merg. • **centrale** ~ a. bij aandoening van coördinatiecentra i.d. hersenen. • **cerebellaire** ~ zie gang | cerebellaire ~, tremor | intentie~. • **dynamische** ~ a. bij beweging. • **familiaire** ~ zie Friedreich | friedreichataxie. • **friedreich**~ zie Friedreich | friedreichataxie. • **hemi**~ ataxie v.e. lichaamshelft. • **heredo**~ familiaal erfelijke ataxie. • **locomotore** ~ a. v.h. gehele lichaam bij de voortbeweging. • **loop**~ stoornis waarbij de patiënt niet of nauwelijks kan lopen, bij goede kracht, coördinatie en sensibiliteit; komt voor bij communicerende hydrocefalus en aandoeningen v.d. frontale kwabben, vaak gecombineerd met mictiestoornissen en dementie. • **motorische** ~ gebrekkige beheersing van spierbewegingen. • **pseudo**~ verschijnselen van ataxie zonder afwijking i.h. ruggenmerg. • **psychogene** ~ het optreden van verschijnselen van ataxie zonder neurologische oorzaak. • **romp**~ ataxie met betrekking tot de romp, gestoorde coördinatie van spierbewegingen v.d. romp. • **sensorische** ~ a. bij stoornissen v.h. dieptegevoel. • **statische** ~ ataxie uitsl. bij het staan.
• **vestibulaire** ~ ataxie door een aandoening v.h. vestibulaire apparaat.
⊛ **atelectase** afwezige of gebrekkige ontplooiing van longblaasjes waarbij de gehele long of een deel v.d. long geen lucht meer bevat en daardoor samenvalt; indeling: men onderscheidt primaire a., bij de geboorte, en secundaire a., op latere leeftijd, en voorts resorptieatelectase versus compressieatelectase. • **passieve** ~ verminderde luchthoudendheid v.h. longweefsel door compressie. • **resorptie** ~ verminderde luchthoudendheid van longweefsel. • **ronde** ~ ronde, subpleurale schaduw op de tho-

raxfoto, meestal i.d. onderkwab, die aan een tumor doet denken maar dat niet is.

atelectatisch betrekking hebbend op om ontstaan a.g.v. atelectase.

atelie onvolkomen ontwikkeling.

ateloprosopie onvolkomen ontwikkeling v.h. gelaat.

aterm op de normale tijd, i.h.b. aan het eind v.d. zwangerschap.

atherogeen atherosclerose-verwekkend.

atherogenese de vorming, het ontstaan van atheromateuze plaques i.d. arteriewand.

atheromateus *zie* atheromatosus.

atheromatose degeneratief-necrotiserende veranderingen v.d. vaatwand.

atheromatosus atheromateus, gepaard met atheroomvorming, vb. ulcus a-sum.

atheroom 1 (vasculaire pathol.:) haard in arteriewand, gevuld met débris, lipoïden en cholesterolkristallen; 2 (dermatol.:) *zie* cyste | atheroom-. • **folliculair** ~ retentiecyste, ontstaan door afsluiting v.e. oorspronkelijk normale follikel.

⊛ **atherosclerose** vaataandoening met bloedvatvernauwingen op verschillende plaatsen a.g.v. plaquevorming; de term wordt ook gebruikt voor de ontstane plaque zelf (*zie* atherosclerotische plaque).

atherose *zie* atheromatose.

athetose gegeneraliseerde vorm van dystonie niet-gewilde, patroonloze langzame bewegingen, vooral van handen en vingers. • **choreo**~ verouderd begrip voor hyperkinesie met trage gegeneraliseerde dystone bewegingen; werd vroeger gebruikt voor het bewegingspatroon bij kinderen met een infantiele encefalopathie (ernstige doorbloedingsstoornissen v.d. hersenen met blijvende restschade); huidige term is 'gegeneraliseerde dystonie'. • **pseudo**~ ongewild optredende langzame bewegingen, gebaseerd op een achterstrengstoornis.

athyreoïdie (meestal congenitaal) ontbreken v.d. schildklier.

athyreose 1 ontbreken v.d. schildklier; 2 de toestand die het gevolg is v.h. ontbreken v.d. schildklier.

atlantis gen. van atlas; vb. massa lateralis atlantis.

atlanto- de atlas betreffend.

atlantoaxialis m.b.t. atlas en axis; vb. articulatio atlantoaxialis.

atlanto-occipitale dislocatie traumatische dislocatie v.d. atlas ten opzichte v.d. schedel, doorgaans met dodelijke afloop.

atlas bovenste halswervel, waarop de schedel rust.

atlasassimilatie vergroeiing v.d. atlas met de schedel.

ATLS *zie* life support | advanced trauma ~.

atm atmosfeer *zie* atmosfeer.

atmosfeer 1 de uit gas (lucht) bestaande laag om de aarde; 2 een druk van 76 cm kwik (101,325 kPa).

ATN *zie* necrose | tubulus~.

atomizer *zie* vernevelaar.

atonie gebrek aan tonus, spanning. • **slokdarm**~ slappe, verwijde slokdarm door beschadiging van spiercellen of zenuwen waarbij er geen peristaltiek is. • **atonia uteri** *zie* uterusatonie.

atonisch gekenmerkt door atonie, slap; vb. atonische uterus.

atoom kleinste deeltje v.e. chemisch element dat daar nog de eigenschappen van bezit, bestaande uit een positief geladen kern omgeven door een aantal (negatieve) elektronen.

atoomgewicht het totale aantal protonen en neutronen i.d. kern v.e. atoom.

atoomnummer het aantal protonen i.d. kern v.e. atoom.

a-top onderdeel v.d. drukcurve i.d. vv. cavae; een a-top representeert de atriumcontractie.

atopeen allergeen dat de oorzaak is v.e. IgE-gemedieerde allergische reactie (verouderd).

atopie erfelijke aanleg om: 1) IgE-antistoffen te produceren in reactie op lage doses (inhalatie- en/of voedsel)allergenen, gewoonlijk eiwitten; 2) een of meerdere klinische uitingsvormen als astma, rinoconjunctivitis (hooikoorts), constitutioneel eczeem of voedselallergie te krijgen; in engere zin ook vaak gebruikt als synoniem voor 'IgE-gemedieerde allergie'.

atopisch 1 behorend bij atopische constitutie; vb. atopisch eczeem; 2 berustend op IgE-gemedieerde allergie; vb. atopisch astma. • ~ **astma** *zie* astma | allergisch ~.

atopische constitutie erfelijke aanleg om IgE-antistoffen te produceren met de daarbij kenmerkende klinische verschijningsvormen.

Atopobium parvulum bacterie die de antineoplastische stof actinomycine-D (dactomycine) afscheidt; vroeger bekend als: *Streptomy-*

ces parvulus, Peptostreptococcus parvulum.
atopognosie het niet (meer) goed kunnen lokaliseren v.e. gevoelsindruk.
ATP E. adenosine triphosphate = adenosinetrifosfaat.
ATP-ase *zie* adenosinetrifosfatase.
ATP-synthese vastleggen van metabool bruikbare energie i.d. vorm van adenosinetrifosfaat.
atra vr. van ater (zwart); vb. phthisis atra.
atraumatisch niet-verwonded.
atresie 1 (anat.) afwezigheid v.e. normale opening (anus, mond, enz.) of buisvormig orgaan; **2** (pathol.) afbraak. • **anus**~ aangeboren ontbreken v.d. anusopening; komt in div. vormen voor, soms i.c.m. andere aangeboren afwijkingen; kinderchirurgisch te verhelpen; patiënt blijft gehele leven min of meer incontinent voor ontlasting. • **arteriapulmonalis**~ onvolledig aangelegde longslagader, met inbegrip v.d. pulmonalisklep. • **atresia ani** *zie* anus~. • **atresia hymenis** afwezigheid v.e. opening i.h. hymen. • **atresia oesophagi** ontbreken v.h. aborale deel v.d. slokdarm. • **atresia pulmonalis** *zie* pulmonalis~. • **atresia vaginae** ontbreken v.d. vagina; onderdeel v.h. syndroom van Mayer-Rokitansky-Küster. • **choanen**~ benige membraan of bindweefselmembraan die een afsluiting v.d. achterste neusgang geeft. • **colp**~ aangeboren afwezigheid v.h. lumen v.d. vagina. • **darm**~ ontbreken van (meestal een deel van) de darm. • **dunnedarm**~ aangeboren afwijking waarbij (een deel van) de dunne darm ontbreekt. • **duodenum**~ obstructie v.h. duodenum t.g.v. een rotatie- of fixatiestoornis. • **galgang**~ afwezigheid v.d. intra- of extrahepatische galwegen, m.a.g. intrahepatische reflux van gal en leidend tot biliaire cirrose. • **gyn**~ samenvattende term voor de verschillende vormen van aangeboren afsluiting v.d. vrouwelijke genitalia. • **hymen**~ aangeboren ontbreken v.e. opening i.h. hymen. • **metr**~ atresie v.h. ostium uteri. • **pulmonale** ~ *zie* pulmonalis~. • **pulmonalis**~ aangeboren hartdefect waarbij de verbinding tussen het rechter hartventrikel en de a. pulmonalis ontbreekt. • **slokdarm**~ aangeboren afwijking waarbij sprake is v.e. onderbreking i.d. continuïteit v.d. slokdarm. • **tricuspidalisklep**~ afwezigheid v.h. rechter atrioventriculaire ostium.

atretisch i.e. toestand van atresie (sub 2); vb. corpus atreticum.
atriaal m.b.t. een (hart)boezem.
atrial kick [E] bijdrage v.n. atrium aan de vulling v.d. hartventrikel.
atrichiase *zie* atrichose.
atrichie *zie* alopecia.
atrichose het (vrijwel) ontbreken van behaaring.
atriorum mv. gen. van atrium (boezem, voorhof); vb. septum a-orum.
atrioventriculair hartboezem en -kamer betreffend, tussen boezem en kamer.
atrioventriculair blok • **atrioventriculair blok type Mobitz-II** (type-II-AV-blok) tweedegraads AV-blok waarbij plotseling en zonder voorafgaande verandering v.h. ecg een prikkel niet wordt voortgeleid.
• **~ type Mobitz-I** (type-I-AV-blok) tweedegraads AV-blok waarbij de geleidingstijd tussen atria en ventrikels progressief toeneemt totdat een prikkel niet wordt voortgeleid en de cyclus opnieuw start.
• **derdegraads** ~ (derdegraads AV-blok) opgeheven prikkelgeleiding tussen atria en ventrikels. • **eerstegraads** ~ (eerstegraads AV-blok) vertraagde, maar niet onderbroken prikkelgeleiding tussen atria en ventrikels. • **tweedegraads** ~ (tweedegraads AV-blok) periodiek onderbroken prikkelgeleiding tussen atria en ventrikels. • **voortgeschreden** ~ tweedegraads AV-blok waarbij alternerend één of twee of meer prikkels niet worden voortgeleid.
atrioventriculaire concordantie samenhangende morfologie v.k. hart.
atrioventriculaire connectie indeling van verbinding van atria met de hartventrikels.
atrioventricularis atrioventriculair; vb. valva aris, septum atrioventriculare.
atrium (anatomie:) een kamer of holte waarop andere kamers of leidingen uitkomen; i.h.b. de hartboezem. • **~ cordis** dunwandige boezem v.h. hart.
atriumcontractie *zie* contractie | boezem~.
atriumdepolarisatie elektrische ontlading v.d. boezemwand, waardoor deze contraheert.
atriumexcitatie *zie* boezemexcitatie.
⊚ **atriumfibrillatie** chaotische elektrische activiteit i.d. atria door cirkelgang van elektrische prikkels (re-entry) i.d. boezemspier (i.e. zeer hoge frequentie van ca. 600 per minuut), waardoor de spiervezels v.d. boe-

zem asynchroon en daardoor niet meer als geheel contraheren; slechts een deel v.d. prikkels wordt overgenomen door de atrioventriculaire knoop, wat een totaal onregelmatig ritme v.d. ventrikelcontracties veroorzaakt; indeling: *paroxismaal*, aanvalsgewijs optredend met spontaan herstel tot sinusritme, na minuten tot uren; *persisterend* (> 7 dgn.), waarbij een elektrische of farmacologische cardioversie nodig is om het sinusritme te herstellen; *permanent*, waarbij cardioversie geen sinusritme bewerkstelligt of het fibrilleren al langer dan 1 jaar bestaat.

atriumhypertrofie toename in dikte en massa v.d. wanden v.d. atria. • **linker**~ hypertrofie v.d. linkerboezemwand, vrijwel altijd samen met dilatatie v.d. boezem.

atriumontlading *zie* atriumdepolarisatie.

atriumpolarisatie opbouwen van ladingsverschil i.d. wand v.d. atria.

atriumseptumdefect • atriumseptumdefect I interatriale communicatie door ontbreken van het septum primum. • ~ **II** interatriale communicatie gelokaliseerd ter plaatse v.d. fossa ovalis door het ontbreken van (een deel van) het septum secundum.

atriumstilstand staking van alle mechanische en/of elektrische activiteit i.d. atria.

atrofie het slinken of geslonken zijn van weefsel of organen, met of zonder degeneratie. • **acute gele lever**~ ernstige, meestal dodelijk verlopende toxische beschadiging v.d. levercellen. • ~ **van Duchenne-Friedreich** *zie* ziekte van Duchenne. • **atrophia cutanea progressiva** *zie* acrodermatitis chronica atrophicans. • **atrophia cutis maculosa** *zie* anetodermie. • **atrophia fusca** bruine atrofie. • **atrophia gyrata choroideae et retinae** erfelijke progressieve centripetale atrofie van choroidea en retina. • **atrophia musculorum progressiva 1** progressieve spinale spieratrofie; **2** onjuiste aanduiding van dystrophia musculorum progressiva. • **atrophia nervi optici** degeneratie van opticusvezels t.g.v. tumorgroei of toxische werking. • **atrophia retinae pigmentosa** *zie* retinitis pigmentosa. • **atrophie blanche** [F] witte atrofische gebieden met centraal sterk verwijde en soms verstopte capillairen die bij gering trauma kunnen ulcereren en daarna slecht genezen. • **bruine** ~ verkleuring van cellen in hart, lever, milt, met afzetting van pigment (lipofuscine). • **corticale**~ afname van omvang v.d. hersenschors door vermindering van aantal en grootte van neuronen. • **distale spinale musculaire** ~ autosomaal recessief; soms autosomaal dominant; spierzwakte en atrofie debuterend distaal aan extremiteiten, aandoening van perifere motorische neuronen. • **duimmuis**~ afname in omvang van spieren v.d. duimmuis (m. opponens pollicis en m. abductor). • **fuchsopticus**~ seniele atrofie v.d. perifere opticusvezels, meestal a.g.v. chronische perineuritis. • **glutengevoelige vlok**~ *zie* coeliakie. • **granulaire** ~ atrofie v.e. orgaan met fijne korreling v.d. oppervlakte. • **hemi**~ atrofie v.d. helft v.h. lichaam of v.e. orgaan. • **hersen**~ afname in omvang van hersenweefsel. • **huid**~ het dunner worden v.d. huid, die hierdoor het aspect van sigarettenpapier krijgt. • **inactiviteits**~ atrofie van spier- en botweefsel die ontstaat bij nietgebruik v.e. lichaamsdeel. • **kienböck**~ *zie* Kienböck | ziekte van ~. • **lactatie**~ involutie v.d. uterus tijdens het zogen. • **lever**~ verkleining v.d. lever. • **maagslijmvlies**~ vermindering v.h. aantal cellagen v.h. slijmvlies i.d. maag, waardoor deze dunner en kwetsbaarder is. • **monomele spinale musculaire** ~ *zie* spieratrofie | monomele ~. • **multisysteem**~ (MSA) degeneratieve aandoening met hypokinetisch rigide syndroom, cerebellaire en piramidebaanverschijnselen en autonome functiestoornissen. • **myopathische** ~ spieratrofie door ziekte v.h. spierweefsel. • **neurogene spier**~ s. door een aandoening v.h. perifere motorische neuron. • **oftalm**~ verschrompeling v.h. oog. • **olivopontocerebellaire** ~ (OPCA) oude benaming voor een v.d. oude multisysteematrofische ziektebeelden (MSA). • **opticus**~ *zie* atrofia nervi optici. • **ouderdoms**~ met de leeftijd voortschrijdend verval van weefsels en organen a.g.v. vermindering van katabole en/of anabole processen. • **papil**~ klinisch spraakgebruik voor opvallend witte verkleuring v.d. papilla nervi optici. • **partiële thenar**~ ernstige vorm v.h. carpale-tunnelsyndroom. • **pigment**~ atrofie, gepaard gaand met pigmentafzetting i.d. schrompelende cellen. • **progressieve hemifaciale** ~ langzaam voortschrijdende a. van één gelaatshelft, vaak gecombineerd met epilepsie, trigemi-

nusneuralgie en verandering van ipsilaterale ogen en beharing. • **seniele ~** *zie* ouderdoms~. • **spier~** volumevermindering van spiermassa a.g.v. inactiviteit of een aandoening v.h. perifere motorische neuron. • **spinale musculaire ~** (SMA) *zie* spieratrofie | spinale ~. • **spinocerebellaire ~** (SCA) *zie* degeneratie | spinocerebellaire ~. • **sudeckbot~** atrofie van beenweefsel, na trauma of operatie, berustend op neurocirculatoire stoornissen. • **sympathische reflex~** *zie* complex regionaal pijnsyndroom. • **temporale papil~** teken van partiële opticusatrofie t.g.v. aandoening v.d. papillomaculaire vezels. • **testis~** schrompeling v.d. testis. • **tong~** *zie* glossitis atrophicans. • **tongspier~** atrofie v.d. tongspier, bijv. bij ALS, syringobulbie of schedelbasisprocessen; niet te verwarren met tongatrofie. • **ul~** tandvleesatrofie. • **vulpian~** progressieve spinale spieratrofie die aan de schouders begint.
atrofiëren kleiner worden in massa, schrompelen.
atrofisch geslonken in massa en omvang.
atrophia *zie* atrofie.
atrophicans toestand van atrofie leidend, atrofiërend; vb. cirrhosis atrophicans; vgl. hypertrophicans. • **rhinitis ~ cum foetore** *zie* ozaena.
atrophicus geatrofieerd, atrofiërend; vb. lichen sclerosus et atrophicus, myotonia atrophica.
atrophoderma huidaandoening gepaard gaand met atrofie. • **~ pigmentosum** *zie* xeroderma pigmentosum.
atropine muscarinereceptorantagonist.
attack rate [E] cumulatieve incidentie of percentage zieken over een bepaalde periode.
attaque (neurol.) *zie* cerebrovasculair accident.
atticotomie het openen v.d. recessus epitympanicus; obsolete kno-ingreep.
attitude het aannemen v.e. houding en vertonen van bepaald gedrag nadat voor- en nadelen van dat gedrag zijn afgewogen.
atto- 10^{-18}.
attractie psychische aantrekking.
attributies de oorzaken die iemand toeschrijft (= attribueert) aan gebeurtenissen.
attritie het voortschrijdend verlies v.d. harde tandweefsels t.g.v. afslijting door fysiologische oorzaken, b.v. kauwen.
atypie afwijking v.h. typische.

atypisch v.d. norm afwijkend, gekenmerkt door atypie; vb. atypische pneumonie.
AUC *zie* area under the receiver operating characteristic curve.
audiciën | audicien specialist op het gebied van gehoorapparatuur die i.h. bezit v.e. certificaat v.e. erkende beroepsvereniging is.
audimutitas *zie* horendstomheid.
audiogram grafiek die de resultaten van audiometrisch onderzoek weergeeft. • **beengeleidings~** audiogram dat wordt verkregen uit meting v.d. beengeleiding. • **luchtgeleidings~** audiogram v.d. via de luchtgeleiding verkregen drempelwaarden.
audiologie de wetenschap die zich bezighoudt met de fysiologie en de pathologie v.h. gehoor.
audiometer toestel voor audiometrie.
audiometrie kwalitatieve en kwantitatieve bepaling v.h. gehoorvermogen. • **békésy~** a. waarbij de onderzochte zelf de hoordrempel vaststelt. • **brainstem-evoked response audiometry** (BERA) [E] audiometrie waarbij elektroden op het voorhoofd en op het bot achter beide oren worden geplaatst om uit te maken of de oorzaak v.e. geconstateerde perceptieslechthorendheid i.h. binnenoor of i.d. hersenen ligt. • **drempel~** audiometrie waarbij de minimale geluidsintensiteit over het hele toonspectrum wordt bepaald. • **hersenstam~** *zie* brainstem-evoked response audiometry. • **objectieve ~** meting v.h. gehoor waarbij geen bewuste reactie v.d. proefpersoon vereist is. • **reflex~** gehoortest bij baby's waarbij het kind bij van opzij komend geluid het hoofd naar het geluid toe hoort te draaien. • **spraak~** test waarbij voor verschillende geluidssterkten het percentage goed gehoorde woorden wordt gemeten. • **stapediusreflex~** onderzoek naar impedantieverandering v.h. middenoorapparaat waarbij gebruik wordt gemaakt v.d. stapediusreflex. • **toondrempel~** test waarbij wordt gemeten wat de geringste intensiteit v.e. aantal zuivere tonen is die de proefpersoon nog kan horen.
audit [E] toetsing als vorm van kwaliteitsbewaking. • **medical ~** [E] methode waarmee op basis van expliciete criteria, bijv. ontleend aan (evidence-based) richtlijnen, het zorgproces wordt geanalyseerd, beoordeeld en verbeterd.

auditio gehoorvermogen. • ~ **chromatica** *zie* chromatisme. • ~ **colorata** *zie* chromatisme.
auditivus m.b.t. het gehoororgaan of het horen; vb. tuba auditiva.
auditory brainstem-evoked potential (ABEP) [E] *zie* potentiaal | brainstem-evoked auditory potential.
auditus het vermogen met het oor geluiden waar te nemen.
auerse staafjes lysosomen, zichtbaar als rode staafjes in myeloblasten bij beenmergonderzoek bij AML.
AU-extract (allergy-unit extract [E]) antigeenoplossing waarvan de biologische sterkte bepaald is.
augmentatie 1 het tijdens de behandeling v.e. aandoening eerder of heviger optreden van klachten; 2 (chir.) het chir. vergroten.
augmentum vermeerdering.
aura 1 bij migraine met aura: voorbijgaande neurologische uitvalsverschijnselen, meestal voorafgaande aan de hoofdpijn, meestal visuele symptomen; 2 bij epilepsie: aanval waarvan de symptomen alleen door de betrokkene zelf worden waargenomen (bijv. een opstijgend gevoel i.d. buik); 3 (hysterie) migraineus of epileptisch aura (Charcot). • ~ **epileptica** *zie* aura. • **epigastrische** ~ *zie* vasomotorische ~. • **motorische** ~ aura met dwangmatige bewegingen. • **sensibele** ~ aura die gepaard gaat met sensibele gewaarwordingen als pijn en paresthesieën. • **sensorische** ~ *zie* sensibele ~. • **vasomotorische** ~ a. met sensaties v.h. hart, hyper- of hypotensie, hittegevoel.
auraal m.b.t. het oor (het gehoor).
aureus gouden, goudkleurig, luxueus; vb. *Staphylococcus aureus*, praxis aurea.
auriase *zie* chrysiase.
auriasis *zie* chrysiase.
auricula 1 oorschelp; 2 schelpvormig orgaan.
auriculair m.b.t. het oor, de oorschelp, het hartoor.
auriculaire aanhangsels kleine uitstulpingen, met kraakbeenkern, door huid bedekt, aan oorschelp of omgeving daarvan.
auricularis m.b.t. een oor, oorvormig; vb. facies auricularis.
auriculotemporalis m.b.t. het oor en de slaapstreek; vb. nervus auriculotemporalis.
auris oor.
aurium gen. mv. van auris.

auropalpebraal betrekking hebbend op het gehoor en het ooglid.
aurosus goudachtig; vb. pigmentatio aurosa (= chrysiasis).
auscultatie het beluisteren van geluiden die worden geproduceerd i.h. lichaam v.d. patiënt door longen, hart, vaten, darmen enz.; de arts doet dit hetzij direct, met het oor op het lichaam, hetzij indirect, via een stethoscoop.
auscultatoir d.m.v., m.b.t. auscultatie.
autipas officieel document waarmee autisten een verklaring kunnen geven van hun autisme als de oorzaak van eventueel normafwijkend gedrag.
⁕ **autisme** geestelijke ontwikkelingsstoornis waarbij de patiënt een sterk afwerende en afsluitende houding aanneemt t.o.v. de realiteit v.d. omgeving; indrukken van deze omgeving worden ziekelijk verwerkt a.g.v. stoornissen en beperkingen i.d. wederkerige sociale contacten, de talige en niet-talige communicatie en door beperkte en rigide patronen van interesse en gedrag; indeling: voor autisme of autistische stoornissen worden vaak uiteenlopende termen gebruikt, die elk veelal een aandoening beschrijven die tot de autistische stoornis behoort, zoals 'klassiek autisme', 'autismespectrumstoornis', 'aspergersyndroom', 'pervasieve ontwikkelingsstoornissen', 'atypische ontwikkelingsstoornissen', 'multiplex development disorder', 'high functioning autism'; i.h. Engels spreekt men van 'pervasive development disorder' (PDD).
autismespectrumstoornis stoornis bij een kind die op autisme lijkt; het kind is laaggemiddeld tot normaal of hoog intelligent; wordt als pervasieve ontwikkelingsstoornis ook 'autisme-verwante contactstoornis' genoemd of aan 'PDD-NOS' gelijkgesteld.
autistische stoornis *zie* autisme.
auto- voorvoegsel in woordsamenstellingen met als betekenis tot het eigen lichaam behorend, op zichzelf gericht.
autoagglutinatie het samenklonteren van bloedcellen onder invloed v.h. eigen bloedserum.
autoagressie 1 tegen de eigen persoon gerichte agressie, zelfvernietigingsdrang; 2 auto-immunisering, auto-allergie.
autoantistof|cytoplasmatische ~ auto-antistof, gericht tegen cytoplasmatische cel-

componenten. • **koudereactieve** ~ autoantistof, gericht tegen erytrocyten.
• **multireactieve** ~ natuurlijke autoantistof (vnl. IgM) die een grote mate van kruisreactiviteit vertoont met verschillende auto- en exo-antigenen. • **natuurlijke** ~ autoantistof die bij alle gezonde mensen voorkomt. • **warmtereactieve** ~ autoantistof, vnl. gericht tegen resussysteemantigenen.

autochromosoom *zie* autosoom.

autoclaaf apparaat waarin instrumenten enz. worden gesteriliseerd d.m.v. stoom onder hoge druk.

autocoïden vasoactieve stoffen die m.n. tijdens tal van ziekteprocessen door verschillende cellen i.h. weefsel zelf geproduceerd worden en meestal vasodilatatie bewerkstelligen.

autocrien vorm van hormonale beïnvloeding waarbij weefsel een hormoon produceert dat alleen werkzaam is i.d. directe omgeving v.d. productie- en/of secretieplaats.

autodigestie zelfvertering v.d. maagwand door inwerking v.h. maagsap, gewoonlijk postmortaal.

auto-eczematisatie *zie* sensibilisatie | auto-~.

auto-erotisme het erotisch gericht zijn op dan wel geobsedeerd zijn door het eigen lichaam.

autofagie proces waarbij lichaamseigen materiaal wordt verteerd.

autogeen 1 (pathol.) vanzelf ontstaan, bijv. de regeneratie van doorgesneden zenuwvezels; 2 (chir., immunol.) *zie* autoloog.

autogene training door de Duitse psychiater Schultz ontwikkelde ontspanningsmethode die gebruikmaakt van zelfinstructie, autosuggestie en zelfhypnose (bijv. de suggestie dat lichaamsdelen zwaar of warm zijn).

autohemoagglutinatie *zie* autoagglutinatie.

autohemolysine lichaamseigen hemolysine die autohemolyse teweegbrengt.

auto-immunitair m.b.t. auto-immuniteit; het synoniem 'auto-immunologisch' is minder juist.

auto-immuniteit de toestand die zich ontwikkelt door auto-immunisering.

auto-immunopathie *zie* ziekte | auto-immuun-~.

auto-immunmyositis *zie* myositis | idiopathische ~.

auto-immuunproces *zie* reactie | auto-immuun-~.

auto-invasie zelfbesmetting met metazoa.

autokatalyse fenomeen dat een actief enzym de omzetting v.h. zymogeen naar actief enzym voortzet.

autologe reconstructie chir. reconstructie waarbij eigen (autoloog) weefsel wordt gebruikt.

autoloog afkomstig van hetzelfde individu; vb. autogeen bloed, vaccin, transplantaat *zie* autogeen.

autolyse 1 zelfvertering, vertering van eiwitten door de eigen enzymen; 2 destructie van cellen v.e. lichaam door zijn eigen serum.

autolysine een lysine die tegen lichaamseigen cellen gericht is.

autolysosoom fusie v.e. lysosoom en een autofagosoom.

automatie 1 onafhankelijkheid (ten opzichte v.d. wil) v.e. proces, bijv. het hartritme; 2 een buiten het bewustzijn om verlopend proces, bijv. lopen, fietsen; 3 het uit zichzelf vormen van elektrische prikkels door individuele hartspiercellen.

automatische gehoorzaamheid het automatisch en willoos uitvoeren van zinloze opdrachten.

autonome disfunctie functieverlies van (gedeelten van) het autonome zenuwstelsel.

autonome dysreflexie autonome ontregeling bij patiënten met lang bestaande dwarslaesie boven Th6, met aanvallen van hypertensie, transpireren, 'flushing' en bradycardie.

autonomicus autonoom, tot het autonome zenuwstelsel behorend.

autonoom naar eigen wetten levend, onafhankelijk. • **autonome groei** de onbeperkte, zelfstandige groei van gezwelcellen.

autopsie door uitwendige schouw van het lichaam v.e. overledene vaststellen of de dood is ingetreden en of hierbij sprake is geweest v.e. natuurlijke of niet-natuurlijke doodsoorzaak. • **minimaal invasieve** ~ (MIA) autopsie m.b.v. CT- en MRI-technologie, evt. gecombineerd met biopsie.

autoreactief gericht tegen bestanddelen v.h. eigen lichaam.

autorefractiemeter instrument dat automatisch de refractieafwijking v.d. ogen opmeet.

autorefractor instrument ten behoeve van skiascopie.

autoregulatie (nefrol.:) *zie* regulatie | renale auto~.

autoscopie het rechtstreeks (zonder spiegel) bekijken v.d. larynx via een autoscoop, directe laryngoscopie.

autosomaal m.b.t. autosomen. • ~ **dominant** *zie* dominant | autosomaal ~ erfelijk. • ~ **recessief** *zie* erfelijk | autosomaal recessief ~.

autosoom chromosoom dat geen geslachtschromosoom is.

autosuggestie het onbewust of bewust en positief of negatief beïnvloeden v.h. eigen lichamelijk en geestelijk functioneren d.m.v. gedachten.

autotopagnosie onvermogen op verzoek onderdelen v.h. eigen lichaam aan te wijzen.

autotoxemie vergiftiging door stoffen (stofwisselingsproducten) die i.h. eigen organisme zijn ontstaan.

autotroof zichzelf voedend, d.w.z. onafhankelijk van organische stoffen van andere organismen.

autumnalis m.b.t. de herfst; vb. *Trombicula a-lis*.

auxiliair ondersteunend, als hulp dienend bij iets.

auxocardie de normale hartvergroting i.d. diastole door verslapping v.d. hartkamerspier en de vulling v.d. kamer met bloed.

auxologie interdisciplinair onderzoeksgebied dat zich bezighoudt met de menselijke groei en stoornissen daarvan.

auxotroof afhankelijk van organische voedingsstoffen.

AV 1 (oogheelk.) acies visus = gezichtsscherpte; **2** (cardiol.) atrioventriculair; **3** (anat.) arterioveneus.

AVA (arterioveneuze anomalie) *zie* malformatie | arterioveneuze ~.

availability (farmacie) verhouding tussen de geresorbeerde hoeveelheid v.e. oraal toegediend geneesmiddel en de toegediende hoeveelheid. • **bio~** [E] *zie* biologische beschikbaarheid.

⊕ **avasculaire botnecrose** 1) in engere zin: aspecifieke necrose v.d. heupkop, na trauma of behandeling van congenitale heupluxatie (bijv. fixatie v.d. heup met gips); 2) verzamelterm voor de volgende vormen van osteochondrose: aseptische botnecrose, osteochondrose (osteochondrosis deformans juvenilis), osteochondritis (dissecans), aseptische juveniele osteochondronecrose; omschrijving: groei- en verbeningsstoornis van been- en kraakbeenweefsel in bepaalde groeicentra; indeling: de bekendste locaties v.d. osteochondrosegroep zijn: femurkop (Legg-Calvé-Perthes), os lunatum (Kienböck), tuberositas tibiae (Osgood-Schlatter), wervelkolom (Scheuermann), os naviculare pedis (Köhler I), scafoïd (Preiser), capitulum humeri (Panner) en capitulum ossis metatarsalis 2 of 3 (Köhler II).

AV-blok | totaal ~ *zie* atrioventriculair blok | derdegraads ~.

aversie afkeer, weerzin.

aVF (augmented Volt Foot) unipolaire extremiteitafleiding v.h. elektrocardiogram v.d. linker voet tegen het virtuele elektrische nulpunt v.h. hart.

AVG *zie* arts voor verstandelijk gehandicapten.

aviair van vogels afkomstig, bij vogels behorend.

avian flu *zie* vogelgriep.

avidine eiwitmolecuul, gebruikt bij het kwantificeren v.e. hoeveelheid eiwit die met biotine gemerkt is.

avirulent niet virulent, zonder aanvalskracht.

avis gen. avis, gen. mv. avium; vb. calcar avis.

avitaminose gebrekziekte door tekort aan vitaminen. • ~ **B1** *zie* deficiëntie | vitamine-B1-~.

avitaminose-C *zie* scorbutus.

avium gen. mv. van avis (vogel); vb. *Dermanyssus a.*

aviveren het afsnijden van gerafelde wondranden, gekwetste pezen enz., zodanig dat levensvatbare wondranden overblijven die aan elkaar gehecht kunnen worden.

AV junctional escape rhythm *zie* hartritme | boezemescape-~.

aVL (augmented Volt Left arm) unipolaire extremiteitafleiding v.h. elektrocardiogram v.d. linker arm tegen het virtuele elektrische nulpunt v.h. hart.

AVM *zie* malformatie | arterioveneuze ~.

AV-nodaal m,.b.t. de atrioventiculaire knoop (AV-nodus); vb. AV-nodale extrasystolie.

AVOD | VOD (visus oculi dexter) gezichtsvermogen v.h. rechter oog.

AVOS | VOS (visus oculi sinistri) gezichtsvermogen v.h. linker oog.

aVR (augmented Volt Right arm) unipolaire extremiteitafleiding v.h. elektrocardiogram v.d. rechter arm tegen het virtuele elektrische nulpunt v.h. hart.

AVRNT *zie* tachycardie | AV-nodale re-entry~.

AVRUEL (abdomino-vaginale radicale uterusextirpatie en extirpatie van lymfeklieren) radicale verwijdering van uterus, adnexa en lymfeklieren bij cervixcarcinoom.

AVSD *zie* septumdefect | atrioventriculair ~.

à vue hetgeen men direct met het oog, kan waarnemen.

avulsie 1 gewelddadige afrukking of afscheuring van weefsel of v.e. lichaamsdeel; 2 moedwillige automutilatie bij schizofrenie. • **ALPSA-**~ (anterior labroligamentous periosteal sleeve avulsion) (orthop.:) speciale vorm van bankartlaesie waarbij het labrum v.h. glenoïd loskomt, maar aan periost blijft vastzitten; vormt complicatie bij voorste schoudergewrichtsluxatie.
• **avulsio bulbi** het zich uittrekken v.e. oog.
• **humerale** ~ **van inferieur glenohumeraal ligament** (HAGL-avulsie) (orthop.:) avulsie waarbij het kapsel v.d. humerus is losgetrokken; zelden voorkomende complicatie bij schoudergewrichtsluxatie.
• **tand**~ traumatische volledige ontwrichting v.e. tand i.d. alveolus waarbij het parodontale ophangapparaat verscheurd is.

awareness fenomeen waarbij een patiënt na een algehele anesthesie zich een of meer gebeurtenissen uit het verloop van die anesthesie kan herinneren.

AWBZ *zie* wet | Algemene ~ bijzondere ziektekosten.

axenisch zuiver, niet besmet met andere micro-organismen; vb. axenische kweek.

axeroftol *zie* retinol.

axiaal 1 i.d. richting v.d. (lichaams)as; vb. axiale opname; 2 (anatom, orthop., neurol.) behorend tot de tweede halswervel (= axis; BNA, JNA: epistropheus).

axilemma *zie* axolemma.

axilla bindweefselruimte tussen de bovenarm en i.d. borstwand.

axillair de okselholte betreffend.

axillaris axillair; vb. linea axillaris.

axim *zie* dislocatie | dislocatio ad axim.

axiobuccaal overeenkomstig de lengterichting v.e. tegen de wang gelegen gebitselement.

axis 1 as, centrale lijn; 2 de tweede halswervel.

axo-axonaal v.h. ene axon op/naar het andere axon.

axodendriet mergloze (aftakking v.e.) axon.

axodendritisch v.e. axon naar een dendriet.

axofugaal i.e. v.e. axon afgekeerde richting.

axolemma plasmamembraan (omhullende plasmalaag) v.e. axon.

axolyse verdwijning v.e. axon.

axon de centrifugaal geleidende uitloper v.e. zenuwcel, waarlangs de zenuwprikkel wordt geleid. • **mes**~ twee zones v.e. cel van Schwann die aan de buitenzijde met elkaar zijn versmolten op de plaats waar een axon i.d. cel is verzonken.

axonaal behorende bij, afkomstig van, bestaande uit een axon.

axonema 1 de centrale raadstructuur v.e. chromosoom; 2 de centrale cilinder in cilia en i.d. staart van spermatozoa; de a. bestaat hier uit twee centrale microtubuli en negen perifere dubbele microtubuli.

axonheuvel de aan een ganglioncel voorkomende kegelvormige uitstulping waaraan de neuriet ontspringt.

axonoom woekering van axonen i.d. hersenstam na infarct.

axonopathie axonale degeneratie van neuronen; vormt een kenmerk voor diabetische neuropathie naast demyelinisatie.

axonotmesis traumatische beschadiging v.e. zenuw, gevolgd door perifere degeneratie v.d. axon en vervanging daarvan door bindweefsel.

axopetaal i.e. naar een axon toegekeerde richting.

axoplasma het (neuro)plasma i.d. ascilinder, dat de neurofibrillen en de in rijen gerangschikte mitochondria omgeeft.

axosomatisch v.e. axon naar het soma.

ayurveda complementaire, niet algemeen erkende geneeswijze, gebaseerd op het traditionele medische systeem in India.

azo-kleurstof verbinding die i.d. lever benigne en maligne levertumoren kan induceren.

azool *zie* azoolderivaten.

azoolderivaten imidazool- en triazoolderivaten, geneesmiddelen ter behandeling van (systemische) schimmelinfecties; remmen de biosynthese v.d. fungale celmembraan.

azotemie verhoogde concentratie van stikstofverbindingen i.h. bloed, meestal door nierfalen *zie* uremie. • **extrarenale** ~ a. door buiten de nier gelegen oorzaken. • **hypochloremische** ~ a. a.g.v. exsiccose en zouttekort. • **renale** ~ a. a.g.v. nierinsufficiëntie.

azs *zie* zenuwstelsel | autonoom ~.

AZT (azidothymidine) (3'-azido-3'-dioxythymidine) = zidovudine; virustaticum.

azurofiel zich kleurend met azuur (aanwezig in kleurstoffen van Giemsa, Romanowsky).

azuur purper-violet oxidatieproduct van methyleenblauw.

B

B 1 een bloedgroep uit het ABO-systeem; **2** internationale afkorting voor 'bloed'.
baan | **afferente** ~ verzameling zenuwvezels die informatie naar een bepaald gebied i.h. zenuwstelsel toevoeren. • **gehoor~** de bundel zenuwvezels die v.h. cortiorgaan naar de schors v.d. gyrus temporalis superior (het gehoorcentrum) lopen; ze bestaan uit een pars cochlearis nervi VIII, de nuclei cochlearis dorsalis et ventralis, de striae medullares, de Monakow- en Held-kruising, de lemniscus lateralis, de primaire gehoorcentra (achterste corpora quadrigemina, corpus geniculatum mediale, thalamus), de gehoorstraling, het gehoorcentrum.
• **kiem~** groep van stamcellen die de mogelijkheid bezit zich tot gameten te ontwikkelen. • **piramide~** *zie* systeem | piramidebaan-. • **zenuw~** een v.d. bundels zenuwvezels i.h. czs.
baard *zie* barba.
baard in de keel *zie* stemwisseling.
baardschurft *zie* sycose | sycosis barbae.
baarmoeder zie trefwoorden beginnend met 'utero-', 'hyster-' en 'metro-' *zie* uterus.
baarmoedermond *zie* ostium uteri.
baarmoederverwijdering *zie* hysterectomie.
baarmoederverzakking *zie* prolapsus uteri.
baarmoedervleesboom *zie* myoom | myoma uteri.
Babesia intra-erytrocytaire parasiet bij dieren; als vector bij de infectie fungeren teken. • **bigemina** verwekker van runderpiroplasmose (Texas fever). • **bovis** verwekker v.d. Europese runderhemoglobinurie.
Babinski | **looproef volgens** ~-**Weill** proef op recent ontstane vestibulaire afwijkingen.

baby | **blauwe** ~ *zie* morbus caeruleus.
• **blue** ~ [E] cyanotische pasgeborene. • **collodium~** kind met congenitale ichtyose waarbij de hoornlaag de huid als een collodiumachtige laag bedekt. • **harlekijn~** regelmatig voorkomend fenomeen waarbij een baby een korte periode, onder invloed v.d. zwaartekracht, eenzijdig rood is en aan de andere zijde bleek met een scherpe begrenzing i.d. mediaanlijn. • **reageerbuis~** verouderende term voor een neonaat als resultaat van in-vitrofertilisatie (ivf) *zie* invitrofertilisatie. • **softenon~** pasgeborene met focomelie, veroorzaakt door gebruik v.h. geneesmiddel Softenon (thalidomide) tijdens de eerste weken v.d. zwangerschap.
• **stuit~** baby die in stuitligging wordt geboren.
babyloenzen *zie* strabisme.
bacil staafvormige bacterie. • ~ **van Koch** *zie* Mycobacterium tuberculosis. • ~ **van Welch** *zie* Clostridium perfringens. • ~ **van Yersin** *zie* Bacillus | yersin bacill.
Bacillaceae een bacteriënfamilie uit de orde *Eubacteriales*.
bacillair door bacillen veroorzaakt, van bacillen afkomstig, tot bacillen behorend.
Bacillus staafvormige bacterie; het geslacht Bacillus v.d. familie *Bacillaceae* telt 24 soorten; de meeste zijn apathogeen, slechts enkele zijn pathogeen; de meeste bacillen hebben tegenwoordig een andere naam; voor de mens is alleen B. anthracis pathogeen. • *Actinobacillus* een geslacht onbeweeglijke gramnegatieve bacteriën v.d. klasse *Schizomycetes*. • *Actinobacillus mallei* Pseudomonas mallei. • **abortus Bang** verwekker v.d. ziekte van Bang; oude naam voor *Brucella abortus*. • ~ **anthracis** verwekker van antrax. • ~ **Calmette-Guérin** (BCG) door kwe-

ken avirulent gemaakt mycobacterium met antigene eigenschappen overeenkomend met de v.d. tuberkelbacil. • ~ *cereus* bacterie die m.n. voedselvergiftiging en opportunistische infecties veroorzaakt. • ~ *diphtheriae Corynebacterium diphtheriae* (Löffler). • ~ *dysenteriae Shigella dysenteriae* (Shiga en Kruse). • ~ **Morgan** *Proteus morganii*. • ~ *necroticus Fusobacterium necrophorum* (Jensen). • ~ *Newcastle-Manchester Shigella flexneri* type 6, Boyd 88. • ~ *paratyphi Salmonella paratyphi* B (Schottmüller). • ~ *Pfeiffer* zie *Haemophilus influenzae*. • ~ *phlegmonis emphysematosae Clostridium perfringens* (Fränkel-Welch). • ~ *subtilis* een in water en aarde levende saprofiet die vaak laboratoriumbesmettingen veroorzaakt. • **bacil van Shiga-Kruse** *Shigella dysenteriae* type 1. • **coccobacil** een bacterie, lijkend zowel op een coccus als op een bacil. • **döderleinbacil** zie *Lactobacillus acidophilus*. • **ducreybacil** zie *Haemophilus ducreyi*. • **flexnerbacil** *Shigella flexneri*. • **kommabacil** zie *Vibrio*. • *Lactobacillaceae* een fam. grampositieve bacteriën v.d. orde *Eubacteriales*. • *Lactobacillus* grampositieve (facultatief) anaerobe staafjes v.h. genus *Lactobacillaceae*. • *Lactobacillus acidophilus* Döderleinbacil, een normale bewoner v.d. vagina. • *Lactobacillus casei* bacil voorkomend in kaas. • **miltvuurbacil** zie *Bacillus anthracis*. • **pestbacil** zie *Yersinia pestis*. • *Streptobacillus* een geslacht bacteriën v.d. fam. *Bacteroidaceae*. • *Streptobacillus moniliformis* verwekker van Haverhill-koorts. • **strongbacil** een paradysenteriebacil. • **tyfusbacil** zie *Salmonella typhi*. • **yersinbacil** zie *Yersinia pestis*.

bacillus 1 (microbiol.) zie *Bacillus*; **2** (farmacie) geneesmiddelstaafje; vb. stylus causticus.

bacitracine antibioticum bereid uit een soort *Bacillus subtilis*.

Bacteriaceae familie v.d. orde *Eubacteriales*.

bactericide bacteriedodend; vb. bactericide antibioticum.

bactericide concentratie zie minimale bacteriedodende concentratie.

bactericidum 1 bacteriedodend geneesmiddel; **2** bacteriedodende stof i.h. algemeen.

bacteride huideruptie als allergische reactie op bacteriën. • **pustuleuze** ~n pustulose | pustulosis palmaris et plantaris.

bacterie in 1683 door Van Leeuwenhoek ontdekte micro-organisme ter grootte van 0,1-10 μm, eencellig en vrijlevend. • **aerobe bacteriën** b. die zuurstof nodig hebben voor metabole processen. • **anaerobe bacteriën** bacteriën die alleen gedijen bij afwezigheid van zuurstof. • **archebacteriën** volgens fylogenetische stamboom een v.d. drie primaire rijken. • **atypische mycobacteriën** bacteriesoorten, behorende tot het geslacht *Mycobacterium*, anders dan *M. tuberculosis, M. bovis* en *M. leprae*. • **autotrofe bacteriën** zichzelf voedend, d.w.z. zonder behoefte aan organische grondstof. • ~ **van Boas-Oppler** zie Bacillus | *Lactobacillus acidophilus*. • **cyanobacteriën** blauwgroene algen, onderscheiden zich van andere bacteriën door hun vermogen tot fotosynthese. • **difterie** zie *Corynebacterium diphtheriae*. • **enterobacteriën** gramnegatieve, niet-sporenvormende, gedeeltelijk van zweepdraad voorziene staafjesbacteriën. • **ESBL-~** (extended-spectrum-bètalactamasebacterie) bacterie die bètalactamase produceert en daarmee bètalactam-antibiotica (o.a. penicillines en cefalosporines) hydrolyseert en zo afbreekt; hierdoor is deze bacterie resistent tegen bètalactamantibiotica. • **extended-spectrum-bètalactamase~** zie ESBL-~. • **fusiforme bacteriën** zie *Fusobacterium*. • **halofiele bacteriën** bacteriën die gedijen in zoutbevattend medium. • **heterotrofe bacteriën** bacteriën die een organische grondstof nodig hebben om te leven. • **intracellulaire** ~ bacteriën die fagocytose overleven en de macrofaag als gastheer gebruiken. • **jodofiele bacteriën** bacteriën die gekleurd worden door kaliumjodide. • **kapselbacteriën** bacteriën die zich i.e. kweek omgeven met een omhulsel. • **lepra**~ zie *Mycobacterium leprae*. • **mesotherme bacteriën** bacteriën die groeien bij een temperatuur van 5-35°C. • **multiresistente** ~ zie resistentie | multi-~. • **mycobacteriën** zuurvaste staafjesbacteriën die geen sporen vormen. • **pathogene bacteriën** ziekteverwekkende bacteriën. • **pyogene** ~ microbe die ettering veroorzaakt. • **schroef**~ zie *Spirillum*. • **spiraalvormige** ~ zie *Spirillum*. • **test**~ bacterie die wordt toegepast in geneeskundig onderzoek om het ziekteverwekkend vermogen van stoffen te onderzoeken; zo maakt de zgn. amestest gebruik van testbacteriën om na te gaan of bepaalde stoffen carcinogeen zijn door de bacteriën aan luchtmonsters bloot te stellen; schadelijke

stoffen i.d. lucht leiden dan tot genetische mutaties i.d. testbacteriën. • **tuberkel**~ *zie Mycobacterium tuberculosis*. • **ziekenhuisbacteriën** bacteriën die alleen i.e. beschermde (ziekenhuis)omgeving voorkomen. • **zuurvaste bacteriën** bacteriën die bij de kleuring volgens Ziehl-Neelsen carbolfuchsine opnemen en deze kleurstof vasthouden.
bacterieel betreffende, behorend tot, veroorzaakt door bacteriën.
bacteriekapsel omhulsel v.d. bacterie, bestaande uit polysachariden.
bacteriële endocarditis *zie* endocarditis.
bacteriëmie de aanwezigheid van bacteriën i.h. bloed.
bacteriestam cultuur van bacteriën, afgeleid v.e. enkel bacterie-individu.
bacteriofaag een door D'Hérelle ontdekt ultravisibel virus dat bepaalde bacteriën aantast en verteert.
bacteriogenes door bacteriën veroorzaakt; vb. dermatitis bacteriogenes.
bacteriologie wetenschap met betrekking tot de bacteriën.
bacterioloog specialist i.d. bacteriologie.
bacteriolyse vernietiging van bacteriën.
bacteriostase stilstand v.d. bacteriegroei.
bacteriostatisch de bacteriegroei afremmend; vb. bacteriostatisch antibioticum.
Bacterium een genus v.d. familie Bacteriaceae. • ~ *anthracis* Bacillus anthracis. • ~ *anitratum* zie Acinetobacter calcoaceticus. • ~ *coli commune* Escherichia coli. • ~ *dysenteriae* Shigella dysenteriae. • ~ *erysipelatos suis* Erysipelothrix rhusiopathiae. • ~ *pestis bubonicae* Yersina pestis. • ~ *pyocyaneum* Pseudomonas aeruginosa. • ~ *sonnei* Shigella sonnei. • ~ *tularense* Francisella tularensis.
bacteriurie | asymptomatische ~ bacteriurie zonder infectiesymptomen.
Bacteroidaceae familie van gramnegatieve, anaerobe bacteriën waartoe o.a. behoren de geslachten *Bacteroides* en *Fusobacterium*.
Bacteroides geslacht van staafjesvormige bacteriën v.d. familie *Bacteroidaceae*. • ~ *fragilis* anaerobe staafjes met afgeronde einden, gevonden bij appendicitis, long-gangreen, urogenitale abcessen, septikemie.
bacteroïdose infectie met *Bacteroides*.
baculus stift, meestal bestaande uit een bijtende stof, bijv. helse steen.
badkamereczeem *zie* tinea pedis.
badwater (hemodialyse:) jargon voor 'spoelvloeistof' met daarin gediffundeerde stofwisselingsproducten.
BAEP (brainstem auditory evoked potential) *zie* potentiaal | brainstem-evoked auditory potential.
bagassose exogeen-allergische alveolitis door het inademen van fijn verdeeld beschimmeld suikerrietresidu.
baginskyhaakje instrument om corpora aliena uit de gehoorgang te verwijderen.
bag ventilation [E] manuele beademing door ritmisch leegknijpen v.e. met gas gevulde rubberzak.
Bahnung het 'inslijpen' van bepaalde patronen, bijv. bewegingspatronen langs de zenuwbanen, zodat de bewegingen na oefening gemakkelijker worden gecoördineerd, of het bestendigen v.e. negatief zelfbeeld bij sociale angst.
bajonetstand stand v.d. radius waarbij het distale fragment t.o.v. het proximale zodanig is verschoven dat de twee stukken samen op een bajonet lijken.
BAL 1 *zie* lavage | bronchoalveolaire ~; **2** *zie* British Anti-Lewisite.
balanitis ontsteking v.d. glans penis. • ~ **circinata** kringvormige rood schilferende laesies op de glans penis, veelal bij de ziekte van Reiter. • ~ **circumscripta chronica** *zie* balanitis plasmocellularis. • ~ **gangraenosa** necrotiserende ontsteking v.d. glans penis. • ~ **gangreneuze** ~ *zie* balanitis gangraenosa. • ~ **plasmocellularis** ontsteking v.d. glans penis, gepaard gaande met roodheid. • **plaut-vincent**~ *zie* balanitis gangraenosa. • ~ **xerotica obliterans** atrofie en schrompeling v.d. glans penis.
balanolie concrement onder de voorhuid.
balans een onder invloed van elkaar tegenwerkende factoren gehandhaafde fysiol. evenwichtstoestand. • **calcium**~ *zie* huishouding | calcium-. • **eiwit**~ het i.e. gezond organisme bestaand evenwicht tussen opneming en verbruik van eiwit. • **energie**~ de balans tussen de opgenomen en de voor de stofwisseling verbruikte energie. • **hydrofiel-lipofiel**~ verhouding tussen wateroplosbare (hydrofiele) en vetoplosbare (lipofiele) delen v.e. molecuul. • **ijzer**~ het i.e. gezond organisme bestaande evenwicht tussen de opname en het verbruik van ijzer. • **negatieve eiwit**~ toestand waarbij meer eiwit wordt verbruikt dan opgenomen. • **positieve eiwit**~ toestand waarbij meer eiwit wordt opgenomen dan verbruikt.

- **stikstof~** verschil tussen stikstofopname en -uitscheiding als maat voor de eiwitstofwisseling. • **vocht~** 1 handhaving v.h. totale lichaamsvocht door werking van antidiuretisch hormoon en dorstgevoel; 2 de registratie v.d. hoeveelheden vocht die een patiënt opneemt en verliest. • **warmte~** 1 het evenwicht tussen de i.h. lichaam geproduceerde warmte en de afgestane warmte; 2 de berekening van deze hoeveelheden warmte. • **water~** *zie* vocht~. • **waterzout~** geheel aan opname en afgifte van water en elektrolyten per 24 uur v.e. patiënt.

balantidiasis een door *Balantidium coli* veroorzaakte enterocolitis.

Balantidium coli kosmopolitisch voorkomend, eivormig protozoön v.d. klasse der *Ciliata*.

Balantidium suis zie Balantidium coli.

balbuties *zie* stotteren.

balintgroep kleine groep artsen die regelmatig samen met een psychiater of een psycholoog bijeenkomt met als doel een beter begrip v.d. arts-patiëntrelatie te krijgen.

balk *zie* corpus callosum.

B-ALL acute lymfatische B-cel-leukemie.

ballaststof i.h. voedsel voorkomende niet-verteerbare, niet door enzymen splitsbare substantie; vb. cellulose, lignine, pectine.

ballisme ongewilde slingerbewegingen van arm, been of beide. • **hemi~** motorische onrust (schudkramp) van één lichaamshelft t.g.v. aandoening v.d. subthalamus.

ballon (anesthesiol.) reservoir voor ventilatiemengsel. • **ambu~** zelfvullende ballon met eenrichtingsklep. • **~ van Linton-Nachlas** *zie* tube | linton-nachlas~.

ballonpomp *zie* intra-aortale ballonpomp.

ballottement door korte stoten of rukken opwekbare beweging v.e. vast lichaam dat i.e. vloeistof zweeft en daarbij tegen de palperende vingers aantikt. • **~ rénal** [F] bij korte stoten op de lendenstreek voelen de palperende vingers een ev. aanwezig niergezwel tegen de buikwand aanstoten.

balnei *zie Mycobacterium balnei.*

balneotherapie behandeling van ziekten d.m.v. baden in mineraalhoudend en/of thermische water en/of modder waaraan een geneeskrachtige werking wordt toegeschreven.

balneum bad. • **~ medicatum** geneeskrachtig bad.

balsamica balsemachtige of balsembevattende geneesmiddelen.

balsem dikvloeibare oplossing van harsen in vluchtige oliën, o.a. als uitwendig geneesmiddel gebruikt.

balservetnecrose bij ernstige acute pancreatitis voorkomende plekken van necrose op peritoneum, omentum en mesenterium.

BALT (bronchus-associated lymphoid tissue) *zie* lymfoïd weefsel | bronchusgeassocieerd ~.

bal van de voet gebied tussen de boog v.d. voetzool en de tenen; bedekt de uiteinden v.d. middenvoetsbeenderen; hierop rust het lichaamsgewicht wanneer de hiel wordt opgetild.

balzak *zie* scrotum.

bamboewervels het op een bamboestok lijkende röntgenbeeld v.d. wervelkolom i.h. eindstadium van spondylarthritis ankylopoetica.

banaal niet-specifiek; vb. banale infectie.

band vaste langwerpige strook weefsel.
• **breuk~** gordel of band waardoor een breuk binnen de buikholte wordt gehouden. • **collaterale ~** ligament i.d. lengteas v.d. extremiteit dat het gewricht aan mediale of laterale zijde stabiliseert. • **constrictie~en** circulaire of semicirculaire insnoeringen rond de vingers of tenen, waarschijnlijk t.g.v. afklemming in utero door amnionstrengen. • **double-swivel pelvic ~** (DSPB) [E] verbindingsscharnier tussen rompbandage en bovenbeenprothese met bewegingsmogelijkheid in twee vlakken. • **giacomini~** grijze band voor i.d. gyrus dentatus v.d. hippocampus.
• **knie~en** de laterale banden, mediale banden en kruisbanden i.d. knie. • **miles-lordpecten~en** stugge circulaire banden i.h. anale kanaal, ter hoogte v.h. pecten. • **rigid pelvic ~** (RPB) [E] semi-rigide band over het bekken bij prothesedrager.

bandage zwachtel of kussen van gaas of ander materiaal dat op een wond is aangebracht. • **pavlik~** bandage voor behandeling van congenitale heupdysplasie (CHD).

bandageren het aanbrengen van bandage.

bandagist of orthopedisch~. • **orthopedisch ~** persoon bij mensen met een lichamelijk handicap of een (multipele) fractuur orthopedische hulpmiddelen aanbrengt als bandages, braces, korsetten, spalken en beugels.

bandenpijn vorm van chronische buikpijn met uitstraling naar de liezen, meestal a.g.v. een vergrote uterus.

bandering methode om chromosomen te kleuren tijdens de metafase v.d. kerndeling; elk chromosoom vertoont hierbij een specifiek bandenpatroon, zodat de chromosomen kunnen worden geclassificeerd en een compleet karyogram kan worden gemaakt van alle 23 paar chromosomen, waarbij chromosoomafwijkingen kunnen worden vastgesteld. • **C-~** kleuringsmethode voor chromosomen waarbij centromerisch heterochromatine wordt gekleurd. • **giemsa~** (G-bandering) bandering met voorbehandeling met zoutoplossing of proteolytisch enzym, gevolgd door een giemsakleuring, waarna een typisch bandenpatroon wordt verkregen en de identificatie van individuele chromosomen mogelijk is. • **Q-~** (quinacrine-bandering) bandering met quinacrine. • **R-~** (reverse-bandering) bandering waarbij de chromosomen i.e. bufferoplossing worden verhit en volgens Giemsa worden gekleurd.

bandgevoel gevoel alsof er een band om arm, been of romp zit.

bandletsel laesie aan de gewrichtsbanden door spanning die de trekkracht van gewrichtsbanden overschrijdt.

bandlring een contractering v.d. hoogzwangere uterus op de grens tussen isthmus en corpus, door de buikwand voelbaar.

bank (geneesk.) opslagplaats, bijv. van menselijk materiaal, afkomstig van levenden of recent overledenen, bewaard voor transplantatie in spoedgevallen. • **bloed~** instelling die tot taak heeft het werven van vrijwillige, onbetaalde donoren, het keuren van deze donoren, het afnemen van voor transfusie bestemd bloed en het beheer van bloed. • **plasma~** inrichting tot het bewaren van bloedplasma dat gemaakt is voor plasmatransfusie. • **sperma~** opslag van ingevroren (donor)sperma in ziekenhuizen voor kunstmatige inseminatie.

banus lekenaanduiding voor perineum voor de man, nl. samenvoeging van 'ballen' en 'anus'.

baranesthesie ontbreken v.d. sensibiliteit voor gewicht of druk.

Bárány | báránysyndroom bij processen i.d. achterste schedelgroeve ontstaand syndroom met homolaterale pijn i.h. achterhoofd, homolaterale wisselende doofheid, oorsuizen en evenwichtsstoornissen. • **calorische proef van ~** inspuiten van lauw water i.e. gehoorgang verwekt bij een gezond persoon nystagmus naar de andere zijde; warm water geeft nystagmus naar de gespoelde kant. • **draaistoelproef van ~** proef voor onderzoek v.e. stoornis aan de halfcirkelvormige kanalen; hierbij wordt de patiënt i.e. draaistoel geplaatst en snel rondgedraaid; na het draaien ontstaat bij een gezonde een draainystagmus tegengesteld aan de draairichting; bij labyrintbeschadiging korter durende nystagmus of i.h. geheel niet. • **lawaaitrommel van ~** bus met een lawaaimakend mechaniek om de gehoorfunctie van één oor te maskeren, zodat de functie v.h. andere oor kan worden getest.

barba baard.

barbituraten snelwerkende anesthetica.

barcroftapparaat differentiaalmanometer voor bloedgasanalyse.

Bardet-Biedl-syndroom | bardet-biedl-syndroom zie syndroom | biedl-bardet-~.

barebacking anaal seksueel contact zonder gebruik van condoom.

baresthesie drukzin, sensibiliteit voor gewicht of druk.

baring zie partus. • **proef~** poging om bij te verwachten moeilijkheden de baring langs natuurlijke weg te doen verlopen.

baringsgezwel een bij de boreling voorkomend stuwingsoedeem in huid en subcutis t.g.v. omsnoering v.h. voorliggende kindsdeel gedurende de baring.

baritose pneumoconiose door inhaleren van barietstof (bariet = bariumsulfaat). • **baritosis pulmonum** long met veranderingen die door barietstof zijn teweeggebracht.

bariuminlooproöntgenfoto röntgenonderzoek v.h. colon met gebruikmaking v.e. bariumhoudend contrastmiddel.

bariumsulfaat positief contrastmiddel voor radiodiagnostisch onderzoek, hoofdzakelijk i.h. systema digestorium (de tractus digestivus) toegepast en oraal of rectaal (bariumklysma) toegediend.

Barlow | handgreep van ~ onderzoek v.d. pasgeborene om een aangeboren heupafwijking op te sporen.

baroceptor zie receptor | baro-~en.

barodontalgie kiespijn t.g.v. verandering v.d. atmosferische druk.
barognosis het vermogen om zwaarte, gewicht te voelen en te schatten, gewichtszin.
barosinusitis *zie* sinusitis | aero~.
Barr | **barrchromatine** *zie* geslachtschromatine. • **barrlichaampje** *zie* geslachtschromatine.
barrière versperring, vnl. gezegd van ondoorgankelijkheid voor sommige bloedbestanddelen en opgeloste stoffen. • ~ **van Mercier** *zie* Mercier | klep van ~. • **bloedgas**~ benaming voor het weefsel dat zich bevindt tussen ingeademde lucht i.d. alveoli en bloed i.d. longvaten, waardoor de gaswisseling plaatsvindt. • **bloed-hersen**~ complex van vaatendotheel en gliacellen in hersenweefsel en plexus choroidei waardoor bepaalde moleculen, o.a. afhankelijk van grootte en lading, zich niet van bloed naar hersenweefsel of liquor, of andersom, kunnen verplaatsen. • **bloed-testis**~ barrière, gevormd door een gordel van zonulae occludentes tussen sertolicellen. • **bloedthymus**~ bloed-weefselbarrière i.d. schors v.d. thymus. • **huid**~ deel v.h. afweersysteem dat wordt gevormd door vnl. de bovenste huidlaag. • **maagslijmvlies**~ slijmvlieslaag die de maagwand beschermt tegen schadelijke invloeden v.d. zure maaginhoud. • **placenta**~ semipermeabele placentamembraan die foetaal en moederlijk bloed van elkaar scheidt en waardoorheen o.a. de uitwisseling van voedings- en afvalstoffen plaatsvindt.
bartholinitis ontsteking v.d. glandulae vestibulares majores (klieren van Bartholin).
Bartonella een in 1909 door Barton beschreven genus v.d. familie *Bartonellaceae* (orde *Rickettsiales*). • ~ **henselae** bacterie die kattenkrabziekte veroorzaakt.
baryglossie moeilijke, vertraagde spraak.
baryklazomanie het onwillekeurig uitstoten van zwaar resonerende kreten.
barylalie *zie* baryglossie.
baryosis *zie* baritose.
basaal 1 aan de basis liggend; **2** de uitgangswaarde betreffend; **3** op het laagste niveau.
basaal reproductiegetal gemiddeld aantal secundaire gevallen v.d. infecties die één besmette persoon binnen een bepaalde tijd i.e. volledig onbeschermde populatie kan veroorzaken.
basalemembraanglomerulonefritis *zie* glomerulonefritis.
basalemembraanzone structuren om en nabij de basale membraan.
basale stamganglia *zie* ganglion | basale ganglia.
basalioom *zie* basocellulair carcinoom.
basalis basaal; vb. lamina basalis, stratum basale, meningitis basalis; NB: niet te verwarren met 'basilaris'.
basal metabolic rate (BMR) *zie* metabolisme | basaal ~.
base 1 (chemie:) het niet-zure deel v.e. zout; **2** (genetica) nucleotide, i.h.b. onderdeel v.e. nucleïnezuursequentie.
basement membrane *zie* membraan | basale ~.
basenexces overmatige bicarbonaatconcentratie i.h. bloed.
basenpaar (bp) geheel van 2 basen, een purine en een pyrimidine, i.e. nucleïnezuur.
basic trust *zie* basisvertrouwen.
Basidiomycetes een klasse fungi perfecti, wier sporen gevormd worden op een basidium.
basidium cel v.h. vruchtlichaam v.e. basidiomyceet, waarop zich geslachtelijke sporen vormen.
basilair tot de basis behorend, aan de basis liggend.
basilaire impressie aangeboren afwijking v.d. hoogte v.d. schedelbasis, waardoor cerebellum en hersenstam bekneld raken door de te ver uitstekende dens axis.
basilaris tot de basis behorend; vb. crista basilaris, os basilare; NB: niet te verwarren met 'basalis'.
basilica *zie* vena basilica.
basion (antropometrie) het voorste punt v.h. achterhoofdsgat.
basis 1 grondslag, bodem; **2** grondvlak, steunvlak; **3** (dermatologie) grondstof of vehiculum voor lokale dermatotherapeutica waaraan werkzame bestanddelen worden toegevoegd; keuze voor poeder, vet en vloeistof als basis voor zalf, pasta, crème of schudmengsel wordt m.n. bepaald door de vochtigheidsgraad en de locatie v.d. dermatose.
basislijn *zie* lijn | orbitomeatale ~.
basisnet pakket van algemene chirurgische instrumenten dat wordt gebruikt voor het maken van incisies en/of het sluiten van wonden.
basisvertrouwen (kinderpsychiatrie) basaal vertrouwen in medemens dat kind als

eerste met moeder ontwikkelt.
basivertebralis m.b.t. de basis v.e. wervel; vb. venae basivertebrales.
Basle Nomina Anatomica (BNA) de anatomische nomenclatuur die in 1895 te Bazel door de Deutsche Anatomische Gesellschaft is aanvaard; tegenwoordig geldt de Terminologia Anatomica.
basocellulair bestaande uit of uitgaande van cellen v.h. stratum basale v.d. epidermis.
⊛ **basocellulair carcinoom** (BCC) kwaadaardige woekering van huidcellen die histopathologisch veel gelijkenis vertonen met basale cellen i.d. epidermis; indeling: meest voorkomende types: superficieel groeitype (SBCC), met kleine multifocale nesten direct onder de epidermis; nodulair (= solide) type (NBCC) met grote goed afgrensbare nesten; derde, minder voorkomende variant: sprieterig groeiende tumor met onscherp begrensde strengen van basaloïde cellen, waaromheen overvloedig stroma.
basocytose zie basofilie.
basofiel zich (blauw) kleurend met basische kleurstoffen.
basofiele korreling aanwezigheid van blauwe korreltjes in erytrocyten.
basofiele punctering blauwe stippeling v.d. erytrocyten die wijst op resten van ruw endoplasmatisch reticulum.
basofiele stippeling zie basofiele punctering.
basofilie 1 affiniteit tot basische kleurstoffen; **2** vermeerdering v.h. aantal basofiele leukocyten i.h. bloed.
basofilisme syndroom van Cushing voorzover dit veroorzaakt is door een basofiel hypofyse-adenoom. · **pituïtair** ~ zie Cushing | cushingsyndroom.
basose zie alkalose.
basperceptiedoofheid zie lagetonenperceptieverlies.
bastaard heterozygote nakomeling van twee ongelijksoortige ouders. · **reciproke** ~ product van kruising wanneer hetzelfde type als vader resp. als moeder wordt gebruikt.
Bastian | wet van ~-Bruns bij dwarslaesie v.h. bovenste gedeelte v.h. ruggenmerg ontstaan slappe verlammingen en areflexie onder het niveau v.d. laesie; als de reflexen van meet af aan behouden zijn, is de dwarslaesie niet totaal.

bathocefalie hoge schedel.
battarisme weinig gebruikte term voor stotteren.
bauhinitis ontsteking v.d. valvula Bauhini (en omgeving) als onderdeel v.d. ziekte van Crohn.
bayestheorema formule waarmee in onderzoek voorwaardelijke kansen kunnen worden berekend.
baylisseffect verhoging v.d. intravasale druk veroorzaakt reactieve contractie v.d. vaatmusculatuur (en omgekeerd).
bazexacrokeratose zie acrokeratose | acrokeratosis paraneoplastica.
B-brief deel v.d. overlijdensverklaring dat handelt over de primaire doodsoorzaak v.d. overledene.
bbt. zie bibite.
BCC zie basocellulair carcinoom.
B-celepitoop specifieke chemische structuur v.e. antigeen, die herkennings- en bindingsplaats voor antilichamen vormt.
B-cellymfoom verzamelnaam voor alle vormen van maligne transformatie v.d. B-lymfocyten i.h. bloed.
B-CLL chronische lymfatische leukemie o.b.v. maligne B-cel-proliferatie.
b.d. (bis (in) die) tweemaal daags (rec.).
beademen het kunstmatig ventileren v.d. longen v.e. patiënt, zodat er verse lucht in-, en afgewerkte uitstroomt.
beademing kunstmatige ademhaling met of zonder apparaten. · **drukbegrensde** ~ beademing waarbij het toestel het ingestelde drukniveau constant houdt tot een bepaalde inspiratietijd of flow. · **drukgestuurde** ~ beademing waarbij bij het bereiken v.e. bepaalde inspiratoire druk de inspiratie wordt omgezet in expiratie. · **endotracheale** ~ kunstmatige beademing door een buis die via de mond of via de neus i.d. trachea wordt gebracht. · **geassisteerde** ~ zie ademhalingsondersteuning. · **hogefrequentie**~ beademing met frequentie >60/min. · **intermitterende** ~ combinatie van nachtelijke beademing en beperkte beademing gedurende de dag. · **invasieve** ~ beademing waarbij de patiënt endotracheaal wordt geïntubeerd. · **jet**~ beademing door een ventilatiemengsel i.d. trachea te spuiten. · **masker**~ beademing via een masker. · **mond-op-mond**~ vorm van kunstmatige ademhaling i.h. kader van reanimatie. · **mond-op-neus**~ vorm van kunstma-

tige ademhaling i.h. kader van reanimatie. • **nachtelijke** ~ beademing gedurende de nacht v.e. patiënt met een matige alkalose (a.g.v. veelal progressieve spierziekte) die nog onvoldoende indicatie vormt voor continue beademing. • **niet-invasieve** ~ beademing waarbij de patiënt een masker om zijn neus en mond draagt. • **overdruk**~ toediening van inademingslucht onder verhoogde druk aan de patiënt. • **positievedruk**~ vorm van niet-invasieve beademing bij een spontaan ademende patiënt met gedurende de gehele uitademingsfase een licht positieve, verhoogde druk. • **positieve eind-expiratoire druk**~ minimale positieve druk i.d. luchtwegen die tijdens de gehele ademcyclus wordt gehandhaafd. • **volume-gestuurde** ~ beademing waarbij het inspiratoire volume constant is.

beademingsafdeling *zie* intensivecareafdeling.

beademingsapparaat 1 (ic-verpleegk.:) *zie* beademingsballon; **2** (chir.) *zie* beademingsmachine.

beademingsballon met de hand bediend beademingsapparaat voor gecontroleerde beademing bij hart-longreanimatie.

beademingsdrukmeter apparaat om de druk i.e. anesthesiesysteem te meten.

beademingsmachine apparaat voor kunstmatige beademing v.d. patiënt door regulering van ademfrequentie en beademingsvolume.

Bechterew | ziekte van ~ *zie* spondylitis ankylopoetica.

beckboring percutane boring i.e. pseudartrose ter aanzetting tot callusvorming.

Beckmann | beckmanringmes instrument voor adenotomie. • **neusschaar van** ~ omgebogen, getande schaar voor endonasale operaties.

becquerel (Bq) SI-eenheid van radioactiviteit.

becquerelstralen *zie* straal | gammastralen.

BECTS (benign epilepsy of childhood with centrotemporal spikes) *zie* Rolando | rolandische epilepsie.

beddenpan metalen bekken met steel waarin bij liggende patiënten ontlasting en urine worden opgevangen.

bedplassen *zie* enurese | enuresis nocturna.

bedside [E] klinisch, i.h.b. aan het ziekbed v.d. patiënt. • ~ **manner** [E] wijze van optreden v.d. arts aan het ziekbed. • ~ **me-**

thod [E] (laboratorium)onderzoekmethode aan het ziekbed. • ~ **teaching** [E] geneeskundig onderricht aan het ziekbed.

Bedsonia obsolete naam voor *Chlamydia*.

bedwants *zie Cimex lectularius*.

beeldversterker doorlichtingsapparaat waarbij bij een relatief geringe dosis röntgenstralen een goed beoordeelbare afbeelding verkregen wordt.

beeldvormende techniek *zie* diagnostiek | beeldvormende ~.

beeldvorming 1 (med. diagnostiek:) het voorstellen of in beeld brengen van te onderzoeken organen of overig weefsel m.b.v. röntgenstralen (radiologie), ultrasone geluidsgolven (echografie), magnetische velden (NMR) of radioactieve stoffen (nucleaire geneeskunde) *zie* diagnostiek | beeldvormende ~; **2** (psychol., alg.:) het ontstaan v.e. beeld v.e. zaak of een persoon; ook i.d. gezondheidszorg houdt men in toenemende mate rekening met negatieve beeldvorming, bijv. bij de introductie v.e. nieuw vaccin.

been 1 NB: meervoudsvorm in deze anatomisch-histologische betekenis 'beenderen', vb. dijbeenderen, scheenbeenderen, spaakbeenderen *zie* bot; **2** (anat.:) de onderste extremiteit; meervoudsvorm in deze anatomische betekenis 'benen'. • **bakkers**~ *zie* genu valgum. • **barbados**~ dik been door elephantiasis filariense. • **borst**~ *zie* sternum. • **boven**~ *zie* femur. • **cochin**~ mycetoom v.d. voet. • **darm**~ *zie* os ilii. • **dek**~ beenstuk dat zich binnen een bindweefselmembraan ontwikkelt, zonder kraakbenig voorstadium. • **dij**~ *zie* os femoris. • **etalage**~ pijnklachten i.e. been op basis van cyanose die optreedt na enige tijd lopen. • **gehemelte**~ *zie* os palatinum. • **heilig**~ *zie* os sacrum. • **heup**~ het gedeelte v.h. gedeelte v.h. bekkenbot waarin de heupkom zich bevindt. • **hiel**~ *zie* calcaneus. • **juk**~ os zygomaticum [L]. • **kachel**~ reticulair pigmentpatroon i.d. huid door langdurige en herhaalde blootstelling aan stralende hitte, leidend tot een gemarmerd huidaspect. • **koekoeks**~ *zie* coccygis. • **kraak**~ vast elastisch deel v.h. skelet dat gewrichtsvlakken bedekt, botdelen verbindt, vervangt of aanvult. • **kraam**~ diepe veneuze trombose v.e. been i.h. kraambed. • **kuit**~ perone [G], fibula [L]. • **lins**~**tje 1** os sesamoides; **2** processus lenticularis incu-

dis. • **maanvormig ~tje** *zie* os lunatum.
• **neus~** os nasale. • **O~** *zie* genu varum.
• **onder~** *zie* crus. • **open ~** ulcera aan de onderbenen, bijv. t.g.v. langdurige veneuze insufficiëntie. • **opperarm~** *zie* humerus.
• **pijp~** hol cilindervormig been. • **ploegschaar~** *zie* vomer. • **rots~** pars petrosa ossis temporalis (vroeger geheten os petrosum).
• **ruiter~tje** *zie* osteoom | cavaleristen~.
• **rusteloze benen** *zie* syndroom | rustelozebenen~. • **sabel~** kromme tibia, met de convexiteit naar buiten, bij rachitis.
• **schaam~** os pubis [L]. • **scheen~** *zie* tibia.
• **slaap~** os temporale [L]. • **sleutel~** *zie* clavicula. • **spaak~** *zie* radius. • **sprong~** *zie* talus. • **staart~** *zie* os coccygis. • **stuit~** *zie* os coccygis. • **tand~** *zie* dentine. • **teerling~** *zie* os cuboideum. • **tepel~** processus mastoideus. • **tong~** os hyoideum [L]. • **traan~** *zie* os lacrimale. • **voorhoofds~** *zie* frontale [L].
• **wand~** *zie* os parietale. • **wiggen~** *zie* os sphenoidale. • **X-~** *zie* genu valgum.
• **zeef~** os ethmoidale. • **zit~** *zie* os ischii.
beenbeugel spalk of orthese ter correctie van standafwijkingen v.d. wervelkolom.
beenbuiger *zie* hamstrings.
beencyste | aneurysmatische ~ veelal benigne aandoening waarbij een meerkamerige holte in botweefsel met bloedstolsels en/of sereus vocht is gevuld. • **odontogene ~** in boven- of onderkaak voorkomende holte, gevuld met brijige substantie. • **synoviale ~** een bij de gewrichtsuiteinden i.h. beenweefsel gelegen holte met een gelatineuze massa.
beenderleer *zie* osteologie.
beengeleiding voortplanting van geluid via de schedelbeenderen naar het binnenoor.
beengeleidingstoestel hoortoestel waarbij geluid via de schedel wordt aangeboden d.m.v. een vibrator die door een brilmontuur of hoofdbeugel wordt aangedrukt.
beenkern *zie* kern | ossificatie~.
beenlengteverschil verschil in beenlengte a.g.v. eenzijdige verkorting of verlenging van bot.
beenmerg | geel ~ ophoping van vetcellen i.d. holten v.d. botten. • **rood ~** bloedcelvormend deel v.h. beenmerg dat zich i.d. mergholte d.t. proximale metafysen v.d. humeri, femora en i.h. axiale skelet bevindt.
beenmergdepressie remming v.d. hemopoëse i.h. beenmerg.
beenschacht *zie* diafyse.

beensplinters *zie* chip | bone ~s.
beentang van Liston *zie* Listonbeentang.
beentjes van Worm *zie* wormbeentjes.
beenverkorting beenlengteverschil a.g.v. eenzijdig vertraagde groei van bot.
beenverweking *zie* malacie | osteo~.
beenvorming *zie* ossificatie.
beenwas wasachtig materiaal waarmee bloedende botranden kunnen worden dichtgestreken.
beenzweer *zie* ulcus cruris.
beet 1 (traumatol.:) laesie a.g.v. het bijten door een mens of dier; **2** (maxillofac. chir.:) aansluiting van boven- en ondergebit; vb. correctie voor beetverhoging. • **dek~** verhouding v.d. fronttanden waarbij de bovental den de ondertanden geheel overdekken. • **kruis~** bij sluiting v.h. gebit kruisen de gebitsbogen elkaar, unilateraal of bilateraal. • **ooievaars~** *zie* Urna, unnaaevus.
• **open ~** toestand waarbij boven- en ondergebit geen contact maken. • **persisterende insecten~** langer durende lokale reactie op steek/beet van artropode. • **slangen~** beet v.e. slang; slangenbeten in Nederland zijn zeldzaam; de enige endemische giftige slang is de adder. • **tong~** verse wond of litteken aan de laterale zijde v.d. tong. • **vlooien~** jeukend, helder rood erytheemvlekje met i.h. centrum een kleine petechie.
befehlsautomatie *zie* automatische gehoorzaamheid.
behandeling het ontvangen van geneeskundige verzorging. • **ambulante ~** behandeling van mensen die i.e. eigen leefmilieu wonen en die niet i.e. instelling of dit ziekenhuis zijn opgenomen. • **causale ~** *zie* oorzakelijke therapie. • **endodontische ~** *zie* wortelkanaalbehandeling. • **epidemiologische mede~** *zie* zekerheids~. • **medicamenteuze ~** *zie* farmacotherapie. • **palliatieve ~** behandeling die niet de ziekte wegneemt, maar wel de symptomen verlicht. • **residentiële ~** *zie* klinische behandeling. • **zekerheids~** behandeling van individuen die risico op een aandoening hebben gelopen nog vóórdat deze aandoening is aangetoond.
behandelmethode volgens Orr *zie* orrbehandelmethode.
behandelovereenkomst overeenkomst waarbij een natuurlijke persoon of een rechtspersoon (de hulpverlener) zich tegenover een ander (de opdrachtgever;

meestal de patiënt) verbindt tot het verrichten van handelingen op het gebied v.d. geneeskunst.
behandelplan beschrijving v.d. voor een individuele patiënt benodigde behandeling.
behandelstandaard *zie* standaard.
behavior gedrag, wijze waarop iemand iets doet.
behaviorisme gedragsleer.
Behçet | ziekte van ~ vorm van vasculitis die wordt gekenmerkt door gewrichtsklachten, recidiverende aften van mond en genitalia, uveïtis of iridocyclitis.
beheersing (psychiatrie) opzettelijk vermijden van denken aan storende problemen, gevoelens of ervaringen.
bejaard algemene benaming voor de 'oudere, gepensioneerde mens'. • **hoog**~ benaming voor de leeftijd van 80 jaar en hoger.
bejel niet-venerische treponematose bij kinderen, i.h. Nabije Oosten.
bekken *zie* pelvis. • **algemeen vernauwd** ~ een b. waarvan alle afmetingen kleiner zijn dan normaal. • **assimilatie**~ een bekken waarvan het wervelgedeelte een anomalie vertoont. • **osteomalacisch** ~ door osteomalacie gedeformeerde (vrouwelijk) bekken. • **plat** ~ bekken met verkorte conjugata vera. • **rachitisch** ~ een door rachitis vervormd bekken. • **spondylolisthetisch** ~ een door spondylolisthesis vervormd bekken. • **trechter**~ b. met normale b.-ingang en vernauwde b.-uitgang.
bekkenbodem gespierde afsluiting v.h. bekken. • **spastische** ~ *zie* bekkenbodemhypertonie.
bekkenbodemhypertonie psychosomatische toestand waarbij de bekkenbodemspieren onvoldoende worden ontspannen.
bekkenhelling de hoek bij de staande persoon tussen het vlak v.d. bekkeningang en het horizontale vlak.
bekkenholte *zie* cavitas pelvis.
bekkeningang de door linea terminalis, promontorium en bovenrand v.d. symfyse gevormde ingang tot de bekkenholte.
⊛ **bekkeninstabiliteit** pijn, gelokaliseerd rond het bekken of laag i.d. rug tijdens de zwangerschap en/of daarna, toenemend en zo leidend tot beperking v.d. mobiliteit.
bekkenkanteling stand v.h. bekken ten opzichte v.d. longitudinale as.
bekkenkromming de bocht i.h. benige baringskanaal.
bekkenring de ringvormige bekkenstructuur, gevormd door de vereniging v.d. beide heupbeenderen met het sacrum.
bekkenscheefstand afwijking v.h. horizontale vlak tussen een dubbelzijdig oriëntatiepunt v.h. bekken.
bekkenuitgang de onderste bekkenopening.
bekloppen *zie* percussie.
bekrachtiging het verhogen v.d. waarschijnlijkheid v.h. opnieuw optreden v.e. gedrag dat direct aan de bekrachtiging voorafgaat. • **negatieve** ~ instandhouding of intensivering van gedrag door het wegnemen v.e. negatieve prikkel. • **positieve** ~ het verhogen v.d. waarschijnlijkheid v.h. opnieuw optreden v.e. gedrag d.m.v. positieve bekrachtigers.
bel maat voor geluidssterkte. • **deci**~ (dB) 0,1 bel, het intensiteitsverschil tussen twee geluiden dat nog juist door het oor kan worden onderscheiden.
belangenconflict noemer waaronder auteurs v.e. publicatie melding maken v.d. persoonlijke financiële of andere belangen die de resultaten of de interpretatie van hun studie eventueel hebben kunnen beïnvloeden.
belast met verhoogd risico, met verdenking op pathologie; vb. belaste obstetrische anamnese.
belasting begrip dat de zwaarte v.e. inspanning uitdrukt. • **druk**~ druk waartegen het hart in moet pompen. • **hitte**~ situatie waarin bij een lichaamstemperatuur van meer dan 40 graden Celsius door een verhoogde stofwisseling en/of omgevingstemperatuur en vochtigheidsgraad het evenwicht tussen warmteproductie en -afgifte wordt bedreigd. • **na**~ (cardiol.:) druk waartegen de linker ventrikel het bloed de aorta in moet pompen. • **over**~ fysieke, mentale of sociale belasting waarbij de draagkracht te klein is voor de draaglast. • **voor**~ 1 (cardiol.) einddiastolische druk i.d. linker ventrikel; 2 (spierfysiol.) spanning v.e. spier aan het begin v.d. contractie.
belastingskromme *zie* curve | belastings~.
Bell | bellfenomeen bij sluiting v.d. oogleden draait de oogbol naar boven-opzij.
belle indifférence [F] klachtenpresentatie die wordt gekenmerkt door een onbewogen, onbezorgde of zelfs opgewekte wijze

⊛ uitgebreider in *Pinkhof Geneeskundig woordenboek* | www.pinkhof.nl

van presenteren van (ernstige) lichamelijke klachten.
bellinibuisjes tubuli renales recti.
belly [E.] buik. • **Delhi** ~ *zie* diarree | reizigers~.
beluchting (kno-heelk.:) het van lucht voorzien v.d. middenoorholte.
benauwdheid *zie* dyspneu.
benchmark getal dat een hoog prestatieniveau aangeeft.
benchmarking het vergelijken van gelijksoortige organisaties of praktijksituaties waarbij het meten van prestaties centraal staat.
bends [E] hevige stekende pijn in gewrichten en ledematen bij caissonziekte, waarbij de patiënt kromtrekt (*to bend*) v.d. pijn.
benedictsuikerreactie reactie voor het aantonen van glucose of fructose in urine, door verhitting met het benedictreagens (oplossing van natriumcitraat, natriumcarbonaat en kopersulfaat).
benigne (pathol.) niet tot een dodelijke afloop leidend; vb. ~ tumor.
benigne prostaathyperplasie (BPH) *zie* prostaathyperplasie.
beniginiteit (verhoogde) mate waarin ziekte leidt tot een prognose met volledig herstel.
benignus goedaardig; vb. pemphigus benignus, endocarditis benigna, chondroblastoma benignum.
Béniqué | **béniqué** (b) maateenheid voor sondes; 1 b = 1/6 mm diameter = $^1/_2$ charrière. • **béniquésonde** gebogen metalen sonde waarop een filiforme sonde kan worden geschroefd voor oprekking v.e. urethrastrictuur. • **kromming volgens** ~ kromming i.d. béniquésonde overeenkomstig het verloop v.d. pars prostatica urethrae.
benoemingstoornis *zie* anomie.
benzidine para-diamino-difenyl.
benzodiazepines groep van geneesmiddelen die werkzaam zijn als anxiolyticum, hypnoticum, spierverslapper en anti-epilepticum.
Beoordelingsschaal voor Oudere Patiënten (BOP) gedragsobservatieschaal om de mate v.e. functiestoornis bij geriatrische patiënten vast te leggen.
bepaling volgens Astrup *zie* astrupbepaling.
beperking het niet meer goed kunnen uitvoeren van allerlei activiteiten; de brede term vervangt in toenemende mate de term 'handicap', die veelal als stigmatiserend wordt ervaren.
BERA *zie* audiometrie | brainstem-evoked response audiometry.
berg *zie* eczeem | eczema seborrhoicum infantum.
beriberi *zie* deficiëntie | vitamine-B1-~. • **cerebrale** ~ *zie* Wernicke | wernicke-encefalopathie.
beribericus veroorzaakt door, of m.b.t. beriberi; vb. synclonus beriberica.
bermanlocalisator apparaat om de plaats van magnetische splinters i.h. oog te bepalen.
bernoulli-effect minimale luchtdruk op de wanden v.h. strottenhoofd, wanneer de stroomsnelheid v.d. lucht door de stemspleet maximaal is, zodat de stemplooien naar elkaar toe worden gezogen.
• **beroepsastma** reversibele vernauwing v.d. luchtwegen door blootstelling aan stoffen op het werk; indeling men onderscheidt: 1. klassieke vorm van beroepsastma, die met een symptoomvrije periode van enkele weken tot jaren ortstaat door immunologische sensibilisatie (een beroepsmatig agens of door een acute inhalatie v.e. irriterende stof ('reactive airways dysfunction syndrome', RADS), 2. reeds bestaand astma dat verergert door blootstelling aan aspecifieke prikkels op het werk, (beroepsgebonden astma of 'work-aggravated asthma').
beroepscode gedragscode, opgesteld voor en door beroepsgroepen, bijv. artsen of verpleegkundigen.
beroepsdermatose een als beroepsziekte optredende dermatitis resp. eczeem, gewoonlijk op allergische basis.
beroepsgeheim plicht tot geheimhouding door de arts van (medische) informatie (zwijgplicht).
beroerte *zie* cerebrovasculair accident. • **hersen~** *zie* cerebrovasculair accident. • **hitte~** hyperthermie die optreedt bij gepredisponeerde patiënten (i.h.b. ouderen) bij een hoge omgevingstemperatuur (>40 graden Celsius) en een hoge vochtigheidsgraad (>60%); gaat gepaard met neurologische verschijnselen, soms ook syncope of coma.
• **lichte** ~ *zie* aanval | transiënte ischemische ~. • **voorbijgaande lichte** ~ *zie* aanval | transiënte ischemische ~. • **warmte~** *zie* warmtesteek.

Bertiella studeri een bij de aap voorkomende lintworm, soms bij de mens aangetroffen.

berylliose ziekte, meestal pneumoconiose, door het inademen van berylliumdamp of fijn verdeelde stof.

beschermingsfactor getal dat aangeeft hoeveel keer langer men een met een sunscreen beschermde huid aan de zon kan blootstellen voordat hetzelfde erytheem ontstaat als bij een onbeschermde huid.

beslisboom stroomdiagram met diagnostische of therapeutische mogelijkheden bij een klinisch probleem.

beslisknoop keuzemoment i.e. beslisboom.

besliskunde de leer v.d. systematische onderbouwing van klinische beslissingen door het vooraf expliciteren van keuzes, kansen en uitkomsten.

beslissingsbevoegdheid recht tot het uitoefenen van bepaalde handelingen door de betrokkene zelf of een ander namens de betrokkene.

besluiteloosheid (psychol.) stoornis i.d. inhoud i.h. denken, gekenmerkt door een verminderd vermogen tot het maken van keuzes.

Besluit Uitoefening Artsenijbereidkunst regeling, bedoeld als controle op het voorschrijven van (te hoge) doseringen.

besmettelijk 1 (infectiebron) in staat een infectieziekte te veroorzaken; **2** (v.e. ziekte) in staat te worden overgebracht door overdracht van ziektekiemen.

besmetting 1 overgang van smetstof, i.h.b. ziektekiemen, v.h. ene lichaam/voorwerp op een ander lichaam/voorwerp dat daarvoor vrij van smetstof was; **2** (minder juist:) de infectie zelf. · **aerogene** ~ transmissie van ziektekiemen via de lucht d.m.v. microdruppeltjes (aanhoesten, speeksel) of stof. · **contact**~ besmetting door lichamelijke aanraking of anderszins op korte afstand v.e. besmettelijke patiënt. · **kruis**~ *zie* infectie | kruis-.

besmettingsmonitor kleine scintillatiedetector of geiger-müllerbuis om kleine hoeveelheden stralingsactiviteit te meten.

besnijdenis *zie* circumcisie. · **faraonische** ~ *zie* clitoridectomie. · **meisjes**~ *zie* vrouwen-. · **vrouwen**~ vorm van (kinder)mishandeling die in Nederland onder bepaalde bevolkingsgroepen op basis van culturele opvattingen wordt toegepast, hetzij clandestien in Nederland, hetzij in land van herkomst tijdens vakantie enz.; in Nederland wettelijk strafbaar (uitvoerders en toelatende ouders/verzorgers); vb. clitoridectomie, infibulatie.

bestraling *zie* radiotherapie. · **elektronen**~ bestraling met elektronen, i.h.b. gebruikt bij de behandeling van mycosis fungoides. · **ijsberg**~ consoliderende radiotherapie die na chemotherapie wordt gegeven. · **inwendige** ~ *zie* therapie | brachy-. · **mantelveld**~ bestraling v.d. lymfeklieren i.h. mediastinum, de hals, de supraclaviculaire gebieden en de oksels waarbij de longen vrij blijven. · **megavolt**~ vorm van radiotherapie waarbij het voltage v.d. ioniserende straling megavolts bedraagt. · **rotatie**~ röntgenbestraling met bewegende buis.

bèta (β) **1** tweede letter v.h. Griekse alfabet; **2** de kans die nog net acceptabel wordt geacht om een in werkelijkheid aanwezig effect over het hoofd te zien (kans op een foutnegatieve testuitslag); 1-bèta (1-β) = de kans om een bestaand effect te ontdekken, ofwel de (statistische) power.

bèta-adrenerg een bèta-adrenoceptor beïnvloedend; bèta-adrenerge geneesmiddelen worden o.a. gebruikt i.d. cardiologie (bètablokkers) en pulmonologie (bronchodilatantia).

bètablokkade *zie* receptor.

bètaglucuronidase *zie* glucuronidase | 3-~.

bèta-imidazolylethylamine *zie* histamine.

bèta-2-integrine *zie* eiwit | leukocytadhesie-~.

bètareceptoractivatie stimulatie van bèta-adrenerge receptoren door binding van bijv. (nor)epinefrine (noradrenaline); via activatie v.h. enzym adenylaatcyclase wordt cyclisch-AMP gesynthetiseerd; leidt doorgaans tot relaxatie van glad spierweefsel.

bètareceptorblokker *zie* bètasympathicolytica.

bètasympathicolytica groep van geneesmiddelen die een deel v.d. weefsels die door postganglionaire (ortho)sympathische vezels worden geïnnerveerd, minder gevoelig maken voor adrenerge prikkeling door catecholaminen; zij blokkeren de bèta-adrenoceptoren; men onderscheidt selectieve en niet-selectieve bètablokkers en met en zonder intrinsieke sympathicomimetische activiteit (ISA).

bètatron toestel voor het versnellen van

elektronen.
bètavezels *zie* vezel | bètazenuw~s.
betekenisbewustzijn stoornis i.d. inhoud v.h. denken waarbij de patiënt aan allerlei gebeurtenissen een bijzondere betekenis toekent.
betrekkingsidee lichte variant van betrekkingswaan waarbij men het gevoel heeft dat externe gebeurtenissen betrekking hebben op de eigen persoon, maar daarvan niet overtuigd is.
betrekkingswaan | sensitieve ~ de niet op reële gronden berustende overtuiging van asthenische, sensitieve, wantrouwige personen, dat zij geobserveerd of benadeeld worden.
betrouwbaarheid mate waarin een bij een meting gevonden waarde in overeenstemming is met de werkelijke waarde.
betrouwbaarheidsinterval (BI) maat voor de nauwkeurigheid v.d. i.h. onderzoek gevonden waarden.
beurs *zie* bursa.
bevalling 1 partus. **• risico~** bevalling die meer risico's inhoudt voor moeder en/of kind dan een gewone bevalling. **• stuit~** kunstverlossing waarbij tractie wordt uitgeoefend aan de benen of aan de stuit, waarbij de foetus i.d. richting v.h. baringskanaal wordt geëxtraheerd.
bevelsautomatisme *zie* automatische gehoorzaamheid.
bevriezing 1 (cytopathol.:) koudeletsel waarbij een gedeelte v.h. lichaam bevroren raakt en schade wordt aangericht aan de huid of andere weefsels; bij ernstige schade van zenuwen en bloedvaten ontstaat gangreen en kan amputatie nodig zijn; **2** (chir.:) *zie* therapie | cryo~.
bevruchting de conceptie.
beweegbaarheid *zie* mobiliteit.
beweeglijkheid *zie* mobiliteit.
beweging verplaatsing, verandering van stand of houding. **• actieve ~** beweging v.e. lichaamsdeel door eigen spierwerking.
• athetotische ~ gegeneraliseerde dystonie: onwillekeurige, langzame bewegingen, zoals bij athetose. **• blik~** geconjugeerde beweging v.d. ogen bij het kijken i.e. bepaalde richting. **• choreatische ~** onregelmatige, rukkende beweging, zoals bij chorea. **• foetale ~** zie kindsbewegingen.
• gordijn~ als men bij enkelzijdige farynxverlamming de farynxreflex wil opwekken, verschuift de farynxachterwand naar de niet-verlamde kant. **• ref ectoire ~** zie reflex~. **• reflex~** beweging die het gevolg is v.e. reflectoire spiercontractie op een prikkel en die dus niet v.d. wil afhankelijk is.
• volg~ *zie* oogvolgbeweging.
bewegingsapparaat lichaamssysteem met het vermogen tot actieve verplaatsing, onafhankelijk van externe kracht; bestaat uit botten, gewrichten, spieren en motorische zenuwstelsel. **• aandoeningen van het ~ in de bovenste extremiteit** *zie* repetitive strain injury.
bewegingsarmoede *zie* hypokinesie.
bewegingsdrang subjectief ervaren en zich opdringende neiging om zich steeds te bewegen, leidend tot psychomotore agitatie.
bewegingspatroon complex van bewegingen die afgestemd zijn op noodzakelijke functies v.h. organisme.
bewegingstherapie het onder deskundige leiding (laten) uitvoeren van bewegingen om afwijkingen in houding of functie v.h. lichaam te voorkomen of te bestrijden.
bewegingsuitslag bewegingstraject v.e. gewricht.
bewegingszin het vermogen passieve beweging v.e. ledemaat te voelen.
bewijsmate *zie* mate van bewijs.
bewusteloos i.e. toestand van bewusteloosheid.
bewusteloosheid toestand waarin het bewustzijn is uitgeschakeld.
bewustzijn toestand van besef van zichzelf en v.d. omgeving, met alertheid, waarbij men zich een juiste voorstelling maakt v.d. buitenwereld en daarmee een doelgerichte interactie heeft en waarin men in staat is gedachten te formuleren en te beoordelen.
• vernauwd ~ *zie* bewustzijnsvernauwing.
• verruimd ~ *zie* bewustzijnsverruiming.
bewustzijnsdaling verminderd besef van zichzelf en v.d. omgeving.
bewustzijnsomneveling droomachtige toestand v.h. bewustzijn waarbij de patiënt geen goed onderscheid meer kan maken tussen ervaringen binnen en buiten zichzelf.
bewustzijnsstoornis 1 (neurol.) stoornis i.d. activering v.h. bewustzijn *zie* bewustzijnsdaling; **2** (psychiatrie) stoornis i.d. inhoud v.h. bewustzijn, v.h. denken.
bewustzijnsverlies verlies van ontvankelijkheid voor prikkels.

bewustzijnsvernauwing beperking van het geen waarvan de patiënt nog besef heeft.
bewustzijnsverneveling toestand van slaperigheid die door lichte stimulatie kan worden doorbroken.
bewustzijnsverruimer *zie* psychedelicum, bewustzijnsverruiming.
bewustzijnsverruiming verhoogd besef v.d. buitenwereld en van zichzelf.
bezetenheid *zie* obsessie.
bezigheidstherapie *zie* ergotherapie.
bezinking (meestal onjuist gebruikt i.d. betekenis van bezinkingssnelheid): het bezinken v.d. bloedbezinkingssnelheid.
bezinkingssnelheid erytrocyten (bse) *zie* bloedbezinkingssnelheid.
bezinkingssnelheidsbepaling volgens Westergren *zie* westergrenmethode.
bezoar i.d. maag ontstane samengebalde massa van ingeslikt haar en plantendelen. · **trichofyto~** bezoarbal die bestaat uit ingeslikte haren en plantendelen.
Bezold | bezoldabces mastoïditis, gecompliceerd door een verzakkingsabces naar de halsspieren.
BI 1 *zie* betrouwbaarheidsinterval; **2** budgetimpact.
bi- voorvoegsel in woordsamenstellingen met de betekenis dubbel, tweemaal, tweevoudig.
bias vertekening van gegevens bij statistische verrichtingen. · **allocation ~** [E] systematische vertekening van onderzoeksresultaten doordat de onderzoekspersonen niet aselect zijn toegewezen aan de onderzoeksgroepen. · **assessment ~** [E] *zie* informatie~. · **confounding ~** [E] systematische vertekening van onderzoeksresultaten a.g.v. het feit dat onvoldoende wordt gecorrigeerd voor het verstorende effect van confounders op de relatie tussen centrale determinant en ziekte. · **herinnerings~** systematische vertekening van onderzoeksresultaten die kan optreden wanneer men onderzochte personen achteraf naar mogelijke risicofactoren vraagt. · **informatie~** systematische vertekening van onderzoeksresultaten a.g.v. fout i.d. meting v.d. te onderzoeken parameters. · **lead-time ~** [E] systematische vertekening van onderzoeksresultaten. · **length-time ~** [E] systematische vertekening van onderzoeksresultaten i.e. screeningsonderzoek doordat bij een subgroep van patiënten bij wie een ziekte zich langzaam ontwikkelt het ziektebeloop relatief goed is. · **measurement ~** [E] *zie* informatie~. · **observer ~** [E] systematische vertekening van onderzoeksresultaten a.g.v. meetvariatie door ontbrekende eenduidige definities v.d. onderzoeksparameters; deze variatie kan bestaan tussen onderzoekers (inter-observer variation) en tussen de verschillende waarnemingen van dezelfde onderzoeker (intra-observer variation); vorm van informatiebias. · **publicatie~** systematische vertekening van onderzoeksresultaten a.g.v. het niet publiceren van minder 'passende' onderzoeksresultaten. · **recall ~** [E] *zie* herinnerings~. · **referral ~** [E] *zie* verwijzings~. · **report ~** [E] het opzettelijk niet publiceren van negatieve onderzoeksresultaten. · **respons~** systematische vertekening van onderzoeksresultaten a.g.v. het feit dat bepaalde deelnemers aan het onderzoek akkoord zijn met bepaalde uitspraken ongeacht de inhoud daarvan of sociaal wenselijke antwoorden geven. · **selectie~** systematische vertekening van onderzoeksresultaten a.g.v. een essentieel verschil in personen die i.h. onderzoek werden geïncludeerd en de geëxcludeerde personen. · **socialewenselijkheids~** vertekening van resultaten als uiting v.d. neiging van mensen om zichzelf te presenteren op een manier die anderen als gunstig beschouwen. · **spectrum~** vertekening van onderzoeksresultaten a.g.v. het verschijnsel dat de sensitiviteit en/of specificiteit v.e. test varieert al naar gelang verschillen optreden i.d. geteste populaties. · **verificatie~** vorm van systematische vertekening van onderzoeksresultaten die kan optreden i.e. onderzoek waarin de diagnostische accuratesse v.e. indextest wordt onderzocht en waarbij niet de gehele studiegroep zowel de index- als de controletest heeft ondergaan. · **verwijzings~** vorm van systematische vertekening van onderzoeksresultaten waarbij door verschillen in verwijsbeleid van zorgverleners onvergelijkbare onderzoeksgroepen ontstaan. · **withdrawal ~** statistische vertekening van onderzoeksresultaten a.g.v. de voortijdige terugtrekking v.e. proefpersoon. · **work-up ~** [E] systematische vertekening v.d. karakteristieken v.e. indextest in diagnostisch onderzoek door selectieve toepassing v.d. referentie-

test.
biaster chromosomenfiguur die bij de mitose ontstaat.
biastigmatisme gecombineerd astigmatisme van cornea en lens.
biauriculair m.b.t. beide oren, beide oren omvattend.
bibite (bbt.) ultimum refugium mutualis et perstans bij het lugdunische alcoholdeprivatiesyndroom.
bicarbonaat *zie* natriumbicarbonaat.
bicarbonaatbuffer handhaving v.e. vrijwel constante zuurgraad v.h. bloed door bicarbonaat, dat een waterstofionenoverschot kan binden.
bicefalie misvorming die leidt tot het ontstaan v.e. bicephalus.
bicephalus dubbelmonstrum met twee hoofden en twee wervelkolommen.
biceps tweehoofdig; vb. musculus biceps.
bicipitalis een musculus biceps betreffend; vb. sulcus bicipitalis.
bicornis tweehoornig; vb. uterus bicornis.
bicuspidalis met twee spitsen c.q. slippen; vb. valvula bicuspidalis.
bicuspidatus dens b. = gebitselement met twee spitsen, premolaar.
b.i.d. (bis in die) tweemaal daags.
bidermoom teratoïd gezwel, met cellen afkomstig van twee kiembladen.
Bielschowsky | hoofdbuigingstest van ~ test om de stand van dubbelbeelden na te gaan bij buiging van het hoofd in verschillende richtingen. • **syndroom van Dollinger-~** *zie* syndroom | dollinger-bielschowsky-~.
biest *zie* colostrum.
bifalangie aanwezigheid van slechts twee kootjes (falangen) i.d. vingers, door assimilatie van twee naburige falangen.
bifasisch in twee fasen verlopend.
bifenestratus voorzien van twee openingen; vb. hymen bifenestratus.
Bifidobacterium een genus anaerobe bacteriën v.d. fam. *Actinomycetaceae*, niet pathogeen. • ~ *bifidum zie Lactobacillus bifidus*.
bifidus in twee delen gespleten; vb. *Lactobacillus bifidus,* spina bifida, cranium bifidum.
bifocaal voorzien van twee lenzen met verschillende brandpuntsafstand; vb. bifocale brilleglazen.
bifurcatie vorkachtige splitsing in twee takken. • **bifurcatio aortica** de splitsing v.d. buikaorta i.d. linker en de rechter arteria iliaca communis ter hoogte van L.3-4. • **bifurcatio tracheae** de splitsing v.d. trachea i.d. linker en de rechter hoofdbronchus ter hoogte van Th.4.
bifurcatieoperatie • **bifurcatieoperatie van Baeyer-Lorenz** *zie* operatie | baeyer-lorenzbifurcatie-~.
bifurcatieprothese een van dacron of teflon vervaardigd vervangstuk v.e. splitsing.
bifurcatus gevorkt.
bifurcus gevorkt; vb. *Oescphagostomum b-cum.*
BIG *zie* wet | Wet op de beroepen in de individuele gezondheidszorg.
bigeminie aanwezigheid v.e. pulsus bigeminus.
bigeminus dubbel; vb. pulsus bigeminus.
bigi foetoe Surinaamse naam voor elefantiase v.d. benen zoals men deze vnl. in Paramaribo zag.
BIG-register *zie* wet | Wet op de beroepen in de individuele gezondheidszorg.
biguaniden groep orale antidiabetica waarvan het gemeenschappelijk kenmerk is dat ze de glucoseproductie i.d. lever (gluconeogenese) remmen, mogelijk de glucoseopname i.d. perifere weefsels stimuleren (m.n. de spieren) en de anaerobe glycolyse bevorderen.
bijbal *zie* epididymis.
bijeierstok *zie* epoophoron.
bijholte *zie* sinus paranasales.
bijnierapoplexie plotselinge, beiderzijdse bijnierbloeding.
bijnierhyperplasie *zie* syndroom | adrenogenitaal-~.
bijniermerghyperplasie hyperplasie van chromaffiene cellen i.h. bijniermerg.
bijnierschorshormonen *zie* steroïd | cortico-~en.
bijnierschorshyperfunctie *zie* syndroom | adrenogenitaal-~.
bijnierschorshyperplasie bilaterale hyperplasie v.d. zona fasciculata v.d. bijnieren t.g.v. excessieve ACTH-secretie (bij congenitale vorm, hypofyseadenoom of ectopische ACTH-productie door een longtumor).
bijnierschorshypofunctie *zie* insufficiëntie | bijnierschors-~.
bijschildklierhyperplasie toename van hoofdcellen en oxifiele cellen in bijschildklier, soms leidend tot primaire hyperparathyreoïdie en hypercalciëmie.

bijsluiter formulier waarop alle voor de particuliere gebruiker relevante gegevens over een geneesmiddel dienen te staan.

bijvoeden voeding die wordt gegeven bij de overgang van borst- of flesvoeding naar een gevarieerde voeding; deze voeding voorziet dan in alle voor het kind benodigde voedingsstoffen (voldoende energie, eiwit, vet, koolhydraten, vitamines en mineralen).

bijwerking schadelijke en/of ongewenste werking v.e. geneesmiddel dat i.d. gebruikelijke dosering is toegediend.

bijziendheid *zie* myopie.

bil clunis [L], natis [L].

bilemie *zie* biliëmie.

Bilharzia verouderde naam voor *Schistosoma zie* Schistosoma.

bilharzia *zie* schistosomiasis. • **vogel~** cercariëndermatitis a.g.v. zwemmen in geïnfecteerd oppervlaktewater.

bilhemie *zie* biliëmie.

bili- voorvoegsel in woordsamenstellingen dat een betrekking tot gal aanduidt.

biliair betrekking hebbend op gal.

biliëmie aanwezigheid van gal i.h. bloed.

bilieus betrekking hebbend op gal, met gal gemengd, galachtig.

bilifer galgeleidend; vb. ductuli biliferi (mv. van b-fer).

biliflavine een gele kleurstof die uit biliverdine ontstaat.

bilifuscine afbraakproduct van heemstofwisseling; belangrijkste kleurstof van ontlasting.

biligenese de vorming van gal.

biligrafie het röntgenologisch afbeelden v.d. galwegen.

biline voornaamste bestanddeel van gal, vnl. bestaand uit natriumzouten van galzuren.

bilineurine *zie* choline.

biliodigestief betrekking hebbend op de galwegen en het maag-darmkanaal.

biliosus m.b.t. gal, gallig, met gal gemengd; vb. vomitus biliosus (gallig braaksel).

bilirubine rode galkleurstof, afbraakproduct van hemoglobine. • **direct** ~ mono- of di-ester van glucuronzuur met bilirubine. • **geconjugeerd** ~ *zie* direct ~. • **gekoppeld** ~ *zie* direct ~. • **indirect** ~ zuiver bilirubine. • **ongeconjugeerd** ~ bilirubine dat de lever nog niet is gepasseerd. • **totaal~** directe plus indirecte bilirubine.

bilirubineglucuronyltransferase *zie* transferase | glucuronyl-~.

bilirubinemie aanwezigheid van (een verhoogde concentratie van) bilirubine i.h. bloed.

bilirubinepigment minder juiste aanduiding voor galpigment.

bilirubin-induced neurological dysfunction (BIND) *zie* icterus | kern~.

bilis *zie* gal.

biliverdine groene galkleurstof, waaruit bij reductie bilirubine ontstaat.

bilixanthine *zie* choleteline.

bilocularis tweehokkig, bijv. uterus b-ris, cor b-re; NB: niet te verwarren met 'binoculair'.

bilspleet *zie* crena analis.

bimanueel met twee handen.

bimucosus m.b.t. twee slijmvliezen; vb. fistula bimucosa.

binasaal aan beide zijden naar de neus toe.

binauraal m.b.t. beide oren; vb. binaurale stethoscoop.

BIND *zie* icterus | kern~.

binding protein [E] periplasmatisch eiwit (tussen cytoplasma- en buitenmembraan) dat rol speelt bij actief transport van nutriënten over celmembraan.

bindvliesontsteking *zie* conjunctivitis.

bindweefsel het steunweefsel dat de parenchymcellen van organen met elkaar verbindt en de organen omhult; een praktische indeling is in drie soorten b.: collageen bindweefsel, elastisch bindweefsel en reticulair bindweefsel. • **collageen** ~ bindweefsel waarin collagene vezels overheersen. • **elastisch** ~ bindweefsel waarin elastische vezels overheersen. • **onderhuids** ~ laag van losmazig bindweefsel dat de dermis met onderliggende weefsels verbindt, zodanig dat daarmee de huid over deze onderlaag kan bewegen. • **reticulair** ~ bindweefsel met netvormig vezelgeraamte.

bindweefsellaag *zie* tunica adventitia.

binge-drinking [E] drinken van grote hoeveelheden alcoholhoudende drank i.e. korte periode.

binge-eating [E] snel verorberen v.e. excessieve hoeveelheid voedsel i.e. kort tijdsbestek, zoals bij bulimia nervosa.

binggehoorproef stemvorkproef om stoornis i.h. geluid-geleidende apparaat op te sporen.

binnenkoker min of meer verstijfde omsluiting v.d. amputatiestomp (bijv. elleboog, onderbeen); vormt deel v.e. prothesekoker

en omsluit direct de huid; draagt zo de kracht op een gelijkmatige wijze over op de stomp.
binnenoorontsteking *zie* labyrintitis.
binnenschoen *zie* binnenkoker.
binoculair 1 m.b.t. beide ogen; NB: niet te verwarren met 'biloculair'; 2 met twee oculairen.
binocularis met of m.b.t. beide ogen; vb. strabismus binocularis.
binomiaal met twee waarden.
binomiaal systeem van Linnaeus de door Linnaeus voor de benoeming van planten en dieren ingevoerde nomenclatuur die gebruikmaakt van uit twee woorden bestaande namen, waarvan het eerste het geslacht, het tweede de soort aangeeft.
binotisch met beide oren.
binswangersyndroom *zie* encefalopathie | subcorticale leuko-~.
bio- voorvoegsel in woordsamenstellingen dat een betrekking tot het leven aangeeft.
biochemicus specialist i.d. biochemie; vaak wordt bedoeld laboratoriumarts, laboratoriumonderzoeker.
bioconstanten verschillende grootheden die gezamenlijk het milieu intérieur bepalen.
biodegradatie afbraak van complexe lichaamseigen chemische stoffen onder invloed van o.a. enzymen in kleinere en/of minder complexe verbindingen.
bio-elektriciteit de elektrische verschijnselen die zich bij vele levensprocessen voordoen.
bio-engineering [E] de toepassing van fysische, chemische en technische methoden bij het biologisch, c.q. medisch onderzoek.
bio-equivalent maat voor overeenkomst in biologische beschikbaarheid v.e. middel dat in dezelfde dosis in verschillende vormen wordt toegediend.
bio-equivalentieonderzoek vorm van geneesmiddelenstudie om op basis van farmacokinetische data twee geneesmiddelproducten gelijkwaardig te verklaren.
biofilm oppervlaktebekledend laagje slijm met daarin ingebed bacteriën, bijv. op katheters of i.d. mondholte.
biogenese 1 het ontstaan van levende wezens uit andere levende wezens; 2 de ontwikkeling v.h. leven.
biogenie de ontwikkeling v.h. leven.
biografisch het leven beschrijvend; vb. bio-grafische anamnese.
biohazard [E] besmettingsgevaar opleverend door aanwezigheid van pathogene micro-organismen, pathogene vrijkomende straling, gassen, toxinen enz.
biokatalysator stof die een biochemische reactie i.h. organisme katalyseert, een enzym.
bioklimatologie de kennis omtrent de invloed van klimaatfactoren op levende organismen.
biological-response modifier (BRM) [E.] *zie* cytokine.
biologicals verzamelnaam voor gemodificeerde eiwitten die zijn ontwikkeld om immunologische processen te beïnvloeden; worden geproduceerd door cellijnen onder kunstmatige omstandigheden; zijn te verdelen in drie groepen: monoklonale antistoffen, fusie-eiwitten en cytokines.
biologie de wetenschap v.h. leven en wat daarmee samenhangt.
biologisch 1 betrekking hebbend op de biologie of op levende wezens; 2 als synoniem van 'in vivo'.
biologische beschikbaarheid fractie v.d. toegediende dosis v.e. farmacon die de algemene circulatie bereikt.
biologische bestrijding (van insecten) bestrijding door de natuurlijke vijanden op de insecten los te laten, of door genetische laedering van mannetjes of wijfjes.
biologische farmacotherapeutica *zie* biologicals.
biologische klok het ritme van levensprocessen waarvan iedere cyclus ongeveer even lang is.
biologischeresponsmodificator (BRM) *zie* immunomodulator.
biologische wapens pathogene micro-organismen die in vijandelijk gebied worden verspreid.
biologische zuivering zuivering d.m.v. fermentering, bijv. i.d. septic tank.
bioluminescentie de productie van licht door levende organismen.
biomassa het gewicht na drogen van micro-organismen die zich in water of i.e. medium bevinden.
biomechanica 1 bestudering en toepassing v.d. wetenschap der mechanica bij het levende organisme; 2 (i.e.z.) de wetenschap die zich bezighoudt met de bestudering v.h. bewegingsapparaat.

biometrie 1 het bepalen van bepaalde eigenschappen van mensen; **2** wiskundige analyse van biologische bevindingen; **3** berekening v.d. levensverwachting.
biomotor toestel voor kunstmatige ademhaling.
Biomphalaria een slakkengeslacht, tussenwaard voor *Schistosoma mansoni*. .
bionecrose *zie* necrobiose.
bionica de kennis en het onderzoek van *bio*logische processen, toegepast op mech*a*nica resp. elektr*o*nica.
bionics *zie* bionica.
bionomie kennis v.d. algemene wetten v.h. leven; i.e.z. fysiologie.
biopotentiaal *zie* potentiaal | bio-elektrische ~.
biopsie onderzoek van weefsel dat uit het levende organisme is verwijderd. • **aspiratie**~ het uitnemen van weefsel uit een levend organisme voor pathologisch onderzoek d.m.v. punctie met een holle naald. • **beenmerg**~ naaldbiopsie van beenmerg, veelal uit de spina iliaca anterior superior, voor microscopisch onderzoek. • **bekken**~ **1** uit een crista iliaca waarbij stamcellen of beenmerg worden geaspireerd; **2** botbiopsie ten behoeve van diagnostiek van hematologische maligniteiten. • **borstel**~ het uitnemen v.e. borsteluitstrijkje. • **bot**~ verwijderen v.e. klein stukje bot voor microscopisch (histologisch) laboratoriumonderzoek. • **chorionvlokken**~ techniek waarbij onder echogeleiding transcervicaal of -abdominaal uit de zwangere uterus chorionvlokken (chorionvilli, cotyledonen) worden verkregen voor prenataal chromosoomonderzoek. • **cytologische naald**~ *zie* dunnenaald~. • **dikkenaald**~ biopsie waarbij met een dikke holle naald uit een orgaan of tumor een pijpje weefsel wordt genomen voor histologisch onderzoek. • **dunnenaald**~ diagnostisch hulpmiddel bij diagnostiek van o.a. vergrote lymfeklieren waarbij i.d. vraatkant met een 0,5 mm dikke naald wordt gestoken en zo materiaal wordt verkregen voor cytologisch onderzoek. • **excisie**~ biopsie waarbij afwijkend weefsel op het oog geheel maar krap wordt verwijderd om de aard ervan te bepalen. • **hersen**~ het verkrijgen van hersenweefsel dat uit een levend organisme is verwijderd, voor verdere diagnostiek. • **incisie**~ biopsie waarbij een gedeelte van afwijkend weefsel wordt verwijderd om de aard ervan te bepalen. • **lever**~ het wegnemen v.e. stukje weefsel uit de lever. • **lis**~ het nemen v.e. reepvormig biopt m.b.v. een diathermische lis uit de transformatiezone v.d. cervix uteri bij vermoeden van cervixcarcinoom. • **myocard**~ afnemen van hartspierweefsel voor microscopisch onderzoek. • **naald**~ *zie* aspiratie~. • **nier**~ biopsie v.d. nier m.b.v. een dikke naald onder röntgengeleiding. • **percutane long**~ onderzoek van weefsel dat verkregen is door een directe transthoracale punctie. • **pons**~ b. waarbij weefsel wordt verkregen m.b.v. een ponsapparaat dat een cilindervormig biopt met een doorsnede van 2-6 mm stanst. • **proef**~ het verwijderen v.e. stukje weefsel, voor microscopisch onderzoek. • **punch**~ transplantatietechniek v.d. huid waarbij d.m.v. een biopteur diverse ' grafts' of biopten op de wondbodem v.e. ulcus cruris worden gelegd. • **schildwachtklier**~ biopsie v.d. schildwachtklier nadat i.h. drainagegebied een kleurstof en/of isotoop zijn ingespoten om de lymfeklieren en i.h.b. de schildwachtklier in beeld te brengen. • **spier**~ histopathologisch, enzymatisch, elektronenmicroscopisch en evt. biochemisch onderzoek van spierweefselstukje. • **stereotactische** ~ het onder radiologische controle nemen v.e. naaldbiopsie uit een niet-palpabele afwijking. • **synovia**~ weefselonderzoek v.h. synovium. • **testis**~ biopsie uit testis ter aantoning van obstructieve azoöspermie. • **zuig**~ biopsie waarbij een stukje maagslijmvlies wordt aangezogen en afgesneden, voor microscopisch onderzoek.
biopt weefselstukje dat voor biopsie is verwijderd; NB: E. *biopsy* = biopsie én biopt. • **stans**~ uitgeponst schijfje huid voor histologisch onderzoek.
biopterine een pterine voorkomend in gist en urine; bij tekort aan b. kan fenylketonurie ontstaan, alsmede defecte productie van neurotransmitters.
biopteur *zie* biopsie.
bioptisch d.m.v. biopsie.
bioradiologie *zie* radiobiologie.
biorbitaal beide oogkassen betreffend.
bioritme ritme dat in allerlei levensverschijnselen (eisprong/menstruatie, slaap enz.) opgesloten ligt.
biosfeer de met levende wezens bewoonde

lagen van atmosfeer, hydrosfeer en lithosfeer.
biostatica de wetenschap betreffende het verband tussen structuur en functie.
biosynthese 1 de synthese van lichaamseigen stoffen uit andere stoffen; **2** de synthese in vivo, ten onderscheid van chemische synthese in vitro.
biotaxis de selecterende en schikkende vermogens van levende cellen.
biotechnologie 1 de wetenschap die zich bezighoudt met technieken uit de biochemie, celbiologie, biofysica en moleculaire biologie met het oog op toepassing ervan i.d. geneeskunde, veehouderij, landbouw e.d.; **2** industriële of medische toepassing van recombinant-DNA-technieken of hybridoomtechnieken voor de productie van nuttig geachte stoffen of voor verandering van biologische processen om bepaalde eigenschappen te modificeren.
biotherapie behandeling met rechtstreeks van levende organismen afkomstige stoffen.
biotine co-enzym dat een belangrijke functie heeft bij carboxyleringsreacties, o.a. bij de vetzuursynthese.
biotinidasedeficiëntie aangeboren, zeldzame stofwisselingsziekte waarbij het lichaam niet in staat om biotine goed uit voedsel vrij te maken.
biotoop de biologische leefruimte voor een bepaalde dier- of bacteriesoort.
biotransformatie omvorming van stoffen binnen het levende organisme.
biotroop onderhevig aan de invloed van weer en klimaat.
biotype een (nog) niet als afzonderlijke soort (bacteriën) beschouwde groep, gekenmerkt door bepaalde standvastige eigenschappen.
biowiskunde discipline die modellen, statische methoden en technieken ontwikkelt voor toepassing i.d. levenswetenschappen.
bipara vrouw die twee levende kinderen heeft gebaard.
biparietalis beide wandbeenderen betreffend; vb. distantia biparietalis.
bipartitus in tweeën gedeeld, uit twee delen bestaand, bijv. uterus b-tus, patella b-ta.
bipennatus dubbelgevederd. • **musculus ~** spier waarvan de vezels aan weerszijden v.d. pees als bij een veer gerangschikt zijn.
bipolair 1 manisch-depressief; **2** m.b.t. of i.h. bezit van twee polen, bijv. bipolaire ganglioncel.
bipolaire stoornis stoornis met zowel depressieve als hypomane/manische episodes.
bisalbuminemie zeldzame congenitale of verworven afwijking i.d. samenstelling v.d. serumalbuminen, waarvan er duidelijk twee verschillende aanwezig zijn.
biseksueel 1 (endocrinol.:) i.h. bezit van mannelijke en vrouwelijke gonaden; **2** (seksuol.:) zich seksueel tot beide geslachten aangetrokken voelend.
bisferiens tweemaal slaand; vb. pulsus bisferiens.
bisfosfonaat dimeer van fosfonaat.
bis in die (b.d.) tweemaal daags.
biskrabuil zie leishmaniasis cutanea.
bisonnek vetophoping i.h. dorsocervicale gebied, voorkomend bij het cushingsyndroom.
bisschopsmuts contrastvullingsdefect bij een hysterosalpingogram.
bistouri lang, smal, afneembaar (oorspronkelijk inklapbaar) chirurgisch mes.
bitemporaal 1 beiderzijds temporaal; **2** beide slaapbeenderen betreffend; vb. b-rale hemianopsie.
bitemporalis bitemporaal; vb. distantia bitemporalis.
bitotvlekken grijs-witte vlekken op de conjunctiva bulbi bij xeroftalmie door avitaminose A.
bitterzout magnesiumsulfaat; wordt gebruikt als laxans.
biventer tweebuikig.
Bjerrum | bjerrumscherm donker scherm dat als achtergrond dient voor een contrasterend voorwerp om het centrale gezichtsveld te meten.
BKZ zie Budgettair Kader Zorg.
blaar zie bulla, vesicula.
blaarspreidingsteken zie teken van Asboe-Hansen.
blaas gespierde holte die een i.h. lichaam afgescheiden vloeistof opvangt en via een leider (ductus) loost, vb. urineblaas, galblaas; NB: in medisch spraakgebruik wordt met 'blaas' zonder nadere aanduiding gewoonlijk 'urineblaas' bedoeld zie blaascarcinoom, urolithiase, urine-incontinentie. • **gal~** zie galblaas. • **urine~** gespierd en geplooid appelgroot hol orgaan dat dient om door de beide nieren gevormde en via de

ureters afgevoerde urine op te vangen en af te voeren via de urethra [L].
- ⊕ **blaascarcinoom** kwaadaardige woekering van cellen uitgaande v.d. blaaswand; indeling: 90% urotheelcelcarcinoom (oppervlakkig groeiend ca. 80%; infiltratief of invasief groeiend ca. 20%), minder vaak: plaveiselcelcarcinoom, adenocarcinoom en andere vormen.
- **blaascentra** centra i.h. czs die de blaasfunctie reguleren.
- **blaasdriehoek** *zie* trigonum vesicae.
- **blaasextrofie** aangeboren afwijking waarbij de urineblaas door een congenitaal defect v.d. buikwand niet gesloten is en open ligt.
- **blaasfunctie** werking v.d. blaas tijdens vullings- en mictiefase.
- **blaashypertrofie** verdikking v.d. blaaswand a.g.v. een chronisch verhoogde blaasuitgangsweerstand.
- **blaasje** *zie* vesicula. • **ei~** folliculus ovaricus vesiculosus. • **kiem~** *zie* blastocyst. • **koorts~** vesikel als symptoom van herpes labialis. • **long~** *zie* alveolus pulmonis. • **synaps~** opslagblaasje met neurotransmitter, gelegen i.h. eindknopje v.d. synaps; toename van calcium o.i.v. een actiepotentiaal zorgt voor fusie met celmembraan, resulterend in uitstorting van transmittersubstantie i.d. synaptische spleet, waardoor de impuls op het volgende neuron wordt overgedragen.
- **blaaslediging** *zie* urinelozing, retentie | urine~, reflex | blaas~.
- **blaasontsteking** *zie* cystitis.
- **blaasoverrekking** het zodanig opgerekt raken v.d. blaaswand dat de blaasspier niet goed meer contraheert.
- **blaaspapilloom** *zie* poliep | blaas~.
- **blaasprothese** *zie* urineblaas | neo~.
- **blaasresidu** *zie* residu | urine~.
- **blaasretentie** *zie* retentie | urine~.
- **blaasspiegeling** *zie* cystoscopie.
- **blaasstimulator** elektrische stimulator ter behandeling v.e. neurogeen gestoorde blaas.
- **blaastraining** oefeningen, gericht op het verhogen v.d. blaascapaciteit.
- **blaasverlamming** gestoorde urineblaasfunctie a.g.v. gedeeltelijke of volledige verlamming v.d. detrusor (blaasmusculatuur) en wegvallen v.d. centrale besturing en sensibiliteit.
- **black hairy tongue** *zie* lingua nigra.
- **blackhead** open comedo.
- **black heel** puntvormige ijzerpigmentaties op de hiel a.g.v. microtrauma's met erytrocytaire extravasatie.
- **black-out 1** tijdelijk opgeheven gezichtsvermogen of kortdurende bewusteloosheid; **2** (minder juist:) kortdurende geestelijke afwezigheid.
- **blaesitas** lispelen.
- **blameworthy** [E] (statist., gezondheidsrecht) *zie* verwijtbaar.
- **blaschkolijnen** symmetrisch denkbeeldig patroon van deels golvend verlopende lijnen over hele huid.
- **blast** (celbiol.) moedercel; vb. erytroblast, myeloblast, osteoblast. • **adamanto~** *zie* amelo~. • **amelo~** cilindervormige cel v.h. emailorgaan, dat tandglazuur (email) vormt. • **angio~** embryonale mesodermale cel met het vermogen vaten te vormen. • **astro~** moedercel van astrocyt. • **bio~ 1** mitochondrium; **2** Altmann-korrel. • **blefaro~** basaal lichaampje v.e. flagellaat, waar de zweepdraad is aangehecht. • **cemento~** een cementvormende cel. • **centro~** sterk delende, vrij grote B-lymfocyt zoals die voorkomt i.d. kiemcentra. • **chondro~** cel die kraakbeen vormt. • **cyto~ 1** celkern; **2** mitochondrium. • **cytotrofo~** de binnenste (cel)laag v.d. trofoblast, bestaande uit langhanscellen. • **ecto~** *zie* ectoderm. • **embryo~** de door trofoblast omgeven celmassa waaruit een embryo ontstaat. • **ento~** *zie* entoderm. • **erytro~** kernhoudende cel (in beenmerg), waaruit een erytrocyt ontstaat na uitstoting v.d. kern. • **feochromo~** kiemcel waaruit een feochrome (= chroomaffiene) cel ontstaat. • **fibro~** ongedifferentieerde bindweefselcel. • **genito~** ongedifferentieerde foetale cel, waaruit weefsels en organen ontstaan. • **giganto~** zeer grote kernhoudende erytroblast. • **gono~ 1** kiemcel; **2** het deel v.d. splanchnopleura waaruit de geslachtsorganen ontstaan. • **hemato~** *zie* hemocyto~. • **hemo~** *zie* hemocyto~. • **hemocyto~** stamcel i.h. beenmerg, waarvan alle vormen van bloedcellen zouden afstammen. • **hemohistio~** reticulumcelachtige beenmergcel, waaruit zich vermoedelijk de hemocytoblast ontwikkelt. • **histio~** *zie* macrofaag. • **hypo~** *zie* entoderm. • **immuno~** na antigene stimulatie sterk delende lymfocyt. • **karyo~** kiemcel

waaruit de erytrocyt ontstaat. • **leuko~** stamcel waaruit de leukocyt ontstaat. • **lipo~** moedercel v.d. vetcel. • **lymfo~** stamcel v.d. lymfocyt. • **macro~** grote normoblast. • **medullo~** een in hersentumoren voorkomende ongedifferentieerde zenuwcel. • **megakaryo~** eerste cytologisch herkenbare stamcel v.d. bloedplaatjes reeks. • **megalo~** grote, primitieve erytroblast, beschreven door Ehrlich, voorkomend bij perniciosa. • **melano~** een uit de neurale lijst afkomstige cel die zich differentieert tot melanofoor. • **meso~** mesoderm in vroeg stadium. • **micro~** abnormaal kleine erytroblast (diameterkleiner of gelijk aan 5 μm). • **micromyelo~** kleine myeloblast. • **mono~** moedercel v.d. monocyt. • **myelo~** beenmergcel waaruit eerst een myelocyt en vervolgens een leukocyt ontstaat. • **myo~** embryonale cel waaruit zich een spiercel ontwikkelt. • **myofibro~** overgangsstadium van fibroblast naar fibrocyt, ultrastructureel lijkend op een gladde spiercel. • **normo~** laatste kernhoudende cel i.d. erytrocytaire reeks. • **odonto~** dentinevormende cel i.d. buitenste laag v.d. tandpulpa. • **oö~** primitieve cel waaruit de eicel (oöcyt) ontstaat. • **osteo~** botvormende bindweefselcel. • **para~** het deel v.h. mesoderm waaruit de bloed- en lymfevaten ontstaan. • **plasmo~** moedercel v.d. plasmocyt. • **poikilo~** een erytroblast van abnormale vorm. • **promegalo~** vroeg stadium v.e. megaloblast kernhoudend, nog zonder hemoglobine. • **ringsidero~** erytroblast met een ring van ijzerpigment i.d. mitochondriën rond de kern. • **sarco~** de primitieve cel waaruit zich een spiercel ontwikkelt. • **sidero~** normoblast met Pruisisch-blauw-positieve granula i.h. cytoplasma;. • **somato~** *zie genito~*. • **spleno~** een cel waaruit een splenocyt ontstaat. • **spongio~** embryonale epitheelcel bij het neurale kanaal. • **sporo~** een der lichaampjes i.d. oöcyste v.h. malaria-plasmodium. • **sympathico~** primitieve cel waaruit zich een sympathische zenuwcel ontwikkelt. • **sympatho~** *zie sympathico~*. • **syncytiotrofo~** de buitenste, uit een syncytium bestaande laag v.d. trofoblast. • **trofo~** de buitenste syncytiale laag v.d. blastocyste, die contact maakt met de baarmoederwand en zorgt voor uitwisseling van voedsel- en afvalproducten.

blasteem ongedifferentieerd, primitief weefsel, waaruit zich bepaalde cellen kunnen differentiëren.

blasto- voorvoegsel in woordsamenstellingen m.b.t. een kiem of tot het ontstaan.

blastocele de met vloeistof gevulde holte v.d. blastula.

blastocyst 1 kiemblaasje, bestaande uit trofoblast en embryoblast, met daartussen een holte; **2** een plantaardig micro-organisme (*Blastocystis*).

Blastocystis een genus plantaardige, gistachtige micro-organismen.

blastoderm het embryonale ontwikkelingsstadium dat bestaat uit ectoderm en entoderm.

blastofoor cytoplasma dat bij de ontwikkeling van spermide tot spermium wordt afgeworpen.

blastogeen v.d. kiem afkomstig.

blastogenese vruchtontwikkeling vanaf de conceptie tot één week na de implantatie.

blastomatose het ontstaan of de aanwezigheid v.e. aantal echte gezwellen.

blastomatosus gezwelachtig, m.b.t. blastomen. • **blastomateus** gezwelachtig, betrekking hebbend op blastomen.

blastomeer delingscel v.h. ei.

Blastomyces spruitzwam, een geslacht van gistachtige schimmels, morfologisch gelijk aan *Saccharomyces*. • ~ **coccidioides** *zie Coccidioides immitis*. • ~ **brasiliensis** *zie Paracoccidioides brasiliensis*. • ~ **dermatitidis** een dimorfe schimmel, verwekker v.d. Noord-Amerikaanse blastomycose.

blastomyceten schimmels v.h. geslacht *Blastomyces*.

blastomycose ziekte, veroorzaakt door *Blastomyces*; het syn. 'ascomycose' is verouderd. • **Noord-Amerikaanse** ~ blastomycose, gekenmerkt door slijmvliesprikkeling, later ontstekingshaarden i.d. longen, verwekt door *Blastomyces dermatitidis*. • **Zuid-Amerikaanse** ~ b., gekenmerkt door ulceraties van mond- en neusslijmvlies en gezichtshuid, lymfadenitis, aantasting v.d. buikorganen, veroorzaakt door *Paracoccidioides brasiliensis*.

blastoom tumor die (goeddeels) bestaat uit onrijpe ongedifferentieerde cellen die overeenkomst vertonen met het blasteem of primordium v.h. orgaan waarin de tumor is ontstaan. • **angio~** maligne vaattumor, zelden i.h. zenuwstelsel voorkomend, in tegenstelling tot vaatmalformaties. • **feochromo**~ *zie* ganglioneuro~. • **ganglioneuro**~ bepaalde primitieve neuro-ectodermale tumor *zie* sympathicoblastoom. • **gangliosymphatico**~ *zie* ganglioneuro~. • **genito**~ tumor uitgaande van genitoblasten. • **glioblastoma multiforme** meest voorkomende en meest maligne primaire hersentumor. • **hemangio**~ goedaardige, cysteuze tumor. • **medullo**~ tumor die bij voorkeur op kinderleeftijd voorkomt; maligne embryonale tumor v.h. cerebellum met sterke neiging tot leptomeningeale metastasering. • **melano**~ een uit melanoblasten bestaand gezwel. • **myelo**~ bij leukemie voorkomend kwaadaardig gezwel, bestaande uit myeloblasten. • **myo**~ gezwel van dwarsgestreept spierweefsel, bestaande uit groepen myoblastachtige cellen. • **myxo**~ *zie* myxoom. • **nefro**~ tumor | wilms~. • **nesidio**~ *zie* insulinoom. • **neuro**~ maligne primitieve neuro-ectodermale tumor, bestaande uit neuroblasten, voorkomend bij kinderen tot 10 jaar. • **pineale**~ *zie* pinealoom. • **spongio**~ geen tumor, maar een groeiwijze.

blastoporus opening v.d. oerdarm naar buiten, i.h. gastrulastadium de overgangsplaats van ectoderm in entoderm.

blastosfeer kiemblaasje.

blastula *zie* blastocyst.

blauwe plek *zie* ecchymose.

blauwfunctieproef *zie* chromocystoscopie.

blauwscheuten *zie* varix | bezemrijsvarices.

blauwschuit grote blauwe plekken aan de onderbenen door oppervlakkige varices.

blauwzuurvergiftiging vergiftiging die wordt gekenmerkt door een rozige huidskleur, naar amandelen ruikende uitademingslucht en dyspneu; mogelijk verstikking door remming v.d. intracellulaire ademhalingsenzymen.

blazenmola *zie* mola hydatidosa.

bleekzucht *zie* chlorose.

blefar- voorvoegsel in woordsamenstellingen dat een betrekking tot een ooglid aangeeft.

blefaradenitis ontsteking v.d. ooglidklieren.

blefarisme *zie* spasme | blefaro~.

blefaritis ontsteking v.e. ooglid. • **blepharitis acarica** blefaritis door infectie met *Demodex (Acarus) folliculorum*. • **blepharitis ciliaris** ontsteking v.d. ooglidrand met vorming van schubben tussen de inplantingen v.d. wimpers. • **blepharitis marginalis** *zie* blepharitis ciliaris. • **blepharitis phlegmonosa** een zich vlakmatig uitbreidende, meestal etterige ooglidontsteking. • **blepharitis squamosa** blefaritis met afstoting van epitheelschilfers. • **blepharitis tarsalis** *zie* hordeolum. • **blepharitis ulcerosa** blefaritis met zweertjes.

blefaroconjunctivitis blefaritis plus conjunctivitis.

blefarofimose vernauwing v.d. oogspleet.

blefaroklonie snelle, ritmische, onwillekeurige contracties v.h. ooglid.

blefaroptose ptosis v.e. of van beide oogleden.

blefarospaat ooglidklem.

blefarospasme | blepharospasmus scrophulosus ooglidkramp bij scrofuleuze ooglidontsteking.

blefarostaat ooglidhouder.

blefarotomie incisie v.e. ooglid; i.e.z. canthotomie.

blefaroxyse afkrabbing v.d. conjunctiva (bij trachoom).

blenn- voorvoegsel in woordsamenstellingen met de betekenis slijm- of etterafscheidend.

blennorragie afscheiding van slijm of etter.

blennorrhoicus gepaard met afscheiding van slijm of etter; vb. conjunctivitis blennorrhoica.

blennorroe afscheiding van slijm of etter. • **blennorrhoea neonatorum** conjunctivitis gonorrhoica van pasgeborenen.

blepharo- voorvoegsel in woordsamenstellingen dat een betrekking tot een ooglid aangeeft.

blepharoptosis ptosis v.e. of van beide oogleden.

blepharorrhaphia *zie* rafie | blefaro~.

blessure beschadiging van (een deel van) het lichaam waarbij de natuurlijke samenhang van weefsels wordt verbroken.

blighted ovum *zie* ei | wind~.

blikveld het gebied dat d.m.v. de oogbewegingen scherp wordt gezien bij stilstaand hoofd.

blind 1 (oogheelk.) niet in staat tot zien; **2** (stat.); **3** (chir.:) zonder visuele controle door de chirurg; vb. chirurgisch blinde plaatsing v.e. TVT.

blindering | dubbelblind kenmerk van onderzoek waarbij noch de onderzoekers noch de onderzochten weten of zij i.d. interventie- dan wel i.d. controlegroep zijn ingedeeld. • **enkelblind** kenmerk van onderzoek waarbij het de onderzochte personen niet bekend is of zij i.d. interventiegroep dan wel de i.d. controlegroep zijn ingedeeld. • **tripelblind** eigenschap v.e. onderzoek waarbij de patiënt, de arts en de effectbeoordelaar niet op de hoogte zijn v.d. uitkomst v.d. randomisatie. • ~ procedure waarin de onderzoekers, effectbeoordelaars en/of patiënten in experimenteel onderzoek niet op de hoogte zijn v.d. toegewezen behandeling.

blindheid 1 (oogheelk.) het geheel of vrijwel geheel ontbreken van lichtperceptie; 2 (neurol.) het onvermogen tot het zintuiglijk onderscheiden van bepaalde zaken (richting, woorden enz.) *zie* agnosie, apraxie. • **blauw~** het onvermogen om de kleur blauw waar te nemen. • **cerebrale** ~ vorm van slechtziendheid die wordt veroorzaakt door afwijkingen in of achter het chiasma opticum. • **corticale** ~ (neurol.) ernstige stoornis v.h. zien door beschadiging v.d. visuele hersenschors in beide cerebrale hemisferen. • **eclips~** fotochemische schade aan het netvlies waarbij temperatuurstijging geen rol speelt. • **groen~** het onvermogen om de kleur groen waar te nemen. • **kleuren~** onvermogen kleuren correct waar te nemen *zie* achromatopsie, dyschromasie, dyschromatopsie. • **lees~** (neurol.) *zie* dyslexie. • **links-rechts~** (neurol.) *zie* agnosie|rechts-links~. • **nacht~** *zie* hemeralopie. • **psychogene** ~ voorbijgaande blindheid waarbij geen neurologische oorzaak wordt gevonden, als manifestatie van conversie. • **rood~** aneurytropsie. • **roodgroen~** *zie* groen~. • **schemer~** *zie* hemeralopie. • **sneeuw~** heeft niets met blindheid te maken *zie* oftalmie | fot~. • **vluchtige** ~ *zie* amaurose|amaurosis fugax. • **woord~** (neurol.) *zie* dyslexie.

block [E] *zie* blok.

blocking *zie* gedachtestop.

bloed in hart, arteriën, capillairen en venen circulerende lichaamsvloeistof ('circulerend lichaamsweefsel') die lichaamsweefsels voorziet van zuurstof en voedingsstoffen, kooldioxyde en metabolieten (stofwisselingsproducten) afvoert, enzymen en hormonen verspreidt en een rol bij de warmteregulatie speelt. • **arterieel** ~ het bloed dat zich v.h. hart af beweegt. • **capillair** ~ uit haarvaten afgetapt bloed. • **citraat~** bloed resp. plasma waaraan ter voorkoming van stolling natriumcitraat is toegevoegd. • **foetaal** ~ *zie* navelstreng-. • **gedefibrineerd** ~ bloed dat onstolbaar is gemaakt door het van fibrine te ontdoen. • **gemengd veneus** ~ het naar de longen stromende, zuurstofarme bloed. • **kunst~** synthetische vloeistof die tijdelijk de zuurstofvervoerende capaciteit van bloed vervangt. • **laky blood** bloed dat helderrood is gekleurd a.g.v. vrijkoming van hemoglobine bij hemolyse. • **navelstreng~** bloed van foetale herkomst dat tijdens de bevalling i.d. bloedvaten v.d. navelstreng wordt aangetroffen. • **occult** ~ met het blote oog niet waarneembaar bloed dat met laboratoriumtests kan worden aangetoond. • **stol~** afgenomen bloed dat men voor diagnostische doeleinden laat stollen en waarvan de toplaag uit serum bestaat; daarin zitten dan geen cellen en stollingsfactoren meer. • **vol** ~ v.e. donor afkomstig bloed; bevat nog alle bloedbestanddelen.

bloedamoebe *zie* Babesia.

bloedarmoede *zie* anemie.

bloedbeeld de bij bloedonderzoek verkregen cijfers voor hemoglobine, aantal erytrocyten, aantal leukocyten, evt. ook aantal trombocyten.

bloedbezinking | gedefibrineerde ~ bezinkingssnelheid van erytrocyten in bloed waaruit het fibrinogeen verwijderd is.

bloedbezinkingssnelheid de snelheid waarmee de erytrocyten in bloed bezinken.

bloedbezinkingssnelheidsbepaling volgens Westergren *zie* westergrenmethode.

bloedbuffer opgeloste stoffen i.h. bloed die door opname of afgifte van waterstofionen de pH v.h. bloed vrijwel constant kunnen houden.

bloedbuil *zie* hematoom.

bloedcirculatie *zie* bloedsomloop.

bloedcompartiment dat deel van alle rode bloedcellen dat zich feitelijk i.d. circulatie bevindt.

bloeddepot de hoeveelheid bloed die zich i.d. capaciteitsvaten bevindt.

bloeddikte *zie* bloedviscositeit.

bloeddruk de druk i.h. arteriële systeem; gewoonlijk wordt de arteriële b. bedoeld. • **diastolische** ~ 'minimale' arteriële b. tijdens de kamerdiastole, normaliter 80 mm kwik (10,7 kPa). • **hoge** ~ *zie* hypertensie. • **lage** ~ *zie* hypotensie. • **systolische** ~ 'maximale' arteriële b. tijdens de kamersystole, normaliter 120 mm kwik (16,0 kPa). • **verhoogde** ~ *zie* hypertensie.

bloedeilandje nest van mesenchymale cellen dat i.d. derde week v.d. embryogenese tot ontwikkeling komt.

bloeder patiënt met hemofilie.

bloedersgewricht *zie* artritis | hemofiele ~.

bloedgever donor, iemand die zijn bloed afstaat voor transfusiedoeleinden.

bloedglucoseconcentratie glucoseconcentratie i.h. bloed bij bepaling in vol bloed; syn. met "suiker" zijn jargon/lekentaal.

bloedglucosegehalte *zie* bloedglucoseconcentratie.

bloedgroep antigene constellatie v.d. erytrocyten die maakt dat deze agglutineren bij samenvoeging met een serum dat een hiertegen gerichte antistof bevat. • **ABO~systeem** indeling volgens Landsteiner, die vier bloedgroepen onderscheidde: o (nul), A, B en AB. • **duffy~** bloedgroepsysteem waarbij men het antigeen Fy^a al dan niet op de erytrocyten heeft. • **kell~** bloedgroepsysteem met specifieke antigenen op de celmembraan v.d. erytrocyten. • **lewis~** bloedgroepensysteem van Lewis. • **resus~** (Rh-bloedgroep) bloedgroep waarbij, i.tt. i.h. ABO-systeem, een resusnegatieve persoon geen antistoffen heeft tegen de resusbloedgroep, maar waarbij antistoffen in 50% v.d. gevallen wel worden gevormd na contact met de resusbloedgroep.

bloedgroepincompatibiliteit het niet samengaan van bloed van twee verschillende individuen (donor en ontvanger) doordat het bloed v.d. ene persoon antistoffen bevat die reageren met antigenen op erytrocyten uit het bloed v.d. ander.

bloedgroepsysteem | MN-bloedgroepensysteem bloedgroepsysteem dat slechts na herhaalde transfusies een rol bij transfusiereacties speelt.

bloeding het uittreden van bloed uit een of meer beschadigde bloedvaten. • **anovulatoire** ~ een niet met ovulatie gepaard gaande uterusbloeding c.q. menstruatie. • **~ ex vacuo** bloeding a.g.v. het ontstaan v.e. lege ruimte i.h. lichaam. • **contact~** intermenstrueel vaginaal bloedverlies dat optreedt door mechanische prikkeling (coïtus, passage van harde feces) v.h. corpus of de cervix uteri. • **darm~** bloeding uit slokdarm, maag, dunne of dikke darm. • **dervings~** *zie* onttrekkings~. • **disfunctionele** ~ door hormonale stoornis veroorzaakt abnormaal bloedverlies uit de niet-zwangere uterus, zonder organische oorzaak. • **doorbraak~** bloeding uit het endometrium tijdens (ondanks) behandeling met ovulatieremmende hormonen. • **epidurale** ~ bloeding i.d. ruimte tussen dura mater en de schedel of de wand v.h. wervelkanaal. • **gewrichts~** bloeding i.e. gewricht, bijv. a.g.v. trauma of als complicatie bij hemofilie. • **glasvocht~** bloeding die optreedt i.h. glasvocht v.h. oog; kan visus snel doen verminderen en tot acute blindheid leiden; ontstaat meestal (40-50%) door neovascularisatie a.g.v. proliferatieve diabetische retinopathie bij diabetes mellitus; blijft bloedresorptie uit, dan is een vitrectomie geïndiceerd. • **hersen~** plotselinge bloeding i.d. hersenen door ruptuur v.e. bloedvat. • **intracerebrale** ~ bloeding in hersenweefsel, meestal t.g.v. atherosclerose en hypertensie; veroorzaakt acute hoofdpijn, bewustzijnsverlies en neurologische uitval afhankelijk van betrokken hersendeel. • **intracraniële** ~ niet nader omschreven bloeding binnen i.d. hersenschedel. • **inwendige** ~ bloeding i.h. lichaam, waarbij geen bloed naar buiten afvloeit. • **long~** *zie* hemoptoë. • **maag~** *zie* maagbloeding. • **maag-darm~** bloeding i.h. maag-darmkanaal. • **massale** ~ bloeding waarbij zeer veel bloed aan de circulatie wordt onttrokken. • **massieve** ~ *zie* massale ~. • **midden~** functionele uterusbloeding die zich halverwege de menstruatiecyclus voordoet. • **na~** 1 (chir.) bloeding uit operatiewond die aanvankelijk niet bloedde; 2 (gynaecol.) bloeding uit de baarmoeder na baring of abortus, t.g.v. atonie of achtergebleven placentadelen. • **neus~** de gewone, typische neusbloeding bevindt zich voor op het septum op de overgang v.h. vestibulum nasi naar het cavum nasi, op de locus Kiesselbachi. • **occulte** ~ een met het blote oog onzichtbare bloeding. • **onttrekkings~** afstoting v.h. endometrium doordat de spiegel van oestrogenen en/of progesteron wegvalt of sterk daalt. • **ovulatie~** bloedige vaginale afscheiding tussen twee menstruaties ongeveer ten tijde v.d. ovulatie. • **parenchymateuze** ~ multipele bloedingen uit kleine vaatjes i.h. parenchym v.e. orgaan. • **periost**~ bloeding i.h. botvlies. • **post-partum**~ bloeding post partum waarbij de vrouw snel na de bevalling meer dan 1000 ml bloed verliest. • **punt**~ *zie* petechie. • **splinter**~ kleine streepvormige bloeding onder de nagels of i.d. conjunctivae. • **spontane** ~ een uit- of inwendige b. zonder duidelijk trauma, en berustend op een afwijking i.d. bloedings- of stollingstijd v.h. bloed. ⊙ **subarachnoïdale** ~ (SAB) cerebrovasculair accident met bloeding i.d. subarachnoïdale ruimte. • **subdurale** ~ *zie* hematoom | subduraal~. • **subependymale** ~ bloeding onder het ependym, een laag van steuncellen doe de hersenkamers en het centrale kanaal i.h. ruggenmerg bekleden. • **tussen**~ gering en onregelmatig bloedverlies bij behoud v.d. menstruele cyclus. • **uitwendige** ~ bloeding uit een wond aan het lichaamsoppervlak. • **varices**~ bloeding uit varices.

bloedingsneiging de mate waarin bloedingen optreden, al dan niet na beschadiging v.h. vaatbed.

bloedingstijd (BT) tijd die verstrijkt tussen het maken v.e. wondje en het ophouden v.d. daaropvolgende bloeding.

bloedingstijdbepaling volgens Duke *zie* dukebloedingstijdbepaling.

bloedkleurstof *zie* hemoglobine.

bloedkoek vers gestold bloed.

bloedleegte 1 (chir.); 2 (pathol.) *zie* ischemie.

bloedneus *zie* bloeding | neus~.

bloedplaatje *zie* trombocyt.

bloedplasma de vloeistof waarin de bloedcellen gesuspendeerd zijn.

bloedproduct bloedcomponent die apart wordt opgeslagen en/of gebruikt, meestal voor transfusiedoeleinden.

bloedprop *zie* trombus.

bloedsalvage bewerking van wondbloed tijdens chirurgie om het toedienen van donorbloed te beperken.

bloedschande *zie* incest.

bloedsinus verwijde ruimte waarin bloed enige tijd kan worden bewaard.

bloedsomloop circulatie (kringloop) v.h. bloed door twee, in serie geschakelde circuits (grote en kleine bloedsomloop), die beide i.h. hart beginnen en eindigen. • **grote** ~ lichaamscirculatie. • **kleine** ~ *zie* circulatie | pulmonale ~.

bloedspuwen NB: de term is niet te verwarren met 'bloedbraken' (haematemesis) *zie* hemoptoë.

bloedstelping *zie* hemostase.

bloedstolling | **diffuse intravasale** ~ (DIS) acute of chronische activatie v.h. bloedstollingsmechanisme, m.a.g. een combinatie van doorbloedingsstoornissen en bloedingen. • **extrinsieke** ~ stollingsweg waarbij factor VII wordt geactiveerd. • **gedissemineerde intravasale** ~ *zie* diffuse intravasale ~. • **intrinsieke** ~ stollingsweg waarbij factor XII wordt geactiveerd.

bloedstollingscascade *zie* systeem | bloedstollings~.

bloedstollingsfactor factor die aanwezig moet zijn voor de normale stolling van bloed. • ~ **I** plasma-eiwit dat door trombine in fibrine kan worden omgezet (normaal 1,5-4,5 g/l). • ~ **II** in plasma voorkomend vitamine-K-afhankelijk glycoproteïne. • ~ **IX** vitamine-K-afhankelijke stollingsfactor. • ~ **VII** vitamine-K-afhankelijke stollingsfactor. • ~ **VIII** bloedstollingsfactor die in circulatie aan vonwillebrandfactor gebonden is. • ~ **X** vitamine-K-afhankelijke stollingsfactor. • ~ **XI** stollingsfactor die zorgt voor omzetting van factor IX naar factor IXa. • ~ **XII** stollingsfactor die onderdeel v.h. intrinsieke stollingssysteem is. • ~ **XIII** door trombine geactiveerde factor XIIIa. • ~ **V** stollingsfactor, cofactor van factor X; activeert mede factor II. • ~ **V Leiden** aangeboren recessieve mutatie in factor V die leidt tot een verminderde gevoeligheid van factor V voor de stollingsremmer geactiveerd C-proteïne.

bloedstollingsmechanisme *zie* systeem | bloedstollings~.

bloedstollingsschema *zie* systeem | bloedstollings~.

bloedstollingsstoornis stoornis i.d. bloedstolling door deficiënties van bloedstollingsfactoren, gekenmerkt door gestoorde fibrinevorming.

bloedstollingssysteem | **extrinsiek** ~ *zie* bloedstolling | extrinsieke ~. • **intrinsiek** ~ *zie* bloedstolling | intrinsieke ~.

bloedstollingstijd tijd die verstrijkt tussen het opvangen van bloed i.e. glazen buisje en de stolling v.h. bloed in dat buisje; obsolete laboratoriumtest.

bloedstolsel *zie* trombus.

bloedsuiker *zie* bloedglucoseconcentratie.

bloedtelling telling v.d. aantallen erytrocy-

ten, leukocyten en trombocyten per mm³ (volgens het SI per liter) bloed. • **differentiële telling** vaststelling v.d. procentsgewijze verdeling v.d. verschillende soorten leukocyten t.o.v. het totale aantal. • **schilling**~ *zie* formule | schillingleukocyten~.
bloedtype *zie* bloedgroep.
bloeduitstorting 1 i.h. weefsel: *zie* ecchymose, hematoom; **2** in bestaande holte.
bloedverdunner *zie* anticoagulantia.
bloedverdunning *zie* hemodilutie.
bloedviscositeit stroperigheid v.h. bloed.
bloedvolume totale hoeveelheid bloed die door het lichaam stroomt.
bloedvorming *zie* hemopoëse | hematopoëse.
bloedzweten *zie* trichomycose | trichomycosis palmellina.
blok 1 (cardiol.) blokkering v.d. prikkelgeleiding i.h. hart; **2** (anesthesiol.) zenuwblokkade; **3** (anesthesiol.) regionale geleidingsanesthesie door omspuiting v.d. verzorgende sensibele zenuw met een anestheticum; **4** (anat.:) benige vergroeiing; vb. blokwervel; **5** blokkade, stoornis. • **alveolair-capillair** ~ gestoorde diffusie van vnl. zuurstof over de membraan tussen alveoli en longcapillairen. • **anterograad** ~ blokkering i.d. voortgeleiding van elektrische prikkels. • **arborisatie** ~ (obsoleet begrip) stoornis i.d. prikkelgeleiding v.d. distale vertakkingen v.d. bundel van His. • **atrioventriculair** ~ (AV-blok) geleidingsstoornis tussen hartboezem en -kamer op het niveau v.d. atrioventriculaire knoop. • **AV**-~ atrioventriculair ~. • **bidirectioneel** ~ verstoorde prikkelgeleiding i.h. hart in twee richtingen, anterograad én retrograad. • **bier**~ *zie* anesthesie | intraveneuze regionale ~. • **bifasciculair** ~ elektrische geleidingsstoornis i.d. kamer waarbij twee v.d. drie grote takken van het geleidingssysteem niet of onvoldoende geleiden. • **bundeltak**~ stoornis i.d. prikkelgeleiding i.e. v.d. grotere vertakkingen v.d. bundel van His. • **compleet hart**~ *zie* atrioventriculair blok | derdegraads ~. • **exit**~ blokkering v.d. geleiding v.d. pacemakercellen naar het omringende myocard. • **Fasciculair** ~ *zie* fascikel~. • **fascikel**~ vertraging of blokkering v.d. prikkelvoortgeleiding i.e. v.d. fascikels v.d. linker bundeltak. • **hart**~ vertraging of onderbreking i.d. prikkelgeleiding i.h. hart. • **hemi**~ geleidingsstoor-

nis i.e. v.d. twee takken v.d. linkerbundel v.h. geleidingssysteem v.h. hart. • **intercostaal** ~ vorm van geleidingsanesthesie door injectie v.e. lokaal anaestheticum rondom de intercostale zenuwen. • **intraatriaal** ~ geleidingsblok i.h. atrium. • **iris**~ toestand waarbij de wortel v.d. iris de kamerhoek blokkeert. • **labyrint**~ het deel v.h. os temporale dat de cochlea en de booggangen bevat. • **linker anterieur fasciculair** ~ (LAFB) *zie* linker anterieur hemi~. • **linker anterieur hemi**~ (LAH) intraventriculaire geleidingsvertraging of blokkade i.d. anterieure fascikel v.d. linker bundel. • **linkerbundeltak**~ (LBTB) onderbroken of vertraagde elektrische geleiding i.d. linker geleidingsbundel na de splitsing v.d. bundel van His. • **linker posterieur fasciculair** ~ (LPFB) *zie* linker posterieur hemi~. • **linker posterieur hemi**~ (LPH) intraventriculaire geleidingsvertraging of blokkade i.d. posterieure fascikel v.d. linker bundel. • **mobitz**~ *zie* atrioventriculair blok type Mobitz-I. • **mobitz-type-I**~ *zie* atrioventriculair blok type Mobitz-I. • **mobitz-type-II** ~ *zie* atrioventriculair blok type Mobitz-II. • **myoneuraal** ~ remming v.d. impulsoverdracht i.h. motorische eindplaatje. • **partieel** ~ vertraagde geleiding of intermitterende blokkering i.e. v.d. prikkelgeleidingstraject. • **peri-infarction block** [E] type van intraventriculair geleidingsblok, veroorzaakt door myocardinfarct. • **plexuscoeliacus**~ vorm van geleidingsanesthesie door injectie v.e. lokaal anestheticum of en neurolytische vloeistof (bijv. fenol) rondom de plexus coeliacus ter bestrijding van ernstige pijn. • **rechterbundeltak**~ (RBTB) verstoorde of onderbroken geleiding i.d. rechter tak v.d. bundel van His. • **regionaal intraveneus sympathisch** ~ (RIS-blok) lokale toediening van middelen die de norepinefrinerelease uit sympathische zenuwuiteinden blokkeren; wordt toegepast bij deafferentiepijnen (gestoorde afferente zenuwfunctie) en fantoompijnen (na amputatie); vorm van geleidingsanesthesie. • **retrograad** ~ blokkering v.d. geleiding van een elektrische prikkel v.d. hartventrikels naar de atria. • **RIS**~ *zie* regionaal intraveneus sympathisch ~. • **SA**-~ *zie* sinoatriaal ~. • **sinoatriaal** ~ (SA-blok) hartritmestoornis waarbij de prikkeloverdracht van sinusknoop naar het myocard v.h. atrium niet of wisselend plaatsvindt. • **sinoauriculair** ~ *zie* sinoatriaal ~. • **supraventriculair** ~ *zie* intra-atriaal ~. • **totaal** ~ tijdelijk of permanent opgeheven geleiding van prikkels. • **trifasciculair bundeltak**~ geleidingsstoornis v.d. voorste en de achterste vezels v.d. linker bundeltak en v.d. rechter bundeltak. • **unidirectioneel** ~ verstoorde prikkelgeleiding i.h. hart in één richting, anterograad of retrograad. • **ventrikel**~ obstructie v.d. vloeistofstroom i.d. apertura mediana ventriculi quarti en de ap. lateralis ventr. qu. • **wenckebach**~ *zie* atrioventriculair blok type Mobitz-I. • **wervel**~ 1 (chir.:) *zie* wervel | blok~; 2 acute bewegingsbeperking v.d. wervelkolom t.g.v. inklemming van meniscusachtige gewrichtsvlokken. • **wilson**~ atypisch bundeltakblok waarbij de prikkel zich langzamer over de rechter hartkamer uitbreidt dan over de linker.

blokkade 1 (neurol., anesthesiol.) *zie* zenuwblokkade; **2** (psych.) geestelijke remming; **3** (celbiol.) de onmogelijkheid v.e. hormoon op receptoren op het celoppervlak aan te grijpen. • **geleidings**~ (neurofysiologie) toestand waarbij de compound muscle action potential na distale stimulatie groter is dan na proximale.

blokkeerder *zie* blokker.

blokker stof, veelal toegepast als geneesmiddel, die een biofysisch proces verhindert. • **bèta**~ *zie* bètasympathicolytica. • **calciumkanaal**~ *zie* antagonist | calcium~. • **ganglion**~ stof die de sympathische impulsoverdracht i.h. vegetatieve zenuwstelsel remt of verhindert. • **H2**-~ *zie* antagonist | H2-receptor~. • **histamine-2**~ *zie* antagonist | H2-receptor~. • **neuromusculaireovergang**~ middel dat de impulsoverdracht van zenuw naar spier remt. • **receptor**~ geneesmiddel dat de prikkeloverdracht naar een receptor blokkeert. • **TNF**-~ cytokine met uiteenlopende biochemische effecten.

blokkeren remmen, een bepaalde werking verhinderen.

blood patch kleine hoeveelheid autoloog bloed (ongeveer 10 ml) die via een lumbale punctie epiduraal wordt gespoten om een lek in de dura mater te dichten dat bij een eerdere lumbale punctie of spontaan is ontstaan.

blood sludging [E] klontering van bloedcellen.

blood typing [E] vaststelling v.d. bloedgroep.

blootstelling 1 (radiother., psych.) *zie* exposure; **2** (immunol.) *zie* expositie.

blotting [E] overbrenging van eiwitten i.e. gel op nitrocellulosefilter (*blot*) d.m.v. elektroforese. • **Southern** ~ [E] techniek om bepaalde DNA-fragmenten te detecteren. • **Western** ~ [E] blottingtechniek ter identificatie van eiwitten met specifieke antigenen.

blow-out blauwig doorschemerende verhevenheid, duidend op een geïsoleerde insufficiëntie v.e. v. perforans.

blozen *zie* erytheem | erythema faciale.

blue bloater [E] verouderde aanduiding van COPD-patiënt.

blue drum [E] blauw gekleurd slijmig vocht i.h. middenoor bij otitis media serosa a.g.v. het uit het vat treden van bloed.

BLWI *zie* luchtweginfectie | bovenste-~.

BM basaal metabolisme.

BMD botmineraaldichtheid.

BMDP software ten behoeve van beschrijvende en verklarende statistiek.

BMG benigne monoklonale gammapathie.

BMI (body-mass index) *zie* index | body-mass ~.

BMR (basal metabolic rate) *zie* metabolisme | basaal ~.

BMS *zie* stent | bare-metal ~.

BNA *zie* Basle Nomina Anatomica.

BNP *zie* peptide | natriuretische ~n.

Boas | **boasdrukpunt 1** pijn bij druk ter hoogte v.d. 10-12e rib links v.d. wervelkolom, wijst op ulcus ventriculi; **2** pijn op de overeenkomstige plaats rechts v.d. wervelkolom, wijst op cholelithiase. • **boas-ewaldproefontbijt** ontbijt bestaande uit 25 g wittebrood en 400 ml thee. • **teken van** ~ aanwezigheid v.e. hyperesthetische zone bij cholecystitis acuta.

bochel *zie* gibbus.

bodanskyeenheid (BE) eenheid waarin de activiteit v.d. fosfatase (alkalische resp. zure) wordt uitgedrukt.

body [E] lichaam. • **asteroid bodies** [E] stervormige insluitsels in reuscellen bij ziekte van Besnier-Boeck. • **Barr** ~ *zie* Barr | barr-lichaampje. • **blocking antibodies** [E] incomplete antistoffen die zich aan antigenen kunnen binden zonder agglutinatie te geven en daarmee een immunologische reactie met complete antistoffen blokkeren. • **concentric laminar bodies** concentrisch gerangschikte membranen; deze structuren zijn bij verschillende spierziekten in spiervezels waarneembaar. • **haematoxylin-stained bodies** [E] celinsluitsels, waarschijnlijk degeneratieproducten (van kernen) die door hematoxyline egaal blauw worden gekleurd, bij lupus erythematodes. • **lamellar bodies** [E] osmofiele cellichaampjes met een concentrische lamellaire structuur. • **LD bodies** [E] *Leishmania-donovani*-lichaampjes, voorkomend in milt-uitstrijkpreparaten bij kala-azar. • **nodular bodies** [E] ronde lichaampjes (in schimmels) gevormd door in elkaar verknoopte hyfen. • **residual bodies** [E] restfagosomen i.h. weefsel van hart en lever met daarin lipofuscine. • **~ surface area** [E] het lichaamsoppervlak, uitgedrukt in m²; de BSA v.e. volwassene bedraagt 1,8 à 2 m². • **X-bodies** structuren i.h. cytoplasma van histiocyten bij histiocytosis X.

body box [E] *zie* plethysmograaf | lichaams~.

body-heat content [E] de hoeveelheid inwendige energie of warmte i.h. lichaam.

Boerema | **boeremaknoop** modificatie v.d. murphyknoop voor hechting v.d. slokdarm aan het jejunum na gastrectomie. • **tank van ~** een overdrukkamer o.a. voor behandeling van infecties door anaerobe micro-organismen.

boeren *zie* eructatie.

boeroelizweer *zie* ulcus | boeroeli-~.

boezem 1 (anat., cardiol.:) *zie* atrium; **2** (lekenterm:) beide mammae.

boezemexcitatie verspreiding v.d. prikkel door de boezems bij depolarisatie.

boezemfibrillatie | **paroxismale ~** *zie* fibrillatie | paroxismale atrium-~.

boezemtussenschot *zie* septum interatriale cordis.

boezemwoelen *zie* atriumfibrillatie, atrium.

bof *zie* parotitis epidemica.

bohreffect fenomeen dat bij een stijgende dan wel dalende waterstofionenconcentratie en koolstofdioxidespanning de zuurstofafgifte v.h. bloed toe- resp. afneemt.

boksersoor *zie* oor | bloemkool-~.

bolus 1 (gastro-enterol.) hoop menselijke feces; **2** (gastro-enterol.) de i.d. mond gevormde bal van gekauwd voedsel voor het slikken; **3** (farmacol.) hoge dosis v.e. geneesmiddel; **4** (farmacol.) grote brok of pil van conserven, poeders met stroop, vnl. gebruikt i.d. diergeneeskunde.

bombans bomberend, uitpuilend; vb. iris bombans.

bomberen uitpuilen v.e. strak gespannen laag t.g.v. verhoogde druk eronder.

bombesine darmhormoon dat de productie van gastrine verhoogt, de uitscheiding van pancreasenzymen bevordert en de galblaas laat contraheren.

bomcalorimetrie het meten v.d. totale energetische inhoud v.e. (fecaal) monster.

bone-anchored hearing aid [E] hoortoestel dat per- of intracutaan bevestigd is aan een permanent i.d. schedel ingebrachte titaniumschroef.

bonhoefferreactievormen (obsoleet begrip) psychotische reactievormen op exogene basis.

Bonnet | **beenlade van ~** uit ijzerdraad vervaardigde beenspalk. • **bonnetsyndroom** visuele pseudohallucinaties bij visusdaling door organische aandoeningen v.h. visuele systeem. • **stand van ~** kenmerkende stand v.e. gewricht bij acute artritis of haemarthros.

bonnevie-ullrichsyndroom *zie* syndroom van Bonnevie-Ullrich.

bonte rij een in bepaalde volgorde gerangschikte rij vloeibare voedingsbodems met verschillende koolhydraten, alcoholen en glucosiden met een kleurstofindicator, voor identificatie van bepaalde bacteriën, speciaal *Enterobacteriaceae*.

bonus goed; vb. pus bonum et laudabile.

booggang *zie* kanaal | boog-~.

Boophilus een geslacht harde teken (v.d. fam. *Ixodidae*), belangrijke overdragers van runderziekten.

boost extra dosis, i.h.b. van straling op het tumorbed of het gebied waar een tumor heeft gezeten.

booster middel dat de verzwakte werking versterkt, terug op het oude niveau brengt.

boostereffect specifieke plotselinge versterking v.e. aanwezige, maar zwak geworden immuniteit.

BOPZ *zie* wet | Wet Bijzondere opnemingen in psychiatrische ziekenhuizen.

borborygmus met het blote oor waarneembare darmgeluiden (i.t.t. darmgeruis, dat uitsl. bij auscultatie met stethoscoop waarneembaar is).

borderline (stat., pathol.:) nog juist als diagnose te stellen op basis van gemeten waarden zeer hoog of laag i.h. interval v.d. referentiewaarden.

borderline intellectual functioning *zie* zwakbegaafdheid.

Bordetella geslacht v.d. familie *Parvobacteriaceae* (*Brucellaceae*). • ~ *bronchiseptica* verwekker v.e. kinkhoestachtige aandoening. • ~ *pertussis* verwekker van kinkhoest.

bore-out vermoeidheid en futloosheid door verveling op het werk.

boring volgens Beck *zie* beckboring.

borne [E] overgedragen; vb. water-borne, arthropod-borne. • **air-**~ [E] via de lucht ontstaan of overgebracht; vb. air-borne infection. • **arthropod-**~ (arbo) [E] door arthropoden overgebracht. • **tick-**~ [E] afkomstig van, overgebracht door teken. • **vector-**~ [E] overgedragen door een ongewerveld organisme. • **water-**~ [E] overgebracht via water; vb. water-borne disease.

Bornholmse ziekte *zie* myalgie | myalgia epidemica.

Borrelia geslacht v.d. familie *Treponemataceae* (orde *Spirochaetales*). • ~ *burgdorferi* verwekker van lymeborreliose, overgedragen door teken. • ~ *recurrentis* verwekker van febris recurrens, overgedragen door kleerluizen.

borreliose infectie door *Borrelia*. ⊙ **neuro**~ benaming voor de veelsoortige neurologische verschijnselen die kunnen optreden bij lymeborreliose.

borst 1 thorax [G.], pectus [L.]; 2 *zie* mamma.

borstkas *zie* cavea thoracis. • **paralytische** ~ lange, ongewelfde, smalle borstkas, met wijde intercostale ruimten.

borstvergroting *zie* mamma-augmentatie.

borstverkleining *zie* mammareductie.

borstvoeding 1 (handeling van lactatie:) *zie* voeding | borst- geven; 2 *zie* moedermelk. • **suppletie**~ het geven van vitamine K en D, fluoride en evt. ijzer aan de zuigeling naast de normale borstvoeding.

borstvoedingsverontreiniging voorkomen van medicamenten en/of chemicaliën in borstvoeding.

borstwervelkolom *zie* wervelkolom.

borstzelfonderzoek onderzoek dat een vrouw bij zichzelf kan uitvoeren om vroegtijdig afwijkingen i.d. borst op te sporen.

bos rund; vb. *Cysticercus bovis*.

bot hard deel v.h. skelet. • **hard** ~ *zie* substantia compacta ossium. • **lamellair** ~ botweefsel dat uit lagen is opgebouwd (i.t.t. vezelbot). • **plexiform** ~ *zie* vezel-~. • **spongieus** ~ *zie* substantia spongiosa ossium. • **subchondraal** ~ onder het kraakbeen gelegen bot. • **trabeculair** ~ *zie* substantia spongiosa ossium. • **vezel**~ primair gevormd botweefsel (in jong bot, bij herstel na bottrauma). • **zacht** ~ *zie* substantia spongiosa ossium.

bot (parasitol.) platte ingewandsworm, i.h.b. leverbot (*Fasciola*) en longbot (*Paragonimus*). • **lever**~ *zie Fasciola hepatica*.

botaanhechting 1 (anat.:) plaats waar de pees v.e. spier aan het bot is vastgehecht; 2 (chir.:) het aanhechten van materiaal aan bot; een botimplantaat wordt veelal v.e. biocompatibele coating voorzien ter vermindering v.e. afweerreactie.

botbalkje onderdeel van spongieus bot, bestaande uit lamellair bot.

botboring (oncol., int. gk.:) methode ter verkrijging van beenmerg door het aanboren v.e. bot; beenmergpunctie, waarbij beenmergcellen worden geaspireerd.

botcement tweecomponentenkunsthars (polymethylmethacrylaat) waarmee gewrichtsprotheses van metaal of kunststof i.h. bot kunnen worden gefixeerd, bijv. bij een heupprothese dan een kopplastiek (*zie profielterm* osteoporose).

botcyste | **solitaire** ~ *zie* cyste | juveniele bot-~.

botdensitometrie methode om de botmassa (het kalkgehalte van bot) te bepalen.

botdichtheidsmeting *zie* botdensitometrie.

boterosie erosieve schade aan botrand; vb. optredend bij reumatoïde artritis.

botfragment 1 i.h. omliggende weefsel gelegen stukje bot dat is afgescheurd na een avulsiefractuur of na een verbrijzelingsfractuur is ontstaan; 2 los stukje bot, afkomstig v.e. geraamte.

botgenezing herstel v.h. bot na een fractuur.

botinsertie *zie* botaanhechting.

botknobbel *zie* exostose.

botleeftijd *zie* skeletleeftijd.

botluik deel v.h. bot dat tijdelijk of blijvend chirurgisch wordt verwijderd om toegang tot de mergholte of schedelinhoud te krijgen.

botmassa hoeveelheid bot die een persoon bezit, te weten het feitelijke kalkgehalte van bot. • **piek~** maximale botdichtheid, die pas op volwassen leeftijd (20-50 jaar) wordt bereikt.

botmetastase | osteoblastische ~ botmetastase waarbij als reactie synthese van botmatrix plaatsvindt door beenvormende bindweefselcellen. • **osteolytische ~** botmetastase waarbij als reactie botmatrix verdwijnt door veelkernige cellen die beenweefsel afbreken en resorberen (osteoclasten).

botmineraalconcentratie *zie* botmineraalgehalte.

botmineraaldichtheidsmeting *zie* botdensitometrie.

botmineraaldichtheidswaarde (BMD) *zie* botdensitometrie.

botmineraalgehalte mineraalgehalte i.h. bot, bepaald m.b.v. de absorptie van straling.

botnecrose botafbraak. • **aseptische ~** *zie* avasculaire botnecrose. • **ischemische ~** botafbraak, veroorzaakt door onderbreking v.d. bloedvoorziening.

botontkalking *zie* osteoporose.

botopbouw *zie* osteogenese.

botox *zie* botuline.

botoxbehandeling injectie van botulinetoxine A ter vermindering van gelaatsrimpels.

botplaat 1 (anat.:) een v.d. botstukken die samen de schedel vormen; **2** (orthop. chir.:) metalen plaat die men bij een fractuur op het bot kan schroeven.

botresorptie afbraak van botweefsel met opneming v.d. afbraakproducten door osteoclasten.

botryoides druifvormig, druiventrosvormig; vb. sarcoma botryoides.

Botryomyces vroeger gangbare naam voor een aantal schimmels die tegenwoordig anders heten.

botryomycose infectieziekte bij paarden, kamelen, vee, veroorzaakt door *Micrococcus ascoformans*.

botschacht *zie* diafyse.

botsekwester afgekapseld stuk necrotisch bot dat niet meer kan worden gefagocyteerd of georganiseerd.

botsplinters *zie* chip | bone ~s.

botspoor *zie* osteofyt.

botsterkteverlies *zie* osteoporose.

botten kraken *zie* manuele therapie, chiropractie.

bottumor goedaardige of kwaadaardige woekering van cellen i.h. skelet, waarbij de kwaadaardige vorm vaak een uitzaaiing v.e. gezwel elders i.h. lichaam is; indeling: de tumoren die in nauwe relatie met het skelet ontstaan, noemt men primaire bottumoren; men onderscheidt benigne en maligne tumoren; tot de benigne tumoren behoren o.a. osteoïd osteoom, osteoblastoom, osteoom, chondroblastoom, enchondroom, osteochondroom (osteocartilaginaire exostose), niet-ossificerend fibroom, solitaire botcyste (juveniele botcyste), eosinofiele granuloom en fibreuze dysplasie; daarnaast kent men odontogene tumoren, gezwellen die ontstaan in relatie met het gebit en de aanleg daarvan; de bekendste daarvan zijn het ameloblastoom en het myxoom; de meest bekende maligne tumoren zijn osteosarcoom, chondrosarcoom, fibrosarcoom en maligne fibreuze histiocytoom, ewingsarcoom en plasmocytoom.

botuline exo(neuro)toxine van *Clostridium botulinum*, de sterkst werkende toxine die men kent.

botulinetoxinebehandeling *zie* botoxbehandeling.

botulisme zeer ernstige vergiftiging door botuline (exoneurotoxine van *Clostridium botulinum*) in slecht geconserveerde vleeswaren.

botverlies afname van botmassa doordat er minder botweefsel wordt aangemaakt dan dat er wordt afgebroken.

botverweking *zie* malacie | osteo~.

botvorming *zie* ossificatie, osteogenese. • **directe ~** *zie* intramembraneuze ~. • **enchondrale ~** aanleg van bot waarbij kraakbeen door botweefsel wordt vervangen. • **endesmale ~** aanleg van bot waarbij osteoblasten uit fibreus weefsel osteoïd vormen. • **indirecte ~** *zie* enchondrale ~. • **intramembraneuze ~** verbening in en door bindweefsel.

botweefsel weefsel, bestaande uit cellen, collageen en mineralen.

botziekte van Paget *zie* ostitis deformans.

Bouchard | bouchardnoduli benigne en kraakbenige verdikkingen v.d. proximale interfalangeale gewrichten (PIP-gewrichten); klinisch niet te verwarren met reumanoduli. • **ziekte van ~** acute atonische maagdilatatie.

bouffee *zie* opvlieger.

bougie een al dan niet buigbare sonde voor het oprekken of aftasten v.e. kanaal. • **filiforme** ~ zeer dunne (draadvormige) b.
bougisseren met bougies oprekken.
boulimie *zie* bulimia nervosa.
bouquet [F] *zie* en bouquet.
Boussignac Continous Positive Airway Pressure (BCPAP) vorm van positievedrukbeademing voor toepassing in o.a. ambulance *zie* continuous positive airway pressure.
boutonneux *zie* fièvre boutonneuse.
boutonnière [F] uitwendige chir. snede i.d. urinebuis.
boutons terminaux [F] eindknopjes aan het eindboompje v.e. neuron waar de transmittersubstantie wordt vrijgemaakt.
Bouveret | ziekte van ~ paroxismale tachycardie.
bovenbeenamputatie amputatie waarbij het onderbeen, de knie en het bovenbeen tot onder het heupgewricht worden afgezet.
bovenbeenbeugel orthese, benodigd bijv. bij een beenverlamming met uitval van m. quadriceps.
bovenkaak *zie* maxilla.
bovenste keelvernauwer *zie* musculus constrictor pharyngis superior.
bovenste oesofagussfincter *zie* sfincter | bovenste slokdarm~.
bovis v.h. rund; vb. *Mycobacterium b.*
bovum v.h. rund, van runderen afkomstig, m.b.t. runderen.
bowel [E] ingewanden, doorgaans 'de darmen'. • **inflammatory** ~ **disease** *zie* inflammatoire darmziekten.
Bowen | ziekte van ~ plaveiselcelcarcinoom v.d. huid.
box 1 een v.d. afsluitbare ruimten op een ziekenhuisafdeling voor de verpleging van besmettelijke patiënten; **2** *zie* homeobox.
BOZ *zie* buikoverzichtsfoto.
BPD 1 biparietale diameter v.d. foetale schedel; intra-uterien vastgesteld m.b.v. echografie vormt de BPD een maat voor de intra-uteriene groei; **2** *zie* dysplasie | bronchopulmonale ~; **3** borderline personality disorder.
BPH *zie* prostaathyperplasie.
BPPD *zie* duizeligheid | benigne paroxismale positie-~.
BPPN *zie* nystagmus | benigne paroxismale positieduizeligheids-~.

BPS *zie* syndroom | bodypacker-~.
Bq becquerel (SI-eenheid van radioactiviteit). • **M~** megabecquerel.
braakmiddel *zie* emeticum.
braakneiging *zie* nausea.
brace steunende beugel, korset. • **boston~** rompothese i.d. vorm v.e. hard kunststof korset. • **milwaukee~** speciaal type korset bij de behandeling van scoliose.
brachia bovenarm.
brachialgie pijn i.h. gebied v.d. plexus brachialis (in en rondom de schouder, met uitstraling i.d. arm).
brachialis de (boven)arm betreffend; vb. musculus brachialis.
brachiocephalicus m.b.t. bovenarm en hoofd; vb. venae brachiocephalicae (mv. van brachiocephalica).
brachioradialis v.d. bovenarm naar de radius lopend; vb. musculus brachioradialis.
brachium (boven)arm.
brachy- voorvoegsel in woordsamenstellingen met de betekenis kort.
brachybasie schuifelende gang met korte passen van bejaarden met atrofie v.h. striaire systeem (parkinsonisme).
brachycefaal met korte schedel (index cephalicus 81,5-85,4); verouderd concept uit de medische antropometrie.
brachycefalie kortheid v.d. schedel.
brachycephalus individu met korte schedel.
brachycheilie kortheid v.d. lip.
brachydactylie kortheid v.e. of meer vingers of tenen door het ontbreken v.e. of meer kootjes.
brachyfalangie kortheid v.e. of meer vinger- of teenkootjes.
brachygnathie kortheid v.d. onderkaak, m.a.g. 'vogelgezicht'.
brachymorfie kortheid v.d. romp zoals bij de gracilindiden, vooral de Balinezen.
brachyodontie de voor de mens kenmerkende kortheid v.d. tanden.
brachyoesophagus aangeboren kortheid v.d. slokdarm.
brachypneu *zie* dyspneu.
brady- voorvoegsel in woordsamenstellingen met de betekenis langzaam.
bradyacusis hardhorendheid.
bradycard gepaard gaand met, lijdend aan bradycardie.
bradycardie hartritmestoornis die gepaard gaat met drie of meer opeenvolgende ont-

ladingen uit dezelfde pacemaker met een frequentie die onder de inherente frequentie v.d. betreffende pacemaker ligt. • **foetale** ~ hartfrequentie v.d. foetus van minder dan 120 per minuut. • **relatieve** ~ hartritmestoornis die gepaard gaat met een hartritme dat lager is dan de situatie vereist. • **sinus**~ hartritmestoornis die gepaard gaat met een door de sinusknoop gestuurd hartritme.

bradyfagie ziekelijke verlangzaming v.d. motoriek met betrekking tot eten (kauwen, slikken).

bradyfrenie vertraagd tempo v.h. denken, zich uitend in vertraagd antwoorden op vragen en in trage, moeizame spraak met veel onderbrekingen.

bradykinesie het traag uitvoeren van bewegingen.

bradykininogeen in bloedplasma voorkomend, onwerkzaam voorstadium van bradykinine.

bradypepsie verlangzaming v.d. spijsvertering.

bradypneu te lage ademfrequentie.

bradytrofie vertraagde groei door verlangzaming v.d. stofwisseling.

bradyzoïet ontwikkelingsstadium tijdens de ongeslachtelijke voortplanting v.e. parasiet.

brain scanning *zie* scan | hersen~.

brain-sparing effect *zie* hersensparend effect.

braken het door de mond uitwerpen van maaginhoud t.g.v. antiperistaltiek. • **acetonemisch** ~ *zie* periodiek ~. • **bloed**~ het spugen van uit het systema digestorium (de tractus digestivus) afkomstig bloed; wordt veroorzaakt door o.a. varicesbloeding i.d. slokdarm; NB: de term is niet te verwarren met 'bloedspuwen' (hemoptoë). • **centraal** ~ braken t.g.v. intracerebrale prikkeling. • **cerebraal** ~ *zie* centraal ~. • **explosief** ~ *zie* projectiel~. • **fecaal** ~ *zie* fecaloïd ~. • **fecaloïd** ~ het braken van fecesachtig, stinkende vomitus met de geur van feces; duidt op een ileus (obstructie) lager i.h. systema digestorium (de tractus digestivus). • **gal**~ *zie* emesis | chol~. • **periodiek** ~ periodieke aanvallen van buikpijn met onstilbaar b. zonder duidelijke oorzaak, ongeveer twee dagen aanhoudend, gepaard met acetonemie en acetonurie. • **projectiel**~ kenmerkend symptoom van congenitale pylorusstenose; het braaksel wordt als een projectiel weggeslingerd. • **retentie**~ uitbraken van eten dat al langere tijd geleden is genuttigd. • **zwangerschaps**~ *zie* emesis | hyper~ gravidarum.

brancard draagbed om zieke of gewonde mensen op te vervoeren.

brancher deficiency *zie* amylopectinose.

branchia kieuwen.

branchialis m.b.t. de kieuwbogen; vb. arcus branchialis.

branchiogeen afkomstig v.e. kieuwboog, bijv. een b-gene fistel, cyste.

branchiomeer het bij een jong embryo tussen twee kieuwspleten liggende segment.

branchioom v.e. kieuwboogrest uitgaand gezwel.

branded generic [E] locopreparaat dat door een farmaceutisch bedrijf op de markt wordt gebracht naast een specialité met dezelfde werkzame stof.

Branhamella genus v.d. fam. *Neisseriaceae*, bewoner v.d. slijmvliezen v.d. bovenste luchtwegen. • ~ *catarrhalis* bewoner van luchtwegslijmvlies, wordt soms pathogeen.

Braun | braunspalk sleevormige draadspalk waarop een gebroken been wordt gelegd waaraan een rekverband is bevestigd. • **teken van** ~ afwezigheid van hersenpulsatie bij vrijliggende dura, teken v.e. onder deze plaats gelegen tumor, abces of cyste.

• **braunhuidtransplantatie** transplantatiemethode waarbij d.m.v. een braunprop thierschhuidlapjes worden aangebracht.

bread-and-butter heart [E] typisch beeld bij een fibrineuze pericarditis.

break-up time (BUT) [E] de tijd die voorbijgaat voordat de traanfilm op de aan de lucht blootgestelde cornea wordt onderbroken.

breathalyzer [E] apparaat voor fotometrische bepaling v.d. alcoholconcentratie in uitademingslucht met bichromaatzwavelzuur.

breath-holding spells [E] bij kinderen i.h. 2de tot 4de levensjaar na hevige emotie optredende aanvallen, waarbij door de combinatie van persen en niet-ademen een zuurstoftekort i.d. hersenen ontstaat, m.a.g. kortdurend bewustzijnsverlies.

breath-holding time [E.] *zie* volhoudtijd.

breath play [E] *zie* hypoxifilie.

brede baarmoederband *zie* ligamentum latum uteri.

bregma (craniometrie) het kruispunt van

kroon- en pijlnaad.
brein-PET *zie* tomografie | hersenpositronemissie~.
brein-SPECT *zie* SPECT | hersen-~.
brekebeentje *zie* osteogenese | osteogenesis imperfecta.
breken van foetale vliezen *zie* breuk | vlies~.
breking *zie* refractie.
brekingsfout *zie* refractieafwijking.
breslowdikte *zie* classificatie | breslow-~.
breslowgradering *zie* classificatie | breslow-~.
breuk 1 (orthop.) *zie* fractuur; 2 (chir., int. geneesk., weke delen) *zie* hernia. **been~** (orthop.) *zie* fractura. **beklemde ~** *zie* hernia incarcerata. **blaas~** *zie* cystocele. **bot~** *zie* fractuur. **van Petit** *zie* Petit | petitfractuur. **van Treitz** breuk v.h. duodenum en jejunum. **buikwand~** *zie* hernia abdominalis. **chromatide~** breuk i.e. v.d. strengen v.e. chromosoom. **darm-blaas~** *zie* enterocystocele. **darm-net~** *zie* enteroepiplocele. **darmwand~** hernia incompleta waarbij een gedeelte v.d. darmwand door een breukpoort heen is gestulpt. **divertikel~** *zie* darmwand~. **draai~** *zie* fractuur | torsie~. **echte ~** *zie* hernia vera. **glij~** breuk waarvan de breukzak voor een deel wordt gevormd door niet vrij beweeglijke ingewanden. **hiatus ~** *zie* hernia hiatus oesophagei. **ingeklemde ~** *zie* hernia incarcerata. **ingewand~** *zie* hernia. **lenden~** *zie* hernia lumbalis. **lever~** *zie* hepatocele. **lies~** *zie* liesbreuk. **litteken~** breuk i.e. litteken, meestal postoperatief v.d. buikwand. **middenrif~** *zie* hernia diaphragmatica. **navel~** uitstulping v.h. buikvlies i.d. navel door een zwakke plek of opening i.d. buikwand. **navelstreng~** *zie* hernia funiculi umbilicalis. **onechte ~** *zie* hernia spuria. **perineale ~** *zie* perineocele. **samengestelde bot~** *zie* fractuur | open-~. **schede~** *zie* hernia vaginalis. **schedel~** *zie* fractuur | schedel-~. **slokdarm~** *zie* oesofagocele. **spatader~** *zie* varicocele. **spiraal~** *zie* fractuur | torsie~. **splinter~** *zie* fractuur | comminutieve ~. **stem~** (kno-heelk.:) *zie* stemwisseling. **strottenhoofd~** *zie* laryngocele. **twijg~** *zie* fractuur | twijg-~. **vet~** (obsolete term) *zie* adipocele. **vlies~** 1 het spontaan scheuren v.d. foetale vliezen; 2 het kunstmatig doorprikken v.d. eivliezen ter opwekking of bespoediging v.d. baring. **water~** *zie* hydrocele. **wekedelen~** *zie* hernia.
breukband | **lies~** gordel of band waardoor een liesbreuk binnen de buikholte wordt gehouden.
breukinhoud de inhoud v.d. breukzak.
breukpoort op een zwakke plek i.d. wand v.e. lichaamsholte ontstane opening waardoorheen de serosabekleding van die lichaamsholte gaat uitstulpen.
breukzak zakvormige uitstulping v.e. bekleedend vlies via een breukpoort.
brevicollis met korte hals; vb. synostosis brevicollis (= syndroom van Klippel-Feil).
brevis kort; vb. caput breve.
bride bindweefselstreng.
bridging [E] 1 verschijnsel dat een coronairarterie die onder een spierweefsel v.h. myocard door loopt bij elke systole geheel of gedeeltelijk wordt dichtgedrukt; 2 (neurol.) hematoom rondom de oogleden zonder lokale zwelling, ontstaan door fractuur van voorste schedelbasis. **myocardial ~** *zie* myocardbrug.
bril hulpmiddel voor visusverbetering bij refractiestoornissen dat bestaat uit twee i.e. montuur gevatte lenzen. **dissectie~** bril met twee bolprismatische glazen, vervaardigd uit een platbolle lens die middendoor is gesneden, zodat men a.h.w. twee halve brillenglazen verkrijgt. **multifocale ~** bril met lenzen waarbij de brandpuntsafstand geleidelijk kleiner wordt. **staar~** bril ter correctie van staar.
brilmontuuracanthoom *zie* acanthoom | acanthoma fissuratum.
Brissaud | **brissaudscoliose** scoliose als pijnverminderende houding bij ischialgie.
British Anti-Lewisite (BAL) middel dat aanvankelijk tegen het oorlogsgas lewisiet werd gebruikt.
brittle bones *zie* osteogenese | osteogenesis imperfecta.
BRM (biologischeresponsmodificator) *zie* immunomodulator.
Broca | **broca-afasie** niet-vloeiende a. waarbij vooral de taalexpressie gestoord is.
broddelen haastig en onduidelijk spreken met weglating en verandering van taalklanken, lettergrepen en/of woorden.
broeder aanspreekvorm of of naamloze verwijzing naar mannelijke verpleegkundige i.e. ziekenhuis of zorginstelling; ook wel verouderende lekenaanduiding van

'verpleegkundige'.

broedstoof een ovenachtig apparaat dat op een constante temperatuur kan worden gehouden en o.a. wordt gebruikt voor het kweken van geënte voedingsbodems.

broek jargon-term voor bifurcatie-prothese.

broekplassen *zie* enurese | enuresis diurna.

broken home [E] verbroken gezinsleven, door scheiding enz.

bromhidrosis *zie* osmidrose.

bromidrose afscheiding van stinkend zweet.

bromisme chronische bromidevergiftiging.

brommen (pulmonol.:) bijgeruis bij longauscultatie met een laagfrequent en continu karakter; vnl. gehoord bij COPD-patiënten met verdikte luchtwegwanden en sputumproductie.

bromocriptine semisynthetisch aminozuur-alkaloïde, behorend tot de groep van secale alkaloïden.

bromoderma toxicodermie door gebruik van broom. • ~ **tuberosum** bromoderma met grote verheven infiltraten en abcessen.

bronchadenitis ontsteking v.d. bronchiale lymfeklieren.

bronchectasie *zie* bronchiëctasie.

bronchiaal betrekking hebbend op de bronchi.

bronchiale boom *zie* bronchusboom.

bronchialis bronchiaal; vb. ramus bronchialis, asthma bronchiale.

⊛ **bronchiëctasie** chronische verwijding v.e. bronchus met vaak etterige inhoud; indeling: men onderscheidt cilindrische, spoelvormige (fusiforme) en zakvormige (sacculaire) bronchiëctasieën.

bronchio- voorvoegsel m.b.t. de bronchioli; vb. bronchiolitis.

bronchiocele verwijding v.e. bronchiolus (kleine bronchus).

bronchiolectasie overmatige en duurzame verwijding v.e. bronchiolus (kleine bronchus).

bronchiolectaticus gepaard gaand met bronchiolectasie; vb. emphysema b-um.

bronchioliet concrement dat i.d. bronchioli wordt aangetroffen.

bronchiolitis ontsteking van bronchioli. • ~ **exsudativa** bronchiolusontsteking met vochtafscheiding. • ~ **fibrosa obliterans** bronchiolitis obliterans met bindweefselvorming. • ~ **obliterans** ernstige vorm van bronchiolitis met verettering en obliteratie v.h. lumen v.d. bronchioli.

bronchiolus bronchusvertakking zonder kraakbeen i.d. wand, tot aan de ductuli alveolares.

bronchiolytica groep van geneesmiddelen die de kramp van bronchiolusspiertjes opheffen.

bronchisme *zie* spasme | broncho~.

bronchiticus gepaard gaand met bronchitis; vb. perniciosa bronchitica.

bronchitis ontsteking v.e. of meer bronchi.
• **acute** ~ plotseling beginnende hevige ontsteking van bronchi, meestal kortdurend.
• **astmatische** ~ 1 bronchitis bij asthma bronchiale; 2 bronchitis met astma-achtige hoestaanvallen. • ~ **capillaris** *zie* bronchiolitis exsudativa. • ~ **plastica** bronchusontsteking met fibrineus exsudaat dat bij ophoesten eruitziet als een afgietsel v.d. bronchusboom. • ~ **spastica** *zie* astmatische ~. • **capillaire** ~ *zie* bronchitis capillaris.
• **chronische** ~ slepende ontsteking van bronchi en bronchioli. • **laryngotracheale** ~ ernstige acute afdalende luchtweginfectie, meestal veroorzaakt door hemolytische streptokokken. • **laryngotracheo~ descendens** *zie* laryngitis. • **peri~** ontsteking v.h. weefsel i.d. omgeving v.e. bronchus, ongeveer overeenkomend met subacute bronchopneumonie. • **pseudomembraneuze** ~ *zie* bronchitis plastica. • **sino~** bronchitis gepaard met sinusitis. • **tracheo~** ontsteking van trachea en bronchi.

bronchitisch m.b.t. bronchitis; vb. bronchitische geruisen.

broncho- voorvoegsel m.b.t. de bronchiën; vb. bronchodilatatie.

bronchobiliair m.b.t. de bronchi en de galwegen.

bronchocele plaatselijke verwijding v.e. bronchus.

bronchoconstrictie vernauwing van bronchi door samentrekking van bronchusmusculatuur.

bronchoconstrictor 1 bronchusspieren die het lumen v.e. bronchus vernauwen; **2** een stof met bronchus-vernauwende werking.

bronchodilatantia groep van geneesmiddelen die de kleine luchtwegen (bronchioli) verwijden.

bronchogeen uitgaand v.e. bronchus, afkomstig uit, via de bronchi.

bronchografie röntgenfotografie v.d. longen, nadat contraststof i.d. bronchi is gebracht om deze op de foto zichtbaar te maken.

bronchogram de foto die bij bronchografie wordt verkregen.

broncholiet bronchussteen, calculus bronchialis.

broncholytica *zie* bronchodilatantia.

bronchomycose schimmelinfectie v.d. bronchusboom.

broncho-oesofageaal *zie* bronchooesophageus.

bronchooesophageus v.d. bronchus naar de oesofagus lopend.

bronchopathie ziekte v.d. bronchi.

bronchopulmonair m.b.t. de bronchi en de longen; vb. b-re dysplasie.

bronchopulmonalis m.b.t. de bronchi en de long. • **lymphadenitis** ~ *zie* bronchadenitis.

bronchorroe overvloedige slijmafscheiding uit de bronchi.

bronchoscoop instrument (Kilian 1898), endoscoop, gebruikt bij de bronchoscopie.

bronchoscopie bezichtiging v.d. trachea, de bronchi en de grote bronchustakken door een via de trachea ingebrachte bronchoscoop.

bronchosinusitis gelijktijdige ontsteking van bronchi en (een of meer) sinus nasales.

bronchospasmolytica *zie* bronchodilatantia.

bronchospirometrie *zie* spirometrie.

bronchostaxis bloeding uit bronchusslijmvlies.

bronchostenose *zie* stenose | bronchus-.

bronchotetanie tonische kramp v.d. bronchusmusculatuur bij spasmofiele kinderen.

bronchotomie operatieve opening v.e. bronchus, bijv. voor het verwijderen v.e. corpus alienum.

bronchus een v.d. twee hoofdvertakkingen v.d. trachea. • **~ segmentalis lateralis** b. voor het laterale segment v.d. rechter middenkwab (segment 4). • **stam-** *zie* hoofdbronchus.

bronchus-associated lymphoid tissue *zie* lymfoïd weefsel | bronchusgeassocieerd ~.

bronchusboom het geheel v.d. vertakkingen v.d. trachea.

● **bronchuscarcinoom** kwaadaardige woekering van cellen uitgaande v.h. bronchusepitheel; indeling: twee typen o.b.v. weefsel en celkenmerken: 'kleincellig' type (20-25 %; syn. E. *small-cell lung cancer*, SCLC) en 'niet-kleincellig' type (75-80 %; syn. E. *non-small-cell lung cancer*, NSCLC), dat weer vier subtypen kent: plaveiselcelcarcinoom (ca. 35 %), adenocarcinoom (ca. 20 %), adenosquameus carcinoom (< 5 %) en ongedifferentieerd carcinoom (ca. 10 %); de tumorgrootte, de lokale uitbreiding en de metastasering bepalen het stadium; dit is voor de prognose en de behandeling van groot belang; in stadium I en II bevinden de tumor en de kliermetastasen zich nog i.d. long zelf; bij stadium IIIA zijn er metastasen i.d. ipsilaterale lymfeklieren i.h. mediastinum; bij stadium IV is er sprake van metastasering op afstand. • **niet-kleincellig** ~ *zie* bronchuscarcinoom.

bronchuscatarre catarrale ontsteking v.d. bronchi.

bronchusverwijders *zie* bronchodilatantia.

bronchuscontactopsporing *zie* bron- en contactopsporing.

bron- en contactopsporing identificatie van personen (of dieren) die zodanig in contact zijn gekomen met een geïnfecteerd individu, dier of besmette omgeving, dat er mogelijk sprake van infectietransmissie is geweest.

bronopsporing *zie* bron- en contactopsporing.

bronst aan het seizoen gebonden periode van 'loops' zijn bij wijfjeszoogdieren (behalve primaten) tijdens welke enorme functionele, morfologische veranderingen en een bijzonder gedragspatroon (intense paringsdrift) de partner tot copulatie uitnodigen.

broosheidsfractuur pathologische fractuur bij minimaal trauma door verhoogde breekbaarheid v.h. bot a.g.v. osteopenie/osteoporose.

broze botten *zie* osteoporose.

Brucella geslacht v.d. familie *Brucellaceae*; drie soorten: *B. abortus*, *B. melitensis* en *B. suis*. • ~ *abortus* verwekker v.d. ziekte van Bang; vroeger geheten *Bacillus abortus Bang*. • ~ *melitensis* verwekker van maltakoorts. • ~ *suis* verwekker van varkensbrucellose.

Brucellaceae een familie v.d. klasse *Schizomycetes*.

brucellose infectieziekte, veroorzaakt door een der *Brucella*-soorten. • **boviene** ~ bij runderen voorkomende infectieziekte, veroor-

zaakt door *Brucella abortus*.
brug pons.
brugcoloboom een coloboom waarvan de spleet op een bepaalde plaats overbrugd is.
Brugia een geslacht van filariawormen die door muggen op mensen en dieren worden overgebracht. • ~ *malayi* de filaria die in Zuidoost-Azië bij de mens filariasis veroorzaakt.
brugiasis *zie* filariasis.
brugsymptomen 1 verschijnselen die zich voordoen tussen een ongeval en een latere ziekte, waardoor een oorzakelijke samenhang tussen het ongeval en de ziekte waarschijnlijk wordt; **2** verschijnselen t.g.v. een proces i.d. pons.
bruising [E] het ontstaan van subcutane bloedingen bij lichte traumata.
bruit [F] abnormaal vasculair geluid dat wordt waargenomen bij auscultatie v.e. arterie, orgaan of klier. • ~ **de Roger** *zie* Roger | souffle de ~. • ~ **de canon** zeer luide eerste toon die optreedt wanneer de atriumcontractie vlak voor de hartventrikelcontractie plaatsvindt terwijl de openingsklepppen nog openstaan.
brunescens bruin-wordend; vb. cataracta brunescens.
brunncelnesten opeengepropte hoopjes epitheelcellen i.d. wand van ureters en blaas.
brus 'broer of zus', i.h.b. niet-zieke broer/zus van patiënt; niet-officieel Nederlands woord, niettemin in toenemende mate in gebruik bij (kinder)psychologen (brusjessyndroom = neglected-sibling syndrome) gangbaar in informeel medisch taalgebruik en lekentaal; gevormd in analogie met E. *sibling*, D. *Geschwister*, Noors *søsken* [naar P. Kuipers].
bruxisme parafunctionele activiteit (knarsen, wrijven, klapperen, persen enz.) v.d. gebitselementen die onwillekeurig en langdurig dagelijks optreedt.
brygmus tandenknarsen.
BSE (boviene spongiforme encefalopathie) niet te verwarren met 'bse' (bezinkingssnelheid erytrocyten) *zie* encefalopathie | boviene spongiforme ~.
bse (bezinkingssnelheid erytrocyten) niet te verwarren met 'BSE' (boviene spongiforme encefalopathie) *zie* bloedbezinkingssnelheid.
BT *zie* bloedingstijd.

BTC basaletemperatuurcurve.
BTLS *zie* life support | basic trauma ~.
buba leishmaniasis mucocutanea.
bubo zichtbare gezwollen en fluctuerende (lies)lymfeklier, i.h.b. bij venerische ziekten en pest. • ~ **inguinalis** b. i.d. lies.
• **primaire** ~ b. die ontstaan is zonder dat een primair affect is opgemerkt, bij syfilis en chancroïd. • ~ **venereus** b. bij een venerische ziekte.
bubon d'emblée *zie* bubo | primaire ~.
bubonenpest *zie* pest.
bubonocele zwelling i.d. lies door een inguïnale of femorale breuk.
bucca de wang, de zijwand v.h. vestibulum oris.
buccaal van of bij de wang.
buccalis vb. nervus buccalis *zie* buccaal.
buccofaryngeaal *zie* orofaryngeaal.
buccopharyngeus m.b.t. de mond en de keelholte; vb. fascia buccopharyngea.
Bucky | buckyblende traliefilter om secundaire röntgenstralen weg te houden, zodat een scherper röntgenbeeld ontstaat.
• **buckystralen** *zie* straal | grensstralen.
Budd | budd-chiarisyndroom symptomencomplex bij stenose v.d. venae hepaticae.
budding [E] **1** ongeslachtelijke vermeerdering van gistcellen en schimmels; **2** wijze waarop de meeste virussen met envelop de gastheercel verlaten.
buddy iemand die op vrijwillige basis psychosociale hulp verleent aan chronisch zieken, psychiatrische patiënten, aidspatiënten e.d.
Budgettair Kader Zorg (BKZ) van overheidsweg vastgestelde totale kosten v.d. gezondheidszorg.
budinmelkgetal bij kunstmatige voeding moet een gezonde zuigeling 100 g koemelk per kg lichaamsgewicht hebben, maar niet meer dan 600 g.
Buerger | ziekte van ~ *zie* trombangiitis | thrombangiitis obliterans.
bufadi-enoliden sterinederivaten in paddengif en in sommige planten, met digitaloïde werking.
bufagine verzamelnaam voor alle soorten bufadiënoliden uit paddengif.
buffalo hump [E] *zie* bisonnek.
buffer *zie* oplossing | buffer~.
bufferstoffen stoffen die door binding of afgifte van waterstofionen de zuurgraad van bloed of weefselvloeistof tot een zekere

grens nagenoeg constant kunnen houden bij toevoeging of onttrekking van waterstofionen.
buidelmaag *zie* ectasie | ectasia ventriculi.
buigbeperking beperking die men bij gewrichtsflexie ondervindt.
buiger *zie* flexor.
buigingsfacillimum richting waarin de wervelkolom v.d. foetus het gemakkelijkst buigt.
buik abdomen [L], gaster [G], lapara [G]. • **acute** ~ *zie* acute buik. • **boven**~ epigastrium. • **hang**~ voor-omlaag hangende buik t.g.v. verslapping v.d. buikspieren. • **harde** ~ *zie* contractie | zwangerschaps-s. • **honger**~ *zie* oedeem | honger-. • **stille** ~ het ontbreken van darmbewegingen en auscultatoir waar te nemen darmgeluiden. • **trommel**~ *zie* tympanie. • **water**~ *zie* ascites.
buikholte *zie* cavitas peritonealis. • **vrije** ~ de hypothetische ruimte i.d. buikholte tussen de ingewanden.
buikletsel schade aan buikwand en/of buikinhoud t.g.v. een trauma.
buikloop *zie* diarree.
buiknet *zie* omentum majus, omentum minus.
buikoverzichtsfoto (X-BOZ) röntgenfoto v.h. abdomen zonder gebruik van contrastmiddel.
buikpers de intra-abdominale drukverhoging die ontstaat bij contractie v.d. spieren v.d. buikwand, de bekkenbodem en het middenrif.
buikwand de weefsellagen die zorgen voor een bescherming v.d. organen die i.d. buik gelegen zijn, te weten huid, vet, fascie, spieren en buikvlies.
building-related illness *zie* syndroom | sick-building-.
builenpest *zie* pest.
buis tuba. • ~ **van Eustachius** *zie* tuba auditiva.
buismaagprocedure *zie* maag | buis-.
buitenbaarmoederlijk *zie* extra-uterien.
buitenkoker deel v.e. prothesekoker dat om de binnenkoker heen zit en krachten overbrengt op de prothese.
bulbair m.b.t. bulbus (medullae oblongata, duodeni); vb. -e neurose, -e crisis.
bulbaris bulbair.
bulbi gen. of mv. van bulbus.
bulbitis ontsteking v.d. bulbus penis bij gonorroe.

bulbocavernosus m.b.t. de bulbus penis en de corpora cavernosa; vb. musculus bulbocavernosus.
bulboideus ui-vormig; vb. corpusculum bulboideum.
bulboscopie onderzoek v.d. bulbus duodeni d.m.v. een endoscoop.
bulbospongiosus m.b.t. de bulbus penis en het corpus spongiosum; vb. musculus bulbospongiosus.
bulbourethralis m.b.t. de bulbus penis en de urethra; vb. glandula bulbourethralis.
bulbus bolvormig lichaamsdeel, plaatselijke verdikking. • ~ **duodeni** licht verwijd gedeelte v.h. duodenum vlak na de pylorus. • ~ **oculi** oogbol. • ~ **penis** het achterste verdikte einde v.h. corpus spongiosum penis.
bulging disc [E] *zie* prolaps | discus-.
bulimia nervosa eetstoornis, gepaard gaand met recidiverende episoden van onbeheersbare vreetbuien en een onweerstaanbare drang optreedt om binnen korte tijd enorme hoeveelheden te eten, gevolgd door zelfopgewekt braken, laxeren of vasten om gewichtstoename te voorkomen; gaat gepaard met ziekelijke angst om dik te worden; stoornis is verwant aan anorexia nervosa en valt soms samen met episoden hiervan.
Bulinus een geslacht slakken waarvan verschillende soorten tussengastheer zijn voor *Schistosoma haematobium* en *Clonorchis sinensis*.
bulky aanduiding voor grotere tumoren of lymfeklieren.
bulla 1 zichtbare holte i.d. huid gevuld met niet-purulent vocht, > 1 cm in diameter; 2 holte; vb. bijv. in beenweefsel; 3 grote emfyseemblaas i.d. long. • ~ **ethmoidalis** grootste v.d. voorste zeefbeencellen.
bullectomie operatief verwijderen v.e. of meer bullae op de long.
bulleus gepaard gaand met vorming van blaren, blaasjes; vb. ~ exantheem, ~ pemfigoïd.
bullosus bulleus; vb. zoster bullosus, dystrophia bullosa, eczema bullosum.
BUN (blood-urea-nitrogen) "bloed-ureumstikstof", verkorte aanduiding van serumwaarden die voor diagnostiek van nierfalen in deze combinatie worden bepaald.
bundel fasciculus. • **atriofasciculaire** ~ geleidingsbundel tussen de atria en de hartventrikels. • ~ **van Kent** congenitale extra

elektrische verbinding tussen atria en ventrikels, door de anulus fibrosus heen, buiten de AV-knoop om. • ~ **van Lissauer** *zie* tractus dorsolateralis. • **helweg**~ *zie* tractus olivospinalis. • **macula**~ de bundel van ascilinders tussen de discus nervi optici en de macula retinae. • **papillomaculaire** ~ *zie* macula~. • **solitaire** ~ tractus solitarius.

bundeltakken de drie vezelstructuren waarin de bundel van His zich vertakt.

bunion zwelling gelokaliseerd aan de mediale en/of dorsale zijde v.h. kopje v.h. metatarsofalangeale gewricht 1.

burning feet [E] klinische entiteit, gekarakteriseerd door pijnlijke, brandende voeten waarin vaak (pijnlijke) paresthesieën worden gevoeldm.

burn-out toestand die op symptoomniveau op overspanning lijkt, maar die werkgerelateerd is.

bursa plat zakje, gevuld met synoviaal vocht, gelegen daar waar het bot dicht onder de huid komt. • ~ **prepatellaris** *zie* bursa subcutanea prepatellaris. • **subcutanea prepatellaris** b. tussen huid en fascie voor de knie.

bursatus voorzien v.e. bursa; vb. exostosis bursata.

bursectomie de operatieve verwijdering v.e. bursa.

bursitis ontsteking v.e. bursa. • ~ **olecrani** ontsteking v.d. bursa die subcutaan over het olecranon is gelegen. • ~ **praepatellaris** chronische mechanische ontsteking v.d. bursa subcutanea prepatellaris. • ~ **retrocalcanea** ontsteking v.d. bursa die is gelegen tussen de insertie v.d. achillespees en de calcaneus. • ~ **subacromialis** bursitis die ontstaat a.g.v. tendinose v.d. cuffmusculatuur, meestal de supraspinatus. • ~ **trochanterica** meest voorkomende bursitis rondom de heup.

bursografie röntgenonderzoek v.e. bursa nadat er een contrastmiddel in is gespoten.

bursoliet concrement i.e. bursa.

bursopathia calcarea een met kalkafzetting gepaard gaande bursitis praepatellaris.

burst *zie* impulstrein.

burst temporal lobe lokale volledige verwoesting v.d. pool v.d. temporaalkwab na traumatisch schedelhersenletsel.

Buschke | scleroedeem van ~ zeldzame vorm van sclerodermie waarbij meestal het bovenste gedeelte v.d. rug, de nek en de schouders verhard zijn.

BUT *zie* break-up time.

buttonhole deformity [E] *zie* malformatie | boutonnière~.

B-vezels *zie* vezel | B-zenuw~s.

bypass chirurgisch aangelegde omleiding, i.h.b. in vaat- en darmchirurgie. • **arteriële** ~ *zie* veneuze ~. • **cardiopulmonale** ~ (CPB) extracorporale circulatietechniek, o.a. toegepast bij open-hartchirurgie m.b.v. gebruik v.e. hart-longmachine. • **coronary-artery** ~ *zie* coronary-artery ~ graft. • **coronary-artery** ~ **graft** (CABG) [E] chirurgische revascularisatie v.h. myocard door het aanleggen v.e. bypass langs een afgesloten of vernauwde coronairarterie. • **gastric** ~ *zie* gastroplastiek. • **ileojejunale** ~ *zie* jejuno-ileale ~. • **jejuno-ileale** ~ operatie waarbij circa 36 cm v.h. jejunum 10 cm voor de ileocoecale klep end-to-side wordt ingehecht. • **off-pump coronary artery** ~ (OPCAB) *zie* coronary-artery ~ graft. • **STA-MCA**~~ verbinding tussen de a. temporalis superficialis en de a. cerebri media ter verbetering of voorkoming van cerebrale ischemie. • **veneuze** ~ ader die wordt gebruikt als omleiding langs een vernauwde ader.

bypass-shunt *zie* anastomose | bypass~.

byssinose vorm van pneumoconiose, veroorzaakt door inhalatie van katoenstof in spinnerijen.

C

c 1 oude afkorting voor curie (tegenwoordig: Ci); 2 cum [L.], met (rec.); 3 cochlear [L.], lepel (rec.); 4 dens cuspidatus (afkorting in tandformule).

C3a splitsingsproduct van complementfactor 3.

C5a splitsingsproduct van complementfactor 5.

CAAT box [E] DNA-sequentie (cytosine, 2 x adenine, thymine), bij veel genen aanwezig i.d. promotor op 80 basenparen v.h. beginpunt van transcriptie; wordt herkend door veel transcriptiefactoren.

CAB coronary-artery bypass *zie* bypass | coronary-artery ~ graft.

CABG *zie* bypass | coronary-artery ~ graft.

cabotringen nucleaire membranen in erytrocyten bij loodanemie, anaemia perniciosa, erytremie.

cachecticorum gen. mv. van cachecticus; vb. gangraena multiplex cachecticorum.

cachecticus lijdend aan cachexie.

cachectine tumornecrosefactor alfa (TNF-alfa).

cachectisch lijdend aan cachexie, gepaard gaand met cachexie.

cachexie extreme vermagering met atrofie van spierweefsel, o.a. bij een maligniteit. · **hypofysaire** ~ *zie* syndroom | sheehan-~.

cacosmia *zie* kakosmie.

CAD 1 consultatiebureau voor alcohol en drugs; 2 chronische actinische dermatitis *zie* reticuloïd | actinisch ~; 3 catheter à demeure.

cadaverine *zie* kadaverine.

cadherine adhesiemolecuul, verantwoordelijk voor de organisatie van weefsels en organen.

cadmium (Cd) bivalent metaal, lijkt op tin, atoomnummer 48.

caduceus staf van Mercurius, boodschapper der Griekse goden, bestaande uit een staaf met twee tegengesteld eromheen gewonden slangen, waarboven twee vleugels.

caecalis 1 m.b.t. het caecum; vb. plica caecalis; 2 m.b.t. de blinde vlek (macula retinae).

caecitas blindheid.

caecopexie vasthechting v.e. beweeglijk caecum.

caecostomie 1 het aanleggen v.e. kunstmatige fistel, die v.h. caecum via een opening i.d. buikwand naar buiten voert; 2 via een appendixstomp ingebrachte katheter om de dikke darm te decomprimeren of te spoelen.

caecotomie chirurgische opening v.h. caecum.

caecum *zie* darm | blinde~ · ~ **mobile** abnormaal beweeglijk caecum.

caecumfistel *zie* caecostomie.

caecus blind; vb. intestinum caecum.

caeruleus blauw.

caesareus m.b.t. Caesar, keizerlijk; vb. partus caesareus, sectio caesarea.

CAF cytotoxische combinatietherapie, toegepast bij mammacarcinoom.

cafeïne bittere stof, o.a. in koffie, thee, met centraal-stimulerende werking.

cafestol cholesterolverhogend vet dat van nature in koffiebonen voorkomt.

Caffey | ziekte van ~-Silverman infantiele corticale hyperostose.

CAG *zie* angiografie | coronaire ~.

Cal kcal = kilocalorie (i.h. SI vervangen door kilojoule; 1 kcal = 4,1868 kJ).

cal gcal = gramcalorie (i.h. SI vervangen door joule; 1 cal = 4,1868 J).

calabarzwelling jeukende, vluchtige zwelling door plaatselijk oedeem v.d. huid tij-

dens de passage v.d. oogworm *Loa loa*.
calcanearis tot het hielbeen (calcaneus) behorend.
calcaneodynie pijn i.d. hiel.
calcaneus 1 (z.nw.): het hielbeen; **2** (bijv.nw.): m.b.t. het hielbeen; vb. pes calcaneus, rami calcanei (mv. van calcaneus).
calcaneusspoor puntvormige beenwoekering aan het hielbeen.
calcar spoor.
calcareus gepaard gaand met kalk-afzetting; vb. cataracta calcarea.
calcarinus m.b.t. de calcar; vb. sulcus calcarinus, fissura calcarina.
calciëmie aanwezigheid van calcium i.h. bloed, soms i.d. betekenis van hypercalciëmie.
calciferol vitamine D_2 (bestraald ergosterol).
calcificans kalkvormend; vb. epithelioma calcificans.
calcificatie *zie* verkalking. • **micro~ 1** aanwezigheid van kleine 'kalkspetters' op een röntgenbeeld; **2** opneming v.h. Tc-99m-difosfonaat op het skeletscintigram in organen als uiting van microcalcificaties.
• **mönckeberg~** *zie* sclerose | calcificerende media~ van Mönckeberg. • **re~** herstel v.h. calciumgehalte i.d. weefsels.
calcineurine eiwit dat in geactiveerde vorm betrokken is bij de signaaltransductie van geactiveerde T-celreceptoren.
calcinose (uitgebreidere) afzetting van kalkzouten. • **calcinosis circumscripta** begrensde kalkafzetting. • **calcinosis cutis** kalkafzetting i.d. huid. • **calcinosis generalisata** kalkafzetting verspreid over het gehele lichaam. • **calcinosis interstitialis** afzetting van kalk i.h. interstitiële bindweefsel van spieren en bij gewrichten.
• **calcinosis universalis** *zie* calcinosis generalisata.
calciopathie stoornis v.d. calciumstofwisseling.
calciphylaxis proces waarbij calcium in lichaamsdelen wordt gedeponeerd bij toediening v.e. 'challenger'.
calcis gen. van calx (hielbeen).
calcitonine (CT) polypeptide hormoon met bloedcalciumregulerende werking.
calcitrans achteruitschoppend.
calcitriol *zie* vitamine | 1-alfa,25-dihydroxy~ D_3.
calcium (Ca) element dat een belangrijke rol in vele lichaamsprocessen speelt; vormt essentieel onderdeel v.d. voeding, reguleert de normale spier- en zenuwfunctie en vervult een rol bij de bloedstolling en bij de hartritmeregulatie.
calciumcarbonaat calciumzout van koolzuur; toegepast als antacidum.
calcium-D-pantothenaat *zie* vitamine B_5.
calcium-entry blocker [E] *zie* antagonist | calcium~.
calciumpomp chemisch transportsysteem voor calciumionen.
calciumsuppletie het vergroten v.d. inname van calcium per os door extra consumptie van calcium, in aanvulling op de normale voeding.
calculated risk [E] *zie* risico | bewust genomen ~.
calculeus met kalkafzetting gepaard gaand; vb. pericarditis calculosa, calculeuze cystitis.
calculose aanwezigheid van calculi (mv. van calculus).
calculus klein concrement. • ~ **cardialis** *zie* cardioliet. • ~ **felleus** *zie* steen | gal~. • ~ **pancreatis** pancreassteen. • ~ **pinealis** acervulus cerebri (BNA). • ~ **renalis** *zie* steen | nier~. • ~ **salivalis** speekselsteen. • ~ **ureteris** *zie* urolithiase. • ~ **vesicalis** blaassteen.
Caldwell | caldwell-lucoperatie operatie met opening v.d. kaakholte. • **caldwell-lucopname** röntgenonderzoek v.d. kaakholten.
calices meervoudsvorm van L. calyx = kelk; vb. calices renales = nierkelken.
caliculus 'kleine kelk'. • ~ **gustatorius** smaakknop, waarvan een aantal verenigd zijn i.h. epitheel v.d. papillae vallatae en foliatae.
calidus warm.
CALLA *zie* antigeen | common-acute-lymphoblastic-leukaemia antigen.
calleus m.b.t. callus, bestaand uit callus.
Calliphoridae bromvliegen, een familie v.d. orde *Diptera*.
callositas verdikking v.h. stratum corneum v.d. epidermis.
callosotomie chirurgisch doornemen v.h. corpus callosum, meestal ter behandeling van epilepsie.
callosus calleus, eeltachtig; vb. corpus callosum.
callotase beenverlenging i.d. groeizone tussen epifyse en diafyse (metafyse.

callus 1 (orthop. chir.:) (nieuw) gevormd been, bijv. op fractuurplaatsen; **2** (dermatol.:) plaatselijke hyperkeratose v.d. huid, gevolg van lang voortgezette mechanische trauma's. • **benige** ~ benig weefsel dat zich vormt tussen twee botgedeelten bij genezing v.e. fractuur uit fibreuze callus.
• **brug**~ vorming van beencallus tussen radius en ulna, na onderarmfractuur. • **centrale** ~ zie myelogene ~. • **endostale** ~ zie myelogene ~. • **fibreuze** ~ bindweefsel dat zich vormt tussen twee botgedeelten bij genezing v.e. fractuur. • **intermediaire** ~ de zich bij herstel vormende c. tussen twee fractuurstukken. • **medullaire** ~ zie myelogene~. • **myelogene** ~ vanuit het beenmerg gevormd nieuw been. • **parostale** ~ c. gevormd door het weefsel i.d. omgeving v.h. bot. • **periostale** ~ door het periost gevormd nieuw been.

calmoduline calcium-bindend eiwit dat een rol speelt bij hormonale werking op cellulair niveau.

calor warmte, een der vijf klinische kenmerken van ontsteking: calor, dolor, tumor, rubor en functio laesa. • ~ **mordax** het brandend hete gevoel v.d. huid bij hoge koorts, i.h.b. (vroeger) bij roodvonk.

caloricus warm; vb. dermatitis calorica, erythema caloricum.

calorie (cal) oude eenheid van warmte ('hoeveelheid warmte die nodig is om één gram water op zeeniveau één graad Celsius in temperatuur te doen stijgen'), i.h. SI vervangen door joule (J); 1000 cal (1 kcal) = 4,1868 kilojoule (kJ).

calorigram curve die bij registratie v.d. calorische nystagmus wordt verkregen.

calorisch verband houdend met warmte (L. calor); vb. calorische nystagmus.

calorisch onderzoek zie Bárány | calorische proef van ~.

calpaïne-3 spierweefselspecifieke en Ca^{2+}-afhankelijke cysteïneprotease.

calpaïnopathie gordeldystrofie a.g.v. een mutatie i.h. gen voor calpaïne-3.

calva schedel, hersenschedel.

calvaria bovenste deel v.d. hersenschedel, dat een dak vormt over de hersenen.

Calvé | calvésyndroom osteochondrosis v.e. of meer wervellichamen.

calvities kaalhoofdigheid.

calvus kaal.

calx 1 het licht achterwaarts uitstekende achterste gedeelte v.d. voet; **2** kalksteen.

calyx kelk. • **glyco**~ onscherpe, sterk in samenstelling wisselende laag van vnl. koolhydraten aan buitenoppervlakte v.e. cel.

CAM (complementary and alternative medicine) **1** complementaire en alternatieve geneeswijzen; **2** (biochemie) zie celadhesiemoleculen.

cambium binnenste laag v.h. periost, waar de osteoblasten been vormen.

camera kamer. • ~ **lucida** toestel dat aan een microscoop wordt aangebracht, voorzien v.e. prisma, dat het microscopisch beeld op een tekenvlak werpt, zodat men het kan natekenen. • ~ **obscura** donkere kamer.

CAM-expressie aanwezigheid van celadhesiemoleculen op cellen die kan verdwijnen bij tumoren.

campimeter toestel waarmee het centrale deel v.h. gezichtsveld op een vlak oppervlak wordt uitgezet.

campimetrie bepaling v.h. gezichtsveld d.m.v. een campimeter.

camptocormie zie syndroom | bent-spine syndrome.

camptodactylie flexiecontractuur i.h. proximale interfalangeale gewricht v.e. of meer vingers.

Campylobacter een tot de fam. *Spirillaceae* behorend genus; veroorzaakt enteritis. • ~ *fetus* verwekker v.e. infectieziekte bij runderen en schapen; veroorzaakt vroegtijdige abortus. • ~ *fetus* ssp. *jejuni* verwekker van acute gastro-enteritis bij de mens.

canadabalsem vloeibare hars waarin microscopische preparaten worden ingebed.

canaliculus kanaaltje.

canalis kanaal. • ~ **alimentarius** zie systema digestorium. • ~ **analis** het laatste deel v.h. rectum, tussen columnae anales en anus.
• ~ **centralis** het i.d. lengterichting v.h. ruggenmerg i.d. substantia intermedia centralis lopende, met ependym beklede kanaal.
• ~ **femoralis** breukpoort voor femorale hernia's. • ~ **hypoglossalis** voor-opzij v.h. foramen magnum gelegen kanaal voor de XIIe hersenzenuw. • ~ **nutricius** kanaal dwars door de beencompacta naar het merg, voor voedende vaten. • ~ **obstetricus** zie kanaal | barings-. • ~ **vertebralis** wervelkanaal, gevormd door de foramina vertebralia.

canalografie röntgenonderzoek v.d. extra-

durale ruimte v.h. wervelkanaal m.b.v. contraststoffen.
cancellation [E] het fenomeen dat tegengestelde elektrische potentialen i.d. hartspier elkaar gedeeltelijk of geheel kunnen opheffen.
cancer *zie* kanker. • ~ **à deux** [F] gelijktijdige ontwikkeling van kanker bij twee niet-verwante, samenlevende mensen. • ~ **aquaticus** *zie* noma. • ~ **Galeni** doekverband voor het hoofd met zes slippen.
cancerofobie *zie* fobie | carcino-.
cancerogeen *zie* carcinogeen.
cancrum kanker. • ~ **oris** *zie* stomatitis gangraenosa.
Candida een geslacht gistachtige schimmels v.d. fam. *Cryptococcaceae*. • ~ *albicans* gistachtige schimmel, verwekker van candidiasis, leeft gewoonlijk als commensaal, wordt pathogeen bij vermindering v.d. weerstand v.d. gastheer of bij vernietiging van andere micro-organismen door antibacteriële therapie, ook bij toediening van cytostatica en corticosteroïden.
candidemie aanwezigheid van *Candida* i.h. bloed.
candidiasis symptomatische infectie met een 'gistachtige' schimmel, veelal met *Candida albicans*, zelden andere candidasoorten; het syn. 'moniliasis' is verouderd en het syn. 'candidose' is minder gangbaar.
• ~ **mucosae oris** *zie* candidiasis oris.
• ~ **oris** candidiasis v.h. mondslijmvlies.
• ~ **vaginae** *zie* candidiasis vaginalis.
• ~ **vaginalis** candidiasis v.d. vagina. • **chronische mucocutane** ~ zeldzame vorm van candidiasis, gekenmerkt door blijvende of recidiverende therapieresistente infecties v.d. slijmvliezen, nagels en de huid. • **intertrigineuze** ~ candida-infectie v.d. grote plooien (oksels, onder de mammae, liezen, crena ani), vurige rode huidveranderingen met randschilfering en identieke 'eilandjes voor de kust'.
candidide allergische uitslag bij candidiasis.
candidose *zie* candidiasis. • **chronische mucocutane** ~ *zie* candidiasis | chronische mucocutane ~. • **orale** ~ *zie* candidiasis oris.
caninus m.b.t. tot de hond; vb. dens caninus, fames canina, *Dipylidium c-num*.
canis hond.
canities diffuse vergrijzing v.h. haar, veroorzaakt door fysiologisch verouderingsproces.
cannabisme verslaving aan cannabisproducten (hasj, marihuana).
Cannabis sativa hennepplant.
Cannon | cannonreactie maakt deel uit v.h. adaptatiesyndroom bij plotselinge fysieke of psychische belasting; reflectoire stimulering v.d. sympathicus leidt tot uitstorting van bijnierhormonen, vnl. epinefrine (adrenaline), m.a.g. stijging v.d. bloeddruk en de bloedglucoseconcentratie. • **cannonring** ringvormige tonische contractie, soms zichtbaar i.h. colon transversum.
cannon wave [E] het verschijnsel dat ontstaat bij een totaal AV-blok de kamer en het atrium tegelijkertijd contraheren en het bloed tegen de gesloten tricuspidalisklep wordt geperst en vervolgens terugstroomt naar boven, als een 'kanonsgolf'.
CANS (complaints of arms, neck and shoulder) *zie* repetitive strain injury.
cantharidine blaarverwekkende giftige stof, afkomstig van bepaalde kevers.
Cantharis vesicatoria Spaanse vlieg, bevat cantharidine.
canthorum (oogheelk.:) m.b.t. de oogheek.
canthotomie doorsnijding v.d. canthus externus.
canthus oogheek. • ~ **externus** buitenste oogheek.
cantorum (kno-heelk.:) a.g.v. zingen als belasting v.d. stembanden.
canulatie het invoeren/plaatsen v.e. canule.
canule steriel verpakt buisje waarmee men langs onnatuurlijke weg toegang tot anatomische ruimtes verkrijgt. • **arterioveneuze** ~ permanente buis die wordt aangebracht bij patiënten die regelmatig hemodialyse ondergaan. • **T-**T-vormige canule. • **trachea**~ buis die bij tracheotomie wordt ingebracht. • **tracheotomie**~ *zie* tube | tracheotomie~.
CAP cytotoxisch combinatiepreparaat.
capacitatie het proces dat de i.d. cavitas uteri doorgedrongen spermatozoa ondergaan, waardoor ze 'geschikt' worden om een ovum te bevruchten.
capaciteit 1 (alg.) bevattingsvermogen; **2** (pulmonol.) *zie* longcapaciteit | totale ~.
• **diffusie**~ (DC) de hoeveelheid v.e. gas die per eenheid van tijd en druk door de wand v.d. longalveoli diffundeert. • **functionele residu**~ (FRC) *zie* longcapaciteit | functionele reserve~. • **latente ijzerbindings**~ de

hoeveelheid ijzer die door het niet met ijzer verzadigde deel van transferrine nog kan worden gebonden. • **long**~ (LC) de hoeveelheid lucht die de longen bevatten na maximale inspiratie. • **reserve**~ het potentieel vermogen v.e. orgaan dat boven het voor een normale functie vereiste vermogen nog kan worden benut. • **totale** ~ *zie* longcapaciteit | totale ~. • **totale ijzerbindings**~ (TIJBC) hoeveelheid ijzer die kan worden gebonden bij volledige verzadiging v.h. ijzertransporteiwit transferrine i.h. bloed. • **vitale** ~ *zie* longcapaciteit | vitale ~. • **zuurstofbindings**~ maat voor de hoeveelheid zuurstof die een bepaalde stof kan binden.

Capaciteitsorgaan in 1999 opgerichte instelling die zich bezighoudt met de beroepskrachtenplanning voor de medische beroepen.

CAPD *zie* hemodialyse | continue ambulante peritoneale ~.

capillair 1 (z.nw.) zeer fijn kanaaltje, buisje; meestal wordt 'bloedcapillair' bedoeld; 2 (bijv. nw.) betrekking hebbend op de fijnste vertakkingen. • **bloed**~ kleinste bloedvat, verbindt arteriola met venula. • **gal**~ intralobulaire galafvoerweg tussen de levercellen in gelegen.

capillaire druk druk i.d. bloedcapillairen.

capillaire filtratie uittreden van vocht uit de capillairen naar de interstitiële ruimte.

capillairelektrometer toestel voor het meten van kleine potentiaalverschillen.

capillaria haarvaten (afkorting van vasa capillaria).

capillaris m.b.t. haarvaten, haarvormig; vb. vas capillare.

capillaritis ontsteking v.d. capillairen.

capillaroscopie het bekijken v.d. capillairen.

capillary refill [E] het zich weer vullen v.d. capillairen i.e. bloedleeg gedrukte huidplek nadat de druk is opgeheven.

capilli *zie* haar.

capilliformis haarvormig.

capillorum gen. mv. van capillus (haar); vb. defluvium capillorum.

capillus hoofdhaar.

capistratio *zie* fimose.

capita *zie* hoofd.

capitalis tot het hoofd (caput) behorend.

capitatus v.e. kop voorzien; vb. os capitatum.

capitis gen. van caput; vb. crinis capitis.

• **dermatomycosis** ~ *zie* tinea capitis.

capitium hoofdverband met een drie- of vierpuntige doek.

capitulum hoofdje, kopje. • ~ **humeri** kopje aan het distale einde v.d. humerus, voor het gewricht met de radius.

Capnocytophaga canimorsus gramnegatieve, penicilline-gevoelige bacterie die m.n. door hondenbeten overgebrachte zeldzame infectie kan veroorzaken bij patiënten na splenectomie.

capnografie weergeven op scherm of papier v.d. CO_2-concentratie in ademlucht als functie v.d. tijd.

capnometrie meten van CO_2-concentratie in ventilatiemengsel.

capping [E.] proces waarbij met antigene bezette B-celreceptoren met elkaar fuseren aan één zijde v.d. celmembraan.

caps halvemaanvormige structuren, perifeer in dwars gesneden spiervezels, bestaande uit afwijkende mycfibrillen.

capside proteïnemantel om het nucleoïd v.e. virion.

capsomeren eenheden waaruit de capside v.e. virion bestaat.

capsula de term wordt gebruikt i.d. anatomie, de bacteriologie en de farmacie. • ~ **interna** laag van merghoudende vezels, tussen nucleus lentiformis en nucleus caudatus.

capsulair betrekking hebbend op een kapsel; vb. intra- en extra-capsulaire cataractextracte.

capsulair patroon bewegingsbeperking v.d. gewrichten door artritis of artrose.

capsularis capsulair, een (gewrichts)kapsel betreffend; vb. ankylosis capsularis.

capsule 1 toedieningsvorm van geneesmiddelen; 2 houdertje met mesje voor proefexcisie van darmslijmvlies (c. van Crosby).

capsulectomie chirurgische verwijdering v.e. kapsel (v.e. gewricht, v.d. ooglens).

capsulitis kapselontsteking. • **adhesieve** ~ periarthritis humeroscapularis. • ~ **adhaesiva** *zie* frozen shoulder.

capsulotomie klieving v.h. bindweefselkapsel rond een borstprothese ter behandeling van verharde, pijnlijke kapselvorming rond de borstprothesen.

capuchon *zie* hanenkam.

caput 1 hoofd (schedel); vb. indaling van foetaal caput; 2 kop (v.e. beenstuk, v.e. spier). • ~ **femoris** *zie* caput ossis femoris. • ~ **fibu-**

lae het proximale, verdikte einde v.d. fibula. • **~ galeatum** hoofd v.e. kind dat 'met de helm' (de nog ongescheurde eivliezen) geboren is. • **~ humeri** bovenste eindstuk v.d. humerus. • **~ metatarsale** het distale uiteinde v.e. middenvoetsbeentje. • **~ obstipum** scheve hals. • **~ ossis femoris** proximaal bolvormig gedeelte v.h. femur, bekleed met kraakbeen. • **~ pancreatis** pancreaskop. • **~ radii** radiuskop. • **~ succedaneum** geboortegezwel, een oedemateuze zwelling op het voorliggende lichaamsdeel v.d. pasgeborene.

CARA (chronische aspecifieke respiratoire aandoeningen) inmiddels verouderde verzamelterm voor een groot aantal chronische aspecifieke aandoeningen v.d. ademhalingsorganen; tegenwoordig differentieert men in 'astma' en 'chronic obstructive pulmonary disease (COPD)'.

carate Zuid-Amerikaanse niet-venerische treponematose met als verwekker *Treponema carateum*.

carateus m.b.t. carate; vb. pannus carateus, *Treponema c-eum*.

carbaminaat verbinding v.e. koolstofdioxidemolecuul met een aminogroep v.e. plasma-eiwit of hemoglobinemolecuul.

carbaminoverbinding *zie* carbaminaat.

carboanhydrase *zie* koolzuuranhydrase.

carbohydrasen verzamelnaam voor alle enzymen die inwerken op sachariden (suikers).

carbonisatie verkoling, vierdegraadsverbranding.

carbovisor gasanalyseapparaat voor continue registrering v.d. kooldioxideconcentratie i.d. uitademingslucht tijdens narcose.

carboxyglutaminezuurproteïne *zie* osteocalcine.

carboxylase enzym dat werkzaam is bij de afsplitsing van kooldioxide v.d. carboxylgroep van alfaketo-carbonzuren.

carboxypeptidase enzym in pancreassap dat een rol speelt i.d. eiwitvertering; splitst aan de kant v.d. carboxylgroep eindstandige aminozuren van peptideketens af.

carbunculus niet te verwarren met 'caruncula' *zie* karbunkel.

carbunculus renis *zie* karbunkel | nier~.

carcinogeen 1 (bijv.nw.) kankerverwekkend; **2** (z.nw.) stof die kanker verwekt.

carcinogenese het ontstaan, de oorsprong, de vorming van kanker.

⊛ **carcinoïd** (zelfst. naamw.) vrij zeldzame, langzaam groeiende neuro-endocriene tumor die in diverse organen v.h. systema digestorium (de tractus digestivus) en de tractus respiratorius kan ontstaan en verschillende endocriene producten kan secerneren; indeling: in 10-20% v.d. gevallen zijn er multipele locaties; klassiek worden deze onderverdeeld in 'voordarm' (maag, duodenum, pancreas, long), 'middendarm' (jejunum t/m midtransversum) en 'einddarm' (midtransversum t/m rectum, deze zijn zelden hormonaal actief); de appendix is de meest voorkomende locatie, gevolgd door het ileum, rectum en de maag.

carcinoïde niet te verwarren met zelfst. nw. 'carcinoïd' *zie* carcinomateus.

carcinoïdhartschade *zie* carcinoïd.

carcinologie *zie* oncologie.

carcinolytica *zie* oncostatica.

carcinoma aquatica *zie* noma.

carcinoma chorionicum *zie* chorionepithelioom.

carcinoma conjugale *zie* cancer à deux.

carcinoma spinocellulare *zie* plaveiselcelcarcinoom.

carcinomateus lijkend op, m.b.t. carcinoom.

carcinomatose *zie* carcinose.

carcinomatosus *zie* carcinomateus.

carcinoom kwaadaardig gezwel van epitheel, met neiging tot infiltrerende groei en metastasering. • **acinic cell carcinoma** [E] betrekkelijk laaggradig carcinoom v.d. speekselklieren. • **adenocarcinoma renis** carcinoom waarbij ten minste (een aanduiding van) groei in klierkwabjes behouden is gebleven. • **adeno~** carcinoom dat uitgaat van mucosacellen of klierepitheelcelle. • **alveolairecel~** kwaadaardige, aan adenocarcinoom verwante longtumor. • **anus~** maligne tumor i.d. anale streek, uitgaande v.h. anusslijmvlies of v.d. huid rond de anus.
• **basocellulair ~** *zie* basocellulair carcinoom. • **blaas~** *zie* blaascarcinoom. • **bronchoalveolair ~** adenocarcinoom v.d. long dat niet v.e. bronchus uitgaat en zich vaak in sterke mate i.h. longparenchym uitbreidt; scheidt vaak slijm af; enigszins betere prognose dan het bronchuscarcinoom.
• **bronchus~** *zie* bronchuscarcinoom. • **carcinoma basocellulare** *zie* basocellulair carcinoom. • **carcinoma colloides 1** carci-

noom met colloïde degeneratie; **2** c. dat uitgaat van slijmproducerende cellen. • **carcinoma in situ** (CIS) intra-epitheliaal carcinoom met intacte basale membraan. • **carcinoma intraepitheliale** *zie* carcinoma in situ. • **carcinoma mammae** *zie* mammacarcinoom. • **carcinoma medullare** kanker v.h. beenmerg, snel groeiend, met veel kankerparenchym en weinig stroma. • **carcinoma mucoides** solide of klierachtig adenocarcinoom met atypische slijmproductie v.d. carcinoomcellen of colloïde degeneratie. • **carcinoma pulmonum** *zie* bronchuscarcinoom. • **carcinoma scirrhosum** *zie* scirrhus. • **carcinoma uteri** baarmoederkanker (endometriumcarcinoom) *zie* endometriumcarcinoom. • **cardia~** carcinoom dat zich ontwikkelt op de plaats waar de slokdarm i.d. maag overgaat. • **cervix~** *zie* cervixcarcinoom. • **cholangio~** *zie* galweg-~. • **choledochus~** *zie* galweg-~. • **chorio~** *zie* chorionepithelioom. • **cilindercel~** carcinoom, bestaande uit gewoekerde cilindercellen. • **clearcell~** carcinoom v.d. vagina dat op jeugdige leeftijd ontstaat bij vrouwen die in utero aan di-ethylstilbestrol blootgesteld zijn geweest. • **colon~** *zie* colorectaal carcinoom. • **colorectaal ~** *zie* colorectaal carcinoom. • **comedo~** vorm van ductaal carcinoma in situ met veel necrose v.d. intraductale maligne cellen. • **contact~** carcinoom dat optreedt aan een huidof slijmvliesoppervlak op de plaats waar dit in aanraking is met een bestaand carcinoom. • **corpus~** *zie* endometriumcarcinoom. • **cysto~** carcinoom met (grote) holten. • **ductaal carcinoma in situ van de mamma** (DCIS) proliferatie van maligne cellen i.d. melkgangen waarbij nog geen infiltratieve groei i.h. omgevende mammaweefsel is opgetreden. • **ductaal ~** tumor die uitgaat v.h. epitheel i.e. buisstructuur, veelal een klierbuisje. • **embryonaal ~** carcinoom dat ontstaat in kiemcellen van gonaden. • **endometrium~** *zie* endometriumcarcinoom. • **fibro~** carcinoom met veel fibreus weefsel. • **galblaas~** adenocarcinoom v.d. galblaas. • **galweg~** maligne tumor v.d. galwegen. • **havercel~** longcarcinoom, bestaande uit haverkorrelvormige cellen. • **hepatocellulair ~** maligne levertumor, uitgaande v.d. hepatocyt. • **hereditair non-polypose-colorectaal ~** (HNPCC) *zie* syndroom | lynch-~. • **hoofd-hals~** maligne aandoening v.d. slijmvliezen i.h. hoofdhalsgebied. • **inflammatoir mamma~** snel groeiend mammacarcinoom, dusdanig snel dat het ziektebeeld op een acute mastitis lijkt. • **interval~** tumor die wordt ontdekt i.h. interval tussen twee screeningsonderzoeken naar de betreffende tumor. • **intra-epitheliaal carcinoma in situ van de mamma** proliferatie van maligne cellen i.d. melkgangen waarbij nog geen infiltratieve groei i.h. omgevende mammaweefsel is opgetreden. • **invasief ~** carcinoom met infiltratieve groei i.h. omgevende weefsel (stroma). • **kleincellig ~** *zie* bronchuscarcinoom. • **larynx~** *zie* larynxcarcinoom. • **leptomeningeaal ~** metastasering v.e. carcinoom naar de zachte hersenvliezen. • **levercel~** *zie* hepatocellulair ~. • **lip~** carcinoom, doorgaans plaveiselcelcarcinoom, dat vanuit het slijmvliesepitheel v.h. lippenrood ontstaat, vnl. i.d. onderlip en meer bij mannen; oorzaak: o.a. langdurige blootstelling aan zonlicht en roken. • **lobulair carcinoma in situ van de mamma** (LCIS) proliferatie van maligne cellen i.d. melkklierkwabjes waarbij nog geen infiltratieve groei i.h. omgevende mammaweefsel (stroma) is opgetreden. • **maag~** *zie* maagcarcinoom. • **maagstomp~** carcinoom dat zich na jaren ontwikkelt i.d. na een maagresectie overgebleven maagstomp. • **mamma~** *zie* mammacarcinoom. • **medullair schildklier~** c., uitgaande v.d. parafolliculaire cellen met afzetting van amyloïd i.h. stroma. • **micro-invasief ~** intraductaal carcinoom dat op een of verscheidene plaatsen de basale membraan tot een maximum van 1 mm heeft geïnvadeerd. • **mondholte~** carcinoom v.d. mondholte. • **muco-epidermoïd speekselklier~** c. v.d. speekselklieren met plaveisel-epitheelachtige en slijmvormende partijen. • **nasofaryngeaal ~** carcinoom v.d. nasofarynx. • **nier~** *zie* niercarcinoom. • **niercel~** (NCC) *zie* niercarcinoom. • **oatcell carcinoma** [E] *zie* havercel-~. • **occult ~** symptoomloze primaire tumor waarbij een metastase de eerste klinische verschijnselen geeft. • **oesofagus~** *zie* oesofaguscarcinoom. • **orofarynx~** *zie* hoofd-hals-~. • **osteo~** beenkanker, beencarcinoom. • **ovarium~** *zie* ovariumcarcinoom. • **overgangsepitheel~** carcinoom dat bestaat uit cellen die gelijkenis vertonen met overgangsepitheel; komt voor i.d. urineafvoer-

wegen, i.h.b. i.d. urineblaas. • **pancreas~** zie pancreascarcinoom. • **penis~** kwaadaardige tumor v.d. penis. • **planocellulair ~** zie plaveiselcelcarcinoom. • **plaveiselcel~** zie plaveiselcelcarcinoom. • **pre~** term voor een celcomplex dat als voorstadium van carcinoom te beschouwen is. • **pre-invasief ~** zie carcinoma in situ. • **prostaat~** zie prostaatcarcinoom. • **psammo~** carcinoom waarin zandachtige korrels ontstaan, o.a. bij ovariumcarcinoom. • **rectum-anus~** zie colorectaal carcinoom. • **rectum~** carcinoom i.h. rectum dat zich veelal ontwikkelt uit een adenomateuze darmpoliep. • **romphuid~** zeer oppervlakkig groeiend basocellulair carcinoom met geïnfiltreerde rand en teleangiëctasieën. • **sarco~** zie sarcoom | carcino-. • **schildklier~** zie schildkliercarcinoom. • **slokdarm~** zie oesofaguscarcinoom. • **spinocellulair ~** zie plaveiselcelcarcinoom. • **stekelcellen~** zie plaveiselcelcarcinoom. • **stomp~** veelal wordt hiermee een carcinoom bedoeld dat ontstaan is i.d. cervixstomp na supravaginale uterusextirpatie of i.e. restmaag na maagresectie.
• **terato~** maligne tumor van kiemcellen.
• **testis~** zie testiscarcinoom. • **thymus~** tumor, uitgaande van thymusweefsel.
• **tong~** carcinoom v.d. tong; voorkeurslocatie is het middelste eenderde gedeelte v.d. tongrand, voorts de tongbasis. • **ulcus~** carcinoom dat zich uit een ulcus ventriculi ontwikkelt. • **urotheel~** zie overgangsepitheel~. • **vagina~** maligne tumor, uitgaande v.h. vaginaslijmvlies. • **verruceus ~** langzaam groeiende exofytische tumor op de slijmvliezen. • **vulva~** zie vulvacarcinoom.

carcinose verspreide uitbreiding van kankerweefsel over het gehele lichaam of over een groot deel v.h. lichaam.

carcinostaticum zie cytostatica.

cardia zie pars cardiaca.

cardia-achalasie zie achalasie.

cardiaal het hart betreffend, op een hartafwijking berustend.

cardiacus 1 het hart betreffend; vb. plexus cardiacus, facies cardiaca, ganglion cardiacum; **2** m.b.t. de maagmond; vb. pars cardiaca ventriculi, ostium cardiacum.

cardiale reserve extra vermogen dat ieder hart heeft om indien nodig meer arbeid te kunnen verrichten.

cardiale resynchronisatietherapie (CRT) elektrische stimulatie van beide hartkamers d.m.v. een pacemaker.

cardialgie 1 pijn i.h. hart; **2** maagpijn.

cardialis het hart betreffend; vb. calculus cardialis, asthma cardiale.

cardiaresectie (gastro-enterol.:) chir. verwijdering v.d. cardia en het onderste deel v.d. oesofagus, waarna een buismaag wordt aangelegd.

cardiëctomie (orgaantransplantatie) het wegnemen bij de donor v.h. te transplanteren hart.

cardinalis hoofdzakelijk, voornaamste, hoofd-; vb. remedium cardinale.

cardio- voorvoegsel in woordsamenstellingen m.b.t. het hart of tot de maagcardia.

cardiocele uitstulping v.h. hart door een spleet v.h. middenrif.

cardiogeen afkomstig van, veroorzaakt door het hart; vb. cardiogene shock.

cardiogenese de embryonale ontwikkeling v.h. hart.

cardiografie grafische registratie v.d. hartbeweging d.m.v. o.a. elektrocardiografie, (contrast) echocardiografie. • **angio~** het maken van röntgenopnamen v.h. hart, de grote vaten en de coronairarteriën na inspuiting v.e. contraststof. • **contrastecho~** echocardiografie met intraveneuze toediening v.e. speciale vloeistof om de bloedstroom binnen het hart zichtbaar te maken. • **echo~** echografie m.b.t. het hart. • **elektro~** onderzoek v.d. elektrische activiteit waarmee de spierpompwerking v.h. hart gepaard gaat. • **oesofagusecho~** vorm van echocardiografie via de slokdarm. • **reo~** registratie v.d. met een hartcyclus gepaard gaande variatie v.d. weerstand tegen een wisselstroom die door het lichaam wordt geleid.
• **vector~** methode om grootte en richting v.d. elektrische krachten v.h. hart grafisch weer te geven. • **vectorelektro~** zie vector~.

cardiogram zie elektrocardiogram. • **echo~** het beeld dat bij echocardiografie wordt verkregen.

cardioliet concrement i.h. hart.

cardiolipine fosfolipide dat deel uitmaakt v.d. binnenmembraan v.h. mitochondrium.

cardiologie het geneeskundig specialisme dat zich toelegt op het onderzoek en de behandeling van hartziekten. • **tele~** overzending d.m.v. digitale beeldoverdracht van

resultaten van cardiologisch onderzoek ter beoordeling door vakgenoten elders.
cardioloog specialist i.d. cardiologie.
cardiomegalie | cardiomegalia glycogenica *zie* ziekte van Pompe.
⊚ **cardiomyopathie** zeer heterogene groep primaire ziekten v.h. myocard die met cardiale disfunctie worden geassocieerd; indeling: meest voorkomende vormen zijn hypertrofische, gedilateerde (congestieve) en restrictieve; bij de hypertrofische vorm onderscheidt men een niet-obstructieve vorm, waarbij de wand dikker wordt zonder aanwijsbare oorzaak, en een obstructieve vorm, waarbij een septale spiermassa een uitstroombelemmering voor de linker ventrikel vormt. • **alcoholische** ~ hartspierziekte a.g.v. alcoholafhankelijkheid. • **congestieve** ~ hartspierziekte met verlies van systolische kracht en ten gevolge daarvan dilatatie van linker en/of rechter hartkamer, leidend tot bloedcongestie. • **dilaterende** ~ *zie* congestieve ~. • **hypertrofische** ~ (HCM) aandoening waarbij de spieren i.d. wand v.h. hart verdikt zijn. • **idiopathische** ~ hartspieraandoening met onbekende oorzaak. • **metabole** ~ cardiomyopathie a.g.v. endocriene aandoeningen (hyperthyreoïdie, diabetes mellitus, feochromocytoom), neuromusculaire aandoeningen of stapelingsziekten. • **takotsubo**~ veelal voorbijgaande myocardaandoening, uitgelokt door hevige schrik.
cardiomyotomie operatie uitgevoerd wegens achalasie waarbij de cardiamusculatuur v.d. maag tot op de mucosa wordt gekliefd.
cardio-omentopexie (obsolete) operatie waarbij een slip v.h. omentum door een incisie i.h. diafragma wordt getrokken en aan het hart wordt gehecht, met de bedoeling dat uit de omentumslip vaten i.d. hartspier groeien.
cardiopneumopexie operatie waarbij het hart aan de long wordt gehecht om de circulatie i.d. hartspier te doen verbeteren (obsoleet).
cardiopulmonaal m.b.t. het hart en de longen.
cardiopunctuur punctie v.h. hart.
cardioselectief selectief de hartwerking beïnvloedend.
cardiotocografie (CTG) simultane grafische registrering v.d. foetale harttonen en v.d. weeënactiviteit.
cardiotomie 1 het maken v.e. incisie i.h. hart; **2** het openen v.d. pars cardiaca ventriculi (de 'cardia').
cardiovasculair risicomanagement combinatie van diagnostiek, behandeling en follow-up van risicofactoren voor hart- en vaatziekten (HVZ), inclusief leefstijladviezen en begeleiding, bij patiënten met een verhoogd risico van eerste of nieuwe manifestaties van HVZ.
cardioversie het electief omzetten v.e. niet direct levensbedreigend pathologisch hartritme in een sinusritme.
carditis ontsteking van delen v.h. hart. • **angio**~ ontsteking van hart en (grote) bloedvaten. • **endo**~ *zie* endocarditis. • **kunstklependo**~ ontsteking door micro-organismen v.h. weefsel op en rond een hartklepprothese. • **myo**~ ontsteking v.d. hartspier (het myocard), veelal a.g.v. een virusinfectie; betreft ernstig ziektebeeld met verhoogd sterfterisico en geringe therapiemogelijkheden; in meerderheid v.d. gevallen restloze genezing, maar enige kans op cardiomyopathie. • **pan**~ ontsteking van alle lagen v.h. hart (endo-, myo-, epi-, pericard). • **peri**~ *zie* pericarditis. • **virale** ~ *zie* pericarditis.
care [E] (medische) zorg; vaak gebruikt in combinatie met 'cure' = behandeling.
• **comprehensive** ~ [E] de vaststelling van alle gezondheidsproblemen bij een patiënt, de ontwikkeling van plannen ter oplossing ervan en het volgen v.d. patiënt gedurende langere tijd. • **intensive** ~ (ic) uiterst zorgvuldige, onafgebroken bewaking en verpleging van ernstig zieke patiënten.
• **joined** ~ aanpak waarbij patiënten die een operatie ondergaan vóór en tijdens de opname i.h. ziekenhuis als groep worden benaderd. • **mamma** ~ het geheel aan handelingen en begeleiding om het zorgproces van borstkankerpatiëntes zo goed mogelijk te laten verlopen. • **managed** ~ vorm van sturing van zorg, afgeleid van zorgorganisaties i.d. VS. • **matched** ~ het aanbieden v.e. therapie waarbij ter voorbereiding d.m.v. intensieve diagnostiek naar een optimum tussen patiëntkenmerken en behandelvorm wordt gestreefd. • **neuro-intensive** ~ gespecialiseerde intensivecareafdeling voor bewaking en behandeling van neurologische en neurochirurgische pati-

enten. • **stepped** ~ het aanbieden v.e. therapie in opeenvolgende stappen waarbij uit beschikbare zorg eerst de lichtste vorm wordt aangeboden.

carentie het om therapeutische redenen onthouden van voedsel.

carentieperiode periode van voedselonthouding of -beperking.

CA-repetitie veelvuldig voorkomende herhalingen v.d. basen C en A i.d. DNA-sequentie v.h. genoom.

Carhart notch [E] gehoorverlies dat niet het gevolg is van verminderde functie v.h. inwendig oor, maar van geleidingsstoornis.

cariës 1 (tandheelkunde, mondziekten en kaakchirurgie:) proces van tandweefselverval onder invloed v.d. werking van micro-organismen of koolhydraten; **2** (pathologie:) ontsteking, gepaard met verweking en versterf van botweefsel. • **bestralings~** cariës die samenhangt met de verminderde of verdwenen functie v.d. speekselklieren die schade hebben geleden door radiotherapie v.d. hoofd-halsregio.

caries spinalis *zie* spondylitis tuberculosa.

carieus door cariës aangetast; vb. carieuze laesie.

carina uitstekende rand, lijst, spoor. • ~ **tracheae** een ter plaatse v.d. bifurcatio tracheae i.h. lumen uitpuilende lijst met aerodynamische werking.

carinatus kielvormig; vb. pectus carinatum.

cariogeen cariës-verwekkend.

carminativum geneesmiddel dat gasvorming tegengaat, flatulentie bevordert en pijn verlicht.

carneus vleesachtig; vb. lotio carnea.

carnificatie omzetting v.e. weefsel in vlees of vlees-achtige massa.

carnis gen. van caro; vb. horror carnis. • **horror** ~ *zie* fobie | carni~.

carnitine essentiële groeifactor voor de meelworm.

carnitinedeficiëntie | **secundaire** ~ carnitinedeficiëntie die secundair is ontstaan door een andere omstandigheid.

carnitinepalmitoyltransferase (CPT) enzym dat omzetting van acyl-CoA naar acyl-carnitine en vice versa katalyseert.

carnitinepalmitoyltransferasedeficiëntie (CPT-deficiëntie) tekort aan CPT, autosomaal recessieve stoornis in energiestofwisseling.

carnivoor 1 (bijv.nw.) vleesetend, levend van dierlijk voedsel; **2** (z.nw.) vleesetend dier.

carnosine een dipeptide, bestaande uit histidine en alanine, voorkomend in skeletspieren.

carnosus vleesachtig; vb. panniculus carnosus, mola carnosa.

caroliveer *zie* orthese | draadveer~.

caroteen oranje-rode stof in groene groenten, worteltjes, eidooier; c. is een provitamine wordt door carotinase omgezet in vitamine A.

caroticotympanicus m.b.t. de a. carotis en het cavum tympani.

carotic shudder trillingen i.d. top v.d. carotiscurve, bij aortastenose; de trillingen zijn ook te palperen.

caroticus m.b.t. de arteria carotis; vb. plexus caroticus, vagina carotica, glomus caroticum.

carotinase een i.d. lever voorkomend enzym dat caroteen omzet in vitamine A.

carotis *zie* arteria carotis communis.

carotissinus *zie* sinus caroticus.

carotissinussyncope *zie* syncope | sinuscaroticus~.

carotisvork de splitsing v.d. a. carotis communis in a. carotis interna en a. carotis externa.

carpaal m.b.t. de carpus (handwortel).

⊛ **carpaletunnelsyndroom** (CTS) klachtenpatroon a.g.v. een bekneling v.d. nervus medianus i.h. verloop v.d. carpale tunnel.

carpalis carpaal, de carpus betreffend; vb. hygroma carpale.

carpentierring behandeling voor vormen van tricuspidaal- en mitralisklepinsufficiëntie waarbij de klepbladen van elkaar verwijderd zijn.

carpeus m.b.t. de carpus (handpalm); vb. ramus carpeus arteriae radialis.

carpi gen. van carpus.

carpofalangeaal m.b.t. de carpus en de vingerkootjes; vb. c-eale reflex.

Carpoglyphus mijtensoort. • ~ *passularum* mijtensoort die in voedingswaren voorkomt en dermatitis kan veroorzaken.

carpometacarpaal m.b.t. de carpus en de metacarpalia; vb. c-pale reflex.

carpometacarpus m.b.t. carpus en metacarpus; vb. articulatio carpometacarpea.

carpopedaal m.b.t. handen en voeten.

carpoptose *zie* hand | dropping ~.

carpus het geheel v.d. acht handwortelbeentjes, gelegen tussen onderarm en middenhand. • ~ **valgus** radiale deviatie v.d. handwortel bij Madelung-deformiteit.

carrier 1 (epidemiologie:) persoon zonder ziektesymptomen die drager is v.e. ziekteverwekker (virus, bacterie) die op anderen kan worden overgebracht; **2** (genetica:) persoon die zonder zelf manifeste afwijkingen te hebben drager is v.e. gen (allel) dat bij zijn (haar) nakomelingen wel manifeste afwijkingen kan teweegbrengen; **3** (nucleaire geneeskunde:) dragende stof voor een radioactieve isotoop; **4** (immunologie:) immunogene stof die indien gekoppeld aan een kleinere niet-immunogene stof (hapteen), deze kleinere stof immunogeen maakt.
• **trait** ~ [E] gezonde overbrenger of drager v.e. erfelijke aanleg.

carry-overeffect invloed v.e. interventie op de effectiviteit v.d. daaropvolgende interventie.

cartilagines mv. van cartilago.

cartilagineus op kraakbeen gelijkend; vb. junctura cartilaginea, myxoma cartilagineum.

cartilaginis gen. van cartilago.

cartilaginoïd op kraakbeen lijkend.

cartilaginosus kraakbenig, uit kraakbeen bestaand; vb. sarcoma cartilaginosa.

cartilago *zie* been | kraak~. • ~ **arytenoidea** kraakbeen aan weerszijden boven op het cricoïd, ter aanhechting v.d. stembanden.
• ~ **cricoidea** een v.d. larynxkraakbeenderen. • ~ **thyroidea** het grootste v.d. larynxkraakbeenderen.

caruncula wratachtige uitstulping; niet te verwarren met 'carbunculus'. • ~ **lacrimalis** slijmvliesbultje i.d. mediale ooghoek, bekleed met gelaagd plaveisel- of cilinderepitheel.

cascade systeem waarbij een stof één of meerdere stoffen activeert of remt, waardoor een kettingreactie of netwerk met vertakkingen en terugkoppelingen ontstaat.
• **complement**~ cascadereactie van 16 serumeiwitten (complementfactoren) die betrokken zijn bij de regulatie v.e. efficiënte immuunreactie. • **stollings**~ *zie* systeem | bloedstollings~.

cascadebreakdown snelle achteruitgang in verschillende orgaansystemen bij ontregeling van één systeem door een kettinggewijze decompensatie, berustend op verminderde reservefuncties.

cascademaag maagvorm met trapsgewijze overgang v.h. bovenste naar het onderste deel v.d. maag.

case-finding [E] zoeken naar risicofactoren of beginnende afwijkingen bij personen die om een andere reden de zorgverlener raadplegen.

case group *zie* groep | index~.

caseïdine een ontledingsproduct van caseïne, met antigeen vermogen.

caseïficatie verkazing.

caseïne een fosfoproteïne, het voornaamste eiwit in melk, stolt door toevoeging van lebferment.

casemanagement management van patiëntenzorg waarbij continuïteit i.d. zorg het doel is.

casework i.h. maatschappelijk werk en de sociale psychiatrie toegepaste methode van individuele hulpverlening. • **taakgericht** ~ *zie* casework.

cast [E] afgietsel. • **decidual** ~ [E] uitgestoten afgietsel v.h. cavum uteri na behandeling of uitdoving v.e. extra-uteriene graviditeit.
• **renal** ~ [E] afgietsels v.d. nierbuisjes, 'cilinders'.

Castle | extrinsic factor van ~ van buiten komende factor (vitamine B_{12}), die samen met de intrinsic factor de antiperniciosafactor vormt. • **intrinsic factor van** ~ thermolabiele glycoproteïne, nodig voor de resorptie van vitamine B_{12}.

castraat een persoon bij wie de gonaden uitgeschakeld zijn.

castratie verwijdering v.d. gonaden. • **chemische** ~ chemotherapeutische onderdrukking v.d. seksuele drift d.m.v. toediening v.e. antiandrogeen als anafrodisiacum.

caseoom onjuiste term voor een tuberculeuze holte met verkazing v.d. inhoud.

caseose een protease die tijdens de vertering van caseïne ontstaat.

caseosus *zie* verkazend.

case rate [E] *zie* attack rate.

case series [E] observationeel onderzoek waarbij opvallende kenmerken v.e. aantal patiënten met een bepaalde aandoening worden beschreven.

casuïstiek beschrijving, registratie en bestudering van afzonderlijke ziektegevallen.

casuïstisch m.b.t. een afzonderlijk ziektegeval.

casus gedetailleerde beschrijving v.e. ziektegeschiedenis, presentatie v.e. ziekte of reactie op een behandeling. • **index**~ de eerste patiënt die onder de aandacht v.d. onderzoeker komt.

casussenreeks *zie* case series.

CAT (computerized axial tomography) computertomografie.

cata- een voorvoegsel in woordsamenstellingen met de betekenis omlaag, afnemend, afbrekend.

cataphylaxis *zie* katafylaxie.

⊛ **cataract** vertroebeling v.d. ooglens, met als gevolg een daling v.d. gezichtsscherpte, die uiteindelijk tot blindheid kan leiden; indeling: behalve seniel cataract (ouderdomsstaar) zijn er nog andere vormen: congenitaal cataract, juveniel cataract, traumatische cataract, diabetische cataract en cataract samenhangend met andere metabole ziekten. • **atopisch** ~ c. bij kinderen met laat constitutioneel eczeem. • **~a accreta** een lenstroebeling waarbij de lens met de omgeving vergroeid is. • **~a anularis** ringvormige lenstroebeling. • **~a caerulea** blauwachtig cataract. • **~a brunescens** zwarte (bruine) staar. • **~a calcarea** door afzetting van cholesterol en kalkzouten krijtwit tot geel gekleurde staar. • **~a calorica** hittestaar, bij ijzergieters, glasblazers. • **~a capsularis** troebeling i.h. lenskapsel. • **~a capsulolenticularis** troebeling zowel i.d. lens als i.h. lenskapsel. • **~a centralis** troebeling i.h. centrum v.d. lens, meestal aangeboren. • **~a complicata** lenstroebeling die het gevolg is v.e. andere oogziekte. • **~a congenita** aangeboren cataract. • **~a coronaria** troebeling vnl. i.e. perifere ring rond de equator v.d. lens gelegen. • **~a corticalis** troebeling v.d. lensschors aan de voor- of achterzijde v.d. lens. • **~a cystica** blaasstaar, bolronde vervorming v.h. lenskapsel. • **~a dura** harde staar. • **~a fluida** vloeibare staar, bij c. hypermatura. • **~a fusiformis** spoelvormige staar, waarbij een troebele lijn zich uitstrekt v.d. voor- naar de achterpool v.d. lens. • **~a gipsea** *zie* cataracta calcarea. • **~a hypermatura** overrijpe staar, hetzij hard en geschrompeld, hetzij zacht en vloeibaar. • **~a immatura** onrijp cataract, stadium i.d. ontwikkeling v.h. seniele cataract. • **~a incipiens** beginnende grijze staar. • **~a intumescens** cataract gepaard met een zwelling v.d. lensmassa. • **~a lenticularis** troebeling binnen i.d. lens (dus niet i.h. lenskapsel). • **~a matura** rijpe staar, troebeling die de hele lens beslaat, tot i.d. voorste lagen ervan. • **~a membranacea** vliezige staar, waarbij de lenssubstantie geslonken is en slechts een dun, ondoorschijnend vliesje is overgebleven. • **~a mollis** zachte staar, een snel rijpende c. senilis. • **~a Morgagniana** staar met vervloeide schorslaag en beweeglijke, donker gekleurde kern. • **~a myotonica** lenstroebeling als symptoom bij dystrophia myotonica. • **~a natans** drijvende staar, volkomen loslating v.d. lens. • **~a nigra** zwarte staar. • **~a nuclearis** *zie* kern~. • **cornea**~ schotelvormige dofheid achter op de cornea. • **cortison**~ c. ontstaan t.g.v. het gebruik van corticosteroïden. • **~a perinuclearis** *zie* cataracta zonularis. • **~a polaris anterior** troebeling aan de voorpool v.d. lens. • **~a polaris posterior** troebeling aan de achterpool v.d. lens. • **~a pulverulenta** poedervormig cataract. • **~a punctata** staar waarbij verspreid i.d. lens vele punt- of schijfvormige troebelingen zichtbaar zijn. • **~a pyramidalis** staar waarbij de top v.d. piramide i.d. voorste oogkamer uitsteekt. • **~a secundaria** nastaar, resten van staar, overgebleven na staaroperatie. • **~a senilis** ouderdomsstaar. • **~a spuria** onechte staar, troebeling i.d. lens door ontstekingsproducten. • **~a syndermatotica** staar in combinatie met neurodermitis disseminata, diffuse sclerodermie. • **~a tetanica** staar bij hypoparathyreoïdie. • **~a tremulans** sidderstaar, waarbij door verscheuring v.d. zonula ciliaris de geluxeerde lens een sidderende beweging maakt, die zich meedeelt aan de iris. • **~a tumescens** zwellende staar, troebeling met zwelling v.d. lens. • **~a viridis** groene staar, sclerose v.d. lenskern, die bij daglicht een groene tint toont. • **~a zonularis** troebeling voor of achter de lenskern. • **diabetisch** ~ c. ontstaan t.g.v. diabetes mellitus. • **dialyse**~ c. ontstaan t.g.v. hemodialyse. • **foto-elektrisch** ~ c. ontstaan t.g.v. de inwerking van licht resp. van elektrische ladingen. • **juveniel** ~ lenstroebeling bij kinderen, voorkomend bij ziekten zoals tetanie, diabetes, dermatosen. • **kern**~ cataract dat is beperkt tot de kern v.d. lens. • **lamellair** ~ congenitale troebeling v.e. lamel i.d. ooglens, vaak omgeven door spaakvormige troebelingen. • **metabool** ~ c. t.g.v. een stofwisselingsziekte, zoals diabetes mellitus, galactosemie en galactokinasedeficiëntie. • **pool~** zie cataracta polaris anterior. • **pseudo~** schijnbare lenstroebeling. • **schors~** c. vnl. i.d. schors v.d. lens. • **secundair** ~ cataract die zich na een cataractoperatie ontwikkelt. • **subcapsulair** ~ lenstroebeling juist onder het lenskapsel. • **toxisch** ~ c. dat ontstaat t.g.v. het gebruik van geneesmiddelen, bijv. corticosteroïden en miotica. • **traumatisch** ~ cataract dat ontstaat door stomp geweld of door penetratie v.h. lenskapsel. • **vossius~** ring van kleine donkere vlekjes vóór op de ooglens, iets buiten de pupilrand, veroorzaakt door contusie. • **zonnebloem~** groengeel, op een zonnebloem lijkend c.

cataractextractie volgens Binkhorst plaatsing v.e. kunstlens i.d. voorste oogkamer na cataractextractie.

cataractoperatie volgens Arruga zie operatie | arruga~.

catarraal m.b.t. verschijnselen die gepaard gaan met ontsteking v.d. neusslijmvliezen.

catarre ontsteking van (neus)slijmvliezen met slijmerige of slijmig-etterige afscheiding. • **catarrhus aestivus** zie pollinose. • **catarrhus vernalis** zie pollinose. • **etterige** ~ slijmvliesontsteking met sterke afscheiding van etterig exsudaat. • **neus~** ontsteking van neusslijmvliezen met sterke slijmerige afscheiding. • **voorjaars~** zie pollinose.

catarrhalis zie catarraal.

catecholamine stof, bestaande uit het aromatische catechol en een amine.

catgut [E] schapendarm (oorspronkelijk werd kattendarm gebruikt), gedroogd en in bepaalde vloeistof bewaard.

catharsis psychiatrische behandeling volgens Breuer waarbij men de patiënt in hypnose brengt en deze vervolgens bepaalde affectieve situaties opnieuw laat beleven.

catheter zie katheter. • **percutaneous ~ intervention** zie percutane katheterinterventie.

cathinon werkzaam bestanddeel van qat.

cathlab (catheter laboratory) ruimte die speciaal voor katheterinterventie is ingericht.

cattle-tracking [E] zie railroading.

cauda staart. • ~ **equina** i.h. caudale deel v.d. durazak gelegen paardenstaartachtige bundel, bestaande uit de onderste spinale zenuwwortels vanaf L.1 of L.2.

caudaal aan de kant v.d. staart, i.h. algemeen: aan de kant v.h. lichaamseinde.

caudalis caudaal; vb. fovea caudalis.

caudalisatie recessief-erfelijke afwijking aan de wervelkolom: de 7e halswervel heeft korte dwarsuitsteeksels, het eerste sacrale segment is los v.h. sacrum en gelumbaliseerd.

caudatus voorzien v.e. staart, staartvormig; vb. nucleus caudatus.

caudografie zie saccografie

causa oorzaak. • **e** ~ **ignota** met/van onbekende oorzaak. • ~ **efficiens** de werkzame oorzaak. • ~ **finalis** de op een doel gerichte oorzaak. • ~ **prima** de eerste, eigenlijke oorzaak.

causaal oorzakelijk; vb. causale therapie, causaal verband.

causalgie zie complex regionaal pijnsyndroom.

causalis m.b.t. de oorzaak; vb. indicatio causalis.

causaliteit oorzakelijk verband tussen twee grootheden.

causticum middel dat etst of brandt.

causticus brandend, etsend; vb. stylus causticus.

caustiek zie cauterisatie.

caustische verbranding zie etsing.

cauter sonde die bij cauterisatie wordt gebruikt; vb. cryo~, thermo~, elektro~. • **cryo~** toestel waarmee men d.m.v. koolzuursneeuw kleine ulcera kan dichtbranden. • **thermo~** (chir.) door een elektrische spiraal verwarmde naald die gebruikt wordt voor het coaguleren van oppervlakkige vaatjes.

cauterisatie het chir. wegbranden ('etsen'); vb. verrucacauterisatie (wrat wegbranden).

cauteriseren etsen, branden m.b.v. caustica, koude of hitte (schroeiing).

cava hol.

cavatrechter trechtervormige overgang v.d. vena cava i.d. hartboezem.

cave pas op, let op.

cavea thoracis zie thorax.

caveola blaasjesvormige invaginatie i.d. plasmamembraan, o.a. van spiervezels.

caveoline-3 spierspecifiek eiwit dat deel uitmaakt v.d. caveolaire membraan.

caverne holte die is ontstaan door verweking van genecrotiseerd tuberculeus weefsel. • **schnabel~s** holtevorming i.d. n. opticus, vnl. bij glaucoom en bij myopie.

cavernitis ontsteking v.d. corpora caverno-

sa penis.
cavernoom angioom met grote holten. • **cavernoma lymphaticum** *zie* lymfangioom | lymphangioma cavernosum.
cavernosografie röntgenonderzoek v.d. peniszwellichamen na inspuiten van contrastvloeistof.
cavernosometrie bloedige methode om bij erectiestoornissen de druk i.h. corpus cavernosum penis te bepalen.
cavernostomie het maken v.e. kunstmatige afvoer naar buiten voor het draineren v.e. caverne.
cavernosus holten bevattend, caverneus; vb. sinus cavernosus, corpus cavernosum.
cavernotomie het openen v.e. caverne.
CAVH (continue arterioveneuze hemofiltratie) *zie* hemofiltratie.
CAVHD (continue arterioveneuze hemofiltratie en -dialyse) *zie* hemofiltratie.
cavitas holte, uitholling. • ~ **pelvis** ruimte tussen bekkeningang en bekkenuitgang. • ~ **peritonealis** de door het peritoneum omsloten buikholte. • ~ **uteri** holte v.d. uterus, is bekleed met slijmvlies.
caviteit holte i.e. tand of kies, ontstaan door cariës.
cavografie angiografie v.d. vena cava.
cavum holte, uitholling. • ~ **minus** holte die het gevolg is v.e. gehoorverbeterende operatie. • ~ **testis** de door de tunica vaginalis testis omsloten ruimte, waarin zich peritoneaal vocht en de testis bevinden. • ~ **uteri** *zie* cavitas uteri.
cavus hol, concaaf; vb. pes cavus, vena cava.
C4b2a *zie* C3-convertase.
C3bBb *zie* C3-convertase.
CBG 1 *zie* College ter Beoordeling van Geneesmiddelen; **2** *zie* globuline | cortisolbindend ~.
C8-binding protein *zie* proteïne | membrane-inhibitory protein.
C8bp *zie* proteïne | membrane-inhibitory protein.
CBR complementbindingsreactie.
CBT (cognitive behavioral therapy) *zie* therapie | cognitieve gedrags-~.
CCE (countercurrent electrophoresis) *zie* elektroforese | countercurrent-~.
C-celhyperplasie hyperplasie v.d. calcitonineproducerende cellen i.d. schildklier.
CCK cholecystokinine.
CCl₄ *zie* tetrachloorkoolstof.
CCMO Centrale Commissie Mensgebonden Onderzoek.
C3-convertase complex v.d. complementfactoren C4b en C2a (klassiek) of C3b en Bb (alternatief).
C5-convertase verbinding v.e. C3-convertase- en een C3b-molecuul.
CCT *zie* clinical trial | controlled ~.
CCU (coronary-care unit) *zie* hartbewakingsafdeling.
CD (cluster of differentiation [E]) classificatie van leukocytantigenen d.m.v. monoklonale antistoffen *zie de belangrijkste CD-typen* CD3, CD4, CD8, CD13, CD19, CD22, CD34.
CD10 *zie* antigeen | common-acute-lymphoblastic-leukaemia antigen.
CD | 13 panmyeloïde celmerker. • ~**19** specifieke merker voor B-lymfocyten. • ~**22** specifieke merker voor alle B-lymfocyten. • ~**3** specifieke merker voor alle T-lymfocyten. • ~**34** stamcelmerker. • ~**4** specifieke merker voor T-helperlymfocyten. • ~**59** membraaneiwit dat gastheercellen beschermt tegen lysis door 'membrane attack complex'. • ~**8** specifieke merker voor T-suppressorlymfocyten.
CD11a *zie* antigeen | leukocyte-function antigen.
CD4-aantal aantal CD4-cellen per mm³; normaal aantal ligt tussen 500 en 1500 per mm³.
CD4-cel *zie* cel | T(4)-helper-~.
CD4+-lymfocyt *zie* cel | T(4)-helper-~.
CD-marker *zie* antigeen | CD-~.
CD4-percentage percentage CD4-cellen v.h. aantal lymfocyten.
CD-stimulatoir signaal activatie van CD40 +-B-cellen door expressie van CD40-ligand op geactiveerde T-cellen.
CEA *zie* antigeen | carcino-embryonaal ~.
cefaal betrekking hebbend op het hoofd.
cefalalgie hoofdpijn. • **kwadrant~** pijn in slechts één kwadrant v.h. hoofd.
cefalie | -~ woordvoorvoegsel met betrekking tot ontwikkeling/vorm v.h. hoofd.
cefaline in hersenweefsel voorkomende monoaminomonofosfatide die versnellend op de bloedstolling werkt.
cefalisatie 1 lokalisatie van belangrijke organen en structuren in of bij het embryonale hoofd, en het begin van groei aldaar; **2** het evolutieproces waarbij het centrale zenuwstelsel, i.h.b. de hersenen, een steeds belangrijker en omvangrijker regulerend orgaan is geworden, culminerend i.d. situ-

atie zoals die bij de mens bestaat.
cefalitis *zie* encefalitis.
cefalo- voorvoegsel in woordsamenstellingen die op het hoofd betrekking hebben.
cefalocele uitpuiling van hersenen door een opening i.h. schedeldak; (aangeboren) misvorming.
cefalodynie hoofdpijn.
cefalohematocele met bloed gevulde ruimte onder het pericranium, samenhangend met de sinus durae matris.
cefalohydrocele ophoping van vloeistof (liquor) onder het pericranium.
cefalolyse verwijdering v.d. femurkop.
cefalometrie meting v.d. schedel of delen ervan m.b.v röntgenfoto's.
cefalosporines een groep breed-spectrumantibiotica, afkomstig uit de schimmel *Cephalosporium acrimonium*.
cefalotomie *zie* craniotomie.
cel 1 een georganiseerde levenseenheid met o.a. een celmembraan, een gelachtige inhoud, waarin o.a. een kern; **2** een afgesloten compartiment. • **A~ 1** bepaalde cel i.d. eilandjes van Langerhans i.h. pancreas die het hormoon glucagon produceert; **2** acidofiele cel i.d. hypofysevoorkwab die groeihormoon produceert. • **accessory ~l** [E] *zie* helper-. • **adventitiële** ~ *zie* pericyten. • **alzheimer~len** grote astrogliacellen. • **anitsjkow~len** palissadegewijs, staande epithelioïde cellen zoals aangetroffen i.e. reumatisch granuloom. • **antigeenpresenterende** ~ (APC) cel die antigenen aan zijn oppervlak tot expressie brengt door deze te binden aan HLA-moleculen; T-celreceptoren herkennen hierna het antigeen. • **anti-idiotype-T-helper~** volledige benaming van 'T-helpercel'; zet B-cellen aan tot antilichaamvorming na herkenning van antigeen op micro-organismen. • **APUD-~** (amine-precursor-uptake and decarboxylation cell,) hiertoe behoren o.a. de cellen v.h. carcinoïd en het maligne insuloom. • **argentaffiene** ~ cel, gelegen i.h. basale gedeelte v.d. klierbuizen v.h. maag-darmepitheel. • **astroglia** ~ *zie* astrocyt. • **basale ~len** de cilindercellen v.h. stratum basale epidermidis. • **basket** ~l i.d. cerebellaire schors voorkomende cel waarvan de axon eindigt i.e. mandvormig netwerk van fibrillen die een purkinjecel omvatten. • **B-~ 1** cel i.d. langerhanseilandjes die het hormoon insuline (en pro-insuline) produceert; **2** lymfocyt die aan het oppervlak eiwitten (receptoren) heeft waarmee lichaamsvreemde stoffen (ook meestal eiwitten) van eigen stoffen kunnen worden onderscheiden; **3** *zie* lymfocyt | B~.
• **been~ 1** verzamelterm voor osteoblasten, osteoclasten en osteocyten; **2** (anat.:) een luchtbevattende beenholte, bijv. i.d. processus mastoideus ('mastoïdcellen'). • **beker~** cel slijmbeker-. • **beta~** *zie* B~. • **B-geheugen~len** langlevende B-lymfocyten die worden gevormd tijdens de primaire antilichaamrespons. • **blister ~l** onregelmatig gevormde erytrocyt bij microangiopathie, voorkomend bij patiënten met sikkelcelziekte. • **bloed~len** de cellen die i.h. bloedplasma gesuspendeerd zijn. • **bot~** *zie* been~. • **bril~len** neutrofiele leukocyten waarvan de kern twee lobben heeft, verbonden door een draadvormige brug. • **bronchiolaire** ~ cel clara~. • **burr ~l** gekartelde erytrocyt, met spitse uitsteeksels.
• **cajal~len 1** astrocyten; **2** neurogliacellen i.h. stratum zonale v.d. cortex v.h. cerebrum. • **C-~** cel i.d. schildklier die calcitonine produceert. • **CD4+~** lymfocyt die CD4-antigenen aan het celoppervlak tot expressie brengt. • **CD8+~len** cellen die gemerkt worden door CD8-antistoffen. • **~len van Türk** mononucleaire, niet gegranuleerde cellen i.h. perifere bloed bij ernstige anemie, infectie, leukemische reactie.
• **centroacinaire** ~ cel, centraal gelegen in acini v.d. pancreas. • **chromaffiene** ~ i.h. bijniermerg gelegen cellen die catecholaminen afscheiden. • **cilinder~** cilindervormige epitheelcel. • **clara~** in bronchiole uitpuilende secernerende cel zonder trilhaar die histologisch opvallend helder is.
• **claudius~len** lage steuncellen v.h. orgaan van Corti, dicht bij het ligamentum spirale.
• **clue ~l** [E] vaginale epitheelcel, bedekt met bacteriën die zichtbaar zijn i.e. fysiologisch zoutpreparaat. • **commissuur~len** cellen v.h. ruggenmerg waarvan de ascilinder zich dóór de commissura alba naar een zenuwbaan i.d. voorste zijstreng aan de andere zijde begeeft. • **corticotrope** ~ grote, i.d. hypofyse gelegen cel die een hormoon afscheidt dat een splitsingsproduct is van pro-opiomelanocortine: ACTH, MSH of LPH. • **C-schildklier~** cel, gelegen aan de buitenzijde v.e. schildklierfollikel; verantwoordelijk voor productie en secretie van

calcitonine. • **cytotoxische** ~ cel die door virussen of andere pathogenen geïnfecteerde gastheercellen kan doden. • **cytotoxische T-**~ lymfocyt die in staat is om lichaamscellen die een antigeen aan de buitenkant dragen, te doden. • **D-**~ 1 somatostatine-producerende cel i.h. eilandje van Langerhans; 2 piramidecel v.d. hersenschors. • **darmepitheel**~ cel die een darmvillus bekleedt. • **decidua**~ uit bindweefselcellen gedifferentieerde cellen i.d. decidua basalis. • **dek-len** 1 cellen v.h. mesotheel; 2 cellen v.h. viscerale blad v.h. kapsel van Bowman; 3 cellen v.d. buitenste laag v.h. overgangsepitheel v.d. afvoerende urinewegen; 4 zoutzuur-producerende eosinofiele cellen v.d. maagklieren. • **dendritische** ~ cel i.e. allo-transplantaat die als belangrijkste antigeenpresenterende cellen dient voor de T-lymfocyten tijdens een afstotingsreactie. • **dendritische reticulum**~ antigeen presenterende cel, gelegen in lymfoïde organen. • **dentine**~ odontoblast. • **dochter**~ een v.d. cellen die bij deling v.e. moedercel ontstaan. • **eiland**~ zie Langerhans | eilandjes van ~. • **email**~ zie amelocyt. • **endotheel**~ van mesenchym afgeleide cel die de lumenzijde v.d. bloedvaten bekleedt. • **enterochromaffiene** ~ zie argentaffine ~. • **enterochroomaffiene -len** chroomaffiene en argentaffiene cellen met basale korreling, kenmerkend voor carcinoïd v.d. dunne darm. • **ependym**~ epitheelcel, afkomstig v.d. binnenbekleding v.d. neurale buis die de apicale (liquor) zijde bekleedt van holten van hersenen en ruggenmerg; glad oppervlak met aan basale zijde lange cytoplasma-uitlopers i.h. centrale zenuwstelsel ter ondersteuning van neuronen. • **epitheel**~ 1 cel die een lichaamsoppervlak of -holte bekleedt; 2 cel die een vloeibaar secreet produceert. • **epithelioïde** ~ macrofaag die in chronisch ontstekingsweefsel verandering o.i.v. lymfokinen ondergaat. • **eukaryotische** ~ zie eukaryoot. • **F-**~ zie PP-~. • **foam** ~l [E] zie schuim-~. • **folliculaire dendritische** ~ (FDC) soort reticulumcel in follikels van lymfoïde organen met een groot aantal dunne vertakte cytoplasmatische uitlopers tussen de lymfocyten. • **follikel**~ een v.d. cellen die de wand v.d. graafse follikel vormen. • **gamma**~ zie C-~. • **ganglion**~ zenuwcel i.e. ganglion. • **gangmaker**~ zie pacemaker-~. • **gastrine**~ (G-cel) cel, gelegen i.d. pylorusklieren v.d. maag; scheidt het hormoon gastrine af. • **G-**~ ronde of ovale heldere cel met korrels, i.d. klieren v.h. antrumgedeelte v.d. maag. • **geflagelleerde** ~ cel die v.e. flagel is voorzien. • **geheugen**~ langlevende B- en T-lymfocyt, gevormd tijdens de primaire immuunrespons na blootstelling aan een antigeen. • **gelobdkernige** ~len zie leukocyt | segmentkernige ~. • **geslachts**~ primordiale kiemcel van ovarium of testis. • **gezichts~len** zie kegeltje. • **glia**~ zie neuroglia-~. • **globulifere** ~ leukocyt die een erytrocyt ('globulus') heeft gefagocyteerd. • **glomus**~ epitheloïde cel i.d. buurt v.h. arterioveneuze vaatkluwen v.e. glomuslichaampje i.e. vinger of teen. • **gonadotrope** ~ basofiele cel v.d. hypofysevoorkwab, die beide gonadotrope hormonen (LH en FSH) produceert. • **goormaghtigh**~ zie juxtaglomerulaire ~. • **granulosa**~ zie follikel~. • **gumprecht**~ i.e. bloeduitstrijkpreparaat zichtbare resten van kernhoudende cellen die bij het uitstrijken zijn vernietigd. • **haar**~ neurosensorische cel i.h. orgaan van Corti'. • **hairy** ~l [E] bij leukemische reticulo-endotheliose i.h. bloed voorkomende vorm van histiocyten of monocyten met haarachtige uitlopers over het hele oppervlak. • **hals-len** slijmproducerende cellen i.h. halsgedeelte v.d. klierbuizen i.d. maagwand. • **hartgebrek**~len macrofagen die hematoïdine (ijzerpigment) i.h. sputum bevatten. • **HeLa-**~ gecultiveerde carcinoomcel die voor onderzoek wordt gebruikt. • **helper**~ lymfoïde cel v.h. mononucleaire fagocytensysteem die met B- en T-lymfocyten samenwerkt bij de vorming van antistoffen en bij T-cellulaire immuunreacties. • **hoofd~len** epitheliale cellen i.d. bijschildklier die parathormoon uitscheiden. • **hoorn**~ zie keratinocyt. • **immuuncompetente** ~ cel met het vermogen om op een antigeen te reageren met de productie van antistoffen. • **interdigiterende** ~ (IDC) cel die deel uitmaakt v.h. mononucleaire fagocytensysteem en die voorkomt in lymfoïde weefsels. • **ito**~ cel, gelegen i.d. ruimte van Disse i.d. lever. • **juxtaglomerulaire** ~ epitheloïde cel, afgeleide v.d. gladde spiercel. • **kanker**~ zie tumor-~. • **kiem**~ gameet. • **killer**~ (K-cel) zie lymfokinegeactiveerde killer-~len. • **kogel**~ zie sferocyt. • **korf**~ cel i.d. cerebellaire schors waarvan de axon eindigt i.e. korfje van fibrillen die een purkinjecel omvatten. • **kraakbeen~** ovale tot bolvormige cel in kraakbeenweefsel. • **kulchitsky~len 1** argentaffiene cellen i.d. klieren van Lieberkühn; **2** argyrofiele cellen in bronchusepitheel. • **kupffer~len** fagocyterende cellen langs de veneuze sinussen i.d. lever, een v.d. plaatsen waar bilirubine wordt gevormd. • **lacune~** reuscel met zeer helder cytoplasma, waardoor het lijkt dat de kern i.e. lacune is gelegen. • **LAK-~** *zie* lymfokinegeactiveerde killer-len. • **langerhans~** cel met lange dendritische uitlopers gelegen i.d. basale laag v.d. epidermis, afkomstig v.d. monocytaire fractie i.h. bloed. • **langhans~len** cellen v.d. trofoblast v.d. chorionvlokken; niet te verwarren met langerhanscellen en -eilandjes en met langhansreuscellen. • **LE~** neutrofiele segmentkernige leukocyt met een grote vacuole, waarin zich de resten bevinden van celkernen die aangetast zijn door antistoffen tegen nucleoproteïnen; kenmerkend voor lupus erythematodes. • **lepra~** mononucleaire fagocyt vol leprabacillen. • **luteïne~** polygonale cel v.h. corpus luteum, met vele gele vettige granula. • **lymfoïde ~ cel**, afkomstig van pluripotente stamcel, voorlopercel van B- en T-cellen in beenmerg en thymus. • **lymfokinegeactiveerde killer~len** killercellen die direct door IL-2 (groeifactor voor witte bloedcellen) worden geactiveerd. • **merg~len** de cellen v.h. beenmerg, waaruit de rode en witte bloedcellen ontstaan. • **mesotheel~** bindweefselcel die een lichaamsholte bekleedt. • **mest~** type bindweefselcel met vele korrels i.h. cytoplasma, produceren heparine, histamine, serotonine. • **mijter~** piramidevormige cel v.d. bulbus olfactorius. • **moeder~** cel die zich deelt, waarbij dochtercellen ontstaan. • **mos~** een soort gliacel met vele korte uitlopers. • **muceuze ~ cel** die een glycoproteïnerijk secreet (slijm) produceert. • **myoepitheliale ~** epitheelcel, meestal om een klier-acinus gelegen, met vermogen tot contractie, waarbij de acinus wordt leeggeperst. • **N~** naar men veronderstelt de ware gangmakercel voor de prikkelgeleiding i.h. hart. • **naakte ~** cel zonder zichtbare celmembraan. • **naevus~** cel van omstreden herkomst, óf via naevoblast afstammend v.e. stamcel uit de neurale lijst via naevoblast, óf afstammend v.e. melanocyt. • **naieve ~** CD4- of CD8-cel die zich nog niet i.e. ziekteverwekker heeft 'gespecialiseerd'. • **neuro-epitheliale ~ 1** neurogliacel; **2** een aan de oppervlakte gelegen zintuigcel, bijv. reukcel. • **neuroglia~** de cellen waaruit de neuroglia is opgebouwd. • **neurosensorische ~** type zintuigcel met een cellichaam dat direct als receptor fungeert en een eigen uitloper heeft, die de actiepotentiaal naar het centrale zenuwstelsel geleidt. • **neuromusculaire ~len** bij invertebraten voorkomende ectodermale cellen met contractiel vermogen. **NK-~len** *natural killer cells* zie lymfokinegeactiveerde killer-len. • **opalski~** grote gliacel, bij de ziekte van Wilson i.d. basale ganglia voorkomend. • **pacemaker~** (P-cel) hartspiercel die impulsen genereert die de rest v.h. hart prikkelen. • **packed red ~ls** [E] *zie* concentraat | erytrocyten-~. • **paget~len** atypische epidermiscellen met hyperchromatische kern of opvallende nucleoli. • **paneth~len** eosinofiele gegranuleerde epitheelcellen in de dunne darm, die lysozymen afscheiden. • **parafolliculaire ~** *zie* C~. • **paraplu~** oppervlaktecel v.h. overgangsepitheel v.d. blaas. **P-~** *zie* pacemaker-~. • **pick~len** grote, gekorrelde en gevacuoliseerde schuimcellen die fosfatiden bevatten. • **pigment~** bindweefselcel met i.h. cytoplasma pigmentkorrels. • **piramide~len** multipolair, piramidevormige zenuwcellen i.d. cerebrale schors. • **plasma~** ronde of ovale cel met radspaakkern, perinucleair hof en vaak helder basofiel cytoplasma. • **plaveisel~** platte oppervlaktecel. • **polymorphonucleaire ~** letterlijk 'leukocyt met veelvormige kern'. • **PP-~** bepaalde cel i.d. eilandjes van Langerhans die p(ancreatic) p(olypeptide) vormt. • **precursor~** *zie* voorloper-~. • **progenitor~** *zie* voorloper-~. • **pseudo-unipolaire ganglion~** zenuwcel met schijnbaar slechts één uitloper. • **RA-~** *zie* reumatoïdeartritis-~. • **reed-sternbergreus~** voor ziekte van Hodgkin kenmerkende reuscel met een of meer kernen en daarin grote eosinofiele nucleoli. • **renshaw~len** inhibitoire interneuronen i.d. voorhoorn v.h. ruggenmerg. • **reticulum~** type bindweefselcel die de matrix van reticulair bindweefsel vormt; synthetiseert vezelbundels van collagen type III. • **reumatoïdeartritis~** (RA-cel) cel die bij reumatoïde artritis i.d.

synoviavloeistof voorkomt. • **reus~** elke zeer grote cel, veelal meerkernig. • **reuzen~** *zie* reus~. • **ronde~** bolvormige cel, lymfocyt. • **satelliet~len** gliacellen rondom beschadigde ganglioncellen. • **schaduw~len** 'schimmen', vergane cellen waarvan de omtrek nog als een schim te zien is. • **schietschijf~** schietschijfvormige erytrocyt met i.h. midden een kleine donkere vlek. • **schuim~** reticulo-endotheelcel vol kleine vacuolen die lipoïd bevatten, vnl. bij xanthomen. • **sereuze~** kliercel met secreetgranula die vnl. eiwit bevatten. • **shadow~ls** schimmen van erytrocyten die hun kleurstof hebben verloren en waarvan alleen de celomtrek nog zichtbaar is. • **sickleform particle-containing ~l** (SPC cell) grote sikkelvormige macrofaag met PAS-positieve korrels, voorkomend bij de ziekte van Whipple. • **sikkel~** sikkelvormige erytrocyt. • **slijmbeker~** solitaire slijmproducerende epitheelcel. • **sluier~** verschijningsvorm in aanvoerende lymfe van i.d. huid gemobiliseerde langerhanscellen of dendritische reticulumcellen. • **smaak~** een v.d. cellen v.e. smaakpapil. • **somatische stam~** weefselspecifieke stamcel. • **somatotrope ~** cel i.d. hypofysevoorkwab die het groeihormoon somatotropine secerneert. • **spier~** smalle, langgerekte cel met contractiele eigenschappen. • **spin~** een neurogliacel. • **stam~** ongespecialiseerde, pluripotent klonogene voorlopercel die bij gebruik v.d. juiste kweekmedia niet alleen in leven kan worden gehouden, maar zichzelf ook kan vernieuwen door celdeling en die in bepaalde omstandigheden tot verschillende weefselspecifieke cellen kan differentiëren (celdifferentiatie); een stamcel bij uitstek en in optima forma is de bevruchte eicel (zygote); een stamcel is pluripotent als deze in principe tot alle mogelijke cellen en verschillende weefsels kan uitgroeien. • **stapel~len** fagocyten die pigment, vet en pathologische stofwisselingsproducten kunnen opnemen en enige tijd vasthouden. • **stekel~len** de cellen v.h. stratum spinosum v.d. epidermis. • **ster~len** *zie* kupffer~len. • **steun~len** cellen die de haarcellen v.h. organum spirale (Corti) steunen. • **steun~len van Hensen** cilindrische steuncellen i.h. orgaan van Corti, tussen de claudius- en de deiterscellen. • **stippel~** jonge erytrocyt met basofiele 'stippels' (korrels). • **suppressor~** T-cel die de immuunrespons onderdrukt of reguleert. • **T~~** lymfocyt die reageert als een antigeen zich al aan een lichaamscel heeft gebonden; T-cellen zijn niet alleen gericht op het vernietigen van geïnfecteerde cellen, maar spelen ook een belangrijke rol bij het regelen v.d. afweer; zie de verwijzingen voor de drie specifieke typen. • **tast~** cel v.e. tastlichaampje. • **tear drop ~l** *zie* traandruppel~. • **T-geheugen~** *zie* geheugen~. • **Th0-~** (T-helpero-cel) T-helpercel die de volgende cytokinen produceert: IL(interleukine)-2, IL-4, IL-5, IL-6, IL-9 en interferon-gamma. • **Th2-~** (T-helper2-cel) T-helpercel die de volgende cytokinen produceert: IL(interleukine)-4, IL-5, IL-6, IL-9, IL-10; functie: activatie B- en T-lymfocyten. • **Th1-~** (T-helper1-cel) T-helpercel die interleukine-2 en interferon-gamma produceert. • **theca~** luteïnecel-achtige epithelioïde cel v.d. tunica interna thecae folliculi. • **T-helper~** *zie* anti-idiotype-T-helper~. • **T(4)-helper~** lymfocyt die B-cel aanzet tot productie van antistoffen; d.m.v. deze antistoffen kunnen geïnfecteerde cellen en eventueel vrij i.h. bloed aanwezige ziekteverwekkers worden bestreden; de T(4)-helpercellen geven het startsignaal voor het ontstaan v.e. afweerreactie; hiv grijpt vooral op T4-cellen aan, waardoor er geen 'helperfunctie' voor het afweersysteem bestaat. • **thymic nurse ~l** [E] reticulaire epitheelcel, gelegen i.d. schors v.d. thymus. • **T-killer~** T-lymfocyt met cytotoxische eigenschappen voor afweer tegen intercellulaire organismen en lichaamsvreemde cellen. • **T-memory ~l** [E] *zie* geheugen~. • **traandruppel~** erytrocyten die zijn gegroepeerd i.d. vorm v.e. traandruppel; vormen een diagnostische aanwijzing voor de aanwezigheid van osteomyelofibrose. • **trabant~len** gliacellen die dicht tegen de ganglioncellen aan liggen. • **trilhaar~** lumenbegrenzende epitheelcel met trilharen op de naar het lumen gekeerde zijde v.d. cel. • **tumor~** veranderde lichaamseigen cel die zich kenmerkt doordat hij zich heeft onttrokken aan de normale groeiregulatie. • **tyfus~len** gezwollen reticulumcellen of histiocyten. • **uilenoog~len** de t.g.v. infectie met cytomegalovirus vergrote cellen. • **vet~** bindweefselcel, volgeladen met vet, waardoor het microscopisch beeld v.e. 'ze-

gelring' ontstaat: een grote vetvacuole met daaromheen ringvormig het protoplasma, en de celkern tegen de celwand gedrukt.
• **voorhoorn~len** motorische zenuwcellen i.d. columna anterior v.h. ruggenmerg.
• **voorloper~** cel die i.e. later ontwikkelingsstadium tot een gespecialiseerde cel differentieert. • **vreemdlichaamreus~** veelkernige reuscel i.d. nabijheid v.e. corpus alienum. • **vreet~** *zie* fagocyt. • **wand~len** *zie* pariëtale cellen. • **warthin-finkeldey-reus~** reuscel met zeer veel (tot honderd) kernen, pathognomonisch voor mazelen.
• **weefselzwerf~** *zie* macrofaag. • **xanthoom~** histiocyt met schuimachtig protoplasma waarin fijne korrels van vetten of lipoïden. • **zaad~** spermatozoön. • **zegelring~** aspect van vetcel na histologische routinebewerking: smalle ring van cytoplasma met vacuole waarin vet heeft gezeten dat door alcohol en xyleen is opgelost.
• **zenuw~** *zie* neuron. • **zintuighaar~len** sensorcellen met haarvormige uitsteeksels (stereocilia) die worden geprikkeld wanneer de 'haren' worden gebogen. • **zwangerschaps~** veranderde chromofobe cel, gedurende zwangerschap voorkomend i.d. hypofysevoorkwab. • **zwerf~** fagocyterende, amoebe-achtige bindweefselcel, pendant v.e. sessiele cel.

celadhesiemoleculen (CAM) 1 glycoproteïnen op endotheelcel die zwakke reversibele bindingen kunnen aangaan met langskomende cellen; 2 glycoproteïnen die een rol spelen bij het bijeenhouden van epitheelcellen.

celatypie pathologische verandering v.e. cel waardoor deze een vorm krijgt die in sterke mate afwijkt v.h. fysiologische aspect.

celcyclus celdeling volgens een vast patroon.

celdébris *zie* débris.

celdeling het proces waarbij een cel zich in (veelal twee) dochtercellen deelt. • **akinetische ~** *zie* amitotische ~. • **amitotische ~** deling zonder dat er chromosomen zichtbaar worden. • **directe ~** *zie* amitose. • **indirecte ~** *zie* mitose.

celdiagnostiek *zie* cytodiagnostiek.

celdifferentiatie 1 (celbiol.) overgang v.e. stamcel (totipotente cel) naar een specifiek celtype; 2 (hematol.) de verhouding waarin de verschillende (bloed)cellen voorkomen; wordt uitgedrukt i.e. percentage v.h. totaal aantal onderzochte cellen. bij afwijkende bloedsamenstelling wordt altijd ook met de microscoop gekeken om niet alleen de aantallen, maar ook de vorm v.d. verschillende cellen te beoordelen.

-cele achtervoegsel in woordverbindingen betreffende een hernia-achtige uitpuiling.

celer snel; vb. pulsus celer.

celfusie het laten versmelten van gekweekte cellen, ook van verschillende soorten, o.i.v. geïnactiveerd sendaivirus, polyethyleenglycol of elektrofusie.

celgemedieerde lymfolyse in-vitrolysis van allogene cellen door cytotoxische T-lymfocyten.

celgetal het aantal cellen i.e. lichaamsvloeistofmonster.

celia- voorvoegsel in woordsamenstellingen betreffende de buik.

celiotomie buiksnede, laparotomie.

celklont *zie* syncytium.

cella cel, kamer.

celleer *zie* cytologie.

cellen van Alzheimer *zie* cel | alzheimer~len.

cellen van Aschoff *zie* Aschoff | aschoffcellen.

cellen van Müller *zie* Müller | müllercellen.

cell-mediated lympholysis *zie* celgemedieerde lymfolyse.

cellobiose ontledingsproduct van cellulose bij hydrolyse onder invloed v.h. enzym cellulase.

celloïdine oplossing van nitrocellulose in ethanol en ether.

cellula kamertje, cel.

cellulair m.b.t. cellen (vaak als tegenstelling tot humoraal); vb. c-re immuniteit.

cellulaire afweer *zie* immuniteit | cellulaire ~.

cellulase een in bacteriën en schimmels voorkomend enzym dat cellulose hydrolyseert tot cellobiose.

cellulifugaal v.d. cel af gericht.

cellulipetaal naar de cel toe gericht.

cellulite *zie* cellulitis.

cellulitis 1 niet-pathologische toestand die berust op een onregelmatige verdeling v.h. onderhuidse vet, waardoor de huid een hobbelig aspect heeft; 2 ontsteking van lederhuid en onderhuidse vet- en bindweefsel, veroorzaakt door bacteriën. • ~ **orbitae** diffuse ontsteking i.h. orbitale vet- en bindweefsel. • **necrotiserende ~** *zie* fleg-

mone.
cellulose een polysacharide, voornaamste bestanddeel v.d. wand van plantencellen.
cellulosus cellen-bevattend; vb. tela cellulosa.
celmantel *zie* calyx | glyco~.
celmigratie proces waarbij fagocyten in drie stappen vanuit de bloedbaan naar een ontstekingshaard bewegen.
celo- voorvoegsel in woordsamenstellingen betreffende de buik.
celorganel *zie* organel.
celplasma *zie* plasma | cyto~.
celskelet *zie* cytoskelet.
celtransformatie *zie* transformatie | maligne ~.
celverval *zie* cytolyse.
celwand een (dode) laag die bij cellen van bacteriën, rickettsiae, schimmels en planten de (levende) celmembraan omgeeft.
cement 1 (anatomie) vaatloos beenweefsel dat de wortel v.e. gebitselement omgeeft; **2** (tandheelk.) poederachtige substantie die na vermenging met vloeistof verhardt, i.d. tandheelkunde gebruikt voor het vullen van caviteiten in gebitselementen.
cementing line *zie* lijn | kit~.
cementocyt cel i.h. tandcement.
cementoom odontogene woekering van cementweefsel.
cementum *zie* cement.
cendehillstam stam v.h. rubellavirus, gebruikt voor de bereiding v.h. rubellavaccin.
centese *zie* punctie. • **amnio~** transabdominale punctie onder echogeleiding v.d. zwangere uterus ter verkrijging v.e. kleine hoeveelheid vruchtwater voor prenatale diagnostiek, waaronder chromosoomonderzoek. • **artro~** punctie | gewrichts~. • **cardio~** *zie* cardiopunctuur. • **chordo~** transabdominale punctie onder echogeleiding v.d. zwangere uterus ter verkrijging v.e. kleine hoeveelheid foetaal bloed voor prenatale diagnostiek. • **coelio~** punctie v.d. buik, bijv. voor het aftappen van ascitesvocht. • **culdo~** het puncteren door het achterste vaginagewelf heen om exsudaat uit een pyosalpinx of uit een ovariumabces op te zuigen. • **entero~** darmpunctie. • **oftalmo~** punctie v.d. oogbol. • **ovario~** punctie v.h. ovarium of v.e. ovariumcyste. • **para~** punctie v.e. met vocht gevulde ruimte om het vocht te laten afvloeien of op te zuigen; meestal wordt paracentesis tym-
pani bedoeld in geval van middenoorvocht. • **pericardio~** pericardpunctie ter verwijdering van pericardvocht. • **pneumo~** *zie* punctie | long~. • **thoraco~** punctie door de borstwand om vloeistof te verwijderen.
centimorgan (cM) *zie* morgan.
centraal 1 i.h. midden (middelpunt) gelegen; **2** m.b.t. het midden; **3** m.b.t. het centrale zenuwstelsel; vb. centraal dempend middel.
Centraal College orgaan voor medisch specialisten dat het aantal specialismen en de daarvoor geldende opleidingseisen vaststelt.
centraal lymfoïd orgaan *zie* lymfoïde organen | centrale ~.
centraal neurologische aandoening (CNA) i.h. centraal zenuwstelsel (czs) gelokaliseerde aandoening.
centraal reuscellengranuloom *zie* tumor | bruine ~.
centraal veneuze druk (CVD) druk in rechter atrium, dat in open verbinding met de vv. cavae staat; deze druk wordt meestal aan de vv. jugularis gemeten.
centralis centraal; vb. canalis centralis, systema nervosum centrale.
central terminal (CT) [E] referentiemeetpunt voor een elektrocardiogram met een constante potentiaal die waarde o benadert.
centrifugaal middelpuntvliedend.
centrifugeren het snel doen roteren v.e. vloeistof, waarin deeltjes gesuspendeerd zijn; deze worden door de 'centrifugale' kracht v.h. middelpunt weggeslingerd, en wel de zwaarste deeltjes het meest, de lichtste het minst.
centrifugus centrifugaal; vb. ulerythema centrifugum.
centrilobulair i.h. midden v.e. lobulus.
centriole een gedeelte v.h. centrosoom.
centripetaal middelpuntzoekend.
centrocaecaal m.b.t. de fovea centralis en de blinde vlek op het netvlies.
centrocyt differentiatievorm v.d. B-lymfocyt zoals die voorkomt i.d. kiemcentra.
centrofaciaal i.h. midden v.h. gelaat.
centromedianus centraal en mediaal; vb. nucleus centromedianus.
centromeer 1 plaats waar beide chromatiden nog met elkaar verbonden zijn, waardoor elk chromosoom vier armen heeft; **2** hals v.e. spermatozoön. • **acrocen-**

trisch ~ chromosoom dat zodanig is gelegen dat de beide chromatiden v.h. chromosoom i.e. zeer korte en een relatief langere arm worden verdeeld. • **metacentrisch** ~ centromeer die zodanig is gelegen dat de beide chromatiden v.h. chromosoom in twee even lange armen worden verdeeld. • **submetacentrisch** ~ centromeer die zodanig is gelegen dat de beide chromatiden v.h. chromosoom in twee armen van ongelijke lengte worden verdeeld. • **telocentrisch** ~ aan het eind v.d. chromatiden gelegen centromeer.

centrosoom organel i.h. cytoplasma i.d. buurt v.d. celkern, bevat een of twee centriolen.

centrum 1 middelpunt; 2 groep zenuwcellen die een bepaalde functie beheersen of reguleren (bijv. ademhalingscentrum, spraakcentrum); 3 medische inrichting die uitgebreide voorzieningen kent. • **adem~** zie ademhalings-. • **ademhalings~** het anatomische geheel v.h. medullaire ritmische centrum, het apneustische centrum en het pneumotactische centrum, drie nauw met elkaar in verbinding staande centra in pons en verlengde merg die de in- en uitademing, de ademfrequentie en de ademdiepte regelen. • **apneustisch** ~ onderdeel v.h. ademhalingscentrum. • **associatiecentra** zie Flechsig | flechsigassociatievelden. • **blik**~ gebied i.d. hersenen dat oogbewegingen reguleert. • ~ **semiovale** half-ovale witte substantie tussen balk en hemisfeerschors, bevat zenuwvezels (associatie-, commissuur- en projectievezels) v.h. telencephalon. • ~ **van Broca** zie spraakcentrum | motorisch ~. • ~ **van Wernicke** zie spraakcentrum | sensorisch ~. • **corticaal gezichts~** de visuele schors i.d. occipitale hersenkwab. • **cyto**~ geheel van centriolenpaar en golgiapparaat. • **follikel~** zie kiem~. • **gehoor**~ centrum i.d. temporale hersenschors, waar gehoorprikkels worden verwerkt. • **gezichts**~ een der i.h. cerebrum gelegen centra waar gezichtsindrukken worden ontvangen en verwerkt. • **hartregulatie**~ een groot, uit verschillende delen opgebouwd gebied v.h. centraal zenuwstelsel, gelegen i.d. medulla oblongata i.d. formatio reticularis; zendt impulsen naar de hartspier via de ortho- en parasympathische banen; wordt neuraal beïnvloed door barosensoren, chemosensoren en ademcentra. • **honger**~ nucleus, gelegen i.d. laterale hypothalamus. • **kiem**~ door sterke celdeling gekenmerkte centrum v.d. lymfefollikel. • **koude**~ caudaal deel v.h. thermoregulatoire kerngebied i.d. hypothalamus. • **medullair ritmisch** ~ onderdeel v.h. ademhalingscentrum. • **ovo**~ het centrosoom v.h. ei gedurende de bevruchting. • **perinataal** ~ medische instelling, gespecialiseerd i.d. begeleiding v.d. geboorte en de eventueel bijkomende aandoeningen. • **pneumotactisch** ~ onderdeel v.h. ademhalingscentrum. • **primair gezichts~** het g. i.h. corpus geniculatum laterale en de voorste corpora quadrigemina. • **psychogeusisch** ~ het smaakcentrum i.d. hersenschors. • **reactie**~ zie kiem~. • **reflex**~ centrum in hersenen of ruggenmerg, waar een ontvangen sensorische impuls i.e. motorische wordt omgezet. • **seksueel** ~ zie centrum. • **slik**~ complex van kernen in hersenstam die slikken en slikreflex reguleren en aansturen. • **spraak**~ een der plaatsen i.d. hersenschors voor de spraakvorming en voor het spraakbegrip. • **temperatuurregulerend** ~ verzameling nuclei i.d. hypothalamus; beïnvloedt de fysische en chemische temperatuursregulatie. • **vasomotorisch** ~ nucleus, gelegen i.d. medulla oblongata; reguleert de perifere weerstand van bloedvaten door beïnvloeding v.d. orthosympathische activiteit. • **verzadigings**~ nucleus, gelegen i.d. ventromediale hypothalamus.

cephalalgia rheumatica zie myalgie | myalgia capitis.

cephalicus het hoofd betreffend; vb. index cephalicus, vena cephalica.

cephalocele zie cefalocele.

cephalopharyngicus m.b.t. het hoofd en de farynx; vb. musculus cephalopharyngicus.

Cephalosporium een in aarde levend genus fungi imperfecti. • ~ *acrimonium* een in rioolwater aangetroffen fungus waaruit de antibioticagroep der cefalosporinen wordt bereid.

cephalothoracopagus tweelingmonstrum waarvan hoofd en thorax één geheel vormen.

ceptor 1 zie sensor; 2 zijketen.

ceramidase enzym dat ceramide splitst.

ceramiden naam voor een groep v.d. sfingolipiden.

ceramidetrihexosidase enzym dat ont-

breekt bij de ziekte van Fabry.
ceratocricoideus m.b.t. de onderste hoorn v.h. thyr(e)oïd en het cricoïd.
cercaria laatste larvenstadium van een trematode.
cerclage [F] **1** (orthoped. chir.) i.e. cirkelvorm aangebrachte metalen hechting ter fixatie v.e. fractuur; **2** (gynaecol.) afsluiting v.d. cervix uteri met een band om een te vroege bevalling tegen te houden; **3** (oogheelk.) als onderdeel v.d. operatieve correctie van ablatio retinae het indrukken v.d. sclera m.b.v. een siliconencerclageband rondom het oog om ter plekke v.h. netvliesdefect het netvlies weer in contact te brengen met de choroidea.
cerea vr. van cereus.
cerebellair het cerebellum betreffend.
cerebellaire kernen *zie* nucleus | nuclei cerebelli.
cerebellaire schriftstoornis afwijkend schrift door een cerebellaire functiestoornis, met als kenmerken onregelmatige grootte v.d. letters, megalografie en een algehele slordigheid.
cerebellaire verschijnselen verschijnselen die passen bij een cerebellaire functiestoornis.
cerebellaris cerebellair, het cerebellum betreffend; vb. pedunculus cerebellaris.
cerebellomedullaris het cerebellum en de medulla betreffend; vb. cisterna cerebellomedullaris.
cerebellum kleine hersenen. • **archaeo~** fylogenetisch oudste deel v.h. cerebellum, bestaande uit lingula en lobus flocculonodularis. • **cerebro~** *zie* ponto~. • **ponto~** deel v.d. kleine hersenen dat bijdraagt aan de regeling v.d. motoriek. • **prisco~** het fylogenetisch oudste deel v.h. cerebellum.
• **spino~** deel v.d. kleine hersenen dat dient voor regulatie van motoriek van romp en ledematen. • **vestibulo~** deel v.d. kleine hersenen dat dient voor de coördinatie van evenwicht, hoofd en oogbewegingen.
cerebraal 1 de hersenen betreffend, i.h.b. de grote hersenen, het cerebrum; **2** verstandelijk, rationeel (met uitschakeling van gevoelsoverwegingen).
cerebrale functies hogere functies v.d. hersenschors die ten grondslag liggen aan perceptie, bewuste ervaring van sensibele waarnemingen, planning enz.
cerebrale hemorragie *zie* bloeding | hersen~.
cerebrale penumbra deel v.h. brein waarin het weefsel na een herseninfarct inactief is a.g.v. ischemie, maar nog niet dood.
cerebrale perfusiedruk (CPD) mate van cerebrale bloeddoorstroming, bepaald als de gemiddelde arteriële bloeddruk minus de intracraniële druk.
cerebralis cerebraal, tot de (grote) hersenen behorend.
cerebri gen. van cerebrum; vb. ventriculus cerebri = hersenventrikel.
cerebrosiden een tot de lipiden behorende groep stoffen in hersenweefsel.
cerebrosidose lipoïdose waarbij een cerebroside (kerasine) i.d. cellen v.h. reticuloendotheliale systeem wordt gestapeld.
cerebrospinaal de hersenen en het ruggenmerg betreffend.
cerebrospinale vloeistof *zie* liquor cerebrospinalis.
cerebrospinalis m.b.t. het cerebrum en het ruggenmerg.
⊚ **cerebrovasculair accident** (CVA) acute verstoring v.d. cerebrale circulatie met focale neurologische uitvalsverschijnselen (verlammingen, gevoelloosheid en taalstoornissen); indeling: men onderscheidt als oorzaak bloeding en ischemie; bij ischemie onderscheidt men 1) transiënte ischemische aanval (TIA, transient ischaemic attack), een of meer korte, voorbijgaande aanvallen van neurologische stoornissen, veroorzaakt door een tijdelijke doorbloedingsstoornis i.d. hersenen; 2) omkeerbare neurologische uitval (*reversible ischaemic neurological deficit*), waarbij herstel binnen 6 wkn. optreedt; 3) herseninfarct, waarbij de cerebrale uitvalsverschijnselen geleidelijk toenemen (*progressive stroke*) of blijvend zijn (blijvend herseninfarct, compleet CVA, *completed stroke*).
cerebrum de hersenen, i.h. bijz. de grote hersenen, ten onderscheid van cerebellum, de kleine hersenen.
cereus wasachtig; vb. flexibilitas cerea.
ceroïd een korrelig bruingeel pigment, voorkomend in cirrotische levers en in atheroomcysten.
ceroïdose aanwezigheid van ceroïd in cellen v.h. mononucleairefagocytensysteem, gladde spiervezels van dunne darm, uterus en vaatwand.
certificatie 1 garanderen, voor wettig ver-

klaren; bijv. vaststellen v.d. dood; **2** d.m.v. ondertekening v.e. officieel document bevestigen; bijv. m.b.t. overlijdensverklaring; **3** het verlenen v.e. keurmerk dat aangeeft dat een instelling werkt in overeenstemming met een bepaalde norm of een eisenstellend document.

ceruleus *zie* caeruleus.

ceruloplasmine koper-bindende, als oxidase werkzame plasmaproteïne v.d. alfa-2-globulinefractie, kleurt (soms) het plasma groen bij vrouwen die orale contraceptiva (oestrogeen) gebruiken, en bij zwangeren.

cerumen secreet v.d. glandulae ceruminosae, vermengd met secreet van smeerklieren, opperhuidschilfers, afgestoten haren en stof.

cerumenhaakje haakvormig instrumentje voor het verwijderen van grote hoeveelheden oorsmeer en cerumenproppen.

cerumenprop prop, gevormd door ophoping van oorsmeer.

ceruminosus rijk aan cerumen.

cervicaal m.b.t. de cervix (de hals, de nek, of de cervix uteri).

cervicale evenwichtsstoornis stoornis v.h. evenwicht waarvan de oorzaak te vinden is i.h. cervicale gebied.

cervicale kraag kraag ter ondersteuning en immobilisering v.d. halswervels; o.a. geïndiceerd bij nektrauma, cervicale myelopathie en status na cervicale spondylodesis; meer of minder immobiliserend afhankelijk v.h. materiaal, bijv. schuimrubber of hardplastic met metalen verstevigingen.

cervicalgie acuut of subacuut optredende pijn i.d. nek of schouder; treedt op na heftige beweging of een langdurig onfysiologische houding v.d. cervicale wervelkolom; de pijn verdwijnt na enkele dagen.

cervical hostility [E] stoornis waarbij het cervixslijm niet of slecht doordringbaar is voor de zaadcellen.

cervicalis cervicaal, tot de cervix behorend; vb. ansa cervicalis, septum cervicale.

cervicectomie amputatie v.d. cervix uteri; obsolete ingreep, vervangen door conisatie.

cervicis gen. van cervix; vb. canalis cervicis uteri.

cervicitis ontsteking v.d. cervix uteri.

cervicobrachiaal de hals en de arm betreffend.

⊛ **cervicobrachiaal syndroom** pijn (uit de nek) uitstralend in één arm, meestal tot i.d. vingers, vererergend door tractie aan de zenuwwortels (zwaar tillen, reiken).

cervicobrachialgie pijn i.c. nek met uitstraling naar een arm.

cervicodynia pijn i.d. nek.

cervicodynie *zie* myalgie | myalgia cervicalis.

cervix hals, i.h.b. de baarmoederhals.
• **~ uteri** het onderste, min of meer buisvormig gedeelte v.d. baarmoeder, uitmondend i.d. vagina. • **dry ~** cervicale toestand van zeer beperkte slijmproductie i.h. cervicale kanaal na verwijdering v.e. groot deel v.h. slijmvormende epitheel v.d. cervix uteri.
• **endo~** het cervixkanaal v.d. uterus.

⊛ **cervixcarcinoom** kwaadaardige woekering van cellen uitgaande v.h. cervixepitheel; indeling: 85% is een plaveiselcelcarcinoom, gewoonlijk ontstaan uit een premaligne afwijking: cervicale intraepitheliale neoplasie; de rest wordt veroorzaakt door een adenocarcinoom (13%) of een adenosquameus carcinoom.

cervixscheur bij de baring ontstane scheur i.d. baarmoederhals.

cervixslijm slijm dat i.d. endocervix uteri wordt gevormd.

CES *zie* syndroom | cauda-equina-~.

cesartherapie bewegingsleer en -therapie om gezonde, natuurlijke houdingen en bewegingsgewoonten te ontwikkelen.

cessio mensium het ophouden v.d. maandstonden, normaal (menopauze) of abnormaal (menostasis).

Cestoda platte wormen ofwel lintwormen; klasse van subfylum *Platyhelminthes*.

Cestoidea klasse van platwormen (Platyhelminthes).

ceteris paribus onder overigens gelijke omstandigheden.

CF 1 *zie* cystische fibrose; **2** *zie* factor | citrovorum-~.

CFA cryptogene fibroserende alveolitis *zie* longfibrose.

C3-fragment splitsingsproduct van C3, C3a en C3b.

CFU *zie* colony-forming unit.

CGD *zie* ziekte | chronische granulomateuze ~.

cGMP *zie* GMP.

CGT *zie* therapie | cognitieve gedrags~.

CH50 de hoeveelheid v.e. serum die nodig is om 50% v.e. testoplossing van erytrocyten te lyseren i.e. standaard hemolytische com-

plementbepaling.
ch. (charta) papier (rec.).
chagoom plankharde zwelling na beet van *Triatoma infestans,* overbrenger v.d. Chagas-ziekte.
chalasie verslapping van weefsel of een opening. • **blefaro~** verslapping en atrofie v.d. huid v.d. oogleden door oedeem. • **dermato~** te ruime, afhangende huid v.h. ooglid, komt vrij veel voor op oudere leeftijd; soms hangt de overtollige huid i.h. gezichtsveld of zelfs voor de pupil; dit is een medische indicatie voor correctie; NB: niet te verwarren met blefarochalasie.
chalazion chronisch hard knobbeltje (ontstekingsgranuloom) i.h. ooglid, meestal het bovenste, door verstopte afvoergang en retentie i.e. klier van Meibom.
chalazodermie *zie* cutis laxa.
chalcose aanwezigheid van koper in weefsel. • **chalcosis lentis** *zie* cataract | zonnebloem~.
chalicose vorm van pneumoconiose door inhalatie van steenstof (steenhouwersziekte).
chalkitis oogontsteking bij koperbewerkers.
chalodermie *zie* cutis laxa.
chalonen door rijpe cellen geproduceerde hormoonachtige stoffen.
chamberlandfilter voor bacteriën ondoorgankelijk filter van ongeglazuurd porselein.
chamberlandkaars *zie* chamberlandfilter.
chamecefalie lage, platte schedelvorm, met index cephalicus <70; verouderd concept uit de medische antropometrie.
chancriform zich uitend als een sjanker; bijv. syphiloma chancriforme.
chancroïd seksueel overdraagbare aandoening die wordt veroorzaakt door *Haemophilus ducreyi,* gekenmerkt door multipele, polycyclische huidzweren en soms veretterende lymfadenitis.
channelopathy *zie* kanalopathie.
Charcot | charcotgewricht op artrose lijkende gewrichtsaandoening (artrotisch gewricht) dat ontstaat doordat a.g.v. een neurologische stoornis (denervatie) geen beschermende sensibiliteit bestaat en daardoor hoge belasting v.e. gewricht kan optreden. • **charcottrias** de combinatie van scanderende spraak, intentietremor en nystagmus die bij ernstige vormen van multipele sclerose kan optreden. • **charcotvoet** sensibele neuropathie met een diffuse warme zwelling v.d. gehele voet of een deel ervan en met röntgenologische aanwijzingen voor osteoporose met of zonder fracturen. • **ziekte van ~ 1** neurogene artropathie, i.h.b. deformerende gewrichtsaandoening bij tabes dorsalis ('tabetische knie', arthropathie tabétique; term van Charcot); **2** chronisch gewrichtsreuma. • **ziekte van ~- Marie-Tooth** *zie* neuropathie | hereditaire motorisch-sensibele ~.
charrièreschaal reeks van diametermaten van katheters, met de charrière als eenheid.
charta papier (voor poeders). • **~ cerata** waspapier. • **~ paraffinata** in paraffine gedrenkt papier.
chaud [F] warm. • **à ~** [F] terwijl de ontsteking nog heet is, d.i. i.h. acute stadium.
CHBB Commissie Huisartsen Bijzondere beroepen.
ch. c. *zie* charta cerata.
CH50-complementbepaling bepaling v.d. CH-50 waarde; functie: aantonen van deficiënties of defecten van één of meer complementfactoren.
CHD *zie* dysplasie | congenitale heup~.
chef de clinique [F] benaming v.e. arts in functie als hoofd v.e. afdeling i.e. ziekenhuis.
cheil- voorvoegsel in woordsamenstellingen m.b.t. een lip of tot een rand.
cheilectomie 1 excisie v.e. lip; **2** het wegbeitelen v.e. beenrand om een artrotisch gewrichtsvlak.
-cheilie achtervoegsel in woordverbindingen m.b.t. de lippen.
cheilitis ontsteking v.d. lip. • **~ actinica** ch. door overmatige expositie aan ultraviolette straling. • **~ angularis** ontsteking v.d. mondhoeken. • **~ glandularis apostematosa** *zie* myxadenitis labialis. • **~ granulomatosa** snuitvormige zwelling v.d. lippen met ontwikkeling van tuberculoïde granulomen, voorkomend bij het syndroom van Melkersson-Rosenthal. • **~ solaris** *zie* cheilitis actinica.
cheiloangioscopie microscopisch onderzoek v.d. bloedvaten i.d. lip.
cheilofagie ziekelijk bijten op de lip.
cheilose maceratie en fissuurvorming van lipperood en mondhoeken.
cheir- voorvoegsel in woordsamenstellingen m.b.t. de hand.

cheiralgie pijn i.d. hand.
cheiropompholyx *zie* eczeem | dyshidrotisch ~.
chelaat verbinding v.e. 'chelating agent' met een metaal.
chelatietherapie *zie* ethyleendiaminetetraacetaat.
chelator [E] organische stof waarvan twee of meer elektrondonorgroepen, onderling chemisch gebonden, met een polyvalent metaal een chelaat vormen.
Chelicerata spinachtigen, subfylum v.d. *Arthropoda*; tot de Ch. behoort de klasse *Arachnida*.
cheloideus met keloïdvorming; vb. acne chea.
chemical peeling methode om oneffenheden i.h. gelaat, te verminderen door het chemisch etsen v.d. huid.
chemie | **bio~** de kennis of het specialisme betreffende de chemische processen i.h. levende organisme. • **biologische** ~ *zie* bio~. • **cyto~** het via microscopisch-chemische methoden bestuderen van onderdelen v.h. celmetabolisme. • **foto~** de leer v.d. invloed van licht op chemische processen. • **fysiologische** ~ *zie* bio~. • **histo~** het via microscopisch-chemische methoden bestuderen van onderdelen van weefsels of cellen daarvan. • **immuno~** de wetenschap betreffende de stoffen die de immuniteit teweegbrengen, en betreffende de reacties op injectie van die stoffen. • **immunocyto~** het geheel van methoden waarbij antilichamen worden gemerkt met fluorescerende stoffen, peroxidasen of goud-proteïne-A-verbindingen, waardoor deze na binding aan een antigeen i.e. preparaat kunnen worden gelokaliseerd en geïdentificeerd. • **immunohisto~** techniek die gebruikmaakt van antigeen-antilichaamreacties om in histologische preparaten specifiek eiwitten of antigenen aan te tonen. • **xenobio~** de biochemie betreffende 'vreemde' (niet tot het organisme behorende) substanties.
chemo *zie* chemotherapie.
chemo- voorvoegsel in woordsamenstellingen m.b.t. de chemie of chemische verbindingen.
chemocaustiek het wegbranden van weefsel d.m.v. een chemische stof.
chemoceptor *zie* receptor | chemo~.
chemodectoom gezwel (meestal goedaardig) van chemoreceptor weefsel zoals i.h. glomus caroticum.
chemokine klasse van lokaal lokaal actief peptidehormonen met een chemotactische werking.
chemonucleolyse injectie v.e. kraakbeenoplossend enzym in de nucleus pulposus.
chemo-organotrofie het voor de groei afhankelijk zijn van chemische en organische stoffen.
chemopallidotomie uitschakeling v.d. globus pallidus d.m.v. een hoogwaardige alcohol.
chemose oedeem v.h. oogbindvlies.
chemostaat continucultuur van bacteriën waarin één factor i.h. kweekmedium limiterend is voor bacteriële groeisnelheid.
chemotaxis 1 beweging v.e. organisme als reactie op een chemische prikkel; 2 migratie v.e. cel, tegen de concentratiegradiënt in, i.d. richting v.e. chemoattractant; met name granulocyten, maar ook monocyten en lymfocyten bewegen volgens dit principe naar een ontstekingshaard.
chemotherapeuticum chemisch bereide stof met remmende of dodelijke werking tegen pathogene micro-organismen of tegen tumorcellen.
chemotherapie behandeling met (genees)middelen die tumorcellen i.h. lichaam doden of hun groei remmen. • **adjuvante** ~ chemotherapie als aanvulling v.e. andere therapievorm; vb. chemotherapie na operatie. • **concomitante** ~ combinatie van radiotherapie en chemotherapie waarbij beide behandelingen gelijktijdig worden gegeven. • **cytostatische** ~ chemotherapie die de groei van tumorcellen afremt, maar de cellen mogelijk niet doodt. • **foto~** behandeling van huidziekten met licht in combinatie met een sensibiliserende stof. • **hypertherme intraperitoneale** ~ (HIPEC) combinatiebehandeling v.e. colorectaal carcinoom dat het peritoneum en de peritoneale holte is gemetastaseerd; bestaat uit tumorresectie en toediening van cytostatica. • **neoadjuvante** ~ chemotherapie, voorafgaand aan operatie v.e. chirurgisch curabele maligniteit. • **primaire** ~ *zie* neoadjuvante ~. • **up-front**~ *zie* neoadjuvante ~.
chemotrofie eigenschap van bepaalde ('chemotrofe') bacteriën dat zij voor hun groei bepaalde chemische stoffen nodig hebben.
chemotroof het voor de groei afhankelijk

zijn (van bacteriën) van chemische stoffen.
chemotropisme *zie* chemotaxis.
cheromanie abnormale, manische vrolijkheid.
cherry angioma *zie* angioom | angioma senile.
cherubisme erfelijke ziekte gekenmerkt door 'cherubijns engelengelaat'.
CHF (congestief hartfalen) *zie* cardiomyopathie | congestieve ~.
Chiari | chiari-frommelsyndroom atrofie v.d. uterus en secundaire amenorroe t.g.v. te lang durende lactatie.
chiasma 1 kruising van vezels; **2** kruisfiguur i.d. meiotische profase v.d. chromosoomdeling. • **~ opticum** kruising v.d. mediale opticusvezels bij de overgang i.d. beide tractus optici.
chigger rode larve v.d. mijt *Eutrombicula alfreddugesi*, veroorzaakt 'herfstjeuk'.
chikungunya infectie met het chikungunyavirus; het ziektebeeld wordt gekenmerkt door koorts, gewrichtsontsteking en exantheem.
chilaiditisyndroom interpositie v.h. colon tussen de lever en het diafragma.
-chilie achtervoegsel in woordverbindingen m.b.t. de lippen.
Chilomastix een protozoageslacht.
chimaera 1 (genetica:) individu dat is samengesteld uit cellen van verschillende genetische afkomst; **2** (psychol.:) droombeeld, drogbeeld, hersenschim. • **bestralings~** c. door radiogeen teweeggebrachte chromosoomveranderingen.
chimerisme het voorkomen v.e. chimaera. • **bloed~** het gelijktijdig i.h. bloed voorkomen van erytrocyten van twee verschillende serologische typen, waargenomen bij niet-identieke menselijke en dierlijke tweelingen.
chinolonen synthetische antibiotica, afgeleid van nalidixinezuur.
chip [E] splinter. • **bone ~s** [E] uit spongieus bot bestaande beensplinters.
chir- voorvoegsel in woordverbindingen betreffende de handen.
chiropodie behandeling van voetkwalen zoals misvormde nagels, likdoorns, eelt.
chiropractie complementaire, niet algemeen erkende geneeswijze die d.m.v. wervelkolommanipulatie beoogt de relatie tussen de structuur v.d. wervelkolom en de functie v.h. zenuwstelsel en daarmee de algehele gezondheid te herstellen.
chiropractor beoefenaar v.d. chiropraxie.
chirotherapie (complementaire geneesk.) *zie* chiropractie.
chirurg | kaak~ arts of tandarts die met goed gevolg een vervolgopleiding heeft gedaan i.d. mondziekten, kaak- en aangezichtschirurgie.
chirurgicus chirurgisch; vb. collum chirurgicum; vgl. anatomicus.
chirurgie deel v.d. geneeskunde dat m.n. operaties en in- en uitwendige invasieve behandelingen betreft. • **bariatrische ~** chirurgie die is gericht op het verminderen v.h. lichaamsgewicht bij patiënten met (morbide) adipositas, i.h.b. door ingrepen die leiden tot verkleining v.d. maaginhoud, waardoor kleinere maaltijden kunnen worden genuttigd en sneller een verzadigingsgevoel optreedt. • **cosmetische ~** het onderdeel v.d. chirurgie dat de verfraaiing v.h. uiterlijk of de verwijdering van ontsierende structuren ten doel heeft. • **craniofaciale ~** chirurgie die zich richt op afwijkingen v.h. aangezicht, zoals schisis. • **cryo~** vernietiging van afwijkend weefsel door de temperatuur v.d. cellen tot het vriespunt te verlagen (bevriezen) d.m.v. applicatie van vloeibare stikstof. • **elektro~** chirurgie waarbij wordt gebruikgemaakt v.h. snijdend vermogen v.e. draadvormige elektrode waardoor een wisselstroom wordt geleid. • **endoscopische ~** zie minimaal invasieve ~. • **endovasculaire ~** *zie* vaat~. • **epilepsie~** operatief verwijderen v.e. epilepsiehaard of een deel v.h. hersenen dan wel laederen v.e. bij epilepsieaanvallen betrokken netwerk. • **esthetische ~** *zie* cosmetische ~. • **exploratieve ~** *zie* exploratie | operatieve ~. • **foetale ~** vorm van chirurgie bij de foetus die meestal wordt verricht d.m.v. laparoscopie of beeldgeleide chirurgie. • **hand~** specialisering binnen de plastische chirurgie die zich volledig richt op het behandelen van letsel v.d. hand. • **hart~** de chirurgie v.h. hart en de aangrenzende grote vaten. • **intra-uterine ~** chirurgische methode, nog experimenteel toegepast, om bij de foetus, dus in utero, bepaalde aandoeningen te behandelen. • **kleine ~** chirurgische ingrepen van beperkte complexiteit waarvoor geen operatiekamer is vereist; betreft gewoonlijk afwijkingen van huid en weke delen; bijv. het

verwijderen v.e. atheroomcyste. • **laparoscopische** ~ endoscopische chirurgie m.b.t. de buikholte. • **laser~** chirurgische behandeling d.m.v. laser. • **micro~** chirurgische ingrepen, uitgevoerd bij sterke vergroting d.m.v. een operatiemicroscoop.
• **minimaal invasieve** ~ operatieve procedure m.b.v. minimaal-invasieve chirurgische technieken en vermijding v.d. gangbare incisies; toegang tot inwendige (orgaan)weefsel wordt verkregen door een of meer incisies van 3-12 mm, waardoorheen endoscopisch instrumentarium wordt ingebracht; de chirurg oriënteert zich m.b.v. een video-endoscoop waarvan het beeld op een beeldscherm wordt getoond. • **mohs~** excisie van huidtumor waarbij v.h. uitgesneden preparaat het gehele snijvlak peroperatief microscopisch wordt onderzocht op resten tumor, voordat tot verdere incisie wordt besloten. • **neuro~** de chirurgie v.h. zenuwstelsel. • **oculoplastische** ~ chirurgie die is gericht op reconstructie v.h. perioculaire regio na trauma en excisie van grote laesies. • **openhart~** hartchirurgie waarbij v.d. hart-longmachine wordt gebruikgemaakt. • **oromaxillofaciale** ~ *zie* mondziekten, kaak- en aangezichtschirurgie. • **plastische** ~ chirurgisch specialisme dat de reconstructie of correctie van mis- en vervormingen ten doel heeft. • **psycho~** operatieve behandeling van psychische aandoeningen en van ondraaglijke pijn, door onderbreking van bepaalde zenuwbanen; bijv. prefrontale lobotomie. • **radio~** niet-operatieve behandeling van intracraniale gezwellen, arterioveneuze malformaties en andere pathologische processen d.m.v. gerichte röntgenbestraling m.b.v. stereotaxie. • **reconstructieve** ~ chirurgisch herstel (hersteloperatie) v.d. oorspronkelijke, anatomisch normale vorm en functie. • **refractie~** chirurgische behandeling van ametropie. • **robot~** chirurgische techniek waarbij de chirurg elektrisch bewogen instrumenten op afstand (elders in vertrek, in ander ziekenhuis) bedient; de chirurg zit aan een console en bedient daar met twee joysticks de robotarmen die de operatie op de patiënt uitvoeren. • **salvage~ 1** verwijdering v.e. lokaal recidief v.e. maligne gezwel met het doel alsnog curatie te verkrijgen; **2** chirurgische ingreep v.e. maligne gezwel bij onvoldoende reactie op chemotherapie of radiotherapie. • **sleutelgat~** *zie* minimaal invasieve ~. • **stereotactische** ~ chirurgie waarbij wordt gebruikgemaakt van stereotaxie, vnl. neurochirurgische toepassing.
• **tele~** het uitvoeren van chirurgische handelingen m.b.v. apparatuur die (mede) wordt aangestuurd door een chirurg op een andere locatie. • **vaat~** chirurgie die zich op de bloedvaten richt. • **vaattoegangs~** vaatchirurgische ingreep waarbij een vaattoegang wordt gecreëerd door een ader v.d. arm aan te sluiten op een slagader. • **vasculaire** ~ *zie* vaat-. • **video-assisted thoracic surgery** (VATS) *zie* thoracoscopie | videogeassisteerde ~.

chirurgische sutuur *zie* hechting.

chitine een op cellulose lijkende mucopolysacharide, voorkomend in artropoden, schaaldieren, kevers.

Chlamydia geslacht v.d. familie *Chlamydiaceae*; kleine ovale basofiele, obligaat intracellulaire parasieten, bezitten zowel DNA als RNA en hebben een celmembraan. • ~ *ornithosis zie* Chlamydia psittaci. • ~ **pneumoniae** verwekker v.e. luchtweginfectie. • ~ *trachomatis* (CT) bacterie; veroorzaker van o.a. chlamydia-infectie. • ~ **tractus urogenitalis** verzamelnaam voor chlamydia-infecties i.h. urogenitale gebied. • ~ *psittaci* verwekker van psittacose.

chlamydia minder juiste gangbare, verkorte vorm van 'chlamydia-infectie' *zie* chlamydia-infectie.

Chlamydiaceae familie v.d. orde *Rickettsiales*.

⊛ **chlamydia-infectie** genitale, anale of orale infectie met *Chlamydia trachomatis* (CT) via seksueel contact.

chlamydialymfogranulomatose *zie* lymfogranuloom | lymphogranuloma venereum.

chlamydiasis *zie* chlamydia-infectie.

chlamydiatest laboratoriumtest gericht op het aantonen v.e. chlamydia-infectie.

chloasma *zie* melasma. • ~ **gravidarum** *zie* melasma gravidarum.

chloorhydrie de aanwezigheid van chloorwaterstof (zoutzuur) i.h. maagsap.

chlor- voorvoegsel in woordverbindingen betreffende een groene kleur, een chloorverbinding, een chloride.

chloremie 1 aanwezigheid van chloriden i.h. bloed; **2** (minder juist) hyperchloremie; **3** chlorose.

chloride negatief geladen chloorion dat zich

bindt aan een kation; vb. Na^+ (NaCl).
chlorideshift verplaatsing van chloorionen vanuit bloedplasma naar de erytrocyt ter voorkoming v.e. mogelijk elektrisch ladingsverschil door diffusie van bicarbonaat.
chlorocyten bleke erytrocyten.
chlorofaan groen pigment i.h. netvlies.
chloroform trichloormethaan.
chlorofyl de groene kleurstof van planten.
chloroom groen gekleurde tumor van myeloblasten, voorkomend op allerlei plaatsen v.h. lichaam.
chloropenie te gering serumconcentratie van chloriden.
chloropsie stoornis i.h. gezichtsvermogen waarbij alle voorwerpen een groene tint lijken te hebben.
chloroquine chinolinederivaat; toegepast als antimalariapreparaat en antireumaticum.
chlorose type ijzergebrekanemie, kwam in 19e eeuw vooral bij jonge vrouwen voor. • **chlorosis tarda** ijzergebrekanemie bij vrouwen boven de 40 jaar.
choana een ter weerszijden v.d. mediaanlijn achter i.d. neus liggende opening op de grens tussen neus- en keelholte.
choane zie choana.
choke zware benauwdheid, bemoeilijkte inspiratie en drukgevoel op de borst bij decompressie, waarbij i.d. longvaten gasbellen ontstaan.
chol- voorvoegsel in woordverbindingen die betrekking hebben op gal.
cholaat door omzetting van cholesterol verkregen geïoniseerde vorm van cholzuur of chenodesoxycholzuur die na conjugatie in de gal wordt gesecerneerd.
cholangi- voorvoegsel in woordverbindingen betreffende de galwegen.
cholangiëctasie verwijding v.e. galafvoerweg.
cholangio-enterostomie open verbinding tussen een intrahepatische galafvoergang en de dunne darm.
cholangiografie | intraveneuze ~ radiologisch onderzoek van galwegen en galblaas met contrastmiddel. • **percutane transhepatische** ~ (PTC) röntgenonderzoek waarbij via een katheter die met de seldingermethode door de huid i.e. intrahepatische galgang is gebracht antegraad contrastmiddel wordt geïnjecteerd; raakt obsolete doordat niet-invasieve technieken als echografie, CT-scan en MRI even goede of betere beelden geven.
cholangioliticus gepaard gaande met cholangiolitis; vb. cirrhosis ch-ca.
cholangiolitis ontsteking v.d. galcapillairen.
cholangioom tumor v.d. galwegen.
cholangiostomie open verbinding tussen een hepatische galweg en de buikwand, bijv. met een katheter.
cholangiotomie incisie v.e. hepatische galweg.
cholangitis ontsteking v.d. galwegen. • **scleroserende** ~ chronische, niet-specieke ontsteking v.d. intra- en extrahepatische galwegen. • **suppuratieve** ~ etterige c., veroorzaakt door een bacteriële infectie o.b.v. een galsteen, tumor of anatomische afwijking die de galwegen obstrueert.
cholantreen verbinding, behorend tot de cyclische koolwaterstoffen.
cholascos aanwezigheid van gal i.d. peritoneale holte.
cholaten galzure zouten.
chole zie gal.
cholecalciferol zie colecalciferol.
cholecyst- voorvoegsel in woordverbindingen betreffende de galblaas.
cholecystectasie dilatatie, uitzetting v.d. galblaas.
cholecystectomie operatieve verwijdering v.d. galblaas.
cholecystenterostomie open verbinding tussen galblaas en dunne darm.
⊛ **cholecystitis** acute ontsteking v.d. galblaaswand. • **acalculeuze** ~ acute ontsteking v.d. galblaas die niet door stenen wordt veroorzaakt.
cholecystoduodenostomie het maken v.e. verbinding tussen galblaas en duodenum.
cholecystogastrostomie open verbinding tussen galblaas en maag; (minder juist) de verbinding zelf.
cholecystografie het röntgenologisch afbeelden v.d. galblaas m.b.v. contraststoffen.
cholecystogram het beeld dat bij cholecystografie wordt verkregen.
cholecystopathie galblaasaandoening.
cholecystoptose verzakking v.d. galblaas.
cholecystose verzamelterm voor degeneratieve aandoeningen v.d. galblaaswand, gepaard gaand met hyperplasie van één of

meer structuren v.d. galblaaswand.
cholecystostomie 1 het maken v.e. opening of verbinding v.d. galblaas, naar buiten dwars door de buikwand; **2** (minder juist) de bij cholecystostomie aangelegde verbinding zelf.
cholecystotomie het incideren v.d. galblaas.
choledochocele uitpuiling v.h. distale deel v.d. ductus choledochus.
choledochoduodenostomie open verbinding tussen de ductus choledochus en het duodenum.
choledocho-enterostomie open verbinding tussen de ductus choledochus en de dunne darm.
choledochojejunostomie open verbinding tussen de ductus choledochus en het jejunum.
choledocholithotomie incisie v.d. ductus choledochus ter verwijdering van aanwezige stenen.
choledochoscopie visualisatie v.d. ductus choledochus m.b.v. een endoscoop die via het maag-darmkanaal door de papil van Vater is ingevoerd.
choledochostomie open verbinding tussen de ductus choledochus en de buikwand.
choledochotomie incisie v.d. ductus choledochus.
choledochus gal opnemend, gal bevattend; vb. ductus choledochus.
cholekinese de voortbeweging v.d. gal i.d. galwegen.
cholekinetica stoffen die de galblaas doen contraheren.
cholekinetisch de cholekinese bevorderend.
choleliet galsteen.
cholelithotomie het verwijderen van galstenen via een incisie i.d. galwegen.
cholelithotripsie *zie* lithotripsie | schokgolf-.
cholemie de aanwezigheid van (te veel) galbestanddelen i.h. bloed.
choleperitoneum aanwezigheid van gal i.d. peritoneale holte (ev. leidend tot gallige peritonitis).
cholera infectieziekte gepaard met hevige waterdunne diarree en braken; gewoonlijk wordt bedoeld ch. asiatica. • **~ asiatica** epidemische acute infectieziekte verwekt door *Vibrio cholerae*, gekenmerkt door hevige diarree, braken, dehydratie, epileptische insulten en oligurie. • **Aziatische ~** *zie* cholera asiatica. • **~ aestiva** *zie* diarree | zomer-. • **~ nostras** *zie* diarree | zomer-. • **~ pancreatica** *zie* syndroom | verner-morrison-. • **~ El Tor** ch. verwekt door *Vibrio El Tor*. • **pancreatische ~** *zie* syndroom | verner-morrison-.
cholereïsch door galzuren geïnduceerd; vb. ch-sche diarree.
cholerese secretie van gal door levercellen.
cholereticum stof die de levercellen aanzet tot verhoogde galproductie.
cholericus 1 iemand met een cholerisch temperament; **2** bijv. nw. van cholera, bijv. vox cholerica=de hese stem v.e. patiënt met cholera.
choleriformis op cholera lijkend; vb. enteritis ch-rmis.
cholerisch opvliegend, ook wel hartstochtelijk; hippocratische term voor een der vier temperamenten.
cholerragie het afvloeien van gal uit een (spontane of chirurgische opening) i.d. galwegen.
cholescintigrafie nucleairgeneeskundig onderzoek waarbij afwijkingen i.d. galafvoergangen zichtbaar worden gemaakt.
cholestase ophoping van gal i.d. galwegen a.g.v. belemmerde afvloed van gal naar de darm. • **extrahepatische ~** belemmering van galafvloed i.d. galwegen buiten de lever. • **extralobulaire ~** cholestase i.d. intrahepatische galwegen t.g.v. obstructie door leveraandoeningen. • **idiopathische benigne ~** belemmering van galafvloed die in regelmatige, seizoensgebonden episoden terugkeert. • **intrahepatische ~** belemmering van galafvloed waarvan de oorzaak i.d. lever is gelegen. • **intralobulaire ~** cholestase door een excretiestoornis v.d. levercel. • **obstructieve ~** cholestase t.g.v. v.e. obstructie i.d. galwegen. • **recidiverende ~** galstuwing die gepaard gaat met herhaalde perioden met jeuk en cholestatische hyperbilirubinemie. • **zwangerschaps~** jeuk en subicterus i.d. zwangerschap.
cholestatisch gepaard gaand met galstuwing.
cholesteatoom 1 goedaardig gezwel (eigenlijk geen echt gezwel) van uivormig gerangschikt plaveiselepitheel waarin zich door celverval cholesterolparels afzetten; **2** (knoheelkunde) ingroei of invaginatie v.d. gehoorganghuid of trommelvliesepitheel in middenoor en mastoïd.

cholesterase enzym dat cholesterol ontleedt.

cholesterol een onverzadigde secundaire alcohol ($C_{27}H_{45}OH$) van vettige, parelachtige substantie, voorkomend in o.a. dierlijke vetten, gal, bloed, hersenweefsel, melk, eidooier, zenuwschede, lever, nieren, bijnieren; pathologisch in atheromateuze vaatwanden. • **HDL**-~ cholesterol, ingebouwd in low-density-lipoproteïnen (LDL); onderdeel v.h. totale cholesterol; een hoge LDL-cholesterolconcentratie i.h. bloed is een risicofactor voor ontstaan van hartvaatziekten; reductie via aanpassing van dieet. • **IDL**-~ (intermediate-density-lipoprotein cholesterol) lipoproteïne met een densiteit van 1,006-1,019 g/ml; precursor van VLDL-cholesterol, ontstaat uit LDL-cholesterol; maakt deel uit v.h. totaal cholesterol. • **LDL**-~ cholesterol, ingebouwd in low-density-lipoproteïnen (LDL); onderdeel v.h. totale cholesterol; hoge LDL-cholesterolconcentraties i.h. bloed zijn een risicofactor voor ontstaan van hartvaatziekten; reductie via aanpassing van dieet. • **serum**~ concentratie van cholesterol i.h. bloed. • **totaal** ~ (TC) het totaal v.d. LDL-, HDL- en VLDL-cholesterolconcentratie i.h. bloed.

cholesterolose afzetting van cholesterol in weefsels. • **cholesterolosis vesicae felleae** aandoening v.d. galblaas waarbij zich cholesterolkristallen i.h. (rode) galblaasslijmvlies hebben afgezet, waardoor het typische aspect van 'aardbeiengalblaas' ontstaat.

cholesterolremmer *zie* remmer | HMG-CoA-reductase~.

cholesterolresorptieremmer stof die wordt toegepast voor de behandeling van hypercholesterolemie; nestelt zich i.d. wand v.d. dunne darm en remt daar selectief de opname van cholesterol (en aanverwante plantsterolen), waardoor de darm minder cholesterol aan de lever afgeeft.

cholesterolsynthetase *zie* remmer | HMG-CoA-reductase~.

cholesterose *zie* cholesterolose. • **cholesterosis cutis** *zie* xanthomatose.

choleteline het gele eindproduct bij oxidatie van bilirubine.

choline een aminebase, aanwezig in bloed, liquor, urine en i.d. B-complex-vitamines.

cholineacetylase enzym dat omzetting van choline en acetylco-enzym-A tot acetylcholine en co-enzym-A katalyseert; komt voor in skeletspieren en het centrale en autonome zenuwstelsel.

cholineacetyltransferasedeficiëntie *zie* syndroom | congenitaal myastheen ~.

cholinerg werkzaam d.m.v. acetylcholine, geproduceerd aan de einden v.d. parasympathische zenuwvezels en aan de synapsen v.d. preganglionaire autonome zenuwvezels.

cholinergica *zie* sympathicomimetica | para~.

cholinesterase *zie* esterase | acetylcholin~.

cholinolytica *zie* sympathicolytica | para~.

chololiet *zie* choleliet.

chondr- voorvoegsel in woordverbindingen betreffende kraakbeen.

chondraal m.b.t. kraakbeen.

chondrectomie chirurgische verwijdering van kraakbeen.

chondrigeen *zie* chondrogeen.

chondrine gelatineachtige proteïne in kraakbeen.

chondrioconten *zie* mitochondrion.

chondritis ontsteking van kraakbeen.

chondroblastair kraakbeenvormend.

chondroblastoom goedaardig, zeldzaam gezwel aan de epifyse van pijpbeenderen bij jongens van 10-20 jaar. • **chondroblastoma benignum** *zie* ziekte van Jaffé-Lichtenstein.

chondrocalcinose afzetting van calciumpyrofosfaatkristallen in gewrichtskraakbeen.

chondroclast cel die kraakbeen afbreekt; morfologisch en etiologisch verwant aan osteoclast.

chondrocranium kraakbenig primordiaal cranium, het ontwikkelingsstadium volgend op dat v.h. desmocranium en leidend tot vorming v.d. benige schedelbasis.

chondrocyt kraakbeencel.

chondrodysplasia punctata X-gebonden erfelijke aandenig met langzame en onregelmatige verbening v.h. kraakbeen; leidt tot vertraagde botgroei, i.h.b. bovenarmen en dijbenen, en asymmetrie v.h. lichaam; soms scoliose, afgeplat gelaat, keratoderma, alopecia en cataract.

chondrodysplasie | eccentro-osteo~ stoornis i.d. verbening waarbij deze niet uitgaat v.e. enkel centrum, maar v.e. aantal kleine centra.

chondrodystrofie | chondrodystrophia fetalis *zie* achondroplasie. • **chondrodystrophia hyperplastica** ch. fetalis met verbreding v.d. epifysen. · **chondrodystrophia hypoplastica** ch. fetalis zonder verbreding van epifysen.

chondro-ectodermaal betrekking hebbend op kraakbeen en ectoderm; vb. ch-male dysplasie (z.o. Ellis).

chondrofyt fungusachtige woekering van gewrichtskraakbeen.

chondrogeen 1 de grondstof van kraakbeen en v.h. hoornvlies; bij koken verandert het in chondrine; **2** (bijv.nw.) van kraakbeen afkomstig.

chondroglossus m.b.t. de onderste tongbeenhoorn en de tong; vb. musculus chondroglossus.

chondroïd op kraakbeen gelijkend.

chondrolipoom goedaardig menggezwel, uitgaande van kraakbeen- en vetweefsel.

chondrolyse degeneratie van kraakbeen door chondrocytaire afsterving.

chondromalacia patellae zie chondropathie | chondropathia patellae.

chondromalacie | chondromalacia fetalis weekheid v.h. kraakbeen bij de pasgeborene.

chondromateus 1 m.b.t. een chondroom, gelijkend op een chondroom; **2** zie cartilagineus.

chondromatose aanwezigheid van multipele chondromen. · **hemi~** enkelzijdige kraakbeenaandoening. · **hemi~** enkelzijdige chondromatose. · **osteo~** variant van synoviale chondromatosis waarbij synoviale kraakbeenhaarden verbenen. · **synoviale ~** benigne afwijking waarbij losse kraakbeendelen in de gewrichtsholte ontstaan.

chondromucine kraakbeensubstantie, bestaande uit aan eiwit gebonden gepolymeriseerd chondroïtinezwavelzuur.

chondromyoom goedaardig menggezwel, uitgaande van kraakbeen- en spierweefsel.

chondromyxoides zie fibroom | fibroma chondromyxoides.

chondromyxoom menggezwel, uitgaande van kraakbeen- en slijmcellen.

chondron groepje stevig met elkaar verbonden kraakbeencellen, kraakbeenterritorium.

chondroom kraakbeengezwel, woekering van kraakbeenweefsel. · **ec~** zie chondroom. · **en~** solitaire, meestal goedaardige tumor; indien multipel spreekt men van 'enchondromatose'; subtypen, waarvan de ziekte van Ollier en de ziekte van Maffucci het meest voorkomen. · **fibro~** menggezwel met fibreuze en chondrale partijen. · **myxo~** menggezwel van myxoom en chondroom. · **osteo~** goedaardige bottumor die o.a. uit kraakbeenweefsel bestaat. · **peri~** tumor v.h. perichondrium.

chondropathie kraakbeenziekte. · **chondropathia patellae** aardoening v.h. kraakbeen v.d. knieschijf met onbekende oorzaak. · **chondropathia retropatellaris** aandoening v.h. kraakbeen aan de achterzijde v.d. knieschijf. · **chondropathia tuberosa** zie syndroom | tietze~.

chondropharyngeus m.b.t. hyoïd en farynx.

chondrophyma zie chondroom | ec~.

chondroporose vorming van spleten in sinussen in kraakbeen, gedurende het normale chondrale verbeningsproces.

chondroproteïne een glycoproteïde in kraakbeen.

chondrose kraakbeendegeneratie.

chondrosomen zie mitochondrion.

chondrotomie doorsnijding van kraakbeen, bijv. bij de operatie volgens Freund.

CHOP cytotoxisch combinatiepreparaat.

chorda strengvormige structuur. · **dorsalis** embryonale centrale as bij de *Chordata*, die zich als een buigzame staaf uitstrekt v.d. schedel tot de staart. · **~ tendineae** met endocard bedekte peesdraden tussen de mm. papillares v.d. hartkamers en de atrioventriculaire kleppen. · **~ tympani** bundel parasympathische vezels in het voorste 2/3 deel v.d. tong.

chordalis m.b.t. peesdraden; vb. endocarditis ch-lis.

Chordata verzamelnaam voor alle dieren die in embryonale staat, een chorda dorsalis bezitten.

chordectomie excisie v.e. of beide stembanden bij beginnend carcinoom.

chorditis ontsteking v.d. stembanden (= ligamenta vocales = chordae vocales). · **~ cantorum** stembandontsteking bij zangers, met vorming van 'Sängerknötchen'. · **~ tuberosa** zie chorditis nodosa. · **~ fibrinosa** stembandontsteking met afzetting van fibrine. · **~ nodosa** chorditis met vorming van knobbeltjes op de stemband. · **~ verrucosa** ch. met wratachtige verdikking v.d. stemband. · **~ vocalis** ontsteking v.e. of beide chordae vocales (ligamenta vocales). · **~ vocalis inferior** chronische laryngitis subglottica.

chordoom tumor die uitgaat van resten v.d. embryonale chorda dorsalis; bevindt zich vnl. bij de schedelbasis en de craniocervicale overgang, waar hij lokale pijnklachten en hersenzenuwuitval veroorzaak.

chordotomie doorsnijding van pijngeleidende banen i.h. ruggenmerg, als uiterste middel tegen onduldbare pijnen.

chorea hyperkinesie die zich uit in ongewilde en schokkende, vaak sierlijke bewegingen. • ~ **van Huntington** *zie* ziekte van Huntington. • ~ **van Sydenham** *zie* chorea minor. • **hemi~** chorea waarbij de ongewilde bewegingen tot één lichaamshelft beperkt blijven. • **hemilaterale** ~ *zie* hemi~. • ~ **major** obsolete aanduiding van chorea van Huntington *zie* ziekte van Huntington. • ~ **minor** late, immunologisch reactie op een streptokokkeninfectie v.d. keel en de meest gewone vorm van chorea. • **pseudo~** vorm van hyperkinesie met op chorea lijkende bewegingen. • **sydenham~** *zie* chorea minor. • ~ **unilateralis** ch. waarbij de bewegingen tot één lichaamshelft beperkt blijven.

choriaal m.b.t. het chorion.

chorio- voorvoegsel in woordsamenstellingen betreffende het chorion.

chorioallantois dooierzak in vogeleieren, bestaande uit chorion en allantois, omgeven door de chorioallantoismembraan.

chorioamnionitis bacteriële ontsteking van chorion en amnion.

chorioangioom een hemangiomateuze tumor v.d. placenta, samengesteld uit bestanddelen v.h. chorion.

chorioblastoom *zie* chorionepithelioom.

chorioblastose woekering van chorionweefsel.

chorioid- spelling volgens verouderde anatomische nomenclatuur *zie* choroid-.

chorion buitenste omhulling v.d. dooierzak, bestaande uit twee lagen.

chorionepithelioom kwaadaardig gezwel v.h. chorion met cystische degeneratie en maligne proliferatie v.h. epitheel van chorionvlokken.

choriongonadotrofine *zie* gonadotrofine.

chorionicus het chorion betreffend; vb. carcinoma ch-cum.

chorionvlok *zie* cotyledon.

chorioom *zie* chorionepithelioom.

Chorioptes bovis runderschurftmijt.

chorioretinitis *zie* choroïdoretinitis.

choristoblastoom maligne choristoom.

choristoom dysgenetisch gezwel, uitgaand v.e. gedislokeerde weefselkiem.

choroid- voorvoegsel in woordsamenstellingen betreffende de choroidea.

choroïdaal m.b.t. de choroidea; NB: de vormvariant 'choroïdaal' is verouderd.

choroidea het tussen retina en sclera gelegen vaatvlies v.h. oog.

choroideremie erfelijke progressieve atrofie v.d. choroidea.

choroideus 1 vliesachtig; vb. plexus ch-eus, vena ch-ea, papilloma ch-eum; 2 choroideaachtig, de choroidea betreffend; vb. lamina suprach-ea.

choroiditis ontsteking v.d. choroidea. • **choroiditis anularis** ch. rondom de papil. • **choroiditis centralis** ch. i.d. omgeving v.d. macula. • **choroiditis disseminata** ch. met (talrijke) verspreide haarden. • **choroiditis exsudativa** 1 circumscripta; 2 diffusa: ch. met exsudatieve infiltratie v.h. choroidea. • **choroiditis purulenta** *zie* choroiditis suppurativa. • **choroiditis serosa** *zie* glaucoom. • **choroiditis suppurativa** etterige vaatvliesontsteking, waarbij het hele oog verettert (panoftalmie). • **doyne~** erfelijke degeneratieve choroïditis met bleke vlekken i.d. buurt v.d. macula. • **retinochoroiditis** *zie* choroïdoretinitis.

choroïdocyclitis ontsteking v.d. choroidea en v.d. processus ciliares.

choroïdoretinitis ontsteking van choroidea en retina. • **choroidoretinitis centralis** ch. met ontstekingsoedeem i.d. maculastreek. • **choroidoretinitis juxtapapillaris** ontsteking i.d. buurt v.d. papilla (tegenwoordig geheten: discus) nervi optici.

chororetinaal de choroidea en de retina betreffend.

Christian | syndroom van Hand-Schüller- ~ *zie* syndroom van Hand-Christian-Schüller.

chrom- voorvoegsel in woordsamenstellingen betreffende kleur.

chromaffien *zie* chroomaffien.

chromasie 1 kleurenverstrooiing i.h. oog t.g.v. chromatische aberratie; 2 toeneming van chromatine i.e. celkern.

chromaticus kleuren betreffend; vb. trichomycosis ch-ca.

chromatide dochterchromosoom; tijdens de profase en de metafase v.d. mitose bestaat elk chromosoom uit twee identieke chromatiden; i.d. anafase worden deze uit elkaar getrokken; ze zijn dan zelfstandig en worden (weer) chromosomen genoemd.

chromatine fijnkorrelige tot netvormige structuur (i.d. celkern) die zich gemakkelijk laat kleuren. • **drumstickgeslachts~** in segmentkernige leukocyten voorkomend uitsteeksel op een v.d. kernlobben. • **hetero~** genetisch inactieve chromatine (o.a. in barrlichaampjes). • **nucleolus-geassocieerd ~** om nucleolus gelegen heterochromatisch materiaal. • **Y-~** heterochromatisch lichaampje i.d. interfasekern van mannen, gevormd door het Y-chromosoom.

chromatisme kleurgewaarwording bij het horen van bepaalde tonen.

chromatodysopsie stoornis i.h. onderscheidingsvermogen van kleuren.

chromatoforotroop invloed uitoefenend op de melanoforen; vb. ch. hormoon (= intermedine).

chromatogeen *zie* chromogeen.

chromatografie een fysisch-chemische methode om uit een oplossing v.e. aantal stoffen deze laatste te scheiden en te herkennen. • **elektro~** ch. waarbij colloïdaal-opgeloste bestanddelen worden gescheiden d.m.v. een elektrisch veld. • **kolom~** ch. m.b.v. verticale glasbuizen waarin de te scheiden stoffen met verschillende snelheden diffunderen. • **papier~** chromatografie waarbij colloïdaal opgeloste bestanddelen worden gescheiden d.m.v. een geprepareerd papier waarop de stoffen op bepaalde plaatsen zichtbaar worden.

chromatogram het beeld dat bij chromatografie wordt verkregen.

chromatolyse 1 het oplossen v.d. chromatine i.d. celkern; **2** het verdwijnen van nissl-lichaampjes i.e. zenuwcel, bij uitputting, toxische werking, infectie of doorsnijding v.h. axon.

chromatometer toestel ter bepaling v.d. kleurenzin, ter herkenning van kleurenblindheid.

chromatopsie *zie* chromopsie.

chromatoptometrie bepaling v.h. kleuronderscheidingsvermogen.

chromatose verkleuring v.d. huid.

chromhidrose secretie van gekleurd zweet (zeldzaam).

chromidium deeltje v.d. extranucleaire chromatine i.h. cytoplasma.

chromidrose *zie* chromhidrose.

Chromobacterium bacteriegeslacht i.d. sectie facultatief anaerobe gramnegatieve staafjes.

chromoblastomycose chronische infectie met langzaam groeiende exofytische laesies aan vnl. voeten en benen, veroorzaakt door diverse schimmels.

chromocystoscopie 1 bepaling van de snelheid waarmee een intraveneus gespoten kleurstof door de nieren wordt uitgescheiden; **2** vorm van diagnostiek via endoscopie waarbij een vroege detectie van dysplasie en een vroeg stadium v.e. plaveiselcarcinoom mogelijk is.

chromofaan kleurstof i.h. netvlies.

chromofiel zich kleurend met (zure of basische) kleurstoffen.

chromofoob zich niet kleurend, bijv. de chfobe cellen i.d. hypofysevoorkwab.

chromogeen 1 kleursvormend; **2** kleurloze stof die door opneming van bepaalde atoomgroepen gekleurd wordt.

chromogranine eiwit met nog onbekende functie dat i.d. cel is opgeslagen en samen met catecholaminen wordt afgegeven.

chromomeer plaats op (in) een reuzenchromosoom waar het betreffende DNA op de overeenkomstige chromatiden sterk is gespiraliseerd, en dientengevolge als bandjes is waar te nemen.

chrommycose *zie* chromoblastomycose.

chromonema draadvormige structuur i.e. chromatide.

chromopexie fixatie van pigment, i.e.z. van galkleurstof i.d. lever.

chromopsie het zien v.e. subjectief bepaalde kleur, alsof alle voorwerpen een bepaalde kleur hebben.

chromoradiometer toestel tot het meten v.d. hoeveelheid röntgenstralen.

chromosacharometer toestel voor de kwantitatieve bepaling van suiker, met kaliloog, gebaseerd op de proef van Moore.

chromoscopie 1 (oogheelk.) onderzoek v.h. kleuronderscheidingsvermogen; **2** (oncol.) vorm van endoscopie waarbij een vroege detectie van dysplasie en vroege carcinomen in plaveiselepitheel mogelijk is door kleuring met lugol. • **maag~** maagfunctieproef waarbij de kleur v.d. maaginhoud een aanwijzing is voor het bestaan van achylia gastrica.

chromosomaal betreffende de chromoso-

men.
chromosomenkaart *zie* karyogram.
chromosomopathie afwijking in vorm of aantal v.d. chromosomen die ten grondslag ligt aan een klinisch syndroom.
chromosoom staafvormige structuur i.d. celkern, die zich bij de mitose uit de chromatine vormt. • **acrocentrisch** ~ chromosoom waarin het centromeer dicht bij een uiteinde ligt. • **dicentrisch** ~ ch. met twee centromeren. • **dochter**~ *zie* chromatide. • **geslachtschromosomen** het paar chromosomen dat kenmerkend is voor elk der seksen; de vrouw heeft in elke cel twee X-chromosomen; de man een X- en een Y-chromosoom. • **hetero**~ *zie* geslachtschromosomen. • **iso**~ een door verkeerde (transversale i.p.v. longitudinale) deling ontstaan chromosoom. • **metacentrisch** ~ chromosoom met het centromeer halverwege de beide uiteinden. • **philadelphia**~ (Ph') chromosoom 22 waarvan een deel v.d. lange arm verdwenen is. • **ring**~ klein ringvormig chromosoom, resultaat v.e. foutieve chromosoomklieving. • **submetacentrisch** ~ chromosoom met het centromeer op een positie tussen acrocentrisch en metacentrisch. • **X**~ *zie* geslachtschromosomen. • **Y**~ mannelijk geslachtschromosoom.
chromosoomonderzoek microscopisch onderzoek van chromosoompreparaten op aneuploïdie en geslacht, waarbij een karyotype wordt gemaakt.
chronaxie de minimale inwerkingsduur v.e. elektrische stroom.
chronic fatigue syndrome *zie* chronischevermoeidheidssyndroom.
chronicus chronisch, slepend, langzaam verlopend; vb. parametritis ch-ca, eczeem ch-cum.
chronisch 1 (alg.) zich langzaam ontwikkelend en gewoonlijk van lange duur; 2 (epidemiol., i.h.b.) als dagelijks voorkomend, gedurende drie maanden v.h. jaar en minstens in twee opeenvolgende jaren. • ~ **cortisolexces** *zie* Cushing | cushingsyndroom. • ~ **glucocorticoïdexces** *zie* Cushing | cushingsyndroom.
chronische aspecifieke respiratoire aandoeningen (CARA) inmiddels verouderde samenvattende aanduiding v.e. groot aantal chronische aspecifieke aandoeningen v.d. ademhalingsorganen *zie* COPD.

chronische klager 1 patiënt die met 'klachten zonder diagnose' een patroon van frequente medische consumptie vertoont terwijl verwijzing naar psychische verklaringen en dus ook naar een psychiater wordt afgewezen; **2** patiënt die langdurig de arts consulteert wegens lichamelijke klachten die niet, of volstrekt onvoldoende, te verklaren zijn uit een lichamelijke ziekte.
chronische polymorfe lichteruptie (CPLE) eczemateuze huidaandoening op de aan het licht blootgestelde delen v.d. huid.
chronischeticstoornis lichte vorm v.h. gilles-de-la-tourettesyndroom.
chronischeticsyndroom *zie* chronischeticstoornis.
⊛ **chronischevermoeidheidssyndroom** (CVS) het zich voortdurend moe en uitgeput voelen i.c.m. uiteenlopende lichamelijke klachten.
chronobiologie de wetenschap betreffende de ritmisch plaatsvindende biologische processen.
chronofarmacologie de farmacologie die zich bezighoudt met de beïnvloeding van ritmische functies en processen.
chronognosis besef v.d. duur en de snelheid v.h. tijdsverloop.
chronotroop tijd- of tempobeïnvloedend, i.h. bijz. het tempo v.d. hartslag. • **positief**~ hartslag-versnellend.
chroomaffien zich bruin kleurend met chroomzouten.
chrysiase afzetting van goud in weefsels bij behandeling met goudinjecties.
chrysiasis • **chrysiasis corneae** fijnkorrelig goudneerslag i.d. cornea i.d. membranen van Bowman en van Descemet, bij lang voortgezette goudtherapie.
Chrysomyia een geslacht vliegen (familie *Calliphoridae*) waarvan de larven zich soms i.d. huid v.d. mens ingraven.
Chrysops dazen, een geslacht van vliegen in Afrika die dieren en mensen steken.
chrysose *zie* chrysiase.
chrysosis *zie* chrysiase.
chrysosis corneae *zie* chrysiasis corneae.
chrysotherapie *zie* goudtherapie.
CHT congenitale hypothyreoïdie *zie* hypothyreoïdie.
chyl- voorvoegsel in woordsamenstellingen m.b.t. chylus.
chylangioom lymfevatgezwel, meestal i.h. mesenterium.

chylascites *zie* chyloperitoneum.
chylectasie verwijding v.e. chylusvat, chyluscyste.
chyleus chylus-achtig.
chyli gen. van chylus; vb. cisterna ch.
chylificatie de vorming van chylus.
chylocele ophoping van chylus i.d. tunica vaginalis testis door lymfestuwing.
chylomicron lipoproteïne dat zorgt voor transport van triglyceride van darm naar vet- en spierweefsel.
chylomicronrest lipoproteïne dat zorgt voor transport van resttriglyceride en cholesterol van darm en andere lipoproteïne naar lever.
chyloperitoneum uitstorting van chylus i.d. buikholte.
chylopleura uitstorting van chylus i.d. pleuraholte.
chylopoëse chylusvorming, chylificatie.
chylopoëtisch chylus-bereidend.
chylorroe 1 afvloeiing van lymfe door een gat i.d. wand v.d. ductus thoracicus; 2 chyleuze diarree, door vermenging v.d. feces met chylus uit lekkende darmchylusvaten.
chylosus uit chylus bestaand, chylus-betreffend; vb. ascites ch-sus, diarrhoea ch-sa.
chylurie | **chyluria tropica** chylurie, veroorzaakt door aanwezige *Wuchereria bancrofti*.
chylus vocht dat de glandulae intestinales in de darmen afscheiden. • ~**cyste** *zie* chylectasie.
chyluslekkage *zie* postoperatieve chyluslekkage.
chymase een in maagsap voorkomende proteïnase, een enzym dat caseïne neerslaat.
chymificatie het proces van enzymatische vertering en menging v.d. maaginhoud, waarbij de chymus ontstaat.
chymopapaïne enzym uit de bladeren v.d. papaja.
chymosine *zie* chymase.
chymotrypsine een lebachtig eiwitsplitsend enzym in pancreassecreet.
chymotrypsinogeen het i.d. pancreas gevormde voorstadium van chymotrypsine.
chymus de brij van voedsel en vocht i.d. maag zoals deze het duodenum wordt ingevoerd.
CHZ *zie* coronaire hartziekten.
CI 1 (neuroanat.) 1e, 2e enz. cervicale wervel dan wel cervicaal segment; 2 (kno-heelkunde).
Ci curie (eenheid van radioactiviteit).

cibi gen. van cibus (= spijs); vb. fastidium cibi.
cibus spijs.
cicatrectomie excisie v.e. litteken.
cicatriceus m.b.t. littekenvorming; vb. entropion cicatriceum.
cicatricial pemphigoid *zie* pemfigoïd | slijmvlies~.
cicatricieel m.b.t. een litteken.
cicatricotomie doorsnijding v.e. litteken.
cicatrificeren (cicatrix) vormend.
cicatrisatie littekenvorming, verlittekening.
cicatrisatus verlittekend; vb. alopecia cicatrisata.
cicatrix *zie* teken | lit-~.
-cide achtervoegsel in woordsamenstellingen met als betekenis dodende werking; vb. bactericide.
CIDI (Composite International Diagnostic Interview) gestandaardiseerd psychiatrisch instrument voor de diagnostiek van schizofrenie waarin de DSM-classificatie is opgenomen.
cijfer uitgedrukt getal, i.h.b. gezegd van statistische onderzoeksresultaten. • **geboorte**~ verhouding v.h. aantal levend geboren kinderen tot het aantal inwoners gedurende een bepaalde periode. • **incidentie**~ risicomaat die wordt gegeven door het aantal personen bij wie i.e. bepaalde periode een gebeurtenis optrad, gedeeld door het totaal aantal persoonjaren in follow-up. • **prevalentie**~ het aantal zieken (prevalentie), gedeeld door het totale aantal personen i.d. populatie waaruit de (ziekte)gevallen afkomstig zijn, veelal uitgedrukt per 1000 of 10.000 personen. • **proportioneel sterfte**~ deel v.d. totale sterfte i.e. bepaalde populatie en periode dat is toe te schrijven aan een bepaalde ziekte. • **sterfte**~ *zie* mortaliteit. • **ziekte**~ *zie* morbiditeit. • **zwangerschaps**~ aantal zwangerschappen bij 100 toepassingsjaren v.e. methode of middel om zwangerschap te voorkomen.
cijferschrijven *zie* grafesthesie.
cilia 1 (anat., oogheelk.) ooghaartjes; 2 (celbiol.) trilharen. • **supe**~ wenkbrauwen.
ciliaat trilhaardiertje.
ciliair het corpus ciliare betreffend.
ciliaire uitsteeksels *zie* processus ciliares.
ciliaire vaten de arteriae en venae ciliares posteriores, breves, longae, ciliares anteriores, en de venae vorticosae.

ciliaris 1 ciliair; vb. musculus ciliaris, corpus ciliare; 2 de oogharen betreffend.
ciliarotomie doorsnijding v.d. zona ciliaris als operatie bij glaucoom.
Ciliata klasse v.d. *Protozoa*, subfylum *Ciliophora*.
cilinder cilindervormige structuur, bijv. in urinesediment (hyaliene, korrel-, was-, epitheel-, bloedcelcilinders). • **erytrocyten~** bevinding i.h. urinesediment bij glomerulonefritis waarbij erytrocyten cilindrisch zijn opeengepakt. • **hyaliene** ~ langwerpig, meestal doorzichtig ('hyalien') en kleurloos, uit eiwit bestaand 'afgietsel' v.e. niertubulus, bestaand uit tamm-horsfallmucoproteïne; een gering aantal hyaliene cilinders komt fysiologisch voor in urine, maar een overmaat hieraan kan wijzen op glomerulonefritis, nefrotisch syndroom, pyelonefritis, systemische vasculitis, SLE, amyloïdose. • **leukocyten~** afgietsel van tubuluslumen v.d. nier met daarin leukocyten.
cilinderglas astigmatisch (brillen)glas.
cilindroïd 1 cilindervormig; 2 cilinderachtig vormsel i.d. urine.
cilindroom 1 een zeldzaam, glad, rond gezwelletje, in groepen voorkomend op het behaarde hoofd en het gelaat bij volwassenen; 2 een van beide type longadenoom (het andere type is het carcinoïd).
Ciliophora onderafdeling v.d. *Protozoa*, ciliëndragend; van medisch belang is de klasse *Ciliata*.
ciliospinaal het corpus ciliare en het ruggenmerg betreffend.
ciliotomie doorsnijding v.d. nervi ciliares.
cilium haar, wimperhaar, trilhaar. • ~ **acusticum** 'gehoorhaar', een cytoplasmatisch zintuiguitsteeksel v.d. gehoor- en evenwichtscellen i.h. binnenoor.
cillose spastische tremor v.h. bovenste ooglid.
Cimex wants, een geslacht v.d. orde *Hemiptera*. • ~ *lectularius* parasiet, gekenmerkt door eigenaardige stank; steekt 's nachts.
CIN *zie* neoplasie | cervicale intra-epitheliale ~.
Cinahl *zie* Cumulatieve Index of Nursing and Allied Health Literature.
cinchonisme 1 kininevergiftiging; 2 chinidinevergiftiging.
cinefactie verbranding tot as, crematie.
cinefluorografie het op de film vastleggen v.e. doorlichtingsbeeld.
cinereus askleurig; vb. *Aedes cinereus*, ala cinerea, tuber cinereum.
cingulectomie extirpatie v.d. gyrus cinguli, operatie van Cairns.
cingulotomie elektrolytische vernietiging van anatomisch normaal hersenschorsweefsel i.h. gebied v.d. gyrus cinguli.
cingulum 1 gordel; 2 anatomische term; 3 gordelverband van kleefpleister, bijv. bij ribfractuur. • ~ **cerebri** vezelbundel i.h. merg v.d. gyrus cinguli, loopt v.d. frontale hersenen onder het rostrum corporis callosi boogvormig naar achter over het splenium corporis callosi, daarna weer naar voor tot i.d. uncus.
C1-Inh *zie* remmer | C1-esterase-~.
cinis as.
circadiaans ongeveer een etmaal durend.
circinair als een (ev. onderbroken) kring, kringvormig.
circinatus circinair, randstandig, i.e. kring gerangschikt.
circulair kringvormig, rondgaand; vb. circulair gipsverband.
circularis circulair, cirkelvormig.
circulatie omloop, stroom (van bloed, lymfe, liquor), i.h. bijz. de bloedcirculatie.
• **bronchiale** ~ bloedvoorziening v.d. wand v.d. luchtwegen via de bronchiale arteriën die uit de aorta ontspringen. • **collaterale** ~ het stromen van bloed via collaterale vaten, bij verstopping v.e. hoofdvat. • **coronaire** ~ de bloedstroming door de coronairarteriën. • **derde** ~ arterioveneuze verbindingen i.d. placenta van monochoriale tweelingen. • **extracorporale** ~ c. die buiten het lichaam plaatsvindt. • **foetale** ~ de bloedsomloop i.d. foetus. • **gekruiste** ~ het gedurende een bepaalde periode laten circuleren van bloed v.h. ene individu i.d. vaten v.e. ander individu. • **grote** ~ het stroomgebied van bloed vanaf de linker hartkamer tot aan de rechter hartboezem.
• **hersen~** 1 cerebrale bloedvoorziening; 2 systeem van bloedvaten i.d. hersenen, gekenmerkt door een uitgebreid systeem van collateralen. • **kleine** ~ *zie* pulmonale ~.
• **lichaams~** *zie* grote ~. • **liquor~** circulatie v.d. liquor cerebrospinalis. • **long~** *zie* pulmonale ~. • **lymfe~** afvoer van weefselvloeistof via lymfevaten. • **micro~** gedeelte v.d. bloedsomloop dat met het ongewapende oog niet zichtbaar is. • **portale** ~ vaatsys-

teem dat twee organen met elkaar in verbinding brengt. • **pulmonale** ~ bloedcirculatie die loopt v.h. rechter hartventrikel naar het linker atrium en die daarmee dus in serie staat met het veneuze deel v.d. grote bloedsomloop. • **re**~ het opnieuw opgenomen worden i.d. bloedstroom van stoffen/cellen.

circulatiestilstand stoornis v.d. bloedcirculatie i.h. gehele lichaam waardoor de vitale organen niet meer van zuurstofrijk bloed worden voorzien.

circulatietijd 1 de tijd die het bloed nodig heeft om de gehele circulatie te doorstromen; **2** de tijd die het bloed nodig heeft om v.e. bepaald punt een ander bepaald punt te bereiken.

circulatoir m.b.t. de bloedsomloop.

circulus kring. • ~ **arteriosus cerebri** een door drie anastomosen gevormde arteriële vaatkring der hersenbasis, cirkel van Willis. • ~ **vitiosus** zie vicieuze cirkel. • ~ **vasculosus nervi optici** kleine, de sclera doorborende vaatkrans om de n. opticus.

circum- voorvoegsel in woordverbindingen met de betekenis rondom.

circumanalis rondom de anus.

circumcisie verwijdering v.h. preputium penis (voorhuid v.d. penis), zodat de glans penis blijvend onbedekt blijft, d.m.v. omsnijden; medische indicaties voor circumcisie (of sparende, plastisch-chirurgische alternatieven) zijn fimose en recidiverende parafimose.

circumductie de beweging v.e. extremiteit waarbij de as ervan een kegelmantel beschrijft.

circumferentia articularis de met kraakbeen bedekte cilindervormige rand v.e. gewrichtsvlak, i.h.b. aan het proximale einde v.d. radius en het distale einde v.d. ulna.

circumferential pneumatic counterpressure (CPC) [E] verouderde methode om hevige intra-abdominale bloeding te stoppen, d.m.v. een om de romp aangebrachte opblaasbare gordel.

circumflexus omgebogen.

circumfocaal zie perifocaal.

circumlocutie omslachtige omschrijvingen, vaak met gebruik van woorden uit andere talen en uitdrukkingen als 'dinges' en 'je weet wel'; uiting van woordvindstoornissen.

circumscript scherp begrensd, van beperkte omvang.

circus movement [E] cirkelvormig elektrisch circuit bij een AV-nodale re-entrytachycardie.

cirrhose pigmentaire diabétique zie diabetes | brons~.

cirronose aandoening v.d. foetus, gekenmerkt door goudgele verkleuring van pleura en peritoneum.

cirrose leverziekte waarbij het leverparenchym schrompelt en het interstitiële weefsel prolifereert. • **atrofische** ~ c. met levercelatrofie. • **biliaire** ~ ziekte, gekenmerkt door gestoorde galafscheiding en morfologische tekenen van progressieve destructie van leverweefsel rondom de intrahepatische galwegen. • **cholestatische** ~ c. met galstuwing. • **cirrhose bronzée** [F] levercirrose met bronsachtige verkleuring v.d. lever, bij hemochromatose. • **cirrhose cardiaque** [F] induratie v.d. lever t.g.v. leverstuwing bij hartinsufficiëntie. • **cirrhosis hepatis** zie levercirrose. • ~ **van Laënnec** zie portale ~. • **hanot**~ biliaire levercirrose, gekenmerkt door chronische icterus en hepatomegalie zonder poortaderstuwing en ascites. • **hypertrofische** ~ levercirrose waarbij door overmatige bindweefselwoekering de omvang v.d. lever toeneemt. **laënnec** ~ de Franse arts René Laënnec (1781-1826) is de uitvinder v.d. auscultatie en introduceerde de Franse term 'la cirrhose' die tegenwoordig ~ zie levercirrose. • **lever**~ zie levercirrose. • **lever**~ **type Hutinel-Sabourin** levercirrose met grote, harde, pijnlijke roze lever. • **pericarditische pseudolever**~ zie pickpseudolever~. • **pickpseudolever**~ stuwing en induratie v.d. lever met ascites, bij pericarditis adhaesiva met vernauwing v.d. v. cava inferior. • **portale** ~ levercirrose met afwisselend degeneratie en regeneratie van leverparenchym. • **pre**~ het beginstadium van cirrose in lever en milt, voorafgaand aan het verschijnen van zwelling, geelzucht of haematemesis (bloedbraken). • **pseudolever**~ stuwing en induratie v.d. lever bij pericarditis. • **secundaire biliaire** ~ cirrose a.g.v. obstructie v.d. grote galwegen.

cirrotisch m.b.t. cirrose.

cirsocele spataderbreuk.

cirsoides kluwenachtig dooreengekronkeld.

cirsoideus spataderachtig; vb. aneurysma

cirsoideum.
CIS *zie* carcinoom | carcinoma in situ.
cisplatine nefrotoxisch cytostaticum.
cisterna met liquor resp. lymfe gevulde verwijding v.d. subarachnoïdale ruimte resp. de ductus thoracicus. • **basale cisternen** subarachnoïdale ruimten tussen de hersenen en de schedelbasis. • **~ cerebellomedullaris** de ruimte tussen cerebellum en medulla oblongata. • **~ magna** *zie* cisterna cerebellomedullaris. • **perinucleaire cisterne** ruimte tussen de twee membranen v.h. kernomhulsel. • **terminale cisternen** tot blaasjes verwijde buisjes v.h. longitudinaal verlopende sarcoplasmatisch reticulum i.e. spiervezel.

cisternografie methode om de cisternen zichtbaar te maken d.m.v. toediening van intrathecale röntgencontraststof.

cistron een d.m.v. de cis-transtest als erfelijke functionele eenheid aangetoond gen.

cito 'snel!'; aanwijzing op spoedrecepten; niet verwarren met cyto-.

citrine *zie* vitamine P.

Citrobacter bacteriegeslacht i.d. familie *Enterobacteriaceae*.

citrulline aminozuur, vrij voorkomend in watermeloen.

citrullinemie aangeboren autosomaal recessief stofwisselingsdefect met verhoogde concentratie van citrulline in bloed en urine.

CJD Creutzfeld-Jakob disease *zie* ziekte van Creutzfeldt-Jakob.

clamp *zie* test | insulineglucosetolerantie-.

clamptechniek techniek waarbij met infusie van glucose en insuline de plasmaglucosespiegel constant wordt gehouden.

clandestinus heimelijk; vb. vox clandestina.

clapotage klotsend geluid dat te horen is als men bij een patiënt met een verwijde, met lucht en vloeistof gevulde maag tegen de buikwand stoot.

clapotement *zie* clapotage.

clapoteren clapotage vertonen.

clarificatie verheldering of ordening van vnl. gevoelsmatige aspecten van probleem door de hulpverlener.

clarkezuil *zie* nucleus thoracicus.

clasie (celbiol.) woordachtervoegsel dat de afbraak van iets aanduidt. • **a~** gestoorde groei van beenstukken door verkeerd uitgevoerde osteoclasie. • **cyto~** vernietiging van cellen. • **digito~** operatietechniek waarbij het leverweefsel tussen duim en wijsvinger v.d. operateur wordt stukgedrukt en kleine galgangen en bloedvaten worden gespaard. • **erytro~** hemolyse door mechanische laesie van erytrocyten, bijv. bij hartklepprothesen, hemodialyse. • **hemo~** *zie* erytro-. • **litho~** verbrijzeling van blaasstenen. • **myelino~** destructie van myeline. • **osteo~** operatief breken v.e. kromgegroeid beenstuk of v.e. na beenbreuk in verkeerde stand genezen been. • **tarso~** het breken v.d. voetwortel, als operatie bij klompvoet.

classificatie indeling van verschijnselen in klassen of rubrieken, bijv. indeling van micro-organismen, comavormen, tumoren; is veelal vernoemd naar een plaats waar de classificatie is ontwikkeld of naar de persoon die deze heeft ontwikkeld; volgens de spellingregels van 2005 behoudt een samenstelling de hoofdletter(s) en streepje (s) bij verwijzing naar een plaatsnaam (Ann-Arbor-classificatie, Vienna-classificatie); hoofdletter(s) en streepje(s) vervallen echter bij verwijzing naar een persoonsnaam (breslowclassificatie, papanicolaouclassificatie = pap-classificatie); zie ook de handleiding v.d. uitgave *Pinkhof Medische spellingcontrole* van Bohn Stafleu van *Loghum*. • **Ann-Arbor-~** klinische stadiumindeling voor de ziekte van Hodgkin. • **AO-~** internationale classificatie voor fracturen v.d. lange pijpbeenderen. • **ASA-~** systeem v.d. American Society of Anesthesiologists om het risico op anesthesiologische complicaties uit te drukken. • **breslow~** stadiëring v.e. melanoom, uitgedrukt i.d. dikte die microscopisch vanaf het oppervlak wordt gemeten. • **CEAP-~** internationaal geaccepteerde classificatie voor veneuze insufficiëntie; C = *clinical*; E = *etiology*; A = *anatomy* en P is *pathophysiology*. • **child-pugh~** bep. indeling om de functionele reserve v.d. lever en daarmee de prognose v.e. chronische leverziekte te bepalen. • **clark~** indeling v.h. melanoom naar dieptegroei i.d. huid. • **dukes~** systeem voor de indeling v.d. lokale uitgebreidheid v.e. rectum- of coloncarcinoom. • **engel~** classificatie van aanvalsvermindering na epilepsieoperatie: 1 = aanvalsvrij; 2 = sporadische epileptische aanvallen; 3 = aanzienlijke vermindering van klachten; 4 = geen waardevolle verbetering. • **FAB-**~ zie French-American-British-~. • **FIGO-**~ classificatie voor de stagering van kwaadaardige gynaecologische tumoren, opgesteld door de Fédération Internationale Gynaecologique et Obstétrique. • **fontaine**~ indeling van claudicatio intermittens: I: afwezigheid van klachten; II: beperkte loopafstand t.g.v. pijn in kuit, bovenbeen en/of bil, geen rustpijn; IIa: niet sociaal invaliderend; IIb soms invaliderend; III: pijn in rust aan tenen en voet met dreigend weefselversterf; IV: irreversibele weefselschade i.d. vorm van ulcera en necrose (gangreen). • **French-American-British-**~ (FAB-classificatie) [E] classificatie van acute niet-lymfoblastaire vormen van leukemie. • **Glasgow-**~ zie Glasgow Coma Scale. • **Kiel**~ classificatie van maligne non-hodgkinlymfomen. • **kraepelin**~ obsolete indeling van psychosen in manisch-depressieve en schizofrene psychosen. • **lancefield**~ door Lancefield ontworpen indeling van hemolytische streptokokken, d.m.v. de precipitinetest. • **landsteiner**~ zie bloedgroep | ABO-~systeem. • **lennert**~ zie Kiel-~. • **Los Angeles-**~ classificatie van oesofagitis. • **lukes-collins**~ classificatie van maligne lymfomen gebaseerd op de gelijkenis v.d. lymfoomcellen met de functionele differentiatiestadia v.d. lymfocyt. • **MELD-**~ zie levercirrose. • **mis**~ (statistiek) toekenning van objecten aan een verkeerde categorie. • **NOSPECS-**~ letterwoord ter vastlegging en gradering v.d. orbitopathie van Graves. • **NYHA-**~ functionele en therapeutische classificatie voor het voorschrijven van fysieke inspanning voor hartpatiënten. • **papanicolaou**~ rubricering van afwijkingen i.e. cervixuitstrijkje (pap-uitstrijkje) in vijf klassen, met toenemende kans op de aanwezigheid v.e. cervixcarcinoom. • **placenta**~ **volgens Grannum** gradering v.d. veranderingsverschijnselen v.e. placenta die kunnen optreden tijdens de zwangerschap. • **pugh**~ zie child-pugh-~. • **RAI-**~ classificatie van chronische lymfatische leukemie. • **reith-wagener-barker**~ gradering van retinale hypertensieve en arteriosclerotische afwijkingen bij hypertensieve retinopathie. • **resus**~ classificatie van bloed op grond van aan- of afwezigheid van resusantigeen i.d. erytrocyten. • **Rye-**~ verouderde indeling van hodgkinlymfomen in vier typen; in volgorde van toenemende kwaadaardigheid. • **savary**~ classificatie van oesofagitis naar ernst v.d. ontsteking en verspreiding v.d. slijmvliesbeschadiging. • **Vienna-**~ classificatie van neoplastische laesies v.d. oesofagus, gebaseerd op de histopathologische evaluatie van endoscopisch afgenomen biopten. • **widmer**~ verouderde maar nog veel gebruikte classificatie voor kwantificatie van veneuze insufficiëntie.

clast (celbiol.) cel die iets afbreekt; vb. osteoclast, chondroclast.

Claude | claudesyndroom alternerende verlamming t.g.v. laesie v.d. middenhersenen: aan de ene zijde paralyse v.d. n. oculomotorius, aan de andere zijde asynergie en dysartrie.

claudicatie onregelmatige en doorgaans moeizame tred a.g.v. voortdurend ongelijke afzetbeweging v.e. var. beide benen door ongelijke spierkracht en/of pijnklachten met artrogene of perifeer/centraal neurogene oorzaak (ischias, CVA); overdrachtelijk ook t.a.v. andere lichaamsfuncties gebruikt; i.d. praktijk wordt op c. intermittens gedoeld en betekent c. 'door pijn gebrekkig bewegen'. • **claudicatio abdominalis** intermitterende aanvallen van buikpijn bij stenose van mesenteriale vaten. ⊙ **claudicatio intermittens** verstoorde gang a.g.v. pijn i.d. benen a.g.v. perifeer arterieel vaatlijden (PAV); indeling: vier stadia (vlg. Fontaine): I: afwezigheid van klachten doordat de aanwezige obstruerende afwijking nog geen hemodynamische verschijnselen oproept; II: beperkte loopafstand t.g.v. pijn in kuit, bovenbeen en/of bil, geen rustpijn; IIa: niet sociaal invaliderend; IIb soms invaliderend; III: pijn in rust aan tenen en voet met dreigend weefselversterf; IV: irreversibele weefselschade i.d. vorm van ulcera en necrose (gangreen). • **claudicatio masticatoria** c. v.d. kauwspieren. • **neurogene** ~ radiculair i.d. benen uitstralende pijn door compressie v.d. cauda-equina-zenuwen, optredend na het lopen v.e. zekere afstand en verminderend na delordosering dan wel flexie v.d. lumbale wervelkolom door bijv. te gaan zitten.

claustrum dunne laag grijze hersensubstantie tussen nucleus lentiformis en insula-schors.

clausus gesloten; vb. rhinolalia clausa.

clavatus knotsvormig; vb. *Aspergillus c-tus*, exostosis eburnea clavata.

clavicotomie *zie* cleidotomie.

clavicula sleutelbeen; elk v.d. beide gebogen beenderen die boven de eerste ribben aan weerszijden v.d. hals liggen en het schouderblad met het borstbeen verbinden.

clavicularis m.b.t. tot het sleutelbeen; vb. incisura c-lis.

clavipectoralis m.b.t. sleutelbeen en borst; vb. fascia clavipectoralis.

clavus eelt dat wigvormig de diepte in dringt. • ~ **syphiliticus** hyperkeratotische lenticulaire syfilide van handpalm of voetzool, lijkend op een likdoorn.

clean (m.b.t. verslaafden) vrij van gebruik van verdovende middelen.

clearance [E] *zie* renale klaring. • **urea** ~ *zie* klaring | ureum~.

cleido- m.b.t. het sleutelbeen.

cleidotomie doorsnijding v.h. sleutelbeen v.e. kind tijdens de geboorte, om de passage v.d. schouder door het geboortekanaal te vergemakkelijken.

cliënt persoon die een beroep op professionele zorg doet.

client-centered psychotherapy *zie* psychotherapie | cliëntgerichte ~.

climacterisch samenhangend met het climacterium.

climacterium 1 het complex van verschijnselen bij het einde v.d. vrouwelijke vruchtbaarheid, met als belangrijkste symptoom het onregelmatig worden v.d. menstruatie; 2 de leeftijd waarop deze verschijnselen zich voordoen. • ~ **virile** *zie* andropauze. • ~ **praecox** voortijdig intredend climacterium.

climacterius m.b.t. het climacterium; vb. keratoma climactericum.

climaticus m.b.t. het klimaat; vb. bubo climaticus.

climatotherapie *zie* klimatotherapie.

climax 1 het hoogtepunt v.e. ziekte of ziekteaanval; 2 climacterium; 3 hoogtepunt v.h. orgasme.

clinging [E] histologisch patroon v.h. ductale carcinoma in situ van de mamma.

clinical trial | **controlled** ~ (CCT) [E] (klinisch) onderzoek waarbij een of meer interventiegroepen worden vergeleken met een of meer controlegroepen die de interventie/behandeling niet krijgen.

clinicus arts die hoofdzakelijk i.e. ziekenhuis werkt en daar zorg verleent aan opgenomen, bedlegerige patiënten.

clinocefalie dolichocefale schedel waarbij de sfenopariëtale naad te vroeg verbeend is, waardoor achter de kroonnaad een zadelvormige inzinking ontstaat.

clinodactylie abnormale stand (zijdelingse afwijking) v.d. vingers.

clinoides divanvormig.

clinoideus divanvormig; vb. processus c-deus.

clip [E] metalen klemmetje om wondranden bijeen te houden of om een bloedvat af te klemmen.

clippen (neuro)chirurgische interventietechniek ter afklemming v.d. steel v.e. aneurysma i.d. hersenvaten d.m.v. een clip.

cliseometer hellingmeter, instrument waarmee de helling v.h. bekken t.o.v. de lichaamsas kan worden gemeten.

clitoridectomie ingreep aan de vrouwelijke genitaliën, uitgevoerd onder druk van culturele tradities, ook in Nederland.

clitoris gaffelvormig orgaan met zwellichamen (bulbi clitoridis) aan de ventrale zijde v.d. vulva.

clitorisme 1 vergroting v.d. clitoris, doorgaans het gevolg v.e. pathologisch hoge androgeenserumconcentratie; 2 onafgebroken erectie v.d. clitoris.

clitoritis ontsteking v.d. clitoris.

clivus het omlaag hellend beenvlak tussen sella turcica en foramen magnum, gevormd door os occipitale en os sphenoidale.

clivus-chordoom strenggezwel dat uitgaat van resten v.d. chorda dorsalis i.h. beenvlak tussen de sella turcica en het foramen ovale.

CLL *zie* leukemie | chronische lymfatische ~.

cloaca embryonale holte waarin zowel de darm als de urinewegen en geslachtsorganen uitmonden.

clockwise rotation [E] draaiing v.d. elektrische hartas i.h. horizontale vlak, met de klok mee.

clomifeen synthetische stof die de spiegels van gonadotropinen verhoogt.

clonal deletion [E.] *zie* deletie | klonale ~.

clonal selection theory theorie betreffende verworven immunitaire tolerantie (Burnet).

clonorchiasis ziekte a.g.v. infectie met *Clonorchis sinensis*.

Clonorchis geslacht v.d. familie der *Opistorchiidae*. • ~ **sinensis** Chinese leveregel, veroorzaakt clonorchiasis, voorkomend in O.-Azië.

clonus zich herhalende spiercontractie na een eenmalige stimulus, optredend bij een verhoogde spierspanning. • **myo~** plotseling optredende spiercontracties verspreid i.h. lichaam, meestal bij helder bewustzijn. • **opso~** spontane snelle geconjugeerde oogbewegingen in alle richtingen, onregelmatig van ritme en amplitude. • **palatummyo~** ritmische contractie v.h. gehemelte die 24 uur per dag doorgaat. • **patellaire ~** ritmische, snelle contracties, afgewisseld door verslapping v.d. m. quadriceps femoris, opwekbaar door de knieschijf met duim en wijsvinger met een rukje naar beneden te duwen en dan vast te houden. • **voet~** verhoogde achillespeesreflex waarbij na tikken op de achillespees of bij abrupte passieve extensie v.d. voet niet één enkele spiercontractie ontstaat, maar een reeks ritmische contracties.

closed skill actie waarbij de voor die vaardigheid benodigde omgeving constant blijft en die dus op basis van uitsl. kinesthetische terugkoppeling kan worden uitgevoerd.

Clostridium geslacht v.d. familie *Bacillaceae*, obligaat anaeroob, grampositief, sporenvormend. • ~ *botulinum* verwekker van botulisme. • ~ *difficile* verwekker van pseudomembraneuze colitis. • ~ *novyi* verwekker van gasgangreen; vroeger *Bacillus oedematis maligni* No. II. • ~ *oedematiens* zie *Clostridium novyi*. • ~ *perfringens* de meest voorkomende verwekker van gasgangreen, ook vaak verwekker van 'voedselvergiftigingen'. • ~ *septicum* verwekt soms gasgangreen; vroegere naam: *Bacillus Ghon-Sachs*. • ~ *tetani* verwekker van tetanus, komt veel voor in aarde en feces van mensen en paarden. • ~ *welchii* zie *Clostridium perfringens*.

clostridiummyonecrose zie gangreen | gas~.
clubbing of fingers [E] zie vinger | trommelstok-s.
clunis achterbout, bil zie nates.
clunium gen. mv. van clunis; vb. nervi clunium.
clusterdifferentiatie zie CD.
clusterdifferentiatieantigeen zie antigeen | CD-~.
cM centimorgan.
CMAP zie potentiaal | compound muscle action potential.

CMI (cell-mediated immunity) cellulaire immuniteit.
CML zie leukemie | chronische myeloïde ~.
CMML chronische myelomonocytaire leukemie.
CMRA zie angiografie | coronaire magnetische resonantie~.
CMT zie neuropathie | hereditaire motorisch-sensibele ~.
CMV (cytomegalovirus) zie virus | humaan herpes~ type 4.
CNA zie centraal neurologische aandoening.
CNI zie insufficiëntie | chronische nier~.
CNS zie stafylokok | coagulasenegatieve ~.
CO koolmonoxide.
coacervaten druppelachtige vormsels in colloïdale oplossingen.
coagglutinatie antigeen-antistofverbinding waarbij de specifieke antistoffen zijn gebonden aan latexbolletjes of erytrocyten.
coagulantia groep van geneesmiddelen die de stolling van bloed teweegbrengen of deze versnellen.
coagulase enzym dat de bloedstolling versnelt. • ~**test** test waarbij de aanwezigheid van gebonden vrij coagulase wordt aangetoond.
coagulatie stolling, bijv. van bloed of v.e. eiwit.
coagulatiestroom zie elektrocoagulatie.
coaguline 1 zie precipitine; **2** zie tromboplastine.
coagulopathie afwijking i.d. bloedstolling. • **intravasculaire ~** zie bloedstolling | diffuse intravasale ~. • **lysis~** verbreiding van fibrinolytisch materiaal i.d. bloedbaan, leidend tot lysis van fibrine en fibrinogeen. • **verbruiks~** zie bloedstolling | diffuse intravasale ~.
coagulum stolsel, bloedstolsel.
coalescentie de vergroeiing (fusie) van twee of meer embryonale rudimenten.
coalitie benige verbinding. • **calcaneotalaire ~** benige verbinding tussen hielbeen en talus.
coarctatie strictuur, vernauwing v.e. vat. • **coarctatio aortae** aangeboren vernauwing v.d. aorta op de overgang v.d. aortaboog en aorta descendens.
coassistent student(e) geneeskunde die i.d. laatste fase v.d. studie stage i.d. gezondheidszorg loopt.
coat | **buffy ~** [E] grijsrode laag die bij het centrifugeren van bloed boven de samen-

gepakte erytrocyten verschijnt. • **cell** ~ *zie* calyx | glyco~.
coating 1 (chir.:) het bedekken met een laagje; vb. aanbrengen van adhesief plastic op een aneurysma cerebri wanneer geen andere behandeling mogelijk is; **2** (farmac.:) omhulsel van pillen, enz.
cobalamine naam voor een groep stoffen met vitamine-B_{12}-werking.
cobble-stone mucosa [E] ronde straatkeiachtig uiterlijk v.h. darmslijmvlies bij de ziekte van Crohn.
cobble stones [E] naam v.h. kenmerkend röntgenbeeld bij de ziekte van Crohn.
coblatietherapie behandeling van snurken d.m.v. verstijving v.d. huig en het zachte gehemelte m.b.v. gecontroleerde littekenvorming.
cocaïne alkaloïd; komt voor i.d. bladeren v.d. *Erythroxylon coca*; heeft een lokaal-anesthetische en een psychostimulatieve werking.
cocaïniseren gevoelloos maken d.m.v. cocaïne.
cocarboxylase co-enzym, in verschillende enzymsystemen, nodig voor de werking van carboxylase.
cocarcinogenese verschijnsel waarbij een stof een andere (carcinogene) stof activeert.
coccen hypercorrecte schrijfwijze v.d. verkorte vorm 'kokken', jargon voor een bepaalde bacterie; Nederlandse woordafleidingen van '-coccus' schrijft men met een -k-: cryptokokkose, Latijnse afleidingen met een -c-: cryptococcosis.
coccide allergische huidreactie op infectie met kokken.
Coccidioides een geslacht dimorfe schimmels. • *- immitis* verwekker van coccidioidomycosis, komt voor i.d. bodem van gebieden met lange, hete zomers, vnl. i.d. VS.
coccidioïdomycose infectieziekte door *Coccidioides immitis*.
coccidiosis infectie door *Coccidia*, verloopt meestal symptoomloos, maar soms als enterocolitis.
Coccidium verouderde naam voor een groep micro-organismen v.d. klasse *Sporozoa*.
coccogenes *zie* kokkogeen.
coccoïd coccus-achtig, kokkenachtig.
coccus kok.
coccydynie *zie* coccygodynie.
coccygectomie operatieve verwijdering v.h. staartbeentje.

coccygeus m.b.t. het os coccygis; vb. musculus coccygeus, foveola coccygea, cornu coccygeum.
coccygodynie pijn i.d. streek v.h. staartbeen (coccyx).
coccyx *zie* os coccygis.
cochl. (rec.) *zie* cochleare.
cochlea deel v.h. binnenoor, slakkenhuis.
cochleair apparaat *zie* cochlea.
cochleare (rec.) een lepelvol (15 ml).
cochleariformis lepelvormig; vb. processus cochleariformis.
cochlearis tot de cochlea behorend; vb. ductus cochlearis, nuclei cochleares.
cochleotopie de organisatie v.d. gehoorbanen en de cochleaire en andere auditieve kernen i.h. centrale zenuwstelsel.
cochleovestibulair m.b.t. cochlea en vestibulum.
Cochrane Collaboration internationale non-profit organisatie die tot doel heeft mensen te helpen bij het nemen van wetenschappelijk onderbouwde beslissingen over interventies i.d. gezondheidszorg door de immense hoeveelheid wetenschappelijke artikelen (evidence) te identificeren en samen te vatten i.d. vorm van systematische literatuuroverzichten (systematische reviews).
Cochrane Library elektronische database met o.a. *Cochrane Database of Systematic Reviews*.
coctolabiel niet bestand tegen koken, of tegen de temperatuur van kokend water.
coctostabiel wel bestand tegen koken, of tegen de temperatuur van kokend water.
coctus gekookt; vb. sputum coctum.
code een sleutel tot het verkrijgen van informatie. • **genetische** ~ genetische informatie die vervat is i.d. specifieke DNA-moleculen v.d. chromosomen.
co-dehydrogenase co-enzymen I en II, werkzaam als overdragers van waterstof bij de oxidatie van melkzuur, glucose, hexosemonofosfaat.
codeïne opioïd; heeft hoestdempende en analgetische werking.
codex geautoriseerd stel voorschriften, farmacopee.
codicil *zie* donorcodicil.
codivillafractuurbehandeling draadextensie.
codominantie situatie waarin bij een heterozygoot beide allelen op een bepaalde gen-

locus tot expressie komen.
codon uit drie onmiddellijk op elkaar volgende nucleotiden ('triplet') bestaande eenheid i.e. polynucleotidenketen. • **anti~** tRNA-triplet dat complementair is aan een mRNA-codon. • **non-sense~** codon dat niet codeert voor een aminozuur; fungeert i.d. eiwitsynthese als stopteken.
coëfficiënt gegeven constante factor v.e. veranderlijke of onbekende grootheid. • **bèta~** coëfficiënt i.e. regressievergelijking die is gecorrigeerd voor het feit dat de onafhankelijke variabelen op verschillende schalen zijn gemeten. • **coefficient of variance** (statist., epidemiol.) zie variatie~. • **correlatie~** (r) maat voor de sterkte v.d. samenhang tussen twee kenmerken. • **diffusie~** product v.d. mobiliteit v.e. deeltje i.e. oplossing (cm/sec of dyne/mol), de gasconstante (R) en de temperatuur in graden Kelvin (T). • **elasticiteits~** zie weerstandscoëfficiënt.
coëfficiënt | gestandaardiseerde regressiecoëfficiënt zie coëfficiënt | bèta~.
coëfficiënt | Pearson's correlatie~ maat voor het lineaire verband tussen twee continue variabelen. • **regressie~** maat die aangeeft hoe de ene variabele verandert per eenheid verandering v.d. andere. • **Spearman's rangcorrelatie~** maat v.d. relatie tussen twee ordinale of continue variabelen, toegepast wanneer ten minste een van deze variabelen niet normaal verdeeld is. • **variatie~** relatieve standaardafwijking; drukt de standaardafwijking uit in procenten v.h. gemiddelde.
Coelenterata onderafdeling der *Metazoa*, i.h. bezit van slechts één lichaamsholte.
coelenteron zie archenteron.
coeliacus m.b.t. de buikholte of de buikorganen.
⊛ **coeliakie** afwijking v.d. proximale dunne darm die wordt gekenmerkt door vlokatrofie en wordt geassocieerd met een permanente overgevoeligheid voor gluten met als gevolg (uitgebreide) malabsorptie; kan zowel op kinderleeftijd als op volwassen leeftijd ontstaan.
coelioscopie zie laparoscopie.
coeliotomie zie laparotomie.
coelo- voorvoegsel in woordverbindingen m.b.t. de buik.
coelonychie zie koilonychie.
coeloom de intra- en extra-embryonale lichaamsholte.
coelosomie misvorming v.d. foetus waarbij de ingewanden buiten het lichaam liggen.
co-enzym • co-enzym A stofwisselingsenzym met als functie de transacetylering.
• ~ **I** zie nicotinamideadeninedinucleotide.
• ~ **R** zie biotine.
coeruleus zie caeruleus.
coeur [F] 1 Frans voor 'hart' zie hart; 2 (dermatol.) de huiddriehoek die onder de hals bij een openstaand shirt zichtbaar is.
coeur en sabot [F] klompvormig hart, voorkomend bij de tetralogie van Fallot.
co-existentie gelijktijdig bestaan.
coferment zie enzym | co~.
coffeïne xanthinederivaat.
coffeïnisme chronische intoxicatie door overmatig gebruik van koffie.
cofferdam dunne rubberplaat, bij tandheelkundige bewerkingen gebruikt om het speeksel weg te houden v.h. operatiegebied.
cognate stimulation [E] stimulatie v.d. klonale groei en differentiatie van T-helpercellen en B-cellen door een antigeen dat bindingsplaatsen bevat voor zowel B- als T-helpercellen.
cognitie brede term m.b.t. het proces (denken) en het product (weten, kennen) van mentale activiteiten.
cognitief betrekking hebbend op cognitie.
cognitieve dissonantie tegenstrijdigheid van gevoelens wanneer twee gedachten of attitudes niet met elkaar overeenstemmen óf het gedrag strijdig is met een bepaalde opvatting/gedachte hierover.
cognitieve dissonantiereductie het d.m.v. cognitieve functies in harmonie brengen van nieuwe informatie met al bestaande opvattingen als er zich tussen de nieuwe en oude informatie een groot verschil dreigt voor te doen.
cognitieve functie functie v.h. kenvermogen: bewustzijn, concentratie, aandacht, oriëntatie, intellectuele functies, geheugen, voorstelling, waarneming, zelfwaarneming en denken.
cognitieve gedragsmodificatie zie therapie | cognitieve gedrags~.
cognitieve herstructurering beïnvloeding of geheel veranderen v.h. denken en de hieraan ten grondslag liggende veronderstellingen/overtuigingen d.m.v. specifieke technieken.

cognitieve ontwikkeling status van kennende functies in vergelijking met relevante referentiegroep.

cognitieve pijntheorie opvatting dat individuele pijncognities bepalend kunnen zijn voor de ervaren pijn en/of het pijngedrag.

cohabitatie *zie* coïtus.

cohnheimveldje op dwarse doorsnede zichtbare, i.e. groepje gerangschikte myofibrillen.

cohort gesloten populatie van individuen die een bepaald kenmerk of gebeurtenis gemeen hebben die i.e. bepaalde periode i.e. onderzoek wordt gevolgd. • **inceptie~** cohort dat is samengesteld uit patiënten op eenzelfde tijdstip i.h. beloop van hun ziekte.

cohorteffect *zie* generatie-effect.

cohortonderzoek | prospectief ~ cohortonderzoek waarbij een groep personen met een bepaalde eigenschappen gedurende een periode wordt gevolgd. • **retrospectief** ~ cohortonderzoek waarbij wordt uitgegaan v.e. groep personen met een bepaalde uitkomst (ziekte); bekende informatie over vroegere blootstelling aan risicofactoren wordt vergeleken met een groep personen die de bepaalde uitkomst niet heeft.

cohydrogenase een co-enzym.

coil [E] spoel, i.h.b. een spiraaltje dat bij coiling wordt gebruikt.

coiling [E] neuroradiologische interventietechniek ter embolisatie van aneurysma's en arteriveneuze malformaties in kleine vaten, i.h.b. v.d. hersenen, m.b.v. een spiraalvormig draadje.

coil kidney [E] kunstmatige nier die d.m.v. een dialysespoel werkt.

coil spring [E] vorm van spiraalveer waarin een darminvaginatie zich op de röntgenfoto kan vertonen.

coin lesion een muntvormige schaduw op de thoraxfoto als teken van carcinoom, sarcoom of tuberculoom.

coïtarche *zie* sexarche.

coïtus geslachtsgemeenschap, gewoonlijk gezegd van heteroseksueel contact met penetratie v.d. penis i.d. vagina. • **coïtus interfemoralis** seksueel contact waarbij ter seksuele prikkeling de penis ritmisch tussen de dijbenen v.d. sekspartner, vlak onder het perineum, wordt bewogen. • **coïtus interruptus** coïtus waarbij de penis vóór het orgasme uit de vagina wordt teruggetrokken. • **coïtus obstructus** c. met manueel dichtknijpen v.d. mannelijke urethra, zodat het sperma er niet uit kan en terugvloeit naar de blaas; primitieve vorm van contraceptie.

col colatura (rec.).

colatorium fijn geweven doek waardoorheen men een medicamenteuze oplossing laat lopen.

cold chain *zie* koude keten.

colecalciferol *zie* vitamine D_3.

colectomie gehele of gedeeltelijke excisie v.h. colon.

coleocele *zie* hernia vaginalis.

Coleoptera kevers, een orde v.d. klasse *Insecta*.

coleoptose *zie* prolapsus vaginae.

coleotomie *zie* colpotomie.

colestyramine galzuurbindend hars.

coli gen. van colon.

colica *zie* koliek. • **saturnina** *zie* koliek | lood~.

colicine een bacteriocine, product van *Enterobacteriaceae*, met remmende werking op de groei van bacteriestammen uit dezelfde groep.

colicus tot het colon behorend; vb. facies colica.

coliform op *Escherichia coli* lijkend; vb. c-me bacteriën.

colitis ontsteking v.h. colon. • **amoeben~** *zie* dysenterie | amoeben~. • ~ **dysenterica** dikkedarmontsteking a.g.v. bacillaire dysenterie of amoebendysenterie. • ~ **gravis** ernstige vorm van c.ulcerosa. • ~ **collagene** ~ diffuse afzetting van collageen i.h. subepitheel v.d. darm met onbekende etiologie. • ~ **pseudomembranacea** dikkedarmontsteking bij oudere mensen die lijden aan maligne afwijkingen, of die een darmoperatie ondergaan hebben. • ~ **regionalis** onspecifieke ontsteking v.e. bepaald gedeelte v.h. colon. • ~ **ulcerosa** (CU) *zie* inflammatoire darmziekten. • ~ **cystica profunda** dikkedarmontsteking met herniatie van klierbuizen door de m. mucosae. • **hemorragische** ~ ontsteking v.d. dikke darm met bloed i.d. ontlasting. • **ischemische** ~ *zie* ischemische colitis. • **pseudomembraneuze** ~ *zie* colitis pseudomembranacea. • **toxische** ~ zeldzame, maar ernstige complicatie van colitis ulcerosa en ziekte van Crohn met ontsteking van alle lagen v.d.

colonwand.
colla *zie* collum.
collaberen slap worden en bewusteloos ineenzakken.
collageen eiwitachtige stof in bindweefsel, vaak in vezelvorm.
collageenziekten ziekten die worden gekenmerkt door de fibrinoïde degeneratie van bindweefsel.
collagenase enzym dat collageen splitst.
collagenose *zie* collageenziekten.
collaps plotseling slap in elkaar zakken, meestal gepaard gaand met bewustzijnsverlies en vaak het gevolg van circulatiestilstand. • after-dinner-~ *zie* dip | postprandiale ~. • ~us pulmonum 1 *zie* long-; 2 (minder juist) atelectase. • long~ het samenvallen v.d. longen bij toetreding van lucht i.d. pleuraholte. • pre~ toestand van dreigende collaps. • vasovagale ~ reflexsyncope die wordt gekenmerkt door flauwvallen. • venen~ het samenvallen van aderen t.g.v. onvoldoende bloedvulling.
collar-button abscess [E] *zie* abces | boordenknoop-.
collateralis collateraal; vb. eminentia collateralis, vas collaterale.
collateralisatie vorming v.e. collaterale circulatie.
College Tarieven Gezondheidszorg (CTG) thans: Nederlandse Zorgautoriteit.
College ter Beoordeling van Geneesmiddelen (CBG) zelfstandig bestuursorgaan v.h. Ministerie van VWS, verantwoordelijk voor de toelating en bewaking van werkzame geneesmiddelen op de Nederlandse markt; beoordeelt en bewaakt de werkzaamheid, risico's en kwaliteit van geneesmiddelen voor mens en dier, evenals de veiligheid en nieuwe voedingsmiddelen voor de mens.
collerette schilferend kraagje aan de binnenzijde van erythemateuze ringen, bij sommige huidaandoeningen.
Colles | **collesfractuur** distale radiusfractuur, waarbij het distale fractuurstuk zodanig wordt gedisloqueerd dat een 'bajonetstand' ontstaat.
colli gen. van collum (= hals).
colliculus 1 kleine verhevenheid; 2 verhevenheid aan het eind v.d. crista arcuata v.h. arytenoïd. • ~ inferior onderste, caudale heuvel op de vierheuvelplaat. • ~ seminalis verhevenheid op de crista urethralis, waar de ductus ejaculatorii uitmonden.
collier de Vénus *zie* leucoderma syphiliticum.
collimatie (radiother.) het convergeren (bundelen) van stralen.
collimator onderdeel v.e. gammacamera, voor het verkrijgen v.e. evenwijdige, gerichte stralenbundel.
collintang tang om de tong te vatten.
colliquatie 1 het vloeibaar worden van necrotiserend weefsel; 2 overmatige vochtafscheiding.
colliquativus vervloeiend, verwekend; vb. tuberculosis cutis colliquativa.
collocatie *zie* inbewaringstelling.
collodium oplossing van zwak genitreerde cellulose in zwavelether, kleefmiddel i.d. chirurgie.
colloïd 1 lijmachtig; 2 een fijn-disperse vermenging v.e. stof (de 'disperse fase') i.e. andere stof (het 'dispersiemedium'); de disperse fase bestaat uit deeltjes groter dan moleculen; 3 een doorschijnende gelatineuze substantie die bij colloïde degeneratie ontstaat; 4 de half-vloeibare massa i.d. follikels v.d. schildklier.
colloïdaal m.b.t. colloïd; vb. een colloïdale oplossing.
colloidalis colloïdaal; vb. pseudomilium colloidale.
colloïdcarcinoom *zie* carcinoom | carcinoma colloides.
colloides colloïdachtig; vb. carcinoma colloides.
colloïd-osmotische druk het aandeel v.d. uit eiwitten bestaande colloïde partikels in lichaamsvocht en bloed i.h. teweegbrengen v.d. osmotische druk.
collum hals. • ~ femoris *zie* collum ossis femoris. • ~ ossis femoris het gedeelte tussen caput en trochanters.
collum herniae breukhals.
collunarium *zie* neusdouche.
collutio oris mondspoeling.
collyrium *zie* oogwassing.
coloboom 1 spleet, defect; 2 (oogheelk.:) congenitale afwezigheid v.e. oogstructuur, zoals ooglid, iris, lens, netvlies en/of oogzenuw; kan geïsoleerd bestaan of voorkomen als onderdeel v.e. syndroom; gevaar voor uitdroging v.h. hoornvlies maakt operatieve correctie meestal noodzakelijk.
• **coloboma choroideae** spleet i.h. vaatvlies. • **coloboma iridis** spleet i.d. iris.

- **coloboma labii** lipspleet. • **coloboma lentis** defect i.d. ooglens. • **coloboma maculae luteae** aangeboren spleet i.h. oog, die door de gele vlek loopt. • **coloboma palpebrae** defect i.e. ooglid. • **coloboma retinae** defect i.h. netvlies. • **pseudo~** dunne radiaire strook i.d. iris, een onvolkomen gesloten spleet uit het embryonale tijdperk.

colocolostomie 1 het maken v.e. anastomose tussen twee delen v.h. colon; 2 (minder juist) de gemaakte verbinding zelf.

colon gedeelte v.d. dikke darm tussen de valva ileocaecalis en het rectum, karteldarm. • **catarraal** ~ verandering v.d. opbouw v.d. darm t.g.v. langdurig gebruik van laxeermiddel. • **cathartisch** ~ onwerkzaamheid v.h. colon a.g.v. langdurig gebruik van laxantia. • ~ **descendens** het afdalende deel v.h. colon. • ~ **irritabile** zie prikkelbaredarmsyndroom. • ~ **mobile** abnormaal beweeglijk colon. • ~ **ascendens** het opstijgende deel v.h. colon. • ~ **sigmoideum** intraperitoneale S-vormige darmlis waarvan het proximale deel een voortzetting is v.h. colon descendens; het sigmoïd draait dan naar mediaal en boven, vervolgens naar caudaal en passeert hierbij de apertura pelvis superior; eindigt bij rectum. • ~ **transversum** het dwars verlopende deel v.d. dikke darm. • **dolicho~** lang colon. • **irritable** ~ **syndrome** [E] zie prikkelbaredarmsyndroom. • **kachelpijp~** op de röntgenfoto het rechtlijnige buisvormige beeld v.h. colon wanneerde haustra verdwenen zijn. • **mega~** vergroot colon, door dilatatie en hypertrofie. • **meso~** peritoneumduplicatuur waaraan het colon is bevestigd. • **spastisch** ~ zie prikkelbaredarmsyndroom. • **toxisch mega~** zeldzame, maar ernstige complicatie van colitis ulcerosa en soms ook v.d. ziekte van Crohn waarbij de ontsteking alle lagen v.d. colonwand heeft aangetast.

colonfistel zie stoma | colo~.

coloninloopfoto röntgenologisch onderzoek waarbij foto's v.h. colon in verschillende vullingsfasen en richtingen worden gemaakt na inbrengen en uitscheiden van barium en daarna nog een foto na het inbrengen van lucht.

colonoscoop een endoscoop voor inwendig onderzoek v.h. colon.

colonoscopie zie coloscopie.

colony-forming unit (CFU) [E] zie kolonievormende eenheid.

colopexie operatieve fixatie v.e. abnormaal beweeglijk colon (colon mobile) aan de buikwand.

coloproctostomie zie colorectostomie.

coloptose verzakking v.h. colon.

coloratus gekleurd; vb. visus coloratus, auditio colorata.

⊙ **colorectaal carcinoom** (CRC) kwaadaardige woekering van cellen uitgaande v.h. darmepitheel, gewoonlijk door degeneratie v.e. vooraf bestaande adenomateuze of villeuze poliep; indeling: 99% v.d. gevallen betreft een adenocarcinoom dat uit een adenomateuze poliep is voortgekomen; <1% betreft sarcoom, lymfoom of carcinoïd.

colorectostomie het aanleggen v.e. verbinding tussen colon en rectum.

colorimeter instrument ter meting van kleurintensiteit.

colorimetrie kwantitatieve bepaling v.e. stof i.e. oplossing door meting v.d. kleurintensiteit.

coloscopie onderzoek waarbij de binnenzijde v.d. dikke darm wordt bekeken m.b.v. een buigzame, bestuurbare endoscoop.

colosigmoïdeostomie 1 het aanleggen v.e. verbinding tussen colon ascendens (of colon transversum) en sigmoïd; 2 (minder juist) de gemaakte verbinding zelf.

colostomie 1 het aanleggen v.e. colostoma; 2 (minder juist) colostoma.

colostrum eerste melk die omstreeks de bevalling door de mammae wordt afgescheiden.

colotomie het insnijden v.h. colon.

colovesicaal m.b.t. colon en vesica urinaria; vb. c-cale fistel.

colp- voorvoegsel in woordverbindingen betreffende de vagina.

colpitis zie vaginitis. • ~ **mycotica** zie vaginomycose. • ~ **senilis** zie vaginitis senilis. • **endo~** ontsteking v.h. vaginaslijmvlies.

colpocefalie congenitale verwijding v.d. occipitale hoorns v.d. laterale ventrikels.

colpocele zie hernia vaginalis.

colpocoeliotomie opening v.d. buikholte via het schedegewelf.

colpocystocele prolaps v.d. blaas i.d. vagina met prolaps v.d. voorwand v.d. vagina.

colpocystotomie incisie v.d. urineblaas via de vaginawand.

colpocytogram vaginaal uitstrijkpreparaat.

colpocytologie het bestuderen v.d. cellen i.e. cervixuitstrijkje, vnl. ter opsporing v.e. cervixcarcinoom.

colpodynie pijn i.d. vagina.

colpohyperplasie hyperplasie v.h. vaginale slijmvlies. • **colpohyperplasia cystica** c. waarbij zich cysten i.h. slijmvlies vormen.

colpohysterectomie hysterectomie langs de vaginale weg, vaginale uterusextirpatie.

colpohysteropexie vaginale hysteropexie.

colpohysterotomie *zie* snede | keizer~.

colpopoëse vorming v.e. vagina door een plastische operatie.

colpoptose prolaps v.d. vagina.

colporafie | **colporrhaphia anterior** colporafie na excisie v.e. stuk uit de voorwand. • **colporrhaphia posterior** colporafie na excisie v.e. stuk uit de achterwand v.d. vagina.

colporragie bloeding uit de vagina.

colporrexie ruptuur v.d. vaginawand.

colposcoop optisch instrument waarmee de vaginawand kan worden bekeken.

colposcopie onderzoek v.d. vagina d.m.v. een colposcoop.

colpotomie incisie v.d. vagina.

colpoxerose abnormale droogte v.d. vagina.

Columbia-SK-virus *zie* virus | EMC-~.

columella zuiltje.

columna zuil, plooi. • ~**e anales** overlangse plooien i.h. rectum. • ~ **fornicis** het voorste, gedeeltelijk i.d. zijwand v.d. derde hersenventrikel gelegen deel v.d. fornix. • ~ **lateralis** laterale zuil, 'zijhoorn' v.d. grijze substantie v.h. ruggenmerg. • ~ **posterior** dorsale kolom, bestaat hoofdzakelijk uit sensorische achterhoorncellen. • ~**e rectales (Morgagni)** *zie* columnae anales. • ~**e renales (Bertini)** cortexweefsel (schorssubstantie) die zich tussen de nierpiramiden i.d. richting v.d. nierhilus uitstrekt. • ~**e rugarum** twee overlangse plooien voor en achter i.d. vaginawand. • ~ **thoracica** *zie* nucleus thoracicus. • ~ **ventralis (medullae spinalis)** voorste zuil, 'voorhoorn' v.d. grijze ruggenmergsubstantie. • ~ **vertebralis** *zie* wervelkolom.

columnotomie doorzagen of doorbeitelen v.d. wervelkolom op cervicaal of lumbaal niveau teneinde een standscorrectie v.d. wervelkolom te verkrijgen.

colyonen *zie* chalonen.

⊛ **coma** bewusteloosheid, toestand waarbij de ogen niet worden geopend naar aanleiding van welke prikkel dan ook, geen opdrachten worden uitgevoerd en geen woorden worden geuit. • **acidotisch** ~ coma door acidose. • ~ **diabeticum** *zie* diabetisch ~. • ~ **hepaticum** coma bij ernstige leverinsufficiëntie. • ~ **hypoglycaemicum** *zie* diabetisch ~. • ~ **prolongatum** klinisch beeld v.e. langdurige of blijvende bewusteloosheid door i.h.b. beschadiging en necrose v.d. grijze stof rondom het aqueduct en de derde ventrikel. • ~ **vigil** [F] *zie* vegetatieve toestand. • **diabetisch** ~ diepe bewusteloosheid a.g.v. ontregelde diabetes mellitus met hyperglykemie, hyperketonemie en kussmaulademhaling; ontwikkelt zich langzaam. • **glosso**~ de achterwaartse verplaatsing v.d. tong tijdens diepe bewusteloosheid. • **hyperglykemisch** ~ *zie* diabetisch ~. • **hyperosmolair** ~ levensbedreigende vorm van coma diabeticum door verhoogde serumosmolariteit bij excessieve hyperglykemie. • **hypoglykemisch** ~ diepe bewusteloosheid bij te lage bloedglucoseconcentratie, o.a. bij overdosering van insuline; ontwikkelt zich meestal plotseling; patiënt is onrustig en vaak ontstaan gegeneraliseerde tonisch-klonische epilepsie: 50 ml glucose 40% i.v. • **ketoacidotisch** ~ coma t.g.v. een insulinetekort; door versterkte gluconeogenese en lipolyse zijn glucose en ketonlichamen i.h. bloed toegenomen, waardoor hypovolemie en ketoacidose ontstaan; kenmerkend zijn de kussmaulademhaling en de acetongeur v.d. adem; de urine bevat glucose en ketonlichamen en er bestaat een natrium- en kaliumtekort, dat echter wordt gemaskeerd door het watertekort. • **non-ketoacidotisch hyperosmolair** ~ coma t.g.v. ontregelde insulineonafhankelijke diabetes mellitus waarbij een hyperosmolaire hyperglykemie ontstaat; de prognose is slecht. • **postictaal** ~ enkele minuten durend coma dat volgt op een tonisch-klonisch epileptisch insult. • **pre**~ toestand van ontregelde stofwisseling met verstoord bewustzijn die in coma dreigt over te gaan. • **uremisch** ~ bewusteloosheid t.g.v. uremie.

comadiepte ernst van bewustzijnsdaling, wordt gestandaardiseerd gemeten d.m.v. Glasgow Coma Scale.

comateus i.e. toestand van coma.

comatosus comateus, gepaard met coma;

vb. malaria comatosa.
Comberg | combergadaptometer toestel om de adaptatiesnelheid v.h. oog bij overgang van licht naar duisternis te meten.
• **comberglokalisatiemethode** röntgenologische lokalisatie van corpora aliena i.h. oog.
combinatiegezwel *zie* menggezwel.
combustie 1 verbranding; er zijn vier graden:; **2** erytheemvorming; **3** blaarvorming; **4** necrose; **5** verkoling.
combustio *zie* verbranding.
comedo talgklier met i.d. uitvoerang een prop keratinocyten en talg. • **reus~** grote comedo.
comedogeen 1 comedo-verwekkend; **2** een comedo-verwekkende substantie.
comitans begeleidend.
commensaal organisme dat in of op een ander organisme leeft zonder dit te schaden.
commensalisme samenleving van twee organismen waarbij de commensaal profiteert zonder dat de gastheer schade hiervan ondervindt.
comminutief gepaard gaand met verbrijzeling; vb. c-ieve frac.
comminutivus gepaard gaand met versplintering; vb. fractura comminutiva.
commissie groep van personen aan wie een bepaalde bestuurlijke opdracht of onderzoeksopdracht wordt gegeven. • **ethische** ~ *zie* medisch-ethische ~. • **medisch-ethische** ~ (MEC) **1** (in engere zin) commissie binnen een ziekenhuis die als enige taak heeft de beoordeling van medisch-wetenschappelijk onderzoek en de ethische aspecten hiervan; **2** (in ruimere zin) commissie binnen het ziekenhuis die zich bezighoudt met algemene kwesties of beleidsvragen op ethisch gebied en/of bespreking van problematische gevallen.
• **MIP-~** (Commissie Melding Incidenten Patiëntenzorg) commissie die medische voorvallen onderzoekt die schade aan de patiënt hebben toegebracht of zouden kunnen hebben toegebracht. • **toetsings~** *zie* medisch-ethische ~.
Commissie Melding Incidenten Patiëntenzorg *zie* commissie | MIP-~.
commissura verbinding. • ~ **alba** de tussen de substantia intermedia centralis en de fissura mediana anterior gelegen witte substantie. • ~ **fornicis** driehoekige, tussen de crura fornicis gelegen witte plaat van vezels. • ~ **habenularum** kruising van vezels uit de nuclei habenulae van beide zijden.
• ~ **labiorum pudendi anterior** huidstrook die voor-boven de vulva de beide grote schaamlippen met elkaar verbindt. • ~ **labiorum pudendi posterior** huidstrook die achter-onder de vulva de beide grote schaamlippen met elkaar verbindt. • **wernekingcommissuur** decussatio pedunculorum cerebellarium cranialium.
commissuralis m.b.t. hersencommissuren.
commissurotomie incisie v.e. commissuur, bijv. v.e. hartklep, bij stenose v.d. opening.
commissuur *zie* commissura.
common cold *zie* neusverkoudheid.
commotio schudding, door een rechtstreekse of indirecte stoot, m.a.g. acute functiestoornis v.h. getroffen orgaan zonder anatomisch aanwijsbare verandering daarin.
• ~ **cerebri** schedelhersentrauma met bewustzijnsverlies korter dan 15 minuten en posttraumatische amnesie korter dan een uur. • ~ **retinae** beschadiging v.h. netvlies bij gewelddinwerking op het oog, met als mogelijk gevolg netvliesoedeem. • ~ **spinalis** reversibele toestand na stomp trauma, aangrijpend op het ruggenmerg: compleet of incompleet dwarslaesiesyndroom.
communicans verbindend; vb. ramus (mv. rami) communicans (-cantes).
communicatie onderling contact, samenspraak, uitwisseling van informatie. • **non-verbale** ~ alle vormen van symbolische informatieoverdracht zonder woorden.
• **paradoxale** ~ **1** bericht waarin verbale en non-verbale uitingen met elkaar in tegenspraak zijn; **2** boodschap die twee tegenstrijdige opdrachten bevat.
communis gemeenschappelijk, algemeen; vb. arteria carotis communis, integumentum commune.
community-acquired onderscheid bij pneumonie tussen 'community acquired pneumonie' (CAP) en 'nosocomiale pneumonie' op grond v.h. verschil in verwekker(s) gerelateerd aan de plaats van ontstaan.
community healthcare *zie* gezondheidszorg | basis-~.
compacta orthopedisch jargon, verkorte vorm van 'substantia compacta ossium' *zie* substantia compacta ossium.
compactus compact, dicht opeengepakt; vb. zona compacta.
comparator onderdeel v.e. regelsysteem.

compartiment vak, ruimte, afdeling, volume.

compartimentalisatie het scheiden van bepaalde functies binnen een cel doordat deze worden ondergebracht op door membranen afgegrensde locaties.

compartimentum afgescheiden deel v.e. grotere samenhangende ruimte i.h. lichaam. • ~ **femoris anterius** *zie* compartimentum femoris extensorum. • ~ **femoris extensorum** anterieur extensorcompartiment v.d. dij (femur).

compassionate use [E 'toepassing uit medeleven'] verstrekking van niet-geregistreerde geneesmiddelen die in onderzoeksverband aan proefpatiënten zijn toegediend, daarbij effectief zijn gebleken bij de proefpersonen en daarom hun na voltooiing v.h. klinisch onderzoek beschikbaar worden gesteld.

compatibel in staat samen te gaan, zonder stoornis naast elkaar te bestaan, bijv. van twee bloedgroepen.

compatibiliteit toestand van ongestoord samengaan, van elkaar verdragen, tolerantie.

compensatie 1 het tegen elkaar opwegen, van twee in tegengestelde richting werkende krachten; 2 (psychoanalyse) uitbalancering v.e. negatieve karaktertrek door een positieve. • **de**~ ontoereikende compensatie v.e. functiestoornis a.g.v. door het falen van compenserende autonome mechanismen. • **over**~ (psychol.) afweermechanisme waarbij het compensatiemechanisme meestal onbewust a.h.w. over het evenwichtspunt heen schiet, i.h.b. bij het overwinnen van minderwaardigheidsgevoelens.

compensatiestoornis verstoring v.e. compensator evenwicht.

compensatio cordis verbastering van 'decompensatio cordis' *zie* hartfalen.

compensatoir een invloed opheffend; vb. compensatoire hypertrofie, compensatoir hartgebrek.

competitie toestand van bestrijding of tegenwerking tussen twee stoffen.

competitief elkaar bestrijdend of tegenwerkend. • **competitieve remming** via het competitiemechanisme uitgeoefende remming v.d. werking v.e. stof door die v.e. andere.

complaints of arms, neck and/or shoulders (CANS) *zie* repetitive strain injury.

complement onderdeel v.d. humorale niet-specifieke afweer.

complementactivatie activatie v.h. complementsysteem; vindt plaats via de alternatieve (door bacteriële producten) of klassieke (door immuuncomplexen) route.

complementaire kleur kleur die met een andere kleur vermengd wit oplevert.

complementary-determining region (CDR) [E.] hypervariabel gebied v.e. immunoglobuline.

complementcontroleproteïne (CCP) verzameling van braamgebonden complementreceptoren met een vaste eiwitstructuur.

complementfactor serumeiwit dat onderdeel is v.d. complementcascade. • **C2**~ ~ complementfactor 2. • **C3**~ ~ complementfactor 3; speelt centrale rol in complementcascade; wordt via zowel klassieke als alternatieve route geactiveerd. • **C4**~ ~ complementfactor 4. • **C5**~ ~ complementfactor 5. • **C1**~ ~ complementfactor 1; eerste enzymcomplex i.d. complementcascade.

complementgenen genen die coderen voor de complementfactoren.

complementofiel complement-aantrekkend.

complementoïd een van zijn zymotoxische groep beroofd complement, dat dan alleen nog een haptofore groep bezit.

completus volledig; vb. fractura completa.

complex 1 samengesteld geheel; 2 (psychologie) psychisch fenomeen dat wordt bepaald door een emotioneel beladen, onbewust geheel van voorstellingen. • **antigeen-antistof**~ *zie* immuun~. • **astma-eczeem**~ combinatie van asthma bronchiale en laat constitutioneel eczeem. • **boezem**~ de P-top v.h. elektrocardiogram. • **castratie**~ 1 (psychoanalytische theorie van Freud) onbewuste vrees bij de man voor castratie als straf voor verboden seksuele verlangens; 2 (ontwikkelingspsychologie vlgs. Freud) angst van jongetjes tijdens de fallische fase om de penis te verliezen, zoals dat bij meisjes zou zijn gebeurd. • **CD3**~ lymfocytenmerker. • **early-antigen** ~ [E] geheel van aantal polypeptiden die door het epsteinbarrvirus tot expressie worden gebracht in geïnfecteerde B-lymfocyten. • **eisenmenger**~ extreme vorm van pulmonale vasculaire obstructieve ziekte a.g.v. omkering naar pulmonale shunting. • **elektra**~ (psychoanalytische theorie van Freud) overmatige binding van dochter aan vader, gepaard met vijandige instelling t.o.v. moeder. • **fusie**~ elektrocardiografische benaming voor een QRS-complex dat wordt gevormd door gelijktijdige excitatie vanuit de sinusknoop en een ventrikel. • **hapteencarrier**-~ koppelingscomplex v.e. hapteen aan een groot molecuul. • **histocompatibiliteits**~ *zie* major-histocompatibiliteits-~. • **HLA**-~ (major histocompatibility complex) *zie* antigeen | histocompatibiliteits-~. • **immuun**~ complex van antigeen en antistof dat door aangroei een zodanige grootte kan aannemen dat het neerslaat i.d. weefsels. • **juxtaglomerulair** ~ een dicht bij elke nierglomerulus gelegen structuur met epithelioïde cellen die het enzym renine afscheiden. • **kamer**~ *zie* QRS-~. • **laius**~ (psychoanalytische theorie van Freud) ambivalente, jaloers-concurrende en tevens liefhebbende instelling v.e. vader t.o.v. zijn zoon. • **lolita**~ seksuele voorkeur voor meisjes die aan het begin van hun puberteitsontwikkeling staan. • **major-histocompatibiliteits**~ (MHC) aantal dicht bij elkaar gelegen genen gelokaliseerd op de korte arm van chromosoom 6, die coderen voor de grote variëteit van weefsel- of transplantatieantigenen (de HLA-determinanten) op leukocyten en andere cellen. • **membrane-attack** ~ (MAC) [E.] eiwitmolecuul dat is opgebouwd uit complementfactoren. • **migrerend motorisch** ~ front van sterke actiepotentialen dat hoog i.d. dunne darm ontstaat. • **naso-etmoïdaal** ~ cellensysteem v.d. sinus ethmoidalis. • **nasomaxillair** ~ anatomische structuren die tot de neus en de bovenkaak behoren. • **oedipus**~ (psychoanalytische theorie van Freud) libidineuze binding v.d. man aan zijn moeder, gepaard met ambivalente instelling met concurrentiegevoelens t.o.v. zijn vader. • **precancer cell** ~ [E] verhoornde, onregelmatig gevormde epitheelcellen met dubbele kern, vacuolisatie v.h. protoplasma, en holtevorming i.d. kernen. • **primair** ~ initiële aandoening, volgend op het stadium v.h. p. affect. • **protease**~ verzamelterm voor proteolytische enzymen, zowel endopeptidasen als exopeptidasen. • **qR**-~ beschrijving v.e. QRS-complex i.e. afleiding v.h. elektro-cardiogram (ecg), bestaande uit normale neerwaartse uitslag, gevolgd door een grote opwaartse uitslag.

• **QRS**-~ het gedeelte v.h. elektrocardiogram dat de prikkeluitbreiding over de hartkamers aangeeft. • **QS**-~ QRS-complex i.e. afleiding v.h. ecg met een neerwaartse deflectie, gevolgd door een opwaartse uitslag. • **Rs**-~ beschrijving v.e. QRS-complex i.e. afleiding v.h. ecg, bestaande uit een grote opwaartse uitslag, gevolgd door een kleine neerwaartse. • **sicca**~ syndroom van (H.S.C.) Sjögren zonder artritis (dacryosialoadenitis sicca). • **symptomen**~ groep van bijeen behorende ziekteverschijnselen die een bepaald ziektebeeld kenmerken.

⊙ **complex regionaal pijnsyndroom** (CRPS) lokaal optredende pijn, samen met een reeks van autonome, sensorische en vasomotorische verschijnselen, gewoonlijk volgend op een trauma aan arm of been, waarbij de ernst en de duur het verwachte klinisch beloop v.h. oorspronkelijke trauma overtreft.

complexus juxtaglomerularis *zie* complex | juxtaglomerulair ~.

compliantie 1 de mate waarin men een voorschrift opvolgt; **2** (pathofysiol., pulmonol.:) elasticiteit, rekbaarheid; **3** (kno-heelkunde:) mate waarin het trommelvlies geluidsenergie van buiten naar het midden v.h. oor overdraagt. • **artsen**~ de mate waarin een behandelend arts de adviezen die i.e. intercollegiaal consult worden gegeven daadwerkelijk opvolgt. • **patiënten**~ *zie* therapietrouw.

complicatie onbedoelde en ongewenste uitkomst tijdens of volgend op het handelen v.e. zorgverlener die voor de gezondheid v.d. patiënt zodanig nadelig is dat aanpassing v.h. (be)handelen noodzakelijk is dan wel dat sprake is van onherstelbare schade.

complicatus gecompliceerd; vb. fractura complicata.

composiet vullingsmateriaal van twee of meer verschillende materialen voor gebruik in chirurgie en tandheelkunde.

compositus samengesteld; vb. astigmatismus compositus.

compos mentis 1 (neurofysiol.:) bij bewustzijn; **2** (psychiatrie:) in goede geestelijke gezondheid en wilsbekwaam; doorgaans in negatieve zin gebruikt: 'niet compos mentis' is bijv. dement, psychotisch, in grote paniek.

compound [E] (genetica:) een in twee gemuteerde allelen van dezelfde locus heterozy-

goot genotype dat de fenotypen van beide alleen samen toont. • ~ **B van Kendall** *zie* corticosteron.
compound naevus *zie* naevus | samengestelde ~.
compound S voorloper van cortisol.
compres *zie* kompres.
compressie samendrukking, meestal gezegd van zenuwweefsel, botweefsel of kraakbeenweefsel. • **compressio cerebri** toestand van toenemende intracraniële druk. • **compressio medullae spinalis** *zie* medullaire ~. • **compressio cordis** toestand bij druk of stomp trauma op het hart. • **compressio thoracis** toestand bij druk of stomp trauma op de thorax. • **medullaire** ~ lokale druk op ruggenmerg i.h. canalis vertebralis met lokatieafhankelijke neurologische uitval door trauma, tumoren, abces, hernia nuclei pulposi of wervelafwijkingen. • **pubomanuele** ~ handgreep waarbij de baarmoeder met de hand tegen de symfyse wordt gedrukt, ter stelping v.e. uterusbloeding. • **ruggenmerg**~ *zie* compressiesyndroom | medullair ~. • **wervel**~ compressie v.e. wervel, gewoonlijk a.g.v. osteoporose. • **wortel**~ beknelling v.e. v.d. spinale zenuwwortels door hernia nuclei pulposi, tumor of degeneratieve wervelafwijkingen. • **zenuw**~ druk op een zenuw door verdikking of verplaatsing van omliggende structuren; veroorzaakt i.h. innervatiegebied v.d. zenuw (intermitterend) paresthesieën, pijn en spierparese of paralyse. • **ziekte**~ verschijnsel dat met de stijging v.d. gemiddelde levensduur i.e. populatie ziekten die tot sterfte leiden i.e. kortere periode vóór het overlijden worden samengedrukt.
compressieanomalie aangeboren vormafwijking v.e. gebitselement.
compressiesyndroom | **medullair** ~ druk op het ruggenmerg door een tumor, trauma (wervelfracturen) cervicale spondylose of infectie, waardoor een blok i.d. spinale subarachnoïdale ruimte ontstaat.
compressietherapie (vaatchir.) methode om (lymf)oedeem uit een ledemaat te verwijderen, bijv. met een compressieverband of therapeutisch-elastische compressiekousen. • **ambulante** ~ behandeling met drukverbanden dan wel therapeutische elastische kousen met het doel de veneuze afvloed te bevorderen en daarmee (lymf)oedeem te bestrijden. • **externe pneumatische** ~ methode om (lymf)oedeem uit een ledemaat te verwijderen.
compressieverband verband waarmee druk wordt uitgeoefend op het onderliggende weefsel.
comptoneffect wanneer een röntgenquantum met een vrij elektron botst, neemt de golflengte v.h. röntgenquantum toe en kaatst het elektron terug.
comptonverstrooiing *zie* verstrooiing | incoherente ~.
compulsie *zie* dwanghandelen.
compulsief dwangmatig.
compulsieve handeling *zie* dwanghandelen.
computertomografie | **vierdimensionale** ~ **(4D-CT)** computertomografie waarbij naast informatie o.b.v. de CT-scan informatie over de ademhaling wordt gebruikt om de bestraling nauwkeurig te richten.
COMT *zie* transferase | catechol-O-methyl-~.
conalbumine een niet aan porfyrine gebonden metalloproteïne met transportfunctie.
conarium *zie* glandula pinealis.
conatief m.b.t. willen, streven.
concaaf hol; vb. concave lens.
concanavaline A (Con A) lecithine met mitogene eigenschappen dat in vitro wordt gebruikt om T- en B-lymfocyten in afwezigheid van antigeen toch tot proliferatie aan te zetten.
concealed-bypass tract [E] slechts retrograad geleidende accessoire atrioventriculaire verbinding.
concealment of allocation [E] methode om allocation bias te voorkomen door het geheimhouden of blinderen v.d. toewijzing van patiënten aan de verschillende onderzoeksgroepen.
concentraat | **erytrocyter** ~ geconcentreerde suspensie van erytrocyten na verwijdering van plasma en de andere corpusculaire elementen. • **protrombinecomplex**~ *zie* vierfactoren-~. • **vierfactoren**~ concentraat v.d. vitamine-K-afhankelijke stollingsfactoren II, VII, IX en X.
concentratie 1 sterkte v.e. oplossing; **2** (chem.:) het proces v.h. verhogen v.e. concentratie door onttrekking van water; **3** (psychol.:) het duurzaam vestigen v.d. aandacht op iets.
concentratievermogen 1 (nefrologie:) het vermogen v.d. nier tot het vormen v.e. ge-

concentreerde urine; **2** (psychol.:) het vermogen de aandacht aanhoudend op iets te vestigen.
conceptie (embryol.:) versmelting v.e. eicel en een zaadcel.
conceptus het geconcipieerde.
concha (anat.) schelpvormige structuur, bijv. de oorschelp. • **~ auriculae** de door anthelix, antitragus en tragus begrensde holte v.d. oorschelp (auricula). • **~ nasalis inferior** onderste (rudimentaire) neusschelp. • **~ nasalis media** middelste (rudimentaire) neusschelp. • **~ nasalis superior** bovenste (rudimentaire) neusschelp. • **~ nasalis suprema** allerbovenste (rudimentaire) neusschelp. • **~ sphenoidalis** de mediocaudaal v.d. apertura sinus sphenoidalis gelegen voorste en onderste wand v.d. sinus sphenoidalis.
conchalis tot een concha behorend; vb. crista conchalis.
concharum gen. mv. van concha; vb. plexus cavernosi concharum.
conchoscoop neusspeculum ter bezichtiging v.d. conchae en de neuswand.
conchotomie incisie of excisie v.e. neusschelp.
concipiendi m.b.t. bevruchting of vruchtbaarheid.
conclusief uitsluitsel gevend i.d. diagnostiek; vb. conclusieve diagnose.
concomitant begeleidend, gelijktijdig optredend; bijv. strabismus concomitans.
concordant 1 overeenkomend, bijv. van tweelingen; **2** *zie* concordantie.
concordantie 1 (morfologie:) het overeenkomen; vb. atrioventriculaire concordantie; **2** (statistiek, alg.:) *zie* compliantie | artsen~.
concrement *zie* steen.
concretio vergroeiing. • **~ labiorum** aaneengroeiing v.d. lippen door littekenvorming. • **~ pericardii** vergroeiing van epicard met pericard.
concretisme dyslogie waarbij een zeer letterlijke betekenis aan een abstract denkbeeld wordt gegeven.
concretus samengegroeid; vb. ren concretus.
concussie *zie* commotio.
condensans gepaard gaand met weefselverdichting; vb. otitis condensans.
condensatie dyslogie waarbij zeer verschillende en niet samenhangende ideeën tot één idee worden samengebracht.
conditionering *zie* klassieke ~. • **de~** veranderen van gedrag door een bestaande conditionering ongedaan te maken. • **instrumentele** ~ *zie* operante ~. • **klassieke** ~ bewerkstelligen v.e. geconditioneerde reactie d.m.v. het gelijktijdig aanbieden v.e. geconditioneerde en een ongeconditioneerde stimulus. • **operante** ~ behavioristische methode om gedrag te veranderen d.m.v. beloning en straf.
condoom ondoordringbaar overtrek van latex, gebruikt om tijdens seksueel contact het te ejaculeren sperma tegen te houden en daarmee bevruchting c.q. overdracht van pathogenen te voorkomen. • **vinger~** omhulsel van latex dat om een vinger wordt gedaan ten behoeve van inwendig lichamelijk. • **vrouwen~** barrièreanticonceptivum i.d. vorm v.e. zakje van kunststof dat i.d. vagina wordt gebracht, een ring rond de vagina-ingang zorgt ervoor dat het condoom niet glijdt.
conductie 1 geleiding, vorm van warmteafgifte door de huid aan de moleculen v.d. stof waarmee de huid in aanraking is; **2** prikkelgeleiding.
conductieafasie *zie* afasie | geleidings~.
conductieblokken *zie* blokkade | geleidings~.
conductor 1 (genetica) carrier; **2** (neurofysiologie) het voortgeleidend systeem van afferente en efferente banen.
conduplicato corpore met dubbelgevouwen lichaam.
condylaris een condylus betreffend; vb. canalis condylaris.
condylectomie amputatie v.e. condylus.
condylicus tot een condylus behorend.
condyloides lijkend op een condylus.
condyloideus condylus-achtig.
condyloom vijgwrat. • **condyloma acuminatum** epitheelverdikking, veroorzaakt door een seksueel overdraagbaar type humaan papillomavirus (HPV). • **condyloma latum** vochtige, zeer infectieuze wratachtige afwijking. • **reuzen~ van Buschke-Löwenstein** condylomata acuminata die zeer grote vormen aannemen en maligne ontaarden.
condylus bolvormig gewrichtsuitsteeksel. • **~ humeri** distaal, verbreed einde v.d. humerus. • **~ lateralis (ossis femoris)** laterale gewrichtsknobbel op het distale femurein-

de. • ~ **lateralis (tibiae)** laterale gewrichtsknobbel op het proximale tibia-einde.
• ~ **medialis (ossis femoris)** mediale gewrichtsknobbel op het distale femureinde.
• ~ **medialis (tibiae)** mediale gewrichtsknobbel op het proximale tibia-einde.
• ~ **occipitalis** achterhoofdsknobbel.
confabulant iemand die confabuleert.
confabulatie 1 het uit verlegenheid of a.g.v. een psychische gestoordheid vertellen van verzonnen, zeer aannemelijk klinkende verhalen als antwoord op vragen; 2 het verzonnen verhaal zelf als resultaat v.d. confabulerende handeling.
confabuleren het vertellen van gefantaseerde verhalen.
confertus dicht bijeen, confluerend.
configuratie rangschikking van samenstellende delen tot een bepaald patroon.
conflict of interest [E] *zie* belangenconflict.
conflict van plichten doorbreking v.d. zwijgplicht v.d. arts als hij door het handhaven v.d. zwijgplicht i.e. noodsituatie zou komen te verkeren.
confluens 1 samenvloeiing; 2 samenvloeiend; vb. variola confluens. • ~ **sinuum** plaats bij de protuberantia occipitalis interna, waar de sinus sagittalis superior, de sinus rectus, de sinus occipitalis en de sinus transversus samenvloeien.
conflueren in elkaar overgaan, samenvloeien, bijv. van zieke huidgedeelten.
conformatie-epitoop antigeenbindingsplaats die alleen door B-lymfocyten wordt herkend.
confounder [E] factor die is gerelateerd aan de te onderzoeken risicofactor of blootstelling en aan de uitkomst.
confrontatiemethode oriënterende test waarmee gezichtsvelduitval kan worden opgespoord.
congelatie *zie* bevriezing.
congenita aangeboren; vb. syphilis congenita. • **paramyotonia** ~ *zie* myotonie | para~.
congenitaal 1 bij de geboorte verworven; 2 aangeboren; in minder eigenlijke zin ook wel: 'door overerving verkregen', welk taalgebruik tot misverstand of onjuistheid kan leiden omdat een afwijking bij de neonaat i.h. foetale stadium kan zijn verworven en niet per se overgeërfd is.
congenitaal adrenogenitaal syndroom door de lage cortisolconcentratie wordt de hypofyse niet geremd in haar ACTH-productie, waardoor secundair de bijnier wordt gestimuleerd tot overproductie van steroïden (m.u.v. cortisol); sinds 2000 wordt bij pasgeborenen hierop gescreend bij de hielprik.
congenitale afwijking *zie* aangeboren afwijking.
congenitale bijnierhyperplasie aangeboren hyperplasie v.d. bijnier door voortdurende stimulatie v.d. bijnier door ACTH.
congenitale bijnierhypoplasie zeldzame aangeboren aandoening d.e leidt tot symptomen van ernstig hypocortisolisme bij de neonaat en zuigeling.
congenitale bilaterale afwezigheid van het vas deferens (CBAVD) onvruchtbaarheid doordat de zaadleiders beiderzijds niet zijn aangelegd.
congenitale eindplaatacetylcholinesterasedeficiëntie spierzwakte vanaf de geboorte, deficiëntie van acetylcholinesterase i.d. neuromusculaire overgang.
congenitale fibertypedisproportie *zie* fibertypedisproportie.
congenitale heupdislocatie luxatie v.d. heup bij de pasgeborene.
congenitale spierdystrofie • congenitale spierdystrofie type Walker-Warburg autosomaal recessief; hypotonie, hersenafwijkingen (lissencefalie of agyrie, pontocerebellaire hypoplasie), mentale retardatie, epilepsie, retinamalformatie; ernstige fenotype van mutaties in verschillende genen, betrokken bij alfadystroglycaanglycering. • ~ **type Ullrich** autosomaal recessief; hypotonie, met kyfose, torticollis en multipele contracturen. • ~ **type IA** autosomaal recessief; hypotonie; in sommige gevallen contracturen, cardiomyopathie, afwijkingen i.d. witte stof, mentale retardatie en epilepsie.
congenitalis congenitaal.
congenital paucity of secondary clefts het vanaf de geboorte onvoldoende aanwezig zijn van plooien v.d. postsynaptische spiervezelmembraan.
congenitus aangeboren.
congestie abnormale bloedophoping op een bepaalde plaats. **de** ~ het verminderen van zwelling, waardoor een ontstane verstopping wordt verholpen. • **hepatische** ~ *zie* stuwing | lever~. • **pulmonaire** ~ *zie* stuwing | long~.
congestief gepaard gaard met, veroorzaakt

door, m.b.t. congestie, stuwing.
congestionis door ophoping; vb. abscessus congestionis.
congestivus gepaard met ophoping, stuwing (congestie); vb. splenomegalia congestiva.
conglobatus samengeklonterd; vb. acne conglobata.
conglomeraat opeenhoping.
congofiel in histologische preparaten aankleurbaar met congorood; vb. amyloïd.
conicus kegelvormig, konisch; vb. cornea conica, staphyloma conicum.
conidiofore myceliumeinde dat conidia draagt.
conidium aseksuele spore, gevormd door het afbreken v.d. top v.e. conidiofore.
coniose ziekte t.g.v. het inhaleren van stof.
coniosporose extrinsieke allergische alveolitis door inhalatie v.d. schimmel *Coniosporium* bij houthakkers.
coniotomie tracheotomie door incisie v.d. conus elasticus laryngis.
conisatie kegelvormige excisie (elektrochir., scalpel) v.e. gedeelte v.d. cervix uteri *zie* biopsie | lis~. • **cervix**~ kegelvormige excisie uit de cervix uteri, voor pathologisch-anatomisch onderzoek.
conjoined tendon gezamenlijke aponeurose v.d. m. obliquus abdominis internus en transversus.
conjugaal m.b.t. de twee echtgenoten.
conjugaat een koppeling van twee stoffen.
conjugalis conjugaal; vb. carcinoma conjugale.
conjugata 1 (antropometrie) diameter v.h. bekken; 2 (antropometrie) de afstand v.d. top v.d. symfyse tot het promontorium.
conjugatie 1 een modus van overgang v.e. erfelijke eigenschap v.d. ene bacteriesoort op de andere; 2 copulatie, paring.
conjugatus gekoppeld, gepaard.
conjunctiva *zie* tunica conjunctiva. • ~ **tarsi** tunica conjunctiva palpebrarum.
conjunctivaal betrekking hebbend op de conjunctiva.
conjunctivale toediening toediening v.e. geneesmiddel op de tunica conjunctiva.
conjunctivale zak de ruimte i.d. plooi, gevormd door conjunctiva bulbi en conjunctiva tarsi.
conjunctivalis conjunctivaal, m.b.t. de conjunctiva.
conjunctivaplastiek *zie* Kuhnt | kuhnt-operatie.
conjunctivitis ontsteking v.d. tunica conjunctiva. • **acute hemorragische** ~ door een virus (AHC-virus) veroorzaakte, pandemisch voorkomende c. met soms neurologische complicaties (lumbale radiculomyelopathie). • ~ **actinica** c. veroorzaakt door actinische (ultraviolette) stralen. • ~ **aestivalis** *zie* conjunctivitis vernalis. • ~ **angularis** subacute, infectieuze conjunctivitis v.d. ooghoeken. • ~ **blennorrhoica** *zie* conjunctivitis gonorrhoica. • ~ **catarrhalis** conjunctivitis met hyperemie en matige, niet-etterige afscheiding. • ~ **follicularis** conjunctivitis waarbij zich rode follikels vormen, vooral aan de onderste omslagplooi. • ~ **gonorrhoica** door gonokokken veroorzaakte conjunctivitis. • ~ **granulosa** *zie* trachoom. • ~ **van Morax-Axenfeld** *zie* conjunctivitis angularis. • ~ **van Parinaud** *zie* Parinaud | parinaudconjunctivitis. • ~ **purulenta** etterige conjunctivitis. • ~ **sicca** chronische conjunctivitis met geringe afscheiding van taai secreet. • ~ **vernalis** voorjaarsconjunctivitis. • ~ **epidemica** in beperkte epidemieën voorkomende conjunctivitis, veroorzaakt door een adenovirus. • **giant papillary** ~ conjunctivaal ontstekingsproces gekenmerkt door vergrote papillen. • **granulaire** ~ *zie* trachoom. • **inclusie**~ c. veroorzaakt door *Chlamydia oculogenitalis*, bij neonati en bij zwemmers in zwembaden. • **kerato**~ ontsteking van cornea en conjunctiva. • **rino**~ *zie* pollinose. • **zwembad**~ conjunctivitis a.g.v. irritatie door gechloreerd water.
conjunctivus verbindend; vb. tendo conjunctivus, tunica conjunctiva.
conjunctus verenigd; vb. gemini conjuncti (mv. van conjunctus).
connataal aanwezig bij de geboorte of verworven bij de geboorte.
connatus connataal; vb. syphilis connata; syn. congenitus.
connexus verknoopt, verbonden, verbinding.
conoideus kegelvormig; vb. tuberculum c-deum.
consanguïen bloedverwant.
consanguïen huwelijk huwelijk tussen bloedverwanten.
consanguïniteit bloedverwantschap.
consecutivus consecutief.
consensueel overeenkomend; vb. "pupilre-

actie consensueel" = isocore pupilreactie.
consensusmethodiek methode waarbij beroepsgenoten gezamenlijk richtlijnen voor goede medische zorg ten behoeve van kwaliteitsbevordering opstellen.
consensusontwikkeling *zie* richtlijn | evidence-based ~.
conservatief (chirurgie) conserverend met behoud van zoveel mogelijk weefsel.
conservatrix behoudend, zichzelf beschermend; vb. vis conservatrix.
conserveringsmiddel chemische stof die wordt toegevoegd aan voedsel en geneesmiddelen om de houdbaarheid daarvan te verlengen.
consiliarius arts die door de behandelend arts tot een consult over een patiënt wordt uitgenodigd.
consistentie 1 de mate van vastheid, bijv. vast, hard, week, papperig, olie-achtig, waterig; 2 de mate waarin bij een onderzoek eenzelfde verband is aangetoond door verschillende onderzoekers, op verschillende momenten, op verschillende plaatsen, in verschillende deelpopulaties en bij voorkeur met een verschillende onderzoeksopzet.
consolidatie 1 verdichting van weefsel, bijv. van longweefsel bij atelectase (pulmonale consolidatie); 2 het vast worden, het met elkaar vergroeien van beenfractuurstukken; 3 *zie* solidificatie.
consonerend klinkend met hoge, heldere toon.
CONSORT statement [E] verslaglegging van gerandomiseerd medisch-wetenschappelijk onderzoek volgens een standaardmethode.
constellatie het geheel van samenwerkende factoren die op een bepaald tijdstip voor een gebeuren van betekenis zijn.
constipatie *zie* obstipatie. • **constipatio alvi** verstopping v.d. stoelgang.
constipatio *zie* obstipatie.
constituens het bestanddeel v.e. geneesmiddel dat de hoofdmassa uitmaakt, meestal zonder eigen activiteit.
constitutie 1 gesteldheid v.e. organisme, v.e. mens, als zodanig ontstaan door erfelijke aanleg plus invloeden uit de omgeving; 2 *zie* constitutieleer van Kretschmer. • **asthenische** ~ *zie* constitutieleer van Kretschmer. • **hypoplastische** ~ algemene hypoplasie (klein hart, nauwe aorta, kleine gonaden).
constitutieleer *zie* constitutieleer van Kretschmer.
constitutieleer van Kretschmer verouderde leer die stelt dat bepaalde lichaamstypen (habitus) vaak met bepaalde persoonlijkheidstypen gecorreleerd zijn; Kretschmer onderscheidde vier constitutietypen; 1) asthenische (leptosome) habitus, vaak gecorreleerd met schizothyme persoonlijkheid; 2) pycnische (eurysome) habitus, vaak gecorreleerd met cyclothyme persoonlijkheid; 3) atletische (mesosome) habitus, vaak gecorreleerd met schizothymie en affiniteit met schizofrenie en epilepsie; 4) dysplastische (paralytische) habitus, eveneens gecorreleerd met schizothymie.
constitutioneel door de constitutie bepaald.
 ⊛ **constitutioneel eczeem** overgevoeligheid (atopie) v.d. huid waar het samenspel tussen aanleg en omgevingsfactoren een belangrijke rol speelt; nogal eens gepaard gaand met andere atopische aandoeningen, zoals allergisch astma en hooikoorts.
constrictie samensnoering. • **constrictio pericardii** *zie* pericarditis constrictiva. • **constrictio septica uteri** bij langdurig aanhoudende tetania uteri voorkomende opstijgende septische ontsteking v.h. geboortekanaal.
constrictief samensnoerend; vb. ~e paricarditis, ~e bronchiëctasie.
constrictivus constrictief, samentrekkend, schrompelend; bijv. pericarditis c-va.
constrictor 1 spier die iets afsnoert of vernauwt; 2 een stof die een vernauwende werking heeft; vb. bronchoc., vasoc.
consult raadpleging v.d. arts door een patiënt over diens ziekte. • **gezamenlijk medisch** ~ zorgvorm waarbij de arts controleconsult houdt in aanwezigheid van verscheidene (veelal 10-15) patiënten. • **intercollegiaal** ~ beoordeling en advies over diagnose en behandeling v.e. patiënt verricht door een arts op verzoek v.d. behandelend arts.
consultatie 1 overleg over een patiënt m.b.t. diagnose en therapie door twee artsen zonder dat de desbetreffende patiënt aanwezig is; 2 (psych.) werkwijze i.d. ggz waarbij adviezen aan behandelaars gegeven worden zonder de patiënt zelf te hebben gezien.
consultatiebureau instelling, onderdeel

v.d. jeugdgezondheidszorg, waar voorlichting en advies wordt gegeven en screening plaatsvindt.

Consultatiebureau voor Alcohol en Drugs (CAD) ambulante voorziening voor hulp aan mensen met lichamelijke, psychische en sociale problemen rond verslaving.

consultatief raadplegend, raadverschaffend.

consultatieve praktijk een praktijk die zich beperkt tot het houden van consulten.

consulteren 1 raadplegen v.e. arts door een patiënt; 2 een consult houden.

consultgever arts die op verzoek v.e. andere arts een intercollegiaal consult verricht.

consultvrager arts die aan een andere arts een intercollegiaal consult vraagt.

consumptio (obsolete term) uittering, i.h.b. bij longtuberculose.

contact 1 (infectiol., epidemiol.) aangeraakte of besmette persoon, i.c. iemand die met een patiënt in aanraking is geweest; 2 (psych.) voeling, relatie in psychologisch opzicht; 3 (fysiol., alg.) aanraking. • **actief seksueel** ~ zie seksueel contact | inbrengend ~. • **insertief seksueel** ~ zie seksueel contact | inbrengend ~. • **receptief seksueel** ~ zie seksueel contact | ontvangend ~.

⊛ **contacteczeem** eczeem dat ontstaat a.g.v. irritatie (ortho-ergisch contacteczeem) of sensibilisatie (allergisch contacteczeem of contactallergisch eczeem) bij contact met een lichaamsvreemde stof.

contactlens dunne corrigerende kunstlens die tegen het hoornvlies aan ligt, ter correctie van visusdefect. • **halfharde** ~ contactlens die meer zuurstof doorlaat dan de traditionele harde. • **harde** ~ contactlens die een kleinere doorsnede heeft dan de cornea en ook astigmatisme corrigeert. • **siliconen-hydrogellens** contactlens van siliconen en hydrogelpolymeren. • **zachte** ~ hydrofiele contactlens waarvan het watergehalte de maximale draagduur bepaalt.

contactlensvloeistof 1 vloeistof met buffer- en conserveringsmiddelen waarin een contactlens wordt bewaard; 2 vloeistof waarmee een contactlens wordt gereinigd.

contactopsporing zie bron- en contactopsporing.

contactovergevoeligheid zie allergie | contact-.

contactreden de door de patiënt ervaren klacht en/of de gewenste interventie.

contactstoornis zie autisme.

contactsysteem zie systeem | kallikreïne-.

contacttijd tijd die op alveolo-capillair niveau voor de gaswisseling beschikbaar is.

contactus aanrakend; vb. facies contactus = aanrakingsvlak.

contagieus zie besmettelijk.

contagiosus besmettelijk.

contagium oude term voor smetstof. • ~ **animatum** levende smetstof. • ~ **vivum** zie contagium animatum.

contagium vivum fluidum ultrafiltreerbare levende smetstof.

containment [E] fysiologische overhuiving v.h. caput femoris door het acetabulum bij röntgenweergave.

contaminatie 1 (microbiol.) zie besmetting; 2 (psych.) dyslogie waarbij versmelting optreedt van twee of meer heterogene onderwerpen; komt voor bij schizofrenie.

contiguitas nabijheid, aanraking, contiguïteit. • **per contiguitatem** door uitbreiding op aangrenzende weefsels of organen.

contiguïteit nabijheid, aanraking (zonder continuïteit).

continentie 1 (urol.) het vermogen om ontlasting en urine op te houden; 2 (psych.) zelfbeheersing, bijv. op seksueel gebied.

continentietraining oefeningen i.d. behandeling van bijv. stressincontinentie, gericht op het vermogen de ontlasting en de urinelozing op adequate wijze op te houden.

continua zie continuus.

continue arterioveneuze hemofiltratie en -dialyse (CAVHD) zie hemofiltratie.

continue veno-veneuze hemofiltratie (CVVH) zie hemofiltratie.

continue veno-veneuze hemofiltratie en -dialyse (CVVHD) zie hemofiltratie.

continuitas continuïteit. • **per continuitatem** door uitbreiding in hetzelfde weefsel of orgaan.

continuïteit ononderbroken voortzetting.

continuous passive motion (CPM) gemotoriseerde methode om een gewricht na een operatie i.e. vooraf ingesteld schema te bewegen.

continuous positive airway pressure (CPAP) [E] zie beademing | positievedruk-.

continuus voortdurend; vb. febris c-nua.

contorsie zie torsie.

contortus gekronkeld, gewonden; bijv. tubulus c-tus.

contra- voorvoegsel in woordsamenstellingen met de betekenis tegen, tegenovergesteld.

contraceptie *zie* anticonceptie.

contraceptief bevruchting tegengaand.

contraceptivum *zie* anticonceptivum.

contractie samentrekking, verkorting, schrompeling, retractie. • **auxotone spier**~ spiercontractie waarbij de spiertonus toeneemt en het spiervolume gelijk blijft. • **boezem**~ samentrekken v.d. spiercellen i.d. wand v.d. boezem. • **braxton-hicks**~ onregelmatige samentrekkingen v.d. baarmoeder gedurende 1-2 minuten, optredend vanaf de zesde zwangerschapsweek. • **concentrische** ~ activiteit v.e. spier tijdens verkorting. • **excentrische** ~ spiercontractie waarbij vanwege een grotere externe kracht/weerstand de spier aan verlenging onderhevig is. • **idiomusculaire** ~ spiersamentrekking door rechtstreekse prikkeling v.e. spier. • **isokinetische** ~ verkorting v.e. spier met gelijkblijvende hoeksnelheid. • **isometrische spier**~ spiercontractie bij gelijkblijvende lengte, zonder dat oorsprong en aanhechting elkaar naderen. • **isovolumetrische** ~ eerste fase v.d. ventrikelsystole, waarbij de ventrikelspier aangespannen wordt en het ventrikelvolume nog niet verandert. • **klonische** ~ ritmische, korte spiersamentrekking. • **spier**~ actieve verkorting v.e. spier. • **tetanische** ~ langdurig aanhoudende spiercontractie zonder tijdelijke verslapping. • **tonische** ~ langzaam toenemende spiersamentrekking met verlengde relaxatie. • **zwangerschaps**~**s** pijnloze uteruscontracties i.h. derde trimester v.d. zwangerschap die niet tot ontsluiting leiden.

contractiel met het vermogen te contraheren; vb. contractiel darmweefsel.

contractiele eenheid kleinste structuur i.e. dwarsgestreepte spiervezel waarbinnen verkorting mogelijk is.

contractiemechanisme proces van ineenschuiven van dunne myofilamenten tussen dikke myofilamenten i.e. spiervezel nadat deze een binding met elkaar zijn aangegaan.

contractiering uitwendig voelbare insnoering tussen corpus en isthmus uteri.

contractiliteit het vermogen zich te kunnen samentrekken.

contractura *zie* contractuur.

contractus samengetrokken; vb. pulsus contractus.

contractuur 1 blijvende samentrekking van weefsel, t.g.v. organische veranderingen; **2** bewegingsbeperking i.e. gewricht door verkorting van spieren aaneen zijde van dat gewricht. • **artrogene** ~ een door een gewrichtsaandoening veroorzaakte samentrekking. • ~ **van Dupuytren** *zie* dupuytren-. • ~ **van Volkmann** *zie* volkmann-. • **dermatogene** ~ c. door huidschrompeling. • **desmogene** ~ c. door verkorting of schrompeling v.e. ligament. • **dupuytren**~ langzaam toenemende schrompeling en contractuur v.d. aponeurosis palmaris, waarbij de hand hol gaat staan en de vingers een klauwstand aannemen. • **flexie**~ contractuur met gewricht in geflecteerde dwangstand. • **hand**~ dwangstand v.d. hand. • **ischemische** ~ spiercontractuur door belemmering van arteriële bloedtoevoer. • **kapsel**~ verharding v.d. borst na een borstreconstructie of -vergroting a.g.v. inwendige verlittekening rondom de siliconenprothese. • **myogene** ~ samentrekking door spierschrompeling. • **neurogene** ~ c. door zenuwprikkeling. • **palmaris** *zie* dupuytren-. • **tendinogene** ~ *zie* desmogene ~. • **volkmann**~ contractuur a.g.v. ischemie en daardoor fibrosering v.e. spiergroep.

contra-extensie *zie* tractie | contra-~.

contra-indicatie argument tegen het uitvoeren v.e. bepaalde ingreep of handeling of bep. medicatie.

contrapulsatieballon *zie* intra-aortale ballonpomp.

contrast 1 tegenstelling; **2** (minder juist) de i.d. röntgenografie voor het verkrijgen van contrast gebruikte contraststof. • ~**kleuring** (histologie) dubbele kleuring om bepaalde elementen een contrasterende kleur tegenover de omgeving te geven.

contrastartrografie röntgenonderzoek v.e. gewricht na inspuiting v.e. contrastmiddel.

contrastmiddel (radiologie) stof die, ingespoten of via de mond of de anus toegediend, het te onderzoeken orgaan scherper tegenover de omgeving doet afsteken. • **bariumhoudend** ~ contrastmiddel met opake bariumsulfaatsuspensie, gebruikt bij radiodiagnostische beeldvorming. • **intraveneus** ~ contrastmiddel bij radiodiagnosti-

sche en echografische beeldvorming dat intraveneus toegediend kan worden. • **ionisch** ~ contrastmiddel bij radiodiagnostische beeldvorming dat in water oplost en in ionen splitst. • **iso-osmolair** ~ non-ionische dimeer met een zeer lage osmolariteit, gelijk aan die van plasma. • **jodiumhoudend** ~ contrastmiddel bij radiodiagnostische beeldvorming dat jodium bevat; doordat jodium in staat is röntgenstralen op te nemen, worden de doelwitorganen en -weefsels zichtbaar. • **niet-ionisch** ~ contrastmiddel bij radiodiagnostische beeldvorming dat in water niet in ionen splitst.
contrastonderzoek röntgenonderzoek met gebruikmaking v.e. contrastmiddel.
contrecoup [F] invasieve kracht die tegengesteld is aan de richting waarin letsel is toegebracht *zie* coup-contrecoupletsel.
controledwang niet corrigeerbare behoefte/dwang om te controleren om angst voor mogelijk negatieve consequenties v.h. niet-controleren teniet te doen.
controlegroep | **patiënt**-~ controlegroep die bestaat uit patiënten met andere ziekten dan i.d. onderzoeksgroep en waarbij wordt aangenomen dat die ziekten niet gerelateerd zijn de aan te onderzoeken expositie. • **populatie**~ controlegroep die afkomstig is uit de algemene populatie waaruit ook de patiënten afkomstig zijn.
controlepersoon *zie* proefpersoon.
controlled cross circulation *zie* circulatie | gekruiste ~.
controlled respiration actieve beademing v.e. patiënt tijdens narcose waarbij zijn/haar eigen ademhaling medicamenteus is geblokkeerd.
contusie stomp letsel, kneuzing; i.h.b. gezegd van hersenen, thorax. • **contusio cerebri** schedelhersentrauma met bewustzijnsverlies langer dan 15 minuten en posttraumatische amnesie langer dan een uur. • **contusio cervicalis posterior** klinisch syndroom met voorbijgaande tintelingen of brandende pijn in schouders, armen en handen na een nektrauma; symptomen ontstaan waarschijnlijk door contusie v.d. achterstrengen v.h. cervicale ruggenmerg. • **contusio labyrinthi** gevolg van schedelhersenletsel i.h. gebied v.h. rotsbeen, gepaard gaande met langdurige klachten over duizeligheid, evenwichtsstoornissen en soms gehoorverlies. • **contusio medullae** voorbijgaande uitvalsverschijnselen van wisselende duur die ontstaan a.g.v. een hyperextensietrauma v.h. ruggenmerg; vaak tintelingen of brandende pijn i.d. extremiteiten, soms krachtsverlies of mictiestoornissen; de voorkeursplaatsen zijn C4-Th1. • **frontotemporale** ~ door ligging v.d. frontale kwab en temporale kwab op de onregelmatige schedelbasis veel voorkomende traumatische cerebrale contusiehaarden. • **hersen~** *zie* contusio cerebri. • **kinderhersen~** zeldzaam ziektebeeld bij kinderen waarbij binnen 24 uur na licht schedeltrauma bewustzijnsdaling optreedt, gepaard met onrust, verwardheid, hoofdpijn en soms focale uitvalsverschijnselen. • **long**~ kneuzing v.d. long, gepaard gaande met bemoeilijkte ademhaling, pijn, cyanose en ophoesten van bloed. • **stam~** traumatisch letsel v.d. hersenstam.
contusus gekneusd; vb. vulnus contusum.
conus kegel. • ~ **arteriosus (infundibulum)** trechtervormige uitstromingsopening v.d. rechter hartkamer naar de a. pulmonalis. • ~ **elasticus** *zie* conus elasticus laryngis. • ~ **myopicus** *zie* conus temporalis. • ~ **elasticus laryngis** membraan i.d. wand v.d. kegelvormige subglottische ruimte tussen stembanden en cricoïd. • ~ **medullaris** het onderste kegelvormige einde v.h. ruggenmerg ter hoogte van L.1-2. • ~ **temporalis** sikkelvormige atrofisch deel aan de temporale rand v.d. discus nervi optici. • ~ **terminalis** c. medullaris. • ~ **vocalis** verstevigd membraan tussen lig. vocale en cartilago cricoidea.
convalescent *zie* reconvalescent.
convalescentie *zie* reconvalescentie.
convectie stroming, een vorm van warmte-afgifte v.d. mens via huid en slijmvliezen aan het milieu extérieur.
convergens convergerend.
convergente oogstand beweging v.d. ogen waarbij de oogassen elkaar ergens voor de ogen kruisen.
convergentierespons pupilvernauwing v.d. ogen bij het instellen v.d. ogen voor het kijken naar een dichterbij gelegen punt.
convergeren naar elkaar toe lopen (bijv. de oogassen).
conversie 1 (chir.) het omschakelen van laparoscopie naar laparotomie; **2** (psych.) stoornis met neurologische afwijkingen als

uiting v.e. psychisch probleem, bijv. verlamming en blindheid (lekenterm: 'psychogene blindheid'), zonder dat daarvoor een neurologische oorzaak kan worden gevonden; **3** de omslag of het omslaan v.e. negatieve reactie i.e. positieve, bijv. de mantouxreactie. • **perifere** ~ omzetting in verscheidene organen v.h. schildklierhormoon T4 i.h. actievere schildklierhormoon T3.

conversiestoornis functie-uitval die aan een neurologische of andere somatische aandoening doet denken, maar waarvoor onvoldoende lichamelijke oorzaak kan worden gevonden.

conversiesymptoom functie-uitval die niet te verklaren is door een somatische ziekte.

convertine stabiele stollingsfactor die ontstaat uit calcium + tromboplastine + proconvertine.

converting enzyme [E] *zie* convertine.

convex bol; vb. convexe lens.

convolutus als een kluwen in elkaar gerold, gewonden.

convoluut kluwen, winding.

convulsie (vnl. kindergeneeskunde:) aanval met hevige en onwillekeurige spiercontracties op basis van epilepsie.

convulsief gepaard met, gekenmerkt door kramp; vb. tussis convulsiva.

cooleyanemie *zie* thalassemie | thalassaemia major.

cooling-down *zie* warming-down.

Cooper | cooperschaar platte gebogen schaar.

coördinatie harmonische samenwerking van organen of delen daarvan, i.h.b. v.d. spieren. • **in**~ *zie* coördinatiestoornis.

coördinatiestoornis *zie* apraxie.

COPD (chronic obstructive pulmonary disease) chronische, irreversibele en meestal progressieve luchtwegobstructie a.g.v. een abnormale ontstekingsreactie na blootstelling aan schadelijke prikkels of gassen, vnl. sigarettenrook, met als gevolg verminderde maximale expiratoire luchtstroom en beperking v.d. ventilatoire capaciteit; de mate van luchtwegobstructie kan variëren in intensiteit; COPD omvat twee groepen van afwijkingen, die vaak in onderlinge samenhang voorkomen: het ene uiteinde v.h. spectrum is chronische bronchitis (incl. bronchiolitis), het andere uiteinde is emfyseem; bij chronische bronchitis is het bronchiale epitheel aangetast: gestoorde mucociliaire klaring en toegenomen slijmproductie en irreversibele bronchusobstructie; als alveolaire structuren a.g.v. proteolytische enzymen permanent beschadigd raken, is er sprake van emfyseem; door collaps van perifere luchtwegen draagt dit emfyseem bij tot de luchtwegvernauwing.

coping creatieve mogelijkheden v.e. persoon om met uitdagingen, moeilijkheden, levensgebeurtenissen (w.o. ziekte, pijn) om te gaan, deze te verwerken (ermee i.h. reine te komen), bepaald door o.a. leerervaringen, persoonlijkheid en aanleg; dit vermogen heeft grote invloed op het psychische evenwicht.

copiopie *zie* asthenopie.

copr- voorvoegsel in woordsamenstellingen betreffende ontlasting.

coprescriptie het voorschrijven v.e. aanvullend geneesmiddel.

coprofagie (kinderpsychiatrie) het eten van feces.

coprolagnie seksuele lustbeleving i.c.m. feces.

coprolalie complexe vocale tic waarbij obscene woorden of zinnen worden uitgeroepen.

coproom drekgezwel, een soms bij palpatie v.d. buik voelbare harde ontlastingsklomp.

coproporfyrine een porfyrine die bij normale hemopoëse als bijproduct ontstaat; ze wordt door de lever i.d. gal uitgescheiden en komt zo i.d. feces terecht.

copropraxie complexe motorische tic waarbij obscene gebaren worden gemaakt.

coprostase *zie* obstipatie.

coprosterol een verzadigde sterol, voorkomend in feces, i.d. darm door bacteriewerking ontstaan uit cholesterol.

copula band.

copulatie *zie* coïtus.

cor *zie* hart. • ~ **adiposum** *zie* hart | vet-. • ~ **bovinum** *zie* hart | ossen-. • ~ **pendulum** *zie* hart | druppel-. • ~ **pulmonale** een met vergroting gepaard gaande aandoening v.d. rechter harthelft door overbelasting t.g.v. verhoogde weerstand i.d. longcirculatie. • ~ **villosum** hart met vlokvorming op het pericard, bij pericarditis.

coraco- voorvoegsel in woordsamenstellingen betreffende het ravenbeksuitsteeksel.

coracoacromialis van processus coracoi-

deus naar acromion lopend; vb. ligamentum coracoacromiale.

coracobrachialis van processus coracoideus naar de arm lopend; vb. musculus coracobrachialis.

coracoclavicularis van processus coracoideus naar clavicula lopend; vb. ligamentum coracoclaviculare.

coracohumeralis van processus coracoideus naar humerus lopend; vb. ligamentum coracohumerale.

coracoideus lijkend op een ravenbek.

cord bladder blaasstoornis t.g.v. een proces i.h. ruggenmerg; vb. myelitis, tabes dorsalis.

cord blood *zie* bloed | navelstreng~.

cordectomie excisie v.e. (stem)band.

cordis gen. van cor. • **rechts-decompensatio** ~ *zie* decompensatie | rechts-~.

cordon sanitaire begrip, in medische zin verouderd, ter aanduiding v.h. geheel van beschermende maatregelen om de verspreiding v.e. ziektehaard tegen te gaan.

cordopexie laterale fixatie v.e. stemband om larynxstenose op te heffen.

cordotomie *zie* chordotomie.

Cordylobia anthropophaga Afrikaanse vlieg waarvan de larven bij mensen en dieren myiasis kunnen veroorzaken.

core- voorvoegsel in woordsamenstellingen betreffende de pupil.

corectopie buitenmiddelpuntige stand v.d. pupil.

corelyse operatieve opheffing v.d. tussen het lenskapsel en de pupilrand bestaande vergroeiingen.

coremorfose vorming v.e. kunstmatige pupil.

corepartikel het nucleocapside v.h. hepatitis-B virus.

coretomie *zie* iridotomie.

coriaceus leerachtig; vb. strepitus coriaceus.

corium *zie* dermis.

cornea hoornvlies; voorste, doorzichtig bolsegment v.d. tunica fibrosa bulbi. • **~ plana** platte cornea (aangeboren).

cornea-insluitsel vreemd lichaam of neerslag/stapeling i.d. cornea.

corneatopograaf apparaat dat d.m.v. een kleurenkaart gedetailleerd de kromming v.h. hoornvlies weergeeft.

corneïtis *zie* keratitis.

corneoblepharon adhesie v.d. cornea aan een ooglid.

corneomandibulair m.b.t. cornea en mandibula; vb. c-re reflex.

corneus vb. stratum c-neum.

corniculatus van hoorntjes voorzien; vb. cartilago corniculata, tuberculum corniculatum.

corniculum verkleinwoord van cornu = hoorn.

cornificatie *zie* keratinisatie.

cornu een hoornvormig uitsteeksel. • **~ anterius** voorhoorn v.d. grijze substantie v.h. ruggenmerg, de dwarse doorsnede v.d. columna anterior. • **~ anterius (ventriculi lateralis)** voorhoorn v.d. zijventrikel v.d. cerebrumhemisfeer. • **~ cutaneum** excessief uitgegroeide hoornmassa van de huid, meestal i.h. gelaat. • **~ laterale (substantiae griseae)** zijhoorn (v.d. grijze substantie), de dwarse doorsnede v.d. columna lateralis. • **~ occipitale (ventriculi lateralis)** uitbochting v.d. zijventrikel v.d. cerebrumhemisfeer, tot i.d. achterhoofdskwab. • **~ posterius (substantiae griseae)** achterhoorn (v.d. grijze substantie v.h. ruggenmerg), de dwarse doorsnede v.d. columna posterior. • **~ temporale (ventriculi lateralis)** uitbochting (in caudale richting) v.d. zijventrikel v.d. cerebrumhemisfeer.

corona kroon, krans. • **~ ciliaris** stralenkrans i.h. corpus ciliare, gevormd door de radiair gerichte processus ciliaris. • **~ phlebectatica paraplantaris** ter corona phlebectatica marginalis pedis. • **~ dentis** natuurlijke tandkroon. • **~ glandis penis** achterste, ietwat uitpuilende rand v.d. glans penis. • **~ phlebectatica marginalis pedis** krans van uitgezette adertjes distaal v.d. mediale malleolus als uiting van chronische veneuze insufficiëntie. • **~ radiata** bundel van tussen capsula interna en centrum semiovale naar de hersenschors uitstralende projectievezels. • **~ radiata (folliculi ovarii)** krans v.e. laag epitheelcellen om de eifollikel. • **~ veneris** krans van secundaire syfiliden op het voorhoofd bij de haargrens.

coronair *zie* coronarius. • **instabiel ~ syndroom** *zie* angina | instabiele ~ pectoris.

coronaire hartziekten (CHZ) verzamelnaam voor aandoeningen die worden veroorzaakt door afwijkingen aan de coronairarteriën.

coronairlijden | eentaks~ coronarialijden waarbij in één v.d. drie grote takken v.d. coronairarteriën een vernauwing van meer dan 50% v.h. lumen voorkomt. • **tweetaks~** coronarialijden waarbij in twee v.d. drie grote takken v.d. coronairarteriën een vernauwing van meer dan 50% v.h. lumen voorkomt. • **drietaks~** coronarialijden waarbij in alle drie grote takken v.d. coronairarteriën een vernauwing van meer dan 50% v.h. lumen voorkomt.

coronalis 1 kransvormig; 2 tot de (tand)kroon behorend; vb. pulpa coronalis.

coronaria gangbare verzamelaanduiding voor de coronaire arteriën, de kransslagaderen v.h. myocard.

coronariopathie aandoening v.d. coronairarteriën.

coronaris m.b.t. de (tand-)kroon; vb. odontoma coronare.

coronarius kransvormig, krans-.

coronarografie het röntgenologisch afbeelden v.d. coronairarteriën na inspuiting v.e. contrastmiddel.

coronary-care unit (CCU) [E] *zie* hartbewakingsafdeling.

coronary steal effect [E] angineuze klachten die ontstaan doordat bepaalde delen v.h. myocard beter en andere delen minder goed worden doorbloed.

coronoideus kroonvormig; vb. processus c-deus, fossa c-dea.

coroscopie *zie* sciascopie.

corpora lichamen; vb. corpora aliena (vreemde lichamen).

corporis gen. enk. en mv. van corpus; vb. seborrhoea corporis, septum c-orum cavernosorum. • **dermatomycosis** ~ *zie* tinea corporis.

corpus lichaam. • ~ **alienum** een niet tot het organisme behorend voorwerp dat van buitenaf daarin is binnengedrongen. • ~ **atreticum** een te gronde gegane eierstokfollikel. • ~ **callosum** grote witte vezelmassa die op de bodem v.d. fissura longitudinalis cerebri de rechter met de linker hemisfeer verbindt. • ~ **cavernosum** zwellichaam, een uit bindweefsel en gladde spiervezels bestaande sponsachtige structuur, die bij bloedvulling opzwelt. • ~ **cavernosum penis** zwellichaam v.d. penis. • ~ **ciliare** ringvormige structuur van bindweefsel en spiervezels, tussen choroidea en iris. • ~ **herniae** *zie* lichaam | breuk-. • ~ **liberum** 1 (orthopedie:) *zie* gewrichtsmuis; 2 (pathol., chir., traumatol.) vrij liggend lichaam i.h. lichaam, i.h.b. in gewrichtsholten of i.d. buikholte. • ~ **luteum** klierachtig, progesteron-afscheidend lichaam dat ontstaat uit een gesprongen e. follikel i.h. ovarium. • ~ **luteum graviditatis** het bij een zwangerschap langer functionerende c. luteum. • ~ **Luysii** *zie* nucleus subthalamicus. • ~ **penis** het buisvormige deel v.d. penis, gelegen tussen de glans en de radix penis. • ~ **pineale** *zie* glandula pinealis. • ~ **spongiosum penis** het zwellichaam rondom de mannelijke urethra. • ~ **striatum** complex van door strengen met elkaar verbonden basale ganglia i.e. cerebrumhemisfeer. • ~ **uteri** het gedeelte v.d. uterus boven de cervix uteri. • ~ **vertebrae** wervellichaam. • ~ **vitreum** geleiachtige massa waarmee de oogbol gevuld is.

corpusculair i.d. vorm van kleine lichaampjes.

corpusculum 1 lichaampje; 2 bloedcel. • ~ **nervosum terminale** *zie* eindorgaan | sensibel ~. • **corpuscula nervosa terminalia** verzamelnaam voor de v.e. kapsel voorziene zenuweindlichaampjes.

corpus subthalamicus van Luys *zie* nucleus subthalamicus.

correlatie samenhang tussen twee kenmerken/variabelen i.e. populatie. • **auto~** correlatie tussen metingen, verricht op moment t en moment t-1.

correlatieonderzoek *zie* onderzoek | ecologisch ~.

corrigens stof die dient om de geur, de smaak of het uiterlijk te verbeteren (corrigeren).

corrinoïden verzamelnaam voor de in vitamine B_{12} voorkomende corrinederivaten.

corrodens knagend, vretend; vb. ulcus corrodens.

corrosie langzame destructie, aanvreting.

corrosivum bijtende, etsende stof.

corrosivus aanvretend, etsend; vb. oesophagitis corrosiva.

corrugator supercilii musculus corr. sup.

cortex 1 (anat.:) de buitenste laag v.e. orgaan; 2 (orthoped.:) gangbare verkorting voor substantia corticalis; 3 (biologie:) de bast v.e. boom, bijv. cortex chinae = kininebast. • **adreno~** bijnierschors. • **allo~** het fylogenetisch oudste, van groeven voorziene gedeelte v.d. hersenschors (de reukschors). • **archi~** fylogenetisch oudste deel v.d. cortex. • **auditieve** ~ corticale gebieden v.d. cerebrale hemisferen waar de gewaarwording van geluid totstandkomt; gelegen i.d. linker en rechter gyrus temporalis superior; bestaat uit een primaire en secundaire auditieve cortex. • **bot** ~ *zie* substantia corticalis. • **cingulaire** ~ corticale gyrus, lopend over de pariëtale en frontale hersenkwab; behoort tot de associatieve corticale gebieden; functie: o.a. regulatie van visceromotorische processen en pijnperceptie. • ~ **cerebri** schors v.h. cerebrum. • ~ **ovarii** schors v.d. eierstok met de follikels in verschillende rijpingsstadia. • **insulaire** ~ *zie* insula. • **meso**- onvolledig gedifferentieerde zone v.d. cortex i.h. gebied v.d. insula. • **neo**- het fylogenetisch jongste deel v.d. hersenschors, met regelmatige laagsgewijze rangschikking v.d. zenuwcellen. • **palaeo**- het fylogenetisch oudste deel v.d. cortex cerebri. • **visuele** ~ deel v.d. occipitale hersenschors rond de fissura calcarina.

cortexveld deel v.d. hersenschors met een specifieke cyto-architectonische structuur; verschillende corticale velden zijn tevens functioneel verschillend.

corticaal 1 (z. nw.) orthopedisch jargon *zie* substantia corticalis; **2** (bijv. nw.) tot de cortex behorend, de cortex betreffend; vb. cataracta corticalis.

corticaal netwerk neuronaal netwerk i.d. hersenschors.

cortico- voorvoegsel in woordsamenstellingen betreffende een cortex.

corticoadrenaal betrekking hebbend op de bijnierschors.

corticobulbair betrekking hebbend op axonen die lopen v.d. hersenschors naar de bulbus (medulla oblongata).

corticofugaal v.d. schors af.

corticoïden i.d. bijnierschors geproduceerde hormonen.

corticonuclearis m.b.t. de cortex (cerebri) en de hersenzenuwkernen; vb. fibrae corticonucleares (mv. van corticonuclearis).

corticopeduncuIair m.b.t. de cortex cerebri en de pedunculi cerebri.

corticopetaal naar de schors toegericht.

corticopontinus v.d. hersenschors naar de pons lopend; vb. tractus corticopontinus.

corticopontocerebellaire banen zenuwvezelbanen die verlopen vanaf de cerebrale motorische schors via de pons naar de lobus posterior v.d. kleine hersenen.

corticoreticularis m.b.t. de cortex cerebri en de formatio reticularis; vb. fibrae corticoreticulares (mv. van corticoreticularis).

corticospinaal betrekking hebbend op de hersenschors en het ruggenmerg.

corticospinalis v.d. hersenschors naar het ruggenmerg lopend; vb. tractus corticospinalis.

corticosteron kristallijn steroïd uit de bijnierschors.

corticothalamicus m.b.t. de cortex cerebri en de thalamus; vb. fasciculi corticothalamici (mv. van corticothalamicus).

corticotrofine *zie* hormoon | adrenocorticotroop ~.

corticotroop stimulerende invloed uitoefenend op de bijnierschors.

corticotrophin-releasing factor (CRF) [E] *zie* hormoon | corticotropin-releasing hormone.

corticotropine *zie* corticotrofine.

cortinen verzamelnaam voor bijnierschorshormonen of vervangmiddelen daarvan.

cortisol bijnierschorshormoon v.d. groep der glucocorticosteroïden; product v.d. zona fasciculata v.d. bijnierschors; heeft grote invloed op allerlei stofwisselingsprocessen, o.a. op de glucosehuishouding.

cortison 17alfa-hydroxy-11-dehydrocorticosteron, bijnierschorshormoon v.h. type glucocorticoïden.

corvitium *zie* vitium cordis.

corymbiform trosvormig, gerangschikt rondom een moeder-element (bijv. een huideruptie).

Corynebacteriaceae familie v.d. orde *Eubacteriales* v.d. klasse *Schizomycetes*.

Corynebacterium geslacht v.d. familie *Corynebacteriaceae*. • ~ *acnes* Propionibacterium acnes. • ~ *diphtheriae* de bacterie die difterie verwekt; ontdekt door Friedrich Löffler (1852-1915). • ~ *diphtheroides* anaerobe gasvormende bacterie bij ratten. • ~ *minutissimum* verwekker van erythrasma. • ~ *tenuis* verwekt trichomycosis palmellina.

coryneform knotsvormig; term wordt gebruikt voor de soorten v.h. geslacht *Corynebacterium*.

coryza *zie* neusverkoudheid.

cosmeticum middel tot verfraaiing van huid en haren.

cosmetisch de schoonheid bevorderend, verfraaiend.

cost- voorvoegsel in woordsamenstellingen betreffende een rib of de ribben.
costa rib.
costaal m.b.t. de rib(ben).
costalgie pijn i.d. ribben.
costalis m.b.t. een rib of ribben; vb. cartilago costalis, os costale.
costarius m.b.t. een rib; vb. processus costarius.
costectomie operatieve verwijdering van (een gedeelte van) een of meer ribben.
costocervicalis m.b.t. rib(ben) en hals; vb. truncus costocervicalis.
costoclavicularis m.b.t. een rib en een sleutelbeen; vb. ligamentum costoclaviculare.
costodiaphragmaticus m.b.t. de ribben en het diafragma; vb. recessus costodiaphragmaticus.
costomediastinalis m.b.t. de ribben en het mediastinum; vb. recessus costomediastinalis.
costosternalis m.b.t. de rib(ben) en het sternum.
costotransversarius m.b.t. een rib en een dwarsuitsteeksel v.e. wervel.
costotransversectomie excisie v.e. deel v.e. rib plus processus transversus v.d. corresponderende wervel.
costoxiphoideus m.b.t. een rib en de processus xiphoideus; vb. ligamentum costoxiphoideum.
cot death [E] *zie* wiegendood.
COTG *zie* College Tarieven Gezondheidszorg.
cotinine de belangrijkste metaboliet van nicotine.
cotrimoxazol | co-trimoxazol antibiotisch combinatiepreparaat; bestaat uit een sulfonamide en trimethoprim.
cotyledon 1 (embryologie) zelfstandige vasculaire eenheid aan de maternale zijde v.d. placenta; **2** (plantkunde) kiemblad.
cotylicus gewrichtskom.
coumarine | cumarine *zie* cumarinederivaten.
counselling 1 aanduiding v.d. door Carl Rogers ontwikkelde non-directieve gesprekstechniek; **2** een vooral i.d. VS gebruikelijke algemene term voor advisering.
counterclockwise rotation [E] draaiing v.d. elektrische hartas i.h. sagittale horizontale vlak tegen de richting v.d. wijzers v.d. klok in.
counterpulsation intra-aortic balloon [E] *zie* intra-aortale ballonpomp.
coup [F] houw, slag, aanval; niet verwarren met 'coupe'. • **~ de fouet** [F] plotselinge pijn i.d. lendenen bij lumbago of i.d. kuit of i.d. m. plantaris. • **~ de sabre** wigvormige, min of meer scherp begrensde, depressie aan een zijde v.h. gelaat en behaarde hoofd als meest typische verschijningsvorm van progressieve hemifaciale atrofie. • **~ de soleil** [F] zonnesteek.
coup-contrecoupletsel traumatische contusiehaarden i.d. hersenen door botsing v.d. hersenen tegen de benige schedel (coup) en in diagonale richting daartegenover door het terugveren v d. hersenen (contrecoup).
coupe 1 dun schijfje v.e. orgaan of van weefsel, voor microscopisch onderzoek; **2** het resultaat v.e. (deel)opname bij radiologisch onderzoek. • **paraffine~s** met de microtoom gemaakte dunne schijfjes ter dikte van 4-10 μm v.e. in paraffine ingesloten weefselstuk. • **vries~** voor histologisch onderzoek gesneden coupe van vers, ongefixeerd weefsel dat i.e. speciale zeer koude vloeistof snel is ingevroren tot ongeveer -20°C; hiermee kan snel een diagnose worden gesteld.
couperen de ontwikkeling v.e. ziekte, aanval plotseling onderbreken, op slag genezen.
couperose erythrosis facialis.
courtship disorders [E] verzamelterm voor een aantal afwijkende gedragspatronen i.h. zoeken van erotische toenadering, waaronder exhibitionisme, voyeurisme, telefonisch lastigvallen, syndroom van Clérembault, date rape en stalking.
couvade begrip uit de antropologie waarmee cultureel bepaalde gedragingen van mannen tijdens de zwangerschap, bevalling en het kraambed van hun vrouw worden benoemd.
couveuse kastje met regelbare temperatuur waarin prematuur geboren kinderen gedurende de eerste levensweken worden verpleegd.
couveusekind prematuur geboren kind dat (langdurig) i.e. couveuse is verpleegd.
covariantie maat voor de spreiding van twee gekoppelde variabelen.
coverline [E] de lijn onder de toppen v.d. prehyperthermie temperatuuruitslagen i.d. basaletemperatuurcurve waarmee het mo-

ment van ovulatie kan worden bepaald.
cowlingregel formule voor kinderdosering: [volw. dosis × (leeftijd kind-1)]/24.
cowperitis ontsteking v.d. glandulae Cowperi, meestal secundair aan prostatitis.
COX *zie* cyclo-oxygenase.
coxa · coxa anteverta te grote hoek tussen de hals en het frontale vlak v.d. schacht v.h. femur. · ~ **vara adolescentium** coxa vara a.g.v. epiphysiolysis capitis femoris. · ~ **magna** een voor het gewricht relatief te grote heupkop, m.a.g. een foute stand v.h. gewricht. · ~ **plana** afgeplatte heupkop als eindstadium van ziekte van Legg-Calvé-Perthes. · ~ **saltans** pijn i.h. heupgewricht en knappend geluid hierin bij bepaalde bewegingen. · ~ **valga** te grote hoek tussen hals en schacht v.h. femur, m.a.g. abductiestand v.h. femur. · ~ **vara** te kleine hoek tussen hals en schacht v.h. femur, m.a.g. adductiestand v.h. femur.
coxalgie pijn i.d. heup.
coxartritis *zie* coxitis.
⊛ **coxartrose** artrose v.d. heup. · **coxarthrosis deformans** arthrosis deformans v.h. heupgewricht.
coxib *zie* ontstekingsremmer | niet-steroïdale ~.
Coxiella geslacht v.d. familie *Rickettsiaceae*. · ~ *burnetii* verwekker van Q-koorts, overgebracht via excreten van schapen, geiten, runderen, knaagdieren en tekenfeces.
coxitis ontsteking v.h. heupgewricht. · ~ **tuberculosa** tuberculeuze coxitis.
⊛ **coxitis fugax** lichte prikkeling v.h. kapsel v.h. heupgewricht van voorbijgaande aard bij kinderen, gepaard gaande met effusie i.h. gewricht.
coxotomie incisie v.e. heupgewricht.
COX-2-selectieve NSAID *zie* ontstekingsremmer | niet-steroïdale ~.
cozymase codehydrase, een co-enzym in gist, spierweefsel en erytrocyten, werkzaam met vele dehydrogenases.
CPAP *zie* continuous positive airway pressure.
CPB *zie* bypass | cardiopulmonale ~.
CPK (creatinephosphokinase) (afkorting met P stamt van oude Ned. c.q. huidige Engelse schrijfwijze) *zie* kinase | creatine~.
CPLD *zie* dermatose | chronische polymorfe licht~.
CPLE *zie* chronische polymorfe lichteruptie.
CPM *zie* continuous passive motion.

cpm counts per minute (elektrische ontladingen).
cpr *zie* resuscitatie | cardiopulmonale ~.
cps (cycles per second) golftrillingen per seconde; > 20.000 cps = ultrasoon.
CPSE *zie* status | complex partiële ~ epilepticus.
CPT *zie* test | cold-pressure~.
CR4 complementreceptor; komt voor op monocyten en neutrofielen.
CR5 receptor voor complementfactor C5a.
crackle *zie* crepitatie. · **coarse** ~ *zie* crepitatie. · **fine** ~ *zie* crepitatie.
crampus kramp, pijnlijke spiercontractie.
craniaal 1 m.b.t. de schedel (cranium); **2** aan of naar de kant v.d. schedel, als tegenstelling tot caudaal.
cranialis craniaal; vb. nervi craniales (mv. van cranialis).
cranialisatie dominant-erfelijke afwijking aan de wervelkolom: aanwezigheid v.e. halsrib of een lang dwarsuitsteeksel, het 12e ribbenpaar ontbreekt, de 5e lendenwervel is met het sacrum verenigd.
craniëctomie excisie v.e. deel v.d. schedel.
cranii gen. van cranium (schedel); vb. ossa cranii.
cranio- voorvoegsel in woordsamenstellingen betreffende de schedel.
craniocaudaal *zie* as | lichaams~.
craniocerebraal m.b.t. de benige schedel en de hersenen.
craniofaciaal m.b.t. de schedel en het aangezicht.
craniofaryngioom histologisch goedaardige tumor die uitgaat van resten v.d. aanleg v.d. hypofysevoorkwab of van ectopisch epitheel v.d. embryonale mond-keelholte.
craniologie leer v.d. verschillen in omvang, vorm en verhoudingen v.d. schedel.
craniometer instrument voor schedelmeting.
craniometrie *zie* cefalometrie.
craniosynostose *zie* stenose | cranio-~.
craniotomie 1 (neurochir.) het openen v.d. schedel t.b.v. een operatie aan de schedelinhoud; **2** (obstetrie) het in stukken snijden v.d. schedel v.h. ongeboren kind om de geboorte mogelijk te maken.
craniotympanale geleiding voortgeleiding v.h. geluid v.e. op de schedel geplaatste stemvork via het schedelbot naar het tympanum.
cranium de benige schedel, bestaand uit c.

cerebrale en c. viscerale. • **primordiaal** ~ zie schedel | primordiale ~.

crasis menging, nl. v.d. 'sappen' die volgens de antieke geneeskunde de bestanddelen waren van constitutie en temperament.

crassus dik, sterk; vb. pannus crassus, intestinum crassum.

craving [E] subjectief gevoel bij een persoon v.e. niet te beheersen hunkering naar het middel.

craw-craw in West-Afrika voorkomende, jeukende huiduitslag, veroorzaakt door *Onchocerca volvulus*.

crazy glue [E] snelwerkende weefsellijm die wordt gebruikt bij vaatoperaties en neurochirurgische ingrepen.

CRC zie colorectaal carcinoom.

C-reactieve proteïne (CRP) acutefase-eiwit dat zich bindt aan veranderde membranen en daar als antilichaam functioneert.

creatinase enzym dat creatine omzet in ureum en ammoniak.

creatine een aminozuur in spierweefsel; NB: niet te verwarren met creatinine.

creatinefosfaat opslagvorm van energierijke fosfaatgroepen nodig voor de snelle productie van ATP uit ADP.

creatinine cyclisch anhydride van creatine; speelt een rol bij de productie van energie die nodig is voor de werking van spieren.

creatorroe aanwezigheid van onverteerde spiervezels i.d. ontlasting, optredend bij pancreasaandoeningen.

Credé | handgreep van ~ druk met de hand op de fundus uteri, om een nog intra-uteriene maar reeds losliggende placenta eruit te persen.

creeping eruption [E] hevig jeukende huidaandoening, veroorzaakt door larven van dierlijke mijnwormen van honden of katten en soms ook door een nematodelarve.

cremaster gen. -eris.

cremastericus tot de musculus cremaster behorend; vb. fascia cremasterica.

crème zacht smeersel, bestaande uit een emulsie v.e. vet en een vloeistof. • **barrière**~ huidcrème die beschermt tegen uitdroging. • **huidbleek**~ middel dat i.d. dermatologie wordt aangewend voor het bleken v.e. donkere huid.

cremor crème.

crena analis de spleet tussen de billen.

crena interglutealis zie crena analis.

crepitans knetterend; vb. tendovaginitis crepitans, rhonchi c-antes.

crepitatie 1 knetterend geluid bij longauscultatie; van kortere duur dan rhonchus en met explosief karakter; **2** ruw, schrapend geluid dat men bij auscultatie hoort als twee oppervlakken (pleura, pericard) over elkaar heen wrijven; **3** (interne gk.) knetterend geluid, hoorbaar bij palpatie v.d. huid bij subcutaan emfyseem.

crepitus zie crepitatie.

cretinisme op aangeboren hypothyreoïdie berustende lichamelijke en geestelijke groeistoornis. • **endemisch** ~ in bepaalde streken (o.a. i.d. geïsoleerd liggende bergdalen i.d. Alpen) frequent voorkomend c., samen met endemische krop berustend op jodiumtekort; gekenmerkt door neurologische afwijkingen zoals doofstomheid, diplegie, strabismus, geestelijke achterstand; endemisch c. komt niet voor zonder endemische krop, het omgekeerde wel. • **sporadisch** ~ geïsoleerd voorkomende gevallen van c., berustend op onderontwikkeling v.d. schildklier.

CRH zie hormoon | corticotropin-releasing hormone.

cribriformis zeefvormig; vb. area cribriformis.

cribrosus zeefachtig doorboord; vb. status cribrosus, area cribrosa.

crico- voorvoegsel in woordsamenstellingen betreffende het ringkraakbeen (cricoïd).

cricoarytenoideus betreffende cricoïd en arytenoïd.

cricoesophageus m.b.t. het cricoïd en de oesofagus; vb. tendo cricoesophageus.

cricoïd zie cartilago cricoidea.

cricoïddruk externe druk op het ringkraakbeen v.h. strottenhoofd om de slokdarm tijdens het inleiden v.e. anesthesie dicht te drukken om zo aspiratie van maaginhoud en insufflatie v.d. maag tijdens maskerbeademing te voorkomen.

cricoideus ringvormig; vb. cartilago cricoidea.

cricopharyngeus m.b.t. cricoïd en farynx; vb. pars cricopharyngea, ligamentum cricopharyngeum.

cricothyreotomie incisie v.d. cartilago cricoidea en het ligamentum cricothyroideum.

cricothyroideus betreffende cricoïd en thyr(e)oïd (schildkraakbeen).

cricotrachealis m.b.t. het cricoïd en de trachea; vb. ligamentum cricotracheale.
criminalis misdadig; vb. abortus criminalis.
crinus zie haar.
crisis 1 hoogtepunt in klin. verloop v.e. (acute) ziekte; 2 plotselinge intensivering van gevoelens, pijn of symptomen; 3 (psychol.) plotselinge hevige uiting van verstoring v.h. psychische evenwicht. • **addison**~ acute verheffing i.h. beloop v.d. ziekte van Addison. • **blasten**~ op acute myeloïde leukemie lijkende periode die bij 50% v.d. patiënten met chronische myeloïde leukemie optreedt. • **hemolytische** ~ plotseling verval van erytrocyten i.d. loop van een hemolytische anemie. • **hypertensieve** ~ acuut ontstane verhoogde bloeddruk met tekenen van progressieve eindorgaanschade waarbij onmiddellijke bloeddrukdaling noodzakelijk is. • **myasthene** ~ exacerbatie van spierzwakte, gepaard met ademhalingsinsufficiëntie. • **reticulocyten**~ snelle vermeerdering van reticulocyten i.h. perifere bloed. • **sikkelcel**~ acute fase van sikkelcelanemie. • **thyreotoxische** ~ vorm van thyreotoxicose waarbij er geen relatie is tussen de ernst v.h. ziektebeeld en de mate van overproductie van schildklierhormoon.
crisiscentrum lokale of regionale instelling die in noodsituaties mensen kortdurend opneemt voor probleemverheldering en -oplossing.
criss-cross bridge [E] tijdens de mitotische anafase voorkomende brugvorming tussen dicentrische chromosomen doordat de chromatiden aan elkaar blijven hangen.
crista kam, lijst, rand.
cristalloconus kegelvormige uitzetting v.d. ooglens.
criterium beoordelingsvoorwaarde. • **criteria van Fordham von Reyn** zie fordhamvonreyncriteria. • **exclusie**~ criterium op basis waarvan patiënten of proefpersonen worden uitgesloten van deelname aan een wetenschappelijk onderzoek. • **fordhamvonreyncriteria** criteria waarmee de mate van waarschijnlijkheid v.d. diagnose 'bacteriële endocarditis' kan worden bepaald. • **inclusie**~ voorwaarde waaraan een persoon moet voldoen om te kunnen worden geselecteerd voor deelname aan een onderzoek. • **major criterion** zie symptoom | kern~. • **Rome-criteria** zie prikkelbaredarmsyndroom. • **sokolovcriteria** som v.h. S-voltage in afleiding V1 en het R-voltage in V5 of V6. • **uitsluitings**~ zie exclusie~. • **voltagecriteria** grootte v.h. QRS-complex in verschillende afleidingen v.h. ecg.
CRL zie kruin-stuitlengte.
crocatus saffraanachtig; vb. hepar crocatum.
Crohn | ziekte van ~ recidiverende aspecifieke ontsteking v.h. laatste stuk ileum, soms met lokalisaties elders i.h. maagdarmkanaal en soms met inflammatoire aandoeningen.
Cronbach's alpha [E] maat voor de mate van overeenstemming tussen de uitkomsten van verschillende items v.e. samengesteld meetinstrument.
crossbridge cycle [E.] proces i.e. spiercel dat de basis v.d. spiercontractie vormt.
crossbridges [E.] de verbindingen i.e. spiercel tussen actine- en myosinefilamenten die o.i.v. calcium tot stand worden gebracht.
cross-dressing [E] cross-gendergedrag op het terrein van kleding, kapsel en sieraden en accessoires v.h. andere geslacht.
crosse uitmonding v.d. v. saphena magna of v. parva in resp. de v. femoralis en v. poplitea.
crossectomie operatieve onderbreking v.h. proximale deel v.d. v. saphena magna als onderdeel v.d. behandeling van spataderen.
cross-gendergedrag gedrag dat meer kenmerkend is voor het andere geslacht, voortkomend uit onvrede met de beperkingen die ervaren worden binnen het gedragsrepertoire v.h. eigen geslacht.
crossing-over [E] 1 (genetica:) uitwisseling van chromosoomdelen tussen homologe chromosomen tijdens de meiose; 2 (statistiek) zie cross-over-onderzoek.
cross-linking [E] 1 (biochem.) het tot stand komen van chemische verbindingen tussen ketens van polymere moleculen; 2 (hematol.) zie bloedstollingsfactor XIII. • **receptor** ~ vorming van covalente bindingen tussen membraangebonden antigeenreceptoren na blootstelling aan antigeen.
cross-over-onderzoek experiment waarbij de onderzochte personen gerandomiseerd in twee groepen worden verdeeld; de eerste groep krijgt eerst behandeling A en vervolgens behandeling B, terwijl de tweede groep in omgekeerde volgorde wordt be-

handeld.
croup *zie* kroep.
crouposus kroepeus; vb. angina crouposa.
crowding [E] standsafwijking van gebitselementen i.d. tandboog door ruimtegebrek.
crown-rump length *zie* kruin-stuitlengte.
CRP *zie* C-reactieve proteïne.
CRPS *zie* complex regionaal pijnsyndroom.
CRT *zie* cardiale resynchronisatietherapie.
cruciatus gekruist; vb. hemianaesthesia cruciata, ligamentum cruciatum.
cruciformis kruisvormig; vb. eminentia cruciformis, ligamentum cruciforme.
crucis gen. van crux; vb. experimentum crucis.
cruentus bloedrood, bloederig.
crura been.
cruralia onz. mv. van cruralis; vb. vasa cruralia.
cruralis het been betreffend; vb. ansa cruralis.
cruris gen. van crus; vb. ulcus cruris. • **oedema** ~ oedeem | enkel~.
crurum gen. mv. van crus; vb. erythrocyanosis crurum puellarum.
crus 1 been, onderbeen; **2** streng, steel. • **crura membranacea** de i.d. utriculus uitmondende gedeelten v.d. halfcirkelvormige kanalen.
crusta afzetting op een huidwond van ingedroogd exsudaat of secreet, celdébris en bacteriën. • ~ **phlogistica** *zie* coat | buffy ~. • ~ **lactea** seborroïsche aandoening op het hoofd van zuigelingen. • ~ **petrosa** *zie* steen | tand~.
crusteus met een bast of korst.
crustosus crusteus; vb. scabies crustosa, eczema crustosum.
crux kruis, plaag. • ~ **mortis** kruising v.d. (opgaande) polsfrequentiecurve met de (dalende) temperatuurcurve, teken van naderende dood.
cry- voorvoegsel in woordsamenstellingen betreffende koude.
cryanesthesie verlies v.h. gevoel voor koude.
cryesthesie overgevoeligheid voor koude.
cryobiologie de wetenschap omtrent de invloed van (extreme) koude op cellen, weefsels en organismen.
cryocoagulatie coagulatie d.m.v. koude, bijv. v.h. netvlies.
cryocoupe *zie* coupe | vries~.
cryofibrinogeen een gelatineus precipitaat dat bij sommige ziektetoestanden ontstaat als men het plasma tot 4° laat afkoelen.
cryofiel *zie* hypotherm.
cryoglobulinemie aanwezigheid van cryoglobuline i.h. bloed, waarbij precipitaatvorming i.d. kleine vaten kan worden uitgelokt, resulterend in vasculitis en ulceraties v.d. huid.
cryohypofysectomie uitschakeling v.d. hypofyse door applicatie van koude.
cryomeren nieuwe techniek voor lijkbezorging, nog i.e. experimenteel stadium en niet toegelaten door de Wet op de lijkbezorging.
cryopallidotomie uitschakeling v.d. globus pallidus d.m.v. koude, bijv. vloeibare stikstof.
cryopexie vastzetten m.b.v. een littekenreactie a.g.v. chir. koudeapplicatie.
cryoprecipitaat 1 een neerslag a.g.v. koude-inwerking; **2** m.b.v. bevriezing en ontdooiing gescheiden bloed(plasma)component waarin hoge concentraties factor VIII en fibrinogeen voorkomen, o.a. toegepast bij de behandeling van hypofibrinogenemie en de ziekte van von Willebrand-Jürgens; cryoprecipitaat was per begin 1998 vanwege de 'virusonveiligheid' nog amper beschikbaar.
cryopreservatie het diepgevroren bewaren van weefsel, i.h.b. eicellen, sperma.
cryosonde dun buisje waardoorheen men koolzuurgas laat stromen.
crypt- voorvoegsel in woordsamenstellingen betreffende crypten, of met de betekenis verborgen, onzichtbaar.
crypte blind eindigend gangetje, zakje, recessus.
Cryptococcaceae een familie van *Fungi imperfecti zie Geotrichum*.
Cryptococcus gist met een kapsel, vormt geen mycelia; NB: Nederlandse woordafleidingen schrijft men met een -k-: cryptokokkose, Latijnse afleidingen met een -c-: cryptococcosis. • ~ **capsulatus** *zie Histoplasma capsulatum*. • ~ **neoformans** verwekker van cryptokokkosen, o.a. schimmelpneumonie.
cryptogaam zonder duidelijke geslachtsorganen.
cryptogeen 1 (pathol.) van onbekende verborgen oorsprong, bijv. cryptogene sepsis, epilepsie; **2** (genetica) gevolg van erfelijke aanleg.

cryptokokkose acute, subacute of chronische schimmelinfectie door *Cryptococcus neoformans*, vnl. van hersenen en hersenvliezen, soms longen, zelden andere lichaamsdelen.

cryptoliet een concrement i.e. crypte.

cryptomnesie 1 situatie waarbij een ervaring, gedachte of idee abusievelijk niet als een herinnering wordt herkend, maar als oorspronkelijk en origineel wordt beleefd, terwijl deze afkomstig is uit een externe bron; **2** als verborgen of verdrongen beleefde herinneringen, vaak gerelateerd aan traumatische of paranormale ervaringen die gebaseerd zijn op iatrogene suggestie, fantasie en/of vergeten externe bronnen.

⊛ **cryptorchisme** niet-ingedaalde zaadbal(len): zaadbal die i.d. buik is gebleven en dus niet vlak voor de geboorte i.d. balzak is ingedaald; **indeling**: drie vormen: 1. retractiele (hypermobiele) testis: volledig ingedaalde en normaal ontwikkelde testis die (door een levendige cremasterreflex) soms niet i.h. scrotum ligt; 2. retentio testis: de testis is ergens op het normale traject van indaling blijven steken; men onderscheidt retentio testis prepubica (d.w.z. ligging net buiten de anulus inguinalis externus), inguinalis of abdominalis; i.d. meeste gevallen van schijnbare retentio testis blijkt sprake te zijn van retractiele testes; 3. ectopia testis: tijdens indaling is de testis v.d. normale weg afgeweken.

cryptospadie aangeboren lengtetekort v.d. urethra.

Cryptosporidium parvum wereldwijd verspreide protozoaire parasiet.

crystalline de natuurlijke ooglens.

crystallinus kristalhelder; vb. lens crystallina (BNA, JNA).

crystallitis ontsteking v.d. ooglens.

CSE (convulsieve status epilepticus) *zie* status epilepticus.

CSF (central spinal fluid [E]) *zie* liquor cerebrospinalis.

CSII *zie* infusie | continue subcutane insuline~~.

CT (CT) **1** *zie* tomografie | computer~; **2** (biochem.) *zie* calcitonine; **3** (microbiol.) *zie* Chlamydia trachomatis. **· spiraal**~~ variant van computertomografie waarbij de patient langzaam door een roterende stralenbundel schuift; zo kan in korte tijd (20-40 seconden) een naadloos volume worden gescand zonder misregistraties door bijv. ademhaling of tafelverplaatsing.

CT-colografie combinatie van computertomografie en insufflatie van lucht i.h. colon.

CTD cumulative trauma disorders *zie* repetitive strain injury.

Ctenocephalides vlooiengeslacht. **·** ~ *canis* hondenvlo. **·** ~ *felis* kattenvlo.

CTG 1 *zie* cardiotocografie; **2** *zie* College Tarieven Gezondheidszorg.

c-top onderdeel v.d. veneuze drukcurve; geeft de contractie v.d. hartventrikel weer.

CTS *zie* carpaletunnelsyndroom.

CT-scan *zie* tomografie | computer~. **· cone beam**~~ *zie* CT | spiraal~~. **· helical** ~ *zie* CT | spiraal~~. **· high-resolution** ~ *zie* scan | hogeresolutie-CT~~.

CU *zie* colitis ulcerosa.

cubitaal m.b.t. de elleboog.

cubitalis m.b.t. de cubitus (elleboog); vb. fossa cubitalis.

cubitus buitenste kromming v.d. arm ter plaatse v.h. gewricht tussen beneden- en bovenarm. **·** ~ **valgus** radiale afwijking v.d. onderarm t.o.v. de arm-as.

cuboïd 1 os cuboideum; **2** kubus-achtig.

cuboïdaal m.b.t. het os cuboideum.

cuboideonavicularis m.b.t. cuboïd en naviculare; vb. ligamentum cuboideonaviculare.

cuboideus kubusvormig; vb. os c-deum.

cucumerinus komkommerpitvormig; vb. *Taenia c-na* (met komkommerpitvormige leden).

cuff [E] **1** manchet, gebruikt o.a. bij het meten v.d. bloeddruk; **2** opblaasbare manchet rond een tube om luchtlekkage te voorkomen.

cuffed [E] voorzien v.e. cuff. **·** ~ **tube** *zie* tube | gecufte ~.

culbute *zie* kering.

culdoscoop instrument voor culdoscopie.

culdoscopie verouderd endoscopisch onderzoek v.d. bekkenholte en de bekkenorganen via een culdoscoop.

culdotomie het incideren v.d. fornix posterior v.d. vagina, waarna door de gemaakte opening een culdoscoop kan worden gestoken.

Culex (Cx.) een geslacht steekmuggen v.d. subfamilie *Culicinae*.

Culicidae steekmuggen, familie v.d. orde *Diptera*.

Culicinae subfamilie v.d. *Culicidae*.

culicose huidreactie na insectenbeet;, i.e.z. reactie op steek van muggen (*Culidae*).
culmen top v.d. vermis cerebelli (BNA: c. monticulus cerebelli).
cultuur kweek. • **bacterie~** bacteriekweek. • **bloed~** *zie* kweek | bloed~. • **eencel~** *zie* kloon. • **kortetermijn~** cytogenetisch onderzoek d.m.v. fluorodeoxyuridinesynchronisatie op weefsel dat verkregen is door een chorionvillusbiopsie. • **langetermijn~** onderzoek op weefsel dat verkregen is door een chorionvillusbiopsie. • **reine** ~ kweek die slechts één soort micro-organismen bevat. • **weefsel~** *zie* kweek | weefsel~.
cultuurmedium *zie* medium.
cumarineanticoagulantia *zie* cumarinederivaten.
cumarinederivaten groep van geneesmiddelen die de bloedstolling remmen.
cumulatie stijging v.d. hoeveelheid v.e. farmacon i.h. lichaam door toediening v.e. nieuwe dosis voordat de voorgaande dosis geheel is verwijderd.
cumulatief samenvoegend, ophopend, toenemend door toevoeging.
Cumulatieve Index of Nursing and Allied Health Literature (Cinahl) databank, bevat referenties van publicaties vanaf 1982 tot heden op het gebied v.d. verpleegkunde en paramedische beroepen.
cumulus kleine hoop, heuvel.
cuneatus wigvormig, v.e. wig voorzien; vb. nucleus cuneatus.
cuneiformis wigvormig; vb. cartilago cuneiformis, os cuneiforme.
cuneocuboideus m.b.t. os cuneiforme en os cuboideum.
cuneometatarseus m.b.t. os cuneiforme en middenvoetsbeenderen; vb. ligamentum cuneometatarseum.
cuneonavicularis m.b.t. ossa cuneiformia en os naviculare.
cuneus wigvormige lobulus v.d. achterhoofdskwab v.h. cerebrum.
cuniculus schurftgang i.d. huid.
cunnilingus orogenitaal seksueel contact waarbij de vulva ter seksuele prikkeling wordt gelikt.
cunnus *zie* vulva.
cuprurese toegenomen koperuitscheiding in urine.
cupula verkleinwoord van cupa = ton, vat.
cupularis m.b.t. de cupula.
cupulogram grafiek die wordt verkregen door de uitkomsten v.d. cupulometrie logaritmisch uit te zetten.
cupulometrie onderzoek v.d. vestibulaire functie, waarbij elk der halfcirkelvormige kanalen afzonderlijk wordt onderzocht, door de patiënt op een draaistoel te roteren, plotseling te stoppen en de dan ontstane nystagmus en sensaties vast te leggen.
curabel geneeslijk.
curare alkaloïdenmengsel, bereid uit bepaalde giftige planten, o.a. *Strychnos toxifera*; door Zuid-Amerikaanse regenwoudindianen als pijlgif gebruikt; oraal zonder werking; parenteraal met verlammende werking op de zenuweinden in dwarsgestreept spierweefsel (blokkeert AChRn).
curarisatie toediening v.e. curare-preparaat, i.h.b. bij operaties, om spierverslapping te bereiken.
curatele wettelijke maatregel waarbij een meerderjarige persoon die door een rechterlijk vonnis onder voogdij is gesteld, als handelingsonbekwaam wordt beschouwd.
curatief met de bedoeling genezing (curatie) te bewerkstelligen.
cure behandeling, therapie; vaak gebruikt in combinatie met 'care' = zorg.
curettage | **abortus~** het weghalen van abortusresten met een zuigcurette of stompe curette. • **diagnostische** ~ verwijdering van endocervicaal en endometriaal weefsel en slijmvlies v.h. cavum uteri met een curette voor pathologisch onderzoek. • **gefractioneerde** ~ *zie* diagnostische ~. • **micro~** diagnostische ingreep waarbij een klein stukje endometrium voor histologisch onderzoek wordt opgezogen. • **vacuüm~** *zie* zuig~. • **zuig~** abortusbehandeling (abortus provocatus lege artis, APLA) die tot 12 weken na de bevruchting kan plaatsvinden; hierbij wordt via de vagina het cervixostium geopend en opgerekt; vervolgens wordt met een zuigslang de inhoud v.d. baarmoeder weggezogen, zodat alle delen v.d. vrucht worden verwijderd.
curette lepel- of lusvormig instrument voor curettage.
curettement 1 (resultaat) het weefsel dat bij curettage wordt verkregen; **2** (handeling) het curetteren, curettage.
curetteren het weg-, uitkrabben van weefsel, i.h.b. uit een holte of een hol orgaan.
curie (Ci) verouderde eenheid, gebruikt voor aanduiding v.d. activiteit v.e. radioactieve

stof.
curietherapie behandeling met radium.
curling [E] (radiol., kno-heelk.) bij röntgencontrastonderzoek soms waargenomen beeld waarbij de wand v.d. slokdarm gekronkeld lijkt.
Curschmann | spiralen van ~ in sputum bij asthma bronchiale voorkomende spiraalvormige slijmdraden.
cursorius m.b.t. het lopen; vb. nodus cursorius.
curvatura curvatuur, kromming.
curve (statist., epidemiol.) lijn als grafische voorstelling. • **atriumdruk**~ grafische weergave v.h. drukverloop in rechter of linker boezem v.h. hart. • **belastings**~ verbindingslijn tussen een aantal punten die de concentratie aangeven in serum v.e. bepaalde stof die tevoren als 'belasting' aan de patiënt was toegediend. • **bloedglucosebelastings**~ bloedglucosecurve na belasting v.d. proefpersoon met glucose; men onderscheidt glucosetolerantietest (GTT), orale glucosetolerantietest (OGTT), intraveneuze glucosetolerantietest (IVGTT). • ~ **van Traube-Hering** zie Traube | traubecurve. • **dag**~ grafische weergave v.h. verloop v.d. concentratie van bepaalde stoffen i.h. bloed gedurende de dag op basis v.e. beperkt aantal metingen. • **foetale groei**~ curve waarbij het gewicht v.d. foetus is uitgezet tegen de zwangerschapsduur. • **groeisnelheids**~ grafiek waarin de gemiddelde lengtegroei per jaar in cm. is uitgezet tegen de leeftijd. • **helm**~ paraboolvormige curve i.e. spraakaudiogram; de patiënt verstaat niet alle woorden en verstaat de woorden slechter als deze harder worden aangeboden. • **koorts**~ zie temperatuur~. • **overlevings**~ grafische weergave v.e. levenstabel. • **plasmaconcentratie**~ grafische weergave v.d. plasmaconcentratie v.e. stof en de tijd. • **pols**~ 1 grafiek v.d. na elke hartslag toe- en afnemende druk i.e. slagader; 2 de op de temperatuurlijst v.e. patiënt getrokken lijn die de daarop voor de polsfrequentie genoteerde punten verbindt. • **price-jones**~ grafische lijn v.d. variatie in grootte van erytrocyten. • **renale functie**~ grafische voorstelling v.h. verband tussen urineproductie en bloeddruk. • **ROC**-~ zie receiver operating characteristic. • **starling**~ zie ventrikelfunctie~. • **statische V/P-**~ relatie tussen longvolume en intrathoracale drukveranderingen, gemeten tijdens vasthouden van variabele hoeveelheden ingeademde lucht. • **survival**~ zie overlevings~. • **temperatuur**~ de curve die ontstaat wanneer men de op bepaalde uren v.h. etmaal gemeten lichaamstemperatuur grafisch noteert en de aldus verkregen punten met elkaar verbindt. • **terugtrek**~ drukcurve die wordt verkregen door een katheter vanuit een hartcompartiment terug te trekken. • **ventrikelfunctie**~ grafische weergave v.h. relatie tussen einddiastolische ventrikeldruk en het slagvolume. • **volumestroom**~ longfunctieonderzoek dat o.a. kan bijdragen tot informatie over luchtweerstand en over de lokalisatie v.e. abnormale weerstand i.d. luchtwegen. • **zuurstofdissociatie**~ verband tussen de zuurstofspanning en de verzadiging van hemoglobine met zuurstof. • **zwartings**~ curve die de relatie weergeeft tussen de belichtingsenergie en de daardoor teweeggebrachte zwarting.

⊛ **Cushing | • cushingsyndroom** overproductie van corticosteroïden; indeling: men onderscheidt een hypofysaire vorm (= ziekte van Cushing; 70%), een ectopische vorm (15-20%) en een oorzaak i.d. bijnier (10%).
cuspidatus i.h. bezit v.e. cuspis; vb. dens cuspidatus = tand met een cuspis.
cuspides zie cuspis.
cuspis slip, punt, spits, knobbel.
cutaan m.b.t. de huid (cutis). • ~ **T-cellymfoom** zie lymfoom | T-cel~. • **epi**~ op de huid; vb. epicutane huidtest. • **intra**~ i.d. huid. • **oculo**~ m.b.t. het oog en de huid. • **per**~ via, door de huid; vb. percutane toediening v.e. ontstekingsremmer d.m.v. zalf.
cutaneus tot de huid behorend; vb. nodulus c-neus, diphtheria c-nea, cornu c-neum.
cuticula huidje.
cutis 1 huid, derma; 2 de twee buitenste huidlagen (epidermis en corium samen). • ~ **laxa** slappe huid, in plooien hangend. • ~ **marmorata reticulair** (marmerachtig) huidaspect door inwerking van koude waarbij de venulen zich verwijden en zichtbaar worden. • ~ **marmorata telangiectatica congenita** (CMTC) zeldzame huidaandoening waarbij de verwijde bloedvaatjes door de huid schemeren. • ~ **rhomboidalis nuchae** door langdurig contact met de buitenlucht ontstane groeven i.d. huid v.d. nek met ruitvormige velden. • **lymphocyto-**

ma ~ *zie* lymfadenose | lymphadenosis cutis benigna. **· tuberculosis ~ indurativa** *zie* ziekte van Bazin.

cutivisceraal m.b.t. huid en ingewanden; vb. c-rale reflex.

cuto-intestinaal m.b.t. de huid en de darm.

cuvette rechthoekig buisje zonder schaalverdeling voor laboratoriumdoeleinden; o.a. gebruikt bij spectroscopie.

CVA *zie* cerebrovasculair accident.

CVD *zie* centraal veneuze druk.

C-vezels *zie* vezel | C-zenuw-s.

CVK *zie* katheter | centraal veneuze ~.

CVS *zie* chronischevermoeidheidssyndroom.

CVVH (continue veno-veneuze hemofiltratie) *zie* hemofiltratie.

CWK cervicale wervelkolom.

Cx. *zie Culex.*

cyanemie blauwige kleur v.h. bloed bij cyanose.

cyanide zuurrest van blauwzuur met iongroep -CN; zeer giftig.

cyanobacterioïde lichaampjes *zie Cyclospora.*

cyanocobalamine fysiologisch inactieve vorm van vitamine B_{12}.

cyanopsie een vorm van chromopsie waarbij alle voorwerpen blauw of met een blauwwaas worden waargenomen.

cyanose blauwe verkleuring, i.h.b. van huid en slijmvliezen, door overmaat van gereduceerde hemoglobine i.h. bloed. **· acro**~ blauw-rode verkleuring v.d. acra. **· centrale** ~ cyanose t.g.v. onvoldoende oxygenatie i.d. longen, of een overgang van veel zuurstofarm bloed i.d. grote circulatie bij bepaalde aangeboren hartgebreken. **· erytro**~ de aanwezigheid van blauwrode, onregelmatige gezwollen plekken op de huid. **· perifere** ~ cyanose in perifere lichaamsdelen t.g.v. vertraging v.d. bloedstroom. **· pyo**~ infectie met *Pseudomonas pyocyanea.*

cyanotic spell [E] periode van levensbedreigende aanvalsgewijze hypoxemie en metabole acidose.

cyanoticus cyanotisch; vb. induratio cyanotica.

cyanotisch gekenmerkt door, behorend bij cyanose.

cyberchondrie het dwangmatig zoeken op internet naar medische websites met lichamelijke en geestelijke aandoeningen en therapieën daarvoor.

cybernetica de door Norbert Wiener in 1947 voorgestelde term voor de kennis v.d. besturing van organische functies d.m.v. terugkoppeling (feedback).

cyber sickness [E] *zie* ziekte | simulator-~.

cycl- 1 voorvoegsel in woordsamenstellingen m.b.t. het corpus ciliare v.h. oog; 2 voorvoegsel in woordsamenstellingen m.b.t. een cirkelvorm; 3 voorvoegsel in woordsamenstellingen m.b.t. een periodiek verloop.

cyclisch kringvormig, periodiek, regelmatig terugkerend.

cyclische veranderingen 1 periodiek optredende veranderingen in lichaam, fysiologische processen of biochemische parameters; 2 de fluctuaties i.d. basale stofwisseling v.d. vrouw die onder invloed staan v.d. hormonale veranderingen die met de menstruele cyclus samenhangen.

cyclitis ontsteking v.h. (kringvormige) corpus ciliare v.h. oog.

cyclochoroïditis ontsteking v.h. corpus ciliare en v.d. choroidea.

cyclodestructie het uitschakelen v.e. deel v.h. corpus ciliare bij therapieresistente vormen van secundair glaucoom om de productie v.h. kamerwater permanent te verminderen.

cyclodialyse (oogheelk., chir.) losmaken v.h. corpus ciliare v.d. limbus corneae, waardoor een verbinding ontstaat tussen de voorste oogkamer en de suprachoroïdale ruimte.

cyclodiathermie gedeeltelijke destructie v.h. corpus ciliare met diathermiepuncties, bij glaucoom.

cycloforie rolbeweging v.e. oog, wanneer men het andere oog bedekt, bij aandoening v.e. der schuine oogspieren.

cycloïd met neiging tot cyclische verschijnselen; vb. cycloïd temperament, c-de psychose.

cycloïdie *zie* bipolaire stoornis.

cyclokeratitis ontsteking v.h. corpus ciliare en het hoornvlies.

cyclo-oxygenase (COX) enzym dat de prostaglandineproductie bevordert; o.a. in trombocyten.

cycloplegicum *zie* mydriaticum.

cycloscoop apparaat van Donders voor de bepaling v.h. gezichtsveld.

cyclose cytoplasmastroming.

Cyclospora bacterie; verwekker van endemische diarree i.d. tropen en in Oost-Europa.

cyclosporine | ciclosporine cyclisch polypeptide met een krachtig immuunsuppressief effect.

cyclothyme stoornis talrijke perioden van hypomane symptomen en depressieve symptomen, afgewisseld met perioden (DMS IV: < 2 mnd.) zonder een van beide.

cyclothymie temperament dat wordt gekenmerkt door cyclisch terugkerende, elkaar afwisselende, nog binnen het normale liggende hypomane en sombere perioden.

cyclotron deeltjesversneller.

cyclotropie permanent geworden cycloforie.

cycloverticaal m.b.t. draaiende en verticale bewegingen, i.h.b. v.d. oogbol.

cyclus een serie feiten of processen die met ongeveer dezelfde intervallen in steeds dezelfde volgorde plaatsvinden. • **anovulatoire** ~ menstruele cyclus waarin geen eisprong heeft plaatsgevonden. • **citraat**~ *zie* citroenzuur~. • **citroenzuur**~ enzymatisch gereguleerde reeks van reacties. • **krebs**~ niet te verwarren met 'krebs-henseleitcyclus' (ureumcyclus) *zie* citroenzuur~. • **menstruatie** ~ *zie* ovulatoire ~. • **menstruele** ~ 1 periode v.d. eerste dag v.e. menstruatie tot de eerste dag v.d. volgende menstruatie; 2 de reeks veranderingen i.h. endometrium die culmineert i.d. afstoting v.h. endometrium (menstruatie). • **menstruele-onderzoek** het in kaart brengen v.d. menstruele cyclus. • **ovulatoire** ~ menstruele cyclus waarin een eisprong heeft plaatsgevonden. • **seksuele** ~ fysiologische periodieke reeks veranderingen i.d. vrouwelijke genitalia indien zich geen zwangerschap voordoet. • **tricarbonzuur**~ *zie* citroenzuur~.

cylinder *zie* cilinder.

cylindricus cilindrisch; vb. stratum cylindricum.

cymba bootvormige structuur.

cynobex hebetica *zie* hoest | blaf~.

cyproteron een anti-androgeen.

cyproteronacetaat bep. anafrodisiacum.

cyriaxtechniek 1 behandeling van gewrichtsklachten en tendinopathieën m.b.v. injecties met corticosteroïden; 2 techniek waarbij een sterke transversale druk gefrictioneerd op een letsel wordt uitgeoefend ter vermindering van adhesies en afname van ontstekingsverschijnselen.

cyst- voorvoegsel in woordsamenstellingen betreffende een blaasvormig orgaan of een blaasvormige structuur.

cystadenolymfoom | cystadenolymphoma papilliferum een c. met papilleuze woekeringen (in speekselklieren).

cystadenoom goedaardig epitheelgezwel, uitgaande van klierepitheel waarin zich cysten vormen. • **cystadenoma adamantinum** *zie* adamantinoom. • **mucineus** ~ multiloculair ovariumcystoom; bij openbarsting ontstaat pseudomyxoma peritonei. • **cystadenoma papilliferum** cystadenoom met i.d. cysten papilleuze, wratvormige woekeringen. • **cystadenoma pseudomucinosum** *zie* mucineus ~.

cystalgie pijn i.d. urineblaas.

cystathioninesynthetase enzym dat een belangrijk aandeel heeft i.d. omzetting van methionine in cysteïne.

cyste 1 (pathol.) holte met een eigen epitheliale wand en een vloeibare of weke inhoud; 2 (biol.) stadium van sommige eencellige organismen. • **arachnoïdale** ~ lokale opeenhoping van liquor cerebrospinalis i.d. arachnoidea. • **atheroom**~ met talg gevulde holte, gelegen i.d. dermis en omgeven door een epitheelwand. • **baker**~ cysteuze zwelling aan de achterzijde v.d. knie. • **bartholin**~ cyste die uitgaat v.d. glandulae vestibulares majores (klieren van Bartholin). • **been**~ *zie* bot~. • **bot**~ holte in botweefsel, meestal gevuld met steriele vloeistof. • **branchiogene** ~ rest v.e. onvolledig verdwenen kieuwboog. • **bronchiale** ~ *zie* bronchogene ~. • **bronchogene** ~ cyste die is ontstaan als congenitale misvorming van perifeer bronchiaal weefsel. • **bronchus**~ *zie* bronchogene ~. • **calicogene** ~ i.d. nier ontstane cysteuze ruimte die in verbinding staat met een nierkelk (calix). • **chocolade**~ een bij endometriose voorkomende, met oud chocoladekleurig bloed gevulde cyste i.h. ovarium of i.d. uteruswand. • **colloïd**~ zeldzame cyste i.h. dak v.d. derde ventrikel. • **corpusluteum**~ cysteuze verwijding v.h. corpus luteum. • ~ **van Baker** *zie* baker~. • **dermoïd**~ holte bekleed door intacte volledige huid en gevuld met talg, zweet, haren en soms zelfs gebitselementen. • **echinococcus**~ *zie* Echinococcus granulosus. • **entero**~ aangeboren, v.d. ductus omphalo-entericus afkomstige cyste. • **epi**-

dermale inclusie~ traumatische epitheelcyste die is gevuld met vervloeide huidcellen en talg, ontstaan door insluiting van epitheel aan de volaire zijde v.d. hand. • **epidermis~** *zie* **epidermoïd~** ronde of ovale tumor op behaarde huid. • **folliculaire ~ 1** (gynaecol.) *zie* ovariumcyste; **2** (dermatol.) *zie* atheroom.~; **3** (mondheelk.) cyste, gevormd door uitzetting v.h. tandzakje v.e. geretineerd gebitselement; de kroon steekt i.d. cyste uit. • **follikel~** *zie* folliculaire ~. • **galweg~** aangeboren of verworven cyste i.d. galwegen. • **haarnest~** *zie* sinus pilonidalis. • **hemo~ 1** een met bloed gevulde cyste; **2** een met bloed gevulde (urine- of gal)blaas. • **honingraat~** cyste die uit talloze kleine ruimten bestaat. • **hydatiden~** *zie* Echinococcus granulosus. • **juveniele bot~** eenkamerige holte in bot. • **kaak~** algemene naam voor een cyste, gelokaliseerd in onder- of bovenkaak. • **kerato~** cyste van waarschijnlijk dentogene oorsprong, vnl. voorkomend i.d. kaakhoek. • **kniekuil~** *zie* baker~. • **kroon~** cyste, gevormd door uitzetting v.h. glazuurorgaan, waarin zich een of meer tanden ontwikkelen. • **kroonzak~** *zie* kroon~. • **laterale hals~** *zie* branchiogene ~. • **lever~** met vocht gevulde holte met een eigen wand i.d. lever. • **longknop~** *zie* bronchogene ~. • **luteïne~** cyste i.h. corpus luteum. • **mediane hals~** cysteuze zwelling i.d. middenlijn v.d. hals, vlak voor het tongbeen gelegen. • **milium~** *zie* pseudomilium. • **mucoïd~** pseudocyste aan dorsale zijde v.d. distale falanx v.d. vingers. • **multiloculaire ~** cyste die uit een aantal 'kamers' bestaat. • **myelum~** aangeboren cyste i.h. ruggenmerg. • **nier~** *zie* niercyste. • **olie~** cyste die is gevuld met een olieachtige vloeistof, ontstaan door verweking van lipomen of dermoïdcysten. • **oöde** i.d. maagwand van *Anopheles* ingekapselde oökineet, microscopisch als een knobbeltje zichtbaar. • **oto~ 1** het gehoorblaasje bij de foetus; **2** het gehoorblaasje bij lagere dieren. • **ovarium~** *zie* ovariumcyste. • **pancreas~** een met vocht gevulde holte i.d. alvleesklier. • **pseudo~** een door bloeding of versterf en vervloeiing ontstane holte zonder epitheelbekleding. • **radiculaire ~** cyste i.d. sinus maxillaris rond de wortelpunt v.e. ziek of dood gebitselement. • **retentie~** cyste die is ontstaan door ophoping van secreet a.g.v. stagnerende afvoer. • **sebum~** *zie* epidermale inclusie~. • **sporo~** een cyste met sporen. • **synoviale ~** circumscript, rond, fluctuerend gezwel met mucoïde inhoud. • **talg~** *zie* atheroom. • **thyreoglossus~** *zie* mediane hals~. • **traumatische epitheel~** atheroomcyste, ontstaan door trauma, waarbij epidermis i.h. subcutane bindweefsel wordt geponst. • **trombo~** de zak die zich soms om een stolsel vormt. • **tubo-ovariële ~** cystevorming van ovarium en tuba, met gemeenschappelijke holte. • **urachus~** congenitale afwijking waarbij de i.d. embryonale periode bestaande verbinding tussen de zich ontwikkelende blaas en de navel (de urachus) niet geheel sluit, waardoor een cyste ontstaat tussen blaas en navel. • **valse ~** *zie* pseudo~. • **weefsel~** ontwikkelingsstadium van *Toxoplasma*. • **wortel~** cyste (granuloom) aan de apex v.e. tand of kies. • **zaad~** *zie* spermatocele.

cystectasie uitzetting, verwijding v.d. (urine- of gal)blaas.

cystectomie 1 operatieve verwijdering v.d. urineblaas; **2** extirpatie v.e. cyste.

cysteïne een zwavelbevattend aminozuur; twee moleculen vormen samen cystine.

cystenier | medullaire ~ autosomaal dominant hereditaire nieraandoening.

cysterna *zie* cisterna.

cysteus gepaard gaand met cysten; niet te verwarren met cystisch.

cysteuze mediadegeneratie *zie* arteriële cysteuze medianecrose.

cysticercose infestatie met *Cysticercus*.

Cysticercus • **Cysticercus bovis** runderblaasworm, is eigenlijk het larvestadium v.d. gewone lintworm, *Taenia saginata*. • ~ *cellulosae* varkenslintworm, eigenlijk het larvestadium van *Taenia solium*, die i.d. darm v.d. mens leeft. • **cysticercus** term werd vroeger gebruikt als geslachtsnaam (*Cysticercus*), maar het betreft het larvenstadium v.d. lintworm (*Taenia*).

cysticotomie incisie v.d. ductus cysticus.

cysticus 1 v.d. (gal)blaas; vb. ductus cysticus, cystitis cystica; **2** met vorming van blazen; vb. adenoma c-cum.

cystine zwavelbevattend aminozuur.

cystinose recessief-erfelijke afwijking, gekenmerkt door fotofobie en progressieve nierziekte en afzetting van cystinekristallen i.d. weefsels. • **infantiele ~** cystineafzettingen i.d. nieren.

cystis 1 *zie* cyste; **2** (obsoleet:) blaas (urineblaas, galblaas).

cystisch met betrekking tot een blaas of cyste.

⊕ **cystische fibrose** (CF) multisysteemziekte met een autosomaal recessieve wijze van overerving; begint meestal op de kinderleeftijd met taai slijm, bindweefselwoekering en cystevorming in allerlei orgaansystemen, vooral i.d. pancreas.

cystitis ongecompliceerde ontsteking v.d. urineblaas, vnl. a.g.v. infectie; vorm van lage-urineweginfectie (LUWI); komt vnl. bij vrouwen voor doordat de vrouw een kortere urinebuis heeft. • **acute** ~ acute ontsteking v.d. blaas, zich o. a. uitend in frequente mictie, imperatieve aandrang en een branderig gevoel bij urineren. • ~ **catarrhalis** lichtste vorm van cystitis met slijmvliesyperemie en branderig gevoel. • ~ **colli** ontsteking v.d. blaashals, vaak in aansluiting op ascenderende urethritis. • ~ **follicularis** chronische c. met hyperplasie van submuceus gelegen lymfefollikels. • ~ **interstitialis** zie interstitiële ~. • **honeymoon** ~ [E] term voor de acute blaasontsteking bij vrouwen die kan ontstaan na (frequente) coïtus. • **interstitiële** ~ zeldzame, vnl. bij vrouwen voorkomende diffuse, pijnlijke en therapieresistente fibrose v.d. bovenste helft v.d. urineblaaswand.

cystocele uitpuiling v.d. blaaswand door een breukpoort.

cystocollitis zie cystitis colli.

cystodynie zie cystalgie.

cystografie röntgenonderzoek v.d. blaas nadat deze met een contraststof is gevuld.

cystogram de bij cystografie verkregen röntgenopname. • **mictie**~ röntgenopname v.d. blaas, gemaakt terwijl de patiënt urineert.

cystoïd lijkend op een cyste.

cystoides cystevormig; vb. pneumatosis cystoides.

cystolithiase zie urolithiase.

cystometrie blaasonderzoek met een cystometer.

cystometrografie blaasonderzoek waarbij de druk i.d. blaas wordt gemeten als functie v.d. vullingsdruk.

cystoom cystengezwel, goedaardig gezwel met enige cysten, waarvan de wanden zelfstandig groeien. • **cystoma ovarii** eierstokcystoom. • **cystoma papilliferum** cystoom met i.d. holten papilachtige verheffingen v.d. wand. • **cystoma simplex** zie cystadenoom.

cystopexie bevestiging v.d. (urine)blaas aan de buikwand, ter opheffing v.e. cystokèle.

cystoplegie zie blaasverlamming.

cystoptose verzakking (prolaps) van blaasslijmvlies i.d. urethra.

cystopyelitis zie pyelocystitis.

cystopyelografie het maken van röntgencontrastfoto's v.d. blaas en de nierbekkens.

cystorragie bloeding uit de blaas.

cystosarcoom | **cystosarcoma phyllodes** snel groeiend borstgezwel, bestaand uit klier- en bindweefsel; de naam suggereert een maligne tumor, maar c. is doorgaans benigne; vertoont veel overeenkomsten met het fibroadenoom v.d. mamma.

cystoscoop een door de urethra te schuiven endoscoop, waarmee de blaaswand kan worden bekeken. • **werk**~ een dikke c. voor het verrichten van endoresectie, elektrocoagulatie, lithotripsie e.d.

cystoscopie onderzoek v.d. urineblaas door inspectie via een cystoscoop; vaak i.c.m. urethra.

cystostomie het aanbrengen v.e. blijvende, naar de buikwand voerende opening i.d. blaas.

cystotomie het chir. openen v.d. blaas bij lithotomie. • **suprapubische** ~ cystotomie (blaassnede) via een boven een schaambeen aangebrachte incisie v.d. buikwand.

cystozoïet zie bradyzoïet.

cyt- voorvoegsel in woordverbindingen betreffende cel(len); NB: niet verwarren met cito.

cytase 1 complement (Metchnikoff); 2 enzym in planten dat de celwand kan oplossen.

cytoarchitectuur de structurele rangschikking van cellen i.e. orgaan, i.h.b. de hersenschors.

cytobiologie de biologie v.d. cel.

cytoblasteem 1 cytoplasma; 2 kiemvloeistof waaruit zich (naar vroegere opvatting) cellen vormen.

cytochroom 1 ganglioncel met een kleinere kern en onopvallend cellichaam; 2 een hemoproteïne die elektronen en waterstof transporteert.

cytode kernloze cel (bijv. een erytrocyt).

cytodiagnostiek microscopisch onderzoek op de aanwezigheid van tumorcellen. • **exfoliatieve** ~ diagnosestelling d.m.v. microscopisch onderzoek van losgeraakte of losgewreven cellen, i.h.b. van vagina en cervix uteri, of van cellen uit exsudaat, spoelvloeistof enz.

cytofagocytose fagocytose van cellen.

cytofylactisch met celbeschermende werking.

cytogenese de oorsprong, het ontstaan van cellen.

cytokine hormoonachtige peptide dat als boodschappermolecuul bij vele processen i.h. lichaam is betrokken, o.a. bij de communicatie tussen cellen v.h. immuunsysteem, bij ontstekingsreacties, bij ontstaan en progressie van macroangiopathie, bij atherosclerose.

cytokineblokker *zie* drug | disease-modifying antirheumatic ~.

cytokinese deling v.h. cytoplasma tijdens de mitose.

cytologie 1 wetenschap betreffende de cellen; **2** (minder juist) celdiagnostiek; vb. blaasspoelvochtcytologie, sputumcytologie. • **cervix~** celdiagnostiek v.d. cervix uteri. • **exfoliatieve ~** *zie* cytodiagnostiek | exfoliatieve ~. • **wash-out~** uitspoelen v.e. lichaamsholte om cellen te verkrijgen voor cytologisch onderzoek.

cytolyse destructie, oplossing van cellen.

cytolysinen antistoffen die, in tegenwoordigheid van complement, cellen kunnen oplossen.

cytometrie bepalingen van celindices, d.w.z. de fysische eigenschappen v.e. cel, zoals MCV en MCH. • **flow~** kwantitatieve analysetechniek voor cellen.

cytomorfologie de vormleer v.d. cel.

cytopathisch effect (CPE) schadelijke werking op de vorm, de stofwisseling en de genetische functie van cellen.

cytopathologisch effect (CPE) verandering i.e. celkweek m.b.t. vorm, stofwisseling en genetische functie v.d. cellen t.g.v. virusreplicatie, chemische stoffen of ioniserende stralen.

cytopempsis transport van macromoleculen door de endo-, meso- of epitheelcel heen d.m.v. actieve endocytose aan het oppervlak, waarbij pinocytoseblaasjes worden gevormd, die via exocytose aan de andere zijde de cel verlaten.

cytopenie vermindering v.h. aantal cellen.

cytophylaxis celbeschermende werking.

cytoplasmastroming *zie* cyclose.

cytoplasmatisch m.b.t. het cytoplasma.

cytoprotectie het geheel van beschermingsmechanismen v.e. cel en zijn omgeving tegen exo- en endogene schadelijke invloeden.

cytoprotectivum stof die levende cellen tegen schadelijke invloeden beschermt.

cytosine heterocyclische organische base, bouwsteen van nucleotiden.

cytoskelet dynamisch ruimtelijk complex van langgerekte eiwitstructuren in cytoplasma.

cytosol matrix v.h. cytoplasma; de heldere halfvloeibare massa die zich tussen de celorganellen, de celinsluitsels en het cytoskelet bevindt en vele enzymen bevat.

cytostasis 1 stilstand v.d. stroom in bloedcapillairen door stagnatie v.d. leukocyten, in vroege stadia van ontsteking; **2** groeiremming.

cytostatica groep van geneesmiddelen die de groei van cellen remmen; men onderscheidt o.a. mitoseremmers (antimitotica, mitosegiften) en antimetabolieten.

cytostatisch de groei van cellen remmend.

cytotaxis de aantrekking die door bepaalde prikkels op cellen wordt uitgeoefend.

cytotechnoloog gespecialiseerde laborant op het gebied v.d. cytologie.

cytotoxiciteit | antistofafhankelijke cellulaire ~ cellysis door killercellen, veroorzaakt door specifieke antistoffen die aan de targetcellen zijn gebonden. • **celgemedieerde ~** immunologische reactie waarbij een cytotoxische cel bindt aan een targetcel, waardoor de targetcel vernietigd wordt.

cytotroop met affiniteit tot cellen.

cytotropie de eigenschap (b.jv. van virussen) om cellen aan te tasten.

cytozym *zie* kinase | trombo-.

czs *zie* zenuwstelsel | centraal ~.

D

D *zie* da, detur, dextro-, divide, dioptrie.
da (D.) geef (rec.).
daas *Chrysops*.
dacry- voorvoegsel in woordverbindingen betreffende tranen, traanklieren of traanafvoerwegen.
dacryoadenectomie operatieve verwijdering v.e. traanklier.
dacryoadenitis traanklierontsteking.
dacryocystectasie uitzetting, dilatatie v.d. traanzak.
dacryocystectomie operatieve verwijdering v.d. traanzak.
dacryocystitis traanzakontsteking.
dacryocystocele uitpuiling v.d. traanzak.
dacryocystorinostomie het maken v.e. (zijdelingse) uitmonding v.d. traanzak i.d. neusholte.
dacryocystotomie incisie v.e. (etterig ontstoken) traanzak.
dacryoliet traansteen, een concrement i.d. traanzak of traanafvoergang.
dacryomma druipoog t.g.v. het dichtgroeien v.e. traanpunt.
dacryon het punt waar traanbeen, voorhoofdsbeen en bovenkaak elkaar raken.
dacryops traanoog, onpijnlijke retentiecyste v.d. palpebrale traanklier, meestal lateraal i.h. bovenooglid.
dacryorhysis *zie* dacryorroe.
dacryorroe tranenvloed.
dacryosialoadenitis *zie* Sjögren | sjögrensyndroom. • ~ **sicca** *zie* Sjögren | sjögrensyndroom.
dacryosialoadenopathia atrophicans *zie* Sjögren | sjögrensyndroom.
dacryostagma *zie* epiphora.
dacryosyrinx traanfistel.
dactyl- woorddeel m.b.t. vingers of tenen; vb. syndactylie.
dactylitis v.h. bot of het periost uitgaande ontsteking van vinger of teen.
dactylogrypose verkromming van vingers of tenen.
dactylolyse afstoting v.e. genecrotiseerde vinger of teen. • **dactylolysis spontanea** spontane d., zonder aanwijsbare oorzaak.
dactyloscopie (forensische geneesk., pathol.) onderzoek van vingerafdrukken ter identificatie v.e. individu.
DADS (distal acquired demyelinating syndrome) *zie* neuropathie | chronische inflammatoire demyeliniserende poly~.
DAF *zie* factor | decay-accelerating ~.
dagbehandeling 1 medische behandeling i.e. ziekenhuis waarbij opname en ontslag op dezelfde dag plaatsvinden; **2** het gedurende de dag gebruikmaken v.d. voorzieningen v.e. gezondheidsinstelling of revalidatiecentrum door patiënten die hier niet zijn opgenomen.
dagblindheid *zie* nyctalopie.
dageraadfenomeen *zie* fenomeen | dawn phenomenon.
dagschommelingen het bij vitale depressie voorkomend verschijnsel dat de somberheid 's ochtends erger is dan 's avonds.
dagziekenhuis ziekenhuis waar de patiënt alleen overdag verblijft.
dak *zie* tectum mesencephalicum.
dal *zie* dip.
dalton (Da) eenheid van atomaire massa.
daltonisme roodblindheid, of kleurenblindheid i.h. algemeen.
DALY *zie* disability-adjusted life years.
dam (anat.) *zie* perineum.
damage control surgery (DCS) (traumatol.) hemodynamische stabilisatie v.e. zwaargewonde patiënt en preventie van contaminatie om levensbedreigend metabool falen

te couperen.
daminsnede *zie* episiotomie.
damnosus schadelijk; vb. *Simulium d-sum*.
dander hoofddroosschelfers.
dandruff *zie* dander.
dandy-walkermalformatie *zie* syndroom | dandy-walker~.
Danlos | syndroom van Ehlers-~ *zie* syndroom | ehlers-danlos~.
dansmanie *zie* chorea major.
darm het deel v.h. spijsverteringskanaal tussen maag en anus; onderverdeeld in dunne darm (intestinum tenue: duodenum, (twaalfvingerige darm), jejunum (nuchtere darm) en ileum (kronkeldarm)) en dikke darm (intestinum crassum: colon (karteldarm), sigmoïd en rectum (endeldarm)); de functies v.d. darm zijn het transporteren v.h. voedsel (via peristaltiek), het verteren v.h. voedsel door afscheiding van enzymen en het resorberen v.d. voedingsstoffen via de darmwand i.h. bloed *zie* colorectaal carcinoom, gastro-enteritis, inflammatoire darmziekten, ischemische colitis, diverticulitis, prikkelbaredarmsyndroom. • **blinde**~ eerste deel v.d. dikke darm, 6-7 cm lang, waarin het ileum via een klep uitmondt. • **dikke** ~ deel v.h. spijsverteringskanaal dat bestaat uit caecum (blindedarm), colon (karteldarm) en rectum (endeldarm); begint rechtsonder i.d. buik, bij blindedarm, van daaruit omhooggaand (colon ascendens), daarna een dwarslopend deel (colon transversum) en tot slot een dalend deel (colon descendens); het colon eindigt i.h. sigmoïd, overgaand in endeldarm (rectum) en sluitspier (anus); de dikke darm onttrekt water en zouten aan de voedselbrij; de overblijvende ontlasting wordt door de darmperistaltiek naar het rectum gevoerd. • **dunne** ~ bestaat uit het duodenum (de twaalfvingerige darm), het jejunum (de nuchtere darm) en het ileum (de kronkeldarm); de dunne darm produceert darmsappen die enzymen bevatten voor de splitsing van koolhydraten, vetten en eiwitten; de eindproducten v.d. voedselvertering worden door de darmwand geresorbeerd *zie* coeliakie. • **eind**~ midtransversum tot en met rectum. • **endel**~ laatste ca. 12-15 cm lange gedeelte v.h. maag-darmkanaal. • **kartel**~ *zie* colon. • **kronkel**~ *zie* ileum. • **midden**~ jejunum tot en met midtransversum. • **nuchtere** ~ *zie* jejunum. • **oer**~ *zie* archenteron. • **primitieve** ~ *zie* archenteron. • **slok**~ *zie* oesofagus. • **S-vormige** ~ *zie* sigmoïd. • **twaalfvingerige** ~ deel v.d. dunne darm, 25-30 cm lang stuk darm tussen pylorus en flexura duodenojejunalis; i.h. duodenum wordt de spijsbrij gemengd met de spijsverteringssappen die via de galwegen uit de lever en via de ductus pancreaticus uit het pancreas binnenkomen. • **voor**~ maag, duodenum, pancreas, long.
darmadhesie *zie* adhesie.
darmafsluiting *zie* ileus.
darmbrand *zie* enterocolitis | necrotiserende ~.
darmbreuk | retrograde beklemde ~ darmbreuk die niet i.d. breukpoort of breukzak beklemd is, maar aan de abdominale kant v.d. breukpoort i.d. buikholte.
darmdecompressie behandeling v.e. obstructie i.d. darm of v.e. paralytische ileus m.b.v. een sonde.
darmgas gas dat door het maag-darmkanaal wordt voortgedreven en via het rectum uitgedreven.
darmgaslozing *zie* meteorisme.
darmgerommel *zie* borborygmus.
darmhechting volgens Lembert *zie* hechting | lembertdarm~.
darmontslakking lekenterm voor verwijdering uit de darmen van voor giftig gehouden stoffen d.m.v. inname van vezelrijke voedingsmiddelen, dranken enz.
darmpassage voortbeweging van voedselbrij i.h. systema digestorium (de tractus digestivus); vb. maag-darmpassage, dunnedarmpassage.
darmpassant *zie* passant
darmperistaltiek *zie* peristaltiek.
darmreiniging schoonmaken v.d. darmen bij een ernstige intoxicatie of bij radiologisch of coloscopisch darmonderzoek.
darmrotatiestoornis uitblijven van rotatie v.h. colon om de arteria mesenterica superior tijdens de embryonale ontwikkeling.
darmsap *zie* chylus.
darmscheil *zie* mesenterium.
darmsonde *zie* sonde | duodenum~.
darmspruw *zie* coeliakie.
darmstrictuur sterke vernauwing v.d. darm.
darmtraagheid *zie* obstipatie.
darmtraining het aanpassen v.h. stoelgangpatroon aan een gewenste regelmaat bij fecale incontinentie.

darmverlamming *zie* ileus.
darmvlokken ca. 1 mm lange uitsteeksels v.h. slijmvlies v.d. darmen, i.h.b. duodenum, jejunum en ileum.
darmvoorbereiding handeling die voorafgaat aan een diagnostische of therapeutische handeling v.d. darm waarbij de darm wordt schoon- en leeggemaakt.
dartoïd lijkend op het weefsel v.d. tunica dartos, met langzame contracties.
dartoïde zone streek rondom anus, genitalia, mammillae en i.d. oksels.
dartos gevild, geschonden; vb. tunica dartos.
Darwin | knobbeltje van ~ tuberculum auriculae.
darwinisme evolutietheorie van Darwin over het ontstaan der soorten.
DAS *zie* disease activity score.
dashboard injury [E] stoot v.d. knie tegen het dashboard i.e. auto, waardoor de heup kan worden geluxeerd.
database of abstracts of reviews of effectiveness (DARE) [E] onderdeel v.d. Cochrane Library.
date rape [E] verkrachting na een afgesproken sociale activiteit.
datometer menstruatiekalender.
Datura stramonium plant waarvan de vrucht de cholinerge antagonist scopolamine bevat.
DBC *zie* diagnose-behandelingcombinatie.
DBE *zie* endoscopie | dubbelballon-.
DBS (deep brain stimulation) *zie* diepe hersenstimulatie.
DC *zie* capaciteit | diffusie-.
dcf (detur cum formula) (rec.) het worde gegeven met het recept, d.w.z. met vermelding v.h. recept op het etiket.
DCIS *zie* carcinoom | ductaal carcinoma in situ van de mamma.
DCS *zie* damage control surgery.
4D-CT *zie* computertomografie | vierdimensionale ~.
dct decoctum (rec.).
dd (de die) daags; bijv. 3 dd = driemaal daags (rec.).
DDAVP (1-deamino-8-D-arginine-vasopressine) *zie* desmopressine.
de- voorvoegsel in woordsamenstellingen m.b.t. 1) wegnemen, scheiden, ont-; vb. decapitatie; 2) het doen ophouden v.e. bepaalde werking; vb. decompressie; 3) versterking v.e. werking of begrip; vb. depravatie.

deafness [E] doofheid. • **pure word** ~ *zie* doofheid | woord~.
dearterialisatie verandering van zuurstofrijk in zuurstofarm bloed (eigenlijk onjuiste term).
debilis zwak; vb. pulsus debilis.
debilitas *zie* zwakzinnigheid | lichte ~.
debiliteit *zie* zwakzinnigheid | lichte ~.
Debré | syndroom van ~ **-De Toni-Fanconi** aminodiabetes met chronische aminoacidurie, dwerggroei, botafwijkingen, adynamie, lichtschuwheid.
debridement 1 het exciciren en schoonmaken v.e. wond; **2** het doorsnijden van doorbranden van vergroeiingen i.d. pleuraholte bij thoracoscopie.
debriefing [E] consultatie op gebied van geestelijke gezondheid van hulpverleners van reddingswerkers of hulpverleners na afloop van bijv. een ramp of oorlog.
débris resten bij een weefseldestruerend proces (artrose, necrose, maceratie enz.).
debulking verwijderen van zoveel mogelijk tumorweefsel indien radicale verwijderen onmogelijk is.
debuut intreden, manifestatie v.d. eerste verschijnselen v.e. ziekte.
decade eenheid van tiental weken als indeling v.d. zwangerschap, die dan in vier decades is ingedeeld.
decalcificatie teruggang v.d. calciumconcentratie van weefsel, i.h.b. van botweefsel.
• **vlekkige** ~ op röntgenfoto zichtbare verspreide opheldeingen in bot, veroorzaakt door ongelijkmatige botresorptie.
decalcineren ontkalken, bijv. het onttrekken van kalk aan beenderen.
decalvans 1 kaalmakend; vb. acne decalvans; **2** kaalmakend middel.
decanulering verwijderen v.e. canule, bijv. de tracheacanule na tracheotomie.
decapitatie 1 obsolete verloskundige noodoperatie waarbij het kinderhoofd v.d. romp wordt gescheiden om hoofd en romp afzonderlijk geboren te doen worden; **2** onthoofding van proefdieren.
decapsulatie verwijdering van het omhullende kapsel, i.h.b. de capsula fibrosa v.d. nier.
decarboxylase enzym uit de groep lyasen dat de carboxylgroep afsplitst van carbonzuurverbindingen.
deceleratie 1 (pathol.) vertraging; vb. v.d. foetale hartfrequentie; **2** (traumatol.) *zie*

coup-contrecoupletsel.

decerebratie 1 doorsnijding v.d. hersenstam tussen de colliculus inferior en de vestibulaire kernen; **2** syndroom ontstaan door doorsnijding v.d. hersenstam tussen de colliculi caudales en colliculi craniales laminae tecti; **3** het verwijderen v.d. hersenen v.e. foetus na craniotomie.

decerebratiestijfheid tonische strektoestand v.h. gehele lichaam, voorkomend bij decerebratie.

decidua het buitenste omhulsel v.d. vrucht, van moederlijke herkomst. • ~ **basalis** de tussen vrucht en uterusspier gelegen d., waaruit zich de placenta vormt. • ~ **spongiosa** de diepere lagen v.d. d., met spongieuze structuur van geslingerde klierbuisjes.

decidualis de decidua betreffend; vb. hydrorrhoea decidualis.

deciduïtis *zie* endometritis decidualis.

deciduocellularis uit deciduacellen bestaand, afkomstig van deciduacellen; vb. sarcoma deciduocellulare.

deciduoom een zich i.d. uterus ontwikkelende, uit achtergebleven deciduacellen bestaande weefselmassa (geen echt gezwel).
• **deciduoma malignum** *zie* chorionepithelioom.

deciduus afvallend; vb. membrana d-dua, dentes d-dui (mv. van d-duus).

declive helling, een gedeelte v.d. vermis (cerebelli).

decollement 1 afpelling; **2** het loswoelen van het slijmvlies v.d. trachea bij het inschuiven v.e. tracheacanule. • **décollement traumatique** [F] scheiding van weefsellagen i.e. richting evenwijdig aan het lichaamsoppervlak, onder invloed v.e. kracht die in deze richting werkt.

decoloratus ontkleurd; vb. *Boophilus decoloratus*.

decompensatie | **decompensatio cordis** *zie* hartfalen. • **decompensatio renis** nierdecompensatie. • **hart~** *zie* hartfalen.
• **links~** onvoldoende werking v.d. linker harthelft. • **rechts~** onvoldoende werking v.d. rechter harthelft. • **renale** ~ *zie* nierinsufficiëntie.

decompressie het opheffen van druk. • **neurovasculaire** ~ opheffen v.d. druk van bloedvaten op zenuwen, bijv. bij trigeminusneuralgie of hemifaciale spasmen.

decongestivum middel dat zwelling doet verminderen, bijv. van gezwollen neusslijmvlies.

decontaminatie ontsmetting. • **selectieve** ~ het d.m.v. antibiotica en/of chemotherapeutica selectief verwijderen van potentieel pathogene micro-organismen.

decorticatie 1 het ontdoen v.d. schorslaag; **2** verwijdering van pathologisch veranderde orgaanbedekking.

decorum uiterlijke waardigheid.

decorumverlies stoornis i.h. oordeelsvermogen waarbij de patiënt zich niet meer houdt aan de sociale gedragsregels.

decremental conductior [E] vertraagde prikkelgeleiding door een verlaagde maximale membraanpotentiaal a.g.v. een sterker spanningsverlies i.d. gangmakercellen dan normaal.

decrementie afname in amplitude van spieractiepotentialen bij herhaalde elektrische stimulering v.d. innerverende zenuw.

⦿ **decubitus 1** langzame beschadiging van weefsel dat aan voortdurende druk blootstaat; **2** de positie v.e. patiënt die in bed ligt; vb. dorsale ~, laterale ~, ventrale ~, decubitusopname. • ~ **vaginae** *zie* vaginae. • **vagina~** beschadiging v.d. vaginawand door druk v.e. pessarium, vooral i.d. postmenopauze.

decursus schriftelijk vastgelegde gegevens over de patiënt en het ziektebeloop vanaf het moment van opname, tijdens het ziekenhuisverblijf tot en met overplaatsing/ontslag.

decussatio kruising. • ~ **nervorum trochlearium** kruising v.d. nervi trochleares onmiddellijk na de uittreding uit de trochleariskernen, i.h. velum medullare superius.
• ~ **pyramidum** kruising op de grens tussen medulla oblongata en het ruggenmerg.
• **semi~** onvolledige kruising van zenuwvezels, zoals de decussatio pyramidum en de kruising v.d. oogzenuwvezels i.h. chiasma opticum.

dedifferentiatie 1 (histopathol.) *zie* anaplasie; **2** het tenietgaan van differentiatie, teruggang i.d. ontwikkeling naar een primitiever stadium.

deductie (wetenschapsleer, statistiek) het bijzondere uit het algemene afleiden.

deep brain stimulation (DBS) *zie* diepe hersenstimulatie.

defaecatio *zie* defecatie.

defecatie het lozen van feces.

defecatiepatroon kenmerken v.d. ontlas-

ting m.b.t. uiterlijk, hoeveelheid, geur, consistentie.
defecografie serie röntgenopnamen van passage van contrasthoudende vloeistof door het rectum en het anale kanaal.
defect gebrek, onvolkomenheid, uitval; vb. septumdefect, huiddefect, neurologisch defect. • **psychisch** ~ handicap op cognitief, gevoelsmatig, gedragsmatig en ook wel moreel gebied.
defecthandeling ondoelmatige handeling, voortspruitend uit een psychisch defect.
defeminatie 1 verlies van vrouwelijke geslachtskenmerken; **2** verlies v.h. geslachtsgevoel bij de vrouw.
défense musculaire [F] reflectoire samentrekking v.d. buikspieren boven een ontstoken plaats i.d. buikholte.
deferens afvoerend; vb. ductus deferens.
deferentectomie *zie* vasectomie.
deferentialis m.b.t. de ductus deferens; vb. plexus deferentialis.
deferentitis ontsteking v.d. ductus deferens.
defervescentie *zie* koortsdaling.
defibrillatie het i.h. kader v.e. reanimatie toedienen v.e. stroomstoot door het hart om daarmee atriumfibrillatie te beëindigen. • **public access defibrillation** [E] defibrillatie m.b.v. een voor het publiek toegankelijke automatische uitwendige defibrillator (AED, automatic external defibrillator), bijv. i.e. stationshal.
defibrillator toestel voor het stoppen van hartfibrilleren d.m.v. een directstroomstoot. • **automatische externe** ~ (AED) defibrillator i.e. speciaal aangepaste uitvoering voor probleemloos, eenduidig gebruik in openbare gelegenheden door ongetrainde leken bij personen met een hartstilstand.
defibrineren van fibrine ontdoen.
deficiens ontbrekend; vb. pulsus deficiens.
deficiënt ontbrekend, tekortschietend, defect.
deficiëntie tekort, i.h.b. v.e. stof i.h. lichaam, bijv. v.e. metaboliet. • **acetylcholinereceptor**~ spierzwakte vanaf de geboorte; autosomaal recessief overervend. • **acetylco-enzymcarboxylase**~ (Ach) tekort aan enzym dat i.d. vetzuursynthese de irreversibele omzetting van acetyl-CoA in malonyl-CoA induceert. • **adenosinedeaminase**~ (ADA-deficiëntie) ernstige autosomaal recessieve immunodeficiëntie. • **ADH**-~ verminderde secretie van antidiuretisch hormoon. • **alfa-2-antiplasmine**~ aangeboren, zeldzaam gebrek aan alfa-2-antiplasmine, waardoor patiënten na ongevallen of spontaan ernstige bloedingen kunnen hebben. • **alfa-1-antitrypsine**~ autosomaal recessief erfelijk tekort aan gA-1-antitrypsine, m.a.g. ernstig emfyseem op jonge leeftijd. • **amylase**~ tekort aan amylase, waardoor zetmeel niet meer voldoende wordt omgezet in di- en trisachariden, bijv. door uitschakeling van (ten minste 90%) v.h. pancreasweefsel. • **antitrombine-III**-~ aangeboren of verworven gebrek aan antitrombine-III. • **apo-C2**-~ zeldzaam ziektebeeld, berustend op een autosomaal recessief defect i.d. apolipoproteïne-C2-genen, m.a.g. tekort aan apo-C2 en een teveel aan triglyceriden, melkachtig bloedserum, recidiverende pancreatitis en eruptieve xanthomen. • **bloedstollingsfactor**~ tekort aan bloedstollingsfactor, leidend tot een verhoogde bloedingsneiging. • **carnitine**~ autosomaal recessieve aandoening; leidt tot spierzwakte, cardiomyopathie en hypoglykemie bij jonge kinderen. • **CD8**-~ autosomaal recessieve immunodeficiëntie op basis van gestoorde rijping van CD8-T-suppressorlymfocyten. • **C2**-~ autosomaal recessieve deficiëntie van complementfactor 2. • **C3**-~ aangeboren immuunstoornis door deficiëntie van complementfactor C3, leidend tot recidiverende pyogene infecties. • **CD3-gamma**~ autosomaal recessieve immunodeficiëntie op basis van stoornis i.d. CD3-gamma-eiwitsynthese. • **cellulaire immuno**~ ontbrekende cellulaire immuniteit. • **complement**~ aangeboren defect of afwezigheid van één of meerdere complementfactore. • **eindplaatacetylcholinesterase**~ *zie* congenitale eindplaatacetylcholinesterasedeficiëntie. • **enzym**~ afwezige of verminderde activiteit v.e. of meerdere enzymen of volledige afwezigheid hiervan. • **ernstige gecombineerde immuno**~ recessief-erfelijke afwijking, gekenmerkt door totale afwezigheid van zowel humorale als cellulaire immunoreacties. • **familiaire lipoproteïnelipase**~ zeldzame autosomaal recessief erfelijke aandoening waarbij een tekort aan lipoproteïnelipase bestaat; klinisch gekenmerkt door pancreatitis op jonge leeftijd,

xanthomen en hepatosplenomegalie; er treedt geen versnelde atherosclerose op.
- **foliumzuur~** tekort aan foliumzuur; ontstaat bij onvoldoende inname. • **gecombineerde immuno~** combinatie van humorale en cellulaire immunodeficiëntie.
- **glucose-6-fosfaatdehydrogenase~** (G6PD-deficiëntie) aangeboren afwijking waarbij glucose-6-fosfaatdehydrogenase (= enzym in erytrocyt) ontbreekt. • **glucosefosfaatisomerase~** enzymdefect; een der meest voorkomende erytrocytaire enzymafwijkingen. • **glycerolkinase~** tekort aan het enzym glycerolkinase, waardoor de omzetting van glycerol naar glycerol-3-fosfaat niet plaatsvindt, m.a.g. een verstoorde lipolyse. • **glycogeensynthetase~** tekort aan het enzym glycogeensynthetase, waardoor onvoldoende glucose uit glycogeen wordt gevormd. • **G6PD~** *zie* glucose-6-fosfaatdehydrogenase~. • **granula~** stoornis v.d. fagocytenfunctie door autosomaal recessief defect i.d. granula van neutrofiele granulocyten. • **groeihormoon~** neuro-endocriene disfunctie waarbij de groeihormoonsecretie totaal of partieel is gestoord.
- **humorale immuno~** tekort aan immunoglobulinen. • **21-hydroxylase~** autosomaal recessieve aandoening; leidt tot verstoring van steroïdsynthese door de bijnieren.
- **IgA-~** X-gebonden immunodeficiëntie; door het falen v.d. terminale differentiatie van B-cellen worden geen IgA-antilichamen gevormd. • **IgG-~** (immunoglobuline G-deficiëntie) deficiëntie van IgG-antilichamen door uitrijpingsstoornis v.d. B-cellen, zich uitend in klinisch verhoogde vatbaarheid voor infecties door pyogene bacteriën. • **immuno~** tekort aan elementen v.h. immuunsysteem, leidend tot onvoldoende of ontbrekende immuniteit.
- **immunoglobuline~** immunodeficiëntie die is gebaseerd op een defect of de afwezigheid van één of meerdere immunoglobulinen. • **immuunglobuline~** *zie* immunoglobuline~. • **lactase~** voedselintolerantie door het ontbreken v.h. enzym lactase; lactose wordt hierdoor niet geresorbeerd (lactose-intolerantie), waarna darmbacteriën het omzetten in melkzuur en kortetenvetzuren; hierdoor ontstaan gistingsdiarree, flatulentie, borborygmi en buikkrampen. • **lipoproteïnelipase~** autosomaal recessief overervend tekort van het enzym lipoproteinelipase, leidend tot ophoping van chylomicronen en grote VLDL-partikels i.h. bloed. • **long-chain-acyl-CoA-dehydrogenase~** aangeboren defect i.d. vetzuuroxidatie door een tekort aan het lipolytische enzym long-chain-acyl-CoA-dehydrogenase. • **magnesium~** tekort aan magnesium, m.a.g. een te lage concentratie daarvan i.h. bloed. • **medium-chain-acyl-CoA-dehydrogenase~** (MCADD) aangeboren defect i.d. vetzuuroxidatie door een tekort aan het lipolytische enzym medium-chain-acyl-CoA-dehydrogenase; veroorzaakt bij glucosegebrek een keto- of lactaatacidose. • **multipele-acyl-CoA-dehydrogenase~** aangeboren defect i.d. vetzuuroxidatie op basis v.e. defect i.h. elektronentransport van acyl-CoA-dehydrogenasen naar de ademhalingsketen. • **multipelecarboxylase~** aangeboren tekort aan verschillende vormen van carboxylase in biotine bevattende enzymen. • **ornithinecarbamoyltransferase~** (OCT-deficiëntie) X-gebonden primaire hyperammoniëmie o.b.v. enzymdefect uit ureumcyclus. • **primaire immuno~** defect v.h. immuunsysteem waarbij de oorzaak ligt bij het immuunsysteem zelf. • **proteïne-C-~** erfelijke stofwisselingsziekte met proteïne-C-deficiëntie, die de stollingsfactoren V en VIII remt.
- **proteïne-S-~** erfelijke stofwisselingsziekte met deficiëntie van proteïne S en daardoor een verhoogd tromboserisico. • **PTH-~** tekort aan parathyroïdhormoon.
- **purinenucleosidefosforylase~** (PNP-deficiëntie) erfelijke enzymdeficiëntie door genmutatie. • **pyruvaatkinase~** autosomaal recessief erfelijke hemolytische anemie door verminderde vorming van ATP i.d. erytrocyt. • **secundaire immuno~** defect v.h. immuunsysteem waarbij de oorzaak buiten het immuunsysteem ligt. • **T-cel~** immunodeficiëntie, gebaseerd op deficiënties v.h. T-celsysteem. • **thiamine~** tekort aan thiamine door insufficiënte voeding of door onvoldoende resorptie i.d. dunne darm; kan leiden tot psychische afwijkingen als depressie, een verlaagde irritatiedrempel, concentratieproblemen en geheugenverlies. • **vitamine~** tekort aan vitaminen a.g.v. een verstoorde balans tussen opname van en behoefte aan vitaminen door een verminderde consumptie of een verminderde absorptie en/of een veranderd

metabolisme ondanks toereikende voeding. **· vitamine B12-**~ tekort aan vitamine B-12. **· vitamine B6-**~ tekort aan vitamine B6, met als neurologische verschijnselen een polyneuropathie en epileptische insulten. **· vitamine-B1-**~ deficiëntieziekte t.g.v. gebrek aan vitamine B₁ (thiamine) door hetzij insufficiënt voedsel (vroeger veel in Zuidoost-Azië a.g.v. eenzijdige nuttiging van gepelde, witte rijst), hetzij onvoldoende resorptie i.d. dunne darm van vitamine B₁ in sufficiënt voedsel. **· voedings-** tekort aan biologisch beschikbare voedingsstoffen door onvoldoende inname, gestoorde resorptie of verhoogd verbruik; leidt op den duur tot lichamelijke afwijkingen en/of klachten.

deficit 1 tijdelijk tekort aan een bepaalde stof doordat deze onvoldoende wordt aangevoerd; **2** het uitblijven v.e. verschijnsel; vb. polsdeficit. **· bicarbonaat~** bicarbonaattekort i.h. serum doordat tijdelijk meer bicarbonaat wordt verbruikt dan wordt aangevuld. **· water~** watertekort doordat meer vocht wordt verbruikt of verloren gaat dan dat wordt aangevuld.

deflexie strekking.
defloratie ontmaagding.
defluvium capillorum haaruitval.
deformans vervormend; vb. arthrosis deformans.
deformatie 1 (embryologie:) misvorming; **2** (minder juist:) lichamelijke ontwikkelingsstoornis; **3** (natuurk., pathol.:) vervorming, d.w.z. verandering v.e. bestaande vorm door inwerking v.e. kracht.
déformation en hachette [F = strijdbijlvervorming] afplatting v.h. caput humeri bij habituele luxatie.
deformiteit het resultaat van deformatie; vb. madelungdeformiteit. **· åkerlund~** een bij ulcus duodeni voorkomende incisuur i.d. 'ulcusnis'. **· boordenknoop~** *zie* malformatie | boutonnière~. **· ~ van Åkerlund** *zie* åkerlund~. **· ~ van Velpeau** vorkvormige knik i.d. onderarm bij fractuur v.d. radius. **· harrensteinthorax~** aangeboren asymmetrische thoraxmisvorming door het enkelzijdig parasternaal prominieren v.d. ribeinden vóór het sternumniveau. **· madelung~** (v.d. handwortel): radiale dislocatie v.d. hand t.g.v. relatief sterke groei v.d. ulna. **· sprengel~** enkelzijdige of beiderzijdse hoge stand v.h. schouderblad, vaak gepaard met anomalieën aan wervels, ribben, spieren.

degeneratie ontaarding, verwording, (erfelijke, psychische, fysieke) regressie, dystrofie. **· amyloïde** ~ ontaarding met afzetting van amyloïd i.d. weefsels. **· axonale** ~ degeneratie v.h. axon t.g.v. deficiënties, toxische en metabole invloeden en paraneoplastische aandoeningen. **· bruine** ~ i.h. senium en bij ziekten voorkomende ontaarding met bruine verkleuring door afzetting van lipofuscine. **· cellulipetale** ~ *zie* fenomeen | dying-back phenomenon. **· celzoekende** ~ *zie* fenomeen | dying-back phenomenon. **· colloïde** ~ ontaarding waarbij een colloïde substantie i.h. weefsel wordt afgezet. **· cysteuze** ~ parenchymverlies v.e. orgaan (lever, nier, eierstok) met holtevorming. **· degeneratio retinae pigmentosa** *zie* retinitis pigmentosa. **· fibrineuze** ~ ontaarding van bindweefsel met zwelling v.d. collagene vezels. **· grijze** ~ ontaarding v.d. witte substantie v.h. ruggenmerg, door verlies van myeline. **· hyaliene** ~ ontaarding van collageen bindweefsel met afzetting van glazige massa. **· junius-kuhnt~** seniele vorm van maculadegeneratie die optreedt na subretinale neovascularisatie. **· maligne** ~ maligne ontaarding, overgang in kwaadaardig gezwelweefsel. **· muceuze** ~ slijmige ontaarding. **· mucoïde** ~ *zie* muceuze ~. **· neurofibrillaire** ~ kluwen vezels i.h. cytoplasma van ganglioncellen t.g.v. van verouderingsprocessen. **· pigment~** ontaarding van weefsel met pigmentafzetting. **· polycysteuze** ~ ontaarding die gepaard gaat met holtevorming. **· seniele** ~ ontaarding bij oude mensen, met fibrineuze en atheromateuze veranderingen. **· spinocerebellaire** ~ benaming voor een aantal ziekten met als voornaamste verschijnsel ataxie (spinocerebellaire ataxie, SCA), later ook dysartrie, veroorzaakt door degeneratie v.d. ruggenmergsachterstrengen, de spinocerebellaire banen en het cerebellum. **· spongiforme hersen~** degeneratieve afwijking i.d. hersenen waarbij microscopisch kleine holten ontstaan, leidend tot een sponsachtig aspect. **· strionigrale** ~ degeneratie v.d. substantia nigra en het striatum. **· vettige** ~ vorming van vetbolletjes i.d. degenererende cellen. **· wallerse** ~ neuronale degeneratie van zowel het axon als de myelineschede v.h. distale deel v.e. zenuwcel dat niet meer in verbinding met het perikaryon staat.

degeneratief gepaard met degeneratie.

degeneratio spongioforme *zie* degeneratie | spongiforme hersen~.

degenerativus gepaard met degeneratie, degeneratief; vb. pannus degenerativus.

degloving-letsel huidverwonding waarbij huid en onderhuids vetweefsel zijn losgestroopt v.d. onderlaag, met verscheuring v.d. bloedvoorziening ervan.

deglutitie het slikken.

degranulatie proces waarbij cytoplasmatische granulae versmelten met fagosomen en hun inhoud legen i.h. zo ontstane fagolysosoom, of versmelten met de celmembraan en hun inhoud legen i.d. extracellulaire ruimte.

dehiscens openklappend, gespleten; vb. hydrorrhachis dehiscens.

dehiscentie scheuren, openbarsten, splijten van weefsel langs natuurlijke of gehechte naad. • **wond~** het uiteenwijken van alle lagen v.e. wond.

dehydrase *zie* dehydrogenase. • **ALA-~** enzym in erytrocyten dat meedoet aan de synthese van heem.

dehydratie | hypertone ~ afname v.d. totale hoeveelheid lichaamsvocht waarbij het waterverlies groter is dan het natriumverlies. • **hypotone ~** afname v.d. totale hoeveelheid lichaamsvocht waarbij het verlies van natrium relatief groter is dan het waterverlies. • **isotone ~** verlaging v.h. effectief circulerend volume door verlies van vocht met een osmolaliteit die gelijk is aan de serumosmolaliteit en waarbij de plasmaosmolaliteit normaal is.

dehydroandrosteron mannelijk geslachtshormoon, afkomstig uit de bijnierschors.

dehydrocholesterol | 7-~ *zie* vitamine D_3.

dehydro-epiandrosteronsulfaat (DHEAS) het bijnierschorshormoon dehydro-epiandrosteron (DHEA) en zijn gesulfateerde vorm DHEAS zijn betrokken bij de inbouw van vetzuren in celmembranen en bij myelinisatie.

dehydrogenase enzym dat waterstof afsplitst. • **middellangeketen-acyl-CoA-~** (MACD) enzym met rol i.d. bèta-oxidatie v.d. middellangeketenvetzuren.

dehydroretinol vitamine A_2.

de-institutionalisering transformatie van groot- naar kleinschalige psychiatrische inrichtingen met meer aangepaste woonvoorzieningen en ambulante zorg.

déjà-vu-beleving gevoel een actuele ervaring op exact dezelfde manier al eens eerder beleefd te hebben.

dekglas klein, vierkant, dun, plat glaasje of plastic plaatje, waarmee een op het objectglas liggend microscopisch preparaat wordt bedekt.

dekplaat embryonale structuur i.d. hersenen, waaruit zich de plexus choroidei en de epifyse ontwikkelen.

dekpunten punten op de twee netvliezen die bij gelijktijdige prikkeling één lichtwaarneming teweegbrengen.

dekweefsel epitheel.

delayed met een late respons; vb. delayed-response shock, delayed-type-hypersensitiviteit.

delayed echolaly *zie* papegaaienspraak.

delayed post-operative prosthetic fitting [E] het aanmeten v.e. definitieve prothese enige dagen na de amputatie.

delayed-type allergy [E] *zie* hypersensitiviteit | delayed-type-~.

delayed union [E] uitblijven van consolidatie van botdelen bij adequate immobilisatie van fractuur.

deletie 1 (genetica) chromosoomaberratie waarbij de chromosoomsegmenten van elkaar zijn geraakt en een fragment verloren is gegaan; **2** (celpathol., immunol.). • **chromosoom~** chromosomale afwijking waarbij een deel v.h. chromosoom ontbreekt. • **klonale ~** vernietiging van B- en T-lymfocyten met een grote affiniteit voor lichaamseigen antigenen tijdens de ontwikkeling. • **Y-~** chromosoomaberratie op het Y-chromosoom; veelal gaat het om multipele microdeleties; komt o.a. voor bij 2-10% v.d. mannen met azoöspermie/oligospermie; in veel gevallen kan ICSI een oplossing voor de infertiliteit vormen.

deletus verwoest, ontbrekend; vb. pulsus deletus.

⊛ **delier** neuropsychiatrisch toestandsbeeld, gekenmerkt door min of meer acuut en levensbedreigend organisch-psychisch syndroom met wisselend verlaagd bewustzijn, afname van cognitieve functies (m.n. stoornis i.d. aandacht, moeilijke concentratie, inprentingsstoornis en desoriëntatie), vaak met onrust, ontremming, visuele hallucinaties, wanen, stoornissen i.h. slaap-waakritme. • **alcoholonthoudings~** delier na staking of mindering van voorheen langdurig overmatig alcoholgebruik. • **delirium acutum** plotseling opkomend hevig delier. • **delirium alcoholicum** zie alcoholonthoudings-. • **delirium convergens** betrekkingswaan waarbij alles wat om de patiënt heen gebeurt door hem wordt ervaren als tegen zijn persoon gericht. • **delirium divergens** waantoestand waarbij de patiënt meent dat alle onheil i.d. wereld van hém uitgaat. • **delirium febrile** zie koorts~. • **delirium furibundum** delier met razernij. • **delirium hallucinatorum** delier met hallucinaties. • **delirium tremens** zie alcoholonthoudings-. • **koorts~** delier dat wordt veroorzaakt door een snel stijgende lichaamstemperatuur. • **onthoudings~** delirium dat ontstaat a.g.v. de onthouding aan stoffen waar het lichaam aan gewend geraakt is. • **posttraumatisch ~** delier veroorzaakt door hersenbeschadiging.

deling zie celdeling.

delinquentie 1 pleging van strafbare feiten; **2** (kinderpsychiatrie) antisociaal gedrag dat aanleiding kan geven tot justitiële vervolging.

delirant iemand die aan een delier lijdt.

delirium zie delier. • ~ **persecutionis** vervolgingswaan.

delle centrale inzinking, bijv. i.e. molluscum contagiosum; kwam vroeger ook voor bij pokken.

delomorfe cellen zie pariëtale cellen.

Delphi-methode kwalitatieve onderzoeksmethode waarbij meningen v.e. panel van experts worden gepeild zonder deze experts samen te brengen.

deltakorrels basofiele korrels v.h. cytoplasma van sommige lymfocyten.

deltoideus met de vorm v.e. hoofdletter delta, dus driehoekig.

demands zie zorgvraag.

demarcatie vorming v.e. grens tussen levend en afstervend weefsel, gevolgd door afstoting v.h. afgestorven weefsel.

demasculinisatie het verminderen of verdwijnen van primaire of secundaire mannelijke eigenschappen.

dement lijdend aan dementie.

dementering progressie of ontstaan van dementie.

⊛ **dementie** globaal cognitief verval bij een helder bewustzijn; indeling: corticale dementie (o.a. ziekte van Alzheimer, frontotemporale dementie (o.a. ziekte van Pick), subcorticale dementie (o.a. ziekte van Parkinson, de ziekte van Huntington), gemengde dementie (o.a. multi-infarctdementie (vasculaire dementie), posttraumatische encefalopathieën); beloop van klinisch beeld hangt vooral af v.d. oorzaak v.d. dementie; meest voorkomende vorm is de 'late-onset' alzheimerdementie, gevolgd door vasculaire dementie; vaak is er een overlap v.d. klinische beelden (ziekte van Alzheimer met vasculaire comorbiditeit) doordat vasculaire stoornissen ook een risicofactor voor 'late-onset' alzheimerdementie vormen. • **aids~** zie aids~complex. • **aids~complex** (ADC) progressieve subcorticale dementie a.g.v. aids. • **alzheimer~** vorm van dementie die wordt gekenmerkt door geheugenstoornissen en meervoudige cognitieve stoornissen; vaak ook depressie, angst en achterdocht; begint geleidelijk met een langzaam progressief beloop, waarbij de patiënt uiteindelijk bedlegerig wordt en volledige verzorging nodig heeft; neuropathologisch onderzoek geeft het beeld van neuronenverlies, seniele plaques en neurofibrillaire tangles. • **binswanger~** zie encefalopathie | subcorticale leuko-~. • **corticale ~** vorm van dementie waarbij stoornissen in corticale functies op de voorgrond staan. • **dementia arteriosclerotica** dementie bij arteriosclerose v.d. cerebrale vaten of de aanvoerende vaten. • **dementia choreatica** dementie bij de ziekte van Huntington, gekenmerkt door affectontladingen, ten slotte ontaarding en asociale handelingen. • **dementia epileptica** dementie a.g.v. herhaalde epileptische insulten, door schorsuitval. • **dementia paralytica** dementie die veelal met gedragsstoornissen gepaard gaat. • **dementia pugilistica** (DP) vroegtijdige dementie bij boksers en overmatig koppende voetballers a.g.v. chronisch opgelopen hersenletsel (knock-out). • **dementia traumatica** dementie door hersentrauma. • **endogene ~** dementie bij schizofrene aandoeningen. • **frontotemporale ~** dementie die wordt gekenmerkt door veranderingen i.d. persoonlijkheid en stoornissen in opmerkingsvermogen en beoordeling, explosieve prikkelbaarheid bij atrofie v.d. frontale of temporale hersenschors, vaak preseniel optredend. • **hiv-~** *zie* aids-complex. • **juveniele amaurotische** ~ *zie* Tay | ziekte van ~~ Sachs. • **multi-infarct~** (MID) dementiesyndroom a.g.v. multipele herseninfarcten en/of ischemie v.d. witte stof v.d. hersenen. • **preseniele** ~ dementie die zich voor de leeftijd van 65 ontwikkelt. • **pseudo~** verschijnselen die overeenkomst vertonen met symptomen van dementie, maar optreden in kader van somatoforme stoornis. • **seniele** ~ *zie* alzheimer-~. • **subcorticale** ~ dementie die wordt gekenmerkt door vertraging v.h. psychomotorische tempo, stoornissen i.d. actieve reproductie bij intacte recognitie en corticale functies. • **vasculaire** ~ dementie a.g.v. ischemie (arteriosclerose v.d. cerebrale vaten of de aanvoerende vaten), hypoxie of bloedingen i.d. hersenen; kenmerkend is plotseling begin, stapsgewijze achteruitgang.

demineralisatie | bot~ *zie* osteoporose.

Demodex een geslacht mijten. • *~ folliculorum* mijt die in follikels v.d. huid kan worden gevonden.

demodicidose infestatie (v.d. huid) met *Demodex folliculorum*.

demografie het beschrijven van verschijnselen in of kenmerken van populaties.

demping het geluid dat men hoort bij het percuteren v.e. niet-luchthoudende massa.

demyelinisatie proces waarbij de myelineschede van zenuwvezels verdwijnt; hierdoor ontstaat er een geleidingsvertraging doordat de saltatoire conductie tussen de knopen van Ranvier niet meer normaal verloopt.

denaturatie 1 (biochem.) irreversibele structuurverandering van eiwitten, bijv. door koken; **2** voor consumptie onbruikbaarmaking (bijv. alcohol: spiritus denaturatus).

dendriet uitloper v.e. zenuwcel, met vele vertakkingen, geleidt impulsen cellulipetaal.

dendriform boomvormig, vertakt.

dendriticus boomvormig.

dendrocyt antigeen-presenterende cel en accessory cell voor T-lymfocyten.

dendroïd boomvormig vertakt.

denervatie 1 (chir.) het doorsnijden van alle zenuwen die naar een bepaald orgaan lopen; **2** (pathol.) het niet meer geïnnerveerd zijn, bijv. v.e. spier. • **percutane facet~** destructieve blokkade v.d. ramus posterior d.m.v. thermolaesie.

dengue acute koortsende ziekte met gewrichtspijnen ('knokkelkoorts') en maculo-papuleus exantheem, veroorzaakt door het denguevirus, overgebracht door *Aedes aegypti* en andere soorten v.d. mug *Aedes*; in Tanzania, Oeganda en Kenia veroorzaakt door *Chikungunya Virus* en *O'Nyong-Nyong Virus*.

denken (psychol., psychiatr.:) een doelgerichte, logisch geordende reeks voorstellingen, ideeën, symbolen en associaties, op gang gebracht door een probleem of een taak en leidend tot een op de werkelijkheid gerichte conclusie; men maakt onderscheid i.d. vorm (tempo, efficiëntie, beloop en samenhang) en i.d. inhoud v.h. denken. • **abstract** ~ manier van denken die geen verband houdt met zichtbare werkelijkheid en waarbij geen concreet vb. aanwezig is. • **archaïsch** ~ (kinderpsychiatrie:) denkproces (bij kinderen, bij zwakbegaafdheid en schizofrenie) zonder abstraheren, in reële beelden. • **associatief** ~ (kinderpsychiatrie:) vermogen om i.h. denken verbindingen met verwante situaties te maken; verhoogd associatief denken duidt op een stoornis i.h. beloop v.h. denken en uit zich doordat het kind voortdurend van onderwerp verandert. • **autistisch** ~ ernstig gestoord denken. • **concreet** ~ (psychol.:) tweede fase i.d. ontwikkeling v.h. denken v.d. mens; de ontwikkeling behelst 1) syncretistisch denken, 2) concreet denken, 3) abstract denken; bij organische en functionele stoornissen kan een terugval ontstaan v.h. abstract naar het concreet denken. • **concreet-operationeel** ~ het causale denken met ordening in ruimte en tijd. • **deductief** ~ (psychol.) redeneerwijze waarbij op grond van vooraf gedane hypothese(n) gegevens worden verzameld om vervolgens deze hypothese(n) te toetsen. • **dereïstisch** ~ het onlogisch en irreëel interpreteren van zaken. • **dichotoom** ~ disadaptieve denkwijze waarbij polair dus evaluerend in termen van 'alles-of-niets' wordt gedacht. • **doem~** negatieve gebeurtenissen disproportioneel groot ervaren en presenteren. • **emotioneel** ~ (psychol.) disadaptieve denkwijze waarbij uitsl. vanuit emoties wordt gereageerd zonder rationele overwegingen. • **gejaagd** ~ (psychol.) subjectief ervaren stoornis i.h. tempo v.h. denken waarbij de patiënt zelf een sterke versnelling v.h. denkproces ervaart. • **geremd** ~ subjectief ervaren stoornis i.h. tempo v.h. denken waarbij de patiënt zelf een remming of stilstand v.h. denkproces ervaart. • **gestuwd** ~ subjectief ervaren stoornis i.h. tempo v.h. denken waarbij de patiënt zich onder druk voelt staan v.e. groot aantal invallen of steeds terugkerende gedachten die snel op elkaar volgen. • **hermeneutisch** ~ manier van denken die menselijke verschijnselen niet als causaal wetmatig bepaald ziet, maar als doelgericht volgens een subjectieve zingeving. • **hypothetisch-deductief** ~ op grond van hypothesen gegevens verzamelen om de veronderstellingen te toetsen. • **imperatief** ~ disadaptieve denkwijze waarbij het 'heilige' 'moeten' of 'zullen moeten' als drijfveer voor alle handelen wordt toegepast. • **inductief** ~ redeneerwijze waarbij algemene principes worden afgeleid van specifieke gevallen. • **inefficiënt** ~ (psychol.) subjectief ervaren stoornis i.h. beloop v.h. denken, gekenmerkt door het onplezierige gevoel niet helder mee te kunnen denken. • **magisch** ~ formele denkstoornis waarbij wordt verondersteld dat woorden of gedachten uit zichzelf de werkelijkheid kunnen beïnvloeden. • **metaforisch** ~ (psychol.) denkwijze die wordt gekenmerkt door een mengeling van concrete beelden en symbolen. • **nuts**~ *zie* utilisme. • **overgeneraliserend** ~ (psychol.) disadaptieve denkwijze waarbij een specifieke gebeurtenis wordt waargenomen of geëvalueerd als geldend onder alle omstandigheden. • **overinclusief** ~ (psychol.) denkwijze waarbij de patiënt allerlei denkbeelden die slechts i.d. verte met het onderwerp te maken hebben erbij betrekt. • **verhoogd associatief** ~ (psychol.) stoornis i.d. samenhang v.h. denken waarbij de gesproken taal voortdurend wordt onderbroken door nieuwe associaties. • **verstehend** ~ *zie* hermeneutisch ~. • **wens**~ *zie* dereïstisch ~. • **zwart-wit** ~ *zie* dichotoom ~.

de novo (bijv./bijw. bep; oncol.) nieuwe manifestatie v.e. bep. tumor bij een patiënt die deze tumor eerder heeft gehad en deze was kwijtgeraakt.

dens 1 gen. dentis, mv. dentes; 2 gebitselement (tand, kies); 3 dens (axis). • **~ axis** dens epistrophei (BNA): de 'tand' v.d. tweede halswervel. • **~ bicuspidatus** kies met twee knobbels, premolaar. • **~ caninus** hoektand. • **~ cuspidatus** (c) hoektand. • **dentes decidui** melktanden. • **~ incisivus** (i) snijtand. • **~ in dente** misvorming waarbij emailepitheel i.d. pulpa is ingestulpt, zodat het lijkt alsof zich i.d. pulpa een tand ontwikkelt. • **~ invaginatus** *zie* dens in dente. • **~ molaris** (m) ware kies. • **dentes permanentes** *zie* gebit | blijvend ~. • **~ sapientiae** *zie* kies | verstands~. • **~ serotinus** *zie* kies | verstands~.

dense body [E] sterk elektronenstrooiend, in gladde spiercel gelegen gebied.

densimeter dichtheidsmeter, voor de bepaling v.d. soortelijke massa van vloeistoffen.

densitometrie 1 vaststellen v.d. dichtheid v.d. zwarting die een fotografische film na belichting vertoont; 2 schatting v.d. weefseldichtheid, op basis v.d. zwarting v.e. röntgenfoto na standaardbelichting.

densus dicht; vb. macula densa.

dental cyst *zie* cyste | wortel~.

dentalis m.b.t. tanden; vb. periostitis dentalis.

dentatus getand, van tanden voorzien; vb. nucleus dentatus.

dentes mv. van dens. • **~ caduci** *zie* tand | melk~. • **~ lactales** *zie* tand | melk~.

denticulatus van fijne tanden voorzien; vb. ligamentum denticulatum.

denticulus dentinekorreltje, odontinoïd, hard korreltje i.d. tandpulpa.

dentificatie tandvorming.

dentine botachtige substantie die de pulpa omgeeft.

dentinekanaaltjes tandkanaaltjes.

dentis gen. van dens (tand).

dentitie het krijgen van tanden, het doorbreken v.h. gebit. • **dentitio difficilis** moeilijke, pijnlijke dentitie.

dentitio decidui *zie* gebit | melk~.

dentium v.d. tanden; vb. caries dentium.

dentofaciaal m.b.t. het gebit en het gelaat. • **~ syndroom van Weyers-Fülling** *zie* syndroom | weyers-fülling~.

dentogeen uitgaande v.h. gebit; vb. d-gene fistel.

dentur (D., d.) er worde gegeven.

denudatie proces waarbij door exogene invloeden het reliëf v.d. huid afvlakt.

deontologie denkrichting binnen de medische ethiek waarbij de juistheid van medische beslissingen wordt beoordeeld op

basis v.d. achterliggende morele normen en waarden.
deorsumductie het neerslaan, omlaag wenden v.d. ogen.
deorsumvergentie het afwijken v.e. of van beide ogen naar beneden.
dep. (depuratus) gezuiverd (rec.).
dependence verslaving.
depersonalisantia groep van psychodysleptica met ontredderende werking op het persoonlijkheidsgevoel.
depersonalisatie een gevoel van vervreemding of onwerkelijkheid dat meestal beangstigend is en betrekking kan hebben op de eigen gedachten of emoties of het eigen lichaam. • **allopsychische** ~ zie derealisatie.
depersonalisatiestoornis dissociatieve stoornis, gekenmerkt door een recidiverend of persisterend gevoel van depersonalisatie.
depigmentosus gedepigmenteerd, ontkleurd i.d. zin van afwezigheid van pigment; vb. naevus d-sus.
depilatie verwijdering v.d. haar ergens op een punt i.d. haarschacht.
depletie 1 (alg.:) fysiologische verwijdering van verzameld vloeistof(fen) of vaste stoffen; **2** (pathofysiol.:) overmatige afscheiding v.e. lichaamseigen stof (water, zout enz.) waarbij de lichaamsreserve hiervan uitgeput raakt en zo een tekort aan de desbetreffende stof ontstaat; vb. kaliumdepletie a.g.v. verhoogd kaliumverlies; **3** het dalen v.d. prevalentie v.e. mutatie bij het stijgen v.d. leeftijd.
depolarisatie het omgekeerde van polarisatie, i.e.z. daling v.h. kaliumconcentratie gepaard aan stijging v.h. natriumgehalte binnen het cellichaam. • **diastolische** ~ kenmerkende spontane ontlading van pacemakercellen tijdens de diastole v.h. hart.
depolarisatiefront bewegende grens van depolariserende en niet-depolariserende cellen i.d. richting v.d. cellen in rust.
depositie de vorming v.e. depot.
depot 1 ophoping v.e. stof op een bepaalde plaats, bijv. een ingespoten medicament dat langzaam moet worden geresorbeerd; **2** een lichaamseigen stof.
depotvet i.h. lichaam aanwezig reservevet.
depper van gaas gemaakte prop, bij operaties gebruikt voor het betten van wondvlakken.
depravatie verlies van normbesef; niet te verwarren met 'deprivatie'.
depressie 1 (pathol.) insufficiëntie; bijv. beenmergdepressie, ademhalingsdepressie; **2** (pathol.) inzinking i.e. oppervlak, bijv. i.e. curve (ecg); **3** (psychiatrie, als diagnostisch begrip) depressieve stoornis; vroeger werden depressietypen vnl. naar de oorzaak vernoemd (ouderdomsdepressie), tegenwoordig geschiedt de naamgeving en indeling naar ernst v.d. depressie zie depressieve stoornis; **4** (psychiatrie, als diagnostisch begrip) depressieve episode; **5** (lekenterm) gedrukte stemming, neerslachtigheid als normale reactie op teleurstelling, tegenspoed, bij rouw enz. • **adem~** zie ademhalings~. • **ademhalings~** verminderde ademhaling t.g.v. onvoldoende werking v.d. cerebrale ademcentra. • **anaclitische** ~ (kinderpsychiatrie) syndroom dat zich kan voordoen als reactie op de scheiding v.e. zuigeling v.d. moeder. • **angstige** ~ depressie met angstsymptomen. • **cyclothyme** ~ zie vitale ~. • ~ **in engere zin** zie depressieve stoornis. • **depressio uteri puerperalis** instulping v.d. baarmoeder bij kraamvrouwen, lichte vorm van inversio uteri. • **endogene** ~ obsolete term voor depressieve stoornis uit de tijd dat lichaam en geest gescheiden van elkaar werden gezien. • **exogene** ~ obsolete term voor alle niet-endogene depressies. • **geagiteerde** ~ depressie die gepaard gaat met nervositeit en drang opwinding. • **gemaskeerde** ~ zie depressie-equivalent. • **postnatale** ~ zie post-partum~. • **postoperatieve ademhalings~** insufficiënte ademhaling t.g.v. toediening van centraal werkende analgetica en/of spierrelaxantia. • **post-partum~** (PPD) depressieve stoornis, volgend op de bevalling. • **postpsychotische** ~ depressieve stemmingsstoornis die zich ontwikkelt i.h. beloop v.e. psychose en die niet verdwijnt a.g.v. de behandeling daarvan. • **puerperale** ~ zie post-partum~. • **reactieve** ~ depressie als reactie op abnormale belevenissen. • **seizoensafhankelijke** ~ vnl. in één bep. seizoen optredende stemmingsstoornis. • **ST~** (cardiol.) daling v.h. ST-segment op het ecg onder de basislijn. • **symptomatische** ~ depressie die samenhangt met een andere ziekte dan depressieve stoornis. • **unipolaire** ~ zie depressieve stoornis. • **vitale** ~ depressieve stoornis, gekenmerkt door het ontbreken

van vitale kenmerken. • **winter**~ *zie* seizoensafhankelijke ~.

depressie-equivalent lichamelijke klacht die als (vrijwel enige) uiting v.e. depressie moeten worden beschouwd en waarachter bij doorvragen een depressiesymptoom schuilgaat.

depressief mat, gedrukt, verdrietig, bedroefd, neerslachtig, huilerig, somber, moedeloos, hopeloos, wanhopig, radeloos enz.; door het algemeen verbreide gebruik als lekenterm heeft 'depressief' de specifieke verwijzing naar de depressieve stoornis i.d. psychiatrische diagnostiek verloren.
• ~ **syndroom** *zie* depressieve stoornis.

⊛ **depressieve stoornis** stoornis, eenmalig of recidiverend, gekenmerkt door depressieve episode(n), echter zonder manische episoden (zoals bij bipolaire stoornis); indeling: depressietypen werden vroeger vnl. naar oorzaak vernoemd/ingedeeld (bijv. ouderdomsdepressie), tegenwoordig zijn naamgeving en indeling op de ernst gebaseerd; men onderscheidt lichte, matige en ernstige depressie; bij lichte depressie zijn er minder symptomen, bij matige d. meer symptomen en bij ernstige d. ook psychotische kenmerken; in alle gevallen zijn beide of een v.d. kernsymptomen (zie verderop) aanwezig; bij chronische d. is ten minste twee jaar lang voldaan aan criteria van depressieve stoornis; varianten zijn o.a. postpartumdepressie, reactieve depressie, seizoensdepressie, vitale depressie.

depressor **1** een zenuw of spier die iets omlaagdrukt of -trekt, of de activiteit v.e. orgaan vermindert; vb. musculus depressor labii inferioris; **2** een instrument waarmee men iets tijdens een operatie omlaaggedrukt kan houden; **3** een medicament dat een dempende werking heeft op een fysiologische functie, bijv. op de bloeddruk.

deprivatie toestand v.e. tekort; niet te verwarren met 'depravatie'. • **emotionele** ~ (kinderpsychiatrie) inadequate en onvolledige relatieontwikkeling i.d. eerste levensjaren v.h. kind (i.h.b. m.b.t. de ouders), waardoor een sociale ontwikkelingsstoornis ontstaat. • **moederlijke** ~ toestand van affectieve verwaarlozing waarbij kind een voortdurende warme relatie met moeder heeft moeten ontberen. • **sensorische** ~ toestand waarin geen zintuiglijke indrukken worden ontvangen.

depuratus (dep.) gezuiverd (rec.).

derailment *zie* ontsporing.

dérangement interne [F] verzamelnaam van mechanische knieklachten: wisselende haperingen tijdens het bewegen (slotklachten), krakende geluiden (crepitaties) en het voelen verschieten i.d. knie.

Dercum | ziekte van ~ vetophopingen binnen een bindweefselomhulling waardoor spanning en hierdoor pijnklachten ontstaan.

derealisatie een gevoel van vervreemding of onwerkelijkheid dat doorgaans beangstigend is en betrekking op de omgeving heeft.

deregulering het vereenvoudigen, stroomlijnen, verbeteren of verminderen van wet- en regelgeving.

derencefalie aangeboren misvorming v.d. hersenen tot een klein overblijfsel, omsloten door de halswervels.

derepressie ontremming, m.n. v.d. onderdrukking van genfunctie.

derma huid, cutis.

dermaal m.b.t. de huid. • ~ **melanocytoom** *zie* naevus caeruleus.

dermabrasie afschuring v.d. bovenste huidlaag d.m.v. schuurpapier of roterende schijven.

Dermacentor tekengeslacht v.d. familie *Ixodidae*. • ~ *variabilis* hondenteek, belangrijkste vector van Rocky Mountain spotted fever.

dermadroom huidafwijking die door de specifieke correlatie met een functiestoornis of orgaanziekte een signaalfunctie heeft.

dermale melanocytose *zie* naevus | blauwe ~.

Dermanyssus mijtengeslacht. • ~ *avium* vogelschurftmijt. • ~ *gallinae* kippenschurftmijt, komt ook bij andere vogels voor, veroorzaakt bij de mens soms jeukend papuleus exantheem.

dermatitis (acute) ontsteking v.d. huid; i.d. Engelstalige literatuur veelal synoniem voor 'eczeem'; in Nederland vooral gebruikt wanneer de ontsteking tot de dermis (cutis) beperkt blijft. • **acroangio**~ purpuraachtige, later bruinrode tot paarsblauw-rode plekken en deels geïnfiltreerde en inflammatoire afwijkingen op de voetrug en het onderbeen bij chronisch veneuze insufficiëntie. • **acro**~ ontsteking v.d. huid van handen of voeten. • **acro~ enteropa-**

thica zeldzame, autosomaal-recessief erfelijke ziekte, met huidpustels en diarree.
• **acro~ papulosa infantum** *zie* ziekte van Gianotti-Crosti. • **atopische** ~ *zie* constitutioneel eczeem. • **berlock**~ erytheem en pigmentatie van huid die in contact is geweest met etherische olie, en door de zon beschenen is. • **bulleuze foto**~ dermatitis met blazen, gevolg van bestraling op huid die met bepaalde plantensappen in aanraking is geweest. • **cercariën**~ hevig jeukende dermatitis met urticariële papels, door het binnendringen van cercariën i.d. huid van zwemmers in tropische wateren. • **chondro**~ ontsteking van kraakbeen en huid.
• **chondro**~ **nodularis helicis** benigne lokale epitheelverdikking op de oorschelprand die zeer pijnlijk bij druk kan zijn.
• **contact**~ *zie* contacteczeem. • ~ **actinica** d. veroorzaakt door inwerking van stralen.
• ~ **actinica chronica** *zie* huid | zeemans-~.
• ~ **artefacta** door eigen toedoen al of niet bewust in stand gehouden of bewerkstelligde huidafwijking. • ~ **atopica** *zie* constitutioneel eczeem. • ~ **bullosa artefacta** het door de patiënt zelf aanbrengen van blaren waarbij deze dit nadrukkelijk ontkent.
• ~ **exfoliativa** verzamelnaam voor allerlei huidontstekingen die gepaard gaan met afschilfering van cutis en epidermis, vaak in grote lamellen. • ~ **exfoliativa generalisata neonatorum** secundaire erytrodermie bij neonaten t.g.v. huidinfectie met stafylokokken van faaggroep 2.
• ~ **herpetiformis** polymorfe dermatose met kenmerkende herpesachtige groepen blaasjes tussen cutis en epidermis, ongeveer symmetrisch. • ~ **lichenoides purpurica pigmentosa** *zie* syndroom van Gougerot-Blum. • ~ **perifocalis** *zie* eczeem | perifocaal ~. • ~ **perioralis** d. rondom de mond.
• ~ **phytotoxica** *zie* fytofoto-~. • ~ **psoriasiformis nodularis** *zie* pityriasis lichenoides chronica. • ~ **solaris** pijnlijke, erythemateuze of eczemateuze ontsteking v.d. huid, evt. ook met oedeem, vesiculae en bullae a.g.v. overmatige expositie aan uv-licht. • ~ **striata pratensis** *zie* fytofoto-~. • **foto**~ aandoening v.d. huid ontstaan onder invloed van licht. • **luier**~ *zie* eczeem | luier-~. • **periorale** ~ *zie* dermatitis perioralis. • **photo**~ pigmentaria *zie* berlock-~. • **radio**~ huidontsteking, veroorzaakt door ioniserende straling. • **schistosomen**~ *zie* cercariën-~.
• **seborrhoeic** ~ *zie* eczeem | eczema seborrhoicum infantum.
dermato- voorvoegsel in woordsamenstellingen betreffende de huid.
Dermatobia hominis huidparasiet bij mensen en dieren in tropisch Amerika.
dermatocele *zie* cutis laxa.
dermatofibroom | **dermatofibroma lenticulare** ronde, vaste, geelbruine, iets verheven onpijnlijke tumor, een celrijk fibroom.
dermatofibrosarcoom | **dermatofibrosarcoma protuberans** uitpuilende, vaste, bruinrode, langzaam groeiende, knobbelige maligne huidtumor.
dermatofyt huidschimmel die keratine aantast en daardoor afwijkingen aan huid, nagels en haren kan teweegbrengen. • **geofiele ~en** samenvattende term voor huidziekte verwekkende schimmels die bij voorkeur in aarde leven.
dermatofytide allergische huidafwijking, ontstaan als allergische reactie op een dermatofyt, waarvan het allergeen i.h. bloed is geraakt.
dermatofytose *zie* dermatomycose.
dermatogeen uitgaande v.d. huid; vb. d-gene contractuur.
dermatoglyfen huidlijsten op de huid van vingers en tenen, die een voor ieder persoon kenmerkend patroon vormen.
dermatologie het specialisme dat zich bezighoudt met onderzoek en behandeling van huidziekten. • **psycho**~ deelgebied in dermatologie dat de relatie tussen psychologische en sociale factoren en dermatologische ziekten bestudeert.
dermatoloog huidarts, specialist i.d. dermatologie.
dermatolysis *zie* cutis laxa.
dermatomeer segment v.d. huid, overeenkomend met een metameer v.h. embryonale integument.
dermatomenkaart afbeelding v.h. lichaam waarop de dermatomen zijn weergegeven.
⊛ **dermatomycose** schimmelziekte v.d. huid en adnexen, veroorzaakt door een schimmel of gist, i.h.b. dermatofyten en candidasoorten; dermatofyten groeien in stratum corneum van epidermis (epidermomycose), nagels (onychomycose) en haren (trichomycose); slechts bij uitzonde-

ring tasten zij ook dieper gelegen structuren aan. • **dermatomycosis interdigitalis** schimmelaandoening tussen de tenen.
dermatomycosis barbae *zie* tinea barbae.
dermatomycosis manus *zie* tinea manus.
dermatomyoom leiomyoom v.d. huid.
dermatoom 1 (neurol.) huidgebied waarin sensoren liggen die informatie via één wortel naar het centrale zenuwstelsel sturen; **2** instrument waarmee men huidlapjes voor transplantatie kan snijden; **3** (embryol.) huidgebied dat bij een metameer behoort; **4** (obsoleet) huidgezwel.
dermatopathie *zie* dermatose.
Dermatophagoides pteronyssinus 0,3 mm grote mijt, leeft op huidafval van mensen.
dermatopolyneuritis *zie* acrodynie.
dermatosclerose *zie* sclerose | dermatolipo~.
dermatoscopie non-invasieve in-vivotechniek waarbij een tienmaal vergroot beeld wordt verkregen v.e. gepigmenteerde laesie nadat de hoornlaag doorzichtig is gemaakt door applicatie van olie.
dermatose huidziekte. • **acute neutrofiele** ~ *zie* febriele neutrofiele ~. • **ashy-**~ verworven pigmentafwijking, gekenmerkt door asgrijskleurige tot grijs-blauwachtige vlekken. • **chronische polymorfe juveniele** ~ *zie* lineaire IgA-~. • **chronische polymorfe licht**~ (CPLD) *zie* chronische polymorfe lichteruptie. • **febriele neutrofiele** ~ acute huidaandoening gekenmerkt door pijnlijke, tot plaques confluerende papels en gepaard gaande met koorts, gewrichtspijn en leukocytose. • **fotosensitieve** ~ d. die ontstaat na contact met licht. • **immuno**~ dermatose, berustend op een stoornis v.h. immuunsysteem waarbij naast de huid veelal andere organen aangedaan zijn. • **industriële** ~ huidziekte ontstaan bij het werken i.e. bedrijf met bepaalde stoffen. • **juveniele plantaire** ~ chronische eczemateuze huidaandoening met roodheid, schilfering, keratosen en ragaden aan voetzolen en soms ook aan de dorsale zijde v.d. voeten en de handpalmen. • **lineaire** ~ een onverklaarbare streepvormige huidafwijking. • **lineaire IgA-**~ (LAD) heterogene huidaandoening met erythematopapuleuze en vesicobulleuze laesies, gelijkend op parapemfigus, erythema exsudativum en dermatitis herpetiforme.
• **naevoïde lineaire** ~ *zie* naevus linearis.
• **dermatosis papulosa nigra** vnl. bij negroïden voorkomende donkere papels i.h. gelaat met onbekende oorzaak. • **subcorneale pustuleuze** ~ huidaandoening gepaard gaande met oppervlakkige, alleen door het stratum corneum bedekte, steriele pustels. • **transiënte acantholytische** ~ jeukende polymorfe papulo-vesiculeuze huidaandoening die histologisch gekenmerkt is door acantholyse. • **zwangerschaps**~ dermatose die veelvuldig of uitsl. i.d. zwangerschap voorkomt.
dermatostomatitis *zie* syndroom | stevens-johnson-~.
dermatotroop *zie* dermotroop.
dermatozoönose huidziekte veroorzaakt door een dierlijke parasiet.
dermis 1 (alg.) de huid; **2** (dermatol, histopathol.) bindweefsellaag onder de epidermis.
dermitis *zie* dermatitis.
dermofyt *zie* dermafyt.
dermograaf huidpotlood.
dermografie het verschijnen van witte lijnen die na enkele seconden rood worden op plaatsen waar men met een voorwerp op de huid strijkt. • **witte** ~ *zie* dermographie blanche.
dermographie blanche [F] vasomotorische reactie waarbij een witte streep optreedt na het krabben op de huid.
dermoïd 1 huidachtig; **2** (minder juist:) dermoïdcyste.
dermolytische epidermolysis bullosa *zie* epidermolyse | dystrofische epidermolysis bullosa.
dermomycose *zie* dermatomycose.
dermosynoviitis zeer ernstige necrotiserende ontsteking van huid, subcutis en onderhuidse fascie resp. synoviaal weefsel.
• ~ **plantaris ulcerosa 1** zeer ernstige ettering v.d. voetzool met zweervorming; **2** malum perforans (trophoneuroticum).
dermotroop met affiniteit tot de huid.
deroofing chirurgische techniek die wordt toegepast bij ectopisch acne.
dervingsverschijnselen klachten veroorzaakt door het afnemen v.d. functie v.d. ovaria i.d. perimenopauze.
DES *zie* stent | drug-eluting ~.
des niet te verwarren met 'DES' *zie* di-ethyl-stilbestrol.
desaminering afsplitsing v.d. aminogroep

v.e. aminozuur.
Descemet | descemetitis ontsteking v.d. membraan van Descemet, voorkomend bij cyclitis. • **descemetocele** *zie* keratocele.
descendens afdalend; vb. aorta descendens, colon descendens.
descendent afstammeling.
descendentie nageslacht.
descendentietheorie afstammingsleer.
descensus afdaling. • ~ **testis** afdaling v.d. aanvankelijk i.d. buik gelegen testis door het lieskanaal naar het scrotum *zie* cryptorchisme. • ~ **testis incompletus** onvolledige testisafdaling, leidt tot retentio testis *zie* cryptorchisme. • ~ **uteri** het omlaag komen v.d. baarmoeder bij ernstige graad van prolapsus uteri.
desdochter dochter v.e. moeder die tijdens de zwangerschap werd behandeld met diethylstilbestrol.
-dese achtervoegsel in woordsamenstellingen met als betekenis fixatie, vasthechting.
desensitisatie 1 het laten afnemen v.d. gevoeligheid; **2** immunotherapie bij patiënten met een IgE-gemedieerde allergie of met een intolerantie (bijv. voor aspirine), door frequente en gecontroleerde toediening in toenemende dosis v.e. al dan niet allergene stof met als doel de aanmaak van blokkerende antistoffen te bevorderen en een toestand van anergie of tolerantie te creëren. • **systematische** ~ (psychol.) behandelvorm binnen de gedragstherapie waarbij angstbeheersing voorop staat.
desert sore *zie* zweer | woestijn-~.
desferrioxamine chelerende stof die de ijzeruitscheiding bevordert.
desiccans uitdrogend middel.
designer-vaginoplastiek *zie* rejuvenatie | vaginale ~.
desinfectans stof die infectie kan voorkomen door vernietiging van pathogene micro-organismen.
desinsertie het losmaken v.e. insertie.
desintegratie 1 opheffing van samenhang, het uiteenvallen; **2** (psych.) verbrokkeling v.d. persoonlijkheidsstructuur, bijv. bij schizofrenie; **3** het uiteenvallen of onomkeerbaar van toestand veranderen v.e. enkele atoomkern onder uitzending van straling.
deskundigheidsbevordering huisartsgeneeskundige term voor nascholing en bijscholing.

desm- voorvoegsel in woordverbindingen betreffende een ligament of ligamenten.
desmaal m.b.t. vliezen.
desmarresooglidhouder platte, uitgeholde haak met handvat.
desmine draadvormig eiwit aanwezig in spiercellen en daarvan afgeleide tumoren.
desmitis ontsteking van ligamenten.
desmocranium vliezig primordiaal cranium, ontwikkelingsstadium voorafgaand aan dat v.h. chondrocranium.
desmodontium *zie* periodontium.
desmogeen uitgaande v.e. ligament, bijv. een desmogene contractuur.
desmoïd 1 bindweefselachtig; **2** goedaardig, recidiverend bindweefselgezwel, uitgaande van straf bindweefsel (zoals fascie e.d.). • **abdominaal** ~ goedaardig gezwel uitgaan van bindweefsel. • **ventriculair** ~ *zie* abdominaal ~.
desmologie wetenschap die zich met ligamenten en pezen bezighoudt.
desmopexie operatieve fixatie v.e. ligament, i.e.z. de operatie van Alexander-Adams.
desmoplasie de vorming van fibreus weefsel.
desmopressine stof die de endotheelcel prikkelt tot uitscheiding van bloedfactor VIII.
desmorrexie bandruptuur.
desmosoom adhesiestructuur tussen epitheelcellen, bestaande uit ankerplaten verbonden door intercellulaire substantie, waar intermediaire filamenten vanuit de cel aan ankeren.
desobliteratie het opheffen van obliteratie.
desodorans ontgeurend middel, dat onaangename geuren opheft.
desorganisatie 1 opheffing van organische samenhang, bouw en verrichting; **2** (psych.) type van schizofrenie waarbij het gedrag v.d. patiënt chaotisch is, de spraak onsamenhangend is en er vaak sprake is v.e. vlak of inadequaat affect, b.v., lachen of huilen in situaties waarin dit gewoonlijk niet passend is.
desoriëntatie (psychol.) stoornis i.h. vermogen zichzelf te situeren i.d. tijd, i.d. plaats en ten aanzien van andere mensen en de eigen persoon.
desoxicortisol | 11-~ *zie* compound S.
desoxyribonuclease (DNase) enzym dat de hydrolyse van desoxyribonucleïnezuur ka-

talyseert.
desoxyribonucleïnezuur *zie* DNA.
desquamatie (af)schilfering, i.h.b. v.d. hoornlaag v.d. huid. • **desquamatio lamellosa** afschilfering i.d. vorm van vellen en vliezen.
desquamatief (af)schilferend; vb. pneumonia desquamativa.
desquamatio membranacea *zie* desquamatie | desquamatio lamellosa.
destructie verwoesting.
destructivus verwoestend; vb. appendicitis destructiva.
destruens vernietigend; vb. adenoma destruens, mola destruens.
destruerend vernietigend.
desufflatie (min. invas. chir.:) het doen weglopen van gas of lucht uit bijv. een pneumoperitoneum of een colonkatheter.
desulfhydrase enzym dat de H_2S-groep v.e. verbinding afsplitst.
desynchronisatie optreden v.e. patroon i.h. elektro-encefalogram (eeg) dat wordt gekenmerkt door kleine uitslagen en en hoge frequentie (bètapatroon) t.g.v. willejeurig (at random) ontladen v.d. neuronen, o.a. afleidbaar aan de visuele schors bij geopende de ogen; NB: niet te verwarren met 'desynchronose' (jetlag).
desynchronose *zie* jetlagsyndroom.
detergens een zuiverend of 'schoonmakend' geneesmiddel.
deterioratie achteruitgang, verslechtering. • **mentale** ~ psychische achteruitgang, aftakeling als symptoom van o.a. dementie.
determinant 1 erfelijke factor die de ontwikkeling v.e. cel of een orgaan bepaalt; 2 (epidemiol.) etiologische, prognostische of diagnostische factor, gerelateerd aan een ziekte. • **antigene** ~ chemische structuur v.e. groot-moleculair antigeen dat de specificiteit v.h. antigeen bepaalt. • **causale** ~ oorzakelijke factor i.h. ziektebeloop. • **diagnostische** ~ factor die een indicatie of voorspelling geeft v.d. aanwezigheid v.e. ziekte. • **endogene** ~ determinant van gezondheid die aan lichaam of geest v.d. persoon zelf kan worden vastgesteld. • **etiologische** ~ factor die (mede)verantwoordelijk is voor het ontstaan v.e. ziekte. • **exogene** ~ buiten het lichaam v.d. betrokkene gelokaliseerde factor met invloed op de gezondheid van die persoon. • **prognostische** ~ factor die samenhangt met het beloop v.e. ziekte. • **resistentie**~ genetisch element i.e. bacterie, drager v.d. resistentie tegen een antibioticum of chemotherapeuticum.
determinante groep deel v.e. antigeen dat de immunitaire specificiteit bepaalt.
determinisme filosofische opvatting dat alle gebeurtenissen hun vaste loop hebben en daarmee de loop van verdere gebeurtenissen bepalen.
detoxificatie het doen ontwennen van drugs- of alcoholverslaafden aan het gebruikte middel, ter ontgifting v.h. lichaam. • **metabole** ~ lichamelijke processen die giftige eigenschappen v.d. stof verminderen door chemische veranderingen; hierdoor ontstaat een verbinding die minder giftig is en/of gemakkelijker via lever of nieren uit te scheiden is.
detoxificatieafdeling (detox) behandelcentrum voor de ontgifting van verslaafden.
detritus het fijngewrevene, de afval van uiteengevallen cellen en weefsels.
detrusor verzamelterm voor de blaasmusculatuur.
detrusorareflexie onvermogen v.d. m. detrusor vesicae tot reflectoire contractie a.g.v. laesie v.h. blaascentrum (i.d. conus medullaris), ruggenmergwortels v.d. cauda equina of de perifere zenuwen, waardoor de reflexboog wordt onderbroken.
detrusor-sfincterdyssynergie gelijktijdig samentrekken v.d. blaasspieren en de blaassluitspieren.
detubatie *zie* extubatie.
detuberen het verwijderen v.e. ingebrachte buis.
detumescentie het afnemen van zwelling, slinken; vb. peniele detumescentie.
detur (D., d.) het worde gegeven (rec.).
deut- voorvoegsel in woordverbindingen met de betekenis 'mindere' of 'tweede'.
deuteranomalie zwakke vorm van deuteranopsie.
deuteranopsie ontbrekend gezichtsvermogen voor groen ('groenblindheid').
Deuteromycetes fungi imperfecti.
deuteron positief geladen deeltje, bestaande uit een proton en een neutron.
deuteroplasma de niet-levende inhoud v.e. cel, ingesloten i.h. protoplasma.
Deutung *zie* duiding.
devascularisatie het (grotendeels) (doen) stoppen v.d. bloedtoevoer naar een bepaald

gebied door obstructie of destructie v.d. aanvoerende bloedvaten.

deviant 1 (statist., epidemiol.) afwijkend; **2** (psych.) afwijkend; vb. deviant gedrag.

deviatie afwijking, bijv. v.d. oogassen. • **geconjugeerde** ~ gelijktijdige d. van hoofd en ogen naar één kant. • **standaard**~ (sd) wiskundig gedefinieerde maat voor de spreiding van waarnemingen rond het gemiddelde. • **ulnaire** ~ afwijking i.d. richting v.d. ulna.

devil's grip zie myalgie | myalgia epidemica.

devirilisering zie demasculinisatie.

DEXA-meting zie absorptiometrie | dual-energy X-ray absorptiometry.

DEXA-scan zie absorptiometrie | dual-energy X-ray absorptiometry.

dexpanthenol zie vitamine B_5.

dexter rechter, rechtszijdig; vb. flexura coli d-tra, ostium atrioventriculare d-trum.

dextran een polysacharide, opgebouwd uit glucosemoleculen; wordt gebruikt als plasma-vervangmiddel.

dextrine polysacharide, ontstaan bij splitsing van zetmeel.

dextro- (d-) voorvoegsel in woordsamenstellingen met de betekenis rechts of rechtsdraaiend.

dextrocardie aangeboren ligging v.h. hart i.d. rechter thoraxhelft, met de apex naar rechts wijzend.

dextroconvex naar rechts gekromd; vb. d-xe scoliose.

dextrolocatie verplaatsing naar rechts.

dextromanie rechtshandigheid zie rechtshandigheid.

dextrose rechtsdraaiende glucose (d-glucose).

dextroversie draaiing naar rechts. • **dextroversio cordis** rotatie v.h. hart om zijn as naar rechts, zodat de linker kamer vóór, de rechter kamer achter is komen te liggen.

dextrum onz. van dexter.

DHEA zie dehydro-epiandrosteronsulfaat.

DHEAS zie dehydro-epiandrosteronsulfaat.

DHT zie dihydrotestosteron.

di- voorvoegsel in woordverbindingen met de betekenis twee, tweevoudig.

dia- voorvoegsel in woordverbindingen met de betekenis door, afzonderlijk, tussen, volkomen.

diabeet diabetespatiënt.

⊛ **diabetes** verzamelnaam voor een groep endocriene aandoeningen die worden gekenmerkt door een absoluut of relatief tekort aan insuline, waardoor naast hyperglykemie stoornissen i.d. koolhydraat-, eiwit- en vetstofwisseling kunnen ontstaan; indeling: onderverdeeld naar ontstaansmechanisme (etiologie); men onderscheidt: 1) diabetes mellitus type 1 (DM I, kortheidshalve 'diabetes type 1'), vroeger ook wel aangeduid als 'insulineafhankelijke diabetes'; gaat gepaard met absoluut insulinegebrek en daardoor neiging tot ketoacidose; ontstaat meestal op jeugdige leeftijd; 2) diabetes type 2 (DM II, kortheidshalve 'diabetes type 2'), vroeger ook wel aangeduid als niet-insulineafhankelijke diabetes (NIDDM) of 'ouderdomsdiabetes', met geen of geringe neiging tot ketoacidose wegens het bestaan v.e. restfunctie v.d. alvleesklier; ontstaat vaker op iets hogere/oudere leeftijd bij mensen en kan geassocieerd zijn met leefstijl (overgewicht, weinig lichaamsbeweging), treedt echter op steeds jongere leeftijd op gezien de toename in overgewicht bij jeugdigen; 3) andere specifieke vormen van diabetes, bijv. veroorzaakt door ziekten aan de alvleesklier of hormonale aandoeningen die de werking van insuline tegengaan. • **amino**~ genetisch veroorzaakte uitscheiding van aminozuren en suiker i.d. urine, bijv. bij abderhalden-fanconisyndroom en debré-detoni-fanconisyndroom. • **asymptomatische** ~ d. zonder klinische symptomen, maar met diabetische glucosetolerantie. • **auto-immuun**~ minder gangbare aanduiding voor type-1-diabetes mellitus, gebaseerd op het gegeven dat bij openbaring doorgaans vier typen autoantilichamen kunnen worden aangetoond (insulineautoantilichamen (IAA), cytoplasmatische eilandcelantilichamen (ICA), antilichamen tegen glutamaatdecarboxylase (anti-GAD 65) en tyrosinefosfataseantilichamen (IA-2). • **brittle** ~ E] diabetes met sterk wisselende bloedglucoseconcentraties zonder duidelijke oorzaak; is hierdoor moeilijk instelbaar. • **brons**~ chronische stapelingsziekte met verhoogde ijzerresorptie en hemosiderineafzetting in verschillende organen (lever, pancreas).

• **diabète bronzé** zie brons~. • **gravidarum** zie zwangerschaps-. • **insipidus 1** endocriene ziekte, gekenmerkt door polyurie, polydipsie, gebrekkig concentratievermogen v.d. nieren; **2** gangbare verkorte vorm van 'neurohormonale diabetes insipidus' *zie* neurohormonale ~ insipidus. • ~ **insipidus neurohormonalis** *zie* neurohormonale ~ insipidus. • ~ **insipidus renalis** nefrogene diabetes insipidus met normale ADH-spiegel, maar met stoornis i.d. tubulaire reactie op ADH. • ~ **mellitus** (DM) *zie* diabetes. • ~ **renalis** goedaardige aanhoudende glucosurie door verlaagde nierdrempel voor glucose-uitscheiding; betreft autosomaal recessief erfelijke stoornis v.d. glucoseterugresorptie; bij glucosebelasting verkrijgt men een normale bloedglucosecurve. • **fosfaat**~ erfelijke hypofosfatemie en hyperfosfaturie door verminderde terugresorptie van fosfaat i.d. niertubuli. • **galactose**~ stoornis i.d. koolhydraatstofwisseling t.g.v. gebrek aan het enzym galactokinase. • **instabiele** ~ *zie* brittle ~. • **insulineafhankelijke** ~ **mellitus** (IADM) niet meer gangbare term uit vroegere classificatie van diabetes mellitus, min of meer synoniem van diabetes mellitus type 1. • **jeugd**~ obs. term voor 'diabetes type I' *zie* diabetes. • **juveniele** ~ vroeger gebruikte term voor diabetes mellitus type 1, daarmee aangevend dat debuut vaak in jeugd optreedt. • **klinische** ~ diabetische glucosetolerantie met klinische diabetessymptomen. • **latent autoimmune** ~ **in adults** (LADA) vorm van diabetes type 1 die door het geleidelijke begin ervan voor diabetes type 2 kan worden aangezien. • **latente** ~ diabetes zonder klinische verschijnselen en met normale glucosetolerantie, welke tolerantie in stresssituaties (zwangerschap e.d.) echter afneemt. • **maternally inherited** ~ **and deafness** (MIDD) zeldzame vorm van diabetes die erfelijk via de moeder wordt overgedragen via het erfelijke materiaal v.d. mitochondriën. • **maturity-onset** ~ **of the young** (MODY) [E] autosomaal dominant overervende niet-insulineafhankelijke diabetes bij jongeren; genetisch heterogeen; bij MODY reageert de pancreas onvoldoende op een stijging v. h. glucosegehalte i.h. bloed. • **nefrogene** ~ **insipidus** *zie* diabetes insipidus renalis. • **neonatale** ~ diabetes die al i.d. eerste zes levensmaanden optreedt a.g.v. bep. genetische variatie die ervoor zorgt dat een kanaaltje i.d. alvleesklier minder goed werkt. • **neurohormonale** ~ **insipidus** diabetes insipidus door neurohormonale stoornissen (tekort aan ADH-productie). • **nier**~ *zie* diabetes renalis. • **niet-insulineafhankelijke** ~ **mellitus** (NIADM) diabetes mellitus die gepaard gaat met een relatief overgewicht, insulineresistentie en een relatief insulinetekort; neigt niet tot ketoacidose; vroeger 'ouderdomstype diabetes' of 'maturity-onset diabetes of the young' (MODY) genoemd; is echter niet aan leeftijd gebonden. • **non-insuline-independent** ~ **mellitus** *zie* niet-insulineafhankelijke ~ mellitus. • **ouderdoms**~ obs. term voor diabetes type 2. • **pre**~ retrospectief te gebruiken term voor de periode voor de ontwikkeling v.e. afwijkende glucosetolerantie. • **steroïd**~ 1 diabetes mellitus die zich manifesteert bij bepaalde dispositie bij hooggedoseerde steroïdtoediening; 2 (in ruimere zin:) de door insulineresistentie en negatieve stofwisselingsbalans gekenmerkte diabetes mellitus bij het cushingsyndroom. • **type-1**~ *zie* insulineafhankelijke ~ mellitus. • **type-2**~ *zie* niet-insulineafhankelijke ~ mellitus. • **zwangerschaps**~ gestoorde koolhydraatstofwisseling, uitsl. tijdens de zwangerschap.

diabetesbus mobiele bus (container, bijv. geparkeerd nabij huisartsenpraktijk) voor bloedonderzoek, fundusfoto, controle, patiënten instellen op insuline, lifestyleadviezen; bezetting is doorgaans dokterassistente, diëtist en diabetesverpleegkundige.

diabetes mellitus | **medicamenteuze** ~ secundaire diabetes mellitus a.g.v. gebruik van bep. geneesmiddelen (corticosteroïden, diuretica).

diabeteszelfcontrole bepaling v.d. bloedglucosespiegel (bloedsuiker) door de patiënt zelf; wordt enkele malen per dag uitgevoerd met een glucosemeter, die i.e. druppel bloed het glucosegehalte meet; de patiënt prikt hiertoe i.d. vingertop met een speciaal apparaatje.

diabetisch 1 gevolg van of samengaand met diabetes mellitus; **2** persoon met diabetes mellitus.

⊛ **diabetische nefropathie** (DN) nierschade die optreedt a.g.v. diabetes mellitus (DM), zowel bij type 1 als type 2.

⊛ **diabetische retinopathie** het geheel v.d. (vasculaire) afwijkingen aan het netvlies die het gevolg van diabetes mellitus zijn; indeling: men onderscheidt proliferatieve retinopathie (gepaard gaand met vaatwoekeringen; vnl. bij type-1-diabetes (DM1)) en exsudatieve retinopathie (gepaard gaand met lekkage van eiwitten en vetten uit de bloedvaten; vnl. bij type-2-diabetes (DM2)); in één ook kunnen op verschillende plaatsen alle stadia voorkomen, verschillend in uitgebreidheid, ontwikkelingssnelheid en graad van progressie.

• **diabetische voet** verscheidenheid van voetafwijkingen die vaak in combinatie ontstaan a.g.v. neuropathie, macroangiopathie, limited foot-joint mobility en metabole stoornissen, voorkomen bij patiënten met diabetes mellitus.

diabetogeen 1 (bijv. nw.:) tot een diabetische stofwisselingstoestand leidend; 2 (zelfst. nw.:) stof die een diabetische stofwisselingstoestand veroorzaakt; vb. glucocorticoïden (i.h.b. cortisol) en adrenaline.

diabetologie leer v.d. etiologie, pathogenese, epidemiologie, diagnostiek en behandeling van diabetes mellitus en de aandoeningen die hiervan het gevolg kunnen zijn.

diacylglycerol (DAG) intracellulaire second messenger.

diadochokinese het vermogen snel opeenvolgende antagonistische bewegingen te maken. • **a~** *zie* diadochokinese. • **brady~** verlangzaamde diadochokinese. • **dys~** gestoorde diadochokinese.

diadynamische stroom pulserende gelijkstroom.

diafanie het doorschijnend (diafaan) zijn v.e. lichaamsdeel.

diafanoscopie *zie* transilluminatie.

diaferometer apparaat ter bepaling v.d. zuurstof- en kooldioxidedruk i.d. in- en de uitademingslucht.

diaforese 1 secretie van zweet door de glandulae sudoriferae; 2 kunstmatig teweeggebracht transpiratieproces.

diafragma 1 (anatomie) koepelvormige spierplaat die de borstholte v.d. buikholte scheidt; 2 (gynaecol.:) *zie* pessarium occlusivum; 3 (werktuigkunde) reguleerbare opening, waarmee meer of minder licht i.e. optisch instrument (camera, microscoop) kan worden toegelaten. • **diaphragma oris** een door de beide musculi myohyoidei gevormde spierplaat. • **diaphragma pelvis** de door de m. levator ani gevormde bekkenbodem. • **diaphragma sellae** klein horizontaal blad v.d. dura, over de hypofyse uitgespannen tussen de processus clinoidei. • **diaphragma urogenitale** verouderde term.

diafragmabeweging *zie* ademhalingsexcursie.

diafragmahoogstand hoge stand v.h. diafragma.

diafragmaruptuur scheur i.h. middenrif, meestal a.g.v. een stomp thoraxtrauma.

diafragmatomie chir. doorsnijding v.h. middenrif.

diafragmitis ontsteking v.h. middenrif.

diafysair m.b.t. de diafyse.

diafysaire beenschacht *zie* diafyse.

diafyse het cilindrisch gevormde, merghoudende middenstuk (schacht) v.e. pijpbeen.

diafysitis ontsteking v.d. diafyse.

diagnose (Dx) 1 de naamgeving v.e. bij de patiënt geconstateerde aandoening; 2 een herkenning, onderscheiding en vaststelling v.e. aandoening. • **diagnosis per exclusionem** het stellen v.e. diagnose door uitsluiting van hetgeen niet in aanmerking komt. • **differentiële ~** (DD) het resultaat van differentiële diagnostiek. • **diagnosis ex juvantibus** diagnose op grond v.h. succes v.e. bepaalde behandeling. • **klinische ~** diagnose op grond v.d. aan het ziekbed waarneembare verschijnselen bij de patiënt. • **routine~** de diagnose die als waarschijnlijkste tot stand komt als op geprotocolleerde wijze wordt gewerkt. • **symptoom~** beschrijving v.e. klacht of symptoom indien er geen ziekte- of syndroomdiagnose kan worden gesteld. • **syndroom~** identificatie v.e. verzameling van klachten en/of symptomen die op niet-toevallige wijze vaker samen voorkomen. • **uitsluitings~** *zie* diagnosis per exclusionem. • **vermoede ~** *zie* waarschijnlijkheids~. • **voorlopige ~** *zie* werk~. • **waarschijnlijkheids~** diagnose die het waarschijnlijkst is op basis v.d. waargenomen symptomen en de relevante epidemiologische aspecten; kan nog worden gewijzigd op grond van ziekteverloop of therapie-effect; NB: niet te verwarren met werkdiagnose (-hypothese). • **werk~** diagnose die de richting v.d. behandeling aangeeft en die het te volgen beleid legitimeert.

diagnose-behandelingcombinatie (DBC) combinatie v.e. volgens ICD-geclassificeerde diagnose en daarbij behorende diagnostische en therapeutische verrichtingen.

Diagnostic and Statistical Manual of

Mental Disorders (DSM) classificatiesysteem voor psychische stoornissen, ontwikkeld onder verantwoordelijkheid v.d. American Psychiatric Association; is vooral voor gebruik bij onderzoek ontwikkeld: onderzoek en communicatie worden duidelijker en betrouwbaarder wanneer internationaal dezelfde criteria voor psychiatrische aandoeningen worden gehanteerd; wordt evenwel in toenemende mate internationaal door behandelaars als diagnosesysteem gebruikt.

diagnosticum een bij de diagnostiek toegepast middel of een herkenningsteken.

diagnostiek 1 de leer of de kunst v.h. stellen v.e. diagnose; **2** het complex v.d. methoden en technieken die worden gebruikt bij het stellen v.e. diagnose. • **antenatale** ~ zie prenatale ~. • **bacteriologische** ~ vaststelling v.d. diagnose d.m.v. bacteriologische methoden. • **beeldvormende** ~ verzamelnaam v.d. technieken waarmee t.b.v. de diagnostiek afbeeldingen van skelet en weke delen kunnen worden verkregen. • **biopsychosociale** ~ psychiatrische diagnose in ruimere zin; integreert de formele diagnose en de voor het individu specifieke etiologische en andere kenmerken. • **differentiële** ~ het afwegen v.d. betekenis van verschijnselen om de werkelijke ziekte te identificeren. • **functionele** ~ d. betreffende of uitgaande v.d. orgaanfuncties. • **fysische** ~ d. met gebruikmaking van zintuiglijke waarneming. • **laboratorium**~ diagnostiek op grond v.d. uitslag van laboratoriumonderzoek. • **moleculair-genetische** ~ diagnostiek die gebruikmaakt van inzichten en technieken uit de moleculaire genetica. • **pre-implantatiegenetische** ~ (PGD) genetisch onderzoek v.h. pre-embryo dat door een reageerbuisbevruchting is verkregen; er is dus nog geen sprake v.e. zwangerschap wanneer PGD-tests worden verricht. • **prenatale** ~ onderzoek om afwijkingen v.e. embryo c.q. foetus al vroeg i.d. zwangerschap vast te stellen. • **radiologische** ~ zie röntgen~. • **röntgen**~ het diagnosticeren van ziekten en afwijkingen d.m.v. röntgenologische methoden. • **routine**~ onderzoek dat standaard wordt uitgevoerd bij bepaalde klachten en verschijnselen. • **serologische** ~ d. door toepassing van serologische methoden. • **topische** ~ het vaststellen v.d. zetel v.e. aandoening, letsel, corpus alienum. • **vroege** ~ vroegtijdige opsporing v.e. patiënt die aan specifieke risicofactoren blootgesteld is geweest.

diagnostisch ten behoeve v.h. stellen v.e. diagnose.

diagram grafische weergave v.h. verloop v.e. verschijnsel. • **kolommen**~ zie histogram. • **scatter** ~ zie plot | scatter ~. • **spreidings**~ zie plot | scatter ~. • **staaf** ~ zie histogram. • **volumedruk**~ hulpmiddel bij de bestudering v.d. mechanische eigenschappen v.d. long.

diakinese eindstadium v.d. eerste meiotische profase, in welke de chromosomenparen verspreid i.d. kern liggen en in hun middendeel reeds uiteenwijken.

dialysaat 1 door dialyse verkregen vloeibaar plantenextract; **2** de vloeistof die bij dialyse door de membraan is gediffundeerd.

dialyse 1 scheiding van kristalloïde en colloïde deeltjes door een semipermeabele membraan; **2** (chir.) afscheuring van operatieve losmaking. • **extracorporale** ~ zuivering v.h. bloed (bij een patiënt zonder nierfunctie) d.m.v. een kunstnier. • **hemo**~ zuivering van bloed door dit langs een semipermeabele membraan te laten stromen. • **nier**~ zie hemo~. • **peritoneale** ~ zuivering v.h. bloed door vloeistof in en uit de buikholte te laten lopen. • **retino**~ loslating v.h. netvlies bij of op de ora serrata. • **vivi**~ dialyse door een levende membraan.

dialyseamyloïdose zie amyloïdose.

dialysis retinae zie ablatie | ablatio retinae.

diameter 1 middellijn; **2** afstand tussen twee tegenover elkaar gelegen punten. • ~ **conjugata** inwendige afstand tussen de bovenrand v.h. schaambeen en het promontorium. • ~ **obliqua** schuine diameter i.d. kleine bekkeningang, d.i. de afstand tussen een sacro-iliacaal gewricht en de eminentia iliopubica aan de andere zijde. • ~ **transversa** dwarse diameter v.d. ingang of uitgang v.h. kleine bekken.

diaminen aminen die twee aminogroepen ($-NH_2$) bevatten.

diamino-oxidase zie histaminase.

diamniotisch met twee amnions; vb. diamniotische tweeling.

diapedese het naar buiten dringen van bloedcellen door de vaatwand heen zonder deze te beschadigen. • **per diapedesin** d.m.v. diapedese.

diaphragmaticus het middenrif betref-

fend; vb. pleura diaphragmatica.
diaplacentair via de placenta, van moeder naar kind of omgekeerd.
diarree 1 abnormaal frequente lozing van ongevormde, niet-ingedikte feces; **2** (minder juist) de dunne feces zelf. • **angst~** nerveuze d. bij angst (examens, gevechtshandelingen). • **erwtensoep~** erwtensoepachtige feces bij buiktyfus i.d. derde week. • **familiaire chloride~** aangeboren, autosomaal recessieve ernstige waterige diarree. • **gistings~** diarree, veroorzaakt door bacteriële vergisting van voedingsmiddelen. • **infectieuze** ~ drie of meer lozingen per dag van waterige ontlasting t.g.v. een bacteriële, virale of parasitaire infectie. • **osmotische** ~ veelvuldige waterige ontlasting. • **paradoxale** ~ diarree die plotseling optreedt na periode van verstopping. • **peuter~** frequent matig gevormde tot waterdunne ontlasting bij een peuter. • **reizigers~** diarree bij reizigers naar landen met gebrekkige fecale hygiëne. • **rijstwater~** waterige, wit-troebele ontlasting bij cholera. • **rottings~** d. met rottingslucht t.g.v. bacteriële ontleding. • **secretoire** ~ vorm van infectieuze diarree. • **stercorale** ~ buikloop t.g.v. darmprikkeling door ophoping van ontlasting. • **vet~** *zie* steatorroe. • **zomer~** acute diarree bij kinderen i.h. warme jaargetijde.
diarrhoea paradoxa *zie* diarree | paradoxale ~.
diarroïsch 1 met diarree gepaard gaand; **2** veroorzaakt door diarree.
diarticulair m.b.t. twee gewrichten.
diascoop een glasplaatje om de kleur en het aspect v.d. huid beter te kunnen beoordelen.
diascopie het bekijken v.d. huid via een erop gedrukte diascoop.
diastase 1 enzym dat koolhydraten splitst; **2** het uiteenwijken van beenderen (bijv. i.d. symfyse); **3** gaping tussen twee fractuurstukken; **4** het loslaten v.d. epifyse bij ettering; **5** het uiteenwijken v.d. rechte buikspieren.
diasteem open ruimte tussen twee tanden, i.h.b. tussen de mediale snijtanden.
diaster dubbele sterfiguur volgens welke de chromosomen, laat i.d. anafase v.d. kerndeling, zich rangschikken.
diastole de verslapping v.h. hart na een contractie. • **atrium~** fase v.d. hartcyclus waarin de atria worden gevuld.
diastolisch behorend bij de diastole; vb. diastolisch hartgeruis; vgl systolisch.
diastolische vullingsperiode tijdsperiode waarin het bloed v.d. atria naar de ventrikels stroomt.
diatel een buiten het ziekenhuis gelegen gebouw waar de nierpatiënt zelf dialyse kan verrichten.
diathermie het opwekken van warmte i.d. weefsels door er een hoogfrequente elektrische stroom doorheen te laten gaan.
diathermisch d.m.v. diathermie.
diathermische lus lusvormige variant v.h. diathermische mes.
diathermisch mes elektrode i.d. vorm v.e. stalen naald, waardoor een een hoog-frequente elektrische stroom gaat.
diathermocoagulatie *zie* elektrocoagulatie.
diathese de onder invloed van erfelijke en verworven factoren bepaalde constitutie of aanleg. • **hemorragische** ~ neiging tot bloeden, blijkend uit spontane, soms lang aanhoudende bloedingen. • **uratische** ~ aanleg tot jicht.
diauxie het verschijnsel dat de bacteriegroei op een voedingsmedium in twee fasen kan verlopen indien daarin een mengsel van voedingsstoffen aanwezig is.
DIC (disseminated intravascular coagulation) *zie* bloedstolling | diffuse intravasale ~.
dicefalie *zie* bicefalie.
dicentrisch voorzien van twee centromeren.
dicephalus *zie* bicephalus.
dichloordi-ethylsulfide *zie* gas | mosterd~.
dichoptisch verschillend beeld voor links en rechts.
dichoriaal toestand bij twee-eiige tweelingen, met gescheiden chorion; vb. d. zwangerschap.
dichorie aanwezigheid van twee choria.
dichotisch m.b.t. beide oren.
dichotomie het ontstaan zijn van twee gelijke delen uit één.
dichotomiseren verdelen van waarnemingsuitkomsten in twee elkaar uitsluitende categorieën.
dichotoom *zie* binomiaal.
dichromaat kleurblinde die slechts twee grondkleuren onderscheidt.
dichromasie gedeeltelijke kleurenblindheid met onderscheidingsvermogen voor

slechts twee grondkleuren.
dicrotie aanwezigheid van twee toppen i.d. polscurve, dubbelslag v.d. pols.
dicrotus tweemaal slaand; vb. pulsus dicrotus.
dicumarol stof die de bloedstolling remt; de werking ervan wordt door vitamine K opgeheven.
didelphys met dubbele uterus.
didymus 1 *zie* testis; 2 een partner v.e. tweeling.
dieet 1 de voeding; 2 een kwalitatief en kwantitatief gedoseerde voeding. • **banting**~ vermageringskuur door weglaten van koolhydraten en vetten. • **carentie**~ een dieet waaruit bepaalde voedingsstoffen zijn weggelaten of dat weinig calorieën bevat. • **elementair** ~ vorm van kunstmatige voeding waarin zich alle noodzakelijke voedingsstoffen bevinden. • **eliminatie**dieet ten behoeve van diagnostiek en/of behandeling van voedselovergevoeligheid. • **giordano-giovannetti**~ eiwitbeperkt dieet bij chronische nierinsufficiëntie. • **glutenvrij** ~ voeding waarin zich geen gluten bevinden. • **ketogeen** ~ vetrijk en koolhydraatarm dieet waardoor ketonlichamen worden gevormd; werd vroeger toegepast als behandeling voor kinderen met een moeilijk instelbare epilepsie; nadeel: zeer intensief dieet, moeilijk vol te houden; is tegenwoordig door de ontwikkeling van nieuwe en betere anti-epileptica sterk op de achtergrond geraakt. • **ketolytisch** ~ een dieet waardoor ketonlichamen worden afgebroken. • **meulengracht**~ volledige (brijige) voeding vanaf de eerste dag bij maagbloeding door maagzweer. • **restenrijk** ~ *zie* vezelrijk ~. • **slakkenrijk** ~ *zie* vezelrijk ~. • **vetarm** ~ voeding met vetbeperking, bijv. ter behandeling van vetdiarree, soms na een dunnedarmresectie. • **vezelrijk** ~ voeding met veel voedingsvezels. • **zoutbeperkt** ~ dieet met minder zout, o.a. voor patiënten met decompensatio cordis en hoge bloeddruk.
dieetkuur van Banting *zie* dieet | banting~.
dieetleer kennis v.d. diëten en het voorschrijven daarvan.
di-encefaal m.b.t. het diencephalon.
Dientamoeba geslacht v.d. onderklasse *Rhizopoda*.
diepe hersenstimulatie neurochirurgische behandeling van o.a. essentiële tremor en levodopageïnduceerde dyskinesie (o.a. bij ziekte van Parkinson) d.m.v. stereotactische bilaterale plaatsing van permanente elektroden in bep. delen v.d. hersenen.
dieptegevoel sensibele informatie uit proprioceptoren en onder de huid gelegen druk- en pijnreceptoren.
⊛ **diepveneuze trombose** (DVT) intravasculaire vorming v.e. bloedstolsel (trombus), meestal i.h. diepe veneuze systeem van kuit of bovenbeen (diepe veneuze trombose).
dietary fibre *zie* ballaststof.
diëtetisch m.b.t. het dieet.
di-ethylether *zie* ether.
di-ethylstilbestrol (des) synthetisch oestrogeenhormoon; werd tot 1970 voorgeschreven aan zwangeren met (habituele) abortus; wegens bijwerkingen (o.a. EUG) uit de handel genomen; NB: afkorting tot 2005 'DES', sindsdien 'des' ('desuterus', 'behandeling met des'), niet te verwarren met huidige 'DES' (drug-eluting stent).
diëtist deskundige op het gebied van voeding en diëten.
Dieulafoy | dieulafoyaspirator spuit met tweewegkraan voor punctie en spoeling v.d. pleuraholte. • **dieulafoylaesie** zeer grote submucosale arterie i.h. proximale deel v.d. maag. • **dieulafoytrias** het samengaan van drie symptomen, bewijzend voor de diagnose acute appendicitis.
difallie *zie* penis bifidus.
difasisch *zie* bifasisch.
differens verschillend; vb. pulsus differens.
different 1 verschillend, ongelijk; 2 werkzaam, als tegenstelling tot indifferent, bijv. d-te (prikkel-)elektrode, i.t.t. de indifferente.
differentiatie ontwikkeling i.e. speciale richting, bijv. v.e. primitieve cel naar een 'gedifferentieerde' zintuigcel. • **seksuele** ~ differentiatie i.d. richting van vrouwelijk of mannelijk geslacht.
differentiatiegraad gradering van verandering van kwaadaardige cellen ten opzichte v.h. oorspronkelijke weefsel.
difficilis moeilijk; vb. dentitio difficilis.
difformiteit *zie* deformiteit.
diffuse idiopathische skelethyperostose (DISH) veel voorkomende, maar in diagnostiek vaak gemiste systeemziekte, vnl. bij ouderen, waarbij anterieure longitudinale intervertebrale ligamenten op ten minste vier aaneengesloten wervelniveaus

zijn verbeend.

diffusie dooreenmenging t.g.v. moleculaire beweging in twee van elkaar gescheiden vloeistofcompartimenten met verschillende concentratie. • ~**flux** de beweging van opgeloste deeltjes i.d. richting v.e. concentratiegradiënt of potentiaalgradiënt. • ~**gradiënt** concentratie- of potentiaalgradiënt op basis waarvan deeltjes zich bewegen. • ~**stroom** zie diffusieflux.

diffuus (pathol.) verspreid, een groot gebied innemend, zonder scherpe begrenzing.

diffuus axonaal letsel structureel letsel van axonen en kleine bloedvaatjes door hogesnelheidsletsel v.d. hersenen.

difosfonaat zie bisfosfonaat.

difterie acute infectieziekte door de difteriebacterie (Corynebacterium diphtheriae). • **pseudo~** difterieachtige aandoening met vorming v.e. pseudomembraan, niet veroorzaakt door infectie met Corynebacterium diphtheriae. • **wond~** primaire huidinfectie met Corynebacterium diphteriae, gekenmerkt door een niet-genezend, uitgeponst ulcus, omgeven door een erythemateuze zone.

difterisch bij difterie behorend.

difteroïd 1 difterieachtige, maar niet door de difteriebacterie veroorzaakte infectie; 2 een bacterie die als symbiont voorkomt op de normale huid, de darmmucosa en i.d. darminhoud.

diftongie stemgeluid dat uit twee tonen bestaat, voorkomend o.a. bij aanwezigheid v.e. knobbeltje of gezwel op de stemband.

dig. (digere) doe verteren (rec.).

digastricus tweebuikig; vb. musculus digastricus, fossa digastrica.

digere (dig.) doe verteren, nl. bij matige warmte, i.e. vloeistof (rec.).

digestie vertering, spijsvertering.

digestief spijsvertering bevorderend (genees)middel.

digitaal d.m.v. een vinger, bijv. d. onderzoek.

digitale radiografie beeldvormend onderzoek waarbij de film als detectiemiddel van straling en beelddrager is vervangen door een elektronisch detectiesysteem, gekoppeld aan een computer.

digitale subtractiearteriografie zie angiografie | digitale subtractie~.

digitalis 1 (anat., bijv. nw.) m.b.t. de vinger(s); vb. venae digitales (mv. van digitalis); 2 (plantk., farm., toxicol., z. nw.) geneesmiddel (glycoside uit de bladeren van Digitalis purpurea, vingerhoedskruid) dat wordt toegepast bij boezemfibrilleren om de kamerfrequentie te verlagen en bij hartfalen ter vergroting v.d. contractiekracht; beperkte therapeutische breedte; vooral bij oudere mensen met verminderde nierfunctie moet worden opgepast voor intoxicatie.

digitalisatie 1 toediening van digitalis; 2 de toestand waarin de (sinds enige tijd toegediende) digitalis zijn volledige werking op het hart uitoefent.

digitalisglycosiden digitalispreparaten met glycosiden als werkzame stof; hebben positief inotrope en negatief chronotrope werking.

digitalisintoxicatie te hoge concentratie v.h. antiaritmische geneesmiddel digitalis i.h. bloed.

digitalisme chronische vergiftiging met digitalis.

digital vascular imaging (DVI) [E] zie angiografie | digitale subtractie~.

digitatio vingerachtig uitsteeksel.

digitatus vingervormig, met vingervormige uitsteeksels.

digitorum gen. mv. van digitus; vb. ossa digitorum manus.

digitus vinger, teen. • ~ **mortuus** bleke koude vinger, door kou, evt. gecombineerd met raynaudfenomeen.

digoxine glycoside; digitalispreparaat, geschikt voor zowel orale als intraveneuze toediening; heeft positief inotroop effect op het hart.

dihydrotachysterol vitamine-D-analoog.

dihydrotestosteron (DHT) de werkzame vorm van testosteron, wordt door de lichaamscellen gevormd uit testosteron.

dihydroxycolecalciferol | 1,25-~ hormonaal actieve vorm van vitamine D.

dij zie femur, os femoris.

dijbeenkop 'heupkop' is een gangbare (leken)verhaspeling van 'dijbeenkop' en 'heupgewricht' zie caput ossis femoris.

dijlift plastisch-chirurgische ingreep waarbij de huid aan de mediale zijde v.d. dij wordt strakgetrokken door de overtollige, uitgerekte huid te verwijderen.

di-jodothyronine i.d. schildklier voorkomende stof met zwakke thyroxineachtige werking.

dikkedarmfoto zie coloninloopfoto.

dikroot gekenmerkt door dicrotie.

dil. 1 (rec.); **2 dilue**: verdun; **3 dilutus**: verdund; vb. spir. dil. (spiritus dilutus).

dilatatie verwijding. • **ballon~** behandeling van vaatvernauwing m.b.v. ballonkatheter. • **digitale ~** oprekking met een vinger. • **instrumentele ~** oprekking d.m.v. een instrument (dilatator). • **kamer~** vergroting v.d. inhoud v.e. hartkamer; toegenomen einddiastolisch volume. • **maag~** maaguitzetting, maagverwijding. • **poststenotische ~** spontane verwijding v.e. slagader, distaal v.e. gestenoseerd gedeelte. • **prestenotische ~** een verwijding oraal v.e. stenose i.h. maag-darmkanaal. • **pupil~** zie mydriase. • **slokdarm~** therapeutische verrichting waarbij vernauwingen i.d. slokdarm worden verwijd m.b.v. dilatoren met oplopende diameter of hydrodilatatieballonnen. • **vaso~** verwijding v.e. bloedvat a.g.v. verslapping van gladde spieren i.d. vaatwand.

dilatator 1 (chir.) sonde, bougie of instrument voor het oprekken; **2** (anat.) spier met een verwijdende functie. • **hegar~** licht gebogen dilatator voor oprekking v.d. cervix uteri. • **stark~** instrument om in geval van spasme de cardia via de oesofagus mechanisch op te rekken.

dilatatorium verwijdend middel.

dilateren oprekken.

dilator zie dilatator, inodilatoren.

dilutus verdund; bijv. spiritus d-tus = verdunde alcohol.

dim. (dimidium) de helft (rec.).

dimercaprol zie British Anti-Lewisite.

dimethylketon zie aceton.

dimidium (dim.) de helft (rec.).

diminutus verkleind, verminderd; vb. visus diminutus, *Hymenolepis d-ta*.

dimpling typische intrekking v.d. huid van de mamma op de plaats waar een tumor aan de huid gefixeerd is.

diopsimeter apparaat waarmee het gezichtsveld wordt bepaald.

dioptometrie zie optometrie.

dioptrica leer v.d. lichtbreking.

dioptrie (D) eenheid van lichtbreking door een lens.

DIOS zie syndroom | distaal intestinaal obstructie~.

dioxine lipofiele stof met teratogene en toxische werking.

DIP 1 zie gewricht | distaal interfalangeaal ~; **2** zie pneumonie | desquamatieve interstitiële ~.

dip [E] (statist., epidemiol.) waarneming waarbij de registratiecurve beneden de normale bandbreedte v.d. overige waarnemingen terechtkomt. • **audiogram~** (kno-heelkunde) geringe inzinking i.e. audiogram. • **early diastolic ~** [E] protodiastolische inzinking en stijging v.d. ventrikeldruk met overgang i.e. verhoogd drukplateau. • **heterotope ~** luchtgeleidingsdip die niet samenvalt met de beengeleidingsdip. • **lawaai~** dip i.e. audiogram a.g.v. beschadiging v.h. gehoor door lawaai. • **leuko~** sterkste daling van leukocyten en trombocyten die als bijwerking optreedt bij gebruik van cytostatica. • **postprandiale ~** moment van concentratiezwakte c.q. slaperigheid na de maaltijd. • **trombo~** zie leuko~.

dipeptidase hydrolyserend enzym in dunne darm dat dipeptiden en korte peptideketens splitst, waardoor uiteindelijk enkelvoudige aminozuren geresorbeerd kunnen worden.

dipeptidylpeptidase-4 (DPP-4) enzym dat de afbraak van incretines (glucagon-like peptide, GLP-1) en glucose-dependent insulinotropic polypeptide (GIP) tot inactieve afbraakproducten remt; verhoogt hierdoor de concentratie van actieve incretines; wordt DPP-4 geremd, dan blijft GLP-1 langer actief en neemt de insulinesecretie sneller toe.

Dipetalonema draadworm, een tot de orde *Filaroidea* behorend genus. • **~ perstans** komt voor in W.- en Centraal-Afrika en in tropisch Z.-Amerika, o.a. Suriname; leeft bij de mens i.h. subperitoneale weefsel. • **~ streptocerca** komt voor in W.-Afrika; leeft bij de mens i.h. subcutane weefsel.

diphtheria zie difterie. • **~ cutanea** zie huiddifterie.

diphthericus gepaard met, of veroorzaakt door difterie; vb. angina diphtherica.

Diphyllobothrium een lintwormgeslacht; vroegere namen: *Bothriocephalus, Dibothriocephalus*. • **~ latum** brede lintworm van vissen, ook voorkomend bij vis-etende mensen.

diplacusis dubbel horen. • **~ binauralis** een vorm van d. waarbij een toon door het ene oor zwakker of lager wordt gehoord dan door het andere. • **~ echotica** een vorm van d. waarbij een toon i.h. aangetaste oor als een echo wordt waargenomen. • **~ monau-**

ralis een vorm van d. waarbij een toon door één oor als twee tonen wordt waargenomen.

diplegie | **diplegia facialis** aangezichtsverlamming aan beide zijden. • **diplegia spastica infantilis** piramidale spastische parese v.d. benen, aangeboren of bij de geboorte verkregen.

Diplococcus bolvormige, gepaard voorkomende kokken, geslacht v.d. fam. *Lactobacteriaceae*. • ~ *gonorrhoeae zie Neisseria gonorrhoeae*.

diploe de tussen lamina externa en interna v.d. schedeldakbeenderen liggende spongieuze beenmassa.

diploici gen. mv. van diploicus; vb. canales d-ci.

diploicus tot de diploë behorend; vb. vena diploica.

diploïd voorzien v.h. normale aantal (2n) chromosomen.

diploïdie het voorkomen v.h. normale aantal chromosomen in paren, dus (in cellen v.d. mens) de aanwezigheid van 2 x 23 = 46 chromosomen. • **hyper~** aanwezigheid van 2n + 1 chromosomen i.e. celkern. • **hypo~** aanwezigheid van 2n − 1 chromosomen i.e. celkern.

diplopie dubbelzien. • **diplopia binocularis** vorm van diplopie waarbij linker en rechter netvliesbeeld van één object niet worden gefuseerd. • **diplopia monocularis** het zien van dubbele beelden met één oog (bij lensonregelmatigheden, onregelmatig astigmatisme). • **heteronieme** ~ d. waarbij het verkeerde beeld zich aan de zijde v.h. normale oog bevindt. • **homonieme** ~ diplopie waarbij het verkeerde beeld zich aan de zijde v.h. afwijkende oog bevindt.

diplosomie *zie* duplicitas completa.

diplosoom als dubbele korrel voorkomende centriole.

diploteen stadium v.d. eerste meiotische profase.

dip slide objectglaasje met voedingsbodem dat in vloeistof met bacteriën (bijv. urine) wordt gedompeld en daarna geïncubeerd, om zo de bacterieconcentratie bij benadering te meten.

dipsomanie sterk verlangen naar alcoholische dranken.

dipstick [E.] staafje waarop een reagens is aangebracht.

Diptera tweevleugeligen, vliegen, een orde van *Insecta*.

Dipylidium een geslacht lintwormen.

directly observed treatment visueel toezien op de medicatie-inname v.d. patiënt tijdens belastende behandelingen door een hulpverlener met als doel de therapietrouw te verzekeren.

directus rechtstreeks; vb. fractura directa.

DIS *zie* dissociatieve identiteitsstoornis.

dis- voorvoegsel in woordsamenstellingen met oorspronkelijk -ont- ('dis-sectie' = ontleding), maar in bep. gevallen de betekenis van 'dys' ('slecht'), vgl. dysfunctie.

disability [E] beperking in uitoefenen van activiteiten t.g.v. functieverlies van organen of ledematen.

disability-adjusted life years (DALY) [E] effectmaat waarbij de waarde van levensverwachting is aangepast voor de te ondervinden handicaps; deze wordt- ('dis-sectie' = berekend via het optellen van (het verschil tussen het verwachte aantal levensjaren en het aantal geleefde jaren) en (het aantal jaren dat ongezond is geleefd).

disacharidase enzym dat disachariden splitst in monosachariden; vb. lactase.

discectomie neurochirurgische verwijdering v.e. deel v.e. tussenwervelschijf als therapie bij het lumbosacraal radiculair syndroom. • **micro~** endoscopisch uitgevoerde beperkte discectomie, waarbij de neurochirurg zich beperkt tot verwijdering v.d. prolaberende anulus fibrosus.

disciformis schijfvormig; vb. retinitis disciformis.

disciplinair recht *zie* tuchtrecht.

discisie (oogheelk.:) incisie v.d. capsula en opensnijden v.d. cortex met een trepaan of laser.

discitis ontsteking v.e. discus intervertebralis.

discogeen veroorzaakt door een discusafwijking; vb. d-gene rugpijn.

discografie methode van röntgenologisch onderzoek v.d. tussenwervelschijf na inspuiting v.e. contrastmiddel.

discoïd discus-achtig, schijfvormig.

discoïdectomie excisie v.e. discus intervertebralis.

discoides schijfvormig; vb. lupus discoides.

discoideus schijfvormig; vb. placenta discoidea.

discongruentie geen of onvoldoende overeenstemming. • **negatieve** ~ d. waarbij de

uterus te klein is voor de zwangerschapsduur. • **positieve** ~ d. waarbij de uterus te groot is voor de zwangerschapsduur.
discopathie degeneratieve afwijkingen v.e. of meer tussenwervelschijven. • **lumbale** ~ degeneratieve afwijkingen van discus intervertebralis lumbalis, meestal versmalling van discus intervertebralis en hernia nuclei pulposi.
discordant niet overeenstemmend.
discotomie het insnijden v.e. tussenwervelschijf.
discreet 1 duidelijk van elkaar gescheiden; **2** onopvallend, gering; vb. discrete zwelling en verschuiving van breukdelen bij bajonetfractuur.
discriminant (statistiek) onderscheidende parameter.
discriminatieverlies 1 verslechterend onderscheidingsvermogen; **2** (kno-heelkunde) slechtere woordverstaanvaardigheid, gevonden bij spraakaudiometrie op basis van perceptief gehoorverlies.
discriminatiezin vermogen om op de tast voorwerpen te herkennen of om op de huid geschreven cijfers te herkennen.
discus schijf; meestal is bedoeld d. articularis of d. intervertebralis. • ~ **intervertebralis** tussen twee wervellichamen gelegen kraakbeenschijf met gelei-achtig centrum. • ~ **nervi optici** schijf van 1,6 mm diameter, zichtbaar i.d. oogfundus, 3-4 mm mediaal v.d. macula, op de plaats waar de vezels v.d. n. opticus of retina binnentreden, en waar geen lichtgevoelige elementen zijn, vandaar de bijnaam 'blinde vlek'; NB: de term 'papilla nervi optici' is een verouderd synoniem (BNA-nomenclatuur).
disdiaclasten dubbelbrekende gedeelten van spierfibrillen (in skelet- en hartspierweefsel).
disease [E] ziekte. • **broad-bèta** ~ [E] zie xanthoom | xanthoma striata palmaris. • **cholesterol ester storage** ~ (CESD) zie ziekte van Wolman. • **Christmas** ~ zie hemofilie. • **chronic obstructive pulmonary** ~ (COPD) [E] zie COPD. • **cold-agglutinin** ~ zie ziekte | koudeagglutinine~. • **creeping** ~ [E] zie creeping eruption. • **dense-deposit** ~ vorm van glomerulonefritis die wordt gekenmerkt door verdikking v.d. glomerulaire basale membraan door C3-neerslagen. • **endoscopy-negative reflux** ~ (ENRD) zie refluxoesofagitis. • **fish-eye** ~ troebeling v.d. cornea a.g.v. stoornis i.h. cholesterolmetabolisme. • **gastro-esophageal reflux** ~ (GERD) zie refluxoesofagitis. • **grey** ~ intoxicatieverschijnselen van chlooramfenicol bij een pasgeborene. • **humidifier's** ~ bevochtigerslong. • **irritable bowel** ~ (IBD) [E] zie prikkelbaredarmsyndroom. • **kissing** ~ [E] zie mononucleose | mononucleosis infectiosa. • **Kwok's** ~ zie ziekte van Kwok. • **legionnaire's** ~ [E] zie legionellose. • **mad-cow** ~ zie ziekte | gekkekoeien~. • **maple-syrup urine** ~ aangeboren erfelijke stofwisselingsziekte met gestoorde afbraak van bepaalde aminozuren. • **medullary cystic kidney** ~ (MCKD) zie cystenier | medullaire~. • **minimal-change** ~ zie syndroom | minimal-change nephrotic syndrome. • **minimal-lesions** ~ zie syndroom | minimal-change nephrotic syndrome. • **minimal-residual** ~ [E] (symptoomloze) restaanwezigheid v.e. klein aantal maligne tumorcellen tijdens of na kankerbehandeling. • **mixed connective-tissue** ~ (MCTD) [E] ziektebeeld met kenmerkende symptomen van ten minste twee v.d. volgende ziekten: SLE, myositis en systemische sclerose. • **motor neuron** ~ zie ziekte | motorneuron~. • **muscle-eye-brain** ~ (MEB disease) autosomaal recessief; hypotonie, hersenafwijkingen (pachygyrie, cerebellaire hypoplasie) mentale retardatie, epilepsie, myopie, glaucoom, retinale hypoplasie; genlokalisatie: 1p32-34; mutaties i.h. MEB-gen leiden tot afname van alfadystroglycaanglycering. • **Paget's** ~ **of the bones** NB: men onderscheidt P.'s disease of nipple en ~ of bone zie ostitis deformans. • **pelvic inflammatory** ~ (PID) zie pelvic inflammatory disease. • **pigeon breeder's** ~ [E] zie long | duivenmelkers~. • **pink** ~ [E] zie acrodynie. • **pulmonary veno-occlusive** ~ [E] zeldzame aandoening van longvenen, gepaard gaand met obstructie van lumen door bindweefsel, leidend tot pulmonale hypertensie. • **pulseless** ~ [E] zie syndroom | takayasu~. • **remnant-removal** ~ zie lipoproteïnemie | familiaire dysbèta~. • **rippling muscle** ~ autosomaal dominant; longitudinale groeven in spier, zich verplaatsend in perifere richting. • **sexually transmitted** ~ (STD) [E] zie seksueel overdraagbare aandoening. • **slap-cheek** ~ [E] erythema infectiosum. • **slim** ~ [E] menginfectie i.d.

darm bij Afrikaanse aidspatiënten. • **small-airway** ~ (SAD) [E] aandoening v.d. kleine luchtwegen (diameter bronchiolus < 2mm). • **storage** ~ [E] *zie* ziekte | stapelings~. • **storage-pool** ~ [E] erfelijke disfunctie van bloedplaatjes, berustend op een gestoorde release-reactie v.d. *dense granula*. • **white-collar** ~ [E] *zie* urethritis | niet-gonorroïsche ~. • **white-spot** ~ [E] morphaea guttata. • **winter-vomiting** ~ [E] darminfectie, veroorzaakt door virussen uit de Norwalkgroep.

disease activity score (DAS) scoringsindex voor de ziekteactiviteit van reumatoïde artritis.

disease-free survival [E] *zie* overleving | ziektevrije ~.

disease management [E] algemene benaming voor de organisatievorm van zorgverlening aan patiënten met een bep. ziekte.

disequilibrium gebrekkig evenwichtsgevoel.

disfunctie gestoorde functie; vb. neuromusculaire disfunctie. • **sinoatriale** ~ *zie* syndroom | sicksinus~.

DISH *zie* diffuse idiopathische skelethyperostose.

disinhibitie het wegvallen v.d. remmende werking van bep. zenuwen, waardoor prikkels een groter effect hebben.

disjunctie 1 het uit elkaar gaan van chromosomen i.d. anafase v.d. meiose; **2** het blijven staan v.e. oog terwijl het andere zich beweegt. • **non**~ het niet uiteengaan v.d. bij deling v.e. chromosoom ontstane dochterchromosomen, zodat beide in één dochterkern belanden (trisomie) en de andere dochterkern dit ene chromosoom dus ontbeert.

dislocatie verwijdering vanaf de eigen plaats door verplaatsing/verschuiving. • **dislocatio ad axim** asknikking, zodat de fractuurstukken (v.e. pijpbeen) een hoek met elkaar maken. • **dislocatio ad longitudinem** verplaatsing van botfractuurstukken in lengterichting, met hetzij verlenging, hetzij verkorting. • **dislocatio ad peripheriam** rotatie van botfractuurstukken t.o.v. elkaar. • **heup**~ *zie* congenitale heupdislocatie.

dislocatio ad longitudinem cum distractione *zie* diastase.

dislokeren *zie* dislocatie.

disomie het aanwezig zijn van twee exemplaren van elk chromosoom.

disorder [E] stoornis. • **attention-deficit hyperactivity** ~ (ADHD) *zie* aandachtstekortstoornis met hyperactiviteit. • **conduct** ~ [E] *zie* gedragsstoornis | agressieve ~. • **cumulative strain** ~ *zie* repetitive strain injury. • **cumulative trauma** ~ *zie* repetitive strain injury. • **musculoskeletal** ~ (MSD) *zie* repetitive strain injury. • **oppositional-defiant** ~ *zie* gedragsstoornis | oppositioneel-opstandige ~. • **personality** ~ *zie* persoonlijkheidsstoornis. • **pervasive development** ~s **not otherwise specified** (PDD-NOS) restgroep van pervasieve ontwikkelingsstoornissen in DSM-IV (te herzien in DSM-V, per 2013) die niet aan de criteria voor de overige aandoeningen in deze groep voldoen; kenmerken o.a.: ernstige beperking of achterstand in sociale interactie en (non)verbale communicatievaardigheden, stereotiep gedrag en stereotiepe interesse. • **posttraumatic stress** ~ *zie* posttraumatische stressstoornis. • **repetitive strain** ~ *zie* repetitive strain injury. • **repetitive stress** ~ *zie* repetitive strain injury. • **seasonal affective** ~ (SAD) *zie* depressie | seizoensafhankelijke ~. • **whiplash-associated** ~ (WAD) *zie* whiplashsyndroom.

disparaat niet-corresponderend, bedoeld van punten op de netvliezen die bij de beeldvorming niet met elkaar corresponderen.

dispensarium 1 een apotheek; **2** een consultatiebureau.

dispersie colloïdale verdeling v.e. stof i.e. andere.

dispersus verspreid; vb. favus dispersus.

displacement [E] methode om met een zuigballon i.e. neusgat etter of slijm uit een sinus maxillaris te verwijderen.

dispositie aanleg, constitutie (bepaald door erfelijke en door verkregen eigenschappen). • **angst**~ (kinderpsychiatrie) angst als persoonlijkheidskenmerk, waarschijnlijk met erfelijke component, waarbij iedere prikkel aanleiding kan geven tot activering van angst. • **pre**~ aanleg, neiging (bijv. tot een bepaalde ziekte), dispositie, diathese.

disruptie 1 (orthop., gewrichten) *zie* luxatie; **2** (chir. wond) *zie* dehiscentie.

dissecans weefselsplijtend, dissecterend; vb. aneurysma dissecans, osteochondritis dissecans. • **oesophagitis** ~ oesophagitis waarbij kokervormige membranen v.d. slokdarmwand worden afgestoten. • **osteochondritis** ~ splijting en fragmentering van gewrichtskraakbeen, vnl. van elleboog, knie, heup, met vorming van gewrichtsmuizen. • **periostitis** ~ beenvliesontsteking met vorming van etter, die het beenvlies v.h. bot aflicht.

dissectie 1 (pathol.) het spontaan openscheuren, i.h.b. v.d. vaatwand bij aneurysma dissecans; **2** (chir.) ontleding, opensnijden of lossnijden van weefsel om de onderdelen zichtbaar te maken en te bestuderen; **3** (minder juist) excisie. • **aorta~** aneurysma dissecans v.d. aorta. • **halsklier~** operatieve verwijdering van lymfeklieren i.d. hals of v.e. deel hiervan, samen met het omliggende vetweefsel. • **klier~** chirurgische verwijdering v.e. groep lymfeklieren waarbij de anatomische grenzen v.h. lymfekliergebied worden gevolgd. • **klier~ 'en bloc'** operatieve (radicale) verwijdering v.e. kwaadaardig gezwel met bijbehorende lymfeklieren. • **laparoscopische** ~ zie laparotomie | mini-~. • **lymfeklier~** zie klier-~. • **okselklier~** chirurgische verwijdering van alle lymfeklieren i.d. oksel.

dissectus ingekerfd; vb. lingua dissecta.

disseminated intravascular coagulation (DIC) [E] zie bloedstolling | diffuse intravasale ~.

disseminatie uitzaaiing, bijv. v.e. kwaadaardig gezwel.

disseminatus gedissemineerd, over een groot gebied uitgezaaid.

dissimilatie het afbreken v.d. door assimilatie opgebouwde lichaamssubstantie.

dissociatie 1 (pathofysiol.:) het proces van uiteenvallen, verbreking van coördinatie; **2** (psychol.:) afweermechanisme i.d. vorm v.e. verstoring v.d. gewoonlijk geïntegreerde functies van bewustzijn, geheugen, identiteit en/of waarneming v.d. omgeving; het concept van dissociatie is geïntroduceerd door de Franse arts en filosoof Pierre Janet (1859-1947) i.d. context v.e. theoretisch verklaringsmodel voor het ontstaan van hysterische verschijnselen; de term wordt zowel in beschrijvende als in verklarende zin gebruikt. • **atrioventriculaire** ~ ontbreken v.h. verband tussen atrium- en ventrikelcontracties. • **dubbele** ~ analogieredenering i.d. neuropsychologie om inzicht te krijgen in relatie tussen hersenen en gedrag. • **elektromechanische** ~ (EMD) toestand waarbij elektrische activatie v.h. myocard niet meer leidt tot contractie. • **scafolunaire** ~ instabiliteit v.d. pols door verscheuring v.h. ligament tussen scafoïd en lunatum, met als gevolg pijn en functieverlies en op termijn versnelde artrose v.h. radiocarpale gewricht; wordt meestal operatief hersteld.

dissociatieconstante quotiënt v.d. associatiesnelheid en de dissociatiesnelheid v.e. covalente binding tussen twee moleculen.

dissociatiekromme zie zuurstofbindingskromme.

dissociatiesnelheid maat voor de gemiddelde 'snelheid' (in seconden) waarmee een verbinding tussen twee moleculen weer dissocieert.

dissociatieve fugue het plotseling en onverwacht op reis gaan, weg van huis of de gebruikelijke werkplek, met het onvermogen zich het eigen verleden te herinneren.

dissociatieve identiteitsstoornis (DIS) dissociatieve stoornis, gekenmerkt door de aanwezigheid van twee of meer van elkaar te onderscheiden identiteiten of persoonlijkheidstoestanden, die geregeld het gedrag v.d. patiënt bepalen en gepaard gaan met een onvermogen om zich belangrijke persoonlijke gegevens te herinneren.

dissociatieve stoornis psychiatrische stoornis waarvan de psychopathogenese door dissociatie wordt gekenmerkt.

dissolvens oplossend middel.

distaal 1 perifeer, verwijderd v.h. middelpunt (i.c. het hart, het centrale zenuwstelsel); **2** naar het uiteinde v.e. extremiteit toe, tegengesteld aan proximaal.

distaal convoluut tubulus contortus secundus.

distale latentietijd (DLT) tijd tussen het moment waarop bij neurografie een zenuw distaal wordt geprikkeld en het moment waarop de geregistreerde actiepotentiaal begint.

distale myopathie • **distale myopathie type Laing** autosomaal dominant; manifesteert zich bij leeftijd 0-30 jr. met zwakte van halsbuigers en voetheffers; geen vacuolen in spiervezels. • ~ **type Markesbery** autosomaal dominant; op laat volwassen leeftijd debuterend, distaal aan de onderste extremiteiten. • ~ **type Miyoshi** autosomaal recessief; op jong volwassen leeftijd debuterend in voetbuigers; genlokalisatie: 2p13; genproduct: dysferlin. • ~ **type Welander** autosomaal dominant; op laat volwassen leeftijd debuterend, meestal distaal aan de bovenste extremiteiten.

distalis distaal; vb. facies distalis.

distantia afstand. • ~ **biparietalis** (verloskunde, antropometrie) grootste dwarse afmeting v.d. schedel, v.h. ene wandbeen tot het andere. • ~ **bitemporalis** (verloskunde, antropometrie): buitenafstand tussen de twee slaapbeenderen. • ~ **cristarum** de afstand tussen de beide cristae iliacae. • ~ **pubococcygea** de afstand tussen de onderrand v.d. symfyse en het staartbeen. • ~ **sacropubica** de afstand tussen de onderrand v.d. symfyse en de onderrand v.h. sacrum. • ~ **spinarum** de afstand tussen de buitenkanten v.d. spinae iliacae anteriores superiores. • ~ **trochanterica** de afstand tussen de beide trochanteres majores.

distensie 1 uitrekking; **2** verwijding, bijv. v.e. vat; vb. jugularisdistensie.

distensus uitgerekt; vb. striae distensae (mv. van distensa).

distichia zeldzame erfelijke aandoening waarbij twee rijen haren de wimpers bij de uitmondingen v.d. kliertjes van Meibom aanwezig zijn.

distinctus gescheiden.

distorsie | **enkelband**~ zie enkelbandletsel. • **knieband**~ draailetsel v.d. knie, gepaard gaand met pijn en functieverlies.

distorsus verdraaid; vb. collum distorsum.

distractie 1 (orthop. chir.:) trek naar weerszijden ter repositie van geluxeerde of gefractureerde beenstukken; **2** (psych.:) psychische toestand van 'afleiding' of van verstrooid zijn.

distress [E] benauwdheid, moeilijkheid.

distributie 1 (farmacokinetiek) verdeling v.e. geneesmiddel (bijv. antibioticum) over de verschillende weefselcompartimenten i.h. lichaam; mate van verdeling bepaalt kort na toediening de plasmaconcentratie; **2** (statist., epidemiol.) zie verdeling. • **skewed distribution** [E] zie verdeling | scheve ~.

districhie aanwezigheid van twee haren in één follikel.

disulfiram competitieve remmer v.h. enzym aldehydedehydrogenase (alcoholdehydrogenase); wordt ingezet als hulpmiddel bij alcoholafhankelijkheid.

DIT zie tyrosine | di-jodo-.

diurese vorming van urine door de nieren; gemiddelde urineproductie per volwassene is 1-1,5 l/dag. • **geforceerde** ~ vergroten v.d. diurese bij intoxicaties door toediening van vocht om de lichaamsklaring v.d. stof door de nieren te laten toenemen. • **osmotische** ~ toegenomen diurese bij diabetes mellitus t.g.v. sterke glucosurie.

diureticum stof die de uitscheiding van urine (mictie) bevordert; vr.al. als geneesmiddel toegepast ter bevordering v.d. diurese, ter verlaging v.d. bloeddruk en bij behandeling van hartfalen. • **anti**~ middel tegen (overmatige) urineproductie. • **kaliumsparend** ~ diureticum dat de natrium/kaliumuitwisseling i.d. distale niertubulus remt. • **lis**~ diureticum dat de natriumreabsorptie i.d. lis van Henle tegengaat. • **thiazidediuretica** groep diuretica die werkzaam zijn door blokkering v.d. natriumresorptie i.d. proximale en distale tubulus.

diuretisch 1 m.b.t. de diurese; **2** de diurese bevorderend.

diurnaal zie circadiaans.

diurnus overdag plaatsvindend; vb. pavor diurnus, *Microfilaria d-na*.

diutinus langdurig; vb. erythema elevatum diutinum.

div. (divide) verdeel (rec.).

divergens divergerend; vb. strabismus divergens.

divergent van elkaar gaand.

divergente oogstand stand v.d. ogen waarbij de oogassen elkaar ergens achter de ogen kruisen.

⊛ **diverticulitis** ontsteking van enkele of meerdere colondivertikels en evt. v.h. weefsel eromheen (periviticulitis); geeft vaak aanleiding tot meer of minder sterke stenose v.h. betrokken darmdeel; betreft veelal het sigmoïd; divertikels zijn uitstulpingen v.h. slijmvlies door de spierlaag v.d. darm; doordat de tunica muscularis niet hernieerd, zijn divertikels in wezen pseudo-divertikels met een wand die alleen uit slijmvlies en serosa bestaat

diverticulose aanwezigheid van veel diverticula i.d. darmwand.

diverticulostomie vorming v.e. darmafvoer naar buiten het lichaam, via een bestaand divertikel dat i.d. huid wordt gehecht, bij wijze van anus preternaturalis.

diverticulum zie divertikel.
divertikel zakvormige uitstulping v.d. wand v.e. hol orgaan. • ~ **van Rokitansky-Aschoff** tractiedivertikel v.d. slokdarm. • **meckel**~ echt tractiedivertikel (een zakvormige uitstulping) v/h. ileum. • **slokdarm**~ zie zenkerdivertikel. • **spastisch pseudo**~ zie oesofagus | kurkentrekker~. • **tractie**~ een door tractie van buiten af ontstaan divertikel. • **zenker**~ zie zenkerdivertikel.
divertikelontsteking zie diverticulitis.
divide (D., d.) verdeel (rec.).
dizygoot ontstaan uit twee bevruchte eicellen; bijv. dizygote tweeling; i.t.t. homozygoot.
djinn (etnopsychiatrie:) geest i.d. islamitische cultuur; sommige islamitische patiënten schrijven aan een kwellende, boze djinn hun psychische stoornis of onverklaarde lichamelijke klachten toe; het begrip dient hierdoor wel als etiologisch concept i.d. cultuursensitieve psychiatrische diagnostiek bij islamitische patiënten; aan een djinn toegeschreven hallucinaties zijn veelal therapieresistent.
DKA zie acidose | diabetische keto~.
DL dosis letalis. • ~$_{50}$ dosis die letaal is voor 50 pct v.e. groep proefdieren.
DM 1 diabetes mellitus; 2 zie myositis | dermato~; 3 zie dopamine.
DMARD zie drug | disease-modifying antirheumatic ~.
DMF (tandheelkunde) decayed-missing-filled.
DNA (desoxyribonucleïnezuur) nucleïnezuur dat de grondstof van celkernen vormt. • **anti-**~ antinucleaire antistof, gericht tegen DNA. • **anti-ds-**~ antinucleaire antistof, gericht tegen dubbelstrengs DNA. • ~ **strand** zie streng | DNA~~. • **double-stranded** ~ zie dubbelstrengs ~. • **dubbelstrengs** ~ (dsDNA) DNA dat is opgebouwd uit twee aan elkaar gekoppelde polynucleotiden. • **enkelstrengs** ~ (ssDNA) DNA dat uit 1 polynucleotide is opgebouwd; komt bij sommige DNA-virussen voor. • **foetaal** ~ erfelijk materiaal v.d. foetus. • **recombinant-**~ onder invloed van polynucleotideligase tot stand gekomen recombinatie van DNA-fragmenten. • **single-stranded** ~ zie enkelstrengs ~.
DNA-chip zie microarray.
DNA-cytofotometrie techniek om met gebruikmaking van licht het DNA-gehalte in cellen te bepalen.
DNA-diagnostiek het opsporen van genetische afwijkingen, met name toegepast bij prenatale screening.
DNA-fingerprintmethode het direct op het gen aantonen van mutaties door DNA-analyse van cellen.
DNA-hybridisatie zie hybridisatie.
DNA-probe zie probe.
DNA-recombinatietechniek verzamelnaam voor een veelheid van technieken waarbij een gewenst DNA-fragment wordt verkregen m.b.v. restrictie-enzymen of PCR.
DNA-replicatie verdubbeling van DNA.
DNA-schade zie genetische schade.
DNase zie desoxyribonuclease.
DNA-vingerafdruk zie merker.
dochtergezwel metastase v.e. gezwel.
doctor's delay [E] vertraagd realiseren van diagnostiek en/of therapie doordat de arts de ernst van klachten of verschijnselen te laat onderkent.
dodelijkheid (statist., toxicol.) zie letaliteit.
dode ruimte deel v.d. longen en de luchtwegen dat wel wordt geventileerd, maar niet wordt doorbloed en dat dus niet actief aan de gaswisseling deelneemt.
doelmatigheid een zo efficiënt mogelijke inzet van schaars aanwezige menskracht en middelen ter bereiking v.e. doel; niet te verwarren met 'doeltreffendheid'.
doelorgaan orgaan waarvan de functie door elders gesecerneerd hormoon specifiek wordt beïnvloed.
doeltreffendheid zie effectiviteit.
doelweefsel het weefsel waarop een hormoon of een therapie is gericht.
doelwitorgaan 1 (fysiol.) orgaan waarop de betreffende lichaamseigen stof een specifieke werking uitoefent; 2 (farm.) orgaan (of structuur) dat kan worden beschouwd als het doelwit v.e. toegediend geneesmiddel.
dofheid gedempheid van toon, bijv. bij thoraxauscultatie.
dokter arts die beroepshalve patiënten behandelt.
doktersassistente op mbo-niveau geschoolde persoon die een huisarts of medisch specialist bijstaat bij onderzoek, behandeling van patiënten en administratie; NB: niet te verwarren met 'arts-assistent'.
doktersattest schriftelijke verklaring die een arts ambtshalve verstrekt, bijv. ter be-

vestiging dat een patiënt ziek is.
doktersbezoek *zie* visite.
dolens pijnlijk; vb. phlegmasia alba dolens.
dolhuis benaming uit vroegere tijden voor de geïnstitutionaliseerde opvang voor berooide, zwakke, aan de zelfkant v.d. maatschappij geraakte mensen, die tegenwoordig 'chronisch psychotisch', 'psychisch geretardeerd' of 'dement' zouden worden genoemd.
dolichocefaal langhoofdig, met lange schedel (index cephalicus <75,9); verouderd concept uit de medische antropometrie.
dolichomorfie lichaamstype met lange pijpbeenderen, lange schedel, slappe spieren, weinig onderhuids vet.
dolichosigmoïd lang sigmoïd.
doll's eye movement afwezigheid van oogbewegingen bij het uittesten v.d. oculocefale reflex.
dolor pijn; een der vijf klinische kenmerken van ontsteking. • **~es ad partum** baringsweeën. • **~es post partum** naweeën. • **~es praeparantes** *zie* weeën.
dolorosus pijnlijk; vb. anaesthesia dolorosa.
dominant overheersend. • **autosomaal ~ erfelijk** (overervingspatroon v.e.) fenotype, berustend op een allel v.e. gen op een autosoom dat slechts in enkelvoud aanwezig hoeft te zijn om tot uiting te komen.
donatie | **eicel~** het aan een ander ter beschikking stellen van eicellen die door punctie zijn verkregen. • **embryo~** het aan een ander ter beschikking stellen v.e. bevruchte eicel. • **in-vitro~** *zie* embryo | donor~.
Donders | **accommodatieformule van ~** A = 1/P − 1/R (A: accommodatiebreedte; P: punctum proximum; R: punctum). • **confrontatiemethode volgens ~** gezichtsveldonderzoek waarbij de perifere begrenzing v.d. gezichtsvelden v.d. patiënt wordt vergeleken met die v.d. onderzoeker d.m.v. het bewegen v.e. vinger i.h. vlak precies tussen beide n in. • **dondersdruk** verschil tussen de intrathoracale (= interpleurale) en atmosferische druk (ca. -0,5 kPa). • **dondershaaroptometer** *zie* optometer.
dongiovannitype *zie* donjuanisme.
donjuanisme mannelijk gedragspatroon dat zich op erotisch-seksueel gebied uit; (psychoanalytisch geïnterpreteerd:) bezeten door castratieangst zoekt hij dwangmatig steeds nieuwe seksuele contacten om zo zijn potentie te bewijzen.
donkeradaptatie fenomeen dat na de overgang v.e. lichte naar een vrij donkere ruimte geleidelijk een grotere lichtgevoeligheid v.d. staafjes ontstaat waardoor men steeds beter gaat zien.
donor iemand die een orgaan of weefsel afstaat voor gebruik bij een ander mens.
• **bloed~** persoon die bloed afstaat t.b.v. een transfusie. • **HB-~** *zie* heart-beating~.
• **heart-beating-~** (HB-donor) donor die hersendood is en bij wie nog bloedcirculatie door een pompend hart plaatsvindt.
• **NHB-~** *zie* non-heart-beating~. • **non-heart-beating-~** (NHB-donor) persoon die na overlijden a.g.v. hartstilstand een of meerdere organen (veelal nieren) en weefsels afstaat voor gebruik bij een recipiënt; bij NHB-donatie van organen, meestal nieren, worden deze organen uiterlijk 20 minuten na overlijden i.h. lichaam via een lieskatheter met een vloeistof doorspoeld; volgens de Wet op orgaandonatie mag dit gebeuren voordat bekend is er toestemming voor donatie is. • **post-mortem~** *zie* non-heart-beating~. • **universele ~** persoon met bloedgroep O.
donorcodicil verklaring waarmee een individu toestemming verleent tot het verwijderen van eigen organen na overlijden.
Donorregister landelijk register waarin burgers vrijwillig hun wilsbeschikking met betrekking tot orgaardonatie na overlijden laten registreren en dat artsen moeten raadplegen bij iedere overledene die in aanmerking komt voor donatie.
donovanose *zie* granuloom | granuloma inguinale.
donovanosis *zie* granuloom | granuloma inguinale.
dood 1 (zelfst. naamw.) mors [L], thanatos [G]; **2** (bijv. naamw.) mortus [L]. • **acute ~** onverwachste natuurlijke dood binnen 1 uur na het optreden van symptomen, meest voorkomende oorzaken zijn circulatiestilstand door atriumfibrilleren, longembolie, cerebrovasculair accident, bloedingen hoog i.h. systema digestorum (de tractus digestivus). • **acute hart~** acute dood door plotselinge uitval v.d. hartwerking. • **biologische ~** de onomkeerbare afwezigheid van ademhaling en bloedcirculatie. • **bolus~** dood a.g.v. afsluiting v.d. luchtwegen door een obstruerend vreemd voorwerp of

een obstruerende voedselbrok (bolusobstructie). • **cel**~ irreversibel verval v.e. cel doordat de eenheid van organisatie daarvan verloren gaat. • **cerebrale** ~ *zie* hersen~. • **geprogrammeerde cel**~ fysiologische vorm van celdood. • **hart**~ dood a.g.v. het uitvallen v.d. hartwerking. • **hersen**~ toestand waarin de lichaamscirculatie nog intact is, maar waarin alle vitale functies die afhankelijk zijn van hersenen of hersenstam zijn uitgevallen zonder intoxicatie of onderkoeling. • **klinische hersen**~ *zie* klinische ~. • **klinische** ~ toestand met circulatiestilstand en diepe bewusteloosheid, die reversibel kan zijn indien geen met het leven onverenigbare orgaanschade is opgetreden. • **niet-natuurlijke** ~ elk overlijden dat (mede) het gevolg is van uitwendig geweld. • **schijn**~ bewusteloosheid met nietwaarneembare en insufficiënte ademhaling en circulatie. • **vrucht**~ intra-uteriene dood v.d. foetus na een zwangerschapsduur van ten minste 16 weken (abortusperiode) en voordat het kind is geboren. • **whole-brain death** hersendood waarbij functieverlies van hersenstam en grote hersenen is vastgesteld. • **whole brain-hersen**~ *zie* whole-brain death. • **wiegen**~ *zie* wiegendood.

doodsbrief-A *zie* A-brief.

doodsbrief-B *zie* B-brief.

doodskenmerk van Tonelli *zie* Tonelli | tonellisymptoom.

doodskruis het kruis, gevormd door de dalende temperatuurlijn en de stijgende polslijn, een ongunstig teken bij acute ziekten.

doodsoorzaak de door een medicus vastgestelde oorzaak van overlijden.

doof 1 zeer slecht horend; **2** met gestoorde sensibiliteit; vb. een dood gevoel.

doofheid 1 (neurol.) *zie* anesthesie; **2** (knoheelk.) totaal verlies v.h. hoorvermogen (partieel gehoorverlies heet hard-of slechthorendheid); niet te verwarren met dofheid van geluid (gedemptheid), i.t.t. luidheid. • **bárány**~ ernstige slechthorendheid v.e. oor, vastgesteld d.m.v. de lawaaitrommel van Bárány. • **bas**~ gehoorverlies voor lage tonen. • **centrale** ~ gehoorstoornis door aandoening v.d. gehoorbanen en de gehoorcentra i.d. hersenen. • **cerebrale** ~ gehoorstoornis door beschadiging v.d. hersenen. • **corticale** ~ gehoorstoornis door aandoening v.d. cortex cerebri. • **discant**~ gehoorverlies voor hoge tonen. • **doofblindheid** blindheid i.c.m. doofheid. • **geleidings**~ gehoorverlies door defect aan het geleidingssysteem. • **labyrint**~ (obsoleet) gehoorverlies of doofheid door beschadiging v.h. labyrint. • **lawaai**~ gehoorverlies door langdurige blootstelling aan sterk geluid. • **paradoxale** ~ *zie* Willis | paracusis ~i. • **perceptie**~ *zie* slechthorendheid. • **salicyl**~ doofheid na gebruik van salicylverbindingen. • **sudden deafness** [E] plotseling intredend perceptief gehoorverlies, meestal van één oor. • **woord**~ het niet kunnen verstaan van gesproken taal bij behouden vermogen andere geluiden te herkennen.

doofstomheid surdomutitas.

dooier de (niet-levende) voedingssubstantie, in druppelvorm i.d. eicel aanwezig, bestaande uit vetten en eiwitten. • **ei**~ de geeloranje substantie i.e. (vogel)ei.

dooierzak omhulling v.d. dooier.

doolhof *zie* labyrint.

doorbloeding mate waarin een weefsel van bloed wordt voorzien.

doorlichten 1 (radiol.) *zie* röntgendoorlichting; **2** (gastro-enterol.:) *zie* transilluminatie.

doorliggen *zie* decubitus.

doornappel 1 (toxicol.) vrucht van *Datura stramonium*, wel genuttigd vanwege het hallucinogene effect; **2** (hematol.) aanduiding v.h. uiterlijk dat erytrocyten aannemen door schrompeling in hypertonische zoutoplossing en bij sommige bloedziekten.

doornuitsteeksel processus spinosus (vertebrarum).

doorzwaaigang een v.d. looppatronen met krukken: twee krukken worden tegelijk naar voren gezet en beide benen zwaaien tegelijk door.

DOPA (dihydroxyphenetylamin) tussenproduct dat onder invloed van tyrosinase wordt gevormd uit tyrosine bij de synthese van epinefrine en van melanine; de L-vorm, levodopa, is biologisch actief; NB: DOPA is niet te verwarren met dopamine.

dopamine (DM) precursor van norepinefrine (noradrenaline); door de hypothalamus afgescheiden sympathicomimetische stof die via axonen naar de hypofyse wordt getransporteerd en daar de afscheiding van prolactine remt; voorts werkzaam als (inhibitoire) neurotransmitter. • **levodopa** (L-dopa) (levodopa) precursor v.d. neurotrans-

mitter dopamine; wordt als medicament toegepast bij behandeling v.d. ziekte van Parkinson. • **methyldopa** antihypertensivum dat centrale alfa-2-receptoren stimuleert, waardoor de perifere vaatweerstand afneemt en de bloeddruk daalt.
dopaminerg reagerend op dopamine.
dopase *zie* oxidase | DOPA~.
doping gebruik v.e. farmacologisch effectief middel met het oog op een betere lichamelijke en/of geestelijke prestatie.
dopplereffect het verschijnsel dat een waarnemer bij het naderen v.e. geluidsbron een hogere frequentie waarneemt dan de bron uitzendt en een lagere trillingsfrequentie dan de werkelijke frequentie waarneemt wanneer hij zich v.d. geluidsbron verwijdert.
dopplermetrie onderzoeksmethode d.m.v. ultrasone golven met toepassing v.h. dopplereffect waarbij de stroming v.h. bloed wordt weergegeven.
dopplersonderzoek *zie* dopplermetrie.
dopplerultrageluidonderzoek *zie* dopplermetrie.
doptone apparaat dat d.m.v. registratie van geluidstrillingen op de onderbuik v.e. zwangere de foetale harttoon weergeeft.
dormant [E] (microbiologie).
dormiakorfje korfje aan het uiteinde v.e. katheter die d.m.v. een endoscoop wordt ingebracht.
dorsaal aan of naar de rugzijde.
dorsalis dorsaal; vb. chorda dorsalis; mesenterium dorsale commune.
dorsal midbrain syndrome *zie* syndroom | parinaud~.
dorsolateraleponssyndroom *zie* syndroom | arteriacerebellisuperior~.
dorsolateralis achter-opzij; vb. fasciculus dorsolateralis.
dorsomedialis dorsaal-mediaal; vb. nucleus dorsomedialis.
dorsoventraal v.d. rug naar de buik gericht, van achter naar voren.
dorst dipsa [G], sitis [L].
dorsum rug.
dosering de hoeveelheid en de frequentie van toediening v.e. geneesmiddel. • **clarkkinder**~ farmacologische aanduiding voor kinderdosering. • **over**~ toediening v.e. zo grote hoeveelheid v.e. (genees)middel, dat hierdoor ernstige bijwerkingen en/of intoxicatieverschijnselen ontstaan.

dosimeter *zie* persoonsdosismeter.
dosimetrie meetmethode ter bepaling van door ioniserende straling in materie teweeggebrachte grootheden als exposie, dosis en dosisequivalent.
dosis hoeveelheid v.e. geneesmiddel of van ioniserende straling die per keer of per tijdvak wordt toegediend. • **aanvangs**~ *zie* initiële ~. • **booster**~ dosis v.e. antigeen die nodig is om een boostereffect te bereiken. • **dag**~ de hoeveelheid (genees)middel die per dag wordt toegediend. • ~ **effectiva** dosis die een bepaald effect teweegbrengt. • ~ **efficax** *zie* dosis effectiva. • ~ **letalis** *zie* letale ~. • **letalis media** *zie* LD_{50}. • ~ **maxima** maximaal toelaatbare d. • ~ **totalis** de hoeveelheid die in totaal wordt toegediend. • **effectieve** ~ (ED) dosis v.e. middel die effect heeft. • **erytheem**~ (ED) de hoeveelheid energie (i.h.b. straling) die leidt tot erytheemvorming. • **gonaden**~ stralingsdosis die de gonaden (ovaria, testes) belast, uitgedrukt in mSv (millisievert). • **huid**~ hoeveelheid energie die de huid bij radiotherapie ontvangt. • **infectie**~ hoeveelheid micro-organismen die nodig is om na besmetting de gastheer ziek te maken. • **initiële** ~ *zie* start~. • LD_{50} dosis waaraan 50 pct v.d. proefdieren sterven. • **letale** ~ (LD) de hoeveelheid v.e. toegediend middel die i.h. algemeen de dood als direct gevolg heeft. • **maximale** ~ de grootste volgens de farmacopee toelaatbare dosis v.e. geneesmiddel. • **minimale erytheem**~ (MED) hoeveelheid (röntgen)stralen die een huidverbranding v.d. eerste graad teweegbrengt. • **minimale infectieuze** ~ (MID) kleinste hoeveelheid micro-organismen die nog juist tot infectie leidt. • **minimale letale** ~ kleinste hoeveelheid stof of micro-organismen die tot de dood leidt. • **onderhouds**~ dagelijkse dosis v.e. geneesmiddel die nodig is voor het behouden v.e. constante serumconcentratie ervan. • **oplaad**~ de dosis die moet worden toegediend om onmiddellijk de gewenste plasmaconcentratie v.e. bepaald middel te verkrijgen. • **over**~ te grote hoeveelheid v.e. (genees)middel. • **reactieve** ~ de hoeveelheid antigeen die i.e. gesensibiliseerd organisme een allergische reactie oproept. • **sensibiliserende** ~ de hoeveelheid antigeen die de sensibilisering teweegbrengt. • **skintest**~~ de hoeveelheid antitoxine die benodigd is

voor een positieve reactie van Dick.
- **speur~** zeer kleine dosis v.e. radioactieve isotoop die aan een stof met natuurlijke isotopen wordt toegevoegd om de weg na te gaan die deze stof i.h. lichaam volgt.
- **start~** de voorgeschreven dosis v.e. farmacon bij aanvang v.d. therapie waarmee de therapeutisch werkzame concentratie i.h. lichaam wordt bereikt. • **tolerantie~** maat voor de stralingsdosis die bij radiotherapeutische behandeling aanvaardbaar is voor het gezonde weefsel, nl. de dosis die bij 5% v.d. patiënten wel en bij 95 % v.d. patiënten geen ontoelaatbare beschadiging van gezonde organen of weefsels veroorzaakt.
- **toxische** ~ (TD) de hoeveelheid v.e. geneesmiddel die vergiftig werkt. • **tracer~** zie speur~.

dosiscalibrator putvormige gasgevulde ionisatiekamer met elektronen, bestemd voor het meten v.d. sterkte v.e. radioactieve bron.

dosis-effectrelatie verband tussen de grootte v.e. effect en de intensiteit of duur v.d. veronderstelde oorzakelijke factor.

dosisequivalent biologisch effectieve dosis.

dosis-responsrelatie relatie tussen toegediende dosis en het effect v.e. farmacon.

dosistempometer meetinstrument om de uitwendige radioactieve stralingsdosis te meten.

dosiswerkingscurve zie dosis-responsrelatie.

dossier zie patiënt~. • **elektronisch medicatie~** (EMD) niet te verwarren met 'elektronisch patiëntendossier'. • **patiënt~** bundeling van persoonsgegevens, bevindingen en conclusies ten aanzien van diagnose, prognose en therapie v.e. patiënt i.e. papieren of elektronisch bestand.

dot-blothybridisatie techniek om specifieke DNA-sequenties op te sporen.

dotterbehandeling dotterprocedure beperkt zich niet tot toepassing in kransvaten (PTCA); wordt ook toegepast in o.a. renale arteriën (PTA) zie angioplastiek | percutane transluminale ~.

douairièrebult zie hyperkyfose.

double-bind [E] (kinderpsychiatrie) aanduiding v.h. type interactie tussen ouder en kind waarin de ouder dubbelzinnige, tegenstrijdige opdrachten aan het kind geeft.

double bubble [E] twee gasbellen op de röntgenfoto v.d. buik v.e. pasgeborene, duidend op een darmafsluiting.

double Dutch seksueel-preventief gedrag waarbij orale anticonceptie consequent wordt gecombineerd met condoomgebruik.

double-outlet right vertricle [E] aangeboren hartafwijking waarbij de twee grote vaten beide aan de rechter kamer ontspringen.

doublet twee achtereenvolgende extrasystolen v.h. hart.

Douglas | cavum ~i zie excavatio rectouterina.

dowager's hump [E] zie hyperkyfose.

downstaging [E] het doen dalen v.h. TNM-stadium m.b.v. radiotherapie of chemotherapie voorafgaande aan een operatie waardoor de operabiliteit v.d. tumor stijgt.

⊛ **downsyndroom** aangeboren verstandelijke beperking, gepaard met mongoloïde uiterlijk; berust op trisomie van chromosoom 21.

doxogeen door voorstellingen (gedachten, opvattingen) ontstaan.

Doyen | doyenklem darmklem.

DP zie dementie | dementia pugilistica.

d.p. zie partus | durante partu.

DPA dual-photon absorptiometry.

DPG (2,3-difosfoglyceraat (2,3-diphosphoglycerate) een bestanddeel v.d. erytrocyt dat de affiniteit van hemoglobine tot zuurstof reguleert.

DPP-4 zie dipeptidylpeptidase-4.

DPP-4-remmer geneesmiddel dat dipeptidylpeptidase-4 (DPP-4) remt en zo de afbraak van glucagonachtig peptide 1 (GLP-1) vertraagt.

draadextensie methode voor langzame repositie van beenfractuurstukken.

draadspalk zie Braun | braunspalk.

draagband zie mitella.

draagdoek zie mitella.

draagkracht vermogen v.e. persoon om aan draaglast tegemoet te komen.

draaglast waargenomen eisen en dreigingen uit de omgeving.

draagmoeder vrouw die op verzoek van derden een zwangerschap voldraagt en na de bevalling het kind aan hen afstaat.

draagmoederschap situatie waarbij een vrouw zwanger is geworden met het voornemen een kind te baren ten behoeve v.e. ander.

draaiduizeligheid zie duizeligheid.

draaier tweede halswervel), axis; vroeger geheten epistropheus.
draaineck *zie* torticollis.
dracontiasis infestatie met *Dracunculus*.
dracunculiasis *zie* dracontiasis.
Dracunculus een nematodengeslacht. • *~ medinensis* guineaworm, komt voor in tropisch Afrika, Arabië en Klein-Azië.
dragee versuikerde pil.
drager *zie* carrier. • **bacillen~** iemand die bepaalde pathogene bacillen (bacteriën) bij zich draagt en uitscheidt, zonder zelf ziek te zijn. • **bacterie~** iemand die bepaalde pathogene bacteriën bij zich draagt en uitscheidt zonder zelf (nog) ziek te zijn, terwijl hij wel gezonde mensen kan besmetten. • **over~** *zie* vector. **stafylokokken~** persoon zonder infectieverschijnselen die chronisch *Staphylococcus aureus* in de neus draagt en daarmee potentieel infectieus voor de omgeving is. • **virus~** iemand die een bepaald pathogeen virus bij zich draagt en uitscheidt zonder zelf (nog) ziek te zijn, maar gezonde personen kan besmetten. • **ziekteover~** *zie* vector.
dragerstof *zie* carrier.
drain [E] textielweefsel of buis, bestemd voor drainage. • **dubbellumen~** drain met twee kanalen, bestemd voor spoel-zuig-drainage. • **liquor~** drain voor het afvoeren van liquor. • **lumboperitoneale ventrikelliquor~** liquordrain v.d. lumbale subarachnoïdale ruimte via de subcutis naar de peritoneale holte. • **redon~** soepele plastic slang die i.e. operatiegebied wordt achtergelaten, met aan het andere eind een vacuümfles. • **sigaretten~** drain die bestaat uit een door rubber omgeven strookje gaas. • **ventriculocardiale liquor~** liquordrain v.e. v.d. zijhersenventrikels via de subcutis en de vena jugularis naar het rechter atrium. • **ventriculoperitoneale liquor~** liquordrain v.e. v.d. zijventrikels via de subcutis naar de peritoneale holte.
drainage het onbelemmerd laten afvloeien van vocht, secreet, etter, d.m.v. een drain. • **amnio~** het draineren van vruchtwater uit de vruchtzak m.b.v. een abdominale punctie. • **aspiratie~** *zie* bülauhevel~. • **bülauhevel~** onafgebroken heveldrainage bij pleura-empyeem. • **geforceerde ~** vroeger bij meningitis toegepaste intraveneuze inspuiting v.e. hypertone zoutoplossing, gepaard met lumbale punctie, om de liquordruk te verlagen. • **gesloten ~** drainage van een afvoersysteem waar. n geen buitenlucht kan doordringen. • **getij~** drainage v.d. urineblaas met een apparaat dat de blaas afwisselend met vloeistof vult en vervolgens de vloeistof weer laat weglopen. • **hevel~** drainage v.d. blaas met een katheter, die ritmisch de blaas vult en ledigt. • **houdings~** drainage die wordt toegepast bij longabces en bronchiëctasie waarbij drainage wordt bereikt door de patiënt op de zij te keren en met het hoofd omlaag te leggen. • **liquor~** het afvloeien van liquor d.m.v. een liquordrain. • **lumboperitoneale ~** (LPD) het laten afvloeien van vocht vanuit het lumbale gebied naar de buikholte d.m.v. een kunstmatige verbinding. • **lymfe~** afvoer v.h. weefselvocht, lymfocyten, bacteriën e.d. uit de weefsels via het lymfevaatstelsel en de daarin aanwezige lymfklieren. • **monaldizuig~** punctie v.e. caverne en drainage naar buiten, door de thoraxwand heen, met afzuiging v.h. secreet. • **nasobiliaire ~** afvoer door een drain die is ingebracht i.d. galwegen en het lichaam door de neus verlaat. • **posturale ~** houdings~. • **spitz-holter~** afvoer van liquor tussen cerebraal zijventrikel en cardiaal rechter atrium. • **spoel-zuig~** behandeling v.e. diepe wondinfectie door twee drains i.d. wondholte te brengen: een voor infusie en een voor afzuigen van spoelvloeistof. • **tidal ~** *zie* hevel~. • **torkildsen~** operatie bij hydrocephalus occlusus om een vrije liquorpassage te bereiken via een drain tussen de zijventrikel en de cisterna cerebellomedullaris. • **ventriculocardiale ~** afvloed van overmatige ventrikelliquor naar de rechter hartkamer. • **ventriculoperitoneale ~** afvloed van overtollige ventrikelliquor naar de buikholte. • **ventrikel~** *zie* ventriculostomie. • **wangensteen~** continue afzuiging v.d. inhoud van maag en duodenum via een sifonzuigapparaat. • **zuig~** *zie* Perthes | perthesdrainage.
drang stoornis i.d. impulscontrole waarbij het onmogelijk is een impuls te onderdrukken, ook al is deze schadelijk voor de persoon of diens omgeving.
dranghandelen egosyntoon, voor iemand niet wezensvreemd gedrag waarnaar (vrijwel) voortdurend innerlijk wordt verlangd.
drankzucht *zie* dipsomanie
DRE (dynamisch rectaal onderzoek) *zie* defe-

cografie.
drekgezwel *zie* coproom.
drempel van spraakverstaan *zie* speech-reception threshold.
drepanocyt sikkelcel.
drepanocytemie sikkelcelziekte, sikkelcelanemie.
DREZ lesion (Dorsal Root Entry Zone lesion) chirurgische beschadiging v.d. achterstreng ter plaatse v.d. binnentreding v.d. ruggenmergwortel.
driehoek vormaanduiding i.d. anatomie. • **bryant**~ de rechthoekige gelijkbenige driehoek die (bij de liggende patiënt) gevormd wordt door trochanter major, spina iliaca anterior superior en het voetpunt v.d. loodlijn door de spina op de femur-as. • **chauffard**~ driehoekige paramediastinale schaduw op thoraxfoto, door atelectase v.d. rechter onderkwab v.d. long. • **codman**~ periostreactie, op een röntgenfoto driehoekig van vorm, voorkomend bij ontsteking en maligne bottumor. • ~ **van Bryant** *zie* bryant-. • ~ **van Chauffard** *zie* chauffard-. • ~ **van Einthoven** positie van elektroden bij standaard-ecg-registratie i.d. vorm v.e. driehoek. • ~ **van Grocco-Rauchfuss** *zie* paravertebrale ~ van Grocco-Rauchfuss. • ~ **van Pirogoff** een driehoekig veld v.d. submandibulaire regio, begrensd door de achterste buik v.d. m. digastricus, de n. hypoglossus en de achtergrens v.d. m. mylohyoideus. • **garland**~ driehoekige zone van iets minder gedempte percussieklank tussen de ruggengraat en de bovengrens van pleuritis exsudaat. • **groccorauchfuss**~ *zie* paravertebrale ~ van Grocco-Rauchfuss. • **laimer**~ anatomische structuur i.d. keelholte; gelegen op de grens tussen farynx en slokdarm. • **langenbeck**~ het gebied boven de femurkop tussen m. piriformis en m. gluteus medius. • **lesser**~ driehoekige ruimte tussen de n. hypoglossus en de beide buiken v.d. m. digastricus. • **paravertebrale** ~ **van Grocco-Rauchfuss** bij pleura-exsudaat vindt men contralateraal, paravertebraal een rechthoekig-driehoekige dempingsfiguur. • **scalenus**~ *zie* scalenusspleet. • **sédillot**~ de driehoekige opening tussen het mediale eind v.d. clavicula en de twee oorspronghoofden v.d. m. sternocleidomastoideus aan clavicula en sternum. • **veiligheids**~ **van Chevalier Jackson** driehoek gevormd door de mediale rand v.d. mm. sternocleidomastoidei en een horizontale lijn ter hoogte v.d. ondergrens v.h. schildkraakbeen, de veilige ruimte voor tracheotomie.
driehoekbundel van Helweg *zie* tractus olivospinalis.
driemaandenkoliek veelal 's avonds voorkomende aanvallen van extreem huilen bij verder gezonde zuigeling, gecombineerd met krampachtige gastro-intestinale klachten met krachtige darmgeluiden; de klachten zijn meestal na drie maanden verdwenen.
driepuntsgang een v.d. krukloopatronen: één been en twee krukken worden belast.
driespiegelcontactglas contactglas waarmee de gehele retina binoculair kan worden bekeken.
drift [E] **1** (genetica:) geleidelijke verandering i.h. genoom v.e. organisme, niet berustend op selectiedruk, maar op blijvende mutaties; **2** (psychologie:) psychische krachten die een levend wezen ertoe brengen bepaalde voor het leven noodzakelijke of belangrijke handelingen te verrichten; **3** (psychologie:) plotselinge en krachtige opwelling van woede of ongeduld; vb. driftaanval. • **antigene** ~ het optreden v.e. geringe antigene wijziging bij micro-organismen. • **genetic** ~ [E] optreden van veranderingen in genfrequenties die berusten op het cumulatief effect van kleine toevalsfluctuaties.
drift | geslachts~ *zie* libido.
drifthandeling meestal zeer heftige handeling waarvan de betrokkene de motieven verstandelijk niet meer overziet en beheerst en die aan een heftige driftimpuls wordt toegeschreven.
driftleven het geheel der driften; volgens psychoanalyse is 'Es' hiervan de bron.
drifttheorie theorie volgens welke de hogere prevalentie van o.a. schizofrenie in lagere inkomensgroepen te verklaren is doordat de patiënten a.g.v. hun stoornis naar een lagere inkomensgroep afdrijven.
drip [E] een druppelsgewijs toegediende infusie. • **postnasal** ~ [E] afvloeiing bij sinusitis van secreet druppelsgewijs uit het achterste deel v.d. neusholte naar de nasoorofarynx.
drive stimulus, prikkel, aanzet, drijfkracht; vb. respiratoire drive.
droesem 1 bilaterale (peri)foveale ophopin-

gen van debris juist onder het retinale pigmentepitheel; **2** hyaliene lichaampjes op de papil v.d. oogzenuw; **3** (obsoleet synoniem) seniele plaque.

drogebedtraining diverse plasinstructies en -oefeningen, gecombineerd met plaswekker, als therapie bij enuresis nocturna.

dromotroop de geleidingssnelheid v.d. (hart)impuls beïnvloedend.

droogvriezen het bij zeer lage temperaturen doen uitdrogen van materiaal, met het doel de biologische eigenschappen te behouden.

droom onwillekeurige, psychische activiteit tijdens de slaap, i.h.b. de remslaap. • **dagdromen** aangename fantasieën tijdens het wakker zijn. • **natte** ~ zie pollutie.

drop attack zonder aanleiding pardoes door de benen zakken, zonder bewustzijnsverlies en zonder andere neurologische stoornissen.

drop-out [E] **1** (psych.) iemand die het contact met de medemens en de interesse i.d. samenleving geheel verloren heeft; **2** (stat.) niet-geplande crossing-over.

dropped head zie dropping head.

dropping beat [E] wegvallende (hart)slag, het uitvallen v.e. hartkamercontractie bij prikkelgeleidingsstoornis.

dropping fingers [E] paralyse v.d. strekspieren v.d. vingers, veroorzaakt door een uitval v.d. n. radialis onder de elleboog.

dropping head afhangend hoofd a.g.v. zwakte van nekstrekkers.

dropping wrist zie hand | dropping ~.

dropsy [E] verouderd leenwoord uit het Engels voor 'hydrops' zie hydrops. • **war** ~ zie oedeem | honger~. • **wind** ~ zie emfyseem | huid~.

Drosophila melanogaster vliegje dat door de gemakkelijke toegankelijkheid van zijn chromosomen een veel gebruikt proefdier bij genetisch onderzoek is geworden.

drowned lung [E] 'verdronken long': ophoping van secreet i.c. longgedeelte, perifeer v.e. bronchusafsluiting.

drug 1 een i.e. bepaald cultuurpatroon niet geaccepteerde, psychisch actieve stof; **2** *in de Engelse taal:* geneesmiddel i.h. algemeen. • **disease-modifying antirheumatic** ~ (DMARD) [E] antireumaticum waarvan de werking niet berust op remming v.h. enzym prostaglandinesynthetase. • **hard**~ (juridisch verzamelbegrip:) drug die vermeld staat op lijst 1 v.d. Opiumwet; de drugs op deze lijst vormen een onaanvaardbaar risico voor de volksgezondheid; tot de harddrugs horen o.a. opiaten als heroïne, voorts cocaïne, crack, ecstasy en amfetaminen. • **non-steroidal anti-inflammatory** ~ (NSAID) zie ontstekingsremmer | niet-steroïdale ~. • **orphan** ~ zie geneesmiddel | wees~. • **party**~ drug die door sommige feestgangers worden gebruikt op feesten. • **pro**~ geneesmiddel waaruit door metabole veranderingen de werkzame stof i.h. lichaam ontstaat. • **slowly-acting antirheumatic** ~ (SAARD) [E] geneesmiddel dat het beloop van reumatoïde aandoeningen in gunstige zin kan beïnvloeden. • **soft**~ (juridisch verzamelbegrip:) drug die wordt vermeld op lijst 2 v.d. Opiumwet, zoals cannabis en paddo's; de drugs op deze lijst hebben minder risico voor de volksgezondheid dan de drugs op lijst 1 v.d. Opiumwet, de harddrugs.

drug dependence [E] verslaving aan drugs (WHO-term).

drug-induced injury [E] bijwerking v.e. geneesmiddel waardoor het fysieke en/of mentale functioneren permanent wordt geschaad.

drug-pushing behaviour [E] aspect van sociaal afhankelijk gedrag van mensen die verslaafd zijn aan een psychoactief middel waarbij ze de neiging hebben om dit middel aan anderen op te dringen.

drug-seeking behaviour [E] aspect van sociaal afhankelijk gedrag van mensen die verslaafd zijn aan een psychoactief middel waarbij het dagelijks leven geheel i.h. teken staat v.h. verkrijgen v.h. betreffende middel.

druiper zie urethritis gonorrhoica.

druivenmola zie mola hydatidosa.

druivensuiker zie glucose.

druk zie bloeddruk. • ~ **van Donders** zie Donders | dondersdruk. • **interpleurale** ~ zie intrathoracale druk. • **interstitiële** ~ druk die i.d. intercellulaire ruimte in weefsels heerst. • **intra-abdominale** ~ druk i.d. buikholte; supra-atmosferisch door tonus van buikspieren. • **intracapillaire** ~ druk die het bloed op de wanden v.d. haarvaatjes uitoefent en die het vocht naar buiten drijft. • **intracraniële** ~ druk v.d. intracraniële liquor. • **intraoculaire** ~ zie oogboldruk. • **intrapulmonale** ~ de druk i d. alveolen v.d. longen; daalt tijdens inspiratie en stijgt tijdens expiratie. • **intrarenale** ~ de druk die i.h. nierparenchym buiten de tubuli heerst. • **systolische** ~ druk i.h. arteriële vaatstelsel die ontstaat t.g.v. de ventrikelcontractie.

drukanomalie *zie* compressieanomalie.

drukkamer luchtdicht afsluitbaar vertrek waarin de luchtdruk kan worden verlaagd of verhoogd.

drukneuropathie | **medianus**~ *zie* carpaletunnelsyndroom. • **peroneus**~ drukneuropathie v.d. n. peroneus ter hoogte v.h. fibulakopje, aanleiding gevend tot uitval v.d. n. peroneus superficialis, n. peroneus profundus of beide. • **radialis**~ drukneuropathie v.d. n. radialis, meestal door compressie tegen de humerus (*Saturday night palsy*) of een humerusfractuur; hierbij is de functie v.d. m. triceps gespaard; compressie i.d. oksel met meedoen v.d. m. triceps is zeldzaam; treedt veelal op als erfelijke drukneuropathie; de n. radialis innerveert vrijwel alle vingerstrekkers, waardoor uitval tot een dropping hand leidt. • **ulnaris**~ drukneuropathie v.d. n. ulnaris, doorgaans door compressie ter plaatse v.d. sulcus v.d. elleboog.

drukpunt | **chauffard**~ punt onder rechter sleutelbeen; pijn bij druk op dit punt wijst op galblaasaandoening. • **mcburney**~ het midden v.d. lijn die de navel verbindt met de rechter spina iliaca anterior superior. • **valleix**~**en** punten die bij druk pijnlijk zijn doordat er een zenuwstam onder ligt; de pijnlijkheid is vooral duidelijk bij neuralgie.

drukpuntmassage *zie* acupressuur.

druktransducer meetinstrument dat druk omzet i.e. elektrisch signaal.

drukusuur atrofie, optredend door circulatiestoornissen t.g.v. langdurige mechanische druk.

drukverschijnselen verschijnselen, veroorzaakt door druk op belangrijke structuren met geleidende of passagefuncties (zenuwen, bloedvaten, darmen).

drukverwonding letsel dat ontstaat door druk op de huid en een vaste structuur (bot) eronder.

druk-volumediagram grafiek die de relatie aangeeft tussen de druk i.e. hol orgaan en het volume. • **hart**~ dynamische curve die het verloop aangeeft van druk en volume tijdens een complete hartcyclus. • **long**~ grafiek die de relatie aangeeft tussen het volume v.d. long en de druk die nodig is om dit volume te handhaven.

druppel | **hangende** ~ bacteriologische onderzoekmethode, waarbij een aan een dekglas hangende druppel met de microscoop wordt bekeken.

druppelzakje uitwendig opvangmateriaal bij urine-incontinentie bij de man.

dry-bed training *zie* drogebedtraining.

dry socket droge lege tandkas na tandextractie, hevig pijnlijk, stinkend.

DS (da signa) geef, noteer (rec.).

DSA *zie* angiografie | digitale subtractie~.

DSM *zie* Diagnostic and Statistical Manual of Mental Disorders.

DSPB *zie* band | double-swivel pelvic ~.

dtd dentur tales doses (rec.).

DTH *zie* hypersensitiviteit | delayed-type~~.

DTPA *zie* zuur | di-ethyleentriaminepentaaceet~.

dU internationale afkorting voor 'daily urin' (dagelijkse hoeveelheid urine).

dubbele aortaboog aangeboren afwijking die ontstaat doordat de vierde rechter aortaboog niet verdwijnt tijdens de embryonale ontwikkeling.

dubbele discordantie abnormale rangschikking v.d. hartcompartimenten waarbij het rechter atrium op de morfologisch linker ventrikel draineert en het linker atrium op de morfologisch rechter ventrikel.

dubbele moraal omschrijving v.h. gegeven dat in vele culturen op het terrein van seksueel gedrag mannen meer vrijheden genieten dan vrouwen.

dubbelgangerfenomeen (psychol.) stoornis i.d. zelfbeleving waarbij de patiënt het gevoel of de gewaarwording heeft dat de eigen persoon zich ook nog eens i.d. nabijheid bevindt en dat deze hem observeert.

dubbelgeruis van Duroziez *zie* geruis | duroziez~.

dubbelloops *zie* stoma.

dubbelmonstrum product van onvolkomen of gestoorde intra-uteriene ontwikkeling v.e. eeneiige tweeling, waarvan de partners met elkaar vergroeid zijn.

dubbelslag *zie* dicrotie.

dubbeltumoren term voor tegelijkertijd in één lichaam aanwezige tumoren van verschillende herkomst.

Duchenne | **duchennedystrofie** *zie* ziekte

van Duchenne. • **spinale progressieve spieratrofie type ~-Aran** voortschrijdende degeneratie v.d. voorhoorncellen v.h. ruggenmerg op middelbare leeftijd. • **ziekte van ~-Aran** zie spinale progressieve spieratrofie type ~-Aran.

ductaal m.b.t. een ductus; vb. ductaal carcinoma in situ v.d. mamma.

ductiliteit eigenschap v.e. stof, zich tot draden te laten trekken.

ductulus kanaaltje, buisje. • **ductuli interlobulares hepatis** tussen de leverlapjes verlopende galafvoergangen.

ductus kanaal, buis, gang, leider. • ~ **arteriosus Botalli** bij het embryo aanwezige ductus tussen de stam v.d. longslagader en de aorta descendens. • ~ **choledochus** extrahepatische galafvoergang, ontstaan uit de vereniging van d. hepaticus communis en d. cysticus, uitmondend i.h. duodenum bij de papilla duodeni major. • ~ **cochlearis** spiraalvormige, met endolymfe gevulde vliezige buis, driehoekig op doorsnee, bevat de zintuigcellen voor het gehoor. • **cuvier~** (embryologie) de bij de foetus beiderzijds uit de vereniging v.d. venae cardinalis cranialis en caudalis gevormde aderstam. • ~ **cysticus** afvoergang v.d. galblaas, verenigt zich met de d. hepaticus tot d. choledochus. • ~ **deferens** afvoerkanaal v.d. epididymis met dikke spierlaag. • ~ **arteriosus** zie ductus arteriosus Botalli. • ~ **arteriosus apertus** zie open ~ Botalli. • ~ **Botalli** zie ductus arteriosus Botalli. • ~ **ejaculatorius** het vernauwde laatste deel v.d. d. deferens. • ~ **endolymphicus** een vliezig kanaaltje i.d. aqueductus vestibuli, met endolymfe gevuld. • ~ **epididymidis** afvoergang v.d. epididymis, een kluwen v.e. ongeveer 5 m lang kanaal. • ~ **hepaticus communis** galafvoergang, ontstaan uit de vereniging v.d. d. hepaticus sinister en dexter. • ~ **lymphatici** de hoofdlymfegangen. • ~ **lymphaticus dexter** een kort lymfeafvoerend vat, dat uitmondt i.d. angulus venosus dexter. • ~ **nasolacrimalis** afvoergang v.d. saccus lacrimalis naar de neusholte. • **open ~ Botalli** het niet sluiten v.d. ductus arteriosus na de geboorte. • ~ **pancreaticus** afvoergang v.d. pancreas, mondt samen met de d. choledochus op de papilla duodeni major i.h. duodenum uit. • ~ **parotideus** afvoergang v.d. glandula parotis. • ~ **perilymphaticus** verbindingsweg tussen de perilymfatische ruimte v.h. binnenoor en de subarachnoïdale ruimte. • **persisterende ~ Botalli** zie open ~ Botalli. • ~ **semicircularis** halfcirkelvormig kanaal v.h. binnenoor. • ~ **submandibularis** afvoergang v.d. glandula submandibularis, mondt uit op de caruncula sublingualis. • ~ **thoracicus** grootste afvoerend lymfevat. • ~ **thyroglossalis** epitheelstreng, soms een cyste bevattend, die ontstaat bij het embryo bij het afdalen v.d. schildklier en als tijdelijke verbinding tussen de schildklier (thyroïd) en het foramen caecum achter op de tong; een sluitingsdefect v.d. ductus is een veel voorkomende congenitale afwijking.

duiding centrale kenmerkende interventie in psychoanalytische therapie; interpretatie en verbalisatie van gedrag, gekoppeld aan motivatie, verschaft hierbij inzicht i.h. ontstaan en de samenhang van problemen en conflicten.

duim pollex. • **zwevende ~** aangeboren afwijking v.d. duim met hypoplasie van beide falangen.

duimbal zie thenar.

duivelsgreep zie myalgie | myalgia epidemica.

duivelsgrijns zie risus sardonicus.

duivelskring zie vicieuze cirkel.

duivenmelkersziekte zie long | duivenmelkers~.

⊛ **duizeligheid** onaangename sensatie van bewegingspatronen die in werkelijkheid niet bestaan; indeling: verzamelnaam voor uiteenlopende vormen van 'onvast zijn', zoals draaiduizeligheid, zweverigheid, licht gevoel i.h. hoofd en balansstoornis; draaiduizeligheid (syn. vertigo) is de illusie v.h. ondergaan v.e. draaibeweging; bij draaiduizeligheid maakt men onderscheid tussen centrale laesies (m.n. in hersenstam en cerebellum), perifere laesies (binnenoor en n. vestibularis) en andere vormen van duizeligheid. • **benigne paroxismale positie~** (BPPD) frequent optredende duizeligheid met nystagmus en soms misselijkheid en braken bij plotselinge standsverandering v.h. hoofd. • **centrale ~** duizeligheid die wordt veroorzaakt door aandoeningen v.h. centrale zenuwstelsel, vaak met centrale symptomen als o.a. dubbelzien en slikstoornissen. • **cervicale ~** d. veroorzaakt door afwijkingen i.d. nek, vaak gepaard met hoofd- en nekpijn, soms met

tinnitus. • **labyrintaire** ~ duizeligheid, veroorzaakt door aandoeningen v.h. binnenoor, zoals acute labyrintitis. • **plaatsings~** voorbijgaande plaatsduizeligheid die optreedt enkele minuten na verandering v.d. lichaamshouding. • **positie~** duizeligheid bij bepaalde stand v.h. hoofd t.o.v. de romp.
duizendpoot *Myriapoda*.
dukebloedingstijdbepaling de tijdsduur tussen het maken van een wondje en het ophouden v.d. bloeding.
dunnedarmadaptatie hyperplasie v.h. darmepitheel na een uitgebreide darmresectie.
duodenaal het duodenum betreffend.
duodenalis duodenaal; vb. recessus duodenalis.
duodenitis ontsteking v.h. duodenum.
duodenografie röntgencontrastonderzoek v.h. duodenum. • **hypotone** ~ onderzoek v.h. duodenum, ductus choledochus, ductus pancreaticus of pancreaskop door vulling v.h. duodenum met bariumpap, in combinatie met een spasmolyticum.
duodenojejunalis betrekking hebbend op duodenum en jejunum; vb. flexura duodenojejunalis.
duodenoscopie endoscopisch onderzoek v.h. duodenum.
duodenostomie 1 het aanleggen v.e. naar buiten de buik afvoerende duodenumfistel; 2 (minder juist) de fistel zelf.
duodenotomie het insnijden v.d. duodenumwand, het openen v.h. duodenum.
duodenum *zie* darm | twaalfvingerige ~. • **meta~** het gedeelte v.h. duodenum distaal v.d. papilla duodeni, embryonaal uit de middendarm ontstaan.
duopraktijk praktijk waarin twee huisartsen een organisatorische eenheid vormen.
duotherapie behandeling v.e. aandoening met twee verschillende preparaten tegelijk.
duplex 1 dubbel; vb. uterus duplex; 2 aan beide zijden voorkomend; 3 (beeldv. diagn.) dubbele opzet van echoscopie en dopplerondezoek.
duplexechografie methode die dopplerondezoek v.d. bloedstroom en echografisch onderzoek v.d. bloedvaten combineert.
duplicatus dubbel, verdubbeld; vb. visus duplicatus, paracusis duplicata.
duplicatuur verdubbeling; plooi, twee tegen elkaar liggende vliezen, bijv. het mesenterium.

duplicitas dubbelmonstrum. • ~ **completa** dubbelmonstrum bestaande uit twee geheel ontwikkelde kinderen die slechts op enkele plekken met elkaar verbonden zijn. • ~ **incompleta** dubbelmonstrum waarvan slechts een gedeelte verdubbeld is.
Dupuytren | **dupuytrenfascie** *zie* aponeurose | aponeurosis palmaris. • **dupuytrenfractuur** enkelfractuur met de talus gedislokeerd tussen tibia en fibula.
dura verkorte vorm van 'dura mater', het harde hersenvlies. • ~ **mater** het buitenste, harde hersenvlies. • ~ **mater spinalis** het buitenste, harde ruggenmergsvlies, door de epidurale ruimte gescheiden v.d. wand v.h. wervelkanaal.
duraal m.b.t. de dura.
dural tail *zie* meningeoom.
durazak 1 dura mater spinalis; 2 zakvormige verwijding v.d. d. mater encephali.
durrernaaldelektrode dunne, atraumatische elektrode met een aantal elektrodepunten voor registratie v.d. elektrische potentiaal op verschillende diepten i.d. hartspier.
durus hard; vb. pulsus durus, dura mater, ulcus durum.
Dutch cap [E] occlusief vaginaal pessarium.
duurprestatievermogen de hoeveelheid verrichte arbeid per tijdseenheid tijdens een duurprestatie.
DVI (digital vascular imaging [E]) *zie* angiografie | digitale subtractie~.
DVN *zie* neuropathie | dunnevezel~.
DVT *zie* diepveneuze trombose.
dwangbehandeling elke behandeling waarbij dwang wordt uitgeoefend. • **Koïsche** ~ *zie* bibite.
dwangbuis op de rug sluitend hemd met lange mouwen, gebruikt om ontremde psychotici tijdelijk het gebruik van hun armen te benemen en hen zo deels te immobiliseren.
dwanggedachte zich met grote frequentie opdringende, niet-functionele gedachte die soms een agressieve of seksueel-agressieve inhoud heeft.
dwanghandelen stoornis, gekenmerkt door zich herhalende handelingen tegen de wil v.d. patiënt in worden uitgevoerd.
dwanghuilen 1 het ontbreken van elke rem op huilen en lachen, zodat dit zich bij de geringste emotie al voordoet; 2 onweer-

staanbare, automatische huil- en lachbuien, vaak in afwijkende vorm, zonder dat er sprake is v.d. overeenkomstige emoties.

dwangneurotisch karakter *zie* obsessief-compulsieve stoornis.

dwangstand onwillekeurig of gedwongen ingenomen stand v.e. lichaamsdeel die door de patiënt niet willekeurig te corrigeren is.

dwangstoornis *zie* obsessief-compulsieve stoornis.

dwangvoorstelling stoornis i.d. voorstelling, gekenmerkt door zich herhalende beelden of levendige fantasieën die zich tegen de wil v.d. patiënt opdringen.

⊕ **dwarslaesie** onderbreking v.d. continuïteit v.h. ruggenmerg door een extramedullaire myelumcompressie of een intramedullaire aandoening; indeling: onderscheid in complete en incomplete dwarslaesie en in hoge en lage dwarslaesie; bij een paraplegie (verlamming van beide benen door letsel van wervel T1 of lager); bij een tetraplegie (verlamming van alle vier ledematen door letsel tussen wervels C1 en C8).
• **cervicale** ~ dwarslaesie op niveau van cervicale wervels waardoor tetraplegie, verhoogde reflexen, anesthesie onder het betreffende niveau, incontinentie ontstaan.
• **complete** ~ dwarslaesie waarbij i.h. laagste sacrale segment geen sensibiliteit en willekeurige motoriek aanwezig is. • **incomplete** ~ dwarslaesie met onder het neurologische traumaniveau gedeeltelijk behoud van sensibele en/of motorische functies.

dwarsuitsteeksel v.e. wervel: processus transversus (vertebrae).

DXA *zie* absorptiometrie | dual-energy X-ray absorptiometry.

DXA-absorptiometer (dual X-ray-absorptiometer) röntgenapparaat waarvan de straling waaraan de patiënt tijdens het onderzoek wordt blootgesteld zeer laag is.

dye-disappearancetest *zie* test | jones-dye-disappearance-~.

dynamicus m.b.t. kracht; vb. strabismus dynamicus.

dynamiek m.b.t. de beweging v.h. lichaam.

dynamisch 1 betrekking hebbend op krachten en versnellingen; **2** (psychologie) actief, beweeglijk, i.t.t. statisch.

dynamische gesloten behandeling behandeling v.e. extremiteitsfractuur met een oefenspalk waardoor bewegingen en belasting v.d. gewrichten mogelijk blijven.

dynamische hartarbeid *zie* arbeid | kinetische hart-~.

dynamisch rectaal onderzoek (DRE) *zie* defecografie.

dynamometer toestel waarmee men de spierkracht kan meten.

dyneïne contractiel eiwit, belangrijk onderdeel v.d. cilia i.d. luchtwegen.

-dynie achtervoegsel in woordverbindingen betreffende pijn.

dys- voorvoegsel in woordverbindingen met de betekenis 'moeilijk', 'slecht', 'mis-', 'on-', 'wan-'.

dysacusis 1 vermindering v.h. gehoor; **2** het ondervinden van onaangename gewaarwordingen bij het horen van sommige tonen.

dysanagnosie vorm van dyslexie waarbij sommige woorden niet worden herkend.

dysartrie stoornis i.d. stemgeving en articulatie die berust op een gestoorde motoriek v.d. betrokken spieren. • **bulbaire** ~ dysartrie veroorzaakt door aandoeningen van perifeer motorische neuronen of spieren van mond, farynx en larynx. • **cerebellaire** ~ spraakstoornis die is veroorzaakt door een laesie v.d. kleine hersenen. • **corticale** ~ *zie* afemie. • **dysarthria pararthria syllabaris** *zie* stotteren. • **dysarthria syllabaris** *zie* stotteren. • **gemengde** ~ dysartrie bij aandoeningen waarbij meerdere onderdelen v.h. motorische systeem zijn aangetast. • **hyperkinetische** ~ dysartrie bij aandoeningen met hyperkinesie (bijv. de ziekte van Huntington). • **hypokinetische** ~ dysartrie bij hypokinetisch-rigide syndromen (bijv. de ziekte van Parkinson). • **pseudobulbaire** ~ dysartrie die is veroorzaakt door dubbelzijdige beschadiging v.d. corticobulbaire banen i.d. hersenen of de hersenstam.

dysartrisch slecht gearticuleerd.

dysautonomie stoornis v.h. autonome zenuwstelsel. • **familiaire** ~ zeldzame, autosomaal-recessief erfelijke aandoening waarbij het perifere en autonome zenuwstelsel zijn aangedaan, gepaard gaand met ongevoeligheid voor pijn en temperatuur, afwezigheid van tranen en tongpapillen, slikstoornissen, aspiratiepneumonie, oesofageale reflux, orthostatische hypotensie, verlate puberteit en spraakstoornissen.

dysbasia cum dysstasia *zie* claudica-

tie | neurogene ~.
dyscaryose atypie of onrijpheid v.d. celkern.
dyschezie moeilijke, pijnlijke stoelgang en proctogene constipatie, door gestoorde defecatiereflex.
dyschondroplasie stoornis i.d. kraakbeenontwikkeling, gerelateerd aan multipele epifysaire dysplasie (MED) en spondyloepifysaire dysplasie, ziekten met abnormaal collageen (erfelijk bepaald); leidt tot gestoorde lengtegroei.
dyschromasie 1 dyschromatopsie; 2 dyschromie.
dyschromatopsie 1 kleurenblindheid; 2 gezichtsstoornis waarbij de voorwerpen met een andere kleur worden gezien dan ze in werkelijkheid hebben.
dyschromie stoornis i.d. huidpigmentatie.
dyscorie onregelmatigheid in vorm of functie v.d. pupil(len).
dyscrasie volgens antieke opvatting slechte menging van lichaamssappen, gestoorde gezondheid. • **plasmacel**~ proliferatie van plasmacellen die een homogeen immunoglobuline afscheiden.
dyscrinie endocriene stoornis.
dysembryoom gezwel uit embryonale resten.
dysembryoplasie embryonale misvorming.
dysencephalia splanchnocystica combinatie van neurale misvormingen met poly- en syndactylie, microftalmie, cystische veranderingen in nieren, lever en pancreas, rachischisis, epi- en hypospadie.
dysenteria amoebica *zie* dysenterie | amoeben-~.
dysenteria bacillaris *zie* dysenterie | bacillaire~.
dysenteria endemica *zie* dysenterie | amoeben-~.
dysenteria epidemica *zie* dysenterie | bacillaire~.
dysentericus m.b.t. of gekenmerkt door dysenterie; vb. colitis dysenterica.
dysenterie ziekte die gepaard gaat met ontsteking v.d. dikke darm, lozing van bloed en slijm met de ontlasting en veelal diarree. • **amoeben**~ d. verwekt door *Entamoeba histolytica*, evt. met zweren i.h. colon, geen of matige koorts, enkele keren per dag diarree, bloed en slijm i.d. ontlasting en neiging tot recidief. • **bacillaire** ~ dysenterie t.g.v. infectie met *Shigella*, gekenmerkt door koorts, vele malen per dag diarree met bloed en slijm. • **flexner**~ door *Shigella flexneri* veroorzaakte vorm van bacillaire dysenterie. • **shiga-kruse**~ ernstige bacillaire dysenterie, verwekt door *Shigella dysenteriae* type 1.
dysenterisch op dysenterie gelijkend; vb. dysenterische darmaandoening.
dysergie gestoorde werking van organen of organismen.
dyserytropoëse falende productie van erytrocyten ondanks aanwezigheid van voldoende erytropoëtisch merg.
dysesthesie onaangename sensatie bij aanraking v.e. huidgebied.
dysfagie gestoorde voedselpassage, m.n. door de slokdarm. • **cervicale**~ bemoeilijkt slikken i.h. halsgebied. • **dysphagia lusoria** slikstoornis doordat de rechter a. subclavia distaal v.d. linker a. subclavia aan de aorta ontspringt en de slokdarm dichtdrukt. • **dysphagia paradoxa** stoornis bij doorslikken van kleine spijsbrokken, niet van grote brokken. • **dysphagia spastica** slikstoornis door kramp v.d. slokdarmspieren, o.a. bij hersen- en ruggenmergsziekten. • **orofaryngeale** ~ stoornis i.h. transport v.d. spijsbrok van mondholte naar slokdarm. • **sideropenische** ~ [E] *zie* Plummer | plummer-vinsonsyndroom.
dysfasie lichte spraakstoornis.
dysfemie *zie* stotteren.
dysferline membraangeassocieerd eiwit.
dysferlinopathie distale myopathie of gordeldystrofie type IIB a.g.v. mutaties i.h. dysferlinegen.
dysfibrinogenemie congenitale aandoening met abnormale fibrinogenen.
dysfoor prikkelbaar-neerslachtig, ontstemd.
dysforie ontstemming. • **gender**~ (seksuol., psychol.) het gevoel te zijn geboren i.h. lichaam v.h. verkeerde, ongewenste geslacht. • **morfo**~ stoornis i.d. lichaamsbeleving, gekenmerkt door een overwaardige, ongegronde ongerustheid en onvrede over een vermeende afwijking aan het lichaam of v.e. lichaamsdeel.
dysgenese / **reticulaire** ~ ontbreken v.d. voorloper v.d. lymfoïde cellen en van die v.d. myeloïde cellen.
dysgenesie gebrekkige ontwikkeling. • **ovariële** ~ *zie* syndroom | turner-~. • **testiculaire** ~ primaire ontwikkelingsstoornis

v.d. foetale gonade vroeg i.d. zwangerschap.

dysgenetisch slecht ontwikkeld.

dysgenitalisme gebrekkige ontwikkeling v.d. genitalia of v.d. algemene geslachtskenmerken.

dysgerminoom een van ongedifferentieerd kiemepitheel uitgaand ovarium- of testisgezwel.

dysgeusie smaakstoornis waarbij smaken veranderd worden waargenomen.

dysglobulinemie kwantitatieve of kwalitatieve afwijking v.d. serumglobulinen.

dysgnathie aangeboren morfologische of functionele afwijking v.d. kaak.

dysharmonicus onharmonisch, van verkeerde toonhoogte; vb. paracusis dysharmonica.

dyshidrose 1 stoornis i.d. zweetvorming; 2 huidaandoening waarbij zich vele kleine met vocht gevulde blaasjes vormen (dyshidrotisch eczeem).

dyshidrotisch gepaard met dyshidrose; vb. dyshidrotisch eczeem (= cheiropompholyx).

dyshormonaal m.b.t. een hormonale stoornis.

dyshormonie stoornis i.d. hormoonvorming.

dysimmunoglobulinemie afwezige of sterk verminderde productie van één of meerdere immunoglobuline-isotypen. • **rosentype**~ immunodeficiëntie waarbij IgG en IgA ontbreken; serum-IgM is normaal of verhoogd.

dyskaryose zie kernatypie.

dyskeratosis stoornis i.d. verhoorning. • ~ **diffusa congenita** oude naam voor ichthyosis congenita. • ~ **follicularis vegetans** zie ziekte van Darier.

dyskinesie abnormale ongewilde beweging, die men niet kan tegenhouden; men onderscheidt 1) een teveel aan ongewilde bewegingen (hyperkinesie), die snel (chorea) of traag kunnen zijn of een afwijkende stand opleggen (dystonie); 2) te weinig bewegingen (hypokinesie) of bewegingen die te traag verlopen (bradykinesie). • **biliaire** ~ stoornis i.d. motoriek v.d. afvoerende galwegen, leidend tot gestoorde galblaaslediging. • **ciliaire** ~ gestoorde beweging van trilharen. • **dyskinesia tarda** ongewild optredende bewegingen, meestal i.h. gelaat, de mond en de tong a.g.v. (veelal) langdurig neurolepticagebruik. • **orofaciale** ~ ongewilde bewegingen v.d. mond en het gelaat, meestal a.g.v. een extrapiramidale stoornis of medicatie. • **tardieve** ~ extrapiramidale verschijnselen die optreden na langdurig gebruik van major tranquilizers, neuroleptica, antipsychotica (o.a. fenothiazinen), o.a. gekenmerkt door ongewilde dystone bewegingen v.d. gezichtsspieren (orofaciale dyskinesieën), zuig-, kauw-, smak- en tongbewegingen, aflikken v.d. lippen, evt. grimassen, faciale tics en ocgknipperen.

dyskritisch ongenuanceerd.

dyslalie articulatiestoornis zonder aantoonbare afwijkingen van tong, lippen of gehemelte.

dyslexie verminderd vermogen te lezen, veelal a.g.v. verminderde capaciteit v.d. verbindingsbanen tussen optische en akoestische hersenschors, kan optreden bij diplopie, heteroforie, hersenletsels en emotionele stoornissen.

dyslogie gestoorde spraak door een psychische aandoening.

dysmasesie zwakte bij het kauwen.

dysmaturiteit zie small for gestational age.

dysmatuur gekenmerkt door dysmaturiteit.

dysmelie aangeboren misvorming v.e. of meer ledematen.

dysmenorroe | dysmenorrhoea intermenstrualis pijn midden tussen twee menstruaties, 'middenpijn'. • **dysmenorrhoea membranacea** pijnlijke menstruatie waarbij de uterusmucosa als een samenhangende membraan wordt afgestoten.

dysmetrie bewegingsstoornis a.g.v. onvermogen om afstand te schatte

dysmorfie (aangeboren) misvorming. • **faciale** ~ uiterlijk zichtbare variatie v.h. aangezicht.

dysmorf kenmerk uiterlijk zichtbare anatomische variatie die wijst op een syndroom met mentale retardatie en/of aangeboren misvormingen van organen.

dysmorfologie 1 het beschrijven van menselijke congenitale afwijkingen of afwijkingen i.d. lichaamsstructuur, ontstaan vóór de geboorte; 2 het identificeren van syndromen a.h.v. combinaties van dysmorfe kenmerken.

dysmorfose zie dysmorfie.

dysodontie stoornis i.d. dentitie.

dysontogenese stoornis i.d. ontogenie.

dysontologie leer v.d. ontwikkelingsstoornissen.
dysopia algera pijn bij het kijken.
dysopie gezichtsstoornis.
dysostose gestoorde beenontwikkeling, i.h.b. gestoorde ossificatie. • **dysostosis acrofacialis** *zie* syndroom | weyers-fülling~. • **dysostosis cleidocranialis** gestoorde, verminderde ossificatie v.d. schedel- en sleutelbeenderen. • **dysostosis craniofacialis hereditaria** misvorming v.d. aangezichtsbeenderen, acrocefalie, oogafwijkingen, papegaaiensnavelneus, binnenoordoofheid, zwakzinnigheid. • **dysostosis enchondralis** erfelijke symmetrische epi- of metafysaire ossificatiestoornissen v.d. enchondrale beenvorming. • **dysostosis enchondralis metaphysaria type Murk Jansen** metafysaire chondrodysplasie, gepaard met disproportioneel verminderde groei. • **dysostosis epiphysaria** *zie* achondroplasie. • **dysostosis mandibulofacialis** autosomaal-erfelijke afwijking met kenmerkende gelaatsvorm en afwijkingen aan boven- en onderkaak. • **dysostosis multiplex** *zie* dystrofie | lipochondro~.
dyspareunie recidiverende of aanhoudende genitale pijn bij man of vrouw, samenhangend met de geslachtsgemeenschap.
dyspepsie 1 verzamelnaam voor maagklachten waarvan de oorzaak nog niet is vastgesteld; **2** verteringsstoornis, meestal door veranderde zuurproductie. • **emotie~** spijsverteringsstoornis in samenhang met emotionele belevingen. • **functionele ~** *zie* niet-ulcereuze ~. • **gistings~** verteringsstoornis door gistingsbacteriën, met kenmerkend zure lucht v.d. ontlasting. • **niet-ulcereuze ~** bovenbuikklachten die lijken op ulcusklachten zonder dat er een maag- of duodenumzweer bestaat. • **rottings~** verteringsstoornis door rottingsbacteriën, met kenmerkende zwavelwaterstoflucht v.d. ontlasting. • **zuigelingen~** de eenvoudigste voedingsstoornis bij zuigelingen, met lichte diarree.
dyspeptisch gepaard met of veroorzaakt door dyspepsie.
dysperceptie stoornis i.d. waarneming, gekenmerkt door een afwijkende waarneming of ervaring v.e. extern object.
dysphoria *zie* disforie.
dyspinealisme functiestoornis v.d. pijnappelklier met vermeerderde lengtegroei en macrogenitosomia praecox.
dyspituïtarisme stoornis i.d. functie v.d. hypofyse (glandula pituitaria).
dysplasie abnormale ontwikkeling. • **angio~** uitgezette, gekronkelde en dunwandige aders in submucosa en mucosa van vooral de rechter colonhelft bij oudere mensen. • **anhidrotische ectodermale ~** geslachtsgebonden, recessief erfelijke aandoening gekenmerkt door droge dunne huid, het ontbreken van zweetklieren en het vrijwel geheel ontbreken van tanden. • **bronchopulmonale ~** (BPD) chronische longziekte bij kinderen die vanwege hyalienemembraanziekte langdurig zijn beademd, gekenmerkt door tachypnoe, dyspneu, langdurige zuurstofafhankelijkheid, recidiverende luchtweginfecties, slechte neurologische prognose, slechte groei en, in ernstige gevallen, een cor pulmonale. • **cartilage-hair-~** autosomaal recessieve cellulaire immuundeficiëntie; met: partieel of selectief defect van T-celeffectorfunctie, chronische neutropenie, dwerggroei en abnormaal fijn haar. • **cervix~** dysplasie v.d. epitheelcellen v.d. cervix uteri. • **chondro-ectodermale ~** *zie* syndroom | ellis-creveld-~. • **colonangio~** degeneratieve aandoening v.d. dikke darm. • **congenitale heup~** (CHD) aangeboren misvorming v.h. heupgewricht; kan in ernst variëren van matige dysplasie v.h. acetabulumdak tot volledige congenitale luxatie v.h. heupgewricht; komt vaker voor bij meisjes (6-8x); risicofactoren: positieve familieanamnese, stuitligging, oligohydramnion, meerlingzwangerschap, hyperextensiehouding in utero en extra-uteriene omgevingsfactoren; er is samenhang met ov. aangeboren aandoeningen. • **ectodermale ~** groep van erfelijke vormafwijkingen die ontstaan door abnormale ontwikkeling van ectoderm. • **faciodigitogenitale ~** *zie* syndroom | aarskog~. • **fibreuze bot~** goedaardig proces i.h. bot waarbij in celrijk bindweefsel onregelmatige beenbalkjes voorkomen t.g.v. een ontwikkelingstoornis v.h. skelet. • **fibreuze ~** *zie* fibreuze bot~. • **fibromusculaire ~** idiopathische, niet-atherosclerotische aandoening, leidend tot stenose in arteriën. • **hereditaire ectodermale poly~** grote groep erfelijke ziekten waarbij een of meer

structuren die uit het ectoderm afkomstig zijn abnormaal ontwikkeld zijn. • **heup~** misvorming v.d. heup. • **periostale** ~ defectueuze periostale ossificatie. • **renofaciale** ~ zie syndroom | potter~. • **skelet~** ontwikkelingsstoornis v.h. skelet met disproportionele lichaamsbouw en functieverlies. • **skin fragility-ectodermal dysplasia syndrome** zeldzame bulleuze genodermatose. • **vasculaire** ~ zie angio~.

dysplastisch met kenmerken van dysplasie zie dysplasie.

dysplastischenaevussyndroom | **sporadische** ~ zie syndroom | dysplastischenaevus~.

dyspneu de hinderlijke gewaarwording v.e. behoefte tot ademhaling. • **cardiale** ~ door decompensatio cordis veroorzaakte ademnood. • **dyspnée de repos** [F] dyspneu in rust. • **expiratoire** ~ dyspneu t.g.v. een belemmering i.d. onderste luchtwegen, bijv. bij asthma bronchiale. • **inspannings~** ademnood die bij lichamelijke inspanning optreedt. • **inspiratoire** ~ door vernauwing v.d. bovenste luchtwegen veroorzaakte stoornis i.d. inademing, gepaard met intrekkingen i.h. epigastrium. • **nachtelijke** ~ kortademigheid i.d. nacht bij een patiënt in liggende toestand. • **paroxismale** ~ aanvalsgewijs optredende dyspneu; kan symptoom zijn van asthma cardiale. • **warmte~** versnelde ademhaling door stijging v.d. lichaamstemperatuur.

dyspnoïsch gepaard gaand met dyspneu.

dyspraxie lichte vorm van apraxie. • **dyspraxia intermittens angiosclerotica abdominalis** zie angina abdominalis. • **verbale** ~ spraakstoornis door het onvermogen tot coördinatie en uitvoering van ademdrukregulatie, stemgeving en articulatie.

dysproteïnemie verstoorde samenstelling v.d. bloedeiwitten.

dysproteïnose zie dysproteïnemie.

dysraphia zie rafie | dys~.

dysraphicus gepaard gaand met dysrafie; vb. status dysraphicus.

dyssomnie gestoorde slaap.

dysstasie stoornis i.h. staan.

dyssynergie het ontbreken van samenwerking tussen organen, spieren of geneesmiddelen.

dysthanasie verlenging v.d. doodsstrijd door medisch ingrijpen.

dysthyme stoornis lichte vorm van depressie gedurende >2 jr.; perioden waarin de patiënt erg somber is, worden afgewisseld met perioden waarin deze zich beter voelt, al blijft de sombere stemming dan meestal aanwezig.

dysthymie 1 lichte cyclothyme depressie; **2** functiestoornis v.d. thymus.

dysthyreoïdie (obsoleet) functiestoornis v.d. schildklier.

dystocie abnormaal baringsproces; tegenstelling: eutocie (eutokie). • **cervicale** ~ zie cervix~. • **cervix** ~ baringsstoornis door mechanische obstructie v.h. ostium uteri. • **foetale** ~ baringsstoornis a.g.v. een afwijking aan de foetus. • **maternale** ~ baringsstoornis a.g.v. een afwijking bij de moeder. • **metro~** baringsstoornis t.g.v. een afwijking aan de uterus. • **schouder** ~ baringsstoornis doordat na uitdrijving v.h. hoofd de schoudertjes achter de symphysis pubis blijven steken.

⊛ **dystonie 1** (pathofysiol.:) stoornis i.d. tonus van spieren, gekenmerkt door onwillekeurige, wisselende spierspanningen en een stoornis in het normale samenwerken v.d. betreffende spieren, met als gevolg draaiende, wringende bewegingen en ook abnormale houdingen v.e. of meer lichaamsdelen; de dystone bewegingen kunnen in alle lichaamsdelen optreden, zowel in rust als tijdens een willekeurig uitgevoerde beweging; men onderscheidt naar oorzaak: idiopathisch (primair), sporadisch, familiair, symptomatisch (secundair), en naar uitbreiding: focaal, segmentaal, multifocaal, gegeneraliseerd, hemidystonie; focale dystonie geeft aan dat de aandoening beperkt blijft tot één bepaald lichaamsdeel, bijv. v.d. hals- en nekspieren (= torticollis spasmodica), ooglidspieren (= blefarospasme), schrijfkramp; wanneer de dystone bewegingen en/of houdingen zich over twee aangrenzende lichaamsdelen uitstrekken, spreekt men van 'segmentale dystonie', zoals bij een gecombineerde dystonie v.d. oogleden en de mond-keelspieren (syndroom van Meige); **2** (ziekte:) verkorte aanduiding van dystonia musculorum deformans. • **beroepsgerelateerde** ~ zie taakspecifieke ~. • **focale** ~ ongewilde spiercontractie die tot een abnormale stand leidt en wel te redresseren is. • **gegeneraliseerde** ~ gegeneraliseerde vorm van dystonie veroorzaakt door een autosomaal dominant gen. • **neurovegetatieve** ~ stoornis i.h. sympathische systeem door disfunctie v.d. di-encefale centra. • **taakspecifieke** ~ *zie* kramp | occupational cramp.

dystopie abnormale lokalisatie. • **dystopia canthorum** verplaatsing v.d. binnenooghoeken naar opzij; symptoom bij het syndroom van Waardenburg.

dystopisch op abnormale plaats.

dystrofie groeistoornis door gebrekkige voeding. • **acro**~ langzaam progressieve stoornis in pijn- en temperatuurzin, leidend tot plantaire voetulcera en in latere stadia voetmutilaties. • **adrenoleuko**~ (ALD) X-gebonden recessief erfelijke peroxisomale stofwisselingsziekte met progressieve centrale demyelinisatie v.d. witte stof i.d. hersenen (leukodystrofie) en bijnierschorsinsufficiëntie. • **algoneuro**~ *zie* complex regionaal pijnsyndroom. • **atrofische** ~ dystrofie, gepaard gaande met atrofie; vb. lichen sclerosus et atrophicus. • **becker**~ *zie* dystrofinopathie. • **chondro**~ erfelijke stoornis v.d. enchondrale verbening, m.a.g. achterblijven v.d. lengtegroei, bij normale breedtegroei. • **chronische vulva**~ verzamelnaam voor de verschillende vormen van dystrofie v.d. vulva. • **cornea**~ oppervlakkige dubbelzijdige hoornvliesdegeneratie. • **dystrophia epithelialis corneae** troebeling v.h. hoornvliesepitheel, na iridocyclitis met glaucoom. • **dystrophia unguium mediana canaliformis** longitudinale spleet i.d. nagel. • **dystrophia papillaris et pigmentosa** acanthosis nigricans (Darier). • **duchenne-friedreich**~ *zie* ziekte van Duchenne. • ~ **van Sudeck** *zie* Sudeck | sudeckdystrofie. • **dystrophia adiposogenitalis** i.d. puberteit beginnende algemene vetzucht en hypoplasie v.d. genitalia t.g.v. van di-encefaal-hypofysaire processen. • **dystrophia bullosa** *zie* dystrophia cutanea bullosa congenita. • **dystrophia cutanea bullosa congenita** *zie* epidermolyse | epidermolysis bullosa. • **dystrophia mediana canaliformis** *zie* dystrophia unguium mediana canaliformis. • **dystrophia mesodermalis congenita** *zie* syndroom | ehlers-danlos~. • **dystrophia musculorum** *zie* spier~. • **dystrophia musculorum progressiva** verzamelnaam voor een aantal erfelijke en progressieve spierziekten. • **gemengde** ~ dystrofie met zowel atrofie als hypertrofie. • **hypertrofische** ~ dystrofie, gepaard gaande met hypertrofie. • **leuko**~ erfelijke en aangeboren stofwisselingsziekte die valt onder de lysosomale stapelingsziekten, met als gevolg progressieve degeneratie v.d. witte hersensubstantie. • **limb-girdle muscular dystrophy** (LGMD) spierzwakte i.h. gebied van schouder- en/of bekkengordel, op basis van overervingsmodus en genetische verschillen onderverdeeld in type II A-J, autosomaal recessief, en type I A-G, autosomaal dominant. • **lipochondro**~ congenitaal defect v.h. lipoïdmetabolisme, gekenmerkt door o.a. dwerggroei, afwijkingen aan kraakbeen, botten, hersenen. • **lipo**~ afwijkende verdeling van onderhuids vetweefsel over het lichaam. • **metachromatische leuko**~ genetisch bepaalde ziekte, gekenmerkt door stapeling van metachromatisch kleurende sulfatiden. • **musculaire** ~ *zie* dystrophia musculorum progressiva. • **myo**~ *zie* dystrofinopathie. • **neuro**~ *zie* algoneuro~. • **onycho**~ groeistoornis v.d. nagel, dikwijls gepaard met overmatige verkalking. • **osteochondro**~ stoornis i.d. been- en kraakbeenvorming. • **osteo**~ dystrofie van beenweefsel. • **posttraumatische** ~ *zie* complex regionaal pijnsyndroom. • **progressieve lipo**~ *zie* lipodystrofie | lipodystrophia progressiva. • **pseudohurler**~ lysosomale stapelingsziekte; klinische kenmerken: dysmorfie, mentale retardatie, dysostosis multiplex en soms neurologische afwijkingen. • **reflexalgoneuro**~ *zie* sympathische reflex~. • **reflex**~ pijnklachten, zwelling, veranderde kleur en stijfheid i.e. extremiteit a.g.v. een vasomotorische disfunctie v.h. sympathische zenuwstelsel. • **spier**~ erfelijke spierziekte waarbij spierweefsel te gronde gaat en door vetcellen en bindweefsel wordt vervangen. • **sympathische reflex**~ aandoening i.h. gebied v.e. beschadigde zenuw, gekenmerkt door zenuwpijn, spieratrofie en osteoporose; i.h. acute stadium vooral ontstekingsverschijnselen, later overmatige sympathicusactiviteit, spieratrofie en osteoporose.

dystrofine eiwit, gelokaliseerd aan de overgang van T-tubulus en sarcoplasmatisch reticulum i.d. spiercel.

dystrofinopathie recessieve ziekte a.g.v. mutaties i.h. dystrofinegen die via het X-chromosoom wordt overgedragen en leidend tot progressieve spierzwakte; men

spreekt van 'dystrofie' om historische redenen, maar ook omdat spierweefsel wordt vervangen door vet en bindweefsel; de ernstige vorm, met debuut van spierzwakte voor het vijfde levensjaar (duchennespierdystrofie), wordt onderscheiden v.d. minder ernstige vorm met later debuut (beckerspierdystrofie, ziekte van Becker) en enkele atypische vormen; draagsters kunnen lichte spierzwakte vertonen.
• **myotone** ~ relatief veel voorkomende autosomaal dominante spierziekte, gekenmerkt door onvermogen tot relaxatie van spieren (myotonie), langzaam progressieve spierzwakte en een sterk wisselend klinisch spectrum; vaak zijn ook andere organen aangedaan.

dystrofisch gepaard gaand met dystrofie, sterk vermagerd.

dystroglycaan dystrofinegeassocieerde glycoproteïnen (DAG) buiten en binnen de spiervezelmembraan.

dystrophia *zie* dystrofie.

dystrophicus dystrofisch; vb. geroderma genito-d-cum.

dysurie | dysuria psychica psychogeen onvermogen onafgebroken te urineren dan wel te kunnen urineren i.h. bijzijn van anderen.

E

E 1 eenheid; 2 exa (10^{18}); 3 (oogheelkunde) emmetropie.
EAA *zie* extrinsieke allergische alveolitis.
EAP *zie* expanded access programme.
early detection [E] (statist., epidemiol.) *zie* diagnostiek | vroege ~.
early gastric cancer [E] kwaadaardige tumor v.d. maag; beperkt tot de submucosa.
EATL enteropathiegebonden T-cellymfoom.
eatonagent *zie Mycoplasma pneumoniae*.
EB *zie* epidermolyse | epidermolysis bullosa.
EBM *zie* medicine | evidence-based ~.
ebrietas dronkenschap.
EBRO *zie* evidence-based richtlijnontwikkeling.
EBRT *zie* external beam radiation therapy.
Ebstein | **ebsteinkuur** vermageringskuur door dieet met weinig eiwit en koolhydraten maar met veel vet. • **pel-ebsteinkoortstype** *zie* koorts | pel-~.
eburnatie ivoorachtige verdichting van beenweefsel, waarbij de compacta toeneemt ten koste v.d. spongiosa.
eburneus van ivoor, ivoren, ivoor-achtig; vb. substantia eburnea, osteoma eburneum.
eburnisans ivoorvormend; vb. osteosis eburnisans.
EBV *zie* virus | epstein-barr-~.
EB-virus *zie* virus | epstein-barr-~.
ec- voorvoegsel in woordsamenstellingen met de betekenis uit.
ecarteur ooglidhouder.
ecchymose kleinvlekkige bloeding i.d. huid of i.e. slijmvlies.
eccrien een vorm van exocriene secretie, waarbij geen protoplasma verloren gaat, i.t.t. apocrien.
ecg de afkorting is in 2005 gewijzigd van 'ECG' in 'ecg' *zie* elektrocardiogram. • **~ van Einthoven** *zie* elektrocardiogram | einthoven-~.
ecg-afleiding registratie v.h. ecg bij een bepaalde opstelling van elektroden.
ecg-afleidingen volgens Goldberger unipolaire extremiteitsafleidingen van elektrocardiografie.
ecg-zaagtandconfiguratie regelmatige geringe op- en neerwaartse bewegingen v.d. boezemactiviteit op het ecg.
echappement fenomeen dat optreedt bij palpatie v.d. nieren; tijdens diepe inademing beweegt de nier naar beneden en kan deze even tussen beide handen worden vastgehouden.
echelonnering indeling v.d. gezondheidszorg in eerstelijns- en tweedelijnszorg. • **eerste echelon** *zie* gezondheidszorg | eerstelijns-~. • **tweede echelon** *zie* gezondheidszorg | tweedelijns-~.
Echinococcus een geslacht van dunnedarmparasieten v.d. klasse *Cestoda*. • *~ alveolaris zie Echinococcus multilocularis*. • *~ granulosus* hondenlintworm. • *~ multilocularis* lintworm v.d. vos.
echinokokkose aanwezigheid van hydatiden van *Echinococcus granulosus*.
Echinostoma een darmparasiet v.d. klasse *Trematoda*.
echinostomiasis infestatie met *Echinostoma*, vnl. in Zuidoost-Azië.
echo (beeldvormende diagn., medisch jargon:) echogram; vb. ('echo v.h. hart').
echo- (beeldvormende diagn.:) voorvoegsel met betrekking tot ultrageluid: ~scopie, ~grafie.
echodens versterkte terugkaatsing van ultrageluidsgolven.
echodoppler *zie* scan | duplex-~.
echogeen het vermogen dat weefsel heeft

om ultrageluidsgolven terug te kaatsen. • **hypo-~** verminderde terugkaatsing van geluidsgolven.

echografie beeldvormend onderzoek waarbij wordt gebruikgemaakt van teruggekaatste ultrasone trillingen. • **A-scan~ 1** scanechografische techniek ten behoeve van cataractchirurgie; **2** scanechografische techniek ten behoeve van kwantitatieve bepaling van weefseleigenschappen. • **B-scan~** i.d. oogheelkunde toegepaste e. om vooral bij mediatroebelingen een tweedimensionaal beeld v.h. achtersegment v.h. oog te verkrijgen. • **endo-~** beoordeling van tumorkenmerken in thorax en abdomen met endoscopie en ultrasonografie. • **endoscopische ~ met naaldbiopsie** het inbrengen i.d. slokdarm v.e. speciale endoscoop met aan de tip een echokop waarmee ultrageluiden worden uitgezonden. • **transrectale ~** *zie* ultrasonografie | transrectale ~. • **watercontrast~** echografie van uterus met fysiologisch zout als contrastmiddel.

echokinesie dwangmatig nabootsend bewegen.

echolalie dwangmatig naspreken.

echolucent verminderde terugkaatsing van ultrageluidsgolven.

echomatisme *zie* echopraxie.

echomimie *zie* echopraxie.

echopraxie stoornis i.d. psychomotoriek, gekenmerkt door het steeds nabootsen v.d. bewegingen v.d. ander, ook als deze vraagt dit niet meer te doen.

echorijk *zie* echodens.

echoscopie *zie* echografie. • **doppler~** *zie* dopplermetrie.

echt *zie* verus.

echte kroep *zie* kroep.

e.c.i. vb. koorts e.c.i. *zie* causa | e ~ ignota.

eclabium buitenwaartse kering v.d. lip (pen).

eclampsie epileptische insulten bij een zwangere met toxicose. • **eclampsia gravidarum** e. tijdens de zwangerschap. • **pre-~** beginstadium van eclampsie. • **eclampsia puerperalis** e. i.h. kraambed.

eclamptisch m.b.t. eclampsie.

ECM *zie* erytheem | erythema chronicum migrans.

ecmnesie een zich terugverplaatsen i.d. vroege jeugd met overeenkomstig gedrag en spreken.

economyclasssyndroom *zie* diepveneuze trombose.

ecoulement [F] afscheiding uit de urethra (plasbuis), i.h.b. bij gonorroe ('druiper').

ecraseur metalen lus die om de basis v.e. tonsil of poliep wordt gelegd en langzaam wordt aangetrokken.

ecstasy (XTC) hallucinogeen amfetamine.

ecstrophia *zie* ectropie.

ECT *zie* elektroconvulsieve therapie.

ectasie uitzetting, verwijding. • **capillaire ~** verwijding van haarvaten. • **ectasia corneae** *zie* stafyloom | staphyloma corneae. • **ectasia ventriculi** *zie* gastrectasie.

ecthyma circumscripte (duidelijk afgegrensde, omschreven) groepen puntgrote huidvetteringen waaruit zich scherp begrensde ulcera ontwikkelen. • **~ gangraenosum** pyodermie | pyodermia gangraenosa.

ecto- voorvoegsel in woordsamenstellingen dat een ligging aan de buitenkant aanduidt.

ectocrien *zie* exocrien.

ectocrine 1 een naar buiten afgescheiden stof; **2** (i.e.z.) een hormoonachtige substantie ('ectohormoon') die door individuen wordt afgescheiden en het gedrag van andere individuen van dezelfde soort beïnvloedt.

ectoderm buitenste kiemblad, de buitenste cellaag v.d. gastrula, waaruit zich de organen voor de animale verrichtingen ontwikkelen.

ectodermaal m.b.t. het ectoderm, v.h. ectoderm afkomstig.

ectodermotroop met affiniteit tot het ectoderm en de daaruit ontwikkelde organen.

ectofyt plantaardige parasiet die op de buitenkant v.e. dierlijk organisme leeft.

-ectomie achtervoegsel in woordsamenstellingen met de betekenis uitsnijding, excisie.

ectoop *zie* ectopisch.

ectopie aangeboren of verworven verplaatsing v.e. orgaan naar een abnormale plaats, hetzij buiten, hetzij binnen het lichaam. • **ectopia lentis** aangeboren dislocatie v.d. ooglens. • **ectopia portionis** omstulping v.d. portio, waarbij eenlagig cilinderepitheel het plaveiselepitheel v.d. vagina verdringt. • **ectopia testis** *zie* testisectopie. • **~ ventriculaire ~** vorming van abnormale elektrische prikkels i.d. wand v.e. hartkamer die tot ventriculaire extrasystolie lei-

den.
ectopisch buiten zijn normale plaats.
ectopische hormoonproductie hormoonproductie in maligne tumor of metastase daarvan.
ectopische prikkelvorming prikkelvorming buiten de sinusknoop v.h. hart.
ectoplasma buitenste laag cytoplasma, waarvan bewegingsorganellen uitgaan.
ectoprothese prothese aan de buitenzijde v.h. lichaam, die door de drager naar believen kan worden verwijderd.
Ectothrix schimmel die i.d. buitenste lagen v.h. haar of daarbuiten groeit.
ectropie omstulping, omkering naar buiten. • **ectropia vesicae urinariae** aangeboren spleetvorming i.d. voorste buikwand en blaaswand, waarbij de achterwand v.d. blaas open en bloot is komen te liggen.
ectropion omstulping, uitstulping v.e. slijmvlies. • ~ **cicatricale** e. door een schrompelend litteken i.h. gelaat (bijv. bij ernstige verbranding). • ~ **luxurians** zie ectropion sarcomatosum. • ~ **paralyticum** e. door verlamming v.d. m. orbicularis oculi. • ~ **sarcomatosum** oude term voor e. met sterke verdikking v.d. conjunctiva, bijv. senile. • ~ **senile** e. door verslapping v.d. m. orbicularis bij bejaarden. • ~ **spasticum** e. bij ontstekingen die gepaard gaan met blepharospasmus.
ectropioneren het binnenstebuiten keren, omklappen v.d. oogleden.
eczeem 1 (morfologie:) jeukende huiduitslag met wisselend, vaak chronisch verloop, gekenmerkt door een onscherp begrensde, grillig gevormde, polymorfe eruptie; **2** (pathogenese:) ontstekingsproces v.d. huid dat aan bovengenoemde beschrijving voldoet en dat niet door een infectie met schimmels (dermatomycose) of bacteriën (bijv. impetigo) wordt veroorzaakt. • **acrovesiculeus** ~ zie dyshidrotisch ~. • **allergisch** ~ zie contacteczeem. • **asteatotisch** ~ zie craquelé~~. • **atopisch** ~ meestal gebruikt als synoniem van constitutioneel eczeem, waarbij de nadruk ligt op de atopische component. • **bakkers~** beroepsdermatose door allergie voor meel of meelveredelingsstoffen, meestal aan de onderarmen. • **constitutioneel** ~ zie constitutioneel eczeem. • **contactallergisch** ~ zie contacteczeem. • **contact~** zie contacteczeem. • **craquelé~** ~ e. dat ontstaat door uitdroging v.d. huid. • **discoïde** ~ zie eczema nummulare. • **dyshidrotisch** ~ acuut vesiculeus e., vnl. aan handpalmen en voetzolen, met ontwikkeling van bullae. • **eczema coccogenes** zie microbieel ~. • **eczema cruris** zie hypostatisch ~. • **eczema faciei** eczeem v.h. gelaat, vooral bij overvoede kinderen (crusta lactea). • **eczema herpeticum** herpesinfectie op reeds bestaande huidafwijkingen. • **eczema herpeticum Kaposi** zie eczema herpeticum. • **eczema hyperkeratoticum et rhagadiforme** zie tylotisch ~. • **eczema hypostaticum** zie hypostatisch ~. • **eczema nummulare** ronde eczeemplekken bij oudere mensen, vaak symmetrisch. • **eczema rhagadiforme** zie tylotisch ~. • **eczema rubrum** eczeem t.g.v. veneuze insufficiëntie. • **eczema seborrhoicum adultorum** zie eczema seborrhoicum infantum. • **eczema seborrhoicum infantum** eczemateuze huidaandoening met erytheem en vettige, gele schilfers op het behaarde hoofd en i.d. anogenitale streek. • **eczema solare** eczeem t.g.v. zonbestraling. • **endogeen** ~ zie constitutioneel eczeem. • **fotocontactallergisch** ~ bijzondere vorm van contactallergisch eczeem die niet zonder licht kan ontstaan. • **geïmpetiginiseerd** ~ zie geïnfecteerd ~. • **geïnfecteerd** ~ eczeem dat door een secundaire bacteriële infectie is gecompliceerd. • **hand~** eczeem aan de handen, meestal met ortho-ergische en/of contactallergische oorzaak. • **huisvrouwen~** zie ortho-ergisch ~. • **hybride** ~ combinatie van constitutioneel en contactallergisch eczeem. • **hyperkeratotisch** ~ vnl. aan handpalmen en voetzolen gelokaliseerd eczeem met overmatige verhoorning en ragadevorming. • **hypostatisch** ~ op veneuze stuwing i.d. onderbenen berustende eczemateuze uitslag. • **intertrigineus** ~ e. met maceratie in huidplooien, vaak met secundaire infectie. • **kokkogeen** ~ zie microbieel ~. • **luier~** ontsteking v.d. huid bij zuigelingen i.h. gebied v.d. luier, veroorzaakt door langdurig contact v.d. huid met ammoniak in feces en urine i.c.m. wrijving en warmte; veelal is er sprake v.e. superinfectie met *Candida albicans*. • **microbieel** ~ eczeem door overgevoeligheid voor bacteriën in combinatie met warmte, vocht en wrijving. • **mycotisch** ~ door schimmels verwekte huidaandoening met de kenmerken van eczeem of dermatitis. • **nattend** ~ zie vochtig ~. • **num-**

mulair ~ *zie* eczema nummulare. • **ortho-ergisch** ~ eczeem dat ontstaat door een niet-allergische, chronische inwerking van irriterende, zwak-toxische stoffen. • **perifocaal** ~ eczeem rondom een open ontstekingshaard. • **seborroïsch** ~ *zie* eczema seborrhoicum infantum. • **tylotisch** ~ eczeem met hyper- en parakeratose, vooral aan handpalmen en voetzolen. • **vochtig** ~ e. met afscheiding van dun secreet. • **zwemmers**~ *zie* tinea pedis.

eczematide droge, schilferende vorm van seborroïsch eczeem.

eczematogeen eczeem-verwekkend.

eczematosus gepaard met, gekenmerkt door eczeem; vb. trichophytia eczematosa.

ED 1 (farmacol.) *zie* dosis | effectieve ~; **2** (radiol, dermatol.) *zie* dosis. • ~$_{50}$ 1 dosis v.e. geneesmiddel die bij 50% v.d. proefdieren effectief is; **2** dosis v.e. antimicrobieel middel die 50% v.d. proefdieren tegen een infectie beschermt na een gestandaardiseerde kunstmatige besmetting.

edelmannfluit toonfluitje dat wordt gebruikt i.d. diagnostiek i.d. oorheelkunde.

edema [E] *zie* oedeem.

edentaat tandeloos.

eder-puestowolijf olijfvormig metalen voorwerp, gebruikt voor dilatatie van slokdarmstricturen.

edinger-westphalkern kleincellige autonome laterale kern v.d. n. oculomotorius.

EDTA ethyleendiaminotetra-acetaat.

EE *zie* expressed emotion.

eeg 1 (registratietechniek:) *zie* elektro-encefalografie; **2** NB: syn. 'hersenfilmpje' is een lekenterm *zie* elektro-encefalogram.

eelt *zie* callus.

eencelligen *Protista*.

eeneiig uit één bevruchte eicel ontstaan.

eenkennigheidsperiode periode (van 0,5-1 jaar) i.d. sociaal-emotionele ontwikkeling v.h. kind, bestaande uit angst voor vreemden en later separatieangst.

Eerste Harthulp (EHH) afdeling Spoedeisende Eerste Hulp (SEH) die in hartklachten is gespecialiseerd.

eerstemotorneuronstoornis *zie* ziekte | motorneuron~.

eersteordekinetiek model i.d. farmacokinetiek met als aanname dat de hoeveelheid geneesmiddel die per tijdseenheid wordt geabsorbeerd, gedistribueerd en geëlimineerd recht evenredig is met de hoeveelheid die resp. voor resorptie, distributie en eliminatie wordt aangeboden.

eersteordesnelheidsconstante constante die het recht evenredige verband aangeeft tussen omzetting v.e. chemische verbinding en de aanwezige concentratie van die stof.

eetlustverlies *zie* anorexie.

eetstoornis abnormale voedselinname zonder organische oorzaak.

EF *zie* ejectiefractie.

efebofilie parafilie die wordt gekenmerkt door een sterk seksueel verlangen naar jongeren die al wel geslachtsrijp zijn.

efelide *zie* sproet.

efelis *zie* sproet.

efemeer één dag durend, voorbijgaand.

effect *zie* onder de verschillende bijvoeglijke naamwoorden, bijv. 'cytopathisch effect'.

effectevaluatie evaluatie v.d. vraag of het doel v.e. bepaalde interventie is bereikt.

effectieve filtratiedruk *zie* nettofiltratiedruk.

effectiviteit mate waarin een doel wordt bereikt, bijv. van diagnostiek, therapie en preventie; deze wordt bepaald door resp. de sensitiviteit, de specificiteit en de voorspellende waarde v.d. test, het bij dierproeven en *randomised clinical trials* gebleken effect en de primaire en secundaire preventie zoals uit bevolkingsonderzoek gebleken; wordt onderscheiden v.d. begrippen 'doelmatigheid' (efficiëntie) en 'werkzaamheid' (*efficacy*).

effectmodificator determinant die de relatie tussen de onderzochte determinant en de ziekte kan beïnvloeden.

effector orgaan (bijv. spier, klier) dat de bij een bepaalde zenuwprikkel bedoelde werking effectueert.

effectorfase (farmacologie) periode waarin een reactie of proces i.h. uiteindelijke effect resulteert.

efferens afvoerend, efferent; vb. vas efferens (mv. vasa e-entia).

efferent *zie* centrifugaal.

efficax werkzaam; vb. dosis efficax.

efficiens werkzaam; vb. causa efficiens.

efficiëntie *zie* doelmatigheid.

effleurage vorm van massage waarbij over het huidoppervlak wordt gestreken.

efflorescentie het geheel van zichtbare aspecten v.e. huidafwijking die met elkaar de

afwijking vormen. • **primaire** ~ macula, urtica, vesicula, bulla, pustula, papula, nodulus. • **secundaire** ~ (ontstaan uit primaire e.): squama, crusta, erosio, ulcus, ragade, cicatrix.
effluent uitvloeiende doorstromingsvloeistof.
effluvium uitstorting. • **anageen** ~ door beschadiging v.d. wand v.d. haarfollikel ontstane haaruitval i.d. anagene groeifase.
• ~ **capillorum** haaruitval. • ~ **seminis** zaaduitstorting. • **telogeen** ~ haaruitval i.d. telogene groeifase.
effusie uitvloed van vloeistof in omliggend weefsel of een (lichaams)holte. • **gewrichts**~ vochtophoping i.e. gewricht; leidt tot hydrops. • **pleura**-~ abnormale ophoping van vocht in de pleuraholte.
EFO elektrofysiologisch onderzoek.
ego (psychoanal.:) een door Sigmund Freud onderscheiden psychische instantie, te weten het grotendeels bewuste, maar deels onbewuste deel v.d. persoonlijkheid dat een evenwicht zoekt tussen het es en het über-ich.
egocentriciteit attitude waarbij het eigen ik i.h. middelpunt v.d. gedachten staat en men alles op zichzelf betrekt.
egodystoon niet overeenkomend met de eigen identiteit en de daarbij behorende psychologische behoeften.
egosyntoon in overeenstemming met de eigen identiteit en de daarbij behorende psychologische behoeften.
egotroop op het ik betrokken, egocentrisch.
egressie 1 extrusie v.e. tand; 2 tandverlenging.
E-haken afbeeldingen v.d. hoofdletter E in verschillende posities en afnemend in grootte voor visusbepaling bij oudere kleuters of analfabeten.
EHBO-afdeling *zie* Spoedeisende Eerste Hulp.
EHH *zie* Eerste Harthulp.
Ehrlich | ehrlichdiazoreactie *zie* reactie | diazo~. • **zijketentheorie van** ~ theorie van Ehrlich over het bestaan van zijketens of receptoren aan het protoplasmamolecule.
ei zwangerschapsproduct, d.w.z. embryo en vruchtzak. • **leeg** ~ *zie* wind-~. • **mozaïek**~ embryologische term voor een ei waarvan de afzonderlijke gedeelten vroegtijdig gedetermineerd zijn t.a.v. hun latere ontwikkeling. • **regulatie**-~ embryologische term voor een ei waarin geen vroegtijdige determinering heeft plaatsgevonden, zodat defecten naderhand weer kunnen worden aangevuld. • **wind**~ [E] zwangerschapsproduct waarin het embryo ontbreekt.
eicel onrijp ei. • **bevruchte** ~ *zie* zygoot.
• **donor**~ eicel v.e. vrouw die wordt gebruikt om een zwangerschap te realiseren bij een andere vrouw.
eicosanoïden stoffen die zijn afgeleid van twintig koolstofatomen en die vetzuren bevatten.
EIEC entero-invasieve *Escherichia coli*.
eierstok de vrouwelijke gonade (kiemklier), dubbelzijdig aangelegd (2 ovaria), gelegen i.h. kleine bekken; bevat enkele honderdduizenden follikels, die elk één eicel bevatten; i.d. geslachtsrijpe periode komt elke maand tussen twee menstruaties in één of soms enkele follikels tot rijping; na de eisprong (ovulatie) gaat de follikel over in corpus luteum; de follikels zijn de belangrijkste producent van oestrogenen (oestradiol, oestron en oestriol) en het corpus luteum maakt vnl. progesteron; dit alles onder controle van gonadotrope hormonen v.d. hypofyse.
Eijkman | platen van ~ voedingsbodems ter bepaling v.h. vermogen van bacteriën om koolhydraten of vetten te splitsen. • **vloeistof van** ~ oplossing van glucose, pepton en zout.
eikel *zie* glans penis.
Eikenella corrodens bacteriegeslacht i.d. sectie facultatief anaerobe gramnegatieve staven.
eilandcelorgaan het geheel v.d. langerhanseilandjes v.d. pancreas, waarin de pancreashormonen insuline, glucagon, somatostatine en pancreatisch polypeptide worden gevormd.
eilandceltransplantatie transplantatie van weefsel v.d. langerhanseilandjes; zelden uitgevoerde, curatief bedoelde procedure ter genezing v.e. diabetespatiënt, veelal niet succesvol; hierbij worden geïsoleerde en gezuiverde eilandcellen van donoren via de poortader geïnfundeerd.
eileider dubbelzijdig aangelegde (2 tubae uterinae), buisvormige structuur die zich vanaf de bovenpolen v.d. eierstok (ovarium) tot aan de baarmoeder (uterus) uitstrekt; de peristaltiek en trilhaarbeweging zorgen voor vervoer v.d. eicel naar de baarmoeder.
eindboompje *zie* telodendron.

einddiastolische druk druk i.d. hartventrikel aan het einde v.d. vulling vanuit de boezem.

einddiastolisch volume (EDV) volume bloed dat een hartkamer bevat aan het einde v.d. ontspanningsfase v.h. hart na het sluiten v.d. atrioventriculaire kleppen.

eindgastheer *zie* gastheer.

eindgevoel (fysiother., orthoped.:) waarneming door arts of fysiotherapeut v.h. gevoel bij het beëindigen van een passieve beweging.

eindorgaan vormsel aan het eind v.e. zenuw met sensibele of motorische functie. • **sensibel** ~ het opvangorgaan v.e. sensorische zenuw.

eindorgaanhyperreactiviteit allergische reactie die zich uit i.e. eindorgaan.

eindplaatje klein orgaan aan het eind v.e. zenuwvezel, voor overdracht v.e. zenuwimpuls. • **accessorisch** ~ eindapparaat van vegetatieve (sympathische) zenuwvezels in dwarsgestreept spierweefsel. • **motorisch** ~ eindorgaan van motorische zenuwvezel in dwarsgestreepte spier.

eindpunt | **hard** ~ *zie* punt | eind-. • **intermediaire uitkomstmaat** ~ afgeleide variabele die samenhangt met een harde uitkomstmaat. • **surrogaat**~ *zie* intermediaire uitkomstmaat ~.

eindstandig voorzien van één opening; gezegd v.e. stoma.

eindsystolisch volume (ESV) volume bloed dat i.e. ventrikel na een contractie achterblijft, gewoonlijk circa 40 procent v.h. einddiastolisch volume.

einthoven-ecg *zie* elektrocardiogram | einthoven-.

eivliessteek *zie* amniotomie.

eiwit *zie* proteïne. • **bence-jones**~ vrije korte ketens v.e. immunoglobulinemolecuul. • **celskelet**~ *zie* proteïne | cytoskelet-. • **drager**~ *zie* proteïne | drager-. • **dystrofine**~ *zie* dystrofine. • **kern**~ *zie* nucleoproteïne. • **leukocytadhesie**-~ membraan-eiwit met bètaketen. • **orgaan**~ eiwit dat een vast bestanddeel v.d. lichaamsweefsels vormt. • **pilus**~ zeer klein aanhangsel op sommige bacteriën. • **plasma**~ eiwit i.h. bloedplasma. • **serum**~ eiwit in bloedserum. • **stress**~ *zie* stress-ten. • **stress**~**ten** eiwitten die voorkomen in alle eu- en prokaryotische cellen. • **totaal**~ de totale eiwitconcentratie van bloedserum, bestaande uit albuminen en globulinen. • **transport**~ een proteïne dat bepaalde stoffen (hormonen, ijzer) aan zich kan binden en deze vervolgens transporteert door de bloedbaan. • **vonwillebrand**~ *zie* Willebrand | vonwillebrandfactor.

eiwitafbraak afbraak van eiwit tot aminozuren met als doel aminozuren voor energievoorziening te mobiliseren.

eiwitbinding non-covalente binding van stoffen aan circulerende eiwitten, vnl. aan albumine.

eiwithydrolysaat mengsel van voorverteerde eiwitten; de grotere moleculen hierin zijn gehydrolyseerd en hierdoor minder of niet meer allergeen.

eiwitminimum de absolute ondergrens van eiwitopname die noodzakelijk is om de eiwitafbraak i.d. bouwstofwisseling (ca. 15 g/dag) aan te vullen.

eiwitmolecuul groot molecuul, bestaand uit lange ketens van aminozuren.

eiwitoptimum de hoeveelheid eiwit die moet worden gegeten om de i.d. bouwstofwisseling verloren gegane aminozuren aan te vullen.

eiwitspectrum de door analyse bepaalde kwantitatieve verhouding v.d. eiwitfracties i.h. bloed.

ejaculaat het bij ejaculatie geproduceerde mengsel van zaad en prostaatvocht.

ejaculatie het uitstuwen van sperma door de urethra. • **elektro**-~ techniek waarbij men t.b.v. het bewerken v.e. zwangerschap een zaadlozing opwekt middels transrectale stimulatie met elektrische pulsen. • **ejaculatio praecox** ejaculatie vóór of binnen 2 minuten na intromissie of na eerste bewegingen v.d. penis, meestal reeds i.e. tijdsverloop van enkele seconden. • **prematu-re** ~ *zie* ejaculatio praecox. • **ejaculatio retardata** stoornis bij de man waarbij orgasme en zaadlozing alleen na lange tijd en met grote inspanning worden bereikt. • **retrograde** ~ zaadlozing waarbij het ejaculaat naar de blaas gedreven wordt. • **vrouwen**~ *zie* grafenbergplek.

ejaculatorius m.b.t. ejaculatie, bijv. ductus e-ius.

ejectie 1 uitstoting (bijv. van bloed uit het hart naar de grote slagaderen); **2** afstoting (bijv. v.e. transplantaat).

ejectiefase de tweede fase v d. systole v.d. ventrikels v.h. hart, waarin een deel v.h.

bloed uit de ventrikels door de arteriële ostia wordt gedreven.

ejectiefractie (EF) de fractie die het slagvolume vormt v.h. einddiastolisch volume.

ejectiefractiebepaling *zie* angiografie | radionuclide~.

elastance de reciproke waarde van compliance.

elastase enzym dat o.a. elastine splitst.

elasticiteit 1 (pulmonol.) mate van rekbaarheid v.d. long; **2** (vaatchir.) elasticiteit mate van rekbaarheid v.d. vaatwand.

elasticus elastisch, rekbaar; vb. conus elasticus, lamina elastica, pseudoxanthoma elasticum.

elastine een fibrillaire scleroproteïne, hoofdbestanddeel van elastisch bindweefsel.

elastische kous kous met een drukgradiënt die worden gebruikt bij de behandeling van veneuze insufficiëntie.

elastoidosis nodularis cystica et comedonica door langdurige blootstelling aan zonlicht veroorzaakte bindweefseldegeneratie v.d. huid rondom het oog waarbij epitheelcysten en intrafolliculaire massa's door hoornlamellen en talgresten worden gevormd.

elastolyse vertering van elastische vezels.

elastoom tumor van elastisch bindweefsel, meestal i.h. gebied v.d. mamma.

elastorrexie degeneratie en verscheuring van elastische vezels. • **elastorrhexis generalisata** erfelijke systeemziekte v.h. elastisch bindweefsel met pseudoxanthoma elasticum, *angioid streaks* in het netvlies, circulatiestoornissen, soms neurovegetatieve en psychische stoornissen.

elastose degeneratie van elastisch weefsel. • **elastosis senilis** degeneratie v.h. elastisch weefsel v.d. huid bij bejaarden. • **elastosis solaris** e. a.g.v. overmatige zonbestraling.

electief 1 door de patiënt gewenst, maar medisch gezien niet noodzakelijk; **2** geschikt voor toepassing i.h. bijzondere geval.

electieve geneeskunde tak van geneeskunde die zich richt op door patiënten gewenste, maar medisch niet-noodzakelijke verrichtingen.

electieve ingreep het uitvoeren v.e. operatie bij een aandoening die i.d. toekomst complicaties kan veroorzaken.

elefantiase *zie* elephantiasis.

eleïdine olie-achtige proteïne i.h. stratum lucidum v.d. huid.

elektrisch letsel *zie* trauma | elektrisch ~.

elektroanalgesie *zie* neuromodulatie.

elektroaudiometrie audiometrie die gebaseerd is op registratie van elektrische verschijnselen die door akoestische stimulatie worden opgewekt i.d. cochlea en de kerncomplexen v.h. auditieve systeem.

elektrobioscopie een onderzoek naar de elektrische prikkelbaarheid v.d. spieren.

elektrocardiogram (ecg) curve die bij elektrocardiografie wordt geregistreerd. • **ambulant** ~ registratie v.d. elektrische activiteit v.h. hart m.b.v. draagbaar opnameapparaat. • **dynamisch** ~ *zie* ambulant ~. • **einthoven~** cardiogram met grafische weergave v.d. spanningsverschillen zoals opgenomen tussen drie afleidingspunten d.m.v. de snaargalvanometer van Einthoven. • **holter~** *zie* ambulant ~. • **inspannings~** registratie v.h. ecg voor, tijdens en na inspanning. • **oesofagus~** registratie v.d. elektrische activiteit v.h. hart via een elektrode i.d. slokdarm voor differentiële diagnostiek van ritmestoornis. • **transesophageal electrocardiogram** (TEE) *zie* oesofagus~. • **transoesofageaal** ~ *zie* oesofagus~.

elektrocaustiek het wegbranden van weefsel d.m.v. een platinalus die door een elektrische stroom rood of wit gloeiend is gemaakt.

elektrocoagulatie het coaguleren van weefsel d.m.v. bipolaire diathermiestroom.

elektrocochleografie een methode ter beoordeling v.d. gehoorscherpte bij jonge kinderen.

elektroconversie niet te verwarren met 'elektroconvulsie' *zie* cardioversie.

elektroconvulsieve therapie (ECT) neuropsychiatrische therapie waarbij d.m.v. een elektrische schok i.d. frontaalkwabben kunstmatig een epileptische aanval (insult) wordt teweeggebracht; wordt o.a. toegepast bij persistente, levensbedreigende ernstige vormen van therapieresistente depressieve stoornissen, manies en schizofrenie.

elektrocorticogram elektro-encefalogram dat na trepanatie aan het hersenoppervlak is opgenomen.

elektrodesiccatie vernietiging van weefsel door het te verdrogen met een sterk gedempte, hoogfrequente wisselstroom.

elektrodeverwisseling per abuis verwisselen van elektroden waardoor de afleidingen op het twaalfkanaals-ecg onjuist worden geregistreerd.
elektrodiafakie ooglensextractie met een diathermienaald.
elektrodiagnostiek wetenschap en toepassing van methoden waarbij wordt gebruikgemaakt van elektrische stroom i.h. kader van diagnostiek.
elektro-encefalografie (eeg) klinisch neurofysiologisch onderzoek waarbij de elektrische hersenactiviteit wordt geregistreerd.
elektro-encefalogram (eeg) het resultaat v.e. elektro-encefalografisch onderzoek.
elektroferogram het beeld dat bij elektroforese ontstaat.
elektroforese verplaatsing (elektromigratie) van elektrisch geladen colloïddeeltjes i.e. elektrisch veld. • **CHEF-~** (clamped-hexagonal-electric-field-electroforese) *zie* pulsed-field gel electrophoresis. • **countercurrent~** elektroforese met twee reagerende stoffen i.e. agar-gel; de gel heeft een pH waarbij de ene stof positief en de andere negatief geladen is; hierdoor verloopt de reactie i.d. gel effectief en snel. • **counterimmuno-~** immunologische techniek waarbij voor het concentreren van antigenen en antistoffen en het zichtbaar maken v.d. reactie wordt gebruikgemaakt v.d. beweging van elektrisch geladen stoffen i.e. elektrisch spanningsveld. • **denaturerende-gradiëntgel~** (DGGE) scheidingstechniek voor het analyseren van DNA. • **immuno-~** precipitatie v.d. serumproteïnen door diffunderende specifieke antisera van dieren die met menselijke serumproteïnen geïmmuniseerd zijn. • **papier~** scheiding v.d. serumproteïnen i.h. elektrisch veld, naar hun loopsnelheid i.e. met een draagmedium doordrenkt papier. • **pulsed-field gel electrophoresis** (PFGE) [E] scheidingstechniek voor grote moleculen. • **zone-~** e. waarbij het elektrisch veld op een vaste onderlaag wordt teweeggebracht.
elektrografie registratie v.d. elektrische activiteit van zenuw -en spierweefsel; vb. elektrocardiografie, elektromyografie, elektro-encefalografie.
elektrokatalyse de stimulering v.h. opnemen van stoffen door de huid d.m.v. een elektrische stroom.

elektrokutie dood door elektrische stroom.
elektrolyse het verschijnsel dat i.e. oplossing waardoorheen een elektrische stroom gaat, de positief geladen ionen zich naar de negatieve elektrode bewegen en de negatief geladen ionen naar de positieve.
elektrolyt stof die na oplossing in water in ionen wordt gesplitst.
elektrolytentekort tekort aan elektrolyten i.h. bloed doordat tijdelijk meer elektrolyten verloren gaan dan dat deze worden aangevuld; o.m. optredend bij dehydratie a.g.v. diarree, zweten of uitscheiding via de nier; kan leidend tot een acuut symptomatisch epileptisch insult.
elektromagnetische extractie extractie v.e. ijzersplinter uit het oog d.m.v. een elektromagneet.
elektromyografie (emg) neurofysiologisch onderzoek waarbij zowel neurografie als myografie wordt verricht.
elektromyogram (emg) met elektromyografie verkregen curve. • **oppervlakte-~** curve van actiepotentialen in contraherend spierweefsel d.m.v. op de huid boven de spier geplakte elektroden.
elektroneurografie *zie* zenuwgeleidingsonderzoek.
elektro-oculografie (eog) registratie v.d. bio-elektrische rustpotentiaal v.h. pigmentepitheel.
elektro-oculogram (eog) de bij elektro-oculografie verkregen curve.
elektro-oftalmologie de kennis v.d. elektrische verschijnselen i.h. visuele systeem.
elektroporatie techniek waarbij in vitro m.b.v. een elektrisch veld gaten i.d. membraan v.e. cel worden gemaakt.
elektroretinografie (erg) registratie van potentiaalschommelingen i.d. retina bij belichting v.h. oog ter beoordeling v.d. functie v.d. receptoren.
elektroretinogram (erg) de curve die bij elektroretinografie wordt verkregen.
elektroshocktherapie *zie* elektroconvulsieve therapie.
elektrostimulatie toedienen van elektrische prikkels; wordt o.a. toegepast ter bestrijding van chronische pijn, bijv. via de huid (transcutane stimulatie) of via de achterstrengen v.h. ruggenmerg. • **functionele ~** (FES) experimentele methode waarbij verlamde spiergroepen tot contractie worden gebracht door elektrische prikkels.

elektrotherapie geneeskundige behandeling d.m.v. elektriciteit.
elementair tot de grondslagen behorend.
elementaire functies de aan de werkzaamheid v.e. orgaan ten grondslag liggende functies.
elephantiasis eindstadium van lang bestaand lymfoedeem met sterke zwelling, fibrose en papillomatose v.d. huid. • ~ **filariense** e. a.g.v. filariasis. • ~ **genitoanorectalis** bijzondere vorm van lymfoedeem a.g.v. lymphogranuloma venereum.
• ~ **neuromatosa** vorm van neurofibromatosis van von Recklinghausen waarbij grote weke huidkwabben ontstaan. • ~ **nostras** niet door filariasis ontstane e. • ~ **nostras verrucosa** verruceuze hyperkeratotische plaques, veelal op de onderbenen. • ~ **simplex** *zie* elephantiasis nostras.
elevateur ooglidhouder.
elevatorium stomp, hevelvormig instrument waarmee men het periost v.h. been kan afschuiven of een fractuurstuk kan opheffen.
elevatus verheven; vb. scapula elevata, erythema elevatum.
elfengelaat *zie* elfjesgezicht.
elfjesgezicht hoog voorhoofd, grote mond, grote oren en een brede kaak; symptoom v.h. syndroom van Williams-Beuren.
eliminatie 1 verwijdering, vernietiging, onwerkzaammaking; **2** (farmacodynamiek) uitscheiding v.h. geneesmiddel door het lichaam; **3** (immunol.) het verwijderen van allergenen of prikkels.
eliminatiefase fase waarin een stof wordt gemetaboliseerd en/of uit het lichaam wordt verwijderd.
eliminatiehalveringstijd *zie* halfwaardetijd.
eliminatiesnelheidsconstante de evenredigheidsfactor die het verband aangeeft tussen de hoeveelheid geneesmiddel die per tijdseenheid wordt geëlimineerd en de totale hoeveelheid v.h. middel die i.h. lichaam aanwezig is.
eliminatietherapie behandeling v.e. aandoening door de veroorzaker te verwijderen of te vermijden.
ELISA *zie* assay | enzyme-linked immunosorbent ~.
ELISPOT *zie* spot | enzyme-linked immunoabsorbent ~.
elixer (farmac.) oude term voor wijnextract van planten.
elleboog *zie* cubitus. • **golfers~** *zie* epicondylitis. • **pitcher's elbow** *zie* Panner | ziekte van ~. • **tennis~** *zie* epicondylitis. • **verrekte** ~ subluxatie v.h. radiuskopje a.g.v. plotselinge en krachtige tractie aan de gestrekte arm met de onderarm gepronerd.
ellepijp *zie* ulna.
ellepijphoofd *zie* olecranon.
elliptocyt ellipsvormige erytrocyt.
elliptocytose erfelijke vormafwijking v.d. erytrocyten, waarvan een aantal een elliptische of ovale vorm hebben.
elliscurve *zie* elliskromme.
elliskromme *zie* lijn | damoiseau-ellis~.
elongatio verlenging.
El Tor een quarantainestation voor Mekkagangers op het Sinaï-schiereiland.
eluaat door elueren verkregen oplossing.
elueren het los maken en oplossen van geadsorbeerde stoffen.
elutie uitwassing.
elutriatie methode voor celverrijking; ter verkrijging v.e. homogene celpopulatie.
emaciatie sterke vermagering.
email *zie* tandglazuur.
emailorgaan de nog ongedifferentieerde tandglazuur vormende cellen.
emailspoor *zie* glazuurspoor.
emanatorium toestel of vertrek voor het inademen van radioactieve gassen.
emasculatie 1 chirurgische verwijdering v.d. uitwendige mannelijke geslachtsdelen; **2** (minder juist) castratie.
Embase online database van *Excerpta Medica* met medische en aanverwante artikelen.
embden-meyerhofketen serie reacties die zich tijdens het anaerobe deel v.d. glucoseafbraak (de glycolyse) voltrekken.
embolectomie verwijdering v.e. embolus.
embolectomiekatheter *zie* katheter | fogarty~.
embolie 1 het blijven steken v.e. embolus i.e. bloed- of lymfevat; **2** het losraken en meegesleept worden v.e. embolus, die vervolgens elders blijft steken. • **athero-~** embolie die ontstaat door ruptuur v.e. atherosclerotische plaque. • **cel~** proces waarbij cellen die niet i.h. bloedbaan of lymfebaan thuishoren wel daarin worden verplaatst en er vervolgens in blijven steken; dit is de belangrijkste manier waarop kwaadaardige tumoren metastasen kunnen vormen.
• **cholesterol~** het voorkomen v.e. choles-

terolembolus i.d. bloedcirculatie die ergens i.d. bloedbaan blijft steken. • **gas~** *zie* lucht~. • **gekruiste** ~ *zie* paradoxale ~. • **hersen~** afsluiting v.e. bloedvat i.d. hersenen door een bloedstolsel, b.v. afkomstig van atherosclerotische plaque i.d. a carotis interna, of v.e. cardiale bron. • **long~** *zie* longembolie. • **lucht~** de verplaatsing v.e. hoeveelheid i.e. bloedvat geraakte lucht naar een plaats waar de luchtbel blijft steken en het vat afsluit. • **microaero~** verstopping v.e. capillair door een gasbelletje (bijv. stikstof), optredend bij een snelle overgang v.e. omgeving met een hoge atmosferische druk naar een omgeving met een lagere druk; treedt o.a. op bij te snel stijgende duikers. • **paradoxale** ~ embolie i.d. lichaamscirculatie door een embolus die via een opening i.h. boezemtussenschot v.d. rechter naar de linker hartheft is verplaatst. • **septische** ~ afsluiting v.e. vat door een geinfecteerde embolus. • **systemische** ~ afsluiting v.e. perifere arterie, coronairarterie of cerebrale arterie door een embolus. • **trombo~~** embolie v.e. losgeraakt stuk trombus dat zich i.e. bloedvat vastzet en dit afsluit, m.a.g. ischemische necrose v.h. door dit vat verzorgde weefselgebied. • **tumor~** afsluiting v.e. vat door een tumorweefsel dat i.d. bloedcirculatie is terechtgekomen; dit weefsel noemt men de 'metastatische embolie'. • **vet~** embolie van vetdruppels, afkomstig van beenmerg, vetweefsel en mogelijk ook vettig ontaarde levercellen, die via het bloed i.d. capillairen van longen of hersenen terechtkomen b.v. trauma's, verbranding, operaties. • **vruchtwater~** ernstige complicatie tijdens de baring waarbij vruchtwater met tromboplastisch materiaal v.d. decidua i.d. maternale circulatie terechtkomt; hierdoor ontstaat acuut een ernstige vasoconstrictie i.h. longvaatbed, gevolgd door longoedeem en decompensatio cordis, voorts shock en gedissemineerde intravasale stolling.

emboliformis embolus-achtig, propvormig; vb. nucleus emboliformis.

embolisatie 1 (pathol.) de vorming v.e. embolus; 2 (chir., ther.) de embolisatietechniek. • **therapeutische** ~ behandeling van bepaalde vaatafwijkingen en tumoren door i.d. aanvoerende slagader een trombotische afsluiting te doen ontstaan. • **transkatheter~** embolisatie door het spuiten van o.a. partikels, coils of gelfoam, opgelost in fysiologisch zout of in röntgencontrastmiddel, door een katheter i.d. bloedbaan. • **uterus~** radiologische interventie bij uterusmyoom als alternatief voor hysterectomie; hierbij worden bolletjes van plastic of gelatine i.d. a. uterina gespoten, waardoor de bloedtoevoer naar het myoom wordt afgesloten en deze verschrompel.

embolisatietechniek inspuiten van lichaamsvreemd materiaal (partikels, coils) via een katheter i.e. bloedvat.

embolisch door embolie ontstaan.

emboliseren *zie* embolisatietechniek.

embolus een met de bloed- of lymfebaan meegesleept brokje weefsel of druppel, stolsel enz. dat zich ergens verderop i.d. stroombaan heeft vastgezet. • **cholesterol~** cholesterolpartikel dat i.d. bloedcirculatie is terechtgekomen en elders i.d. bloedbaan blijft steken; veelal afkomstig uit geülcereerde atheromateuze plaques. • **rijdende** ~ ruiter~. • **ruiter~** grote embolus ter hoogte v.d. bifurcatie v.d. a. pulmonalis, leidt tot plotselinge dood door totale circulatiestilstand.

embryo 1 bevruchte eicel; 2 de intra-uterien zich ontwikkelende vrucht i.d. periode tot de 85e zwangerschapsdag. • **donor~** embryo dat wordt verkregen door inseminatie v.e. aantoonbaar fertiele vrijwilligster met zaad v.d. partner v.d. onvruchtbare vrouw v.h. kinderloze paar. • **pre~** verouderd begrip voor 'jong embryo' *zie* blastula, morula. • **rest~** embryo dat i.h. kader van ivf tot stand is gebracht, ongewild overblijft en niet meer i.d. baarmoeder zal worden geïmplanteerd.

embryofoetopathie (aangeboren) afwijking die ontstaat door inwerking v.e. schadelijk agens tijdens de embryonale en foetale periode. • **embryofoetopathia diabetica** *zie* embryopathie | diabetische ~.

embryofoor larve v.e. lintworm, reeds beweeglijk, maar nog omgeven door een eischaal en dientengevolge resistent tegen uitdroging.

embryogenese 1 voortbrenging en vorming v.h. embryo; 2 vruchtontwikkeling vanaf de 3^e tot de 12^e amenorroeweek.

embryo-implantatie innesteling v.h. embryo i.h. baarmoederslijmvlies.

embryologie de leer v.d. embryogenese.

embryonaal m.b.t. het embryo.

embryonaal schild area germinativa.
embryonale periode *zie* embryogenese.
embryopathie afwijking aan het embryo i.d. eerste drie zwangerschapsmaanden door infectieuze, toxische, hormonale, chemische of fysische inwerking op het moederlichaam tijdens de organogenese. • **diabetische** ~ foetopathie a.g.v. onjuiste regulering van diabetes mellitus v.d. moeder gedurende de zwangerschap. • **rubella**~ aangeboren afwijking bij een kind v.e. vrouw die i.d. eerste zwangerschapsmaanden aan rubella heeft geleden.
embryoplastisch m.b.t. de vorming v.e. embryo.
embryoreductie het door doodprikken terugbrengen v.h. aantal embryo's i.d. baarmoeder bij meerlingzwangerschap.
embryosplitsing vorm van kloneren waarbij twee identieke embryo's ontstaan door splitsing v.e. zeer jong embryo waarvan de cellen zich nog niet differentiëren.
embryotomie noodoperatie waarbij het embryo in utero in stukken wordt gesneden, om het daarna snel te kunnen evacueren.
embryotoxon troebeling v.d. hoornvliesrand bij de pasgeborene. • **~ corneae posterior** *zie* syndroom | rieger~. • **~ posterior** *zie* syndroom | rieger~.
embryotransfer (ET) inbrengen v.e. in vitro bevruchte eicel. • **tubaire** ~ embryoterugplaatsing i.d. eileider op de tweede tot vijfde dag na de punctie.
embryotrofie voeding v.h. embryo.
embryoroof het aan het embryo toegevoerde voedsel.
EMD *zie* patiëntendossier | elektronisch patiëntdossier.
emergency reaction *zie* Cannon | cannonreactie.
emerine eiwit dat integraal deel uitmaakt v.d. membraan van nucleï.
emesis *zie* braken. • **chol**~ het braken van gal. • **copr**~ *zie* braken | fecaloïd ~. • ~ **gravidarum** *zie* braken | zwangerschaps~. • **hyper**~ overmatig braken. • **hyper**~ **gravidarum** overmatig braken bij zwangere vrouwen. • **hyper**~ **lactentium** overmatig braken van zuigelingen met pylorusstenose.
emeticum geneesmiddel dat het braken opwekt of bevordert.
emfyseem 1 aanwezigheid van lucht in weefsels die gewoonlijk geen lucht bevatten; 2 verkorte aanduiding van 'longemfyseem'. • **alveolair** ~ *zie* COPD. • **compensatoir** ~ e. v.e. longgedeelte dat extra uitgerekt wordt doordat een ander gedeelte aan de ademhaling meedoet. • **congenitaal lobair** ~ aangeboren afwijking v.d. long waarbij door een grote hoeveelheid lucht i.d. longkwab overexpansie ontstaat, met verplaatsing v.h. mediastinum. • **cutaan** ~ *zie* huid~. • **huid**~ aanwezigheid van lucht i.h. subcutane weefsel. • **interstitieel** ~ aanwezigheid van lucht i.h. longparenchym a.g.v. beschadiging v.d. alveolaire tussenschotten. • **lobair** ~ hyperinflatie v.e. longkwab, veroorzaakt door een ventielstenose a.g.v. een obstructie of een congenitale afwijking i.d. bronchuswand. • **long**~ anatomische afwijking die wordt gekenmerkt door abnormale permanente luchthoudendheid distaal v.d. terminale bronchioli, in combinatie met destructie v.h. parenchym en zonder duidelijke fibrose; veelal een langzaam progressieve ziekte met afname v.d. inspanningstolerantie. • **mediastinaal** ~ *zie* pneumomediastinum. • **panacinair** ~ vernietiging van gehele trossen alveoli, leidend tot emfyseem. • **subcutaan** ~ *zie* huid~. • **vesiculair** ~ verwijding v.d. longalveoli. • **vicariërend** ~ *zie* compensatoir ~.
emfysemateus gepaard met, veroorzaakt door, of m.b.t. emfyseem.
emg *zie* elektromyogram.
emie | ~~ woordvormend achtervoegsel met betrekking tot de samenstelling v.h. bloed, i.h.b. een te lage of een overmatige aanwezigheid van stoffen daarin. • **cholesterol**~ aanwezigheid van cholesterol i.h. bloed (normaal 3,5-7 mmol/l); vnl. in Engelstalige terminologie gelijkgesteld aan 'hypercholesterolemie'. • **homocysteïn**~ autosomaal-recessief erfelijke stofwisselingsstoornis waarbij methionine niet in cysteïne wordt omgezet. • **hypercholesterol**~ *zie* hypercholesterolemie. • **hyperlip**~ *zie* hyperlipid~. • **hyperlipid**~ verzamelterm voor het optreden v.e. overmatige concentratie van vetten i.h. bloed.
emigratie uittocht, de trek van bloedcellen door de vaatwand naar het omgevende weefsel. • **emigratio externa** intra-abdominale overgang v.e. ei uit het linker ovarium naar de rechter tuba en omgekeerd.
eminentia verhoging, verheffing. • **~ iliopu-**

bica vlakke welving aan het proximale deel v.h. os pubis.

emissarium een v.d. vele kanaaltjes die de schedelbeenderen doorboren en bloed v.d. dura afvoeren.

emissarius afvoerend; vb. vena emissaria, foramen emissarium.

emissie (urol., seksuol.) fase i.d. ejaculatie waar zaadvloeistof en spermatozoa i.d. urethra pars prostatica worden geperst door tonische contractie van prostaat, vesiculae seminalis en zaadleiders.

emmetroop scherpziend, zonder correctie en accommodatie.

emmetropie het normale scherpe zien zonder correctie en accommodatie.

emolliens 1 middel dat verhard weefsel (huid, slijmvlies, feces) week maakt; 2 huidcrème die de oppervlaktespanning verlaagt.

emotief m.b.t. gemoedsbeweging of een gemoedsbeweging opwekkend.

emotionaliteit neiging tot gemoedsbeweging, verhoogde prikkelbaarheid v.h. gemoed.

emotionele schok *zie* shock.

empathie vermogen en bereidheid tot het invoelen v.d. stemmingen v.e. ander.

emphysema *zie* emfyseem. **· ~ pulmonum** *zie* emfyseem | long~.

emphysematosus emfyseemateus; vb. gangraena emphysematosa.

empirisch op ervaring of proefneming berustend, niet op berekening of redenering.

empirisme 1 behandelingswijze die uitsl. op onderzoek berust, vaak met de bijkomende depreciërende betekenis van onwetenschappelijk; 2 de leer dat alle eigenschappen, ideeën en karaktertrekken resulteren uit ervaring.

emporiatrie *zie* geneeskunde | reizigers~.

empyeem ophoping van etter i.e. van te voren bestaande lichaamsholte. **· empyema articuli** gewrichtsempyeem. **· empyema mastoidei** subperiostale etterophoping na doorbraak v.e. etterige mastoiditis. **· empyema pericardii** etterophoping i.h. hartzakje. **· empyema pleurae** *zie* pleura~~. **· empyema sinus maxillaris** kaakholteempyeem. **· empyema thoracis** *zie* pleura~. **· empyema ventriculi cerebri** etterophoping i.c. hersenventrikel. **· empyema vesicae felleae** *zie* galblaas~. **· galblaas~** ophoping van etter i.d. galblaas t.g.v. een gecompliceerde cholecystitis waarbij de ductus cysticus is afgesloten. **· galweg~** ophoping van etter in ontstoken galwegen, vaak door een belemmerde galafvloed. **· interlobair** ~ tussen twee longkwabben gelegen empyeem. **· pleura~~** etterophoping i.d. (afgekapselde) pleuraholte.

empyese verettering. **· empyesis oculi** *zie* hypopyon.

emulgator chemische stof die het bereiden of instandhouden van emulsies mogelijk maakt.

emulsie fijn-disperse vermenging van ten minste twee vloeistoffen die niet in elkaar oplosbaar zijn.

ENA (extraheerbaar nucleair antigeen) onderdeel v.h. antigeen dat verantwoordelijk is voor de immuuncomplexziekte 'mixed connective tissue disease'.

enamel *zie* enamelum.

enamel nodules *zie* glazuurparels.

enamelum *zie* tandglazuur. **· mottled enamel** [E] het optreden van gespikkeld of gestreept tandemail a.g.v. overmatige fluorideopname tijdens de tandverkalking.

enantheem efflorescentie v.d. slijmvliezen; vb. mazelenenantheem (koplikvlekken). **· mazelen~** *zie* koplikvlekken.

enartrose *zie* gewricht | kogel~.

en bouquet [F] aanduiding voor huidafwijkingen die in groepjes bijeen in of op de huid aanwezig zijn.

encapsulans inkapselend; vb. peritonitis encapsulans.

encefal- voorvoegsel in woordsamenstellingen m.b.t. de hersenen.

encefalalgie hoofdpijn.

encefaline *zie* enkefaline.

encefalisatie het verschijnsel dat functies die bij lagere dieren i.h. ruggenmerg zetelen, bij hogere door de hersenen worden overgenomen.

encefalitis hersenontsteking, al of niet gepaard met meningitis (meningo-encefalitis) of myelitis (encefalomyelitis); indeling: men onderscheidt bacteriële en aseptische (virale en niet-infectieuze) encefalitis. **· acute bulbaire polio~** p. v.d. grijze substantie i.d. medulla oblongata. **· centraal-Europese teken~** *zie* teken~. **· encephalitis periaxialis diffusa** *zie* ziekte van Schilder. **· Frühsommer-Meningoenzephalitis** (FSME) [D] *zie* teken~. **· herpes~** encefalitis die is veroorzaakt door een herpesvirus, doorgaans humaan herpesvirus type 1. • **herpessimplex**~ snel progressieve hersenontsteking met koorts, hoofdpijn, nekstijfheid, verwardheid, focale neurologische afwijkingen en epileptische insulten. • **Japanse** ~ (JE) vnl. in Zuid- en Oost-Azië voorkomende virale meningo-encefalitis, veroorzaakt door een arbovirus B en overgebracht door muskieten. • **leucoencephalitis sclerosans subacuta** zie subacute scleroserende pan~. • **leuko**-~ ontsteking van vnl. de substantia alba i.d. hersenen. • **meningo**-~ ontsteking van meningen en hersenen. • **pan**~ ontsteking v.d. gehele hersenen, zowel grijze als witte stof. • **polio**-~ 1 ontsteking v.d. grijze hersensubstantie; 2 'poliomyelitis v.d. hersenen'. • **polioencephalitis haemorrhagica bulbaris** zie polioencephalitis haemorrhagica inferior. • **polioencephalitis haemorrhagica inferior** acute bulbaire verlamming. • **polioencephalitis haemorrhagica superior** zie Wernicke | wernicke-encefalopathie. • **encephalitis postvaccinalis** ernstige e. die zich vroeger incidenteel voordeed na pokkenvaccinatie. • **rasmussen**~ syndroom, gekenmerkt door epilepsie en progressieve neurologische disfunctie o.b.v. chronische virale infectie of auto-immuunstoornis. • **saintlouis**~ i.d. Verenigde Staten voorkomende encefalitis, veroorzaakt door een arbovirus B. • **subacute scleroserende pan**~ (SSPE) chronische encefalitis die wordt veroorzaakt door een defect mazelenvirus, verloopt langzaam progressief, met vrijwel altijd een slechte prognose. • **teken**~ encefalitis a.g.v. infectie met *Tick-borne encephalitis virus* (TBEV, tekenencefalitisvirus, een flavivirus), dat wordt overgedragen door een beet v.e. teek uit het geslacht *Ixodes*. • **vaccin**~ zie encephalitis postvaccinalis.

encefalocele aangeboren uitstulping van hersenweefsel door een spleet i.d. schedel.

encefalocystocele zie hydrencefalocele.

encefalografie het in beeld brengen van bepaalde anatomische verhoudingen of bepaalde functionele aspecten v.d. hersenen d.m.v. radiologische technieken. • **echo**-~ methode om d.m.v. ultrasonoor geluid toegediend aan weerszijden v.d. schedel een verplaatsing v.d. middenstructuren v.d. hersenen waar te nemen. • **pneumo**-~ (PEG) verouderde beeldvormende diagnostische techniek waarbij een röntgenafbeelding v.d. ventrikels v.h. hoofd wordt gemaakt nadat deze met lucht zijn gevuld.

encefaloliet concrement i.d. hersenen.

encefalomeningocele combinatie van encefalocele en meningocele.

encefalomyelitis ontsteking van hersenen en ruggenmerg. • **meningo**-~ ontsteking van meningen, hersenen en ruggenmerg. • **myalgische** ~ (ME) zie chronischevermoeidheidssyndroom.

encefalomyelopathie aandoening van hersenen plus ruggenmerg.

encefalopathie degeneratieve hersenziekte. • **acute myoklonische** ~ zie syndroom | kinsbourne~. • **alcohol**~ zie Wernicke | wernicke-encefalopathie. • **bestralings**~ encefalopathie optredend a.g.v. bestraling van hersenweefsel. • **bilirubine**-~ hersenafwijkingen t.g.v. versterkte geelzucht. • **boviene spongiforme** ~ (BSE) langzaam degeneratieve aandoening v.h. czs, aangetroffen bij vnl. Engelse runderen sinds 1985; via consumptie van besmette rundvleesproducten overdraagbaar op mensen. • **chronische toxische** ~ (CTE) encefalopathie a.g.v. chronische vergiftiging door inhalatie van oplosmiddelen, bijv. door gebruik van schildersverf op basis hiervan; tot voor kort prevalent onder huisschilders, in welke branche daarom gaandeweg wordt overgegaan op verf op waterbasis; NB: niet te verwarren met 'ziekte van Schilder'. • **delayed non-haemorrhagic encephalopathy** traumatisch hersenletsel bij jongvolwassenen, gepaard gaande met infarcten en necrose van hersenweefsel. • **diabetische** ~ complicatie van diabetes mellitus waarbij de hersenen door diabetische aantasting v.h. vaatstelsel en neuronen beschadigen. • **dialyse**-~ vorm van e. die zich voordoet bij hemodialyse. • **hepatische** ~ chronische neuropsychiatrische aandoening die ontstaat wanneer bepaalde (niet nader bekende) stoffen de hersenen bereiken zonder dat de lever er ontgiftend op heeft kunnen werken. • **hiv**-~ zie dementie | aids~complex. • **hypertensieve** ~ orgaanschade die optreedt i.d. hersenen bij hypertensieve crisis. • **infantiele** ~ door een geboortetrauma ontstane encefalopathie, met als belangrijkste restverschijnselen hemi-(tetra)plegie, oligofrenie, epilepsie en athetose v.d.

handen. • **infantiele myoclonische ~ met hypsaritmie** *zie* syndroom | west-~. • **infectieuze** ~ blijvende afwijkingen aan hersenweefsel na encefalitis (intra-uterien of op jonge leeftijd) door o.a. rubella, toxoplasmose, hiv-infectie. • **leuk~** demyeliniserende ziekte v.d. hersenen, meestal bij een ziekte v.h. mononucleairefagocytensysteem. • **lever-** *zie* hepatische ~. • **metabole** ~ cerebrale functiestoornis t.g.v. gestoorde stofwisselingsprocessen. • **portale** ~ *zie* hepatische ~. • **postinfectieuze** ~ blijvende afwijkingen aan hersenweefsel na encefaliti. • **progressieve multifocale leuk~** (PML) diffuus verspreide demyelinisatie van centrale en perifere zenuwstelsel; wordt veroorzaakt door JC-virus. • **progressieve rubellapan~** (PRP) panencefalopathie t.g.v. infectie met rubellavirus, voorkomend bij jongens met veelal congenitale rubella. • **spongiforme** ~ *zie* boviene spongiforme ~. • **subacute spongiforme** ~ *zie* ziekte van Creutzfeldt-Jakob. • **subcorticale leuko~** vorm van vasculaire dementie, gekenmerkt door vertraging v.h. psychomotore tempo, apathie, pseudobulbaire verschijnselen, geheugenverlies, cognitieve stoornissen, stemmingsveranderingen; wordt veroorzaakt door atrofie en ernstige afwijkingen v.d. substantia alba. • **toxische** ~ cerebrale functiestoornis door lever- en nierfunctiestoornissen. • **uremische** ~ cerebrale functiestoornis door verhoogd ureumgehalte bij ernstige nierfunctiestoornis. • **wernicke-~** *zie* Wernicke | wernicke-encefalopathie.

encephalon het voorste deel v.h. centraal zenuwstelsel, ontstaan uit de drie hersenblaasjes. • **acr~** voorhersenen. • **arch~** oerhersenen. • **di~** deel v.d. hersenen, omvattend de hypothalamus, thalamus, metathalamus en epithalamus. • **mes~** middenhersenen. • **met~** deel v.d. hersenen, omvattende de pons en het cerebellum. • **myel~** *zie* medulla oblongata. • **neo~** fylogenetisch gezien het jongste deel v.d. hersenen. • **paleo~** fylogenetisch gezien het oudste deel v.d. hersenen. • **par~** cerebellum. • **pro~** *zie* pros-. • **pros~** het gedeelte v.d. hersenen vóór het mesencephalon; bestaat uit het diencephalon en het telencephalon. • **rhomb~** hersengedeelte tussen de bovenrand v.d. pons en de eerste ruggenmergszenuwen. • **tel~** deel v.d. hersenen dat is ontstaan uit het prosencephalon; tot het t. behoren de cerebrale schors met het corpus callosum en het corpus striatum. • **thalam~** het complex van thalamus dorsalis, sub-, epi- en metathalamus.

encephalus woorddeel met de betekenis 'in het bezit van hersenen v.h. type...'; vb. anencephalus. • **an~** monstrum met anencefalie. • **cyst~** monstrum met een vliezige zak i.p.v. een cerebrum, dus de ernstigste vorm van hydrocefalie. • **ex~** monstrum met exencefalie.

enchondraal in kraakbeen; vb. e-drale beenvorming.

enchondrose groeistoornis v.d. ventrale zijde v.d. sluitplaten v.d. wervellichamen.

encoderen eerste fase v.h. functioneren v.h. geheugen, nl. het opslaan van informatie.

encoprese incontinentie voor feces.

encyclotropie *zie* cyclotropie.

encystering het zich hullen i.e. kapsel.

encysticus geëncysteerd, van cysten voorzien; vb. hernia encystica.

end- *zie* endo-.

endangiitis ontsteking v.d. binnenste laag v.e. (bloed)vat. • ~ **obliterans** *zie* trombangiitis | thrombangiitis obliterans.

endaortitis ontsteking v.d. aorta-intima.

endarteriëctomie uitpelling v.d. atheromateuze intima v.e. arterie om deze weer doorgankelijk te maken. • **tromb~** *zie* endarteriëctomie.

endarteriitis ontsteking v.d. intima v.e. arterie. • ~ **obliterans** *zie* trombangiitis | thrombangiitis obliterans.

endauraal binnen i.h. gehoorgaan.

endemiciteit de mate van endemische verspreiding v.e. ziekte i.e. populatie.

endemicus endemisch, inheems; vb. neuritis endemica.

endemie voortdurende aanwezigheid v.e. bepaalde ziekte i.e. bepaald gebied, schijnbaar zonder begin of eind.

endemisch voortdurend aanwezig als ziekte of andere verstoring v.d. norm. • **holo-~** (epidemiol.) endemiciteit met aantasting van >75 % v.d. bevolking. • **hyper~** (epidemiol.) intensief endemisch, bijv. bij malaria wanneer de miltindex hoger dan 50% is.

endergonisch energie behoevend, energie opnemend.

endermaal *zie* cutaan | intra-~.

endesmaal i.h. bindweefsel.

Endnote (med. statistiek, epidemiol.) data-

baseprogramma waarmee literatuurverwijzingen kunnen worden beheerd.
endo- voorvoegsel in woordverbindingen met de betekenis in, binnen.
endobronchiaal i.d. bronchi.
endobulbair i.d. bulbus oculi, intra-oculair.
endocard *zie* endocardium.
endocardiaal 1 binnen het hart gelegen; 2 m.b.t. het endocard.
endocardiale cartografie het in kaart brengen v.d. elektrische activiteit i.h. hart m.b.v. elektrofysiologisch onderzoek.
⊛ **endocarditis** ontsteking v.d. binnenbekleding v.h. hart en de kleppen door micro-organismen, vrijwel altijd van bacteriële aard (i.t.t. pericarditis: vnl. viraal); indeling: gewoonlijk verdeeld in acute en subacute vorm; bij de acute vorm gaat het vooral om infecties met *Staphylococcus aureus* en soms ook met pneumokokken; de subacute vorm (oude term: 'sepsis lenta', 'endocarditis lenta') wordt vaak veroorzaakt door *Streptococcus viridans*. · **infectieuze** ~ *zie* endocarditis.
endocardium de uit een laag endotheel bestaande binnenbekleding v.h. hart.
endocervicitis ontsteking v.h. slijmvlies v.d. cervix uteri.
endochondraal *zie* enchondraal.
endochorion het binnenste blad v.h. chorion.
endocraniaal binnen de schedel; vb. e-iale hyperostose.
endocranium de kraakbenige aanleg v.d. schedel.
endocrien naar binnen secernerend; gewoonlijk bedoeld i.d. zin van 'hormonaal'.
endocrien systeem door hormonen gestuurd regelsysteem i.h. lichaam; endocriene klieren secerneren afscheidingsproducten die uitsl. door bloed of weefselvloeistof worden opgenomen, vb. bijschildklieren, bijnieren, nieren, epifyse, hypofyse, hypothalamus, schildklier, thymus; klieren die zowel intern (endocrien) als extern (exocrien) stoffen afscheiden, zijn gonaden en de pancreas.
endocrinium het endocriene systeem in zijn geheel.
endocrinologie wetenschap of specialisme betreffende de klieren met inwendige afscheiding; als superspecialismen onderscheidt men o.a. gynaecologische endocrinologie (m.b.t. hormonale functie van gonaden), pediatrische endocrinologie, experimentele endocrinologie, chirurgische endocrinologie, andrologie. · **gynaecologische** ~ de wetenschap of het specialisme betreffende de geslachtsorganen en hun hormonale functie.
endocrinoloog specialist i.d. endocrinologie.
endocrinon *zie* endocrinium.
endocrinopathie ziekte v.e. of meer endocriene klieren.
endocrinotherapie *zie* hormoontherapie.
endocytose *zie* fagocytose.
endodontitis *zie* pulpitis.
endoftalmitis infectie aan de binnenzijde v.h. oog. · **postoperatieve** ~ ontsteking v.d. intraoculaire structuren.
endogeen 1 (neurol.:) a.g.v. een ziekteproces binnen i.h. cerebrum; 2 (int. geneesk.:) van binnenuit ontstaan (bijv. endogeen urinezuur, ontstaan uit celkernen); 3 (genet.:) gevolg v.e. erfelijke aanleg; 4 (psychiatr.:) a.g.v. een oorzaak i.h. lichaam.
endogene flora normale microbiële flora van huid, colon, slijmvliezen van keel, urinewegen en genitalia.
endoglobulair binnen een erytrocyt (bijv. de e-re ontwikkeling van malariaparasieten).
endolaryngeaal binnen de larynx; bijv. e-eale operatie.
endolekkage lekkage v.e. i.e. aneurysma geplaatste endovasculair implantaat.
Endolimax nana kleine, kosmopolitisch voorkomende apathogene darmamoebe, bij mensen en dieren.
endolymfangitis ontsteking v.d. binnenste laag v.e. lymfevat.
endolymphaticus m.b.t. endolymfe; vb. ductus endolymphaticus.
endolysine intracellulaire stof, bijv. in leukocyten, die lytisch op bacteriën werkt.
endometrioom gezwel bestaande uit endometriumweefsel, zonder enig verband met het uterusslijmvlies.
⊛ **endometriose** 1 aandoening die wordt veroorzaakt door functionerend (afh. van ovariële, oestrogene stimulatie) endometrium dat buiten de uterus (vnl. i.h. kleine bekken) is gelegen; indeling: 1) endometriosis externa, met (veel voorkomende) oppervlakkige peritoneale en ovariële e. zonder schadelijke gevolgen voor omliggende structuren (endometriose als 'condition'; veelal toevalsbevinding); voorts een min-

der vaak voorkomende endometriose die door adhesievorming en bloedingen leidt tot schade aan omringende weefsels (endometriose als 'disease'); 2) endometriosis interna (endometriose i.d. uterusspier of i.e. eileider (adenomyosis uteri); **2** ontwikkeling van endometriomen. • **externe** ~ haardjes endometriose i.d. buikholte die bij elke menstruatie 'mee-menstrueren'.

endometritis ontsteking v.h. baarmoederslijmvlies. • ~ **decidualis** verhoogde secretie v.d. decidua tijdens de zwangerschap. • ~ **dissecans** *zie* dysmenorroe | dysmenorrhoea membranacea. • ~ **exfoliativa** *zie* dysmenorroe | dysmenorrhoea membranacea. • ~ **puerperalis** ontsteking v.h. baarmoederslijmvlies na een bevalling.

endometrium het slijmvlies dat de uterusholte bekleedt.

⊛ **endometriumcarcinoom** kwaadaardige woekering van cellen uitgaande v.h. epitheel v.d. baarmoederholte: indeling: onderscheid wordt gemaakt naar histologische gradering en uitbreiding v.d. tumor in en buiten de baarmoeder.

endometriumhyperplasie toename v.h. baarmoederslijmvlies, meestal veroorzaakt of gestimuleerd door een overmaat aan oestrogenen.

endomysiaal m.b.t. het endomysium.

endomysium dunne bindweefselmantel om de afzonderlijke spiervezel.

endonasaal i.d. neus; vb. endonasale antrostomie volgens Claoué.

endoneurium dunne bindweefselschede rondom de afzonderlijke zenuwvezel.

endonuclease enzym dat een polynucleotide op plaatsen van inwendige binding kan klieven. • **restrictie**-~ *zie* enzym | restrictie-~.

endopeptidase een proteolytisch enzym, dat inwerkt op de middelste bindingen van peptiden.

endoperoxide *zie* prostaglandine.

endoplasma binnenplasma, het hoofdbestanddeel v.h. cytoplasma, dun vloeibaar, met granula.

endoplasmatisch behorend tot het endoplasma; vb. endoplasmatisch reticulum. • agranulair ~ **reticulum** *zie* reticulum | glad endoplasmatisch ~.

endoprothese alloplastische prothese die i.h. lichaam wordt aangebracht.

endorfine | **bèta**-~ polypeptide met een krachtig analgetische werking; wordt gevormd uit pro-opiomelanocortine i.d. hypofyse en elders i.h. centrale zenuwstelsel.

endorfinen aanduiding v.e. groep polypeptiden met opiaatachtige werking geproduceerd in hypofyse en hersencelweefsel.

endorotatie binnenwaartse draaiing, vb. knie-endorotatie.

endosalpingiose endomyosis v.d. eileider.

endosalpingitis ontsteking v.d. endosalpinx.

endoscoop instrument voor het verrichten van endoscopie.

endoscopie onderzoek waarbij men de binnenzijde v.e. hol orgaan bekijkt m.b.v. een buigzame, bestuurbare slang. • **capsule**-~ *zie* videocapsule-~. • **dubbelballon**-~ (DBE) endoscopie v.d. dunne darm, i.h.b. uitgevoerd bij bloedverlies i.h. systema digestorium (de tractus digestivus) zonder afdoende verklaring bij gastroscopie en coloscopie. • **nas**~ endoscopisch onderzoek v.d. neusholte. • **pan**~ onderzoek onder narcose bij patiënten bij wie men vermoeden op hoofd-halsmaligniteit bestaat. • **slaap**~ fiberscopisch onderzoek bij patiënten met snurk- en/of slaapapneuklachten. • **videocapsule**-~ (VCE) onderzoek waarbij men een miniapparaatje inslikt ter grootte v.e. capsule, bestaande uit een batterij, een lichtbron en een onderdeel dat elke seconde beelden doorstuurt naar een opnametoestel buiten het lichaam dat op de buik is aangebracht; hiermee kunnen delen v.d. dunne darm zichtbaar worden gemaakt die niet met een endoscoop via de mond (gastroscoop) of anus (coloscoop) te bereiken zijn; het syn. 'slikscoop' is een lekenterm.

endoscopische abdominale chirurgie via natuurlijke lichaamsopeningen minimaal invasieve, deels nog experimentele 'littekenloze' buikoperatietechniek waarbij een incisie v.h. abdomen wordt vermeden door gebruikmaking v.e. flexibele endoscoop die via een natuurlijke opening (anus, vagina, mond) wordt ingebracht en vervolgens via een interne incisie in bijv. maag, blaas, colon of vagina i.d. peritoneaalholte wordt doorgevoerd.

endoskeleton bearing [E] prothese waarbij de krachten door een centraal buissysteem worden overgebracht.

endosmose osmose door een membraan, gericht van buiten naar binnen, i.t.t. exosmose. • **elektro-**~ e. onder invloed v.e. elektrisch spanningsveld.

endosomen vloeistofblaasjes die worden gevormd uit de celmembraan wanneer een cel opgeloste stoffen naar intracellulair transporteert.

endost inwendig beenvlies, dat de mergholte bekleedt.

endostaal tot het endost behorend, v.h. endost uitgaand.

endostitis ontsteking v.h. endost.

endotheel eenlagig plaveiselepitheel dat de binnenzijde van hart, bloed- en lymfevaten bekleedt. • **reticulo-**~ zie systeem | reticulo-endotheliaal ~.

endotheeldissectie beschadiging v.h. epitheel aan de binnenzijde v.e. vat.

endotheelkanker zie mesothelioom.

endotheliaal m.b.t. het endotheel.

endotheline-I peptide dat o.a. tijdens het proces van bloedstelping door het vaatendotheel wordt uitgescheiden en tot vasoconstrictie leidt.

endothelioïd endotheel-achtig.

endothelioom tumor van endotheelcellen.

endotheliose 1 reticuloendotheliosis; **2** aanwezigheid van veel endotheelcellen, bijv. i.e. exsudaat; **3** capillaire e-ses: Eng.-Amer. term voor degeneratieve en proliferatieve endotheelveranderingen bij niet-trombopenische purpura.

endothelium zie endotheel.

endotherm gepaard gaand met absorptie van warmte.

endothoracicus intrathoracaal, zich i.d. thorax bevindend; vb. fascia endothoracica.

endotracheaal i.d. trachea; vb. endotracheale intubatie.

endovasculair zie intravasaal.

endoveneuze lasercoagulatie varicesbehandeling waarbij onder echocontrole percutaan een laserdraad i.e. varix wordt gebracht ten einde deze te doen oblitereren.

endovesicaal i.d. blaas.

endozoïet zie tachyzoïet.

end-tidal air [E] de laatste portie lucht v.e. ademteug.

enema zie klysma. • **Malone antegrade continence** ~ zie stoma | malone-.

energetische therapie complementaire, niet algemeen erkende geneeswijze, gaat uit van energievelden en een universele levenskracht.

enervatie 1 neurectomie; term niet verwarren met 'innervatie'; **2** uitputting, ontzenuwing.

eng zie nystagmografie | elektro-~.

engelentrompet zie Datura stramonium.

engtevrees zie fobie | claustro-~.

enhancement [E] het immunitaire fenomeen dat door voorbehandeling met een donorweefselpreparaat, i.p.v. de verwachte sensibilisering v.d. recipiënt en versnelde afstoting v.e. transplantaat, de overlevingsduur daarvan toeneemt. • **tumor** ~ [E] situatie van verbeterde overleving van tumorcellen en/of versnelde doorgroei v.e. tumor door voorafgaande immunisatie voor de antigenen v.d. tumor.

enhancersequentie volgorde van nucleotiden, van belang voor de regulatie v.d. transcriptie v.e. gen.

enkefaline aanduiding v.e. groep stoffen bestaande uit fragmenten van endorfinen.

enkel zie malleolus.

⊛ **enkelbandletsel** gebruikelijk gevolg v.e. inversietrauma v.d. enkel (verzwikking, verstuiking), leidend tot een enkelbanddistorsie, laterale enkelbandruptuur of enkelfractuur; bij enkelbanddistorsie is het laterale kapselbandapparaat intact; er is hooguit sprake van enkele oprekking; bij enkelbandruptuur is het laterale kapselbandapparaat gescheurd; bij een enkelvoudige bandruptuur is slechts één v.d. drie laterale enkelbanden gescheurd; vrijwel altijd betreft dit de voorste enkelband: het ligamentum talofibulare anterius; bij een meervoudige bandruptuur zijn 2 of 3 (= alle) laterale enkelbanden gescheurd: naast het ligamentum talofibulare anterius betreft dit het lig. calcaneofibulare en het lig. talofibulare posterius.

enkelzijdige chondromateuze hemichondrodystrofie zie chondromatose | en-~.

Enoplida orde van nematoden waartoe de superfamilies *Trichuroidea* en *Dioctophymatodia* behoren.

enorchisme zie cryptorchisme.

enostose abnormale beengroei aan de binnenkant v.d. schedel of i.d. mergholte v.e. beenstuk.

ENRD endoscopy-negative reflux disease.

en sandwich [F] bij larynxtumoren toegepaste behandelingsmethode, bestaande uit bestralen, dan opereren, daarna weer be-

stralen, enz.
ensiformis zwaardvormig.
ent- voorvoegsel in woordverbindingen met de betekenis 'binnen', 'in'.
Entamoeba geslacht v.d. klasse *Rhizopoda*, waarvan verschillende vertegenwoordigers als parasiet i.d. dikke darm bij mensen huizen. • ~ *coli* kosmopolitisch voorkomende, apathogene darmparasiet v.d. mens. • ~ *histolytica* verwekker van amoebendysenterie.
enten 1 het verrichten v.e. vaccinatie, vaccineren; 2 het aanbrengen v.e. vrij transplantaat (bijv. een huidlapje); 3 i.h. algemeen het inbrengen van levende cellen of micro-organismen op een plaats of i.e. milieu waar ze verder kunnen gedijen.
enter- voorvoegsel in woordverbindingen betreffende de darm.
enteraal m.b.t. het maag-darmkanaal; vb. diarrhoea enteralis.
enteralium oraal in te nemen geneesmiddel.
enterectomie darmresectie.
enteric coated [E] *zie* maagsapresistent.
entericus m.b.t. de darmen of de ingewanden; vb. plexus entericus.
enteritis ontsteking v.d. ingewanden, i.e.z. ontsteking v.d. dunne darm. • **bestralings~** darmslijmvliesontsteking t.g.v. bestraling. • ~ **catarrhalis** e. die zich tot het slijmvlies beperkt, met slijmvlieszwelling en slijmsecretie. • ~ **diphtherica** e. met vorming van pseudomembranen. • ~ **infectiosa** e. bij salmonellose. • ~ **regionalis** *zie* Crohn | ziekte van ~. • **stafylokokken~** maag-darminfectie die wordt veroorzaakt door *Staphylococcus aureus*. • ~ **terminalis** *zie* enteritis regionalis.
Enterobacter een tot de fam. *Enterobacteriaceae* behorend genus beweeglijke gramnegatieve staafjes. • ~ **aerogenes** bacterie die o.a. voorkomt in aarde, afvalwater, feces. • ~ **cloacae** komt voor in aarde, spoelwater, feces; veroorzaakt 'ziekenhuisinfecties'.
Enterobacteriaceae familie v.d. orde *Eubacteriales* resp. *Bacteriales*.
enterobiasis infectie met *Enterobius*.
Enterobius een nematode v.d. familie *Oxyuridae*, darmparasiet bij de mens. • ~ **vermicularis** worm die vooral bij kinderen i.d. darm voorkomt en anale jeuk veroorzaakt.
enterocele ingewandsbreuk met darm als inhoud.
enteroclyse radiologisch onderzoek waarbij röntgenfoto's v.d. dunne darm in verschillende vullingsfasen en richtingen worden gemaakt m.b.v. barium-contrastmiddel, dat via een neussonde door slokdarm en maag i.d. twaalfvingerige darm wordt ingebracht.
Enterococceae groep van grampositieve bacteriën die tot de normale darmflora behoren.
Enterococcus streptokok die i.h. maag-darmkanaal leeft; meestal wordt bedoeld *E. faecalis*. • ~ *faecalis* alfahemolytische enterokok; in hoge aantallen als commensaal in darm voorkomend. • ~ *faecium* na *E. faecalis* de meest aangetroffen enterokok bij infecties bij de mens.
enterocoel buikholte.
enterocolitis ontsteking van dunne én dikke darm (enteritis en colitis). • **ischemische** ~ ontsteking v.d. darm t.g.v. een zuurstoftekort. • **necrotiserende** ~ (NEC) hemorragische intestinale necrose t.g.v. een infectie met *Clostridium perfringens*. • **pseudomembraneuze** ~ verstoring v.d. darmflora door antibioticagebruik leidend tot ontstekingsreacties met cholera-achtige diarree.
enterocolostomie 1 het maken v.e. verbinding tussen dunne en dikke darm; 2 (minder juist) de verbinding zelf.
enterocystocele breuk die zowel darmen als de urineblaas bevat.
enterocyt *zie* cel | darmepitheel~.
entero-epiplocele hernia die behalve darmlissen ook omentum bevat.
enterogeen 1 afkomstig uit de darm; 2 veroorzaakt door een darmziekte; vb. e-gene peptonurie.
enterohormonen door de darmwand geproduceerde hormonen, die o.a. remmend werken op de gastrine-productie.
enterolyse het operatief losmaken van darm-adhesies.
Enteromonas een flagellatengeslacht.
enteron *zie* darm.
enteroneuritis ontsteking v.d. zenuwen v.d. dunne darm.
enteropathicus gepaard gaand met enteropathie; vb. acrodermatitis enteropathica.
enteropathie ingewandsziekte. • **glutengevoelige** ~ *zie* coeliakie. • **protein-losing enteropathy** [E] aandoening van mucosa, submucosa en lymfevaten i.d. darmwand

waarbij proteïne naar het darmlumen weglekt.
enteropathogeen 1 (bijv. nw.) een darmziekte verwekkend; **2** (znw.) een agens dat een darmziekte verwekt.
enteropexie operatieve fixatie v.d. darm aan de buikwand.
enteroptose laaghangen of verzakken van organen als nier en maag; obsoleet pathol. concept.
enterorragie *zie* bloeding | darm~.
enteroscoop een endoscoop die, hetzij peroraal, hetzij peranaal i.h. darmkanaal wordt gebracht, voor enteroscopie.
enteroscopie bezichtiging v.h. slijmvliesoppervlak v.d. darm d.m.v. een enteroscoop.
enterostomie 1 het aanleggen v.e. darmfistel via de buikwand naar buiten; **2** (minder juist) de opening zelf.
enterotomie het insnijden v.d. darm.
enterotoxigeen enterotoxine producerend.
enthesiopathie bindweefselaandoening ter plaatse v.d. aanhechtingsplaats van pezen, ligamenten of gewrichtskapsels zonder ontstekingsverschijnselen.
enthesis 1 (anat.) de verbinding tussen ligament en bot, of tussen pees en bot; **2** (chir.) plaatsing van levenloos materiaal ter vervanging van verloren gegaan weefsel.
enthesitis ontstekingsverschijnselen ter plaatse v.d. aanhechtingsplaats van pezen, ligamenten of gewrichtskapsels.
enting 1 immunisatie, vaccinatie; **2** (bacteriol.) de plaatsing van enkele microben op of i.e. voedingsbodem.
entmetastase geheel van tumorcellen die a.g.v. een invasieve kunstgreep i.h. gelaedeerde normale weefsel zijn achtergebleven.
entoderm binnenste blad v.d. drie kiembladen v.h. embryo.
entomologie het zoölogisch specialisme betreffende de insecten.
entonox gasmengsel van 50% NO_2 en 50% O_2 dat lichte analgesie geeft.
entoptisch afkomstig v.h. inwendige v.h. oog.
entoptisch verschijnsel visuele gewaarwording, veroorzaakt door een proces van een object binnen het oog.
entoptoscopie onderzoek v.h. inwendige v.h. oog.

entostema doorbraak v.e. tand binnen de tandenrij, aan de zijde v.d. mondholte.
entotisch i.h. oor gelegen, i.h. oor ontstaan.
entotisch geruis geruis dat i.h. oor zelf ontstaat.
entrapment [E] compressie van perifere zenuw door normaal aanwezige anatomische structuur zonder druk van buitenaf.
entrapment points [E] fibreuze verdikkingen van perifere zenuwen op plaatsen waar deze aan druk onderhevig zijn.
entropion het naar binnen gestulpt zijn v.d. ooglidrand, zodat de oogharen de oogbol raken. **·~ cicatriceum** e. ontstaan door schrompeling van littekenweefsel. **·~ organicum** instulping t.g.v. weefselverandering, bijv. na trachoom. **·~ spasticum** instulping t.g.v. spasmus v.d. m. orbicularis oculi.
entstof *zie* vaccin.
enucleatie het uitpellen v.e. gezwel of een orgaan in zijn geheel. **· enucleatio bulbi** oogheelk. chir. ingreep waarbij de oogspieren en de oogzenuw worden losgeknipt, waarna de gehele bulbus uit de orbita wordt verwijderd; bijv. toegepast bij onherstelbaar oogtrauma door vuurwerk.
· myoom~ *zie* myomectomie.
enulis granulatiegezwel binnen het tandvlees.
enurese blaasontlediging volgens het patroon v.e. normale mictie op een ongewenst moment en ongewenste plaats. **· enuresis diurna** incontinentie voor urine overdag of bij het wakker zijn 's nachts, vanaf leeftijd van 4 jaar. ⊛ **enuresis nocturna** het ongewild 's nachts tijdens de slaap in bed plassen; indeling: men spreekt van primaire enuresis nocturna als een kind van 6 jaar of ouder ten minste 2 keer per maand 's nachts in bed plast, van secundaire enuresis nocturna als het kind weer gaat bedplassen na een periode van minimaal 6 mnd. zindelijkheid en van incontinentie bij iedere andere vorm van ongewenst urineverlies.**· secundaire enuresis nocturna** bedplassen na een periode van minimaal 6 maanden zindelijkheid. **· enuresis ureterica** urine-incontinentie doordat een ureter uitmondt op de huid, of i.d. vulva.
env *zie* pol.
envelop lagen v.e. bacterie die het cytoplasma omgeven.
enzym eiwit dat het verloop v.e. biochemi-

sche reactie bevordert. • **angiotensine-converting** ~e (ACE) [E] enzym dat angiotensinogeen in angiotensine omzet. • **anti-**~ enzym of substantie met tegengestelde werking aan die v.e. (ander) enzym. • **apo-**~ het deel v.e. enzym, dat alleen werkzaam is in tegenwoordigheid v.h. erbij behorende co-enzym. • **co-**~ een thermostabiele verbinding die aanwezig moet zijn voordat een apo-enzym in werking kan treden. • **constitutief** ~ enzym dat constant door de cel wordt geproduceerd, onafhankelijk van behoefte, groeicondities en andere factoren. • **ecto-**~ een door een cel naar buiten afgescheiden enzym. • **endo-**~ een enzym dat binnen de cel blijft die het geproduceerd heeft. • **exo-**~ extracellulair enzym, een enzym dat door een cel of een bacterie naar buiten wordt afgescheiden. • **holo-**~ het uit co- en apo-enzym bestaande totale enzym. • **hydrolytisch** ~ *zie* hydrolase. • **induceerbaar** ~ enzym waarvan de productie kan worden gestimuleerd door een andere stof. • **lactaatdehydrogenase-iso-**~ (LDH-iso-enzym) iso-enzym van lactaatdehydrogenase. • **leb**~ *zie* chymase. • **lysosomaal** ~ enzym dat een rol speelt bij de splitsing van stoffen tijdens het intra- en/of extracellulaire verteringsproces. • **pro-**~ *zie* zymogeen. • **proteolytisch** ~ *zie* protease. • **restrictie-**~ endonuclease dat dubbelstrengs-DNA kan knippen op de plaats v.e. specifieke basenvolgorde. • **sleutel**~ e. op een sleutelpositie, onontbeerlijk voor het aanmaken v.e. bepaalde stof.

enzymatisch door bemiddeling van enzymen; vb. enzymatische reactie, omzetting.

enzymatische DNA-amplificatie *zie* reactie | polymeraseketing-~.

enzymbepaling bepaling v.d. hoeveelheid of activiteit v.e. bepaald enzym.

enzymdefect *zie* enzymopathie.

enzymdiagnostiek bepalen v.d. activiteit v.e. enzym om een eventuele metabole ziekte aan te tonen of uit te sluiten.

enzyminductor stof (geneesmiddel) die de activiteit van enzymen stimuleert.

enzyminhibitie remming van enzymsynthese i.h. endoplasmatisch reticulum v.d. cel.

enzymologie het deel v.d. biochemie dat zich bezighoudt met de bestudering van enzymen.

enzymopathie gebrekkige werking v.e. enzym a.g.v. een defect of deficiëntie. • **lysosomale** ~ lysosomale stapelingsziekte t.g.v. lysosomale enzymdeficiëntie.

enzymtherapie het bij een stofwisselingsstoornis toedienen v.h. deficiënte enzym in zijn zuivere, actieve vorm.

eog *zie* elektro-oculografie.

eonisme *zie* travestie.

EOR elektrische ontaardingsreactie.

eosine van fluoresceïne afgeleide zure, rode kleurstof, veel toegepast i.d. histologische techniek.

eosinofiel zich kleurend met zure kleurstoffen, i.h. bijz. met eosine.

eosinofilie vermeerdering v.h. aantal eosinofiele leukocyten i.h. bl.ed. • **tropische** ~ in Zuidoost-Azië en Midden-Amerika voorkomende, waarschijnlijk hyperergische reactie op filaria-antigeen, i.h. begin bij infectie met *Wuchereric,*.

eosinopenie te weinig eosinofiele cellen i.h. bloed.

eosinophilicus gepaard gaand met eosinofilie; vb. granuloma eosinophilicum.

EP *zie* potentiaal | evoked potential.

EPD elektronisch patiëntendossier *zie* patientendossier | elektronisch patiëntdossier.

EPEC enteropathogene *Escherichia coli*.

ependym de laag epitheelcellen die de canalis centralis v.h. ruggenmerg en de hersenkamers bekleedt.

ependymdraad term van Virchow voor het complex van canalis centralis, ependym en substantia gelatinosa centralis.

ependymitis ontsteking v.h. ependym. • ~ **granulosa** e. met korrelvorming en verdikkingen, bij dementia paralytica.

ependymoom gezwel uitgaande van ependymcellen, behorende tot de gliale tumoren; ependymcellen vormen de bekleding v.d. hersenventrikelwanden en het spinale kanaal. • **sub**~ goedaardige gliale tumor, behorende tot de ependymomen, waarvan het minder dan 10% uitmaakt.

eperytrocyt een op erytrocyten levende parasitaire ziekteverwekker.

EPF early-pregnancy factor.

epi- voorvoegsel in woordsamenstellingen met de betekenis op of boven.

epianesthesie *zie* anesthesie | epidurale ~.

epiblepharon *zie* epicanthus.

epibulbair rondom een bulbus; vb. ~ dermoïd (onder bulbus oculi).

epicanthus verticale huidplooi vóór de binnenooghoek, waardoor de indruk van scheelzien kan worden gewekt.

epicard het viscerale blad v.h. pericardium.

epicondylalgia lateralis *zie* epicondylitis lateralis.

⊚ **epicondylitis** ontsteking of prikkelingstoestand v.d. epicondylus lateralis humeri of epicondylus medialis humeri; wordt aangeduid met resp. tennisselleboog en golfersellebog. • ~ **lateralis** ontsteking v.d. epicondylus lateralis humeri.

epicondylus knobbel op een condylus, voor de oorsprong of aanhechting van spieren. • ~ **lateralis (humeri)** knobbel buiten op de condylus humeri, voor de oorsprong van strekspieren. • ~ **medialis (humeri)** knobbel aan de binnenzijde v.d. condylus humeri, voor de oorsprong v.d. oppervlakkige buigspieren v.d. onderarm.

epiconus het gedeelte v.h. ruggenmerg boven de conus medullaris; hier ontspringen de onderste twee lumbale en de bovenste twee sacrale zenuwen (L.4,5 en S.1,2).

epicranialis betrekking hebbend op het epicranium; vb. aponeurosis epicranialis.

epicranium de weke delen die de schedel bedekken (huid, spieren, galea aponeurotica).

epicranius 1 op de schedel gelokaliseerd; **2** m.b.t. het epicranium; vb. musculus epicranius.

epicrise 1 omslagpunt i.h. medisch handelen waarbij na het verzamelen van medische informatie een diagnose wordt gesteld en tot therapeutisch handelen wordt overgegaan; **2** eindoordeel, nabeschouwing v.e. ziektegeschiedenis.

epidemicus epidemisch; vb. cholera epidemica, erythema arthriticum epidemicum.

epidemie opmerkelijke toename i.h. voorkomen v.e. bepaalde ziekte i.e. bepaald tijdvak.

epidemiologie wetenschappelijke discipline die zich richt op onderzoek naar het voorkomen en de verspreiding van ziekten in menselijke populaties en de relatie met risicofactoren, diagnostische factoren, interventies en prognostische factoren. • **farmaco-**~ epidemiologisch onderzoek op het gebied van medicatie. • **genetische** ~ tak v.d. epidemiologie die de rol van genetische factoren en hun interactie met omgevingsfactoren i.h. voorkomen van bepaalde aandoeningen i.e. populatie bestudeert. • **klinische** ~ tak v.d. epidemiologie die het ziekteproces i.e. klinische context bestudeert.

epidemiologische breuk verhouding v.h. aantal zieke individuen en het totaal aantal personen i.e. groep waaruit deze zieke individuen afkomstig zijn.

epidemisch als epidemie voorkomend.

epidermaal afkomstig van, behorend tot de epidermis.

epidermidis gen. van epidermis; vb. stratum corneum epidermidis.

epidermis opperhuid, bestaande uit meerlagig verhoornend plaveiselepitheel.

epidermisatie metaplasie v.h. endocervicale palissade-epitheel i.d. transformatiezone v.d. cervix uteri.

epidermitis ontsteking v.d. epidermis (met ev. zwelling, blaasvorming, necrose). • ~ **bullosa** *zie* epidermolyse | epidermolysis bullosa.

epidermodermitis ontsteking v.h. weefsel i.h. overgangsgebied van dermis en epidermis.

epidermodysplasia verruciformis zeldzame familiair voorkomende aandoening met uitgebreide verruceuze laesies die in carcinoom kunnen overgaan.

epidermofyt plantaardige parasiet v.d. epidermis.

epidermofytide huidaandoening als allergische reactie op schimmel-antigenen.

epidermofytie dermatofytose door *Epidermophyton* (tinea cruris, tinea pedis et manuum).

epidermoïd 1 (bijv. nw.) epidermisachtig, uitgaand v.d. epidermis; vb. epidermoïdcyste; **2** (zelfst. nw.) *zie* cyste | atheroom-.

epidermoidalis epidermis-achtig; vb. carcinoma epidermoidale (epidermoïdcarcinoom).

epidermolyse loslating v.d. epidermis.
• **dystrofische epidermolysis bullosa** dominant en recessief erfelijke vorm van epidermolysis bullosa hereditaria. • **epidermolysis acuta toxica** acute necrotisering en loslating van bijna de gehele epidermis, met vorming van grote, confluerende blaren, waarschijnlijk toxisch-allergisch.
• **epidermolysis bullosa** (EB) zeldzame genodermatose waarbij door een onbetekenend trauma blaren ontstaan. • **epidermolysis bullosa acquisita** bulleuze auto-immuunziekte van huid en slijmvliezen met antilichaamvorming tegen collageen

type VII. • **epidermolysis bullosa simplex** dominant recessief erfelijke vorm van epidermolysis bullosa hereditaria. • **junctionele epidermolysis bullosa** recessief erfelijke vorm van epidermolysis bullosa hereditaria.

epidermolysis bullosa hereditaria *zie* epidermolyse | epidermolysis bullosa.

epidermolytisch gepaard gaand met, veroorzaakt door epidermolyse.

epidermomycose obsolete samenvattende term voor schimmelaandoeningen v.d. huid.

epidermophytia *zie* epidermofytie.

Epidermophyton huidschimmel, een genus dat buiten op de huid leeft, met slechts één species: *E. floccosum*.

epidermotroop met affiniteit tot de epidermis.

epididymaal m.b.t. de bijbal (epididymis); vb. percutane epididymale sperma-aspiratie (PESA).

epididymectomie operatieve verwijdering v.d. epididymis.

epididymis afvoerorgaan en reservoir v.d. i.d. testis geproduceerde spermatozoa; verdeeld in caput, corpus en caudaal deel.

epididymiskanaal *zie* ductus epididymidis.

epididymitis ontsteking v.d. epididymis. • **orchido~** ontsteking v.d. epididymis en de testis (= Gr. orchis), bijv. door bofvirus.

epididymo-orchitis *zie* epididymitis | orchido~.

epiduraal op of buiten de dura mater; vb. epiduraal hematoom.

epidurale ruimte virtuele ruimte die wordt begrensd door de dura mater anerzijds en het ligamentum flavum anderzijds.

epifasciaal boven (buiten) een fascie; vb. e-iale ader.

epifreen boven het middenrif gelegen; vb. een epifreen oesofagusdivertikel.

epifysair m.b.t. de epifyse; vb. e-re schijf = groeischijf.

epifysaire schijf *zie* groeischijf.

epifyse 1 (anat., orthop.) eindstuk v.e. pijpbeen, bestaande uit spongieus bot; **2** (anat., endocrin.; in deze betekenis verouderd) *zie* glandula pinealis.

epifysiodese orthopedische operatie waarbij, ter remming v.d. lengtegroei, de beenvorming i.e. epifysaire schijf wordt geblokkeerd.

epifysiolyse al of niet traumatische loslating v.d. epifyse ter plaatse v.d. groeischijf. • **distractie~** het uit elkaar trekken v.d. groeischijf om beenverkorting op te heffen. • **epiphysiolysis capitis femoris** afglijding van heupkop ter hoogte van epifysaire schijf.

epifyt 1 een plant die als commensaal op een andere plant leeft; vb. een orchidee; **2** een op de huid levende schimmel.

epigastricus tot het epigastrium behorend, m.b.t. het epigastrium.

epigastrisch van, in, op het epigastrium.

epigastrium bovenbuik; 'in epigastrio' = i.d. maagstreek. • **in epigastrio** i.d. maagstreek.

epiglotticus v.d. epiglottis; vb. angina epiglottica, tuberculum epiglotticum.

epiglottis strotklepje, een met slijmvlies bekleed hyalien kraakbeenplaatje, dat bij het slikken het strottenhoofd afsluit.

epiglottitis ontsteking v.d. epiglottis en overige subglottis n.a.v. infectie met *Haemophilus influenzae* type B.

Epi-info vrij verkrijgbare statistische dataverwerkingssoftware, ontwikkeld door de Amerikaanse Centers for Disease Control.

epikeratofakie operatieve methode om de refractietoestand v.h. oog te veranderen.

epikritisch eigenschap van zenuwvezels i.d. huid om kleine verschillen in temperatuur of tastgewaarwordingen te registreren; vb. epikritische pijn.

epikritische banen achterstrengen ascenderend baansysteem i.h. dorsale deel v.h. ruggenmerg voor de gnostische sensibiliteit.

epikritische informatie informatie die de gnostische sensibiliteit betreft.

epilaesionaal boven, of buiten op een laesie, i.t.t. intralaesionaal; vb. e-nale scarificatie.

epilatie vernietiging v.e. haar inclusief het haarzakje, bijv. met laser.

epilatorium ontharingsmiddel.

⊛ **epilepsie** hersenaandoening waarbij de kans op het ontstaan van insulten verhoogd is en waarbij minstens één insult daadwerkelijk is opgetreden; hierbij wordt een insult gedefinieerd als een paroxismale gebeurtenis waarbij pathologisch toegenomen synchronisatie van corticale neuronen/neuronale netwerken plaatsvindt, interfererend met hun normale functioneren, waardoor veranderingen in gedrag en of perceptie ontstaan; bij gegeneraliseerde insulten ('aanvallen') is er bewustzijnsverlies, bij partiële insulten is er een helder bewustzijn, met uitzondering v.h. verlaagde bewustzijn bij de complexe partiële insulten; de verschillende insulttypen kunnen in elkaar overgaan; indeling: 1. gegeneraliseerde epileptische insulten (ca. 30% v.d. pat.): a) absences, gekenmerkt door een verlaagd bewustzijn gedurende enkele seconden; b) tonisch-klonische aanvallen, met bewustzijnsverlies en tonische spierkramp van alle spieren, gevolgd door een korte periode met klonische trekkingen, waarna een aantal minuten durend postictaal coma optreedt; c) myoklonische aanvallen; 2. partiële epileptische insulten (ca. 70%): a. eenvoudig partieel insult (zonder bewustzijnsverlies); b. complex partieel insult (mét kortdurend verlaagd bewustzijn, vreemde gewaarwordingen, plotselinge bewegingen en onwillekeurige handelingen); c. partieel overgaand in gegeneraliseerd; 3. niet-classificeerbare aanvallen, vaak combinatie van verschillende vormen van e.; het ene aanvalstype kan overgaan i.e. ander aanvalstype; alle partiële aanvallen kunnen secundair generaliseren. • **absence**~ *zie* absence. • **amnestische** ~ e. zonder bewustzijnsverlies, maar met verlies van herinnering. • **benigne** ~ *zie* Rolando | rolandische epilepsie. • **benign epilepsy of childhood with centrotemporal spikes** (BECTS) *zie* Rolando | rolandische epilepsie. • **cryptogene** ~ symptomatische epilepsie van onbekende oorsprong, zonder aanwijsbare oorzaak. • **epilepsia infantilis** *zie* kramp | salaam~. • **epilepsia tarda** epilepsie die zich op latere leeftijd manifesteert. • **focale** ~ *zie* lokatiegebonden ~. • **foto-**~ reflexepilepsie waarbij intermitterende lichtstimulatie een epileptisch insult uitlokt. • **gegeneraliseerde** ~ vorm van epilepsie waarbij beide hersenhelften en dus ook beide lichaamshelften betrokken zijn. • **genuïene** ~ *zie* idiopathische gegeneraliseerde~. • **idiopathische** ~ *zie* idiopathische gegeneraliseerde ~. • **idiopathische gegeneraliseerde** ~ (IGE) gegeneraliseerde epilepsie zonder aantoonbare anatomische (lichamelijke) afwijkingen die een oorzaak zouden kunnen zijn voor het ontstaan van aanvallen. • **infantiele** ~ *zie* kramp | salaam~. • **intractable epilepsy** jargon voor 'geneesmiddelresistente epilepsie'. • **jackson**~ symptomatische epilepsie die wordt veroorzaakt door een haard i.d. hersenen. • **juveniele** ~ *zie* juveniele myoklonische ~. • **juveniele myoklonische** ~ vorm van gegeneraliseerde epilepsie met aanvallen van spierschokken van armen en/of benen, optredend binnen 1-2 uur na ontwaken. • **kinder-** *zie* juveniele myoklonische ~. • **lichtgevoelige** ~ *zie* foto-~. • **lokatiegebonden** ~ subclassificatie van epilepsie met tijdens aanvallen afwijkingen i.h. elektro-encefalogram (eeg) die beperkt blijven tot één hersendeel. • **maligne** ~ vorm van epilepsie met een slechte prognose. • **myoclonus**~ *zie* epilepsie. • **partiële** ~ *zie* lokatiegebonden ~. • **postoperatieve** ~ epilepsie na neurochirurgische ingreep t.g.v. littekenweefsel i.d. hersenen. • **posttraumatische** ~ epileptische insulten die lange tijd na contusio cerebri of een penetrerende hoofdverwonding optreden. • **primaire** ~ *zie* idiopathische gegeneraliseerde ~. • **psychomotorische** ~ *zie* status | complex partiële - epilepticus. • **reflex**~ vorm van e. waarbij een externe prikkel op reflexachtige wijze een epileptisch insult teweegbrengt. • **salaam** *zie* kramp | salaam~. • **severe myoclonic epilepsy in infancy** (SMEI) zeldzaam kinderepilepsiesyndroom, gepaard gaand met mentale retardatie. • **sudden unexplained death in epilepsy** (SUDEP) plotselinge, onverwachte dood van iemand met epilepsie die verder gezond is en bij wie geen andere doodsoorzaak dan epilepsie kan worden gevonden. • **symptomatische** ~ epilepsie a.g.v. plaatselijke herseaandoening of van intoxicatie. • **temporale** ~ focale epilepsie waarbij de haard i.d. slaapkwab is gelokaliseerd.

epilepticus epileptisch; vb. status epilepticus, myoclonia epileptica.

epileptiform grafo-elementen i.h. elektro-encefalogram (eeg) die lijken op dan wel passen bij potentiaalveranderingen i.h. kader van epilepsie.

epileptisch insult *zie* aanval | tonisch-klonische ~.

epileptogeen epilepsie veroorzakend, bijv. gezegd van medicatie.

epileren ontharen.

epiloia *zie* sclerose | tubereuze hersen~.

epimysium bindweefsellaag tussen een spier en zijn fascie.

epinefrine hormoon dat i.h. bijniermerg door de chroomaffiene cellen wordt geproduceerd; heeft een stimulerende werking op adrenoceptoren (adrenerge receptoren) ('sympathicomimetische werking'), bestaande uit vernauwing van perifere bloedvaten, verwijding van bronchi, verhoging van bloeddruk enz. • **nor**~ door het bijniermerg afgescheiden hormoon met algemeen vaatvernauwende werking, tevens transmitter i.h. sympathisch zenuwstelsel; synthetische n. wordt als sympathicomimeticum gebruikt.

epinefrinemie 1 de aanwezigheid van epinefrine (adrenaline) i.h. bloed; **2** verhoogde concentratie van epinefrine (adrenaline) i.h. bloed (eig. dus hyperepinefrinemie).

epinefritis 1 ontsteking v.d. epinephros (bijnier); **2** paranefritis.

epinephros *zie* nier | bij~.

epineurium bindweefselomhulling van perifere zenuwen.

epiorchium lamina visceralis tunicae vaginalis testis.

epiphora tranenvloed.

epiphysiolysis *zie* epifysiolyse.

epiphysis cerebri *zie* glandula pinealis.

epiplocele breuk die omentum bevat.

epiplo-enterocele breuk die omentum en darmen bevat.

epiploicus v.h. omentum; vb. appendicitis epiploica, foramen epiploicum.

epiploon *zie* omentum majus.

episcleralis buiten op de sclera; vb. venae episclerales (mv. van episcleralis).

episcleritis acute, recidiverende, relatief milde ontsteking v.d. weefsels die de sclera bedekken of v.d. buitenste scleralaag.

episiotomie obstetrische incisie van vagina en evt. perineum voorafgaand aan de uitdrijving v.h. kind.

episode deel v.e. reeks gebeurtenissen dat min of meer een zelfstandig geheel vormt.

episodisch *zie* periodiek.

epispadie aangeboren afwijkende uitmonding v.d. mannelijke urethra aan de bovenzijde v.d. penis.

epistase onderdrukking v.e. functie v.e. hypostatisch gen door de werking v.e. ander, epistatisch gen.

epistaxis *zie* bloeding | neus~.

epitarsus soms voorkomende plooi v.d. conjunctiva aan de achterzijde v.h. bovenooglid.

epitheel een- of meerlagig dekweefsel van ecto- of entodermale herkomst. • **alveolair** ~ het platte epitheel dat de wand van longblaasjes bekleedt. • **cilinder**~ epitheel, bestaande uit cellen met cilindrische vorm (hoogte > breedte). • **epithelium cuboideum** *zie* kubisch ~. • **epithelium squamosum** *zie* plaveisel~. • **epithelium stratificatum squamosum** *zie* plaveisel~.
• **epithelium transitionale** *zie* overgangs~.
• **klier**~ complex van secernerende cellen.
• **kubisch** ~ epitheel, bestaande uit cellen met een kubische vorm. • **cilinder**vormig ~ bedekkend epitheel met celkernen op verschillende niveaus. • **meerrijig** ~ eenlagig epitheel waarvan de kernen op verschillende hoogten liggen, waardoor het meerlagig lijkt. • **neuro**-~ 1 *zie* zintuig~; **2** (embryol.) het primitieve ectodermepitheel waaruit zich hersenen en ruggenmerg ontwikkelen. • **overgangs**~ meerlagig epitheel waarvan de onderste cellen cilindervormig en de bovenste cellen plat zijn. • **plaat**~ *zie* plaveisel~. • **plaveisel**~ epitheel, gevormd door platte cellen. • **respiratoir** ~ epitheel v.d. (grotere) luchtwegen. • **reuk**~ de voor geur gevoelige zintuigcellen v.d. regio olfactoria tunicae mucosae nasi. • **trilhaar**~ epitheel dat aan de vrije oppervlakte trilharen (cilia) bezit. • **zintuig**~ het epitheel v.e. zintuig, bestaande uit zintuigcellen en steuncellen.

epitheelcelvoetjes fijn vertakte uitlopers van podocyten, waarmee deze contact maken met de basaalmembraan v.d. glomeruluscapillair.

epitheelparels hoornparels, ui-achtige vormsels in plaat-epitheelcarcinoom.

epitheliaal afkomstig van, behorend bij, bestaand uit epitheel.

epithelialis epitheliaal; vb. dystrophia epithelialis.

epithelialisatie *zie* epithelisatie.

epitheliomateuze hyperplasie carcinoomachtige epitheelwoekering.

epithelioom gezwel, uitgaande van epitheel. • **epithelioma adamantinum** *zie* adamantinoom. • **epithelioma adenoides cysticum** multipele bleke noduli naast de neus, bestaande uit cysten met epitheelcellen, uitgaande v.d. talgklierfollikels. • **epithelioma adenomatosum** *zie* adenoom.
• **epithelioma basocellulare** *zie* basocellulair carcinoom. • **epitheloma calcificans** zeldzame solitaire tumor op gelaat of armen, diep i.d. cutis of subcutis. • **chorio**-~ *zie* carcinoom | chorio~. • **fibro**-~ goedaardig

menggezwel. • **intradermaal** ~ *zie* Bowen | ziekte van ~. • **malherbe** ~ *zie* epithelioma calcificans. • **myo**-~ zeldzame, solitaire tumor, bestaande uit myo-epitheliumcellen.• **tricho**-~ huidgezwel, uitgaande v.d. follikels v.h. lanugohaar.

epithelisatie 1 het overgroeien v.e. defect door epitheel; 2 het bedekken v.e. huid- of slijmvliesdefect met een transplantaat.

epithelium *zie* epitheel.

epitheloïd op epitheelcellen gelijkend.

epitoop *zie* determinant | antigene ~.

epitrichium buitenste, verhoornde laag v.h. zoogdierembryo, die aanvankelijk de haren bedekt en later losslaat.

epitympanicus op de trommelholte gelegen; vb. recessus epitympanicus, os epitympanicum.

epizoönose huidziekte, door epizoa veroorzaakt.

EPO 1 eosinofiele peroxidase; 2 eosinofiele erytropoëtine.

epoëtine geneesmiddel dat de erytropoëse stimuleert; bestaat uit een glycoproteïne dat via recombinant DNA-techniek wordt geproduceerd; is immunologisch en biologisch gelijk aan humaan erytropoëtine.

EP-onderzoek onderzoek naar evoked potentials.

eponiem woord dat is gevormd m.b.v. een eigennaam, veelal de naam v.d. ontdekker of de naam v.d. plaats van herkomst; zie het voorwoord.

eponychia etterblaar aan het eponychium.

eponychium 1 huidlaag over de nagels bij embryo's, overeenkomend met het epitrichium; 2 huidplooitje aan de nagelwal.

epoophoron een i.d. mesosalpinx gelegen oernierrest.

EPSP (excitatoire postsynaptische potentiaal) *zie* potentiaal | excitatoire postsynaptische ~.

epulis subepitheliale tumorachtige verhevenheid i.h. tandvlees, die kan ulcereren.
• ~ **fissuratum** *zie* fibroom | irritatie-~.
• ~ **gravidarum** tijdens zwangerschap voorkomend vuurrood, gemakkelijk bloedend granuloma pyogenicum, uitgaande v.h. tandvlees.

equaal gelijk.

equator 1 de grootste diameter v.d. oogbol i.h. verticale vlak; 2 de lijn die een bolvormig lichaam op gelijke afstand v.d. twee polen in twee gelijke delen verdeelt.

equi v.h. paard; vb. *Myxovirus influenza equi.*

equïen m.b.t. paarden; vb. pes equinus ('paardenvoet', equïene gang).

equinovarus combinatie van equinus- en varusstand.

equinus als v.e. paard; vb. pes equinus, cauda equina.

equinusstand *zie* pes equinus.

equipotent van gelijke kracht, van hetzelfde vermogen.

equivalent 1 toestand die overeenkomt met een bekende situatie; vb. epileptisch equivalent; 2 de hoeveelheid geïoniseerde stof die in elektrische lading overeenkomt met 1 mol v.e. éénwaardige stof. • **toxisch** ~ (TEQ) de hoeveelheid toxine per kg lichaamsgewicht benodigd om vergiftiging teweeg te brengen.

equivalentgewicht (Val) atoomgewicht, gedeeld door valentie.

ER *zie* reticulum | endoplasmatisch ~.

eradicatie stopzetten v.d. overdracht van infectieuze agentia door bewaking en beheersing.

ERCP (endoscopische retrograde cholangiopancreatografie) *zie* pancreaticografie | endoscopische retrograde cholangio-~.

erectie zwelling, verstijving en opgerichte stand v.e. erectiel orgaan door vulling v.d. zich erin bevindende caverneuze bloedruimten. • **pilo**-~ omkeerbaar proces waarbij a.g.v. een fysiologische prikkel de lichaamsbeharing, vnl. op de armen, tijdelijk rechtop staat.

erectiel in staat tot erectie, m.b.t. erectie.

erectiele disfunctie *zie* erectiestoornis.

⊛ **erectiestoornis** het onvermogen een adequate erectie te krijgen of te handhaven tot het einde v.d. seksuele activiteit; indeling: organisch, psychogeen of mengvorm.

erectiometer *zie* plethysmografie | penis-~.

erector oprichter.

erectus opgericht, rechtop; vb. *Homo erectus,* luxatio erecta.

erfelijk via de genen op het nageslacht overgedragen of overdraagbaar. • **autosomaal recessief** ~ (overervingspatroon v.e.) fenotype, berustend op een allel v.e. gen op een autosoom dat dubbel aanwezig moet zijn om tot uiting te komen. • **dominant** ~ het overwegen v.d. werking v.e. allel bij heterozygoten boven die v.e. recessieve allel van hetzelfde gen. • **monogeen** ~ overerving die afhankelijk is v.e. enkel gen.• **multifac-**

torieel ~ *zie* polygeen ~. • **polygeen** ~ overerving die afhankelijk is v.e. aantal genen. • **recessief** ~ term betreffende de overerving van eigenschappen die alleen bij homozygotie i.h. fenotype zichtbaar zijn.

erfelijkheid *zie* erfelijk.

erfelijkheidsadvies *zie* erfelijkheidsvoorlichting.

erfelijkheidsleer *zie* genetica.

erfelijkheidsvoorlichting het verstrekken van informatie over de kans op het optreden v.e. bepaalde aandoening bij iemand zelf of bij eventueel te krijgen kinderen, over de aard van die aandoening en over de mogelijkheden van preventie en behandeling.

erg (oogheelk.) *zie* elektroretinogram.

ergastoplasma *zie* reticulum | ruw endoplasmatisch ~.

ergo- voorvoegsel in woordsamenstellingen betreffende arbeid.

ergocalciferol internationale naam voor vitamine D_2 (bestraald ergosterol).

ergofoor specifieke activiteit dragend.

ergofore groep een receptorgroep die (evenals de haptofore groep) antigenen kan binden.

ergograaf toestel om de prestatie v.h. lichaam of v.e. spier te meten en te registreren.

ergografie meting en registratie van lichamelijk prestatievermogen.

ergogram de curve die bij ergografie wordt verkregen.

ergometer toestel om de lichamelijke arbeidsprestatie bij gedoseerde belasting te meten. • **fiets~** stationaire fiets met regelbare trapweerstand, gebruikt bij belastingsergometrie.

ergometrie *zie* belastings~. • **belastings~** gestandaardiseerde inspanningstest ter beoordeling van inspanningstolerantie.

ergometrine synthetische alfa-adrenerge agonist.

ergonomie het vakgebied dat gericht is op de aanpassing v.d. arbeid aan de mens, en omgekeerd.

ergostaat toestel waarmee een gedoseerde hoeveelheid arbeid kan worden verricht, door draaien aan een kruk, terwijl snelheid en weerstand constant worden gehouden.

ergosterol provitamine van calciferol.

ergotamine stof, gevormd door een schimmel in bepaalde granen.

ergotherapie therapie die speciaal gericht is op het herstellen of aanpassen van gestoorde ADL-functies bij personen met een lichamelijke of verstandelijke handicap.

ergotisme in vroeger tijden optredende vergiftiging met *Secale cornutum* door nuttiging van met moederkoorn geïnfecteerd graan. • **ergotismus gangraenosus** e. gepaard gaand met versterf.

ergotroop werkzaamheid-verhogend, activiteit-vermeerderend.

erigendi m.b.t. erectie; vb. potestas erigendi.

erigens oprichtend; vb. nervi e-entes.

erogeen geslachtsdrift-prikkelend.

erogene zone gedeelte v.h. lichaam dat bij intieme aanraking seksuele opwinding genereert.

erosie oppervlakkig huid- of slijmvliesdefect. • **acute** ~ *zie* gastritis | erosieve ~. • **cervix~** *zie* portio~. • **dieulafoy~** acute ulceratieve gastro-enteritis als complicatie bij longontsteking. • **erosio interdigitalis** jeukende, erythemateuze aandoening v.d. huidplooien met ragaden en randschilferingen tussen de vingers en tenen, veroorzaakt door *Candida albicans*. • **maag~** lokale verdwijning v.d. oppervlakkige epitheellaag i.d. maag; komt voor bij gastritis. • **portio-~** rode zoom rondom het ostium uteri, door woekering v.h. cilinderepitheel v.d. cervix. • **tand~** verlies v.d. oppervlaktesubstantie v.d. tand, i.h.b. het glazuur.

erosivus met erosie gepaard gaand; vb. ectodermosis erosiva.

erotiek levensgebied waarin liefde, opwinding en seksueel gedrag centraal staan. • **auto-~** op het eigen lichaam gerichte erotiek, o.a. masturbatie; NB: niet te verwarren met auto-erotisme.

erotomanie verouderd begrip voor overmatig verhoogde geslachtsdrift.

error [E] *zie* fout. • **random** ~ [E] toevallige afwijking van de metingen v.e. werkelijke waarde. • **systematic** ~ [E] *zie* bias. • **treatment** ~ [E] *zie* fout | kunst~.

eructatie *zie* ructus.

eruptie 1 uitslag v.d. huid (exantheem) of van slijmvlies (enantheem); 2 het min of meer plotseling uitbreken v.e. huiduitslag. • **eruptio bullosa** blaasjesuitslag. • **eruptio dentis** *zie* dentitie. • **eruptio difficilis** *zie* dentitie | dentitio difficilis. • **eruptio macularis** huiduitslag met vlekjes. • **eruptio**

miliaris acuut exantheem met milia.
• **eruptio papularis** huiduitslag met papels.
eruptivus gepaard gaand met een eruptie; vb. teleangiectasia macularis eruptiva.
ERV *zie* longvolume | expiratoir reserve~.
Erwinia bacteriegeslacht i.d. familie der *Enterobacteriaceae*.
erysipelas besmettelijke acute infectieziekte van lederhuid en onderhuids weefsel, veroorzaakt door *Streptococcus pyogenes*.
• ~ **bullosum** wondroos met vorming van blazen. • ~ **faciale** wondroos v.h. gelaat.
• ~ **recidivans** recidiverende e., vaak uitgaande v.e. interdigitale mycose.
erysipeloïd op erysipelas lijkende huidontsteking door infectie met *Erysipelothrix rusiopathiae*.
Erysipelothrix een geslacht v.d. familie *Corynebacteriaceae*, met slechts één soort: *E. rhusiopathiae*. • ~ **rhusiopathiae** verwekker van varkenserysipelas.
erytheem vluchtige rode kleurverandering v.d. huid die berust op vaatverwijding.
• **aangezichts~** *zie* erythema faciale. • **erythema ab igne** erythemateuze vlekken a.g.v. chronische blootstelling v.e. deel v.d. huid aan een warmtebron, m.a.g. een erythemateuze, later gehyperpigmenteerde reticulaire huidafwijking. • **erythema anulare centrifugum** erythemateuze vlekken die zich langzaam perifeer uitbreiden en i.h. centrum bleker worden. • **erythema anulare rheumaticum** rode ringen en guirlandes op de buik, bij reuma. • **erythema caloricum** hitte-erytheem bij eerstegraadsverbranding. • **erythema chronicum migrans** (ECM) zich langzaam uitbreidende erythemateuze macula rond tekenbeet. • **erythema elevatum diutinum** zeldzame, vaak langdurige en leukocytoclastische, secundair fibroserende vasculitis. • **erythema e pudore** erytheem v.h. gelaat, hals of coeur. • **erythema exsudativum multiforme** (EEM) 1 huidaandoening met aanvankelijk rode vlakke urticariële papels met centraal oedeem en perifeer een blauwrode, iets verheven zoom; 2 e. e. m. bullosum: met vorming van blazen; 3 syndroom van Stevens-Johnson *zie* syndroom | stevens-johnson~. • **erythema faciale** verzamelnaam voor vluchtige erythemen van gezichtshuid met diverse oorzaken. • **erythema fixatum** onveranderlijk persisterend erytheem, meestal t.g.v. geneesmiddelenovergevoeligheid. • **erythema fugax** vluchtig (komend en gaand) erytheem. • **erythema gyratum** e. met ring- of guirlandevormige haarden. • **erythema gyratum repens** e. met wisselende ringvormige figuren, voorkomend bij patiënten met een tumor v.d. inwendige organen. • **erythema induratum** *zie* ziekte van Bazin. • **erythema infectiosum** rodehondachtige infectieziekte met erytheem. • **erythema iridis** *zie* laesie | iris~. • **erythema malare** roodheid v.d. huid op de jukbenderen, wangen en het voorhoofd, voorkomend bij een mitralisklepvernauwing.
• **erythema marginatum** niet-jeukend, vlak of licht verheven serpigineus erytheem, vaak vluchtig. • **erythema migrans** anulaire, zich centrifugaal uitbreidende roodheid waarvan het centrale deel kan opbleken; symptoom van beet v.e. met Borrelia burgdorferi besmette teek. • **erythema multiforme** reactieve reciediverende huidziekte gepaard gaande met irislesies met deelname van slijmvlies.
• **erythema multiforme major** erythema multiforme met uitgebreide erosies op meerdere slijmvliezen. • **erythema multiforme minor** erythema multiforme met deelname van maximaal één slijmvlies.
• **erythema natum** *zie* uitslag | luier~. • **erythema neonatorum toxicum** *zie* erythema toxicum neonatorum. • **erythema nodosum** acuut exantheem met i.d. subcutis nodeuze vaatontsteking. • **erythema nodosum leprosum** (ENL) immuuncomplex-gemedieerde acute ontstekingsreactie bij multibacillaire leprapatiënten. • **erythema palmare** erytheem v.d. handpalm. • **erythema papulosum posterosivum syphiloides nonsyphiliticum van Jacquet** vlakke, rode, glanzende papels op de billen van zuigelingen in aansluiting op luiereczeem.
• **erythema perstans** *zie* erythema fixatum.
• **erythema perstans faciei** vlekvormig e. met oedeem v.h. gezicht, bij acute vorm van lupus erythematodes. • **erythema plantare** e. v.d. voetzool. • **erythema solare** *zie* zonnebrand. • **erythema subitum** *zie* exantheem | exanthema subitum. • **erythema toxicum neonatorum** erytheem, gekenmerkt door 2 tot 3 mm grote steriele maculae met rode hof op de romp, met centraal een blaasje. • **erythema toxicum neonatorum eosinophilicum** *zie* erythema toxicum

neonatorum. • **gelaats**~ *zie* erythema faciale. • **heliotroop** ~ vlekkig of diffuus erytheem met karakteristieke lila-violette kleur in m.n. het gelaat.

erythemateus met de eigenschappen van erytheem, gepaard gaand met erytheem; vb. ~ halo.

erythematodes *zie* lupus erythematodes.

erythematogeen erytheem-verwekkend.

erythematopapulosquameus gekenmerkt door erytheem, papels en afschilfering.

erythematosquameus gekenmerkt door erytheem en afschilfering; vb. e-euze dermatose.

erythematosus m.b.t. erytheem; vb. lupus erythematosus (= erythematodes), eczema erythematosum.

erythrasma milde, chronische, gelokaliseerde, oppervlakkige huidinfectie.

erythroblastoma *zie* erytroblastoom.

erythron het erytropoëtisch systeem als afgerond geheel beschouwd.

erythropoeticus m.b.t. de erytropoësie; vb. porphyria erythropoetica.

erythropoiesis *zie* erytropoëse.

erytralgie pijnlijke rode huid, een vorm van angioneurose.

erytremie *zie* polycytemie.

erytro- voorvoegsel in woordverbindingen betreffende rode.

erytroblast | pro-~ voorstadium v.d. erytroblast.

erytroblastoom woekering van erytropoëtisch weefsel, hetzij in beenmerg, hetzij erbuiten, bijv. i.d. lever.

erytroblastose aanwezigheid van erytroblasten i.h. perifere bloed, meestal gepaard met hemolytische anemie. • **erythroblastosis foetalis** hemolytische anemie van foetus of neonaat, veroorzaakt door transplacentaire overgang van moederlijke antistof naar de foetus.

erytrocyanose | erythrocyanosis crurum puellarum vorm van perniosis bij vrouwen, aan de onderbenen.

erytrocyt rode (bloed) cel, biconcaaf, kernloos, hemoglobine-bevattend. • **blastocyste-forming-unit erythrocyte** (BFUe) *zie* colony-forming-unit erythrocyte. • **colony-forming-unit erythrocyte** (CFUe) [E] geheel van stamcellen waaruit de erytrocyten ontstaan. • **gewassen ~en** e-ten die via herhaaldelijk centrifugeren en spoelen ontdaan zijn van antistoffen.

erytrocytbicarbonaat bicarbonaat dat zich i.d. rode bloedcellen bevindt.

erytrocytemie *zie* erytrocytose.

erytrocytopenie *zie* erytropenie.

erytrocytose aanwezigheid van veel erytrocyten i.h. bloed. • **erythrocytosis megalosplenica** *zie* polycytemie | polycythaemia vera.

erytrodermie chromodermatose met rode huidverkleuring.

erytrodextrine een zich met jodium rood kleurende dextrine.

erytrodontie roodbruine verkleuring van melkelementen door opname van porfyrine i.h. dentine bij congenitale porfyrie.

erytroedeem *zie* acrodynie

erytrofaag cel die erytrocyten in zich opneemt door fagocytose.

erytrogeen 1 erytrocyten-vormend; **2** een rode huiduitslag veroorzakend, bijv. e-gene toxine (een streptokokkentoxine die het roodvonkexantheem verwekt), e-gene stralen (ultraviolet).

erytrogenese *zie* erytropoëse.

erytrokeratodermie huidkeratose met wisselend sterk erytheem. • **erythrokeratodermia variabilis** huidaandoening, gekenmerkt door polycyclische haarden met schilferende huid, begrensd door hyperkeratotische rand.

erytromelalgie pijnsyndroom, gekenmerkt door episodes met ernstige, brandende pijn distaal i.d. ledematen, rode verkleuring en temperatuurstijging v.d. huid; klachten worden uitgelokt door warmte en/of inspanning en kunnen door afkoeling worden beëindigd.

erytrometrie 1 bepaling v.d. roodheidsgraad d.m.v. een erytrometer; **2** meting v.d. diameter v.d. erytrocyten.

erytropenie te weinig erytrocyten i.h. bloed.

erytroplakie rode, niet afschraapbare aandoening van slijmvliezen.

erytroplasie rode slijmvliesaandoening. • **~ van Quéyrat** *zie* quéyrat~. • **~ van Zoon** *zie* balanitis plasmocellularis. • **quéyrat~** intra-epidermaal carcinoom, meestal v.d. glans penis. • **zoon~** erytroplasie v.d. penis met plasmacelinfiltraten v.d. huid.

erytropoëse vorming van erytrocyten. • **megaloblastaire ~** omzetting van bloedstamcellen tot primitieve erytroblasten.

erytropoëtine glycoproteïne (165 aminozuren) dat in nier (85%) en lever (15%) wordt geproduceerd en dat de vorming v.d. erytrocyten stimuleert.

erytropoëtisch erytrocyten-vormend.

erytropoëtisch hormoon *zie* erytropoëtine.

erytroprosopalgie erytromelalgie die gepaard gaat met pijn in en rode verkleuring v.h. gelaat.

erytrose 1 polycythaemia rubra; **2** *zie* erytrodermie. • **erythrosis facialis** roodheid v.d. wangen met talrijke draadvormige teleangiëctasieën bij status seborrhoicus. • **erythrosis interfolliculare** huidafwijking bestaande uit puntvormig erytheem, lichte atrofie en hemosiderinepigmentatie.

ES *zie* systole | extra-~.

es [D] (psychoanal.) een door Sigmund Freud onderscheiden psychische instantie, te weten het geheel v.d. drijvende krachten i.h. onbewuste.

ESC éénsecondecapaciteit *zie* longcapaciteit | éénseconde-~.

escape 1 (cardiol.) veelal ectopisch complex dat een pauze i.h. basishartritme beëindigt; **2** (psychol.) *zie* vluchtgedrag.

eschar dikke gecoaguleerde wondkorst, bestaand uit celdébris, a.g.v. een thermische verbranding of chirurgische cauterisatie v.d. huid.

escharotomie het verwijderen v.e. eschar bij een brandwond.

Escherichia naar Escherich genoemd geslacht v.d. tribus *Escherichieae*, gramnegatieve staafjes. • ~ *coli* colibacil, een normale darmbewoner, gewoonlijk apathogeen. • **entero-invasieve** ~ *coli* (EIEC) benaming voor *E.-coli*-stammen die het colonslijmvlies kunnen binnendringen en zich gedragen als *Shigella sp.* • **enteropathogene** ~ *coli* (EPEC) bepaalde typen van *E. coli* die darminfecties bij jonge kinderen kunnen veroorzaken. • **enterotoxische** ~ *coli* (ETEC) *E. coli* die op grond van plasmide-genen enterotoxine kan maken.

Escherichieae tribus v.d. fam. *Enterobacteriaceae*.

ESCT (echogeleide sclerocompressietherapie) *zie* sclerocompressietherapie | echogeleide ~.

esculaapstaf *zie* Aesculapius | staf van ~.

ESES (elektrische status epilepticus tijdens slaap) *zie* status | elektrische ~ epilepticus tijdens slaap.

-esis achtervoegsel in woordsamenstellingen ter aanduiding v.e. toestand of vermogen.

Esmarch | esmarchknevel rubberslang voor het afbinden v.d. bloedstroom i.e. extremiteit. • **handgreep van** ~ kin naar boven tillen en onderkaak naar voren trekken.

esoforie heteroforie met afwijking v.e. der oogassen naar binnen; vorm van strabisme.

esotropie vorm van strabisme *zie* strabisme | strabismus convergens.

espundia Zuid-Amerikaanse leishmaniasis mucocutanea met verminkende aanvreting van neus en mond.

essentialis essentieel, spontaan; vb. phthisis bulbi essentialis.

essentieel 1 ziektekundige term voor ziekten waarvan de oorzaak niet bekend is; **2** onmisbaar, noodzakelijk.

EST (elektroshocktherapie) *zie* elektroconvulsieve therapie.

esterase estersplitsend enzym. • **acetylcholin**~ enzym dat splitsing van acetylcholine bevordert.

-esthesie achter- resp. voorvoegsel in woordsamenstellingen betreffende intacte of verminderde gewaarwording.

esthesiologie wetenschap die zich bezighoudt met zintuiglijke verschijnselen.

esthetisch m.b.t. de schoonheid; vb. esthetische chirurgie.

estivaal i.d. zomer voorkomend.

estivoautumnaal in zomer en herfst voorkomend, zoals soms malaria.

estradiol *zie* oestradiol.

estrogeen *zie* oestrogeen.

estrus *zie* oestrus.

ESWL (extracorporal shockwave lithotripsy) *zie* lithotripsie | schokgolf-~.

ET 1 (gynaecol.) *zie* embryotransfer; **2** (pulmonol., anesthes.) *zie* intubatie | endotracheale ~.

etalageziekte *zie* claudicatio | claudicatio intermittens.

ETEC enterotoxische *Escherichia coli*.

ether krachtig anaestheticum met goede analgetische eigenschappen.

etherroes oppervlakkige narcose met ether, waarbij wel het pijngevoel, maar niet het bewustzijn is verdwenen.

ethiek praktische toepassing van wijsbegeerte m.b.t. zedelijke begrippen en gedragingen ter onderscheiding van wat 'aanvaardbaar' en 'onaanvaardbaar', 'goed' en 'slecht' is. • **bio**-~ specialisatie i.d. ethiek die

zich bezighoudt met ethische aspecten van medische ingrepen i.h. menselijke leven.
• **medische** ~ het complex van gedragscodes die de uitoefening v.d. medische professie bepalen.

ethinylestradiol oestrogeen hormoon.

ethmoidalis m.b.t. het etmoïd; vb. crista ethmoidalis, os ethmoidale.

ethmoidomaxillaris m.b.t. het etmoïd en de maxilla; vb. sutura ethmoidomaxillaris.

ethologie de kennis, de leer omtrent de levenswijze c.q. het gedrag.

ethyleendiaminetetra-acetaat (EDTA) chelator, organische verbinding die o.a. wordt gebruikt bij de behandeling van loodintoxicatie om het vrijkomende lood te binden.

etiketteren 1 het voorzien v.e. etiket (label); 2 (psychol.) typeren. • **positief** ~ directieve interventie waarbij de hulpverlener een door de patiënt als negatief ervaren symptoom of gedraging een positieve betekenis geeft.

etiologie 1 leer v.d. ziekteoorzaken; 2 (jargon, minder juist) het geheel v.d. oorzaken v.e. ziekte.

etiologisch m.b.t. de etiologie (sub 2).

etmoïd *zie* os ethmoidale.

etmoïditis ontsteking v.h. slijmvlies v.d. zeefbeencellen.

etmoïdotomie het chir. openen v.d. zeefbeencellen.

étranglement [F] worging, inklemming.
• ~ **annulaire** [F] ringvormige insnoering v.e. zenuwvezel (Ranvier).

etsing beschadiging van slijmvliesweefsel van bijv. de slokdarmwand door een caustische stof.

etter *zie* pus. • **chocolade-**~ pus met roodbruine kleur.

etterbuil *zie* abces.

etterig *zie* suppurativus.

ettering *zie* pusvorming.

etterkiem *zie* bacterie | pyogene ~.

eu- voorvoegsel in woordsamenstellingen met de betekenis 'goed, wel, prettig'.

Eubacteriales orde v.d. klasse *Schizomycetes*.

eucapnie aanwezigheid v.d. juiste hoeveelheid kooldioxide i.h. bloed.

euchromatopsie normale kleurenzin.

euchronie spierwerking op de juiste tijd en i.d. juiste volgorde bij samengestelde, gecoördineerde bewegingen, bijv. het lopen.

Eucoccidiida orde v.d. *Protozoa*, behorende tot de klasse van *Sporozoea*.

euforicum stof met een euforie brengende werking.

EUG extra-uteriene graviditeit.

euglobuline-lysistijd • euglobuline-lysistijd de tijd die verloopt tussen de euglobulinestolling en de volledige oplossing ervan.

eukaryont *zie* cel | eukaryotische ~.

eukaryoot organisme dat bestaat uit cellen die i.h. bezit zijn v.e. celkern.

Eumycetes 'echte' schimmels; hiertoe behoren de fungi perfecti en de fungi imperfecti.

eumycetoom een door *Eumycetes* veroorzaakt mycetoom.

eunuch een man of jongen zonder testes.

eunuchisme constitutionele toestand die het gevolg is van agonadisme of van prepuberale castratie bij de man

eupareunie coïtus met door betrokkenen als normaal en bevredigend ervaren seksuele gevoelens.

euplastisch normaal geproportioneerd.

euploïdie aanwezigheid v.e. normaal aantal chromosomen i.d. celkern.

eupneu normale ademhaling.

Eurotransplant in 1968 opgerichte uitwisselingsorganisatie voor organen die beschikbaar komen voor transplantatie.

EUS *zie* echografie | endo—.

Eustachio, Bartholomeo zijn Latijnse naamsvariant is 'Eustachius', waarvan de genitiefvorm 'Eustachii' is.

euthanasie opzettelijk levensbeëindigend handelen door een ander dan de betrokkene, maar wel op diens verzoek; strafbaar, tenzij door een arts uitgevoerd en is voldaan aan bepaalde zorgvuldigheidseisen, geregeld via de wetgeving inzake euthanasie. • **auto-**~ vorm van euthanasie waarbij de patiënt zelf een eind aan zijn/haar leven maakt door in overleg met naasten te stoppen met eten en drinken (versterving) of door het innemen van medicijnen die men (bijv. met list en bedrog) zelf heeft verzameld via huisarts, buitenlandse leveranciers of via internet.

euthanasiehulpvraag vraag v.d. patiënt om hulp bij actieve levensbeëindiging.

euthanaticum (genees)middel waarmee men euthanasie uitvoert; de syn. zijn lekentermen.

euthyreoïdie normale schildklierwerking.

euthyreote hyperthyroxinemie verhoogd

vrij T4-gehalte bij normaal TSH-gehalte.
euthyreotisch gekenmerkt door euthyreose; vb. euthyreotische struma.
● **euthyreotisch struma** schildkliervergroting zonder afwijkende schildklierfunctie.
eutocie normaal verlopend baringsproces.
eutopisch op de juiste plaats; tegenstelling: dystopisch.
eutrofie juiste voedingstoestand.
evacuans *zie* laxans.
evacuatio uteri instrumentale of digitale verwijdering v.d. uterusinhoud.
evaginatie uitstulping.
evaluatie waardebepaling, beoordeling; na afloop v.e. gesprek, vergadering, therapie enz.
evalueren het doen v.e. evaluatie (NB: niet verwarren met evolueren).
evanidus vluchtig, snel verdwijnend; vb. urticaria evanida.
Evans blue [E] blauwe kleurstof die bij aanwezigheid van vaatlekkage uit de vaten lekt.
evaporatie proces van warmteafgifte aan het milieu extérieur dat continu plaatsvindt via huid en slijmvliezen v.d. luchtwegen en vergroot kan worden via actieve zweetsecretie.
EVC *zie* longcapaciteit | expiratoire vitale ~.
event [E] *zie* incident. ● **adverse ~** [E] incident met schade.
eventratie het uitpuilen v.d. buikingewanden door een breukpoort, meestal bij navelbreuk. ● **eventratio diaphragmatica** *zie* relaxatie | relaxatio diaphragmatica.
evenwicht 1 (fysiol.); **2** (chem.) *zie* balans. ● **donnan~** ionenevenwicht aan weerszijden v.e. membraan die voor de ene soort ionen minder doorlaatbaar is dan voor de andere soort. ● **dynamisch ~** *zie* steady state. ● **zuur-basen-~** de normale verhouding tussen de zure en de basische bestanddelen v.h. bloed i.h. lichaamsvocht.
evenwichtsconstante *zie* antigeenaffiniteit.
evenwichtsorgaan i.h. mastoïd aangelegd orgaan dat informatie verschaft over de stand en standveranderingen v.h. hoofd en daarmee v.h. lichaam i.d. ruimte.
eversie binnenstebuitenkering, uitstulping. ● **eversio punctorum lacrimalium** het naar buiten gekeerd zijn v.d. traanpunten, zodat er geen traanvocht naar de neus wordt afgevoerd. ● **eversio uteri** binnenste-buiten-kering v.d. baarmoeder.
everteren (chir.) uitstulpen, naar buiten keren v.e. wondrand.
evidence-based richtlijnontwikkeling (EBRO) methodiek voor het ontwikkelen van evidence-based richtlijnen.
evisceratie 1 het spontaan naar buiten komen v.d. ingewanden bij een volledige dehiscentie v.e. buikwond na laparotomie; **2** het naar buiten brengen v.d. ingewanden bij een laparotomie. ● **bulbus~** oogheelk. operatie bij onherstelbaar oogtrauma (bijv. vuurwerkletsel) waarbij het hoornvlies uit het oog wordt geknipt, waarna het glasvocht, de iris, de lens en de retina uit de oogbol worden verwijderd.
evoceren oproepen, i.v.c. een signaal door een prikkel; vb. 'hersenstamgeëvoceerd', 'hersenstamgeëvoqueerd'; NB: het werkwoord kent twee officieel toegelaten spellingvormen: 'evoceren' en 'evoqueren'.
evoked otoacoustic emissions [E] het genereren van geluiden door het binnenoor als reactie op geluid; deze akoestische prikkels zijn net als de spontane alleen waar te nemen met speciale, zeer gevoelige microfoons.
evoked potential | **visually ~s** (VEP) [E] *evoked-potential*-onderzoek (EP-onderzoek) ter meting van pariëto-occipitaal afgeleide potentialen als reactie op lichtprikkels (intermitterende belichting v.d. retina); men kan de lichtprikkel op het netvlies (elektroretinogram, erg) en de aankomst v.d. prikkel i.d. cortex registreren; de periode die daarvoor nodig is, is een maat voor de functie v.d. nervus opticus; indicatie voor VEP is een neuropathie v.d. nervus opticus, zoals bij multipele sclerose.
evulsie het uittrekken. ● **evulsio nervi optici** afscheuring v.d. gezichtszenuw door verwonding. ● **evulsio nervorum** *zie* neurexaerese.
Ewald | **ewaldproefontbijt** *zie* Boas | boas-ewaldproefontbijt.
Ewing | **punt van ~** de mediale orbitahoek op de grens v.d. neus.
ex- voorvoegsel in woordsamenstellingen met de betekenis uit, weg van, ontdaan van, aan de buitenzijde, volledig.
exa (E) 10^{18}.
exacerbatie verergering (v.e. ziekte).
exacttest van Fisher *zie* test | fisher-exact-~.
exaeresis *zie* exerese.

exanimatie diepe bewusteloosheid.

exantheem verandering van kleur en structuur v.d. huid, dikwijls als symptoom v.e. acute infectieziekte. • **artsenij~** *zie* toxicodermie. • **exanthema acutum** eruptief exantheem, zoals bij de acute exanthematische infectieziekten. • **exanthema subitum** acute koortsende ziekte i.d. eerste levensjaren ('zesde ziekte'). • **geneesmiddelen~** *zie* toxicodermie. • **morbilliform ~** mazelenachtig exantheem na actieve immunisatie tegen mazelen. • **postvaccinaal ~** exantheem dat 2-3 weken na pokkenvaccinatie optreedt, doorgaans papulovesiculeus van aard. • **vlinder~** vlindervormige rode verkleuring over wangen en neusrug bij SLE.

exanthematicus exanthematisch; vb. typhus exanthematicus, febris exanthematica.

exanthematisch gepaard met exantheem.

exarticulatie het afzetten v.e. extremiteit (of deel ervan) door i.e. gewricht de twee gewrichtseinden van elkaar te scheiden. • **exarticulatio mediotarsea** e. i.h. mediotarsale gewricht (gewricht van Chopart). • **exarticulatio metatarsea** e. i.h. Lisfrancgewricht. • **exarticulatio pedis sub talo** subtalaire e-ie.

excavatio uitholling, uitbochting. • **~ rectouterina** peritoneale zak bij de vrouw, tussen rectum, uterus en de plicae rectouterinae. • **~ vesicouterina** peritoneale ruimte tussen blaas en baarmoeder.

excavatus hol; vb. pes excavatus, pectus excavatum.

excementose hypercementose aan de buitenzijde v.d. tandwortel.

excentrisch buiten het middelpunt gelegen.

excentrische projectie het verschijnsel dat prikkeling v.e. sensibele zenuwstam een gewaarwording i.d. periferie oproept alsof er een prikkel uit de buitenwereld wordt ontvangen.

excessief zoutverlies *zie* zoutdepletie.

excideren uitsnijden.

excipiens het bestanddeel v.e. geneesmiddel dat de hoofdmassa uitmaakt, gewoonlijk geen eigen activiteit heeft, maar het werkzame bestanddeel in oplossing brengt, verdunt, of er een bepaalde consistentie aan verleent.

excisie uitsnijding van weefsel. • **diagnostische ~** het uitsnijden van weefsel voor diagnostische doeleinden. • **primaire ~** eerste chirurgische verwijdering van weefsel die kan worden gevolgd door een tweede, ruimere excisie. • **proef- 1** uitsnijding v.e. stukje weefsel voor pathologisch-anatomisch onderzoek; **2** (minder juist) proefexcidum, biopt. • **re-~** opnieuw uitsnijden van weefsel om zoveel mogelijk achtergebleven weefsel te verwijderen. • **secundaire ~** het opnieuw uitsnijden van weefsel om in geval v.e. kwaadaardig gezwel zoveel mogelijk achtergebleven tumorcellen te verwijderen. • **therapeutische ~** het uitsnijden van weefsel om in geval v.e. kwaadaardig gezwel alles zo radicaal mogelijk te verwijderen. • **totale mesorectale ~** (TME) oncologische darmoperatietechniek waarbij het aangedane deel v.d. endeldarm en het omliggend vetweefsel, waarin zich lymfeklieren bevinden, wordt verwijderd terwijl de zenuwen en de sfincter gespaard worden. • **wond~** *zie* toilet wond-~.

excisiemarge preoperatief: marge van ogenschijnlijk normaal weefsel rondom een afwijking die bij excisie wordt aangehouden; postoperatief: de kortste afstand v.h. ziekteproces tot de snijranden v.h. excisiepreparaat.

excisierand *zie* snijrand.

excitabiliteit *zie* prikkelbaarheid.

excitans prikkelend, opwekkend middel.

excitatie 1 (psych.) opwinding; **2** (fysiol.) prikkelingstoestand; **3** (nucl. geneesk.) het overbrengen v.e. elektron naar een hoger energieniveau binnen het atoom.

excitatiestadium tweede stadium v.d. (inhalatie)narcose, waarin het bewustzijn al is uitgeschakeld.

excitoanabool stimulerend werkend op het anabole proces.

excitokatabool stimulerend werkend op het katabole proces.

excitomotorisch beweging stimulerend, activiteit stimulerend.

exclusie uitsluiting; vb. diagnosis per exclusionem.

exochleatie uitlepeling, uitkrabbing met een scherpe lepel.

exconisatie *zie* conisatie.

excoriatie *zie* wond | schaaf-~.

excreet uitscheidingsproduct v.h. lichaam.

excrement *zie* feces.

excrescentia uitgroeisel, uitwas.

excretie uitscheiding naar buiten.

excretoir betrekking hebbend op excretie.
excretorius excretoor; vb. ductus e-rius.
excycloforie cycloforie met rolbeweging naar buiten.
executieve functies (neuropsychol.:) het plannen maken voor en het initiëren, in samenhang en in logische volgorde uitvoeren, controleren en stoppen van ingewikkelde handelingen.
exencefalie aangeboren misvorming waarbij de schedel grote defecten toont en de hersenen geheel buiten de schedel liggen.
exenteratie 1 (chir., gynaecol.:) uitgebreide operatieve verwijdering van organen en klieren uit kleine bekken bij vrouwen met gynaecologische kanker; **2** (obstetr.:) verzamelnaam voor alle operatieve ingrepen bij een dode foetus die dienen om het hoofd of de wervelkolom te verkleinen/verbrijzelen en zo extractie ex utero mogelijk te maken *zie* evisceratie; **3** *zie* embryotomie.
exerceerbeentjes *zie* parostose.
exercise-induced ventricular arrhythmia (AIVA) kamerritmestoornis die kan worden opgewekt door inspanning of emoties.
exerese verwijdering. • **frenico-~** avulsie v.d. n. phrenicus.
exergonisch energie afgevend, energie producerend.
exfoliatie 1 (dermatologie:) afschilfering, vervelling; **2** (tandheelk.:) spontaan uitvallen van melktanden tijdens dentitie (overgang van melkgebit naar blijvend, permanent gebit). • **exfoliatio areata linguae** *zie* lingua geographica.
exfoliatine een epidermolytisch werkende toxine, geproduceerd door *Staphylococcus aureus*, faaggroep II.
exfoliativus afbladderend, afschilferend; vb. glossodynia exfoliativa, endometritis exfoliativa.
exhaerese *zie* exerese.
exhalatie uitademing.
exhaustie *zie* uitputting.
exhaustio uitputting. • **~ uteri** *zie* weeënzwakte.
exhibitionisme 1 (seksuol.) steeds opnieuw optredende drang om de genitalia te ontbloten en te tonen aan een onbekende of een niet daarop bedacht persoon, hetgeen gepaard gaat met seksuele opwinding; **2** (psychol.) karaktereigenschap waarbij een individu op opdringerige wijze zichzelf/zijn successen i.d. openbaarheid brengt.

exhumatie het opgraven v.e. lijk.
existentie het levensbestaan, de voor de mens individuele typerende wijze van bestaan.
EXIT (ex-utero intrapartum treatment) *zie* ex-utero-intrapartumbehandeling.
exitus uitgang, afloop, meestal bedoeld e. letalis. • **~ letalis** dodelijke afloop. • **~ subitus** plotselinge dood.
ex juvantibus op grond v.d. werking van geneesmiddelen.
exo- voorvoegsel in woordverbindingen met de betekenis (naar) buiten.
exocardiaal *zie* extracardiaal.
exocoeloom het buiten het embryo gelegen gedeelte v.h. coeloom.
exocranium het totaal v.d. dekbeenderen, waaruit de schedel wordt gevormd.
exocrien naar buiten secernerend, bijv. exocriene klier.
exocytose 1 verwijdering van granula en druppels i.e. cel door de celwand heen naar buiten; **2** het uittreden van ontstekingscellen uit de bloedvaten.
exo-erytrocytair buiten de erytrocyten.
exoforie heteroforie met afwijking v.e. der oogassen naar buiten.
exoftalmometer meetinstrument waarmee via een prisma de mate van exoftalmie kan worden gemeten.
exofyt *zie* ectofyt.
exofytisch aan de buitenkant v.e. orgaan of structuur groeiend.
exogeen 1 afkomstig van buiten het lichaam; **2** (neurol.:) a.g.v. een ziekteproces buiten het cerebrum; **3** (psychiatrie:) a.g.v. een oorzaak buiten het individu. • **~ reactietype volgens Bonhoeffer** (obsoleet begrip) *zie* psychose | symptomatische ~.
exogene reactievormen van Bonhoeffer *zie* bonhoefferreactievormen.
exomphalos 1 navelbreuk; **2** breuk v.d. navelstreng.
exon gedeelte v.e. gen dat bij een transcriptie niet door splicing wordt verwijderd uit het pre-mRNA.
exonuclease enzym dat een polynucleotide kan klieven op de perifere bindingsplaatsen.
exoplasma *zie* ectoplasma.
exorbitisme uitpuiling v.d. oogbol doordat de oogkas niet diep genoeg is.
exorotatie rotatie naar buiten; vb. knie-exorotatie.

exoskeleton bearing [E] prothese waarbij de krachten worden overgebracht door de buitenrand.

exosmose osmose door een membraan, gericht van binnen naar buiten; tegenstelling: endosmose.

exostose 1 (orthopedie:) benige uitwas, plaatselijke woekering van beenweefsel aan de buitenoppervlakte v.e. beenstuk; 2 (kno-heelkunde:) gladde goedaardige botwoekeringen i.d. gehoorgang, tot klachten leidend indien hierdoor vuil i.d. gehoorgang blijft hangen. • **osteocartilaginaire** ~ autosomaal-dominant erfelijke skeletaandoening, gekenmerkt door met kraakbeen bedekte benige uitgroeisels van skeletdelen. • **subunguale** ~ reactief bot, bedekt met kraakbeen en gelokaliseerd op de distale falanx.

exotisch uitheems, niet-inheems; vb. exotische ziekten.

exotropie *zie* strabisme | strabismus divergens.

expanded access programme (EAP) [E] algemene aanduiding van verstrekking door een farmaceutisch bedrijf v.e. niet-geregistreerd, nog experimenteel geneesmiddel.

expander 1 (hematol., serol.) *zie* plasma-expander; 2 (chir.) ballon die onder de huid wordt aangebracht; deze wordt geleidelijk vergroot door lucht of vloeistof; na verwijdering ervan laat de huid zich gemakkelijker wegsnijden.

expansie uitbreiding, uitzetting, uitdijing.

expansieve pulsatie een pulsatie die zich naar alle richtingen uitbreidt.

expectatief afwachtend.

expectorans geneesmiddel dat het ophoesten van sputum bevordert.

expectoratie het ophoesten van sputum vanuit de bronchiën.

experiëntiële theorie theorie van Rogers die benadrukt dat behaviorisme te summier is om mens in zijn geheel te kennen en wijst op belang van de subjectieve ervaring.

expertsysteem computerprogramma dat op basis van (patiënt)gegevens adviezen en beslissingen kan geven.

expiratie proces waarbij lucht uit de longen stroomt, veelal passief. • **geforceerde** ~ bij geforceerde expiratie kan de borstkas actief, tegen de elastische krachten in, nog kleiner worden gemaakt.

expiratoir bij of tijdens het uitademen; vb. expiratoir dyspneu, expiratoire reservelucht.

expireren uitademen.

explantatie 1 het afnemen v.e. orgaan of weefsel als donortransplantaat; vb. cornea-explantatie; 2 het definitief verwijderen v.e. reeds geplaatst transplantaat.

exploratie verkenning, onderzoek. • **operatieve** ~ operatie die wordt uitgevoerd om i.c.m. andere technieken zo nauwkeurig mogelijk de mate van uitbreiding v.e. ziekte, gewoonlijk een tumor, te bepalen.

exploratiegesprek op de patiënt gericht gesprek waarbij de arts tracht te verkrijgen uit het referentiekader v.d. patiënt door vooral veel te luisteren en open vragen te stellen.

explosief 1 plotseling, met kracht; vb. explosief braken (o.a. bij pylorusstenose); 2 (emotioneel) uitbarstend; 3 (logopedie) plofklank: b, d, g, k, p, t.

exposie (nucl. stralingsmeettechniek) de hoeveelheid elektrische lading van alle ionen met hetzelfde teken die per massa-eenheid van lucht kan worden gevormd als die massa-eenheid met fotonen wordt bestraald.

exposiesnelheid *zie* exposietempo.

exposietempo tempo van exposie.

expositie 1 (statist., epidemiol.) blootstelling aan een risicofactor of prognostische factor; 2 blootstelling (aan zonlicht, smetstoffen enz.); niet te verwarren met 'exposie' (radiother.).

exposure [E] 1 (statist., epidemiol., immunol.) *zie* expositie; 2 (psychol.) methode i.d. gedragstherapie waarbij de patiënt wordt blootgesteld aan situaties (prikkels) die angst of vrees oproepen; door gewenning dooft ongewenst (vermijdings)gedrag uit; exposure kan gradueel plaatsvinden ('graded exposure') of massaal ('flooding' of 'implosietherapie'). • ~ **treatment** [E] *zie* exposure.

exposure rate [E] verhoudingsgetal v.h. aantal besmette personen tot een gehele groep of een bevolking.

expressed emotion (EE) [E] houding v.e. gezin t.o.v. een gezinslid met schizofrenie die gepaard gaat met openlijke vijandigheid, kritiek en een sterke overbetrokkenheid.

expressie 1 (alg.) het uitoefenen van kracht om iets tevoorschijn te brengen; 2 (genetica) *zie* gen-~; 3 (psychol.) gelaatsuitdrukking.

- **fenotypische** ~ mate waarin een bepaald genotype bij een individu tot uiting komt.
- **gen**~ vorm waarin het gen zich manifesteert.

expressio uitpersing, uitdrukking. • ~ **foetus** het uitoefenen van kracht op de fundus uteri om het kind geboren te doen worden. • ~ **placentae** het uitoefenen van kracht op de fundus uteri om de placenta geboren te doen worden.

expressiviteit (genetica) mate waarin een dominant gen zich bij heterozygoten manifesteert.

expressor instrument om trachoomkorrels uit te drukken, rolpincet.

exprimaat hetgeen bij exprimeren, masseren vrijkomt aan weefsel, vloeistof enz. • **prostaat**~ door de prostaat gesecerneerd vocht dat door prostaatmassage is verkregen voor pathologisch onderzoek.

exprimeren (dermatol.) uitdrukken, bijv. v.e. comedo *zie* expressie | gen~.

expulsie (urol., seksuol.) pulserende fase i.d. zaadlozing waarbij het ejaculaat v.d. urethra prostatica door peristaltische contracties v.d. gladde spieromhulling v.d. urethra naar de meatus wordt getransporteerd, leidend tot een zichtbare ejaculatie.

exsanguïnatie 1 (bloedtransfusie:) *zie* transfusie | wissel~; 2 (chirurgkunde:) *zie* verbloeding; 3 (niet-medisch:) het onttrekken van al het bloed aan de circulatie om de dood te laten intreden, toegepast i.d. diergeneeskunde, in slachthuizen.

exspiratio *zie* uitademing.

exspiratio prolongata verlengd exspirium.

exspirium uitademing, uitademingsperiode. • **verlengd** ~ langere duur v.d. uitademing (bij asthma bronchiale, bronchitis, emfyseem).

exstirpatio *zie* extirpatie.

exstrophia *zie* ectropie.

exstrophia cloacae aangeboren afwijking met een darm-blaasfistel.

exsudaat troebel vocht dat bij ontstekingen uit de vaten treedt. • **pleura**~ het bij pleuritis i.d. pleuraholte afgescheiden exsudaat, al of niet etterig.

exsudatie het uittreden van exsudaat.

exsudatief gepaard gaand met exsudatie; vb. e-tieve diathese.

exsudativus exsudatief; vb. choroiditis exsudativa, erythema exsudativum.

ext. externus.

extender (hematol.) *zie* plasma-expander.
- **plasm** ~ *zie* plasma-expander.

extensie 1 strekbeweging, als tegenstelling tot flexie (buiging); 2 uitoefening van trekkracht i.d. lengterichting v.h. lichaam of v.e. extremiteit. • **dorsale** ~ beweging i.e. gewricht i.h. sagittale vlak om een frontale as.

extensor spier die strekking i.e. gewricht teweegbrengt, antagonist van flexor.

exteriorisatie 1 (chir., anat.-pathol.) het blootleggen of het buiten het lichaam brengen v.e. orgaan; 2 (psych.) het naar buiten wenden v.d. aandacht, het zoeken v.e. object van wensen en affecten.

externa 1 geneesmiddelen voor uitwendig gebruik (mv. van externum); 2 vr. van externus.

external beam radiation therapy (EBRT) bestraling via een uitwendige bestralingsbron.

externaliseren 1 het gedragsproces waarbij eigen onacceptabele gevoelens worden waargenomen, maar worden geïnterpreteerd als een gerechtvaardigde reactie op andermans gedrag; 2 het buiten zichzelf lokaliseren van zintuiglijke indrukken.

externus aan de buitenkant gelegen.

exteroceptief van buiten komende prikkels opnemend.

exteroceptoren *zie* sensor | extero~.

extinctie 1 (leertheorie) uitdoven v.e. aangeleerde reactie bij uitblijvende bekrachtiging; 2 (gedragstherapie) uitdoven van ongewenst gedrag door exposure of uitblijvende bekrachtiging. • **visuele** ~ *zie* fenomeen | extinctie~.

extinctiefenomeen | **tactiel** ~ extinctiefenomeen bij tactiele stimuli op rechter en linker lichaamshelft. • **visueel** ~ extinctiefenomeen bij stimuli i.h. rechter en linker gezichtsveld.

extirpatie *zie* excisie. • **maag**~ chir. verwijdering v.d. maag. • **pulpa**~~ operatieve verwijdering v.d. gehele tandpulpa. • **rectum**~ *zie* operatie | quénu~. • **totale** ~ algehele uitsnijding, ectomie, excisie. • **uterus**~ *zie* hysterectomie.

extra- voorvoegsel in woordsamenstellingen met de betekenis buiten, behalve, bovendien, zonder verband met.

extra-adrenaal berustend op een proces buiten de bijnieren.

extra-articulair buiten het gewricht.

extrabuccaal buiten, of buiten op de wang, buiten de mond.
extrabulbair buiten de bulbus (inzake: medulla oblongata, oogbol, bulbus penis).
extracapsulair buiten het kapsel.
extracardiaal buiten het hart.
extracellulair buiten de cel(len); vb. extracellulair compartiment, e-re ruimte, e-re vloeistof.
extracellulaire slijmsubstantie (ESS) substantie die door coagulasenegatieve stafylokokken wordt geproduceerd.
extracellulair vocht het lichaamsvocht dat zich buiten de cellen bevindt.
extracellulair vochtvolume volume lichaamsvloeistof dat zich buiten de cellen bevindt.
extrachromosomaal buiten de chromosomen gelegen.
extracorporaal buiten het lichaam.
extracorporale membraanoxygenatie (ECMO) techniek voor toepassing i.c.m. een hart-longmachine wanneer gewone beademing tekortschiet.
extracorporale schokgolftherapie zie lithotripsie | schokgolf-.
extracorporeal shockwave lithotripsy (ESWL) zie lithotripsie | schokgolf-.
extracraniaal buiten de (benige) schedel.
extractie 1 het manueel of instrumentele (tang) trekken aan de foetus om de geboorte te bespoedigen; 2 het trekken v.e. tand of kies; 3 het maken v.e. extract, een aftreksel. • **stuit~** zie bevalling | stuit~.
extraduraal buiten de dura; vb. e-rale ruimte, e-rale bloeding.
extraduralis buiten de dura mater gelegen.
extra-erytrocytair exo-erytrocytair.
extragenitaal buiten de genitaliën; vb. een extragenitaal primair syfilisaffect.
extraheren uittrekken.
extra-intestinaal buiten de ingewanden; vb. e-nale amoebiasis.
extramammair buiten de mamma gelegen; vb. extramammaire variant v.d. ziekte van Paget 'van de tepel'.
extramediaan buiten de mediane lijn of het mediane vlak liggend.
extramedullair buiten het beenmerg; vb. extramedullaire hemopoëse.
extramembraneus 1 buiten de (ei)vliezen; 2 buiten de basale membraan; vb. e-euze glomerulonefritis.
extramuraal 1 buiten de (orgaan)wand; 2 buiten de muren v.e. instelling, zoals ziekenhuis of verpleeghuis.
extranucleair buiten de celkern.
extraossaal (orthoped.) buiten de botten, dus i.d. weke delen; vb. ~ chondroom.
extrapericardiaal buiten het pericard, buiten op het pericard; vb. extrapericardiaal wrijfgeruis.
extraperitoneaal buiten het peritoneum, buiten de buikholte.
extraperitonealisatie 1 operatieve verplaatsing v.e. buikorgaan naar buiten het peritoneum; 2 losmaking v.e. met de blaas vergroeid peritoneum.
extrapiramidaal buiten de piramidebaan; vb. extrapiramidale bewegingsstoornis.
extrapiramidale banen alle naar en i.h. ruggenmerg afdalende motorische zenuwvezelbanen die niet door de decussatio pyramidum lope.
extrapiramidale loopstoornis loopstoornis, veroorzaakt door letsel i.h. extrapiramidale systeem.
extraplacentair buiten de placenta.
extrapleuraal buiten de pleura; vb. e-rale thoracoplastiek, e-rale pneumothorax.
extrapulmonaal buiten de long gelokaliseerd; vb. e-nale tuberculose.
extrarenaal buiten de nier; vb. e-nale proteïnurie.
extrasensorisch vb. extrasensorische perceptie zie metafysisch.
extrasfincterische fistel zie fistel | anus~.
extrasystole | **atriale** ~ zie boezem~. • **atrioventriculaire** ~ voortijdige contractie door prikkelvorming i.d. atrioventriculaire knoop. • **boezem~** voortijdige contractie v.d. hartboezem door ectopische prikkelvorming i.d. boezemwand. • **kamer~** zie ventriculaire ~. • **nodale** ~ zie atrioventriculaire ~. • **sinus** ~ e. door abnormale prikkelvorming i.d. sinusknoop • **supraventriculaire** ~ e. door prikkelvorming ergens boven de bundel van His • **ventriculaire** ~ (VES) (cardiol.) spontane voortijdige kamercontractie zie ventricular premature beats.
extrasystolie (ES) het veelvuldig voorkomen v.e. extrasystole.
extrathoracaal buiten de thorax.
extrathyreoïdaal 1 buiten de schildklier; 2 zonder dat de schildklier aan het proces deelneemt.
extra-uterien buitenbaarmoederlijk.

- **extra-uteriene zwangerschap** zwangerschap waarbij de nidatie buiten de baarmoeder plaatsvindt; indeling: vrijwel altijd i.d. tuba (99%), andere mogelijkheden zijn o.a. ovarium, cavum Douglasi, darm, omentum, lever en milt.
- **extravaginaal** buiten de vagina.
- **extravasaal** buiten een vat of de vaten; vb. e-sale bloedstolling.
- **extravasatie** het uit een vat i.h. weefsel treden v.e. (vloei)stof, het extravasaat.
- **extraversie 1** (pathol., oogheelk.:) *zie* ectropion; **2** (psych.:) gerichtheid op de omgevende wereld, naar buiten gekeerdheid, het extravert/extrovert zijn.
- **extravesicaal** buiten de blaas.
- **extremitas** uiterste eind, extremiteit. • ~ **inferior (renis)** de onderpool v.d. nier. • ~ **inferior (testis)** de onderpool v.d. testis.
- **extremiteit** lid (mv. ledematen), melos [G], membrum [L]. • **bovenste** ~ membrum superius, arm. • **onderste** ~ membrum inferius, been.
- **extremus** buitenste.
- **extrinsiek** *zie* exogeen. • ~ **astma** *zie* astma | allergisch ~.
- **extrinsieke** *zie* tinnitus | objectieve ~.
- **extrinsieke allergische alveolitis** (EAA) ontsteking in en rond de alveoli en bronchioli door allergische reactie op geïnhaleerde organisch stof dat micro-organismen, eiwitten of chemicaliën bevat; indeling: acute en chronische vormen zijn beschreven; bekendste vormen van EAA in Nederland zijn boerenlong (beschimmeld hooi), vogelhoudersziekte (duivenmelkersziekte, papegaaienziekte door uitwerpselen van duiven, kippen, parkieten), champignonkwekerslong (paddenstoelencompost) en luchtbevochtigerslong.
- **extrospectie 1** onafgebroken beschouwing van gebeurtenissen en objecten buiten het eigen ik; **2** voortdurende beschouwing v.d. eigen huid, uit vrees voor bevuiling.
- **extrovert** met de aandacht gericht op de omgeving.
- **extubatie** het wegnemen v.d. bij intubatie of tracheotomie ingebrachte buis (tubus/tube, canule).
- **exulcerans** zweervormend.
- **ex utero** buiten de baarmoeder; vb. neonatale complicaties ex utero, afname van weefsel voor DNA-diagnostiek ex utero.
- **ex-utero-intrapartumbehandeling** behandeling van ernstige foetale luchtwegobstructie tijdens een sectio caesarea waarbij de foetus zo lang mogelijk i.d. baarmoeder en verbonden met de navelstreng blijft.
- **ex utero intrapartum treatment** *zie* ex-utero-intrapartumbehandeling.
- **ex vacuo** a.g.v. het ontstaan v.e. lege ruimte i.h. lichaam.

F

F. · **F.** (fiat, fiant, fac) er worde, er worden bereid; bereid! (rec.).

f femto = 10^{-15}; vb. 1 fl = 1 femtoliter = 10^{-15} liter.

FA 1 fluorescentieantistof; 2 folic acid; 3 fatty acid; 4 filterable agent.

faag bacteriofaag. · **~type** type bacterie dat zich op bepaalde wijze gedraagt t.o.v. bacteriofagen.

faagpatroon de karakteristieke combinatie van bacteriofagen waarvoor een bepaald faagtype gevoelig is.

faagtypering typedifferentiëring van bacteriën d.m.v. bacteriofagen, belangrijk voor epidemiologisch onderzoek.

Fab (antigen-binding fragment) bij inwerking van papaïne op het IgG-molecuul ontstaan twee 'fragmenten', Fab en Fc, die beide nog in staat zijn antigeen te binden.

fabella sesambeentje dat soms aanwezig is aan de laterale oorsprong v.d. m. gastrocnemius, boven de fibulaire femurcondylus. · **~ dolorosa** een spontane en bij druk pijnlijke f.

fabisme *zie* favisme.

Fabry | naevus angiokeratosus ~ angioma corporis circumscriptum.

FAC cytotoxische combinatietherapie.

facelift chirurgische ingreep ter correctie van te wijd en rimpelig geworden huid van gezicht en hals.

facet plat vlakje op de cornea, overblijfsel v.e. hoornvliesxweer.

facetbeleid beleid van gemeenten en openbare nutsbedrijven die faciliteiten bieden voor een bepaalde bevolkingsgroep.

facetcel *zie* cel | paraplu~.

facetdenervatie *zie* denervatie.

facetectomie wegnemen v.e. gewrichtsuitsteeksel v.e. wervel.

facialis 1 m.b.t. of behorend tot het gelaat of tot de aangezichtszenuw; 2 nervus facialis.

⊚ **facialisparalyse** symptomencomplex dat ontstaat door een laesie i.h. traject v.d. nervus facialis, met als meest kenmerkend verschijnsel een doorgaans eenzijdige verlamming v.d. aangezichtsmusculatuur; indeling: men onderscheidt centrale en perifere facialisparalyse; een plotselinge idiopathische perifere facialisparalyse wordt ook wel paralyse van Bell (bellparalyse) genoemd; het functieverlies kan totaal (paralyse) of gedeeltelijk (parese) zijn.

faciei gen. van facies.

facies 1 (aan)gezicht; 2 (anat.:) vlak (gewrichtsvlak). · **~ abdominalis** ingevallen gelaat met koude, spitse neus en ingezonken ogen bij algemene peritonitis. · **~ cardiaca** typerend gelaat bij chronische hartinsufficiëntie. · **~ cholerica** typerend gelaat bij cholera: spits, ingevallen gelaat met livide kleur. · **~ contactus** het contactvlak v.e. tand of kies. · **~ van Corvisart des Marets** het gelaat bij decompensatio cordis of aortaregurgitatie: bleek, licht cyanotisch, angstige uitdrukking, inspiratoir geopende mond. · **~ hippocratica** 1 typerend gelaat v.e. stervende, met spitse, bleke, koele neuspunt, spitse kin, ingevallen slapen, koele oren, vaal-grauwe tint, koud zweet op voorhoofd; 2 facies abdominalis. · **~ leontina** typisch gelaat bij lepromateuze lepra met diepe groeven aan voorhoofd en neuswortel door collaberen van kraakbeen. · **~ leprosa** *zie* facies leontina. · **~ myopathica** typerend gelaat bij spierdystrofie: sfinxengezicht, met vermoeide uitdrukking. · **~ occlusalis** kauwvlakte v.e. tand of kies. · **~ rubra** niet-vluchtige roodheid i.h. gelaat.

facilitated diffusion [E] ondersteunde diffusie, transportproces v.e. hydrofiele stof door de plasmamembraan met de concentratiegradiënt mee.

facilitatie bevordering, vergemakkelijking, tegendeel van 'inhibitie'.

facilitatory state [E] toestand van verhoogde prikkelbaarheid v.e. neuron.

facioscapulohumerale dystrofie (FSHD) autosomaal dominant; spierziekte met zwakte i.h. gelaat.

faco- voorvoegsel in woordsamenstellingen dat een betrekking tot de ooglens of een moedervlek aanduidt.

facoblastoom gezwel van naevusachtige embryonale cellen.

facocele hernia (eigenlijk meer een prolaps of luxatie) v.d. ooglens.

faco-emulsificatie methode ter verwijdering v.d. ooglens.

faco-erese verwijdering v.d. ooglens.

facogeen afkomstig v.d. ooglens.

facolyse 1 discisie v.d. ooglens, ev. met navolgende extractie; 2 het oplossen v.d. ooglens door een antilichaam.

facomatose zie ziekte | neurocutane ~.

facoom 1 tumor v.d. ooglens; 2 naevusachtige verandering aan huid, retina, czs en andere organen.

facoscoop toestel waarmee accommodatieve veranderingen v.d. ooglens kunnen worden waargenomen.

facoscotasme troebelheid v.d. lens.

factitius kunstmatig, onnatuurlijk; vb. dermatitis f-tia; vgl. artificialis.

factor 1 (biochemie:) zie bloedstollingsfactor; 2 (pathol.:) component, meewerkende oorzaak. • **angiogenetische** ~ groeifactor, afkomstig van carcinoom en macrofagen, die neovascularisatie bij wondgenezing of tumoren induceert. • **anti-anemie**~ erythrocyte-maturation factor. • **antibloedings**~ zie Willebrand | vonwillebrandfactor. • **antihemofilie**~ (AHF) zie bloedstollingsfactor VIII. • **antimitochondriale** ~ antistof tegen mitochondria, vaak gevonden bij patiënten met primaire biliaire cirrose. • **antinucleaire** ~ (ANF) specifieke, met het DNA uit de celkern reagerende antistof. • **antiperinucleaire** ~ (APF) i.h. serum van patiënten met reumatoïde artritis voorkomende factor die rondom de kern i.h. plasma van cellen v.h. wangslijmvlies, bij toepassing v.d. immunofluorescentietechniek, fluorescerende korrels doet ontstaan. • **atriaal-natriuretische** ~ (ANF) zie peptide | natriuretische ~. • **bifidus**~ factor die wel in vrouwenmelk maar niet in koemelk voorkomt en die onontbeerlijk is voor de groei van *Lactobacillus bifidus* i.d. kinderdarm. • **bloed**~ zie bloedstollingsfactor. • **bloedings**~ hemostasefactor die bij de ziekte van von Willebrand-Jürgens ontbreekt en daardoor verminderde adhesie van bloedplaatjes veroorzaakt. • B_T~ zie carnitine. • **christmas**~ stollingsfactor IX. • **citrovorum**~ een voor de groei van *Leuconostoc citrovorum* noodzakelijke factor. • **clumping** ~ [E] gebonden coagulase. • C_3-**nephrotic** ~ [E] auto-antilichaam; bindt aan C_3-convertase, waardoor dit i.d. actieve fase wordt gestabiliseerd. • **co**~ 1 (biochem, farmacol.:) een stof die naast een enzym noodzakelijk is voor het in werking treden v.e. biochemisch reactie; 2 (statistiek:) omstandigheid die een andere omstandigheid, toestand verhevigt; vb. infectie met *Chlamydia* leidt niet tot cervixcarcinoom, maar verhoogt de kans dat een infectie met humaan papillomavirus (HPV) dit doet. • **colony-stimulating** ~ (CSF) [E] groeifactor die kolonievormende eenheden aanzet tot deling en differentiatie. • **cord** ~ [E] een glycolipide i.d. celwand van sommige soorten v.h. geslacht *Mycobacterium*. • **cytokinesynthese-inhiberende** ~ zie interleukine-10. • **decay-accelerating** ~ (DAF) [E.] membraangebonden complementregulator van lichaamseigen cellen. • **duffy**~ **systeem** zie bloedgroep | duffy~. • **early-pregnancy** ~ (EPF) [E] stof die onder invloed v.d. zygote door tubacellen wordt afgescheiden en een rol speelt bij het voorbereiden v.d. innesteling. • **endothelium-derived relaxing** ~ (EDRF) [E] vaatverwijdende factor die door het endotheel geproduceerd wordt o.i.v. een verhoogde bloedstroom of chemische prikkels. • **epidermale groei**~ (EGF) polypeptide dat verscheidene (niet alleen epidermale) cellen tot proliferatie stimuleert. • **erythrocyte-maturation** ~ (EMF) [E] stof die zich vormt onder invloed van extrinsic en intrinsic factor, bij gebreke waaraan pernicieuze anemie ontstaat. • **erytropoëtische** ~ i.h. i.h. juxtaglomerulaire apparaat v.d. nier geproduceerde stof die erytropoëtine vormt uit een door de lever gesynthetiseerd plasma-eiwit. • **extrachromosomale genetische** ~ erfelijkheidbepalende

factor die niet aan de chromosomen gebonden is, bijv. de R-factor. • ~ **VIII** *zie* bloedstollingsfactor VIII. • **fertiliteits**~ (f-factor) bacteriële seksfactor die de genen omvat die van belang zijn voor de eigen replicatie en voor de genoverdracht d.m.v. conjugatie.
• **fibrinestabiliserende** ~ *zie* bloedstollingsfactor XIII. • **fletcher**~ glycoproteïne dat een rol speelt i.h. intrinsieke stollingssysteem. • **granulocyte-colony-stimulating** ~ (G-CSF) [E] cytokine dat specifiek de differentiatie van granulocyten i.h. beenmerg reguleert. • **granulocyte-macrophage colony stimulating** ~ (GM-CSF) [E] cytokine dat de ontwikkeling van voorloperpercellen van granulocyten en macrofagen stimuleert. • **groei**~ eiwit dat een rol speelt i.d. groei en ontwikkeling van lichaamscellen. • **growth-hormone-releasing** ~ [E] *zie* GH-RH. • **hageman**~ *zie* bloedstollingsfactor XII. • **hematopoëtische groei**~ groep van glycoproteïnemoleculen die de bloedcelvorming reguleren. • **hemopoëtische groei**~ *zie* hematopoëtische groei~. • **histamine-releasing** ~ [E.] het geheel van stoffen die de afgifte van ontstekingsmediatoren door basofiele granulocyten stimuleren. • **homologe restrictie**~ (HRF) membraangebonden eiwit dat gastheercellen beschermt tegen lysis door 'membrane attack complex' (= complementgemedieerde lysis); voorkomt binding van C9 aan C5b-8, waardoor vorming van MAIC wordt voorkomen. • **insulineachtige groei**~ (IGF) *zie* somatomedine. • **lymph-node permeability** ~ (LNPF) [E] vasoactieve factor, geproduceerd door lymfocyten bij cellulaire immuniteitsreacties. • **lymphocyte-promoting** ~ (LPF) [E] een v.d. toxinen van *Bordetella pertussis*. • **macrofaag-activerende** ~ lymfokine dat macrofagen zodanig activeert dat de cellen sterk fagocyterend en lytisch worden voor bacteriën. • **macrofagenmigratie-inhibitie**~ lymfokine; voorkomt beweging van geactiveerde macrofagen uit een ontstekingshaard. • **macrophage-colony stimulating** ~ (M-CSF) cytokine die specifiek de differentiatie van monocyt tot macrofaag stimuleert. • **macrophage-deactivating** ~ (MDF) [E] *zie* macrofagenmigratie-inhibitie~. • **macrophage-derived growth** ~ (MDGF) [E] polypeptide, gevormd door macrofagen, dat fibroblasten en endotheelcellen aanzet tot proliferatie. • **melanocytenstimulerend-hormoon-inhibitoire** ~ (MSH-IF) hypothalamusfactor die remmend werkt op de productie van MSH door de hypofyse. • **migratie-inhibitie**~ (MIF) lymfokine dat de migratie van macrofagen remt. • **Müllerian Inhibiting Factor** (MIF) [E] door sertolicellen vanaf de vierde zwangerschapsweek gesynthetiseerd hormoon dat zorgt voor regressie v.d. buizen van Müller. • **nerve-growth** ~ [E] nucleoproteïne met antigene eigenschappen, voorkomend in muizensarcoom, slangengif en muizenspeeksel. • **PA-**~ **1** antiperniciosa-factor = vitamine B_{12}; **2** *zie* plaatjesactiverende ~. • **plaatjes**~ (PF) in trombocyten gevormd eiwit; varianten PF-1, PF-2 enz.; PF-4 wordt gevormd i.d. trombocytengranula en afgescheiden bij plaatjesaggregatie; activeert de bloedstolling. • **plaatjesactiverende** ~ (PAF) [E] ontstekingsmediator, wordt tijdens ontstekingsreactie geproduceerd door mestcellen, leukocyten en macrofagen. • **plaatjes-afgeleide groei** ~ *zie* platelet-derived growth ~. • **plasma growth** ~ *zie* somatomedine. • **plasm-growth** ~ [E] *zie* somatomedine. • **platelet-derived growth** ~ (PDGF) [E] polypeptide, afkomstig uit trombocyten, dat de groei van fibreus weefsel bevordert op plaatsen waar de vaatwand beschadigd is. • **PP-**~ pellagra-preventing factor. • **preciperende** ~ uitlokkende factor, d.w.z. factor die directe aanleiding kan zijn voor het op dat moment tot uiting komen van bijv. ziekte of bep. gedrag. • **prower-stuart**~ *zie* bloedstollingsfactor X. • **release-inhibiting** ~ [E] negatief terugkoppelende stof (hormoon) voor een bepaald hormoon die niet afkomstig is v.h. doelorgaan v.h. betreffende hormoon. • **resistentie**~ (R-factor) extrachromosomaal genetisch element dat v.d. ene bacterie of bacteriesoort op de andere kan worden overgedragen en de geïnvadeerde bacterie erfelijk resistent maakt tegen een of meer antibiotica. • **resus**~ (Rh-factor) [E] agglutinogeen, in 1940 door Landsteiner en Wiener gevonden bij resusapen (*Macaca mulatta*); komt voor bij 85% v.d. mensen (resuspositief), terwijl het bij de overigen ontbreekt (Rh-negatief); herhaalde transfusie van resuspositief bloed bij Rh-negatieve personen leidt tot hemolyse; een resuspositieve foetus bij een Rh-negatieve vrouw brengt

i.h. moederlichaam de productie van Rh-antistoffen op gang, die door de placenta heen diffunderen en de foetus beschadigen;. • **reuma~en** (RF) verzamelnaam v.e. groep autoantistoffen met anti-IgG-activiteit die bij reuma door plasmacellen worden gevormd. • **risico~** variabele die gepaard gaat met een toegenomen kans op een bepaalde gebeurtenis, i.h.b. ziekte. • **somatotropin-release inhibiting ~** [E] zie GH-IH. • **spreading ~** [E] zie hyaluronidase. • **stamcel~** cytokine die stamcellen aanzet om de celcyclus in te gaan; stimuleert zo bij hemopoëtische stamcellen de hemopoëse. • **stollings~** zie bloedstollingsfactor. • **stuart-prower~** zie bloedstollingsfactor X. • **testis-determining ~** (TDF) [E] deel v.h. Y-chromosoom dat bepalend is voor de ontwikkeling v.d. testes. • **thymidine~** zie somatomedine. • **transcriptie~** eiwit dat kan binden aan een promotor (DNA-element) en afhankelijk v.d. aard en het aantal bindingen de transcriptie van DNA positief of negatief kan beïnvloeden. • **transfer~** in lymfocyten voorkomende factor. • **transforming-growth ~ beta** (TGF-beta) [E] familie van vijf sterk verwante cytokinen die bindweefselgroei en collageenvorming stimuleren en vrijwel alle immunologische en hemopoëtische functies remmen. • **tumorangiogenese~** (TAF) bep. hormoon dat door maligne tumorcellen wordt geproduceerd. • **tumornecrose~** (TNF) aan interleukinen verwant cytokine dat wordt geproduceerd door geactiveerde mononucleaire fagocyten of T-lymfocyten. • **V~** essentiële groeifactor voor Haemophilus influenzae; identiek met co-enzym 1 en NAD. • **vW~** zie Willebrand | vonwillebrandfactor. • **W~** zie biotine. • **X~** essentiële groeifactor voor Haemophilus influenzae; mogelijk identiek aan heem.

facultatief naar keuze, overeenkomstig de mogelijkheden, niet obligaat.

fading [E] **1** (gedragstherapie) techniek waarbij bestaand ongewenst gedrag geleidelijk aan wordt vervangen a.g.v. toediening v.e. nieuwe prikkel; **2** (dermatol.) techniek i.d. dermatologie om de overgang tussen behandelde en niet-behandelde huid milder scherp te maken.

FADS zie syndroom | female androgen deficiency syndrome.

faec- voorvoegsel m.b.t. de ontlasting.

FAG (oogheelk.:) zie angiografie | fluorescentie~.

fago- voorvoegsel in woordverbindingen betreffende het verslinden door, of opneming i.e. cel.

fagocyt cel die uit haar omgeving vaste deeltjes, o.a. bacteriën, in zich kan opnemen en verteren. • **mononucleaire ~** zie macrofaag.

fagocytair kenmerkend voor, of m.b.t. fagocytose of fagocyten.

fagocytine een globuline i.h. cytoplasma van leukocyten, met verondersteld bactericide werking.

fagocytolyse zie fagolyse.

fagocytose opneming van exogene vaste partikels via de celmembraan naar het inwendige v.d. cel. • **erytro~** opname door de cellen v.h. reticulo-endotheliale systeem van celresten die vrijkomen bij het uiteenvallen van oude of beschadigde rode bloedcellen.

fagolyse oplossing of vernietiging van fagocyten.

fagolysosoom cellulair organel, ontstaan door versmelting v.e. fagosoom met een (primaire) lysosoom.

fagosoom i.e. fagocyt liggende vacuole die een opgenomen partikel bevat.

failure [E] insufficiëntie, falende werking. • **backward ~** stuwing a.g.v. pompfalen v.d. rechter of linker hartkamer. • **forward ~** [E] theorie ter verklaring v.d. verschijnselen bij hartinsufficiëntie: door gebrekkige pompwerking v.d. (rechter of linker) hartkamer neemt de vulling v.d. afvoerende arteriën af, met zout- en waterretentie a.g.v. verminderde nierdoorstroming. • **high-output ~** onvoldoende bloedtoevoer voor de weefselbehoefte ondanks een groot hartminuutvolume.

failure to thrive (FTT) [E] ernstige groeivertraging bij jong kind.

fakitis ontsteking v.d. ooglens.

falangisatie operatieve scheiding van met elkaar vergroeide vingers (tenen).

falangose zie trichiase.

falanx vingerlid (teenlid); vingerkootje (teenkootje). • **delta~** aanlegstoornis i.d. tubulaire botten door abnormale groei v.d. proximale epifyse. • **phalanx distalis digitorum pedis** eindkootje v.e. teen. • **phalanx distalis digitorum manus** eindkootje v.e. vinger. • **phalanx media digitorum ma-**

nus middenkootje v.e. vinger (de duim heeft geen middenkootje). • **phalanx media digitorum pedis** middenkootje v.e. teen (de grote teen heeft geen middenkootje). • **phalanx proximalis digitorum manus** basiskootje (proximaal kootje) v.e. vinger. • **phalanx proximalis digitorum pedis** basiskootje (proximaal kootje) v.e. teen.

falciformis sikkelvormig; vb. processus falciformis, ligamentum falciforme.

falciparus *zie Plasmodium falciparum*.

falen | hart~ *zie* hartfalen. • **multiorgaan~** (MOF) vrijwel gelijktijdige uitval v.e. aantal levensbelangrijke organen: nieren, bijnieren, lever, longen, alvleesklier en hart. • **nier~** nierinsufficiëntie met een glomerulaire filtratiesnelheid van <15 ml/min. • **orgaan~** *zie* multiorgaan~. • **pomp~** *zie* hartfalen. • **therapie~** het niet aanslaan v.e. (farmacotherapeutische) behandeling.

fallacy [E] (med. statistiek, epidemiol.) ongeldige redenering. • **ecological ~** [E] (med. statistiek, epidemiol.) ten onrechte projecteren van verbanden op populatieniveau naar individueel niveau.

fallectomie amputatie v.d. penis.

fallisch m.b.t. de fallus, penis; vb. fallisch symbool.

fallisch-narcistisch karakter *zie* donjuanisme.

fallodynie pijn i.d. penis.

Fallopio | fallopiusring nylon ringetje waarmee tijdens een laparoscopie een lus v.d. tuba wordt afgesloten. • **tuba Fallopii** *zie* tuba uterina.

Fallot | tetralogie van ~ aangeboren hartaandoening, bestaande uit vier afwijkingen: ventrikelseptumdefect (VSD), overrijdende aorta, pulmonalisstenose en (als gevolg) hypertrofie v.d. rechter hartkamer. • **trilogie van ~** (obsolete term) aangeboren hartanomalie met drie afwijkingen: pulmonalisstenose, boezemseptumdefect, hypertrofie v.d. rechter hartkamer.

fallus *zie* penis. • **neo~** plastisch-chirurgisch gevormde penis.

falset bij mannen het hoogste register v.d. stem.

falsus onecht, vals; vb. ankylosis falsa; syn. spurius.

falx sikkelvormige bindweefselplaat.

fames *zie* honger.

familiair 1 (genetica) betrekking hebbend op naaste bloedverwanten; **2** (epidemiol.) i.e. familie met hogere frequentie voorkomend dan onder de doorsneebevolking.

familiaire primaire lecithine-cholesterolacyltransferasedeficiëntie autosomaal-recessieve enzymdeficiëntie met gestoorde vetzuuroverdracht.

familiale honingraatchoroïditis *zie* choroïditis | doyne~.

familie 1 (microbiol.:) taxonomische groep van bacteriën; **2** (genetica, sociologie:) o.i.v. het Engelse *family* = 'gezin' wordt het woord vaak gebruikt waar i.h. Nederlands 'gezin' bedoeld wordt.

Fanconi | fanconisyndroom 1 tubulusstoornis, bestaande uit terugresorptie van aminozuren, door afzetting van cystine i.d. niertubuli; bij ernstige vorm leidt nierinsufficiëntie vóór het tiende jaar tot de dood, bij minder ernstige vorm treedt o.a. troebeling van cornea en conjunctiva op; **2** *zie* anemie | fanconi~.

fantasme optische zinsbegoocheling.

fantoom 1 *zie* fantasme; **2** model v.e. lichaamsdeel (ev. met beweegbare onderdelen) voor oefendoeleinden bij geneeskundig of verpleegkundig onderwijs.

FAP (familiaire polyposis coli) *zie* polyposis coli.

faradisatie toepassing v.d. faradische stroom (inductiestroom) ter prikkeling van spieren of zenuwen.

farmaceut apotheker.

farmacie wetenschap v.d. apotheker, kennis v.d. geneesmiddelen en hun bereiding. • **klinische ~** patiëntgerichte farmacie waarbij het accent ligt op farmaceutische zorg aan de individuele patiënt met oog voor rationele en gebruiksvriendelijke farmacotherapie.

farmacodynamiek leer v.d. farmacologische effecten v.e. stof op het lichaam.

farmaco-economie vakgebied dat zich bezighoudt met de relatie tussen de kosten v.e. medicijn en de werkzaamheid en effectiviteit ervan in relatie tot andere geneesmiddelen.

farmacogeen veroorzaakt door een geneesmiddel.

farmacognosie de leer v.d. kenmerken der geneesmiddelen.

farmacokinetiek leer die zich bezighoudt met de wijze waarop een farmacon i.h. lichaam wordt omgezet.

farmacologie geneesmiddelenleer. • **receptor~** leer v.d. geneesmiddelen die hun werking uitvoeren door zich te binden aan receptoren.

farmacon geneesmiddel, medicament. • **radio~** radionuclide bevattende stof die wordt toegepast i.d. diagnostiek of therapie v.e. bepaalde aandoening.

farmacopee door de overheid vastgesteld handboek met wetskracht over de kwaliteit van grondstoffen en geneesmiddelen; vooral in gebruik bij de fabrieksmatige bereiding van geneesmiddelen; in Nederland is de Europese Farmacopee, vastgesteld door de Europese Commissie, van kracht in verband met het internationale karakter v.d. farmaceutische industrie.

farmacotherapeuticum zie geneesmiddel.

farmacotherapeutisch overleg (FTO) gestructureerd overleg tussen huisartsen en apothekers op lokaal niveau waarbij zij afspraken maken over het voorschrijven van geneesmiddelen met tot doel het geneesmiddelengebruik te rationaliseren; Nederland telt ruim 800 FTO-groepen van gemiddeld tien personen, die jaarlijks gemiddeld zes bijeenkomsten houden.

farmacotherapie medische behandeling met een of meer geneesmiddelen.

farmer's lung [E] boerenlong.

Farre's white line zie lijn | farre~.

fartlektraining vorm van aerobe training gebaseerd op wisseling in loopsnelheid.

faryng- voorvoegsel in woordsamenstellingen m.b.t. de keel.

faryngeaal m.b.t. de farynx.

faryngectomie (gedeeltelijke) verwijdering v.d. farynxwand, bijv. bij maligne tumor.

faryngisme zie spasme | faryngo~.

• **faryngitis** ontsteking v.d. farynx; treedt vaak op in combinatie met chronische bovenste luchtweginfectie, m.n. rinitis; indeling: acuut en chronisch; onderscheid tussen acute faryngitis en acute tonsillitis is niet van belang omdat het om dezelfde verwekkers gaat en de ontsteking een vergelijkbaar beloop heeft; bijzondere vorm van chronische faryngitis is atrofische rinofaryngitis (ozaena). • **adeno~** ontsteking v.d. tonsillen en de farynx. • **naso~** ontsteking v.h. slijmvlies en/of het lymfatisch weefsel i.d. nasofarynx. • **pharyngitis acuta** acute, meestal virale ontsteking v.d. farynx. • **pharyngitis follicularis** ph. met roodheid en zwelling v.d. lymfefollikels. • **pharyngitis granulosa** chronische ph. met vorming van korrels (gezwollen lymfefollikels). • **pharyngitis herpetica** acute f. met vorming van blaasjes. • **pharyngitis keratosa** vorming van hoornkegeltjes van epitheelcellen op de lymfefollikels i.d. keelholte. • **pharyngitis sicca** atrofische f. met uitdroging en korstvorming. • **retro~** ontsteking v.d. retrofarynx. • **rhinopharyngitis atrophicans chronica** zie ozaena. • **rhinopharyngitis mutilans** zie gangosa. • **rino~** ontsteking v.d. slijmvliezen van neus en farynx.

faryngocele zie zenkerdivertikel.

faryngoplastiek zie plastiek | farynx~. • **uvulopalato~** operatieve ingreep waarbij de uvula en een reep v.h. palatum molle worden verwijderd, zodat de keelruimte groter wordt.

faryngorinoscopie zie rinoscopie | rhinoscopia posterior.

faryngotomie het operatief openen v.d. farynx.

faryngotonsillitis ontsteking van farynx en tonsillen.

farynx de achter de neusholte en mondholte gelegen keelholte, met openingen naar de slokdarm en naar de larynx. • **epi~** bovenste deel v.d. farynx. • **hypo~** pars laryngea pharyngis. • **meso~** pars oralis pharyngis. • **naso-oro~** het geheel dat wordt gevormd door de pars oralis pharyngis en de pars nasalis pharyngis. • **oro~** deel v.d. farynx dat wordt begrensd door palatum molle aan craniale zijde, door larynx aan anterocaudale zijde en door hypofarynx aan laterocaudale zijde. • **retro~** het achterste deel v.d. farynx. • **rino~** zie naso~.

fascia 1 bindweefselvlies of blad dat spier of spiergroep bedekt; 2 verband; vb. fascia spiralis. • **denonvilliersfascie** bindweefselplaat die rectum en prostaat scheidt. • ~ **endothoracica** een losse beweeglijke bindweefsellaag tussen pleura parietalis en borstwand. • ~ **lata** fascie die de spieren v.h. bovenbeen omhult. • ~ **pharyngobasilaris** het bovenste, uit bindweefsel bestaande deel v.d. slokdarmwand. • ~ **plantaris** stevige fascie v.h. tuber calcanei naar de tenen. • ~ **spermatica interna** (tunica vaginalis communis): de onder de m. cremaster gelegen omhulling van testis en epididymis. • ~ **transversalis** een fascie tussen perito-

neum en buikspieren.
fasciculair betrekking hebbend op fasciculi.
fasciculaire trekkingen *zie* fibrillaire trekkingen.
fascicularis bestaande uit bundels, vezels; vb. neuroma fasciculare.
fasciculatie in rust spontaan optredende niet-ritmische contracties van spiervezels die tot een motor unit behoren.
fasciculatus bundels bevattend, i.d. vorm van bundels, bundelsgewijs gerangschikt, gebundeld; vb. zona fasciculata.
fasciculosus lijkend op een bundeltje; vb. keratitis fasciculosa.
fasciculus bundel van spier- of zenuwvezels. • **fasciculi corticothalamici** vezels uit allerlei gedeelten v.d. hersenschors naar de verschillende thalamuskernen. • **fasciculi longitudinales** bindweefselvezels tussen het axis-lichaam en de voorrand v.h. foramen magnum. • **~ subcallosus** vezels v.d. frontale kwab, onder het corpus callosum door naar de nucleus caudatus lopend.
• **fasciculi thalamocorticales** vezelbanen tussen thalamus en hersenschors. • **uncinatus** associatievezels tussen het onderste deel v.d. frontale kwab en het voorste deel v.d. temporale kwab.
fascie *zie* fascia.
fasciitis ontsteking v.d. fascie die een spiergroep bedekt alsmede v.h. aangrenzende onderhuidse bindweefsel. • **eosinofiele ~** *zie* fasciitis eosinophilica. • **~ eosinophilica** combinatie van diffuse f., hypergammaglobinemie en eosinofilie. • **~ necroticans** progressief verlopende, zich zeer snel uitbreidende ontsteking v.d. fascie met secundaire necrose v.d. subcutane weefsels.
• **~ nodularis** goedaardige tumor v.d. weke delen in tumor i.d. bovenste extremiteit, romp of nek van jonge volwassenen. • **necrotiserende ~** *zie* fasciitis necroticans.
• **~ plantaris** pijnlijke aanhechtingsplaats v.d. fascia plantaris aan het hielbeen.
fascikel *zie* fasciculus.
Fasciola geslacht der leverbotten. • **~ hepatica** parasiet i.d. galgangen van zoogdieren, ook v.d. mens.
fasciola (obsolete anat. term) smalle band.
fasciolaris bandvormig; vb. gyrus fasciolaris.
Fasciolopsis een genus v.d. klasse *Trematoda*.
fasciotomie incisie v.e. fascia.
fase 1 periode van ontwikkeling, stadium van ontwikkeling; 2 ziektestadium; 3 verschijningsvorm. • **anagene ~** *zie* anageen stadium. • **continue ~** niet-veranderende toestand/vorm v.e. stof; bijv. vaste fase, vloeibare fase. • **disperse ~** toestand waarbij een stof fijn verdeeld is i.e. andere stof.
• **eclips~** periode na penetratie en ontmanteling v.v. virus i.d. cel. • **folliculaire ~** *zie* proliferatie~. • **gastrische ~** fase na het nuttigen v.e. maaltijd waarin de ontstane lage pH de secretie v.h. maagzuurstimulerende hormoon gastrine en daarmee de maagzuursecretie remt. • **G$_0$-~** stadia v.d. celcyclus. • **interactie~** (seksuol.) fase tijdens seksueel contact met een partner waarin de lust sterk wordt gestuurd door de wederzijdsheid v.h. seksuele gedrag. • **intestinale ~** deel v.d. maagzuursecretie waarin de secretie wordt gestimuleerd door de aanwezigheid van voedsel i.h. duodenum.
• **logaritmische ~** de periode van bacteriële vermeerdering waarin deze eenparig is en de delingstijd kort en constant. • **luteale ~** periode i.d. menstruele cyclus tussen de ovulatie en het begin v.d. volgende menstruatie. • **negatieve ~** 1 periode waarin iets afneemt of ontbreekt; 2 de eerste periode na een actief immuniserende injectie, waarin nog geen antistoffen zijn gevormd en de vatbaarheid juist verhoogd is. • **oestrogene ~** *zie* proliferatie~. • **premenstruele ~** de week voorafgaande aan de menstruatie. • **preovulatoire ~** *zie* proliferatie~. • **progestatieve ~** *zie* secretiefase. • **proliferatie~** opbouwfase v.h. endometrium i.d. eerste helft v.d. menstruele cyclus. • **refractaire ~** (fysiol.) korte periode na een depolarisatie van bijv. de hartspier waarin deze nog niet of moeilijk prikkelbaar is. • **solo~** (seksuol.) fase i.h. seksueel contact met een partner waarin, vooral om het orgasme te bereiken, de aandacht meer naar binnen gericht is. • **terminale ~** de laatste weken i.h. leven v.e. terminaal zieke persoon (ter onderscheiding v.d. 'stervensfase', de laatste uren v.h. leven v.e. stervende persoon).
faseonderzoek | **fase-I-onderzoek** farmacologisch onderzoek waarbij een geneesmiddel voor het eerst wordt geïntroduceerd bij mensen nadat het op dieren is getest. • **fase-II-onderzoek** farmacologisch onderzoek waarbij men vooral de werkzaamheid v.e. nieuw geneesmiddel beoordeelt bij een klein aantal patiënten. • **fase-**

III-onderzoek onderzoek waarbij grotere groepen patiënten zijn betrokken en de werkzaamheid en veiligheid v.h. geneesmiddel verder worden onderzocht, gewoonlijk i.d. vorm v.e. randomized controlled trial (RCT). • **fase-IV-onderzoek** onderzoek dat plaatsvindt nadat het geneesmiddel is geregistreerd en op de markt gebracht is.

fastidium afkeer, weerzin. • ~ **cibi** afkeer van spijzen. • ~ **vitae** afkeer v.h. leven.

fastigium 1 (pathol.) hoogste waarde i.e. temperatuurcurve; **2** (pathol., ziekteverloop) zie crisis; **3** (anat.) uitspringend gedeelte v.h. dak v.d. vierde hersenventrikel i.d. richting v.h. cerebellum.

fataal noodlottig.

fatische stoornis afasie, alexie of agrafie.

fatty streak [E] lokale stapeling van schuimcellige macrofagen en lymfocyten i.d. intima v.d. vaatwand, leidend tot een extracellulaire stapeling van lipiden.

fauces keel, keelgat.

faucium zie fauces.

fauna de dierenwereld, het dierenbestand i.e. bepaalde streek.

faun's tail behaard stuk huid ter hoogte v.d. lumbale wervelkolom.

fausse route [F] foute weg (perforatie) die men met een instrument maakt als men deze i.e. lumen opschuift.

favisme overgevoeligheid voor tuinbonen.

favus bijzondere vorm van tinea capitis. • ~ **barbae** favus v.d. baardhuid. • ~ **capitis** favus v.h. (behaarde) hoofd.

FcER Fc-receptor voor immunoglobuline-E.

FD zie lipoproteïnemie | familiaire dysbèta-~.

FDHP first-day-of-hyperthermia plateau.

FdU-synchronisatie zie fluorodeoxyuridinesynchronisatie.

febriel 1 door koorts veroorzaakt; vb. febriele proteïnurie; **2** met koorts gepaard gaand.

febrifugum koortsverdrijvend middel.

febrifugus koortsverdrijvend.

febrilis koortsig, met koorts gepaard gaand.

febris zie koorts. • ~ **e causa ignota** zie koorts e.c.i. • ~ **continua** aanhoudende koorts. • ~ **biliosa et haemoglobinurica** zie koorts | zwartwater-. • ~ **paratyphoidea** zie tyfus | para-. • ~ **quintana** zie koorts | vijfdedags-. • ~ **traumatica** zie koorts | wond-. • ~ **typhoidea** zie tyfus | buik-. • ~ **uveoparotidea** zie syndroom | heerfordt-. • ~ **intermittens** koortstype dat wordt gekenmerkt door perioden met hoge lichaamstemperatuur, afgewisseld door perioden met normale of subnormale temperatuur. • ~ **puerperalis** zie koorts | kraamvrouwen-. • ~ **quartana** vierdedaagse koorts. • ~ **recurrens 1** koorts die met koortsvrije tussenpozen van ongelijke duur telkens opnieuw verschijnt; **2** infectieziekte die wordt veroorzaakt door Borrelia recurrentis en Borrelia duttoni. • ~ **remittens** koortstype dat wordt gekenmerkt door schommelingen in temperatuur >1°C en minimumtemperatuur >37°C. • ~ **tertiana** derdedaagse koorts, malaria tertiana. • ~ **undulans 1** koortstype met wekenlange koortsvrije perioden, langzaam stijgende en weer langzaam dalende temperatuur; **2** brucellose.

fecaal m.b.t. ontlasting; vb. incontinentia faecalis.

fecaliën zie feces.

fecaloïd op feces gelijkend.

feces massa die bij darmontlasting wordt uitgescheiden. • **acholische** ~ ontkleurde ontlasting bij totale afsluiting v.d. galwegen. • **bloedige** ~ bloedige ontlasting. • **rijstwater**~ zie diarree | rijstwater-. • **stopverf**~ ontkleurde en vettige ontlasting. • **teer**~ zie melena.

fecesretentie het te lang vasthouden v.d. ontlasting.

feculent fecesachtig.

fecundatie bevruchting. • **super**~ bevruchting van twee eicellen uit dezelfde ovulatieperiode op twee verschillende momenten. • **fecundatio artificialis** kunstmatige bevruchting.

fede-rigazweer traumatisch zweertje v.d. tongriem bij het nog zuigende kind, als de onderste snijtanden doorbreken.

feedback [E] terugkoppeling.

fehlleistung [D] foutieve handeling of vergissing waarvoor bij nader onderzoek een (verborgen, onbewust) motief blijkt te bestaan.

fel zie gal. • ~ **tauri** rundergal.

felleus betrekking hebbend op gal (fel); vb. calculus felleus, vesica fellea.

felypressine vasopressine waarin tyrosine vervangen is door fenylalanine.

female genitale mutilation [E] zie besnijdenis | vrouwen-.

femininus vrouwelijk; vb. pseudohermaphroditismus femininus, pudendum femininum.

feminisatie ontwikkeling van secundaire vrouwelijke geslachtskenmerken bij de man.

femora *zie* femur.

femoralis m.b.t. het femur (de dij); vb. canalis femoralis, trigonum femorale.

femoris gen. van femur; vb. os femoris.

femto- (f) 10^{-15} 1 fl (femtoliter) = 10^{-15} liter.

femur 1 het deel v.h. been v.h. heupgewricht tot de knie; **2** (in engere zin) *zie* os femoris.

femurknijpsymptoom bij meningitispatiënten veroorzaakt stevig knijpen vlak boven de condylus medialis ossis femoris een hevige uiting van pijn, zelfs bij comateuze patiënten.

femurkop 'heupkop' is een gangbare verhaspeling van 'femurkop'/'dijbeenkop' en 'heupgewricht' *zie* caput ossis femoris.

femurkop-halsresectie volgens Girdlestone chirurgische verwijdering van caput en collum femoris bij infectie of losraken van femurkopprothese.

femurkopnecrose afsterving van botweefsel v.h. caput ossis femoris.

fen kenteken, element v.h. uiterlijk dat het gevolg is van overerving.

fenacetine een analgeticum/antipyreticum uit de fenetidinegroep.

fenestra venster, opening. • **~ cochleae (rotunda)** ronde opening, afgesloten door de membrana tympani secundaria, aan het eind v.d. scala tympani. • **~ vestibuli (ovalis)** ovale opening, door de stijgbeugelplaat afgesloten, i.d. labyrintwand.

fenestra ovalis *zie* fenestra vestibuli (ovalis).

fenestratie 1 (kno-heelkunde) (obsolete) operatie bij doofheid a.g.v. otosclerose; **2** het maken v.e. opening i.e. circulair gipsverband bij vermoeden van decubitus.

fenokopie het verschijnsel dat iemand een ziekte ontwikkelt in afwezigheid v.d. genetische mutatie.

fenol ontsmettingsmiddel.

fenoliseren het deponeren v.e. kleine hoeveelheid fenol in spier of zenuw ter behandeling van spasticiteit.

fenomeen verschijnsel, symptoom. • **arthus~** plaatselijke allergische reactie door vorming van allergeen-antistofimmuuncomplex. • **aschner~** bij druk op de oogbol wordt de pols langzamer, daalt de bloeddruk en ontstaat soms misselijkheid. • **auspitz~** opwekken van puntbloedinkjes door krabben aan een psoriasisplaque. • **bonhoeffer~** verlies van spiertonus (hypotonie) bij extrapiramidale hyperkinesie, bijv. chorea. • **cut-off-~** het verdwijnen v.d. anesthetische activiteit van inhalatieanesthetica wanneer deze een te grote hydrofobe groep bevatten. • **dawn phenomenon** [E] te hoge nuchtere bloedglucosewaarde i.d. ochtend t.g.v. tekort aan insuline i.d. nanacht bij diabetespatiënten die insuline gebruiken. • **deurknop~** verschijnsel waarbij de primaire of een geheel andere contractreden pas duidelijk wordt uitgesproken aan het einde v.e. consult. • **doll's head phenomenon** [E] ter beoordeling v.d. abductie bij kleine kinderen met congenitaal strabismus wordt één oog afgedekt en het hoofd naar die kant bewogen; hierdoor gaat het andere oog gewoonlijk abduceren; het fenomeen blijft uit bij paralytisch scheelzien. • **driepoot~** het bij acute meningitis soms voorkomende verschijnsel dat de patiënt bij het zitten de rug niet sterk wil buigen en om deze te ontlasten de handen tot steun achter zich plaatst. • **duimdruk~** *zie* thumbprinting. • **dying-back phenomenon** [E] degeneratie v.e. neuron, beginnend i.d. periferie v.e. axon en zich uitbreidend i.d. richting v.d. cel. • **epi-~ 1** een niet-obligaat verschijnsel bij een ziekte, een bijverschijnsel; **2** een objectief waarneembaar verschijnsel dat niet gepaard gaat met ziekte. • **extinctie~** fenomeen dat bij gelijktijdige toediening van prikkels links en rechts, één v.d. twee prikkels niet wordt waargenomen. • **facial s~** bij tetanie contraheren alle door de n. facialis geïnnerveerde spieren indien men krachtig van boven naar beneden over het gelaat strijkt. • **~ van Arthus** *zie* arthus~. • **~ van Auspitz** *zie* auspitz~. • **~ van Marcus Gunn** *zie* gunn~. • **~ van Raynaud** *zie* raynaud~. • **~ van Straus** *zie* symptoom | straus-~. • **fibularis~** dorsale flexieen pronatie v.d. voet bij bekloppen v.d. n. fibularis achter het caput fibulae. • **gunn~** congenitale afwijking, vaak unilateraal, met aangeboren oogliedptosis en opheffing v.h. ooglid telkens als de mond wordt geopend. • **hieldruk~** verschijnsel waarbij een been, t.g.v. v.e. niet-organische verlamming, bij een poging tot overeindkomen uit liggende houding zonder steun d.h. handen slap blijft liggen of wordt omlaaggeduwd; bij een centrale parese gaat het zieke been omhoog. • **jodium-**

basedow~ thyreotoxicose a.g.v. blootstelling aan veel (an)organisch jodium.
• **kikker~** pulseren van aderen i.d. hals bij een AV-nodale re-entrytachycardie en soms bij het syndroom van Wolff-Parkinson-White. • **knipmes~** bij passieve rekking v.e. spier aanvankelijk toenemende weerstand die plotseling verdwijnt. • **koperdraad~** Beeld van arteriën bij oogspiegelonderzoek v.e. oogfundus met tweede- tot derdegraadsvaatsclerose. • **kurkentrekker~** symptoom bij patiënt met rugklachten waarbij deze vanuit gebogen houding met een schroefbeweging v.h. bovenlichaam overeind komt. • **LE-cel~** in-vitro-antistofreactie tegen kerneiwitten v.d. erytrocyt die vrijgekomen zijn bij schade aan de cel door bloedafname. • **LE~** aanwezigheid van LE-cellen i.h. bloed v.e. patiënt met lupus erythematodes. • **lodenpijp~** zeer trage beweging v.d. ledematen. • **lucio~** leprareactie i.d. vorm van plaques met necrose, gevolgd door ulcera. • **marcus-gunn~** zie gunn~.
• **neumann~** grootslagige vestibulaire nystagmus naar de zieke kant als aanwijzing dat er een abces is i.d. kleine hersenen.
• **ondergaandezon~** verschijnsel bij congenitale hydrocefalie dat de oogbollen naar beneden draaien, zodat het wit aan de bovenzijde zichtbaar is. • **ortolani~** zie handgreep van Ortolani. • **peroneus~** snelle abductie (pronatie) v.d. voet bij beknoppen v.d. n. peroneus superficialis bij het fibulakopje. • **pianotoets~** verschijnsel v.h. indrukken en opveren v.h. sleutelbeen als bij een pianotoets. • **pomp~** bij aangeboren heupluxatie kan het l.d. heup en de knie gebogen been, bij gefixeerd bekken, op en neer worden geschoven. • **prikkel~** zie Köbner | köbnerfenomeen. • **prozone~** verschijnsel van negatieve serologische reactie bij lage serumverdunningen, veroorzaakt door antistofovermaat of blocking antibodies. • **radialis~** dwangmatige dorsale flexie v.d. hand bij buiging v.d. vingers (vuist maken). • **raynaud~** typische verkleuring v.d. huid bij de acra, waarbij de huid eerst bleek, daarna blauw en ten slotte rood wordt (wit-blauw-rood = tricolorfenomeen), gewoonlijk onder invloed van kou.
• **R-op-T~** QRS-complex op het ecg dat ontstaat voordat de repolarisatie v.h. voorgaande complex is voltooid. • **scheerstoel~** verschijnsel waarbij bij (langdurig) achteroverbuigen v.h. hoofd een plotselinge bewusteloosheid ontstaat.
• **strassmann~** na geboorte v.h. kind kan de loslating v.d. placenta worden herkend door licht te kloppen op de fundus uteri terwijl men de navelstreng met de andere hand vasthoudt; plant het kloppen zich voort tot i.d. navelstreng, dan zit de placenta nog vast. • **sunset phenomenon** zie ondergaandezon~. • **tandrad~** bij passieve buiging v.e. gewricht (meestal de elleboog of de pols) ondervindt men een saccaderende weerstand, alsof de gewrichtsvlakte een tandrad was. • **tibialis~** contractie v.d. m. tibialis anterior bij krachtige buiging v.h. bovenbeen. • **triceps~** contractie v.d. m. triceps brachii bij bekloppen van zijn pees.
• **tricolor~** zie Raynaud~. • **voet~** (in neurol.:) paradoxe spiercontractie; bij passieve dorsale flexie v.d. voet volgt een tonische contractie v.d. bij de buiging verslapte spieren, vooral v.d. m. tibialis anterior. • **voet~ van Erb-Westphal** geheel of bijna geheel ontbreken v.d. kniepeesreflex bij tabes dorsalis. • **wasbord~** hoorbaar en voelbaar schuiven van exostosen, bijv. over de ribben.
• **wechsberg-neisser~** zie Neisser | neisserwechsbergfenomeen. • **zilverdraad~** waarneming bij oogspiegelonderzoek v.e. oogfundus met ernstige derdegraadsvaatsclerose dat de arteriën eruitzien als dunne, wit glanzende lijntjes, lijkend op zilverdraad.

fenomenologie de bestudering van fenomenen.

fenotype verschijningsvorm bij een bepaalde erfelijke constitutie.

fenotypisch m.b.t. het fenotype; tegenstelling: genotypisch.

Fenwick | ziekte van ~ primaire atrofie v.d. maag.

fenylalanine een v.d. essentiële (onmisbare) aminozuren.

fenylaninehydroxylase leverenzym dat fenylalanine in tyrosine omzet.

feochromocyt chroomaffiene cel.

feochromocytoom tumor v.d. chroomaffiene cellen i.h. bijniermerg.

feochroom zich donker kleurend met chroomzouten, chroomaffien.

feoderma verdikte huid die door uitdroging donker getint is, hetgeen voor vuil wordt aangezien.

ferment zie enzym.

fermentatie 1 (i.h.alg.) omzetting van stof-

fen onder invloed van enzymen (fermenten); 2 (i.e.z.) gisting.
feromonen vluchtige stoffen die door een individu worden geproduceerd en in uiterst geringe hoeveelheden bij een ander individu een specifieke reactie teweegbrengen.
ferratacel *zie* blast | hemohistio-.
ferriprief gekenmerkt door ijzergebrek; vb. f-ieve anemie.
ferritine een in alle weefsels voorkomend ijzer-eiwit(apoferritine)-complex, een metalloproteïne.
ferrofumaraat oraal ijzerpreparaat.
ferroprotoporfyrine *zie* heem.
ferrosulfaat oraal ijzerpreparaat.
ferrugineus 1 ijzer- of roestbevattend; 2 roestkleurig; vb. substantia ferruginea.
fertiel vruchtbaar.
fertilisatie *zie* conceptie. • **in-vitro~** *zie* in-vitrofertilisatie. • **re~** na sterilisatie weer doorgankelijk maken v.d. tubae uterinae bij de vrouw c.q. de vasa deferentia bij de man.
fertiliteit het (vermogen tot) voortbrengen van levende nakomelingen. • **sub~** *zie* subfertiliteit.
fertiliteitsonderzoek onderzoek naar de oorzaak van verminderde vruchtbaarheid bij een paar met ongewenste kinderloosheid; bij de man is het onderzoek gericht op een zaadanalyse en bij de vrouw vooral op het optreden v.e. ovulatie (menstruatiecyclusonderzoek) en de doorgankelijkheid v.d. eileiders.
fertiliteitsstoornis afwijking i.e. v.d. organen, weefsels of weefselproducten die betrokken zijn bij de voortplanting, waardoor een gewenste zwangerschap uitblijft.
FES functionele elektrostimulatie.
festinatie lopen met korte en snelle pasjes, op trippelende wijze.
fetalis *zie* foetalis.
fetidus *zie* foetide.
fetisjisme parafilie m.b.t. aanblik of betasting van bepaalde niet-genitale lichaamsdelen of voorwerpen.
FEV (forced expiratory volume) *zie* volume | geforceerd expiratoir ~.
fever [E] koorts. • **cat-scratch** ~ *zie* ziekte | kattenkrab~. • **dandy** ~ *zie* dengue. • **desert** ~ [E] *zie* coccidioïdomycose. • **drug** ~ *zie* koorts | geneesmiddelen~. • **forest** ~ *zie* dengue. • **Mediterranean spotted** ~ *zie* koorts | tekenbeet~. • **Q** ~ *zie* koorts | Q~. • **query** ~ *zie* koorts | Q~. • **ratbite** ~ *zie* ziekte | rattenbeet~. • **Rocky-Mountain spotted** ~ [E] *zie* koorts | tekenbeet~. • **sandfly** ~ *zie* koorts | pappataci~. • **San Joaquin Valley** ~ *zie* coccidioïdomycose. • **typhoid** ~ *zie* tyfus typhus abdominalis.
FFA (Free Fatty Acids) vrije vetzuren.
f-factor *zie* factor | fertiliteits~.
FFH familiaire hypocalciurische hypercalciëmie.
F-18-fluorodeoxyglucose (F-18-FDG) radionuclide.
FFP (fresh frozen plasma) *zie* plasma | vers bevroren ~.
F2-fragment | F(ab')2-fragment fragment v.e. IgG-antilichaam dat ontstaat na splitsing in tweeën.
FGH *zie* hyperlipidemie | familiaire gecombineerde ~.
FHA focus-huidafstand.
FHTG familiaire hypertriglyceridemie.
fibertypedisproportie spierzwakte vanaf de geboorte.
fibra vezel (bindweefsel-, spier-, zenuwvezel).
fibre [E] *zie* vezel | voedings~s.
fibreus uit bindweefsel bestaand, met bindweefselvorming gepaard gaand.
fibril fijne vezel. • **myo~len** parallelle reeksen van aaneengeschakelde contractiele eenheden in spiervezels. • **primitieve ~len** de fijnste vezels waaruit zenuw- en spiervezels zijn opgebouwd. • **tono~len** fijne fibrillen i.h. protoplasma, opgevat als steun of geraamte v.d. cel.
fibrillair uit fibrillen bestaand, betrekking hebbend op fibrillen.
fibrillaire trekkingen kortdurende contracties van enkele bundels spierfibrillen.
fibrillatie onregelmatige en asynchrone elektrische activiteit van hartspiergedeelten, niet of amper tot contractie leidend. • **boezem~** *zie* atriumfibrillatie. • **paroxismale atrium~** aanvalsgewijs optredend atriumfibrilleren dat via natuurlijke weg weer i.e. sinusritme overgaat. • **ventrikel~** (VF) fibrilleren v.d. kamerspier; NB: het syn. 'voorkamerfibrilleren (VKF)' wordt uitsl. in België gebruikt.
fibrinatie massale intravasculaire stolling.
fibrine eiwitvezel; oplosbaar of onoplosbaar fibrine.

fibrinedegradatieproduct product dat ontstaat na afbraak van fibrine i.e. stolsel door plasmine.

fibrinelijm oplossing v.e. sterk geconcentreerd fibrinogeen om wondranden te laten verkleven.

fibrinepolymeren lange ketens van fibrinemonomeren.

fibrineus fibrine bevattend; vb. f-euze ontsteking; NB: niet verwarren met 'fibreus'.

fibrinevorming omzetting van fibrinogeen in fibrine o.i.v. trombine en factor XIII.

fibrinogeen *zie* bloedstollingsfactor I.

fibrinogenolyse de 'oplossing' of inactivering v.h. fibrinogeen i.h. bloedplasma.

fibrinoïd lijkend op fibrine; vb. f-de degeneratie.

fibrinolyse enzymatische splitsing (en 'oplossing', lysis) van fibrine.

fibrinolysine 1 fibrinesplitsend enzym; 2 een fibrinesplitsend bacterieproduct.

fibrinolyticum *zie* trombolyticum.

fibrinolytisch fibrine oplossend.

fibrinoplastine een i.h. serum voorkomend eiwit dat samen met trombine de fibrinevorming aanzet.

fibrinosus fibrineus; vb. chorditis fibrinosa, sputum fibrinosum.

fibro- voorvoegsel in woordverbindingen betreffende vezels of vezelig bindweefsel.

fibroadenie toeneming van bindweefsel i.d. milt, o.a. bij de ziekte van Banti.

fibroadenomatose aanwezigheid van multipele fibroadenomen, bijv. bij de ziekte van Pringle.

fibroadenoom goedaardige tumor, bestaande uit klierelementen en bindweefsel; vb. f-ma mammae.

fibroadenose 1 fibroadenomatosis; 2 aanwezigheid van niet op neoplasma berustende noduli i.d. mamma.

fibroangioom goedaardig gezwel, uitgaande van bind- en vaatweefsel.

fibrocartilagineus bestaande uit, m.b.t. vezelig kraakbeen.

fibrocartilago vezelig kraakbeen.

fibrocyt *zie* blast | fibro~.

fibroelasticus uit elastische vezels bestaand; vb. membrana fibroelastica laryngis.

fibro-elastose proliferatie van fibreus en elastisch weefsel. • **endocardiale** ~ toename van fibro-elastisch weefsel v.h. endocard.

fibrogenesis imperfecta ossium zeldzame botafwijking met overmatige vorming van botweefsel.

fibroïd 1 (bijv. naamw.) fibreus, fibroomachtig; **2** (zelfst. naamw.) fibroom of fibromyoom.

fibrolaminair m.b.t. bindweefselschotten.

fibrolipoom menggezwel uitgaande van bind- en vetweefsel.

fibromateus m.b.t., gelijkend op een fibroom.

fibromatose vorming van multipele fibromen. • **plantaire** ~ *zie* syndroom | lederhose~. • **pseudosarcomateuze** ~ *zie* fasciitis nodularis.
 • **fibromatosis ventriculi** *zie* linitis plastica.

fibromusculair bestaande uit, of m.b.t. bindweefselvezels en spierweefsel.

fibromyalgie syndroom van chronische pijn- en stijfheidsklachten dat voldoet aan welomschreven criteri.

fibromyalgiesyndroom *zie* fibromyalgie.

fibromyoom menggezwel uitgaande van spierweefsel en bindweefsel.

fibromyxoom menggezwel uitgaande van bindweefselcellen en slijmvormende cellen.

fibronectine een aan celoppervlakken of in bloedplasma voorkomende glycoproteïne.

fibroneuroom *zie* fibroom | neuro~.

fibroom goedaardig gezwel van vezelig of celrijk bindweefsel. • **adeno-** *zie* fibroadenoom. • **angiofibroma nasopharyngeale** betrekkelijk goedaardig gezwel i.d. nasofarynx. • **angio-** angioom dat veel fibreus weefsel bevat. • **chondro-** goedaardig menggezwel, uitgaande van kraakbeen- en bindweefsel. • **fibroma chondromyxoides** *zie* ziekte van Jaffé-Lichtenstein. • **fibroma cysticum** f. met cystische degeneratie.
 • **dermato-** *zie* histiocytoom. • **fibroma cavernosum** f. met uitgezette bloedvaten.
 • **fibroma filiforme** gesteeld en zijdelings afgeplat fibroom, multipel voorkomend i.d. hals en de oksels. • **fibroma molle** fibroom, bestaand uit week celrijk bindweefsel, vnl. aan de hals voorkomend. • **fibroma molluscum** week, celrijk fibroom v.d. huid. • **fibroma nasopharyngeale** *zie* angiofibroma nasopharyngeale. • **fibroma pendulum** f. molle aan een dunne steel.
 • **fibroma teleangiectaticum** angiofibroom. • **irritatie-** ontstekingsachtige woekering, i.h.b. v.h. mondslijmvlies. • **juve-**

niel angio~ *zie* angiofibroma nasopharyngeale. • **myo~** *zie* fibromyoom. • **myxo~** *zie* fibromyxoom. • **neuro~** goedaardig bindweefselgezwel, uitgaande v.h. perineurium of het endoneurium, bestaande uit schwanncellen en fibroblastaire cellen.
• **neus-keel~** angiofibroom i.d. nasofarynx dat snel groeit en grote destructies door druk en hevige bloedingen veroorzaakt.
• **niet-ossificerend ~** goedaardige fibroblastaire afwijking die overwegend voorkomt i.h. distale metafysaire deel v.h. femur en i.d. proximale en/of distale metafyse v.d. tibia. • **osteo~** gezwel bestaande uit been- en (fibreus) bindweefsel. • **periunguaal ~** *zie* tumor | koenen~. • **plexiform neuro~** plexusvormig neurilemmoom, bestaande uit dooreengekronkelde zenuwstrengen. • **prothese~** *zie* irritatie~.
• **xanthofibroma thecocellulare** *zie* luteoom. • **xantho~** granulatiegezwel met vezelvormende cellen en schuimcellen.
fibroplasie vorming van fibreus weefsel.
• **retrolentale ~** bindweefselvorming achter de ooglens, bij hyperoxygenatie, vnl. bij premature kinderen.
fibroplasticus fibroplastisch, bindweefselvormend; vb. endocarditis parietalis fibroplastica.
fibrorabdomyoom menggezwel uitgaande van bindweefsel en dwarsgestreept spierweefsel.
fibrosarcoma ovarii mucocellulare carcinomatodes *zie* tumor | krukenberg~.
fibrosarcoom | fibrosarcoma protuberans boven de huid verheven fibrosarcoom.
fibroscoop fiberscoop, een endoscoop, bestaande uit buigzame glasvezels.
fibrose woekering van bindweefsel. • **cystic fibrosis** (CF) *zie* cystische fibrose. • **diffuse interstitiële ~** vorming van diffuse verbindweefseling v.h. longparenchym. • **endomyocard~** progressieve aandoening zowel van endo- als van myocard. • **fibrosis cystica** *zie* cystische fibrose. • **fibrosis pulmonum** *zie* longfibrose. • **long~** *zie* longfibrose. • **noduleuze subepidermale ~** *zie* dermatofibroom | dermatofibroma lenticulare. • **pijpensteel~** diffuse hyaliene wandverdikking v.d. grote vaattakken met omgevende fibrose. • **retrolentale ~** *zie* fibroplasie. • **retroperitoneale ~** chronische fibroserende ontstekingsreactie m.a.g. aantasting en retractie v.h. retroperitoneale bindweefsel.
fibrositis ontsteking van bindweefsel, i.h.b. van fasciën en spierscheden.
fibrosus fibreus, met bindweefselvorming gepaard gaande, m.b.t. bindweefsel.
fibrotisch m.b.t. fibrose.
fibula het dunste v.d. twee beenderen v.h. onderbeen.
fibularis betrekking hebbend op de fibula, bij de fibula gelegen; vb. nervus fibularis.
-ficans achtervoegsel in samengestelde adjectiva met als betekenis maken, doen worden.
-ficatie achtervoegsel in samengestelde substantieven met als betekenis 'het maken, het doen ontstaan'.
fickhalo gekleurde ring rondom een lichtpunt, verschijnsel bij dragers van contactlenzen.
fickprincipe bepaling v.h. hartminuutvolume uit het transport v.e. indicatorstof door de bloedbaan.
-fiel achtervoegsel in woordsamenstellingen met de betekenis 'geneigd tot', 'aangetrokken door'.
fièvre [F] koorts. • **boutonneuse** *zie* koorts | tekenbeet~.
FIGE (field-inversion-gel electrophoresis) field-inversion gel electrophoresis.
fight or flight [E] **1** fysiologische respons op stress waarbij gedrag gericht is op directe 'overleving': arousal, verhoogde aandacht en eventueel doelgerichte agressie; **2** (cognitieve pijntheorie) term die bij een patiënt met pijn diens passieve, wanhopige houding (flight) of diens actieve, zelfbewuste houding (fight) beschrijft.
figuratus gefigureerd, figurenvormend.
fijnstof inhaleerbare vaste partikeltjes met een aerodynamische diameter van <10 μm; vormt onderdeel van luchtverontreiniging in westerse landen, vnl. afkomstig van autoverkeer (dieselroet, autobanden, remschijven), industrie, energiecentrales, kachels, huisdieren, sigarettenrook, pollen; langdurige inhalatie leidt tot verhoogde sterfte onder patiënten met COPD, asthma bronchiale en cardiovasculaire aandoeningen.
fijt *zie* panaritium ossale.
filament draadvormig element. • **axiaal ~** de draadvormige as v.h. flagellum v.e. spermatozoön.
filamenteus *zie* filamentosus.

filamentosus draadvormig; vb. keratitis filamentosa.

fila radicularia *zie* filum | fila radicularia nervorum spinalium.

Filaria draadworm, obsolete naam v.e. geslacht v.d. orde (of superfamilie) *Filarioidea*. • ~ *bancrofti* oude naam voor *Wuchereria bancrofti*.

filariasis ziekte a.g.v. infectie met de *Filarioidea*-klasse van rondwormen (nematoden).

filaricide 1 (bijv. nw.) filariae dodend; **2** (z. nw.) een middel dat filariae doodt.

filariform lijkend op filaria.

-filie achtervoegsel in woordverbindingen betreffende een neiging, zucht, affiniteit.

filiform draadvormig; vb. f-me bougie.

filiformis filiform; vb. pulsus filiformis, papillae filiformes (mv. van filiformis).

filopodia fijne draadvormige celuitlopers die een functie vervullen bij de amoeboïde beweging v.d. cel.

Filoviridae familie van virussen die hemorragische koortsen kunnen veroorzaken.

filtratiefractie percentage v.h. door de nier stromende bloedplasma dat door de glomeruli gefiltreerd wordt en de voorurine (het ultrafiltraat) vormt.

filtratiespleet spleten van circa 25 nm breed tussen pedikels van podocyten i.d. glomeruli.

filum draad. • **fila radicularia nervorum spinalium** de wortelvezels v.d. spinale zenuwen.

fimbria 1 franjeachtig aanhangsel of uitloper aan een orgaandeel; **2** (bacteriol.) hechtorganen v.e. bacterie. • **P-~e** filamenteus aanhangsel aan bepaalde bacteriën. • **S-~e** structuur van bepaalde *E. coli*-stammen waarmee de bacterie aan sialylgalactosidereceptoren op humane erytrocyten hecht.

fimbriatus voorzien van fimbriën of franje; vb. hymen fimbriatus, plica fimbriata.

fimbriocele hernia die fimbriae v.e. eileider bevat.

fimose 1 afsluiting, vernauwing; **2** stugge vernauwing v.d. voorhuid (preputium penis) waarbij de glans niet kan worden ontbloot bij erectie en in ernstige gevallen ook in slappe toestand. • **para**~ aandoening waarbij als gevolg v.e. nauwe voorhuid de teruggetrokken voorhuid de eikel afknelt. • **phimosis ischiadica** fimose v.d. nervus ischiadicus. • **phimosis tubae** gedeeltelijke afsluiting v.h. fimbriële einde v.e. tuba uterina. • **pseudo**~ nauwe voorhuid v.d. penis zonder organische pathologie, op te vatten als een psychisch bepaalde ontwikkelingsstoornis.

final common path [E.] convergentie van verschillende zenuwvezelbanen tot één gemeenschappelijke 'route'.

finalis doelgericht; vb. causa finalis.

Finkelstein | finkelsteintest provocatietest bij het syndroom van De Quervain.

finksmethode abortusbehandeling die na de 12ᵉ, maar voor de 16ᵉ week wordt toegepast.

finsenlamp koolspitslamp die ultraviolet licht uitstraalt.

first-day-of-hyperthermia plateau (FDHP) [E] de eerste dag v.h. hyperthermie plateau i.d. basaletemperatuurcurve.

first opinion [E] beoordeling v.e. gezondheidsklacht door de eerste beoordelaar.

first-passeffect verschijnsel dat na orale geneesmiddeltoediening een deel v.d. geabsorbeerde stof bij de eerste passage door de lever wordt omgezet en dus niet de systemische circulatie bereikt, m.a.g. beperkte biologische beschikbaarheid.

first responder eerst aanwezige hulpverlener bij het slachtoffer na een melding door omstanders.

FISH *zie* fluorescentie-in-situhybridisatie.

fissipaar zich door splijting (deling) voortplantend.

fissipariteit *zie* schizogenie.

fissula spleetje.

fissura 1 (anat.) spleet; **2** (orthop. chir.:) scheur in bot; deze betekenis wordt veel verward met die van fractuur, i.h.b. door leken. • ~ **ani** kloofvormige zweer i.h. anusslijmvlies. • ~ **ossium** geringe incomplete botfractuur.

fissuratus gespleten; vb. acanthoma fissuratum.

fissus gespleten; vb. palatum fissum.

fissuur (orthop.) *zie* fissura. • **anus**~ *zie* fissura ani.

fistel 1 (pathol.) abnormale buisvormige verbinding van holle organen onderling of met de buitenwereld, of v.e. klier of v.e. abces- of verwekingsholte naar een hol orgaan of naar de buitenwereld; **2** (chir.) operatief aangelegde verbinding. • **anale** ~ *zie* anus~. • **anorectale** ~ *zie* anus~. • **anus**~ fistel, lopend v.d. anus naar ergens i.d. omgevende huid, soms blind i.h. weefsel eindigend.

• **aorto-enterale** ~ fistel tussen aorta en dunne darm, zoals deze na het plaatsen v.e. bifurcatieprothese kan ontstaan. • **arterioveneuze** ~ verbinding tussen een slagader en een ader. • **biliodigestieve** ~ inwendige fistel tussen galwegen en darm.
• **bimuceuze** ~ fistel die aan weerszijden i.e. mucosa eindigt. • **branchiogene hals~** fistel in halsregio, ontstaat uit een branchiogene cyste als overblijfsel v.e. niet-gesloten kieuwspleet. • **broncho-oesofageale** ~ fistel tussen luchtpijp en slokdarm. • **bronchopleurale** ~ verbinding tussen luchtweg en pleuraholte, meestal a.g.v. een ongeval of als complicatie van lobectomie of pneumonectomie. • **bronchus~** verbinding tussen een bronchus en een ander hol orgaan resp. het lichaamsoppervlak. • **colovaginale** ~ fistel tussen colon en vagina; kan ontstaan na een ontsteking en een operatie.
• **colovesicale** ~ fistel tussen blaas en colon; kan ontstaan na diverticulitis. • **complete** ~ f. die een volledige verbinding vormt.
• **coronaire** ~ directe verbindingen tussen een tak v.e. coronairarterie en een hartcompartiment. • **draad~** abnormale buisvormige verbinding naar de huid die kan ontstaan rond een niet-geresorbeerde hechting in onderhuids weefsel. • **fistula auris congenita** aangeboren oorfistel, meestal vóór het oor. • **fistula cervicovaginalis (laqueatica)** fistel tussen cervixkanaal en schedegewelf. • **fistula cervicovesicalis** fistel tussen baarmoederhals en urineblaas.
• **fistula colli congenita** aangeboren halsfistel, gevolg van gebrekkige sluiting v.d. 3e en 4e kieuwspleet. • **fistula oesophagobronchialis** *zie* broncho-oesofageale ~.
• **fistula oesophagotrachealis** fistel i.d. keel tussen slokdarm en luchtpijp. • **fistula externa** uitwendige fistel. • **fecale** ~ tussen colon en lichaamsoppervlak lopende f. waaruit ontlasting tevoorschijn komt.
• **fistula ileovesicalis** fistel tussen ileum en urineblaas (ontstaat soms bij de ziekte van Crohn). • **fistula lacrimalis** fistel v.d. traanzak naar de huid. • **fistula lactea** abnormale verbinding tussen een melkgang i.d. mamma en de huid. • **fistula pilonidalis** sinus pilonidalis. • **fistula rectovaginalis** fistel tussen rectum en vagina. • **fistula rectovesicalis** fistel tussen rectum en urineblaas.
• **fistula vesicovaginalis** fistel tussen urineblaas en vagina, meestal het gevolg van langdurige druk v.d. kinderschedel bij moeilijke bevalling. • **inwendige** ~ f. met uitmonding i.e. hol orgaan. • **labyrint~** aantasting v.d. benige omhulling v.e. deel v.h. evenwichtsorgaan. • **larynx~** operatieve opening i.h. strottenhoofd. • **laterale hals~** familiair aangeboren f. langs de voorrand v.d. m. sternocleidomastoideus of i.d. streek v.d. keelamandel. • **lip~** fistel waarvan de randen met slijmvlies bekleed zijn.
• **neus~** mediale fistel tussen de ossa nasalia. • **oesofagobronchiale** ~ *zie* broncho-oesofageale ~. • **oesofagotracheale** ~ open verbinding tussen oesofagus en trachea; aangeboren, traumatisch of door tumor.
• **stercorale** ~ *zie* fecale ~. • **tand~** v.e. ontstoken tandwortel uitgaande, ergens op het mondslijmvlies of aan het oppervlak van kin of wang uitmondende fistel. • **transsfincterische** ~ anale fistel die dwars door de sphincter ani loopt. • **uitwendige** ~ f. met uitmonding aan het oppervlak. • **urine~** fistel tussen urineblaas en de huid.
• **voedings~** chir. aangelegde, kunstmatige fistel tussen maag of darm en huid, waardoor d.m.v. een slang vloeibare voeding kan worden toegediend. • **witzel~** schuin door de buikwand lopende kunstmatige maagfistel.

fistelsymptoom *zie* symptoom | labyrintfistel~.

fisting [E] *zie* seksueel contact | anaal ~.

fistula *zie* fistel. • ~ **ani** *zie* fistel | anus~.
• ~ **bimucosa** *zie* fistel | bimuceuze ~.

fistulectomie algehele verwijdering v.e. fistel, fisteluitsnijding.

fistulisatie 1 vorming v.e. of meer fistels; 2 het aanleggen v.e. kunstmatige fistel.

fistulografie röntgenonderzoek waarbij de fistel door opspuiting met contrastmiddel in beeld wordt gebracht.

fistulotomie operatief openleggen v.e. fistel.

FITC fluoresceïne-isothiocyanaat.

fitheid prestatievermogen, conditie; mate van fysiologisch functioneren.

fitness [E] (genetica) relatieve maat voor de voortplanting van individuen met een afwijkend genotype ten opzichte van individuen met een normaal genotype.

FIV (forced inspiratory volume) *zie* volume | geforceerd inspiratoir ~.

fixateur mechanische constructie ter bevestiging en immobilisatie. • **externe** ~ operatief aangebracht apparaat voor uitwendige fixatie van fractuurstukken.

fixateur interne [F] 1 (orthop. chir.:) inwendige fixatie van botbreuken met gebruik van metalen implantaten; 2 (gastro-enterol.:) flens van kunststof ter fixatie v.e. percutaan aangebrachte katheter.

fixatie 1 (chir.) bevestiging v.e. orgaan aan een steunpunt of steunend weefsel; 2 (ontwikkelingspsych.) bovenmatige gehechtheid aan een bepaalde persoon; 3 (psychol.) het blijven bestaan van bepaalde elementen uit een vroeger stadium v.d. psychoseksuele ontwikkeling; 4 (psych.) zich geestelijk vrijwel volledig met iets bezighouden; 5 (oogheelk.) het oog, de blik op één punt gericht houden; 6 (histol. en bacteriol. techniek) voor bederf behoeden d.m.v. chemicaliën of hitte. • **bifoveale** ~ afbeelding v.h. fixatieobject op beide foveae, waardoor de beelden v.d. linker en rechter fovea centralis elkaar overlappen. • **draad~** vorm van fixatie van gefractureerde botdelen met metaaldraad. • **inwendige** ~ fixatie van fractuurstukken d.m.v. operatie. • **somatische** ~ fixatie op lichamelijke oorzaken v.e. probleem waarbij psychische en sociale aspecten buiten beschouwing worden gelaten.

fixed-drug eruption [E] *zie* erytheem | erythema fixatum.

fixed eruption [E] *zie* fixe-erytheem.

fixe-erytheem een erytheem dat telkens op dezelfde plaats recidiveert.

flaccidus week, slap.

fladderen 1 (pathol.) snel vibreren; 2 (kinderpsychiatrie) stereotiepe lichaamsbeweging bij autistisch kind dat bij grote opwinding geagiteerd met de handen fladdert. • **boezem~** minder gangbaar synoniem voor div. hartritmestoornissen, i.h.b. 'atriumflutter' en 'atriumfibrillatie'. • **mediastinum** ~ abnormale beweeglijkheid v.h. mediastinum. • **voorkamer~** (VKF) *zie* fibrilleren | ventrikel~.

flagel bewegingsorgaan van bep. micro-organismen (flagellaten, zweepdiertjes). • **polaire** ~ een aan de pool of polen v.e. micro-organisme (bacterie) aangehechte flagel.

flagellaat flagel-dragend protozoön.

flagellantisme seksuele voorkeur waarbij het geselen van de seksuele partner dan wel het zelf gegeseld worden seksuele opwinding veroorzaakt.

flamberen even door een vlam halen.

flammeus vlammend, vurig; vb. naevus flammeus.

flap *zie* lap. • **split** ~ huidtransplantatie van grote stukken huid van halve dikte.

flapping [E] trilling met grove, langzame uitslagen; vb. flapping tremor.

flare [E] 1 opvlamming v.e. aandoening, bijv. v.e. ontstekingsreactie bij artritis; 2 roodheid v.d. huid door vasodilatatie; bijv. tijdens allergische huidreactie.

flashback 1 (psychol.) herbeleving van traumatische gebeurtenis tijdens dissociatieve episode bij posttraumatische stressstoornis; 2 (psychofarmacol.) herbeleving van delen v.e. lsd-trip, weken, maanden, na het einde v.d. trip.

flatulentie het lozen van darmgas i.d. vorm v.e. of meer winden (flatus); de hoeveelheid gas is deels afh. v.h. voedsel dat men heeft genuttigd; (overmatige) flatulentie kan i.c.m. andere symptomen (bijv. buikpijn) op een spijsverteringsstoornis duiden.

flatus lozing van opgehoopte (darm)gas, ook wel lucht (~ vaginalis). • ~ **vaginalis** het ontsnappen van overtollige lucht die tijdens de coïtus.

flauwte *zie* syncope.

Flavobacterium een geslacht Gram- negatieve bacteriën die geel pigment vormen, voorkomend in aarde en water. • ~ *meningosepticum* komt voor bij zuigelingen met meningitis.

flavon verzamelnaam van stoffen die o.a. het gele pigment van bloemen en vruchten vormen, waartoe ook behoort vitamine P.

flavonoïd derivaat van flavon.

flavoproteïne flavine bevattende proteïne, een v.d. gele ademhalingsfermenten.

flavus geel; vb. *Aspergillus flavus*, medulla ossium flava, ligamentum flavum.

fleb- voorvoegsel in woordsamenstellingen m.b.t. tot een ader of tot aderen.

flebectasie verwijding v.e. ader. • **phlebectasia haemorrhoidalis** *zie* hemorroïden. • **phlebectasia venae spermaticae** *zie* varicocele.

flebectomie excisie of exerese v.e. ader of gedeelte ervan.

flebitis oppervlakkige aderontsteking. • **endo~** ontsteking v.d. intima v.e. ader. • **hepato~** ontsteking van leveraderen. • **meso~** ontsteking v.d. tunica media v.e. ader. • **omfalo~** ontsteking v.d. naveladeren bij pasgeboren kinderen. • **osteo~** ontsteking van beenaderen. • **pan~** ontsteking van alle lagen v.d. aderwand. • **peri~** 1 ontsteking v.d. buitenste laag (tunica adventitia) v.e. ader; 2 ontsteking v.h. weefsel rondom en buiten een ader. • **peripyle~** ontsteking i.d. buurt v.h. vena portae. • **phlebitis adhaesiva** ontsteking v.d. intima, gevolgd door trombusvorming en verkleving v.d. aderwand. • **phlebitis migrans** aderontsteking op verschillende plaatsen v.e. extremiteit, meestal een been. • **phlebitis portalis** ontsteking v.d. vena portae. • **phlebitis puerperalis** flebitis gedurende het puerperium, hetzij van baarmoederaderen, hetzij van andere aderen. • **phlebitis umbilicalis** ontsteking v.d. vena umbilicalis. • **pyle~** ontsteking v.d. vena portae (poortader). • **sinus~** ontsteking van hersensinussen, meestal door overgrijpen v.e. ontsteking i.d. buurt. • **trombo~** afsluiting v.e. oppervlakkige vene door een trombus met ontsteking v.d. aderwand en de omgeving.

flebografie 1 het vervaardigen van röntgenfoto's van venae, na inspuiting v.e. contraststof; 2 de beschrijving v.h. aderstelsel.

flebogram röntgencontrastfoto van (een deel van) het veneuze systeem.

fleboliet adersteen, evt. verkalkt aderstolsel.

flebologie het specialisme dat zich bezighoudt met de anatomie, de fysiologie, pathologie, diagnostiek en therapie van afwijkingen aan de aderen.

flebostase *zie* stuwing | veneuze ~.

flebotomie *zie* venasectie.

Flechsig | **flechsigarea's** drie velden aan weerszijden v.d. medulla oblongata. • **flechsigassociatievelden** velden aan de oppervlakte v.d. hersenschors, misschien de zetel v.d. hogere intelligentie. • **flechsigprojectievelden** gebieden op de cerebrale schors waar de sensorische en motorische hersenfuncties worden gereguleerd.

flegma 1 slijm; 2 het lichaamssappen dat volgens de humorale pathologie een onverstoorbare bedaardheid teweegbrengt (vandaar: flegmatisch, flegmaticus).

flegmasia alba dolens trombose v.d. vena iliaca i.h. kraambed.

flegmasia caerulea dolens massale trombose i.e. been of arm.

flegmasie ontsteking, koorts. • **phlegmasia alba dolens** ontsteking v.d. v. femoralis gekenmerkt door oedeem v.h. been zonder roodheid. • **phlegmasia caerulea dolens** acute hevige ontsteking v.d. diepe beenaderen, met oedeem, cyanose huidbloedingen.

flegmatiek onverstoorbaar, bedaard; hippocratische term voor een v.d. vier temperamenten.

flegmone suppuratieve ontsteking van huid en subcutaan weefsel. • **diepehand~** flegmoneuze ontsteking v.d. handpalm onder de fascia palmaris, veroorzaakt door een penetrerend letsel. • **gas~** *zie* gangreen | gas~. • **orbita~** *zie* cellulitis orbitae. • **peritonsillaire ~** *zie* peritonsillitis. • **pseudo~** roodheid en zwelling v.d. huid t.g.v. prikkelende laesie van zenuwen.

flegmoneus gepaard met flegmonevorming; vb. angina phlegmonosa, erysipelas phlegmonosum.

flemmingkiemcentra kiem- en reactiecentra v.e. secundaire lymfefollikel.

fletchercement mengsel van zinkoxide en zinksulfaat dat i.d. tandheelkunde wordt gebruikt voor tijdelijke vulling van caviteiten.

fletcheren langdurig kauwen, en met kleine slokjes drinken.

flexibilitas buigzaamheid. • **~ cerea** katatone bewegingsstoornis waarbij de ledematen langdurig i.d. stand blijven staan waarin de psychiater ze heeft gebogen.

flexie de door buigspieren veroorzaakte beweging i.h. betrokken gewricht rondom een frontale as en i.h. sagittale vlak. • **dorsale ~** buiging van de rugzijde van hand, voet, vingers of tenen. • **palmaire ~** buigen van polsgewricht naar de handpalm (volair).

flexor spier die buiging i.e. gewricht teweegbrengt.

flexura kromming, buiging, plooi, i.h.b. v.e. darm, v.e. lidmaat (been/knie, arm/elleboog). • **~ sigmoidea** *zie* colon sigmoideum.

flexuraal 1 m.b.t. een flexura; 2 (in engere zin:) m.b.t. de elleboogholte of knieholte; vb. flexuraal eczeem.

flexus gebogen; vb. hallux flexus.

flight of colours het zien var. gestoorde beelden na felle belichting v.h. oog; achtereenvolgens worden alle kleuren v.d. regenboog gezien; treedt op bij multipele sclerose als subklinisch verschijnsel.

Flint | **boog van ~** arterioveneuze boog aan

de bases v.d. nierpiramiden.

flocculatie het neerslaan van vlokjes i.e. vloeistof.

flocculatiereactie *zie* test | flocculatie~.

flocculus kleine vlok. • **para**~ kleine massa grijze substantie i.h. cerebellum, i.d. omgeving v.d. flocculus.

flooding [E] *zie* exposure.

floppy [E] aanduiding v.e. hypotone toestand met klinisch algemene spierzwakte, respiratoire insufficiëntie en bij zuigelingen zwak huilen en voedingsproblemen.

floppy mitral valve [E] *zie* prolaps | mitralisklep~.

flora 1 tweede lid in woordsamenstellingen waarin het eerste lid de biotoop noemt; 2 de plantenwereld als geheel, als tegenhanger van fauna, de dierenwereld. • **bacterie**~ *zie* commensale ~. • **commensale** ~ normale bacteriële flora die in bepaalde concentraties voorkomt op huid en slijmvliesoppervlakken van lichaam v.e. gezond individu. • **darm**~ de i.d. gezonde darm levende micro-organismen. • **huid**~ de normaal op de huid voorkomende micro-organismen. • **micro**~ samenvattende term voor microscopisch kleine planten. • **residente** ~ micro-organismen die behoren tot de normale huidflora. • **transiënte** ~ micro-organismen die behoren tot de normale huidflora en een afspiegeling vormen v.h. contact v.d. huid met de naaste omgeving.

floride geheel ontwikkeld, hevig; bijv. f. lues, tuberculose.

flow [E] stroom, bijv. van bloed, urine, in-/uitgeademde lucht.

flowmeter 1 apparaat waarmee de stroom v.e. gas of vloeistof kan worden gemeten; 2 (urol.:) *zie* uroflowmetrie.

flow phase [E] periode na operatie of reanimatie waarin de cardiac output en warmteproductie toenemen en de lichaamstemperatuur stijgt, met als doel weefselherstel en genezing.

flowvolumemeter toestel dat de maximale luchtstroomsnelheid tegen het in- of uitgeademde volume weergeeft.

fluctuatie geheel i.e. met vloeistof gevulde holte met de vingertoppen opwekbare golfvormige beweging, die door de vingertoppen v.d. andere hand wordt waargenomen.

fluim vlokvormige hoeveelheid opgehoest sputum.

fluisterspraakonderzoek onderzoek v.h. hoorvermogen.

fluitans zwevend; vb. costae f-tes.

fluke [E] parasitaire trematode.

fluor 1 (fysiol., pathol.:) het vloeien van secreet of mukeus weefsel uit een holte; vb. fluor albus (witte vloed); 2 (fysica:) element (F) met atoomnummer 9; wordt als positron (F-18) i.d. nucleaire geneeskunde gebruikt. • ~ **albus posterior** etterige uitvloed uit de anus, bij proctitis. • ~ **albus** *zie* fluor vaginalis. • ~ **vaginalis** niet-bloederige vaginale afscheiding die volgens de patiënte afwijkt van wat voor haar gebruikelijk is wat betreft hoeveelheid, kleur, geur, al dan niet gepaard gaand met jeuk of irritatie.

fluorchroom stof die bij belichting door licht v.e. bepaalde golflengte zelf licht gaat uitstralen.

fluoreen sterk carcinogene stof.

fluoresceïne bruinrood kristallijn poeder dat in water opgelost een oplichtende, helder groene kleur geeft.

fluoresceïne-isothiocyanaat (FITC) veel gebruikt fluorchroom; fluoresceert groen bij bestraling met blauw licht.

fluorescentie eigenschap van sommige stoffen om na bestraling licht v.e. grotere golflengte uit te zenden.

fluorescentie-in-situhybridisatie (FISH) cytogenetisch onderzoek voor detectie van chromosoomafwijkingen, o.a. in tumorweefsel.

fluorescentiescherm scherm waarop afbeeldingen van röntgendoorlichting worden verkregen door toepassing v.h. fluorescentie-effect van röntgenstraling op fluorescerende film.

fluoride sporenelement met sterke affiniteit tot botweefsel en werkt stabiliserend op het kristallijne hydroxyapatiet in gebit en botten.

fluoridering toevoeging van fluoride aan drinkwater ter voorkoming van tandcariës.

fluorimeter 1 toestel ter meting v.d. fluorescentie-intensiteit bij doorlichting; 2 een apparaat waarmee een schaduw op het doorlichtingsscherm nauwkeurig kan worden gelokaliseerd.

fluorocarbonen inerte gassen, gebruikt als 'propellants' in drukflessen o.a. voor bronchodilatators.

fluorochromen verbindingen die bij blootstelling aan licht een deel v.d. geabsorbeerde energie uitzenden i.d. vorm van licht v.e.

andere golflengte.

fluorodeoxyuridinesynchronisatie (FdU-synchronisatie) cytogenetisch onderzoek van materiaal dat door chorionvillusbiopsie verkregen is.

fluoroscopie *zie* röntgendoorlichting.

fluorose fluoridevergiftiging. • **fluorosis dentalis** tandafwijking door lichte fluorvergiftiging *zie* enamelum | mottled enamel.

flush [E] **1** (int. geneesk.) plotselinge roodheid van gezicht en hals, typisch symptoom bij carcinoïd; **2** (dermatol.) voorbijgaand erytheem; **3** (int. geneesk., gynaecol.) *zie* opvlieger.

flutter [E] zeer snelle vibratie. • **atrium~** (AF) hartritmestoornis waarbij de atria zeer snel (180-400 maal/min.) contraheren, regelmatig en met dezelfde amplitude, hetgeen niet of nauwelijks tot contractie v.d. atria leidt. • **boezem~** *zie* atrium~. • **ocular~** spontane snelle horizontale geconjugeerde oogbewegingen, onregelmatig van ritme en amplitude. • **ventrikel~** levensbedreigende hartritmestoornis die uitgaat v.d. hartkamers.

fluxus uitvloed, vloeiing, i.h.b. van bloed uit de vrouwelijke genitalia. • **~ ante partum** *zie* verbloeding. • **~ capillorum** haaruitval. • **~ post partum** *zie* verbloeding.

FMF *zie* koorts | familiaire Middellandse-Zee~.

FNA (Formularium der Nederlandse Apothekers) formularium met voorschriften voor de magistrale receptuur.

foamsclerose *zie* sclerose | schuim~.

fobie angststoornis die wordt gekenmerkt door een overmatige en irreële angst voor een specifieke situatie of object. • **acro~** *zie* hoogtevrees. • **aero~** *zie* angst | vlieg~. • **agora~** overmatige en irreële vrees op een plaats of i.e. situatie te zijn van waaruit ontsnappen moeilijk kan zijn of waar geen hulp beschikbaar zou kunnen zijn i.h. geval dat men plotseling in paniek raakt. • **aichmo~** ziekelijke vrees voor puntige voorwerpen. • **ailuro~** ziekelijke vrees voor katten. • **antropo~** mensenvrees. • **arachno~** overmatige en irreële vrees voor spinnen. • **astheno~** lichamelijk of geestelijk minderwaardigheidsgevoel. • **bacillo~** *zie* smetvrees. • **bacterio~** *zie* smetvrees. • **baso~** ziekelijke vrees om te lopen. • **batho~** *zie* hoogtevrees. • **batmo~** ziekelijke vrees voor drempels en trappen. • **belone~** ziekelijke vrees voor naalden of spitse voorwerpen. • **bromidroso~** angst een onaangename, aan het zweet gebonden geur te verspreiden. • **bronto~** ziekelijke vrees voor onweer, i.h.b. de donder. • **carcino~** overmatige en irreële vrees aan kanker te lijden. • **carcinomato~** *zie* carcino~. • **carni~** vrees voor het eten van vlees. • **cathiso~** ziekelijke vrees om stil te zitten. • **ceno~** *zie* keno~. • **cibo~** ziekelijke tegenzin in voedsel. • **claustro~** overmatige en irreële vrees voor kleine, besloten ruimten, waaruit ontsnappen moeilijk kan zijn of waar geen hulp beschikbaar zou kunnen zijn i.h. geval dat men plotseling in paniek raakt. • **corticosteroïd~** spec. vorm van smeerangst *zie* smeerangst. • **dysmorfo~** *zie* dysforie | morfo~. • **eroto~** *zie* seksuele aversie. • **erytro~** *zie* angst | bloos~. • **fono~ 1** ziekelijke angst voor hardop spreken; **2** angst voor geluidsprikkels (symptoom bij rabiës). • **helio~** irreële vrees voor zonlicht. • **hydro~** watervrees, i.h.b. de afkeer van dollen boven voor water. • **keno~** angst voor nieuwe zaken of denkbeelden. • **kinder~** irreële angst v.h. kind voor bepaalde situaties, mensen, dieren of dingen die resulteert i.e. uitgesproken vermijdingsgedrag. • **kyno~** overmatige en irreële vrees voor honden. • **muso~** ziekelijke angst voor muizen. • **odonto~** *zie* tandarts~. • **parasito~** ziekelijke vrees voor parasieten. • **paraskevidekatria~** fobische angst voor vrijdag de dertiende (naar M.J.A. Olthof). • **school~** extreme en irrationele angst om naar school te gaan. • **tandarts~** angststoornis, gepaard gaand met extreme en irreële angst voor tandheelkundige behandeling. • **thanato~** angst om te sterven. • **topo~** overmatige en irreële vrees voor bepaalde plaatsen. • **venereo~** angst voor infectie met een seksueel overdraagbare ziekte. • **zoö~** overmatige en irreële vrees voor dieren.

fobisch m.b.t. of veroorzaakt door een fobie; vb. fobische angst, fobische stoornis.

FOBT *zie* test | fecaaloccultbloed~.

focaal 1 m.b.t. een focus; vb. focale ontsteking, focale bevinding; i.t.t. diffuus; **2** m.b.t. een brandpunt; **3** haardvormig; vb. focale nefritis.

focale nodulaire hyperplasie circumscripte, benigne, meestal asymptomatische tu-

mor i.d. lever.
focale nodulaire leverhyperplasie *zie* hepatomegalie | focale nodulaire ~.
focomelie ontwikkelingsstoornis waarbij de bovenarmen of bovenbenen ontbreken bij aanwezigheid van handen resp. voeten.
focus 1 het centrum v.e. ziekteproces, bijv. een ontstekingshaard; 2 brandpunt (bijv. v.e. lens), d.i. het punt waar convergerende stralen samenkomen; 3 het punt v.e. röntgenbuis dat de stralen uitzendt.
focus-huidafstand (FHA) afstand tussen röntgenfocus (stralenbron) en huidoppervlak.
foerster- *zie* Förster | försterchoroïditis.
foetaal de foetus betreffend.
foetaal hartfrequentiepatroon hartritme v.d. foetus.
foetale bewaking bewaking v.d. toestand v.d. foetus tijdens de baring.
foetale biometrie het meten v.d. foetus d.m.v. echoscopie om de zwangerschapstermijn vast te stellen of de groei te volgen.
foetale nood zodanige verandering v.d. foetale fysiologie door zuurstofgebrek dat de dood of orgaanschade, i.h.b. v.h. czs, binnen korte tijd kan worden verwacht.
foetale periode vruchtontwikkeling vanaf de 12e amenorroeweek tot aan de geboorte.
foetale presentatie positie v.d. foetus i.d. uterus ten tijde v.d. partus.
foetalis betrekking hebbend op de foetus; vb. chondrodystrophia foetalis.
foetalisatie 1 *zie* foetalisme; 2 *zie* refoetalisatie.
foetalisme het blijven staan van organen of orgaangroepen op een foetaal ontwikkelingsstadium.
foetide stinkend; vb. bronchitis foetida, foetide sputum.
foetogenese de tweede helft v.d. intra-uteriene ontwikkeling v.d. vrucht.
foetografie röntgencontrastonderzoek v.d. foetus in utero.
foetomaternaal m.b.t. foetus en moeder; vb. f-nale transfusie.
foetometrie meting v.d. foetus (vooral v.d. schedel) in utero, d.m.v. röntgenfotografie.
foetopathie (aangeboren) afwijking die ontstaat door inwerking v.e. schadelijk agens tijdens de foetale periode (aanvang v.d. 4e maand en de geboorte); vb. foetopathia diabetica;; overgang van embryopathie naar foetopathie is veelal geleidelijk.

foetopelvische discongruentie (verlosk.:) een te grote omvang v.h. voorliggende deel t.o.v. het baringskanaal.
foetoplacentaal m.b.t. foetus en placenta.
foetoproteïne | **alfa~** (AFP) eiwit dat in verhoogde concentraties voorkomt in vruchtwater en in plasma van vrouwen die zwanger zijn v.e. kind met een open centraal kanaal.
foetoproteïnen proteïnen i.h. embryo.
foetor stank. • ~ **ex ore** *zie* halitose. • ~ **hepaticus** kenmerkende lucht bij ernstige leverinsufficiëntie. • ~ **uraemicus** kenmerkende ademgeur die bij uremie optreedt.
foetoscopie beoordeling van delen v.e. foetus met een optiek i.d. amnionholte.
foetus het intra-uteriene kind vanaf de derde maand v.d. zwangerschap; daarvóór: embryo. • ~ **maceratus** afgestorven foetus die langer dan drie dagen i.d. uterus is gebleven. • ~ **papyraceus** papierdunne, gemummificeerde foetus, meestal partner v.e. tweeling.
foetushouding met gebogen rug, waarbij meestal de armpjes en beentjes opgevouwen zijn.
foie [F] lever. • ~ **appendiculaire** [F] etterige leverontsteking, veroorzaakt door appendicitis. • ~ **cardiaque** [F] de vet-bevattende nootmuskaatlever bij cardiale stuwing. • ~ **ficellé** [F] lever met insnoeringen.
folaat een zout van foliumzuur.
foliaceus afbladderend; vb. pemphigus foliaceus, onycholysis foliacea.
foliatus bladachtig; vb. papilla foliata (mv. papillae foliatae).
folic acid *zie* zuur | folium~.
folie [F] waanzin. • ~ **à deux** [F] waan die tegelijkertijd aanwezig is bij twee samenlevende personen.
foliniumzuur *zie* zuur | foline~.
folium bladvormige structuur.
foliumzuurconjugaat *zie* zuur | foline~.
folliculair lijkend op, m.b.t. follikels.
folliculaire eenheid het geheel v.e. of meerdere haarfollikels, talgklieren en spieren, omgeven door een bindweefselschacht.
follicularis folliculair; vb. angina follicularis, trachoma follicularis.
folliculitis oppervlakkige ontsteking v.d. haarfollikel, meestal veroorzaakt door *Staphylococcus aureus*, ook coryneforme en gramnegatieve bacteriën en *Malassezia furfur*. • ~ **barbae** *zie* sycose | sycosis barbae.

- **~ decalvans** diepe folliculitis v.d. hoofdhuid die tot alopecia atrophicans leidt zie alopecia atrophicans. • **demodex**~ zie demodicidose. • **eosinofiele** ~ bijzonder jeukende dermatose bij aids; aanvalsgewijs optredende erupties van steriele papels en pustels, samenvloeiend tot plaques. • **~ et perifolliculitis profunda necroticans** zie furunkel. • **~ keloidalis** zie acne | keloïd~. • **pseudo~** ontsteking v.d. haarfollikel a.g.v. ingroeiend haar.

folliculogenese (embryol.:) groei v.e. follikel vanaf het ogenblik dat deze vrijkomt uit de reserve aan follikels tot aan het moment dat de follikel ovuleert.

folliculoom granulosaceltumor. • **folliculoma malignum ovarii** een v.d. wand v.e. follikel uitgaand kwaadaardig gezwel.

folliculorum gen. mv. van folliculus.

folliculosus folliculair; vb. conjunctivitis folliculosa.

folliculus 1 blaasje of zakje, al of niet met epitheel bekleed; 2 ophoping van lymfatische cellen. • **ovaricus vesiculosus** zie follikel | Graafse ~. • **~ pili** uit bindweefsel en epitheel bestaande omhulling v.d. haarwortel.

follikel zakje of blaasje. • **Graafse ~** laatste stadium i.d. groei v.e. eicel i.h. ovarium, voorafgaand aan de eisprong. • **lymfe~** bolvormige celophoping in lymfeklieren en lymfoïd weefsel. • **primaire ~** haard van lymfocyten i.d. cortex v.d. lymfeklieren, de witte pulpa v.d. milt en andere periferie lymfoïde organen.

follikelblasteem embryonaal weefsel waaruit zich de primordiale follikels vormen.

follikelmeting echoscopische meting v.d. doorsnee van groeiende follikels.

follikelrijpingshormoon zie hormoon | follikelstimulerend ~.

follikelzone het schorsgedeelte v.d. eierstok dat de primordiale follikels bevat.

follitropine zie hormoon | follikelstimulerend ~.

follow-up 1 periodieke controle en observatie van patiënten na behandeling over een bepaalde periode; 2 de observaties van personen of groepen over een bepaalde periode i.h. kader van wetenschappelijk onderzoek. • **endoscopische ~** voortgezette observatie v.d. patiënt na beëindiging v.e. behandeling d.m.v. endoscopie.

fon- voorvoegsel in woordverbindingen m.b.t. de stem of het geluid.

fonasthenie stemzwakte.

fonatie het stem-geven, de stem laten klinken.

foneem de kleinste onderscheidbare groep van spraakgeluiden.

fonendoscoop stethoscoop met geluidversterkende werking.

foneren het geluid maken door de stembanden.

fonetiek de wetenschap betreffende de spraakklanken.

fonetisch m.b.t. de spraakklanken.

fonetisch schrift schrijfwijze die de uitspraak v.d. woorden aangeeft.

foniater specialist i.d. foniatrie.

foniatrie het onderdeel v.d. geneeskunde dat zich bezighoudt met de behandeling van stem- en spraakstoornissen.

fonie | ~~ achtervoegsel in woordverbindingen betreffende de stem; vb. egofonie. • **a~** onvermogen stemgeluid te produceren. • **amforo~** 1 amforische klank v.d. geausculteerde stem; 2 zie geruis | amforisch adem~. • **auto~** 1 het (onaangenaam) weerklinken v.d. eigen stem; 2 het weerklinken v.d. stem v.e. onderzoeker als hij spreekt i.d. richting v.e. thorax waarin zich longholten bevinden. • **bary~** dik, zwaar klinken v.d. stem. • **broncho-ego~** zie ego~. • **broncho~** verschijnsel bij longauscultatie dat men via de stethoscoop het stemgeluid v.d. patiënt als van heel dichtbij hoort. • **diplo~** zie diftongie. • **dys~** zie stemstoornis. • **echo~** (kno-heelk.:) echoachtig geluid, auscultatoir hoorbaar en middellijk na het foneren. • **ego~** blatend (stem)geluid dat ontstaat door pleuravocht waarbij vooral de hogere (> 500 Hz) geluidsfrequenties v.d. stem worden doorgelaten. • **laryngo~** het geluid v.d. stem dat men bij auscultatie v.h. strottenhoofd waarneemt. • **micro~** zwakte v.h. stemgeluid. • **pneumo~** vorm van dysfonie gekenmerkt door een blazende stem. • **rino~** zie nasale spraak. • **tendo~** het knarsend geluid bij tendovaginitis crepitans. • **tracheo~** het geluid dat men hoort bij het ausculteren v.d. trachea.

fonisch m.b.t. de stem.

fonisme vorm van synesthesie, waarbij een waarneming via andere zintuigen gepaard gaat met geluidsgewaarwording.

fonometer meettoestel waarmee de sterkte v.h. geluid kan worden bepaald.

fonoscoop toestel voor de waarneming van geluiden.
fonostethograaf toestel om auscultatiegeluiden grafisch vast te leggen.
fontaine-indeling *zie* classificatie | fontaine~.
Fontana | fontanabanden dwarse strepen die zich voordoen i.h. verse zenuwvezelpreparaat; worden teweeggebracht door het zigzagverloop v.d. zenuwvezels en verdwijnen als men de zenuw strekt.
fontanel een v.d. (gewoonlijk zes) plaatsen v.h. schedeldak, die bij de geboorte nog niet verbeend zijn, daar waar drie of meer schedelbeenderen samenkomen. • **bomberende** ~ uitpuilende fontanel t.g.v. verhoogde intracraniële druk. • **grote** ~ fontanel op de kruising van kroon- en pijlnaad. • **kleine** ~ fonticulus posterior, tussen os occipitale en os parietale. • **zij**~ fonticulus anterolateralis resp. fonticulus posterolateralis.
fonticulus fontanel. • ~ **mastoideus** fontanel tussen wandbeen, achterhoofdsbeen en slaapbeen.
-**foob** achtervoegsel in woordsamenstellingen die een vrees uitdrukken.
-**foor** achtervoegsel in woord- verbindingen betreffende het dragen, de drager.
foot voet. • **club**~ [E] *zie* pes equinovarus. • **rocker bottom** ~ [E 'schommelbodemvoet'] *zie* pes convexus.
forage [F] boring.
foramen gat, opening. • ~ **intervertebrale** tussen wervelgat, waardoorheen een ruggenmergszenuw uittreedt. • ~ **ischiadicum majus** grote opening, tussen incisura ischiadica major, sacrum, lig. sacrospinale en lig. sacrotuberale. • ~ **magnum** het gat i.h. achterhoofd waarin het verlengde merg ligt, dat de verbinding vormt tussen ruggenmerg en hersenen. • **foramina nervosa labii limbi tympanici** ongeveer 4000 spiraalsgewijs gerangschikte gaatjes aan de overgang v.d. lamina spiralis ossea i.d. lamina basilaris, waardoorheen zenuwvezels v.d. gehoorcellen naar het ganglion spirale lopen. • ~ **obturatum** een groot ovaal gat i.h. heupbeen tussen schaam- en zitbeen. • ~ **occipitale** f.magnum. • ~ **ovale cordis** een bij het embryo open verbinding tussen de rechter en linker boezem. • **open** ~ **ovale cordis** foramen ovale waarbij na de geboorte geen anatomische fusie plaatsvindt v.d. klep v.h. foramen ovale met de limbus fossae ovalis. • ~ **rotundum** een rond gat i.d. ala magna v.h. sfenoïd. • ~ **vertebrale** opening i.d. wervel, omsloten door wervellichaam en -boog.
foramenectomie verwijden v.e. foramen intervertebrale.
foramina mv. van foramen. • ~ **nervosa** *zie* foramen | foramina nervosa labii limbi tympanici.
foraminosus van gaten voorzien; vb. tractus spiralis foraminosus.
foraminotomie operatieve verruiming v.e. foramen intervertebrale.
forced-expiration technique (FET) [E] ademtechniek om vastzittend slijm i.d. luchtwegen los te maken.
forced vital capacity (FVC) hoeveelheid lucht die na een maximale inademing kan worden uitgeademd.
forceps 1 tang, i.h.b. de verlostang; 2 tangvormige bundel zenuwvezels.
forcipaal d.m.v., of m.b.t. een forceps; vb. f-pale extractie.
Fordyce | angiokeratoma ~ blauwrode tot zwarte teleangiëctasieën aan scrotum of labia majora bij oudere mensen. • ~ **spots** *zie* seboglandulae labiales et buccales.
forensis tot de rechtszaken behorend; vb. medicina forensis.
forese het inbrengen van ionen i.d. weefsels d.m.v. een elektrische stroom.
Forestier | ziekte van ~ *zie* diffuse idiopathische skelethyperostose.
-**forie** achtervoegsel in woordsamenstellingen m.b.t. 'dragen'; vb. aforie, euforie.
-**form** achtervoegsel in woordverbindingen met de betekenis lijkend op; vb. scarlatiniform.
formaldehyde zeer reactief en sterk prikkelend gas, dat goed in water oplosbaar is; wordt toegepast als desinfectans en als bewaarvloeistof voor biologische preparaten.
formaline circa 35%-oplossing van formaldehyde in water.
formatief aanzettend tot vorming. • **formatieve prikkels** prikkels die aanzetten tot vorming van nieuwe cellen of tot vormverandering.
formatio reticularis neuronennetwerk met kernachtige celophopingen in ruggenmerg, verlengde merg, mesencephalon en metencephalon, met schakelfuncties en vooral opwekkende functie v.d. hersenschors.

formativus formatief; vb. vitellus formativus.

forme fruste [F] niet vol ontwikkelde vorm v.e. ziekte.

formele denkstoornis (psychol.) verlies van samenhang tussen zinnen of gedachten, blijkend uit onlogisch denken, verminderd associatievermogen of incoherentie.

formicatio het gevoel alsof er mieren over de huid lopen.

formiminotransferase enzym, betrokken bij de omzetting van tetrahydrofoliumzuur en formiminoglutaminezuur in glutaminezuur.

formula voorschrift. • ~ **magistralis** voorschrift dat door de arts naar eigen inzicht is opgesteld. • ~ **officinalis** voorschrift uit de farmacopee, aangeduid met een bepaalde naam.

formularium verzameling voorschriften van geneesmiddelen.

formule | bazett~ formule waarmee het gecorrigeerde QT-interval (QTc-tijd) kan worden berekend. • **cockcroft-gault**~ formule ter berekening v.d. creatinineklaring zonder urineverzameling. • **dubois**~ (ter berekening v.h. lichaamsoppervlak) surface area (in cm^2) = C × Wt^{0,425} × Ht^{0,725}, waarin C een constante is die voor elke diersoort verschilt en voor de mens 71,84 bedraagt, Wt = lichaamsgewicht in kg, en Ht = lengte in cm. • ~ **van Cockcroft en Gault** zie cockcroft-gault~. • ~ **van DuBois** zie dubois~. • ~ **van Laplace** zie wet van Laplace. • **fredrickson**~ formule waarmee de LDL-cholesterolconcentratie kan worden uitgerekend. • **friedewald**~ zie fredrickson~. • **harris-benedict**~ formule voor het bepalen v.d. basale metabole behoefte. • **laplace**~ natuurkundige formule waarmee de wandspanning i.e. bloedvat of holte kan worden berekend. • **leukocyten**~ procentsgewijze vermelding v.d. verschillende soorten leukocyten i.e. bloeduitstrijkpreparaat. • **schillingleukocyten**~ zie leukocyten~. • **tand**~ tweecijferige codering van aantal en rangschikking v.d. gebitselementen, aangegeven door hun beginletters.

fornicatus gewelfd; vb. gyrus fornicatus.

fornicis zie fornix.

fornix gewelf, koepel, dak, i.e.z. de f. cerebri.

forometer instrument waarmee bij scheelzien de afwijking der oogkassen kan worden gemeten.

foropter apparaat waarmee de brekingsfout v.h. oog kan worden gemeten.

Förster | **försterchoroïditis** centrale choroïditis met zwarte vlekken die later groter en bleker worden. • **försterverschuivingstype** verkleining v.h. perifere gezichtsveld wanneer dit wordt bepaald met een voorwerp dat v.h. fixatiepunt naar de periferie wordt verplaatst.

fortis sterk; vb. pulsus fortis.

forward failure | **acute** ~ zie shock | cardiale ~.

fosfaat zout fosforzuur.

fosfatase enzym dat hydrolyse teweegbrengt van organische fosforverbindingen. • **alkalische** ~ (AF) enzym dat vooral i.d. lever en in osteoblasten wordt uitgewerkt. • **zure** ~ hydrolytisch enzym, voorkomend in erytrocyten, osteoclasten en enkele organen.

fosfatiden een groep fosfor-bevattende lipiden.

fosfatidylinositolbisfosfaat intracellulaire second messenger; betrokken bij intracellulaire B- en T-lymfocytenactivatie.

fosfeen lichtfenomeen i.h. oog, opgewekt door uitwendige druk op de oogbol, soms ook spontaan. • **accommodatie**~ vurige ring, waargenomen bij plotselinge accommodatie.

fosfodie-esteraseremmer geneesmiddel dat de enzymatische afbraak van cyclisch AMP tot adenosinemonofosfaat remt en daarmee de intracellulaire cyclisch-AMP-concentratie verhoogt.

fosfodi-esterase groepsnaam voor enzymen (o.a. ribonuclease) die de -O-P-O-bindingen in nucleotiden (in DNA en RNA) opheffen.

fosfolipase enzym dat fosfolipiden splitst.

fosfolipoïd fosfor bevattende lipide, o.a. cardiolipine, lecithine, cefaline, sfingomyeline.

fosfoproteïne een fosfaat-bevattend eiwit in melk (caseïne) en in dooier (vitelline en livetine).

fosforescentie eigenschap van sommige stoffen om licht af te geven na gedurende enige tijd aan licht blootgesteld te zijn geweest.

fosforibosyltransferase (PRT) in vele cellen voorkomend enzym dat de afbraak van purinebasen katalyseert.

fosforylase enzym dat bij aanwezigheid van

anorganisch fosfor de omzetting van glycogeen in glucose-1-fosfaat katalyseert.

fosforylering verestering v.e. organische stof (glucose e.d.) met de zuurrest -PO$_4$.
- **oxidatieve ~** laatste stap i.d. energiewinning uit glucose waarbij drie moleculen ATP uit ADP en anorganisch fosfaat gevormd worden.

fossa groeve. **· ~ iliaca** concaviteit aan de binnenzijde v.h. ilium.

fossa obturatoria lymfeklierdragend vetweefsel rond de nervus obturatorius.

fossula groefje.

fot- voorvoegsel in woordsamenstellingen betreffende licht.

fotalgie pijn a.g.v. licht, i.h. bijzonder bij inval i.d. ogen.

fotesthesine staafjesrood, rodopsine.

fotisme vorm van synesthesie: gezichtsgewaarwording bij prikkeling v.e. der andere zintuigen.

fotobiologie de leer v.d. invloed v.h. licht op levensprocessen.

fotochromogeen kleurstofvormend onder invloed van licht.

fotodensitometrie meting van verschillen in botdichtheid op een röntgenfoto.

fotodermatose *zie* dermatitis | foto-~.

fotodynamische therapie (PDT) oncologische therapie waarbij weefsel van oppervlakkige huidtumoren gevoelig wordt gemaakt voor licht door een fotosensitieve stof.

fotodysforie *zie* lichtschuwheid.

fotokatalyse katalyse v.e. organisch proces door lichtwerking.

fotometer toestel waarmee men de intensiteit van licht kan meten.

fotometrie het meten v.d. lichtsterkte.

foton kleinste stralingseenheid waaraan een energie kan worden toegekend.

fotoom *zie* fotopsie.

fotoperiodiciteit regulering van fysiologische processen naar het afwisselende ritme van licht en donker.

fotopsie lichtgewaarwording (zonder uitwendige lichtprikkel) bij een aandoening v.d. retina.

fotoptometer instrument waarmee de geringste nog waarneembare lichtintensiteit wordt bepaald.

fotorefractie met betrekking tot lichtbreking; vb. fotorefractieve keratectomie.

fotosensibiliteit lichtgevoeligheid.

fotosynthese vorming van stoffen onder invloed van licht, i.h.b. de synthese van koolhydraat uit water en kooldioxide door chlorofyl, onder invloed van licht.

fototaxis de beweging van cellen en micro-organismen onder invloed van licht.

fototherapie behandeling van huidziekte met ultraviolet licht.

fototrofie de eigenschap van bepaalde organismen, i.h.b. bacteriën, dat ze voor hun groei licht nodig hebben.

foudroyant [F] *zie* fulminant.

fourniergangreen *zie* gangreen | penoscrotaal ~.

fourniersyfiloom *zie* gangreen | penoscrotaal ~.

fout het niet uitvoeren v.e. geplande actie of het toepassen v.e. verkeerd plan om een doel te bereiken. **· alfa~** (α) (statistiek) fout die wordt gemaakt wanneer een juiste nulhypothese bij statistische toetsing ten onrechte wordt verworpen. **· bèta~** (β) fout die wordt gemaakt wanneer een onjuiste nulhypothese bij statistische toetsing niet wordt verworpen. **· kunst~** nalatigheid bij een geneeskundige verrichting die tot schade bij de patiënt leidt en die in de redelijkheid had kunnen worden voorkomen. **· medische kunst~** *zie* kunst~. **· meet~** fout i.d. waarneming, bijv. gelegen i.d. waarnemer, het meetinstrument of de omgeving of a.g.v. afronding. **· standaard~** standaarddeviatie v.e. steekproef van gemiddelden en wordt berekend als de standaarddeviatie gedeeld door de vierkantswortel v.d. steekproefgrootte. **· systematische ~** systematische afwijking van de metingen v.e. werkelijke waarde. **· toevals~** willekeurige variatie tussen de gemeten waarden en de verwachte of werkelijke waarde. **· type-I-~** *zie* alfa-~. **· type-II-~** *zie* bèta-~.

fovea groef, verdieping. **· ~ centralis** centraal kuiltje i.d. macula lutea.

foveola groefje. **· ~e granulares** kleine groefjes voorin aan de binnenzijde v.h. schedeldak, waarin arachnoïdale vlokken ingebed zijn.

foveolae granulares Pacchioni *zie* foveolae granulares.

foveolaris m.b.t. een foveola.

fr *zie* french.

fractional-flow reserve (FFR) drukverschil over een vernauwing i.h. coronaire vaatbed; FFR-meting kan deel uitmaken van

diagnostiek van atherosclerose v.d. coronaria (angina pectoris, myocardinfarct).
fractionering het toedienen van bestraling in fracties, verdeeld i.d. tijd. • **hyper~** het toedienen van verscheidene kleine fractiedoses per dag. • **multi~** het toedienen van verscheidene niet-kleine fractiedoses per dag.
fractura fractuur, i.e.z. beenbreuk *zie* fractuur.
fractureren breken, breuk oplopen, i.h.b. van botweefsel.
fractuur onderbreking v.d. continuïteit v.h. bot; te onderscheiden v.e. botfissuur (botscheur); kan eenvoudig (simplex) of gecompliceerd (bi-/multifocaal, comminutief) en daarnaast open of gesloten zijn. • **afrukkings~** *zie* avulsie~. • **afscheurings~** *zie* avulsie~. • **atlas~** fractuur v.d. bovenste halswervel. • **avulsie~** fractuur a.g.v. distractiekrachten waarbij een band-, pees- of spierinsertie met een botfragment v.h. bot scheurt. • **barst~** *zie* comminutieve ~.
• **barton~** marginale intra-articulaire fractuur v.h. distale spaakbeen. • **bekken~** breuk i.e. v.d. delen v.h. bekken. • **bennett~** fractuur i.d. basis v.h. eerste metacarpale, vaak doorlopend i.h. carpometacarpale gewricht. • **bimalleolaire ~** *zie* Pott | pottfractuur. • **blow-out~** fractuur v.d. bodem v.d. oogkas, t.g.v. plotselinge druk van buiten af. • **boksers~** *zie* bennett~.
• **burst fracture** [E] verbrijzelingsfractuur v.e. wervellichaam. • **clavicula~** breuk van het sleutelbeen. • **collum~** 'collum' is de verkorte vorm van collum ossis femoris = dijbeenhals *zie* heupfractuur. • **comminutieve ~** botbreuk die uit meerde gedeelten bestaat. • **complete ~** fractuur waarbij twee of meer botdelen volledig van elkaar gescheiden zijn. • **compressie~** een door samendrukking ontstane fractuur, bv. van wervels of een in elkaar geslagen neus.
• **cruris ~** fractuur van zowel tibia als fibula.
• **dens~** breuk van dens-axis; wordt acuut veroorzaakt door dislocatie van atlantoaxiale gewricht of langzaam door ontsteking (reumatoïde artritis). • **dentoalveolaire ~** breuk van één of enkele tandelementen of een beperkt segment v.d. tandkas. • **depressie~** *zie* impressie~. • **deutschländer~** bij vrouwen met spreidvoet voorkomende overbelastingsfractuur van metatarsale II of III. • **dijbeenhals~** *zie* heupfractuur. • **directe ~** beenbreuk die is ontstaan op de plaats waar het trauma heeft ingewerkt.
• **disjunctie~** trauma v.h. aangezicht waarbij een gedeelte v.d. aangezichtsschedel is verplaatst t.o.v. het vaste deel v.d. schedelbasis. • **distale humerus~** breuk i.h. onderuiteinde v.h. opperarmbeen. • **distale radius~** breuk v.d. distale radius, vaak i.d. vorm v.e. groenhoutfractuur. • **dwarse ~** fractuur die ontstaat i.e. vlak loodrecht op de botas door direct inwerkend geweld.
• **elleboog~** breuk van olecranon of humerus, meestal na een val, bij kinderen vaak supracondylair, op oudere leeftijd vaak intracondylair. • **enkel~** breuk i.d. enkel, meestal ontstaan door ernstig enkelbandletsel. • **epifyse~** breuk van groeischijf tijdens de groei. • **falanx~** breuk v.e. of meer vingerkootjes, meestal ontstaan door direct inwerkend geweld. • **femurcondyl~** breuk i.h. mediale of laterale kniegewrichtsuitsteeksel, veroorzaakt door indirect inwerkend geweld. • **femur~** fractuur v.h. dijbeen. • **femurschacht~** breuk v.d. merghoudende dijbeenschacht waarbij de breuklijn tussen de trochanter minor en de femurcondylen ligt. • **fractura indirecta** beenbreuk op enige afstand v.d. plaats waar het trauma heeft ingewerkt • **fractura assularis** *zie* comminutieve ~. • **fractura comminutiva** *zie* comminutieve ~. • **fractura completa** *zie* complete ~. • **fractura complicata** *zie* open ~. • **fractura directa** *zie* directe ~. • **fractura incompleta** onvolledige breuk, waarbij het bot niet geheel is doorgebroken. • **fractura male sanata** slecht genezen fractuur t.g.v. onvoldoende callusvorming. • **fractura radicis** *zie* wortel~. • **fractura radii atypica** *zie* smith~.
• **fractura radii typica** *zie* Colles | collesfractuur. • **fractura simplex** *zie* gesloten ~.
• **~ van De Quervain** *zie* quervain~. • **~ van Dupuytren** *zie* Dupuytren | dupuytrenfractuur. • **galeazzi~** radiusschachtfractuur onder de insertie v.d. m. pronator teres.
• **gecompliceerde ~** *zie* open ~. • **gesloten ~** fractuur waarbij weke delen (spieren, fascie, vet, huid) beschadigd kunnen zijn, maar het bot niet rechtstreeks in verbinding staat met de buitenwereld. • **greenstick fracture** *zie* twijg~. • **groeischijf~** *zie* epifyse~. • **groenhout~** *zie* twijg~. • **growing fracture** resorptie van botweefsel na een cefale hydrocele waardoor een permanent

defect i.h. scheldeldak ontstaat. • **hangman's fracture** [E] bilaterale fractuur v.d. pars interarticularis v.d. tweede halswervel. • **heup**~ zie heupfractuur. • **heupluxatie**~ luxatie v.d. femurkop, gecombineerd met een fractuur v.h. acetabulum of bekken. • **hogesnelheids**~ botbreuk met versplintering en schade v.d. weke delen. • **humerus**~ breuk v.d. kop of schacht v.d. humerus (opperarmbeen), meestal a.g.v. val op uitgestrekte arm, directe val op de schouder of direct inwerkend geweld op bovenarm. • **impressie**~ breuk v.e. plat bot, dat ter plaatse v.h. trauma wordt ingedeukt. • **incomplete** ~ breuk waarbij de botdelen nog gedeeltelijk aan elkaar vastzitten. • **indirecte** ~ fractuur die is ontstaan op enige afstand v.d. plaats waar het trauma heeft ingewerkt. • **intra-articulaire** ~ f. die doorloopt tot i.e. gewricht. • **intracapsulaire** ~ breuk in botgedeelten die binnen een gewrichtskapsel gelegen zijn. • **le-fort-I**-~ lage dwarsfractuur v.d. maxilla met een horizontaal verlopende fractuurlijn door de processus alveolaris, het palatum en de processus pterygoideus. • **le-fort-II**-~ piramidevormige fractuur v.d. maxilla met fractuurlijnen door het os lacrimale, de mediale orbitawand, orbitabodem, de laterale sinuswand en de processus pterygoideus. • **le-fort-III**-~ hoge dwarsfractuur v.d. maxilla met fractuurlijnen door neusbrug, de orbita, de processus frontalis v.d. maxilla en het os zygomaticus. • **luxatie**~ combinatie v.e. ontwrichting met een tot i.h. gewricht doorlopende fractuur. • **malgaigne**~ bekkenringfractuur met breukplaatsen van os pubis en v.h. sacroiliacaal gewricht. • **mars**~ fractuur v.h. 2e of 3e metatarsale, bij geforceerde marsen. • **maxillofaciale** ~ breuk i.d. bovenkaak en omgevende delen v.d. aangezichtsschedel, waarbij trapvorming van botstukken en subcutaan emfyseem kunnen voorkomen. • **metacarpalia**~ breuk v.e. of meer middenhandsbeentjes, meestal veroorzaakt door een val of een direct trauma. • **metatarsalia**~ breuk v.h. os cuboideum, naviculare en/of cuneiforme, vaak door een direct inwerkend trauma. • **monteggia**~ pareerfractuur gepaard met luxatie v.h. caput radii. • **neus**~ fractuur v.d. ossa nasalia en/of het neustussenschot. • **neusseptum**~ dislocatie v.h. kraakbenige septum nasi na trauma. • **niet-traumatische bot**~ zie spontane~. • **onderarm**~ breuk van radius en/of ulna. • **onderbeen**~ breuk van tibia en/of fibula. • **ongecompliceerde** ~ fractuur die niet in open verbinding met de buitenwereld staat. • **open** ~ fractuur met continuïteit tussen bot en buitenlucht. • **orbitabodem**~ botbreuk i.d. bodem v.d. oogkas. • **osteochondrale** ~ intra-articulaire breuk van bot bedekt met kraakbeen. • **pareer**~ een door het afweren (pareren) v.e. slag teweeggebrachte dwarse fractuur, meestal v.h. proximale deel v.d. ulna. • **patella**~ breuk v.d. knieschijf (patella), meestal ontstaan door een directe val op de knie. • **pathologische** ~ fractuur die ontstaat a.g.v. pathologische breekbaarheid v.h. bot, bijv. door onderliggende botziekte die het bot verzwakt. • **pilon-tibiale**-~ impressiebreuk v.h. gewrichtsoppervlak v.d. distale tibia, waarbij de talus i.h. gewrichtsvlak v.d. tibia wordt gedrukt. • **polsgewricht**~ fractuur v.e. of meer delen v.h. polsgewricht. • **pseudo**~ zie zone | loosertransformatie-~. • **quervain**~ breuk v.h. os scaphoideum, gepaard met volaire luxatie v.h. os lunatum. • **radiusflexie**~ zie smith-~. • **radius**~ breuk die ontstaat door een val op de pols met de hand in dorsale flexie (collesfractuur) of volaire flexie (smithfractuur); bij jongvolwassenen betreft het vaak een scafoïdfractuur i.p.v. een distale radiusfractuur; komt na vingerfractuur meest voor van alle fracturen van bovenste extremiteit, i.h.b. bij kinderen (veelal twijgfreuk) en oudere vrouwen; indeling: geen classificatie op basis van fractuurtype, ongevalsmechanisme of behandelingsopties, nog steeds genoemd naar de arts die het type het eerst heeft beschreven (Colles, Smith, Barton); de distale radiusfractuur met angulatie naar dorsaal v.h. distale fragment (collesfractuur) komt meer voor dan de variant waarbij het distale fragment naar volair geanguleerd staat (smithfractuur). • **radiushals**~ breuk v.d. radiushals, veroorzaakt door een val op de uitgestrekte hand. • **radiuskop**~ breuk v.h. proximale radiusuiteinde, veelal veroorzaakt door een val op de gestrekte arm. • **re**~ in slechte toestand genezen fractuur die opnieuw is gebroken. • **rib**~ fractuur v.e. of meer ribben a.g.v. direct of indirect trauma. • **rotatie**~ zie torsie~. • **scafoïd**~ breuk

v.h. os scaphoideum, meestal t.g.v. een val. • **schacht**~ breuk v.d. merghoudende schacht v.e. van pijpbeenderen. • **schedelbasis**~ botbreuk v.h. onderste deel v.d. schedel, de benige basis waarop de hersenen rusten. • **schedel**~ botbreuk v.d. hersenschedel. • **segmentale** ~ meervoudige fractuur op verscheidene niveaus in hetzelfde bot. • **smith**~ dwarse breuk v.d. radius, 5 cm boven het distale eind, met voorwaartse verplaatsing v.h. distale fractuurstuk. • **spontane** ~ fractuur die ogenschijnlijk zonder trauma is ontstaan. • **stieda**~ breuk v.d. condylus medialis femoris. • **stress**~ fractuur a.g.v. excessieve repeterende belasting. • **strut**~ [E] afbreken v.h. scharnier van bepaalde hartklepprothesen, m.a.g. acute circulatieproblemen. • **subcapitale** ~ breuk vlak onder een gewrichtskop. • **supracondylaire humerus**~ extra-articulaire breuk v.d. distale humerus en proximaal v.d. epicondylus medialis en lateralis. • **torsie**~ indirecte beenbreuk v.e. pijpbeen door torderende kracht. • **traandruppel**~ flexiefractuur van cervicale wervels waarbij een smal fragment v.d. voor-onderzijde v.e. wervellichaam naar voren is verplaatst. • **transversale** ~ *zie* dwarse ~. • **tripod**~ botbreuk met driepotige breuklijn. • **twijg**~ fractuur waarbij het periost intact is gebleven doordat het jonge bot enigszins buigzaam is; hierdoor breekt het niet, maar knikt het, als een jong boomtakje (twijg). • **verbrijzelings**~ *zie* comminutieve ~. • **vermoeidheids**~ *zie* stress~. • **volledige** ~ *zie* complete ~. • **wervel**~ breuk v.e. wervel (wervellichaam of wervelboog), al dan niet gepaard met letsel van ruggenmerg i.h. wervelkanaal. • **wortel**~ fractuur door de wortel v.e. gebitselement.
fractuurbehandeling repositie en fixatie v.e. botbreuk. • ~ **volgens Codivilla** *zie* codivillafractuurbehandeling.
fractuurspleet breukvlak of breuklijn tussen twee gefractureerde botdelen.
fragilitas breekbaarheid. • ~ **capillarium** broosheid v.d. wand der bloedcapillairen, m.a.g. verhoogde doorlaatbaarheid van die wand. • ~ **crinium** breekbaarheid v.d. haren. • ~ **ossium** *zie* osteogenese | osteogenesis imperfecta. • ~ **ossium congenita** *zie* osteogenese | osteogenesis imperfecta fetalis. • ~ **unguium** broosheid v.d. nagels.
fragiliteit breekbaarheid. • **capillaire** ~ broosheid v.d. bloedcapillairen.
fragiliteitsfractuur *zie* broosheidsfractuur.
fragment-antigen-binding-deel (Fab-deel) deel v.h. immunoglobulinemolecuul dat de lichte keten en een deel v.d. zware keten omvat.
fragmentatie verdeling in brokjes. • **kern**~ karyorrhexis. • **fragmentat o myocardii** dwarse ruptuur van myocardvezels.
fragment-crystallizable-deel (Fc-deel) constant gedeelte v.h. immunoglobuline.
fragmentocyt gedeformeerde erytrocyt, o.a. bij thalassemie.
frailty (geriatrische:) syndroom met een zodanige interactie tussen ziekten, psychosociale stressoren en subklinische ziektelast dat iemand vatbaar wordt voor ongewenste gezondheidsuitkomsten.
fraise een konische of cilindrische, van snijdende vlakken voorziene metalen kop. • ~**behandeling** verwijdering v.h. opperste huidlaagje.
framboesia tropica niet-venerische treponematose met als verwekker *Treponema pertenue*.
framework region [E.] delen van H- en L-ketens v.e. antistof die liggen tussen de hypervariabele (antigeenspecifieke) gebieden.
Framingham-onderzoek uitgebreidste en langstlopende bevolkingsonderzoek (VS, begonnen in 1948) naar risicofactoren op hart- en vaatziekten.
franklinbrillenglas bifocaal glas.
FRC (functionele residuale capaciteit) *zie* longcapaciteit | functionele reserve~.
fredericksonvettypering vettypering waarbij vijf typen hyperlipidemie werden onderscheiden.
free fatty acid [E] *zie* vetzuur | vrij ~.
fremissement *zie* thrill.
fremitus vibratie v.d. borstwand die door palpatie en/of auscultatie bij lich. onderzoek kan worden waargenomen. • **bronchiale** ~ bronchustrilling bij bronchuscatarre, te voelen als men de vlakke hand op de borst v.d. patiënt legt. • ~ **dentium** *zie* bruxisme. • **stem**~ voelbaar meetrillen v.d. borstwand bij stemgeving v.d. patiënt.
frenalgie pijn i.h. middenrif.
french (fr) aanduiding v.d. diameter v.e. katheter (3 fr = 1 mm).
frenectomie chirurgische verwijdering v.e. (te korte) tongriem.

frenicotomie doorsnijding v.d. n. phrenicus.

frenitis 1 ontsteking v.h. middenrif; **2** (obs.) ontsteking v.d. hersenen.

frenodynie *zie* frenalgie.

frenologie verouderde leer (ontwikkeld door Gall) die stelt dat er een verband is tussen geestelijke eigenschappen en de aard/vorm van de cortex, die weer af te leiden is uit de schedelvorm.

frenopathie geestesziekte.

frenulotomie het doorsnijden v.e. frenulum, i.h.b. v.h. frenulum linguae (tongriem).

frenulum een als verbinding fungerend slijmvliesplooitje, huidplooitje. • **~ linguae** mediane slijmvliesplooi aan de onderzijde v.d. tong. • **~ preputii** dorsale structuur tussen glans penis en preputium.

frequens frequent, snel opeenvolgend; vb. pulsus frequens.

frequent veelvuldig, vaak.

frequentie 1 (statistiek) aantal gebeurtenissen per tijdseenheid of per bevolkingsgroep; **2** (fysica) aantal trillingen per seconde; **3** (cardiol.) aantal hartcontracties of ademhalingen per minuut. • **mutatie~** f. waarmee mutaties i.e. (bacterie)populatie optreden.

frequentiebereik het bereik waarbinnen het menselijk oor frequenties kan waarnemen.

frequentiemodulatie het variëren v.h. aantal impulsen dat per seconde langs een zenuwvezel wordt voortgeplant om variatie i.d. informatie over te brengen; dit is namelijk mogelijk via variatie v.d. amplitude v.d. actiepotentiaal.

fresh frozen plasma (FFP) *zie* plasma | vers bevroren ~.

freudiaans overeenkomstig de leer van Freud.

freudiaanse verspreking (leer van Freud) verspreking die iets prijsgeeft van onderbewuste verlangens of gevoelens.

Freund | freundadjuvans mengsel v.e. minerale olie en een emulgans. • **freundanomalie** vernauwing v.d. bovenste thoraxapertuur.

FRF follicle-stimulating-hormone releasing factor.

frictie 1 wrijving; **2** (fysiother., sportmass.:) vorm van massage waarbij de vingers worden gebruikt.

frictiekosten de kosten v.h. productieverlies gedurende de periode dat een zieke zich ziek meldt en vervangen wordt en de vervanger zich heeft aangepast aan het werk.

friedregel voor kinderdosering (kinderen < 2 jaar): (volw. dosis × leeftijd v. kind in maanden)/150.

• **Friedreich** | • **friedreichataxie** recessiefovererevende progressieve cerebellaire aandoening.

friggatriskaidekafobie *zie* fobie | paraskevidekatria~.

frigiditeit geringe of geheel ontbrekende seksuele drang en prikkelbaarheid bij de vrouw; psychoanalytisch begrip, verouderd i.d. diagnostiek, i.h.b. vanwege de pejoratieve connotatie i.h. algemene taalgebruik.

frigidus koud; vb. abscessus frigidus.

frigore *zie* acrocyanose | acrocyanosis e frigore.

frondosus loofrijk; vb. chorion frondosum.

frons voorhoofd.

frontaal i.e. vlak evenwijdig aan het voorhoofd, d.i. evenwijdig aan de lichaamsas en loodrecht op het sagittale vlak. • **pre~** m.b.t. het voorste gedeelte v.d. frontale hersenkwab; vb. p-tale lobotomie.

frontalis 1 m.b.t. het voorhoofd; vb. sinus frontalis, foramen frontale; **2** gericht op of evenwijdig aan het voorhoofd, frontaal.

fronto-occipitaal *zie* frontooccipitalis.

frontooccipitalis van voorhoofd naar achterhoofd lopend; vb. fasciculus frontooccipitalis.

frontopariëtaal *zie* frontoparietalis.

frontoparietalis 1 m.b.t. de frontale en de pariëtale hersenkwab; vb. operculum frontoparietale; **2** m.b.t. voorhoofdsbeen en wandbeen; vb. sutura f-lis = sutura coronaria.

frontopontinus m.b.t. de frontale hersenkwab en de pons; vb. tractus frontopontinus.

frontotemporaal op/rondom het grensvlak v.d. frontale en temporale hersenkwab.

frottage parafilie waarbij men zich in geklede toestand tegen een andere geklede persoon aandrukt, veelal i.e. overvolle publieke gelegenheid, waarmee de 'frotteur' seksueel genot verkrijgt.

frottement [F] wrijfgeruis bij pleuritis of pericarditis sicca (te horen of te voelen).

frozen pelvis [E] chronische proliferatieve

ontsteking met induratie (verharding) v.h. kleine bekken.

frozen shoulder [E] verdikking en constrictie v.h. kapsel v.d. schouder, met als gevolg een voortschrijdende beperking v.d. functie v.h. glenohumerale gewricht; met de term 'humeroscapulaire periarthritis' (periarthritis humeroscapularis) worden alle pijnsyndromen samengevat die worden veroorzaakt door aandoeningen v.d. glijsystemen buiten het eigenlijke schoudergewricht.

fructosamine product van non-enzymatische glycering van albumine.

fructose linksdraaiende hexose in vruchten en honing, zoetste natuurlijke suiker, meestal samen voorkomend met glucose; bestanddeel van sacharose.

fructose-1-fosfaataldolasedeficiëntie *zie* intolerantie | hereditaire fructose-~.

fruste [F] onvolledig ontwikkeld.

frustraan onvolkomen, zonder effect. • **frustrane hartcontractie** waarneembare puntstoot zonder waarneembare pols.

frustratie teleurstelling die wordt ervaren bij de belemmering i.d. uitvoering v.e. wens of ideaal.

frustreren iemand een ontgoocheling bezorgen door hem te belemmeren i.d. uitvoering v.e. wens of de verwezenlijking v.e. ideaal of streven.

FSF fibrine-stabiliserende factor = bloedstollingsfactor XIII.

FSH *zie* hormoon | follikelstimulerend ~.

FSH-releasing hormone *zie* FSH-RF.

FSH-RF (FSH-releasing factor) factor uit de hypothalamus die de hypofyse tot afgifte van FSH aanzet.

FSH-RH *zie* FSH-RF.

FSME (Frühsommer-Meningoenzephalitis) *zie* encefalitis | teken~.

FT-3 vrij tri-jodothyronine in bloed.

FT-4 vrij thyroxine in bloed.

FTA-ABS (fluorescent treponemal antibody absorptiontest) serologische reactie als diagnostische test bij syfilis.

FTG (full-thickness graft) *zie* graft | full-thickness ~.

ftisis obsolete term voor longtuberculose.

FTO *zie* farmacotherapeutisch overleg.

FTP *zie* peritoneoscopie | flexibele transgastrische ~.

FTT *zie* failure to thrive.

fucose deoxy-galactose, een methylpentose.

fucosidase enzym dat fucoside splitst i.e. alcohol en fucose.

fucoside een glycoside, bestaande uit fucose en een aglycon.

fucosidose progressieve cerebrale degeneratieziekte met overmatige stapeling van fucose, t.g.v. alfafucosidasedeficiëntie.

-fugaal achtervoegsel in woordverbindingen betreffende een verwijdering.

fugax vluchtig, snel verdwijnend; vb. amaurosis fugax.

-fugus achtervoegsel in woordverbindingen met de betekenis verdrijvend, opheffend.

fulcrum het steunpunt waarover een gewrichtskop heenschiet bij ontwrichting.

fulguratie 1 *zie* elektrodesiccatie; **2** bliksem-inslag, c.q. de inwerking van bliksemslag op mens of dier.

full-blown [E] volledig ontwikkeld m.b.t. symptomen, klinisch volledig manifest; vb. ~ aids.

fulminant snel en hevig, veelal dodelijk verlopend.

functie snelheid van reageren (i.d. typenleer van Heymans). • **kennende ~** *zie* cognitieve functie. • **primaire ~** (psychol., fysiol.) het onmiddellijk reageren op prikkels. • **secundaire ~** (psychol., fysiol.) het 'uitgesteld' reageren na afloop v.d. inwerking v.e. prikkel, het op gang komen van (psychische) activiteit pas enige tijd na inwerking v.e. exogene prikkel of na het opkomen v.e. voorstelling.

functiebeperking vermindering of afwezigheid v.d. vaardigheid om een activiteit uit te voeren op de wijze en i.h. bereik die gebruikelijk worden geacht voor mensen van gelijke leeftijd, gelijk geslacht en gelijke cultuur.

functieleer deelgebied v.d. psychologie dat zich bezighoudt met de basisfuncties v.d. hersenen die i.h. menselijk gedrag een rol spelen.

functieontwikkeling in fasen verlopende kwantitatieve ontwikkeling van bep. cognitieve functies.

functiestoornis elk verlies dan wel elke abnormaliteit van structuur of functie. • **cognitieve ~** verandering i.e. cognitieve functie die gepaard gaat met geheugenstoornis, concentratievermindering, desoriëntatie en/of taalstoornis.

functio verrichting, functie. • **~ laesa** gestoorde functie, een v.d. vijf klinische kenmerken van ontsteking: calor, dolor, tumor, rubor en functio laesa.

functional bracing [E] gesloten fractuurbehandeling met verbandmateriaal dat is voorzien van scharnieren, waardoor bewegingen v.d. gewrichten mogelijk blijven met minder kans op spieratrofie, gewrichtsverstijving en pseudartrose.

functional endoscopic sinus surgery (FESS) op functieherstel gerichte beperkte endoscopische chirurgie v.h. etmoïdcomplex.

functioneel 1 de functie betreffend; **2** niet op organische afwijking berustend, bijv. f. klepgebrek, hartgeruis, proteïnurie; **3** (onzorgvuldig psychiatr. taalgebruik) psychogeen, hysterisch.

functioneel beeld *zie* klacht | onverklaarde lichamelijke ~.

funda slingerverband.

fundiformis lusvormig; vb. ligamentum fundiforme penis.

fundoplicatie het maken v.e. plooi i.d. maagfundus rondom de slokdarm ter verhindering van gastro-oesofageale reflux en refluxoesofagitis. • ~ **volgens Nissen** *zie* fundoplicatie. • **gastro-oesofageale** ~ *zie* fundoplicatie.

fundus de bodem, het blinde einde v.e. hol orgaan. • ~ **flavimaculatus** beeld gekenmerkt door talrijke gele vlekjes in fundo, gepaard met storing i.h. donker-zien en gezichtsveldbeperking. • ~ **oculi** het beeld dat men ziet bij oogspiegelonderzoek. • ~ **uteri** de boven de tubaopeningen gelegen koepel v.d. baarmoeder. • ~ **ventriculi** de links onder het diafragma gelegen koepel v.d. maag.

funduscopie oogonderzoeksmethode voor inspectie v.d. fundus oculi ('oogspiegelen'); samen met het spleetlamponderzoek de belangrijkste onderzoeksmethode voor het oog.

fungi mv. van fungus *zie* fungus.

fungicide 1 (bijv. nw.) schimmeldodend; **2** (minder juist: zelfst. nw.) *zie* antimycotica.

fungicidum een stof die schimmels doodt.

fungiformis paddenstoelvormig; vb. papillae fungiformes (mv. van fungiformis).

fungistatisch met remmende werking op de ontwikkeling van fungi (schimmels).

fungoides fungus-achtig; vb. mycosis fungoides.

fungosus fungusachtig.

fungus 1 micro-organisme van lagere orde, zonder chlorofyl, levend van organische stoffen; **2** (pathol.) fungusachtig vormsel aan het lichaam. • ~ **ball** *zie* aspergilloom. • ~ **imperfectus** schimmel zonder geslachtelijke vermenigvuldiging. • **mozaïekfungi** artefacten (kunstproducten) i.h. microscopisch kaliloogpreparaat van huidschilfers, door lucht tussen epitheelcellen, lijkend op schimmels. • ~ **perfectus** schimmel met geslachtelijke vermenigvuldiging.

funiculair m.b.t. een funiculus of tot een der ruggenmergsstrengen; vb. f-re myelose.

funiculitis ontsteking v.d. funiculus (spermaticus).

funiculopexie operatieve fixatie v.d. zaadstreng.

funiculus bundelvormige structuur. • ~ **dorsalis** de vezelbundel i.h. ruggenmerg tussen de sulci medianus dorsalis en lateralis dorsalis; vroeger 'f. posterior'. • ~ **lateralis** de i.h. ruggenmerg opzij v.d. grauwe substantie gelegen bundel vezels (witte substantie), die zich i.d. medulla oblongata voortzet. • **funiculi medullae spinalis** samenvattende term voor de voor-, zij- en achterstrengen v.h. ruggenmerg. • ~ **spermaticus** zaadstreng. • ~ **ventralis** de tussen de fissura mediana ventralis en de voorwortels gelegen vezelstreng (witte substantie).

funneling echoscopische afwijking die gezien kan worden bij cervixinsufficiëntie tijdens een graviditeit: het ostium internum v.d. cervix gaat wijken en de vruchtzak puilt trechtervormig in/i.d. cervix.

furcatus gevorkt; vb. insertio furcata.

furfur fijne afschubbing v.d. huid, zoals hoofdroos.

furibundus in razernij verkerend, gekenmerkt door razernij; vb. delirium furibundum.

furiosus dol, razend; vb. rabies furiosa.

furunculis nasi *zie* furunkel | neus~.

furunculose aanwezigheid van multipele steenpuisten (furunkels), tegelijkertijd of na elkaar ontstaand, vaak als symptoom bij diabetes mellitus, jicht, verzwakte afweer, verstoorde hemopoëse. • **regionale** ~ tot een bepaald gebied beperkte f-se.

furunculosus gepaard gaand met furunculose; vb. leishmaniasis furunculosa.

furunculus *zie* furunkel.

furunkel diepe folliculitis met centrale necrose, veroorzaakt door stafylokokken die via de uitvoergang v.d. haartalgklierfollikel zijn binnengedrongen; zeer drukpijnlijk. • **neus~** furunkel i.d. neusholte, uitgaande van haarfollikels i.h. vestibulum nasi.

fuscine | **hemo~** ijzervrij pigment, ontstaan uit hemoglobine bij stoornissen i.d. eiwit- en vetstofwisseling. • **lipo~** bruin intracellulair pigment, bestaande uit onoplosbare restanten van gefagocyteerde, maar niet-afbreekbare membraanlipiden.

fuscus donker, donkerbruin, stoffig; vb. induratio fusca.

fusie samenvoeging, samensmelting. • **beeld~** samensmelting v.d. twee netvliesbeelden tot één voorstelling. • **binoculaire** ~ *zie* beeld~.

fusiform spoelvormig; vb. fusiforme bacillen, fusiform aneurysma.

Fusobacterium geslacht v.d. familie *Bacteroidaceae*. • ~ *necrophorum* veroorzaakt plaatselijke ontstekingen, soms ook ernstige sepsis.

fusocellularis bestaande uit spoelvormige cellen; vb. sarcoma fusocellulare.

fusus neuromuscularis *zie* spierspoel.

FVC *zie* forced vital capacity.

fyllochinon *zie* vitamine K.

fylogenese ontwikkeling v.d. soort gedurende de evolutie.

fylogenetisch m.b.t. de fylogenese.

fysica natuurkunde. • **bio~** de wetenschap betreffende, of de toepassing van fysische methoden en theorieën bij het biologisch onderzoek. • **psycho~** het psychologisch onderzoek naar het verband tussen fysische prikkels en psychische reacties.

fysiek 1 (bijv. nw.) lichamelijk, i.t.t. psychisch; 2 (z. nw.) lichamelijke gesteldheid.

fysio- voorvoegsel in samengestelde woorden betreffende de natuur.

fysiognomie 1 de gelaatsvorm en -uitdrukking; 2 pseudowetenschap v.h. beoordelen van karakter op grond van gelaatsvorm en -uitdrukking.

fysiologie de wetenschap die de functies van levende organismen bestudeert. • **elektro~** de fysiologie betreffende de elektrische verschijnselen i.h. levende organisme of in levend weefsel. • **moleculaire** ~ de wetenschap betreffende de moleculaire structuur en de normale moleculaire processen i.h. lichaam. • **neuro~** de wetenschap betreffende de functies v.h. zenuwstelsel. • **patho~** de kennis en bestudering v.d. lichamelijke functies v.h. zieke organisme.

fysiologisch 1 m.b.t. de fysiologie; 2 normaal, als tegenstelling tot pathologisch (onfysiologisch); vb. fysiologische reactie; NB: niet te verwarren met 'fysisch' en 'fysiek'.

fysiologische pupilonrust *zie* hippus.

fysiologisch regelmechanisme proces ter handhaving v.d. homeostasis v.h. milieu intérieur.

fysiopathologie *zie* fysiologie | patho~.

fysiotherapeut paramedicus die bevoegd is tot het uitoefenen van fysiotherapie.

fysiotherapie paramedische discipline die zich bezighoudt met de behandeling van klachten aan het steun- en bewegingsapparaat v.d. mens.

fysisch natuurkundig, tot de natuur behorend, de natuurwetten volgend.

fysocele 1 een met gas gevulde zwelling; 2 breukzak gevuld met gas.

fytobezoar maag- of darmsteen, bestaande uit plantenvezels.

fytomenadion vitamine K_1.

fytonose ziekte die door een plant wordt veroorzaakt.

fytotherapeuticum plantaardig geneesmiddel.

fytotherapie *zie* geneeswijze | kruiden~.

fytotrichobezoar een bezoar die bestaat uit plantenvezels en lichaamsharen.

G

-gaam achtervoegsel in woordverbindingen betreffende huwelijk of geslachtelijke omgang.
GAAZ Geriatrische Afdeling i.e. Algemeen Ziekenhuis.
GABA (gamma-aminobutyric acid) *zie* zuur | gamma-aminoboter~.
GABHS bètahemolytische streptokok uit lancefield-groep A.
GAG *zie* glycosaminoglycaan.
gag *zie* pol.
GAGS gezondheidsadviseur gevaarlijke stoffen.
gait [E] wijze van lopen. • **equine** ~ [E] de gang bij pes equinus. • **steppage** ~ [E] abnormaal hoge knieheffing tijdens het lopen bij peroneusverlamming.
gal door de lever continu afgescheiden vloeistof (ca. 600 cc/etmaal) die via de galwegen en door concentratie i.d. galblaas i.d. dunne darm terechtkomt. • **A**-~ de bij duodenumsondage initieel spontaan afvloeiende gal. • **B**-~ de na de A-gal, bij prikkeling v.d. galblaas afvloeiende gal uit de galblaas. • **C**-~ de na het stoppen v.d. galblaascontracties afvloeiende gal uit de lever. • **kalkmelk**~ een brij van calciumcarbonaat i.d. galblaas. • **lithogene** ~ gal waarin cholesterolkristallen kunnen neerslaan, die zich tot stenen ontwikkelen. • **melk**~ *zie* kalkmelk~. • **witte** ~ de ontkleurde gal bij hydrops vesicae felleae.
galact- voorvoegsel in woordverbindingen betreffende melk.
galactocele 1 cystische verwijding i.d. borstklier, ontstaan i.d. lactatie, gevuld met melkachtige substantie; 2 hydrocele met melkachtige inhoud.
galactocerebroside verbinding van ceramide en galactose; komt o.a. voor i.d. celmembranen van zenuwcellen, i.h.b. v.d. oligodendrogliacellen v.d. witte stof v.d. hersenen.
galactocerebrosidose autosomaal-recessieve erfelijke aandoening waarbij een tekort bestaat aan het enzym bètagalactosidase, waardoor een ophoping v.h. galactocerebroside ontstaat.
galactografie röntgenologische afbeelding v.d. melkgangen na opvulling ervan met een contraststof.
galactogram het bij galactografie verkregen beeld.
galactopoëse proces van melksecretie en -excretie tijdens het zogen onder invloed van oxytocine.
galactorroe 1 overvloedige zogafscheiding i.d. lactatieperiode; 2 zogafscheiding buiten de lactatieperiode.
galactose een hexose die samen met glucose, lactose vormt.
galactosebelastingsproef *zie* test | galactosetolerantie~.
galactosemie aanwezigheid van (te veel) galactose i.h. bloed. • **congenitale** ~ autosomaal erfelijke aandoening met verhoogde bloedgalactoseconcentratie.
galactosidase enzym dat galactoside splitst. • **alfa**~ enzym dat alfa-D-galactoside tot D-galactose splitst. • **bèta**~ splitst bèta-D-galactoside tot D-galactose.
galactoside een glycoside, met galactose als suikercomponent.
galactostase slechte afvoer v.d. melk door de melkgangen.
galafvoerwegen *zie* galwegen. • **extrahepatische** ~ ductus hepaticus, d. cysticus, d. choledochus. • **intrahepatische** ~ de galwegen binnen in de lever.
galblaas peervormig hol orgaan, gelegen te-

gen de onderste, achterste rand v.d. rechter leverkwab aan, waarin de gal die via de ductus hepaticus v.d. lever komt wordt opgevangen; kan ongeveer 30-50 ml gal bevatten en afscheiden wanneer nodig (bij een maaltijd); de gal verlaat de galblaas via de ductus choledochus zie cholecystitis, obstructie-icterus. • **aardbeien**~ zie cholesterolose | cholesterolosis vesicae felleae. • **kalk**~ verkalkte galblaas, meestal gevolg van chronische cholecystitis. • **porselein**~ blauw getinte, verkalkte galblaas, meestal gevolg van chronische cholecystitis. • **schrompel**~ niet te verwarren met 'schrompelblaas' zie cholecystitis.

galblaasröntgenfoto zie cholecystografie.
galblaasverwijdering zie cholecystectomie.
galbulten zie urticaria.
galea helm. • ~ **aponeurotica** een dunne, peesachtige vezelplaat die het schedeldak bekleedt.
galenicum zie Galenus | galenisch preparaat.
galenisme de door Galenus uitgebouwde leer van Hippocrates betreffende de invloed v.d. vochten op het temperament en op het ontstaan van ziekten.
Galenus | galenisch preparaat eenvoudig, meestal uit plantendelen bereid geneesmiddel.
galgang zie ductulus | ductuli interlobulares hepatis.
galganghypoplasie onderontwikkeling van intra- of extrahepatische galwegen.
galgangproliferatie hyperplasie v.d. kleinste intrahepatische galwegen t.g.v. een langdurige cholestase.
galkleurstof zie bilirubine, stercobiline.
gallig 1 door gal veroorzaakt; 2 gepaard gaand met galuitstorting; vb. g-ge peritonitis, gallig braken.
gallina kip; vb. Dermanyssus g-nae.
gallinae 'van de kip'; vb. Dermanyssus gallinae: kippenschurftmijt.
gallium (Ga) element met atoomnummer 31. • ~**-67-citraat** (Ga-67-citraat) radionuclide.
gallus haan; vb. crista galli.
galoppans [L 'galopperend'] zeer snel aflopend, bijv. phthisis galoppans.
galsecretiestoornis stoornis i.d. uitscheiding van gal t.g.v. disfunctionerende hepatocyten of galductuluscellen.
galsteen | silent gallstones symptoomloze galstenen.
galsteenvergruizing zie lithotripsie | schokgolf-.

GALT (gut-associated lymphoid tissue) zie lymfoïd weefsel | darmgeassocieerd ~.
galvanocaustiek zie elektrocaustiek.
galwegen netwerk van buisvormige kanaaltjes die de gal v.d. lever naar de galblaas en vandaar naar het duodenum afvoeren zie cholecystitis, obstructie-icterus.
galzand vroege vormingsfase van cholelieten in galblaas en/of galwegen.
galzouten zie galzure zouten.
galzure zouten Na^+- of K^+-zouten van galzuren.
galzuurbindende middelen serumcholesterol verlagende stoffen.
galzuur zout zie cholaat.
gam- voorvoegsel in woordverbindingen betreffende huwelijk of geslachtelijke voortplanting.
gameet 1 (celbiologie, embryol.) geslachtscel, kiemcel (eicel, spermatozoön); **2** (microbiol., tropengeneesk.) geslachtelijke vorm v.d. malariaparasiet die i.d. maag v.d. malariamug (Anopheles) ontstaat uit de gametocyten die met het bloed v.d. tussengastheer (o.a. de mens) zijn opgezogen; te onderscheiden in microgameet (mannelijk) en macrogameet (vrouwelijk).
• **anisogameten** ongelijke mannelijke en vrouwelijke geslachtscellen (micro- en macrogameten). • **gyno**~ zie macrogameet.
• **holo**~ gameet die uit een normale vegetatieve cel ontstaat, zonder anatomische verandering, dus niet via een meiose. • **iso**~ gameet van dezelfde grootte als die waarmee hij zich verenigt. • **mero**~ gameet (bij Protozoa) die kleiner is dan de cel waaruit hij is voortgekomen. • **micro**~ mannelijke geslachtelijke vorm v.e. Plasmodium. • **zoö**~ gameet die zich kan voortbewegen.
gamete intrafallopian transfer (GIFT) [E] het m.b.v. een laparoscoop inbrengen v.e. suspensie van zaad- en eicellen i.d. tuba Fallopii, opdat de bevruchting daar kan plaatsvinden.
gametocide gameten- of gametocytendodend.
gametocidium malariageneesmiddel met gametocide werking.
gametocyt 1 voorstadium v.e. geslachtscel; **2** i.h. bloed v.d. tussengastheer (o.a. de mens) voorkomende geslachtelijke vorm van malariaparasieten, waaruit zich i.d. maag van Anopheles gameten ontwikkelen;

gameten zijn vrijwel alleen bij malaria tropica i.h. bloed te vinden en hebben dan de typische halvemaanvorm.

gametogonie voortplanting d.m.v. gameten.

gametoïd lijkend op een gameet; vb. sommige kankercellen.

-gamie achtervoegsel in woordsamenstellingen betreffende huwelijk, bevruchting of voortplanting.

gammacamera camera voor detectie van gammastraling.

gammacisme keelstamelen, waarbij het uitspreken v.d. keelletters g en k moeilijkheden oplevert.

gammaglutamyltransferase membraangebonden enzym, vnl. i.d. cellen v.d. niertubuli.

gammaglutamyltranspeptidase *zie* gammaglutamyltransferase.

gamma-GT *zie* transpeptidase.

gamma knife [E] bestralingsapparaat dat met gammastraling van kobaltbronnen werkt; deze zijn concentrisch gepositioneerd en geven zo zeer focaal straling af; hiermee kunnen bijv. kleine arterioveneuze malformaties of tumoren i.d. hersenen worden behandeld.

gammalus myotatische reflexbaan die bestaat uit een geactiveerd gamma-motorneuron.

gammaprobe *zie* handmatige gammaprobe.

gammavezels *zie* vezel | gammazenuw~s.

gammopathie | monoclonal gammopathy of undetermined significance (MGUS) monoklonale gammopathie waarbij 20% v.d. patiënten binnen 10 jaar een klinisch syndroom krijgt.

gamogenese geslachtelijke voortplanting.

gamogonie gamogenese, i.h.b. de vorming van vrouwelijke macrogameten en mannelijke microgameten, zoals bij *Toxoplasma*.

Gamow bag [E] *zie* hyperbaredrukzak.

gang 1 (anat.:) ductus, leider, buis; vb. gang van Gartner; **2** (neurol., orthoped.:) manier van lopen. • **antalgische** ~ manke gang bij pijnklachten in dragende gewrichten waarbij deze gewrichten bij elke stap zo kort mogelijk worden belast. • **atactische** ~ onzekere, slingerende gang. • **cerebellaire** ~ atactische g. t.g.v. een cerebellaire stoornis en gekenmerkt door een wisselend verbreed gangspoor en korte, onregelmatige paslengte. • **dronkenmans**~ *zie* cerebellaire ~. • **eenden**~ typisch, waggelend looppatroon met verbreed gangspoor door relatieve insufficiëntie v.d. mm. glutei. • **hakvoet**~ korte looppassen waarbij de voet in dorsoflexie blijft zonder afstootstadium v.d. voorvoet. • **koorddansers**~ neurologische test v.d. cerebellumfuncties waarbij de patiënt voetje voor voetje i.e. rechte lijn moet lopen. • **paraparetische** ~ typische loopstoornis, bij beiderzijdse parese v.d. benen. • **paretische** ~ langzame g. met kleine stappen, t.g.v. parese van spieren. • **ster**~ *zie* marche en étoile. • **schaar**~ afwijkend looppatroon bij een patiënt met een spastische parese, door spastische adductoren. • **scharende** ~ gangpatroon waarbij de benen elkaar kruisen. • **spastische** ~ schuifelende gang met gespannen beenspieren, bij mono- en diplegie. • **tabetische** ~ atactische gang bij gestoorde dieptesensibiliteit. • **trendelenburg**~ waggelend gangpatroon t.g.v. dubbelzijdige zwakte van bekkengordelspieren. • **waggel**~ kenmerkend looppatroon waarbij de heup v.h. steunbeen licht naar beneden zakt.

ganglia *zie* ganglion. • ~ **autonomica** *zie* ganglion | autonoom ~. • ~ **visceralia** *zie* ganglion | autonoom ~.

gangliëctomie operatieve verwijdering v.e. ganglion.

gangliocyt ganglioncel.

gangliocytoom goedaardig gezwel, bestaande uit puur neuronaal weefsel of een combinatie van neuronaal en gliaal weefsel. • **dysplastisch** ~ goedaardige tumor v.h. cerebellum, bestaande uit dysplastische ganglioncellen.

ganglioglioom *zie* gangliocytoom.

ganglion 1 (neurol.:) buiten het czs gelegen groep zenuwcellen met onderling overeenkomende functie; soms wordt met 'ganglion' een nucleus bedoeld, dus intracerebraal gelegen; vb. basale ganglia; **2** (reumatol., orthop., pathol.:) cysteuze zwelling i.e. gewrichtskapsel of i.e. peesschede, ontstaan door slijmige degeneratie v.h. gewrichtskapsel (of de peesschede). • **autonoom** ~ ganglion, gelegen i.d. zenuwbanen v.h. autonoom zenuwstelsel. • **basale ganglia** *zie* nucleus | nuclei basales. • **bidder**~ twee groepen ganglioncellen i.h. septum interatriale, i.d. omgeving v.d. knoop van As-

choff-Tawara. • **dorsale ganglia** ganglia thoracica. • **ganglia cardiaca** een of meer zenuwknopen v.d. plexus cardiacus aan de concaviteit v.d. aortaboog. • ~ **cervicothoracicum** grensstrengganglion dat is ontstaan door samenvoeging v.h. onderste cervicale en het bovenste thoracale ganglion. • ~ **Gasseri** zie ganglion trigeminale.
• ~ **geniculi** spinaal-ganglionequivalent aan de facialisknie i.h. mastoïd met pseudounipolaire ganglioncellen voor de chorda tympani. • ~ **inferius (nervi glossopharyngei)** het onderste v.d. twee ganglia v.d. n. glossopharyngeus, vlak onder het foramen jugulare. • ~ **inferius (nervi vagi)** het onderste, spoelvormige vagusganglion.
• ~ **oticum** parasympathisch g. mediaal v.d. n. mandibulare, onder het foramen ovale.
• ~ **periostale** periostitis albuminosa (Riedinger). • ~ **stellatum** zie ganglion cervicothoracicum. • ~ **sublinguale** inconstante groep multipolaire zenuwcellen i.d. takjes v.d. nervus sublingualis. • ~ **superius nervi glossopharyngei** bovenste, klein g. i.h. foramen jugulare, voor afferente vezels.
• ~ **superius nervi vagi** bovenste, i.h. foramen jugulare gelegen sensibel vagusganglion. • ~ **trigeminale** het boven het foramen lacerum gelegen halvemaanvormige spiraalganglion-equivalent. • ~ **vestibulare** het i.d. bodem v.d. meatus acusticus internus gelegen, uit bipolaire zenuwcellen bestaande g. v.d. pars vestibularis n. octavi.
• **gasser~** zie ganglion trigeminale. • **lee~** sympathisch ganglion v.d. cervix uteri.
• **para~** groepje chroomaffiene cellen, van ectodermale herkomst, i.h. gebied v.d. n. sympathicus. • **pees~** cystische zwelling i.e. peesschede, vaak v.d. handrug. • **pseudo~** fibreuze verdikking v.e. zenuw, lijkend op een ganglion.
ganglionaris m.b.t. ganglioncellen; vb. colliculus ganglionaris, stratum ganglionare.
ganglioneuromatose gedissemineerde aanwezigheid van ganglioneuromen.
ganglioneuroom tumor, bestaande uit zenuwcellen. • **centraal** ~ subtype v.d. i.h. centraal zenuwstelsel (czs) voorkomende neuroblastomen.
ganglionheuvel verdikking v.d. mediale wand v.d. telencefale blaasjes tijdens de embryonale ontwikkeling v.h. czs.
ganglioplegisch met verlammende werking op de synapsen.

gangliosiden glycosfingolipiden met bepaalde suikergroepen.
gangliosidose erfelijke en aangeboren stofwisselingsziekte, vallend onder de lysosomale stapelingsziekten, gekenmerkt door stapeling van gangliosiden i d. hersenen en in lever, milt en nieren.
gangliosympathectomie operatieve verwijdering v.e. of meer sympathische ganglia.
gangliotropicum geneesmiddel met specifieke affiniteit voor en werking op de autonome ganglia.
gangmaker 1 zie pacemaker; **2** de sinusknoop v.h. hart, waarvandaan gewoonlijk de impulsen uitgaan die de hartspier doen contraheren.
gangosa bij de inlandse bewoners van N. Guinea en Kameroen voorkomende ulceratie van gehemelte, keel, neus en romp.
gangpatroon ritme en afloop van loopbewegingen, afhankelijk van o.a. paslengte, afwijking van middenlijn en meebewegen van armen.
gangraenosus gangreneus, gepaard met gangreen.
gangreen necrose van weefsel a.g.v. ischemie en gevolgd door bacteriële ontleding.
• **angiosclerotisch** ~ weefselversterf a.g.v. vaatsclerose. • **diabetisch** ~ gangreen bij diabetes mellitus. • **droog** ~ type gangreen waarbij coagulatienecrose domineert, leidend tot mummificatie; zonder bacteriële ontleding. • **gas~** fulminante, pijnlijke en zeer toxische infectie van wonden met anaerobe sporenvormende bacteriën, i.h.b. *Clostridium perfringens* en andere *Clostridium*-soorten. • **gangraena oris** zie noma. • **gangraena sicca** zie droog ~. • **huid~** necrotiserende ontsteking van huid, subcutis en soms de fascie. • **koud** ~ g. zonder voorafgaande ontsteking. • **penoscrotaal** ~ vorm van necrotiserende ontsteking van huid, onderhuid en de fascie v.d. mannelijke genitalia. • **symmetrisch** ~ zie Raynaud | ziekte van ~. • **trofisch** ~ zie gangreen.
• **vochtig** ~ g. gepaard gaand met rotting.
gangreneus aangetast door, gepaard gaand met, overgaand in, m.b.t. gangreen.
ganseren het vertonen v.h. gedragspatroon dat kenmerkend voor het gansersyndroom is.
gantry cirkelvormige opening tot de ruimte v.e. CT-scanner waarin de te scannen pati-

ent wordt geschoven.

gap [E] hiaat, opening, discontinuïteit. • **airbone** ~ [E] afstand tussen de lucht- en beengeleidingscurven i.e. toondrempelaudiogram. • **anion** ~ (AnGap) [E] concentratie van anionen i.h. serum; bestaat uit albumine, fosfaat, sulfaat en organische zuren; te berekenen door de gemeten kationen (Na$^+$) en de gemeten anionen (Cl$^-$ en HCO$_3^-$) van elkaar af te trekken. • **excitable** ~ [E] tijd i.d. elektrische hartcyclus na het einde v.d. refractaire periode tot het moment van depolarisatie. • **osmolal** ~ [E] verschil tussen de i.h. laboratorium bepaalde plasmaosmolaliteit en de berekende serumosmolaliteit. • **silent** ~ gebied direct onder de systolische druk waar men tijdens de bloeddrukmeting geen harttonen hoort.

gapen onwillekeurige opening v.d. mond, doorgaans met inademing gepaard gaand [L].

gap junction [E] celmembraankanaal tussen cellen die doorgankelijk is voor ionen en kleine moleculaire stoffen.

GAPZ geriatrische afdeling i.h. psychiatrisch ziekenhuis.

Gardnerella bacteriegeslacht v.d. sectie onregelmatige niet-sporenvormende grampositieve staafjes. • ~ *vaginalis* facultatief anaerobe bacterie die i.d. vagina voorkomt en in verhoogde frequentie wordt gevonden bij bacteriële vaginose.

gargarisma *zie* gorgeldrank.

garrulitas vulvae *zie* flatus vaginalis.

Gartner | gartnercyste cysteuze verwijding v.d. ductus v. Gartner.

GAS *zie* angststoornis | gegeneraliseerde ~.

gas | distikstofmonoxide~ *zie* lach-.
• **draag**~ *zie* ventilatiemengsel. • **drijf**~ *zie* propellant. • **koolzuur**~ *zie* kooldioxide.
• **lach**~ (N$_2$O) distikstofoxide, distikstofmonoxide; kleur- en reukloos gas met een bedwelmende en pijnstillende werking; lachgas heeft geen spierontspannende werking en is slechts gering hypnotisch. • **mosterd**~ blaartrekkend oorlogsgas.

gasbacil van Fränkel *zie Clostridium perfringens*.

gaschromatografie chromatografie waarbij een mengsel van dampen of gassen door een kolom wordt geleid en scheiding plaatsvindt.

gasdiffusie *zie* gasuitwisseling.

gasping [E] geforceerde, abnormale inademing.

gasserectomie operatieve verwijdering v.h. ganglion Gasseri.

gasssersyndroom *zie* syndroom | hemolytisch-uremisch ~.

gaster 1 *zie* maag; **2** *zie* buik.

gastheer plant of dier waarop of waarin een ander organisme leeft.

gastradenitis *zie* gastroadenitis.

gastralgie maagpijn.

gastrectasie maagverwijding, maag-dilatatie.

gastrectomie verwijdering v.d. gehele maag.

gastricus betreffende of behorende tot de maag; vb. status gastricus, achylia gastrica.

gastrine hormoon (er zijn enige soorten), geproduceerd door de G-cellen i.h. antrumgedeelte v.d. maag en in het orale deel v.h. duodenum.

gastrinoom een meestal i.d. pancreas zetelende, gastrine afscheidende tumor; veroorzaakt het zollinger-ellisonsyndroom.

gastrisch m.b.t. de maag en/of een maagaandoening.

gastritis maagslijmvliesontsteking. • **acute** ~ acute maagslijmvliesontsteking. • **antrum**~ ontsteking v.h. laatste gedeelte v.d. maag. • **atrofische** ~ chronische maagslijmvliesontsteking waarbij het weefsel in volume afneemt en resorptie van ijzer en vitamine B12 kan worden verstoord. • **autoimmuun** ~ vorm van chronische atrofische gastritis. • **erosieve** ~ acute ontsteking v.d. maag waarbij kleine, oppervlakkige slijmvlieslaesies zijn ontstaan. • **gallige** ~ maagslijmvliesontsteking, veroorzaakt door reflux van gal naar de maag.
• **hemorragische** ~ *zie* erosieve ~. • **hypertrofische** ~ röntgenologisch ziektebeeld, gekenmerkt door verbreding en verdikking v.d. slijmvliesplooien. • **peri**~ ontsteking v.h. peritoneum dat de maag bekleedt.
• **reflux**~ ontsteking v.d. maag t.g.v. terugstroom van gallig duodenumvocht naar de maag en de hierdoor veroorzaakte beschadiging v.h. maagslijmvlies.

gastro- voorvoegsel in woordverbindingen betreffende de maag of de buik.

gastroadenitis ontsteking van maagklieren.

gastrocele hernia die een gedeelte v.d. maag of de gehele maag bevat.

gastrocinematografie röntgencontraston-

derzoek v.d. maag waarbij het bewegingspatroon v.d. maagwand grafisch wordt vastgelegd.
gastrocnemius m.b.t. de kuit; vb. musculus gastrocnemius.
gastroduodenalis m.b.t. de maag en de twaalfvingerige darm; vb. arteria g-l.
gastroduodenitis ontsteking van maag en duodenum.
gastroduodenoscopie onderzoek van maag en duodenum d.m.v. een endoscoop.
gastroduodenostomie het aanleggen v.e. kunstmatige verbinding tussen maag(rest) en duodenum.
gastrodynie *zie* gastralgie.
⊛ **gastro-enteritis** ontsteking v.h. spijsverteringskanaal. • **eosinofiele** ~ gastro-enteritis die gepaard gaat met eosinofilie v.h. bloed, vaak t.g.v. een voedselallergie. • **nietbacteriële** ~ niet door bacteriën (meestal door een virus) veroorzaakte gastro-enteritis. • **salmonella**~ ontsteking v.h. maagdarmkanaal, veroorzaakt door een bacterie v.d. familie *Enterobacteriaceae*.
gastro-enterocolitis ontsteking van maag, dunne en dikke darm.
gastro-enterologie (G-E) leer m.b.t. de fysiologie en de pathologie v.h. maag-darmkanaal.
gastro-enteroloog maag-darmarts.
gastro-enteropathie ziekte van maag en darmen. • **exsudatieve** ~ maag-darmsyndroom met verlies van proteïne (vnl. albumine) t.g.v. verwijding van lymfevaten en polyposis v.d. darm.
gastro-enteroptose ptosis van alle ingewanden.
gastro-enterostomie het maken v.e. verbinding tussen maag en dunne darm.
gastro-gastrostomie het maken v.e. verbinding tussen twee maaggedeelten.
gastrogeen v.d. maag uitgaande.
gastrografie 1 het afbeelden v.d. maag bij röntgencontrastonderzoek; 2 de registratie v.d. maagbewegingen.
gastrohelkoma *zie* ulcus pepticum.
gastro-ileostomie het maken v.e. verbinding tussen de maag en het ileum.
gastro-intestinaal m.b.t. maag en darm; vb. tractus gastrointestinalis.
gastrointestinalis *zie* gastro-intestinaal.
gastrojejunostomie het aanleggen v.e. kunstmatige verbinding tussen maag (stomp) en jejunum.

gastroliet maagsteen.
gastrolyse operatieve losmaking v.e. maag die met haar omgeving vergroeid is.
gastro-oesofageaal m.b.t. de maag en de slokdarm; vb. g-eale reflux.
gastro-oesofageale overgang *zie* pars cardiaca.
gastro-oesofageale refluxziekte (GORZ) *zie* refluxoesofagitis.
gastropexie operatieve fixatie v.d. maag aan de buikwand.
gastrophrenicus m.b.t. de maag en het middenrif; vb. ligamentum gastrophrenicum.
gastroplastiek maagoperatie ter bestrijding van morbide obesitas.
gastroptose verzakking v.d. maag.
gastropylorectomie operatieve verwijdering v.d. pylorus.
gastrorragie maagbloeding.
gastrorrexie traumatische verscheuring v.d. maag.
gastroscoop endoscoop waarmee gastroscopie wordt verricht.
gastroscopie het bekijken v.d. binnenzijde v.d. maag d.m.v. een gastroscoop. • **oesofago**~ onderzoek v.d. slokdarm en de maag m.b.v. een flexibele fibroscoop.
gastrostoma maagfistel.
gastrostomie 1 het aanleggen v.e. maagfistel voor kunstmatige voeding; 2 gastrostoma (minder juist). • **pancreatico**~ open verbinding tussen het chirurgische snijvlak v.d. pancreas met daarbij h. ductus pancreaticus en zijtakken enerzijds en dat v.d. maag anderzijds. • **percutane endoscopische** ~ (PEG) operatie waarbij een aanprikplaats op de buik wordt bepaald en een verbinding tussen de maag en de huid wordt aangelegd voor een voedingskatheter (PEG-katheter).
gastrotomie het incideren v.d. maag.
gastrula vroeg embryonaal stadium, ontstaan uit de blastula door instulping.
gastrulatie het overgangsproces v.e. blastocyste (blastula) i.e. gastrula.
gasuitwisseling passief membraantransport van gassen op basis van partiële gasspanningsverschillen tussen twee compartimenten.
gasuitwisselingsoppervlakken biologische membranen waardoorheen diffusie van gassen plaatsvindt en die hiertoe zeer groot zijn gemaakt.
gasvorming *zie* meteorisme, eructatie.

gaswisseling uitwisseling via de longen van zuurstof uit ingeademde lucht en kooldioxide uit het bloed.

gate-control-pijntheorie theorie die verklaart hoe de pijngewaarwording afneemt bij prikkeling v.d. (dikke) zenuwvezels v.h. ruggenmerg; signalen die via het ruggenmerg naar de hersenen gaan, worden gemoduleerd door andere afferente impulsen en door impulsen afkomstig van hogere centra.

gated m.b.t. koppeling v.d. resulterende data aan resulterende data van andersoortige complementaire diagnostische meettechnieken; vb. gated angiografie, gated SPECT.

gated synchronised angiography *zie* angiografie | radionuclide~.

GAUZ geriatrische afdeling i.e. universitair ziekenhuis.

GBM (glomerulaire basale membraan) *zie* glomerulus.

GBq (giga-becquerel) 10^9 becquerel.

GBS 1 (neurol.:) *zie* guillain-barrésyndroom; **2** (psychol.:) *zie* syndroom | geenbodem~.

gcal gramcalorie.

GC-AT-verhouding verhouding tussen de basenparen guanine-cytosine en adenine-thymine i.h. bacterieel DNA.

GCS *zie* Glasgow Coma Scale.

G-CSF granulocyte-colony stimulating factor.

GDM (gravidity diabetes mellitus) zwangerschapsdiabetes.

G-E *zie* gastro-enterologie.

geamputeerde persoon bij wie een lichaamsdeel is afgezet of die een lichaamsdeel heeft verloren bij een ongeval.

geassocieerd zijn met *zie* associatie.

gebit (L.) dentes. • **blijvend** ~ het blijvend gebit bevat in totaal 32 elementen, verdeeld over boven- en onderkaak; per kaak bevat het blijvend gebit 16 elementen; per kaak 4 incisieven (snijtanden), 2 cuspidaten, 4 premolaren en 6 molaren. • **melk**~ het gebit dat bestaat uit tijdelijke elementen die bij het kind i.d. eerste twee levensjaren doorbreken en die veelal rondom het zesde levensjaar door permanente elementen worden vervangen.

gebitselement *zie* tand.

geboorte het moment dat de foetus wordt uitgedreven en het kind wordt geboren.
• **dood**~ geboorte v.e. kind dat is overleden tijdens de zwangerschap of tijdens de bevalling *zie* sterfte | foetale ~. • **droge** ~ *zie* partus siccus. • **na**~ het complex van placenta, navelstreng en vliezen dat na geboorte v.e. kind door de uterus wordt uitgestoten. • **vroeg**~ *zie* prematuriteit.

geboortefase voorbereidingsfase, ontsluitingsfase, uitdrijvingsfase.

geboortegezwel *zie* caput succedaneum.

geboorteoverschot het verschil tussen het jaarlijks aantal geboorten en sterfgevallen.

geboorteregeling complex van maatregelen ter regulering v.h. aantal zwangerschappen bij een vrouw; men onderscheidt mechanische geboorteregeling (o.a. kalendermethode, cervixslijmmethode) en medicamenteuze geboorteregeling (anticonceptiva, abortus). • **natuurlijke** ~ anticonceptie d.m.v. mechanische, niet-medicamenteuze methoden.

geciliëerd voorzien van trilharen (cilia).

gecompenseerd in evenwicht, in zijn gevolgen grotendeels opgevangen.

geconditioneerd voorwaardelijk.

geconflueerd in elkaar overgaand, confluerend.

geconjugeerd met elkaar samengaand, bij elkaar behorend.

gedachtearmoede subjectief ervaren stoornis i.h. beloop v.h. denken waarbij de patiënt weinig invallen, gedachten en ideeën heeft, alsof zijn hoofd 'leeg' is.

gedachten lezen (psychol.) disadaptieve denkwijze waarbij zonder enig feitelijk bewijs aangenomen wordt dat anderen een negatief oordeel over de betrokkene zullen hebben.

gedachtestop (psychol.) subjectief ervaren stoornis i.d. autonomie v.h. denken, gekenmerkt door abrupte onderbreking i.d. gedachtestroom v.d. patiënt.

gedachtevlucht (psychiatr.:) ongewoon snelle wisseling van gedachten en voorstellingen, gepaard gaand met verhoogde afleidbaarheid en verminderd of afwezig zijn van doelgerichtheid.

gedecompenseerd uit het evenwicht, een toestand waarbij een insufficiënt werkend orgaan niet meer in staat is door compensatiemechanismen nog een voldoende prestatie te leveren.

gedifferentieerd *zie* dedifferentiatie.

gedeoxygeneerd zuurstof arm; vb. g. hemoglobine.

gedesoriënteerd niet in staat tot oriëntatie in plaats of tijd, t.o.v. personen of zaken.
gedeterioreerd 1 (psych.) geestelijk verward, zonder herkenning van omgeving, zonder besef van tijd; **2** (pathol.) verslechterd, in verval geraakt.
gedifferentieerd *zie* differentiatie.
gedisloceerd verschoven; vb. van botfragment bij een fractuur, van intra-uterien spiraaltje.
gedissemineerd over een groot gebied uitgezaaid.
gedissocieerd uiteengevallen; vb. g-de anesthesie.
gedrag de totaliteit van iemands reacties op een bepaalde situatie. • **drangmatig** ~ *zie* dranghandelen. • **dwangmatig** ~ *zie* dwanghandelen.
gedragsstoornis verzamelnaam van groep stoornissen waarbij storend gedrag het belangrijkste kenmerk is. • **agressieve** ~ gedragsstoornis i.d. leeftijdsgroep 4-18 jaar waarbij een disproportioneel storend, opstandig en op personen gericht agressief gedrag en mogelijk ook antisociaal gedrag wordt vertoond. • **oppositioneel-opstandige** ~ lichte of vroege vorm v.e. antisociale gedragsstoornis bij kinderen, gekenmerkt door storend, vijandig, negativistisch gedrag, waarbij zij wel het vermogen tot sociale betrokkenheid hebben.
gedragswetenschappelijk m.b.t. de gedragswetenschappen.
Gee | **ziekte van ~-Herter** *zie* coeliakie.
geelzucht *zie* icterus. • **besmettelijke epidemische** ~ hepatitis infectiosa.
-geen 1 achtervoegsel in woordverbindingen die een herkomst aangeven, bijv. lymfogeen; **2** achtervoegsel in woordverbindingen die een voortbrenging aangeven, bijv. oncogeen.
geest psyche [G], mens [L].
geestestoestand *zie* status psychicus.
geestesziekte ernstige psychische stoornis, i.d. psychiatrie i.h.b. een psychose.
geeuwen *zie* gapen.
geeuwhonger boulimie.
geëvoceerd potentiaal (EP) *zie* potentiaal | evoked potential.
gegeneraliseerd in/over (vrijwel) het gehele lichaam verbreid/voorkomend; vb. gegeneraliseerd exantheem.
gegenhalten [D] *zie* oppositie | motorische ~.

gehalte betrekkelijke hoeveelheid v.e. bestanddeel i.e. mengsel of grotere hoeveelheid.
gehandicapt niet in staat lichamelijk of geestelijk normaal te functioneren a.g.v. een lichamelijke of geestelijke stoornis of beperking. • **meervoudig** ~ persoon met meerdere langdurige of meerdere blijvende lichamelijke en/of geestelijke tekortkomingen.
geheimratsecken de hoeken opzij v.h. voorhoofd, waar het hoofdhaar als onderdeel van alopecia androgenetica terugwijkt.
gehemelte *zie* palatum. • **harde** ~ *zie* palatum durum. • **zachte** ~ *zie* palatum molle.
gehemeltespleet *zie* schisis | palato-~.
geheugen vermogen om zich eens opgedane kennis en ervaringen te herinneren; er wordt onderscheid gemaakt tussen het impliciete (of procedurele) geheugen en het expliciete (of declaratieve) geheugen; het expliciete geheugen wordt weer onderverdeeld i.h. semantische en het episodische geheugen; het episodische geheugen wordt verder ingedeeld i.h. anterograde en retrograde episodische geheugen. • **anterograad episodisch** ~ vermogen om nieuwe informatie i.h. geheugen op te slaan;. • **biografisch** ~ geheugen betreffende gegevens over de eigen levensloop. • **episodisch** ~ geheugen voor persoonlijk ervaren gebeurtenissen die aan een bepaalde tijd en context gebonden zijn. • **immunologisch** ~ (immunol.) vorming van antigeenspecifieke geheugen- en effectorcellen (B- en T-lymfocyten) na primair antigeencontact. • **impliciet** ~ geheugen voor aangeleerde reflexmatige en complexe handelingen die niet beschikbaar zijn voor bewuste reflectie, bv. zwemmen en autorijden. • **kortetermijn** ~ vermogen om zich recent verworven kennis en ervaringen te herinneren *zie* anterograad episodisch ~.
• **langetermijn** ~ vermogen om zich lang geleden verworven kennis en ervaringen te herinneren *zie* retrograad episodisch ~.
• **procedureel** ~ *zie* impliciet ~. • **retrograad episodisch** ~ vermogen om informatie over episoden i.h. verleden te reproduceren. • **semantisch** ~ geheugen voor de betekenis van woorden en begrippen en algemene kennis, niet gebonden aan een bepaalde tijd of context. • **werk** ~ (neurol.) vermogen

om korte tijd (seconden) informatie vast te houden en te reproduceren.
geheugenpoli *zie* geheugenstoornissenpolikliniek.
geheugenstoornis *zie* amnesie.
geheugenstoornissenpolikliniek gespecialiseerde polikliniek voor geprotocolleerde diagnostiek en behandeling van patiënten met klachten over het geheugen.
geheugenverlies *zie* amnesie.
gehoor *zie* auditus.
gehoorapparaat *zie* hoorapparaat.
gehoorbeperkingen beperkingen i.h. horen.
gehoorcellen cellen i.h. organum spirale met een uitstekend 'haar' (vandaar ook 'haarcellen' genoemd).
gehoordrempel de laagste geluidsintensiteit (uitgedrukt in dB) die nog wordt waargenomen.
gehooreilandjes gehoorresten die bij aangeboren doofheid kunnen worden aangetoond.
gehoorgang alg. ben. v.d. buizen die zich i.h. oor bevinden. • **uitwendige** ~ *zie* meatus acusticus externus.
gehooronderzoek onderzoek naar de functie v.h. gehoor en kwalitatieve en kwantitatieve zin.
gehoorstoornis *zie* hoorstoornis.
gehoortraining geheel aan oefeningen en educatie, erop gericht met slechthorendheid als handicap om te gaan of om het maximaal haalbare uit het restgehoor te ontwikkelen.
gehoorveld het op het audiogram door de pijnsgrenskromme en de drempelkromme v.e. normaal horende begrensde gebied.
gehoorverlies *zie* slechthorendheid.
gehoorzand *zie* statoconia.
Geiger | **geigerteller** apparaat dat geïoniseerde partikels telt.
geigerknoten *zie* violistenknobbeltjes.
geïmpacteerd vastgekneld.
geïmpetiginiseerd gecompliceerd door impetigo; vb. geïmpetiginiseerd eczeem.
geïmpregneerd bedekt met fijn verdeelde kleurstof.
geïnactiveerd vaccin *zie* vaccin | dood ~.
geïnduceerd veroorzaakt door, i.h.b. door toediening v.e. stof.
geïndureerd *zie* induratie.
geïnformeerde toestemming *zie* informed consent.

geïsoleerde vasculitisneuropathie *zie* neuropathie | geïsoleerde vasculitische ~.
geitenziekte *zie* koorts | Q-~.
gekamerd *zie* loculair.
gel vormvast dispers mengsel, waarin de disperse fase door hoge viscositeit niet meer vrij beweeglijk is maar netvormig is gerangschikt.
gelaat prosopon [G], facies [L]; *zie ook* gezicht (s)~.
gelatinosus gelei-achtig; vb. nodus gelatinosus, pneumonia gelatinosa, adenoma gelatinosum.
gelatio *zie* bevriezing.
geldrollenvorming samenklontering v.d. erytrocyten i.d. vorm van geldstapels.
geleiding (de mate van) overdracht v.e. signaal, i.h.b. gezegd van zenuwimpulsen, geluidstrillingen i.h. oor en hartprikkels.
• **lucht~** gehoor langs de normale weg van trommelvlies, gehoorbeentjes en ovaal venster.
geleidingssnelheid (neurofysiologie, neurografie) snelheid v.d. stroompjes i.d. zenuwen.
geleidingsstoornis *zie* hartprikkelgeleidingsstoornis. • **cardiale** ~ *zie* hartprikkelgeleidingsstoornis.
geleidingsverlies *zie* slechthorendheid | geleidings~.
gel foam [E] resorbeerbaar gelatineschuim, gebruikt voor hemostase tijdens chirurgische ingrepen.
gelichenificeerd *zie* lichenificatie.
gelokaliseerd 1 de plaats bepaald, bijv. v.e. corpus alienum; **2** plaatselijk, als tegenstelling tot gegeneraliseerd; vb. ~ tumor.
gelose overgang v.e. colloïde sol-toestand i.d. gel-toestand, bijv. i.d. spieren.
geluid hoorbare luchttrillingen. • **ultra~** ultrasone trillingen die worden toegepast i.d. echografie.
geluidsperceptie het bewust mentaal registreren v.d. stimuli die binnenkomen via het gehoororgaan.
gemaniëreerdheid *zie* maniërisme.
gemedieerd op gang gebracht.
Gemeentelijke Gezondheidsdienst (GGD) organisatie voor publieke gezondheid die werkzaam is ten behoeve van gemeente(n).
gemelli tweelingen.
gemellus tweelinggewijs; vb. musculus gemellus.
gemengde zuur-basestoornis stoornis i.d.

zuur-baseregulatie v.h. bloed t.g.v. het bestaan zowel een primair-metabole als een respiratoire afwijking,.

gemerkt vb. radioactief ~; NB: niet te verwarren met 'gemarkeerd' *zie* tracer, marker.

gemiddelde (statistiek) som v.d. waarden v.e. variabele, gedeeld door het aantal waarnemingen. • **geometrisch** ~ waarde v.e. reeks van n variabelen die gelijk is aan de n-de-machtswortel v.h. product van deze waarden. • **populatie**~ *zie* geometrisch ~. • **rekenkundig** ~ *zie* geometrisch ~. • **steekproef**~ *zie* geometrisch ~.

gemiddelde rodecelvolume *zie* mean corpuscular volume.

gemini tweeling. • ~ **aequales** monozygotische tweeling. • ~ **conjuncti** verenigde tweeling.

geminus *zie* tweeling.

gemma een der eindorganen v.d. smaakzenuwen, smaakknop, smaakbeker.

gemmangioom vaatspruitgezwel, opgebouwd uit angioblasten of embryonale cellen.

gen biologische eenheid van overerving, erfeenheid met vermogen zichzelf te reproduceren, gelokaliseerd i.e. bepaalde plaats in een bepaalde chromosoom. • **BCR**-~ *zie* breakpoint-cluster-region-~. • **BRCA1**-~ gen dat predisponeert voor mammacarcinoom. • **BRCA2**-~ gen dat predisponeert voor mammacarcinoom. • **breakpoint-cluster-region**-~ (BCR-gen) [E] gen op chromosoom 22, betrokken bij tot chronische myeloïde leukemie en acute lymfatische leukemie leidende translocaties tussen chromosoom 9 en chromosoom 22. • **contiguous** ~**es** [E] groepje van aangrenzende genen die bij een 'contiguous-gene syndrome' door deletie tegelijk zijn weggevallen of door duplicatie in overmaat aanwezig zijn. • **homeotische** ~**en** ontwikkelingsgenen, gekenmerkt door het bezit v.e. homeobox, een evolutionair geconserveerde DNA-volgorde van 180 basenparen. • **hox**~**en** genen met een homeobox; komen bij zoogdieren voor in vier clusters. • **HY**-~ gen dat zich op het Y-chromosoom bevindt. • **immuunrespons**-~ (IR-gen) gen dat immuunreacties t.o.v. antigenen controleert. • **IR**-~ *zie* immuunrespons-~. • **kanker**~ *zie* onco-~. • **MEB**-~ *zie* disease | muscle-eye-brain ~. • **NEMO**-~ (nucleair factor kappa-B essential modulator gene) gen waarvan een mutatie o.a. de zeldzame aandoening incontinentia pigmenti veroorzaakt. • **onco**~ genmateriaal dat de celdeling ontregelt en aldus leidt tot het ontstaan van tumoren; vb. abelsononcogen, K-RAS-oncogen. • **operator**~ component v.h. operon werkt als een lichtschakelaar, kan de enzymproductie door het structuurgen aan- en uitschakelen, ligt vlak bij het structuurgen. • **pleiotroop** ~ gen, zich in meer dan één eigenschap manifesterend. • **pseudo**~ oorspronkelijk door duplicatie ontstane niet-functionele kopie v.h. gehele, het merendeel of ten minste het coderende DNA v.e. structureel gen. • **ras**-~ *zie* oncogen | ras-~. • **regulator**~ component v.h. operon die een repressorstof produceert met remmende werking op het operatorgen. • **stress**-**en** genen die worden geactiveerd wanneer een cel i.e. nieuwe situatie komt. • **structuur**~ component v.h. operon; het s. bepaalt de structuur v.e. polypeptidenketen. • **survival-motorneuron**~ (SMN) *zie* spieratrofie | spinale ~. • **tumorsuppressor**~ gen waarvan het product een rol speelt bij de regeling van celgroei en proliferatie.

gena *zie* bucca.

genconversie 1 (genetica:) modificatie v.e. allel naar een ander allel, zodat een heterozygoot homozygoot kan worden; 2 (immunologie:) continu proces waarbij delen van pseudogenen i.h. functionele gebied van immunoglobulinen worden geplaatst.

gendefect afwijking aan een gen of afwezigheid v.e. gen.

gender [E] psychologische en sociale aspecten v.h. man-zijn of vrouw-zijn.

genderidentiteit (seksuol.) het diep verankerde besef man of vrouw te zijn ofwel de psychologische constitutie van 'man'of 'vrouw' zoals door het individu zelf beleefd.

genderkliniek kliniek voor geslachtskeuze, waar X- en Y-zaadcellen worden gescheiden voor het samensmelten van zaad en eicel.

genderrol gedrag dat in overeenstemming met de geslachtsrol is.

genderstereotype vaststaand beeld, onveranderlijke karakterisering v.d. psychologische en sociale aspecten v.h. man-zijn of vrouw-zijn.

geneesheer niet-sekseneutraal synoniem van 'arts', vnl. in Vlaanderen in gebruik.

geneeskunde de wetenschap m.b.t. gezonde en zieke mensen en de oorzaak, aard, voorkoming en genezing van ziekten.

• **academische** ~ zie allopathische ~. • **acute** ~ zie spoedeisende ~. • **allopathische** ~ geneeswijze die zich baseert op via natuurwetenschappelijk onderzoek verkregen inzichten; dominant i.d. westerse geneeskunde. • **alternatieve** ~ zie geneeswijze | alternatieve ~n. • **arbeids**~ zie bedrijfs-.

• **bariatrische** ~ het geheel van geneeskundige therapieën (chirurgisch, voedingskundig, malabsorptiefarmacotherapie) die erop zijn gericht het lichaamsgewicht bij patiënten met (morbide) adipositas te verminderen. • **bedrijfs**~ sociaalgeneeskundig specialisme dat zich bezighoudt met arbeidsgerelateerde gezondheid. • **complementaire en alternatieve** ~ (CAM) zie geneeswijze | complementaire ~n.

• **dans- en muziek**~ tak v.d. geneeskunde die zich bezighoudt met wetenschappelijk onderzoek v.d. functies en aandoeningen die een rol spelen bij dansen en musiceren.

• **defensieve** ~ handelen van arts of ziekenhuis, gericht op het zich indekken tegen aansprakelijkheid voor eventuele fouten.

• **dier**~ geneeskunde die zich uitsl. op dieren richt. • **duik**~ richting binnen de hyperbare geneeskunde die zich toelegt op behandeling van barotrauma a.g.v. duiken.

• **forensische** ~ toepassing v.d. geneeskunde in dienst van enigerlei vorm van rechtspraak. • **fysische ~ en revalidatie** in Vlaanderen gangbaar begrip voor het medische vakgebied dat zich richt op de conservatieve tracten t.v.d. diagnostiek en therapie v.h. steun- en bewegingsapparaat.

• **gedrags**~ zie medicine | behavioral ~. • **gerechtelijke** ~ zie forensische ~. • **holistische** ~ geneeskunde waarin de mens als biopsychosociale eenheid centraal staat en die de nadruk legt op persoonlijke verantwoordelijkheid en de samenwerking met betrokkenen. • **huisarts**~ preventieve en curatieve eerstelijnsgeneeskunde. • **humanistische** ~ zie holistische ~. • **hyperbare** ~ geneeskunde die hogedrukfysiologie en hyperbare geneeskunde omvat; richt zich o.a. op medische aspecten v.h. werken onder overdruk. • **integrale** ~ geneeskunde waarin de wisselwerking tussen lichamelijke, geestelijke en sociale aspecten van gezondheid centraal staat. • **intensivecare**~ specialisme dat erop is gericht het functioneren van vitale organen van patiënten te bewaken en in stand te houden totdat minder intensieve zorg geboden is. • **interne** ~ het geneeskundig specialisme dat zich bezighoudt met ziekten v.d. inwendige organen en met algemene ziekten. • **inwendige** ~ zie interne ~. • **kinder**~ medisch specialisme dat zich bezighoudt met de zorg voor zieke en gezonde kinderen. • **manuele** ~ de geneeskunde die zich bezighoudt met specifieke klachten v.h. bewegingsapparaat. • **natuur**~ zie geneeswijze | natuur~. • **nucleaire** ~ onderdeel v.d. geneeskunde dat zich richt op diagnostiek en therapie m.b.v. radiofarmaca (bijv. jodium-123) die zijn gekoppeld aan een tracer (bijv. monoklonale antilichamen) en die als stralingsbron binnen i.h. lichaam worden gebracht. • **ontwikkelings**~ geneeskunde die zich bezighoudt met nieuwe, nog in ontwikkeling verkerende vormen van medische zorg. • **ouderen**~ zie geriatrie. • **preventieve** ~ geneeskunde die gericht is op het voorkómen van ziekte. • **psychosomatische** ~ de geneeskundige richting die zich op de theorie v.d. psychosomatiek baseert.

• **rampen**~ omvattend begrip voor alle geneeskundige maatregelen m.b.t. het voorkómen van civiele rampen en het behandelen van slachtoffers v.e. civiele ramp.

• **regeneratieve** ~ onderdeel v.d. geneeskunde dat zich richt op de behandeling van aangedane weefsels en organen d.m.v. het herstel v.d. eigen cellen (i.p.v. vervanging van defecte cellen door donorweefsel); de kern v.d. behandeling bestaat meestal uit stamceltransplantatie. • **reguliere** ~ zie allopathische ~. • **reizigers**~ bevordering v.d. gezondheid van reizigers d.m.v. preventie en behandeling van specifieke gezondheidsrisico's die aan medische risicogebieden buiten Nederland gerelateerd zijn.

• **reproductieve** ~ geneeskunde die zich bezighoudt met de diagnostiek en behandeling van fertiliteitsstoornissen. • **revalidatie**~ geneeskunde die zich richt op het zo vroeg mogelijk onderkennen en behandelen van organische functiestoornissen en de hierdoor dreigende of reeds veroorzaakte beperkingen en handicaps. • **sociale** ~ geneeskunde m.b.t. de maatschappij en de maatschappelijke toestanden. **spoedeisende** ~ geneeskunde die zich bezighoudt met de acute opvang van ernstige zieke en gewonde patiënten. **sport~** medisch specialisme dat zich richt op de bevordering, het waarborgen en het herstel v.d. gezondheid van enerzijds deelnemers aan sport en anderzijds patiënten met chronische aandoeningen die (gaan) sporten en bewegen. **tele~** communicatiewijze met beeldoverdracht ten behoeve van telechirurgie of ter beoordeling van diagnostisch beeldmateriaal. **transplantatie~** tak v.d. geneeskunde die zich bezighoudt met de vervanging van disfunctionele lichaamsdelen door transplantaten en implantaten. **tropen~** tak v.d. geneeskunde die zich met tropische (infectie)ziekten bezighoudt. **urgentie~** zie spoedeisende ~. **vasculaire** ~ tak v.d. geneeskunde die zich bezighoudt met de diagnostiek, behandeling en preventie van vaatziekten. **verpleeghuis~** vakgebied dat zich toelegt op de geneeskundige zorg voor veelal oudere personen die i.e. verpleeghuis zijn opgenomen. **verzekerings~** tak v.d. geneeskunde die zich bezighoudt met de advisering over uitkeringen bij ziekte. **veterinaire** ~ zie dier~. **volks~** door leken beoefende geneeswijze volgens overgeleverde methoden en recepten. **ziekenhuis~** in ziekenhuizen door specialisten beoefende geneeskunde.

geneeskundestudent student die is ingeschreven aan de faculteit der geneeskunde (medische faculteit) v.e. universiteit.

geneeskundig adviseur persoon die aan de keuringvrager in diens opdracht op basis v.d. keuring v.d. keurend arts zijn conclusies mededeelt.

geneeskundige zie arts. **nucleair** ~ arts gespecialiseerd is i.d. nucleaire geneeskunde.

geneeskundige hulpverlening bij ongevallen en rampen (GHOR) zie regionaal geneeskundig functionaris.

geneeskunst met 'geneeskunde' verwant begrip dat zich hiervan onderscheidt door verwijzing naar juist de niet-reguliere, alternatieve behandelwijzen. **dans- en muziek~** praktische toepassing door patiënt van therapeutische aanwijzingen i.h.k.v. dans- en muziekgeneeskundige consultatie.

geneesmiddel stoffelijk middel om genezing te bevorderen of te bewerkstelligen en dat als zodanig is geregistreerd; ingevolge richtlijn 92/27 v.d. Europese Gemeenschap van 31 maart 1992 moet in alle EU-lidstaten voor geneesmiddelen uitsl. de 'aanbevolen internationale niet-gedeponeerde naam' (ofwel: de generieke naam of stofnaam) worden gehanteerd, dus bijv. 'epinefrine' en niet meer 'adrenaline'; men zoeke in dit woordenboek de Latijnse geneesmiddel(groep)aanduiding op hetzij enkelvoud (-icum), hetzij meervoudsvorm (-ica). **anti-inflammatoire ~en** geneesmiddelen met een ontstekingsremmende werking. **antiparkinson~en** groep van farmaca ter bestrijding v.d. lichamelijke gevolgen van parkinsonisme: 1) dopamineagonisten, stimuleren direct de postsynaptische dopaminereceptoren; 2) selegine, een MAO-remmer, remt de dopamineafbraak; 3) amantadine, een glutamaatreceptorantagonist; 4) centraal-direct werkende parasympathicolytica; 5) 5) dopamineprecursor, nl. levodopa, dat i.h. neuron in werkzame dopamine wordt omgezet; het gangbare synoniem 'parkinsonmiddelen' is minder juist. **generiek** ~ geneesmiddel dat goedkoper is dan een merkgeneesmiddel en dat dezelfde therapeutische waarde heeft. **niet-receptplichtig** ~ (NR) zie zelfzorg~. **ongeregistreerd** ~ zie geneesmiddelenregistratie. **OTC**~~ zie zelfzorg~. **over-the-counter~** (OTC-geneesmiddel) zie zelfzorg~. **parkinson~en** zie antiparkinson~en. **receptplichtig** ~ (UR) geneesmiddel dat uitsl. op voorschrijving v.e. arts (op recept') kan worden verkregen. **receptvrij** ~ zie vrijeverkoop~. **UA~~** (uitsluitendapothekergeneesmiddel) zie vrijeverkoop~. **uitsluitendapotheker~** zie UA~~. **uitsluitendrecept~** zie UA~~. **UR~~** geneesmiddel dat uitsl. door de apotheker mag worden afgegeven en waarvoor recept vereist is. **vrijeverkoop~** verouderde aanduiding v.e. geneesmiddel dat uitsl. door de apotheker mag worden afgegeven en waarvoor geen recept vereist is. **vrij verkrijgbaar** ~ zie vrijeverkoop~. **wees~** geneesmiddel bestemd voor de behandeling van zeldzame aandoeningen. **zelfzorg~** geneesmiddel dat zonder recept kan worden verkregen.

geneesmiddelbijwerking zie bijwerking.
geneesmiddelen | antitrombotische ~ zie

antitrombotica.
geneesmiddeleneruptie eruptie, veroorzaakt door geneesmiddelengebruik.
geneesmiddeleninteractie fysische, chemische of farmacologische reactie tussen twee geneesmiddelen wanneer deze samen worden toegediend.
geneesmiddelenintoxicatie vergiftiging door geneesmiddelen t.g.v. overdosering of gestoorde farmacokinetiek of farmacodynamiek (absorptie, metabolisme, eliminatie).
geneesmiddelenleer 1 farmacognosie; **2** farmacologie.
geneesmiddelenovergevoeligheid overgevoeligheidsreactie die is veroorzaakt door toediening van geneesmiddelen; aard en ernst zijn afhankelijk v.h. type overgevoeligheidsreactie.
geneesmiddelenpaspoort formulier waarop de huidige medicatie en de eventuele allergieën v.d. betreffende patiënt staan vermeld.
geneesmiddelenregistratie beoordeling v.e. nieuw geneesmiddel, door de overheid als voorwaarde gesteld voor het op de markt brengen ervan.
geneesmiddelintolerantie *zie* intolerantie.
geneesmiddeltoedieningssysteem hulpmiddel waarmee een geneesmiddel wordt toegediend; bijv. infuussysteem voor intraveneuze toediening.
geneesmiddeltoedieningsvorm vorm v.h. vehiculum waarin een geneesmiddel wordt toegediend.
geneesmiddeltoedieningsweg weg waarlangs een geneesmiddel wordt toegediend.
geneeswijze term gebruikt voor de niet-reguliere, alternatieve behandelwijzen. • **alternatieve** ~n behandelingen die niet i.d. reguliere gezondheidszorg worden onderwezen en toegepast op grond van zowel ontbreken van wetenschappelijk aangetoonde effectiviteit als afwijkende theoretische uitgangspunten; vnl. toegepast bij chronische aandoeningen waarvoor de patiënt al eerdere specialismen heeft geconsulteerd; een alternatieve geneeswijze wordt toegepast in plaats v.d. reguliere geneeskunde, een complementaire in aanvulling hierop. • **complementaire** ~n alternatieve geneeswijze die wordt toegepast in aanvulling op de reguliere, allopathische geneeskunde. • **kruiden**~ complementaire, niet algemeen erkende geneeswijze die gebruikmaakt van natuurlijke kruiden of extracten hiervan. • **natuur**~ geneeswijze die niet gebruikmaakt van reguliere, geregistreerde geneesmiddelen, maar uitsl. van natuurlijke (genees)middelen. • **orthomoleculaire** ~ *zie* orthomoleculaire therapie.
gene flow [E] verspreiding van genen a.g.v. migratie, gevolgd door vermenging van populaties.
genenbibliotheek verzameling van stukjes DNA die samen een meervoud v.e. genoom vormen.
genenkaart overzicht v.d. ligging v.d. verschillende genen op de chromosomen.
genenpaspoort niet in werkelijkheid bestaande lijst van alle genvarianten die een bepaald persoon bezit.
genera geslacht.
generalisatie algemene uitbreiding v.e. ziekte over het hele lichaam.
generalisatus gegeneraliseerd.
generaliseerbaarheid mate waarin onderzoeksresultaten van toepassing zijn op meer situaties, condities en/of deelpopulaties dan i.h. onderzoek waren betrokken.
generandi m.b.t. de verwekking, de bevruchting; vb. potentia generandi.
generatie-effect variantie i.d. gezondheidsstatus van personen i.e. populatie, voortkomend uit de verschillende causale factoren waaraan de opeenvolgende generaties zijn blootgesteld.
generatietijd tijd die een bacteriële celpopulatie nodig heeft om zich te verdubbelen.
generic name *zie* generieke naam.
generieke naam algemene naam waaronder een farmacon officieel te boek staat.
-genese achtervoegsel in woordverbindingen betreffende het ontstaan.
genese het ontstaan, de voortbrenging.
gene targeting [E] vorm van mutagenese in vivo waarbij de volgorde v.e. gen dat men daarvoor op het oog heeft, binnen een cel selectief wordt gemodificeerd.
genetica wetenschap die de wetmatigheden en de materiële basis van overerving van variabiliteit onderzoekt, in strikte zin de wetenschap die zich bezighoudt met de erfelijke verschillen tussen volledig ontwikkelde organismen, met de wijze waarop de erfelijke factoren op de nakomelingen worden overgedragen en met de structuur v.d. chromosomen waarin deze factoren zijn

gelokaliseerd. • **antropo~** menselijke erfelijkheidsleer. • **cardio~** subspecialisme binnen de klinische genetica ter identificatie van patiënten met een erfelijke hartaandoening. • **cyto~** diagnostiek aan de hand v.h. chromosoompatroon van cellen. • **epi~** niet op DNA gebaseerde genetica. • **eu~** erfelijkheidshygiëne, het complex van maatregelen die beogen schadelijke erfelijke factoren uit de voortplanting te weren. • **farmaco~** leer v.d. invloed van genetisch bepaalde predisposities waardoor een verhoogd risico bestaat bij geneesmiddelengebruik. • **formele** ~ klassieke erfelijkheidsleer betreffende het overdragen van genen met de daaraan verbonden kenmerken aan de volgende generatie. • **immuno~** onderdeel v.d. genetica dat zich bezighoudt met de erfelijkheid van antigene en andere eigenschappen inzake immunoreacties. • **moleculaire** ~ leer betreffende de biochemische processen die zich bij de overerving afspelen.

genetic counselling [E] *zie* erfelijkheidsvoorlichting.

genetic engineering [E] genetische manipulatie die tot een nieuwe combinatie van erfelijke eigenschappen leidt zonder dat v.d. normale seksuele cyclus wordt gebruikgemaakt.

genetic linkage verschijnsel dat twee loci op een chromosoom zo dicht bij elkaar liggen dat ze samen overerven.

genetisch 1 m.b.t. het ontstaan of de ontwikkeling; **2** erfelijk; vb. genetisch materiaal (de erfelijke 'grondstof', aanleg); **3** m.b.t. de erfelijkheidsleer.

genetische schade verandering in DNA, veelal veroorzaakt door genotoxische agentia.

genezing *zie* reconvalescentie.

genezing per primam *zie* intentio | sanatio per primam ~nem.

genfamilie groep functioneel gerelateerde genen met bepaalde structuur en waarschijnlijk een gemeenschappelijke origine i.d. evolutie.

geniculatus knievormig gebogen; vb. *Panstrongylus geniculatus*, corpus geniculatum.

geniculum kleine knie, knik. • ~ **nervi facialis** knik v.d. n. facialis i.h. g. canalis facialis.

-genie *zie* -genese.

genio- voorvoegsel in woordverbindingen betreffende de kin.

genioglossus m.b.t. kin en tong; vb. musculus g-ssus.

geniohyoideus m.b.t. de kin en het tongbeen; vb. musculus geniohyoideus.

genitaal 1 (bijv. naamw.) m.b.t. de genitalia; **2** (zelfst. naamw.) geslachtsorgaan.

genitalia de uitwendige en inwendige geslachtsorganen. • ~ **externa** de uitwendige geslachtsorganen. • ~ **interna** de inwendige geslachtsorganen.

genitalis m.b.t. de genitalia; vb. herpes genitalis.

genito- voorvoegsel in woordsamenstellingen m.b.t. de genitalia.

genitoinguinalis m.b.t. de genitalia en de lies; vb. ligamentum genitoinguinale.

genkartering *zie* genlokalisatie.

genlokalisatie het bepalen v.d. ligging v.e. bepaald gen i.h. genoom.

geno- voorvoegsel in woordverbindingen m.b.t. erfelijkheid of sekse.

genodermatose huidziekte waarbij een erfelijke factor mede van invloed is.

genomic imprinting [E] *zie* genomische inprenting.

genomics | **nutri~** technologie m.b.t. voedingsproducten die een gezonde en genezende werking beogen te hebben.

genomische inprenting het verschijnsel dat de expressie v.e. allel of chromosoomgebied verandert, afhankelijk v.d. passage door een zaadcel of een eicel.

genoom het gehele complex van erfelijke factoren die aanwezig zijn i.e. haploïd stel chromosomen. • **circulair** ~ circulair chromosoom dat alle erfelijke informatie voor de cel bevat. • **humaan** ~ complete DNA-volgorde v.e. mens, bestaar de uit circa drie miljard basenparen. • **virus~** volledige set erfelijke informatie aanwezig i.e. virion.

genoomproject wereldwijd onderzoeksproject dat het gehele humane genoom systematisch in kaart heeft gebracht.

genotmiddel stof die het welzijnsgevoel verhoogt; vb. alcohol, heroïne, nicotine.

genotype de fundamentele erfelijke constitutie, als tegenstelling tot fenotype.

genotypisch m.b.t. het genotype of m.b.t. de erfelijkheid.

gentargeting vorm van mutagenese in vivo waarbij de DNA-volgorde v.e. gen kan worden veranderd.

gentechnologie *zie* DNA-recombinatie-

techniek.
gentransfer het kunstmatig inbrengen van genetisch materiaal in levende cellen.
genu knie, kniegewricht. • ~ **nervi facialis** scherpe bocht van facialisvezels onder de colliculus facialis en boven de abducenskern. • ~ **recurvatum** naar achteren doorbuigend kniegewricht, zodat boven- en onderbeen een open stompe hoek naar voren vormen. • ~ **valgum** been waarvan boven- en onderbeen bij strekking een naar opzij geopende stompe hoek vormen. • ~ **varum** bij gestrekt been vormen boven- en onderbeen een naar mediaal geopende stompe hoek.
genuïen aangeboren, echt.
genus 1 geslacht (mv. genera), i.d. zin v.e. aantal bij elkaar behorende dier- of plantensoorten; 2 gen. van genu (knie); vb. hydrops genus.
geographicus lijkend op een landkaart; vb. lingua geographica.
geometricus met geometrische configuraties; vb. phagedaena geometrica.
Geotrichum een geslacht gistachtige schimmels.
gepaarde donorruil het ruilen v.h. donororgaan (nier) v.d. partner met dat v.d. partner v.e. andere patiënt wanneer het ontvangen v.d. donornier v.d. eigen partner om immunologische redenen niet mogelijk is.
gepaarde waarnemingen waarnemingen binnen groepen die met elkaar gecorreleerd zijn zodat zij niet onafhankelijk van elkaar zijn.
gepolariseerd licht licht waarvan de golven slechts in één vlak trillen.
gepredisponeerd aanleg hebbend tot.
geprolifereerd toegenomen (in massa, in omvang) door celvermeerdering.
geprotraheerd langdurig; vb. een geprotraheerd ziektebeloop.
GER (glad endoplasmatisch reticulum) *zie* reticulum | glad endoplasmatisch ~.
GERD (gastro-esophageal reflux disease) *zie* refluxoesofagitis.
geretineerd 1 niet doorgebroken (tanden); 2 gestagneerd (van uitvloed).
geriater specialist i.d. geriatrie *zie* geriatrie.
geriatrie het specialisme dat zich bezighoudt met de geneeskundige behandeling van bejaarde patiënten; in 2007 is de naam van dit specialisme gewijzigd van 'klinische geriatrie' in 'geriatrie'. • **psycho~**

1 deelgebied i.d. geneeskunde dat zich bezighoudt met aandoeningen die gepaard gaan met beperkingen v.d. geestelijke vermogens bij patiënten > 65 jr.; 2 hulpverlening aan ouderen die door geestelijk, lichamelijk en/of sociaal belemmerende factoren onvoldoende zelfredzaam zijn geworden.
German measles [E] *zie* rubella.
germicide 1 kiemdodend; 2 antisepticum, kiemdodende stof.
germinalis m.b.t. kiem, zaad of voortbrenging; vb. epithelium germinale.
germinatief m.b.t. de kiem, tot de voortplanting; vb. een g-ieve besmetting.
germinativus germinatief; vb. macula germinativa, stratum germinativum (v.d. epidermis).
germinoom *zie* tumor | kiemcel~.
gerodontologie leer van tandheelkunde voor oudere mensen.
gerontofilie seksuele voorkeur voor een (aanzienlijk) oudere persoon.
gerontologie de wetenschap betreffende de ouderdom. • **psycho~** subdiscipline van gerontologie die zich richt op ontwikkelingsaspecten en functiepsychologische aspecten v.h. verouderingsproces.
gerontoloog specialist i.d. gerontologie.
Gerota | gerotamethode opspuiting v.d. lymfevaten (om deze zichtbaar te maken).
gerstekorrel lekenterm die wordt gebruikt voor zowel een milium als voor een hordeolum ('strontje').
geruis i.h. lichaam veroorzaakte geluiden en bij auscultatie waarneembaar geluid. • **adem~** geruis dat ontstaat bij in- en uitademing a.g.v. de wrijving v.d. in- en uitstromende lucht met de wand v.d. grotere luchtwegen. • **amforisch adem~** bij auscultatie waarneembaar geruis alsof lucht over een open kruik strijkt. • **bij~** bij auscultatie v.d. longen waarneembare geluiden naast het normale vesiculaire ademgeruis; men onderscheidt bronchopulmonaal en pleuraal bijgeruis. • **bromtol~** geruis dat bij auscultatie i.d. rechter supraclaviculaire ruimte is te horen, aanzwellend en afnemend. • **bronchiaal adem~** versterkt ademgeruis met een hogere frequentie en een luider karakter dan verscherpt ademgeruis. • **darm~** geluid dat de darmen produceren, afkomstig van darmbewegingen en slechts waarneembaar door auscultatie

(met stethoscoop; i.t.t. borborygmi); de meeste darmbewegingen houden verband met de spijsvertering en treden kort na de maaltijd op; onder pathologische omstandigheden kunnen darmgeruis en peristaltiek (darmbewegingen) worden versterkt; ook het ontbreken van darmgeruis kan op pathologie wijzen. • **duroziez**~ door lichte druk met de stethoscoop op de a. femoralis opwekbaar dubbelgeruis. • **gootsteen**~ darmgeruis bij ileus. • **hart**~ een v.d. harttonen te onderscheiden pathologisch hartgeluid. • **onbestemd adem**~ geruis dat niet met zekerheid als vesiculair dan wel als bronchiaal ademgeruis te herkennen is. • **perforatie**~ het sissende geluid v.d. door een perforatieopening i.h. trommelvlies ontsnappende lucht. • **placentair** ~ het geruis dat men hoort bij auscultatie v.d. zwangere baarmoeder. • **pleuritisch wrijf**~ zie pleurawrijven. • **pleuropericardiaal wrijf**~ geruis bij pleuropericarditis, dat zowel door de ademhalingsbewegingen als door de hartactie wordt teweeggebracht. • **pueriel adem**~ het normale versterkte vesiculaire ademgeruis bij kinderen. • **stenose**~ het geruis dat ontstaat als een vloeistof een nauwe opening of een vernauwing i.e. kanaal passeert. • **tunnel**~ continu hartgeruis, bij open ductus arteriosus hoorbaar boven de 2e intercostale ruimte links. • **uitdrijvings**~ geruis dat wordt veroorzaakt door uitdrijving v.h. bloed uit de hartkamer. • **vaat**~ een bij auscultatie van bloedvaten soms hoorbaar geruis. • **verscherpt adem**~ type ademgeruis als tussenvorm tussen bronchiaal ademgeruis en vesiculair ademgeruis in. • **verzwakt adem**~ minder duidelijk hoorbaar ademgeruis dan normaal. • **vesiculair adem**~ het normale geruis dat men bij auscultatie v.d. gezonde long hoort.

Geschillencommissie Ziekenhuizen commissie die bindende uitspraken doet over de 'kleine' medische schadeclaims i.d. gezondheidszorg.

geselltest onderzoek v.e. groot aantal gedragsfuncties v.h. jonge kind,.

gesepteerd gescheiden door een septum.

geslacht 1 (psychol., seksuol.) zie gender; **2** (biol.) sekse; **3** genus. • **chromosomaal** ~ het op grond v.d. aanwezige geslachtschromosomen vaststelbaar geslacht. • **fenotypisch** ~ zie genitaal ~. • **genetisch** ~ zie chromosomaal ~. • **genitaal** ~ het door de vorm v.d. uitwendige genitalia bepaald g. (= fenotypisch g.). • **gonadaal** ~ het door de geslachtelijke kiemklieren bepaald geslacht. • **psychoseksueel** ~ zie gender.

geslachtelijke voortplanting voortplanting door vereniging van mannelijke en vrouwelijke geslachtscellen.

geslachtsaanpassende behandeling chirurgische en hormonale behandeling die zo veel mogelijk het lichaam v.e. transseksueel aanpast aan het zelfbeleefde gender.

geslachtsbepaling vaststellen v.h. geslacht: genetisch, fenotypisch, gonadaal, hormonaal of psychologisch.

geslachtschromatine het inactieve X-chromosoom dat in elke lichaamscel v.e. vrouw in interfase gecondenseerd tegen de kernmembraan ligt.

geslachtsdimorfisme fysieke en gedragsmatige verschillen op basis van geslacht bij eenzelfde soort (dier, plant); betreft dan niet de geslachtsorganen, maar overige verschillen.

geslachtsgebonden aanduiding v.e. erfelijke eigenschap die alleen gecombineerd met een van beide geslachten wordt overgeërfd.

geslachtsgemeenschap zie coïtus.

geslachtshormonen | mannelijke ~ de i.d. testes gevormde hormonen (testosteron) en de stofwisselings- en uitscheidingsproducten daarvan, verder het v.d. bijnierschors afkomstige dehydroandrosteron. • **vrouwelijke** ~ de i.d. eierstokken gevormde hormonen progesteron en oestradiol.

geslachtskenmerken de kenmerken die typerend zijn voor de sekse. • **primaire** ~ de aanwezigheid van mannelijke resp. vrouwelijke inwendige en uitwendige genitalia. • **secundaire** ~ de voor mannen resp. vrouwen typische lichaamsbouw, beharing, stem, enz. • **tertiaire** ~ de typische oksel- en schaambeharing, de typische skeletbouw.

geslachtsorganen de organen die betrokken zijn bij de voortplanting of bij de paring.

geslachtsverandering hormonale en/of operatieve verandering van geslacht die plaatsvindt bij genderdysforie.

gesloten afdeling afdeling i.e. Algemeen Psychiatrisch Ziekenhuis (APZ) waar mensen met een machtiging v.d. rechter of bij wijze van crisisinterventie gedwongen kunnen worden opgenomen.

gestagenen hormonen met progestatieve werking.

gestatie *zie* zwangerschap.

gestational age [E] lichamelijke ontwikkeling v.d. neonaat.

gestationis betreffende de zwangerschap; vb. herpes gestationis.

gestiek beweeglijkheid en bewegingen van handen, deel uitmakend v.d. psychomotoriek.

gestoorde glucosetolerantie situatie waarbij zowel de nuchtere als niet-nuchtere bloedglucosespiegel hoger is dan normaal, maar lager is dan de grens waarbij men van diabetes spreekt.

gestoorde nuchtere glucosewaarde situatie waarbij de nuchtere plasmaglucosespiegel hoger is dan normaal, maar lager dan de grens waarbij men van diabetes spreekt.

gestose ziekte die onder invloed van zwangerschap is ontstaan. • **eclamptogene ~** *zie* toxicose | zwangerschaps~.

gesystemiseerd *zie* systemisch.

-geusie achtervoegsel in woordverbindingen m.b.t. de smaak.

gevoeligheidsbepaling bepaling van gevoeligheid v.e. micro-organisme voor antibiotica.

gevoelloosheid *zie* anesthesie.

gevoelsarmoede stoornis i.d. stemming, gekenmerkt door de subjectieve ervaring v.h. (vrijwel) ontbreken van gevoelens.

gewenning 1 het verschijnsel dat bij lang voortgezette toediening van bepaalde stoffen het lichaam daarvoor ongevoelig wordt, zodat men steeds hogere doses moet toedienen om het gewenste effect te bereiken; **2** de vorming v.e. gewoonte.

geweten innerlijk besef van kwaad en goed. • **extern ~** (orthopedagogie, kinderpsychiatrie) stelsel van normen en waarden i.d. eerste ontwikkelingsfase v.h. kind, bestaande uit de geboden en verboden v.d. ouders die het kind alleen maar naleeft in hun aanwezigheid.

gewicht verouderde term voor massa. • **ideaal ~** het g. dat een bepaald persoon op grond van leeftijd, geslacht, lengte en lichaamstype zou moeten hebben.

gewogen gemiddeld verschil (GGV) maat voor de gepoolde effectgrootte van continue data uit verschillende onderzoeken.

gewoonte zich min of meer regelmatig herhalend gedragspatroon dat vrijwel zonder moeite kan worden nagelaten.

gewricht articulatio [L], arthron [G]. • **clutton~en** symmetrische, pijnloze hydrartrose v.d. grote gewrichten bij syphilis congenita. • **DIP-~** *zie* distaal interfalangeaal ~. • **distaal interfalangeaal ~** synoviaal gewricht tussen het middelste en distale kootje van hand of voet. • **draai~** *zie* rol~. • **facet~** gewrichtje tussen de processus articularis superior v.e. wervel en de processus articularis inferior van die erboven. • **heup~** het gewricht waar het dijbeen ten opzichte v.h. bekkenbot beweegt. • **kaak~** gecombineerd glij- en draaigewricht voor de bewegingen v.d. onderkaak t.o.v. de schedel. • **kogel~** *zie* articulatio spheroidea. • **kunst~** gewrichtsprothese ter vervanging v.e. gedestrueerd gewricht. • **MCP-~** *zie* metacarpofalangeaal ~. • **metacarpofalangeaal ~** (MCP-gewricht) gewricht v.d. middenhandsbeenderen en de proximale vingerkootjes. • **MTP-~** *zie* metatarsofalangeale ~en. • **neuropathisch ~** *zie* Charcot | charcotgewricht. • **noot~** *zie* articulatio spheroidea. • **PIP-~en** *zie* proximaal interfalangeaal ~. • **pols~** het geheel van articulationes carpi en articulationes intercarpales, gelegen i.h. grensgebied tussen hand en onderarm *zie* articulationes carpi, articulationes intercarpales. • **proximaal interfalangeaal ~** (PIP-gewricht) synoviaal gewricht tussen het proximale en middelste kootje van hand of voet. • **radiocarpaal ~** *zie* pols~. • **rotatie~** draaigewricht, radgewricht. • **scharnier~** *zie* ginglymus. • **sprong~** (bovenste, onderste) articulatio talocruralis, articulatio subtalaris. • **synoviaal ~** gewricht met een gewrichtsholte, met gewrichtsvlakken, een gewrichtskapsel en lokaal versterkt met ligamenten. • **temporomandibulair ~** *zie* kaak~. • **trapeziometacarpaal ~** gewricht tussen het groot veelhoekig handwortelbeentje en de duim. • **uncovertebraal ~** klein g. tussen de processus uncinatus v.h. halswervellichaam en de facet aan de onder-laterale zijde v.d. voorgaande wervel.

gewrichtsmuis losliggend stukje kraakbeen i.e. gewricht.

gewrichtsreuma | chronisch ~ *zie* reumatoïde artritis.

gewrichtsstabilisatie versterking v.h. bandapparaat v.e. gewricht d.m.v. een brace, tape of chirurgie.

gewrichtsstabiliteit mate van fixatie v.e. articulerend lichaamsdeel i.e. bepaalde houding; wordt bepaald door de mate v.d. spieraanspanning in agonisten en antagonisten (grote stabiliteit wordt veroorzaakt door krachtig aanspannen).

gewrichtsverstijving 1 (pathol., revalidatiegeneesk., reumatol.:) ernstige bewegingsbeperking v.e. gewricht, bijv. veroorzaakt door reumatoïde artritis, artrose of een intracapsulaire fractuur; **2** (orthop. chir.) *zie* artrodese.

gewrichtsvloeistof *zie* synovia.

gezichtsbeperkingen beperkingen i.h. zien.

gezichtspurper *zie* rodopsine.

gezichtsscherpte vermogen v.h. oog om twee dicht bij elkaar gelegen punten afzonderlijk waar te nemen; vormt maat voor de functie v.d. fovea [L].

gezichtsstoornis *zie* visusstoornis.

gezichtsveld (GV) **1** het gebied dat met één oog kan worden waargenomen; **2** (oogheelk.:) gebied dat met één oog wordt waargenomen bij een gefixeerde blikrichting; vormt maat voor de functie v.d. totale retina; de perifere begrenzing v.h. gezichtsveld wordt bepaald met de confrontatiemethode volgens Donders; **3** (lab.techniek:) deel v.e. preparaat dat door een microscoop wordt gezien; bijv. bij onderzoek van urinesediment kan worden aangegeven dat men 'per gezichtsveld' een bepaald aantal leukocyten ziet.

gezichtsvelduitval blindheid i.e. deel v.h. gezichtsveld door aandoeningen v.d. retina, n. opticus, het chiasma opticum of de visuele banen en cortex i.d. cerebrale hemisferen.

gezichtsvermogen *zie* visus.

gezin de groep van (pleeg/stief)ouder(s) en hun (geadopteerde) kind(eren) met uitsluiting van grootouders, ooms, tantes, neven, nichten enz.

gezinsvervangend tehuis instelling waar kinderen worden opgevangen en wonen onder de voortdurende begeleiding v.e. aantal verzorgers.

gezinsvoogd door de rechter benoemde en met gezag belast persoon die bijv. in geval van ernstige verwaarlozing of kindermishandeling toezicht houdt op het functioneren v.h. kind.

gezondegebruikereffect gebruikers van hormoonsuppletie na de menopauze hebben mede door hun gezondere leefstijl een lager risico op hart- en vaatziekten dan niet-gebruikers.

gezondheid 1 toestand van volkomen lichamelijk, psychisch en sociaal welbevinden, meer dan alleen afwezigheid van ziekte of gebrek (aldus omschreven door de Wereldgezondheidsorganisatie, WHO), beschreven in termen van objectief meetbare grootheden of indicatoren; in engere zin de *subjectieve* ervaring van somatische of psychische klachten of veranderingen i.h. lichaam (men ervaart een slechte gezondheid) dan wel v.e. zijnstoestand waarbij men geen ziekte en pathologische processen ervaart en deze niet kunnen worden aangetoond (men ervaart een goede gezondheid); **2** (verzekeringsgeneesk., bedrijfsgeneesk.) toestand die het uitvoeren van arbeid dan wel het soll citeren naar arbeid mogelijk maakt. • **ervaren** ~ samenvattende gezondheidsmaat van alle gezondheidsaspecten die relevant zijn voor de persoon in kwestie. • **psychische** ~ subjectieve beleving van welzijn, autonomie en competentie. • **reproductieve** ~ toestand van lichamelijk, mentaal en sociaal welzijn die verband houdt met het voortplantingssysteem. • **seksuele en reproductieve** ~ toestand van lichamelijk, mentaal en sociaal welzijn die verband houdt met het voortplantingssysteem. • **subjectieve** ~ *zie* ervaren ~.

gezondheidsbeleving *zie* gezondheid | ervaren ~.

gezondheidsbescherming geheel van activiteiten gericht op bescherming van (groepen van) de bevolking of individuen tegen blootstelling aan risicofactoren.

gezondheidsbevordering opvoedkundige, regulerende en organisatorische activiteiten ten behoeve v.d. gezondheid van individuen, groepen en gemeenschappen.

gezondheidscentrum samenwerkingsverband van huisartsen, wijkverpleging en algemeen maatschappelijk werk in één centrum.

gezondheidsclaim uitspraak van producenten en dienstverleners over de relatie tussen gebruik v.e. product of dienst en het effect daarvan op de gezondheid.

gezondheidsmaat kwantificeerbare maat

voor de gezondheidstoestand.

Gezondheidsraad raad die tot taak heeft de ministers en de Staten-Generaal voor te lichten over de stand v.d. wetenschap ten aanzien van vraagstukken op het gebied v.d. volksgezondheid d.m.v. het uitbrengen van rapporten.

gezondheidsrecht het geheel van medicolegale rechtsregels dat betrekking heeft op de zorg voor de gezondheid.

gezondheidsvoorlichting en -opvoeding (GVO) onderdeel van gezondheidsbevordering waarbij wordt gebruikgemaakt van publieksvoorlichting en gerichte voorlichting aan groepen.

gezondheidswetenschap verzameling van toegepaste wetenschappen, gericht op preventie van ziekte, op het verbeteren van gezondheid, op zorgprocessen, -structuren en -evaluatie.

gezondheidszorg | **eerstelijns~** deel v.d. gezondheidszorg dat zich kenmerkt doordat de hulp er een algemeen karakter heeft, extramuraal is en direct toegankelijk. • **nuldelijns~** niet-professionele hulp. • **tweedelijns~** deel v.d. gezondheidszorg waarin de hulp een meer specialistisch karakter heeft dan de hulp i.d. eerste lijn en waarin de hulp intramuraal en niet direct, maar pas na verwijzing toegankelijk is. • **anticiperende** ~ zie preventieve ~. • **basis~** gezondheidszorg die in principe vrij toegankelijk, kosteloos en goed bereikbaar is. • **curatieve** ~ gezondheidszorg die in principe gericht is op genezing en herstel v.d. patiënt. • **extramurale** ~ zie eerstelijns~. • **geestelijke** ~ zie openbare geestelijke ~. • **Inspectie op de** ~ (IGZ) onderdeel v.h. Staatstoezicht op de volksgezondheid dat de wettelijke taak heeft toezicht te houden op de kwaliteit en het functioneren v.d. gezondheidszorg. • **intramurale** ~ zie tweedelijns~. • **jeugd~** zorg die gericht is op het bevorderen, beschermen en beveiligen van gezondheid, groei en lichamelijke en geestelijke ontwikkeling van kinderen en jeugdigen; omvat gezondheidsbevordering, gezondheidsbescherming en ziektepreventie; doelgroep: 0-19 jarigen. • **openbare geestelijke** ~ (OGGZ) deel v.d. geestelijke gezondheidszorg dat zich primair richt op zorg aan personen die door hun psychische problemen en/of verslaving niet zelfstandig zonder maatschappelijke steun kunnen functioneren en/of overlast veroorzaken; de desbetreffende taken worden i.d. grote steden deels door de GGD uitgevoerd, bijv. door diensten 'vangnet en advies'. • **orgaan voor** ~ instelling die medische, paramedische, psychosociale dan wel psychotherapeutische, farmaceutische of verpleegkundige hulp verleent. • **preventieve** ~ gezondheidszorg die zich kenmerkt door het actief ter sprake brengen van risico's die mensen lopen terwijl zij op dat moment nog geen klachten of verschijnselen hebben. • **primaire** ~ zie eerstelijns~.

gezwel tumor [L]; NB: soms wordt met tumor niet gezwel, maar alleen 'zwelling' bedoeld. • **kanker~** zie carcinoom.

gezweller zie oncologie.

GFR (glomerular filtration rate [E]) zie glomerulusfiltratiesnelheid.

GGD zie Gemeentelijke Gezondheidsdienst.

GG en GD zie Gemeentelijke Geneeskundige en Gezondheidsdienst.

GGTP (gamma-glutamyl-transpeptidase) gammaglutamyltransferase.

ggz (geestelijke gezondheidszorg) zie gezondheidszorg | openbare geestelijke ~.

GH (groeihormoon) STH (somatotropic hormone) = somatotrofine.

GHB zie zuur | gammahydroxyboter-~.

GH-IF zie GH-IH.

GH-IH (growth hormone inhibiting hormone) stof uit de hypothalamus die de afgifte van HG door de hypofyse remt.

GHOR geneeskundige hulpverlening bij ongevallen en rampen zie regionaal geneeskundig functionaris.

GHRF zie GH-RH.

GH-RH (growth hormone releasing hormone) stof uit de hypothalamus die de hypofysevoorkwab aanzet tot afgifte van GH.

GHz (gigahertz) 10^9 hertz.

GI zie index | glykemische ~.

Gianuzzi | **halve manen van** ~ halvemaanvormige sereuze cellen in muceuze klieren.

Giardia geslacht v.d. familie der flagellaten. • ~ *lamblia* flagellen-dragend protozoëngeslacht, levend i.d. darm.

giardiasis infectie v.d. dunne darm met *Giardia lamblia*.

gibbus vooruit stekende verkromming v.d. wervelkolom.

Giemsa | **giemsapreparaat** lichtmicroscopisch directpreparaat ter visualisering van epidermale cellen.

Gierke | ziekte van von ~ type IA-glycogeenstapeling; verstoorde glycogeenstofwisseling door het ontbreken v.h. enzym glucose-6-fosfatase; hierdoor wordt glycogeen niet afgebroken en stapelt het zich op in lever en nieren.

gierstkorrel *zie* milium.

gietplaatmethode telmethode voor bacteriën.

gif stof met een voor de gezondheid schadelijke, veelal dodelijke werking. • **bloed~** *zie* hemolysine. • **darm~** *zie* toxine | entero~.
• **lijken~** *zie* ptomaïne. • **protoplasma~** 1 stof met schadelijke werking op het protoplasma; 2 (in ruimere zin) alle fysische, chemische en biologische invloeden (röntgen- en radiumstralen, bacterietoxinen) met schadelijke werking op het protoplasma. • **tegen~** middel dat een gif i.h. lichaam onschadelijk kan maken. • **zenuw~** *zie* toxine | neuro~.

Gifford | giffordoperatie keratotomie bij ulcus corneae.

GIFT *zie* gamete intrafallopian transfer.

gigantisme *zie* groei | reus~. • **cerebraal ~** *zie* syndroom | sotos~.

giganto- voorvoegsel in woordsamenstellingen m.b.t. zeer grote afmetingen.

gigantocellularis bestaande uit reuscellen.

gigantocyt zeer grote erytrocyt met diameter > 16 μm.

gigantofollicularis gekenmerkt door zeer grote lymfefollikels; vb. lymphoblastoma gigantofolliculare.

Gigli | gigizaag buigzame draadzaag.

Gilford | syndroom van Hutchinson-~ *zie* progeria infantilis.

GIN *zie* Guidelines International Network.

gingiva tandvlees. • **alveolaris** het gedeelte v.h. tandvlees dat de processus alveolaris bedekt. • ~ **areolaris** het tandvlees rondom de tandhals. • ~ **marginalis** tandvleeszoom, d.i. de rug v.h. vrije tandvlees.

gingivaal m.b.t. de gingiva, het tandvlees; vb. 'geneesmiddel voor gingivaal gebruik'.

gingivalis m.b.t. de gingiva; vb. margo gingivalis.

gingivarum gen. mv. van gingiva; vb. stomatorrhagia gingivarum.

gingivectomie operatieve verwijdering van ziek tandvlees.

gingivitis ontsteking v.d. gingiva. • **acute necrotiserende ~** *zie* gingivitis gangraenosa. • **acute necrotiserende ulcererende ~** *zie* gingivitis gangraenosa. • **desquamatieve ~** gingivitis die wordt veroorzaakt door erosieve laesie, zoals lichen planus of parapemphigus; aandoening is niet plaquegerelateerd. • ~ **gangraenosa** heftige tandvleesontsteking, gekenmerkt door een acuut begin en het ontstaan van necrose.
• ~ **hyperplastica** *zie* hypertrofische ~.
• ~ **van Plaut-Vincent** *zie* gingivitis gangraenosa. • ~ **herpetica** tandvleesontsteking bij primaire infectie met herpessimplexvirus. • **hypertrofische** ~ ontsteking v.h. tandvlees met zwelling als voornaamste kenmerk. • ~ **marginalis** ontsteking v.d. tandvleesrand. • ~ **ulcerosa** tandvleesontsteking door de in symbiose levende *Fusobacterium plautivincenti* en *Treponema vincentii*.

gingivostomatitis ontsteking van tandvlees en mondslijmvlies. • ~ **serofibrinosa disseminata** stomatitis acuta herpetica.

ginglymus gewricht waarbij een convex/cilindrisch botdeel (kop) i.e. concaaf gewrichtsvlak (kom) past.

GIP [E] 1 gastric inhibitory polypeptide; 2 giant-cell interstitial pneumonia.

gips gehydreerd (waterhoudend) calciumsulfaat dat met water wordt aangemengd tot een gipsbrij ter immobilisatie van gefractureerde lichaamsdelen. • **rondom~** *zie* gipsverband | circulair ~.

gipsbed gipsafdruk v.d. rug, ter immobilisering van patiënten met wervelfractuur, spondylitis e.a.

gipsen behandeling v.e. fractuur waarbij een snel hard wordende gipswachtel rond het aangedane lichaamsdeel wordt gewikkeld.

gipskoker een cilindervormig gipsverband om een extremiteit, ter immobilisering v.e. gewricht.

gipsredressie *zie* gipsverband | redressie~.

gipsspalk een van gips gemaakte spalk.

gipsverband | circulair ~ gipsverband dat na een botfractuur volledig rond een arm of been wordt aangelegd. • **gevoerd** ~ g. over een laag watten. • **kunststof~** gipsverband van kunststof. • **loop~** lichter gipsverband, aangebracht i.h. consolidatiestadium v.e. onderbeenfractuur en zodanig gemodelleerd dat de patiënt ermee kan lopen.
• **minerva~** groot gipsverband voor behandeling van afwijkingen v.d. halswervelkolom. • **redressie~** verband ter correctie v.e.

contractuur d.m.v. het oprekken v.e. gewricht en fixeren met gips/kunststof.
giraldésorgaan *zie* paradidymis.
girdlestoneplastiek *zie* femurkop-halsresectie volgens Girdlestone.
GIST *zie* tumor | gastro-intestinale stromale ~.
gist eencellig organisme (schimmel) dat zich door knopvorming voortplant.
gisting fermentatie, anaerobe glycolyse.
giving way [E] instabiel gevoel v.e. gewricht, i.h.b. v.d. knie ('door de knie zakken').
glabella voorhoofdsvlak, het vlakke, onbehaarde (glaber) gedeelte tussen de beide wenkbrauwen.
glaber 1 glad, glanzend; **2** haarloos; vb. lingua glabra.
glandis gen. van glans (eikel); vb. septum glandis penis.
glandotroop op klieren inwerkend; vb. glandotroop hormoon.
glandula klier. • **~e areolares** 10-15 apocriene klieren i.d. tepelhof (areola mammae). • **~ Bartholini** g. vestibularis major. • **~ bulbourethralis** tubuloalveolaire, erwtgrote klier aan het proximale einde v.d. bulbus penis bij de man, uitmondend i.d. bulbus penis. • **~e ceruminosae** cerumen-afscheidende, aprocriene klieren i.d. wand v.d. uitwendige gehoorgang. • **~e ciliares (Molli)** diep onder het oppervlak v.d. ooglidrand gelegen zweetklieren, die i.d. haarfollikels uitmonden. • **~e conjunctivales** kleine slijmklieren i.h. conjunctivaslijmvlies. • **~ Cowperi** *zie* glandula bulbourethralis. • **~e gastricae** maagklieren. • **~e gastricae propriae** klieren in fundus en corpus v.d. maag, die het maagsap afscheiden. • **~e intestinales** i.d. lamina propria v.h. darmslijmvlies gelegen tubuleuze klieren of crypten. • **~ lacrimalis** lateraal-boven i.h. bovenooglid gelegen klier die traanvocht afscheidt. • **~ lymphatica** *zie* klier | lymfe~. • **~ mammaria** borstklier. • **~ mucosa** slijmklier. • **~ parathyroidea** *zie* klier | bijschild~en. • **~e paraurethrales** vertakte slijmproducerende structuren i.h. gebied rond de vrouwelijke urethra. • **~ parotidea** sereuze, tubulo-acineuze klier vóór het oor, op de m. masseter gelegen. • **~ pinealis** kleine en pijnappelvormige klier, produceert het hormoon melatonine. • **~e preputiales** talgklieren v.d. eikel en de voorhuid; scheiden smegma af. • **~ prostatica** *zie* prostaat. • **~e sebaceae (palpebrarum)** (oogheelk.:) kleine talgklieren die uitmonden i.d. haarzakjes v.d. wimpers *zie* glandulae preputiales. • **~e sebaceae glandis et preputii** *zie* glandulae preputiales. • **~ sublingualis** vnl. muceuze speekselklier op het diaphragma oris. • **~ submandibularis** sereuze speekselklier onder de m. mylohyoideus i.h. trigonum submandibulare. • **~ suprarenalis** *zie* nier | bij~. • **~ thyroidea** endocriene klier die de hormonen thyroxine en (in mindere mate) trijodothyronine produceert. • **~e tubariae** muceuze klieren, vnl. i.h. kraakbenige gedeelte v.d. tuba auditiva. • **~e vestibulares majores** twee slijmproducerende tubuloalveolaire klieren i.d. labia majora, uitmondend i.h. vestibulum vulvae.
glandulair m.b.t. klieren; vb. g-re insufficiëntie.
glandularis glandulair, uit klierweefsel bestaand, tot een klier behorend; vb. substantia glandularis.
glandulografie *zie* adenografie.
glans het verdikte einde van clitoris en penis. • **~ penis** het verdikte einde v.d. penis.
glanslaag *zie* stratum lucidum epidermidis.
Glasgow Coma Scale (GCS) objectieve meetmethode ter bepaling van comadiepte waarbij de spontane reactie v.d. patiënt, na aanspreken of na toediening van pijnprikkels wordt vastgelegd; bestaat uit 3 onderdelen: actief openen van ogen, motorische reactie v. armen, verbale reactie; de somscore (OMV-score; E.: eye-motor-verbal response, EMV-score) varieert van 3-15, wordt ook gebruikt om een globale prognose te geven van traumatisch en niet-traumatisch coma.
glasvocht *zie* humor vitreus. • **persisterend hyperplastisch primair ~** (PHPG) veelal enkelzijdige aangeboren afwijking v.h. glasvocht t.g.v. niet in regressie gegaan vaathoudend embryonaal weefsel achter de lens.
glasvochtloslating toestand waarbij het homogene gel-achtige karakter v.h. glasvocht verloren is gegaan.
glaucomateus behorend bij, gelijkend op, veroorzaakt door glaucoom.
glaucomatosus veroorzaakt door, of gepaard gaand met glaucoom; vb. halo glaucomatosus.
glaucoom verzamelnaam voor oogaan-

doeningen waarbij het aantal zenuwvezels i.d. oogzenuw afneemt en het gezichtsveld wordt aangetast, meestal door een tijdelijke of blijvende intraoculaire drukverhoging; vaak doet de ziekte zich bij beide ogen voor, al kan het ene oog meer aangetast zijn dan het andere; indeling: twee belangrijke vormen: het (chronisch) openkamerhoekglaucoom (glaucoma simplex), (acuut) geslotenkamerhoekglaucoom; men onderscheidt ook primair en secundair glaucoom a.g.v. andere oogziekten; een derde vorm van glaucoom is het aangeboren glaucoom, waarbij de ogen groter zijn dan normaal (buphthalmus = runderoog) doordat op jonge leeftijd de sclera nog niet rigide is en het oog groter wordt bij verhoogde intraoculaire druk. • **absoluut**~ de laatste fase, die van blindheid, bij glaucoom. • **corticosteroïd**~ glaucoom door gebruik van corticosteroïdoogdruppels. • **donders**~ *zie* glaucoma simplex. • **glaucoma haemorrhagicum** g-oom veroorzaakt door druk bij netvliesbloeding. • **glaucoma imminens** dreigend g-oom. • **glaucoma infantile** glaucoma juvenile bij pasgeborenen of zeer jonge kinderen. • **glaucoma inflammatorium (sub)acutum** ontstekingsglaucoom. • **glaucoma juvenile** g. bij jeugdige personen, gekenmerkt door blokkering v.d. kamerbocht door persistent embryonaal weefsel of pigment. • **glaucoma malignum** snel toenemend g. ondanks iridectomie. • **glaucoma simplex** eenvoudig g., gestaag harder wordende oogbol zonder acute aanvallen van pijn of ontstekingsverschijnselen. • **hemorragisch**~ glaucoom t.g.v. bloeding uit de netvliesvaten. • **lowtension glaucoma** [E] *zie* normaledruk~. • **nauwehoek**~ vorm van primair g. met ondiepe voorste oogkamer en een nauwe ooghoek met geblokkeerde filtratie. • **normaledruk**~ afwijking waarbij het oog en verschijnselen v.e. glaucoom vertoont terwijl de oogdruk niet verhoogd is. • **openhoek**~ vorm van primair g. met open ooghoek, waarin de filtratie wordt bemoeilijkt door aanwezig weefsel. • **primair**~ glaucoom zonder voorafgaande ziekte. • **pseudo**~ op glaucoom lijkende aandoening met progressieve atrofie en excavatie v.d. papil, gepaard met gezichtsveldvermindering, maar zonder drukverhoging, en niet eindigend met blindheid. • **secundair**~ glaucoom dat is veroorzaakt door een ziekte of door een drukverhogend agens.

glazuur *zie* tandglazuur.

glazuurparels witte glanzende kleine vormsels aan de tanden, bestaande uit glazuur.

glazuurspoor het spitsvormig einde v.h. glazuur tussen de wortels van kiezen.

glenohumeralis m.b.t. de gewrichtskom en de humerus.

glenoidalis m.b.t. een gewrichtskom; vb. cavitas glenoidalis = gewrichtsholte.

glenolabraal m.b.t. labrum glenoidale.

gleuf *zie* sulcus.

glia lijmachtig weefsel, i.h b het steunweefsel i.h. czs. • **astro**~ neuroglia met astrocyten. • **macro**~ neuroglia v.d. grijze hersensubstantie, met astrocyten. • **meso**~ neuroglia waarvan de cellen het midden houden tussen de astrocyten v.d. macroglia en de kleine cellen v.d. microglia. • **micro**~ interstitieel weefsel i.h. czs met kleine cellen (microliocyten). • **neuro**~ het uit (neuro) gliacellen bestaande steunweefsel i.h. czs (te vergelijken met het bindweefsel in andere organen). • **oligodendro**~ neuroglia bestaande uit kleine cellen met weinig uitlopers. • **oligo**~ *zie* oligodendro~. • **sarco**~ 1 de substantie i.d. zenuwuiteinden die de spiervezels binnendringen. 2 sarcoplasma.

gliadine hoogmoleculair eiwit dat voorkomt in granen, m.n. in tarwe.

glijmiddel *zie* lubricans.

gliocyt *zie* cel | glia~.

gliocytoom *zie* ganglocytoom.

gliomateus op een glioom gelijkend, gliomachtig.

gliomatosis cerebri diffuse gliale tumor die meer dan twee hersenkwabben infiltreert blijkens beeldvorming en histopathologisch onderzoek.

glioom gezwel van gliacellen met een doorgaans diffuus infiltrerend groeipatroon; meest voorkomende primaire hersentumor. • **brainstem glioma** *zie* hersenstam~. • **hersenstam**~ diffuus infiltrerend glioom, vnl. op de kinderleeftijd voorkomend, veroorzaakt een diffuse zwelling v.d. pons en hersenstam. • **micro**~ obsolete term voor primair lymfoom v.h. czs. • **oligodendro**~ tumor van oligodendroglia, subtype v.e. glioom. • **opticus**~ zeldzame, langzaam groeiende tumor bij kinderen, uitgaande van gliacellen van n. opticus; veroorzaakt visusdaling door compressie van n. opticus. • **paragan**~ zeldzame, meestal goedaardige neuro-endocriene tumor van paraganglionweefsel, voorkomend i.d. sympathische grensstrengen. • **pseudo**~ op een glioom gelijkende afwijking v.h. oog waarbij achter de lens een grijze reflex zichtbaar is.

gliose hyperplasie van neuroglia. • **gliosis spinalis** woekering van gliaweefsel rondom het centraal kanaal die vaak leidt tot syringomyelie.

gliosoom cytoplasmatische korrel in neurogliacellen.

glischrine een mucine die in urine door bacteriewerking ontstaat.

glitazonen geneesmiddelgroep van orale antidiabetica die insulineresistentie van insulinedoelweefsel bij type-2-diabetes verminderen en insulinegevoeligheid verhogen (insulinesensitizers); bevorderen door insuline gestimuleerde glucoseopname in perifeer weefsel en versterken i.d. lever de door insuline geïnduceerde remming v.d. endogene glucoseproductie.

globiformis bolvormig; vb. nuclei globiformes (mv. van globiformis).

globine de eiwitcomponent van hemoglobine en myoglobine.

globocellularis uit ronde cellen bestaande; vb. sarcoma globocellulare.

globoïd bolvormig.

globoïde cellen veelkernige fagocyterende reuscellen, waarin lipoïdafbraakproducten.

globomyeloom rondcellig sarcoom v.h. beenmerg.

globoside een glycosfingolipoïd in nieren en erytrocyten.

globosus bolvormig; bijv. nucleus g-sus, cornea g-sa, sputum g-sum.

globuline een proteïne, onoplosbaar in water, oplosbaar in verdunde zoutoplossingen. • **accelerator globulin** [E] stollingsfactor V (= proaccelerine). • **alfa**~ globulinefractie met de grootste loopsnelheid bij elektroforese. • **alfa-2-macro**~ acutefase-eiwit. • **anti**~ antistof die zich vormt na inspuiting v.e. soortvreemde globuline. • **anti-T-cel**~ (ATG) antistoffen, gericht tegen humane T-lymfocyten. • **antithymocyten**~ zie immunoglobuline | antithymocyten~. • **bèta**~ globulinefractie. • **bèta-2-micro**~ (ß2M) kleinmoleculair eiwit dat i.d. glomerulus wordt gefiltreerd en i.d. proximale tubulus wordt teruggeresorbeerd. • **cortisolbindend** ~ (CBG) in bloedplasma voorkomend alfaglobuline; dient als transporteiwit voor corticosteroïden, bindt cortisol. • **cryo**~ immunoglobulines die de eigenschap hebben te precipiteren bij afkoeling v.h. serum en op te lossen indien het serum weer opgewarmd wordt. • **eu**~ 'echte' globuline, i.t.t. pseudoglobuline. • **gamma**~ de globulinefractie met de geringste elektroforetische loopsnelheid. • **hepatitis B-immuno**~ preparaat dat is bereid uit menselijk plasma met antistof tegen het hepatitis B-virus. • **immuno**~ (Ig) antistof die bestaat uit een glycoproteïne, opgebouwd uit twee zware en twee lichte ketens van wisselende samenstelling. • **immuun**~ zie immuno~. • **lacto**~ een in melk voorkomende globuline. • **macro**~ globuline met hoog moleculgewicht en hoge sedimentatieconstante. • **para**~ 1 fibrinoplastine, serumglobuline, een globuline in serum, bloedcellen, bindweefsel; 2 een ongewone vorm van globuline, bijv. cryoglobuline. • **pseudo**~ eiwitfractie in serum, melk, dierlijke weefsels. • **serum**~ een der in serum voorkomende eiwitten. • **sex-hormone-binding**~ (SHBG) [E] transporteiwit in bloed voor geslachtshormonen. • **thyreo**~ (Tg) glycoproteïne, geproduceerd door folliculaire cellen v.d. schildklier en opgeslagen in follikels, waaruit door heropname i.d. folliculaire cellen schildklierhormonen worden vrijgemaakt. • **thyroxinebindend** ~ (TBG) (belangrijkste) eiwit waaraan T4 en T3 i.h. bloed is gebonden. • **toxo**~ een vergiftige globuline. • **trombo**~ een in trombocyten voorkomend eiwit.

globulinemie aanwezigheid van globuline i.h. bloed, meestal i.d. betekenis van hyperglobulinemie.

globulinopenie tekort aan globuline i.h. bloed.

globulosus lijkend op een bolletje; vb. vegetationes globulosae (mv. van globulosa).

globulus 1 bolvormige zetpil; 2 bolus of pil; 3 nucleus globosus; 4 erytrocyt.

globus bolvormig object. • ~ **hystericus** het gevoel alsof er een bolvormig voorwerp i.d. keel zit. • ~ **pallidus** het mediale, di-encefale deel v.d. nucleus lentiformis; de globus pallidus internus wordt wel elektrisch gestimuleerd i.h.k. therapie bij de ziekte van

Parkinson. • ~ **pallidus lateralis** lateraal deel v.d. globus pallidus; ligt tussen de lamina medullaris lateralis en de lamina medullaris medialis. • ~ **pallidus medialis** mediaal deel v.d. globus pallidus; ligt mediaal v.d. lamina medullaris medialis.

globusgevoel vreemdlichaamgevoel waarbij men een voorwerp i.d. keel meent waar te nemen, waarvan echter geen sprake is.

glomangioom *zie* tumor | glomus-~.

glomera mv. van glomus.

glomerulair convoluut capillair netwerk i.d. nieren; hierin eindigt de vertakte a. renalis via de afferente arteriolen.

glomerular filtration rate *zie* glomerulusfiltratiesnelheid.

glomeruli 1 mv. van glomerulus; 2 gen. van glomerulus.

glomerulitis ontsteking v.d. glomeruli i.d. nier.

⊛ **glomerulonefritis** term wordt van oudsher gebruikt voor een groep ziekten waarbij de primaire afwijking een bepaalde zichtbare afwijking i.d. glomerulus is, vaak secundair aan een infectie elders (tonsillitis, roodvonk); ondanks het achtervoegsel -itis worden de meeste niet gekenmerkt door ontstekingsinfiltraat en vaatreacties; indeling: men maakt o.a. onderscheid in acute en chronische glomerulonefritis en in primaire, tot de nier beperkte glomerulonefritis en secundaire glomerulonefritis i.h. kader v.e. systeemziekte; verder onderscheidt men naar plaats o.a. mesangiocapillaire en endo- en extracapillaire glomerulonefritis, en naar pathogenese o.a. antiglomerulaire basaalmembraan, immuuncomplexglomerulonefritis en pauci-immunoglomerulonefritis. • **acute** ~ acute ontsteking v.d. glomeruli met infiltratie van neutrofiele granulocyten en macrofagen en met neerslagen van immuuncomplexen aan binnen- en buitenzijde v.d. glomerulaire basale membraan. • **anti-GBM-** ~ *zie* goodpasture-~. • **antiglomerulairebasalemembraan-** ~ *zie* syndroom | goodpasture-~. • **extracapillaire** ~ ernstige vorm van g. met necrose van glomeruluslissen, waardoor fibrine uittreedt i.h. kapsel van Bowman. • **extramembraneuze** ~ chronisch verlopende glomerulonefritis met o.a. proteïneneerslag tussen basale membraan en dekcellen. • **focale** ~ *zie* lokale ~. • **immuuncomplex-** ~ glomerulonefritis a.g.v. neerslagen van immuuncomplexen. • **lokale** ~ glomerulonefritis waarbij een deel v.d. glomeruli en i.d. glomeruli een deel v.d. capillaire kluwen is aangetast. • **membraneuze** ~ glomerulonefritis met neerslagen van immuuncomplexen aan de buitenzijde v.d. glomerulaire basale membraan. • **membranoproliferatieve** ~ (MPGN) glomerulonefritis a.g.v. neerslag van immuuncomplexen, gekenmerkt door splijting v.d. glomerulaire basale membraan (GBM) met subendotheliale C3-neerslagen. • **mesangiocapillaire** ~ *zie* membrano-proliferatieve ~. • **poststreptokokken-** ~ bekendste vorm van postinfectieuze glomerulonefritis, veroorzaakt door bèta-hemolytische streptokokken. • **snel progressieve** ~ *zie* extracapillaire ~.

glomerulosclerose | diabetische ~ *zie* syndroom | kimmelstiel-wilson-~. • **focale segmentale** ~ segmentale sclerose v.e. aantal glomeruli met afzetting van PAS-positief materiaal (PAS = kleuring volgens Schiff met perjoodzuur), gekenmerkt door nefrotisch syndroom. • **intercapillaire** ~ *zie* syndroom | kimmelstiel-wilson-~. • **nodulaire** ~ *zie* intercapillaire ~.

glomerulosus m.b.t. glomeruli; vb. zona glomerulosa (v.d. bijnierschors).

glomerulus gespecialiseerd capillairsysteem i.d. nier, gelegen binnen de kapsel van Bowman.

glomerulusfiltraat vloeistof binnen het kapsel van Bowman.

glomerulusfiltratiesnelheid filtratiesnelheid i.d. glomerulus; bedraagt bij de mens ongeveer 120 ml/min.

glomiformis kluwenachtig, lijkend op een kluwen.

glomus een kluwen van vaten of zenuwen, paraganglion. • ~ **aorticum** klein neurovasculair vormsel. • ~ **caroticum** capillairkluwen met epithelioïde cellen, gelegen i.d. carotissinus; reageert op verandering i.h. zuurstofgehalte v.h. bloed. • ~ **choroideum** verdikking v.d. plexus choroideus v.d. zijventrikels.

glossa tong, lingua [L.].

glossagra *zie* glossodynie.

glossalgie pijn i.d. tong.

glossectomie gedeeltelijke of gehele operatieve verwijdering v.d. tong.

Glossina geslacht v.d. fam. *Muscidae*, Afrikaanse steekvlieg, tseetseevlieg.

glossitis ontsteking v.d. tong, o.a. a.g.v. scherpe tandranden en tandsteen, diabetes mellitus, candida-infectie (spruw), deficiëntie van vitamine A, B of C, ijzergebreksanemie, pernicieuze anemie, menopauze; zie voor afwijkende (ontstekings)typen ook onder 'lingua' en 'tong'. • ~ **atrophicans** oppervlakkige tongontsteking waarbij de tong glad, atrofisch en rood is. • ~ **dissecans** chronische tongontsteking met vorming van diepe, pijnlijke kloven. • ~ **exfoliativa areata** tong met rode, muntvormige plekken die omzoomd zijn door witte, onregelmatige randen. • ~ **superficialis** *zie* glossitis atrophicans. • ~ **rhomboidea mediana** afwijking v.d. tong, gekenmerkt door een ovaal of ruitvormig rood glad gebied.

glossodynie pijn i.d. tong. • **glossodynia exfoliativa** moellerglossitis met afschilfering van epitheel.

glossofytie haartong (Dessais).

glossoptose het achteruit wegzakken v.d. tong.

glossotomie incisie v.d. tong.

glossotrichie haartong.

glottidis gen. van glottis; vb. oedema glottidis (= glottis-oedeem).

glottis het stemvormende deel v.d. larynx, bestaande uit de beide stembanden, met bijbehorende spieren, kraakbeenderen, stemspleet en conus elasticus.

GLP-1 *zie* peptide | glucagon-like ~-1.

glucagon hormoon, geproduceerd door de alfacellen (i.d. langerhanseilandjes) i.d. pancreas; heeft een bloedglucoseverhogende werking, stimuleert de glycogenolyse, de gluconeogenese en de lipolyse. • **darm~** groep peptiden, afgescheiden door de wand v.h. maag-darmkanaal met al dan niet bekende werking. • **entero~** *zie* darm~.

glucagonoom glucagon producerende tumor; vrijwel altijd betreft het pancreasglucagon v.d. alfacellen.

gluco- voorvoegsel in woordverbindingen betreffende zoetheid of betreffende glucose.

glucocerebrosidase enzym dat glucocerebroside splitst.

glucocerebroside lipide die zich bij de ziekte van Gaucher in milt, lever en beenmerg ophoopt a.g.v. een genetisch defect v.h. enzym glucocerebrosidase.

glucocorticoïden groep van i.d. zona fasciculata v.d. bijnierschors gevormde corticosteroïden; bevorderen de gluconeogenese, waarbij de bloedglucoseconcentratie stijgt en het gehalte aan glycogeen i.d. lever toeneemt; bij verhoogde productie ontstaat het cushingsyndroom.

glucocorticoid-responsive elements [E.] specifieke DNA-sequenties; worden geactiveerd na stimulatie door steroïden; komen voor i.d. kern van o.a. monocyten, lymfocyten en broncho-epitheliale cellen; effect is afhankelijk van celtype.

glucogenese de vorming van glucose door splitsing van glycogeen.

gluconeogenese vorming van glucose uit andere verbindingen dan koolhydraten (bijv. aminozuren, vetzuren).

glucopenie tekort aan glucose i.d. weefsels.

glucorachie de aanwezigheid van (te veel) glucose i.d. liquor cerebrospinalis.

glucosamine aminomonosacharide dat als bouwstof dient voor glycosaminoglycanen en proteoglycanen in vrijwel alle weefsels, inclusief kraakbeen; wordt gebruikt als geneesmiddel (gewonnen uit schelpdieren) ter verlichting van symptomen van artrose v.h. kniegewricht.

glucose monosacharide dat stereo-isomeer met galactose is.

glucose-equivalent de hoeveelheid glucose die door één eenheid insuline kan worden geoxideerd.

glucose-6-fosfaat tussenproduct i.h. koolhydraatmetabolisme.

glucose-6-fosfaatdehydrogenase (G6PD) tussenferment, ubiquitair voorkomend, oxideert d-glucose-6-fosfaat tot 6-fosfo-d-gluconzuur-delta-lacton.

glucosefosfaatisomerase (GPI) een v.d. glycolyse-enzymen; het katalyseert de reactie glucose-6-fosfaat > fructose-6-fosfaat.

glucosesplitsing omzetting van glucose en zuurstof tot water en koolstofdioxide, waarbij energie vrijkomt.

glucosetolerantieproef *zie* test | glucosetolerantie-~.

glucosidase enzym dat glucosiden splitst.

glucoside een glycoside waarvan de suikercomponent glucose is.

glucosurie | **alimentaire** ~ g. na overmatig gebruik van zoete koolhydraten (zg. sinterklaasavondglucosurie).

glucotroop bloedglucoseverhogend, tegen-

gesteld aan de werking van insuline.
glucuronidase | 3-~ enzym dat de omzetting van verschillende bètaglucuroniden tot alcohol en vrij glucuronzuur katalyseert.
glucuronide glycoside van glucuronzuur; oplosbare verbinding die wordt gevormd als stap i.h. metabolisme en de uitscheiding van geneesmiddelen, toxinen en katabole producten van lichaamsbestanddelen.
glue ear [E] *zie* otitis media met effusie.
glutaaraldehyde desinfectans gebruikt voor desinfectie van endoscopen.
glutaeus *zie* gluteus.
glutamaat aminozuur en exciterende neurotransmitterstof, gevormd uit het aminozuur glutamine; binding aan specifieke receptoren leidt tot excitatie v.e. neuron.
glutamaatdehydrogenase (GLDH) in alle dierlijke weefsels, vooral i.d. lever, aanwezig enzym.
glutathion tripeptide, bestaande uit glutaminezuur, cysteïne en glycocol.
gluteaal 1 m.b.t. de musculus gluteus; 2 m.b.t. de bil(len).
gluten verzamelnaam voor eiwitten die voorkomen i.d. graansoorten tarwe, rogge, gerst en mogelijk haver.
glutenenteropathie *zie* coeliakie.
glutenine een plantaardige eiwitfractie, die samen met gliadine gluten vormt.
gluteus m.b.t. de bil; vb. musculus gluteus, linea glutea.
glycering (uiteindelijk irreversibele) verbinding van eiwit of vet met glucose.
glycerol product, ontstaan uit vetafbraak (1,2,3-propantriol); kan door de lever worden omgezet tot glucose.
glycine een (niet-essentieel) aminozuur.
glyco- voorvoegsel in woordverbindingen betreffende suiker of zoetheid.
glycogeen polysacharide, vooral i.d. lever en in dwarsgestreept spierweefsel voorkomend, waar het uit hexosen wordt gesynthetiseerd; wordt in lever en spieren als reserve opgeslagen, om zo nodig weer te worden afgebroken; uit leverglycogeen afkomstige glucose wordt i.h. bloed uitgestort, spierglycogeen kan alleen door het spierweefsel zelf als energiebron worden benut; het syn. 'dierlijk zetmeel' is een lekenterm en flitsnaam.
glycogeensynthetase enzym dat de omzetting van glucose-6-fosfaat tot glycogeen katalyseert.
glycogeenvorming *zie* glycogenese.
glycogenase enzym dat glycogeen splitst.
glycogenese de vorming van glycogeen (uit glucose), glycogeensynthese.
glycogenolyse splitsing van glycogeen tot glucose.
glycogenose ophoping van glycogeen in verschillende weefsels v.h. lichaam a.g.v. enzymdeficiëntie, leidend tot glycogeenstapelingsziekten. • **hepatorenale** ~ type-I-glycogenose. • **type-V-** ~ *zie* ziekte van McArdle-Schmid-Pearson.
glycogeusie waarneming v e. zoete smaak bij prikkeling van smaakzintuigen.
glycolipidelipidose *zie* ziekte van Fabry.
glycolyse moleculaire afbraak van glucose; twee vormen: *a.* aerobe g.: afbraak d.m.v. zuurstof, waarbij veel energie vrijkomt naast de verbrandingsproducten kooldioxide en water; *b.* anaerobe g.: gisting, afbraak zonder zuurstof; er ontstaat hierbij bijv. melkzuur (bij mens en dier) of alcohol (bij planten), met geringe energiewinst.
glyconeogenese 1 de vorming van glycogeen uit andere stoffen dan koolhydraten (bijv. aminozuren, vetzuren); 2 gluconeogenese.
glycopenie *zie* glucopenie.
glycoproteïne molecuul dat bestaat uit een sacharide (meestal een vertakte polysacharide) en een eiwit (bijv. mucine, mucoïd, chondroproteïne). • **myeline-geassocieerd** ~ eiwit i.h. myeline dat een rol speelt i.h. compact houden v.h. myeline.
glycorachie *zie* glucorachie.
glycosaminoglycaan (GAG) onvertakte polysacharide, opgebouwd uit disacharide; component van intercellulaire grondsubstantie; meestal gebonden aan eiwit, waarmee het dan een proteoglycaan vormt.
glycosfingolipoïden lipoïden die uit sfinganine en een of meer suikers zijn opgebouwd.
glycosidase glycoside-splitsend enzym.
glycoside een samengestelde verbinding waarvan een suiker deel uitmaakt.
glycosylering *zie* glycering.
glycotroop *zie* glucotroop.
glyHb *zie* HbA$_{1c}$.
glykemie *zie* hyperglykemie.
glykemische controle het controleren en reguleren v.d. bloedglucosespiegel, bijv.

als dagelijkse routine v.e. diabeticus; de gemiddelde glykemische controle kan worden bepaald aan de hand v.h. geglycosyleerd hemoglobine (HbA1c).
GM-CSF *zie* factor | granulocyte-macrophage colony stimulating ~.
GMP (guanosin monophosphate) **1** (biochemie:) guanosinemonofosfaat; **2** (farmacie:) *Good Manufacturing Practice*, kwaliteitssysteem met betrekking tot productie van geneesmiddelen. • **cyclisch** ~ (cGMP) guanosine-3,5-cyclisch monofosfaat.
GM-teller (Geiger-Müller-teller) *zie* besmettingsmonitor.
gnathion (antropometrie) het laagste punt op de mediale lijn i.d. onderkaak.
gnathologie de wetenschap betreffende de functies, en de geneeskundige behandeling van functiestoornissen v.h. kauwapparaat, i.h. bijz. v.h. kaakgewricht.
-gnosie achtervoegsel in woord-samenstellingen betreffende het vermogen om voorwerpen of geluiden waar te nemen en te herkennen.
gnosis term van Edinger voor het vermogen v.d. hersenschors, door impulsen en associaties, voorwerpen te herkennen.
gnotobiotica de wetenschap die zich bezighoudt met het kweken van laboratoriumdieren met nauwkeurig bekende microfauna en microflora.
GnRH *zie* hormoon | gonadotrophin-releasing hormone.
goblet cell [E] bekercel.
goeckermanbehandeling applicatie van teer op huidgedeelten met psoriasis.
goedaardig *zie* benigne.
golden shot overdosis van heroïne die na intraveneuze injectie tot de dood leidt.
golf de volledige veranderingscyclus i.h. energieniveau v.e. energiebron, zich herhalend i.e. bepaald tijdsverloop; i.d. elektrocardiografie (ecg) en encefalografie (eeg) is de golf het resultaat van weergave van voltage en tijd op resp. de y-as en de x-as.
• **A-**~ (elektrocardiografie:) presystolische drukgolf i.h. linker atrium, overeenkomend met de atriale systole en verschijnend na de P-golf v.h. elektrocardiogram (ecg).
• **C-**~ (elektrocardiografie:) vroegsystolische drukgolf i.h. linker atrium, volgend op de A-golf i.h. elektrocardiogram (ecg), synchroon lopend met de sluiting v.d. tricuspidalisklep. • **delta**~ (elektrocardiografie) begindeel v.h. QRS-complex met laag dV/dt; komt alleen bij het syndroom van Wolff-Parkinson-White voor. • **depolarisatiegolven** langzaam golvende wisselingen i.d. membraanpotentiaal van gladde spiercellen i.d. wand van spijsverteringskanaal, baarmoeder en ureter. • **hersen**~ golf zoals onderscheiden i.d. elektro-encefalografie (eeg). • **kanons**~ *zie* cannon wave. • **langzame** ~ *zie* slow wave. • **microgolven** (natuurk.) elektromagnetische trillingen met trillingsfrequentie 100 MHz-100 GHz. • **P-**~ (elektrocardiografie:) eerste complex i.h. elektrocardiogram (ecg) tijdens sinusritme en atriale ritme; geeft depolarisatie v.d. atria aan. • **piek**~ (elektro-encefalografie) *zie* spikes and waves. • **plateaugolven** periodegewijs optredende intracraniale bloeddrukverhogingen. • **pols**~ uitwendig waarneembare uitzetting v.e. slagader t.g.v. de systolische drukverhoging i.h. arteriële vaatstelsel. • **Q-**~ (elektrocardiografie) neerwaartse uitslag op het ecg als begin v.h. QRS-complex. • **S-**~ (elektrocardiografie) neerwaartse uitslag op het ecg, volgend op een R-top. • **T-**~ (elektrocardiografie) gedeelte v.h. ecg dat de repolarisatie v.d. ventrikels weergeeft. • **U-**~ (elektrocardiografie) golf op een ecg met een doorgaans laag voltage, volgend op de T-golf en eveneens uiting van elektrische repolarisatie v.d. kamers. • **V-**~ drukgolf i.h. linker atrium, overeenkomend met de atriale vulling door veneuze toevloed; deze golf bereikt het hoogste punt vlak voor de opening v.d. tricuspidalisklep.
Golgi | **golgicellen 1** grote gekorrelde ganglioncellen met lang of kort axon, i.h. stratum granulosum v.d. cerebellumschors; **2** astrocyt. • **golgilichaampje** spoelvormig lichaampje in pezen, bestaand uit pees- en zenuwvezels; zetel v.d. spierzin.
gomphosis 1 (anat., orthop., chir.:) bevestiging v.e. bot i.e. holte v.e. ander bot d.m.v. verbindend collageenweefsel; **2** (orthop.:) inklemming v.e. fractuurstuk tussen andere stukken; **3** (verlosk.:) inklemming v.d. ingedaalde kinderschedel i.h. bekken.
gon- voorvoegsel in woordverbindingen betreffende de gonade of het zaad; **2** voorvoegsel in woordverbindingen betreffende de knie.
gonadaal m.b.t. de gonade(n).
gonadale dysgenesie gebrekkige ontwik-

keling of degeneratie v.d. gonaden, zoals bij het turnersyndroom.
gonadal stimulating hormone *zie* hormoon | gonadotroop ~.
gonade geslachtsklier, kiemklier (testis, ovarium). • **streak-~** niet-ontwikkelde gonadeaanleg, o.a. bij gonadale dysgenesie (turnersyndroom).
gonadectomie *zie* castratie.
gonadoliberine *zie* hormoon | gonadotrophin-releasing hormone.
gonadotrofine hormoon uit de hypofysevoorkwab (of uit het chorion) dat de gonaden stimuleert *zie* hormoon | gonadotroop ~. • **humaan chorion~** (hCG) glycoproteïne met een gonadotrope werking die in syncytiotrofoblasten v.d. placenta wordt gevormd. • **humaan menopauzaal ~** (hMG) extract uit urine van vrouwen i.d. menopauze dat luteïniserend en follikelstimulerend werkt. • **menopauze~** *zie* humaan menopauzaal ~.
gonadotroop met gonade-stimulerende werking.
gonadotropine *zie* gonadotrofine.
gonalgie pijn i.d. knie.
gonartritis ontsteking v.h. kniegewricht.
• **gonartrose** artrose v.d. knie.
gonartrotomie incisie v.h. kniegewricht.
gonio- voorvoegsel in woordverbindingen betreffende een hoek.
goniometer instrument om mobiliteit/bewegingsuitslag van verschillende gewrichten te meten.
gonion het laagste, achterste, meest zijwaarts gelegen punt op de onderkaak.
gonioscopie bezichtiging v.d. oogkamerhoek m.b.v. een contactglas waarin een spiegeltje is aangebracht.
goniotomie opensnijding v.d. oogkamerhoek om de afvoer van kamerwater weer mogelijk te maken.
goniotrepanatie *zie* trepanatie.
gonitis *zie* gonartritis.
gonocampsis irreversibele buigstand v.d. knie.
gonocele *zie* spermatocele.
Gonococcus *zie* Neisseria.
gonocyt geslachtscel (eicel, zaadcel).
gonokokkenurethritis *zie* gonorroe.
gonorroe acute infectie v.d. urethra, veroorzaakt door *Neisseria gonorrhoeae*.
gonorroïsch veroorzaakt door gonorroe; vb. gonorroïsche urethritis, urethritis gonorrhoica.
gonotrofe concordantie het samengaan van voeding en voortplanting.
gonotrofe cyclus het volledige proces v.d. ovariële ontwikkeling tijdens de vertering v.h. opgezogen bloed.
gonotrofe dissociatie tijdelijke stilstand v.d. voortplanting tijdens voedselopneming.
good clinical practice (GCP) stelsel van gedragsregels en verantwoordelijkheden m.b.t. het uitvoeren van klinisch geneesmiddelenonderzoek ten behoeve van registratiedoeleinden.
gordeldystrofie *zie* dystrofie | limb-girdle muscular dystrophy.
Gordon | gordonsyndroom (exsudatieve) gastro-enteropathie.
gorgeldrank oplossing in water van bactericiden en/of ect. adstringentia, waarmee men gorgelt; vb. fysiologische zoutoplossing ter ontsmetting bij keelontsteking.
GORZ (gastro-oesofageale refluxziekte) *zie* refluxoesofagitis.
gossypiboom achtergebleven gaas i.d. buik na laparotomie.
gossypium *zie* watten.
GOT (glutamaatoxaalacetaattransaminase) *zie* transferase | aspartaatamino-.
goudtherapie therapie bij reumatoïde artritis, bestaande uit intramusculaire goudinjecties.
Gowers | ziekte van ~ enkelzijdige tonische kramp tijdens een beweging bij hemiplegia spastica infantilis.
G6PD glucose-6-fosfaat-dehydrogenase.
GPI 1 (anat.:); **2** (biochem.:) *zie* glucosefosfaatisomerase.
GPI-stimulatie (globus-pallidus-internusstimulatie) *zie* diepe hersenstimulatie.
G-plek *zie* grafenbergplek.
GPO *zie* oplossing | gepasteuriseerde plasma-eiwit~.
GPT *zie* transaminase | glutamaatpyruvaat~.
Graaf | follikel van De ~ *zie* follikel | Graafse ~.
graanschurft jeukende uitslag die ontstaat door het werken met graan en die wordt veroorzaakt door de mijt *Pyemotes ventricosis*.
gracilis slank; vb. nucleus gracilis, tractus gracilis.
GRADE [E] *zie* grading of recommendations assessment, development and evaluation

working group.

graded activity gestructureerde behandeling, gericht op een tijdcontingente en stapsgewijze toename van activiteiten en een snellere terugkeer naar de werkplek.

graded exercise training (GET) geleidelijke opbouw van lichamelijke activiteit.

gradering schatting v.d. mate van agressiviteit v.e. tumor aan de hand van microscopische kenmerken als celvorm, weefselopbouw en mitotische activiteit.

gradiënt het verschil tussen de druk vóór en die ná een vernauwing. • **Aa-**~ *zie* alveolair-arterieel zuurstofspanningsverschil.

grading of recommendations assessment, development and evaluation working group (GRADE) [E] groep die zich bezighoudt met het graderen v.d. sterkte en bewijskracht van aanbevelingen.

gradocolmembraan *zie* membraan | elford-~.

graduaalglazen *zie* bril | multifocale ~.

grafenbergplek (G-plek) erogeen gebied in de vagina, gelegen onder de voorwand ter hoogte v.h. begin v.d. overgang tussen blaas en urethra.

grafesthesie de waarneming en herkenning van letters of cijfers die op de huid worden geschreven.

-grafie achtervoegsel in woordverbindingen betreffende het schrijven of afbeelden.

grafologie herkenning van psychische eigenschappen uit het handschrift; betwiste vorm van psychodiagnostiek.

graft [E] *zie* transplantaat. • **davis**~ vrije transplantatie van huideilandjes, centraal uit dermis en epidermis, perifeer alleen bestaand uit epidermis. • **full-thickness** ~ (FTG) [E] huidtransplantaat met volledige huiddikte en inclusief haarzakjes, zweet- en talgklieren en zenuwcellen. • **inlay** ~ [E] een botspaan die i.e. gleuf v.h. bot wordt verzonken. • **mesh** ~ [E] huidtransplantaat waarin mazen worden aangebracht, zodat een groter wondoppervlak kan worden bekleed. • **onlay** ~ een botspaan die op een bot wordt aangebracht. • **punch** ~ huidbiopt met volle huiddikte en diameter van 4 mm. • **sequentiële** ~ *zie* jump graft. • **split-skin** ~ (SSG) huidtransplantaat van bovenste laag v.d. huid. • **venen**~ (jargon) v. saphena magna, als graft gebruikt voor een coronary-artery bypass graft.

Gram | **gramnegatieve bacteriën** bacteriën die rood worden bij gramkleuring. • **gramnegatieve kok** gonokok, meningokok, apathogene *Neisseriae*. • **grampositieve bacteriën** bacteriën die blauw worden bij gramkleuring. • **grampreparaat** uitstrijkpreparaat dat een gramkleuring heeft ondergaan.

gramcalorie *zie* calorie.

gramequivalent equivalentmassa in grammen, d.i. de atoommassa v.e. element of de moleculmassa v.e. verbinding, gedeeld door de valentie.

grammolecuul in onbruik geraakte term, tegenwoordig vervangen door mol *zie* mol.

granula 1 korreltjes i.h. protoplasma van cellen, i.h.b. in leukocyten; 2 trachoomkorrels of ook hypertrofische lymfefollikels i.d. conjunctiva; 3 een toedieningsvorm van geneesmiddelen in korrelvorm, vooral gebruikt i.d. homeopathie. • **alfa**~ organellen van bloedplaatjes die via microtubuli hun inhoud naar buiten kunnen afstoten. • **azurofiele** ~ i.h. plasma van mono- en lymfocyten voorkomende korrels; kleuren blauw met azuur. • **birbeck**~ submicroscopische vormsels i.h. cytoplasma v.d. langerhanscellen i.d. huid. • **toxische** ~ basofiele korrels in leukocyten, bij infectieziekten.

granular korrelig; vb. ~e atrofie. • ~ **endoplasmatisch reticulum** *zie* reticulum | ruw endoplasmatisch ~.

granulaircelmyoblastoom *zie* tumor | granulairecel~.

granularis granulair, korrelig; vb. foveolae granulares (mv. van granularis).

granulatie 1 (microscopisch) het voorkomen van granula in cellen, i.h.b. leukocyten; 2 (macroscopisch) de vorming van granulatieweefsel; 3 *zie* granulatio.

granulatiegezwel ontstekingsgezwel, goedaardige gezwelachtige vorming van specifiek of aspecifiek granulatieweefsel, bijv. epulis.

granulatieweefsel het rode, korrelige, vaatrijke bindweefsel dat zich bij de wondheling i.e. huiddefect vormt.

granulatio korrelige massa.

granuleren granulaties vormen; vb. een g-nde wond.

granulocellularis bestaande uit gekorrelde cellen; vb. myoblastoma granulocellularis.

granulocyt leukocyt met korrels i.h. protoplasma. • **basofiele** ~ granulocyt met baso-

fiele korrels i.h. protoplasma. • **eosinofiele** ~ granulocyt die kan worden onderscheiden op grond van kleuringseigenschap.
• **neutrofiele** ~ meest voorkomende granulocyt, met gesegmenteerde kern; dient voor afweer tegen o.a. bacteriële infecties.
• **staafkernige** ~ granulocyt, gekenmerkt door staafvormige kern.
granulocytopenie aanzienlijke vermindering v.h. aantal granulocyten i.h. bloed.
granulocytopoëse de vorming van granulocyten.
granulocytose aanwezigheid v.e. abnormaal groot aantal granulocyten i.h. bloed.
granulomateus gepaard gaand met vorming van granulomen.
granulomatose vorming van multipele granulomen. • **bronchocentrische** ~ necrotiserende granulomatose uitgaande v.d. wand v.d. bronchus (meestal bronchiolus) met secundaire vasculitis i.d. omringende vaten. • **granulomatosis disciformis progressiva** variant van necrobiosis lipoidica met gladde roodbruine afgeronde plaque met scherp geïnfiltreerde randen, zonder necrose. • **familiaire septische** ~ vorming van granulomen i.h. reticulo-endotheel, door enzymdefect, verloopt letaal, met longinfiltraten, abcederende lymfadenitis, hepatosplenomegalie, sepsis. • ~ **van Miescher** zie granulomatosis disciformis progressiva. • **infantiele septische** ~ zie familiaire septische ~. • **granulomatosis lipoidica** zie xanthomatose. • **lymfomatoïde** ~ zeldzame, angiocentrische immunoproliferatieve aandoening die i.d. longen of hersenen kan voorkomen; wordt beschouwd als een gerelateerde lymfoproliferatieve aandoening die geassocieerd is met het epstein-barrvirus (EBV); lijkt klinisch zeer sterk op vasculitis, m.n. op ziekte van Wegener. • **granulomatosis maligna** zie Hodgkin | ziekte van ~. • **necrotiserende sarcoïde** ~ variant van nodulaire vorm van sarcoïdose met granulomen, vasculitis en een wisselende mate van necrose. • **wegener**~ necrotiserende granulomateuze segmentale aandoening v.d. luchtwegen (neus, nasofarynx, neusbijholten, longen), gepaard gaand met haardvormige necrotiserende vasculitis van middelgrote en kleine arteriën en necrotiserende glomerulonefritis.
granulomatosus gepaard gaand met vorming van granulomen; vb. cheilitis granulomatosa.
granulomeer kernvormig centrum v.e. trombocyt, bevat mitochondriën en ribosomen.
granuloom 1 (pathol.:) knobbelig granulatieweefsel met histiocytaire cellen en soms centrale exsudatieve necrose en reuscellen; 2 (klin. sympt.:) ietwat geïnfiltreerde, bruinrode nodus i.h. gelaat; 3 ziekte v.h. type histiocytosis X waarbij slechts enkele haarden voorkomen. • **eosinofiel** ~ zie granuloma eosinophilicum. • **granuloma allergicum** proliferatieve mesenchymale reactie van bindweefsel als allergeen-antistofreactie. • **granuloma anulare** in cirkels gerangschikte knobbeltjes op hand- en voetrug op basis v.e. granulomateus ontstekingsproces i.d. dermis. • **granuloma apicale** granuloom aan de punt v.e. tand- of kieswortel. • **granuloma eosinophilicum** 1 ietwat geïnfiltreerde, bruinrode nodus i.h. gelaat bestaande uit eosinofiele cellen, histiocyten, plasmacellen en lymfocyten; 2 ziekte v.h. type histiocytosis X waarbij slechts enkele haarden in o.a. botten, gehoorgang of mondslijmvlies voorkomen. • **granuloma gluteale infantum** paarsrode noduli i.d. luierstreek door *Candida albicans*, bevorderd door uitwendige applicatie van corticosteroïden. • **granuloma iridis** klein, goedaardig gezwel v.d. iris. • **granuloma pyogenicum** zie granuloma teleangiectaticum. • **granuloma gangraenescens** zie granulomatose | wegener~. • **granuloma inguinale** infectie met *Calymmatobacterium granulomatis*, leidend tot genitale ulcera. • **granulomen van Majocchi** folliculaire infiltraten bij tinea pedis. • **granuloma silicoticum** granulatiegezwel, veroorzaakt door onder de huid geraakte kwartsdeeltjes, bijv. zand i.e. wond. • **granuloma teleangiectaticum** goedaardige bloedvatproliferatie met microscopisch het aspect van granulatieweefsel. • **granuloma venereum** g. inguinale. • **perifeer reuscellen**~ zie epulis. • **reumatisch** ~ fibrinoïde zwelling met palissadegewijs staande epithelioïde cellen (anitsjkowcellen) als symptoom van reumatoïde artritis; ontstaat ook bij acuut reuma in bindweefsel t.g.v. de antigeen-antistofreactie. • **reuscel**~ zie tumor | bruine ~, epulis. • **sperma**~ drukpijnlijke, vaste knobbel die langs het vas

deferens wordt aangetroffen. • **wortel~** veelal symptoomloos verlopende chronische ontsteking v.d. wortel v.e. gebitselement. • **zwembad~** een op tuberculosis cutis luposa lijkende huidaandoening ter plaatse v.e. i.e. zwembad opgelopen verwonding, veroorzaakt door *Mycobacterium balnei*.

granulopenie granulocytopenie.

granulopoëse vorming van granulocyten.

granulosa 1 membrana granulosa; **2** vr. van granulosus.

granulose 1 vorming van granula; **2** verbreding v.h. stratum granulosum i.d. huid; **3** trachoom.

granulosus gekorreld; vb. *Echinococcus granulosus*, membrana granulosa, stratum granulosum.

granulum korreltje.

granum 1 (dermatol., pathol.:) korrel; **2** (farmacie, obs.:) grein (oud medicinaal gewicht van ongeveer 65 mg); vgl. uitdrukking 'geen greintje verstand hebben van...'.

gratieverlies katatone bewegingsstoornis, gekenmerkt door een geringe, 'onbezielde', houterige, 'vlakke' psychomotoriek.

Graves | ziekte van ~ auto-immuunaandoening a.g.v. hyperthyreoïdie die gewoonlijk wordt gekenmerkt door exoftalmie, struma en tachycardie en door een verhoogd basaal metabolisme.

gravida zwangere vrouw. • **multi~** een vrouw die voor de 4e keer (of meer) zwanger is. • **primi~** een vrouw die voor het eerst zwanger is. • **secundi~** een vrouw die voor de tweede maal zwanger is.

gravide zwanger; vb. gravide uterus.

graviditas zwangerschap, graviditeit. • **~ imaginata** *zie* zwangerschap | ingebeelde ~. • **~ ovarica** *zie* zwangerschap | eierstok~.

graviditeit 1 het totale aantal zwangerschappen dat een vrouw heeft doorgemaakt; **2** *zie* zwangerschap. • **abdominale** ~ *zie* zwangerschap | abdominale ~. • **extra-uteriene** ~ *zie* zwangerschap | buitenbaarmoederlijke ~. • **pseudo~** *zie* zwangerschap | ingebeelde ~. • **tubaire** ~ *zie* zwangerschap | tubaire ~.

gravidus zwanger; vb. uterus gravidus.

gravis ernstig, zwaar; vb. colitis gravis. • **myasthenia ~ pseudoparalytica** *zie* myasthenia gravis.

gravissimus zeer zwaar, zeer ernstig; vb. sepsis tuberculosa gravissima.

gravitatie aantrekkingskracht, zwaartekracht.

gravitatieabces *zie* abces | verzakkings~.

gravitativus m.b.t. de zwaartekracht; vb. hydrops gravitativus.

graviteit ernst; zwaarte; plechtstatigheid.

gray (Gy) SI-eenheid van geabsorbeerde ioniserende straling; 1 Gy = 100 rad.

greffe [F] *zie* transplantaat.

grendelpen interne osteosynthesetechniek bij een femurfractuur.

grey [Brits Engels] grijs.

grey matter [grey = Brits Engels] *zie* substantia grisea.

GRF (growth hormone-releasing factor) *zie* GH-RH.

grid [E] matje met elektroden voor elektroencefalografie (eeg), neurochirurgisch direct op de blootgelegde hersenen aan te brengen.

griep *zie* influenza. • **buik~** *zie* gastro-enteritis. • **hongkong~** *zie* vogelgriep. • **Mexicaanse ~** *zie* influenza | Nieuwe Influenza A (H1N1). • **nieuwe ~** *zie* influenza | Nieuwe Influenza A (H1N1). • **vogel~** *zie* vogelgriep. • **zomer~** gastro-enteritis van virale oorsprong die (toevallig) i.d. zomermaanden optreedt.

grijpfunctie functioneel complex v.d. hand dat de mogelijkheid biedt dingen te pakken en vast te houden.

grijs worden vergrijzing = poliosis, canities.

grijze hersensubstantie *zie* periaqueductaal grijs.

grimasseren (neuropsychiatrie:) aannemen van merkwaardige, overdreven gelaatsuitdrukkingen (grimassen) doordat de bewuste controle over en de souplesse v.d. bewegingen zijn aangetast.

griseotomie insnijding v.d. grijze substantie v.h. ruggenmerg.

griseus grijs; vb. substantia grisea, stratum griseum.

grm gemodificeerde radicale mastectomie *zie* amputatie | gemodificeerde radicale mamma~.

groei het toenemen in lengte, omvang c.q. aantal van grootte van cellen, weefsel, organen, het lichaam. • **appositionele ~** toeneming in volume door appositie. • **bacteriële over~** toename v.e. bepaalde bacteriesoort i.h. maag-darmkanaal t.g.v. eliminatie v.e. deel v.d. darmflora door antibioticagebruik. • **destruerende** ~ groei met vernietiging van weefsel, bijv. bij maligne tumoren. • **dwerg**~ sterk achterblijven in lengtegroei. • **expansieve** ~ groei (v.e. gezwel) door uitdijing, hetzij v.d. kern uitgaand, hetzij door appositie; tegenstelling: invasieve of infiltrerende groei. • **haar**~ er zijn drie stadia: het anagene, het katagene en het telogene. • **hypofysaire dwerg**~ achterblijven v.d. groei door hypofunctie v.d. hypofysevoorkwab. • **infiltrerende** ~ *zie* invasieve ~. • **inhaal**~ versnelde (psycho)motorische ontwikkeling en/of groei bij een kind met groei- of ontwikkelingsachterstand. • **invasieve** ~ invasieve groei groei door invasie, infiltratie, waarbij cellen tussen en in aangrenzende weefsels en organen dringen. • **kapseldoor**~ tumordoorgroei door het lymfeklierkapsel. • **lengte**~ toename in lichaamslengte, uitgedrukt in cm per jaar. • **polydystrofische dwerg**~ *zie* syndroom | maroteaux-lamy~. • **pseudo**~ toename v.d. grootte v.e. orgaan waarbij de hoeveelheid levende materie gelijk blijft. • **renale dwerg**~ *zie* rachitis | renale ~. • **reus**~ overmatige groei, met toenemig niet alleen in lengte en massa, maar ook v.d. botten, de spieren, de organen. • **submucosale in**~ ingroei van tumorweefsel i.h. weefsel onder de slokdarmmucosa.

groeiachterstand achterblijven v.d. groei in vergelijking met het normale groeipatroon.

groeicurve *zie* curve | groeisnelheids~.

groeifactorreceptor eiwit dat een belangrijke rol speelt bij ontstaan en groei van maligne tumoren.

groeikunde *zie* auxologie.

groeileer *zie* auxologie.

groeiremming medicamenteuze behandeling van overmatige lengtegroei.

groeischijf het op de grens tussen diafyse en epifyse v.e. pijpbeen gelegen vlak, waar tijdens de groei v.h. jonge individu lengtegroei plaatsvindt door afzetting van been.

groeischijfbeschadiging beschadiging v.d. groeischijf.

groeispurt kortdurende forse lengtegroeiversnelling direct aan het begin v.d. puberteit.

groeispurtvertraging beëindigen v.d. versnelling v.d. lengtegroei door met hormonen uit de gonaden de epifysaire schijven tot sluiten te brengen.

groeistoornis groeipatroon van foetus of kind dat afwijkt v.h. te verwachten patroon.

groeivertraging *zie* groeiachterstand. • **intra-uteriene** ~ het achterlopen v.d. grootte van embryo of foetus bij de te verwachten grootte.

groene kaart kaart waarop patiëntgegevens kunnen worden geregistreerd; inmiddels vervangen door digitale gegevensregistratie, i.h.b. elektronisch medisch dossier.

groep | **controle**~ groep waarmee een te onderzoeken groep wordt vergeleken om het effect v.e. interventie te beoordelen. • **focus**~ kleine groep van personen (meestal 8-12) die over een of meer door de onderzoekers ingebrachte onderwerpen discussiëren, samen met een gespreksleider; van belang bij deze kwalitatieve onderzoeksmethode zijn de inhoud v.d. discussie en voorts de interactie, de niet-verbale communicatie binnen de groep. • **index**~ 1 groep die is blootgesteld aan de te onderzoeken behandeling of een andere onderzoeksvariabele bij een experiment; 2 patiënten i.e. patiënt-controleonderzoek; 3 blootgestelde groep i.e. cohortonderzoek. • **referentie**~ controlegroep binnen een patiëntcontroleonderzoek waarvan de frequenties van eigenschappen of blootstellingen als referentie worden gebruikt t.o.v. de i.d. indexgroep gevonden waarden. • **risico**~ populatie met een verhoogde kans op een bepaald verschijnsel ten opzichte van andere groepen.

groepsagglutinatie agglutinatie v.e. aantal serologisch verwante bacteriën door een serum dat bereid is als immuunserum tegen één bepaalde bacteriesoort.

groepsproces | **nominaal** ~ groepsproces waarbij door directe interactie tussen betrokken getalswaarden aan onderwerpen/fenomenen worden toegekend met het oogmerk deze i.e. rangorde te plaatsen.

groeve *zie* sulcus. • **aars**~ *zie* crena analis. • **darmbeen**~ *zie* fossa iliaca. • **elleboog**~ holte v.d. elleboog. • **nagel**~ epitheelplaat aan de basis van nagel, waarin de basis v.d. nagelwortel ligt. • **schedel**~ fossa cranii. • **tandvlees**~ *zie* sulcus gingivalis.

grondstofwisseling *zie* metabolisme | basaal ~.

gross vb. ~ anatomy *zie* macroscopisch.

Grossich | methode van ~ uitwendige desinfectie v.d. wond plus de omgeving met jodiumtinctuur.
grote achterhoofdsgat *zie* foramen magnum.
grote buiknet *zie* omentum majus.
grote lichaamsslagader *zie* aorta.
grote rolheuvel *zie* trochanter major.
groundglass appearance [E] melkglasachtige troebeling op een longfoto bij asbestose of andere interstitiële pneumonie.
grutum *zie* milium.
grypose abnormale kromming. • **artro-** heterogene groep van aangeboren aandoeningen v.d. ledematen met multipele contracturen. • **gryposis penis** knik i.d. penis bij erectie (bij induratio penis plastica).
GSA *zie* angiografie | radionuclide-~.
GSH [E] gonadal stimulating hormone.
GTH gonadotroop hormoon.
GTI glucosetolerantie-index.
GTT glucosetolerantietest *zie* test | glucosetolerantie-~.
gtt. (guttae) druppels.
guajac hars v.d. boomsoorten *Guajacum officinale* en *Guajacum sanctum*.
guanine (G) heterocyclische organische base, bouwsteen van nucleotiden.
guanylaatcyclase enzym dat de omzetting van guanosinetrifosfaat naar cyclisch guanosinemonofosfaat en pyrofosfaat katalyseert.
gubernaculum fibreuze streng die twee structuren verbindt.
Guidelines International Network (GIN) internationale non-profitorganisatie die is gericht op het verbeteren v.d. methodiek van richtlijnontwikkeling en het beschikbaar stellen van richtlijnen.
guide wire *zie* sonde | voer-~.
• **guillain-barrésyndroom** (GBS) (sub)acuut optredende immuungemedieerde ontsteking van perifere zenuwen met acute idiopathische polyradiculopathie en/of-neuropathie; indeling: vier typen: 1) acute inflammatoire demyeliniserende polyneuropathie (AIDP), de meest voorkomende vorm van GBS, met symmetrische zwakte, paresthesieën, pijn, sensibiliteitsverlies en verschillende autonome stoornissen; 2) acute motorische axonale neuropathie (AMAN); 3) acute motorische en sensibele axonale neuropathie (AMSAN); 4) millerfishersyndroom, met oftalmoplegie, ataxie en afwezigheid van peesreflexen; dit syndroom kan overgaan in gegeneraliseerde GBS.
guillotinemethode tonsillectomie volgens Sluder.
gumma necrotisch granuloom met een rubberachtig consistentie, vnl. a.g.v. tertiaire syfilis.
gummosus gepaard met gumma-vorming; vb. spondylitis gummosa.
gumprechtkernschaduw *zie* cel | gumprecht-~.
gumprechtschaduw *zie* cel | gumprecht-~.
Günther | ziekte van ~ **1** porphyria erythropoetica; **2** myositis myoglobinurica.
gustatoir m.b.t. de smaakzin; vb. g-toire hyperhidrosis.
gustatopie fenomeen dat de optimale localisaties op de tong voor de gewaarwordingen v.d. vier smaakkwaliteiten verschillend zijn.
gustatorius tot de smaakzin behorend; vb. caliculus gustatorius, hyperaesthesia gustatoria.
gustilo-indeling classificatie v.e. open breuk met wekedelenletsel.
gustometrie (semi-)kwantitatieve bepaling v.d. smaakzin.
gustus depravatus *zie* pica.
gut-associated lymphoid tissue (GALT) [E] *zie* lymfoïd weefsel | darmgeassocieerd ~.
gutta (gtt.) (rec.) druppel. • ~ **cadens** het geluid als v.e. vallende druppel, een auscultatoir fenomeen bij pneumothorax.
guttatus druppelvormig; vb. psoriasis guttata.
gutturaal de keel betreffend, met een keelklank.
Guyon | kanaal van ~ kanaal ter hoogte v.d. pols. • **spuit van** ~ spuit met een lange dunne bougie, waardoorheen achter i.d. urethra enkele druppels v.e. medicament kunnen worden gedeponeerd. • **teken van** ~ ballottement v.d. nier bij bimanuele palpatie, als teken van nefroptose.
GVH-reactie *zie* reactie | graft-versus-host-~.
GVO *zie* gezondheidsvoorlichting en -opvoeding.
GVS (Geneesmiddelenvergoedingssysteem) systeem waarbij alleen geneesmiddelen, door de overheid per geneesmiddelengroep aangewezen, worden vergoed.
Gy (gray) de SI-eenheid van geabsorbeerde

ioniserende straling.
gynaeco- voorvoegsel in woordverbindingen betreffende (een) vrouw(en).
gynaecogeen vrouwelijke kenmerken teweegbrengend.
gynaecologie het specialisme dat zich bezighoudt met de bestudering en de behandeling van afwijkingen v.d. vrouwelijke genitalia.
gynaecologische positie rugligging v.d. vrouw waarbij de onderbenen gespreid in hoog geplaatste beensteunen liggen.
gynaecologisch onderzoek onderzoek v.d. vrouwelijke geslachtsorganen, o.a. via inspectie v.d. vulva, vaginaal toucher en speculumonderzoek.
gynaecoloog specialist i.d. gynaecologie.
⊚ **gynaecomastie** overmatige ontwikkeling v.d. mannelijke borstklieren. • **pseudo~** vorming van borsten bij een obese man bij wie geen sprake is v.d. oorzakelijke factoren van gynaecomastie.
gynandroblastoom zeldzaam ovariumgezwel met elementen v.h. arrenoblastoom en v.d. granulosaceltumor.
gynandromorfie 1 gelijktijdige aanwezigheid van vrouwelijke en mannelijke kenmerken; **2** hermafroditisme.
gynogenese ontwikkeling v.e. ei dat alleen moederlijke chromosomen en kernen bevat.
gyratus gewonden, slingerend; vb. cutis gyrata, erythema gyratum.
gyrectomie excisie v.e. hersenwinding.
gyrencefaal i.h. bezit van hersenen met windingen.
gyrus winding aan de hersenoppervlakte.
• ~ **angularis** de hersenwinding die het achterste eind v.d. sulcus temporalis superior boogvormig omvat. • **gyri breves insulae** bovenste korte windingen v.d. insula. • **gyri cerebelli** folia cerebelli. • **gyri cerebri** hersenwindingen. • ~ **cinguli** gordelvormige gyrus, evenwijdig aan het corpus callosum, tussen sulcus corporis callosi en sulcus cinguli. • **gyri Heschli** gyri temporales transversi, op het operculum temporale; hier eindigen de vezels v.d. radiatio acustica.
• **gyri insulae** de windingen v.d. insula.
• **gyri orbitales** zijdelings v.d. g. rectus aan de orbitale zijde v.d. frontale hersenkwab lopende windingen. • ~ **precentralis** de vnl. motorische, voor de sulcus centralis liggende centrale winding v.d. voorhoofdskwab.
• **super~** een gyrus die een andere gyrus overlapt. • **gyri temporales transversi** 2-4 dwarse windingen op de achterste helft v.d. g. temporalis superior. • ~ **uncinatus** uncus.

H

haar men onderscheidt lang haar, kort haar, wolhaar en lanugohaar. • **hoofd~ 1** hoofdbeharing (L. capillitium); **2** hoofdhaar (L. capillus). • **kolf~** de vorm v.e. haar tijdens de uitdrijving bij de haarwisseling. • **lanugo~** lang, dun, zijdeachtig pigmentloos haar dat de huid v.e. foetus vanaf de derde zwangerschapsmaand bedekt. • **terminaal ~** dik haar van verschillende lengte en meestal gepigmenteerd. • **tril~** ritmisch bewegend kort haar op een trilhaarcel. • **uitroeptekenharen** afgebroken haartjes met versmalling v.d. schacht naar proximaal aan rand van haarloze laesie bij alopecia areata. • **vellus~** dun, kort haar zonder pigment, dat in alle haarfollikels de plaats van lanugohaar inneemt. • **vet ~** *zie* seborroe | seborrhoea capillitii. • **wol~** *zie* vellus~.
haarbal *zie* trichobezoar.
haarbalg *zie* folliculus pili.
haarbulbus basis v.d. haarfollikel, waarin het haar wordt gevormd.
haard *zie* focus. • **cerebralecontusie~** lokale beschadiging van hersenweefsel met oedeem, kleine of grote bloedingen en zwelling, ontstaan door mechanisch geweld. • **kaas~** verschijnsel bij patiënt met longtuberculose.
haardvormig *zie* focaal.
haarfollikel folliculus pili [L].
haarfollikelmijt *zie* Demodex folliculorum.
haaroptometer van Donders *zie* Donders | dondershaaroptometer.
haarscheur (orthop.) *zie* fractuur | stress~.
haarstadium *zie* anageen stadium, katageen stadium, stadium | telogeen ~.
HAART *zie* hoogactieve antiretrovirale therapie.
haartalgklierfollikel *zie* haarfollikel.
haartong | **zwarte ~** *zie* lingua nigra.

haarvat *zie* capillair.
haarverlies fysiologisch of pathologisch verlies van haar door haaruitval.
haarwisseling *zie* effluvium capillorum.
haarwortel *zie* radix pili.
haarwortelschede inwendige bekleding v.d. haarfollikel.
haarwortelstatus vaststelling v.d. relatieve verdeling van anagene, telogene en katagene haren i.e. geëpileerd representatief monster.
haarzakje *zie* folliculus pili.
habenula achterwaartse voortzetting v.d. striae medullares.
habenularum gen. mv. van habenula; vb. commissura habenularum.
habitat woonplaats, natuurlijke verblijfplaats.
habitualis habitueel, uit gewoonte; vb. scoliosis habitualis.
habituatie afnemen v.d. reactie op een langdurig aangeboden prikkel.
habitueel vaak terugkerend, tot een gewoonte geworden, uit gewoonte.
habituering verschijnsel waarbij herhaalde zintuiglijke prikkeling steeds minder effect veroorzaakt op zowel korte als lange termijn.
habitus 1 uiterlijk voorkomen; **2** constitutie, i.h.b. volgens de verouderde, omstreden leer van Kretschmer. • **asthenische ~** *zie* leptosome ~. • **atletische ~** een v.d. vier habitustypen van Kretschmer: lichaamsbouw met sterk ontwikkelde spieren. • **dysplastische ~** *zie* paralytische ~. • **leptosome ~** een v.d. vier habitustypen van Kretschmer: smalle, lange lichaamsbouw. • **paralytische ~** een v.d. vier verouderde habitustypen van Kretschmer: asthenia universalis congenita. • **pycnische ~** *zie* con-

stitutieleer van Kretschmer.
haem officiële schrijfwijze is 'heem' *zie* heem.
haema *zie* bloed.
haemalopia *zie* oftalmie | hem~.
haemangiectasia hypertrophicans *zie* syndroom van Klippel-Trénaunay.
haemangioma fructiosum benigne huidtumor die berust op woekering van endotheelcellen met vorming van bloedruimten met dieper gelegen subcutane component.
Haemaphysalis geslacht van teken behorend tot de suborde *Ixodida*; overbrenger van *Rickettsiae*.
haemarthros *zie* bloeding | gewrichts~.
haematemesis *zie* braken | bloed~.
haematocolpometra ophoping van bloed in uterus en vagina t.g.v. de aanwezigheid v.e. hymen imperforatus.
haematocolpos ophoping van menstruatiebloed i.d. vagina, bij hymenatresie.
haematodes 1 bloedig, bloedrijk; 2 bloedachtig.
haematometra ophoping van bloed i.d. uterus t.g.v. afsluiting v.d. baarmoedermond, of secundair bij hematocolpos.
haematopelvis 1 bloedophoping i.h. kleine bekken; 2 bloeduitstorting i.h. nierbekken.
haematopericardium *zie* pericard | hemo~.
haematoperitoneum *zie* hemoperitoneum.
haematopoeticum *zie* hemopoëticum.
haematopoiesis *zie* hemopoëse | hematopoëse.
haematoxyline *zie* hematoxyline.
haematozoa bloedparasieten (filaria, schistosoma, malariaplasmodia, enz.).
haematuria *zie* urie | hemat~.
haemine *zie* hemine.
haemobilia *zie* hemobilie.
haemolyticus hemolytisch, m.b.t. hemolyse; vb. morbus haemolyticus neonatorum.
haemomediastinum *zie* hemomediastinum.
haemophilia *zie* hemofilie.
haemophilicus hemofiel, m.b.t. hemofilie; vb. thrombopathia haemophilica.
Haemophilus geslacht micro-organismen v.d. fam. *Brucellaceae* (orde *Eubacteriales*). • ~ *aegypticus* verwekker van conjunctivitis van Koch-Weeks; vroeger *Bacillus Koch-Weeks*. • ~ *aphrophilus* facultatief anaerobe en wel micro-aerofiele bacterie die kan voorkomen in hersenabcessen. • ~ *ducreyi* verwekker van chancroïd. • ~ *duplex* verwekker van subacute infectieuze conjunctivitis. • ~ *pertussis zie Bordetella pertussis*. • ~ *influenzae* obligate slijmvliesparasiet, gramnegatieve, polymorfe bacterie. • ~ *vaginale zie Gardnerella vaginalis*.
haemoptysis *zie* hemoptoë.
haemorrhagia *zie* hemorragie.
haemorrhagicus gekenmerkt door bloeding.
haemorrhoidalis m.b.t. hemorroïden (aambeien).
haemorrhoid artery ligation (HAL) [E] *zie* hemorroïden.
haemorrhois *zie* hemorroïden.
haemosiderosis *zie* hemosiderose.
haemostaxis druppelsgewijze bloeding.
Hafnia bacteriegeslacht v.d. familie *Enterobacteriaceae*.
hagro groep waarin huisartsen samenwerken, elkaar ondersteunen en voor elkaar waarnemen.
haima *zie* bloed.
haio 'huisarts in opleiding', verouderde aanduiding *zie* arts in opleiding tot specialist.
hakstuk versteviging aan de achterzijde v.d. schoen die de achtervoet ondersteunt en de hiel op zijn plaats houdt.
hakverhoging aanpassing van normaal schoeisel door verhoging v.d. hiel, waarbij bijv. een lordoserend effect wordt beoogd.
hak-zoolverhoging aanpassing van normaal schoeisel waarbij door verhoging v.d. hiel en de zool bijv. lengteverschillen v.d. onderste ledematen kunnen worden gecorrigeerd.
HAL haemorrhoid artery ligation *zie* hemorroïden.
Haldane | **haldane-effect** verschijnsel dat de koolstofdioxidetransportcapaciteit v.h. bloed afhankelijk is v.d. zuurstofverzadiging v.h. hemoglobine. **haldanegasanalyseapparaat** toestel voor volumetrische bepaling van CO_2 en O_2 i.e. gasmengsel.
halfwaardetijd ($T_{1/2}$) [term wordt door sommigen als germanisme afgekeurd] 1 (nucleaire geneesk.:) tijdsduur waarin de helft v.d. kernen v.e. radionuclide vervalt; loopt sterk uiteen voor diverse radionucliden, bijv. van $1,5 \times 10^{24}$ jaar bij tellurium-128 tot 2×10^{-16} seconde bij beryllium-8; NB: syn. 'halveringstijd' wordt tevens gebruikt als farmakokinetisch begrip (= plasma-elimi-

natiehalveringstijd); **2** (biochem.:) de tijdsduur waarin 50 procent v.e. bepaalde substantie i.h. organisme nieuw wordt gevormd (bijv. voor serum- en levereiwitten: 7-10 dagen).

halitofobie angst om uit de mond te ruiken.

halitose slechte adem, stank uit de mond.

halitus adem, uitwaseming, geur. • ~ **sanguinis** de geur van bloed.

hallauerglazen bep. grijsgroene brillenglazen die blauw en ultraviolet licht absorberen.

Haller | **fretum** ~i vernauwde plaats i.h. embryonale hart tussen de kamer en de bulbus arteriosus. • **tripus** ~i de vertakkingsplaats v.d. truncus coeliacus.

Hallervorden | **syndroom van ~-Spatz** syndroom, bestaande uit progressieve rigiditeit c.q. spasticiteit en psychische defecten bij kinderen.

hallucinatie psychische ervaring die niet op een zintuiglijke prikkel berust en door de betrokkene kritiekloos als waar wordt ervaren. • **aanrakings**~ zie haptische ~. • **akoestische** ~ hallucinatie die bestaat uit geluiden, meestal stemmen, soms tikken, ruisende geluiden, muziek enz. • **geur**~ hallucinatie waarbij een geur wordt waargenomen. • **gustatoire** ~ zie smaak~. • **haptische** ~ zinsbedrog waarbij men meent een aanraking v.h. lichaam te voelen die er niet is. • **hypnagoge** ~ h. tussen waken en slapen. • **olfactoire** ~ zie geur~. • **optische** ~ zie visuele ~. • **pseudo** ~ valse waarnemingen waarbij degene die ze heeft zich v.h. valse karakter v.d. waarnemingen bewust is. • **smaak**~ hallucinatie waarbij een smaak geproefd wordt. • **visuele** ~ hallucinatie die wordt ervaren als door de ogen waargenomen.

hallucinatoir 1 door hallucinaties veroorzaakt; **2** met hallucinaties gepaard gaand; vb. h-toire verwardheid.

hallucinogeen 1 hallucinaties veroorzakend; **2** stof die hallucinaties veroorzaakt.

hallucinogen persisting perception disorder (HPPD) (psychofarmacol.) ernstige, persistente vorm v.e. flashback a.g.v. een lsd-trip.

hallucinose psychose waarbij voortdurend hallucinaties voorkomen. • **alcohol**~ auditieve en/of visuele hallucinaties bij een alcoholist zonder dat daarbij verwardheid, wanen of bewustzijnsveranderingen optreden.

hallux grote teen. • ~ **rigidus** stijve, onbuigzame grote teen waardoor het lopen pijnlijk wordt. • ~ **valgus** afwijking v.d. grote teen naar de andere tenen toe, vaak eroverheen liggend.

halo 1 (anat.) hof rondom de borsttepel; **2** (oogheelk.) hof rondom de gele vlek bij maculadegeneratie; **3** (natuurk.) pathol. waargenomen gekleurde ring rondom een lichtbron, bij glaucoom (h. glaucomatosus); **4** (dermatol.) lichte hof rond moedervlek.

halo-effect effect van de zorg en aandacht v.d. zorgverlener op de klachten v.d. patiënt, onafhankelijk v.d. medische handelingen.

halofiel met affiniteit tot zouten.

halogeen 1 element uit nauw verwante groep chemicaliën; **2** desinfectans waarin een halogeen in opgeloste vorm aanwezig is.

halotechniek methode om chromatine uit kernen te laten treden zodat analysetechnieken gemakkelijker kunnen worden uitgevoerd.

halovest orthese waarmee bij instabiliteit v.d. halswervelkolom het hoofd ten opzichte van schouders en romp wordt gefixeerd.

hals het gedeelte v.h. lichaam dat zich aan de borstzijde tussen het hoofd en de romp bevindt. • **baarmoeder**~ zie cervix uteri. • **breuk**~ het gedeelte v.d. breukzak dat zich i.d. breukpoort bevindt. • **burgemeesters**~ sterk opgezwollen hals door lymphadenitis colli met periglandulair oedeem bij ernstige vormen van difterie, tuberculose, streptokokkeninfectie en ziekte van Pfeiffer. • **dijbeen**~ zie collum ossis femoris. • **draai**~ zie torticollis. • **femur**~ zie collum ossis femoris. • **madelungvet**~ diffuse symmetrische lipomatose v.d. hals. • **scheef**~ zie torticollis. • **tand**~ overgang v.d. tandkroon i.d. tandwortel. • **vet**~ zie adenolipomatose | adenolipomatosis symmetrica.

halsfascie fascia cervicalis [L].

halskraag zie orthese | cervicale ~.

halsrib costa cervicalis [L].

halssympathicus het cervicale gedeelte v.d. truncus sympathicus.

halstedamputatie zie amputatie | radicale mamma~.

halswervelkolom zie wervelkolom.

halswervelsyndroom zie syndroom | cervi-

caal radiculair ~.
halve maan sikkelvormige geslachtelijke vorm (gameet) v.h. malaria-plasmodium bij malaria tropica. • **sereuze** ~ *zie* Gianuzzi | halve manen van ~.
halveringstijd 1 (nucleaire geneesk.:) *zie* halfwaardetijd; **2** (farmacokinetiek:) *zie* plasma-eliminatiehalveringstijd.
hamartie embryonale misvorming waarbij normale orgaanbestanddelen in abnormale verhouding, ontwikkeling of rijpingsgraad voorkomen.
hamartoblastoom kwaadaardig hamartoom.
hamartomateus m.b.t. hamartoom, op een hamartoom gelijkend.
hamartoom goedaardige mengtumor, afkomstig van mesenchymaal weefsel, bestaande uit normale orgaanbestanddelen.
• **ectoneurodermaal** ~ *zie* angiomatose | craniofaciale ~. • **hamartoma pulmonum** hamartoom i.d. long. • **iris**~ *zie* lischknobbeltjes.
hamartose ontwikkeling v.e. groot aantal hamartomen.
hamatus voorzien v.e. haak; vb. os hamatum.
hamstrings verzamelnaam voor drie dorsale, bi-articulaire bovenbeenspieren: m. semimembranosus, m. semitendinosus en m. biceps femoris.
hamulus haakvormig uitsteeksel v.e. botstuk.
hand manus [L], cheir [G]. • **apen**~ hand met atrofie v.d. duimbal, zodat het eerste metacarpale i.h. vlak v.d. overige metacarpalia ligt. • **dropping** ~ paralyse v.d. strekspieren v.d. pols en de vingers. • **fakir**~ gekromde hand met i.d. handpalm gedrukte nagels, soms voorkomend bij paralysis agitans.
• **klauw**~ klauwvormig gekromde stand der vingers bij compressie v.d. n. ulnaris.
• **klomp**~ congenitale aplasie v.d. radius.
• **midden**~ metacarpus [L]. • **obstetrische** ~ *zie* teken van Trousseau. • **predikers**~ typische stand v.d. hand met beperkte flexie van wijs- en middelvinger en beperkte oppositie en flexie v.d. duim. • **radial club** ~ [E] aplasie of hypoplasie v.d. radius, veelal met afwezigheid v.d. duim en radiocarpale botten. • **spade-like** ~ [E.] verbrede, verdikte hand bij acromegalie.
• **spiegel**~ zeldzame congenitale aandoening v.d. hand waarbij de duim veelal ontbreekt en enkele of alle vingers dubbel zijn aangelegd. • **winter**~ zie pernio.
handclonus ritmische contracties v.d. handbuigspieren bij plotselinge passieve strekking.
handelingsbekwaamheid kunde en geschiktheid tot het zelfstandig verrichten van rechtshandelingen.
handgreep specifieke (bimanuele) handeling voor toepassing bij diagnostiek, verlossing en levensreddende handelingen.
• **dubbele** ~ **van Siegemundin** verloskundige manipulatie waarbij aan een voet v.h. kind een lus wordt bevestigd. • **Dublinse** ~ voortdurende manuele controle v.d. barende uterus, soort van handgreep van Credé.
• ~ **van Baer** het steunen v.d. buikwand met gespreide handen bij het uitdrijven v.d. placenta. • ~ **van Bonnaire** digitale verwijding v.h. ostium uteri. • ~ **van Bracht** verloskundige handeling ter beëindiging v.e. stuitgeboorte. • ~ **van Gaenslen** test op aandoening v.h. sacro-iliacale gewricht. • ~ **van Heiberg-Esmarck** het naar voren schuiven v.d. onderkaak bij narcose om te verhinderen dat de tong achteruit zakt, het keelgat blokkeert en de ademhaling belemmert.
• ~ **van Heimlich** *zie* heimlichmanoeuvre.
• ~ **van Hofmeier** (obstetrie) handgreep waarbij het kinderhoofd i.d. (vernauwde) bekkeningang wordt gedrukt. • ~ **van Hübscher** passieve/actieve dorsale flexie v.d. grote teen bij staande patiënt leidt tot vorming v.h. mediale voetgewelf bij platvoet.
• ~ **van Hueter** bij het inbrengen v.e. slokdarmsonde drukt men met de wijsvinger de tong v.d. patiënt naar voor-beneden. • ~ **van Jendrassik** bij moeilijk opwekbare kniepees- of achillespeesreflex laat men de patiënt de handen in elkaar haken en van elkaar trekken. • ~ **van Küstner** om na te gaan of na de geboorte v.h. kind de placenta nog vastzit, drukt men boven de symfyse met gestrekte vingers de uterus omhoog; gaat de navelstreng daarbij naar binnen, dan zit de placenta nog vast. • ~ **van Mauriceau** *zie* handgreep van Veit-Smellie.
• ~ **van McMurray** methode om meniscusletsel te diagnosticeren. • ~ **van Olshausen** *zie* handgreep van Veit-Smellie.
• ~ **van Ortolani** (bij aangeboren heupluxatie) h. om een evt. geluxeerde femurkop te reponeren. • ~ **van Osborne** methode om bij de hoogzwangere na te gaan of er een

wanverhouding bestaat tussen de kinderschedel en de bekkeningang. • ~ **van Thomas** strekken v.e. heup in flexiecontractuur veroorzaakt lordose v.d. lendenwervelkolom. • ~ **van Van Deventer-Müller** uithaling v.h. kind bij bil- of voetligging zonder de armen eerst te ontwikkelen. • ~ **van Veit-Smellie** verloskundige methode ter ontwikkeling v.d. nakomende kinderschedel. • ~ **van Wigand** verloskundige ingreep bij voet- en stuitligging. • ~ **van Winckel** zie handgreep van Wigand. • **hübscher~** zie pes planovalgus.

handicap het door een stoornis of beperking veroorzaakte lichamelijke of geestelijke onvermogen normaal te kunnen functioneren, incl. de sociale gevolgen die de stoornis/beperking met zich meebrengt; de term wordt in toenemende mate als stigmatiserend ervaren en daarom door 'beperking' vervangen. • **geestelijke** ~ zie zwakzinnigheid. • **verstandelijke** ~ zie zwakzinnigheid. • **visuele** ~ zie visuele beperking.

handmatige gammaprobe richtinggevoelige geigerteller die de locatie v.e. radioactieve focus bepaalt.

handpalmwaarts zie palmair.

handwortel zie carpus.

handwortelbeentjes ossa carpi [L].

hanenkam dubbele plooi i.d. vaginatop bij desdochters.

hanentred het stappen zoals een haan, treedt op bij een parese v.d. voetheffers.

hanging cast [E] hanggipsverband bij humerusfractuur.

Hansen | Bacillus ~ zie Mycobacterium leprae.

HAPE (high-altitude pulmonary edema) longoedeem als symptoom van hoogteziekte.

haplo- voorvoegsel in woordverbindingen met de betekenis eenvoudig of enkel(voudig).

haploïdie aanwezigheid van (slechts) de helft v.h. normale aantal chromosomen.

haploscoop instrument om het enkelvoudig zien te bevorderen.

haploscopie binoculair zien.

haplotype combinatie van allelen v.e. aantal nauw gekoppelde genen op een chromosoom.

hapt- voorvoegsel in woordverbindingen betreffende aangrijpen, vastmaken.

hapteen 1 niet-eiwitachtige substantie die zelf geen antigene werking bezit, d.w.z. geen immuniteit verwekt, geen antistoffen doet ontstaan, maar zich wel aan antistoffen bindt; 2 zie determinant | antigene ~. • **contact~** laagmoleculair, chemisch reactief molecuul dat een contactallergie kan veroorzaken.

haptiek het nauwkeurig aanpassen van contactlenzen.

haptine zie hapteen.

haptisch m.b.t. aanraking; het gevoel of de tastzin betreffend.

haptofore groep specifieke groep v.e. antigeen die zich bindt aan een bepaalde antistof.

haptoglobine alfa-2-globuline, serumeiwit, wordt gesynthetiseerd i.d. lever, bindt vrij hemoglobine in bloedplasma.

haptonomie 1 complementaire, niet algemeen erkende geneeswijze die uitgaat v.d. veronderstelling dat aanraking v.d. patiënt door de therapeut de genezing bevordert; 2 (oorspr. betekenis, nu minder gangbaar) leer v.d. tastzin, het gevoel en het gevoelsleven, die inzicht verleent i.h. affectieve gedrag binnen menselijke interacties en relaties.

haptotaxis adhesie van granulocyten aan vaatwandendotheel onder invloed van interleukine-8-expressie ter plaatse v.e. ontstekingshaard.

haptotherapie zie haptonomie.

Ha-ras oncogeen dat afkomstig is v.h. rattenvirus 'Harvey murine sarcoma virus'.

harde ontlasting zie feces | geïmpacteerde ~.

harde oogrok zie sclera.

hardestralentechniek techniek waarbij röntgenfoto's v.d. thorax met een relatief hoge spanning worden gemaakt om zo min mogelijk details v.d. botstructuur af te beelden.

hardhorendheid zie slechthorendheid.

haricocèle op een boon lijkende fibreusatrofische testis.

Harrington | harringtonoperatie inwendige osteosynthese v.d. wervelkolom bij scoliose. • **harringtonstaaf** staaf die wordt gebruikt voor de inwendige osteosynthese v.d. wervelkolom bij scoliose.

harrisongleuf horizontale gleuf i.d. romp ter hoogte v.d. aanhechting v.h. middenrif, bij rachitis en osteomalacie.

hart gespierd hol orgaan i.h. mediastinum achter het borstbeen liggend; bestaat in hoofdzaak uit onwillekeurig, dwarsgestreept spierweefsel (myocard), dat de eigen contractie genereert i.d. zgn. sinusknoop; de hartholte is gescheiden i.e. rechter- en een linkerhelft, die elk verdeeld worden i.e. opvanggedeelte en een persgedeelte: boezem (atrium), resp. kamer (ventriculus) *zie* cardiomyopathie, hartfalen, angina pectoris, hartprikkelgeleidingsstoornis, hartritmestoornis, myocardinfarct, bacteriële endocarditis, pericarditis. • **basedow**~ hartafwijkingen bij ziekte van Graves: boezemfibrillatie, hypertrofie, evt. dilatatie met insufficiëntie. • **beriberi**~ bij hypovitaminose B_1 voorkomende hartaandoening. • **druppel**~ als een druppel aan de vaatsteel hangend hart, o.a. bij asthenia universalis. • **klomp**~ *zie* coeur en sabot. • **krop**~ **van Kocher** een bij ziekte van Graves voorkomende hartafwijking. • **kunst**~ 1 pompend apparaat, meestal in combinatie met een kunstlong ('hart-longmachine'), gebruikt bij intracardiale operaties, waarbij het hart v.d. patiënt tijdelijk wordt uitgeschakeld en het bloed door het kunsthart wordt voortgedreven; 2 uit kunststof vervaardigd hart of hartgedeelte, dat wordt geïmplanteerd en de werking v.h. hart overneemt. • **ossen**~ buitengewoon vergroot hart bij ernstig gecombineerd kleplijden, zoals aortaklepgebrek. • **pantser**~ het door een kalkschaal omgeven hart bij pericarditis calculosa. • **prikkelgeleidingssysteem van het** ~ *zie* systeem | sinoatriaal ~. • **schoen**~ vorm v.h. hart op een röntgenfoto bij tetralogie van Fallot. • **sport**~ morfologische en functionele aanpassingen v.h. hart aan duursport. • **tijger**~ tijgerhuid-achtige tekening v.d. hartspier, door haardvormige vervetting. • **steun**~ mechanische pomp die de functie v.d. linker ventrikel overneemt bij patiënten met terminaal chronisch hartfalen in afwachting v.e. donorhart. • **univentriculair** ~ *zie* monoventrikel. • **vet**~ 1 vetafzetting i.d. hartspier bij dikke mensen; 2 vettige degeneratie v.d. hartspier. • **wikkel**~ experimentele hartchirurgische techniek bij ernstig hartfalen, waarbij een skeletspier rond het hart wordt geplaatst.

hartaneurysma *zie* aneurysma cordis.
hartas | elektrische ~ *zie* as | hart-. • **extreme** ~ elektrische hartas buiten normale waarden. • **horizontale** ~ richting v.d. elektrische hartas i.h. frontale vlak op 0° (grenswaarden: -30° tot 30°). • **linker** ~ abnormaal naar links gedraaide elektrische hartas.
hartbewaking automatische controle v.d. voornaamste hartfuncties d.m.v. een monitorsysteem.
hartbewakingsafdeling verpleegafdeling die is gespecialiseerd in aandoeningen aan het hart-vaatsysteem.
hartboezem *zie* atrium cordis.
hartbonzen persisterende hartkloppingen.
hartchirurgie | gesloten~ ingreep waarbij geen hart-longmachine wordt toegepast.
hartcyclus de volledige periode v.e. hartcontractie.
hartdebiet *zie* hartminuutvolume.
hartdemping de zone v.d. voorste borstwand waarachter het hart zich bevindt, te herkennen aan een gedempte percussietoon. • **absolute** ~ de centrale dempingszone, overeenkomend met het directe aanrakingsgebied v.h. hart met de voorste thoraxwand. • **relatieve** ~ de meer uitgebreide dempingszone, overeenkomend met een frontale projectie v.h. hele hart op de voorste borstwand.
hartdilatatie vergroting, verwijding v.h. hart.
hart- en vaatstelsel *zie* tractus circulatorius.
hart- en vaatziekten (HVZ) verzamelnaam van alle aandoeningen aan de tractus circulatorius; meestal wordt gedoeld op atherosclerotische angiopathieën.
⦿ **hartfalen** syndroom waarbij het hart als pomp tekortschiet, m.a.g. dat er onvoldoende bloed naar de weefsels wordt gepompt om i.d. behoefte v.h. lichaam te voorzien (forward failure) of dat er veneuze stuwing ontstaat (backward failure); indeling: forward en backward failure komen vaak samen voor, waarbij de verschillende uitingsvormen kunnen variëren zowel per individu als i.d. tijd; daarnaast ook onderscheid in chronische en acute vorm (asthma cardiale).
hartfibrose verbindweefseling van hartweefsel.
hartfilmpje *zie* elektrocardiogram.
hartfrequentie aantal contracties v.d. linker hartkamer per minuut.
hartfunctie 1 in enge zin: de pompfunctie v.h. hart; in brede zin: verzamelnaam voor alles wat dynamisch meetbaar is aan het hart; 2 (jargon) verkorte vorm van 'hart-

functieafdeling'.
hartfunctieafdeling poliklinische instelling voor cardiologische diagnostiek.
hartgebrek aangeboren of verworven gebrek aan een of meer hartkleppen of aan het tussenschot, dan wel een andere ontwikkelingsstoornis v.h. myocardium. • **compensatoir** ~ hartgebrek waarbij de daardoor veroorzaakte extra belasting v.h. hart door bepaalde mechanismen wordt gecompenseerd. • **gedecompenseerd** ~ een h. waarbij de daardoor veroorzaakte extra belasting v.h. hart niet door bepaalde mechanismen wordt gecompenseerd.
hartgeleidingsstoornis *zie* hartprikkelgeleidingsstoornis.
hartgeruis | **accidenteel** ~ een niet op een organische verandering berustend hartgeruis. • **anemisch** ~ bij anemie voorkomend systolisch 'bromtolgeruis'. • **continu** ~ ononderbroken hartgeruis in zowel systole als diastole. • **diastolisch** ~ een h. gedurende de diastole. • **distantie** ~ hartgeruis dat men reeds op afstand kan waarnemen (Lewis graad 6). • **dubbel** ~ een door een kort interval gescheiden systolisch en diastolisch geruis. • **functioneel** ~ niet op een organische verandering berustend hartgeruis. • **graham-steell** ~ hoogfrequent, vroeg diastolisch geruis bij een ernstige mitralisstenose, berustend op relatieve pulmonalisinsufficiëntie door pulmonale hypertensie. • ~ **van Graham-Steell** *zie* graham-steell~. • **holodiastolisch** ~ een h. dat gedurende de gehele diastole te horen is. • **holosystolisch** ~ een h. dat gedurende de gehele systole te horen is. • **organisch** ~ een h. dat door een organische afwijking i.h. hart wordt veroorzaakt. • **presystolisch** ~ hartgeruis kort vóór het begin v.d. systole (= laat-diastolisch). • **protosystolisch** ~ geruis i.h. begin v.d. systole. • **pulmonalisklepgeruis** geruis (souffle) bij insufficiëntie of stenose v.d. pulmonalisklep. • **regurgitatie** ~ het geluid dat hoorbaar is bij een klepinsufficiëntie wanneer het bloed terugstroomt naar de ruimte waaruit het is teruggepompt. • **systolisch** ~ h. gedurende de systole.
hartglycosiden *zie* digitalis.
hartgrootte de grootte v.d. hartschaduw op de röntgenthoraxfoto.
harthypertrofie *zie* cardiomyopathie | hypertrofische ~.

hartjagen *zie* hartkloppingen, tachycardie.
hartkamer *zie* ventriculus cordis.
• **hartklepaandoening** aandoening waarbij een of meer hartkleppen vernauwd raken of lekken.
hartklepgebrek *zie* hartklepaandoening.
hartklepplastiek *zie* hartklepprothese.
hartklepprothese vervangingsmateriaal voor een disfunctionerende hartklep; mechanische hartkleppen zijn van kunststof of metaal; biologische kunstkleppen zijn gemaakt van menselijk of dierlijk materiaal i.e. ring van kunststof.
hartkloppingen abnormale en onaangename sensatie in borst en hals die het gevolg kan zijn van cardiale ritmestoornissen, maar ook van niet-cardiale factoren als geneesmiddelen, genotmiddelen en ziekten.
hart-longmachine apparaat waarmee tijdens open hartoperaties zowel de bloedcirculatie als de bloedoxygenatie zonder eigen werking van hart en longen kan worden onderhouden.
hartmannresectie *zie* operatie | hartmann~.
hartmassage | **inwendige** ~ rechtstreekse massage bij geopende thorax, waarbij de hand het hart omvat. • **uitwendige** ~ ritmische samendrukking v.h. hart door druk op de borstkaswand.
hartminuutvolume (HMV) hoeveelheid bloed die in één minuut door één ventrikel wordt uitgepompt.
hartmyxoom meest voorkomende, in principe benigne tumor v.h. hart.
hartperfusie-SPECT *zie* scintigrafie | myocardperfusie~.
hartperiode *zie* hartcyclus.
hartprestatie *zie* hartminuutvolume.
hartprikkelgeleiding | **aberrante** ~ veranderd activatiepatroon v.d. ventrikels v.h. hart, waardoor een verbreed QRS-patroon ontstaat. • **atrioventriculaire** ~ (AV-hartprikkelgeleiding) normale elektrische verbinding tussen de atria en de hartventrikels. • **cel-op-cel** ~ prikkelgeleiding van cel tot cel zonder dat hierbij geleidingsweefsel wordt benut.
• **hartprikkelgeleidingsstoornis** stoornis waarbij abnormale vertraging of blokkering v.d. prikkelgeleiding optreedt; kan zich overal i.h. hart voordoen: bij geleiding v.d. sinusknoop naar het omliggende myocard ('sinoauriculair blok'), i.d. AV-knoop, de bundel van His, de bundeltakken en de

fascikels v.d. bundels, alsmede lokaal i.h. myocard van atria en ventrikels; indeling: er zijn vele soorten geleidingsstoornissen, in betekenis variërend van onschuldig tot levensbedreigend; men onderscheidt geleidingsstoornissen rond de sinusknoop en verschillende graden van AV-geleidingsstoornissen; een stoornis i.d. geleiding v.d. prikkel in voorwaartse richting is een antegraad blok, in omgekeerde richting een retrograad blok; w.b. lokalisatie kan het blok gelegen zijn rond de sinusknoop, i.d. AV-knoop, i.d. bundel van His en zijn vertakkingen en i.d. kamers; zo spreekt men v.e. AV-blok en bijv. een rechterbundeltakblok; men onderscheidt in ernst een partieel blok (eerstegraads AV-blok: elke prikkel wordt nog voortgeleid, maar met een te lange geleidingstijd (PQ-tijd, >0,21 sec), een tweedegraads AV-blok (Wenckebach of Mobitz II), waarbij slechts een deel v.d. impulsen wordt voortgeleid (variaties hiervan zijn 2:1, 3:2, 4:3), en een totaal blok (geen enkele impuls wordt voortgeleid); vaak neemt een focus distaal v.h. blok de regie over de prikkelvorming over, zgn. escaperitme, waarbij de atriumfrequentie b.v. 80 is en de ventrikelfrequentie 32/min. • **atrioventriculaire** ~ (AV-hartprikkelgeleidingsstoornis) verzamelnaam van alle vormen v.e. geleidingsstoornis tussen de atria en hartventrikels. • **intraventriculaire** ~ vertraging of onderbreking v.d. prikkelgeleiding i.d. hartventrikels.

hartprikkelgeleidingssysteem | **intraventriculair** ~ structuren voor hartprikkelgeleiding i.d. ventrikels.

hartpuntstoot *zie* puntstoot.

hartrazen *zie* hartkloppingen, tachycardie.

hartreserve mate waarin het hart door opvoering v.h. hartminuutvolume kan functioneren bij verhoogde lichamelijke inspanning.

hartritme | **atrioventriculair** ~ het contractieritme v.h. hart dat wordt teweeggebracht door impulsen uit de atrioventriculaire knoop. • **atrioventriculair-junctioneel ritme** (AV-junctioneel hartritme) hartritme waarvan de impuls wordt bepaald i.d. atrioventriculaire knoop. • **AV-junctioneel escaperitme** *zie* junction escape. • **AV-junctioneel ontsnappingsritme** *zie* boezemescape~. • **boezemescape**~ veiligheidsmechanisme i.h. hart dat beschermt tegen te lang stilstaan v.d. boezem. • **chaotisch atriaal** ~ (onregelmatige) activatie v.h. atrium, niet komend uit de sinusknoop. • **idioventriculair** ~ hartritme dat wordt bepaald door de spiercellen i.d. ventrikelwand. • **kamerescape**~ vorming v.e. prikkel i.h. myocard v.d. kamers bij gebrek aan impulsen uit hoger gelegen hartdelen. • **multifocaal supraventriculair ritme** *zie* pacemaker | wandering ~. • **nodaal** ~ *zie* atrioventriculair ~. • **sinus**~ *zie* sinusritme. • **sinusritme** het normale hartritme, waarvan de impuls i.d. sinusknoop wordt gegenereerd. • **ventriculair** ~ elk hartritme waarvan de elektrische impulsvorming i.d. wand v.e. hartkamer ontstaat. • **versneld** ~ drie of meer opeenvolgende ontladingen met een frequentie <100/min, maar hoger dan de inherente frequentie v.d. betreffende pacemaker.

⊙ **hartritmestoornis** elke abnormaliteit v.h. hartritme, inclusief tachycardie, bradycardie en onregelmatig hartritme; indeling: er zijn vele soorten ritmestoornissen te onderscheiden, in betekenis variërend van onschuldig tot levensbedreigend; vaak ingedeeld naar de plaats van ontstaan; supraventriculaire tachycardie betreft sinustachycardie (meestal secundair bij verhoogde sympathicotonie), atriumfibrilleren en atriumfladderen (vaak met onderliggend lijden) en vormen als AV-nodale tachycardie en cirkeltachycardie, die gebruikmaken v.e. extra verbinding tussen boezem en kamers (wolff-parkinson-white syndroom, WPW-syndroom); naar de aard van prikkelvorming maakt men onderscheid in (zie verwijzingen onderaan voor omschrijving): extrasystole, escape, bradycardie, versneld ritme, tachycardie, flutter, fibrillatie, arrest. • **supraventriculaire** ~ *zie* aritmie | supraventriculaire ~.

hartskelet het fibreuze steunapparaat v.h. hart dat boezems en kamers van elkaar scheidt.

hartslagfrequentie *zie* hartfrequentie.

hartspierzwakte *zie* hartfalen.

hartstilstand stilstand i.d. pompfunctie v.h. hart en de circulatie v.h. bloed a.g.v. stilgevallen elektrische activiteit v.h. hart of een deel ervan.

hartstimulatie elektrisch prikkelen v.h. hart tijdens elektrofysiologisch onderzoek.

hartstreek *zie* precordium.

harttamponnade ophoping van (meer dan 150-200 ml) vloeistof i.d. pericardiale ruimte, met concentrische compressie v.h. hart, waardoor het hart niet meer kan uitzetten en de pompfunctie v.h. hart wordt belemmerd; indeling: acuut, met plotselinge snelle ophoping en symptomen bij al geringe hoeveelheid pericardeffusie; chronisch, met geleidelijke toename van effusie waarbij meer dan een liter vocht i.h. pericard aanwezig kan zijn.

harttoon (HT) boven het hart hoorbare toon, veroorzaakt door het ritmisch aanspannen v.d. kleppen. • **derde** ~ vroegdiastolische, laagfrequente extra harttoon. • **eerste** ~ toon die wordt geproduceerd tijdens het sluiten v.d. atrioventriculaire kleppen. • **tweede** ~ toon, geproduceerd door het sluiten v.d. aorta- en de pulmonalisklep. • **vierde** ~ geluid dat wordt veroorzaakt door krachtig contraheren v.h. atrium. • **gespleten tweede** ~ abnormale splijting van tweede harttoon doordat de aorta- en pulmonalisklep niet gelijktijdig sluiten. • **aortaklepsluitingstoon** de door de sluiting v.d. aortaklep teweeggebrachte toon, deel uitmakend v.d. tweede harttoon. • **extra** ~ elke harttoon die niet hoorbaar is i.e. normaal, gezond hart. • **foetale** ~ harttonen v.d. foetus. • **kinderlijke** ~ zie foetale ~. • **openingstoon** geluid dat wordt gevormd door het openen v.e. hartklep. • **presystolische** ~ zie vierde ~. • **pulmonalisklepsluitingstoon** de door sluiting v.d. pulmonalisklep opgewekte toon, deel uitmakend v.d. tweede harttoon. • **systolische extra** ~ i.d. systole hoorbare pathologische toon waarvan het timbre afwijkt van dat v.d. normale tonen. • **uitdrijvingstoon** heldere, vroegdiastolische extra toon aan het begin v.d. uitdrijving v.h. bloed uit de hartkamer.

hartvector begrip uit de vectorelektrocardiografie voor de resultante van alle actiepotentialen v.h. hart.

hartvergroting toegenomen diameter v.h. hart a.g.v. dilatatie en/of hypertrofie.

hartwater plotselinge reflectoire speekselvloed bij organische aandoeningen beneden het diafragma, vooral bij maag- of darmzweer.

hartzakje zie pericardium.

haudeknis bij röntgenonderzoek van patiënt met ulcus pepticum waarneembare projectie v.d. met contraststof gevulde ulcusnis.

haustratie de vorming of de aanwezigheid van haustra.

haustrum (anatomie) afzonderlijk zak of holte i.e. reeks van verscheidene holtes.

HAV zie virus | hepatitis A-~.

hawthorne-effect het i.e. onderzoek gemeten effect dat het gevolg is v.d. aandacht v.d. onderzoekers voor de onderzoekspersonen en niet van de specifieke interventie.

haygarthknobbels multipele juxta-articulaire knobbels bij reumatische gewrichtsaandoeningen.

hazard [E] **1** (epidemiol.) kans op een gebeurtenis i.e. bepaalde periode en populatie; **2** (pathol.) hetzij een factor, hetzij een blootstelling aan een noxe die potentieel negatieve effecten op de gezondheid heeft. • **Cox proportional** ~ [E] zie regressiemodel van Cox.

Hb zie hemoglobine. • **~A** normale hemoglobine. • **~AS** de bij sikkelcel-trait voorkomende hemoglobine. • **~CO** carboxyhemoglobine. • **~E** hemoglobine E. • **~F** . zie hemoglobine | foetale ~. • **~O$_2$** zie hemoglobine | oxy-~. • **~S** de bij sikkelcelziekte voorkomende hemoglobine.

HBAb (hepatitis B antibody [E]) anti-HB, antistof tegen hepatitis B; men onderscheidt anti-HBs, anti-HBc en anti-HBe.

HbA$_{1c}$ zie hemoglobine A$_1$.

HBAg hepatitis-B-antigeen.

HBc zie antigeen | hepatitis B-~.

HBcAg zie corepartikel.

HBDH hydroxyboterzuurhydrogenase.

HBOT (hyperbaric oxygen therapy) zie hyperbarezuurstofbehandeling | hyperbarezuurstoftherapie.

HbSC-ziekte zie ziekte | sikkelcelhemoglobine-C-~.

HbS-thalassemieziekte zie sikkelcelthalassemie.

HBV zie virus | hepatitis B-~.

hCG zie gonadotrofine | humaan chorion-~.

HCM zie cardiomyopathie | hypertrofische ~.

HCS (humane chorion-somatomammotrofine) een door de placenta geproduceerd hormoon.

HCV zie virus | hepatitis C-~.

HDL zie lipoproteïne | high-density-~.

HDV zie virus | delta-~.

head-band zie zone | head-~.

head drop [E] **1** ziekte in Japan, gekenmerkt

door hangend hoofd; **2** onvermogen het hoofd op te heffen na intraveneuze injectie v.e. minimale hoeveelheid curare, bij myasthenia gravis; **3** bij proefdieren (konijnen) het laten hangen v.d. kop na injectie van curare, maat voor de standaardisering.

health check [E] preventief medisch onderzoek.

Health Maintenance Organization (HMO) vorm van managed care waarbij de financier en de zorgaanbieder een en dezelfde organisatie zijn.

healthy-worker effect vorm van selectiebias in onderzoek waarin personen uit de werkende populatie worden vergeleken met de algemene bevolking.

heart block [E] *zie* blok | hart~.

heartburn [E] *zie* pyrose.

heautoscopie *zie* dubbelgangerfenomeen.

heavy chain [E] zware polypeptideketen (paraproteïne) uit de gammaglobulinegroep.

heavy meromyosin (HMM) [E.] het zwaardere deel v.e. myosinemolecuul.

hebetomie *zie* symfysiotomie.

hechten het aan elkaar bevestigen met hechtmateriaal van weefsel of wondranden.

hechting 1 kunstmatige verbinding tussen twee wondranden m.b.v. hechtdraad; **2** (pulmonol., microbiol.) virulentiefactor voor bacteriën. • **end-to-end~** type van hechting van buisvormige organen waarbij het einde v.h. ene stuk aan het einde v.h. andere wordt gehecht. • **end-to-side~** type van hechting van buisvormige organen waarbij het einde v.h. ene stuk i.d. zijkant v.h. andere wordt gehecht. • **etage~** laagsgewijze hechting van weefsels in boven elkaar liggende etages. • **lembertdarm~** hechting waarbij de naad alle lagen v.d. darmwand omvat en serosa tegen serosa aanligt.

hechtingsgedrag (ontwikkelingspsych.) gedrag v.d. zich ontwikkelende zuigeling t.o.v. de ouder (verzorger) waaruit blijkt dat deze zich hecht.

hechtmateriaal 1 alle benodigdheden voor het uitvoeren van wondhechtingen; vb. instrumenten, draden; **2** het materiaal waaruit de hechtdraden bestaan; vb. monofilament hechtdraad.

hecticus hectisch, langdurig onrustig, uitterend; vb. febris hectica.

hedonie levensopvatting die het zinnelijk genot als ideaal beschouwt.

hedrocele 1 *zie* prolaps | rectum~; **2** hernia perinealis.

heelkunde *zie* chirurgie. • **keel-neus-oor~** (kno-heelkunde) geneeskunde die zich richt op keel, neus en oren. • **maag-darm-lever~** (mdl-heelkunde) geneeskunde die zich richt op de maag, het darmstelsel en de lever. • **mdl-~** (mdl) *zie* maag-darm-lever~. • **oog~** geneeskundig specialisme dat zich op afwijkingen en ziekten v.h. oog richt. • **oor~** geneeskunde die zich richt op het oor.

heem de prostethische groep van hemoglobine, een chelaat v.d. porfyrinering met ijzer.

heesheid onhelder stemgeluid a.g.v. aandoening van stemorganen of overmatige belasting ervan *zie* laryngitis.

Heidenhain | heidenhaincellen adelomorfe en delomorfe cellen v.d. maagklieren.

heilgymnastiek behandeling van bepaalde standsafwijkingen d.m.v. systematische lichaamsoefeningen.

heimlichmanoeuvre methode om bij verstikkingsgevaar a.g.v. luchtwegobstructie het corpus alienum te verwijderen.

Heister | heistermondklem apparaatje waarmee men de kaken v.e. patiënt kan opensperren, o.a. bij de narcose gebruikt.

heksenmelk secreet uit de borstklier v.e. pasgeborene.

Held | heldkruising de i.c. bodem v.d. vierde hersenventrikel kruiser.de striae medullares ventriculi quarti.

helicinus spiraalvormig gewonden.

helicis gen. van helix; vb. musculus helicis. *Helicobacter pylori* gramnegatieve staafvormige bacterie die een centrale rol speelt i.d. pathogenese van maag- en duodenumzweren.

helicopodie gang bij patiënten met eenzijdige spastische verlamming; circumductie v.h. spastisch verlamde been.

helicotrema kleine opening i.d. top v.h. slakkenhuis, die de verbinding vormt tussen scala tympani en scala vestibuli.

heliose *zie* beroerte | hitte~.

heliotherapie geneeskundige behandeling met zonlicht.

helix 1 (alg.) schroefvormige structuur; vb. dubbele helix van DNA; **2** (anat., kno-heelkunde) buitenste, ombogen rand v.d.

oorschelp. • **DNA-**~ term voor de ruimtelijke trappenhuisvormige structuur v.h. molecuul DNA.

Hellin | regel van ~ betreft de frequentie van meerlinggeboorten bij de mens, mits niet door ivf beïnvloed; deze frequentie bedraagt voor tweelingen 1 op de 80 geboorten, voor drielingen 1:80², voor vierlingen 1:80³ enz.

helm deel v.h. amnion dat soms als een kap om het hoofd v.e. neonatus ligt: 'met de h. geboren'.

Helmholtz | resonantietheorie van ~ elke toon doet een aparte zenuwcel en haarcel i.h. orgaan van Corti meeresoneren; alle tonen worden overgebracht via de gehoorbeentjes.

helminth worm, i.h.b. een v.d. wormachtige parasieten i.d. ingewanden.

helminthiasis complex van door ingewandswormen veroorzaakte ziekteverschijnselen.

helminthicidum wormdodend middel.

helmontspeculum centrum tendineum v.h. middenrif.

hem- voorvoegsel in woordverbindingen betreffende bloed.

hema- | haem- voorvoegsel in woordverbindingen betreffende bloed.

hemadsorptie adsorptie van cavia-erytrocyten aan gekweekte apeniercellen waarin (para-influenza-)virus groeit.

hemadsorptieremming specifieke remming van adsorptie van heem, toegepast als test ter identificering v.h. type para-influenzavirus.

hemagglutinatie samenklontering van erytrocyten door inwerking van hemagglutinines.

hemangio-endothelioom tumor die uitgaat v.h. bloedvatendotheel.

hemangiomatose ontwikkeling v.e. groot aantal hemangiomen.

hemangioom angioom, uitgaande v.d. bloedvaten, ter onderscheiding v.e. lymfangioom. • **aardbeien~** zie angioom | angioma tuberosum. • **capillair** ~ aanvankelijk kleine rode huidtumor, veroorzaakt door uitgezette capillairen, groeit i.d. eerste levensjaren snel, maar gaat daarna spontaan in regressie. • **haemangioma cavernosum** zie cavernoom. • **haemangioma fructiosum** zie haemangioma fructiosum. • **haemangioma racemosum** hemangioom op het behaarde hoofd. • **haemangioma simplex** zie naevus flammeus.

hemangiopericytoom vaatrijke, aan de dura mater vastzittende tumor die zich klinisch gedraagt als een meningeoom, maar geen goedaardige tumor is; uit zich o.a. in epilepsie, uitvalsverschijnselen en/of intracraniële drukverhoging.

hematine verbinding van heem, ontstaat uit hemoglobine door inwerking van zuren.

hematinemie aanwezigheid van hematine i.h. bloedplasma a.g.v. stoornis i.d. hemoglobine-afbraak.

hematocele bloeduitstorting i.e. pre-existente holte, bijv. i.d. excavatio rectouterina.

hematochromatose zie hemochromatose.

hematocornea bloeding tussen de lagen v.h. hoornvlies.

hematocriet (Ht) **1** (hematol., labdiagn.) relatieve volume van erytrocyten in bloed; **2** (labdiagn.) toestel waarmee door centrifugeren de volumeverhouding v.d. erytrocyten t.o.v. het totale bloed kan worden bepaald.

hematocytolyse zie hemolyse.

hematofaag 1 (bv.nw.) bloedetend; vb. hematofagetrofozoïet; **2** (z.nw.) bloedetend organisme.

hematogeen 1 afkomstig uit bloed; **2** via de bloedbaan vervoerd; vb. h. verspreiding v.e. ziekteverwekker; **3** (minder juist) bloedvormend.

hematogenese bloedvorming (fylo- en ontogenetisch).

hematogonie zie blast | hemocyto~.

hematoïdine een van hemoglobine afgeleid ijzervrij bloedpigment, verwant aan, of identiek met bilirubine.

hematokèle ophoping van bloed tussen de bladen v.d. tunica vaginalis v.d. zaadstreng. • **haematocele anteuterina** h. i.d. excavatio vesicouterina. • **haematocele funiculi spermatici** bloedbreuk i.h. weefsel v.d. fascia spermatica interna. • **haematocele intravaginalis** zie haematocele testis. • **haematocele retrouterina** bloeduitstorting (meestal afgekapseld) i.d. excavatio rectouterina. • **haematocele testis** bloeduitstorting tussen het pariëtale en het viscerale blad v.d. tunica vaginalis testis.

hematokineticum middel dat op de bloedcirculatie werkt.

hematologie de wetenschap die zich bezig-

houdt met de fysiologie en de pathologie v.h. bloed en de bloedbereidende organen.
hematoloog specialist i.d. hematologie.
hematolyse *zie* hemolyse.
hematomyelie bloeding i.h. ruggenmerg.
hematoom bloeduitstorting, gelokaliseerd in weefsel (indien onder de huid: lekenterm = 'blauwe plek'), ten onderscheid van bloeduitstorting i.e. bestaande holte (hematokèle, haemarthros, hemothorax, hematoperitoneum, hematosalpinx enz.) en tevens ten onderscheid v.e. bloeding die niet begrensd is (hemorragie). • **acuut subduraal** ~ bloeduitstorting tussen dura mater en arachnoidea v.d. schedel of het wervelkanaal direct na een trauma. • **bril**~ brilvormig hematoom door bloeduitstorting i.h. orbitale weefsel en i.d. oogleden zonder lokale zwelling, soms een symptoom v.e. fractuur v.d. voorste schedelbasis. • **cefaal** ~ bloeduitstorting i.d. schedelwand, voorkomend bij een in schedelligging geboren kind. • **chronisch subduraal** ~ bloeduitstorting tussen dura mater en arachnoidea v.d. schedel of het wervelkanaal, geleidelijk ontstaan na een (vaak triviaal) trauma of bij stollingsstoornissen. ⊛ **epiduraal** ~ bloeduitstorting tussen de dura mater en de schedel, doorgaans i.h. temporolaterale gebied. • **fractuur**~ hematoom i.d. ruimte tussen de fractuuruiteinden. • **galea**~ bloeduitstorting tussen de galea aponeurotica en het periost v.h. schedeldak. • **haematoma auris** *zie* othematoom. • **haematoma pulsans** *zie* aneurysma | vals ~. • **intracerebraal** ~ bloeduitstorting i.d. hersenen. • **neusseptum**~ bloeding i.h. neustussenschot na een neustrauma. • **perianaal** ~ *zie* mariske. • **retroperitoneaal** ~ bloeduitstorting i.d. retroperitoneale weefsels. • **retroplacentair** ~ bloeduitstorting tussen placenta en uteruswand. • **rino**~ bloeding i.h. neuskraakbeen. • **septum**~ bloeding i.h. neustussenschot na neustraumata.
⊛ **subduraal** ~ veneuze bloeduitstorting tussen de dura mater en arachnoidea; indeling: men onderscheidt het acute (< 24 uur na een trauma capitis), subacute (tussen 1e en 10e dag) en chronische (na 10 dagen) subdurale hematoom.
hematopoëtine *zie* erytropoëtine.
hematoporfyrie *zie* porfyrie.
hematoporfyrine ijzervrij derivaat van heem, aanwezig in bloed en weefsels bij porfyrie, ontstaat bij afbraak van hemoglobine.
hematoporfyrinederivaat stof die wordt opgenomen in tumorweefsel en dit gevoelig maakt voor het oncotherapeutisch effect van laserstralen.
hematotachografie obsolete methode om m.b.v. ultrageluidsgolven en het dopplerprincipe de stroomsnelheid in grote bloedvaten te meten.
hematotympanon bloeduitstorting i.h. middenoor, aan de uitwendige zijde v.h. trommelvlies.
hematoxyline blauwe kleurstof, gewonnen uit *Haematoxylon campechicum*.
hematurie | **glomerulaire** ~ aanwezigheid i.d. urine (i.h. urinesediment) van veel dysmorfe erytrocyten en mogelijk ook erytrocytencilinders, wijzend op een glomerulaire disfunctie. • **haematuria spuria** rode verkleuring v.d. urine door een kleurstof uit voedsel of medicamenten. • **macro**~ hematurie die met het blote oog zichtbaar is. • **micro**~ hematurie die niet met het blote oog zichtbaar is. • **onechte** ~ *zie* haematuria spuria. • **renale** ~ aanwezigheid i.d. urine van bloed dat uit de nier afkomstig is; meestal wordt hiermee glomerulaire hematurie bedoeld.
hemeralopie dagblindheid, schemerblindheid, i.h.b. vertraagde donkeradaptatie.
hemi- voorvoegsel in woordverbindingen met de betekenis half, enkelzijdig, onvolledig.
hemiachromatopsie kleurenblindheid in één netvlieshelft of i.d. twee homonieme netvlieshelften, bij beschadiging v.d. occipitale hersenkwab.
hemiageusie verlies v.d. smaakzin op een tonghelft.
hemialgie pijn i.e. lichaamshelft.
hemiamblyopie *zie* hemianopsie.
hemianacusis doofheid aan één zijde.
hemianaesthesia cruciata *zie* hemianesthesie | hemianaesthesia alternans.
hemianalgesie enkelzijdige afwezigheid v.d. pijnzin. • **hemianalgesia alternans** kenmerkend symptoom van syndroom van Wallenberg met verminderd pijngevoel i.h. gezicht aan de kant v.d. laesie en i.d. rest v.h. lichaam aan de tegenoverliggende zijde.
hemianesthesie | **hemianaesthesia alternans** gekruiste anesthesie a.g.v. een her-

senproces.
hemianopisch m.b.t. hemianopsie; vb. hemianopische pupilreactie.
hemianopsie uitval v.d. helft v.h. gezichtsveld van één of van beide ogen. • **altitudinale** ~ uitval v.d. bovenste of de onderste helft v.e. gezichtsveld. • **binasale** ~ uitval van beide binnenhelften v.d. gezichtsvelden. • **bitemporale** ~ uitval van beide buitenhelften v.d. gezichtsvelden. • **heteronieme** ~ uitval van beide buiten- of beide binnenhelften v.d. gezichtsvelden. • **homonieme** ~ uitval van beide rechter- of beide linkerhelften v.d. gezichtsvelden. • **kwadrant**~ uitval v.e. kwart van beide gezichtsvelden.
hemiasomatognosie stoornis i.d. lichaamsbeleving waarbij de patiënt een helft van zijn lichaam volledig negeert.
hemiathetose athetose v.e. lichaamshelft.
hemiatrofie | hemiatrophia facialis progressiva zie atrofie | progressieve hemifaciale ~.
hemiazygos overeenkomstig de helft v.d. vena azygos.
hemicardie aangeboren afwijking waarbij slechts één harthelft tot ontwikkeling is gekomen.
hemicastratie verwijdering v.e. der twee gonaden.
hemicefalie congenitale afwezigheid v.h. cerebrum.
hemiclonie myoclonie van één lichaamshelft.
hemicolectomie verwijdering v.e. aanzienlijk deel v.h. colon.
hemiconvulsie klonische trekkingen van één lichaamshelft.
hemicranie 1 'pijn i.d. helft v.h. hoofd' zie migraine; **2** incomplete anencefalie. • **hemicrania cerebellaris** zie Bárány | bárány-syndroom. • **hemicrania ophthalmica** migraine met oogverschijnselen, i.h.b. scotoma scintillans. • **hemicrania ophthalmoplegica** migraine met oogspierstoornissen (dubbelzien). • **hemicrania sympathicoparalytica** migraine met verschijnselen van sympathicusverlamming. • **hemicrania sympathicotonica** migraine met verschijnselen van sympathicusprikkeling: vaatvernauwing (koele en bleke huid), mydriasis.
hemicraniose hypertrofie (hyperostose) v.e. schedelhelft.

hemidesmosoom celmembraanstructuur met dense plaat die de epitheelcel aan de basale membraan verankert.
hemidrose zie hyperhidrose | hemi~.
hemifaciale spasmen enkelzijdige krampen v.d. gelaatsmusculatuur t.g.v. een stoornis v.d. nervus facialis.
hemiglossitis ontsteking van één tonghelft.
hemihepatectomie excisie v.d. rechter of linker functionele leverhelft.
hemihyperesthesie hyperesthesie van één lichaamshelft.
hemihypo-esthesie hypesthesie aan één lichaamshelft.
hemihypogeusie vermindering v.d. smaak op de achterhelft of op de voorhelft v.d. tong.
hemilaryngectomie chirurgische verwijdering v.d. rechter of linker helft v.d. larynx.
hemimelicus m.b.t. één extremiteit, vb. dysplasia epiphysaria h-ca.
hemimelie verschil in sterkte v.d. mimische bewegingen aan de beide helften v.h. gelaat, door verlamming v.d. innerverende zenuwen v.d. gelaatsspieren aan één kant.
hemine 1 complexe verbinding van porfyrine; **2** chloorhematine, ontstaat bij omzetting van hemoglobine onder invloed van HCl (teichmannkristallen).
heminefrectomie uitsnijding v.d. helft v.e. nier, bijv. bij nierverdubbeling, hoefijzernier.
hemiopie zie hemianopsie.
hemiopisch zie hemianopisch.
hemipagus een niet in zijn geheel verbonden dubbelmonstrum.
hemipelvectomie chir. verwijdering v.e. been plus bekkenhelft.
hemiplegie | hemiplegia alternans de bij een proces i.d. hersenstam voorkomende homolaterale uitval van hersenzenuwen gepaard met contralaterale spastische verlamming. • **hemiplegia alternans superior** homolaterale oculomotoriusverlamming en contralaterale verlamming van ledematen. • **hemiplegia contralateralis** verlamming aan de tegenovergestelde kant v.d. haard i.d. hersenen. • **hemiplegia cruciata** gekruiste h., verlamming v.e. arm gepaard aan verlamming v.h. been aan de andere zijde. • **hemiplegia alternans hypoglossalis** ipsilaterale verlamming van tong- en slikspieren en contralaterale verlamming van ledematen a.g.v. een laesie

i.d. hersenstam. • **hemiplegia alternans inferior** ipsilaterale (perifere) facialisverlamming en contralaterale verlamming van ledematen, a.g.v. een laesie i.d. pons cerebri. • **hemiplegia homolateralis** verlamming aan dezelfde zijde v.h. lichaam als de haard i.d. hersenen. • **hemiplegia spastica infantilis** een bij kinderen voorkomende acute, cerebrale, spastische verlamming. • **hemiplegia spinalis** verlamming door laesie v.h. ruggenmerg.

hemiplegisch 1 eenzijdig verlamd; **2** door hemiplegie veroorzaakt, bijv. h-sche gang = helicopodie.

hemiploïdie term voor cellen die slechts het halve aantal chromosomen bezitten.

Hemiptera halfvleugeligen, een insectenorde die de wantsen en de luizen omvat.

hemisacralisatie asymmetrische vergroeiing van L5 aan het os sacrum.

hemisfeer helft v.e. bolvormige anat. structuur; vb. cerebrale hemisfeer. • **dominante** ~ een hersenhemisfeer die de andere i.e. bepaalde functie overheerst.

hemisferectomie neurochirurgische verwijdering v.e. hersenhemisfeer, veelal bij ernstige schade aan de hemisfeer die leidt tot ernstige epileptische activiteit.

hemispasme | hemispasmus facialis alternans afwisselende prikkelings- en verlammingsverschijnselen v.d. aangezichtsspieren.

hemispherium 1 (neuranat.) hersenhelft; **2** halve bol, hemisfeer.

hemistrumectomie verwijdering van één schildklierkwab bij unilaterale maligne struma.

hemitonie eenzijdige tonische spierkrampen, bijv. bij de ziekte van Gowers.

hemitremor tremor van één lichaamshelft, bij contralaterale thalamuslaesie.

hemizygoot individu waarbij i.d. cellen slechts één gen (v.e. genenpaar) voorkomt, dat bepalend is voor een speciale erfelijke eigenschap.

hemo- voorvoegsel in woordverbindingen betreffende bloed.

hemobilie aanwezigheid van bloed i.h. galafvoersysteem.

hemoblastose samenvattende term voor bloedziekten gekenmerkt door woekering van bloedvormend weefsel,.

⊛ **hemochromatose** metabole aandoening waarbij ijzerstapeling (hemosiderose; i.d. vorm van hemosiderine) optreedt in diverse organen, vooral in lever, pancreas en huid; indeling: primair en secundair (zie verder).

hemochroom complexe verbinding van heem met organische stikstofhoudende basen.

hemoconcentratie bloedindikking.
hemocytolyse *zie* hemolyse.
hemocytometer *zie* telkamer.
hemocytoplastisch bloedcellen-vormend; vb. hemocytoplastische reticulose.
hemocytotripsie vernietiging van bloedcellen door mechanische inwerking.

hemodialyse | continue ambulante peritoneale ~ (CAPD) hemodialysetechniek die als continue techniek wordt toegepast; een speciale spoelvloeistof (dialysaat) wordt hierbij i.d. buikholte gebracht en uitwisseling van afvalstoffen vindt plaats door diffusie over de peritoneale membraan.
• **continue cyclische peritoneale dialyse** (CCPD) hemodialyse m.b.v. een cycler, een apparaat voor toediening en drainage van dialysaat i.d. buikholte.

hemodilutie verhogen van vloeistofinhoud v.h. bloed, de erytrocytenconcentratie te laten dalen, waardoor de patiënt tijdens de operatie weliswaar net zoveel volume kwijtraakt, maar daarmee minder erytrocyten verliest.

hemodynamica leer v.d. beweging v.h. bloed.

hemodynamisch m.b.t. de hemodynamica; vb. hemodynamisch stabiel.

hemodynamometer U-vormige kwik-manometer waarmee de druk i.e. bloedvat rechtstreeks gemeten wordt.

⊛ **hemofilie** geslachtsgebonden stoornis i.d. bloedstolling, gekenmerkt door een verhoogde neiging tot bloeden bij mannen; soms zijn ook vrouwen draagster; indeling: hemofilie-A (85%) berust op verminderde activiteit van stollingsfactor VIII; hemofilie-B (15%) berust op verminderde activiteit van stollingsfactor IX (christmasfactor); afhankelijk v.h. restpercentage stollingsfactor zijn er ernstige spontane bloedingen (uitgebreide hematomen, gewrichtsbloedingen of hematurie), bloedingen bij trauma of ingrepen of slechts geringe bloedingen (syn. ziekte van Christmas, deuterohemofilie); hemofilie C (rosenthalsyndroom) is het gevolg v.e.

tekort aan bloedstollingsfactor XI (plasma-tromboplastineantecedent, rosenthalfactor). • **deutero~** *zie* hemofilie. • **para~** hemorragische diathese door ontbreken v.e. andere stollingsfactor dan VIII of IX. • **pseudo~** op hemofilie lijkende hemorragische diathese.

hemofiltratie nierfunctievervangende therapie, veelvuldig toegepast als continue techniek bij acute dialyse op een intensive-careafdeling; hierbij wordt voortdurend bloed geültrafiltreerd.

hemoftalmie | haemophthalmus externus bloeding i.d. orbita. • **haemophthalmus internus** bloeding i.d. oogbol.

hemoglobine (Hb) zuurstoftransporterende ijzerhoudende rode kleurstof i.d. erytrocyten, die i.d. longen zuurstof opneemt en dit i.d. lichaamsweefsels weer afgeeft (normaal voor mannen 8,6-10,9; voor vrouwen 7,4-9,6 mmol/l). • **carbamino~** carbaminoverbinding v.e. koolstofdioxidemolecuul met een aminozuurgroep v.e. hemoglobinemolecuul. • **carboxy~** (HbCO) verbinding van hemoglobine met koolmonoxide, ontstaat bij CO-vergiftiging; verhindert de normale gaswisseling van Hb met zuurstof en kooldioxide. • **foetale ~** (HbF) hemoglobine, bestaand uit twee alfaketens en twee gammaketens. • **gereduceerde ~** de van zuurstof ontdane oxyhemoglobine in veneus bloed. • **glyco~** *zie* hemoglobine A_1. • **~** A_1 (HbA$_1$) geglycosyleerd hemoglobine, meest voorkomende vorm van Hb; maakt bij de volwassene 97 % uit v.d. Hb i.d. erytrocyten. • **~ CO** (HbCO) *zie* carboxy~. • **~ E** (HbE) Hb bij thalassemie-achtige anemie, in Zuidoost-Azië. • **~ F** (HbF) Hb-vorm bij de foetus, bedraagt bij de geboorte nog 60-80 pct v.d. totale Hb, verdwijnt daarna geleidelijk. • **~ S** (HbS) de Hb in sikkelcellen. • **lepore~** op HbS lijkende hemoglobine. • **met~** hemoglobine waarvan het ferro-ion tot ferri- is geoxideerd. • **myo~** *zie* myoglobine. • **oxy~** (HbO$_2$) de met zuurstof verzadigde hemoglobine die i.d. longen door opneming van zuurstof en binding aan de hemoglobine wordt gevormd. • **pseudomet~** een uit hemoglobine ontstaan pigment i.h. serum bij hemolytische ziekten. • **sikkelcel~** (HbS) een hemoglobine die in gereduceerde vorm betrekkelijk onoplosbaar is en de erytrocyt tot sikkel vervormt. • **spier~** *zie* myoglobine. • **sulf~** groen bloedpigment, ontstaan uit de verbinding van hemoglobine met H$_2$S.

hemoglobinemie aanwezigheid van vrije Hb i.h. bloedplasma.

hemoglobin-E trait [E] onschuldige afwijking, vnl. bij mensen in Zuidoost-Azië.

hemoglobinocholie aanwezigheid van hemoglobine i.d. gal.

hemoglobinometer instrument ter bepaling v.h. hemoglobinegehalte v.h. bloed.

hemoglobinopathie groep van erfelijke ziekten die worden veroorzaakt of gekenmerkt door aanwezigheid van abnormale hemoglobine.

hemoglobinurie | mars~ vorm van traumatogene h. waarbij i.d. voetzolen van lange-afstandslopers erytrocyten worden gekwetst, waarna i.h. serum en de urine hemoglobine verschijnt. • **paroxismale ~** *zie* paroxismale nachtelijke ~. • **paroxismale nachtelijke ~** (PNH) verworven enzymdefect in pluripotente stamcel m.a.g. stoornissen i.d. verankering van bepaalde eiwitten op de membranen van erytrocyten, bloedplaatjes en leukocyten.

hemogram bloedbeeld, het totaal van bloedcel-tellingen.

hemolipase een i.h. bloed voorkomend enzym dat vetten kan afbreken.

hemolyse afbraak van erytrocyten door vernietiging v.d. membraan, waardoor hemoglobine in plasma vrijkomt. • **alfa~** vergroening rondom bacteriekolonie op bloedagarmedium, vnl. bij bepaalde streptokokken. • **auto~** lysis v.d. eigen erytrocyten, door autohemolysine. • **bèta~** oplossen van hemoglobine, veroorzaakt door bacterieel hemolysine. • **extravasale ~** bij transfusiereactie. • **gamma~** geen alfahemolyse en bètahemolyse. • **intravasale ~** massaal verval van erytrocyten binnen het vaatstelsel. • **koude~** bij afkoeling intredende hemolyse door aanwezigheid van koudehemolysinen i.h. bloed.

hemolyseremming remming v.e. door complement-bindende antistof teweeggebrachte hemolyse, door binding v.d. antistof.

hemolyserend *zie* hemolytisch.

hemolysine koudeantistof v.h. IgG-type, veelal gericht tegen het bloedgroep-P-antigeen. • **koude~** een i.h. bloed aanwezige h. die bij afkoeling hemolyse teweegbrengt.

hemolytisch hemolyse-verwekkend, t.g.v. of m.b.t. hemolyse.
hemomediastinum ophoping van bloed i.h. mediastinum.
hemometer *zie* hemoglobinometer.
hemopathie ziekte v.h. bloed of v.d. bloedvormende weefsels.
hemoperitoneum ophoping van bloed en stolsels i.d. buikholte.
hemopexine een in bloedplasma voorkomende proteïne die evt. i.h. plasma opgeloste heem bindt.
hemopoëse *zie* hematopoëse. • **dys~** stoornis i.d. bloedvorming. • **extramedullaire ~** bloedaanmaak buiten beenmerg i.d. foetale bloedaanmaakplaatsen milt, lever en lymfeweefsel.
hemopoëticum geneesmiddel dat de bloedvorming bevordert.
hemopoëtine *zie* erytropoëtine.
hemopoëtisch bloedvormend; vb. hemopoëtisch systeem.
hemopomp spiraalpomp die het bloed uit de linker hartkamer naar de aorta pompt bij acuut hartfalen.
hemoproteïne proteïne, gekoppeld aan een metaal-porfyrineverbinding.
hemoptoë het ophoesten van bloedig sputum of zuiver bloed, afkomstig uit de longen of de luchtwegen; NB: de term 'bloedspuwen' is niet te verwarren met 'bloedbraken' (haematemesis). • **pseudo~** bloedspuwing waarbij het bloed niet afkomstig van longweefsel of bronchi is.
hemoreflector apparaat om snel de zuurstofverzadiging v.h. bloed te bepalen.
hemorragie *zie* bloeding. • **haemorrhagia cerebri** *zie* bloeding | hersen-. • **haemorrhagia consecutiva** bloeding t.g.v. een trauma, of niet direct erop volgend. • **haemorrhagia parenchymatosa** bloedingen i.h. parenchym v.e. orgaan. • **haemorrhagia per diaeresin** bloeding t.g.v. splijting v.e. vat. • **haemorrhagia per diapedesin** bloeding door het uittreden van bloed via de onbeschadigde vaatwand. • **haemorrhagia per rhexin** bloeding t.g.v. verscheuring van bloedvaten.
hemorragine een in slangengif voorkomende cytolysine die endotheelcellen en vaatwand beschadigt en aldus bloedingen veroorzaakt.
hemorragisch vergezeld van, gekenmerkt door, t.g.v. bloeding.

hemorrhoid artery ligation (HAL) [E] *zie* hemorroïden.
hemorroe massale bloeding.
hemorroïdaal 1 (anat.) tot de omgeving van rectum en anus behorend; vb. plexus haemorrhoidalis; **2** (klin.) m.b.t. hemorroïden.
hemorroïdectomie extirpatie van aambeien.
• **hemorroïden** variceuze uitzettingen v.d. submuceuze plexus haemorrhoidalis; indeling: men onderscheidt vier gradaties: graad I: vergroot maar geen prolaps; graad II: alleen prolaps bij persen; graad III: reponibel bij spontane prolaps; graad IV: niet reponibel; een ander onderscheid is die tussen uitwendige hemorroïden (i.d. zona cutanea v.d. canalis analis) en inwendige hemorroïden.
hemosiderine een niet aan porfyrine gebonden metalloproteïne die zich voordoet als geelbruin grofkorrelig ijzerbevattend pigment i.h. reticulo-endotheel.
hemosiderose overmatige ijzerafzetting.
• **idiopathische ~** ijzerstapeling i.d. longen zonder aanwijsbare oorzaak.
• **primaire hereditaire ~** aangeboren stofwisselingsdefect met afzetting van ijzer in allerlei weefsels.
hemostase 1 het stoppen v.e. bloeding, vanzelf of m.b.v. een hemostaticum, drukverband enz.; **2** hechting van trombocyten aan elkaar en i.h.b. aan het collageen en de basaalmembraan die worden blootgelegd bij beschadiging v.e. bloedvat; staat onder invloed van factor VIII; vormt het belangrijkste onderdeel v.h. mechanisme van hemostase; secretie door de bloedplaatjes van o.a. ADP en tromboxane A_2 speelt een centrale rol; samen met vasoconstrictie en activatie v.d. stollingscascade zorgt dit voor de bloedstelping; **3** stilstaar v.d. bloedstroom i.d. vaten door trombocytenaggregatie, vasoconstrictie en vorming van fibrine.
hemostaticum geneesmiddel dat een bloeding stelpt, tot stilstand brengt.
hemostatisch 1 gepaard met of t.g.v. stase i.d. bloedstroom; **2** bloedstelpend.
hemotroop met affiniteit tot bloed, i.h.b. tot bloedcellen.
hemotympanon bloeduitstorting i.d. trommelholte (cavum tympani)
Henle | **henlelaag** buitenste laag v.d. binnenste wortelschede der haren. • **henlelis**

zie lis van ~. • **lis van** ~ een afvoerkanaaltje uit een nierglomerulus.

Henoch | **henoch-schönleinpurpura** (HSS) palpabele purpura op nates, benen en romp, gepaard gaande met artritis of artralgie, glomerulonefritis met hematurie en proteïnurie, en buikpijn. ● **henoch-schönleinsyndroom** (HSS) systemische vasculitis v.d. kleine vaten, met debuut voor het 20e levensjaar.

hepafilter luchtfilter met zodanig kleine poriën dat bacteriën niet kunnen passeren.

hepar *zie* lever. • ~ **adiposum** vetlever. • ~ **crocatum** *zie* lever | saffraan~. • ~ **lobatum** gelobde lever, aangeboren of syfilitisch.

heparine een in lever, long, peritoneum en pericapillair weefsel voorkomende, i.d. mestcellen gevormde mucopolysacharide met stollingwerende werking. • **laagmoleculairgewicht**~ heparine dat de trombocytenaggregatie minder remt dan normaal heparine.

heparinemie aanwezigheid van heparine i.h. bloed.

hepariniseren het onstolbaar maken v.h. bloed door de toediening van heparine.

hepartoom *zie* carcinoom | hepatocellulair ~.

hepat- voorvoegsel in woordverbindingen m.b.t. de lever.

hepatectomie operatieve verwijdering van (een deel van) de lever.

hepaticoduodenostomie anastomose tussen ductus hepaticus en duodenum.

hepatico-enterostomie anastomose tussen ductus hepaticus en dunne darm.

hepaticojejunostomie anastomose tussen ductus hepaticus en jejunum.

hepaticolithotomie incisie v.d. ductus hepaticus ter verwijdering van aanwezige stenen.

hepaticolithotripsie *zie* lithotripsie | schokgolf~.

hepaticostomie open verbinding tussen ductus hepaticus en buikwandoppervlak.

hepaticotomie het insnijden v.e. ductus hepaticus.

hepaticus tot de lever behorend, m.b.t. de lever.

hepatis gen. van G. hepar (lever); bijv. insufficientia hepatis.

hepatisatie proces waarbij een op leverweefsel lijkend beeld ontstaat. • **hepatisatio pulmonis** opvulling van longblaasjes met gestold exsudaat, bij kroepeuze pneumonie.

hepatisch m.b.t. de lever. • **entero**~ m.b.t. (dunne) darm en lever; vb. enterohepatische circulatie. • **extra**~ buiten de lever; vb. extrahepatische icterus. • **intra**~ i.d. lever, als tegenstelling tot extrahepatisch; vb. intrahepatische galwegen. • **para**~ naast de lever.

● **hepatitis** ontsteking v.h. leverparenchym, leidend tot verhoogde leverenzymspiegels (ASAT en ALAT) i.h. bloed a.g.v. lekkage uit beschadigde levercellen, meestal veroorzaakt door een virus. • **alcoholische** ~ h. a.g.v. de toxische werking van alcohol. • **cholangio**~ hepatitis met ontsteking v.d. galwegen. • **cholestatische** ~ acute h. met verspreide necrose met histologisch cholestase i.d. vorm van bilirubinepigmentatie v.d. levercellen en intercellulaire galtrombi. • **chronisch actieve** ~ ontsteking v.d. lever die minstens zes maanden aanhoudt, met rondecelleninfiltratie v.d. portale tractus en matige of ernstige plaatselijke necrose van levercellen. • **chronisch persisterende** ~ ontsteking v.d. lever die langer dan 6 maanden duurt. • **delta**~ hepatitis, veroorzaakt door een hepatitis-D-virus. • **epidemische** ~ hepatitis A. • **fulminante** ~ acute virale leverontsteking waarbij door lytische necrose veel leverparenchym wordt verwoest. • ~ **A** algemeen verbreide vorm van virushepatitis. • ~ **B** vorm van virushepatitis. • ~ **biliaris** v.d. intrahepatische galwegen uitgaande cholangiohepatitis. • ~ **C** hepatitis die is veroorzaakt door het hepatitis-C-virus. • ~ **D** hepatitis die wordt veroorzaakt door het hepatitis-D-virus in combinatie met het hepatitis-B-virus. • ~ **E** hepatitis die wordt veroorzaakt door het hepatitis-E-virus. • ~ **infectiosa** *zie* hepatitis A. | icterohemorragische ~ *zie* koorts | canicola~. • **infectieuze** ~ *zie* hepatitis A. • **lupoïde** ~ **1** agressieve vorm van chronische hepatitis; **2** onnauwkeurige aanduiding v.d. lever bij lupus erythematodes. • **medicamenteuze** ~ leverontsteking, veroorzaakt door een geneesmiddel. • **neonatale** ~ *zie* reuscel~. • **non-alcoholische steato**~ (NASH) *zie* levercirrose. • **peri**~ ontsteking v.h. leverkapsel. • **posttransfusie**~ hepatitis, optredend na transfusie van bloed of bloedproducten waarin virussen aanwezig zijn. • **pre-icterische** ~ leverontsteking i.e. stadium wanneer nog geen geelzucht (icterus) is opgetreden. • **reuscel**~ neonatale hepatitis. • **serum**~ obsolete term *zie* hepatitis B. • **spuit**~ verzamelterm voor hepatitis B en C. • **steato**~ *zie* levercirrose. • **toxische** ~ *zie* medicamenteuze ~. • **transfusie**~ *zie* hepatitis B. • **virus**~ een door virus veroorzaakte leverontsteking, waarvan verschillende vormen bekend zijn *zie* hepatitis.

hepatitis-D-virus *zie* virus | delta~.

hepatocele breuk die de lever of een deel ervan bevat.

hepatocellularis de levercellen betreffend.

hepatocerebrale degeneratie *zie* hepatolenticulaire degeneratie.

hepatocholangio-enterostomie *zie* anastomose | hepatodigestieve ~.

hepatocholangiojejunostomie *zie* anastomose | hepatodigestieve ~.

hepatocholangitis ascenderende intrahepatische cholangitis, gepaard gaand met cholestase.

hepatocolicus m.b.t. de lever en het colon; vb. ligamentum hepatocolicum.

hepatocyt levercel. • **matglas**~ hepatocyt met een bleek eosinofiel homogeen aspect, veroorzaakt door hyperplasie v.h. gladde endoplasmatische reticulum.

hepatocyte ballooning [E] opzwelling van levercellen met bleek cytoplasma (hydropische degeneratie), optredend bij chronisch actieve en alcoholische hepatitis.

hepatocyt-roset kleine groepjes hepatocyten in ontstekingsweefsel met gezwollen cytoplasma en een tubulaire vorm aannemen.

hepatoduodenalis v.d. lever naar het duodenum lopend; vb. ligamentum hepatoduodenale.

hepatogastricus v.d. lever naar de maag lopend; vb. ligamentum hepatogastricum.

hepatogeen 1 v.d. lever uitgaand; **2** veroorzaakt door een leverziekte; vb. hepatogene peptonurie.

hepatolenticulair de lever en de ooglens betreffend.

⊛ **hepatolenticulaire degeneratie** koperstapelingsziekte.

hepatoliënaal lever en milt betreffend.

hepatoliet galsteen i.d. intrahepatische galwegen.

hepatologie de wetenschap betreffende de fysiologie en de pathologie v.d. lever.

hepatomegalie | **focale nodulaire** ~ goedaardige, circumscripte levertumor, bestaande uit levercellen zonder atypie.

hepatomfalocele hernia funiculi umbilicalis waarbij ook een deel v.d. lever i.d. breukzak ligt.

hepatoom levergezwel, uitgaande van levercellen. • **fibrolamellair** ~ zelden optredende, kwaadaardige embryonale mengtumor v.h. leverweefsel.

hepatopancreaticoduodenectomie resectie van (delen van) lever, pancreas en duodenum.

hepatopancreaticus m.b.t. de lever en de pancreas; vb. ampulla hepatopancreatica.

hepatopathie leverziekte.

hepatopexie operatieve fixatie v.d. lever aan omgevende structuren ter voorkoming van torsie.

hepatorenaal lever en nieren betreffend.

hepatorenalis m.b.t. de lever en de nieren; vb. recessus hepatorenalis, ligamentum hepatorenale.

hepatorrexie leverruptuur.

hepatose toxisch-degeneratieve verandering v.h. leverparenchym.

hepatosplenopathie ziekte waarbij lever en milt dezelfde afwijkingen tonen, vnl. fibrose.

hepatotomie incisie i.d. lever.

hepatotoxemie endogene intoxicatie doordat de lever de ammoniakale stofwisselingsproducten niet meer verwerkt.

hepatotoxinen stoffen met giftige werking op levercellen.

hepatotroop met affiniteit tot de lever.

HER2 human epidermal growth factor receptor 2.

herbeleving een zich tegen de wil geregeld opdringende herinnering, die kan bestaan uit hallucinaties, voorstellingen, enz.; specifiek voor posttraumatische stressstoornis.

herbicide 1 (bv.nw.) onkruid dodend; **2** (z.nw.) onkruid dodende stof.

herbivoor 1 plantenetend, levend van plantaardig voedsel; **2** plantenetend dier.

hereditair *zie* erfelijk.

hereditarius hereditair, erfelijk.

hereditas vb. stigma hereditatis *zie* erfelijkheid.

herediteit *zie* overerving.

heredoataxie | **cerebellaire** ~ heredoataxie

met aandoening v.h. cerebellum.
heredofamiliaal erfelijk en familiaal; vb. angioma heredofamiliare.
heredopathia atactica polyneuritiformis zeldzame recessief-erfelijke perixosomale stofwisselingsziekte met kenmerkende stapeling van fytaanzuur.
Herellea vaginicola *zie Acinetobacter calcoaceticus*.
herhalingsdwang innerlijke dwang tot het produceren van zich herhalende gedragspatronen die nuttig noch aangenaam zijn.
herhalingsinenting *zie* vaccinatie | booster~.
herinnering *zie* geheugen. • **dek**~ (psychoanalyse) herinnering die bepaalde voor het bewuste Ik onaanvaardbare herinneringen maskeert. • **pseudo**~ *zie* dek~.
heritability [E] statistische maat die aangeeft voor welk deel een kenmerk genetisch wordt bepaald.
herkauwen *zie* ruminatie.
hermafrodiet individu met zowel mannelijke als vrouwelijke gonaden.
hermafroditisme aangeboren tweeslachtigheid waarbij door hormonale stoornissen het genotype en het fenotype geheel of gedeeltelijk discordant zijn. • **mannelijk** ~ echt h. met overwegend mannelijke geslachtskenmerken. • **pseudo**~ oneigenlijk hermafroditisme, d.w.z. er is geen sprake van chromosomaal hermafroditisme. • **hermaphroditismus veris** gelijktijdige aanwezigheid van mannelijke en vrouwelijke gonaden bij hetzelfde individu. • **vrouwelijk** ~ echt h. met overwegend vrouwelijke geslachtskenmerken.
hernia uitstulping v.e. structuur door een zwakke plek i.h. omgevende weefsel. • **béclard**~ een via de hiatus saphenus fasciae latae uittredende femorale breuk. • **bochdalek**~ *zie* hernia diaphragmatica. • **cardiale** ~ breukpoort i.e. geopend pericard (na longresectie). • **cervicale** ~ hernia nuclei pulposi op cervicaal niveau. • **cooper**~ gelobde femorale hernia waarbij de darm door openingen v.d. oppervlakkige fascia naar buiten treedt. • **discus**~ *zie* radiculair syndroom | lumbosacraal ~. • ~ **abdominalis** uittreding van ingewanden door de buikwand naar buiten. • ~ **accreta** breuk waarvan de breukinhoud met de breukzak vergroeid is, daardoor meestal onreponibel. • ~ **acquisita** verworven breuk. • ~ **cicatricalis** littekenbreuk. • ~ **completa** volledig ontwikkelde breuk. • ~ **congenita** aangeboren breuk. • ~ **cordis** herniatie v.h. hart door een defect i.h. diafragma. • ~ **corneae** *zie* keratocele. • ~ **diaphragmatica** aangeboren uitstulping van buikingewanden via een opening i.h. middenrif. • ~ **epigastrica** breuk door een breukpoort i.h. epigastrium (i.d. linea alba). • ~ **femoralis** breuk via de canalis femoralis. • ~ **funiculi umbilicalis** uitpuiling van ingewanden via de navelring i.d. navelstreng. • ~ **hiatus oesophagei** *zie* hiatus~. • ~ **imminens** beginnende breuk. • ~ **incarcerata** breuk die i.d. breukpoort zo wordt omsnoerd dat de breukinhoud niet kan worden gereponeerd. • ~ **incompleta** breuk die niet alle kenmerken v.e. breuk bezit, bijv. darmwandbreuk. • ~ **indirecta** h. inguinalis indirecta. • ~ **inguinalis** *zie* liesbreuk.
• ~ **inguinalis lateralis** laterale liesbreuk *zie* liesbreuk. • ~ **inguinalis directa** hernia inguinalis waarbij de breukinhoud door de verzwakte achterwand v.h. lieskanaal via de anulus inguinalis externus tot i.h. subcutane weefsel komt. • ~ **inguinalis indirecta** hernia inguinalis waarbij de breukinhoud via de te wijde anulus inguinalis internus, via het lieskanaal, via de anulus inguinalis externus doordringt tot het subcutane weefsel. • ~ **interna** intra-abdominale breuk. • ~ **irreponibilis** irreponibele, niet-reponeerbare breuk. • ~ **ischiadica** h. door het foramen ischiadicum majus of minus; komt zelden voor. • ~ **labialis** indirecte liesbreuk bij de vrouw die tot i.e. grote schaamlip is ingedrongen. • ~ **littreana** *zie* breuk | darmwand~. • ~ **lumbalis** hernia i.d. lumbale streek. • ~ **inguinalis medalis mediale liesbreuk** *zie* liesbreuk. • ~ **mesenterica** inwendige hernia met een mesenteriumopening als breukpoort. • ~ **multilocularis** een hernia waarvan de breukzak uit een aantal communicerende compartimenten bestaat. • ~ **nuclei pulposi** (HNP) *zie* radiculair syndroom | lumbosacraal ~.
• ~ **obturatoria** een door het foramen obturatum uittredende h. • ~ **parumbilicalis** een breuk door een kleine opening i.d. linea alba, vlak boven of onder de navel. • ~ **perinealis** uitwendige breuk door de bekkenbodem. • ~ **Petiti** *zie* hernia lumbalis.
• ~ **properitonealis** h. tussen peritoneum parietale en fascia transversalis. • ~ **reponibilis** reponeerbare breuk. • ~ **retrocaeca-**

lis uitstulping van darm i.e. zakvormige ruimte achter het caecum. • **~ scrotalis** doorgaans laterale liesbreuk die tot i.h. scrotum is afgedaald. • **~ spuria** uitstulping of prolaps van ingewanden zonder kenmerkende breukzak. • **~ umbilicalis** zie breuk | navel-. • **~ uteri** h. met i.d. breukzak de uterus. • **~ vaginalis** uitstulping van ingewanden i.d. vagina. • **~ van Richter** zie breuk | darmwand-. • **~ varicosa** zie varicocele. • **~ ventralis** zie hernia abdominalis. • **~ vera** echte breuk, gekenmerkt door een breukzak met breukinhoud. • **hesselbach~** dijbeenbreuk met gelobde (biloculaire) breukzak. • **hiatus~** inwendige breuk waarbij een deel v.d. maag via de hiatus oesophageus naar de thoraxholte doorglipt. • **interne ~** zie hernia mesenterica. • **krönlein~** zandlopervormige liesbreuk, met uitbreiding v.d. breukzak tussen de fascia transversalis en de buikwand. • **larrey~** linkszijdige parasternale hernia v.h. diafragma. • **lenden~** zie hernia lumbalis. • **littré~** buikwandhernia met i.d. breukzak een meckeldivertikel. • **maydl~** zie darmbreuk | retrograde beklemde~. • **nek~** zie cervicale~. • **paraoesofageale ~** rolbreuk v.d. maagfundus langs de distale oesofagus omhoog i.h. mediastinum. • **pseudo~** een ontstoken lieslymfklier of een zwelling i.d. lies die de indruk v.e. breuk wekt, maar dat niet is. • **rieux~** zie hernia retrocaecalis. • **ruggenmerg~** zie myelocele. • **sliding ~** zie breuk | glij-. • **traumatische discus~** uitstulping i.h. wervelkanaal v.e. discus intervertebralis ontstaan door een trauma. • **sliding-hiatus ~** glijbreuk v.d. cardia met een deel v.d. maagfundus door de hiatus oesophagus i.h. diafragma naar de thoraxholte. • **spier~** uitstulpend spierweefsel door zwakke plek of scheur i.d. omhullende spierfascie.

herniatie vorming v.e. hernia.
herniëren een hernia, breuk vormen.
hernio-enterotomie herniotomie gecombineerd met enterotomie.
herniolaparotomie laparotomie gecombineerd met herniotomie.
herniosus m.b.t. een hernia, door herniatie ontstaan; vb. hydrocephalus herniosus.
herniotomie 1 insnijding v.d. breukzak of (bij beklemde breuk) v.d. breukpoort; **2** breukoperatie i.h. algemeen.
heroïne semisynthetisch morfinederivaat; heeft sterk euforiserende en analgetische werking.

herpes ontstekingachtige aandoening v.d. huid, soms ook de slijmvliezen, met vorming van gegroepeerde blaasjes. • **~ corneae** zie keratoconjunctivitis herpetica.
• **~ dendriticus corneae** keratoconjunctivitis herpetica met typische vertakkingen v.d. efflorescentie. • **~ febrilis** zie herpes simplex. ⊚ **~ genitalis** seksueel overdraagbare aandoening (soa), genitale infectie die wordt veroorzaakt door het herpessimplexvirus (HSV) type 1 of 2; indeling: type 1 is geassocieerd met alle niet-genitale infecties, maar kan soms ook herpes genitalis veroorzaken; type 2 ziet men vrijwel alleen bij genitale infecties. • **~ gestationis** bulleus pemfigoïd tijdens of na de zwangerschap.
• **~ iris** [E] erythema exsudativum multiforme met irisvormige maculen. • **~ labialis** door herpessimplexvirus (meestal type I) veroorzaakte, recidiverende infectie op huid en slijmvliezen, m.n. rond de mond; met vocht gevulde, gegroepeerde blaasjes (herpeslaesies, koortsblaasjes) gaan stuk en vormen korstjes; blootstelling aan zonlicht, menstruatie en koorts zijn luxerende factoren. • **~ neonatorum** infectie v.d. pasgeborene met het herpessimplexvirus.
• **~ ophthalmicus** zie zoster ophthalmicus.
• **~ paronychia** zie paronychia herpetica.
• **~ simplex** acute infectie door herpessimplexvirus, met op huid en slijmvliezen groepjes blaasjes die na 5-10 dagen indrogen. • **~ simplex recidivans** telkens opnieuw verschijnende herpes simplex.
• **~ urethralis** herpes simplex v.d. urethra.
⊚ **~ zoster** pijnlijke, plotseling optredende, zeer pijnlijke huidreactie die gepaard gaat met kleine blaasjes, veroorzaakt door een reactivatie v.h. varicellazostervirus (VZV). • **~ zoster oticus** uitval v.d. hersenzenuwen V en/of VII door infectie met het herpessimplexvirus.

herpesviridae familie van dubbelstrengs-DNA-virussen met enveloppe.
herpesvirus suis zie virus | pseudorabiës-.
Herpesvirus varicellae zie virus | varicellazoster-.
herpeticus m.b.t. herpes; vb. stomatitis herpetica.
herpetiformis herpes-achtig, lijkend op herpes; vb. impetigo herpetiformis, eczema herpetiforme.

herpetisch met betrekking tot herpes.
herregistratie het periodiek beoordelen v.d. beroepsuitoefening v.e. geregistreerde arts op basis waarvan wordt besloten tot al dan niet verlengen van diens opneming i.h. register.
herschikking van Ig-genen proces tijdens de B-celdifferentiatie waarbij door herschikking v.d. immunoglobulinegenen de antigeenreceptoren (IgM en IgD) worden geproduceerd.
hersenaanhangsel *zie* hypofyse.
hersenatrofie · hersenatrofie van Pick *zie* Pick | pickhersenatrofie.
hersenbalk *zie* corpus callosum.
hersendoorbloeding *zie* circulatie | hersen-.
hersendruk *zie* druk | intracraniële ~.
hersenen i.d. schedelholte gelegen dubbelzijdig aangelegde weke, van buiten grijze, in vier lobben gelegen massa celweefsel; zetel v.d. geestelijke vermogens en centrum v.d. zintuiglijke gewaarwordingen; de twee voorste lobben (hemisferen), te weten de grote hersenen (het cerebrum), coördineren de verwerking en interpretatie van sensorische informatie, de willekeurige controle over motorische activiteit, bewustzijn, denken, taal enz.; de twee achterste lobben, te weten de kleine hersenen (het cerebellum), sturen de spiercoördinatie en het evenwicht *zie* dementie, cerebrovasculair accident, hematoom | epiduraal ~, subduraal ~, priionziekte, trauma capitis, Wernicke | wernicke-encefalopathie, Parkinson | ziekte van ~. **· achter~** *zie* encephalon | met-. **· eind~** *zie* encephalon | tel-. **· gladde ~** *zie* lissencefalie. **· grote ~** cerebrum [L]. **· kleine ~** cerebellum [L]. **· midden~** mesencephalon. **· na~** *zie* medulla oblongata. **· reuk~** *zie* cortex | archi-. **· ruit~** *zie* encephalon | rhomb-. **· tussen~** diencephalon [G]. **· voor~** prosencephalon [G].
hersen- en ruggenmergvloeistof *zie* liquor cerebrospinalis.
hersenfilmpje lekenterm voor elektro-encefalogram (eeg).
hersenfunctie functies v.h. encephalon, namelijk de aansturing van autonoom zenuwstelsel, planning en uitvoering van beweging, verwerking en herkenning van waarneming, bewustzijn en emotie.
hersenhelft *zie* hemispherium.
hersenininfarct | penumbra~ herseninfarct waarbij een deel v.h. ischemisch geworden, geïnactiveerde weefsel door reperfusie weer functioneel kan worden gemaakt.
hersenkamer *zie* ventrikel | hersen-.
hersenkneuzing *zie* contusie | contusio cerebri.
hersenletsel | translatie~ *zie* coup-contrecoupletsel.
hersenontsteking *zie* encefalitis.
hersenprolaps *zie* encefalocele.
hersenschudding *zie* commotio cerebri, trauma | schedel-hersen-.
hersensinus *zie* sinus durae matris.
hersensparend effect effect dat de foetus bij dreigende hypoxie a.g.v. placenta-insufficiëntie nog enige tijd de foetale functies op peil houdt door redistributie v.d. circulatie ten gunste v.d. hersenen, hart en bijnieren; door dopplermeting v.d. foetale vaten kan dit effect zichtbaar worden gemaakt.
hersenstamverschijnselen klinische verschijnselen die optreden bij uitval v.d. hersenstamfuncties.
hersenverplaatsing verplaatsing van normaal hersenweefsel door processen die extra ruimte innemen.
hersenverweking *zie* malacie | encefalo~.
hersenvocht *zie* liquor cerebrospinalis.
hersenwinding gyrus cerebri.
hersenzenuwen | achtste hersenzenuw *zie* nervus vestibulocochlearis. **· derde hersenzenuw** *zie* nervus oculomotorius. **· eerste hersenzenuw** *zie* nervus olfactorius. **· elfde hersenzenuw** *zie* nervus accessorius. **· negende hersenzenuw** *zie* nervus glossopharyngeus. **· tiende hersenzenuw** *zie* nervus vagus. **· twaalfde hersenzenuw** *zie* nervus hypoglossus. **· tweede hersenzenuw** *zie* nervus opticus. **· vierde hersenzenuw** *zie* nervus trochlearis. **· vijfde hersenzenuw** *zie* nervus trigeminus. **· zesde hersenzenuw** *zie* nervus abducens. **· zevende hersenzenuw** *zie* nervus facialis.
herstelwarmte warmteproductie die met de oxidatieve fosforylering samenhangt en die op een spiercontractie volgt.
Hertz | hertz (Hz) eenheid van trillingsfrequentie. **· hertzgolven** (natuurk.) elektromagnetische golven met een golflengte van enige km tot ongeveer 0,1 mm.
Herxheimer | jarisch-herxheimerreactie acute, niet-allergische reactie, soms optredend bij de behandeling van neuroborreli-

ose en neurolues (syfilis) na intramusculaire toediening van treponemicide antibiotica.
hesitatie 1 (urol.:) moeten persen bij urineren (mictie) om de urinestraal op gang te brengen; **2** (neurol.:) vertraging bij beginnen met lopen; verschijnsel bij de ziekte van Parkinson.
hesperidine zie vitamine P.
hessingkorset beugelapparaat bestaande uit een nauw aansluitend korset met stalen baleinen, waardoor de oksels op de heupen steunen.
HET zie trauma | hoogenergetisch ~.
heterauxese onevenredige groei v.h. ene lichaamsdeel t.o.v. het andere.
hetero- voorvoegsel in woordsamenstellingen met de betekenis anders geaard, de ander.
heteroantigeen soortvreemd antigeen.
heteroblastisch afkomstig van verschillend weefsel of verschillende kiembladen.
heterochromasie het gelijktijdig voorkomen van eosinofiele en basofiele korrels i.e. cel.
heterochromicus verschillend in kleur; vb. iridocyclitis heterochromica.
heterochromie verschil in kleur van weefsels die normaliter dezelfde kleur hebben; meestal verschil in kleur v.d. beide irissen of van gedeelten van eenzelfde iris.
heterochronie het ontstaan van weefsels op een ongewone tijd.
heterodont i.h. bezit van tanden met verschillende vorm.
heterofagie opname van exogeen materiaal i.e. cel door fagocytose of pinocytose en het verteren v.h. opgenomen materiaal door fusie v.d. pasgevormde vacuole met een lysosoom.
heterofiel 1 met affiniteit tot een andere soort; **2** zich aangetrokken voelend tot de andere sekse.
heteroforie tijdelijke afwijking v.d. oogas v.h. ene oog t.o.v. die v.h. andere zodra de prikkel tot fusie wegvalt.
heterogeen 1 samengesteld uit onderling verschillende bestanddelen, als tegenstelling tot homogeen; **2** andersoortig (heterogenetisch, heteroloog), v.e. andere soort afkomstig.
heterogenese 1 xenogenesis; **2** abiogenese.
heterogenetisch afkomstig v.e. andere soort, heteroloog, heterogeen.

heterogeniteit mate waarin onderzoeken van elkaar verschillen in onderzoeksopzet, methode en/of populatie.
heterograft transplantaat dat bestaat uit weefsel v.e. soortvreemd individu.
heterohemolysine i.h. bloed van dieren voorkomende stof die erytrocyten v.e. andere diersoort hemolyseert.
hetero-immuniteit immuniteit tegen cellen en eiwitten v.e. andere diersoort.
hetero-immuunstoffen immuunstoffen i.h. bloed v.e. dier, die antigenen i.e. soortvreemd individu neutraliseren.
heteroloog niet overeenstemmend, soortvreemd, afkomstig v.e. andere diersoort.
heterolyse lysis van cellen door soortvreemde lysinen.
heterolysine zie heterohemolysine.
heteromeer uit ongelijke delen bestaand.
heteromorfie zie heteroplasie.
heteromorfose vervanging van verloren gegaan weefsel door weefsel van andere aard.
heteroniem 1 ongelijknamig; **2** aanwezig op verschillende zijden, bijv. h-me hemianopsie.
heterophthalmus zie oftalmie | heter~.
heteroplasie atypische groei van cellen en weefsels.
heteroplastisch 1 van verschillende structuur; **2** xenogeen.
heteroscedasticiteit fenomeen dat de variantie v.d. storingsterm in regressieanalyse niet constant is over de onafhankelijke variabelen.
heterosoom zie chromosoom | hetero~.
heterotherm koudbloedig.
heterotoop zich bevindend op, of afkomstig v.e. atypische plaats; vb. h-tope prikkelvorming i.h. hart, h-tope tachycardie, h-tope implantatie v.e. niet.
heterotopie 1 aanwezigheid van weefsel of organen op atypische plaats; **2** het vóórkomen van heterotope prikkelvorming; **3** (oorheelk.) het niet samenvallen v.d. luchtgeleidingsdip met de beengeleidingsdip.
heterotransplantatie zie transplantatie | xeno~.
heterotroof behoefte hebbend aan organische voedingsstof.
heterotropie zie strabisme.
heterotypie afwijking v.d. norm.
heterotypisch afwijkend v.d. norm.
heterozygoot 1 met ongelijke erfelijke ei-

genschappen, van ongelijke aanleg; **2** individu met verschillende allelen t.o.v. een bepaald kenmerk.

heup coxa [L], osphys [G]. • **clicking hip** *zie* snapping hip. • **gebroken** ~ *zie* heupfractuur. • **instabiele** ~ pathologische heupgewricht v.d. pasgeborene met congenitale heupdysplasie. • **klikkende** ~ *zie* coxa saltans. • **kunst**~ *zie* heupartroplastiek | totale ~. • **snapping hip** heupgewricht dat een knappend geluid geeft wanneer een pees over de trochanter major glijdt.

heupartroplastiek | **totale** ~ (THA) operatie waarbij kop en kom v.h. heupgewricht worden vervangen door een heupprothese.

⊛ **heupfractuur** gewoonlijk wordt met de term 'heupfractuur' een fractuur v.h. collum femoris en het per- of intertrochantere gedeelte v.h. proximale femur bedoeld; indeling: men onderscheidt de mediale collumfractuur (intracapsulair) en de laterale en per- of intertrochantere (extracapsulaire) fractuur (de subtrochantere fractuur is geen heupfractuur, maar een femurfractuur).

heupkom *zie* acetabulum.

heupkop gangbare (leken)verhaspeling van 'dijbeenkop' (femurkop, caput ossis femoris) en 'heupgewricht' (articulatio coxae); NB: niet te verwarren met heupkom = acetabulum.

heupoperatie operatie aan het heupgewricht *zie* heupartroplastiek | totale ~, artrotomie | heup~, osteotomie | heup~.

heupprothese | **gecementeerde** ~ totale-heupprothese waarbij de metalen steel en de kunststof kom van polyethyleen i.h. bot met botcement worden vastgezet. • **halve** ~ *zie* prothese | kop-hals~. • **ongecementeerde** ~ heupprothese waarbij zowel de kom als de steel klemvast i.h. bot wordt geslagen of geschroefd en de prothese vervolgens moet ingroeien. • **resurfacing**~ heupprothese waarbij de vervormde kraakbeenlaag v.d. femurkop en de heupkom wordt vervangen.

heupverkoudheid *zie* coxitis fugax.

heuristiek methode van ontdekken die grotendeels is gebaseerd op ervaringskennis i.p.v. op theoretisch gefundeerde kennis.

HEV 1 (microbiol.) *zie* virus | hepatitis E-~; **2** (flebol.) *zie* venula | hoog-endotheliale venulen.

hexadactylie aanwezigheid van zes vingers aan één hand.

hexaploïdie chromosomenpatroon dat uit zes haploïden bestaat.

hexosamine een hexose waarin een OH-groep is vervangen door NH_2.

hexosaminidase lysosomaal enzym; bij afwezigheid ervan worden gangliosiden niet afgebroken en ontstaat een gangliosidose.

hexose een monosacharide met zes C-atomen; vb. glucose, fructose.

HFr-stam bacteriestam waarvan de F-factor is geïntegreerd i.h. chromosoom.

HFS *zie* hoogfrequente stimulatie van nucleus subthalamicus.

HFV high-frequency ventilation.

hGH *zie* hormoon | groei-~.

HGPRTase *zie* hypoxanthineguaninefosforibosyltransferase.

HHV-1 (humaan herpesvirus-1) *zie* virus | herpessimplex~ type 1.

HHV-2 (humaan herpesvirus-2) *zie* virus | herpessimplex~ type 2.

HHV-3 (humaan herpesvirus-3) *zie* virus | herpessimplex~ type 3.

HHV-4 (humaan herpesvirus-4) *zie* virus | humaan herpes~ type 4.

HHV-5 (humaan herpesvirus-5) *zie* virus | epstein-barr~.

HHV-6 *zie* virus | humaan herpes~ type 6.

HHV-7 *zie* virus | humaan herpes~ type 7.

HHV-8 *zie* virus | humaan herpes~ type 8.

HIAA (5-hydroxy-indoleacetic acid) 5-hydroxy-indolazijnzuur; i.d. urine aantoonbaar bij carcinoïd v.d. dunne darm.

hiatus spleet, opening. • ~ **canalis nervi petrosi majoris** opening i.d. voorwand v.h. rotsbeen, voor de n. petrosus major. • ~ **diaphragmatica** opening i.h. diafragma waar de oesofagus en de aorta doorheen lopen, gevormd door de spierbundels v.h. rechter crus v.h. diafragma. • ~ **esophageus** spleet i.h. middenrif voor de slokdarm. • ~ **canalis nervi petrosi minoris** opening i.d. voorwand v.h. rotsbeen, voor de n. petrosus minor. • ~ **leucaemicus** het ontbreken v.d. tussenstadia van de myeloïde reeks, wijzend op het bestaan van acute myeloïde leukemie. • ~ **tendineus adductorius** spleet i.d. pees v.d. m. adductor magnus voor de doortredende a. en v. femoralis bij de lies.

Hib Haemophilus influenzae type B.

hibernatie 1 winterslaap; **2** kunstmatige 'winterslaap'.

hibernoom zeldzaam goedaardig lipoom ter grootte v.e. appel, bestaand uit bruin vetweefsel.

HIDA hydroxyiminodiazijnzuur; obsoleet radiofarmacon.

hidha huisarts in dienst v.e. huisarts.

hidr- voorvoegsel in woordverbindingen betreffende zweet of zweetklieren.

hidradenitis ontsteking v.e. of meer zweetklieren, veelal de apocriene klieren. • ~ **axillaris** etterige ontsteking van zweetklieren v.d. oksel (axilla). • ~ **suppurativa** etterige ontsteking van zweetklieren, i.h. i.d. oksel.

hidradenoom gezwel i.e. zweetklier. • **hidradenoma papilliferum** solitaire ronde tumor aan labia majora of perineum.

hidroa 1 zweetblaasjes; 2 huiduitslag met overmatige zweetafscheiding. • ~ **aestivale** i.h. voorjaar voorkomende huiduitslag. • ~ **vacciniforme** erfelijke lichtdermatos.

hidrocystoom retentiecyste v.e. zweetklier, i.h. gelaat voorkomend.

hidros zie zweet.

hidrose 1 hyper- of dyshidrose zie hyperhidrose, dyshidrose; 2 zweetsecretie.

hiel zie calx. • **dansers**~ wekedelenimpingement of benig impingement aan de achterzijde v.d. enkel door een extra botje (os trigonum), een vergrote processus posterior tali of ontstoken kapsel aan de achterzijde v.d. talus; wordt geprovoceerd door de bij dansvormen vaak voorkomende maximale strekking (plantaire flexie) v.h. enkelgewricht.

hielspoor zie calcaneusspoor.

hielvalgus stand v.d. achtervoet met kanteling v.d. calcaneus v.d. lengteas v.h. been af.

hielvarus stand v.d. achtervoet met kanteling v.d. calcaneus naar de lengteas v.h. been toe.

hiemalis winters, tot de winter behorend; vb. pruritus hiemalis.

high gevoel van euforie a.g.v. druggebruik.

high-altitude pulmonary edema (HAPE) longoedeem als symptoom van hoogteziekte.

higher brain death [E] aanduiding van aanhoudende vegetatieve toestand.

high-intensity focused ultrasound (HIFU) (nog experimentele) behandeling met geluidsgolven gericht op een gelokaliseerd prostaatcarcinoom.

high-renin hypertension zie hypertensie | verhoogderenine~.

hijger pleger van seksueel grensoverschrijdend gedrag via telefoon, chatdiensten e.d.

hik zie singultus.

hilair m.b.t. een hilum.

hilifugaal i.e. richting v.h. longhilum af.

hilum 1 (anat.) deel v.e. orgaan waar zenuwen en vaten in- en uittreden; vb. nierhilum, longhilum; 2 (neuroanat.) inkeping of groeve, gelijkend op een hilum, i.d. nuclei olivaris inferioris. • **long~** zie hilum pulmonis. • ~ **pulmonis** plaats waar de bronchi en bloedvaten aan de facies medialis (mediastinalis) de long binnentreden, resp. verlaten. • ~ **splenicum** plaats waar de vaten de milt binnentreden resp. verlaten.

hilumtekening de vlekkige schaduwen v.d. longhilum op de thoraxfoto.

hilus verbastering van 'hilum', de officiële schrijfwijze die de *Terminologia Anatomica* hanteert.

hineininterpretieren zie denken | dereïstisch ~.

hinken zie claudicatie.

HIOMT (hydroxy-indol-C-methyltransferase) een enzym i.h. corpus pineale met een activiteit die wisselt met de belichting.

HIPEC zie chemotherapie | hypertherme intraperitoneale ~.

hippocampus sikkelvormige witte lijst aan de mediale wand v.d. onderste hoorn v.d. zijventrikel i.d. grote-hersenhemisfeer.

Hippocrates 'vader' v.d. wetenschappelijke geneeskunde. • **eed van** ~ tekst met daarin vervat ethische opvattingen over de geneeskunst; oorspronkelijk verwoord door Hippocrates. • **mitra Hippocratis** mutsvormig verband om het hoofd.

hippuran zie zuur | hippuu~.

hippurase enzym dat de hydrolyse van hippuurzuur in benzoëzuur en glycine katalyseert.

hippus voortdurende synchrone constrictie en verwijding v.d. pupillen na een felle licht inval.

Hirschberg | **hirschbergmagneet** sterke magneet om ingedrongen ijzerdeeltjes uit het oog te verwijderen. • **hirschbergvaatjes** i.d. diepe lagen v.h. hoornvlies ingegroeide vaatjes bij een voorbije keratitis parenchymatosa.

Hirschsprung | **ziekte van** ~ aboraal vernauwd gedeelte v.d. aan elkaar grenzende delen van sigmoïd en rectum, i.d. wand waarvan de ganglioncellen ontbreken, terwijl proximaal van dit aganglionaire gedeelte het colon sterk uitgezet, evt. hypertrofisch is.

hirsttest *zie* reactie | hemagglutinatieremmings~.

hirsutisme overmatige beharing bij vrouwen op plaatsen waarvan beharing kenmerkend is voor mannen.

hirsutus ruig, ruw, vlokkig; vb. lingua hirsuta, cor hirsutum (= cor villosum).

hirudine factor met stolling i.h. mondsecreet van bloedzuigers.

Hirudo bloedzuiger; vroeger werden gebruikt *H. medicinalis* en *H. officinalis*.

His Jr. | **hisbundelelektrografie** (HBE) registratie van elektrische activiteit nabij de bundel van His. • **systeem van His-Purkinje** *zie* Purkinje | purkinjenetwerk.

His Sr. | **lymfespleten van ~** perivasculaire lymferuimten i.h. czs.

histaminase enzym dat histamine onwerkzaam maakt.

histamine diamine, voorkomend in alle plantaardige en dierlijke weefsels.

histaminerelease [E] vrijkomen van histamine uit gedegranuleerde mestcellen.

histidase een leverenzym dat histidine ontleedt, waarbij ammoniak vrijkomt.

histidine een 'essentieel' aminozuur, vooral belangrijk voor de groei van kinderen.

histidinemie aanwezigheid van (te veel) histidine i.h. bloed, waarbij het enzym histidase ontbreekt.

histio- voorvoegsel in woordverbindingen betreffende weefsel(s).

histiocyt macrofagen in los bindweefsel, vaak als pericyten (adventitiële cellen) in venulae en arteriolen; maken deel uit v.h. mononucleairefagocytensysteem.

histiocytoom tumor die veel histiocyten bevat. • **maligne fibreus ~** (MFH) maligne tumor met differentiatie i.d. richting van fibroblasten en op histiocyten gelijkende cellen.

histiocytose term voor een groep ziekten v.h. RES, gekenmerkt door proliferatie van histiocyten. • **~-X** *zie* Langerhans | langerhanscelhistiocytose. • **maligne ~** vorm van non-hodgkinlymfoom, gekenmerkt door proliferatie van monocyten en macrofagen. • **oceaanblauwe ~** syndroom, gekenmerkt door miltvergroting en de aanwezigheid van histiocyten met blauw protoplasma in beenmerg en milt.

histiogeen van lichaamsweefsel(s) afkomstig.

histiogenese *zie* histogenese.

histiolyse oplossing van weefsel.

histiopathie ziektetoestand door plaatselijke veranderingen in weefsel.

histochemie | **enzym~** histologische techniek om d.m.v. kleurreacties in vers, nietgefixeerd weefsel de plaats van specifieke enzymen aan te tonen in weefselcoupes.

histocompatibiliteit het identiek zijn van weefsel of transplantatieantigenen van donor en acceptor, waardoor een afweerreactie uitblijft.

histogenese vorming v.d. weefsels uit ongedifferentieerde cellen, tijdens de foetale ontwikkeling.

histogram grafiek met waarden v.e. variabele op de x-as en frequenties in blokken op de y-as.

histoïd weefsel-achtig, lijkend op een der lichaamsweefsels.

histologie microscopische anatomie v.d. weefsels. • **pathologische ~** *zie* histopathologie.

histoloog beoefenaar v.d. histologie.

histon basische proteïne met lage moleculmassa; h. + leukonucleïne = nucleohiston.

histopathologie 1 leer v.d. ziekelijke weefselveranderingen; **2** (minder juist) ziekelijke weefselverandering.

Histoplasma geslacht van fungi imperfecti. • **~** *capsulatum* een dimorfe schimmel, verwekker van histoplasmose. • **~** *duboisii* een species die soms histoplasmose verwekt.

histoplasmoom granuloom, veroorzaakt door *Histoplasma capsulatum*.

histoplasmose infectie door *Histoplasma capsulatum*.

historrexie weefseldestructie (van zenuwweefsel, door niet-infectieus agens).

histotripsie weefselverbrijzeling met een tang (histotribe), ter bloedstelping.

histotrombine trombine, afkomstig uit bindweefsel.

histozym oude term voor hippuricase.

hitte-inactivatie door verhitting micro-organismen onschadelijk maken.

hiv (humane immunodeficiency virus) humane immunodeficiency virus; 'hiv' duidt op het virus, maar wordt veelal ten onrechte gebruikt i.d. betekenis van 'aids', zijnde de manifestatie v.d. symptomen v.d. infectie

zie virus | humaan immunodeficiëntie-~.
• ~-1 (humaan immunodeficiëntievirus type 1) *zie* virus | humaan immunodeficiëntie- type 1. • ~-2 (humaan immunodeficiëntievirus type 2) *zie* virus | humaan immunodeficiëntie- type 2.

hiv-behandelcentrum ziekenhuis dat krachtens de Wet Bijzondere Medische Verrichtingen aangewezen is om hiv-positieve personen te behandelen.

⊚ **hiv-infectie** infectie die wordt veroorzaakt door het humane immuundeficiëntievirus (hiv); een hiv-infectie gaat op den duur over in aids (acquired immune deficiency syndrome); indeling: men spreekt bij een hiv-positieve patiënt van (manifeste) aids als deze een (of meer) opportunistische infectie(s) heeft of een hiv-gerelateerde tumor (bijv. kaposisarcoom) heeft gehad; meestal is dan ook het aantal CD4-cellen gedaald tot beneden de 200 per mm³. • **symptomatische** ~ *zie* ziekte | hiv-gerelateerde ~.

hiv-monitoring controle van hiv-patiënten met geprotocolleerde medicatie op therapie-effect, met als doel optimale behandeling en onderzoek.

hiv-positief | **hiv-positieve persoon** persoon die antistoffen tegen hiv in serum heeft.

H-K-ATP-ase enzym dat H⁺ de cel uitpompt en uitwisselt met K⁺ (de cel in), waarbij ATP wordt omgezet in ADP.

H-keten *zie* heavy chain.

HKRS (hemorragische koorts met renaal syndroom) *zie* nefropathie | nephropathia epidemica.

HL (hodgkinlymfoom) *zie* Hodgkin | non-hodgkinlymfoom.

HLA *zie* antigeen | humaan leukocyten-~.

HLA-patroon typering van HLA-complex.

HLA-systeem *zie* antigeen | humaan leukocyten-~.

HMG 1 (endocrin., gynaecol.) *zie* gonadotrofine | humaan menopauzaal ~; **2** (int. geneesk., cardiol.) hydroxymethylglutaryl.

HMG-CoA-reductase (hydroxymethylglutarylco-enzym-A-reductase) sleutelenzym i.d. intracellulaire hepatische cholesterolsynthese.

HMO *zie* Health Maintenance Organization.

HMSN *zie* neuropathie | hereditaire motorisch-sensibele ~.

hmv *zie* hartminuutvolume.

HMZ (hyalienemembranenziekte) *zie* syndroom | idiopathic respiratory-distress syndrome.

HNP *zie* hernia nuclei pulposi.

HNPCC (hereditair non-polypose-colorectaal carcinoom) *zie* syndroom | lynch-~.

hobbytraining oefeningen in ontspanning, recreatie, het ontwikkelen van plezierige, belonende activiteiten.

HOCM (hypertrofische obstructieve cardiomyopathie) *zie* cardiomyopathie | hypertrofische ~.

Hodge | **hodgepessarium** in twee vlakken gebogen, ovaal ringpessarium.

Hodgkin | **hodgkincel** voorstadium v.d. sternberg-reedcel. ⊚ **hodgkinlymfoom** (HL) kwaadaardige woekering van B-lymfocyten i.h. lymfatische systeem en de bloedvormende organen, waarbij deze B-lymfocyten veranderen in reuscellen v.h. type Reed-Sternberg; indeling: bij stadium I of II zijn respectievelijk 1 of meer lymfeklierstations aangetast aan één kant v.h. diafragma; bij stadium III zijn lymfeklierstations aangetast aan beide kanten v.h. diafragma en bij stadium IV is er verdere aantasting van andere organen, zoals lever en beenmerg; aan- of afwezigheid van algemene verschijnselen voegt aan het stadium respectievelijk het etiket A of B toe. ⊚ **non-hodgkinlymfoom** (NHL) kwaadaardige woekering van B- of T-lymfocyten i.h. lymfatische systeem en de bloedvormende organen, niet berustend op de ziekte van Hodgkin (hodgkinlymfoom); indeling: bestaat meestal uit B-lymfocyten (85%), waarvan subtypering wordt gemaakt in kleincellig (lage maligniteitsgraad) en grootcellig (hoge maligniteitsgraad); T-cel-non-hodgkinlymfomen (T-cel-NHL) presenteren zich vaak extranodaal, zoals in huid als mycosis fungoides; een nodaal T-cel-NHL is het anaplastisch T-cellymfoom dat een snel groeiende variant is. • **ziekte van** ~ NB: veelal wordt deze ziekte aangeduid met de in betekenis bredere term 'lymfogranulomatose' *zie* hodgkinlymfoom.

Hodgson | **onderbinding volgens** ~ afbinding v.d. a. femoralis bij de hiatus tendineus, na mediane verplaatsing v.d. m. sartorius.

hoek *zie* angulus. • **böhler-~ hoek** (normaal 28°-40°) die wordt gevormd door de lijnen vanaf de achterrand v.d. talus naar het tuber calcanei, alsmede naar de voorrand v.h.

sustentaculum tali. • **brug~** de ruimte tussen de pons en het cerebellum. • **citelli~** de hoek tussen de sinus sigmoideus en de dura mater encephali i.h. mastoïd. • **cobb~** hoek die de ernst van scoliose aangeeft op een voor-achterwaartse röntgenfoto v.d. wervelkolom. • **collodiafysaire** ~ collumdiafyseoek, de hoek die het collum ossis femoris maakt met de femurdiafyse. • **gezichts~** de hoek die de nasion-prosthion-lijn maakt met de Frankfortse normale vlak. • **ranke~** de hoek tussen een mediane lijn over de schedelbasis en een lijn door de kaak en de sutura frontonasalis. • **topinard~** de hoek die wordt gevormd door de lijnen v.d. spina nasalis naar de uitwendige ooropening en naar het ophryon.

hoest reflexmatige reactie op prikkeling v.h. slijmvlies v.d. luchtwegen. • **blaf~** hoest met een blaffend geluid, bij laryngitis bij jonge kinderen. • **bloed~en** zie hemoptoë. • **droge** ~ hoest waarbij geen sputum wordt geproduceerd. • **kink~** zie pertussis. • **kriebel~** zie prikkel~. • **losse** ~ h. die niet gepaard gaat met het opgeven van sputum. • **natte** ~ zie productieve ~. • **onproductieve** ~ zie droge ~. • **prikkel~** hoest door irritatie v.d. farynx- en/of larynxwand. • **productieve** ~ h. die gepaard gaat met het opgeven van sputum. • **vagus~** hoest die reflectoir bij prikkeling v.d. n. vagus ontstaat.

hoestmiddel 1 geneesmiddel dat het ophoesten dempt; **2** geneesmiddel dat het ophoesten bevordert door vermindering van slijmviscositeit en verhoging van productie van (dun, waterig) slijm; **3** emolliens dat dat 'geprikkelde' luchtwegslijmvliezen zou verzachten zie mucolytica.

hoestplaat voedingsbodem (Bordet-Gengou of koolstofbloedagar), gebruikt voor kweek van *Bordetella pertussis* bij kinkhoest.

hoestprikkeldemper zie hoestmiddel.

hof afwijkend gekleurde ruimte rondom een bepaalde huidstructuur of -aandoening.

Hoffa | hoffa-lorenzoperatie reductie v.e. door congenitale heupluxatie gedislokeerde femurkop.

Hoffmann | syndroom van Werdnig-~ zie spieratrofie | spinale ~ type I.

hoffregel zie regel van Van 't Hoff-Arrhenius.

hogeconuslaesie zie syndroom | conusmedullaris-~.

hogeresolutiecomputertomografie (HRCT) zie tomografie | computer-~.

hogetonenverlies gehoorverlies voor de hoge tonen, gekenmerkt door een aflopend of steil afvallend audiogram.

holebi's term ter aanduiding v.d. gehele groep van niet-heteroseksuelen.

holisme theorie dat de levensverschijnselen beheerst worden door de totaliteit v.h. levende wezen.

Hollandse kijker verouderd telescopisch hulpmiddel voor slechtzienden die relatief kort en licht is en een redelijk groot gezichtsveld heeft.

holmgrenwoldraden gekleurde woldraden voor onderzoek v.d. kleurenzin.

holo- voorvoegsel in woordverbindingen m.b.t. een geheel.

holoblastisch met totale (ei)deling.

holodiastolisch zich uitstrekkend over de gehele diastole; vb. holodiastolisch hartgeruis.

holoferment zie enzym | holo-~.

hologamie bevruchting door samensmelting van hologameten.

holoprosencefalie aanlegstoornis v.d. hersenkwabben door onvoldoende splitsing en differentiatie v.d. telencefale hemisferen.

holosystolisch zich uitstrekkend over de gehele systole; vb. holosystolisch hartgeruis.

holotopie de ligging v.e. orgaan ten opzichte v.h. lichaam in zijn geheel.

holter-ecg zie elektrocardiogram | holter-~.

holtermonitor zie elektrocardiogram | ambulant ~.

holzknechtruimte retrocardiale ruimte, wordt vrij geprojecteerd bij doorlichting v.d. thorax i.d. 1e schuine diameter.

homeo- voorvoegsel in woordverbindingen m.b.t. gelijkheid.

homeobox specifieke DNA-sequentie van 180 baseparen die deel uitmaakt v.d. homeotische genen.

homeopathie complementaire, niet algemeen erkende geneeswijze, begin 19e eeuw in Duitsland door Christian Friedrich Samuel Hahnemann ontwikkeld; gebaseerd op het principe 'similia similibus curentur' ('laat het gelijke met het gelijke worden behandeld'): een stof die in hoge dosering de ziekte veroorzaakt, geneest diezelfde ziekte bij gebruik in zeer lage dosering.

homeoplasie vorming van weefsel (bijv.

goedaardige gezwellen), overeenkomend met dat uit de omgeving.

homeoplasma (histologie) bloedplasma van dezelfde species.

homeoplastisch ontstaan uit normaal, omgevend weefsel.

homeostase de neiging v.e. organisme tot handhaving v.e. 'inwendig evenwicht', i.h.b. betreffende de lichaamstemperatuur, de hartfrequentie, de bloeddruk, de hormonale verhoudingen, de water- en de mineralenbalans.

homeotherm warmbloedig, i.h.alg. i.h. bezit van bloed waarvan de temperatuur onafhankelijk is van die v.d. omgeving.

homeothermie eigenschap van 'warmbloedige' dieren hun lichaamstemperatuur op een bepaald peil te houden.

homeotoop op de normale plaats gelegen.

homeotopie ligging van cellen of weefsel op hun normale plaats.

homeotransplantatie *zie* transplantatie | allo-.

homeotypisch overeenkomstig het normale type.

homeotypische deling *zie* kerndeling | mitotische ~.

homicide moord, doodslag.

homing [E] migratie van circulerende lymfocyten naar het lymfoïde weefsel waaruit ze afkomstig zijn.

homing mechanism [E] voorkeur van tumorcellen tijdens metastasering voor een specifiek orgaan.

homingreceptor receptor op lymfocytenmembraan.

hominis gen. van homo; vb. *Enteromonas h.*

homo mens. • ~ **pulsans** bij een ernstige mate van aorta-insufficiëntie synchroon met de hartslag voorkomende zichtbare pulsaties van delen v.h. lichaam.

homocentrisch van één punt afkomstig of naar één punt gericht.

homochroon 1 binnen een bepaalde cyclus steeds op dezelfde tijd gebeurend; **2** isochroon.

homocysteïne zwavelhoudend aminozuur dat gevormd wordt tijdens de omzetting van methionine naar cysteïne.

homodont i.h. bezit van onderling gelijke tanden.

Homo erectus de soort mens die van 750.000 tot 300.000 v. Chr. leefde.

homofiel 1 (immunol.) reagerend met een specifiek antigeen; **2** (sekstol.:) homoseksueel.

homogametisch slechts één soort gameten producerend.

homogamie voortplanting door één soort gameten.

homogeen gelijkmatig, samengesteld uit onderling gelijke bestanddelen.

homogenaat een homogene brij van verbrokkelde cellen, waarin zich vrijgekomen intracellulaire structuren en enzymen bevinden.

homogeniseren fijn en gelijkmatig verdelen.

homogeniteit mate waarin studies goed met elkaar overeenkomen qua onderzoeksopzet, methode en populatie.

homograft transplantaat dat bestaat uit weefsel v.e. individu v.d. eigen soort.

homoio- *zie* homeo-.

homoloog 1 overeenkomstig; **2** (vergelijkende anatomie:) overeenkomend in herkomst, structuur en lokalisatie, zonder noodzakelijke overeenkomst in functie; vb. de zwemblaas van vissen en de longen van zoogdieren; **3** allogeen.

homomeer uit gelijke delen bestaand.

homomorf met een gelijk uiterlijk; **2** i.h. bezit van cellen met gelijke paren chromosomen.

homoniem gelijknamig, gelijkluidend, in dezelfde betrekking tot elkaar staand.

homoplastisch 1 homeoplastisch; **2** allogeen.

homoseksualiteit | egodystone ~ situatie van onvrede waarbij een man of vrouw enerzijds onmiskenbare homoseksuele verlangens ervaart, anderzijds dit van zichzelf niet wenst te accepteren.

homotoop *zie* orthotoop.

homotransplantatie *zie* transplantatie | allo-.

homotropie wederzijdse aantrekking van gelijksoortige cellen.

homozygoot 1 (bijv. nw.) van gelijke aanleg, met gelijke erfelijke eigenschappen; **2** (z. nw.) een individu dat van beide ouders dezelfde erfelijke eigenschappen heeft ontvangen; **3** organisme met een paar identieke allelen op dezelfde loci v.e. chromosomenpaar.

homunculus disproportioneel mensfiguur dat de somatosensorische en motorische projectie v.h. lichaam weergeeft op de

schors v.d. grote of kleine hersenen.
hondsdolheid symptomen van rabiës vertonend.
honger gevoel v.d. natuurlijke behoefte aan eten.
hongercontracties peristaltische golven v.d. maagwand die krachtiger worden wanneer de maag langere tijd leeg is door een verhoogde vagusactiviteit.
honingraatchoroïditis *zie* choroïditis | doyne-~.
hoofd het bovenste deel v.h. lichaam.
hoofdbehandelaar de huisarts of medisch specialist die eindverantwoordelijk is voor de behandeling en begeleiding v.d. patiënt die aan zijn zorg is toevertrouwd.
hoofdbronchus bronchus principalis (dexter, sinister).
hoofd-halschirurgie *zie* chirurgie | craniofaciale ~.
hoofdletsel *zie* trauma capitis.
hoofdomtrek grootste omtrek v.d. schedel i.h. horizontale vlak, gemeten in cm.
• **hoofdpijn** | • **cluster~** paroxismale, plotselinge, hevige, kortdurende enkelzijdige migraineachtige hoofdpijn. • **donderslag~** peracute hevige hoofdpijn die binnen 1 minuut ontstaat en 1 uur tot 10 dagen duurt; kan gevolg zijn van subarachnoïdale bloeding. • **histamine~** *zie* syndroom | binghorton-~. • **hoest~** hoofdpijn die ontstaat na hoesten of uitrekken, meestal subjectief waargenomen i.h. gehele hoofd. • **inspannings~** hoofdpijn optredend tijdens of vlak na inspanning. • **postcoïtale ~** hoofdpijn tijdens of vlak na een orgasme, even vaak bij mannen als vrouwen voorkomend; veroorzaakt door plotselinge bloeddrukverandering. • **postpunctionele ~** hoofdpijn die alleen bij rechtop zitten of staan aanwezig is na een lumbale punctie; door nalekken van liquor naar de paraspinale weefsels via het gaatje i.d. dura mater, waardoor de liquordruk te laag wordt; herstelt spontaan of kan behandeld worden met een blood patch. • **schele ~** *zie* migraine. • **spannings~** veel voorkomende hoofdpijnvorm, veroorzaakt door overmatig aanspannen van nek- en rugspieren (meestal t.g.v. psychische gespannenheid), resulterend i.e. drukkend gevoel in en om het hoofd. • **vasomotorische ~** bonzende hoofdpijn zonder voorafgaand aura, veroorzaakt door contractie en/of dilatatie van grotere intracraniale bloedvaten.
hoofdscheefstand *zie* torticollis.
hoogactieve antiretrovirale therapie (HAART) krachtige combinatietherapie, toegepast bij hiv-positieve personen met als doel de viral load ondetecteerbaar laag te maken.
hoogfrequente stimulatie van nucleus subthalamicus (HFS) behandeling van symptomen v.d. ziekte van Parkinson, te weten rigiditeit, akinesie, tremor en posturale instabiliteit, door stereotactische implantatie van quadripolaire elektroden bilateraal i.d. nucleus subthalamicus (STN-stimulatie, STN = E. *subthalamic nucleus*).
hoog gedifferentieerd *zie* differentiatie.
hooggradig een hoge stadiëring; vb. ~e arteriële stenose door atherosclerose, ~e tumor; hooggradige tumoren groeien meestal sneller en metastaseren eerder dan laaggradige tumoren en hebben een slechtere prognose.
hoogspanningsongeval elektriciteitstrauma bij een spanning groter dan 1000 Volt.
hoogtevrees overmatige vrees die sommige mensen ervaren wanneer zij zich op zekere hoogte bevinden.
hooimijt *zie* Trombicula autumnalis.
hoorapparaat hulpmiddel voor slechthorenden om beter te verstaan.
hoorn cornu [L]. • **achter~** *zie* cornu posterius (substantiae griseae). • **voor~** *zie* cornu anterius.
hoornlaag buitenste laag v.d. epidermis, bestaande uit kernloze, geheel verhoornde cellen.
hoornstof *zie* keratine.
hoornvliesontsteking *zie* keratitis.
hoorplankje lijst van woorden, waarvan de klanken met dezelfde frequentie voorkomen als in algemeen beschaafd Nederlands.
hoorspan het gebied v.d. golven die het oor als geluid kan waarnemen.
hoorstoornis stoornis v.h. horen.
hoortraining training voor slechthorenden i.h. gebruik van niet-auditieve informatie ter verbetering v.d. communicatie met hun omgeving.
hoorvermogen *zie* auditus.
hora (h.) uur (rec.).
hordeolum etterige acute ontsteking v.e. klier v.h. ooglid (kliertje van Zeiss; hordeolum externum, 'strontje') of klier van Meibom (hordeolum internum), meestal ver-

oorzaakt door een stafylokok; persistente vorm (hordeolosis) kan verband houden met diabetes mellitus; NB: niet te verwarren met een chalazion. • ~ **internum** ontsteking v.e. klier van Meibom.

horendstomheid het niet kunnen spreken van kinderen met normaal gehoor en normale verstandelijke vermogens.

horizontalis horizontaal; vb. fissura horizontalis.

hormion aanhechtingsplaats v.h. vomer aan het corpus ossis sphenoidalis, gebruikt als craniometrisch punt.

hormonaal veroorzaakt door, of m.b.t. hormonen; vb. h-nale stoornis.

hormonale substitutie toediening van hormonen ter aanvulling of vervanging van onvoldoende of afwezige eigen productie van hormonen.

hormonale suppletietherapie *zie* hormonale substitutie.

hormonoïden samenvattende term voor stoffen met een hormoonachtige werking.

hormoon een i.h. dierlijk organisme geproduceerde stof met specifieke werking op een of meer organen. • **aanzettend** ~ *zie* stuur-~. • **ACTH-releasing hormone** (ACTH-RH) *zie* corticotropin-releasing hormone. • **adrenocorticotroop** ~ (ACTH) i.d. hypofysevoorkwab geproduceerd hormoon dat de bijnierschors aanzet tot productie van bijnierschorshormonen (corticosteroïden). • **androgeen** ~ *zie* androgeen. • **antidiuretisch** ~ (ADH) *zie* vasopressine. • **anti~** substantie (soms een echte antistof) die de werking v.e. bepaald hormoon opheft. • **antimüllersegang~** (AMH) hormoon dat een rol bij de testisindaling speelt. • **bijschildklier~** *zie* parathyroïd-~. • **corticotropin-releasing hormone** hormoon v.d. hypothalamus dat de hypofyse aanzet tot afgifte van adrenocorticotroop hormoon. • **darm~** hormoon dat wordt geproduceerd of gesecerneerd door o.a. het maag-darmkanaal en invloed heeft op het functioneren v.h. maag-darmkanaal. • **ecto~** *zie* ectocrine. • **effecthormonen** hormonen die rechtstreeks op een eindorgaan werken. • **follikel~** (FH) het product v.d. ovariumfollikels. • **follikelstimulerend** ~ (FSH) door de hypofysevoorkwab geproduceerd hormoon; zet aan tot de follikelrijping i.h. ovarium. • **gastro-intestinaal** ~ hormoon dat door maag of darmen wordt afgescheiden. • **geslachtshormonen** hormonen met androgene of oestrogene werking. • **gonadotroop** ~ verzamelnaam voor follikelstimulerend hormoon en luteïniserend hormoon. • **gonadotrophin-releasing hormone** (GnRH) [E] door de hypothalamus gevormd polypeptidehormoon dat de hypofysevoorkwab aanzet tot productie van FSH en LH. • **groei~** (GH) product v.d. alfacellen i.d. hypofysevoorkwab, reguleert de groei. • **groei-remmend hormoon** *zie* GH-IH. • **growth-hormone-inhibiting hormone** *zie* GH-IH. • **growth-hormone-releasing hormone** *zie* GH-RH. • **humaan placentair lactogeen** (hPL) hormoon met lactogene activiteit, uitgescheiden door de placenta. • **hypothalamushormonen** hormonen die worden toegepast als geneesmiddel en die afkomstig zijn v.d. hypothalamus of zijn afgeleid van hormonen uit de hypothalamus; mogelijke toepassingen o.a. endometriose, onvruchtbaarheid bij de vrouw, pubertas tarda, prostaatkanker. • **inhibiting hormones** (IH) substanties, afkomstig uit de hypothalamus, die de afgifte van bepaalde hormonen door de hypofyse remmen. • **interstitiëlecellenstimulerend** ~ (ICSH) *zie* luteïniserend ~. • **lactotroop** ~ *zie* prolactine. • **luteïniserend** ~ (LH) hormoon v.d. hypofysevoorkwab met luteïniserende werking; heet bij de man "interstitiëlecelstimulerend hormoon (ICSH)". • **luteinizing hormone-releasing hormone** (LHRH) [E] hormoon uit de hypothalamus, dat de hypofyse aanzet tot afgifte van luteïniserend hormoon. • **melanocytenstimulerend** ~ (MSH) hypofysehormoon, bij de mens afkomstig v.d. basofiele cellen i.d. voorkwab. • **N~** androgeen hormoon v.d. bijnierschors, met stikstof-retinerende werking. • **natriuretisch** ~ *zie* peptide | natriuretische ~n. • **neuro~** hormoon dat door neurosecretoire cellen wordt geproduceerd, o.a. i.d. hypothalamus. • **parat~** *zie* parathyroïd-~. • **parathyroïd~** (PTH) hormoon v.d. bijschildklieren. • **peptide~** hydrofoob hormoon dat is opgebouwd uit een keten van aminozuren dat aan receptoren bindt die op het celoppervlak v.d. doelwitcellen aanwezig zijn. • **placentair lactogeen** ~ *zie* humaan placentair lactogeen. • **PRL-inhibitory hormone** (PRL-IH) [E] *zie* prolactine-inhibitoir ~. • **pro~** voorstadium v.e. hormoon. • **prolactine-inhibitoir** ~ (PIH) door de hypothalamus afgescheiden substantie die de secretie van prolactine door de hypofyse remt. • **prolactin-releasing hormone** (PRL-releasing hormone) een door de hypothalamus uitgescheiden stof die de productie van prolactine stimuleert. • **releasing hormone** (RH) stof uit de hypothalamus die de hypofyse aanzet tot afgifte van bepaalde hormonen. • **schildklier**~ zie thyroxine, tri-jodothyronine. • **sekshormonen** zie geslachtshormonen. • **somatotroop** ~ (STH) zie groei-. • **somatotropin-releasing hormone** (SRH) [E] hypothalamusfactor die de hypofyse aanzet tot secretie van somatotropine (groeihormoon). • **stress**~ h. dat wordt geproduceerd als reactie v.h. organisme op stress. • **stuur**~ hormoon dat wordt geproduceerd door de hypofyse en dat andere klieren tot hormoonproductie aanzet. • **thymushormonen** hormonen, geproduceerd i.d. thymus: thymosine, thymopoëtine en thymuline. • **thyreotroop** ~ zie thyreotropine. • **thyreotropin-releasing hormone** (TRH) i.d. hersenstam gevormd hormoon dat de hypofyse aanzet tot productie van thyreotropine. • **thyroïdstimulerend** ~ (TSH) zie thyreotropine. • **trope** ~ zie stuur~. • **vechten-vlucht**~ zie epinefrine. • **vlucht**~ zie epinefrine. • **weefsel**~ hormoon dat niet door een bepaalde endocriene klier wordt gevormd, maar in meerdere.

hormoonpreparaat geneesmiddel dat uit hormonen bestaat dan wel hormonen bevat.

hormoonreceptorbepaling bepaling v.d. hormoonreceptoreiwitten zoals die in mammacarcinomen kunnen voorkomen.

hormoon-receptorcomplex moleculaire verbinding tussen hormoon en receptor.

hormoontherapie behandeling d.m.v. hormonen, bijv. i.d. gynaecologie/endocrinologie ter behandeling van o.a. osteoporose en menopauzale klachten; i.d. oncologie bij hormoongevoelige tumoren, i.h.b. bij mamma- en prostaatcarcinoom. • **prostaat**~ vorm van endocriene behandeling bij een hormoongevoelig prostaatcarcinoom.

horopter de meetkundige plaats van alle punten i.d. ruimte, die bij gefixeerde stand der ogen op corresponderende plaatsen v.d. netvliezen worden afgebeeld.

Horton | **horton-magath-brownsyndroom** zie arteriitis temporalis. • **horton-neuralgie** niet te verwarren met 'morton-neuralgie' zie hoofdpijn | cluster-.

hospice huis waarin terminale patiënten i.e. rustige, huiselijke omgeving kunnen sterven als dat thuis niet mogelijk is.

hospitalisatie 1 het opgenomen worden i.e. ziekenhuis; **2** (in bredere, oneigenlijke zin) het verblijf in i.e. ziekenhuis; **3** zie hospitalisme.

hospitalisme 1 complex van psychische verschijnselen bij langdurig verpleegde patiënten, vooral in psychiatrische ziekenhuizen; **2** ziekenhuisbesmetting; vb. *Pseudomonas*-hospitalisme.

host [E] gastheer, recipiënt.

houding 1 stand v.h. lichaam of een lichaamsdeel; **2** gedragslijn.

houdingscorrectie 1 conservatieve, operatieve of fysiotherapeutische behandeling van standsafwijkingen v.d. wervelkolom of ledematen; **2** geneeswijze waarbij wordt gebruikgemaakt van beweging en aanraking om mensen een gezonde lichaamshouding aan te leren.

hounsfieldeenheid eenheid voor radiodensiteit.

houtsmullerdieet zie niet-toxische tumortherapie.

houtsmullertherapie zie niet-toxische tumortherapie.

HPD zie hematoporfyrinederivaat.

hPL zie hormoon | humaan placentair lactogeen.

HPPD zie hallucinogen persisting perception disorder.

HPV zie virus | humaan papilloma-.

HRCT hogeresolutiecomputertomografie.

HRF60 zie proteïne | C8-bindende ~.

HSG hysterosalpingogram.

HSP zie Henoch | henoch-schönleinsyndroom.

HSS zie Henoch | henoch-schönleinsyndroom.

HST hormonale substitutietherapie.

H-substantie complexe glycosfingolipide, aanwezig i.d. membraan van erytrocyten.

HSV-1 zie virus | herpessimplex- type 1.
HSV-2 zie virus | herpessimplex- type 2.
HSV-3 zie virus | herpessimplex- type 3.
HSV-4 zie virus | humaan herpes- type 4.
HT 1 (cardiol.) zie harttoon; **2** (biochem.) hydroxytryptamine. • **5**~ 5-hydroxytryptami-

ne.
HTA *zie* assessment | health technology ~.
HTLV human T-cell lymphotropic virus *zie* virus | humaan immunodeficiëntie~.
HTLV-I human T-cell lymphotropic virus type I.
HTLV-III human T-cell lymphotropic virus type III *zie* virus | humaan immunodeficiëntie~ type 1.
hubbardtank *zie* vlinderbad.
Hueter | **wet van ~-Volkmann** wet die stelt dat druk op een groeiend bot de groei kan remmen daar waar de druk het hoogst is.
huffen hoestpogingen bij open glottis.
huid de huid bestaat uit drie verschillende lagen, elk met zijn eigen specifieke functies: *epidermis* (opperhuid) *dermis* (cutis, corium, lederhuid) en *subcutis* (onderhuids bind- en vetweefsel). • **chagrijn~** huidafwijking waarbij scherp begrensde huidvelden met oneffen oppervlak zich te midden van normale huid bevinden. • **leder~** *zie* dermis. • **marmer~** *zie* cutis marmorata. • **opper~** *zie* epidermis. • **perkament~** *zie* xeroderma. • **vissen~** *zie* ichtyose. • **zeemans~** weerde huid van oudere mensen die veel i.d. buitenlucht zijn geweest.
huidaanhangsels *zie* adnexa | huidadnexen.
huiddifterie necrotiserende ontsteking v.d. huid door difteriebacillen, waarbij een ondiep ulcus ontstaat met een vastzittende membraan.
huidefflorescentie *zie* efflorescentie.
huident huidtransplantaat. • **partiëledikte~** dun huidtransplantaat, vnl. genomen uit de bilstreek om grote huiddefecten te sluiten. • **vrije ~** transplantaat v.e. uit de donorplaats volledig losgemaakt stukje of lapje huid.
huidirritatie *zie* uitslag, exantheem.
huidlap *zie* lap.
huidleishmaniasis *zie* leishmaniasis cutanea.
HUIDPASTA letterwoord als 'ezelsbrug' voor de aandoeningen die degeneraliseerde pruritus tot gevolg kunnen hebben: hodgkin-uremie-icterus-diabetes mellitus-psychogeen-anemie-senilitas-toxicodermie-ankylostomiasis.
huidplooimeting vaststelling v.d. gemiddelde v.d. huidplooien ter indicatieve bepaling v.d. hoeveelheid huid.
huidreactie | **directe ~** huidreactie, deels immunologisch bepaald, deels bepaald door een direct effect v.d. ingebrachte substanties; leidt tot scherp omschreven kwaddelvorming met erytheem, rode hof met een karakteristiek wheal-and-flare-patroon. • **late ~** *zie* test | epicutane allergie~.
huidtest | **cutane ~** *zie* test | kras~. • **epicutane ~** *zie* test | epicutane allergie~. • **intracutane ~** *zie* allergietest | intracutane ~.
huidtransplantatie • **huidtransplantatie volgens Braun** *zie* Braun | braunhuidtransplantatie.
huidturgor de spanning v.d. huid; een verlaagde h. is gewoonlijk een teken van uitdroging.
huiduitslag *zie* exantheem, lichen, eruptie, eczeem, hidroa, scabiës.
huidverweking *zie* maceratie.
huig *zie* uvula.
huildagboek dagboekje waarin ouders van uur tot uur aangeven of een zuigeling huilt, slaapt, eet of rustig is.
huildagen *zie* post-partumblues.
huisartsbasistakenpakket het geheel v.d. basisfuncties v.d. huisarts zoals opgesteld door de Landelijke Huisartsenvereniging (LHV).
huisartsengroep *zie* hagro.
huisbezoek bezoek v.d. huisarts aan de patiënt thuis.
huishouding proces ter handhaving v.e. chemische balans i.h. lichaam. • **calcium~** regulatie v.d. intracellulaire calciumconcentratie. • **elektrolyten~** regulatie van verschillende elektrolytenconcentraties i.h. bloed door veranderde opname, uitscheiding en door uitwisseling met andere elektrolyten. • **fosfaat~** regulatie van fosfaatconcentratie i.h. lichaam. • **kalium~** het geheel van fysiologische processen ter handhaving v.d. intra/extracellulaire K-ratio. • **magnesium~** de handhaving v.d. magnesiumbalans i.h. lichaam. • **water~** *zie* balans | vocht~.
huisstofmijt *Dermatophagoides pteronyssinus*, *Dermatophagoides farinae*; veelvoorkomende parasieten in huis die sterk allergene uitwerpselen achterlaten.
hulpmiddelen *zie* medische hulpmiddelen.
hulpverlening het organiseren en/of geven van zorg aan daartoe behoeftige personen.
hulpvraag motief en doel v.d. patiënt om bij arts te komen, bepaald door eigen opvattingen en belevingen.
hulpvrager *zie* cliënt.

humaan menselijk, afkomstig van menselijk weefsel, op de mens gericht. • ~ **herpesvirus-4** *zie* virus | humaan herpes~ type 4.
humaan genoomproject *zie* genoomproject.
⊙ **humaanpapillomavirusinfectie** (HPV-infectie) infectie van huid en slijmvliezen, veroorzaakt door het humanepapillomavirus (HPV), zich uitend in verschillende vormen van verrucae (wratten); indeling: naar uiterlijk, lokalisatie en type HPV worden diverse HPV-infecties benoemd: verruca vulgaris, verruca plantaris, verruca plana, verruca filiformis, condyloma acuminatum.
Humaan parvovirus B19 veroorzaker van hydrops foetalis.
human chorionic gonadotrophin *zie* gonadotrofine | humaan chorion~.
human growth hormone *zie* hormoon | groei~.
humanus tot de mens behorend; vb. typus humanus.
humeralis tot de humerus behorend.
humeroscapulaire periartritis *zie* frozen shoulder.
humeroscapularis humeroscapulair, m.b.t. humerus en scapula; vb. periarthritis humeroscapularis.
humero-ulnair m.b.t. humerus en ulna, i.h.b. m.b.t. de lengteverhouding tussen beide.
humerus opperarmbeen. • ~ **varus** humerus waarvan de schacht een hoek van minder dan 130 graden met de humeruskop maakt.
humidus vochtig; vb. necrosis humida.
humor 1 vloeistof; **2** (historische geneeskunde) *zie* pathologie | humorale ~. • ~ **aquosus** het door de ciliaire klieren gesecerneerde vocht dat de voorste en achterste oogkamer vult. • ~ **vitreus** een homogene waterige gel die de mazen v.h. netwerk v.h. corpus vitreum opvult.
humoraal m.b.t. lichaamsvloeistof, bloedplasma (vaak als tegenstelling tot cellulair).
humorenleer *zie* pathologie | humorale ~.
hump *zie* neus | knobbel~.
Hunner | **hunnerstrictuur** plaatselijke spastische vernauwing v.e. ureter. • **hunnerulcus** *zie* cystitis | interstitiële ~.
Hunter | **kanaal van** ~ canalis adductorius. • **huntersyndroom** variant van mucopolysacharidose met X-gebonden recessieve overerving, overigens klinisch en chemisch gelijk aan hurlersyndroom.
hunt-hessgradering klinisch meest gebruikte indeling naar ernst v.d. toestand van patiënten met een subarachnoïdale bloeding.
Huntington | **huntingtonchorea** *zie* ziekte van Huntington.
hurkzit kenmerkende hurkhouding van kinderen met een aangeboren hartgebrek die zij na een geringe inspanning innemen.
HUS *zie* syndroom | hemolytisch-uremisch ~.
Hutchinson | **hutchinsonpupil** mydriasis en ontbrekende vernauwing bij belichting v.d. pupil aan de kant v.e. bestaand hersenproces of een epi- resp. subdurale bloeding. • **hutchinsontanden** typisch gedeformeerde bovenste snijtanden bij syphilis congenita. • **hutchinsontrias** hutchinsontanden, labyrintdoofheid en interstitiële keratitis.
Hutinel | **ziekte van** ~ cardiotuberculeuze levercirrhose.
HUWI (hoge-urineweginfectie) *zie* pyelonefritis, ureteritis.
Huxley | **laag van** ~ mediale laag v.d. binnenste haarwortelschede.
HV-interval tijdsverloop op het ecg tussen aankomst v.d. prikkel i.d. bundel van His en het begin v.h. QRS-complex.
HVZ *zie* hart- en vaatziekten.
hyalien doorschijnend, doorzichtig.
hyaline doorschijnende, structuurloze massa, lijkend op fibrinoïd en amyloïd.
hyalinisatie *zie* degeneratie | hyaliene ~.
hyalinose *zie* degeneratie | hyaliene ~. • **hyalinosis cutis et mucosae** hyaliene degeneratie v.h. bindweefsel van huid en slijmvliezen. • **lipo~ 1** (cardiovascul. pathol.:) afbraak v.d. wand v.d. bloedvaten met ophoping van vetten i.d. vaatwand en verslapping v.d. vaatwand; **2** (neuropathol.:) lipoïde hyaliene degeneratie van hersenweefsel.
hyalinus doorzichtig; vb. myxoma hyalinum.
hyalitis ontsteking v.h. corpus vitreum.
hyaloides glasachtig.
hyaloideus glasachtig, m.b.t. het glaslichaam; vb. canalis hyaloideus, arteria hyaloidea.
hyaloïditis 1 ontsteking v.d. membrana vitrea (vroegere naam: membrana hyaloidea); **2** hyalitis.
Hyalomma geslacht van teken uit de suborde *Ixodida*; overbrenger van *Rickettsiae*.

hyaloom colloïd-milium, pseudomilium colloidale.

hyaloplasma de buitenste, heldere laag v.h. cytoplasma.

hyaluronidase enzym dat hyaluronzuur splitst en zo de verdeling van stoffen i.h. weefsel vergemakkelijkt.

hybride bij kruising van twee genetisch verschillende individuen verkregen product. • **mono~** afstammeling van ouders die in één kenmerk verschillen. • **poly~** kruisingsproduct dat voor een aantal genen heterozygoot is.

hybridisatie 1 kruising, bastaardering; **2** (lab.diagn.) methode om m.b.v. gemerkt, specifiek DNA bacterieel of viraal DNA in materiaal van patiënten aan te tonen; een bekende gelabelde DNA-volgorde wordt gehybridiseerd met RNA of DNA bevattende cellen of chromosomen op een objectglaasje.

hybridoom getransformeerde cellijn die door samensmelting van twee oudere cellijnen is ontstaan en derhalve het genetisch materiaal van beide bevat.

hydatide 1 blaasworm, echinococcusblaas; **2** rudimentair aanhangsel v.d. mannelijke geslachtsorganen, bij de man voorkomend als ongesteeld blaasje (appendix testis) dat zich uit het bovenste einde v.d. gang van Müller ontwikkelt en tegen de epididymis aan ligt.

hydatidenmola zie mola hydatidosa.

hydatidiformis met de vorm van, gelijkend op een hydatide.

hydatidosus lijkend op hydatiden; vb. polypus hydatidosus, mola hydatidosa.

hydr- voorvoegsel in woordverbindingen betreffende water of vocht; niet verwarren met hidr-.

hydradenitis zie spiradenitis.

hydramnion overmatige vorming van vruchtwater (> 2 liter).

hydrarthron vochtophoping i.e. gewricht, bijv. a.g.v. gewrichtseffusie.

hydrarthros zie hydrarthron.

hydratie vochttoediening, bijv. per intraveneuze infusie. • **de~ 1** het verlies van lichaamsvocht a.g.v. zweten, diarree, overmatig urineren, onvoldoende vochtinname; **2** het onttrekken van water aan weefsel; de begrippen 'ontwatering' en 'waterontrekking' worden vnl. in technische, nietmedische zin gebruikt; **3** de toestand die daarvan het gevolg is, dus uitdroging. • **hyper~ 1** overmatig watergehalte v.h. lichaam; **2** overmatige vochttoediening, bijv. per intraveneuze infusie. • **hypo~** verminderd watergehalte v.h. lichaam. • **re~** herstel van water- en elektrolythuishouding bij een uitgedroogde patiënt.

hydremie toeneming v.h. plasmavolume door vermeerdering v.h. watergehalte, 'bloedverdunning'.

hydrencefalocele encefalocele die liquor cerebrospinalis bevat.

hydriatrie zie hydrotherapie.

hydroa zie hidroa.

hydrobilirubine reductieproduct van bilirubine, mogelijk identiek met stercobiline of urobiline.

● **hydrocefalie** verwijding v.h. ventrikelsysteem v.d. hersenen a.g.v. afvloedbelemmering v.d. liquor cerebrospinalis; indeling: men onderscheidt aangeboren en verworven h.; bij verbinding tussen de ventrikels en de subarachnoïdale liquorruimten spreekt men van communicerende h; bij blokkade binnen de ventrikels v.e. obstructieve h.; bij h. met normale liquordruk (is meestal een communicerende h.) van normal-pressure hydrocephalus. • **acute ~** in minuten tot uren ontstane hydrocefalie. • **communicerende ~** hydrocefalie met verbinding tussen de ventrikels en de subarachnoïdale liquorruimten. • **hydrocephalus ex vacuo** hydrocefalie a.g.v. diffuse afname van volume v.d. hersenen. • **normal-pressure hydrocephalus** (NPH) geleidelijk ontstane obstructieve of communicerende hydrocefalie waarbij de liquordruk normaal is gebleven of weer is geworden. • **normotensieve ~** zie normalpressure hydrocephalus. • **obstructieve ~** hydrocefalie die ontstaat a.g.v. afsluiting v.d. intracerebrale liquorweg. • **partiële ~** hydrocefalie van één zijventrikel door afsluiting van één foramen van Monro. • **posthemorragische ~** hydrocefalie a.g.v. een bloeding.

hydrocefalocele zie hydrencefalocele.

hydrocele ophoping van vocht i.d. tunica vaginalis testis.

hydrocephalus term wordt wel gebruikt voor het waterhoofd zelf; het pathol. proces heet dan 'hydrocefalie' zie hydrocefalie.

hydrochinon middel dat i.d. dermatologie wordt aangewend voor het bleken v.e. donkere huid.

hydrocolpocele 1 uitpuiling v.d. vaginawand door een retentiecyste; **2** *zie* hydrocolpos.

hydrocolpos ophoping van vloeistof i.d. vagina bij hymenatresie of vaginale stenose.

hydrocorticosteron | 17-~ *zie* cortisol.

hydrocortison *zie* cortisol.

hydrocutie syncope a.g.v. plotselinge temperatuurswisseling door duik in koud water bij warm weer.

hydrofiel water aantrekkend, water absorberend.

hydrogel een gel met water als dispergens.

hydrogenase enzym dat de reductie van bepaalde stoffen d.m.v. moleculaire waterstof katalyseert.

hydrokèle | hydrocele bilocularis h. die uit twee cysten bestaat. • **cefale ~** lekkage van bloed en liquor cerebrospinalis door een scheur i.d. dura mater en schedelfractuur naar het subcutane weefsel. • **hydrocele communicans** h. i.e. persisterende, met de buikholte in verbinding staande processus vaginalis peritonei. • **hydrocele complicata** h. gecompliceerd door een hernia of spermatokèle. • **hydrocele funiculi spermatici** vochtophoping tussen de bladen v.d. tunica vaginalis v.d. zaadstreng. • **hydrocele hernialis** h. communicans die bij de staande patiënt groter wordt door vulling met vocht uit de buikholte. • **hydrocele multilocularis** h. die uit een aantal compartimenten bestaat. • **hydrocele spinalis** *zie* spina bifida. • **hydrocele testis** h. v.h. cavum testis, evt. gecombineerd met hydrocele funiculi spermatici. • **hydrocele unilocularis** h. die uit één compartiment bestaat.

hydrolase hydrolyserend enzym.

hydrolyse het uiteenvallen v.e. chemische verbinding onder opneming van water. • **alkalische ~** nieuwe techniek voor lijkbezorging, nog i.e. experimenteel stadium en niet toegelaten door de Wet op de lijkbezorging.

hydrolytisch m.b.t. hydrolyse.

hydromeningocele zakvormige uitpuiling v.d. meningen via een opening in schedel of wervelkanaal waarbij de uitpuilende zak met liquor gevuld is.

hydrometra ophoping van vocht i.d. uterus, bij afsluiting v.d. cervix.

hydromphalus cystische uitpuiling v.d. navel bij ascites.

hydromyelie dysrafie met ophoping van liquor i.h. verwijde centraal kanaal.

hydromyelocele vorm van spina bifida cystica met uitpuiling v.h. myelum en de hersenvliezen.

hydronefrose | hydronephrosis intermittens recidiverende h. die plotseling eindigt met urinelozing. • **hydronephrosis perirenalis** ophoping van sereus vocht tussen de nier en het nierkapsel.

hydropathie *zie* hydrotherapie.

hydroperitoneum ophoping van sereus vocht i.d. buikholte, ascites.

hydropicum hydragogum.

hydropisch m.b.t. oedeem; vb. hydropische degeneratie.

hydrops vochtuitstorting in bestaande holte. • ~ **endolymphaticus** vermeerdering v.d. endolymfe i.h. binnenoor als oorzaak v.d. ziekte van Menière. • ~ **genus** vochtophoping i.h. kniegewricht. • ~ **renalis** oedeem t.g.v. nierstoornis. • ~ **spurius** *zie* pseudomyxoom | pseudomyxoma peritonei. • ~ **amnii** *zie* hydramnion. • ~ **foetalis** gegeneraliseerd oedeem bij een foetus a.g.v. decompensatie cordis. • ~ **tubae** *zie* salpinx | hydro-. • ~ **vesicae felleae** h. v.d. galblaas bij afsluiting v.d. ductus cysticus.

hydropyelum stuwing en verwijding v.h. nierbekken t.g.v. afvoerbelemmering.

hydrorrhachis vochtophoping i.h. wervelkanaal. • ~ **dehiscens** combinatie van h. externa, h. interna en spina bifida. • ~ **externa** vochtophoping i.d. subarachnoïdale ruimte. • ~ **interna** vochtophoping i.d. canalis centralis.

hydrose *zie* hidrose.

hydrotherapie fysiotherapeutisch gebruik van water met verschillende temperaturen en druk, waarbij het thermisch en/of hydrostatische effect van water beoogd wordt.

hydrotis vochtophoping i.h. middenoor.

hydrotomie splijting van weefsels door krachtdadige inspuiting van water.

hydrotropie verhoging v.d. oplosbaarheid van moeilijk oplosbare organische verbindingen door toevoeging van elektrolyten.

hydrotympanum ophoping van sereus vocht i.d. trommelholte.

hydrovaccin *zie* vaccin | slik-~.

hydroxocobalamine de fysiologisch actieve vorm van vitamine B_{12}.

hydroxyapatiet het kwantitatief belang-

rijkste anorganische bestanddeel v.d. beensubstantie.
hydroxyboterzuurdehydrogenase (HBDH) enzym dat in verhoogde mate i.h. bloed voorkomt, o.a. na een myocardinfarct.
hydroxybutaanzuur | 4-~ *zie* zuur | gamma-hydroxyboter~.
hydroxycolecalciferol | 25-~ i.d. lever uit vitamine D_3 (colecalciferol) gevormde metaboliet met sterkere antirachitische werking dan vit. D_3.
hydroxylapatiet (HAP) $Ca_{10}(PO_4)_6(OH)_2$, een dubbelzout van tricalciumfosfaat en calciumhydroxide; de minerale vorm waarin het merendeel v.h. calcium en het fosfaat i.d. gecalcificeerde weefsels is vastgelegd.
hydroxylasen groepsnaam voor enzymen die de hydroxylering v.e. substraat katalyseren.
hydroxylysine alfa-aminozuur waaruit door biosynthese collageen ontstaat.
hydroxymethylglutarylreductase (HMG-CoA-reductase) enzym dat de omzetting van cholesterol uit acetaat i.d. lever katalyseert.
hydroxyproline een aminozuur, bijna uitsl. voorkomend in collageen, in geringe mate ook in elastine.
hydroxyradicaal *zie* zuurstofradicaal.
hyfe multinucleair filament v.e. schimmel.
Hygieia Griekse godin v.d. gezondheid, dochter van Asklepios, god v.d. geneeskunst.
hygiëne 1 gezondheidsleer, de leer betreffende de gezondheid en de instandhouding daarvan; 2 het complex van maatregelen ter bevordering v.d. gezondheid.
hygiënist specialist i.d. hygiëne. • **ziekenhuis~** i.e. ziekenhuis werkzame functionaris die als voornaamste taak heeft, de ziekenhuisinfectie te beteugelen.
hygroom watergezwel, cyste met waterige inhoud. • **hygroma carpale** vochtophoping i.d. peesscheden v.d. vingerbuigers ter hoogte v.h. handgewricht. • **hygroma cysticum** *zie* lymfangioom | lymphangioma cysticum. • **hygroma cysticum colli** aangeboren halslymfangioom. • **hygroma praepatellare** hygroom v.d. bursa prepatellaris a.g.v. chronische bursitis.
hymen slijmvliesstructuur i.d. introitus vaginae, op de grens v.d. vaginaholte, die in ongeschonden toestand meestal een zekere vernauwing inhoudt. • ~ **imperforatus** hymen dat de vagina-ingang geheel afsluit, leidend tot niet kunnen afvloeien van menstruatiebloed.
hymenalis het hymen betreffend; vb. carunculae hymenales (mv. van hymenalis).
Hymenolepis een geslacht cestodewormen. • ~ *nana* dwerglintworm, bij knaagdieren en ook bij de mens.
Hymenoptera vliesvleugelige insecten (bijen, wespen), een orde v.d. *Insecta*.
hymenopterisme vergiftiging door de steek van *Hymenoptera*.
hyo- voorvoegsel in woordverbindingen betreffende het os hyoideum.
hyoepiglotticus v.h. hyoïd naar de epiglottis lopend; vb. ligamentum hyoepiglotticum.
hyoglossus van hyoïd naar de tong lopend; vb. musculus h-ssus.
hyoideus m.b.t. het hyoïd.
hyomandibulare bij het embryo het dorsale deel v.d. kraakbenige tongbeenboog, waaruit bij de mens de stijgbeugel ontstaat.
hyopharyngicus v.h. hyoïd naar de farynx lopend; vb. musculus hyopharyngicus.
hyothyreotomie het openen v.d. hypofarynx tussen tongbeen en schildkraakbeen.
hyothyroideus het tongbeen en de schildklier betreffend, van tongbeen naar schildklier lopend.
hyp- voorvoegsel in woordverbindingen met de betekenis 'onder', subnormaal, onvoldoende, verlaagd.
hypaciditeit verminderd zuurgehalte, bijv. van maagsap.
hypacusis slechthorendheid.
hypaesthesia olfactoria *zie* hyposmie.
hypalbuminemie *zie* hypoalbuminemie.
hypalgesie vermindering v.h. pijngevoel.
hypalgetisch verminderd pijngevoelig.
hyparterieel onder een slagader.
hyper- voorvoegsel in woordverbindingen met de betekenis 'boven', over, aan gene zijde, overmatig.
hyperabductie (ingeburgerde onjuiste term): maximale abductie v.d. humerus.
hyperaciditeit te hoge zuurgraad, i.h.b. v.h. maagsap.
hyperactief gedrag gedreven en energiek gedrag v.e. persoon (i.h.b. kinderen) die geen moment stilzit en zich chaotisch, impulsief, veelal onhandig gedraagt; treedt op bij aandachtstekortstoornis met hyperacti-

viteit.
hyperacusis verhoogde gehoorscherpte, soms met pijngevoel (h. dolorosa). • **~ Willisi** het schijnbaar beter horen v.d. lijder aan otosclerose in lawaaiige omgeving.
hyperadenose vergroting van klieren, vermeerdering van klierweefsel.
hyperadrenalisme verhoogde activiteit v.d. bijnier.
hyperadrenocorticisme verhoogde activiteit v.d. bijnierschors.
hyperaemia *zie* hyperemie.
hyperaesthesia gustatoria *zie* hypergeusie.
hyperaesthesia olfactoria *zie* hyperosmie.
hyperafrodisie overmatige verhoging v.d. geslachtsdrift.
hyperalbuminemie verhoogd gehalte v.h. bloed aan albuminen.
hyperaldosteronisme syndroom dat gepaard gaat met hypersecretie van aldosteron door de bijnierschors. • **idiopathisch ~** een vorm van primair aldosteronisme t.g.v. bilaterale corticale nodulaire hyperplasie v.d. bijnieren. • **secundair ~** excessieve aldosteronsecretie o.i.v. buiten de bijnier gelegen stimuli, zoals eenzijdige nierarteriestenose.
hyperalert overdreven alert en gevoelig zijn voor externe impulsen.
hyperalgesie verhoogde gevoeligheid voor pijn.
hyperalgetisch verhoogd pijngevoelig.
hyperalimentatie parenterale toediening van alle nutriënten bij patiënten met niet-functionerend maag-darmkanaal.
hyperammoniëmie aangeboren stofwisselingsdefect waarbij het bloed te veel ammoniak bevat (> 0,4-0,9 mg/l).
hyperbaar bij een druk hoger dan de atmosferische.
hyperbaredrukzak speciale hogedrukzak, gebruikt voor behandeling van personen met acute en levensbedreigende symptomen van hoogteziekte.
hyperbarezuurstofbehandeling | hyperbarezuurstoftherapie behandeling i.e. overdrukkamer (-tank) i.e. atmosfeer van zuivere zuurstof; hyperoxygenatie onder overdruk doet hierbij zuurstof beter in lichaamsweefsel doordringen, wat leidt tot o.a. verbeterde neoangiogenese en tot vasoconstrictie.
hyperbilirubinemie verhoogd bilirubinegehalte v.h. bloed *zie* icterus neonatorum.
• **niet-geconjugeerde ~** een teveel aan bilirubine i.h. bloed dat de lever nog niet is gepasseerd.
hypercalciëmie overmatig calciumgehalte v.h. bloed. • **idiopathische ~** een aangeboren stofwisselingsdefect met verhoogd calciumgehalte v.h. bloed. • **maligniteit-geassocieerde ~** hypercalciëmie die voorkomt bij maligniteiten door overmatige botresorptie of door productie van calcitriol door tumorcellen.
hypercapnie verhoogd kooldioxidegehalte v.h. bloed.
hypercementose hyperplasie van tandcement.
hyperceruminose overmatige uitscheiding van oorwas.
hyperchloorhydrie *zie* hyperaciditeit.
hyperchloremie overmatig chloridegehalte v.h. bloed.
⊚ **hypercholesterolemie** te hoog cholesterolgehalte v.h. bloed; bij afspraak is hiervoor de grens getrokken bij 5 mmol/l; h. is geen ziekte, maar een risicofactor voor hart- en vaatziekten of een uiting v.e. andere ziekte, bijv. hypothyreoïdie of een erfelijke vetstofwisselingsstoornis. • **familiaire ~** (FH) autosomaal dominante aandoening waarbij het LDL-cholesterol i.h. bloed verhoogd is. • **polygenetische ~** aandoening waarbij het LDL-cholesterol i.h. bloed verhoogd is t.g.v. multipele genetische en milieufactoren.
hypercholie overmatige galproductie door de lever.
hyperchondroplasie 1 overmatige kraakbeenvorming; 2 marfansyndroom.
hyperchromasie 1 verhoogde kleurbaarheid, bijv. van celkernen; 2 verhoogd gehalte aan hemoglobine per erytrocyt.
hyperchromatisme verhoogd kleurstof- of pigmentgehalte van weefsel, i.h.b. v.d. huid.
hyperchroom 1 sterker gekleurd dan gewoonlijk; 2 met te hoog hemoglobinegehalte per erytrocyt.
hypercoagulabiliteit verhoogde stolbaarheid v.h. bloed.
hypercorticisme *zie* hyperadrenocorticisme.
hypercortisolisme *zie* Cushing | cushingsyndroom.
hyperdactylie polydactylie.
hyperdynamie overmatige kracht. • **hyper-**

dynamia uteri overmatig krachtige uteruscontracties.

hyperekplexie aanval waarbij het bewustzijn verloren lijkt te zijn.

hyperelastosis cutis *zie* syndroom | ehlers-danlos~.

hyperemie overmatige bloedvulling v.e. orgaan of lichaamsdeel; vb. hyperemische farynx. • **actieve** ~ bloedovervulling door verhoogde arteriële bloedtoevoer. • **collaterale** ~ bloedovervulling i.e. collateraal circulatiegebied. • **passieve** ~ bloedovervulling door gestoorde veneuze afvoer. • **peristatische** ~ bloedovervulling v.h. omgevende weefsel. • **reactieve** ~ bloedovervulling als reactie op een prikkel zoals ontsteking, warmte. • **veneuze** ~ *zie* passieve ~.

hypererergie verhoogde gevoeligheid, versterkte reactiewijze.

hyperergisch verhoogd prikkelbaar, overgevoelig, allergisch.

hyperesoforie afwijking v.d. oogas naar boven en neuswaarts.

hyperesthesie overgevoeligheid.

hyperesthetisch overgevoelig.

hyperexcitabiliteit overmatig reagerend op een prikkel.

hyperexcitatiesyndroom verhoogde gevoeligheid voor of reactie op uitwendige prikkels bij neonaten met verhoogde schrikachtigheid bij positiewisseling, harde geluiden of plotseling vastpakken; vnl. gezien bij hypoxisch-ischemische encefalopathie na perinatale asfyxie, kinderen van diabetische moeders of alcohol- of drugsverslaafde moeders.

hyperexoforie afwijking v.d. oogas naar boven-buiten.

hyperextensie overstrekking v.e. pees of spier.

hyperfalangie aanwezigheid van te veel kootjes i.e. vinger of teen, i.h.b. i.d. duim en de grote teen.

hyperfecundatie bevruchting van twee of meer eicellen tijdens één ovulatie.

hyperfibrinogenemie overmaat aan fibrinogeen i.h. bloed.

hyperfiltratie toename van glomerulaire filtratie; zo neemt bij afname van functionerend nierweefsel de GFR per nefron toe.

hyperflexie overmatige buigstand v.e. gewricht.

hyperfolliculinemie *zie* hyperoestrogenemie.

hyperfolliculinisme het complex van verschijnselen bij hyperfolliculinemie.

hyperforie heteroforie met afwijking v.e. der oogassen naar boven.

hyperfunctie overmatige werkzaamheid.

hypergammaglobulinemie overmaat aan gammaglobuline i.h. bloed.

hypergastrinemie hoge gastrinespiegel i.h. bloed.

hypergenitalisme overmatige ontwikkeling v.d. genitalia en de secundaire geslachtskenmerken.

hypergeusie overmatige smaakgevoeligheid.

hypergie verlaagde gevoeligheid, verminderde reactie op een prikkel.

hypergisch verminderd gevoelig, verminderd prikkelbaar.

hyperglobulie *zie* polyglobulie.

hyperglobulinemie overmaat van globuline(n) i.h. bloed.

hyperglycinemie verhoogde concentratie aan glycine i.h. bloed.

hyperglykemie verhoogde concentratie aan glucose i.h. bloed; normaalwaarden voor glucose 3,5-6,0 mmol/l onder nuchtere omstandigheden en 3,5-7,8 mmol/l onder niet-nuchtere omstandigheden. • **hyperosmolaire** ~ vorm van ontregelde diabetes mellitus, vooral voorkomend bij ouderen, vaak als eerste presentatie van diabetes mellitus. • **ketotische** ~ vorm van ontregelde diabetes mellitus a.g.v. een insulinetekort.

hyperglykemisch m.b.t., gepaard met hyperglykemie.

hypergonadisme *zie* pubertas praecox.

hypergonadotroop met overmatige afscheiding van gonadotrofine door de hypofyse.

hyperhidrose overmatige zweetsecretie; als nachtzweten veel voorkomend symptoom van systemische aandoeningen. • **gustatoire** ~ transpiratie op voorhoofd, neus en bovenlip bij het nuttigen van warme dranken of gekruide spijzen. • **hemi~** overmatig zweten van één lichaamshelft. • **hyperhidrosis unilateralis** *zie* hemi~.

hyperhydremie *zie* hydremie.

hyperimmuun met overmaat van immuunstoffen.

hyperinflatie | pulmonale ~ overmatige uitzetting v.d. longen door beschadiging v.d. kleinste luchtwegen.

hyperinsulinemie verhoogde insulineconcentratie i.h. bloed.

hyperinsulinisme overmatige productie van insuline door de pancreas; leidt tot hypoglykemie en soms tot hypoglykemische shock; veelal a.g.v. insulinoom.

hyperinvolutie overmatige involutie v.e. orgaan.

hyperkaliëmie te hoog kaliumgehalte v.h. bloed.

hyperkeratose overmatige verhoorning v.d. huid (cornea, slijmvliezen) waarbij de hoorncellen vast blijven zitten en zij geen kernen bevatten. • **hyperkeratosis cutis** h. v.d. huid, o.a. bij avitaminose-A. • **hyperkeratosis diffusa congenita** *zie* ichtyose | ichthyosis congenita. • **hyperkeratosis lacunaris** dyskeratose van farynxepitheel. • **hyperkeratosis universalis congenita** ernstige vorm van ichthyosis congenita *zie* ichtyose | harlekijn~.

hyperkeratotisch gepaard gaand met hyperkeratosis.

hyperkinesie een teveel aan ongewild optredende bewegingen door een extrapiramidale stoornis (doorgaans letsel in basale ganglïen, ook wel in cerebellum) of door psychische oorzaak. • **extrapiramidale ~** onwillekeurige maar gecoördineerde, rukkende bewegingen, zoals bij chorea. • **hyperkinesis laryngis** *zie* spasme | laryngo~.

hyperkinetisch *zie* hyperkinesie.

hyperkyfose ventrale vervorming (wigvorm) v.d. thoracale wervels waarbij verkleining v.d. thoraxholte optreedt.

hyperlactacidemie *zie* acidose | lactaat~.

hyperlaxiteit term gebruikt om abnormale rekbaarheid van pezen en ligamenten aan te duiden.

hyperleukocytose sterke vermeerdering v.h. aantal leukocyten i.h. bloed.

hyperlipidemie | familiaire gecombineerde ~ (FGH) autosomaal dominante erfelijke aandoening waarbij binnen één familie verschillende vormen van hyperlipidemie voorkomen. • **gemengde ~** aandoening waarbij de totale cholesterolconcentratie en de totale triglycerideconcentratie verhoogd zijn. • **secundaire ~** hyperlipidemie die het gevolg is v.e. andere aandoening of het gebruik van medicijnen.

hyperlipochromemie overmaat aan lipochromen (xanthofyl, carotine) i.h. bloed.

hyperlipoïdemie overmaat aan lipoïden i.h. bloed. • **essentiële ~** aangeboren stofwisselingsziekte, gekenmerkt door h., gepaard gaand met xanthomen en vroegtijdige atherosclerose.

hyperlipoproteïnemie overmaat aan lipoproteïnen i.h. bloed. • **type-1-~** hyperlipoproteïnemie die wordt gekenmerkt door verhoogde concentratie chylomicronen waardoor hypertriglyceridemie. • **type-2a-~** hyperlipoproteïnemie die wordt gekenmerkt door verhoogde concentratie LDL. • **type-2b-~** hyperlipoproteïnemie die wordt gekenmerkt door verhoogde concentratie LDL en VLDL, m.a.g. hypercholesterolemie en hypertriglyceridemie. • **type-3-~** hyperlipoproteïnemie die wordt gekenmerkt door verhoogde concentratie overblijfselen van chylomicronen. • **type-4-~** lipoproteïnemie die wordt gekenmerkt door verhoogde concentratie VLDL waardoor hypertriglyceridemie. • **type-5-~** lipoproteïnemie die wordt gekenmerkt door verhoogde concentratie VLDL en chylomicronen.

hypermagnesiëmie abnormaal hoge serummagnesiumwaarden door excessieve Mg-intake en/of gestoorde nierfunctie.

hypermastie 1 overmatige ontwikkeling v.e. of beide borsten; **2** (onjuist) polymastie.

hypermaturus overrijp; vb. cataracta hypermatura.

hypermelanose versterkte melaninepigmentering.

hypermetamorfose bij manie voorkomende overmatig snelle wisseling van denkbeelden.

hypermetrie bij een doelgerichte beweging schiet de patiënt voorbij zijn doel een coördinatiestoornis.

hypermetroop vérziend.

hypermetropie refractieafwijking waarbij een veraf gelegen object achter het netvlies wordt geprojecteerd. • **as~** hypermetropie t.g.v. een te korte oogas. • **latente ~** het aandeel i.d. totale hypermetropie dat door de tonus v.d. ciliaire spier verborgen blijft. • **manifeste ~** de met convexe lenzen corrigeerbare hypermetropie bij aanwezige tonus v.d. ciliaire spier. • **totale ~** hypermetropie die blijkt te bestaan nadat de tonus v.d. ciliaire spier door atropine is opgeheven.

hypermimie overdreven mimiek en gebaren bij pseudobulbaire paralyse.

hypermnesie (psychol.) abnormaal versterkte opslag van bepaalde gebeurtenissen i.h. langetermijngeheugen.

hypermobiliteit overmatige beweegbaarheid. • **hypermobilitas articulorum** toegenomen beweeglijkheid van gewrichten door overmatige rekbaarheid van gewrichtsbanden en pezen.

hypermotiliteit 1 overmatig bewegingsvermogen; 2 verhoogde bewegingsdrang.

hypernatriëmie overmaat aan natrium i.h. bloed.

hypernatriurese verhoogde uitscheiding van natrium met de urine.

hypernefritis ontsteking v.d. hypernephros.

hypernefroom obsolete naam voor adenocarcinoma renis (grawitztumor).

hypernephros zie nier | bij~.

hyperodontie aanwezigheid van overtollige tanden.

hyperodontogenie uitval v.h. 'blijvende gebit', gevolgd door een derde dentitie.

hyperoestrogenemie overmaat aan oestrogeen i.h. bloed.

hyperoestrogenisme het complex van verschijnselen veroorzaakt door hyperoestrogenemie.

hyperopie zie hypermetropie.

hyperorexie zie bulimia nervosa.

hyperornithinemie aangeboren stofwisselingsziekte, gekenmerkt door een hoge serumornithineconcentratie en tekenen van hersen-, lever- en nierbeschadiging.

hyperorthokeratose overmatige verhoorning v.d. huid waarbij de kernloze hoorncellen blijven vastzitten.

hyperosmie verhoogde reukgevoeligheid.

hyperosmolair gepaard met hyperosmolariteit.

hyperosmolariteit verhoogde osmotische druk i.d. vloeistofcompartimenten v.h. lichaam.

hyperostose beenwoekering.

hyperostosis ankylosans vertebralis senilis hyperostose v.d. (thoracale) wervelkolom met geprononceerde spondylofyten.

hyperoxie overmaat aan zuurstof (oxygenium) i.h. lichaam.

hyperoxygenatie het teweegbrengen van overmatig zuurstofgehalte v.h. bloed.

hyperparaproteïnemie overmaat aan paraproteïnen i.h. bloed, i.h.b. bij myelomatosis, macroglobulinemie.

hyperparathyreoïdie overmatige secretie van PTH door de bijschildklieren door tumorvorming of hoofdcel-hyperplasie, leidend tot hypercalciëmie en spierzwakte, botontkalking en bot- en gewrichtsafwijkingen. • **primaire** ~ hyperparathyreoïdie. • **secundaire** ~ hyperparathyreoïdie die ontstaat bij daling v.d. plasmacalciumconcentratie. • **tertiaire** ~ autonome productie van parathormoon door een bijschildklieradenoom a.g.v. langdurige secundaire hyperparathyreoïdie.

hyperparathyreose zie hyperparathyreoïdie.

hyperpathie overgevoeligheid voor pijnprikkels.

hyperpepsie overmatige afscheiding van enzymen door maag, darm en pancreas, m.a.g. versnelling v.h. verteringsproces.

hyperpigmentatie | **postinflammatoire** ~ hyperpigmentatie die ontstaat aan het eind v.e. inflammatoir proces of na andere prikkels.

hyperpinealisme overmatige activiteit v.h. corpus pineale.

hyperpituïtarisme overmatige activiteit v.d. (voorkwab v.d.) hypofyse.

hyperplasie volumevermeerdering van weefsel of v.e. orgaan door vermeerdering (niet vergroting) van cellen. • **atypische ductale** ~ overgroei van cellen met afwijkende kenmerken v d. cel en de celkern. • **fibreuze** ~ zie fibroom | irritatie~. • **focale polypoïde epitheliale** ~ hyperplastische of metaplastische poliep v.h. rectum met een zaagtandvormige klierstructuur en bekleed met normaal uitgerijpte epitheelcellen. • **hyperplasia glandularis cystica** proliferatie v.h. endometrium met cystevorming door aanhoudende werking van follikelhormoon bij persisterende follikel of bij granulosaceltumor. • **seniele talgklier~** geprononceerde talgklier, meestal multipel voorkomend, i.h. gezicht bij oudere personen, gekenmerkt door gele papels met een putje i.h. midden. • **smeerklier~** zie seniele talgklier~. • **virginale** ~ hyperplasie van borstweefsel dat meestal voor de puberteit tot een- of dubbelzijdige mammahypertrofie leidt

hyperplasticus hyperplastisch; vb. chondrodystrophia hyperplastica; vgl. hypoplasticus.

hyperplastisch overontwikkeld door celvermeerdering; vb. hyperplastische prostaat.

hyperpneu overmatig frequente en diepe ademhaling.

hyperpolarisatie toename v.d. membraanpotentiaal v.e. axonmembraan door elektrische of chemische prikkeling.

hyperpresbyopie combinatie van hypermetropie en presbyopie.

hyperprolactinemie overmaat aan prolactine i.h. bloed, zich uitend in pathologische galactorroe en amenorroe resp. impotentie.

hyperprolinemie zeldzame erfelijke aandoening waarbij een overmaat aan proline in het bloed leidt tot aangeboren nierafwijkingen en doofheid of tot epilepsie en mentale retardatie.

hyperproteïnemie overmaat aan proteïnen i.h. bloed.

hyperptyalisme *zie* speekselvloed.

hyperpyretisch gepaard gaand met hyperpyrexie.

hyperpyrexie overmatige koorts (>42°C). • **maligne** ~ *zie* hyperthermie | maligne ~.

hyperreactiviteit 1 (alg., psych., fysiol.) eigenschap om sterker op prikkels te reageren dan gemiddeld; **2** (immunol.) versterkte, maar normale reactie op een stimulus, i.h. bijzonder bij astma/COPD, waarbij de luchtwegen overprikkelbaar zijn voor zogeheten aspecifieke prikkels. • **bronchiale** ~ eigenschap om met bronchusobstructie te reageren op niet-allergische prikkels van fysische (koude lucht, smog, mist), fysiologische (inspanning), chemische (zwaveldioxide) en farmacologische (histamine, metacholine, adenosinemonofosfaat) aard i.e. concentratie die bij gezonden geen reactie opwekken. • **luchtweg**~ *zie* bronchiale ~. • **vestibulaire** ~ hyperreactiviteit v.h. vestibulum auris, gekenmerkt door sterke reactie op calorisch onderzoek en rotatieonderzoek.

hyperreflexie verhoging v.d. reflexen. • **detrusor**~ *zie* instabiliteit | detrusor~.

hyperresponsiviteit 1 reageren met meer dan de normale activiteit op een bepaalde stimulus; **2** bij autisten voorkomende extreme gevoeligheid voor prikkels uit de omgeving, bijv. het over grote afstanden horen van geluid.

hypersalivatie *zie* speekselvloed.

hypersegmentatie de aanwezigheid van leukocyten met abnormaal sterk gesegmenteerde kernen.

hyperseksualiteit *zie* nymfomanie, satyriasis, verslaving | seks~.

hypersensitiviteit 1 (psych.) overgevoeligheid voor indrukken en morele nederlagen, gepaard met een kwetsbaar gevoel van eigenwaarde; **2** (immunol.) *zie* hyperreactiviteit. • **delayed-type**~~ (DTH) type-IV-allergische reactie; gemedieerd door CD4+-T-helpercellen. • **immediate-type hypersensitivity** [E] allergische reactie die onmiddellijk volgt op antigeencontact waarvoor de patiënt eerder al is gesensibiliseerd.

hypersomie reuzengroei.

hypersomnie overmatige slaap en slaperigheid.

hypersonore percussietoon aanduiding v.e. door hoge, lang aanhoudende tonen gekenmerkte percussieklank.

hypersplenie overmatige miltfunctie, blijkend uit verhoogde afbraak van bloedcellen.

hyperstimulatie proces waarbij vrouwen met een normale cyclus ovulatie-inducerende middelen toegediend krijgen.

hypersystolie overmatig verhoogde systolische kracht v.h. hart.

hypertelorisme overmatige afstand tussen twee gepaarde organen, i.h.b. de ogen.

⊕ **hypertensie** bij herhaalde metingen vastgestelde verhoogde bloeddruk, d.w.z. diastolische druk 90 mm Hg en systolische druk 140 mm Hg; voor personen van 60 jaar en ouder zonder diabetes, familiaire hypercholesterolemie of manifeste hart- en vaatziekte geldt een systolische bloeddruk 160 mm Hg als verhoogd; een verhoogde systolische bloeddruk (140 of 160, afh. v.d. leeftijd) in combinatie met een normale diastolische bloeddruk (< 90 mm Hg) heet een geïsoleerde systolisch verhoogde bloeddruk; indeling: bij primaire of essentiële hypertensie is de oorzaak v.d. bloeddrukverhoging niet bekend (>95%); bij secundaire hypertensie is een oorzaak te vinden (parenchymateuze nierziekten (3%), nierarteriestenose (< 2%) en bijnieraandoeningen (< 0,5%)); bij maligne hypertensie is de bloeddruk sterk verhoogd (diastolisch meestal > 130 mm Hg) en is sprake van orgaanschade; bij zwangerschapshypertensie is de diastolische bloeddruk 90 mm Hg, optredend i.d. tweede helft v.d. zwanger-

schap bij een voorheen normotensieve vrouw. • **borderline~** bloeddruk met waarden juist boven die v.d. officiële definitie v.e. normale bloeddruk: systolische bloeddruk van >160 mmHg en/of diastolische bloeddruk van >95 mmHg. • **essentiële ~** verhoogde bloeddruk waarvoor geen oorzaak aanwijsbaar is. • **genuïene** ~ *zie* essentiële ~. • **idiopathische** ~ *zie* essentiële ~.
• **idiopathische intracraniële ~** aandoening met verhoogde liquordruk, normale liquorsamenstelling en normale intracraniële anatomie bij beeldvorming. • **benigne intracraniële ~** *zie* idiopathische intracraniële ~. • **low-renin hypertension** [E] verhoogde bloeddruk bij laag reninegehalte.
• **maligne ~** *zie* crisis | hypertensieve ~. • **nefrogene ~** h., veroorzaakt door een aandoening v.d. nieren; veel voorkomende oorzaak is een nierarteriestenose. • **portale ~** verhoogde druk i.d. vena portae; men onderscheidt drie vormen: 1) prehepatisch, a.g.v. obstructie v.d. bloedstroom i.d. vena portae hepatis voordat deze de lever binnengaat (portatrombose); 2) intrahepatisch, a.g.v. obstructie v.d. bloedstroom i.d. de lever, meestal a.g.v. levercirrose (chronisch alcoholmisbruik), leverfibrose (schistosomiasis) of myeloproliferatieve aandoeningen; soms ook idiopathisch; 3) posthepatisch, a.g.v. obstructie v.d. bloedstroom i.d. vena portae hepatis nadat deze de lever heeft verlaten. bijv. bij ernstig hartfalen en trombose v.d. leverader (= syndroom van Budd-Chiari). • **pregnancy-induced hypertension** [E] *zie* toxicose | zwangerschaps~. • **primaire ~** *zie* essentiële ~.
• **pulmonale ~** *zie* pulmonale arteriële hypertensie. • **renale ~** verhoogde bloeddruk t.g.v. nieraandoening. • **renovasculaire ~** hypertensie t.g.v. vernauwing v.d. arteria renalis of v.d. der takken ervan. • **secundaire ~** verhoogde bloeddruk a.g.v. een bekende (primaire) aandoening (bijv. renaal, endocrien). • **symptomatische ~** *zie* secundaire ~. • **systolische ~** systolisch verhoogde bloeddruk (>140 mmHg) bij een normale diastolische bloeddruk. • **verhoogderenine~** verhoogde bloeddruk bij een verhoogde serumrenineconcentratie. • **wittejas~** bloeddruk die verhoogd is bij meting door een arts, maar die normaal blijkt te zijn bij continue ambulante registratie bij de patiënt thuis. • **zwangerschaps~** hypertensie die tijdens zwangerschap optreedt; een v.d. symptomen van zwangerschapstoxicose *zie* toxicose | zwangerschaps~.

hypertensief m.b.t. hypertensie.
hypertensine *zie* angiotensine.
hypertensivum bloeddrukverhogend middel.
hyperthecose woekering v.d. theca folliculi met verhoogde productie van androgeen hormoon.
hyperthelie aanwezigheid van meer dan het normale aantal tepels.
hypertherm 1 gepaard aan hoge temperatuur; 2 gedijend bij hoge temperatuur.
hyperthermie verhoogde lichaamstemperatuur die onder fysiologische omstandigheden optreedt, bijv. bij lichamelijke inspanning, een hoge omgevingstemperatuur of i.v.m. ovulatie; i.t. koorts gaat hyperthermie niet gepaard met een gevoel van malaise. • **maligne ~** hoogoplopende lichaamstemperatuur door excessieve spierarbeid als reactie op inleiding van narcose.
hyperthermiebehandeling behandeling door toevoeging van warmte.
hyperthymie overmatige vrolijkheid.
⊚ **hyperthyreoïdie** overmatige werking v.d. schildklier waarbij de secretie/productie van schildklierhormoon thyroxine (T4) en/of tri-jodothyronine (T3), bij 15% alleen tri-jodothyronine) is toegenomen en niet meer onder controle staat v.d. hypothalamus-hypofyseas; thyreotoxicose is het ziektebeeld dat wordt gekenmerkt door een overmaat van schildklierhormoon i.d. perifere weefsels, hetzij a.g.v. hyperthyreoïdie, hetzij door lekkage van T4 en T3 uit beschadigde schildkliercellen, zoals bij thyreoïditis, hetzij door toediening van te veel exogeen schildklierhormoon. • **apathische ~** zeldzame, gewoonlijk alleen bij ouderen voorkomende vorm van hyperthyreoïdie waarbij depressie en inactiviteit op de voorgrond staan en de polsfrequentie vaak laag is. • **auto-immuun~** hyperthyreoïdie, veroorzaakt door schildklierstimulerende autoantilichamen.
hyperthyreotisch gepaard gaand met, als gevolg van, m.b.t. hyperthyreoïdie; vb. h. struma.
hypertonicus 1 (bijv.nw.) gepaard gaande met hypertensie; 2 (z.nw., obs.) patiënt met hypertensie.
hypertonie 1 verhoogde (spier)spanning;

2 verhoogde bloeddruk (minder gebruikelijk in deze betekenis). • **hypertonia oculi** verhoogde intraoculaire druk.

hypertonisch 1 gekenmerkt door of gepaard aan verhoogde spanning of (bloed)druk; **2** gekenmerkt door een hogere osmotische druk dan die van plasma; vb. hypertonische zoutoplossing; vgl. isotonisch, hypotonisch.

hypertrichiase *zie* hypertrichose. • **hypertrichose** overmatige haargroei.

hypertrichie *zie* hypertrichiase | hypertrichose.

hypertriglyceridemie abnormaal hoge concentratie triglyceriden i.h. bloedplasma.
• **familiaire** ~ autosomaal dominante vorm van hyperlipidemie, gekenmerkt door een geïsoleerde verhoging van VLDL en daarmee van triglyceriden i.h. bloed.

hypertrofie volumevermeerdering van weefsel of organen zonder vermeerdering v.h. aantal cellen. • **compensatoire arbeids**~ volumevermeerdering door toegenomen functie. • **compensatoire** ~ vergroting v.d. ene helft v.e. parig orgaan bij functie-uitval v.d. andere helft. • **concentrische** ~ **1** verdikking v.d. wand v.e. hol orgaan met (vaak) verkleining v.h. lumen; **2** (cardiol.) gelijkmatige, pathologische toename v.d. wanddikte v.d. hartkamers.
• **hypertrophia e vacuo** volumevermeerdering v.e. weefsel doordat aangrenzend weefsel slinkt. • **excentrische** ~ verdikking v.d. wand v.e. hol orgaan met vergroting v.h. lumen. • **fysiologische** ~ tijdelijke volumetoeneming v.e. orgaan i.v.m. de fysiologische functie. • **rechterkamer**~ toename van massa en dikte v.d. wand v.d. rechter ventrikel. • **vicariërende** ~ vermeerdering in omvang v.e. van twee gepaarde organen, als het andere slechter gaat functioneren.

hypertrofiëren groter worden a.g.v. hypertrofie.

hypertrofisch gekenmerkt door, of gepaard gaand met hypertrofie; vb. hypertrofisch litteken.

hypertrophicans hypertrofiërend; vb. endometritis hypertrophicans.

hypertrophicus hypertrofiërend, gehypertrofieerd, hypertrofisch.

hyperurikemie overmaat aan urinezuur (acidum uricum) i.h. bloed.

hyperventilatie situatie waarbij door geforceerde ademhaling de ventilatie groter is dan de metabole behoefte. • **centrale neurogene** ~ zeer snelle regelmatige ademhaling bij laesies v.d. hogere hersenstam.
• **kunstmatige** ~ passieve h. tijdens narcose.

hypervigilantie verhoogde staat van waakzaamheid.

hyperviscositeit toestand van verhoogde viscositeit, i.h. bijz. v.h. bloed.

hypervitaminose complex van verschijnselen bij overmatig vitaminegebruik.

hypesthesie *zie* hypo-esthesie.

hypesthetisch verminderd gevoelig.

hypha *zie* hyfe.

hyphaema bloeding i.d. voorste oogkamer.

hyphidrosis te geringe zweetafscheiding.

hypinosis *zie* hypofibrinogenemie.

hypnagoog verband houdend met het begin v.d. slaap; vb. hypnagoge hallucinatie.

hypnalgie pijn gedurende de slaap.

hypno- voorvoegsel in woordverbindingen betreffende de slaap of betreffende hypnose.

hypnogeen slaap- of hypnoseverwekkend.

hypnopomp verband houdend met het einde v.d. slaap.

hypnopompische fenomenen droombeeldachtige verschijnselen die zich voordoen i.d. toestand van halfslaap voor het ontwaken.

hypnose met fysieke en/of verbale suggestie teweegbrengen v.e. slaapachtige toestand waarin men ontspannen is met een sterk binnenwaarts gericht bewustzijn en een verhoogde concentratie waarin (auto)suggesties beter worden gerealiseerd. • **auto**~ obsol. begrip voor het zichzelf hypnotiseren, veelal onjuist gebruikt m.b.t. autosuggestie.

hypnoticum middel dat de slaap induceert en/of onderhoudt.

hypnotisch 1 m.b.t. hypnose; **2** slaapverwekkend, hypnogeen.

hypnozoïet persisterende exo-erytrocytaire vorm van *Plasmodium*.

hypo 1 hypoglykemie; **2** hypodermoclyse.

hypo- voorvoegsel in woordverbindingen met de betekenis onder, te weinig, tekort.

hypoaciditeit *zie* hypaciditeit.

hypoadenose verminderde klieractiviteit.

hypoadrenalisme verlaagde activiteit v.d. bijnier.

hypoadrenocorticisme verlaagde activiteit v.d. bijnierschors.

hypoalbuminemie verminderd albumine-

gehalte v.h. bloed.
hypoaldosteronisme verlaagde productie van aldosteron. • **hyporeninemisch** ~ geïsoleerd hypoaldosteronisme in combinatie met gestoorde reninereproductie. • **pseudo~** aangeboren of verworven renale tubulaire stoornis waarbij de tubuluscel ongevoelig is voor aldosteron. ca. 50 jaar.
hypoalgesie *zie* hypalgesie.
hypoallergeen minder allergeen, in mindere mate leidend tot een allergische reactie.
hypoandrogenemie fysiologische vermindering v.d. testosteronproductie bij de man na de leeftijd van ca. 50 jaar.
hypobaar bij een druk, lager dan de atmosferische.
hypobilirubinemie verlaagd bilirubinegehalte v.h. bloed.
hypocalciëmie te laag calciumgehalte v.h. bloed.
hypocapnie te laag kooldioxidegehalte v.h. bloed.
hypoceruloplasminemie te laag gehalte aan ceruloplasmine i.h. bloed.
hypochloorhydrie tekort aan zoutzuur i.h. maagsap.
hypochloremie te laag gehalte aan chloriden i.h. bloed.
hypocholesterolemie te laag cholesterolgehalte v.h. bloed.
hypocholie acholie.
hypochondrie somatoforme stoornis, gepaard gaand met een overdreven bezorgdheid voor de eigen gezondheid zonder dat daar medisch gezien aanleiding toe is.
hypochondrium de streek rechts of links onder de ribben.
hypochromasie 1 verminderde kleurbaarheid, bijv. van celkernen; 2 verminderd gehalte aan hemoglobine per erytrocyt.
hypochromemie *zie* hypohemoglobinemie.
hypochromie partiële afwezigheid van pigment (plaatselijk of gegeneraliseerd).
hypochroom 1 zwakker gekleurd dan gewoonlijk; 2 met te laag hemoglobinegehalte per erytrocyt.
hypochylie te geringe afscheiding van maagsap.
hypocoagulabiliteit verminderde stolbaarheid v.h. bloed.
hypocorticisme *zie* hypoadrenocorticisme.
hypodactylie aangeboren misvorming waarbij een of meer vingers (tenen) ontbreken.

hypodensiteit lage dichtheid; bijv. hypodense gebieden i.e. microscopisch preparaat.
hypodermaal *zie* subcutaan.
hypodermis gangbaar is evenwel 'subcutis'.
hypodermoclyse langzame onderhuidse inspuiting van vloeistof, ter opheffing of voorkoming van vloeistoftekort.
hypodiafragmatisch *zie* subfrenisch.
hypodipsie 1 abnormaal verlaagd dorstgevoel; 2 te gering vloeistofgebruik.
hypodiscoplasie onvolledige ontwikkeling v.d. tussenwervelschijven.
hypodontie aangeboren afwezigheid v.e. of meer gebitselementen.
hypodynamie verminderde kracht.
hypo-esoforie afwijking v.d. oogas naar beneden en neuswaarts.
hypo-esthesie onvoldoende of verminderde gevoeligheid. • **hypoaesthesia gustatoria** *zie* hypogeusie.
hypo-exoforie afwijking v.d. oogas naar beneden-buiten.
hypofalangie aanwezigheid van te weinig kootjes i.e. vinger of teen.
hypoferremie *zie* hyposideremie.
hypofibrinogenemie tekort aan fibrinogeen i.h. bloed.
hypoforie heteroforie met afwijking v.e. oogas naar beneden.
hypofosfatasemie aangeboren stofwisselingsdefect gekenmerkt door verlaagde fosfataseactiviteit i.h. serum.
hypofrenisch *zie* subfrenisch.
hypofunctie te geringe werkzaamheid.
hypofysair uitgaande van, of m.b.t. de hypofyse.
hypofyse ovaal orgaan i.d. mediaanlijn v.h. lichaam aan de basis v.d. hersenen i.e. holte i.d. schedelbasis, omsloten door de sella turcica (Turks zadel) en via de hypofysesteel verbonden met de hypothalamus; endocrien orgaan dat talrijke hormonen produceert. • **para~** orgaantje met hypofyseweefsel i.d. buurt v.d. hypofyse.
hypofysectomie operatieve verwijdering v.d. hypofyse.
hypofysehormonen hormonen die i.d. hypofyse worden gevormd; i.h. voorste deel ('adenohypofyse') worden gevormd: STH, ACTH, TSH, FSH, LH, LTH en MSH; i.h. achterste deel ('neurohypofyse') vindt men oxytocine en vasopressine; deze worden gevormd i.d. hypothalamus en langs axonen

naar de hypofyse vervoerd, waar ze (gebonden aan het eiwit neurofysine) blijven liggen tot ze aan het bloed worden afgegeven.

hypofyseotroop met affiniteit tot de hypofyse; vb. h-trope hormonen.

hypofysesteel trechtervormige steel naar de hypofyse, tussen tuber cinereum en chiasma opticum.

hypofysitis lymfocytaire infiltratie v.d. hypofyse met verlies van voorkwabsfunctie door een auto-immuunproces.

hypogalactie te geringe zogafscheiding.

hypogammaglobulinemie abnormaal laag gehalte aan gammaglobuline i.h. bloed.
• **bruton~** normale cellulaire immuniteit bij gebrekkige antistofproductie.

hypogastricus m.b.t. het hypogastrium; bijv. arteria h-ca.

hypogastrium regio hypogastrica, de onderbuik.

hypogenitalisme *zie* hypogonadisme.

hypogeusie onvoldoende ontwikkeling v.d. smaakzin.

hypoglobulie oligoglobulie.

hypoglobulinemie tekort aan globulinen i.h. bloed.

hypoglossi gen. van hypoglossus; vb. canalis hypoglossi.

hypoglossus onder de tong; vb. nervus h-ssus.

hypoglottis 1 (anat.) het onderste deel v.d. tong; 2 (mondheelk.) *zie* ranula.

hypoglycaemicus veroorzaakt door, m.b.t. hypolykemie.

hypoglykemicum de Lat. schrijfwijze 'hypoglycaemicum' is verouderd *zie* antidiabeticum. • **oraal** ~ een h. dat per os kan worden toegediend.

⊛ **hypoglykemie** te laag (<3,5 mmol/l) glucoseconcentratie i.h. bloed. • **ketotische** ~ periodiek braken, convulsies, acetonurie, hypoglykemie, bij kinderen van 1,5-6 jaar.
• **neonatale** ~ verlaagde glucoseconcentratie i.h. bloed bij een pasgeborene.

hypognathie te geringe ontwikkeling v.d. bovenkaak, zodat de onderkaak vooruitsteekt.

hypogonadisme onvoldoende functie v.d. gonaden. • **gonadaal** ~ hypogonadisme t.g.v. een stoornis in hormoonafgifte i.d. gonaden. • **hypergonadotroop** ~ onvoldoende functie v.d. gonaden, gepaard gaand met verhoogde spiegels gonadotropinen. • **hypofysair** ~ hypogonadisme, veroorzaakt door onvoldoende afgifte van gonadotrope hormonen. • **hypogonadotroop** ~ *zie* hypofysair ~.

hypogonadotroop met onvoldoende afscheiding van gonadotrofine door de hypofyse.

hypoguaninefosforibosyltransferase (HGPRT) enzym dat de purinebiosynthese reguleert.

hypohemoglobinemie tekort aan hemoglobine i.h. bloed.

hypohidrose verminderde zweetsecretie; komt voor bij hypothyreoïdie en bep. neurologische aandoeningen (diabetische neuropathie, multipele sclerose).

hypo-immunoglobulinemie tekort aan immunoglobuline i.h. bloed.

hypo-immuun met te weinig immuunstoffen, verminderd immuun.

hypo-insulinemie verlaagde insulinespiegel i.h. bloed a.g.v. onvoldoende productie van insuline door de pancreas (hypo-insulinisme).

hypo-insulinisme onvoldoende productie van insuline door de pancreas, m.a.g. verlaagde insulinespiegel i.h. bloed.

hypokaliëmie te laag kaliumgehalte v.h. bloed. • **pseudo~** ogenschijnlijk lage serumkaliumconcentratie door de opname van kalium door metabool actieve bloedcellen; komt o.a. voor i.h. afgenomen bloed van leukemiepatiënten bij wie de leukocyten kalium opnemen indien het bloed bij kamertemperatuur wordt bewaard.

hypokinesie vermindering van spontane bewegingen, die vaak ook trager worden uitgevoerd (bradykinesie).

hypolipemie tekort aan vet i.h. bloed.

hypolipoproteïnemie te laag gehalte aan lipoproteïnen i.h. bloed.

hypomaan met lichte, verminderde kenmerken van manische episode.

hypomagnesiëmie *zie* deficiëntie | magnesium~.

hypomane episode stemmingsstoornis met dezelfde kenmerken als een manische episode gedurende ten minste 4 dagen waarbij de symptomen en de staat van ontremming minder ernstig zijn dan bij een manische episode.

hypomanie 1 lichte vorm van manie; 2 overmatige vrolijkheid.

hypomastie onvoldoende ontwikkeling v.e. of beide borsten.

hypomelanose vermindering van melaninepigment (plaatselijk of gegeneraliseerd).
• **progressieve maculaire** ~ verworven hypopigmentatie, vnl. op de romp, gekenmerkt door onscherp begrensde muntgrote, deels confluerende, symmetrisch gelokaliseerde maculae.

hypomenorroe te geringe menstruatie.

hypometrie bij een doelgerichte beweging bereikt de patiënt het doel niet, maar schiet de beweging tekort.

hypomimie karige mimiek en gebaren.

hypomochlion (verloskunde:) plaats v.h. kind die tegen de symfyse ligt en die de as vormt waaromheen het voorliggende deel bij het nemen v.d. bocht van 90 graden i.d. bekkenas draait.

hyponatriëmie te laag natriumgehalte v.h. bloed. • **pseudo**~ ogenschijnlijk lage serumnatriumconcentratie. • **verdunnings**~ laag natriumgehalte i.h. bloed, veroorzaakt door overmatige inname van vocht zonder zout.

hyponoderma *zie* larva currens.

hyponutritie ondervoedingstoestand.

hyponychium het onder de nagel, vóór de lunula gelegen deel v.h. nagelbed.

hypoparathyreoïdie onvoldoende functie v.d. bijschildklieren. • **pseudo**~ aandoening met perifere resistentie voor parathyroïdhormoon in eindorganen. • **pseudopseudo**~ syndroom met dezelfde klinische afwijkingen als pseudohypoparathyreoïdie zonder biochemische afwijkingen.
• **secundaire** ~ h. waarbij oorzaak van uitval is gelegen in hypofyse of hypothalamus.

hypopepsie onvoldoende afscheiding van verteringsenzymen door maag, darm, pancreas.

hypophrenium het onder het middenrif en boven het colon transversum gelegen gedeelte v.d. buikholte.

hypophysis *zie* hypofyse. • ~ **cerebri** *zie* hypofyse. • ~ **cerebri glandula pituitaria** *zie* hypofyse.

hypopinealisme onvoldoende activiteit v.h. corpus pineale.

hypopituïtarisme onvoldoende werking v.d. voorkwab v.d. hypofyse.

hypoplasie onvolkomen ontwikkeling van weefsel of v.e. orgaan. • **kraakbeenhaar**~ *zie* dysplasie | cartilage-hair~. • **long**~ onvolkomen ontwikkeling van longweefsel.
• **nier**~ onvolkomen ontwikkeling v.e. nier.

hypoplasticus hypoplastisch; vb. chondrodystrophia hypoplastica.

hypoplastisch onvoldoende ontwikkeld.

hypopneu abnormale vermindering in diepte en frequentie v.d. ademhaling.

hypoproaccelerinemie *zie* parahemofilie A.

hypoproteïnemie tekort aan proteïnen i.h. bloed, a.g.v. een aangeboren stofwisselingsdefect, bij nefrose of bij leveraandoeningen.

hypoproteïnisme deficiëntieziekte door tekort aan proteïnen i.h. voedsel; vb. kwasjiorkor.

hypoprotrombinemie tekort aan protrombine i.h. bloed.

hypoptyalisme onvoldoende speekselafscheiding.

hypopyon ophoping van etter i.d. voorste oogkamer.

hyporeflexie verlaging v.d. reflexen.

hyporeninisme vermindering v.d. basale reninespiegel, leidend tot een aldosterondeficiëntie.

hyporesponsiviteit 1 reageren met minder dan de normale activiteit op een bepaalde stimulus; **2** bij autisten voorkomende verlaagde reactie op prikkels uit omgeving, bijv. op pijnprikkel of roepen van naam; de ouders denken hierbij veelal dat het kind doof of blind is.

hyposalemie *zie* hyponatriëmie.

hyposalivatie *zie* hypoptyalisme.

hyposensibiliteit verminderde sensibiliteit.

hyposideremie te laag ijzergehalte v.h. bloed.

hyposmie verminderde reukzin.

hypospadie vnl. bij mannen voorkomende aangeboren misvorming waarbij de urethra niet op de normale plaats, maar via een ostium aan de onderzijde v.d. penis of op het perineum uitmondt. • **hypospadia glandis** h. waarbij de urethra onder aan de eikel uitmondt. • **hypospadia penis** h. waarbij de urethraopening zich aan de onderkant v.d. penis bevindt. • **hypospadia perinealis** h. waarbij de urethraopening op het perineum ligt. • **hypospadia scrotalis** h. waarbij de urethraopening i.d. scrotumgroeve ligt.

hyposphagma bloeduitstorting onder de huid v.e. ooglid of onder de conjunctiva bulbi.

hyposplenie onvoldoende miltfunctie.

hypostase ophoping van bloed t.g.v. circulatiezwakte.

hypostatisch gepaard gaand met, of veroorzaakt door hypostasis; vb. hypostatische pneumonie.

hypostose onvoldoende ontwikkeling van beenweefsel, te dun skelet.

hyposystolie vermindering v.d. systolische kracht v.h. hart.

hypotelorisme te geringe afstand tussen twee gepaarde organen, i.h.b. de ogen.

hypotensie verminderde druk of spanning, meestal i.d. zin van te lage bloeddruk. • **orthostatische** ~ bloeddrukdaling bij plotselinge positieverandering v.d. patiënt door achterblijvend bloed i.h. veneuze systeem.

hypotensivum bloeddrukverlagend middel.

hypothalamicus tot de hypothalamus behorend; vb. sulcus hypothalamicus.

hypothalamisch m.b.t. de hypothalamus; vb. hypothalamisch-hypofysair systeem.

hypothenar de bal v.d. pink.

hypotherm 1 gepaard aan lage temperatuur; **2** gedijend bij lage temperatuur.

hypothermie een centrale lichaamstemperatuur van 35 graden Celsius of lager. • **peroperatieve** ~ daling v.d. lichaamstemperatuur gedurende de operatie a.g.v. expositie en verdamping.

hypothese een bewering of veronderstelling die zodanig is geformuleerd dat deze op haar juistheid kan worden getoetst. • **amyloïdcascade**~ hypothese die stelt dat bij alzheimerdementie het eiwit bèta-amyloïd ten grondslag ligt aan een proces dat uiteindelijk leidt tot verlies van neuronen. • **barker**~ de samenhang tussen de voedingstoestand rond de geboorte en de gezondheid als volwassene. • **nul**~ veronderstelling over een kansverdeling waarvan men de juistheid betwijfelt. • **schildwachtklier**~ veronderstelling dat de lymfeklier die als eerste vanuit het tumorgebied wordt gedraineerd (de schildwachtklier) als eerste klier metastasen bevat. • **tweestappen**~ veronderstelling dat carcinogenese bestaat uit twee stappen, nl. initiatie en promotie.

hypothymie neiging tot gedruktheid en moedeloosheid.

⊙ **hypothyreoïdie** onvoldoende werking v.d. schildklier, gekenmerkt door een verlaagd basaal metabolisme c.q. verlaagde waarden voor vrij thyroxine i.h. bloed (FT4), alsmede de gevolgen daarvan. • **congenitale** ~ onvoldoende werking v.d. schildklier door congenitale aplasie of enzymstoornis.

hypothyreoïdisme zie hypothyreoïdie.

hypothyreotisch gepaard gaand met, als gevolg van, m.b.t. hypothyr(e)oïdie; vb. h-sche struma.

hypotonie 1 verlaagde spanning (vnl. gebruikt m.b.t. de spieren); **2** verlaagde bloeddruk (NB: in Duitsl. gebruikelijk, in Ned. ongebruikelijk in deze betekenis). • **hypotonia oculi** verlaagde intra-oculaire druk.

hypotonisch 1 gekenmerkt door, of gepaard aan verlaagde spanning of (bloed)druk; **2** gekenmerkt door een verlaagde osmotische druk; vb. hypotonische zoutoplossing; vgl. hypertonisch, isotonisch.

hypotrichiase zie hypotrichose.

hypotrichie zie hypotrichose.

hypotrichose onvoldoende haargroei. • **hypotrichiasis anhidrotica** h. gepaard met anhidrose. • **hypotrichiasis congenita type Unna** autosomaal dominant overervende ziekte met hypotrichose en haarschachtveranderingen.

hypotrofie 1 ondervoeding; **2** onderontwikkeling van weefsels of organen t.g.v. ondervoeding.

hypotrofisch gekenmerkt door, of gepaard gaand met hypotrofie.

hypotropie omlaag gerichte afwijking v.e. oogas.

hypotympanum het onderste gedeelte v.h. cavum tympani; tympanum = cavum tympani.

hypoventilatie tekortschietende ademhaling, waardoor het bloed onvoldoende wordt geoxygeneerd, terwijl er onvoldoende kooldioxide uit het bloed wordt verwijderd.

hypoventilatoir veroorzaakt door, m.b.t. hypoventilatie; vb. hypoventilatoir coma.

hypovitaminose zie avitaminose.

hypovolemisch m.b.t. hypovolemie; vb. hypovolemisch oedeem.

hypoxanthine purinebase, voorkomend in o.a. de lever en de milt.

hypoxanthineguaninefosforibosyltransferase (HGPRTase) enzym dat hypoxanthine en guanine splitst.

hypoxemie te laag zuurstofgehalte v.h. bloed.

hypoxie verlaagde zuurstofconcentratie in ingeademd gas, arterieel bloed of lichaamsweefsel. • **alveolaire** ~ zuurstoftekort i.d. alveoli.
hypoxifilie parafilie waarbij een door een persoon zelf opgewekt zuurstoftekort voor seksuele opwinding zorgt.
hyps- voorvoegsel in woordsamenstellingen met als betekenis 'hoog'.
hypsicephalus kind met torenschedel.
hystera *zie* uterus.
hysterectomie chirurgische verwijdering v.d. baarmoeder.
hysterie 1 chronische somatoforme stoornis die wordt gekenmerkt door onverklaarde lichamelijke symptomen en/of dissociatieve symptomen, gepaard gaand met angstsymptomen, seksuele disfunctie en insufficiëntiegevoelens; vaak uitvoerige medische voorgeschiedenis en hoge medische consumptie; **2** persoonlijkheidsstructuur die wordt gekenmerkt door theatraal gedrag, onechtheid, infantiliteit, egocentriciteit en masochisme; volgens de freudiaanse theorie wordt deze hysterievorm veroorzaakt door een stoornis i.d. oedipale fase ('hysterisch karakter'); **3** (populair taalgebruik) gedrag dat wordt gekenmerkt door aanstellerigheid, dramatiseren, erotiseren, nabootsen, overdrijving en/of overaccentuering van vrouwelijke rolkenmerken; **4** (populair taalgebruik) sterk ontremd en opgewonden gedrag. • **angst-** hysterie (sub 1) die gepaard gaat met angstsymptomen. • **conversie-** *zie* conversiestoornis. • **klinische** ~ *zie* hysterie. • **massa-** extreme opwindingstoestand v.e. menigte.
hystero- voorvoegsel in woordsamenstellingen betreffende de baarmoeder of betreffende hysterie.
hysterocele hernia waarbij de uterus zich i.d. breukzak bevindt.
hysterocleisis operatieve sluiting v.h. ostium uteri.
hysterografie 1 het registreren v.d. bewegingen v.d. uterusmusculatuur; **2** röntgenologische afbeelding v.d. baarmoeder.
hysterogram de röntgencontrastfoto die bij hysterografie wordt verkregen.
hysterolaparotomie 1 incisie v.d. uterus via de voorste buikwand; **2** (minder juist) abdominale uterusextirpatie.
hysterolyse operatie waarbij de baarmoeder wordt losgemaakt uit adhesies.
hysterometer een gecalibreerde sonde waarmee de lengte v.d. baarmoederholte wordt gemeten.
hysteromyomectomie operatieve verwijdering van uterus-myomen.
hysteropexie vasthechting v.e. niet-normaal liggende baarmoeder; obsolete ingreep. • **hysteropexia abdominalis** vasthechting v.d. baarmoeder aan de buikwand. • **hysteropexia vaginalis** vasthechting v.d. uterus aan de vaginawand.
hysteroptose verzakking v.d. baarmoeder.
hysterorrexie inscheuring v.d. baarmoeder.
hysterorrhexis *zie* ruptuur | uterus-.
hysterosalpingectomie operatieve verwijdering van baarmoeder en eileiders.
hysterosalpingogram (HSG) röntgencontrastfoto v.h. cavum uteri en de tubae.
hysterosalpingostomie het aanleggen v.e. nieuwe verbinding tussen baarmoeder en eileider.
hysteroscoop endoscoop voor het verrichten van hysteroscopie.
hysteroscopie inwendig onderzoek v.d. uterus en het cervixkanaal met de hysteroscoop.
hysterotocotomie keizersnede, sectio caesarea.
hysterotomie het verwijderen v.d. nog niet levensvatbare of al overleden foetus d.m.v. een incisie i.d. uterus. • **abdominale** ~ *zie* snede | abdominale keizer-. • **vaginale** ~ *zie* keizersnede | vaginale ~.
hysterotoom instrument waarmee de hysterotomie wordt verricht.
H-zones centrale gebieden i.d. A-banden v.d. contractiele eenheden in spiervezels.

I

I i.h. Engels het symbool van *iodine* = jodium (J).

i dens incisivus.

IADL (Instrumental Activities of Daily Living) de meer complexe activiteiten die nodig zijn om zelfstandig i.h. dagelijkse leven te kunnen functioneren.

IADM *zie* diabetes | insulineafhankelijke ~ mellitus.

-iase achtervoegsel, gebruikt in woordverbindingen die een toestand uitdrukken.

-iatrie achtervoegsel in woordverbindingen betreffende de geneeskunde.

iatro- voorvoegsel in woordverbindingen betreffende de geneeskunde of de arts; bijv. iatrogeen.

iatrogeen door de arts, of door de geneeskundige behandeling teweeggebracht.

IBD (inflammatory bowel disease) *zie* inflammatoire darmziekten.

IBM *zie* myositis | inclusion-body-~.

IBS (irritable bowel syndrome) **1** (gastro-enterol.) *zie* prikkelbaredarmsyndroom; **2** (psychiatrie, gezondheidsrecht) *zie* inbewaringstelling.

ic *zie* care | intensive ~.

ICAM intercellulair adhesiemolecuul.

ICCE intracapsulaire cataractextractie.

ICD 1 (terminol.:) internationaal overeengekomen indeling van ziekten; ICD10 (tiende revisie van *International Statistical Classification of Diseases and Related Health Problems*, Nederlands *Internationale statistische classificatie van ziekten en met de gezondheid verband houdende problemen*) als jongste uitgave (1997); **2** (cardiol.:) *zie* inwendige cardioverter-defibrillator.

ich [D] **1** (psychoanal.) door Sigmund Freud onderscheiden psychische instantie; **2** filosofisch begrip: subject van alle gevoelens, gedachten, waarnemingen, enz., zetel v.h. zelfbewustzijn.

ICHI International Classification of Health Interventions.

ICHPPC (International Classification of Health Problems in Primary Care) systeem om ziekten te classificeren zoals die zich binnen de eerstelijns gezondheidszorg presenteren.

ichthyosiformis lijkend op het beeld van ichtyose; vb. erythrodermia ichthyosiformis.

ichtyose congenitale en erfelijke verhoorningsanomalie waarbij de huid er min of meer geschubd uitziet. • **harlekijn~** zeldzaam syndroom t.g.v. een congenitale erfelijke exfoliatieve ichtyose waarbij de hoornlaag zo dik en strak is dat deze de bewegingen v.d. baby beperkt en het normaal functioneren v.h. huidoppervlak verstoort.
• **ichthyosis congenita** groep reeds bij de geboorte zichtbare, erfelijke verhoorningsanomalieën v.d. huid. • **ichthyosis levior** lichte, enigszins vissenschubachtige schilfering v.d. huid. • **ichthyosis vulgaris** groep erfelijke verhoorningsanomalieën v.d. huid die zich niet voor de derde levensmaand manifesteren.

ICIDH *zie* International Classification of Impairments, Disabilities and Handicaps.

ICP (intracranial pressure) *zie* intracraniële drukmeting.

ICPM (intracranial pressure measurement) *zie* intracraniële drukmeting.

ICROP (International Classification of Retinopathy Of Prematurity [E]) indeling van premature retinopathie naar lokalisatie, mate van uitbreiding, stadia en eventuele aanwezigheid van venendilatatie en kronkeling van arteriën.

ICSH (interstitiëlecelstimulerend hormoon) *zie* hormoon | luteïniserend ~.

ICSH-RF ICSH-releasing factor, een hormoon uit de hypothalamus, dat de hypofyse aanzet tot afgifte van ICSH.

ICSI *zie* intracytoplasmatische sperma-injectie.

ictaal m.b.t. een ictus (epileptisch insult); vb. ictaal eeg, ictale fase (aanvalsfase).

icterisch betreffende of veroorzaakt door icterus.

icterohemorragisch gepaard gaand met icterus en hemorragieën; vb. leptospirosis icterohaemorrhagica.

icterus gele verkleuring v.d. weefsels t.g.v. te hoge bilirubineconcentratie i.h. bloed. • **cholestatische** ~ geelzucht die ontstaat doordat gal en galbestanddelen de darm niet kunnen bereiken door een extra- of intrahepatisch transport ervan, veelal a.g.v. een galwegobstructie. • **diffusie**-~ icterus door parapedesis van gal i.d. bloedcapillairen. • **extrahepatische** ~ geelzucht door een buiten de lever gelegen oorzaak. • **fysiologische** ~ geelzucht bij de pasgeborene door een teveel aan foetaal hemoglobine en onrijpheid v.d. lever. • **hemolytische** ~ zeldzame, familiale, erfelijke bloedziekte met perioden van verhoogde afbraak van erytrocyten, lever- en miltvergroting. ⊛~ **neonatorum** gele verkleuring v.d. huid en conjunctivae a.g.v. een hoog bilirubinegehalte i.h. bloed bij de pasgeborene; indeling: fysiologisch bij een gezonde pasgeborene vanaf de tweede levensdag door een tijdelijk tekort aan glucuronyltransferase en een verhoogde enterohepatische kringloop; icterus neonatorum is pathologisch indien de icterus binnen 24 uur post partum optreedt óf de concentratie bilirubine te hoog is (bilirubine >240 micromol/l of >50 micromol/l per 6 uur toenemend) óf de hyperbilirubinemie te lang voortduurt (>2 weken). • ~ **prolongatus** icterus bij een pasgeborene die langer aanhoudt dan de fysiologische neonatale icterus. • ~ **gravis** NB: niet te verwarren met icterus gravidarum = zwangerschapsicterus *zie* atrofie | acute gele lever-. • ~ **infectiosus** *zie* leptospirose | leptospirosis icterohaemorrhagica. • **kern**~ degeneratie v.d. stamganglia i.d. hersenen bij kinderen met icterus gravis. • **obstructie**- ~ *zie* obstructie-icterus. • **parenchym**~ hepatocellulaire icterus. • **pleiochrome** ~ hemolytische icterus waarbij de lever a.g.v. overvloedige aanvoer van hemoglobineafbraakproducten een pigmentrijke dikke gal afscheidt. • **pseudo**-~ geelkleuring v.d. huid zonder hyperbilirubinemie. • **splen**~ ontsteking v.d. milt die gepaard gaat met icterus. • **sub**~ lichte icterus. • **zwangerschaps**~ vorm van voorbijgaande cholestatische icterus die vroeg i.d. zwangerschap kan optreden en vaak met jeuk gepaard gaat.

ictus 1 (fysiol.) slag, stoot; vb. ~ cordis (puntstoot); 2 (pathol.) plotselinge aanval (i.h.b. epileptisch insult). • ~ **cordis** *zie* puntstoot.

ICU (intensive-care unit) *zie* intensivecareafdeling.

ID *zie* incidentiedichtheid. • ~$_{50}$ hoeveelheid micro-organismen die nodig is om 50% v.e. groep proefdieren te infecteren ofwel daar een incidentiedichtheid van 50% te bereiken.

id in niet-Duitstalige psychoanalyt. literatuur gebruikte term voor 'es' *zie* es.

IDDM insulin-dependent diabetes mellitus.

-ide achtervoegsel m.b.t. een afwijking, vooral v.d. huid, ontstaan door allergische reactie.

ideaal-ik het beeld v.e. eigen volmaaktheid dat de mens in zijn onbewuste voor zichzelf creëert.

ideatie 1 de vorming van ideeën (denkbeelden, gedachten) i.d. hersenen; 2 het vermogen v.d. geest om ideeën te herbergen en te associëren tot nieuwe concepten.

ideeënvlucht *zie* gedachtevlucht.

idee-fixe idee of complex van ideeën, voorstellingen en emoties dat door dissociatie v.h. bewustzijn is afgesplitst en aan de controle wordt onttrokken.

identieke punten *zie* dekpunten.

identificatie (psychol.) onbewust psychisch proces waarbij iemand een andere persoon die hij bewondert in handelen en denken gaat navolgen. • **kosmische** ~ bij schizofrenie voorkomende waan van vereenzelviging met de kosmos, gepaard met omnipotentie.

identiteitsstoornis stoornis in identiteit rond bijv. seksualiteit, zelfbeeld en/of beroep, o.a. voorkomend bij een borderlinepersoonlijkheidsstoornis.

ideogeen voortspruitend uit een idee of voorstelling.

-ides achtervoegsel in woordverbindingen

die een gelijkenis aangeven.
idio- voorvoegsel in woordverbindingen betreffende samenhang met het eigen zelf of met iets afzonderlijks.
idiogram schema v.e. groot aantal karyotypen.
idiomusculair betreffende de spier zelf, zonder invloed van buiten af; vb. i-re contractie.
idiopathicus idiopathisch, 'essentieel', 'spontaan', zonder aanwijsbare oorzaak.
idiopathisch van onbekende oorzaak.
idiopathische familiaire perifere facialisparalyse (IFPFP) *zie* facialisparalyse.
idiopathische pulmonale fibrose (IPF) *zie* longfibrose.
idioplasma 1 kiemplasma; **2** het actieve, i.d. chromosomen gelegen reproductieve deel v.d. cel.
idiosyncrasie kwalitatief abnormale reactie op geneesmiddel of voedsel, i.h.alg. berustend op een erfelijk bepaalde enzymdeficiëntie zonder dat sprake is v.e. immunologische reactie.
idiotie *zie* zwakzinnigheid | diepe ~.
idiotype unieke antigene determinant op het variabele gebied v.e. homogene antistof.
idiotypemodulatie modulatie v.d. variabele en hypervariabele gebieden v.e. immunoglobuline.
idioventriculair m.b.t. de (hart-)ventrikel alleen, bijv. na dissociatie v.d. boezem.
IDL *zie* lipoproteïne | intermediate-density~.
idrose *zie* hidrose.
IE 1 immuniteitseenheid; **2** internationale eenheid.
IF 1 inhibiting factor = inhibiting hormone (IH); **2** *zie* immunofluorescentie.
IFG (impaired fasting glucose) *zie* gestoorde nuchtere glucosewaarde.
iFOBT (immunochemical feces occult blood test) *zie* immunochemical feces occult blood test.
IFPFP (idiopathische familiaire perifere facialisparalyse) *zie* facialisparalyse.
Ig immunoglobuline.
IgA (immunoglobuline A) klasse van immunoglobulinen, aanwezig in serum en secreten van darm en luchtwegen. • **secretoir** ~ (secretoir immunoglobuline A) immunoglobuline-A dat wordt geproduceerd door plasmacellen in slijmvliezen.
IgD (immunoglobuline D) klasse van immunoglobulinen die als receptor voorkomt op B-lymfocyten.
IGE *zie* epilepsie | idiopathische gegeneraliseerde ~.
IgE-afhankelijk *zie* IgE-gemedieerd.
IgE-geassocieerd *zie* IgE-gemedieerd.
IgE-gemedieerd door IgE in gang gezet, m.b.t. immunologisch processen.
IGF (insuline-like growth factor) *zie* somatomedine.
IGF-I *zie* somatomedine C.
IgG (immunoglobuline G) klasse van immunoglobulinen, aanwezig in serum. • ~**-subklassen** (immunoglobuline G-subklassen) onderverdeling v.d. IgG-immunoglobulinen in verschillende subklassen.
IgM (immunoglobuline M) klasse van immunoglobulinen, aanwezig in serum.
IGT (impaired glucose tolerance) gestoorde glucosetolerantie.
IH inhibiting hormone.
I-123-IBZM radionuclide, bestaande uit jodium-123, gebonden aan 3-jodo-6-methoxybenzamide.
I-123-ioflupane | **I-123-jioflupaane** radionuclide.
ijking het toetsen v.e. methode aan algemeen gestelde eisen.
I-131-jodide radionuclide.
I-131-joodmethylnorcholesterol radionuclide.
ijzer (Fe) metaal, spoorelement, noodzakelijk voor opbouw van hemoglobine, cytochroom en enzymen v.d. ademhalingsketen. • **transport**~ het ijzer dat gebonden is aan transferrine i.h. serum.
ijzerbehoefte hoeveelheid ijzer die moet worden opgenomen ter compensatie v.h. verlies via urine, feces of bloeding.
ijzergebrek tekort aan ijzer t.g.v. chronisch bloedverlies, frequente bloedafname, verhoogde ijzerbehoefte of verminderde ijzerinname.
ijzerstapeling *zie* hemosiderose.
ik-besef notie v.e. eigen identiteit ten opzichte van anderen.
IKC Integraal Kankercentrum, Integrale Kankercentra.
ik-eigen *zie* egosyntoon.
ik-vreemd *zie* egodystoon.
IL *zie* interleukine.
ILD (interstitial lung disease) interstitiële longaandoening *zie* longfibrose.
ileïtis ontsteking v.h. ileum. • **backwash**~

ileïtis i.h. terminale ileum die ontstaat t.g.v. reflux v.d. coloninhoud en ontstekingsexsudaat door een incomplete ileocoecale klep. • **ileitis regionalis** *zie* enteritis regionalis. • **ileitis terminalis** *zie* enteritis regionalis.

ileo- voorvoegsel in woordverbindingen betreffende het ileum; niet verwarren met ilio-.

ileocaecalis het ileum en het caecum betreffende; vb. valva ileocaecalis, ostium ileocaecale.

ileocaecostomie operatieve verbinding van ileum met caecum.

ileocolectomie excisie v.h. terminale deel v.h. ileum en het gehele colon, bij colitis ulcerosa.

ileocolicus m.b.t. ileum en colon; vb. arteria ileocolica.

ileocolostomie operatieve verbinding van ileum met colon.

ileo-ectomie excisie v.h. ileum.

ileo-ileostomie operatieve verbinding van twee gedeelten v.h. ileum.

ileorectostomie operatieve verbinding van ileum met rectum.

ileoscopie visualisatie v.h. ileum m.b.v. een endoscoop.

ileosigmoïdeostomie operatieve verbinding van ileum met sigmoïd.

ileostoma | **split~** kunstmatig aangelegde fistel tussen ileum en huid waardoor ontlasting wordt afgevoerd.

ileotomie incisie v.h. ileum.

ileotransversostomie operatieve verbinding van ileum met colon transversum.

ileovesicael m.b.t. ileum en urineblaas.

ileum het distale 3/5 gedeelte v.d. dunne darm, tussen jejunum en caecum.

⊛ **ileus** plotselinge (acute) mechanische (door obstructie of afklemming) of paralytische belemmering v.d. darmpassage. • **dynamische ~** stilstand v.d. darmpassage door verlamming of spasmus v.d. darmspier. • **galsteen~** afsluiting v.h. darmlumen door een of meer galstenen. • **meconium~** afsluiting v.d. darm v.e. pasgeborene door ingedikt meconium. • **obstructie~~** vorm van mechanische ileus waarbij het darmlumen is afgesloten. • **paralytische ~** (dynamische) ileus door verlamming v.d. darmmusculatuur. • **pseudo-~** ileus zonder darmafsluiting. • **sinaasappel~** vooral na maagresectie voorkomende vorm van ileus door verstoppend plantaardig, vezelig voedsel. • **spastische ~** *zie* dynamische ~. • **strangulatie~~** mechanische ileus door afknelling v.d. darm; NB: niet te verwarren met 'strengileus'. • **streng~** ileus t.g.v. afsluiting v.d. darm door een littekenstreng. • **sub~** onvolledige darmafsluiting. • **vezel~** obstructie-ileus door verstoppende voedseldelen. • **voedsel~** *zie* vezel~.

ileusperistaltiek levendige, hoog klinkende darmperistaltiek met gootsteengeluiden.

iliacus betreffende het os ilium; vb. musculus iliacus, fascia iliaca.

ilii gen. van ilium; vb. venter ilii; NB: niet verwarren met ilei.

ilio- voorvoegsel in woordverbindingen betreffende het os ilium.

ilium os ilium *zie* os ilii.

illusie zinsbegoocheling waarbij een aanwezig voorwerp of een bestaand verschijnsel verkeerd wordt opgevat.

i.m. intramusculair.

ima vr. van imus.

imbeciliteit *zie* zwakzinnigheid | matige ~.

imbibitie doordrenking v.e. weefsel met een (vloei-)stof.

IMEH infantile myoclonic encephalopathy with hypsarrhythmia.

I-123-MIBG radionuclide.

I-131-MIBG radionuclide.

imidazolen groep van chemotherapeutica, werkzaam tegen fungi; vb. ketoconazol, miconazol.

Imlach | **vetprop van ~** vetweefsel i.d. canalis inguinalis bij de vrouw.

immaturiteit onrijpheid, i.h.b. v.d. te vroeg geborene.

immaturus onrijp, gekenmerkt door immaturitas.

immediate post-operative prosthetic fitting (IPOP) [E] *zie* amputatie, aanmeten v.e. tijdelijke prothese.

immediate-type allergy [E] *zie* allergie | type-I-~.

immediate-type-huidreactie *zie* huidreactie | directe ~.

immersie 1 gebruik v.e. microscoop waarbij tussen objectief en object(glas) een vloeistof wordt gebracht waarvan de brekingsindex minder van die van glas verschilt dan de brekingsindex van lucht; vb. bestudering met langdurig waterbad. • **homogene ~** gebruik v.e. vloeistof (olie) die dezelfde bre-

kingsindex heeft als glas.
imminens dreigend; vb. abortus imminens.
immissio *zie* intromissie.
immitis hard, wreed; vb. *Coccidioides immitis*.
immmuunherstelsyndroom *zie* syndroom | immuunrestauratie~.
immobilisatie 1 (chir.:) onbeweeglijke fixatie v.h. lichaam of een lichaamsdeel d.m.v. spalk of verband; **2** (microbiol.) opheffing v.d. beweeglijkheid van bacteriën door een bepaalde antistof (immobilisine).
immortalisatie onsterfelijk maken van dierlijke cellen, bijv. B-lymfocyten, infectie van B-cellen met epstein-barrvirus, waardoor continue polyklonale productie van immunoglobulinen ontstaat.
immune restoration syndrome *zie* syndroom | immuunrestauratie~.
immunisatie onvatbaarmaking voor toxinen of bacteriën door het inbrengen van immuunstoffen of een onschadelijk gemaakt antigeen i.h. organisme. • **allo-**~ productie van specifieke antistoffen, bijv. door een zwangere, gericht tegen antigenen van het kind. • **auto-**~ het produceren van antistoffen tegen auto-antigenen. • **iso-**~ de ontwikkeling van antistoffen tegen antigeen, afkomstig v.e. tot dezelfde species behorend individu. • **resus-**~ vorming van resusantistoffen bij een zwangere, gericht tegen bloedgroepantigenen v.d. foetus. • **resusiso-**~ ontwikkeling van antiresusagglutininen bij een resusnegatief persoon als reactie op transfusie met resuspositief bloed of bij een resusnegatieve vrouw die zwanger is v.e. resuspositief kind. • **tetanus~ 1** actieve immunisatie door injectie van tetanustoxoïd; **2** passieve immunisatie door injectie van tetanusserum.
immunitair op basis van, t.g.v. immuniteit, veroorzaakt door aanwezigheid van immuunstoffen.
immuniteit 1 aangeboren of verworven onvatbaarheid voor infecties of toxinen; **2** overmatige gevoeligheid voor bepaalde antigenen, zodat de afweerreactie resulteert in afstoting, bijv. v.e. transplantaat (host-versus-graft reaction). • **aangeboren** ~ *zie* natuurlijke ~. • **antibacteriële** ~ onvatbaarheid gericht tegen de als antigeen werkende componenten v.h. bacterielichaam. • **anti-infectieuze** ~ onvatbaarheid voor infectie door bacteriën of virussen. • **antitoxische** ~ onvatbaarheid voor toxinen. • **antivirale** ~ onvatbaarheid gericht tegen het proteïne-omhulsel v.e. virus. • **cellulaire** ~ overgevoeligheid voor antigenen via het mechanisme v.e. type-IV-allergie. • **humorale** ~ *zie* afweer | humorale ~. • **natuurlijke** ~ het geheel van algemene afweermechanismen die effectief zijn tegen elk binnengedrongen schadelijk agens. • **postinfectieuze** ~ de na een infectieziekte overblijvende, vaak levenslange onvatbaarheid voor die ziekte. • **specifieke** ~ verworven afweermechanisme tegen bepaalde micro-organismen of lichaamsvreemde stoffen. • **verworven** ~ *zie* specifieke ~.
immuniteitseenheid (IE) *zie* antitoxine-eenheid.
immuniteitsherstel *zie* immuunreconstitutie | immuniteitsreconstitutie.
immunoblot analyse van immunoglobulinen m.b.v. dotblotanalyse.
immunochemical feces occult blood test (iFOBT) immunochemische techniek die specifiek reageert op humaan hemoglobine i.d. ontlasting; toegepast i.d. diagnostiek van colorectaal carcinoom.
immunocompetentie eigenschap v.e. organisme om op inwerking v.e. antigeen met antistofproductie te reageren.
immunocyt voorstadium v.d. plasmacel, vormt immunoglobulinen.
immunocytoom maligne non-hodgkinlymfoom dat uit kleine lymfocyten en plasmacytoïde cellen bestaat.
immunodeficiënt een gestoord immuunsysteem betreffend, een immuundefect/afweerdefect bezittend.
immunodeficiëntie | **common-variable immunodeficiency** (CVID) [E] verworven agammaglobulinemie o.b.v. gestoorde communicatie tussen B- en T-lymfocyten waardoor de B-cellen niet functioneren.
immunodiagnostiek diagnostiek d.m.v. immuniteitsreacties. • **radio-**~ (RID) diagnostische bepalingen i.d. immunologie m.b.v. radioactief gelabelde monoklonale antilichamen.
immunodiffusie *zie* reactie | ouchterlony-precipitatie~.
immuno-double-diffusion-techniek methode voor het bepalen van verwantschap tussen antigeen en antistof.
immuno-elektroadsorptie antigeenantistofreactie ter identificatie v.e. ziektever-

wekker.

immunofluorescentie (IF) identificering v.e. antigeen d.m.v. antistoffen die met fluoresceïne gemerkt zijn. • **directe** ~ immunofluorescentie waarbij antilichamen worden gebruikt die zelf fluorescerend zijn en direct zichtbaar kunnen worden gemaakt. • **indirecte** ~ immunofluorescentie waarbij antilichamen na binding aan de antigenen op de coupe worden gemerkt met fluorescerende anti-antilichamen.

immunogeen 1 (bijv. nw.) immuunstof-opwekkend; **2** (z. nw.) een antigeen dat een organisme prikkelt tot vorming van immuunstof.

immunogeniciteit het vermogen v.e. antigeen om een immuunreactie i.h. geïnfecteerde organisme teweeg te brengen.

immunoglobuline | **anti-D-**~ antistof ter voorkoming van sensibilisatie van resusnegatieve moeders door resuspositieve foetale erytrocyten, die bij foetomaternale transfusie op de moeder overgaan. • **antithymocyten~** (ATG) immunoglobuline tegen thymocyten met sterke immunosuppressieve werking, afkomstig v.h. serum v.e. dier. • ~ **E** (IgE) klasse v. immunoglobulinen die zich hecht aan mestcellen. • **menselijk anti-tetanus~** (MATIG) anti-tetanusimmunoglobuline dat wordt geproduceerd uit hypergeïmmuniseerde vrijwilligers. • **oppervlak~** antistof (IgE) die bij afwezigheid van circulerend antigeen bindt aan receptoren op mestcellen, basofiele granulocyten en macrofagen, waarna celgebonden antistoffen zorgen voor zeer snelle activatie bij antigeencontact. • **thyroïdstimulerende ~n** (TSI) immunoglobulinen die bij de ziekte van Graves worden gevonden.

immunoglobulinedepositie neerslaan van antilichamen in weefsels waar antigenen voorkomen, waarna een ontstekingsreactie optreedt.

immunoglobulineprofylaxe passieve immunisatie; toedienen van beschermende antistoffen bij patiënten die mogelijk besmet zijn geraakt.

immunoglobulinetherapie subcutane, intramusculaire of intraveneuze substitutie van immunoglobulinen.

immuno-incompetentie onvermogen v.e. organisme om bij inwerking v.e. antigenen te reageren met vorming van antistof.

immunologically-mediated cell killing *zie* immunologisch gemedieerde celdoding.

immunologie de leer betreffende de immuniteit en de immunobiologische reacties. • **psychoneuro-**~ vakgebied dat zich richt op de interacties tussen psychologische en emotionele factoren enerzijds en het neuro-endocriene en immunologische systeem anderzijds.

immunologisch 1 m.b.t. de immunologie; **2** immunitair.

immunologisch gemedieerde celdoding het doden van tumorcellen t.g.v. een aspecifieke stimulering v.h. immuunsysteem.

immunomodulatie wijziging v.e. immuunrespons door (in)activatie van verschillende typen cellen en/of effectormechanismen.

immunomodulator stof die het immuunsysteem specifiek of niet-specifiek afremt of prikkelt; vb. interferon.

immunonutritie speciale voeding die naast voldoende calorieën en aminozuren ook specifieke nutriënten bevat die een positieve invloed op het immuunsysteem hebben.

immunopathologie deelgebied i.d. geneeskunde dat zich richt op het immuunsysteem als oorzakelijke ziektefactor; betreft immunodeficiënties, allergische reacties en auto-immuunreacties.

immunoperoxidasereactie techniek waarbij antilichamen worden gemerkt met peroxidase.

immunoprecipitatie vorming en neerslag van immuuncomplexen

immunoprofylaxe het opwekken van immuniteit.

immunoproliferatief gepaard gaand met proliferatie van immunoglobulinen-producerende cellen.

immunoreactie *zie* reactie | immuun-~.

immunoreactief d.m.v. cf t.g.v. een immunoreactie.

immunoreactiviteit mate waarmee het immuunsysteem reageert op een antigeen.

immunostimulatie versterking v.d. immuunrespons v.e. individu.

immunosuppressie onderdrukking v.h. immuunsysteem m.b.v. geneesmiddelen, monoklonale antilichamen of plasmaferese. • **azathioprine-**~ remming v.h. immuunsysteem m.b.v. het antimetaboliet azathioprine. • **corticosteroïden~** remming v.h. immuunsysteem met synthetische bijnierschorshormonen. • **cyclospori-**

ne-~ remming v.h. immuunsysteem met het schimmelmetaboliet cyclosporine.
• **FK-506-~** immunosuppressivum; remt de interleukine-2-productie door T-helpercellen.

immunosuppressivum geneesmiddel dat wordt toegediend om immunitaire reacties te onderdrukken.

immunotherapie 1 het opwekken, wijzigen (moduleren) of benutten v.d. specifieke afweer van immuniteit ter behandeling v.e. ziekte; **2** hyposensibilisatie bij allergische aandoeningen (onjuist gebruik). • **adoptieve** ~ therapie tegen tumoren waarbij naast gangbare therapievormen ook wordt gepoogd een immunologische reactie tegen de tumor op te wekken. • **monoklonealantilichamentumor~** techniek waarbij wordt getracht een immuunreactie op te wekken tegen een tumor en/of het versterken v.e. bestaande reactie. • **radio-~** oncologische therapie, maakt gebruik van tumorspecifieke antistoffen die radioactief gelabeld zijn om de tumor zo effectief mogelijk te bestralen.

immunotroop het immuunstelsel negatief of positief beïnvloedend.

immuuncompetent een goed functionerend immuunsysteem betreffend.

immuuncomplex | circulerend ~ immuuncomplex dat i.d. bloedbaan voorkomt, waardoor problemen kunnen ontstaan i.d. capillairen.

immuunfagocytose fagocytose v.e. met antilichamen en/of C3b geopsoniseerd partikel.

immuunreconstitutie | immuniteitsreconstitutie toename of manifest worden van ontstekingsverschijnselen en latent aanwezige opportunistische infecties, zoals tuberculose na het starten van potente antiretrovirale hiv-therapie.

immuunrespons de keten van cellulaire en humorale afweerreacties als reactie v.h. immuunsysteem op een antigeen; kent twee fasen: herkenning v.h. antigeen, reactie om het te verwijderen. • **aangeboren ~** reeds bij de geboorte aanwezige reactie v.h. niet-specifieke afweersysteem. • **cellulaire ~** reactie v.h. cellulair afweersysteem op een antigeen; bestaat uit activatie v.h. T-celsysteem, vnl. door T-helpercellen, macrofagen en antigeenpresenterende cellen. • **humorale ~** reactie v.h. humorale afweersysteem op een antigeen; bestaat uit activatie van niet-specifieke enzymen en plasma-eiwitten en specifieke antilichaamproductie door B-lymfocyten. • **primaire ~** zie antistofimmuunrespons | primaire ~. • **secundaire ~** zie antistofimmuunrespons | secundaire ~.

immuunstof stof die de drager v.d. immuniteit is.

immuunstoornis zie afweerstoornis.

immuunsuppressie zie immunosuppressie.

immuunsurveillance voortdurende herkenning en vernietiging van virussen door het 'surveillerende' immuunsysteem.

immuunsysteem | aspecifiek ~ zie afweer | niet-specifieke ~. • **humoraal ~** zie afweer | humorale ~. • **specifiek ~** zie afweer | specifieke ~.

immuuntherapie zie immunotherapie.

impact wigvormige vernageling v.e. deel i.e. ander deel (een bot i.e. ander bot).

impactie 1 het dusdanig worden samengedrukt v.e. losse massa, dat het resultaat een eenheid wordt; **2** het insluiten i.e. holte, i.h.b. tijdens de gebitsontwikkeling v.e. tand i.e. tandkas. • **des~** het ongedaan raken of maken van impactie. • **fecale ~** zie feces~. • **feces~** vastzitten van grote hoeveelheid harde feces i.h. colon t.g.v. obstipatie of megacolon.

impaired fasting glucose (IFG) zie gestoorde nuchtere glucosewaarde.

impaired glucose tolerance (IGT) gestoorde glucosetolerantie.

impalement zie paalverwonding.

impar ongepaard; vb. ganglion impar.

impedantie schijnbare weerstand v.e. wisselstroomkring. • **akoestische ~** de mate van verzet v.e. medium dat in trilling wordt gebracht. • **vasculaire ~** verhouding tussen polsdruk en polsstroom i.d. bloedvaten.

impedantiemetrie zie tympanometrie.

imperatief dwingend; vb. ~mictiedrang.

imperatieve hallucinatie bij schizofrenie voorkomende akoestische hallucinatie die als dwingend wordt beleefd en die kan leiden tot onzinnige en gevaarlijke handelingen.

imperforatus niet doorgankelijk; vb. hymen imperforatus.

impermeabel ondoordringbaar.

impetigineus gepaard gaand met impetigo.

impetiginisatie secundaire bacteriële infectie v.e. huidaandoening.

impetigo bacteriële ontsteking v.d. huid,

gekenmerkt door de aanwezigheid van pustulae. • ~ **Bockhart** oppervlakkige pyodermie met kleine pustels i.d. follikelopeningen. • ~ **bullosa** i. met blaasvorming. • ~ **bullosa neonatorum** i. bij pasgeborenen, met blaasvorming. • ~ **contagiosa** zie impetigo vulgaris. • ~ **vulgaris** vaak voorkomende besmettelijke, soms epidemische, pyodermie bij kinderen, veroorzaakt door Staphylococcus aureus of bèta-hemolytische streptokokken groep A.

impetus aandrift.

impingement [E] klinische aanduiding v.d. oorzaak van schouderklachten t.g.v. compressie v.d. cuff v.d. rotatoren door het acromion. • **subacromiaal** ~ [E] pijnlijke schouder waarbij i.e. bepaalde stand v.d. arm (meestal rond 90° abductie) de subacromiale structuren wordt gecomprimeerd t.g.v. nauwe subacromiale ruimte tussen het caput humeri en het schouderdak.

implantaat hetgeen bij implantatie (sub 1, 2) wordt ingebracht. • **endossaal** ~ implantaat waarbij het materiaal i.h. bot wordt aangebracht. • **grid** - zie grid. • **permucosaal** ~ lichaamsvreemd voorwerp dat in of op de benige kaak wordt aangebracht en door het mondslijmvlies heen steekt, met als doel tand- of gebitsvervanging mogelijk te maken of de vorm v.d. tandeloze kaak te herstellen of te behouden. • **transmandibulair** ~ implantaat langs onderrand van mandibula, met transossale pijlers die door de mucosa i.d. mond uittreden om verankering te geven aan een prothetische voorziening.

implantatie 1 (chir.) plaatsing v.e. weefsel i.e. ander weefsel; 2 (chir., implantol.) het inbrengen van kunststofmateriaal i.h. lichaam; 3 (embryol.) zie nidatie; 4 (farmacol.) het onderhuids inbrengen v.e. geneesmiddel in vaste vorm. 5 (nucl. geneesk.) het inbrengen v.e. radiumnaald in tumorweefsel. • **re–** ~ het op zijn oorspronkelijke plaats terugbrengen v.e. verwijderd orgaan.

implanteerbare cardioverter-defibrillator (ICD) zie inwendige cardioverter-defibrillator.

implementatie procesmatige en planmatige invoering van vernieuwingen en/of veranderingen van bewezen waarde.

impotentie obsolete term voor 'gebrekkig of ontbrekend vermogen', i.h.b. gebruikt m.b.t. seksueel contact en voortplanting.

impregnatie 1 (embryol.) bevruchting v.d. eicel door een spermatozoön; 2 (lab.diagnost.:) histologische kleurtechniek waarbij het weefsel niet echt gekleurd, maar zichtbaar wordt gemaakt doordat zich fijn verdeelde stof erop afzet, bijv. zilver bij zilverimpregnatie.

impressie 1 (pathofysiol.) indeuking, uitholling; 2 (chir.:) het aanbrengen v.e. indeuking, bijv. toegepast bij lokalisatie v.d. punctieplaats bij een PEG; hierbij drukt de vinger op de buikhuid (digitale impressie), hetgeen endoscopisch i.d. maag waarneembaar is; 3 (obstetrie:) het van buitenaf i.d. bekkeningang indrukken v.h. boven de bekkeningang staande kinderhoofd.

imprinting [E] zie genomische inprenting.

impuls 1 plotseling inwerkende kracht; 2 via een zenuwceluitloper voortgeleide potentiaalverandering; 3 onbedwingbare aandrang tot handelen zie impulsgedrag.

impulsbeheersing (psychoanalyse) het vermogen om impulsen te hanteren en te reguleren.

impulsgedrag handelingen die directe uiting zijn v.e. actiepotentiaal, zonder remming door het geweten en zonder overwogen te hebben wat de sociale gevolgen zouden kunnen zijn.

impulsgeleiding zie prikkelgeleiding. • **merghoudende** ~ sprongsgewijze voortplanting v.e. actiepotentiaal over een zenuwvezel die door een myelineschede is omhuld. • **saltatoire** ~ zie merghoudende ~.

impulsief plotseling toegevend aan een aandrang.

impulsoverdracht de overdracht v.e. zenuwimpuls i.e. synaps v.h. zenuwstelsel.

impulstrein serie van opeenvolgende zenuwimpulsen (actiepotentialen).

IMRT zie intensity modulated radiation therapy.

IMT measurement zie intima-media-diktemeting.

imus onderste; vb. nervus splanchnicus imus, arteria thyroidea ima.

IMV intermittent mandatory ventilation.

inactivering het onwerkzaam maken.

inademing 1 (fysiol.) ademhalingsbeweging waarbij door werking v.d. ademhalingsspieren de inhoud v.d. thorax vergroot wordt, m.a.g. dat via de luchtwegen lucht naar de longen wordt aangezogen; 2 (far-

macol.) *zie* inhalatie.
inaequalis ongelijkmatig; vb. pulsus inaequalis.
inanis ledig; vb. pulsus inanis.
inanitie de door voedselgebrek ontstane lichamelijke toestand van vermagering en zwakte.
inbedden histologische techniek waarbij een weefselstukje, na verwijdering van alle water, met gesmolten paraffine of celloïdine wordt doordrongen; na stolling kunnen dan dunne coupes worden gemaakt.
inbewaringstelling (IBS) kortdurende onvrijwillige opname i.e. psychiatrisch ziekenhuis op gezag van rechter of burgemeester in een acute situatie met gevaar.
incarceratie beklemming. • **incarceratio herniae** beklemming v.e. (darm)breuk.
incarceratus beklemd; vb. unguis incarceratus, hernia incarcerata.
incarnatie het i.h. vlees groeien, bijv. v.e. nagel. • **incarnatio unguis** *zie* nagel | dwang~.
incarnatus i.h. vlees gegroeid; vb. unguis incarnatus.
incertus onzeker; vb. zona incerta.
incest seksuele omgang tussen naaste bloedverwanten.
incidence rate *zie* cijfer | incidentie~.
incident onbedoelde gebeurtenis tijdens het zorgproces die tot schade aan de patiënt heeft geleid, had kunnen leiden of (nog) zou kunnen leiden.
incidentaloom 1 bij toeval ontdekt weefsel- of orgaangezwel; **2** een voor een kwaadaardig gezwel aangezien drogbeeld, een onschuldige afwijking die toevallig wordt opgemerkt en die operatief wordt verwijderd.
incidentie percentage van nieuwe gevallen met een ziekte of verschijnsel die voorkomen i.e. populatie gedurende een bepaalde periode; veelal uitgedrukt per jaar. • **cumulatieve** ~ fractie v.h. aantal personen i.e. populatie dat binnen een bepaalde tijdsperiode een ziekte krijgt.
incidentiedichtheid (ID) verhouding v.h. aantal nieuwe gevallen tot het aantal geobserveerde persoonsjaren.
inciseren het maken v.e. incisie met een lancet, bistouri, scalpel enz.
incipiens beginnend; vb. abortus incipiens, hernia incipiens.
incisalis snijdend; vb. margo incisalis.

incisie insnijding. • **bergmann~** schuine snede vanaf de aanhechting 12e rib aan de wervelkolom tot bij de spina iliaca, voor retroperitoneale benadering v.d. nier. • **contra~** kleine incisie waardoorheen een drain wordt geleid.
incisivus 1 dienend tot snijden; **2** tot de snijtanden behorend; **3** tot de canalis i-vus behorend; vb. dens incisivus, papilla incisiva, foramen incisivum (mv. foramina incisiva).
incisura (anat.) insnijding, inkerving.
• ~ **pancreatis** gleuf tussen processus uncinatus en de rest v.d. pancreaskop.
inclavatie een vorm van dislocatie van fractuurstukken waarbij het ene stuk i.h. andere geperst wordt.
inclinatie 1 helling; **2** neiging.
inclusie insluiting.
inclusion [E] inclusie, insluiting, ingesloten houden. • **cytomegalic** ~ **disease** *zie* megalie | cyto~.
inclusion body [E] *zie* lichaampje | inclusie~.
incoherentie stoornis i.d. samenhang v.h. denken, gekenmerkt door het ontbreken van logische of begrijpbare samenhang in wat de patiënt zegt.
incompatibel niet samengaand, onverenigbaar, elkander niet verdragend.
incompatibiliteit toestand van niet-samengaan, van elkaar niet verdragen. • **ABO-~** het reageren van antistoffen met de ABO-antigenen op de erytrocyten v.e. andere individu wanneer het bloed van beiden wordt gemengd. • **resus-~ 1** toestand waarin moeder en vrucht een verschillende resusfactor hebben, m.a.g. de vorming van resusantistoffen; **2** incompatibiliteit van resusfactoren van bloeddonor en bloedontvanger.
incompletus onvolledig, onvolkomen, onvoleindigd; bijv. coitus i-tus, fractura i-ta.
incongruent niet overeenstemmend.
inconstant onstandvastig, niet regelmatig voorkomend.
incontinent 1 (somatisch) niet in staat, de urine of ontlasting op te houden; **2** (psych.) niet in staat zich te beheersen.
incontinentie 1 (urol.) *zie* urine-incontinentie; **2** (psych.) het onvermogen zich te beheersen. • **anale** ~ onvermogen gas, vloeibare of vaste ontlasting op te houden.
• **aandrang~** urineverlies door onwillekeurige, niet te onderdrukken contracties v.d. m. detrusor vesicae, al dan niet met bewustwording van mictiedrang, voordat de nor-

male vullingscapaciteit is bereikt *zie* urine-incontinentie. • **affect~** (neuropsych.) ziekelijk versterkte affectlabiliteit resp. emotionele labiliteit; komt voor o.a. bij cerebrale stoornissen, bijv. bij arteriosclerosis cerebri en na hersenletsel. • **detrusor~** *zie* urge~. • **emotionele** ~ affect-incontinentie. • **feces** *zie* anale ~. • **gemengde** ~ de combinatie van stressincontinentie en aandrangincontinentie. • **giechel~** onschuldige vorm van stressincontinentie bij vnl. jonge meisjes die bij giechelen optreedt. • **imperatieve** ~ onbedwingbare aandrang tot urineren of defeceren. • **incontinentia alvi** *zie* anale ~. • **incontinentia faecalis** *zie* anale ~. • **incontinentia pigmenti** zeldzame congenitale pigmentanomalie v.d. huid met onregelmatige pigmentvlekken. • **incontinentia paradoxa** *zie* overloop~. • **incontinentia urinae** onvermogen de urine op te houden. • **nachtelijke** ~ *zie* enurese | enuresis nocturna. • **overloop~** partiële lediging v.e. overvulde urineblaas door telkens wegdruppelen van urine, wanneer deze door een totale dwarslaesie een volledige denervatie en areflexie toont. • **reflex~** specifieke vorm van incontinentie die optreedt bij blaasverlamming. • **sfincter~** *zie* stress~. • **stress~** urineverlies doordat de intravesicale druk door verhoging v.d. abdominale druk de maximale urethrale druk overstijgt in afwezigheid van activiteit v.d. m. detrusor. • **urge-~** *zie* aandrang~, urine-incontinentie. • **urine-~** *zie* urine-incontinentie.

increet *zie* secreet.

incretine verzamelterm voor alle insulinotrope stoffen die i.h. systema digestorium (de tractus digestivus) worden gevormd en die i.d. circulatie terechtkomen na een glucosebevattende maaltijd.

incretus ingegroeid; vb. placenta increta.

incubatie 1 de ontwikkeling v.h. ziekteproces i.d. symptoomloze periode die ligt tussen het binnendringen van ziektekiemen en het uitbreken v.d. ziekte; **2** (bacteriol.) bebroeding.

incubatietijd *zie* incubatie.

incubus 1 nachtmerrie; **2** drukkende psychische last.

incudis gen. van incus.

incurabel ongeneeslijk.

incus het middelste der drie gehoorbeentjes.

incycloforie cycloforie met rolbeweging naar binnen.

indaling 1 (urol.:) het afzakken v.d. testikels i.h. scrotum; **2** (verlosk.:) het naar beneden komen v.h. voorliggende deel (in 96% v.d. gevallen het hoofd) of de stuit (3%) v.d. foetus i.h. bekken tijdens de zwangerschap ter voorbereiding op de geboorte.

indeling classificatie. • **aitken~** classificatiesysteem van epi- en metafysaire fracturen bij kinderen. • **pauwels~** classificatiesysteem van dijbeenhalsfracturen. • **salter~** classificatie volgens Salter en Harris van epi- en metafysaire fracturen bij kinderen. • **warrick~** indeling van calcaneusfracturen in breuken die wel of niet tot i.h. bovenste spronggewricht doorlopen. • **weber~** indeling van enkelfracturen.

index 1 de verhouding tussen twee grootheden; **2** lijst, tabel; **3** de wijsvinger (digitus II). • **ACH-~** (arm-chest-hip-index [E]) getal waarin verwerkt zijn de omvang van arm, borstkas en heupen, bij evaluatie van hun voedingstoestand. • **Ankle Brachial Pressure Index** (ABI) *zie* enkel-arm~. • **barthel~** maat ter evaluatie v.d. zelfredzaamheid v.c. geriatrische patient. • **body-mass** ~ (BMI) maat waarin de relatie tussen lengte en gewicht wordt uitgedrukt: gewicht gedeeld door het kwadraat v.d. lengte (kg/m²); een uitkomst tussen 20-25 duidt wel op een normaal lichaamsgewicht, <20 op ondergewicht en >25 op overgewicht. • **cardiale** ~ het minuutvolume bloed per m² lichaamsoppervlak (gewoonlijk 2,4-4.2 liter per minuut/m²). • **cel~** grootheid voor het volume, de inhoud of concentratie v.d. inhoud van cellen, meestal v.d. erytrocyten. • **chemotherapeutische** ~ de verhouding tussen de giftigheid v.e. chemotherapeuticum voor het lichaam en de giftigheid voor de parasiet waartegen het middel wordt aangewend. • **ciliatie-~** percentage van ciliadragende epitheelcellen v.d. mucosa i.d. tubae. • **DMF-~** getal dat de verhouding aangeeft tussen de aantallen rotte (*decayed*), ontbrekende (*missing*) en gevulde (*filled*) gebitselementen enerzijds en het totale aantal gebitselementen anderzijds. • **enkel-arm~** maat voor de arteriële bloeddoorstroming i.h. been. • **FT-4-~** maat voor in bloed aanwezig, ongebonden thyroxine. • **glykemische** ~ (GI) maat waarmee het effect van koolhydraatrijke voedingsmiddelen op het bloedglucosegehalte kan worden aangegeven; een voedingsmiddel met een lage glykemische index leidt tot een langzame en minder hoge stijging v.d. bloedglucosespiegel; een voedingsmiddel met een hoge glykemische index geeft een snellere en hogere stijging v.d. bloedglucosespiegel. • **icterische** ~ grof bepaald serumbilirubinegehalte door vergelijking v.d. kleur met die v.e. standaardoplossing van kaliumbichromaat. • **immunoglobuline-G-**~ het quotiënt van IgG en albumine i.d. liquor, gedeeld door het quotiënt van IgG en albumine i.h. serum. • ~ **cephalicus** het quotiënt van schedelbreedte en schedellengte, vermenigvuldigd met 100; verouderd concept uit de medische antropometrie. • ~ **surditatis** de afstand waarop de spreekstem niet meer wordt verstaan. • ~ **van Lennhoff** 100 maal de afstand tussen incisura jugularis en symfyse, gedeeld door de grootste omtrek v.h. lichaam; lennhoffindex >75 wijst op asthenische habitus; 75 is normaal, <75 wijst op pycnische habitus; verouderd antropometrisch begrip. • ~ **vocalis** de afstanden waarop de fluisterstem en de zachte spreekstem net nog worden verstaan. • **karnofsky**~ subjectieve beoordeling v.d. toestand waarin de patiënt zich bevindt. • **karyopycnotic** ~ (KI) het percentage cellen met pycnotische kernen in vaginale uitstrijkpreparaten. • **kleur**~ (KI) aanwijzing v.d. relatieve hoeveelheid hemoglobine aanwezig i.d. erytrocyten v.e. patiënt, vergeleken bij de norm. • **LAF-**~ zie leukocytenalkalischefosfatase-~. • **leukocytenalkalischefosfatase-**~ (LAF-index) index v.d. granulocyten die wordt gebruikt voor de diagnostiek van myelodysplastische syndromen. • **lichaamsmassa-**~ zie body-mass ~. • **liley**~ verhoudingsgetal dat bij een actief resusantagonisme de verhouding aangeeft tussen de concentratie bilirubinepigmenten i.h. vruchtwater en de mate van hemolyse bij de foetus. • **lumbaleflexie-**~ maat waarin de beweeglijkheid v.d. lumbale wervelkolom kan worden uitgedrukt. • **malaria-**~ zie milt-~. • **milt**~ het percentage v.d. personen i.d. bevolking met vergrote milt. • **mitoticheactiviteits**~ aantal mitosefiguren per vastgesteld oppervlak v.e. histologisch preparaat. • **mitotische** ~ zie mitotischeactiviteits-~. • **opsonische** ~ de verhouding tussen het vermogen v.h. bloed v.e. patiënt om een micro-organisme te fagocyteren t.o.v. dit vermogen van normaal bloed. • **parasieten**~ het percentage personen die malariaparasieten i.h. bloed hebben, t.o.v. de gehele bevolking. • **pearl**~ aantal zwangerschappen dat optreedt bij 100 paren gedurende een jaar. • **pignet**~ verouderde index; lichaamslengte in cm, verminderd met (borstomvang in cm + lich. gewicht in kg); een P.-i. van 16-20 is 'goed', meer dan 20 'middelmatig tot slecht', minder dan 16 'krachtig' tot 'zeer krachtig' (vrouwen 2 à 4 minder). • **ponderale** ~ [E] lichaamslengte gedeeld door de wortel v.h. lichaamsgewicht. • **protrombine-**~ verhouding v.d. protrombinetijd v.e. patiënt tot die v.e. normaal persoon. • **quetelet-** zie body-mass ~. • **schedel**~ zie index cephalicus. • **selectiviteits**~ verhoudingsgetal waarmee de aard van proteïnurie nader kan worden bepaald. • **tension-time** ~ [E] product van gemiddelde wandspanning, duur van systolische uitdrijving en hartfrequentie. • **therapeutische** ~ (TI) verhouding tussen de hoeveelheid of dosering v.e. middel waarbij een bepaald gewenst effect wordt bereikt en de hoeveelheid of dosering van dat middel waarbij een bepaald ongustig effect wordt bereikt; anders gezegd: de verhouding tussen de mediane letale dosis en de mediane effectieve dosis v.h. middel ofwel tussen de werkzaamheid en de giftige werking ('efficacy/toxicity') ervan. • **tuberculine-**~ besmettingsprevalentie van tuberculose: het percentage v.h. niet tegen *Mycobacterium tuberculosis* gevaccineerde deel v.d. bevolking dat positief reageert op tuberculine. • **vrije T4-**~ maat voor vrije schildklierhormoonconcentratie. • **wright**~ zie opsonische ~.

indican kaliumzout van indoxylzwavelzuur, ontstaat bij rotting i.d. darm uit tryptofaan.

indicatie 1 (wet- en regelgeving) aanwijzing dat een bepaalde behandeling of ingreep nodig is; 2 (pathologie) aanwijzing omtrent de oorzaak v.e. ziekte. • **indicatio causalis** aanwijzing voor de behandeling, gericht tegen de oorzaak v.d. ziekte. • **indicatio vitalis** zie vitale ~. • **sociale** ~ een aanwijzing betrekking hebbend op de sociale (familie) omstandigheden v.d. patiënt. • **vitale**~ aanwijzing voor een bepaalde ingreep die wordt gegeven wegens aanwezig levensge-

vaar.
indicator 1 specifiek fenomeen dat een aanwijzing voor een algemene toestand geeft; **2** meetbaar element v.d. zorgverlening met een signalerende functie met betrekking tot de kwaliteit v.d. betreffende zorg(aanbieder); er bestaan verschillen soorten indicatoren; structuurindicatoren geven informatie over de organisatie v.e. zorgsysteem of over de omstandigheden die nodig zijn om de gewenste zorg te leveren; procesindicatoren geven informatie over de handelingen om kwaliteit te leveren (bijv. het opvolgen van richtlijnen); uitkomstindicatoren richten zich op de uitkomsten (product/effect) van zorg; prestatie-indicatoren hebben als doel de prestatie van verschillende zorgaanbieders met elkaar te vergelijken en kunnen bestaan uit bovengenoemde drie soorten indicatoren.
• **gezondheids~** maat voor gezondheid v.e. persoon of populatie; bijv. ziekteverzuim resp. kindersterfte. • **uitkomst~** indicator die iets over het resultaat v.e. (zorg)proces zegt.
indifferent onverschillig, zonder werking, onschadelijk, neutraal. • **~e elektrode** elektrode met groot oppervlak, zodat de hierlangs aan- of afgevoerde stroom niet prikkelt. • **~ middel** onschadelijk, maar tevens onwerkzaam middel.
indigestie lichte stoornis i.d. spijsvertering.
indirect middellijk, niet rechtstreeks. • **~e kerndeling** mitotische kerndeling.
indirecte corticospinale banen *zie* extrapiramidale banen.
indirectus indirect, niet rechtstreeks; vb. fractura indirecta.
indium (In) **1** element met atoomnummer 49 en atoomgewicht 115; **2** (tandheelk.) bestanddeel van legering voor tandvullingen.
individual patient data (IPD) *zie* analyse | IPD-~.
individuatie (ontwikkelingspsychol.) i.h. tweede levensjaar beginnend ontwikkelingsproces, waarbij de symbiotische band met de moeder losraakt en de eigen persoonlijkheid zich geleidelijk ontwikkelt.
indol van indigo afgeleide stof met een 6- en een 5-ring.
indolens indolent, onpijnlijk; vb. bubo indolens.
indolent 1 (pathol.:) langzaam genezend, traag verlopend, met geringe progressie; **2** (pathol.:) onpijnlijk; vb. indolente nodus/knobbel; **3** (psych.:) sloom, suf, lusteloos.
• **~e bubonen** onpijnlijke klierzwellingen bij syfilis.
indoxyl olie-achtige substantie gevormd bij afbraak van tryptofaan, komt bij normale personen i.d. urine voor.
inductie 1 (pathol.) opwekking v.e. (fysisch of psychisch) proces door bepaalde maatregelen; **2** (pathol., cytologie) beïnvloeding van (embryonale) groei of differentiëring van bepaalde cellen of celgroepen door een inductor; **3** (wetenschapsleer, statistiek) methode waarbij men, uitgaande van observaties of andere data, tracht te komen tot algemene hypothesen of theorieën; **4** (natuurkunde) opwekking v.e. elektrische stroom of potentiaal onder invloed v.e. andere stroom of een magneet (elektro-, magneto-inductie). • **enzym~** het verhogen v.d. activiteit van enzymen door (chronische) toediening v.e. bepaalde stof, waardoor een versnelde afbraak van stoffen optreedt.
• **ovulatie-~** het kunstmatig opwekken van ovulaties.
inductiefase de fase tijdens foetale ontwikkeling waarin de neurale buis wordt gevormd.
inductor een stof die cellen i.e. bepaalde ontwikkelingsrichting dringt.
induratie verharding, het indureren. • **lei-achtige ~** vorming van vezelig weefsel i.d. long door afzetting van veranderde hemoglobine of van kooldeeltjes zwartgrijs gekleurd. • **peyronie-~** *zie* ziekte van Peyronie.
induratus verhard; vb. acne indurata, erythema induratum.
indusium griseum dunne grijze laag op het corpus callosum.
indux inleidend; vb. crepitatio indux.
inenting *zie* vaccinatie.
inequaal ongelijkmatig.
inertie traagheid, inactiviteit. • **motorische ~** (psychol.) stoornis i.d. motorische executieve functies, gekenmerkt door een verminderd vermogen om te beginnen of op te houden met handelingen. • **inertia uteri** *zie* weeënzwakte.
in extremis stervend.
inf. 1 inferior, inferius; **2** infusum (opgietsel); **3** infunde (giet op).
infans kind.
infanticide het doden v.e. kind, i.h.b. direct

na de geboorte.

infantile myoclonic encephalopathy with hypsarrhythmia (IMEH) [E] *zie* syndroom | west~.

infantilis 1 infantiel, kinderlijk, m.b.t. de leeftijd van 4 weken tot 2 jaar; **2** op infantiel stadium staan gebleven. • **geroderma** ~ *zie* ziekte van Souques-Charcot.

infantilisme stilstand v.d. geestelijke en lichamelijke ontwikkeling op een kinderlijk stadium. • **brissaud**~ combinatie van dwerggroei met myxoedeem en hypogenitalisme.

infantometer meetinstrument om de lichaamslengte van kinderen <2 jaar liggend te meten.

infantum van kinderen (gen. mv. van infans); vb. scorbutus infantum. • **aphthae pterygoideae decubitales** ~ *zie* aft | bednar-en.

infarcering 1 vorming v.e. infarct; **2** necrose v.e. wigvormig gebied in lichaamsweefsel bij obstructie v.h. aanvoerende bloedvat.

infarct coagulatienecrose v.e. (deel van) een orgaan of van weefsel door plaatselijke ischemie. • **anemisch** ~ infarct door tekort aan bloed a.g.v. arteriële afsluiting. • **anteroapicaal** ~ infarct aan de voorzijde v.d. hartpunt. • **anteroseptaal** ~ *zie* voorwand~. • **apicaal** ~ infarct aan de hartpunt. • **atrium**~ afsterven v.h. myocardweefsel i.h. atrium. • **border-zone** ~ *zie* waterscheidings~. • **cerebraal** ~ *zie* hersen~. • **darm**~ necrose v.e. deel v.d. darm t.g.v. een tekortschietende bloedtoevoer. • **hart**~ *zie* myocardinfarct. • **hemorragisch** ~ infarct met daarin een bloeding a.g.v. afsluiting v.d. bloedafvoer. • **hersen**~ versterf van hersenweefsel met blijvende focale neurologische uitvalsverschijnselen t.g.v. een acute verstoring v.d. cerebrale circulatie. • **lacunair** ~ zeer klein, diep i.h. hersenparenchym gelegen infarct door afsluiting v.e. kleine eindarterie. • **long**~ plaatselijk versterf bij afsluiting v.e. longarterietak. • **myocard**~ (MI) *zie* myocardinfarct. • **non-Q-golf**~ hartinfarct waarbij geen Q-golven ontstaan; veelal betreft dit een klein infarct. • **onderwandmyocard**~ acuut infarct i.d. onderwand v.d. linkerkamer v.h. myocard. • **placentair** ~ vaak voorkomende, wigvormige, verkalkende necrose. • **pseudomyocard**~ het optreden van klachten die sterk lijken op die v.h. hartinfarct. • **Q-golf**~ myocardinfarct dat op het ecg zichtbaar wordt door een pathologische Q-golf. • **re-**~ recidiverend infarct. • **retina**-~ infarct van (een deel van) de retina. • **rood** ~ *zie* hemorragisch ~. • **subendocardiaal myocard**~ plaatselijk m. dat aan de binnenkant v.d. spierwand optreedt. • **voorwand**~ infarct i.d. voorwand v.d. linkerkamer. • **waterscheidings**~ (radiologische diagnose) herseninfarct op de grens van verzorgingsgebieden van grote arterietakken.

infaust ongelukkig, ongunstig. • ~**e prognose** ongunstige prognose met verwachting van dodelijke afloop v.d. ziekte.

infectie besmetting v.e. organisme met ziektekiemen, gevolgd door vermeerdering van deze ziektekiemen enerzijds en afweerreactie v.h. organisme anderzijds. • **air-borne infection** *zie* besmetting | aerogene ~. • **algemene** ~ uitbreiding v.d. binnendringende ziektekiemen over het lichaam m.a.g. een infectieziekte. • **auto-**~ het doen overgaan v.e. ziekteverwekker v.d. ene plaats i.h. lichaam naar een andere *zie* inoculatie | auto-inoculeren. • **banale** ~ een i. teweeggebracht door banale (= onspecifieke) bacteriën. • **chlamydia-**~ *zie* chlamydia-infectie. • **commensale** ~ ziekte, veroorzaakt door een commensaal. • **conditionele** ~ infectie door pathogene micro-organismen die slechts een fractie v.d. besmette populatie ziek maken. • **cryptogene** ~ infectie zonder aanwijsbare herkomst. • **CT-**~ *zie* chlamydia-infectie. • **des**~ zo goed mogelijke (lokale) eliminering van ziekteverwekkers, niet identiek met sterilisatie (totale eliminering). • **druppel**~ vorm van aerogene infectie v.d. ene mens op de andere, waarbij virus of bacteriën in fijne uitgehoeste druppeltjes in d. lucht blijven zweven en zo kunnen worden ingeademd. • **emerging infections** het geheel van nieuwe infecties, opnieuw opduikende (*re-emerging*) en antibioticumresistente infecties waarvan de incidentie de laatste twee decennia is toegenomen. • **endoauto-**~ overgang van rabditiforme naar falariforme larve; speelt zich af voordat larven met ontlasting zijn afgevoerd; infectieuze larven penetreren dan direct vanuit lumen de darmwand. • **endogene** ~ i. door onschuldige ziektekiemen die reeds i.h. lichaam aanwezig waren en plotseling pathogeen zijn geworden. • **exoauto-**~ infectie met de worm *Strongyloides stercoralis* waarbij de infectieuze falariforme larve via perianale huid binnendringt. • **exogene** ~ besmetting door van buiten het lichaam afkomstige ziektekiemen. • **fecaal-orale** ~ verspreiding van micro-organismen (meestal enterovirussen) via contact met feces of braaksel. • **fecale** ~ besmetting door contact met feces, meestal via water of levensmiddelen. • **focale** ~ verspreiding van ziektekiemen vanuit een i.h. lichaam aanwezige haard (focus). • **food-borne infection** [E] i. door ziektekiemen die via voedsel overkomen. • **gelegenheids**~ zie opportunistische ~. • **gemengde** ~ i. door verschillende soorten ziektekiemen tegelijk.

• **her**~ recidief v.e. infectie met een bepaald organisme; bij virale infecties verlopen herinfecties meestal subklinisch; bij bacteriële infecties komen herinfecties voor in aansluiting op behandeling, waarbij de behandeling dan niet adequaat is geweest of resistentie is ontstaan. • **hiv**~ zie hiv-infectie. • **hoge-urineweg**~ (HUWI) zie pyelonefritis, ureteritis. • **humaanpapillomavirus**~ zie humaanpapillomavirusinfectie. • **iatrogene** ~ infectie die door en rond het medisch handelen is veroorzaakt. • **import**~ infectie i.h. (verre) buitenland met een ziekteverwekker die in Nederland niet endemisch is; vb. dengue, westnijlkoorts. • **intracellulaire** ~ i. waarbij de micro-organismen i.d. cellen dringen en zich daarin vermeerderen. • **kruis**~ infectie op verpleegafdeling waarbij de ene patiënt besmet raakt met de bacteriën v.d. andere patiënt. • **lage-urineweg**~ (LUWI) zie cystitis, urethritis. • **langzamevirus**~ zie slow-virus infections. • **latente** ~ aanwezigheid van ziektekiemen i.h. lichaam, zonder manifeste verschijnselen van ziekte. • **latente virus**~ aanwezigheid van latent virus in lichaamscellen zonder symptomen van infectie en waarbij de virusdeeltjes niet aantoonbaar zijn. • **lokale** ~ zie plaatselijke ~. • **luchtweg**~ (LWI) infectie v.d. bovenste en onderste luchtwegen. • **maag-darm**~ zie gastro-enteritis. • **meng**~ infectie door twee (of meer) verschillende soorten micro-organismen. • **MRSA**-~ zie MRSA-infectie. • **nosocomiale** ~ zie ziekenhuis-~. • **opportunistische** ~ (OI) infectie die pas gaat opspelen wanneer het immuunsysteem verzwakt is, bijv. door hiv-infectie of behandeling met immunosuppressiva. • **opstijgende urineweg**~ urineweginfectie veroorzaakt door micro-organismen die via tractus urogenitalis 'opstijgen'. • **overwhelming postsplenectomy infection** [E] sepsis die soms vele jaren na verwijdering v.d. milt kan optreden. • **para**-~ ziekte die gepaard gaat met de verschijnselen v.e. bepaalde infectie zonder de aanwezigheid v.d. bacteriën die deze infectie veroorzaken. • **persisterende** ~ chronische infectie waarbij virussen na primaire infectie aanwezig blijven in lichaam. • **pingpong**~ exogene re-infectie na een adequate behandeling. • **plaatselijke** ~ infectieus proces dat tot een bepaald gebied beperkt blijft, vaak resulterend in centrale necrose en abcesvorming. • **placentaire** ~ infectie v.d. foetus door de moeder, via de placenta. • **primo**-~ eerste opportunistische i.v.m. aidspatiënt. • **recidiverende** ~ terugkerende infectie die is veroorzaakt door micro-organismen die na primaire infectie latent in gastheer aanwezig blijven. • **re**-~ infectie na hernieuwde besmetting met dezelfde ziekteverwekker. • **retrograde auto**~ infectie met (nakomelingen van) micro-organismen die reeds buiten het geïnfecteerde lichaam zijn geweest. • **schimmel**~ zie mycose. • **secundaire** ~ i. door ziektekiemen die reeds aanwezig, door andere ziektekiemen veroorzaakt infectieproces. • **shunt**~ infectie v.e. voor hemodialyse chir. aangelegde shunt; wordt bij voorkeur antibiotisch behandeld, eventueel in combinatie met met resectie v.h. geïnfecteerde deel; bij een uitgebreide infectie wordt een synthetische shunt altijd verwijderd. • **slachthuis**~ infectie met van slachtdieren afkomstige, ook voor de mens pathogene, micro-organismen. • **specifieke** ~ infectie, teweeggebracht door specifieke bacteriën, i.e.z. syfilis of tuberculose. • **stille** ~ zie subklinische ~. • **subklinische** ~ infectie zonder merkbare klinische verschijnselen. • **super**~ meervoudige infectie met dezelfde ziekteverwekker, waarbij de tweede infectie plaatsvindt, terwijl er nog geen immuniteit door de eerste is ontstaan. • **synergistische** ~ i. die wordt veroorzaakt door de gezamenlijke pathogene eigenschappen van twee of meer soorten micro-organismen. • **urineweg**~ (UWI) infiltratie van bacteriën i.d. urinewegen, meestal door *E. coli*;

belangrijkste infectieroute is de opstijgende route vanuit het peri-urethrale gebied; urineweginfecties komen meer bij vrouwen dan bij mannen voor, o.a. vanwege de kortere urethra. • **venerische** ~ infectie door micro-organismen die tijdens seksueel verkeer worden overgedragen. • **virale** ~ infectie met een virus. • **wond**~ infectie optredend i.e. (operatie)wond na besmetting. • **ziekenhuis**~ infectie die is ontstaan tijdens of a.g.v. een verblijf i.e. ziekenhuis.

infectieus *zie* besmettelijk.

infectieziektebestrijding het geheel van methoden om infectieziekten tegen te gaan.

infectiviteit mate waarin micro-organisme in staat is infectie te bewerkstelligen.

inferior lager; vb. facies i-ior, cornu i-ius. • **amelia** ~ *zie* apodie.

inferiorinfarct *zie* infarct | onderwandmyocard~.

inferolateralis onder-opzij; vb. facies inferolateralis.

inferomedialis midden-onder; vb. margo inferomedialis cerebri.

infertiliteit uitblijven van zwangerschap na 1 jaar seksuele activiteit zonder anticonceptie *zie* subfertiliteit.

infestatie 1 aanwezigheid van dierlijke parasieten in of op het lichaam zonder noemenswaardige afweerreactie v.d. weefsels; 2 invasie v.h. lichaam door dierlijke parasieten die zich niet i.h. lichaam v.d. gastheer vermenigvuldigen.

infibulatie vorm van genitale verminking (vrouwenbesnijdenis) waarbij de clitoris wordt weggesneden (clitoridectomie) en de labia minora volledig worden weggesneden, waarna de labia majora nagenoeg volledig worden dichtgenaaid, waardoor mictie mogelijk is, maar seksuele gemeenschap en masturbatie onmogelijk zijn gemaakt.

infiltraat *zie* ontstekingsinfiltraat. • **appendiculair** ~ een stadium volgend op het acute begin v.e. appendicitis, indien hiervoor niet terstond geopereerd wordt.

infiltratie 1 doordrenking van weefsel met een vloeistof; 2 diffuse doordringing van weefsel met allerlei stoffen; 3 tumorinfiltratie. • **cellige** ~ het doordringen van cellen i.h. weefsel, bijv. bij ontsteking. • **tumor**~ vermogen v.e. tumor om buiten het oorspronkelijke weefselcompartiment te treden. • **vasculaire** ~ *zie* angio-invasie.

infiltratio lymphocytica *zie* ziekte van Jessner.

infimus de onderste; vb. hemiplegia alternans infima.

inflammatie NB: niet te verwarren met 'infectie' *zie* ontsteking.

inflammatoir ontstoken, ontstekingachtig, met ontsteking gepaard gaand.

⊚ **inflammatoire darmziekten** chronische aspecifieke darmontsteking die lange tijd, vaak levenslang, klachten veroorzaakt; hiertoe behoren colitis ulcerosa en de ziekte van Crohn; deze vormen vertonen veel verwantschap in symptomen (in 10-20% v.d. gevallen is onderscheid niet mogelijk), maar verschillen o.a. wat betreft anatomische lokalisatie, aanwezigheid van transmurale uitbreiding (Crohn) en perianale problemen (Crohn); indeling: bij colitis ulcerosa is alleen het colon aangedaan; men onderscheidt men drie subtypes: 1) proctitis ulcerosa, waarbij alleen rectum is aangedaan, 2) linkszijdige colitis ulcerosa, met ontsteking v.h. colon tot aan milthoek (rectum, sigmoïd en colon descendens), 3) pancolitis ulcerosa, ontsteking v.h. gehele colon; Crohn komt zowel i.h. colon als de dunne darm voor, meestal i.d. laatste ileumlis.

inflammatorius gepaard gaand met ontsteking; vb. strictura inflammatoria.

inflatie (pulmon.) uitzetting v.e. holte of van gas bevattend weefsel, bijv. longen. • **hyper**~ overmatige inflatie, bijv. van longen ('air-trapping') of darmen.

⊚ **influenza** infectie v.d. luchtwegen die door het influenzavirus wordt veroorzaakt. • **aviaire** ~ *zie* vogelgriep. • ~-**A** griep, veroorzaakt door het extreem variabele influenzavirus type A, dat verschillende diersoorten kan infecteren. • ~-**B** *zie* influenza-A. • ~-**C** griep, veroorzaakt door influenzavirus type C. • **Nieuwe Influenza A (H1N1)** griep a.g.v. infectie met *New Influenza A (H1N1) virus* (syn.: *Mexican Influenza Virus*) die in 2009 wereldwijd, als pandemie, is uitgebroken.

informatieplicht plicht v.d. hulpverlener de hulpvrager te informeren.

Informatorium Medicamentorum handboek over in Nederland verkrijgbare geneesmiddelen ten behoeve v.d. dagelijkse werkzaamheden i.d. apotheke; bevat informatie over chemie, toepassing, indicatie, contraindicaties, interacties, dosering, off-labelgebruik, bijwerkingen, toxiciteit en verkrijgbaarheid; wordt jaarlijks in gedrukte vorm door de KNMP uitgeleverd.

informed consent [E] **1** toestemming die na overleg met de patiënt vrijwillig is verkregen om op basis v.d. verstrekte informatie een medische handeling al of niet uit te voeren; **2** toestemming die een deelnemer aan een experimenteel onderzoek geeft na uitgebreid te zijn geïnformeerd; **3** vrijwillig verkregen toestemming v.e. persoon of een verantwoordelijke voor deelname aan een wetenschappelijk onderzoek of interventieprogramma, waarbij voldoende informatie is verschaft.

informis vormloos; vb. ren informis.

in foro voor de rechtbank, bij gerechtelijk-geneeskundige getuigenis.

infra- voorvoegsel in woordsamenstellingen met de betekenis 'onder, beneden'.

infractie incomplete fractuur.

infractio *zie* fractuur | fractura incompleta.

infradiaan minder dan een dag (etmaal) durend.

infrasoon met lager trillingsgetal (<75/sec.) dan de laagste hoorbare toon.

infunderen het toedienen v.e. infusie.

infundibuloom tumor uitgaande v.d. hypofysesteel.

infundibulotomie ingreep waarbij het infundibulum ethmoidale wordt opengelegd om zo de sinus frontalis en maxillaris goed te kunnen draineren en ventileren.

infundibulum 1 een trechterachtige formatie; **2** *zie* hypofysesteel; **3** synoniem voor conus arteriosus. **· ~ ethmoidale** opening v.d. neus naar de kaakholte, gelegen i.d. middelste neusgang.

infusie intraveneuze of subcutane toediening van vocht. **· auto-~** vermeerdering v.h. circulerend bloedvolume door leegdrukken (inzwachtelen) of hoogleggen v.d. benen. **· continue subcutane insuline-~** (CSII) medicatiewijze voor patiënten met diabetes mellitus d.m.v. een instelbaar pompje. **· intraossale ~** methode om vasculaire toegang te krijgen in spoedeisende klinische en prehospitale situaties. **· re-~** toedienen (injectie, infusie) van bloedbestanddelen die eerder aan het lichaam onttrokken zijn geweest; bijv. na plasmaferese.

infusievloeistof vloeistof die d.m.v. infusie wordt toegediend.

infuus 1 *zie* infusie; **2** hetgeen wordt geïnfundeerd. **· druppelinfusie** langzame toediening van vocht.

ingesta genuttigd voedsel en genuttigde drank.

ingestie het nuttigen van voedsel, het innemen v.e. drank, v.e. geneesmiddel.

ingewanden inwendige delen v.h. lichaam i.h.b. die v.d. buikholte m.n. de darmen.

inguen *zie* lies.

inguïnaal tot de lies behorend.

inhalatie 1 (fysiol.) *zie* inademing; **2** (farmacol., toxicol.) het inademen van damp of vernevelde vloeistof (spray), al of niet gemengd met een geneesmiddel. **· poeder-**inname v.e. poedervormig geneesmiddel m.b.v. een poederinhalator.

inhalatietoestel *zie* inhalator.

inhalator toedieningsvorm ter inademing van gasvormige of vloeibare geneesmiddelen.

inhaler *zie* inhalator.

inheems *zie* endemisch.

inhibine peptide hormoon dat de afgifte van FSH remt; afkomstig v.d. ovariële follikels.

inhibitie remming, het tegengestelde van 'facilitatie'. **· associatieve ~** (psychol.) remming v.e. bestaande associatie door een nieuwe. **· contact-** fenomeen waarbij de delingsactiviteit en de beweging van gezonde cellen afnemen wanneer zij in vitro een monolayer hebben gevormd. **· laterale ~** remming v.e. neuron door een naburig neuron, waardoor geen actiepotentiaal kan optreden. **· postsynaptische ~** hyperpolarisatie v.d. postsynaptische membraan v.e. zenuwcel door een inhiberende transmitterstof waardoor het depolariserende effect van exciterende transmitterstoffen op de membraan wordt verminderd en minder gemakkelijk een actiepotentiaal gevormd wordt. **· presynaptische ~** amplitudeverlaging v.d. actiepotentiaal aan een axonuiteinde door een exciterend neuron door een hierop eindigend remmend axonaal eindknopje. **· reciproke ~** regelsysteem waarbij tijdens stimulatie v.e. agonist de antagonist wordt geïnhibeerd.

inhibitoir remmend.

inhibitor | **ACE-~** *zie* remmer | ACE-~. **· C1-~** *zie* remmer | C1-esterase-~. **· cysteïneprotease-~** (CPI) acutefase-eiwit waarvan de productie sterk stijgt tijdens de vroege fase v.e. ontstekingsreactie. **· non-nucleoside**

reverse transcriptase ~ (NNRTI) *zie* analoog | niet-nucleoside-. • **nucleotide analogue reverse transcriptase** ~ (NtRTI) *zie* analoog | nucleotide-. • **plasminogeenactivator**~ (PAI) remmer van factoren die de omzetting van plasminogeen naar plasmine bevorderen. • **selective serotoninreuptake** ~ (SSRI) *zie* serotonineheropnameremmer | selectieve ~.

inhibitory postsynaptic potential *zie* inhibitie | postsynaptische ~.

inhibitory state [E] aanhoudende toestand van verminderde prikkelbaarheid v.d. membraan v.e. zenuwvezel door een reeks impulsen afkomstig v.e. of meerdere zenuwvezels die inhiberende transmitterstof i.d. synapsen uitscheidt.

initiatiefverlies stoornis in motivatie en gedrag, gekenmerkt door vermindering v.h. zelfstandig komen tot motorische activiteit en handelingen.

initiële septale ontlading begin v.d. ontlading i.d. hartventrikels die plaatsvindt i.h. septum.

initiële warmte hoeveelheid warmte die i.e. spier vrijkomt tijdens aan- en ontspannen v.d. spier.

injecteren het toedienen v.e. injectie.

injectie 1 het door een holle naald inbrengen van een vloeistof i.h. lichaam; **2** overvulling van kleine bloedvaten. • **bolus**~ zware inspuiting waarbij een (grote) geneesmiddelendosis in één keer wordt toegediend; vb.: van insuline. • **ciliaire** ~ overvulling der bloedvaten v.h. corpus ciliare, zichtbaar als pericorneale roodheid. • **conjunctivale** ~ overvulling v.d. oppervlakkige conjunctivale bloedvaten. • **intraglossale** ~ injectie i.d. mediaanlijn v.d. naar buiten getrokken tong. • **paraveneuze** ~ een (per vergissing) naast, i.p.v. i.d. vena terechtgekomen injectie. • **pericorneale** ~ overvulling v.d. dieper liggende straaladeren aan de rand v.h. hoornvlies, alsof men deze heeft opgespoten. • **rappel**~ *zie* vaccinatie | booster-. • **snelle intraveneuze** ~ *zie* bolus-.

injection de rappel [F] *zie* vaccinatie | booster-.

injiciëren *zie* injecteren.

inklemming 1 het beknel raken, bijv. v.e. breukzak i.e. bruikpoort; **2** het beklemd zijn v.e. deel v.d. hersenen door verplaatsing van hersenweefsel (door de ruimte-innemende werking van tumor, bloeding, obstructieve hydrocefalus of hersenoedeem) rostraal v.e. opening; **3** chirurgische ingreep ter inklemming; vb. ruggenmerginklemming. • **cerebellaire** ~ i. v.d. cerebella i.h. achterhoofdsgat. • **foraminale** ~ i. door drukverhoging i.h. foramen magnum. • **ruggenmerg**~ *zie* malformatie | chiari-. • **spinale** ~ beknelling v.h. ruggenmerg ter plaatse v.e. ruimte-innemend proces wanneer onder dit proces de liquordruk verlaagd wordt door een lumbale punctie. • **tentoriële** ~ inklemming door drukverhoging i.d. hiatus tentorii. • **tonsillaire** ~ inklemming v.d. cerebellaire tonsillen i.h. achterhoofdsgat; symptomen: hoofdpijn, braken, meningeale prikkeling, nekpijn, dwangstand v.h. hoofd naar achteren, bewustzijnsdaling en uiteindelijk strekkrampen en ademstilstand. • **transtentoriële** ~ inklemming v.e. deel v.d. temporale hersenkwab (de uncus) door het tentorium heen.

inklemmingsverschijnselen symptomen die het gevolg zijn v.e. inklemming. • **cerebellaire** ~ door cerebellaire inklemming veroorzaakte verschijnselen: meningeale prikkeling, nek- en schouderpijn, dwangstand v.h. hoofd naar achteren, en a.g.v. druk op de hersenstam ademhalings- en bloeddrukregulatiestoornissen, en uiteindelijk strekkrampen en bewustzijnsdaling. • **transtentoriële** ~ door transtentoriële inklemming veroorzaakte verschijnselen: hoofdpijn, braken, pupilstoornissen, oogmotoriekstoornissen, bewustzijnsdaling en uiteindelijk strekkrampen en ademstilstand.

inknippen *zie* episiotomie.

inktzwam *Coprinus atramentarius*.

inlay 1 (orthop.) steunzool die op maat wordt gemaakt; **2** (tandheelk.) het aanvullen v.e. tanddefect door een passend vormsel dat d.m.v. cement aan de tand (kies) wordt bevestigd.

inleiden 1 (verlosk.:) kunstmatig op gang brengen v.d. baring door toediening van weeënstimulerende middelen; **2** (anesthesiol.:) het starten v.d. anesthesie door toediening v.h. anestheticum.

inleidingsmiddel anestheticum dat wordt gebruikt bij het inleiden v.e. volledige anesthesie.

INN International Nonproprietary Names.

inname NB: 'ingenomen nutriënten' zijn niet per se 'opgenomen (geresorbeerde) nutriënten' *zie* ingestie.

innervatie 1 de voorziening v.e. lichaamsdeel met zenuwen; 2 de invloed v.e. zenuw op een lichaamsdeel. • **reciproke** ~ de i. van spieren rondom een gewricht, zodanig dat prikkeling en contractie v.d. ene spier gepaard gaan met verslapping v.d. antagonist. • **segmentale** ~ indeling v.h. lichaam volgens het ruggenmergsniveau v.d. bijbehorende spinale zenuwen die de innervatie verzorgen v.e. reeks huidgebieden, spieren of botstukken. • **vegetatieve** ~ ortho- en parasympatische besturing v.d. organen die een rol spelen in metabolisme, resorptie, uitscheiding, groei en voortplanting.

innesteling *zie* nidatie.

innominatus onbenoemd.

inoculatie | auto-inoculeren vorm van zelfbesmetting, i.h.b. bij wratten, waarbij het wrattenvirus v.d. ene lichaamslocatie naar de andere wordt overgebracht.

inoculeren 1 het introduceren i.h. lichaam v.e. organisme dat een ziekte verwekt; 2 verouderd synoniem voor 'vaccinatie' *zie* vaccinatie.

inoculum 1 de stof die bij inenting wordt gebruikt; 2 materiaal waarmee een voedingsmedium wordt geënt.

inodilatoren groep van geneesmiddelen met zowel positief inotrope als vasodilaterende werking.

inoperabel 1 niet operabel vanwege slechte lichamelijke toestand; 2 niet meer in opzet curatief te opereren; heeft gewoonlijk betrekking op een patiënt met een kwaadaardig gezwel dat door uitbreiding of metastasering irresectabel is geworden.

inosine nucleotide die bij afbraak van inosinezuur vrijkomt.

inotroop invloed uitoefenend op de contractiekracht (v.d. hartspier).

inotrope stimulatie toediening van geneesmiddelen die de contractiekracht v.h. hart vergroten.

inotropicum middel met positieve of negatieve werking op de contractiekracht v.d. hartspier.

inprenting *zie* geheugen.

inprentingsstoornis onvermogen om zintuiglijke indrukken en emotionele ervaringen voor korte tijd in zich op te nemen; komt voor bij contusio cerebri, subarachnoïdale bloeding, meningitis, de ziekte van Wernicke-Korsakov en multiple herseninfarcten.

INR *zie* ratio | international normalized ~.

insaniens (obsol.) psychotisch; vb. chorea insaniens.

Insecta klasse v.d. afd. *Arthropoda*.

insectenafweermiddel *zie* repellent.

insecticide 1 (bv. nw.) insectendodend; 2 (z. nw.) stof met een voor insecten dodelijke werking.

inseminatie het inbrengen van zaadvloeistof i.d. vrouwelijke geslachtsorganen. • **IUI** (intra-uteriene inseminatie) het direct i.d. baarmoederholte brengen van zaadvloeistof. • **kunstmatige** ~ (ki) fertilisatietechniek waarbij een eicel zonder geslachtsverkeer wordt bevrucht d.m.v. inseminatie in baarmoeder of baarmoederhals.

insensibel ongevoelig, ongemerkt, onmerkbaar; vb. insensibel vochtverlies.

insensibilis vb. perspiratio insensibilis.

insensible water loss [E] vochtverlies door verdamping.

insereren aanhechten, aangehecht zijn (spiervezels).

insertie 1 aanhechting v.e. spier, te weten de plaats die bij contractie v.d. spier naar de oorsprong wordt bewogen; 2 aanhechtingsplaats v.d. placenta aan de uterus of v.d. navelstreng aan de placenta.

insertiebuis *zie* trocart.

insertus geïmplanteerd; vb. variola i-sa.

insipidus zonder smaak; vb. diabetes insipidus.

insluipen het stapsgewijs verhogen v.d. dosering v.e. geneesmiddel.

insluiten *zie* inbedden.

insluitsellichaampje *zie* lichaampje | inclusie~.

insluitsellichaampje van Heinz *zie* lichaampje | inclusie~ van Heinz.

insnijden *zie* incideren.

insnoering van Ranvier *zie* Ranvier | knoop van ~.

insolatio *zie* beroerte | hitte~.

insomnie slapeloosheid *zie* slaapstoornis.

inspannings-ecg *zie* elektrocardiogram | inspannings-~.

inspanningsonderzoek onderzoek waarbij aan de hand v.d. diverse parameters de functionele reserve van longen, hart- en vaatstelsel bij lichamelijke inspanning

wordt vastgesteld. • **ischemisch** ~ spierinspanning onder gestandaardiseerde condities ter bepaling van stijging van lactaat of andere metabolieten i.h. bloed.
inspanningsverbintenis gehoudenheid voor de hulpverlener zich voldoende in te spannen om het gewenste resultaat te bereiken.
inspectie onderzoek v.e. patiënt door bezichtiging.
in speculo *zie* speculum.
inspiratie *zie* inademing.
inspiratoir m.b.t. de inademing.
inspiratoire intrekkingen het naar binnen wijken v.d. tussenribsruimten, i.h. jugulum en i.d. supraclaviculaire ruimten tijdens een bemoeilijkte inademing.
inspirium inademing.
instabiliteit 1 (pathofys.:) het niet bereiken v.e. duurzame en constante situatie (bijv. homeostase); 2 (orthop.:) onvastheid.
• **band**~ instabiliteit v.e. gewricht a.g.v. letsel van banden eromheen. • **bekken**~ *zie* bekkeninstabiliteit. • **blaas**~ *zie* detrusor~.
• **chronische laterale** ~ (CLI) vorm van instabiliteit v.h. enkelgewricht na een inversieletsel, gekenmerkt door herhaalde verstuikingen. • **detrusor**~ onvermogen om de externe blaassfincter gesloten te houden en zo de mictiereflex te onderdrukken, m.a.g. onweerstaanbare mictiedrang en hoge mictiefrequentie. • **gewrichts**~ abnormale bewegingsmogelijkheid tussen de gewrichtsvlakken door een bandruptuur; veroorzaakt abnormale glij- en kantelbewegingen, m.a.g. een abnormale krachtverdeling i.h. gewricht en vervroegde slijtage.
• **schouder**~ onvermogen v.d. schouder de humeruskop i.h. gewricht te houden.
instellen systematische vaststelling van insulinebehoefte v.e. diabetespatiënt voor een gewenste stabiele bloedsuikerspiegel.
instillatie 1 indruppeling (bijv. i.d. ogen); 2 druppelsgewijze toediening via een sonde, bijv. i.d. urethra, of i.h. rectum als druppellavement, druppelklysma.
instinct v.h. verstand onafhankelijke aandrift tot doeltreffend handelen, i.d. regel ten behoeve v.h. behoud v.h. individu of de soort.
instinctief onbewust, bij ingeving.
Instrumental Extended Activities of Daily Living *zie* IADL.
instrumenteel m.b.v. een instrument.

insufficiëntie ontoereikendheid, onvoldoende functie, het tekort schieten v.e. orgaan of systeem. • **ademhalings**~ onvermogen v.h. ademhalingssysteem tot een normale gaswisseling. • **aorta**-~ *zie* klepinsufficiëntie | aorta-~. • **arteriële** ~ tekortschieten van bloedtoevoer naar weefsel.
• **basilaire** ~ *zie* syndroom | arteriabasilaristrombose-~. • **basilaris**~ *zie* syndroom | arteriabasilaristrombose-~. • **bekkenvenen**~ reflux van bloed vanuit de vena ovarica of vena hypogastrica naar de pubis regio bij vrouwen, veelal na meerdere zwangerschappen. • **bijnierschors**~ onvoldoende productie van bijnierschorshormonen, o.a. a.g.v. hypopituïtarisme of destructie van bijnierschors (ontsteking, necrose). • **cardia**-~ onvoldoende werking v.h. cardiamechanisme, blijkend uit het doorlaten van maaginhoud naar de slokdarm. • **cardiale** ~ *zie* hartfalen. • **cardiorespiratoire** ~ tekortschieten v.h. ademhalings- en circulatiesysteem. • **carotis**~ doorbloedingsstoornis v.d. a. carotis, waardoor reversibele, maar veelal ook een irreversibele cerebrale disfunctie ontstaat. • **cervix**~ pijnloze ontsluiting v.d. cervix uteri i.e. vroeg stadium v.d. zwangerschap. • **chronische lymfaticoveneuze** ~ *zie* chronische veneuze~. • **chronische nier**~ (CNI) langzaam toenemende destructie van afzonderlijke nefronen gedurende langere tijd *zie* nierinsufficiëntie. • **chronische veneuze** ~ (CVI) lang voortdurende afvloedstoornis v.d. venen v.d. extremiteiten door gebrekkige werking v.d. kleppen. • **coronaire** ~ tekortschieten v.d. bloedvoorziening aan het hartweefsel a.g.v. coronarialijden. • **coronaria**-~ *zie* coronaire ~.
• **hart**~ *zie* hartfalen, hartklepaandoening.
• **hypofysaire** ~ *zie* hypopituïtarisme. • **insufficiëntia cordis** *zie* decompensatie | decompensatio cordis. • **insufficientia lacrimalis** functionele stoornis v.d. traanafvoer, waardoor een tranend oog ontstaat. • ~ **van het mediale gewelf** *zie* pes-planovalgusbandslapte. • **insufficientia renis** *zie* nierinsufficiëntie. • **klep**~ niet goed sluitende klep i.h. myocard of elders i.h. vaatstelsel, waardoor de klep tijdens de sluitingsfase lekt. • **lever**~ ontoereikende leverfunctie, veroorzaakt door verlies van functionele levercellen. • **linkszijdige hart**~ onvoldoende werking v.h. linker hartgedeelte. • **mitra-**

lisklep~ onvoldoende sluiting v.d. mitralisklep, zodat er tijdens de systole bloed i.d. linker boezem terugvloeit. • **motorische ~** tekortschietende bewegingsfunctie. • **myocard**~ *zie* hartfalen. • **nier**~ *zie* nierinsufficiëntie. • **ovarium**~ tekortschietende functie v.h. ovarium. • **palatum**~ onvoldoende functioneren v.h. gehemelte, m.a.g. openneusspraak en stoornissen i.d. tubafunctie. • **pancreas**~ onvoldoende exocriene of endocriene pancreasfunctie; excretoire (secretoire) pancreasinsufficiëntie leidt tot een tekort aan pancreatische verteringsenzymen en daardoor tot verstoorde vetvertering en steatorroe; symptomen ontstaan pas wanneer 90% v.d. pancreasfunctie is uitgevallen. • **placenta**~~ tekortschieten v.d. placentafunctie. • **pulmonalisklep**~ onvoldoende sluiting v.d. pulmonalisklep, waarbij tijdens de kamerdiastole bloed i.d. rechter kamer terugvloeit. • **renale** ~ *zie* nierinsufficiëntie. • **respiratoire** ~ *zie* respiratoire insufficiëntie. • **testis**~ verminderde functie v.d. leydigcellen of inadequate spermatogenese, met een fertiliteitsstoornis tot gevolg. • **tricuspidalisklep**~ (TI) onvoldoende sluiting v.d. tricuspidalisklep, zodat er tijdens de kamersystole bloed i.d. rechter boezem terugvloeit. • **velofaryngeale** ~ toestand waarin neus- en mondholte niet volledig akoestisch van elkaar kunnen worden gescheiden. • **vertebrobasilaire** ~ (obsoleet) zeldzaam syndroom, berustend op verminderde doorstroming v.d. arteriae vertebrales of de arteria basilaris en haar vertakkingen.

insufflatie het inblazen v.e. vloeistof, gas of poeder i.e. holte; i.h.b. m.b.t. gas of lucht i.e. pneumoperitoneum. • **gas**~ inblazen van gas i.d. buik tijdens laparoscopische chirurgie. • **tubaire** ~ pertubatie.

insula driehoekig, i.d. diepte v.d. fossa lateralis veronkeerd veld v.d. cerebrale schors.

insulin-dependent diabetes mellitus *zie* diabetes | insulineafhankelijke ~ mellitus.

insuline hormoon dat door de bètacellen i.d. langerhanseilandjes i.d. pancreas naar het bloed wordt afgescheiden en dat de bloedglucoseconcentratie doet dalen, i.t.t. glucagon;; humaan insuline is synthetisch geproduceerd insuline, in samenstelling identiek met het menselijk insuline. • **combinatie**-~ *zie* mix~. • **gemengde** ~ *zie* mix~. • **inhalatie**-~ experimentele vorm van insulinetoediening waarbij spuiten wordt vermeden en de insuline in poedervorm i.d. mond wordt geïnhaleerd. • **kort werkend** ~ insulineanaloog met een werkingsduur van 6-8 u., te nemen een halfuur tot kwartier voor de maaltijd neemt, vb. actrapid, humuline, insuman rapid. • **lang werkend** ~ insulineanaloog dat zeer langzaam wordt opgenomen en zeer geleidelijk gedurende ongeveer een dag werkt; vb. insulineglargine, detemir. • **middellang werkend** ~ insulineanaloog dat matig langzaam wordt opgenomen; bijv. 's avonds te nemen (vb. NPH-insuline); heeft pas maximaal effect na 4-8 uur en werkt daarna enkele uren door. • **mix**~ combinatie van verschillende insulineanaloga die de kenmerken hiervan combineert; wordt meestal tweemaal daags genomen, voor het ontbijt en voor de avondmaaltijd. • **pro**-~ het i.d. bètacellen v.d. pancreas aanwezige biosynthetische voorstadium van insuline; uit p. ontstaan door selectieve proteolyse insuline en C-peptide. • **superkort werkend** ~ insulineanaloog met een werkingsduur van 4-5 u., te nemen direct voor de maaltijd of soms meteen erna; vb. aspart, glulisine en lispro.

insulinebehandeling behandeling van diabetes mellitus met insuline.

insulinepen voorgevuld wegwerppensysteem waarin men kleine flacons met insuline kan plaatsen die via een vooropgeschroefde naald wordt ingespoten.

insulinepomp draagbaar elektrisch apparatje voor insulinetherapie ter vervanging v.d. dagelijkse insuline-injectie.

insulinereceptor eiwit op lever-, spier- en vetcellen dat het hormoon insuline herkent; wanneer een insulinereceptor aan insuline bindt, komen er chemische reacties op gang die ertoe leiden dat de cel glucose opneemt en omzet.

insulinetherapie *zie* insulinebehandeling.

insulinoom meestal solitair en benigne adenoom v.d. B-cellen i.d. langerhanseilandjes.

insulinotroop de secretie van insuline bevorderend.

insulitis ontsteking v.d. eilandjes van Langerhans, gepaard gaand met lymfocyteninfiltratie; o.a. a.g.v. virale infectie; kan leiden tot diabetes mellitus type 1.

insuloom *zie* blastoom | residio-~.

insult aanval; gewoonlijk wordt tonisch-klonische aanval o.b.v. epilepsie bedoeld. • **adversief** ~ *zie* aanval | adversief~. • **gelegenheids**~ veelal eenmalig epileptisch insult a.g.v. bijzondere omstandigheden die de hersenfunctie verstoren. • **klassiek groot** ~ *zie* aanval | tonisch-klonische ~.

in tabula 1 bij de lijkopening; **2** op de (operatie-)tafel.

intactus intact, ongeschonden, in goede staat; vb. virgo intacta.

intake 1 lijst met gegevens over de opneming v.e. patiënt i.e. ziekenhuis; **2** (farmacie, voedingsleer) *zie* ingestie; **3** (psych.) *zie* intakegesprek.

intakegesprek eerste oriënterende gesprek tussen zorgverlener en zorgvrager, waarin het probleem wordt verhelderd.

inteelt voortplanting van onderling nauw verwante personen (of dieren).

integer ongedeerd, onbeschadigd.

Integrale Kankercentra | integrale kankercentra (IKC) regionaal georganiseerde expertisecentra voor kankerzorg.

integrase enzym van hiv dat helpt bij het inbouwen v.h. genetisch materiaal van hiv (RNA) na omzetting in DNA i.h. DNA v.d. gastheercel.

integratie het bestaan resp. het later ontstaan v.e. harmonische samenhang tussen onderling verschillende delen tot een geheel. • **animale** ~ verwerking van alle sensorische informatie v.d. zintuigen tot een totaalbeeld v.d. buitenwereld. • **sensomotorische** ~ *zie* animale ~. • **vegetatieve** ~ samenvoeging v.d. stroom van informatie over de toestand v.d. deelaspecten v.h. milieu intérieur.

integrine adhesiemolecuul met als functie de regulatie van intercellulair contact, binding van complementfactoren en binding aan extracellulaire matrix.

integumentum bedekking, i.e.z. de huid. • ~ **commune** de uit drie lagen (epidermis, corium en tela subcutanea) bestaande huid.

intellect verstand dat gepaard aan belangstelling en kennis, leidend tot het vermogen tot rationeel denken, concluderen en onderscheidend waarnemen.

intelligentie het vermogen te begrijpen, te analyseren, de samenhang tussen oorzaak en gevolg te herkennen, enz.

intensiteitsbereik de verhouding tussen de gehoordrempel en de grootste energiestroom die nog als geluid kan worden waargenomen.

intensiteit-tijdskromme curve die toont hoe de elektrische prikkelintensiteit (in micro-ampères) v.d. prikkelduur (in msec) afhangt; geeft de prikkeldrempel v.e. zenuwvezel weer.

intensity modulated radiation therapy (IMRT) radiotherapeutische techniek waarbij meerdere stralenbundels worden gebruikt en de intensiteit ervan wordt gevarieerd, zodat het doelgebied homogener bestraald kan worden.

intensivecareafdeling (ic-afdeling, ic) ziekenhuisruimte die gepland en georganiseerd is om d.m.v. een efficiënte groepering van apparatuur, intensivisten als gespecialiseerde artsen en ic-verpleegkundigen het functioneren van vitale organen van ernstig zieke patiënten te bewaken en in stand te houden totdat minder intensieve zorg geboden is.

intensive-care unit (ICU) *zie* intensivecareafdeling.

intensivist arts die is gespecialiseerd in intensivecaregeneeskunde ('intensive care').

intentie streven, proces, doel.

intentio wijze v.e. (genezings)proces. • **sanatio per primam** ~**nem** het aaneengroeien van wondranden zonder hiaat en zonder complicatie. • **sanatio per secundam** ~**nem** wondsluiting met hiaten of gecompliceerd door infectie, gewoonlijk vergezeld van 'wondkoorts'.

inter- voorvoegsel in woordverbindingen met de betekenis tussen.

interactie 1 (farmacol.) *zie* geneesmiddeleninteractie; **2** (statist., epidemiol.) *zie* effectmodificator.

interalveolaris tussen alveolen.

interarticularis tussen de gewrichtseinden gelegen; vb. fibrocartilago interarticularis.

interatrialis tussen de hartboezems; vb. septum interatriale.

intercalair tussengevoegd; vb. intercalair stafyloom.

intercalaris tussengeschoven; vb. staphyloma intercalare.

intercalated disc [E] microscopische benaming voor de hechtstructuren waarmee hartspiercellen met elkaar verbonden zijn.

intercalatus tussengevoegd; vb. nucleus intercalatus, *Schistosoma i-tum*.

intercapillair tussen de capillairen.

intercapitalis tussen de hoofden (van beenderen) gelegen.

intercarpale tussen de handwortelbeenderen; vb. ligamentum intercarpale, mv. ligamenta/ligg. intercarpalia.

intercellulair 1 tussen de cellen gelegen; **2** de cellen onderling verbindend.

intercellularis intercellulair.

intercept constante binnen een lineair regressiemodel.

interchondralis tussen kraakbeenderen gelegen.

interclavicularis tussen de claviculae (sleutelbeenderen); vb. ligamentum interclaviculare.

intercollegiale toetsing het gebruik v.d. binnen het werkveld aanwezige expertise om het kwaliteitsniveau v.d. eigen organisatie/beroepsgroep te toetsen en meetbaar te kunnen presenteren.

intercondylaris tussen de condyli gelegen.

intercostaal tussen de ribben; vb. spatium intercostale (intercostale ruimte, tussenribsruimte).

intercostalis tussen de ribben gelegen; vb. arteria intercostalis, spatium intercostale.

intercostobrachialis m.b.t. de intercostale ruimte(n) en de (boven-)arm.

intercostotransversarius tussen rib en processus transversus; vb. musculus intercostotransversarius.

intercricothyrotomie klieving v.h. ligamentum cricothyroideum, ter incisie v.d. larynx.

intercruralis betreffende de crura (v.d. externus-aponeurose.

intercurrent tussenkomend, erbij komend; vb. -e ziekte.

intercus i.d. huid gelegen; vb. hydrops intercus.

interdentaal tussen de tanden.

interdigitalis tussen de vingers of tenen; vb. epidermophytia interdigitalis.

interdigiteren met de vingers ineengrijpen, vertanden; vb. interdigiterende cel.

interepitheliaal i.h. epitheel, tussen de epitheelcellen.

interesseverlies stoornis i.d. stemming, gekenmerkt door een vermindering v.d. belangstelling voor allerlei activiteiten of gebeurtenissen.

interfalangeaal tussen de falangen (vinger- of teenkootjes); vb. interfalangeaal gewricht.

interfascicularis tussen de bundeltjes gelegen; vb. fasciculus interfascicularis.

interfase de toestand of de periode tussen twee celdelingen.

interferentie 1 wederzijdse beïnvloeding van gelijke of bijna gelijke golflengten; **2** (i.h. hart) verstoring v.d. impulsgeleiding doordat de impuls het geleidend weefsel treft terwijl het nog i.d. refractaire periode is. • **statistische inferentie** het maken van gevolgtrekkingen uit door onderzoekers in statistische termen gepresenteerde bevindingen.

interferentiële stroom elektrische stroom die o.a. bij pijnbestrijding wordt gebruikt.

interferometer instrument waarmee de lengte van de beweging kan worden gemeten.

interferon laagmoleculair glycoproteïne, afkomstig van allerlei lichaamscellen, gericht tegen virale infecties. • **alfa-~** (IFN-α) type interferon dat zich van β-interferon (IFN-β) onderscheidt door de aminozuursequentie. • **gamma-~** (IFN-gamma) door T-lymfocyten geproduceerd interferon. • **~-alfa/bèta** interferon type alfa en bèta; sterk op elkaar lijkende glycoproteïnen die de replicatie van virusdeeltjes in geïnfecteerde cellen remmen. • **recombinant~** i. dat men laat produceren door bacteriën waarvan men de plasmiden heeft gecombineerd met de genen die coderen voor humaan interferon.

interfibrillair tussen de vezels.

interfoveolaris tussen (twee) foveolae gelegen; vb. ligamentum interfoveolare.

interganglionaris tussen zenuwganglia gelegen; vb. ramus interganglionaris.

intergemmaal tussen de smaakknoppen.

interglobulair tussen globuli; vb. interglobulaire ruimte, de ruimte tussen de dentineglobuli.

interglobularis interglobulair; vb. spatia iria (mv. van spatium interglobulare).

interictaal tussen tonisch-klonische aanvallen in gelegen.

interimprothese tijdelijke prothese, die later door een blijvende zal worden vervangen.

interior binnenste.

interkinesis de periode tussen de actieve stadia v.d. mitose.

interleukine (IL) cytokine dat als communicatie-eiwit signalen doorgeeft, zo de activiteit van andere cellen vergroot en daarmee een rol i.d. immunoregulatie speelt. • ~-1-α (IL-1-α) cytokine dat vnl. wordt geproduceerd door macrofagen en dendritische cellen. • ~-10 (IL-10) cytokine dat de productie remt van interferon-gamma, IL-1, IL-6 en TNF-alfa door macrofagen. • ~-11 (IL-11) cytokine dat synergistisch werkt met IL-3 en beenmerg tot megakaryocytkolonievorming stimuleert. • ~-12 (IL-12) cytokine, antagonist van IL-10. • ~-13 (IL-13) cytokine dat B-celactivatie en -differentiatie stimuleert en functionele en structurele overeenkomsten met IL-4 heeft. • ~-14 (IL-14) cytokine dat proliferatie in geactiveerde B-cellen induceert en immunoglobulinesynthese door mitogeengestimuleerde B-cellen remt. • ~-15 (IL-15) cytokine dat proliferatie van T-cellen en geactiveerde B-cellen induceert en functionele overeenkomsten met IL-2 heeft. • ~-2 (IL-2) cytokine dat de sterkste groeifactor en activator van T-cellen is en tevens groei en differentiatie van 'large granular lymphocytes' (killer- en natural-killercellen) induceert. • ~-3 (IL-3) cytokine dat groei en differentiatie van alle hemopoëtische cellijnen stimuleert. • ~-4 (IL-4) cytokine dat activatie en differentiatie van B-cellen induceert, leidend tot IgG- en IgE-productie; activeert tevens T-cellen. • ~-5 (IL-5) cytokine dat differentiatie en groei van eosinofiele granulocyten induceert. • ~-6 (IL-6) cytokine dat B-cellen aanzet tot antilichaamproductie. • ~-7 (IL-7) cytokine dat groei- en activatiefactor voor B- en T-cellen stimuleert en tevens macrofaag-activatiefactor is. • ~-8 (IL-8) cytokine dat celmigratie induceert. • ~-9 (IL-9) cytokine; groeifactor voor megakaryoblasten- en erytrocytencellijnen i.h. beenmerg.

interlobair tussen kwabben (lobi) gelegen.

interlobulair tussen lobuli (kwabjes) gelegen.

intermarginaal tussen twee randen.

intermaxillaris tussen linker en rechter bovenkaakbeen.

intermediair 1 (bijv.nw.:) i.h. midden liggend; vb. i-re operatie, intermediair stofwisselingsproduct, i-re stembandstand (z.o. kadaverstand); **2** (zelfst.nw.:) bemiddelaar.

intermedine hormoon uit de pars intermedia v.d. hypofyse, melanotropine (MSH).

intermediolateralis tussen-opzij; vb. nucleus intermediolateralis.

intermediomedialis tussen-mediaal; vb. nucleus ilis.

intermedius tussen twee vormsels gelegen.

intermeningeaal tussen de hersenvliezen gelegen.

intermenstrualis tussen de menstruaties; vb. dysmenorrhoea intermenstrualis.

intermenstruum het interval tussen twee menstruaties.

intermesentericus tussen plexus mesentericus superior en inferior; vb. plexus intermesentericus.

intermetacarpalis tot de metacarpus behorend; vb. articulationes intermetacarpales.

intermetatarseae tot de metatarsus behorend; vb. articulationes intermetatarseae.

intermissie symptoomvrij interval tussen twee ziekteperioden.

intermittens intermitterend, met onderbrekingen. • **dysbasia** ~ *zie* claudicatie | claudicatio intermittens.

intermittent mandatory ventilation (IMV) [E] vorm van mechanische beademing waarbij de spontaan, maar niet geheel adequaat, ademende patiënt op gezette tijden een mechanische ondersteuning v.d. inademing ondervindt.

intermittent positive pressure breathing (IPPB) [E] 1 beademingsvorm waarbij de positieve druk slechts gedurende een gedeelte v.d. ademcyclus aanwezig is; 2 positievedrukbeademing die slechts gedurende een gedeelte v.h. etmaal wordt toegepast.

intermittent positive pressure ventilation (IPPV) [E] gangbare beademingstechniek i.d. anesthesie.

intermuscularis tussen spieren (musculi) gelegen; vb. septum intermusculare.

intern inwendig.

interna 1 inwendige geneesmiddelen; **2** vr. van internus [L].

internalisatie 1 het naar binnen i.d. cel getransporteerd worden v.e. hormoon-receptorcomplex; **2** het zich eigen maken van waarden, gedragswijzen en/of normen.

International Classification of Impairments, Disabilities and Handicaps (ICIDH) 'Internationale classificatie van stoornissen, beperkingen en handicaps'; systeem om de consequenties van ziekten te classificeren.

International Classification of Primary Care (ICPC) systeem om o.a. klacht,

diagnose en therapie binnen de eerstelijns gezondheidszorg te classificeren.
International Non-proprietary Names (INN) [E] *zie* generieke naam.
internist specialist voor interne geneeskunde.
internistisch m.b.t. interne geneeskunde.
internuncial pathways [E] netwerk van zenuwvezels die bepaalde organen met het czs verbinden.
internus binnenste; vb. strabismus internus, otitis interna, ostium urethrae internum.
interoceptie *zie* interosensoriek.
interoceptief ontvankelijk voor prikkels die van binnenuit komen.
interosensoriek waarneming van prikkels afkomstig van zintuigcellen die in weefselparenchym of in epitheel van inwendige organen gelegen zijn.
interosseus tussen beenderen gelegen.
interosseusposteriorsyndroom *zie* syndroom | supinator~.
interparietalis tussen de wandbeenderen (ossa parietalia) gelegen; vb. os interparietale.
interpeduncularis tussen de twee de onderste gedeelten v.d. pedunculi cerebri.
interponaat *zie* maaginterponaat.
interpositie | colon~ reconstructie na een oesofagusresectie waarbij het defect wordt overbrugd met een deel v.d. dikke darm.
 • **interpositio uteri vesicovaginalis** *zie* operatie | wertheim-schauta~.
interpositus tussengeplaatst; vb. velum interpositum.
interradicularis tussen radices (wortels).
interruptie onderbreking. • **interruptio coitus** beëindiging v.d. coïtus vóór de ejaculatie, als anticonceptionele methode.
 • **interruptio graviditatis** zwangerschapsonderbreking, abortus artificialis.
interruptus onderbroken; vb. coitus interruptus.
interscapularis tussen de schouderbladen gelegen.
intersectie doorsnijding, doorkruising van weefsels. • **intersectiones tendineae** drie à vier tussenpezen i.d. musculus rectus abdominis.
intersegmentaal de verschillende segmenten met elkaar verbindend.
intersegmentalis tussen segmenten gelegen.

interseksualiteit aanwezigheid van vrouwelijke en mannelijke organen in één individu.
intersigmoideus tussen de lussen v.h. colon sigmoideum gelegen; vb. recessus intersigmoideus.
interspinalis tussen de processus spinosi gelegen.
interstitialis vb. calcinosis interstitialis *zie* interstitieel.
interstitieel i.h. tussenweefsel of i.e. tussenruimte gelegen.
interstitiële longaandoeningen *zie* longfibrose.
interstitiële pneumonie | **giant-cell interstitial pneumonia** (GIP) [E] vorm van interstitiële pneumonie die met reuscellen gepaard gaat.
interstitium 1 weefsel tussen de parenchymgedeelten v.e. orgaan; 2 (in engere zin) het geheel v.d. intercellulaire ruimte buiten bloed- en lymfevaten.
intertendineus tussen tendines (pezen) gelegen; vb. connexus intertendineus.
intertragicus tussen tragus en antitragus; vb. incisura intertragica.
intertransversalis tussen de dwarsuitsteeksels (processus transversi) liggend.
intertransversarius tussen de processus transversi gelegen.
intertrigineus gepaard met, lijkend op intertrigo; vb. intertrigineus eczeem.
intertrigo huidaandoening z.g.v. het tegen elkaar wrijven van huidgedeelten.
intertrochantericus tussen de trochanters gelegen; vb. linea intertrochanterica.
intertropicus tropisch, inheems i.d. tropen; vb. stomatitis intertropica.
intertubercularis tussen het tuberculum majus en het tuberculum minus.
interureterticus tussen de ureters; vb. plica intereureterica.
intervaginaal tussen twee omhullende scheden; vb. i-nale lymferuimte.
intervaginalis intervaginaal, binnen een schede, tussen twee scheden; vb. spatium intervaginale.
interval tijdperk tussen twee menstruaties, toevallen, ziekteparoxismen, processen enz. • **vrij ~** periode zonder neurologische haardverschijnselen na een schedeltrauma, gevolgd door (hernieuwde) haardverschijnselen.
intervaltraining afwisseling van korte pe-

intervenosus interveneus, tussen venae gelegen.
interventie neutrale term voor elke vorm van benadering, ingreep, aanpak, verzorging, therapie (in zowel medische als algemene zin). • **co**-~ interventie die niet wordt bestudeerd en die verschillend kan zijn toegepast i.d. interventiegroep of de controlegroep, waardoor een vertekende uitkomst kan worden verkregen.
interventricularis tussen de hartkamers of tussen de hersenzijventrikels gelegen.
intervertebralis tussen wervels gelegen; vb. discus intervertebralis, foramen intervertebrale.
intervilleus tussen de villi (mv. van villus). • **intervilleuze ruimte** de bloedsinus i.d. decidua basalis.
intervisie een i.d. gezondheidszorg toegepaste methode waarbij een hulpverlener zijn werkproblemen bespreekt met een even ervaren werker van dezelfde discipline.
intestinale lipoïddystrofie *zie* Whipple | ziekte van ~.
intestinalis tot de darm behorend, m.b.t. de darm.
intestinorum v.d. ingewanden; vb. torpor intestinorum.
intestinum ingewand, darm.
intima-media-diktemeting (IMD-meting) meting van plaquedikte d.m.v. echografie i.d. a. carotis dorsaal nabij de carotisbifurcatie.
intimitis ontsteking v.d. intima.
intimus binnenste; vb. musculus intercostalis intimus, tunica intima.
in-toeing [E] lopen met naar binnen gedraaide voeten.
intolerantie onvermogen om bepaalde stoffen, m.n. geneesmiddelen en voedselbestanddelen, te verdragen t.g.v. mediatoren die via een niet-allergisch mechanisme zijn vrijgemaakt. • **hereditaire fructose**-~ autosomaal-recessief erfelijk enzymdefect. • **lactose**-~ verteringsstoornis t.g.v. het ontbreken v.h. ferment lactase i.d. darm, gewoonlijk blijkend uit intolerantie voor melk. • **voedsel**~ niet-immunologisch gemedieerde reactie op een bepaald voedingsmiddel.
intoxicatie *zie* vergiftiging. • **auto**-~ vergiftiging door de eigen stofwisselingsproducten. • **hetero**-~ intoxicatie door lichaamsvreemde stoffen. • **water**~ onvermogen om een overmaat aan water uit te scheiden, m.a.g. o.a. verhoogde hersendruk, epileptische insulten en coma. • **zuurstof**~ beschadiging van enzymsystemen t.g.v. langdurig zeer sterke verhoogde zuurstofspanning in weefsel.
intra- voorvoegsel in woordverbindingen met de betekenis binnen, i.h. inwendige.
intra-abdominaal i.d. buikholte.
intra-aortale ballonpomp (IABP) ballon met inhoud van ca. 30 ml die veelal via de femorale arterie wordt ingebracht en tot i.d. aorta wordt doorgeschoven.
intra-arterieel i.h. lumen v.e. arterie; vb. i-iële injectie.
intra-articulair i.d. gewrichtsholte.
intra-aurale thermometer *zie* thermometer | trommelvliesinfrarood-~.
intracanaliculair i.e. kanaaltje, i.e. klierbuis gelegen; vb. papilloma intracanaliculare.
intracapsulair i.e. kapsel gehuld.
intracapsulaire lensextractie bij cataract toegepaste extractie v.d. lens zonder splijting v.h. lenskapsel.
intracapsularis intracapsulair, binnen een kapsel gelegen.
intracardiaal binnen i.h. myocard gelegen, plaats hebbend; vb. intracardiale tumor, intracardiaal ecg.
intracellulair i.h. inwendige v.e. cel.
intracellulair doden proces waarbij een gefagocyteerd micro-organisme intracellulair wordt gelyseerd.
intracellulair vochtvolume volume lichaamsvloeistof dat zich i.d. cellen bevindt.
intracerebraal i.d. hersenen.
intracervicale cap met semen gevuld klein kelkje dat i.d. cervix wordt gebracht en zo 2 à 3 uur in situ blijft.
intracorporaal binnen i.h. lichaam; vb. intracorporale chir. verrichtingen.
intracranieel binnen de schedel.
intracraniële drukmeting methode waarbij de druk i.d. schedel wordt gemeten.
intracraniële drukverhoging aandoening waarbij een verhoogde intracraniële druk bestaat.
intracytoplasmatische sperma-injectie (ICSI) fertilisatietechniek waarbij één sper-

matozoön met een pipet i.h. oöplasma wordt ingebracht; wordt toegepast bij hypospermie of hypomotiele spermatozoa.
intradermaal i.d. huid.
intra-epitheliaal tussen cellen v.h. epitheel.
intraepithelialis intra-epitheliaal; vb. carcinoma intraepitheliale.
intra-erytrocytair i.d. erytrocyten gelegen.
intraglobulair i.e. globulus (erytrocyt) gelegen.
intraglossaal i.d. tong.
intrajugularis i.h. foramen jugulare; vb. processus intrajugulare.
intralaesionaal i.e. 'laesie' (plaatselijke ontsteking, tumor).
intralaminaris i.e. lamina; vb. nuclei intralaminares (mv. van intralaminaris).
intraligamentair i.e. ligament gelegen, bijv. een zwangere uterus die zich tussen de bladen v.h. lig. latum ontwikkelt.
intralobair i.e. lobus (kwab).
intralobulair i.e. lobulus (kwabje).
intraluminaal i.h. lumen v.e. bloed- of lymfevat; vb. i-nale dilatatie.
intramammair i.d. mamma gelegen, op enige diepte t.o.v. de tepelhof.
intramedullair i.d. beenmerg; vb. intramedullaire hemopoëse, intramedullaire pen (fixatie).
intramucosaal i.d. mucosa gelegen.
intramuraal 1 i.d. wand v.e. orgaan; 2 binnen (de muren van) het ziekenhuis; vb. i-rale behandeling; vgl. extramuraal.
intramurale behandeling behandeling v.e. persoon die i.e. zorginstelling is opgenomen.
intramusculair i.e. spier; vb. i-re injectie.
intraoccipitalis i.h. achterhoofdsbeen; vb. synchondrosis intraoccipitalis.
intraoculair i.h. oog; vb. myoma intraocularis.
intraoesofageaal i.d. slokdarm gelegen; vb. intraoesofageale druk, ~ membraan.
intrapapillaris i.e. papil; vb. elastoma intrapapillare.
intrapariëtaal i.d. wand.
intrapartaal tijdens de partus; vb. intrapartale asfyxie.
intrapericardiaal i.d. pericardholte.
intraperitoneaal i.d. peritoneale holte.
intraplacentair i.d. placenta.
intrapleuraal i.d. pleuraholte.
intrapolair tussen de polen of elektroden.
intrapontien binnen i.d. pons.
intrapsychisch conflict het tegelijkertijd voorkomen van twee of meer wensen of strevingen die met elkaar in strijd zijn, m.a.g. emotionele spanningen.
intrarenaal binnen de nier.
intrathecaal 1 binnen een omhulsel; 2 binnen de hersenvliezen c.q. ruggenmergs)vliezen.
intrathoracaal i.d. thorax.
intrathoracale druk de druk i.d. pleuraholte.
intratrachealis i.d. trachea; vb. struma intratrachealis.
intratubaire gametentransfer *zie* gamete intrafallopian transfer.
intra-uterien i.d. uterus.
intra-uteriene groeisnelheid tempo waarin embryo en foetus groeien.
intra-uterine device (iud) E *zie* spiraaltje.
intravaginaal 1 binnen de vagina; 2 binnen de processus vaginalis.
intravasaal binnen i.e. (bloed)vat of i.d. vaten; vb. intravasale bloedstolling.
intravasculair vocht *zie* bloedplasma.
intraveneus i.e. vena; vb. i-euze injectie.
intraventriculair i.e. ventrikel.
intravesicaal i.d. blaas (gal-, urineblaas).
intravitaal gedurende het leven.
intra vitam intravitaal, gedurende het leven; tegenstelling: post mortem.
intrinsic [E] intrinsiek, van binnen afkomstig. • ~ **factor** *zie* Castle | intrinsic factor van ~. • ~ **obstruction** [E] stenose i.h. duodenum door ontwikkelingsstoornis.
intrinsiek 1 endogeen, i.t.t. extrinsiek; 2 onafhankelijk v.h. zenuwstelsel. • ~ **stollingssysteem** *zie* systeem | kallikreïne~.
intrinsiek B-celdefect immunodeficiëntie waarvan de oorzaak ligt in één v.d. regulatiemechanismen v.d. B-cel.
intrinsieke activiteit eigenschap van agonisten die de grootte v.d. fractionele responsie, uitgelokt door een bepaalde fractionele receptorbezetting, bepaalt.
intrinsieke effectiviteit maat voor de stimulerende capaciteit v.e. agonist.
intrinsieke sympathicomimetische activiteit partieel agonistische activiteit (stimulerend) van antagonistisch werkende stoffen.
introïtus ingang (tot een lichaamsholte). • **introïtus vaginae** het deel v.h. vrouwelijke genitaal vanaf de binnenzijde v.d. labia minora tot aan het hymen.

introjectie het opnemen van uiterlijke waarden en maatstaven i.d. persoonlijkheid zodat deze niet meer worden ervaren als bedreigingen van buitenaf.

intromissie het inbrengen v.e. lichaam i.e. ander, bijv. de penis i.d. vagina.

intron niet-coderend gedeelte v.e. gen dat bij de vorming van mRNA uit pre-mRNA wordt verwijderd.

introspectie beschouwing v.h. eigen ik, i.h.b. innerlijke kritische zelfwaarneming.

introversie een v.d. drie onafhankelijke dimensies (volgens Eysenck) die de individuele persoonlijkheidsverschillen verklaren, te weten het binnenwaarts gekeerd zijn, de gerichtheid op het eigen ik.

introvert met de aandacht naar binnen gericht.

intrusie algemene term voor zich bij herhaling tegen de zin v.d. patiënt opdringende voorstellingen, gedachten, dromen, illusoire vervalsingen of flashbacks.

intubatie het inbrengen v.e. buis; i.h.b. het via de mond-keelholte en de larynx i.d. trachea brengen v.e. buis (canule of tube), vnl. i.h. kader v.d. endotracheale anesthesie, voorts bij dreigende verstikking door afsluiting; de canule kan worden ingebracht via mond (orotracheale intubatie) of de neus (nasotracheale intubatie). • **endotracheale ~** (ET) inbrengen v.e. beademingsbuis (canule) via de mond-keelholte, de larynx en langs de stembanden i.d. luchtpijp (trachea). • **nasotracheale ~** trachea-intubatie via de neus.

intubatiebestek hulpmiddel bij het inbrengen v.e. tube.

intubator 1 beademingsbuis die tussen de stembanden door i.d. trachea wordt gebracht; 2 persoon die de intubatie uitvoert.

intuïtie inzicht zonder dat de intelligentie hierbij rechtstreeks betrokken is.

intuïtief door functionering v.d. intuïtie.

intussusceptie instulping v.e. darmgedeelte i.e. eropvolgend darmgedeelte.

inulinase enzym dat inuline in levulose omzet.

inuline een stijfsel (fructosepolysacharide) i.d. wortelstok van sommige composieten.

in utero i.d. baarmoeder; vb. complicaties in utero, afname van weefsel in utero voor DNA-diagnostiek.

invaderen *zie* invasie.

invaginatie instulping, i.h.b. intussusceptie.

invaginatus geïnvagineerd, ingestulpt; vb. dens invaginatus.

invalide 1 (bijv. nw.:) niet gezond, gebrekkig; 2 (z.nw.:) persoon met een lichamelijke handicap, i.h.b. m.b.t. een functiestoornis i.h. bewegingsstelsel.

invaliditeit ongeschiktheid of ontoereikend vermogen om een bepaalde activiteit of rol te ontplooien.

invasie 1 het binnendringen van micro-organismen i.e. lichaam; 2 lokale verspreiding van kankercellen bij infiltratie v.h. aangrenzende weefsel. • **lokale ~** directe doorgroei v.e. tumor in aangrenzend weefsels en organen.

invasiediepte de mate van doorgroei v.e. tumor in aangrenzende weefsels en organen.

invasief 1 betrekking hebbend op invasie dan wel infiltratieve groei v.e. tumor; 2 betrekking hebbend op een (veelal chirurgische) verrichting of ingreep waarbij een instrument of apparaat door de huid of een lichaamsopening het lichaam wordt ingebracht voor diagnostische of therapeutische doeleinden.

invasief vermogen 1 vermogen van micro-organismen om een organisme binnen te dringen; 2 vermogen van cellen om aangrenzende weefsels en organen binnen te dringen.

invasiviteit 1 (immunol., microbiol.) vermogen v.e. micro-organisme om de gastheer binnen te dringen; 2 (chir.) mate waarin een chir. ingreep invasief is *zie* invasief.

inversie 1 omkering, instulping; 2 (genetica) verandering v.d. opeenvolging van genen i.e. chromosoom. • **inversio testis** torsie v.d. testis om zijn eigen as, zodat de vrije testisrand naar binnen i.p.v. naar buiten ligt. • **inversio uteri** instulping v.d. baarmoeder.

inversion recovery [E] MRI-pulssequentie waarbij een bepaald soort afbeelding wordt verkregen door het aanbrengen v.e. inversiepuls.

inversus omgekeerd; vb. situs inversus (z.o. situs), febris inversa (z.o. febris).

invertase enzym (in gist, in darmsap) dat rietsuiker hydrolyseert tot invertsuiker. *Invertebrata* wervelloze dieren.

inverteren 1 (chir.) naar binnen lopen v.e. wondrand; 2 (stat.) procedure waarbij de kansboom wordt aangepast in geval v.e. niet-perfecte test op basis van gegevens omtrent de sensitiviteit en specificiteit van die test.

invertor 1 een rotatie verwekkende spier; **2** iemand die tevoren negatief op tuberculine heeft gereageerd en bij wie nu een omslag naar positief heeft plaatsgevonden.

in vitro methode van onderzoek buiten het levende organisme.

in-vitrofertilisatie (ivf) kunstmatige bevruchting waarbij een eicel en een zaadcel buiten het lichaam versmelten; kinderen die hieruit worden geboren, worden wel 'reageerbuisbaby's' genoemd; methode bij uitstek om zwanger te raken als de eileiders niet goed functioneren of volledig afgesloten zijn.

in-vitromaturatie (ivm) kunstmatige voortplantingstechniek waarbij onrijpe eicellen d.m.v. punctie uit antrale follikels v.d. ovaria worden verkregen en i.h. laboratorium tot rijping gebracht voordat deze door ivf of icsi worden bevrucht.

invoelbaar de eigenschap van sommige psychiatrische verschijnselen dat ze door de onderzoeker kunnen worden aangevoeld als begrijpelijke afwijkingen van normale psychische verschijnselen.

involucrum beenschaal, ontstaan t.g.v. reactieve beenvorming.

involuntarius onwillekeurig, onvrijwillig; vb. defaecatio i-ria.

involutie teruggang, aftakeling, het teruglopen in ontwikkeling; vb. thymusinvolutie. • **involutio senilis** seniele aftakeling. • **thymus~** natuurlijk proces waarbij verschrompeling v.d. thymus optreedt. • **involutio uteri** het kleiner worden v.d. baarmoeder na een zwangerschap.

involutietijdperk de overgangsjaren en het senium.

involutievormen gedegenereerde, morfologisch afwijkende cellen in bacteriële culturen.

involutioneel m.b.t. involutie, i.h.b. het involutietijdperk (de overgangsjaren en het senium).

inwendige cardioverter-defibrillator (ICD) elektronisch implantaat voor voortdurende bewaking v.d. elektrische hartactiviteit en zo nodig automatische defibrillatie, cardioversie of overdrive-pacing.

inwendige secretie *zie* secretie.

inzagerecht recht v.d. patiënt zijn dossier m.b.t. de behandeling in te zien.

iododerma *zie* jododerma.

iodopsine het eerst bekende kegeltjespigment.

IOL (intraoculaire lens) *zie* kunstlens | intraoculaire ~.

ionengeleidingsvermogen grootheid die de mate van permeabiliteit v.e. membraan voor een bepaald ion weergeeft, uitgedrukt in siemens.

ionenpomp energieafhankelijke pomp in cellulaire membranen.

ionenstroom 1 beweging van geladen deeltjes door een membraan op basis v.e. concentratiegradiënt of op basis v.e. elektrische gradiënt; **2** beweging van geladen deeltjes door een membraan.

ionenwisselaar polymere, onoplosbare verbinding met zure of basische groepen die i.e. waterig milieu kationen positief geladen) resp. anionen (negatief geladen) kan uitwisselen.

ionisatie het verwijderen v.e. elektron uit het atoom. • **medische** ~ *zie* iontoforese.

ioniserend in ionen splitsend; vb. i-de stralen.

ionpermeabiliteit mate van doorlaatbaarheid v.e. membraan voor een geladen deeltje.

ionspecificiteit specifieke doorlaatbaarheid v.e. ionkanaal voor slechts één of enkele ionen door de aanwezigheid v.e. voor de betrokken ionen chemisch actieve groep i.h. eiwitmolecuul v.h. kanaal.

iontoforese methode om d.m.v. een galvanische stroom, via de intacte huid, ionen i.h. lichaam te brengen.

IOP (intraocular pressure [E]) intraoculaire druk.

i.p. intraperitoneaal.

IPF (idiopathische pulmonale fibrose) *zie* longfibrose.

IPOP *zie* immediate post-operative prosthetic fitting.

IPPB *zie* intermittent positive pressure breathing.

IPPV *zie* intermittent positive pressure ventilation.

IPSP *zie* inhibitie | postsynaptische ~.

IPSS (International Prostate Symptom Score) score die wordt gebruikt om de ernst van klachten v.d. onderste urinewegen te bepalen.

IQ *zie* quotiënt | intelligentie~. • **performaal** ~ IQ dat is bepaald na het afnemen van uitsl. performale tests. • **totaal** ~ IQ dat is bepaald na afnemen van zowel verbale als performale tests. • **verbaal** ~ IQ, bepaald na afnemen van uitsl. verbale tests.

IRDS [E] idiopathic respiratory distress syndrome.

iridectomie excisie v.e. gedeelte v.d. iris.

iridencleisis operatie tegen glaucoom, bestaande uit een iridectomie, waarna men een irisslip i.d. sclerawond trekt.

irideremie aangeboren ontbreken v.d. iris. • **irideremia traumatica** afscheuring v.d. iris door trauma.

iridesis pupilvorming waarbij men een tipje v.d. iris door een smal wondje i.d. cornea naar buiten haalt en met een zijden draadje afbindt (verouderd).

iridicus m.b.t. de iris; vb. stella lentis iridica.

iridis gen. van iris.

iridocele het uitpuilen v.d. iris door een wond v.d. cornea.

iridochoroïditis ontsteking van iris en choroidea.

iridocoloboom coloboom v.d. iris.

iridocornealis m.b.t. de iris en de cornea; vb. angulus iridocornealis.

iridocyclitis ontsteking v.d. iris en het corpus ciliare. • ~ **heterochromica** *zie* syndroom | fuchs-~.

iridodialyse afscheuring of operatieve losmaking v.d. iris v.d. rand v.h. corpus ciliare.

iridodiastase aangeboren opening(en) i.d. periferie v.d. iris.

iridolyse *zie* corelyse.

iridoptose prolaps v.d. iris.

iridosclerectomie iridectomie met uitsnijding v.e. stuk uit de sclera.

iridotasis operatie bij glaucoom waarbij de ongeschonden iris onder een lap v.d. conjunctiva naar buiten wordt gehaald.

iridotomie incisie v.d. iris (ter vorming v.e. kunstmatige pupil).

iridotrabeculaire dysgenese ontwikkelingsstoornis v.d. iris en het trabekelsysteem.

iris 1 ronde contractiele schijf met een centrale opening (de pupil), frontaal-voor i.h. oog; 2 (bijv. naamw.) concentrisch gerangschikt; vb. herpes iris. • ~ **bombans** verdikking v.d. iris.

irisblende diafragma voor de regeling v.h. invallende licht (bijv. bij een microscoop).

iriscopie alternatieve geneeswijze die ervan uitgaat dat aan het uiterlijk v.d. iris allerlei ziekten kunnen worden herkend.

iriseren de kleuren v.d. regenboog vertonen *zie* prolaps.

irislaesie | **pseudo**-~ concentrisch gerangschikt patroon van erytheem in niet meer dan twee verschillende tinten.

iritis ontsteking v.d. iris. • ~ **parenchymatosa** ontsteking v.h. irisparenchym. • ~ **plastica** iris-ontsteking met productie van vezelstof, waardoor vergroeiingen ontstaan. • ~ **serosa** irisontsteking met productie van sereus vocht, dat op de voorvlakte v.d. oogkamer een korrelig neerslag vormt. • ~ **suppurativa** irisontsteking met vorming van etter i.h. irisweefsel en i.d. voorste oogkamer.

IRMA 1 *zie* angiopathie | intraretinale micro~; 2 *zie* assay | immunoradiometrische ~.

irradiatie 1 pijn die uitstraalt i.h. verzorgingsgebied v.e. zenuwwortel of perifere zenuw; 2 het fenomeen dat bij bepaalde belichting een voorwerp groter schijnt dan het is; 3 bestraling.

irradicaal m.b.t. de onvolledige chirurgische verwijdering v.e. ziekteproces, gewoonlijk een kwaadaardig gezwel.

irradicaliteit aanduiding v.d. onvolledige aard van chirurgische verwijdering v.e. ziekteproces.

irregulair onregelmatig; vb. i-re pols.

irregularis irregulair, onregelmatig; vb. pulsus irregularis.

irreparabel onherstelbaar.

irreponibel niet reponeerbaar, niet meer op zijn plaats terug te schuiven.

irreponibilis niet reponeerbaar; vb. hernia irreponibilis.

irresectabiliteit de onmogelijkheid een ziekteproces, gewoonlijk een kwaadaardig gezwel, chirurgisch volledig te verwijderen.

irresistible laughing [E] *zie* dwanghuilen.

irrespirabel niet geschikt om in te ademen (van gassen).

irreversibel niet omkeerbaar; vb. irreversibel emfyseem; vgl. reversibel.

irrigatie (chir.) uitspoeling met een constante vloeistofstroom; vb. wondirrigatie.

irrigator toestel voor wondirrigatie.

irrigeren uitspoelen.

irritabel prikkelbaar, irriteerbaar, op prikkels reagerend.

irritabiliteit *zie* prikkelbaarheid.
irritable · **irritable bowel syndrome** *zie* prikkelbaredarmsyndroom. · ~ **colon** *zie* prikkelbaredarmsyndroom.
irritable uterus [E] hysteralgie.
irritans prikkelende stof.
irritatie prikkeling, prikkelingstoestand.
irritatief gepaard gaand met pijnklachten a.g.v. irritatie.
irritatiehyperplasie *zie* fibroom | irritatie~.
IRV *zie* longvolume | inspiratoir reserve~.
ischemie tekort aan bloed door belemmering i.d. aanvoer ervan a.g.v. vernauwing of organische afsluiting v.h. aanvoerend vat.
· **chronische oculaire** ~ chronische marginale perfusie v.h. oog, meestal door ernstige stenose v.d. a. carotis interna i.d. hals.
· **darm**~ tekort aan zuurstof i.e. deel v.d. darm t.g.v. slechte bloedtoevoer. · **ischaemia retinae** plotselinge tijdelijke blindheid door vernauwing v.d. slagaderen v.h. netvlies. · **myocard**~ tekortschieten van zuurstofvoorziening aan het hartspierweefsel. · **subendocardiale** ~ zuurstoftekort i.h. subendotheliale myocard. · **vertebralis**~ *zie* insufficiëntie | vertebrobasilaire ~.
ischemisch met ischemie gepaard gaand, door ischemie veroorzaakt.
· **ischemische colitis** colitis door plotseling optredende ischemie; indeling: reversibel en irreversibel; acuut of sluipend/chronisch.
ischiadicus op de heup of het os ischium betrekking hebbend.
ischialgie uitstralende pijn i.e. been i.h. verzorgingsgebied v.d. nervus ischiadicus, meestal veroorzaakt door een lumbale of lumbosacrale discushernia op niveau L4-L5 of L5-S1.
ischias *zie* ischialgie. · ~ **varicosa** *zie* fimose | phimosis ischiadica.
ischii gen. van ischium.
ischiocapsularis m.b.t. os ischii en het kapsel v.h. heupgewricht.
ischiocavernosus tot het os ischii en het corpus cavernosum behorend.
ischiocele *zie* hernia ischiadica.
ischiofemoralis m.b.t. os ischii en os femoris; vb. lig. ischiofemorale.
ischiopubiotomie doorzaging v.h. os ischii om bij vernauwd bekken de baring te vergemakkelijken.
ischiorectalis betreffende os ischii en rectum; vb. fossa ischiorectalis.
ischium heup, zitvlak.
ischurie | ischuria paradoxa toestand waarbij de blaas in hoge mate met urine gevuld is en hierdoor sterk is uitgezet en waarbij door druk op de urinebuis slechts kleine hoeveelheden kunnen worden geplast.
· **ischuria spastica** urineretentie t.g.v. kramp v.d. m. sphincter urethrae.
iso- voorvoegsel in woordsamenstellingen met als betekenis behorend tot, of gericht op de eigen species.
isocalorisch van gelijke calorische waarde.
isocellulair bestaande uit cellen van individuen van eenzelfde species.
isochroom gelijk van kleur, egaal van kleur, zoals normale erytrocyter.
isochroon 1 gelijktijdig; **2** met hetzelfde ritme (de polsslag is isochroon met de hartslag, niet synchroon, d.i. gelijktijdig.).
isocorie gelijkheid v.d. pupillen; tegenstelling: anisocorie.
isocytolysine cytolysine die werkzaam is op de cellen v.e. ander, tot dezelfde species behorend individu.
isodont (een gebit) met tanden van gelijke vorm en grootte en met gelijke tussenruimte.
isodynamisch van gelijke kracht, van gelijke energie.
iso-elektrisch van gelijke potentiaal.
iso-enzymen multipele moleculaire vormen v.e. enzym, met gelijke katalytische werking, maar verschillend in proteïnestructuur.
isoforie normale stand v.d. ogen.
isogametisch met onderling gelijke gameten.
isogamie voortplanting door vereniging van onderling gelijke gameten.
isogeen *zie* syngeen.
isohemolysine een hemolysine met lytische werking op cellen v.e. ander, tot dezelfde species behorend individu.
isolaat levensvatbare organismen die als geheel gelijktijdig aan gastheer of cultuur zijn ontnomen.
isolatie 1 afzondering v.e. patiënt met een bep. besmettelijke of psychiatrische ziekte; **2** verkrijging v.e. bacteriecultuur uit weefsel, gevolgd door identificatie v.d. bacteriën. · **beschermende** ~ afzondering van patiënten om hen te beschermen tegen besmetting. · **omgekeerde** ~ *zie* beschermen-

de ~.
isoleerkamer kamer waarin een patiënt geïsoleerd wordt verpleegd om besmetting te voorkomen.
isoleucine essentieel aminozuur.
isolysine *zie* isohemolysine.
isomeren aanduiding van chemische verbindingen met eenzelfde chemische formule, maar met verschillende chemische en fysische eigenschappen.
isomerisatie proces waarbij een isomeer i.e. ander isomeer wordt omgezet.
isometrisch gelijk van afmeting.
isometropie gelijkheid in refractie v.d. twee ogen; tegenstelling: anisometropie.
isomorf gelijkvormig. • ~ **prikkeleffect** *zie* Köbner | köbnerfenomeen. • ~ **prikkelfenomeen** *zie* Köbner | köbnerfenomeen.
isomorfie gelijkvormigheid.
iso-osmotisch van gelijke osmotische druk.
isoperistaltisch met gelijke en gelijkgerichte peristaltiek, van belang bij anastomosering van twee darmgedeelten.
isoprecipitine precipitine die werkzaam is op serum v.e. ander individu van dezelfde species.
isopter lijn die i.h. gezichtsveld punten van gelijke gezichtsscherpte of contrastgevoeligheid met elkaar verbindt.
isosmotisch van gelijke osmotische druk, iso-osmotisch.
Isospora geslacht v.d. klasse *Sporozoa*.
isotonisch 1 van gelijke osmotische druk; vb. i-tone zoutoplossing (Ringer); **2** bij gelijkblijvende spanning; vb. isotonische spieroefening.
isotoop 1 elk v.d. vormen van eenzelfde element met hetzelfde aantal protonen die in chemische eigenschappen geheel overeenkomen maar met een verschillend aantal neutronen en daardoor verschillende natuurkundige eigenschappen; **2** (bv.nw.) kenschetsing v.e. transplantatie waarbij de plaats van herkomst zowel als het weefsel overeenkomen met de plaats van overplanting resp. het weefsel aldaar. • **radio-~** isotoop met een onstabiele kern die alfa- of bètadeeltjes of gammastralen uitzendt.
isotopenonderzoek beeldvormend onderzoek m.b.v. isotopen; vb. scintigrafie, SPECT; vb. scintigrafie.
isotransplantatie *zie* transplantatie.
isotroop met gelijke eigenschappen in alle richtingen.

isotropie 1 gelijkheid in alle richtingen m.b.t. een bepaalde eigenschap; **2** verschijnsel dat sommige substanties licht in alle richtingen op gelijke wijze breken; bijv. I-banden in skeletspiervezels.
isotype verzameling epitopen die klasse, subklasse en type v.h. immunoglobuline bepalen.
isotype switching [E.] het fenomeen dat B-lymfocyten na uitrijping nog slechts één IgH-isotype (IgG, IgA of IgE) tot expressie kunnen brengen.
isozymen iso-enzymen.
isthmicus m.b.t. een isthmus; vb. salpingitis isthmica.
isthmus hals, keel. • ~ **aortae** vernauwing v.d. aorta, tussen a. subclavia en lig. arteriosum. • ~ **glandulae thyroideae** smalle brug van schildklierweefsel over de luchtpijp die de linker en rechter kwab v.d. schildklier met elkaar verbindt. • ~ **rhombencephali** tijdens de embryonale ontwikkeling aanwezige vernauwing v.d. neurale buis tussen mesencephalon en rhombencephalon. • ~ **uteri** vernauwd gedeelte v.d. uterus tussen corpus en cervix.
it. *zie* Rep.
itch [E] jeuk. • **baker's** ~ *zie* eczeem | bakkers-~. • **grain** ~ *zie* graanschurft. • **Strongyloides ground** ~ [E] papulovesiculeuze eruptie op de plaats waar larven van *Strongyloides* de huid binnendringen. • **swimmer's** ~ jeukende papuleuze reactie bij zwemmers in besmet water op plaatsen waar cerciariën van schistosomen de huid binnendringen.
itereren het herhalen v.e. recept.
iteretur het worde herhaald (rec.). • **ne** ~ het worde niet herhaald (rec.).
-itis achtervoegsel in woordsamenstellingen m.b.t. ontsteking.
ITN intubatienarcose.
ITP idiopathische trombocytopenische purpura.
IU (international unit) internationale eenheid (IE).
IUD (intra-uterine device) voorwerp dat i.d. baarmoederholte wordt ingebracht ter voorkoming van zwangerschap; het syn. 'spiraaltje' *zie* spiraaltje.
i.v. *zie* intraveneus.
IVC inspiratoire vitale capaciteit.
ivf *zie* in-vitrofertilisatie.
ivf-behandeling *zie* in-vitrofertilisatie.

ivm (in-vitromaturatie) *zie* in-vitromaturatie.
ivoor *zie* dentine.
IVP *zie* pyelogram | intraveneus ~.
IVU intraveneuze urografie.

Ixodes een geslacht van teken die rickettsiosen overbrengen. • ~ *ricinus* hondenteek, leeft in Europa in eikenhakhout, brengt o.a. Centraaleuropese tekenencefalitis over.

J

J 1 joule; eenheid van energie; 1 J = 0,2388 cal; 1 cal = 4,1868 J.; **2** jodium; de isotopen J-131 en J-132 (ook genoteerd als ^{131}J, ^{132}J, J^{131}, J^{132}) van dit element worden veel i.d. geneeskunde toegepast; het syn. 'jood' is verouderd.

Jaccoud | progressieve zenuwatrofie van ~ chronische polyneuritis door druk op de zenuwen.

jack-in-the-boxverschijnsel het verschijnsel dat een bewegend voorwerp eerst buiten een sterk positief brillenglas wordt gezien, vervolgens i.e. scotoom verdwijnt, waarna het plotseling en vergroot weer tevoorschijn komt.

jactatie het zich rusteloos heen en weer werpen in bed, bij koortsige ziekten en delirium. · **jactatio capitis nocturna** ritmisch heen en weer rollen v.h. hoofd, bij kinderen voor het inslapen.

Jadassohn | syndroom van ~-Lewandowsky autosomaal hereditair syndroom met pachonychie, palmoplantaire keratose, hyperhidrosis en leukoplakie v.d. slijmvliezen.

jamais-vu *zie* jamais-vu-beleving.

jamais-vu-beleving het subjectief-inadequate, plotselinge en voorbijgaande gevoel een actuele ervaring nooit eerder beleefd te hebben.

janewayafwijkingen pijnloze vlekjes aan handpalmen en voetzolen bij infectieuze endocarditis.

janewayvlekjes *zie* janewayafwijkingen.

janiceps dubbelmonstrum met één hoofd en twee aangezichten.

Jansen | proef van Murk ~ bij artrose van de heup kan de patiënt niet een enkel proximaal v.d. contralaterale knie plaatsen. · **syndroom van Murk ~** *zie* dysostose | dysostosis enchondralis metaphysaria type Murk Jansen.

jaw winking phenomenon *zie* fenomeen | gunn-~.

JCA *zie* artritis | juveniele chronische ~.

JC-polyomavirus *zie* virus | JC-~.

JE *zie* encefalitis | Japanse ~.

jejunalis m.b.t. het jejunum; vb. venae jejunales (mv. van jejunalis).

jejunectomie operatieve verwijdering v.h. jejunum.

jejunitis ontsteking v.h. jenunum.

jejunostomie 1 het aanleggen v.e. opening v.h. jejunum dwars door de buikwand naar buiten; **2** (minder juist) de gemaakte opening zelf.

jejunum het gedeelte v.d. dunne darm dat begint bij de flexura duodenojejunalis en eindigt bij het ileum.

jejunus nuchter, leeg; vb. intestinum jejunum = de nuchtere darm (het jejunum).

Jena Nomina Anatomica (JNA) de anatomische nomenclatuur die in 1933 door een commissie van Duitse anatomen te Jena werd overeengekomen.

jennerisatie het opwekken van immuniteit tegen een infectieziekte door inenting met het verzwakte agens van die ziekte.

jeteffect verschijnsel dat de atria worden opgerekt doordat de ventrikels van hun uitstroomvaten worden weggeduwd door de kracht waarmee het bloed erin wordt geperst.

jetlagsyndroom verstoring v.h. slaapritme door een verre vliegreis waarbij de biologische klok verscheidene uren voor- of achterloopt op de klok op de plaats van aankomst; aanpassing aan de plaatselijke tijd wordt wel bespoedigd door inname van melatonine.

jet lesion [E] beschadiging v.d. vaatwand door de polsstoot.

jetnebulisator verstuiver die gebruikmaakt van perslucht of een drijfgas.

jeugdpsychiatrie *zie* psychiatrie | kinder- en jeugd-~.

jeuk prikkelend gevoel dat aanleiding tot krabben geeft.

⊛ **jicht** vorming en neerslag van natriumuraatkristallen in kraakbeen en bindweefsel; indeling: primaire jicht (idiopathische vorm) en secundaire jicht (bekende onderliggende, provocerende oorzaak); gecompliceerde jicht: > 3 aanvallen per jaar of bij de aanwezigheid van uraatstenen (tofi). • **kalk~** jicht met vorming van knobbels van organische en anorganische kalkzouten aan de ledematen. • **pseudo~** acute artritis die wordt geïnduceerd door pyrofosfaatkristallen van hydroxyapatiet.

jichtknobbel *zie* tophus arthriticus.

jichtmiddel geneesmiddel dat bij een acute jichtaanval wordt ingezet.

jigger *Tunga penetrans*; niet te verwarren met *chigger*.

jitteriness [E] regelmatige, niet-epileptische tremorachtige bewegingen i.e. extremiteit in reactie op een prikkel.

JNA *zie* Jena Nomina Anatomica.

Jodamoeba bütschlii een bij de mens voorkomende niet-pathogene amoebe.

joderen insmeren met jodiumtinctuur (ter desinfectie).

jodisme chronische jodiumvergiftiging.

jodium (J) element met atoomnummer 53 en atoomgewicht 127. • **I-123-jodide** radionuclide. • **radioactief ~** (^{131}I) radioactieve isotoop van jodium met diagnostische en therapeutische toepassingen bij schildklierafwijkingen.

jodiumpomp mechanisme van actief transport waarmee jodide over de basale celmembraan v.d. schildklierfollikel wordt opgenomen.

jodiumtherapie toediening v.e. met I-131 gelabeld radiofarmacon bij de behandeling van bijv. hyperthyreoïdie of een al dan niet gemetastaseerd schildkliercarcinoom.

jodiumtinctuur oplossing van jodium in alcohol 70%.

jododerma huidaandoening t.g.v. jodiumgebruik. • **~ tuberosum** toxicodermie door jodiumgebruik, waarbij zich infiltraties en abcessen vormen die zich boven het huidoppervlak verheffen.

jodofiel met affiniteit tot jodium.

jodofiele cellen leukocyten waarin na behandeling met jodium bruine gedeelten zichtbaar worden.

jodofoor complex van jodium met een hoogmoleculaire, oppervlakte-actieve stof, waarbij jodium uit de verbinding kan vrijkomen.

jongvolwassene *zie* adolescent.

jood *zie* jodium.

joule (J) eenheid van energie; één J is de arbeid die verricht wordt wanneer het aangrijpingspunt v.e. kracht ter grootte van 1 newton zich over een afstand van 1 meter i.d. richting v.d. kracht verplaatst; 1 joule = 0,2388 calorie (cal) = 10^7 erg; 1 calorie = 4,1868 joule; de joule vervangt i.h. SI de calorie.

judicium abeundi bindend studieadvies, gericht op uitschrijving v.e. geneeskundestudent uit de opleiding krachtens een voorziening i.d. Wet Hoger Onderwijs en Onderzoek.

jugulair m.b.t. de halsaderen (vv. jugulares) of de fossa jugularis; vb. vena jugularis, foramen jugulare, jugulaire lymfeknopen.

jugulodigastricus m.b.t. de vena jugularis en de musculus digastricus.

juguloomohyoideus m.b.t. de vena jugularis en de musculus omohyoideus.

jugulum 1 clavicula; 2 de keel, of de hals.

jugum juk, welving. • **juga alveolaria mandibulae** de door de tandwortels veroorzaakte welvingen aan de buitenzijde v.d. onderkaak. • **juga alveolaria maxillae** de door de tandwortels veroorzaakte welvingen aan de buitenzijde v.d. bovenkaak.

jukboog arcus zygomaticus [L].

jumentosus m.b.t. een trekdier, paard; vb. urina jumentosa.

jumper's knee [E] degeneratieve aandoening v.d. kniepees bij de onderpool v.d. knieschijf door overbelasting bij sport.

jump graft [E] vorm van operatief aangebrachte coronaire bypass.

junction escape [E] *zie* hartritme | boezemescape~.

junctura verbinding. • **~ cartilaginea** gewricht dat uit kraakbeen bestaat.

juvantibus *zie* diagnose | diagnosis ex juvantibus.

juveniel m.b.t. de jeugd.

juvenilis juveniel; vb. verruca juvenilis, melanoma j-e.

juvenum "der jongelieden", bij kinderen en adolescenten; vb. visus juvenum.

juxta- voorvoegsel in woordsamenstellingen met de betekenis naast.

juxtaarticularis naast een gewricht; vb. noduli juxtaarticulares.

juxtacorticaal grenzend aan de substantia corticalis; vb. ~ osteosarcoom.

juxtaglomerulair apparaat *zie* complex | juxtaglomerulair ~.

juxtapapillaris naast de discus (vroeger geheten: papilla) nervi optici gelegen.

juxtapylorisch naast de pylorus gelegen.

K

kaak mandibula [L], maxilla [L], gnathos [G].
kaakchirurgie *zie* mondziekten, kaak- en aangezichtschirurgie.
kaakclaudicatio *zie* claudicatio | claudicatio masticatoria.
kaakostium *zie* infundibulum ethmoidale.
kaalheid *zie* alopecia.
kaalhoofdigheid falacrose, calvities, alopecia.
kaarsvetsymptoom het verschijnen v.e. kaarsvetachtige witte streep schilfers als men over een psoriasishaard krabt.
kadaver *zie* lijk, mors | post mortem.
kadaverine (NH$_2$(CH$_2$)$_5$NH$_2$) pentamethyleendiamine; stinkende stikstofbase als hoofdbestanddeel van lijkengif.
kadaverstand stand v.e. of beide stembanden bij een lijk of bij totale verlamming v.d. n. recurrens.
⊛ **Kahler** | ⊛ **ziekte van** ~ kwaadaardige woekering van plasmacellen (immunoglobuline producerende cellen).
Kaiserling | **conserveermethode van** ~ c. met formaline, kaliumnitraat en kaliumacetaat.
kakidrosis onaangename lichaamslucht ('body odour').
kakogeusie smaakstoornis waarbij de smaken onaangenaam veranderd worden waargenomen.
kakosmie reukstoornis waarbij de geuren onaangenaam worden veranderd waargenomen a.g.v. een psychische en/of neurologische stoornis. • **kakosmia objectiva** stankwaarneming door de patiënt bij bijv. sinusitis, tumor of tonsillitis.
kala-azar *zie* leishmaniasis visceralis.
kalenderleeftijd de leeftijd vanaf de geboorte, zonder correctie voor prematuriteit.

kalendermethode methode van periodieke onthouding waarbij na een periode van registratie om de individuele variabiliteit v.d. cycluslengte in kaart te brengen, wordt uitgegaan v.d. gefixeerde duur v.d. periode van eisprong tot volgende menstruatie.
kaliëmie *zie* hyperkaliëmie.
kalipenie tekort aan kalium.
kalium (K) mineraal dat een essentiële rol in vele lichaamsprocessen vervult.
kaliumchloride verbinding van kalium en chloor.
kalkspet haard van verkalking in vetweefsel.
kalkstaar *zie* cataracta calcarea.
kallidine een der plasma-kininen, een decapeptide (lysyl-bradykinine).
kallikreïne proteolytisch enzym, gevormd door activatie van prekallikreïne door factor XIIa.
kalmerend middel *zie* anxiolytica, sedativum.
kamer (anat.) [L] *zie* ventriculus. • **achterste oog~** (AOK) camera posterior bulbi. • **voorste oog~** (VOK) camera anterior bulbi.
kamercapture *zie* dissociatie | atrioventriculaire ~.
kamerdepolarisatie *zie* ventrikeldepolarisatie.
kamerexcitatie activatie v.h. ventriculaire hartweefsel.
kamerfibrillatie *zie* fibrillatie | ventrikel-~.
kamerfladderen *zie* flutter | ventrikel-~.
kamertussenschot *zie* septum interventriculare cordis.
kamerwater *zie* humor aquosus.
kampsyndroom *zie* syndroom | concentratiekamp-~.
kanaal holle buisvormige anatomische structuur. • **barings~** de weg die het kind bij

de geboorte i.h. bekken v.d. moeder aflegt: onderste uterussegment, vagina en het door de bekkenbodem begrensde 'weke' baringskanaal. • **boog~** canalis semicircularis (halfcirkelvormig kanaal). • **calcium~** passeerplaats door de celmembraan voor calciumionen. • **centraal** ~ *zie* canalis centralis. • **geboorte~** *zie* barings~. • **halfcirkelvormig** ~ *zie* ductus semicircularis. • **ion~** geheel van transmembraaneiwitten waardoor ionen kunnen worden uitgewisseld tussen intra- en extracellulaire vloeistof. • **maag-darm~** *zie* systema digestorium. • **spijsverterings~** *zie* systema digestorium. • **voorkeurs~** bloedvat dat i.h. verlengde v.e. arteriole ligt en overgaat i.e. venule. • **wervel~** canalis vertebralis [L]. • **wortel~** lumen v.d. tandwortel, normaal gevuld met pulpaweefsel.

kanalisatie het doorgankelijk worden v.e. vaattrombus of embolus.

kanalografie *zie* canalografie.

kanalopathie ziekte die berust op een disfunctie v.d. cellulaire ionkanalen of de eiwitten die dit mechanisme reguleren.

kangoeroeën het leggen van couveusekinderen op de blote borst v.d. vader of moeder.

kangoeroemethode *zie* kangoeroeën.

kanker 1 verzamelnaam voor meer dan honderd verschillende typen kwaadaardige gezwellen; **2** kwaadaardige nieuwvorming; ongecontroleerde vermenigvuldiging van cellen, gekenmerkt door vernietiging v.h. omgevende weefsel, ingroei in vaten en versleping van cellen via bloed en lymfe naar ander organen en weefsels. • **baarmoederhals~** cervixcarcinoom *zie* cervixcarcinoom. • **baarmoeder~** niet te verwarren met 'baarmoederhalskanker' *zie* endometriumcarcinoom. • **beenmerg~** *zie* carcinoom | carcinoma medullare. • **blaas~** *zie* blaascarcinoom. • **bloed~** *zie* leukemie. • **borst~** *zie* mammacarcinoom. • **bot~** *zie* bottumor. • **darm~** *zie* colorectaal carcinoom. • **dikkedarm~** *zie* colorectaal carcinoom. • **eierstok~** *zie* ovariumcarcinoom. • **endeldarm~** *zie* carcinoom | rectum~. • **galgang~** *zie* carcinoom | cholangio~. • **huid~** verzamelnaam voor verschillende vormen van kanker die i.d. huid ontstaan of zich daar manifesteren; twee vormen van huidkanker, nl. het basaalcelcarcinoom en het plaveiselcelcarcinoom, komen het meeste voor; het melanoom komt bij circa 5-10% v.d. patiënten met huidkanker voor *zie* melanoom, basocellulair carcinoom, plaveiselcelcarcinoom, lymfoom | cutaan maligne T-cel~, histiocytoom, dermatofibrosarcoom | dermatofibrosarcoma protuberans, mastocytoom, epithelioom. • **klier~** *zie* carcinoom | adeno~. • **lever~** *zie* carcinoom | hepatocellulair ~. • **long~** *zie* bronchuscarcinoom. • **maag~** *zie* maagcarcinoom. • **medullaire** *zie* carcinoom | carcinoma medullare. • **merg~** *zie* carcinoom | carcinoma medullare. • **nier~** tumor i.d. nier, veelal een niercelcarcinoom. • **prostaat~** *zie* prostaatcarcinoom. • **slijm~** *zie* carcinoom | carcinoma mucoides. • **slokdarm~** *zie* oesofaguscarcinoom. • **strottenhoofd~** *zie* larynxcarcinoom. • **testikel~** *zie* testiscarcinoom. • **water~** geen vorm van kanker, maar noma, een huidinfectieziekte *zie* noma. • **zwezerik~** *zie* carcinoom | thymus~.

kankerachtig *zie* carcinomateus.

kankergevoeligheid vatbaarheid voor het ontwikkelen van kanker op grond van multipele genetische invloeden die elkaar kunnen versterken of verzwakken.

kankerkunde *zie* oncologie.

kankerstadiëring *zie* stadiëring.

kanonslag *zie* bruit de canon.

KANS (klachten van armen, nek en schouders) *zie* repetitive strain injury.

kans waarschijnlijkheid v.e. bepaalde uitkomst of gebeurtenis. • **achteraf~** *zie* posterior~. • **a-posteriori~** *zie* posterior~. • **a-priori~** *zie* prior~. • **overlevings~** het percentage patiënten dat een bepaalde ziekte of operatie overleeft of percentage patiënten dat na een bepaalde termijn na een diagnose of therapie nog in leven is. • **posterior~** waarschijnlijkheid dat een patiënt een bepaalde ziekte heeft, gegeven een testuitslag en de priorkans. • **prior~** waarschijnlijkheid dat een patiënt een bepaalde ziekte heeft voorafgaand aan een nog te ondergane test. • **toevalsoverschrijdings~** *zie* waarde | P~~. • **vooraf~** *zie* prior~. • **voorwaardelijke** ~ kans op een zekere gebeurtenis, gegeven dat een andere daarmee samenhangende gebeurtenis heeft plaatsgevonden.

kansknoop moment i.e. beslisboom waarop verschillende mogelijkheden worden beschreven met verschillende waarschijnlijkheid van optreden (samen 100%).

kansverhouding *zie* ratio | odds~.

kanteltest van Dix-Hallpike *zie* test | dixhallpikekantel~.

Kaposi | kaposisarcoomherpesvirus (KSHV) *zie* virus | humaan herpes~ type 8.
• **pseudokaposisarcoom** op kaposisarcoom gelijkende, scherp begrensde roodbruine plaquevormige laesie op de voorvoet of het onderbeen bij chronisch veneuze insufficiëntie.

kappa (κ) (epidemiol., statistiek) associatiemaat, vooral toegepast om de overeenstemming te meten tussen twee beoordelaars of tussen de uitkomsten van twee methoden.

kapsel 1 (anat.) *zie* capsula; **2** (microbiol.) *zie* bacteriekapsel.

kapside *zie* capside.

kapsomeren *zie* capsomeren.

karakter persoonlijke geaardheid, psychische structuur v.e. mens.

karbonkel | carbunculus contagiosus verouderde aanduiding *zie* antrax. • **miltvuur**~ bij anthrax voorkomende karbonkel.

karbunkel conglomeraat van furunkels, meestal bij mannen boven de 50 j., veelal i.d. nek. • **nier**~ plaatselijke veretterring i.d. nier.

karosji [Jap.] in Japan officieel erkende diagnostische aanduiding voor een plotseling overlijden dat aan overwerk gerelateerd is.

karyo- voorvoegsel in woordsamenstellingen m.b.t. een kern.

karyocyt 1 een cel met een kern; **2** normoblast.

karyogram rangschikking van chromosomen, verkregen uit een fotografische vergroting v.e. celkern tijdens de metafase.

karyokinese deling v.d. celkern bij mitose.

karyolyse degeneratie en oplossing v.d. kern bij celnecrose.

karyon kern, nucleus.

karyoplasma het protoplasma v.d. celkern.

karyorrexie het in brokstukken uiteenvallen v.d. celkern bij celnecrose.

karyosoom chromatinemassa i.d. celkern.

karyotype volgens het Denver-systeem gerangschikte chromosomen in paren.

karyotypering bepalen v.h. aantal, de grootte en de vorm v.d. chromosomen i.e. cel.

KASN (klachten van arm, schouder of nek) *zie* repetitive strain injury.

kata- voorvoegsel in woordsamenstellingen met als betekenis 'omlaag'.

katabiose verbruik van levend weefsel, de veroudering van weefsel.

katabolicum stof die het lichaam tot weefselafbraak aanzet.

katabolisme weefselafbraak.

katabool weefselafbrekend, destruerend.

kataforese 1 elektroforese, c.q. iontoforese; **2** het inbrengen van niet-elektrolytische stoffen i.h. lichaam, via de intacte huid, d.m.v. elektro-osmotische werking; hierbij dringt water dat positief geladen is, bij de anode het lichaam binnen, en neemt opgeloste stoffen met zich mee.

kataforie afwijking van één oogas naar beneden.

katafylaxie de concentratie van beschermende elementen ter plaatse v.e. infectie.

katageen m.b.t. katagenese.

katageen stadium de op het anagene stadium volgende periode i.d. haargroeicyclus.

katagenese *zie* involutie.

katal mol per seconde.

katalase enzym dat omzetting van waterstofperoxide tot water en zuurstof katalyseert.

katalepsie toestand van spierverstijving waarbij de patiënt langdurig eenzelfde houding blijft innemen.

katalysator stof die een chemische reactie mogelijk maakt of versnelt maar hierbij zelf niet wordt omgezet of verbruikt.

katalyse versnelling v.e. chemische reactie. • **negatieve** ~ remming v.e. chemische reactie.

katamnese 1 het relaas v.d. ziektegeschiedenis na afloop v.d. ziekte; **2** de vervolggeschiedenis na afloop v.e. ziekte.

katamnestisch m.b.t. de katamnese.

kataplexie plotseling verlies of vermindering van spiertonus.

katatonie verzamelnaam voor doorgaans bizarre motorische stoornissen die vroeger als karakteristiek werden gezien voor een zeldzaam subtype van schizofrenie, maar die tegenwoordig vaker worden beschreven bij andere psychische stoornissen.

katatoon gepaard gaand met katatonie.

katheter steriel verpakte dunne slang voor toegang tot bloedbaan, urinewegen of andere anatomische ruimtes. • **arteria pulmonalis**~ katheter die via een centrale vene i.d. a. pulmonalis is ingebracht om de pulmonale druk te meten. • **ballon**~ een k. met ballonvormig einde dat met lucht of vloeistof kan worden gevuld. • **broviac**~ kuststofkatheter die i.d. v. cava superior wordt gebracht en waardoor parenterale voeding kan worden toegediend. • **catheter à demeure** *zie* verblijfs~. • **centraal veneuze** ~ (CVK) het inbrengen v.e. katheter om de centraalveneuze druk i.d. vena cava superior of het rechter atrium te meten. • **colostomie**~ *zie* PEC-~. • **dauer**~ [D] *zie* catheter à demeure. • **fogarty**~ katheter met een opblaasbaar ballonnetje bij het uiteinde. • **foley**~ slappe urineverblijfskatheter met opblaasbaar ballonnetje bij de punt. • **gastrostomie**~ *zie* PEG-~. • **hart**~ stevige flexibele slang om het hart vanuit een perifeer bloedvat te bereiken. • **hickman**~ katheter die, via de v. cava superior of de rechter v. cephalica i.h. rechter atrium wordt gebracht. • **jejunostomie**~ *zie* PEJ-~. • ~ **van Mercier** katheter met snavelvormig einde dat een hoek van 130° met de schacht v.d. katheter maakt. • **maag**~ *zie* sonde | maag~. • **nelaton**~ katheter van zacht rubber. • **neus**~ *zie* sonde | neus~. • **PEC-**~ katheter voor gebruik bij percutane endoscopische colostomie. • **PEG-**~ katheter voor gebruik bij percutane endoscopische gastrostomie. • **PEJ-**~ katheter voor gebruik bij percutane endoscopische jejunostomie. • **pezzer**~ verblijfskatheter van rubber met een schotelvormig einde. • **pigtail**~ hartkatheter met een krul aan het uiteinde en een groot aantal uitlaatopeningen. • **prostaat**~ katheter met een korte hoek, zodat de prostaat kan worden gepasseerd. • **quinton**~ katheter met een dubbel lumen. • **subclavia**~ dunne soepele buis die i.d. v. subclavia wordt gebracht en o.a. wordt gebruikt voor de toediening van parenterale voeding. • **swanganz**~ intraveneus ingevoerde katheter waarmee o.a. de druk en temperatuur in hartholten en longslagader en i.h.b. de wiggendruk kunnen worden gemeten. • **tieman**~ urinekatheter met gebogen punt. • **ureter**~ lange, dunne, van centimeterindeling voorziene buigzame buis die via een cystoscoop i.e. ureter wordt geschoven. • **varkensstaart**~ rubber verblijfskatheter met aan het einde een krul die verhindert dat de katheter uit de urethra terugschuift. • **verblijfs**~ katheter die men enige tijd laat liggen.

atheterisatie het lege artis inbrengen v.e. katheter. • **hart**~ het voor diagnostische doeleinden inbrengen v.e. dunne katheter via het veneuze of arteriële systeem tot i.d. verschillende afdelingen v.h. hart. • **intermitterende** ~ procedure waarbij na het urineren een dunne buis naar de blaas wordt geleid om achterblijvende urine te laten weglopen. • **links**~ procedure waarbij via een bloedvat (meestal i.d. lies) een katheter wordt ingebracht ter meting v.d. bloeddruk i.h. centraal veneuze systeem, het linker atrium (hartboezem) en de linker ventrikel (hartkamer). • **rechts**~ procedure waarbij via een vene een katheter wordt ingebracht ter meting v.d. bloeddruk i.h. centraal veneuze systeem, het rechter atrium en de ventrikel, a. pulmonalis en de wiggendruk. • **retrograde** ~ c. v d urethra na cystotomie, v.d. blaas uit.

kathode negatieve pool, bijv. v.e. röntgenbuis of elektrische batterij.

kationenwisselaar *zie* ionenwisselaar.

Kawasaki | ziekte van ~ acute necrotiserende arteriitis v.d. kleine en middelgrote vaten op de kinderleeftijd.

kayser-fleischerring bruin-groene ring (koperneerslag) i.d. buitenrand v.h. hoornvlies.

kayserring *zie* kayser-fleischerring.

kcal kilocalorie.

KCS *zie* keratoconjunctivitis sicca.

K-draad *zie* kirschnerdraad.

keel *zie* farynx.

keelpijn | acute ~ pijn i.d. farynx (i.h.b. tijdens slikken) die in korte tijd is ontstaan, vaak i.c.m. neusverkoudheid (rinitis); belangrijkste oorzaak van acute rinofaryngitis is virale infectie van bovenste luchtwegen (neusverkoudheid, coryza) met evt. secundair een bacteriële superinfectie.

keelpijpje *zie* tube | orofaryngeale ~.

kefaline *zie* cefaline.

kegeloefeningen oefeningen die zich richten op versterking v.d. musculatuur rondom vagina, urethra en rectum.

Keith | keith-wagenerindeling indeling van gevolgen van hypertensie voor het oog volgens Keith en Wagener.

keizersnede | sänger~ loodrechte snede i.d. voorzijde v.d. baarmoeder. • **vaginale** ~ keizersnede waarbij de toegang tot de uterus wordt verkregen via een incisie v.d. vaginawand.

-kèle *zie* -cele.

keloïd vlak, breed, glad, geel tot rood fibroom, ontstaat meestal in littekenweefsel, soms spontaan.

kelotomie het doorsnijden v.e. afsnoerende streng (bij strangulatie-ileus).

kengetal getal dat specifieke eigenschappen v.e. verdeling karakteriseert.

kenvermogen *zie* cognitie.

kerasine een cerebroside.

keratectomie chir. verwijderen v.h. epitheel v.d. cornea. • **fototherapeutische ~** fotorefractieve keratectomie waarbij, na verwijdering v.h. cornea-epitheel aan het oppervlak v.h. hoornvlies, weefsel d.m.v. laser wordt verwijderd.

keratine scleroproteïne in haren, nagels, epidermis.

keratinisatie omzetting in hoornsubstantie. • **harde ~** geleidelijke overgang van keratinocyten tot verhoornde celresten in afwezigheid van keratohyalinekorrels waarbij kern en cytoplasmaorganellen vrij abrupt verdwijnen.

keratinocyt keratine vormende epidermiscel uit het stratum germinativum.

keratinosomen kleine granula in keratiniserende epithelia.

⊚ **keratitis** ontsteking v.d. cornea; indeling: bacteriële en virale keratitiden; het ulcus corneae is een diepe, bacteriële keratitis; v.d. virale keratitiden zijn bekend: 1) adenoviruskeratitis, meestal i.d. vorm van keratitis punctata en soms als nummulaire keratitis, 2) keratitis dendritica veroorzaakt door een infectie met herpessimplexvirus (HSV type 1); daarnaast nog keratitis photoelectrica (lasogen). • **buchstaben~** *zie* letter~. • **dimmer~** *zie* keratitis nummularis. • **hypopyon~** keratitis die tot vorming van hypopyon leidt. • **~ dendritica** corneaulceratie met zich vertakkende uitbreiding. • **~ diffusa** *zie* keratitis parenchymatosa. • **~ bullosa** k. met vorming van grote slappe blaren. • **~ disciformis** k. met schijfvormig infiltraat, meestal door virusinfectie. • **~ e lagophthalmo** k. door uitdroging a.g.v. het niet meer kunnen sluiten v.h. oog. • **~ filiformis** *zie* keratitis filamentosa. • **~ marginalis** ontsteking langs de rand v.h. hoornvlies. • **~ neuroparalytica** ulceratie en necrose bij laesie (operatie) of ontsteking (syfilis) v.d. n. trigeminus. • **~ nummularis** besmettelijke k. die grijze muntvormige littekens achterlaat. • **~ parenchymatosa** ontsteking v.h. hoornvlies, met intact epitheel. • **~ punctata subepithelialis** acute k. met puntvormige infiltraatjes aan beide zijden v.d. membraan van Bowman. • **~ sclerosificans** combinatie van k. met scleritis, bij tuberculose. • **~ sicca** droge k. door gebrek aan traanvochtafscheiding en ontbrekende slijmproductie. • **~ superficialis punctata** k. gekenmerkt door vele, oppervlakkig gelegen, puntvormige laesies. • **~ xerotica** k. door uitdroging v.d. conjunctiva, waardoor corneazweren ontstaan. • **~ fasciculosa** bandvormige k. • **~ filamentosa** k. met draadvormige afstoting van cornea-epitheel bij k. sicca. • **~ herpetica** herpes recidivans v.d. cornea. • **~ interstitialis** *zie* keratitis parenchymatosa. • **~ phlyctaenulosa** k. met vorming van flyctenen op cornea. • **~ profunda** ontsteking v.d. diepere lagen v.d. cornea. • **~ punctata** oude term voor puntvormige fibrineuze of cellulaire afzettingen op de achterkant v.d. cornea, na trauma of iritis. • **~ punctata profunda** zeldzame manifestatie bij late syfilis, met grijze vlekjes i.d. substantia propria. • **~ striata** plooivorming i.d. membraan van Descemet bij trauma na cataractoperatie. • **~ suppurativa** met verettering gepaard gaande k. • **~ ulcerosa** k. met vorming van zweren. • **~ vesiculosa** k. met vorming van blaasjes aan de oppervlakte v.h. hoornvlies. • **letter~** rechtlijnige, op letters lijkende troebelingen i.h. hoornvlies. • **raster~** zeldzame vorm van hoornvliesontsteking waarbij zich onder het corneaepitheel een net van uiterst fijne strepen vormt. • **sawa~** *zie* keratitis nummularis.

keratoacanthoom meestal i.h. gelaat gelokaliseerde, snel groeiende ronde tumor tot na enige weken een diameter van 1-2 cm is bereikt.

keratocele uitpuiling v.d. descemetmembraan door de bodem v.e. hoornvlieszweer.

keratoconjunctivitis • **keratoconjunctivitis epidemica** k. door virusinfectie met weinig afscheiding en vorming van puntvormige infiltraten. • **~ herpetica** k. veroorzaakt door herpessimplexvirus. • **~ phlyctaenulosa** ontsteking van cornea en conjunctiva met vorming van flyctenen. • **~ photoelectrica** keratoconjunctivitis door inwerking van actinische stralen, bijv. bij lassers. • **~ sicca** (KCS) droge k., met

stoornis i.d. traansecretie, bij sjögrensyndroom.
keratoconus konische uitstulping v.d. cornea.
keratoderma verharding v.d. huid, plaatselijk of gegeneraliseerd, door veranderingen i.d. hoornlaag. • ~ **blennorrhagicum** hyperkeratotische huidafwijking i.h. kader v.h. syndroom van Reiter.
keratofakie operatieve methode om de refractie te veranderen, waarbij een lens van menselijk donormateriaal of van kunststof i.h. hoornvliesstroma wordt geplaatst.
keratoglobus misvorming, waarbij de voorste helft v.d. oogbol gelijkmatig is uitgezet.
keratohyaline voorstadium v.d. hoornsubstantie v.d. epidermis, i.d. cellen v.h. stratum granulosum.
keratolyse loslating v.d. bovenste epidermislaag, die in zijn geheel wordt afgestoten. • **keratolysis exfoliativa** keratolyse met loslating van vellen, speciaal aan handpalmen en voetzolen. • **pitted keratolysis** onschuldige oppervlakkige infectie v.d. voetzool door corynebacteriën, die kleine, gegroepeerde, geponste defecten i.h. eelt veroorzaken.
keratolytica groep van geneesmiddelen die de hoornlaag v.d. huid verweken.
keratolytisch hoornlaag-loswekend; vb. keratolytische bulla.
keratometer instrument om de kromming v.d. cornea te meten.
keratometrie het meten v.d. sferische kromming v.d. cornea.
keratomileusis operatieve methode om de refractie te veranderen. • **laser-assisted epithelial** ~ (LASEK) refractiechirurgische techniek waarbij de vorm v.d. cornea wordt veranderd om een patiënt met oculaire refractieklachten minder afhankelijk van bril of contactlenzen te maken. • **laser-in-situ** ~ (LASIK) refractiechirurgische techniek waarbij de vorm v.d. cornea wordt veranderd om een patiënt met oculaire refractieklachten minder afhankelijk van bril of contactlenzen te maken.
keratoom hoorngezwel, plaatselijke verdikking v.d. huid door hypertrofie v.d. hoornlaag.
keratoscoop ronde schijf met zwarte en witte kringen, waarvan men het spiegelbeeld i.d. cornea beschouwt om na te gaan of deze regelmatig gekromd is.

keratoscopie 1 onderzoek v.d. cornea met de keratoscoop; **2** skiascopie.
keratose (abnormale) verhoorning van huid of slijmvlies. • **arseen~** wratachtige huidverhoorning, vnl. op handpalmen en voetzolen, bij chronische arseenvergiftiging. • **keratosis follicularis** als schuurpapier aanvoelende verhoorning v.d. huidfollikels. • **keratosis gonorrhoica** zeldzame huidafwijking bij gonorroe. • **keratosis actinica** premaligne huidafwijking, gekenmerkt door multipele, vlakke, hard en droog aanvoelende, adherende keratotische elementen op een rode ondergrond. • **onycho~** zie nagel | kalk~. • **keratosis palmoplantaris** verhoorning van handpalmen en voetzolen. • **paraneoplastische bazexacro~** zie acrokeratose | acrokeratosis paraneoplastica. • **keratosis senilis** zie verruca seborrhoica. • **stucco~** kleine, keratotische, droge en lichtgekleurde papel die v.d. huid kan worden afgekrabd.
keratosus hoornachtig; vb. pharyngitis keratosa.
keratotisch gepaard gaand met, of m.b.t. keratose.
keratotomie incisie v.d. cornea. • **radiale** ~ verouderde operatieve methode om de refractie te veranderen.
kering omkering v.d. foetus i.d. baarmoeder zoals deze gewoonlijk spontaan plaatsvindt.
kerion ernstigste vorm van schimmelinfectie van behaarde huidgedeelten. • ~ **Celsi** zie kerion.
kern 1 het binnenste deel; **2** celkern; **3** plaatselijke ophoping van zenuwcellen in hersenen en ruggenmerg, bijv. kern van Deiters, nucleus caudatus. • **basale** ~ zie stam~. • **béclard~** de verbeningskern i.d. distale femurepifyse. • **cel~** kern van cel v.h. cytoplasma, afgegrensd door de kernmembraan; bestaat uit chromatinemateriaal en de kernmatrix. • **dorsale kolom~** zie nucleus cuneatus. • **druppel~** partikel, veelal een bacterie, dat als kern voor fijne condens fungeert. • **jaworski~** kern van leukocyt waarvan het protoplasma verteerd is. • **lens~** (oogheelk., anat.:) zie nucleus lentis. • **lichaams~** het deel v.h. lichaam waarvan de temperatuur binnen zekere grenzen onafhankelijk is v.d. omgevingstemperatuur. • **ossificatie~** punt waar de verbening begint, röntgenologisch zichtbaar op een be-

paalde leeftijd v.h. kind. • **pycnotische** ~ kern waarbij het gehele chromatine tot één dichte massa is samengepakt. • **radspaak**~ kern v.e. plasmacel, zo genoemd naar de spaakvormig radiair gerichte chromatine. • **raphe**~ kern i.d. formatio reticularis v.d. medulla oblongata, behorend tot het serotoninerge systeem, waarin serotonine de belangrijkste transmitter is, met een belangrijke invloed op het ruggenmerg, waar i.d. dorsale hoorn inkomende pijnimpulsen worden onderdrukt, en op de formatio reticularis, voor regeling v.h. slaapritme. • **stam**~ subcorticaal i.d. hemisferen gelegen kernen die in neuronale regelkringen zijn opgenomen. • **verbenings**~ centrum waar embryonaal of jeugdig bindweefsel of kraakbeen begint met vorming van beenweefsel.

kernatypie pathologische verandering v.d. celkern, zoals celkernpolymorfie, celkernverval (karyopycnose), hyperchromasie en verstoorde celkern-plasmarelatie.

kernbouw samenstelling v.e. kern, bestaande uit neutronen en protonen.

kernchromatine *zie* chromatine.

kerndeling de eerste fase van celdeling, waarbij de kern zich in twee dochterkernen deelt. • **amitotische** ~ 'directe kerndeling', zonder zichtbare deelneming v.d. chromosomen. • **mitotische** ~ 'indirecte' k. waarbij de chromosomen een reeks typische figuren vormen.

kernenvelop *zie* membraan | kern~.
kernequivalent *zie* nucleoïd.
kernomhulsel *zie* membraan | kern~.
kernplasma *zie* karyoplasma.
kernpolymorfie pathol. verandering in grootte en vorm v.d. celkern, wijzend op een verstoorde celdeling.

kernspinresonantie *zie* magnetic resonance imaging.

kernverval *zie* pycnose.

ketamine synthetisch vloeibaar narcosemiddel voor mens en dier; wordt ook als partydrug gebruikt, meestal gesnoven in poedervorm.

keten | **zware** ~**s** polypeptideketens die onderdeel uitmaken v.e. immunoglobulinemolecuul.

keten van Embden-Meyerhof *zie* embdenmeyerhofketen.

ketoacidotisch gepaard met ketoacidose.

ketogeen ketonen vormend.

ketolyse afbraak van ketonlichamen.
ketonemie aanwezigheid van ketonlichamen i.h. bloed.
ketonen korte benaming voor ketonlichamen.
ketonlichamen benaming voor acetoacetaat, bètahydroxybutyraat en aceton, die ontstaan uit acetyl-coA, dat afkomstig is uit de vetzuurafbraak; bij te hoge concentratie ontstaan metabole acidose, stoornissen v.h. centrale zenuwstelsel en zelfs bewusteloosheid.

ketose 1 overmaat van ketonen i.d. weefsels en lichaamsvloeistoffen; **2** monosacharide met een ketogroep.

ketosteroïden | **17**-~ steroïden met een keto-groep aan het 17e C-atoom.

ketotisch m.b.t. ketose; vb. ketotische hypoglykemie.

keuring vragen over de gezondheidstoestand v.d. keurling en het verrichten van medisch onderzoek.

keuringvrager de (aanstaande) werkgever of verzekeraar die een keuring v.e. (aspirant-)werknemer of -verzekerde vraagt.

keurling een persoon die een medische keuring ondergaat.

keuzeknoop *zie* beslisknoop.

KI 1 kleurindex; **2** karyopycnotische index.

ki *zie* inseminatie | kunstmatige -. • ~**d** (kunstmatige inseminatie met sperma van een donor) inseminatie waarbij donorzaad op andere wijze dan door de coïtus i.d. vagina wordt gebracht. • -**e** (kunstmatige inseminatie met sperma van echtgenoot) inseminatie waarbij zaad v.d. partner op andere wijze dan door de coïtus i.d. vagina wordt gebracht.

kidney [E] nier. • **low-reserve** ~ [E] nier met geringe reservecapaciteit. • **medullary sponge** ~ *zie* nier | spons~.

kiem 1 *zie* microbe; **2** *zie* embryo.

kiemblad laagvormig gerangschikte cellen i.h. embryo.

kiemcelsteunceltumor *zie* tumor | sexcordstroma-~.

kiemcentra van Flemming *zie* flemmingkiemcentra.

kiemcentrumreactie *zie* reactie | follikelcentrum-~.

kiemlaag *zie* kiemblad, matrix, stratum basale epidermidis.

kiemschijf *zie* blastoderm.

kiemvrij vb. kiemvrije omgeving *zie* steriel.

Kienböck | kienböckfenomeen paradoxale beweging v.h. middenrif bij pyopneumothorax: de zieke zijde gaat omhoog bij inademing en omlaag bij uitademing.
• **ziekte van** ~ avasculaire necrose v.h. os lunatum.

kies | verstands~ derde molaar i.h. blijvende gebit, aangegeven met 8 of M3.

Kiesselbach | locus ~i een vaatrijke, gemakkelijk bloedende plaats, voor op het kraakbenig neustussenschot.

kieuwboog arcus branchialis.

kieuwen branchia.

kijkoperatie *zie* chirurgie | minimaal invasieve ~.

kikkeren spraak (na larynxextirpatie), waarbij de wang tot een soort luchtzak wordt opgeblazen en leeggeknepen en de lucht een soort stemspleet passeert tussen wang en kiezen.

kikkergezwel *zie* ranula.

kilocalorie (kcal) de hoeveelheid warmte nodig om een kg water één graad Celsius in temperatuur te doen stijgen *zie* joule.

kin naar voren uitstekend deel v.d. basis mandibulae. • **viool~** hyperkeratose met subcutane fibrose v.d. subcutis bij de linker kaakhoek van violisten door contact met de kinhouder v.h. muziekinstrument.

kinaesthetic sensitivity test (KST) test voor meting van kinesthetische perceptie, waarneming en geheugen.

kinase activator v.e. enzymwerking. • **acetyl~** enzym dat i.h. mitochondrium azijnzuur tot acetyl-CoA activeert. • **antistrepto~** antistof tegen streptokinase.
• **cholecysto~** enzym in speeksel dat cholecystokinine ontleedt. • **creatinefosfo~** (CPK) *zie* creatine~. • **creatine~** (CK) enzym in hersenen, skeletspieren en myocard, resp. aangeduid als BB, MM en MB; het enzym katalyseert de regeneratie v.h. energierijke ATP uit ADP en creatinefosfaat; na een myocardinfarct stijgt de concentratie van creatinekinase-MB i.h. bloed (hypercreatininemie).
• **desmo~** enzym in speeksel van *Desmodus rotundus*, een vampier. • **entero~** een i.h. darmsap voorkomende activator die het proteolytisch pancreasenzym trypsinogeen in trypsine omzet. • **fructo~** kinase dat fructose in fructose-6-fosfaat omzet; activiteit hiervan wordt niet door honger of hormonen beïnvloed en kan hierdoor bij diabetici uit het bloed worden opgenomen; wordt daarom gebruikt als vervangingsmiddel voor glucose. • **galacto~** galactosesplitsend enzym; bij ontbreken van dit enzym ontstaat galactosemie. • **hexo~** fosfotransferase-enzym dat werkzaam is i.d. eerste stap v.d. glycolyse, aanwezig in o.a. gist en spier- en hersenweefsel. • **histotrombo~** weefseltrombokinase, stollingsfactor III. • **myosine~** inactief enzym i.d. spiercel dat door binding aan calciumcalmoduline wordt geactiveerd. • **myosin light-chain** ~ [E] enzym i.e. gladde spiercel dat het myosine o.i.v. een stijgende calciumconcentratie activeert. • **pro~** inactief voorstadium van enterokinase, dat pas i.d. cellen v.h. darmslijmvlies geactiveerd wordt. • **protrombo~** proconvertine = bloedstollingsfactor VII. • **pyruvaat~** enzym dat fosfo-enolpyruvaat + adenosinedifosfaat (ADP) omzet in pyruvaat + adenosinetrifosfaat (ATP). • **stafylo~** een door stafylokokken geproduceerde proteïnase, die het onwerkzame plasminogeen kan activeren tot plasmine. • **strepto~** proteïnase die het onwerkzame plasminogeen omzet in plasmine, waardoor fibrine tot vervloeiing kan worden gebracht. • **thymidine~** (TK) enzym dat de ATP-afhankelijke fosforylering van thymidinedesoxyribonucleoside katalyseert. • **trombo~** zie tromboplastine. • **tyrosine~** enzym dat fosforylering van tyrosineresiduen van eiwitten katalyseert. • **uro~** in urine voorkomende proteïnase, activator van plasminogeen.

kindermishandeling *zie* syndroom | battered-child syndrome.

kinderpsychiatrie *zie* psychiatrie | kinder- en jeugd~.

kinderverlamming | spinale ~ *zie* poliomyelitis.

kindsbewegingen bewegingen v.d. foetus in utero.

kindsheid staat van geestelijke zwakte v.d. ouderdomsdemente bejaarde *zie* dementie.

kindspek *zie* meconium.

kinesia paradoxa bij ziekte van Parkinson voorkomend verschijnsel waarbij de patiënt ondanks hypokinesie en rigiditeit o.i.v. stress of psychose tot grote motorische prestatie in staat is (b.v. snel een brandend huis ontvluchten).

kinesiatrie *zie* fysiotherapie.

kinesigeen in gang gezet door het maken v.e. beweging; vb. kinesigene choreoathe-

tose.
kinesiologie de wetenschap betreffende de menselijke bewegingen.
kinesitherapie in Vlaanderen gangbaar syn. van 'fysiotherapie' (< F. *kinésitherapie*).
kinesodisch bewegingsimpulsen geleidend.
kinesthesie afferentie met betrekking tot houding en beweging via o.a. sensoren i.d. pezen, gewrichten en spieren.
kinetoplast een in flagellaten aanwezig organel, dat de beweging coördineert.
kinetose misselijkheid en braken t.g.v. ongewone beweging.
kinetosoom zie blast | blefaro-~.
kinetotherapie zie fysiotherapie.
kinine door weefsels afgescheiden hormoon van polypeptideachtige bouw, met vasoactieve eigenschappen. • **brady**~ proteïne met hormoonachtige werking. • **cholecysto**~ (CCK) door de duodenummucosa bij contact met voedsel uitgescheiden peptidehormoon. • **villi**~ hormoonachtige stof die verkregen wordt bij extractie van darmslijmvlies met zoutzuur.
kininogeen een α_2-globuline.
kininogenase zie kallikreïne.
kinking [E] afknikking v.d. darm of een arterie.
kinocilia beweeglijke haartjes aan het oppervlak v.e. cel.
kinoplasma specifiek kinetische of functionele substantie v.d. cel.
kionitis ontsteking v.d. huig.
kiotomie chir. verkorten v.d. huig.
kippenborst zie pectus carinatum.
kippenvel zie erectie | pilo-~.
Ki-ras oncogeen, afkomstig v.h. rattenvirus *Kirsten murine-sarcoma virus*.
kirschnerdraad (K-draad) halfstijve metaaldraad, o.a. gebruikt bij cerclage en draadextensie.
kissing spines [E] processus spinosi die elkaar raken t.g.v. lordose.
kissing ulcers [E] tegenover elkaar liggende zweren.
KIT zie koude-ischemietijd.
kittelaar zie clitoris.
kJ kilojoule.
kjellandtang verlostang met bajonetvormige knik.
klaaggedrag zie chronische klager.
klacht 1 uiting door patiënt van ongenoegen over het eigen lichamelijk of geestelijk functioneren; **2** (gezondheidsrecht) schriftelijk vastgelegde uiting van onvrede v.e. patiënt of diens vertegenwoordiger over het handelen v.e. zorgverlener en/of het zorgsysteem. • **functionele** ~ lichamelijke klacht zonder dat daarvoor een somatische oorzaak kan worden gevonden. • ~**en aan armen, nek en schouders** zie repetitive strain injury. • ~**en van arm, schouder of nek** (KASN) zie repetitive strain injury. • **lichamelijk onverklaarde** ~ (LOK) zie onverklaarde lichamelijke ~. • **onverklaarde chronische** ~ zie onverklaarde lichamelijke ~. • **onverklaarde lichamelijke** ~ (OLK) klacht die niet kan worden verklaard in termen van gedefinieerde medische ziekten, dus met de huidige diagnostische mogelijkheden; een patiënt met onverklaarde lichamelijke klachten voelt lichamelijke veranderingen (moeheid, pijn, enz.) terwijl de arts voor deze subjectieve ervaring geen objectieve lichamelijke afwijking als verklaring kan vinden. • **passage**~ gevoel dat het voedsel niet wil zakken. • **prostaat**~ zie prostatisme.
klachtprocedure regels volgens welke een klacht kan worden aangemeld en behandeld.
klachtrecht mogelijkheid om het eigen recht te kunnen handhaven.
klaren het ongedaan maken v.e. reversibele, tijdelijke instulping v.h. trommelvlies a.g.v. overdruk i.h. middenoor die pijn i.d. oren veroorzaakt.
klaring 1 verwijdering v.e. stof uit het bloed (bijv. door de nieren), uitgedrukt i.h. aantal ml bloedplasma dat per tijdseenheid volledig van deze stof wordt ontdaan; **2** zie klaren. • **creatinine**~ het volume plasma dat door uitscheiding via de nieren ontdaan wordt van creatinine. • **glomerulaire** ~ uitscheidingsgetal voor stoffen die door de glomeruli worden uitgescheiden. • **intrinsieke** ~ maat voor de snelheid van metabolisatie v.e. stof die zich i.d. circulatie bevindt; bij een grote intrinsieke klaring is er een groot first-passeffect na orale toediening. • **mucociliaire** ~ proces waarbij het slijmvlies v.d. luchtwegen zich ontdoet van allergenen, bacteriën en verontreinigingen richting nasofarynx door voortbeweging door trilharen ('tapis roulant') met het ter plaatse gevormde slijm. • **neus**~ zie klaren. • **PAH-**~ maat voor renale perfusie. • **plas-**

ma~ de hoeveelheid plasma die per tijdseenheid wordt ontdaan v.e. bepaalde stof; bestaat uit de som v.d. klaringen v.d. verschillende organen die de stof metaboliseren en/of uitscheiden (bijv. nier, lever).
- **tubulaire~** uitscheidingsgetal voor stoffen die uitsl. door de tubuli worden uitgescheiden. - **ureum~** de hoeveelheid bloedplasma of serum die i.d. nieren per minuut van ureum wordt ontdaan.

klassieke route route van complementactivatie die o.a. in gang wordt gezet door een antigeen-antistofinteractie.

klassiekeroute-C3-convertase *zie* C3-convertase.

klaverbladfiguur klaverbladvormige projectie v.d. misvormd bulbus duodeni die soms waarneembaar is bij röntgenonderzoek van patiënten met klachten aan de ulcus duodeni.

Klebsiella een geslacht v.d. klasse *Escherichiae*. - *~ oxytoca* bacterie die pneumonie, urineweginfecties en sepsis kan veroorzaken. - *~ ozaenae* kiem veroorzaker bij ozaena en bij atrofische rhinitis. - *~ pneumoniae* micro-organisme dat voorkomt bij lobaire pneumonie. - *~ rhinoscleromatis* verwekker van rinoscleroom, gramnegatief.

kleihauer-betkemethode aantonen van foetaal hemoglobine i.d. circulatie v.d. moeder.

kleine kwaal betrekkelijk geringe aandoening van pijnklacht die men als goed draaglijk ervaart, veelal als zodanig accepteert en waarbij men van behandeling afziet.

kleine rolheuvel *zie* trochanter minor.

kleinevatenvasculitis *zie* vasculitis.

kleis *zie* clavicula.

klem 1 (pathol.) *zie* trismus; **2** (chir.) chirurgisch instrument om weefsel bijeen te houden, i.h.b. voor het afbinden van bloedvaten en andere leiders van lichaamsvloeistoffen. - **arterie~** klem of pincet om bloedvaten dicht te klemmen.
- **cunningham~** *zie* penis~. - **kaak~ 1** *zie* trismus; **2** (tandheelk.). - **ooglid~ van Snellen** instrument voor het openhouden v.d. oogleden bij een oogoperatie. - **péanarterie~** stompe arterieklem. - **penis~** instrument waarmee de urethra van buitenaf wordt dichtgedrukt ter voorkoming van onwillekeurige urinelozing bij urine-incontinentie.

klep *zie* valva. - **ader~** *zie* valvula venosa.

- **aorta~** *zie* valva aortae. - **atrioventriculaire ~pen** de mitralisklep en de tricuspidalisklep. - **gerlach~** een plooi bij de uitmonding v.d. appendix vermiformis i.h. caecum. - **hart~** valva cordis; zie ook onder 'valvula semilunaris'. - **hasner~** mucosaplooi die de uitmonding v.d. ductus nasolacrimalis i.d. neus deels bedekt.
- **kunst~** *zie* hartklepprothese. - **mitralis~** veelal aangeduid met verkorte vorm 'mitralis' *zie* valva atrioventricularis sinistra.
- **pulmonalis~** *zie* valva trunci pulmonalis.
- **strot~je** epiglottis. - **tricuspidalis~** veelal aangeduid met verkorte vorm 'tricuspidalis' *zie* valva atrioventricularis dextra. - **ureter~** anatomische afwijking v.d. ureter waarbij een klepmechanisme zorgt voor afvloedbelemmering. - **urethra~** vnl. bij jongens voorkomend anatomisch afwijkend klepmechanisme i.d. urethra. - **venen~** *zie* ader~.

klepgebrek 1 niet goed sluitende klep i.h. myocard of het vaatstelsel, waardoor de klep tijdens de sluitingsfase lekt; 2 i.h.b. m.b.t. myocard: aangeboren of verworven gebrek aan een of meer hartkleppen.

klepinsufficiëntie | aorta~ diastolische lekkage waarbij bloed door of langs de aortaklep lekt, van aorta naar linker ventrikel.
- **relatieve ~** klepinsufficiëntie zonder organische klepafwijking.

kleptomanie recidiverend onvermogen zich te verzetten tegen impulsen om objecten te stelen die men niet nodig heeft.

klepvitium verzamelterm voor (congenitale) klepgebreken.

kletskop *zie* favus.

kleuragnosie selectieve stoornis i.d. verwerking van kleurinformatie waarbij men wel kleuren waarneemt en onderscheidt, maar men deze niet kan benoemen en herkennen en objectkleurkennis ontbreekt.

kleurenduplex kleurgecodeerde combinatie van doppleronderzoek en echografie.

kleuring laboratoriumprocedure waarbij een kleurstof of een combinatie v.e. kleurstof en reagentia worden gebruikt ter kleuring v.d. afzonderlijke delen van cellen of weefsels. - **alzheimer~ 1** kleuring om glia; **2** methode voor het aantonen van lichaampjes van Negri. - **anilineblauw** basische kleurstof. - **argyrofiele ~** kleuringstechniek om granula-bevattende cellen, zoals APUD-cellen, aan te tonen. - **Berlijns**

blauw kaliumferrocyanide in 1%-zoutzuuroplossing. • **cajal~** geen echte kleuring, maar zilverimpregnatie. • **congorood** kleurstof voor laboratoriumdoeleinden. • **dubbel~** techniek waarbij een microscopische coupe met twee antistoffen wordt geïncubeerd. • **giemsa~** kleuring van microscopische preparaten met giemsakleurstof. • **gieson~** kleuring van histologische preparaten met Van G.-kleurstof, waarmee collagen selectief rood wordt. • **gömöri~ 1** histologische aantoning van enzymen, i.h.b. van fosfatasen en lipasen in coupes; **2** speciale bindweefselkleuring. • **goodpasture~** *zie* peroxidasereactie. • **gram~** kleuring v.e. uitstrijkpreparaat met carbolgentiaanviolet en lugoloplossing. • **grimelius~** *zie* argyrofiele ~. • **indigokarmijn** kleurstof die intraveneus wordt geïnjiceerd bij chromocystoscopie. • **intravitale** ~ *zie* vitale ~. • ~ **volgens Papanicolaou** *zie* Papanicolaou | methode van ~. • ~ **volgens Ziehl-Neelsen** *zie* ziehl-neelsen~. • **may-grünwald-giemsa~** *zie* giemsa~. • **methyleenblauw~** histologische kleuring met methyleenblauw, o.a. bij bloeduitstrijkjes in giemsakleuring en voor het aantonen van metachromatische korrels in bacteriën. • **methyleenblauw~ van Löffler** verzadigde alcoholische methyleenblauw 30 ml, 0,01 pct KOH-opl. 100 ml. • **neisser~** speciale kleuring v.d. poollichaampjes van difteriebacillen. • **NOR-~** *zie* nucleolus-organiserende regio~. • **nucleolus-organiserende regio~** (NOR-kleuring) kleuring v.d. nucleolus-organiserende regio, bij de mens op de korte armen v.d. acrocentrische chromosomen. • **panoptische** ~ histologische kleuring die door het verlenen van verschillen in kleuren of tinten een differentiatie v.d. weefselcomponenten mogelijk maakt. • **Patent Blue Violet** [E] kleurstof die intracutaan wordt ingespoten op plaatsen die rijkelijk van lymfecapillairen voorzien zijn om lymfevaten op radiodiagnostische afbeeldingen zichtbaar te maken. • **rodamine~** *zie* TRITC. • **roux~** dubbele kleuring van difteriebacillen met gentiaanviolet en methylgroen. • **schiffperjoodzuur~** kleuring met schiffreagens waardoor bij aanwezigheid van vrije aldehydgroepen een rode kleur ontstaat. • **sudan~ III** mengsel van drie sudankleurstoffen, gebruikt voor de histologische kleuring van vet. • **sudanzwart** kleurstof die i.e. vriescoupe (cryostaatcoupe) lipiden zwart kleurt. • **toluïdineblauw** histologische kleurstof die de granula v.e. mestcel roodachtig purper kleurt. • **trypaanblauw** kleurstof die door levende cellen op en door dode cellen wel wordt opgenomen. • **vitale** ~ kleuring van levend weefsel voor histologisch onderzoek. • **ziehl-neelsen~** specifieke kleuring van tuberkelbacteriën met anilinekleurstof in 5 pct carbolwater. • **zilver~** kleuring voor beoordeling van microscopische preparaten op *Treponema pallidum*, *Pneumocystis jiroveci* en *Rickettsia spp*. • **zuurvaste** ~ kleuring die geschikt is voor zuurvaste bacteriën.

kleurstofverdunningsmethode techniek om hartminuutvolume te bepalen door inspuiting v.e. kleurstof; nu verdrongen door de thermodilutiemethode.

kleuter kind van 4-6 jaar, onder de schoolleeftijd, maar geen peuter meer.

klier 1 een orgaan waarvan de cellen secreet produceren, dat hetzij naar buiten, hetzij naar binnen wordt afgescheiden; **2** lymfklier. • **accessorische ~en** bijkomstige klieren v.d. mannelijke genitalia. • **acinaire** ~ klier met bol-/druifvormige rangschikking van secernerende cellen (acinus = klierbesje). • **alveolaire** ~ k. met blaasvormige eenlagige eindstukken. • **alvlees~** *zie* pancreas. • **apocriene** ~ k. waarvan een deel der cellen met het secreet mee afgestoten wordt. • **apocriene zweet~** type zweetklier dat verbonden is met de haar- en talgfollikels. • **axillaire ~en** de lymfeklieren i.d. oksel. • **bartholin~en** *zie* glandulae vestibulares majores. • **bijschild~en** kliertjes met inwendige afscheiding; produceren parathormoon, dat een belangrijke rol speelt i.d. calciumhuishouding. • **borst~** klierweefsel v.d. borst, bestaande uit kegelvormige lobben met afvoergangen en spoelvormige verwijdingen v.d. afvoergangen vlak voor de tepel. • **bronchiale lymfe~en** nodi lymphatica bronchopulmonales. • **buikspeeksel~** *zie* pancreas. • **eccriene zweet~** type zweetklier dat over het gehele lichaam voorkomt. • **eerste-echelon~** *zie* schildwacht-~. • **endocriene** ~ k. die naar binnen secerneert. • **exocriene** ~ k. die haar product via een buis naar een vrij epitheeloppervlak afscheidt. • **fundus~en** *zie* glandulae gastricae propriae. • **geslachts~** gonade (testis, ovarium). • **granulosacel~** *zie* corpus luteum. • **hilum~en** de tracheobronchiale lymfeknopen. • **holocriene** ~ klier waarvan de cellen bij het secretieproces in hun geheel worden afgestoten en i.h. secreet terechtkomen. • **internesecreet~** *zie* endocriene ~. • **kiem~** *zie* gonade. • **~en van Bartholin** *zie* glandulae vestibulares majores. • **krause~en** accessoire traanklieren v.h. bovenste ooglid. • **leb~en** *zie* fundus~en. • **lymfe~** door een kapsel omgeven boonvormig speldenknop- tot erwtgroot orgaan, bestaande uit lymfatisch weefsel waarin 'kiemcentra', meestal in groepen langs de lymfevaten gelegen; de functie v.e. lymfeklier is het toevoegen van lymfocyten aan de lymfe en fagocytose v.d. uit de lymfe opgenomen bestanddelen (o.a. bacteriën); zij zijn onderdeel v.h. immuunsysteem *zie* Hodgkin | hodgkinlymfoom, non-Hodgkinlymfoom, sarcoïdose. • **melk~** *zie* borst~. • **merocriene** ~ k. waarvan de cellen bij de secretie slechts een geringe hoeveelheid cytoplasma kwijtraken. • **montgomery~en** glandulae areolares mammae. • **muceuze** ~ tubuleuze klier die slijm (mucine) produceert. • **oorspeeksel~** glandula parotidea. • **pijnappel~** *zie* corpus pineale. • **poortwachter~** *zie* schildwacht~. • **preputiale ~en** *zie* glandulae preputiales. • **regionaire ~en** de lymfeklieren waar de uit een regio afkomstige lymfe passeert. • **rotter~en** lymfeklieren, gelegen tussen beide mm. pectorales. • **schild~** klein vlindervormig orgaan, midden i.d. hals onder het strottenhoofd als een kraag rond de trachea, direct onder de huid; bestaat uit twee lobben (lobus dexter en lobus sinister), ventraal door een dwars gedeelte (isthmus) met elkaar verbonden; produceert o.a. schildklierhormonen T4 en T3, van belang voor de stofwisseling *zie* hyperthyreoïdie, hypothyreoïdie, schildkliercarcinoom, euthyreotisch struma, thyreoïditis. • **schildwacht~** lymfeklier waarop een tumor rechtstreeks draineert. • **sereuze ~en** (meestal alveolaire) klier die sereus vocht afscheidt. • **slijm~** *zie* muceuze ~. • **smegma~en** *zie* glandulae preputiales. • **speeksel~en** glandulae salivariae (minores et majores). • **stahr~** een lymfeklier die soms aanwezig is naast de a. facialis, waar deze de mandibula kruist. • **thymus~** *zie* thymus. • **tiedemann~en** glandulae vestibulares majores. • **troisier~** vergrote lymfeklier boven het sleutelbeen bij gezwellen in borst- of buikholte. • **tubuleuze** ~ k. met buisvormige eindstukken. • **tyson~en** *zie* glandulae preputiales. • **variceuze lies~en** zwelling v.d. liesklieren t.g.v. filariasis. • **virchow~** vergrote supraclaviculaire lymfeklier links. • **vulvovaginale ~en** *zie* glandulae vestibulares majores. • **waldeyer-hartz~en** zweetklieren i.d. nietvrije rand v.d. tarsus der oogleden. • **zuckerkandl~** een soms aanwezige accessoire schildklierkwab, links v.d. mediaanlijn, vóór het tongbeen. • **zweet~** klier, bestaand uit kleinere en grotere kluwens van kliercellen en -buisjes in (onder) de huid.

klierepitheelcel *zie* cel | epitheel~.

klik 1 (orthop. reumatol.) klikkend geluid bij gewrichten; **2** (cardiol.) klikkend hartgeruis. • **ejectie~** *zie* harttoon | uitdrijvingstoon. • **systolische** ~ korte extra hoogfrequente toon die hoorbaar is tijdens (late) systole bij mitralisklepprolaps door plotseling uitklappen v.d. gesloten klep.

klimatotherapie het gebruik maken van bepaalde klimaten ter behandeling van zieken.

kliniek 1 instelling waar (gespecialiseerde) geneeskundige zorg aan patiënten wordt verleend; **2** (jargon) de ervaring aan het ziekbed.

klinimetrie systematisch beoordelen van veranderingen in functies of activiteiten aan de hand van bestaande indexen en beoordelingschalen.

klinisch 1 op de kliniek betrekking hebbend, daar plaatsvindend, daarvoor bestemd enz; **2** klinische verschijnselen veroorzakend. • **sub~** (nog) geen klinische verschijnselen veroorzakend.

klinische behandeling 1 (alg.) behandeling waarbij de patiënt i.e. ziekenhuis is opgenomen; **2** (psychiatrie) behandeling waarbij de patiënt is opgenomen i.e. algemeen psychiatrisch ziekenhuis (APZ), op de psychiatrische afdeling v.e. algemeen ziekenhuis (PAAZ) of i.e. setting voor specialistische psychotherapie.

klinische besliskunde tak van wetenschap die zich richt op de besluitvorming rondom diagnostiek en behandeling van patiënten.

klinische geriatrie *zie* geriatrie.

klinische manifestatie direct zichtbare of

d.m.v. anamnese aantoonbare kenmerken v.e. aandoening.

klinische verschijnselen ziekteverschijnselen die bij onderzoek onmiddellijk aan de patiënt te constateren zijn.

klinisch experiment *zie* trial | clinical ~.

klinisch geriater *zie* geriater.

klinisch onderwijs onderwijs aan het ziekbed, waarbij alle relevante aspecten v.h. onderwezen onderwerp aan bod komen.

klinisch onderzoek *zie* trial | clinical ~.

klinisch pad *zie* zorgpad.

klinisch perfusionist paramedicus die een opleiding heeft gevolgd voor het toepassen van technieken inzake extracorporale bloedcirculatie.

klinkenberghmethode afsluiting v.d. na longresectie overblijvende bronchusstomp door aanleg van twee doorlopende naden over een klem die de bronchus afsluit.

klisteer *zie* klysma.

klonale expansie selectieve vermeerdering van specifieke cellen binnen een populatie cellen.

klonale selectie mechanisme waarbij één bepaalde klonale cel(lijn) wordt geselecteerd.

klonen 1 (biol.) kunstmatige reproduceren van genetisch (bijna) identieke organismen v.e. soort die zich i.d. natuur geslachtelijk voortplant; **2** (genetica) het in vitro isoleren en vermenigvuldigen v.e. DNA-fragment door het in bacteriën te brengen die het DNA-fragment vermenigvuldigen; **3** (celbiol.) produceren van meerdere genetisch identieke cellen uit één stamcel.

klonisch ritmisch contraherend, i.h.b. gezegd van spieren (myoklonie).

klonische trekking *zie* clonus.

klonogeen een kloon van zichzelf voortbrengend; gezegd van o.a. stamcellen.

kloon 1 (biol.) genetisch identieke nakomeling van één ouder; **2** (celbiol.) groep identieke cellen die door aseksuele deling uit een enkele cel zijn ontstaan.

kluwengezin pathologisch symbiotische gezin, gekenmerkt door grote onderlinge afhankelijkheid, wederkerige overbescherming en inadequate conflictoplossende vermogens.

klysma het inbrengen van vloeistof i.d. endeldarm. • **barium**~ klysma met bariumsuspensie waarmee het colon tot en met de linker flexuur wordt gevuld voor contraströntgenfotografie. • **druppel**~ *zie* lavement | druppel~. • **darmspoeling**. • **micro**~ klysma met kleine hoeveelheid vloeisto. • **voedings**~ het inbrengen van vloeistof met daarin opgeloste voedingsmiddelen i.h. rectum.

klysmafilie seksuele variant waarbij men seksueel opgewonden raakt v.h. zien of het ondergaan v.h. inbrengen v.e. klysma.

knar *zie* tendovaginitis crepitans.

knee-ankle-foot orthosis (KAFO) [E] spalk of beugelapparaat waardoor knie, enkel en voet worden gestabiliseerd.

knee cage [E] kniebeugel waardoor overstrekking v.d. knie wordt voorkomen.

kneedmassage *zie* petrissage.

kneuzing *zie* contusie.

knie deel v.h. been waar de verbinding ligt tussen femur en tibia; in bredere zin het kniegewricht met omgeving zoals het zich uitwendig vertoont. • **bid**~ *zie* bursitis praepatellaris. • **facialis**~ *zie* geniculum nervi facialis. • **instabiele**~ knie waarvan de patiënt het gevoel heeft er doorheen te zakken. • **kunst**~ *zie* prothese | totale knie~. • **nonnen**~ *zie* bursopathia calcarea. • **paters**~ *zie* bursopathia calcarea. • **voetbal**~ **1** gezwollen, pijnlijke, door bandruptuur verslapte knie, bij voetballers; **2** knie waarvan de meniscus door distorsie is gescheurd.

knieartrose *zie* gonartrose.

knie-exarticulatie operatie waarbij het onderbeen i.h. kniegewricht wordt geamputeerd.

kniekuil *zie* poples.

knieschijf *zie* patella.

knieschijfontwrichting *zie* patellaluxatie.

knight's move *zie* ontsporing.

KNMG (Koninklijke Nederlandsche Maatschappij tot bevordering der Geneeskunst) overkoepelende beroepsorganisatie voor artsen.

KNMP *zie* Koninklijke Nederlandse Maatschappij ter bevordering der Pharmacie.

kno *zie* heelkunde | keel-neus-oor-~.

knobbel *zie* tophus, cuspis, epicondylus, nodus, nodulus, struma, tumor, tuber.

knobbeltje van Notta verdikking v.e. buigpees v.d. vinger nabij de peesschede-ingang, als begeleidend verschijnsel v.e. tendovaginitis stenosans.

knobbelvorming *zie* nodositas.

knock-inmuis muis waarbij via gen-targeting een bepaalde mutatie i.e. bepaald gen is aangebracht.

knock-outmuis muis waarin een bepaalde mutatie i.e. bepaald gen is geïnactiveerd.

kno-heelkunde *zie* heelkunde | keel-neus-oor-.

knoop 1 (anat.) nodus [L]; **2** (chir.) knoop die bij wondhechting in hechtdraad wordt gelegd; vb. chirurgische knoop, roederknoop. • **atrioventriculaire** ~ (AV-knoop) *zie* nodus atrioventricularis. • **van Aschoff-Tawara** *zie* nodus atrioventricularis. • **lymfe~** *zie* klier | lymfe~. • **primitieve** ~ verdikking midden i.d. kiemaanleg die met de primitieve streep verbonden is. • **SA-~** (sinu-atriale knoop) *zie* sinus-. • **sinoatriale** ~ *zie* sinus-. • **sinoauriculaire** ~ *zie* sinus-. • **sinus~** groepje embryonale hartspiercellen tussen de openingen v.d. vv. cavae i.d. wand v.d. rechter boezem; de 'gangmaker' v.h. hart.

knopvorming *zie* budding.

knorpelknötchen *zie* Schmorl | schmorlnoduli.

kobalt (Co) element met atoomnummer 27 en atoomgewicht 59.

Köbner | köbnerfenomeen door een lokaal trauma opwekken v.e. nieuwe laesie i.d. gezonde huid v.e. psoriasispatiënt.

Kocher | invaginatie volgens ~ instulping v.d. geopende breukzak bij liesbreukoperatie. • **kocherarteriëklem** klem voor het dichtknijpen van bloedende vaten. • **kocherrepositiemethode** repositie v.d. schouder. • **kraagsnede van ~** boogvormige huidincisie aan de voorkant v.d. hals, voor het vrijprepareren v.d. schildklier.

kochpostulaten de eisen waaraan moet zijn voldaan voordat men een causaal verband mag tussen de ziekte en de vermeende ziekteverwekker.

kockstoma *zie* stoma | continent ileo~.

koelpasta combinatie van vet, vloeistof en poeder.

koepokstof *zie* vaccine.

koeroe sluipend verlopende, dodelijke degeneratieve virusziekte v.h. czs bij bewoners v.h. binnenland van Australisch Nieuw-Guinea; vermoedelijk overgedragen door kannibalisme; NB: niet te verwarren met 'koro'.

Köhler | syndroom van ~ I aseptische necrose v.h. os naviculare v.d. voet.

koilocyt epitheelcel met perinucleaire vacuolisatie, voorkomend in condyloma acuminatum en kenmerkend voor HPV-infectie.

koilonychie zeldzame ziekte v.d. nagels, die hol zijn i.p.v. bol.

kok *zie* kokken. • **diplo~** *zie* Diplococcus. • **entero~** enterokokken vormen groep D v.d. streptokokkenclassificatie volgens Lancefield. • **gono~** *zie* Neisseria gonorrhoeae. • **grampositieve** ~ pneumokok, stafylokok, streptokok. • **meningo~** *zie* Neisseria meningitidis. • **pneumo~** *zie* Streptococcus pneumoniae, kokken. • **stafylo~** grampositieve, druiventrosachtig gerangschikte kok van 1 μm diameter. • **strepto~** *zie* Streptococcus. • **vancomycineresistente entero~** (VRE) *zie* resistentie | multi-.

kokervisus *zie* zien | koker~.

kokhalzen op het punt staan te braken.

kokken onbeweeglijke, niet-sporenvormende, bolvormige bacteriën; o.a. *Aerococcus, Cryptococcus, Diplococcus, Echinococcus, Enterococcus, Gonococcus, Meningococcus, Micrococcus, Peptococcus, Peptostreptococcus, Pneumococcus, Rhodococcus, Staphylococcus, Streptococcus*; NB: 'coccen' = hypercorrecte schrijfwijze i.p.v. verkorte vorm 'kokken' (medisch jargon); Nederlandse woordafleidingen van '-coccus' schrijft men met een **-k-**: cryptokokkose, Latijnse afleidingen met een **-c-**: cryptococcosis.

kokkogeen door kokken veroorzaakt; vb. kokkogeen eczeem.

Kolff, Willem J. Ned. internist, geb. in 1911 in Leiden, geëmigreerd naar de VS en daar overleden in 2009; uitvinder v.d. kunstnier.

koliek aanval van krampende pijn v.e. hol orgaan, bijv. van maag-darmkanaal, galwegen, urinewegen. • **gal~** pijnlijke spastische contractie van galblaas of ductus choledochus, bij aanwezigheid van galstenen of cholecystitis. • **lood~** darmkoliek bij loodvergiftiging. • **speeksel~** aan een maaltijd gerelateerde koliekpijn en zwelling i.h. gebied v.e. speekselklier, veroorzaakt doordat de afvoergang geobstrueerd is.

kolonievormende eenheid (KVE) (cytol.) groep monoklonale stamcellen, ontstaan uit een pluripotente stamcel.

kolonisatie de vorming van populaties micro-organismen v.e. zelfde type.

kompres meerlagige absorberende doek (linnen, flanel, wondverband, hydrofiel gaas enz.), nat gemaakt met i.s, koud water

(koud kompres), heet water of stoom (natuurgeneeswijze).
Koninklijke Nederlandse Maatschappij ter bevordering der Pharmacie (KNMP) Nederlandse beroepsvereniging van apothekers, opgericht in 1842.
kooldioxide (CO_2) gas dat i.d. lichaamscellen wordt gevormd door oxidatie van koolstof en via de longen wordt uitgescheiden.
kooldioxidespanning medisch jargon voor arteriële kooldioxidespanning i.h. bloed.
koolhydraatabsorptie opname van monosachariden uit de darm.
koolmonoxide (CO) toxisch gas dat het zuurstoftransport blokkeert door binding v.d. zuurstof aan ferrohemoglobine.
koolstofdioxide zie zuur | kool~.
koolzuurafgifte proces waarbij koolstofdioxide door het bloed aan de alveolaire lucht i.d. longen wordt afgegeven.
koolzuuranhydrase zinkhoudend enzym in erytrocyten dat koolzuur splitst in kooldioxide en water en omgekeerd uit deze twee koolzuur vormt.
koolzuurbindingskromme curve die weergeeft hoe in arterieel of veneus bloed de koolstofdioxideconcentratie afhangt v.d. koolstofdioxidespanning.
koorts 1 verhoging v.d. lichaamstemperatuur tot boven de 38°C; **2** ziekte (meestal een infectieziekte) die met temperatuurverhoging gepaard gaat. • **acute reumatische ~** zie reuma | acuut ~. • **adynamische ~** i.h.b. de bij addisonziekte voorkomende koorts, gepaard met adynamie. • **Argentijnse hemorragische ~** in Argentinië voorkomende, met bloedingen gepaard gaande koortsende ziekte, veroorzaakt door *Junin-virus*.
• **Boliviaanse hemorragische ~** in Bolivia voorkomende, met bloedingen gepaard gaande koortsende ziekte, veroorzaakt door machupovirus. • **canicola~** griepachtige infectieziekte die wordt veroorzaakt door de bacterie *Leptospira canicola*. • **coloradoteken~** ziekte, veroorzaakt door een bij knaagdieren voorkomend arbovirus dat soms door teken op mensen wordt overgebracht. • **congo~** zie krim-congo~. • **driedagen~** niet te verwarren met derdedaagse koorts = malaria tertiana zie exantheem | exanthema subitum. • **epidemische hemorragische ~** zie krim-congo~.
• **familiaire Middellandse-Zee~** (FMF) recessief erfelijk ziektebeeld, gekenmerkt door recidiverende aanvallen van peritonitis, soms ook van pleuritis en artritis.
• **flebotomen~** zie pappataci~. • **gele ~** een in twee koortsperioden verlopende ziekte met icterus (levernecrose), proteïnurie, bloedingen, veroorzaakt door een arbovirus B, voorkomend in Afrika, Zuid-en Midden-Amerika; men onderscheidt een stedelijke vorm en een junglevorm.
• **geneesmiddelen~** koorts als allergische reactie op toediening v.e. geneesmiddel die snel verdwijnt na staking v.d. toediening.
• **haverhill~** zie ziekte | rattenbeet~. • **hemorragische ~** met bloedingen gepaard gaande koortsende ziekte. • **hemorragische ~ met renaal syndroom** zie nefropathie | nephropathia epidemica. • **hooi~** zie pollinose. • **intermitterende ~** zie febris intermittens. • **katheter~** lichte en voorbijgaande temperatuurstijging a.g.v. infectie door een niet-steriel ingebrachte urethrakatheter. • **klier~** zie mononucleose | mononucleosis infectiosa. • **knokkel~** zie dengue. • **~ e.c.i.** (koorts e causa ignota) koortsende aandoening met een temperatuur >38,3 C en een duur van ten minste drie weken waarbij geen oorzaak is vastgesteld ondanks i.e. ziekenhuis uitgevoerde diagnostiek. • **Koreaanse hemorragische ~** zie krim-congo~. • **kraamvrouwen~** koorts bij pas bevallen vrouwen door ontsteking v.h. endometrium. • **krim-congo~** hemorragische koorts met renaal syndroom, die begint met griepachtige verschijnselen. • **lassa~** door het lassavirus veroorzaakte, met grote sterfte gepaard gaande koortsende hemorragische ziekte.
• **mediterrane ~** zie brucellose. • **melkers~** infectie met *Leptospira hardjo*, leidend tot koorts, hoofdpijn en spierpijn. • **messing~** met koorts gepaard gaande intoxicatie bij arbeiders in zinkgieterijen t.g.v. inademing van zinkdamp. • **metaaldampen~** aandoening die kan optreden na blootstelling aan bepaalde metaaldampen. • **Middellandse Zee~** zie brucellose. • **Noord-Aziatische teken~** ziekte, verwekt door *Rickettsia sibirica*, overgebracht door teken.
• **northqueenslandteken~** ziekte die wordt verwekt door *Rickettsia australis* en door teken wordt overgebracht. • **pappataci~** acute koortsende ziekte met rug- en hoofdpijn en lichtschuwheid. • **pel~** lange, op en neer gaande koortslijn, met onder-

brekingen door enkele koortsvrije dagen. • **polder**~ *zie* malaria. • **polymeerdampen**~ griepachtig ziektebeeld t.g.v. expositie aan dampen afkomstig v.h. verbranden van polymeren. • **pontiac**~ lichte vorm van legionellose met koorts en zonder pneumonie, veroorzaakt door *Legionella pneumophila*. • **Q-**~ infectie, veroorzaakt door *Coxiella burnetii* (vroeger genoemd *Rickettsia burnetii*), via de lucht overgebracht door inademing van rondstuivende excreetpartikeltjes van schapen, geiten, runderen. • **rattenbeet**~ *zie* ziekte | rattenbeet~. • **resorptie**~ temperatuurstijging door resorptie van beschadigd weefsel of van uitgetreden bloed. • **reumatische** ~ *zie* reuma | acuut ~. • **riftvalley**~ door *Arthropoda* overgedragen infectieziekte, veroorzaakt door het riftvalleyvirus. • **subfebriele** ~ *zie* temperatuur | subfebriele ~. • **tekenbeet**~ goedaardige, aan vlektyfus verwante ziekte, veroorzaakt door *Rickettsiae* die worden overgebracht door hondenteken. • **tropen**~ *zie* malaria tropica. • **trypanosomen**~ *zie* trypanosomiasis. • **Van der Scheerse** ~ *zie* dengue. • **vijfdaagse** ~ *zie* dengue. • **vijfdedags**~ rickettsiose met eens i.d. vijf dagen een koortstop. • **virale hemorragische** ~ ernstige epidemische infectie, veroorzaakt door een reeks van uiteenlopende virussen, meest arbovirussen. • **westnijl**~ koorts die optreedt na infectie met het westnijlvirus; gaat gepaard met neurologische klachten; komt als importinfectie in Nederland voor; vector is o.a. *Aedes albopictus* (tijgermug). • **woestijn**~ *zie* coccidioïdomycose. • **wond**~ temperatuurverhoging bij secundaire wondgenezing. • **zadel**~ koorts met een bifasisch verloop, meestal een hoge temperatuur die gedurende enkele dagen aanhoudt en halverwege wordt onderbroken door een temperatuurdaling waarbij ook de klachten voor korte duur verminderen. • **zink**~ goedaardige longaandoening met hoge koorts door het inademen van zinknevel, bij elektrische lassers. • **zwartwater**~ intravasale hemolyse, met donkere tot zwarte urine als complicatie bij malaria tropica.
koortsconvulsie acuut symptomatische epilepsieaanval bij kinderen, meestal bij snel stijgende lichaamstemperatuur.
koortsdemper *zie* antipyreticum.
koortsend *zie* febriel.

koortstherapie het veroorzaken van koorts om een bepaalde ziekte te behandelen (obsoleet).
koortstype voor een bepaalde ziekte typische koortscurve. • ~ **van Pel** *zie* koorts | pel~. • ~ **van Pel-Ebstein** *zie* koorts | pel~.
koortsvrij *zie* afebriel.
koortswerend middel *zie* antipyreticum.
kootje m.b.t. vinger, teen: phalanx.
KOPACB compositie, ontsteking, plaveiselepitheel, andere afwijkingen, cilindrisch epitheel en beoordeelbaarheid: elementen i.d. verslaglegging van cervixuitstrijkje-uitslagen.
koperstapeling abnormale stapeling van koper, i.h. bijzonder bij de ziekte van Wilson.
koperstapelingsziekte *zie* hepatolenticulaire degeneratie.
koplikvlekken enantheem v.h. wangslijmvlies.
koppeling niet-onafhankelijke overerving van allelen op bij elkaar gelegen loci op eenzelfde chromosoom.
koppelingsinterval vaste tijdsrelatie tussen twee prikkels.
koppkinderen afk. voor 'kinderen van ouders met psychiatrische problemen'.
kop-puntdiscriminatie test v.d. pijnzin waarbij de patiënt bij herhaling de kop of de punt v.d. neurologische speld krijgt aangeboden en de prikkel als 'kop' of 'punt' moet duiden.
kopstem falsetstem, bij vrouwen het middelste, bij mannen het hoogste register v.d. stem.
koro psychiatrische stoornis, endemisch in Zuidoost-Azië en gekenmerkt door de onbeheersbare vrees dat de penis zal verdwijnen dan wel zich i.h. lichaam zal terugtrekken; symbolisch impliceert deze obsessie de angst dat de mannelijkheid (*yang*) ten gronde zou kunnen gaan, ten koste v.e. vrouwelijke kracht (*yin*); manifesteert zich soms als een groepspsychose.
korotkovtonen de tonen die men bij het meten v.d. bloeddruk hoort bij auscultatie v.d. arterie.
korrelcilinders vormsels in urine, bestaande uit een cilinderlichaam van tamm-horsfallmucoproteïne en korrels die vermoedelijk aggregaten van serumproteïnen zijn.
korreling *zie* granulatie.

korrellaag *zie* stratum granulosum epidermidis.

korset strakke band die om verschillende redenen om de buik gespannen wordt, zoals ter voorkoming van hypotensi.
• **gips~** verband waarmee een deel v.d. romp (bekken, wervelkolom) en eventueel het bovenbeen m.b.v. kunststof of gips/kunststof worden vastgezet; ter fixatie v.d. ruststand v.d. rugwervels of correctie v.e. onjuiste houding.

korst *zie* crusta.

kortademigheid *zie* dyspneu.

korte duimabductor *zie* musculus abductor pollicis brevis.

kosmetisch *zie* cosmetisch.

kosten (gezondheidszorg). • **directe** ~ (geneesk.) kosten die rechtstreeks voortvloeien uit de interventie of voorziening die wordt onderzocht. • **incidente** ~ kosten die over een bepaalde tijdsspanne worden berekend. • **indirecte** ~ (geneesk.) kosten die niet direct kunnen worden toegerekend aan de zorg of ziekte (ook niet-medische kosten), maar die hierdoor wel worden beïnvloed. • **prevalente** ~ kosten zoals deze zich op het moment van meten aandienen.

koudbloedigheid *zie* poikilothermie.

koudebuil *zie* pernio.

koudedruktest *zie* test | cold-pressure-~.

koude-ischemietijd (KIT) duur v.d. preservatieperiode bij een orgaantransplantatie, nl. de tijd tussen orgaanuitname bij de donor en implantatie bij de ontvanger; dit tijdsverloop betreft achtereenvolgens de weefseltypering v.d. donor, selectie van potentiële ontvangers, voorbereiding v.d. ontvanger op de operatie, transport v.h. orgaan naar het transplantatiecentrum, aanmelding v.d. niertransplantatie voor het spoedeisende-operatieprogramma en variabele wachttijd tot de ingreep plaatsvindt.

koude keten het geheel van voorzieningen die worden getroffen om het transport van niet-warmtebestendige bederfelijke preparaten onder de gewenste (lage) temperatuur te houden.

koudeletsel weefselschade, ontstaan door inwerking van extreem lage temperaturen waarbij schade spontaan of door geringe druk ontstaat.

koude rillingen onwillekeurige ritmische samentrekking van spieren en spiergroepen bij iemand met (snel) oplopende lichaamstemperatuur.

koudvuur *zie* gangreen.

kouvatting 1 de als etiologische factor beschouwde koude-inwerking op het lichaam waardoor neusverkoudheid, infectie v.d. bovenste luchtwegen en volgens verouderende inzichten zelfs reumatische aandoeningen zouden ontstaan; **2** de aldus veroorzaakte aandoeningen zelf; meestal is neusverkoudheid bedoeld.

koyanagi-vogtsyndroom *zie* Vogt | vogt-koyanagisyndroom.

kPa kilopascal.

KPR *zie* reflex | kniepees-~.

kraakbeen | **elastisch** ~ vorm van kraakbeen waarvan de matrix naast collagene fibrillen ook veel elastische vezels bevat.
• **embryonaal** ~ kraakbeen dat bijna geheel uit kraakbeencellen bestaat, met weinig tussenstof. • **hyalien** ~ kraakbeen met heldere tussenstof. • **meckel~** embryonaal kraakbeenstuk v.d. eerste kieuwboog, waaruit het eerste gehoorbeentje en een deel v.d. onderkaak ontstaan. • **parachordale ~deren** twee langwerpige kraakbeenderen ter weerszijden v.h. voorste eind v.d. chorda dorsalis bij het embryo, waaruit het achterste deel v.d. schedel ontstaan. • **parenchym~** *zie* embryonaal ~. • **ring~** *zie* cartilago cricoidea. • **schild~** *zie* cartilago thyroidea. • **sesam~deren** stukjes kraakbeen i.d. stembanden. • **stel~** *zie* cartilago arytenoidea. • **vezelig** ~ kraakbeen met vezelige tussenstof.

kraakbeentussenstof de hyaliene (of vezelige) substantie die de kraakbeencellen van elkaar scheidt.

kraambed *zie* puerperium.

kraambedperiode *zie* puerperium.

kraamhoofd spontaan i.h. kraambed optredende cerebrale veneuze trombose v.d. sinus sagittalis superior.

kraamvloed *zie* lochia. • **rode** ~ *zie* lochia rubra.

kraamvrouw vrouw die pas of enkele dagen geleden bevallen is.

krabeffect rode en/of gewollen huidlaesies of papels met korstjes, ontstaan door krabben tegen jeuk.

krachttraining training ter vergroting v.d. spierkracht door het leveren van spierarbeid tegen een bepaalde weerstand in.

kraken *zie* manuele therapie, chiropractie.

kram *zie* agrafe.

kramp onwillekeurige en pijnlijke contractie v.e. spier of spiergroep door neurogene of myogene aandoening; kan optreden bij aanspannen v.e. spier die niet in rustlengte is, elektrolytstoornissen, ALS, de ziekte van Wilson, tetanus, jicht en hypothyreoïdie *zie* spier~. • **accommodatie~** kramp v.d. accommodatiespier of -zenuw (m. ciliaris, n. oculomotorius). • **affect~** bij neuropathische kinderen voorkomende kortdurende 'ademhalingskramp' bij opwindingstoestanden. • **bliksem~** kortdurende schok t.g.v. myoclonie. • **buig~** *zie* salaam~.
• **buik~** *zie* darm~, koliek. • **darm~** *zie* prikkelbaredarmsyndroom. • **gitaristen~** *zie* muziek~. • **glottis~** *zie* spasme | laryngo~.
• **hart~** *zie* angina pectoris. • **huil~** ademstilstand bij kleine kinderen als reactie op hyperventilatie t.g.v. huilen. • **intentie~** kramp die ontstaat zodra de patiënt een beweging gaat uitvoeren. • **kaak~** *zie* trismus.
• **klonische ~** snel opeenvolgende, kortdurende contracties van antagonistische spieren. • **knik~** plotselinge knikbeweging v.h. hoofd t.g.v. myoclonie. • **muziek~** focale dystonie v.e. of meer vingers die uitsl. bij musiceren optreedt, i.h.b. bij gitaristen.
• **nek~** *zie* meningealis cerebrospinalis epidemica. • **occupational cramp** taakspecifieke en hierdoor veelal beroepsgerelateerde (focale) dystonie, o.a. schrijfkramp.
• **ooglid~** *zie* spasme | blefaro~. • **salaam~** plotselinge beginnend flexie- of extensiespasme bij kinderen van 6-18 maanden.
• **schrijf~** focale dystonie v.e. of meer vingers die vnl. optreedt bij gebruik van schrijfgerei (pen, potlood) indien dit slechts incidenteel wordt gebruikt.
• **schud~** *zie* ballisme | hemi~. • **spier~** onwillekeurige en pijnlijke contractie v.e. spier of spiergroep door neurogene of myogene aandoening; kan optreden bij aanspannen v.e. spier die niet in rustlengte is, elektrolytstoornissen, ALS, de ziekte van Wilson, tetanus, jicht en hypothyreoïdie.
• **strek~** *zie* spasme | strek~. • **tonische ~** langer aanhoudende onwillekeurige spiercontractie (bij tetanie, bij tetanus). • **vaat~** *zie* spasme | angio~.
krampaanval *zie* convulsie.
krampwerend middel *zie* spasmolytica.
kranion *zie* schedel.
krankzinnigheid verouderde aanduiding v.e. (ernstige) geestelijke ziekte, een psychose *zie* psychose.
kransvaten de arteriae (en venae) coronariae.
kraurosis penis *zie* balanitis xerotica obliterans.
kreatin- *zie* creatine.
krentenbaard lekenterm voor impetigo i.h. gezicht.
krijtstaar *zie* cataracta calcarea.
kringloop *zie* circulatie.
kringspier | blaas~ men onderscheidt de buitenste blaaskringspier en de binnenste blaaskringspier.
kristallen regelmatig gevormde deeltjes uit vaste stof, begrensd door platte vlakken.
• **teichmann~** *zie* hematine.
kristalloïd 1 kristal-achtig; 2 een stof die in oplossing zo fijn verdeeld is dat ze de poriën v.e. 'semipermeabel' membraan kan passeren.
kritiekstoornis cerebrale functiestoornis waarbij het inzicht in eigen ziekte en situatie, maar bijv. ook in actuele gebeurtenissen, gestoord is.
kritische stroomsterkte *zie* laminair.
Kr-81m radioactief edelgas, bestaande uit een kortlevend kryptonisotoop.
kroep dik beslag i.d. keel dat de luchtweg dreigt af te sluiten, met gevaar van verstikking.
kroepeus met de kenmerken van kroep; vb. kroepeus beslag, k-euze pneumonie.
kromme van Damoiseau-Ellis *zie* lijn | damoiseau-ellis~.
kroon *zie* corona dentis, kunstkroon.
kroonboor schedelboor met cilindervormige kop met getande rand waarmee ronde botschijven worden uitgezaagd die naderhand weer kunnen worden teruggeplaatst.
krop niet verwarren met 'kroep' *zie* struma.
• **endemische ~** in bepaalde landstreken voorkomende schildkliervergroting.
kruin *zie* bregma.
kruin-stuitlengte lengtemaat v.d. foetus, gemeten aan het begin v.d. zwangerschap d.m.v. echografie.
kruising decussatio.
kruisreactiviteit verschijnsel dat immunoglobulinen verschillende antigenen binden omdat deze identieke epitopen bezitten.
Krukenberg | krukenbergspoel verticale spoelvormige afzetting van pigment op het endotheel v.d. cornea. • **krukenbergampu-**

tatie kineplastische amputatie waarbij de stomp kan worden gebruikt voor bewegingen.

krypton (Kr) element met atoomnummer 36 en atoomgewicht 83.

KS *zie* syndroom | klinefelter~.

KSHV kaposisarcoom-herpesvirus *zie* virus | humaan herpes~ type 8.

kuch *zie* hoest.

Kuhnt | kuhntoperatie (oogchir.:) het bedekken van ulcera met de conjunctiva.

kuit vlezig, dik gedeelte aan de achterkant v.h. onderbeen.

kuitpomp *zie* kuitspierpomp.

kuitspierpomp belangrijkste spierpomp v.d. benen.

kunstgebit *zie* prothese | gebits~.

kunstklep | bal-in-kooi-~ obsolete metalen hartklepprothese met uiterlijk als een bal i.e. kooi boven op een ring; bal sluit alternerend de ring; de kooi houdt de bal ter plaatse; in onbruik geraakt.

kunstkroon holle kunststand of -kies die over een afgesleepen, bestaande tand of kies heen wordt geplaatst.

kunstlens | intraoculaire ~ (IOL) synthetische lens die wordt geïmplanteerd i.h. lenskapsel, bij voorkeur i.d. oorspronkelijke lenszak *zie* lens | implantatie~.

kunsttranen aanduiding van traanvervangende middelen.

kunstverlossing | vaginale ~ bevalling via de vagina die wordt bespoedigd met verlostang of vacuümcup.

küntscherpen metalen pen die bij botfractuur i.d. mergholte v.d. fractuurstukken wordt geslagen ter fixatie v.d. botfragmenten.

kurtose (epidemiol., statist.) maat voor de piekvorming v.e. verdeling (ook: platheid).

kuru *zie* koeroe.

Kussmaul | kussmaulademhaling regelmatige diepe ademhalingen zonder pauze, kenmerkend voor acidose. • **kussmaulcoma** diabetisch coma met kussmaulademhaling ('grote ademhaling').

Küster | küsteroperatie (o.a.) radicale operatie bij chronische otitis media.

kuur geheel van voorschriften voor genezing v.e. ziekte zoals door een patiënt op te volgen. • **CMF-**~ combinatiebehandeling met chemotherapeutica. • **dommel**~ variant van slaapkuur waarbij de slaapdiepte gering is. • **slaap**~ lang aanhoudende slaap, m.b.v. slaapmiddelen teweeggebracht als kuur bij bepaalde met opwinding gepaard gaande psychosen.

kuuroord plaats waar men op natuurgeneeskundige wijze verschillende therapieën toepast, zoals thalasso-, aroma- en hydrotherapie.

KVE kolonievormende eenheid.

kV-getal (kilovolt) maat voor o.a. spanning i.e. röntgenbuis.

kwaaltje *zie* kleine kwaal.

kwab 1 (anat.) *zie* lobus; **2** (lekenterm) aan het lichaam hangende massa vlees of vet. • **achterhoofds**~ *zie* lobus occipitalis cerebri. • **hersen**~ *zie* lobus | lobi cerebri. • **hypofyseachter**~ *zie* neurohypofyse. • **hypofysemidden**~ deel v.d. hypofyse dat melanocytenstimulerend hormoon produceert *zie* adenohypofyse. • **hypofysevoor**~ *zie* adenohypofyse. • **lever**~ niet verwarren met 'leverkwabje'. • **lever~je** niet verwarren met 'leverkwab'. • **long~je** *zie* lobulus. • **slaap**~ *zie* lobus temporalis cerebri. • **temporale** ~ *zie* lobus temporalis cerebri.

kwaddel vluchtige, licht-rode of witte, vlakke verhevenheid op de huid, dikwijls met rode hof.

kwadrant een vierde deel v.d. gebitsboog.

kwadrantectomie operatie waarbij een kwadrant (een kwart deel) v.d. borst wordt verwijderd.

kwakzalver iemand die zieken op een bedrieglijke wijze behandelt en daarbij de geneeskundige wetenschap negeert.

kwal Chironex, Medusa.

kwaliteitsbevordering 1 (klassieke benadering) een of andere vorm van bewaking v.d. kwaliteit, doorgaans i.d. vorm v.e. meting; **2** (moderne benadering) het op gang brengen v.e. veranderingsproces.

kwaliteitsbewaking het treffen van maatregelen waarmee de variatie i.d. hoedanigheid v.e. proces of een product binnen zo smal mogelijke marges wordt gehouden.

kwaliteit van leven verzamelnaam voor de uitkomst van meetinstrumenten waarmee wordt gepoogd uit te drukken hoe de beleving v.d. (on)mogelijkheden v.h. actuele leven zich verhoudt tot die v.h. gewenste.

kwartiel (statistiek) het punt (bijv. k) i.e. frequentieverdeling dat de kwartielwaarde k aangeeft; elk kwartiel komt overeen met 25% v.d. metingen.

kwasjiorkor deficiëntieziekte door gebrek

aan eiwit i.d. voeding, vnl. in Afrika, bij zuigelingen en kleuters.

kweek methode om bacteriën zich op een voedingsbodem te laten vermenigvuldigen, waardoor nadere identificatie wordt vereenvoudigd. • **bloed~** enting van bloed op een voedingsbodem om door kweken na te gaan welke micro-organismen i.h. bloed aanwezig zijn. • **cel~** methode om virus uit het lichaam te isoleren, te typeren en te identificeren. • **continu~** bacteriekweek. • **inventarisatie~** verkennend bacteriologisch onderzoek bij immuungecompromitteerde patiënten die gedecontamineerd zijn. • **keel~** kweek van keeluitstrijk. • **weefsel~** kweek van geïsoleerd weefsel of van cellen i.e. kunstmatig medium. • **zuivere ~** *zie* cultuur | reine ~.

kwetsing *zie* laesie.

kwetsuur *zie* laesie.

kyfoplastiek operatieve behandeling van een osteoporotische inzakkingsfractuur v.e. wervel.

kyfose kromming v.d. wervelkolom naar voren concaaf. • **kyphosis angularis** hoekvormige k. • **kyphosis arcuaris** boogvormige k. • **juveniele ~** *zie* ziekte van Scheuermann. • **kyphosis dorsalis juvenilis** *zie* ziekte van Scheuermann. • **~ van Scheuermann** *zie* ziekte van Scheuermann. • **kyphosis juvenilis** *zie* ziekte van Scheuermann. • **kyphosis senilis** ouderdomskyfose. • **thoracale ~** kyfose v.d. thoracale wervelkolom, dus de normale ronding v.d. borstwervels.

kyfotisch m.b.t. kyfose; vb. kyfotisch bekken (een door een lage kyfose vervormd bekken).

kymografie het registreren van golfbewegingen, i.h.b. arteriële drukveranderingen.

kyn- voorvoegsel in woordverbindingen m.b.t. honden.

kyst- *zie* cyst-.

L

l laevo-, levo- [L., links].
laaggradig met een lage stadiëring; vb. ~e arteriële stenose door atherosclerose, ~e tumoren groeien meestal langzamer en metastaseren later dan hooggradige tumoren en hebben een betere prognose; laaggradige tumoren kunnen zich soms tot hooggradige tumoren ontwikkelen (ontaarden); vb. ~e maligne tumoren, ~e poliep.
labelen [E to label] **1** (psychol.) *zie* etiketteren; **2** (gentechnologie); **3** (radiol.) *zie* tracer. • **positief** ~ (psychol.) *zie* etiketteren | positief ~.
labia lippen; 'de labia' betekent veelal 'de schaamlippen'.
labiaal m.b.t. de lip (labium), lipvormig, naar de lip toe gericht; vb. herpes labialis.
labiliteit wankelbaarheid, onzekerheid. • **emotionele** ~ *zie* affectlabiliteit.
labionasaal *zie* nasolabiaal.
labiorum gen. mv. van labium; vb. commissura labiorum.
labioversie verkeerde stand v.e. tand, naar de lip (labium) toe.
labium lip. • ~ **leporinum** *zie* lip | hazen~. • ~ **majus pudendi** grote schaamlip. • ~ **minus pudendi** kleine schaamlip.
labores uteri *zie* weeën.
labour [E] weeën, baring. • **dry** ~ *zie* arbeid | droge ~. • **missed** ~ [E] na een vruchteloze baring i.d. uterus achtergebleven dode foetus.
labrum lip. • ~ **glenoidale** uitstulpende ring rondom de benige kom v.h. schoudergewricht.
labyrint deel v.h. gehoororgaan i.h. rotsbeen dat bestaat uit het slakkenhuis en het evenwichtsorgaan. • **benig** ~ het benige gedeelte v.h. binnenoor.
labyrintectomie operatieve verwijdering v.h. labyrint.
labyrinthicus m.b.t. het labyrint; vb. paries labyrinthicus cavi tympani.
labyrinthus labyrint, het binnenoor.
labyrintitis acute ontsteking van bacteriële of virale aard i.h. labyrint, resulterend in gehoorsklachten, duizeligheid en tinnitus, veelal leidend tot blijvende beschadiging. • **peri**~ ontsteking v.d. weefsels rondom het labyrint.
labyrintonderzoek onderzoek v.h. evenwichtsorgaan waarbij een galvanische stroom door het hoofd wordt geleid.
lacer verscheurd; vb. foramen l-rum.
laceratie 1 verscheuring; **2** de bij verscheuring ontstane wond. • **laceratio cervicis** cervixscheur.
laceratie-ectropium het door een cervixscheur naar buiten groeien van baarmoederslijmvlies.
lacertus fibreuze band.
lacinia reep, flard, fimbria.
laciniatus voorzien van flarden, fimbriae.
lacrima traan.
lacrimalis m.b.t. tranen; vb. saccus lacrimalis, os lacrimale.
lacrimarum gen. mv. van lacrima; vb. stillicidium lacrimarum.
lacrimatie traansecretie.
lacrimoconchalis m.b.t. traanbeen en neusschelp; vb. sutura lacrimoconchalis.
lacrimomaxillaris m.b.t. traanbeen en bovenkaak; vb. sutura lacrimomaxillaris.
lactaat ubiquitair stofwisselingsproduct van anaerobe omzetting van glucose via pyrodruivenzuur waarbij energie vrijkomt.
lactaatconcentratie concentratie van melkzuur i.h. bloed.
lactaatdehydrogenase (LDH) enzym dat de

koolhydraatstofwisseling katalyseert.
lactaatdrempel *zie* anaerobe drempel.
lactacidase enzym (van melkzuurbacteriën) dat melkzuur laat gisten.
lactamase | **bèta~n** verzamelnaam voor enzymen die bètalactamantibiotica door hydrolyse v.d. bètalactamkern kunnen afbreken; wordt door zgn. ESBL-bacteriën gemaakt; hierdoor worden bètalactamantibiotica (o.a. penicillines en cefalosporines) onwerkzaam.
lactase een disacharidase l. hydrolyseert melksuiker (lactose) tot glucose en galactose.
lactatie 1 (endocrinol.:) ophoping en uitdrijving van melklipiden en melkeiwitten uit de borstklier i.d. vorm van secretie van moedermelk; de klieractiviteit wordt aangezet door prolactine; **2** (gynaecol., kindergk.) *zie* voeding | borst~ geven.
lacteren 1 de borst geven, borstvoeding geven; **2** moedermelk afscheiden (v.e. melkklier).
lacteus uit melk bestaand, melkachtig; vb. crusta lactea, maculae lacteae (mv. van lactea).
lactiferus melkvoerend; vb. ductus lactiferi (mv. van -rus).
Lactobacillus · Lactobacillus bifidus normale darmbewoner bij zuigelingen. **· ~ ca-sei-factor** *zie* zuur | folium~.
lactoconium klein deeltje dat in grote massa's in melk voorkomt en met de elektronenmicroscoop zichtbaar is.
lactodehydrogenase (LDH) *zie* lactaatdehydrogenase.
lactoferrine een niet aan porfyrine gebonden metalloproteïne, met transportfunctie.
lactoflavine riboflavine, vitamine B_2.
lactogeen [E] melkafscheiding bevorderend; vb. lactogeen hormoon.
lactogeen hormoon *zie* prolactine.
lactogenese begin v.d. melkproductie t.g.v. de daling van oestrogeen- en progesteronspiegel na de partus.
lactorroe *zie* galactorroe.
lactose disacharide in melk, wordt door lactase gesplitst in glucose en galactose.
lactovegetariër vegetariër die zich alleen spijzen ontzegt waarvoor dieren moeten worden gedood en die dus wel bijv. melk, kaas, eieren en honing gebruikt.
lacuna gat, opening, holte. **· ~ auditiva** de stiltezone bij de auscultatoire meting v.d. bloeddruk. **· ~e laterales** kleine zijnissen v.d. sinus sagittalis superior. **· ~e Morgagni** *zie* lacunae urethrales masculinae, lacunae urethrales femininae. **· ~ musculorum** het vak waar de m. iliopsoas ligt tussen arcus iliopectineus, lig. inguinale en het bekken. **· ~e urethrales feminihae** uitbochtingen v.d. vrouwelijke urethra, met uitmondingen v.d. glandulae urethrales.
· ~e urethrales masculinae uitbochtingen v.d. mannelijke urethra met uitmondingen v.d. glandulae urethrales. **· ~ vasorum** opening tussen os pubis, lig. inguinale en eminentia iliopubica, waardoor heen de femorale vaten lopen.
lacunair holten, leemten, gaten vertonend; vb. lacunair infarct, lacunaire amnesie.
lacunaris m.b.t. een gat of holte, bezet met gaten; vb. angina lacunaris, cranium lacunare.
lacus meer, plas. **· lacrimalis** de ruimte om de caruncula lacrimalis i.d. mediale ooghoek.
LAD left anterior descending coronary artery = left anterior descending artery *zie* ramus descendens anterior.
LADA *zie* diabetes | latent autoimmune ~ in adults.
ladderspasmen het röntgenbeeld bij spasmen v.d. slokdarm.
laederen het veroorzaken v.e. laesie, beschadigen, verwonden, kwetsen.
laesie beschadiging. **· bankart~** afscheuring v.h. voorste gedeelte v.h. labrum glenoidale, de kraakbenige voorrand v.h. glenoïd.
· cuff~ *zie* ruptuur | cuff~. **· dwars~** *zie* dwarslaesie. **· GLAD-~** (glenolabrale articulaire disruptie-laesie) (orthop.:) ruptuur i.h. labrum glenoidale met kraakbeenlaesie terwijl labrum nog vastzit. **· HAGL-~** *zie* avulsie | humerale ~ van inferieur glenohumeraal ligament. **· hill-sachs~** intracapsulaire fractuur van caput humeri met een indeukingsfractuur van de dorsale rand v.d. humeruskop. **· iris~ 1** (oogheelk.:) beschadiging v.d. iris; **2** (dermatol.:) concentrisch gerangschikt patroon van erytheem in minstens drie verschillende tinten.
· ~ van Bankart *zie* bankart~. **· mamma~** verdachte occulte afwijking, meestal gevonden op een routine (screenings)mammografie, die kan duiden op kwaadaardigheid en waarvoor nadere diagnostiek is

geïndiceerd. • **nervusrecurrens**~ postoperatieve beschadiging v.d. nervus recurrens door de operatieve ingreep met als gevolg dat de stembanden minder goed kunnen bewegen. • **o'donoghue**~ trauma v.h. kniegewricht met laesie v.d. mediale collaterale band, voorste kruisband en de mediale meniscus. • **piramidebaan**~ onderbreking in tractus corticospinalis. • **plexus**~ beschadiging van zenuwvlecht met sensibele en motorische uitvalsverschijnselen. • **radio**~ weefselbeschadiging door ioniserende straling.

laesus beschadigd, gekwetst, gestoord; vb. functio laesa.

laevicellularis bestaande uit gladde cellen; vb. myoma laevicellulare.

laevis glad; vb. *Xenopus laevis,* chorion laeve.

laevo- (l-) voorvoegsel in woordsamenstellingen m.b.t. links; vb. laevoconvex; vgl. dextro-.

LAFB (linker anterieur fasciculair blok) *zie* blok | linker anterieur hemi~.

lagetonenperceptieverlies gehoorverlies voor de lage tonen, gekenmerkt door een oplopend audiogram.

-lagnie achtervoegsel in woordverbindingen betreffende lustbeleving.

lag period *zie* lag phase.

lag phase [E] periode in bacterievermeerdering met weinig tot geen vermeerdering v.h. aantal cellen.

LAK-therapie toedienen van door interleukine-2 geactiveerde lymfocyten bij kankerpatiënten.

lalochezie psychische opluchting a.g.v. het vrijmoedig uiting geven aan monosyllabische grove taal.

lambda snijpunt v.d. sutura lambdoidea met de sutura sagittalis.

lambdacisme moeilijkheden bij het uitspreken v.d. l en verwisseling van deze klank met de r.

lambdoides gelijkend op de Griekse letter lambda.

lambdoideus 1 gelijkend op de Griekse letter lambda; vb. sutura lambdoidea; **2** behorend tot iets lambda-achtigs; vb. margo l-eus squamae occipitalis.

lambliasis *zie* giardiasis.

lamel plaatje.

lamelleus gerangschikt in laagjes.

lamellosus in lamellen afschilferend; vb. desquamatio lamellosa.

lamina plaat, schijf. • ~ **basalis** de basale plaat v.d. neurale buis. • ~ **basilaris** bindweefselplaat tussen ductus cochlearis en scala tympani; is uitgespannen tussen de tympani-lamel v.d. lamina spiralis ossea en de crista spiralis; draagt het orgaan van Corti. • ~ **densa** elektronendense laag i.d. basale membraan. • ~ **lucida** elektronenlichte laag i.d. basale membraan. • ~ **rara** *zie* lamina lucida. • ~ **visceralis pericardii** *zie* epicard. • ~**e medullares thalami** witte substantie, deels in, deels lateraal v.d. thalamus, die de thalamuskernen min of meer van elkaar scheidt.

laminair 1 bestaande uit lagen; **2** de bewegingsvorm v.e. vloeistof die met matige snelheid door een buis stroomt, waarbij de vloeistofdeeltjes zich in concentrische lagen voortbewegen, tot de snelheid de kritische stroomsterkte overschrijdt en de beweging turbulent wordt.

laminaris plaatvormig; vb. unguis laminaris.

laminectomie verwijdering v.e. of meer (achterste) wervelbogen om het ruggenmerg bloot te leggen. • **hemi**~ laminectomie aan één zijde, unilaterale verwijdering v.e. of meer wervelbogen tussen een doornuitsteeksel en de gewrichtsvlakken.

laminotomie het doorsnijden v.e. achterste wervelboog.

Lamy | syndroom van Maroteaux-~ *zie* syndroom | maroteaux-lamy~.

lana wol.

lancet klein, puntig, tweesnijdend chirurgisch mes.

lancinerend schietend, snijdend; vb. lancinerende pijn (bij tabes dorsalis).

Landelijke Huisartsenvereniging (LHV) beroepsvereniging voor huisartsen.

Landolt | landoltringen afbeeldingen van niet-gesloten, C-vormige cirkels in verschillende posities en in afnemende grootte op een kaart waarmee de gezichtsscherpte bij oudere kleuters en analfabeten kan worden bepaald.

lange groteteenbuiger *zie* musculus flexor hallucis longus.

lange lijn *zie* katheter | centraal veneuze ~.

Langerhans | eilandjes van ~ klompjes cellen (alfa-, bèta-, delta- en F-cellen) i.d. pancreas met endocriene functie; belangrijkste hormonen uit de eilandjes van Langerhans zijn: 1) insuline, gemaakt i.d. bètacel

(70-75% v.d. cellen); 2) glucagon, gemaakt i.d. alfacel (ca. 20% v.d. cellen); 3) somatostatine, gemaakt i.d. deltacel (ca. 4% v.d. cellen); 4) pancreaspolypeptide, gemaakt i.d. F-cel (ca. 2% v.d. cellen). • **langerhans-celhistiocytose** (LCH) spectrum van ziektebeelden, gekenmerkt door benigne proliferatie (granulomen) van langerhanscellen (histiocyten met granula); de granulomen leiden tot een ernstige destructie v.d. longen, met uitgebreide holtevorming.
• **langerhanseilandjes** *zie* eilandjes van ~.
lange strip *zie* strippen | lang ~.
Langhans | langhanslaag de cytotrofoblast v.d. chorionvlokken. • **langhansreuscellen 1** *zie* cel | langhans~len; **2** kenmerkende grote cellen in tuberkels; NB: niet te verwarren met langerhanseilandjes en met langhanscellen.
languituido verslapping, zwakte.
lanosterol voorstadium i.d. biosynthese van cholesterol.
lanuginosus m.b.t. of lijkend op lanugo; vb. hypertrichosis lanuginosa, sputum lanuginosum.
lanugo *zie* haar | lanugo~.
lap huidtransplantaat. • **abbe**~ transpositie v.e. gesteelde volledikteflap v.d. onderlip om een defect of tekort v.d. bovenlip te herstellen. • **barron**~ bestaande uit een subcutane steel; wordt gebruikt om een huiddefect mee te bedekken. • **fasciocutane ~** gesteeld huidtransplantaat, bestaande uit een peesblad, huid en bloedvaten. • **filet**~ gesteelde lap v.e. extremiteit na verwijdering van alle benige delen. • **gesteelde huid**~ via een voedende steel vastzittende huidlap die wordt gebruikt voor transpositie of autotransplantatie. • **kutler**~ laterale subcutane verschuivingslap ter bedekking v.e. topletsel v.e. vinger. • **myocutane ~** gesteeld transplantaat, bestaande uit spierweefsel met bijbehorende huid en bloedvaten.
• **spierhuid**~ *zie* myocutane ~. • **volledige-diktehuid**~ *zie* graft | full-thickness ~.
lapar- voor- voegsel in woordverbindingen m.b.t. de buik.
laparoscoop endoscoop voor het verrichten van laparoscopie.
laparoscopie inspectie v.d. buikholte en de buikorganen d.m.v. een via een i.d. buikwand gemaakte opening ingebrachte laparoscoop.
laparoscopiesimulator apparaat waarmee een chirurg in opleiding voor minimaal invasieve chirurgie het hanteren van laparoscopische instrumenten kan oefenen.
laparotomie chir. opening v d. buik d.m.v. incisie. • **mini**~ openingssnede i.d. buik van maximaal 6 centimeter voor een diagnostische en/of therapeutische handeling.
• **proef**~ opening v.d. buikholte voor diagnostische doeleinden.
lapis steen. • ~ **infernalis** helse steen, zilvernitraat.
lapse [E] *zie* fout.
lapsus *zie* fout.
laqueaticus het schedegewelf betreffend; vb. fistula cervicovaginalis laqueatica.
laqueatus m.b.t. een strik; vb. noduli laqueati (mv. van laqueatus).
laqueiformis lusvormig.
lardaceïne een spekachtig uitziende proteïne die bij amyloïde degeneratie i.d. weefsels wordt afgezet.
large for gestational age (LGA) [E] aanduiding v.e. geboortegewicht dat meer dan 2 standaarddeviaties boven het gemiddelde van dezelfde zwangerschapsduur.
larva larve. • ~ **currens** voortkruipende huideruptie, teweeggebracht door een nematodelarve of door een larve van *Strongyloides stercoralis*. • ~ **migrans** *zie* creeping eruption. • ~ **migrans cutanea** veelal larven van *Ancylostoma braziliense* of *A. caninum* (mijnworm van honden of katten).
• ~ **migrans visceralis** door ingestie van *Toxocara canis* veroorzaakte parasitaire infestatie.
larvatus gemaskerd, onherkenbaar; vb. tetania larvata.
larvicide 1 (bv.nw.) larven dodend; **2** (z.nw.) een stof die larven doodt.
laryng- voorvoegsel in woordverbindingen m.b.t. de larynx.
laryngea vr. van laryngeus.
laryngeaal m.b.t. de larynx.
laryngealis m.b.t. de larynx; vb. syncope laryngealis.
laryngectomie operatieve extirpatie v.d. larynx.
laryngeus tot de larynx behorend; vb. nervus laryngeus, vena laryngea.
laryngicus tot de larynx behorend.
laryngis gen. van larynx (strottenhoofd); vb. cavum laryngis.
laryngisme larynx-spasmus, kramp v.d. stemspleet.

laryngitis ontsteking v.d. larynx; slijmvliesontsteking (catarre) v.h. strottenhoofd; indeling: 1. acute laryngitis, meestal als onderdeel v.e. bovensteluchtweginfectie, met als bijzondere vormen laryngitis supraglottica (epiglottitis), laryngitis subglottica (pseudokroep) en in zeldzame gevallen laryngitis diphtherica (difterie), en 2. chronische laryngitis, met als bijzondere vormen laryngitis tijdens of na radiotherapie, atrofische laryngitis (ozaena), laryngitis hyperplastica (door chronische irritatie ontstane precancereuze reactieve hyperplasie v.h. larynxslijmvlies) en andere zeldzame vormen van specifieke laryngitis, zoals bij tuberculose, syfilis, lepra en sarcoïdose. • ~ **hyperplastica** door chronische irritatie ontstane precancereuze reactieve hyperplasie v.h. larynxslijmvlies. • ~ **subglottica** ontsteking v.d. ondervlakte v.d. stembanden. • ~ **supraglottica** zie epiglottitis. • ~ **rino**~ ontsteking v.d. slijmvliezen van neus en larynx.

laryngocele luchtzak die in verbinding staat met het lumen v.d. larynx en uitwendig de indruk v.e. tumor maakt.

laryngografie radiologisch onderzoek v.d. larynx en hypofarynx m.b.v. een contrastmiddel.

laryngologie de wetenschap die zich bezighoudt met anatomie, fysiologie en pathologie v.d. larynx.

laryngoparalyse verlamming v.d. larynxspieren.

laryngorragie bloeding uit het strottenhoofd.

laryngoscoop hulpmiddel om tong opzij te houden en larynxingang zichtbaar te maken.

laryngoscopie onderzoek v.d. larynx d.m.v. de laryngoscoop.

laryngostomie het aanleggen v.e. blijvende opening die het lumen v.d. larynx rechtstreeks via een incisie aan de voorzijde v.d. hals met de buitenlucht verbindt.

laryngotomie operatieve opening v.h. strottenhoofd. • **laryngotomia inferior** zie cricothyreotomie. • **laryngotomia superior** incisie door de membrana thyrohyoidea.

laryngotracheïtis ontsteking van strottenhoofd en luchtpijp.

laryngotracheobronchoscopie endoscopisch onderzoek van larynx, trachea en bronchi.

larynx zie strottenhoofd. • **elektro**~ apparaat dat met de membraan tegen de hals v.d. patiënt gehouden een toon kan produceren die, voortgeleid naar de farynx, met articulatiebewegingen wordt omgezet in spraak.

larynxcarcinoom kwaadaardige woekering van cellen die uitgaat v.h. larynxepitheel; indeling: meestal een plaveiselcelcarcinoom dat op de stembanden ontstaat (60%), 35% supraglottisch en 5% subglottisch.

larynxcrises krampaanvallen van strottenhoofdspieren, bij tabes dorsalis.

Lasègue | gekruist lasèguesymptoom radiculair uitstralende pijn i.h. aangedane been bij het gestrekt heffen v.h. contralaterale been; wijst vaak op wortelcompressie; kan op losliggende discus intervertebralis wijzen. • **omgekeerd lasèguesymptoom** radiculair uitstralende pijn aan de voorzijde v.h. bovenbeen opgewekt door hyperextensie i.d. heup, wijst op radiculaire prikkeling v.d. hogere lumbale wortels (L3/L4) via rekking v.d. n. femoralis; heeft beperkte diagnostische waarde.

LASEK zie keratomileusis | laser-assisted epithelial ~.

laser (Light Amplification by Stimulated Emission of Radiation) zeer sterke, smalle bundel van volkomen evenwijdige monochromatische lichtstralen met alle golven in overeenkomstige fase die op een bepaalde plaats gericht daar grote hitte opwekt. • **argon**~ l. die blauw-groen licht uitstraalt; wordt o.a. gebruikt voor de behandeling van vaatafwijkingen i.h. netvlies. • **excimer**~ bundel van ultraviolettlicht waarmee i.d. refractiechirurgie een laagje v.h. hoornvlies kan worden verwijderd om de kromming en daarmee het lichtbrekende vermogen v.d. cornea te veranderen. • **krypton**~ l. die o.a. wordt gebruikt voor de behandeling van subretinale vaatnieuwvormingen. • **YAG**~~ laser die i.h. infraroodgebied straalt.

lasercoagulatie coagulatie, m.n. v.h. netvlies, d.m.v. laserstralen.

lasertherapie behandeling van aandoeningen m.b.v. laser.

LASIK zie keratomileusis | laser-in-situ-~.

lassakoorts | hemorragische ~ zie koorts | lassa~.

lasserslong zie siderose | siderosis pulmonum.

lassitudo vermoeidheid.
last 1 (infectieziekten, oncologie) *zie* load; **2** belasting. • **tumor~** geschatte hoeveelheid kanker i.h. lichaam. • **virus~** *zie* load | viral ~.
lata vr. van latus.
latens latent, inactief; vb. lues latens.
latent onzichtbaar blijvend, onmerkbaar, verborgen.
latentie stadium van inactiviteit.
latentietijd tijd die verloopt tussen een prikkeling en de waarneembare reactie daarop.
lateraal zijdelings, opzij, naar opzij; vb. laterale sclerose. • **ambi~** m.b.t. beide zijden. • **bi~** beiderzijds, aan beide zijden, tweezijdig, in twee richtingen. • **col~ 1** (anat.) oppervlakkige veneuze structuur die twee andere veneuze assen verbindt; **2** (neuroanat.) de opzij liggende zenuw langs een al of niet geobstrueerde zenuwstam impulsen vervoert. • **contra~** aan de tegengestelde zijde; vb. ~ oog. • **hetero~** *zie* contra~. • **homo~** aan dezelfde kant. • **ipsi~** aan dezelfde kant. • **latero~** *zie* side to side. • **mono~** *zie* uni~. • **uni~** aan één zijde.
lateralis opzij, zijdelings, naar opzij, aan de zijkant.
lateralisatie verschijnsel dat sommige functies niet symmetrisch over de hersenen verdeeld zijn.
lateraliteit voorkeur voor het gebruik v.d. organen (ogen, oren, handen, voeten) van één lichaamshelft. • **gekruiste ~** voorkeur voor het gebruik van heterolaterale organen.
latero- voorvoegsel in woordverbindingen met de betekenis 'opzij'.
lateroductie oogbeweging naar opzij.
lateroflexie buiging naar opzij. • **lateroflexio uteri** pathologische buiging v.d. uterus naar opzij, door inknikking op een plaats tussen corpus en cervix.
laterognathie zijdelingse verplaatsing v.d. onderkaak door verschil in lengte v.h. linker en rechter opstijgende deel v.d. mandibula.
lateropulsie onvrijwillige zijwaartse beweging.
lateroterminaal *zie* side to end.
lateroversie draaiing naar opzij.
latexagglutinatie diagnostische test voor aantonen van rota- en adenovirus.
latissimus zeer breed, het breedst; vb. musculus latissimus dorsi.
latitudo breedte. • **dislocatio ad latitudinem** bij fracturen soms voorkomende onderlinge verplaatsing der breukstukken i.d. dwarsrichting.
Latrodectus een geslacht vergiftige spinnen.
LATS *zie* long-acting thyroid stimulator.
latus 1 (z.nw.) zijde, kant; **2** (bijv.nw.) breed, vb. fascia lata, condyloma latum.
LAV lymphadenopathy-associated virus *zie* virus | humaan immunodeficiëntie- type 1.
lavage het uitspoelen v.e. holte d.m.v. ruime irrigatie ten behoeve van diagnostische of therapeutische doeleinden. • **bronchoalveolaire ~** (BAL) spoelen van perifere longdelen met fysiologische zoutoplossing. • **bronchus~** *zie* bronchoalveolaire ~. • **colon~** *zie* darm~. • **darm~** *zie* darmreiniging.
lavement *zie* lavage. • **druppel~** druppelsgewijze toediening van vloeistof i.h. rectum.
laxa vr. van laxus *zie* laxus.
laxans (genees)middel dat de defecatie op gang brengt of deze bevordert. • **bulkvormend ~** geneesmiddel i.d. vorm v.e. polysacharide dat i.d. darm een niet-verteerbaar hydrofiel residu vormt. • **contact~** purgeermiddel dat vrijwel niet geresorbeerd wordt en alleen door contact met het darmslijmvlies werkt. • **osmotische laxantia** anorganische zouten van divalente ionen of meerwaardige alcoholen.
laxeermiddel *zie* laxans.
laxeren het bevorderen v.d. ontlasting.
laxiteit mate van mobiliteit v.e. gewricht.
laxus wijd, los, slap; vb. cutis -xa.
lazaret ziekenhuis, oorspr. voor melaatsen (oude term: lazarusziekte).
lazy leukocyte syndrome *zie* syndroom | luieleukocyten~.
LBD *zie* Lewy-body-dementie.
LBTB (linkerbundeltakblok) onderbroken elektrische geleiding i.d. linker tak na de splitsing v.d. bundel van His.
LC *zie* capaciteit | long-.
LCA linker coronairarterie.
LCAT *zie* lecithinecholesterolacyltransferase.
LCH *zie* Langerhans | langerhanscelhistiocytose.
LCIS *zie* carcinoom | lobulair carcinoma in situ van de mamma.
LCX left circumflex artery.
LD letale dosis.

LDH *zie* lactaatdehydrogenase.
LDL *zie* lipoproteïne | low-density~.
LE *zie* lupus erythematodes, longembolie.
• ~-**factor** stof i.d. gammaglobulinefractie van serum die de vorming van LE-cellen kan teweegbrengen.

lead time [E] gewonnen tijd i.h. natuurlijk verloop v.e. ziekte wanneer een diagnose eerder is gesteld.

lean body mass [E] het totale lichaamsgewicht verminderd met het gewicht v.h. vetweefsel.

leb 1 lebmaag, de vierde maag van herkauwende dieren; **2** lebferment, het i.d. lebmaag geproduceerde ferment.

Leber | leberopticusneuropathie *zie* opticusneuropathie van Leber.

Leber's hereditary optic neuropathy (LHON) *zie* opticusneuropathie van Leber.

lebferment *zie* chymase.

lecithine een lipoïd voorkomend in zenuwweefsel, semen, eidooier, gal, bloed.

lecithinecholesterolacyltransferase (LCAT) i.d. levercellen geproduceerd enzym dat de vorming van cholesterolesters in HDL katalyseert.

lectine een plantaardige of dierlijke eiwitsoort die agglutinatie, precipitatie, enz. teweegbrengt en in dit opzicht lijkt op antistof.

LED *zie* systemische lupus erythematosus.

ledematen extremiteiten, membra [L., enkelv. membrum].

leertheorie *zie* persoonlijkheidstheorie.

leesraam volgorde van lezen v.d. mRNA-codons tijdens de translatie, de vorming v.e. eiwit a.d.h.v. codons op mRNA.

leesraamverschuiving mutatie, waardoor de volgorde van lezen v.d. mRNA-codons verschuift en een ander aminozuur wordt gemaakt en dus een ander eiwit dat veelal niet functioneel is.

leesstoornis *zie* alexie.

leeuwengezicht *zie* facies leontina.

left-ventricle strain (LV strain) [E] verandering op het ecg bij hypertrofie v.d. linker kamer.

left ventricular assist device (LVAD) *zie* hart | steun~.

Legionella pneumophila verwekker van legionellose.

⊛ **legionellose** acute infectie v.d. luchtwegen met *Legionella pneumophila*.

Leiner | ziekte van ~ zeldzame erytrodermie, ontstaan door uitbreiding van eczema seborrhoicum over de gehele huid.

leiomyoom | leiomyoma cutis huidaandoening gekenmerkt door de aanwezigheid van talrijke doorschijnende noduli onder de huid aan de strekzijde v.d. ledematen.

Leishman, Sir William Boog Sir William Boog Leishman (1865-1926).

Leishman | kleuring volgens ~ kleuring van malariaparasieten in bloeduitstrijkpreparaten.

Leishmania parasietengeslacht waarvan de soorten de verschillende vormen van klinische leishmaniasis veroorzaken. • ~ *aethiopica* verwekker van zeldzame chronische diffuse, mucocutane vorm van leishmaniasis, beschreven in Ethiopië en Oost-Afrika. • ~ *brasiliensis* verwekker van leishmaniasis mucocutanea. • ~ *chagasi* in Zuid-Amerika endemische verwekker van leishmaniasis visceralis. • ~ *donovani* verwekker van leishmaniasis visceralis (kala-azar). • ~ *infantum* in mediterrane landen endemische verwekker van leishmaniasis visceralis. • ~ *major* in dunbevolkte gebieden van Centraal-Azië, Midden-Oosten, Soedan, Noord- en West-Afrika bij knaagdieren en mensen endemische verwekker van pusvormende natte huidulcera met heftige ontstekingreactie. • ~ *mexicana* in Midden-Amerika endemische verwekker van leishmaniasis cutanea. • ~ *panamensis* verwekker van ernstig verlopende huid- en slijmvliesinfectie. • ~ *tropica* verwekker v.e. v.d. vormen van huidleishmaniasis v.d. Oude Wereld.

leishmaniasis gemeenschappelijke noemer voor een aantal infectieziekten die veroorzaakt worden door verschillende soorten *Leishmania*-parasieten. • **cutanea** huidleishmaniasis door infectie met een *Leishmania*-parasiet. • ~ **donovani** *zie* leishmaniasis visceralis. • **huid~ van de Nieuwe Wereld** verzamelnaam voor de klinische huid- en slijmvliesverschijnselen die worden veroorzaakt door *Leishmania mexicana*, *L. brasiliensis* en *L. guyanensis*. • **huid~ van de Oude Wereld** verzamelnaam voor de klinische huidverschijnselen, veroorzaakt door infectie met de verschillende *Leishmania*-species in Afrika, het Middellandse Zeegebied, het Midden-Oosten en tot in India. • ~ **visceralis** merendeels chronische aandoening, veroorzaakt door *Leishmania donovani*, *L. infantum* en *L. chagasi*. • **mucocuta-**

ne ~ cutane leishmaniasis met aantasting v.d. nasofarynx.
lekgeruis zie hartgeruis | regurgitatie~.
lema het secreet v.d. ooglidkliertjes dat zich i.d. ooghoek verzamelt.
lemniscus band, reep, i.h.b. de kruisende opstijgende vezels, die de axonen zijn van secundaire sensorische neuronen en i.d. thalamus eindigen. **• ~ lateralis** vezels die na kruising opstijgen v.d. nuclei cochleares naar de colliculus inferior en het corpus geniculatum mediale. **• ~ medialis** vezels die na kruising opstijgen v.d. nucleus cuneatus en de nucl. gracilis v.d. medulla naar de thalamus. **• ~ spinalis** het i.d. hersenstam verlopende deel v.d. tractus anterolaterales.
LEMS (Lambert-Eaton myasthenous syndrome) zie syndroom | lambert-eaton~.
lendenen zie lumbus.
lendenwervelkolom zie wervelkolom.
lengteas zie as | longitudinale ~.
lengtevoorspelling voorspelling v.d. uiteindelijke lichaamslengte.
leniens verzachtend; vb. unguentum leniens.
lenigheid mate van bewegingsuitslag die mogelijk is i.e. specifiek gewricht.
lenitivum zacht werkend laxans.
lens het biconvexe, lichtbrekende lichaam tussen de achterste oogkamer en het corpus vitreum. **• implantatie~** zie kunstlens | intraoculaire~. **• intraoculaire ~** (IOL) lens die i.e. afaak oog kan worden geïmplanteerd. **• irisklauw~** een door de Nederlandse oogarts Worst ontwikkelde intra-oculaire kunstlens die twee klauwtjes aan de iris vastzit. **• kunst~** zie implantatie~.
lensaccommodatie zie accommodatie.
lenstroebeling zie cataract.
lenta vr. van lentus.
lenticonus kegelvormige uitpuiling v.d. lens naar voren of naar achteren. **• ~ anterior** zie lentiglobus.
lenticulair 1 (dermatol.:) zo groot als een linze; vb. l. eruptie, papel; **2** gelijkend op een lens, de vorm v.e. lens/linze hebbend; vb. hepatolenticulaire degeneratie (ziekte van Wilson), waarbij de lenticulaire nucleus, deel v.h. aangedane corpus striatum, op een biconvexe lens gelijkt; **3** (oogheelk.:) m.b.t. de ooglens.
lenticularis lens-, linzevormig; vb. ansa lenticularis, dermatofibroma lenticulare.

lentiformis lens-, linzevormig; vb. nucleus lentiformis.
lentigines zie lentigo.
lentigineus m.b.t., gelijkend op, gepaard gaand met lentigo.
lentiglobus uitpuiling aan de voorkant v.d. lens.
lentigo bruin vlekje van enkele mm tot ongeveer 1 cm doorsnee, histologisch gekenmerkt door proliferatie van melanocyten en verlenging v.d. retelijsten i.d. epidermis. **• ~ juvenilis** zie lentigo simplex. **• ~ actinicus** zie lentigo senilis. **• ~ maligna** onregelmatige, grillig begrensde asymmetrische pigmentvlek met wisselende pigmentatie bij bejaarden i.h. gelaat. **• PUVA- ~ lentigo** a.g.v. PUVA-fotochemotherapie. **• ~ senilis** lentigo bij mensen die veel aan zonlicht blootgesteld zijn geweest. **• ~ simplex** lentigo bij jonge mensen, niet door ultraviolette straling geïnduceerd; kan congenitaal zijn. **• ~ solaris** zie lentigo senilis.
lentis gen. van lens.
lentitis ontsteking v.d. lens of het lenskapsel.
lentoptosis zie facocele.
lentus traag; vb. endocarditis lenta.
leontiase vergroving v.d. gelaatshuid bij lepra, waardoor een leeuwachtige uitdrukking ontstaat. **• leontiasis ossea** hypertrofie v.d. aangezichtsbeenderen met een leeuwachtige uitdrukking.
leporinum gen. mv. van lepus = haas; vb. labium leporinum (hazelip).
lepothrix schimmelziekte v.d. haren i.d. oksel en v.d. schaamstreek.
⊚ **lepra** chronische infectieziekte die wordt gekenmerkt door een granulomateuze ontsteking i.d. perifere zenuwen en i.d. huid, veroorzaakt door de zuurvaste bacterie *Mycobacterium leprae*; indeling: sinds 1966 wordt lepra geclassificeerd in vijf groepen: TT (hoogresistent tuberculoïd), BT (borderlinetuberculoïd), BB (borderline), BL (borderline-lepromateus) en LL (lepromateus); tevens bestaat er de onbestemde ('indeterminate') vorm, het vroege begin van lepra, waarbij het nog onduidelijk is in welke richting v.h. spectrum de ziekte zich zal begeven; in 1982 introduceerde de WHO een indeling in paucibacillaire en multibacillaire vorm: paucibacillair zijn indeterminate (I), tuberculoïde (TT) en borderline

tuberculoïde (BT); een nog simpelere indeling is in meer of minder dan vijf laesies: minder dan vijf paucibacillair, vijf of meer multibacillair. • **borderline**~ vorm van lepra, i.h. lepraspectrum gelegen vorm tussen de tuberculoïde en de lepromateuze vorm. • **intermediate-type-**~ tussenvorm tussen T-lepra en L-lepra. • **lepromateuze** ~ (L-lepra) anergische vorm van l. met papels, noduli, nodi en plaques, soms facies leontina. • **multibacillaire** ~ (MB) classificatie voor leprabestrijdingsprogramma's. • **paucibacillaire** ~ (PB) classificatie voor leprabestrijdingsprogramma's. • **tuberculoïde** ~ (T-lepra) gelokaliseerde vorm van l. met sterk pos. leprominereactie.

leprechaunisme autosomaal recessief insulinereceptordefect, leidend tot o.a. hyperinsulinemie, dwerggroei, gynaecomastie en verlaagde infectieweerstand.

lepromateus 1 symptomen van lepra vertonend; **2** aan lepra lijdend.

leptine hormoon dat de voedselinname reguleert.

leptochromatisch m.b.t. de lichtere kleuring v.e. celkern, zoals o.a. waargenomen bij degenererende (tumor)cellen.

leptocyt dunne schietschijfcel.

leptocytose de aanwezigheid van leptocyten i.h. bloed.

leptomeningicus m.b.t. de leptomeninx.

leptosoom lang en smal van lichaamsbouw. *Leptospira* een geslacht v.d. fam. *Treponemataceae* (v.d. orde *Spirochaetales*). • ~ *biflexa* een species zonder pathogene eigenschappen. • ~ *icterohaemorrhagiae* bacterie die leptospirosis icterohaemorrhagica (ziekte van Weil) verwekt. • ~ *interrogans* species met 14 pathogene vertegenwoordigers. • ~ *pomona* verwekker van meningitis porcinarii (varkenshoedersziekte).

leptospiremie aanwezigheid van leptospirae i.h. bloed.

leptospirose ziekte door infectie met *Leptospira*. • **leptospirosis grippotyphosa** veroorzaker van modderkoorts, overgebracht door beten of via urine van veldmuizen die besmet zijn met *Leptospira interrogans serovar grippotyphosa*. • **leptospirosis icterohaemorrhagica** acute, vaak dodelijke, koortsende ziekte, met icterus en bloedingen a.g.v. infectie met *Leptospira icterohaemorrhagiae*.

Leriche | lerichesyndroom langzame afsluiting v.d. aorta door trombusvorming ter plaatse v.d. bifurcatio aortae.

LES (lupus erythematodes systemicus) *zie* systemische lupus erythematosus.

LET (lineaire-energietransfer) maat voor ioniserende dichtheid.

letaal dodelijk; vb. letaal verloop v.e. ziektegeval.

letale dosis | mediane ~ (MLD) niet te verwarren met minimale letale dosis (dosis letalis minima) *zie* dosis | LD_{50}.

letalis dodelijk; vb. dosis letalis, exitus letalis.

letaliteit verhoudingsgetal tussen het aantal lijders aan een ziekte en het aantal sterfgevallen, dus de sterftekans bij een bepaalde ziekte.

lethargie stoornis in motivatie en gedrag, gekenmerkt door volledige ongeïnteresseerdheid en sloomheid. • **lethargia africana** Afrikaanse slaapziekte.

letsel *zie* laesie.

leucaemicus gepaard met, veroorzaakt door leukemie; vb. meningosis leucaemica.

leucine essentieel aminozuur, noodzakelijk voor de optimale groei van kinderen en voor het stikstofevenwicht bij volwassenen.

leucineaminopeptidase proteolytisch enzym dat v.e. peptidenketen de terminale aminozuren afsplitst.

leucoderma witte vlek door het partieel of volledig ontbreken van pigment, hetzij aangeboren, hetzij later ontstaan. • **acquisitum centrifugum** *zie* naevus | halo-~. • ~ **syphiliticum** maculaire hypopigmentatie van nek en schouders, in late stadia van syfilis.

leucodystrophia *zie* dystrofie | leuko-~. • ~ **cerebri** dystrofie v.d. witte hersensubstantie.

leucoencephalopathia *zie* encefalopathie | leuk-~.

Leuconostoc een geslacht v.d. *Streptococcaceae*, fam. *Lactobacillaceae*, orde *Eubacteriales*.

leuconychia witte verkleuring v.d. nagels.

leucoplakia *zie* leukoplakie.

leucorrhoea *zie* fluor vaginalis.

leucotaxis de cytotaxis van leukocyten, de aantrekking die door laesies en ontstekingen op leukocyten wordt uitgeoefend.

leugendetectie *zie* polygrafie.

leukaemia *zie* leukemie.

⊙ **leukemie** kwaadaardige woekering van

leukocyten of de voorlopers daarvan; indeling: acute myeloïde leukemie (AML), chronische myeloïde leukemie (CML), acute lymfatische leukemie (ALL) en chronische lymfatische leukemie (CLL); acute leukemie betreft een rijpingsdefect i.e. v.d. hemopoëtische cellijnen; onrijpe cellen (blasten) blijven i.d. aanvangsfase i.h. beenmerg en nemen gestaag in aantal toe, naderhand verschijnen ze ook i.h. bloed. • **acute ~** stoornis i.d. rijping van hematopoëtische cellijnen die leidt tot accumulatie van onrijpe cellen in beenmerg en later ook in bloed met tekort aan rijpe cellen. • **acute lymfatische ~** (ALL) proliferatie van lymfoblastaire cellen en andere voorlopers v.d. lymfocytaire reeks in beenmerg en later ook in bloed door rijpingsdefect. • **acute lymfatische T-cel-~** (T-ALL) acute lymfatische leukemie waarbij de lymfoblastmembraan T-cel-receptoren bevat. • **acute lymfoblastaire ~** zie leukemie. • **acute myeloïde ~** (AML) proliferatie van granulocytaire voorlopers v.d. lymfocytaire reeks in beenmerg en bloed. • **a~** verouderde term voor ziektetoestand waarbij in bloedvormende organen wel, i.h. perifere bloed geen leukemische afwijkingen worden gevonden. • **aleukemische ~** leukemie met afwijkende cellen enkel i.h. beenmerg, maar niet i.h. perifere bloed. • **chloro~** leukemie waarbij de organen en lichaamsvloeistoffen groen gekleurd zijn. • **chronische ~** leukemie waarbij de onrijpe cellen zich minder snel ophopen, waardoor de ziekte minder hevig verloopt. • **chronische lymfatische ~** (CLL) meest voorkomende vorm van leukemie. • **chronische myeloïde ~** (CML) chronische overproductie van granulocyten in verschillende stadia. • **chronische myelomonocytaire ~** variant van CML met monocytose i.h. bloed. • **haarcel~** chronisch verlopende proliferatie van B-lymfocyten, vorm van CLL, vnl. bij oudere mannen. • **hairy-cell leucaemia** zie haarcel~. • **leucaemia cutis** huidaandoening bij leukemie, met knobbels, waarin ronde cellen die op leukocyten lijken. • **lymfatische ~** chronische l. met vele lymfocyten of lymfoblasten i.h. perifere bloed. • **lymfoblasten~** zie acute lymfatische ~. • **monocyten~** zeldzame, ernstige leukemische reticulose met vele monocyten of monoblasten i.h. bloed. • **myeloblasten~** l. met grote aantallen myeloblasten i.h. perifere bloed. • **myeloïde ~** l. door woekering van beenmergelementen, waarbij i.h. perifere bloed overmatig veel segmentkernige leukocyten en hun voorlopers worden uitgestort. • **plasmacellen~** zie Kahler | ziekte van ~. • **plasmacel~** (PCL) toestand met significante aantallen plasmacellen i.h. bloed bij de ziekte van Kahler. • **pre~** zie myelodysplasie. • **promyelocytaire ~** myeloïde leukemie gaat gepaard met een tekort aan retinoïnezuurreceptoren, waardoor de uitrijping van leukemische promyelocyten blokkeert. • **sarco~** lymfosarcoom met leukemisch bloedbeeld. • **smouldering leukemia** [E] sluipend beginnende leukemie. • **T-cel~** leukemie met verhoogd aantal T-lymfocyten i.h. bloed.

leukemisch voorkomend bij, m.b.t., veroorzaakt door leukemie; bijv. l~sche lymfadenose.

leukinose abnormale toestand waarbij leucine i.d. urine wordt uitgescheiden.

leuko~ voorvoegsel in woordverbindingen met de betekenis van wit.

leukoaraiose bij CT- en MRI-onderzoek zichtbare dichtheidsveranderingen i.d. witte stof, vooral periventriculair, bij subcorticale leuko-encefalopathie.

leukoblast | **granulaire ~** promyelocyt.

leukocorie samenvattende term voor een aantal retrolentale afwijkingen die bij jonge kinderen een witte reflex i.d. pupil doen ontstaan.

leukocyt 1 'leukocyten' betreft de verzamelaanduiding voor alle soorten witte bloedcellen samen; **2** (in engere zin) granulocyt, gekenmerkt door endoplasmatische eosinofiele, basofiele of neutrofiele granula en een segmentvormige kern. • **basofiele ~** granulocyt met basofiele granula i.h. cytoplasma. • **chromatinepositieve ~** leukocyt met geslachtschromatine (wijzend op vrouwelijk geslacht). • **eosinofiele ~** granulocyt met dikke eosinofiele korrels i.h. cytoplasma en een uit twee dikke lobben bestaande kern. • **gelobde-rnige ~** zie segmentkernige ~. • **mononucleaire ~** zie monocyt. • **neutrofiele ~** granulocyt met een staaf- of segmentvormige kern en neutrofiele korrels i.h. cytoplasma. • **polymorfe neutrofiele ~** granulocyt die zich i.h. begin v.e. ontstekingsreactie aan de vaatwand hecht. • **polynucleaire ~** zie segmentkernige ~. • **segmentkernige** ~ l. waarvan de kern in segmenten verdeeld is. • **staafkernige** ~ jonge leukocyt, herkenbaar aan de staafvorm v.d. kern.

leukocytair 1 m.b.t. leukocyten; **2** gepaard met ver- meerdering v.d. leukocyten.

leukocytenadherentie proces waarbij leukocyten hechten aan cellen i.d. omgeving v.e. ontstekingsproces.

leukocytenantigeen *zie* antigeen | humaan leukocyten~.

leukocytendifferentiatie ontwikkeling v.d. leukocyt van stamcel tot volwassen leukocyt.

leukocytenmigratie (actieve) verplaatsing van leukocyten i.e. bloedvat, via de vaatwand, naar het omgevende weefsel.

leukocytic endogenous mediator (LEM) [E] proteïne met ijzerbindend vermogen, in leukocyten.

leukocytoom gezwelachtige ophoping van leukocyten.

leukocytopenie *zie* leukopenie.

leukocytose aanwezigheid van te veel witte bloedcellen i.h. bloed, dus eigenlijk hyperleukocytose.

leukodermie *zie* leucoderma.

leukodiapedese het passeren v.d. vaatwand door leukocyten.

leukodystrofie | globoïdcellige ~ progressieve aftakeling v.h. zenuwstelsel bij zuigelingen, met letaal verloop.

leuko-encefalopathie | multifocale ~ aanwezigheid van multipele haarden van leuko-encefalopathie i.d. hersenen.

leuko-erytroblastose aanwezigheid van vele onrijpe leukocyten en erytrocyten i.h. bloed.

leukofuchsine *zie* Schiff | schiffreagens.

leukokeratose witte omschreven verkleuring door hyperkeratose v.e. vochtig epitheel.

leukomalacie | periventriculaire ~ verweking v.h. gebied rondom de germinale matrix i.d. hersenen door een hypoxisch-ischemische periode, pre-, peri- of postnataal, vooral bij prematuur geborenen.

leukomelanodermie het naast elkaar voorkomen van huidgebieden met hyperpigmentatie en huidgebieden met hypopigmentatie.

leukonucleïne een zure nucleoproteïne afgeleid van nucleohiston.

leukonychie *zie* leuconychia. • **leuconychia mycotica** leukonychie door huidschimmels.

leukoom een witte vlek op de cornea. • **leucoma adhaerens** een wit cornea-litteken waarin de iris vastgeklemd zit. • **leucoma oris** *zie* leukoplakie | leucoplakia oris.

leukopedese diapedese van leukocyten.

leukopenie vermindering v.h. aantal witte bloedcellen i.h. bloed.

leukoplakie witte, niet-afschraapbare slijmvliesafwijking met enigszins ruw aspect, vooral voorkomend op tong, lip en het wangslijmvlies. • **harige** ~ aandoening bij aidspatiënten op basis v.e. menginfectie met *Candida* en het epstein-barrvirus. • **leucoplakia buccalis** leukoplakie v.h. wangslijmvlies. • **leucoplakia linguae** leukoplakie v.h. tongmondslijmvlies. • **leucoplakia oris** leukoplakie v.h. mondslijmvlies. • **leucoplakia penis** leukoplakie v.d. glans penis of v.h. urethraslijmvlies. • **leucoplakia vulvae** leukoplakie op het vulvaslijmvlies.

leukoplasie *zie* leukoplakie.

leukopoëse de vorming van witte bloedcellen.

leukopoëtine glykoproteïne in bloed, reguleert de productie van normale leukocyten.

leukopoëtisch m.b.t. de leukopoëse, de vorming van witte bloedcellen.

leukoprotease een eiwitsplitsend enzym in leukocyten.

leukorroe fluor albus.

leukosarcomatose sarcoomachtige leukemievormen.

leukoscan *zie* scintigrafie | leukocyten~.

leukoscoop toestel voor onderzoek v.d. kleurenzin (König, Helmholtz).

leukotaxie verplaatsing van leukocyten naar een ontstekingshaard onder invloed van chemotaxie.

leukotomie *zie* lobotomie | prefrontale ~.

leukotrichie witte verkleuring v.d. haren.

leukotriënen vaatverwijdende metaboliet v.d. arachidonzuurcyclus.

leukotroop met affiniteit tot de witte bloedcellen.

leukoverbindingen kleurloze stoffen, door reductie ontstaan uit, en door oxidatie weer omzetbaar in gekleurde stoffen.

leukovirus (leukaemia virus [E]) *zie* virus | retro~.

leukovorine *zie* factor | citrovorum~.
levarterenol *zie* epinefrine | nor~.
levator spier die een structuur omhoog brengt.
levatorius m.b.t. de m. levator veli palatini; vb. torus levatorius.
level of incidence [E] *zie* mate van bewijs.
levensbeëindiging handeling ter beëindiging v.h. leven v.e. patiënt.
levensbehoeften *zie* algemene dagelijkse levensbehoeften.
levensdecade | levensdecenniumade (stat., epidemiol.:) periode van tien levensjaren waarin de levensduur v.d. mens wordt ingedeeld.
levenskus *zie* beademing | mond-op-mond~.
levensvatbaarheid het vermogen v.h. pasgeboren kind om al dan niet met medische hulp in leven te blijven.
levensverrichtingen *zie* algemene dagelijkse levensverrichtingen.
levensverwachting gemiddeld aantal resterende levensjaren v.e. persoon op een bepaalde leeftijd, gebaseerd op leeftijdgebonden sterftecijfers. • **gezonde** ~ het gemiddeld aantal levensjaren dat mensen naar verwachting in goede gezondheid doorbrengen.
levenswens *zie* verklaring | zorg~.
lever groot orgaan i.d. rechterbovenbuik; uiteenlopende functies: aanmaak van eiwitten, o.a. albumine, stollingsfactoren, immunoglobulines, enzymen en transporteiwitten; fungeert als opslagplaats voor voedingsstoffen en heeft een belangrijke taak bij het onschadelijk maken van noxen i.d. voeding en het verwerken van bijv. geneesmiddelen tot actieve componenten of het verwijderen van hun schadelijke afbraakproducten *zie* hepatitis, levercirrose. • **saffraan**~ saffraangele verkleuring v.e. vetlever bij gelijktijdige icterus, ook bij acute levernecrose. • **spek**~ bloedarme lever met amyloïde degeneratie, op doorsnede spekachtig van aanzien. • **stuwings**~ ophoping van bloed i.d. lever door een afvloedbelemmering v.h. veneuze bloed, veroorzaakt door rechtsdecompensatie v.h. hart of trombose v.d. afvoerende venen. • **vet**~ steatose v.d. lever, vervetting v.d. lever, voorkomend bij adipositas, overmatig alcoholgebruik, darmziekten, fosfor- en paddenstoelvergiftiging.

leverbot | Chinese ~ ingewandsworm *Clonorchis sinensis*; na infestatie door het eten van rauwe, gerookte of onvoldoende gekookte vis (o.a. bij in Nederland wonende Chinezen en i.d. V.S. bij immigranten uit Zuidoost-Azië) tast de worm de galwegen aan; leidt tot pijn, misselijkheid, koorts en hoge eosinofilie.
• **levercirrose** chronische leveraandoening, bestaande uit (nodulaire) regeneratie en verlittekening (fibrose) v.d. lever als reactie op hepatocellulaire necrose, leidend tot verminderde leverfunctie en verhoogde vaatweerstand, zgn. portale hypertensie; door verlies van functionerend leverweefsel (leverinsufficiëntie en uiteindelijk leverfalen) ontstaat stoornis i.d. synthese van albumine en stollingsfactoren, galsecretie, detoxificatie en klaring van metabolieten, met als gevolg hypoalbuminemie, verlaagde plasmacolloïd-osmotische druk, vertraagde bloedstolling, icterus, systemische vasodilatatie, verhoogde plasma-ammoniumconcentratie en hepatische encefalopathie; de portale hypertensie leidt tot ontwikkeling van collaterale vaten (varices in oesofagus en maag, varices in buikwand) en splenomegalie; vaak ook water- en zoutretentie, die in combinatie met portale hypertensie en verlaagde plasmacolloïd-osmotische druk tot ascites leidt (hepatorenaal syndroom); het eindstadium van gedecompenseerde levercirrose leidt tot de dood, tenzij levertransplantatie mogelijk is; indeling: regeneratie van levercellen met toename van bindweefsel i.d. vorm van septa en schotten leidt tot de karakteristieke nodulaire vorm: micronodulaire vorm (noduli < 3 mm) of macronodulaire vorm (noduli 3 mm).
levercoma *zie* coma hepaticum.
leverenzyminductie toename van leverenzymen.
leverfibrose toename v.d. hoeveelheid bindweefsel i.d. lever.
leverintegraal een gelijktijdig uitgevoerde reeks leverfunctieproeven die een inzicht geven i.d. activiteit v.d. lever.
leverkapsel capsula Glissoni, capsula fibrosa perivascularis (hepatis).
leverontsteking *zie* hepatitis
leversteatose *zie* lever~.
leververvetting vettige ontaarding van levercellen waarbij de hoeveelheid vet, vnl.

i.d. vorm van triglyceriden, meer dan 5% v.h. totale gewicht v.d. lever bedraagt.
levis 1 glad; **2** licht van gewicht.
levocardie ligging v.h. hart i.d. linker thoraxhelft, met de hartpunt naar links, gecombineerd met situs inversus v.d. buikingewanden.
levomanie *zie* sinistromanie.
levulose linksdraaiende ketohexose.
Lewis | drukmeting volgens ~-Borst methode om de centrale veneuze druk te meten. • **lewisgraad** sterkte v.e. hartgeruis, aangegeven in graden 1-6. • **triple response van ~** fysiologische reactie op wrijven over huid met stomp voorwerp.
Lewy | -body-dementie (LBD) degeneratieve hersenaandoening bij ouderen, gekenmerkt door progressieve dementie of psychosen, gevolgd door parkinsonisme. • **lewylichaampjesdementie** *zie* Lewy-body-dementie.
Leydig | leydigcelhyperplasie *zie* toxicose | testo-. • **leydigcellen** interstitiële epitheelcellen tussen de tubuli seminiferi testis; produceren testosteron.
LFT *zie* test | leverfunctie-.
LGA *zie* large for gestational age.
LGV *zie* lymfogranuloom | lymphogranuloma venereum.
LH *zie* hormoon | luteïniserend ~.
LHON (Leber's hereditary optic neuropathy) *zie* opticusneuropathie van Leber.
LHRH luteinizing-hormone-releasing hormone.
LHRH-analogen stoffen die de werking van LHRH nabootsen.
LHV (Landelijke Huisartsen Vereniging) specialistenvereniging binnen de KNMG.
LI 1e, 2e enz. lumbale wervel.
liber vrij; vb. margo l-er ovarii, taenia l-ra, corpus l-rum.
liberator een stof waarvan de aanwezigheid noodzakelijk is, wil een andere stof haar werking kunnen ontplooien.
liberine woorduitgang, gebruikt i.d. naamgeving van releasehormonen (RH).
libido seksuele lust, begeerte en de aandrang die hiertoe voert.
lichaam soma [G], corpus [L]. • **anti~** *zie* antistof. • **antiribonucleïneanti~** *zie* antistof | anti-RNP-~. • **autoanti~** *zie* antistof | auto-~. • **auto-immuun~** *zie* antistof | auto-~. • **baarmoeder~** *zie* corpus uteri. • **breuk~** het gedeelte v.d. breukzak buiten de breukpoort. • **ciliair** ~ *zie* corpus ciliare. • **eelt~** *zie* corpus callosum. • **glasachtig** ~ *zie* corpus vitreum. • **immuun~** *zie* immunoglobuline of *zie* antistof | iso-~. • **monoklonaal anti~** structureel homogeen immunoglobuline of een deel daarvan dat wordt gesynthetiseerd en gesecerneerd door een kloon van B-lymfocyten die gekarakteriseerd wordt door een unieke herschikking v.h. immunoglobulinegencomplex. • **prostaat~pjes** kleine bruine vormsels i.d. prostaat. • **schildklierautoanti~** *zie* antistof | schildklierauto-~. • **straal~** *zie* corpus ciliare. • **vreemd ~** *zie* corpus alienum. • **Wolffse ~** *zie* mesonephros. • **zwel~** corpus cavernosum, corpus spongiosum.
lichaampje corpusculum [L]. • **asbest~s** geelbruine vormsels rondom (naaldvormige) asbestpartikels in sputum, feces. • **aschoff~** *zie* nodulus | aschoffnoduli. • **auer~s** azurofiele vormsels in het protoplasma van myeloblasten, paramyeloblasten en promyelocyten, bij acute myeloïde leukemie. • **been~s** *zie* cel | been-~. • **bloed~s** *zie* cel | bloed-len. • **call-exner~s** structuren in granulosaceltumoren v.h. ovarium, waarbij de tumorcellen gerangschikt zijn rondom microcysten met necrotisch materiaal. • **carotis~** *zie* glomus caroticum. • **chylus~** *zie* chylomicron. • **colostrum~s** epitheelcellen v.d. melkklieren, gevuld met vetbolletjes. • **cowdry~s** celinsluitsels in zenuw- en oligodendrogliacellen, kenmerkend voor subacute scleroserende panencefalitis. • **doehle~s** basofiele insluitsels in neutrofiele leukocyten, bij beginnende roodvonk, vlektyfus, pneumonie, hegglinsyndroom. • **donovan~** inclusielichaampje in mononucleaire cellen, aangetroffen i.e. microscopisch preparaat v.e. genitaal ulcus bij granuloma inguinale. • **epitheel~s** glandulae parathyroideae. **F-~** Y-chromatine, mannelijke geslachtschromatine. • **gamma-gandy~s** bruine ijzer- en kalkneerslagen in vergrote milt; het zijn oude resten van bloed. • **gierke~s 1** ronde colloïde vormsels i.h. czs; **2** nesten van concentrisch gerangschikte epitheliale cellen i.d. thymus. • **hassall~s** *zie* gierke-~s. • **heinz~s** korreltjes geprecipiteerde hemoglobine in erytrocyten, bij anemische toestanden. • **herring~** ophoping van secreetgranula i.d. terminale delen van

axonen i.d. neurohypofyse. • **howell-jolly**~s basofiele ronde vormsels (resten van kernen) in erytrocyten; komt voor bij anemie. • **inclusie**~ (histol.): een door het cytoplasma omsloten vormsel dat gewoonlijk niet tot de cel behoort. • **inclusie van Heinz** *zie* heinz-~s. • **leishman-donovan**~ het ronde ruststadium van *Leishmania donovani* i.d. weefsels van patiënten met leishmaniasis visceralis. • **lewy**~s insluitsels in ganglioncellen v.d. substantia nigra en de locus caeruleus. • **van Barr** *zie* Barr | barr-lichaampje. • **mallory**~s **1** hyalinevormsels in levercellen, kenmerkend voor alcoholische hepatitis; **2** protozoa-achtige vormsels die bij roodvonk in lymfespleten en epitheelcellen zouden zijn waargenomen. • **messing**~s geel verkleurde erytrocyten in vers bloed bij malaria. • **negri**~s kenmerkende celinsluitsels in hersencellen van dolle honden, bewijzend voor de diagnose 'rabiës'. • **nissl**~s *zie* Nissl | substantie van ~. • **pees**~ *zie* sensor | pees-~. • **pool**~ naast de kern van sommige cellen gelegen lichaampje. • **prowazek**~s insluitsels i.d. conjunctivacellen bij trachoom; worden met giemsakleuring blauw. • **ruffini**~s sensorische zenuweinden i.d. huid (mogelijk met speciale warmtegevoeligheid). • **russell**~s hyaline bolletjes gammaglobulinen die zich ophopen i.d. cisternen v.h. ruw endoplasmatische reticulum. • **schaumann**~s roodbruine, lamellair gevormde celinsluitsels die bij sarcoïdose worden aangetroffen. • **tast**~ eindorgaan v.h. tastzintuig. • **trachoom**~s de door Prowazek i.d. trachoomkorrels gevonden vormsels. • **ultimobranchiale** ~s kleine, v.d. 5e kieuwboog afstammende kliertjes. • **verocay**~s gebieden i.e. neurogene tumor waar de kernen naast elkaar in rijen zijn gerangschikt. • **zimmermann**~s schimmen van erytrocyten.

lichaamsbeeld het ervaren v.h. lichaam als een levend, georganiseerd op zichzelf staand geheel, bestaande uit een neurofysiologische, emotionele en cognitieve component.

lichaamsgewicht gewicht v.h. lichaam, uitgedrukt in kilogrammen; de normale waarden zijn o.a. afhankelijk van lengte, leeftijd en geslacht. • **schraal** ~ *zie* lean body mass.

lichaamsgrootte *zie* lichaamslengte.

lichaamshouding de stand v.h. lichaam in rust.

lichaamslengte lengte v.h. lichaam; wordt gemeten van hak tot kruin in centimeters.

lichaamsoppervlak oppervlak v.h. menselijk lichaam, uitgedrukt in cm².

lichaamstaal het geheel van gezichtsuitdrukking, lichaamshouding, gebaren, uiterlijk, kleding, stemklank als onderdeel v.d. non-verbale communicatie.

lichaamsvochtvolume volume v.d. extracellulaire vloeistof.

lichamelijke beperking *zie* lichamelijk functioneren.

lichamelijk functioneren geheel van activiteiten die betrekking hebben op het uitvoeren van lichamelijke functies en dagelijkse routineactiviteiten.

lichen huidaandoening die wordt gekenmerkt door kleine papels. • ~ **amyloidosus** zeldzame, lokale, primaire huidamyloïdose, met bolle, jeukende papels aan de voorkant v.d. onderbenen. • ~ **nitidus** kleine ronde papels met fijne schilfering, bleekbruin, vaak op de penis, zeldzaam. • ~ **planus** *zie* lichen ruber planus. • ~ **psoriasis** *zie* pityriasis lichenoides chronica. • ~ **ruber planus** benigne afwijking van huid en slijmvliezen met nog onbekende etiologie. • ~ **sclerosus et atrophicus** chronische epitheelafwijking met atrofie en hyperkeratose, macroscopisch herkenbaar als scherp begrensde, grijswitte glanzende plaques, op den duur leidend tot schrompelingd. • ~ **simplex chronicus** jeukende plekken ter grootte v.e. twee-euromuntstuk, met enig erytheem, vaste grote geelwitte papels, pruritisch, schilfering. • ~ **urticatus** *zie* strophulus. • ~ **variegatus** *zie* parakeratose | parakeratosis variegata. • ~ **Vidal** *zie* lichen simplex chronicus.

lichenificatie vergroving v.h. huidreliëf waarbij de huidveldjes vergroot en gezwollen zijn en door abnormaal diepe groefjes van elkaar worden gescheiden.

lichenoïd *zie* lichenoides.

lichenoides op lichen lijkend, vb. parapsoriasis lichenoides.

lichtadaptatie aanpassing v.h. oog (pupil en netvlies) aan het licht.

lichtcoagulatie plaatselijke coagulering v.d. oogfundus d.mv. een geconcentreerde lichtbundel, c.q. laserbundel.

lichtdermatose dermatose die door inwerking van lichtstralen is ontstaan.

lichte ketens (L-ketens) polypeptideketens die onderdeel uitmaken v.e. immunoglobulinemolecuul.
lichteruptie *zie* chronische polymorfe lichteruptie.
lichtgewenning door regelmatige blootstelling aan uv-straling verkregen verminderde gevoeligheid voor m.n. zonnebrand of voor pathologische huidreacties op (uv-)licht.
lichtovergevoeligheid extreme mate van gevoeligheid voor licht.
lichtschuwheid het vermijden van licht op de huid of invallend i.d. ogen als vermijdingsreactie vanwege een verwachte pijn (bijv. door fotodermatose, fotalgie).
lichtstijfheid *zie* pupilstijfheid.
lidocaïne lokaal anaestheticum.
lieberkühncrypten *zie* glandulae intestinales.
lieberkühnklieren *zie* glandulae intestinales.
lien *zie* milt.
lienalis m.b.t. de milt; vb. arteria lienalis.
lienis gen. van lien (milt); vb. margo inferior lienis.
liënitis *zie* splenitis.
lienorenalis m.b.t. de milt en de nier; vb. ligamentum lienorenale.
lies plooi die de grens vormt tussen dijbeen en schaamstreek/abdomen [L].
liesband *zie* ligamentum inguinale.
liesblessure beschadiging v.h. ligamentum inguinale en/of aangrenzende structuren.
● **liesbreuk** uitstulping v.h. buikvlies door een zwakke plek of opening i.d. voorste buikwand; indeling: men onderscheidt de aangeboren liesbreuk en verworven liesbreuken (herniae); de verworven vorm wordt op basis van plaats van breukpoort verdeeld i.d. directe en de indirecte liesbreuk. • **laterale** ~ hernia inguinalis indirecta. • **mediale** ~ hernia inguinalis directa.
-liet achtervoegsel in woordsamenstellingen m.b.t. stenen; vb. fleboliet (adersteen).
life support | advanced ~ (ALS) uitgebreide reanimatie waarbij naast hartmassage verscheidene voorbehouden handelingen worden verricht. • **advanced trauma** ~ (ATLS) verlening van geneeskundige hulp bij zeer ernstige ongevallen volgens internationaal aanvaarde richtlijnen. • **basic trauma** ~ (BTLS) [E] algemene reanimatiehandelingen ter ondersteuning van circulatie en ventilatie, bestaande uit externe hartmassage en mond-op-mond/neus-beademing.
life table *zie* tabel | levens-.
life year *zie* disability-adjusted life years, quality-adjusted life years.
ligament *zie* ligamentum.
ligamentosus m.b.t. ligamenten; vb. ankylosis ligamentosa.
ligamentum (Lig.) band, vaste bindweefselstrook. • ~ **calcaneofibulare** band tussen buitenenkel en hielbeen. • ~ **Cowperi** het deel v.d. fascia lata anterieur aan de musculus pectineus; vormt de origo voor spiervezels van deze spier. • ~ **cricothyroideum** krachtige verticale band tussen cricoïd en thyr(e)oïd. • ~ **inguinale** onderrand v.d. externusaponeurose. • ~ **latum uteri** peritoneumplooi tussen uterus en zijwand v.h. bekken. • **lauthligament** lig. transversum atlantis. • ~ **Retzii** het laterale deel v.d. ligamenta cruciata v.h. kniegewricht. • ~ **metacarpale transversum profundum** smalle, dwarsverlopende band, bevestigd aan de kopjes der middenhandsbeenderen.
• ~ **metacarpale transversum superficiale** dwarse versterking v.d. palmaire handfascie ter hoogte v.d. kopjes der middenhandsbeenderen. • ~ **phrenicolienale** een peritoneumplooi tussen het middenrif en de concave oppervlakte v.d. milt. • ~ **pisometacarpale** band tussen os pisiforme en de bases v.d. 4e en 5e middenhandsbeenderen, de laterale voortzetting v.d. pees v.d. m. flexor carpi ulnaris. • ~ **radiocarpale dorsale** een band aan de handrug, uitgaande v.d. radius, uitstralend naar het os triquetrum. • ~ **radiocarpale palmare** een band aan de buigzijde v.d. hand, uitgaande v.d. radius, uitstralend naar het os lunatum en het os capitatum. • ~ **stylohyoideum** overblijfsel v.d. 2e kieuwboog, een band tussen processus styloideus en hyoïd. • ~ **talofibulare anterius** band tussen buitenenkel en collum tali. • ~ **talofibulare posterius** horizontale band tussen de buitenenkel en het tuberculum laterale processus posterioris tali. • ~ **ulnocarpale palmare** band tussen de processus styloideus ulnae en de handwortelbeentjes. • ~ **vaginale** vincula tendinum (digitorum manus, pedis).
ligand organisch molecuul dat metaalionen kan binden.
ligans *zie* ligand.

ligase enzym dat twee moleculen kan koppelen. • **DNA-~** enzym dat breuken in DNA kan repareren en evt. de losse einden van DNA-strengen kan koppelen. • **polynucleotide~** i.d. natuur wijd verbreid voorkomend enzym dat i.d. levende cel werkzaam is bij de synthese en reparatie van DNA.

ligatuur 1 afbinding (bijv. van bloedvaten); **2** *zie* doorstekings~. • **desault~** afbinding v.d. a. femoralis bij aneurysma v.d. a. poplitea.

ligeren door hechting dichten van buisvormige structuur.

ligging 1 (verlosk.:) de positie die de foetus vlak voor de partus i.d. uterus inneemt; **2** (chir.:) positie waarin de patiënt wordt gebracht ten behoeve v.e. operatieve behandeling; **3** (verpleegk.:) positie waarin de patiënt wordt gebracht ter preventie van decubitus of om andere medische redenen. • **aangezichts~** schedelligging v.d. foetus met de schedel maximaal achterovergebogen. • **achterhoofds~** schedelligging v.d. foetus, met het achterhoofd als vooraangaand deel. • **Chineseletter~** typische ligging van sommige soorten v.h. bacteriegeslacht *Corynebacterium*. • **deflexie~** gestrekte houding v.h. kind in utero (kruin-, voorhoofds-, aangezichtsligging). • **dorsosacrale ~** *zie* lithotomie~. • **dwars~** afwijkende ligging v.h. kind in utero (bij 1 pct van alle baringen), waarbij de lengteas v.h. kind dwars op die v.d. moeder staat. • **fowler~** patiënt(e) ligt op de rug met het bekken als diepste punt, toegepast o.a. bij peritonitis, met de bedoeling een evt. exsudaat te doen afvloeien. • **knie-elleboog~** halfzittende houding met bovenbenen haaks ten opzichte van romp. • **kruin~** schedelligging v.h. kind in utero, met de schedel in lichte deflexie. • **lithotomie~** rugligging v.d. patiënt met de billen over de rand v.d. operatietafel heen, heupen en knieën in 90 graden flexie en de kuiten gefixeerd in steunbeugels. • **schedel~** intra-uteriene positie v.h. kind, met de schedel als vooraangaand lichaamsdeel. • **schouder~** positie v.h. kind in utero, met de schouder als voorliggend deel. • **stuit~** positie v.h. kind ('stuitbaby') in utero met de stuit vóór. • **verzuimde dwars~** dwarsligging waarbij niet tijdig is ingegrepen. • **voorhoofds~** schedelligging v.h. kind in utero, met de schedel in deflexie.

light for date [E] *zie* small for gestational age.

light meromyosin [E] het langgerekte, lichte deel v.e. myosinemolecuul dat zich i.h. dikke filament bevindt.

light-near-dissociatie het uitblijven van pupilvernauwing bij lichtinval en afwezigheid v.d. consensuele pupilreflex met behouden vernauwing bij convergentie.

lijden aandoening, kwaal. • **acuut coronair ~** (ACL) *zie* syndroom | acuut coronair ~. • **chronisch obstructief long~** *zie* COPD. • **coronair~** hartziekte die is veroorzaakt door een of meer stenosen (>50%) i.d. kransslagaders v.h. hart. **klep~** *zie* insufficiëntie | klep~. • **long~** *zie* ziekte | long~. • **meertakscoronair~** *zie* coronarilijden | tweetaks~. • **onverklaard over~** sterfgeval dat niet evident natuurlijk is en waarvan de aard v.d. oorzaak nog niet door de lijkschouwer is verklaard. • **reumatisch hart~** aandoening v.h. hart, veroorzaakt door acuut reuma. • **steen~** *zie* lithiase.

lijk dood lichaam v.e. mens of dier.

lijkbezorging traditionele vier lijkbestemmingen: begraven, cremeren, het zeemansgraf en terbeschikkingstelling aan de wetenschap.

lijkbleekheid *zie* pallor mortis.

lijkenvet *zie* adipocire.

lijkopening *zie* sectie.

lijkschouw *zie* autopsie.

lijkstijfheid *zie* rigor mortis.

lijn 1 (verpleegk.) intraveneuze toegangsweg; **2** (anat.) lijn; **3** benaming die wordt gebruikt ter aanduiding van gelijksoortige voorzieningen i.d. gezondheidszorg; de voorzieningen worden hierbij gegroepeerd op basis v.d. mate van toegankelijkheid. • **axillaire ~** *zie* linea axillaris. • **beau~en** dwarse groeven op de nagels door beschadiging v.d. matrix enige tijd tevoren. • **cel~** groep cellen, afstammend van primaire subcultuur v.d. stamcel. • **centrale ~** voedingsinfuus dat wordt ingebracht om het darmstelsel tijdelijk (bijv. bij een grote operatie) te ontzien. • **compliantie~** *zie* statische compliantie~. • **damoiseau-ellis~** de naar boven convexe lijn die de grens v.d. percussiedofheid vormt bij exsudatieve pleuritis. • **demarcatie~** de grenslijn of grenszone tussen normaal en afstervend weefsel. • **farre~** licht getande lijn op de insertie v.h. mesovarium aan het ovarium.

• **hand~** lijnen die bij iedereen i.d. hand voorkomen door het jarenlang buigen v.h. handvlak. • **hilton~** anatomische structuur die zich tussen de in- en uitwendige anale sfincter bevindt en die de overgang vormt tussen de anale mucosa en een meerlagig epitheel. • **kerley~en** dunne lijnschaduwen op thoraxfoto, berustend op vocht in septa v.h. longinterstitium. • **kit~** lijn die in lamellair bot een osteon verbindt met een ander osteon of interstitiële lamel. • **langer~en** huidlijnen die de splijtrichting (spanningsrichting) v.d. huid aangeven.
• **~ van Damoiseau-Ellis** *zie* damoiseau-ellis~. • **~ van Ellis** *zie* elliskromme. • **~ van Harrison** *zie* harrisongleuf. • **~ van Shenton-Ménard** *zie* shenton-ménard~. • **lymfoïde ~** stamcellijn i.h. beenmerg waaruit zich de cellen v.h. lymfoïde systeem vormen. • **mediane ~** snijlijn v.h. mediane vlak met voor- en achteroppervlak v.h. lichaam. • **medioclaviculaire ~** een denkbeeldige verticale lijn door het midden v.d. clavicula. • **myeloïde ~** dat deel v.d. bloedcelvorming i.h. beenmerg waarin de zogeheten myeloïde elementen v.h. bloed (erytrocyten, granulocyten, monocyten, trombocyten) worden aangemaakt. • **nulde ~** *zie* gezondheidszorg | nuldelijns~. • **orbitomeatale ~** lijn die de laterale ooghoek met het centrum v.d. uitwendige gehoorgang verbindt.
• **owen~en** lijnen zichtbaar i.d. dentine op lengtedoorsnede v.d. kroon v.e. tand. • **papillaire ~** *zie* mamillaire~. • **paravertebrale ~** denkbeeldige lijn tussen scapula en wervelkolom, evenwijdig aan de lichaamsas. • **regressie~** best passende rechte lijn door een puntenwolk onder de aannames v.d. regressiemethode. • **retzius~en** concentrische lijnen i.h. glazuur v.e. tand, zichtbaar op dwarse doorsnede; ze zijn bruin bij doorvallend licht en kleurloos bij opvallend licht. • **ried~** i.d. röntgenografie een lijn v.d. gehoorgang tot de onderrand v.d. orbita. • **shenton-ménard~** lijn op de röntgenfoto v.h. normale heupgewricht, overeenkomend met de bovenrand v.h. foramen obturatum. • **splijt~en** *zie* langer~en. • **statische compliantie~** curve die lineaire relatie tussen volume- en drukveranderingen v.d. longen weergeeft wanneer de intrathoracale drukverandering wordt gemeten nadat iemand een bepaald volume heeft ingeademd en vervolgens de inademingsspieren onveranderd aangespannen houdt. • **viervinger~** transversale lijn over de gehele breedte v.d. hand (2e-5e vinger). • **witte ~** *zie* linea alba. • **Z~** 1 lijn die de overgang markeert v.d. bleke slokdarmmucosa naar de rode maagmucosa; 2 figuur die zichtbaar is i.e. hartspiersarcomeer en die de begrenzing vormt van dit sarcomeer.

lijnen van Beau *zie* lijn | beau~en.

lijst | **huid~** afspiegeling v.h. patroon v.d. dermale papillen. • **melk~** gepaarde langwerpige verdikking v.d. epidermis i.h. embryo, lopend van oksel tot lies. • **neurale ~** (embryol.) groep cellen, afkomstig uit het laterale deel v.d. neurale buis. • **rete~** vingervormige uitlopers van epidermis, diep i.h. stratum papillare v.d. dermis projecterend. • **tand~** strengvormige instulping v.h. meerlagig plaveiselepitheel v.h. ectoderm v.d. mondholte i.h. onderliggende mesenchym i.d. 6e embryonale week.

likdoorn *zie* clavus.

LIMA *zie* arteria | left internal mammary artery.

limbicus m.b.t. een rand.

limbosus met gekronkelde rand.

limbus zoom, rand. • **corneae** de grens tussen cornea en sclera.

limen drempel.

liminaris 1 (anat., dermatol.:) m.b.t. een drempel, de (haar)rand; vb. alopecia liminaris; 2 (fysiol.:) m.b.t. een drempelwaarde; vb. liminale stimulus.

limitans begrenzend; vb. lamina limitans.

Limnea truncatula zoetwaterslak, tussengastheer van de leverbot.

linea lijn, draad, beenrand. • **~ alba** wit gekleurde streep van peesweefsel i.d. mediaanlijn tussen de linker en de rechter m. rectus abdominis. • **~ axillaris** denkbeeldige lijn midden tussen de voorste en de achterste okselplooi. • **~ semilunaris** grenslijn opzij v.d. m. rectus. • **~ terminalis** gebogen lijn aan de binnenzijde v.h. bekken tussen promontorium en symfyse, grenslijn tussen het grote en het kleine bekken.

lineair 1 (pathol.) lijnvormig, vb. lineaire dermatose; 2 (statistiek) i.e. rechte lijn (bij een curve); vb. lineaire regressie. • **niet-~** (statistiek) niet i.e. rechte lijn.

lineaire versnelling prikkel voor de statolietorganen.

linearis lineair, lijnvormig; vb. naevus linearis.

lingua tong; zie voor afwijkende (ontstekings)typen ook onder 'glossitis' en 'tong'. • ~ **alba** zeldzame afwijking v.d. tong met onbekende oorzaak; het gehele oppervlak v.d. tong is egaal wit. • ~ **fissurata** tong met diepe groeven i.d. tongrug. • ~ **geographica** zie glossitis exfoliativa areata. • ~ **dissecta** zie lingua fissurata. • ~ **nigra** zwart gekleurde tongrug door hypertrofie v.d. papillae filiformes, bedekt met schimmel en pigment. • ~ **plicata** zie lingua fissurata. • ~ **scrotalis** zie lingua fissurata. • ~ **villosa** zie tong | haar~.

lingualis m.b.t. de tong, lijkend op de tong; vb. glandula lingualis, gyrus lingualis.

Linguatula een geslacht v.d. afd. *Arthropoda*,.

lingula tongetje, tongvormig deel.

lingulectomie operatieve verwijdering v.d. linker bovenkwab v.d. long.

linguofacialis m.b.t. tong en gelaat; vb. truncus linguofacialis.

linimentum vloeibare zalf.

linine draden-vormende stof i.d. celkern.

linitis ontsteking v.d. maagwand. • ~ **plastica** diffuse hypertrofie v.h. submuceuze bindweefsel v.d. maag.

linkage [E] **1** overeenkomst van genen dat ze op dezelfde plaats op eenzelfde chromosoom liggen, waardoor ze samen overgeërfd worden; **2** verbinding, bundeling. • **medical data** ~ associatieve bundeling van medische gegevens.

linkage disequilibrium niet-onafhankelijke overerving van elkaar door allelen op verschillende loci, met mogelijke onderlinge statistische correlatie a.g.v. onvoldoende recombinaties tussen deze loci dicht bij elkaar op het chromosoom.

linkerkamerhypertrofie zie linkerventrikelhypertrofie.

linkerventrikelhypertrofie (LVH) toename in dikte en massa v.d. wand v.d. linker ventrikel.

linkshandigheid het gemakkelijkst met de linkerhand werkend.

links-rechtsonderzoek dermatologisch onderzoek waarbij elke patiënt zijn eigen referentie vormt voor het effect van verschillende behandelingen, door deze gelijktijdig op de aangedane huid v.d. linker en rechter lichaamshelft toe te passen.

links-rechtsverwisseling kunstfout waarbij een zorgverlener (i.h.b. chir.) bij een lichaamssymmetrisch dubbel aangelegd orgaan/ledemaat het verkeerde onderzoekt/behandelt.

linksverschuiving zie Arneth | linksverschuiving volgens ~.

linton-nachlasballon zie tube | linton-nachlas-~.

LIP zie pneumonie | lymfoïde interstitiële ~.

lip cheilos [G], labium [L]. • **boven**~ labium superius oris. • **gespleten** ~ cheiloschisis. • **hazen**~ aangeboren spleet i.d. bovenlip, soms gepaard gaande met gespleten bovenkaak en met gespleten verhemelte. • **koorts**~ zie herpes labialis. • ~**pen persen** het door persen met gesloten lippen opbouwen v.e. tegendruk i.d. bovenste luchtwegen door patiënten met ernstig emfyseem, om te voorkomen dat de luchtwegen door elasticiteitsverlies bij uitademing vrijwel geheel samenklappen. • **onder**~ labium inferius oris [L]. • **schaam**~ labium pudendi (L.; mv.: 'de labia'). • **slurf**~ zie macrocheilie.

lipase vetsplitsend enzym. • **lipoproteïne**~ enzym dat lipoproteïnen splitst.

lipedema zie oedeem | lipo-~.

lipemie (natuurlijke) aanwezigheid van vetten en/of lipoïden i.h. bloed; gewoonlijk wordt bedoeld een overmaat van deze stoffen (hyperlipidemie), zoals bij hypercholesterolemie en xanthomatose. • **alimentaire** ~ l. na een overvloedige, vetrijke maaltijd.

lipemisch m.b.t. lipemie.

lipide • **lipide A** lipide dat met antigeen en O-polysacharide de basiseenheid van endotoxine van gramnegatieve bacteriën vormt. • ~ **1** 'lipiden' in V.S.: verzamelnaam voor vetzuren, zepen, neutrale vetten, was, steroïden en fosfatiden; **2** 'lipiden' in Groot-Britannië: verzamelnaam voor neutrale vetten, vetzuren en sterolen. • **fosfo**~ een fosfaat bevattend lipide. • **glyco**~ derivaat van sfingosine bij hogere organismen dat naast een vetzuurketen een of meer koolhydraatketens bevat; vormt een belangrijke component v.d. buitenlaag v.d. bimoleculaire lipidenlaag v.e. celmembraan, waarbij een koolhydraatketen i.d. extracellulaire ruimte uitsteekt.

lipidemie (natuurlijke) aanwezigheid van lipoïden i.h. bloed.

lipidenstapelingsziekte zie lipidose.

lipidenverlagend middel geneesmiddel ter verlaging v.d. lipidenconcentratie i.h. bloed ter reductie v.h. risico van atheroscle-

rose.
lipidose stoornis i.d. afbraak van lipiden (vetachtige stoffen), leidend tot stapeling hiervan. • **sulfatide~** stoornis i.h. metabolisme van cerebrosidezwavelzuuresters, met stapeling van sulfatiden.
lipo- voorvoegsel in woordverbindingen m.b.t. vet.
lipocaic *zie* lipocaïne.
lipocaïne i.d. pancreas voorkomende stof met invloed op het vetmetabolisme v.d. lever.
lipocele *zie* adipocele.
lipochromen natuurlijke kleurstoffen in eierdooier, boter.
lipodystrofie | **insuline~** dystrofische atrofie van subcutaan weefsel op de plaats waar patiënten met diabetes mellitus frequent intraveneus insuline toedienen. • **lipodystrophia intestinalis** *zie* Whipple | ziekte van ~. • **lipodystrophia progressiva** ziekte bij vrouwen met verdwijning van vetweefsel op symmetrische plaatsen (gelaat, armen) terwijl zich i.d. billen en op de dijen vet ophoopt.
lipofaag cel die vet opneemt en verteert.
lipofilie 1 neiging tot vetafzetting; **2** affiniteit tot vet.
lipofilling *zie* liposculptuur.
lipogeen 1 vetvormend; **2** afkomstig van vet.
lipogenese de vorming of de afzetting van vet.
lipogenetisch *zie* lipogeen.
lipogranulomatose stoornis i.h. lipoïdmetabolisme, met afzetting van gele, vet-bevattende noduli onder de huid en i.d. slijmvliezen.
lipoïd 1 vetachtige stof; **2** *zie* lipide.
lipoïdicus m.b.t. lipoïden; vb. granulomatosis lipoidica.
lipoïdose stoornis i.h. lipoïdmetabolisme waarbij vetten i.d. cel worden opgeslagen (vetstapeling); vb. amaurotische idiotie (Tay-Sachs), ziekte van Gaucher, ziekte van Hand-Schüller-Christian. • **cerebroside~** *zie* ziekte van Gaucher. • **cholesterol~** groep van erfelijke stapelingsziekten waarbij cholesterol i.d. cellen worden opgeslagen *zie* syndroom van Hand-Christian-Schüller. • **fosfatide~** *zie* Niemann | ziekte van ~-Pick.
lipolyse oplossing of splitsing van vet.
lipolytisch vetsplitsend.
lipolytisch enzym *zie* lipase.

lipomateus m.b.t. een lipoom.
lipomatodes m.b.t. een lipoom; vb. naevus lipomatodes.
lipomatose verspreide tumor-achtige vetophopingen i.d. weefsels. • **lipomatosis cordis** vethart. • **lipomatosis diffusa symmetrica colli** *zie* hals | madelungvet~. • **lipomatosis dolorosa** pijnlijke vetophopingen.
lipomatosis symmetrica dolorosa *zie* Dercum | ziekte van ~.
lipomyxoom myxoma lipomatodes.
lipoom (goedaardig) gezwel dat bestaat uit weefsel van rijpe vetcellen. • **lipoma arborescens** boomvormig vertakt, v.h. synoviale vetweefsel uitgaande, i.e. gewrichtsholte uitstekende vetwoekering. • **lipoma fibrosum** vetgezwel met bindweefselstrengen en tussenschotten. • **lipoma pendulum** gesteeld vetgezwel. • **preperitoneaal ~** lipoom dat is verbonden met de breukzak v.e. (lies)breuk.
lipopolysaccharide-binding protein *zie* proteïne | lipopolysacharide-bindende ~.
lipoproteïne macromoleculaire complexen van triglyceriden en cholesterol, omgeven door een schil van fosfolipiden. • **high-density~** (HDL) lipoproteïne dat zorgt voor transport van cholesterol van perifere weefsels naar lever. • **IDL~** (intermediate-density-lipoprotein cholesterol) *zie* cholesterol | IDL-~. • **intermediate-density~** (IDL) lipoproteïne dat zorgt voor transport van resttriglyceride en cholesterol van bloedbaan naar lever. • **~-A** (Lp(A)) lipoproteïne met dezelfde vetsamenstelling als LDL, gekoppeld aan apoproteïne-A; een verhoogde bloedconcentratie van Lp(A) is een risicofactor voor atherosclerose. • **low-density~** (LDL) lipoproteïne dat zorgt voor transport van cholesterol naar lever en andere organen. • **very-low-density~** (VLDL) lipoproteïne dat zorgt voor transport van triglyceride van lever naar vet- en spierweefsel.
lipoproteïnemie woorddeel dat wordt gebruikt als achtervoegsel in ziekteaanduidingen m.b.t. het voorkomen van lipoproteïnen i.h. bloed, bijv. hyperlipoproteïnemie. • **a-bèta~** zeldzame erfelijke stoornis i.d. secretie van apo-B-bevattende lipoproteïnen, resulterend in afwezige of abnormaal lage concentraties chylomicronen, VHDL, HDL en LDL i.h. plasma. • **familiaire dysbèta~** (FD) zeldzame aandoening met

ophoping van remnants van chylomicronen en VLDL i.h. bloed, gepaard gaande met sterk verhoogde plasmaspiegels van cholesterol en triglyceriden. • **familiaire gecombineerde hyper**~ autosomaal dominante aandoening waarbij overproductie van apolipoproteïne-B bestaat. • **familiaire hyperalfa**~ familiaire aandoening die wordt gekenmerkt door een te hoog gehalte i.h. bloed aan lipoproteïnen die zich bij elektroforese i.h. alfagebied bevinden. • **familiaire hypoalfa**~ familiaire aandoening gekenmerkt door een te laag gehalte i.h. bloed aan lipoproteïnen die zich bij elektroforese i.h. alfagebied bevinden. • **hyperbèta**~ verhoogd gehalte aan bètalipoproteïne i.h. bloed; i.e.z. hypercholesterolemie.

liposculptuur operatieve verplaatsing van eigen vetweefsel ter wijziging v.d. contouren v.h. lichaam.

lipose *zie* lipomatose.

liposomen vormsels die ontstaan bij zwelling van fosfolipiden in waterhoudende media.

lipostructuur *zie* liposculptuur.

liposuctie wegzuigen van subcutaan vet (overschot) d.m.v. een buis waaraan met een kracht van circa 1 atmosfeer wordt gezogen.

lipotroop met affiniteit tot vet.

lipsluiting volgens Millard *zie* millardlipsluiting.

liquefactie overgang van vaste stof in vloeistof.

liquor 1 vloeistof; **2** (neuroanatomie) *zie* liquor cerebrospinalis. • ~ **amnioticus** *zie* vruchtwater. • ~ **cerebrospinalis** vloeistof die de vier hersenventrikels, de subarachnoïdale ruimte en de canalis centralis v.h. ruggenmerg opvult; circuleert door de ventrikels naar de subarachnoïdale ruimte en wordt geadsorbeerd i.h. veneuze systeem. • ~ **Scarpae** *zie* lymfe | endo~.

liquorblokkade belemmering v.d. fysiologische circulatie v.d. liquor cerebrospinalis.

liquorcelgetal aantal cellen i.d. liquor, uitgedrukt in aantal per 3 mm³; normale waarde 0-10.

liquorcirculatiestoornis stoornis i.d. l. die afhankelijk v.d. aard v.d. stoornis leidt tot verschillende neurologische syndromen.

liquordrain | **externe ventrikel**~ liquordrain v.e. v.d. zijventrikels naar een opvangsysteem buiten het lichaam.

liquorhypotensie lage liquordruk.

liquorpulsatie normale pulsatie v.d. liquordruk met de hartslag a.g.v systolische toename v.h. intracraniële bloedvolume.

liquorroe afvloeiing van licuor cerebrospinalis, bijv. door de neus.

lis lusvormige structuur, L. ansa, flexura. • **darm**~ *zie* flexura. • **kern**~ verouderde term voor 'chromosoom' *zie* chromosoom.

lischknobbeltjes neurofibroom i.d. iris; komt voor bij neurofibromatose.

liséré clair [F] bij radiodiagnostiek waarneembaar dun laagje vetweefsel dat een expansief groeiende tumor of cyste omgeeft.

lispelen spraakgebrek waarbij de sisklanken fout worden gevormd.

Lissauer | randzone van ~ zona terminalis v.h. ruggenmerg.

lissencefalie congenitale hypoplasie v.d. hersenwindingen met verminderd gyri- en sulcipatroon.

Lister | **ia** geslacht v.d. fam. *Corynebacteriaceae*. • ~**ia monocytogenes** grampositieve staafjesbacterie met peritriche zweepdraden. • **tuberkel van** ~ benig knobbeltje aan de dorsale zijde v.d. distale radius.

listeriolysine-O hemolytische factor op celmembraan van *Listeria monocytogenes*.

listeriosis infectie door *Listeria monocytogenes*.

listonbeentang snijdende beentang.

literalis m.b.t. letters; vb. pararthria literalis.

lithectomie *zie* lithotomie.

lithiase vorming van stenen in holle organen, in afvoergangen of in acini van klierweefsel t.g.v. afwijkingen i.d. samenstelling v.d. inhoud v.h. secreet. • **alveolaire micro**~ *zie* microlithiase | pulmonale alveolaire ~. • **cholecysto**~ vorm van cholelithiase waarbij zich stenen i.d. galblaas bevinden. • **choledocho**~ aanwezigheid van stenen i.d. ductus choledochus. • **chole**~ aanwezigheid van stenen (cholelieten) in galblaas en/of galwegen. • **micro**~ lithiase met betrekking tot zeer fijn steengruis. • **nefro**~ *zie* urolithiase. • **oto**~ aanwezigheid van concrementen i.h. oor. • **ptyalo**~ *zie* sialolithiase. • **uretero**~ aanwezigheid v.e. steen i.d. ureter (uretersteen). • **uro**~ *zie* urolithiase.

lithium (Li) alkalisch metaal; lithiumzouten

worden gebruikt bij preventie en behandeling van depressieve en manische fasen bij bipolaire affectieve stoornissen.
lithocenose opruiming v.d. steenfragmenten na lithotripsie.
lithofoon steensonde met gehoorbuis waardoorheen het geluid v.d. aanraking tussen sonde en steen kan worden waargenomen.
lithogeen steen-vormend; vb. lithogene gal.
lithogenese het ontstaan van stenen.
litholapaxie *zie* percutane nefrolitholapaxie.
litholyse het oplossen van concrementen.
lithopaedion intra-uterien gestorven en vervolgens versteend kind (petrificatie).
lithotomie incisie v.d. urineblaas voor de verwijdering v.e. blaassteen.
lithotoom mes voor de steensnede.
lithotresie het boren van gaten in stenen, die daarna gemakkelijker kunnen worden verkleind.
lithotripsie *zie* schokgolf~. **· schokgolf~** niet-invasieve behandeling bij nierstenen en grote galstenen; deze worden vergruisd door schokgolven.
lithotriptor instrument voor het uitvoeren van lithotripsie.
littekenweefsel vaatarm, collageen bevattend bindweefsel zonder elastine.
livedo vlekkige verkleuring v.d. huid, door passieve stuwing. **· ~ anularis** ringvormige livedo a.g.v. koude-inwerking op de huid.
· ~ racemosa zeldzaam ziektebeeld met gefigureerde, blauwrode erythemen, door veranderingen van diepere huidvaten.
· ~ reticularis *zie* cutis marmorata.
liver palms [E] erythemateuze handpalmen bij levercirrose.
livetine een fosfoproteïne in dooier.
livide blauwachtig zwart tot paarsblauw rood; vb. asphyxia livida.
livor vlekvormige verkleuring. **· ~ mortis** livide vlek op een lijk.
LMWH *zie* heparine | laagmoleculairgewicht~.
Loa geslacht v.d. orde *Filarioideae*. **· ~ loa** oogworm die zwellingen (calabarzwelling) veroorzaakt op gelaat, romp, ledematen.
load [E] (geschatte) hoeveelheid van ziekteverwekkers of kankercellen i.h. lichaam.
· tumor ~ *zie* last | tumor~. **· viral ~** (geschatte) hoeveelheid virus, i.h.b. in serum van hiv-geïnfecteerden, uitgedrukt i.h. aantal kopieën per milliliter.

lobair m.b.t. een lobus (kwab); vb. l-re pneumonie.
lobaris lobair; vb. pneumonia lobaris.
lobatus gelobd; vb. hepar lobatum.
lobectomie operatieve verwijdering v.e. lobus (long, hersenen, schildklier, lever); (pulmon.:) bij een pulmonale bilobectomie worden twee longkwabben weggenomen.
lobotomie incisie i.e. (hersen)kwab. **· prefrontale ~** doorsnijding v.d. witte substantie i.h. centrum ovale v.d. frontale hersenkwab.
lobulair m.b.t. een lobulus (kwabje).
lobularis lobulair.
lobulus kwabje. **· ~ pancreatis** macroscopisch zichtbaar pancreaslobje.
lobus (anat.) macroscopisch te onderscheiden gedeelte van lever, longen of hersenen.
· ~ caudatus kleine leverkwab aan de onderzijde v.h. orgaan. **· lobi cerebri** de vier hersenkwabben (lobi frontalis, parietalis, temporalis, occipitalis). **· ~ occipitalis cerebri** de achterkwab v.d. grote hersenen.
· lobi renalis nierkwabben, overeenkomend met de nierpiramiden en de daarboven gelegen schorsgedeelten. **· ~ temporalis cerebri** de slaapkwab v.d. grote hersenen.
localis lokaal, plaatselijk; vb. asphyxia localis. **· fibrosis ~** *zie* fibroom | irritatie~.
localisatus gelokaliseerd, plaatselijk beperkt; vb. diphtheria localisata.
lochia wondafscheiding uit de baarmoeder na de baring. **· ~ alba** kraamvloed die witachtig van kleur is. **· ~ purulenta** *zie* lochia alba. **· ~ rubra** kraamvloed met een rode kleur. **· ~ sanguinolenta** bloederige lochia.
· ~ serosa wei-achtige kraamvloed. **· ~ serosanguinolenta** gemengd wei-achtige en bloederige kraamvloed.
loci 1 mv. van locus; 2 gen. van locus; vb. paracusis loci.
locomotie beweging v.d. ene plaats naar de andere, verplaatsing.
locomotorisch m.b.t. het zich verplaatsen; vb. l-toire ataxie.
locoregionale behandeling behandelstrategie voor een kwaadaardig gezwel en omliggende lymfekliergebieden.
loculair door wanden in afzonderlijke holten ingedeeld.
locus plaats, plek. **· ~ caeruleus** blauwe plek i.d. zijwand v.d. vierde hersenventrikel.
· CH-~ deel v.h. DNA v.d. B-lymfocyt dat co-

deert voor het constante deel van immunoglobulines. • **gen~** plaats op een chromosoom waar een bepaald gen zich bevindt.
• **~ minoris resistentiae** plaats van verminderde weerstand, daardoor verhoogd vatbaar voor schadelijke invloeden, i.h. bijz. infecties.

loenzen convergent strabisme.

Löffler | **löfflerinfiltraat** vluchtig eosinofiel longinfiltraat. • **löfflermedium** voedingsbodem uit runderserum met 2% glucose, door verhitting tot stolling gebracht.

loge *zie* compartimentum.

loge van Guyon *zie* Guyon | kanaal van ~.

-logie achtervoegsel in woordverbindingen m.b.t. een bepaalde wetenschap of onderdeel daarvan.

logit [E] natuurlijke logaritme v.d. odds.

logoklonie stoornis i.d. gesproken taal, gekenmerkt door het steeds herhalen v.d. laatste woorden v.d. psychiater, ook als deze vraagt dit niet meer te doen.

logopedie bestudering en behandeling van stem-, spraak- en taalstoornissen.

logopedist deskundige op het gebied v.d. logopedie.

logorroe spreken i.e. onophoudelijke, ziekelijke woordenvloed *zie* polyfrasie.

log period *zie* log phase.

log phase (logaritmische fase [E]) fase tijdens de bacterievermeerdering waarin het aantal cellen exponentieel toeneemt in per bacteriesoort verschillende tijdseenheden.

logrollmethode techniek waarmee een slachtoffer kan worden gekanteld terwijl de wervelkolom 'onbeweeglijk' blijft.

LOH *zie* loss of heterozygosity.

LOK (lichamelijk onverklaarde klacht) *zie* klacht | onverklaarde lichamelijke ~.

lokaal plaatselijk, van beperkte omvang, i.t.t. algemeen, uitgebreid, gegeneraliseerd.

lokale lipodystrofie verdwijning v.h. vetweefsel op plaatsen waar bijv. veel insuline-injecties zijn gegeven.

lokalisatie 1 bepaling v.d. plaats v.e. ziekteproces, een laesie, een corpus alienum; **2** de concentratie v.e. ziekteproces op een bepaalde plaats; **3** (minder juist:) zetel, plaats, lokatie; vb. lokalisatiegebonden/lokatiegebonden epilepsie.

lokalisator *zie* simulator.

lokaliseren 1 bepalen waar een ziekteproces of een vreemd voorwerp zich bevindt; **2** inperken.

lombrosotype op obsolete theorie van Lombroso gebaseerde specifieke gelaatsvorm van 'de misdadiger'.

long dubbelzijdig aangelegd orgaan, aan weerszijden v.h. hart i.d. cavitas thoracis; de longen hebben de vorm v.e. kegel die aan één zijde is ingedeukt en waarvan de top is afgerond; het concave grondvlak wordt gevormd door het midden rif (facies diaphragmatica); de rechterlong bestaat uit drie kwabben, de linker uit twee; de binnenstromende lucht bereikt de longen via de trachea; de luchtwegen vormen een systeem van geleidende buizen die zich steeds in tweeën splitsen; de wanden bestaan uit (van binnenuit) mucosa, submucosaal bindweefsel en glad spierweefsel; de trachea splitst zich i.d. rechter- en linkerhoofdbronchus, die zich in verschillende bronchiën vertakken; deze vertakken zich verder in bronchiolen; het verschil tussen bronchi en bronchioli is dat de eerste wel en de tweede geen kraakbeen en klieren bezitten; de kleinste vertakken zich weer tot zij eindigen in blindzakken, waarvan de wand door longblaasjes (alveoli) wordt gevormd; hier vindt de gasuitwisseling plaats tussen het i.d. haarvaten aanwezige zuurstof en i.d. alveolaire lucht aanwezige kooldioxide *zie* adult respiratory-distress syndrome, astma, atelectase, bronchiëctasie, bronchuscarcinoom, COPD, longfibrose, mesothelioom, pneumonie, thorax | pneumo~, respiratoire insufficiëntie. • **bariet~** *zie* baritose | baritosis pulmonum. • **bevochtigers~** extrinsieke allergische alveolitis t.g.v. inhalatie van schimmelproducten uit gecontamineerd water. • **boeren~** exogeenallergische bronchomycotische alveolitis t.g.v. inhalatie van beschimmelde hooideeltjes bij landbouwers die overgevoelig zijn voor een aantal thermofiele actinomyceten, zoals *Micropolyspora_aeni*, voorkomend in hooi. • **champignonkwekers~** vorm van extrinsieke allergische alveolitis, veroorzaakt door antigenen van champignons. • **duivenmelkers~** wisselende ontsteking en uiteindelijke longfibrose bij duivenhouders. • **honingraat~** pathologisch-anatomische term voor een long die geheel doorzeefd is met bronchiolectasieën. • **humidifier's lung** *zie* bevochtigers~. • **ijzeren ~** luchtdicht apparaat waarin het gehele lichaam ligt m.u.v. het hoofd; ondersteunt de ademhaling. • **kaasmakers~** door *Penicillium casei* veroorzaakte extrinsieke allergische alveolitis in kaasmakerijen. • **klap~** *zie* thorax | pneumo~. • **kunst~ 1** *zie* ijzeren ~; **2** apparaat dat tijdens intrathoracale operaties voor de oxygenatie v.h. bloed zorgt. • **kwarts~** *zie* silicose. • **mijnwerkers~** *zie* antracose. • **natte ~** afscheiding van vocht i.d. long als reactie op een soms geringe verwonding v.d. thoraxwand. • **shock~** verraderlijke longcomplicatie vooral na sepsis of trauma. • **steen~** vorm van pneumoconiose door inhalatie van steenstof. • **stof~** *zie* pneumoconiose. • **wet lung 1** accumulatie van vocht i.d. longen, leidend tot interstitieel longoedeem; **2** ademhalingsproblemen bij neonaten t.g.v. te trage absorptie van longvocht die binnen 24 uur na de geboorte voorbij zijn.

longaandoening *zie* ziekte | long~.

long-acting thyroid stimulator (LATS) [E] (verouderde term) in serum van hyperthyreote patiënten voorkomende IgG met antistofwerking tegen schildklier.

longcapaciteit | **éénseconde~** (ESC) maximale hoeveelheid lucht die na diepe inspiratie in één seconde kan worden uitgeademd. • **expiratoire vitale ~** (EVC) vitale longcapaciteit, gemeten v.h. niveau van volledige inademing tot het niveau van volledige uitademing. • **functionele reserve~** (FRC) de hoeveelheid lucht die aan het eind v.e. normale uitademing nog i.d. longen aanwezig is. • **geforceerde vitale ~** (FVC) totale hoeveelheid lucht die iemand na een maximaal diepe inademing zo snel mogelijk kan uitademen. • **inspiratoire ~** (IC) hoeveelheid lucht die na een normale uitademing maximaal kan worden ingeademd. • **inspiratoire vitale ~** (IVC) vitale longcapaciteit, gemeten v.h. niveau van volledige uitademing tot het niveau van volledige inademing. • **totale ~** (TLC) totale hoeveelheid lucht die zich tijdens een maximale inademing i.d. longen bevindt. • **vitale ~** (VC) de hoeveelheid lucht die na een maximale uitademing maximaal kan worden ingeademd.

longcapillair haarvat i.d. longen, waar gaswisseling vanuit de longblaasjes naar het bloed i.h. capillaire stelsel en vice versa plaatsvindt.

longconsolidatie weefselverdichting i.d. longen, gepaard met verminderd luchthoudend vermogen v.h. longweefsel.

⊚ **longembolie** (LE) afsluiting v.e. pulmonalisarterie door een embolus (meestal een losgeraakt stuk v.e. trombus elders i.h. lichaam, maar soms vet, lucht of een corpus alienum), bij grote stolsels vaak met snel dodelijke afloop.

⊚ **longfibrose** bindweefselvorming i.h. longparenchym; heeft tot gevolg dat er een blijvend longfunctieverlies optreedt.

longfunctie *zie* capaciteit.

longfunctieonderzoek het geheel van verscheidene longfunctietests, o.a. ter meting v.d. ventilatoire functie, de gaswisseling, de circulatie en de ademmechanica i.d. longen.

longgangreen gangreen i.e. longgedeelte met verminderde weerstand (t.g.v. pneumonie, infarct, tumor).

longhilumdans op het röntgenscherm zichtbare pulsaties v.h. longhilum bij verschillende aandoeningen waarbij de drukamplitudo i.d. a. pulmonalis vergroot is.

longinduratie bij chronische longstuwing voorkomende bindweefselvermeerdering, gevolgd door verharding v.h. bindweefsel.

longinfiltraat verdichting van longweefsel door exsudaat en celmigratie v.e. circumscript longgedeelte.

longissimus zeer lang; vb. musculus longissimus.

longitudinale relaxatietijd *zie* waarde | T1-~.

longitudinalis i.d. lengterichting verlopend, longitudinaal, langs de langsas.

longkanker | **non-small-cell lung cancer** (NSCLC) *zie* bronchuscarcinoom | nietkleincellig ~.

longknop embryonale uitstulping (v.d. voordarm), waaruit de long ontstaat.

longontplooiing openen v.d. longblaasjes na de geboorte, waarbij voor het eerst lucht i.d. alveolen kan binnenstromen.

longpest *zie* pest.

longpoort *zie* hilum pulmonis.

longproef van Schreyer *zie* proef | schreyerlong~.

longrijping intra-uteriene rijping v.d. longen met voldoende productie van surfactans voor het extra-uteriene bestaan. • **foetale ~** de vroegste ontwikkeling van alveoli en het bijbehorende capillaire vaatbed. • **versnelde** ~ intra-uteriene versnelling v.d. longrijping bij dreigende vroeggeboorte, o.a. door toediening van corticosteroïden aan de moeder.

longscan *zie* scintigrafie | long-.

longschaduw longafwijking (abces, infiltraat, tumor), zichtbaar op een thoraxfoto.

longsegmenten delen v.e. longkwab die worden verzorgd door een der belangrijkere takken v.d. lobaire bronchus en arterie.

longsekwestratie 1 congenitale afwijking waarbij een niet-functionerend longdeel zijn bloedvoorziening rechtstreeks uit de aorta ontvangt; **2** afsnoering en afstoting v.e. deel v.d. long (i.d. embryonale periode).

longtering verouderde term voor 'longtuberculose'.

long-term culture *zie* cultuur | langetermijn-.

longtuberculose aantasting v.e. of beide longtoppen door hematogene verspreiding van longtuberculose.

longtransplantatie overplanten v.e. gezonde donorlong naar een patiënt met levensbedreigend chronisch longlijden.

longus lang; vb. os longum.

longvaatbed stelsel van bloedvaten i.d. longen.

longvaatweerstand vasculaire weerstand die de rechter hartventrikel ondervindt bij het doorpompen v.h. bloed door de long naar de linker harthelft.

longvliesontsteking *zie* pleuritis.

longvolume inhoud v.d. beide longen; bedraagt bij volwassen mannen gemiddeld 5,5 liter, bij vrouwen gemiddeld 4,5 liter. • **expiratoir reserve~** (ERV) hoeveelheid lucht die na een normale uitademing nog kan worden uitgeademd. • **inspiratoir reserve~** (IRV) hoeveelheid lucht die na een normale inademing nog kan worden ingeademd. • **reserve~** vrije lucht | reserve~. • **residuaal ~** (RV) de totale hoeveelheid lucht die na een maximale uitademing nog i.d. longen aanwezig is. • **rest~** de hoeveelheid lucht die na een maximale expiratie i.d. longen achterblijft.

longziekte | chronische obstructieve ~ *zie* COPD.

loodschort schort dat door radiologisch personeel wordt gedragen ter bescherming v.d. gonaden tegen bestraling.

looizuur *zie* tannine.

loopgraafmond *zie* gingivostomatitis.

loopgravenkoorts *zie* koorts | vijfdedags-.

looppatroon opeenvolging van bewegingen bij het lopen, een zich steeds herhalende cyclus v.e. standfase en een zwaaifase, waarvan het grondpatroon op spinaal niveau is vastgelegd met beïnvloeding vanuit de hersenen. • **kruk~** aangepast looppatroon dat wordt toegepast bij gebruik van krukken.

loopschool bewegingstherapeutisch centrum voor oefening en training voor het gebruik v.e. beenprothese na beenamputatie.

looptraining oefentherapie voor de functieverbetering v.h. bewegingsapparaat.

loose connective tissue *zie* bindweefsel | onderhuids ~.

lordose kromming v.d. wervelkolom naar achteren concaaf. • **cervicale ~** concave kromming v.d. cervicale wervelkolom. • **hyper~** extreme kromming (lordotische stand) v.d. wervelkolom.

lordotisch m.b.t. lordose; vb. lordotische proteïnurie.

losmakingsproces (ontwikkelingspsychol.) proces i.d. puberteit waarin puber zijn autonomie en individuatie verwerft door zich los te maken van zijn ouders.

loss of heterozygosity (LOH) [E] verlies v.e. van beide allelen v.e. heterozygoot.

lost to follow-up [E] personen van wie aan het einde v.e. onderzoek de laatste waarnemingen ontbreken en van wie niet bekend is om welke redenen ze zijn uitgevallen.

lotio waswater, vloeistof voor uitwendig gebruik. • ~ **carnea** obsolete term voor de op vleesnat lijkende ontlasting bij dysenterie.

LOTUS Landelijke Organisatie tot Uitbeelding Slachtoffers.

Löwenstein | voedingsbodem van ~ mengsel van ei, aardappel en malachietgroen, voor de kweek van tuberkelbacteriën.

lower-urinary-tract symptoms (LUTS) door de International Continence Society voorgestelde term voor bemoeilijkte mictie om de term 'prostatisme' te omzeilen, omdat klachten van bemoeilijkte mictie vaak niet berusten op benigne prostaathyperplasie (BPH) *zie* prostaathyperplasie.

low-flow-anesthesie *zie* anesthesie | laagdebiet~.

low-molecular-weight heparin *zie* heparine | laagmoleculairgewicht~.

low-pressure system *zie* systeem | lagedruk~.

low-vision aids [E] alle hulpmiddelen die worden gebruikt om het maximaal haalbare uit een verminderd gezichtsvermogen te verkrijgen, meestal berustend op vergroting.

low-visionkaart van Keeler [E] leesproef voor slechtzienden ter bepaling v.d. minimaal benodigde vergroting voor het kunnen lezen van krantendruk.

loze defecatiedrang aandrang tot lozen van ontlasting zonder uitscheiding van feces.

LP *zie* punctie | lumbale ~.

LPD 1 (neurol.) lumboperitoneale drainage; **2** (gynaecol.) luteal phase defect.

LPFB (linker posterieur fasciculair blok) *zie* blok | linker posterieur hemi~.

LPH (lipotrophic hormone [E]) lipotroop hormoon.

LRF luteinizing-hormone releasing factor (LH-RH).

LSD (least significant difference) kleinste significante verschil.

lsd (lyserginezuurdi-ethylamide) semisynthetisch moederkoornalkaloïd met sterk hallucinogene eigenschappen.

L-serum *zie* Löffler | löffermedium.

LTH lactotroop hormoon *zie* prolactine.

lubricans dikkige, licht viskeuze vloeistof die het inbrengen v.e. medisch instrument in vagina of anus vergemakkelijkt en die bij seksueel verkeer het inbrengen v.d. penis in erectie in genoemde openingen vergemakkelijkt.

lubricatie 1 productie van vocht door de i.d. vagina gelegen glandulae vestibulares majores a.g.v. seksuele opwinding; **2** het aanbrengen v.e. kunstmatig glijmiddel, bijv. i.d. vagina of anus voorafgaand aan inbrenging v.e. onderzoeksinstrument of seksuele gemeenschap.

lucht *zie* alveolaire ~. • **alveolaire** ~ *zie* longen~. • **complementaire** ~ het volume lucht dat na een gewone inademing bij maximale inspiratie nog kan worden ingezogen. • **functionele reserve**~ *zie* longcapaciteit | functionele reserve~. • **inspiratoire reserve**~ *zie* longvolume | inspiratoir reserve~. • **longen**~ aanduiding v.h. alveolaire gas, bestaande uit 14,5% O_2, 5,6% CO_2 en 79,9% N_2. • **minimale** ~ de hoeveelheid lucht die i.d. samengevallen longen achterblijft wanneer de borstkas geopend is. • **pendel**~ heen en weer gaande lucht, bijv. tussen long en pneumothorax. • **reserve**~ de hoeveelheid lucht die na normale uitademing door geforceerde uitademing nog uit de longen kan worden geperst. • **supplementaire** ~ *zie* reserve~. • **verbruikte** ~ lucht die normaal gesproken wordt uitgeademd.

luchtbronchogram afbeelding v.d. gewoonlijk niet zichtbare bronchi op de thoraxfoto.

luchtencefalografie (obsoleet) onderzoek waarmee de hersenventrikels d.m.v radiologische technieken zichtbaar kunnen worden gemaakt.

luchthappen *zie* aerofagie.

luchthonger *zie* dyspneu.

luchtinsufflatie inspuiten van lucht in of om een orgaan om contrast voor röntgenopnamen te bewerkstelligen.

luchtpijp *zie* trachea.

luchtweg het stelsel van luchtwegen dat dient voor transport van lucht via de mond- en neusholte naar de alveoli en vice versa.

luchtweginfectie | **bovenste**~ (BLWI) infectie v.d. neusholte, sinussen, farynx en/of larynx. • **onderste**~ (OLWI) infectie v.d. lagere luchtwegen en de alveoli.

luchtwegverwijding *zie* bronchiëctasie.

luchtwegverzekering bewaken en in stand houden v.d. vrije luchtweg.

luchtwegweerstand weerstand die de luchtstroom tijdens in- of uitademing ondervindt bij verplaatsing i.d. luchtwegen.

luchtzucht *zie* emfyseem.

lucide helder, i.h.b. van geestesvermogen, ongestoord bewustzijn.

lucide interval 1 (neurol.) periode van helder bewustzijn na een schedeltrauma, gevolgd door een (hernieuwde) bewustzijnsdaling; **2** (psychiatrie) periode van remissie i.h. verloop v.e. psychose.

lucidolyse loslating, ablatie v.d. membrana lucida.

lucidolytische epidermolysis bullosa *zie* epidermolyse | junctionele epidermolysis bullosa.

lucidus helder; vb. visus lucidus, camera lucida, stratum lucidum.

lucifertest van Snider *zie* test | sniderlucifer~.

Lucilia vliegengeslacht.

luerlock standaarduiteinde van injectiespuiten om een eenvoudige aansluiting

met naalden en bedieningssystemen te verkrijgen.
luerspuit glazen injectiespuit, zonder metalen onderdelen.
lues *zie* syfilis. • ~ **cerebrospinalis** subacute of chronische meningitis, met spinale of cerebrale arteriitis.
luetisch m.b.t. syfilis (lues).
luidheid de subjectieve interpretatie van geluidssterkte.
luis *zie* pediculose, *Pediculus pubis*. • **hoofd~** *zie Pediculus pthirus*. • **kleer~** *zie Pediculus humanus var. corporis*. • **plat~** *zie Pthirus pubis*.
• **schaam~** *zie Pthirus pubis*. • **wand~** *zie Cimex lectularius*.
luizenbos *zie* pediculose | pediculosis capillitii.
lumbaal m.b.t. de lumbi = lendenen; vb. lumbale anesthesie.
lumbago 1 *zie* aspecifieke lage rugpijn; **2** *zie* spit.
lumbalis lumbaal, m.b.t. de lendenen.
lumbalisatie onvolledige of uitblijvende vereniging v.d. eerste heiligbeenwervel met het heiligbeen.
lumbo- voorvoegsel in woordverbindingen m.b.t. de lendenen.
lumbocostalis lumbocostaal, m.b.t. de lendenen en de ribben; vb. ligamentum lumbocostale.
lumborum m.b.t. de lendenen; vb. musculus quadratus lumborum.
lumbosacralis lumbosacraal, m.b.t. de lendenen en het sacrum; vb. truncus lumbosacralis.
lumbotomie incisie i.d. lendenstreek als begin v.e. nieroperatie.
lumbricalis regenwormachtig; vb. musculi lumbricales (mv. van lumbricalis).
lumbricoides op een regenworm lijkend; vb. *Ascaris l.*
lumbus het gebied achter en opzij v.h. lichaam tussen de ribben en het darmbeen.
lumen 1 (anat.) holte v.e. buis of hol orgaan; vb. vaatlumen; **2** holte v.e. sonde, katheter enz; vb. drielumensonde, 3-lumen-sonde, kleinlumennaald. • **vals** ~ pathol. ruimte achter de vaatwand die ontstaat a.g.v. een scheur i.d. vaatwand (aneurysma dissecans, vnl. v.d. aorta), tussen tunica media en de tunica adventitia, waarin zich bloed ophoopt. • **waar** ~ het natuurlijke lumen v.e. bloedvat, ter onderscheiding v.e. vals lumen a.g.v. een aneurysma dissecans.

lumina mv. van 'lumen' *zie* lumen.
luminescentietechniek microscopische techniek waarbij als marker een fluorchroommolecuul wordt gebruikt.
lumpectomie mammasparende, partiële mastectomie met palpabele vrije marge van 1 cm; veelal gevolgd door adjuvante bestraling v.h. resterende tumorbed (Engels lump = 'knobbel').
lunatum *zie* os lunatum.
lunatus halvemaan-, sikkelvormig; vb. sulcus lunatus, facies lunata, os lunatum.
lunella *zie* hypopyon.
lungburst [E] een scheur i.h. longweefsel t.g.v. een barotrauma bij duikers.
lunula maantje; zonder nadere aanduiding wordt meestal 'lunula unguis' bedoeld.
lupoïd gelijkend op lupus erythematosus, lupusachtig.
lupoom lupusknobbeltje, een miliaire tuberkel bij lupus vulgaris.
lupus wegvretende huidziekte. • **discoïde ~ erythematodes** vorm van chronische cutane lupus erythematodes, gepaard gaande met discoïde plaques i.h. gelaat of op het behaarde hoofd. • ~ **erythematodes** (LE) ontstekingachtige ziekte van huid en (of) ingewanden. • ~ **pernio** *zie* sarcoïdose.
• ~ **vulgaris** meest voorkomende vorm van huidtuberculose, met vorming v.e. plaque met papels en noduli aan de rand. • **subacute cutane ~ erythematodes** klinische variant van lupus erythematodes met annulaire polycyclische vorm of gegeneraliseerde erythematosquameuze of erythematopapuleuze laesies op de aan licht blootgestelde huid. • **systemische ~ erythematodes** (SLE) *zie* systemische lupus erythematosus.
lusorius speels, bedrieglijk; vb. dysphagia lusoria.
lustprincipe volgens Freud het geheel van strevingen naar lustbevrediging, vanuit het 'Es'.
lusus naturae speling der natuur, kleine afwijking die geen misvorming of stoornis teweegbrengt.
lus van Meyer rostrale uitbochting v.d. radiatio optica i.d. temporale lob.
luteïne een geel pigment (lipochroom) in corpus luteum, dooier, vetcellen, nauw verwant met xantofyl.
luteïnisatie het proces waarbij uit een follikel van De Graaf een corpus luteum ont-

luteolyse

luteolyse degeneratie v.h. corpus luteum na ca. twaalf dagen.
luteoom gezwel v.d. luteïnecellen v.h. ovarium.
luteoplacentaire shift proces tussen 6e en 10e zwangerschapsweek waarbij de progesteronproductie, tot dan toe i.h. corpus luteum, door de placenta wordt overgenomen.
luteotroop met affiniteit tot het corpus luteum.
luteus geel; vb. *Micrococcus luteus,* macula lutea, corpus luteum.
lutropine *zie* hormoon | luteïniserend ~.
LUTS *zie* lower-urinary-tract symptoms, prostaathyperplasie.
LUWI (lage-urineweginfectie) *zie* cystitis, urethritis.
lux eenheid van belichtingssterkte, nl. de belichting van 1 lumen per m².
luxatie onderlinge verplaatsing (dislocatie) van beenderdelen die een gewricht vormen. • **concha**~ opzijdrukken v.e. neusschelp om de afvloed uit de ductus nasofrontalis te verbeteren. • **denssub**~ geringe verplaatsing v.d. C2-wervel ten opzichte v.d. C1-wervel. • **destructie**~ 'spontane' luxatie a.g.v. vernietiging van gewrichtsdelen door osteomyelitis v.d. femurkop. • **distensie**~ spontane luxatie door uitrekking v.h. gewrichtskapsel. • **habituele** ~ ontwrichting die zich telkens herhaalt a.g.v. slapte v.d. gewrichtsbanden of na verscheuring van kapsel en banden bij een traumatische luxatie. • **heup**~ luxatie v.d. femurkop (caput ossis femoris), soms congenitaal. • **kaak**~ luxatie v.h. kaakgewricht, gekenmerkt door het niet meer kunnen sluiten v.d. mond na maximaal openen. • **luxatio coxae congenita** aangeboren heupluxatie. • **luxatio erecta** luxatie v.d. humeruskop naar omlaag, waarbij de arm omhooggericht staat. • **luxatio lentis** dislocatie v.e. ooglens. • **paralytische** ~ luxatie v.e. loszittend gewricht waarvan de delen t.g.v. spierverlamming niet meer worden bijeengehouden; het syn. 'schlottergelenk' is een Duits leenwoord (*Schlottergelenk*). • **radiuskop**~ dislocatie v.h. caput radialis. • **schoudergewrichts**~ *zie* schoudergewrichtsluxatie. • **schouder**~ *zie* schoudergewrichtsluxatie. • **spontane** ~ luxatie die zonder uitwendig trauma ontstaat, en berust op abnormale vorm van gewrichtskop en -kom. • **sub**~ onderlinge verplaatsing van beenderuiteinden die een gewricht vormen met nog gedeeltelijk contact. • **tand**~ traumatische partiële ontwrichting v.e. tand i.d. alveolus.
luxeren ontwrichten, ontwricht worden; vb. schoudergewricht luxeren.
luxurians woekerend; vb. caro luxurians.
luxury perfusion [E] reactief toegenomen circulatie rondom een herseninfarct.
LVA low-vision aids.
LVAD (left ventricular assist device) *zie* hart | steun~.
LVH linkerventrikelhypertrofie.
L-vorm variant van bacterie met defecten i.d. celwand, daardoor osmotisch labiel, vervormbaar, filtreerbaar.
LV strain [E] *zie* left-ventricle strain.
LWI *zie* infectie | luchtweg~.
LWK lumbale wervelkolom.
lyase groepsnaam voor enzymen die een substantie langs niet-hydrolytische weg splitsen.
⦿ **lymeborreliose** systeemziekte (spirochetose) met vnl. afwijkingen i.d. huid, het perifere en centrale zenuwstelsel, hart en gewrichten, veroorzaakt door de bacterie *Borrelia burgdorferi* (in 1982 door Willy Burgdorfer ontdekt), die wordt overgebracht door de beet v.e. teek, *Ixodes ricinus*; het symptomencomplex is voor het eerst beschreven in 1975 tijdens een epidemie v.e. seronegatieve artritis i.h. plaatsje Lyme in Connecticut, VS; indeling: er zijn in Europa en de VS verschillende vormen, zowel van teken als v.d. bacteriestammen die de ziekte kunnen veroorzaken.
lymeziekte *zie* lymeborreliose.
lymfadenectomie *zie* dissectie | klier~.
lymfadenitis ontsteking v.e. of meer lymfeklieren. • **lymphadenitis colli** ontsteking v.d. lymfeklieren i.d. hals. • **dermatopathische** ~ reactieve lymfeklierzwellingen bij huidziekten. • **lymphadenitis mesenterialis** ontsteking van lymfeklieren v.h. mesenterium, veroorzaakt door infectie met o.a. adenovirussen, *Yersinia* of *Campylobacter*, .
lymfadenoïd lymfeklier-achtig.
lymfadenoom *zie* lymfoom.
lymfadenopathie 1 gegeneraliseerde woekering van lymfatisch weefsel; **2** ziekte v.d. lymfeklieren. • **immunoblastaire** ~ (ILA) op

ziekte van Hodgkin lijkende ziekte met algemene klierzwellingen, koorts en op sternbergcellen lijkende immunoblasten.

lymfadenose 1 hyperplasie van lymfatisch weefsel; **2** vergroting van lymfeklieren bij leukemie. • **lymphadenosis acuta 1** monocytosis infectiosa; **2** ziekte van Hodgkin. • **aleukemische** ~ hyperplasie v.h. lymfatisch weefsel zonder leukemie. • **lymphadenosis cutis benigna** pseudo-B-cellymfoom, gekenmerkt door bolle, blauwrode weke tumoren. • **leukemische** ~ zie leukemie | lymfatische ~.

lymfangiëctasie lymfevat-verwijding. • **intestinale** ~ aangeboren verwijding van lymfevaten v.d. darm en lymfoedeem aan de extremiteiten.

lymfangio-endothelioom tumor die v.h. lymfevat-endotheel uitgaat.

lymfangiomatose diffuse vorm v.e. lymfangioom die in zowel de huid, het skelet als de retroperitonale ruimte kan voorkomen.

lymfangioom tumor, bestaande uit een massa van afwijkende lymfevaten of -kanalen van uiteenlopende grootte. • **lymphangioma cavernosum** verwijding van lymfevaten, zodat holten ontstaan, gevuld met lymfe. • **lymphangioma cysticum** veelkamerige lymfecyste, meestal bij kinderen, aangeboren. • **lymphangioma simplex** plaatselijke uitzetting v.e. lymfevat. • **lymphangioma tuberosum multiplex** huidziekte met groepen papels of tuberkels, bestaande uit lymfatisch weefsel (Kaposi).

lymfangitis ontsteking v.d. lymfevaten, gekenmerkt door een streepvormig, rood en pijnlijk gebied i.h. verloop v.d. lymfevaten; meestal gelokaliseerd op een extremiteit. • **abacteriële** ~ steriele ontsteking v.d. lymfebanen. • **lymphangitis carcinomatosa** ontsteking v.d. peritoneale lymfevaten, i.d. omgeving van peritoneumtumoren.

lymfatisch m.b.t. lymfe, lymfevaten, lymfeklieren. • ~ **oedeem** zie oedeem | lymf-~.

lymfatische keelring zie ring | waldeyer-~.

lymfatisch stelsel zie lymfevaatstelsel.

lymfatisch weefsel weefsel vol lymfespleten en lymfocyten.

lymfatisme 1 lymfatische constitutie, met neiging tot lymfeklierzwellingen; **2** lymfatisch temperament.

lymfe de vloeistof i.d. lymferuimten en lymfevaten. • **darm**~ zie chylus. • **endo**~ het vocht i.h. vliezige labyrint (utriculus, sacculus, ductus semicirculares). • **peri**~ de vloeistof tussen het vliezige labyrint en het beenvlies v.h. benige labyrint.

lymfecapillairen blind beginnende vaatjes i.d. weefselspleten, die een grote permeabiliteit voor grotere deeltjes hebben.

lymfectasie lymfevatverwijding.

lymfedrainage | manuele ~ methode waarbij d.m.v. massage lymfevocht wordt verwijderd uit een ledemaat met lymfoedeem.

lymfekliermetastase metastase i.e. lymfeklier, ontstaan door proliferatie van tumorcellen die via de aanvoerende lymfebanen naar de lymfeklieren zijn getransporteerd.

lymfeklierweefsel losse verzameling netvormig (reticulair) weefsel met lymfocyten in tussenruimten.

lymfescrotum zwelling v.h. scrotum door lymfestuwing, o.a. bij filariasis.

lymfespleten met endotnelium beklede spleten i.h. bindweefsel, communicerend met de lymfevaten.

lymfestelsel zie systeem | lymfatisch ~.

lymfevaatstelsel netwerk van lymfevaten, lymfatisch weefsel en groepjes boonvormige lymfeklieren.

lymfoblast | T~ geactiveerde T-lymfocyt; activatie en transformatie tot blast vindt plaats na herkenning van antigeen door de T-lymfocyt; het cytoplasma wordt basofiel en de cel deelt een aantal malen.

lymfoblastomatose aanwezigheid van lymfoblastomen.

lymfoblastoom kwaadaardige lymfoom met vele lymfoblasten. • **lymphoblastoma gigantofolliculare** zie ziekte van Brill-Symmers.

lymfoblastose aanwezigheid van lymfoblasten i.h. bloed.

lymfocyt mononucleaire, niet-fagocyterende leukocyt, immunocompetente cel in bloed, beenmerg en lymfeweefsel. • **B-**~ lymfocytaire cel, vnl. afkomstig uit beenmerg. • **CD4-positieve T-**~ T-lymfocyt die met CD4-antistoffen kan worden gemerkt en dus CD4-moleculen aan zijn membraanoppervlak tot expressie kan brengen. • **CD8-positieve T-**~ T-lymfocyt die met CD8-antistoffen kan worden gemerkt (en dus CD8-moleculen aan zijn membraanoppervlak tot expressie brengt). • **cytotoxische T-**~ zie cel | cytotoxische T-~ • **intra-epitheliale** ~ lymfocyt (vnl. T-geheugencellen) die zich i.h. mucosale epitheel bevindt van o.a. maag, darmen en luchtwegen. • **large granular lymphocyte** [E] korrels bevattende lymfocyt die de natural killer cell bij zijn lytische activiteit helpt. • **naïeve ~** vorm van T-lymfocyt nadat deze een rijping heeft ondergaan i.d. thymus, waar deletie van auto-immuun-reagerende lymfocyten plaatsvindt. • **pro~** grote onrijpe cel, tussenstadium tussen lymfoblast en lymfocyt. • **regulator-T-~** gesensibiliseerde T-lymfocyt die rechtstreeks deelneemt aan de regulatie v.d. immuunreactie: als helper-T-cel of als suppressor-T-cel. • **T-helper~** (Th) *zie* cel | anti-idiotype-T-helper~. • **T-~** langlevende lymfocyt die differentiatie- en selectieproces i.d. thymus heeft ondergaan.

lymfocytair 1 m.b.t. lymfocyten; **2** gepaard met vermeerdering v.d. lymfocyten; vb. l-re meningitis.

lymfocytentransformatie veranderingen die optreden in T- en B-lymfocyten na stimulatie door antigeen.

lymfocytenvacuole waterheldere vacuolen in lymfocyten die door een membraan zijn omsloten.

lymfocytomatose aanwezigheid van lymfocytomen i.h. lichaam.

lymfocytoom *zie* lymfadenose | lymphadenosis cutis benigna.

lymfocytopenie *zie* lymfopenie.

lymfocytose overmatige aanwezigheid van lymfocyten in bloed. • **absolute ~** vermeerdering v.h. aantal lymfocyten per volume-eenheid. • **relatieve ~** procentsgewijze vermeerdering v.d. lymfocyten t.o.v. de overige witte bloedlichaampjes.

lymfodermie ziekte van onderhuidse lymfevaten of lymfeklieren. • **lymphodermia perniciosa** zie leukemie | leucaemia cutis.

lymfoedeem | congenitaal ~ *zie* ziekte van Milroy. • **primair ~** zwelling v.d. onderbenen, vnl. bij jonge vrouwen voorkomend. • **secundair ~** oedeem dat ontstaat na recidiverende ontstekingen of operaties aan lymfeklieren.

lymfo-epitheliale organen *zie* lymfoïd weefsel | darmgeassocieerd ~.

lymfogeen 1 lymfe-producerend; **2** afkomstig van lymfe of uit de lymfevaten; vb. lymfogene metastasering; vgl. hematogeen.

lymfografie *zie* angiografie | lymf-.

lymfogranulomatose infectieus-granulomateuze aandoening van lymfatisch weefsel. • **lymphogranulomatosis benigna** lymfeklier. • **lymphogranulomatosis inguinalis** *zie* lymfogranuloom | lymphogranuloma venereum. • **lymphogranulomatosis maligna** *zie* Hodgkin | hodgkinlymfoom.

lymfogranuloom term die wordt gebruikt voor een grote variatie van lymfeklieraandoeningen, berustend op ontsteking of gezwelvorming. • **lymphogranuloma benignum** *zie* sarcoïdose. • **lymphogranuloma inguinale** *zie* lymphogranuloma venereum. • **lymphogranuloma malignum** *zie* Hodgkin | ziekte van ~. • **lymphogranuloma venereum** (LGV) seksueel overdraagbare aandoening de wordt veroorzaakt door *Chlamydia trachomatis* serovar type L.

lymfoïd lijkend op lymfe of op lymfatisch weefsel.

lymfoïde organen | centrale ~ *zie* primaire ~. • **mucosale ~** *zie* lymfoïd weefsel | mucosageassocieerd ~. • **perifere ~** *zie* secundaire ~. • **primaire ~** organen waarin lymfopoëse plaatsvindt en selectie op tolerantie voor auto-antigenen. • **secundaire ~** perifere lymfoïde weefsels, waaronder de milt, lymfeklieren en mucosageassocieerd lymfeweefsel.

lymfoïd weefsel netwerk van losmazig bindweefsel waarvan de mazen openophopingen van lymfocyten bevatten; bevindt zich grotendeels in lymfoïde organen en voorts in eenvoudig groepsverband verspreid door het lichaam, zoals i.d. lamina propria v.d. darm, i.d. 'milky spots' i.h. omentum en het interstitiële weefsel v.d. long; twee typen lymfoïde organen: 1) primaire (centrale) lymfoïde organen (beenmerg en thymus), de belangrijkste plaatsen van lymfocytenontwikkeling, waar lymfocyten uit lymfoïde stamcellen differentiëren en tot functionele cellen uitrijpen; 2) secundaire (perifere) lymfoïde organen (o.a. lymfeklieren, milt, adenoïd, tonsillen (samen de ring van Waldeyer) en plaques van Peyer. • **bronchusgeassocieerd ~** kleine eenheden lymfoïd weefsel, vnl. uit B- en T-lymfocyten bestaan, die zich i.d. bronchiën bevinden. • **darmgeassocieerd ~** lymfoïd weefsel dat los i.h. bindweefsel v.d. tractus intestinalis voorkomt. • **huidgeassocieerd ~** lymfoïd weefsel i.d. huid; functioneert vnl. autonoom, samen met drainerende lymfeklieren; bestaat o.a. uit langerhanscellen; indien hyperactief ontstaan allergische huidreacties. • **mucosageassocieerd** ~ lymfoïde weefsel in mucosa-epitheeloppervlakken. • **neusgeassocieerd** ~ (NALT) *zie* ring | waldeyer~.

lymfokine door T-lymfocyten geproduceerde stof, verantwoordelijk voor de effecten v.d. cellulaire immuunrespons.

lymfomatoïde lymfoomachtig.

lymfomatose de aanwezigheid van multipele lymfomen in verschillende lichaamsdelen.

lymfoom 1 (oncol.) tumor van lymfatisch weefsel; **2** (immunol.) klinische term voor elke vergrote lymfklier. • **adeno**~ gezwel van klierepitheel, vnl. i.d. parotis voorkomend. • **adult T-cell-leukemia lymphoma** [E] maligne lymfoom met leukemie van T-lymfocyten, veroorzaakt door het HTLV-I-virus. • **B-non-hodgkin**~ (B-NHL) maligne, lymfoproliferatief lymfoom, uitgaand v.e. B-cellijn. • **burkitt**~ lymfosarcoom, veroorzaakt door humaan herpesvirus type 4 (epstein-barrvirus). • **centroblastisch-centrisch maligne** ~ l. van lage maligniteitsgraad volgens de Kiel-classificatie waarbij de maligne component wordt gevormd door centroblast- en centrocytachtige cellen. • **centroblastisch maligne** ~ l. van hoge maligniteitsgraad volgens de Kiel-classificatie. • **centrocytisch maligne** ~ l. met lage maligniteitsgraad volgens Kiel-classificatie, bestaande uit centrocytachtige cellen. • **convoluted-type malign lymphoma** [E] T-lymfocytair l. van hoge maligniteitsgraad, vnl. voorkomend i.h. mediastinum bij kinderen. • **cutaan** ~ verzamelnaam voor maligne non-hodgkinlymfomen die bij presentatie tot de huid beperkt zijn. • **cutaan maligne T-cel**~ indolent, langzaam toenemend maligne T-cellymfoom dat de huid en de drainerende lymfklieren aantast. • **cystadeno**~ tumor, bestaande uit cysteuze ruimten, bekleed met meerlagig cilinderepitheel en omgeven door lymfefollikels-bevattend bindweefsel. • **folliculair** ~ *zie* lymfadenose | lymphadenosis cutis benigna. • **folliculair maligne** ~ lymfoom van lage maligniteitsgraad volgens de Kiel-classificatie, waarbij structuren v.d. lymfefollikels i.h. l. zijn terug te vinden. • **histiocytair maligne** ~ l. met cellen die gelijkenis tonen met histiocyten, maar die volgens de huidige inzichten nagenoeg steeds zijn op te vatten als differentiatievormen van lymfocyten. • **hodgkin**~ (HL) *zie* Hodgkin | hodgkinlymfoom. • **huid**~ *zie* cutaan ~. • **immunoblastair maligne** ~ lymfoom van hoge maligniteitsgraad, bestaande uit immunoblastachtige cellen. • **lennert**~ maligne lymfoom v.h. T-lymfocytaire type met zeer sterke infiltratie van epitheloïde cellen. • **lymfocytair maligne** ~**1** lymfoom met lage maligniteitsgraad volgens de Kiel-classificatie; **2** meer algemeen: een non-hodgkinlymfoom waarvan de cellen (enige) gelijkenis tonen met lymfocyten. • **maligne** ~ maligne woekering van lymfoïd weefsel. • **non-hodgkin**~ (NHL) *zie* Hodgkin | non-hodgkinlymfoom. • **primair centraalzenuwstelsel**~ (PCZSL) zeldzame tumor die zich tot het czs beperkt. • **pseudo**~ reactieve ophoping van lymfocyten, histologisch sterk lijkend op een lymfoom. • **T-cel**~ veelal primair i.d. huid gelokaliseerde maligne tumor van T-cellen. • **T-immunoblastair** ~ *zie* T-cel~. • **T-zone**~ maligne l. bestaande uit T-lymfocyten, zich vnl. uitbreidend i.d. interfolliculaire gebieden v.d. lymfeklier.

lymfopathie ziekte van lymfatisch weefsel.

lymfopenie te gering aantal lymfocyten i.h. bloed. • **absolute** ~ vermindering v.h. aantal lymfocyten per liter bloed. • **relatieve** ~ procentsgewijze vermindering v.h. aantal lymfocyten t.o.v. het totale aantal witte bloedcellen.

lymfopenisch gepaard gaand met lymfopenie; vb. lymfopenische immunodeficiëntie.

lymfopoëse vorming van lymfocyten.

lymfoproliferatie celvermeerdering van lymfatische structuren.

lymforeticulose proliferatie v.d. reticuloendotheliale cellen i.d. lymfeklieren. • **lymphoreticulosis benigna** *zie* ziekte | kattenkrab~.

lymforragie afvloeiing van lymfe uit gerupctureerde lymfevaten.

lymfosarcomatose aanwezigheid van multipele lymfosarcomen.

lymfosarcoom | burkitt~ *zie* lymfoom | burkitt~.

lymfostase lymfestuwing, stilstand v.d. lymfestroom.

lymfostromale interactie selectiesysteem voor T-lymfocyten i.d. thymus.

Lymnaea geslacht van zoetwaterslakken, tus-

sengastheer voor o.a. leverbot.
lymph- voorvoegsel in woordsamenstellingen m.b.t. lymfe of het lymfestelsel.
lympha lymfe (ook: helder water).
lymphadenopathia mesaraica lymfklierzwelling i.h. mesenterium.
lymphadenopathy-associated virus (LAV) *zie* virus | humaan immunodeficiëntie~ type 1.
lymphapheresis *zie* aferese | lymfocyt~.
lymphaticus m.b.t. het lymfestelsel.
lymphoedema *zie* oedeem | lymf~.
lymphogranuloma *zie* lymfogranuloom.
lymphogranulomatosis *zie* lymfogranulomatose.
lymphoma folliculare *zie* lymfadenose | lymphadenosis cutis benigna.
lymphomatosis *zie* lymfomatose.
lymphomatosus lymfomateus, gepaard met woekering van lymfoïd weefsel; vb. struma lymphomatosa.
lymphopathia venerea *zie* lymfogranuloom | lymphogranuloma venereum.
lymphosarcoma *zie* sarcoom | lymfo~.
lyofiel met neiging tot oplossen, vooral gebezigd t.a.v. colloïden.
lyofilisatie *zie* vriesdrogen.
lyofiliseren *zie* cryomeren.
lyofoob onbestendig in oplossing, gebezigd m.b.t. colloïden die slechts door toevoeging van 'Schutzkolloide' of door elektrische lading in stand gehouden worden.
lyogel vloeistofbevattende gel.
lyonisatie het i.e. cel inactief worden van één v.d. X-chromosomen door methylering i.d. embryonale fase.

lyserginezuurdi-ethylamide *zie* lsd.
lysine 1 antistof die in tegenwoordigheid van complement in staat is om ingedrongen vreemde elementen op te lossen; 2 een der essentiële aminozuren.
lysinogeen een antigeen dat aanleiding geeft tot vorming v.e. lysine.
lysinogenese de vorming van lysinen.
lysis 1 (histopathologie:) oplossing van celmateriaal door chemicaliën, enzymen, antistof (lysinen) enz.; 2 (pathologie) *zie* temperatuursdaling | lytische ~.
lysocefaline *zie* lysolecithine.
lysogeen 1 lysinogeen; 2 situatie v.e. bacterie waarin een faag is binnengedrongen, waarna het faaggenoom i.d. bacterie (erfelijk) geïntegreerd wordt.
lysogenese *zie* lysinogenese.
lysolecithine een lecithine waarvan door inwerking van slangen- of bijengif de onverzadigde vetzuur-radicaal is afgesplitst.
lysosomaal m.b.t. lysosomen.
lysosoom door een membraan omgeven, enzym-bevattend organel i.h. cellichaam.
lysozym bacteriolytisch werkend lysosomaal enzym, in 1922 door Fleming geïdentificeerd in neusvocht, en naderhand in bijna alle levend weefsel aangetroffen.
lyssa *zie* rabiës.
-lyticum achtervoegsel in woordsamenstellingen betreffende het oplossen, het remmen, het doen verdwijnen.
lytisch oplossend (m.b.t. celmateriaal); vb. lytische reactie.
Lytta vesicatoria *zie Cantharis vesicatoria*.

M

M 1 morbus; 2 *Micrococcus*; 3 misce; 4 molair; 5 morgan; 6 mega-.
m dens molaris (afkorting in tandformule).
m. *zie* musculus.
MA | 4-~ *zie* paramethoxyamfetamine.
maag verwijd gedeelte v.h. spijsverteringsstelsel met de vorm v.e. groot, boonvormig, hol en gespierd orgaan, waarin voedsel wordt opgeslagen en zowel mechanisch als chemisch wordt bewerkt *zie* gastro-enteritis, maagbloeding, ulcus pepticum, NSAID-ulcus. • **bedorven** ~ *zie* indigestie. • **buis**~ deel v.d. maag dat overblijft als reconstructie v.e. oesofagus-cardiaresectie en waarbij het resterende deel v.d. maag aan de slokdarm wordt verbonden. • **klok**~ sterk klokkend geluid i.d. bovenbuik door verplaatsing van lucht tussen de maagkoepel en het horizontale deel v.d. maag vóór de maagportier t.g.v. geforceerde buikademhaling.
maagband *zie* gastroplastiek.
⊚ **maagbloeding** micro- of macroscopisch verlies van bloed i.d. maag, bijv. a.g.v. erosie, ulcus of carcinoom.
maagbuis *zie* maag | buis~.
⊚ **maagcarcinoom** kwaadaardige woekering van cellen uitgaande v.h. maagslijmvlies; indeling: adenocarcinoom is meest voorkomende type; minder vaak komen maligne lymfoom, leiomyosarcoom en carcinoïd voor.
maagcytoprotectie vorming v.e. beschermende slijmlaag op de maagepitheelcellen.
maagd 1 (seksuol., gynaecol.) vrouw die nog geen seksueel penetrerend contact heeft gehad; 2 (seksuol., androl.) begrip dat allengs 'knaap' heeft vervangen i.d. verouderde betekenis daarvan, te weten een man die nog geen seksueel contact heeft gehad.

maag-darmgerommel *zie* borborygmus.
maag-darmontsteking *zie* gastro-enteritis.
maagdelijkheidsherstel operatie chirurgische ingreep i.d. introitus vaginae, uitgevoerd op verzoek van aanstaande bruiden uit bevolkingsgroepen waar maagdelijkheidsregels gelden.
maagdelijkheidsideaal verscheidene religies en culturen schrijven beperkingen voor rondom seksualiteit; gangbaar is hierbij dat seksuele gemeenschap slechts is toegestaan aan gehuwden.
maagfoto radiologisch onderzoek waarbij m.b.v. bariumcontrastmiddel röntgenfoto's van maag en duodenum worden gemaakt.
maagheveling verwijderen v.d. maaginhoud via een door de slokdarm ingebrachte buis.
maagingang *zie* pars cardiaca.
maaginterponaat het maag- of darmdeel dat wordt gebruikt om een reconstructie te bewerkstelligen tussen het eerste deel v.d. slokdarm dat na resectie v.e. oesofaguscarcinoom nog is behouden en de rest v.h. maag-darmkanaal.
maagknorren *zie* borborygmus.
maagmond *zie* pars cardiaca.
maagontlediging de afgifte v.d. zure maaginhoud naar de twaalfvingerige darm.
maagontledigingsonderzoek techniek om de snelheid te meten waarmee de maag zijn inhoud naar het duodenum transporteert.
maagpoort *zie* pylorus.
maagruptuur *zie* gastrorrexie.
maagsap waterig, kleurloos zuur dat i.d. maag door de glandulae gastricae propria wordt afgescheiden.
maagsapresistent 'van een mantel voor-

zien', gezegd van maagzuurresistente tabletten die de maag ongehinderd moeten passeren.

maagslijmvliesontsteking *zie* gastritis.

maagvulling vergroting v.d. maaginhoud door voedselopname.

maagzak *zie* pouch | gastric ~.

maagzuur | **brandend** ~ *zie* pyrose.

maagzuurresistent (farmac.) *zie* enteric coated.

maagzuursecretie afgifte van HCl door de pariëtale cellen i.d. maagwand onder invloed van vele stimulerende en remmende factoren.

maandstonden *zie* menstruatie.

maatschap samenwerkingsverband tussen beroepsgenoten die in financiële, juridische en organisatorische zin een eenheid vormen.

MAC [E] **1** (toxicol.) *zie* maximaal toegestane concentratie; **2** (pulmonol.) *zie* minimale alveolaire concentratie.

Mac- zie ook woorden die met 'Mc-' beginnen.

mac. (m<u>a</u>cera) **1** (receptuur) doe weken; **2** maceratio.

Macaca een apengeslacht.

Macaca mulatta kleine apensoort in Zuidoost-Azië, veel gebruikt als proefdier.

MACD *zie* dehydrogenase | middellangeketen-acyl-CoA~.

MACE *zie* stoma | malone~.

maceratie 1 (dermatol.:) verweking, i.h.b. v.d. huid; **2** (obstetrie:) autolyse die een i.d. uterus gestorven en achtergebleven foetus ondergaat; **3** (pathol.:) behandeling v.e. anatomisch preparaat, waaruit door weekmaking alle organische bestanddelen verwijderd worden, zodat alleen het anorganische geraamte overblijft.

maceratus gemacereerd; vb. fetus maceratus.

MacEwen | teken van ~ hoge percussietoon v.d. schedel bij hydrocefalus, hersenabces.

macrencefalie overmatige groei v.d. hersenen.

macro- voorvoegsel in woordverbindingen met de betekenis 'groot'.

macroaggregaat conglomeraat van grillig gevormd eiwitbrokstukjes verkregen door denaturatie v.e. waterige oplossing van albumine.

macroamylasemie het i.h. bloed voorkomen van amylaseglobulinecomplexen die te groot zijn om door de nier te worden uitgescheiden; het amylase behoudt zijn zetmeelsplitsende activiteit; dit komt voor bij 1 à 2% v.d. bevolking en is niet schadelijk.

macrobiotiek (voedingskunde:) niet-wetenschappelijk onderbouwde voedingswijze.

macrocefalie overmatige grootte v.d. schedel.

macrocheilie slurflip, vergroting of verdikking v.d. lippen. • **essentiële granulomateuze** ~ *zie* syndroom | miescher~.

macrocheirie overmatige grootte v.d. handen.

macrocornea *zie* keratoglobus.

macrocyt grote erytrocyt (met een diameter van 10-12 μm).

macrocytair met vele macrocyten; vb. m-re anemie.

macrocytemie aanwezigheid van (vele) macrocyten i.h. bloed.

macrocytose *zie* macrocytemie.

macrofaag grote mononucleaire fagocyterende cel in los bindweefsel, behoort tot het mononucleairefagocytensysteem (MPS). • **alveolaire** ~ macrofaag, gelegen tegen het alveolaire epitheel v.d. long. • **sterrenhemel**~ macrofaag in centrum van follikels (B-celgebieden) in lymfoïde organen als milt, lymfeklier, plaat van Peyer. • **weefsel**~ macrofaag niet in lymfe of bloed, maar in overig weefsel; vb. weefselmacrofaag is langerhanscellen.

macrofaagactivatie transformatie v.e. rustende monocyt i.e. macrofaag die sterk reageert op exogene stimuli en die inflammatoire mediatoren uitscheidt.

macrofilaria de volwassen vorm van *Wuchereria*.

macrogameet de vrouwelijke geslachtelijke vorm v.d. malariaparasiet, die zich na de bevruchting tot oökineet ontwikkelt.

macroglobulinemie een ziekte die wordt gekenmerkt door aanwezigheid van macroglobulinen i.h. bloed. • ~ **van Waldenström** vorm van macroglobulinemie bij mannen boven de 50 j.

macroglossie vergroting en verdikking v.d. tong.

macroliden een groep antibiotica, bestaande uit groot-moleculaire, macrocyclische lactonen, vooral werkzaam tegen stafylokokken.

macrometastase klinisch macroscopisch

detecteerbare metastase, bevestigd door histologisch onderzoek.

macromoleculair i.h. bezit van grote moleculen.

macromolecuul reuzenmolecuul (eiwit) met een molecuulmassa van 10.000 à 500.000.

macro-orchidie abnormaal vergroting v.d. testis.

macropie gezichtsstoornis (metamorfopsie) waarbij de voorwerpen groter lijken dan ze zijn.

macroplasie abnormaal sterke ontwikkeling v.e. of meer lichaamsdelen.

macroscopisch met het blote oog waarneembaar, i.t.t. microscopisch.

macroscopische anatomie | **microscopische anatomie** de kennis v.d. microscopisch zichtbare lichaamsstructuren.

macrosomie reuzengroei.

macrosoom 1 (gynaecol. kindergeneesk., bijv. nw.:) *zie* large for gestational age; **2** (celbiologie, z. nw.:) een v.d. grotere deeltjes i.d. kernen van sommige cellen.

macrotie abnormaal grote afmeting v.d. oren.

macula 1 (anat., dermatol., pathol.:) vlek, klein gebied; **2** (oogheelk.:) gangbare verkorte vorm voor macula retinae; bevat het grootste aantal kegelvormige fotoreceptoren; deze maken de centrale gezichtsscherpte en het waarnemen van kleuren mogelijk; **3** (dermatol.:) primaire huideflorescentie. • ~ **adhaerens** *zie* desmosoom. • ~ **albida** witachtig vlek op pericard of peritoneum. • ~ **corneae** opake vlek op het hoornvlies. • ~ **cribrosa inferior** zeefvormig doorboord beenvlak i.d. wand v.d. ampulla ossea posterior. • ~ **cribrosa media** zeefvormig doorboord beenvlak bij de basis v.h. slakkenhuis voor de doortredende vezels v.d. nervus saccularis. • ~ **cribrosa superior** zeefvormig doorboord beenvlak i.d. wand v.d. ampulla ossea posterior. • ~ **densa** gedeelte v.d. distale niertubulus. • ~ **germinativa** nucleolus i.d. kern v.d. eicel. • ~ **lactea** *zie* macula albida. • ~**e caeruleae** blauwe huidvlekken a.g.v. beten van luizen. • ~ **lutea** *zie* macula retinae. • ~ **retinae** ovale, gele vlek van ongeveer 2 mm diameter, i.d. retina aan de achterpool v.h. oog, met i.h. centrum een inzinking, de fovea centralis. • ~ **solaris** *zie* sproet. • ~**e staticae** zintuigvelden voor de waarneming v.d. stand v.h. hoofd i.d. ruimte. • ~ **tendinea** *zie* macula albida. • ~ **utriculi** horizontaal zintuigveld op de bodem v.d. utriculus.

⊛ **maculadegeneratie** verzameling van oogaandoeningen die met elkaar gemeen hebben dat de macula retinae (macula lutea) is aangetast, waardoor de gezichtsscherpte afneemt; indeling: onderscheid in juveniele vorm en de ouderdomsvorm; de juveniele vorm treedt al op jonge leeftijd op, is erfelijk en in vergelijking met de ouderdomsvorm betrekkelijk zeldzaam; ouderdomsmaculadegeneratie (OMD) is te onderscheiden i.e. 'droge' (80-90%) en 'natte' (10-20%) vorm. • **droge** ~ *zie* niet-exsudatieve ~. • **exsudatieve** ~ snel progressieve maculadegeneratie met loslating v.h. retinale pigmentepitheel en chorioïdeale neovascularisaties. • **juveniele** ~ veelal overerfbare degeneratie v.d. macula op jonge leeftijd. • **leeftijdgebonden** ~ op oudere leeftijd optredende m., gekenmerkt door drusenpapillen en lokale atrofie v.h. retinale pigmentepitheel of subretinale neovascularisaties. • ~ **van Kuhnt** eindstadium van natte maculadegeneratie met vorming v.e. schijfvormig litteken. • ~ **van Stargardt** autosomaal-recessief overervende juveniele vorm van dystrofie v.d. gele vlek. • ~ **volgens Best** dominant overerfbare juveniele vorm van maculadegeneratie, fundoscopisch gekenmerkt door tijdelijke aanwezigheid v.e. cyste lijkend op een eierdooier. • **natte** ~ *zie* exsudatieve ~. • **niet-exsudatieve** ~ pleksgewijze atrofiëring v.h. retinale pigmentepitheel en fotoreceptorlaag op oudere leeftijd, leidend tot visusdaling. • **seniele** ~ *zie* leeftijdgebonden ~. • **vitelliforme** ~ *zie* maculadegeneratie volgens Best.

maculagat defect i.d. foveolaire retina, zichtbaar als een rood uitgeponst plekje centraal i.d. gele vlek.

macula pucker [E] afwijking v.d. gele vlek waarbij zich een epiretinaal membraan vormt met plooiing van en tractie aan de centrale retina.

macularis 1 m.b.t. een vlek, gepaard met vlekjes; vb. eruptio macularis; **2** (oogheelk.) m.b.t. de macula.

macularum gen. mv. van macula; vb. membrana statoconiorum macularum.

maculeus rijk aan, vergezeld van vlekken; vb. morbus maculosus, atrophia cutis m-a.

maculopapuleus gepaard met maculae en papulae; vb. ~ exantheem bij roodvonk (scarlatina).

maculopathie retinopathie met aantasting v.d. macula retinae. • **diabetische ~** maculopathie, gepaard gaand met concentratie van veranderingen in het netvliescentrum en visusdaling; exsudatieve vorm met cirkelvormige lipide-exsudaten, oedemateuze vorm met cystoïd maculaoedeem, gatvorming i.d. macula en irreversibele aantasting v.h. centrale gezichtsvermogen.

maculosus *zie* maculeus.

madarose kaalheid, i.h. bijz. het verlies v.d. oogharen of wenkbrauwen.

Maddox | maddoxglaasje stel parallel geplaatste glascilinders die, voor het oog geplaatst, een lichtpunt veranderen i.e. lijn. • **maddoxkruis** kruisvormige schaal met een lichtbron als centraal fixatiepunt, voor onderzoek v.d. oogspierwerking en v.d. scheelzienhoek. • **maddoxstaafje** een rode of groene glascilinder die een lichtbron i.e. rode of groene lijn verandert en, voor een oog geplaatst, de neiging tot fusie van rechter en linker oogbeeld opheft.

made kop- en pootloze larve v.e. insect; vb. aarsmade, kaasmade, vleesmade.

Madelung | teken van ~ abnormaal verschil tussen de lichaamstemperatuur zoals gemeten onder de oksel en i.h. rectum.

madentherapie wondreiniging met gebruikmaking van steriele larven v.d. groene vleesvlieg.

madescens vochtig, nat; vb. eczema madidans.

MAF *zie* factor | macrofaag-activerende ~.

MAG (myelin-associated glycoprotein) *zie* glycoproteïne | myeline-geassocieerd ~.

magenta basische fuchsine.

magerzucht *zie* anorexie | anorexia nervosa.

maggot debridement therapy *zie* madentherapie.

magilltang tang volgens Magill om een tube te kunnen sturen.

magistrale bereiding het bereiden van geneesmiddelen i.d. apotheek, dus niet het verstrekken van voorverpakte medicijnen gekocht bij een fabrikant.

magistralis afkomstig v.d. deskundige (de arts); vb. formula magistralis.

magma deeg- of pasta-achtige substantie.

magna vr. van magnus.

magnavorm *zie Entamoeba histolytica*.

magneetextractie verwijdering van ijzersplinters uit het oog d.m.v. een magneet.

magnesium (Mg) metaal, alkalisch element.

magnetic resonance imaging (MRI) beeldvormende techniek waarbij wordt gebruikgemaakt v.e. magnetisch veld en laagenergetische (dus niet ioniserende) radiogolven.

magnetische resonantiespectroscopie (MRS) beeldvormend onderzoek dat de chemische samenstelling v.e. tumor zichtbaar maakt.

magnetiseren complementaire, niet algemeen erkende geneeswijze waarbij de behandelaar de handen op of bij het lichaam v.d. patiënt houdt om het energieveld v.d. patiënt te beïnvloeden.

magnificatie (psychiatrie) disadaptieve denkwijze waarbij negatieve ervaringen of prestaties worden uitvergroot.

magnus groot; vb. musculus adductor magnus, macula magna, foramen magnum.

MAI *zie Mycobacterium avium intracellulare*.

MAIC *zie Mycobacterium avium intracellulare*.

main d'accoucheur *zie* teken van Trousseau.

main obstétrique *zie* teken van Trousseau.

major groter; vb. chorea major, cornu majus.

major basic protein (MBP) [E] belangrijkste basische eiwit dat i.d. eosinofiele cel voorkomt.

makaakaap *zie Macaca mulatta*.

make-up [E] (immunologie) omschrijving v.d. manier waarop iets aan de buitenkant wordt gepresenteerd.

mal [F] (obsoleet) kwaad, ziekte. • **grand ~** [F] *zie* aanval | tonisch-klonische ~. • **impulsief petit ~** *zie* epilepsie | juveniele myoklonische ~. • **del pinto** *zie* pinta. • **~ perforant du pied** [F] *zie* malum perforans pedis trophoneuroticum. • **petit ~** [F] *zie* absence.

mala wang, kaak.

malabsorptie verstoorde, doorgaans verminderde opname v.d. door de verteringsenzymen gesplitste voedingsbestanddelen door de darm. • **fructose~** onvoldoende resorptie van fructose i.d. darm waardoor gisting i.d. darm optreedt. • **glucose-galactose~** stoornis i.d. opname van glucose en galactose, veroorzaakt door de afwezigheid v.h. transportsysteem voor deze suikers i.d. darmwand; aangepast dieet vormt de behandeling.

malacie verweking, i.h.b. van weefsel, bijv. t.g.v. van inwerking van gal of pancreassap. • **broncho~** aangeboren of verworven deficiëntie van trachea en/of bronchiën. • **cardio~** hartverweking door spierontaarding. • **cerebro~** verweking van hersenweefsel. • **chondro~** kraakbeenverweking. • **encefalo~** abnormale zachtheid v.h. cerebrale parenchym, meestal haardvormig. • **faco~** lensverweking. • **gastro~** (postmortale) maagverweking. • **hepato~** verweking v.d. lever. • **kerato~** 1 (oogheelk.:) verweking en versterf v.h. hoornvlies, vooral bij kinderen met avitaminose-A; 2 (dermatol.:) verweking v.d. hoornlaag v.d. huid. • **laryngo~** verweking v.h. kraakbeen v.h. strottenhoofd. • **leuko~** aandoening die gepaard gaat met verweking v.d. substantia alba. • **lieno~** splenomalacie. • **lunato~** zie Kienböck | ziekte van ~. • **myelo~** verweking v.h. ruggenmerg, meestal a.g.v. een infarct in vaatgebied v.d. a. spinalis anterior Th4-Th6, leidend tot acute pijn i.d. rug, uitstralend naar het middel of het been, gevolgd door mictiestoornissen, progressieve paraplegie, areflexie en urineretentie. • **myo~** spierverweking. • **nefro~** nierverweking. • **neuro~** verweking van zenuwweefsel. • **oesofago~** verweking v.d. slokdarmwand. • **osteo~** beenverweking bij volwassenen. • **retino~** verweking v.h. netvlies. • **sclero~** plaatselijke verweking v.d. sclera. • **spondylo~** wervelverweking. • **stomato~** abnormale weekheid, c.q. verweking van delen v.d. mond. • **tarso~** verweking v.d. ooglid-tarsus. • **tracheo~** verweking v.d. luchtpijp, i.h.b. v.d. kraakbeenringen ervan. • **malacia traumatica** traumatogene cystevorming i.h. ruggenmerg (Kienböck).

malacoplakie een door een ontstekingachtig granuloom veroorzaakte plaatselijke verweking v.h. slijmvlies v.e. hol orgaan. • **malacoplakia vesicae urinariae** chronische cystitis met rood-omrande, gele, zwerende plekken.

malaise [F] gevoel van onwelzijn.

malalignment [E] afwijking in as of bewegingsrichting v.e. gewricht.

◉ **malaria** protozoaire infectie met malariaparasieten; indeling: vier voor de mens pathogene malariaparasieten: *Plasmodium falciparum* (komt overal i.d. tropen voor, vooral in tropisch Afrika, Suriname (bosgebied), Amazonegebied en grote delen van Zuidoost-Azië), de verwekker v.d. ernstige, potentieel letale vorm van malaria, malaria tropica; *P. vivax* (voorkomend in tropen en subtropen) en *P. ovale* (voornamelijk in Afrika), de verwekkers van malaria tertiana (derdedaagse koorts) en *P. malariae* (weinig frequent; voorkomend in tropen en subtropen), de verwekker van malaria quartana (vierdedaagse koorts). • ~ **algida** vorm van m. tropica met koud aanvoelende huid en shocktoestand. • **hersen~** zeer ernstige, comateuze vorm van malaria tropica met vele tropicaparasieten i.d. hersenen. • **luchthaven~** m. die is overgedragen door een met vliegtuigen uit tropische streken meegekomen malariamug. • ~ **maligna** zie malaria tropica. • ~ **quartana** vierdedaagse koorts, d.w.z. één koortsaanval in drie etmalen; verwekker *Plasmodium malariae*. • ~ **tertiana** malaria met één koortsaanval in twee etmalen en met als verwekker *Plasmodium vivax*, soms *P. ovale*. • ~ **tropica** derdedaagse koorts (een koortstop per twee etmalen); verwekker: *Plasmodium falciparum*.

malaris m.b.t. de wang; vb. facies malaris (ossis zygomatici).

Malassezia furfur een schimmelgeslacht (genoemd naar Malassez), verwekker van pityriasis versicolor.

malaxeren 1 het aan de bereiding van pillen voorafgaande kneden v.d. massa; 2 vorm van massage.

maldescensus slechte indaling. • ~ **testis** slechte indaling v.d. testis zie cryptorchisme.

maldigestie stoornis i.d. spijsvertering, veroorzaakt door een tekort aan verteringsenzymen of gal.

malformatie lichamelijke ontwikkelingsstoornis. • **arterioveneuze~** (AVM) kluwen van abnormale arteriën en venen, verbonden door shunts. • **boutonnière~** standsafwijking v.e. vinger met flexie i.h. PIP en compensatoire extensie i.h. DIP. • **caverneuze** ~ kluwen van vaten i.h. vaatsysteem; congenitale afwijking, i.h.b. i.d. hersenen. • **chiari~** *type I*: caudale descentie v.d. cerebellaire tonsillen i.h. halswervelkanaal boven de tweede halswervel, niet geassocieerd met spina bifida, in minder dan 10% leidend tot hydrocefalus, gaat soms met hoesthoofdpijn gepaard; *type II*: caudale descentie v.d. cerebellaire vermis en onderste hersenstam i.h. halswervelkanaal lager dan de tweede halswervel, vrijwel altijd gepaard gaande met hydrocefalus, algemeen bij spina bifida; *type III*: protrusie v.e. zak inhoudende delen v.h. cerebellum en hersenstam vanaf de craniocervicale overgang; *type IV*: ernstige hypoplasie of aplasie v.h. cerebellum geassocieerd met een misvormde achterste schedelgroeve. • **ductulaire plaat~** aangeboren afwijking waarbij de ontwikkeling v.h. galwegsysteem niet voltooid is en de embryonale platen als dubbelwandige cilinders in grote fibreuze portale velden liggen. • **zwanenhals~** afwijkende stand v.d. interfalangeale gewrichten v.e. vinger.

maligne (pathol., v.e. aandoening) (onbehandeld) tot een dodelijke afloop leidend. • **pre~** voorafgaand aan de manifestatie van maligne symptomen; vb. ~ melanose.

maligne neurolepticasyndroom *zie* syndroom | maligne antipsychotica~.

maligne schwannoom *zie* tumor | maligne perifere zenuwschede~.

maligniteit 1 (verhoogde) mate waarin ziekte (i.h.b. tumorweefsel) leidt tot een infauste prognose (dodelijk ziekteverloop); **2** (eufemistische omgangstaal, minder juist) maligne weefsel, tumor.

malignus kwaadaardig, maligne.

mallearis m.b.t. de hamer (een gehoorbeentje); vb. stria mallearis.

mallei gen. van malleus (hamer, een gehoorbeentje); vb. manubrium mallei.

malleolaris m.b.t. een malleolus (enkel).

malleolus 1 de enkel; **2** bolle beenstructuur; vb. prominentia mallearis (bij trommelvlies).

Malleomyces oude naam voor een geslacht *Schizomycetes*.

malleosus veroorzaakt door malleus; vb. sarcocele malleosa.

mallet finger [E] *zie* vinger | hamer~.

malleus 1 gen. -ei; uitspr. m̲a̲lleejus, m̲a̲lleejie; **2** hamer (een der gehoorbeentjes); **3** infectieziekte bij paarden, zelden bij de mens, verwekt door *Actinobacillus mallei* (vroeger genoemd *Bacillus mallei*); wereldwijd vrijwel uitgeroeid, kwam per 1999 nog in Mongolië, Brazilië en Pakistan voor.

Mallory | mallory-azankleuring veel gebruikte histologische kleurmethode waarmee collagene en slijmbekercellen blauw kleuren. • **syndroom van ~-Weiss** bloedbraken en longitudinale fissuren aan de maagingang bij alcoholisten.

malnutritie *zie* voeding | onder~.

Malpighi | stratum ~ stratum germinativum v.d. epidermis (= stratum basale plus stratum spinosum).

malpractice [E] ondeskundige, ev. schadelijke uitoefening van geneeskundige praktijk. • **medical ~** *zie* fout | kunst~.

malresorptie *zie* malabsorptie.

malrotatie stoornis i.e. draaibeweging.

MALT (mucosa-associated lymphoid tissue) *zie* lymfoïd weefsel | mucosageassocieerd ~.

Maltakoorts *zie* brucellose.

maltase een enzym (o.a. in gist), splitst een molecuul maltose in twee moleculen glucose. • **zure ~** een intermediair lysosomaal enzym, ontbreekt bij Pompe-ziekte.

maltose moutsuiker, een disacharide (glucose + glucose), ontstaat uit zetmeel bij hydrolyse door amylase.

malum kwaal, ziekte. • **~ perforans pedis trophoneuroticum** ulcus aan de voet bij neuropathie.

malunion [E] slechte verbinding, i.h.b. slechte genezing v.e. botbreuk.

mamillair m.b.t. de tepel.

mamma borst, bestaande uit klierweefsel, bindweefsel en vet.

mamma-adenoom *zie* adenose | scleroserende mamma~~.

mamma-amputatie · mamma-amputatie volgens Halsted *zie* amputatie | radicale mamma~~.

mamma-augmentatie operatieve vergroting v.d. borstklier.

⊛ **mammacarcinoom** kwaadaardige woekering van cellen uitgaande v.h. borstklierweefsel; indeling: ductaal (grootcellig; melkgang; 90%), lobulair (kleincellig; melkklierwakje; 10%). • **ductaal ~** mammacarcinoom, uitgaande v.h. epitheel i.d. melkgang. • **lobulair ~** mammacarcinoom dat uitgaat v.d. melkklierwakjes.

mammalis m.b.t. de mamma.

mammapoli organisatievorm waarmee de verschillende vormen v.d. diagnostiek v.e. mamma-afwijking op elkaar zijn afgestemd en desgewenst i.e. of enkele dagen plaatsvinden.

mammareconstructie | primaire ~ mammareconstructie die direct aansluitend aan de mastectomie wordt verricht. • **secundaire ~** mammareconstructie die enige tijd

na de mastectomie wordt verricht.
mammareductie operatieve verkleining v.d. mamma.
mammarius m.b.t. de mamma; vb. glandula mammaria (melkklier).
mammateam geformaliseerd samenwerkingsverband van chirurg, radioloog en (cyto)patholoog.
mammectomie *zie* amputatie | mamma~.
mammilla tepel.
mammillaris 1 m.b.t. de mammilla; vb. linea mammillaris (mammillaire lijn); 2 tepelvormig; vb. processus m-ris.
mammogeen *zie* prolactine.
mammografie radiologisch onderzoek v.d. mammae. • **screenings**~ mammografie die plaatsvindt i.h. kader van bevolkingsonderzoek op mammacarcinoom.
mammotropine *zie* prolactine.
MAMV *zie* waarde | ademgrens~.
manchet 1 opblaasbare brede band o.a. in gebruik bij de bloeddrukmeting; 2 (chir.) weefseldeel ter bedekking v.e. anastomose, bijv. omentummanchet ter bedekking v.e. darmanastomose, pleuramanchet rondom een bronchusanastomose.
MANCOVA meervoudige variantieanalyse waarbij rekening is gehouden met covariabelen.
mandibulair repositieapparaat (MRA) klem van zachte kunststof die i.d. mondholte wordt geplaatst.
mandibularis mandibulair, m.b.t. de mandibula; vb. fossa mandibularis.
mandrijn metalen draad of dunne staaf i.h. lumen v.e. katheter, canule, trocart, sonde of punctienaald.
manicure persoon die vingernagels verzorgt, eelt op de handen en overige cosmetische oneffenheden verwijdert.
manie 1 ziekelijk verlangen, aandrift; 2 manische fase v.d. manisch-depressieve psychose; toestand van ziekelijke opgewektheid die gepaard gaat met een verstoorde beleving v.d. eigen persoon en de werkelijkheid; i.h.b. de manische episode v.e. bipolaire stoornis; stemming is overmatig opgewekt (eufoor), de betrokkene is ongefundeerd optimistisch en heeft een tomeloze energie, leidend tot (te) veel initiatieven, onvoldoende (nacht)rust; gedachtengang is chaotisch; veelal ontbrekend ziektebesef, waardoor reacties van anderen op het manische gedrag op fel verzet kunnen stuiten; 3 (lekentaal) overdreven enthousiasme, bevlieging, gril.
maniërisme gekunsteldheid, gemaaktheid (bij schizofrenie, hysterie). • **motorisch** ~ katatone bewegingsstoornis, gekenmerkt door dwaze, speelse, maar wel schijnbaar doelgerichte bewegingen. • **verbaal** ~ katatone stoornis i.d. gesproken taal, gekenmerkt door overmatig gestileerde en gekunstelde taal.
manifest duidelijk, onmiddelijk herkenbaar, i.t.t. latent.
manifestatiefrequentie *zie* penetrantie.
manifeste aids *zie* aids.
manifesteren (genexpressie) zich uiten, exprimeren.
manipulatie *zie* handgreep.
manisch met kenmerken van manie.
manisch-depressief gepaard gaand met manische en depressieve episoden die cyclisch terugkeren.
manisch-depressieve stoornis *zie* bipolaire stoornis.
manische episode stemmingsstoornis die wordt gekenmerkt door een abnormale en voortdurend euforische, opgewonden of prikkelbare stemming gedurende een bepaalde periode.
mank lopen *zie* claudicatie.
mannelijk genitaal stelsel de mannelijke inwendige en uitwendige geslachtsdelen, bestaande uit penis, testes, scrotum, prostaat en glandula bulbourethralis.
manniet *zie* mannitol.
mannitol 1 een in vele planten voorkomende suiker (eigenlijk een alcohol); 2 kunstmatig zoetmiddel, bestaande uit sacharose en sorbitol, tevens toegepast als proximaal aangrijpend diureticum; na orale toediening en absorptie wordt mannitol voor 93% door de nier gefiltreerd; reabsorptie vindt i.d. nier niet plaats, waardoor osmotische diurese optreedt; toepassing: ter preventie van ischemische nierinsufficiëntie bij grote operaties.
mannose een monosacharide, ontstaat bij oxidatie van mannitol.
manoeuvre handgreep, beweging.
• **epley**~ methode om de symptomen van benigne paroxismale positieduizeligheid te couperen. • ~ **van Epley** *zie* epley~.
manometrie drukmeting. • **anus**~ drukmeting v.d. anale spieren ter bepaling van afwijkingen aan de anale sfincter en het

rectum. • **slokdarm**~ drukmeting v.d. slokdarm door plaatsing v.e. slang.
MANOVA *zie* variantieanalyse | meervoudige ~.
Manson | kleuring volgens ~ kleuring van malariaparasieten met een oplossing van borax-methyleenblauw.
Mansonella een naar Manson genoemd filarioidea-geslacht. • ~ *ozzardi* apathogene species, bij de mens.
mansonelliasis infectie door *Mansonella*.
Mansonia een tot de *Culicidae* behorend muggengeslacht.
manteltablet *zie* maagsapresistent.
mantelzone zoom van kleine donkere cellen rondom het centrum v.e. lymfklierfollikel.
Mantoux | porokeratose van ~ niet-familiaire aandoening met parakeratotische papels op de handpalmen en voetzolen, die na losslating putjes achterlaten.
manubriosternalis m.b.t. manubrium en corpus sterni; vb. synchondrosis manubriosternalis.
manubrium L. voor 'handvat'.
manueel met of door gebruik v.d. handen.
manueeltherapie *zie* manuele therapie.
manuele therapie therapeutische behandeling van klachten aan het bewegingsapparaat door manuele bewerking.
manus hand.
manuum gen. mv. van manus; vb. tinea manuum.
MAO *zie* oxidase | monoamine~.
MAOI (mono amine oxidase inhibitor) *zie* remmer | monoamineoxidase~.
mapping [E] *zie* endocardiale cartografie.
marasme algemeen verval van krachten, gekenmerkt door atrofie en schrompeling.
marche en étoile [F] verfijning v.d. loopproef door de patiënt met gesloten ogen voor- en achteruit te laten lopen.
marginaal aan of op de rand; vb. m-nale insertie v.d. navelstreng.
marginale zone (MZ) randzone die de witte pulpa v.d. milt begrenst.
marginal folds [E.] randplooi i.e. capillairwand die daar ontstaat waar twee endotheelcellen aaneengrenzen.
marginalis m.b.t. de rand; vb. ramus marginalis mandibulae nervi facialis.
marginatus voorzien v.e. rand; vb. placenta marginata, eczema marginatum.
margo rand. • ~ **anterior pancreatis** voorrand v.d. pancreas. • ~ **inferior pancreatis** onderrand v.d. pancreas. • ~ **squamosus ossis parietalis** de aan de pars squamosa ossis temporalis grenzende rand v.h. wandbeen. • ~ **superior pancreatis** bovenrand v.d. pancreas.
Marie | ziekte van Bechterew-Strümpell- ~ *zie* spondylitis ankylopoetica. • **ziekte van Pierre** ~ **1** acromegalie; **2** congenitale (hereditaire) cerebellaire ataxie.
mariske vaatrijk fibropapilloom, al of niet gesteeld, perianaal onder de huid gelegen.
marjolinzweer geen ulcus, maar een carcinoom dat zich na lange latentietijd in littekens van brandwonden ontwikkelt.
marker substantie, kenmerk of factor waardoor een cel of molecuul kan worden herkend of geïdentificeerd; vb.: tumormerkstof. • **amsler~** instrument om de sclera te markeren. • **CA-microsatelliet~** marker die CA-volgorden (microsatellieten) in DNA herkent en zichtbaar maakt; levert belangrijke bijdrage aan het lokaliseren van ziektegenen. • **differentiatie~** *zie* antigeen | CD-~. • **tumor~** substantie, afkomstig v.e. kwaadaardig gezwel, specifiek voor de tumor in kwestie en herkenbaar in bloed.
marlex vroegere merknaam en inmiddels verzamelnaam voor mesh van polypropyleen dat bij chir. herstel van buikwanddefecten wordt gebruikt.
marmerbotziekte *zie* Albers-Schönberg | ziekte van ~.
marmoratus gemarmerd, vb. status m-tus, cutis m-ta.
Marshall | marshall-marchetti-krantz-operatie abdominale urethrosuspensieoperatie bij sfincterinsufficiëntie.
marsupialisatie vorming v.e. buidel uit een tevoren gesloten cyste door wegneming v.e. gedeelte v.d. cystewand en hechting v.d. rand aan het oppervlak, zodat de inhoud kan afvloeien.
masculinisatie **1** het opwekken van mannelijke geslachtsdrift; **2** vermannelijkingsproces bij vrouwen.
masculinus mannelijk; vb. uterus masculinus, mamma masculina.
masculus mannelijk.
masker hulpmiddel i.d. anesthesiologie om het ventilatiemengsel i.d. bovenste luchtweg toe te dienen. • **kinder~** beademingsmasker met minimale dode ruimte, speciaal voor kinderen. • **larynx~** beademings-

masker dat over de larynxingang past. • **neus~** beademingsmasker dat alleen over de neus past.

maskergelaat afname van spontane mimiek en oogknipperen t.g.v. hypokinese bij de ziekte van Parkinson.

maskering het bij oog- of ooronderzoek uitschakelen v.h. niet-onderzochte orgaan.

maskeringstoestel toestel dat een voortdurende ruis aanbiedt en zo probeert het oorsuizen bij patiënten met ernstige klachten te overstemmen.

masochisme 1 (seksuol.) parafilie waarbij men seksueel opgewonden raakt door te worden vernederd, vastgebonden of een andere vorm van pijniging te ondergaan; 2 (psychol.) psychische instelling waarbij men op meerdere levensterreinen onbewust naar mislukking en afwijzing streeft.

massa massa, klomp.

massa~ woordvoorvoegsel met betekenis 'op grote schaal'.

massage lichamelijke manuele behandeling d.m.v. wrijven, strijken, kneden, knijpen, kloppen enz. • **bindweefsel~** massage v.d. bindweefselzones in de veronderstelling dat hiermee andere weefsels positief worden beïnvloed. • **carotis~** zie sinuscaroticus~. • **hart~** ritmische compressie v.h. (vrijwel) stilstaande hart, waardoor men kunstmatig een minimale bloedsomloop op gang houdt. • **periost~** methode waarbij met de hand mechanische prikkels aan het beenvlies worden toegediend. • **prostaat~** krachtig wrijven op de prostaat met een vinger via het rectum om prostaatvocht te verkrijgen voor onderzoek. • **reflexzone~** zie voetzoolreflex~. • **sinuscaroticus~** het uitoefenen van druk op de sinus caroticus. • **voetzoolreflex~** (complem. geneeswijzen) massage van specifieke punten i.d. voetzool.

massagetal zie atoomgewicht.

massagetherapie complementaire geneeswijze die uitgaat v.d. veronderstelling dat manipulatie van lichaamsweefsels de gezondheid bevordert en pijn, angst en stress vermindert.

massareflex van Riddoch zie reflex | riddochmassa~.

masseter kauwspier.

massetericus m.b.t. de masseter; vb. fascia masseterica.

MAST (military antishock trousers) zie antishockbroek.

mastalgie gevoelige onaangename vaak pijnlijke sensaties i.d. borsten.

mastectomie operatieve verwijdering v.e. mamma. • **gemodificeerde radicale** ~ zie amputatie | gemodificeerde radicale mamma~. • **huidsparende** ~ totale verwijdering v.d. borstklierschijf, inclusief tepel en tepelhof, met sparen v.d. overliggende huid: als voorbereiding op de primaire reconstructie. • **~ volgens Patey** zie amputatie | patey~. • **partiële** ~ zie lumpectomie. • **radicale** ~ niet te verwarren met 'radicale mastoïdectomie' zie operatie | halsted~. • **salvage~** borstamputatie bij een recidief i.d. borst na eerdere borstsparende behandeling en bestraling. • **segmentale** ~ zie lumpectomie.

masticatie het kauwen.

masticatorius m.b.t. het kauwen; vb. claudicatio masticatoria.

mastigoot een flagellaat v.d. klasse Mastigophora.

Mastigophora zweepdragers, een klasse der afdeling Protozoa met 1-4 zweepdraden.

mastitis ontsteking v.d. borstklier, bijv. na een zwangerschap. • ~ **carcinomatosa** zeer snel groeiend mammacarcinoom met vooral uitbreiding i.d. huid, waardoor deze verdikt en rood verkleurt. • ~ **neonatorum** zie mastopathie | mastopathia neonatorum. • **plasmacel~** ziekte v.d. verouderende borstklier, gepaard gaand met verwijding v.d. afvoergangen, plasmacellulaire infiltraatvorming, weefselschrompeling en tepeluitvloed. • **puerperalis** ontsteking v.d. borstklier v.e. kraamvrouw.

mastitoides op mastitis lijkend; vb. carcinoma mastitoides. • **carcinoma** ~ zie mastitis carcinomatosa.

mastocyt zie cel | mest~.

mastocytoom huidtumor die mestcellen bevatten; neigt vooral bij kinderen in regressie te gaan.

mastocytose aandoening, gekenmerkt door ophoping van mestcellen in verschillende organen.

mastodynie zie mastalgie.

mastoïd zie processus mastoideus.

mastoïdectomie operatieve uitruiming v.d. mastoïdholte en het vormalig middenoor. • **conservatieve** ~ mastoïdectomie waarbij een deel v.h. middenoor behouden blijft en eventueel een ketenreconstructie kan plaatsvinden om een deel v.h. gehoorverlies terug te winnen. • **corticale** ~ chir. opruiming v.d. mastoïdcellen en het antrum mastoideum. • **gemodificeerde** ~ *zie* conservatieve ~. • **radicale** ~ operatie waarbij de mastoïdholte en het middenoor worden uitgeruimd.

mastoides tepelvormig; vb. processus mastoides (JNA) = proc. mastoideus (NA).

mastoideus 1 tepelvormig; 2 m.b.t. het mastoïd; vb. processus mastoideus, incisura mastoidea, foramen mastoideum.

mastoïdhematoom *zie* teken van Battle.

mastoïditis ontsteking v.h. slijmvlies i.d. luchthoudende ruimten en v.h. bot v.d. processus mastoideus.

mastoïdotomie incisie v.d. processus mastoideus; niet verwarren met mastotomie.

⊛ **mastopathie** goedaardige uitgebreide cystevorming in borstklierweefsel, gepaard met littekenvorming en verhardingen. • **mastopathia chronica cystica** goedaardige uitgebreide cystevorming in borstklierweefsel, gepaard met littekenvorming en verhardingen. • **fibrocysteuze** ~ *zie* mastopathie. • **mastopathia neonatorum** m. bij pasgeborenen; uit de tepel kan dan 'heksenmelk' worden gedrukt.

mastopexie chirurgische fixatie v.e. hangborst.

mastoptose hangborst.

mastorragie *zie* tepeluitvloed.

masturbatie opwekken van seksuele gevoelens en veelal uiteindelijk een orgasme door prikkeling v.d. eigen geslachtsdelen.

matchen zodanig samenstellen v.e. onderzoeksgroep en een controlegroep dat ze ten aanzien v.d. voor het onderzoek relevante achtergrondkenmerken zo veel mogelijk met elkaar overeenstemmen. • **groepsgewijs** ~ m. naar equivalentie op groepsniveau. • **paarsgewijs** ~ matchen naar equivalentie op individueel niveau.

matching [E] (statist., epidemiol.) techniek om onderzoeksgroepen voor een aantal variabelen zo vergelijkbaar mogelijk te maken.

matching dummy [E] placebo die dezelfde vorm als het te onderzoeken middel heeft.

mater omhulsel (eigenlijk: moeder); vb. dura mater.

materia substantie, stof.

materie substantie.

maternal deprivation *zie* deprivatie | moederlijke ~.

maternus m.b.t. de moeder, moederlijk; vb. naevus maternus, placenta materna.

mate van bewijs mate van zeggingskracht v.e. of meer studies, afhankelijk v.d. opzet en uitvoering v.h. onderzoek.

matheid het geluid dat men hoort bij percuteren van solide weefsel dat geen gas bevat.

MATIG *zie* immunoglobuline | menselijk anti-tetanus~.

matje kunststof gaas ter versteviging v.d. buikwand voor gebruik bij o.a. liesbreukoperatie.

matrix de plaats waar iets ontstaat, kiemlaag. • **bindweefsel~** extracellulaire component v.h. bindweefsel, bestaande uit vezels, amorfe grondsubstantie en weefselvloeistof. • **bot~** intercellulaire substantie v.h. bot. • **kraakbeen~** structuur van kraakbeen. • **nagel~** brede plooi aan de basis v.d. nagel, overgaand in nagelbed.

matroclien overgeërfd v.d. moeder.

matti-russetechniek chirurgische correctie v.e. pseudartrose v.h. os naviculare (hand) d.m.v. resectie van sclerotisch bot.

maturatie 1 rijping, bijv. v.e. cataract; 2 ettervorming.

maturitas rijpheid. • ~ **praecox** vroegrijpheid, i.h.b. v.d. genitalia.

maturus rijp; vb. cataracta matura.

maurerstippels onregelmatige, donkerrode vlekjes in erytrocyten die met *Plasmodium falciparum* geïnfecteerd zijn.

maxilla bovenkaak.

maxillaris maxillair, m.b.t. de maxilla; vb. arteria maxillaris.

maxillofaciaal m.b.t. kaak en aangezicht; vb. maxillofaciale chirurgie.

maximaal grootst mogelijk, i.t.t. minimaal.

maximaal prestatievermogen maat voor de lichamelijke conditie v.e. persoon.

maximaal toegestane concentratie (MAC) (toxicol.:) wettelijk vastgestelde maximale concentratiewaarde v.e. stof in lucht of werkomgeving.

maximal respiratory maneuver [E] 'vitale capaciteit': inspiratie tot 'totale longcapaciteit', gevolgd door expiratie tot 'residuale lucht'.

maximal voluntary ventilation (MVV) [E] maximale vrijwillige ventilatie.

maximum het grootst mogelijke effect, de grootst mogelijke hoeveelheid, de bovenste

limiet.
maximus grootste; vb. musculus gluteus maximus, dosis maxima, punctum maximum.
May | kleuring volgens ~-Grünwald een soort Romanowsky-kleuring van bloeduitstrijkpreparaten.
Mayer | mayerring zacht rubberpessarium voor gebruik bij prolapsus uteri en prolapsus ani.
mazelen *zie* morbilli.
mazeprocedure *zie* operatie | maze-.
MB *zie* lepra | multibacillaire ~.
mbar (millibar) 0,001 bar.
MBC minimale bacteriedodende concentratie.
MBCT *zie* mindfulness-based cognitive therapy.
MBD (minimal brain dysfunction) *zie* aandachtstekortstoornis met hyperactiviteit.
MBP *zie* major basic protein.
MBPS *zie* syndroom | münchhausen~ 'by proxy'.
MCADD *zie* deficiëntie | medium-chain-acyl-CoA-dehydrogenase~.
MCC 1 Mohs micrografische chirurgie *zie* chirurgie | mohs~; **2** *zie* medisch coördinerend centrum.
MCDD *zie* multiple complex developmental disorder.
MCFA medium-chain fatty acid.
McGill Pain Questionnaire [E] methode voor objectivering van pijnbeleving d.m.v. een vragenlijst waarbij pijn in drie grootheden wordt gemeten.
MCH *zie* mean corpuscular hemoglobin.
MCHC *zie* mean corpuscular hemoglobin concentration.
MCI *zie* mild cognitive impairment.
mCi afkorting voor de verouderde eenheid millicurie.
MCKD (medullary cystic kidney disease) *zie* cystenier | medullaire~.
MCTD *zie* disease | mixed connective-tissue ~.
MCUG *zie* mictiecysto-urethrografie.
MCV 1 (labdiagn., hematol.) *zie* mean corpuscular volume; **2** (microbiol.) *zie* virus | molluscumcontagiosum~.
MDGF *zie* factor | macrophage-derived growth ~.
MDMA *zie* ecstasy.
M.D.S. ('misce, da, signa') meng, geef af, schrijf erop (rec.).

MDS myelodysplasie.
MDV *zie* mechanische darmvoorbereiding.
ME myalgische encefalomyelitis *zie* chronischevermoeidheidssyndroom.
MEA *zie* neoplasie | multiple endocriene ~.
mean [E] *zie* mediaan, gemiddelde.
mean arterial pressure [E] gemiddelde bloeddruk, d.i. de diastolische bloeddruk plus <FRA:1\/\3> v.d. polsdruk.
mean corpuscular hemoglobin (MCH) [E] gemiddelde hoeveelheid hemoglobine per erytrocyt.
mean corpuscular hemoglobin concentration (MCHC) [E] gemiddelde hemoglobinegehalte v.d. erytrocyten.
mean corpuscular volume (MCV) [E] gemiddeld celvolume v.d. erytrocyten.
mean pressure [E] gemiddelde druk.
meatotomie incisie ter vergroting v.d. urethraopening.
meatus gang, buis. • ~ **acusticus externus** gehoorgang tussen uitwendig oor en trommelvlies.
MEB-ziekte *zie* disease | muscle-eye-brain ~.
MEC *zie* commissie | medisch-ethische ~.
mechanische darmvoorbereiding (MDV) *zie* preoperatieve darmvoorbereiding.
mechanisme theorie volgens welke het gedrag resultaat is van uitwendige prikkels, waarop het organisme automatisch reageert.
mechanoreceptor *zie* sensor | mechano~.
meconium 1 darminhoud v.d. foetus; **2** eerste ontlasting v.d. pasgeborene, groenachtig zwart van kleur.
MED *zie* dosis | minimale erytheem~.
medebehandelaar de arts die verantwoordelijk is voor het eigen vakmatig handelen met betrekking tot de haar/hem toebedeelde deel v.d. zorg voor de patiënt vanwie zij/hij geen hoofdbehandelaar is.
media 1 (z.nw.) mv. van medium (middel, tussenstof); **2** (anat.) **3** (bv. nw.) vr. van medius; vb. otitis media.
mediaal naar het midden toe, m.b.t. het midden.
mediaan 1 (anat.:) i.d. middellijn of i.h. middenvlak gelegen; **2** (statistiek) de middelste waarde i.e. serie naar waarde gerangschikte waarnemingen.
medialis *zie* mediaal.
medianus mediaan, i.h. midden gelegen; vb. nervus medianus, fissura mediana.
mediastinaal m.b.t. het mediastinum.

mediastinitis ontsteking v.h. mediastinum.
mediastinoscopie bezichtiging v.h. mediastinum met een endoscoop d.m.v. chirurgische ingreep.
mediastinotomie chirurgische penetratie met endoscoop i.h. mediastinum via het bed v.h. kraakbenige gedeelte v.d. tweede rib voor proefexcisie uit lymfeklieren.
mediastinum het midden i.d. thorax, boven het middenrif, tussen de longen gelegen complex van weefsels en orgaanstructuren.
• **verbreed** ~ op een röntgenfoto zichtbaar toegenomen breedte v.h. mediastinum.
mediator stof die vrijkomt bij allergische reacties en verantwoordelijk is voor verschijnselen en klachten. • **ontstekings~** vasoactieve en chemotactische factor uit mestcellen en weefselmacrofagen die een reeks van processen regelt, waarbij o.a. het endotheel v.d. microcirculatie verandert, waardoor de doorlaatbaarheid voor vocht toeneemt en waardoor ontstekingscellen als granulocyten en lymfocyten i.h. weefsel terechtkomen; heeft o.a. een regulerend effect op acute ontstekingsreacties.
medica vrouwelijke uitoefenaar v.d. geneeskunde.
medicaliseren proces waarbij mens en maatschappij afhankelijker worden v.d. geneeskunde of meer onder de invloed ervan geraken.
medical record linkage [E] associatieve bundeling van medische gegevens.
medical shopping [E] verschijnsel waarbij een patiënt in tweede instantie verscheidene artsen of hulpverleners raadpleegt omdat deze de door een arts in eerste instantie gestelde diagnose c.q. aangeboden therapie niet aanvaardt.
medical subject heading (MESH heading) [E] trefwoord waarmee elk artikel i.d. Medline-databank is geïndexeerd en kan worden opgespoord.
medicament zie geneesmiddel.
medicamentosus m.b.t. geneesmiddelen, t.g.v. geneesmiddelengebruik; vb. urticaria medicamentosa.
medicamentum geneesmiddel.
medicatie 1 het voorschrijven v.e. of meer geneesmiddelen; 2 (minder gangbaar) geneeswijze. • **inhalatie~** medicatie voor longaandoeningen, i.h. bijzonder astma, bestaande uit dosisaerosolen, poederinhalatie en inhalatie m.b.v. een vernevelaar.
• **onderhouds~** toediening c.q. inname van geneesmiddelen die worden toegepast bij diverse chronische ziekten. • **pre~** toediening van geneesmiddelen voorafgaand aan en ter inleiding v.d. echte behandeling.
• **volks~** verstrekking v.e. geneesmiddel als profylacticum tegen een volksziekte zonder voorafgaande diagnostiek en i.e. lage dosering aan een grote risicogroep dan wel aan de gehele bevolking.
medicijn zie geneesmiddel.
medicijnenstudent zie geneeskundestudent.
medicina geneeskunde. • **forensis** gerechtelijke geneeskunde.
medicinal m.b.t. de medicina.
medicinaal gewicht het systeem van gewichten die vóór 1872 i.d. apotheek werden gebruikt.
medicinalis geneeskrachtig; vb. faex medicinalis.
medicine [E] geneeskunde. • **behavioral** ~ [E] raakvlak tussen psychologie en geneeskunde; betreft sociale, gedragsmatige, emotionele en cognitieve aspecten van lichamelijke ziekten en klachten en omvat preventie, ontstaan, curatie en revalidatie.
• **evidence-based** ~ (EBM) [E] methode waarbij wordt gestreefd naar expliciet en oordeelkundig gebruik v.h. huidige beste bewijsmateriaal in vakliteratuur om op grond hiervan te komen tot gefundeerde uitspraken over diagnostiek, therapie, prognose enzovoort; 'evidence-based' wil niet zeggen dat er voor alle geneeskundige interventies sprake van harde bewijzen moet zijn, maar dat de beschikbare evidence systematisch is geselecteerd en, op gestructureerde wijze is gewogen en dat uiteindelijk gebruik wordt gemaakt van materiaal dat de hoogste graad van bewijs oplevert; de term is geïntroduceerd i.d. jaren tachtig v.d. 20ste eeuw door David Sackett v.d. McMaster Medical School in Canada.
medicolegaal gezondheidsrechtelijk.
medicorum gen. mv. van medicus; vb. crux medicorum.
medicus • **medicus practicus** als arts gekwalificeerde persoon die het vak v.d. geneeskunde ook uitoefent.
medicus 1 (z.nw.) zie arts; 2 (bijv.nw.) m.b.t. de geneeskunde; vb. medicus practicus.
mediëren op gang brengen zonder zelf aan

het proces deel te nemen.

medio- voorvoegsel in woordverbindingen m.b.t. het midden.

mediocarpeus tussen de twee rijen handwortelbeentjes gelegen.

medioclavicularis m.b.t. het midden v.d. clavicula; vb. linea medioclavicularis.

mediotarseus m.b.t. de middenvoet; vb. exarticulatio mediotarsea (Chopart).

medisch met betrekking tot de geneeskunde; vb. medische ethiek, medisch advies (doktersadvies), medisch onderzoek, medische behandeling, medische faculteit, medisch student (student i.d. medicijnen, geneeskundestudent).

medisch coördinerend centrum (MCC) organisatievorm die zich i.h.b. richt op de afstemming en de samenwerking tussen specialisten en huisartsen.

medisch dossier zie dossier | patiënt~.

medische beeldvorming zie diagnostiek | beeldvormende ~.

medische besliskunde medisch-wetenschappelijke discipline waarbij men tot optimale beslissingen tracht te komen door rond een gezondheidsprobleem alle kansen en beslispunten i.e. beslisboom kwantitatief weer te geven en door te rekenen.

medische consumptie 1 gebruikmaken v.d. gezondheidszorg; **2** de mate waarin gebruik wordt gemaakt v.d. gezondheidszorgvoorzieningen (consultaties, ingrepen, voorzieningen en geneesmiddelen); wordt mede bepaald door de mogelijkheid, de geneigdheid en de noodzaak tot gebruikmaking van medische hulp.

medische exceptie medisch handelen of nalaten dat op zich strafbaar is, maar dat op grond van medische noodzaak of wenselijkheid niet strafbaar wordt gesteld.

medische hulpmiddelen verzamelnaam voor een groot aantal hulpmiddelen die mensen nodig hebben om zelfstandig te kunnen functioneren.

medische informatiekunde wetenschap die zich bezighoudt met geneeskundige beslissingen op basis van geautomatiseerde gegevens.

medische terminologie het geheel van begrippen i.d. geneeskundige vaktaal, doorgaans per taalgebied beregeld in nomenclatuur (anatomie, microbiologie) en spellingberegeling; recente wijzigingen i.d. spellingberegeling v.d. Nederlandse taal die gevolgen voor medische terminologie hebben, worden besproken bij de hier vermelde verwijzingsdoelen en uitvoeriger i.d. helpfunctie v.d. digitale uitgave *Pinkhof Medische spellingcontrole* (2009) van Bohn Stafleu van Loghum.

medisch handelen het totaal aan onderzoek en behandeling, met als doel het ziektebeloop v.d. patiënt zo gunstig mogelijk te beïnvloeden.

medisch professionele autonomie verantwoordelijkheid v.d. arts ten aanzien van zijn beroepsplichten waarbij de beroepsbeoefenaar is gebonden aan de rechten v.d. patiënt en andere maatschappelijke plichten.

medisch tuchtrecht tuchtrecht dat zich ten doel stelt het vertrouwen in en de kwaliteit van medisch handelen te garanderen.

medium 1 (lab.techniek) substantie waarop micro-organismen kunnen groeien; **2** (fysiol.) een stof die een prikkel overbrengt. • **kweek~** zie medium. • **stuarttransport~** halfvloeibaar medium waarin een op gonokokken te onderzoeken materiaal vervoerd kan worden naar een laboratorium. • **transport~** vloeistof waarin patiëntenmateriaal wordt bewaard en vervoerd.

medium chain [E] middelmatig lange keten.

medium-chain fatty acid [E] vetzuur met een keten van meer dan 12 C-atomen.

medius middelste; vb. musculus gluteus medius, otitis media, ganglion cervicale medium.

Medline database met referenties van artikelen, toegankelijk via PubMed.

medroxyprogestageen synthetisch progestageen.

medulla merg, binnenste gedeelte v.e. orgaan. • **~ oblongata** het caudale, konische gedeelte v.d. hersenen, tussen de pons en het begin v.h. halsmerg, ventraal v.h. cerebellum; vormt samen met het ervoor liggende metencephalon het rhombencephalon. • **~ ossium** beenmerg. • **~ renalis** niermerg, bestaande uit de tubuli recti en de verzamelkanaaltjes, in piramidevorm gerangschikt. • **~ spinalis** zie merg | ruggen~.

medullair m.b.t. het merg, lijkend op merg.

medullaire plaat eerste aanleg v.h. ruggenmerg bij het embryo.

medullaris tot het merg behorend; vb. stria

medullaris, cavum medullare, carcinoma medullare.
medullocerebellaris m.b.t. medulla (oblongata) en cerebellum; vb. crus medullocerebellare (JNA).
mee-eter *zie* comedo.
meercelligen alle niet-eencellige organismen, dus zowel planten als dieren.
meerling gelijktijdig i.d. uterus aanwezige één- of meer-eiige foetussen, alsmede de daaruit ontwikkelde individuen.
mega- (M) **1** voorvoegsel in woordverbindingen met de betekenis 'groot'; **2** één miljoen maal, $\times'10^6$.
megajoule (MJ) 10^6 joule; 1 MJ = 239 kcal.
megakaryocyt (MK) grote beenmergcel met een grote, gelobde kern, vormt bloedplaatjes.
megakaryocytopoëse de vorming van megakaryocyten.
megakaryocytose aanwezigheid van megakaryocyten i.h. bloed.
megalerythema epidemicum *zie* erytheem | erythema infectiosum.
megalie achtervoegsel in woordsamenstellingen met de betekenis 'groot'. • **acro~** hyperplasie v.d. acra (neus, kin, oren, handen, voeten) bij volwassenen a.g.v. overmatige productie v.h. somatogene hormoon (HGH, somatotrofine) v.d. hypofysevoorkwab a.g.v. tumorontwikkeling aldaar (woekering van acidofiele cellen). • **cardio~** hartvergroting. • **chiro~** vergroting v.d. handen bij syringomyelie. • **cholecysto~** sterke vergroting v.d. galblaas, duidt op obstructie v.d. galafvoerweg. • **cyto~** infectieziekte, verwekt door het cytomegalovirus. • **gastro~** sterke vergroting v.d. maag, o.a. bij acromegalie. • **hepato~** palpatoir waarneembare leververgroting. • **hepatonefro~** vergroting van lever en nieren bij glycogenose. • **hepatospleno~** vergroting van lever en milt. • **hyper~** overmatige grootte (v.e. orgaan); eigenlijk een pleonasme ('dubbelop'). • **splenohepato~** *zie* hepatospleno~. • **spleno~** miltvergroting.
• **tracheobroncho~** abnormale verwijding van trachea en bronchi, meestal aangeboren. • **tropische spleno~** miltvergroting i.d. tropen, o.a. bij kala-azar, maar ook zonder bekende oorzaak. • **viscero~** pathologische vergroting v.e. orgaan i.d. ingewanden.
megalo- voorvoegsel in woordcombinaties met de betekenis groot.
megaloblastair vergezeld van megaloblasten; vb. m-re anemie.
megalocefalie abnormale grootte v.h. hoofd.
megalocornea *zie* keratoglobus.
megalocyt zeer grote erytrocyt met diameter van 12-16 μm.
megalocytair gepaard met, gekenmerkt door megalocyten; vb. m-re anemie.
megalomanie *zie* waan | grootheids~.
megasigmoïd sterk vergroot colon sigmoideum met obstipatie als belangrijkste symptoom.
megavitaminetherapie gebruik van vitaminen in doses die ver boven de aanbevolen hoeveelheden liggen.
meglitiniden groep van geneesmiddelen die de pancreas kortwerkend tot insulineafgifte aanzetten, met als voordeel een verminderd risico van hypoglykemie; deze geneesmiddelen kunnen worden overgeslagen als een maaltijd wordt overgeslagen.
meiocardie het kleinste normale volume v.h. hart op het einde v.d. kamersystole.
meiose celdeling waarbij 'geslachtscellen' ontstaan met slechts de helft v.h. aantal chromosomen (2n) v.d. oorspronkelijke cel.
meiosis-inducing substance (MIS) [E] eiwit dat i.d. sertolicel wordt geproduceerd en dat een rol bij de spermatogenese speelt.
meiotisch m.b.t. de meiose; vb. meiotische deling.
melaatsheid *zie* lepra.
Melada eilandje i.d. Adriatische Zee.
melan- voorvoegsel in woordverbindingen met de betekenis 'zwart'.
melancholie 1 verouderde psychiatrische term voor 'depressieve toestand'; **2** (lekentaal) zwaarmoedigheid; **3** term van Hippocrates voor een v.d. vier temperamenten.
melanine pigment dat door de melanocyt wordt geproduceerd en dat de belangrijkste determinant v.d. kleur van huid en haar is. • **eu~** bruin-zwart melanine; een v.d. subvormen van melaninepigment. • **feo~** geelrood melanine; een v.d. subvormen van melaninepigment.
melaninethesaurismose *zie* Addison | ziekte van ~.
melanisme *zie* melanose.
melanocyt dendritische pigmentcel die melanine produceert, gelegen i.d. basale laag v.d. epidermis; embryonaal v.d. neurale

lijst afkomstig; komt ook in oog, hersenen en binnenoor voor.

melanoderma *zie* melanose.

melanofagie fagocytose van melanine door histiocyten.

melanofoor macrofaag i.d. dermis die melanine heeft gefagocyteerd.

melanogeen een kleurloos chromogeen in urine, gaat door oxidatie over in zwarte melanine.

melanoleucoderma gevlekt uiterlijk v.d. huid door wisselende hypopigmentatie en hyperpigmentatie.

melanomateus m.b.t., gelijkend op een melanoom.

⊛ **melanoom** kwaadaardige woekering van pigmentcellen, gewoonlijk i.d. huid, soms ook van slijmvliezen of epitheel v.h. oog; indeling: verscheidene klinisch-pathologische subtypen: lentigo-maligna-melanoom (vrijwel uitsl. i.h. gelaat, op oudere leeftijd), 'superficial spreading'-melanoom (met vnl. horizontale groeicomponent), nodulaire melanoom (met verticale groeicomponent = invasie) en acrolentigineuze melanoom (m.n. subunguaal). • **acrolentigineus** ~ variant van lentigo-maligna-melanoom die op handpalmen of voetzolen voorkomt. • **amelanotisch** ~ m. met weinig pigment. • **juveniel** ~ bij kinderen voorkomende tumor, aanvankelijk snel groeiend, histologisch bestaande uit ats atypische melanocyten en teleangiëctasieën. • **lentigo-maligna**~ melanoom, aanvankelijk alleen intra-epidermaal, later overgaand in tumorvorm; komt vooral voor bij oudere mensen i.h. gelaat en heeft een relatief gunstige prognose. • **melanoma in situ** m. beperkt tot de epidermis. • **nodulair** ~ melanoom met overwegend verticaal groeipatroon met invasie in diepe dermis of subcutaan vet. • **oppervlakkig spreidend** ~ melanoom dat vnl. perifeer groeit, maar wel i.d. dermis infiltreert. • **subunguaal** ~ variant van lentigo-maligna-melanoom die onder de nagels voorkomt. • **superficial spreading melanoma** *zie* oppervlakkig spreidend ~. • **uvea**~ kwaadaardig oculair gezwel van melanocyten of voorlopers daarvan.

melanopathie term voor elke ziekte die gepaard gaat met abnormale huidpigmentatie.

melanose 1 overmatige huidpigmentering; 2 stoornis i.h. pigmentmetabolisme; NB: niet verwarren met melanoom. • **melanosis circumscripta precancerosa** *zie* lentigo maligna. • **melanosis coli** vlekkige bruine kleur (melanine) v.h. colonslijmvlies. • **hypo~ van Ito** congenitaal neurocutaan syndroom, gekenmerkt door neurologische afwijkingen en streepvormige hypopigmentatie op romp en extremiteiten volgens blaschkolijnen. • **melanosis lenticularis progressiva** *zie* xeroderma pigmentosum. • **riehl~** jeukende, schilferende pigmentvlekken i.h. gelaat a.g.v. contactallergie. • **teer~** reticulaire pigmentatie met hyperkeratose bij personen die veel met teer omgaan.

melanosis Riehl *zie* melanose | riehl~.

melanosoom melanine bevattende granulae die door de melanocyt worden geproduceerd en worden overgedragen aan nabijgelegen keratinocyten.

melanotic freckles *zie* lentigo maligna.

melanoticus melanotisch, donker gepigmenteerd; vb. sarcoma melanoticum.

melanotisch melanine bevattend; vb. melanotisch pigment.

melanotrichie abnormaal donkere haarpigmentatie. • **melanotrichia linguae** zwarte haartong.

melanotropine *zie* hormoon | melanocyten-stimulerend ~.

melasma meestal solitaire of symmetrische donkerbruine, matig scherp begrensde vlekkige pigmentatie, grillig van vorm, voorkomend i.h. gelaat, met name op het voorhoofd, de wangen, de slapen, rond de ogen en op de bovenlip. • **~ gravidarum** melasma bij zwangeren, a.g.v. vermeerderde productie van oestrogenen en progesteron.

melatonine hormoon dat wordt geproduceerd door de pinealocyten i.d. glandula pinealis (pijnappelklier); heeft een functie i.d. biologische klok.

meldingsprocedure procedure waarbij de arts aangeeft te hebben gehandeld volgens de aandachtspunten i.h. geval van euthanasie of levensbeëindigend handelen.

meldplicht *zie* aangifteplicht.

melena kenmerkende zwarte, dunne en plakkerige ontlasting met een weeïg zoete geur; ontstaat bij fors bloedverlies hoog i.h. systema digestorium (de tractus digestivus), waarbij het bloed gedurende de passage door het maag-darmkanaal wordt

afgebroken. • **melaena neonatorum** m. v.d. pasgeborene.
melibiose een disacharide, die bij hydrolyse uiteenvalt in galactose en dextrose.
-melie achtervoegsel in woordverbindingen m.b.t. de ledematen.
melitensis van Malta, Maltezer.
melitose *zie* raffinose.
melken (urol.:) bij mannen het herhaald masseren v.d. urethra i.d. penis, veelal in aansluiting op een (behandeling voor) urethritis ter vergewissing v.d. genezing ervan.
melkgang ductus lactiferus [L].
melkgangfistel *zie* fistel | fistula lactea.
melkschurft *zie* crusta lactea.
melksecretie *zie* lactatie.
melksuiker *zie* lactose.
melkzuur *zie* lactaat.
melkzuuracidose *zie* acidose | lactaat~.
melkzuurdehydrogenase *zie* lactaatdehydrogenase.
mellitus honingzoet; vb. diabetes mellitus.
melon *zie* bucca.
membra ledematen, extremiteiten.
membraan vlies, dunne weefsellaag. • **alveolaire** ~ membraan i.d. longen waarover gaswisseling plaatsvindt, bestaande uit een alveolaire epitheelcel en endotheelcel met daartussen een gefuseerde basale membraan. • **alveolocapillaire** ~ membraan die bloed van lucht scheidt, gevormd door de wand v.d. capillairen en de wand v.d. alveoli. • **membrana atlantooccipitalis posterior** vlies tussen de achterste atlasboog en het achterhoofdsbeen. • **axon**~ plasmamembraan v.e. zenuwwezel waarlangs impulsgeleiding kan plaatsvinden. • **basale** ~ scheidingslaag tussen epitheel en bindweefsel, bestaande uit lamina lucida, lamina densa en zone v.d. sublamina densa. • **basilaire** ~ *zie* lamina basilaris. • **bruch**~ de binnenste laag v.d. choroidea, grenzend aan de retina. • **brunn**~ basale membraan v.h. reukslijmvlies. • **buiten**~ externe laag i.d. celwand van gramnegatieve bacteriën die buiten het peptideglycaan gelegen is. • **cel**~ omhulsel v.h. cytoplasma. • **cytoplasma**~ *zie* cel~. • **descemet**~ de binnenbekleding v.h. hoornvlies. • **elastine**~ al dan niet gevensterde membraand, opgebouwd uit het fibrillaire eiwit elastine; komt voor als scheiding tussen de tunica intima en media v.h. bloedvat (t. elastica interna) en als membraan i.d. t. media van elastische arteriën. • **elford**~ collodiummembraan voor ultrafiltratie en ter bepaling van grootte van virussen. • **filter**~ gefuseerde laminae basales van endotheelcellen van glomeruluscapillair en podocyten die deze omgeven. • **glomerulaire basale** ~ (GBM) deel v.h. glomerulaire filter i.h. nefron *zie* glomerulus. • **glomerulus**~ filter i.d. glomerulus dat uit het passerende bloed het ultrafiltraat vormt. • **haptogene** ~ dun vliesje op het aanrakingsvlak v.d. bolletjes v.e. emulsie. • **hyaliene membranen** vormsels i.d. luchtwegen van pasgeborenen, vooral bij premature kinderen die via een keizersnede geboren worden. • **jackson**~ vlies dat soms over het caecum ligt. • **kern**~ twee parallelle membranen, gescheiden door een tussenruimte, de perinucleaire cisterne, die de celkern omgeven. • **krause**~ een op lengtedoorsnee als een donkere 'lijn van Krause' zichtbare membraan die de sarcomeren van dwarsgestreept spierweefsel begrenst. • ~ **van Bruch** *zie* bruch~. • ~ **van Slavjanski** *zie* slavjanski~. • **membrana nictitans** het 'derde ooglid' v.d. vogels. • **membrana stapedis** dun vlies tussen de benen v.d. stijgbeugel. • **membrana statoconiorum macularum** gelatineus vlies, waarin zich de statoconia bevinden en dat het zintuigepitheel v.d. maculae staticae bedekt. • **membrana thyrohyoidea** elastisch vlies tussen de boven-achterrand v.h. tongbeen en het schildkraakbeen. • **membrana vitrea** verdichte vezellaag aan de oppervlakte v.h. corpus vitreum. • **plasma**~ lipide-dubbellaag met eiwitten (en enkele koolhydraten) die een selectieve barrière vormt tussen het cytoplasma v.d. cel en de buitenwereld. • **postsynaptische** ~ het receptieve oppervlak v.e. neuron waarop een eindknopje v.e. ander neuron eindigt wat samen de synaps vormt voor de impulsoverdracht. • **presynaptische** ~ het terminale deel v.e. neuron dat eindigt op een ander neuron ten behoeve v.d. impulsoverdracht. • **pseudo**~ schijnmembraan, gevormd uit afscheidingsproducten en afgestorven cellen. • **scarpa**~ membrana tympani secundaria. • **slavjanski**~ sterk gekronkelde membraan van dicht collageen, gelegen i.h. stroma v.h. ovarium. • **vasculosyncytiële** ~ dunne scheidingswand tussen het foetale en het moederlijke bloed.

membraanfiltratie (ultra)filtratie door membranen met zeer kleine poriën om vloeistoffen vrij te maken van kleine partikels, ook bacteriën.

membraanoxygenator kunstmatige membraanlong waarin veneus bloed van zuurstof wordt ontdaan en van zuurstof wordt voorzien.

membraanpermeabiliteit mate waarin deeltjes of opgeloste stoffen door een membraan worden doorgelaten.

membraanpolarisatie kenmerkende verdeling van positieve en negatieve elektrische ladingen aan weerskanten v.e. voor ionen ongelijkmatig doorgankelijke membraan i.e. elektrolyten-oplossing, die een potentiaal teweegbrengt.

membraantheorie een membraan aan het grensvlak tussen cytoplasma en omgeving is verschillend doorlaatbaar voor verschillende ionen, waardoor (in rust) een kenmerkende ionenverdeling ontstaat die verstoord wordt bij depolarisatie v.d. membraan t.g.v. prikkeling.

membrana *zie* membraan.

membranaceus vliezig; vb. paries membranaceus auris, cataracta membranacea, crus membranaceum.

membrane-coating granules [E] *zie* keratinosomen.

membrum lid, lidmaat, extremiteit.

memory cell [E] *zie* cel | geheugen-~.

MEN *zie* neoplasie | multipele endocriene ~.

menachinon *zie* vitamine K.

menarche het tijdstip waarop de eerste menstruatie plaatsvindt. • **premature ~** menarche vóór de 10e verjaardag, drie standaarddeviaties onder de gemiddelde leeftijd waarop in Nederland bij meisjes de menarche optreedt.

Mendel | wetten van ~ geheel van drie genetische wetmatigheden: 1) *uniformiteitsregel*: wet die betrekking heeft op de autosomaal-dominante overerving; 2) *splitsingsregel*: heeft betrekking op de autosomaal-recessieve overerving; 3) *onafhankelijkheidsregel*: wet die betrekking heeft op het fenomeen dat genen op verschillende loci onafhankelijk segregeren.

mendelen de verdeling van eigenschappen over de nakomelingen volgens de wetten van Gregor Johann Mendel.

mendeliaans • **mendeliaans** betrekking hebbend op een wijze van overerving volgens de wetten van Mendel.

Mendelsohn | functieproef van ~ ter beoordeling v.d. hartreserve wordt nagegaan in hoeveel tijd de pols weer tot de rustfrequentie terugkeert nadat de patiënt bepaalde oefeningen heeft uitgevoerd.

Ménétrier | ziekte van ~ hypertrofische gastritis door excessieve mucusproliferatie met kenmerkende grote slijmvliesplooien.

mengcomplex *zie* complex | fusie-~.

menggezwel gezwel bestaande uit meer dan één soort woekerende cellen.

menidrose vorm van vicariërende menstruatie, waarbij maandelijks zweet, ev. gemengd met bloed, verschijnt.

Ménière | pseudoménière aanvallen met verschijnselen zoals bij het syndroom van Ménière, echter zonder afwijkingen i.h. inwendige oor. • **ziekte van** ~ aandoening v.h. binnenoor waarbij draaiduizelingen ontstaan, vaak aanvalsgewijs, met verminderd gehoor en oorsuizen in één oor of beide oren; de duizeligheid gaat vaak gepaard met misselijkheid en braken; na een aanval treedt meestal weer (gedeeltelijk) herstel v.h. gehoor op.

mening *zie* conceptie.

meningeaal m.b.t. de meningen; vb. meningeale prikkelingsverschijnselen, meningeale bloeding (= subarachnoïdale bloeding).

meningeale bloeding *zie* bloeding | subarachnoïdale ~.

meningeale prikkelingsverschijnselen verschijnselen die optreden bij irritatie v.d. meningen door bloed of ontsteking: nekstijfheid, opisthotonus, teken van Brudzinski en teken van Kernig.

meningeomatose het gelijktijdig voorkomen van verscheidene meningeomen, veelal als meningeoom en plaque.

meningeoom langzaam groeiende, meestal histologisch goedaardige tumor die uitgaat v.d. hersenvliezen; men onderscheidt atypische en anaplastische (maligne) meningeomen. • **olfactorius** ~ goedaardige tumor die uitgaat v.d. n. olfactorius, gelegen i.d. etmoïde groeve. • **opticusschede**~ meningeoom uitgaande v.d. opticusschede, leidend tot een opticusneuropathie door compressie.

meninges *zie* meninx.

meningeus m.b.t. de meninges (hersenvliezen); vb. arteria meningea.

meningicus m.b.t. de meninges.
meningisme tekenen van meningeale prikkeling bij normale liquor.
⊛ **meningitis** ontsteking v.d. meningen (hersenvliezen) en/of het ruggenmergsvlies; indeling: bacteriële en virale meningitis; meningisme is het complex van ziekteverschijnselen berustend op meningeale prikkeling, echter zonder ontsteking v.d. meninges. • **bacteriële** ~ acute infectieziekte die gepaard gaat met snel progressieve ontsteking van meningen t.g.v. infectie met bacteriën, meestal meningokokken (*Neisseria meningitidis*), *Escherichia coli* (neonaten), *Listeria monocytogenes* of pneumokokken.
• **basale** ~ ontsteking v.d. meningen aan de hersenbasis. • **benigne lymfocytaire** ~ *zie* lymfocytaire ~. • **bof**~ acute ontsteking van meningen t.g.v. infectie met bofvirus.
• **chronische lymfocytaire** ~ idiopathische ontsteking van meningen met hoofdpijn en koorts, spontaan genezend. • **encefalo**~ ontsteking van hersenen en hersenvliezen. • **lepto**~ ontsteking v.d. leptomeninx.
• **lymfocytaire chorio**~ virale meningitis die is veroorzaakt door het arenavirus.
• **lymfocytaire** ~ meningitis met veel lymfocyten i.d. liquor. • **lymfomateuze** ~ aanwezigheid van tumorcellen i.d. meningen, optredend bij lymfomen en leukemie.
• ~ **carcinomatosa** uitzaaiing van cellen v.e. carcinoom elders i.h. lichaam i.d. hersenvliezen en i.d. liquor cerebrospinalis.
• ~ **cerebrospinalis epidemica** *zie* bacteriële ~. • ~ **leucaemica** uitzaaiing van cellen v.e. hematologische maligniteit i.d. hersenvliezen en liquor cerebrospinalis.
• ~ **lymphomatosa** *zie* lymfomateuze ~.
• ~ **purulenta** meningitis met ettervorming. • ~ **sarcomatosa** uitzaaiing van cellen v.e. sarcoom elders i.h. lichaam i.d. hersenvliezen en i.d. liquor cerebrospinalis. • ~ **tuberculosa** *zie* tuberculeuze ~.
• **meningokokken**~ meningitis die door meningokokken is veroorzaakt; symptomen zijn naast hoofdpijn, koorts en meningeale prikkeling vaak ook petechiën; grote kans op ontwikkeling van sepsis.
• **pachy**~ ontsteking v.d. pachymeninx (= dura mater). • **peri**~ *zie* pachy~. • **peripachy**~ ontsteking v.h. weefsel tussen de dura en de benige omhuling v.h. czs. • **steriele** ~ ontsteking v.d. hersenvliezen zonder aangetoonde verwekker en met aanwijzing voor een andere oorzaak, bijv. cytostaticum, contrastmiddel of bloed dat i.d. subarachnoïdale ruimte is terechtgekomen.
• **toxische** ~ *zie* steriele ~. • **tuberculeuze** ~ meningitis door infectie met *Mycobacterium tuberculosis*. • • **wallgren**~ door virus veroorzaakte benigne lymfocytaire meningitis.
meningocele uitpuiling v.d. hersenvliezen via een opening in schedeldak of wervelkanaal.

Meningococcus zie Neisseria meningitidis.

meningo-encefalocele uitpuiling van hersenvliezen en hersensubstantie via een opening i.d. schedel.
meningo-encefalopathie niet-ontstekingachtige ziekte van meningen en hersenen.
meningomyelitis ontsteking v.h. ruggenmerg en de ruggenmergsvliezen.
meningomyelocele uitpuiling van hersenvliezen en ruggenmerg via een opening i.h. wervelkanaal.
meningoradiculitis ontsteking van meningen en zenuwwortels.
meningoradiculitis van Bannwarth *zie* borreliose | neuro-~.
meningoradiculopathie van Bannwarth *zie* borreliose | neuro-~.
meningose vliezige verbinding tussen beenderen, i.h.b. schedelbeenderen.
meninx membraneuze bedekking, i.h.b. van hersenen en ruggenmerg. • **lepto**~ het zachte hersenvlies (arachnoidea plus pia mater). • **pachy**~ *zie* dura mater.
meniscectomie meniscusextirpatie.
meniscocyt *zie* cel | sikkel-~.
meniscocytose aanwezigheid van sikkelcellen i.h. bloed.
meniscofemoralis m.b.t. meniscus en os femoris.
meniscus halvemaanvormig stukje kraakbeen i.h. kniegewricht.
⊛ **meniscusletsel** scheur of breuk i.d. meniscus, vaak na een geforceerde draaibeweging v.h. onderbeen tijdens gelijktijdige flexie of extensie; indeling: men onderscheidt een afscheuring v.d. mediale en de laterale meniscus, een scheur v.e. normale of een degeneratieve meniscus, een perifere of centrale scheur, een horizontale of verticale scheur, en een flapscheur of *bucket handle*-scheur.
menopauze 1 (eigenlijk:) de laatste menstruatie als einde v.d. levensfase met menstruaties bij de vrouw; **2** (gebruikelijk:) de

periode na het einde v.d. menstruaties, het intreden v.d. fysiologische amenorroe. • **kunstmatige** ~ menopauze die is geïnduceerd door hetzij chir. verwijdering van beide ovaria, hetzij uitschakeling v.d. werking v.d. ovaria door farmacotherapie, chemotherapie of radiotherapie.

menorragie overmatige uterusbloeding ten tijde v.d. menstruatie.

menorroe (overvloedige) menstruatie. • **amenorrhoea traumatica** zie syndroom | asherman-~. • **dys~** pijnlijke, soms ook onregelmatige menstruatie, soms met algemene klachten. • **hyper~** overmatige menstruatie: te sterk of te langdurig. • **oligo~** 1 menstruatie met gering bloedverlies; 2 menstruatie met een ovulatoire cycluslengte > 42 dagen. • **poly~** abnormaal frequente menstruatie.

menotropine zie gonadotrofine | humaan menopauzaal ~.

mens geest, ziel; bv. compos mentis.

mensendiecktherapie lichaamsoefeningen ter verbetering v.d. houding, vooral m.b.t. schoudergordel en bekken.

menses de regelmatig terugkerende menstruatie.

mens sana in corpore sano veel gebruikt adagium m.b.t. gezondheid: 'een gezonde geest i.e. gezond lichaam'.

menstruatie de op een serie veranderingen i.h. baarmoederslijmvlies volgende afstoting v.h. endometrium, gepaard gaand met bloeding. • **anovulatoire** ~ m. zonder voorafgaande ovulatie.

mentaal 1 m.b.t. de geest; 2 (anat.:) m.b.t. de kin.

mentaal filter zie selectief abstraheren.

mentagrophyton de schimmel *Microsporon mentagrophytes*, verwekker van sycosis.

mentalis 1 (psych.) m.b.t. de geest; 2 (anat.) m.b.t. de kin; vb. herpes mentalis; foramen mentale.

mentaliseren het kunnen begrijpen v.h. eigen gedrag en dat van anderen in termen van gedachten, wensen, gevoelens en ideeën.

mentis m.b.t. de geest, verstandelijke vermogens; vb. debilitas mentis, compos mentis.

mentolabialis m.b.t. kin en lip; vb. sulcus mentolabialis.

mentula zie penis.

mentum zie kin.

mEq milli-equivalent.

meralgie pijn i.d. dij. • **meralgia paraesthetica** drukneuropathie v.d. nervus cutaneus femoris lateralis ter plaatse v.h. ligamentum inguinale.

Mercier | klep van ~ slijmvliesrichel i.d. urineblaas tussen de beide uretcropeningen.

mercurialisme zie vergiftiging | kwik-~.

merg zie been-~, ruggen-~, bijnier-~. • **been~** sponsachtig weefsel i.d. holte der beenderen, bestaande uit bindweefsel en cellen die verantwoordelijk zijn voor de hemopoëse. • **bijnier~** het centrale deel v.d. bijnier, afkomstig uit het ectoderm. • **dorsaal** ~ het deel v.h. ruggenmerg waaruit de wortels Th.1-12 ontspringen. • **ruggen~** lange streng van zenuwen, gelegen i.d. wervelkolom; maakt samen met de hersenen deel uit v.h. centrale zenuwstelsel (czs); heeft een duidelijk te onderscheiden segmentale opbouw; aan elk segment ontspringt één zenuwpaar; met de 31 paar uit het ruggenmerg ontspringende ruggenmergzenuwen (spinale zenuwen) verzorgt het ruggenmerg de communicatie tussen de organen en de hersenen zie compressiesyndroom | medullair-~, dwarslaesie, radiculair syndroom | lumbosacraal-~. • **verlengde** ~ zie medulla oblongata.

mergholte cavitas medullaris.

merghoudend 1 (zenuwvezel) voorzien v.e. myelineschede; 2 (bot) gevuld met beenmerg.

mergpen metalen pen die i.h. mergkanaal van lange pijpbeenderen wordt gebracht om een fractuur te stabiliseren.

mergsegment deel v.d. mergschede v.e. zenuwvezel dat tussen twee insnoeringen van Ranvier gelegen is; de lengte is bepalend voor de impulsgeleidingssnelheid.

meridianus meridiaan, een denkbeeldige, loodrecht op de equator v.d. oogbol staande cirkel door de voorste en achterste pool v.d. oogbol.

meridionalis m.b.t. een meridiaan; vb. fibrae meridionales (mv. van meridionales).

merken vb. radioactief ~; NB: niet te verwarren met 'markeren' zie tracer, marker.

merker betrekkelijk eenvoudig te herkennen gebied i.h. DNA, bestaande uit een reeks zich voortdurend herhalende bouwstenen.

merknaam beschermde merknaam, meestal geschreven met een hoofdletter.

merkstof zie marker.

meroblastisch met gedeeltelijke eideling.
merocele *zie* hernia femoralis.
merocrien m.b.t. kliersecretie, waarbij een deel v.d. kliercellen met het secreet wordt afgestoten.
merocyten 1 kernen van dochtercellen v.d. eicel, die bij meroblastische eieren het dooiersyncytium vormen; **2** i.d. eicel gedrongen kernen van spermatozoa.
merogamie copulatie van merogameten.
merogonie ontwikkeling v.e. bevruchte eicel na kunstmatige verwijdering of vernietiging v.d. eikern.
meromelie het gedeeltelijk ontbreken v.e. der ledematen als congenitale afwijking.
merozoïet product van ongeslachtelijke deling (schizogonie) v.h. malaria-plasmodium.
MESA *zie* sperma-aspiratie | microscopische epididymale ~.
mesangium het intercapillaire mesenchym i.d. glomeruli.
mesarteriitis ontsteking v.d. tunica media v.e. slagader.
mescaline psychodysleptische, hallucinogene stof (alkaloïd).
mesencefalotomie doorsnijding v.d. pijngeleidende zenuwvezels i.d. lemniscus lateralis v.h. mesencephalon.
mesencephalicus m.b.t. de middenhersenen; vb. tractus mesencephalicus.
mesenchym netwerk van embryonaal bindweefsel i.h. mesoderm, waaruit het latere bindweefsel, de bloed- en de lymfevaten ontstaan.
mesenchymaal behorend tot, afkomstig van mesenchym.
mesenchymoom tumor van mesenchymaal weefsel.
mesenchymose *zie* syndroom | ehlers-danlos-~.
mesenterialis mesenteriaal, m.b.t. het mesenterium.
mesenteric steal [E] retrograde bloedvoorziening v.h. stroomgebied v.d. gestenoseerde truncus coeliacus door een tak v.d. a. mesenterica superior.
mesentericus m.b.t. het mesenterium; vb. plexus mesentericus, hernia mesenterica.
mesenteriitis ontsteking v.h. mesenterium. • **retractiele** ~ mesenteriitis, gepaard gaan met verdikking en retractie.
mesenteriolum klein mesenterium.
mesenterium duplicatuur v.h. buikvlies die de darm en andere buikorganen verbindt met de achterwand v.d. buikholte.
MESH NB: niet te verwarren met E. *mesh* = gaas *zie* medical subject heading.
mesh [E] gevlochten matje van kunststof weefsel dat i.d. chirurgie wordt gebruikt ter versteviging van weefsel, bijv. bij een chir. behandeling v.e. liesbreuk.
meshoom reactieve ontstekingsgezwel dat is veroorzaakt door een kunststof mesh.
mesiaal naar de middellijn gericht; vb. mesiale vlak (facies mesialis), mesiotemporaal.
mesiodens kleine overtollige tand, meestal tussen de maxillaire snijtanden.
meso- voorvoegsel in woordverbindingen m.b.t. middelste, of tot het mesenterium.
mesobilirubinogeen gereduceerde bilirubine, die i.d. darm ontstaat en waaruit bij oxidatie stercobiline wordt gevormd.
mesocardie atypische ligging v.h. hart i.d. middellijn v.d. thorax.
mesocardium het deel v.h. embryonale mesenterium dat het hart verbindt met de voorste lichaamswand en van achteren met de voordarm.
mesocavaal m.b.t. de v. mesenterica superior en de vena cava.
mesocefaal normale verhouding tussen lengte en breedte v.d. schedel (index cephalicus 75,9-81,5); verouderd concept uit de medische antropometrie.
mesocephalus een schedel met normale verhouding tussen lengte en breedte.
mesocolicus m.b.t. het mesocolon; vb. taenia mesocolica.
mesoderm het zich tussen ectoderm en entoderm vormende derde embryonale kiemblad.
mesodermaal afkomstig van, behorend tot het mesoderm.
mesodermalis mesodermaal; vb. dystrophia mesodermalis.
mesofiel eigenschap van sommige organismen het best te groeien bij een temperatuur van 20-25°C.
mesogastrium 1 peritoneumduplicatuur waaraan bij het embryo de maag is bevestigd en die later tot omentum majus en minus wordt; **2** het midden v.d. bovenbuik.
meso-ileum mesenterium v.h. ileum.
mesologie complementaire, niet algemeen erkende geneeswijze die de oorzaak en de behandeling van ziekten i.h. mesoderm ziet en daarbij regulier medische kennis

met kennis uit complementaire geneeswijzen integreert.

mesometritis ontsteking v.h. mesometrium.

mesometrium 1 peritoneum-duplicatuur voor de uterus, deel v.h. lig. latum; 2 de spierwand v.d. uterus.

mesonefroom ovarium-tumor uitgaande van mesonephros-weefsel.

mesonephricus m.b.t. de mesonephros vb. ductus m-cus (gang van Wolff).

mesonephros fylogenetisch het stadium dat zich uit de voornier (pronephros) heeft ontwikkeld.

mesoporfyrine kristallijne, ijzervrije porfyrine, door reductie van hematine ontstaan.

mesosigmoideum peritoneale duplicatuur waaraan het sigmoïd is bevestigd.

mesosystolisch op een tijdstip midden i.d. systole; vb. mesosystolisch geruis.

mesotendineum bindweefselstreng tussen pariëtaal en visceraal blad v.e. peesschede.

mesotenon *zie* mesotendineum.

mesotheel eenlagig plaveiselepitheel dat de sereuze vliezen bekleedt.

mesotheliaal m.b.t. het mesotheel.

⊕ **mesothelioom** maligne tumor die uitgaat van mesotheel (pleura (90%), peritoneum (10%), pericard (<1%)); komt vnl. voor na blootstelling aan asbest; indeling: 4 histologische typen: het epitheliale, sarcomateuze, desmoplastische en gemengde type (dit komt het meest voor).

mesotympanum gedeelte v.h. middenoor mediaal v.h. trommelvlies.

mesovaricus m.b.t. het mesovarium; vb. margo mesovaricus.

mesovarium ophangband v.h. ovarium, het naar het hilum ovarii lopende deel v.h. lig. latum uteri.

message modifying system [E] afdalend systeem van zenuwvezels dat vanuit de hersenschors bepaalt welke fractie v.d. signalen v.d. perifere pijnzenuwen via de pijnbanen i.h. ruggenmerg naar de hogere pijncentra wordt doorgelaten.

messenger | **first ~** hormoon dat specifieke receptoren op de buitenkant v.e. cel bezet en daarmee een specifieke boodschap aan de cel afgeeft. • **second ~** hormoonachtige stof die de schakeling teweegbrengt tussen een receptorbindende agonist enerzijds en de biologische respons anderzijds.

mestcel | **bindweefsel~** (BWMC) grote ovale cel met i.h. cytoplasma sterk kleurbare basofiele granula.

mestceldegranulatie uitscheiding van histamine en metabolieten door mestcellen na cross-linking v.d. membraangebonden IgE-receptoren door een allergeen.

meta- voorvoegsel in woordverbindingen met als betekenis 'na, achter, tussen' of duidend op een verandering.

metaalzout verbinding v.e. elektrisch positief geladen metaalelement met een zoutelement.

metabolicus m.b.t. de stofwisseling, metabool; vb. delirium metabolicum.

metaboliet stof die tijdens het metabolisme ontstaat. • **anti~** (meestal synthetische) stof die een metaboliet verdringt zonder haar functie over te nemen en die zo de stofwisseling verstoort; vb. foliumzuurantagonisten, purineantagonisten, pyrimidineantagonisten. • **endogene ~en** m. die i.h. lichaam zelf worden geproduceerd, bijv. hormonen, fermenten. • **essentiële ~en** stoffen die noodzakelijk zijn voor het normale stofwisselingsproces. • **exogene ~en** m. die van buitenaf moeten worden betrokken, zoals purinen, vitaminen.

metaboliseren het omzetten v.e. verbinding tijdens de stofwisseling.

metabolisme het complex van chemische en fysische processen die zich voordoen bij de opbouw, de afbraak en de instandhouding v.d. weefsels alsmede bij de productie van energie. • **aeroob ~** metabolisme gebaseerd op aanwezigheid van zuurstof, bijv. bij eukaryoten. • **basaal ~ (BM)** 1 het complex van chemische en fysische processen i.e. rustend organisme; 2 de energie die een rustend en nuchter (niet spijs verterend) lichaam gebruikt voor het instandhouden v.d. (vegetatieve) levensfuncties; hierbij werken regulerend de schildklierhormonen thyroxine en tri-jodothyronine; als normaal wordt een BM beschouwd tussen -10 en +15 pct (met deze grootheid wordt tegenwoordig niet meer gewerkt). • **cel~** biochemische reacties i.d. cel die leiden tot vorming (anabolisme) of splitsing (katabolisme) van grotere moleculen, vaak gepaard gaande met energiewisseling. • **first-pass~** *zie* first-passeffect. • **hyper~** verhoogde stofwisseling. • **hypo~** verlaagde stofwisseling. • **inborn error of metabolism** [E] verouderde term voor 'aangeboren defect v.d. stofwisseling' *zie* stofwisseling | aangeboren defect van de ~. • **intermediair** ~ het complex van chemische en fysische processen die zich voordoen tussen begin en eind v.d. stofwisseling.

metaboloom verzameling van alle metabolieten i.e. organisme; dit begrip is gevormd in analogie met 'genoom' (verzameling van alle genen), 'proteoom' (verzameling van eiwitten v.e. cel of v.e. organisme) en 'transcriptoom' (verzameling van alle RNA-moleculen die in verband staan met de transcriptie).

metabool het metabolisme, de stofwisseling betreffend; vb. metabool defect = stofwisselingsdefect.

metacarpale m.b.t. de metacarpus (middenhand); vb. arteriae metacarpalia, ligamentum metacarpale (mv.: ligamenta/ligg. metacarpalia).

metacarpalis m.b.t. de ossa metacarpi.

metacarpicus m.b.t. de metacarpus (middenhand).

metacarpophalangeus m.b.t. de middenhandsbeenderen en de vingerkootjes.

metacarpus middenhand.

metacentrisch | sub~ op een plaats tussen acrocentrisch en metacentrisch.

metacercaria geëncysteerde vorm v.e. (parasitaire) trematode i.h. lichaam v.e. tussengastheer.

metachromasie het verschijnsel dat een bepaalde kleurstof bij verschillende weefselelementen verschillende kleuren doet ontstaan.

metachromatisch gekenmerkt door metachromasie.

metachronisme opeenvolging van gebeurtenissen die theoretisch onlogisch is; bijv. het ontdekken van mammacarcinoom na het ontdekken van metastasen; dit noemt men dan een 'metachrone tumor'.

metacommunicatie inhoudelijk gesprek over het gesprek(sverloop) zelf.

metafase tweede fase v.d. mitose.

metafylaxe het voorkomen v.e. recidief, bijv. bij blaasstenen door meer te drinken en minder dierlijk eiwit en zout te eten.

metafyse 1 het deel v.e. pijpbeen tussen de diafyse (middenstuk) en epifyse (eindstuk); dit deel bevat de groeizone; 2 'tussengroeisel'.

metafysisch niet door zintuiglijke waarneming te bestuderen, als tegenstelling tot fysisch.

metajodobenzylguanidine (MIBG) geneesmiddel dat 'koud' kan worden gebruikt bij de therapie ter bestrijding v.d. metabole symptomen van neuro-endocriene tumoren doordat het de norepinefrinereceptoren bezet.

metakinesis 1 fase v.d. mitose waarin de twee astrosferen zich naar de polen v.d. delende cel begeven; 2 metafase.

metalbumine *zie* pseudomucine.

metalloproteïnen aan metaal gekoppelde eiwitten.

metallose ophoping van metaal i.h. lichaam, o.a. bij gewrichtsprothesen.

metameer een v.d. onderling identieke geledingen v.d. embryonale aanleg, waarvan i.h. volwassen lichaam nog resten zijn te vinden.

metamerie de geleding v.h. lichaam in metameren.

metamorfopsie gezichtsstoornis waarbij de voorwerpen anders worden gezien dan ze in werkelijkheid zijn.

metanefrine metaboliet van epinefrine (adrenaline); wordt met de urine uitgescheiden.

metanephros de blijvende embryonale nier die zich uit de oernier (mesonephros) ontwikkelt.

metaplasie omvorming van volwassen cellen v.e. bepaald weefsel in cellen v.e. ander weefsel. • **apocriene** ~ afwijking waarbij een niet-apocriene kliercel wordt vervangen door een kliercel met een apocrien aspect. • **intestinale** ~ afwijking waarbij i.d. maag epitheelcellen voorkomen die normaal alleen i.d. dunne darm voorkomen. • **myeloïde** ~ ontwikkeling van beenmergweefsel door neoplastische myeloïde stamcellen op extramedullaire plaatsen. • **plaveiselcel**~ reversibele verandering van cilindrisch epitheel in plaveiselepitheel. • **pulpa**~ vorming van osteoïd weefsel (i.p.v. dentine) i.d. tandpulpa. • **regressieve** ~ *zie* anaplasie.

metaplastisch gekenmerkt door, of m.b.t. metaplasie.

metarteriola klein bloedvat dat de overgang vormt van arteriola in bloedcapillair.

metarteriole *zie* kanaal | voorkeurs-~.

metastase tumorcellen (mogelijk tumorstamcellen) die door bloed of lymfe zijn meegevoerd (uitgezaaid) naar een andere plaats i.h. lichaam dan die v.d. primaire tumor en daar hun deling voortzetten; NB: het syn. 'uitzaaiing' wordt voor zowel het proces (metastasering) als de resulterende dochtergezwellen gebruikt. • **bot~** *zie* bottumor. • **douglas~** uitzaaiing van maligne tumor i.d. holte tussen rectum en uterus. • **hersen~** uitzaaiing v.e. tumor elders i.h. lichaam naar de hersenen; meest voorkomend bij bronchuscarcinoom, mammacarcinoom en melanoom. • **in-transit~** uitzaaiing v.e. maligne gezwel i.h. traject tussen de tumor en zijn regionale lymfeklierstation(s). • **lever~** uitzaaiing i.d. lever v.e. kwaadaardige tumor. • **long~** hematogene uitzaaiing in het longparenchym v.e. gezwel elders i.h. lichaam. • **meningeale ~** uitzaaiing van carcinomen, sarcomen of hematologische maligniteiten i.d. hersenvliezen en liquor cerebrospinalis. • **~ van Douglas** *zie* douglas~. • **metastasis in cerebro** *zie* hersen~. • **regionaire ~n** metastasen i.d. regionale klieren. • **spinale epidurale ~** (SEM) uitzaaiing v.e. carcinoom (vnl. mamma, long, prostaat) in ruggenmerg of dura mater; sympt. nachtelijke lokale pijn, waarna radiculaire pijn.

metastasectomie excisie v.e. metastase.
metastasering proces waarbij tumorcellen vanuit een primaire haard worden vervoerd naar een andere plaats (meestal via bloed of lymfe), waar ze als metastase hun groei voortzetten. • **ent~** verspreiding en achterlating van tumorcellen bij een invasieve kunstgreep i.h. gelaedeerde normale weefsel. • **gekruiste ~** overgang van tumorcellen v.d. veneuze i.d. arteriële bloedbaan zonder passage door de longen. • **hematogene ~** metastasering via de bloedstroom die de primaire tumor draineert. • **iatrogene ~** ontstaan van metastasen door verspreiding van maligne tumorcellen a.g.v. medisch handelen. • **implantatie~** metastase die niet via de lymfe- of bloedbaan tot stand is gekomen, bijv. doordat tumorcellen i.d. operatiewond geraken of via het lumen v.e. hol orgaan uitzaaien, zoals i.d. buikholte. • **lymfogene ~** m. via afvoerende lymfevaten naar regionale lymfeklieren. • **paradoxale ~** hematogene m. i.e. richting tegengesteld aan de bloedstroom. • **retrograde ~** metastasering tegen de bloedstroom in.

metastaticus metastatisch; vb. abscessus metastaticus.
metastatisch metastaserend, uitzaaiend.
metatarsaal m.b.t. de middenvoetsbeentjes.
metatarsalgie pijn in voorvoet en twee naast elkaar liggende tenen; door neuroom tussen twee metatarsale kopjes. • **morton~** lancinerende (schietende) pijnen i.d. voorvoet en een of meer tenen a.g.v. druk door de ossa metatarsalia op een of meer nervi interdigitales (teenzenuwen), vertakkingen v.d. n. plantaris of a.g.v. neuroomvorming i.d. betreffende zenuw.
metatarsalia mv. van metatarsale.
metatarseus m.b.t. de metatarsus (middenvoet); vb. exarticulatio metatarsea, ligamentum metatarseum.
metatarsophalangeus m.b.t. middenvoetsbeenderen en teenkootjes.
METC medisch-ethische toetsingscommissie.
meteorisme ophoping van gas i.d. darmen.
metformine geneesmiddel van eerste keuze bij diabetes mellitus type 2 bij patiënten met BMI>27; verlaagt de productie van glucose door de lever; bijwerkingen zijn verminderde eetlust, misselijkheid, metaalsmaak, buikkrampen, (plof)diarree. • **sulfonylurea** geneesmiddel dat de alvleesklier tot insulineafgifte aanzet; bijwerkingen zijn te lage bloedsuikers (soms langdurig) en gewichtstoename van ongeveer 3 kg.
methacholine van acetylcholine afgeleid parasympathicomimeticum.
methadon synthetisch opioïd; behoort tot de zuivere opioïdreceptoragonisten; toepassing: verstrekking als drugssubstituut aan drugsverslaafden, chronische pijnpreventie.
methanogenen alle organismen die methaan produceren.
methemoglobinemie aanwezigheid van methemoglobine i.h. bloed. • **idiopathische ~** gevolg van pathologische zwakte v.h. reducerende fermentsysteem. • **toxische ~** door toxische stoffen (nitriet, kaliumchloraat) teweeggebrachte methemoglobinemie.
methionine zwavelbevattend aminozuur, mogelijk essentieel.
methionine-enkefaline opioïde peptide dat als neuromodulator werkt; komt voor i.h. centrale en perifere zenuwstelsel en i.d. exocriene klieren v.h. maag-darmkanaal;

speelt belangrijke rol bij beweging, stemming, gedrag en pijngewaarwording.

methioninemalabsorptie aangeboren defect i.d. absorptie v.h. mogelijk essentiële aminozuur methionine.

methioninesynthetase een in leukocyten, beenmerg en verschillende gezwellen voorkomend intermediair werkend enzym bij de vorming van methionine door overdracht v.d. methylgroep op homocysteïne.

methode Van de Kamer techniek om het gehalte aan vet in feces te schatten.

methode van Kleihauer-Betke *zie* kleihauer-betkemethode.

methotrexaat (MTX) oncolyticum, tevens antireumaticum.

methoxyamfetamine | 4-~ *zie* paramethoxyamfetamine.

methyleendioxymethamfetamine *zie* ecstasy.

metopicus m.b.t. het metopon; vb. sutura metopica (= s. frontalis).

metra baarmoeder.

metratonie *zie* atonie | atonia uteri.

metrectomie *zie* extirpatie | uterus-~.

metreuryse oprekking v.d. cervix uteri d.m.v. een metreurynter.

-metrie achtervoegsel in woordverbindingen m.b.t. het meten.

metritis ontsteking v.d. baarmoederwand.

metropathie ziekte v.d. baarmoeder. • **metropathia haemorrhagica** m. met bloedingen door overmatige proliferatie v.h. endometrium.

metrorragie bloeding uit de uterus, niet samenhangend met de menstruatie. • **métrorrhagie des vierges** [F] klinische benaming voor een langdurig vaginaal bloedverlies aan het begin v.d. fertiele levensfase.

metrorrhexis *zie* ruptuur | uterus-~.

metroseksueel modieuze aanduiding voor een man die in staat is emoties en daarmee zijn zachte karaktertrekken te tonen.

Meynert | **laag van** ~ laag van piramidecellen i.d. hersenschors.

M.F. ('misce, fiat') meng, bereid (rec.).

M-fase stadium v.d. celcyclus waarin de mitose plaatsvindt.

MFH *zie* histiocytoom | maligne fibreus ~.

MFS mononucleaire-fagocytensysteem.

MG myasthenia gravis *zie* myasthenia gravis.

MGUS monoclonal gammopathy of undertermined significance.

mH microhematocriet.

MHC *zie* complex | major-histocompatibiliteits-~.

MHC-restrictie *zie* antigeenherkenning | MHC-beperkte ~.

MHz (megahertz) 10^6 hertz).

MIA *zie* autopsie | minimaal invasieve ~.

MIBG (metajodobenzylguanidine) belangrijke, aan ^{123}I of ^{131}I gebonden tumortracer.

MIC 1 minimal inhibitory concentration; 2 minimale invasieve chirurgie *zie* chirurgie | minimaal invasieve ~.

micel 1 hypothetisch, submicroscopisch deeltje dat het vermogen van groei en vermenigvuldiging zou hebben en het essentiële levende element van protoplasma zou zijn; 2 submicroscopisch aggregaat van moleculen in colloïdale sols en gels.

michaelisruit vierhoek die wordt gevormd door de processus spinosus L.5, het boveneind v.d. bilgroef en de groefjes i.d. huid ter plaatse v.d. spinae iliacae posteriores.

micr- voorvoegsel in woordverbindingen met de betekenis klein; vb. microbe.

micro- (μ) 10^{-6} gram; 1 microgram (1μg) = 10^{-6} gram.

microaerofiel eigenschap van bacteriën waarbij de groei slechts optimaal is bij een zeer lage zuurstofconcentratie.

microaneurysma uitstulping v.d. vaatwand over een traject van ten hoogste enkele millimeters.

microangiopathie | **trombotische** ~ *zie* syndroom | hemolytisch-uremisch ~.

microarray (lab.diagn.) techniek waarbij op een glazen plaatje een groot aantal probes zijn geplakt die hybridiseren met fluorescerend gemaakte en eventueel geamplificeerde targets.

microbe micro-organisme, i.h.b. bacterie.

microbicide *zie* bactericide.

microbide huidafwijking als overgevoeligheidsreactie op microben.

microbiohemie 1 de aanwezigheid van microben i.h. bloed; 2 ziekte t.g.v. de aanwezigheid van microben i.h. bloed.

microbiologie de wetenschap betreffende de micro-organismen.

microbiota het geheel van micro-organismen i.h. maag-darmkanaal.

microblefarie abnormale kleinheid v.d. oogleden.

microbloedonderzoek analyse v.h. zuurbasenevenwicht in foetaal bloed dat gedurende de partus via een amnioscoop wordt afgenomen uit het voorliggende deel.

microbrachius monstrum met te korte armen.

microcardius monstrum met abnormaal klein hart.

microcefaal i.h. bezit v.e. te klein hoofd.

microcefalie abnormale kleinheid v.h. hoofd.

microcheilie ontwikkelingsstoornis met abnormaal kleine lippen.

microcirculatiestoornis stoornis van bloedcirculatie in arteriolen, venulen en het tussenliggende capillaire bed.

Micrococcaceae familie v.d. orde *Eubacteriales*.

Micrococcus een geslacht v.d. fam. *Micrococcaceae*. • ~ *luteus* een saprofytisch op de huid en de slijmvliezen levende soort. • ~ *tetragenus* een species die door Koch uit cavernes bij longtuberculose is geïsoleerd.

microcornea abnormaal kleine cornea.

microcyt abnormaal kleine erytrocyt (diameter kleiner dan 5 μm).

microcytair gekenmerkt door de aanwezigheid van microcyten; vb. m-re anemie.

microcytose aanwezigheid van microcyten i.h. bloed.

micro-encefalie abnormaal kleine hersenen.

microfaag kleine fagocyt, een zeer actieve, kleine neutrofiele leukocyt.

microfallus kleine penis met hypospadie of ambigue genitaliën.

microfauna samenvattende term voor microscopisch kleine dieren.

microfilamenten draadvormige organellen met contractiele functie.

Microfilaria zie microfilaria.

microfilaria het prelarvale stadium van *Filaroidea* i.h. bloed v.d. mens en i.d. weefsels v.d. overbrenger. • *Microfilaria bancrofti* de m. van *Wuchereria bancrofti*, verschijnt 's nachts i.h. bloed v.d. gastheer, vandaar ook de bijnaam *M. nocturna*. • *Microfilaria diurna* de overdag i.h. bloed uitzwermende m. van *Loa loa* (heette vroeger *Filaria loa*). • *Microfilaria nocturna* zie *Microfilaria bancrofti*.

microfonie | cochleaire ~ registreerbare elektrische reactie v.d. cochlea op geluid.

microgametocyt mannelijke gametocyt.

microgamie conjugatie van microgameten.

microgenie aangeboren kleinheid v.d. kin.

microgenitalisme aangeboren kleinheid v.d. genitalia.

microgliocyt kleine, fagocyterende gliacel, vermoedelijk van mesodermale herkomst.

micrognathie aangeboren kleinheid v.d. onderkaak, met onontwikkelde kin.

micrografie zeer klein handschrift; o.a. kenmerk van ziekte van Parkinson.

microgram (μg) 10^{-6} gram.

microgyrie corticale hersenstructuur met zeer kleine gyri. • **pseudo~** microgyrie die zich v.d. aangeboren vorm onderscheidt door het ontbreken van richeltjes op de hersenschors.

micro-injectie methode waarbij een zaadcel wordt geïsoleerd, die vervolgens i.d. eicel zelf wordt gebracht.

microlithiase | pulmonale alveolaire ~ (PAM) het voorkomen i.d. longalveoli van glad begrensde uit calcium en fosfaat bestaande kristallen.

micrometastase metastase, te klein om klinisch of met beeldvormend onderzoek te kunnen worden opgespoord.

micrometer (μm) 10^{-6} meter.

micron (μ) micrometer.

micronodulair gekenmerkt door de aanwezigheid van kleine noduli (knobbeltjes).

micronucleus (zoöl., infectiez.:) de kleinste v.h. tweetal kernen v.e. ciliaat (*Ciliata*, pantoffeldiertjes), deelt zich mitotisch.

micro-organisme klein levend organisme met microscopische afmetingen.

micro-organismen | apathogene ~ m. die i.d. regel geen ziekte verwekken. • **pathogene** ~ m. die ziekte verwekken, afhankelijk van eigenschappen zoals virulentie v.d. m., weerstand of immuniteit v.d. gastheer, en omgevingsfactoren.

micropsie 1 (neurol., oogheelk.) gezichtsstoornis waarbij de voorwerpen kleiner worden waargenomen dan ze in werkelijkheid zijn; 2 (psych., toxicol.) het zien van kleine dieren als symptoom bij delirium tremens.

microsatelliet microscopisch vastgestelde huidmetastase i.d. naaste omgeving v.e. tumor, veelal een melanoom.

microscoop instrument waarmee kleine objecten sterk vergroot kunnen worden bekeken. • **donkerveld~** microscoopinrichting die licht lateraal op het object werpt ter beoordeling v.e. donkerveldpreparaat. • **elektronen~** (EM) toestel waarmee d.m.v. elektronenstralen een ultramicroscopisch voorwerp zichtbaar kan worden gemaakt.

microscopie: biomicroscopie

- **fasecontrast**~ toestel voor de microscopische beschouwing van contrastarme objecten waarvan het contrast wordt verhoogd door i.d. lichtbundel een 'fasenplaatje' (een dun glasplaatje, voorzien van evenwijdige kerven) te plaatsen. • **fluorescentie**~ apparaat voor onderzoek v.e. coupe die behandeld is met een door fluorchroom gemerkte stof. • **immuno-elektronenmicroscopie** techniek bij incubatie van patiëntenmateriaal met virusspecifieke antistoffen, voorafgaand aan elektronenmicroscopisch onderzoek. • **interferentie**~ aspecifiek microscopisch apparaat ter aantoning van fasevertragingen die optreden wanneer licht door transparante objecten met een verschillende brekingsindex straalt. • **licht**~ microscoop waarmee (meestal gekleurde) preparaten met doorvallend licht worden bekeken. • **polarisatie**~ microscoop voor onderzoek van dubbelbrekende objecten. • **prepareer**~ binoculaire microscoop met zwakke vergroting, gebruikt voor het prepareren v.e. object. • **scanning-elektronen**~ elektronenmicroscoop die een ruimtelijk beeld van oppervlakten verschaft. • **ultra**~ microscoop waarbij het object van opzij met een sterke lichtstraal wordt belicht, waardoor colloïdale deeltjes zichtbaar worden.

microscopie | **bio**~ onderzoek waarbij het oog m.b.v. een spleetlampmicroscoop nauwkeurig en bij verschillende vergrotingen wordt bekeken.

microscopisch 1 niet zichtbaar met het blote oog, zichtbaar met de microscoop; **2** m.b.t. de microscoop, microscopie.

microsferocyt een bolvormige erytrocyt met een diameter die kleiner dan normaal is.

microsferocytose aanwezigheid van vele microsferocyten i.h. bloed (o.a. bij hemolytische anemie).

microsomie dwergvorming, dwerggroei.

microsoom 1 brokstuk van endoplasmatisch reticulum waaraan een ribosoom i.d. vorm van polysoom is gebonden; **2** micelle.

Microsporidium spp. darmparasiet die i.h.b. bij aidspatiënten diarree en soms keratoconjunctivitis kan veroorzaken.

microsporie besmettelijke schimmelaandoening door *Microsporum*, meestal v.h. behaarde hoofd.

Microsporum een geslacht dermatofyten met kleine sporen. • ~ *audouinii* een antropofiele dermatofyt, verwekker van 'ringworm' v.h. behaarde hoofd. • ~ *canis* een zoöfiele dermatofyt, een der verwekkers van 'ringworm' bij honden en katten.

microstomie *zie* stenostomie.

microSv *zie* sievert | micro-~.

Microtatobiotes een klasse v.d. kleinste levende wezens, die voor groei en vermeerdering afhankelijk zijn van andere levende organismen.

microtie abnormale kleinheid v.d. oorschelpen.

microtoom toestel waarmee een voorwerp, of weefsel, in zeer dunne laagjes kan worden gesneden voor microscopisch onderzoek.

microtrayimmobilisatietest *zie* test | microtrayagglutinatie-~.

microtrombus kleine trombus i.e. bloedcapillair.

microvillus vingervormig uitsteeksel van celoppervlakte, leidend tot oppervlaktevergroting.

mictie lediging v.d. urineblaas door spiercontractie, sfincterrelaxatie en evt. buikpers. • **bemoeilijkte** ~ verandering v.d. mictie die zich manifesteert in patiëntklachten zoals moeilijk op gang komen v.h. plassen. • **mictio involuntaria** onwillekeurige urinelozing, incontinentie.

mictiecysto-urethrografie (MCUG) radiodiagnostisch onderzoek waarbij de blaas d.m.v. een steriel ingebrachte blaaskatheter onder fluoroscopische controle met een wateroplosbare contrastvloeistof wordt gevuld.

mictiedagboek eenvoudig informatief hulpmiddel om de functie v.d. lage urinewegen in kaart te brengen.

mictiedrang *zie* imperatieve ~. • **imperatieve** ~ drang tot mictie die niet kan worden onderdrukt.

mictieklachten *zie* mictie | bemoeilijkte ~, urie | dys-~, strang-~, urineretentie | acute ~.

mictietraining het (opnieuw) aanleren of verbeteren van zindelijkheid en/of plasgedrag.

MID 1 (farmacol., microbiol.:) *zie* dosis | minimale infectieuze ~; **2** (neurol.:) *zie* dementie | multi-infarct-~.

midcyclisch halverwege de menstruatiecyclus.

MIDD (MIDD) *zie* diabetes | maternally in-

herited ~ and deafness.
middelgrotevatenvasculitis *zie* vasculitis.
middenooreffusie *zie* otitis media met effusie.
middenrif *zie* diafragma.
middenvoetsbeenderen ossa metatarsalia (enkelv.: os metatarsale).
middenzouten zouten met laxerende werking.
midline verticale lichaamssymmetrieas, een denkbeeldige lijn die beide lichaamshelften v.h. czs, hemisferen v.d. hersenen enz. scheidt.
mid-pregnancy drop [E] daling v.d. diastolische bloeddruk v.d. zwangere i.h. tweede trimester met ongeveer 10-15 mm Hg.
MIF 1 *zie* factor | Müllerian Inhibiting Factor; **2** *zie* factor | migratie-inhibitie-.
⁕ **migraine** enkelzijdige (soms beiderzijdse) hoofdpijn in aanvallen, meestal gedurende enkele uren, voorafgegaan door of gepaard gaand met misselijkheid, soms braken en flikkerscotoom. • **abdominale** ~ migraine met abdominale verschijnselen, zoals misselijkheid en braken. • ~ **accompagnée** [F] migraineaanval met motorische of fatische stoornissen. • **oculaire** ~ *zie* retinale ~.
• **oog**~ *zie* syndroom | möbius-. • **retinale** ~ migraine waarbij als aura één gezichtsveld geleidelijk van lateraal naar mediaal uitvalt en binnen korte tijd weer herstelt.
migrans zich verplaatsend; vb. larva migrans, thrombophlebitis migrans.
migratie verandering van plaats. • **externe** ~ verplaatsing v.e. uit een ovarium vrijkomende eicel, via de buikholte door de uterus om, naar de eileider aan de andere kant. • **interne** ~ verplaatsing v.e. uit een ovarium vrijkomende eicel via de homolaterale eileider, via de uterus naar de andere eileider.
migratietheorie de theorie dat sympathische oftalmie ontstaat door migratie v.h. pathogene agens via lymfekanalen v.h. zieke oog naar het gezonde.
migratorius rondtrekkend, zich verplaatsend; vb. ophthalmia migratoria.
mijt *zie* Acarina.
mijten *zie* Acarina.
Mikulicz | mikulicz-wladimiroffoperatie *zie* operatie | wladimiroff-mikulicz-. • **mikuliczaft** *zie* periadenitis mucosa necrotica recurrens.
mild cognitive impairment (MCI) *zie* vergeetachtigheid.
milia mv. van milium.
miliair zo groot als een milium (gierstkorrel).
miliaria huidaandoening bij overvloedig zweten waarbij de uitvoergangen v.d. zweetklieren afgesloten zijn: hierdoor ontstaan kleine blaasjes ter grootte v.e. milium (gerstekorrel). • ~ **alba** m. met wit-troebele blaasjes-inhoud. • ~ **crista lina** grotere blaasjes met kristalheldere inhoud, bij koortsende ziekten die met sterk zweten gepaard gaan. • ~ **infantum** kleine witte papels bij pasgeborenen, berustend op onrijpe zweetklieren. • ~ **rubra** fijne blaasjes op de huid in gebieden met veel eccriene zweetklieren.
miliaris miliair, ter grootte v e. milium (gierstkorrel).
milieu omgeving. • ~ **extérieur** [F] de buitenwereld. • ~ **intérieur** [F] (obsoleet) het weefselvocht d.i. het vocht dat de lichaamscellen omspoelt. • **micro**~ omgeving op microscopisch en cellulair niveau.
military antishock trousers (MAST) *zie* antishockbroek.
milium lichtgeel korreltje, bestaande uit uiachtig gevormde hoornpareltjes, i.d. dermis, vooral op de oogleden. • **colloïd**~ zeldzame afwijking v.d. onbedekte huid bij oudere mensen: oranjegele, glazige, bolvormige papels, die weggekrabd kunnen worden. • **secundair** ~ *zie* pseudomilium.
milk leg [E] phlegmasia alba dolens.
Milkman | ziekte van ~ spontane fracturen op symmetrische plaatsen, met uitblijvende genezing.
millard-gublersyndroom ponssyndroom dat gepaard gaat met ipsilaterale facialisparese en contralaterale hemiparese.
millardlipsluiting chirurgische techniek voor het sluiten v.e. lipspleet.
milli- (m-) 10^{-3}; 1 milligram (1 mg) = 10^{-3} gram; 1 milliliter (1 ml) = 10^{-3} liter.
milli-equivalent (mEq) 1/1000 gramequivalent.
millinormaal (mN) concentratie v.e. oplossing die per liter 0,001 gramequivalent v.e. stof bevat.
milt i.d. bloedsomloop ingeschakeld lymforeticulair sponzig, zacht, vuistgroot orgaan; de functie komt in grote lijnen overeen met die van lymfeklieren, zij het synthese van afweerstoffen ten behoeve v.d.

bloedcirculatie i.p.v. de lymfecirculatie. • **accessorische** ~ *zie* bij-. • **bij**~ klein eiland van miltweefsel, als 'extra milt' meestal gelegen i.d. buurt v.d. milt. • **infectie**~ *zie* splenomegalie | infectieuze~. • **porfier**~ vergrote milt met witte, gele en rode plekken, bij lymphogranulomatosis. • **spek**~ diffuse amyloïdose v.d. milt, op doorsnede spekachtig van aanzien. • **vlekken**~ milt met multipele necrotische plekken door stoornissen i.d. bloedcirculatie. • **zwerf**~ abnormaal beweeglijke milt.

milthilum *zie* hilum splenicum.
miltpoort *zie* hilum splenicum.
miltsinus *zie* sinus splenici.
miltvuur *zie* antrax.
mimeticum stof die een bepaalde werking of prikkeling nabootst; vb. sympathicomimeticum. • **adrenomimetica** stoffen die de werking nabootsen van (nor)epinefrine dat vrijkomt i.d. suprarenale medulla en in adrenerge zenuwen (lichaamseigen, niet synthetisch (nor)epinefrine); de term wordt in toenemende mate gebruikt in plaats v.h. bredere, minder accurate begrip 'sympathicomimeticum'. • **alfa-1-sympathicolyticum** *zie* antagonist | alfa-1-adrenoceptor~. • **alfa-1-sympathico**~ *zie* agonist | alfa-1-adrenoceptor~. • **bèta-1-sympathicomimetica** stoffen die door binding aan een bèta-1-adrenerge receptor deze stimuleren; positief chronotroop en inotroop effect, remming van lipolyse en darmmotiliteit. • **bèta-2-sympathicomimetica** stoffen die door binding aan bèta-2-adrenerge receptor (bèta-2-adrenoceptor) deze stimuleren. • **bètasympathicomimetica** groep van geneesmiddelen die bètareceptoren stimuleren en aldus gedeeltelijk de werking v.d. n. sympathicus nabootsen. • **cholinomimetica** *zie* sympathicomimetica | para~. • **curarimimetica** groep van geneesmiddelen met een curare-achtige werking. • **morfinomimetica** stoffen met morfineachtige (= analgetische) werking. • **psychotomimetica** stoffen die psychotische verschijnselen met karakterveranderingen, hallucinaties e.d. teweegbrengen. • **sympathicomimetica** *zie* adrenomimetica.
mimic [E] aandoening waarvan de symptomen sterke gelijkenis met een andersoortige aandoening vertonen. • **ALS**~ aandoening waarvan de symptomen sterk op die van amyotrofe laterale sclerose.

mimicry [E] nabootsing. • **antigene** ~ *zie* moleculaire ~. • **moleculaire** ~ inductie van auto-immuniteit a.g.v. kruisreactiviteit tussen exo- en auto-antigenen.
mimiek het complex van bewegingen, i.h.b. v.d. gelaatsspieren, waaruit de toestand v.h. gemoed kenbaar wordt. • ~**armoede** tekort aan bewegingen i.h. gelaat.
mimisch betrekking hebbend op de mimiek.
mindfulness-based cognitive therapy (MBCT) psychotherapie op basis van intensieve meditatie.
mineraal 1 samenvattende term voor alle i.d. natuur voorkomende anorganische stoffen; 2 i.d. geneeskunde gebruikt als synoniem voor metaalionen die voor het leven belangrijk zijn.
minerale stofwisseling het complex van stofwisselingsprocessen i.h. lichaam m.b.t. mineralen.
mineralisatie 1 afbraak van organische stoffen in hun anorganische (minerale) bestanddelen; 2 toediening van minerale stoffen aan het organisme. • **de**~ vermindering v.d. anorganische bestanddelen v.h. organisme; i.e.z. ontkalking v.h. beenweefsel. • **re**~ het weer op peil geraken of brengen v.h. gehalte aan minerale elementen i.e. lichaam waarin deze door ziekte verloren zijn gegaan.
mineralocorticoïden groep i.d. zona glomerulosa v.d. bijnierschors gevormde corticosteroïden.
miniaturisatie verschijnsel bij alopecia androgenetica waarbij i.h. aangedane gebied een toegenomen aantal kortere en dunnere haren aanwezig is als teken van follikelregressie.
minicoremyopathie *zie* myopathie | multicore~.
minim Engelse volume-eenheid (0,0616 ml).
minimaal 1 kleinst mogelijk; 2 uiterst klein; vb. m-male dosering.
minimal brain damage *zie* minimal brain dysfunction.
minimal brain dysfunction (MBD) [E] verouderde term voor aandachtstekortstoornis (met hyperactiviteit) die verwijst naar slechts zelden voorkomende hersenbeschadiging als oorzaak *zie* aandachtstekortstoornis met hyperactiviteit.
minimal-change glomerulopathy *zie* syndroom | minimal-change nephrotic syn-

drome.
minimal-change nephropathy *zie* syndroom | minimal-change nephrotic syndrome.
minimale alveolaire concentratie (MAC) waarde die v.e. anestheticum de alveolaire partiële gasdruk aangeeft die bij 50% v.d. patiënten nodig is om te bereiken dat geen beweging meer volgt na een huidincisie.
minimale bacteriedodende concentratie (MBC) laagste concentratie v.e. antibacteriële stof die nog dodend werkt.
minimale remmende concentratie (MRC) laagste concentratie v.e. antibioticum die in staat is de groei van snel groeiende bacteriën gedurende een etmaal te onderdrukken.
minimal inhibitory concentration (MIC) *zie* minimale remmende concentratie.
minimal invasive surgery *zie* chirurgie | minimaal invasieve ~.
minimalisatie disadaptieve denkwijze waarbij positieve ervaringen of prestaties worden gebagatelliseerd.
minimally consciousness state | **minimally conscious state** toestand na ernstig hersenletsel met ernstige motorische en cognitieve restverschijnselen, maar wel met beperkte mogelijkheid tot communicatie.
mini mental-state examination (MMSE) [E] gestandaardiseerde oriënterende test voor hogere hersenfuncties die bestaat uit vragen en opdrachten.
minimum kleinste hoeveelheid, onderste limiet, tegengestelde van maximum. • ~ **audibile** het minimum hoorbare geluidsvolume. • ~ **visibile** de geringste lichtintensiteit die nog waarneembaar is.
minimus kleinste; vb. musculus gluteus minimus, vita minima.
minim-verpakking vanwege de beperkte houdbaarheid van oogdruppels ontworpen verpakking voor incidenteel gebruik, die 2-4 oogdruppels bevat, steriel is en geen conserveringsmiddel bevat.
minor vergelijkende trap van parvus (klein); vb. chorea minor, cornu minus.
Minor | **minorsyndroom** *zie* tremor | essentiële ~. • **minortest** ter aantoning van hyperhidrosis worden handen en voeten met jodiumoplossing ingesmeerd. • **teken van** ~ wijze van opstaan uit een stoel bij patiënten met ischias, waarbij een hand op de rug wordt gehouden, het pijnlijke been wordt gebogen en op het gezonde been wordt gesteund.
minuta vr. van minutus = klein. • ~**vorm** *zie* Entamoeba histolytica.
minutissimus kleinst.
minutus klein.
miose vernauwing v.d. pupil; niet te verwarren met 'myiasis'.
mioticum pupilvernauwend middel.
mirabilis wonderbaarlijk; vb. Proteus mirabilis, experimentum mirabile.
miracidium vrij zwemmende larve v.e. trematode.
MIS *zie* meiosis-inducing substance.
misantropie wantrouwende houding, voortkomend uit een negatieve visie op de maatschappij, veelal a.g.v. negatieve ervaringen met mensen.
misce (M) meng. • ~ **da signa** (MDS) meng, geef, schrijf erop.
misidentificatie symptoom bij o.a. dementie waarbij de patiënt een bekende niet meer herkent en deze voor een vreemde aanziet.
miskraam *zie* abortus. • **gemiste** ~ *zie* abortus | missed abortion.
mismaakt *zie* malformatie
misogynie ziekelijke afkeer van vrouwen.
misselijkheid *zie* nausea.
missing value [E] ontbrekende waarde i.e. onderzoeksresultaat.
misvorming *zie* malformatie, dysplasie, deformiteit.
MIT monojodotyrosine.
mitella om de nek geslagen doekverband dat de arm steunt.
mitigeren de werking (bijv. van bacteriën en vergiften) verzwakken.
mitochondrion staaf- of bolvormig organel i.h. cytoplasma; het complex v.d. mitochondriën vormt de energiecentrale v.d. cel. • **megamitochondriën** zeer sterk vergrote mitochondriën.
mitochondriopathie aangeboren stofwisselingsziekte i.e. of meer v.d. mitochondriale ademhalingsketencomplexen (intracellulaire energieproductie), m.a.g. spierklachten (vooral spierslapte en cardiomyopathie) en hersenfunctiestoornissen, leidend tot mentale retardatie, motorische stoornissen en epilepsie; veelal multisysteemaandoening, waarbij vnl. orgaansystemen met een hoge energiebehoefte aangedaan zijn.

mitogeen stof die de DNA-synthese en de proliferatie van lymfocyten stimuleert.
mitoom draadgeraamte i.h. cytoplasma.
mitose gewone celdeling, waarbij twee dochtercellen ontstaan met hetzelfde aantal chromosomen als de moedercel.
mitosegift *zie* cytostatica.
mitoseremmer groep van cytostatische geneesmiddelen worden toegepast bij chemotherapie van maligne tumoren; op basis van hun werking onderscheidt men celdelingremmers ofwel antimitotica, antimicrotubulaire stoffen en stoffen die de structuur van chromosomen vernietigen of hun duplicatie of deling verstoren.
mitotisch m.b.t. de mitose; vb. mitotische celdeling.
mitra hoofdband, mijter.
mitralis gangbare verkorte aanduiding van 'mitralis(hart)klep' *zie* valva atrioventricularis sinistra.
mixed-function oxydase *zie* oxidase.
mixed-lymphocyte reaction (MLR) [E.] test waarbij de reactiviteit van bekende lymfocyten tegen onbekend transplantatieweefsel wordt bepaald.
mixed-lymphocyte-tumor culture (MLTC) [E.] kweek van lymfocyten en geïnactiveerde tumorcellen van één patiënt.
mixoscopie *zie* voyeurisme.
mixt. (mixtura) mengsel.
mixtura mengsel van twee vloeistoffen; vb. mixtura resolvens.
mixtus gemengd; vb. lepra mixta, ulcus mixtum.
Miyagawanella *zie Chlamydia*.
MJ (megajoule) 10^6 joule.
MLD 1 (neurol.) metachromatische leukodystrofie; **2** (toxicol.) minimale letale dosis.
M-lijn donkere lijn i.h. midden v.d. H-zone i.e. sarcomeer (contractiele eenheid).
MMSE *zie* mini mental-state examination.
mneme *zie* geheugen.
MOA medische opvang asielzoekers.
mobiel (revalidatiegeneesk.) *zie* ambulant.
mobilis beweeglijk; vb. spasmus mobilis, colon mobile.
mobilisatie 1 beweeglijk maken, laten bewegen; **2** weer laten opstaan na periode van bedrust; vb. vroege mobilisatie.
mobiliteit mate waarin iemand, iets of een lichaamsdeel beweegbaar is. • **gewrichts**~ beweeglijkheid van gewrichtsuitslagen waarbij alle bewegingen worden gemeten vanaf een neutrale uitgangspositie (= nul graden), waarna de bewegingsuitslag wordt gemeten i.d. richting waarin het gewricht zich beweegt vanuit deze nul-positie. • **im**~ **1** onbeweeglijkheid; **2** bedlegerigheid.
mobiliteitsbeperkingen langdurige beperkingen i.d. mobiliteit.
Mobiluncus anaerobe gramnegatieve staven, vaak aantoonbaar in vaginale fluorpreparaten bij bacteriële vaginose.
model empirische interpretatie v.e. mathematisch-logisch systeem. • **dier**~ dierproef waarvan de resultaten worden betrokken op mensen. • **fixed-effect**-~ model dat is gebaseerd op de aanname dat er slechts één vaste onderliggende waarde voor het effect bestaat en dat de verschillende effecten die in onderzoeken worden gevonden slechts aan het toeval te wijten zijn. • **lineair** ~ model dat het verband tussen twee variabelen beschrijft als een rechte lijn. • **loglineair** ~ model voor het analyseren v.h. verband tussen een nominale afhankelijke variabele en een of meer nominale onafhankelijke variabelen. • **medisch** ~ zo getrouw mogelijke representatie van geabstraheerde en gegeneraliseerde medische processen en systemen. • **sliding-filament** ~ [E] modelbeschrijving v.d. spiercontractie waarbij actinefilamenten tijdens een spiercontractie tussen myosinefilamenten schuiven.
modelling gedragstherapeutische methode waarbij de patiënt gedrag aanleert door imitatie v.e. model. • **covert** ~ [E] vorm van gedragstherapie waarbij men alternatief gedrag leert door zich voor te stellen hoe een andere persoon i.e. bepaalde situatie handelt.
modus meest voorkomende waarde i.e. reeks gegevens of i.e. populatie.
MODY *zie* diabetes | maturity-onset ~ of the young.
moederblues *zie* post-partumblues.
moedergezwel primair gezwel, primaire tumor.
moederkoek *zie* placenta.
moederkoren ziekte in grassen en granen waarbij langwerpige, zwarte giftige lichaampjes (sclerotiën) i.d. halmen ontstaan; vergiftiging hiermee leidt tot ergotisme.
moedermelk menselijke melk, met als belangrijkste componenten water, eiwitten,

lactose, vet, vitaminen, maar relatief weinig vitamine K.
moedernuclide radioactief nuclide waaruit bij verval een ander radioactief nuclide (de dochternuclide) vrijkomt.
moederplek *zie* plaque mère.
moedervlek | **goedaardige** ~ *zie* naevus naevocellularis. · **kwaadaardige** ~ *zie* melanoom.
moeraskoorts *zie* malaria.
moermandieet *zie* therapie | moerman~.
mol het aantal grammen v.e. stof dat overeenkomt met de moleculmassa van die stof; 1 mol bevat N deeltjes (N = 6,023 x 10^{23}). · **f~** femtomol = 10^{-15} mol. · **milli- (mmol)** 1/1000 mol; vb. HbA_{1c} wordt uitgedrukt in mmol/mol. · **m~** millimol; vb. HbA_{1c} wordt uitgedrukt in mmol/mol.
mola amorf, misvormd embryo. · **bloed~** *zie* mola sanguinolenta. · **~ destruens** mola met proliferatie van trofoblastcellen i.d. spierwand v.d. uterus en daarbij optredende trofoblastemboliëen i.d. longen en soms metastasering naar vulva en top of vagina. · **~ hydatidosa** druiventrosvormige hydropische ontaarding v.d. chorionvlokken, meestal eindigend in abortus. · **~ invasieve** *zie* mola destruens. · **~ sanguinolenta** mola die is ontstaan door multipele bloedingen tussen decidua en chorion.
molaal m.b.t. mol.
molaar maaltand.
molair (M) m.b.t. een mol.
moleculair m.b.t. moleculen.
molecularis moleculair; vb. stratum moleculare cerebelli.
molle onz. van mollis; vb. palatum molle.
mollis zacht, week; vb. cataracta mollis, ulcus molle.
mollities weekheid, zachtheid. · **~ ossium** *zie* malacie | osteo~.
Mollusca weekdieren (slakken, mosselen, oesters).
molluscum huidaandoening die wordt gekenmerkt door zachte en ronde huidgezwellen. · **~ contagiosum** virale huidinfectie die is veroorzaakt door het molluscumcontagiosumvirus. · **~ sebaceum** *zie* keratoacanthoom.
Moloney | **moloneyvirus** een RNA-virus dat bij muizen leukemie veroorzaakt.
MOMA methoxy-oxy-mandelic acid = vanillyl mandelic acid.
monarticulair *zie* monoarticulair.

monartritis ontsteking van één gewricht, i.t.t. polyartritis.
monaster enkelvoudige sterfiguur, gevormd door de nog ongedeelde chromosomen i.d. metafase v.d. mitose.
mond os [L], stoma [G].
mondbodem onderste vlak v.d. mond, onder de tong.
monddroogte *zie* xerostomie.
mond-en-klauwzeer door aphthae-epizooticae-virus veroorzaakte eruptie van blaasjes aan mondslijmvlies en poten, vnl. bij runderen en varkens, soms op de mens overgaand.
mondholte de ruimte die wordt begrensd door de keelholte, het verhemelte, de mondbodem, de wangen en de lippen.
mondhygiënist medewerk(st)er i.d. tandheelkundige gezondheidszorg die voorlichting geeft en mondhygiënische behandelingen uitvoert.
mondslijmvliesontsteking *zie* stomatitis.
mondvoorhof *zie* vestibulum oris.
mondziekten, kaak- en aangezichtschirurgie specialisme dat zich bezighoudt met diagnostiek, preventie en behandeling van dysplasie en/of onjuiste positie van gebitselementen en kaken.
mondzweertje *zie* aft.
mongolisme *zie* downsyndroom.
mongool gangbare, maar onjuiste term voor lijder aan het downsyndroom.
monilethrix erfelijke haarschachtafwijking met pili moniliformes.
Monilia oude naam voor *Candida*.
moniliasis *zie* candidiasis.
moniliformis parelsnoerachtig; vb. aplasia m-is.
monitoring het uitvoeren en analyseren van routinemetingen met het oog op de signalering van veranderingen i.d. gezondheidssituatie v.e. individu of populatie.
mono- voorvoegsel in woordverbindingen m.b.t. eenheid, enig.
monoaminen aminen met één aminogroep; ze fungeren i.d. hersenen als overdrachtstof.
monoamniotisch met één amnion; vb. monoamniotische tweeling.
monoarticulair m.b.t. één gewricht, i.t.t. polyarticulair.
monochord toestel waarmee de bovengrens v.h. gehoorvermogen kan worden bepaald.
monochoriaal i.h. bezit van slechts één cho-

rion; vb. m-iale tweeling.
monochorie aanwezigheid van één chorion bij een tweeling.
monochromasie volledige kleurenblindheid.
monoclehematoom hematoom i.d. orbitale weefsels en oogleden van één oog, meestal door lokaal trauma.
monocrotie normale vorm v.d. polscurve, met een tweede golf die lager is dan de hoofdgolf.
monoculair met één oog, met één oculair.
monoculus misvorming, bestaande uit de aanwezigheid van slechts één oog.
monocyt uit het beenmerg afkomstige grote mononucleaire fagocyterende cel.
monocyten-macrofagensysteem *zie* systeem | mononucleairefagocyten~.
monocytopenie te gering aantal monocyten i.h. bloed.
monocytose vermeerdering v.h. aantal monocyten i.h. bloed.
monodiplopie het zien van dubbele beelden met één oog.
monofasisch (curve) i.h. bezit van slechts één fase (bewegingsrichting).
monogamie 1 gehuwd zijn met slechts een echtgeno(o)t(e), i.t.t. polygamie; **2** het zich beperken tot één seksuele partner, i.t.t. promiscue. • **seriële** ~ seksueel contact met verscheidene partners die elkaar opvolgen verspreid over relatief lange perioden.
monogeen m.b.t. één gen.
monogenese 1 aseksuele voortplanting; **2** de productie van nakomelingen van slechts één sekse.
monoglyceride glycerol dat veresterd is met één vetzuurmolecuul.
monogonie aseksuele voortplanting.
monokine door monocyten en macrofagen geproduceerde stof die de functie van andere, omgevende cellen beïnvloedt.
monoklonaal term van Waldenström om uit te drukken dat het lymfatisch apparaat bij lijders aan de ziekte van Kahler slechts reageert met woekering van één cellijn, die slechts één immunoglobuline vormt.
monoklonale gammopathie aanwezigheid v.e. compleet of incompleet monoklonaal immunoglobuline.
monolayer cell culture [E] celkweek bestaande uit één laag cellen.
monoloculair *zie* uniloculair.
monomaan iemand die aan monomanie lijdt.
monomanie 1 obsolete term voor paranoïde psychose met slechts één waangedachte; **2** het bezeten zijn van slechts één enkele activiteit of gedachte.
monomeer 1 m.b.t. een enkel segment; **2** vorm van overerving die van slechts één gen-verschil afhangt.
monomorf in één enkele vorm voorkomend, i.t.t. polymorf.
monomorfie eenvormigheid.
mononucleair eenkernig.
mononucleose aanwezigheid van veel mononucleaire leukocyten (monocyten) i.h. bloed. • **infectieuze** ~ *zie* mononucleosis infectiosa. • **mononucleosis infectiosa** infectie met het epstein-barrvirus (EBV), behorend tot de herpesvirussen. • **posttransfusie~** na bloedtransfusie voorkomende, door het cytomegalovirus (CMV) veroorzaakte mononucleose.
mononucleotide combinatie v.e. suiker, een fosfaat en een organische base.
monoploïdie *zie* haploïdie.
monoradiculopathie laesie v.e. enkele zenuwwortel, meestal veroorzaakt door trauma, compressie of infectie.
monorchisme aanwezigheid van slechts één testis.
monosomie verlies v.e. helft v.e. paar autosomen, zodat er 2n-1 chromosomen overblijven. • **autosomale** ~ het ontbreken v.e. der autosomen. • **gonosomale** ~ het ontbreken v.e. v.d. gonosomen, zoals bij het turnersyndroom.
monosymptomatisch zich slechts in één symptoom manifesterend.
monosynaptisch m.b.t. één enkele synaps, voortgeleid via één enkele synaps.
monotherapie behandeling met één geneesmiddel.
Monotricha een groep micro-organismen met aan één uiteinde een flagel.
monotrichie aanwezigheid van slechts één zweepdraad.
monovalent in staat slechts één antigeen te binden; vb. monovalent serum.
monoventriculair *zie* univentriculair.
monoventrikel aangeboren hartafwijking waarbij rechter en linker ventrikel één gezamenlijke holte vormen.
monoxeen de eigenschap v.e. parasiet zich slechts bij één gastheersoort te kunnen ontwikkelen.

monozygoot afkomstig van één enkele zygoot; vb. monozygote tweelingen = gemini aequales.

Monro | monro-kellyhypothese relatie tussen de intracraniële druk en de bloeddoorstroming v.d. hersenen. • **monrolijn** verbindingslijn tussen navel en spina iliaca anterior superior.

mons verhevenheid. • ~ **veneris** mons pubis bij de vrouw.

monster 1 (gynaecol.) zie monstrum; **2** (statist., epidemiol.) zie sample; **3** (histol.) weefselpreparaat. • **weefsel~** zie preparaat, biopt, coupe.

monstrositas grove congenitale misvorming.

monstrum misvormde, i.d. regel niet-levensvatbare foetus.

monteggiafractuur | omgekeerde ~ zie fractuur | galeazzi~.

monteren het plaatsen, bevestigen en ev. insluiten v.e. coupe op een objectglas.

moon face [E] vollemaansgezicht, rood, gezwollen gelaat bij het cushingsyndroom.

moraliteitsverlies zie depravatie.

Morax | bacil van ~-Axenfeld zie Haemophilus duplex.

Moraxella geslacht v.d. fam. *Brucellaceae*. • ~ *bovis* verwekker van keratoconjunctivitis epizoötica. • ~ *catarrhalis* in bovenste luchtwegen voorkomende gramnegatieve kokken die infecties kunnen veroorzaken. • ~ *lacunata* Haemophilus duplex, verwekker van chronische conjunctivitis.

morbiditeit 1 ziekte; **2** (stat.) frequentie van ongewenste gevolgen en complicaties a.g.v. een geneeskundige behandeling; **3** (stat.) verhouding v.h. aantal lijders aan een bepaalde ziekte tot de gehele bevolking, meestal uitgedrukt per 100.000 inwoners en per jaar. • **co~** het optreden v.e. bijkomende ziekte bij een patiënt met een reeds bestaande ziekte en waarbij de tweede ziekte geen oorzakelijk verband met de eerste heeft.

morbilli door mazelenvirus veroorzaakte exanthematische kinderziekte ('derde ziekte').

morbilliform lijkend op morbilli (mazelen); vb. febris morbilliformis, erythema morbilliforme.

morbus ziekte. • ~ **Addisoni** zie Addison | ziekte van ~. • ~ **Barlowi** scorbutus infantum. • ~ **Basedowi** Lat. voor 'ziekte van Basedow' zie Graves | ziekte van ~. • ~ **Bowen** zie Bowen | ziekte van ~. • ~ **Brighti** zie nefritis. • ~ **caeruleus** cyanose bij de pasgeborene t.g.v. congenitaal hartgebrek of congenitale atelectase. • ~ **coeliacus** zie coeliakie. • ~ **Grover** transiënte acantholytische dermatose. • ~ **haemolyticus neonatorum** zie erythroblastose | erythroblastosis foetalis. • ~ **Hansen** zie lepra.
• ~ **Addinsoni** zie Addison | ziekte van ~.
• ~ **maculosus Werlhofi** zie Werlhof | ziekte van ~. • ~ **Menieri** zie Ménière | ziekte van ~.
• ~ **Werlhofi** zie Werlhof | ziekte van ~.
• ~ **Parkinsoni** zie Parkinson | ziekte van ~.
• ~ **Weili** zie Weil | ziekte van ~.

morcellatie chirurgisch fragmenteren van gereseceerd weefsel voor verwijdering in kleine delen.

morfea sclerodermie v.d. huid.

morfine opiaat dat vanwege de sterk analgetische werking bij therapieresistente pijn wordt gebruikt.

morfo- voorvoegsel in woordverbindingen m.b.t. vorm.

morfogenese vorming v.d. organen tijdens de foetale ontwikkeling.

morfologie de wetenschap betreffende de vormen en structuren van organismen.

morfologisch m.b.t. de morfologie.

morfometrie meting van vorm v.e. organisme; vb. wervelmorfometrie bij osteoporose.

morfose de vorming v.e. orgaan of deel v.e. orgaan.

Morgagni | ziekte van ~ zie syndroom | adams-stokes~.

morgan maateenheid voor de afstand van twee genloci op grond v.h. aantal recombinaties tussen deze twee loci.

Morganella bacteriegeslacht v.d. familie *Enterobacteriaceae*. • ~ *morganii* soort M. die urineweginfecties kan geven.

moribundus stervend, i.d. stervensfase verkerend.

mors dood. • ~ **in tabula** het overlijden v.e. patiënt op de operatietafel tijdens een operatie. • ~ **putativa** zie dood | schijn~. • **post mortem 1** (bijv. naamw., voorvoegsel) na (het intreden van) de dood; **2** (zelfst. nw., bepaling) zie sectie, autopsie. • ~ **subita** plotselinge dood.

morsicatie voortdurend bijten. • **morsicatio buccorum et labiorum** witte veranderingen van wangslijmvlies en lippen a.g.v.

habitueel bijten.

morsus gebeten; vb. vulnus morsum.

morsus diaboli oude term voor de fimbriëntrechter aan het abdominale einde v.d. eileider.

mortaliteit verhouding v.h. aantal gestorven mensen tot het aantal inwoners gedurende een bepaalde periode. • **nati~** verhoudingsgetal tussen het aantal doodgeboren en het totale aantal geboren kinderen, gedurende een bepaalde periode. • **neo~** de sterfte i.d. eerste tien levensdagen.

mortaliteitsgraad het aantal personen dat sterft gedurende een bepaalde periode, gedeeld door het totaal aantal personen i.d. populatie.

mortificatie afsterving, necrose, gangreen.

mortis gen. van mors; vb. crux mortis, rigor mortis.

mortonneuralgie *zie* metatarsalgie | morton~.

mortuary tissue digestor reductive cremation *zie* hydrolyse | alkalische ~.

mortuus dood; vb. digitus mortuus.

morula bolvormige groep cellen, ontstaan door splitsing v.d. eicel.

moschatiformis muskaatnootachtig; vb. hepar moschatiforme.

mosmol milliosmol.

most probable number (MPN) [E] rekenkundige methode om het aantal levende micro-organismen i.e. suspensie te schatten.

motiline darmhormoon dat de motiliteit v.d. darm verhoogt.

motiliteit 1 beweeglijkheid; vb. oesofagusmotiliteit; **2** het vermogen spontaan te bewegen.

motion sickness [E] *zie* ziekte | reis~.

motor beweger. • **~ unit** *zie* motorische eenheid.

motor-evoked potential (MEP) stimulatie v.d. motore schors die leidt tot een direct zichtbare reactie, i.d. vorm van korte spierschokjes.

motor-handlebar syndrome *zie* syndroom | fietsstuur~.

motoriek de door spieren teweeggebrachte bewegingsprocessen. • **fijne ~** de fijne bewegingen die plaatsvinden in m.n. de distale musculatuur en waarvan de aansturing wordt geïnitieerd i.d. grote hersenen en verloopt via de piramidebaan naar de motorische voorhoorncellen i.d. hersenstam en het ruggenmerg. • **grove ~** de grove bewegingen die i.h.b. door de proximale musculatuur worden uitgevoerd.

motor imbalance [E] gestoord evenwicht tussen samenwerkende spieren (bijv. de oogspieren).

motorisch op beweging betrekking hebbend.

motorische coöperatie katatone bewegingsstoornis waarbij de betrokkene al bij lichte druk zijn arm of been meebeweegt, ook al is hem gezegd dat niet te doen.

motorische eenheid voorhoorncel plus de bijbehorende uitlopers en de spiervezels die door de eindvertakkingen v.h. axon worden geïnnerveerd.

motorisch eindorgaan *zie* eindplaatje | motorisch ~.

motorische inpersistentie (psychol.) stoornis i.d. motorische executieve functies, gekenmerkt door een verminderd vermogen om handelingen vol te houden.

motorisch engram in de programmering v.e. beweging die aangeleerd wordt i.h. neuronale netwerk v.d. secundaire motorische schors, waardoor de beweging bij oefening steeds sneller en foutloos kan worden gemaakt en de bewuste controle minder kan worden.

motorische onrust overdadige bewegingsdrang.

motorische perseveratie (psychol.) stoornis i.d. motorische executieve functies, gekenmerkt door het nutteloos herhalen van of doorgaan met handelingen.

motorische punten punten op het lichaamsoppervlak waar spieren en bewegingszenuwen afzonderlijk elektrisch prikkelbaar zijn.

motorische sequentiestoornis (psychol.) stoornis i.d. motorische executieve functies, gekenmerkt door een verminderd vermogen tot het doen opeenvolgen van handelingen.

motorischesetshiftingstoornis (psychol.) stoornis in motorische executieve functies, gekenmerkt door een verminderd vermogen om van motorische handeling te wisselen.

motorische stereotypie katatone bewegingsstoornis, gekenmerkt door het repeterend en soms ritmisch maken van dezelfde eigenaardige complexe bewegingen die geen duidelijk doel hebben.

motorisch gehandicapt *zie* handicap.
motorisch negativisme katatone bewegingsstoornis waarbij de betrokkene de tegengestelde handeling uitvoert van die hem gevraagd wordt of helemaal niet doet wat hem gevraagd wordt.
motorius beweging makend, beweging dienend; vb. nucleus motorius.
motorneuron | **perifeer** ~ motorische voorhoorncel, gelegen i.h. ruggenmerg, met uitloper eindigend in motorische eindplaat v.e. spier.
mottling [E] de aanwezigheid van onscherp begrensde lichte en donkere vlekjes op een longfoto.
mouches volantes [F] bewegende donkere of glimmende vlekjes, die de projectie zijn van lichtbrekende vezeltjes of vetbolletjes i.h. corpus vitreum.
moulage [F] **1** natuurgetrouwe plastiek ter afbeelding van gezonde of zieke lichaamsdelen; **2** vervorming v.d. schedel door het over elkaar schuiven v.d. schedelbeenderen o.i.v. de druk die hierop wordt uitgeoefend i.h. baringskanaal tijdens de partus.
mould-room gipskamer waar maskers worden gemaakt voor patiënten die radiotherapie ontvangen.
mountain sickness [E] *zie* ziekte | hoogte-~.
moutsuiker *zie* maltose.
mouvement [F] beweging. • ~ **de bascule** [F] de 'schommelstand' van het naar achteren opgewipte schouderblad bij dystrophia musculorum progressiva.
mozaïcisme het naast elkaar voorkomen in hetzelfde organisme van genetisch verschillende cellen die afkomstig zijn van eenzelfde zygoot. • **geslachtschromosomaal** ~ het optreden van twee cellijnen met verschillende geslachtschromosomen binnen hetzelfde individu. • **kiemcel**~ het voorkomen i.d. gonadale cellijn van twee populaties van cellen die genetisch verschillend zijn.
mozaïek individu dat is voortgekomen uit genotypisch verschillende cellen, afkomstig van eenzelfde zygoot. • **genetisch** ~ het bij een individu voorkomen van twee of meer verschillende cellijnen die uit één zygote zijn ontstaan.
MPN most probable number.
MPS (kindergeneesk.) *zie* mucopolysacharidose; **2** (celbiol.) *zie* systeem | mononucleairefagocyten-~.

MPS-III *zie* syndroom | sanfilippo-~.
MPV *zie* placentaverwijdering | manuele ~.
MRA 1 (radiol.) magnetischeresonantie-angiografie; **2** (kno-heelk.) *zie* mandibulair repositieapparaat.
MRC 1 minimale remmende concentratie; **2** Medical Research Council; 'MRC-schaal' is de schaal voor mate van spierzwakte: 5 is normale kracht, 0 is geen contractie.
mrem millirem.
MRI *zie* magnetic resonance imaging. • **neusbijholte**-~ MRI-onderzoek v.d. neusbijholten.
mRNA *zie* RNA | messenger-~.
MRS *zie* magnetischeresonantiespectroscopie.
MRSA (meticillineresistente *Staphylococcus aureus*) bacteriën v.h. type *Staphylococcus aureus* die door genmutatie resistent zijn tegen vrijwel alle beschikbare antibiotica; gevreesd als verwekker van ziekenhuisinfecties; komt ook op grote schaal onder varkens voor.
• **MRSA-infectie** infectie met meticillineresistente *Staphylococcus aureus*; indeling: stafylokken zijn commensalen v.d. mens; men onderscheidt coagulasepositieve (*S. aureus*) en -negatieve stafylokokken (CNS, o.a. *S. epidermidis* en *S. saprophyticus*); *S. aureus* oefent de grootste aanvalsdruk uit en veroorzaakt infecties; CNS doen dit zelden tenzij de weerstand is verminderd.
MR-spectroscopie (MRS) toepassing van magnetische kernspinresonantie om informatie over de chemische samenstelling v.h. onderzochte gebied te krijgen.
MS *zie* multipele sclerose.
MSA 1 (immunol.:) *zie* antistof | myositisspecifieke ~; **2** (neurol.:) *zie* atrofie | multisysteem-~.
MSCT *zie* tomografie | multislicecomputer-~.
MSD (musculoskeletal disorder) *zie* repetitive strain injury.
MSH *zie* hormoon | melanocytenstimulerend ~.
MSH-IF *zie* factor | melanocytenstimulerend-hormoon-inhibitoire ~.
MSM aanduiding m.b.t. mannen die uitsl. is gebaseerd op seksueel contact tussen hen, ongeacht hun maatschappelijk gemanifesteerde seksuele geaardheid.
MSPM (menselijk-spermapreservatiemedium) protectiemedium waarmee sperma vóór het invriezen wordt gemengd om de

kwaliteit ervan maximaal te behouden.
MSSA meticillin-sensitive *Staphylococcus aureus*.
mSv millisievert, een duizendste sievert, maat voor stralingsdosisequivalent.
MTA (medical technology assessment) *zie* assessment | health technology ~.
MTX *zie* methotrexaat.
muceus mucineachtig, slijmig; vb. muceuze klieren; NB: niet te verwarren met 'mucineus'.
mucine geleiachtige stof, ontstaan door hydratatie van zure mucopolysachariden.
mucineus met afzetting van mucine; vb. mucineus cystadenoom.
mucinoïd *zie* mucoïd.
mucinose huidafwijking door ophoping van mucinen. • **reticulaire erythemateuze** ~ (REM) *zie* mucinosis reticularis et erythematosus. • **mucinosis reticularis et erythematosus** omschreven gebieden van reticulair erytheem met mucine-infiltratie.
muciparus slijm-producerend; vb. cellula mucipara (bekercel).
mucocele uitzetting v.e. holte door ophoping van slijm.
mucocolpos ophoping van slijm i.d. vagina bij hymenatresie.
mucocutaneus m.b.t. de slijmvliezen en de huid; vb. leishmaniasis mucocutanea.
mucoïd 1 (bijv. nw.) mucusachtig; **2** (zelfst. nw.) pseudomucine (i.t.t. mucine niet neerslaand net verdund azijnzuur).
mucoid impaction [E] verstoppen van bronchi door pluggen van ingekoekt slijm, bacteriën en necrotisch materiaal.
mucolipidose (ML) syndroom op basis van enzymdefect met o.a. skeletafwijkingen, hepatomegalie en mentale retardatie.
mucolytica groep van geneesmiddelen die bronchiaal slijm oplossen; de werking berust op het verbreken v.d. S-S-bruggen in glycoproteïnen.
mucolytisch dunvloeibaar makend van slijm in luchtwegen, zodat het gemakkelijker kan worden opgehoest.
mucopolysacharidose (MPS) stofwisselingsziekte die wordt gekenmerkt door stapeling van zure mucopolysachariden en gangliosiden in weefsels en organen (o.a. cornea, hersenen, bot en lever) en door verhoogde uitscheiding ervan met de urine.
mucoproteïne glycoproteïne, een v.d. geconjugeerde proteïnen (proteïne plus polysacharide). • **tamm-horsfall~** substantie waaruit hyaliene cilinders zijn opgebouwd.
mucopurulent slijmig-etterig.
Mucor een schimmelgeslacht v.d. fam. *Mucoraceae*,.
Mucoraceae kopschimmel, fam. v.d. orde *Phycomycetes*, verwekker van mucor-mycosen. *Mucorales zie Mucoraceae*.
mucormycose een door *Mucoraceae* veroorzaakte mycose.
mucosa *zie* tunica mucosa.
mucosaal m.b.t. de mucosa.
mucosaprotectiva groep van geneesmiddelen die een beschermend laagje op de bodem v.e. ulcus pepticum vormen.
mucositis ontsteking van slijmvlies, i.h.b. i.d. mondholte en daar gekenmerkt door een pijnlijk, vuurrood slijmvlies.
mucosus slijmig; vb. colica mucosa, sputum mucosum.
mucous membrane pemphigoid *zie* pemfigoïd | slijmvlies~.
mucoviscidose *zie* cystische fibrose.
mucus slijm.
mucusplug *zie* slijmbrok.
mucusretentie ophoping van mucus i.d. longen.
mug langbenig, vliegend insect (v.d. fam. *Culicidae*, subfam. *Culicinae*) met zuigende monddelen. • **anofeles~** *zie Anopheles*. • **tijger~** *zie Aedes albopictus*.
MUGA *zie* multigated blood pool imaging.
muizenstaart röntgenbeeld dat kenmerkend is voor contrastvloeistof die door een goedaardige oesofagusstenose vloeit.
mulierum gen. mv. van mulier: 'van/bij de vrouw'.
Müller | müllercellen grote, sterk vertakte, door alle cellagen v.d. retina reikende steuncellen; vervullen functie bij fixatie; zijn in bouw en functie equivalent met de astrocyten i.h. centrale zenuwstelsel; zij omgeven de neuronen en hun uitlopers i.d. retina op soortgelijke wijze. • **müllerring** *zie* contractiering.
mult- voorvoegsel in woordsamenstellingen m.b.t. veel.
multiaxiaal met meer assen; vb. multiaxiaal gewricht (kogelgewricht).
multicausaal verschillende oorzaken hebbend.
multicellulair veelcellig.
multicentriciteit de aanwezigheid van twee

of meer tumoren in verschillende kwadranten v.d. borst.

multidisciplinair betrekking hebbend op, of beoordeeld door beoefenaars v.e. aantal uiteenlopende disciplines.

multidrugtransporter glycoproteïne dat een oplossing uit het cytoplasma kan wegpompen.

multifactorieel m.b.t. of t.g.v. een aantal factoren.

multifocaal 1 (pathol.) met ontwikkeling v.e. aantal haarden tegelijk; **2** (oogheelk, optometrie) met meer dan één brandpuntsafstand; gezegd van brillenglazen.

multifocale brillenglazen zie bril | multifocale ~.

multifocaliteit verschillende carcinoomhaarden, ontstaan in één segment/deel v.d. borstklier, vaak samen met DCIS/LCIS.

multiformis multiform, veelvormig; vb. erythema exsudativum multiforme.

multigated blood pool imaging (MUGA) procedure ter beoordeling v.d. bloedstroom tijdens de hartcyclus; hierbij wordt een radiodiagnosticum i.d. bloedbaan gebracht, dat zich aan de erytrocyten hecht; hierna worden beelden met een gammacamera gemaakt.

multigenfamilie gen waarvan meerdere vrijwel identieke exemplaren aanwezig zijn op een chromosoom.

multilobularis multilobulair, met veel lobuli (kwabjes).

multilocularis multiloculair, veelkamerig, veelhokkig; vb. hernia multilocularis.

multimodale interventie interventie waarbij op een geïntegreerde manier zowel medicamenteuze, psychotherapeutische als sociale interventie wordt aangeboden.

multimodaliteitspecialist specialist die zich binnen verscheidene specialismen beweegt.

multinucleair veelkernig.

multipara een vrouw die verscheidene levende kinderen heeft gebaard.

multipare | **grande** ~ [F] zwangere vrouw die ten minste vijf levensvatbare kinderen heeft gebaard.

multipartiaal (bloedserologie) bereid uit verschillende typen van eenzelfde organisme.

multipel veelvoudig.

multipelehamartomensyndroom zie ziekte van Cowden.

multipelenevoïdebasalecelcarcinoomsyndroom zie syndroom | gorlin-~.

● **multipele sclerose** (MS) inflammatoire demyeliniserende aandoening met secundair verlies van axonen en neuronen in hersenen en ruggenmerg; veelal is er sprake van geleidelijk toenemende neurologische uitvalsverschijnselen.

multipele systeematrofie zie atrofie | multisysteem-~.

multiple complex developmental disorder (MCDD) aan autisme en schizofrenie verwante stoornis met meervoudige complexe ontwikkelingsproblemen die manifest worden vóór de leeftijd van 6 jaar; sociale en emotionele ontwikkeling worden ernstig verstoord, maar ook de cognitieve functies is aangedaan.

multiple sclerosis zie multipele sclerose.

multiplex multipel, meervoudig, veelvoudig, veelsoortig; vb. sarcoma multiplex; vgl. simplex. • **tricho-epithelioma papulosum** ~ zie epithelioom | epithelioma adenoides cysticum.

multiploïd meerdere aneuploïde celpopulaties met een verschillend DNA-gehalte.

multipolair i.h. bezit van vele polen (uitsteeksels), zoals bij sommige ganglioncellen.

multivariaat m.b.t. verscheidene variabelen; vb. ~ analyse, ~ regressie.

multivariate modellering beschrijving van meerdere stochastische variabelen in één statistisch model.

multus veel, talrijk.

mummie 1 een lijk dat door balseming tegen bederf is gevrijwaard; **2** een lijk dat door snelle indroging geconserveerd is gebleven.

mummificatie zie necrose | necrosis sicca.

Munchausen-by-proxy syndrome zie syndroom | münchhausen-'by proxy'.

Münchmeyer | **ziekte van** ~ systeemziekte bij kinderen, gepaard met kalkafzetting tussen de spierbundels en i.d. pezen, toenemende stijfheid en contracturen, letaal eindigend.

münzenklirren [D] metaalachtig geluid bij percussie, als de lucht uit een caverne door een nauwe opening wordt uitgedreven.

muraal wandstandig, tegen de wand gelegen.

muramidase zie lysozym.

mures articulares gewrichtsmuizen, losse

of beweeglijk bevestigde kraakbeenstukken in gewrichten.
murien afkomstig van of m.b.t. muizen en ratten.
murium voorvoegsel 'muizen-', v.d. muis; vb. *Mycobacterium leprae murium* (muizenleprabacil).
Murk Jansen *zie* Jansen | proef van Murk ~.
murmur geruis, souffle. • **machinery** ~ *zie* geruis | tunnel-. • ~ **venosum** *zie* venous hum. • **venous** ~ *zie* venous hum.
mus muis.
Musca vliegengeslacht v.d. fam. *Muscidae*. • ~ *domestica* de gewone huisvlieg. • **muscae volitantes** *zie* mouches volantes.
muscarine een dodelijk alkaloïd, o.a. in *Amanita muscaria*, ook in rottende vis.
muscarius m.b.t. muscae (vliegen).
Muscidae een vliegenfamilie v.d. orde *Diptera*.
Muscina geslacht v.d. fam. *Muscidae*, een niet-stekende stalvlieg, die eieren legt in mest.
muscularis 1 m.b.t. een spier of spierweefsel; vb. tunica muscularis; **2** de tunica muscularis. • ~ **mucosae** lamina muscularis mucosae.
musculatuur spierstelsel. • **blaas**~ *zie* detrusor. • **extrinsieke** ~ proximaal v.d. pols gelegen spiergroepen die (in samenwerking met de i.d. hand gelegen spieren) zorgen voor de beweging v.d. vingers. • **intrinsieke** ~ spiergroepen die zich i.d. hand bevinden en zorgen voor balans en coördinatie van vingerbewegingen.
musculine *zie* paramyosinogeen.
musculi trigoni vesicae de spieren v.h. trigonum vesicae.
musculo- voorvoegsel in woordverbindingen met de betekenis 'spier-'.
musculocutaneus m.b.t. spier en huid; vb. nervus musculocutaneus.
musculophrenicus m.b.t. spier(en) en diafragma; vb. arteria musculophrenica.
musculorum gen. mv. van musculus; vb. dystrophia musculorum.
musculosus m.b.t. spierweefsel; vb. ankylosis musculosa.
musculotubarius m.b.t. spierweefsel en de tuba (auditiva); vb. canalis m-rius.
musculus (M.) spier. • ~ **abductor pollicis brevis** korte duimabductor. • ~ **bulbocavernosus** o.= centrum tendineum en een mediane raphe op het corpus spongiosum; i.= fascia penis (clitoridis); f.= vernauwt de urethra; inn.= n. pudendus. • ~ **cephalica** *zie* myalgie | myalgia capitis. • ~ **ciliaris** ciliaire spier, gladde spiervezels i.h. corpus ciliare. • ~ **constrictor pharyngis inferior** o.= cricoïd en thyr(e)oïd; i.= mediane raphe aan de achterzijde v.d. farynx; f.= vernauwt de farynx; inn.= n. glossopharyngeus, n. vagus, n. laryngeus recurrens. • ~ **constrictor pharyngis superior** o.= lamina medialis processus pterygoidei, hamulus pterygoideus, raphe pterygomandibularis, linea mylohyoidea mandibulae, tongmusculatuur; i.= mediane raphe achterwand v.d. farynx; f.= vernauwt de farynx; i.= plexus pharyngeus v.d. n. vagus. • ~ **cremaster** (o.) onderrand v.d. m. obliquus internus abdominis; i.= tuberculum pubicum; f.= trekt de testis omhoog; inn.= n. genitofemoralis (ramus genitalis). • ~ **deltoideus** o.= spina scapulae, acromion, clavicula; i.= tuberositas deltoidea humeri; f.= exo- en endorotatie, abductie en adductie, voor- en achterwaartse heffing v.d. bovenarm; inn.= n. axillaris. • ~ **detrusor vesicae** de blaaswandmusculatuur zonder trigonum vesicae. • ~ **digastricus** tweebuikige spier. • ~ **dilatator** verwijdende spier. • ~ **flexor hallucis longus** lange buiger v.d. grote teen. • ~ **gastrocnemius** een v.d. spieren v.d. m. triceps surae; (o.) (caput laterale) boven condylus lateralis ossis femoris; (caput mediale) boven condylus medialis ossis femoris; i.= achillespees; f.= buigt de voet en strekt de voet; inn.= n. tibialis. • ~ **iliopsoas** spier die is samengesteld uit de m. iliacus en de m. psoas major. • ~ **infraspinatus** o.= fossa infraspinata scapulae; i.= tuberculum majus humeri; f.= exoroteert de bovenarm; inn.= n. suprascapularis. • ~ **levator** *zie* spier | hef-. • ~ **levator palpebrae superioris** bovenooglidheffer. • ~ **mentalis** kinspier. • ~ **mylohyoideus** mondbodemspier. • ~ **omohyoideus** schouder-tongbeenspier; o.= bovenrand schouderblad, mediaal v.d. incisura; i.= tongbeen; een tussenpees verdeelt de spier i.e. venter superior en een venter inferior; f.= trekt het tongbeen omlaag en spant de middelste halsfascie aan; inn.= ansa cervicalis. • ~ **opponens pollicis** o.= os trapezium en retinaculum flexorum; i.= adduceert en opponeert de duim; inn.= n. medianus. • ~ **orbicularis** ringspier. • ~ **orbicularis oculi** kringspier om het oog, bestaande uit drie delen. • ~ **pectoralis ma-**

---

o. = oorsprong, origo; i. = insertie; f. = functie; inn. = innervatie

jor grote borstspier, bestaat uit 3 delen.
• ~ **plantaris** voetzoolspanner. • ~ **pronator teres** (2 hoofden): (o.) (caput humerale) epicondylus medialis humeri; (caput ulnare) processus coronoideus; i.= midden op de buitenkant v.d. radius; f.= pronatie en buiging v.d. onderarm; inn.= n. medianus.
• ~ **pterygoideus medialis** (o.) fossa pterygoidea; i.= tuberositas pterygoidea aan de binnenkant v.d. onderkaakhoek; f.= synergistisch met m. tempo ralis en m. masseter; inn.= n. trigeminus. • ~ **quadriceps femoris** spier, samengesteld uit m. rectus femoris, m. vastus lateralis, m. vastus intermedius, m. vastus medialis; o.= spina iliaca anterior superior, trochanter major, linea aspera; i.= tuberositas tibiae, quadricepspees; f.= strekt het onderbeen; inn.= n. femoralis. • ~ **rectus abdominis** o.= kraakbeen 5-7^e rib; i.= os pubis en symfyse; f.= buigt de romp voorover, trekt het bekken omhoog, de thorax omlaag; i.= laagste thoracale zenuwen. • ~ **rectus medialis bulbi** mediale rechte oogspier. • ~ **sartorius** kleermakersspier. • ~ **serratus anterior** voorste gezaagde spier. • ~ **sphincter** *zie* sfincter.
• ~ **sphincter ani internus** versterkende spierring v.h. stratum circulare v.d. anus.
• ~ **sphincter pupillae** gladde, ringvormig om de pupil lopende spiervezels i.d. iris.
• ~ **sphincter urethrae** afsluitspier v.d. urethra. • ~ **stapedius** stijgbeugelspier. • ~ **sternocleidomastoideus** borstbeensleutelbeen-tepelspier. • ~ **supinator** achterwaartsdraaier. • ~ **supraspinatus** bovendoornspier. • ~ **tensor fasciae latae** spanner v.h. brede peesvlies. • ~ **teres minor** kleine ronde spier. • ~ **tibialis anterior** voorste scheenbeenspier. • ~ **trapezius** trapeziumvormige spier. • ~ **triceps brachii** driehoofdige armspier.
musculus constrictor pupillae *zie* musculus sphincter pupillae.
mustardprocedure chirurgische correctie v.e. transpositie v.d. grote vaten door veneuze ompoling.
mutaan kleverig polysacharide dat wordt geproduceerd door *Streptococcus mutans*.
mutageen 1 (z.nw.) een agens dat een genetische mutatie kan teweegbrengen; **2** (bv.nw.) een mutatie veroorzakend.
mutagenese 1 het ontstaan v.e. genetische mutatie; **2** het teweegbrengen v.e. genetische mutatie.

mutant 1 een gen waarin mutatie heeft plaatsgevonden; **2** een organisme met een gemuteerd gen, blijkend uit de overerfbaarheid v.d. nieuw verschenen eigenschap.
mutatie 1 (genet.) sprongsgewijze verandering van erfelijke eigenschappen; **2** (knoheelkunde) *zie* stemwisseling. • **deletie~** verandering v.d. genetische code van DNA a.g.v. het wegvallen v.e. of meer basenparen uit een coderende nucleotidevolgorde.
• **eenstaps~** snel optredende bacteriële resistentie tegen antibiotica op basis van één mutatie. • **factor V-Leiden~** *zie* bloedstollingsfactor V Leiden. • **founder~** mutatie die in bepaalde bevolking vaak wordt teruggevonden en veelal honderden jaren geleden is ontstaan bij een gemeenschappelijke voorouder. • **gen~** permanente verandering v.h. DNA v.e. gen. • **hyper~** mechanisme voor het ontstaan van antilichaamdiversiteit. • **multipelestap~** langzaam optredende bacteriële resistentie tegen antibiotica op basis v.e. aantal opeenvolgende mutaties. • **one-step~** *zie* eenstaps~. • **pre~** beginnende mutatie die nog geen nadelig effect op de verstandelijke ontwikkeling heeft. • **punt~** kleinst mogelijke wijziging i.e. DNA-molecuul waarbij slechts één base verandert. • **splice-site~** mutatie i.d. gensequentie rond een exon, die het splitsen van intronen en extronen verstoort. • **terug~** verandering v.h. genoom, zodanig dat de vóór de mutatie bestaande genetische configuratie wordt hersteld. • **trans~ 1** conversie v.h. ene element i.h. andere (bij radioactiviteit); **2** mutatie, verandering v.e. soort gedurende de evolutie.
mutatis mutandis met de voor de toepassing i.e. ander geval nodige veranderingen.
mutilans verminkend; vb. lepra mutilans.
mutilatie verminking. • **auto~** het moedwillig direct eigen lichaamsweefsel beschadigen zonder hierbij bewust op zelfdoding gericht te zijn.
mutisme stoornis, gekenmerkt door het (vrijwel) ontbreken van gesproken taal.
• **akinetisch ~** toestand waarin geen spraak of spontane motoriek aanwezig is, waarbij de ogen geopend zijn, de patiënt schijnbaar alert is, fixeert en volgt zonder tekenen van cognitie of emotie. • **selectief ~** consequent niet kunnen spreken in specifieke sociale

situaties waarin verwacht wordt dat betrokkene spreekt, terwijl deze dat wel in andere situaties kan.

muton een gen als de kleinste erfelijke eenheid die bij mutatie een wijziging kan ondergaan.

mutualisme symbiose van twee organismen (of populaties), waarbij alle twee v.d. samenleving profiteren.

mutus *zie* stom.

mVal (milival) 10^{-3} Val.

MVV maximal voluntary ventilation.

myalgicus gepaard met spierpijn; vb. pseudo-ischias myalgica.

myalgie spierpijn in rust of bij activiteit.
- **myalgia capitis** reumatische hoofdpijn.
- **myalgia cervicalis** pijnlijke, 'stijve nek' met contractuur v.e. of meer nekspieren.
- **myalgia epidemica** epidemisch voorkomende ziekte, veroorzaakt door Coxsackievirus B. • **myalgia lumbalis** *zie* aspecifieke lage rugpijn.

⊛ **myasthenia gravis** (MG) auto-immuunziekte die door toenemende spierzwakte wordt gekenmerkt. • **neonatale ~** wisselende en voorbijgaande spierzwakte bij een pasgeborene v.e. moeder met myasthenia gravis.

myasthenicus myasthenisch; vb. facies myasthenica.

myasthenie verhoogde vermoeibaarheid v.d. spieren. • **congenitale ~** (CMya) groep van erfelijke, maar niet altijd congenitale stoornissen i.d. neuromusculaire overgang. • **familiaire congenitale infantiele ~** autosomaal recessief; episoden van dyspneu en bulbaire zwakte bij jonge kinderen. • **myasthenia gravis** *zie* myasthenia gravis. • **~ van de pasgeborene** *zie* myasthenia gravis | neonatale ~.

myasthenisch gekenmerkt door, of m.b.t. myasthenie.

myatonie onvoldoende of afwezige spiertonus; NB: niet verwarren met myotonie.
- **myatonia congenita** aangeboren spierslapte en afwezigheid v.d. diepe reflexen.

myautonomie een toestand waarin een spier zó laat op een toegediende prikkel reageert, dat het lijkt alsof de contractie onafhankelijk v.d. prikkeling plaatsvindt.

myc- voorvoegsel in woordsamenstellingen m.b.t. schimmels.

mycelium opeenhoping (aggregatie) van hyfen (schimmeldraden) v.e. fungus.

mycetisme vergiftiging door fungi, bijv. paddenstoelvergiftiging.

mycetoom gelokaliseerde schimmelinfectie die door verschillende bacteriën (o.a. *Aspergillus* en *Nocardia*) en fungi kan worden veroorzaakt; opgebouwd uit celdebris, geïmpacteerd slijm, dode schimmeldraden en levende schimmel met sporenvorming.

mycide *zie* mykide.

Mycobacteriaceae een familie v.d. klasse *Schizomycetes*.

Mycobacterium geslacht v.d. fam. *Mycobacteriaceae*. • *~ avium* verwekker van vogeltuberculose. • *~ balnei* voorkomend in wanden van slecht onderhouden zwembassins. • *~ bovis* boviene tuberkelbacterie, verwekker van rundertuberculose. • *~ johnei* verwekker van chronische enteritis bij vee. • *~ kansasii* verwekker van long- en algemene infecties bij (lokaal) verminderde weerstand. • *~ leprae* verwekker van lepra; vroeger genaamd *Bacillus Hansen*. • *~ leprae murium* verwekker van rattenlepra (muizenlepra). • *~ marinum* zie *Mycobacterium balnei*. • *~ microti* verwekker van tuberculose v.d. woelmuis. • *~ avium intracellulare* (MAI) atypische mycobacteriën, die veelal multiresistent is tegen conventionele tuberculostatica; komt voor als verwekker van ziekte bij gevorderde hiv-gerelateerde immuundeficiëntie. • *~ paratuberculosis* Mycobacterium johnei. • *~ scrofulaceum* zelden voorkomende verwekker van halskliertuberculose bij kinderen. • *~ smegmatis* in smegma voorkomende saprofytische mycobacterie. • *~ tuberculosis* verwekker van tuberculose bij de mens. • *~ ulcerans* verwekker v.d. Boeroeli-zweer.

*Mycobacterium-avium-intracellulare-***complex** (MAC) *zie Mycobacterium avium intracellulare*.

mycologie schimmelkunde.

Mycoplasma geslacht van bacterieachtige, pleiomorfe micro-organismen zonder celwand. • *~ hominis* komt voor i.d. tractus genitalis, vnl. bij de vrouw; pathogeniciteit onduidelijk. • *~ mycoides* verwekker van pleuropneumonia contagiosa bovum. • *~ orale* anaerobe mycoplasma-soort die als commensaal i.d. mond voorkomt. • *~ pneumoniae* verwekker van 'primair atypische pneumonie' (PAP). • *~ salivarium* als commensaal bij de mens voorkomende *Mycoplasma*-soort, voorzover bekend niet pathogeen. • *~ sui pneumoniae* als commensaal bij de mens voorkomende *Mycoplasma*-soort. *Mycoplasmatales* orde v.d. klasse *Mollicutes*, divisie *Tenericutes*.

mycose ziekte die wordt veroorzaakt door infectie met een schimmel; vb. zwemmerseczeem. • **maduro~** chronische schimmelinfectie, meestal v.d. voet. • **mycosis fungoides** *zie* lymfoom | cutaan maligne T-cel-~. • **paracoccidioïdo~** chronische granulomateuze schimmelinfectie door *Paracoccioides brasiliensis*, met name v.d. longen, maar ook v.d. huid. • **systeem~** diepe, niet tot één lokalisatie beperkte schimmelinfectie.

mycoticus *zie* mycotisch.

mycotisch door schimmels veroorzaakt; vb. leuconychia mycotica, aneurysma mycoticum.

mycotoxinen giftige producten van schimmelmetabolisme.

mydaleïne een vergiftige ptomaïne uit rottende ingewanden.

mydese rotting.

mydine een ongiftige ptomaïne uit ingewanden van lijken.

mydriase pupilverwijding door sfincterrelaxatie of -paralyse en/of dilatorprikkeling. • **mydriasis paralytica** pupilverwijding door verlamming v.d. m. sphincter pupillae. • **mydriasis spastica** pupilverwijding door spasmus v.d. m. dilator.

mydriaticum pupilverwijdende substantie.

myectomie chirurgische verwijdering v.e. (deel van) een spier.

myelin-associated glycoprotein (MAG) *zie* glycoproteïne | myeline-geassocieerd ~.

myeline vetachtige substantie i.d. zenuwscheden.

myelinicus (zenuw)merg bevattend.

myelinisatie de vorming van myelinescheden om zenuwvezels.

myelinolyse *zie* demyelinisatie. • **centrale pontiene ~** zeldzame aandoening bij alcoholici, gekenmerkt door verdwijning van myeline uit de pons.

myelitis 1 ontsteking v.h. ruggenmerg; 2 *zie* osteo~. **~ cervicalis** ontsteking v.h. halsmerg. • **~ disseminata** diffuse ruggenmergsontsteking met een aantal ontstekingshaarden. • **~ transversa** ontsteking v.h. ruggenmerg met uitvalsverschijnselen onder het niveau v.d. myelitis. • **neuro~ optica** acute myelitis, gecombineerd met neuritis optica. • **osteo~** ontsteking van beenmerg. • **peri~** 1 endostitis; 2 ontsteking v.d. spinale pia mater. • **spondylo~** gelijktijdige ontsteking v.d. wervels en v.h. ruggenmerg. • **syringo~** ontsteking v.h. ruggenmerg met vorming van holten.

myelo- voorvoegsel m.b.t. beenmerg of ruggenmerg.

myelocele uitpuiling van ruggenmergssubstantie via een opening i.h. benige wervelkanaal.

myelocystocele hernia-achtige uitpuiling v.e. myelocyste via een opening i.h. benige wervelkanaal.

myelocystomeningocele combinatie van myelocystocele met myelomeningocele.

myelocyt beenmergcel, waaruit zich een leukocyt ontwikkelt. • **meta~** tussenstadium tussen de rondkernige myelocyt en de segmentkernige leukocyt.

myelocytemie 1 aanwezigheid van myelocyten i.h. perifere bloed; 2 myeloïde leukemie.

myelodysplasie algemene aanduiding van ziekten i.h. beenmerg waarbij de aanmaak van bloedcellen gestoord is.

myelofibrose *zie* osteomyelofibrose.

myelofugaal bewegend i.e. richting v.h. ruggenmerg af.

myelogeen afkomstig van, geproduceerd door het beenmerg; vb. m-gene leukemie.

myelogonium primitieve cel v.d. myeloïde reeks.

myelografie röntgenonderzoek en afbeelding v.h. ruggenmerg na injectie v.e. contraststof i.d. intradurale ruimte.

myelogram 1 de bij myelografie verkregen afbeelding; 2 beeld v.h. beenmergpreparaat, c.q. de gevonden percentages v.d. verschillende beenmergcellen.

myeloïd 1 (anat.) m.b.t. beenmerg; 2 (neuroanat.) m.b.t. het ruggenmerg; 3 (anat., pathol.) lijkend op, of gekenmerkt door myelocyten; vb. m-de leukemie.

myelolyse oplossing, uiteenvallen van myeline.

myelomatose *zie* Kahler | ziekte van ~.

myelomeer een der segmenten v.h. embryonale ruggenmerg, overeenkomend met de somieten v.d. mesoblast.

myelomeningitis *zie* meningomyelitis.

myelomeningocele spina bifida, gecombineerd met uitpuiling v.h. ruggenmerg en de hersenvliezen.

myeloom maligne tumor van beenmergcellen. • **chloro~** chloroom i.h. beenmerg.

- **multipel** ~ zie Kahler | ziekte van ~. • **reuscel**~ beenmergtumor met reuscellen.
- **myelopathie** ziekte v.h. ruggenmerg. • **cervicale** ~ atrofie v.h. ruggenmerg door degeneratieve veranderingen in het cervicale wervelkanaal. • **tropische** ~ zie deficiëntie | vitamine-B1-~. • **vacuolaire** ~ ziektebeeld dat wordt gekenmerkt door holtevorming i.d. witte stof v.h. ruggenmerg in een laat stadium van aids.
- **myeloperoxidase** een peroxidase in leukocyten.
- **myelopetaal** bewegend i.d. richting naar het ruggenmerg.
- **myeloplax** een veelkernige reuscel v.h. beenmerg.
- **myelopoëse 1** de ontwikkeling van beenmerg; **2** de vorming van beenmerg- en bloedcellen.
- **myeloproliferatief** gepaard gaand met proliferatie van beenmerg.
- **myeloproliferatieve ziekten** ziekten die gepaard gaan met versterkte hemopoëse (intra- of extramedullair).
- **myelosarcomatose** aanwezigheid van multipele myelosarcomen verspreid over het hele lichaam.
- **myelose 1** zie Kahler | ziekte van ~; **2** hyperplasie van myeloïd weefsel i.h. beenmerg, waardoor een toestand ontstaat die lijkt op of identiek is aan chronische myeloïde leukemie. • **funiculaire** ~ degeneratieve aandoening van zowel de tractus corticospinalis als de banen v.d. achterstreng.
- **myelosuppressie** remmende werking op het beenmerg.
- **myelotomie** insnijding v.h. ruggenmerg. • **commissurale** ~ overlangse mediane klieving i.h. ruggenmerg, waardoor de kruisende spinothalamische vezels over een aantal segmenten worden doorsneden; ter behandeling van onduldbare bilaterale pijn. • **frontale** ~ insnijding v.h. ruggenmerg i.h. frontale vlak. • **longitudinale laterale** ~ doorsnijding van (de grijze substantie van) het ruggenmerg volgens een frontaal vlak ongeveer ter hoogte v.h. centrale kanaal; hierdoor worden de kruisende spinothalamische en de proprio-spinale vezels onderbroken; ter behandeling van onduldbare pijn in combinatie met spasticiteit. • **longitudinale** ~ gewoonlijk mediale incisie v.h. ruggenmerg ter ontlasting van intramedullaire druk of voor het vrijleggen v.e. intramedullair ruggenmergsgezwel.
- **myelum** zie merg.
- **myentericus** behorend tot het myenteron; bijv. plexus m-cus.
- **myenteron** de spierlaag v.d. darmwand.
- **myiasis** huidafwijkingen a.g.v. infestatie met vliegenlarven, i.h.b. van *Diphtera*-vliegen. • **creeping** ~ [E] myiasis waarvan de voortkruipende huidaandoening de suggestie van creeping eruption wekt. • ~ **externa** uitwendige myiasis, myiasis v.d. huid. • ~ **intestinalis** aanwezigheid van vliegenlarven i.d. darmen. • ~ **linearis** zie larva currens. • ~ **interna** zie myiasis intestinalis.
- **myiocephalon** uitpuiling v.d. iris (staphyloma) door een spleet i.d. cornea.
- **myiodesopsie** zie mouches volantes.
- **myiose** zie myiasis.
- **mykide** niet-infectieuze allergische huidreactie op een schimmelinfectie op afstand v.d. geïnfecteerde huid.
- **mylacephalus** monstrum zonder hoofd.
- **mylohyoideus** m.b.t. onderkaak en hyoïd (tongbeen); vb. musculus mylohyoideus, linea mylohyoidea.
- **myo-** voorvoegsel in woordverbindingen m.b.t. spieren.
- **myocardbrug** gedeeltelijk intramyocardiaal verloop v.e. v.d. coronairarteriën, die bij de mens gewoonlijk epicardiaal gelokaliseerd zijn.
- **myocardfragmentatie** zie segmentatie | myocard-.
- **myocardiaal** m.b.t. het myocard.
- **myocardial stunning** verschijnsel dat hartspierweefsel a.g.v. ischemie tijdelijk verminderd contractiel is.
- ⊙ **myocardinfarct** (MI) (coagulatie)necrose v.e. gedeelte v.h. myocard door ischemie bij een afsluiting v.e. of meer coronairarteriën, meestal a.g.v. atherosclerose; indeling: *voorwandinfarct*: i. i.d. voorwand v.d. linkerkamer; *onderwandinfarct*: i. i.d. onderwand, veelal v.d. linkerkamer, maar kan zich ook uitbreiden i.d. rechterkamer; voorts: laterale en posterieure lokalisatie; *stil myocardinfarct*: volledig onopgemerkt verlopen i., bij toeval gevonden vooral bij diabetici en oudere mensen; *dreigend myocardinfarct*: tegenwoordig 'acuut coronair syndroom (ACS)' genoemd. • **dreigend** ~ zie angina | instabiele ~ pectoris. • **niet-ST-elevatie~** (NSTEMI) instabiele angina pectoris die ge-

paard gaat met een lage of afwezige stijging van hartenzymen en die hierdoor geen aanleiding tot onmiddellijke reperfusietherapie geeft. • **ST-elevatie~** (STEMI) acuut myocardinfarct dat gepaard gaat met een significante stijging van hartenzymen en hierdoor aanleiding geeft tot onmiddellijke reperfusietherapie. • **stil** ~ volledig onopgemerkt verlopen myocardinfarct.
• **transmuraal** ~ myocardinfarct groter dan 4 cm dat reikt van binnenzijde tot buitenzijde v.d. hartspierwand.

myocardiopathie *zie* cardiomyopathie.
myocardischemie | **stille** ~ vorm van myocardischemie die alleen elektrocardiografisch aantoonbaar is en niet gepaard gaat met angina pectoris.
myocardium middelste laag v.d. hartwand, bestaande uit dwarsgestreept, maar onwillekeurig spierweefsel.
myocardose niet-ontstekingachtige aandoening v.h. myocard.
myocardprotectie (hartchir.) bescherming v.h. myocard tijdens chir. ingreep tegen ischemie a.g.v. afwezige coronaire perfusie.
myocele *zie* hernia | spier~.
myochorditis ontsteking v.d. stembandspieren.
myoclonus • **myoclonus diaphragmatica** *zie* singultus. • ~ **encephalitica** m. tijdens het acute stadium van encephalitis lethargica. • ~ **multiplex** *zie* para~ multiplex.
• ~ **nocturna** plotselinge spiercontracties van spieren, vooral v.e. been, op het ogenblik van inslapen. • **para**~ plotselinge schokachtige spiercontracties (myocloniëen). • **para**~ **multiplex** obsolete aanduiding v.e. gegeneraliseerde vorm van myoclonie.
myocomma bindweefselseptum tussen twee myotomen.
myocyt spiercel.
myocytolyse *zie* necrose | myocardiale contractieband~.
myodioptrie spierdioptrie, de hoeveelheid kracht die de m. ciliaris moet leveren om de refractie i.e. rustend emmetroop oog met één dioptrie te verhogen.
myodynie *zie* myalgie.
myodystonie stoornis i.d. spiertonus.
myo-epithelium epitheel bestaande uit cellen met contractiel vermogen.
myofibrose spierdegeneratie waarbij de spiercellen worden vervangen door bindweefselcellen. • **myofibrosis cordis** m. v.h. hart.
myofilament uiterst dunne draad van aaneengekoppelde eiwitmoleculen waaruit een sarcomeer in een spiervezel is opgebouwd.
myogeen v.e. spier afkomstig.
myogelose plaatselijke verharding i.e. spier, i.h.b. i.d. m. gluteus.
myoglobine zuurstof dragende en heem bevattende verbinding i.d. spier, verwant aan hemoglobine.
myoglobinemie verhoogde myoglobine-concentratie i.h. bloed door vermeerderd uitlekken van myoglobine uit de spier.
myografie onderzoek waarbij een elektrode of naald i.d. te onderzoeken spier wordt gestoken en spiermembraanpotentialen zichtbaar en hoorbaar worden gemaakt.
myogram de grafiek die bij myografie wordt verkregen.
myoideem 1 spieroedeem; 2 een door een korte tik op een spier opgewekte plaatselijke spiercontractie, zichtbaar als een knobbel, die na enkele seconden weer verdwijnt (idiomusculaire contractie).
myokinese beweging van spieren.
myoklonie toestand, gekenmerkt door klonische spiercontracties. • **myoclonia epileptica** klonische spasmen gedurende een epilepsieaanval. • **myoclonia pseudoglottica** *zie* singultus.
myokymie opeenvolgende spontane contracties van motor units of groepen spiervezels, resulterend in continue undulaties van bovenliggend huidoppervlak; vb. trillend ooglid.
myolemma *zie* sarcolemma.
myologie leer v.d. spieren.
myolyse desintegratie of degeneratie van spierweefsel.
myoma *zie* myoom.
myomateus m.b.t., gelijkend op een myoom; NB: niet te verwarren met 'myxomateus'.
myomatose het voorkomen v.e. of meer spiertumoren, i.h.b. i.d. wand v.d. uterus.
• **myomatosis uteri** aanwezigheid van multipele myomen i.d. baarmoederwand.
myomectomie excisie v.e. myoom.
myomeer *zie* myotoom.
myometritis ontsteking v.h. myometrium.
myometrium de spierwand v.d. baarmoeder.
myomotomie *zie* myomectomie.

myon spiereenheid.

myoom goedaardig gezwel van spierweefsel; meestal wordt hiermee bedoeld een myoma uteri, een vleesboom i.d. baarmoeder. • **baarmoeder~** *zie* myoma uteri. • **myoma sarcomatodes** myoom met sarcomateuze ontaarding. • **myoma uteri** tumor i.d. spierwand v.d. baarmoeder, wisselend van grootte en meestal goedaardig.

myoop bijziend.

myopathie spieraandoening, gedifferentieerd in endocriene, genetische, metabole, paramaligne, tumoreuze, toxische of iatrogene spieraandoeningen en een restgroep. • **amyloïd~** spierzwakte en soms zwelling a.g.v. afzetting van amyloïd rondom spiervezels. • **angio~** 1 degeneratie v.d. vaatwand, i.h.b. v.d. spiervezels; 2 spieraandoening door afwijkingen aan de verzorgende vaten. • **bethlem~** autosomaal dominant; vroegtijdig in ziektebeloop optredende contracturen en spierzwakte. • **cardio~** *zie* cardiomyopathie. • **centronucleaire ~** autosomaal recessief of autosomaal dominant; spierzwakte, reeksen kernen centraal i.d. spiervezels. • **coenurus~** parasitaire infectie met *Taenia* (*multiceps*), gepaard met knobbels onderhuids of in spier. • **congenitale centralcore~** autosomaal dominant; spierzwakte, structurele afwijkingen en verlaagde mitochondriale enzymactiviteit. • **congenitale ~** myopathie met karakteristieke structuurafwijkingen in spiervezels. • **congenitale ~ met cilindrische spiralen** autosomaal dominant; concentrisch gearrangeerde lamellen in spiervezels. • **congenitale ~ met tubulaire aggregaten** krampen, pijn, stijfheid, spierzwakte, ophopingen van tubulaire structuren in spiervezels; genetisch heterogeen. • **myopathia cordis** *zie* myocardose. • **critical-illness~** (intensivecaregeneeskunde:) spierzwakte met verlies van dikke myofilamenten, a.g.v. behandeling met hoge doses corticosteroïden in combinatie met een spierverslapper. • **distale ~** aan de uiteinden der extremiteiten debuterende progressieve zwakte a.g.v. spierziekte. • **encefalo~** gecombineerde aandoening van hersenen en spierweefsel a.g.v. mitochondriale cytopathie. • **endocriene ~** proximale spierzwakte aan de extremiteiten a.g.v. overproductie van groeihormoon. • **fingerprintbody~** spierzwakte. • **genetische ~** dystrofinopathie, myotone dystrofinopathieën, ionkanaalziekten, enzymopathieën en genetisch verwante metabole aandoeningen, congenitale myopathieën met structuurafwijkingen, restgroep. • **idiopathische inflammatoire ~** ontsteking van spierweefsel door niet met zekerheid vastgestelde oorzaak, waarschijnlijk auto-immuun. • **metabole ~** myopathie a.g.v. een stoornis i.d. spierstofwisseling. • **mitochondriale ~** metabole myopathie met *'ragged red'* spiervezels. • **multicore~** autosomaal recessief; spierzwakte met multipele focale defecten in oxidatieve enzymactiviteit en activiteit van myofibrillaire ATPase. • **myopathia infraspinata** plotselinge schouderpijn door aandoening v.d. m. infraspinatus. • **myotubulaire congenitale ~** X-gebonden; spierzwakte, buisvormige spiervezels met centraal gelokaliseerde kernen, lijkend op onrijpe spiercellen. • **necrotiserende ~** necrose van spiervezels: idiopathisch, paramaligne, toxisch. • **nemaline~** autosomaal dominant, soms autosomaal recessief overervende spierzwakte. • **neuro~** *zie* neuromusculaire disfunctie. • **paramaligne ~** *zie* myositis | dermato-, necrotiserende ~. • **poly~** groep aandoeningen gekenmerkt door in weken tot maanden optredende progressieve zwakte van proximale spieren. • **restgroep~** myopathieën die niet kunnen worden ondergebracht i.d. categorieën zoals genoemd bij het trefwoord 'myopathie'. • **toxische ~** spierzwakte, soms pijn, met atrofie of structuurverval van spierweefsel of iatrogeen, bijv. bij behandeling met steroïden, chloroquine, vincristine enz. • **tumoreuze ~** *zie* myoom, rabdomyoom, sarcoom | rabdomyo~. • **vetstapelings~** stoornis in vetzuurverbranding in mitochondriën met te veel vetdruppels in spiervezels.

myopathisch m.b.t. myopathie.

myopicus m.b.t. myopie; vb. conus myopicus.

myopie refractieafwijking waarbij objecten i.d. verte vóór het netvlies worden geprojecteerd. • **as~** m. die het gevolg is v.e. te lange oogas. • **pseudo~** door accommodatiekramp veroorzaakte 'bijziendheid'. • **school~** vorm van m. die optreedt tijdens de puberteit.

myopsis *zie* myiodesopsie.

myorrexie spierruptuur.

myosine eiwit dat deel uitmaakt v.h. contractiele systeem.
myosinefilament het dikke filament v.h. sarcomeer.
myosis niet te verwarren met 'myiasis' *zie* miose.
⊛ **myositis** groep van zeldzame ziekten met ontsteking van spieren als gemeenschappelijk kenmerk; drie meest voorkomende aandoeningen zijn dermatomyositis (DM), polymyositis (PM) en sporadisch voorkomende inclusion-body-myositis (sIBM).
• **dermato~** (DM) zeldzame collageenziekte van onbekende oorsprong waarbij huid en dwarsgestreept spierweefsel worden aangetast. • **eosinofiele ~** idiopathische myositis die optreedt i.h. kader van hypereosinofiel syndroom. • **fibro~** ontsteking van bindweefsel en spierweefsel. • **fibro~ nodularis** f. met vorming van noduli (knobbeltjes). • **granulomatose~** spierontsteking met granulomen. • **iatrogene ~** spierzwakte en spierontsteking a.g.v. o.a. farmacotherapie. • **idiopathische ~** dermatomyositis, polymyositis, inclusionbodymyositis, orbitale myositis, myositis a.g.v. sarcoïdose. • **inclusion-body-~** (IBM) myopathie die wordt gekenmerkt door vooral endomysiale ontsteking en door vacuolen in spiervezels met daarin afbraakmateriaal. • **mono~** recidiverende ontsteking van één enkele spier. • **~ orbitae** ontsteking v.e. oogspier. • **~ ossificans** beenvorming, op gezwel lijkende afwijking i.d. weke delen. • **~ ossificans multiplex progressiva** ziekte van Münchmeyer. • **orbitale ~** idiopathische ontsteking van uitwendige oogspieren, waarschijnlijk een auto-immuunaandoening. • **peri~** 1 ontsteking v.d. weefsels rondom een spier; 2 perimysiitis. • **poly~** (PM) niet-erfelijke spierziekte met ontstekingsverschijnselen, waarschijnlijk (mede) berustend op cellulaire auto-immuunmechanismen. • **polyneuro~** ontsteking van verscheidene spieren, met ontbrekende spierreflexen en gevoelsstoornissen.
• **pyo~** bacteriële spierontsteking met abcesvorming. • **toxische ~** spierzwakte en ontsteking a.g.v. een giftige substantie.
myostatisch m.b.t. de coördinatie v.d. skeletspieren waardoor de lichaamshouding wordt bestendigd.
myotactisch m.b.t. de proprioceptieve sensibiliteit van spieren.

myotasis spierstrekking.
myotatisch teweeggebracht door rekking of strekking v.e. spier.
myotomie doorsnijding v.e. spier, bijv. v.e. oogspier bij operatie wegens scheelzien.
• **myotomia intraocularis** doorsnijding v.d. m. ciliaris bij glaucoom.
myotonicus gepaard gaard met myotonie; vb. dystrophia myotonica.
myotonie pijnloze aanhoudende spiercontracties geassocieerd met abnormale, repetitieve depolarisaties van spiervezels.
• **chondrodystrofische ~** autosomaal recessief syndroom met dwerggroei, skeletafwijkingen, afwijkingen van gelaat en ogen, hoge stem en bij jongens gegeneraliseerde spierhypertrofie. • **mechanische ~** myotone reactie optredend bij spierpercussie.
• **myotonia acquisita** verworven m., spierspasmus t.g.v. letsel of ziekte. • **myotonia atrophia** *zie* dystrofinopathie | myotone ~.
• **myotonia congenita** autosomaal dominant of autosomaal recessief; spierstijfheid, myotonie, hypertrofie. • **neuro~** spontane spierhyperactiviteit a.g.v. van zenuwhyperexcitabiliteit. • **pa~a~** autosomaal dominant; op myotonie lijkende spierstijfheid, waarbij vooral het gelaat (lippen) onder invloed van koude kan verstarren.
• **percussie~** na slaan met de reflexhamer op de duimmuis treedt verlengde contractie op van m. abductor pellicis brevis.
myotonisch gepaard gaand met myotonia.
myotoom 1 groep spieren die door eenzelfde segment v.h. ruggenmerg worden geïnnerveerd; 2 instrument voor de myotomie.
myotroop gericht op, of met affiniteit tot spierweefsel.
myringectomie excisie v.h. trommelvlies of een deel ervan.
myringitis ontsteking v.h. trommelvlies met pijnklachten. • **bullosa** vorm van virale otitis media die gepaard gaat met vocht- en/of bloedblaren op het trommelvlies en vaak ook i.d. gehoorgang. • **~ granulomatosa** myringitis waarbij granulaties op een gedeelte v.h. trommelvlies aanwezig zijn.
myringotomie paracentese v.h. trommelvlies.
myurus muizenstaartvormig; vb. pulsus myurus.
myxadenitis ontsteking v.e. of een aantal slijmklieren. • **~ labialis** chronische, pijn-

loze zwelling van slijmklieren, vnl. v.d. onderlip.
myxadenoom gezwel, bestaande uit slijmklierepitheel.
myxoedematosus myxoedemateus; vb. infantilismus myxoedematosus.
myxoïd lijkend op slijm; NB: niet te verwarren met 'myxomateus'.
myxomateus myxoomachtig; NB: niet te verwarren met 'myomateus' en 'myxoïde'.
myxomatose ziekte onder konijnen, veroorzaakt door *Sanarelli*-virus.

myxoom ongevaarlijk slijmweefselgezwel, meestal i.h. subcutaan weefsel van benen en hals. • **myxoma cartilagineum** *zie* chondroom | myxo~. • **myxoma cysticum** een m. waarin door verweking cysten met vloeibare inhoud zijn gevormd. • **myxoma fibrosum** *zie* fibroom | myxo~. • **myxoma hyalinum** doorzichtig gezwel van slijmweefsel. • **myxoma lipomatodes** lipomyxoom, vetslijmgezwel. • **myxoma sarcomatosum** myxosarcoom.
myxopoëse slijmvorming.

N

N *zie* newton.
n. *zie* nervus.
NA 1 (terminologie, anatomie:) anatomische nomenclatuur, in 1997 wereldwijd vervangen door *Terminologia Anatomica*; een beperkt aantal NA-termen is in dit woordenboek gehandhaafd ten behoeve van raadpleging van oudere vakliteratuur; 2 (neurol.:) neuralgische amyotrofie *zie* neuralgie | amyotrofische schouder~.
naad 1 (anat.) *zie* sutura, raphe; 2 (chir.) *zie* rafie | ~. • **arterie~** *zie* rafie | arterio~. • **been~** *zie* sutura. • **bil~** verticale gleuf tussen beide billen; NB: niet te verwarren met perineum. • **connell~** U-vormige naad voor het aanleggen v.e. darmanastomose. • **gaillard~** hechting ter verkorting v.h. onderooglid bij entropion. • **hand~** met naald en draad handgelegde verbinding tussen twee delen v.h. maag-darmkanaal. • **kroon~** *zie* sutura coronalis. • **mechanische~** m.b.v. een circulair nietapparaat gelegde verbinding tussen twee uiteinden v.h. maag-darmkanaal. • **milt~** *zie* rafie | spleno~. • **neus~** *zie* rafie | rino~. • **paraneurale zenuw~** hechting v.e. doorgesneden zenuw d.m.v. een naad door het bindweefsel rondom de zenuweinden. • **pijl~** *zie* sutura sagittalis. • **schedel~** *zie* suturae cranii. • **schmiedendarm~** hechting bij maag- en darmanastomosen met instulping v.d. met peritoneum bedekte buitenwand. • **vaat~** *zie* rafie | angio~.
naadaneurysma vals aneurysma dat is veroorzaakt door een defect ter plaatse v.e. (eerdere) vaatnaad.
naadlekkage lekkage van darminhoud vanuit het lumen i.d. directe omgeving door ineffectieve hechting v.d. verbinding die tijdens anastomosering v.d. darmdelen is gemaakt.
naadstenose | **benigne ~** vernauwing v.h. lumen op de plaats v.d. anastomosering die niet het gevolg is van hernieuwde tumorgroei, maar van bijv. ischemie. • **maligne ~** vernauwing v.h. lumen op de plaats v.d. anastomosering door hernieuwde tumorgroei.
naadverbinding *zie* sutura
naald 1 smal en puntig chirurgisch instrument voor gebruik bij punctie en hechting; 2 smal en puntig hol instrument voor gebruik bij injectie, aspiratie, biopsie of inbrenging v.e. katheter i.e. bloedvat of andere holte. • **atraumatische ~** dunne hechtnaald zonder oog, met aan het stompe einde een dunne, ingesmolten hechtdraad. • **boemerang~** instrumentje voor het leggen v.e. naad bij injectie. • **chiba~** soepele, buigzame naald met een doorsnede van 0,7 mm. • **dattner~** twee in elkaar geschoven holle naalden van ongelijke lengte, voor lumbale punctie. • **deschamps~** langgesteelde onderbindingsnaald met naar rechts of links gebogen einde en aan de punt een 'oog'. • **hecht~** naald met of zonder snijranden.
naaldelektrode van Durrer *zie* durrernaaldelektrode.
naaldhouder klemtang waarmee een (chirurgische) naald kan worden vastgehouden en gehanteerd.
naaldincident *zie* accident | prik~.
nabeeld subjectieve gezichtswaarneming die voortduurt als het object verdwenen is of de ogen gesloten worden.
nabehandeling de zorg en de behandeling v.d. herstellende patiënt. i.h.b. na een operatie.
nabotheieren *zie* ovulum | ovula Nabothi.

N-acetyl neuramin acid *zie* zuur | N-acetyl-neuramine~.

nachtmerrie slaapstoornis die wordt gekenmerkt door regelmatig wakker worden met nauwkeurige herinneringen aan angstdromen.

nachtziendheid *zie* nyctalopie.

nacontrole *zie* follow-up.

NAD *zie* nicotinamideadeninedinucleotide.

nadir laagst gemeten waarde i.e. reeks metingen tijdens of na een behandeling.

Naegele | obliquiteit van ~ *zie* asynclitisme | asynclitismus anterior. • **tang van** ~ meest gebruikte vorm var verlostang, met kromming overeenkomstig de bekkenas.

naevocellularis bestaande uit naevuscellen; vb. naevus naevocellularis.

naevoïd op een naevus gelijkend; vb. naevoïd basalecelcarcinoom.

naevus 1 goedaardige huidafwijking die berust op een teveel of een tekort aan de normale huidsamenstellende bestanddelen; **2** omschreven plek, histologisch bestaande uit een ophoping van naevuscellen. • **aardbeien~** *zie* frambozen~. • **balloncel~** n. met grote blazige mono- en multinucleaire naevuscellen. • **becker~** scherp omschreven unilaterale hyperpigmentatie, veelal op schouder gelokaliseerd. • **bindweefsel~** hamartoom, meestal i.d. huid gelegen, waarin de hoeveelheid collageenvezels is toegenomen. • **blauwe** ~ *zie* naevus caeruleus. • **blue** ~ *zie* naevus caeruleus. • **dysplastische** ~ n. naevocellularis met een diameter van doorgaans >5 mm en onregelmatige begrenzing, onregelmatige pigmentatie en celatypie. • **epidermale** ~ verheven, meestal niet of licht gepigmenteerde naevus waarbij de naevuscellen histologisch i.d. epidermis zijn gelokaliseerd. • **frambozen~** angioma tuberosum cutaneum. • **giant pigmented** ~ [E] aangeboren pigmentnaevus die een groot gedeelte v.h. gelaat, de romp of de extremiteiten kan bedekken. • **grensvlak~** i.h. huidniveau gelegen naevus, bestaande uit naevuscellen op het grensgebied van dermis en epidermis. • **halo~** pigmentnaevus met een pigmentsverlieszone eromheen *zie (sub 4)* halo. • **ito~** bepaald type melanocytaire naevus, gelokaliseerd op de schouder. • **junction** ~ *zie* grensvlak~. • ~ **amelanoticus** n. zonder pigment. • ~ **anaemicus** witte huidvlek door plaatselijke hypoplasie van huidbloedvaten. • ~ **araneus** arteriolaire bloedvatverwijding i.d. huid met radiaire vertakkingen, die hierdoor op een spin lijkt.
• ~ **caeruleus** blauw doorschemerende, lenticulaire, soms licht verheven papulonodeuze laesie die ontstaat door een dermale vermeerdering van melanocyten. • ~ **comedonicus** omschreven misvorming v.d. haarfollikels die met hoornproppen gevuld zijn. • ~ **congenitus** aangeboren naevus.
• ~ **depigmentosus** aangeboren, grillige, pigmentloze huidvlek door plaatselijk ontbreken van melanocyten. • ~ **dermalis** verheven, meestal niet of licht gepigmenteerde naevus waarbij de naevuscellen histologisch i.d. dermis zijn gelokaliseerd.
• ~ **flammeus** congenitale regionale verwijding v.h. capillair bed. • ~ **fuscocaeruleus ophthalmomaxillaris** *zie* ota~. • ~ **linearis** congenitale, maar zich vaak pas i.d. jeugd manifesterende gepigmenteerde streepvormige afwijking die niet uit naevuscellen bestaat, maar een epidermale oorsprong heeft. • ~ **naevocellularis** uit naevuscellen bestaande, al dan niet gepigmenteerde naevus, meestal lenticulair in grootte; men onderscheidt grensvlaknaevi (E. junction naevi), samengestelde naevi (E. compound naevi) en dermale naevi. • ~ **osteohypertrophicus** *zie* syndroom van Klippel-Trénaunay. • ~ **pigmentosus** pigment-bevattende n. naevocellularis. • ~ **pilosus** behaarde pigmentnaevus. • ~ **sebaceus** talgkliernaevus, meestal op behaarde hoofd, gekenmerkt door een licht verheven geelachtige plaque. • ~ **sebaceus juvenilis** *zie* naevus sebaceus. • ~ **sebaceus senilis** hyperplasie van talgklieren i.h. gelaat bij bejaarden. • ~ **spilus** gespikkelde lentigineuze naevus, bestaande uit naevuscellen.
• ~ **teleangiectaticus** *zie* naevus araneus.
• ~ **van Becker** *zie* becker~. • ~ **van Ito** *zie* ito~. • ~ **van Ota** *zie* ota~. • ~ **van Unna** *zie* Unna | unnanaevus. • ~ **vasculosus** *zie* hemangioom | capillair ~. • ~ **verrucosus** aangeboren wratachtige verhevenheid door papillomateuze epidermiswoekering met hyperkeratose. • ~ **vinosus** lichtroze tot paarsrode wegdrukbare verkleuring v.d. huid t.g.v. aangeboren hyperplasie v.h. cutane vaatnet. • **ota~** bepaald type melanocytaire naevus, kan aangeboren zijn, maar ook i.d. jeugd of adolescentie ontstaan.
• **pigment~** *zie* naevus pigmentosus.

- **pringle~** adenoma sebaceum, meestal in en om de nasolabiale plooien. • **raspberry** ~ zie frambozen~. • **samengestelde** ~ boven het huidniveau verheven naevus, bestaande uit gepigmenteerde naevuscellen die zich in zowel de dermo-epidermale overgang als de dermis bevinden. • **spider ~** [E] zie naevus araneus. • **spitz~** zie melanoom | juveniel ~. • **spoelcel~** zie melanoom | juveniel ~. • **sutton~** zie halo~. • **tierfell~** [D] grote congenitale pigmentnaevus met diffuse haargroei en een verhoogde kans op maligne ontaarding. • **zwembroek~** pigmentnaevus op het huidgebied tussen het middel en de knieën.

nageboortetijdperk het tijdsverloop tussen de geboorte v.h. kind en die v.d. placenta.

nagebootste stoornis zie syndroom | münchhausen~.

nagel 1 hoornachtig bedeksel op de bovenzijde v.d. laatste vingerkootjes van hand en voet; **2** (orthop. chir.) zie pen. • **dwang~** zie ingegroeide ~. • **hippocrates~** zie unguis hippocraticus. • **horlogeglas~** zie unguis hippocraticus. • **ingegroeide ~** nagel met neiging tot granuloomvorming a.g.v. verkeerd knippen v.d. nagel en irritatie door druk. • **kalk~** verdikte 'verkalkte' nagel. • **lepeltjes~** zie koilonychie. • **nijd~** aandoening waarbij de huid langs de nagelriem is ingescheurd. • **putjes~** zie onychia punctata. • **stroop~** zie nijd~. • **vingerhoed~** zie onychia punctata.

Nagel | kleurenproeven van ~ kaartjes met i.e. kring geplaatste stippen van verschillende kleuren, voor onderzoek v.d. kleurenzin. | **lantaarn van** ~ toestel om rood- of groenblindheid te onderzoeken.

nagelbed het deel v.d. cutis waarop de nagel v.d. nagelplooi uit naar voren groeit.

nagelbijten zie onychofagie.

Nägele | nägelebekken ankylotisch scheef vernauwd bekken. • **nägeleregel** grove berekeningswijze voor waarschijnlijke bevallingsdatum: neem de eerste dag van laatste menstruatie, tel daarbij 9 mnd. en vervolgens 7 dgn. op.

Nägeli | nägelisyndroom het leukocytaire beeld bij megalocytaire anemieën, t.w. relatieve vermindering v.d. granulocyten en vermeerdering v.d. lymfocyten, voorts hypersegmentatie v.d. leukocytenkernen, vermindering v.d. trombocyten.

nagelplaat aaneengesloten hoornmassa zonder herkenbare cellen, voortkomend uit nagelmatrix en hoornstaf.

nagelriem zie eponychium.

nagelwal huidplooi die de nagel omgeeft.

nagelwortel zie nagelplaat.

NAH niet-aangeboren hersenletsel.

naïef zie therapienaïef.

nailing (chir.:) vastzetten van botstukken met een metalen pen.

nail-patella syndrome zie osteo-onychodysplasie | hereditaire ~.

nairobischapenziektevirus zie virus | nairobi~.

NALT (nose-associated lymphoid tissue) zie ring | waldeyer~.

NANA zie zuur | N-acetylneuramine~.

nanisme zie groei | dwerg~.

nanismus senilis zie progeria infantilis.

nano- (n) 10^{-9}; 1 nanogram (1 ng) = 10^{-9} gram.

nanokatal (nkat) 10^{-9} katal = 1 nanomol per seconde: SI-eenheid voor enzymactiviteit; 1 nkat = 0,06 U.

nanometer (nm) 10^{-9} meter.

NAP zie peptide | natriuretische ~n.

napkin erythema zie rash | diaper ~.

narcisme overmatige ingenomenheid met de eigen persoon.

narcissuscomplex niet te verwarren met narcisme zie auto-erotisme.

narcistische krenking krenking v.h. zelfgevoel.

narco- voorvoegsel in woordverbindingen m.b.t. verdoving.

narcolepsie neiging tot aanvallen van onbedwingbare slaap die zich met onregelmatige intervallen voordoen.

narcose reversibele toestand van bewusteloosheid en veelal algehele gevoelloosheid, doelbewust teweeggebracht d.m.v. narcotica of fysische agentia bij medische behandelingen waarbij lokale anesthesie niet volstaat. • **basis~** een door een narcoticum i.v. toegediende matig diepe algemene narcose. • **chirurgische** ~ de anesthesie t.b.v. een operatie. • **endotracheale** ~ inhalatienarcose waarbij het narcoticum via een endotracheale canule wordt toegediend. • **hypno~** een door hypnose ingeleide of ondersteunde narcose. • **inhalatie~** zie anesthesie | inhalatie~. • **intraveneuze** ~ narcose die wordt teweeggebracht door intraveneuze inspuiting v.e. narcoticum.

- **rectale** ~ narcose door rectale applicatie v.e. narcoticum.

narcosebreedte het traject tussen de kleinste hoeveelheid v.e. narcoticum die een bruikbaar narcotisch effect (analgesie) teweegbrengt, en de hoeveelheid die nodig is om de diepst mogelijke narcose te bereiken.

narcosemengsel zie ventilatiemengsel.

narcoticum verdovend middel.

narcotiseren het onder narcose brengen v.e. patiënt.

narcotiseur *zie* anesthesioloog.

naris neusgat; wordt begrensd door neusvleugel en neustussenschot.

narium gen. mv. van naris; vb. stillicidium narium.

narrow-angle glaucoma *zie* glaucoom | nauwehoek~.

NAS *zie* abstinentiesyndroom | neonataal ~.

nasaal 1 (anato.) *zie* nasalis; **2** (foniatrie, knoheelkunde) m.b.t. een i.d. neusholte gevormde spraakklank (vgl. Frans *un bon vin blanc*).

nasale spraak door neusklank gekenmerkte spraak.

nasalis m.b.t. de neus; vb. incisura nasalis, os nasale. • **hydrorrhoea** ~ *zie* rinorroe.

nasaliteit *zie* nasale spraak.

nasendoscoop kijkinstrument met diverse beeldhoeken om de neus te inspecteren.

nasion (antropometrie) het punt waar de sutura frontonasalis de mediaanlijn kruist.

naso- voorvoegsel in woordverbindingen m.b.t. de neus.

nasoantrostomie volgens Claoué het maken v.e. klein venster i.d. onderste neusgang v.d. neus naar de sinus maxillaris bij chronische sinusitis die niet voldoende reageert op decongestie, kaakspoelingen en antibiotica.

nasociliaris m.b.t. neus en bovenooglid; vb. nervus nasociliaris.

nasofaryngeaal m.b.t. de nasofarynx.

nasofaryngoscoop elektrisch verlicht instrument waarmee via neus of mond de nasofarynx bekeken kan worden.

nasofarynxcarcinoom *zie* carcinoom | nasofaryngeaal ~.

nasofrontalis m.b.t. neus en het voorhoofd; vb. vena nasofrontalis.

nasogastrisch m.b.t. de neus en de maag; vb. nasogastrische sondevoeding via neusmaagsonde.

nasolabiaal m.b.t. neus en lip; vb. sulcus nasolabialis.

nasolacrimalis m.b.t. neus en traanorganen; vb. ductus nasolacrimalis.

nasomaxillaris m.b.t. os nasale en maxilla; vb. sutura nasomaxillaris.

nasopalatinus m.b.t. neus en gehemelte; vb. nervus nasopalatinus.

nasopharyngealis m.b.t. neus- en keelholte; vb. carcinoma nasopharyngeale.

nasopharyngeus m.b.t. neus- en keelholte; vb. meatus nasopharyngeus.

nasoscoop elektrisch verlichtend instrument, voor bezichtiging v.d. neusholte.

nasus neus.

natalis m.b.t. de geboorte, nataal; vb. dies natalis (geboortedag).

nataliteit *zie* cijfer | geboorte~. • **morti**~ de verhouding v.h. aantal doodgeborenen tot het totale aantal geborenen i.e. bepaalde periode.

natans drijvend; vb. cataracta natans.

nates de beide lichaamsdelen die worden gevormd door de mm. glutei, die het bekken aan de achterzijde bekleden; Lat. clunis = 'achterbout'.

natief onveranderd, onbewerkt.

natio geboorte.

natis bil.

nativisme de leer dat eigenschappen, ideeën en karaktertrekken aangeboren zijn.

nativiteit *zie* cijfer | geboorte~.

nativus geboortig, aangeboren; vb. velamen nativum.

natriëmie aanwezigheid van overmaat aan natrium i.h. bloed.

natrilfenomeen echoscopische bevinding bij een mola-graviditeit of een hematoom in utero.

natripenie tekort aan natrium.

natrium (Na) element dat belangrijkste kation is i.d. extracellulaire lichaamsvloeistof.

natriumbeperking vermindering v.d. zoutinname via een dieet, leidend tot volumevermindering t.g.v. negatieve zoutbalans.

natriumbicarbonaat zout van bicarbonaationen (die ontstaan zijn uit koolzuur) en natriumionen.

natriumchloride (NaCl) essentiële verbinding in lichaam.

natriumexcretie uitscheiding van natriumzout met de urine.

natriumhuishouding handhaving v.d. natriumbalans i.h. lichaam.

natriumpomp (membraantheorie:) het uit de omgeving i.d. cel diffunderende natrium wordt door een actief, energiekostend proces weer naar buiten gewerkt, waardoor de rustpotentiaal in stand wordt gehouden.

natriumretentie vasthouden van natriumzout door de nier bij daling van effectieve arteriële bloedvolume.

natriurese uitscheiding van natriumzouten met de urine.

natriuretica verzamelnaam voor diuretica die de natriuresis bevorderen, waardoor de osmotische diurese wordt gestimuleerd.

natronkalk vorm van CO_2-absorbens.

nattend (chir.) gepaard gaand met exsudaat; vb. nattende wond.

naturalkillercellen zie cel | lymfokinegeactiveerde killer-len.

natural-orifice transluminal endoscopic surgery (NOTES) zie endoscopische abdominale chirurgie via natuurlijke lichaamsopeningen.

naturopaat zie arts | natuur-.

naturopathie zie geneeswijze | natuur-.

natuurlijk beloop datgene wat er gebeurt bij mensen met een ziekte/stoornis/afwijking zonder dat een op medische kennis gebaseerde interventie plaatsvindt.

naupathie zie ziekte | zee-.

nausea de neiging tot braken hebbend.
• ~ **gravidarum** misselijkheid van zwangeren, hyperemesis gravidarum.

nauwkeurigheid (statist., epidemiol.) zie precisie.

navel zie umbilicus.

navelgranuloom granulerend weefsel op de navelstomp, na demarcatie v.d. navelstreng.

navelstrengprolaps uitgezakte navelstreng die bij afklemming tussen het ingedaalde hoofdje en het baringskanaal tot foetale nood of sterfte kan leiden.

navelstrengpunctie zie centese | chordo-.

navelstrengteken zie fenomeen | strassmann-.

navelvorming zie dimpling.

naviculare 1 (z.nw.) zie os naviculare; 2 (bv.nw.) onz. van navicularis.

navicularis bootvormig; vb. fossa navicularis, os naviculare (schippersbotje).

NBCC nodulair basocellulair carcinoom.

NCC 1 (statist., epidemiol.:) zie onderzoek | nested case-control-~; 2 (nefrol., on-col.:) zie carcinoom | niercel-.

NCSE (niet-convulsieve status epilepticus) zie status | niet-convulsieve~ epilepticus.

NDT neuro-developmental treatment.

near miss [E] incident zonder schade.

nebula 1 licht troebele plek op het hoornvlies; 2 spray, medicament in nevelvorm, aerosol.

nebulisator zie vernevelaar. • **spinningdisk-**~ verstuiver die water verstuift d.m.v. de centrifugale kracht v.e. snel ronddraaiend schijfje. • **ultrasone** ~ verstuiver die water d.m.v. ultrasone trillingen verstuift tot deeltjes met een doorsnede van 0,5-3 micron.

NEC zie enterocolitis | necrotiserende -.

Necator americanus op *Ancylostoma duodenale* lijkende 'mijnworm' en eveneens verwekker van 'mijnwormziekte'.

necro- voorvoegsel in woordsamenstellingen m.b.t. de dood of het afsterven.

necrobiose geleidelijke afsterving van weefsel of cellen. • **necrobiosis lipoidica** huidafwijking met multipele laesies aan de onderbenen (vnl. strekzijden).

necrologie 1 sterftestatistiek; 2 herdenkingsartikel of -rede voor een overledene (een 'in memoriam').

necrolyse afsterving en vervloeiing van weefsel. • **exanthemateuze** ~ zie syndroom | stevens-johnson-~. • **toxische epidermale** ~ zie epidermolyse | epidermolysis acuta toxica.

necrose plaatselijke dood van weefsel of van afzonderlijke cellen, mogelijk gevolg van allerlei invloeden als voedseltekort, toxinewerking, hitte, koud en bestraling. • **aseptische** ~ zie avasculaire botnecrose.
• **bacteriële** ~ zie gangreen. • **bridging** ~ [E] necrose i.d. lever met brugvorming tussen de portale velden en de vv. centrolobulares, bij hepatitis. • **centrale myelum**~ beschadiging van centrale grijze stof v.h. ruggenmerg door hyperextensietrauma v.h. cervicale ruggenmerg. • **coagulatie**~ versterf van weefsel met coagulatie v.d. cellen, zoals bij een myocardinfarct. • **colliquatie**~ afsterving van weefsel met verweking v.h. afgestorven weefsel. • **hemorragische** ~ weefselnecrose, gepaard gaand met bloedingen. • **ischemische** ~ weefselversterf door stoornis i.d. bloedvoorziening. • **medio**~ haardvormige necrose i.d. tunica media v.e. arterie. • **medionecrosis aortae**

plaatselijke m. v.d. aorta, met als mogelijk gevolg de ontwikkeling v.e. aneurysma dissecans. • **myocardiale contractieband~** vorm van myocardnecrose die microscopisch wordt onderscheiden v.h. klassieke myocardinfarct. • **necrosis humida** vochtige necrose. • **necrosis sicca** droge necrose. • **papillitis necroticans** *zie* papilnecrose. • **piecemeal necrosis** necrose van groepen cellen, min of meer over het orgaan verspreid. • **quiet necrosis** [E] langzame, door chronische ontsteking teweeggebrachte uitstoting van stukjes kraakbeen of been, die door een verwonding i.e. gewricht zijn losgeraakt. • **tubulus~** necrose v.d. cellen v.d. proximale niertubulus.
necroticans necrotiserend, leidend tot versterf; vb. acne necroticans.
necroticus necrotiserend; vb. panaritium necroticum.
necrotisch 1 (proces:) onderhevig aan necrose; **2** (resultaat van necrose:) genecrotiseerd, afgestorven.
necrotiseren afsterven, tot versterf leiden, met versterf gepaard gaan.
Nederlandse Mededingingsautoriteit (NMA) publiekrechtelijke organisatie belast met het toezicht op marktwerking in Nederland.
neet luizenei, ei van *Pediculus* of van *Phthirus*.
nefr- voorvoegsel in woordverbindingen m.b.t. de nier.
nefrectomie operatieve verwijdering v.e. nier.
nefritis uni- of bilaterale aandoening van nierparenchym (glomeruli, tubuli), het interstitiële weefsel en de niervaten; klinisch: proteïnurie, hematurie, cilindrurie en oedemen, gepaard met cardiovasculaire verschijnselen. • **epidemische** ~ *zie* koorts | krim-congo~. • **fenacetine~** interstitiële n. na langdurig gebruik van fenacetine. • **glomerulo~** *zie* glomerulonefritis. • **haard~** focale n. met een of meer ontstekingshaarden i.d. nier. • **interstitiële** ~ chronische pyelonefritis. • **lupus~** glomerulonefritis, bij systemische lupus erythematodes (SLE), waarbij immuuncomplexen i.h. mesangium v.d. nier en de basale membraan neerslaan. • **masugi~** experimenteel bij proefdieren verwekte glomerulonefritis. • **nephritis acuta** acute nefritis, etterige n. met kort en ernstig verloop. • **nephritis chronica** chronische nefritis, langzaam verlopende, langzaam progressieve n. • **nephritis interstitialis** interstitiële nefritis. • **salt-losing nephritis** *zie* nefropathie | salt-losing nephropathia. • **shunt nephritis** [E] immunocomplexglomerulonefritis t.g.v. een infectie v.e. ventriculoatriale shunt met micro-organismen. • **water-losing nephritis** [E] *zie* diabetes insipidus renalis.
nefritogeen nefritis-veroorzakend (niet verwarren met nefrogeen).
nefrocalcinose nefrocalcinose, afzetting van calcium i.d. nieren en vorming van stenen, t.g.v. hypercalciëmie.
nefrocapsectomie chirurgische verwijdering v.h. nierkapsel, decapsulatie v.d. nier.
nefroftise voorkomen van kleine niercysten op de corticomedullaire overgang.
nefrogeen ontstaan uit, afkomstig v.d. nier.
nefrografie het röntgenologisch afbeelden v.d. nier.
nefrogram röntgenfoto v.d. nier.
nefroliet niersteen.
nefrolithotomie verwijdering v.e. niersteen via een incisie v.d. nier.
nefrologie de wetenschap betreffende nieren en nierziekten.
nefrolyse 1 het operatief losmaken v.e. met de omgeving vergroeide nier, met behoud v.h. nierkapsel; **2** oplossing, desintegratie van nierweefsel door een nefrolysine.
nefrolysine toxine met specifieke werking op niercellen.
nefron functionele eenheid v.d. nier. • **juxtamedullair** ~ nefron waarvan de glomerulus dicht bij de grens tussen nierschors en niermerg ligt waarvan de lus van Henle tot i.d. binnenste mergzone reikt.
nefroom niergezwel. • **embryonaal** ~ *zie* tumor | wilms~.
nefro-omentopexie vasthechting v.h. omentum aan de nier.
nefropathie nierafwijking; NB: *nephrosis* is i.h. Eng. een syn. van *nephropathy*. • **analgetica~** papilnecrose i.d. nieren en secundair hieraan interstitiële nefritis t.g.v. langdurig, overmatig gebruik van combinatiepreparaten van pijnstillers. • **berger~** *zie* IgA~. • **contrast~** iatrogene nefropathie a.g.v. een allergische reactie op contrastmiddel dat voor beeldvormende diagnostiek is toegediend. • **diabetische** ~ *zie* diabetische nefropathie. • **familiaire juveniele hyperuri-

kemische ~ *zie* cystenier | medullaire~.
- **glomerulo-tubulaire** ~ nieraandoening waarbij glomeruli en tubuli zijn aangetast.
- **heroïne~** vorm van focale segmentale glomerulosclerose met fulminant nefrotisch syndroom t.g.v. heroïnegebruik. • **hypertensieve** ~ *zie* nefrosclerose. • **IgA~** glomerulaire ziekte die wordt gekenmerkt door proliferatie van mesangiumcellen en mesangiale neerslagen door IgA-antistoffen.
- **IgM~** (immunoglobuline M-nefropathie) zeldzame vorm van mesangiaal proliferatieve glomerulonefritis met neerslagen i.h. mesangium v.d. nier. • **lichteketen~** nefropathie, voorkomend bij paraproteïnemieën waarbij lichte ketens neerslaan i.h. mesangium v.d. nier. • **membraneuze** ~ glomerulaire immuuncomplexziekte die wordt gekenmerkt door verdikking v.d. glomerulaire basale membraan en subepitheliale granulaire IgG-neerslagen.
- **nephropathia epidemica** interstitiële nefritis met proteïnurie, oligurie, trombocytopenie en shock. • **reflux~** vorm van chronische pyelonefritis. • **salt-losing nephropathia** [E] beeld van overmatige NaCl-excretie bij primair-tubulaire nefropathieën, leidend tot volumetekort en hyponatriëmie. • **sikkelcel~** nefropathie met papilnecrose t.g.v. geobliltereerde vasa recta, veroorzaakt door sikkelvorming van erytrocyten.

nefropexie vasthechting v.e. beweeglijke nier.

nefrorragie nierbloeding.

⊛ **nefrosclerose** sclerose (verbindweefseling) van kleine renale arteriën, glomeruli (glomerulosclerose) en nierweefsel (interstitiële fibrose).

nefrose nefrotisch syndroom, omvattend zware proteïnurie, hypoproteïnemie en hypovolemische oedemen. • **amyloïd~** chronische n. met amyloïde degeneratie v.d. tunica media v.d. nierarteriën en v.d. glomeruluscapillairen. • **cysto~** degeneratief proces v.h. nierparenchym, met vorming van cysten. • **hemato~** bloeduitstorting i.d. nierholten, i.h.b. hydronefrose met secundaire bloedbijmenging. • **hepato~** leverziekte met hyperbilirubinemie en icterus, gepaard aan nierinsufficiëntie tubuli. • **hydro~** verwijding v.h. nierbekken en atrofie v.h. nierparenchym door stuwing van urine bij obstructie v.d. ureter. • **lipoïd~** nefrose met oedeem, proteïnurie, veranderingen i.d. proteïnen en lipoïden v.h. bloed en ophoping van bolletjes cholesterolesters i.h. tubulusepitheel. • **lower-nephron nephrosis** [E] acute nefrose met anurie, met beschadiging v.h. distale (lower) deel v.h. nefron, bij ernstig stomp trauma, uitgebreide verbranding, intoxicatie. • **nefron~** *zie* lower-nephron nephrosis. • **progressieve glomerulo~** ouderdomsaandoening v.d. nieren, gekenmerkt door glomerulosclerose en neerslagen i.d. tubuli. • **pyo~** uitzetting v.d. met etter gevulde nierkelken en v.h. pyelum t.g.v. pyelonefritis.

nefrosonefritis *zie* koorts | krim-congo~.

nefrostomie chirurgische constructie v.e. fistel die de urine v.e. nier naar buiten afvoert.

nefrotisch m.b.t. nefrose; NB: niet te verwarren met nefritisch.

nefrotomie incisie v.d. nier.

nefrotoxische schade destructie van niercellen.

negatiedelirium *zie* waan | ontkennings~.

negatief 1 uitblijvend of ontkennend, bijv. de negatieve uitkomst v.e. laboratoriumkweek; 2 (fysica) aanduiding v.d. elektrische pool die positief geladen deeltjes aantrekt; 3 (optiek) verkleinend afbeeldend; 4 (grafisch) omlaag gericht; vb. een negatieve T-top i.h. elektro-cardiogram; 5 (fotografie en radiologie) met vervanging van licht door donker en omgekeerd; 6 (balansonderzoek) met grotere afgifte of afbraak dan opneming van aanmaak. • **fout-~** ten onrechte negatief; met name van toepassing op een diagnostische test die negatief uitvalt ondanks aanwezigheid van ziekte. • **sero-** 1 zonder aantoonbare antistoffen; vb. seronegatieve polyartritis; 2 zonder aantoonbare antistoffen tegen hiv. • **ten onrechte** ~ *zie* fout-~. • **terecht-** ~ persoon die na een diagnostisch onderzoek terecht als niet-ziek wordt geclassificeerd. • **vals-~** *zie* fout-~.

negatief chronotroop de hartslag vertragend.

negatieve aannemelijkheidsverhouding *zie* ratio | negative likelihood ~.

negatieve heautoscopie zeldzame vorm van visuele agnosie waarbij het spiegelbeeld niet wordt herkend.

negative predictive value (NPV) *zie* waarde | voorspellende ~.

negativisme ziekelijke neiging tot een psychische reactie die tegengesteld aan de normale reactie is.

neglect [E] **1** verwaarlozing; **2** neurologische stoornis i.d. aandacht voor één lichaamshelft, meestal de linker, die berust op laesies i.d. pariëtale kwab v.d. niet-dominante hemisfeer en/of op frontale laesies, waarbij bijv. de linkerkant v.d. kamer niet kan worden beschreven, slechts een helft v.h. gezicht wordt geschoren en hemiplegie niet wordt herkend of erkend.

Neisser | neisser-wechsbergfenomeen deviatie van complement waardoor het niet kan werken op het antigeen-amboceptorcomplex.

Neisseria geslacht v.d. familie *Neisseriaceae*. • *~ gonorrhoeae* verwekker van gonorroe; obligaat pathogeen. • *~ meningitidis* Meningococcus (met 4 antigene typen), verwekker van meningitis cerebrospinalis epidemica.

Neisseriaceae familie v.d. klasse *Schizomycetes*.

nek de achterzijde v.d. hals. • **gebroken** ~ *zie* dwarslaesie. • **stijve** ~ *zie* myalgie | myalgia cervicalis.

nekplooimeting echoscopische bepaling v.d. vochtschil i.d. nek v.d. foetus ter opsporing v.h. downsyndroom.

nekstijfheid teken van meningeale prikkeling bij intrathecale bloeding of meningitis, veroorzaakt door reflexmatig aanspannen van nekmusculatuur om pijnlijke rekking v.d. meningen te voorkomen; vast te stellen doordat de kin niet op de borst kan worden gebracht a.g.v. actief spierverzet.

nélatongezwel desmoïde tumor v.d. buikwand.

Nemathelminthes subfylum van *Scolecida*, omvat de klassen *Acanthocephala*, *Gordiacea* en *Nematoda*.

Nematocera suborde van de *Diptera*.

Nematoda klasse v.h. subfylum *Nemathelminthes*, de rondwormen.

nematode rondworm.

neo- voorvoegsel in woordverbindingen met de betekenis 'nieuw'; vb. neoblaas, neomamma.

neocyt jonge erytrocyt.

neogenese 1 regeneratie; **2** vorming van nieuw weefsel i.e. langzamer tempo dan bij anagenesis.

neoglottis phonatoria chirurgisch gecreëerde minimale fistel tussen trachea en hypofarynx, toegepast bij patiënten die totale laryngectomie hebben ondergaan.

neoglucogenese *zie* gluconeogenese.

neologisme (neurol., psychiatrie) het gebruiken van niet-bestaande woorden.

neomamma gereconstrueerde borstvorm na borstamputatie; kan met prothese of autoloog weefsel.

neomorfisme ontwikkeling v.e. nieuwe vorm.

neonaat kind i.d. eerste vier weken v.h. leven.

neonataal 1 m.b.t. de neonatus; **2** m.b.t. de eerste weken na de geboorte.

neonatale hyperbilirubinemie *zie* icterus neonatorum.

neonatale intensivecare-unit (NICU) verpleegafdeling voor neonaten waarbij verscheidene vitale functies zo nodig kunnen worden overgenomen.

neonatale loopbeweging loopbeweging waarbij de pasgeborene onder de oksels wordt gesteund en op één voet wordt neergezet.

neonatale periode de eerste vier weken na de geboorte v.d. neonaat.

neonati mv. van neonatus.

neonatologie de wetenschap betreffende diagnostiek en behandeling van afwijkingen en ziekten bij de pasgeborene.

neonatoloog specialist i.d. neonatologie.

neonatorum gen. mv. van neonatus; vb. icterus neonatorum. • **erythrodermia desquamativa** ~ *zie* Leiner | ziekte van ~. • **lac** ~ *zie* heksenmelk.

neonatus *zie* neonaat.

neopallium het fylogenetisch laatst gevormde deel v.h. pallium.

neoplasie ontwikkeling v.e. (kwaadaardig of goedaardig) gezwel. • **cervicale intraepitheliale** ~ (CIN) dysplasie van cervixepitheel, beginnend i.d. overgang van plaveiselepitheel naar cilindrisch epitheel. • **intra-epitheliale prostaat** ~ *zie* prostate intra-epithelial neoplasia. • **multipele endocriene** ~ (MEN) autosomaal dominant erfelijke aandoening, gekenmerkt door tumorvorming in verschillende endocriene klieren. • **prostate intra-epithelial neoplasia** (PIN) dysplastische verandering v.h. intra-epitheliale weefsel v.d. prostaat dat als voorloper v.h. prostaatcarcinoom wordt gezien. • **vaginale intra-epitheliale** ~ (VaIN) aandoening waarbij de epitheelcellen v.h. vaginale slijmvlies abnormale veranderingen ondergaan, zoals verstoring v.d. normale celrijping, afwijkingen i.d. ordening van cellen en afwijkingen i.d. celkernen. • **vulvaire intra-epitheliale** ~ (VIN) dysplasie v.h. epitheel v.d. vulva.

neoplasma kwaadaardig of goedaardig gezwel.

neoplasticus gepaard gaand met nieuwvorming; vb. meningosis neoplastica.

neoplastisch gepaard gaand met neoplasie, met betrekking tot neoplasie.

neostomie operatieve vorming v.e. toegang tot een hol orgaan of v.e. communicerende verbinding tussen twee holle organen.
• **uretero-ileocuta**~ operatie waarbij een ileumblaas ('brickerblaas') wordt gevormd door de ureters te verbinden met een uitgeschakelde ileumlis, waarna een afvoer via de huid naar buiten wordt gemaakt.

neostriatum het fylogenetisch jongste deel v.h. corpus striatum.

neotenie 1 het bereiken van volwassenheid i.h. larvestadium; 2 onvolkomen ontwikkeling v.e. orgaan.

neovascularisatie | glasvocht~ vaatnieuwvorming in posterieur glasvocht bij proliferative diabetische retinopathie, uitgaand v.d. papil en de grote vaatbogen; hierbij ontstaan glasvochtbloedingen met exsudaat en visusvermindering.

nephr- voorvoegsel in woordverbindingen m.b.t. de nier.

nephrocalcinosis *zie* nefrocalcinose.

nephrolysis *zie* nefrolyse.

nephron *zie* nefron. • **lower** ~ [E] de distale tubulus.

nephroptosis verzakking v.d. nier.

nephros nier, ren [L].

nephrostoma een v.d. afvoeropeningen v.d. embryonale voornierkanaaltjes naar de coeloomholte.

nervaal m.b.t. zenuwweefsel of zenuwwerking.

nervorum gen. mv. van nervus.

nervositeit geestestoestand van verhoogde prikkelbaarheid en versterkte emotionele reacties.

nervosus 1 m.b.t. psychische stoornis; 2 rijk aan zenuwen.

nervus (N.) *zie* zenuw. • ~ **abducens** VIe hersenzenuw (mot.), ontspringt onder aan de pons, in de m. rectus lateralis oculi. • **nervi accelerantes** postganglionaire orthosympathische zenuwvezels die vanaf de grensstreng naar de plexus cardiacus v.h. hart lopen en waarlangs prikkels worden geleid die tot een toename v.d. hartfrequentie en de contractiliteit v.d. hartspier leiden.
• ~ **accessorius** XIe hersenzenuw (mot.), ontspringt met twee wortels onder aan het cerebrum en boven aan het ruggenmerg; inn. de m. sternocleidomastoideus en de m. trapezius. • ~ **axillaris** (mot. + sens.): ontspr. uit plexus brachialis. • ~ **cutaneus** huidzenuw. • ~ **cutaneus femoris lateralis** (sens.): ontspr. uit de plexus lumbalis 2-3, inn. de huid voor en opzij v.d. dij. • ~ **facialis** (mot. + sens. + parasymp.): aangezichtszenuw, VIIe hersenzenuw, ontspr. tussen de pons en de olijf, vertakt zich veelvuldig, inn. de gelaatsspieren. • ~ **glossopharyngeus** (mot. + parasymp. + sens): IXe hersenzenuw, ontspr. achter de olijf uit het bovenste deel v.d. medulla oblongata, vertakt zich veelvuldig. • ~ **hypoglossus** (mot.): XIIe hersenzenuw, ontspr. tussen piramide en olijf uit de hersenen, geeft rami linguales af en inn. de m-li styloglossus, hyoglossus, genioglossus en de intrinsieke tongspieren.
• ~ **ischiadicus** zenuw (sens. + mot.), ontspringend uit de plexus sacralis. • ~ **laryngeus recurrens** (parasymp. + mot.): ontspr. uit de n. vagus, vertakt zich veelvuldig.
• ~ **lingualis** (sens.): ontspr. uit de n. mandibularis. • ~ **mandibularis** (sens. + mot.): de derde trigeminustak. • ~ **medianus** (sens.): ontspr. uit de plexus brachialis. • ~ **nasociliaris** (sens.): mediale tak v.d. n. ophthalmicus, vertakt zich veelvuldig.
• ~ **oculomotorius** (mot. + proprioceptief + parasymp.): IIIe hersenzenuw, ontspr. i.d. fossa interpeduncularis mesencephali, splitst zich i.e. ramus superior en een r. inferior. • ~ **olfactorius** (sens.): I^e hersenzenuw, ontspr. uit de bulbus olfactorius, inn. het neusslijmvlies. • ~ **ophthalmicus** (sens.): eerste trigeminustak. • ~ **opticus** (sens.): IIe hersenzenuw, ontspr. aan het chiasma opticum, inn. de retina. • ~ **radialis** (sens. + mot.): ontspr. uit de plexus brachialis. • ~ **recurrens** n. laryngeus recurrens. • ~ **saccularis** (sens.): tak v.d. pars vestibularis (n. octavi), inn. de macula sacculi. • ~ **tibialis** (sens. + mot.): ontspr. uit de n. ischiadicus, vertakt zich veelvuldig.
• ~ **trigeminus** V^e hersenzenuw, ontspr. aan de laterale kant v.d. pons met een motorische en een sensibele wortel, welke laatste

het ganglion trigeminale vormt, waaruit drie hoofdtakken ontspringen. • ~ **trochlearis** (mot. + proprioceptief): IVe hersenzenuw, ontspr. achter de colliculus inferior, inn.. de m. obliquus superior oculi. • ~ **ulnaris** (sens. + mot.): ontspr. aan de plexus brachialis. • ~ **vagus** (sens. + mot. + parasymp.): X^e hersenzenuw, ontspr. met vele wortels i.d. groeve tussen de olijf en de pedunculus cerebellaris caudalis, vertakt zich veelvuldig, tot i.d. borst- en buikholte.
• ~ **vestibulocochlearis** VIIIe hersenzenuw, ontspr. aan de onderrand v.d. pons, bestaat uit een pars vestibularis en een pars cochlearis, die het evenwichtsorgaan resp. het gehoororgaan innerveren.

nervus-Vidiani-doorsnijding klieving v.d. nervus Vidiani bij profuse rhinitis vasomotoria a.g.v. verstoorde balans i.d. autonome innervatie v.h. neusslijmvlies.

nesidioblasten cellen waaruit de eilandjes van Langerhans ontstaan.

nesidioblastose genetisch defect, blijkend uit proliferatie van nesidioblasten.

nesidioom *zie* insulinoom.

net omentum, rete [L].

netenkam *zie* stofkam.

netent *zie* graft | mesh ~.

nettofiltratiedruk resultante v.d. drukken die het vocht uit de capillairen drijven minus de inwaarts gerichte plasma colloïdosmotische druk.

nettoresorptiedruk drukverschil tussen de inwaarts gerichte plasmacolloïd-osmotische druk en de som v.d. uitwaarts gerichte drukken, leidend tot terugresorptie v.h. grootste deel v.h. gefiltreerde plasma aan het einde v.e. weefselcapillair.

nettoyage [F] **1** verwijdering van ziek kraakbeen en randosteofyten bij arthrosis deformans; **2** verwijdering van vuil en gekwetst weefsel uit een wond.

netvliesloslating *zie* ablatio | ablatio retinae.

netvliesoedeem van Berlin *zie* oedeem | berlinnetvlies-.

netvliesplooitje *zie* macula pucker.

netwerk *zie* plexus.

neuken | **droog~** seksueel contact waarbij ter seksuele prikkeling de penis ritmisch tussen de benen v.d. sekspartner, vlak onder het perineum, wordt bewogen.

neuraal m.b.t. een of meer zenuwen. • **endo~** i.e. zenuw. • **idio~** betreffende een bepaalde zenuw of (uitsl.) het zenuwstelsel.
• **myo~** m.b.t. spier en zenuw. • **para~** naast of langs een zenuw. • **peri~** rondom, of buiten een zenuw. • **sensi~** m.b.t. een zintuig en een zenuw, c.q. zenuwbaan; vb. s-rale doofheid.

neuraal netwerk groep van verbonden neuronen, zoals het menselijk brein.

neurale buis een v.d. drie op elkaar volgende stadia i.d. embryonale ontwikkeling v.h. czs: neurale plaat, neurale groeve, neurale buis; ontstaat 21 dagen na bevruchting uit de neurale groeve.

neurale groeve een v.d. drie op elkaar volgende stadia i.d. embryonale ontwikkeling v.h. czs: neurale plaat, neurale groeve, neurale buis.

neurale plaat een v.d. drie op elkaar volgende stadia (neurale plaat, neurale groeve, neurale buis) i.d. embryonale ontwikkeling v.h. centrale zenuwstelsel (czs); betreft de eerste aanleg v.h. ruggenmerg bij het embryo.

neurale wal laterale randen v.d. neurale plaat; groeien naar elkaar toe, waardoor de neurale buis wordt gevormd (3e-4e week van embryonale ontwikkeling).

neuralgie pijnsyndroom door (over)prikkeling v.e. perifere sensibele zenuw. • **aangezichts~** *zie* Sluder | sludersyndroom.
• **amyotrofische schouder~** klinische entiteit, gekarakteriseerd door acute, heftige pijn in schouder en arm, meestal enkelzijdig, in uren tot dagen gevolgd door een parese van spieren i.h. distributiegebied v.d. plexus brachialis en door spieratrofie.
• **anorectale** ~ zenuwpijn i.h. zitvlak, rond de anus en het einde v.d. endeldarm. • **intercostale** ~ neuralgie v.e. of meer intercostale zenuwen. • **van Horton** *zie* Horton | hortonneuralgie. • **plexus~** pijn i.h. gebied dat door een zenuwplexus wordt verzorgd. • **poly~** neuralgie v.e. aantal zenuwen. • **postherpetische** ~ persisterende pijn en voortdurende gevoelsstoornissen i.e. door herpesvaricellazostervirus aangedaan dermatoom; bij persisteren van m.n. gevoelsstoornissen na verdwijnen v.d. huiduitslag spreekt men van 'postherpetische neuropathie'. • **pseudo~** *zie* psychalgie. • **radiculaire** ~ de v.e. ruggenmergswortel uitgaande neuralgie. • **sluder~** *zie* hoofdpijn | cluster-. • **trigeminus~** *zie* trigeminusneuralgie. • **zoster~** hardnekkige neuralgie na een doorge-

maakte herpes zoster.

neuralgisch gekenmerkt door neuralgie.

neuralgische schouderamyotrofie *zie* neuralgie | amyotrofische schouder-.

neuraminidase een v.d. twee antigenen op het oppervlak v.h. influenzavirus (het andere is hemagglutinine).

neurapofysen de neurale (dorsale) bogen v.e. wervel.

neurasthenie obsoleet begrip voor 'zenuwzwakte', dysthymie, labiliteit, affectincontinentie enz.

neuraxon *zie* axon.

neurectomie excisie v.e. zenuwsegment. • **gastrische** ~ *zie* vagotomie. • **opticociliaire** ~ *zie* neurotomie | neurotomia opticociliaris. • **subdurale** ~ resectie v.d. n. trigeminus (bij trigeminusneuralgie) i.h. gebied v.d. schedelbasis, met extirpatie v.h. ganglion trigeminale.

neurentericus m.b.t. een verbindend kanaal (canalis n-cus) tussen het achtereind v.d. neurale buis en de oerdarm bij het embryo.

neurexaerese verwijdering (door oprollen op een tang en afscheuren) v.e. stuk zenuw ter behandeling van neuralgie.

neurexaeresis *zie* evulsie | evulsio nervorum.

neuriet *zie* axon.

neurilemma buisvormige structuur die het axon als een schede van zenuwvezels omhult.

neurilemmoom *zie* schwannoom. • **antonitype-A-**~ neurilemmoom met als histopathologisch beeld een kenmerkende celdichtheid. • **antoni-type-B-**~ neurilemmoom met als histopathologisch beeld een losmazige en wanordelijke celstructuur.

neurine trimethylvinylammoniumhydroxide $CH_2:CH.N(CH_3)_3.OH$, een giftig kadaveralkaloïd, ontstaat door bacteriële afbraak van lecithine, in rottende vis, hersenweefsel, sommige fungi.

neurinoom *zie* schwannoom. • **neurinoma acusticum** intracraniaal v.d. n. vestibulocochlearis uitgaand goedaardig gezwel. • **neurinoma malignum** *zie* tumor | maligne perifere zenuwschede-. • **neurinoma plexiforme** *zie* fibroom | plexiform neuro-. • **neurinoma racemosum** kluwen van dikke strengen i.d. huid. • **neurinoma spurium** onecht neurinoom, bestaande uit woekerend bindweefsel v.e. zenuwstam. • **neurinoma verum** echt neurinoom, bestaande uit zenuwcellen en zenuwvezels, i.t.t. neurinoma spurium.

neuritis zenuwontsteking met pijn, gevoelsstoornissen en (i.t.t. bij neuralgie) aantoonbare morfologische veranderingen i.d. zenuw. • **amyotrofische** ~ acute, meestal enkelzijdige parese van schoudergordelspieren voorafgegaan door hevige pijn en gevolgd door spieratrofie optredend t.g.v. overmatige arbeid, blootstelling aan koude en overgevoeligheidsreactie op vreemd eiwit. • **eichhorst**~ interstitiële neuritis die zowel de zenuwscheden als het interstitiële weefsel v.d. spieren aantast. • **gombault**~ periaxiale segmentale zenuwdegeneratie. • ~ **migrans** syndroom waarbij geïsoleerde cutane huidzenuwtakjes achtereenvolgens aangedaan raken, waarschijnlijk door tractieletsel; symptomen bestaan uit doofheid, paresthesieën en pijn in variabele en verspringende huidregio's. • **mono**~ neuropathie van ten minste twee afzonderlijke zenuwen. • ~ **multiplex** obsoleet synoniem van 'multipele mononeuropathie'. • ~ **optica** ontsteking v.d. n. opticus (binnen de oogbol = papillitis; buiten de oogbol = neuritis retrobulbaris); hierbij ontstaat binnen enkele uren tot dagen ernstig visusverlies i.e. of beide ogen; visus herstelt in dagen tot weken. • **perifere** ~ ontsteking van perifere zenuwen. • **poly**~ gelijktijdige neuritis van verschillende (perifere) zenuwen. • **polyradiculo**~ polyneuritis van spinale zenuwen en spinale zenuwwortels. • **pseudo**~ **optica** aangeboren afwijking v.d. discus nervi optici, met roodheid, onscherpe begrenzing, verminderde excavatie, prominens. • **radio**~ neuritis door inwerking van ioniserende stralen. • ~ **retrobulbaris** *zie* neuritis optica. • **sensorische** ~ **migrans** *zie* neuritis migrans. • ~ **vestibularis** aandoening met acute draaiduizeligheid, misselijkheid en braken.

neuro- voorvoegsel in woordverbindingen m.b.t. zenuwen.

neuroadenolyse bestrijding van onbehandelbare onduldbare pijn bij maligne gezwellen met metastasen d.m.v. instillatie van ethanol i.d. hypofyse.

neurobiotaxis de neiging van zenuwcellen zich te verplaatsen i.d. richting vanwaar zij hun prikkels ontvangen.

neuroblasten embryonale cellen waaruit

zich zenuwcellen ontwikkelen.

neuroblastoom | esthesio~ zeldzame maligne neuro-ectodermale tumor, uitgaande van restanten v.d. neuraalbuis waaruit zich het reukepitheel ontwikkelt.

neurochirurg medisch specialist op het gebied v.d. neurochirurgie.

neurocirculatoir astheniesyndroom *zie* chronischevermoeidheidssyndroom.

neurocrinie 1 invloed van hormonen op de zenuwen; **2** afscheiding v.e. neurosecreet door bepaalde zenuwcellen (i.d. nuclei supraopticus en paraventricularis v.d. tussenhersenen).

neurocyt zenuwcel.

neurocytoom zeldzame primaire hersentumor met kenmerkende lokalisatie i.d. laterale ventrikels.

neurodegeneratie verval van zenuwcellen (degeneratie), fysiologisch door ouderdom en pathologisch door degeneratieve ziekten.

neurodendron *zie* dendriet.

neurodermitis chronische, jeukende, lichenoïde eruptie. • **~ circumscripta** *zie* lichen simplex chronicus. • **~ disseminata** *zie* constitutioneel eczeem.

neuro-ectoderm *zie* epitheel | neuro-~.

neuro-endocrien bronchuscarcinoom bronchuscarcinoom dat neuro-endocriene peptiden produceert.

neuro-endocriene modulatie beïnvloeding v.d. neuro-endocriene as, bijv. door interleukinen of interferon.

neuroepithelialis neuro-epitheliaal, m.b.t. zintuigepitheel; vb. stratum neuroepitheliale retinae.

neuro-epithelium neuro-epitheel, zintuigepitheel.

neurofibril dunne vezel i.h. cytoplasma en de uitlopers van zenuwcellen.

neurofibromatose (NF) erfelijke ziekte met goedaardige bindweefselgezwellen; men onderscheidt het perifere type (type 1, NF1) en het centrale type (type 2, NF2).

neurofilament intermediair filament in zenuwcellen; neurofilamenten vormen samen met de microtubuli en microfilamenten het cytoskelet v.d. zenuwcel.

neurofysines groep oplosbare eiwitten die i.d. hypothalamus worden gesynthetiseerd.

neurofysiologie | klinische ~ klinische toepassing van neurologische diagnostische methoden.

neurogeen veroorzaakt door, uitgaand van zenuwen of van zenuwwerking.

neurogene heterotope ossificatie (NHO) extra-articulaire calcificatie van bindweefsel, spieren, pezen en aponeurosen zonder rechtstreeks trauma.

neurogliocyt *zie* cel | neuroglia~.

neurografie onderzoek waarbij de te onderzoeken zenuw op verschillende plaatsen elektrisch wordt geprikkeld.

neurohumor *zie* neurotransmitter.

neurohypofyse het achterste deel (pars nervosa) v.d. hypofyse.

neuro-invasiviteit het vermogen (v.e. virus) om vanuit een perifere porte d'entrée het czs te bereiken en daar afwijkingen te veroorzaken.

neurokeratine een soort keratine i.d. mergschede van zenuwvezels.

neurolemma *zie* neurilemma.

neurolemmoom *zie* schwannoom.

neuroleptanalgesie narcosemethode met toediening v.e. neurolepticum (bijv. droperidol) en een sterk werkend analgeticum (bijv. fentanyl); hierbij ontstaat geen echte bewusteloosheid.

neuroleptica verouderde aanduiding van geneesmiddelgroep *zie* antipsychotica.

neurolinguïstisch programmeren (nlp) vorm van psychotherapie, opgesteld door de Amerikanen John Grinder en Richard Bandler i.d. jaren 1980, die zich bedient van concepten uit de taalkunde, de hypnotherapie en de gedragstherapie.

neurolipomatose verspreide vetophopingen met druk op zenuwen, vnl. bij vrouwen. • **neurolipomatosis dolorosa** *zie* Dercum | ziekte van ~.

neurologie de wetenschap betreffende het gezonde en zieke zenuwstelsel. • **gedrags~** *zie* psychiatrie | neuro-~.

neurologisch 1 m.b.t. de neurologie; **2** m.b.t. het zenuwstelsel; vb. neurologische status.

neuroloog specialist i.d. neurologie.

neurolues *zie* syfilis | neuro-~.

neurolyse 1 vernietiging van zenuwweefsel; **2** een operatieve losmaking van zenuwen uit vergroeiingen met de omgeving.

neurolytisch met destructieve werking op zenuwweefsel.

neuromatosus gepaard gaand met neuromen; vb. elephantiasis neuromatosa.

neuromelanine variant v.h. pigment melanine.

neuromeren de embryonale segmenten v.h. zenuwstelsel.

neuromodulatie 1 elektrische stimulatie v.e. perifere zenuw, v.h. ruggenmerg of v.d. hersenen ter bestrijding van pijn, transcutaan of m.b.v. een geïmplanteerde stimulator; **2** beïnvloeding van impulsoverdracht door neurotransmitters in neuronale synapsen; veroorzaakt door post- of presynaptisch modulerende neuropeptiden.

neuromodulator neuropeptide in czs die geen neurotransmitter is, maar die de impulsoverdracht kan bevorderen of remmen.

neuromusculair 1 m.b.t. het perifere motorische neuron, de myoneurale overgangsplaats en/of de spier; **2** m.b.t. perifere motorische neuron en spier; vb. neuromusculaire overgang.

neuromusculaire disfunctie gelijktijdig gestoorde of gebrekkige functie van zenuw- en spierelementen.

neuromusculaire overgang *zie* synaps | neuromusculaire ~.

neuromusculaireovergangsstoornis stoornis van myoneurale overgangsplaats.

neuromusculaire rijping uitgroei en differentiatie van zenuwstelsel en spieren van embryo tot volwassenheid.

neuromyasthenie *zie* chronischevermoeidheidssyndroom.

neuromyografie methode om de degeneratie v.d. n. facialis aan te tonen.

neuron zeer gedifferentieerde cel v.h. zenuwstelsel die impulsen ontvangt, uitzendt of verwerkt; heeft meestal één lange cellulifugaal geleidende uitloper (axon, neuriet) en een aantal korte cellulipetaal geleidende uitlopers (dendrieten). • **afferent** ~ n. dat impulsen v.e. receptororgaan naar het czs toe geleidt. • **alfamoto~en** neuronen met dikke merghoudende snelgeleidende vezels die de dwarsgestreepte spiervezels innerveren; het cellichaam ligt i.d. voorhoorn v.h. ruggenmerg of in geval van hersenzenuwen i.d. bijbehorende motorische hersenstamkernen. • **archi~** het centrale motorische neuron i.h. gebied v.d. motorische hersenschors, ten onderscheid v.h. teleneuron. • **associatie~** intercentraal neuron. • **bipolair** ~ zenuwcel met slechts twee uitlopers, een dendriet en een axon. • **centraal motorisch** ~ klinische term voor i.d. gyrus precentralis gelegen neuronen die de perifer motorische neuronen in hersenstam en ruggenmerg aansturen. • **centraal** ~ een zenuwcel i.h. czs. • **connector~** neuron dat twee andere neuronen verbindt. • **efferent** ~ een n. dat impulsen vanuit het czs naar de perifere geleidt. • **fusimotorisch** ~ *zie* motorisch gamma~. • **intercalair** ~ een n. dat twee andere neuronen met elkaar verbindt. • **inter~** een i.h. ruggenmerg gelegen 'schakelneuron', ingeschakeld tussen een afferent en een efferent neuron. • **moto~** *zie* motor~. • **motorisch alfa~** perifere motoneuron met een dik, snel geleidend axon die een aantal dwarsgestreepte spiervezels innerveert. • **motorisch bèta~** zenuwcel die intra- en extrafusale spiervezels innerveert. • **motorische ~en** neuronen met bewegingsfunctie. • **motorisch gamma~** perifeer motorneuron met een dunne vezel die de spiervezels i.e. spierspoeltje innerveert. • **motor~** efferente neuron dat motorische impulsen geleidt. • **multipolair** ~ neuron met verscheidene dendrieten. • **schakel~** *zie* inter~. • **sensorisch** ~ afferent neuron dat sensorische impulsen geleidt, direct dan wel indirect afkomstig v.d. periferie. • **tele~** het perifere motorische neuron (motorische zenuwcel i.d. voorhoorn v.h. ruggenmerg met haar uitlopers), ten onderscheid v.h. archineuron. • **unipolair** ~ neuron met slechts één dendriet.

neuronaal netwerk verzameling zenuwcellen die functioneel en/of anatomisch bijeenhoren.

neuronale ceroïdlipofuscinose heterogene groep autosomaal recessieve vetstapelingsziekten i.d. grijze stof v.d. hersenen o.b.v. enzymdeficiënties.

neuronitis ontstekingachtige degeneratie van neuronen. ~ **vestibularis** passagère aandoening v.h. vestibulaire orgaan, waardoor (sub)acute en hevige draaiduizeligheid en nystagmus ontstaan, zonder gehoorstoornis of oorsuizen.

neuronofagie destructie en vertering van neuronen door fagocyten.

neuroom 1 gezwel, bestaande uit zenuwcellen en zenuwvezels; op basis van nieuwe inzichten in cytologische en histologische kenmerken worden neuromen zoals men die vroeger kende tegenwoordig in meer

specifieke categorieën ingedeeld, zoals ganglioneuroom, neurilemmoom, pseudoneuroom; **2** uit een zenuw groeiend gezwel. • **amputatie**~ traumatisch n., ontwikkelt zich (na amputatie v.e. lichaamsdeel) op het amputatievlak. • **eindstandig** ~ *zie* neuroma traumaticum. • **neuroma spurium** onecht neuroom, bestaande uit woekerend bindweefsel v.e. zenuwstam na doorsnijding of kwetsing. • **neuroma traumaticum** ongeordende woekering van zenuwvezels en schwanncellen na kwetsing, amputatie of doorsnijding v.e. zenuw; kan hinderlijke pijnklachten veroorzaken, wat resectie noodzakelijkt maakt. • **pseudo**~ *zie* neurinoom | neurinoma spurium.
• **stomp**~ *zie* amputatie~. • **traumatisch** ~ *zie* neuroma traumaticum.

neuro-osteoartropathie *zie* Charcot | charcotvoet.

neuroot *zie* neuroticus.

neuropathicus neuropathisch; vb. papilloma neuropathicum.

neuropathie aandoening v.e. zenuw, i.h.b. perifere zenuw; gebruikt als verzamelbegrip, bijv. bij 'diabetische neuropathie', dat dan diabetische plexopathieën, radiculopathieën, mononeuropathieën en polyneuropathie omvat. • **acute inflammatoire demyeliniserende poly**~ (AIDP) subtype v.h. guillain-barrésyndroom *zie* guillain-barrésyndroom. • **acute motorische axonale** ~ (AMAN) subtype v.h. guillain-barrésyndroom *zie* guillain-barrésyndroom. • **acute motorische en sensibele axonale** ~ (AMSAN) subtype v.h. guillain-barrésyndroom *zie* guillain-barrésyndroom. • **acute sensorische** ~ auut tot subacuut verlies van sensibiliteit in armen en benen, soms met hypalgesie, paresthesie, sensorische ataxie, lichte paresen en pijn. • **alcoholische** ~ polyneuropathie bij langdurig overmatig alcoholgebruik, soms in combinatie met syndroom van Wernicke-Korsakov. • **alcoholische poly**~ polyneuropathie bij langdurig overmatig alcoholgebruik, soms in combinatie met syndroom van Wernicke-Korsakov; wordt gekenmerkt door een symmetrisch, vooral distaal optredend doof gevoel, tintelingen en paresthesieën. • **amyloïd**~ polyneuropathie op basis van amyloïdneerslagen. • **anterieure ischemische opticus**~ (AION) arteriële afsluiting vlak bij de papil waardoor acute visusstoornissen ontstaan, fundoscopisch gekenmerkt door een witte, oedemateuze papil en kleine (peri)papillaire splintervormige bloedinkjes, gevolgd door papilatrofie. • **autonome** ~ aandoening v.d. dunne ongemyeliniseerde (C-)zenuwvezels en dun gemyeliniseerde (A-delta-)zenuwvezels, zich uitend in autonome disfunctie: o.a. tachypneu, ritmestoornissen, veranderd transpiratiepatroon, 'facial flushing', droge ogen of droge mond, erectiestoornis, orthostatische hypotensie, gastro-intestinale verschijnselen, slechte wondgenezing en blaasfunctiestoornis.
• **bacterieel-toxische encefalomyelo**~ aandoening v.h. gehele zenuwstelsel t.g.v. bacteriële exotoxinen; de belangrijkste zijn tetanusinfectie, difterie en botulisme. • **bulbospinale** ~ X-recessief; progressieve zwakte proximaal aan ledematen, fasciculaties perioraal, gynaecomastie. • **chronische axonale idiopathische poly**~ (CIAP) polyneuropathie die voorkomt op de oudere leeftijd en waarbij geen andere oorzaak kan worden aangetoond; i.d. regel betreft het sensomotorische polyneuropathie waarbij de gevoelsstoornissen op de voorgrond staan en er meestal weinig motorische uitval is; langzaam progressief, zelden tot invaliditeit leidend. • **chronische inflammatoire demyeliniserende poly**~ (CIDP) immuungemedieerde demyeliniserende aandoening die leidt tot symmetrisch krachtsverlies, sensibiliteitsverlies en areflexie. • **compressie**~ *zie* druk~. • **critical-illnesspoly**~ (CIP) (intensivecaregeneeskunde:) vnl. motorische axonale polyneuropathie die voorkomt bij beademde patiënten op een ic met een sepsis en multiorgaanfalen. • **diabetische** ~ verzamelbegrip voor diabetische plexopathie of amyotrofie, mononeuropathie, acute pijnlijke diabetische polyneuropathie en chronische sensomotorische polyneuropathie.
• **druk**~ neuropathie a.g.v. een combinatie van bovenmatige of langdurige compressie en lokale ischemie v.e. zenuw op een plaats waar deze een nauwe doorgang passeert.
• **dunnevezel**~ (DVN) polyneuropathie waarbij alleen dunne zenuwvezels vlak onder de huid beschadigd zijn; dit leidt tot een afwijkende gevoelswaarneming. • **entrapment**~ *zie* druk~. • **erfelijke druk**~ dominant overervende, in Nederland niet

zeldzame aandoening met (meestal) tijdelijke functie-uitval a.g.v. relatief geringe compressie of overrekking v.e. perifere zenuw of plexus brachialis. • **familiaire amyloïdpoly**~ polyneuropathie a.g.v. erfelijke vorm van amyloïdose; leidt in eerste instantie tot een autonome neuropathie, later tot een gegeneraliseerde polyneuropathie. • **geïsoleerde vasculitische** ~ vasculitis die zich tot de vasa nervorum beperkt, m.a.g. ischemie en daardoor uitval van wisselende combinaties van perifere zenuwen (zgn. mononeuritis multiplex). • **granulomateuze opticus**~ opticusneuropathie bij een sarcoïdose. • **hereditaire motorisch-sensibele** ~ (HMSN) groep van erfelijke polyneuropathieën, verschillen in erfelijkheid en ernst; meest voorkomend zijn HMNS type 1a (demyeliniserende type), HMSN type 2 (axonale type) en erfelijke drukneuropathie. • **hereditaire opticus**~ erfelijke vorm van opticusneuropathie; voorbeelden zijn het type van Kjer (autosomaal dominant), de ziekte van Behr (autosomaal recessief) en de opticusneuropathie van Leber (maternaal mitochondriaal overervend). • **hereditaire sensibel-autonome** ~ (HSAN) groep van erfelijke polyneuropathieën met als belangrijkste manifestatie sensibele en/of autonome stoornissen; bekendst zijn familiaire dysautonomie (riley-daysyndroom, HSAN type III) en congenitale insensitiviteit voor pijn met anhidrose (HSAN type IV). • **herpetische** ~ zie neuralgie | postherpetische ~. • **ischemische** ~ neuropathie a.g.v. afsluiting v.d. verzorgende bloedvaten; wordt gezien bij vasculitis v.d. vasa nervorum (geeft dan aanleiding tot multiple mononeuropathieën) en bij trombo-embolische processen (acute ischemische opticusneuropathie). • **ischemische opticus**~ aandoening v.d. oogzenuw, o.a. bij gegeneraliseerde arteriosclerose of arteriitis temporalis, waarbij door afsluiting v.e. voedend vat sectorvormige gezichtsvelddefecten en een sterk verlaagde visus kunnen optreden. • **migrerende sensibele** ~ zie Wartenberg | ziekte van ~. • **mononeuropathia multiplex** zie multipele mono-. • **mono**~ aandoening van één enkele perifere zenuw. • **multifocale demyeliniserende** ~ perifere neuropathie die histologisch wordt gekenmerkt door verscheidene demyelinisatiehaarden en bij elektromyografie een geleidingsblok toont; waarschijnlijk veroorzaakt door auto-immuunmechanismen en toegankelijk voor immunosuppressieve behandeling. • **multifocale motorische** ~ (MMN) multiple mononeuropathie die wordt gekenmerkt door een zuiver motorisch karakter en een vlekkige asymmetrische verdeling; langzaam progressief, reageert op immunosuppressieve therapie; elektrofysiologisch gekenmerkt door conductieblokken. • **multipele mono**~ aandoening van meer perifere zenuwen, bijv. door een circulatiestoornis v.d. vasa nervorum bij systemische vasculitiden. • **myelo**~ ruggenmergsaandoening die vooral i.d. tropen voorkomt en gewoonlijk door oondervoeding en deficiëntie wordt veroorzaakt. • **opticus**~ aandoening v.d. nervus opticus. • **paraneoplastische** ~ aandoening v.d. perifere zenuw of het sensibele of motorische neuron die is veroorzaakt door een carcinoom of hematologische maligniteit en die niet kan worden toegeschreven aan invasieve groei, compressie door een tumor of duidelijk identificeerbare secundaire effecten van tumor of behandeling. • **paraproteïnemie**~ polyneuropathie op basis v.e. paraproteïne, meestal een IgM. • **perifere** ~ neuropathie van één of meer perifere zenuwen. • **plexusbrachialis**~ zie neuralgie | amyotrofische schouder-. • **poly**~ zie polyneuropathie. • **polyradiculo**~ neuropathie van perifere zenuwen en zenuwwortels; oorzaken o.a. infectieus (lymeborreliose) en immuungemedieerd, te weten acuut bijv. ziekte van Guillain-Barré en chronisch bij immuungemedieerde chronische inflammatoire demyeliniserende poly(radiculo)neuropathie (CIDP). • **postherpetische** ~ (PHN) n. die optreedt na herpes zoster. • **toxische opticus**~ opticusneuropathie t.g.v. eiwit- en vitamine-3-gebrek of medicamentgebruik. • **trigeminus**~ aandoening van (takken van) n. trigeminus met continue pijn en sensibiliteitsstoornissen i.h. aangedane gebied, meestal t.g.v. virusinfectie met herpes; i.t.t. trigeminusneuralgie is er geen triggerpoint. • **vasculitis**~ acute neuropathie bij vasculitis, o.a. bij polyarteriitis nodosa, reumatoïde artritis, ziekte van Wegener, ziekte van Sjögren, systemische lupus erythematodes (SLE) en diverse 'overlapsyndromen'.

neuropathisch 1 m.b.t. neuropathie; vb. neuropathische pijn, pijnklachten die ontstaan door een aandoeningen v.e. of meerdere zenuwen; 2 a.g.v. een neuropathie, bijv. neuropathische voet, een verscheidenheid van voetafwijkingen die ontstaan a.g.v. neuropathie bij patiënten met diabetes mellitus of lepra.

neuropathologie de wetenschap betreffende het morfologisch (i.h.b. microscopisch) onderzoek van ziek zenuwweefsel.

neuropeptiden peptiden met hormoonwerking, geproduceerd in hypothalamus en hypofyse.

neuropeptide-Y neuromodulator.

neuropilema ingewikkeld netwerk van dendrieten en axonen rondom de ganglioncellen i.d. grijze substantie v.h. czs.

neuroplasma het cytoplasma v.e. zenuwcel.

neuropodium 1 uitstulping v.e. ganglioncel v.h. czs, lijkend op een axonheuvel; 2 blaasvormig einde v.e. axon.

neuroporus een opening aan het craniale en een aan het caudale eind v.d. neurale buis bij het embryo, resp. n. anterior en n. posterior.

neuropraxie gangbare verschrijving *zie* apraxie | neur~.

neuropsychologie | klinische ~ specialisme binnen de psychologie waarin men zich verdiept in stoornissen van cognitie en gedrag door hersenziekten.

neuroretinitis neuritis optica plus retinitis.

neurose verzamelbegrip voor psychische stoornissen met als voornaamste symptomen angst of afweermechanismen tegen angst. • **angst**~ obsoleet begrip *zie* angststoornis. • **dwang**~ *zie* obsessief-compulsieve stoornis. • **emotie**~ neurotische verwerking v.e. heftige acute emotie. • **idio**~ een neurose zonder aanwijsbare oorzaak of verklaring. • **idiopathische** ~ *zie* idio~. • **karakter**~ neurose die niet of nauwelijks door invloeden v.d. omgeving is ontstaan, maar door de persoonlijkheid v.d. betrokkene zelf. • **kern**~ *zie* karakter~. • **overdrachts**~ neurotisch symptomencomplex dat bij een analysandus tijdens de psychoanalyse in relatie tot de analyticus tot ontwikkeling komt. • **psycho**~ verouderde term voor een neurotische toestand die gepaard gaat met angst, fobieën, dwanghandelingen, depressies. • **rente**~ een na een ziekte of ongeval zich ontwikkelende psychische fixatie aan de toestand van (vermeende) invaliditeit waarvoor een financiële ondersteuning wordt uitgekeerd. • **separatie**~ overmatige en inadequate angst om verlaten te worden, vaak geconditioneerd geraakt aan bepaalde situaties. • **traumatische** ~ n. die zich na of n.a.v. een trauma heeft ontwikkeld. • **trofodermato**~ *zie* acrodynie.

neurosecretie 1 de vorming van vasopressine, oxytocine en het eiwit neurofysine i.d. hypothalamus, het transport van deze hormonen via axonen naar de neurohypofyse, het opslaan ervan aldaar, en de afgifte ervan aan het bloed; 2 afscheiding v.e. actieve substantie door zenuwcellen.

neurosoom 1 het cellichaam v.e. zenuwcel; 2 een der vele insluitsels van zenuwcellen.

neurotensine darmhormoon dat de motiliteit v.d. maag vermindert.

neuroterminal zenuweindorgaan.

neuroticisme een v.d. drie onafhankelijke dimensies (volgens Eysenck) die de individuele persoonlijkheidsverschillen verklaren, te weten het psychische mechanisme (psychisme) dat bepalend is voor de mate waarin iemand in bepaalde stressomstandigheden gedecompenseerd raakt of emotioneel instabiel en neurotisch wordt; de overige twee dimensies zijn introversie/extraversie en psychoticisme.

neuroticus 1 m.b.t. zenuwstoornissen; vb. alopecia neurotica, ulcus neuroticum; 2 m.b.t. een neurose.

neuroticus 1 (verouderd med. taalgebruik:) iemand die een neurose heeft; 2 (alg. taalgebruik:) zenuwachtig persoon.

neurotisatie 1 de regeneratie v.e. doorgesneden zenuw, uitgaande v.d. centrale stomp daarvan; 2 het implanteren v.e. zenuw i.e. verlamde spier.

neurotisch 1 lijdend aan een neurose; 2 met enkele kenmerken van neurose.

neurotmesis beschadiging v.e. zenuw a.g.v. verloren continuïteit, leidend tot blijvende uitval v.d. prikkelgeleidingsfunctie.

neurotomie therapeutische doorsnijding v.e. zenuw bijv. ter behandeling van neuralgie. • **neurotomia opticociliaris** doorsnijding van n. opticus en n. ciliaris ter voorkoming van sympathische oftalmie.

neurotonie 1 zenuwrekking, vnl. ter opheffing van pijn, bijv. rekking v.d. n. ischiadicus ter behandeling van ischias; 2 instabiele

tonus v.h. vegetatieve zenuwstelsel.
neurotransmitter (NT) stof die i.d. synaps een rol speelt bij de prikkeloverdracht van neuron naar axon; wordt afgegeven door zenuwweefsel; vb. epinefrine (adrenaline), acetylcholine; het syn. 'neurohumor' is obsoleet.
neurotripsie operatieve kneuzing v.e. zenuw.
neurotrofisch 1 m.b.t. de voeding v.h. zenuwstelsel; **2** m.b.t. de weefselvoeding voorzover onder invloed van zenuwen.
neurotroop met affiniteit tot het zenuwstelsel of tot zenuwweefsel.
neurotrophicus neurotrofisch; vb. ulcus neurotrophicum.
neurotropisme affiniteit tot zenuwweefsel.
neurovegetatief m.b.t. het autonome zenuwstelsel.
neurovirulentie eigenschap v.e. micro-organisme om ziekelijke afwijkingen in zenuwweefsel te veroorzaken.
neurovisceraal m.b.t. het sympathische en het centrale zenuwstelsel.
neurula embryologisch ontwikkelingsstadium volgend op dat v.d. gastrula (bij alle gewervelde dieren); i.h. n.-stadium ontwikkelt zich de neurale buis uit de neurale plaat, waarmee een begin wordt gemaakt met de vorming v.h. zenuwstelsel.
neurulatie de vorming (i.h. jonge embryo) v.d. neurale plaat, die vervolgens tot een neurale groeve wordt, welke op haar beurt overgaat i.d. neurale buis.
neus nasus [L], rhis [G]; de uitwendige neus bestaat uit benige neuspiramide, kraakbenige neuspiramide en lobulus.
• **aardappel~** zie rhinophyma. • **aardbeien~** zie rosacea. • **adelaars~** zie syndroom | waardenburg-. • **boksers~** zadelneus bij boksers. • **haviks~** vormafwijking v.d. uitwendige neus waarbij de ossa nasalia naar anterior zijn uitgegroeid. • **inwendige ~** het geheel van vestibulum nasi en cavum nasi. • **knobbel~** benige of kraakbenige knobbel op de neusrug, meestal a.g.v. een groeistoornis of neustrauma. • **loop~** zie catarre | neus-. • **papegaaiensnavel~** zie syndroom | waardenburg-. • **uitwendige ~** steunapparaat v.d. neus, bestaand uit bot, kraakbeen en bindweefsel. • **zadel~** neus met lage ingezonken neusrug.
neusbijholte-MRI-onderzoek zie MRI | neusbijholte-~.

neusbijholten het geheel v.d. kaakholte, voorhoofdsholte, zeefbeenholte en wiggenbeensholte.
neusbijholteontsteking zie sinusitis.
neusdoorgankelijkheidsonderzoek zie rinomanometrie | akoestische ~.
neusdouche neusspoeling na neusoperatie, bijholteoperatie of bij ozaena.
neusdragerschap het voortdurend i.d. neus voorkomen van potentieel pathogene bacteriën.
neusdruppelrinopathie zie rinopathie | rhinopathia medicamentosa.
neusdruppels druppels voor decongestie v.h. neusslijmvlies.
neus-keelholte zie farynx | naso-oro-~.
neus-MRI-onderzoek MRI-onderzoek v.d. neus; vnl. toegepast bij wekedelenpathologie.
neuspiramide het geheel v.d. benige en de kraakbenige neuspiramide.
neuspuntafwijking vormafwijking v.d. neusvleugels.
neusschelp concha nasalis suprema, superior, media et inferior.
neusseptumcorrectie chirurgische correctie van scheefstand v.h. septum nasi.
neusseptumdeviatie afwijkende stand v.h. neustussenschot.
neusspraak | open ~ zie rinclalie | rhinolalia aperta.
neusspray zie neusdruppels.
neustraankanaal zie ductus nasolacrimalis.
neustussenschot zie septum nasi.
neusverkoudheid virale ontsteking v.h. neusslijmvlies.
neusvleugelademen verschijnsel bij dyspneu; de neusvleugels worden bij elke inspiratie geheven, waarbij de neusgaten wijder worden.
neutralisatie effectormechanisme v.h. immuunsysteem.
neutriceutical voedingsmiddelen en voedingssupplementen die worden geconsumeerd om gezondheidsproblemen te voorkomen.
neutrocyt zie leukocyt | neutrofiele ~.
neutrocytopenie zie neutropenie.
neutrofiel met affiniteit tot neutrale kleurstoffen. • **polymorfe ~** zie leukocyt | polymorfe neutrofiele ~.
neutrofilie 1 de eigenschap zich te kleuren met chemisch neutrale kleurstoffen; **2** vermeerdering v.h. aantal neutrofiele leuko-

cyten i.h. bloed.
neutron ongeladen deeltje dat deel uitmaakt v.e. atoomkern.
neutropenie vermindering v.h. aantal neutrofiele leukocyten i.h. bloed. • **cyclische** ~ chronisch recidiverende n. met intervallen waarin het aantal neutrofielen normaal is. • **idiopathische** ~ n. van onbekende oorsprong. • **maligne** ~ *zie* agranulocytose. • **periodische** ~ *zie* cyclische ~. • **primaire liënale** ~ n. met koorts en pijnlijke vergrote milt, maar met normaal beenmerg.
nevenkern *zie* paranucleus.
nevenwerking *zie* bijwerking.
newton (N) eenheid van kracht, d.i. de kracht die aan een massa van 1 kg een versnelling geeft van 1m/sec².
nexusverbinding *zie* gap junction.
ng nanogram (10⁻⁹ g).
NGU *zie* urethritis | niet-gonorroïsche ~.
NHL *zie* Hodgkin | non-hodgkinlymfoom.
niacine *zie* zuur | nicotine-.
NIADM *zie* diabetes | niet-insulineafhankelijke ~ mellitus.
niche nis, i.h.b. op de röntgenfoto v.d. maag, teken v.e. ulcus. • **barclay-** *zie* haudeknis. • ~ **van Barclay** *zie* barclay-.
nicotinamideadeninedinucleotide (NAD) co-enzym dat werkzaam is bij vele enzymatische omzettingen, o.a. bij de omzetting van ethanol via acetaldehyde in azijnzuur; NAD en zijn fosfaation (NADH) vormen de co-enzymen v.d. hydrogenase.
nicotine het voornaamste alkaloïde in tabak.
nictitans knipperend; vb. membrana nictitans.
nictitatio *zie* blefaroklonie.
NICU *zie* neonatale intensivecare-unit.
nidatie inbedding v.h. bevruchte ei in het deciduaal veranderde endometrium.
nidatieremmer *zie* pil | morning-after-.
NIDDM non-insulin-dependent diabetes mellitus.
Niemann | **ziekte van ~-Pick** zeldzame, autosomaal-recessief erfelijke stofwisselingsziekte, vallend onder de lysosomale stapelingsziekten; door een tekort v.h. enzym sfingomyelinase ontstaat stapeling van sfingolipiden in verschillende organen, o.a. gekenmerkt door hepato- en splenomegalie, anemie, mentale retardatie, epilepsie, geelbruine huid.
nier dubbelzijdig aangelegd boonvormig orgaan; opgebouwd uit een aantal lobben (lobi renales), elk bestaand uit een mergpiramide (de medulla) met schors (cortex); de piramiden monden uit in kelkachtige uitlopers v.h. centraal i.d. nier gelegen nierbekken (pelvis renalis); i.d. schors bevinden zich de lichaampjes van Malpighi, waar filtratie v.h. bloed plaatsvindt; elk lichaampje bestaat uit een netwerk van arteriële capillairen (glomeruli) met aan de buitenzijde een dubbelwandige epitheelbekleding (kapsel van Bowman, bowmankapsel), die zich voortzet i.e. niertubulus (tubulus renalis); een lichaampje van Malpighi vormt samen met de bijbehorende tubulus remlis een nefron, de functionele eenheid v.d. nier; elk nefron bevat een glomerulus, een kluwen haarvaten met een aanvoerend en afvoerend bloedvaatje; glomeruli filteren de afvalstoffen en overtollige zouten uit het bloed en vormen aldus de urine, die via de ureters (urineleiders) i.d. blaas terechtkomt; de nieren houden de vochtbalans i.h. lichaam op peil, spelen een belangrijke rol bij de regeling v.d. bloeddruk en scheiden hormonen af voor de bloeddrukregeling, het kalkgehalte i.d. botten en de productie van erytrocyten *zie* niercyste, niercarcinoom, nierinsufficiëntie, glomerulonefritis, pyelonefritis, nefrosclerose, diabetische nefropathie. • **bekken~** nier die zich i.h. bekken, ter hoogte v.h. promontorium bevindt. • **bij~** kliertje, achter i.h. buik als kapje op beide nieren gelegen; het merg (medulla) is verbonden met het autonome zenuwstelsel en scheidt catecholamines af ter regulering van uiteenlopende functies, zoals vasoconstrictie, hartslag, transpiratie; de schors (cortex) scheidt div. hormonen af, waaronder corticosteroïden (cortisol) en mineralocorticoïden; bijnieren produceren bovendien (beperkt) androgenen (testosteron e.d.) en vormen bij de vrouw de belangrijkste bron van androgeenproductie *zie* Addison | ziekte van ~. • **cyste~** NB: 'cystennier' is een gangbare spelfout *zie* niercyste. • **donor~** *zie* kadaver-. • **fenacetine~** een door chronisch misbruik van fenacetine insufficiënt geworden nier. • **hoefijzer~** afwijkende nierformatie, waarbij de twee onderste nierpolen onderling vergroeid zijn. • **kadaver~** nier, afkomstig v.e. overleden orgaandonor, gebruikt voor transplantatie. • **kit~** verkalking en

verkazende necrose v.d. nier a.g.v. tuberculose. • **koek~** dubbelzijdige bekkennieren, i.d. mediaanlijn gefuseerd tot één orgaan. • **kunst~** apparaat dat bij nierinsufficiëntie de nierfunctie overneemt. • **medullaire spons~** zie spons~. • **mono~** overgebleven nier na chir. verwijdering v.e. niet-functionele nier. • **oer~** zie mesonephros. • **rokitansky~** nier met amyloïde ontaarding. • **schotel~** zie koek~. • **schrompel~** nier waarin de meeste nefronen onherstelbaar beschadigd zijn. • **solitaire** ~ zie mono~. • **spons~** zeldzame congenitale nefrodysplasie, gekenmerkt door verwijdingen van de verzamelkanaaltjes i.h. merggedeelte v.d. nierpiramiden. • **voor~** zie pronephros. • **water~** zie nefrose | hydro~. • **zak~** zie nefrose | cysto~.

nierabces zie pyonefritis.
nierarteriografie röntgenonderzoek v.d. nierarteriën na inspuiting van contraststof via een katheter i.d. a. renalis.
◉ **niercarcinoom** kwaadaardige woekering van cellen uitgaande v.h. nierparenchym, veelal met delen van verschillende histologische opbouw.
◉ **niercyste** abnormale, met epitheel bedekte holten i.d. nier.
nierdysplasie congenitale anatomische afwijking v.d. nier, met verbindweefseling en cysten.
nierfunctie de instandhouding v.d. voor het lichaam juiste samenstelling en hoeveelheid v.d. lichaamsvloeistoffen door het functioneren v.d. nieren.
◉ **nierinsufficiëntie** verminderde glomerulaire filtratiesnelheid; leidt tot een ontoereikende verwijdering van zout en de bij de stofwisseling gevormde afbraakproducten uit het bloed; indeling: men onderscheidt acute en chronische nierinsufficiëntie; chronische nierinsufficiëntie is ingedeeld in vijf stadia: in stadium 1 is er sprake van nierschade (o.a. albuminurie) en een creatinineklaring >90 ml/min, stadium 2 nierschade en een klaring 60-90 ml/min, stadium 3 klaring 30-60 ml/min en stadium 4 klaring 15-30 ml/min; men spreekt van stadium 5 of nierfalen bij een glomerulaire filtratiesnelheid van <15 ml/min of noodzaak van nierfunctievervangende behandeling. • **acute** ~ acuut verminderde glomerulaire filtratie door prerenale, renale of postrenale oorzaak. • **prerenale** ~ vorm van acute nierinsufficiëntie, veroorzaakt door verminderde renale perfusie.

nierkanaaltjes zie tubulus | tubuli renales.
nierontsteking zie nefritis.
nierpiramide pyramis renalis (mv. pyramides renales).
niersteenkoliek hevige pijnaanval, gepaard gaand met bewegingsdrang, a.g.v. prikkeling v.d. ureter door een niersteen.
niersteenvergruizing zie lithotripsie | schokgolf~.
niersteenziekte zie lithiase | nefro~.
niertubulusnecrose zie nefrose | lowernephron nephrosis.
nierverdubbeling variatie i.d. aanleg v.d. nier, met als resultaat een dubbele nier en ureter.
nierzuilen zie columnae renales (Bertini).
nietapparatuur instrument waarmee anastomosen tussen een darm kan worden gemaakt door de twee darmuiteinden d.m.v. nietjes te verbinden.
niet-beademenverklaring van tevoren vastgelegd besluit v.e. individu om af te zien van beademing bij ademhalingstilstand; wordt genomen op een moment dat niet bekend is of de situatie zich ooit zal voordoen.
niet-reanimeren-niet-beademenverklaring (NRNB-verklaring) van tevoren vastgelegd besluit v.e. individu om af te zien van reanimatie en beademing bij ademhalings- c.q. hartstilstand; wordt genomen op een moment dat niet bekend is of de situatie zich ooit zal voordoen.
niet-reanimerenverklaring van tevoren vastgelegd besluit v.e. individu om af te zien van reanimatie bij ademhalings- of hartstilstand; wordt genomen op een moment dat niet bekend is of de situatie zich ooit zal voordoen.
niet-seizoensgebonden allergische rhinitis zie rinitis | atopische ~.
niet-specifieke immuniteit zie immuniteit | natuurlijke ~.
niet-toxische tumortherapie alternatieve behandelingsmethode voor kanker.
nieuwvorming zie neoplasma.
niezen reflectoir krachtig lucht uit de neus en mond stoten als reactie op irritatie v.h. neusslijmvlies.
niger zwart; vb. icterus niger, lingua nigra, pigmentum nigrum.
nigredo zwarte verkleuring. • **~ linguae** lin-

gua nigra.
nigricans zwart wordend; vb. acanthosis nigricans.
nigrum *zie* niger.
NIIDM non-insuline-independent diabetes mellitus *zie* diabetes | niet-insulineafhankelijke ~ mellitus.
Nikolsky | verschijnsel van ~ door druk op de intacte huid nabij een pre-existente erosie (blaar) kan blaarvorming ontstaan; dit teken is positief bij pemfigus.
nil nocere 'geen schade berokkenen', voorwaarde voor elke therapeutische behandeling.
ninhydrine triketohydrinedehydraat, geeft bij koken met eiwit een blauw-violette verkleuring.
NIP (non-specifieke interstitiële pneumonie) *zie* pneumonie | interstitiële ~.
NIPPV (non-invasive positivepressure ventilation) *zie* beademing | niet-invasieve ~.
nis *zie* niche. • **~ van Haudek** *zie* haudeknis.
nisskakam *zie* stofkam.
Nissl | kleuring volgens ~ kleuring, gebruikmakend v.d. basische kleurstof cresylviolet om nissl-substantie aan te tonen. • **substantie van** ~ lichtmicroscopisch zichtbare basofiele ophoping van endoplasmatisch reticulum in perikaryon.
nisus aandrang. • **~ sexualis** geslachtsdrift.
nitidus glanzend; vb. lichen nitidus, ichthyosis nitida.
nitras argenti *zie* zilvernitraat.
nitritoïde verschijnselen verschijnselen zoals bij vergiftiging met nitrieten.
niveaudiagnose het vaststellen v.h. niveau v.e. ruggenmergletsel of -aandoening.
nivialis m.b.t. sneeuw; vb. ophthalmia nivialis.
nkat nanokatal (SI-eenheid voor enzymactiviteit).
nlp *zie* neurolinguïstisch programmeren.
NLT normal lymphocyte-transfer test.
nm nanometer (10^{-9} meter).
NMR nucleaire magnetische resonantie.
NNO 'niet nader omschreven'; afkorting i.h.b. gebruikt in classificatiesystemen van ziekten.
NNRTI non-nucleoside reverse transcriptase inhibitor.
NNT *zie* numbers needed to treat.
Nocard | ia genus van grampositieve, zwak zuurvaste, strikt aërobe bacteriën, behorende tot de *Nocardiaceae*; primair cutane nocardiose en *Nocardia*-mycetomen ontstaan door directe introductie v.d. bacterie i.d. huid, cutane nocardiose ontstaat na een insectenbeet. • **nocardiose** door *Nocardia* veroorzaakte infectie, veelal opportunistisch, soms ook bij immuuncompetente patiënten; manifesteert zich divers: primair cutaan, pulmonaal, gedissemineerd, extrapulmonaal; veelal langdurige antibiotische therapie vanwege verhoogde recidiefkans.
nocebo-effect het niet optreden v.e. genezend effect doordat de patiënt de verklaring v.e. klacht niet accepteert.
noceptie pijnwaarneming.
nociceptief gevoelig voor een schadelijke prikkel en in staat deze voort te geleiden (bijv. een neuron dat een pijnprikkel ontvangt en verder geleidt).
nociceptor receptor die bij stimulering een gewaarwording van pijn teweegbrengt; zo is bijv. migraine het gevolg van prikkeling van nociceptoren in sterk uitgezette arteriën v.d. niet-benige schedelwand.
nocief schadelijk.
nocisensorisch m.b.t. de ontvangst en voortgeleiding van (schadelijke) pijnprikkels.
nocturnal jerks [E] het schokken v.d. benen dat bij gezonde mensen kan optreden bij het inslapen.
nocturnus nachtelijk; vb. pavor nocturnus, enuresis nocturna, dolores osteocopi nocturni.
nodaal m.b.t. een knoop, i.e.z. de knoop van Aschoff-Tawara.
nodaal weefsel weefsel v.h. hart met impulsgenererende functie.
nodal escape [E] wanneer het tempo v.d. sinusknoop daalt onder dat v.d. atrioventriculaire knoop, ontsnapt deze aan de invloed v.d. sinusknoop, en neemt met eigen tempo het ritme over.
nodeus knobbelig, met nodi gepaard.
NODO-procedure (nader onderzoek naar de doodsoorzaak) het in gang zetten, doorgaans door de gemeentelijk lijkschouwer, van postmortaal onderzoek bij onverklaard overlijden.
nodositas aanwezigheid v.e. of meer knobbel(tje)s (nodus/nodi, nodulus/noduli).
nodosus nodeus, knobbelig, met nodi gepaard; vb. periarteriitis nodosa, erythema nodosum.

nodulair met de vorm v.e. knobbel.
nodularis nodulair, met knobbels gepaard gaand; vb. prurigo nodularis.
nodulatie knobbelvorming.
nodule [E] knobbel. • **cold** ~ [E] *zie* nodus | koude ~. • **hot** ~ *zie* nodus | hete ~.
noduleus knobbelig; vb. n-euze subepidermale fibrose.
nodulus 1 (pathol.) knobbeltje; **2** (dermatol.) circumscripte palpabele weerstand in epidermis, dermis of subcutis, al dan niet boven de huid verheven, >1 cm in diameter.
• **aschoffnoduli** multipele knobbeltjes i.d. hartspier en i.d. vaatwand bij acuut reuma.
• **heberdennoduli** erwtgrote, benige en kraakbenige verdikkingen aan de distale interfalangeale gewrichten (DIP-gewrichten); uiting van artrose; klinisch niet te verwarren met reumanoduli. • **meynetnoduli** bij acute reumatische koorts voorkomende knobbels in of bij de kapsels en pezen v.d. aangetaste gewrichten. • **noduli Albini** gierstkorrelgrote knobbeltjes aan de atrioventriculaire klep bij zuigelingen. • **noduli digitorum** verkalkte knobbeltjes aan de vingergewrichten bij bejaarden. • **noduli laqueati pilorum** *zie* trichonodose. • **noduli rheumatici** *zie* aschoffnoduli. • **noduli thymici accessorii** achtergebleven groepjes thymuscellen tijdens de caudale verplaatsing v.d. embryonale thymus. • **noduli valvularum aortae** kleine knobbeltjes op de slippen v.d. aortaklep. • **noduli valvularum semilunarium** kleine knobbeltjes op de slippen v.d. pulmonalisklep. • **noduli valvularum semilunarium valvae aortae** *zie* noduli valvularum aortae. • **noduli van Aschoff** *zie* aschoffnoduli. • **noduli vocales** *zie* stembandknobbeltjes. • ~ **cutaneus** huidknobbeltje, van vaste consistentie, al of niet boven de huid uitstekend. • ~ **rheumaticus** *zie* granuloom | reumatisch ~.
• **oslernoduli** kleine, rode, iets verheven pijnlijke plekjes aan de volaire c.q. plantaire eindfalanx van resp. vingers en tenen.
• **reuma**~ elastisch aanvoelende, subcutane knobbel, meestal voorkomend aan de ulnaire zijde v.d. onderarmen, occipitaal, bij de achillespezen en op drukplaatsen.
nodus 1 knobbel; **2** circumscripte palpabele weerstand in epidermis, dermis of subcutis, al dan niet boven de huid verheven, > 1 cm in diameter. • **hete** ~ knobbel i.d. schildklier die meer technetium of radioactief jodium opneemt en vasthoudt dan de rest v.d. schildklier en daardoor op het scintigram zichtbaar wordt. • **koude** ~ knobbel i.d. schildklier die veel minder technetium of radioactief jodium opneemt c.q. vasthoudt dan de rest v.d. schildklier. • **lympho**~ *zie* klier | lymfe~. • **schildklier**~ solitaire knobbel in schildklier. • **nodi lymphatici pancreaticolienales** lymfeklieren langs de v. lienalis. • **nodi lymphatici viscerales** lymfeknopen v.d. ingewanden.
• ~ **arthriticus** *zie* tophus . • ~ **atrioventricularis** complex van gedifferentieerde hartspiercellen i.h. boezemseptum onder de fossa ovalis. • ~ **cutaneus** huidknobbel, met vaste consistentie, ter grootte v.e. noot.
• ~ **varicosus** knobbelvormig kluwen spataderen. • ~ **rheumaticus** granuloom | reumatisch ~. • ~ **sinuatrialis** *zie* knoop | sinus~.
noise [E] (statist., epidemiol., radiol.) *zie* ruis.
noma ernstige orofaciaal-gangreneuze infectieziekte die het gezicht wegvreet.
nomenclatuur stelsel van namen, terminologie; i.h.b. m.b.t. anatomie en naamgeving van dieren en planten. • **binomiale** ~ *zie* binomiaal systeem van Linnaeus.
nominaal categorieaanduidend; vb. nominale schaal, nominale variabele.
Nomina Anatomica (NA) de anatomische nomenclatuur die in 1955 is ingesteld en die in 1998 wereldwijd door de *Terminologia Anatomica* is vervangen.
nomogram grafische weergave v.e. aantal schaalverdelingen waarbij men door een rechte lijn tussen twee variabele waarden te trekken snel de waarde v.e. derde variabele kan aflezen. • **siersbaeck-nielsen**~ nomogram voor het schatten v.d. creatinineklaring bij patiënten met nierinsufficiëntie.
nomotoop op een normale plaats gelegen, op normale wijze plaatsvindend.
non-invasief betrekking hebbend op een verrichting of ingreep waarbij geen instrument of apparaat door de huid of een lichaamsopening het lichaam wordt ingebracht.
nonipraktijk huisartsenpraktijk voor 'niet op naam ingeschreven' patiënten.
non-pitting oedeem *zie* oedeem | non-pitting ~.
non-proprietary name [E *zie* generieke naam.

non-reanimatiebeslissing 1 (m.b.t. patient) *zie* niet-reanimerenverklaring; **2** (m.b.t. arts) beslissing tot uitsluiting van reanimatie die door de arts tevoren wordt genomen en zorgvuldig wordt omschreven; zo mogelijk wordt de beslissing door de patient zelf van te voren genomen, maar bij patiënten die wilsonbekwaam (bijv. niet compos mentis) zijn, zal de arts het besluit nemen.

non-rotatie *zie* darmrotatiestoornis.

non-secretor iemand met bloedgroep A of B bij wie de desbetreffende substantie (A of B) niet i.h. speeksel of in andere secreten voorkomt.

non-seminoom iedere andere maligne kiemceltumor v.d. testis dan het seminoom.

non-shockable rhythm hartritme waarbij het toedienen v.e. defibrillatieschok niet bijdraagt aan het verkrijgen v.e. effectieve pompwerking v.h. hart en zelfs daarvoor schadelijk kan zijn.

non-syncytiuminducerend (NSI) *zie* syncytium-inducerend.

non-union *zie* artrose | pseud-~.

noodtoestand een conflict van plichten en belangen waarbij de betrokkene een keuze maakt die objectief beschouwd en gelet op de bijzondere omstandigheden v.h. geval gerechtvaardigd kan worden geacht.

nootmuskaatlever *zie* lever | muskaatnoot-~.

normaal gewoon, niet afwijkend, gemiddeld, gezond.

normaciditeit normaal zuurgehalte; vb. van maagsap.

normaliter in normale omstandigheden, volgens de norm of regel.

normdosering aanbevolen doseringsgrenzen v.e. geneesmiddel.

normergisch normaal reagerend.

normoblastose overvloedige vorming van normoblasten i.h. beenmerg.

normocalciëmie aanwezigheid v.d. normale hoeveelheid calcium i.h. bloed.

normocefalie normale schedelvorm.

normochrome microcytaire anemie *zie* anemie.

normochroom met een normaal hemoglobinegehalte.

normocyt normale erytrocyt.

normoforie 1 (psych.:) normaal van stemming, noch opgewonden blij, noch neerslachtig; **2** (oogheelk.:) *zie* orthoforie.

normoglykemie situatie waarbij de glucoseconcentratie i.h. bloed binnen normale grenzen varieert.

normoplastisch normaal geproportioneerd.

normoploïdie *zie* euploïdie.

normotensief met normale bloeddruk; vb. normotensieve patiënt.

normotoop op zijn normale plaats.

NOS (not otherwise specified) 'niet nader omschreven'; gebruikt in Engelstalige diagnoses.

nose-associated lymphoid tissue *zie* lymfoïd weefsel | neusgeassocieerd ~.

nosoagnosie *zie* anosognosie.

nosocomiaal m.b.t. een ziekenhuis, veroorzaakt door verblijf i.e. ziekenhuis.

nosografie ziektebeschrijving.

nosologie *zie* pathologie.

Nosopsyllus een in N.-Amerika en Europa op ratten levend geslacht vlooien. • *~ fasciatus* rattenvlo die soms ook de mens bijt en daarbij de pestbacil kan overdragen.

nostras aanduiding in ziektenamen ter onderscheiding v.e. uitheemse variant.

notch [E] inkeping i.e. grafiek, i.h.b. in ecg of audiogram.

NOTES (natural orifice transluminal endoscopic surgery) *ze* endoscopische abdominale chirurgie via natuurlijke lichaamsopeningen.

Nothnagel | nothnagelproef proef om bij geopende buik aan een darmlis te zien wat oraal en wat anaal is. • **nothnagelsymptoom** verlamming van aangezichtsspieren bij tumor v.d. thalamus.

notochorda *zie* chorda dorsalis.

notochordoom

Notoedres een mijtengeslacht. • *~ cati* verwekker van kattenschurft, soms ook bij de mens voorkomend.

novo *zie* de novo.

noxe 1 iets wat een schadelijke uitwerking heeft; **2** (fysiol., neurol., in engere zin) schadelijke prikkel.

NP *zie* practitioner | nurse ~.

n.p. *zie* niet-praktiserend. • **niet-praktiserend** (n.p.) aanduiding dat een arts het beroep niet meer uitoefent.

NPH *zie* hydrocefalie | normal-pressure hydrocephalus.

NPV (negative predictive value) *zie* waarde | voorspellende ~.

NR (niet-receptplichtig) *zie* geneesmiddel | zelfzorg~.
NRTI nucleoside reverse transcriptase inhibitor; niet te verwarren met NtRTI.
NSAID (non-steroidal anti-inflammatory drug) *zie* ontstekingsremmer | niet-steroïdale ~.
• **NSAID-ulcus** ulcus in maag of duodenum bij NSAID-gebruik; maagulcera en ulcera duodeni komen in ca. gelijke mate voor.
NSCLC (non-small-cell lung cancer) *zie* bronchuscarcinoom.
NSI non-syncytiuminducerend.
NST *zie* testis | niet-scrotale ~.
NSTEMI *zie* myocardinfarct | niet-ST-elevatie~.
NT *zie* neurotransmitter.
NtRTI nucleotide analogue reverse transcriptase inhibitor; niet te verwarren met NRTI.
nubecula 1 (oogheelk.:) lichte troebeling i.d. cornea; **2** (urol., nefrol.:) slijmwolkje dat zich vormt in urine die enige tijd gestaan heeft.
nucha *zie* nek.
nuchalis m.b.t. de nek; vb. musculus auricularis nuchalis.
nuchal translucency *zie* oedeem | nek~.
nuchter 1 gedurende bepaalde tijd niets gegeten of gedronken hebbend, zodat de maag geen voedsel bevat; **2** geen alcoholische dranken genuttigd hebbend, niet-dronken.
nucleair 1 nuclearis; **2** m.b.t. een nucleus; **3** m.b.t. kernenergie ('nucleaire wapens') en radioactiviteit.
nucleairemagnetischeresonantietomografie (NMR) *zie* magnetic resonance imaging.
nucleairgeneeskundig m.b.t. de nucleaire geneeskunde.
nuclear envelope *zie* membraan | kern~.
nuclearis nucleair, m.b.t. de kern; vb. cataracta nuclearis (v.d. lenskern uitgaand).
nuclear magnetic resonance (NMR) [E] *zie* magnetic resonance imaging.
nuclear smears [E] *zie* cel | gumprecht~.
nuclease enzym dat nucleïnezuur via tussentrappen splitst in basen, koolhydraten en fosforzuur.
nucleatie (urolog.:) kristalvorming die spontaan optreedt wanneer de urine geconcentreerd wordt en een onstabiele oplossing ontstaat.

nucleïne afbraakproduct v.d. natuurlijk voorkomende nucleoproteïnen; door verdere splitsing ontstaat uit n. een proteïne en nucleïnezuur.
nucleïnebasen *zie* purinebasen.
nucleïnezuur een der substanties die de prosthetische groep v.d. nucleoproteïnen vormen, bestaande uit fosforzuur, suiker, purine- en pyrimidinebasen.
nucleocapside het geheel van virusnucleïnezuur en capside.
nucleohiston verbinding van leukonucleïne en histon.
nucleoïd 1 lijkend op een kern; **2** een soms i.e. erytrocyt aanwezig kernvormig lichaampje; **3** de nucleïnezuur-bevattende primitieve kern v.e. virion, v.e. schimmel; **4** combinatie v.e. suiker, fosforzuur en organische base.
nucleololus een kleine vlek i.d. nucleolus.
nucleolus kleurloos lichaampje i.d. celkern. • **valse** ~ karyosoom.
nucleolyse het doen oplossen v.e. nucleus pulposus.
nucleoproteïne samengesteld eiwit, essentieel bestanddeel v.d. celkern.
nucleosidase enzym dat nucleosiden splitst.
nucleoside verbinding v.e. purine- of pyrimidinebase met een pentose.
nucleosoom bolvormige structuur, gelegen i.d. celkern van histonen.
nucleotidase enzym dat nucleotiden splitst (hydrolyse) in nucleoside(n) en fosfaat.
nucleotide algemene naam voor de fosforzure esters van nucleosiden.
nucleus 1 (celbiol.:) kern, te weten celkern, karyon; **2** (neuroanat.:) groep ganglioncellen i.h. centraal zenuwstelsel (czs) waarvan de vezels v.e. bepaalde zenuw v.d. ~. **nuclei arcuati** een boogvormig vóór de tractus pyramidalis en mediaal daarvan gelegen kerngroep i.d. medulla oblongata.
• **nuclei basales** groep kerngebieden i.d. grote hersenen die, georganiseerd in vier functionele circuits, een regulerende werking hebben op motoriek, cognitie en emoties. • **nuclei cerebelli** cerebellaire kernen, bestaande uit de nucleus dentatus, nuclei interpositi en nuclei fastigii. • ~ **cuneatus** de i.h. verlengde merg gelegen kern waar de i.d. fasciculus cuneatus gegelegen vezels eindigen. • ~ **lentis** de kern v.d. ooglens, iets harder dan de rest v.d. lens. • ~ **nervi phre-**

nici ligt i.h. midden v.d. voorhoorn i.d. segmenten C.4 tot en met C.7. • ~ **nervi trigemini** samenvattende term voor de volgende trigeminuskernen: nucleus motorius, nucleus principalis, nucleus tractus mesencepahli en nucleus tractus spinalis nervi trigemini. • ~ **oculomotorius** kern, gelegen i.d. proximale hersenstam. • ~ **oculomotorius accessorius** parasympathisch deel v.d. oculomotoriuskern; 96% van zijn cellen verzorgt de m. ciliaris, de rest de m. sphincter pupillae. • ~ **principalis nervi trigemini** kern waar de vezels voor de tastzin v.d. nervus trigeminus aankomen, dorsaal midden i.d. pons. • ~ **pulposus** de gel-achtige kern v.e. tussenwervelschijf. • ~ **subthalamicus** kern onder de thalamus, mediaal v.d. capsula interna; hoogfrequente stimulatie (HFS) hiervan wordt toegepast bij de ziekte van Parkinson. • ~ **thoracicus** groep cellen i.d. achterhoorn v.h. ruggenmerg. • ~ **tractus mesencephalicus nervi trigemini** vnl. i.h. mesencephalon, gedeeltelijk i.h. metencephalon gelegen sensibele kern v.d. nervus trigeminus. • ~ **tractus spinalis nervi trigemini** i.d. substantia gelatinosa v.h. ruggenmerg gelegen trigeminuskern voor de vezels v.d. tractus spinalis nervi trigemini.

nuclide *zie* radionuclide.

nuda vr. van nudus.

nudorum v.d. naakten; vb. hyperhidrosis nudorum.

nudus naakt, onbekleed; vb. area nuda.

nulde echelon *zie* gezondheidszorg | nuldelijns~.

nuldeordekinetiek farmacokinetisch onderscheiden proces waarbij de snelheid waarmee de hoeveelheid substraat verandert constant is, d.w.z. onafhankelijk v.d. aanwezige concentratie van substraat; dit wil dus zeggen dat per tijdseenheid steeds dezelfde hoeveelheid stof wordt geëlimineerd (bijv. 7 g ethylalcohol).

nulflow afwezigheid van bloedstroomsnelheid aan het eind v.d. diastolische fase, zoals dit met doppleronderzoek kan worden gemeten.

nulligravida een vrouw die nooit zwanger is geweest.

nullipara een vrouw die nog nooit een levend kind gebaard heeft.

nullisomie afwijking i.h. aantal chromosomen i.e. cel waarbij beide chromosomen v.e. homoloog paar ontbreken.

numbers needed to harm (NNH) [E] klinisch epidemiologische maat die aangeeft hoeveel behandelde personen leiden tot één negatieve uitkomst ten gevolge v.e. interventie.

numbers needed to treat (NNT) [E] klinisch epidemiologische maat die aangeeft hoeveel personen moeten worden behandeld gedurende de bestudeerde termijn om één extra geval v.e. bepaalde ziekte te genezen of te voorkomen.

numbing [E] **1** pijnlijke onthechting; verliesverwerking tijdens rouwperiode; **2** onthechting van kind als het te lang van moeder gescheiden wordt; **3** emotionele verdoving, afstomping van algemene reactiviteit; symptoom bij posttraumatische stressstoornis.

numeriek door getallen uitgedrukt; vb. nke apertuur.

nummulair *zie* nummularis.

nummularis ter grootte v.e. muntstuk, vnl. i.d. dermatologie gebruikte term.

nutriceptor receptor of zijketen die zich met voedingsstof verbindt, om deze voor assimilatie i.d. cel geschikt te maken.

nutricius 1 voedend; **2** m.b.t. de arteria nutricia; vb. canalis nutricius, arteria nutricia, foramen nutricium.

nutriens 1 voedend; **2** geneesmiddel dat de voedingsopneming v.h. lichaam bevordert (mv. nutrientia).

nutriënt voedingsstof. • **essentiële ~en** voedingsstoffen die het lichaam nodig heeft en niet zelf kan vormen. • **macro~en** voedingsstoffen die in relatief grote hoeveelheden nodig zijn. • **micro~en** essentiële voedingsstoffen die in relatief kleine hoeveelheden nodig zijn.

nutrientia *zie* nutriens.

nutriliet elke organische stof die in zeer kleine hoeveelheden noodzakelijk is voor de voeding v.e. micro-organisme.

nutrimentum voedingsmiddel.

nutritie voeding.

nutritief m.b.t. de voeding v.d. weefsels.

nutritius voedend.

nutritivus nutritief; vb. vitellus nutritivus.

NVW (negatief voorspellende waarde) *zie* waarde | voorspellende ~.

nyctalopie 1 overgevoeligheid voor licht; **2** vertraagde donkeradaptatie.

nyctohemeraal m.b.t. nacht en dag; vb. nyc-

tohemeraal ritme.
nymfomanie sterke seksuele drang bij vrouwen.
nympha 1 labium minus pudendi, kleine schaamlip; **2** nimf, een stadium i.d. levenscyclus van teken, mijten en luizen tussen larve en volwassen vorm.
Nyssorhynchus een subgenus v.h. geslacht *Anopheles*.
nystagmisch m.b.t. nystagmus, gepaard gaand met nystagmus.
nystagmograaf toestel waarmee nystagmus kan worden geregistreerd.
nystagmografie registratie van nystagmus d.m.v. een (video)nystagmograaf. • **elektro~** (eng) registratie van nystagmus door het optekenen van potentiaalschommelingen v.h. elektrisch veld i.d. omgeving v.d. oogbol.
nystagmus zich herhalende heen-en-weergaande beweging v.d. ogen. • **amaurotische** ~ n. bij blindheid. • **benigne paroxismale positieduizeligheids~** (BPPN) kortdurende n. die ontstaat als de onderzoeker de patiënt uit zittende houding snel in liggende houding brengt met het hoofd opzij. • **blikrichtings~** n. die ontstaat bij beweging v.d. oogbol weg v.d. middenpositie. • **calorische** ~ *zie* Bárány | calorische proef van ~. • **centrale** ~ n. bij stoornis i.d. verbindingen van vestibulair apparaat, cerebellum, pons of mesencephalon. • **cervicale** ~ nystagmus die wordt opgewekt door het lichaam v.d. patiënt op een draaistoel 60 graden naar rechts en naar links te draaien terwijl de onderzoeker het hoofd i.d. middenstand fixeert. • **congenitale familiaire** ~ aangeboren n. met onwillekeurige ritmische oogbewegingen. • **draai~** *zie* rotatoire~. • **fixatie~** n. die ontstaat bij visueel fixeren. • ~ **latens** n. die voorkomt als begeleidend verschijnsel bij congenitaal strabisme, vooral wanneer na een operatie de oogstand nagenoeg recht is. • **optokinetische** ~ het heen en weer bewegen v.d. ogen bij het volgen van bewegende voorwerpen. • **pendulaire** ~ n. met even snelle heen en weer bewegingen. • **positie~** n. die zich voordoet bij een bepaalde positie v.h. hoofd t.o.v. de romp. • **rotatoire** ~ ritmische draaibeweging om de oogas; kan passen bij centrale pathologie. • **spontane** ~ n. die aanwezig is terwijl de ogen recht vooruit zien en er geen nystagmogene prikkels werkzaam zijn. • **stemband~** schokkende contracties v.d. stembandspieren bij heftige psychische opwinding en bij traumatische neurose. • **verticale** ~ nystagmus in verticale richting. • **verworven** ~ n. die na de leeftijd van 6 maanden ontstaat.
nystagmusrichtingsvoorkeur n. met naar één zijde systematisch grotere uitslag, terwijl geen spontane n. bestaat.

O

O bloedgroep uit het ABO-systeem (voorheen 'ABo-systeem', met nul).
OAC 1 orale anticonceptiva; **2** orale anticoagulantia.
obducent degene die een obductie verricht.
obduceren obductie verrichten.
obductie *zie* sectie.
obduratie verharding.
obees bijvoeglijk naamwoord van 'obesitas': 'de patiënt is obees', 'de obese patiënt'.
obelion (antropometrie) het punt waar de sutura sagittalis wordt gekruist door de verbindingslijn tussen de foramina parietalia.
obesitas prominente vorm van overgewicht, i.t.t. subjectief; **2** (z. nw.) de cal-hoping i.h. lichaam. • **gegeneraliseerde ~** obesitas waarbij de vetophoping gelijkelijk over het lichaam is verdeeld.
obex dwarse strook witte substantie aan de dorsale kant v.d. medulla oblongata, i.h. caudale gedeelte v.h. dak v.d. vierde ventrikel.
objectglas voorwerpglas, een langwerpig glazen plaatje waarop een met de microscoop te bekijken object wordt gelegd, al of niet bedekt met een dekglas.
objectief 1 (bijv. nw.) waarneembaar ook voor anderen, i.t.t. subjectief; **2** (z. nw.) de achterste (naar het object gerichte) lens of lenscombinatie v.e. microscoop of telescoop.
obligaat noodzakelijk, onvoorwaardelijk, niet-facultatief; vb. obligaat anaëroob.
obliqua schuin; vb. diameter obliqua.
obliquitas obliquiteit, scheve stand.
obliquiteit van Litzmann *zie* asynclitisme | asynclitismus posterior.
obliquus schuin, scheef; vb. musculus o-quus internus, chorda o-qua.

obliterans *zie* oblitereren.
obliteratio pericardii *zie* concretio pericardii.
oblitereren dichtgroeien, verschrompelen v.e. holte, een vaatlumen.
oblongata vr. van oblongatus.
oblongatus verlengd; vb. medulla oblongata.
oblongus langwerpig; vb. fovea oblonga.
obscuratie *zie* scotoom. • **obscuratio lentis** verduistering v.d. lens, cataract.
obscuraties aanvallen van seconden durende blindheid, vooral bij opkomen uit bukkende houding.
obscurus donker; vb. camera obscura.
observatie-heupsyndroom *zie* coxitis fugax.
observational learning het leren van nieuw gedrag door het observeren en imiteren van gedrag dat door een ander wordt getoond.
obsessie het bezeten zijn door een voorstelling of gedachte waarvan men het irrationele kan inzien, maar die men niet van zich kan afzetten.
obsessief-compulsieve stoornis (OCS) stoornis waarbij terugkerende dwanghandelingen en dwanggedachten voorkomen.
obsoleet verouderd, verlaten, in onbruik geraakt.
obstetricius verloskundig; vb. forceps obstetricia.
obstetricus 1 (zefst. naamw.:) arts die i.d. verloskunde (obstetrie) is gespecialiseerd; **2** (bijv. nw.) betrekking hebbend op de geboorte; vb. canalis obstetricus.
obstetrie het geneeskundig specialisme betreffende zwangerschap, baring en kraambed.
obstetrix *zie* verloskundige.
obstipatie belemmerde, vertraagde passage

van feces i.h. darmstelsel. • **obstipatio colli** scheve hals. • **obstipatio spastica** krampachtige verstopping, door kramp v.d. darmspieren.

obstipus scheef; vb. caput obstipum.

obstructie afsluiting, verstopping. • **obstructio alvi** *zie* obstipatie. • **bolus**~ verstopping v.d. trachea door een voedselbrok. • **bronchus**~ afsluiting van vnl. bronchioli door o.a. spasme, slijmvliesvzwelling, mucusplug of slappe wand. • **obstructio canaliculi lacrimalis** verstopping v.h. traankanaaltje. • **darm**~ *zie* ileus. • **des**~ het opheffen van obstructie. • **infravesicale** ~ urinewegobstructie onder het niveau v.d. blaas. • **intestinale pseudo**-~ acute of chronische motiliteitsstoornis van dunne en dikke darm waardoor verwijding v.d. darm ontstaat met een beeld dat lijkt op dat bij een mechanische obstructie. • **luchtweg**~ geen of verminderde doorgankelijkheid v.d. ademweg, bijv. veroorzaakt door corpus alienum, aspiratie of epiglottitis. • **urineweg**~ belemmering van urineafvloed in ureter, blaas of urethra.

◉ **obstructie-icterus** gele verkleuring v.h. oogwit en de huid door een verhoogd bilirubinegehalte v.h. bloed; indeling: naast obstructie-icterus (posthepatische icterus) onderscheidt men ook een prehepatische en hepatische icterus; bij prehepatische icterus is er een abnormaal groot aanbod van bilirubine aan de lever door versterkte bloedafbraak; bij hepatische icterus kan de zieke lever een normaal bilirubineaanbod niet verwerken; bij posthepatische icterus kan de bilirubine bevattende gal door een obstructie i.d. galwegen niet voldoende naar de darm afstromen.

obstructio *zie* obstructie.

obstructus afgesloten, dichtgeknepen; vb. coitus obstructus.

obstruens obstruerend, verstoppend, afsluitend.

obturans afsluitend; vb. membrana obturans stapedis.

obturatie obstructie.

obturator 1 (chir.:) afsluiter op trocart; **2** (tandheelk.) prothese voor het afsluiten v.e. opening i.h. gehemelte; **3** (anat.).

obturatorius 1 verstoppend; **2** m.b.t. de musculus o.; vb. canalis obturatorius, hernia obturatoria, tuberculum obturatorium.

obturatus verstopt, afgesloten; vb. foramen obturatum.

obtusus 1 stomp; **2** stompzinnig; vb. margo obtusus.

occipitalis tot het achterhoofd behorend; vb. protuberantia occipitalis, os occipitale.

occipitalisatie vergroeiing v.d. atlas met het achterhoofdsbeen.

occipitofrontaal *zie* occipitofrontalis.

occipitofrontalis m.b.t. achterhoofd en voorhoofd; vb. musculus occipitofrontalis.

occipitomastoideus m.b.t. achterhoofdsbeen en mastoïd; vb. sutura occipitomastoidea.

occipitopontinus m.b.t. de occipitale hersenkwab en de pons; vb. tractus occipitopontinus.

occipitotemporalis m.b.t. het achterhoofd en de slaapstreek.

occiput achterhoofd.

occludensverbinding *zie* tight junction.

occluderen 1 (oogheelk.) het oog afdekken met een oogpleister, ooglap e o.i.d. om de visus tijdelijk te blokkeren; **2** (tandheelk.) het in occlusie zijn van gebitselementen, op elkaar sluiten van tandbogen.

occlusaal 1 m.b.t. de occlusie v.h. gebit; vb. facies occlusalis; **2** betreffende de kauwvlakken van tanden en kiezen; vb. occlusale cariës.

occlusie 1 (pathol.) afsluiting; **2** (tandheelk.) statische contact tussen de gebitsbogen van onder- en bovenkaak na dichtbijten; **3** (tandheelk.) contactrelatie v.d. gebitselementen van onder- en bovenkaak, die ten gevolg v.d. neuromusculaire controle v.h. kauwstelsel totstandkomt. • **inflow**~ operatietechniek bij geslotenhartchirurgie. • **mal**~ slechte aaneensluiting van boven- en ondergebit. • **occlusio pupillae** afsluiting v.d. pupil door een zich daar vormend vlies (bij iritis). • **vaat**~ afsluiting v.e. bloedvat.

occlusief afsluitend; vb. occlusief verband, occlusief pessarium.

occult 1 (pathol.:) verborgen, niet rechtstreeks waarneembaar; vb. occulte bloeding, occult myocardinfarct; **2** (niet-medisch:) bovenzinnelijk, mysterieus, geheim, alleen bekend aan ingewijden.

occulte mamma-afwijking 1 niet voelbare tumor; **2** niet met beeldvormende diagnostiek waarneembaar primaire tumor, zich presenterend als uitzaaiing (i.h. lichaam of i.d. lymfklieren).

occultus (anat.) verborgen; vb. margo occultus unguis.

oceaanblauwehistiocytensyndroom *zie* histiocytose | oceaanblauwe ~.

Ochlerotatus een sub-genus van *Aedes*-muskieten, overbrenger v.d. Afrikaanse paardenziekte.

ochronose geelbruin-, okerkleurige verkleuring van bepaalde delen v.d. huid *zie* endogene ~, exogene ~. • **endogene** ~ stofwisselingsstoornis waarbij de vorming van tyrosine gestoord is en polymeren van homogenticinezuur een geelbruine verkleuring teweegbrengen van dermis en kraakbeen. • **exogene** ~ depositie van geelbruin pigment i.d. dermis a.g.v. verkeerd gebruik of misbruik van hydrochinon bevattende bleekcrèmes.

ochropyra *zie* koorts | gele ~.

ochtendstijfheid na (nacht)rust optredende (soms pijnlijke) stijfheid v.d. gewrichten.

OCK onverklaarde chronische klacht.

OCS *zie* obsessief-compulsieve stoornis.

octaafaudiometrie vorm van toondrempelaudiometrie waarbij de drempel wordt bepaald voor frequenties die telkens een octaaf in hoogte van elkaar verschillen.

octana achtstedaagse koorts (febris o.), koorts die met intervallen van acht dagen terugkeert.

octavus achtste; vb. nervus octavus.

octopamine catecholamine dat ontstaat uit tyramine m.b.v. het enzym dopamine-bètahydroxylase.

octoploïdie de aanwezigheid van acht stellen chromosomen (8n).

oculair 1 m.b.t. het oog; 2 de voorste (naar het oog gerichte) lens v.e. microscoop of telescoop.

ocularis m.b.t. het oog; vb. hyperaesthesia ocularis. • **proptosis** ~ *zie* oftalmie | ex-~.

oculentum oogzalfbasis; smelt i.h. oog en voorkomt uitdroging v.d. cornea.

oculi gen. van oculus; vb. bulbus oculi (oogbol).

oculist oogarts, oftalmoloog.

oculocefalogyrisch m.b.t. hoofdbewegingen bij het kijken.

oculodermale melanocytose *zie* naevus | ota-~.

oculoguttae *zie* oogdruppels.

oculogyrisch m.b.t. de oogbewegingen.

oculomotorisch de beweging v.d. oogbol betreffend; vb. oculomotorische uitvalverschijnselen.

oculomotorius oogbewegend; vb. nervus oculomotorius.

oculoplethysmografie *zie* OPG.

oculopupillair m.b.t. de oogbol en de pupil.

oculorum gen. mv. van oculus = oog; vb. instabilitaso.

oculus oog, gezichtsorgaan. • ~ **dexter et sinister** (ODS) rechter en linker oog beide of samen. • ~ **uterque** (OU) beide ogen.

OD (oculus dexter) rechter oog.

odaxesmus *zie* beet | tong-~.

odditis ontsteking v.d. sphincter Oddii.

odds [E] verhouding v.d. kans op het optreden v.e. ziekte ten opzichte v.d. kans op het niet-optreden v.d. ziekte. • **relatieve** ~ *zie* ratio | odds-~.

oddsratio | **peto**-~ gepoolde oddsratio die i.e. meta-analyse op basis v.d. oddsratio's van individuele onderzoeken wordt berekend.

odontalgie kiespijn.

odontinoïd 1 lijkend op dentine; 2 klein dentinegezwel i.d. tandpulpa; 3 denticulus.

odontogeen vb. o-gene sepsis *zie* dentogeen.

odontogenese oorsprong en ontwikkeling v.h. gebit. • **odontogenesis imperfecta** onvolmaakte, gebrekkige tandvorming.

odontogenie *zie* odontogenese.

odontoides tandvormig.

odontoliet tandsteen.

odontologie 1 de wetenschap betreffende de tanden; 2 tandheelkunde.

odontolyse resorptie van tandweefsel.

odontoom 1 tandgezwel; 2 tand-exostose. • **odontoma coronare** kroon-o. • **odontoma radiculare** wortel-o.

odontoscoop tandspiegel.

odontoscopie het maken v.e. gebitsafdruk als identificatiemiddel.

odontose tandvormig.

odor geur, stank.

odoramentum reukmiddel.

odorimeter een door Zwaardemaker ontworpen toestel waarmee de reukdrempel kan worden bepaald.

odorimetrie *zie* olfactometrie.

odyne *zie* pijn.

-odynie achtervoegsel in woordverbindingen m.b.t. pijn.

odynofagie pijn bij het slikken.

oedeem 1 overmaat aan intercellulaire vloeistof, afkomstig van transsudatie uit de capillairen; 2 (i.h.b.) onderhuidse vloeistofophoping, die aantoonbaar is doordat na druk met een vinger een putje blijft staan. • **angio-**~ variant van urticaria waarbij zich in korte tijd een uitgebreid oedeem ontwikkelt. • **berlinnetvlies**~ oedeem v.h. netvlies met bleekheid v.d. macula t.g.v. een (traumatische) commotio retinae. • **cardiaal long**~ longoedeem t.g.v. van linksdecompensatie waardoor i.h. longvaatbed een verhoogde hydrostatische capillaire druk en hierdoor uittreding van vocht ontstaan. • **cardiaal** ~ oedeem a.g.v. decompensatio cordis. • **cel**~ toename van celvolume door wateropname bij celbeschadiging. • **cerebraal** ~ zie hersen~. • **colloïdosmotisch** ~ zie oncotisch ~. • **congenitaal myx**~ zie cretinisme. • **cystoïd maculair** ~ vloeistofaccumulatie tussen de buitenste plexiforme en binnenste nucleaire laag v.d. retina i.h. fovea met een zeer diverse etiologie. • **enkel**~ ophoping van vocht rond de enkels, kenmerkend voor o.a. chronisch veneuze insufficiëntie. • **gas**~ gasgangreen. • **gegeneraliseerd** ~ over het gehele lichaam uitgebreid oedeem. • **glottis**~ oedeem v.d. glottiswand, waardoor de stemspleet vernauwd wordt, m.a.g. verstikkingsgevaar. • **hereditair angioneurotisch** ~ op autosomaal-dominant erfelijke aanleg berustende oedeemvorming de darmen. • **hersen**~ ophoping van vocht in cerebraal weefsel t.g.v. doorbreking v.d. bloed-hersenbarrière;. • **honger**~ algemeen oedeem door tekort aan voedsel van door wanvoeding. • **hoogtelong**~ longoedeem als symptoom van hoogteziekte. • **larynx**~ vaak snel in omvang toenemend o. v.d. larynx leidend tot verstikking. • **lipo-**~ non-pitting-oedeem waarbij een disproportionele vetverdeling optreedt, vaak v.d. onderbenen en armen. • **lokaal** ~ zie plaatselijk ~. • **long**~ ophoping van weefselvocht in longblaasjes en interstitieel longweefsel. • **lymf**~ o. door lymfestuwing t.g.v. belemmerde afvoer i.d. lymfevaten. • **macula**~ oedeem i.h. centrale deel v.h. netvlies, gepaard gaand met visusverlies en metamorfopsie. • **my**~ bij percussie v.e. spier treedt ter plaatse zwelling op die licht kan verschuiven en weer verdwijnt. • **myx**~ subcutane toename van mucopolysachariden a.g.v. een ernstige voortgeschreden vorm van hypothyreoïdie. • **nefrotisch** ~ oedeem bij nefrose en tijdens de intermediaire stadia van diffuse nefritis. • **nek**~ (prenat. diagnostiek) subcutane translucentie tussen de huid en de weke delen die over de cervicale wervelkolom liggen. • **niet-wegdrukbaar** ~ zie non-pitting ~. • **non-pitting** ~ oedeem waarin geen nablijvend kuiltje te drukken is. • ~ **van Quincke** zie Quincke | quinckeoedeem. • **oedema circumscriptum** plaatselijk huid-oedeem. • **oedema ex vacuo** vochtophoping op de plaats waar een 'lege ruimte' i.h. lichaam is ontstaan. • **oedema fugax** vluchtig o., dat opkomt en weer verdwijnt. • **oedema glottidis** zie glottis~. • **oedema malignum** gasgangreen (Pirogoff). • **oedema pulmonum** longoedeem. • **oncotisch** ~ oedeem doordat het weefsel zelf water aantrekt en daardoor opzwelt. • **oogbindvlies** zie chemose. • **papil**~ zwelling v.d. papilla nervi optici (blinde vlek) door elke oorzaak. • **periorbitaal** ~ oedeem rond de oogleden. • **pitting** ~ oedeem dat aantoonbaar is door er een kuiltje in te drukken, dat na opheffing v.d. druk niet direct vervlakt. • **plaatselijk** ~ tot een beperkt gebied begrensd o., bij afsluiting van lymfe- of bloedvat, rondom een ontsteking, bij allergie. • **postoperatief myx**~ myxoedeem na thyreoïdectomie wegens thyreotoxicose of hartziekte. • **pre**~ vermeerdering van vocht i.d. weefsels, nog niet door fysisch onderzoek herkenbaar, maar wel vast te stellen aan de toeneming v.h. lichaamsgewicht. • **pretibiaal myx**~ aan de voorkant v.d. onderbenen gelokaliseerd myxoedeem bij patiënten met hyperthyreoïdie en exoftalmie. • **pulmonaal** ~ zie long~. • **renaal** ~ oedeem bij nefritis, t.g.v. verhoogde doorlaatbaarheid v.d. capillairwanden. • **scler**~ oedemateuze verharding v.d. huid. • **scleromyx**~ variant van lichen myxoedematosus waarbij papuleuze en lichenoïde veranderingen i.d. huid gepaard gaan met diffuse verdikking en verharding v.d. huid. • **wegdrukbaar** ~ zie pitting ~.

oedemateus a.g.v., m.b.t. oedeem.
oedematiens oedeem-verwekkend.
oedème blanc douloureux zie flegmasie | phlegmasia alba dolens.
oedipaal conflict zie complex | oedipus~.
oefentherapie het onder begeleiding uitvoeren van bewegingen om afwijkingen in houding of functie v.h. lichaam te voorkomen of te verhelpen.

oermond blastoporus [G].

oersegment *zie* somiet.
oesofageaal m.b.t. de slokdarm.
oesofagectasie verwijding, dilatatie v.d. slokdarm.
oesofagectomie excisie v.e. (vernauwd) gedeelte v.d. slokdarm of v.d. gehele slokdarm.
oesofagisme *zie* spasme | oesofagus~.
oesofagitis ontsteking v.d. slokdarm *zie* refluxoesofagitis. • **candida~** acute ulceratieve pseudomembraneuze ontsteking v.d. slokdarm a.g.v. een infectie met *Candida albicans*; komt vooral voor bij immuungecompromitteerden (bijv. aidspatiënten) of na chemotherapie. • **oesophagitis corrosiva** oesofagitis door het inslikken van etsende vloeistof. • **peri~** ontsteking v.d. weefsels rondom de slokdarm. • **reflux~** *zie* refluxoesofagitis.
oesofagobronchiaal *zie* bronchooesophageus.
oesofagocele breuk v.d. slokdarm, meestal een darmwandbreuk waarbij de mucosa via een opening i.d. spierlaag naar buiten puilt.
oesofagoduodenostomie het maken v.e. verbinding tussen slokdarm en duodenum (na maagresectie).
oesofagodynie pijn i.d. slokdarm.
oesofago-enterostomie het maken v.e. verbinding tussen slokdarm en darm (na maagresectie).
oesofagogastroduodenoscopie onderzoek van slokdarm, maag en duodenum m.b.v. een flexibele fibroscoop.
oesofagografie röntgenonderzoek v.d. slokdarm met gebruik van bariumpap als contrastmiddel.
oesofagojejunostomie het maken v.e. verbinding tussen slokdarm en jejunum.
oesofagopathie aandoening v.d. slokdarm.
oesofagoscoop een endoscoop, om de slokdarm van binnen te bekijken.
oesofagoscopie onderzoek waarbij de binnenzijde v.d. slokdarm wordt bekeken m.b.v. een endoscoop.
oesofagostomie het aanleggen v.e. verbindingsfistel vanuit de slokdarm via de huid naar buiten.
oesofagotomie incisie v.d. slokdarm.
• **oesophagotomia externa** slokdarmincisie van buitenaf, via de huid v.d. hals.
• **oesophagotomia interna** incisie v.d. slokdarm van binnen uit, met een oesofagotoom.
oesofagotoom instrument waarmee men, vanuit het slokdarmlumen, stricturen v.d. slokdarm kan incideren.
oesofagus onderdeel v.h. buisvormige spijsverteringskanaal dat ervoor zorgt dat het voedsel v.d. farynx (keelholte) via peristaltische bewegingen i.d. maag terechtkomt; i.d. slokdarm vindt geen vertering of resorptie van voedsel plaats *zie* achalasie, oesofaguscarcinoom, refluxoesofagitis, zenkerdivertikel. • **barrett~** metaplasie v.h. distale gedeelte v.d. slokdarm. • **endobrachy~** slokdarm die zelf een normale lengte heeft, terwijl de mucosa ervan te kort is, zodat het terminale deel bekleed is met maagslijmvliesepitheel. • **kurkentrekker~** radiologisch beeld v.e. slokdarm met diffuse spasmen. • **notenkraker~** syndroom, gekenmerkt door retrosternale pijnaanvallen met overdreven krachtige peristaltiek v.d. slokdarm. • **rozenkrans~** *zie* kurkentrekker~.
⊙ **oesofaguscarcinoom** kwaadaardige woekering van cellen, uitgaande v.h. slokdarmslijmvlies; indeling: 90% plaveiselcelcarcinoom; 10% adenocarcinoom; ongedifferentieerd carcinoom of leiomyosarcoom zijn zeer zeldzaam.
oesofagusdivertikel divertikel v.d. slokdarm; bekendst is het Zenker-divertikel.
oesofagusdruk druk i.h. thoracale deel v.d. oesofagus die overeenkomt met de intrathoracale druk bij niet-geforceerde ademhaling, als regel subatmosferisch.
oesofagusresectie | subtotale ~ chirurgische verwijdering v.d. oesofagus waarbij een klein deel v.d. cervicale slokdarm overblijft.
oesofagusspraak *zie* spraak | slokdarm~.
oesofagusstem *zie* spraak | slokdarm~.
oesophag- voorvoegsel in klinische woordsamenstellingen m.b.t. de slokdarm.
oesophageus m.b.t. de oesofagus; vb. plexus oesophageus.
oesophagitis exfoliativa *zie* dissecans | oesophagitis ~.
oesophagotrachealis betreffende de oesofagus en de trachea; vb. fistula oesophagotrachealis.
oestradiol vrouwelijk geslachtshormoon; belangrijkste secretieproduct v.d. ovaria; effecten: ontwikkeling secundaire geslachtskenmerken, regulatie menstruele

cyclus, o.a. door remming LH- en FSH-secretie.
Oestridae horzels, een familie van grote, harige *Diptera*.
oestriol een placentahormoon met oestrogene werking.
oestrische cyclus periodieke fase v.d. bronst.
oestrogeen 1 (z. nw.) algemene naam voor stoffen met oestradiolachtige werking; **2** (bijv. nw.) oestrus verwekkend.
oestrogeenreceptormodulator *zie* selectieve oestrogeenreceptormodulator.
oestron 1 oestrus; **2** een door het ovarium geproduceerd hormoon met oestrogene werking.
oestrum *zie* bronst.
Oestrus een geslacht horzels.
oestrus 1 de cyclus van veranderingen i.d. genitale organen, veroorzaakt door ovariële hormonale werking; **2** (biol.:) *zie* bronst.
off-effect fenomeen dat bij een aanhoudende prikkel en een inmiddels verdwenen sensoractiviteit het wegnemen van deze prikkel een hernieuwde ontladingsreeks bij de sensor geeft.
officinalis aanduiding v.d. geneesmiddelen die de apotheker volgens de farmacopee voorradig moet hebben; vb. formula officinalis, Poxvirus *officinale*.
officineel *zie* officinalis.
off-pump-chirurgie *zie* hartchirurgie | gesloten|.
oftalm- voorvoegsel in woordverbindingen m.b.t. het oog.
oftalmalgie pijn i.h. oog.
oftalmectomie operatieve verwijdering v.e. oog, enucleatio bulbi.
oftalmiatrie *zie* oftalmologie.
oftalmicum geneesmiddel voor het oog; NB: de Lat. schrijfwijze 'ophthalmicum' is verouderd.
oftalmie oogontsteking. • **all~** het bezitten van verschillend gekleurde ogen. • **buftalmie** vergroting v.d. oogbol, die zodanig uitpuilt dat de oogleden moeilijk sluiten.
• **en~** naar achteren verplaatste oogbol.
• **ex~** naar voren verplaatste oogbol. • **fot~** acute ontsteking van cornea en conjunctiva door inwerking van ultraviolet licht.
• **hem~** bloeding i.d. orbita of i.h. oog. • **heter~** ongelijkheid v.d. twee ogen (grootte, vorm, kleur, asrichting). • **hydr~** aangeboren of verworven vergroting v.d. oogbol door vermeerdering v.d. vloeibare inhoud.
• **lag~** het niet volledig dichtgaan v.d. oogleden wanneer men de ogen losjes sluit.
• **macr~** abnormale grootte v.d. oogbol.
• **micr~** aangeboren kleinheid v.e. of beide oogbollen. • **ophthalmia neonatorum** conjunctivitis bij neonaten. • **ophthalmia nivialis** sneeuwblindheid *zie* blindheid | sneeuw~. • **ophthalmia aegyptica** trachoom. • **ophthalmia electrica** *zie* conjunctivitis actinica. • **ophthalmia gonorrhoica** acute gonorroïsche conjunctivitis.
• **ophthalmia migratoria** *zie* sympathische ~. • **ophthalmia neuroparalytica** *zie* keratitis neuroparalytica. • **ophthalmia nodosa** conjunctivitis t.g.v. prikkelende rupsharen, met vorming van knobbeltjes rondom de haren. • **ophthalmia phlyctaenulosa** keratoconjunctivitis bij kinderen. • **ophthalmia purulenta** etterige oogontsteking.
• **ophthalmia scrofulosa** *zie* ophthalmia phlyctaenulosa. • **pan~** ontsteking van alle lagen v.h. oog. • **par~** ontsteking v.h. bindweefsel rondom het oog. • **sympathische ~** oogontsteking die langs inwendige wegen v.h. ene oog op het andere overgaat.
• **xer~** abnormale drooghcic. van oogbol en conjunctiva.
oftalmoblennorroe *zie* conjunctivitis gonorrhoica.
oftalmocele *zie* oftalmie | ex~.
oftalmodiagnostiek diagnostiek d.m.v. de oftalmoreactie.
oftalmodynamometer 1 instrument ter bepaling v.d. druk i.d. arteria centralis retinae; **2** instrument tot meting v.d. convergentie waartoe de ogen in staat zijn.
• **baillart~** instrument waarmee de systolische druk i.d. centrale retina-arterie kan worden gemeten. • ~ **van Baillart** *zie* baillart~.
oftalmodynamometrie meting v.d. druk i.d. a. centralis retinae door de pulsaties ervan te observeren terwijl een bepaalde druk op de oogbol wordt uitgeoefend.
oftalmodynie pijn i.h. oog.
oftalmofacometer instrument ter bepaling v.d. kromming v.d. ooglens.
oftalmofundoscoop toestel voor onderzoek v.d. oogfundus.
oftalmoliet traansteen, concrement i.h. traankanaal.
oftalmologie *zie* heelkunde | oog~.

oftalmoloog *zie* arts | oog~.
oftalmometer instrument waarmee de kromming v.d. cornea in verschillende richtingen kan worden gemeten.
oftalmomyitis ontsteking v.d. oogspieren.
oftalmopathie oogaandoening. • **graves~** voor de ziekte van Graves typische verschijnselen aan de ogen, bestaande o.a. uit lichtschuwheid, branderigheid, tranen, oedeem van conjunctiva en oogleden. • ~ **van Graves** *zie* graves~.
oftalmoplegie | externe ~ verlamming v.d. uitwendige oogspieren. • **interne** ~ verlamming v.d. m. ciliaris en m. sphincter pupillae. • **internucleaire** ~ adductiebeperking v.e. oog bij opzij kijken, vaak gepaard gaand met een nystagmus v.h. abducerende oog. • **ophthalmoplegia chronica progressiva** dominant erfelijke aandoening met langzaam progressieve oogspierverlamming en ptosis. • ~ **van Parinaud** *zie* syndroom | parinaud~. • **ophthalmoplegia totalis** combinatie van o. externa en o. interna.
oftalmoptose uitpuiling v.h. oog.
oftalmorragie bloeding i.d. oogbol.
oftalmoscoop oogspiegel. • **loring~** oogspiegel, voorzien v.e. schijf met lenzen en een extrakwadrant van lenzen. • ~ **van May** lichtgevende oogspiegel met een prisma dat het licht naar het oog kaatst en een roterende schijf met lenzen. • **refractie~** oogspiegel met draaibare schijven die lenzen van verschillende sterkte bevatten, waarmee men de refractie v.e. oog kan bepalen.
oftalmoscopie *zie* spiegelen | oog~.
oftalmostaat instrument waarmee de oogbol, gedurende een operatie aan het oog, i.e. bepaalde positie kan worden vastgezet.
oftalmostase fixatie v.d. oogbol d.m.v. een oftalmostaat.
oftalmostatometer toestel waarmee men de graad van uitpuiling v.d. oogbol kan bepalen (Snellen).
oftalmostatometrie bepaling v.d. graad van protrusie of van retractie v.d. oogbol.
oftalmotomie het incideren v.e. oog.
oftalmotonometer instrument tot meting v.d. intra-oculaire druk.
oftalmotonometrie meting v.d. intra-oculaire druk.
OGGT *zie* orale glucosetolerantietest.
OGGZ *zie* gezondheidszorg | openbare geestelijke ~.
OHSS *zie* syndroom | ovarieel hyperstimulatie~.
ok (operatiekamer) *zie* operatiekamer.
oksel *zie* axilla.
okselkliertoilet *zie* dissectie | okselklier~.
olecranartritis ontsteking v.h. elleboogsgewricht.
olecranon het platte, brede boveneind v.d. ulna.
olenitis ontsteking v.h. elleboogsgewricht.
oleogranuloom *zie* paraffinoom.
oleoom *zie* paraffinoom.
oleosum olieachtig geneesmiddel.
oleosus olieachtig; vb. seborrhoea oleosa.
olfactometer een door Zwaardemaker ontworpen toestel voor kwantitatief onderzoek v.d. reukzin.
olfactometrie kwantitatief onderzoek waarbij de reukdrempel wordt bepaald van reukstoffen die in verschillende mate zijn verdund.
olfactorisch de reuk of het reukapparaat betreffende.
olfactorius m.b.t. het ruiken; vb. bulbus olfactorius, area olfactoria, trigonum olfactorium.
olfactus reuk.
olie-immersie 1 opvulling v.d. ruimte tussen het objectief v.e. microscoop en het object met olie die dezelfde brekingsindex heeft als glas, waardoor men de sterkst mogelijke vergroting kan bereiken met het grootst mogelijke oplossend vermogen; 2 microscoop-objectief bestemd voor olie-immersie.
oligo- voorvoegsel in samengestelde woorden met de betekenis 'weinig'.
oligoarticulair m.b.t. enkele gewrichten.
oligochromemie *zie* hypohemoglobinemie.
oligodendrocyt een cel v.d. oligodendroglia, met weinig uitlopers.
oligodontie aanwezigheid van minder dan het normale aantal tanden en kiezen, als aangeboren defect.
oligofrenie *zie* zwakzinnigheid.
oligogenese geringe vruchtbaarheid, het voortbrengen van slechts weinig nakomelingen.
oligohydramnie aanwezigheid van onvoldoende vruchtwater (<100 ml).
oligomorf i.d. ontwikkeling van jong tot oud slechts weinig verschillende vormen doorlopend.

oligonitrofiel weinig stikstof verlangend, de eigenschap van sommige bacteriën optimaal te groeien bij gering stikstofgehalte v.d. voedingsbodem.
oligopleront *zie* sporenelementen.
olijf *zie* oliva. • **~ van Eder-Puestow** *zie* ederpuestowolijf.
olisthesis afglijding, meestal wordt bedoeld spondylolisthesis.
oliva olijfvormig lichaam boven aan weerszijden v.d. medulla oblongata, tussen de wortels v.d. 10e en 12e hersenzenuw.
olivaris m.b.t. de oliva; vb. nucleus olivaris.
olivocerebellaris m.b.t. de oliva en het cerebellum; vb. tractus olivocerebellaris.
olivopontocerebellair m.b.t. de oliva, de pons en het cerebellum; vb. olivopontocerebellaire atrofie.
OLK *zie* klacht | onverklaarde lichamelijke ~.
OLWI *zie* luchtweginfectie | onderste~.
OMA *zie* otitis media acuta.
omartritis ontsteking v.h. schoudergewricht.
Ombrédanne | ombrédannemasker narcosekap die wordt gebruikt bij ethernarcose. • **ombrédannemethode** als men bij de zuigeling beide benen in heup en knie buigt, zodat de vulva loodrecht staat, kan men goed zien of de benen wel of niet even lang zijn. • **ombrédanneoperatie** hersteloperatie bij hypospadie.
OMC *zie* otitis media chronica.
OMD ouderdomsmaculadegeneratie.
OME *zie* otitis media met effusie.
omental cake tumoreus veranderd omentum.
omentalis m.b.t. het omentum; vb. bursa omentalis, tuber omentale hepatis.
omentitis ontsteking v.h. omentum.
omentocardiopexie operatie ter verbetering v.d. doorbloeding v.d. hartspier.
omentopexie vasthechting v.h. omentum aan de buikwand, om stuwing bij portale hypertensie te verminderen.
omentum net, een buikvliesplooi die, vanaf de maag, over de buikingewanden uitgespreid ligt. **• ~ majus** een v.d. curvatura major v.d. maag afgaande buikvliesplooi, die het colon transversum bedekt. • **~ minus** buikvliesplooi tussen maag en lever.
omfal- voorvoegsel in woordsamenstellingen m.b.t. de navel.
omfalectomie excisie v.d. navel.
omfalitis navelontsteking.

omfalocele *zie* breuk | navel~.
omfalorragie navelbloeding bij pasgeboren kinderen.
omfalorroe afvloeiing van lymfe uit de navelstreng.
omfalotomie doorsnijding v.d. navelstreng na de geboorte.
omfalotripsie klieving v.d. navelstreng door afknijpen.
omhoogheffer *zie* levator.
omkeren (statist., epidemiol.) *zie* inverteren.
omleiding *zie* bypass.
omloop 1 (dermatol.) *zie* paronychia; **2** (chir.) *zie* verpleegkundige | omloop~.
ommayareservoir canule die onder de galea aponeurotica wordt aangebracht voor toediening van geneesmiddelen of voor verwijdering van vloeistof door een katheter die i.e. laterale hersenventrikel is geplaatst.
omnipotentie almachtigheid, het gevoel alles te kunnen.
omnivoor 1 alles-etend, d.w.z. voedsel zowel van dierlijke als van plantaardige herkomst; **2** alles-etend dier.
omo- voorvoegsel in woordverbindingen m.b.t. de schouder.
omoclavicularis m.b.t. de musculus omohyoideus en de clavicula; vb. trigonum omoclaviculare.
omodynie schouderpijn.
omohyoideus m.b.t. de schouder en het os hyoideum; vb. musculus omohyoideus.
omos *zie* schouder.
omphal- *zie* omfal-.
omphaloentericus m.b.t. de navel en de darm; vb. ductus omphaloentericus.
omphalomesentericus m.b.t. navel en mesenterium.
omphaloproptosis *zie* prolapsus funiculi umbilicalis.
omphalos *zie* umbilicus.
OMS 1 otitis media serosa; **2** Organisation Mondiale de la Santé.
omslag | priessnitz~ (natuurgeneeswijze:) specifieke soort omslag.
onanie *zie* masturbatie.
onbetrouwbaarheidsdrempel *zie* significantieniveau.
Onchocerca een i.d. tropen bij de mens voorkomend geslacht v.d. orde *Filarioidea*. • ~ *volvulus* een O.-species die subcutane zwellingen teweegbrengt, soms ook i.h. oog kruipt.

onchocerciasis infectie met *Onchocerca*.
onchocercoom granuloom, veroorzaakt door *Onchocerca*.
oncocyt 1 een v.d. cellen waaruit een gezwel is opgebouwd; **2** grote eosinofiele cel in speekselklieren, schildklier, bijschildklieren.
oncocytoom adenoom bestaande uit oncocyten.
oncogeen kankerverwekkend.
oncogen | abelson~ gengebied van chromosoom 9 dat bij chronische myeloïde leukemie is getransloceerd naar chromosoom 22 i.d. voorlopercellen van granulocyten, monocyten, erytrocyten en trombocyten. • **C-~** (cellulair oncogen) gen dat ontstaat uit een proto-oncogen a.g.v. een puntmutatie, genamplificatie, translocatie of een virusinfectie. • **myc-~** gengebied, afkomstig van chromosoom 8, dat bij een burkittlymfoom getransloceerd is naar chromosoom 14. • **proto-~** gen dat waarschijnlijk een functie heeft bij de fysiologische celproliferatie en door mutatie, amplificatie of translocatie kan leiden tot gezwelgroei. • **ras-~** gen dat ontstaat uit proto-oncogen a.g.v. mutatie. • **viraal ~** (V-oncogen) DNA-sequentie v.e. virus die na besmetting van cellen v.e. gastheer i.h. DNA daarvan kan worden ingebouwd en kanker kan veroorzaken.
oncogenese het ontstaan v.e. gezwel.
oncologie 1 wetenschap betreffende (kwaadaardige, maligne) gezwellen; **2** (in engere zin:) medisch specialisme dat zich bezighoudt met diagnostiek en therapie van kanker. • **neuro-~** tak v.d. oncologie die zich bezighoudt met tumoren v.h. centrale en perifere zenuwstelsel.
oncoloog specialist i.d. oncologie.
oncolyse vernietiging en resorptie van gezwelweefsel.
oncolytica *zie* oncostatica.
Oncomelania een slakkengeslacht dat tussengastheer is voor *Schistosoma japonicum*.
oncometrie bepaling v.d. grootte v.e. inwendig orgaan.
oncosfeer *zie Oncosphaera*.
Oncosphaera kogelvormige larve v.e. lintworm, met zes haken.
oncostatica groep van geneesmiddelen die de groei v.e. tumor remmen; bijv. cisplatine.
oncotaxis neiging van maligne tumoren naar een bepaald gebied v.h. lichaam te metastaseren.
oncotisch m.b.t. zwelling.
oncotische druk druk t.g.v. de aantrekkende kracht v.d. i.e. suspensie aanwezige colloïde deeltjes.
oncotroop met affiniteit tot gezwelweefsel.
onderbeenzweer *zie* ulcus cruris.
onderbewustzijn term van Freud voor de psychische regio die grenst aan het bewustzijn.
onderbinden *zie* ligeren.
ondercuratelestelling *zie* curatele.
ondergewicht 1 lager gewicht dan de bij de lengte passende ondergrens v.h. ideale gewicht; **2** het aantal kilo's beneden de bij de lengte passende ondergrens v.h. ideale gewicht.
onderhuids subcutaan, subcutaneus [L].
onderhuids vetweefsel vetlaag onder de huid.
onderkoeling een centrale lichaamstemperatuur van 31 graden Celsius of lager.
onderrugpijn *zie* aspecifieke lage rugpijn.
onderscheidingsvermogen (statist., epidemiol.) *zie* statistische power.
ondersteek metalen of met verlengde handgreep en deksel om bij een bedlegerige patiënt urine en ontlasting op te vangen.
ondervoeding | proteïnecalorische ~ ondervoeding door tekort aan proteïnen en calorieën.
ondervulling onvoldoende hoeveelheid circulerend bloed i.h. vaatstelsel.
onderzoek 'studie' in epidemiologische zin wordt veelal als vernederlandsing v.h. Engelse leenwoord *study* gebruikt. • **aanvullend ~** laboratorium- en/of beeldvormend onderzoek dat wordt verricht als aanvulling op anamnese en lichamelijk onderzoek. • **algemeen lichamelijk ~** oriënterend onderzoek v.h. gehele lichaam gericht op de opsporing van afwijkingen in organen of orgaansystemen. • **beschrijvend ~** *zie* observationeel ~. • **bevolkings~** geneeskundig onderzoek van personen dat wordt verricht ter uitvoering v.e. aan de hele bevolking of een categorie daarvan gedaan aanbod dat gericht is op het opsporen van ziekten. • **bewegings~** onderzoek van kracht en functiemogelijkheid v.h. bewegingsapparaat. • **bimanueel ~** een met beide handen uitgevoerd palpatoir onderzoek v.e. i.d. buik of i.h. bekken gelegen orgaan of tumor. • **blind ~** onderzoek waarbij bij de

betrokkenen niet bekend is bij welke patiënt welke interventie wordt gepleegd.
• **carrier**~ diagnostisch onderzoek om te bepalen of een gezond iemand drager is v.e. gendefect dat bij zijn of haar nakomelingen afwijkingen zou kunnen teweegbrengen.
• **casuscontrole**~ *zie* patiënt-controle-.
• **cohort**~ longitudinaal observationeel onderzoek bij een groep personen met bepaalde eigenschappen/ziekte gedurende een bepaalde periode. • **cross-sectioneel** ~ *zie* dwarsdoorsnede-. • **cytologisch** ~ microscopisch onderzoek van geïsoleerde cellen.
• **dagboek**~ onderzoek waarbij patiënten dagelijks hun ervaringen i.e. dagboek of een aparte scorelijst vastleggen. • **diagnostisch** ~ onderzoek dat gericht is op het stellen v.d. juiste diagnose. • **disseminatie**~ onderzoek gericht op het opsporen van metastasen op afstand. • **dragerschaps**~ *zie* carrier-. • **driefasenskelet**~ *zie* scintigrafie | driefasenskelet-. • **dubbelblind** ~ onderzoek waarbij zodanige maatregelen zijn getroffen dat noch bij de onderzoeker noch bij de onderzochte bekend is bij welke proefpersonen welke interventie wordt gepleegd. • **dubbelcontraströntgen**~ contrastonderzoek waarbij een combinatie v.e. positief en negatief contrastmiddel wordt gebruikt. • **dwarsdoorsnede** ~ onderzoeksvorm waarbij op één tijdstip verschillende waarnemingen t.a.v. expositie en ziekte worden verricht bij een te onderzoeken persoon of populatie. • **ecologisch** ~ (med. statistiek, epidemiol.) observationeel onderzoek waarbij niet afzonderlijke personen, maar groepen worden bestudeerd. • **empirisch** ~ onderzoek waarbij de gegevens op klinische observatie of ervaring zijn gebaseerd, maar niet op experimenteel onderzoek. • **enkelblind** ~ onderzoek waarbij zodanige maatregelen zijn getroffen dat óf bij de onderzoeker óf bij de onderzochte niet bekend is bij welke proefpersonen welke interventie wordt gepleegd. • **etnografisch** ~ methodiek die beoogt een culturele en sociale groep te beschrijven i.d. natuurlijke omgeving en te interpreteren in termen van structuren en relaties. • **experimenteel** ~ onderzoek waarbij de onderzoekers een interventie plegen, veelal i.d. vorm v.e. behandeling. • **exploratief** ~ verkennend onderzoek gericht op het ontwikkelen van hypothesen voor nieuwe problemen. • **extensie**~ vervolgonderzoek op een dubbelblind gerandomiseerd onderzoek waarbij het onderzoeksmiddel aan alle of aan een selectie v.d. patiënten wordt aangeboden. • **fase**~ protocol bij invoering v.e. nieuw geneesmiddel. • **feces**~ kwalitatief en kwantitatief onderzoek van feces. • **first-pass**~ dynamisch onderzoek i.d. nucleaire geneeskunde waarbij de eerste passage v.d. radio-isotoop door een orgaan na bolusinjectie wordt bestudeerd. • **follow-up**~ onderzoek waarbij individuen of groepen worden gevolgd om de uitkomst van blootstelling, procedures of optreden van ziekte te bepalen. • **fysisch** ~ lichamelijk onderzoek met eenvoudige fysische methoden.
• **gerandomiseerd gecontroleerd** ~ experimenteel onderzoek waarin bepaalde interventies worden vergeleken met controles waarbij de onderzoekspersonen op basis van toeval worden toegewezen aan een v.d. onderzoeksarmen. • **immunologisch** ~ reeks onderzoeken die kunnen worden uitgevoerd bij een verdenking op een immunologische aandoening. • **interventie**~ onderzoek naar het effect v.e. experimentele interventie die de ziekte mogelijk voorkomt of de genezing positief beïnvloedt.
• **inwendig** ~ *zie* toucher | vaginaal -. • **kwalitatief** ~ onderzoek naar opvattingen, meningen, gedragingen en gevoelens van personen over een duidelijk omschreven onderwerp. • **kwantitatief** ~ onderzoek waarbij de parameters in getallen worden uitgedrukt, ook gericht op het toetsen van hypothesen. • **lichamelijk** ~ *zie* algemeen lichamelijk ~. • **longitudinaal** ~ onderzoek waarbij bij een te onderzoeken persoon of een groep van personen op verschillende momenten i.d. tijd waarnemingen worden verricht. • **multicenter**~ onderzoek dat wordt verricht in verschillende centra.
• **nested case-control-**~ (NCC-onderzoek) patiëntcontroleonderzoek waarbij de cases en controles afkomstig zijn uit een cohortonderzoek, zodat voor bekende verstorende variabelen kan worden gecorrigeerd.
• **niet-experimenteel** ~ *zie* observationeel ~. • **niet-geblindeerd** ~ *zie* open ~. • **niet-vergelijkend** ~ onderzoek waar bij geen groepen patiënten met elkaar worden vergeleken. • **observationeel** ~onderzoek waarbij de onderzoeker zich beperkt tot het verrichten van waarnemingen. • **open** ~ on-

derzoeksopzet waarbij artsen en patiënten op de hoogte zijn v.d. toegewezen interventie of behandeling. • **patiënt-controle~** onderzoek waarbij een groep patiënten met een bepaalde ziekte wordt vergeleken met een groep personen die deze ziekte niet heeft (controlegroep); hierbij wordt de aanwezigheid van mogelijke risicofactoren in beide groepen met elkaar vergeleken; de onderzoeksrichting is van ziekte naar determinant; het syn. 'case-control study' is niet te verwarren met 'case study'. • **pilot~** kleinschalig vooronderzoek, voorafgaand aan het eigenlijke onderzoek. • **placebogecontroleerd** ~ gerandomiseerd onderzoek dat gebruikmaakt v.e. te onderzoeken behandeling en een controlebehandeling. • **pre-post-~** zie voor-na-vergelijking. • **prospectief** ~ onderzoek waarbij een geïdentificeerde groep personen i.d. tijd wordt gevolgd met betrekking tot het optreden v.e. ziekte of een andere gebeurtenis. • **quasi-experimenteel** ~ vergelijkend onderzoek waarbij aan enkele, maar niet aan alle criteria v.e. randomized controlled trial is voldaan. • **speciëel lichamelijk** ~ het lichamelijk onderzoek v.d. afzonderlijke organen of lichaamsdelen. • **transversaal** ~ zie dwarsdoorsnede~. • **tweelingen~** vergelijkend onderzoek onder een- en twee-eiige tweelingen. • **vervolg~** zie follow-up~.

ondetecteerbaar 1 onmeetbaar (doorgaans: onmeetbaar weinig); **2** (serologie) onmogelijkheid van meting van viral load in plasma/serum sluit aanwezigheid v.h. virus elders i.h. lichaam niet uit; het virus kan elders i.h. lichaam nog aantoonbaar zijn, bijv. in lymfeweefsel, sperma of vaginaal vocht.

oneirisch m.b.t. dromen.
ongeconditioneerd onvoorwaardelijk.
ongevalsleer zie traumatologie.
oninvoelbaar zie invoelbaar.
on-off-effect 1 (neurol.:) plotseling optredende wisselingen van parkinsonverschijnselen na aanvankelijk gunstig effect van levodopa bij de ziekte van Parkinson, al dan niet gerelateerd aan de doseringsintervallen van levodopa; **2** (farm.:) schommelende geneesmiddeleffectiviteit.
onrust 1 (psychisch) toestand van opwinding of onevenwichtigheid; **2** (fysiek) bewegingsdrang.

onrustband controversieel hulpmiddel dat wordt gebruikt in zorginstellingen om te voorkomen dat verwarde ouderen of gehandicapten vallen of gaan dwalen; tevens ter immobilisatie toegepast bij onrustig gedrag.
ontaarding zie degeneratie. • **maligne** ~ overgang in kwaadaardig gezwelweefsel.
ontaardingsreactie zie reactie | elektrische ontaardings~.
ontgifting zie detoxificatie.
ontharing zie epilatie.
onthechtingsstoornis stoornis i.d. stemming, gekenmerkt door vermindering tot ontbreken van gevoelens voor de omgeving, i.h. bijzonder de naasten.
onthersening zie decerebratie.
onthouding het stoppen, minderen of vrijwillig ontberen van het gebruik v.e. stof die voorheen langdurig en/of in grote hoeveelheden is gebruikt of gedrag waaraan voorheen werd toegegeven.
onthoudingssyndroom zie syndroom | abstinentie~.
onthoudingsverschijnselen lichamelijke en psychische klachten die zich voordoen bij plotselinge onthouding v.e. verslavende stof waaraan iemand verslaafd is.
ontkalking 1 (pathol.) daling van calciumgehalte van botweefsel zie osteoporose; **2** (chir.) spontane of chir. verwijdering van kalklaag op botweefsel of gebitselementen; **3** (hematol.) daling van bloedcalciumconcentratie.
ontkenning 1 (psychol.) afweermechanisme waarbij men een krenkende ervaring niet tot het bewustzijn laat doordringen door de gebeurtenis zelf of de bijbehorende gevoelens te ontkennen; **2** reactiemechanisme dat na een ernstige stresssituatie optreedt; **3** eerste fase in rouwproces.
ontladingsfrequentie aantal ontladingen per tijdseenheid v.e. prikkelbare cel (zenuw, spier, klier).
ontlasting zie feces. • **dunne** ~ zie diarree.
ontleedkunde zie anatomie. • **ziektekundige** ~ zie pathologie.
ontmaagden het intacte hymen doen scheuren v.e. vrouw die voorheen geen seksueel penetrerend contact heeft gehad, gewoonlijk door eerste coïtus.
ontmanning amputatie v.d. penis, soms samen met de testikels.
ontoerekeningsvatbaarheid juridische be-

naming v.d. toestand van iemand die een strafbaar feit begaat dat hem wegens een gebrekkige ontwikkeling of ziekelijke storing van zijn geestvermogens niet kan worden toegerekend.

ontogenese de ontwikkeling v.h. afzonderlijke individu.

ontremming gehele of gedeeltelijke uitval van hogere, remmende zenuwcentra.

ontsluiting 1 het open gaan v.d. baarmoedermond; **2** de diameter v.h. zich ontsluitende ostium uteri.

ontsluitingstijdperk de eerste baringsperiode, gedurende welke de ontsluiting haar maximum bereikt.

ontsmetting *zie* infectie | des~.

ontsporing (psychol.) stoornis i.d. samenhang v.h. denken, zich uitend in onderbreking v.d. gesproken taal door een opmerking die geen enkel verband lijkt te hebben met het voorafgaande.

ontsteking ziekteproces dat te beschouwen is als de reactie van weefsel op een schadelijke prikkel (fysisch, chemisch, microbieel of immunitair); klinisch wordt ontsteking gekenmerkt door de vijf klassieke kardinale (lokale) symptomen: rubor (roodheid), tumor (zwelling), calor (warmte), dolor (pijn), functio laesa (gestoorde functie) en voorts door koorts, leukocytose, veranderingen i.d. bloedeiwitten en antistofproductie. • **acute** ~ snel toenemende, meestal hevige o. die weer snel afneemt of overgaat in chronische o. • **blindedarm~** *zie* appendicitis. • **buikvlies~** *zie* peritonitis. • **catarrale** ~ o. van slijmvlies, met afscheiding van veel slijmig vocht en slijm-etter. • **chronische** ~ langzaam toenemende, minder hevige, langer aanhoudende ontsteking. • **collaterale** ~ ontsteking i.d. buurt van of rondom een ontstekingshaard. • **croupeuze** ~ *zie* kroepeuze ~. • **desquamatieve long~** *zie* pneumonie | desquamatieve interstitiële ~. • **eileider~** *zie* salpingitis.
• **exsudatieve** ~ o. met vorming van exsudaat. • **fibrineuze** ~ o. met afzetting van fibrine. • **focale** ~ o. die beperkt is tot een of enkele omschreven haarden. • **galblaas~** *zie* cholecystitis. • **granulomateuze** ~ o. waarbij granulomen worden gevormd.
• **hemorragische** ~ exsudatieve ontsteking met veel erytrocyten in h. exsudaat. • **hersenvlies~** *zie* meningitis. • **huid~** *zie* dermatitis. • **interstitiële** ~ o. v.h. stroma (interstitium) v.e. orgaan. • **keel~** *zie* keelpijn | acute ~, laryngitis. • **kroepeuze** ~ fibrineuze o. met vorming v.e. pseudomembraan. • **long~** *zie* pneumonie. • **necrotiserende** ~ lang aanhoudende o. die tot weefselnecrose leidt. • **nierbekken~** *zie* pyelonefritis. • **productieve** ~ o. met vorming van nieuw fibreus weefsel. • **purulente** ~ o. met afscheiding van etter (pus).
• **reparatieve** ~ opvulling v.e. weefseldefect door ontstekingachtige reactie met vorming van nieuw weefsel. • **schildklier~** *zie* thyreoïditis. • **sereuze** ~ **1** c. met afscheiding van sereus vocht; vb. sereuze middenoorontsteking; **2** o. v.e. of meer v.d. sereuze vliezen (pleura, pericard, peritoneum, synoviale membraan) met afscheiding van sereus vocht. • **spinnenwebvlies~** *zie* arachnoïditis. • **steriele** ~ o. waarin geen levende verwekkers aantoonbaar zijn. • **strottenhoofd~** *zie* faryngitis. • **suppuratieve** ~ etterige ontsteking. • **vaatwand~** *zie* vasculitis. • **vagina~** *zie* vulvovaginitis. • **vulva~** *zie* vulvovaginitis.

ontstekingsinfiltraat plaatselijk ontstekingsproces waarbij ontstekingscellen en exsudaat het bindweefsel-interstitium opvullen.

ontstekingsremmer | niet-steroïdale ~ geneesmiddel dat het enzym cyclo-oxygenase remt en zo de prostaglandinesynthese onderdrukt.

onttrekkingsverschijnsel *zie* onthoudingsverschijnselen.

ontucht verzamelterm voor seksueel gedrag dat moreel en/of juridisch verboden is.

ontwenning 1 (toxicol.:) ongedaan maken van lichamelijke en psychische afhankelijkheid van middelen d.m.v. staking v.h. gebruik ervan; **2** (chir.) ongedaan maken van gewenning aan een medische voorziening.

ontwenningsverschijnselen *zie* onthoudingsverschijnselen, ontwenning.

ontwikkeling (psychologie, alg.) het verwerven van kennis, vaardigheden en sociale functies en vaardigheden tijdens het leven.
• **motorische** ~ opeenvolging van bewegingspatronen, passend bij de leeftijd v.h. kind. • **psychomotorische~** leeftijdsafhankelijke ontwikkeling v.d. psychomotorische functies en de resultaten op testen zoals behorend bij het niveau van psychische activiteit.

ontwikkelingsfase (gynaecol., neonatol., psychol.) tijdperk waarbinnen bepaalde ontwikkelingen plaatsvinden, zowel intrauterien als na de geboorte. • **anale fase** (psychoanalytische theorie van Freud) fase i.d. driftontwikkeling van kind waarin de ontlasting centraal staat. • **experimenteerfase** fase waarin nieuwsgierigheid, vaak mede beïnvloed door de sociale groep waartoe men behoort, vooral bij jongeren leidt tot het eerste gebruik van psychoactieve stoffen, zoals alcohol en drugs. • **fallische fase** (psychoanalyse van Freud) fase i.d. driftontwikkeling v.d. kleuter waarin de genitale streek centraal staat. • **genitale fase** (psychoanalytische theorie van Freud) laatste periode i.d. driftontwikkeling, waarin de genitale seksualiteit zich ontwikkelt en in de persoonlijkheid wordt geïntegreerd. • **koppigheidsfase** (ontwikkelingspsychol.) peuterfase waarin kind een autonomie ontwikkelt op het gebied van taal, spraak, wil, lichaamsschema en zindelijkheid. • **latente fase** (ontwikkelingspsychol.) periode (6-12 jaar) i.d. driftontwikkeling waarin kind steeds doelgerichter kennis en vaardigheden opneemt en vriendschap, rivaliteit en competitie leert kennen. • **oedipale fase** (orthopedagogie, kinderpsychiatrie; begrip uit psychoanalytische theorie van Freud) onderdeel v.d. fallische fase waarin het kind leert liefde en agressie jegens beide ouders te beleven en compromissen te vinden. • **orale fase** (psychoanalytische theorie van Freud) eerste fase (0-1,5 jaar) in driftontwikkeling waarin zuigen en voeden de bron van lust vormen. • **separatie-individuatiefase** peuterfase waarin het kind leert dingen zelf te doen en te willen. • **symbiotische fase** (ontwikkelingspsychologie) periode van 0-5 maanden waarin het kind nog geen onderscheid tussen moeder en zichzelf ervaart (ik en niet-ik).

ontwikkelingsstoornis verstoring, optredend i.d. periode van neonaat tot adolescent, i.h. verwerven van motorische, sociale en/of cognitieve vaardigheden. • **diffuse ~** (DOS) (kinderpsychiatrie) algemeen begrip voor het optreden v.e. psychotisch toestandsbeeld bij zeer jonge kinderen. • **pervasieve ~ niet anders omschreven** (POS-NAO) *zie* disorder | pervasive development ~s not otherwise specified. • **pervasieve ~sen** stoornissen waarbij zich een wisselend scala aan problemen in contact, taalontwikkeling, reactie op prikkels en sociale interactie voordoet.

ontwikkelingstest van Gesell *zie* gesellstest.
ontwrichting *zie* luxatie.
onverdraaglijkheid *zie* intolerantie.
onvruchtbaarheid *zie* infertiliteit. • **androgene** ~ o. waarvan de oorzaak bij de man ligt. • **gynaecogene** ~ o. waarvan de oorzaak bij de vrouw ligt.
onwelwording vage (leken)term voor acuut onwelzijn, veelal i.c.m. verminderd/afwezig bewustzijn *zie* syncope, collaps, absence, cerebrovasculair accident.
onychia ontsteking v.h. nagelbed. • ~ **lateralis** *zie* paronychia. • ~ **maligna** nagelbed-ontsteking met stinkende ulceratie. • ~ **parasitica** *zie* onychomycose. • ~ **periungualis** *zie* paronychia. • ~ **punctata** puntvormige inzinkingen in nagels door afwijkende verhoorning in nagelmatrix. • ~ **subungualis** ontsteking onder de nagel.
onychitis ontsteking v.h. nagelbed.
onychocryptose dwangnagel, unguis incarnatus.
onychofagie op de vingernagels bijten.
onychogrypose klauwachtige verkromming v.d. nagels, meestal alleen aan de grote tenen.
onycholyse loslating v.d. nagel, distaal beginnend en geleidelijk proximaal voortschrijdend.
onychomycose schimmelziekte v.d. nagels. • **onychomycosis favosa** favus v.d. nagels. • **onychomycosis tonsurans** ringworm v.d. nagels.
onychomycosis trichophytina *zie* onychomycose | onychomycosis tonsurans.
onycho-osteoartrodysplasie *zie* syndroom | nagel-patella~.
onychorrexie brosheid v.d. nagels met spleetvorming aan de rand.
onychotillomanie frequent bij zwakzinnige of psychotische mensen voorkomende stoornis waarbij men dwangmatig nagels en nagelriemen weg pulkt, bijt enz.
onychotomie incisie v.e. nagel.
onyx 1 *zie* nagel; 2 een op het maantje v.d. nagels lijkende ophoping van etter tussen de lagen v.h. onderste gedeelte v.h. hoornvlies.
oöcyt het ontwikkelingsstadium tussen primordiaal ei en het rijpe ei dat kan worden

bevrucht. • **donor~** *zie* eicel | donor~.
oöfor- voorvoegsel in woordverbindingen m.b.t. de eierstok.
oöforectomie chirurgische verwijdering v.h. ovarium. • **salpingo-~** operatieve verwijdering v.e. eileider plus de eierstok.
oöforitis ontsteking v.h. ovarium. • **perio-~** ontsteking v.h. weefsel rondom een ovarium.
oog oculus [L], ophthalmos [G]; *zie ook* oftalm-, ophthalm-, -opie. • **ekster~** (dermatol.) *zie* clavus. • **hazen~** *zie* oftalmie | lag~. • **amaurotisch katten~** een oog dat is blind geworden door glioom of retinoblastoom v.h. netvlies, waarbij dit laatste, doordat het zich vlak achter de pupil bevindt, het invallend licht weerkaatst, zodat de pupil geel-glanzend schijnt. • **las~** *zie* keratoconjunctivitis photoelectrica. • **lui** ~ *zie* amblyopie. • **negen~** (dermatol.) *zie* karbunkel. • **normaal** ~ *zie* emmetropie. • **ossen~** *zie* oftalmie | buftalmie.
oogaandoening *zie* oftalmie.
oogachtergrond *zie* fundus oculi.
oogbeweging de bewegingen v.h. oog die de blikrichting bepalen. • **instelreflex~** reflexmatige oogbewegingen om onscherp object i.h. blikveld op fovea te fixeren.
oogbewegingsstoornis stoornis i.d. (volg) bewegingen v.d. ogen.
oogbol *zie* bulbus oculi.
oogboldruk druk i.d. oogbol; ligt normaal meestal tussen 11 en 21 mm Hg ligt; een hoge druk (op te sporen m.b.v. tonometrie) kan schade aan het oog veroorzaken.
oogbolschok *zie* nystagmus.
oogdruk *zie* oogboldruk.
oogdruppels waterige vloeistof voor lokale toediening van middelen i.h. oog.
oögenese vorming en ontwikkeling v.h. oögonium tot rijp ei.
oogharen (L.) cilia.
oogkamer de ruimte tussen iris en corpus vitreum, resp. de ruimte tussen lens en cornea.
oogkas *zie* orbita.
ooglaser *zie* keratomileusis | laser-assisted epithelial ~, laser-in-situ-~.
ooglens *zie* lens.
ooglid huidplooi die de oogbol en conjunctiva beschermt. • **trillend** ~ myokymie i.h. ooglid, waarbij kleine spiertjes onwillekeurig samentrekken en ontspannen (fasciculatie) en zo een lang aanhoudende trilling kan ontstaan; vaak symptoom van (over) vermoeidheid.
ooglidcorrectie plast. chir. ingreep waarbij ptosis wordt gecorrigeerd.
ooglidectropion *zie* ectropion.
ooglidopheffer *zie* musculus levator palpebrae superioris.
ooglidspleet *zie* palpebrale fissuur.
oögonium primordiaal ei i.h. kiemepitheel v.h. ovarium.
oogsiddering *zie* nystagmus.
oogspiegelen | **direct** ~ oogonderzoeksmethode waarbij m.b.v. een door een oogspiegel i.h. oog geschenen lichtbundel een vergroting (16x) v.e. deel v.d. fundus wordt gezien. • **indirect** ~ oogonderzoeksmethode waarbij m.b.v. de oogspiegel en een extra lens een groot deel v.d. retina wordt bekeken.
oogsprong *zie* saccade.
oogvolgbeweging langzame volgbeweging v.d. ogen waarbij een bewegend object wordt gevolgd. • **gesaccadeerde** ~ *zie* saccade, oogvolgbeweging.
oogwassing het spoelen v.h. oog met oogwater.
oogwimpers *zie* cilia.
oogziekte *zie* oogaandoening.
ooievaarsbenen sterk vermagerde benen met uitstekende knieën bij peroneale spieratrofie.
oökineet de bevruchte vorm v.d. malariaparasiet i.h. lichaam v.d. malariamug.
oökinese de verplaatsingen van kernmateriaal gedurende de rijping en bevruchting v.h. ei.
oökyste *zie* cyste | oö~.
oolemma *zie* zona pellucida.
-oom uitgang van woordverbindingen betreffende gezwelvorming.
oophoroma folliculare *zie* tumor | brenner~.
oophoron *zie* eierstok.
oophorus ei-dragend; vb. cumulus oophorus.
oor auris [L], ous [G]. • **binnen~** het i.h. rotsbeen gelegen deel v.h. gehoororgaan: het geheel van vestibulum, cochlea en de drie halfcirkelvormige kanalen. • **bloemkool~** vervormde oorschelp t.g.v. trauma en daaropvolgende perichondritis. • **inwendig** ~ *zie* binnen~. • **klap~** bubo consecutivus bij chancroïd. • **lijm~** *zie* otitis media met effusie. • **loop~** *zie* otorroe. • **midden~** het deel v.h. gehoororgaan dat bestaat uit de trom-

melhotte, mastoïdcellen en tuba auditiva. • **slijm**~ *zie* otitis media met effusie. • **uitwendig** ~ het deel v.h. gehoororgaan dat bestaat uit de oorschelp, de uitwendige gehoorgang en het trommelvlies.

oordeelstoornis cerebrale functiestoornis waarbij de beoordeling van situaties en gebeurtenissen gestoord is.

oordruppels druppels op olie- of waterbasis voor lokale toediening van geneesmiddelen i.d. gehoorgang.

oorontsteking | buiten~ *zie* otitis externa.

oorschelp *zie* auricula.

oorsmeer *zie* cerumen.

oorspeekselkliertumor *zie* parotistumor.

oorsprong de plaats waar het proximale einde v.e. spier verankerd is.

oorstukje het gedeelte v.e. hoorapparaat dat i.d. gehoorgang is aangepast.

oorsuizen *zie* tinnitus.

oorthermometer *zie* thermometer | trommelvliesinfrarood~.

oortrechter van Siegle *zie* siegleoortrechter.

oortrompet *zie* tuba auditiva.

oorvloed *zie* otorroe.

oorwas cerumen.

oorzakelijke therapie therapie gericht op eliminering v.d. oorzaak (causa) v.e. ziekte.

opacitas troebelheid, troebele plek.

opaciteit 1 (oogheelk.) ondoorschijnendheid; **2** (radiol.) ondoorlaatbaarheid; vb. radio-opaciteit.

opboeren boeren in combinatie met oprisping van maaginhoud.

OPC 1 (gynaecol.) polycysteuze ovaria; **2** (oogheelk.) posterieure capsulaire opacificatie.

OPCA *zie* atrofie | olivopontocerebellaire ~.

OPCAB off-pump coronary artery bypass.

open afdeling afdeling i.e. algemeen psychiatrisch ziekenhuis waar mensen vrijwillig worden opgenomen.

open-angle glaucoma *zie* glaucoom | open-hoek~.

openingstoon | mitralis~ extra harttoon na de tweede toon; verschijnsel bij mitralisstenose.

operabel te opereren; heeft gewoonlijk betrekking op een persoon met een kwaadaardig gezwel bij wie een operatie mogelijk en zinvol wordt geacht (bij wie de operabiliteit hoog is).

operatie heelkundige ingreep. • **adams**~ wigvormige excisie uit ooglid bij ectropion. • **adams**~ subcutane kleving v.d. aponeurosis palmaris bij contractuur van Dupuytren. • **albee**~ splijting van processus spinosi en invoeging van tibiabeenspaan. • **aldridge**~ in onbruik geraakte operatie bij stressincontinentie. • **ammon**~ *zie* rafie | rino~. • **antyllus**~ bij aneurysma v.e. slagader wordt deze boven en onder de verwijding afgebonden, waarna het aneurysma wordt gespleten en geledigd. • **arruga**~ intracapsulaire lensextractie m.b.v. de arrugapincet. • **babcock**~ extractie van varices door 'stripping' met een lange dunne buigzame knopsonde die via een incisie i.d. v. saphena magna wordt ingebracht. • **bacon**~ rectumresectie. • **baeyer-lorenzbifurcatie**~ subtrochantere splijting v.h. os femoris en plaatsing v.h. distale fragment i.d. heupkom ter behandeling van verwaarloosde congenitale heupluxatie. • **baldy-webster**~ antefixatie v.d. uterus door de ligamenta teretia uteri aan de achterwand v.d. baarmoeder te hechten. • **belsey-mark-IV**~ operatieve constructie v.e. antirefluxklepmechanisme voor een refluxoesofagitis waarbij medicamenteuze therapie geen succes heeft. • **bentall**~ operatie waarbij de aortaklep en een aneurysma v.d. aorta ascendens in één ingreep door een klepdragende vaatprothese worden vervangen. • **bergmann**~ radicale operatie bij hydrocele met subtotale excisie v.h. pariëtale blad v.d. tunica vaginalis testis. • **bifurcatie**~ *zie* baeyer-lorenzbifurcatie~. • **bischof**~ longitudinale laterale myelotomie. • **blalock-taussig**~ palliatieve ingreep met als doel verbetering v.d. longdoorbloeding en de arteriële zuurstofsaturatie. • **blount**~ epifysiodese d.m.v. mediaal en lateraal v.d. epifysaire schijf geplaatste krammen die de groeidruk kunnen weerstaan. • **boeremacrile**~ ligatuurresectie, directe onderbinding van (bloedende) slokdarmvarices en resectie v.h. desbetreffende stuk slokdarmslijmvlies. • **bricker**~ *zie* neostomie | uretero-ileocuta~. • **brock**~ transventriculaire valvulotomie bij pulmonalisstenose. • **brüning**~ periartëriele sympathectomie ter behandeling van arteriële doorbloedingsstoornissen. • **burch**~ *zie* colposuspensie-volgens Burch. • **burch**~ *zie* ureterosigmoïdeostomie. • **colposuspensie**~ **volgens Burch** hechten v.d. laterale gewelven v.d.

vagina aan de fascia iliopectinea. • **conservatieve radicale middenoor~** radicale m. waarbij het geluidoverdragende deel v.h. middenoor zoveel mogelijk wordt gespaard of zelfs wordt aangevuld en verbeterd. • **corridor~** obsolete operatie voor de behandeling van atriumfibrilleren.
• **cotte~** resectie v.d. plexus hypogastricus sup. ter hoogte van L.5, ter onderbreking van pijnperceptie bij inoperabel carcinoom v.d. genitalia. • **craafoord~** 1 resectie v.e. coarctatie v.d. aorta, gevolgd door end-to-end-anastomosering; 2 pneumonectomie met resectie v.d. 5e rib. • **czerny~** liesbreukoperatie waarbij de breukzak wordt afgebonden en verwijderd, waarna de breukpoort met een doorlopende hechting wordt gesloten. • **dana~** resectie v.d. dorsale ruggenmergswortel na laminectomie, bij onstilbare pijn, bij motorische stoornissen (spasmus, paralyse, athetose). • **dandy~** 1 doorsnijding v.d. sensibele trigeminustak bij trigeminusneuralgie; 2 endocraniële doorsnijding v.d. n. glossopharyngeus. • **daviel~** lensextractie (bij seniele cataract) zonder iridectomie. • **decompressie~** 1 operatie die zich in hoofdzaak richt op het wegnemen van opgebouwde druk; 2 operatie v.d. saccus endolymphaticus bij de ziekte van Ménière; door het mastoïd heen wordt de saccus blootgelegd, ingesneden en permanent gedraineerd op grond v.d. theorie dat de verhoogde druk aldaar de ziekte van Ménière zou veroorzaken; 3 (op microvasculair niveau) operatie bij verlamming v.d. n. facialis indien deze kan worden geweten aan zwelling binnen de canalis n. facialis Fallopii i.h. rotsbeen; de capsula n. facialis wordt hierbij i.h. geopende kanaal gekliefd. • **dieffenbach~** 1 amputatiemethode v.h. femur met toepassing v.e. circulaire snede; 2 methode van sluiting v.e. huiddefect door zijdelingse verschuiving v.e. gesteelde lap. • **doyen~** hydrokèleoperatie. • **dührssen~** zie keizersnede | vaginale ~. • **elliot~** corneosclerale trepanatie met perifere iridectomie ter drukontlasting bij chronisch glaucoom.
• **endobronchiale ~** ingreep v.d. binnenkant v.e. bronchus uitgaand, via een bronchoscoop. • **exploratieve ~** zie exploratie | operatieve ~. • **farabeuf~** ischiopubiotomie bij vernauwd bekken. • **filter~** operatie, verricht bij glaucoom ter verbete-

ring v.d. afvoer v.h. kamerwater. • **fontan~** operatie om een tricuspidalisklepatresie te verhelpen. • **förster~** 1 doorsnijding v.d. tractus spinothalamicus lateralis ter hoogte v.h. thoracale ruggenmerg om bij ondraaglijke pijn de geleiding uit te schakelen; vorm van chordotomie; 2 resectie van achterste zenuwwortels bij spastische paralyse, tabetische crises, locomotorische ataxie. • **fredet-ramstedt~** zie pyloromyotomie. • **freund~** abdominale totale uterusextirpatie bij carcinoom. • **halsted~** 1 radicale verwijdering v.d. borst met de onderliggende borstspieren en de inhoud v.d. oksel; 2 modificatie van liesbreukoperatie volgens Bassini. • **hartmann~** sigmoïdresectie waarna geen anastomose wordt gemaakt, maar de rectumstomp blind wordt gesloten en het colon als stoma naar buiten wordt geleid. • **heller~** verscheidene operaties dragen de naam 'operatie van Heller', o.a. een bep. cardiomyotomie. • **hughes~** reconstructie v.e. verloren gegaan onderooglid. • **interpositie~** operatie bij otosclerose waarbij de stapes wordt weggenomen en een prothese wordt geïntroduceerd. • **jones~** chirurgische correctie van holvoet. • **könig~** (bij aangeboren heupluxatie): repositie v.d. femurkop en vorming v.e. bovenrand aan de heupkom door bottransplantatie. • **kraske~** excisie van rectumcarcinoom met resectie v.e. deel v.h. sacrum en het os coccygis. • **krönlein~** verwijdering v.d. laterale orbitawand om, achter de oogbal langs, een tumor v.d. n. opticus te kunnen exciderem. • **lagrange~** sclerectomie c.q. sclerecto-iridectomie als drainageoperatie bij glaucoom. • **landolt~** plastische operatie aan het onderste ooglid. • **lempert~** vorm van fenestratieoperatie bij otosclerose. • **leriche~** periarteriële sympathectomie. • **letsel~** neurochirurgische ingreep ter behandeling v.d. ziekte van Parkinson ter uitschakeling van bep. hersenweefsel d.m.v. thermocoagulatie met een tijdelijk en stereotactisch geplaatste elektrode; doel is vermindering van tremor of rigor. • **lorenz-hoffa~** zie Hoffa | hoffa-lorenzoperatie. • **luc~** zie Caldwell | caldwell-lucoperatie. • **mammasparende ~** ruime excisie en okselkliertoilet, gevolgd door radiotherapie op de gehele borst. • **manchester-forthergill~** portioamputatie bij uterusprolaps. • **maze~** het compartimentaliseren v.d. atria d.m.v. incisies ter preventie van atriumfibrilleren. • **millin~** retropubische, extravesicale prostatectomie. • **mules~** evisceratie v.d. oogbol, waarin vervolgens een kunstoog wordt geplaatst waaroverheen de sclera en conjunctiva worden gehecht. • **naffziger~** verwijdering v.h. orbitadak ter decompressie bij maligne exophthalmus. • **nissen~** er zijn vele operaties door Nissen aangegeven; bedoeld wordt doorgaans fundoplicatie. • **noble~** hechting van alle lissen v.d. dunne darm aan elkaar, als therapie bij recidiverende invaginatie. • **ogston~** 1 afbeiteling v.d. condylus medialis ossis femoris bij genu valgum; 2 wigexcisie uit de tarsus bij platvoet voor herstel v.h. voetgewelf. • ~ **van Babcock** zie babcock~. • ~ **van Bacon** zie bacon~. • ~ **van Baldy-Webster** zie baldy-webster~. • ~ **van Bischof** zie myelotomie | longitudinale laterale ~. • ~ **van Förster** zie förster~. • ~ **van Heller-Sauerbruch** zie cardiomyotomie. • ~ **van Hoffa** zie osteotomie | osteotomia subtrochanterica. • ~ **van Naffziger** zie naffziger~. • ~ **van Quénu** zie quénu~. • ~ **van Sjöquist** zie sjöquist~. • ~ **van Terson** zie sclero-iridectomie. • ~ **van Toti** zie dacryocystorinostomie. • ~ **van Von Ammon** zie rafie | rino~. • ~ **van Whipple** zie Whipple | whippleprocedure. • ~ **volgens Boerema-Crile** zie boerema-crile~. • ~ **volgens Dana** zie dana~. • ~ **volgens Dandy** zie dandy~. • ~ **volgens Daviel** zie daviel~. • ~ **volgens Patey-Madden** zie amputatie | gemodificeerde radicale mamma~. • ~ **volgens Terson** zie terson~. • ~ **volgens Verbiest** zie verbiest~. • ~ **volgens Wendell Hughes** zie hughes~. • **opération à tiède** [F] operatie tussen het acute en het rustige stadium in; vb. bij tonsillectomie. • **overloop~** het tot stand brengen v.e. arteriële verbinding wanneer de bloedvoorziening naar een bepaald weefselgebied is verloren gegaan en een zgn. bypass niet mogelijk is. • **palliatieve~** chirurgische ingreep die niet op curatie gericht is, maar de symptomen verlicht of wegneemt. • **phelps~** operatie bij klompvoet waarbij de strakke zool wordt gekliefd en een wigvormig stuk been wordt geëxcideerd. • **phemister~** chirurgische behandeling ter vertraging v.d. groei v.d. lange pijpbeenderen (epifysiodese) bij beenlengteverschil. • **polya~** pylorusectomie en implantatie v.d. maag in het jejunum. • **porro-~** keizersnede, gevolgd door verwijdering van uterus en ovaria en marsupialisatie v.d. cervixstomp. • **potts~** het aanleggen v.e. aortopulmonale fistel, bij tetralogie van Fallot. • **psoashitch~** methode om een operatief ingekorte ureter toch i.d. blaas te kunnen re-implanteren. • **quénu~** operatiemethode bij rectumcarcinoom. • **quix~** translabyrintaire verwijdering van brughoektumoren. • **radicale~** 1 afdoende operatie, eventueel met volkomen verwijdering v.e. ziektehaard; 2 (knoheelkunde) de ediging v.e. chronisch etterend ontstoken middenoor; 3 (oncol.) de volledige tumor omvattend; 4 (chir.) volledige sluiting v.e. breukpoort ter opheffing v.e. breuk. • **récamier~** curettage v.d. baarmoeder. • **sanerende oor~** ooroperatie waarbij het ziekteproces uit de onderdelen v.h. rotsbeen worden verwijderd. • **schloffer~** plastische operatie aan het preputium bij phimosis. • **second-look-~** tweede operatie, zes mnd. na verwijdering v.e. maligne tumor uit de buik, om te controleren of er metastasen zijn, die dan, samen met alle verdacht lijkende lymfeklieren, worden verwijderd. • **sédillot~** 1 een methode van stafylorafie; 2 embolectomie bij longembolie. • **sigiura~** chirurgische ingreep ter behandeling van oesofagusvarices. • **sjöquist~** doorsnijding v.d. tractus descendens trigemini i.d. medulla oblongata ter behandeling van essentiële trigeminusneuralgie. • **snellen~** operatie ter verhelping van entropion. • **split-brain-~** [E] operatieve doorsnijding van alle commissuursystemen van de grote hersenen ter behandeling van ernstige vormen van epilepsie. • **stacke~** een v.d. eerste methoden voor radicale operatie v.h. middenoor. • **steindler~** chirurgische techniek voor het losmaken van de caudale calcaneuszijde v.d. plantaire weke delen. • **stoffel~** doorsnijding van afzonderlijke motorische zenuwtakken bij spastisch-centrale verlamming, ter vermindering v.d. spasmus. • **swenson~** operatie bij atresia recti. • **taussig~** zie blalock-taussig~. • **terson~** sclero-iridectomie bij glaucoom. • **thompson~** chirurgische behandeling van lymfoedeem. • **torek~** 1 zie orchidopexie; 2 resectie v.h. thoracale slokdarmgedeelte. • **toti~** zie dacryocystorinostomie. • **tucker~** verouderde, ineffectieve ingreep bij irreversibele unilaterale stembandverlamming. **·verbiest~** anterolaterale benadering v.d. cervicale wervelkolom. **· verneuil~** colotomie i.d. regio iliaca. **· waterston~** operatieve fistel tussen aorta en rechter a. pulmonalis bij tetralogie van Fallot. **· weber-ramstedt~** *zie* pyloromyotomie. **· wendel~** *zie* hughes-~. **· wertheim~** abdominale operatie bij cervixcarcinoom; verwijdering v.d. uterus, de parametria en het dichtst bij de cervix gelegen deel v.d. vagina i.c.m. klierdissectie (lymfadenectomie). **· wertheimschauta~** gynaecologische operatie voor prolapsus vaginae. **· winkelmann~** bij hydrokèle wordt de testis buiten de tunica vaginalis gehaald, en deze wordt omgeklapt, zodat de secernerende serosa met het omgevende weefsel kan vergroeien. **· witzel~** gastrotomie waarbij een kegelvormig deel v.d. maag door de buikwand naar buiten wordt getrokken, waarna een voedingssonde wordt aangelegd. **· wladimiroffmikulicz~** osteoplastische resectie v.d. hiel.

operatieafdeling geheel van operatiekamers en bijbehorende ruimtes i.e. ziekenhuis dat hygiënisch afgezonderd is.

operatief d.m.v. operatie, als tegenstelling tot conservatief. **· intra~** gedurende een operatie; vb. i. diagnose, i. monitoring, i. bevindingen. **· peri~** rondom de operatie, dus preoperatie, peroperatief en postoperatief. **· per~** gedurende een operatie; vb. p-ieve diagnose. **· post~** volgend op een operatie; vb. postoperatief verloop, p-ieve maagdilatatie. **· pre~** voorafgaand aan de operatie; vb. p-ieve diagnose.

operatiekamer (ok) kamer i.e. ziekenhuis waar operaties worden verricht *zie* operatieafdeling.

opercularis m.b.t. het operculum.

operculum het gedeelte v.d. hersenkwab dat de insula bedekt.

operon functionele eenheid v.e. operatorgen en een of meer structuur- en regulatorgenen.

operonconcept theorie dat de productie v.e. enzym wordt gecontroleerd door een functionele genetische eenheid.

OPG (oogplethysmografie) registratie v.d. oogbolpulsaties; maat voor de bloeddruk i.d. oogslagader.

opgeblazenheid *zie* meteorisme.

opgeven *zie* expectoratie.

ophanging *zie* suspensie.

opheffer *zie* levator.

ophiasis variant van alopecia areata waarbij het haar uitvalt aan de haargrens, die daardoor een slingerend verloop krijgt.

ophoesten *zie* expectoratie.

ophthalm- voorvoegsel in woordverbindingen m.b.t. het oog.

ophthalmicum *zie* oftalmicum.

ophthalmicus m.b.t. het oog; vb. caliculus ophthalmicus, arteria ophthalmica.

ophthalmomyiasis infestatie v.h. oog door vliegenlarven, meestal van *Oestrus ovis*.

ophthalmoplegia externa *zie* oftalmoplegie | externe ~.

ophthalmoplegia interna *zie* oftalmoplegie | interne ~.

opiaatagonist *zie* opioïden.

⊚ **opiaatverslaving** complex en progressief psychiatrisch syndroom, leidend tot verlies van autonomie op gebied van emotie, denken en handelen.

opiaten de natuurlijke alkaloïden morfine (in opium aanwezig); grijpen evenals de endogeen gevormde endorfinen aan op opioïdreceptoren in hersenen en ruggenmerg, met een krachtige analgesie tot gevolg; worden vrijwel uitsl. als narcotische analgetica met sterk analgetisch effect in relatief lage doses toegepast vanwege de pijnstillende werking.

-opie achtervoegsel in woordsamenstellingen m.b.t. het zien (vb. amblyopie).

opioïde (bijv. nw.) m.b.t. een opioïde geneesmiddel.

opioïden de natuurlijke alkaloïden morfine (in opium aanwezig) en codeïne en de semisynthetische derivaten hiervan; grijpen evenals de endogeen gevormde endorfinen aan op opioïdreceptoren in hersenen en ruggenmerg, met een krachtige pijnstilling (analgesie) tot gevolg; worden vrijwel uitsl. als narcotische analgetica met sterk analgetisch effect in relatief lage doses toegepast vanwege de pijnstillende werking.

opisthion het midden v.d. achterrand v.h. foramen magnum, een craniometrisch punt.

opisthognathie naar achteren staande onderkaak.

Opisthorchis een geslacht trematoden (fam. *Opisthorchiidae*). **· ~ sinensis** *zie Clonorchis sinensis*.

opisthotonus extreme dorsale flexie zodat

de patiënt alleen met het hoofd en de voeten op de grond steunt.

Opiumwet-middel *zie* drug | hard~.

opleidingspraktijk huisartspraktijk waarin een huisarts-assistent-in-opleiding een deel van haar/zijn opleiding volgt.

oplossend vermogen eigenschap waarnaar een microscoopobjectief wordt beoordeeld.

oplossing *zie* solutie. • **buffer~** een oplossing van elektrolyten die de pH binnen bepaalde grenzen houdt. • **fysiologische zout~** (klinisch spraakgebruik) NaCl-oplossing in water van 0,9 procent. • **gepasteuriseerde plasma-eiwit~** (GPO) colloïdale oplossing zonder stollingsfactoren die bij ondervulling wordt gebruikt voor volume-expansie. • **molaire ~** bevat per liter oplossing 1 mol v.e. stof. • **molale ~** een oplossing die een liter water plus 1 mol v.e. stof bevat. • **normaal~** (mN) oplossing die per liter één gramequivalent bevat. • **ringer~** isotone zoutoplossing. • **suiker-zout~** waterige oplossing van glucose en NaCl i.e. vaste verhouding; toepassing als infusievloeistof (hypo-, iso- of hypertoon) of als oraal toe te dienen rehydratievloeistof.

opname 1 (radiol.) verkorte aanduiding v.e. met beeldvormende diagnostiek verkregen beeld, zoals MRI-opname; **2** (verpleegk.) het opnemen v.e. patiënt i.e. ziekenhuis, inrichting enz. waarbij de patiënt een bed bezet; **3** (lab., fysiol.) resorptie. • **dag~** opname i.e. ziekenhuis voor maximaal één dag. • **fantoom~** controleopname v.d. gammacamera. • **gedwongen ~** zie inbewaringstelling. • **lauenstein~** voor-achterwaartse röntgenopname v.h. bekken met de heupen in 90° flexie en maximale abductie. • **~ volgens Caldwell-Luc** *zie* Caldwell | caldwell-lucopname. • **~ volgens Tschebull** *zie* tschebull~. • **röntgencontrast~** röntgenopname na toediening v.e. röntgencontrastmiddel. • **röntgen~ 1** het nemen v.e. foto met röntgenapparatuur; vb. ~ in zijligging; **2** het resultaat van betekenis 1) *zie* röntgenogram. • **schüller ~** *zie* projectie | schüller~. • **T3-hars~** indirecte maat voor de verzadiging van plasma met schildklierhormoon. • **towne-twining~** röntgenopname met een occipitofrontale projectierichting. • **tschebull~** röntgenopname v.d. kaakholten met een occipitomentale stralenrichting. • **vergrotings~** gedetailleerde opname v.e. mammografisch of echografisch gevonden afwijking i.d. mamma. • **waters~** röntgenonderzoek v.d. kaakholten, vergelijkbaar met de tschebullopname.

opper-ik *zie* über-ich.

oppervlakteactieve stoffen stoffen met zowel een lipofiel als een hydrofiel deel.

opponens zich tegenover (iets) stellend, opponerend; vb. musculus opponens pollicis.

opponeren zich tegenover de overige vingers stellen, een bijzondere bewegingsmogelijkheid v.d. duim.

oppositie het bewegen v.d. duim i.d. richting v.d. pink. • **motorische ~** katatone bewegingsstoornis waarbij betrokkene, wanneer de psychiater een arm of been van hem probeert te bewegen, een even sterke weerstand biedt als de kracht die de psychiater gebruikt.

oprisping *zie* regurgitatie.

OPS *zie* syndroom | organisch psycho-~.

-opsie achtervoegsel in woordverbindingen m.b.t. het zien.

opsine proteïne i.d. kegeltjes en staafjes v.h. netvlies.

opsinogeen een antigene stof die het lichaam aanzet tot vorming van opsoninen.

opsonine antistof die bacteriën en andere cellen voorbereidt om te worden gefagocyteerd. • **immuno-~** een antistof die een antigeen voorbereidt om te worden gefagocyteerd bij samenvoeging met het homologe antigeen.

opsonisatie bedekking v.h. oppervlak van lichaamsvreemde partikels met antistoffen en complement waarvoor fagocyten receptoren hebben.

opsonisch m.b.t. opsoninen; vb. opsonische index. • ~ **actieve antistof** *zie* antistof | opsoniserende ~.

opstijger *zie* opvlieger.

optica 1 (z. nw.) de leer v.h. licht en v.h. zien; **2** (bijv. nw.) vr. van opticus.

opticien een i.d. optometrie onderlegde handelaar in visuele hulpmiddelen als brillen en contactlenzen.

opticus m.b.t. het zien; vb. nervus opticus, radiatio optica, chiasma opticum.

opticusatrofie • **opticusatrofie van Fuchs** *zie* atrofie | fuchsopticus-~.

opticusfenestratie het maken v.e. opening i.d. orbitale opticusschede bij liquordrukverhoging om blijvende schade v.d. n. opticus te voorkomen.

opticusneuropathie · opticusneuropathie van Leber erfelijke opticusneuropathie met op latere leeftijd ontstane (sub)acute visusdaling van (meestal) beide ogen.

opticusschede voortzetting v.d. intracraniële dura mater rond de n. opticus i.d. orbita tot aan de oogbol.

optiek 1 optica (sub 1); **2** lens of combinatie van lenzen.

optimaal best, gunstigst.

optimum het best mogelijke, de hoeveelheid die leidt tot de gunstige functionering.

optisch m.b.t. het licht of het zien; vb. optische activiteit.

optisch actief met draaiende werking op het polarisatievlak.

optische activiteit het vermogen van sommige stoffen om het polarisatievlak van erdoorheen vallend licht te draaien.

optogram het beeld dat op het netvlies ontstaat doordat het gezichtspurper opbleekt op de plaatsen waarop licht valt.

optokinetisch m.b.t. de beweging v.d. oogbol; vb. optokinetische nystagmus.

optometer instrument ter bepaling v.h. punctum remotum en het punctum proximum, dus v.d. refractie v.h. oog. • **haar~** instrument van Donders ter bepaling v.h. punctum proximum, waartoe een aantal dunne haren, tegen witte achtergrond, steeds dichter bij het oog worden gebracht, tot ze niet meer scherp gezien kunnen worden.

optometrie meting v.d. refractie v.h. oog.

optometrist deskundige i.h. aanpassen en voorschrijven van brillen,.

optotypen een stel letters of tekens, variërend van groot tot klein, die bij bepaling v.d. gezichtsscherpte worden gebruikt.

OPV (oraal poliovaccin) verzwakt levend poliovaccin, geschikt voor orale toediening.

opvattingsstoornis cerebrale functiestoornis waarbij de opvatting over zichzelf en/of andere personen en situaties gestoord is.

opvlammen (pathol.) *zie* recrudescentie.

opvlieger veel voorkomende klacht bij vrouwen i.d. perimenopauze, veroorzaakt door vasomotorische instabiliteit en gekenmerkt door versnelde hartslag, verhoging v.d. perifere lichaamstemperatuur en erytheem door perifere vasodilatatie, vnl. in gelaat, hals en nek.

opwekkend middel *zie* psychostimulantia.

OR *zie* ratio | odds~.

ora rand, zoom.

oraal 1 per os, via de mond; **2** m.b.t. de mond; **3** aan de kant, i.d. richting v.d. mond, i.t.t. aboraal of caudaal; NB: de termen oraal en aboraal worden eigenlijk alleen gebruikt i.v.m. het maag-darmkanaal. • **ab~** v.d. mond weg (dus naar de anus toe). • **ad~** bij of i.d. richting v.d. mond. • **peri~** buiten, rondom de mond; vb. p-rale bleekheid (symptoom bij roodvonk). • **per~** via de mond.

oraal rehydratiezout waterige oplossing van glucose en NaCl i.e. vaste verhouding.

orabase kleverige basis voor i.d. mond toe te passen farmaca.

orale bloedglucoseverlagende middelen farmaca met bloedglucoseverlagende werking die oraal worden ingenomen; drie groepen: 1) sulfonylureumderivaten, stimuleren eilandjes van Langerhans tot insulineafgifte); 2) biguaniden, verhogen de gevoeligheid van insulinereceptoren voor insuline; 3) alfaglucosidaseremmers, vertragen de polysacharidenafbraak i.d. dunne darm, m.a.g. vertraagde opname; worden toegepast bij behandeling van diabetes mellitus type II.

orale glucosetolerantietest (OGGT) test ter vaststelling v.e. ontregelde glucosehuishouding als syptoom van prediabetes; na orale inname van 75 g glucose in 250-300 ml vloeistof of 300 ml glucose-oligosacharidemengsel wordt de bloedglucosewaarde bepaald in capillair bloed na 1 uur en 2 uur.

orale kinesiologie discipline binnen de tandheelkunde die de normale bewegingen v.h. kauwstelsel en de storingen daarin betreft.

orale rehydratietherapie toediening van orale rehydratiezouten ter voorkoming van dehydratie.

oralis m.b.t. de mond; vb. regio oralis.

orbicularis circulair, cirkelvormig; vb. zona orbicularis.

orbiculus kleine cirkel, schijf.

orbita holte i.d. schedel waarin de oogbol en de bijbehorende spieren, vaten en zenuwen liggen.

orbitaal *zie* orbitalis.

orbitalis m.b.t. de oogkas; vb. regio orbitalis, septum orbitale.

orbitologie leer v.d. aandoeningen v.d. oogkas, ooglidaandoeningen en traanafvloed-

belemmeringen.
orbitomaxillaire spleet schuine spleet i.h. bot v.d. bovenkaak tot i.d. oogkas.
orbitomie *zie* orbitotomie.
orbitonasalis m.b.t. de oogkas en de neus.
orbitonometer toestel waarmee de tonus v.h. retrobulbaire weefsel kan worden gemeten.
orbitonometrie meting v.d. tonus v.h. retrobulbaire weefsel, d.m.v. de orbitonometer.
orbitotomie operatie waarbij de oogkas wordt geopend of geïncideerd.
orceïne kleurstof die elastische vezels (elastine) bruinrood kleurt.
orch- voorvoegsel in woordsamenstellingen m.b.t. de testis.
orcheotomie *zie* orchidotomie.
orchialgie chronische, zeurende pijn i.e. testikel.
orchicele *zie* hernia scrotalis.
orchidectomie operatieve verwijdering v.e. testis (hemicastratie) of van twee testes (castratie).
orchidodynie *zie* orchialgie.
orchido-epididymectomie operatieve verwijdering van testis en epididymis.
orchidomyeloom myeloom v.d. testis.
orchidopathie ziekte v.d. testis.
orchidopexie operatie ter fixatie v.e. (niet-ingedaalde) testis aan het scrotum.
orchidoptose verzakking v.d. testis t.g.v. een aanwezige varicocele of t.g.v. slapheid v.h. scrotum.
orchidotomie incisie v.d. testis.
orchis *zie* testis.
orchitis ontsteking v.d. testis, gekenmerkt door zwelling, pijn en een gevoel van zwaarte. • **metastatische ~** orchitis door ziektekiemen die via de bloedbaan van elders zijn aangevoerd. • **~ parotidea** orchitis a.g.v. infectie met parotitisvirus (bofvirus). • **peri~** ontsteking v.h. lamina parietalis tunicae vaginalis testis.
orchitomie *zie* orchidectomie.
ordinaal gerangschikt volgens een rangorde; vb. ordinale schaal, ordinale variabele.
orexie eetlust.
oreximanie onbedwingbare neiging om overmatig veel te eten.
orf [E] ecthyma contagiosum van schapen, soms ook bij de mens.
orgaan een uit gedifferentieerde cellen en gedifferentieerd weefsel bestaande functionele eenheid v.h. lichaam. • **kritisch ~** orgaan of orgaansysteem waarvoor bepaalde radioactieve isotopen speciale affiniteit hebben. • **analoge organen** (vergelijkende anatomie) organen die in functie wél, in afkomst niet overeenkomen. • **viscerale organen** ingewanden.
orgaanfalen | **multipel ~** *zie* falen | multiorgaan~.
orgaantropisme voorkeur (v.e. virus) voor een bepaald orgaan.
organel een v.d. in of aan cellen aanwezige vormsels met bepaalde functie.
organicus m.b.t. weefselveranderingen; bijv. entropion o-cum.
organificatie inbouw van jodide in thyreoglobuline.
organisatie het proces waarbij bindweefsel en bloedvaatjes ingroeien in necrotisch weefsel, i.e. trombus, i.e. infarct, in gestold exsudaat.
organisator een factor of stof die ontwikkeling i.e. weefsel of orgaan induceert.
organisch m.b.t. structurele bouw of veranderingen.
organiseren het ingroeien van cellen en bloedvaten in necrotisch weefsel, i.e. trombus, enz.
organisme **1** een bij elkaar behorend complex van cellen, weefsels en organen die van elkaar afhankelijk zijn en waarvan de functies onderling gecoördineerd zijn; **2** een levend wezen.
organofilie affiniteit tot bepaalde organen of weefsels.
organogel een gel waarin het dispergens niet water is, maar een organisch-chemische vloeistof, zoals alcohol.
organogenese het ontstaan van organen bij het embryo.
organoïd orgaan-achtig, lijkend op de structuur v.e. orgaan.
organomegalie *zie* megalie | viscero~.
organoscopie onderzoek van ingewanden d.m.v. een endoscoop die via een incisie i.d. buikwand wordt ingebracht.
organotherapie behandeling van ziekte door toediening van dierlijke organen of extracten daarvan.
organotrofie het voor de groei afhankelijk zijn van organische stoffen.
organule eindorgaan v.e. sensorisch receptorneuron, bijv. een smaakcel.
organum orgaan.

orgasme ontladingachtige climax i.h. wellustgevoel bij seksuele opwinding, doorgaans gepaard gaande met ritmische genitale contracties. • **clitoraal** ~ orgasme v.d. vrouw dat wordt bereikt via clitorale stimulatie. • **vaginaal** ~ **1** orgasme v.d. vrouw dat via vaginale stimulatie wordt bereikt; **2** orgasme dat m.b.t. lichamelijk lustgevoel i.h.b. inwendig (in vagina en/of uterus) wordt ervaren.

orgasmestoornis *zie* anorgasmie.

orientalis m.b.t. het oosten; vb. *Rickettsia orientalis*.

oriëntatie vermogen zichzelf te situeren i.d. tijd, i.d. ruimte en ten aanzien van andere personen en de eigen persoon. • **linksrechts~** verschil wetem tussen links en rechts. • **ruimtelijke** ~ zich kunnen oriënteren i.d. ruimte.

oriëntatiestoornis stoornis i.d. oriëntatie in tijd, plaats en/of persoon, veelal secundair aan een geheugenstoornis.

oriëntbuil *zie* leishmaniasis cutanea.

orificialis m.b.t. een lichaamsopening; vb. tuberculosis cutis orificialis.

orificium opening, uitmonding.

origo plaats van oorsprong.

oris *zie (sub 2)* os.

ornithine een aminozuur, niet aanwezig i.h. normale dieet.

ornithose een door *Chlamydia psittaci* veroorzaakte ziekte van vogels, die op mensen kan overgaan.

orobuccofaciolinguale bewegingen *zie* dyskinesie | orofaciale ~.

orofaciaal m.b.t. de mond en het gelaat; vb. orofaciale dyskinesie.

orofaryngeaal m.b.t. de mond [L. os] en de keel [G. farynx]; vb. orofaryngeale dysfagie.

orolinguaal m.b.t. de mond en de tong.

oromucosaal m.b.t. het slijmvlies v.d. mond.

orphan drugs *zie* geneesmiddel | wees~.

orrbehandelmethode behandeling van chronische osteomyelitis door opening v.d. beenholte, tamponnade met vaselinegaas en gipsverband.

orsi-groccomethode palpatiepercussie v.d. hartstreek.

orthese hulpmiddel ter correctie, ondersteuning of immobilisatie dan wel ter compensatie v.e. bepaalde (motorische) functie v.e. aangedaan lichaamsdeel. • **ankle-foot orthosis** (AFO) [E] spalk of beugelapparaat waardoor enkel en voet worden gestabiliseerd. • C_{1200}**-beugel**– dubbelestaaf-enkelvoetorthese, zit vast aan de schoen en heeft scharnieren met aanslag- en/of veermogelijkheid. • **cervicale** ~ uitwendige orthese voor ondersteuning, correctie en/of immobilisatie van nek en hoofd; wordt toegepast bij bijv. whiplash (zachte kraag) of wervelbreuk (harde kraag). • **draadveer~** vaste of afneembare, op de schoen te bevestigen dubbele draadveer, gebruikt als enkelvoetorthese. • **engen~** kunststof enkelvoetorthese met kuitband; wordt algemeen toegepast bij een voetheffersparese. • **enkel-voet~** (EVO) orthese die de voet en de enkel omsluit, ter correctie v.e. klapvoet bij peroneusletsel. • **functionele romp~** op maat gemaakte zachte orthese die aansluit op het lichaam. • **peroneusveer~** enkele of dubbele veer aan de achterzijde v.d. schoen, met kuitband. • **romp~** orthese voor het corrigeren of stabiliseren v.d. romp, o.a. bij scoliose. • **wilmer~** draagorthese voor een paretische arm ter voorkoming van subluxatie i.d. schouder.

ortho- voorvoegsel in woordverbindingen met de betekenis 'recht(op)'. 'normaal', 'gestrekt'.

orthocefaal i.h. bezit v.e. schedel met een verticale index van 70 à 75.

orthocentrisch recht gecentreerd, plaatsing v.e. bril met de middelpunten van beide glazen recht voor de pupillen.

orthochromatisch normaal kleurend; weefselkleuring waarbij het weefsel de kleur v.d. kleurstof aanneemt.

orthochroom normaal van kleur.

orthodontie het onderdeel v.d. tandheelkunde betreffende de ontwikkeling, de preventie en de correctie van abnormale gebitsinplanting.

orthodroom i.d. normale richting lopend, gezegd van zenuwimpulsen.

ortho-ergisch ontstaan door een primair toxische beschadiging van weefsel.

orthoforie toestand v.e. normale balans tussen de oogspieren van beide ogen.

orthoglykemisch met een normale bloedglucoseconcentratie.

orthognathie normale stand v.d. kaken, met een gezichtshoek van 80° of meer.

orthograad met het lichaam rechtop.

orthomoleculaire geneeskunde *zie* orthomoleculaire therapie.

orthomoleculaire therapie complementaire, niet algemeen erkende geneeswijze die uitgaat v.d. veronderstelling dat goede voeding gezondheid herstelt en behoudt.

orthopedie het specialisme dat gericht is op de behandeling van afwijkingen, ziekten en traumatische beschadigingen v.h. bewegingsapparaat. • **dentomaxillaire** ~ *zie* orthodontie. • **kaak~** onderdeel v.d. kaakchirurgie waarbij de stand van maxilla en/of mandibula operatief wordt gecorrigeerd met als doel een evenwichtige kaakpositie.

orthopedisch instrumentmaker persoon die na een speciale hbo-opleiding speciale ortheses en protheses maakt voor mensen met een handicap; vb. beenprothese, armprothese en speciale beugels om een gewricht te stabiliseren.

orthopedisch schoenmaker schoenmaker die na een hbo-opleiding maatschoeisel voor mensen met ernstig voetletsel maakt; dit letsel kan het gevolg zijn v.e. aangeboren afwijking (vb. klompvoet) of een verworven afwijking (diabetische voet, na trauma).

orthopeed 1 specialist i.d. orthopedie; **2** orthopedisch chirurg.

orthopneu kortademigheid die ontstaat of erger wordt in liggende positie en die bij verticale houding v.d. romp verdwijnt of vermindert.

orthopsie het nastreven van binoculair zien, behandeling van scheelzien door het laten oefenen v.d. oogspieren.

Orthoptera een orde v.d. subklasse *Exopterygota* v.d. *Insecta*.

orthoptie paramedische discipline binnen de oogzorg.

orthoptisch onderzoek onderzoek waarbij afwijkingen v.d. oogstand, de oogbewegingen en de samenwerking v.d. ogen door een orthoptist worden gemeten t.b.v. chirurgische correctie van strabisme.

orthoptist een i.d. orthoptie opgeleide paramedische medewerker.

orthoscoop een instrument, in 1851 bedacht door Czermack om de reflectie v.h. hoornvlies op te heffen ter betere bezichtiging v.d. oogfundus.

orthostase 1 rechtopstaande lichaamshouding; **2** bloeddrukdaling bij het rechtop gaan zitten of staan.

orthostatisch m.b.t. orthostasis; vb. orthostatische proteïnurie.

orthosympathicus de sympathicus i.e.z., als pendant v.d. parasympathicus.

orthotoop op de juiste plaats gelegen of gebeurend.

orthotope blaasvervanging *zie* urineblaas | neo-~.

orthotope levertransplantatie (OLT) *zie* levercirrose.

oryzoideus rijstachtig; vb. corpora oryzoidea (mv. van oryzoideum).

OS (oculus sinister) linker oog. • **ODS** (oculus dexter et sinister) linker en rechter oog.

os *zie* bot. • ~ **coccygis** het samengegroeide geheel v.d. vier rudimentaire wervels.
• ~ **cuboideum** een v.d. voetwortelbeenderen. • ~ **ethmoidale** benig weefsel dat het dak vormt v.h. neusholte. • ~ **femoris** het zich i.h. bovenbeen bevindende pijpbeen.
• ~ **ilii** het bladvormig platte, bovenste beenstuk v.h. heupbeen. • ~ **ischii** het achteronderste deel v.h. os coxae. • ~ **lacrimale** traanbeen, gelegen vóór de lamina orbitalis ossis ethmoidalis. • ~ **lunatum** beenstuk uit de proximale rij handwortelbeenderen, tussen os scaphoideum en os triquetrum.
• ~ **naviculare** schuitvormig voetwortelbeen tussen de talus en de drie ossa cuboidea. • ~ **naviculare pedis** os naviculare.
• ~ **palatinum** het achterste gedeelte v.h. palatum durum. • ~ **parietale** deel v.d. zijwand v.d. schedel. • ~ **peroneum** accessoir voetwortelbeentje. • ~ **petrosum** pars petrosa ossis temporalis. • ~ **pubis** voor-onderste beenstuk v.h. os coxae. • ~ **sacrum** wigvormig beenstuk, ontstaan uit de vergroeiing v.d. vijf heiligbeenwervels.
• ~ **scaphoideum** het meest radiaal gelegen beenstuk uit de proximale rij handwortelbeentjes. • ~ **sphenoidale** wigvormig beenstuk dat deel uitmaakt v.d. bodem v.d. voorste, middelste en achterste schedelgroeve. • ~ **sa tarsi** de zeven voetwortelbeenderen: talus, calcaneus, os naviculare, drie ossa cuneiformia en os cuboideum. • ~ **trigonum** accessoir voetwortelbeentje dat regelmatig als extra ossificatiepunt ontstaat gedurende de embryonale ontwikkeling.
• ~ **triquetrum** een beenstuk i.d. proximale rij van handwortelbeentjes, tussen os hamatum en os lunatum.

os (anat.) mond. • ~ **leporinum** hazenlip.

OSAS (obstructieveslaapapneusyndroom) *zie* slaapapneusyndroom.

oscheon *zie* scrotum.

oscillans oscillerend; vb. febris oscillans.
oscillatie heen en weer gaande ritmische beweging, als v.e. slinger, of vibrerend.
oscillatiekring *zie* reverberating circuit.
oscillograaf toestel waarmee oscillaties worden opgetekend.
oscillografie het registreren v.d. oscillaties v.h. volume van slagaderen i.e. extremiteit.
oscillometer toestel waarmee men oscillaties kan meten.
oscillometrie het meten v.d. polsschommelingen v.d. arteriën d.m.v. een oscillometer.
oscillopsie het zien van schijnbare bewegingen.
oscilloscoop instrument waarmee elektrische trillingen op een scherm zichtbaar worden gemaakt.
-ose uitgang in woordsamenstellingen met de betekenis van 'aandoening, ziekte'.
öse [D] platinalus waarmee een kleine hoeveelheid stof of deel v.e. bacteriekweek kan worden opgenomen.
Osler | oslersymptoom kleine, rode, iets verheven gevoelige vlekjes op de vingers (soms ook tenen) bij bacteriële endocarditis a.g.v. bacteriële embolie.
osmesis het ruiken, reuk, de geurzin.
osmidrose transpiratie met een eigenaardige lucht.
osmo- 1 voorvoegsel in woordverbindingen m.b.t. geur of reuk; 2 in woordverbindingen m.b.t. druk, impuls, osmose.
osmoceptor receptor van reukprikkels.
osmol eenheid van osmotische activiteit; 1 osmol bevat evenveel deeltjes als het aantal moleculen in 1 mol, dus $6{,}024 \times 10^{23}$ (1 osmol glucose is dus gelijk aan 1 mol glucose, maar 1 osmol v.e. elektrolyt bevat méér deeltjes). • **milli~** 0,001 osmol.
osmolaliteit de concentratie v.e. oplossing, uitgedrukt i.h. aantal osmols per kg oplosmiddel (niet oplossing!); hierbij hebben dus temperatuur en volume v.d. oplossing geen invloed.
osmolariteit de concentratie v.e. oplossing, uitgedrukt i.h. aantal osmols per liter oplossing.
osmometer 1 toestel waarmee de osmotische druk kan worden gemeten; 2 olfactometer.
osmotaxis invloed die op planten en lagere diersoorten wordt uitgeoefend door de osmotische druk v.d. omgevende vloeistof.
osmotherapie behandeling door intraveneuze injectie v.e. hypertonische oplossing, om dehydratie te bereiken.
osmotisch door osmose teweeggebracht, of m.b.t. osmose.
osmotische druk de kracht waarmee water uit een minder geconcentreerde oplossing via een semipermeabele membraan naar een meer geconcentreerde oplossing wordt getrokken.
ossa mv. van os (been).
ossaal m.b.t. bot of botweefsel; vb. panaritium ossale.
ossei benig; vb. canales semiciculares ossei.
osseïne de organische grondsubstantie van beenweefsel, waaruit bij koken lijm wordt verkregen.
osseo-integratie het proces waarbij een botimplantaat een structurele verbinding met het omgevende bot aangaat zonder dat daar nog zachte weefsels tussen zitten.
osseomucine de homogene slijmachtige grondsubstantie in beenweefsel, die de collagene en elastische weefsels verbindt.
osseomucoïd een slijmachtige substantie in beenweefsel.
osseus benig, bestaande uit beenweefsel.
ossicula *zie* ossiculum.
ossiculectomie chirurgische verwijdering v.d. gehoorbeentjes.
ossiculorum gen. mv. van ossiculum; vb. musculus ossiculorum auditus.
ossiculum beentje.
ossificans beenvormend; vb. tendinitis ossificans.
ossificatie vorming van botweefsel; vb. ossificatie v.e. fibroom. • **cartilagineuze ~** beenvorming door het kraakbeen. • **directe ~** *zie* botvorming | intramembraneuze ~. • **enchondrale ~** *zie* cartilag neuze ~. • **endesmale ~** *zie* botvorming | intramembraneuze ~. • • **endostale ~** beenvorming door het endost. • **heterotope ~** beenvorming op abnormale plaatsen. • **metaplastische ~** vorming van beenweefsel in of uit ander weefsel. • **para-articulaire ~** botvorming i.d. weke delen ter hoogte v.d. (middel)grote gewrichten, gevolgd door een gewrichtsverstijving. • **perichondrale ~** beenvorming door het perichondrium. • **periostale ~** beenvorming door het periost.
ossificatiezone gebied i.d. epifysaire schijf waar verbening plaatsvindt.
ossis gen. van os (been, bot).

ossium gen. mv. van os (bot); vb. fragilitas ossium.

ostealgie *zie* osteodynie.

osteïtis *zie* ostitis.

osteo- voorvoegsel in woordverbindingen m.b.t. been (bot).

osteoacusis de beengeleiding van geluid (via de schedelbeenderen) naar het inwendige oor.

osteoarticulair het beenweefsel en de gewrichten betreffende.

osteoartritis 1 *zie opm. aan einde van profielterm* artrose *zie* artrose; 2 been- en gewrichtsontsteking, bijv. o. tuberculosa. • **hyperplastische ~** *zie* ziekte van Marie-Bamberger.

osteoartropathie been- en gewrichtsaandoening.

osteoartrose | osteoarthrosis cervicalis o. v.d. halswervels. • **osteoarthrosis interspinalis** *zie* syndroom | baastrup-~. • **osteoarthrosis juvenilis** *zie* Köhler | syndroom van ~ I.

osteoartrotomie excisie v.h. gewrichtseinde v.e. beenstuk.

osteoblastoom goedaardig gezwel, bestaande uit osteoblasten. • **extraossaal pseudo-~** benigne botvorming of -verkalking i.d. weke delen.

osteocalcine polypeptide dat carboxyglutaminezuurresiduen bevat en wordt geproduceerd in osteoblasten.

osteocartilaginair m.b.t. kraakbenige bedekking van bot.

osteochondraal *zie* osteocartilaginair.

osteochondritis ontsteking en been- en kraakbeenweefsel. • ~ **deformans juvenilis** *zie* ziekte van Legg-Calvé-Perthes.

osteochondrodysplasie bep. vorm van skeletdysplasie.

osteochondrofyt een gezwelachtig vormsel bestaande uit kraakbeen- en beenweefsel.

osteochondrolyse *zie* dissecans | osteochondritis ~.

osteochondronecrose | aseptische juveniele ~ *zie* avasculaire botnecrose.

osteochondropathie ziekte van bot en kraakbeen. • **osteochondropathia deformans coxae juvenilis** *zie* ziekte van Legg-Calvé-Perthes. • **osteochondropathia juvenilis deformans** *zie* ziekte van Scheuermann.

osteochondrose aandoening van been- en kraakbeenweefsel. • **osteochondrosis capituli humeri** avasculaire juveniele osteochondronecrose v.h. humeruskopje; symptomen zijn pijn, zwelling, bewegingsbeperking v.d. elleboog en soms een corpus liberum. • **osteochondrosis caput metatarsalis** avasculaire juveniele osteochondronecrose v.h. caput metatarsale II of III. • **osteochondrosis coxae juvenilis** avasculaire juveniele osteochondronecrose v.d. femurkop. • **osteochondrosis deformans juvenilis** *zie* avasculaire botnecrose. • **osteochondrosis juvenilis dorsi** *zie* ziekte van Scheuermann. • **osteochondrosis vertebrae** *zie* ziekte van Scheuermann. • **osteochondrosis patellae juvenilis** avasculaire juveniele osteochondronecrose v.d. patella-onderpop. • **osteochondrosis tuberositas tibiae** avasculaire necrose v.d. tuberositas tibiae bij kinderen i.d. periode van snelle lengtegroei.

osteoclast 1 (histol.:) grote, veelkernige cel die beenweefsel afbreekt en resorbeert; 2 (chir.:) instrument voor het chirurgisch corrigeren van botdeformiteiten (osteoclasie).

osteoclastoom vorm van sarcoom, bestaande uit osteoclasten, meestal kwaadaardig, i.d. epifysen v.d. lange pijpbeenderen en i.d. kaak.

osteocranium de foetale schedel gedurende en na het verbeningsproces.

osteocystoom cystoom i.e. bot.

osteocyt i.e cel | been-.

osteodensitometrie *zie* botdensitometrie.

osteodentine dentine die op been lijkt, fysiologisch bij sommige vissen, pathologisch bij de mens.

osteodermie vorming van beenweefsel i.d. huid.

osteodynie pijn in beenderen.

osteodystrofie | osteodystrophia deformans *zie* ostitis deformans. • **osteodystrophia fibrosa** fibreuze beenaandoening zoals bij de ziekte van Albright en bij hyperparathyr(e)oïdie. • **osteodystrophia fibrosa cystica generalisata** systeemziekte door hyperparathyreoïdie (adenoom), met hypofosfatemie en hypercalciëmie, vaak nierstenen. • **renale ~** botafwijkingen bij chronische nierinsufficiëntie.

osteo-ectomie botresectie, operatieve verwijdering v.e. stuk bot.

osteofaag *zie* osteoclast.

osteofasciaal m.b.t. bot en fascie.

osteofibromatose vorming van multipele osteofibromen. • **osteofibromatosis cystica** zie ziekte van Jaffé-Lichtenstein.
osteofibrose 1 osteosclerose; 2 osteopetrosis generalisata.
osteofyt botwoekering aan de rand van gewrichtsvlak.
osteogeen 1 uit been ontstaan; 2 beenvormend.
osteogenese het (embryol.) ontstaan van beenweefsel. ⊙ **osteogenesis imperfecta** (OI) erfelijke aandoening waarbij de beenderen brozer zijn dan normaal en hierdoor al bij gering trauma breken (pathol. fractuur); indeling: 1) osteogenesis imperfecta congenita (foetalis), is ernstige vorm met fracturen voor of tijdens de geboorte; 2) osteogenesis imperfecta tarda, is milde vorm met fracturen op latere leeftijd. • **osteogenesis imperfecta congenita** ernstige vorm van osteogenesis imperfecta waarbij de neonaat met fracturen ter wereld komt. • **osteogenesis imperfecta fetalis** stoornis i.d. beenvorming bij de foetus; het kind komt met fracturen ter wereld. • **osteogenesis imperfecta tarda** smalle pijpbenderen, dikke epifysen, fracturen, callusvorming, bij oudere kinderen.
osteografie beschrijving v.d. beenderen, osteologie.
osteohypertrofie overmatige beendergroei. • **angio-~** zie syndroom van Klippel-Trénaunay.
osteohypertrophicus gepaard gaand met osteohypertrofie; vb. naevus osteohypertrophicus.
osteoïd 1 (bijv. nw.) lijkend op been; 2 (z.nw.) zie matrix | bot-.
osteologie de wetenschap betreffende de beenderen.
osteolyse 1 resorptie van beenweefsel door osteoclasten; 2 het verdwijnen van kalk uit het beenweefsel. • **acro-~** osteolyse v.d. distale falangen van vingers en tenen, gepaard met indolente zweervorming.
osteolytisch m.b.t. osteolyse, osteolyse-veroorzakend.
osteoma eburneum zie osteoom | osteoma durum.
osteomalacie | **infantiele ~** zie rachitis. • **puerperale ~** o. tijdens of in aansluiting op het puerperium.
osteomalacisch veroorzaakt door osteomalacie.

osteomyelitis | **conchioline~** osteomyelitis bij parelmoerbewerkers. • **~ sclerosans Garré** zie osteomyelitis sclerosans. • **~ purulenta** veretterende o. • **~ sclerosans** chronische, niet-veretterende scleroserende ostitis of osteomyelitis.
osteomyelofibrose ziekte v.h. beenmerg waarbij i.h. merg de bloedcelvormende elementen door vezelig bindweefsel worden verdrongen, m.a.g. aplastische anemie en als compensatiemechanisme extramedullaire hemopoëse.
osteon been-eenheid, bestaande uit een kanaal van Havers met de concentrisch eromheen gelegen beenlamellen.
osteonecrose botnecrose. • **~ van de knie** versterf en holtevorming (focale necrose) v.d. femurcondylen.
osteonectine botspecifiek eiwit dat vrijkomt bij ontkalking van bot.
osteoöm goedaardig gezwel, bestaande uit beenweefsel of been. • **cavaleristen-~** beenhard vormsel i.d. adductoren bij ruiters. • **osteoma cutis** zeldzame, solitaire of multipele knobbels in cutis of subcutis. • **osteoma dentale** beenwoekering aan of bij een (ontstoken of gedisloceerde) tand. • **osteoma durum** ivoorhard osteoöm. • **osteoma medullare** o. met merg bevattende ruimten. • **osteoïd ~** atypische hematogene osteomyelitis bij verhoogde resistentie v.d. patiënt en verzwakte virulentie v.d. verwekker, waarbij zich periostaal en endostaal beenweefsel vormt met i.h. centrum een kleine etterhaard. • **osteoma spongiosum** o. bestaande uit spongieus beenweefsel.
osteo-onychodysplasie dysplasie van skelet en nagels. • **hereditaire ~** autosomaal, dominant erfelijke aandoening met misvormingen aan de duimnagels, het ellebooggewricht, de patella, en vaak dislocatie v.d. radius, meestal zonder klinische betekenis.
osteopaat iemand die de niet-erkende geneeswijze osteopathie (zie betekenis sub 2) als therapiebeginsel toepast; NB: niet te verwarren met 'orthopeed'.
osteopaedion zie lithopaedion.
osteopathie 1 botziekte; 2 (complementaire geneesk.:) door Andrew Taylor Still opgestelde theorie over de oorzaak en behandeling van ziekten, uitgaande v.d. stelling dat het lichaam in normale omstandigheden

en bij goede voeding zelf genezende stoffen kan produceren tegen ziekte; behalve de gangbare methoden uit de officiële geneeskunde wordt bij de behandeling vooral manipulatie toegepast; NB: 'osteopaat' (desbetreffende beroepsuitoefenaar) is niet te verwarren met 'orthopeed'; in Franstalige landen is een *ostéopathe* een manueel therapeut. • **osteopathia condensans** ontstekingachtige aandoening van beenweefsel met verdichting en sclerose. • **osteopathia condensans disseminata** verspreid i.h. skelet voorkomende, op de röntgenfoto zichtbare verdichtingen v.h. beenweefsel. • **osteopathia fibrosa cystica generalisata** *zie* osteodystrofie | osteodystrophia fibrosa cystica generalisata. • **osteopathia patellae juvenilis** *zie* ziekte van Larsen-Johansson. • **osteopathia striata** een op de röntgenfoto zichtbare streepvormige verdichting van weefsel in pijpbeenderen, beginnend i.d. epifyse, en uitstralend i.d. diafyse. • **toxische** ~ beenziekte veroorzaakt door een giftige stof.

osteopenie leeftijdgebonden daling v.d. botmassa, niet gepaard gaand met fracturen.

osteoperiostitis ontsteking van bot en periost. • ~ **alveodentalis** *zie* periodontitis.

osteopetrose toenemende verdikking v.d. compacta tot ten slotte de mergholte wordt opgevuld. • **osteopetrosis generalisata** gegeneraliseerde osteopetrose.

osteophyton osteofyt.

osteoplast *zie* blast | osteo-~.

osteoplasticus beenvormend.

osteopoikilie *zie* osteopathie | osteopathia condensans disseminata.

⊚ **osteoporose** metabole skeletaandoening waarbij de botmassa door verhoogde resorptie afneemt en microarchitectureel verandert, maar de chemische samenstelling, m.n. de verhouding tussen collageen en mineralen, niet afwijkt (anders dan bij osteomalacie) v.d. norm, met als gevolg een grotere botfragiliteit; meest voorkomende osteoporotische fracturen zijn heup-, wervel- en polsfracturen; indeling: primaire o. bij veroudering en secundaire osteoporose t.g.v. uiteenlopende aandoeningen en geneesmiddelen. • **juveniele** ~ osteoporose die vóór het 20ste jaar aanvangt; komt o.a. voor bij syndroom van Turner, syndroom van Klinefelter, diabetes mellitus en het syndroom van Prader-Willi. • **posttraumatische** ~ *zie* atrofie | sudeckbot-~. • **transiënte** ~ **van de heup** vrij zeldzame, zelfbeperkende aandoening, gekenmerkt door invaliderende, mechanische pijnklachten i.d. heup.

osteosclerose | osteosclerosis congenita *zie* achondroplasie. • **osteosclerosis fragilis** *zie* osteopetrose. • **osteosclerosis fragilis generalisata** *zie* osteopathie | osteopathia condensans disseminata.

osteose beenvorming, i.h.b. in bindweefsel en i.d. huid (o. cutis).

osteosteatoom 1 vettig ontaard osteosarcoom; 2 beenweefsel-bevattende talgcyste.

osteosynthese het operatief vastzetten van twee of meer beenderen aan elkaar. • **draad**~ osteosynthese m.b.v. metaaldraad, bijv. kirschnerdraad. • **perizygomaticusdraad**~ inwendige draadosteosynthesetechniek, gebruikt bij fracturen v.h. bovenkaakcomplex. • **zuggurtungs**~ dynamische reconstructietechniek v.e. fractuur m.b.v. kirschnerdraden en een cerclagedraad (8-vormig), waardoor compressie op de fractuurvlakken mogelijk is.

osteotomie doorzagen of met een beitel dwars of schuin doornemen v.h. bot. • **chiari**~ chirurgische behandeling bij heupdysplasie. • **correctie**~ vorm van osteotomie ter correctie v.d. botstand, bijv. bij onderbeen ter ontlasting v.e. genu varum die tot artrose v.h. kniegewricht heeft geleid. • **derotatie**~ chirurgische scheiden van bot, gevolgd door repositie in verminderde rotatiestand v.h. bot. • **dwyer**~ varusstandcorrectie v.d. hiel bij behandeling v.e. holvoet. • **heup**~ operatie waarbij de stand v.h. heupgericht veranderd wordt door het proximale gedeelte v.h. femur door te zagen en te fixeren met een plaat met schroeven. • **mcmurray**~ intertrochantere osteotomie v.h. proximale femur. • ~ **volgens McMurray** *zie* mcmurray-~. • **pauwels**~ correctie v.e. pseudartrose (non-union) bij een collumfractuur door valgisering. • **pemberton**~ chirurgische behandeling bij laat gediagnosticeerde congenitale heupdysplasie. • **salter**~ chirurgische correctie bij laat gediagnosticeerde congenitale heupdysplasie. • **sandwich**~ plastischchirurgische ingreep aan de mandibula. • **osteotomia subtrochanterica** doorbeiteling v.h. os femoris onder het niveau v.d.

trochanters, ter correctie v.d. hoek tussen collum en diafyse. • **osteotomia transtrochanterica** doorbeiteling v.h. os femoris op het niveau v.d. trochanters. • **vizier~** plastisch- chirurgische ingreep als voorbereiding of verbetering v.d. onderkaak voor het dragen v.e. gebitsprothese.
ostioporitis zie periporitis.
ostitis ontsteking van beenweefsel. ⊚ ~ **deformans** chronische botziekte met toegenomen ombouw v. of verscheidene botdelen, leidend tot haarden met verhoogde afbraak en aanmaak van been en daarmee tot fracturen en deformiteiten. • ~ **fibrosa cystica** zeldzame botmanifestatie van langdurige hyperparathyreoïdie die wordt gekenmerkt door mergfibrose en toename van osteoclasten. • ~ **fibrosa cystica generalisata** osteodystrophia fibrosa cystica generalisata. • ~ **ossificans** zie sclerose | osteo~.
ostium uitmonding, ingang. • ~ **atrioventriculare sinistrum** de opening tussen linker hartboezem en linker hartkamer. • ~ **ureteris** uitmonding v.e. ureter i.d. blaas. • ~ **uteri** de opening v.d. cervix uteri naar het lumen v.d. vagina; is rond bij nullipara et spleetvormig na een geboorte.
ostiumprimumdefect zie atriumseptumdefect I.
ostiumsecundumdefect zie atriumseptumdefect II.
otafoon zie otofoon.
othematoom bloeduitstorting in en om het uitwendige oor, bijv. bij boksers.
otiater zie arts | oor~.
oticus m.b.t. het oor; vb. herpes zoster oticus, ganglion oticum.
otitis ontsteking v.h. gehoororgaan. • **aer~** otitis a.g.v. plotselinge veranderingen v.d. atmosferische druk. • **bar~** zie aer~. • ~ **externa** ontsteking v.d. uitwendige gehoorgang; er is sprake v.e. droge vorm, die zich presenteert met jeuk en een schilferende gehoorgang, en een natte vorm met vocht en purulentie i.d. gehoorgang met zwelling v.d. gehoorganghuid, die soms zodanig hevig is dat dit de gehoorgang obstrueert en het ziekteproces doet verergeren. • ~ **interna** zie labyrinthitis. • ⊚ ~ **media** ontsteking v.h. middenoor; indeling: onderscheid in otitis media acuta (OMA, acute middenoorontsteking), otitis media chronica (OMC, chronische middenoorontsteking), otitis media met effusie (OME, otitis media serosa, glue ear, middle ear effusion, seromucotympanon, middenooreffusie). • ~ **media acuta** (OMA) acute ontsteking v.h. middenoor. • ~ **media chronica** (OMC) chronische ontsteking v.h. middenoor. • ~ **media met effusie** (OME) ophoping van viskeus of sereus transsudaat i.h. middenoor, veroorzaakt door verstopping of insufficiëntie v.d. tuba auditiva. • ~ **media serosa** zie otitis media met effusie. • **pan~** ontsteking van midden- en binnenoor.
oto- voorvoegsel in woordverbindingen m.b.t. het oor.
otoblennorroe zie otorroe.
otodynie oorpijn.
otofoon 1 een gehoorapparaat; 2 een buis waarmee men het oor kan ausculteren.
otogeen uitgaand v.h. oor, veroorzaakt door een ooraandoening.
otoguttae zie oordruppels.
otohematoom zie othematoom.
otolaryngologie oor- en keelheelkunde.
otolieten 1 (anat.) statoconia; 2 (kno-pathol.) concrementen i.h. oor.
otolietorganen sacculus en utriculus i.h. vestibulum (labyrinthi).
otologie oorheelkunde.
otoloog oorarts.
otomycose schimmelinfectie v.d. uitwendige gehoorgang. • **otomycosis aspergillina** otomycose door infectie met de schimmel *Aspergillus*.
otopyorroe zie otorroe.
otorinolaryngologie oor-neus-keelheelkunde.
otorinolaryngoloog zie arts | kno~.
otorinologie oor-neus-heelkunde.
otorroe uitvloeiing van stinkende etterige vloeistof uit de gehoorgang, soms met bloed.
otoscoop 1 voorhoofdspiegel waarmee lichtstralen naar de uitwendige gehoorgang worden gereflecteerd, terwijl de onderzoeker door een centrale opening i.d. spiegel deze kan inspecteren; 2 oortrechter, met voorschuifbare loep en aangebouwde lichtbron, voor inspectie v.d. gehoorgang, trommelvlies en middenoorconditie.
otoscopie inspectie v.d. uitwendige gehoorgang, het trommelvlies en beoordeling v.d. middenoorconditie d.m.v. een otoscoop.
ouderdom zie senium.
ouderdomsmaculadegeneratie (OMD) zie

maculadegeneratie.

OUS onderste uterussegment.

outlier [E] extreme waarde in onderzoeksresultaten.

output [E] hoeveelheid v.e. specifieke geproduceerde stof die wordt afgescheiden of uitgestoten per tijdseenheid. • **basal acid ~** [E] zuursecretie v.d. maag, gemeten gedurende een uur zonder stimulatie. • **cardiac ~** *zie* hartminuutvolume.

ovale venster *zie* fenestra vestibuli (ovalis).

ovalis ovaal; vb. foramen ovale.

ovalocyt ovale erytrocyt.

ovalocytose *zie* elliptocytose.

ovarialis m.b.t. het ovarium; vb. hermaphroditismus ovarialis.

ovaricus m.b.t. de eierstok(ken).

ovariëctomie verwijdering v.e. of beide ovaria.

ovariitis *zie* oöforitis.

ovariocele breuk met een eierstok i.d. breukzak. • **vaginale ~** i.d. achterwand v.d. vagina uitpuilende hernia waarin zich de eierstok bevindt.

ovariogeen uitgaande v.h. ovarium.

ovariostomie het openen v.e. ovariumcyste om een drain aan te leggen.

ovariotomie incisie v.e. ovarium.

ovarium *zie* eierstok.

⊚ **ovariumcarcinoom** kwaadaardige woekering van cellen uitgaande v.d. eierstokken; indeling: er zijn verschillende typen: epitheliale tumoren, stromatumoren, kiemceltumoren en metastatische tumoren; de epitheliale tumoren komen het meest voor (> 80%); de maligniteitsgraad (en daarmee ook de prognose) is gebaseerd op de gelijkenis v.d. gevormde maligne structuren met de pre-existente structuren en op de cytonucleaire kenmerken v.h. epitheel; stadiëring op grond van kliniek, bevindingen bij operatie en histologisch en cytologisch onderzoek: stadium I (carcinoom is beperkt tot de ovaria), stadium II (uitbreiding i.h. kleine bekken), stadium III (verspreiding i.d. buikholte buiten het kleine bekken), stadium IV (metastasen buiten de buikholte).

⊚ **ovariumcyste** indeling: naast simpele ovariumcysten onderscheidt men retentiecysten (bijv. endometriosecyste) en cysteus veranderde ovaria (bijv. polycysteus ovarium); epitheliale tumoren (bijv. sereuze of mucineuze tumor), stromaceltumoren (bijv. thecoom of fibroom) en kiemceltumoren (bijv. dermoïdcyste); ter hoogte v.d. tuba worden parovariële cysten, een hydatide van Morgagni (morgagnihydatide) en een hydrosalpinx onderscheiden. • **simpele ~** *zie* ovariumcyste.

overdraagbaar (infectieziekten); vb. seksueel overdraagbare aandoening (soa) *zie* besmettelijk.

overdracht 1 (psychotherapie:) het door de patiënt, veelal onbewust, overbrengen van belevingen en gedragingen i.d. relatie met de psychotherapeut, die ontleend zijn aan andere relaties; 2 (infectieziekten:) *zie* transmissie.

overdrachtstof *zie* transmitter.

overdragen (~ zwangerschap) *zie* zwangerschap | serotiene ~.

overdrukbeademing | **intermitterende ~** vorm van beademing tijdens narcose bij geopende thorax.

overdrukkamer een afgesloten ruimte waarin een atmosferische overdruk kan worden teweeggebracht.

overerving het overdragen van genetisch materiaal van ouders aan kinderen, zich uitend in bepaalde kenmerken; de manifestatie van die kenmerken is afhankelijk v.d. wijze waarop de genen die ervoor verantwoordelijk zijn tot uiting komen.

overgangsjaren *zie* climacterium.

overgangsobject (ontwikkelingspsychologie) object dat het kind i.d. separatiefase onafscheidelijk bij zich houdt.

overgangszone *zie* transformatiezone.

overgedetailleerdheid (psychol.) stoornis i.d. samenhang v.h. denken, die zich uit i.h. zich verliezen in details, zonder echter de draad v.h. verhaal helemaal te verliezen.

overgeërfd *zie* erfelijk.

overgeneralisatie *zie* denken | overgeneraliserend ~.

overgevoeligheid 1 versterkte, abnormale reactie op een scherp omschreven stimulus i.e. dosis die door normale personen wordt getolereerd; 2 vergrote vatbaarheid van indrukken. • **kruis~** overgevoeligheid voor een allergeen, niet ontstaan door contact met dat allergeen zelf, maar door een chemisch verwante stof. • **microbiële ~** immunologische reactie op microbiële antigenen. • **vertraagdtype~** *zie* allergie | type-IV-~.

overgrowth-syndroom *zie* syndroom | sotos~.

overleving 1 (alg. spraakgebruik) het in leven blijven na een bepaalde ziekte of een bepaald trauma; 2 (alg. spraakgebruik) het in leven blijven onder ongunstige omstandigheden; 3 (statist., epidemiol.) tijdsduur tot een 'eindpunt' vanaf een eerder startmoment. • **incidentvrije** ~ de tijdsduur na de behandeling in welke periode geen binnen een onderzoek gedefinieerde incidenten zijn opgetreden. • **ziektespecifieke** ~ waargenomen overleving (ongeacht de doodsoorzaak) i.d. patiëntengroep, gedeeld door de gemiddelde verwachte overleving i.d. achtergrondpopulatie met dezelfde leeftijd. • **ziektevrije** ~ de tijdsduur na de behandeling in welke periode geen ziekte is opgetreden; wordt ook gebruikt om het percentage aan te geven dat na een bepaalde periode nog zonder ziekte is.

overlevingsduur duur v.d. overleving, i.h.b. gezegd nadat een vorm van kanker is geconstateerd.

overlevingspercentage; vb. progressievrij ~. • **tumorvrije**~ zie overleving | ziektevrije ~.

overload overbelasting, i.h.b. v.e. orgaan door te groot aanbod van metabole stoffen.

overloopje zie gastro-enterostomie.

overprikkeldheid te snel reageren op (lichte) prikkels.

overprojectie het op een foto of scintigram over elkaar heen afbeelden van delen v.e. object die in dezelfde stralenrichting liggen.

overriding [E] 1 het over elkaar schuiven van twee botfractuurstukken; 2 zie aorta | overrijdende ~.

overshooting [E] het omslaan v.d. invloed v.e. geneesmiddel i.d. tegengestelde werking.

overspanning verminderde geestelijk belastingsvermogen a.g.v. een langer durende disbalans tussen enerzijds de psychische en lichamelijke draagkracht en anderzijds de sociale belasting.

overstimulatie het geven van te veel prikkels.

overstrekking overmatige mogelijkheid tot strekken v.e. gewricht verder dan nul graden.

overtijdbehandeling onderbreken v.e. (mogelijke) zwangerschap voordat de vrouw 14 dagen over tijd is.

oververhitting zie hyperthermie.

overvulling te veel circulerend bloed i.h. vaatstelsel.

overwaardig denkbeeld zie idee-fixe.

overzichtsartikel publicatie waarmee de auteur beoogt een overzicht te geven v.d. belangrijkste studies op een bepaald gebied.

ovicelle [F] zie follikel | Graafse ~.

ovicide eieren dodend.

oviduct 1 tuba uterina, eileider; 2 bij dieren een buis waardoor eieren het moederlijk lichaam verlaten.

oviductpersistentie het blijven bestaan v.d. oviduct bij de man, t.g.v. ontbreken van oviductrepressor.

oviductrepressor oviduct-onderdrukkende factor, een der twee i.d. testis geproduceerde hormonen die de seksuele differentiëring bewerkstelligen.

oviger ei-dragend.

ovipaar eierenleggend, i.t.t. vivipaar.

ovis schaap; vb. *Oestrus ovis*.

ovium gen. mv. van ovis (schaap); vb. ecthyma contagiosum ovium.

ovocyt zie oöcyt.

ovogenese zie oögenese.

ovoïd eivormig.

ovotestis gonade (kiemklier) met zowel ovarium- als testisweefsel.

ovovitelline de vitelline van eidooier.

ovula mv. van ovulum.

ovulatie de uitstoting v.e. rijp, niet-bevrucht ei uit een rijpe follikel. • **amenstruele** ~ o. zonder menstruele bloeding. • **an**~ afwezigheid van ovulatie, gaat gepaard met cyclusstoornissen, zoals amenorroe of oligomenorroe. • **paracyclische** ~ het barsten van meer dan één eifollikel tijdens één menstruele cyclus.

ovulatiepredictie het voorspellen v.e. ovulatie t.b.v. anticonceptie of zwangerschap.

ovulatieremmer hormonale anticonceptivum dat de gonadotrofinesecretie uit de hypofyse remt; de follikelrijping blijft hierdoor achterwege en er vindt geen eisprong plaats; remt tevens opstijging van spermatozoa en nidatie; bevat oestrogeen/gestageen of uitsl. gestageen.

ovulatiestigma aan het oppervlak v.e. ovarium zichtbare kenmerken die wijzen op een handen zijnde of gepasseerde ovulatie.

ovulum eitje. • **ovula Naboth**i blaasvormige verwijdingen i.d. klieren v.d. baarmoeder-

hals.
ovum ei, eicel. • **donor**~ *zie* eicel | donor~.
ovum pickup [E] proces waarbij de cilia-dragende epitheelcellen v.d. fimbriae v.d. tuba uterina de cultuurmassa, met daarin de eicel, v.h. ovariumoppervlak af vegen en deze binnen enkele minuten naar de ampulla transporteren.
O/W-emulsie een emulsie met water als buitenste fase, en olie of ander vet als binnenste fase.
oxacide ketozuur.
oxalaat zuringzuur zout.
oxalose vorm van aangeboren stofwisselingsstoornis (*inborn error of metabolism* [E]) waarbij oxalaatkristallen i.d. nieren worden afgezet.
oxicefalie *zie* schedel | toren-~.
oxidans stof met antiseptische werking door oxiderende eigenschappen.
oxidase enzym dat de biologische oxidatie katalyseert, door activering van zuurstof. • **amine**~ *zie* monoamine~. • **aminozuur**~ enzym dat aminozuren door oxidatie omzet, vooral voorkomend in lever en nieren. • **cytochroom**~ ademhalingsenzym in mitochondriale binnenmembraan dat gereduceerd cytochroom terug oxideert tot cytochroom. • **diamine**~ enzym dat diaminen oxideert. • **DOPA**~ enzym dat DOPA omzet in melanine (huidpigment). • **monoamine**~ (MAO) enzym dat biogene aminen afbreekt;.
oxidatie reactie waarbij toename van positieve lading plaatsvindt door afstaan of onttrekken v.e. elektron.
oxitroop reagerend op zuurstof, gevoelig voor zuurstof.
oxyfiel *zie* acidofiel.
oxygenase enzym dat door opneming van moleculaire zuurstof i.e. peroxide overgaat en de opgenomen zuurstof overdraagt aan cellen of weefsels. • **lipo**-~ enzym uit de arachidonzuurcyclus.
oxygenatie 1 het toevoeren van zuurstof; 2 verzadiging met zuurstof.
oxygenator toestel waarmee extracorporale oxygenatie van bloed mogelijk is.
oxymeter foto-elektrisch apparaat waarmee de zuurstofverzadigingsgraad v.h. bloed kan worden bepaald.
oxymetrie het meten v.d. zuurstofverzadiging i.h. bloed. • **carb**~ ononderbroken registrering v.d. kooldioxideconcentratie i.d. uitademingslucht d.m.v. de carbovisor. • **puls**~ techniek om via arteriële pulsaties de verzadiging van hemoglobine met zuurstof te meten.
oxytocicum geneesmiddel dat de baring sneller doet verlopen.
oxytocinase een in serum voorkomend enzym dat oxytocine inactiveert.
oxytocine (OT) hormoon dat samen met vasopressine in de hypothalamus wordt gevormd.
oxytocisch m.b.t. oxytocica.
oxytropisme het verschijnsel dat cellen reageren op de aanwezigheid van zuurstof.
oxyuren *zie* Enterobius vermicularis.
oxyuriasis infectie met *Oxyuris* (tegenwoordige naam: *Enterobius*).
Oxyuridae familie v.d. suborde *Oxyuroidea*; van medisch belang is het geslacht *Enterobius*.
Oxyuris oude naam voor *Enterobius zie Enterobius*.
ozaena atrofische rinitis a.g.v. infectie v.h. neusslijmvlies met *Klebsiella ozaena*. • ~ **laryngotrachealis** aandoening van larynx en trachea, gepaard gaand met korstvorming, soms ook met foetor.
ozon (O_3) kleurloos gas met sterk blekende en ontsmettende werking.

P

P 1 peta, 10^{15}; **2** (internat. afk.) plasma; **3** (gynaecol.) *zie* pariteit.
p 1 (fysiol.) druk; bijv. P_{CO_2} (koolzuurdruk), P_{O_2} (zuurstofdruk); **2** (statistiek) *zie* waarde | P--; **3** (afkorting in tandformule) dens incisivus.
PA 1 (lab.:) *zie* PA-onderzoek; **2** (interne geneesk.:) *zie* pernicieuze anemie; **3** (huisartsgeneesk.:) *zie* physician assistant.
Pa pascal.
p.a. 1 postero-anterieur (achter-voorwaarts); **2** pathologische anatomie; verouderende afkorting bij verwijzing naar pathol. lab voor weefselonderzoek; **3** pernicieuze anemie; **4** pro analyi.
paalverwonding ongeval waarbij het slachtoffer rechtop v.e. zekere hoogte als een 'ruiter te paard' valt op een paal of een uitstekende punt, die i.h. perineum naar binnen dringt.
paardenstaart *zie* cauda equina.
PAAZ psychiatrische afdeling v.e. algemeen ziekenhuis.
PABA para-aminobenzoëzuur.
pacemaker (PM) apparaatje dat bij bepaalde hartritmestoornissen of i.h. lichaam wordt aangebracht en dat door regelmatige elektrische impulsen via i.h. hart aangebrachte prikkelelektroden de hartspier tot contractie aanzet. · **wandering ~** [E] hartritmestoornis waarbij de prikkelvorming i.d. atria voortdurend maar geleidelijk van plaats wisselt.
pacemakertherapie behandeling van cardiale problemen d.m.v. uitwendige elektrische prikkels.
pacemakerverschuiving prikkelvorming i.d. secundaire pacemakercellen die i.d. sinusknoop gelegen zijn rondom de primaire, dominante pacemakercellen indien laatstgenoemde geen impuls afgeven.
pacer (pacemaker [E]) *zie* pacemaker. · **on-demand~** (pacemaker [E]) pacemaker die in werking treedt bij afwezig of te laat verschijnende elektrische activiteit i.h. hart.
pachydermatocele *zie* elephantiasis neuromatosa.
pachydermie verdikking v.d. huid door bindweefselhypertrofie.
pachygyrie corticale hersenstructuur met slechts enkele verdikte gyri.
pachymeningitis · **pachymeningitis cervicalis hypertrophica** pachymeningitis met littekenvorming tussen de dura mater en het halsmerg, meestal veroorzaakt door syfilis. · **~ interna** ontsteking v.d. binnenste lagen v.d. dura mater. · **~ interna haemorrhagica** bloedige p. interna met plaatselijke verdikkingen tussen de dura mater en de hersenen. · **~ externa** ontsteking v.d. buitenste lagen v.d. dura mater.
pachyonychie verdikking v.d. nagel. · **pachyonychia congenita** aangeboren syndroom: dikke, dystrofische nagels, hyperkeratose van handpalmen en voetzolen, folliculaire keratose en leukoplakie v.h. mondslijmvlies.
pachyostose scleroserende hyperostose.
pachyteen stadium v.d. eerste deling van meiose waarin de paring bijna voltooid is.
pacing (cardiol.:) hartstimulatie m.b.v. een pacemaker. · **atrial ~** [E] hartstimulatie via de wand v.d. atria via een pacemakergeleider of een katheter bij elektrofysiologisch onderzoek. · **biventriculaire ~** *zie* cardiale resynchronisatietherapie.
packed-cell volume [E] het volume v.d. bij centrifugeren van bloed neergeslagen erytrocyten.

PaCO₂ arteriële kooldioxidespanning.
PAD (peripheral arterial disease) *zie* vaatlijden | perifeer arterieel ~.
paddenhuid *zie* phrynoderma.
paddo 1 (lekenterm) paddenstoel met hallucinogene bestanddelen, die in gedroogde vorm dan wel anderszins geprepareerd als roesmiddel wordt genuttigd; vb. vliegenzwam, amanieten; **2** (lekenterm, minder gangbaar) bepaald soort pad die een hallucinogeen secreet op de rug afscheidt, dat wordt afgelikt ter verkrijging van psychedelische ervaringen.
paedicatio mulierum (obsol.) anale penetratie bij de vrouw.
PAG *zie* periaqueductaal grijs.
Paget | **pagetoïd** lijkend op Paget's disease; vb. epithelioma pagetoides. • **~'s disease of the nipple** scherp begrensde rode, vochtige korstenvormende afwijking op en om de tepel, door carcinoom.
-pagus achtervoegsel in woordsamenstellingen betreffende dubbelmonstra, bijv. craniopagus.
PAH 1 (int. geneesk.) *zie* pulmonale arteriële hypertensie; **2** (biochem.) *zie* zuur | para-aminohippuur~.
PAI plasminogen-activator inhibitor.
pakjaren aantal pakjes (sigaretten) dat per dag is gerookt maal het aantal jaren dat is gerookt.
pakking behandeling waarbij men van top tot teen wordt ingesmeerd met een product (en vervolgens wordt gewikkeld i.e. omslag. • **paraffine~** warmtetherapie d.m.v. paraffineapplicatie.
palacos [E] radiopaak, snelhardend beencement, o.a. gebruikt ter fixatie van botplastiek bij wervelinstabiliteit.
palaeo- voorvoegsel in woordverbindingen m.b.t. oud, uit vroegere perioden.
palaeopallium het fylogenetisch oudste deel v.d. hersenen.
palaeostriatum het fylogenetisch oudste gedeelte v.h. corpus striatum, nl. de globus pallidus.
palatinaal t.o.v. de bovenste snijtanden naar het palatum gericht.
palatinus m.b.t. het gehemelte; vb. canalis palatinus major, tonsilla palatina, foramen palatinum.
palato- voorvoegsel in woordsamenstellingen m.b.t. het palatum.
palatodynie pijn i.h. gehemelte, bijv. bij trigeminusneuralgie.
palatoethmoidalis m.b.t. palatum en etmoïd; vb. sutura palatoethmoidalis.
palatoglossus m.b.t. palatum en glossa (tong); vb. musculus p-ssus.
palatografie grafische weergave v.d. bewegingen v.h. palatum tijdens het spreken en slikken.
palatomaxillaris m.b.t. os palatinum en maxilla; vb. sutura palatomaxillaris.
palatopharyngeus v.h. gehemelte naar de keel lopend; vb. musculus palatopharyngeus.
palatovaginalis m.b.t. een ruimte tussen wiggenbeen en het harde gehemelte, waar zich de canalis p. bevindt.
palatum de scheidingswand tussen neus- en mondholte. • **~ durum** het voorste gedeelte v.h. gehemelte. • **~ fissum** *zie* schisis | palato-. • **~ molle** het achterste gedeelte v.h. gehemelte, zonder benig steunweefsel. • **~ osseum** het benig gedeelte v.h. palatum durum.
paleo- *zie* palaeo-.
paleopathologie de wetenschap betreffende de in oude tijden heersende ziekten, met bestudering van fossielen, mummies, enz.
pali- voorvoegsel in woordsamenstellingen die een herhaling, een recidief, een opnieuw verschijnen aanduiden.
palikinesie onwillekeurig herhaald bewegen.
palindromisch terugkerend, recidiverend.
palinopsie het lang aanhouden van nabeelden.
pallesthesie waarneming v.e. op een bot geplaatste trillende stemvork.
palliatie verlichting van symptomen.
palliatief verlichtend, verzachtend.
palliativum middel dat een hinderlijk ziekteverschijnsel kan doen verdwijnen, maar de ziekte niet geneest.
pallidectomie operatieve verwijdering v.d. globus pallidus.
pallidostriair m.b.t. pallium en corpus striatum.
pallidotomie letseloperatie i.d. globus pallidus bij patiënten met de ziekte van Parkinson. • **stereotactische ~** p. uitgevoerd m.b.v. stereotactische apparatuur.
pallid-syncopal attack [E] abnormale reactie bij kinderen op een pijnprikkel: het kind slaakt een diepe zucht, verliest hierbij bewustzijn en tonus en soms treden convul-

sies op.

pallidum zie globus pallidus.

pallidus bleek; vb. globus pallidus, *Spirocheta pallida*, *Glossina pallidipes*.

pallium de grijze substantie die de hersenhemisferen bedekt.

pallor bleekheid (v.d. huid). • ~ **mortis** bleke huid na overlijden t.g.v. het wegzakken v.h. bloed naar de laagst gelegen delen v.h. lichaam.

palma palm.

palmair v.d. handpalm uitgaande, handpalmwaarts.

palmatus 1 palmbladachtig; **2** handpalmachtig; vb. penis palmatus, plicae palmatae (mv. van palmata).

palmbladreactie zie test | varen~.

palmelline rood pigment van *Palmella cruenta*, een zoetwateralg.

palmellinus palmellineachtig of m.b.t. palmelline.

palm-leaf reaction zie test | varen~.

palpabel door manuele bevoeling te onderscheiden; vb. ~ tumormassa.

palpatie onderzoek door aftasten met de vingers; NB: niet verwarren met 'palpitatie'. • **thermo~ 1** het schatten v.d. lichaamstemperatuur met de rugzijde v.d. hand; **2** palpatoir onderzoek v.h. lichaamsoppervlak waarbij wordt nagegaan welke lichaamsdelen warm of koud zijn.

palpatio per anum zie toucher | rectaal ~en.

palpatoir d.m.v. palpatie; vb. palpatoire percussie, palpatoir onderzoek.

palpebra ooglid.

palpebrale fissuur de opening tussen het bovenste en het onderste ooglid.

palpebralis m.b.t. het ooglid; vb. raphe palpebralis, sebum palpebrale. • **phimosis ~** zie blefarofimose.

palpebrarum gen. mv. van palpebra. • **dermatolysis ~** zie chalasie | blefaro~.

palpebromalaris m.b.t. het ooglid en de wang; vb. sulcus palpebromalaris (JNA).

palpebronasalis m.b.t. de oogleden en de neus; vb. plica palpebronasalis.

palpebrotomie ooglidsnede.

palperen aftasten.

palpitatie 1 (fysiol.) trekking, klopping; NB: niet verwarren met 'palpatie'; **2** (cardiol.) zie hartkloppingen. • **palpitatio cordis** zie hartkloppingen.

palsy [E] verlamming. • **cerebral ~** zie parese | cerebrale ~. • **craft ~** zie kramp | occupational cramp. • **Saturday-night ~** [E] compressie van n. radialis in bovenarm na een alcoholroes waarbij de arm lang over een stoelleuning heeft gelegen. • **shaking ~** [E] zie paralyse | paralysis agitans.

paludisme zie malaria.

PAM zie microlithiase | pulmonale alveolaire ~.

pampiniformis wijnrankvormig; vb. plexus pampiniformis.

PAN zie polyarteriitis nodosa.

panacee een 'alles genezend' middel.

panagglutinatie agglutinatie van erytrocyten door de sera van alle bloedgroepen.

panaritium acute voortschrijdende etterige ontsteking v.d. vinger. • **herpetisch ~** panaritium t.g.v. een infectie met het herpessimplexvirus. • **~ ossale** etterige ostitis v.e. vingerkootje. • **~ periunguale** zie paronychia. • **~ pinnipedicum** zie vinger | spek-~. • **~ subcutaneum** onderhuids panaritium. • **~ tendinosum** ontsteking v.e. vingerpeesschede.

panarteriitis 1 ontsteking van alle lagen v.d. slagaderwand; **2** polyarteriitis, periarteriitis nodosa. • **~ gigantocellularis** zie arteriitis temporalis. • **~ nodosa** zie periarteriitis nodosa.

panartritis 1 ontsteking van alle gewrichten; **2** ontsteking van alle structuren v.e. gewricht. • **poly~** ontsteking v.e. aantal gewrichten waarbij deze in hun geheel ontstoken zijn. • **panarthritis urica** zie artritis | arthritis urica.

pancreas langgerekt orgaan, bestaat uit exocrien en endocrien weefsel; de klierbuisjes (acini) v.h. exocriene deel produceren het pancreassap (ca. 2 liter dd), een waterige oplossing die rijk is aan bicarbonaten (ter neutralisatie v.h. maagzuur) en een aantal enzymen (o.a. amylase, sacharase (= sucrase), lipase en eiwitten i.d. voeding afbreken tot kleinere brokstukken, die dan door de darmwand kunnen worden opgenomen die pancreascarcinoom, pancreatitis. • **~ anulare** misvorming waarbij de pancreas als een ring het duodenum omvat en vernauwt.

pancreasamylase koolhydraatsplitsend ferment, door de pancreas geproduceerd en uitgescheiden.

⊛ **pancreascarcinoom** kwaadaardige woekering van cellen uitgaande v.d. alvlees-

klier; indeling: meestal een adenocarcinoom dat ontstaat i.d. kop v.d. pancreas (caput pancreatis; 60%).
pancreasdiastase *zie* pancreasamylase.
pancreasenzymtherapie behandelingsvorm v.d. malabsorptie en maldigestie bij insufficiëntie v.d. alvleesklier; tijdens de maaltijd worden exogene pancreasenzymen ingenomen, al dan niet in combinatie met een H2-receptorblokkeerder of een protonenpompremmer, om inactivatie v.d. pancreasenzymen door het maagzuur te voorkomen.
pancreasfibrose bindweefselwoekering i.d. pancreas. • **cystische** ~ *zie* cystische fibrose.
pancreasgranulaat *zie* pancreatine.
pancreashormonen insuline en glucagon, uitgescheiden door de eilandjes van Langerhans.
pancreasontsteking *zie* pancreatitis.
pancreasprikkeling irritatie van alvleesklierweefsel door een aandoening van omliggende organen.
pancreasvetnecrose afsterving v.h. vetweefsel i.d. pancreas a.g.v. zelfvertering door de afgescheiden lipase.
pancreatectomie operatieve verwijdering van pancreas, partieel of totaal (met duodenum).
pancreaticoduodenalis m.b.t. pancreas en duodenum; vb. arteria pancreaticoduodenalis.
pancreaticoduodenectomie operatieve verwijdering van pancreas plus duodenum.
pancreaticografie het röntgenologisch afbeelden v.d. pancreas; daartoe wordt het duodenum geopend (duodenotomie) ter hoogte v.d. papilla Vateri en wordt de ductus pancreaticus retrograad gekatheteriseerd; vervolgens wordt een contraststof ingespoten en de röntgenfoto gemaakt. • **endoscopische retrograde cholangio~** (ERCP) techniek om de galwegen en de ductus pancreaticus af te beelden en via de endoscoop kleine ingrepen te verrichten.
pancreaticojejunostomie open verbinding tussen het chirurgische snijvlak v.d. pancreas met daar i.h. snijvlak v.d. ductus pancreaticus en zijtakken enerzijds en dat v.h. jejunum anderzijds.
pancreaticolienalis m.b.t. pancreas en milt; vb. nodi lymphatici pancreaticolienales (mv. van pancreaticolienalis).
pancreaticus de pancreas betreffend; vb. ductus pancreaticus, cirrhosis pancreatica.
pancreatine preparaat met pancreasenzymen dat gebruikt wordt ter behandeling van malabsorptie en maldigestie, veroorzaakt door insufficiëntie v.d. alvleesklier.
pancreatis gen. van pancreas; vb. cauda pancreatis.
⊚ **pancreatitis** ontsteking v.d. pancreas met activatie van eiwitsplitsende pancreasenzymen, m.a.g. autodigestie, necrose en bloedingen; indeling: acuut en chronisch. • **bof~** veelvoorkomende secundaire infectie bij parotitis epidemica (bof); leidt tot gebrek aan eetlust, braken, bovenbuikklachten, steatorroe en eventueel glucosurie en acetonurie; geneest i.d. regel zonder gevolgen, kan echter in zeldzame gevallen tot insulineafhankelijke diabetes mellitus leiden.
pancreato-enterostomie | **pancreatico-enterostomie** open verbinding tussen het chirurgische snijvlak v.d. pancreas met daar i.h. snijvlak v.d. ductus pancreaticus en zijtakken enerzijds en dat v.d. dunne darm anderzijds.
pancreoliet *zie* steen | pancreas~.
pancreozymine *zie* kinine | cholecysto~.
pancytolyse lysis van alle typen bloedcellen.
pancytopenie vermindering van alle soorten cellen i.h. bloed.
pandemie epidemie die door de WHO op ten minste twee continenten is vastgesteld.
pandemisch zeer wijd verbreid, dan wel zelfs overal ter wereld voorkomend; vb. ~ bacteriestam.
panethgranulocyten *zie* cel | paneth~len.
pangenese theorie van Darwin dat elke cel v.h. volwassen lichaam in aanleg reeds i.d. gameet vertegenwoordigd zou zijn.
panhemocytopenie vermindering van alle cellen i.h. bloed, als gevolg van beenmerginsufficiëntie.
panhypopituïtarisme algehele gebrekkige functie v.d. voor- en achterkwab v.d. hypofyse.
paniek plotselinge schrik of angst a.g.v. een reëel of verondersteld gevaar, leidend tot buitensporige of onoordeelkundige pogingen om zich daartegen te beveiligen.
paniekstoornis stoornis met recidiverende onverwachte paniekaanvallen.
panimmuniteit immuniteit tegen verschei-

dene bacteriële of virus-infecties.
panmyelose proliferatie van alle beenmergcellen.
Panner | ziekte van ~ avasculaire necrose v.h. capitulum humeri op late kinderleeftijd of tijdens puberteit.
panniculitis ontsteking v.d. panniculus adiposus, gekenmerkt door verharde huid en kleine subcutane induraties op buik, borst en binnenzijde v.d. dijen en bovenarmen. • **~ nodularis** nodeuze p., een groep nodeuze ontstekingen v.h. onderhuids vetweefsel.
panniculus een laag, een vlies. • **~ adiposus** *zie* onderhuids vetweefsel. • **~ carnosus** dunne onderhuidse spierlaag bij behaarde zoogdieren.
pannus 1 (oogheelk.:) oppervlakkige troebeling v.d. cornea, met vorming van bloedvaatjes en cellige infiltraten, overgaand in granulatieweefsel; 2 (reumatol.:) ontstekingachtige laag aan de binnenzijde v.e. synoviale membraan bij reuma. • **~ carateus** *zie* pinta. • **~ degenerativus** p. bij degeneratieve cornea-aandoeningen, vnl. bij glaucoma absolutum. • **~ regenerativus** vorming van vaatjes bij het herstel van corneazweertjes. • **~ trachomatosus** p. a.g.v. trachoom. • **reparatie~** pannus die zich ontwikkelt doordat nieuw gevormde bloedvaten i.d. bodem v.e. hoornvlieszweer binnendringen.
panoftalmie | panophthalmia purulenta acute panoftalmie met verettering en protrusie v.d. oogbol, meestal eindigend in blindheid.
panoptisch in alle delen zichtbaar makend.
panostitis ontsteking van alle delen v.e. beenstuk (periostitis + ostitis + osteomyelitis).
Panstrongylus een genus wantsen v.d. fam. *Reduviidae*.
panvasculitis ontsteking van alle lagen v.d. vaatwand.
PAO *zie* ossificatie | para-articulaire ~.
PaO₂ arteriële zuurstofspanning.
PA-onderzoek (PA) (pathologisch-anatomisch onderzoek) onderzoek v.e. weefsel- of vochtmonster i.e. medisch laboratorium.
PAOV (perifeer arterieel obstructief vaatlijden) *zie* vaatlijden | perifeer arterieel ~.
PAP *zie* pneumonie | primair atypische ~.
Pap *zie* classificatie | papanicolaou~.

papaïne eiwitsplitsend ferment uit de latex (het melksap) v.d. papaja (*Carica papaya*).
Papanicolaou | methode van ~ het maken v.e. bij de baarmoederhals (cervix uteri) verkregen uitstrijkpreparaat dat volgens P. wordt gekleurd en microscopisch wordt onderzocht op de aanwezigheid van tumorcellen.
papegaaienspraak typisch taalgebruik van autisten waarbij zinnen van anderen worden overgenomen en mechanisch worden herhaald.
papel circumscripte, solide verhevenheid v.d. huid, <1 cm in diameter. • **gottron~s** rood-paarse erythematosquameuze of papuleuze afwijking met infiltratie.
papil *zie* papilla. • **drusen~** wratachtige hyaliene woekeringen i.d. lamina basalis choroidea, vaak rond de papilla nervi optici; fysiologisch op oude leeftijd; NB: de volledig Duitse schrijfwijze *Drusen* in Nederlandstalige context ('patiënte heeft Drusen') is verouderd. • **pseudostuwings~** *zie* neuritis | pseudo~ papillitis | pseudo~, drusen~. • **stuwings~** zwelling v.d. papilla nervi optici door verhoging v.d. liquordruk.
papilatrofie | primaire ~ bij atrophia nervi optici scherp omgrensde witte papilla nervi optici. • **secundaire** ~ onscherp begrensde witte papilla nervi optici a.g.v. stuwingspapil.
papilexcavatie komvorming v.d. papilla n. optici, vooral voorkomend bij glaucoom.
papilla verhevenheid, tepeltje. • **~ duodeni major** verhevenheid i.h. duodenum. • **~e filiformes** dunne draadvormige uitsteeksels over bijna het gehele tongoppervlak. • **~ nervi optici** gangbare, maar verouderde term *zie* discus nervi optici.
papillair 1 lijkend op een tepel of een papil; 2 m.b.t. papillen.
papillairespierdisfunctie tekortschieten v.d. papillaire spieren; leidt tot mitralisklepinsufficiëntie.
papillaris papillair, voorzien van papillen. • **hirsuties ~ penis** *zie* papula | pearly penile papules.
papilliferus papillen-vormend; vb. naevus papilliferus, carcinoma papilliferum.
papillitis 1 ontsteking v.d. discus nervi optici, i.h.b. endobulbaire ontsteking v.d. n. opticus; 2 ontsteking v.d. papilla duodeni major. • **neuro~** ontsteking v.d. discus nervi

optici. • **pseudo~** promineren v.d. papilla n. optici als aangeboren anomalie en niet t.g.v. een papillitis.

papillomaculair tussen de discus nervi optici en de macula verlopend.

papillomatose aandoening, gekenmerkt door de ontwikkeling van multipele papillomen. • **juveniele laryngeale** ~ p. v.d. stembanden bij jeugdige patiënten. • **papillomatosis nigricans** zie acanthose | acanthosis nigricans maligna.

papillomatosus papillomateus, gepaard gaand met vorming van papillen; vb. cystitis papillomatosa.

papilloom goedaardig, zich vertakkend epitheelgezwel. • **papilloma acuminatum** zie condyloom | condyloma acuminatum. • **adeno~** goedaardige epitheliale tumor met kenmerken v.e. papilloom en een adenoom. • **geïnverteerd** ~ zie inverted papilloma. • **papilloma intracanaliculare** goedaardig, wratachtig gezwelletje in sommige klierbuisjes, i.h. bijz. v.d. mamma. • **intraductaal** ~ klein goedaardig gezwel dat uitpuilt i.e. (verwijde) afvoergang v.d. borstklier. • **intraventriculair** ~ gezwel uitgaande v.d. plexus chorioideus; soms van grote omvang. • **inverted papilloma** [E] vlezige poliepen die uitgaan van laterale neuswand of na sinus maxillaris of sinus ethmoidalis. • **laryngeaal** ~ door het humaan papillomavirus (HPV) geïnduceerd benigne papilloom in larynx bij kinderen t.g.v. een genitale HPV-infectie bij een moeder die het kind bij de partus besmet. • **plexus~** kwaadaardige tumor die uitgaat v.d. plexus choroideus. • **papilloma vesicae** zie blaaspapilloom.

papilloretinitis ontsteking v.d. papil (discus nervi optici) en de retina.

papilloscopie zie retinoscopie.

papillotomie incisie v.d. papilla duodeni major. • **endoscopische** ~ methode waarbij via een duodenoscoop de sfincter v.d. papil van Vater wordt gekliefd.

papilnecrose inflammatoire necrose v.d. nierpapillen, kenmerkend voor door analgetica veroorzaakte nefropathie, diabetes mellitus en sikkelcelanemie; kan leiden tot postrenale nierinsufficiëntie en anurie.

Pappenheim | kleuring volgens ~ 1 panoptische kleuring d.m.v. de gecombineerde May-Grünwald-Giemsa-kleuring; **2** kleuring v.d. lymfocyten en plasmacellen met methylgroen en pyronine.

papula niet te verwarren met 'papilla' zie papel. • **pearly penile papules** (PPP) [E] grauwwitte papels van 1-3 mm, meestal in vele tientallen aanwezig op de glans penis of i.d. sulcus coronarius.

papularis gepaard met papels; vb. eruptio papularis.

papuleus uit papels bestaand; vb. papuleus eczeem.

papulolenticulair i.d. vorm van linze-grote papels; vb. p-re syfilide.

papulomaculeus uit papels en vlekken bestaand; vb. papulomaculeus eczeem.

papulose het voorkomen v.e. groot aantal wijd verbreide papels. • **papulosis atrophicans maligna** gedissemineerde endangiitis die met huidverschijnselen begint en vaak met acute buikverschijnselen dodelijk eindigt. • **bowenoïde** ~ wratachtige papels op de penis en vulva die overgaan in intra-epitheliale maligniteit. • **lymfomatoïde** ~ polymorfe eruptie van papels en noduli die tot (ulcererende) plaques kunnen conflueren, hemorragisch of necrotisch kunnen worden. • ~ **van Bowen** zie bowenoïde ~.

papulosus papuleus, gepaard met papels; vb. acne papulosa, eczema papulosum.

papulovesiculair uit papels en blaasjes bestaand; vb. papulovesiculair eczeem.

papyraceus papierachtig, perkamentachtig; vb. fetus papyraceus, lamina papyracea.

par- voorvoegsel in woordsamenstellingen met o.a. de betekenis: bij, naast, bovendien.

para achtervoegsel in woordsamenstellingen m.b.t. een vrouw die een levend kind gebaard heeft. • **primi~** een vrouw die haar eerste (levende) kind baart of heeft gebaard.

para-aminobenzoic acid zie zuur | para-aminobenzoë-.

paraaorticus naast de aorta gelegen; vb. corpora paraaortica (mv. van corpus paraaorticum).

paraballisme tweezijdig optreden van hemiballistische bewegingen.

parabiont een van twee (of meer) organismen die i.e. toestand van parabiosis leven.

parabiose 1 vreedzame samenleving van individuen van verschillende soort; **2** experimentele vereniging van twee dieren met elkaar; **3** tijdelijk verlies van geleidbaarheid i.e. zenuw (door giffen of extreem sterke prikkels).

parabronchiaal bij de bronchi; vb. p-iale

lymfeklieren.
parabuccaal naast de wang.
parabuccale spraak hulpmiddel van patiënten bij wie de larynx is verwijderd om een stemgeluid na te bootsen.
paracardiaal naast het hart gelegen.
paracaseïne een onoplosbare stof die uit caseïne in melk ontstaat, als deze met lebferment wordt behandeld.
paracentesis tympani punctie v.h. trommelvlies om etter uit het middenoor te laten afvloeien.
paracentesis vesicae *zie* punctie | blaas-.
paracentralis paracentraal, naast het midden; vb. lobulus paracentralis.
parachordaal naast de chorda dorsalis.
Paracoccidioides brasiliensis een dimorfe schimmel, verwekker v.d. Zuid-Amerikaanse blastomycose.
paracolicus naast het colon; vb. sulcus paracolicus (mv. sulci paracolici).
paracolitis ontsteking v.d. buitenste laag v.h. colon, gepaard met ontsteking v.h. aangrenzende mesenterium.
paracolpitis ontsteking v.h. paracolpium. • ~ **phlegmonosa dissecans** etterige ontsteking rondom de vagina, ten gevolge waarvan het slijmvlies v.d. vagina en de portio vaginalis wordt uitgestoten.
paracolpium het bindweefsel dat de vagina omgeeft.
paracrien gezegd van cellen waarvan de producten invloed op naburige cellen uitoefenen; vb. paracriene secretie.
paracusis onjuiste waarneming van gehoorprikkels. • ~ **duplicata** *zie* diplacusis binauralis. • ~ **dysharmonica** het waarnemen van sommige tonen op onjuiste toonhoogte. • ~ **loci** gestoord lokalisatievermogen v.h. gehoororgaan.
paracyclisch onafhankelijk v.d. cyclus.
paracystitis ontsteking v.h. weefsel i.d. omgeving v.d. blaas.
paradenitis ontsteking v.h. bindweefsel i.d. omgeving v.e. klier.
paradentaal *zie* parodontaal.
paradidymis kluwen van tubuli i.h. voorste deel v.d. funiculus spermaticus.
paradigma (epidemiol.) constellatie van theorieën of overtuigingen die binnen een populatie op een bepaald moment heersen.
paradoxale benadering (psychotherap.) methode die doorgaans i.h. kader v.e. directieve behandeling wordt toegepast.

paradoxale contractie *zie* fenomeen | voet-.
paradoxale diafragmabeweging omhooggaan v.h. middenrif bij inademing, omlaaggaan bij uitademing.
paradoxale koudegewaarwording ontlading van koudesensoren bij een huidtemperatuur boven 45 graden Celsius, waarna reflexmatige pilo-erectie en vasoconstrictie volgen.
paradoxale middenrifbeweging *zie* paradoxale diafragmabeweging.
paradoxale spiercontractie *zie* fenomeen | voet-.
paraduodenalis naast het duodenum; vb. plica paraduodenalis.
parafaryngeaal naast de farynx gelegen; vb. parafaryngeaal abces.
parafaryngeale ruimte een kegelvormige ruimte i.d. nek, begrensd door de wangkeelfascie, de m. pterygoideus medialis en de prevertebrale fascie.
parafasie het optreden van versprekingen bij een patiënt met een afasie. • **fonemische** ~ parafasie met verwisselingen van fonemen (bijv. 'mofel' i.p.v. 'tafel'). • **literale** ~ parafasie met verwisselingen van letters (bijv. 'talel' i.p.v. 'tafel'). • **semantische** ~ parafasie met vervanging van woorden door woorden met een verwante betekenis.
parafemie een vorm van parafasie, met gebruik van verkeerde woorden.
paraffine mengsel van hoge koolwaterstoffen, uit aardolie verkregen.
paraffine-insluiting een weefselstukje wordt, na voor paraffine doordringbaar te zijn gemaakt, in gesmolten p. gelegd; na stolling kunnen v.h. verkregen blokje paraffinecoupes worden gemaakt.
paraffinoom reactieve bindweefselwoekering op een plaats waar paraffine is ingespoten.
paraffinum *zie* paraffine.
parafilie seksuele stoornis.
parafollicularis parafolliculair, buiten de follikels.
parafrenitis ontsteking v.d. weefsels boven en onder het middenrif.
parafyse een bij lagere dieren voorkomende uitstulping uit het dak v.h. telencephalon.
paraganglioom | **non-chromaffien** ~ meestal goedaardig gezwel van chemoreceptorweefsel.
paragglutinatie *zie* groepsagglutinatie.

paragnost helderziende.
paragrammatisme onvermogen de woorden i.e. zin op grammaticaal juiste wijze te rangschikken.
paragranuloom een lichte vorm van lymfogranulomatose (ziekte van Hodgkin), vnl. beperkt tot lymfeklieren.
parahemofilie · parahemofilie A ontbreken van factor V.
parahilair dicht bij het longhilum.
parahippocampalis naast de hippocampus; vb. gyrus parahippocampalis.
para-influenza influenza-achtige ziekte, veroorzaakt door para-influenzavirus.
parakeratose verhoorningsanomalie v.d. epidermis, waarbij de loslatende huidschilfers nog kernresten bevatten en het stratum granulosum ontbreekt. **· parakeratosis psoriasiformis** p. gepaard met psoriasisachtige huidschilfering. **· parakeratosis variegata** zeldzame, onbehandelbare aandoening met geelrode, netvormige vlekken en fijne schilfering.
parakinesie 1 bewegingsstoornis door abnormale innervatie van spieren; **2** (oogheelkunde) onregelmatige werking v.e. v.d. uitwendige oogspieren.
paralaesionaal i.d. buurt v.e. laesie.
paraleukoblasten *zie* paramyeloblasten.
paraleukoblastose acute leukemie met i.h. perifere bloed paraleukoblasten.
paralexie stoornis i.h. hardop lezen bij patiënten met een alexie.
parallax (oogh.) schijnbare verplaatsing van twee voorwerpen t.o.v. elkaar wanneer de waarnemer zijn hoofd beweegt.
parallelschommel schommel voor het verwekken van zuiver lineaire versnellingen voor onderzoek v.d. statolietorganen.
paralogie 1 stoornis i.d. samenhang v.h. denken waarbij de patiënt als het ware steeds langs het onderwerp v.d. vragen v.d. psychiater heen praat; **2** stoornis i.h. spreken bij schizofrenie.
paralyse het onvermogen om een of meer spieren te doen contraheren, volledige verlamming. **· accommodatie~** onvermogen tot accommoderen a.g.v. verlamming v.d. ciliaire spier. **· bulbaire ~** dubbelzijdige uitval v.d. aangezichts- en keelmusculatuur, veroorzaakt door een dubbelzijdige aandoening v.h. perifere motorische neuron of de spieren, met als belangrijkste verschijnselen dysartrie, dysfagie en dysmasesie (kauwzwakte); de progressieve vorm kan een symptoom van amyotrofe laterale sclerose (ALS) zijn. **· druk~** paralyse a.g.v. meestal bovenmatige of langdurige druk op een perifere zenuw of plexus. **· facialis~** *zie* facialisparalyse. **· familiaire hyperkaliëmische ~** dominant erfelijke aandoening met uren tot dagen durende verlamming van romp- en extremiteitsspieren, gepaard met verhoogd serumkalium, geprovoceerd door koolhydraatrijke maaltijd, spierarbeid of afkoeling. **· hemi~** paralyse v.d. spieren van één lichaamshelft. **· hypokaliëmische ~** verlamming door kaliumverlies t.g.v. diureticagebruik, nierfunctiestoornissen of primair aldosteronisme. **· infectieuze bulbaire ~** *zie* rabiës | pseudo~. **· myasthene ~** *zie* bulbaire ~. **· paralysis agitans** *zie* Parkinson | ziekte van ~. **· paralysis alternans** wisselende, gekruiste verlamming. **· paralysie des amoureux** [F] gewoonlijk voorbijgaande uitval v.d. n. radialis. **· paralysis infantum** *zie* poliomyelitis. **· periodieke ~** autosomaal dominant; aanvallen van spierslapte bij mensen met dysmorfe kenmerken en cardiale ritmestoornissen. **· paralysis puerperalis** *zie* verlamming | obstetrische ~. **· progressieve ~** een in uitbreiding toenemende p. bij neurosyfilis. **· pseudobulbaire ~** *zie* syndroom | pseudobulbair ~. **· pseudo~** schijnbare verlamming, met krachtverlies i.d. spieren zonder echte verlamming. **· pseudoparalysis agitans** *zie* paralysis agitans. **· rugzak~** laesie v.d. plexus brachialis door het dragen v.e. zware rugzak. **· spastische spinale ~** neurologisch syndroom t.g.v. aandoening v.d. piramidebanen, i.h. bijz. de piramidezijstreng. **· spinale ~** verlamming a.g.v. een ruggenmerglaesie (dwarslaesie). **· tekenbeet~** snel progressieve slappe verlamming na de beet v.e. teek, vermoedelijk door een neurotoxine i.h. speeksel v.d. teek.
paralysie obstétricale *zie* verlamming | obstetrische ~.
paralytisch gepaard gaand met verlammingen; vb. exophthalmus paralyticus, dementia paralytica.
paralytische speekselafscheiding aanhoudende afscheiding van dun speeksel uit de glandula submandibularis na doorsnijding v.d. chorda tympani.
paralytogeen een verlamming veroorza-

kend.
paramastoideus naast de processus mastoideus (ossis temporalis) gelegen.
Paramecium een geslacht v.d. tot de *Protozoa* behorende klasse *Ciliata*. • ~ **coli** *zie* Balantidium coli.
paramediaan naast de mediane lijn.
paramediastinaal naast het mediastinum gelegen.
paramedisch gerelateerd met de medische wetenschap of praktijk, maar niet het beroep van arts zelf betreffend.
paramedische beroepen betreffen o.a. fysiotherapie, revalidatie, logopedie, medisch-sociaal werk.
paramesonephricus naast de mesonephros (oernier) gelegen; vb. ductus paramesonephricus.
parameter arbitraire constante, gebezigd in wiskundige formules; vb. reobase en chronaxie als parameters v.d. prikkelbaarheid van zenuwen.
parametervrije methode statistische methode die geen kennis veronderstelt over parameters v.e. verdeling v.e. variabele, zoals gemiddelde en standaarddeviatie.
paramethoxyamfetamine (PMA) synthetische verbinding; komt voor in als 'ecstasy' verkochte pillen.
parametraan tot het parametrium behorend; vb. p-trane anesthesie.
parametritis ontsteking v.h. parametrium. • ~ **puerperalis** p. bij de kraamvrouw.
parametrium het weefsel i.d. ligamenta lata en opzij van en vóór de portio supravaginalis cervicis.
paramimie katatone bewegingsstoornis waarbij niet-passende gebaren worden gemaakt in reactie op een gebaar v.d. psychiater (betrokkene salueert bijv. als de psychiater hem een hand wil geven).
paramolaar rudimentaire, overtollige tand of kies, tussen twee molaren, aan de buitenkant.
paramucine *zie* pseudomucine.
paramyeline mono-aminomonofosfatide i.d. witte substantie v.d. hersenen.
paramyeloblasten ontaarde oxidase-negatieve myeloblasten bij acute leukemie.
paramyosinogeen op myosinogeen (= myogeen) lijkend eiwit, afkomstig uit spierplasma.
paranasalis naast de neus; vb. sinus paranasalis (mv. sinus paranasales).

paranefritis 1 ontsteking v.d. paranephros; 2 ontsteking v.h. bindweefsel rondom de nier.
paraneoplastisch samenhangend met een neoplasma.
paranephros glandula suprarenalis.
paranoia 1 psychiatrisch ziektebeeld, gekenmerkt door de ontwikkeling v.e. samenhangend en invoelbaar waansysteem, terwijl de persoonlijkheid verder nog redelijk intact is; 2 (lekenterm) *zie* paranoïdie.
• **acute hallucinatoire** ~ paranoia met hallucinaties en illusies.
paranoicus m.b.t. paranoia; vb. paraphrasia paranoica.
paranoïde (minder juist) achterdochtig; de term 'paranoia' wordt i.d. psychiatrie amper gebruikt en is veeleer een lekenterm voor 'achterdocht'.
paranoïdie diepgaand wantrouwen en achterdocht ten opzichte van anderen.
paranormaal naast het normale, m.b.t. helderziendheid, telepathie.
paranucleair 1 i.d. buurt v.d. celkern; 2 m.b.t. de paranucleus.
paranucleïne *zie* albumine | nucleo-~.
paranucleus klein vormsel, lijkend op een celkern, soms aanwezig i.h. cytoplasma i.d. buurt v.d. celkern.
parapedese secretie of excretie via een ongewoon kanaal, bijv. overgang van gal naar de bloedcapillairen i.p.v. naar de galcapillairen.
parapertussis een op kinkhoest lijkende ziekte, maar lichter verlopend.
parapharyngeus naast de farynx; vb. spatium parapharyngeum.
paraplasma *zie* deuteroplasma.
paraplegia mephitica *zie* deficiëntie | vitamine-B1-~.
paraplegie | infantiele spastische ~ *zie* paraplegia spastica congenitalis. • **pseudo**~ schijnbare verlamming v.d. ledematen bij intacte zenuwfunctie, o.a. bij rachitis.
• **slappe** ~ paraplegie met tonusverlies i.d. verlamde spieren. • **paraplegia spastica congenitalis** aangeboren spastische verlamming van beide benen, o.a. a.g.v. hersenbloeding bij de geboorte. • **spastische** ~ verworven paraplegie met hypertonie en hyperreflexie i.d. verlamde spieren.
paraplegisch m.b.t. paraplegie.
parapleuritis ontsteking v.d. thoraxwand.
parapneumonisch naast of bij een pneumo-

nie.
parapodium plateau met opbouw waarop een paraplegische patiënt zich door gewichtsverplaatsing kan voortbewegen.
parapoliomyelitisvirus *zie* virus | EMC-~.
paraproteïne *zie* proteïne | monoklonale ~.
⊛ **paraproteïnemie** extra band i.h. eiwitspectrum van serum of urine; duidt op een ontregeling i.h. B-celsysteem; indeling: komt voor bij 1) benigne aandoeningen, waarvan de monoklonale gammopathie met onbekende significantie (MGUS: monoclonal gammopathy of undertermined significance) belangrijkste is, 2) maligne aandoeningen met woekering van plasmacellen, zoals bij multipel myeloom (ziekte van Kahler), de ziekte van Waldenström, primaire amyloïdose, heavy-chain disease en B-cellymfoproliferatieve ziekten (non-hodgkinlymfoom en chronische lymfatische leukemie).
parapsoriasis heterogene groep dermatosen die in vorm enigszins gelijken op psoriasis, maar een andere oorzaak hebben. • ~ **en gouttes** *zie* pityriasis lichenoides chronica. • ~ **en plaques** [F] omschreven erythematosquameuze plekken, idiopathisch of als als voorstadium van mycosis fungoides. • ~ **guttata acuta** (sub)acute huidaandoening met hemorragische en papulonecrotische laesies van onbekende oorzaak. • ~ **guttata chronica** chronische inflammatoire papulosquameuze huidaandoening met typische klinische kenmerken. • ~ **variegata lichenoides** *zie* parakeratose | parakeratosis variegata.
pararectaal 1 naast het rectum; **2** naast de m. rectus abdominis; vb. p-tale incisie.
parasiet 1 organisme dat zich voedt op en ten koste v.h. lichaam v.e. ander organisme; **2** defecte partner v.e. dubbelmonstrum, die intra-uterien blijft voortleven door parasitering op de andere partner. • **ecto**~ parasiet die op het lichaamsoppervlak v.d. gastheer leeft. • **endo**~ een parasiet die vnl. binnen het lichaam v.d. gastheer leeft. • **malaria**~ *zie Plasmodium*. • **obligate** ~ parasiet die buiten de gastheer niet kan standhouden. • **xeno**~ organisme dat gewoonlijk niet-parasitair op een gastheer leeft, maar parasitair wordt bij verzwakking v.h. lichaam v.d. gastheer.
parasitemie aanwezigheid van parasieten i.h. bloed.

parasiticide 1 parasieten dodend; **2** substantie met een parasietendodende werking.
parasiticus parasitair, als een parasiet; vb. fetus parasiticus.
Parasitiformes orde van teken en mijten behorend tot de klasse *Arachnida*, afd. *Arthropoda*.
parasitisme de symbiose van twee organismen waarvan het ene profiteert ten nadele v.h. andere.
parasitologie de wetenschap betreffende parasieten en parasitisme.
parasitose ziekte door infestatie met parasieten.
parasitotroop op aantasting van parasieten gericht (eigenschap van bepaalde chemotherapeutica).
parasoma onregelmatige structuur naast de celkern.
parasomnie verzamelterm voor slaapstoornissen waarbij fysiologische afwijkingen of gedragsafwijkingen tijdens de slaap optreden.
paraspadie uitmonding v.d. urethra aan de zijkant v.d. penis.
parasternaal naast het sternum.
parasternalis parasternaal; vb. nodi lymphatici parasternales (mv. van parasternalis).
parasympathicolytisch met verlammende (remmende) werking op de parasympathicus.
parasympathicomimetisch met prikkelende werking op de parasympathicus.
parasympathicotroop werkend op de parasympathicus.
parasympathicus het parasympathische deel v.h. autonome zenuwstelsel.
parasympathisch m.b.t. de parasympathicus.
parasympathisch stelsel *zie* parasympathicus.
parasynoviitis 1 ontsteking v.h. weefsel vlak bij de synoviale membraan; **2** synoviitis fungosa.
parasystolie het naast elkaar bestaan v.h. normale hartritme onder invloed v.d. sinusknoop, en een tweede ritme onder invloed v.e. lager, ectopisch gelegen centrum.
paratendinitis *zie* paratenonitis.
paratenon *zie* peritenoneum.
paratenonitis ontsteking v.h. paratenon.
parathelioom gezwel bij de tepel.
paratherapeutisch veroorzaakt door medi-

camenten die voor een andere ziekte werden toegediend.
parathymie *zie* affect | inadequaat ~.
parathyreogeen uitgaand van, veroorzaakt door de bijschildklieren (glandulae parathyroideae).
parathyreotoxicose *zie* hyperparathyreoïdie.
parathyreotroop met aantrekking tot, of met werking op de bijschildklieren.
parathyroïd verkorte vorm van 'glandula parathyroidea' (bijschildklier).
parathyroïdaal m.b.t. de bijschildklieren; vb. parathyroïdaal hormoon = parathyroïdhormoon.
parathyroïdectomie operatieve verwijdering v.d. bijschildklieren.
parathyroideus 1 naast de schildklier; vb. glandula parathyroidea; 2 m.b.t. de bijschildklieren.
paratonie stoornis i.d. regulering v.d. spiertonus.
paratonsillitis *zie* peritonsillitis.
paratoop variabele deel v.e. immunoglobuline waaraan de antigene determinant wordt gebonden.
paratracheaal bij de trachea; vb. p-ale lymfeklieren.
paratrachoom op trachoom lijkende conjunctiva-aandoening.
paratrofie 1 het onttrekken van voedsel door een parasiet aan het lichaam v.d. gastheer; 2 atrofie door wanvoeding.
paratubair naast de tuba uterina.
paratyphoideus m.b.t. paratyfus; vb. febris paratyphoidea.
para-umbilicaal *zie* paraumbilicalis.
paraumbilicalis i.d. buurt v.d. navel.
paraurethralis naast of om de urethra.
paravaginaal naast de vagina.
paravaginitis ontsteking v.h. weefsel rondom de vagina.
paraveneus naast de ader.
paraventricularis bij de ventrikel; vb. nucleus paraventricularis.
paravertebraal naast de wervelkolom.
paravertebrale anesthesie geleidingsanesthesie v.d. ruggenmergszenuwen ter plaatse van hun uittreding uit het benige wervelkanaal (foramina intervertebralia); toegepast met oog op regionale gevoelloosheid.
paravertebralis paravertebraal, naast de wervelkolom.

pareia *zie* bucca.
pareidolie waanachtige neiging ergens ten onrechte iets in te herkennen wat daar (waarschijnlijk) niet in zit
pareïtis 1 ontsteking v.d. wang; 2 persisterende zwelling v.e. deel v.h. gelaat.
pareitis granulomatosa ontsteking met zwelling v.d. wang, met histologisch waarneembare kleine granulomen.
parelgezwel *zie* cholesteatoom.
parelketting *zie* papula | pearly penile papules.
parelsnoerharen *zie* pili moniliformes.
parenchym het wezenlijke, specifiek werkzame weefsel v.e. orgaan, omgeven en gesteund door het interstitium.
parenchymateus m.b.t. het parenchym.
parenchymateuze ontaarding degeneratie van weefsel met het microscopisch beeld van doffe gezwollen cellen van Virchow).
parenchymateuze ontsteking ontsteking v.h. parenchym.
parenchymatosus parenchymateus; vb. keratitis parenchymatosa.
parenchymnecrose gedissemineerde haarden van necrose van orgaanparenchym (hart, lever, nieren).
parentaal m.b.t. de ouders; vb. p-tale generatie (in stambomen afgekort tot P).
parentalisme (kinderpsychiatrie) bezitsgevoel van ouders t.o.v. hun kinderen, gepaard met een overmatig sturende opvoeding.
parenteraal buiten het maag-darmkanaal om.
parepididymis *zie* paradidymis.
parese onvolledige, onvolkomen motorische verlamming. • **blik**~ uitval van geconjugeerde oogbewegingen in één of meer richtingen. • **bulbaire** ~ onvolledige verlamming van bulbaire spieren. • **centrale** ~ begrip waarmee parese a.g.v. uitval v.h. centraal motorisch neuron wordt aangegeven. • **cerebrale** ~ verzamelbegrip voor motorische afwijkingen, veroorzaakt door stationaire ontwikkelingsstoornis van, dan wel schade v.d. hersenen bij kinderen. • **erb-se** ~ *zie* verlamming | erb-duchenne-~. • **facialis**~ *zie* facialisparalyse. • **gastro-**1 maaginsufficiëntie door afwezige of onvoldoende werking v.d. maagmusculatuur; leidt tot vertraagde maaglediging; bemoeilijkt insuline-instelling bij diabetici; 2 'verlamming' v.d. maag. • **geconju-**

geerde blik~ uitval van parallelle oogbewegingen i.e. of meer richtingen door laesie van één of meer blikcentra. • **hemi~** parese van één lichaamshelft. • **horizontale blik~** onvermogen om geconjugeerde oogbewegingen in horizontale richting te maken. • **hypotone** ~ *zie* slappe ~. • **mono~** krachtsvermindering v.e. enkel lidmaat. • **oogspier~** parese v.e. of meer oogspieren door een aandoening v.h. centrale of perifere motorische neuron, door een stoornis i.d. spier-zenuwovergang, of door een spierziekte. • **para~** onvolledige verlamming v.d. beide benen. • **pseudobulbaire** ~ klinisch beeld van slik- en kauwstoornissen dat ontstaat door bilaterale beschadiging van corticobulbaire banen. • **pseudo~** *zie* paralyse | pseudo~. • **quadri~** *zie* tetra~. • **slappe** ~ verlamming of krachtsvermindering v.e. spier met afgenomen spierspanning. • **spastische hemi~** verlamming van één lichaamshelft met spierrigiditeit en hyperreflexie. • **spastische** ~ parese, gekenmerkt door rigiditeit en hyperreflexie van aangedane spieren. • **tetra~** krachtsvermindering van alle ledematen. • **todd~** voorbijgaande postictale hemiparese na een partieel epileptisch insult. • **tropische spastische para~** verlamming van beide benen t.g.v. besmetting met HTLV-I-virus. • **verticale blik~** onvermogen van één of beide ogen om oogbewegingen in verticale richting te maken t.g.v. laesie v.h. mesencephalon.

paresthesie stoornis v.d. sensibiliteit waarbij de patiënt jeuk en kriebelingen waarneemt alsof er mieren lopen en al dan niet met uitwendige prikkeling.

paresthetisch gepaard gaand met paresthesie; vb. meralgia paraesthetica.

paretisch m.b.t. parese; vb. paretische gang.

paries wand.

pariëtaal 1 wandstandig, buitenste; **2** m.b.t. het os parietale; vb. endocarditis p-lis, foramen p-le; vgl. visceralis.

pariëtale cellen epitheelcellen i.d. klierbuisjes v.h. maagslijmvlies; scheiden zoutzuur en intrusiefactor af.

pariëtologie leer v.d. buikwand.

parietomastoideus m.b.t. os parietale en processus mastoideus; vb. sutura parietomastoidea.

parietooccipitalis m.b.t. een pariëtale en een occipitale structuur; vb. sulcus parietooccipitalis.

parietopontinus m.b.t. de pariëtale hersenkwab en de pons; vb. tractus parietopontinus.

Parinaud | parinaudconjunctivitis unilaterale, chronische, granulomateuze conjunctivitis met vergroting van regionaire lymfeklieren.

paring seksuele gemeenschap, conjugatie, coïtus, cohabitatie, copulatie.

Paris Nomina Anatomica (PNA) de anatomische nomenclatuur zoals die in 1955 werd vastgesteld op het 6e Internationale Congres van Anatomen te Parijs.

pariteit (P) **1** het aantal kinderen dat een vrouw heeft gebaard; **2** gelijkheid, overeenkomstigheid.

Parkinson | arteriosclerotisch parkinsonisme voor parkinsonisme typische schuifelende gang met kleine pasjes optredend t.g.v. multiple kleine infarcten in subcorticale hersendelen (m.n. de basale ganglia); vaak gecombineerd met dementia arteriosclerotica. • **lower-body parkinsonism** *zie* arteriosclerotisch parkinsonisme. • **parkinsongelaat** *zie* maskergelaat. • **parkinsonisme** het optreden van verschijnselen die sterk lijken op die v.d. ziekte van Parkinson (tremor, hypokinetisch rigide syndroom enz.) zonder dat de diagnose 'ziekte van Parkinson' klinisch is gesteld. • **postencefalitisch parkinsonisme** *zie* parkinsonisme. • ⊚**ziekte van** ~ degeneratieve aandoening v.h. centraal zenuwstelsel die wordt gekenmerkt door een hypokinetisch-rigide syndroom, rusttremor en valneiging (parkinsonisme); i.d. loop v.d. ziekte treden ook autonome functiestoornissen, depressieve stoornis, dementie en slaapstoornissen op.

parodontaal m.b.t. het parodontium.

parodontitis ontsteking v.d. verankering v.d. gebitselementen met destructie v.h. parodontale ligament en het alveolaire bot.

parodontium de weefsels die een gebitselement omgeven en een rol spelen bij de bevestiging v.h. element i.d. kaak.

parodontose atrofie v.h. tandbed, zonder noemenswaardige ontsteking, met loslatend tandvlees, later tanduitval.

parodynie *zie* weeën.

paronychia infectie en acute of chronische etterige ontsteking v.d. proximale of laterale nagelwal (zowel vingers als tenen), acuut of chronisch; de nagelwal is gezwollen en donkerrood, pijn is niet bijzonder hevig en de ettervorming is gering. • ~ **chronica** chronische ontsteking v.d. nagelwal, veroorzaakt door *Candida* of door stafylokokken. • ~ **herpetica** weinig voorkomende, pijnlijke vorm van herpes, gelokaliseerd aan de vinger.

paroom benigne huidtumor bestaande uit cellen v.e. uitvoergang v.e. eccriene zweetklier.

paroophoron een soms voorkomende rest v.d. oernier.

parosmie reukveranderingen, veelal a.g.v. afwijkingen i.d. nasofarynx.

parossaal naast een bot.

parostose vorming van beenweefsel buiten het beenvlies.

parotidectomie het verwijderen v.d. glandula parotidea. • **partiële** ~ het verwijderen v.d. externe kwab v.d. glandula parotidea.

parotideus m.b.t. de glandula parotidea; vb. ductus parotideus, fascia parotidea.

parotidicus m.b.t. de glandula parotidea.

parotis *zie* glandula parotidea.

⊛ **parotistumor** benigne of maligne tumor v.d. oorspeekselklier; indeling: benigne: pleiomorf adenoom (menggezwel), adenolymfoom, lymfangioom of hemangioom (bij pasgeborenen), intraglandulair lipoom; maligne: carcinoom.

parotitis ontsteking v.d. glandula parotidea, de grootste speekselklier. • ~ **metastatica** metastatische ontsteking v.e. ander orgaan, door hematogene verspreiding v.h. bof-virus. • ~ **epidemica** vnl. bij kinderen voorkomende viruszieke met zwelling v.d. parotis. • ~ **phlegmonosa** veretterende p.

parovarialis naast een ovarium; vb. varicocele parovarialis.

parovariotomie excisie v.e. parovariumcyste.

parovarium *zie* epoophoron.

paroxismaal in aanvallen (paroxismen), aanvalsgewijs voorkomend; vb. paroxismale tachycardie.

paroxisme 1 plotselinge verergering van symptomen; 2 aanval.

paroxysmal sympathetic storm aanvallen van hypertensie, tachycardie, tachypneu en profuus transpireren bij patiënten met ernstig traumatisch hersenletsel.

Parrot | parrotsyndroom foetale dyschondroplasie. • **ziekte van** ~ 1 pseudoparalyse bij kinderen met congenitale syfilis door ontsteking v.d. epifysen der pijpbeenderen en daarop volgende loslating v.d. epifysen; 2 marasmus; 3 psittacosis.

pars deel, gedeelte. • ~ **abdominalis et pelvina systematis autonomici** het onder het middenrif gelegen deel v.h. autonome zenuwstelsel. • ~ **cardiaca** het deel v.d. maag waarin de oesofagus uitmondt *zie* cardia. • ~ **cephalica et cervicalis systematis autonomici** het v.d. hersenen en halsmerg uitgaande deel v.h. autonome zenuwstelsel. • **partes corporis humani** de delen v.h. menselijk lichaam. • **partes genitales femininae externae** de uitwendige vrouwelijke geslachtsorganen. • **partes genitales masculinae externae** de uitwendige mannelijke geslachtsorganen. • ~ **planitis** chronische uveitis v.d. p. plana v.h. corpus ciliare. • ~ **prostatica urethrae** het door de prostaat lopende deel v.d. mannelijke urethra. • ~ **squamosa ossis temporalis** het schelpvormige deel v.h. slaapbeen. • ~ **thoracica systematis autonomici** het i.d. borstkas gelegen (parasympathisch en sympathisch) deel v.h. autonome zenuwstelsel.

parthenogenese voortplanting via onbevruchte eieren. • **parthenogenesis artificialis** kunstmatige p., het tot ontwikkeling doen komen v.e. ei met chemische e.a. prikkels.

parthenogenetisch zich door parthenogenese vermenigvuldigend.

partialis gedeeltelijk, particel.

particulate matter (PM) *zie* fijnstof.

partigeen particel antigeen.

partis gen. van pars (deel).

partogram (verlosk.:) grafische weergave v.d. ontsluiting en indaling uitgezet tegen de tijd.

parturiens *zie* kraamvrouw.

partus bevalling. • **durante partu** (d.p.) gedurende de bevalling. • ~ **caesareus** baring d.m.v. een sectio caesarea. • ~ **conduplicato corpore** geboorte v.e. dubbelgevouwen kind, met een knik i.d. wervelkolom; bij dwarsligging. • ~ **immaturus** geboorte v.e. nog niet levensvatbaar kind na een zwangerschap tussen 16 en 28 weken. • ~ **per vias naturales** geboorte langs de natuurlijke (barings)wegen. • ~ **praecipitatus** zeer snel, maar overigens normaal verlopende baring. • ~ **praematurus** voortijdige baring

v.e. onvoldragen, maar wel levensvatbaar geboren kind na een zwangerschap tussen 28 en 37 weken. • ~ **serotinus** te laat komende baring, waarbij een overdragen kind wordt geboren. • ~ **siccus** baring waarbij minder dan 500 ml vruchtwater afloopt.
parulis abces onder het kaakperiost of i.h. tandvlees.
parumbilicalis naast de navel; vb. venae parumbilicales (mv. van parumbilicalis).
parureterius naast de ureter gelegen.
parvicellulair kleincellig.
Parvobacteriaceae vroegere naam voor Brucellaceae.
parvulus (zeer) klein.
parvus klein; vb. pulsus parvus, ala parva, (maculae) (parvae).
PAS 1 (farmacol.:) para-amino-salicylzuur; 2 (lab.diagn.:) *per-iodic acid Schiff* (kleuring volgens Schiff met perjoodzuur; NB E. *per (-)iodic* = perjood- en periodiek.
PASAT paced auditory serial-addition test.
pascal (Pa) de SI-eenheid van druk, overeenkomend met 1 newton per m².
pasgeborene *zie* neonatus.
passage 1 (gastro-enterol.) *zie* darmpassage; 2 overenting v.e. micro-organisme in een voedingsbodem op de andere of op een levend dier; 3 het passeren van stoffen door een membraan.
passager voorbijgaand, tijdelijk; vb. 'de doofheid is passager', 'passagère klachten'.
passant 1 micro-organisme dat tijdelijk op huid of slijmvliezen aanwezig is zonder klachten of verschijnselen te veroorzaken; 2 tijdelijke of niet-permanente patiënt i.e. bepaalde huisartsenpraktijk.
passavantzwelling sfincterachtige ring van spierweefsel, horizontaal rondom de farynx ter hoogte v.h. harde gehemelte, zichtbaar wordend bij contractie v.d. m. constrictor pharyngis superior.
passe-partout visueel hulpmiddel voor patiënten met staar.
passief lijdelijk, niet zelfstandig werkzaam, i.t.t. actief. • **passieve immuniteit** immuniteit, verkregen door een lichaam in te spuiten met immuunstoffen.
passief roken inademen door een niet-roker van tabaksrook die door rokers wordt verspreid.
passieve beweging door de onderzoeker bij een patiënt uitgevoerde beweging v.e. lichaamsdeel zonder dat deze zijn eigen spieren laat werken.
passivisme lijdelijk, niet-actief gedrag.
pasta vette basis vermengd met 50% poeder of meer.
Pasteur | pasteureffect de remmende werking van zuurstof op de vergisting van koolhydraten. • **pasteurvaccin** rabiësvaccin.
Pasteurella geslacht v.d. fam. *Brucellaceae*. • ~ *multocida* een voor vele dieren pathogene P. • ~ **multiseptica** *zie Pasteurella multocida*. • ~ *pestis zie Yersinia pestis*. • ~ *pseudotuberculosis* verwekker van pseudotuberculose bij knaagdieren, soms ook bij mensen.
pasteuriseren verhitting gedurende een halfuur op 60-70°C, gevolgd door snelle afkoeling, toegepast ter conservering.
pasteus deegachtig gezwollen; vb. pasteuze induratie.
PAT *zie* tachycardie | paroxismale ~.
Patau | chromosomengroepering van ~ indeling v.d. chromosomen v.d. mens in zeven groepen, aangegeven met de letters A-G.
patching [E.] proces waarbij met antigeen bezette B-celreceptoren aggregeren i.d. celmembraan.
patella plat, driehoekig, schijfvormig been i.d. pees v.d. m. quadriceps femoris, aan de voorzijde v.h. kniegewricht. • **ballottement van de** ~ fenomeen waarbij de knieschijf bij lichamelijk onderzoek een abnormale voor-achterwaartse beweeglijkheid laat zien.
patellair m.b.t. de knieschijf.
patellaluxatie het uit de groeve (trochlea) v.h. femur komen v.d. patella.
patellaris patellair, m.b.t. de patella; vb. facies patellaris.
patella-tendon bearing (PTB) [E] onderbeenprothese waarbij de kniepees het dragend vlak vormt.
patellectomie verwijdering v.d. patella.
patent open, niet gesloten; vb. patent ductus arteriosus, patente luchtwegen.
patey-maddenoperatie *zie* amputatie | gemodificeerde radicale mamma-~.
-pathie achtervoegsel in woordverbindingen betreffende ziekte; vb. chondropathie.
pathoaminen 1 ptomaïnen; 2 aminen die bij sommige ziekten i.d. urine voorkomen.
pathogeen 1 (bijv. nw.) ziekmakend, ziekteverwekkend; 2 (z. nw.) ziekmakend agens. • **extracellulaire pathogenen** ziek-

teveroorzakende organismen die leven in weefsels, lichaamsvloeistoffen of andere extracellulaire ruimtes. · **intracellulaire pathogenen** ziekte-veroorzakende organismen die de cellen v.d. gastheer binnendringen.

pathogenese de wijze waarop een ziekte ontstaat.

pathogenetisch m.b.t. de pathogenese.

pathogeniteit ziekteverwekkend vermogen.

pathognomonisch kenmerkend of indicatief voor een bepaalde ziekte, i.h.b. typische symptomen, bevindingen of een combinatie van afwijkingen die kenmerkend voor een bepaalde ziekte zijn en die bij een andere aandoening niet voorkomen.

pathognomonische bevinding bevinding die het bewijs voor een ziekte levert.

pathologie 1 wetenschap betreffende de veranderingen van vormen en functies v.h. zieke organisme; **2** (jargon, minder juist) verandering i.h. lichaam in vorm of functie als van gevolg van ziekte. · **cellulaire ~ 1** theorie dat alle ziekten berusten op stoornissen in cellen, leidend tot een onvermogen van cellen tot het bereiken van homeostase; **2** (minder juist) *zie* cyto~. · **cyto~** de bestudering van cellen bij ziekte. · **experimentele ~** bestudering van kunstmatig (bij dieren) verwekte ziekten. · **moleculaire ~** de wetenschap betreffende de moleculaire structuur en de pathologische moleculaire processen i.h. lichaam.
· **humorale ~** oude theorie van Hippocrates dat de lichaamssappen tijdens gezondheid goed gemengd en tijdens ziekte verkeerd gemengd zijn. · **tele~** overzending d.m.v. digitale beeldoverdracht van weefselcoupes e.d. ter beoordeling door vakgenoten elders. · **veneuze ~** *zie* insufficiëntie | chronische veneuze ~.

pathologisch 1 ziektekundig, m.b.t. de ziektekunde; **2** ziekelijk, abnormaal, als tegenstelling tot fysiologisch.

pathologisch-anatomisch onderzoek *zie* PA-onderzoek.

pathologische anatomie de wetenschap omtrent vorm en samenstelling van zieke organen en weefsels; obsoleet begrip, gangbaar is 'pathologie'.

patholoog-anatoom deskundige op het gebied der pathologische anatomie.

pathopsychologisch m.b.t. de psychopathologie.

pathotropisme de affiniteit van farmaca voor zieke weefsels.

patiënt iemand die ziek is en in relatie tot een arts staat. · **cardiale ~** *zie* hart~. · **draaideur~** veelal chronisch psychiatrische patiënt die i.e. cyclus van kortdurende opnames en ontslagen in instellingen is beland.
· **geriatrische ~** oudere patiënt (>65 jaar) met aandoeningen van meerdere orgaansystemen. · **hart~** patiënt met een cardiovasculaire aandoening. · **immuungecompromitteerde ~** patiënt met verzwakte immunologische afweer. · **immuungedeprimeerde ~** verouderde term voor een individu bij wie het immuunsysteem om therapeutische redenen wordt onderdrukt.
· **index~** patiënt met een infectieuze aandoening bij wie een bron- en contactopsporing wordt verricht. · **lotus~** persoon die bij EHBO-onderricht of een rampengeneeskundige oefening als acteur de rol van patiënt simuleert. · **risico~** patiënt met een verhoogd risico op een bepaalde gebeurtenis. · **simulatie~** iemand die een ziekte nabootst voor onderzoeks- of onderwijsdoeleinden. · **vaat~** patiënt met hart- en vaataandoeningen (vaatziekten).

patiëntautonomie recht v.d. patiënt te beslissen over het al dan niet medisch behandelen.

patiëntbespreking *zie* casus.

patiëntbijsluiter *zie* bijsluiter.

patiëntendossier | elektronisch patiëntdossier (EPD) digitale opvolger v.h. traditionele medisch dossier, waarin naast alle gegevens van en informatie over de patiënt voor ziekenhuiszorg de registratie v.d. diagnose-behandelcombinatie (DBC) is opgeslagen.

patiëntenparticipatie het inbrengen van specifieke ervaringsdeskundigheid door patiënten of vertegenwoordigers van patiëntenorganisaties.

patiëntenrecht algemene benaming van rechten die personen hebben op basis v.h. feit dat zij patiënt zijn.

patiëntenserie *zie* case series.

patiëntgecontroleerde intraveneuze analgesie intraveneus pompsysteem voor toediening van krachtige analgetica door de patiënt zelf naar behoefte.

patient-intervention-control-outcome (PICO) *zie* PICO-methode.

patiëntjaren som v.d. observatieduur (deelname aan het onderzoek) in jaren van alle afzonderlijke deelnemende personen; bij het berekenen van incidentiecijfers maakt men hiervan gebruik als de observatieperioden v.d. onderzochte personen variëren i.e. cohortonderzoek met een langdurige follow-up.

patiëntligging *zie* ligging.

patiëntpresentatie met klachten de zorgverlener (arts) bezoeken.

patient's delay [E] vertraagd uitstel v.h. inroepen van hulp voor een klacht of ziekteverschijnsel, veroorzaakt door uitstelgedrag v.d. patiënt.

patiëntveiligheid het (nagenoeg) ontbreken van (de kans op) aan de patiënt toegebrachte schade die is ontstaan door het niet volgens de professionele standaard handelen van hulpverleners en/of door tekortkoming v.h. zorgsysteem.

patroclien overgeërfd of overervend v.d. vader.

patroonherkenning 1 het stellen v.e. diagnose op basis van herkenning zonder bewust (klinisch) redeneren; **2** bewerken en herkennen van beelden om klinische routinehandelingen te automatiseren of om beeldinformatie te kwantificeren.

patrooninterpretatie *zie* patroonherkenning.

pauciartritis ontsteking van slechts enkele gewrichten, i.t.t. polyartritis.

paucibacillair arm aan bacillen.

pauze stilstand, rustperiode. • **compensatoire** ~ hartpauze (verlengde diastole) na een atrioventriculaire extrasystole.

PAV *zie* vaatlijden | perifeer arterieel ~.

Pavlov | **pavlovmaag** een geïsoleerd gedeelte v.d. maag v.e. proefdier, waarvan het open einde i.d. buikwand is gehecht, zodat het maagsap naar buiten kan aflopen. • **pavlovreflex** *zie* voorwaardelijke reflex van ~. • **voorwaardelijke reflex van** ~ (VR) een door steeds herhaalde oefening tot een reflex geworden reactie op een prikkel die voordien niet deze reactie teweegbrengt.

pavor schrik, schriktoestand. • ~ **nocturnus** in paniek wakker worden, meestal vanuit diepe slaap, zonder droomherinneringen.

Payr | **teken van** ~ pijngevoeligheid bij druk op de mediale voetrand, bij veneuze trombose. • **ziekte van** ~ afknikking v.h. colon t.g.v. adhesies tussen colon transversum en colon descendens.

PBI (protein-bound iodine) obsolete methode om schildklierhormoon (feitelijk jodium) te meten in bloed of urine.

PB-lijsten lijsten van ingesproken fonetisch uitgebalanceerde woorden, afspeelbaar via een geluidsmedium, voor gebruik bij onderzoek naar gehoorscherpte voor gesproken woord.

p.c. (post cenam) na de maaltijd in te nemen (rec.).

PCA (patient-controlled analgesia) *zie* analgesie | patiëntgecontroleerde ~.

PCC percutane cervicale chordotomie.

PCI 1 (interventiecardiol.:) percutane coronaire interventie *zie* angioplastiek | percutane transluminale coronaire ~; **2** percutaneous catheter intervention; **3** (gastroenterol.:) pneumatosis cystoides intestinalis.

PCIA *zie* patiëntgecontroleerde intraveneuze analgesie.

PCL *zie* leukemie | plasmacel-~.

pCO$_2$ partiële koolzuurspanning.

PCP (*Pneumocystis carinii* pneumonia) *zie* pneumocystose.

PCR polymerase chain reaction *zie* reactie | polymerasekettting-~.

PCT *zie* postcoitumtest.

PDD-NOS (pervasive developmental disorder not otherwise specified) *zie* ontwikkelingsstoornis | pervasieve ~-sen.

PDGF *zie* factor | platelet-derived growth ~.

PDH-complex *zie* pyruvaatdehydrogenase.

PDS *zie* prikkelbaredarmsyndroom.

PDT *zie* fotodynamische therapie.

peak clipping [E] het binnen bepaalde grenzen houden v.h. geluid v.e. versterker i.e. hoorapparaat door alle trillingen boven een bepaalde uitslag niet door te laten.

peak expiratory flow (PEF) maximale stroomsnelheid v.d. lucht die kan worden bereikt tijdens een per seconde zo krachtig mogelijk geforceerde uitademing na een maximale inademing; uitgedrukt in liters per minuut.

péanklem *zie* klem | péanarterie-~.

peau de chagrin *zie* huid | chagrijn-~.

PEC *zie* percutane endoscopische jejunostomie.

pecten 1 kam; **2** de plaats i.d. anus waar het meerlagig epitheel met het cilinderepitheel grenst.

pectenbanden van Miles-Lord *zie* band | miles-lordpecten~en.
pectenitis ontsteking v.h. middelste derde deel v.d. canalis analis.
pectenose verharding en vorming v.e. uit fibreus weefsel bestaande harde band i.h. middelste derde deel v.d. canalis analis.
pectenotomie doorsnijding v.d. snoerende band bij pectenosis.
pectinatus kamvormig; vb. musculus pectinatus, ligamentum pectinatum.
pectine geneesmiddel dat de maagontlediging remt.
pectinealis tot het pecten (ossis pubis) behorend; vb. ligamentum pectineale.
pectineus tot de schaambeenkam behorend.
pectiniformis kamvormig.
pectoraal | sub~ onder de m. pectoralis, of tussen de twee musculi pectorales; vb. s-rale flegmone.
pectoralis tot de borst (pectus) behorend; vb. fascia pectoralis.
pectoris gen. van pectus (borst); vb. angina pectoris.
pectus borst. • **~ carinatum** thorax met het borstbeen naar buiten gekeerd. • **~ excavatum** ingedeukte thorax. • **~ gallinatum** *zie* pectus carinatum.
pedagogiek opvoedkunde. • **ortho~ 1** het opvoeden v.h. in ontwikkeling achtergebleven kind; **2** specialisatie i.d. pedagogiek die zich bezighoudt met de opvoeding v.h. kind met een stoornis of een beperking.
pedalis tot de voet behorend.
pedes planovalgi meervoudsvorm van pes planovalgus *zie* pes planovalgus.
pediater kinderarts.
pediatrie v.h. niet te verwarren met 'podiatrie' *zie* geneeskunde | kinder~.
pediculatus gesteeld; vb. granuloma pediculatum.
pediculicide luizen dodend.
Pediculoides een geslacht van mijten.
pediculose infestatie v.d. huid met bloedzuigende luizen; therapie: neurotoxische pesticiden (minder werkzaam door resistentie), benzylalcohol; NB: het syn. 'pthriasis' is niet te verwarren met 'pityriasis' (dermatose). • **pediculosis capillitii** infestatie met hoofdluis. • **pediculosis capitis** infestatie v.h. behaarde hoofd met *Pediculis pthirus*. • **pediculosis corporis** infestatie v.h. lichaam met luizen. • **pediculosis pubis** infestatie met *Pthirus pubis* (schaamluis, platjes). • **pediculosis vestimenti** infestatie v.d. kleren met luizen, of infestatie met kleerluizen.
Pediculus een geslacht van insecten v.d. orde *Anoplura*, bloedzuigende luizen. • *~ humanus var. corporis* luizensoort die *Borrelia-* en *Rickettsia-*soorten overbrengt. • *~ humanus var. capitis* zie *Pediculus pthirus*. • *~ pthirus* luizensoort die geen ziekten overbrengt. • *~ pubis* zie *Pthirus pubis*. • *~ vestimenti* zie *Pediculus humanus var. corporis*.
pediculus 1 (anat.) voetje, steel; **2** (microbiol.) *zie Pediculus*.
pedicure persoon die teennagels verzorgt, eelt op de voeten en likdoorns verwijdert.
pedigree *zie* stamboom.
pedikel secundaire uitloper van podocyt.
pedikels *zie* epitheelcelvoetjes.
pedionalgia epidemica *zie* acrodynie.
pedis gen. van pes = voet; vb. digiti pedis.
pedofilie parafilie, bestaande uit een seksuele voorkeur voor seksuele handelingen door een volwassene met kinderen.
pedum gen. mv. van pes (voet); vb. sudor pedum.
peduncularis 1 m.b.t. de pedunculus; **2** gesteeld.
pedunculus 1 steelvormige structuur; **2** vaatsteel. • **~ thalami caudalis** vezels tussen hypothalamus en thalamus.
PEEP (positive end-expiratory pressure) *zie* beademing | positieve eind expiratoire druk~.
peer group [E] groep van leeftijdsgenoten waarin een kind i.d. puberteit de persoonlijke, seksuele en sociale identiteit zoekt.
pees *zie* tendo, ligamentum. • **achilles~** *zie* tendo calcaneus. • **achilles~ontsteking** *zie* achillotendinitis.
peesdraden *zie* chordae tendineae.
peesontsteking *zie* tendinitis.
peesplastiek *zie* plastiek | tendo~.
peesschedepanaritium *zie* panaritium tendinosum.
peesverlenging operatieve verlenging v.e. pees ter verbetering v.d. functie.
peesverplanting *zie* transpositie | pees~.
PEF *zie* peak expiratory flow.
PEG 1 *zie* gastrostomie | percutane endoscopische ~; **2** polyethyleenglycol; **3** (obsol.) *zie* pneumo-encefalogram.
peilstationpraktijk huisartsenpraktijk die i.h. kader v.e. morbiditeitsonderzoek be-

paalde registraties uitvoert.
PEJ *zie* percutane endoscopische jejunostomie.
pélade [F] *zie* alopecia areata.
pelade | **pseudo~** groep haaraandoeningen met haarden van verlittekende alopecia die vervloeien en waarin vaak bundels van gezonde haren aanwezig blijven.
Pelger | **anomalie van ~-Huët** erfelijke vormafwijking van leukocytenkernen.
peliose *zie* purpura.
pella *zie* huid.
pellagroïd lijkend op pellagra.
pellen verwijderen (van keelamandelen).
pellicula huidje, vlies, plasmamembraan van protozoa.
pellucidus doorschijnend; vb. zona pellucida.
pelotte [F] langwerpig plastic voorwerp gebruikt als hulpmiddel i.d. gedragstherapeutische behandeling van vaginisme.
pelottedefect atrofische plek i.h. maagslijmvlies door druk v.e. tumor buiten de maag.
pelveoperitonitis ontsteking v.h. zich i.h. bekken bevindende deel v.h. buikvlies.
pelvicellulitis ontsteking v.h. bekkenbindweefsel.
pelvic floor *zie* bekkenbodem.
● **pelvic inflammatory disease** (PID) ontsteking i.h. kleine bekken waarbij de vrouwelijke voortplantingsorganen (baarmoederhals, baarmoederwand en/of eileiders) geïnfecteerd zijn. • **chronic ~** langdurige restverschijnselen v.e. acute PID, al dan niet behandeld, waarbij het fimbriele uiteinde van beide tubae zich a.g.v. de infectie sluit.
pelvicus tot het bekken (pelvis) behorend.
pelvien m.b.t. het bekken.
pelvimetrie het bepalen met een zgn. pelvimeter v.d. bekkendiameter(s) en vorm v.h. bekken, gewoonlijk v.h. vrouwelijk bekken i.v.m. een te verwachten baring.
pelvinus m.b.t. het bekken.
pelvioscopie endoscopisch onderzoek v.d. cavitas pelvis (bekkenholte).
pelviotomie 1 *zie* symfysiotomie; **2** opening v.h. nierbekken.
pelviperitonitis *zie* pelveoperitonitis.
pelvirectale ruimte ruimte rondom het anale kanaal tussen de ischiorectale ruimte en de uitwendige sfincter.
pelvis bekken, bestaande uit vier beenstukken: heiligbeen, darmbeen, schaambeen, zitbeen.
pemfigoïd 1 gelijkend op pemfigus; **2** blaarvormende auto-immuunziekte met vorming van antilichamen tegen de epidermale basale membraan, gepaard gaande met strak gespannen blaren op de huid en erosies op de slijmvliezen; de blaren liggen tussen epidermis en dermis; vb. bulleus pemfigoïd; **3** impetigo neonatorum. • **antilaminine-5-slijmvlies~** slijmvliespemfigoïd a.g.v. autoantilichamen tegen laminine 5. • **antiplectine~** bulleus pemfigoïd a.g.v. autoantilichamen tegen plectine.
• **bulleus ~** (BP) zeldzame chronische bulleuze auto-immuundermatose die verloopt in remissies en exacerbaties bij oudere n. • **cicatrificerend ~** *zie* slijmvlies~.
• **slijmvlies~** slijmvliesaandoening, gepaard gaande met erosies en littekenvorming op de slijmvliezen.
pemfigus blaarvormende auto-immuunziekte met vorming van antilichamen tegen de celbruggen v.d. stekelcellen i.d. epidermis. • **para~** *zie* pemfigoïd | bulleus ~.
• **pemphigus familialis benignus chronicus** zeldzame erfelijke jeukende dermatitis. • **pemphigus foliaceus** blaarvormende huidziekte, gepaard gaande met recidiverende ontwikkeling van korsten op huid.
• **pemphigus herpetiformis** op dermatitis herpetiformis gelijkende vorm van pemfigus, gepaard met ontwikkeling van circinaire vesikels en arciform erytheem.
• **pemphigus neonatorum** *zie* impetigo vulgaris. • **pemphigus tropicus** oppervlakkige bulleuze huidontsteking door stafylokokken i.d. tropen. • **pemphigus vegetans** vorm van pemphigus vulgaris met voorkeur voor de huidplooien met persisterende groeisels. • **pemphigus vulgaris** ernstige blaarvormende huidziekte, gepaard met recidiverende ontwikkeling van slappe blaren en erosies op huid en slijmvliezen. • **pemphigus vulgaris Hallopeau** zeldzame variant van pemphigus vulgaris, gepaard met nattende verruceuze vegetaties.
pemphigoides gelijkend op pemfigus; vb. lichen planus pemphigoides.
pemphigus *zie* pemfigus.
pen het langwerpig deel v.e. implantaat.
penalisatie (oogheelk.) tijdelijke afdekking v.h. goede oog ten gunste v.h. te behandelen (luie) oog.

pendulus hangend, afhangend; vb. cutis pendula, cor pendulum.

penetrantie het percentage van alle gendragers die fenotypisch kenmerken tonen.

penetratie 1 het binnendringen v.e. object in weefsel of holte; **2** (seksuol.) het inbrengen v.d. penis i.d. vagina of anus bij seksueel contact.

penetrerend doorborend tot i.e. lichaamsholte of een bloedvat; gezegd van bijv. schotwond, ulcus.

penicillinase door penicillinevaste bacteriën uitgescheiden enzym dat penicilline inactiveert.

penicilline antibioticum dat wordt geproduceerd door de penseelschimmel *Penicillium chrysogenum*. • **benzyl~** oudste penicillinesoort. • **~-G** zie benzyl~.

Penicillium saprofytair levend schimmelgeslacht v.d. groep *Ascomycetes*, waaruit verschillende antibiotica zijn bereid.

penicillus kwastje.

-penie achtervoegsel in woordverbindingen met als betekenis 'tekort', 'geslonken aantal', 'afgenomen concentratie'.

penis het uit drie zwellichamen en urethra bestaande mannelijk lid (membrum virile) met twee voorste (corpora cavernosa penis) en een achterste zwellichaam (corpus spongiosum penis); de eerst genoemde zwellichamen bevinden zich aan de bovenzijde v.d. penis, rechts en links v.d. mediaanlijn; zij vormen de eikel (glans penis), die geheel of gedeeltelijk wordt afgedekt door de voorhuid (preputium); het achterste zwellichaam omgeeft de urethra en vormt de penisschacht (corpus penis); de erectie v.d. penis is een hemodynamisch proces dat wordt aangestuurd door het autonome zenuwstelsel *zie* erectiestoornis. • **micro~** anatomisch normaal gevormde, maar te korte penis bij de neonaat. • **~ bifidus** zeldzame aangeboren afwijking waarbij de penis geheel of gedeeltelijk tweevoudig is aangelegd. • **~ palmatus** deformatie v.d. penis waarbij deze door de scrotumhuid is omsloten. • **ureter~** tepelvormig einde v.e. i.d. huid gehechte, verwijde ureter. • **webbed ~** [E] *zie* penis palmatus.

penisfractuur ruptuur van de tunica albuginea v.e. corpus cavernosum of v.h. corpus spongiosum penis.

penisinduratie van Peyronie *zie* ziekte van Peyronie.

peniskanker *zie* carcinoom | penis~.

penisnijd volgens Freud een bij jonge meisjes normaal voorkomende afgunst op de penis van jongens.

penispapillen *zie* papula | pearly penile papules.

penisplethysmografie | **nachtelijke** ~ onderzoek naar de etiologie van erectiestoornissen, waarbij d.m.v. een omtrekmeter gedurende de nacht zwelling (en soms rigiditeit) wordt geregistreerd.

penisschacht *zie* corpus penis.

penistoompje *zie* frenulum preputii.

penistumor *zie* carcinoom | penis~.

penisvacuümpomp symptomatische methode om de relationele gevolgen van erectiestoornissen te bestrijden, waarbij d.m.v. een kunststof koker waarin een pompje onderdruk genereert, bloed naar de zwellichamen wordt gezogen; de hiermee bereikte zwelling wordt gehandhaafd door het aanbrengen v.e. strakke elastische ring aan de penisbasis, alvorens de kunststof koker te verwijderen.

penitis ontsteking v.d. penis.

pennatus gevederd.

penopauze *zie* andropauze.

penoscrotaal m.b.t. penis en scrotum.

penseelvarices *zie* varix | bezemrijsvarices.

pentalogie syndroom, bestaande uit vijf symptomen of factoren. • ~ **van Fallot** (obsolete term) de vier defecten v.d. tetralogie van Fallot.

Pentastoma een geslacht van endoparasitaire, wormachtige *Arthropoda*.

pentosanen polysachariden met de formule $(C_5H_8O_4)_n$.

pentose een monosacharide, een enkelvoudige suiker met vijf C-atomen per molecuul.

pentosurie | **essentiële** ~ uitscheiding van xyleketose (een pentose) i.d. urine.

penumbra *zie* cerebrale penumbra.

PEP *zie* profylaxe | postexpositie~.

peplos het vliesachtige omhulsel van omhulde ('enveloped') virussen.

peppillen 'pillen' (of tabletten) met wekaminen.

pepsine proteolytisch enzym in maagsap.

pepsinogeen het inactieve voorstadium (zymogeen) van pepsine.

pepticus gepaard met verterende werking van maag- of darmsap; vb. ulcus pepticum.

peptidase hydrolyserend enzym i.d. dunne

darm, dat geen natieve eiwitten splitst, maar wel de door werking van proteïnase ontstane peptiden tot aminozuren afbreekt.

peptide verbinding van twee, drie, enz. aminozuren (resp. dipeptide, tripeptide, polypeptide); peptiden ontstaan als tussenproduct bij hydrolyse van proteïnen.
· **connecting** ~ zie C-~. · **C-**~ polypeptide dat een verbinding vormt tussen de A- en B-keten van insuline; beoordeling van C-peptideconcentratie i.h. plasma van belang bij bepaling insulineafgifte bij diabetici.
· **gastrine-inhiberend poly**~ (GIP) zie glucose-dependent insulinotropic poly-~. · **glucagon-like** ~**-1** (GLP-1) peptide afkomstig uit de wand v.h. maag-darmkanaal; vergroot de insulinerespons op een glucosestimulus en vertraagt de maagontlediging; wordt in gesynthetiseerde vorm gebruikt als geneesmiddel bij diabetes mellitus type 2. · **glucose-dependent insulinotropic poly**~ (GIP) vroegere benaming voor glucagon-like polypeptide-1; daarvoor ook wel 'gastric inhibitory polypeptide' genoemd, tegenwoordig obsoleet begrip. · **natriuretische** ~**n** peptidehormonen die worden vrijgemaakt in het hart als reactie op verhoogde wandspanning. · **oligo**~ peptide dat uit minder dan 20 aminozuren bestaat.
· **pancreaspoly**~ zie pancreatisch poly-~.
· **pancreatisch poly**~ (PP) uit 36 aminozuren bestaand polypeptide dat i.d. pancreas i.d. zogeheten PP-rijke eilandjes van Langerhans wordt gesynthetiseerd. · **parathyroïdhormoon-gerelateerd** ~ (PTHrP) stof die door sommige maligne tumoren wordt gevormd en die zich aan dezelfde receptor bindt als parathyroïdhormoon. · **poly**~ een proteïne die is samengesteld uit een aantal peptiden met de groep =CH.CO.NH.CH=.
· **signaal**~ eiwit aan de kop van polypeptideketen dat de route v.d. eiwitsynthese bepaalt. · **vasoactief intestinaal poly**~ (VIP) vasoactief p. dat i.d. darm wordt uitgescheiden.

peptidoglycaan verbinding van aminozuur, muraminezuur en N-acetyl-glucosamine, die i.d. vorm v.e. netwerk verantwoordelijk is voor de stevigheid v.d. bacteriewand.

peptisch 1 m.b.t. de spijsvertering; **2** m.b.t. pepsine-werking.

peptische zweer zie ulcus pepticum.

Peptococcus een tot de fam. *Micrococcaceae* behorend genus.

pepton oplosbaar mengsel van polypeptiden, die bij splitsing van eiwit ontstaan.

peptoniseren het omzetten van (onoplosbare) proteïnen in (oplosbare) peptonen.

peptonurie | **enterogene** ~ p. a.g.v. een darmziekte. · **hepatogene** ~ p. a.g.v. een leverziekte. · **nefrogene** ~ p. a.g.v. een nierziekte. · **puerperale** ~ p. bij kraamvrouwen. · **pyogene** ~ p. bij veretteringsprocessen.

Peptostreptococcus genus v.d. fam. *Lactobacillaceae*.

peraciditeit zie hyperaciditeit.

per anum via de anus.

percentiel (statistiek:) het punt (bijv. k) i.e. frequentieverdeling dat de percentielwaarde k aangeeft.

perceptie waarneming. · **achromatische** ~ onvermogen om kleuren te onderscheiden, kleurenblindheid. · **extrasensorische** ~ buiten- of bovenzintuiglijke waarneming.
· **selectieve** ~ de door eigen achtergrond en interesses bepaalde selectieve waarneming van informatie of processen.

perceptieverlies zie slechthorendheid | perceptie-~.

percoleren farmaceutische methode ter extractie van kruiden.

percussie diagnostische methode waarbij de arts door het bekloppen v.e. lichaamsdeel aan de hand v.d. zo verkregen percussietoon een indruk krijgen v.d. aard of hoedanigheid v.h. eronder liggende weefsel. · **auscultatie**- ~ p. waarbij de percussietoon tevens met een stethoscoop wordt beluisterd. · **bimanuele** ~ meest toegepaste percussiemethode, waarbij de linker middelvinger op het lichaam wordt gelegd en de gebogen rechter middelvinger als een hamer op de nagel v.d. linkermiddelvinger klopt. · **diepe** ~ p. met een zware vingerklop, waarbij de percussietoon mede door het dieper gelegen weefsel wordt gevormd. · **directe** ~ p. met een vinger rechtstreeks op het lichaam. · **indirecte** ~ p. met percussiehamer en plessimeter. · **ortho**~ percussiemethode waarbij geklopt wordt op de haakvormig gebogen middelvinger v.d. andere hand. · **palpatie**~ percussie waarbij de op het lichaam gelegde beklopte vinger tevens een tastindruk v.h. onderzochte lichaamsdeel krijgt.

percutane endoscopische colostomie (PEC) operatie waarbij d.m.v. endoscopie een verbinding tussen colon en de huid wordt aangelegd.

percutane endoscopische jejunostomie (PEJ) operatie waarbij d.m.v. endoscopie een verbinding tussen jejunum en de huid wordt aangelegd.

percutane katheterinterventie *zie* angioplastiek | percutane transluminale ~.

percutane nefrolitholapaxie (PNL) vergruizing van nierstenen i.d. blaas en verwijdering v.h. gruis d.m.v. een endoscoop.

percuteren onderzoeken d.m.v. percussie.

percutoir 1 d.m.v. percussie; vb. percutoir onderzoek; **2** vaststelbaar d.m.v. percussie; vb. percutoir vergrote lever.

perfectionisme psychische instelling van iemand die streeft naar een onbereikbaar hoog peil van gedrag of prestatie.

perforans doorborend, perforerend.

perforantectomie operatieve verwijdering v.e. perforerende vene (kan ook per scoop subfasciaal). • **subfasciale endoscopische** ~ verwijdering v.e. perforende vene waarbij via een incisie vlak onder de knie een endoscoop subfasciaal wordt ingebracht.

perforatie 1 het ontstaan v.e. gat i.d. wand v.e. hol orgaan; **2** operatieve ingreep (obsoleet) bij het ongeboren kind, waarbij een gat i.d. schedel wordt gemaakt om de schedel te verkleinen; **3** iatrogeen; vb. het doorboren v.d. uteruswand bij curettage. • **trommelvlies~** het ontstaan v.e. gat i.h. trommelvlies.

perforatieperitonitis ontsteking v.h. peritoneum na perforatie v.e. hol orgaan waardoor de inhoud daarvan i.d. buikholte is gekomen.

perforatus geperforeerd, doorboord; vb. substantia perforata.

perforerend doorborend.

perforerende venen *zie* venae perforantes.

perfunderen het verrichten v.e. perfusie.

perfusie 1 het toevoeren van vloeistof naar levend weefsel; **2** bloedtransfusie. • **hemo~** acute hemodialyse via een koolstofnier. • **long~** doorbloeding v.d. longen. • **myocard~** doorbloeding van hartspierweefsel. • **nier~** doorbloeding v.d. nier. • **regionale geïsoleerde** ~ doorspoelen v.e. arm of been met geneesmiddelen na isolatie v.d. bloedcirculatie en aansluiting hiervan op een hart-longmachine. • **re~** mechanisch of farmacotherapeutisch herstel van perfusie van weefsel dat van bloed verstoken is geraakt.

perfusie-ventilatieverhouding *zie* ventilatie-perfusieverhouding.

pergolide dopamineagonist met activerend effect op postsynaptische dopaminereceptoren.

peri- voorvoegsel in woordverbindingen met de betekenis 'rondom'.

periadenitis ontsteking v.h. weefsel rondom een klier. • ~ **mucosa necrotica recurrens** een op kinderleeftijd beginnende, onbehandelbare aandoening v.h. slijmvlies van mond en larynx, waarbij door onbekende oorzaak kleine ulcera ontstaan.

perianaal rondom de anus.

periangiitis 1 ontsteking v.h. weefsel rondom een bloed- of lymfevat; **2** ontsteking v.d. adventitia.

periangiocholitis ontsteking v.h. weefsel rondom galvoergangen of rondom de galcapillairen.

periangioom een rondom een bloedvat gelegen gezwel.

periaortitis ontsteking v.h. bindweefsel rondom de aorta.

periapicaal rondom de top v.e. tandwortel, bijv. p-ale ontsteking. • ~ **abces** *zie* abces | tandwortel~. • ~ **granuloom** *zie* granuloom | wortel~.

periappendicitis plaatselijke peritonitis rondom een ontstoken appendix.

periappendiculair rondom de appendix vermiformis; vb. periappendiculair abces. • ~ **infiltraat** *zie* infiltraat | appendiculair ~.

periaqueductaal grijs (PAG) grijze substantie, gelegen rondom het aqueduct i.d. hersenstam (aqueductus cerebri); induceert endogene pijnsuppressie tijdens stress door blokkade v.d. nociceptieve transmissie i.d. achterhoorn.

periaqueductal grey *zie* periaqueductaal grijs.

periarterialis periarterieel; vb. plexus periarterialis.

periarterieel rondom een slagader; vb. p-iële sympathectomie.

periarteriitis ontsteking v.d. buitenste lagen v.e. arterie en de naaste omgeving. • ~ **nodosa** *zie* periarteriitis nodosa.

periarticulair i.d. omgeving v.e. gewricht.

periartritis ontsteking i.d. omgeving v.e. ge-

wricht. • **periarthritis humeroscapularis** zie frozen shoulder.
periaxiaal rondom een axon.
peribronchiaal rondom een bronchus.
peribronchiolitis ontsteking i.d. omgeving v.d. bronchioli.
peribrose verzwering v.d. mediale of laterale oogheek.
peribuccaal rondom de mond.
pericard hartzakje. • **chylo~** uitstorting van chylus (lymfe) i.h. hartzakje. • **hemo~** bloeduitstorting i.h. hartzakje. • **hydro~** ophoping van sereus vocht i.h. hartzakje. • **hydropneumo~** aanwezigheid van vocht en gas i.h. hartzakje. • **pneumohemo~** de aanwezigheid van gas en bloed i.h. hartzakje. • **seropneumo~** zie hydropneumo~.
pericardectomie chirurgische verwijdering v.h. pericard.
pericardeffusie vocht i.h. hartzakje.
pericardempyeem zie empyeem | empyema pericardii.
pericardiaal m.b.t. het pericard; vb. pericardiaal geruis (bij pericarditis sicca).
pericardiaal wrijfgeruis NB: syn. 'wrijfgeluid' niet te verwarren met 'wrijfgeluid' = crepitatie zie geruis | pleuropericardiaal wrijf~.
pericardiacus m.b.t. het pericard.
pericardiëctomie operatieve verwijdering v.h. pericard.
pericardiotomie het incideren v.h. pericard.
◉ **pericarditis** ontsteking v.h. pericard, al of niet gepaard met vorming van exsudaat i.h. hartzakje of met fibrineuze verklevingen; men spreekt van harttamponnade als het hart in zijn pompfunctie wordt belemmerd (constrictieve pericarditis) door de ophoping van vloeistof i.d. pericardiale ruimte concentrische compressie v.h. hart ontstaat en het hart hierdoor niet meer kan uitzetten; hierdoor treedt forward failure op, daalt de bloeddruk (shock) en ontstaat ischemie v.h. hart. • **constrictieve** ~ zie pericarditis constrictiva. • **mediastino~** ontsteking van mediastinum en pericard. • ~ **adhaesiva** fibreuze verkleving v.h. pariëtale pericardblad met de omgeving. • ~ **adhaesiva externa** zie accretio pericardii. • ~ **adhaesiva interna** fibreuze verkleving v.h. pariëtale pericardblad met het viscerale. • ~ **constrictiva** pericardontsteking gepaard met fibrineuze verdikking rondom het hart. • ~ **exsudativa** p. met exsudaatvorming i.h. hartzakje. • ~ **externa** zie pericarditis adhaesiva. • ~ **fibrinosa** p. sicca met fibrineafzetting. • ~ **interna** zie pericarditis adhaesiva interna. • ~ **purulenta** etter vormende p. waarbij zich i.h. hartzakje etter ophoopt. • ~ **sicca** droge p., zonder exsudaatvorming, met ev. fibrineneerslag (p. fibrinosa). • **pleuro~** gelijktijdige ontsteking v.d. pleura en het pariëtale blad v.h. pericard.
pericardium zie pericard.
pericardwrijven ruw en ongelijkmatig wrijfgeruis met een systolische en diastolische fase dat kenmerkend voor pericarditis is.
pericarp omhulsel v.h. zaad, het rijpe vruchtbeginsel, de vruchtschil.
pericellulair 1 rondom een cel, rondom de cellen; 2 buiten de cellen; vb. p-re ruimte.
pericementitis zie periodontitis.
pericementum het bindweefsel tussen de tandwortel en het bot v.d. tandkas.
pericholangitis ontsteking i.d. omgeving v.d. galbuizen.
pericholecystitis ontsteking i.d. omgeving v.d. galblaas.
perichondraal m.b.t. het perichondrium; vb. p-drale ossificatie.
perichondritis ontsteking v.h. perichondrium. • **peristernale** ~ zie syndroom | tietze~.
perichondrium bindweefselvlies dat het kraakbeen omgeeft.
perichord de schede om de notochord (chorda dorsalis).
perichordaal rondom de notochord.
perichoroïdaal aan de buitenkant v.d. choroidea.
perichoroïdale ruimte lymferuimte tussen sclera en choroidea.
perichoroidealis perichoroïdaal; vb. spatium perichoroïdeale.
perichroom een zenuwcel waarin de tigroïde lichaampjes (lichaampjes van Nissl) over het hele cytoplasma verspreid zijn.
pericolitis ontsteking v.h. weefsel rondom het colon, d.w.z. v.h. peritoneum en het subperitoneale weefsel. • ~ **membranacea** vliezige p., gevolg van aanwezigheid v.e. Jackson-membraan.
pericolonitis zie pericolitis.
pericolpitis ontsteking v.h. weefsel rondom de vagina.
pericorneaal rondom de cornea.

pericoronair rondom een kroon v.e. tand of kies.
pericoronitis ontsteking v.h. tandvlees rondom een doorbrekende tandkroon.
pericoxitis ontsteking v.d. weefsels rondom het heupgewricht.
pericraniaal m.b.t. het pericranium.
pericraniitis ontsteking v.h. pericranium.
pericranium het periost aan de buitenkant v.d. schedelbeenderen.
pericystitis ontsteking v.d. weefsels rondom de urineblaas.
pericyten contractiele cellen aan de buitenkant v.d. basale membraan van bloedcapillairen.
peridectomie = peritomie.
perideferentitis ontsteking v.h. weefsel rondom een ductus deferens.
peridentitis *zie* periodontitis.
periderm *zie* epitrichium.
perididymis het geheel v.d. tunica vaginalis testis en de tunica albuginea.
perididymitis ontsteking v.d. perididymis.
peridiverticulitis ontsteking v.d. weefsels rondom een darmdivertikel.
periduodenitis ontsteking v.h. weefsel rondom het duodenum.
periduraal rondom of buiten de dura mater.
periëctomie *zie* peritomie.
perifeer aan de omtrek, aan de uiteinden.
perifeer vaatstelsel vaatstelsel i.d. extremiteiten, betreft zowel arteriën en venen als lymfebanen.
perifere chemosensor *zie* sensor | arteriële chemo~.
perifere facialisparalyse (PFP) *zie* facialisparalyse.
perifere weerstand weerstand die arteriële en veneuze systeem en het weefselcompartiment aan het stromend bloed bieden.
perifocaal rondom een focus; vb. p-cale ontsteking.
perifocale subepidermale splijting *zie* teken van Sheklakov.
perifocalis perifocaal; vb. dermatitis perifocalis, eczema perifocale.
perifolliculair rondom de haarfollikels.
perifolliculitis ontsteking v.h. weefsel rondom een haarfollikel.
perifrenitis ontsteking v.h. weefsel op en onder het middenrif.
periganglionair rondom een ganglion.
perigastrisch rondom de maag gelegen; vb. perigastrische klieren.

periglandulair rondom een klier.
perihepatitis · perihepatitis chronica hyperplastica langzaam verlopende ontsteking v.h. leverkapsel, met vorming v.e. dikke, witte bindweefsellaag over de lever.
perihilair rondom het hilum (meestal is bedoeld het longhilum); vb. p-re fibrose.
peri-implantitis ontsteking langs het grensvlak v.e. implantaat en de omgevende weefsels.
perikaryon het om de celkern gelegen cellichaam.
perilenticulair rondom de ooglens.
perilymfadenitis ontsteking v.h. weefsel rondom een lymfeklier.
perilymfangiitis ontsteking v.h. weefsel rondom de lymfevaten.
perilymphaticus 1 m.b.t. de perilymfe; vb. ductus perilymphaticus, spatium perilymphaticum; **2** rondom een lymfevat.
perimedisch met betrekking tot alle niet-medische beroepshandelingen i.d. periferie v.d. geneeskunde.
perimenopauze het enige jaren durende tijdvak waarin onzekerheid bestaat over het al dan niet definitief ophouden v.d. menstruatie.
perimeter toestel waarmee men de omtrek v.h. gezichtsveld kan bepalen.
perimetrie bepaling v.d. omtrek v.h. gezichtsveld.
perimetritis ontsteking v.h. perimetrium.
perimetrium het peritoneum dat de baarmoeder bekleedt.
perimetrosalpingitis ontsteking v.d. weefsels i.d. omgeving v.d. baarmoeder en de eileiders.
perimyelis 1 endosteum; **2** pia mater spinalis.
perimysiitis ontsteking v.h. perimysium.
perimysium bindweefsel dat een spierfascikel omgeeft.
perinataal m.b.t. de tijdsperiode kort voor en kort na de geboorte; vb. p-tale sterfte.
perinatologie de wetenschap betreffende het perinatale tijdvak.
perineaal m.b.t. het perineum; vb. p-eale prostaatectomie, hernia p-lis.
perinefritis ontsteking v.h. perinefrium.
perinefrium het bind- en vetweefsel rondom de nier.
perineocele hernia tussen rectum en prostaat c.q. tussen rectum en vagina.
perineometer een instrument waarmee de

sterkte v.d. contracties der perivaginale spieren kan worden gemeten.
perineotomie incisie v.h. perineum.
perineum het gebied dat is gelegen tussen de anus en de uitwendige geslachtsdelen; omvat alle structuren binnen de anale en urogenitale driehoeken.
perineurium bindweefselomhulling om een bundel zenuwvezels i.e. perifere zenuw. • ~ **internum** *zie* endoneurium.
perinucleair rondom een celkern.
perinucleaire hof lichte zone rondom de kern v.e. lymfocyt.
perinuclearis rondom de kern; vb. cataracta perinuclearis (c. rondom de lenskern).
periode 1 tijdvak; vb. perinatale periode; 2 regelmatig terugkerend; vb. menstruele periode. • **sinusrefractaire** ~ *zie* sinus-node recovery time.
periodicus in perioden zich herhalend; vb. febris periodica.
periodiek herhaaldelijk (cyclisch) terugkerend, na ongeveer gelijke intervallen.
periodieke onthouding (PO) methode van anticonceptie waarbij wordt gebruikgemaakt v.h. gegeven dat bevruchting slechts peri-ovulatoir mogelijk is en dat sperma i.h. vrouwelijk genitaal slechts beperkte overlevingsmogelijkheden heeft.
periodieke paralyse | hypokaliëmische ~ autosomaal dominant erfelijke aandoening, gekenmerkt door aanvallen van spierslapte.
periodontaal 1 i.d. omgeving v.e. gebitselement; 2 m.b.t. het periodontium.
periodontitis ontsteking v.h. periodontium; 2 (minder juist) parodontitis. • ~ **suppurativa** *zie* pyorroe | pyorrhoea alveolaris.
periodontium vlies v.e. tandwortel, bestaande uit alle bindweefselvezels die het tandcement verbinden met de wand v.d. tandkas.
periodontose degeneratie v.h. periodontium.
perioftalmitis ontsteking v.d. weefsels rondom het oog.
perionychium de huid rondom de nagel.
perionyx overblijfsel v.h. eponychium dat zich een eindje over de lunula uitstrekt.
perioptometrie *zie* perimetrie.
periorbita het periost v.d. beenderen die de oogkas vormen.
periorbitaal rondom de orbita.
periorificiaal rondom lichaamsopeningen; vb. p-iale lentiginosis.
periost het beenvlies dat de beenderen omhult.
periostaal m.b.t. het periost, uitgaande v.h. periost.
periostalis periostaal, vb. panaritium p-le.
periosteum alveolare periodontium.
periostitis ontsteking v.h. periost. • ~ **albuminosa** chronische beenvliesontsteking waarbij sereus vocht wordt geproduceerd, dat zich onder het beenvlies ophoopt.
• ~ **calcanei** ontsteking v.h. hielbeenperiost, gepaard gaand met achillodynie.
• ~ **dentalis** ontsteking v.h. periodontium.
• ~ **fibrosa** p. met fibreuze verdikking v.h. beenvlies. • ~ **haemorrhagica** p. met bloeduitstorting tussen het bot en het beenvlies.
• ~ **interna cranii** ontsteking v.h. endocranium. • ~ **non-suppurativa** *zie* periostitis albuminosa. • ~ **ossificans** periostontsteking met vorming van botweefsel. • ~ **ossificans van de metatarsalia** periostitis ossificans v.d. metatarsalia. • ~ **purulenta** acute p. met ettervorming. • ~ **serosa** *zie* periostitis albuminosa.
periostknop botvormingsknop, bestaande uit een bloedvat en begeleid door osteogene cellen en osteoclasten.
periostose abnormale beenproductie aan de oppervlakte v.e. bot.
peripancreatitis ontsteking v.h. weefsel rondom de pancreas.
peripapillair rondom een papil, i.h.b. rondom de discus nervi optici.
peripartaal bekkenpijnsyndroom *zie* bekkeninstabiliteit.
periphericus perifer, i.t.t. centraal.
periplast 1 cytoplasma, het protoplasma rondom de celkern; 2 een smalle hyaliene zone rondom een cel.
peripleuritis ontsteking v.h. weefsel tussen de pleura en de thoraxwand.
periporitis infectie v.e. eccriene zweetklier met *Staphylococcus aureus*.
periportaal rondom de vena portae.
periproctitis ontsteking v.h. weefsel rondom rectum en anus.
peripyema | peripyeem ophoping van etter rondom een orgaan of lichaamsdeel, bijv. een tand.
periradicolyse het losmaken v.e. zenuwwortel uit beknellend littekenweefsel.
periradiculair rondom een wortel, i.h.b. een tandwortel; vb. periradiculair abces.

perirectaal rondom het rectum.
perirenaal i.d. omgeving v.e. nier; vb. hydronephrosis perirenalis, perirenaal vet.
peririnaal i.d. omgeving v.d. neus.
perisalpingitis ontsteking i.d. omgeving v.e. tuba uterina.
perisigmoïditis ontsteking v.h. weefsel i.d. omgeving v.d. flexura sigmoidea.
perisinusitis ontsteking v.d. weefsels i.d. omgeving v.e. sinus.
perispermatitis ontsteking rondom de zaadstreng.
perisplenitis ontsteking v.h. weefsel i.d. omgeving v.d. milt.
perispondylitis ontsteking i.d. omgeving v.e. wervel.
peristaltiek wormachtige beweging v.h. maag-darmkanaal. • **hyper**~ peristaltiek zoals die voorkomt bij een darmobstructie, waarbij de darmen door contractie proberen de obstructie op te heffen.
peristaltisch m.b.t. de peristaltiek.
peristatisch m.b.t. de omgeving.
perisynoviaal rondom de synoviale membraan.
perisystolisch m.b.t. de perisystole, dus presystolisch.
peritectomie zie peritomie.
peritendineum de bindweefselschede rondom een pees.
peritendinitis zie tendovaginitis. • ~ **crepitans** zie tendovaginitis.
peritenoneum het losse bindweefsel rondom een pees.
peritenonitis ontsteking v.h. peritenoneum.
peritheel de uit platte epitheelcellen bestaande buitenste cellaag van kleinste bloed- en lymfevaten.
perithelioom (zeldzaam) gezwel, uitgaande v.d. peritheelcellen.
peritomie het wegsnijden v.e. strook v.h. bindvlies rondom het hoornvlies, gevolgd door cauterisering, ter behandeling van pannus.
peritoneale holte zie cavitas peritonealis.
peritoneale prikkeling prikkeling v.h. buikvlies t.g.v. een plaatselijke of uitgebreide ontsteking.
peritonealiseren een i.d. buikholte gemaakte operatiewond met peritoneum bedekken.
peritoneoscopie zie flexibele transgastrische ~. • **flexibele transgastrische** ~ (FTP) minimaal invasieve, endoscopische operatietechniek voor buikoperaties, per 2010 nog in experimentele fase verkerend.
peritoneum sereus vlies dat de wand v.d. buikholte bekleedt, zich v.a het mesenterium voortzet en een aantal buikingewanden omhult. • **hydropneumo**~ aanwezigheid van vocht en gas i.d. buikholte. • ~ **parietale** het gedeelte v.h. p. dat de wand v.d. buikholte bekleedt. • **seropneumo**~ zie hydropneumo~. • **spannings**~ de toestand die ontstaat als gassen na een perforatie v.d. darm i.d. buikholte geraken en niet kunnen terugstromen. • ~ **viscerale** het gedeelte v.h. p. dat de ingewanden omhult.
peritoniseren zie peritonealiseren.
peritonisme ziektebeeld met peritonitisachtige verschijnselen, i.h.b. défense musculaire.
peritonitis ontsteking v.h. peritoneum, buikvliesontsteking. • ~ **adhaesiva** p. waarbij verklevingen tussen darmen onderling en met andere buikorganen ontstaan. • **carcinosis peritonei** metastasering van carcinoomcellen via de peritoneale holte, al dan niet gepaard gaand met ontstekingsverschijnselen. • ~ **carcinomatosa** gebruikelijke term, maar bedoeld wordt 'carcinosis peritonei' zie carcinosis peritonei. • ~ **circumscripta** plaatselijk beperkte p. • ~ **diaphragmatica** ontsteking v.d. onderkant v.h. middenrif. • ~ **diffusa** over het hele buikvlies uitgebreide p. • **meconium**~ steriele buikvliesontsteking bij de pasgeborene. • ~ **exsudativa** p. met afscheiding van exsudaat. • ~ **purulenta** p. met ettervorming. • **scleroserende** ~ chronische buikvliesontsteking, waarbij fibrine wordt afgezet, die later georganiseerd wordt. • **starch** ~ [E] peritonitis door zetmeel-bevattend handschoenpoeder dat bij een buikoperatie i.d. buikholte is geraakt.
peritonsillair rondom de keelamandelen. • ~ **infiltraat** zie abces | peritonsillair ~.
peritonsillitis ontsteking v.h. losmazige peritonsillaire bindweefsel, zich vaak ontwikkelend tot een peritonsillair abces.
peritriche i.h. bezit van 'haren' (zweepdraden) rondom het gehele cellichaam.
peritroof rondom het voedsel; vb. peritrofe membraan.
peritubair rondom de tuba uterina).
peritubulaire vloeistof interstitiële vloeistof rondom de niertubulus.

periumbilicaal rondom de navel.
periungualis rondom de nagel; vb. onychia periungualis (= paronychia).
perivascularis rondom een vat, rondom de vaten; vb. capsula fibrosa perivascularis hepatis.
periventricularis buiten de ventriculus (cerebri).
periventricular lucency (PVL) [E] zone van opheldering op een CT-scan v.d. hersenen, gelokaliseerd rond de zijventrikel, vooral i.d. frontale hoorn.
perivertebraal rondom een wervel.
perivesicaal rondom de (urine-)blaas.
perivesiculair rondom een glandula vesiculosa (vesicula seminalis).
perivisceraal rondom de ingewanden.
perivitellinus rondom de dooier.
perkament geprepareerde dierenhuid.
perkamentknetteren het geluid dat men soms hoort bij pericarditis of bij een beenstuk dat van binnenuit is aangetast door een gezwel, zodat de beenwand zo dun als papier is geworden en bij betasting een perkamentachtig geluid maakt.
perlèche [F] 1 aandoening v.d. mondhoeken bij kinderen waarbij het epitheel opzwelt en barst; 2 ontsteking i.d. mondhoeken met vorming van ragaden.
perlinguaal via het tongslijmvlies; vb. perlinguale toediening v.e. geneesmiddel.
permanens blijvend, aanhoudend; vb. strictura permanens.
permeabel doordringbaar, doorgankelijk (v.e. membraan, een celwand enz.).
permeabiliteit doordringbaarheid, doorgankelijkheid.
permeabiliteitsvitamine *zie* vitamine P.
permeasen proteïnen (enzymen) die kleine moleculen kunnen transporteren (via celmembranen).
pernicieus verderfelijk, kwaadaardig; vb. pernicieuze anemie.
⊛ **pernicieuze anemie** (PA) chronisch progressieve macrocytaire, megaloblastaire anemie door vitamine-B_{12}-tekort o.b.v. een auto-immuunziekte.
perniciosa gebruikelijke afkorting van 'anaemia perniciosa' *zie* anemie | anaemia perniciosa.
pernio door koude ontstane, vrij scherp begrensde, roodpaarse verkleuring en zwelling v.d. acra, gepaard gaande met jeuk; treedt bijv. op bij winterhanden en wintervoeten.
perniosis aanwezigheid van perniones op verscheidene plaatsen op het lichaam.
perone kuitbeen (L.: fibula).
peronealis 1 m.b.t. de nervus peroneus; 2 aan de kant v.h. kuitbeen (fibula) gelegen.
peroneus m.b.t. het kuitbeen; vb. musculus peroneus, arteria peronea.
peroneusstimulator elektrisch apparaat ter prikkeling v.d. n. peroneus bij verlamming.
peroperatieve normothermie het behoud v.e. normale lichaamstemperatuur gedurende de operatie.
peroxidase enzym, bestaande uit een proteïne plus heem; katalyseert bij de weefseladhaling de overdracht v.e. actief zuurstofatoom in peroxiden naar een zuurstofacceptor. • **eosinofiele** ~ (EPO) enzym dat de vorming van hypochloorzuur uit peroxide en chloorionen stimuleert.
peroxidasereactie diepblauwe kleuring volgens Goodpasture van granula in leukocyten die uit het beenmerg stammen, ter onderscheiding van cellen van lymfatische origine.
peroxisoom bolvormige celorganel; vervult een rol i.d. lipidenstofwisseling.
perpendicularis loodrecht; vb. lamina perpendicularis.
perpetuus voortdurend; vb. pulsus irregularis perpetuus.
per primam intentionem *zie* intentio | sanatio per primam ~nem.
per rectum rectaal, via het rectum.
per secundam intentionem *zie* intentio | sanatio per secundam ~nem.
persen (verlosk.:) willekeurig inspanning v.d. zwangere i.d. uitdrijvingfase v.d. bevalling ter bespoediging v.h. uitdrijven v.d. foetus d.m.v. verhoging v.d. intra-abdominale druk.
perseveratie het telkens herhalen van eenzelfde woord of handeling, het blijven hangen aan een voorstelling of aan een woord. • **verbale** ~ (psychol.) stoornis i.d. gesproken taal, gekenmerkt door het voortdurend herhalen van dezelfde woorden, gedachten of onderwerpen.
persistens persisterend, blijvend; vb. cloaca persistens.
persistent hardnekkig, blijvend; vb. persistente astma.
persistent vegetative state [E] eindtoe-

stand na zeer ernstig hersenletsel waarin de vegetatieve functies normaal verlopen, afwisselend waken en slapen optreden, maar iedere reactie op de omgeving en gewilde motoriek ontbreken.

persisterend behouden blijvend, aanhoudend; vb. persisterend corpus luteum.

persisterende ductus arteriosus *zie* ductus | open ~ Botalli.

persisters [E] micro-organismen die niet worden aangetast door bacteriostatische substanties.

personalisatie disadaptieve denkwijze waarbij men ten onrechte de verantwoordelijkheid voor een negatief voorval op zich neemt.

persoonlijkheidsontwikkeling ontwikkeling van unieke combinatie van anatomische, fysiologische, psychische en sociale kenmerken die de persoonlijkheid v.e. individu bepalen.

persoonlijkheidsstoornis habituele gedragsstoornis op basis van langdurig storende persoonlijkheidskenmerken. • **antisociale** ~ ziekelijke antisociale persoonlijkheidsstoornis, gekenmerkt door slecht ontwikkelde en verstoorde sociale relaties en apert antisociale gedragspatronen. • **borderline** ~ vaag omschreven ziektebeeld, o.a. gekenmerkt door sterk gestoorde ik-functies, primitieve afweermechanismen, geringe frustratietolerantie, angsten, moeilijk invoelbare woede-uitbarstingen, meestal zonder psychotische verschijnselen. • **gespleten persoonlijkheid** verouderd synoniem v. 'schizofrenie' *zie* schizofrenie. • **multipele** ~ *zie* dissociatieve identiteitsstoornis. • **narcistische** ~ persoonlijkheidsstoornis waarbij iemand zichzelf voortdurend centraal i.d. aandacht plaatst van anderen, vooral vanuit grootheidsideeën over eigen kunnen, macht en schoonheid. • **obsessief-compulsieve** ~ persoonlijkheidsstoornis met patroon van preoccupatie met ordelijkheid, perfectionisme, beheersing van psychische en intermenselijke processen, ten koste van soepelheid, openheid en efficiëntie; begint in vroege volwassenheid en leidt o.a. tot overmatige organisatie van werk, waardoor eigenlijke doel uit zicht raakt, tot overdreven gewetensvol zijn, star zijn, niets weg kunnen gooien en niet kunnen delegeren.

persoonlijkheidstheorie theorie die vanuit een bepaald mensbeeld of perspectief tracht een verklarend concept v.d. persoonlijkheid te geven. • **humanistische** ~ theorie van Rogers waarin de aangeboren kracht v.e. organisme om zichzelf te ontwikkelen en te verwezenlijken, fundamenteel is.
• **leertheorie** ~ theorie die persoonlijkheid beschrijft als een geheel van waarneembare responsen op stimuli uit de omgeving.
• **psychodynamische** ~ theorie van Freud die bestaat uit drie samenhangende modellen die verschillende aspecten v.d. persoonlijkheid ontleden.

persoonsdosismeter dosismeter voor de stralingsdetectie van radiologisch werkers.

persoonsgebonden budget (PGB) budget dat ten behoeve v.d. dekking van zorgkosten aan een rechthebbende op basis v.e. zorgverzekering wordt toegekend en waarmee deze naar eigen inzicht zelf de noodzakelijke zorg kan inkopen.

persoonsjaren *zie* patiëntjaren.

persoonsmiskenning *zie* misidentificatie.

persoonsregistratie een samenhangende verzameling van op verschillende personen betrekking hebbende persoonsgegevens die langs geautomatiseerde weg wordt gevoerd of systematisch is aangelegd met het oog op een doeltreffende raadpleging van die gegevens.

perspiratie 1 *zie* transpiratie; **2** *zie* transpiratie. • **perspiratio insensibilis** het onmerkbare vochtverlies via de huid en met de uitgeademde lucht. • **perspiratio sensibilis** de waarneembare transpiratie.

perstans voortdurend, aanhoudend; vb. dermographia perstans. • **dermographia tarda et** ~ *zie* urticaria | mechanische ~.

Perthes | perthesdrainage ononderbroken afzuiging van pleuritisch exsudaat d.m.v. een waterstraalpomp.

pertrochantair door de trochanter heen, bijv. een p-re fractuur.

pertubatie doorblazing v.d. eileiders met lucht, ten einde ze doorgankelijk te maken en de kans op zwangerschap te vergroten.

pertussis infectieziekte vnl. bij kinderen, veroorzaakt door *Bordetella pertussis*.

perurethraal door de wand v.d. urethra heen; vb. ~ prostaatresectie.

pervasief doordringend, algemeen verspreid.

pervers afwijkend, i.d. regel bedoeld in seksueel opzicht.

perversie obsolete term voor 'driftmatige afwijking', i.h.b. een parafilie.

per vias naturales langs de natuurlijke wegen (bijv. het geboren worden, het defeceren).

pes voetstand(afwijking)en: pes equinus (spits~), calcaneus (hak~), varus/valgus/cavus (hol~), planus (plat~). • ~ **abductus** zie pes valgus. • ~ **adductus** voetstandafwijking waarbij de middenvoet en/of voorvoet in adductie staat. • ~ **anserinus** ganzenpootvormige peesplaat dicht onder de knie.
• ~ **arcuatus** zie pes cavus. • ~ **calcaneovalgus** meest voorkomende aangeboren voetstandafwijking; de enkel staat hierbij in extreme dorsiflexie, de achtervoet in valgus en de middenvoet in eversie en abductie.
• ~ **calcaneovarus** voetstandafwijking met een combinatie van hielvoet en een varusstand. • ~ **calcaneus** voetstandafwijking waarbij de voet maximaal omhoog gebogen is en alleen de hiel de grond raakt.
• ~ **cavovarus** voetstandafwijking met een combinatie van hakstand v.d. calcaneus en spitsstand v.d. voorvoet; hierbij maakt de middenvoet geen contact met grond. • ~ **cavus** voetstandafwijking waarbij de middenvoet verminderd contact met de grond heeft door o.a. diepstand v.d. metatarsalia.
• ~ **convexus** voetstandafwijking waarbij de voetzool bol (convex) is a.g.v. een talus verticalis. • ~ **equinovarus** voetstandafwijking waarbij de achtervoet in spitsstand staat en de voorvoet in varusstand. • ~ **equinus** voetstandafwijking waarbij de voet in plantaire flexie gefixeerd is. • ~ **excavatus** zie pes cavus. • ~ **gigas** aangeboren grote voet. • ~ **malleus valgus** voetstandafwijking met de combinatie van platvoet en hamerteen. • ~ **planovalgus** voetstandafwijking (platvoet). • ~ **planus** voetstandafwijking waarbij het lengtegewelf mediaal is verstreken. • ~ **transversoplanus** voetstandafwijking waarbij waarbij het voetgewelf in dwarse richting vlakker is dan normaal. • ~ **valgus** voetstandafwijking met de combinatie van platvoet en een pronatiestand v.d. calcaneus, waarbij de binnenrand v.d. voet de grond raakt. • ~ **varus** zie pes equinovarus.

PESA percutane epididymale sperma-aspiratie.

pes-planovalgusbandslapte slappe ligamentaire structuur i.d. voet met vergrote beweeglijkheid i.d. voetgewrichten.

pessarium 1 (gynaecol.:) zie pessarium occlusivum; 2 (chir.:) rond of ringvormig voorwerp van hard rubber, porselein of kunststof, voor symptomatische behandeling van prolaps van vagina of uterus.
• **intra-uterien** ~ anticonceptief pessarium dat i.d. baarmoeder wordt aangebracht en het zaadceltransport belemmert. • ~ **occlusivum** pessarium dat de toegang tot de uterus afsluit en dus contraceptief werkt.

pessimisme de neiging van alles een onprettige of zelfs slechte afloop te verwachten.

pest zoönose, verwekt door *Yersinia pestis*, vooral onder ratten en, bij nauw contact, via de rattenvlo op de mens overgaand. • **bos**zie **sylvatische** ~. • **hemorragische** ~ ernstige vorm van p. met bloedingen in huid en slijmvliezen. • **Siberische** ~ zie antrax. • **sylvatische** ~ pestinfectie onder wilde knaagdieren, i.h.b. in N.-Amerika en Z.-Afrika.
• **vogel~** zie vogelgriep. • **zwarte** ~ zie hemorragische ~.

pestikemie pestseptikemie.

pestilentie pestachtige epidemisch heersende ziekte met grote sterfte.

pestis zie pest.

pestvirus zie *Yersinia pestis*.

peta (P) 10^{15}.

-petaal achtervoegsel in woordsamenstellingen met als betekenis naar iets toegericht.

petechie puntvormige huidbloeding.

petiolus stam, staak, voetje.

Petit|laars van ~ laars met een dwarse spalk aan de achterzijde die een liggend been verhindert opzij om te vallen. • **petitfractuur** breuk i.h. trigonum Petiti.

petitmalvariant zie syndroom | lennox~.

petrificatie verkalking, verstening van weefsels of secreten of corpora aliena.

petrischaal platte, ronde glasschaal met deksel, gebruikt voor bacteriekweken.

petrissage vorm van massage waarbij het lichaamsweefsel wordt gekneed.

petrositis ontsteking v.h. rotsbeen (os petrosum).

petrosus 1 steenachtig; 2 m.b.t. het rotsbeen (pars petrosa ossis temporalis); vb. nervus petrosus, fossula petrosa, os petrosum.

peuter kind van 1-4 jaar (onder de kleuterleeftijd, maar geen zuigeling meer).

-pexie achtervoegsel in woordsamenstellingen met als betekenis 'fixatie', 'ophanging',

'aanhechting'.
PF (peak flow) *zie* peak expiratory flow.
Pfannenstiel | incisie volgens ~ dwarse snede door de buikwand, iets boven de schaambeharing. • **pfannenstielsyndroom** *zie* icterus neonatorum.
Pfeiffer, ziekte van ~ *zie* mononucleose | mononucleosis infectiosa.
Pfiesteria piscimorte toxische, eencellige alg met flagellen.
PFP (perifere facialisparalyse) *zie* facialisparalyse.
PG *zie* prostaglandine.
pg picogram = 10^{-12} gram.
PGA 1 pteroyl glutamic acid = foliumzuur; **2** prostaglandine A.
PGB *zie* persoonsgebonden budget.
PGD *zie* diagnostiek | pre-implantatiegenetische ~.
PGE prostaglandine E.
PGF prostaglandine F.
Ph² *zie* chromosoom | philadelphia-~.
pH waterstofionenconcentratie, genoteerd als negatieve logaritme van deze concentratie.
PHA (phytohaemagglutinin [E]) extract uit bonen; agglutineert erytrocyten.
phaco- *zie* faco-.
phaco-emulsification [E] *zie* faco-emulsificatie.
phagedaenicus m.b.t. phagedaena, invretend; vb. ulcus phagedaenicum.
phagedena geometricum *zie* pyodermie | pyodermia gangraenosa.
phago- *zie* fago-.
phakos *zie* lens.
phalacrosis *zie* alopecia.
phalanges mv. van phalanx.
phalangicus m.b.t. een vinger- of teenkootje.
phalanx *zie* falanx.
phallocampsis het i.e. bocht of hoek staan v.d. in erectie verkerende penis.
pharyngeus m.b.t. de farynx; vb. plexus pharyngeus, arteria pharyngea, ostium pharyngeum.
pharyngis gen. van Gr. pharynx.
pharyngobasilaris m.b.t. de farynx en de (schedel)basis; vb. fascia pharyngobasilaris.
pharyngotomia subhyoidea *zie* hyothyreotomie.
pharyngotubalis m.b.t. farynx en gehoorgang; vb. musculus pharyngotubalis.
phenylketonuria (PKU) [E] *zie* urie | fenylketon-~.
philtrum het verticale gleufje op de bovenlip tussen neus en lippenrood.
phimosis *zie* fimose.
phleb- voorvoegsel in woordsamenstellingen m.b.t. tot een ader of tot aderen.
phlebectasia *zie* flebectasie.
phlebitis *zie* flebitis.
phlebosclerosis *zie* sclerose | flebo-~.
phlebostasis *zie* flebostase.
phlebothrombosis *zie* trombose | flebo-~.
phlebotomia *zie* venasectie.
Phlebotomus geslacht kleine bijtende zandvliegen v.d. fam. *Psychodidae*. • ~ *argentipes* overbrenger van kala-azar in India. • ~ *papatasii* zandvlieg, overbrenger van pappatacikoorts. • ~ *sergenti* de belangrijkste overbrenger van huidleishmaniasis i.h. Midden-Oosten en India. • ~ *squamipes* overbrenger van huidleishmaniasis in Suriname en Brazilië. • ~ *verrucarum* de voornaamste overbrenger van oroyakoorts in Peru.
PHN *zie* neuropathie | postherpetische ~.
phonema gehoorshallucinatie waarbij stemmen worden gehoord die er niet zijn.
Photobacterium een geslacht bacteriën (v.d. fam. *Pseudomonadaceae*) die lichtgevende substanties produceren.
photonosus ziekte door te lange blootstelling aan intens licht, o.a. sneeuwblindheid.
phototaxis *zie* fototaxis.
PHPG *zie* glasvocht | persisterend hyperplastisch primair ~.
phren 1 het middenrif; **2** de psyche.
phrenicocolicus m.b.t. middenrif en colon; vb. ligamentum ph-cum.
phrenicolienalis m.b.t. het middenrif en de milt; vb. ligamentum ph-le.
phrenicopleuralis m.b.t. het diafragma en de pleura; vb. fascia ph-lis.
phrenicus m.b.t. het middenrif; vb. nervus ph-cus, arteria ph-ca.
phrynoderma een droge, bruine en schilferende huid met keratosis pilaris, a.g.v. vitamine-A-gebrek.
phthisis *zie* ftisis.
phyllodes bladvormig; vb. cystosarcoma ph.
phylum afdeling uit het dierenrijk, bestaande uit een of meer klassen.
phyma huidgezwel of -zwelling i.h. algemeen.
physician assistant (PA) uit de VS afkomstige functiebenaming v.e. zorgprofessio-

nal die de arts assisteert.

physocele *zie* fysocele.

phytobezoar *zie* fytobezoar.

phytomenadion vitamine K_1.

phytotrichobezoar *zie* fytotrichobezoar.

pia-arachnoidea pia mater en arachnoidea samen.

pia mater het vaatrijke, binnenste vlies v.d. drie omhulsels van hersenen en ruggenmerg. • ~ **encephali** de pia mater die het hersenoppervlak bekleedt.

pian • **pian bois** Franse naam voor cutane leishmaniasis v.d. Nieuwe Wereld.

pica neiging tot het eten van oneetbare stoffen.

Pick | **picksyndroom** kenmerkend vroeg symptoom bij pappatacikoorts: conjunctivale injectie met rode strepen tussen cornea en ooghoeken. • **pickhersenatrofie** atrofie v.d. frontale of temporale hersenschors, soms met erfelijk karakter, gekenmerkt door toenemende dementie, gedragsveranderingen en motorische verschijnselen.
• **pick-herxheimersyndroom** circumscripte idiopathische huidatrofie.

pico- (p) 10^{-12}; 1 picogram (1 pg) = 10^{-12} gram.

pico-DNA-virus *zie* virus | adenosatelliet~.

PICO-methode zoekmethode waarmee in wetenschappelijke literatuur gericht wordt gezocht aan de hand v.d. aspecten *patient, intervention, check* en *outcome* (PICO).

Picture Archiving and Communication System (PACS) computerprogramma waarmee digitale röntgenfoto's vanaf elke ziekenhuiscomputer kunnen worden opgevraagd.

PID 1 (gyn.) *zie* pelvic inflammatory disease; **2** patiëntidentificatienummer. • **chronische** ~ *zie* pelvic inflammatory disease | chronic ~.

piecemeal [E] bij stukken en brokken, stuksgewijs. • ~ **extirpation** [E] extirpatie bij stukken en brokken.

piedra schimmelziekte v.h. behaarde hoofd.
• ~ **alba** piedra met witte knobbeltjes aan de haren, verwekt door *Trichosporon cutaneum*.
• ~ **nigra** piedra met zwarte knobbeltjes aan de haren, inheems in Zuid- en Centraal-Amerika, verwekt door *Piedraia hortai*.
• ~ **nostras** p. v.d. baard.

Piedraia schimmel die zich als parasiet aan de haren hecht. • *- hortai* verwekker van *piedra nigra*.

piekeffect na toediening v.e. farmacon neemt het effect toe, bereikt een maximum en neemt daarna weer af.

piekeren (psychol.) stoornis i.d. inhoud v.h. denken, gekenmerkt door het aanhoudend bezig zijn met pijnlijke, onplezierige of onaangename gedachten.

piekgolfcomplex *zie* spikes and waves.

piepen (pulmonol.) bijgeruis bij longauscultatie met een hoogfrequent en continu karakter; vnl. gehoord bij astmapatiënten met een luchtwegobstructie.

piëzogeen afhankelijk v.d. uitgeoefende druk.

PIF (prolactin-inhibiting factor) *zie* hormoon | prolactine-inhibitoir ~.

pigment 1 kleurstof; **2** een gekleurde substantie in dierlijk of plantaardig weefsel.
• **autochtoon** ~ *zie* endogeen ~. • **bloed**~ hemoglobine en derivaten. • **endogeen** ~ door de lichaamscellen gevormd p. • **exogeen** ~ van buitenaf i.h. lichaam gedrongen gekleurde substantie (bij tatoeëring). • **gal**~ galkleurstoffen (vnl. bilirubine en biliverdine). • **hematogeen** ~ uit bloed of bloedpigment afkomstige kleurstof. • **hepatogeen** ~ galpigment, i.d. lever ontstaan uit bloed-pigment. • **melanotisch** ~ *zie* melanine. • **respiratoir** ~ pigment dat een functie heeft bij de oxidatieve ademing.

pigmentatie 1 aanwezigheid van pigment; **2** vorming of afzetting van pigment. • **de**~ verdwijning van pigment, afwezigheid van pigment. • **huid**~ het gepigmenteerd raken v.d. huid. • **hyper**~ *zie* pigmentverschuiving. • **hypo**~ vermindering, maar geen volledige afwezigheid van pigmentatie.
• **pigmentatio aurosa** *zie* chrysiase.

pigmentdysplasie *zie* incontinentie | incontinentia pigmenti.

pigmentofaag een fagocyt die pigment in zich opneemt, bijv. (bij malaria) de monocyten.

pigmentosus gepigmenteerd.

pigmentum pigment. • ~ **nigrum** het donkere pigment aan het binnenoppervlak v.d. choroidea.

pigmentverschuiving door ontsteking geïnduceerde vermindering of vermeerdering van pigmentatie v.d. huid.

PIH *zie* hormoon | prolactine-inhibitoir ~.

pijn onaangename sensorische en emotionele ervaring die in verband wordt gebracht met bestaande of dreigende weefselbeschadiging of wordt beschreven in termen van weefselbeschadiging; pijn is zowel een gewaarding (bewust worden v.e. prikkel die pijn veroorzaakt) als een emotionele ervaring. • **aangezichts~** (zenuw)pijn v.h. gelaat; meest karakteristieke vorm is trigeminusneuralgie; voorts bestaan atypische neuralgieachtige pijnen, vaak uitgaand van processen in kaakgewricht, tandwortels of spieren. • **achtergrond~** zie doorbraak~. • **asdruk~** pijn die gevoeld wordt als de onderzoeker i.d. richting v.d. lengteas op een bot drukt. • **aspecifieke buik~** pijn i.d. buikregio waarvoor na uitgebreid diagnostisch onderzoek geen oorzaak is gevonden. • **aspecifieke lage rug~** zie aspecifieke lage rugpijn. • **buik~** onaangename sensatie i.d. buik. • **centrale ~** pijn die samenhangt met de aanwezigheid v.e. proces of een letsel i.h. czs. • **clusterhoofd~** zie hoofdpijn | cluster-. • **doorbraak~** voorbijgaande verhoging van pijnintensiteit bij een continue achtergrondpijn bij kanker; wordt gekenmerkt door plotseling begin, hoge piekintensiteit (meestal na 3 minuten) en korte duur (gem. 30 minuten); gem. aantal episodes is 4/dag; drie vormen: 1) incidente pijn, a.g.v. specifieke aanleiding, bijv. beweging; 2) non-incidente ofwel spontane pijn, zonder relatie met specifieke activiteiten; 3) 'end-of-dose'-pijn, a.g.v. inadequate dosering van analgetica of een te lang doseerinterval. • **doorstoot~** zie dyspareunie. • **druk~** pijn door druk op een bepaald orgaan of weefsel, bijv. doordat het ontstoken of gekneusd (contusie) is. • **fantoom~** het geheel van verschijnselen bij geamputeerden die sensaties beleven i.h. geamputeerde lichaamsdeel alsof dit nog aan het lichaam zit. • **gerefereerde ~** pijn die uit dieper gelegen structuren afkomstig is en die wordt waargenomen op een deel v.h. lichaamsoppervlak dat daar relatief ver van verwijderd is; het huidgebied waar de pijn wordt gevoeld, wordt geïnnerveerd vanuit dezelfde ruggenmergswortel als de dieper gelegen structuur. • **groei-en** populaire benaming voor tijdens de groeiperiode in armen en benen voorkomende pijnen. • **honger~** pijn bij lijders aan ulcus duodeni, als hun maag leeg is. • **hoofd~** pijn i.h. hoofd, i.h.b. waargenomen binnen i.d. schedel; vormt samen met lage rugpijn de belangrijkste pijnklacht waarmee de huisarts wordt geconfronteerd. • **incident~** zie doorbraak~. • **ischemische ~** pijn die optreedt na prikkeling van specifieke nociceptoren die gevoelig zijn voor ischemie, o.a. i.h. hart. • **keel~** zie keelpijn | acute ~. • **kleerhanger~** krampende pijn i.d. schouder- en nekspieren die verdwijnt bij liggen. • **klop~** pijn bij beklopping v.e. bepaald orgaan of weefsel. • **kweek~** pijnlijke uterus bij afname van weefsel voor een kweek. • **lage rug~** zie aspecifieke lage rugpijn. • **lenden~** pijn i.d. zij; het berusten op afwijkingen van nieren of urinewegen. • **loslaat~** het verschijnsel bij appendicitis dat de patiënt pijn voelt op het ogenblik waarop de onderzoeker die een vinger op het drukpunt van McBurney gedrukt houdt, deze vinger opheft. • **luier~** tekenen van pijn bij de zuigeling met poliomyelitis als men deze een schone luier aandoet en daarbij de wervelkolom buigt; wijst op meningeale prikkeling (ontsteking). • **midden~** kortdurende pijn midden tussen twee menstruaties, bij het barsten v.e. eifollikel (ovulatie), waarbij het peritoneum wordt geprikkeld. • **myofasciale ~** zie fibromyalgie. • **neurogene ~** pijn die ontstaat door een proces i.h. czs of door onnatuurlijke activatie v.e. zenuw of plexus. • **opstoot~** pijnlijke uterus bij aanraking door toucherende vinger. • **paravertebrale druk~** bij een radiculopathie optreedende lokale pijn met uitstraling die optreedt wanneer men paravertebraal druk uitoefent op de uittredeplaats v.e. zenuwwortel. • **pariëtale ~** scherpe, gelokaliseerde pijn die toeneemt bij beweging en wijst op peritonitis. • **precordiale ~** pijn i.h. hartstreek (precordium). • **pseudoradiculaire ~** diffuus vanuit de rug uitstralende pijn i.d. (meestal onderste) extremiteiten, vaak tendomyogeen van aard en zonder onderliggende wortelcompressie. • **psychogene ~** pijn zonder evidente somatische oorzaak waarbij psychogene factoren een (veronderstelde) rol spelen. • **pulserende ~** kloppende pijn. • **radiculaire ~** pijn i.h. gebied v.e. spinale zenuwwortel, veroorzaakt door compressie of ontsteking van deze zenuwwortel, verergerend bij intrathecale drukverhoging, bij directe druk paravertebraal of bij provocatietesten. • **referred pain** zie gerefereerde ~. • **retrosternale ~** pijn achter het borstbeen. • **rust~** situatie waarin patiënten met chronische arteriële insufficiën-

tie ook in rust pijnklachten hebben.
• **spier**~ *zie* myalgie. • **start**~ gelokaliseerde pijn in spieren en gewrichten bij aanvang van beweging die na 5 à 10 minuten verdwijnt; de pijn is heviger naarmate de voorafgaande periode van rust langer was; geassocieerd met artrose van gewrichten; soms in combinatie met startstijfheid.
• **stomp**~ *zie* fantoom~. • **tangentiële druk**~ door knijpen opgewekte pijn aan de metacarpofalangeale gewrichten. • **verschietende** ~ pijn die regelmatig van locatie verandert. • **viscerale** ~ vaag gelokaliseerde pijn a.g.v. rek of trek op de darmwand of op kapsels van solide organen. • **wortel**~ uitstralende pijn i.h. gebied v.e. spinale zenuwwortel, veroorzaakt door compressie of ontsteking van deze zenuwwortel.

pijnsymbolie toestand waarin pijn wel wordt waargenomen terwijl de psychische reactie erop uitblijft.

pijnbeleving individuele ervaring van pijn.

pijnbestrijders *zie* analgetica.

pijnbestrijding medicamenteuze en niet-medicamenteuze maatregelen om de pijngewaarwording te onderdrukken of te verminderen; bijv. d.m.v. NSAID's, opiaten, operaties en psychotherapie.

pijndrempel de grenswaarde v.e. (pijnverwekkende) prikkel waarboven wel en waaronder geen pijn wordt gevoeld.

pijnmediator stof die vrijkomt bij weefselbeschadiging en een rol speelt bij de pijngewaarwording (via sensibilisatie of excitatie van bepaalde vrije zenuwvezeluiteinden); bradykinine, histamine, serotonine, kaliumionen of prostaglandines.

pijnperceptie *zie* pijnbeleving.

pijnstilling *zie* pijnbestrijding.

pijntje betrekkelijk geringe pijn die men als goed draaglijk ervaart en veelal als zodanig accepteert.

pijntolerantiedrempel de grenswaarde v.e. (pijnverwekkende) prikkel waarboven de pijn niet meer wordt verdragen.

pikuur *zie* injectie.

pil 1 geneesmiddel i.d. vorm v.e. tablet, dragee of capsule; 2 'de pil' = populaire benaming voor orale anticonceptiva (anticonceptiepil) voor de vrouw. • **abortus**~ behandeling ter vroegtijdige (<7 wkn.) afbreking v.e. zwangerschap. • **chip**~ oraal toe te dienen micro-elektronisch meetapparaatje i.e. afgeronde, gladde uitvoering (<ca. 10 mm). • **combinatie**~ geneesmiddel met meerdere werkzame bestanddelen die elkaar versterken of aanvullen. • **driefasen**~ anticonceptiepil die een geleidelijke verhoging v.h. progestageen en soms aanpassing v.d. oestrogeenconcentratie in drie stappen bewerkstelligt. • **maagden**~ zetpil die een halfuur na inbreng i.d. vagina rood gekleurd slijm afgeeft. • **mannen**~ oraal anticonceptivum voor mannen waarbij de werking berust op hormonen die i.h. bloed worden gebracht en de aanmaak van sperma stopzetten. • **mini**~ anticonceptiepil met lage dosering progestageen. • **morning-after**~ hormoondosis die na een onbeschermd seksueel contact wordt toegediend als noodanticonceptie. • **plak**~ *zie* transdermale geneesmiddeltoediening.
• **poly**~ pil met werkzame bestanddelen tegen verscheidene (volks)ziekten die profylactisch, zonder diagnostiek en i.e. lage dosering wordt toegediend aan een bep. risicogroep. • **prik**~ anticonceptie d.m.v. injectie v.e. depot progestativa. • **sequentie**~ anticonceptiepil die i.d. eerste helft v.d. pilcyclus alleen oestrogenen bevat, en i.d. tweede helft oestrogenen combineert met progestagenen. • **step-up**~ anticonceptiepil v.h. combinatietype waarbij het progestageengehalte i.d. tweede helft v.d. pilcyclus hoger is. • **tweefasen**~ anticonceptiepil waarbij de oestrogeen- en progestageendosis in twee perioden binnen één cyclus verschillend is. • **zet**~ geneesmiddeltoedieningsvorm, toegepast wanneer orale medicatie ongewenst of onmogelijk is (slikproblemen, braken, convulsies, coma enz.) of wanneer een lokaal effect in rectum en colon wordt gewenst en daarbij opname i.h. bloed onnodig/minder wenselijk is (laxantia, aambeien, proctitis enz.).

pilaris v.h. haar, op een haar lijkend; vb. keratosis pilaris, ulerythema pilare. • **keratosis** ~ *zie* keratose | keratosis follicularis.

pili 1 haren; 2 mv. van pilus. • ~ **anulati** erfelijke afwijking v.h. haar met daarop lichte en donkere ringen zonder pigmentanomalie. • ~ **bifurcati** *zie* pili multigemini. • ~ **incarnati** kort omgebogen haren die met de top de huid weer binnendringen en er een vreemdlichaamsreactie teweegbrengen.
• ~ **multigemini** meerdere haren groeien uit één papil en hebben elk een eigen haar-

schacht. • ~ **moniliformes** haren met spoelvormige zwellingen, afgewisseld door donker gekleurde insnoeringen. • ~ **torti** zeldzame aangeboren afwijking van haren waarbij deze gedeeltelijk zijn afgeplat en om hun lengteas zijn gedraaid. • ~ **trianguli et caniculi** haarschachtafwijking met in doorsnede driehoekige vorm.

pilobezoar *zie* trichobezoar.

pilomatrixoom *zie* epithelioom | epithelioma calcificans.

pilomotorisch de haren bewegend.

pilonidalis gepaard met ingestelde haren, haren bevattend; vb. sinus pilonidalis.

pilonidal sinus [E] *zie* sinus pilonidalis.

pilon tibial distale tibiaplateau.

pilorum vb. noduli laqueati pilorum.

pilose overmatige of abnormale beharing.

pilosus behaard; vb. naevus pilosus.

pilula pil.

pilus haar.

pimelosis *zie* vetzucht.

PIN *zie* neoplasie | prostate intra-epitheliaal neoplasia.

pincet tangetje. • **anatomisch** ~ tangetje met afgeronde platte uiteinden. • **chirurgisch** ~ tangetje met scherpe tandjes aan de uiteinden. • ~ **van Cornet** pincet met gekruiste armen, om dekglaasjes te hanteren.

pincetgreep het opponeren van duim en wijsvinger.

pinch graft [E] transplantatie van stukjes huid van ongeveer $^1/_2$ cm diameter.

pineaal m.b.t. de glandula pinealis (pijnappelklier).

pinealisme ziekte t.g.v. stoornis i.d. secretie v.h. corpus pineale.

pinealocyt cel uit de glandula pinealis, produceert melatonine.

pinealoom goedaardige tumor die uitgaat v.h. corpus pineale.

pineocytoom *zie* pinealoom.

pinguecula een kleine gelachtige verheffing v.d. conjunctiva dicht bij de hoornvliesrand, gewoonlijk aan de nasale kant.

pink digitus minimus manus [L].

pink eye [E] conjunctivitis, veroorzaakt door de Koch-Weeks-bacil.

pink puffer verouderd begrip als tegenhanger van *blue bloater*.

pinna *zie* auricula.

pinocyt een macrofaag die weefselvloeistof opneemt en verteert.

pinocytose het opnemen van exogeen vloeibaar materiaal i.e. cel.

pinta niet-venerische treponematose, veroorzaakt door *Treponema carateum*.

PIP 1 (anat.) *zie* gewricht | proximaal interfalangeaal ~; **2** (pulmonol.) plasmacellulaire interstitiële pneumonie.

PIP-2 *zie* fosfatidylinositolbisfosfaat.

pipet buisvormig glazen instrument waarmee een nauwkeurig afmeetbare hoeveelheid vloeistof kan worden opgezogen voor kwantitatieve analyse.

piramidaal m.b.t. een piramidebaan; vb. piramidale verschijnselen, piramidale paraparese, piramidale dysartrie.

piramide 1 (neuroanat.) uitpuiling v.h. verlengde merg ter plaatse v.d. piramidebaan; **2** nierpiramide.

piramidecellen | basale piramideceluitlopers aan de basishoeken v.d. piramidecellen v.d. hersenschors ontspringende korte dendrieten alsmede het ook aan de basis ontspringende axon.

piramidekruising decussatie onder de piramide waar de vezels v.d. linker en rechter piramidebanen de mediaanlijn kruisen en vervolgens als piramide-zijstrengbaan i.h. ruggenmerg omlaag lopen.

piriformis peervormig; vb. apertura piriformis.

piroplasma *zie* Babesia.

pirosoma *zie* Babesia.

pisbuis *zie* urethra.

pisiformis erwtvormig; vb. os pisiforme.

pisohamatus m.b.t. os pisiforme en os hamatum; vb. ligamentum pisohamatum.

pisometacarpale m.b.t. os pisiforme en metacarpus; vb. ligamentum pisometacarpale.

pistol-shot pulse [E] plotselinge uitzetting en samenvalling v.d. polsarterie bij het passeren v.d. polsgolf.

pitch fork [E] het röntgenbeeld v.d. darm bij invaginatie.

pitting [E] het maken v.e. kuil(tje).

pituïcyten spoelvormige cellen die het hoofdbestanddeel uitmaken v.d. pars nervosa v.d. hypofyse.

pituïcytoom gezwel v.d. hypofyseachterkwab, uitgaande van pituïcyten.

pituïtair m.b.t. de glandula pituitaria (= hypofyse).

pituïtaire hormonen *zie* hypofysehormonen.

pituitarius slijm voortbrengend. • **glandula**

pituitaria *zie* hypofyse.
pituitosus slijmig; vb. sputum pituitosum.
pityriasiformis pityriasis-achtig, lijkend op pityriasis.
pityriasis dermatose met fijne schilfering. · ~ **alba** ronde, fijn schilferende haarden i.h. gezicht of op de armen bij kinderen. · ~ **amiantacea** asbestachtige schilfering v.d. hoofdhuid waarbij de grove schilfers vast zitten aan de haren en meegroeien. · ~ **capitis** diffuse schilfering v.h. behaarde hoofd; wordt wel beschouwd als een 'minor' variant van eczema seborrhoicum, ofschoon het in tegenstelling hiermee een niet-inflammatoir proces is. · ~ **lichenoides chronica** chronische dermatitis met rode papels en vlekken, verspreid over romp en ledematen, met vast aangehechte schubjes. · ~ **lichenoides van Mucha-Habermann** vasculitis v.d. huid met roze papels en necrose, waarna varioliforme littekens achterblijven. · ~ **capillitii** *zie* pityriasis capitis. · ~ **circinata** *zie* pityriasis rotunda. · ~ **lichenoides et varioliformis acuta** *zie* parapsoriasis guttata acuta. · ~ **rotunda** scherp omschreven ronde plek(ken) met ichtyosiforme schilfering zonder inflammatie. · ~ **rosea** op romp, bovenarmen en benen symmetrisch gelokaliseerde dermatose, bestaande uit medaillon-achtige ovale plaques. · ~ **rubra pilaris** zeldzame, chronische huidaandoening met sterk schilferende, lichtrode papels. · ~ **simplex faciei** *zie* pityriasis alba. · ~ **versicolor** oppervlakkige gistinfectie v.d. huid door *Malassezia furfur*.
Pityrosporum een genus v.d. fam. *Cryptococcaceae*. · ~ *orbiculare* meestal symptoomloze bewoner v.d. huid; verwekt soms pityriasis versicolor. · ~ *ovale* normale bewoner v.d. hoofdhuid.
PIVKA (protein induced by vitamin-K absence) inactieve voorstadia v.d. stollingsfactoren II, VII, IX en X die i.d. bloedbaan vrijkomen wanneer de synthese niet kan worden voltooid door vitamine-K-gebrek.
pixel tweedimensionale digitale meeteenheid die overeenkomt met een vierkant stukje als weergave van weefsel op een planaire opname.
PKU (phenyl ketonuria) *zie* urie | fenylketon~.
plaatje *zie* trombocyt.
plaatselijke verdoving *zie* anesthesie | lokale ~.
plaatverdunningsmethode telmethode voor bacteriën waarbij verdunningen v.e. bacteriecultuur in agar op platen worden gebracht.
placebo geneesmiddel of interventie in vorm volledig gelijk aan te onderzoeken middel resp. interventie, maar waarin het werkzame deel bewust is weggelaten.
placebo-effect werking v.e. toegediend medicament of een interventie die niet kan worden verklaard op basis v.e. pathofysiologisch of farmacodynamisch model.
placenta het uit trofoblast en uterusslijmvlies ontstane verbindingsorgaan tussen moeder en foetus. · ~ **accessoria** een v.d. eigenlijke p. gescheiden liggend stukje 'bijplacenta'. · ~ **accreta** vastzittende placenta waarvan de chorionvlokken de uterusspier zijn binnengegroeid. · ~ **bipartita** een uit twee onderling verbonden delen bestaande placenta. · ~ **circumvallata** p. met een verlaagd centrum en een wal-vormige rand. · ~ **increta** *zie* placenta accreta. · ~ **marginata** met een rand omgeven placenta. · ~ **membranacea** dunne, vlakke, zich soms over uitspreidende p. · ~ **praevia** vóórliggende placenta, zodat de inwendige baarmoedermond geheel of gedeeltelijk wordt bedekt. · ~ **pseudomarginata** p. marginata bij extramembraneuze zwangerschap. · ~ **spuria** een p. accessoria zonder bloedvaatverbinding met de echte placenta. · ~ **succenturiata** een bijplacenta met bloedvaatverbinding naar de hoofdplacenta. · ~ **velamentosa** p. waarbij de navelstreng niet aan de p. maar ergens op de vliezen inserteert.
placentair m.b.t. de placenta.
Placentalia de afdeling v.d. zoogdieren die hun embryo's via een placenta voeden.
placentatie de ontwikkeling en de wijze van aanhechting v.d. placenta.
placentaverwijdering | manuele ~ (MPV) het met de hand verwijderen v.d. placenta die tijdens de partus i.d. uterus blijft vastzitten.
placentitis ontsteking v.d. placenta.
placentoom gezwel dat zich uit een i.d. baarmoeder achtergebleven stuk placenta ontwikkelt.
placidoschijf keratoscoop.
placode een v.d. verdikte plaatsen v.h. ectoderm bij het embryo, waaruit zich een zin-

tuigorgaan zal gaan ontwikkelen.
plagiocefalie scheefhoofdigheid, gevolg van ongelijkmatige verbening v.d. schedelnaden rechts en links.
plakinen substanties in bloedplaatjes met lytische werking op micro-organismen.
plana vr. van planus (vlak); vb. cornea plana.
planair (radiologie:) tweedimensionaal,.
planigrafie *zie* tomografie.
plankjesmethode meetmethode voor beenlengteverschil.
planocellularis planocellulair, uit vlakke cellen bestaande; vb. carcinoma planocellulare.
planocyt *zie* cel | zwerf~.
planta 1 plant; 2 voetzool.
plantair v.d. (voet)zool uitgaande.
plantaris plantair, i.d. richting v.d. zool, m.b.t. de planta pedis.
planum 1 lichaamsvlak; **2** (verloskunde:) niveau tot waar het voorliggend kinderdeel i.h. bekken is ingedaald.
planus vlak, plat; vb. pes planus, cornea plana, os planum.
plaque oppervlakkige verhevenheid van 2 tot 10 mm diameter. • **atherosclerotische** ~ laesie i.d. arteriewand, bestaande uit een brij van celmateriaal met neerslag van kalk en vettige substanties zoals cholesterol. • **fibreuze** ~ i.h.a. vrij scherp begrensde, plaatvormige bindweefselverdikking. • **instabiele** ~ plaque met een grote kern van lipiden en een dunne kap van bindweefsel. • **muceuze** ~ *zie* plaque muqueuse. • **mucine**~ plaatselijke afzetting van mucine, bijv. bij pretibiaal myxoedeem. • ~ **lisse** [F] afwijking v.h. (mond)slijmvlies als symptoom van secundaire syfilis. • ~ **mère** [F] eerste, solitaire huidmanifestatie, bijv. van pityriasis rosea. • ~ **muqueuse** [F] afwijking v.h. (mond)slijmvlies als symptoom van secundaire syfilis. • ~**s dentales** [F] afgezette voedselresten of het tandoppervlak die een massa vormen waarin bacteriën zich vermenigvuldigen. • **seniele** ~ ophoping van bèta-amyloïd eiwit, omgeven door een krans van pathologische veranderde zenuwuitlopers.
plasbuis *zie* urethra.
-plasie achtervoegsel in woordsamenstellingen m.b.t. de vorming, het ontstaan.
plasklachten *zie* urie | dys~, mictie | bemoeilijkte ~.
plasma 1 bloedplasma; 2 lymfevloeistof;

3 cyto- of protoplasma. • **citraat**~ p. verkregen door het afgenomen bloed onmiddellijk met citraat te mengen en aldus onstolbaar te maken. • **cyto**- protoplasma v.d. cel buiten de kern, ten onderscheid van karyoplasma. • **nucleo**~ *zie* karyoplasma. • **oxalaat**~ plasma dat door toevoeging van oxalaat onstolbaar is gemaakt. • ~-**Ac-globuline** bloedstollingsfactor V = proaccelerine. • **pool**~ van verschillende donoren afkomstig plasma dat is vermengd. • **vers bevroren** ~ (VBP) toedieningsvorm van stollingsfactoren d.m.v. kort na bloedafname en celscheiding ingevroren donorplasma.

plasmaal een fosfatide waarin een vetzuuraldehyde (i.p.v. vetzuur) gebonden is aan glycerine.
plasmabicarbonaat concentratie bicarbonaat (HCO_3^-) i.h. plasma; maakt deel uit v.h. bicarbonaatbuffersysteem.
plasmacellulair gepaard met vermeerdering van plasmacellen; vb. p-re pneumonie.
plasmacomponent bloedproduct dat wordt gebruikt bij de ondersteuning van verworven hemostasedefecten.
plasmacytoom *zie* plasmocytoom.
plasma-eliminatiehalveringstijd (farmacokinetiek:) tijdsduur waarin de plasmaconcentratie v.e. stof tot de helft v.d. waarde daalt; NB: syn. 'halveringstijd' en 'halfwaardetijd' zijn tevens begrippen in nucl. geneesk. inzake isotopen.
plasma-expander *zie* plasmavervanger.
plasma-extender *zie* plasma-expander.
plasmaferese procedé waarbij bij een donor wordt afgenomen, plasma en vaste bloedbestanddelen i.e. continu proces buiten het lichaam worden gescheiden d.m.v. centrifugeren v.h. bloed; de vaste bestanddelen worden aangevuld met een substitutievloeistof en gere-infundeerd.
plasmakininen een groep bloeddrukverlagende hormonen.
plasmalipase vetsplitsend enzym waarvan de plasmaconcentratie stijgt bij een acute alvleesklierontsteking.
plasmalogeen term voor een groep fosfolipiden, voorkomend in allerlei dierlijke organen.
plasmareninceconcentratie (PRC) concentratie van actief renin i.h. plasma.
plasmatromboplastineantecedent (PTA) *zie* bloedstollingsfactor XI.

plasmatromboplastinecomponent (PTC) zie factor | christmas~.

plasmavervanger kunstmatig bereide water-aantrekkende, colloïde oplossingen die bij transfusies plasma kunnen vervangen.

plasmaviscositeit stroperigheid van plasma, kan i.p.v. de bezinkingssnelheid erytrocyten worden gemeten ter vaststelling van veranderingen in plasma-eiwitten als reactie op ontsteking.

plasmavolume de hoeveelheid plasma.

plasmawisseling zie plasmaferese.

plasmiddel zie diureticum.

plasmide ringvormig, uit (extrachromosomaal) DNA bestaand organel i.h. bacterielichaam, met het vermogen tot zelfreplicatie, onafhankelijk v.d. bacteriële chromosomen. • **resistentie**~ extrachromosomaal gelegen bacteriële DNA-structuur coderend voor antibioticaresistentie.

plasmine proteolytisch enzym in serum.

plasminogeen een i.h. bloed aanwezig onwerkzaam voorstadium van plasmine.

plasmocellularis m.b.t. plasmacellen, gepaard met veel plasmacellen.

plasmocyt zie cel | plasma-~.

plasmocytoom multipel myeloom.

plasmocytose 1 aanwezigheid van plasmacellen i.h. bloed; 2 ontsteking met ophopingen van plasmacellen. • **plasmocytosis mucosae** niet-allergische, bruin-rode ontstekingshaarden i.h. slijmvlies van mond, genitalia, conjunctivae.

plasmodicide 1 (bv.nw.) Plasmodium dodend; 2 (z.nw.) stof met een Plasmodium dodende werking.

Plasmodidae familie v.d. orde *Haemosporidia* (klasse *Sporozoa*).

plasmodiosis zie malaria.

Plasmodium geslacht v.d. fam. *Plasmodidae*; verwekker van malaria, overgebracht door *Anopheles*; bij de mens maakt het P. een ongeslachtelijke ontwikkeling door. • ~ *falciparum* verwekker van malaria tropica. • ~ *malariae* verwekker van malaria quartana. • ~ *ovale* een der twee verwekkers van malaria tertiana. • ~ *vivax* een der twee verwekkers van malaria tertiana.

plasmodium 1 een parasiet v.h. geslacht *Plasmodium*; 2 een veelkernige klomp protoplasma (symplasma), ontstaan door herhaalde kerndeling zonder daaropvolgende celdeling; 3 syncytium. • **exo-erytrocytair** ~ plasmodiumvorm die zich buiten de erytrocyten ontwikkelt, i.h. reticulo-endotheel, i.d. lever.

plasmogamie cytoplasmatische vereniging van cellen.

plasmolyse loslating of terugtrekking van celplasma v.d. celwand.

plasmoom 1 ophoping van plasmacellen, lijkend op een tumor; 2 plasmocytoom.

plasmoptysis het uitstoten v.h. protoplasma uit een cel, via een scheur i.d. celwand.

plasmorrexie het barsten v.e. cel t.g.v. toenemende inwendige druk.

plasteïne polypeptide met hoog moleculuulgewicht, gevormd door proteolytische enzymen zoals pepsine en trypsine, uit peptische verteringsproducten van proteïnen.

plasticiteit (celbiologie) het vermogen v.e. stamcel i.e. andere celsoort over te gaan.

plasticus gepaard gaand met vorming van weefsel; vb. linitis plastica.

plastiden plantaardige protoplasma-organellen met specifieke functie, zoals chloroplasten.

plastiek operatief herstel v.e. orgaan of lichaamsdeel. • **abdomino**~ buikwandplastiek ter versterking v.e. zwakke en/of uitgerekte plaats of v.e. defect i.d. buikwand. • **acetabulo**~ plastische operatie waarbij een nieuwe heupkom (acetabulum) wordt gevormd. • **acromio**~ operatie aan de schouder(top). • **allokerato**~ herstel v.h. hoornvlies m.b.v. synthetisch materiaal. • **allo**~ het aanbrengen van lichaamsvreemde stoffen bij plastische operaties. • **ana**~ 1 vormverbeterende, vormherstellende operatie; 2 het vasthechten en doen vastgroeien van afgesneden lichaamsdelen op de oude of op een andere plaats. • **angio**~ plastische operatie aan bloedvaten; vb. percutane transluminale coronaire angioplastiek. • **arterio**~ chirurgische reconstructie v.e. (beschadigde) slagader. • **artro**~ operatie ter verbetering v.e. misvormd gewricht. • **auto-osteo**~ o. met aanbrenging v.e. stuk eigen bot. • **auto**~ plastische operatie waarbij lichaamseigen weefsel wordt overgeplant. • **balano**~ plastische operatie aan de glans penis. • **bassini**~ obsolete operatie bij liesbreuk waarbij de verzwakte achterwand v.h. lieskanaal werd versterkt en de anulus internus werd vernauwd. • **blefaro**~ ooglidcorrectie. • **brefo**~ transplantatie m.b.v. embryonaal weefsel. • **broncho**~ plastische operatie ter verzorging v.e.

bronchus. • **cantho~** operatief herstel v.e. ooghoek na scheiding v.d. gedeeltelijk aan elkaar gegroeide oogleden. • **capsulo~** plastische operatie aan een gewrichtskapsel. • **cardio~** plastische operatie aan de cardia ter behandeling van achalasie. • **cervix~** plastisch-chirurgisch herstel v.d. cervix uteri. • **cheilo~** plastische operatie tot vorming v.e. lip of sluiting v.e. lipdefect. • **choledocho~** het verrichten v.e. plastische operatie aan de ductus choledochus. • **colpo~** plastische operatie aan de schede. • **cranio~** het verrichten v.e. plastische operatie aan de schedel. • **cup~** plastische gewrichtskomoperatie. • **cysto~** plastische operatie aan de blaas. • **dermato~** huidplastiek. • **dermo~** zie dermato~. • **dura~** vervanging v.e. stukje v.h. harde hersenvlies door een transplantaat. • **entero~** darmplastiek, plastische operatie aan de darm. • **esser~** plastische operatie wegens gehemeltespleet, bovenlipdefect, wangdefect. • **farynx~** operatieve ingreep waarbij een verbinding tussen het zachte gehemelte en de farynxachterwand gemaakt. • **fimbrio~** therapeutische operatieve ingreep bij infertiliteit waarbij herstel v.d. functionaliteit v.d. fimbria(e) wordt verhoogd. • **genio~** correctie v.d. vorm v.d. kin d.m.v. maxillofaciale chirurgie. • **gonio~** bevestiging v.e. reep sclera i.d. oogfoek, ter bevordering v.d. afvoer van kamerwater, bij glaucoom. • **hackenbruch~** bij de liesbreuk toegepaste verstevigingsplastiek. • **hernio~** chirurgische correcte v.e. buikwandhernia, al of niet met prothetisch materiaal. • **heteroauto~** 1 gecombineerde hetero- en autoplastiek; 2 de verplaatsing van weefsel v.e. lichaamsdeel naar een ander. • **hetero-osteo~** osteoplastiek of osteosynthese met gebruikmaking van bot van een dier. • **hetero~** verouderde term voor xenoplastiek. • **heupartro~** zie heupartroplastiek | totale ~. • **homeo~** plastische operatie met gebruikmaking van allogeen weefsel. • **huid~** chirurgisch herstel v.d. huid, bijv. na trauma. • **iso~** transplantatie met materiaal afkomstig v.e. ander individu van dezelfde species. • **kelo~** plastische operatie aan een litteken. • **kerato~** excisie v.e. ondoorzichtig hoornvlies en vervanging ervan door een schijfje normale cornea. • **kine~** operatieve techniek waarbij de resterende spieren aan een amputatiestomp worden gebruikt om de stomp te bewegen. • **lasertrabeculo~** behandelmethode voor sommige vormen van glaucoom, waarbij op het trabekelsysteem i.d. kamerhoek een aantal lasercoagulaties wordt verricht. • **lichtenstein~** spanningsvrije plastiek voor herstel v.e. liesbreuk met gebruikmaking van mesh van polypropyleen. • **luifel~** behandeling van congenitale heupluxatie d.m.v. een plastiek met tibiaspanen waarmee het bovengedeelte v.d. heupkom wordt verbeterd. • **lymfangio~** het chirurgisch aanleggen van lymfewegen, door kunststof draden onder de huid te plaatsen. • **maag~** zie gastroplastiek. • **mammo~** operatieve vergroting of verkleining v.d. mamma. • **margino~** plastische operatie aan de rand v.e. ooglid. • **mckee-farrarartro~** zie prothese | totale heup~. • **mcvay~** operatietechniek ter behandeling v.d. mediale liesbreuk. • **myringo~** operatief herstel van defecten i.h. trommelvlies. • **neuro~** plastische operatie aan een zenuw. • **nierbekken~** zie pyelo~. • **odonto~** 1 inplanting v.e. kunsttand; 2 orthodontie. • **oesofago~** plastische operatie tot herstel v.d. slokdarm. • **omkeer~** operatieve behandeling waarbij de enkel v.h. korte been zich op het niveau v.d. knie v.h. gezonde been bevindt en dit kniegewricht functioneert. • **orchidocoelio~** operatie waarbij een niet goed ingedaalde testis getransplanteerd wordt i.d. buikholte. • **orchido~** plastische operatie aan de testis. • **osteo~** plastische beenoperatie. • **oto~** plastische oeroperatie. • **palato~** plastische operatie aan het gehemelte, bijv. ter sluiting v.e. gehemeltespleet. • **pandak~** behandeling van congenitale heupluxatie door verbetering v.h. bovendeel v.d. heupkom door een plastiek met bekkenbot. • **pelvio~** plastische operatie ter vergroting v.d. bekkenuitgang (i.d. regel pubeotomie). • **perineum~** plastische operatie aan het perineum, veelal na inscheuring tijdens een bevalling. • **van McVay** zie mcvay~. • **van Reverdin** zie biopsie | punch~. • **volgens Roux-en-Y** zie anastomose | roux-en-Y~. • **posthio~** operatieve vorming v.e. (beweeglijke) voorhuid. • **procto~** 1 het vervaardigen v.e. anale opening op een ongewone plaats; 2 het aanbrengen v.e. vervangingsmechanisme voor een insufficiënte sphincter ani. • **pyelo~** een plastische operatie aan het nierbekken. • **pyloro**~ plastische operatie aan een vernauwde pylorus. • **recto**~ plastische operatie aan rectum en anus. • **reverdin**~ *zie* biopsie | punch-. • **rino**~ neusoperatie ter verbetering v.d. stand en/of de functie v.d. neus. • **rotatie**~ **volgens Van Nes-Borggreve** chirurgische resectie v.h. distale 3/4 deel v.h. femur en proximale deel van tibia met sparen v.d. onderbeenszenuwen en vaten. • **septumrino**~ kno-heelkundige ingreep waarbij het septum nasi wordt rechtgezet. • **shouldice**~ moderne variant v.d. originele bassiniprocedure, waarbij de achterwand v.h. lieskanaal en de anulus internus worden hersteld door hechting in meerdere lagen. • **stafylo**~ operatieve vorming v.e. huig. • **stapedio**~ obsolete plastische operatie ter vervanging v.d. stapes door een prothese van metaal of plastic. • **stomato**~ 1 plastische operatie aan de mond; 2 plastische operatie aan de baarmoedermond. • **stoppa**~ *zie* procedure | stoppa-. • **syringo**~ plastische operatie ter sluiting v.e. fistel. • **tendomyo**~ plastische operatie aan pezen en spieren. • **tendo**~ plastische operatie tot herstel of vorming v.e. pees. • **thoraco**~ operatie waarbij een aantal stukken rib worden verwijderd, m.a.g. dat de long daar kan collaberen en het tuberculeuze longweefsel aldaar v.d. ademhalingsbewegingen wordt uitgeschakeld en de kans krijgt om te genezen. • **trabeculo**~ ingreep tegen glaucoom waarbij lasercoagulaten op het trabekelsysteem worden geplaatst. • **tuba**~ chir. herstel v.e. afwijking aan de eileiders die onvruchtbaarheid veroorzaakt. • **tympano**~ operatief herstel v.h. geleidingsapparaat v.h. middenoor. • **urethro**~ plastische operatie tot herstel v.e. beschadigde urethra. • **vestibulum**~ plastisch-chirurgische ingreep waarbij een relatieve verhoging v.d. processus alveolaris wordt bewerkstelligd. • **xeno**~ plastische operatie m.b.v. xenogeen weefsel. • **Z-**~ plastisch-chirurgische techniek ter verlenging v.e. weefselstructuur.

plastisch vormend; vb. plastische chirurgie, plastische oöroperatie.

plastomeren *zie* mitochondrion.

plastron het sternum met het omgevende ribkraakbeen.

plaswekker matje of luier met geïntegreerde onderbroken stroomkring; reageert met geluid wanneer een kind in zijn slaap urine loost.

platelet-activating factor *zie* factor | plaatjesactiverende ~.

platje *zie* Pthirus pubis.

platybasie abnormale vorm v.h. os occipitale, alsof de wervelkolom het naar boven heeft ingedeukt.

Platyhelminthes platte wormen, subfylum v.d. *Scolecida*.

platymorphia bulbi voor-achterwaartse afplatting v.d. oogbol, oorzaak van hypermetropie.

platypeloïd licht afgeplat bekken.

platysma brede, platte huidspier v.d. hals, loopt v.d. onderkant v.h. gelaat naar de bovenkant v.d. thorax.

platzbauch [D] openbarsten v.e. operatiewond (wonddehiscentie) na een buikingreep waarbij zowel de buikhuid als onderliggende fascie, spieren en het pariëtale buikvlies uiteenwijken.

Plaut | **plaut-vincentsstomatitis** *zie* stomatitis ulcerosa necroticans.

⊛ **plaveiselcelcarcinoom** carcinoom van huid of slijmvlies dat uit cellen v.h. stratum spinosum is opgebouwd; het ontwikkelt zich soms uit precarcinoom, keratoma senile, leukoplakie.

playing crazy *zie* syndroom | ganser-.

plegie 1 motorische verlamming van grotere lichaamsdelen, bijv. een been; 2 als achtervoegsel (-plegie) in woordsamenstellingen m.b.t. verlamming; vb. diplegie, paraplegie. • **blefaro**~ verlamming v.e. ooglid (meestal het bovenste). • **broncho**~ verdwijning of vermindering v.d. bronchiale tonus. • **cardio**~ kunstmatige stillegging v.h. hart bij openhartoperatie. • **cyclo**~ verlamming v.d. m. ciliaris, m.a.g. accommodatieparalyse. • **di**~ beiderzijdse verlamming v.d. overeenkomstige lichaamsdelen. • **erfelijke spastische para**~ *zie* ziekte van Strümpell. • **hemi**~ verlamming v.e. lichaamshelft t.g.v. een hersenaandoening aan de contralaterale zijde. • **irido**~ verlamming v.d. sfincter v.d. iris. • **mono**~ verlamming van één extremiteit of van één spiergroep. • **oftalmo**~ verlamming v.d. oogspieren. • **pan**~ verlamming v.h. hele lichaam. • **para**~ verlamming van beide benen. • **parinaudoftalmo**~ *zie* syndroom | parinaud-. • **poly**~ gelijktijdige verlamming v.e. aantal spieren. • **quadri**~

zie tetra~. • **tetra~** verlamming van alle vier ledematen a.g.v. dwarslaesie tussen eerste en laatste nekwervel.

pléiade ganglionnaire [F] groep gezwollen lymfeklieren.

pleinvrees *zie* fobie | agora~.

pleiochromie 1 vermeerdering van pigment; **2** toeneming van galpigment i.d. gal, die daardoor donkerder is dan normaal.

pleiochroom donkerder van kleur.

pleiocytose vermeerdering v.h. aantal cellen, bijv. i.d. liquor cerebrospinalis.

pleiomastie *zie* polymastie.

pleiomorf meervormig.

pleiomorfisme veelvormigheid.

pleioptiek een bij amblyopie toegepaste methode van oog-oefeningen, waarbij een object onder oftalmoscopische controle op de fovea centralis wordt afgebeeld.

pleiotropie 1 affiniteit tot verschillende soorten weefsels; **2** (genetica) manifestatie van één gen in meer dan één eigenschap.

plenus vol; vb. pulsus plenus.

plerocercoïd wormvormige larve van lintwormen, in tussengastheren.

plessor kleine hamer met rubberdop, ten gebruike als percussiehamer of reflexhamer.

plethysmograaf toestel waarmee veranderingen i.h. volume v.e. lichaamsdeel worden geregistreerd. • **lichaams~** instrument ter bepaling van verschillende longfuncties.

plethysmografie vastlegging v.d. veranderingen in volume v.e. lichaamsdeel d.m.v. de plethysmograaf. • **foto~** bepaling v.d. lokale vulling per tijdseenheid v.d. subcutane capillairveneuze plexus i.e. extremiteit m.b.v. infrarood licht. • **kwikrekstrook~** bepaling v.d. veneuze vulling i.e. extremiteit m.b.v. een kwikrekstrookje. • **penis~** onderzoeksmethode bij erectieproblemen die uitzetting (en soms de rigiditeit) van penis tijdens erectie i.d. slaap registreert. • **vagina~** plethysmografie waarbij de opwindingsreactie v.h. vrouwelijk geslachtsorgaan wordt geregistreerd aan de vaginawand.

plethysmogram de curve die bij plethysmografie wordt opgetekend.

pleura vlies dat de binnenkant v.d. borstwand (borstvlies) en de buitenkant v.d. longen (longvlies) bekleedt (resp. pariëtaal en visceraal blad; deze gaan bij het longhilum in elkaar over), alsmede de bovenkant v.h. diafragma (p. diaphragmatica) en het mediastinum (p. mediastinalis). • ~ **costalis** het tegen de ribben aan liggende gedeelte v.d. p. parietalis. • ~ **diaphragmatica** het gedeelte v.d. p. parietalis dat het middenrif bekleedt.

pleuraholte de ruimte tussen de beide pleurabladen.

pleurakoepel koepelvormig gedeelte v.h. pleurabuitenblad; bedekt de longtop.

pleuralis m.b.t. de pleura.

pleuramesothelioom *zie* mesothelioom.

pleuravocht vocht i.d. pleuraholte.

pleurawrijven inspiratoir en expiratoir bijgeruis v.d. longen bij aandoeningen waarbij de pleurabladen geprikkeld zijn.

pleurectomie excisie v.e. stuk v.d. pleura.

pleuritis ontsteking v.d. pleura (borstvlies). • ~ **adhaesiva** p. waarbij de beide pleurabladen met elkaar vergroeid zijn. • ~ **diaphragmatica** ontsteking v.d. pleura diaphragmatica. • **droge** ~ *zie* pleuritis sicca. • ~ **exsudativa** p. met afscheiding van exsudaat. • **parapneumonische** ~ pleuraontsteking die zich tijdens een pneumonie ontwikkelt. • ~ **purulenta** etterige p., pleura-empyeem. • ~ **sanguinolenta** p. met bloedig exsudaat. • ~ **sicca** pleuritis zonder vloeibaar exsudaat en met evt. fibrinevorming op de pleurabladen. • **sinus~** ontsteking v.d. pleuraruimte (recessus pleuralis).

pleuritisch m.b.t. pleuritis.

pleuroclyse uitspoeling v.d. pleuraholte.

pleurodese het opwekken v.e. steriele ontsteking v.d. pleurabladen m.b.v. bijv. gejodeerde talk of tetracycline

pleurodynie paroxismale pijn v.d. intercostale spieren. • **epidemische** ~ *zie* myalgie | myalgia epidemica.

pleurolyse 1 het losmaken van pleuravergroeiingen; **2** endoscopisch d.m.v. de thoracoscoop uitgevoerde klieving van adhesiestrengen; **3** extrapleuraal, door de pariëtale pleura v.d. fascia endothoracica los te maken v.d. binnenkant v.d. ribben.

pleurooesophageus m.b.t. pleura en oesofagus; vb. musculus pleurooesophageus.

pleuropericardiaal m.b.t. pleura en pericard.

pleuroperitoneale holte de gemeenschappelijke borst- en buikholte, bij gewervelde dieren (behalve bij de zoogdieren, waarbij borst- en buikholte door het middenrif ge-

scheiden zijn.).
pleuroperitoneum pleura en peritoneum als één vlies beschouwd.
pleuropneumonectomie operatieve verwijdering v.e. long samen met de gehele pleura.
pleuropneumonia-like organism (PPLO) *zie* Mycoplasma pneumoniae.
pleuroscopie bezichtiging v.d. pleura via een incisie i.d. thoraxwand.
pleurotomie incisie v.d. pleura ten einde een exsudaat te verwijderen.
plexiform lijkend op een plexus of netwerk; vb. neuroma plexiforme, plexiform neurofibroom.
plexogeen m.b.t. hypertrofie van weefsel dat onder permanente druk staat.
plexogene pulmonale arteriopathie longvaatafwijking die voorkomt bij pulmonale hypertensie die ontstaan is a.g.v. congenitale hartgebreken met een links-rechtsshunt.
plexopathie neuropathie v.d. plexus brachialis of plexus lumbosacralis; symptomen bestaan uit krachtverlies, sensibele uitval en eventueel reflexverschillen die niet op een of meerdere zenuwen of wortels terug te voeren zijn; vaak ook pijn.
plexor *zie* plessor.
plexus netwerk c.q. kluwen van zenuwen, venen, lymfevaten; bij venen met kleine mazen. • ~ **basilaris** adervlecht op de clivus, met verbinding naar de sinus cavernosus, petrosus, en de venaplexussen v.h. wervelkanaal. • ~ **brachialis** zenuwvlecht v.d. ventrale wortels v.d. ruggenmergszenuwen C.5-Th.1. • ~ **coeliacus** bovenste deel v.d. prevertebrale plexus, i.h.b. rondom de truncus coeliacus. • ~ **haemorrhoidalis** p. venosus rectalis. • ~ **hovius** veneuze plexus op de rand tussen cornea en sclera, waardoorheen kamerwater afvloeit naar de vortexvenen. • **hyrtl**~ veneuze kluwen onder de middenkwab v.d. schildklier. • **meissner**~ plexus submucosus. • ~ **pampiniformis** adervlecht rondom de zaadstreng.
plexusverlamming • **plexusverlamming van Klumpke** *zie* verlamming | klumpkeplexus~.
plica vouw, plooi.
plicatie chir. (dubbel)vouwing; vb. plicatie van mediane levatorspieren bij levatorplastiek.
plicatus gevouwen; vb. lingua plicata, palmae plicatae (mv. van plicata).
plichtconflict *zie* conflict van plichten.
plichtenleer *zie* deontologie.
-ploïdie achtervoegsel in woordverbindingen betreffende het veelvoud v.h. haploïde aantal chromosomen.
plombage [F] opvullen v.e. holte i.e. gebitselement, bron of extrapleurale holte. • **long**~ opvulling v.d. ruimte tussen fascia en pleura costalis, met inert materiaal.
plombe [F] de i.e. holte aangebrachte vulling.
plooi *zie* plica. • **dennie-morgan**~ infraorbitale huidplooi; secundair kenmerk van constitutioneel eczeem. • **hoboken~en** dwarse halvemaanvormige, i.h. lumen v.d. navelstrengarterie uitpuilende verdikkingen v.d. media. • **kohlrausch**~ dwarse plooi i.d. endeldarm, 6 cm boven de anus. • **marginale** ~ marginal folds. • **mongolen**~ NB: term is te vermijden vanwege ongewenste etnische connotaties *zie* epicanthus.
plot op ten minste twee assen (X,Y) weergeven verzameling van meetpunten. • **abbé** ~ *zie* l'abbé~. • **box-whisker** ~ [E] grafische weergave van metingen waarbij de mediaan wordt omgeven door de 'box' met de kwartielen die met een lijn is verbonden met de uiterste waarden. • **forest** ~ [E] grafische weergave v.d. resultaten van verschillende studies die i.e. meta-analyse zijn geïncludeerd. • **funnel** ~ [E] grafische methode om publicatiebias op te sporen bij het uitvoeren v.e. meta-analyse. • **grafische** ~ *zie* plot. • **l'abbé**~ scatterplot die wordt gebruikt in systematische reviews van trials waarin op de x-as van elk onderzoek het percentage v.d. positieve respons i.d. controlegroep en op de y-as het percentage positieve respons i.d. behandelgroep worden weergegeven. • **residuen**~ grafische afbeelding v.h. verschil tussen de waargenomen punten en de op grond v.e. model voorspelde punten die dienen om de juistheid v.e. model na te gaan. • **rosenthal**~ *zie* scatchard~. • **scatchard**~ grafische weergave v.e. immuno-assay waarbij het quotiënt van gebonden en vrij ligand wordt uitgezet tegen de hoeveelheid gebonden ligand. • **scatter** ~ [E] grafische weergave v.d. mate van samenhang tussen twee continue variabelen.
plug 1 (chir.:) plugvormig kunststofmateriaal dat wordt gebruikt bij prothetisch her-

stel van kleine breuken v.d. buikwand; **2** (pulmonol.) *zie* slijmbrok.

plug en patch moderne liesbreukplastiek met prothetisch materiaal bestaande uit een plug en een mat van polypropyleen-mesh.

plugging retentie van mucusbrokken (E. *plugs*) i.d. luchtwegen.

pluis term die het gevoel v.d. arts over een klacht of ziekte beschrijft zonder dat deze al over een diagnose beschikt.

plukken *zie* trichotillomanie.

plumbisme loodvergiftiging.

Plummer | jodiumbehandeling van ~ *zie* plummeren. • **plummer-vinsonsyndroom** hypochrome microcytaire anemie met dysfagie, glossitis, achylia gastrica, atrofie en oppervlakkige scheurtjes v.h. slijmvlies van mond, tong en slokdarm, veroorzaakt door chronisch ijzertekort.

plummeren inactivering v.e. hyperactieve schildklier voorafgaand aan een thyroïdectomie.

plumpuddingfenomeen *zie* natrilfenomeen.

pluri- *zie* poly-.

pluricausaliteit het gevolg zijn v.e. aantal oorzaken.

pluricentrisch uitgaand van meer dan één (groei)centrum, als tegenstelling tot unicentrisch.

pluriformis meervoudig, bijv. bij een huidaandoening, vb. septicaemia pluriforme.

pluripolair i.h. bezit v.e. aantal 'polen'; vb. p-re zenuwcellen.

PM 1 (cardiol.:) *zie* pacemaker; **2** (pulmon.) E. *particulate matter zie* fijnstof; **3** (reumatol., immunol.:) *zie* myositis | poly-~.

p.m. 1 post mortem; **2** post meridiem = na de middag.

PMD post-micturition dripping *zie* urine-incontinentie.

PMNST *zie* tumor | maligne perifere zenuwschede~.

PMS 1 *zie* premenstrueel syndroom; **2** premenstruele spanning.

PNA *zie* Paris Nomina Anatomica.

PNET *zie* tumor | primitieve neuro-ectodermale ~.

pneum- voorvoegsel in woordsamenstellingen met de betekenis 'adem', 'lucht', 'long'.

pneumartrografie *zie* artrografie | pneumo-~.

pneumartrogram de röntgenfoto die bij pneumo-artrografie wordt verkregen.

pneumatic antishock garment [E] *zie* MAST.

pneumaticum 1 geneesmiddel dat de ademhaling aanzet; **2** onz. van pneumaticus.

pneumaticus luchthoudend; vb. os pneumaticum.

pneumatisatie het ontstaan van luchthoudende holten in beenderen.

pneumatisch m.b.t. lucht of ademhaling.

pneumatische beenderen luchtbevattende beenderen.

pneumatische kamer *zie* drukkamer.

pneumatische klok *zie* drukkamer.

pneumatocele 1 hernia v.d. longen die uittreedt via een opening i.d. borstwand; **2** luchtophoping op een abnormale plaats; is dit de huid, dan spreekt men van huidemfyseem (beter: subcutaan emfyseem); **3** bronchuscyste (het gebruik v.d. term p. in deze betekenis valt af te raden). • **~ scrotalis** luchtophoping i.h. scrotum.

pneumatogram *zie* pneumogram.

pneumatose aanwezigheid van lucht op een abnormale plaats i.h. lichaam. • **pneumatosis cystoides intestinalis** zeldzame aandoening met luchtbevattende cysten i.d. wand van dunne en dikke darm. • **pneumatosis intestinalis** aanwezigheid van met lucht gevulde holten i.d. darmwand. • **pneumatosis pulmonum** *zie* emphysema pulmonum.

pneumectomie letterl. 'het uitsnijden van lucht', gangbare verbastering van 'pneumonectomie' *zie* pneumonectomie.

pneumencefalografie röntgenfotografie v.d. hersenkamers, na contrastvulling met lucht.

pneumocardiaal m.b.t. de longen en het hart.

Pneumococcus zie Streptococcus pneumoniae.

pneumoconiose samenvattende term voor allerlei vormen van stoflong, een chronische fibrose a.g.v. inhalatie van anorganisch stof. • **pneumoconiosis anthracotica** *zie* silicose | antraco-~. • **~ door organisch stof** *zie* extrinsieke allergische alveolitis. • **pneumoconiosis siderotica** ijzerlong, afzetting van ijzerdeeltjes i.d. longen bij mijnwerkers en arbeiders i.d. metaalindustrie.

Pneumocystis een geslacht v.d. klasse *Incerta* (Protozoa). • *~ carinii zie Pneumocystis jiroveci*. • *~ jiroveci* verwekker van pneumocystose.

pneumocystografie 1 (oncol.:) diagnostische methode ter herkenning v.e. cyste; **2** (urol.:) röntgentechniek i.c.m. vulling v.d. blaas met lucht.
pneumocystose infectieuze longaandoening met als verwekker *Pneumocystis jirovecii*.
pneumocyt *zie* pneumonocyt.
pneumo-encefalie lucht in hersenen en liquorruimtes t.g.v. luchtlekkage vanuit schedelbasisfracturen in neus- en bijholten.
pneumo-encefalogram (PEG) de röntgenopname die bij pneumo-encefalografie wordt verkregen.
pneumofoon instrument tot meting v.d. druk i.h. middenoor.
pneumogastricus m.b.t. de longen en de maag; nervus p-cus = n. vagus.
pneumogene osteoartropathie *zie* ziekte van Marie-Bamberger.
pneumografie 1 grafische registratie v.d. ademhalingsbewegingen v.d. borstkas; **2** *zie* pneumoradiografie.
pneumogram 1 de grafiek verkregen bij pneumografie; **2** röntgenopname na contrastvulling met lucht (of gas).
pneumoliet concrement i.d. long.
pneumologie [Zuid-Nederlands] *zie* pulmonologie.
pneumolyse 1 losmaking van vergroeiingen tussen de twee pleurabladen; **2** losmaking v.h. pariëtale pleurablad v.d. endothoracale fascie.
pneumomalacia acida verweking v.d. long i.e. lijk a.g.v. postmortale inwerking van maagsap.
pneumomastoïd een processus mastoideus met luchtholten.
pneumomediastinum 1 aanwezigheid van lucht of gas i.h. mediastinum; **2** gasinsufflatie i.h. mediastinum om op een röntgenfoto duidelijker afgrenzingen v.d. mediastinale structuren te krijgen.
pneumon *zie* long.
pneumonectasie *zie* emphysema pulmonum.
pneumonectomie operatieve verwijdering v.e. gehele long.
pneumonefrografie röntgenografie v.d. nieren na perirenale insufflatie van lucht (gas).
pneumonicus gepaard gaand met pneumonie.

⊛ **pneumonie** ontsteking v.h. longparenchym met exsudaat i.d. alveoli; indeling: verschillende vormen worden onderscheiden: 1. community-acquired pneumonia (CAP), d.w.z. de pneumonie die thuis wordt veroorzaakt door bacteriële verwekkers als *Streptococcus pneumoniae* (pneumokok) en *Haemophilus influenzae*; daarnaast ook zgn. atypische pneumonie door *Mycoplasma pneumoniae*, *Chlamydia psittaci*, *Legionella pneumophila* of *Coxiella burnetii*, 2. virale pneumonie, waaronder SARS, 3. aspiratiepneumonie, 4. nosocomiale pneumonie opgelopen tijdens een verblijf i.h. ziekenhuis. • **aspiratie~** longontsteking uitgaande v.e. bij aspiratie in de bronchus aangezogen voorwerp, voedsel, braaksel of infectieus materiaal. • **atypische ~** pneumonie a.g.v. infectie met een niet-bacteriële ziekteverwekker. • **broncho~** pneumonie die uitgaat v.d. luchtpijptakken, dus ventraal v.d. bifurcatio tracheae. • **centrale ~** diep gelokaliseerde p., die aanvankelijk niet met percussie en auscultatie te herkennen is. • **community-acquired pneumonia** (CAP) [E] i.d. leefomgeving verworven longontsteking. • **croupeuze ~** *zie* lobaire ~. • **desquamatieve interstitiële ~** (DIP) onderdeel van complex van interstitiële pneumonitis. • **dubbele ~** dubbelzijdige longontsteking. • **eosinofiele ~** ernstig ziektebeeld van onbekende oorsprong, klinisch gekenmerkt door koorts, malaise, ernstige dyspneu, soms bronchusobstructie en uitgebreide infiltratieve afwijkingen op de longfoto; pathologisch-anatomisch gekenmerkt door massale eosinofiele infiltratie. • **friedländer~** infectieziekte met massief mucoïd exsudaat i.e. longkwab, veroorzaakt door *Klebsiella pneumoniae*; vaak bij oudere patiënten en patiënten met verzwakte afweer alsmede patiënten met chronisch-obstructieve longaandoening, diabetes mellitus. • **griep~** gewoonlijk door stafylokokken veroorzaakte bronchopneumonie na influenza. • **hyalienemembranen~** onrijpheid v.d. longen bij prematuur geboren kinderen, verband houdend met een tekort aan surfactans. • **interstitiële plasmacellulaire ~** *zie* pneumocystose. • **interstitiële ~** ontsteking v.h. interstitiële bindweefsel v.d. long. • **lipoïd~** chronische proliferatieve longaandoening doordat oliedruppels i.d. alveoli zijn geraakt. • **lo-**

baire ~ longontsteking die door Streptococcus pneumoniae ('pneumokokken') wordt verwekt. • **lymfoïde interstitiële ~** (LIP) proliferatie van lymfoïd weefsel i.h. interstitium, vnl. i.d. onderste longkwabben. • **nosocomiale ~** pneumonie die wordt opgelopen i.h. ziekenhuis en zich daar of 2-3 dagen na ontslag openbaart. • **obstructie~** pneumonie waarbij een bronchus is afgesloten en het erachter gelegen longweefsel onvoldoende wordt gedraineerd en daardoor geïnfecteerd raakt. • **pneumonia biliosa** lobaire pneumonie gepaard met icterus. • **plasmacellulaire interstitiële ~** (PIP) zie pneumocystose. • **pleuro~ 1** acute lobaire pneumonie; **2** pneumonie met pleuritis; **3** pleuropneumonia contagiosa bovum. • *Pneumocystis carinii* **pneumonia** (PCP) zie pneumocystose. • **pneumokokken~** zie lobaire ~. • **pneumonia lobaris** zie lobaire ~. • **primair atypische ~** (PAP) een door *Mycoplasma pneumoniae* veroorzaakte pneumonie, betrekkelijk goedaardig. • **radiatie~** zie pneumonitis | bestralings-. • **reuscel~** pneumonie met veel uit macrofagen of uit alveolaire cellen ontstane reuscellen. • **schimmel~** pneumonie die veroorzaakt wordt door een schimmel. • **verslik~** zie aspiratie~. • **virus~** longaandoening door virusinfectie. • **ziekenhuis~** zie nosocomiale ~.

pneumonisch door pneumonie veroorzaakt, of bij pneumonie behorend; vb. pneumonisch infiltraat.

pneumonitis 1 in Engelstalige landen gangbaar synoniem voor interstitiële plasmacellulaire pneumonie; **2** lokale acute ontsteking van longweefsel zonder toxemie. • **bestralings~** ernstige interstitiële ontsteking die weken tot maanden na intensieve longradiotherapie kan optreden. • **delayed chemical ~** [E] p. na jarenlange inwerking v.e. schadelijke stof. • **hypersensitiviteits~** zie alveolitis | exogeen-allergische ~. • **lupus~** acute alveolaire longaandoening a.g.v. systemische lupus erythematodes. • **overgevoeligheids~** zie extrinsieke allergische alveolitis. • **usual interstitial ~** [E] diffuus infiltratieve longziekte met een histologisch kenmerkend beeld.

pneumonocyt de voor de long typische cel, van entodermale origine.

pneumonose 1 longziekte, pneumo(no)pathie; **2** door membraandiffusiestoornis veroorzaakte longziekte met hypoxemie (geringe zuurstofopneming i.h. bloed ondanks voldoende ventilatie).

pneumopathie longziekte.

pneumopericardium de aanwezigheid van lucht i.d. pericardholte.

pneumoperitoneum 1 (chir.:) het actief toevoeren van lucht of gas i.d. cavitas peritonealis om werkruimte voor laparoscopische verrichtingen te creëren; **2** (pathol.:) de aanwezigheid van niet-geïrsuffleerde lucht (gas) i.d. buikholte. • **diagnostisch ~** kunstmatig teweeggebracht p. door luchtinsufflatie i.d. buikholte ter verkrijging van meer contrast op de röntgenfoto. • **therapeutisch ~** insufflatie van lucht (gas) i.d. buikholte, om een ev. tuberculeuze long te immobiliseren.

pneumoperitonitis peritonitis, gecompliceerd door de aanwezigheid van lucht of gas i.d. buikholte.

pneumopleuritis gecombineerde long- en borstvliesontsteking.

pneumopyelografie pyelografie na insufflatie van lucht of ander gas i.h. nierbekken.

pneumoradiografie röntgenografisch onderzoek, voorafgegaan door contrastvulling met lucht (gas).

pneumorragie longbloeding, al of niet met bloedspuwing.

pneumotachograaf toestel dat het drukverschil over een bekende weerstand meet en daaruit de luchtstroomsnelheid of flow berekent en deze integreert naar volume.

pneumothorax | artificiële ~ zie kunstmatige ~. • **extrapleurale ~** kunstmatige p. waarbij het gas tussen pleura costalis en endothoracale fascie wordt ingebracht (verouderde methode). • **hemo~** aanwezigheid van gas (of lucht) en bloed i.d. pleuraholte. • **hydro~** aanwezigheid van vocht en gas i.d. pleuraruimte. • **idiopathische ~** zie thorax | spontane pneumo~. • **kunstmatige ~** inblazing van stikstof i.d. pleuraholte om een tuberculeuze long te doen samenvallen en deze daardoor tijdelijk te immobiliseren. • **open ~** p. die in open verbinding met de buitenlucht staat. • **pyo~** subphrenicus zie abces | subfrenisch ~.

pneumotomie het incideren v.e. long, bijv. ter lediging v.e. abces.

pneumotroop met affiniteit tot de longen of tot longweefsel.

PNH zie hemoglobinurie | paroxismale

nachtelijke ~.
PNP purinenucleosidefosforylase.
PO (seksuol., gynaecol.) *zie* periodieke onthouding.
p.o. 1 per os (L.), door de mond; **2** post operationem (L.), na de operatie; **3** periodieke onthouding.
pO₂ partiële zuurstofspanning.
POB 'pijn op borst'.
pocket [E] **1** sulcus gingivalis, al of niet gezond (Europese betekenis); **2** pathologisch verdiepte toestand v.d. sulcus gingivalis (Amerikaanse betekenis). • **pseudo~** [E] verdiepte sulcus gingivalis die wordt veroorzaakt door zwelling v.d. gingiva.
podiatrie diagnostiek en behandeling van voetafwijkingen.
podocyt viscerale epitheelcel aan de buitenzijde v.d. glomeruluscapillairen i.d. nier.
podogram voetafdruk.
podologie leer v.d. gebreken v.d. voet.
podotherapie fysiotherapie die is toegespitst op de behandeling en verzorging van voetproblemen en het vervaardigen van hulpmiddelen daarvoor, zoals steunzolen.
POE *zie* endoftalmitis | postoperatieve ~.
poeder mengsel v.e. indifferente vaste stof en een werkzaam middel. • **strooi~** poeder voor dermatologische toepassingen.
poep *zie* feces.
poepen NB: werkwoord heeft als Belgisch-Nederlandse betekenis in omgangstaal tevens 'vrijen, neuken, bevallen' i.p.v. defecatie.
-poëtisch achtervoegsel in woordverbindingen m.b.t. vorming, ontwikkeling.
poikilo- voorvoegsel in woordverbindingen met de betekenis gevarieerd, onregelmatig.
poikilocyt een erytrocyt van abnormale vorm.
poikilocytose aanwezigheid van poikilocyten i.h. bloed (bij anaemia perniciosa).
poikiloderma congenitale *zie* syndroom | rothmund-thomson~.
poikilodermie huidaandoening met vlekkige pigmentaties en depigmentaties, atrofie, teleangiëctasieën en soms zweren.
poikilotherm *zie* heterotherm.
poikilothermie eigenschap van 'koudbloedige' dieren om de temperatuur v.d. omgeving over te nemen.
pokdalig een onregelmatig huidaspect hebbend a.g.v. pustels die met littekenvorming zijn genezen.
pokken *zie* variola. • **apen~** op pokken lijkende ziekte, vnl. in West- en Centraal-Afrika sporadisch door apen en knaagdieren op mensen overgedragen. • **koe~** een ongevaarlijke ziekte bij melkkoeien, veroorzaakt door koepokvirus. • **melkers~** *zie* koe~. • **monkey pox** [E] *zie* apen~. • **rickettsia~** koortsende ziekte met een vesiculopapuleuze rash, veroorzaakt door *Rickettsia akari*. • **water~** *zie* varicella. • **witte ~** *zie* alastrim.
pokstof *zie* vaccin | pokken~.
pol een v.d. drie genen v.h. genoom van retrovirussen (o.a. hiv), naast gag en env.
polarimeter optisch instrument ter bepaling v.d. draaiing v.h. polarisatievlak in optisch actieve oplossingen.
polaris polair, aan de polen; vb. cataracta polaris.
polarisatie 1 isolatie van licht dat slechts i.e. bepaald vlak trilt; **2** het zich richten van ionen i.e. elektrolytoplossing naar de beide daarin geplaatste polen.
polarisator prisma ('nicol') dat alleen gepolariseerd licht doorlaat.
polariscoop 1 polarimeter; **2** een toestel ter bestudering van verschijnselen die het gevolg zijn van lichtpolarisatie; het te onderzoeken object wordt hiertoe geplaatst tussen twee Nicol-prisma's of polariserende filters.
polaristrobometer een bepaalde vorm van polarimeter of sacharimeter, waarvan het gezichtsveld in verticale stroken is verdeeld.
polaroid merknaam voor een synthetische, doorzichtige plastic-stof die licht polariseert.
poli *zie* polikliniek.
poliep i.h. lumen v.e. hol orgaan uitpuilende gesteelde, goedaardige slijmvliestumor. • **blaas~** goedaardige, gesteelde slijmvliestumor i.h. lumen v.d. blaas. • **cervix~** slijmvliespoliep v.d. cervix uteri. • **choanen~** gesteelde poliep, meestal uit de kaakholte reikend tot i.d. choane. • **colon~** gesteelde slijmvliestumor i.d. dikke darm. • **hyperplastische ~** frequentst i.h. colon voorkomende poliep. • **juveniele ~** kleine vaatrijke hamartomeuze slijmvliestumor met retentiecysten door overmatige slijmproductie. • **maag~** een i.h. lumen v.d. maag uitpuilende, gesteelde of vlakke verhevenheid v.h. slijmvlies. • **neus~** *zie* polyposis nasi. • **placentaire ~** een na de

geboorte achterblijvende placentarest.
- **pseudo~** gesteelde poliep, ontstaan door regeneratie en hyperplasie v.d. mucosa.
- **septum~** een v.h. neustussenschot uitgaande poliep.

poliepectomie verwijdering v.e. veelal gesteelde poliep m.b.v. een lis die rond de steel wordt aangetrokken en met coagulatiestroom wordt doorgesneden.

poliepeus gepaard gaand met overmatige groei van poliepen.

poliepextractie kno-heelkundige ingreep waarbij een dunne stalen lis om de steel v.d. neuspoliep wordt gelegd en deze uit de neus wordt getrokken.

poliepose aanwezigheid van vele poliepen.
- **familiaire adenomateuze ~** (FAP) *zie* polyposis coli.

poliepotoom instrument voor het afsnijden van poliepen.

polikliniek inrichting waar ambulante patiënten worden onderzocht en behandeld.

polio *zie* poliomyelitis.

⊚ **poliomyelitis** infectie met het poliovirus type 1, 2 of 3. - **~ anterior acuta** acuut ontstaande poliomyelitis v.d. ruggenmergvoorhoorns. - **~ anterior acuta infantum** epidemische kinderverlamming. - **~ epidemica** *zie* poliomyelitis anterior acuta infantum.

poliose scherp begrensde plaatselijke grijsheid van hoofdhaar.

politzeren *zie* politzerluchtdouche.

politzerluchtdouche luchtinblazing ('politzeren') i.h. middenoor via de tuba auditiva d.m.v. een rubberballon die met een passende tuit i.e. neusgat wordt geplaatst.

politzermanoeuvre *zie* politzerluchtdouche.

pollen fijne stof, stuifmeel, verwekker van hooikoorts.

pollex duim (digitus I).

pollicis gen. van pollex; vb. tylositas pollicis.

pollicisatie operatieve vervanging v.e. verloren gegane duim door een deel v.d. wijsvinger.

pollinose overgevoeligheid voor pollen die gedurende de bloeiperiode i.d. lucht komen en die de slijmvliezen van atopische patiënten prikkelen (allergische reactie type I), leidend tot rinitis, neuscatarre en conjunctivitis; pollinose betreft vnl. de pollen van gras, bomen (bijv. berk of wilg), struiken (bijv. hazelaar en vlier) en kruidachtige gewassen (bijv. bijvoet en weegbree).

pollutie 1 (endocrin., seksuol.) onwillekeurig plaatsvindende zaadlozing, bijv. 's nachts tijdens een droom; **2** (alg.) verontreiniging.

polocyt bij de reductiedeling v.d. eicel ontstaan vier cellen, waarvan slechts één bevrucht wordt.

pols 1 (anat.) *zie* gewricht | pols~; **2** (cardiol.) arteriële klopping, teweeggebracht door de hartcontracties, zoals deze door palpatie v.e. slagader te voelen is. - **ader~** polsgolf die bij tricuspidalisinsufficiëntie tijdens de systole i.d. aanvoerende aderen ontstaat.
- **aritmische ~** *zie* pulsus irregularis. - **capillaire ~** zichtbare pulsatie v.h. capillairbed, waarneembaar aan de nagels. - **carotis~** polsgolf die voelbaar i.c. hals is, aan de a. carotis. - **drummers~** intersectiesyndroom (frictiesyndroom) v.d. kruising (i.d. onderarm) v.d. pols- en duimstrekkers; wordt veroorzaakt door een combinatie van frictie door repeterende bewegingen, spierspanning in zowel de pols- als duimspieren en predispositie. - **femoralis~** voelbare pulsaties van elke systole, waar te nemen i.d. lies en aan de a. femoralis. - **hyperkinetische ~** *zie* pulsus celer. - **jugularis~** zichtbare pulsaties v.d. vena jugularis.
- **kleine ~** *zie* pulsus mollis. - **lever~** waarneembare, ritmische volumeveranderingen v.d. gezwollen lever, synchroon met de hartslag. - **paradoxale ~** *zie* pulsus paradoxus. - **penetrerende ader~** het doordringen v.d. polsgolf v.d. arteriën via het capillairgebied tot i.d. aderen. - **radialis~** het kloppen v.d. a. radialis i.d. pols. - **roeiers~** *zie* drummers~. - **rust~** polsfrequentie bij het lichaam in rusttoestand. - **slagader~** de door de hartactie teweeggebrachte klopping i.d. slagaderen. - **telegraaf~** onregelmatige pols met kleine en grote uitslagen, zoals bij de lange en korte piepjes van morsecode. - **venen~** *zie* ader~. - **weke ~** *zie* pulsus mollis. - **zwakke ~** *zie* pulsus mollis.

polsamplitudemonitor *zie* plethysmograaf.

polsdeficit het verschil tussen het aantal polsgolven en het aantal hartcontracties zoals waar te nemen bij atriumfibrilleren.

polsdruk verschil tussen de systolische en de diastolische bloeddruk (normaliter 40 mm kwik).

polsfrequentie het aantal polsslagen per

minuut.
polskromme *zie* curve | pols~.
polskwaliteit objectiveerbare waarnemingen aan de pulsaties v.d. polsarterie.
polsslag *zie* pols, polsfrequentie.
polsteren (flebologie) toevoegen van extra materiaal bij het zwachtelen.
polus pool, draaipunt, uiteinde v.e. as.
poly- voorvoegsel in woordsamenstellingen met de betekenis 'veel'.
polyacrylamidegel-elektroforese | **polyacrylamidegelelektroforese** (PAGE-elektroforese) analysetechniek voor macromoleculen waarbij gebruik wordt gemaakt v.d. negatieve lading v.d. moleculen.
polyadenie multiple lymfeklierontsteking.
polyamorie [E] het vermogen tegelijkertijd van twee of meer mensen te houden en openlijk en het ieders instemming met hen een relatie te onderhouden.
polyangiitis ontsteking v.e. aantal lymfe- of bloedvaten.
polyarteriitis nodosa (PAN) systemische, necrotiserende ontsteking van kleine en middelgrote musculaire arteriën, met segmentale lokalisatie en predilectie voor vertakkingen.
polyarticulair m.b.t. een aantal gewrichten, ten onderscheid van monoarticulair, oligoarticulair.
polyartritis ontsteking van meer dan één gewricht. • **polyarthritis rheumatica acuta** *zie* reuma | acuut ~. • **polyarthritis rheumatica chronica** *zie* reumatoïde artritis.
polyavitaminose deficiëntieziekte t.g.v. tekort aan een aantal vitamines.
polychondritis ontsteking v.e. aantal kraakbeenderen i.h. lichaam. • ~ **recidivans** telkens terugkerende polychondritis. • **relapsing** ~ [E] *zie* polychondritis recidivans.
polychondropathie *zie* polychondritis recidivans.
polychromasie 1 ongelijk hemoglobinegehalte v.d. erytrocyten, zodat i.e. bloeduitstrijk de erytrocyten ongelijk van tint zijn; 2 polychromatofilie.
polychromatisch veelkleurig.
polychromatische cellen onrijpe erytrocyten met basofiele en eosinofiele korreling.
polychromatofiel *zie* polychromatisch.
polychromatofilie 1 kleurbaarheid met verschillende kleurstoffen; 2 eigenschap v.d. erytrocyten (bij bloedziekten, bijv. perniciosa) zich behalve met zure ook met basische kleurstoffen te kleuren.
polychromatopie het normale veelkleurenzien.
polycircinair *zie* polycyclisch.
polycistronisch met betrekking tot mRNA dat informatie bevat voor de synthese van meer dan een eiwit.
polycyclisch 1 i.h. bezit van, gepaard met vele ringen; 2 in vele cycli verlopend.
polycysteus gepaard gaand met multipele cysten.
polycysteuze nieren *zie* niercyste.
polycystoom ontwikkeling v.e. aantal cysten.
polycytemie aanwezigheid van meer dan het normale aantal erytrocyten i.h. bloed. • **essentiële** ~ *zie* polycythaemia vera. • **primaire** ~ *zie* polycythaemia vera. • **polycythaemia vera** idiopathische familiale ziekte met absolute vermeerdering van erytrocyten en bloedvolume. • **secundaire** ~ toename van rode bloedcellen als compensatiemechanisme bij hypoxische aandoeningen.
polydactylie aanwezigheid van meer dan het normale aantal vingers of tenen.
polydipsie verhoogd dorstgevoel en verhoogde vochtopname; symptoom van diabetes, ook wel psychogeen.
polydysplasie gelijktijdige aanwezigheid v.e. aantal ontwikkelingsabnormaliteiten.
polyemie vermeerdering v.h. bloedvolume (normaliter 5 liter = normovolemie).
polyfarmacie het voorschrijven v.e. groot aantal geneesmiddelen.
polyfenie invloed van één gen op een aantal fenotypische kenmerken.
polyfibromatose een groep ziekten die gekenmerkt worden door fibrose i.d. vorm van knobbeltjes en strengen.
polyfrasie *zie* logorroe.
polygaam samenlevend met meer dan één huwelijkspartner.
polygalactie *zie* galactorroe.
polyganglionair i.h. bezit van, of m.b.t. een groot aantal ganglia.
polygeen m.b.t. een aantal genen.
polyglandulair m.b.t. verscheidene klieren.
polyglobulie *zie* polycytemie.
polygonaal veelhoekig.
polygrafie controversiële techniek ter detectie van leugens door registratie van fysiologische processen.

polygyrie aanwezigheid van meer dan het normale aantal hersenwindingen.

polyhydramnie aanwezigheid van meer dan 2 liter vruchtwater.

polykaryocyt veelkernige reuscel, voorkomend i.h. beenmerg.

polyklonaal m.b.t. een aantal cellijnen, i.t.t. monoklonaal.

polyklonale anti-T-celantistoffen *zie* globuline | anti-T-cel-~.

polyklonale B-cel-stimulatie stimulatie van meerdere B-celklonen door de verschillende epitopen op één bacterie of macromoleculair antigeen.

polymastie aanwezigheid van extra borstklieren.

polymeer 1 verbinding met hoog molecuulgewicht, door additie of condensatie van kleinere molecules ontstaan; **2** vorm van overerving die van meer dan één genverschil afhangt.

polymerase enzym dat polymerisatie bewerkstelligt. • **DNA**-~ enzym in mitochondria, werkzaam bij de vorming van DNA. • ~ **chain reaction** *zie* reactie | polymeraseketting-~. • **RNA**-~ enzym in mitochondria, werkzaam bij de vorming van RNA.

polymerie 1 overerving v.e. eigenschap die afhangt van meer dan één aanleg; **2** aanwezigheid van overtollige lichaamsdelen.

polymethylmethacrylaat *zie* botcement.

polymitus een i.d. darm van *Anopheles* voorkomend ontwikkelingsstadium v.d. malariaparasiet.

polymorf veelvormig, in verscheidene gedaanten voorkomend.

polymorfcellig bestaande uit cellen van velerlei gedaante.

polymorfie veelvormigheid, het voorkomen in verscheidene gedaanten.

polymorfisme het naast elkaar voorkomen van twee meer genetisch bepaalde alternatieve vormen waarvan het minst frequente allel een frequentie heeft van meer dan één procent.

polymorfkernig i.h. bezit v.e. polymorfe kern, i.h.b. als kenschetsing van leukocyten met een uit een aantal lobben bestaande kern.

polymorphus *zie* polymorf.

polymyalgie myalgie i.e. aantal spieren. • **reumatische** ~ *zie* polymyalgia rheumatica. • **polymyalgia rheumatica** inflammatoire bindweefselziekte van synovia, peesscheden en bursae; pijn en stijfheid i.d. schouder- en/of bekkengordel en een verhoogde BSE-waarde als opvallendste kenmerken; vaak gecombineerd met een reuscelarteriitis; waarschijnlijk een auto-immuunziekte.

polymyxinen cyclische-polypeptide-antibiotica, geproduceerd door *Bacillus polymyxa*.

polyneuritis • **polyneuritis endemica perniciosa** *zie* deficiëntie | vitamine-B1-~.

• **polyneuropathie** symmetrische aandoening v.e. aantal perifere zenuwen; indeling: 1) demyeliniserende perifere neuropathie: de myelineschede v.h. axon is aangetast, het axon zelf blijft in eerste instantie gespaard; 2) axonale degeneratie: de axonen (m.n. de lange axonen naar handen en voeten) v.d. motorische en sensorische zenuwcellen zijn aangetast; 3) neuronopathie: de dorsale sensibele ganglion is primair aangetast door antineuronale antilichamen.

polynucleair veelkernig, segmentkernig.

polynucleose aanwezigheid van grote aantallen 'polynucleaire' leukocyten i.e. exsudaat.

polynucleotidase een enzym dat nucleïnezuren (= polynucleotiden) splitst in mononucleotiden.

polynucleotide een polymeer van mononucleotiden.

polyodontie de aanwezigheid van overtollige tanden.

polyoom *zie* virus | polyoma-~.

polyorchidisme dubbele aanleg v.d. linker- of rechter testis; komt zelden voor.

polyorrhymenitis *zie* polyserositis.

polyose *zie* sacharide | poly-~.

polyostotisch m.b.t. een aantal beenderen; vb. polyostotische fibroplasie.

polypanartritis | **polypanarthritis hyperplastica** hyperplastische ontsteking v.e. groot aantal gewrichten in hun geheel.

polypeptidemie de aanwezigheid van polypeptiden i.h. bloed.

polyperforine macromolecuul, gesynthetiseerd door natural killer cells en cytotoxische T-cellen.

polyploïdie aanwezigheid van meer dan twee stellen homologe chromosomen.

polyposis *zie* poliepose. • **adenomateuze** ~ **coli** (APC) (gastro-enterol.) autosomaal dominant erfelijke predispositie voor de vor-

ming van multipele adenomateuze poliepen i.h. darmkanaal. • **familiaire ~ coli** zie polyposis coli. • **~ adenomatosa** aanwezigheid van vele poliepachtige adenomen i.h. maag-darmkanaal. • **~ adenomatosa gastrointestinalis generalisata heredofamiliaris** zie syndroom | peutz-jeghers-~.
• **~ cervicis** zie poliep | cervix-~. • **~ coli** zeldzame, dominant erfelijke aandoening waarbij vanaf de jeugdige leeftijd vele adenomateuze poliepen v.h. slijmvlies van colon en rectum worden gevormd, met soms ontwikkeling tot carcinoom. • **~ nasi** het voorkomen van grijze of rode, gladde, gesteelde slijmvlieszwellingen i.d. neus.

polyposus zie poliepeus.

polypragmasie het voorschrijven van (te) veel geneesmiddelen of het verrichten van (te) veel operaties en andere therapeutische ingrepen.

polypropyleen synthetisch niet-resorbeerbaar monofilament hechtmateriaal.

polypus zie poliep. • **~ adenomatosus** een poliep die maligne ontaardt. • **~ angiomatodes** een rijk gevasculariseerde poliep die eruitziet als een gesteeld angioom. • **~ carnosus** zie sarcoom. • **~ cordis** een poliepvormige trombus, met een steel vastzittend aan de hartwand. • **~ cysticus** een poliep met een aantal cystische verwijdingen.
• **~ hydatidosus** zie polypus cysticus.

polyradiculoneuropathie | acute idiopathische ~ zie guillain-barrésyndroom.
• **chronische inflammatoire demyeliniserende ~** zie neuropathie | chronische inflammatoire demyeliniserende poly~.

polyserositis ontsteking v.e. aantal sereuze vliezen. • **familiaire paroxismale ~** autosomaal recessieve stofwisselingsziekte met recidiverende aanvallen van serositis, zich klinisch uitend in koorts, acute buikpijn met peritoneale prikkeling (peritonitis), pleuritis en artritis, waarschijnlijk op basis van auto-immuunreactie.

polysinusitis gelijktijdige ontsteking v.e. aantal sinussen.

polysomie aneuploïdie waarbij i.p.v. een normaal chromosomenpaar drie of meer haploïden aanwezig zijn.

polysoom zie ribosoom | poly-~.

polystichiasis zie trichiase.

polysyndactylie zie syndactylie.

polysynoviitis gelijktijdige ontsteking v.e. aantal synoviale membranen.

polytendinitis gelijktijdige ontsteking v.e. aantal spierpezen.

polytetrafluoro-ethyleen (PTFE) prothetisch materiaal dat wordt gebruikt i.d. vaat- en buikwandchirurgie; merknaam 'Goretex'.

polythelie zie polymastie.

polytherapie behandeling met verscheidene geneesmiddelen gelijktijdig.

polytoop op een aantal plaatsen tegelijk voorkomend.

polytransfusé persoon die meermalen een bloedtransfusie heeft ondergaan.

polytrichose overvloedige haargroei.

polyvalent meerwaardig, meervoudig werkzaam.

pompholyx vorm van dyshidrotisch eczeem of vesiculair eczeem aan handen en voeten waarbij zich blaren diep i.d. huid vormen.
• **podo~** dyshidrotisch eczeem aan de voet.

pomphus kwaddel.

pons 1 (anat.) verbindende weefselbrug tussen twee delen v.e. orgaan; **2** (neuranat.) het deel v.d. hersenstam dat zich tussen de medulla oblongata en het mesencephalon bevindt; te onderscheiden i.e. pars dorsalis en een pars ventralis. • **~ hepatis** een soms voorkomende verbindingskwab tussen de lobus hepatis sinister en de lobus quadratus.

ponsetibehandeling behandeling van klompvoet d.m.v. o.a. redressiegipsverband en percutane achillespeesverlenging.

pontien in of afkomstig uit de pons (brug).

pontinus pontien, m.b.t. de pons.

pontis gen. van pons; vb. fibrae pontis transversae.

pontocerebellair m.b.t. pontocerebellum.

pool 1 voorraad van stoffen in weefsel voor toekomstig gebruik; **2** (anat.) uiteinde v.e. anatomische as, lichaamsas. • **aminozuren~** het totaal v.d. verschillende aminozuren i.h. interne milieu v.h. lichaam.
• **blood ~** [E] grotere hoeveelheid bloed afkomstig v.e. aantal donors, in voorraad gehouden i.e. 'bloedbank' v.e. bloedtransfusiecentrum. • **boven~** zie apex. • **onder~** extremitas inferior (renis), extremitas inferior (testis).

poolen statistische techniek die wordt gebruikt om resultaten van afzonderlijke gerandomiseerde klinische onderzoeken samen te voegen i.e. meta-analyse.

poolkorrels korrels van Babes-Ernst, me-

tachromatische korrels aan de polen van bacteriën.
Poolse vlecht massieve kluwen van onkambaar samengeklit hoofdhaar die ontstaat bij massale infestatie met hoofdluis.
poortaderontsteking *zie* flebitis | pyle~.
poortaderstelsel aaneenschakeling van twee capillaire netwerken.
poortmechanisme vormverandering v.e. ionkanaal o.i.v. een spanningsverandering waardoor de permeabiliteit verandert.
poortwachtersfunctie bewaking v.e. 'onnodig' gebruik v.d. tweedelijnsgezondheidszorg door een restrictief verwijsbeleid v.d. huisarts.
poples concave zijde (de achterkant) v.d. knie.
popliteal entrapment [E] beknelling v.d. knieslagader bij een anatomische variatie v.d. ligging v.d. a. poplitea en de m. gastrocnemius.
popliteus m.b.t. de kniekuil; vb. musculus popliteus, vena poplitea, ligamentum popliteum.
poppers amylnitriet; vluchtige stof die tijdens seksuele opwinding wordt gesnoven en waarvan het voornaamste effect een intensivering v.h. orgasmegevoel is.
populatie 1 bevolking; 2 (epidemiol.) het collectief v.d. individuen die een bepaald gebied bewonen; 3 (statistiek) verzameling van operationeel gedefinieerde eenheden (elementen) waarop de conclusies v.e. statistisch onderzoek betrekking hebben.
• **re~** het weer verschijnen van bloedcellen i.h. bloed na chemo-/radiotherapie.
populatieattributieve fractie *zie* risico | populatieattributief ~.
populatielevenstafel overzicht van sterfterisico's per jaar voor verschillende leeftijden.
poradenitis ontsteking v.e. aantal lymfeklieren met kleine doorbraken naar buiten.
porcellaneus porselein-achtig; vb. condyloma porcellaneum (= molluscum contagiosum).
porencefalie trechtervormige ontwikkelingsdefecten i.d. embryonale hersenen.
• **pseudo~** afwijkingen i.d. hersenen zoals bij porencefalie, maar zonder de daarbij behorende intelligentiestoornis.
porfine grondstof v.d. porfyrines hemine en chlorofyl.
porfobilinogeen tussenproduct bij de porfyrinesynthese, wordt bij acute porfyrie i.d. urine uitgescheiden.
• **porfyrie** enzymatische stoornis i.d. porfyrinesynthese met als gevolg accumulatie van porfyrinemetabolieten i.d. huid; indeling: afh. v.h. enzymdefect zijn verschillende vormen te onderscheiden: 1) hepatische vorm, waarvan porphyria cutanea tarda de bekendste variant is; 2) erytropoëtische vorm, met erytropoëtische protoporfyrie als belangrijkste variant. • **acute intermitterende ~** (AIP) autosomaal-dominant overervende vorm van porfyrie, zich vnl. op middelbare leeftijd manifesterend a.g.v. niet-genetische triggerfactoren, zoals hormonale veranderingen, geneesmiddelen, streng dieet of vasten. • **erytropoëtische ~** *zie* porphyria erythropoetica. • **hepatische ~** overmatige porfyrinevorming i.d. lever. • **porphyria acuta intermittens** *zie* acute intermitterende ~. • **porphyria congenita** aangeboren p., een zeldzame aandoening met huidafwijkingen, hemolytische anemie, splenomegalie. • **porphyria cutanea tarda** op latere leeftijd zich manifesterende erfelijke stofwisselingsstoornis. • **porphyria erythropoetica** ophoping van porfyrine i.d. normoblasten en erytrocyten. • **porphyria hepatica** *zie* hepatische ~. • **porphyria variegata** (PV) erfelijke stofwisselingsstoornis, vnl. voorkomend in Finland en in Zuid-Afrika.
porfyrine groep biologische pigmenten, als afgeleid van porfine te beschouwen.
porfyrinemie aanwezigheid van porfyrine i.h. bloed.
porie kleine opening. • **kohnporiën** interalveolaire poriën, waardoorheer collaterale gaswisseling plaatsvindt tussen de longalveolen.
porokeratose vorming van hoornachtige wratjes op de huid. • **porokeratosis actinica** autosomaal dominante, door zon geprovoceerde p. • **porokeratosis Mibelli** zeldzame familiale afwijking aan onderarmen en -benen, waarbij een keratotische papel zich uitbreidt, waarna onregelmatig ronde atrofische plekken ontstaan, omgeven door een smalle, steile hoornwal.
poroom 1 eeltvorming; 2 verharding a.g.v. flegmone; 3 exostose; 4 tumor van cellen aan de huidrand bij zweetklieren. • **eccrien ~** meestal goedaardig gezwelletje uitgaande v.d. uitvoergang v.e. eccriene

zweetklier.
porose 1 callusvorming aan gebroken beenderen [G]; **2** holtevorming. • **porosis cerebri** holtevorming i.d. hersenen. • **porosis palpebrae** *zie* chalazion.
porphyria *zie* porfyrie.
porta ingang, poort.
portaal m.b.t. de vena portae of het hele stroomgebied daarvan; vb. portale hypertensie.
portalis portaal, de porta (hepatis) of de vena portae betreffend; vb. cirrhosis portalis.
portalisatie het aanleggen v.e. anastomose tussen de v. portae en de a. hepatica, die tevoren stroomopwaarts is afgebonden.
portatrombose trombosering v.d. v. portae hepatis; soms bij pasgeborenen na navelstompinfectie.
porte d'entrée [F] de plaats waar infectiekiemen het lichaam zijn binnengedrongen.
porte de sortie [F] de plaats waar infectiekiemen het lichaam verlaten.
portier *zie* pylorus.
portio anatomische term voor een gedeelte v.e. orgaan.
portiokapje *zie* pessarium occlusivum.
portocavaal m.b.t. de v. portae en de v. cava.
portografie röntgenografie v.h. poortadergebied na injectie v.e. contraststof.
portopulmonaal m.b.t. de vena portae en de truncus pulmonalis; vb. p-nale anastomose.
porus opening. • ~ **acusticus externus** uitwendige opening v.d. uitwendige gehoorgang.
positie 1 (obstetrie:) plaats en wijze van ligging v.d. foetus i.d. baarmoeder; **2** (chir.:) ligging v.e. patiënt, hetzij spontaan of door pijn gedwongen, zoals ligging van Pott, of voor onderzoek of behandeling, bijv. stabiele zijligging, trendelenburgpositie/-ligging, knie-elleboogpositie; **3** (chir.:) het poneren, i.e. houding of ligging plaatsen.
• **anatomische** ~ opgerichte houding met het gezicht naar voren, armen langs het lichaam en met de handpalmen naar voren.
• **ante**~ het naar voren verplaatst zijn, bijv. v.d. uterus (a-io uteri). • **dextro**~ verdringing v.e. orgaan (hart, uterus) naar rechts.
• **inter**~ plaatsing tussen andere delen.
• **juxta**~ aanvoeging, aanzetting, appositie.
• **re**~ handeling waarbij een gefractureerd bot, beenfractuurstukken of een uitpuilende breukzak i.d. normale positie wordt teruggebracht. • **retro**~ verplaatsing naar achteren. • **sinistro**~ ligging naar links; vb. sinistropositie uteri; vgl. dextropositio.
• **trans**~ **1** (chir.) operatie waarbij weefsel v.d. ene plaats naar een andere wordt overgebracht; **2** (pathol.) aanwezigheid v.e. orgaan op een andere dan de normale plaats.
• **wedge**~ positionering v.e. katheter zo ver mogelijk i.e. klein bloedvat voor selectieve injecties.
positief 1 (pathol., stat.) bevestigend, optredend; **2** (natuurk.) de elektrische pool die negatief geladen deeltjes aantrekt; **3** (optiek) vergrotend afbeeldend; **4** naar boven gericht; **5** (balansonderzoek) met grotere opneming of aanmaak dan afgifte of afbraak. • **chromatine**~ i.h. bezit van geslachtschromatine. • **fout-**~ aanduiding v.h. resultaat v.e. (diagnostisch) onderzoek dat positief uitvalt ondanks afwezigheid van ziekte. • **hiv-**~ bloedserologische statusaanduiding voor personen bij wie i.h. bloed antistoffen tegen het humaan immunodeficiëntievirus zijn aangetoond. • **sero**~ het hebben van antistoffen tegen een ziekteverwekker in serum. • **ten onrechte** ~ *zie* fout--. • **terecht-**~ *zie* specificiteit. • **vals-**~ *zie* fout--.
positief diskwalificeren (psychol.) disadaptieve denkwijze waarbij troost, hoop en eigen goede prestaties worden ontkracht.
positief-inotroop middel *zie* inotropicum.
positief nabeeld *zie* nabeeld.
positieve aannemelijkheidsverhouding *zie* ratio | positieve likelihood ~.
positioning dizziness *zie* duizeligheid | plaatsings-~.
positive end-expiratory pressure (PEEP) *zie* beademing | positieve eindexpiratoire druk-~.
positive predictive value (PPV) [E] *zie* waarde | voorspellende ~.
positron positief elektron, met een gelijke maar tegengestelde lading als een elektron.
positronemissietomografie | **FDG-**~ (FDG-PET) *zie* fluorodeoxyglucose-~. • **fluorodeoxyglucose**~ (FDG-PET) PET-techniek voor een sensitieve en specifiekere stadiëring van maligniteiten.
POS-NAO (pervasieve ontwikkelingsstoornis niet anders omschreven) *zie* disorder | pervasive development ~s not otherwise specified.

posologie de leer omtrent de dosering van geneesmiddelen.

post na, achter.

postangineus na een aanval van angina pectoris optredend.

post aut propter 'volgend op dan wel ten gevolge van'.

postcanien achter de hoektand.

postcavaal m.b.t. de postcava = vena cava inferior; vb. p-vale shunt (= portocavale shunt).

post cenam (p.c.) na de maaltijd (rec.).

postcentralis achter de sulcus centralis; vb. gyrus postcentralis.

postclimacterium de periode na het climacterium (sub 2).

post coitum na de coïtus; vb. contraceptie post coitum.

postcoitumtest (PCT) onderzoek v.h. preovulatoire cervixslijm na de coïtus op aantal en beweeglijkheid van spermatozoa.

postcommotioneel volgend op een commotio cerebri.

postcricoïd achter het cricoïd.

postdiastolisch op het eind v.d. diastole.

postdifterisch na, of a.g.v. difterie; vb. postdifterische verlamming.

postencefalitisch volgend op encefalitis.

postepileptisch zie postictaal.

posterior 1 achte; 2 achteraf; vgl. posteriorkans.

posterobasalis achter-beneden.

posterolateralis achter-opzij gelegen; vb. fissura posterolateralis.

posteromedialis achter-mediaal; vb. nucleus posteromedialis.

posterosief na een erosie verschijnend.

posterosivus posterosief; vb. erythema papulosum posterosivum.

postexanthematicus postexanthemateus, na of volgend op een exantheem.

postextrasystolische pauze het verlengde tijdsinterval tot de volgende sinusaal geïnduceerde systole, volgend op een ventriculaire extrasystole.

postganglionair ontspringend uit de vegetatieve ganglia; vb. p-re zenuwvezels.

posthemorragisch na een hemorragie (bloeding) voorkomend.

postherpetisch volgend op herpes (meestal bedoeld: herpes zoster); vb. postherpetische neuralgie.

post hoc ergo propter hoc volgend hierop, derhalve ten gevolge hiervan.

post hoc sed non propter hoc volgend hierop, maar niet ten gevolge hiervan.

postholiet preputiumsteen, concrement i.h. preputium.

postictaal m.b.t. de toestand na een epileptisch insult (ictus); vb. ~ verwardheid.

postictale verwardheid toestand na een epileptisch insult (ictus) met voorbijgaand verlaagd bewustzijn, verwardheid en amnesie.

posticus musculus crico-arytenoideus posterior.

postinfectieus volgend op een infectie; vb. p-ieuze immuniteit.

postinfectiosus postinfectieus; vb. alopecia postinfectiosa.

postitis ontsteking v.h. binnenblad v.h. preputium. • **balano~** gelijktijdige ontsteking v.d. glans penis en het binnenblad v.h. preputium.

postmenopauze de levensperiode v.d. vrouw na de menopauze, het intreden v.d. fysiologische amenorroe.

postmenstruum de eerste dagen na een menstruatie.

post meridiem (p.m.) na de middag (rec.).

post-micturition dripping (PMD) zie urine-incontinentie.

postmitotisch na de mitose.

postmortaal volgend op de dood; vb. p-tale ontbinding; vgl. premortaal.

postnataal volgend op de geboorte (vanuit optiek van neonaat).

postoliet zie postholiet.

postoperatieve chyluslekkage lekkage van chylus, bijv. na een oesofagusresectie of na een aneurysmaoperatie, optredend als chylothorax, resp. chyleuze ascites.

postovulair volgend op een ovulatie; vb. postovulair bloedverlies.

postparalytisch volgend op een paralyse.

postpartaal zie post partum.

post partum volgend op een bevalling.

post-partumblues lichte verschijnselen van depressie die vanaf de derde of vierde dag na de bevalling kunnen optreden en die doorgaans slechts enkele dagen duren.

postplacentair tijdperk de eerste 1 tot 2 uur post partum.

postprandiaal na de maaltijd; vb. postprandiale hypoglykemie.

postprandiale insulinesecretie insulinesecretie na de maaltijd.

postpsychotische depressieve stoornis

zie depressie | postpsychotische ~.
postpuberaal volgend op de puberteit.
postrotatoir volgend op het draaien (bij het draaistoelonderzoek).
poststenotisch stroomafwaarts v.e. stenose; vb. poststenotische dilatatie.
postsynaptisch achter (distaal van) een synaps gelegen.
postsynaptisch gebied gebied op een doelcel tegenover het presynaptische zenuwuiteinde.
postsystolisch op het eind v.d. systole intredend.
postterm *zie* zwangerschap | serotiene ~.
postthromboticus posttrombotisch, volgend op een trombose.
postthymustolerantie *zie* tolerantie | perifere ~.
posttraumatisch volgend op een trauma; vb. posttraumatische osteoporose.
⦿ **posttraumatische stressstoornis** (PTSS) angststoornis die ontstaat nadat de betrokkene blootgesteld is geweest aan een heftige traumatische ervaring waarbij de lichamelijke of psychische integriteit v.d. persoon i.h. geding geweest is; indeling: kan acuut (gewoonlijk <3 mnd.) of chronisch (> 3 mnd.) zijn; kan ook maanden tot jaren na blootstelling aan het trauma voor het eerst klachten geven (met vertraagd begin); varianten: kampsyndroom (KZ-syndroom), shellshocksyndroom, syndroom van Da Costa (irritable heart syndrome), traumatische neurose.
posttussief optredend na een hoestaanval, bijv. ~e crepitaties.
postulaat voorwaarde waaraan voldaan moet zijn.
posturaal m.b.t. de lichaamshouding.
postvaccinaal volgend op een vaccinatie.
postzegelmethode een bij huidtransplantatie toegepaste methode waarbij 'splitskin' op gaas wordt uitgespreid en samen daarmee in stukjes ter grootte van postzegels wordt geknipt.
postzegeltest manier om nachtelijke erecties aannemelijk te maken, waarbij de man het randje v.e. vel postzegels gebruikt om voor het slapen een ring om de slappe penis te maken.
Potain | **potainaspirator** toestel om vloeistof af te zuigen d.m.v. een fles die tevoren luchtledig is gepompt.
potassaemia kaliëmie, doorgaans i.d. zin van 'hyperkaliëmie'.
potassium [E] *zie* kalium.
potator [obs.] *zie* alcoholicus.
potent met vermogen tot, in staat tot.
potentiaal elektrische spanning, voltage.
• **actie~** 1 het elektrische effect dat i.e. spier of zenuw tijdens actie kan worden waargenomen; 2 het spanningsverschil (ongeveer 100 mV) dat aan de celmembraan bij prikkeling ontstaat. • **bio-elektrische** ~ de variërende elektrische p. bij alle biochemische processen en die bijv. bij elektrocardiografie wordt geregistreerd. • **brainstem-evoked auditory potential** (BEAP) [E] op de auditieve reactiepotentiaal gebaseerd onderzoek naar het functioneren van neuronale verbindingen tussen hersenstam en hersenschors d.m.v. toediening van geluidsprikkels en het encefalografisch registreren (ter plaatse v.d. cortex en het mastoïd) v.h. hersenstampotentiaal als reactie v.d. gehoorzenuw en de hersenen op geluidsprikkels. • **compound muscle action potential** (CMAP) som van actiepotentialen van spiervezels die binnen het bereik v.d. bij myografie gebruikte afleidelektroden liggen. • **denervatiepotentialen** spontaan optredende positieve golven en fibrillatiepotentialen. • **drempel~** grenswaarde v.d. membraanpotentiaal waaronder een snelle depolarisatie ontstaat.
• **evenwichts~** waarde v.d. transmembraanpotentiaal waarbij de kracht die een bepaald ion ondervindt van zijn concentratiegradiënt volledig wordt gecompenseerd. • **evoked potential** (EP) [E 'opgewekte potentialen'] onderzoek ter meting v.h. elektrische signaal als reactie v.h. zenuwstelsel op de prikkeling v.e. zintuig m.b.v. elektroden *zie* brainstem-evoked auditory potential. • **excitatoire postsynaptische** ~ (EPSP) lokale afname v.d. postsynaptische membraanpotentiaal door inwerking v.e. excitererende transmitter.
• **generator~** depolarisatie die i.h. initiële deel v.e. axon v.e. sensor optreedt t.g.v. prikkeling, waardoor een of meerdere actiepotentialen gevormd worden. • **maximale diastolische** ~ meest negatieve waarde v.d. membraanpotentiaal v.e. pacemakercel tijdens de diastole v.h. hart.
• **membraan~** de potentiaal die zich t.g.v. membraanpolarisatie ontwikkelt. • **motorunitactie~** (MUAP) actiepotentialen die

registreerbaar zijn met naald- of oppervlakte-elektroden a.g.v. contractie v.e. motorische eenheid. • **receptor**~ verandering v.d. membraanpotentiaal van sensorcellen o.i.v. een prikkel. • **redox**~ elektrische spanning v.e. redoxsysteem. • **rust**~ de in elk prikkelbaar weefsel (zenuw-, spierweefsel) reeds in rust aanwezige potentiaal aan weerszijden v.d. celmembraan, nl. aan de binnenzijde een negatieve potentiaal, aan de buitenzijde een positieve. • **sensory nerve action potential** potentiaal dat ontstaat door bij neurografie een sensibele zenuw te stimuleren en dat i.h. verloop v.d. zenuw af te leiden is. • **somato-sensory evoked potentials** (SSEP) [E] EP-onderzoek v.d. sensibele prikkelgeleiding i.h. ruggenmerg en hersenstam; voortgeleide elektrische prikkeling v.h. onderbeen, de kniekuil of de volaire zijde v.d. pols wordt afgeleid v.d. schedel of v.d. wervels en grafisch vastgelegd.

potentie 1 aanwezige kracht, vermogen; 2 (seksuologie) lekenterm ter aanduiding v.e. toegekend of ervaren erectievermogen bij de man, zijn manifestatie van libido en mannelijkheid in seksueel contact en zijn vermogen tot voortplanting. • **potentia concipiendi** het vermogen (v.d. vrouw) om in zich op te nemen, d.i. om te worden bevrucht. • **potentia generandi** het vermogen om voort te brengen, d.i. te bevruchten.

potentiëring 1 (farmacol.) verschijnsel dat de werking van twee gelijktijdig toegediende farmaca groter is dan de som v.d. werkingen v.d. twee afzonderlijk; 2 (fysiol.) het verschijnsel dat het effect van twee gelijktijdige prikkels (soms) groter is dan de som v.d. effecten van de afzonderlijke prikkels; 3 (homeopathie) proces bij de bereiding van homeopatische middelen waarbij sprake is van afwisselend verdunnen en schudden.

potentiestoornis *zie* erectiestoornis.

potio vloeibaar geneesmiddel voor gebruik per os.

potjeslatijn niet-klassiek, onbeholpen Latijn zoals dat op vroeger op apothekerspotjes geschreven stond; in bredere zin: Latijn zoals toegepast i.d. medische terminologie i.d. vorm van nieuw ingevoerde verzonnen Latijnse begrippen (dus niet afkomstig v.h. klassieke Latijn, van 2000 jaar geleden) waarin veelal de grammatica en/of spelling v.h. Latijn gebrekkig is toegepast; vb. meervoud 'processi spinosi' (van 'processus spinosus', doornuitsteeksel) i.p.v. 'processus spinosi', 'status migrainosus' (nieuwvorming, i.p.v. 'status hemicranialis'), Borrelia burgdorferii (i.p.v. burgdorferi).

potocytose het veronderstelde vermogen van cellen om vocht in zich op te nemen en het v.d. ene plaats naar de andere te vervoeren.

Pott | **malum** ~i *zie* spondylitis tuberculosa. • **pottbochel** *zie* malum ~i. • **pottfractuur** breuk v.h. onderste deel v.d. fibula, met dislocatie van enkel en voet. • **pottgangreen** gangraena senilis a.g.v. atherosclerose.

potus drank.

pouch chirurgische techniek waarbij een buidelvormig reservoir wordt gevormd. • **gastric** ~ na gastrectomie aangelegde pouch. • **vesical** ~ blaasvervanging die via een katheteriseerbaar stoma i.d. huid wordt ingehecht.

pouchitis ontsteking v.e. pouch.

poudrage | **bethune**~ bestuiving v.d. pleurabladen met talkpoeder, om de vorming van adhesies tussen de pleurabladen te bevorderen. • **pleurale** ~ *zie* bethune~. • ~ **volgens Bethune** *zie* bethune~.

Poulet | **ziekte van** ~ reumatische osteoperiostitis.

power [E] *zie* statistische power.

pox [E] pokken. • **chicken** ~ [E] *zie* varicella.

PP pancreatisch polypeptide.

PPD 1 *zie* purified protein derivative; 2 *zie* depressie | post-partum~.

PPI (proton pump inhibitor) *zie* remmer | protonpomp~.

PP-interval tijdsperiode op het ecg tussen twee P-golven.

PPLO *zie* Mycoplasma pneumoniae.

p.p.m. parts per million (1:1.000.000).

PPSB *zie* concentraat | vierfactoren~.

PPV (positive predictive value) *zie* waarde | voorspellende ~.

PQ-interval tijdsduur op het ecg tussen het begin v.d. activatie v.d. atria en die v.d. hartventrikels.

practitioner [E] 1 huisarts; 2 *zie* medicus practicus. • **nurse** ~ (NP) verpleegkundige die aanvullende gezondheidszorgtaken ter ondersteuning v.d. arts uitvoert; uit de VS afkomstige functie, in Nederland vertaald met 'verpleegkundig specialist'.

prae- voorvoegsel in woordsamenstellin-

gen met als betekenis 'vóór'.
praecancerosus *zie* precancereus.
praecipitatus 1 verhaast, versneld; vb. partus praecipitatus; **2** neergeslagen, gepreciepiteerd; vb. sulfur p-tum.
praecox te vroeg rijp, vroegtijdig; vb. pubertas praecox, dementia praecox.
praecoxgevoel bij de onderzoekende psychiater opkomend intuïtief gevoel dat de patiënt aan schizofrenie lijdt.
praecuneus *zie* precuneus.
praeinvasivus vóór het invasieve stadium; vb. carcinoma praeinvasivum.
praematurus onrijp, voortijdig, prematuur; vb. partus praematurus, alopecia praematura.
praemolaris *zie* premolaar.
praemonitorius *zie* premonitoir.
praeoccipitalis *zie* preoccipitalis.
praepatellaris *zie* prepatellaris.
praeputialis *zie* preputialis.
praeputium *zie* preputium.
praescriptio voorschrift, recept, prescriptie.
praeternaturalis tegennatuurlijk; vb. anus ~, ureter ~.
praevius voorafgaand in tijd of plaats, i.d. weg liggend; vb. placenta praevia.
praktijk organisatiestructuur waarin één of meer (huis)artsen werkzaam zijn en zorg bieden aan de mensen die i.d. praktijk staan ingeschreven.
praktikant student die aan een practicum deelneemt.
praktiseren het beroep van arts uitoefenen, de artsenpraktijk uitoefenen, medicus practicus zijn.
pral vol, gevuld; vb. pral gespannen blaar.
prandialis bij of volgend op een maaltijd; vb. diarrhoea prandialis.
PRBC *zie* concentraat | erytrocyten~.
PRC *zie* concentraat | erytrocyten~.
pre- voorvoegsel in woordsamenstellingen met als betekenis 'vóór'.
prealbumine | **thyroxinebindend** ~ (TBPA) een v.d. schildklierhormoon bindende eiwitten i.h. bloed.
preauriculair aanhangsel klein huid- of kraakbeenaanhangsel t.g.v. a- of hypoplasie v.d. eerste of tweede kieuwboog of de niet-vergroeiing hiervan.
prebiotica niet-verteerbare voedselingrediënten die gunstig voor de gastheer kunnen zijn door stimulering van groei en activiteit van gunstige colonbacteriën.
precancereus vóór de ontwikkeling van kanker, leidend tot de ontwikkeling van kanker; vb. melanosis circumscripta praecancerosa.
precancerose weefselverandering met neiging tot maligne ontaarding.
precapillair klein bloedvat dat de overgang vormt tussen arteriola en capillair.
precarcinomateus *zie* precancereus.
precarcinomatose benigne aandoening die op kortere of langer termijn overgaat in maligne groei.
precardialgie *zie* pijn | precordiale ~.
precardialis aan de voorkant v.h. hart; vb. thoracolysis precardialis.
precentralis vóór de sulcus centralis cerebri; vb. gyrus precentralis.
precipitaat 1 een neerslag uit een oplossing; **2** (oogheelk.:) kleine puntjes op de achterkant v.h. hoornvlies, bestaande uit cellen en pigmentkorrels die bij ontsteking (iridocyclitis) uit het corpus ciliare worden neergeslagen (descemetitis).
precipitatiereactie · precipitatiereactie van Ouchterlony *zie* reactie | ouchterlony-precipitatie~.
precipiteren het neerslaan of het doen neerslaan v.e. zich in oplossing bevindende stof.
precipitine een antistof die bij menging met het specifieke antigeen, een neerslag doet ontstaan.
precipitinogeen een antigeen dat bij injectie (bij een dier) leidt tot productie van precipitines.
precipitinoïd partiële antistof die zich bij menging met het erbij behorende antigeen wel daarmee bindt, maar geen neerslag doet ontstaan.
precisie spreiding in herhaalde waarnemingen.
preclimacterisch vóór het intreden v.h. climacterium vb. p-sche bloeding.
preclimacterium de periode voorafgaand aan het climacterium gekenmerkt door onregelmatige menstruaties.
precoma diabeticum schemertoestand t.g.v. een hyperglykemie bij diabetes-mellituspatiënten.
precordiaal vóór het hart; vb. precordiaal gebied (precordium).
precordiale vuistslag stomp op de borst die men bij circulatiestilstand a.g.v. atriumflutter toedient met als doel defibrillatie te

bewerkstelligen.
precordium klinische term voor de streek vóór het hart.
precostaal vóór de ribben.
precuneus het vóór de cuneus gelegen hersenveld.
precursor 1 (biochem.) i.h. lichaam gevormde fysiologisch inactieve stof of cellulaire component als voorstadium die wordt omgezet i.e. actieve stof; **2** (pathol.) *zie* prodroom.
predentine zachte collagene substantie die door odontoblasten wordt afgescheiden en waaruit door calcificatie tandbeen ontstaat.
predeterminatie vóórbestemming v.h. fenotype.
prediastolisch vóór de diastole.
predikantenstembanden *zie* stembandknobbeltjes.
predilectie voorkeur.
predilectieplaats plaats waar een bepaalde aandoening zich bij voorkeur manifesteert of waar bacteriën zich bij voorkeur nestelen.
predisponerend bevorderlijk; vb. predisponerende factor.
predispositie-DNA-onderzoek onderzoek bij mensen met een verhoogd risico om een bepaalde aandoening te krijgen.
prednisolon synthetisch steroïd met sterke antiflogistische eigenschappen; afgeleide van hydrocortison, echter met kleiner effect op koolhydraat- en mineraalstofwisseling.
prednison synthetisch steroïd met sterke antiflogistische eigenschappen; afgeleide van cortison, echter met kleiner effect op koolhydraat- en mineraalstofwisseling.
pre-excitatie *zie* syndroom | wolff-parkinson-white-~.
pre-existent tevoren reeds bestaand.
pre-existentietheorie de theorie van Du-Bois-Reymond dat i.h. normale levende weefsel ook in toestand van rust, dus zonder enige prikkeling, elektrische stromen voorkomen.
preferential channel *zie* kanaal | voorkeurs-~.
preformatieleer de theorie v.d. oude fysiologen, dat het volledig gevormde dier in verkleinde vorm aanwezig zou zijn i.d. kiemcel.
preganglionair vóór de vegetatieve ganglia (vanaf het ruggenmerg gezien).
pregnandiol omzettingsproduct van progesteron i.d. urine van zwangere vrouwen dan wel vrouwen met een functionerend corpus luteum.
pregravide toestand v.h. endometrium dat gereed is voor de innesteling v.e. bevrucht ei.
pre-ictaal voorafgaand aan een epilepsieaanval (ictus); NB: niet te verwarren met 'pre-icterisch' (voorafgaand aan icterus).
pre-icterisch voorafgaand aan icterus; NB: niet te verwarren met 'pre-ictaal' (voorafgaand aan een epilepsieaanval (ictus)).
prekallikreïne in plasma voorkomend inactief voorstadium v.h. enzym kallikreïne.
prelinguaal m.b.t. de levensperiode voorafgaand aan de zich ontwikkelende spraakfunctie.
preload [E] *zie* belasting | voor-~.
preloadreductie verlaging v.d. voorbelasting v.h. hart.
prelum abdominale *zie* buikpers.
premature ventriculaire contractie (PVC) *zie* extrasystole | ventriculaire ~.
prematuriteit 1 onrijpheid. i h.b. v.d. te vroeg geborene (na een amenorroeduur van <= 259 dagen); **2** te vroege rijping. • **praematuritas sexualis** *zie* pubertas praecox.
prematuur 1 onrijp; **2** voortijdig; **3** een voortijdig geboren levensvatbaar kind.
premaxilla embryonaal beenstuk waaruit later door fusie met die eigenlijke maxilla de bovenkaak ontstaat.
premenopauze de tijdsperiode die aan de menopauze voorafgaat.
premenstrueel voorafgaand aan een menstruatie.
⊛ **premenstrueel syndroom** (PMS) verzamelnaam voor een aantal cyclische lichamelijke en psychische symptomen i.d. luteale (premenstruele) fase v.d. menstruatiecyclus i.e. zodanige vorm dat het normale leefpatroon verstoren.
premenstruele dysfore stoornis *zie* premenstrueel syndroom.
premolaar het gebitselement tussen de hoektand en de eerste molaar ('ware kies').
premonitie voorgevoel.
premonitoir vooraf waarschuwend, aankondigend, wijzend op een komende ernstige aandoening of op een ontering.
premorbide voorafgaand aan de verschijning van ziektesymptomen.

premortaal *zie* preterminaal.
premunitie toestand van onvatbaarheid voor een ziekte, gebaseerd op de aanwezigheid van levende ziektekiemen in het lichaam.
prenataal voorafgaand aan de geboorte.
preoccipitalis vóór de achterhoofdskwab gelegen; vb. incisura preoccipitalis.
preoccupatie (psychol.) overmatig bezig gehouden worden door een gedachte, overtuiging of krachtig verlangen waarvan men zich niet kan losmaken.
preoperatieve darmvoorbereiding maatregelen gericht op het schoonmaken v.d. darmen voor een darmoperatie om het risico op postoperatieve complicaties te verlagen.
preorgasmie term die aangeeft dat de persoon nog nooit een orgasme gehad heeft.
preparaat 1 toebereide substantie, bereid medicament; **2** (pathol.) voor macroscopische beschouwing of microscopisch onderzoek op bepaalde wijze behandeld (geprepareerd) stuk weefsel, dan wel secreet of excreet, urinesediment. • **combinatie~** *zie* pil | combinatie~. • **cytocentrifuge~** microscopisch preparaat waarbij cellen door centrifugeren vanuit een celsuspensie op een objectglas worden gebracht. • **depot~** geneesmiddel met lang aanhoudende (geprotraheerde) werking. • **dikkedruppel~** *zie* proef | dikkedruppel~. • **donkerveld~** combinatie van objectglaasje en dekglaasje met weefselvocht uit de huidlaesie ter aantoning van m.n. *Treponema pallidum* bij verdenking op syfilis. • **fysiologisch zout~** direct te beoordelen lichtmicroscopisch preparaat o.b..v fysiologische zoutoplossing ter aantoning van levende organismen. • **ijzer~** tweewaardige-ijzerzout voor orale of parenterale toediening. • **KOH-~ 1** 10%-KOH-oplossing om fungi op huid of nagels zichtbaar te maken; **2** 10%-KOH-oplossing om *Candida albicans* in vaginale fluor zichtbaar te maken. • **loco~** *zie* generieke naam. • **magistraal ~** niet-standaardpreparaat, dat door de apotheker zelf wordt bereid volgens het voorschrift v.d. voorschrijvend arts en dat voldoet aan de landelijke eisen v.d. farmacopee; de apotheker mag een magistraal preparaatniet afleveren wanneer dit niet aan die eisen voldoet. • **merk~** *zie* specialité. • **natief ~** histologisch preparaat dat geen enkele bewerking heeft ondergaan. • **operatie~** stuk weefsel dat bij operatie is verwijderd en nader onderzocht zal worden. • **resectie~** het chirurgisch verwijderde deel dat de patholoog ter beoordeling wordt aangeboden om de mate van radicaliteit vast te stellen. • **retard~** *zie* depot~. • **slow-release~** *zie* depot~. • **teer~** lokaal dermatotherapeuticum met ontstekingsremmende en jeukstillende werking.
preparalyse 1 beginnende verlamming; **2** beginnende progressieve paralyse.
preparalytisch voorafgaand aan een manifeste paralyse.
preparalytisch stadium het stadium bij poliomyelitis tussen de eerste algemene ziekteverschijnselen en het intreden v.d. verlammingen.
preparatie *zie* dissectie.
preparator amboceptor.
prepareerzaal practicumzaal voor anatomie.
prepareren een preparaat maken.
pre partum voorafgaand aan de bevalling.
prepatellaris vóór de patella; vb. bursa prepatellaris.
prepatent i.d. malariologie gebruikte term ter aanduiding v.d. periode tussen het tijdstip van infectie en het tijdstip waarop de parasieten i.h. bloed verschijnen.
preperitonealis vóór het peritoneum gelegen, i.t.t. retroperitonealis; vb. hernia preperitonealis.
preplantatie het naar voren verplaatsen v.d. insertie v.e. oogspier, ter behandeling van scheelzien.
prepuberaal voorafgaand aan de puberteit; vb. een prepuberale jongen ('prepuber').
prepuberale periode de periode onmiddellijk voor de puberteit, gekenmerkt door intensieve groei.
prepubicus vóór het os pubis.
preputialis m.b.t. het preputium; vb. herpes preputialis.
preputiotomie dorsale incisie v.e. te nauw preputium.
preputium voorhuid. • **~ penis** *zie* voorhuid.
prepyloricus vóór de pylorus; vb. vena prepylorica.
presacralis vóór het sacrum; vb. nervus presacralis.
presbyacusis slechthorendheid bij bejaarden.
presbyofrenie amnestisch syndroom bij oudere mensen waarbij persoonlijkheid en

intellectuele vermogens intact blijven, maar stoornissen i.h. langetermijngeheugen optreden.
presbyoop m.b.t. presbyopie.
presbyopie vermindering v.h. accommodatievermogen door stijver worden v.d. ooglens, waardoor bolvorming steeds moeilijker wordt en het meest nabij gelegen punt dat scherp kan worden waargenomen ('punctum proximum') steeds verderaf komt te liggen.
preseniel m.b.t. een bij mensen van middelbare leeftijd voorkomende toestand die lijkt op seniliteit.
presenteren, zich ~ *zie* patiëntpresentatie.
preservatie bewaren van levend weefsel voor transplantatiedoeleinden.
preservatief voorbehoedmiddel tegen bevruchting of tegen besmetting met seksueel overdraagbare ziekten tijdens de coïtus; i.h.b. een condoom.
prespermatide een secundaire spermatocyt.
pressoraminen stoffen met aminoconfiguratie, die de bloeddruk doen toenemen.
pressoreceptoren *zie* receptor | baro-en.
pressure conus [E] inklemming van hersenweefsel i.e. schedelopening, bij verplaatsing van hersenweefsel door ruimte-innemende processen.
pressurized metered dose inhaler *zie* aerosol | dosis~.
prestatie-indicator *zie* indicator.
presternum manubrium sterni.
presymptomatisch DNA-onderzoek onderzoek bij mensen met een verhoogd risico op een erfelijke aandoening i.d. fase waarin de ziekte zich nog niet heeft geopenbaard.
presynaptisch vóór (proximaal van) een synaps gelegen.
presystolisch m.b.t. de presystole; vb. presystolisch geruis.
pretechogram | pretecho via echografie gemaakt beeldopname v.d. foetus waarvoor geen medische indicatie bestaat, maar die op verzoek v.d. toekomstige ouder(s) wordt gemaakt.
pretectalis vóór het tectum; vb. nucleus pretectalis.
preterm [E] geboorte v.e. vrucht met een gewicht van meer dan 500 g na minder dan 37 weken zwangerschap.
preterminaal voorafgaand aan het einde (v.h. leven), het overlijden v.d. patiënt aankondigend.
pretibiaal aan de voorkant v.d. tibia; vb. pretibiaal oedeem.
pretrachealis vóór de trachea; vb. lamina pretrachealis (fasciae cervicalis).
pretragaal vóór de tragus gelegen.
preurethralis vóór de urethra gelegen.
prevalentie 1 aantal zieken i.e. populatie op een bepaald moment; **2** (minder juist) aantal zieken i.e. populatie gedurende een bepaalde periode. • **life-time~** proportie van mensen i.e. populatie die ooit in hun leven i.e. bepaalde toestand hebben verkeerd. • **periode~** proportie van personen met een bepaald verschijnsel of bepaalde ziekte i.e. bepaalde periode. • **punt~** totaal aantal personen dat een bepaald verschijnsel of bepaalde ziekte op een gegeven moment heeft. • **sero~** percentage van personen i.e. populatie die blootgesteld zijn aan verwekker v.e. bepaalde infectieziekte, blijkend uit het antistoffen i.h. bloedserum.
prevalentieonderzoek onderzoek om het vóórkomen v.e. ziekte i.e. bepaalde populatie te bepalen.
preventie het geheel v.d. maatregelen die erop zijn gericht dat een ziekte niet zal gaan optreden. • **cariës~** het geheel van maatregelen ter voorkoming v.h. ontstaan van cariës. • **collectieve** ~ preventie die is gericht op de totale bevolking of grote deelpopulaties. • **infectie~** maatregelen die worden getroffen ter voorkoming van besmetting met ziektekiemen. • **opportunistische** ~ preventie die wordt toegepast bij een goede gelegenheid. • **primaire** ~ interventie of activiteit die gericht is op het voorkómen v.e. ziekte door beïnvloeding v.d. etiologische factoren. • **secundaire** ~ interventie of activiteit die gericht is op een gunstiger verloop v.e. ziekte door vroegtijdige diagnostiek. • **tertiaire** ~ interventie of activiteit die gericht is op het voorkómen van verslechtering v.d. gezondheidstoestand bij personen met een bepaalde aandoening. • **ziekte~** preventie die op een specifieke aandoening is gericht.
preventief beschermend tegen mogelijke inwerkingen.
preventieparadox van Geoffrey Rose schijnbare tegenstelling die preventiemaatregelen opleveren: veel gezondheidswinst op bevolkingsniveau, maar relatief

weinig voor het individu.
preventieprogramma voorgeschreven reeks preventieve handelingen die onder een duidelijke regie worden uitgevoerd.
prevertebralis aan de voorkant v.e. wervel of v.d. wervelkolom.
prevesicaal aan de voorkant v.d. (urine)blaas; vb. prevesicaal vetweefsel.
previable [E] nog niet levensvatbaar, bijv. een foetus die zich buiten het moederlichaam nog niet kan handhaven.
prexerose verdroging en rimpeling v.d. conjunctiva bulbi als voorstadium van xerose.
PRG percutane radiologische gastrotomie.
PRG-sonde sonde voor het direct i.d. maag toedienen van voedsel.
priapisme aanhoudende pijnlijke erectie v.d. penis, gevolg van belemmerde afvoer van bloed uit de corpora cavernosa.
prickley heat [E] *zie* miliaria rubra.
prickly heat *zie* miliaria rubra.
-prief achtervoegsel in woordsamenstellingen met als betekenis het ontbreken van iets.
prik 1 *zie* punctie; **2** *zie* injectie. • **hiel~** methode voor het verkrijgen van bloed bij een pasgeborene; via een prik i.d. hiel wordt capillair bloed opgezogen; in Nederland wordt sinds 1974 landelijk gescreend op fenylketonurie (PKU), sinds 1981 op congenitale hypothyreoïdie (CHT) en sinds 2000 op het adrenogenitaal syndroom (AGS) met een landelijke deelname van ca. 99,8%.
prikkel *zie* stimulus.
prikkelbaarheid 1 (fysiol.) algemene eigenschap om te kunnen reageren op een plotselinge verandering v.d. uitwendige omstandigheden; i.h.b. hart- of skeletspieren die contraheren door een elektrische prikkel of zenuwvezels die hierop reageren met impulsgeleiding of transmitterstofafgifte; **2** (psych.) *zie* stemming | prikkelbare ~, syndroom | overprikkelbaarheids-~. • **bronchiale** ~ maat, verkregen m.b.v. provocatietests waarbij de patiënt in oplimmende concentratie metacholine of histamine inhaleert.
• **prikkelbaredarmsyndroom** (PDS) motiliteitsstoornis v.h. colon, zich uitend in chronisch recidiverende buikpijn, wisselend defecatiepatroon en vaak passage van slijm per anum, in afwezigheid van aantoonbare morfologische of biochemische afwijkingen.
prikkeldrempel de geringste intensiteit v.e. prikkel die nog enig effect heeft.
prikkeleffect de uitwerking, het resultaat van prikkeling.
prikkelgeleiding 1 voortplanting v.e. actiepotentiaal langs de membraan v.e. zenuwvezel; **2** (cardiol.) *zie* hartprikkelgeleidingsstoornis. • **saltatoire** ~ sprongsgewijze (snelle) vorm van impulsgeleiding langs zenuwcel naar knoop.
prikkelgeleidingsstoornis *zie* hartprikkelgeleidingsstoornis.
prikkeloverdracht het doorgeven v.d. activiteit v.e. cel aan een aangrenzende cel.
prikkelverwerking wijze waarop een cel reageert op een plotselinge verandering v.d. omgeving.
prikpen *zie* vaccinostyle.
prima vr. vorm van L. primus; 'eerste, voornaamste'; vb. causa prima.
primair 1 als eerste ontstaan; **2** zonder aanwijsbare oorzaak, niet secundair; vb. p-re trombopenie = essentiële trombopenie, p-re hypoparathyreoïdie (oorzaak van uitval is gelegen i.d. bijschildklier zelf).
primair chronisch gewrichtsreuma *zie* reumatoïde artritis.
primaire amyloïdose AL-amyloïdose *zie* amyloïdose.
primair reageren *zie* functie | primaire ~.
primam intentionem, per ~ *zie* intentio | sanatio per primam ~nem.
primarius primair, primitief, primordiaal; vb. folliculus ovaricus primarius.
primer [E] oligonucleotidesequentie die als startpunt voor DNA-polymerase dient, waardoor een bepaalde DNA-sequentie herhaald wordt geproduceerd.
priming [E] (immunol.:) het verlagen v.d. activatietoestand.
primitief 1 oorspronkelijk, eenvoudig; **2** achtergebleven in ontwikkeling, onontwikkeld; **3** (embryol.) tot het vroegste ontwikkelingsstadium behorend; vb. de p-ieve darm.
primitivus primitief; vb. stria primitiva.
primordiaal primitief, onontwikkeld, embryonaal.
primordiale beenderen (v.d. schedel): beenderen die zich ontwikkelen uit de primordiale kraakbenige schedel.
primumdefect (ostiumprimumdefect) defect i.h. boezemtussenschot waarbij de on-

derrand v.h. septum niet aanwezig is en de elektrische as naar links is gedraaid.

primum non nocere het eerste (het belangrijkste) is: niet schaden.

primus eerste; vb. fissura prima.

princeps eerste, voornaamste, belangrijkste.

principalis voornaamste; vb. bronchus principalis.

PR-interval alternatieve benaming voor PQ-interval op het ecg.

prion (proteinaceous infectious particle [E]) infectieus eiwit dat is aangetoond i.d. hersenen bij spongiforme encefalopathieën, waaronder de ziekte van Creutzfeldt-Jakob en scrapie.

※ **prionziekte** ziekte die wordt veroorzaakt door een prion, een van vorm veranderend lichaamseigen infectieus eiwit, zoals aangetoond i.d. hersenen bij spongiforme encefalopathieën, waaronder de ziekte van Creutzfeldt-Jakob (Creutzfeldt-Jakob disease, CJD) en scrapie.

prisma 1 driezijdig lichaam; **2** driezijdig glazen lichaam waarmee de richting v.e. lichtstraal kan worden veranderd. • **~ta adamantina** microscopisch kleine emailprisma's loodrecht op het tandoppervlak. • **email-'s** zie prismata adamantina.

prismaoptometer instrument voor oogonderzoek d.m.v. een draaiend prisma.

prisoptometer zie prismaoptometer.

PRL zie prolactine.

PRL-RH (prolactin-releasing hormone) hypothalame factor die de prolactineproductie i.d. hypofyse stimuleert.

PRM (progesteronreceptormodulator) zie anticonceptie | nood-.

PRN zie pro re nata.

proaccelerine zie bloedstollingsfactor V.

proagglutinoïd een agglutinoïd dat een grotere affiniteit voor het desbetreffende agglutinogeen heeft dan de desbetreffende agglutinine.

proaritmisch effect het vermogen van geneesmiddelen dat zij als bijwerking ritmestoornissen veroorzaken.

proatlas een bij sommige dieren, ook bij de mens soms voorkomende rudimentaire wervel boven de atlas.

probabiliteit zie waarschijnlijkheid.

probandus 1 (statistiek) de persoon die in onderzoek is onderzocht of zal worden onderzocht; **2** (genetica, genealogie) de persoon die het uitgangspunt voor een stamboomonderzoek vormt; het syn. 'kwartierdrager' is vnl. gebruikelijk i.d. genealogie.

probang [E] slokdarmsonde.

probatoir tot onderzoek dienend.

probe [E] **1** stukje enkelstrengs DNA dat precies dezelfde DNA-volgorde heeft als een merker en dat bovendien radioactief is gelabeld, zodat de merker kan worden teruggevonden; **2** kop v.e. echoapparaat die op het lichaam v.e. patiënt wordt geplaatst.

probenecide geneesmiddel dat de renale urinezuurexcretie verhoogt door remming v.d. tubulaire urinezuurterugresorptie.

probiotica levende micro-organismen die de gezondheid v.d. gastheer bevorderen indien adequaat gedoseerd.

probleemdrinken zie afhankelijkheid | alcohol-.

problem-oriented approach zie problem-oriented record.

problem-oriented record een op de gezondheids- dan wel ziekteproblemen v.d. patiënt gericht(e) verslag/ziektegeschiedenis resp. behandeling.

procarboxypeptidase inactief voorstadium v.h. proteolytische enzym carboxypeptidase.

procedure | **longo~** excisie van hemorroïden of een slijmvliesprolaps juist proximaal v.d. linea dentata. • **sentinel node ~** zie schildwachtklierprocedure. • **stoppa~** preperitoneale buikwandplastiek met omvangrijke prothetische versteviging met mesh voor de behandeling van recidiverende en bilaterale liesbreuken.

procercoïd larvestadium v.d. lintworm i.e. tussengastheer.

procerus slank; vb. musculus procerus.

procesafwijking afwijking v.h. geplande, verwachte of vereiste proces door handelen of niet handelen v.e. hulpverlener.

processus (proc.) uitsteeksel; vb. processus spinosus. • **~ alveolaris maxillae** de (horizontale) onderrand v.d. maxilla, waarin zich de tandkassen bevinden. • **~ calcaneus** plantair uitsteeksel v.h. os cuboideum. • **~ ciliares** 70 à 80 straalsgewijs gerichte vouwen i.h. corpus ciliare. • **~ mastoideus** tepelvormig uitsteeksel v.h. slaapbeen. • **~ posterior** uitsteeksel v.h. kraakbenige deel v.h. septum nasi met variabele lengte tussen vomer en lamina perpendicularis. • **~ posterior tali** een naar achteren gericht uitsteeksel v.d. talus. • ~ **uncinatus pancreatis** haakvormig uitsteeksel v.d. pancreas. • ~ **vaginalis peritonei** uitstulping v.h. peritoneum die zich voortzet i.h. lieskanaal. • ~ **xiphoideus** uitsteeksel onder aan het borstbeen; bij onjuist uitgevoerde hartmassage kan dit afbreken.

procheilie het vooruitsteken v.h. procheilon.

procheilon lichte verhevenheid, gevormd door het einde v.h. filtrum i.h. middelste deel v.h. buitenoppervlak v.d. bovenlip.

prochymosine voorstadium v.h. enzym chymosine (= chymase).

procidentia *zie* prolaps. • ~ **iridis** *zie* prolaps | iris-. • ~ **oculi** *zie* oftalmie | ex-.

proconvertine *zie* bloedstollingsfactor VII.

procreatie voortplanting.

proctalgie pijn i.d. endeldarm. • **proctalgia fugax** recidiverende nachtelijke pijn i.d. endeldarm.

proctectasie dilatatie van rectum en anus.

proctectomie operatieve verwijdering v.d. endeldarm.

proctitis ontsteking v.h. rectum. • **colo**~ ontsteking van colon en rectum. • **gonorroïsche** ~ *zie* proctitis gonorrhoica. • **herpes**~ herpesinfectie v.d. anorectale regio. • **nietspecifieke** ~ ontsteking v.d. endeldarm die niet is veroorzaakt door specifieke microorganismen. • **para**~ *zie* periproctitis. • ~ **gonorrhoica** infectie v.h. rectum met *Neisseria gonorrhoeae*. • ~ **herpetica** *zie* herpes-. • ~ **ulcerosa** ontsteking v.h. rectum met zweervorming.

proctocele rectocele. • **vaginale** ~ breukvormige uitpuiling v.h. rectum i.d. vagina.

proctocolitis ulcerohaemorrhagica *zie* colitis ulcerosa.

proctodeum een instulping v.h. ectoderm v.h. embryo op de plaats waar later de anus wordt gevormd.

proctogeen afkomstig van anus of rectum; vb. proctogene constipatie.

proctologie leer v.d. ziekten van rectum en anus.

proctologisch onderzoek *zie* proctoscopie.

proctorragie bloeding uit het rectum.

proctorroe slijmafscheiding uit de anus.

proctos rectum, anus.

proctoscopie combinatie van klinisch onderzoek (rectaal toucher) en endoscopie van de anus, het anale kanaal en het rectum.

proctosigmoïditis ontsteking van rectum en sigmoïd.

proctosigmoïdoscopie onderzoek van rectum en sigmoïd d.m.v. een sigmoïdoscoop.

proctostase verstopping door ophoping van feces i.h. rectum en uitblijvende reactie v.h. rectum op de defecatieprikkel.

proctotomie 1 klieving v.e. anus- of een rectumstrictuur; **2** het maken v.e. anus-opening bij atresia ani.

prodromale verschijnselen *zie* prodroom.

prodroom symptoom dat zich enige tijd aandient vóórdat een ziekte of een aanval van ziekte zich manifesteert; bijv. aura bij epileptische aanval.

productief 1 gepaard gaand met vorming van nieuw weefsel; vb. p-ieve ontsteking; **2** gepaard gaand met afscheiding van secreet; vb. een p-ieve hoest.

productivus voortbrengend, vormend, productief.

proef procedure i.h. kader van wetenschappelijk onderzoek; ook wel test ten behoeve van diagnostiek. • **ademstoot**~ *zie* test | tiffeneau~. • **adson**~ verdwijnen v.d. radialispols in aangedane arm bij abductie van arm en draaien v.h. hoofd naar de kant v.d. klachten. • **afdek**~ proef waarbij beurtelings één oog tijdelijk wordt afgedekt. • **belastings**~ **1** (lab.diagn.) proef waarbij een bepaalde functie op de proef wordt gesteld door toediening van een stof die deze functie 'belast'; **2** (bewegingsfysiol.) *zie* ergometrie | belastings-. • **blaas**~ **1** (knoheelk.:) test voor vaststelling v.d. velum-/palatumfunctie; **2** (toxicol.:) test waarbij aan de uitgeademde lucht het bloedalcoholpromillage kan worden berekend. • **blauw**~ *zie* chromocystoscopie. • **bonney**~ *zie* test | marshall-. • **bragard**~ toenemende radiculair uitstralende pijn in aangedane been wanneer de patiënt bij een positieve proef van Lasègue het been iets laat zakken, waarna de voet dorsaal wordt geflecteerd wordt. • **castellani**~ **1** proef op eiwit i.d. urine; **2** verzadigingsproef van C., een agglutinatieproef op serum, ter vaststelling van menginfectie. • **cavia**~ enting van weefsel of secreet op een cavia om na te gaan of deze geïnfecteerd wordt en welke verschijnselen zich daarbij voordoen. • **cerebellaire wijs**~ men laat de patiënt afwisselend met open en gesloten ogen naar een vast punt wijzen. • **cohn**~ onderzoek ter bepaling van rood-groenblindheid. • **concen-**

tratie~ nierfunctieproef waarbij het concentratievermogen v.d. nieren wordt bepaald door de patiënt 24 uur droge kost met weinig vloeistof te laten gebruiken. • **controle~** proef die wordt uitgevoerd op (materiaal of) personen die in alle opzichten, behalve het te onderzoeken probleem, identiek zijn aan die waarop een bepaalde procedure wordt toegepast. • **corradistemvork~** stemvorkproef om labyrintbeschadiging op te sporen. • **crampton~** onderzoek ter beoordeling v.d. vaattonus, door vergelijking v.d. bloeddruk en de polsfrequentie bij de staande en de liggende patiënt. • **dier~** 1 experiment op levende dieren; 2 routineonderzoek ter identificatie v.e. veronderstelde ziekteverwekker, bijv. van tuberculose, d.m.v. de caviaproef. • **dikkedruppel~** snelle onderzoeksmethode om in bloed evt. aanwezige malariaparasieten te ontdekken. • **dorst~** zie concentratie-. • **drieglazen~** urineonderzoek ter lokalisering v.e. etterig proces. • **fotoplak~** diagnostische methode om fotosensibilisatie door een stof vast te stellen. • **frequentiebelastings~** zie test | pacing-stress-~. • **functie~** proef waarmee men een bepaalde functie v.e. orgaan of orgaanstelsel onderzoekt. • **gellé~** terwijl bij verhoging v.d. druk i.d. gehoorgang bij een normaal persoon op de schedel geplaatste stemvork verzwakt wordt gehoord, is de sterkte bij otosclerose onveranderd. • **hemolyseremmings~** serologische identificeringsmethode die gebruikmaakt van hemolyseremming. • **hiel-knie~** cerebellaire functietest waarbij de patiënt met gesloten ogen gevraagd wordt om bijv. de linker hiel op de rechter knie te plaatsen en vervolgens over het scheenbeen naar beneden te laten glijden. • **kemp~** uitstralende pijn i.h. aangedane been bij rotatie-hyperextensie v.d. romp naar de kant v.d. ischias in staande houding; de proef heeft een beperkte waarde en indien (radiculaire) pijn wordt aangegeven, wijst zij op wortelprikkeling. • **knie-hak~** zie hiel-knie-. • **kruis~** laatste controleproef vóór een bloedtransfusie, waarbij wordt nagegaan of agglutinatie plaatsvindt indien men donorerytrocyten met recipiëntenserum en recipiëntenerytrocyten met donorserum samenvoegt. • **lapjes~** zie test | epicutane allergie-. • **mazzotti~** proef bij onchocerciasis om de aanwezigheid van microfilariae i.d. huid aan te tonen. • **murexide~** proef van Weidel op urinezuur. • **pancreasfunctie~** onderzoek naar de exocriene alvleesklierfunctie. • **pentagastrinemaag~** analyse v.d. maagsecretie met maximale zuurprikkeling d.m.v. pentagastrine. • **perthes~** bij varices uit te voeren proef om na te gaan of er een obstructie is i.h. diepe veneuze systeem. • **plak~** zie test | epicutane allergie-. • **plankton~** het aantonen van plankton i.d. longen v.e. drenkeling ten bewijze dat deze i.h. water heeft gelegen. • ~ **van Adson** zie adson-. • ~ **van Buerger** zie test | buerger-. • ~ **van Castellani** zie castellani-. • ~ **van Cohn** zie cohn-. • ~ **van Finkelstein** zie Finkelstein | finkelsteintest. • ~ **van Kemp** zie kemp-. • ~ **van Müller** zie test | müller-. • ~ **van Nothnagel** zie Nothnagel | nothnagelproef. • ~ **van Perthes** zie perthes-. • ~ **van Rinne** zie rinne-. • ~ **van Rose** zie rose-. • ~ **van Toynbee** zie toynbee-. • ~ **van Unterberger** zie unterberger-. • ~ **van Valsalva** zie Valsalva | valsalvatest. • ~ **van Weber** zie weber-. • ~ **volgens Lasègue** zie symptoom | lasègue-. • **queckenstedt~** (obsoleet) onderzoek naar de doorgankelijkheid v.d. spinale-liquorruimte tijdens lumbale punctie. **quicklever~** proef gebaseerd op het vermogen v.d. lever om hippuurzuur te synthetiseren uit toegediend natriumbenzoaat. • **quixvingerwijs~** de wijzende vinger wijkt af wanneer hij loodrecht wijst op het vlak v.h. aangedane halfcirkelvormige kanaal. • **rinne~** onderzoek ter vergelijking van been- en luchtgeleiding v.h. geluid i.e. oor. • **rose~** zie test waaler-rose-. • **schaduw~** zie sciascopie. • **schrapings~** zie test | scarificatie-. • **schreyerlong~** stukjes v.e. long die geademd heeft, drijven op water. • **schwabach~** proef ter vergelijking v.d. beengeleiding voor geluid bij een patiënt, met die bij een normaal persoon. • **sedimenterings~** obsolete proef om tuberkelbacteriën op te sporen. • **spiegel~** zie blaas-. • **steek~** selectie uit een totale populatie ten behoeve v.e. meting van bepaalde eigenschappen van die populatie opdat met minder waarnemingen kan worden volstaan. • **stensen~** afbinding v.d. buikaorta bij een dier veroorzaakt verlamming v.d. achterpoten. • **tegen~** zie controle-. • **top-neus~** functietest waarbij de patiënt met gesloten ogen de wijsvinger v.d. gestrekte arm op de neuspunt moet plaatsen. • **toynbee**~ vermindering v.d. door de i.h. middenoor aanwezige lucht op het trommelvlies uitgeoefende druk door de patiënt met gesloten mond en neus te laten slikken. • **trendelenburg**~ 1 flebologische test die wordt uitgevoerd bij varicesdiagnostiek; 2 (orthopedie) proef bij onstabiel heupgewricht. • **unterberger**~ vestibulaire functieproef; onbetrouwbaar en daardoor obsoleet. • **verdunnings**~ nierfunctieproef waarbij de patiënt veel moet drinken. • **vinger-neus**~ proef om de uitvoeringen van doelbewegingen na te gaan. • **waterbelastings**~ proef om het verdunningsvermogen v.d. nier te bepalen. • **weber**~ stemvorkproef om te differentiëren tussen geleidings- en perceptieverlies.

proefmaaltijd een standaardmaaltijd die bij maagsaponderzoek wordt toegediend.

proefonderzoek *zie* onderzoek | experimenteel ~.

proefontbijt standaard-ontbijt dat gebruikt wordt voor onderzoek v.h. maagsap. • ~ **volgens Boas-Ewald** *zie* Boas | boas-ewald-proefontbijt. • ~ **volgens Ewald** *zie* Ewald | ewaldproefontbijt.

proefpersoon persoon die i.h. kader v.e. proefneming dienst doet als vergelijkingsobject.

profaag 1 voorstadium v.e. bacteriofaag; 2 een geïnfecteerde faag waarvan het genoom met dat v.d. bacterie geïntegreerd is.

profase beginfase v.d. mitose.

proferment pro-enzym.

professionele autonomie *zie* medisch professionele autonomie.

profibrinolysine het inactieve voorstadium van fibrinolysine (= plasmine).

profluens overstromend; vb. salpingitis profluens. • **hydrocele** ~ *zie* hydrokèle | hydrocele communicans.

profundus diep, i.d. diepte liggend, als tegenstelling tot superficialis.

profuus overvloedig, rijkelijk, overdadig.

profylacticum 1 geneesmiddel ter vermindering v.d. kans op een infectieziekte; 2 (verouderd taalgebruik) voorbehoedsmiddel.

profylactisch m.b.t. profylaxe; vb. profylactische toediening v.e. geneesmiddel.

profylaxe complex van preventieve maatregelen tegen infectie of ander med. incident.
• **antibiotica**~ toedienen van antibiotica om een infectie volgend op eventueel contact met micro-organismen te voorkomen.
• **anti-D**-~ toedienen van anti-D-antistoffen aan een resusnegatieve moeder na de geboorte v.e. resuspositief kind. • **antimicrobiële** ~ *zie* antibiotica-. • **cariës**~ complex van maatregelen die tandbederf tegengaan: tandenpoetsen, niet snoepen, fluoridering van drinkwater. • **causale** ~ preventieve maatregelen gericht tegen de oorzaak (causa) v.e. ziekte. • **chemische** ~ *zie* chemo-~. • **chemo**~ ziektepreventie m.b.v. geneesmiddelen ter aanvulling dan wel vervanging van mechanische profylaxe. • **collectieve** ~ het complex van preventieve maatregelen, bedoeld ter bescherming v.d. gemeenschap tegen een dreigende ziekte. • **credé**~ indruppelen v.d. ogen v.d. pasgeborene met zilvernitraat ter preventie van gonorroïsche ontsteking v.d. conjunctiva; in Nederland niet meer gangbaar. • **endocarditis**~ maatregel ter voorkoming van endocarditis die wordt genomen bij medische ingrepen waarbij bacteriën i.h. bloed kunnen komen. • **gezondheids**~ algemene en speciale gezondheidsbeschermende maatregelen. • **individuele** ~ complex van preventieve maatregelen die door een ieder individueel kunnen worden genomen ter bescherming tegen een bepaalde ziekte of tegen ziekte i.h. algemeen. • **mechanische** ~ bescherming met mechanische middelen tegen infectie. • **medicamenteuze** ~ *zie* chemo-~.
• **orale** ~ het per os innemen v.e. beschermend medicament. • **postexpositie**~ (PEP) toediening v.e. (genees)middel na mogelijk contact met een pathogeen micro-organisme of andere ongewenste stof, bijv. na een prikaccident bij behandeling v.e. patiënt met hiv of hepatitis of na onveilig seksueel contact. • ~ **volgens Credé** *zie* credé-. • **serum**~ vorm van passieve immunisatie waarbij immuunserum wordt ingespoten als bij een patiënt onmiddellijke immuniteit vereist wordt.

progaster *zie* archenteron.

progenese zaad- en eicelontwikkeling voorafgaand aan de bevruchting.

progeneus met vooruitstekende kin; vb. facies progenea, caput progeneum.

progenie naar voren uitstekende kin.

progenitalis aan de voorkant v.d. genitalia; vb. herpes progenitalis.

progenitor directe voorouder v.e. kind.
progenituur nakomelingschap.
progeria ernstige autosomaal dominant erfelijke ontwikkelingsstoornis, gekenmerkt door een complex van seniele verschijnselen bij het kind. • ~ **adultorum** *zie* Werner | wernersyndroom. • ~ **infantilis** progeria bij kinderen.
progestageen synthetisch steroïd met progesteronachtige werking, gebruikt als contraceptivum.
progestatief term die de fase aanduidt vlak voor een menstruatie, met een actief corpus luteum en secernerend endometrium.
progestatieve stoffen substanties die door het corpus luteum worden afgescheiden.
progesteron hormoon dat door het corpus luteum wordt afgescheiden. • **17-hydroxy~** gehydroxyleerd product van progesteron dat voorkomt als tussenstadium bij de synthese van androgenen en oestrogenen.
progesteronreceptormodulator (PRM) *zie* anticonceptie | nood~.
progestine synthetische vorm van progesteron, het natuurlijke hormoon.
proglottide *zie* proglottis.
proglottis een segment v.e. lintworm.
prognathie gelaatsvorm waarbij de kin en de jukbeenderen vooruitsteken en de ogen ver uit elkaar staan. • **bimaxillaire** ~ het vooruitsteken van zowel boven- als onderkaak.
prognose voorspelling of verwachting met betrekking tot het optreden v.e. gebeurtenis of het beloop daarvan. • **prognosis infausta** ongunstige p. • **prognosis letalis** verwachting van dodelijke afloop. • **prognosis quoad valetudinem** p. betreffende de ev. validiteit v.d. patiënt. • **prognosis quoad vitam** p. ten aanzien v.h. al of niet in leven blijven.
prognostiek de kunst v.h. stellen v.e. prognose.
prognostisch m.b.t. de prognose; vb. ongunstig prognostisch teken.
progonadotroop met affiniteit tot de geslachtsklieren.
progone *zie* blast | promegalo~.
progrediënt *zie* progressief.
progressie verergering (v.e. ziekte), voortgang.
progressief 1 toenemend in ernst en/of omvang v.e. ziekte; **2** (algemene pathologie) gepaard gaand met toeneming van weefsel en/of verbetering v.d. functie ervan, i.t.t. regressief; p-ieve weefselveranderingen zijn o.a. hypertrofie, hyperplasie, restauratie, regeneratie.
progressief CVA *zie* stroke | progressive ~.
progressieve postpoliospieratrofie *zie* syndroom | postpolio~.
progressieve spierontspanning psychotherapeutisch ontspanningsproces waarbij de patiënt in staat is het verschil waar te nemen tussen willekeurig aangespannen spiergroepen en ontspannen spiergroepen; i.h.b toegepast bij angststoornissen.
progressivus progressief; vb. lipodystrophia progressiva.
projectie 1 (neurofysiol.) het verschijnsel dat prikkeling ergens i.d. loop v.e. zenuw een gewaarwording doet ontstaan alsof het zenuwuiteinde geprikkeld wordt; hierop berust de pijn die een patiënt meent waar te nemen i.e. geamputeerd lichaamsdeel (fantoompijn); **2** (oogheelk.) afbeelding v.e. object op het netvlies; **3** (psychol.) afweermechanisme waarbij men (onbewust) zijn eigen gevoelens verplaatst naar iemand of iets buiten zichzelf (bijv. iemand die een afkeer heeft v.e. persoon, maar dit niet kan toegeven en stelt dat die persoon een afkeer van hém heeft); **4** voorstelling v.d. plaats v.e. voorwerp i.d. ruimte door deze plaats te projecteren op drie onderling loodrechte vlakken. • **schüller**~ laterale röntgenfoto v.h. oor waarop het mastoïd en zijn begrenzingen goed uitkomen.
projectiecentra hersenschorscentra waarheen zintuigindrukken worden geleid voor de uiteindelijke bewuste dan wel onbewuste waarneming.
projectievelden gebieden op de grote hersenschors die verband houden met de sensorische en motorische hersenfuncties.
projectievezels *zie* systeem | projectie~.
prokaryocyt onrijpe kernhoudende erytrocyt.
prokaryoot cel met een nucleoïd zonder kernmembraan.
prokinetica groep van geneesmiddelen die de peristaltiek bevorderen.
prolaberen 1 uitzakken; **2** boven het normale niveau naar buiten weken.
prolactine (PRL) lactotroop (lactogeen) proteohormoon v.d. hypofysevoorkwab.
prolactinoom adenoom i.d. hypofysevoorkwab dat prolactine produceert.

prolactoliberine *zie* hormoon | prolactin-releasing hormone.
prolamine een proline-rijke plantaardige eiwitstof (o.a. gliadine in tarwe).
prolaps gehele of gedeeltelijke uitzakking v.e. ingewand door een natuurlijke lichaamsopening, een wond of een fistel. • **anus~** uitzakking van rectumslijmvlies door de anus. • **discus~** diffuse uitpuiling v.d. discus intervertebralis t.g.v. degeneratieve veranderingen. • **ingewand~** *zie* evisceratie. • **iris~** het uitpuilen v.d. iris via een wond of geperforeerde zweer i.d. cornea of de sclera. • **mitralisklep~** abnormale beweeglijkheid v.d. bladen v.d. mitralisklep. • **~us ani** *zie* anus~. • **~us funiculi umbilicalis** *zie* navelstrengprolaps. • **~us iridis** *zie* iris~. • **~us recti** *zie* rectum~. ⊛ **~us uteri** verzakking v.d. baarmoeder; met 'prolaps' wordt gewoonlijk een 'prolapsus uteri' bedoeld; indeling: prolaps v.d. uterus, v.d. vaginavoorwand (urethrokèle, cystokèle), v.d. vagina-achterwand (rektokèle, proctokèle), v.d. top v.d. vagina, komend uit de achterste fornix als hernia, inclusief breukzak en met dunne darm als inhoud (enterokèle) of een combinatie hiervan. • **~us vaginae** *zie* vagina~. • **rectum~** uitzakking van alle lagen v.h. rectum via de anus. • **uterus~** *zie* prolapsus uteri. • **vagina~** uitzakking v.d. schede.
prolidase darmenzym dat de hydrolyse van polypeptiden katalyseert door verbreking v.d. binding -CO.NH-.
proliferans woekerend; vb. retinitis proliferans.
proliferatie overmatige groei door celvermeerdering; vb. tumor~, bacteriële ~.
prolinase darmenzym, katalyseert de hydrolyse van peptiden met eindstandige proline-groep.
proline een niet-essentieel aminozuur.
promastigoot flagellaatstadium van *Trypanosoma*, met de kinetoplast vóór de kern.
promegakaryocyt onrijpe megakaryocyt.
promelanine kleurloos voorstadium van melanine.
prominens naar buiten stekend; vb. vertebra prominens.
prominentia uitstekend deel, uitsteeksel, uitpuiling.
promineren boven iets of boven een oppervlak uitsteken.
promiscue wisselende vrije seksuele contacten hebbend.
promiscuïteit *zie* seksueel contact | wisselende seksuele contacten.
promontorium uitstekend gedeelte, i.h.b. het p. ossis sacri.
promotor DNA-element, betrokken bij de binding van transcriptiefactoren die afhankelijk v.d. bindingsmogelijkheden de transcriptie door RNA-polymerase positief of negatief beïnvloeden.
promyelocyt tussenstadium tussen myeloblast en myelocyt, met enkele ongedifferentieerde protoplasmakorrels.
pronatie endorotatie van hand of voet.
pronator 1 pronerend; **2** de spier die proneert; vb. musculus pronator teres.
pronatorsyndroom *zie* syndroom | pronator-teres~.
pronephros het eerste ontwikkelingsstadium v.d. nier.
prone position [E] ligging met het gezicht naar beneden, buikligging.
proneren het naar binnen draaien van hand of voet.
pronograad met het lichaam horizontaal voorover gebogen.
pronucleus vóórkern. • **mannelijke ~** het kernmateriaal i.e. spermatozoön. • **vrouwelijke ~** de kern v.h. ei.
pro-opiomelanocortine groot peptide dat i.d. hypofysevoorkwab gesynthetiseerd wordt en het directe voorstadium van o.a. ACTH en bèta-endorfine vormt.
propanon *zie* aceton.
propellant [E] drijfgas, gas dat in drukflessen wordt gebruikt om een stof te vernevelen of te verstuiven.
propepsine *zie* pepsinogeen.
properdine groep eiwitten betrokken bij de natuurlijke afweer tegen micro-organismen en de complementactivatie via de alternatieve route.
properitonealis vóór het peritoneum gelegen.
prophylaxis [G, E] *zie* profylaxe.
Propionibacterium een geslacht onbeweeglijke grampositieve bacteriën, in melkproducten, op de huid v.d. mens. • *~ acnes* bacterie die gedijt i.h. sebum van verstopte talgklieren; speelt een rol bij het ontstaan van acne.
propons dunne platen van dwarslopende vezels tussen de piramiden en de pons.
proportie breuk waarbij de teller een deel

v.d. noemer is. • **dis~** geen onderlinge verhouding. • **populatieattributieve** ~ *zie* risico | populatieattributief ~.
proportionaliteit (gezondheidsrecht) *zie* beroepsgeheim.
proportionaliteitsvereiste het verwachte voordeel v.e. therapie moet de belasting v.d. patiënt met de therapie kunnen rechtvaardigen.
propria vr. van proprius; mv. van proprium.
proprietary name [E] *zie* merknaam.
propriocepsis gnostische gevoelskwaliteit waarmee stand, bewegingssnelheid en -richting en tonus v.h. eigen lichaam worden waargenomen.
proprioceptief m.b.t. sensorische impulsen die uit het eigen lichaam c.q. hetzelfde orgaan komen.
proprioceptor interoceptor i.h. uitvoerend orgaan (i.h.b. spieren) die proprioceptieve reflexen oproept.
propriosensorisch m.b.t. de informatie over houding en beweging die verstrekt wordt door spier-, pees- en gewrichtssensoren en evenwichtsorganen.
proprius eigen.
propter a.g.v.
proptose voorwaartse verplaatsing; vb. proptosis bulbi = proptosis ocularis = exoftalmie. • **proptosis bulbi 1** *zie* oftalmie | ex~; **2 irisprolaps** (prolapsus iridis).
propulsie het verschijnsel bij de ziekte van Parkinson dat een eenmaal begonnen voorwaartse beweging moeilijk kan worden afgeremd.
pro re nata (PRN) (gebruik) naar behoefte.
prosecretine inactief voorstadium van secretine.
prosector iemand die bij anatomische demonstraties het object of het kadaver opensnijdt en ontleedt.
prosfyse aaneengroeiing v.d. oogleden.
prosodemisch wijze van overgang v.e. besmettelijke ziekte v.d. ene persoon op de andere.
prosodie de wisselingen en nadruk, toonhoogte en ritme i.d. spraak, aangewend om verschillende nuanceringen in bedoeling of betekenis aan te geven.
prosoplasie metaplasie v.e. weefsel i.e. meer gedifferentieerd weefsel.
Prosostomata orde van *Platyhelminthes* behorende tot de klasse *Trematoda*.
prospectief 'vooruit blikkend', naar de toekomst gericht; kenmerk van onderzoeksopzet waarbij een geïdentificeerde groep personen i.d. tijd wordt gevolgd.
prostaat enigszins afgeplat kastanjevormig orgaan dat bij de man om de urinebuis (urethra) heen is gelegen, op de plaats waar de urinebuis uit de urineblaas komt; een conglomeraat van 30 tot 50 kleine klieren, die via 15-20 kleine afvoergangen uitscheiden waarmee het zaad v.d. vesiculae seminales, dat ca. 70% v.h. ejaculaat vormt, wordt vermengd *zie* prostaathyperplasie, prostaatcarcinoom, prostatitis. • **vrouwelijke** ~ *zie* grafenbergplek.
prostaatcalculus *zie* steen | prostaat~.
● **prostaatcarcinoom** kwaadaardige woekering van cellen uitgaande v.d. prostaat.
prostaatfractie aandeel v.d. prostaat i.d. productie v.h. enzym zure fosfatase, gemeten i.h. bloed.
● **prostaathyperplasie** onregelmatige knobbelige vergroting v.d. middenkwab v.d. prostaat door vermeerdering v.h. aantal cellen i.h. prostaatweefsel; indeling: bij 'prostatisme' wordt i.d. NHG-standaard gesproken van 'bemoeilijkte mictie' en i.d. internationale literatuur van 'lower urinary tract symptoms (LUTS)'.
prostaathypertrofie *zie* prostaathyperplasie.
prostaatontsteking *zie* prostatitis.
prostaatresectie *zie* prostatectomie. • **radicale** ~ *zie* prostatectomie | radicale ~.
prostaatvloeistof zure, kleurloze vloeistof, geproduceerd door de prostaat; bevat enzymen, zure fosfatase, prostaatspecifieke antigenen en organisch gebonden zink en zorgt o.a. voor de vloeibaarheid v.h. sperma.
prostacycline (PGI_2) prostaglandine met een ringverbinding, werkt tegengesteld aan andere prostaglandines.
prostaglandine (PG) hormoonachtige substantie, afkomstig uit de vesiculae seminales en de uterusmucosa; men onderscheidt o.a. PGA, PGB, PGE en PGF; PGA verlaagt de bloeddruk; PGE verlaagt eveneens de bloeddruk, en doet niet-vasculair glad spierweefsel contraheren; PGF heeft geen bloeddrukverlagende werking, maar doet glad spierweefsel v.d. ingewanden contraheren. • **PGI_2** *zie* prostacycline. • **TxA_2** *zie* tromboxaan.
prostaglandinemethode abortusbehande-

ling na de 16ᵉ week na de bevruchting, maar voor de 20e week.
prostaglandinesynthese *zie* prostaglandine.
prostata *zie* prostaat.
prostatectomie chirurgische verwijdering v.e. prostaat, waarbij verschillende toegangswegen kunnen worden gevolgd: suprapubisch, perineaal, retropubisch, transuretraal. • **radicale** ~ chirurgische verwijdering v.e. prostaat waarbij de prostaat samen met de vesiculae seminales wordt verwijderd nadat eerst in verwijderde regionale lymfeklieren gebleken is dat er geen lymfekliermetastasen zijn.
prostaticus 1 m.b.t. de prostaat; 2 iemand die aan een vergroting v.d. prostaat lijdt.
prostatisme klachten t.g.v. prostaatvergroting.
⊛ **prostatitis** ontsteking v.d. prostaatklier; indeling: acuut en chronisch. • **peri**~ ontsteking van weefsels rondom de prostaat.
prostatocystitis ontsteking v.d. prostaat en de blaas.
prostatodynie pijnsyndroom, gelokaliseerd achter het schaambeen of i.h. perineumgebied zonder aantoonbare bacteriële infectie.
prostatoliet *zie* steen | prostaat-~.
prostatotomie het inciderenv.d. prostaat.
prostatovesiculitis ontsteking v.d. prostaat en de vesiculae seminalis.
prosthetiek oneigenlijke 'vertaling' van Eng. tandheelk. term *prosthetics zie* prothetiek.
prosthetische groep niet-eiwitachtig bestanddeel van proteïden, bij enzymen ook co-enzym genoemd.
prosthion het laagste punt op de processus alveolaris v.d. maxilla tussen de twee mediale snijtanden.
prosthodontie de vervanging van ontbrekende gebitselementen.
prostratie volledige uitputting, i.h. bijzonder na een zware ziekte.
protagon een uit hersenweefsel met alcohol extraheerbare lipoïd-achtige stof.
protaminase enzym dat protaminen splitst.
protaminen de eenvoudigste eiwitstoffen i.d. natuur, vrijwel uitsl. in sperma van vissen.
protanomalie onvolledige protanopsie.
protanopsie *zie* blindheid | rood-~.

Proteae tribus (groep) v.d. fam. *Enterobacteriaceae*, met slechts één genus, *Proteus*.
protease 1 enzym (eiwit) dat andere eiwitten afbreekt; 2 (immunol.:) enzym van hiv; strikt genomen beschikt een virus niet over protease, maar draagt het wel het erfelijk materiaal met zich mee dat voor proteasen codeert.
protectiefactor *zie* beschermingsfactor.
proteïden samengestelde eiwitten die behalve aminozuren ook andere bestanddelen bevatten zoals fosfaat, koolhydraat, lipoïd, ijzerporfyrine.
proteïnase enzym dat proteïnen splitst in peptiden.
protein-bound iodine (PBI) [E] aan eiwit gebonden jodium.
proteïne verzamelnaam voor een groep complexe organische verbindingen die het voornaamste bestanddeel van protoplasma uitmaken. • **acutefase**~ abnormaal eiwit dat i.d. vroege fase v.e. infectie i.h. bloedserum wordt aangetroffen. • **androgeenbindende** ~ (ABP) onder invloed van FSH door de sertolicellen geproduceerd eiwit met een hoge affiniteit voor testosteron. • **A**-~ celwandeiwit van *Staphylococcus aureus* dat zich hecht aan het Fc-deel van menselijk IgG. • **calciumbindende** ~ (CaBP) i.d. cellen v.d. darmmucosa voorkomende proteïne die verdwijnt bij tekort aan vitamine D. • **C4-bindende** ~ (C4bp) plasma-eiwit, betrokken bij regulatie v.h. complementsysteem. • **C8-bindende** ~ membraangebonden molecuul dat de vorming van C5b-C9 remt. • **collagen-like protein** [E] een in serum voorkomend, niet dialyseerbaar eiwit, waaruit met zuur of alkali hydroxyproline wordt vrijgemaakt. • **C**-~ vitamine-K-afhankelijk plasma-eiwit. • **cytoskelet**~ eiwit dat het skelet v.e. cel vormt. • **drager**~ soort vervoerseiwit dat gekoppeld wordt aan een ander functioneel eiwit, bijv. een gedeelte v.e. viruseiwit. • **eosinophylic attractant protein** (EAP) [E.] eiwit, uitgescheiden door geactiveerde immuuncompetente cellen ter plaatse van ontstekingsreactie. • **eosinophylic cationic protein** (ECP) [E.] kationisch eiwit, voorkomend in secreet van geactiveerde eosinofiele granulocyten. • **Gla-**~ *zie* osteocalcine. • **G**-~ intracellulair membraangebonden eiwit, geactiveerd door uiteenlopende (o.a. adrenerge) receptoren. • **GTP-bindende** ~ antigenre-

ceptorgebonden proteïne op B-cellen die na binding aan antigeen zorgt voor de activatiesignaaloverdracht. • **lipopolysacharidebindende** ~ (LBP) [E] acute-fase-proteïne die complexen vormt met lipopolysachariden die afkomstig zijn van gramnegatieve bacteriën; deze complexen zijn sterke macrofaagactivatoren. • **membrane co-factor protein** (MCP) [E] membraangebonden eiwit dat convertaseactiviteit v.h. klassieke C3-convertase reguleert en complementgemedieerde lysis van lichaamseigen cellen voorkomt. • **membrane-inhibitory protein** (MIP) [E] *zie* factor | homologe restrictie-~. • **monocyte-chemotactic protein** (MCP) [E] chemokine, behorend tot de familie van interleukine-8. • **monoklonale** ~ *zie* lichaam | monoklonaal anti-~. • **M-~** *zie* monoklonale ~. • **myeloom**~ monoklonaal immunoglobuline dat kenmerkend daarvan is, geproduceerd door myeloomcellen. • **penicillinebindende** ~ cytoplasmamembraangebonden eiwit op bacteriën waaraan antibiotica met een bètalactamring binden. • **protein induced by vitamin-K absence** (PIVKA) *zie* PIVKA. • **repressor**~ proteïne dat wordt geproduceerd door een regulatorgen dat een remmende werking heeft op een operatorgen en zo de expressie v.h. operatorgen onderdrukt. • **S**~ vitamine-K-afhankelijk plasma-eiwit. • **tau**~ eiwit dat voorkomt in plaques bij de ziekte van Alzheimer. • **transport**~ eiwit met het vermogen een stof te binden en door het lichaam te transporteren. • **Y-~** een in levercellen voorkomend eiwit dat bilirubine bindt. • **Z-~** in levercellen en dunnedarmslijmvlies voorkomend eiwit dat bilirubine bindt en transporteert.

proteïnemie *zie* hyperproteïnemie.

proteïnose ophoping van eiwit i.d. weefsels. • **alveolaire** ~ vorm van interstitiële longaandoening waarbij lipoproteïnen i.d. longalveolen worden afgescheiden. • **lipoïd**~ afzetting v.e. geel mengsel van lipoïd en eiwit i.d. huid, onder de tong, i.d. keel.

proteïnurie | **accidentele** ~ *zie* extrarenale ~. • **alimentaire** ~ uitscheiding van eiwit i.d. urine na eiwitrijke voeding. • **aselectieve** ~ p. waarbij zowel hoog- (bijv. IgG) als laagmoleculaire eiwitten worden uitgescheiden. • **bence-jones**~ uitscheiding van bence-joneseiwit met de urine. • **cyclische** ~ recidiverende p. • **extrarenale** ~ eiwituitscheiding i.d. urine zonder bestaande nieraandoening. • **febriele** ~ p. tijdens koorts. • **functionele** ~ niet-pathologische p., bijv. tijdens adolescentie, zwangerschap. • **lordotische** ~ uitscheiding van eiwit i.d. urine alleen bij staande of zittende houding. • **micro**~ uitscheiding i.d. urine van minstens 30 mg albumine per 24 uur. • **orthostatische** ~ *zie* lordotische ~. • **renale** ~ eiwituitscheiding a.g.v. een nieraandoening. • **selectieve** ~ p. waarbij alleen laagmoleculaire eiwitten zoals albumine en transferrine worden uitgescheiden.

proteoglycaan molecuul dat bestaat uit een verbinding v.e. glycosaminoglycaan met een eiwit; proteoglycanen komen voor i.d. extracellulaire matrix van bindweefsel en kraakbeen.

proteolyse *zie* eiwitafbraak.

proteolysine een stof die eiwit ontleedt.

proteolytisch eiwit splitsend; vb. proteolytisch enzym (protease, endopeptidase).

proteomica wetenschap die zich bezighoudt met de bestudering v.h. proteoom.

proteoom verzameling van alle eiwitten v.e. cel of v.e. organisme; dit begrip is gevormd in analogie met genoom (verzameling van alle genen); transcriptoom (verzameling van alle RNA-moleculen die in verband staan met de transcriptie) en metaboloom (verzameling van alle metabolieten).

proteopexie binding van eiwit i.d. weefsels en organen.

Proteus geslacht v.d. tribus *Proteae* (fam. *Enterobacteriaceae*). • ~ *mirabilis* bacteriesoort. • ~ *vulgaris* komt saprofytisch voor in rottend materiaal, maar ook als ziekteverwekker bij cystitis, otitis media, abcessen.

prothese een kunstproduct ter vervanging v.e. verloren gegaan lichaamsdeel. • **bio**~ van mens of dier afkomstige prothese. • **condyle**~ **van Betting-Münster** onderbeenprothese die de beide femurcondylen omsluit. • **erectie**~ prothese i.d. corpora cavernosa die een kunstmatige rigiditeit v.d. penis kan geven. • **fietsbe** ~ heupprothese | resurfacing-~. • **gebits**~ *in ruime zin*: elke vervanging van verloren gegane of ontbrekende gebitselementen, delen van gebitsbogen en kaken. • **gewrichts**~ kunstproduct ter vervanging van gedestrueerd gewricht. • **hancock**~ varkensklepprothese i.d. vaatchirurgie. • **heup**~ prothese die wordt gebruikt bij een vervanging v.e. femurkop. • **hoor**~ *zie* hoorapparaat. • **jonas**~ *zie* erectie-. • **klep**~ van kunststof of dierlijk materiaal vervaardigde hartklep ter vervanging v.e. defecte klep. • **kop-hals**~ type heupprothese dat vnl. wordt gebruikt bij een mediale collumfractuur. • **myo-elektrische** ~ armprothese met elektromotoren, waarvan de bewegingen worden gestuurd door het oppervlakte-elektromyogram (emg) van intacte spiergroepen. • **overkappings**~ uitneembare, veelal volledige, gebitsprothese waarvan de basisplaat steunt op een aantal nog aanwezige natuurlijke elementen. • **partiële gebits**~ *zie* gebits~. • **partiële knie**~ chir. vervanging van gewrichtsvlakken van kniegewricht ter plaatse van femur en tibia en soms patellaoppervlak door prothesemateriaal. • **swanson**~ gewrichtsprothese van siliconen ter vervanging van artrotische vingergewrichten. • **totale heup**~ (THP) *zie* heupartroplastiek | totale ~. • **totale knie**~ (TKP) gewrichtsvlakvervanging i.d. knie van femur, tibia en patella door prothesemateriaal.

protheticus persoon die gespecialiseerd is i.h. maken v.e. prothese.

prothetiek (tandheelk.:) techniek van vervanging van natuurlijke gebitselement door kunstkronen, bruggen, een prothese partiële of een volledige prothese; vb. kaak- en aangezichtsprothetiek.

prothodontie *zie* prosthodontie.

prothymocyt lymfoïde precursorcel v.d. thymocyt.

proto- voorvoegsel in woordsamenstellingen met de betekenis 'eerste'.

protocadherine eiwit dat de onderlinge hechting van cellen bevordert.

protocol (i.d. betekenis van onderzoeksprotocol) plan dat men opstelt voordat men aan een onderzoek of een interventieprogramma begint. • **behandel**~ zie rechtlijn. • **medisch** ~ *zie* algoritme | klinisch ~.

protodiastolisch i.h. begin v.d. diastole, onmiddellijk op de tweede harttoon volgend.

protoduodenum het eerste gedeelte v.h. duodenum, tussen pylorus en papilla duodeni (Vater).

protofyt eencellig plantaardig organisme.

proton 1 een pepton-achtig ontledingsproduct van protaminen; **2** de kern v.e. waterstofatoom.

protonenbestraling vorm van radiotherapie waarbij protonen die met een deeltjesversneller zijn versneld zeer exact op een maligne tumor worden gericht; de protonen beschadigen het cel-DNA, wat tot plaatselijke celdood leidt.

protonengradiënt gradiënt die ontstaat bij het transport van protonen over een cellulaire membraan.

protonephros voornier, pronephros.

protonpomp moleculaire structuur i.d. celmembraan die waterstofionen (protonen) door de membraan pompt.

protonradiotherapie *zie* protonenbestraling.

protonspectroscopie *zie* magnetischeresonantiespectroscopie.

Protophyta de laagste afdeling uit het plantenrijk, met o.a. de bacteriën en de algen.

protoplasma gelachtige substantie waaruit de cel is opgebouwd. • **functioneel** ~ *zie* kinoplasma.

protoplast een bacteriële cel of een plantcel zonder de harde celwand, maar met intacte membraan.

protoporfyrie afwijking die wordt gekenmerkt door verhoogde uitscheiding van protoporfyrine i.d. feces. • **erytropoëtische** ~ (EPP) autosomaal-erfelijke aandoening waarbij het protoporfyrinegehalte in erytrocyten en serum is verhoogd, m.a.g. overgevoeligheid voor licht.

protoporfyrine belangrijkste porfyrine.

protoporfyrinemie aanwezigheid van protoporfyrinen i.h. bloed.

protoscolex i.e. hydatide geïnvagineerde kop en hals v.e. lintworm.

protosystolisch i.h. eerste gedeelte v.d. systole.

prototroof afhankelijk van dezelfde organische voedingsstoffen.

prototrypsine *zie* trypsinogeen.

prototype de oervorm, het primaire of oorspronkelijke vormtype waarvan alle andere typen zijn afgeleid.

Protozoa de laagste afdeling v.h. dierenrijk, bestaande uit de protozoën, eencellige dierlijke organismen.

protozoair m.b.t. of lijkend op de *Protozoa*.

protractie verdeling v.e. dosis over langere tijd.

protrombine bloedstollingsfactor II.

protrombinetijd (PTT) de tijd die oxalaatplasma of citraatplasma nodig heeft om te stollen na toevoeging van overmaat tromboplastine en een optimale hoeveelheid calcium.

protrombinopenie *zie* hypoprotrombinemie.

protrusie uitpuiling. • **protrusio acetabuli** abnormale diepte v.h. acetabulum.
• **protrusio bulbi** *zie* oftalmie | ex-. • **protrusio dentis** uitpuilende voortanden, meestal v.d. bovenkaak.

protuberans uitpuilend; vb. fibrosarcoma protuberans.

protuberantia uitsteeksel, knobbel. • ~ **occipitalis interna** een knobbel aan de binnenzijde v.h. achterhoofdsbeen, het midden v.d. eminentia cruciformis.

Providencia bacteriegeslacht v.d. familie *Enterobacteriaceae*, veroorzaakt vooral urineweginfecties na katheteriseren.

provocatie opwekking van ziektesymptomen of verergering daarvan door toepassing van gecontroleerde prikkelende middelen. • **long~ provocatie** d.m.v. toediening van inhalatieallergenen om de mate van IgE-gemedieerde allergie te bepalen of met histamine om de mate van bronchiale hyperreactiviteit te bepalen. • **neus~ provocatie** d.m.v. toediening van inhalatieallergenen om de mate van IgE-gemedieerde allergie te bepalen of met histamine om de mate van nasale hyperreactiviteit te bepalen. • **orale ~ provocatie** d.m.v. toediening van voedingsmiddelen of additiva ter vaststelling van IgE-gemedieerde allergie of intolerantie.

provocatus geprovoceerd, opgewekt; vb. abortus provocatus.

proximaal aan de zijde van, of i.d. richting v.h. uitgangspunt.

proximale spinale musculaire atrofie (PSMA) *zie* spieratrofie | progressieve spinale ~.

proximal interphalangeal joint (PIP joint) *zie* gewricht | proximaal interfalangeaal ~.

proximalis proximaal.

proximus nabij, direct ernaast; vb. punctum proximum.

PRT fosforibosyltransferase.

prurigineus prurigo-achtig.

prurigo heterogene groep van jeukende huidafwijkingen, gekenmerkt door papulae, noduli en nodi, met soms secundaire crustavorming en huidlichenificatie t.g.v. het krabben. • **~ aestivalis** *zie* chronische polymorfe lichteruptie. • **~ chronica** hardnekkige p. bij volwassenen, vaak met eczeem t.g.v. het krabben. • **~ circumscripta** *zie* lichen simplex chronicus. • **~ gestationis** huidaandoening gekenmerkt door gegroepeerd optreden van jeukende papels, meestal i.d. zesde of laatste maand v.d. graviditeit. • **~ Hebra** *zie* hebra~. • **hebra~** gegeneraliseerde prurigo, i.d. jeugd beginnend en gedurende het hele leven aanhoudend. • **~ infantum** *zie* strophulus. • **~ nodularis** chronische variant van neurodermitis circumscripta met intens jeukende noduli en nodi, vooral op de ledematen. • **~ parasitaria** door parasieten veroorzaakte p. • **~ simplex acuta** *zie* strophulus. • **summer ~ van Hutchinson** *zie* chronische polymorfe lichteruptie.

pruritic urticarial papules and plaques of pregnancy (PUPPP) [E] een uit confluerende urticae bestaande eruptie i.d. laatste weken v.d. graviditeit, beginnend i.d. striae;.

pruritisch met jeuk gepaard gaand.

pruritogeen jeukverwekkend.

pruritus NB: niet te verwarren met 'prurigo' *zie* jeuk. • **aestivalis** p. bij warm weer.
• **~ ani** jeuk aan de anus en omgeving.
• **~ gestationis** *zie* pruritus gravidarum.
• **~ gravidarum** jeuk die doorgaans begint i.h. laatste trimester van zwangerschap zonder zichtbare primaire huidafwijkingen; oorzaak is cholestase t.g.v. verhoogde oestrogeen- en progestageenspiegels.
• **~ hiemalis** jeuk die zich 's winters voordoet. • **~ vulvae** jeuk aan de vulva. • **~ senilis** jeuk bij oudere mensen. • **~ sine materia** jeuk zonder duidelijke huidafwijkingen.

PSA 1 (urol., lab. diagn.) *zie* antigeen | prostaatspecifiek ~, psoriasis arthropathica; **2** (dermatol.:) psoriasis arthropathica *zie* artritis | arthritis psoriatica. • **~S** (persistent sexual arousal syndrome) *zie* syndroom | persistent sexual arousal syndrome.

psaliodontie schaarbeet, overbeet.

psalterium = commissura fornicis.

psammoom = harde tumor, gewoonlijk meningeoom, met zandkorrelachtige psammoomkorrels. • **virchow~** psammoomlichaampjes als histopathologisch kenmerk van meningeomen.

psammoomkorrels harde korrels i.e. psammoom.

pseudesthesie gevoelsgewaarwording

zonder of niet-beantwoordend aan een uitwendige prikkel.

pseudo- voorvoegsel in woordsamenstellingen met als betekenis 'vals, onecht'.

pseudoacanthosis nigricans hyperpigmentatie i.d. huidplooien.

pseudoagglutinatie 1 pseudohemagglutinatie; 2 onechte agglutinatie.

pseudoakoesie gehoorstoornis waarbij het lijkt of de toonhoogte is veranderd.

pseudoanaemia · pseudoanaemia angiospastica bleekheid t.g.v. vaatcontractie.

pseudoappendicitis een klinisch beeld, lijkend op dat bij appendicitis, maar zonder afwijkingen aan de appendix. · ~ **zooparasitica** het beeld van appendicitis, gepaard aan de aanwezigheid van parasieten in de appendix.

pseudoappendiculair lijkend op appendicitis maar zonder afwijkingen aan de appendix.

pseudoarea pseudopélade.

pseudoarrenie *zie* pseudohermafroditisme | pseudohermaphroditismus femininus.

pseudobulbair lijkend op bulbair; vb. p-re paralyse.

pseudochalazion op chalazion lijkende tumor v.e. ooglid, hetzij sarcoomachtig, hetzij berustend op syfilis.

pseudochlorose *zie* pseudoanaemia angiospastica.

pseudocholera 1 cholera-achtige ziekte; 2 melioidosis.

pseudocholesteatoom een op cholesteatoom lijkende massa van verhoornde epitheelcellen i.d. trommelholte bij otitis media.

pseudocholinesterase cholinesteraseachtig enzym dat i.h.b. choline-esters splitst.

pseudochromidrose plantaire [F] *zie* black heel.

pseudocoxalgie osteochondrose v.d. femurkopepifyse.

pseudocroup *zie* pseudokroep.

pseudodysenterie dysenterieachtige aandoening, niet veroorzaakt door dysenterieamoeben of -bacillen, maar door plaatselijke prikkeling v.h. darmslijmvlies.

pseudo-emfyseem emfyseemachtige aandoening t.g.v. voorbijgaande bronchusafsluiting.

pseudo-endometritis een op endometritis lijkende aandoening v.h. uterusslijmvlies, met hypertrofie van klieren en stroma, vaatveranderingen en atrofie v.h. endotheel.

pseudo-erysipelas *zie* erysipeloïd.

pseudofakie uitgebleven vorming v.d. ooglens.

pseudofluctuatie het gevoel van fluctuatie bij palpatie v.e. lipoom.

pseudofungus een op een schimmel lijkend vormsel; vb. mozaïekfungi.

pseudoganglia *zie* entrapment points.

pseudogeusie het waarnemen van smaken die er niet zijn a.g.v. psychische en/of neurologische stoornissen.

pseudoglottis de opening tussen de valse stembanden.

pseudohemagglutinatie rangschikking van erytrocyten in geldrolvorm, lijkend op hemagglutinatie.

pseudohemofilie | hepatische ~ bij levercirrose voorkomende neiging tot bloeding, door verlengde stollingstijd. · **hereditaire** ~ een bij beide seksen voorkomende neiging tot bloedingen, met normaal aantal trombocyten, normale stollingstijd, maar verlengde bloedingstijd, vertraagde stolselretractie, verhoogde capillaire fragiliteit.

pseudohermafroditisme | pseudohermaphroditismus femininus onvoldoende differentiëring v.h. ovarium. · **pseudohermaphroditismus masculinus internus** *zie* oviductpersistentie. · **pseudohermaphroditismus masculinus** onvoldoende differentiëring v.d. testis.

pseudohuidatrofie huidafwijking of huidpatroon die op atrofie lijkt, soms met pigmentverschuivingen.

pseudohydrarthros genus waterzucht v.h. kniegewricht, door bursitis serosa.

pseudohyfe op hyfe lijkende uitstulping v.e. gistcel.

pseudohypertrofie schijnbare hypertrofie, volumevermeerdering zonder hypertrofie v.d. functionele elementen.

pseudohypertrophia musculorum *zie* dystrofie | dystrophia musculorum progressiva.

pseudoichthyosis acquisita *zie* pityriasis rotunda.

pseudo-infarctpatroon ecg-patroon dat op dat v.e. myocardinfarct lijkt, maar waaraan een andere oorzaak ten grondslag ligt.

pseudo-isochromatische platen platen met verschillend gekleurde vlekken waarvan de kleuren zó gekozen zijn, dat ze alleen door mensen met normaal kleuronderscheidingsvermogen als verschillend kunnen worden herkend.

pseudokroep *zie* laryngitis subglottica.

pseudokyesis *zie* zwangerschap | ingebeelde ~.

pseudologie ziekelijk liegen. • **pseudologia phantastica** (psychiatrie:) het ziekelijk opdissen van verzonnen verhalen waarin de verteller een centrale rol speelt en waar hij zelf in gelooft.

pseudomarginatus schijnbaar voorzien v.e. rand (margo); vb. placenta pseudomarginata.

pseudomelanose 1 donkere kleur van huid of slijmvliezen met een andere oorzaak dan de toename van melanine; **2** (in engere zin) zwarte of donkergroene vlekken op gedeelten v.e. lijk. • **pseudomelanosis coli** grijszwarte kleuring v.h. colonslijmvlies.

pseudomelie fantoomgevoel i.e. geamputeerde extremiteit. • **pseudomelia paraesthetica** paresthesieën i.e. afgezet lid.

pseudomembranaceus gepaard gaand met de vorming v.e. pseudomembraan; vg. angina p-ea.

pseudomembraneus met vorming van pseudomembranen.

pseudomenstruatie baarmoederbloeding, lijkend op menstruatie, maar zonder veranderingen v.h. endometrium.

pseudometaplasie morfologische en functionele veranderingen v.e. cel onder bepaalde omstandigheden.

pseudomilium gierstkorrelgrote retentiecyste i.d. huid, met hoornvorming. • **~ colloidale** *zie* milium | colloïd-~.

Pseudomonadaceae een familie v.d. orde *Pseudomonadales*.

Pseudomonas geslacht v.d. fam. *Pseudomonadaceae*. • **- aeruginosa** staafjesbacterie met 1-3 polaire zweepdraden. • **- mallei** verwekker van malleus (kwade droes) bij dieren en mensen.

pseudomonochromasie monochromasie waarbij nog sporen van kleurwaarneming bestaan.

pseudomucine op mucine lijkende substantie in ovariumcysten, niet neerslaand met verdund azijnzuur.

pseudomycelium keten van gistcellen, lijkend op mycelia, kenmerkend voor *Candida*.

pseudomyxoom een slijmbevattende tumor. • **pseudomyxoma peritonei** uitzaaiing van slijmproducerende cellen over het peritoneum.

pseudonucleïne *zie* albumine | nucleo-~.

pseudoperceptieverlies (kno-heelk.:) beperkt beengeleidingsverlies a.g.v. een middenoorafwijking, bijv. vocht i.h. middenoor; dit i.t.t. perceptieverlies dat wordt veroorzaakt door een stoornis i.h. binnenoor en/of het zenuwstelsel.

pseudophakos *zie* lens | intraoculaire ~.

pseudoplasma schijngezwel, een op neoplasma lijkende tumor die vanzelf weer verdwijnt.

pseudopodia protoplasma-uitstulpingen v.e. eencellig organisme, voor de voortbeweging of voor de opneming van voedseldeeltjes.

pseudopterygium littekenpterygium, ontstaan doordat bij ontsteking v.d. cornea een plooi v.d. conjunctiva ter plaatse is blijven vastkleven.

pseudoptose verkleining v.d. ooglidspleet door schijnbare verlamming v.h. bovenooglid.

pseudoptyalisme onechte speekselvloed, a.g.v. slikstoornis.

pseudoretinoblastoom het verschijnsel van leukocorie zonder aanwezigheid v.e. echt retinoblastoom.

pseudoscarlatina koorts met roodvonkachtig exantheem, voorkomend bij vergiftiging, bij sepsis, en als reactie op seruminspuiting.

pseudosclerema *zie* adiponecrose | adiponecrosis subcutanea neonatorum.

pseudoscoop toestel dat van beschouwde objecten de linker- en rechterzijde verwisselt.

pseudosmie het waarnemen van geuren die er niet zijn a.g.v. psychische en neurologische stoornissen.

pseudosyndroom van Foster-Kennedy *zie* syndroom | pseudofoster-kennedy-~.

pseudotabes pupillotonica *zie* syndroom | holmes-adie-~.

pseudotuberculoom een op een tuberculoom lijkende tumor, niet veroorzaakt door de tuberkelbacil. • **pseudotuberculoma silicoticum** p. veroorzaakt door kiezelstof.

pseudovariola *zie* variola minor.
psilose *zie* alopecia.
psittacose infectieziekte, gepaard gaand met verschijnselen van bronchopneumonie en veroorzaakt door *Chlamydia psittaci*.
PSMA (proximale spinale musculaire atrofie) *zie* spieratrofie | progressieve spinale ~.
psoasarcade peesboog, gevormd door het ligamentum arcuatum mediale, dat de m. psoas overbrugt.
psoicus m.b.t. de psoas.
psoïtis ontsteking v.e. musculus psoas.
psora verouderde term voor jeukende uitslag (scabies, pityriasis, impetigo).
psoralenen stoffen die in combinatie met ultravioletbestraling, o.a. zonbestraling, aanleiding geven tot het ontstaan van fototoxische dermatitis.
psoriasiform lijkend op psoriasis; vb. parakeratosis psoriasiformis.
⊚ **psoriasis** chronische huidziekte die bestaat uit scherp begrensde, rode verdikte plekken met zilverwitte schilfers verspreid over de huid, gepaard gaand met nagelafwijkingen (>50%) of gewrichtsklachten (>20%). • **nagel~** bij psoriasis voorkomende nagelafwijkingen. • **~ anularis** p. met cirkelvormige of ringvormige plekken.
• **~ arthropathica** (PSA) *zie* artritis | arthritis psoriatica. • **~ guttata** p. met vele kleine druppelvormige plekken. • **~ inversa** [F] p. op ongewone plaatsen, i.h.b. i.d. buigplooien. • **~ nummularis** p. met muntvormige plekken. • **~ palmaris** psoriasis v.d. handpalm. • **~ plantaris** psoriasis v.d. voetzool. • **~ pustulosa** p. gepaard met vorming van pustels. • **~ pustulosa palmoplantaris** geen vorm van psoriasis, maar een pustulose *zie* pustulose | pustulosis palmaris et plantaris. • **~ unguium** psoriasis v.d. nagels met kenmerkende afwijkingen (putjes, onycholysis, kleurveranderingen, splinterbloedingen en subunguale keratose). • **~ universalis** p. over het gehele lichaam. • **~ vulgaris** 'gewone' psoriasis, nl. optredend op de plaatsen die gewoonlijk worden gezien, te weten de strekzijden van knieën en ellebogen en de stuit.
psoriaticus gepaard gaande met psoriasis; vb. arthritis psoriatica.
PSP fenolsulfo(n)ftaleïne.
psych- voorvoegsel in woordsamenstellingen m.b.t. de geest.
psychalgie pijn die in uitbreiding niet overeenkomt met de vertakking van bepaalde zenuwen en van psychische oorsprong wordt beschouwd.
psychanopsie *zie* blindheid | psychogene ~.
psychasthenie obsolete term voor het geheel van neurosen die gepaard gaan met angst, fobieën, enz.
psyche het geheel v.d. veronderstelde innerlijke processen en verrichtingen dat een verklaring voor menselijk gedrag kan bieden. • **auto~** het totaal v.d. voorstellingen omtrent het eigen geestesleven. • **somato~** het op het lichaam gerichte bewustzijn, de combinatie van lichamelijk bewustzijn en ruimtelijk lichaamsschema.
psychedelicum middel dat als genotmiddel wordt genomen om bewustzijnsverruimende ervaringen te ervaren.
psychiater arts die gespecialiseerd is i.d. diagnose, behandeling en ook voorkoming van psychische stoornissen.
psychiatrie geneeskundig specialisme dat zich bezighoudt met langdurige, blijvende en/of ernstige psychische stoornissen en de diagnostiek, preventie en behandeling hiervan. • **alternatieve** ~ *zie* anti-~. • **anti~** opvatting over de psychiatrie die inhoudt dat afwijkend gedrag niet het gevolg is v.e. stoornis v.d. betrokkene, maar van problemen in de maatschappij. • **antropologische** ~ *zie* existentiële ~. • **biologische** ~ tak van psychiatrisch wetenschappelijk onderzoek, gericht op bestudering van biochemische processen i.d. hersenen. • **consultatieve** ~ 1 het aandachtsgebied binnen de psychiatrie dat zich toelegt op het verrichten van intercollegiale consulten; 2 mogelijkheid tot psychiatrisch consult die de psychiatrische afdeling van algemene ziekenhuizen aan somatisch zieken biedt. • **dynamische** ~ *zie* psychodynamische ~. • **existentiële** ~ psychiatrie die is gebaseerd op o.a. de existentiële filosofie. • **farmaco~** deelgebied binnen de psychiatrie dat zich richt op onderzoek naar psychische verschijnselen a.g.v. het gebruik van (psycho)farmaca. • **forensische** ~ toepassing v.d. psychiatrie in dienst van enigerlei vorm van rechtspraak. • **gerechtelijke** ~ *zie* forensische ~. • **geronto~** deelgebied v.d. psychiatrie dat zich bezighoudt met psychische stoornissen v.h. senium, i.h.b. psychische stoornissen. • **kinder- en jeugd~** onderdeel v.d. psychiatrie dat zich

richt op stoornissen die zich i.h.b. voordoen i.h. ontwikkelingproces van baby tot volwassene. • **liaison~** werkwijze i.d. psychiatrie die zich richt op een structurele samenwerking met huisartsen en andere medisch specialisten ter verbetering van diagnostiek en behandeling van veel voorkomende comorbide psychiatrische stoornissen. • **neuro~** grensgebied tussen neurologie en psychiatrie waarin men zich verdiept i.d. diagnostiek en behandeling van patiënten met cognitieve stoornissen en gedragsstoornissen op grond van hersenziekten. • **psychodynamische ~** denkrichting i.d. psychiatrie waarbij op stoornissen i.d. psychodynamiek wordt gelet. • **radicale ~** *zie* anti~. • **sociale ~** onderdeel v.d. psychiatrie dat zich bezighoudt met het verband tussen psychische stoornissen en maatschappelijke omstandigheden.

psychiatrisch 1 m.b.t. de psychiatrie; 2 (minder juist, alg. taalgebruik) psychotisch, 'gek'.

psychiatrische stoornis *zie* geestesziekte.

PsychInfo | PsychINFOnfo databank met referenties van artikelen op het gebied v.d. psychologie, opgesteld door de American Psychological Association.

psychisch afkomstig van of gericht op de psyche.

psychoactieve stof stof die een invloed heeft op mentale processen; vb. psychofarmaca, psychedelica.

psychoanaleptica geneesmiddelen die het psychisch functioneren stimuleren (bijv. amfetamine).

psychoanalysandus *zie* analysandus.

psychoanalyticus *zie* analyticus.

psychobiologie de wetenschap betreffende de wisselwerking tussen ziel en lichaam bij het functioneren v.d. persoonlijkheid.

Psychodidae tweevleugelige familie v.d. suborde *Nematocera*.

psychodrama toepassing van dramatechnieken als therapeutische methode in groepen.

psychodynamiek het krachtenspel van driften, strevingen, wensen, idealen, maar ook van angsten, afweermechanismen.

psychodysleptica middelen die het psychisch functioneren desorganiseren en met name psychose induceren.

psychofarmaca groep van geneesmiddelen die aangrijpen op het centrale zenuwstelsel en daarbij werkzaam zijn bij de behandeling psychiatrische stoornissen en of psychiatrische symptomen.

psychofarmacologie leer v.d. psychofarmaca.

psychofysisch m.b.t. de psychische en de organische processen.

psychogeen door de psyche veroorzaakt, als tegenstelling tot 'somatogeen'.

psychogenese 1 de ontwikkeling v.d. psyche en de psychische functies; 2 het aandeel v.d. psyche bij de ontwikkeling van lichamelijke afwijkingen.

psychokinese de veronderstelde invloed v.d. wil op een stoffelijk object, i.h.b. het laten bewegen v.e. voorwerp.

psychokinesie explosieve hersenwerking t.g.v. ontbrekende remming.

psycholeptica middelen die het psychisch functioneren remmen; bijv. alcohol.

psycholinguïstiek wetenschap die zich bezighoudt met de psychische en intellectuele factoren die bepalend zijn voor de communicatie tussen mensen en het begrijpen van taal.

psychologie wetenschap die zich bezighoudt met de geest en de factoren die het menselijk gedrag bepalen. • **analytische ~** psychologie volgens introspectieve methoden, als tegenhanger v.d. experimentele psychologie. • **arbeids~** onderdeel v.d. psychologie dat zich bezighoudt met de relatie tussen het functioneren v.e. werknemer en de div. aspecten v.h. werk. • **bedrijfs~** *zie* arbeids~. • **behavioristic psychology** [E] *zie* medicine | behavioral ~. • **cognitieve ~** tak van psychologie die in hoofdzaak cognitie en cognitief functioneren bestudeert. • **diepte~** psychologische theorie dat het menselijk gedrag niet alleen door bewuste, maar vooral ook door dieper liggende, meestal onbewuste gevoelens en strevingen wordt bepaald. • **empirische ~** p. die op waarneming berust (i.t.t. rationalistische p.). • **experimentele ~** *zie* psychologie. • **fysiologische ~** de tak van p. die zich bezighoudt met processen zoals waarneming en reacties v.d. mens op waarnemingen. • **gedrags~** de wetenschap die het gedrag bestudeert. • **gestalt~** *zie* therapie | gestalt~. • **individuele arbeids~** onderdeel v.d. arbeidspsychologie dat zich bezighoudt met het individu in relatie tot zijn werk. • **klinische ~** deelgebied v.d. psychologie dat zich bezighoudt met afwijkend, onaangepast en abnormaal gedrag a.g.v. een emotionele stoornis of gedragsstoornis. • **medische** ~ psychologie v.d. (lichamelijk) zieke mens en v.d. relatie arts-patiënt. • **meta**~ 1 (psychoanalyse) de leer v.d. driften die vanuit het onbewuste het bewuste leven beïnvloeden; 2 *zie* para~. • **neuro**~ richting binnen de psychologie die zich bezighoudt met de wisselwerking tussen hersenen en gedrag; onderzoekt m.b.v. psychologische tests en beoordelingstechnieken specifieke cognitieve stoornissen en gedragsstoornissen, zoals bij dementie, en stelt hiervoor (therapeutische) adviezen en strategieën op. • **ontwikkelings**~ tak v.d. psychologie die de geestelijke ontwikkeling v.h. kind tot volwassene bestudeert. • **para**~ randwetenschappelijke discipline die geen deel uitmaakt v.d. wetenschappelijke psychologie. • **patho**~ *zie* psychopathologie. • **sociale arbeids**~ onderdeel v.d. arbeidspsychologie dat zich bezighoudt met de interactie tussen werknemers. • **sociale** ~ onderdeel v.d. psychologie dat zich met mensen en hun sociale relaties bezighoudt. • **topologische** ~ psychologisch stelsel van Kurt Lewin waarbij wordt getracht de totale omgeving v.h. individu te beschrijven en te analyseren.

psychologisch m.b.t. of m.b.v. de psychologie.

psychologiseren het benadrukken v.d. psychologische aspecten van klachten.

psycholoog beoefenaar v.d. psychologie. • **bedrijfs**~ beoefenaar van bedrijfspsychologie. • **kinder**~ psycholoog die is ingeschakeld bij het werk met normale of gestoorde kinderen. • **klinisch** ~ beoefenaar v.d. klinische psychologie.

psychometrie 1 meting v.d. psychische reactietijd d.m.v. een psychometer; 2 kwantitatieve bepaling v.d. intelligentie.

psychomotoriek motoriek bij psychische activiteit of een psychische stoornis.

psychomotorisch m.b.t. de motoriek bij psychische activiteit.

psychomotorische achteruitgang achtergebleven ontwikkeling van zowel de geestelijke als v.d. motorische vermogens.

psychomotorische inactiviteit stoornis i.d. psychomotoriek, gekenmerkt door het ontbreken van willekeurige motorische activiteit.

psychomotorische onrust *zie* agitatie.

psychopaat iemand die een persoonlijkheidsstoornis heeft.

psychopathie NB: niet te verwarren met 'psychose' *zie* persoonlijkheidsstoornis.

psychopathisch m.b.t. een persoonlijkheidsstoornis.

psychopathologie de ziekteleer betreffende psychische afwijkingen.

psychopathologisch m.b.t. de psychopathologie; niet te verwarren met 'psychopathisch'.

psychorelaxans *zie* anxiolytica.

psychose samenvattende term voor ernstige geestesziekten waarbij de controle v.h. ik over zichzelf en het eigen gedrag en handelen gestoord is, het contact met de omringende werkelijkheid ziekelijk veranderd is en dit de patiënt belemmert in diens vermogen tot communicatie, herkenning v.d. werkelijkheid en omgaan met de eisen v.h. leven van alledag. • **affectieve** ~ p. met primaire stoornis v.d. stemming, i.h.b. manisch-depressieve psychose. • **allo**~ psychose waarbij de voorstellingen omtrent de buitenwereld gestoord zijn. • **angst**~ p. met angst als kenmerkend symptoom. • **auto**~ psychose waarbij de voorstellingen omtrent de eigen persoon gestoord zijn. • **bipolaire** ~ psychose, in vaak cyclisch terugkerende fasen verlopend, met manische en depressieve toestandsbeelden. • **cyclothyme** ~ *zie* bipolaire ~. • **defect**~ toestand na schizofrene *Schub* waarbij een psychisch defect is blijven bestaan. • **degeneratie**~ aanduiding voor een aantal vaag omschreven psychotische aandoeningen. • **endogene** ~ p. die vermoedelijk samenhangt met een bepaalde aanleg, constitutie. • **exogene** ~ samenvattende term voor symptomatische en organische psychosen. • **fasische** ~ samenvattende term voor psychosen die in fasen verlopen. • **gestatie**~ *zie* zwangerschaps-. • **inductie**~ geïnduceerde, door psychische 'besmetting' ontstane psychose; soms grijpt deze vorm op grotere groepen personen. • **kern**~n verzamelnaam voor de typische endogene psychosen zoals schizofrenie, manisch-depressieve psychose. • **kraambed**~ *zie* zwangerschaps-. • **kraamvrouwen**~ *zie* zwangerschaps-. • **manisch-depressieve** ~ *zie* bipolaire ~. • **massa**~ paranoïde instelling v.e. menigte, een bevolkingsgroep of een heel volk, met neiging

tot agressieve explosies. • **meng~** *zie* degeneratie~. • **neuro~** *zie* neurose | psycho~.
• **organische** ~ psychose die is ontstaan door een organische aandoening of intoxicatie die leidt tot een stoornis i.h. cerebrum.
• **proces~** p. die opeens ontstaat en geleidelijk verergert en tot dementie leidt. • **psychogene** ~ p. ontstaan in aansluiting op zeer ernstige of zeer langdurige psychotraumata. • **puerperale** ~ *zie* zwangerschaps~. • **rand~n** verzamelnaam voor de endogene psychosen die niet tot de schizofrenie of manisch-depressieve psychosen worden gerekend. • **reactieve** ~ p. als reactie op abnormale belevenissen. • **seniliteits~** *zie* puerilisme. • **situatie~** psychose die na (of t.g.v.) of tijdens een bepaalde situatie ontstaat, bijv. na een ongeval. • **somato~** 1 psychisch gestoord-zijn m.b.t. het beleven v.h. eigen lichaam; 2 geestesziekte met aanwijsbare lichamelijke oorzaak.
• **symptomatische** ~ psychose waarbij geestelijke stoornissen een symptoom v.e. lichamelijke ziekte vormen, echter met buiten het cerebrum gelegen oorzaak.
• **traumatische** ~ p. a.g.v. schedeltrauma (niet een psychisch trauma). • **zwangerschaps~** ernstige psychose die zich onder invloed van zwangerschap ontwikkel.

psychosensorisch m.b.t. de bewuste perceptie van sensorische prikkels.

psychosensorische banen zenuwbanen die de eindapparaten v.d. gevoelszenuwen verbinden met de (heterolaterale) hersenschors.

psychosensorische centra plaatsen i.d. hersenschors waar de bewuste verwerking van zintuiglijke indrukken plaatsvindt.

psychosensorische illusie schijngewaarwording zonder adequate exogene prikkel.

psychosociaal m.b.t. de psychische en sociale aspecten.

psychosociale factor *zie* stressor | psychosociale ~.

psychosomatiek theorie omtrent de invloed v.d. psyche op het soma.

psychosomatisch m.b.t. de psychosomatiek.

psychosomatose organische ziekte die (mede) onder invloed van psychische factoren is ontstaan.

psychostimulantia stoffen met een psychisch opwekkend effect.

psychotechniek 1 de toepassing van psychologische methoden bij de bestudering van sociologische en andere problemen; 2 psychologisch onderzoek naar evt. geschiktheid voor een bepaald beroep.

psychotherapeut wettelijk erkend beroep i.d. gezondheidszorg, uitgeoefend door daartoe opgeleide psychiaters, artsen, e.a.

psychotherapie | cliëntgerichte ~ door Carl Rogers geïntroduceerde psychotherapeutische methode met als doel de patiënt te helpen meer inzicht te krijgen i.d. eigen belevingen en gedragingen waardoor persoonlijke groei wordt bevorderd.
• **groeps~** psychotherapie in groepsverband, o.a. toegepast i.d. psychiatrie en de revalidatie. • **integratieve** ~ verzamelnaam voor behandelingsvormen waarin verschillende therapeutische modaliteiten geïntegreerd worden. • **inzichtgevende** ~ persoonsgerichte psychotherapie die zich ten doel stelt de patiënt inzicht in zichzelf en zijn problemen te geven. • **psychoanalytische** ~ psychotherapie die zich v.d. psychoanalyse onderscheidt door een lagere frequentie v.d. behandeling. • **psychodynamische** ~ *zie* psychoanalytische ~.

psychoticisme een v.d. drie onafhankelijke dimensies (volgens Eysenck) die de individuele persoonlijkheidsverschillen verklaren.

psychoticus persoon die aan een psychose lijdt.

psychotisch m.b.t. of gekenmerkt door psychose.

psychotogeen een psychose veroorzakend.

psychotogene middelen *zie* psychodysleptica.

psychotomimetisch 1 lijkend op psychose of op psychotische verschijnselen; 2 een psychose verwekkend of psychotische verschijnselen veroorzakend.

psychotonica groep psychoanaleptica met opwekkende werking.

psychotroop met affiniteit tot de geest, invloed uitoefenend op de geest.

psychotrope stof chemische stof die i.h.b. invloed op het psychisch (dis)functioneren uitoefent.

psychrofiel *zie* hypotherm.

psylliumzaad een bulkvormend laxans.

PT protrombinetijd.

PTA (plasmatromboplastineantecedent) 1 *zie* bloedstollingsfactor XI; 2 *zie* angioplastiek | percutane transluminale ~.

ptarmica niesmiddelen.
ptarmos *zie* niezen.
PTB *zie* patella-tendon bearing.
PTC 1 (int. geneesk.) *zie* cholangiografie | percutane transhepatische ~; **2** (bloedserumdiagn.) plasmatromboplastinecomponent = stollingsfactor IX.
PTCA *zie* angioplastiek | percutane transluminale coronaire ~.
pterine een stikstofverbinding, zo genoemd omdat ze voor het eerst is gevonden i.d. vleugels van vlinders.
pterion een punt op de schedel waar de ala magna v.h. sfenoïd, het wandbeen en de pars squamosa v.h. slaapbeen samenkomen.
pterygium driehoekig, gevasculariseerd bindweefselvlies, op de voorzijde v.d. oogbol. • **~ colli** aangeboren huidplooi opzij aan de hals tussen processus mastoideus en acromion. • **~ congenitale** een bij de geboorte reeds aanwezig p. v.h. oog. • **~ pingue** *zie* pinguecula. • **~ unguium** vergroot en vastgegroeid nagelriempje.
pterygoideus 1 vleugelvormig; **2** m.b.t. de processus p-eus; vb. canalis pterygoideus, fossa pterygoidea.
pterygomandibularis m.b.t. de processus pterygoideus v.h. sfenoïd, en de mandibula.
pterygomaxillaris m.b.t. de processus pterygoideus v.h. sfenoïd en de maxilla.
pterygonuchaal met korte, verbrede hals (webbed neck); vb. pterygonuchaal infantilism.
pterygopalatinus m.b.t. de processus pterygoideus v.h. sfenoïd en het palatum.
pterygopharyngeus m.b.t. de processus pterygoideus en de farynx.
pterygospinalis m.b.t. de processus pterygoideus en de spina v.h. sfenoïd.
pterygospinosus m.b.t. de processus pterygoideus en de spina v.h. sfenoïd.
PTH *zie* hormoon | parathyroïd-.
pthir- voorvoegsel m.b.t. luizen.
pthiriasis zie opm. over spelling bij "pediculose" *zie* pediculose.
Pthirus luis, een geslacht v.d. fam. *Pediculidae* v.d. orde *Anoplura* (klasse *Insecta*). • **~ pubis** luis die bloed bij de mens zuigt.
ptilose 1 vorm van pneumoconiose door inhalatie van stof uit struisvogelveren; **2** uitval v.d. ogharen.
ptiriase zie opm. over spelling bij "pediculose" *zie* pediculose.

ptomaïne stikstofhoudende base die bij rotting van dierlijk eiwit ontstaat.
ptomatopsie lijkschouwing.
ptomatropisme vergiftiging met rottingsproducten.
P-top ecg-weergave v.d. elektrische activatie v.d. atria. • **retrograde ~** weergave op een ecg v.d. activatie v.d. atria door een uit de AV-knoop of ventrikels afkomstige prikkel.
ptosis 1 (oogheelk., neurol.:) afhangen v.h. bovenste ooglid; **2** (pathol.) verzakking, i.h.b. van buikorganen. • **mechanische ~** omlaaghangend bovenooglid door zwaarte en verdikking, bijv. bij trachoom. • **myasthene ~** p. bij een myasthene stoornis, bijv. myasthenia gravis. • **myogene ~** omlaaghangend bovenooglid door aandoening v.d. m. levator palpebrae superioris. • **neurogene ~** ooglidp. bij aandoening v.d. 3e hersenzenuw. • **atrophica** *zie* chalasie | blefaro-. • **~ sympathica** ptosis t.g.v. verlamming v.d. halssympathicus (Horner).
PTSD *zie* posttraumatische stressstoornis.
PTSS *zie* posttraumatische stressstoornis.
ptyaliet *zie* sialoliet.
ptyaline in speeksel voorkomend enzym dat zetmeel splitst in maltose en dextrose.
ptyalisme *zie* salivatie.
ptyalocele speekselbevattende cyste, ontstaan door stenose i.e. speekselafvoergang. • **sublinguale ~** *zie* ranula.
ptyaloliet *zie* sialoliet.
ptyalon *zie* speeksel.
pubarche 1 begin v.d. puberteit; **2** begin v.d. groei v.d. schaamharen. • **prematüre ~** te vroeg beginnende groei v.d. schaamharen.
pubeotomie *zie* symfysiotomie.
puber jongen of meisje i.d. puberteit.
puberaal gedurende de puberteit plaatshebbend.
pubertas *zie* puberteit. • **~ praecox** voortijdige geslachtsrijping. • **~ tarda** vertraagde puberteit.
pubertas praecox | pseudo~ ontwikkeling van genitale geslachtskenmerken i.d. jeugd met abnormaal sterke groei van lichaamslengte en geslachtskenmerken.
puberteit de periode tussen de beginnende ontwikkeling v.d. secundaire geslachtskenmerken en de voleindigde lichamelijke groei.
puberteitsascese het afwijzen door de pu-

ber van genot, m.n. de seksualiteit, ter beheersing van driftimpulsen.
puberteitsgroeispurt *zie* groeispurt.
puberteitsgroeistuip *zie* groeispurt.
puberteitsmagerzucht *zie* anorexie | anorexia nervosa.
puberum gen. mv. van puber; vb. dysphonia puberum.
pubescent i.d. puberteit zijnd, 'puberend'.
pubescentie puberteitsontwikkeling.
pubicus m.b.t. het os pubis; vb. symphysis pubica, tuberculum pubicum.
pubis 1 *zie* os pubis; 2 genitief enkelvoud van 'pubes' = schaamhaar.
PubMed database met referenties van tijdschriftartikelen uit biomedische, verpleegkundige en tandheelkundige tijdschriften.
pubococcygeus m.b.t. pubis en coccyx; vb. musculus pubococcygeus.
pubofemoralis m.b.t. os pubis en os femoris; vb. ligamentum pubofemorale.
puboprostaticus m.b.t. os pubis en de prostaat.
puborectalis m.b.t. pubes en rectum; vb. musculus puborectalis.
pubovesicalis m.b.t. os pubis en urineblaas; vb. musculus pubovesicalis, ligamentum pubovesicale.
pudenda geslachtsdelen, schaamdelen.
pudendalis m.b.t. de geslachtsdelen; vb. canalis pudendalis.
pudendi gen. van pudendum; vb. granuloma pudendi, commissura labiorum pudendi.
pudendum schaamdeel. • ~ **femininum** vrouwelijk schaamdeel.
pudendus m.b.t. de schaamdelen; vb. nervus pudendus, arteria pudenda.
pueriel kinderlijk.
puerilisme clownesk, kinderlijk gedrag.
puerpera *zie* kraamvrouw.
puerperaal *zie* puerperalis.
puerperalis m.b.t. het puerperium; vb. sepsis puerperalis, erysipelas puerperale.
puerperium de periode die ligt tussen het einde v.d. bevalling en de volledige teruggang v.d. uterus.
PUFA (polyunsaturated fatty acid [E]) veelvoudig onverzadigd vetzuur.
pufje *zie* aerosol | dosis-~.
pugilisticus samenhangend met boksen; vb. dementia pugilistica.
puist *zie* pustula.
puistjes *zie* acne vulgaris, comedo.

Pulex vlooiengeslacht v.d. fam. *Pulicidae*,. • ~ *irritans* de algemeen voorkomende mensenvlo. • ~ *cheopis zie Xenopsylla cheopis*.
Pulicidae een familie waartoe de meeste vlooien behoren.
pulicide vlooien dodend.
pulicose huidirritatie door vlooienbeten.
pulley bindweefsellus die stevigheid i.d. peesschede v.d. vinger biedt.
pulmo long.
pulmonaal m.b.t. de long.
⊚ **pulmonale arteriële hypertensie** (PAH) verhoogde bloeddruk i.d. longslagaderen.
pulmonale lymfangiomyomatose zeldzame longaandoening die wordt gekenmerkt door hypertrofie van onrijp, glad spierweefsel rondom lymfevaten i.d. wanden v.d. kleinere luchtwegen en bloedvaten.
pulmonale osteoartropathie *zie* ziekte van Marie-Bamberger.
pulmonale trombectomie *zie* trombectomie.
pulmonale weerstand weerstand waartegen het rechter ventrikel moet pompen.
pulmonale wiggendruk bloeddruk i.d. kleine vertakkingen v.d. a. pulmonalis, die overeenkomt met de druk i.h. linker atrium.
pulmonalis m.b.t. de long of tot de arteria pulis.
pulmonalium gen. mv. v.h. bijv. nw. pulmonalis; vb. ostia venarum pulmonalium.
pulmonis gen. van pulmo (long).
pulmonologie het geneeskundig specialisme betreffende de longen en de longziekten.
pulmonum m.b.t. de long; vb. emphysema pulmonum, volumen pulmonum auctum.
pulmotor toestel voor beademing en zuurstoftoediening.
pulpa 1 (alg.) weke massa; 2 (tandheelk.); 3 (gastro-enterol.) *zie* chymus.
pulpagangreen gangreen v.d. tandpulpa.
pulpagranuloom afgegrensde granulerende ontsteking v.d. tandpulpa.
pulpectomie *zie* extirpatie | pulpa-~.
pulping mengsel van oedeem, bloeding, infarcering van hersenweefsel en necrose na traumatische beschadiging v.d. temporaalkwab.
pulpitis ontsteking v.d. tandpulpa.
pulposus moes-achtig; vb. nucleus pulposus.
puls *zie* impuls.

pulsans kloppend; vb. exophthalmus pulsans.
pulsatie klopping, i.h.b. van hart of slagader. • **epigastrische** ~ de i.h. epigastrium zichtbare of voelbare klopping v.h. hart.
pulsatiel stootsgewijs, kloppend; vb. pulsatiele secretie, fons pulsatilis.
pulse [E] pols. • **pistolshot** ~ [E] plotselinge uitzetting en samenvalling v.d. polsarterie, door de polsgolf.
pulseren het optreden van pulsaties.
pulsiedivertikel *zie* divertikel. • ~ **van Zenker** *zie* zenkerdivertikel.
pulsimeter toestel om de kracht v.d. pols te meten.
pulstherapie eenmalige intraveneuze toediening v.e. grote hoeveelheid corticosteroïden bij reumatische aandoeningen.
pulstrein groep pulsen i.e. axon, variërend in onderlinge tijdsafstand, waardoor informatie naar andere zenuwcellen kan worden overgebracht.
pulsus de klopping i.d. arteriën, teweeggebracht door de hartslag. • ~ **abdominalis** het door de aortapols teweeggebrachte kloppen v.d. buikwand, vooral bij magere mensen zichtbaar. • ~ **aequalis** pols met steeds even sterke kloppingen. • ~ **alternans** pols met afwisselend een sterke en een zwakke klopping. • ~ **arteriosus** slagaderpols. • ~ **bigeminus** pols met twee snel achter elkaar volgende kloppingen, gevolgd door een langere pauze. • ~ **celer** steil opkomende polsgolf, gepaard met grote polsdruk en vaak met verhoogde frequentie. • ~ **cordis** de hartslag. • ~ **differens** ongelijke grootte v.d. pols aan de linker en rechter zijde. • ~ **durus** harde, moeilijk door de tastende vinger te onderdrukken polsslag. • ~ **fortis** sterke pols. • ~ **inaequalis** pols waarvan de kloppingen ongelijk van kracht zijn. • ~ **inanis** lege pols, met slecht gevulde slagader. • ~ **intermittens** pols waarbij van tijd tot tijd een polsslag uitblijft. • ~ **irregularis** onregelmatige pols waarbij de slagen ongelijk van kracht en de pauzes tussen de slagen ongelijk van duur zijn. • ~ **mollis** gemakkelijk weg te drukken polsslag, dat wil zeggen een polsslag waarbij weinig bloed passeert. • ~ **paradoxus** een pols waarvan de grootte duidelijk afneemt tijdens de inspiratie. • ~ **pseudoalternans** onechte alternans, veroorzaakt door extrasystolen. • ~ **dicrotus** *zie* dicrotie. • ~ **regularis** regelmatige pols. • ~ **tardus** abnormaal trage pols door verlenging van systole of diastole. • ~ **venosus** aderpols.
pultiformis brijachtig, op pap lijkend.
pulvinar thalami het achterste deel v.d. thalamus.
pulvis poeder.
punchbiopsietechniek *zie* biopsie | punch~.
punch drunkenness traumatische encefalopathie bij boksers, gekenmerkt door onstabiele gang, langzame bewegingen, aarzelende spraak, tremor en intelligentiestoornissen.
punched-out areas [E] 'uitgeponste veldjes' op de röntgenfoto van beenderen bij jicht en reumatoïde artritis.
puncta mv. van punctum.
punctaat de vloeistof of weefselmassa die bij een punctie wordt opgezogen.
punctatus van stippen voorzien, gespikkeld; vb. cataracta punctata.
puncteren het uitvoeren v.e. punctie.
punctie (chir.) steek of prik, bedoeld om toegang tot het lichaam te verschaffen voor endoscop. ingreep of om vocht of orgaanweefsel af te nemen voor cytologisch onderzoek. • **amnion**~ *zie* centese | amnio~. • **arterie**~ het aanprikken v.e. arterie met een holle naald om er bloed uit op te zuigen of om er iets in te spuiten. • **ascites**~ invoering v.e. trocart dwars door de buikwand om ascitesvocht te laten aflopen. • **beenmerg**~ aspiratiebiopsie ter verkrijging v.e. kleine hoeveelheid beenmerg voor onderzoek. • **blaas**~ punctie v.d. blaas d.m.v. een lange holle naald, dwars door de voorste buikwand, ter verkrijging van urine voor bacteriologisch onderzoek of ter lediging v.d. blaas. • **buik**~ *zie* ascites~. • **cisterna**~ punctie v.d. cisterna cerebellomedullaris, dóór de membrana atlantooccipitalis posterior heen, om liquor te verkrijgen. • **dunnenaald**~ *zie* biopsie | dunnenaald~. • **follikel**~ *zie* aspiratie | follikel~. • **gewrichts**~ opzuigen van gewrichtsvloeistof uit de gewrichtsholte. • **long**~ puncteren en afzuigen van longweefsel via een door de thoraxwand gestoken naald voor laboratoriumdiagnostiek. • **lumbale** ~ (LP) punctie tussen twee lumbale wervels om i.d. subarachnoïdale ruimte liquordruk te meten, liquor te aspireren of anesthetica of contrastmiddel toe te dienen. • **menghini**~ leverpunctie waarbij een zogeheten menghi-

ninaald onder voortdurend opzuigen i.d. lever wordt geprikt. • **nier**~ *zie* renipunctuur. • **pericard**~ aanprikken v.d. pericardiale ruimte om deze te ontlasten en/of ter verkrijging van diagnostisch materiaal. • **pleura**~ het puncteren v.d. pleuraholte. • **prostaat**~ transrectaal aanprikken v.d. prostaat om prostaatcellen te verkrijgen voor cytologisch of histologisch onderzoek. • **sinus**~ punctie v.d. sinus sagittalis superior bij zuigelingen met nog open fontanel. • **sternum**~ beenmergpunctie v.h. sternum. • **suboccipitale** ~ punctie v.d. cisterna cerebellomedullaris ter verkrijging van liquor. • **vena**~ het aanprikken v.e. ader om bloed af te tappen voor onderzoek (meestal enkele ml) of therapeutisch, ter verlichting v.d. circulatie (meestal 400-500 ml) of bij hemochromatose.

punctiecytologie onderzoeksmethode waarbij men gebruikmaakt van losse cellen of celgroepjes, verkregen door een dunnenaaldpunctie.

punctiemateriaal *zie* punctaat.

punctum punt. • ~ **maximum** punt van maximale waarneembaarheid. • ~ **proximum** het dichtst bij het oog gelegen punt waar men door accommodatie een object nog scherp kan zien. • ~ **remotum** het verst v.h. oog verwijderd punt waar, bij ontspanning v.d. accommodatie, een object nog scherp kan worden gezien.

punctuur *zie* punctie.

punt plaats op het lichaam die door een bepaalde eigenschap wordt gekenmerkt. • **adaptief gezichts**~ metapsychologische beschouwingswijze die het biologische nut v.d. (wijze van verwerking v.d.) driften benadrukt, met name voor de aanpassing aan de sociale situatie en maatschappij. • **afkap**~ gekozen punt i.e. frequentieverdeling waarboven of waaronder waarden als afwijkend worden geclassificeerd. • **büngner**~ de insteekplaats voor de naald voor punctie v.h. heupgewricht. • **contact**~ het punt op het oppervlak v.e. gebitselement, waar dit het antagonerende element raakt. • **cut-off**~ *zie* afkap~. • **druk**~ punt op het lichaamsoppervlak die daar, waarop pijn wordt opgewekt, pathognomonisch voor een bepaalde aandoening. • **eind**~ datgene wat men meet om het resultaat v.e. gebeurtenis of interventie te bepalen; men onderscheidt harde eindpunten, zoals dood of aangetoonde morbiditeit, en intermediaire eindpunten ofwel surrogaateindpunten (bijv. cholesterolverlaging), die meestal slechts indirect met een hard eindpunt samenhangen. – **lanz**~ drukpijnlijk punt, rechts op een derde deel v.d. verbindingslijn tussen rechter en linker spina iliaca anterior superior. • **lenzmann**~ drukpijnpunt bij appendicitis, ongeveer overeenkomend met het punt van Lanz. • **nabij**~ *zie* punctum proximum. • **plantair** ~ pijnpunt i.h. midden v.d. voetzool bij toxische neuritis (Bechterew). • **supraclaviculair** ~ het punt van Erb boven het sleutelbeen, waar men de 5e en 6e halszenuw elektrisch kan prikkelen. • **verte**~ *zie* punctum remotum.

puntenwolk *zie* plot | scatter ~.

puntmutatie | **Ig-gen**~ (immunoglobuline G-gen-puntmutatie) mutaties i.d. genen van B-lymfocyten die coderen voor de immunoglobulinen.

puntschatting schatting v.d. numerieke uitkomst v.e. onderzoek.

puntstoot plaats op de thoraxwand waar men de hartpunt ziet dan wel voelt kloppen.

pupa pop, een tussenstadium i.h. leven v.e. insect.

pupil de door de margo pupillaris begrensde ronde opening in d. iris, die door reflexwerking, afhankelijk v.d. lichtinval, groter of kleiner wordt. • **lichtstijve** ~ *zie* pupilstijfheid. • **pinpoint**~ *zie* speldenknop~. • ~ **van Argyll Robertson** *zie* symptoom | argyll-robertson~. • ~ **van Hutchinson** *zie* Hutchinson | hutchinsonpupil. • **speldenknop**~ zeer nauwe, lichtstijve pupil bij intoxicatie.

pupildefect | **afferent** ~ gestoorde pupilreactie t.g.v. laesie van n. opticus.

pupilklonus klonische contracties v.d. m. sphincter pupillae.

pupillair m.b.t. de pupil; vb. membrana pupillaris.

pupillometer instrument waarmee de wijdte v.d. pupil kan worden gemeten.

pupillomotorisch invloed hebbend op de bewegingen v.d. pupil.

pupilloscopie *zie* retinoscopie.

pupillostatometer instrument waarmee de afstand tussen de pupillen wordt bepaald (bij het aanmeten v.e. bril).

pupillotonie myotonische pupilreactie, langzame pupilvernauwing bij lichtinval, gevolgd door vertraagde verwijding. • ~ **van**

Adie *zie* syndroom | adie~.
pupilreactie | **consuele** ~ vernauwing v.e. pupil bij lichtinval i.d. andere pupil. • **corticale** ~ *zie* reflex | haab-. • **directe** ~ vernauwing v.e. pupil bij lichtinval in die pupil. • **hemianopische** ~ bij belichting v.d. blinde netvlieshelft volgt wel of niet een pupilvernauwing, afhankelijk v.d. plaats waar de zenuwbaan geladeerd is. • **myotonische** ~ *zie* pupillotonie.
pupilstijfheid uitblijven van pupilreactie. • **absolute** ~ het uitblijven van pupilvernauwing bij lichtinval en bij convergeren. • **amaurotische** ~ het uitblijven van pupilvernauwing bij lichtinval en afwezigheid v.d. consensuele pupilreflex. • **consensuele** ~ uitblijvende pupilvernauwing bij belichting v.h. andere oog. • **hemianopische** ~ het uitblijven van pupilvernauwing bij lichtinval aan de kant v.d. hemianopsie. • **reflectoire** ~ het uitblijven van pupilvernauwing bij lichtinval.
pupilverwijder 1 (anat.); **2** (oogheelk,, farmac.) *zie* mydriaticum.
PUPPP *zie* pruritic urticarial papules and plaques of pregnancy.
purgans *zie* laxans.
purgeren 1 (gastro-enterol.) het zuiveren v.h. lichaam door bevordering v.d. stoelgang; **2** (int. geneesk.).
purified protein derivative (PPD) [E] een uit tuberculine gezuiverd antigeenpreparaat van *M. tuberculosis* waarmee de T-cel-reactiviteit i.d. huid kan worden getest.
purine het kernbestanddeel v.d. purinebasen en overige purinestoffen.
purinebasen basische purineverbindingen, zoals adenine, guanine, hypoxanthine en xanthine.
purinemie de aanwezigheid van purinestoffen i.h. bloed.
purinenucleosidefosforylase (PNP) enzym dat purinenucleosiden omzet i.d. corresponderende base + ribose-5-fosfaat.
Purkinje | **aderfiguur van** ~ de entoptische afbeelding v.d. retinale vaten op het netvlies. • **purkinjecellen** grote multipolaire peervormige ganglioncellen i.d. schors v.d. kleine hersenen. • **purkinjefenomeen** als men bij even sterke verlichting v.e. blauw en een rood voorwerp de lichtsterkte vermindert, lijkt het alsof het blauwe helderder verlicht is dan het rode. • **purkinjegeleidingssysteem** *zie* purkinjenetwerk. • **purkinjenetwerk** uit de linker en rechter bundeltak i.h. hart ontspringend geheel van subendocardiaal gelegen geleidingsvezels van Purkinje dat zich over linker en rechter ventrikel vertakt.
purpura bloeduitstortingen i.d. huid of slijmvliezen. • **allergische** ~ non-trombocytopenische purpura door verhoogde capillaire fragiliteit, op allergische basis. • **anafylactische** ~ *zie* Henoch | henoch-schönleinsyndroom. • **anafylactoïde** ~ *zie* Henoch | henoch-schönleinsyndroom. • **auto-immuuntrombocytopenische** ~ auto-immuunproces waarbij antilichamen de trombocyten zodanig beschadigen dat deze in milt en ook wel lever worden geëlimineerd. • **henoch-schönlein**~ *zie* Henoch | henoch-schönleinsyndroom. • **hutchinson**~ uitgebreide ecchymosen, m.n. op handrug. • **idiopathische trombocytopenische** ~ (ITP) *zie* auto-immuuntrombocytopenische ~. • **non-trombocytopenische** ~ *zie* Henoch | henoch-schönleinsyndroom. • ⓡ ~ **fulminans** sepsis met ernstige en dikwijls snel progressieve vorm van diffuse intravasale stolling en afsluiting van vaten, i.h.b. bij meningokokkensepsis, met bijnierbloedingen ('bijnierapoplexie'), huidbloedingen, coma en vaak fatale afloop. • ~ **hyperglobulinaemica** *zie* macroglobulinemie van Waldenström. • ~ **senilia van Hutchinson** *zie* hutchinson~. • ~ **van Henoch-Schönlein** *zie* Henoch | henoch-schönleinsyndroom. • **schönlein**~ *zie* Henoch | henoch-schönleinsyndroom. • **trombotische trombocytopenische** ~ (TTP) trombocytopenie, hemolytische anemie en multipele trombi in capillairen en arteriolen. • **vasculaire** ~ purpura a.g.v. een doorlaatbaar geworden vaatwand.
purulent etterig, veretterend; vb. choroiditis purulenta, sputum purulentum.
purus zuiver.
pus dun- of dik-vloeibare brij van afgebroken weefselbestanddelen, ontstekingsexsudaat, leukocyten en (levende en dode) bacteriën; het voorvoegsel pyo- betreft pusvorming als deel v.e. pathol. proces. • ~ **bonum et laudabile** goede en prijzenswaardige etter, de roomachtige etter in gewone abcessen. • **muco**~ slijmerig etter. • **ubi** ~, **ibi evacua** 'waar etter is, verwijder dit'; traditionele vuistregel van chirurgen.

pusblaar zichtbare holte i.d. huid die gevuld is met pus, > 1 cm in diameter.
pustel zichtbare holte i.d. huid gevuld met purulent vocht.
pustula *zie* pustel.
pustuleus gepaard gaand met vorming van pustels (puisten, puistjes).
pustulose aanwezigheid van grotere aantallen pustels op de huid. • **acute gegeneraliseerde exanthemateuze** ~ (AGEP) acute eruptieve huidafwijking gepaard gaande met gegeneraliseerd speldenknopgrote pustels, oedemateus erytheem, hoge koorts, hyperleukocytose en nierfunctiestoornissen als reactie op een geneesmiddel. • **pustulosis neonatalis** vluchtige pustuleuze eruptie bij pasgeborenen. • **pustulosis palmaris et plantaris** ziektebeeld met kenmerkende niet-infectieuze pustels in verschillende stadia op handpalmen en voetzolen.
pustulosus pustuleus, gepaard gaand met pustelvorming; vb. miliaria pustulosa.
pusvorming vorming van pus (etter) [L].
putamen het laterale deel v.d. nucleus lentiformis.
putjes drukken methode om subcutaan oedeem aan te tonen, vooral aan de onderbenen.
putrefactie *zie* rotting.
putrescine een der lijkengiffen.
putride rottend.
putti-platttechniek chirurgische behandeling ter correctie v.e. te ruime voorste kapselstructuur bij habituele anteriere schouderluxatie.
PUVA fotochemotherapie met psoraleen, gecombineerd met ultraviolet-A-licht.
PV *zie* porfyrie | porphyria variegata.
PVC (premature ventriculaire contractie) *zie* extrasystole | ventriculaire ~.
P/V-diagram *zie* druk-volumediagram.
PVL *zie* periventricular lucency.
PVR *zie* retinopathie | proliferatieve diabetische ~.
P-V-relatie volume/drukverhouding i.e. hartcompartiment gedurende één hartcyclus.
PVW (positief voorspellende waarde) *zie* waarde | voorspellende ~.
pycnicus 1 (bijv. naamw.:) Lat. vorm van Ned. 'pycnisch'; vb. habitus pycnicus; 2 (zelfst. naamw.:) persoon met gedrongen, brede, gezette gestalte.

pycnisch kort gezet en gedrongen van lichaamsbouw; een v.d. vier habitustypen uit de verouderde constitutieleer van Kretschmer *zie* constitutieleer van Kretschmer.
pycnomorf aanduiding van zenuwcellen waarin de gekleurde elementen dicht opeengepakt liggen.
pycnose kernverval met schrompeling en verdichting, ten slotte oplossing v.d. chromatine. • **karyo**~ celkern waarbij het gehele chromatine tot één dichte massa is samengepakt.
pycnotisch onderhevig aan pycnose; vb. pycnotische kernen.
pyel- voorvoegsel in woordverbindingen m.b.t. het pyelum.
pyelectasie verwijding v.h. pyelum.
pyelitis nierbekkenontsteking. • **ascenderende** ~ p. die vanuit de blaas is ontstaan door opstijgende infectie via een ureter. • ~ **cystica** p. waarbij zich onder het slijmvlies multipele cysten vormen. • ~ **gravidarum** p. tijdens de zwangerschap. • **hemorragische** ~ p. gepaard gaande met bloedingen.
pyelocystitis ontsteking van nierbekken en urineblaas.
pyelografie röntgenografie v.h. nierbekken na vulling met een contraststof. • **antegrade** ~ röntgenografie v.h. nierbekken d.m.v. contraststof die percutaan i.d. nier wordt gespoten. • **ascenderende** ~ *zie* retrograde ~. • **intraveneuze** ~ (IVP) röntgenografie v.h. nierbekken na intraveneuze injectie v.e. contraststof. • **retrograde** ~ röntgenografie v.h. nierbekken na vulling met contraststof via de ureter.
pyelogram de bij pyelografie verkregen röntgenfoto. • **intraveneus** ~ (IVP) de bij intraveneuze pyelografie verkregen röntgenfoto.
pyelolithotomie incisie v.h. nierbekken, ter verwijdering van daarin aanwezige stenen.
pyelometrie drukmeting i.h. nierbekken via een percutaan ingebrachte katheter.
pyelonefritis ontsteking v.h. nierbekken en het nierparenchym.
pyeloplicatie operatieve verkleining v.e. verwijd nierbekken door vorming v.e. plooi.
pyelotomie het incideren v.e. nierbekken.
pyelum nierbekken.
pyemie aanwezigheid en vermeerdering van ettervormende micro-organismen i.h.

bloed.
pyle- voorvoegsel in woordverbindingen m.b.t. de leverpoort.
pyleflebectasie verwijding v.d. vena portae (poortader).
pyleflebitis | pylephlebitis adhaesiva niet-etterige p. met trombusvorming. • **pylephlebitis purulenta** etterige p.
pylephlebitis suppurativa *zie* pyleflebitis | pylephlebitis purulenta.
pylorectomie excisie v.d. pylorus.
pyloric exclusion [E] tijdelijk chirurgisch afsluiten v.d. pylorus tijdens de helingsfase v.e. beschadigd duodenum.
pyloricus m.b.t. de pylorus.
pylorisme *zie* spasme | pyloro~.
pyloromyotomie (submuceuze) doorsnijding v.d. pylorusspier bij congenitale pylorusstenose.
pylorospasme | congenitale ~ congenitale pylorushypertrofie, waarbij overigens geen sprake v.e. echte spasme is.
pylorotomie incisie v.d. pylorus.
pylorus het caudale, vernauwde, v.e. sfincter voorziene einde v.d. maag.
pylorushypertrofie *zie* stenose | pylorus~.
pylorusstenose | congenitale ~ *zie* stenose | hypertrofische pylorus~.
pyo- voorvoegsel m.b.t. pusvorming als deel v.e. pathol. proces.
pyocele ophoping van pus i.e. sereuze holte.
pyodermie huidaandoening waarbij etter wordt gevormd, i. h. a. veroorzaakt door stafylokokken of streptokokken. • **folliculaire** ~ huidontstekingen die worden veroorzaakt door *Staphylococcus aureus*. • **pyodermia gangraenosa** acuut ontstaande, niet infectieuze papels of pustels, die overgaan in pijnlijke ulcera met roodpaarse ondermijnde rand.
pyogeen 1 etterverwekkend; vb. pyogene kokken; **2** veroorzaakt door een etteringsproces; vb. pyogene peptonurie, pyogene membraan (= abcesmembraan).
pyometra ophoping van etter i.d. uterus.
pyon *zie* etter.
pyonefritis etterige nierontsteking; niet te verwarren met pyelonefritis.
pyonychia etterige ontsteking v.d. nagelwal ('omloop') door pathogene stafylo- en streptokokken.
pyo-ovarium verettering v.e. ovarium.
pyorroe ettervloed. • **pyorrhoea alveolaris** etterige ontsteking v.h. periodontium met progessieve necrose v.d. tandkassen en uitval van tanden.
pyose verettering.
pyramidalis piramidevormig of m.b.t. een piramidebaan; vb. musculus pyramidalis.
pyramide *zie* pyramis.
pyramis piramide. • ~ **medullae oblongatae** langwerpige zwelling aan de voorzijde v.h. verlengde merg, gevormd door vezels v.d. piramidebaan.
pyreticum koortsverwekkend middel.
pyrexie koortstoestand.
pyridoxine adermine = vitamine B_6.
pyridoxine-5-fosfaat *zie* vitamine B_6.
pyridoxinehydrochloride *zie* vitamine B_6.
pyrogeen 1 (bijv. naamw.) koortsverwekkend; **2** (zelfst. naamw.) *zie* pyreticum. • **bacterieel** ~ een van bacteriën afkomstige koortsverwekkende substantie. • **endogeen** ~ koortsverwekkende stof die door het lichaam zelf geproduceerd wordt.
pyromanie de opzettelijke en doelgerichte drang tot brandstichting, herhaald en doorgaans op verscheidene locaties uitgevoerd.
pyrometer instrument voor het meten van temperaturen die boven het bereik v.d. kwikthermometer liggen.
pyrose branderig gevoel in slokdarm en keel, optredend bij gastro-oesofageale reflux.
pyruvaat geïoniseerde vorm van pyrodruivenzuur.
pyruvaatdecarboxylase een niet-oxiderende decarboxylase vgl. pyruvaat-dehydrogenase.
pyruvaatdehydrogenase oxidatieve decarboxylase, tegelijkertijd dehydrerend en decarboxylerend multi-enzymcomplex; katalyseert de afsplitsing van kooldioxide uit pyruvaat en verbindt citroenzuurcyclus en glycolyse.
pyruvaatdehydrogenasefosfatase fosfatase v.h. enzym pyruvaatdehydrogenase.
pzs *zie* zenuwstelsel | perifeer ~.

Q

QALY *zie* quality-adjusted life years.

qat roesmiddel, bestaand uit te kauwen verse blaadjes v.d. Oost-Afrikaanse grote struik *Catha edulis*, waarvan de blaadjes op laurierblad lijken.

QCT quantitative computer tomography *zie* tomografie | kwantitatieve computer~.

Q-fever *zie* koorts | Q-~.

q.l. quantum libet, zoveel ge wilt (rec.).

q.p. (quantum placet) zoveel u belieft (rec.).

q.s. quantum sufficit, quantum satis, zoveel als voldoende is (rec.).

QTc-tijd QT-tijdsinterval op een elektrocardiogram (ecg), gecorrigeerd voor de hartfrequentie.

QT-dispersie variabiliteit v.d. QT-intervallen waargenomen i.h. 12-afleidingen-ecg.

QT-tijd bepaald tijdsinterval tussen het begin v.h. kamercomplex (meestal q) en het eind v.d. T-golf. • **verlengde** ~ verlengde prikkelgeleiding i.h. hart.

quadrangularis vierhoekig; vb. membrana quadrangularis.

quadratum 1 het korte, proximale stuk v.d. eerste viscerale boog; **2** onz. van quadratus.

quadratus vierzijdig, vierkant.

quadri- voorvoegsel in woordsamenstellingen met de betekenis vier, of viervoudig.

quadriceps vierhoofdig; vb. musculus quadriceps femoris.

quadrigeminus viervoudig, uit vier delen bestaand.

quadripara vrouw die vier levensvatbare kinderen heeft gebaard.

quadrupeltherapie behandeling v.e. aandoening met vier verschillende preparaten tegelijk.

quality-adjusted life years (QALY) maat voor de waarde v.e. levensjaar die zowel de levensduur als de morbiditeit weerspiegelt.

Quality of Reporting Meta-analysis (QUORUM) standaardisatie var. wijze van rapporteren van meta-analyses van gerandomiseerd gecontroleerd onderzoek.

quantitative computer tomography *zie* tomografie | kwantitatieve computer~.

quantum libet (q.l.) zoveel u wilt (rec.).

quantum sufficit (q.s.) zoveel als voldoende is (rec.).

quantum vis (q.v.) zoveel u wilt (rec.).

quarantaine afzondering, isolatie van personen bij wie een besmettelijke ziekte wordt vermoed of geconstateerd.

quartus vierde; vb. ventriculus quartus.

quaternaire ammoniumverbindingen groep katione organische ammoniumverbindingen met antibacteriële werking.

quenicum middel ter genezing v.e. kwaal dat is samengesteld aan de hand van volksgeneeskundige, door leken opgestelde en door de traditie overgeleverde methoden en recepten.

Quervain | quervainsyndroom tendovaginitis v.d. extensor pollicis brevis en abductor pollicis longus ter plaatse van hun peesschede i.h. gebied v d. pols. • **de-quervainthyreoïditis** *zie* thyreoïditis | subacute ~ van De Quervain.

quick-on-quick-off-fenomeen snel intredende werking v.e. insulineanaloog; vergemakkelijkt diabetesinstelling en passende medicatie bij maaltijden met meer speelruimte en minder tussenmaaltijden.

Quincke | quinckeligging ligging op een bed met verhoogd voeteneind, toegepast bij een patiënt met bronchiëctasie om het secreet beter te doen afvloeien. • **quinckeoedeem** *zie* oedeem | angio-~. • **quinckepunctie** lumbale punctie i.d. ruimte van Q. tussen de 2e en 3e lendenwervel.

quinolonen *zie* chinolonen.
quoad vitam m.b.t. het leven.
QUORUM *zie* Quality of Reporting Meta-analysis.
quotiënt getal dat het resultaat v.e. deling is. • **ademhalings~** *zie* respiratoir ~. • **cholesterol~** de verhouding tussen veresterd en vrij cholesterol i.h. serum (normaal 2 à 3). • **eiwit~** het verhoudingsgetal tussen het albumine- en het globulinegehalte i.h. bloed. • **hemoglobine~** *zie* index | kleur~. • **intelligentie~** (IQ) **1** het verhoudingsgetal tussen de verstandelijke leeftijd (bepaald met een intelligentietest) en de kalenderleeftijd, vermenigvuldigd met 100 (methode Binet, voor kinderen); **2** het verhoudingsgetal tussen een prestatieniveau (bepaald met een intelligentietest) en een statistisch bepaalde norm, vermenigvuldigd met 100 (methode Wechsler, voor volwassenen). • **respiratoir** ~ (RQ) verhoudingsgetal van koolstofdioxideproductie en zuurstofconsumptie door het lichaam.
q.v. quantum vis, zoveel u wilt (rec.).

R

R 1 reference (point); **2** resistance (factor); **3** recipe (aanhef v.e. recept); **4** röntgen; **5** (statist., epidemiol.) software ten behoeve van beschrijvende en verklarende statistiek, met mogelijkheden voor datamanagement, datamanipulatie en programmeren.

r *zie* coëfficiënt | correlatie~.

RA *zie* reumatoïde artritis.

raadpleging *zie* consult, consultatie.

RAAS niet te verwarren met 'RAS' *zie* systeem | renine-angiotensine-aldosteron~.

rabdomyolyse massale spiercelnecrose a.g.v. een infectie, bijwerking of intoxicatie.

rabdomyoom goedaardige tumor van dwarsgestreept spierweefsel.

RABE refractaire anemie met blastenexces *zie* anemie | refractaire ~.

rabiaat *zie* hondsdolheid.

rabiës door het rabiësvirus veroorzaakte zoönose die overal ter wereld voorkomt, i.h.b. bij honden, wolven, vossen, katten, stinkdieren en vleermuizen, en die door de beet v.e. besmettelijk dier op andere dieren en op de mens kan overgaan. • **pseudo**~ virale infectie met het pseudorabiësvirus bij huisdieren en vee met geringe pathogeniciteit voor de mens.

raccoon eyes *zie* hematoom | bril~.

racemeus *zie* racemosus.

racemeus mengsel mengsel van optisch actieve, rechts- en linksdraaiende stoffen, zodanig samengesteld dat het geheel optisch inactief is.

racemosus druiventrosvormig; vb. livedo racemosa, aneurysma racemosum.

-rachie achtervoegsel in woordsamenstellingen m.b.t. 'wervelkolom'.

rachiotomie 1 laminectomie; **2** (bij embryotomie) doorsnijding v.d. wervelkolom.

rachischisis • rachischisis partialis partiële spleet i.d. wervelkolom. • ~ **posterior** *zie* spina bifida. • ~ **totalis** zeldzame vorm van rachischisis waarbij de gehele wervelkolom gespleten is.

rachitis bij kinderen door gebrek aan vitamine D veroorzaakte stoornis i.d. kalkstofwisseling. • **renale** ~ combinatie van nierinsufficiëntie en rachitisachtige botveranderingen bij kinderen; hierbij is echter geen sprake van rachitis, aangezien er geen vitamine-D-deficiëntie is. • **vitamine-D-resistente** ~ *zie* diabetes | fosfaat~.

rachitogeen rachitisverwekkend.

rad (radiation-absorbed dose) eenheid voor de meting v.d. geabsorbeerde hoeveelheid ioniserende stralen, overeenkomend met een energieoverdracht van 100 erg per gram absorberend materiaal.

radiaal i.d. richting van, aan de kant v.d. radius (spaakbeen).

radialis m.b.t. de radius (spaakbeen); vb. incisura radialis, caput radiale.

radiata vr. van radiatus; vb. corona r-ta.

radiatio 1 straling, uitstraling; **2** straalsgewijs gestructureerd orgaandeel.

radiatus straalvormig gerangschikt, (uit)stralend; vb. corona radiata, stratum radiatum.

radicaal | **vrij** ~ zeer reactief molecuul door bezit van ongepaard elektron.

radicaal 1 (z.nw.) na een reactie resterend atoom, molecuul of ion met een ongepaard elektron; **2** (bijv.nw.) m.b.t. de wortels, de oorsprong.

radicale holte holte i.h. rotsbeen die blijft bestaan na een radicale ooroperatie en die regelmatige controle vereist.

radicale liesbreukoperatie *zie* opera-

tie | czerny~.
radicaliteit aanduiding v.d. volledige chirurgische verwijdering v.e. ziekteproces, gewoonlijk een tumor.
radicaliteitsonderzoek histologisch onderzoek v.d. resectievlakken.
radicis gen. van radix (wortel).
radicolyse operatief losmaken v.e. spinale wortel uit vergroeiing met de omgeving.
radicotomie het doorsnijden van ruggenmergswortels. • **selectieve dorsale** ~ doorsnijden v.d. achterwortels om spasticiteit van spiergroepen te verminderen.
radiculair m.b.t. een radix (wortel).
radiculaire innervatie de v.e. bepaalde ruggenmergswortel uitgaande innervatie.
radiculaire pyletrombose trombose i.d. aanvoerende takken (wortels) v.d. poortader.
radiculair prikkelingsverschijnsel verschijnsel dat wordt veroorzaakt door compressie of ontsteking v.e. zenuwwortel zoals pijn, paresthesieën sensibiliteitsuitval, paresen of reflexafwijkingen.
• **radiculair syndroom** | • **lumbosacraal** ~ uitstralende pijn i.e. of meer lumbale of sacrale dermatomen, al dan niet met andere radiculaire prikkelings- of uitvalsverschijnselen (sensibiliteitsstoornissen, krachtverlies, reflexafwijkingen, mictiestoornissen), meestal veroorzaakt door hernia nuclei pulposi (HNP, in neurol. context kortheidshalve 'hernia') of discusprolaps; indeling: afh. v.d. plaats v.d. hernia onderscheidt men een mediane hernia, waarbij de discusinhoud i.h. wervelkanaal terechtkomt, en een laterale hernia, waarbij de ruimte i.h. proximale deel v.h. foramen intervertebrale wordt verkleind; een mediane hernia v.d. nucleus pulposus levert op cervicaal en thoracaal niveau het gevaar op van compressie v.h. ruggenmerg, terwijl lumbaal (>90% L4-L5 of L5-SI) de wortels v.d. cauda equina i.h. wervelkanaal worden gecomprimeerd (soms leidend tot (conus)caudasyndroom).
radicularis m.b.t. de (tand)wortel; vb. pulpa radicularis, odontoma radiculare.
radiculitis ontsteking v.e. zenuwwortel. • **bannwarthmeningo~** Europese vorm van lymeborreliose, waarbij neurologische symptomen meer op de voorgrond staan dan hart- en gewrichtsklachten *zie* lymeborreliose. • **encefalomyelo~** zeldzame complicatie van syndroom van Guillain-Barré waarbij naast ruggenmergswortels ook ruggenmerg en soms hersenstam zijn aangedaan. • **polyneuro~** *zie* neuropathie | polyradiculo~. • **poly~** gegeneraliseerde radiculitis.
radiculomyelopathie aandoening v.d. spinale-zenuwwortels en het ruggenmerg.
radiculopathie aandoening v.e. zenuwwortel met als verschijnselen neurologische uitval volgens één dermatoom: uitstralende pijn i.h. dermatoom m.n. bij intrathecale drukverhoging, uitval van peesreflexen, atrofie v.d. betreffende spieren.
radiculotomie *zie* operatie | förster~.
radii gen. of mv. van radius; vb. caput radii; radii lentis (stralen v.d. ooglens).
radioactief m.b.t. radioactiviteit, i.h. bezit van radioactiviteit, radioactiviteit uitstralend.
radioactieve elementen *zie* radio-elementen.
radioactieve isotoop *zie* isotoop | radio-~.
radioactiviteit activiteit die vrijkomt bij het verval van atoomkernen v.e. radioactieve stof.
radiobiologie de wetenschap betreffende de invloed van stralen op het levende organisme.
radiocarpaal m.b.t. radius en carpus (handwortel).
radiocarpale m.b.t. radius en carpus; vb. ligamentum radiocarpale (dorsale, palmarum).
radiodensiteit mate waarin lichaamsweefsel, in meer of mindere mate radio-opaak, bij computertomografie interactie met röntgenstralen heeft en hierdoor deze straling verzwakt.
radiodiagnostiek diagnostiek d.m.v. stralen, i.h.b. röntgenstralen.
radio-elementen alle elementen met een atoomnummer boven de 83.
radio-epidermitis beschadiging v.h. huidepitheel door ioniserende straling.
radiofibrose fibrose als late reactie op radiotherapie.
radiofrequente stroom (RF-stroom) wisselstroom met frequentie van omstreeks 500 kHz; wordt gebruikt bij katheterablatie.
radiogeen 1 (z.nw.) elke radioactieve stof; **2** (bv.nw.) teweeggebracht door ioniserende straling.

radiogram een d.m.v. röntgenstralen gemaakte foto.
radiogrammetrie methode om het kalkgehalte van bot te bepalen, gebaseerd op het meten v.d. dikte v.d. cortex v.e. bot.
radiokymografie *zie* röntgenkymografie.
radioligand stof met een hoge specifieke radioactiviteit.
radiologie wetenschap m.b.t. de geneeskundige toepassing van röntgenstraling.
• **interventie~** minimaal invasieve beeldgestuurde katheterbehandeling, uitgevoerd door de interventieradioloog.
• **neuro~** radiodiagnostiek van cvz, hoofd en nek.
radiologische draadlokalisatie het onder radiologische controle inbrengen v.e. metalen draad, waarvan het uiteinde de plaats v.e. afwijking markeert ten behoeve v.e. excisie.
radioloog arts die gespecialiseerd is i.d. radiologie, het diagnostisch toepassen van röntgenstraling voor medische beeldvorming; NB: niet te verwarren met de radiotherapeut en de nucleair geneeskundige.
radiolucent doorlaatbaar voor röntgenstralen, met weinig filtering maar wel zo veel, dat bij opname een schaduw zichtbaar wordt.
radiometer een apparaat voor de meting v.d. kwantiteit en de kwaliteit van röntgenstralen.
radiomimeticum geneesmiddel dat de werking van radiotherapie nabootst.
radiomimetisch met een werking zoals die van ioniserende stralen.
radionecrose necrose door inwerking van ioniserende stralen.
radionuclide element (nuclide) met een instabiele kern die naar een rusttoestand vervalt onder het uitzenden van ioniserende straling.
radionuclidelymfescan *zie* scintigrafie | lymfe-~.
radionuclidetherapie behandeling i.d. nucleaire geneeskunde, minder invasief, met selectieve afgifte van stralingsdoses.
radio-opaak ondoorlaatbaar voor (röntgen)stralen, zodat op de opname een witte plek ontstaat.
radio-opaciteit volledige ondoordringbaarheid m.b.t. straling.
radioscopie röntgendoorlichting, röntgenoscopie.

radiosensibiliteit gevoeligheid voor röntgenstralen.
radiosensitizer chemische stof die de werking van straling verhoogt.
radiosynovectomie *zie* radiosynoviorthese.
radiosynoviorthese behandeling van chronische gewrichtsaandoeningen met middellanglevende radiofarmaca die direct i.d. gewrichtsvloeistof worden gespoten.
radiotelemetrie meting op afstand van allerlei factoren waarbij een radiozender op het object signalen uitzendt die door een ontvangstapparaat worden opgevangen en geregistreerd.
radiotherapeut arts die gespecialiseerd is i.d. radiotherapie.
radiotherapie toepassing van röntgenstraling of ioniserende straling uit een stralingsbron buiten het lichaam voor behandeling v.e. maligne tumor. • **intensiteitsgemoduleerde** ~ *zie* intensity modulated radiation therapy. • **neoadjuvante** ~ radiotherapie, voorafgaand aan operatie v.e. chirurgisch curabele maligniteit. • **postoperatieve** ~ radiotherapie na een operatieve ingreep met als doel de kans op het krijgen v.e. lokaal recidief te verminderen.
radiothermie kortegolfdiathermie.
radioulnaris m.b.t. radius en ulna; vb. articulatio radioulnaris.
radium radioactief element.
radiumemanatie radioactief edelgas dat bij de zelfontleding van radium ontstaat.
radiumpunctuur behandeling d.m.v. radiumnaalden, die i.h. weefsel worden gestoken.
radiumtherapie behandeling d.m.v. radium; niet te verwarren met radiotherapie.
radius 1 (alg., pathol.:) straal, een v.e. middelpunt naar de periferie te trekken lijn; **2** (anat., orthoped.:) proximaal (aan duimzijde) gelegen onderarmbeen; dit pijpbeen vormt een v.d. twee onderarmbeenderen (samen met de ulna, lateraal hiermee gelegen). • ~ **curvus** *zie* deformiteit | madelung-~.
radiuskop het proximale uiteinde v.d. radius dat articuleert met de condylus lateralis v.d. humerus en de ulna.
radix begindeel v.e. langwerpige structuur; vb. haarwortel, zenuwwortel (radix nervorum), tandwortel. • ~ **dentis** het door cement bedekte deel v.e. tand. • ~ **motoria nervi trigemini** het kleinste (portio minor), uit motorische vezels bestaande gedeelte

v.d. trigeminuswortel die uit de pons ontspringt. • ~ **pili** het i.d. huid gelegen deel v.e. haar, vanaf de haarpapil tot aan het huidoppervlak. • ~ **sensoria nervi trigemini** het grootste (portio major), uit sensibele vezels bestaande gedeelte v.d. trigeminuswortel die uit de pons ontspringt.

radon *zie* radiumemanatie.

RAEB (refractory anaemia with excess of blasts) refractaire anemie met blastenexces.

raffinase een in gist voorkomend enzym dat raffinose ontleedt in fructose en melibiose.

raffinose een trisacharide in suikerbieten, katoenzaad, bestaande uit glucose, fructose en galactose.

rafie | - ~ achtervoegsel in woordverbindingen m.b.t. het chirurgisch leggen v.e. naad of hechting. • **achillo**~ het leggen v.e. naad i.d. achillespees, i.h.b. ter verkorting v.d. pees. • **angio**~ chirurgisch aangebrachte vaatnaad. • **a**~ *zie* dys-. • **arterio**~ hechting v.e. arterie. • **blefaro**~ *zie* tarso-. • **capsulo**~ kapselnaad, i.h. bijz. het reven v.e. gewrichtskapsel. • **cheilo**~ hechting v.d. lippen. • **cholecysto**~ het leggen v.e. naad i.d. galblaas, het hechten v.d. galblaas. • **choledocho**~ hechting (het leggen v.e. naad) v.e. ingesneden ductus choledochus. • **colpo**~ hechting v.d. vaginawanden, evt. na excisie v.e. deel ervan, met de bedoeling de vagina nauwer te maken. • **cysto**~ het leggen v.e. naad i.d. blaaswand. • **dys**~ uitgebleven of incomplete sluiting v.d. neurale buis, bijv. cranioschisis, rachischisis, spina bifida. • **fascio**~ het reven v.e. fascie. • **gastro**~ het dichtnaaien v.e. (perforatie)opening i.d. maag. • **glosso**~ operatieve hechting v.d. tong. • **hepatico**~ sluiting v.e. opening i.e. ductus hepaticus, hechting van leverparenchym. • **hernio**~ 1 het leggen v.e. naad door de breukhals om deze te kunnen sluiten; 2 (minder juist) breukoperatie. • **hysterotrachelo**~ het leggen v.e. naad i.d. cervix uteri. • **myo**~ spierhechting. • **neuro**~ hechting v.e. doorgesneden zenuw. • **perineo**~ *zie* plastiek | perineum-. • **rectoperineo**~ hechting v.h. ter weerszijden v.d. anus doorgesneden perineum, bij rectumprolaps. • **rino**~ cosmetisch-chirurgische ingreep ter correctie van epicanthus. • **spleno**~ hechting v.e. wond i.d. milt. • **stafylo**~ hechting v.e. gespleten huig. • **tarso**~ 1 operatieve vernauwing v.d. ooglidspleet (bijv. bij ectropium, of bij gevoelloosheid v.d. cornea na een trigeminusoperatie) door de ooglidranden ten dele aan elkaar te hechten; 2 vasthechting v.d. tarsus v.h. bovenste ooglid aan de musculus levator palpebrae (bij verlamming van deze spier). • **teno**~ het chir. verbinden van een gescheurde pees. • **urethro**~ hechting v.e. gelaedeerde urethra.

R-afname mindering v.h. R-topvoltage bij sequentiële vergelijking v.d. afleidingen V1 tot V6 v.h. elektro-cardiogram (ecg).

ragade kloof in huid of slijmvlies, vooral aan lippen, anus, tepel, tong, vingers.

ragged red fibres rode subsarcolemmale rand in spiervezels a.g.v. ophoping van mitochondriën.

ragie | - ~ achtervoegsel in woordverbindingen m.b.t. overvloedige stroom, sterke vloeiing of bloeding.

ragocyt *zie* cel | reumatoïdeartritis~.

Raillietina een geslacht lintwormen.

railroading [E] het heen en weer schuiven van bloedcellen in netvliesvaten bij falende hersencirculatie.

railway spine [E] *zie* commotio spinalis.

RALP (robotgeassisteerde laparoscopische radicale prostatectomie) *zie* prostatectomie.

ramicotomie *zie* ramisectie.

ramificatie vertakking, het zich vertakken.

ramisectie het doorsnijden v.d. rami communicantes, ter opheffing van spasmus van bloedvaten.

ramorum gen. mv. van ramus (tak).

ramulus takje (v.e. zenuw of bloedvat).

ramus (R.) tak (v.e. bloedvat, zenuw, groeve, bronchus). • **rami ad pontem arteriae basilaris** takken v.d. a. basilaris; verzorgen de pons en de hersenstam. • **rami alveolares superiores anteriores nervi infraorbitalis** takken v.d. n. infraorbitalis. • **rami alveolares superiores posteriores nervi maxillaris** takken v.d. a. maxillaris, met sensibele vezels die de sinus maxillaris en de bovenste molaren verzorgen en deel uitmaken v.d. plexus dentalis superior. • **rami articulares arteriae genus descendens** takken v.d. a. genus descendens, eindigen i.h. rete articulare genus. • **rami auriculares anteriores arteriae temporalis superfi** takken v.d. a. temporalis superficialis. • **rami bronchiales aortae thoracicae** takken v.d. thoracale aorta naar de bronchi en het onderste deel v.d. trachea. • **rami bron-**

chiales arteriae thoracicae internae kleine, variabele takken v.d. a. thoracica interna, verzorgen bronchi en trachea. • **rami bronchiales nervi vagi** takken v.d. n. vagus, innerveren bronchi en longvaten, vormen deel v.d. plexus pulmonalis. • **rami bronchiales segmentorum** kleine takken uit de segmentale bronchi. • **rami buccales nervi facialis** takken v.d. n. facialis met motorische en sensibele vezels. • **rami calcanei laterales nervi suralis** takken v.d. n. suralis. • **rami calcanei mediales nervi tibialis** takken v.d. n. tibialis met sensibele vezels. • **rami calcanei ramorum malleolarium lateralium arteriae per** takken v.d. rami malleolares laterales v.d. a. peronea, verzorgen de zijkant en de achterkant v.d. hiel. • **rami calcanei ramorum malleolarium medialium arteriae tibialis posteri** takken v.d. rami malleolares mediales v.d. a. tibialis posterior. • **rami capsulares arteriae renis** takken v.d. a. renis, verzorgen het nierkapsel. • **rami cardiaci cervicales inferiores nervi vagi** onderste halstakken v.d. n. vagus, lopen naar de plexus cardiacus. • **rami cardiaci cervicales superiores nervi vagi** takken v.d. n. vagus met parasympathische vezels, vormen de plexus cardiacus. • **rami cardiaci thoracici nervi vagi** intrathoracale takken van l. en r. nervus vagus. • **rami caroticotympanici arteriae carotidis internae** takken v.d. a. carotis interna, verzorgen de trommelholte. • **rami caudati rami sinistri venae portae** vertakkingen v.d. linker tak v.d. poortader, lopen naar de lobus caudatus. • **rami centrales arteriae cerebri anterioris** takken v.d. a. cerebri anterior. • **rami centrales arteriae cerebri mediae** centrale takken v.d. a. cerebri media. • **rami centrales arteriae cerebri posterioris** takken v.d. a. cerebri posterior; verzorgen het gebied v.d. thalamus. • **rami coeliaci nervi vagi** takken v.d. voorste en achterste vagusstam, die zich bij de plexus coeliacus voegen. • **rami communicantes ganglii submandibularis cum nervo** takken tussen ganglion submandibulare en nervus lingualis. • **rami communicantes nervi auriculotemporalis cum nervo faciali** takken met sensibele vezels v.d. n. auriculotemporalis. • **rami communicantes nervi lingualis cum nervo hypoglos** plexusachtige verbindingstakken tussen de n. lingualis en de n. hypoglossus. • **rami communicantes nervorum spinalium** takken die ruggenmergszenuwen verbinden met sympathische ganglia. • **rami corticales arteriae cerebri anterioris** orbitale, frontale en pariëtale takken v.d. a. cerebri anterior. • **rami corticales arteriae cerebri mediae** orbitale, frontale, temporale en pariëtale takken v.d. a. cerebri media. • **rami corticales arteriae cerebri posterioris** temporale, occipitale en pariëto-occipitale takken v.d. a. cerebri posterior. • **rami cutanei anteriores nervi femoralis** huidtakken v.d. n. femoralis, innerveren de huid voor en mediaal van bovenbeen en patella. • **rami cutaneus cruris medialis nervi sapheni** takken v.d. n. saphenus met sensibele vezels die de huid aan de mediale kant v.h. been innerveren. • **rami dentales arteriae alveolaris inferioris** takken v.d. a. alveolaris inferior, verzorgen de onderste tanden en kiezen. • **rami dentales arteriae alveolaris superioris posterioris** takken v.d. a. alveolaris superior posterior, verzorgen de molaren en premolaren. • **rami dentales arteriarum alveolarium superiorum anteriorum** takken v.d. arteriae alveolares superiores, verzorgen de snij- en hoektanden. • **rami dentales inferiores plexus dentalis inferioris** takken v.d. plexus dentalis inferior. • **rami dentales superiores plexus dentalis superioris** takken v.d. plexus dentalis superior, met sensibele vezels, innerveren de tanden en kiezen v.d. bovenkaak. • **rami dorsales arteriarum intercostalium posteriorum (I-II)** dorsale takken v.d. eerste twee achterste intercostale arteriën. • **rami dorsales linguae arteriae lingualis** takken v.d. arteria lingualis onder de m. hyoglossus, verzorgen de tonsil en de tongrug. • **rami dorsales nervorum cervicalium** de dorsale takken v.d. acht halszenuwen. • **rami dorsales nervorum lumbalium** de dorsale takken v.d. vijf lumbale zenuwen. • **rami dorsales nervorum sacralium** de dorsale takken v.d. vijf sacrale ruggenmergszenuwen. • **rami dorsales nervorum thoracicorum** de dorsale takken v.d. 12 thoracale ruggenmergszenuwen. • **rami duodenales arteriae pancreaticoduodenalis superio** takken v.d. a. pancreaticoduodenalis die het duodenum verzorgen. • **rami epiploici arteriae gastroepiploicae dextrae** bloedvaten die het

omentum majus verzorgen. • **rami esophageales aortae thoracicae** takken voor aan de aorta ontspringend, die de slokdarm verzorgen. • **rami esophageales arteriae gastricae sinistrae** takken v.d. a. gastrica sinistra, die de slokdarm verzorgen. • **rami esophageales nervi laryngei recurrentis** takken v.d. n. laryngeus recurrens, die de slokdarm innerveren. • **rami frontales arteriae cerebri anterioris** takken v.d. a. cerebri anterior die de schors v.d. voorhoofdskwab verzorgen. • **rami frontales arteriae cerebri mediae** takken v.d. a. cerebri media. • **rami gastrici anteriores nervi vagi** viscerale takken v.d. voorste stam v.d. vagus bij de cardia. • **rami gastrici posteriores nervi vagi** takken v.d. achterste vagusstam bij de cardia. • **rami gingivales inferiores plexus dentalis inferioris** takken v.d. plexus dentalis inferior; innerveren het tandvlees v.d. onderkaak. • **rami gingivales superiores plexus dentalis superioris** takken v.d. plexus dentalis superior; innerveren het tandvlees v.d. bovenkaak. • **rami glandulares arteriae facialis** takken v.d. a. facialis naar de glandula submandibularis. • **rami glandulares ganglii submandibularis** korte takken v.h. ganglion submandibulare. • **rami hepatici nervi vagi** takken v.d. voorste vagusstam, die zich voegen bij de plexus hepaticus. • **rami inferiores nervi transversi colli** de onderste takken v.d. n. transversi colli. • **rami inguinales arteriae femoralis** takken v.d. arteriae pudendae externae. • **rami intercostales anteriores arteriae thoracicae internae** takken v.d. a. thoracica interna, die de intercostale ruimten verzorgen. • **rami interganglionares** de takken die de ganglia v.d. sympathische grensstreng onderling verbinden.
• **rami isthmi faucium nervi lingualis** takken v.d. n. lingualis naar de isthmus faucium. • **rami labiales anteriores arteriae femoralis** takken v.d. arteriae pudendae externae, verzorgen de grote schaamlip. • **rami labiales inferiores nervi mentalis** takken v.d. n. mentalis; innerveren de onderlip. • **rami labiales posteriores arteriae pudendae internae** twee takken v.d. a. pudenda interna. • **rami labiales superiores nervi infraorbitalis** sensibele takken v.d. n. infraorbitalis. • **rami laryngopharyngei ganglii cervicalis superioris** takken met sympathische vezels v.h. ganglion cervicale superius naar de larynx en de wand v.d. farynx. • **rami lienales arteriae lienalis** de eindtakken v.d. a. lienalis, die de trabeculae volgen. • **rami linguales nervi glossopharyngei** takken v.d. n. glossopharyngeus. • **rami linguales nervi hypoglossi** tak v.d. n. hypoglossus met motorische vezels naar de tongspieren. • **rami linguales nervi lingualis** takken v.d. n. lingualis.
• **rami malleolares laterales arteriae peroneae** takken v.d. a. peronea, die de buitenenkel en de hiel verzorgen. • **rami malleolares mediales arteriae peroneae** takken v.d. a. peronea, die de binnenenkel en de hiel verzorgen. • **rami mammarii arteriae thoracicae internae** takken v.d. a. thoracica interna; verzorgen de melkklier. • **rami mammarii laterales arteriae thoracicae lateralis** takken v.d. a. thoracica lateralis; verzorgen de melkklier.
• **rami mammarii laterales ramorum cutaneorum lateralium nervorum intercostalium** takken van takken van intercostale zenuwen. • **rami mammarii mediales ramorum cutaneorum anteriorum nervorum intercostalium** takken van intercostale zenuwen, innerveren het mediale deel v.d. melkklier. • **rami mammarii rami cutanei lateralis arteriarum intercostalium posteriorum** takken van takken v.d. 3e tot 5e intercostale arteriën. • ~ **mandibulae** het opstijgende deel v.d. mandibula met de processus condylaris en coronoideus. • **rami mastoidei arteriae auricularis posterioris** takken v.d. a. stylomastoidea; verzorgen de mastoïdcellen. • **rami mediastinales aortae thoracicae** kleine vaten uit de borst-aorta i.h. mediastinum posterius. • **rami mediastinales arteriae thoracicae internae** takken v.d. a. thoracica interna. • **rami mentales nervi mentalis** takken v.d. n. mentalis met sensibele vezels naar de huid v.d. kin. • **rami musculares nervi axillaris** takken v.d. n. axillaris, met motorische vezels, die de m. deltoideus en de m. teres minor innerveren. • **rami musculares nervi femoralis** takken v.d. n. femoralis, met motorische vezels die de voorste dijspieren innerveren. • **rami musculares nervi mediani** takken v.d. n. medianus. • **rami musculares nervi musculocutanei** takken die de biceps en de m. brachialis innerveren, gemengd motorisch en sensibel. • **rami musculares nervi obtu-**

ratorii takken v.d. n. obturatorius. • **rami musculares nervi peronei profundi** takken v.d. n. peroneus profundus. • **rami musculares nervi peronei superficialis** takken v.d. n. peroneus superficialis. • **rami musculares nervi radialis** takken v.d. n. radialis. • **rami musculares nervi tibialis** takken v.d. n. tibialis, met motorische vezels, die de spieren aan de achterkant v.h. been innerveren. • **rami musculares nervi ulnaris** takken v.d. n. ulnaris, met motorische vezels. • **rami nasales externi nervi infraorbitalis** takken v.d. n. infraorbitalis. • **rami nasales interni nervi ethmoidalis anterioris** takken v.d. n. ethmoidalis anterior. • **rami nasales interni nervi infraorbitalis** takken v.d. n. infraorbitalis, die het neustussenschot innerveren. • **rami nasales laterales nervi ethmoidalis anterioris** takken v.d. n. ethmoidalis anterior. • **rami nasales mediales nervi ethmoidalis anterioris** takken v.d. n. ethmoidalis anterior, met sensibele vezels, die het neustussenschot innerveren. • **rami nasales nervi ethmoidalis anterioris** interne en externe takken v.d. n. ethmoidalis anterior. • **rami nasales posteriores inferiores (laterales) ganglii pterygopalatini** takken v.h. ganglion pterygopalatinum. • **rami nasales posteriores superiores (laterales) ganglii pterygopalatini** takken v.h. ganglion pterygopalatinum. • **rami nasales posteriores superiores (mediales) ganglii pterygopalatini** takken v.h. ganglion pterygopalatinum. • **rami occipitales arteriae cerebri posterioris** takken v.d. a. cerebri posterior,. • **rami occipitales arteriae occipitalis** een mediale en een laterale tak v.d. a. occipitalis. • **rami orbitales arteriae cerebri anterioris** takken v.d. a. cerebri anterior. • **rami orbitales arteriae cerebri mediae** takken v.d. a. cerebri media die de lateraal v.d. gyrus rectus gelegen gyri orbitales v.h. cerebrum verzorgen.
• **rami orbitales ganglii pterygopalatini** takken v.h. ganglion pterygopalatinum. • **rami palpebrales inferiores nervi infraorbitalis** takken v.d. n. infraorbitalis. • **rami palpebrales nervi infratrochlearis** takken v.d. n. infratrochlearis, met sensibele vezels die de oogleden innerveren. • **rami pancreatici arteriae lienalis** takken v.d. a. lienalis, die de pancreas verzorgen. • **rami pancreatici arteriae pancreaticoduo-** **denalis superioris** takken die meedoen aan de verzorging v.d. pancreas. • **rami parietales arteriae cerebri anterioris** takken v.d. a. cerebri anterior. • **rami parietales arteriae cerebri mediae** takken v.d. a. cerebri media. • **rami parietales nervi auriculotemporalis** takken v d. n. auriculotemporalis met parasympathische postganglionaire vezels uit het ganglion oticum, voor de oorspeekselklier. • **rami parotidei arteriae temporalis superficialis** takken v.d. a. temporalis superficialis. • **rami parotidei venae facialis** kleine aderen die in h. parenchym v.d. parotis ontspringen. • **rami pectorales arteriae thoracoacromiales** takken v.d. a. thoracoacromialis. • **rami perforantes arteriae thoracicae internae** zes takken van arteriën i.d. bovenste zes intercostale ruimten. • **rami perforantes arteriarum metacarpearum palmarium** vaten die de palmaire metacarpale arteriën met de dorsale verbinden.
• **rami perforantes arteriarum metatarsearum plantarium** vaten die de plantaire metatarsale arteriën. • **rami pericardiaci aortae thoracicae** kleine takken v.d. aorta, die zich over het oppervlak v.h. pericard verdelen. • **rami perineales nervi cutanei femoris posterioris** takken v.d. n. cutaneus femoris posterior. • **rami pharyngeales arteriae pharyngeae ascendentis** onregelmatig aanwezige vaten voor de farynxconstrictoren. • **rami pharyngeales nervi glossopharyngei** takken v.d. n. glossopharyngeus met sensibele vezels. • **rami pharyngeales nervi vagi** takken v.d. n. vagus. • **rami phrenicoabdominales nervi phrenici** takken v.d. n. phrenicus of n. accessorius. • ~ **plantaris profundus arteriae dorsalis pedis** de voornaamste eindtak v.d. a. dorsalis pedis; dringt door de eerste intermetatarsale ruimte, doet mee aan de vorming v.d. arcus plantaris. • **rami pterygoidei arteriae maxillaris** takken v.d. a. maxillaris; verzorgen de musculi pterygoidei. • **rami pulmonales systematis autonomici** takken v.d. sympathicus-grensstreng en plexus cardiacus • ~ **descendens anterior (RDA) 1** (pulmonologie:) vertakking v.d. ramus descendens arteriae segmentalis anterioris pulmonis dextri, een longslagader; **2** vereenvoudigde aanduiding v.d. ramus posterior ventriculi sinistri rami circumflexi arteriae coronariae sini-

strae (NA: ramus interventricularis anterior), de hoofdtak v.d. linker coronairarterie; de term 'RDA' is onder cardiologen ingeburgerd, ofschoon verwarring met de longarterie mogelijk is. • **rami renales nervi vagi** takken v.d. n. vagus, via de plexus coeliacus naar de nier lopend. • **rami scrotales anteriores arteriae femoralis** takken uit de aa. pudendae externae. • **rami scrotales posteriores arteriae pudendae internae** twee takken v.d. a. pudenda interna. • **rami spinales arteriae cervicalis ascendentis** takken v.d. a. cervicalis ascendens; helpen het wervelkanaal verzorgen. • **rami spinales arteriae intercostalis supremae** takken v.d. dorsale takken v.d. eerste twee achterste intercostale artëriën. • **rami spinales arteriae vertebralis** spinale takken v.d. a. vertebralis. • **rami spinales arteriarum sacralium lateralium** takken v.d. twee laterale sacrale arteriën. • **rami sternales arteriae thoracicae internae** takken v.d. a. thoracica interna; verzorgen sternum en m. transversus thoracis. • **rami sternocleidomastoidei arteriae occipitalis** takken v.d. a. occipitalis. • **rami striati arteriae cerebri mediae** centrale takken die de basale ganglia, de thalamus en de capsula interna verzorgen. • **rami subscapulares arteriae axillaris** takken v.d. a. axillaris, die de m. subscapularis verzorgen. • **rami superiores nervi transversi colli** bovenste tak v.d. n. transversus colli. • **rami temporales arteriae cerebri mediae** takken v.d. a. cerebri media. • **rami temporales arteriae cerebri posterioris** takken v.d. a. cerebri posterior. • **rami temporales nervi facialis** eindtakken v.d. n. facialis. • **rami temporales superficiales nervi auriculotemporalis** takken met sensibele vezels die de huid v.d. slaapstreek innerveren. • **rami thymici arteriae thoracicae internae** takken v.d. a. thoracica interna; verzorgen de thymusklier. • **rami tonsillares nervi glossopharyngei** takken v.d. n. glossopharyngeus; innerveren de mucosa v.d. tonsilla palatina. • **rami tracheales nervi laryngei recurrentis** takken van n. laryngeus recurrens, met sensibele vezels. • **rami ureterici arteriae ductus deferentis** takken v.d. a. ductus deferentis, die het ondereind v.d. ureter verzorgen.
• **rami ureterici arteriae ovaricae** takken v.d. a. ovarica, die de ureter verzorgen. • **rami ureterici arteriae renalis** takken v.d. a. renalis, die het boveneind v.d. ureter verzorgen. • **rami ureterici arteriae testicularis** takken v.d. a. testicularis, die de ureter verzorgen. • **rami ventrales nervorum cervicalium** ventrale takken v.d. cervicale ruggenmergszenuwen. • **rami ventrales nervorum lumbalium** de ventrale takken v.d. vijf lumbale ruggenmergszenuwen. • **rami ventrales nervorum sacralium** de ventrale takken v.d. vijf sacrale ruggenmergszenuwen. • **rami ventrales nervorum thoracicorum** de ventrale takken v.d. twaalf thoracale ruggenmergszenuwen. • **rami vestibulares arteriae labyrinthi** takken v.d. a. labyrinthi die het vestibulum verzorgen. • **rami zygomatici nervi facialis** takken v.d. n. facialis.

randkeratitis ontsteking v.d. hoornvliesrand.

random [E] (statist., epidemiol.) willekeurig, per toeval, zonder bedoeling, plan of voorkeur. • **at** ~ *zie* random.

random-effect model [E] model v.e. meta-analyse waarin wordt aangenomen dat de werkelijke behandeleffecten i.d. individuele onderzoeken van elkaar kunnen verschillen.

randomiseren aselecte toewijzing van patiënten aan de verschillende groepen die een verschillend onderzoek of een verschillende behandeling ondergaan.

randsinus 1 ruimte onder lymfeklierkapsel waarin afferente lymfe uitstroomt; **2** gedeelte v.d. intervilleuze ruimte dat aan de periferie (rand) v.d. placenta is gelegen.

rangcorrelatiecoëfficiënt van Spearman *zie* coëfficiënt | Spearman's rangcorrelatie~.

range of motion (ROM) *zie* bewegingsuitslag.

rangoonkoorts *zie* dengue.

ranula cystische tumor onder de tong, t.g.v. obstructie en dilatatie v.e. der speekselklieren. • ~ **pancreatica** retentiecyste v.d. ductus pancreaticus. • **plunging** ~ [E] ranula die zich voor het grootste deel bevindt onder het niveau v.d. m. mylohyoideus en soms een diffuse submandibulaire zwelling geeft.

Ranvier | **knoop van** ~ plaats waar twee schwanncellen aaneengrenzen; hier is de zenuw niet door myeline omgeven; vervult een cruciale rol bij saltatoire prikkelgeleiding. • **kruis van** ~ kruisfiguur ter plaatse v.e. insnoering van Ranvier, gevormd door zenuwvezels die met zilvernitraat geïmpregneerd zijn. • **T van** ~ uitloper van unipolaire ganglioncellen v.h. ruggenmerg die zich T-vormig deelt.

raphe verbindingslijn tussen de twee helften v.e. symmetrische structuur. • ~ **mentencephali** mediane lijn van schuin verlopende vezels uit de trigeminuskern.

rapid cycling [E] jaarlijks doormaken van meerdere manische, depressieve of gemengde episoden bij een manisch-depressieve persoon.

rapid eye movement (REM) [E] de oogbolbewegingen die de remslaap kenmerken.

rappel het terugroepen, ophalen.

rapport [F] 1 (alg.) zie arts-patiëntrelatie; 2 (psychiatrie) geestelijk contact of binding bij hypnotisering tussen de gehypnotiseerde (cliënt) en de therapeut als hypnotiseur, zodat de eerste alleen reageert op vragen en suggesties v.d. laatste.

rarefactie 1 afneming in gewicht door verlies in massa zonder afneming v.h. volume; 2 het verdwijnen van weefsel of van bepaalde weefselelementen, bijv. verdwijning v.d. spongiosa of v.d. corticalis in beenstukken.

rareficans rareficerend, gekenmerkt door rareficatio; vb. ostitis rareficans.

rarus zeldzaam, met geringe frequentie, traag, i.t.t. celer; vb. pulsus rarus.

RAS niet te verwarren met 'RAAS' zie systeem | reticulair activerend ~.

rascetta de distale plooi v.d. handpalm.

rash [E] vluchtig exantheem, soms (zoals bij variola) voorafgaand aan het definitieve exantheem. • **diaper** ~ [E] zie uitslag | luier-~. • **drug** ~ [E] erytheem als allergisch verschijnsel na gebruik van bepaalde geneesmiddelen. • **heat** ~ [E] zie miliaria rubra.

rashkindtechniek techniek waarbij een kunstmatig atriumseptumdefect wordt aangelegd bij kinderen met een transpositie v.d. grote bloedvaten.

raspatorium instrument waarmee periost v.e. beenstuk kan worden afgekrabd.

RAST zie test | radioallergosorbent-~.

rasterelektronenmicroscoop zie microscoop | scanningelektronen-~.

Rathke | schedelbalken van ~ het voorste deel v.e. paar longitudinale kraakbeenstaven aan weerszijden v.d. hypofyse, die deel uitmaken v.h. zich ontwikkelende neurocranium. • **zakje van** ~ embryonale uitstulping v.h. monddak.

ratio 1 (statist., epidemiol.) verhouding van twee getallen die onafhankelijk van elkaar zijn; **2** (psychol.) achterliggende bedoeling die een handeling legitimeert. • **A/B-**~ verhouding tussen de maximale systolische en diastolische bloedstroomsnelheid zoals gemeten met dopplerapparatuur. • **cardiothorax**~ zie hart-thorax-~. • **CD4/CD8-**~ ratio tussen T-helperlymfocyten en T-suppressorlymfocyten. • **C/D-**~ zie cup/disc-~. • **cup/disc**~ (C/D-ratio) (oogheelkunde) verhouding tussen de diameter v.d. papilexcavatie en de diameter v.d. gehele papil. • **fisher**~ veranderde aminozuurverhouding i.h. bloed: sterke stijging van aminozuren met aromatische ketens en daling van aminozuren met vertakte ketens. • **geleidings**~ verhouding tussen het aantal prikkels dat wordt geblokkeerd en het aantal dat wordt voortgeleid. • **hart-thorax**~ het verhoudingsgetal v.d. grootste transversale afmeting v.h. hart ten opzichte v.d. grootste breedte v.d. thorax. • **hazard** ~ [E] verhouding v.d. kansen op het optreden v.e. gebeurtenis i.e. bepaalde periode voor een populatie met een bepaald kenmerk en een populatie zonder dit kenmerk. • **international normalized** ~ (INR) [E] getal dat de verhouding weergeeft tussen de tijd die het plasma v.e. patiënt nodig heeft om te stollen en de tijd die daarvoor gemiddeld bij gezonden nodig is. • **likelihood** ~ [E] verhouding die aangeeft in welke mate een testuitslag past bij de aan- of afwezigheid v.d. ziekte in kwestie. • **LS-**~ het verhoudingsgetal tussen de gehalten aan lecithine en aan sfingomyeline in vruchtwater, geeft een aanwijzing v.d. kans op hyaliene-membraanziekte bij de foetus. • **negative likelihood** ~ (lr-) [E] ratio die aangeeft in welke mate een ziekte minder aannemelijk wordt bij een negatief testresultaat. • **odds**~ (OR) verhouding van twee odds (kans op ziekte ten opzichte v.d. kans op het niet-optreden v.d. ziekte i.d. behandelde in vergelijking met de niet-behandelde groep). • **positieve likelihood** ~ (lr+) ratio die aangeeft in welke mate een ziekte aannemelijker wordt bij een patiënt na het vinden v.e. positief testresultaat. • **rate** ~ zie risico | relatief ~. • **respiratory-exchange** ~ (RER) [E] quotient v.d. hoeveelheden koolstofdioxide en

zuurstof die per minuut zijn uit- resp. ingeademd. • **risico~** *zie* risico | relatief ~.
• **standardized mortality** ~ (SMR) [E] verhouding tussen gemeten en verwachte sterfte i.d. indexgroep wanneer bij de groep de leeftijdspecifieke sterftecijfers v.d. referentiegroep zouden gelden. • **TC/HDL-**~ verhouding tussen totaal cholesterol en HDL-cholesterol i.h. bloed. • **therapeutische** ~ *zie* index | therapeutische ~.
• **ventrikel-brein~** maat voor de ernst van schedelhersenletsel, af te lezen v.e. CT-scan.

rationalisatie (psychol.) afweermechanisme waarbij men werkelijke motieven door uitvoerige verklaringen verbergt.

rationeel op de rede dan wel op wetenschappelijke gronden of feiten berustend.

raucedo heesheid.

rautekgreep wijze van snel noodvervoer v.e. (bewusteloos) slachtoffer over enkele meters.

Raynaud | raynaudklacht *zie* fenomeen | raynaud~. • **ziekte van** ~ recidiverende aanvallen v.h. raynaudfenomeen, vnl. optredend bij vrouwen; NB: het syn. 'angioneurose' is obsoleet.

RBE (relative biological effectiveness [E]) uitdrukking voor het effect van stralen in vergelijking met dat van 1 röntgen.

RBS *zie* syndroom | rustelozebenen~.

RBTB *zie* blok | rechterbundeltak~.

RC risico i.d. controlegroep.

RCA rechter coronairarterie.

RCC (renal-cell carcinoma) *zie* niercarcinoom. • **m~** metastasized renal-cell carcinoma.

RCT *zie* trial | randomized controlled ~.

RDA *zie* ramus descendens anterior.

RDS idiopathic respiratory-distress syndrome.

RDW (red-cell distribution width [E]) variabiliteit in grootte van rode bloedcellen; maat voor anisocytose.

ReA *zie* artritis | reactieve ~.

reabsorptie *zie* terugresorptie. • **tubulaire** ~ terugresorptie i.d. niertubuli van water en daarin opgeloste stoffen uit de voorurine.

reactant chemisch reactieve stof; vb. acutefasereactant.

reactie het proces of de reeks van processen die in werking worden gezet door een prikkel. • **acrosoom~** het vrijkomen van enzymen uit zaadcellen wanneer deze i.d. buurt v.e. eicel komen. • **acutefase~** periode v.d. ontstekingsreactie, gekenmerkt door een sterke stijging v.d. serumconcentratie v.e. aantal serumeiwitten v.h. niet-specifieke humorale immuunsysteem. • **afstotings~** immuunreactie tegen een transplantaat, resulterend in afstoting. • **agglutinatie~** reactie waarbij corpusculair antigeen bij contact met antistof samenklontert.
• **alarm~** door stress opgewekte verschijnselen: eerste stadium v.h. adaptatiesyndroom. • **allergische** ~ reactie op een allergeen. • **allo~** immuunrespons v.e. individu, gericht tegen de HLA-antigenen v.e. ander. • **anafylactische** ~ gegeneraliseerde overgevoeligheidsreactie, veelal berustend op een IgE-gemedieerde allergie (type I). • **anafylactoïde** ~ reactie die lijkt op een type-I-allergische reactie. • **anamnestische** ~ hernieuwde productie van specifieke antistoffen na inspuiting v.e. antigeen, wanneer deze antistoffen die vroeger wel aanwezig zijn geweest, bijna geheel verdwenen zijn. • **antigeen-antistof~** (AAR) bindingsproces v.e. antigeen met zijn specifieke antistof i.h. lichaam, waarbij zich klinische anafylaxie-achtige verschijnselen voordoen. • **antistreptolysine~** (ASR) antigeen-antistofreactie voor het aantonen van antistoffen tegen bèta-hemolyserende streptokokken v.d. typen A, C (humanus) en G. • **auto-immuun~** de reactie tussen auto-antigenen en auto-antistof.
• **benzidine~** reactie op occult bloed i.d. ontlasting d.m.v. het benzidinereagens. • **bial~** reactie op pentose i.d. urine. • **biuret~** reactie om eiwit aan te tonen. • **burnet~** hemagglutinatie bij bof: reconvalescentenserum agglutineert bloedcellen die na gesensibiliseerd te zijn door elutie weer virusvrij zijn geworden. • **complementbindings~** (CBR) reactie, berustend op de omstandigheid dat bij een antigeen-antistofreactie complement gebonden wordt.
• **complementfixatie~** *zie* complementbindings~. • **contrastmiddel~** het geheel van effecten die bij een patiënt optreden na toediening v.e. contrastmiddel t.b.v. radiodiagnostische beeldvorming. • **convergentie~** pupilvernauwing bij het convergeren v.d. ogen. • **diazo~** 1 roodkleuring v.d. urine door toevoeging v.e. mengsel van sulfanilzuur en natriumnitriet, en enkele druppels

ammonia; **2** aantoning van bilirubine i.h. serum, door toevoeging v.h. diazoreagens van Hijmans van den Bergh. • **directe licht~** r. v.d. pupil na lichtinval i.h. betrokken oog. • **DOPA-~** aantoning van DOPA-oxidase. • **elektrische ontaardings~** (EOR) bij aandoening v.e. perifeer motorisch neuron ontstaan bij opening en sluiting v.e. elektrische stroom aan katode en anode geen plotselinge, maar wormvormige contracties, terwijl de volgorde omgekeerd is. • **fase~** metabolisatieweg v.e. farmacon. • **feulgen~** kleuringsreactie voor DNA. • **follikelcentrum~** sterke stijging v.d. celdelingactiviteit i.h. centrum v.e. lymfefollikel tijdens de tweede fase v.d. immunreactie. • **freund-kaminer~** serologische reactie op carcinoom: carcinoomcellen worden door normaal serum opgelost, door serum v.e. kankerpatiënt niet. • **geneesmiddelen~** zie geneesmiddelenovergevoeligheid. • **gerhardt~** aantonen van aceetazijnzuur i.d. urine d.m.v. ijzerchloride en zwavelzuur. • **graft-versus-host-~** (GVH-reactie) soms na transplantatie voorkomende ernstige reactie v.d. transplantaatcellen tegen de recipiënt. • **hemagglutinatieremmings~** (HAR) remming van agglutinatie van heem onder invloed van specifieke antistoffen. • **host-versus-graft~** (HVG-reactie) immunitaire afweer v.e. recipiënt tegen een aangebracht transplantaat. • **huid~** overgevoeligheidsreactie v.d. huid. • **ide-~** strooireactie v.d. huid die optreedt op afstand v.d. oorspronkelijke aandoening. • **immobilisatie~** serologische diagnostische reactie op syfilis. • **immunoallergische** ~ zie allergie. • **immuun~ 1** zie immuunrespons; **2** de door een antigeen teweeggebrachte productie van immuunstof door het geïnfecteerde organisme. • **kadaver~** opgeheven mechanische en elektrische prikkelbaarheid v.d. willekeurige spieren. • **kruis~** de interactie v.e. antigeen met een tegen een ander (verwant) antigeen gerichte antistof. • **küstner-prausnitz~** zie prausnitz-küstner-~. • **latefase~** allergie | type-I-~. • **lepra~** acute exacerbatie bij lepra. • **lepromine~** intracutane test waarmee een indruk wordt verkregen v.d. cellulaire immuunreactiviteit ten opzichte van *Mycobacterium leprae*. • **leukemoïde** ~ niet-neoplastische leukocytose met sterke linksverschuiving i.h. bloed.

• **lift~** reflex op rechtlijnige versnellingen in op- en neergaande bewegingen,. • **magneet~** primitieve reflex waarbij de hand v.d. patiënt automatisch voor hem bewegende voorwerpen volgt. • **mantoux~** diagnostische reactie die gevoeligheid voor de tuberkelbacterie aantoont. • **molisch~** algemene reactie op koolhydraten; toevoeging van geconcentreerd zwavelzuur aan een eiwitoplossing die enkele druppels alfanaftol-thymol bevat, geeft een violette tot rode kleur indien het eiwit koolhydraten bevat. • **monoklonale** ~ humorale immuunreactie waarbij slechts één type antistof wordt gevormd. • **myasthene** ~ vermindering van faradische prikkelbaarheid v.e. spier, zoals bij periodische paralyse. • **myodystonische** ~ zeer langzame ontspanning v.e. spier die zich bij galvanische prikkeling normaal heeft gecontraheerd. • **myoklonische** ~ het ontstaan van klonische trekkingen bij faradische spierprikkeling. • **myotonitische spier~** verhoogde faradische prikkelbaarheid van spieren. • **neurotonische** ~ aanhoudende spiercontractie nadat de prikkel die de contractie heeft veroorzaakt heeft opgehouden. • **ontstekings~** zie ontsteking. • **opvlammings~** sterke, gelokaliseerde immuunreactie op een plaats waar door een ee dere reactie nog grote aantallen specifieke T-lymfocyten aanwezig zijn. • **ouchterlonyprecipitatie~** verouderde methode voor immunologische identificatie van antigenen d.m.v. een precipitatiereactie in agargel. • **parachute~** r. die opwekbaar is bij de normale zuigeling v.d. 7de tot de 12de maand: wanneer men het zittende kind plotseling naar één kant omwerpt, strekt het de hand naar die kant uit met spreiding v.d. vingers. • **paradoxale pupil~** verwijding i.p.v. vernauwing v.d. pupil bij belichting. • **pavlov~** zie Pavlov | voorwaardelijke reflex van ~. • **perrotatoire** ~ reactie tijdens het onderzoek op de draaistoel, ter onderscheiding van postrotatore reactie. • **persisterende licht~** lichtovergevoeligheid v.d. huid die blijft bestaan nadat het contact met foto-allergenen is gestaakt. • **pirosoma~** vertraagd-type-huidreactie waarbij antigenen via scarificatie i.d. huid wordt gebracht. • **plasmacellulaire** ~ immunologische reactie in lymfeklieren waarbij t.g.v. stimulatie met antigenen tijdens de vorming

van geheugen-B-lymfocyten waarbij selectie op antigeenaffiniteit plaatsvindt en B-cellen tot plasmacellen kunnen differentiëren. • **polyklonale** ~ vorming van meerdere antilichamen met verschillende epitoopspecificiteit, gericht tegen overeenkomstige epitopen op één bacterie of macromoleculair antigeen. • **polymeraseketting**~ techniek om basensequenties in uiterst kleine hoeveelheden DNA of RNA te vermeerderen door een tientallen malen herhaalde reactiecyclus. • **prausnitz-küstner**~ het aantonen van antistof, door serum v.e. patiënt intracutaan in te spuiten bij een niet-zieke persoon. • **precipitatie**~ reactie (in vitro) waarbij opgelost antigeen bij contact met antistof precipiteert. • **pupil**~ reflectoire beweging v.d. pupil bij lichtinval, accommodatie en psychische activiteit; verminderde functie van pupil vormt indicatie voor pupilreactietest; in halfdonker (waardoor enige pupilverwijding = mydriasis) beweegt men met een lichtbundel direct v.h. ene naar het andere oog en beoordeelt pupilvernauwing (miosis) en vergelijkt de directe reactie met de consensuele reactie; reacties van beide ogen moeten symmetrisch zijn. • ~**s van Hammarsten** 1 op eiwit: violetkleuring bij verhitting v.d. te onderzoeken vloeistof met geconcentreerd zwavelzuur en ijsazijn; 2 op globuline: neerslag bij toevoeging van magnesiumsulfaat; 3 op galkleurstoffen: groenkleuring bij toevoeging v.e. mengsel van HNO_3, HCl en alcohol. • ~ **van Deicher en Hanganutziu** zie reactie van Paul-Bunnell. • ~ **van Dick** immuniteitsreactie op roodvonk (scarlatina). • ~ **van Gruber-Widal** serologische reactie ter identificatie v.d. (bacteriële) ziekteverwekker. • ~ **van Herxheimer** zie Herxheimer | jarisch-herxheimerreactie. • ~ **van Herxheimer-Jarisch** zie Herxheimer | jarisch-herxheimerreactie. • ~ **van Jolly** bij amyotrofie kan soms een spier die willekeurig niet meer contraheert, nog door elektrische prikkeling tot contractie worden gebracht, en omgekeerd. • ~ **van Mantoux** zie mantoux~. • ~ **van Paul-Bunnell** serum v.e. lijder aan mononucleosis infectiosa agglutineert schapenerytrocyten. • ~ **van Sabin-Feldman** kleuring voor het aantonen van antistoffen tegen *Toxoplasma*. • ~ **van Schlesinger** aantoning van urobiline en stercobiline in urine. • ~ **van Tollens** zie tollensreactie. • **release**~ secretie van stoffen (o.a. ADP, serotonine, tromboxaan-A2 en fosfolipiden) door een trombocyt na adhesie aan een beschadigde endotheelwand.
• **schick**~ immuniteitsreactie op difterie: bij intracutane injectie van difterietoxine wijst de ontwikkeling v.e. lokale reactie op het ontbreken van immuniteit. • **serum**~ allergische reactie op ingespoten vreemd serum. • **stroma**~ woekering v.h. normale stroma i.e. orgaan. • **strooi**~ voorkomen van huidafwijkingen als allergische reactie op een bestaande huidafwijking elders op het lichaam. • **T-celafhankelijke** ~ humorale immuunreactie tegen eiwitantigenen.
• **thymusafhankelijke** ~ zie T-celafhankelijke ~. • **toxische** ~ reactie v.h. lichaam die door een vergif wordt veroorzaakt. • **TPHA**- ~ *Treponema-pallidum*-hemagglutinatiereactie. • **transfusie** ~ zie transfusiereactie.
• **trichofytine**~ pos. reactie bij intracutane injectie van t. wijst op infectie met *Trichophyton*. • **tuberculine**~ zie mantoux~. • **uitvlokkings**~ zie test | flocculatie~. • **VDRL**- ~ microvlokkingsreactie op syfilis, met cardiolipine als antigeen. • **vroege huid**~ zie allergische reactie | vroege ~. • **wassermann**~ complementbindingsreactie voor luesserologie. • **weil-felix**~ diagnostische reactie op rickettsiosen. • **weinberg**~ complementbindingsreactie ter diagnosticering van echinokokkose. • **zwangerschaps**~ 1 reactie (test) voor het aantonen van zwangerschap; 2 een v.d. norm afwijkende reactiewijze v.h. zwangere organisme.

reactief als een reactie verlopend; vb. r-ieve hyperemie, r-ieve psychose.

reactietijd de tijd die verloopt tussen prikkel en reactie. • **fysiologische** ~ het deel v.d. reactietijd dat bepaald wordt door fysieke processen. • **psychische** ~ het deel v.d. reactietijd dat bepaald wordt door psychische processen.

reactive oxygen species (ROS) vrije zuurstofradicalen die proteïnen kunnen inactiveren en zo celstructuren kunnen beschadigen.

reactiveren 1 opnieuw actief maken; 2 het weer actief maken v.e. (genezende) patiënt.

Read | formule van ~ formule voor benaderende berekening v.h. basaal metabolisme.

reading frame zie leesraam.

reageerbuisbevruchting *zie* in-vitrofertilisatie.

reageerpapier papier, doordrenkt met een reagens.

reagens substantie die met een bepaalde stof een waarneembare reactie geeft en derhalve kan worden gebruikt om i.e. mengsel de aanwezigheid van die bepaalde stof aan te tonen. • **benzidine~** mengsel van b. en waterstofperoxide, wordt blauw bij contact met bloed. • **fehling~** vloeistof voor het aantonen van glucose in urine.

reagine een antistof, vermoedelijk identiek met IgE. • **atopische** ~ antistof i.h. serum van personen met de allergisch zijn voor bepaalde substanties.

realiteitsprincipe volgens Freud de neiging v.h. 'Ich' om v.e. bepaalde lustbevrediging af te zien op grond v.d. ervaring dat deze bevrediging niet haalbaar is of aanleiding tot grote problemen geeft.

reanimatie het geheel van handelingen dat ertoe leidt dat overlijden v.e. bewusteloze door ademstilstand of circulatiestilstand wordt voorkomen. • **basis~** *zie* life support | basic trauma ~. • **voortgezette** ~ *zie* ALS.

reankylose hernieuwde ankylose na operatie.

reboundeffect het tegengesteld gerichte effect bij wegvallen v.e. prikkel, bijv. de verhoogde afscheiding v.e. hormoon na de stopzetting van behandeling met een substantie die de productie van dat hormoon tegengaat.

rebreathing [E] het opnieuw inademen van uitgeademde lucht.

Rec. (recenter) pas geleden, vers (rec.).

recall *zie* awareness.

recanalisatie *zie* rekanalisatie.

receiver operating characteristic (ROC) [E] grafiek die het vermogen weergeeft v.e. diagnostische test om onderscheid te maken tussen personen met een bepaalde ziekte of afwijking en personen zonder deze ziekte of afwijking (accuratesse v.e. test) *zie* area under the receiver operating characteristic curve.

recenter pas geleden, vers. • ~ **paratus** (rec. par.) vers bereid (rec.).

recept bereidings- of gebruiksvoorschrift v.e. geneesmiddel. • **magistraal** ~ een niet-standaardrecept, d.w.z. een niet-FNA- of niet-LNA-bereidingsvoorschrift. • **off-label-~** het voorschrijven v.e. geneesmiddel voor een indicatie waarvoor het middel niet is geregistreerd.

receptaculum een vat, zak, enz. waarin iets wordt opgevangen.

recepteerkunde leer v.h. schrijven en bereiden van geneesmiddelen.

receptief veld *zie* sensitief veld.

receptieve relaxatie spierontspanning van maag, endeldarm en blaas, optredend bij orgaanvulling waardoor pas na het bereiken v.e. bepaald orgaanvolume drukverhoging optreedt.

receptoir ontvangend, receptief; vb. r-re zenuweinden.

receptor 1 plaats i.e. zenuweind (van sensibele vezels) waar prikkels worden opgevangen; 2 complex van eiwitten of lipiden i.e. celwand dat in staat is endogene of exogene stoffen te binden; endogeen betreft het bijv. hormonen of neurotransmitters, exogeen betreft het antigenen of farmaca; na hechting treedt een specifieke reactie i.d. cel op; 3 recipiënt. • **acetylcholinemuscarine~** receptor met specifieke affiniteit voor acetylcholine en muscarine. • **acetylcholinenicotine~** receptor met specifieke affiniteit voor acetylcholine en nicotine. • **acetylcholine~en** (AchRn) transmembraneus eiwitcomplex met 5 subunits, samen een ionkanaal vormend. • **ACh~** (acetylcholinereceptor) membraangebonden eiwit waaraan acetylcholine specifiek bindt. • **adrenerge** ~ *zie* adrenoceptor. • **alfa-1-** receptor v.h. sympathische deel v.h. autonome zenuwstelsel, voorkomend in o.a. kleinere bloedvaten, ureteren, sluitspieren v.d. blaas en prostaat; men onderscheidt alfa-1- en alfa-2-adrenoceptoren. • **angiotensine-II-~** celreceptor voor angiotensine II. • **antigeen~** eiwit op celmembraan van B- en T-lymfocyten waarmee een antigeen specifiek wordt herkend. • **auto~** receptor voor de eigen transmitterstof i.d. presynaptische membraan van neuronen. • **baro~en** 1 fijne vertakkingen van sensibele zenuwen i.d. tunica adventitia van aorta en carotissinus, gevoelig voor verandering in druk; 2 lichaampjes van Vater-Pacini i.h. mesenterium. • **bèta-1-~** receptor v.h. sympathische deel v.h. autonome zenuwstelsel, die vnl. i.h. hart voorkomt; (nor)epinefrine ((nor)adrenaline heeft affiniteit voor deze receptor; stimulatie verhoogt hartfrequentie en contractiekracht. • **bèta-2-~** receptor v.h. sympathische deel v.h. autonome zenuwstelsel, vooral aanwezig i.d. bronchiale musculatuur, uterus en skeletspierarteriën; epinefrine (adrenaline) heeft grotere affiniteit voor deze receptor dan norepinefrine (noradrenaline); stimulatie leidt tot broncho- of vasodilatatie of weeënremming. • **bèta~** receptor waaraan o.a. (nor)epinefrine ((nor)adrenaline) zich bindt; men onderscheidt bèta-1-receptoren en bèta-2-receptoren (bèta-1-adrenoceptor, bèta-2-adrenoceptor); i.d. farmacologie duidt 'bètareceptoragonist' zonder specificatie veelal op 'bèta-2-receptoragonist'. • **calori~** receptor die gevoelig voor warmte is. • **C3b-~** *zie* CR1-complement~. • **CD4~** specifieke receptor op CD4-positieve T-helperlymfocyt via welke het hiv de cel binnendringt. • **chemo~** 1 receptor die langs chemische weg geprikkeld wordt; 2 hypothetische atoomgroep in cytoplasma, die langs chemische weg stoffen kan binden. • **complement~** membraangebonden eiwit dat complementfactoren kan binden. • **co~** oppervlakte-eiwit dat de gevoeligheid v.d. antilichaam voor het antigeen verhoogt door binding aan een andere bindingsplaats. • **CR1-complement~** receptor voor complementfactor 3b; bindt complementdragende immuuncomplexen en transporteert deze op erytrocyten naar de lever. • **CR2-complement~** receptor voor complementfactor 3d. • **CR3-complement~** receptor voor complementfactor iC3b. • **dopamine~** *zie* dopaminerge ~. • **dopaminerge ~** celstructuur (i.d. hersenen en niervaten) die gevoelig is voor dopamine. • **extero~** r. gevoelig voor prikkels afkomstig van buiten het lichaam. • **Fc-~** receptor op het oppervlak van cellen v.h. immuunsysteem die het constante deel van een antilichaam bindt. • **foto~** sensibel eindorgaan dat gevoelig is voor lichtprikkels. • **frigo~** r. die gevoelig is voor koude. • **histamine-~en** specifieke chemische groepen i.d. plasmamembraan van doelwitcellen waaraan de mediator histamine kan binden. • **hormoon~** molecuul dat i.d. celmembraan, het cytoplasma v.d. cel of i.d. celkern is ingebouwd en waaraan een hormoon zich kan binden. • **H1-~** eerste type receptor voor histamine. • **H2-~** tweede type receptor voor histamine. • **intero~** r. die gevoelig is voor prikkels afkomstig van binnen het lichaam. • **irritant~** [E] receptor waarvan het uiteinde vlak onder de slijmvliezen van trachea en grote bronchi ligt. • **laagaffiene ~** *zie* low-affinity IgE-~. • **low-affinity IgE-~** [E.] receptoren voor polymeer IgE en/of IgE, dat gebonden zit op grote lichaamsvreemde oppervlakken (bijv. parasieten) en dat voorkomt op eosinofiele granulocyten, lymfocyten, monocyten en macrofagen. • **muscarine~** membraangebonden eiwit met als agonisten acetylcholine, betanechol, muscarine en pilocarpine. • **oestrogeen~** intracellulaire receptor met specifieke affiniteit voor oestrogeen. • **oppervlakte~** speciaal molecuul in/op een membraan dat een binding kan vormen met één bepaalde stof. • **osmo~** *zie* osmoceptor. • **pijn~** *zie* nociceptor. • **postsynaptische ~** complex eiwitmolecuul i.d. postsynaptische membraan waarmee een transmitterstof een binding kan aangaan. • **presso~** receptor of zenuweinde die gevoelig voor wisselingen in druk is. • **progesteron~** intracellulaire receptor met specifieke affiniteit voor progesteron. • **ryanodine-~en** calciumkanalen (met een affiniteit voor ryanodine) in terminale cisternen v.e. spiervezel. • **steroïd~** receptor met affiniteit voor steroïdhormonen. • **T-cel~** (TcR) membraangebonden eiwit op T-lymfocyten. • **temperatuur~** *zie* thermo-~. • **thermo~** zenuweinde dat gevoelig is voor koude of warmte. • **vaso~** interoreceptor aan de bloedvaten.

receptordiversiteit diversiteit in antigeenspecificiteit van antigeenreceptoren op lymfocyten.

receptorspecificiteit de affiniteit v.e. bepaalde stof voor een bepaalde receptor.

receptortheorie de veronderstelling dat geneesmiddelen hun werking uitoefenen door binding aan receptoren.

receptuur kunst v.h. schrijven van recepten en v.h. gereedmaken van geneesmiddelen.

recessief *zie* erfelijk | recessief ~.

recessiviteit *zie* erfelijk | recessief ~.

recessus inzinking, lege holte, nis.

rechterlijke machtiging (RM) beschikking op basis waarvan aan een persoon gedwongen bepaalde zorg kan worden verstrekt.

rechterventrikelhypertrofie toename in dikte en massa v.d. wand v.d. rechter hartventrikel.

rechtshandigheid het gemakkelijkst met de rechterhand werkend.

rechts-linksbehandeling methode om het effect v.e. lokale dermatotherapie na te gaan.

rechute [F] *zie* relaps.

recidief herhaald optreden v.e. reeds doorstane en (schijnbaar) genezen ziekte. • **biochemisch** ~ stijging v.e. gemeten laboratoriumwaarde tijdens of na een behandeling nadat deze waarde eerst onmeetbaar was. • **lokaal** ~ hernieuwde groei van tumorweefsel op een tevoren behandelde plaats.

recidiverend terugkerend; vb. herpes recidivans.

recipe (R/) neem! (aanhef van recept).

recipiënt degene bij wie bloed wordt getransfundeerd of weefsel wordt getransplanteerd.

reciprocator bekken/beenbeugelapparatuur die patiënten met een blijvende verlamming i.d. benen in staat stelt te staan en te lopen door het onbelaste been naar voren te zwaaien.

reciproke remming verschijnsel dat tijdens activatie v.e. groep spieren een remming v.d. activering v.d. antagonistische spieren optreedt.

Recklinghausen | tonometer van von ~ apparaat ter meting v.d. bloeddruk met een wijzermanometer.

reclinatie 1 achteroverbuiging; 2 achterwaartse beweging.

recombinant virus (of cel, of DNA) die is ontstaan door herschikking van genen.

recombinant-DNA-techniek *zie* DNA-recombinatietechniek.

recombinant tissue plasmogen activator (rtPA) *zie* weefselplasminogeenactivator.

recombinatie *zie* gen-. • **gen**~ vorming van nieuwe combinaties van gekoppelde genen door uitwisseling van genetisch materiaal tussen homologe chromosomen tijdens de meiotische celdeling.

recommissurotomie incisie v.e. bindweefselband.

recon gen dat als erfelijke eenheid geen wijziging door recombinatie meer kan ondergaan.

reconstructie 1 chirurgisch herstel van de oorspronkelijke, anatomisch normale vorm en functie; 2 het resultaat v.e. hersteloperatie. • **mamma**~ chirurgische ingreep die tot doel heeft d.m.v. een plastiek de vorm v.h. verwijderde borstweefsel zo goed mogelijk te vervangen.

reconvalescent herstellend.

reconvalescentie geleidelijk beter worden, herstel en hervatting v.h. 'normale' leven na ziekte; de desbetreffende periode noemt men de 'reconvalescentiefase'.

recovery [E] 1 (tijdvak) ontwakingsfase na volledige anesthesie; 2 (vertrek) *zie* verkoeverkamer.

rec. par. *zie* recenter paratus.

recreatief druggebruik gebruik v.e. drug waarbij v.h. middel wordt genoten zonder dat er sprake is van problematisch gebruik.

recrement *zie* recruitment.

recrudescentie opleving v.e. ziekte na een korte tijd van (schijnbare) genezing.

recruitment [E] 1 (kno-heelkunde) onaangename beleving van (harde) geluiden, t.g.v. verandering i.d. luidheidsbeoordeling voor tonen boven de gehoordrempel; 2 het opengaan van in rust niet of nauwelijks doorbloede vaatgebieden.

recta vr. van rectus (recht).

rectaal m.b.t. het rectum.

rectaal bloedverlies bloedverlies per anum, afkomstig uit het laatste gedeelte v.d. endeldarm.

rectaal onderzoek 1 *zie* toucher | rectaal ~en; 2 onderzoek via het rectum, v.e. afwijking of situatie naast of bij het rectum, bijv. onderzoek v.d. prostaat, verloskundig onderzoek.

rectale instillatie *zie* lavement | druppel~.

rectale toediening toediening van stoffen via het rectum.

rectalis m.b.t. het rectum; vb. plexus rectalis, nervi rectales (mv. van rectalis).

rectal swab [E] prop steriele watten, gewikkeld om een staafje, waarmee v.h. rectumslijmvlies materiaal wordt afgestreken voor onderzoek.

rectectomie operatieve verwijdering v.h. rectum.

rectiole *zie* klysma | micro~.

rectitis *zie* proctitis. • ~ **vermicularis** r. die veroorzaakt wordt door ingewandswormen.

rectocele uitstulping v.h. rectum i.d. vagina.

rectococcygeus m.b.t. het rectum en het os coccygis; vb. musculus rectococcygeus.

rectococcygopexie operatieve vasthechting v.h. rectum aan het os coccygis.

rectocolitis ontsteking v.h. rectum en (een deel van) het colon.
rectogenitaal m.b.t. het rectum en de genitalia.
rectolabiaal m.b.t. het rectum en de labia majora en minora.
rectopexie operatieve vasthechting v.h. rectum aan de bekkenwand, bij rectumprolaps.
rectoromanoscopie het bekijken van rectum en sigmoïd d.m.v. een rectoromanoscoop.
rectoscoop *zie* proctoscopie.
rectoscopie het bekijken v.h. rectum d.m.v. een rectoscoop.
rectosigmoïd verzamelterm voor de endeldarm en het colon sigmoideum.
rectosigmoïdectomie excisie van rectum en sigmoïd.
rectosigmoïdoscopie onderzoek v.h. rectum en het colon sigmoideum m.b.v. een starre of beweeglijke endoscoop.
rectotomie *zie* proctotomie.
rectourethralis m.b.t. rectum en urethra; vb. musculus rectourethralis.
rectouterinus m.b.t. rectum en uterus; vb. musculus rectouterinus, excavatio rectouterina.
rectovaginalis m.b.t. rectum en vagina; vb. fistula rectovaginalis, septum rectovaginale.
rectovesicalis m.b.t. rectum en urineblaas; vb. excavatio rectovesicalis, septum rectovesicale.
rectum *zie* darm | endel~.
rectus recht; vb. musculus rectus, pars recta, intestinum rectum.
rectusdiastase het uiteenwijken v.d. rechte buikspier.
recuperatie herstel van krachten.
recurarisatie het verschijnsel dat na coupering v.d. curarewerking door toediening v.e. antagonist plotseling de verslappende curarewerking weer verschijnt.
recurrens teruglopend, terugkomend.
recurrerend (fysiol.) terugkomend, achterwaarts lopend, bijv. van prikkelgeleiding.
recurrerende inhibitie remming v.d. excitatie die een (inter)neuron zelf veroorzaakt.
recurvatus achteruitgebogen, overstrekt; vb. genu recurvatum.
recycling [E] de behandeling v.d. bij productie ontstane afvalstoffen zodat ze weer als grondstof van nuttige producten kunnen worden gebruikt.
redia tweede of derde larvestadium van trematoden.
redistributie relatief groot kaliber van bloedvaten i.d. bovenste longvelden t.o.v. de ondervelden, als zodanig zichtbaar op een thoraxfoto.
redox gelijktijdige reductie en oxidatie.
redressement *zie* redressie.
redressie het weer op zijn plaats brengen v.e. lichaamsdeel dat van zijn normale plaats is verdrongen.
redressiehelm helm die kan worden voorgeschreven aan baby's bij wie een risico bestaat op afplatting v.d. achterzijde v.d. schedel door het slapen op de rug.
reduced transport fluid (RTF) *zie* medium | stuarttransport~.
reduceren 1 terugbrengen, reponeren; 2 herleiden tot eenvoudiger samenstelling.
reductase enzym dat een reductie v.e. bepaalde chemische stof katalyseert.
reductie 1 repositie; 2 het onttrekken van zuurstof of het toevoegen van waterstof.
reductiedeling *zie* meiose.
reductietijd | decimale ~ de tijd die nodig is om de bacterieconcentratie m.b.v. hitte of desinfectantia tot 1/10 v.d. oorspronkelijke waarde terug te brengen.
reduplicatie verdubbeling; NB: niet te verwarren met plicatie.
Reduviidae een fam. v.d. orde *Hemiptera*.
Reduvius wantsengeslacht v.d. fam. *Reduviidae*.
redux i.d. resolutiefase van pneumonie; vb. crepitatio redux.
re-entry [E] het rondzingen v.e. elektrische prikkel i.h. hart.
reeuw 1 laatste adem v.e. stervende; 2 schuim op de lippen v.e. stervende.
reference [E] het verwijzen naar, het vergelijken met een bepaald uitgangsmateriaal of uitgangspunt. • ~ **point** [E] een punt op de thorax (de aanhechtingsplaats v.d. 2e rib aan het sternum), dat wordt gebruikt voor het aangeven v.d. druk i.d. halsvenen.
Reference Manager (RefMan) software waarmee een database met referenties (kan worden aangelegd.
referentie-interval interval tussen twee referentiewaarden waarbinnen testuitslagen als niet-afwijkend worden gedefinieerd.
reflectie 1 (psych.) beschouwing, overdenking, overweging; 2 (natuurk.) weerkaat-

sing van stralen (licht, geluid).
reflectoir m.b.t. een reflex; vb. reflectoire pupilstijfheid.
reflex onmiddellijke, onwillekeurige reactie v.h. lichaam bij prikkeling v.e. receptor. • **aandachts~** *zie* haab-~. • **aangeboren ~** *zie* ongeconditioneerde ~. • **accommodatie~** reflexmatig scherpstellen v.h. oog d.m.v. aanspannen v.d. m. ciliaris waardoor de lens boller wordt. • **achillespees~** (APR) normale spierrekkingsreflex, opgewekt door tikken op de achillespees, waarna de kuitspieren contraheren en de voet zich strekt. • **afweer~** onbewuste beweging, gericht op afweer of zelfbescherming. • **anale ~** het samentrekken v.d. anussfincter bij aanraking v.d. huid rond de anus. • **anus~** *zie* anale ~. • **asymmetrische tonische nek~** reflex bij kinderen tot maximaal 5 maanden; bij opzij draaien v.h. hoofd wordt de arm en/of het been naar de kant waarheen het gezicht is gericht gestrekt en aan de andere kant gebogen. • **auropalpebrale ~** het knipperen met de oogleden bij het horen v.e. geluid. • **axon~** verandering v.e. afferente impuls i.e. afferente op een vertakkingsplaats v.e. axon zonder passeren v.e. synaps. • **babinski~** *zie* voetzool-~. • **bainbridge~** verhoging v.d. hartfrequentie t.g.v. sterkere vulling of hogere druk i.d. venae cavae. • **belastingscompensatie~** toename v.d. spierkracht v.e. willekeurige isometrische contractie. • **bicepspees~** (BPR) normale spierrekkingsreflex, opgewekt door tikken op de pees bij de elleboog, waarna contractie v.d. m. biceps volgt. • **blaas~** reflexmatige contractie v.d. blaaswandspier na verslapping v.d. externe blaassfincter o.i.v. rekking v.d. blaaswand, waardoor mictie plaatsvindt. • **braak~** reflectoire braakbeweging. • **bronkhorst~** het ontstaan v.e. totale longcollaps wanneer een pneumothorax gecompliceerd wordt door een pleuritis. • **brudzinski~** *zie* tekenen van Brudzinski. • **buikhuid~** 'krassen' over de buikhuid veroorzaakt ipsilaterale contractie van buikspieren, verloopt afferent en efferent via nn. thoracales en synapteert op niveau Th.6-L.1. • **bulbocavernosus~** contractie van m. bulbocavernosus bij druk op glans penis. • **bulbus~** *zie* fenomeen | aschner-~. • **cardiovasculaire ~en** reflexachtige verandering in cardiovasculaire functies, teweeggebracht door verandering in bloeddruk, hartfrequentie, enz. • **carotissinus~** *zie* synodroom | sinuscaroticus-~. • **carpometacarpale ~** *zie* radius-~. • **chemo~** een door prikkeling van chemoreceptoren opgewekte reflex. • **chemosensoren~** bloeddrukregulatie bij waarden beneden 50 mmHg door arteriële chemosensoren. • **chvostek~** faciaisfenomeen bij tetanie. • **ciliospinale ~** pupilverwijding bij prikkeling v.d. huid i.d. nek. • **cochleopalpebrale ~** het knipperen met de oogleden, wanneer vlak bij het oor een schel geluid wordt gemaakt. • **consensuele licht~** *zie* pupilreactie | consensuele ~. • **contralaterale ~** *zie* tekenen van Brudzinski. • **cornea~** contractie van de m. orbicularis oculi door prikkeling van zenuwuiteinden v.d. n. ophthalmicus i.d. conjunctiva door aanraking v.d. conjunctiva of door een toegenomen osmolariteit v.h. traanvocht door verdamping. • **corneomandibulaire ~** pathologische reflex die via r. trigeminus verloopt en optreedt als bij aanraking v.d. cornea de onderkaak naar de contralaterale zijde afwijkt; komt voor bij dubbelzijdige piramidebaanlaesies boven de pons. • **cremaster~** bij prikkeling v.d. huid aan de binnenkant v.d. dij contraheert de m. cremaster en wordt de testis van die zijde opgetrokken. • **detrusor~** *zie* blaas-~. • **dreig~** onwillekeurige snelle sluiting v.d. ogen opgewekt door een plotselinge snelle beweging v.e. voorwerp vlak bij en i.d. richting v.e. v.d. ogen. • **exteroceptieve ~** een door een van buiten het lichaam komende prikkel opgewekte reflex. • **farynx~** *zie* braak-~. • **flexie~** exterosensorische buigreflex van extremiteiten, vaak met contralaterale effecten, b.v. terugtrekreflex en gekruiste strekreflex. • **galant~** actief zijwaarts krommen van rug bij in lengterichting langs wervelkolom strijken. • **gast-ocolische ~** reflex waarbij maagvulling tot contractie v.h. colon leidt vanuit pars ascendens richting pars descendens. • **gastro-ileale ~** toename v.d. motorische activiteit v.h. ileum bij vulling v.d. maag. • **geconditioneerde ~** *zie* Pavlov | voorwaardelijke reflex van ~. • **gekruiste adductoren~** spierrekkingsreflex. • **gekruiste strek~** toegenomen aanspanning van beenextensoren om het lichaamsgewicht op te vangen dat geheel op dit been komt te rusten wanneer het andere been t.g.v. pijnlijke prikkeling een terug-

trekreflex vertoont. • **glabella~** knipperen v.d. oogleden bij bekloppen v.d. glabella. • **graefe~** als de oogleden uit elkaar worden gehouden en de patiënt tracht het oog te sluiten, vernauwt zich de pupil. • **grijp~** bij aanraken v.d. handpalm sluiten de vingers zich tot een vuist. • **grünfelder~** dorsale flexie v.d. grote teen en spreiding v.d. andere tenen bij druk op de streek v.d. fonticulus mastoideus. • **haab~** vernauwing v.d. pupil, als i.e. donkere ruimte, zonder verandering i.v.d. blikrichting, de aandacht wordt gericht op een zijwaarts geplaatst licht. • **handpalm-kin~** zie palmomentale~. • **hering-breuer~** reflexmechanisme dat het automatisme v.d. ademhaling regelt. • **hering~** reflexmatige vertraging v.h. hartslag a.g.v. druk op de carotisbifurcatie. • **hersenstam~** reflex waarvan de afferente en efferente banen via de hersenzenuwen verlopen en overschakelen i.d. hersenstam. • **hoest~** reflectoire hoeststoot bij prikkeling v.h. slijmvlies v.d. luchtwegen. • **hoffmann~** spieractiepotentiaal die wordt opgewekt door elektrische prikkeling v.e. zenuw, i.h.b. de n. tibialis. • **hoffmanntrömner~** zie vingerflexie~. • **houdings~** reflexmatige beweging om het evenwicht te bewaren. • **H-~** zie hoffmann~. • **huid~** bij aanraking v.e. bepaald huidgebied contraheren bepaalde spieren. • **ileogastrische ~** remming v.d. maagmotoriek bij overvulling v.h. ileum. • **instel~** zie optokinetische ~. • **intestino-intestinale ~** inhiberende reflex waarbij door rekking v.e. deel v.d. dunne darm de darmmotoriek volledig tot stilstand wordt gebracht, ten behoeve van verlenging v.d. inwerktijd van spijsverteringssappen. • **kattenoog~** zie oog | amaurotisch katten~. • **keel~** zie braak~. • **kippenvel~** zie pilomotorische ~. • **kisch~** sluiting v.h. ooglid bij aanraking of warmteprikkeling v.d. uitwendige gehoorgang. • **kniepees~** (KPR) normale spierrekkingsreflex; bij tikken op de kniepees volgt contractie v.d. m. quadriceps, waarbij het onderbeen plotseling wordt gestrekt. • **knipper~** zie cornea~. • **kokhals~** zie braak~. • **koude~** remming v.d. ademhaling door sterke prikkeling van koudesensoren i.d. huid. • **krab~** intersegmentaal verlopende reflex waarbij door lichte prikkeling v.e. huidgebied ritmische buig- en strekbewegingen in ledematen optreden

die tot krabbewegingen op de geprikkelde plaats leiden. • **let-down~** zie toeschiet~. • **licht~ 1** (alg. neurol., oogheelk.) reflectoire pupilvernauwing bij belichten v.h. oog; **2** (kno-heelkunde) bij belichten v.h. trommelvlies optredende driehoekige weerkaatsing; afwezigheid wijst op pathologie van trommelvlies of middenoor. • **mamillaire ~** erectie v.d. tepel bij prikkeling v.d. tepelhof. • **mandibulaire ~** zie masseter~. • **masseter~** normale spierrekkingsreflex; contractie v.d. kauwspieren bij een tik naar beneden op de kin. • **mictie~** zie blaas~. • **monosynaptische ~** via twee neuronen verlopende reflex met daartussen één synaps. • **moro~** bij een klap op de matras waarop het kind ligt, maakt het kind een beweging als bij een omarming. • **myostatische ~** zie proprioceptieve ~. • **myotatische ~** zie spierrekkings~. • **nies~** reflex die opgewekt wordt door prikkeling v.h. neusslijmvlies en o.a. via de ademhalingscentra verloopt, de efferente banen zijn complex. • **oculocardiale ~** zie fenomeen | aschner~. • **oculocefale ~** hersenstamreflex bij bewusteloze patiënten. • **oculopupillaire ~** bij aandoening v.d. cornea, de conjunctiva, de oogleden, wordt de pupil nauwer. • **oesofagosalivaire ~** speekselafscheiding a.g.v. prikkeling v.h. onderste deel v.d. slokdarm, voorkomend bij slokdarmkanker. • **ongeconditioneerde ~** reflex die als een aangeboren functie wordt beschouwd en niet door conditionering is aangeleerd. • **onttrek~** zie flexie~. • **onvoorwaardelijke ~** zie ongeconditioneerde ~. • **oogknipper~** zie dreig~. • **optische ~** reflexen uitgaande v.h. netvlies. • **optokinetische ~** oogbewegingen om een bewegend voorwerp op de fovea te stabiliseren zonder het hoofd te bewegen, leidend tot optokinetische nystagmus. • **oriëntatie~** reflexmatige tegengestelde oog- en nekbewegingen bij plotselinge verandering van houding t.o.v. de omgeving. • **palmomentale ~** bij sterke prikkeling v.d. handpalm contraheert de ipsilaterale m. mentalis. • **parachute~** uitstrekken v.d. hand en spreiden van vingers bij plotseling opzij duwen tegen een zittend kind. • **patellaire ~** zie kniepees~. • **pees~** zie spierrekkings~. • **periost~** zie spierrekkings~. • **pilomotorische ~** reflex die de haren doet bewegen. • **placing ~** [E] bij het raken v.d.

voetrug v.e. rand zonder optische controle wordt een opstapbeweging gemaakt. • **plantaire** ~ *zie* voetzool~. • **pleuropulmonale** ~ *zie* bronkhorst~. • **polysynaptische** ~ reflex verlopend via meer dan twee neuronen. • **posturale** ~ *zie* houdings~. • **primitieve** ~ reflex die bij pasgeborenen en zuigelingen normaal is. • **proprioceptieve** ~ reflex op sensorische impulsen uit het eigen lichaam. • **pseudobulbaire** ~ pathologische reflexen optredend bij piramidebaanlaesies boven het niveau van medulla oblongata (bulbus). • **pupil**~ *zie* reactie | pupil~. • **pylorus**~ als de (zure) maaginhoud de pylorus is gepasseerd, sluit de pylorus zich en gaat pas weer open als de spijsbrok door menging met pancreassap geneutraliseerd is. • **radius**~ normale spierrekkingsreflex; bij een i.d. elleboog 90 graden gebogen arm, met de onderarm tussen pro- en supinatie, veroorzaakt tikken op de distale radius contractie v.d. m. brachiaradialis. • **rectale** ~ *zie* anale ~. • ~ **van Bainbridge** *zie* bainbridge~. • ~ **van Hering-Breuer** *zie* hering-breuer~. • ~ **van Hoffmann-Trömner** *zie* vingerflexie~. • **roger**~ oesofagosalivaire~. • ~ **van Von Graefe** *zie* graefe~. • **renorenale** ~ reflectoire functiestoornis en pijn i.e. (gezonde) nier, bij aandoening v.d. contralaterale nier. • **riddochmassa**~ gecompliceerde reactie bij een patiënt met complete dwarslaesie i.h. ruggenmerg, na prikkeling onder het niveau v.d. laesie: buiging v.d. benen, lediging van blaas en darmen en profuus zweten onder het niveau v.d. laesie. • **schrik**~ *zie* moro~. • **sinuscaroticus**~ normale reflex a.g.v. overgevoeligheid of overmatige prikkeling v.d. sinus caroticus. • **slik**~ de slikbeweging die volgt op prikkeling van het gehemelte of de achterwand v.d. farynx. • **snout**~ [E. 'snuitreflex'] bij tikken op de bovenlip worden de lippen kortdurend gespitst. • **spierrekkings**~ kortdurende snelle contractie v.e. spier als reactie op kortdurende rekking van die spier na een korte tik met een reflexhamer op de pees ervan *zie* proprioceptieve ~. • **stabilisatie** ~ *zie* houdings~. • **statische labyrint**~ aanpassing van spiertonus en houding aan prikkels afkomstig van otolieten en labyrint. • **statische rekkings**~ op lengte houden v.e. spier bij langzame, statische rek v.e. spier of pees. • **tactiele plaatsings**~ *zie* placing ~. • **tepelzoek**~ bij tactiele stimulatie naast de mondhoek trekt de mond naar de stimulus. • **terugtrek**~ *zie* onttrek~. • **toeschiet**~ het reflectoir toeschieten van melk naar de tubuli v.d. melkklier. • **tonische hals** *zie* asymmetrische tonische nek~. • **tricepspees**~ (TPR) normale spierrekkingsreflex. • **triceps**~ *zie* tricepspees~. • **trigeminovagale** ~ bradycardie bij operaties aan de oogspieren. • **vasomotorische** ~ reflex die zich uit in vernauwing of verwijding van bloedvaten. • **verworven** ~ voorwaardelijke r. • **vestibulaire** ~ reflexen om evenwicht te handhaven. • **vestibulospinale** ~ houdingsreflexen t.g.v. informatie uit labyrinten. • **vingerflexie**~ normale spierrekkingsreflex. • **visuele** ~ *zie* optische ~. • **voetgrijp**~ druk onder de voorvoet leidt tot plantaire flexie v.d. tenen. • **voetzool**~ 1 (neurol.) huidreflex bij prikkeling v.d. laterale voetzoolrand; 2 (complem. geneeswijzen, lekenterm:) gangbare, maar verwarrende afkorting van 'voetzoolreflexmassage' *zie* massage | voetzoolreflex~. • **weiss**~ halvemaanvormige lichtreflex, bij myopie waarneembaar het op de oogspiegel aan de nasale kant v.d. discus nervi optici. • **wurg**~ *zie* braak~. • **zuig**~ reflectoire zuigbeweging bij aanraking v.d. bovenlip of het gehemelte.

reflex anoxic seizures [E] door pijn of schrik geprovoceerde vagusprikkeling bij kinderen m.a.g. korte asystolie.

reflexboog de weg die wordt doorlopen vanaf de receptor waar de initiële prikkel wordt opgevangen, langs de afferente baan naar het czs, waarop i.h. czs de verwerking volgt, resulterend i.h. afgeven v.e. impuls, langs een efferente baan naar de effector.

reflexcollateralen 1 zenuwvezels die v.d. achterwortels v.h. ruggenmerg door de achterhoorn naar de voorwortel lopen en zich daar rondom de grote motorische gangliocellen vertakken; 2 vezels die zich v.d. i.d. achterstreng opstijgende takken v.d. achterste wortelvezels afsplitsen en naar de voorhoorncellen lopen.

reflexdystrofie | neurovasculaire ~ *zie* complex regionaal pijnsyndroom. • **posttraumatische** ~ *zie* dystrofie | sympathische reflex~.

reflexhamer instrument, veelal hamervormig, gebruikt om spierrekkingsreflexen op te wekken door zacht op de enigszins aan-

gespannen pees te slaan.
reflexkring *zie* reflexboog.
reflexologie 1 leer v.d. reflexen; 2 complementaire, niet algemeen erkende geneeswijze waarbij met de hand druk wordt uitgeoefend op specifieke gebieden v.d. voet die in verbinding zouden staan met verschillende organen of lichaamssystemen; verondersteld wordt dat stimulatie van deze gebieden energieblokkades opheffen die pijn of ziekte veroorzaken i.h. deel v.h. lichaam dat met dat gebied in verbinding staat.
reflextijd de tijd tussen het begin v.d. sensorprikkeling en het begin van reflectoire effectoractiviteit.
reflexus teruggebogen; vb. ligamentum reflexum.
reflux vloeiing tegengesteld aan de normale stroomrichting. • **duodenogastrische** ~ overmatige reflux van alkalische of gallige vloeistof uit het duodenum i.d. maag; kan leiden tot schade aan maagwand en hierdoor dyspepsie. • **gastro-oesofageale** ~ terugvloeiing van maaginhoud naar de slokdarm. • **intrarenale** ~ terugvloeiing van urine uit het nierbekken naar het nierparenchym. • **vesico-ureterale** ~ terugvloeiing van urine uit de blaas naar de ureter. • **zure** ~ *zie* pyrose.
⊛ **refluxoesofagitis** ontsteking v.h. (onderste gedeelte v.h.) oesofagusslijmvlies a.g.v. gastro-oesofageale reflux; er is ook variant van refluxziekte zonder ontsteking (ENRD: endoscopy negative reflux disease); indeling: naar ernst v.d. ontsteking van graad 0 t/m V (volgens Savary) of de tegenwoordig meer gebruikte Los Angeles-classificatie (LA A-D) geleid door verspreiding v.d. slijmvliesbeschadiging: loopt op van enige roodheid boven de gastro-oesofageale slijmvliesovergang (Savary I) tot flinke erosies met stenosering op basis van chronische peptische ontsteking en/of ulceraties (Savary 4); de indeling in graden van ernst is onafhankelijk v.h. feit of deze al dan niet gecombineerd voorkomt met barrettoesofagus (Savary stadium 5).
refoetalisatie terugkeer v.d. foetale circulatietoestand doordat de ductus Botalli weer opengaat.
refracta gebroken.
refractair ongevoelig, weerstand biedend.
refractaire periode deel v.d. actiepotentiaal waarin een zenuwvezel of spier eerst niet (absoluut refractair) en later verminderd (relatief refractair) prikkelbaar is door inactivatie v.d. ionkanalen, die geleidelijk tijdens de repolarisatiefase afneemt.
refractie 1 (oogheelk.:) het lichtbrekende vermogen v.e. medium; 2 (orthopedie:) het opnieuw fractureren v.e. in verkeerde stand genezen beenbreuk.
refractieafwijking afwijking i.d. refractie v.h. oog (myopie, hypermetropie, astigmatisme).
refractieanomalie *zie* refractieafwijking.
refractiebepaling het vaststellen v.d. refractie v.d. ooglens.
refractioneren bepalen v.d. benodigde optische correctie.
refractometer 1 toestel om de refractie v.e. oog te meten; 2 toestel om de brekingsindex v.e. stof te bepalen.
refractometing *zie* refractiebepaling.
refractureren het opnieuw breken v.e. in slechte toestand genezen fractuur.
refractus gebroken; vb. dosis refracta.
regeling Observatiemachtiging beschikking op basis waarvan een persoon gedwongen ter observatie kan worden opgenomen.
regelmechanisme regulerend proces. • **animaal** ~ regulerend proces dat in dienst staat v.e. animale functie, zoals de handhaving van lichaamshouding en evenwicht. • **vegetatief** ~ proces dat in dienst staat v.d. regeling van materiële en energetische uitwisselingen tussen milieu intérieur en extérieur.
regels de menstruatie.
regel van Bastian-Bruns *zie* Bastian | wet van ~-Bruns.
regel van Budin *zie* budinmelkgetal.
regel van Fried *zie* friedregel.
regel van Van 't Hoff-Arrhenius chemische processen worden versneld door verhoging van temperatuur.
regeneratie herstel, genezing.
regenerative medicine (RM) *zie* geneeskunde | regenerative ~.
regenerativus gepaard gaand met regeneratie; vb. pannus regenerativus.
regimen leef- en dieetregel.
regio min of meer scherp afgebakend gebied v.h. lichaamsoppervlak. • ~ **axillaris** okselstreek. • ~ **iliaca** r. lateralis (dextra, sinistra) abdominis.
regionaal een regio betreffend; vb. r-nale

enteritis.

regionaal geneeskundig functionaris (RGF) eindverantwoordelijke voor de taken die vallen onder geneeskundige hulp bij ongevallen en rampen (GHOR) i.e. bepaalde veiligheidsregio.

regionair m.b.t. een regio, beperkt tot een of meer regio's.

regionalis regionaal; vb. enteritis regionalis.

registratie 1 (gezondheidsrecht) inschrijving i.h. BIG-register; 2 (epidemiol.) het systematisch vastleggen v.e. of meerdere kenmerken (bijv. risicofactoren of ziekte) i.e. populatie door ondervraging of onderzoek bij een (steekproef uit een) omschreven populatie.

regmatogeen a.g.v. een scheur, bijv. regmatogene ablatio retinae.

regrediënt licht belichtingsmethode v.h. oog met de spleetlamp waarbij de spleetvormige lichtbundel is gedecentreerd t.o.v. de focus v.d. microscoop.

regressie 1 (alg., pathofysiol.) terugkeer naar een vroeger, evt. minder ontwikkelde toestand; 2 (alg., pathofysiol.) verdwijning van ziekteverschijnselen; 3 (psychol.) afweermechanisme waarbij men terugvalt i.e. veel vroeger (meestal kinderlijk) gedragspatroon; 4 (statistiek) statistische bewerkingsmethode van meetresultaten, de wiskundige beschrijving v.h. verband tussen variabelen. • **lineaire** ~ statistische techniek om de relatie te beschrijven tussen een onafhankelijke en een afhankelijke variabele d.m.v. een rechte lijn. • **logistische** ~ statistische techniek om de relatie te beschrijven tussen een dichotome afhankelijke variabele en een reeks van onafhankelijke variabelen. • **multipele** ~ vorm van regressie waarbij het verband tussen meer dan één onafhankelijke variabele en de afhankelijke variabele wordt beschreven. • **multivariate** ~ zie multipele ~. • ~ **naar de mediaan** statistisch fenomeen waarbij a.g.v. variatie i.d. metingen, ongeacht of deze worden veroorzaakt door intrinsieke schommelingen of door meetfouten, de neiging bestaat dat een volgende meting aan hetzelfde individu dichter bij het (groeps)gemiddelde ligt. • **spontane** ~ het vanzelf verminderen of verdwijnen v.e. aandoening, i.h.b. van kanker.

regressief achteruitgaand, terugkerend.

regressiemodel van Cox niet-lineair multivariaat model voor berekening van overlevingskansen.

regularis regulair, regelmatig; vb. pulsus regularis.

regulatie aanpassing aan een standaardtoestand. • **autocriene** ~ mechanisme waarmee de productie van cytokinen op het niveau van individuele cellen wordt gereguleerd. • **cerebrale auto**~ eigen regeling v.d. bloeddoorstroming v.d. hersenen. • **down**~ vermindering v.h. aantal receptoren door internalisatie van receptoreiwitten. • **immuunrespons**~ het positief of negatief beïnvloeden v.d. immuunrespons. • **menstruele** ~ de kunstmatige verwijdering v.h. endometrium één tot twee weken na een uitgebleven menstruatie. • **osmo**~ handhaving v.e. constante osmolariteit v.h. bloed en weefselvloeistof. • **perioperatieve bloedglucose**~ regeling v.d. suikerspiegel i.h. bloed tijdens en na operatie. • **renale auto**~ vermogen v.d. nier om de renale doorbloeding en glomerulaire filtratie binnen bep. grenzen constant te houden. • **thermo**~ het reguleren v.d. warmtegraad, handhaving v.h. warmte-evenwicht. • **up**~ vergroting v.h. aantal receptoren door inductie van receptorsynthese. • **vaso**~ compensatiemechanisme bij een gestoorde bloedcirculatie onder invloed v.h. adrenerge systeem om de doorbloeding van o.a. hart en hersenen in stand te houden. • **volume**~ regulatie v.h. extracellulaire vloeistofvolume.

regurgitatie 1 terugvloeiing; 2 oprisping van slijm of voedsel; 3 het terugstromen van ingeslikte vloeistof door de neus (bij verlamming v.h. gehemelte); 4 het terugstromen van bloed door de openingen v.h. hart bij klep-insufficiëntie.

rehabilitatie NB: E. *rehabilitation* = Ned. revalidatie *zie* revalidatie.

reiki complementaire, niet algemeen erkende geneeswijze die uitgaat v.d. veronderstelling dat de reikitherapeut energie kanaliseert en deze via de handen i.h. lichaam v.d. ander laat stromen om de gezondheid te bevorderen; energetische therapie van Japanse oorsprong.

Reil | eiland van ~ insula Reilii.

re-implantatie | reimplantatio dentium herinplanting v.e. verwijderd gebitselement.

re-infectie | endogene ~ ontstaan van infectieverschijnselen bij drager v.e. latent virus; meestal t.g.v. verminderde afweermechanismen. • **exogene ~** hernieuwde infectie met een virus v.e. andere stam dan daarvoor, afkomstig uit de omgeving v.d. patiënt.

reinforcement [E] *zie* bekrachtiging.

re-innervatie 1 inplanting v.e. levende zenuw i.e. verlamde spier met de bedoeling de functie van deze spier te herstellen; **2** herstel v.e. functionele verbinding met zenuw na voorafgegane verbreking daarvan.

re-integratie 1 herstel v.d. functie; **2** (psychol.) herstel v.e. evenwichtige persoonlijkheid. • **arbeids~** het weer deelnemen of laten deelnemen aan het maatschappelijke leven, m.n. de terugkeer van zieke of ontslagen werknemers i.h. arbeidsproces.

reit. *zie* Rep.

Reiter | reiterproteïnecomplementfixatiereactie serologische *Treponema*-specifieke test op syfilis. • **reitersyndroom** *zie* ziekte van Reiter.

reitereretur (reit.) aanduiding op een recept dat het geneesmiddel na verbruik v.h. voorgeschrevene opnieuw mag worden bereid.

rejectie *zie* transplantaatafstoting.

rejuvenatie | vaginale ~ electieve chir. ingreep waarbij om uitsl. cosmetische redenen de opening en een stukje v.d. ingang v.d. vagina worden aangepast (vnl. verkleind), de vagina wordt vernauwd en/of het maagdenvlies wordt hersteld.

rekanalisatie herstel v.e. tevoren bestaand kanaal.

rekbaarheid *zie* compliantie.

rekossschijf draaischijf met verschillende lenzen, gebruikt i.d. oogspiegel.

relaparotomie opnieuw uitgevoerde laparotomie.

relaps opleving v.e. ziekte na een remissie (langere tijd van schijnbare genezing).

relatief afferent pupildefect het optreden v.e. minder sterke vernauwing bij het belichten v.h. aangedane oog dan bij het belichten v.h. gezonde oog.

relatief risicoverschil *zie* risicoreductie | relatieve ~.

relative biological effectiveness (RBE) uitdrukking voor het effect van stralen in vergelijking met dat van 1 röntgen.

relativus relatief, als tegenstelling tot absolutus; vb. incontinentia relativa.

relaxans geneesmiddel dat lichamelijke ontspanning/verslapping teweegbrengt. • **spier~** curariforme stof die de prikkeloverdracht door acetylcholine van motorische zenuwimpulsen naar de skeletspieren belet; wordt vnl. gebruikt bij chirurgische ingrepen.

relaxatie verslapping, ontspanning. • **relaxatio diaphragmatica** verslapping v.h. middenrif, dat hierdoor i.d. thorax zakvormig uitpuilt, met i.d. 'zak' de buikingewanden.

relaxatiefase laatste fase v.d. contractie v.d. spier, waarbij de spanning geleidelijk aan verdwijnt. • **isovolumetrische ~** ontspanning v.d. ventrikelspier i.h. hart terwijl het ventrikelvolume niet verandert.

relaxatiewarmte de warmte die vrijkomt bij elke vormverandering v.e. spier.

relaxine een uit serum van drachtige dieren en uit de corpora lutea van zeugen verkregen hormoon met verwekende werking op het kraakbeen v.d. symfyse.

relaxometrie meting v.d. spierverslapping door het meten v.d. door zenuwstimulatie opgewekte elektrische of mechanische reactie v.e. spier.

reliability [E] *zie* reproduceerbaarheid. • **internal consistency ~** [E] *zie* Cronbach's alpha.

reliever onmiddellijk werkend geneesmiddel.

REM *zie* mucinose | mucinosis reticularis et erythematosus.

rem (röntgen equivalent in man) verouderde eenheid v.h. dosisequivalent: hoeveelheid straling die hetzelfde biologische effect heeft als 1 rad röntgenstraling.

rem *zie* rapid eye movement.

remedium geneesmiddel.

remissie tijdelijke vermindering of verdwijning van ziekteverschijnselen, vnl. van tumoren. • **complete ~** situatie waarin na tumortherapie de tumor of metastase is verdwenen, maar waarbij niet-waarneembare sporen v.d. tumor nog aanwezig kunnen zijn. • **partiële ~** situatie waarin na tumortherapie een wezenlijke verbetering is bereikt, maar waarbij nog sporen v.d. tumor waarneembaar zijn. • **spontane ~** situatie waarin de tumor zonder aanwijsbare oorzaak is verdwenen.

remissie-inductietherapie behandeling van leukemie door het reduceren v.d. leukemische celmassa, die kwetsbaarder is voor cytotoxische effecten van chemotherapeutica dan gezonde stamcellen, waarna de resterende (gezonde) stamcellen gaan prolifereren en uitrijpen.

remittens tijdelijk verminderend; vb. febris remittens.

remmer (biochem,. fysiol., farmacol.). • **ACE-~** hypotensivum (bloeddrukverlagend geneesmiddel) waarvan de werking berust op remming v.h. angiotensine-converting enzyme. • **acetylcholinesterase~** zie cholinesterase~. • **aggregatie~s** zie trombocytenaggregatie-s. • **angiotensin-converting-enzyme~** zie ACE~. • **aromatase~s** groep van geneesmiddelen die worden toegepast bij de behandeling van hormoongevoelige borstkanker. • **bloedstollings~** zie anticoagulantia. • **carboxylase~** inhibitor v.h. enzym carboxylase; remt de perifere omzetting van levodopa in dopamine. • **C1-esterase~** plasma-eiwit, betrokken bij de regulatie v.h. complementsysteem. • **cholinesterase~** geneesmiddel dat werkzaam is bij de symptomatische behandeling v.d. ziekte van Alzheimer. • **Cl-esterase~** zie acetylcholinesterase~. • **COX-2-~** geneesmiddel, behorend tot de groep v.d. NSAID's, met minder hemorragische bijwerkingen dan klassieke NSAID's. • **eetlust~** zie anorexans. • **hiv-fusie~** geneesmiddelen behorend tot de grotere klasse van 'HIV entry inhibitors'. • **hiv-~** stof die de vermenigvuldiging van hiv remt. • **HMG-CoA-reductase~** stof die wordt toegepast voor de behandeling van hypercholesterolemie; remt het enzym HMG-CoA-reductase, dat i.d. lever de omzetting van HMG-CoA naar mevalonaat katalyseert en verlaagt daarmee de concentratie van LDL-cholesterol i.h. bloed. • **integrase~** geneesmiddel dat het inbouwen v.h. genetisch materiaal van hiv (RNA) na omzetting in DNA i.h. DNA v.d. gastheercelcel remt. • **koolzuuranhydrase~** remmer v.h. enzym koolzuuranhydrase. • **MAO-~** zie monoamineoxidase~. • **monoamineoxidase~** (MAO-remmer) antidepressivum dat de activiteit v.h. enzym monoamineoxidase remt. • **ontstekings~** zie ontstekingsremmer | niet-steroïdale ~. • **prostaglandinesynthetase~** zie ontstekingsremmer | niet-steroïdale ~. • **protease~** stof die i.h. lichaam de werking van protease blokkeert en daardoor de aanmaak van nieuw virus remt dat weer nieuwe cellen kan infecteren. • **protonpomp~** geneesmiddel dat het enzym H+/K+-ATPase v.d. pariëtale cellen v.d. maag remt, waardoor de maagzuursecretie daalt. • **reductase~** stof die de werking v.e. reductase antagoneert. • **reversetranscriptase~** (RT-remmer) stof die i.h. lichaam de werking van reverse transcriptase blokkeert, waardoor de infectie van nieuwe cellen wordt geremd. • **serotonineheropname~** middel dat de serotoninespiegel positief beïnvloedt. • **serotonine-noradrenaline-heropname~** zie serotonine-norepinefrineheropname~. • **serotonine-norepinefrineheropname~** antidepressivum dat farmacodynamisch de heropname van serotonine en norepinefrine (noradrenaline) i.d. synaptische spleet remt. • **specifieke serotonineheropname~** zie serotonineheropnameremmer | selectieve ~. • **trombocytenaggregatie~s** groep van geneesmiddelen die stoffen die de trombocytenadhesie en/of -aggregatie tegengaan. • **weeën~** zie tocolytica.

remming zie inhibitie.

remodelleringsfase fase i.d. wondgenezing na de regeneratiefase.

remotum onz. van remotus.

remotus verwijderd; vb. punctum remotum.

ren zie nier. • ~ **concretus** r arcuatus. • ~ **informis** zie nier | koek~. • ~ **urguliformis** hoefijzernier.

renaal m.b.t. de nier.

renale dysplasie spectrum van aangeboren aanlegstoornissen van nieren en/of urinewegen.

renale eliminatie eliminatie v.e. farmacon uit het lichaam door renale excretie.

renale excretie excretie van stoffen uit het organisme door de nier als resultante van filtratie, tubulaire secretie en tubulaire reabsorptie.

renale klaring uitscheiding v.e. bepaalde stof door de nier, uitgedrukt i.h. aantal ml bloedplasma dat per tijdseenheid door de nier volledig van deze stof wordt ontdaan.

renale plasmastroom hoeveelheid bloedplasma die per tijdseenheid de gebieden v.d. nier doorstroomt die betrokken zijn bij de productie van urine.

renalis betreffende de nier.

renal plasma flow (RPF) [E] zie renale plas-

mastroom.
renculus *zie* reniculus.
rendement het nuttige effect v.e. proces.
Rendu | ziekte van ~-Osler *zie* teleangiëctasie | teleangiectasia haemorrhagica hereditaria.
reniculus nierkwabje (v.d. foetale nier).
reniform niervormig.
renine hormoon dat door het juxtaglomerulaire complex wordt uitgescheiden wanneer de bloeddruk daalt. • **pro~** in bloed circulerend voorstadium van renine.
renipunctuur punctie v.h. nierkapsel ter verlaging v.e. te hoge spanning.
renis gen. van ren (nier).
renium (Rh) element met atoomnummer 75 en een atoomgewicht van 186,2.
rennine *zie* chymase.
renninogeen voorstadium van rennine.
renofaciaal m.b.t. de nieren en het gelaat; vb. r-iale dysplasie.
renografie beeldvormende diagnostiek m.b.v. een geschikt radiofarmacon waarbij een uitgebreide serie beelden v.d. nieren verkregen wordt.
renogram 1 *zie* nefrogram; **2** de tijd/activiteitscurve die bij renografie wordt verkregen.
renotroop met affiniteit tot nierweefsel.
renovasografie röntgenologische afbeelding v.d. niervaten.
renum gen. mv. van ren (nier); vb. cirrhosis renum.
renversee omslagplooi i.e. zwachtel bij het verbinden v.e. konisch toelopend lichaamsdeel, zodat het verband nauw aansluit.
reobase minimumsterkte v.e. elektrische stroom die spiercontractie verwekt.
reologica geneesmiddelen die de vorm van rode bloedcellen zodanig veranderen dat deze gemakkelijker door kleine vaten kunnen stromen.
reologie kennis v.d. vervorming en stroming v.e. vloeistofmassa, bijv. v.h. bloed. • **hemor~** de kennis omtrent vorm en stroming v.d. bloedvloeistof en de erin aanwezige cellen, alsmede de reologische eigenschappen v.d. vaatwand.
reometer apparaat om de bloedstroom te meten.
reorganisatie vernieuwing van verloren gegane weefselelementen.
reostaat variabele elektrische weerstand die, ingeschakeld i.e. circuit, elke gewenste stroomsterkte kan teweegbrengen.
reostose hyperostose met streepvorming i.d. beenderen.
reoxidatie het weer opnemen van zuurstof, bijv. door hemoglobine.
Rep. (repetatur) (rec.) worde herhaald.
reparatie herstel.
reparatief m.b.t. reparatie.
repellens *zie* repellent.
repellent [E] afweermiddel (tegen insecten).
repens *zie* serpens.
reperfusietherapie behandeling v.e. acuut infarct waarbij de doorbloeding wordt hersteld.
⊛ **repetitive strain injury** (RSI) beschrijvende verzamelterm voor een multifactorieel bepaald syndroom met pijnklachten in armen, schouders, rug en/of nek, leidend tot beperkingen van participatieproblemen en gekenmerkt door een verstoring v.d. balans tussen lichamelijke belasting en belastbaarheid.
replantatie *zie* implantatie | re-~.
repletie vulling, vol zijn.
replica afdruk v.e. breukvlak bij de vriesbreektechniek, een elektronenmicroscopische prepareertechniek.
replicatie 1 (genetica) verdubbeling van DNA i.e. bacterie; **2** herhaling (v.e. experiment).
replicon elk DNA-aggregaat in bacteriën dat zich autonoom kan repliceren, onafhankelijk v.h. chromosoom of v.d. plasmide waarop het gezeteld kan zijn.
repolarisatiestoornis ecg-afwijking i.h. ST-segment die o.a. op ischemie kan wijzen.
reponeerbaar wat kan worden gereponeerd; vb. r-bare breuk.
reponeren het uitvoeren v.e. repositie.
reponibel *zie* reponeerbaar.
repositie | hippocrates~methode repositie v.d. schouder door tractie aan de arm v.e. op de tafel op de rug liggende patiënt. • **~ volgens Hippocrates** *zie* hippocrates~methode. • **~ volgens Kocher** *zie* Kocher | kocher~repositiemethode. • **~ volgens Stimson** *zie* stimson~methode. • **stimson~methode** repositie v.d. schouder waarbij de patiënt op de buik op de bank ligt en de gedisloceerde arm naar beneden hangt.
repositiemethode *zie* positie | re~.
representativiteit mate van waarschijnlijkheid dat de uikomsten v.e. onderzoek van

toepassing zijn op alle volgende overeenkomstige steekproeven.

repressie 1 terugdringing, remming, bijv. van genen tijdens een normale (embryonale) ontwikkeling; **2** (psychol.) terugdringing v.e. onlust-verwekkende voorstelling uit het bewuste naar het onbewuste.

repressor product v.e. regulatorgen met remmende werking op het operatorgen.

repressoreffect onderdrukking v.d. reactiviteit van actine met myosine in skelet- en hartspierweefsel.

reproduceerbaarheid 1 mate van overeenstemming van testuitkomsten bij herhaald meten onder identieke omstandigheden; **2** voorwaardelijk kenmerk v.e. onderzoeksbeschrijving in bijv. een artikel dat toelaat dat het onderzoek in principe kan worden herhaald.

reproductie voortplanting, vermeerdering.

repulsie 1 (psychol.:) psychische afweer; **2** (natuurk.:) afstoting van twee massa's.

RER (ruw endoplasmatisch reticulum) reticulum dat bezet is met vele ribosomen.

RES *zie* systeem | reticulo-endotheliaal ~.

research wetenschappelijk onderzoek.

reseceerbaar *zie* resectabel.

reseceren uitsnijden van weefsel.

resectabel chirurgisch te verwijderen.

resectabiliteit de mate waarin een tumor resectabel is.

resectie operatieve, meestal partiële uitsnijding v.e. weefsel, orgaan of lichaamsdeel. • **apex**~ 1 (chir.) resectie v.h. apicale segment v.e. longkwab; **2** (tandheelk.) resectie v.e. tandworteltop. • **caput**~ resectie v.d. kop v.d. pancreas. • **colon**~ chirurgische verwijdering van (een deel van) het colon. • **commando**~ verwijdering v.e. kwaadaardig gezwel i.h. hoofd-halsgebied in samenhang met radicale halslymfeklieruitruiming. • **diafragma**~ operatieve verwijdering van (een gedeelte van) het middenrif. • **elektro**~ resectie van weefsel met elektrochirurgische middelen. • **endo**~ (urol.:) med. jargon voor 'transurethrale elektroresectie v.d. prostaat'. • **endoscopische mucosale** ~ het wegsnijden van slijmvlieslaesies d.m.v. endoscopie. • **ileocaecale** ~ resectie v.d. ileocaecale hoek (overgang van dunne darm naar dikke darm). • **ileum**~ gehele of gedeeltelijke resectie v.d. eerste helft v.d. dunne darm. • **jejunum**~ gehele of gedeeltelijke resectie v.d. tweede helft v.d. dunne darm. • **larynx**~ operatieve verwijdering v.h. strottenhoofd, bijv. bij larynxcarcinoom. • **lever**~ resectie v.e. deel v.d. lever, zoals bij tumoren of metastasen i.d. lever. • **ligatuur**~ operatie waarbij een (variceus) vat wordt onderbonden en het desbetreffende weefseldeel wordt gereseceerd. • **long**~ operatieve verwijdering v.e. long, longkwab of -segment. • **maag**~ chir. verwijdering van (een deel van) de maag. • **middenrif**~ *zie* diafragma~. • **nier**~ operatieve verwijdering v.e. nier of een deel hgiervan (partiële nierresectie). • **oesofagus**~ operatieve verwijdering v.d. slokdarm, waarna meestal herstel van continuïteit d.m.v. een buismaag. • **pancreas**~ partiële verwijdering van alvleesklierweefsel. • **perurethrale prostaat**~ *zie* transurethrale ~ van de prostaat. • **pylorus**~ excisie v.d. (vernauwde) pylorus. • **rectum**~ verwijdering v.h. rectum, met behoud v.h. anus (= operatie van Bacon). • **rib**~ verwijdering v.e. stuk (of een volledige) rib bijv. bij empyeem. • **segment**~ verwijdering v.e. door een ziekteproces aangetast segment v.e. long. • **septum**~ operatieve verwijdering v.h. kraakbenig deel v.h. deviërend neustussenschot. • **sigmoïd**~ operatieve verwijdering v.h. sigmoïd. • **sleeve**~ resectie v.e. centraal gelegen longtumor. • **submuceuze septum**~ kno-heelkundige ingreep waarbij het slijmvlies v.h. neustussenschot wordt vrijgeprepareerd. • **subtotale** ~ nagenoeg volledige verwijdering v.e. orgaan of lichaamsdeel. • **transurethrale** ~ **van de prostaat** (TURP) verwijdering v.d. prostaat (prostatectomie) d.m.v. een via de urethra ingebracht instrument. • **vagus**~ *zie* vagotomie. • **wig**~ uitsnijding v.e. wigvormig stuk uit een orgaan, bijv. uit de long of uit het ovarium. • **wortel**~ apexresectie.

resectiemarge 1 rand van weefselholte na excisie van tumor; **2** rand van gezond weefsel rond operatief verwijderde tumor.

resectievlak de gezamenlijke snijranden v.e. voor histologisch onderzoek uitgenomen weefselpreparaat.

resectoscoop instrument voor transurethrale resectie v.d. prostaat.

reservatus vb. coitus r-tus.

reservoir epidemiologische term voor een plaats waar bacteriën en virussen zich kunnen ophopen en van waaruit ze zich kunnen verspreiden. • **dierlijk** ~ bepaalde

diersoort waarbinnen een micro-organisme circuleert dat op mensen kan worden overgedragen.
residentiële psychiatrische behandeling *zie* klinische behandeling.
residu 1 (urol.) *zie* blaasresidu; **2** (pulmonol.) residuale lucht; **3** restdefect. • **urine~** hoeveelheid urine die na mictie i.d. blaas achterblijft.
residuaal resterend, achterblijvend.
residualis wat overblijft; vb. urina residualis.
resilient [E] elastisch, terugverend.
resistance transfer factor (RTF) *zie* factor | resistentie~.
resistentie 1 ongevoeligheid v.e. micro-organisme voor een geneesmiddel; **2** het gevoel van weerstand bij de betasting van gezwellen of v.d. buikwand. • **APC-~** (activated-protein-C-resistentie) *zie* geactiveerd-proteïne-C-~. • **bacteriële ~** de weerstand die sommige bacteriestammen kunnen bieden tegen bacteriostatische of bactericide stoffen, i.h.b. antibiotica. • **chemo~** ongevoeligheid (van ziekteverwekkers) voor (bepaalde) chemotherapeutica. • **chloroquine~** ongevoeligheid voor chloroquine. • **chromosomale ~** voor antibioticaresistentie coderende genen die deel uitmaken v.h. bacteriële genoom. • **clomifeen~** het niet optreden v.e. stijging v.d. oestradiolspiegel bij een maximale dosering van clomifeen, dan wel een verhoging hiervan zonder dat ovulatie optreedt bij stimulatie met HCG. • **complement~** aantal mechanismen waardoor pathogene micro-organismen complementgemedieerde schade kunnen weren. • **extrachromosomale ~** *zie* plasmide | resistentie~. • **geactiveerd-proteïne-C~** afwijking waarbij bloedstollingsfactor V verminderd gevoelig is voor de remmende werking van geactiveerde proteïne-C. • **immuno~** onaantastbaarheid van bepaalde tumoren voor immunitaire agentia. • **insuline~ 1** het uitblijven v.d. bloedglucoseverlaging bij toediening van insuline; **2** verminderde gevoeligheid voor endogeen geproduceerde of exogeen toegediend insuline i.d. doelorganen (spieren, vetweefsel en lever). • **kolonisatie~** resistentie die wordt uitgeoefend door i.h. maag-darmkanaal aanwezige, symbiotisch met de gastheer levende bacteriën tegen orale besmetting met pathogene bacteriën. • **kruis~** vorm van resistentie waarbij het resistentiepatroon v.h. ene middel sterk lijkt op de resistentie v.h. andere. • **multi~** vorm van resistentie waarbij een micro-organisme tegen diverse antibiotica resistent is, ook als er geen kruisresistentie tussen die middelen bestaat.
• **natuurlijke ~** aangeboren weerstandsvermogen of ongevoeligheid. • **PTH-~** *zie* hypoparathyreoïdie | pseudo-~.
resistentiebepaling (immunol.) meting van resistentie v.e. micro-organisme.
resistentieontwikkeling het ontwikkelen v.e. ongevoeligheid voor een bepaalde stof of een micro-organisme waarvoor het organisme voorheen wel gevoelig was.
resistentiepatroon 1 de rij van antibiotica waartegen een bepaalde bacteriestam resistent is; **2** (hiv) de rij van mutaties in RT of proteasegen waardoor het virus niet meer gevoelig voor bepaalde hiv-remmers is.
resocialisatie revalidatieprogramma na bijv. een psychotische episode waarin wordt gewerkt aan tekorten in zelfredzaamheid, contactvaardigheden, dagvulling en sociale steun ter bespoediging v.e. terugkeer naar de dagelijkse levenssituatie.
resolutie 1 het einde v.e. ziekteproces en de terugkeer tot de normale toestand; **2** oplossend vermogen, i.h.b. bij weergave i.d. beeldvormende diagnostiek.
resolvens 'oplossend' middel, dat de resolutie v.e. ziekteproces of -product bevordert.
resonanten m-, n- en ng-klanken.
resonantie 1 versterking v.e. toon door een ruimte waarvan de eigen trillingsfrequentie gelijk is aan die v.d. toon; **2** het meetrillen v.e. snaar of een voorwerp met een ander trillend voorwerp.
resonantietheorie theorie van Helmholtz volgens welke de radiaire vezels v.d. basilaire membraan i.h. binnenoor elk een eigen trillingsgetal hebben en gaan meetrillen met tonen van dezelfde frequentie.
resonator een instrument dat men gebruikt om een trillingsfrequentie vast te stellen.
resoneren meeklinken, meetrillen.
resorbens geneesmiddel dat de resorptie bevordert.
resorberen het opnemen v.e. in oplossing aanwezige substantie door lichaamsvloeistoffen.
resorptie 1 het resorberen, bijv. van voedsel,

respiratie 1 (pulmonol.) *zie* ventilatie; 2 (celbiol., fysiol.) chemisch en fysisch proces op cellulair niveau waarbij zuurstof wordt verbruikt en koolzuur wordt gevormd.

respiratieapparaat toestel voor meting van gasuitwisseling bij de ademhaling.

respiratoir m.b.t. de ademhaling; vb. respiratoire insufficiëntie.

⊛ **respiratoire insufficiëntie** onvoldoende gaswisseling (zuurstofopname, kooldioxideafgifte) t.g.v. o.a. hypoventilatie, diffusiestoornis (fibrose of longoedeem) of een ventilatie-perfusiewanverhouding, veroorzaakt door bijv. pneumonie of longembolie; indeling: partieel (gekenmerkt door hypoxie), totaal (ook met hypercapnie).

respiratoire nood *zie* dyspneu.

respirator 1 *zie* beademingsmachine; 2 kap waarin een gasmengsel wordt aangevoerd voor de ademhaling, bijv. v.e. genarcotiseerde patiënt; 3 ademhalingskap ter bescherming tegen giftige gassen. • **drukgecontroleerde** ~ *zie* beademing | drukbegrensde ~.

respiratorius respiratoir, m.b.t. of t.b.v. de ademhaling.

respirofonografie grafische registratie v.d. ademhalingsgeruisen.

respirometer instrument ter meting v.d. ademhalingsbewegingen.

respons 1 (fysiol.) reactie; 2 (statistiek) het geheel v.d. reacties op uitgebrachte vragen i.e. onderzoek, enquête of de werving voor een onderzoek. • **autonome** ~ reactie v.h. autonome zenuwstelsel op emotionele toestand of specifieke aandoeningen; bijv. bij spreken i.h. openbaar leiden onzekerheid en vreemdheidsangst tot de autonome responsen tachycardie, pupildilatatie, zweten en droge mond. • **fasische** ~ ontladingspatroon, kenmerkend voor snel adapterende sensoren. • **non-**~ het verschijnsel dat een aantal personen niet reageert op een enquête of op de werving voor een onderzoek. • **primaire humorale** ~ *zie* antistofimmuunrespons | primaire ~. • **tonische** ~ aanhoudende activiteit v.e. sensor die zich weinig adapteert bij een aanhoudende stimulus en zo blijvend informatie over een bepaalde toestand geeft.

response monitoring [E] bepalen en controleren v.e. behandelingseffect.

restiformis strikvormig; vb. eminentia restiformis, corpus restiforme.

restitutie (pathol.) herstel.

restitutio ad integrum volledig herstel tot de normale toestand.

restraint [E beheersing] interventie i.d. psychiatrische verpleging om een psychotische (gewelddadige) patiënt te verhinderen zichzelf of anderen geweld aan te doen.
• **no** ~ [E beheersing] psychiatrische behandeling zonder enig gebruik van dwangmiddelen.

restrictiefragmentlengtepolymorfisme (RFLP) aanwezigheid i.e. bevolking van twee of meer verschillende lengten v.e. bepaald restrictiefragment.

restvolume de hoeveelheid bloed die na een systole i.e. hartkamer achterblijft.

resultaatsverbintenis overeenkomst waarbij de hulpverlener het overeengekomen resultaat dient te bereiken.

resusaapje *zie* Macaca mulatta.

resuscitatie *zie* reanimatie. • **cardiopulmonale** ~ (cpr) reanimatiehandeling ter ondersteuning van circulatie en ventilatie, bestaande uit kunstmatige beademing en hartmassage.

retardatie vertraagde of uitblijvende ontwikkeling. • **emotionele** ~ achterstand in emotionele ontwikkeling. • **groei-** ~ vertraagde groei. • **mentale** ~ *zie* zwakzinnigheid. • **middelmatige** ~ *zie* zwakzinnigheid | matige ~. • **milde** ~ *zie* zwakzinnigheid | lichte ~. • **motorische** ~ gebrekkige ontwikkeling v.d. motorische vermogens. • **psychomotorische** ~ *zie* psychomotorische achteruitgang.

retardwerking werking die de resorptie v.e. geneesmiddel vertraagt.

rete netwerk, o.a. v.d. venen (met vrij brede mazen); vb. rete acromiale, ~ arteriosum, ~ articulare cubiti, ~ articulare genus, ~ calcaneum, ~ carpale dorsale, ~ lymphocapillare, ~ malleolare laterale/mediale, ~ mirabile, ~ patellare, ~ testis, ~ vasculosum articulare, ~ venosum, ~ venosum dorsale manus, ~ venosum dorsale pedis, ~ venosum plantare. • **~ mirabile** dicht capillair netwerk dat wordt gevormd uit een groot aantal kleine takjes uit een afferent vat die zich na vertakking i.e. netwerk weer tot een enkel, efferent vat verenigen. • **~ testis** netwerk van kanaaltjes i.h. mediastinum testis.

retentie het achterblijven van stoffen die gewoonlijk door het organisme worden uitgescheiden of voortbewogen. • **retentio dentis** het niet-doorbreken v.e. gebitselement. • **retentio placentae** gestoorde uitstoting v.d. placenta. • **retentio testis** *zie* cryptorchisme. • **urine**~ het achterblijven van urine i.d. blaas, t.g.v. onvolledige blaaslediging.

reticulair netvormig, voorzien van mazen.

reticular activating system [E] *zie* systeem | reticulair activerend ~.

reticularis netvormig; vb. formatio reticularis, magma reticulare.

reticulatus netvormig; vb. visus reticulatus, atrophodermia reticulata.

reticuline scleroproteïne in collagene vezels van reticulair bindweefsel.

reticulitis toestand van vergrote lymfeklieren, milt en lever, gepaard met lichte koorts en lichte veranderingen i.h. bloedbeeld.

reticulocyt jonge erytrocyt met i.h. protoplasma resten v.h. endoplasmatisch reticulum.

reticulocytemie aanwezigheid van (vele) reticulocyten i.h. bloed.

reticulocytopenie vermindering v.h. aantal reticulocyten i.h. bloed.

reticulocytose abnormale vermeerdering v.h. aantal reticulocyten i.h. bloed.

reticulo-endotheliose | leukemische ~ *zie* leukemie | haarcel-~.

reticuloïd (aandoening) gelijkend op een reticulose. • **actinisch** ~ huidziekte met overgevoeligheid voor uv-a- en uv-b-straling en soms ook voor zichtbaar licht.

reticuloom tumor, bestaande uit reticuloendotheliale cellen.

reticulosarcomatose aanwezigheid van multipele metastaserende RES-tumoren, lijkend op lymfogranulomatose.

reticulose gegeneraliseerde, resp. gesystemiseerde hyperplasie van alle cellen v.h. monocytaire fagocytensysteem. • **sézary**~ zeldzame maligne erytrodermische reticulose met typische reticulocytemie en lymfadenopathie.

reticulospinalis m.b.t. de substantia reticularis en het ruggenmerg; vb. tractus reticulospinalis.

reticulum 1 netwerk met fijne mazen; **2** de netmaag van herkauwende dieren. • **endoplasmatisch** ~ (ER) celorganel dat bestaat uit een netvormige structuur van membranen. • **glad endoplasmatisch** ~ (GER) netwerk i.d. vorm v.e. labyrint van samenhangende kanaaltjes met glad oppervlak, d.w.z. zonder ribosomen; dient o.a. voor de synthese van fosfolipiden, steroïdhormonen en glycogeen. • **glia**~ het fijne netwerk dat gevormd wordt door de gliacellen. • **ruw endoplasmatisch** ~ (RER) netwerk i.d. vorm v.e. labyrint van samenhangende kanaaltjes, met een ruw oppervlak en bezet met ribosomen. • **sarcoplasmatisch** ~ (SR) longitudinaal verlopend vertakt systeem van glad endoplasmatisch reticulum dat de myofibrillen i.d. spiercel omgeeft.

retina binnenste v.d. drie oogrokken, in verbinding met de n. opticus. • **puckered-up** ~ [E] rimpeling v.h. netvlies, m.n. i.d. macula lutea.

retina-ablatie *zie* ablatie | ablatio retinae.

retinaculum bandvormige structuur die een orgaan of weefseldeel op zijn plaats houdt.

retinadegeneratie regressie v.d. retinafunctie t.g.v. normale veroudering of retinitis.

retinale correspondentie de binoculaire samenwerking van corresponderende netvliespunten.

retinalis tot het netvlies behorend.

retineen 1 vitamine-A-aldehyde uit levertraan; **2** een geel carotinoïd, door afbraak van rodopsine onder invloed van licht gevormd; r. gaat over in vitamine A, waaruit met eiwit weer rodopsine wordt gevormd.

retinitis 1 netvliesontsteking; **2** retinopathie zonder ontsteking. • **albuminurica** obsolete term voor retinitis i.c.m. nierziekten *zie* retinopathie | retinopathia angiospastica. • **bright**~ retinitis albuminurica (obsolete term voor retinopathia angiospastica). • ~ **centralis serosa** netvliesaandoening waarbij i.d. achterpool v.h. oog, tussen retina en choroidea, een met helder vocht gevulde blaas ontstaat. • ~ **circinata** retinitis met guirlandevormige, witte degeneratiehaarden i.e. kring rondom de macula lutea; komt voor bij diabetische retinopathie en retinopathia arteriosclerotica. • **retinopathia circinata** *zie* retinitis circinata. • ~ **diabetica** ernstige retinopathie bij diabetes. • ~ **disciformis serosa** r. waarbij een omschreven deel v.h. netvlies door vochtvorming wordt opgelicht. • ~ **exsudativa externa** r. met grote, verheven

plekken i.h. netvlies. • **~ haemorrhagica** r. met bloedingen i.h. netvlies. • **~ hypertonica** bij hypertensie voorkomende verbrede netvliesarteriën, bloedingen en witte vlekken. • **~ pigmentosa** (RP) progressieve degeneratie v.d. fotoreceptoren en het retinale pigmentepitheel, leidend tot ernstige slechtziendheid, kokerzien en nachtblindheid. • **~ proliferans** ontwikkeling van nieuwe vaten i.h. netvlies. • **~ striata** r. met grijze strepen op het netvlies.
retinoblastoom kwaadaardig glioom v.h. netvlies, bij kinderen.
retinochoroïditis *zie* choroïdoretinitis.
retinoïd 1 retina-achtig; **2** harsachtig.
retinol *zie* vitamine A.
retinol-bindende proteïne (RBP) het in bloedserum voorkomende transporteiwit voor retinol-ester.
retinopapillitis ontsteking v.h. netvlies en de discus (vroegere naam: papilla) nervi optici.
retinopathie een niet op ontsteking berustende netvliesaandoening, in vele gevallen als synoniem van retinitis gebruikt. • **diabetische ~** *zie* diabetische retinopathie. • **exsudatieve ~** *zie* diabetische retinopathie. • **neuro~** aandoening v.d. discus nervi optici en de retina. • **niet-proliferatieve diabetische ~** diabetische retinopathie met fundoscopisch waarneembare veneuze dilatatie, microaneurysmata, intraretinale bloedingen, harde exsudaten en oedeem. • **prematuren~** aandoening v.d. vaten v.d. nog onvolgroeide retina v.h. te vroeg geboren kind. • **preproliferatieve diabetische ~** voortgeschreden vorm van exsudatieve diabetische retinopathie. • **proliferatieve diabetische ~** (PDR) ernstigste vorm van diabetische retinopathie met vaatnieuwvormingen. • **retinopathia actinica** netvliesaandoening door inwerking van ultraviolet licht. • **retinopathia angiospastica** met vaatspasmen gepaard gaande r. vroeger geheten 'retinitis albuminurica'. • **retinopathia diabetica** *zie* diabetische retinopathie. • **retinopathia diabetica exsudativa** retina-afwijking t.g.v. diabetes mellitus, waarbij exsudaten op de voorgrond staan. • **retinopathia haemorrhagica** r. met bloedingen i.h. netvlies. • **retinopathia haemorrhagica proliferans** oogaandoening gekenmerkt door vaatnieuwvorming op en voor het netvlies en bloedingen i.h. glasvocht. • **retinopathia hypertensiva** netvliesafwijking t.g.v. hypertensie. • **retinopathia hypertonica** r. bij hypertensie. • **retinopathia proliferans** vaatnieuwvorming op het netvlies a.g.v. netvliesischemie; gepaard met cotton wool spots, intraretinale microvasculaireanomaliëen, neovascularisatie; vaak glasvochtbloedingen met plotselinge visusdaling, gevolgd door ontstaat tractieablatie v.h. netvlies en soms secundair neovasculair glaucoom. • **retinopathia solaris** r. veroorzaakt door zonnestraling, i.h.b. als de patiënt rechtstreeks naar de zon heeft gekeken. • **retinopathia toxaemica gravidarum** spastische vernauwing v.d. netvliesarteriolae met oedeem en soms loslating v.h. netvlies.
retinoscopie methode ter bepaling van refractieafwijkingen i.h. oog door belichting v.h. netvlies en het omslagpunt v.e. schaduwbeweging v.h. licht te meten.
retractie terugtrekking, samentrekking; vb. littekenretractie. • **lid~** het zichtbaar zijn van oogwit tussen pupil en oogleden. • **litteken~** samentrekking van weefsel bij wondgenezing, wanneer het tijdelijke fibrinenetwerk wordt vervangen door een permanente bindweefselstructuur. • **tepel~** *zie* dimpling.
retractor *zie* wondspreider.
retraheren retractie teweegbrengen, (zich) terugtrekken.
retro- voorvoegsel in woordverbindingen met de betekenis achterwaarts, achter, na.
retrobulbair achter de bulbus oculi.
retrobulbaris retrobulbair; vb. neuritis retrobulbaris.
retrocaecalis achter het caecum; vb. recessus retrocaecalis.
retrocavaal achter de vena cava gelegen.
retrocolisch achter het colon.
retrocurvatie kromming v.h. bot naar achteren.
retroduodenalis achter het duodenum gelegen; vb. recessus retroduodenalis.
retrofaryngeaal achter de farynx gelegen; vb. abscessus retropharyngealis.
retroflexie achteroverbuiging. • **retroflexio uteri** anatomische variant v.d. uterusstand met een knik tussen corpus en cervix.
retroflexus achterovergebogen; vb. fasciculus retroflexus.
retrognathie het naar achteren (t.o.v. het

voorhoofd) staan v.d. kaken.
retrograad terugaaand, terugwaarts.
retrolentaal achter de lens gelegen; vb. r-tale fibroplasie.
retrolisthesis afglijding v.e. wervel naar achteren.
retropatellaris retropatellair; vb. chondropathia retropatellaris.
retroperitoneaal achter het peritoneum (buikvlies).
retroperitonealis retroperitoneaal, achter het peritoneum gelegen.
retroperitoneoscopische percutane ureterostomie minimaal invasieve chir. techniek waarbij de ureter retroperitoneaal wordt benaderd.
retroperitoneum de retroperitoneale ruimte.
retroperitonitis ontsteking v.h. weefsel i.h. retroperitoneum.
retroplacentair achter de placenta gelegen.
retropubicus retropubisch; vb. spatium retropubicum (cavum Retzii).
retropubisch achter het schaambeen (os pubis) om; vb. retropubische prostatectomie.
retropulsie het niet kunnen stoppen v.e. achterwaartse beweging, symptoom bij paralysis agitans.
retrospectief onderzoeksopzet waarbij i.h. verleden opgetekende gegevens worden gebruikt voor analyse.
retrospondylolisthesis *zie* sacrolisthesis.
retrosternalis achter het borstbeen; vb. struma retrosternalis.
retroversie achteroverkanteling.
retrovirus | **humaan** ~ retrovirus met grote affiniteit voor T-lymfocyten bij de mens.
retrusie achteruitschuiving. • **retrusio dentis** te ver naar achteren doorgebroken tand.
Retzius | **endoneurale schede van Key-**~ fijne reticulaire vezels van mesodermale oorsprong die een onvolledige omhulling v.e. axon vormen.
reukadaptatie aanpassing van reuksensoren aan de geurprikkel, waardoor een geur na enige tijd niet meer wordt waargenomen.
reukbanen zenuwvezelbanen voor de reukgewaarwording bestaande uit de nervus, bulbus en tractus olfactorius.
reukdrempel geringste concentratie v.e. reukstof die nog juist kan worden gedetermineerd met een zogeheten olfactgram.
reukhallucinatie *zie* hallucinatie | geur~.

reukorgaan 1 (neuranat.) area (para)olfactoria (Broca); **2** (lekenterm) uitwendige neus.
reuma verzamelbegrip voor etiologisch uiteenlopende pijnlijke, niet-traumatische aandoeningen v.h. bewegingsapparaat die gepaard gaan met chronische ontsteking van gewrichten, spieren, pezen, ligamenten en weke delen. • **acuut** ~ reactief ontstekingsproces na een infectie met bètahemolytische streptokokken uit groep A (bovenste luchtweg, roodvonk); leidend tot een ontstekingsreactie tegen vooral hart-, hersen-, gewrichts- en huidweefsel. • **extra-articulair** ~ *zie* wekedelen~. • **gewrichts**~ reumatische aandoening v.e. of meer gewrichten. • **niet-articulair** ~ *zie* wekedelen~. • **palindromisch** ~ telkens recidiverend reuma zonder koorts en zonder irreversibele veranderingen. • **spier**~ *zie* fibromyalgie. • **wekedelen**~ verzamelnaam voor lokale en gegeneraliseerde pijnsyndromen v.h. bewegingsapparaat, gelokaliseerd in omliggende weefsels.
reumaknobbel *zie* granuloom | reumatisch ~.
reumartritis reumatische gewrichtsontsteking.
reumatiek *zie* reuma.
reumatisch *zie* rheumaticus.
reumatisme *zie* reuma.
reumatoïd op reuma gelijkend, door reuma veroorzaakt.
• **reumatoïde artritis** (RA) chronische systemische inflammatoire gewrichtsaandoening met onbekende oorzaak, tast vnl. gewrichten (i.h.b. kleine hand- en voetgewrichten) maar ook organen aan, kan leiden tot ernstige invalidering en verhoogde mortaliteit.
reumatologie het medische specialisme betreffende reuma.
reumatoloog specialist i.d. reumatologie.
reuniens verbindend; vb. ductus reuniens.
reuscellengranuloom *zie* epulis.
reusceltumor 1 (oncol.:) tumor i.d. huid, lijkend op een xanthoom; **2** (orthop. chir.:) meestal goedaardig tumor v.h. skelet, bestaande uit grote op osteoclasten lijkende reuscellen, ontstaan door fusie van kleine epithelioïde cellen die eromheen liggen ingebed; een klein aantal gedraagt zich maligne en metastaseert; **3** (m.b.t. peesscheden:) i.h.a. goedaardige tumor, bestaande uit fibroblast-achtige cellen en hemoside-

rine bevattende macrofagen, waaronder reuscellen; de goedaardige vorm wordt wel als een reactief proces opgevat en heet dan (villonodulaire) (teno)synovitis. • ~ **van bot** *zie* osteoclastoom.

Reuss | kleurkaarten van ~ pseudo-isochromatische diagrammen voor onderzoek op kleurenblindheid.

reutel *zie* rhonchus.

reutelen het voortbrengen van reutelgeluiden (rhonchi).

reuzenbaby *zie* large for gestational age.

revalidant een patiënt die i.h. kader van revalidatie revalidatiegeneeskundige zorg ontvangt.

revalidatie het optimaal herstellen en het voorkomen of beperken v.e. uit ziekte of ongeval voortvloeiende handicap. • **hart**~ activiteiten gericht op het herstel v.h. functioneren v.e. hartpatiënt. • **long**~ trainingsprogramma met gerichte spieroefeningen, verbetering v.d. voedingstoestand en het aanleren van strategieën om kortademigheid te voorkomen. • **neuro**~ het optimaal herstellen en het voorkomen of beperken v.e. uit specifiek neurologische ziekten en aandoeningen voortvloeiende handicap in biologisch, functioneel en sociaal opzicht om iemand weer valide te maken.

revascularisatie spontaan herstel van verloren gegane vascularisatie.

revehens terugvoerend; vb. venae revehentes.

reverberating circuit [E] positieve terugkoppeling waardoor een binnenkomende impuls zonder inhibitie tot oneindig veel ontladingen leidt.

reverse-bandering *zie* bandering | R-~.

reverse T3 metabool onwerkzame vorm van tri-jodothyronine.

reversibel 1 omkeerbaar (een scheikundige reactie); **2** herstelbaar, geneeslijk (een ziekelijke afwijking).

reversible ischemic neurological deficit (RIND) [E] *zie* cerebrovasculair accident.

reversie 1 (gen.) verschijning van kenmerken uit vroegere geslachten bij een individu waarvan de oudergeneratie deze kenmerken niet toont; **2** (gen.) het verschijnsel dat een mutatie i.h. DNA op een gegeven moment ("spontaan") terugverandert naar de oorspronkelijke situatie; **3** het negatief worden v.e. mantouxreactie bij iemand die tevoren positief heeft gereageerd.

revictimisering herhaald slachtofferschap van seksueel misbruik of partnergeweld.

review 1 samenvatting en kritiek van onderzoek naar één onderwerp; **2** herziening, heroverweging. • **Cochrane**-~ speciale vorm v.e. systematische review, geschieven door onafhankelijke, daartoe aangewezen wetenschappers die de review periodiek actualiseren. • **peer**~ kritische beoordeling van en door collega's uit de eigen beroepsgroep, van onderzoeksprotocollen, of artikelen die ter publicatie zijn aangeboden aan tijdschriften of congressen. • **systematische** ~ systematisch literatuuroverzicht v.d. stand van zaken in medisch-wetenschappelijk onderzoek over een specifiek onderwerp.

Review Manager (RevMan) software die wordt gebruikt bij het uitvoeren v.e. meta-analyse.

revirginatie *zie* rejuvenatie | vaginale ~.

revolver draaibaar aanzetstuk onder aan een microscoopbuis, waarin verschillende objectieven bevestigd zijn.

RF 1 (endocrinol.) releasing factor = releasing hormone (RH); **2** (reumatol.) *zie* factor | reuma-en; **3** (immunol.).

RFLP (restrictiefragmentlengtepolymorfisme) *zie* polymorfisme.

RGF *zie* regionaal geneeskundig functionaris.

RH releasing hormone.

Rh *zie* factor | resus~.

Rhabditida orde van nematoden; hiertoe behoort o.m. *Strongyloides stercoralis*.

Rhabditis geslacht v.d. klasse *Nematoda*, meestal levend in vochtige aarde, soms bij de mens gevonden. • ~ *hominis* een soort die vaak in menselijke feces wordt gevonden.

rhabdomyoma *zie* rabdomyoom.

rhabdomyosarcoma *zie* sarcoom | rabdomyo-.

rhachis *zie* wervelkolom.

Rh-classificatie *zie* classificatie | resus-~.

Rhesus zie Macaca mulatta.

rhesus- *zie* resus.

rheumaticus m.b.t. reuma, veroorzaakt door reuma.

rhexis verscheuring; in Nederlandstalige afleidingen: -rrexie. • **per rhexin** door verscheuring.

rhinalis 1 m.b.t. de neus; in Nederlandstalige afleidingen: rin-; **2** m.b.t. de reukhersenen; vb. sulcus rhinalis.

rhineurynter instrument dat bij hevige neusbloeding i.d. neus wordt gebracht en met lucht of water wordt gevuld om zo door druk de bloeding te stelpen.

rhinitis · rhinitis acuta *zie* neusverkoudheid.

rhinocleisis verstopte neus, afgesloten neusgangen.

rhinoguttae *zie* neusdruppels.

rhinophyma vorm van rosacea met huidzwelling v.h. onderste deel v.d. neus met teleangiëctasieën en sterk verwijde follikelopeningen.

rhinorrhagia *zie* bloeding | neus~.

Rhinosporidium een coccidium (fungus), behorend tot de groep *Eumycetes*. · ~ *seeberi* verwekker van rhinosporidiosis.

Rhipicephalus een geslacht van teken (fam. *Ixodidae*), overbrengers van babesiosen en rickettsiosen. · ~ *appendiculatus* overbrenger van tekenvlektyfus, v.h. virus van Rift Valley fever en v.d. spirocheet van febris recurrens.

Rhizoglyphus een mijtengeslacht.

Rhizopoda wortelpotigen, een klasse v.d. afd. *Protozoa*.

Rhizopus schimmelgeslacht v.d. fam. *Mucoraceae*.

Rhodnius een tot de fam. *Reduviidae* behorende roofwants, overbrenger van *Trypanosoma cruzi*.

Rhodococcus genus van aerobe grampositieve staafjes, voorkomend i.d. grond en in mest van planteneters.

rhomboideus ruitvormig; vb. musculus rhomboideus, fossa rhomboidea.

rhonchus bij longauscultatie gehoord piepend (fluitend) of brommend (zagend) bijgeluid. · **fijnblazige** ~ *zie* crepitatie. · **inspiratoire** ~ rhonchi die bij auscultatie tijdens inademing v.d. patiënt worden gehoord. · **vochtige** ~ *zie* crepitatie.

RI risico i.d. interventiegroep.

RIA radio-immuno-assay.

Riagg tot soortnaam geworden afkorting van 'Regionale instelling voor ambulante geestelijke gezondheidszorg'.

rib *zie* costa. · **stippled** ~**s** [E] fysiologische hotspots i.d. ribben.

ribbenkast benige thorax.

rib notching [E] *zie* ribusuur.

riboflavine *zie* vitamine B_2.

ribonuclease enzym dat de depolymerisatie van ribonucleïnezuur katalyseert.

ribonucleïnezuur *zie* RNA.

ribosomen korrelstructuren v.h. endoplasmatische reticulum v.d. cel, hebben als functie de synthese van eiwit.

ribosoom | **poly~** aggregaat van ribosomen.

ribusuur beeld op een röntgenopname v.d. thorax van verwijde intercostale arteriën die een afdruk maken i.d. ribben.

RIBW (Regionale Instelling voor Beschermende Woonvormen) instituut waar mensen met psychotische stoornissen die zich niet i.d. maatschappij kunnen handhaven, i.e. zo 'normaal' mogelijke behuizing en omgeving krijgen.

Richter | **richterhernia** *zie* breuk | darmwand~.

richtinghoren vermogen om te horen uit welke richting een geluid komt.

richtlijn document met aanbevelingen, adviezen en handelingsinstructies ter ondersteuning v.d. besluitvorming van professionals i.d. zorg en patiënten, berustend op de resultaten van wetenschappelijk onderzoek en de hierop gebaseerde discussie en aansluitende meningsvorming, gericht op het expliciteren van doeltreffend en doelmatig medisch handelen. · **evidence-based** ~ document met aanbevelingen ter ondersteuning v.d. besluitvorming, berustend op de resultaten van wetenschappelijk onderzoek.

ricine giftig eiwit uit ricinuszaad.

ricinisme vergiftiging door ricinuszaad.

ricinusolie triglyceride uit *Ricinis communis* (wonderboom).

rickets [E] niet te verwarren met 'rickettsia' *zie* rachitis.

Rickettsia geslacht van kleine bacterieachtige, obligaat-parasitaire micro-organismen uit de familie v.d. *Rickettsiaceae*. · ~ *akari* verwekker van rickettsia-pokken. · ~ *australis* verwekker v.d. tekenkoorts van North Queensland. · ~ *burneti zie Coxiella burnetii*. · ~ *conorii* verwekker van fièvre boutonneuse; wordt overgebracht door teken. · ~ *mooseri* verwekker van rattenvlektyfus. · ~ *prowazekii* verwekker v.d. klassieke Europese vlektyfus bij de mens en v.d. ziekte van Brill. · ~ *quintana* verwekker v.d. vijfdaagse koorts. · ~ *rickettsii* verwekker v.d. Rocky Mountain spotted fever. · ~ *sibirica* verwekker van Noord-Aziatische (Siberische) tekenkoorts. · ~ *typhi* verwekker van rattenvlektyfus, wordt overgebracht door de

rattenvlo (*Xenopsylla cheopis*).
rickettsia een afzonderlijk micro-organisme uit het geslacht v.d. *Rickettsia*.
Rickettsiaceae familie v.d. orde *Rickettsiales*; omvat de geslachten *Rickettsia* en *Coxiella*.
Rickettsiales een orde van micro-organismen waartoe o.a. de fam. *Rickettsiaceae* en *Chlamydiaceae* behoren.
rickettsiose infectieziekte, veroorzaakt door *Rickettsia*.
Ricolesia geslacht v.d. fam. *Chlamydiaceae* (orde *Rickettsiales*).
RIE *zie* risico-inventarisatie en -evaluatie.
rietsuiker *zie* sacharose.
rigide stijf, niet buigbaar.
rigiditeit 1 (neurol.:) toestand van verhoogde spierspanning die voelbaar is i.h. gehele traject v.e. passief uitgevoerde beweging; NB: niet te verwarren met 'rigor'; 2 (psychol.:) karaktertrek, gekenmerkt door koppigheid en onvermogen om zich aan te passen aan de situatie; psychoanalytische theorie: de egogrenzen van mannen worden geacht rigider te zijn dan die v.d. meeste vrouwen; 3 (seksuol., urol.:) hardheid (onbuigzaamheid) v.d. penis in erectie. • **katatone** ~ katatone bewegingsstoornis die wordt gekenmerkt door stijfheid van (alle) spieren waarbij de ledematen moeilijk i.e. andere stand komen.
rigidus stijf; vb. hallux rigidus.
rigiscanonderzoek penisplethysmografie met een apparaat dat continu (bijv. gedurende de nacht) zowel de omtrek als de hardheid v.d. penis (tumescentie) opneemt.
rigor 1 verhoging v.d. spierspanning als verschijnsel bij extrapiramidale aandoeningen; 2 koude rilling bij snel opkomende koorts [E].
rigor mortis lijkstijfheid.
RIHSA (radioactive iodinated human serum albumin [E]) radioactief gemaakt menselijk serum.
rijbroekvetzucht *zie* vetzucht | peer~.
Rijksinstituut voor Volksgezondheid en Milieu (RIVM) instantie, in Bilthoven gevestigd, die diverse publieke taken op het terrein van milieuzorg en volksgezondheid uitvoert.
rijksvaccinatieprogramma programma dat tot doel heeft zo veel mogelijk mensen te beschermen tegen infecties d.m.v. van geselecteerde als onmisbaar beoordeelde vaccinaties.
rijpingsdeling *zie* meiose.
rijpingsdissociatie ongelijke rijping van kern en protoplasma van bloed.
rijpingsfase *zie* remodelleringsfase.
rijpingsscore volgens Ballard-Dubowitz scoringssysteem waarmee de zwangerschapsduur wordt geschat a.d.h.v. de som v.d. scores van zes uitwendige en zes neurologische kenmerken bij de pasgeborene.
rilling reflectoire spiercontractie als respons op koude, angst, opwinding en andere stressoren. • **koorts**~ *zie* koude rillingen.
RIMA *zie* arteria | right internal mammary artery.
rima spleet, spleetvormige opening. • ~ **cutis** *zie* sulcus cutis.
rimmen *zie* seksueel contact | oroanaal ~.
rimpel plooi of groef i.d. huid; ontstaat i.d. loop v.h. lichaam als natuurlijk verouderingsproces.
rimpelvuller materiaal dat wordt gebruikt voor het opvullen van diverse defecten i.d. huid.
rimula spleetje.
rin- voorvoegsel in woordverbindingen m.b.t. de neus.
rinalgie neuspijn.
Rindfleisch | rindfleischcellen tyfuscellen. • **rindfleischplooi** omslagplooi v.h. pericard aan het begin v.d. aorta.
ring 1 cirkelvormige structuur; 2 pessarium. • **pseudo**~ lokale vochtophopingen i.d. decidua die echoscopisch i.d. uterus kunnen worden gezien bij een ectopische zwangerschap en kunnen worden verward met een intra-uteriene zwangerschapsaanleg. • **vaat**~ **van Zinn** *zie* circulus vasculosus nervi optici. • **waldeyer**~ ring, gevormd door de keeltonsillen, de tongamandelen en het tussenliggende lymfoïde weefsel. • **zwangerschaps**~ ringvormig echoscopisch beeld v.d. chorionholte i.d. uterus bij een jonge graviditeit.
ringen kleine schizonten v.d. malariaparasieten *Plasmodium falciparum* en *P. vivax*.
ringleiding magnetisch veld dat wordt opgebouwd met gebruik v.h. elektrische signaal v.e. televisietoestel.
ringmes van Beckmann *zie* Beckmann | beckmanringmes.
ringworm | crusted ~ *zie* favus. • **honeycomb** ~ *zie* favus.
rinitis ontsteking v.h. neusslijmvlies. • **rhi-**

nitis acuta herpetica rinitis a.g.v. infectie met herpessimplexvirus. • **allergische** ~ type-I-allergische reactie in/op het neusslijmvlies. • **atopische** ~ IgE-gemedieerde allergische reactie v.h. neusslijmvlies gekenmerkt door niezen, neusverstopping, waterige afscheiding, jeukende en tranende ogen. • **chronische** ~ vnl. bacteriële ontsteking v.d. neus;. • **rhinitis mutilans** i.d. tropen voorkomende ontsteking van neus, keelholte en omgeving, met uitgebreide verwoesting van weefsel. • **rhinitis allergica specifica** *zie* atopische ~. • **rhinitis vasomotorica** abundante waterige rinorroe met niezen en neusverstopping, vnl. op neurovasculaire basis, bij plotselinge temperatuurwisselingen, veranderingen in luchtvochtigheid en lokale irritatie. • **seizoensgebonden allergische** ~ *zie* pollinose. • **virale** ~ *zie* neusverkoudheid.

rino- voorvoegsel in woordverbindingen m.b.t. de neus.

rinodiafanoscopie doorlichting v.d. kaakholte met een i.d. mondholte gehouden elektrisch lampje.

rinodynie pijn i.d. neus.

rinodystasie scheve stand v.d. neusrug.

rinogeen i.d. neus ontstaan, v.d. neus uitgaand.

rinolalie *zie* nasale spraak. • **rhinolalia aperta** type van open neusspraak waarbij het palatum molle de nasofarynx onvoldoende afsluit. • **rhinolalia clausa** gesloten neusspraak bij vernauwing v.d. neus en/of neus-keelholte. • **rhinolalia mixta** gemengde neusspraak.

rinoliet concrement i.d. neusholte.

rinologie het geneeskundig specialisme v.d. neus en de neusbijholten.

rinomanometrie ademonderzoek v.d. neus waarbij tijdens in- en uitademing de flow en het drukverschil tussen de inwendige en de uitwendige neusgang worden gemeten. • **akoestische** ~ rinomanometrie waarbij de diameter v.d. neusholte langs akoestische weg wordt bepaald.

rinopathie ziekte v.d. neus. • **allergische** ~ *zie* rinitis | atopische ~. • **chronische** ~ *zie* rinitis | chronische ~. • **rhinopathia medicamentosa** sterk rode zwelling v.h. neusslijmvlies met droogheid, stasis van secreet en lokale infectie a.g.v. chronisch gebruik van zwelling verminderende neusdruppels.

rinorragie *zie* bloeding | neus~.

rinorroe afscheiding uit vocht uit de neus. • **rhinorrhoea cerebrospinalis** het afdruipen van cerebrospinale liquor door de neus. • **rhinorrhoea posterior** *zie* drip | postnasal ~.

rinoscleroom chronisch ontsteking met vorming van harde infiltraten in neus en neusbijholte alsmede i.d. tractus respiratorius.

rinoscoop instrument voor visueel onderzoek v.d. neusholte.

rinoscopie onderzoek v.d. neus met een speculum of optiek. • **rhinoscopia anterior** inspectie v.d. inwendige neus van voren met een speculum of optiek. • **rhinoscopia posterior** inspectie v.d. choanen en de nasofarynx via de mond m.b.v. een gebogen spiegeltje of een optiek.

rinosporidiose zeldzame, chronische granulomateuze ontsteking v.d. slijmvliezen, veroorzaakt door *Rhinosporidium*.

risico kans op een bepaalde gebeurtenis, bijv. dat een ziekte optreedt of na behandeling recidiveert. • **absoluut** ~ risicomaat die is gegeven door de kans op een gebeurtenis gedurende een periode. • **achtergrond** ~ *zie* risk | baseline ~. • **at risk** [E] (statist., epidemiol.) een populatie 'at risk voor een bepaalde aandoening' loopt het risico een bepaalde aandoening te krijgen. • **attributief** ~ risicomaat die wordt gegeven door het verschil in (cumulatieve) incidentie v.e. ziekte die andere uitkomst tussen blootgestelden en niet-blootgestelden. • **bewust genomen** ~ een door de hulpverlener goed afgewogen risico of ingecalculeerd neveneffect v.e. behandeling die i.d. vakliteratuur is beschreven en waarvan het beoogde effect v.d. behandeling van groter belang wordt geacht dan de ernst v.d. schade of de kans op het ontstaan daarvan. • **expositieattributief** ~ attributief risico a.g.v. expositie. • **medisch aansprakelijkheids**~ de kans tot schadevergoeding te worden aangesproken wegens medisch handelen. • **operatie**~ de kans op complicaties die kunnen optreden tijdens of na chirurgisch ingrijpen. • **overlijdens**~ *zie* sterfte~. • **populatieattributief** ~ maat voor het deel v.d. ziekte-incidentie onder de totale populatie dat toe te schrijven is aan de blootstelling aan een bepaalde risicofactor. • **relatief** ~ (RR) v verhouding van absolute risico's tussen interventie- en controlegroep. • **sterfte~** kans om te sterven binnen een populatie i.e. gegeven periode of op een bepaalde leeftijd. • **stralen~** gevaar van toediening v.e. dosis ioniserende straling voor een individu. • **toeschrijfbaar** ~ zie attributief ~.

risicofunctie i.d. medische statistiek gebruikte wiskundige vergelijking, gebaseerd op longitudinaal bevolkingsonderzoek.

risicogedrag geheel van handelingen waarmee een individu de kans op ziekte vergroot.

risico-inventarisatie en -evaluatie (RIE) geheel van activiteiten gericht op gezondheidsbewaking v.e. werknemer op het werk.

risicoprofiel aantal risicofactoren bij een individu, bijv. risicoprofiel voor hart- en vaatziekten.

risicoreductie (RR) verschil in absoluut risico tussen een populatie die wel aan bepaalde risicofactoren is blootgesteld en een populatie die hier niet aan is blootgesteld. • **absolute** ~ (ARR) de absolute waarde van RI minus RC. • **relatieve** ~ (RRR) verhouding v.h. risicoverschil tussen de interventiegroep en de controlegroep ten opzichte v.h. risico i.d. controlegroep.

risicoschatting berekening v.d. hoogte v.h. absolute risico.

risk zie risico. • **baseline** ~ [E] kans op een bepaalde uitkomst, bijv. ziekte, i.e. referentiegroep of i.d. algemene populatie.

risorius m.b.t. het lachen; vb. musculus risorius.

risus lach. • **~ sardonicus** kramp v.d. gelaatspieren, leidend tot een grimmige lach; kenmerkend voor tetanus.

ritme regelmatige beweging, i.h.b. golven i.h. eeg en ecg. • **adem~** ritme van inspiratie en expiratie, gereguleerd door het ademhalingscentrum. • **alfa~** golven i.h. elektro-encefalogram (eeg) met een frequentie van 8-12 Hz. • **bèta~** snelle golven (14-30 Hz.) i.h. eeg. • **circadiaans** ~ ritme v.e. biologisch proces (bioritme) dat een cyclus heeft van circa 24 uur; veel processen i.h. lichaam, zoals het slaapritme en de hormoonhuishouding hebben een 24-uurscyclus; wordt gecontroleerd door de hypothalamus en dagelijks gesynchroniseerd met het licht van zonsopgang en zonsondergang. • **dag-en-nacht~** fluctuaties in verschillende fysiologische processen samenhangend met dag en nacht. • **delta~** golven van lage frequentie (2 Hz) i.h. eeg. • **escape~** hartritme met drie of meer opeenvolgende escapes. • **galop~** snelle hartactie waarbij telkens drie tonen worden geproduceerd die enigszins klinken zoals de galop v.e. paard. • **gamma~** snelle golven i.h. eeg. • **hart~** hartslag. • **infradiaan** ~ ritme v.e. biologisch proces (bioritme) met een langere duur dan 24 uur, bijv. menstruatiecyclus, jaarlijkse winterslaap van dieren. • **invallend** ~ zie escape~. • **mu~** activiteit i.d. frequentie v.h. alfaritme over de centrale eeggebieden. • **slaap-waak~** regelmatige afwisseling tussen slapende en wakende toestand die wordt gereguleerd door de formatio reticularis pontis o.i.v. nog niet opgehelderde mechanismen. • **thèta~** golven i.h. eeg met een frequentie van 4-7 Hz. • **ultradiaan** ~ ritme v.e. biologisch proces (bioritme) v.e. biologisch proces met een kortere duur dan 24 uur, bijv. de hartslag en de ademhaling.

Ritter | **ritter-rolletfenomeen** bij matige elektrische prikkeling wordt de voet gebogen, bij sterke prikkeling gestrekt.

Riva-Rocci | **bloeddrukmeter van** ~ zie sfygmomanometer.

river blindness [E] blindheid door onchocerciasis.

RIVM zie Rijksinstituut voor Volksgezondheid en Milieu.

rivus beek, kanaal.

rizo- voorvoegsel in woordverbindingen m.b.t. wortel.

rizotomie zie radicotomie. • **rhizotomia anterior** doorsnijding v.e. of meer voorwortels v.h. ruggenmerg, bij hypertensie. • **rhizotomia posterior** doorsnijding v.e. of meer achterwortels v.h. ruggenmerg, bij onbehandelbare pijn. • **selectieve dorsale** ~ zie radicotomie | selectieve dorsale ~.

RLS (restless legs syndrome) zie syndroom | rustelozebenen~.

RM 1 (celbiol., chir.:) regenerative medicine zie geneeskunde | regeneratieve ~; **2** (gezondheidsrecht, psychiatrie:) zie rechterlijke machtiging.

RNA (ribonucleïnezuur) **1** (biochem.) nucleïnezuur, bestandeel van kerneiwitten, meestal als enkele streng van nucleotiden; **2** (radiol.) zie angiografie | radionuclide~. • **boodschapper~** zie RNA. • **messenger-**

~ (mRNA) transcribeert genetische informatie van DNA naar het proteïne-vormende systeem v.d. cel. • **ribosomaal** ~ (rRNA) RNA dat deel uitmaakt van ribosomen. • **template**-~ *zie* messenger-~. • **transfer**-~ (tRNA) RNA dat afzonderlijke aminozuren 'herkent' en ze in juiste volgorde presenteert.

RNA-interferentie (RNAi) verwijst naar de introductie van dubbelstrengs RNA (dsRNA) i.d. gastheercel, gericht op een bepaald viraal gen, zodat dit virale gen niet meer kan worden afgelezen.

robinsequentie *zie* syndroom | robin~.

roborans versterkend middel.

robotgeassisteerde laparoscopische radicale prostatectomie (RALP) *zie* prostatectomie.

robuust (stat.) de ongevoeligheid v.e. statistische toets voor afwijkingen v.d. aannames die aan de toets ten grondslag liggen.

rode hof 1 (dermatol.) erythemateuze halo; 2 (gynaecol.) beschrijvende term voor het roder gekleurde weefsel op de ectocervix; bestaat veelal uit cilinderepitheel, maar kan ook een andere oorzaak hebben (bijv. carcinoom).

rodehond *zie* rubella. • **tropische** ~ *zie* miliaria rubra.

rodens aanvretend; vb. ulcus rodens.

rodopsine rode eiwitstof i.h. buitenste deel v.d. netvliesstaafjes, die licht omzet in neurale signalen.

roesje *zie* sederen.

roesmiddel middel om een roes te verkrijgen *zie* drug.

Roger | souffle de ~ systolisch geruis bij kamerseptumdefect.

rokersvlekken klinische term voor donkerrode, bruine of grijze vlekken op de tong bij rokers.

Rokitansky | sinus van ~ kleine divertikelachtige uitstulping v.h. slijmvlies v.d. galblaas, eventueel tot i.d. spierlaag. • **ziekte van** ~ acute gele leveratrofie.

rol (psychiatrie) de houding die iemand meestal onbewust aanneemt wanneer hij i.e. bepaald milieu verkeert.

Rolando | funiculus Rolandi fasciculus cuneatus medullae spinalis. • **rolandische epilepsie** idiopathische focale epilepsie bij kinderen van 6-12 jr. met nachtelijke motorische aanvallen bij helder bewustzijn.
• **rolandofractuur** intra-articulaire T- of Y-vormige fractuur v.d. basis v.h. middenhandsbeen v.d. duim.

rolfing complementaire, niet algemeen erkende geneeswijze die uitgaat v.e. verband tussen gezondheid en lichaamshouding.

rolheuvel *zie* trochanter.

rollator looprek.

ROM (range of motion) (orthop., revalidatiegeneesk.) *zie* bewegingsuitslag.

Romberg | rombergsymptoom wankelen en neiging tot vallen bij rechtopstaan met aaneengesloten voeten en dichte ogen; kenmerkend voor aandoeningen v.h. cerebellum en de achterstrengen. • **rombergsyndroom** *zie* atrofie | progressieve hemifaciale ~.

rombisch *zie* rhomboideus.

ronchopathie *zie* snurken.

ronchus *zie* rhonchus.

ronde *zie* visite | grote ~, kleine ~.

ronde venster *zie* fenestra cochleae (rotunda).

röntgen (R) verouderde eenheid v.d. expositie.

röntgenbuis buis die bestaat uit een vacuümgetrokken, glazen omhulsel met daarin geplaatst twee elektroden: de door een gloeispiraal verhitte kathode, en de anode, een op enige afstand v.d. kathode geplaatste metalen plaat.

röntgencontrastmiddel vloeistof die röntgenstralen absorbeert en dus bij röntgenopname een schaduw geeft, waardoor bepaalde structuren of oppervlakken scherper worden afgetekend.

röntgendoorlichting onderzoek waarbij de röntgenstralen na passage v.h. te onderzoeken lichaamsdeel op een scherm een oplichtend beeld vormen.

röntgenen een röntgenfoto (laten) maken.

röntgenfoto een d.m.v. röntgenstralen gemaakte foto.

röntgenkater misselijkheid t.g.v. röntgenbestraling.

röntgenkinematografie filmopname d.m.v. röntgenstralen.

röntgenkymografie kymografie d.m.v. röntgenstralen.

röntgenografie het maken v.e. röntgenopname, d.i. het fotograferen d.m.v. röntgenstralen. • **fluoro**~ *zie* schermbeeldfotografie. • **pneumo**~ *zie* pneumoradiografie.

röntgenogram *zie* röntgenfoto. • **long**~ röntgenfoto v.d. longen, in principe een

thoraxfoto.
röntgenologie de wetenschap of het specialisme betreffende de geneeskundige toepassing van röntgenstralen.
röntgenonderzoek beeldvormend onderzoek waarbij wordt gebruikgemaakt van röntgenstraling.
röntgenopaak ondoorgankelijk voor röntgenstralen.
röntgenoscopie *zie* doorlichten.
röntgenstralen doordringende elektromagnetische straling die ontstaat a.g.v. afremming (of versnelling) van elektronen of andere energierijke geladen deeltjes.
röntgentherapie behandeling van patiënten d.m.v. röntgenstralen.
roodheid (dermatol.) *zie* erytheem.
roodvonk acute exanthematische ziekte (vnl. bij kinderen) door infectie met bèta-hemolytische streptokokken groep A.
rooming-in [E] mogelijkheid van ouders/verzorgers om bij hun opgenomen kind i.h. ziekenhuis te logeren.
roos 1 (in brede zin:) bep. ziekte waarbij de huid a.g.v. ontsteking rood wordt; **2** (in engere zin:) *zie* pityriasis capitis. • **bel~** *zie* erysipelas. • **gordel~** *zie* herpes zoster. • **hoofd~** *zie* pityriasis capitis. • **netel~** *zie* urticaria. • **wond~** *zie* erysipelas.
ROP (retinopathy of prematurity) *zie* retinopathie | prematuren~.
ROS *zie* reactive oxygen species.
rosacea huidaandoening i.h. gelaat.
Rosenthal | rosenthalfactor *zie* bloedstollingsfactor XI. • **rosenthalsyndroom** bij beide seksen voorkomende coagulopathie door gebrek aan plasmatromboplastineantecedent (bloedstollingsfactor XI).
roseola vlakke, soms verheven, rode, soms schilferende huidafwijkingen i.h. kader van secundaire syfilis. • **~ infantum** *zie* exantheem | exanthema subitum.
roseparadox *zie* preventieparadox van Geoffrey Rose.
Roser | lapje van ~ bij chir. behandeling van fimose wordt het preputium tot dicht bij de kroonrand gekliefd, waarna de incisie naar weerszijden met een korte schuine snede wordt verlengd, zodat een driehoekig lapje ontstaat.
rosette centrale mononucleaire cel, omgeven door vier of meer aanklevende heterologe erytrocyten.
roseus roos-achtig; vb. pityriasis rosea.

rostellum snuitje aan de kop van sommige lintwormen.
rostraal i.d. richting van, naar de kant v.d. snavel of de snuit (aangezicht).
rostrum vooruitspringend gedeelte.
rotameter instrument dat registreert hoeveel gas per tijdseenheid door een leiding stroomt.
rotatie draaiing.
rotatiedispersie verstrooiing v.h. licht bij draaiing v.h. polarisatievlak.
rotatieonderzoek onderzoek naar de functie v.d. halfcirkelvormige kanalen waarbij gebruik wordt gemaakt v.e. rotatiestimulus.
rotational acceleration schedelhersenletsel met diffuse beschadiging a.g.v een traumatisch roterend effect op het hoofd.
rotatoir m.b.t. rotatie; vb. rotatoir nystagmus.
rotator draaier; vb. musculi rotatores.
rotator cuff [E] *zie* rotatormanchet.
rotatorius m.b.t. of veroorzaakt door draaiing; vb. spasmus rotatorius, epilepsia rotatoria.
rotatormanchet manchet over de humeruskop, gevormd door de pezen v.d. mm. subscapularis, supraspinatus, infraspinatus en teres minor.
Rothia bacteriegeslacht v.d. sectie onregelmatige, niet-sporenvormende grampositieve staven.
rothvlekken witte vlekken, onregelmatig verspreid i.d. omgeving v.d. discus nervi optici en de macula lutea v.h. netvlies, bij sepsis.
rotting proces van langzame afbraak van dood organisch materiaal door bacteriën.
rotula 1 de patella; **2** een schijfvormig botuitsteeksel.
rotundus rond; vb. fenestra (cochleae) rotunda, foramen rotundum.
rough type [E] *zie* stam | rough-type~.
Roussy | roussy-lévysyndroom *zie* syndroom | hereditair areflexie~. • **ziekte van ~-Levy** peroneusatrofie, cerebellaire ataxie en scoliose; komt familiair voor.
routine test dilution (RTD) [E] standaardverdunning v.e. bacteriofaagsuspensie, gebruikt bij het fagotyperen van bacteriën.
rouwproces niet-pathologisch verwerkingsproces na een belangrijk verlies of na kenneming v.e. verworven ernstige ziekte. • **anticiperende rouw** het openlijk

tonen v.h. verdriet over de naderende sterfte, waarbij het vooraf delen v.d. rouw kracht kan geven om na de dood elkaar te steunen.

Roux | **roux-en-Y-syndroom** ontledigingsstoornis na een operatie volgens Roux.

• **rouxserum** *zie* serum | difterie~.

rozet *zie* rosette.

Rp recipe (rec.).

RPB *zie* band | rigid pelvic ~.

RPCF *zie* Reiter | reiterproteïnecomplementfixatiereactie.

RPF (renal plasma flow) *zie* renale plasmastroom.

RPLD retroperitoneale lymfeklierdissectie.

rpm [E] aantal omwentelingen per minuut.

RQ respiratoir quotiënt.

RR 1 (statist., epidemiol.) *zie* risico | relatief ~; 2 (cardiol.) *zie* RR-interval.

-rree achtervoegsel in woordverbindingen m.b.t. uitvloed.

RR-interval tijdsduur op het ecg tussen twee R-toppen; maat voor de hartfrequentie.

RR-MS relapsing remitting multiple sclerosis *zie* multipele sclerose.

RRR *zie* risicoreductie | relatieve ~.

RRV rossrivervirus.

RS *zie* virus | respiratoir-syncytieel ~.

RSI *zie* repetitive strain injury.

R/S-verhouding verhouding tussen de opwaartse en neerwaartse uitslag v.h. QRS-complex i.e. afleiding v.h. elektro-cardiogram (ecg).

RTA *zie* acidose | renale tubulaire ~.

RTD *zie* routine test dilution.

RTF 1 resistance-transfer factor; 2 reduced transport fluid.

rtPA (recombinant tissue plasminogen activator) *zie* weefselplasminogeenactivator.

RT-PCR (reverse-transcriptase-PCR) *zie* reactie | polymeraseketting~.

rubella kinderziekte, veroorzaakt door rubellavirus. • **pseudo**~ *zie* exantheem | exanthema subitum. • ~ **scarlatinosa** acute ziekte met lymfkliervergroting, roodvonkachtig exantheem en koorts.

rubelliform op rubella gelijkend.

rubeola 1 *zie* rubella; 2 *zie* morbilli.

rubeose rode verkleuring. • **rubeosis iridis** rode verkleuring v.d. iris door nieuw gevormde of uitgezette capillairen, bij diabetes.

ruber rood; vb. nucleus ruber, polycythae-

mia rubra.

rubigineus roestbruin; vb. rubigineus sputum.

rubiginosus rubigineus, roestachtig, roestkleurig; vb. sputum rubiginosum.

rubor roodheid (een der vijf klinische kenmerken van ontsteking).

rubra vr. van ruber (rood); vb. polycythaemia rubra.

rubroreticularis m.b.t. de nucleus ruber en de nucleus reticularis.

rubrospinalis v.d. nucleus ruber naar het ruggenmerg lopend; vb. tractus rubrospinalis.

rubrum onz. van ruber (rood); vb. *Trichophyton r.*

ructus door de mond uitstoten van uit de maag afkomstig gas ('boer') *zie* eructatie.

rudiment een niet volkomen tot ontwikkeling gekomen of een i.d. ontwikkeling achtergebleven of zelfs teruggegaan orgaan.

rudimentair resterend, overgebleven, niet meer tot ontwikkeling komend.

rufus rossig; vb. sputum rufum.

rug dorsum [L], tergum [G]. • **boeren**~ populaire term voor de ronde rug bij de ziekte van Scheuermann. • **gebroken** ~ *zie* dwarslaesie. • **open** ~ *zie* spina bifida. • **verstreken** ~ *zie* vlakke ~. • **vlakke** ~ vermindering v.d. normale thoracale kyfose en lumbale lordose.

ruga vouw, plooi.

rugarum gen. mv. van ruga; vb. columnae rugarum.

ruggengraat *zie* wervelkolom.

ruggenmergwortel radix (dorsalis ventralis) nervorum spinalium.

ruggenprik 1 (neurol., liquordiagnostiek) *zie* punctie | lumbale ~; 2 (anesthesie) *zie* anesthesie | spinale ~.

rugpijn *zie* aspecifieke lage rugpijn.

rugschool verzamelnaam voor trainingen die in groepsverband worden gegeven, gericht op het omgaan met rugklachten.

ruimte van Disse spleetvormige ruimte tussen de levercellen en de bloedsinusoïden; vervoert lymfe.

ruis 1 (technol.) dat gedeelte v.e. signaal dat geen informatie bevat; 2 (statistiek) waarnemingen die geheel door 'het toeval' worden bepaald; 3 (radiologie) het flikkeren v.h. röntgenbeeld bij te lage stroomsterkte; 4 (akoestiek) aperiodieke combinatie van trillingen.

ruit van Michaelis *zie* michaelisruit.
ruminatie 1 (gastro-enterol.) het oprispen en herkauwen van de maaginhoud bij de mens; **2** (psychol.) disadaptieve copingstrategie waarbij de patiënt voortdurend een al dan niet reëel probleem overdenkt, wikt en weegt zonder dat als regel een constructieve oplossing wordt bereikt.
run-inperiode periode voordat patiënten worden gerandomiseerd en waarin zij worden bewaakt maar geen behandeling ondergaan.
runner's knee [E] sportblessure, bestaand uit een lokale, pijnlijke bursitis ter hoogte v.h. kniegewricht.
ruptura verscheuring, openbarsting. • **~ perinei** *zie* ruptuur | perineum~.
ruptuur verscheuring. • **achillespees~** avulsie v.d. achillespees. • **aorta~** *zie* aorta-aneurysma. • **buckethandle-~** scheur v.d. binnenrand v.d. mediane meniscus. • **chorda~** scheur v.e. of meer v.d. chordae tendineae. • **choroidea~** scheur i.d. choroidea, feitelijk i.d. membraan van Bruch, t.g.v. stomp trauma. • **cuff~** verscheuring v.d. pezen v.d. korte rotatoren die samen een soort manchet (E. *cuff*) om de humerus vormen. • **enkelband~** *zie* enkelbandletsel. • **hart~** scheur i.h. myocard a.g.v. een acuut infarct, trauma of chirurgische ingreep. • **kapsel~** ruptuur v.h. achterste lenskapsel. • **kruisband~** ruptuur, meestal transversaal, i.d. voorste kruisband a.g.v een draaibeweging i.h. kniegewricht bij kniebelastende sporten. • **myocard~** *zie* hart~. • **papillairespier~** afscheuren v.e. papillaire spier. • **patellapees~** avulsie v.d. patellapees. • **pees~** afscheuring v.e. pees. • **perineum~** inscheuring v.h. perineum bij de baring. • **postoperatieve buikwand~** *zie* platzbauch. • **ruptura cordis** *zie* hart~. • **sfincter~** ruptuur v.d. m. sphincter pupillae. • **sinus-Valsalvae-~** ruptuur v.e. aneurysma v.d. sinus Valsalvae v.d. aorta. • **totale ~** r. v.h. perineum met verscheuring v.d. sphincter ani externus, meestal als complicatie v.e. vaginale partus. • **tubaire ~** miskraam v.e. buitenbaarmoederlijke zwangerschap die in één van beide tubae is gelokaliseerd en waarbij het zwangerschapsproduct door de wand v.d. tuba heen breekt. • **uterus~** scheur i.d. baarmoederwand.
rusteloosheid subjectief ervaren onrust, angst of spanning die tot psychomotorische agitatie leidt.
RV (residuaal volume) *zie* longvolume | residuaal ~.
rytidectomie *zie* facelift.

S

S 1 signa, signetur (L.): teken op, er worde opgetekend (rec.); 2 svedbergeenheid; 3 saturatie.

s 1 seconde; 2 seu, sive (L.): of.

SA 1 *zie* sinoatriaal; 2 (reumatol.) *zie* spondylitis ankylopoetica; 3 (cardiol.) *zie* status asthmaticus.

SAA serumamyloïd A *zie* amyloïdose.

SAARD (slowly-acting antirheumatic drug) *zie* drug | disease-modifying antirheumatic ~.

SAB *zie* bloeding | subarachnoïdale ~.

Sabin | sabin-feldmankleuring *zie* reactie van Sabin-Feldman. • **sabinvaccin** levend vaccin van avirulent poliomyelitisvirus.

sabouraudagar *zie* sabouraudvoedingsbodem.

sabouraudvoedingsbodem pepton, maltose en agar, voor de kweek van pathogene schimmels.

saccade snelle geconjugeerde sprongbeweging v.d. ogen, v.h. ene naar het andere fixatiepunt, in kleine sprongen.

saccaderen met rukken.

saccadische oogbeweging van fixatiepunt naar fixatiepunt verspringende of corrigerende bewegingen v.d. ogen.

Saccharomyces een geslacht van schimmels.

sacciform zakvormig; vb. recessus sacciformis, aneurysma sacciforme.

saccografie röntgenonderzoek v.d. arachnoïdale ruimte beneden de onderste grens v.h. ruggenmerg. • **radiculo~** röntgenonderzoek v.d. dura-zak en de daarin lopende wortels.

sacculair 1 zakvormig; vb. sacculaire bronchiëctasieën; 2 *zie* saccularis.

saccularis 1 m.b.t. de sacculus v.h. labyrint; vb. nervus s-lis; 2 *zie* saccular.

sacculatie uitpuiling v.d. voorrand v.d. baarmoeder. • **contralaterale** ~ het zakvormig veranderen v.d. darmwand die ligt tegenover een longitudinale ulceratie ter hoogte v.d. mesenterale wand.

sacculus rond zakje i.h. vliezig labyrint, bevat de macula sacculi. • ~ **alveolaris** zakvormige verwijding aan het uiteinde v.d. ductuli alveolares i.d. longen.

saccus zak, buidel. • ~ **endolymphaticus** het tegen de achterwand v.h. rotsbeen tussen twee durabladen gelegen zakvormig einde v.d. ductus endolymphaticus.

sacer heilig; vb. os sacrum = heiligbeen.

sacharase *zie* invertase.

sacharide verzamelnaam voor polyhydroxyaldehyden (bv. glucose) en polyhydroxyketonen (bv. fructose) met brutoformule $C_nH_{2n}O_n$ en voor samenst. hiervan zoals suiker, zetmeel en cellulose. • **di~** een verbinding, bestaande uit twee monosachariden; vb. sacharose (glucose + fructose), lactose (glucose + galactose), maltose (glucose + glucose). • **lipopoly~** (LPS) grote moleculen bestaande uit een lipide en een polysacharide, bijeengehouden door een covalente binding; komen voor i.d. celwand van gramnegatieve bacteriën; lipopolysachariden zijn endotoxinen, die een sterke immuunrespons veroorzaken. • **mono~** enkelvoudige suiker dat door hydrolyse niet kan worden gesplitst (vb. glucose, mannose, fructose); een m. met een aldehydgroep heet aldose, met een ketongroep ketose; vb. glucose, mannose, fructose. • **mucopoly~** *zie* glycosaminoglycaan. • **poly~** koolhydraat dat bestaat uit combinaties van vijf of meer monosachariden; vb. glycogeen, zetmeel, cellulose, dextrine.

sacharimeter toestel om het suikergehalte v.e. vloeistof te meten.

sacharimetrie bepaling v.h. suikergehalte i.e. vloeistof.
sacharine synthetische zoetstof.
sacharometer *zie* sacharimeter.
sacharose disacharide, gevormd uit glucose en fructose.
sacraal m.b.t. het sacrum.
sacralis sacraal, m.b.t. het sacrum.
sacralisatie aangeboren wervelanomalie, waarbij de vijfde lendenwervel verenigd is met het sacrum.
sacrococcygeus m.b.t. sacrum en os coccygis.
sacrodynie pijn i.d. sacrale streek.
sacroiliacus m.b.t. sacrum en ilium.
sacro-iliitis ontsteking v.h. sacro-iliacaal gewricht. • ~ **enterocolica** s. bij gastro-intestinale aandoeningen.
sacrolisthesis afwijking v.h. sacrum naar voren, zodat het lichaam v.d. eerste sacrale wervel verder naar voren uitsteekt dan het lichaam v.d. 5e lendenwervel.
sacrolumbaal *zie* lumbosacralis.
sacropelvinus m.b.t. het sacrale deel v.h. bekken; vb. facies sacropelvina (ossis ilii).
sacrospinalis m.b.t. sacrum en spina ischiadica; vb. musculus sacrospinalis, ligamentum sacrospinale.
sacrotuberalis m.b.t. sacrum en tuber ischiadicum; vb. ligamentum sacrotuberale.
sacrum *zie* os sacrum.
SAD 1 (pulmonologie) *zie* disease | small-airway ~; 2 (psychiatrie) *zie* disorder | seasonal affective ~.
sadisme parafilie waarbij betrokkene opgewonden raakt door het psychisch en lichamelijk lijden van het slachtoffer.
safariziekte *zie* trypanosomiasis.
safenectomie resectie v.e. vena saphena wegens varices.
safenofemoraal m.b.t. femur en vena saphena.
sagittaal i.d. richting v.e. afgeschoten pijl, dus van voor naar achter.
sagittaal vlak een loodrecht vlak in sagittale richting, loodrecht op een frontaal vlak.
sagittalis sagittaal; vb. sutura sagittalis.
salicylaat *zie* zuur | acetylsalicyl~.
salicylaatintoxicatie overdosering van salicylaten, leidend tot vergiftigingsverschijnselen als convulsies en metabole acidose.
salicylisme *zie* salicylaatintoxicatie.
salicylzuur *zie* zuur | acetylsalicyl~.

salien zoutbevattend.
salinisch zilt, zoutsmakend.
saliva *zie* speeksel.
salivalis m.b.t. speeksel; vb. calculus salivalis.
salivatie speekselvorming.
salivatorius speeksel-producerend; vb. nucleus salivatorius.
Salk | salkvaccin het eerste bruikbare (gedode) poliomyelitisvaccin.
Salmonella geslacht v.d. klasse *Salmonelleae* (fam. *Enterobacteriaceae*), gramnegatief, niet-sporenvormend, met peritriche flagellen, pathogeen voor mens en dier; vormt O- en H-antigenen; er zijn ruim 900 soorten. • ~ *paratyphi A* verwekker van paratyfus A. • ~ *paratyphi B* verwekker van paratyfus B. • ~ *paratyphi C* verwekker van paratyfus C. • ~ *typhi* verwekker van typhus abdominalis (febris typhoidea); oude naam *Salmonella typhosa*.
Salmonella hirschfeldii zie Salmonella paratyphi C.
Salmonelleae klasse v.d. fam. *Enterobacteriaceae*.
salmonellose infectie met een salmonellabacterie.
salpingectomie operatieve verwijdering v.d. tuba uterina.
salpingitis 1 (gynaecol.:) *zie* pelvic inflammatory disease; 2 (kno-heelk.:) ontsteking v.d. tuba auditiva. • ~ **profluens** s. met ophoping van secreet dat bij tussenpozen plotseling i.d. uterus wordt uitgestort.
salpingitis-eileiderontsteking-adnexitis *zie* pelvic inflammatory disease.
salpingografie röntgenografie v.d. eileiders na injectie v.e. contrastvloeistof. • **hystero~** röntgenologische afbeelding van cavum uteri en tubae na opvulling ervan met contraststof.
salpingolyse het losmaken v.e. eileider uit adhesies.
salpingo-oöforitis ontsteking v.e. eileider en de eierstok.
salpingopalatinus m.b.t. de tuba auditiva en het palatum; vb. plica salpingopalatina.
salpingopharyngeus m.b.t. de tuba auditiva en de farynx.
salpingoscoop instrument voor het verrichten van salpingoscopie.
salpingoscopie 1 (kno-heelk.:) inspectie v.d. nasofarynx en de tuba auditiva d.m.v. een kno-heelkundige salpingoscoop; 2 (gynae-

col.:) inspectie v.d. tubae uterinae d.m.v. een gynaecol. salpingoscoop.

salpingostomie operatie waarbij een opening i.e. eileider wordt gemaakt.

salpingotomie het incideren v.e. eileider, bijv. bij pyosalpinx.

salpinx *zie* eileider. • **endo~** het slijmvlies v.d. eileider. • **hemato~** bloeduitstorting i.d. eileider, bijv. bij tubaire abortus. • **hemo~** *zie* hemato-. • **hydro~** ophoping van vocht i.e. eileider, met zakvormige verwijding, bij obstructie v.d. eileider. • **meso~** peritoneumduplicatuur waaraan de eileider (tuba uterina, salpinx) is opgehangen. • **myo~** de spierlaag i.d. wand v.d. eileider. • **peri~** het peritoneum dat de bovenkant v.e. eileider bedekt. • **pyo~** eileider met pussige inhoud.

SALT (skin-associated lymphoid tissue) *zie* lymfoïd weefsel | huidgeassocieerd ~.

saltans springend; vb. coxa saltans.

saltatoir springend-bewegend, bij chorea, prikkelgeleiding.

saluretica bep. type diuretica die kaliumdepletie veroorzaken; toegepast bij hypertensie.

salvagebehandeling laatste poging om een kwaadaardig proces te behandelen, nadat voorgaande pogingen hebben gefaald.

salvagetherapie *zie* salvagebehandeling.

samenlevingstest test waarmee men vaststelt of zaadcellen na coïtus i.h. cervixslijm blijven leven en propulsief blijven bewegen.

sample [E] *zie* proef | steek~. • **random** ~ [E] *zie* steekproef | aselecte ~.

sampling het verzamelen v.e. representatieve hoeveelheid weefsel voor onderzoek.

sanatie genezing. • **sanatio completa** volkomen genezing.

sanatorium herstellingsoord.

sanatus genezen, hersteld; vb. fractura male sanata.

sandwichbehandeling therapie bij maligniteiten die bestaat uit radiotherapie gevolgd door chirurgie en daarna opnieuw radiotherapie.

sandwichtechniek indirecte immunofluorescentie voor het aantonen van specifieke antilichamen.

sanering 1 gezondmaking v.e. deel v.h. lichaam, bijv. gebitssanering; 2 de hoeveelheid allergenen i.d. directe leefomgeving minimaliseren, i.h.b. bij huisstofmijtovergevoeligheid.

sanguineus bloedig; vb. *Rhipicephalus sanguineus*, vasa sanguinea (mv. van sanguineum).

sanguinis gen. van sanguis (bloed); vb. cruor sanguinis.

sanguïnisch (psych., niet hematol.) verhoogd prikkelbaar, snel reagerend, vrolijk, haastig, rusteloos.

sanguinolentus bloedig, bloederig, met bloed bespat; vb. fetus sanguinolentus, mola sanguinolenta.

sanguis *zie* bloed.

sanguisuga bloedzuiger.

sanitair m.b.t. de gezondheid en de hygiëne.

sanitas *zie* gezondheid.

sanitatie (soc. geneesk.:) geheel van sanitaire voorzieningen (waterleiding, riool, sanitair enz.), bewustmaking door educatie en het hiermee beoogde bereiken v.e. besef van nut en noodzaak van hygiënische leefomstandigheden als een preventieve maatregel ter verlaging v.d. kans op het krijgen v.e. door feces en/of water overgedragen (gastro-enterol.) infectieziekte; i.h.b. gebruikt m.b.t. ontwikkelingslanden; niet te verwarren met 'sanering' [<E. *sanitation*; in nov. 2007 riep Z.K.H. de Prins van Oranje namens de Ver. Naties 2008 uit als 'Internationaal Jaar v.d. Sanitatie'; bij die gelegenheid pleitte hij voor het gebruik van 'sanitatie' als Ned. equivalent v.d. Engelse vakterm].

sanus gezond; vb. mens sana.

SAP serumamyloïd-P-component *zie* amyloïdose.

saphenectomie *zie* safenectomie.

saphenus *zie* vena saphena magna.

sapiens verstandig; vb. *Homo sapiens*.

saponificatie 1 verzeping; 2 de vorming van adipocire.

saponine glycoside in planten, zo genoemd, omdat ze evenals sapo (zeep) bij schudden schuim vormt.

saprine ongiftige ptomaïne i.d. ingewanden.

saprofyt plantaardig organisme dat op dood, ev. rottend organisch materiaal leeft.

SAPS (simplified acute-physiology score [E]) scoresysteem om de ernst v.e. acute ziektetoestand v.e. patiënt i.e. getal uit te drukken.

SARA selectieve aldosteronreceptorantagonist.

sarcocele testistumor a.g.v. elefantiase, carcinoom of tuberculose.
sarcocystine toxine uit *Sarcocystis*.
Sarcocystis parasietengeslacht v.d. orde *Sarcosporidia*, voorkomend bij dieren en mensen.
Sarcodina subfylum (superklasse) v.d. *Protozoa*; hiertoe behoren alle amoeben.
sarcoïd manifestatie van sarcoïdose i.d. huid. • ~ **van Boeck** *zie* sarcoïdose. • ~ **van Spiegler-Fendt** *zie* lymfadenose | lymphadenosis cutis benigna.
⊛ **sarcoïdose** systeemaandoening die wordt gekenmerkt door niet-verkazende epitheloïdecelgranulomen met een verhoogde T-celactivatie in diverse organen; lymfeklieren en longweefsel zijn hierbij het meest betrokken, maar lokalisatie in huid en ogen komt ook veel voor; daarnaast ook in lever, milt, botten, gewrichten, skeletspieren, hart en zenuwstelsel; indeling: men onderscheidt een acute en een chronisch vorm.
sarcolemma spiervezelmembraan.
sarcolyse desintegratie en verval v.d. zachte weefsels.
sarcoma *zie* sarcoom.
Sarcomastigophora afdeling v.d. *Protozoa*.
sarcomateus 1 (pathol.) m.b.t. sarcoom, sarcomateus; vb. pannus sarcomatosus; myxoma sarcomatosum; **2** (histol.) vleesachtig.
sarcomatose gedissemineerde dan wel gegeneraliseerde sarcoomvorming.
sarcomeer de contractiele eenheid.
sarcomphalos een soms na het afvallen v.d. navelstreng achterblijvende harde, bindweefselachtige stomp.
sarcoom kwaadaardig gezwel van atypische mesenchymale cellen. • **adeno**~ menggezwel met mesenchymale en (klier)epitheliale elementen. • **adenomyxo**~ sarcoom met klierachtig, slijmvormend weefsel. • **alveolair rabdomyo**~ vorm van r. die voorkomt bij jeugdige patiënten. • **angiomyo**~ kwaadaardig menggezwel, uitgaand van vaat- en spierweefsel. • **angio**~ kwaadaardig gezwel, uitgaande van vaatweefsel. • **bot**~ een v.e. bot uitgaand sarcoom. • **carcino**~ menggezwel van carcinoom- en sarcoomcellen; vb. wilmstumor. • **chondromyxo**~ kwaadaardig menggezwel, uitgaande van kraakbeen- en slijmcellen. • **chondro**~ kwaadaardig, meestal i.d. epifyse v.e. pijpbeen gelokaliseerd gezwel van kraakbeenweefsel; zeldzaam, groeit meestal langzaam; hooggradige chondrosarcomen hebben slechte prognose. • **cysto**~ (fibro) sarcoom waarin zich cysten hebben gevormd. • **dermatofibro**~ fibrosarcoom v.d. huid. • **embryonaal rabdomyo**~ weinig gedifferentieerd rond- of spoelvormig r. • **ewing**~ kwaadaardig, week, rondcellig gezwel van beenmergreticulum i.d. lange pijpbeenderen. • **fibro**~ sarcoom, uitgaande van fibreus bindweefsel. • **glio**~ maligne gliale hersentumor. • **granulocytair** ~ gezwel, ontstaan door plaatselijke proliferatie van myeloïde-leukemiecellen. • **hemangio**~ sarcoom waarbij de tumorcellen bloedvaten vormen. • **kaposi**~ (KS) maligne aandoening die wordt gekenmerkt door multipele pijnloze woekeringen van bloedvaten die tot blauwrode papels en tumoren op de huid leiden. • **leiomyo**~ kwaadaardig gezwel, uitgaande van glad spierweefsel, meestal i.d. wand v.h. maag-darmkanaal. • **lipo**~ menggezwel, bestaande uit lipoom- en sarcoomcellen. • **lymfangio**~ menggezwel, bestaande uit lymfangioom en sarcoom. • **lymfo**~ kwaadaardige sarcomateuze woekering van lymfatisch weefsel. • **meningo**~ kwaadaardige tumor (sarcoom) uitgaande v.h. harde hersenvlies (dura mater). • **myelo**~ v.h. beenmerg uitgaand sarcoom of een sarcoom bestaand uit myeloïd weefsel. • **myo**~ kwaadaardig s. met vorming van spierfibrillen. • **myxolipoïd** ~ wekedelensarcoom met myxoïde en lipoïde componenten. • **myxo**~ sarcoom met myxomateus weefsel, met polymorfe cellen i.e. geleiachtige grondsubstantie. • **neurofibro**~ maligne tumor v.d. zenuwschede, vaak gezien bij de ziekte van von Recklinghausen. • **neurogeen** ~ spoelvormig of polymorfcellig s. met collagene vezels, bij neurofibromatose. • **osteo**~ sarcoom, uitgaand v.e. bot of sarcoom waarin beenweefsel voorkomt. • **osteochondro**~ menggezwel bestaande uit been-, kraakbeen- en sarcoomweefsel. • **osteogeen** ~ kwaadaardig s. uitgaande van beenweefsel, met cellen van verschillende differentiëring. • **osteoplastisch** ~ kwaadaardig, hoog gedifferentieerd s-ooom, waarin atypische beenbalkjes worden gevormd. • **parossaal** ~ sarcoom v.d. weke delen dat spoedig met een bot vergroeit en dan voor een botsarcoom kan worden gehouden. • **polymorfcellig** ~ s. met ten dele spoelvormige,

ten dele ronde cellen. • **rabdomyo~** zeldzame wekedelentumor van dwarsgestreept spierweefsel. • **reticulo~** kwaadaardig gezwel, bestaande uit grote monocytaire cellen, afkomstig uit de mononucleaire fagocyten van lymfeklieren en milt.
• **reticulumcel~** s. ontstaan uit reticulumcellen in reticulo-endotheel, bijv. beenmerg. • **rondcellig** ~ snel groeiend s. bestaande uit ongedifferentieerde ronde cellen. • **sarcoma alveolare** sarcoom met alveolusachtige holten waarin epitheelvormige sarcoomcellen. • **sarcoma botryoides** druiventrosvormig gezwel boven i.d. vagina bij jonge kinderen. • **sarcoma carcinomatodes** menggezwel dat bestaat uit sarcoom- en carcinoomweefsel. • **sarcoma cartilaginosum** *zie* chondro~. • **sarcoma deciduocellulare** maligne deciduoma v.d. uterus = chorionepithelioom. • **sarcoma fusocellulare** s. met spoelvormige cellen, spoelcellen-s. • **sarcoma gigantocellulare** s. bestaande uit meerkernige reuscellen.
• **sarcoma globocellulare** s. bestaande uit ronde cellen. • **sarcoma idiopathicum multiplex haemorrhagicum** symmetrische multipele paarsrode vlekken, knobbeltjes, weke tumoren die gaan ulcereren, gepaard met bloedingen, in huid en inwendige organen. • **sarcoma medullare** mergsarcoom, bestaande uit mergachtig weefsel. • **sarcoma multiplex cutaneum gummatosum** multipele gumma-achtige huidknobbels. • **spoelcellen~** s. bestaande uit spoelvormige cellen, zonder vezelvorming. • **synovio~** kwaadaardig gezwel v.d. synoviale membraan. • **xantho~** reuscellensarcoom v.d. peesscheden van handen en voeten.

Sarcophaga geslacht vliegen v.d. fam. *Sarcophagidae*.

sarcoplasma intracellulair vocht in spiervezels.

sarcoplasmatische calciumpomp actief proces waarbij calciumionen die het sarcoplasma zijn ingestroomd om een spiercontractie in gang te zetten, terug i.h. sarcoplasmatisch reticulum worden opgenomen.

sarcoplast *zie* blast | sarco~.

Sarcoptes een geslacht schurftmijten v.d. fam. *Acaridae* (orde *Acarina*). • ~ *scabiei* mijt die schurft veroorzaakt.

sarcoptidose infestatie met *Sarcoptes*.

sarcoptiformis op sarcoptes lijkend.

sarcose aanwezigheid van multipele sarcoïd-tumoren.

Sarcosporidia een orde v.d. klasse *Sporozoa*.

sarcotripsie *zie* histotripsie.

sardonicus grimmig; vb. risus sardonicus.

SARS *zie* severe acute respiratory syndrome.

sartorius m.b.t. de kleermaker.

SAS (pulmon.:) *zie* slaapapneusyndroom.

satelliet 1 een ader die zeer dicht bij de gelijknamige slagader loopt; vb. de v. brachialis; **2** een kleiner ziekteproces dat als een zaailing een groter vergezelt; i.h.b. metastase i.d. naaste omgeving v.e. tumor, veelal een melanoom; **3** klein chromosoomsegment, als een afgesnoerd gedeelte v.d. hoofdmassa v.h. chromosoom gescheiden.

satellites venae aderen die een slagader begeleiden.

satellitose meerdere satellietmetastasen rond een primaire tumor.

Sattler | laag van ~ het uit middelgrote vaten bestaande deel v.d. vasculaire laag v.d. choroidea.

saturatie verzadiging. • **zuurstof~** *zie* saturatie.

saturatiemeter *zie* oxymetrie | puls~.

saturnisme *zie* plumbisme.

satyriasis ziekelijk versterkte geslachtsdrift bij de man.

saucerisatie chir. behandeling van osteomyelitis.

SBCC superficieel basocellulair carcinoom.

SBE subacute bacteriële endocarditis.

s.c. 1 sectio caesarea; **2** subcutaan.

⊛ **scabiës** infestatie met schurftmijt. • **crusted scabies** [E] zeer besmettelijke en gegeneraliseerde, uitgebreide infestatie van *Sarcoptes scabei*. • **scabies crustosa** uitgebreide vorm van scabies met grote aantallen mijten i.d. huidschilfers en daardoor zeer besmettelijk. • **scabies norvegica** *zie* crusted scabies.

scabieus op schurft gelijkend, m.b.t. schurft; NB: niet verwarren met 'scabreus'.

scafoïd *zie* os scaphoideum.

scafolunair m.b.t. os scaphoideum (het scafoïd) en het os lunatum; vb. scafolunaire dissociatie.

scala trapvormige structuur.

scalenotomie doorsnijding v. d. m. scalenus, ten einde de ademhalingsexcursies v.h. bovenste thoraxgedeelte te beperken en de longtop rust te geven.

scalenusspleet de spleet tussen de m. scalenus anterior en de m. scalenus medius.
scalp *zie* epicranium.
scalpel smal recht chirurgisch mes met verwisselbaar scalpelblad, convex einde en een vast heft.
scalperen (chir.) de behaarde hoofdhuid v.d. schedel aftrekken.
SCAN (Schedule for Clinical Assessment in Neuropsychiatry) gestandaardiseerd psychiatrisch instrument voor de diagnostiek van schizofrenie waarin de DSM-classificatie is opgenomen.
scan beeld dat wordt verkregen bij bepaalde beeldvormende technieken. • **bot~** *zie* scintigrafie | skelet-, bot-. • **CAT~** *zie* tomografie | computer-. • **cone-CT~** *zie* CT | spiraal-. • **duplex~** *zie* duplexechografie. • **dynamische CT-~** het m.b.v. CT aantonen van aankleuring van weefsel op een en dezelfde coupe. • **hersen~** geautomatiseerde gamma-encefalografie; de patiënt krijgt een radio-isotoop geïnjecteerd; m.b.v. een detector wordt boven het te onderzoeken orgaan (i.c. de hersenen) de verdeling v.d. radioactieve stof op een scintigram vastgelegd. • **hogeresolutie-CT~** (HRCT) CT-scan waarbij zeer dunne coupes met een groot ruimtelijk oplossend vermogen worden gemaakt. • **isotopen~** scan m.b.v. een radioactief isotoop. • **multi-detector-CT-~** *zie* CT | spiraal--. • **multi-slice-CT-~** (MSCT) *zie* CT | spiraal--. • **neus-CT~** computertomogram van neus en neusbijholten. • **perfusie-ventilatie~** *zie* scintigrafie | ventilatie-perfusie-. • **PET~** *zie* tomografie | positronemissie-. • **positron-emission tomography ~** *zie* tomografie | positronemissie-. • **SAP-~** *zie* amyloïdose. • **scinti~** *zie* scintigram. • **sector~** beeld dat is verkregen met een bepaald model v.e. echografische transducer die een onderzoek i.d. vorm v.e. cirkelsegment weergeeft. • **thallium~** *zie* scintigrafie | myocardperfusie-. • **thorax~** *zie* thorax | CT-~. • **ventilatie-perfusie~** *zie* scintigrafie | ventilatie-perfusie-. • **volume-CT~** *zie* CT | spiraal-~. • **V/Q-~** *zie* scintigrafie | long-.
scanderen eentonige wijze van spreken waarbij elke lettergreep afzonderlijk evenveel klemtoon krijgt.
scanning het uitvoeren v.e. scan.
scapha gleuf v.d. oorschelp tussen helix en anthelix.
scaphoideus bootvormig; vb. fossa scaphoidea; os scaphoideum.
scapula schouderblad. • ~ **alata** afstaande schouderbladen door zwakte v.d. musculus serratus anterior en/of de musculus trapezius, ook als complicatie bij mamma-ablatie en bij zeer magere mensen.
scapulair m.b.t. de scapula.
scapulair kraken voel- en hoorbaar kraken bij actieve beweging v.h. schouderblad.
scapularis m.b.t. de scapula; vb. linea scapularis.
scapulohumeralis *zie* humeroscapularis.
scapus schacht.
scarificatie 1 (dermatol.) opzettelijke beschadiging v.d. huid ter vorming van decoratieve patronen; oorspr. in bep. niet-westerse culturen, tegenw. ook in westerse (jeugd)cultuur; **2** (dermatol., chir.) schaafwond.
scarificator mes waarmee men scarificaties kan maken.
scarlatina *zie* roodvonk.
scarlatinoïd *zie* rubella scarlatinosa.
scarlatinosus roodvonkachtig; vb. hydrops scarlatinosus, miliaria scarlatinosa.
scatol 3-methylindol, een stinkende stof in feces, gevormd bij bacteriële afbraak van tryptofaan.
scatolagnie *zie* coprolagnie.
scatoom *zie* coproom.
scatoxyl een in urine voorkomend oxidatieproduct van scatol.
scavengersysteem *zie* systeem | anesthesiegasafzuig-.
SCE *zie* sister-chromatid exchange.
sceletus *zie* skeleton.
SCEN (Steun en Consultatie bij Euthanasie in Nederland) landelijke KNMG-organisatie die artsen gelegenheid biedt informatie en advies in te winnen bij een ervaren en speciaal opgeleide collega bij een verzoek om euthanasie of hulp bij zelfdoding.
SCFA (short-chain fatty acid [E]) vetzuur met korte C-keten.
SCFE slipped capital femoris epiphysiolysis.
schaal 1 reeks van op bepaalde afstanden achter/onder elkaar geplaatste evenwijdige streepjes, een systematisch verdeelde lijn die als maatstaf dient; **2** reeks van getallen of verhoudingen als grondslag voor classificatie, berekening enz. • **benoist~** hardheidsschaal voor röntgenbestraling. • **depressiviteits~** (psych.) meetschaal voor

ernst/diepte v.e. depressie. • **dichotome** ~ schaal met twee categorieën; vb. man/vrouw. • **dimensionele** ~ *zie* interval~. • **fahrenheitthermometer**~ graadverdeling zodanig dat het vriespunt van water bij 32° ligt, het kookpunt bij 212°. • **interval**~ schaal die geen vast nulpunt heeft en waarbij de waarden continu verdeeld zijn. • **IQ**~ (intelligentiequotiëntschaal) waarden die gehaald kunnen worden op gestandaardiseerde intelligentietest. • **kinsey**~ in 1948 door de Amerikaanse seksuoloog Alfred Kinsey gepropageerde indeling waarin zichtbaar wordt gemaakt dat homo- en heteroseksualiteit geen dichotome categorieën zijn, maar dat er graduele overgangen zijn. • **likert**~ ordinale schaal met hiërarchische rangschikking van antwoorden op een vraag (bijv.: helemaal mee eens, beetje mee eens, beetje mee oneens, helemaal mee oneens). • **nominale** ~ schaalverdeling waarbij het onderscheid tussen de meetuitkomsten v.d. kwalitatieve variabele alleen in naam tot uiting komt. • **ordinale** ~ schaal waarbij de volgorde v.d. punten een rangorde aangeeft en waarbij de afstand tussen de verschillende waarden niet gelijk hoeft te zijn. • **ratio**~ schaal die het meest overeenkomt met een systeem van nummering en ook een 0-punt (afwezigheid) bevat. • **utiliteits**~ uniforme schaal waarop één of meerdere verscheidene utiliteiten (bijv. overlevingsduur en kwaliteit van leven) kunnen worden gemeten om zo inzicht te krijgen i.h. nut v.e. gezondheidsinterventie voor de betrokken persoon. • **visueelanaloge** ~ (VAS) instrument waarmee de intensiteit van bepaalde gevoelens en gewaarwordingen kan worden bepaald.

schaambeenvoeg *zie* symfyse | symphysis pubica.

schaamdeel obsoleet synoniem van 'geslachtsdeel', 'genitaal'.

schaamhaar beharing rondom en deels op de uitwendige geslachtsorganen; groei hiervan is het kenmerk v.h. begin v.d. pubarche.

schaamlip | **grote** ~ labium majus pudendi. • **kleine** ~ labium minus pudendi.

schacht *zie* diafyse.

schade nadeel voor de patiënt dat door de ernst ervan leidt tot verlenging of verzwaring v.d. behandeling, tijdelijk of blijvend lichamelijk, psychisch en/of sociaal functieverlies of tot overlijden.

schatzkiring ringvormige slokdarmstrictuur boven het diafragma, met aanvankelijk tijdelijke, later blijvende dysfagie.

schauta-wertheimoperatie *zie* operatie | wertheim-schauta~.

schede *zie* vagina, axolemma, neurilemma, perichord, tunica albuginea. • **dura**~ **1** (alg. neuroanat.:) schedevormige omhulling v.e. ruggenmergswortel tot aan het foramen intertevertebrale, waar ze i.h. perineurium overgaat; **2** (oogheelk.:) *zie* vagina externa nervi optici. • **key-retzius**~ *zie* Retzius | endoneurale schede van Key~~. • **myeline**~ de omhullende mergschede van merghoudende zenuwvezels. • **pees**~ vagina tendinis, een bindweefselkoker waarbinnen de pees heen en weer kan glijden. • **primitieve** ~ neurilemma. • **wortel**~ **van Huxley** verenigde buitenste en binnenste emaillaag v.d. tandwortel.

schede-ingang *zie* introïtus | introitus vaginae.

schedel het complex van beenderen dat het benige skelet v.h. hoofd vormt. • **hersen**~ *zie* cranium. • **klaverblad**~ *zie* stenose | cranio~. • **kruis**~ schedel met een persistente sutura frontalis die met de sutura sagittalis en de sutura coronalis een kruis vormt. • **landkaart**~ afwijking v.d. schedelbeenderen bij de ziekte van Hand-Schüller-Christian. • **primordiale** ~ de eerste, aanvankelijk vliezige, daarna kraakbenige aanleg v.d. schedel. • **toren**~ naar boven puntvormig verlengde schedel.

schedelbasis onderste deel v.d. hersenschedel, de benige basis waarop het cerebrum rust.

schedelbeenderen de 8 beenderen die de hersenschedel vormen.

schedeldak *zie* calvaria.

schedelgroeve | **achterste** ~ fossa cranii posterior. • **middelste** ~ fossa cranii media. • **voorste** ~ fossa cranii anterior.

schedelholte cavum cranii [L].

schedelomtrek grootste omtrek v.d. schedel i.h. horizontale vlak.

schedevoorhof *zie* vestibulum vaginae.

scheefhoofdigheid *zie* plagiocefalie.

scheef neustussenschot *zie* neusseptumdeviatie.

scheelzien | **dynamisch** ~ *zie* strabisme | dynamisch ~. • **verlammings**~ *zie* strabisme | paralytisch ~.

scheelziensamblyopie *zie* amblyopie.
Scheie | scheieclassificatie gradering van retinale hypertensieve en arteriosclerotische afwijkingen bij hypertensieve retinopathie. • **scheiesyndroom** milde vorm van mucopolysacharidose I, een zeldzame aangeboren en erfelijke aandoening die valt onder de lysosomale stapelingsziekten, gekenmerkt door dwerggroei en grove trekken, stijve gewrichten, oog- en hartproblemen.

schema (psychol.) kennisstructuur die i.h. geheugen is gerepresenteerd en voor een deel impliciet is. • **ABC-**~ reanimatieschema (*airway, breathing, circulation*). • **CAB-**~ *zie* ABC-~. • **doserings**~ schema waarin de hoeveelheid en de frequentie v.e. toediening v.e. geneesmiddel staan uitgeschreven. • **lichaams**~ representatie v.h. lichaam i.d. pariëtale schors (meestal rechts), waardoor iemand zich van zijn lichaam bewust is en er in georiënteerd is. • **ludwig**~ indeling v.h. vrouwelijke type van alopecia androgenetica. • **norwood-hamilton**~ indeling van alopecia androgenetica bij de man. • ~ **van Van Wiechen** *zie* wiechenschema. • **shubin-weil**~ schema om het effect van getitreerde vochttoediening voor herstel en onderhoud v.h. circulerend volume te controleren aan de hand v.d. CVD en/of de wiggendruk. • **swolin**~ behandelingsschema, toegepast na buikoperaties om infertiliteit door adhesies i.h. kleine bekken te voorkomen. • **vaccinatie**~ tijdschema dat aangeeft wanneer verschillende vaccins moeten worden toegediend om effectieve bescherming te bewerkstelligen en hoe groot de tussenpozen moeten zijn. • **voedings**~ op een individuele patiënt aangepast dieet waarin tijdstip, hoeveelheid, vorm en inhoud van voeding zijn vastgesteld.

schemerzintuig het geheel v.d. staafjes i.h. netvlies die dankzij hun hoge lichtgevoeligheid het zien in schemerdonker mogelijk maken.

schennis der eerbaarheid juridisch begrip voor wat i.d. psychiatrie/seksuologie 'exhibitionisme' wordt genoemd.

schermbeeldfotografie fluororöntgenografie, een in Nederland ongebruikelijke vorm van massa-onderzoek.

scheurbuik *zie* scorbutus.
schietschijflaesie *zie* laesie | iris-~.
Schiff | per-iodic acid ~ *zie* kleuring | schiff perjoodzuur-~. • **perjoodzuurkleuring volgens** ~ *zie* kleuring | schiff perjoodzuur-~.
• **schiffreagens** gebleekte fuchsine, een kleurloze zwavelgizure fuchsine, gebruikt bij PAS-kleuring.

schijfjesmethode *zie* agardiffusiemethode.
schijngezwel *zie* tumor | pseudo-~.
schijnmembraan *zie* membraan | pseudo-~.
schijnvoetjes *zie* pseudopodia.
schil de buitenste laag v.h. organisme.
⊚ **schildkliercarcinoom** carcinoom v.d. schildklier; indeling: op grond v.h. histologische en cytologische beeld maakt men onderscheid in papillair carcinoom (65%; 5-70 jr), folliculair carcinoom (20%; 30-70 jr), medullair carcinoom (5-10%; 5-70 jr) en anaplastisch carcinoom (5%; >50 jr.); lymfoom (zeldzaam) en metastasen (nog zeldzamer); het papillair carcinoom en folliculair carcinoom vormen een aparte groep qua diagnostiek en behandeling door hun specifieke tumorkenmerken (jodiumopnemend vermogen, productie van thyreoglobuline). • **folliculair** ~ gedifferentieerd carcinoom uitgaande van follikelcellen met een vnl. hematogeen metastaseringspatroon. • **papillair** ~ meest voorkomende vorm van gedifferentieerd schildkliercarcinoom.

schildklierkanker *zie* schildkliercarcinoom.
schildkliernodus | euthyreotische ~ *zie* euthyreotisch struma.
schildklierperoxidase *zie* thyroïdperoxidase.
schildkliervergroting *zie* struma.
schildwachtklierprocedure reeks van maatregelen om de schildwachtklier zo betrouwbaar mogelijk te verwijderen.
schilfer *zie* squama.
schillinghemogram *zie* formule | schilling-leukocyten-~.
schimmel organisme met cellen die tien maal zo groot zijn als bacteriën, parasitair of saprofytair levend op organisch materiaal. • **huid**~ schimmelsoort die op de huid als commensaal of pathogeen agens voorkomt. • **nagel**~ *zie* onychomycose. • **perfecte** ~ s. met geslachtelijke voortplanting.
• **straal**~ *zie* Actinomyces. • **voet**~ *zie* tinea pedis.

schimmeldraad *zie* hyfe.
schimmelinfectie | vaginale ~ infectie v.d. vagina en vulva met *Candida albicans* of C.

glabrata; treft vooral jonge vrouwen, vrouwen met diabetes mellitus en zwangeren i.h. laatste trimester.

schindylesis gleufnaad tussen beenderen waarbij de scherpe rand v.h. ene beenstuk past i.e. gleuf v.h. andere.

schisis 1 (pathol. anat.:) woordachtervoegsel in woordverbindingen m.b.t. splijting, gespletenheid, ontleding; **2** (kindergeneesk., chir.:) aangeboren afwijking, gekenmerkt door een onvolledige sluiting van lip, kaak en/of gehemelte. • **cheilognathopalato~** een door ontwikkelingsstoornis ontstane spleet in lip, kaak en gehemelte. • **cheilognatho~** een door ontwikkelingsstoornis ontstane spleet in lip en kaak. • **cheilo~** *zie* lip | hazen~. • **coelo~** aangeboren spleet i.d. buikwand. • **gastro~** aangeboren spleet i.d. voorwand v.d. buik. • **gnatho~** aangeboren spleet i.d. kaak, meestal de bovenkaak. • **holorachi~** *zie* rachischisis totalis. • **irido~** splijting v.d. iris i.e. voorste en achterste laag. • **merorachi~** *zie* rachischisis partialis. • **onycho~** horizontale splijting v.d. nagels. • **palatognatho~** aangeboren spleet in gehemelte en bovenkaak. • **palato~** gespleten gehemelte, gevolg van uitblijvende vereniging van linker en rechter gedeelte v.h. gehemelte. • **plasmo~** het in brokken uiteenvallen van protoplasma. • **prosopo~** aanwezigheid v.e. spleet i.h. gelaat, bijv. hazenlip. • **rachi~** aangeboren spleet i.d. wervelbogen. • **retino~ 1** aangeboren spleet i.h. netvlies; **2** splijting v.h. netvlies met holtevorming, gepaard met loslating v.d. binnenste netvlieslaag. • **spondylo~** aangeboren spleet i.e. wervelboog. • **stomato~** *zie* lip | hazen~. • **tricho~** splijting v.h. haar.

schisisteam groep deskundigen die zich bezighoudt met de behandeling van patiënten met een lip- en/of gehemeltespleet.

schistocyt gefragmenteerde rode bloedcel bij microangiopathische hemolytische anemie.

schistoglossie aangeboren splijting v.d. tong.

schistoprosopie *zie* schisis | prosopo~.

Schistosoma een geslacht v.d. klasse *Trematoda*, verwekker van schistosomiasis. • ~ *haematobium* verwekker van schistosomiasis. • ~ *intercalatum* een in Zaïre (Kongo) voorkomende soort; veroorzaakt intestinale schistosomiasis. • ~ *japonicum* in Japan, China, Filippijnen, Celebes voorkomend; verwekker v.d. katayama-ziekte. • ~ *mansoni* in Afrika en tropisch Amerika voorkomend.

⊚ **schistosomiasis** infestatie met i.d. bloedvaten levende trematoden, de schistosomen; indeling: bij de mens komen vijf species voor: *Schistosoma mansoni, S. haematobium, S. japonicum, S. intercalatum* en *S. mekongi*.

schistosomicide 1 (bijv. nw.) schistosomen dodend; **2** (z. nw.) schistosomen dodende stof.

schizo- in woordverbindingen met de betekenis 'verdeeld', 'gespleten zijn'.

schizoaffectieve stoornis stoornis waarbij op een bepaald moment een depressieve episode, een manische episode of een gemengde episode aanwezig is tegelijk met symptomen van schizofrenie (wanen, hallucinaties, apathie, affectvervlakking).

schizofreen 1 (bijv. nw.) m.b.t. schizofrenie; **2** (z. nw.) een lijder aan schizofrenie.

⊚ **schizofrenie** chronische psychiatrische stoornis die wordt gekenmerkt door een karakteristieke verstoring v.d. waarneming, het denken en het voelen; indeling: wordt onderverdeeld in paranoïde schizofrenie, gedesorganiseerde schizofrenie, katatone schizofrenie, ongedifferentieerde schizofrenie en resttype; incidentie: prevalentie ca. 1%; ontstaat meestal rond puberteit of vroege volwassenheid. • **paranoïde ~** vorm van schizofrenie met preoccupatie met een of meer wanen en/of frequente gehoorshallucinaties.

schizofreniforme stoornis ziekte met psychotische symptomen.

schizogenie ongeslachtelijke voortplanting door deling van cellen.

schizogonie ongeslachtelijke deling van *Sporozoa*, i.h.b. de malariaparasiet *Plasmodium* i.d. erytrocyt.

schizoïdie diepgaand patroon van afstandelijkheid in sociale relaties en beperkingen i.h. uiten van emoties.

Schizomycetes splijtzwammen, klasse van saprofytair of parasitair levende eencellige plantaardige organismen waarvan sommige pathogeen zijn voor dieren en planten.

schizont ongeslachtelijke delingsvorm van bepaalde *Protozoa*, i.h.b. van malariaparasieten.

schizonticide 1 (bijv. nw.) schizonten dodend; **2** (z. nw.) schizonten dodende stof.

schizotypie diepgaand patroon van sociale

en intermenselijke beperkingen, beginnend i.d. vroege volwassenheid.

Schloffer | schloffergezwel ontstekingstumor i.d. buikwand na appendectomie of een operatie v.e. hernia inguinalis.

schlottergelenk *zie* luxatie | paralytische ~.

Schmieden | ziekte van ~ prolaps van maagslijmvlies i.h. duodenum.

Schmorl | gleuf van ~ gleuf 2 cm onder de longtop, veroorzaakt door druk v.e. te korte eerste rib. • **schmorlnoduli** op röntgenfoto waarneembare uitpuiling van discuskraakbeen i.h. wervellichaam.

Schoemaker | schoemakerlijn de lijn tussen de trochanter en de spina iliaca anterior superior.

schoen | confectie~ fabrieksmatig vervaardigde schoenen, die verkrijgbaar zijn i.e. normale schoenwinkel. • **orthopedische** ~ met de hand vervaardigde schoen die voor de patiënt volledig op maat is gemaakt; hierin kunnen alle benodigde voorzieningen worden ingebouwd. • **revalidatie~** handmatig gemaakte schoen, volledig op maat gemaakt voor de patiënt, van materiaal dat snel te bewerken is. • **semiorthopedische** ~ fabrieksmatig vervaardigde schoen, gemaakt over een diepere leest, waardoor er ruimte is gecreëerd voor een afwijkende voetvorm tezamen met een inlay. • **verband~** fabrieksmatig gemaakte zachte schoen, over een dikkere leest gemaakt, waardoor ruimte bestaat voor een op maat gemaakte inlay en voor verband. • **voorlopige orthopedische** ~ *zie* revalidatie~.

schoenmakersborst *zie* pectus excavatum.

schok *zie* shock. • **elektrische** ~ *zie* shock.

schokgolflithotripsie | percutane ~ vorm van niersteenvergruizing.

schommelstand *zie* mouvement de bascule.

schoorsteentje verpleegkundig jargon voor ontluchting v.d. darm met een slang via de anus.

schorheid onhelder stemgeluid a.g.v. aandoening van stemorganen of overmatige belasting ervan.

schors *zie* cortex. • **bijnier~** buitenlaag v.d. bijnier, afkomstig uit het mesoderm. • **hersen~** *zie* cortex cerebri. • **visuele** ~ *zie* cortex | visuele ~.

Schottmüller | ziekte van ~ *zie* typus | para~.

schouder elk v.d. bovenste delen v.d. romp naast het hoofd v.d. arm tot de hals. • **frozen shoulder** *zie* frozen shoulder. • **golf~** schouderpijn bij golfspelers door overbelasting v.d. lange bicepspees. • **idiopathische stijve** ~ *zie* frozen shoulder. • **stijve** ~ *zie* frozen shoulder.

schouderblad *zie* scapula.

⊙ **schoudergewrichtsluxatie** arm uit de kom.

schouderhoogstand hoogstand v.d. scapula.

schouderontwrichting *zie* schoudergewrichtsluxatie.

schriftstoornis afwijkend schrift, met bijv. verkleining, vergroting of onregelmatigheid v.d. letters.

schrijfstoornis *zie* agrafie.

Schröder | schröderoperatie excisie v.d. uterusmucosa bij chronische endometritis.

schub aanval; de term wordt vnl. gebruikt m.b.t. schizofrenie en multipele sclerose.

schudmengsel combinatie v.e. vloeistof en een vaste stof die na schudden homogeen wordt, maar na korte tijd weer uitzakt.

schurft *zie* scabiës.

schurftgang *zie* cuniculus.

schurftmijt *zie* Sarcoptes scabiei.

schuurpapieraspect term voor de beschrijving v.h. radiodiagnostisch beeld van zeer oppervlakkige ulceraties zoals die bij colitis ulcerosa worden gevonden.

schwalbelichaampje *zie* calculus gustatorius.

Schwann | schwanncellen grote kernhoudende syncytia die de binnenste laag v.d. schede van Schwann vormen.

schwannoom goedaardige tumor van cellen die de perifere zenuwschede vormen; meest voorkomende benigne tumor van perifere zenuwen.

Schweigger-Seidel | schakelstuk van ~ verbindingsstuk tussen lis van Henle en verzamelbuisje i.d. nier.

sciascopie 1 schaduwproef ter bepaling v.d. refractie v.h. oog door observatie v.d. schaduw die men bij beweging v.d. oogspiegel i.h. pupilvlak zich ziet verplaatsen; 2 röntgenoscopie.

sciatica *zie* ischias.

SCID *zie* deficiëntie | ernstige gecombineerde immuno~.

scillisme vergiftiging door *Scilla maritima* (zeeajuin).

scinti-encefalografie *zie* scan | hersen~.

scintigrafie beeldvormende nucleairdiag-

nostische techniek waarbij radioactief gelabelde stoffen worden toegediend en zich in weefsels en organen verspreiden de hierbij uitgezonden gammastraling wordt geregistreerd. • **bijnier**~ scintigrafie v.d. bijnier voor diagnostiek van hyperaldosteronisme, hypercortisolisme of neuro-endocrien tumorweefsel. • **bijschildklier**~ s. ter opsporing v.e. bijschildklieradenoom.
• **bloodpool**~ s. met Tc-99m-gelabelde autologe erytrocyten. • **bot**~ zie skelet~. • **cisterno**~ dynamische s. waarbij de verplaatsing en de verdeling i.d. tijd v.h. i.d. liquorruimte ingebrachte radiofarmacon worden beoordeeld. • **doorbloedings**~ zie perfusie~. • **driefasenskelet**~ s. v.h. skelet waarbij op drie tijdstippen na het intraveneus inspuiten v.e. Tc-99m- verbinding scintigrammen worden gemaakt. • **gallium-67**~ s. waarbij wordt gebruikgemaakt v.h. radionuclide Ga-67-citraat. • **galweg**~ dynamische s. van galwegen en lever. • **hartperfusie**~ zie myocardperfusie~. • **leukocyten**~ scintigrafie van autoloog of monoklonaal gelabelde leukocyten bij diagnostiek van ontstekingen. • **lever**~ scintigrafie d.m.v. inspuiting i.e. ader v.e. kleine hoeveelheid lichtradioactieve stof, die door de lever wordt opgenomen. • **longperfusie**~ zie long~. • **long**~ scintigrafie v.d. longen.
• **lymfe**~ scintigrafie v.h. lymfebaansysteem. • **milt**~ scintigrafie ter aantoning/uitsluiting v.d. aanwezigheid van bijmilten bij idiopathische trombocytopenische purpura. • **myocardperfusie**~ scintigrafie v.h. myocard ter beoordeling v.d. doorbloeding v.d. coronairarteriën in rust (hartperfusie) en evt. na inspanning. • **nier**~ scintigrafie v.d. nieren. • **perfusie**~ 1 scintigrafie voor beeldvorming in snel opeenvolgende opnamen v.d. eerste passage v.e. geïnjecteerd radiofarmacon door een orgaan; 2 scintigrafie voor beeldvorming v.d. door de bloedcirculatie bepaalde verdeling v.e. radiofarmacon in capillairen of cellen. • **radioocolloïdlymfo**~ methode om lymfeafvloed v.h. mammatumorgebied na te bootsen om de eerste afvoerende lymfeklieren (schildwachtklier) in beeld te brengen met injectie van radioactief dragend materiaal. • **radioimmuno**~ scintigrafie met radioactief gelabelde monoklonale antilichamen ter lokalisatie en stagering van tumoren en metastasen. • **schildklier**~ scintigrafie met

^{123}I. • **skelet**~ s. van skelet(onderdelen) waarbij pathologische processen al dan niet als hotspots of coldspots zichtbaar kunnen worden gemaakt. • **thalliuminspannings**~ onderzoeksmethode waarbij myocardscintigrafie d.m.v. radioactief gemerkt thallium wordt gecombineerd met een inspanningsproef. • **ventilatie-perfusie**~ combinatieonderzoek van perfusiescintigrafie en ventilatiescintigrafie v.d. longen. • **V/Q-**~ zie ventilatie-perfusie~.

scintigram grafische weergave van bij scintigrafie verkregen gegevens.

scintillans flikkerend; vb. scotoma scintillans.

scintillatie 1 het geheel v.d. lichtflitsjes die i.d. gammacamera waarneembaar worden gemaakt; **2** fotopsie.

scintillatiecamera zie gammacamera.

scintillatiedetector meetinstrument dat gammastraling detecteert.

scintillatiekristal groot en vlak natriumjodidekristal met een diameter van 25 tot 45 cm of meer en een dikte van 2 cm of minder dat gammastraling in scintillaties omzet.

scintillatieteller fotoversterkingsbuis die bij scintigrafie het aantal scintillaties telt.

scirrhosus m.b.t., of lijkend op scirrhus, skirreus; vb. carcinoma scirrhosum (= scirrhus).

scirrhus harde bindweefsel- of vezelkanker met hard, vezelig stroma en weinig kankercellen.

scissipariteit zie schizogenie.

scissura spleet, kloof. • ~ **pilorum** splijting van haren van buiten af.

SCLC (small-cell lung cancer) zie bronchuscarcinoom.

sclera buitenste, wit-opake, harde omhulling v.d. oogbol, waaraan de uitwendige oogspieren insereren.

scleradenitis ontsteking en verharding v.e. klier.

sclerectasie uitpuiling v.e. deel v.d. sclera.

sclerectomie 1 (oogheelk.) operatie tegen glaucoma waarbij een stuk sclera bij de limbus wordt uitgesneden; **2** (kno-heelk.) verwijdering van gescleroseerde delen uit het middenoor na otitis media.

scleritis pijnlijke, langdurige ontsteking v.d. sclera.

sclerochoroïditis ontsteking van sclera en choroidea samen.

sclerocompressietherapie behandelmethode van spataderen door een scleroserende vloeistof i.d. spatader te spuiten en een drukverband aan te leggen. • **echogeleide** ~ (ESCT) varicesbehandeling met schuim mengsel.

sclerodactylie plaatselijke sclerodermie aan de vingers of tenen, waardoor deze onvoldoende kunnen worden gestrekt.

sclerodermie overmatige vorming en afwijkende samenstelling van collageen. • **scleroderma circumscriptum** plaatselijke s., een goedaardige, op de romp gelokaliseerde 'plaque', met een lila ring eromheen. • **scleroderma diffusum** ernstige, vaak letale systeemziekte met strakke huid, 'papegaaiensnavel', maculeuze teleangiëctasieën, algemene bindweefseldegeneratie. • **lineaire** ~ streepvormige sclerodermie aan een extremiteit. • **sclérodermie en bande** [F] vaste strengen van sclerodermahaarden op arm of been. • **sclérodermie en coup de sabre** [F] lineaire morfea over het voorhoofd lopend; lijkt op een ingedeukt litteken.

scleroftalmie ontwikkelingsstoornis waarbij gebrekkige differentiëring plaatsvindt tussen cornea en sclera, zodat alleen het centrum v.d. cornea doorzichtig blijft.

sclero-iridectomie excisie v.e. stuk sclera en iris bij glaucoom.

scleromalacie | scleromalacia perforans verweking met perforatie v.d. sclera, bij reumatoïde artritis. • **scleromalacia senilis** s. op hoge leeftijd.

scleromeer 1 segment of metameer v.h. skeletsysteem; 2 de caudale helft v.e. sclerotoom.

scleronychie *zie* yellow nail.

scleroom 1 scleroderma; 2 harde infiltraten of knobbels i.h. gebied v.d. bovenste luchtwegen, meestal de neus. • **scleroma respiratorium** *zie* rinoscleroom.

scleroproteïne eiwit v.d. steunweefsels (elastine, keratine, reticuline).

sclerosans scleroserend, verhardend; vb. osteomyelitis sclerosans (Garré), leukoencephalitis sclerosans subacuta.

sclerose verharding. • **acro**~ sclerose van vingers en tenen; ook sclerose van gelaat en nek. • **adeno**~ verharding v.e. klier t.g.v. bindweefselvorming. • **alzheimer** ~ *zie* dementie | alzheimer~. • **amyotrofe laterale** ~ (ALS) *zie* amyotrofe laterale sclerose. • **angio**~ verharding van vaten. • **arterio**~ alle veranderingen v.d. arteriewand die gepaard gaan met sclerose, o.a. atherosclerose, mediasclerose van Mönckeberg en arteriosclerose bij hypertensie; '(slag)aderverkalking' is een lekenterm. • **athero**~ *zie* atherosclerose. • **bot**~ *zie* osteo~. • **calcificerende media**~ van Mönckeberg sclerose met kalkneerslag i.d. tunica media die niet met vernauwing v.h. vaatlumen gepaard gaat. • **coronaire** ~ arteriosclerose v.d. coronairarteriën. • **dermatolipo**~ bruinachtige geïndureerde huidgebieden a.g.v. chronische (lymfatico)veneuze insufficiëntie v.d. beenvaten. • **diffuse hersen**~ *zie* ziekte van Schilder. • **diffuse** ~ *zie* ziekte van Schilder. • **faco**~ verharding v.c. lens, harde cataract. • **flebo**~ verdikking en verharding v.d. aderwand,. • **glomerulo**~ *zie* nefrosclerose. • **infantiele familiale** ~ *zie* leukodystrofie | globoïdcellige ~. • **laterale** ~ verharding v.d. columnae laterales v.h. ruggenmerg. • **limited systemic sclerosis** (LSCC) *zie* syndroom | CREST~. • **mesiale temporale** ~ histopathologische afwijking die vaak wordt gevonden bij temporalekwabepilepsie. • **multipele** ~ (MS) *zie* multipele sclerose. • **myelo**~ sclerose v.h. ruggenmerg of v.h. beenmerg. • **myo**~ spierverharding. • **nefro**~ *zie* nefrosclerose. • **neuro**~ verharding van zenuwweefsel of v.e. zenuw. • **osteomyelo**~ de aanwezigheid van benige uitwassen i.h. beenmerg, gepaard gaand met fibrosering v.h. beenmerg. • **osteo**~ botverharding. • **oto**~ vorming van spongieus been in midden- en binnenoor, m.a.g. ankylose v.d. stapes en dientengevolge doofheid. • **pseudo**~ van Westphal-Strümpell *zie* Strümpell | westphal-strümpellpseudosclerose. • **relapsing remitting multiple sclerosis** (RR-MS) *zie* multipele sclerose. • **schuim**~ methode van scleroseren van varices waarbij de vene wordt geïnjecteerd met schuim dat is gemaakt v.e. sclerosans met detergente eigenschappen en een gas. • **sclérose en plaques** [F] *zie* multipele sclerose. • **sclérose tubéreuse** [F] *zie* tubereuze hersen~. • **sclerosis penis** *zie* ziekte van Peyronie. • **systemische** ~ *zie* sclerodermie. • **tubereuze hersen**~ neurocutaan syndroom, dominant-erfelijk, op de kinderleeftijd beginnend, progressief verlopend, met hamartomateuze tumoren i.d. hersenen, huid (adenomata sebacea), retina (facoom), hart, nieren (angiomyolipomen), longen (pulmonaire lymfangiomyomatose), pancreas en bot.

scleroseren *zie* sclerocompressietherapie.

scleroserend 1 (histol.) verhardend; **2** (vaatchirurgie) *zie* sclerocompressietherapie.

sclerosificans verhardend; vb. keratitis sclerosificans.

sclerostomie operatie waarbij een stukje sclera wordt verwijderd, zodat er een gat achterblijft, bij glaucoom.

sclerosus verhardend; vb. lichen sclerosus.

sclerotherapie therapie bij varices: door een scleroserende vloeistof i.d. spatader te spuiten en een drukverband aan te leggen, ontstaat een plaatselijke aderontsteking, waarna de spatader ineenschrompelt.

scleroticans hard wordend; vb. folliculitis scleroticans.

scleroticectomie *zie* sclerectomie.

sclerotisch verhard.

sclerotizing hemangioma *zie* dermatofibroom | dermatofibroma lenticulare.

sclerotomie het incideren v.d. sclera ter behandeling van glaucoom of ter verwijdering v.e. corpus alienum.

sclerotoom 1 het gedeelte v.e. somiet dat mesenchym wordt en de notochord gaat omhullen; **2** speciaal mes voor het inciderenv.d. sclera.

sclerozone plaats op een beenstuk waar spieren v.e. bepaald myotoom insereren.

scolex 1. kop en hals v.e. lintworm; **2.** appendix vermiformis.

scoliokyfose *zie* scoliose | kyfo~.

scoliolordose scoliose gepaard met lordose.

⊛ **scoliose** zijdelingse kromming v.d. wervelkolom; indeling: functionele of houdingsscoliose en structurele scoliose.
• **antalgische** ~ *zie* Brissaud | brissaudscoliose. • **cnemo**~ zijwaartse kromming v.h. scheenbeen. • **kyfo**~ combinatie van kyfose en scoliose, dus een bocht v.d. wervelkolom naar achteren en een bocht naar opzij. • **statische** ~ scoliose a.g.v. afwijking i.d. stand v.h. bekken.

scoop 1 *zie* endoscoop; **2** achtervoegsel in woordsamenstellingen m.b.t. een instrument waarmee men iets kan bekijken; vb. microscoop. • **slik**~ *zie* endoscopie | videocapsule-~.

scooter-handlebar syndrome *zie* syndroom | fietsstuur-~.

-scopie achtervoegsel in woordsamenstellingen m.b.t. m.b.t. beeldvormend onderzoek.

scopolamine natuurlijk alkaloïd met een parasympathicolytische (anticholinerge) werking via blokkade v.d. muscarinereceptoren.

scorbutus zich langzaam ontwikkelende deficiëntieziekte (gebrek aan vitamine C) met o.a. zwaktegevoel, anemie en bloedingen.

scorbuut *zie* scorbutus.

score getal, index, te berekenen uit een aantal in maten, gewichten en tijdeenheden uitgedrukte gegevens. • **APACHE-**~ (acute physiology and chronic health evaluation score [E]) scoresysteem, gebruikt op intensivecareafdelingen om een maat voor de ernst van ziekte en kans op overleving te geven. • **apgar**~ cijfer dat de conditie v.e. kind ongeveer 60 seconden (en evt. 5 minuten) na de geboorte aangeeft. • **bishop-** score ter aanduiding v.d. rijpheid v.d. cervix bij inductie v.d. baring. • **cervix**~ score die wordt gebruikt om een opgetreden ovulatie aan te tonen of de ovariële hormonale status te beoordelen. • **child-pugh**~ *zie* classificatie | child-pugh-~. • **depressiviteits-** *zie* schaal | depressiviteits-~. • **EMV-**~ score v.d. Glasgow Coma Scale: optelsom v.d. score van Eyes, Motor reaction en Verbal reaction. • **karnofsky-** *zie* index | karnofsky-~.
• **LAP-**~ (leukocyte-alkalic-phosphatase score) bepaling v.h. leukocytenspecifieke alkalische fosfatase in serum. • **MELD-**~ *zie* levercirrose. • **OMV-**~ *zie* EMV-~. • **sharp-** score voor op röntgenbeelden waarneembare boterosies en gewrichtsspleetvernauwingen van 44 gewrichten. • **standaard-** *zie* waarde | Z-~. • **trauma-** beoordelingsmethode om bij slachtoffers v.e. ongeval de ernst v.d. verwondingen in getallen te kunnen uitdrukken. • **t-**~ score die aangeeft hoeveel standaarddeviaties een waarde v.h. gemiddelde i.e. gezonde populatie afwijkt.
• **z-**~ score die aangeeft hoeveel standaarddeviaties de gevonden waarde afwijkt v.d. gemiddelde waarde v.d. eigen leeftijdsgroep.

scotoom gedeeltelijke uitval v.h. gezichtsveld. • **bjerrum-** boogvormig, v.d. blinde vlek uitgaand scotoom, beginsymptoom bij glaucoom. • **boog-** boogvormig scotoom, uitgaande v.d. blinde vlek en overeenkomend met het verloop v.d. zenuwvezels i.h. netvlies. • **centraal** ~ uitval v.h.

midden v.h. gezichtsveld, i.h.b. bij neuritis retrobulbaris en macula-aandoeningen.
• **centrocaecaal** ~ uitval v.h. centrale deel v.h. gezichtsveld en een deel eromheen, dat ook de blinde vlek omvat. • **flikker~** entoptisch fenomeen i.d. vorm v.e. lichtflikkering; typisch verschijnsel bij migraine.
• **neuro~** donkere plek i.h. gezichtsveld, door atrofie van vezels v.d. n. opticus.
• **ring~** uitval v.e. ringvormig gebied rondom het centrum v.h. gezichtsveld. • **scotoma scintillans** *zie* flikker~.

scotopsie *zie* mouches volantes.

scotoscopie *zie* retinoscopie.

scrapie langzaam dodelijk verlopende ziekte bij schapen en geiten door subacute progressieve degeneratie v.h. czs.

screening [E] onderzoek waarbij de algemene populatie wordt onderzocht om asymptomatische gevallen v.e. ziekte op te sporen om deze zo i.e. vroeg stadium beter te kunnen behandelen. • **donor~** onderzoek v.e. donor om te bepalen of het te doneren orgaan geschikt en veilig is. • **eerstetrimesterserum~** serologische tests in het moederlijke serum i.h. eerste trimester v.d. zwangerschap die een indicatie geven over het risico op downsyndroom. • **mamma~** bevolkingsonderzoek op mammacarcinoom, bestaand uit mammografie. • **serologische** ~ systematisch onderzoek v.h. serum v.e. bepaalde bevolkingsgroep op antistoffen.

scrofuloderma huidtuberculose met ontwikkeling van harde knobbels en soms oppervlakkige zweren.

scrophuloderma *zie* scrofuloderma.

scrotaal m.b.t. het scrotum.

scrotaalzak ook onder artsen gebruikelijke verhaspeling ('contaminatie') van 'scrotum' en 'balzak'.

scrotalgie *zie* orchialgie.

scrotum ruime huidplooi als onderdeel v.h. mannelijk uitwendig genitaal, waarin de testikels zich bevinden.

scutulatus schotelvormig; vb. ren scutulatus (koeknier).

scutulum schijfvormige gele korst van schimmelcultuur, i.h. midden door een haar doorboord, op het behaarde hoofd, bij favus.

scybala harde massa's ontlasting, bij obstipatie.

sd (standaarddeviatie) *zie* standaardafwijking.

SDD (selectieve darmdecontaminatie) *zie* decontaminatie | selectieve ~.

SE 1 (neurol.:) *zie* status epilepticus; **2** (stat.:) standard error of fout | standaard~.

sea-blue histiocyte [E] *zie* histiocytose | oceaanblauwe ~.

seagull murmur [E] hartgeruis dat wordt veroorzaakt door uitdrijving van bloed door een nauwe aortaklep.

sebaceus op sebum (huidsmeer) lijkend, sebum-producerend.

sebocystomatosis multiplex familiaire aandoening met talrijke talgkliercysten over hele huid, i.h.b. op de rug.

seboglandulae labiales et buccales aanwezigheid van geelwitte, ronde, speldenknopgrote elementen in wangslijmvlies en lippen, bestaande uit ectopische talgklieren.

seboliet *zie* steen | talgklier~.

seborroe hypersecretie van sebum door de talgklieren v.d. huid, die daardoor met vettige schilfers wordt bedekt. • **seborrhoea adiposa** *zie* zalfgezicht. • **seborrhoea capillitii** vet haar a.g.v. toegenomen talgsecretie *zie* pityriasis capitis. • **seborrhoea capitis neonatorum** schubbige korsten op het hoofd bij kleine kinderen. • **seborrhoea oleosa** *zie* zalfgezicht.

seborroïsch gepaard gaard met seborroe.

sebostase verminderde uitscheiding van talg.

sebum het product v.d. talgklieren v.d. huid. • **~ cutaneum** huidsmeer. • **~ palpebrale** lema. • **~ preputii** *zie* smegma.

secale cornutum graan dat op het veld is met schimmel *Claviceps purpurea* geïnfecteerd is *zie* moederkoren, ergotisme.

secateur (orthop.:) beenschaar.

seceren het verrichten v.e. sectie (obductie); NB: niet te verwarren met 'secerneren'.

secerneren afscheiden, bijv. van exsudaat, hormoon; NB: niet te verwarren met 'seceren'.

secondary drowning het soms bij geredde drenkelingen na een vrij interval ontstaande longoedeem.

second opinion [E] tweede, v.d. eerste beoordelaar onafhankelijke beoordeling v.e. gezondheidsklacht alvorens tot behandeling wordt overgegaan.

second wind het verdwijnen v.d. luchthonger die aanvankelijk bij een zware sportprestatie ontstaat door ophoping van CO_2 i.h. bloed en onvoldoende ventilatie daarvan.

secreet door een klier afgescheiden stof met een bepaalde functie voor het lichaam, naar buiten het lichaam of naar binnen. • **neuro~** door zenuwcellen afgescheiden hormoonachtige substantie. • **prostaat~** zie prostaatvloeistof.

secretagoog secretie stimulerende stof; vb. toxinen van *Vibrio cholerae* of *E. coli*-bacteriën, die de secretie van natrium en chloor i.d. darmwandcellen stimuleren, waardoor secretoire diarree ontstaat, voorts gesynthetiseerde groeihormoonsecretagogen, insulinesecretagogen enz.

secretie afscheiding door een klier. • **apocriene ~** vorm van secretie waarbij ook deel v.h. cytoplasma wordt gesecerneerd. • **eccriene ~** vorm van secretie waarbij alleen het secretieproduct door de cel wordt uitgescheiden. • **holocriene ~** vorm van secretie waarbij de gehele cel in secreet verandert, bijv. bij talgklieren. • **hyper~** overmatige afscheiding van secreet. • **hypo~** onvoldoende afscheiding van secreet. • **interne ~** de inwendige afscheiding van hormonen. • **para~** 1 gestoorde secretie; 2 hypersecretie.

secretiefase postovulatoire periode waarin het baarmoederslijmvlies o.i.v. een stijgende progesteronspiegel geremd wordt i.d. proliferatie en de slijmklieren overgaan tot secretie.

secretine hormoon dat door het slijmvlies v.h. duodenum wordt gevormd wanneer de zure spijsbrij uit de maag met dit slijmvlies in aanraking komt; het hormoon wordt aan het bloed afgegeven en stimuleert de productie van pancreassap (vooral water en elektrolyten) en van gal.

secretoir m.b.t. secretie.

secretolytica zie mucolytica.

sectie 1 (chir.) het openen d.m.v. een incisie; vb. venasectie, arteriesectie; 2 (forens. geneesk.) door incisie openen v.e. lijk om vast te stellen of de dood is ingetreden en of hierbij sprake is geweest v.e. natuurlijke of niet-natuurlijke doodsoorzaak.

sectio 1 snede; 2 segment, onderdeel (anatomische term). • **~ alta** suprapubische cystotomie. • **~ anatomica** lijkopening. • **~ caesarea** zie snede | keizer-~. • **~ caesarea vaginalis** zie keizersnede | vaginale ~. • **~ lateralis** (obsolete chir. ingreep) zijdelingse blaassnede via het perineum, opzij door de fossa ischiorectalis. • **~ legalis** gerechtelijke lijkopening. • **~nes mesencephali** de anatomische delen v.h. mesencephalon. • **~ cadaveris** zie sectio anatomica. • **~ suprapubica** zie sectio alta. • **~nes telencephali** de anatomische delen v.h. telencephalon. • **~nes thalamencephali** de anatomische delen v.h. thalamencephalon. • **~ vesicovaginalis** blaassnede bij vrouwen, v.d. vagina uit.

secundair 1 de tweede plaats innemend; 2 a.g.v. een andere (de primaire) aandoening; bijv. secundaire efflorescentie, secundaire hypoparathyreoïdie; 3 (embryol.) later komend, later aangelegd.

secundaire amyloïdose AA-amyloïdose zie amyloïdose.

secundaire humorale respons zie antistofimmuunrespons | secundaire ~.

secundam intentionem, per ~ zie intentio | sanatio per secundam ~nem.

secundarius secundair; vb. membrana tympani secundaria.

secundina de nageboorte.

secundum artem volgens de (regelen der) kunst.

secundumdefect zie atriumseptumdefect II.

secundus tweede, volgende; vb. fissura secunda.

sedatie 1 toediening van sedativa zie sederen; 2 toestand van verminderd bewustzijn a.g.v. toediening van sedativa (sederende geneesmiddelen). • **lachgas~** sedatie met lage dosis lachgas i.c.m. zuurstof; toegepast bij o.a. tandheelkundige behandeling van mensen met een verstandelijke of lichamelijke beperking of handicap, extreem angstige kinderen en volwassenen. • **palliatieve ~** het toedienen van bewustzijnsverlagende middelen door een arts aan een ernstig zieke patiënt i.d. terminale fase bij niet meer behandelbare angst, pijn of benauwdheid om deze i.e. diepe slaap te brengen. • **relatieve ~** zie lachgas-~. • **terminale ~** toediening van geneesmiddelen (i.h.b. anesthetica) aan een stervende patiënt zonder dat daarbij kunstmatig vocht of voedingsmiddelen worden verstrekt met het doel de patiënt in diepe sedatie in coma te houden totdat de dood intreedt.

sedativum kalmerend geneesmiddel; de

aanduidding 'sedativa' als medicatiegroep wordt niet meer gebruikt en is vervangen door 'anxiolytica'; vb. v.e. sedativum: valeriaan.

sederen 1 het kunstmatig verlagen v.h. bewustzijn door toediening van anxiolytica; 2 (immunol.) het onderdrukken v.e. prikkel; 3 het uitoefenen v.e. kalmerende werking.

sediment bezinksel dat zich afzet door een vloeistof te laten staan of te centrifugeren op de bodem.

sedimenteren 1 een sediment vormen; 2 centrifugeren, zodat zich versneld een sediment afzet.

segment afdeling, gedeelte.

segmentaal m.b.t. een of meer segmenten; vb. s-tale zenuwdegeneratie.

segmentaal spinale spieratrofie *zie* spieratrofie | monomere ~.

segmentaire spasmen *zie* oesofagus | kurkentrekker~.

segmentatie vorming van segmenten.
• **myocard**~ *zie* fragmentatie | fragmentatio myocardii.

segmentdiagnose vaststelling v.h. ruggenmergsegment waar zich een ziekteproces bevindt.

segmentectomie resectie v.e. of meer anatomische segmenten van lever, long enz.

segmentering *zie* metamerie.

segmentkernig voorzien v.e. kern die in segmenten verdeeld is; vb. s-ge leukocyt.

segmentum segment, deel v.e. lichaam of v.e. orgaan.

segregatie (genetica) scheiding van twee genen op een chromosomenpaar gedurende de meiose.

segregator instrument waarmee urine uit elke nier afzonderlijk kan worden opgevangen.

SEH *zie* Spoedeisende Eerste Hulp.

seks (seksuologische def.) lichamelijk contact v.e. mens, gericht op een andere persoon of op zichzelf. • **elektro**~ parafilie waarbij men elektroden met regelbare zwakstroom op de uitwendige genitalia aanbrengt ter verhoging v.h. seksuele genot. • **kamikaze**~ het veelvuldig onveilig seksueel contact hebben met wisselende partners, veelal i.d. wetenschap dat hiermee de kans op het verkrijgen v.e. hivinfectie aanzienlijk wordt verhoogd. • **safe sex** seksueel contact met inachtneming van maatregelen die de overcracht van lichaamsvloeistoffen maximaal beperken, i.h.b. gebruik van condoom, ter voorkoming van soa's. • **wurg**~ *zie* hypoxifilie.

seksschuld schuldgevoel over seksuele handelingen, vaak gebaseerd op de traditionele seksuele beheersingsmoraal.

seksualiteit | deviante ~ vormen van seksuele verlangens die afwijken v.h. gebruikelijke repertoire, en het subject sociale of justitiële problemen kunnen opleveren.
• **para**~ *zie* parafilie.

seksueel contact lichamelijk contact ten behoeve van voortplanting, lustbeleving en/of intimiteit. • **anaal** ~ seksueel contact waarbij de penis, een ander lichaamsdeel dan wel een hulpstuk i.d. anus wordt ingebracht. • **anogenitaal** ~ seksueel contact waarbij penis en anus elkaar raken. • **inbrengend** ~ seksueel contact waarbij de 'actieve' sekspartner de vagina dan wel anus penetreert. • **ontvangend** ~ seksueel contact waarbij de 'passieve' sekspartner vaginaal of anaal wordt gepenetreerd. • **oroanaal** ~ seksueel contact waarbij door het likken v.d. anus orale slijmvliezen met anale slijmvliezen in contact komen. • **orogenitaal** ~ seksueel contact waarbij orale slijmvliezen met genitale slijmvliezen in contact komen. • **passief** ~ *zie* ontvangend ~. • **wisselende seksuele contacten** seksuele contacten met meer dan één partner i.e. en dezelfde periode.

seksueel misbruik het betrekken van afhankelijke personen op basis v.e. machtsrelatie bij onvrijwillige seksuele activiteiten.

seksueel overdraagbare aandoening (soa) infectieuze aandoening die tijdens seksueel contact vnl. d.m.v. slijmvliescontact wordt overgebracht.

seksueel verlangen (seksuol.) positieve instelling c.q. anticipatie op seksuele activiteit.

seksuele aversie afkeer van seksualiteit.

seksuele-aversiestoornis totale stoornis in seksueel verlangen, gepaard gaand met aversie en vermijding van genitaal seksueel contact met partner.

seksuelebevredigingsstoornis het tijdens de herstelfase na seksuele activiteit ervaren gevoel onbevredigd te zijn.

seksuele intimidatie verzamelterm voor uiteenlopende typen van van seksueel

grensoverschrijdend gedrag.
seksuele opwinding (seksuol.) kernbegrip i.d. seksuologie; fase die kan volgen op seksueel verlangen ('zin').
seksueleopwindingsstoornis ontbreken van gevoel van seksuele opwinding en genot tijdens seksuele activiteit.
seksueleresponscyclus grafische weergave v.h. verloop van menselijke fysiologische en psychologische reacties op seksuele prikkels.
seksuologie interdisciplinair specialisme dat zich bezighoudt met seksualiteit en de somatische, psychische en relationele stoornissen die daarbij kunnen optreden.
sekwester necrotisch botdeel dat soms wordt geïsoleerd v.h. gezonde botweefsel door een afkapselende abceswand.
sekwesterlade de beenholte waarin een sekwester ligt.
sekwestratie het proces van zich afscheiden, de afstoting v.h. sekwester t.o.v. de gezonde rest v.h. beenstuk.
sekwestreren het zich isoleren v.e. aangetast bot- of kraakbeendeel van gezond weefsel; vb. wervelsekwester bij HNP.
sekwestrotomie operatieve verwijdering v.e. sekwester.
Seldinger | seldingerkatheterisatie inbrengen i.d. a. femoralis v.e. katheter die wordt doorgeschoven i.d. aorta en die o.a. wordt gebruikt voor arteriografie. • **seldingermethode** methode om percutaan een katheter i.e. hol orgaan te brengen.
select | a~ *zie* random.
selectie 1 keuze volgens (bewuste of onbewuste) voorkeur; **2** zelfselectie.
selectiedruk druk die wordt uitgeoefend door omgevingsfactoren, zoals antibiotica, waardoor een deel v.e. populatie van bijv. micro-organismen wordt onderdrukt en andere populaties of delen ervan in aantal kunnen toenemen.
selectief uitkiezend volgens een bepaald systeem of op grond v.e. bepaalde eigenschap.
selectief abstraheren disadaptieve denkwijze waarbij i.e. complexe situatie slechts één aspect naar voren wordt gehaald.
selectietheorie *zie* darwinisme.
selectieve oestrogeenreceptormodulator (SERM) stof die als oestrogeenagonist op het skelet en het cardiovasculaire systeem werkt en als oestrogeenantagonist op het baarmoederslijmvlies en borstweefsel.
selectieve progesteronreceptormodulator (SPRM) stof die zich aan de progesteronreceptor bindt en een antagonistische, maar ook partieel agonistische werking kan hebben; de uiteindelijke werking is afhankelijk v.h. soort weefsel.
selectine adhesiemolecuul.
selene unguium de lunula, het halvemaantje v.d. nagels.
selenium (Se) element dat belangrijk onderdeel vormt van verschillende enzymen, bijv. glutathionperoxidase.
self-limited *zie* zelflimiterend.
sella zadelvormige indeuking. • *empty ~ zie* lege ~ turcica. • **lege ~ turcica** sella turcica waarin zich bij beeldvorming alleen liquor bevindt. • ~ **turcica** dwarse indeuking boven het midden v.h. sfenoïd; bevat de hypofyse.
sellaris zadelvormig; vb. articulatio sellaris (zadelgewricht).
sellinkmethode *zie* enteroclyse.
seltener Lidschlag *zie* teken van Stellwag.
SEM 1 (statistiek) *zie* standard error of the mean; **2** (neurol.) *zie* metastase | spinale epidurale ~.
semen *zie* sperma.
semi- voorvoegsel in woordverbindingen met de betekenis 'half'.
semicanalis een kanaal dat aan een zijde open is.
semicircularis halfcirkelvormig; vb. ductus semicircularis.
semidecussatie *zie* decussatio | semi-~.
semilunare *zie* os lunatum.
semilunaris halvemaanvormig; vb. hymen semilunaris, velum semilunare.
semilunarium gen. mv. van semilunaris = halvemaanvormig; vb. noduli valvularum semilunarium.
semimembranosus half-vliezig; vb. musculus semimembranosus.
semimuraal letterlijk 'half binnen en half buiten de muren v.h. ziekenhuis'; bij semimurale voorzieningen ligt de intensiteit van bemoeienis met de patiënt tussen intra- en extramurale voorzieningen in.
semimurale behandeling behandeling i.e. voorziening tussen de ambulante en klinische setting in, uiteenlopend van dagklinische psychotherapie tot hulp bij bepaalde functies als wonen, werken, dagstructurering.

seminalis m.b.t. het semen; vb. colliculus seminalis, epithelium seminale.

seminiferus zaad voortbrengend, zaad vervoerend; vb. tubuli seminiferi (mv. van seminiferus).

seminis gen. van semen (= zaad); vb. effluvium seminis.

seminoom *zie* testiscarcinoom. • **ovarieel ~ teratoom** v.d. eierstok; bevat naast ovariumweefsel ook testisweefsel.

semispinalis half aan de wervelkolom ontspringend; vb. musculus semispinalis.

semitendinosus half pezig; vb. musculus semitendinosus.

semitertiana 'half-derdedaagse koorts', met om de andere dag of elke dag een koortsaanval.

senescentie het oud worden.

seniel m.b.t. de ouderdom; vb. dementia senilis, keratoma senile, seniele tremor.

senilisme voortijdige ouderdomsverschijnselen.

senilitas de geestelijke en lichamelijke verschijnselen die met ouderdom gepaard gaan.

senior *zie* bejaard, bejaard | hoog~.

senium 1 de laatste levensfase v.d. mens; **2** senilitas. • **~ praecox** voortijdige aftakeling, senilismus.

senopie verbetering v.h. gezichtsvermogen bij presbyopie a.g.v. lensverharding.

sensate focus behandelonderdeel binnen een sekstherapie waarin paren elkaar wederzijds masseren met als doel een intense concentratie op lichamelijke, lustvolle en ontspannende sensaties v.d. ontvangende partner.

sensatie gewaarwording.

sensation level [E] intensiteit van 85 dB boven de toondrempel waarbij de m. stapedius reflexmatig aanspant.

sensibel m.b.t. sensibiliteit, gevoelig, het gevoel geleidend. • **~ extinctiefenomeen** *zie* extinctiefenomeen | tactiel ~.

sensibilis voelbaar, waarneembaar; vb. perspiratio sensibilis.

sensibilisatie 1 het ontwikkelen v.e. overgevoeligheid; **2** het gesensibiliseerd zijn. • **ABO-~** *zie* incompatibiliteit | ABO-~. • **allo~** primaire immuunrespons bij contact met vreemde HLA-antigenen. • **auto~** proces waarbij een patiënt gesensibiliseerd wordt tegen de afbraakproducten van zijn eigen ontstoken huid. • **de~** *zie* hypo~. • **foto~** het overgevoelig worden v.d. huid voor de inwerking van zonlicht. • **hypo~** vermindering van allergiegevoeligheid door bij patiënten met een IgE-gemedieerde allergie frequent en onder gecontroleerde omstandigheden allergeenhoudende extracten toe te dienen in toenemende doses.

sensibiliseren gevoelig maken v.h. lichaam of een bepaald weefsel voor lichaamsvreemde eiwitten of geneesmiddelen.

sensibilisering het gevoelig (c.q. overgevoelig) worden of maken.

sensibiliteit ontvankelijkheid, i.h.b. v.d. huid, voor prikkels, zoals pijn, druk, warmte, koude. • **exteroceptieve ~** de s. voor de van buiten het lichaam komende prikkels. • **gnostische ~** bewegingszin, positiezin, vibratiezin en discriminatiezin. • **hyper~** overmatige sensibiliteit. • **oppervlakkige ~** sensibiliteit v.d. huid. • **proprioceptieve ~** de functie m.b.t. impulsen die uit het eigen lichaam c.q. hetzelfde orgaan afkomstig zijn en grotendeels onbewust blijven, maar oriëntatie verschaffen omtrent de positie v.h. lichaam en de lichaamsdelen. • **protopathische ~** de primaire 'onvoorwaardelijke' beschermende functie t.a.v. koude, warmte en pijn, ook i.d. ingewanden. • **recurrerende ~** gevoeligheid die schijnbaar via de voorste ruggenmergswortels tot stand komt, maar in werkelijkheid berust op voortgeleiding van sensibele impulsen via de achterste wortels en vezels. • **vibratoire ~** *zie* pallesthesie. • **vitale ~** pijnzin en temperatuurzin.

sensibiliteitsstoornis verandering of uitval van vitale en/of gnostische sensibiliteit. • **gedissocieerde ~** uitval van pijnzin en temperatuurgevoel (vitale sensibiliteit) met intacte fijne tastzin, discriminatiezin en vibratiezin (gnostische sensibiliteit), optredend bij syringomyelie, hematomyelie, tumoren i.h. ruggenmerg, syndroom van Wallenberg en a. spinalis anterior-infarct. • **psychogene ~** uitval v.e. of meer gevoelskwaliteit(en) t.g.v. psychische disfunctie zonder organische oorzaak.

sensitief 1 (fysiol.) ontvankelijk voor prikkels en in staat daarop te reageren; **2** (psychol.) overgevoelig maar juist daardoor onvoldoende in staat om op prikkels adequaat te reageren; **3** (immunolog., zelfst. nw.:) gesensitiseerd(e) antigeen of persoon/ dier die/dat gevoelig is geworden door eerdere blootstelling aan het desbetreffende antigeen; **4** (statistiek, epidemiol.) leidend tot weinig gemiste resultaten i.e. test.

sensitief veld gebied waarin de sensoren liggen die elk via een zenuwtakje verbonden zijn met dezelfde afferente zenuwezel; i.d. huid is soms sterke overlap van sensitieve velden.

sensitiviteit 1 (statist., epidemiol.) proportie v.d. waarnemingen voor een bepaald kenmerk dat ook 'werkelijk' dat kenmerk heeft; **2** (neurofysiol., psychol.) ontvankelijkheid voor prikkels; **3** (lab.diagnostiek) gevoeligheid v.e. bepaling; **4** (psychol.) fijngevoeligheid. • **hypo~** verminderde sensitiviteit.

sensitivitytraining vorm van groepstraining waarbij men onder leiding tracht zoveel mogelijk emoties los te maken, met als doel meer zelfkennis en vermindering van afweer.

sensitizer [E] een substantie die de gevoeligheid verhoogt.

sensomobiliteit het vermogen, op sensorische prikkels met beweging te reageren.

sensor zenuweinde dat een prikkel opvangt en deze doorgeeft naar de zenuwcel. • **arteriële chemo~** zintuigcel i.d. wand van aortaboog en carotisbifurcatie die geprikkeld wordt door een dalende zuurstofspanning of pH of een stijgende koolstofdioxidespanning, waardoor de longventilatie toeneemt. • **baro~** rekkingsgevoelig zintuiglichaampje i.d. wand van aortaboog en sinus caroticus. • **chemo~** centraal of perifeer gelegen structuur die o.i.v. prikkeling via het ademregulatiecentrum voor een toename v.d. longventilatie zorgt. • **diepte~** sensor die meewerkt aan het totstandkomen v.d. druksensatie. • **extero~** zintuigcel, meestal van ectodermale oorsprong, die prikkels uit de buitenwereld ontvangt. • **foto~ 1** lichtgevoelig elementen i.h. netvlies, bestaande uit staafjes; **2** aanduiding v.e. der drie typen kegeltjes i.d. fovea, die gevoelig zijn voor blauw, groen of geelrood licht; deze verzorgen het scherptezien. • **gewrichts~** zintuigcel in gewrichtskapsels en -ligamenten die het centrale zenuwstelsel de belangrijkste informatie verschaft omtrent houding (langzaam adapterende type) en beweging (snel adapterende type). • **intero~** zintuigcel die informatie vanuit de inwendige organen levert aan het centraal zenuwstelsel. • **juxtacapillaire** ~ (J-sensoren) zintuigcel i.h. longinterstitium dicht bij de longcapillairen en met afferente vezels i.d. n. vagus. • **koude~** zintuigcel in huid (en slijmvliezen) die zowel een temperatuursdaling v.d. huid registreert als een statische activiteit vertoont bij een huidtemperatuur tussen circa 10 en 35 graden Celsius. • **mechano~** vrij of (door gespecialiseerde bindweefselelementen) ingekapseld zenuwuiteinde dat gevoelig is voor vervorming en daarop met de vorming v.e. generatorpotentiaal reageert; draagt bij tot het tast- of drukgevoel; vb. lichaampjes van Pacini, Meissner, Merkel en Ruffini. • **noci~** vrij zenuwvezeluiteinde dat bij (dreigende) weefselschade wordt geactiveerd door het vrijkomen van zgn. pijnmediatoren, waarna via snelgeleidende A-delta-vezels een goed lokaliseerbare, scherpe pijn en via langzaam geleidende C-vezels een vagere, zeurende pijn kan worden waargenomen. • **osmo~** i.d. hypothalamus gelegen neuron dat een toename v.d. arteriële osmotische druk detecteert. • **pees~** spanningsdetector van spierpezen, gelegen rondom musculotendineuze overgangen. • **presso~** zie baro~. • **reuk~** hoog i.d. neusholte gelegen zintuigcel voor de reukgewaarwording met microvilli die uitsteken i.e. bedekkende slijmlaag. • **smaak~** zintuigcel voor de smaakgewaarwording die tussen steuncellen in zgn. smaakbekers liggen en het chemosensitieve microvilli door een porie daarvan naar buiten steken. • **tele~** zintuigcel die prikkels registreert die ons v.e. afstand bereiken, i.c. in oog, gehoor- en reukorgaan. • **tensio~** zie baro~. • **warmte~** zintuigcel in huid (of slijmvliezen) die activiteit vertoont bij huidtemperaturen tussen 30 en 47 graden Celsius, maar die ook plotselinge temperatuursstijgingen aan het centrale zenuwstelsel meldt.

sensoreenheid afferente zenuwvezel met alle zintuigcellen die ermee verbonden zijn.

sensoriek waarneming van prikkels vanuit de buitenwereld, het motorisch apparaat en de inwendige organen via zintuigcellen die hun informatie langs afferente zenuwvezelbanen naar het centrale zenuwstelsel doorgeven.

sensorisch m.b.t. de door de zintuigen ont-

vangen prikkels, m.b.t. waarneming.
• ~ **eindorgaan** *zie* eindorgaan | sensibel ~.
sensorische cel zenuwcel waarvan de uitlopers in verbinding staan met een zintuigcel.
sensorische integratie samenvoeging van verschillende soorten informatie i.d. sensorische associatievelden v.d. hersenen.
sensorische neuronopathie *zie* neuropathie | acute sensorische ~.
sensorisch engram sensorisch beeld dat v.e. beweging is gevormd.
sensorium 1 het 'centrum' of de 'zetel' v.h. gevoels- en waarnemingsvermogen; **2** het bewustzijn. • ~ **commune 1** het gedeelte v.d. hersenen dat gevoelsimpulsen ontvangt en doorgeeft naar andere hersencentra; **2** de toestand of de helderheid v.h. bewustzijn.
sensorius sensoor, m.b.t. waarneming; vb. nucleus sensorius, radix sensoria.
sensueel de zinnen aangaand of bevredigend.
sensus 1 *zie* zintuig; **2** waarnemingsvermogen.
sensuum gen. mv. van sensus = zintuig; vb. organum sensuum.
sentinel loop [E] radiodiagnostisch beeld met een afwijking in darmgasconfiguratie die kenmerkend is voor een lokale paralytische ileus.
sentinel node *zie* klier | schildwacht-~.
sentinel node biopsy *zie* biopsie | schildwachtklier-~.
sentinel node hypothesis *zie* hypothese | schildwachtklier-~.
sentinel pile [E] fibromateuze huidlap die een anusfissuur maskeert en die te zien is na spreiding v.d. anus.
separatie 1 (ontwikkelingspsychologie) het afstand nemen van en loslaten v.d. moeder vanaf de peuterleeftijd; **2** (psychiatrie) afzondering v.e. psychiatrische patiënt i.e. separeerkamer.
separatio marginis dislocatie v.d. boven- of onderrand v.e. corpus vertebrae.
separator 1 (nefrol.:) *zie* segregator; **2** (mondheelk.:) tandheelkundig instrument waarmee aan elkaar grenzende gebitselementen van elkaar kunnen worden gescheiden.
separeerkamer prikkelarme ruimte waarin een psychiatrische patiënt kan worden afgezonderd.

SEPS *zie* perforantectomie | subfasciale endoscopische ~.
• **sepsis** toestand waarbij pathogene micro-organismen uit een primaire haard i.d. bloedbaan terechtkomen, zich daar handhaven of zelfs vermeerderen en daarvandaan elders i.h. lichaam secundaire metastatische haarden kunnen vormen; als bij de sepsis toxinen vrijkomen, gaat de bloeddruk meestal omlaag en ontstaat een septische shock; indeling: het onderscheid tussen een sepsis en bacteriëmie is subtiel; bij een bacteriëmie is de gastheer in principe in staat met het eigen immuunapparaat de pathogene micro-organismen en hun toxische producten uit de bloedbaan te verwijderen; bij een sepsis persisteert het micro-organisme, waardoor de bloedbaan zelf een infectieus orgaan is geworden; men maakt onderscheid naar verwekker (bijv. gramnegatieve versus grampositieve sepsis), naar de locatie v.d. infectiebron (bijv. urosepsis, lijnsepsis); ook de leeftijd speelt een belangrijke rol (sepsis neonatorum, sepsis bij kinderen, sepsis bij bejaarden). • **anti~ 1** toestand van relatieve armoede aan micro-organismen door gebruik van antiseptica; **2** het complex van maatregelen die gericht zijn op het bereiken v.d. sub 1 genoemde toestand. • **a~ 1** afwezigheid van micro-organismen; **2** het geheel van maatregelen ter preventie van besmetting van gedesinfecteerde objecten, vloeistoffen, personen en ruimtes. • **coli~** sepsis door *Escherichia coli*. • **focale** ~ s. uitgaand v.e. focus (haard), bijv. een ontstoken tonsil. • **gonokokken~** gegeneraliseerde infectie met *Neisseria gonorrhoea*. • **katheter~** ernstig klinisch beeld met o.a. koorts en bloeddrukdaling door de aanwezigheid van toxische producten i.d. bloedbaan a.g.v. een infectie vanuit een infuus of urinekatheter met pathogene micro-organismen. • **lijn~** sepsis met als *porte d'entrée* een centrale lijn. • **otogene** ~ s. uitgaande v.e. ooraandoening.
• **pneumo~** sepsis door pneumokokken.
• ~ **agranulocytotica** *zie* agranulocytose.
• ~ **cryptogenetica** sepsis van onbekende herkomst. • ~ **intestinalis** *zie* vergiftiging | voedsel~. • ~ **lenta** infectie met *Streptococcus viridans* waarbij zich (langzaam) endocarditis lenta ontwikkelt. • ~ **neonatorum** sepsis bij een zuigeling i.d. eerste vier levensweken met als klinische ver-

schijnselen lethargie, bradycardie, bleekheid, voedingsretentie, hypothermie, die duiden op de aanwezigheid van bacteriën i.d. bloedbaan. • ~ **puerperalis** s. bij een kraamvrouw via ontwikkeling van endometritis puerperalis (kraamvrouwenkoorts). • **uro**~ sepsis of intoxicatie a.g.v. een gecompliceerde urineweginfectie, door resorptie van urinebestanddelen. • **ziekenhuis**~ *zie* infectie | nosocomiale ~.

septaal m.b.t. een septum; vb. cuspis septalis, septaal infarct.

septectomie resectie v.h. neus-septum.

septemie *zie* septikemie.

septeren door een septum scheiden.

septi gen. van septum.

septicaemia *zie* septikemie.

septicine reuk van ptomaïne uit rottend vlees.

septicopyemie pyoseptikemie.

septicus m.b.t. rotting of sepsis; vb. angina septica, *Clostridium s-cum*.

septikemie aanwezigheid en vermeerdering van infectiekiemen i.h. bloed. • **pyo**~ *zie* sepsis.

septikemische pest *zie* pest.

septisch 1 gekenmerkt of veroorzaakt door sepsis; vb. septische koorts; 2 geïnfecteerd, infectieus, i.t.t. aseptisch.

septomarginalis m.b.t. een septum en een rand; vb. trabecula septomarginalis.

septo-optische dysplasie (SOD) aangeboren aandoening, gekenmerkt door het geheel of gedeeltelijk ontbreken v.h. tussenschot tussen de linker- en rechterhelft v.d. hersenen en hypoplasie of atresie v.d. n. opticus.

septulum klein tussenschot.

septum tussenschot. • **atrium**~ *zie* septum interatriale cordis. • **kamer**~ *zie* septum interventriculare cordis. • **neus**~ *zie* septum nasi. • ~ **atrioventriculare** het gedeelte van het hartkamertussenschot dat de rechter boezem scheidt v.d. linker kamer. • ~ **interatriale cordis** tussenschot tussen linker en rechter hartboezem. • ~ **interventriculare cordis** tussenschot tussen rechter en linker hartkamer. • ~ **nasi** het geheel v.h. benige, het kraakbenige en het vliezige septum en de columella nasi. • ~ **nasi osseum** het benig deel v.h. neustussenschot, gevormd door vomer en lamina perpendicularis ossis ethmoidalis. • **ventrikel**~ *zie* septum interventriculare cordis.

septumcorrectie *zie* neusseptumcorrectie.

septumdefect 1 (cardiol.) opening i.e. hartseptum; 2 (kno-heelkunde) opening i.h. neustussenschot. • **atrioventriculair** ~ (AVSD) groep van aangeboren hartafwijkingen met als gemeenschappelijk kenmerk het ontbreken v.h. atrioventriculaire septum. • **atrium**~ (ASD) aangeboren hartafwijking waarbij er een opening bestaat tussen beide hartboezems. • **boezem**~ *zie* atrium~. • **kamer**~ *zie* ventrikel~. • **ventrikel**~ (VSD) aangeboren hartafwijking, bestaande uit een opening i.h. septum tussen de ventrikels.

septumhypertrofie verdikking v.h. tussenschot tussen linker en rechter hartventrikel.

septumperforatie | **neus**~ perforatie v.h. neustussenschot na abces, cocaïnegebruik of iatrogeen.

septus voorzien v.e. septum (schot, tussenschot); vb. uterus septus.

sequela ziekte of ziekelijke toestand na (of a.g.v.) een andere ziekte. • ~**e** de nasleep v.e. ziekte.

sequencing techniek voor het bepalen v.d. volgorde v.d. nucleotiden v.e. DNA-fragment.

sequential blocking [E] toedienen van twee geneesmiddelen die op verschillende niveaus van eenzelfde biochemisch proces ingrijpen.

sequential design [E] onderzoeksopzet voor geneesmiddelen waarbij de te toetsen therapie of de controlemedicatie om en om wordt gegeven aan patiënten die successievelijk i.h. onderzoek worden opgenomen.

sequentie van Robin van Robin syndroom | robin~.

sequester *zie* sekwester.

sequestrans sekwestrerend; vb. pinguecula sequestrans.

sequestrotomie *zie* sekwestrotomie.

sequestrum sekwester.

SER *zie* reticulum | glad endoplasmatisch ~.

sereus serumachtig, m.b.t. serum; waterig.

sereus vocht serumachtige vloeistof, product van sereuze klieren of van ontstoken sereuze vliezen.

sereuze holte holte die wordt begrensd door sereuze vliezen.

seriesneden reeks van op elkaar volgende sneden (coupes) die met een microtoom v.e. weefselstukje worden gemaakt.

serine een aminozuur in eiwit-hydrolysaten, het eerst gevonden in zijdelijm, later in

zweet.
SERM *zie* selectieve oestrogeenreceptormodulator.
sero- voorvoegsel in woordsamenstellingen m.b.t. serum.
seroalbumineus bestaande uit serum en albumine.
seroconcordant koppel twee mensen (bijv. seksuele partners) bij wie d.m.v. serologisch onderzoek is aangetoond dat beiden met een bepaald pathogeen in aanraking zijn geweest.
seroconversie de omslag of het omslaan v.e. negatieve serumreactie i.e. positieve.
serodiagnostiek *zie* diagnostiek | serologische ~.
serodiscordant koppel twee mensen bij wie d.m.v. serologisch onderzoek is aangetoond dat een van beiden met een bepaald pathogeen in aanraking is geweest en de ander (nog) niet.
serofibrineus *zie* serofibrinosus.
serofibrinosus serofibrineus, gecombineerd sereus en fibrineus; vb. stomatitis serofibrinosa.
serologie de wetenschap en de techniek betreffende het onderzoek v.d. door ziekte teweeggebrachte veranderingen i.h. serum, i.h.b. van antistoffen. • **lues~** *zie* syfilis~. • **syfilis~** het geheel van serologische antistofreacties die op syfilis duiden. • **virus~** onderzoek naar virusspecifieke immuunglobulinen i.h. serum van patiënten.
serologisch m.b.t. serologie.
seromucotympanon *zie* otitis media met effusie.
seroom tumor (zwelling) door ophoping van serum of lymfe i.h. weefsel.
seropurulent sereus-etterig.
serosa 1 (z. nw.) *zie* tunica serosa; **2** (bijv. nw.) vr. van serosus; vb. meningitis s-sa.
serosaal m.b.t. serosa, de tunica serosa.
serosanguinolent sereus en bloedig; vb. serosanguineus transsudaat.
serositis ontsteking v.e. serosa (weivlies).
serosus 1 m.b.t. een sereus vlies; **2** gepaard gaand met de afscheiding van sereus vocht; vb. meningitis serosa.
serotien laat komend; vb. serotiene zwangerschap, dens serotinus, partus serotinus.
serotinus *zie* serotien.
serotonerg m.b.t. serotonine, bewerkstelligd door serotonine.
serotonine catecholamine met vaatvernauwende, epinefrineachtige werking; s. wordt gevormd in trombocyten, mestcellen, de hersenen, de enterochroomaffiene cellen v.h. darmepitheel en in carcinoïdtumoren.
serotonineheropnameremmer | selectieve ~ antidepressivum dat farmacodynamisch de heropname van serotonine selectief remt; doorgaans verkort met Engelse letterwoord aangeduid: *selective serotonin-reuptake inhibitor* = SSRI.
serotype type micro-organisme dat alleen door zijn serologische reacties van zijn soortgenoten kan worden onderscheiden.
serovar taxonomische onderverdeling van micro-organismen op basis van antigene determinanten.
serpens aanduiding v.e. ulcus of een gezwel dat voortkruipt: aan de ene zijde geneest het, aan de andere zijde vreet het zich verder in.
serpigineus zich langzaam over een oppervlak verplaatsend, voortkruipend.
Serratia klasse v.d. fam. *Enterobacteriaceae*. • ~ *marcescens* voorkomend op brood en rood pigment vormende schimmel.
serratus getand musculus s-tus, ora s-ta.
Sertoli | sertolicellen langwerpige cellen v.d. tubuli seminiferi testis, waar spermatiden en rijpingsproces doormaken alvorens als spermatozoa te worden afgestoten.
• **sertoli-cell-only-syndroom** syndroom, gekenmerkt door hoge FSH-waarden i.h. serum bij normale LH- en testosteronspiegels die aanleiding geven tot geïsoleerde uitval v.h. spermatogenetische epitheel.
• **sertoli-leydigceltumor** veelal goedaardige tumor, opgebouwd uit sertolicellen, leydigcellen en de primitieve voorstadia daarvan.
serum de vloeistof die uit bloed overblijft nadat alle vormelementen en de fibrine eruit verwijderd zijn. • ~ verkregen uit bloed dat is afgenomen i.e. vroege fase v.e. infectie met het doel de uitgangswaarde v.d. antilichaamtiter vast te stellen.
• **antilymfocyten~** (ALS) serum v.e. dier dat geïmmuniseerd is met lymfocyten v.e. andere diersoort. • **anti~** serum v.e. dier dat men geïnfecteerd heeft met bepaalde bacteriën, om het antistoffen hiertegen te laten vormen. • **antitetanus~** (ATS) dierlijk serum met antistof tegen tetanusbacteriën, bestemd voor onmiddellijke immunisatie.

- **bloed~** de vloeistof die zich bij stolling v.h. bloed afscheidt v.h. gevormde stolsel. • **coombs~** serum met antistoffen tegen menselijke globulinen. • **difterie~** dierlijk serum dat tegen difterie gericht antitoxine bevat. • **hemotroop** ~ serum dat een gerichte fagocytose van bloedcellen teweegbrengt. • **hyperimmuun** ~ serum met hoge concentratie van immuunstoffen. • **immuun~** serum v.e. dier dat tevoren tegen een bepaalde ziekte actief geïmmuniseerd is en dat dientengevolge antistof tegen deze ziekte bevat. • **polyvalent** ~ antiserum dat is verkregen v.e. dier dat voor verschillende bacteriën ontvankelijk is gemaakt en dat dus een aantal verschillende antistoffen bevat. • **prikkel~** weefselvocht dat wordt verkregen door wrijven over of knijpen i.e. huidafwijking en dat is bestemd voor onderzoek op *Treponema pallidum* of op leprabacillen. • **reconvalescenten~** serum v.e. persoon die hersteld is v.e. infectieziekte. • **spijt~** extra buisje serum, ingevroren om op een later tijdstip wellicht alsnog te kunnen komen tot een diagnose die aanvankelijk niet was gesteld. • **streptokokken~** serum met antistoffen tegen streptokokken. • **tetanus~** antistoffen, afkomstig van mensen die op natuurlijke wijze een tetanusinfectie hebben doorgemaakt.

serumallergietest *zie* test | radio-immunosorbent-.

serumamyloïd A (SAA) *zie* amyloïdose.

serumbactericidie de bacteriedodende eigenschap van bloedserum veroorzaakt door bactericide, opsonische en neutraliserende antilichamen.

serumdiagnostiek *zie* diagnostiek | serologische ~.

serumglutamaatoxaalacetaattransaminase (SGOT) *zie* transaminase.

serumglutamaatpyruvaattransaminase (SGPT) *zie* transaminase.

serumproteïne *zie* eiwit | serum~.

SES *zie* status | sociaaleconomische ~.

sesam zaad v.d. *Sesamum indicum*.

sesamoideus lijkend op sesamzaad; vb. os sesamoideum.

sessiel onveranderlijk van plaats; vb. sessiele poliep.

sessiele cellen vastzittende cellen (als tegenstelling tot zwerfcellen).

seton draad die door een hoge perianale fistel wordt gevoerd.

⊕ **severe acute respiratory syndrome** (SARS) ernstige atypische pneumonie die door het SARS-coronavirus wordt veroorzaakt.

severe combined immunodeficiency (SCID) [E.] *zie* deficiëntie | ernstige gecombineerde immuno-~.

sexarche eerste intravaginale coïtus.

sex-linked [E] geslachtsgebonden (beter: X-chromosomaal gebonden).

sex-linked inheritance [E] aan het geslacht gebonden erfelijkheid.

sex reassignment surgery *zie* geslachtsaanpassende behandeling.

sexualis het geslachtsleven betreffend; vb. anaesthesia sexualis.

sexus sekse, geslacht.

Sézary | sézarycel soort reuscel (abnormale lymfocyt) i.h. bloed, bij sézaryreticulose.

S-fase synthesefase v.d. celdeling.

sfenoïd *zie* os sphenoidale.

sfenoïditis sinusitis sphenoidalis, ontsteking v.d. sinus sphenoidalis.

sferisch bolvormig.

sferische brillenglazen glazen waarvan het brekend vlak een deel is v.e. boloppervlak.

sferocyt bolvormige erytrocyt.

sferocytose aanwezigheid van sferocyten i.h. bloed. • **congenitale** ~ meest voorkomende erfelijke hemolytische anemie in gematigd klimaat.

sferoplast onder invloed van lysosym of antibiotica ontstane celwandarme sferische bacteriële cel, die alleen in media met hoge osmotische druk kan overleven.

sfincter spier die een opening afsluit. • **anus~** sluitingsmechanisme v.d. endeldarm, bestaat uit twee kringspieren. • **blaas~** *zie* kringspier | blaas~. • **bovenste slokdarm~** (dwarsgestreepte) sluitspier die het boveneinde v.d. slokdarm afsluit. • **faryngo-oesofageale** ~ *zie* bovenste slokdarm~. • **gastro-oesofageale** ~ kringspier aan het ondereinde v.d. oesofagus ter hoogte v.d. maagingang. • **onderste slokdarm~** kringspier die het ondereinde v.d. slokdarm afsluit, waardoor reflux v.d. maaginhoud wordt voorkomen. • **precapillaire** ~ gladde spiervezels rondom het begin v.e. capillair waarmee deze parallelweg voor de bloedcellen bij geringe weefselarbeid kan worden afgesloten. • **sphincter pupillae** *zie* musculus sphincter pupillae. • **urethra~** *zie* musculus sphincter urethrae.

sfincterdyssynergie onvoldoende ontspanning v.d. bekkenbodemspieren in verhouding tot de activiteit v.d. blaas tijdens de mictie.

sfincterectomie excisie v.e. sluitspier of deel ervan (i.d. darm, i.h. oog).

sfincterolyse losmaking v.d. door synechiae anteriores aan de cornea vastgegroeide iris.

sfincterotomie doorsnijding, klieving v.e. sluitspier. · **interne** ~ klieving v.d. m. sphincter ani internus, bij fissura ani.

sfingolipiden fosfolipiden die sfingosine bevatten.

sfingolipidose abnormale stapeling van sfingolipiden t.g.v. lysosomale enzymdeficiëntie.

sfingomyelinase in leukocyten voorkomend enzym dat sfingomyeline ontleedt.

sfingomyeline i.d. hersenen voorkomende sfingolipide.

sfingosine een basische amino-alcohol, voorkomend in sfingomyeline en in cerebrosiden.

sfinxgezicht *zie* facies myopathica.

sfygmomanometer apparaat ter indirecte meting v.d. bloeddruk.

SGA *zie* small for gestational age.

SGOT serumglutamaatoxaalacetaattransaminase.

SGPT serumglutamaatpyruvaattransaminase.

shadow cast [E] een door bestuiving met een zwaar metaal geprepareerd weefselstukje voor elektronenmicroscopisch onderzoek.

sham [E] imitatie, schijn.

shamingreep een in experimentele situaties gebruikelijke controle-ingreep met weglating v.d. te beproeven stof.

sham rage toestand van agressieve motorische activiteit zonder emotionele aanleiding, bij proefdieren op te wekken door prikkeling van bepaalde hypothalamusgedeelten d.m.v. elektroden.

SHBG *zie* globuline | sex-hormone-binding ~.

shedding 1 (gynaecol.) afstoting v.h. endometrium tijdens de menstruatie; 2 (virologie) verspreiding v.e. virus buiten de drager ervan, bijv. door contact met geïnfecteerde huid, slijmvliezen, laesies (blaasjes) en geïnfecteerde vloeistoffen van laesies.

shell shock posttraumatische stressstoornis, tegenwoordig beschouwd als emotionele reactie op de stress v.d. oorlog.

S-hemoglobinopathie 1 sikkelcelziekte; 2 sikkelceltrait.

Sherrington | **decerebratie volgens** ~ snede i.d. hersenstam, vlak voor de corpora quadrigemina (= colliculi laminae tecti). · **wet van** ~ 1 elke achterste ruggenmergszenuwwortel verzorgt een bepaald huidgedeelte; 2 wanneer een spier een impuls tot contractie ontvangt, krijgt de antagonist van deze spier tegelijkertijd een impuls tot verslapping.

shiatsu *zie* acupressuur.

shift [E] *zie* antigene shift.

Shigella geslacht v.d. klasse *Salmonelleae*.

shigellose intestinale infectie met *Shigella dysenteriae*; aangifteplichtige ziekte.

shingles *zie* herpes zoster

● **shock** levensbedreigende toestand na ernstig letsel of bij ernstige ziekte, berustend op een wanverhouding tussen de hoeveelheid circulerend bloed en de omvang v.d. vaatbaan; indeling: *naar oorzaak*: neurogene shock, septische shock, anafylactische shock, cardiogene shock, hypovolemische shock, hemorragische shock, obstructieve shock; *naar gevolg*: refractaire shock, irreversibele shock, distributieve shock. · **anafylactische** ~ ernstige gegeneraliseerde overgevoeligheidsreactie, gekenmerkt door vasodilatatie en verhoogde vaatpermeabiliteit, waarbij de bloeddruk daalt. · **cardiale** ~ toestand die wordt gekenmerkt door hypotensie, tachycardie, vaatvernauwing, zweten, geeuwen, soms bewusteloosheid, t.g.v. ernstig acuut hartfalen. · **cardiogene** ~ *zie* cardiale ~ · **cardiovasculaire** ~ bloeddrukdaling a.g.v. tekortschietende circulatie, veelal levensbedreigend. · **circulatoire** ~ *zie* collaps. · **distributieve** ~ shock door herverdeling van bloed en vocht binnen het vaatstelsel. · **endotoxine** ~ shock op basis van massale productie van cytokinen, getriggerd door bacteriële endotoxinen (vnl. van gramnegatieve bacteriën); kan leiden tot levensbedreigende koorts, circulatoire collaps, diffuse intravasculaire coagulatie en hemorragische necrose.

· **hemorragische** ~ shock bij of a.g.v. groot bloedverlies. · **hypoglykemische** ~ plotselinge daling v.d. bloedglucoseconcentratie door overdosering van insuline; gekenmerkt door tremor, zweten, duizeligheid, dubbelzien, epileptische insulten, collaps.

- **hypovolemische** ~ s. bij hypovolemie.
- **insuline**~ *zie* hypoglykemische ~. • **irreversibele** ~ s. die niet meer op therapie reageert. • **neurogene** ~ s. door disfunctie v.h. zenuwstelsel. • **obstructieve** ~ shock die is veroorzaakt door obstructie ergens i.h. cardiovasculaire systeem. • **refractaire** ~ *zie* irreversibele ~. • **septikemische** ~ *zie* endotoxine~. • **septische** ~ shocktoestand bij infectieziekten die gepaard gaan met productie van toxinen. • **spinale** ~ toestand i.d. acute fase v.e. dwarslaesie waarbij de verlamde spieren en blaas hypotoon zijn en de spierrekkingsreflexen zijn opgeheven *zie* dwarslaesie. • **toxisch-infectieuze** ~ *zie* septische ~. • **vasculaire** ~ *zie* distributieve ~. • **verbloedings**~ *zie* hemorragische ~.

shock 1 (interne geneesk., circulatoir) *zie* shock; 2 (psych.) emotionele stoornis a.g.v. een sterke emotionele gebeurtenis; 3 (E., natuurk.) effect van stroom of een elektrische ontlading op het lichaam *zie* elektroconvulsieve therapie. • **psychische** ~ shock a.g.v. sterke emotie.

shockable rhythm hartritme waarbij een defibrillatieshock moet worden toegepast om weer een zodanig ritme te verkrijgen dat een effectieve pompwerking v.h. hart mogelijk is.

short-term culture *zie* cultuur | kortetermijn~.

shotgun therapy behandeling door toediening v.e. groot aantal geneesmiddelen i.d. hoop dat één ervan zal baten.

shoulder-hand syndrome *zie* syndroom | schouder-hand~.

shunt 1 chir. aangelegde verkortende verbinding tussen twee bloedvaten of vaatsystemen; 2 (cardiol., pulmonol.:) fenomeen waarbij een deel v.d. alveoli wel wordt geperfundeerd, maar niet wordt geventileerd. • **arterioveneuze** ~ abnormale verbinding tussen het arteriële en veneuze vaatbed. • **blalock**~ operatietechniek bij tetralogie van Fallot, ontwikkeld door Blalock en Hanlon. • **brescia**~ *zie* cimino-brescia~. • **cimino-brescia**~ chirurgische arterioveneuze anastomose i.d. onderarm die verwijding v.d. venen veroorzaakt. • **dialyse**~ shunt ten behoeve van chronische hemodialyse. • **leveen**~ shunt, toegepast bij ascites. • **links-rechts**~ bloedstroom v.d. systeemveneuze circulatie naar de systeemarteriële circulatie via een interatriale, interventriculaire of interarteriële communicatie. • **peritoneoveneuze** ~ *zie* leveen~.
- **portocavale** ~ operatief aangelegde verbindingsweg tussen het gebied v.d. v. portae en dat v.d. v. cava, ter vermindering v.e. bestaande portale hypertensie. • **portosystemische** ~ *zie* portocavale ~. • **scribner**~ permanente arterioveneuze shunt wordt aangelegd voor aansluiting op een hemodialysator. • ~ **van LeVeen** *zie* leveen~.
- • ~ **van Scribner** *zie* scribner~. • **splenorenale** ~ kunstmatige verbinding tussen de miltader en de linker nierader. • **transjugulaire intrahepatische portosystemische** ~ (TIPS) *zie* portocavale ~. • **ventriculoatriale** ~ chirurgisch aangelegde verbinding tussen een hersenkamer en een hartboezem d.m.v. een drain. • **ventriculoperitoneale** ~ chirurgisch aangelegde verbinding tussen een v.d. twee zijhersenventrikels en het peritoneum d.m.v. een drain.
- **warren**~ splenorenale shunt die is aangelegd wegens portale hypertensie.

SI 1 saturation index; 2 *zie* syncytium-inducerend; 3 sacro-iliacaal; vb. SI-gewricht.

SIADH *zie* syndroom van inadequate secretie van antidiuretisch hormoon.

sialadenose speekselklierziekte t.g.v. stofwisselings- en secretiestoornissen.

sialidose oligosacharidose t.g.v. aangeboren deficiëntie v.h. lysosomale enzym sialidase, waardoor zich siaalzuur in weefsels en urine ophoopt.

sialoadenectomie excisie v.e. speekselklier.

sialoadenitis bacteriële of virale ontsteking v.e. speekselklier, meestal de glandula parotidea.

sialodochitis ontsteking v.d. afvoergang v.e. speekselklier.

sialo-ectasie verwijding v.e. afvoergang v.e. speekselklier.

sialografie röntgenologische afbeelding v.d. speekselafvoergangen, na inspuiting v.e. contraststof.

sialoliet concrement i.e. speekselafvoergang; kan leiden tot speekselkoliek.

sialolithiase vorming van speekselstenen.

sialopenie verlaagde speekselproductie.

sialorroe *zie* speekselvloed.

sialose 1 degeneratieve speekselklieraandoening; 2 *zie* speekselvloed.

Siamese tweeling *zie* dubbelmonstrum.

Siberische tekenkoorts *zie* koorts | Noord-Aziatische teken~.

sibling (sib) [E] zus of broer v.e. individu; meervoud in jargon: 'de sibs'.

sIBM sporadisch voorkomende inclusion-body-myositis *zie* myositis.

siccus droog; vb. partus siccus, bronchitis sicca.

sickle-cell trait [E] erfelijke, familiaal voorkomende neiging tot sikkelcelvorming, zonder anemie.

sickness impact profile (SIP) [E] meetinstrument om de invloed v.e. ziekte op het lichamelijk en geestelijk functioneren te evalueren.

siderans bliksemsnel verlopend; vb. pestis siderans; syn. fulminans, foudroyant.

sidero- voorvoegsel in woordverbindingen m.b.t. ijzer.

sideroachrestisch gepaard gaan met nietgebruikt ijzer.

sideroblast | **pathologische** ~ sideroblast waarin door deficiënte heemsynthese veel ijzerkorrels liggen.

sideroblastair *zie* sideroblastisch.

sideroblastisch gepaard met de aanwezigheid van sideroblasten i.h. bloed.

siderocyt erytrocyt met korrels bestaande uit ijzer dat niet voor de heemsynthese is gebruikt.

siderocytose aanwezigheid van siderocyten i.h. bloed.

siderofaag 1 histiocyt die ijzerpigment heeft gefagocyteerd; **2** hartgebrekcel.

siderofiel met affiniteit tot ijzer, met ijzerabsorberend vermogen.

siderofiline *zie* transferrine.

siderofoor 1 in micro-organismen aanwezig molecuul dat ijzer kan binden; **2** een hemosiderine bevattende macrofaag.

sideropenie ijzertekort.

sideroscoop toestel met een gevoelige magneetnaald, waarmee men ijzersplinters i.h. oog kan opsporen.

siderose 1 afzetting van ijzer i.d. weefsels; **2** overmaat van ijzer i.h. bloed. • **siderosis bulbi** afzetting van ijzer i.d. oogbol a.g.v. bij langdurige aanwezigheid v.e. ijzersplinter i.h. oog. • **siderosis conjunctivae** roestachtige verkleuring v.d. conjunctiva. • **siderosis cutis** aanwezigheid van ijzerdeeltjes i.d. huid. • **siderosis pulmonum** afzetting van ijzerdeeltjes i.d. longen.

siderostaat toestel met een sterke magneet, waarmee men ijzersplinters uit het oog kan verwijderen.

sideroticus m.b.t. siderosis; vb. pneumoconiosis siderotica.

side to end [E] *zie* hechting | end-to-side-~.

side to side [E] type van darmhechting waarbij een darmgedeelte met de zijkant wordt gehecht de zijkant v.e. ander darmgedeelte.

SIDS (sudden-infant-death syndrome) *zie* wiegendood.

siegleoortrechter met een door een loep afgesloten oortrechter waaraan een luchtballon bevestigd is.

sievert (Sv) eenheid voor de mate van stralingsbelasting. • **micro-** een miljoenste sievert, maat voor stralingsdosisequivalent.

sigma de Griekse letter s.

sigmacisme *zie* lispelen.

sigmatisme *zie* lispelen.

sigmoïdectomie operatieve verwijdering v.h. sigmoïd.

sigmoïdeus m.b.t. het sigmoïd; vb. sinus sigmoideus, flexura sigmoidea, colon sigmoideum.

sigmoïditis ontsteking v.h. sigmoïd.

sigmoïdorectostomie het maken v.e. anastomose tussen het sigmoïd en het rectum.

sigmoïdoscopie onderzoek waarbij het S-vormige deel v.h. colon inwendig wordt bekeken met een endoscoop.

sigmoïdostomie het aanleggen v.e. anus praeternaturalis vanuit het sigmoïd.

sign *zie* teken. • **banana** ~ *zie* teken | banana~. • **Battle's** ~ *zie* teken van Battle. • **colon cut-off** ~ [E] onderbreking v.d. luchtvulling i.d. linker en de rechter flexura coli. • **groove** ~ [E] lineaire inkeping in bubo ter hoogte v.h. ligamentum inguinale. • **Gunn's crossing** ~ schijnbare verdwijning v.e. netvliesader vlak voor en na de kruising daarvan door een arterie. • **lemon** ~ *zie* teken | citroenvorm~. • **puddle** ~ [E] een verschijnsel dat duidt op de aanwezigheid van ascitesvocht. • **string** ~ [E] koordachtige vorm v.h. vernauwde ileum, een verschijnsel bij ileïtis. • **swinging flashlight** ~ *zie* pupildefect | afferent ~.

signaal-ruisverhouding verhouding v.d. speech-reception threshold en de intensiteit v.d. ruis.

significant (statist., epidemiol.) verantwoorde conclusies toelatend; het begrip wordt buiten de medische statistiek vaak

ten onrechte gebruikt i.d. betekenis van 'klinisch relevant'.

significantie | statistische ~ statistische maat die aangeeft met hoeveel bewijskracht men op grond van onderzoeksresultaten mag concluderen dat een verschil bestaat doordat het *niet* aan het toeval kan worden toegeschreven.

significantiegrens *zie* significantieniveau.

significantieniveau (α) kritieke waarde v.e. toetsingsgrootheid waarbij een juiste nulhypothese ten onrechte wordt verworpen.

sika *zie Tunga penetrans*.

sikkelcelthalassemie vorm van sikkelcelziekte waarbij de hemoglobine voor 60-80 pct uit HbS bestaat.

sikkelcelziekte | sikkelcel-trait *zie* sickle-cell trait.

silicaat kristallijn SiO_2; veroorzaker van silicose (stoflongen).

silicium chemisch element (symbool: Si), atoomnummer 14.

siliciumgranuloom *zie* granuloom | granuloma silicoticum.

silicofibrose bindweefselwoekering door silicose.

silicone silicium bevattende kunststof.

siliconenlenzen contactlenzen vervaardigd uit silicone.

siliconenprothese mammaprothese, bestaand uit siliconenmateriaal.

silicose vorm van pneumoconiose t.g.v. inademing van fijn zand, kwarts of leisteen. • **antraco~** combinatie van antracose en silicose.

silver swaddler [E] slaapzakvormige zak van aluminiumfolie waarin een zuigeling kan worden vervoerd.

similiaprincipe *zie* similia similibus curentur.

similia similibus curentur behandeling met lage dosering v.e. vergif bij verschijnselen die door hoge dosering van dit vergif worden opgewekt.

simplex eenvoudig, ongecompliceerd; vb. herpes simplex, scarlatina simplex; vgl. multiplex.

Simpson | simpsonpijn pijnaanvallen bij tumoren v.d. uterus. • **tang van ~** verlostang met bepaalde kromming voor het bekken en het kinderhoofd.

Sims | sims-hühnertest *zie* postcoïtumtest.

simulant iemand die veinst ziek te zijn.

simulatie het bewust (of onbewust) doen voorkomen dat men aan een ziekte of aandoening lijdt en waarbij de symptomen daarvan worden nagebootst. • **dis~** het omgekeerde van simulatie, nl. het verheimelijken van aanwezige ziekteverschijnselen.

simulator 1 (radiologie:) doorlichtingsapparatuur waarmee ter voorbereiding van radiotherapie de stralenbundels kunnen worden nagebootst; 2 (kno-heelk.:) aanduiding van pc-spelprogrammatuur ('vluchtsimulator' enz.) die de kinetose 'simulatorziekte' kan veroorzaken.

Simulium 'kriebelmugje', een geslacht kleine, zwarte vliegen v.d. fam. *Simuliidae*.

simultaan gelijktijdig.

simultaan contrast op een afbeelding met donkere en lichte partijen schijnen die partijen het lichtst of het donkerst, welke het meest door donkere resp. lichte partijen zijn omgeven.

simultane enting gelijktijdige passieve en actieve immunisatie door toediening van zowel serum als vaccin.

sinaasappelhuid *zie* cellulitis.

sinciput het voorste, bovenste deel v.h. hoofd.

single-blind [E] *zie* blindering | enkelblind.

single nucleotide polymorfism (SNP) *zie* polymorfisme.

single outlet [E] aangeboren hartaandoening waarbij beide ventrikels één uitgang delen: aorta en a. pulmonalis zijn één.

single ventricle [E] *zie* monoventrikel.

singularis enkelvoudig; vb. foramen singulare.

singultus onwillekeurige spastische contractie v.h. middenrif, die een beginnende inspiratie teweegbrengt en plotseling wordt gestopt door sluiting v.d. glottis, hetgeen gepaard gaat met het kenmerkende hikgeluid.

sinister links, linker; vb. ramus s-ter, flexura coli s-tra, ligamentum triangulare s-trum.

sinistrocardie verplaatsing v.h. hart naar links.

sinistromanie *zie* linkshandigheid.

sinoatriaal (SA) m.b.t. de sinus venosus en het atrium cordis.

sinoauriculair *zie* sinoatriaal. • **~ systeem** *zie* systeem | sinoatriaal ~.

sint-antoniusvuur obsolete naam voor uiteenlopende aandoeningen, zoals karbunkel, lupus, necrose, erysipelas en ergotisme.

sint-veitsdans *zie* chorea minor.

sint-vitusdans *zie* chorea minor.
sinuatrialis m.b.t. de sinus venosus en de hartboezem.
sinus holte, bocht, boezem. • ~ **aortae** verwijding v.d. aorta, tegenover de klepslippen. • ~ **caroticus** lichte verwijding v.d. a. carotis, ter plaatse v.d. bifurcatie. • ~ **cavernosus** sponsachtige veneuze ruimte, tussen de beide zijden v.h. sfenoïd, waarin de oogaderen uitmonden. • ~ **durae matris** grote veneuze sinussen aan de hersenbasis, tussen dura en periost gelegen. • ~ **ethmoidalis** neusbijholte i.h. zeefbeen, uitmondend i.d. bovenste neusgang. • ~ **frontalis** neusbijholte i.h. voorhoofdsbeen, uitmondend i.d. middelste neusgang. • ~ **gesluierde** ~ grijze verkleuring van neusbijholten bij het conventioneel röntgenonderzoek door infectie, mucokèle of tumor. • ~ **maxillaris** neusbijholte i.h. bovenkaaksbeen, uitmondend i.d. middelste neusgang. • ~ **occipitalis** een i.h. mediane vlak gelegen veneuze sinus v.d. dura mater. • ~ **paranasales** luchtholten, begrensd door slijmvlies, in etmoïd, frontale, maxillare en sphenoidale. • ~ **pilonidalis** cyste die haren bevat midden op het sacrum bij ruiters, motorrijders e.a. • ~ **rectus** veneuze sinus.
• ~ **sagittalis superior** lange, gebogen veneuze sinus i.d. wortel v.d. falx, reikend v.d. crista galli tot de confluens sinuum.
• ~ **Valsalvae** *zie* sinus aortae. • ~ **sphenoidalis** neusbijholte i.h. wiggenbeen, uitmondend i.d. bovenste neusgang. • ~ **sphenoparietalis** veneuze sinus onder de kleine wiggenbeenvleugels, lopend naar de sinus cavernosus. • ~ **splenici** grillige veneuze ruimten i.d. miltpulpa. • ~ **venosus** gemeenschappelijke veneuze sinus i.h. embryo, aan de achterwand v.d. primitieve hartboezem. • ~ **venosus sclerae** circulair kanaal, gelegen op de grens van hoornvlies en sclera.
sinusarrest onderbreking i.d. prikkelvorming i.d. SA-knoop, leidt tot bradycardie.
sinusbodemelevatie door botimplantatie verdikken v.d. bodem v.d. sinus maxillaris ten dienste van enossale implantaten *zie* sinusliftoperatie.
sinuscatarre verwijding v.d. lymfekliersinussen.
⊛ **sinusitis** ontsteking v.d. neusbijholten, gekenmerkt door verdikking v.d. slijmvliesbekleding en overmatig secreet i.d. sinus (rinorroe); meestal betreft het ten minste de sinus maxillaris, maar het kan ook samengaan met ontsteking v.d. sinus ethmoidalis, frontalis en/of sphenoidalis; indeling: men spreekt van chronische sinusitis indien de aandoening ten minste zes maanden duurt. • **acute** ~ gewone verkoudheid die zich per continuitatem v.d. neus naar de neusbijholten uitbreidt. • **aero**~ ontsteking van neusholte(n) door plotselinge luchtdrukverschillen i.d. sinus ten opzichte v.d. omgevende atmosfeer. • **chronische** ~ langdurige sinusitis die uit een acute sinusitis kan ontstaan. • **pan**~ ontsteking van alle neusbijholten, enkelzijdig of beiderzijds.
• **rinogene** ~ ontsteking v.e. of meerdere neusbijholten ontstaan vanuit een neusverkoudheid. • **rino**~ ontsteking v.e. of meerdere neusbijholten; kan ontstaan vanuit een rinitis. • ~ **allergica sinusitis** sinusitis die ontstaat op basis v.e. delayed-type allergie, bijv. m.b.t. bepaalde bacteriegroepen. • ~ **ethmoidalis** *zie* etmoïditis. • ~ **e vacuo** ontsteking v.h. neusholteslijmvlies a.g.v. luchtresorptie i.d. kaakholte bij een afgesloten kaakholteopening. • ~ **paranasalis** acute of chronische vorm van ontsteking v.d. neusbijholten.
sinusliftoperatie *zie* sinusbodemelevatie.
sinus-node recovery time [E] tijdsinterval na een ontlading v.d. SA-knoop waarin deze zich herstelt.
sinusografie röntgenologische afbeelding v.e. veneuze hersensinus na inspuiting v.e. contraststof.
sinusoïd 1 sinus-achtig; 2 een kleine onregelmatige, met veneus bloed gevulde ruimte (in milt, pancreas e.a.). • **myocardiale** ~ met bloed gevulde ruimte tussen de hartspiervezels.
sinusvenosusdefect aangeboren hartafwijking waarbij er een interatriale communicatie bestaat tussen linker en rechter boezem.
sinuum gen. mv. van sinus; *vb.* confluens sinuum.
Siphonaptera vlooien, een orde vleugelloze insecten die zich met bloed van mensen en dieren voeden.
SIS *zie* echografie | watercontrast-.
sissy-boy-gedrag *zie* cross-gendergedrag.
sister-chromatid exchange (SCE) [E] DNA-uitwisseling tussen de twee chromatiden van één chromosoom.

sitis dorst.

situs ligging van organen. • **in situ** ter plaatse, plaatselijk. • **~ inversus viscerum** laterale transpositie v.d. borst- en buikingewanden, zodat de lever links, de milt en het hart rechts liggen. • **~ solitus** normale ligging v.d. ingewanden.

sjanker zweer als symptoom (veelal primair affect) van seksueel overdraagbare ziekten (soa's). • **harde ~** zie ulcus durum. • **perkament~** harde sjanker, waarvan de wand als perkament aanvoelt. • **zachte ~** het syn. 'chancroïd' is niet te verwarren met cancroïd en carcinoïd zie ulcus molle.

Sjögren | sjögrensyndroom immuunziekte, kan primair voorkomen (ziekte van Sjögren) of secundair (syndroom van Sjögren), namelijk bij andere aandoeningen, zoals reumatoïde artritis, lupus erythematodes disseminatus en sclerodermie; patiënten klagen over kenmerkende klachten als droge ogen (xeroftalmie), droge mond (xerostomie; met of zonder speekselklierzwelling), droge vagina en voorts over algehele malaise, hoge vermoeibaarheid en gewrichtspijnen. • **vongraefe-sjögrensyndroom** autosomaal, recessief-erfelijke combinatie van aangeboren doofstomheid, retinitis pigmentosa en oligofrenie.

skelet geraamte. • **hand~** het geraamte v.d. hand, bestaande uit vingerkootjes, middenhandsbeentjes en de handwortelbeentjes.

skeletleeftijd leeftijd die wordt bepaald aan de hand van röntgenfoto's.

skeleton skelet, geraamte. • **~ axiale** skelet van romp en hoofd.

skeletscan zie scintigrafie | skelet~.

skenitis ontsteking v.d. Skene-klieren.

skew deviation stand v.d. ogen waarbij de beide ogen niet meer op dezelfde hoogte staan.

skiascopie schaduwproef ter bepaling v.d. refractie v.h. oog.

skills lab [E] lokaal waar vaardigheden door praktische oefening worden aangeleerd.

skin [E] zie huid. • **bulldog ~** verdikte hoofdhuid bij acromegalie. • **continuous ~ peeling** zie syndroom | peeling skin syndrome. • **pig ~** [E] het uiterlijk v.e. door lymfoedeem gezwollen huid. • **~ immune system** zie lymfoïd weefsel | huidgeassocieerd ~. • **split ~** [E] huidtransplantatie met huidlappen van ongeveer 3/4 dikte v.d. huid.

skin-associated lymphoid tissue (SALT) zie lymfoïd weefsel | huidgeassocieerd ~.

skintag zie mariske.

skip-laesie zie skip lesion.

skip lesion [E] radiodiagnostisch beeld v.h. segmentale karakter v.d. chronische granulomateuze ontsteking v.d. darmwand met een abrupte afgrenzing t.o.v. niet-aangedane delen v.d. darm.

skirreus scirrhus-achtig.

skodapercussieklank hoog tympanisch geluid bij percussie, duidt op aanwezigheid v.e. pleura-exsudaat.

slaap 1 (neurofysiol.:) fysiologische rustperiode waarin de lichamelijke en de geestelijke activiteit afnemen en het bewustzijn ten dele of geheel verdwenen is; **2** (anat.) zie tempus; **3** (dermatol., oogheelk.:) zie lema. • **actieve ~** zie rem~. • **delta~** diepe slaap, gekenmerkt door trage golven met een hoog voltage in het elektro-encefalogram. • **non-rem~** alle vormen van slaap waarin geen snelle oogbewegingen. • **paradoxale ~** zie rem~. • **paradoxe ~** in Vlaanderen gangbare, taalkundig onjuiste nevenvorm van 'paradoxale slaap' zie rem~. • **rem~** slaapfase aan het einde v.e. slaapcyclus, o.a. gekenmerkt door snelle oogbewegingen. • **slow-wave~~** zie non-rem~.

slaapaanval onweerstaanbare aanval v.e. verkwikkende slaap, dikwijls gepaard gaand met kataplexie.

⊕ **slaapapneusyndroom** (SAS) aandoening die wordt gekenmerkt door een herhaald optreden van apneu tijdens de slaap; indeling: obstructieveslaapapneusyndroom (OSAS) en centralesslaapapneusyndroom (vooral optredend bij hartpatiënten en neurologische patiënten).

slaapcyclus de opeenvolging van non-remslaapstadia en een fase met remslaap.

slaapdagboek dagboek dat wordt bijgehouden om slaapstoornissen mee te kunnen analyseren.

slaapdeprivatie zie slaaponthouding.

slaapmiddel zie hypnoticum.

slaaponthouding onvoldoende slaap door externe factoren (b.v. lawaai) of interne factoren (b.v. pijn), kan epilepsie of slaapwandelen provoceren en depersonalisatie veroorzaken; slaaponthouding bewerkstelligt bij depressieve patiënten kortdurende verbetering van depressie.

slaapstadium fase v.d. slaap.

- **slaapstoornis** stoornis waarbij het subjectieve slaaptekort aanleiding geeft tot klachten over het functioneren overdag, dan wel zonder klachten overdag, maar met abnormale gebeurtenissen tijden het slapen, al of niet door de betreffende persoon zelf opgemerkt; indeling: men onderscheidt 1) slapeloosheid (insomnie, asomnie, agrypnie; inslaap- en doorslaapstoornissen); 2) overmatige slaperigheid (hypersomnie); 3) bijzondere gedragingen tijdens slapen (parasomnie), zoals bedplassen, slaapwandelen, sommige nachtelijke paniekaanvallen, bonzen met hoofd en/of lichaam, tandenknarsen, nachtmerries, droomslaapgedragstoornissen; 4) 24-uursslaapritmestoornissen, zoals slaapproblemen bij jetlag en ploegendiensten en een verschoven bioritme, waardoor op tijd slapen niet meer mogelijk is ('delayed phase syndrome').
- **slaapwandelen** stoornis v.h. bewustzijn waarbij men tijdens diepe slaap complexe motorische handelingen uitvoert.
- **slaapzucht** *zie* narcolepsie.
- **slagader** *zie* arteria.
- **slagaderverkalking** lekenterm voor sclerosering van bloedvaten *zie* sclerose | arterio~.
- **slagvolume** (SV) de hoeveelheid bloed die per hartcontractie wordt uitgepompt, normaliter ±80 ml.
- **slakken** onverteerbare voedselresten i.d. darmen.
- **slakkenhuis** *zie* cochlea.
- **slakkenspoor** op een slakkenspoor gelijkende degeneratieve afwijking i.d. periferie v.h. netvlies.
- **slapeloosheid** *zie* slaapstoornis.
- **slapen** 1 het rusten tijdens de fysiologische slaap; 2 prikkelingsverschijnsel i.e. extremiteit, t.g.v. druk op een zenuw (obdurtio).
- **slappe straal** urinestraal met verminderde kracht.
- **SLE** (systemische lupus erythematodes) *zie* systemische lupus erythematosus.
- **slechthorendheid** verminderde waarneming van geluid of het minder verstaan van spraak; indeling: onderscheid in geleidingsverlies of perceptieverlies; bij geleidingsverlies afwijking aan gehoorgang, trommelvlies, middenoor of gehoorbeenketen; perceptieverlies berust op afwijking aan cochlea, gehoorzenuw of centrale auditieve zenuwstelsel. • **binnenoor~** *zie* perceptie~. • **geleidings~** gehoorverlies door een stoornis i.h. geleidingssysteem. • **lawaai~** gehoorverlies door sterke geluiden. • **perceptie~** gehoorverlies door een sensoneurale storing i.d. waarnemingsfunctie i.h. binnenoor (cochleair verlies) of i.h. zenuwstelsel (retrocochleair verlies). • **regressieve ~** *zie* recruitment. • **sensineurale perceptie~** gehoorverlies door aandoening v.h. orgaan van Corti of (en) v.d. gehoorzenuw of de centrale akoestische hersengedeelten.
- **slechtnieuwsgesprek** gesprek waarin de arts teleurstellend nieuws aan de patiënt overbrengt.
- **slechtziendheid** verminderd gezichtsvermogen (gezichtsscherpte van 0,3 tot 0,05).
- **slice** *zie* coupe.
- **slight concussion** *zie* commotio cerebri.
- **slijm** mucus [L], blenna [G]. • **opgehoest ~** *zie* sputum.
- **slijmbeurs** *zie* bursa.
- **slijmbrok** (pulmon.) wandstandige brok met bronchiaal slijm.
- **slijmkliercel** cel | slijmbeker~.
- **slijmlopertje** preovulatoir, helder cervixslijm dat buiten het ostium uteri hangt.
- **slijmoplosser** *zie* mucolytica.
- **slijmplug** *zie* mucusplug.
- **slijmvlieslaag** *zie* tunica mucosa.
- **slijmvliesontsteking** *zie* mucositis.
- **slikmechanisme** mechanisme waardoor het slikken tot stand komt.
- **slikstoornis** het moeilijk kunnen slikken t.g.v. een obstructie of een gestoorde passage door de slokdarm.
- **slingerpijn** pijn i.d. onderbuik die optreedt wanneer de baarmoederhals door de arts bij inwendig onderzoek voorzichtig heen en weer wordt bewogen.
- **slip** 1 (anat.) *zie* cuspis, valvula; 2 (statist., epidemiol.) *zie* fout.
- **sliplift** hulpmiddel waarmee mensen die moeilijk hun voeten kunnen bereiken een onderbroek kunnen aantrekken zonder voorover te hoeven buigen.
- **slipping rib** habituele luxatie v.e. ribkraakbeen.
- **slissen** *zie* lispelen.
- **slokdarm | barrett~** *zie* oesofagus | barrett~. • **kurkentrekker~** *zie* oesofagus | kurkentrekker~. • **notenkraker~** *zie* oesofagus | notenkraker~. • **rozenkrans~** *zie* oeso-

fagus | kurkentrekker~.
slokdarmetsing *zie* slokdarmverbranding.
slokdarmperforatie het ontstaan v.e. gat i.d. slokdarmwand.
slokdarmperistaltiek ritmische opeenvolgende samentrekkingen v.d. spieren i.d. slokdarmwand die tot doel hebben de voedselbolus naar de maag toe te bewegen.
slokdarmstem *zie* spraak | slokdarm~.
slokdarmstrictuur *zie* stenose | slokdarm~.
slokdarmverbranding beschadiging v.h. slokdarmepitheel door etsende stoffen of door kokend water.
slokdarmweb dun vlies i.h. slokdarmlumen, o.a. t.g.v. een ontstekingsreactie.
slotverschijnsel blokkering of hapering i.d. beweeglijkheid v.e. gewricht; meestal een strekbeperking.
slowchannelsyndroom *zie* syndroom | congenitaal myastheen ~.
slow-virus infections [E] virusziekten met zeer lange incubatie, langzame progressie, letaal eindigend.
slow wave [E] langzame golf (deltagolf) i.e. elektro-encefalogram.
SLR (straight-leg raising) *zie* symptoom | lasègue~.
Sluder | sluderoperatie *zie* amandelen knippen. • **sludersyndroom** nachtelijke brandende pijn ter hoogte v.d. neuswortel en de binnenkant v.d. neus, met verlamming v.d. farynxboog.
sluderen *zie* amandelen knippen.
sludge-fenomeen omkeerbare aggregatie van erytrocyten bij verandering v.d. stroomeigenschappen v.h. bloed.
sludging toenemimg van viscositeit, klontering, begin van agglutinatie bij shock.
slurring 'knoop' of geringe onderbreking i.d. opgaande of neergaande tak v.h. QRS-complex v.h. elektro-cardiogram.
SMA 1 spinale musculaire atrofie *zie* spieratrofie | spinale ~; **2** *zie* sportmedisch adviescentrum.
smaak gewaarwording die het gevolg is v.e. afdoende prikkeling v.e. uiteinde v.d. smaakzenuw.
smaakadaptatie sterke afname v.d. gewaarwording v.e. smaakprikkel wanneer deze lang aanhoudt.
smaakbanen traject van zenuwvezels vanaf smaaksensoren via de zevende, achtste en tiende hersenzenuw naar de tractus en nucleus solitarius i.d. hersenstam, van hieruit via lemniscus medialis opstijgend naar thalamus die naar de gyrus postcentralis en naar hersenstructuren betreffende eetgedrag (o.a. hypothalamus en hersenstam) projecteert.
smaakbedrog *zie* allotriogeusie.
smaakbeker caliculus gustatorius [L].
smaakknop *zie* caliculus gustatorius.
smaakkwaliteiten het geringe aantal primaire smaaksensaties (zoet, zuur, zout, bitter) dat op te wekken is na expositie v.d. tong en mondholte aan een scala van opgeloste moleculen.
smaakperceptie het bewust mentaal registreren v.d. stimuli die worden opgevangen door de smaaksensoren.
small for date (SFD) [E] *zie* small for gestational age.
small for gestational age (SGA) [E] aanduiding v.e. geboortegewicht > 2 standaarddeviaties onder de gemiddelde intra-uteriene groeicurve; veroorzaakt door foetale (dysmorfie, infecties), maternale (ziekte) en/of placentaire (pre-eclampsie, roken) afwijkingen en bij meerlingenzwangerschap.
smallpox *zie* variola major.
smear [E] uitstrijkje. • **Pap** ~ *zie* uitstrijkje | cervix~.
smeerangst irrationele angst die sommige niet-medisch geschoolde patiënten voor het aanbrengen v.e. daartoe bestemd geneesmiddel op de huid.
smegma door glandulae preputiales afgescheiden huidsmeer op de huid van glans penis en preputium en ook op de clitoris, vermengd met afgestoten epitheelcellen. • ~ **clitoridis** s. op de huid v.d. clitoris. • ~ **preputii** s. tussen glans en preputium.
smegmoliet *zie* steen | preputium~.
smegmoom steenvorming bij langdurig bestaand smegma.
SMEI (severe myoclonic epilepsy in infancy) *zie* epilepsie | severe myoclonic epilepsy in infancy.
smetten (lekenterm) *zie* intertrigo.
smetvrees symptoom v.e. obsessieve compulsieve stoornis waarbij iemand uit angst voor besmetting met bacteriën, parasieten of ander vuil voortdurend en excessief zichzelf en de omgeving schoonmaakt.
SMH steriele medische hulpmiddelen.
smith-petersenpen driekantige pen voor fixatie v.d. femurhals bij collumfractuur.
smog [E] mist die vervuild is door uitlaat-

gassen van auto's, fabrieksuitstoot enz.
smokers' patches *zie* rokersvlekken.
smooth type *zie* stam | smooth-type~.
SMR *zie* ratio | standardized mortality ~.
SNAP *zie* potentiaal | sensory nerve action potential.
snap [E] harttoon bij opening v.e. klep.
snapping finger *zie* tendovaginitis stenosans.
snapping scapula [E] optreden van knappend geluid bij het bewegen v.h. schouderblad over de ribben.
snede (chir.) het resultaat van insnijding (incisie). • **abdominale keizer~** keizersnede waarbij een incisie i.d. buikwand wordt gemaakt om de uterus te bereiken. • **blaas~** *zie* cystotomie. • **buik~** *zie* laparotomie.
• **door~** 1 (chir.) het na doorsnijding ontstane sneevlak; 2 gangbare, maar minder juiste term voor 'diameter' (middellijn).
• **guillotine~** bij arm- of beenamputatie soms gebruikte snijrichting. • **keizer~** operatie waarbij de geboorte v.h. kind mogelijk wordt gemaakt door incisie v.d. buik en de baarmoeder; m.b.t. het Lat. syn. 'sectio caesarea': de naam 'Caesar' zou volgens Plinius zijn gegeven omdat hij '*a caeso matris utere*', d.i. 'uit de opengesneden uterus v.d. moeder', werd verlost [L]. • **kraag~** incisie volgens Kocher bij strumaoperaties. • **steen~** *zie* lithotomie. • **weefsel~** *zie* coupe. • **wissel~** buikwandincisie waarbij op de verschillende spierniveaus de snijrichting overeenkomstig de vezelrichting wordt gelegd.
sneeuwbalsysteem methode waarbij men alle literatuurreferenties van belangrijke artikelen controleert.
Snellen | **optotypen van ~** drukletters in verschillende grootte en dikte voor onderzoek v.d. visus.
snellevullingsfase fase i.d. hartcyclus van snelle instroom van atriaal bloed i.d. ventrikels bij het openen v.d. AV-kleppen.
snepper instrument dat via een gespannen veer een klein puntig mesje enkele mm i.d. huid schiet, ter verkrijging v.e. druppel bloed voor onderzoek.
snijrand rand v.e. geëxcideerd preparaat.
• **tumorvrije ~** snijrand v.h. uitgenomen preparaat waarin bij microscopisch onderzoek geen tumorcellen meer worden gevonden.
snijzaal practicumzaal voor anatomie.

snoeien het wegstrepen v.d. actiealternatieven die minder effectief blijken bij elke keuzeknoop i.e. beslisboom.
snoetje (vakjargon, inform.) door operatieteam gedragen kapje over mond en neus.
snoezelen aangename prikkeling van zintuigen van dementerende of (diep-)zwakzinnige patiënten d.m.v. zintuiglijke waarnemingen.
SNP (single nucleotide polymorfism) *zie* polymorfisme.
SNRI serotonin-noradrenalin reuptake inhibitor; noradrenalin = norepinefrine.
snurken geluid dat soms ontstaat bij slapen met open mond doordat de verslapte huig bij het ademhalen in trilling komt. • **~ hard** trillend geluid, meestal door trilling v.d. mucosa v.d. uvula en het zachte gehemelte, maar ook door trillingen van epiglottis of farynxwanden.
soa *zie* seksueel overdraagbare aandoening.
• **import~** soa die niet (meer) i.e. gebied voorkwam en vanuit een endemisch gebied opnieuw wordt geïntroduceerd.
soabestrijding *zie* bron- en contactopsporing.
soa-onderzoek (laboratorium)onderzoek dat is gericht op aantoning v.e. verwekker v.e. seksueel overdraagbare aandoening.
sociaal maatschappelijk.
sociaal netwerk structureel aspect van sociale relaties, bepaald door omvang, samenstelling en contactfrequentie met leden.
sociale fobie *zie* angststoornis | sociale ~.
socialevaardigheidtraining *zie* assertiviteitstraining.
socialisatie 1 normaal proces vanaf de basisschoolleeftijd waarin het kind sociale vaardigheden ontwikkelt en i.d. cultuur van zijn omgeving wordt opgenomen; 2 (zwakzinnigenzorg) proces waarin hulpverleners trachten de normalisatie van zwakzinnigen i.d. samenleving te bewerkstelligen.
social-learning theory [E] theorie van Bandura die zegt dat individuen gedrag kunnen aanleren door nadoen van geobserveerde gedrag van anderen.
sociopathie *zie* antisociaal gedrag.
SOD *zie* septo-optische dysplasie.
soda lime basische stof bestaande uit NaOH, KOH en $Ca(OH)_2$ om CO_2 i.d. ademlucht te binden.
sodoku [Japans] *zie* ziekte | rattenbeet~.

sodomisatie *zie* seksueel contact | anogenitaal ~.

soft cancer carcinoma medullare; niet verwarren met zachte sjanker (= chancroïd).

soiling [E] het onbedoeld lozen van feces of rectumvocht, ook tijdens het laten v.e. flatus.

sol | **hydro~** sol met water als dispergens.

sol. (solutio) oplossing.

sol colloïde suspensie v.e. fijn verdeelde vaste stof i.e. vloeistof.

solanine giftig alkaloïd in nachtschade (*Solanum*).

solanisme vergiftiging door nachtschade (*Solanum*).

solanoïd 'lijkend op solanum', een carcinoom van aardappelachtige consistentie.

Solanum een plantengeslacht v.d. fam. *Solanaceae*.

solaris 1 als een zon, met stralen; **2** t.g.v. zonbestraling; vb. plexus solaris, erythema solare. • **keratosis** ~ *zie* keratose | keratosis actinica.

solarium plaats waar men (kunstmatig) kan zonnebaden.

soleus schol-vormig; vb. musculus soleus.

solidificatie proces bij pneumonie waarbij aanwezig exsudaat i.d. long harder wordt en verandert i.e. compacte massa.

solidus vast; vb. carcinoma solidum.

solitair alleenstaand, op slechts één plaats aanwezig, i.t.t. multipel.

solitaire tuberkel grote tuberkel die door samenvoeging van afzonderlijke tuberkels is ontstaan.

solitarius solitair, alleenstaand.

solitus gewoon; vb. situs solitus.

solutie 1 homogene oplossing i.e. vloeistof; **2** loslating; vb. solutio retinae = ablatio retinae. • **solutio placentae** loslating v.d. placenta. • **solutio retinae** *zie* ablatie | ablatio retinae.

solutus opgelost.

solv. (solve, solvatus) los op, worde opgelost.

solvens oplossend geneesmiddel, i.h.b. slijm-oplossend expectorans.

soma lichaam, als tegenhanger van *psyche*.

somatisatie 1 het vertalen van psychische onlustgevoelens in lichamelijke klachten; **2** *zie* klacht | overklaarde lichamelijke ~.

somatisatiestoornis chronische somatoforme stoornis die wordt gekenmerkt door onverklaarde lichamelijke symptomen en/of dissociatieve symptomen.

somatisch lichamelijk, afkomstig van of gericht op het lichaam.

somatisch angstequivalent *zie* angstequivalent.

somatoforme stoornis groep van ziektebeelden waarbij lichamelijke klachten bestaan zonder aanwijsbaar mechanisme of aantoonbare organische aandoening en waarbij een sociaal of psychisch conflict mag worden verondersteld.

somatologie de wetenschap betreffende het lichaam.

somatomedine door de lever bij stimulering door hGH (human growth hormone) menselijk groeihormoon afgescheiden peptide die de werking van hGH bevordert; dient als mediator van groeihormoon (somatotropine) i.d. weefsels. • **~ C** groeifactor die na stimulering door groeihormoon de vorming van kraakbeen bevordert.

somatometrie meting v.h. lichaam.

somatosensibel m.b.t. de somatosensibiliteit.

somatosensibiliteit de proprioceptieve sensibiliteit, als tegenhanger v.d. exteroceptieve sensibiliteit.

somatosensoriek *zie* zin | gevoels-.

somatostatine (SST) door voorkwab van hypothalamus geproduceerde peptide die i.h. maag-darmkanaal de exocriene secretie van gastrine, bicarbonaat en enzymen remt, de afscheiding van somatotropine remt en de vorming van insuline en glucagon i.d. pancreas tegengaat.

somatostatinoom pancreastumor die somatostatine produceert.

somatotoop overeenkomend met, geschakeld met bepaalde plaatsen v.h. lichaam.

somatotrofine *zie* hormoon | groei~.

somatotroop met invloed op de groei v.h. lichaam; vb. somatotroop hormoon (groeihormoon).

somatotropine *zie* hormoon | groei~.

somesthesie *zie* zin | gevoels~.

somiet blokvormige mesodermmassa in elk segment v.h. embryo, aan weerskanten v.d. notochord en de neurale buis.

somnambulisme 1 ('spontaan' somnambulisme) *zie* slaapwandelen; **2** hypnotische toestand waarin de gehypnotiseerde het volle gebruik van zijn zintuigen heeft, maar zich achteraf niets herinnert van hetgeen in die toestand is gebeurd.

somniloquie i.d. slaap praten.

somnografie slaapregistratie m.b.v. eeg-metingen en emg-metingen. • **poly~** uitgebreide slaapregistratie; niet te verwarren met 'polygrafie'.

somnolentie slaperigheid, iets verlaagde bewustzijnstoestand.

Somogyi | somogyi-eenheid maat bij de kwantitatieve bepaling van serumamylase. • **somogyi-effect** het 'rebound effect' dat zich bij moeilijk instelbare type-1-diabetes mellitus (*brittle diabetes*) voordoet bij overdosering van insuline; verhoogde insulinetoediening leidt dan tot hypoglykemie, vervolgens tot verhoogde secretie van ACTH, epinefrine, glucagon en groeihormoon bewerkstelligt en daarmee reactieve hyperglykemie.

sondage *zie* sonderen. • **duodenum~** het inbrengen v.e. duodenumsonde via de mond of de neus, tot voorbij de maag i.h. duodenum.

sonde slang, ingebracht via neus en verlopend tot in maag, duodenum of jejunum voor aanvoer en/of afvoer van vocht. • **bilbao~** sonde, toegepast bij sondering v.h. duodenum, waardoor contrastmiddelentoediening per infuus mogelijk is. • **duodenum~** dunne rubberbuis van 150 cm lengte voor duodenumsondage. • **gersunyverblijf~** dunne soepele sonde die direct na inspectie v.e. circulaire caustische verbranding v.d. oesofagus i.d. slokdarm wordt gelegd en circa 6 weken blijft liggen. • **lucaedruk~** een verende sonde waarmee de gehoorbeentjes in beweging kunnen worden gebracht. • **maag~** 1 een rubberslang die wordt gebruikt voor het uithevelen v.d. maag; 2 een (meestal via de neus ingebrachte) dunne rubberbuis voor de toediening van voedsel of het afvoeren van maaginhoud. • **miller-abbott~** *zie* sonde van Miller-Abbott. • **moleculaire** ~ *zie* probe. • **neus~** 1 dunne buigzame katheter die via de neus i.d. maag wordt gebracht, voor toediening van vloeibaar voedsel; 2 via de neus ingebrachte sonde voor het ledigen v.d. maag voor maagsaponderzoek. • **playfair~** baarmoedersonde met geribd uiteinde. • **sengstaken-blakemoreballon~** ballonsonde die i.d. cardia en het distale deel v.d. slokdarm wordt opgeblazen, waardoor een varicesbloeding kan worden getamponneerd. • **simsuterus~** licht gebogen, gecalibreerde sonde voor het meten v.d. inwendige uterushoogte. • **slokdarm~** buigzame massieve of holle rubbersonde, o.a. gebruikt tijdens de behandeling wegens dreigende of reeds ingetreden slokdarmstrictuur. • ~ **à demeure** [F] verblijfskatheter. • ~ **van Métras** katheter met schaduwgevende punt, voor bronchografie. • ~ **van Miller-Abbott** dubbelloopse sonde die door de mond of de neus, via slokdarm en maag i.h. duodenum wordt gebracht, voor het afzuigen van stagnerende darminhoud bij ileus. • **voedings~** *zie* neus~. • **voer~** lange snaar die na punctie v.e. bloedvat door een naald kan worden opgevoerd. • **winternitz~** koelsonde waardoor koud water loopt en die i.e. lichaamsholte of kanaal wordt gebracht.

sonderen een sonde i.e. wond of kanaal schuiven.

sone eenheid voor waargenomen geluidssterkte.

sonografie het zichtbaar maken v.d. spraak. • **endo~** *zie* echografie | endo~. • **salieneinfusie~** (SIS) *zie* echografie | watercontrast~.

sonomarker subtiele echoscopische bevinding die veelal tijdelijk is en op zichzelf niet als een afwijking wordt beschouwd.

sonometer instrument ter meting v.d. gehoorscherpte.

sonorus klinkend; vb. rhonchi sonori (mv. van sonorus).

soort *zie* species.

sopor zeer diepe slaap, toestand van bewustzijnsdaling, dieper dan bij somnolentie, maar minder dan bij coma.

soporeus i.e. toestand van sopor.

soporificum geneesmiddel dat een diepe slaap verwekt.

SOPP (stabiele oplossing van plasmaproteïne) plasmaeiwitoplossing zonder stollingsfactoren, wordt gebruikt bij volume-expansie.

sorbitol 1 suikeralcohol, in verhoogde concentratie aanwezig in weefsels die zijn blootgesteld aan hyperglykemie; 2 (in gesynthetiseerde vorm) beter een kunstmatige zoetstof voor diabetici als vervangingsmiddel van suiker.

SOS-respons gecoördineerde inductie van veel enzymen.

souffle [F] zacht blazend vaat- of hartgeruis.

sound-pressure level (SPL) [E] niveau van geluidssterkte in decibel waarbij één dB

SPL wordt vergeleken met een geluidsdruk van 20 micro-Pascal.

Souques | souquesfenomeen strekking v.d. vingers bij poging v.d. patiënt om zijn verlamde arm op te heffen.

SPA *zie* absorptiometrie | single-photon-~.

Spaanse kraag *zie* fimose | para-.

space infection *zie* panaritium.

spalk lat, plank, metaaldraad tot steun en fixatie van fractuurstukken. • **boog~** spalk van staaldraad waarmee een uitgeslagen of losgeraakt gebitselement aan de aangrenzende elementen wordt gefixeerd. • **cramer~** draadspalk voor het fixeren van fractuurstukken. • **dynamische** ~ semipassieve immobilisatietechniek die actieve extensie en passieve flexie toelaat, waardoor het optreden van adhesies zoveel mogelijk wordt vermeden. • **extensie~** draadspalk die zo wordt aangebracht dat op elk v.d. fractuurstukken een aanhoudende trek in onderling tegengestelde richting wordt uitgeoefend. • **knop~** langs de gebitselementen aangebrachte spalk die de onderkaak aan de bovenkaak fixeert. • **rust~** *zie* statische -. • **statische** ~ steun van gips, kunststof of metaal voor gebroken of anderszins beschadigde ledematen. • **thomas~** een uit gevlochten ijzerdraad bestaande spalk voor fracturen.

spanking [E] seksuele voorkeur waarbij het slaan v.d. seksuele partner dan wel het zelf geslagen worden seksuele opwinding veroorzaakt.

spanwijdte (antropometrie, kindergeneesk.) lengte v.d. armen plus de breedte v.d. romp, gemeten tussen de toppen v.d. middelvingers bij gestrekte armen en handen.

sparganose ziekte, veroorzaakt door *Sparganum*, die subcutane ontsteking en fibrosis teweegbrengt, soms ook elefantiase.

Sparganum een pseudogeslachtsnaam voor de plerocercoïden van lintwormen v.h. geslacht *Diphyllobotrium*.

spasm- voorvoegsel in woordverbindingen m.b.t. kramp.

spasme plotselinge, krachtige, onwillekeurige spiercontractie. • **angio~** samentrekking dan wel continue hypertonie v.d. vaatwand. • **blefaro~** onvrijwillige contracties v.d. oogspieren, waardoor een of beide ogen steeds weer worden gesloten. • **broncho~** kramp v.d. bronchusspierwand m.a.g. vernauwing v.h. bronchuslumen en dus bemoeilijkte passage van lucht. • **cardio~** stoornis i.d. motiliteit v.d. musculatuur i.h. overgangsgebied van oesofagus en cardia; aangezien er geen echte spasmus is, spreekt men liever van 'achalasie'. • **carpopedaal** ~ tonische kramp van handen en voeten, vnl. bij kinderen met tetanie door hypoparathyreoïdie en bij het hyperventilatiesyndroom. • **chiro~** psychogene kramp i.e. of beide armen, die het uitvoeren van fijne bewegingen bemoeilijkt. • **colpo~** vaginale kramp. • **coronair~** vasoconstrictie v.e. deel v.e. coronairarterie. • **coronaria~** *zie* coronair-. • **cysto~** kramp v.d. blaas. • **diffuus slokdarm~** *zie* oesofagus | kurkentrekker~. • **entero~** darmkramp. • **faryngo~** krampachtige samentrekking v.d. keelholte bij algemene nervositeit. • **gastro~** maagkramp. • **glosso~** tongkramp. • **glottis~** *zie* laryngo-. • **hemi~** spierkramp aan één lichaamshelft. • **hystero~** kramp v.d. baarmoeder. • **infantiele ~n** *zie* kramp | salaam-, syndroom | west-. • **laryngo~** *zie* stembandkramp. • **myo~** *zie* kramp | spier-. • **oesofagus~** kramp v.d. slokdarmspieren. • **procto~** pijnlijke spasme (kramp) v.d. anus, o.a. bij fissura ani. • **pyloro~** vernauwing v.d. pylorus door kramp v.d. sluitspier. • **roncho~** bij zuigelingen en kleuters voorkomend krampachtig snurken t.g.v. plooivorming i.d. plicae aryepiglotticae. • **segmentair** ~ *zie* oesofagus | kurkentrekker~. • **slokdarm~** *zie* oesofagus~. • **spasmus masticatorius** *zie* trismus. • **spasmus nutans** vorm van nystagmus die soms voorkomt bij jonge kinderen. • **spier~** krampachtige spiercontractie als verschijnsel van piramidebaanstoornis. • **strek~** abnormale strekbewegingen van gehele lichaam (opisthotonus) of alleen armen met endorotatie i.d. schouder al dan niet als respons op pijnprikkels; veroorzaakt door hersenletsel zoals bloeding, trauma, infecties. • **vaat~** *zie* vaso-. • **vaso~** spastische contractie v.e. arterie, waardoor de lokale bloedvoorziening wordt belemmerd.

spasmodisch spasmus-achtig.

spasmofilie neiging tot of aanleg voor een krampachtige aandoening, bijv. stuipen.

spasmogeen spasmusverwekkend.

spasmolytica groep van geneesmiddelen

die de verkramping van spieren opheffen.
spasmolytisch kramp opheffend.
spasticus spastisch, krampachtig, krampend.
spastisch 1 m.b.t. spasmus, meestal gebruikt om verlamming met spierrigiditeit en verhoogde reflexen aan te duiden; 2 gepaard met spierstijfheid.
spastischebekkenbodemsyndroom *zie* bekkenbodemhypertonie.
spastische pseudodivertikels *zie* oesofagus | kurkentrekker~.
spatader | **slokdarm**~ *zie* varix | oesofagusvarices.
spataderachtig *zie* variceus.
spatel lepel- of schoffelvormig voorwerp om zalf te smeren. • ~ **tong**~ spatel waarmee bij keelonderzoek de tong omlaag kan worden gedrukt.
spatium een begrensde ruimte, een open plaats. • ~ **retropubicum** een met los bindweefsel gevulde ruimte tussen de blaas en het schaambeen. • ~ **parapharyngeum** *zie* parafaryngeale ruimte.
spatula spatel.
specialist ouderengeneeskunde arts die is gespecialiseerd en geregistreerd i.d. ouderengeneeskunde (voorheen: verpleeghuisgeneeskunde); functie is in 2008 ingevoerd ter vervanging van 'verpleeghuisarts'.
specialité geneesmiddel dat door een farmaceutisch bedrijf op de markt wordt gebracht onder een eigen merknaam en i.e. eigen verpakking.
species 1 (biologie:) soort; een geslacht bestaat uit een aantal species en deze evt. uit een aantal subspecies; 2 (farmacie:) een 'ouderwets' mengsel van kruiden waarvan een medicinale thee kan worden getrokken. • **type**~ (een v.d.) eerste species die bij een nieuw genus (bacteriegeslacht) wordt ingedeeld.
specificiteit 1 (statistiek) het percentage van personen zonder een ziekte die men m.b.v. een test wil opsporen en die 'terecht' als niet-ziek worden geclassificeerd; 2 (psychol.) veronderstelde samenhang tussen bepaalde lichamelijke aandoeningen en een bepaalde psychische problematiek uit de jeugd. • **orgaan**~ de affiniteit v.e. bepaald antigeen voor een bepaald orgaan.
specificiteitstheorie aanname dat voor elke prikkelsoort een specifieke sensor bestaat; is in grote lijnen geldig, m.u.v. de vrije zenuwuiteinden i.d. huid voor pijngewaarwording, waarvan sommige vezels ook gevoelig zijn voor mechanische en thermische prikkels.
specificum geneesmiddel dat bij uitstek bij een bepaalde ziekte werkzaam is.
specifiek kenmerkend, typerend, gekenmerkt, eigenaardig.
specifieke ontsteking ontsteking met specifiek verloop, en verwekt door specifieke verwekkers.
specimen 1 (med. stat.) voor een grotere groep typerende eenheid; 2 (pathol., minder juist) stuk weefsel (biopt) dat voor onderzoek wordt verwijderd.
SPECT (single-photon-emission computerized tomography) tomografische techniek waarbij een groot aantal scintigrafische beelden wordt gebruikt om driedimensionaal de verdeling v.d. radioactieve stof i.h. lichaam uit te rekenen. • **hersen**-~ SPECT van hersenen, ter meting v.d. regionale cerebrale doorbloeding.
spectatoring [E] *zie* toeschouwergedrag.
spectraal m.b.t. het spectrum.
spectrine een contractiele proteïne i.d. membraan van erytrocyten.
spectrocolorimeter een spectroscoop die gebruikt wordt om de gevoeligheid v.h. oog voor een bepaalde kleur vast te stellen.
spectrofotometer instrument waarmee men de hoeveelheid opgeloste stof i.o. oplossing kan schatten op grond v.h. doorgelaten licht.
spectrometer toestel waarmee men de golflengten v.d. spectrale kleuren kan meten.
spectropolarimeter combinatie van spectroscoop en polarimeter ter meting v.d. optische draaiing van licht van verschillende golflengte.
spectroscoop instrument ter ontwerping v.e. spectrum en meting v.h. door een lichtend lichaam uitgezonden licht.
spectrum 1 het kleurengamma dat ontstaat als licht door een prisma wordt gebroken; 2 de reeks bacteriën die door een antibioticum worden aangetast.
speculum onderzoeksinstrument met spiegelende werking, gebruikt voor visueel onderzoek van een ruimte achter een gewoonlijk gesloten opening. • **cusco**~ vaginaal speculum met twee bladen als een eendenbek) die in gespreide stand kunnen worden vastgezet. • **eendenbek**~ speculum voor

vaginaal onderzoek dat als de bek v.e. eend kan worden geopend en gesloten. • **mayer~** kokervormig speculum van melkglas. • **sims~** gleufvormig vaginaspeculum.

speech-reception threshold [E] spraakreceptiedrempelwaarde die wordt vastgesteld doordat de patiënt zinnen aangeboden krijgt die afhankelijk v.h. goed of fout nazeggen telkens 2 dB zachter of harder worden.

speeksel heldere, smaak- en geurloze, lichtzure vloeistof, te weten het secreet v.d. speekselklieren.

speekselamylase *zie* ptyaline.

speekselfistel fistel tussen speekselklier en huid; voorkomend na een ontsteking of operatie.

speekselsteenvorming *zie* sialolithiase.

speekselvloed overmatige speekselafscheiding.

spellingaspecten van medische terminologie ontwikkelingen i.d. spellingberegeling v.d. Nederlandse taal die gevolgen hebben voor medische terminologie worden besproken bij de hier vermelde verwijzingsdoelen en uitvoeriger i.d. helpfunctie v.d. digitale uitgave *Pinkhof Medische spellingcontrole* (v. 4, 2009) van Bohn Stafleu van Loghum; spelling van Engelse medische vaktermen wordt uitgelegd in *Pinkhof Medisch Engels* (2009; pc-editie 2010); zie productinformatie op www.pinkhof.nl.

spenen stoppen met borstvoeding, doorgaans door in enkele weken tijd het aantal voedingen per dag langzaam te verminderen.

spent phase [E] toenemende beenmergfibrose, splenomegalie, anemie en leuko-erytroblastose.

sperma dik, wit vocht dat door de testes wordt geproduceerd; bestaat uit spermatozoa en secreet v.d. prostaat, de zaadblaasjes en de kliertjes van Cowper.

sperma-aspiratie | microscopische epididymale ~ (MESA) microchirurgische methode om spermacellen te verkrijgen uit de epididymis, ontwikkeld voor mannen met een azoöspermie die wel productie van spermacellen i.d. testikels hebben.

spermacrasie tekort aan spermatozoa i.h. semen.

spermaonderzoek beoordeling v.d. kwaliteit van sperma op basis van ejaculaatvolume, concentratie van zaadcellen, percentage van zaadcellen met normale vorm en progressieve beweeglijkheid.

spermaticide *zie* spermicide.

spermaticus m.b.t. de zaadorganen; vb. funiculus spermaticus, fascia spermatica.

spermatide een uit een spermatocyt ontstane cel die het voorstadium is v.e. spermatozoön.

spermatitis ontsteking v.d. funiculus spermaticus.

spermatocele cysteuze verwijding waarin zich sperma bevattend vocht bevindt.

spermatocystitis *zie* vesiculitis.

spermatocyt mannelijke kiemcel. • **primaire** ~ de rechtstreeks uit een spermatogonium ontstane spermatocyt. • **secundaire** ~ door meiotische deling uit een primaire s. ontstane s., waaruit bij verdere deling spermatiden voortkomen.

spermatocytogenese eerste proces van spermatogenese, waarbij spermatogonia zich delen tot primaire spermatocyten.

spermatogenese vorming van sperma door de testes.

spermatogonium ongedifferentieerde mannelijke kiemcel.

spermatorroe onwillekeurige en overvloedige lozing van sperma, ook zonder seksueel prikkelingsgevoel.

spermatosoma *zie* spermatozoön.

spermatozoön rijpe zaadcel, gevormd i.d. testis en bij lozing (ejaculatie) in staat een eicel te bevruchten.

spermia niet te verwarren met 'sperma' *zie* spermium.

spermiatie het vrijkomen van spermatozoa v.d. sertolicellen, waaraan deze als spermatiden verbonden zijn geweest.

spermicide 1 (bijv. nw.) sperma dodend; 2 (zelfst. nw.) substantie met spermadodende werking.

spermide *zie* spermatide.

spermie woorddeel (-spermie) m.b.t. vorming van sperma of bevruchting v.e. eicel door een spermatozoön. • **a~** afwezigheid van sperma. • **astheno~** verminderde beweeglijkheid v.d. spermatozoa. • **azoö~** afwezigheid van (of sterke vermindering v.h. aantal) spermatozoa i.h. ejaculaat. • **brady~** verlangzaming v.d. sperma-uitstorting, verlengde tijdsduur tot aan de ejaculatie. • **di~** bevruchting van één eicel door twee spermatozoa. • **hemato~** *zie* hemo-. • **hemo~** bloedbijmenging bij sperma tij-

dens de zaadlozing. • **hypo~** zie oligo~.
• **necro~** productie van sperma met dode spermatozoa; mogelijke oorzaak van subfertiliteit. • **normo~** normaal aantal spermatozoa i.h. sperma (> 20 × 10⁶/ml).
• **oligonecro~** aanwezigheid van alleen enkele dode spermatozoa i.h. sperma. • **oligo~ 1** uitscheiding van weinig sperma; **2** (minder juist) zie oligozoö~. • **oligozoö~** aanwezigheid van weinig spermatozoa i.h. sperma. • **poly~ 1** overvloedige afscheiding van sperma; **2** bevruchting v.d. eicel door meer dan één zaadcel. • **pro~** zie ejaculatie | ejaculatio praecox. • **retro~** stoornis i.d. ejaculatie v.h. sperma. • **terato~** de aanwezigheid van abnormaal gevormde spermatozoa i.h. semen.
spermine een in sperma-vloeistof aanwezige kristallen-vormende substantie.
spermiocyt 'primaire' spermatocyt.
spermiogenese laatste fase v.d. spermatogenese; hierin verandert de spermatide na afsnoering v.h. cytoplasma van vorm en wordt een spermatozoön.
spermiogonium zie spermatogonium.
spermium zie spermatozoön.
sperrung zie gedachtestop.
sphenoidalis sfenoïdaal, m.b.t. het sfenoïd; vb. sinus sphenoidalis, os sphenoidale.
sphenoideus wigvormig, tot het wiggenbeen behorend.
sphericus bolvormig; vb. recessus sphericus.
sphincter zie sfincter.
sphygmos zie pols.
spica verband dat als een 8 wordt gewikkeld, waarna de wikkels met elkaar een korenaarfiguur vormen.
spicula kleine beenpunten i.d. wand v.e. beenabcesholte.
spider angioma [E] zie naevus araneus.
spider-web cell [E] grote cel met perifere vacuolen gescheiden door smalle cytoplasmastrengen waardoor gelijkenis met een spinneweb ontstaat.
spiegel 1 (lab.diagn., biochem.:) zie concentratie; **2** (med. diagnostiek:) hulpmiddel voor medisch-diagnostisch visueel onderzoek (neus~, oor~, oog~ enz.); bijv. neusspiegel; **3** (natuurk.:) oppervlak v.e. vloeistof.
• **bloedglucose~** zie bloedglucoseconcentratie. • **bloed~** de concentratie v.e. bepaalde stof i.h. bloed. • **keel~** kleine ronde platte spiegel aan een steel, gebruikt voor indirecte laryngoscopie. • **neus~** zie rinoscoop.
• **oog~** zie oftalmoscoop. • **oor~** voorhoofdspiegel waarmee lichtstralen naar de uitwendige gehoorgang worden gereflecteerd zodat de onderzoeker deze kan inspecteren. • **plasma~** concentratie v.e. stof i.h. plasma. • **suiker~** zie bloedglucoseconcentratie. • **tand~** zie odontoscoop. • **weefsel~** het gehalte v.e. bepaalde stof (bijv. een farmacon) i.e. orgaan/weefsel.
spiegelbijeenkomst kringgesprek tussen (ex-)patiënten of ouders van patiënten in aanwezigheid van medewerkers die betrokken zijn (geweest) bij de zorg voor deze groep patiënten; het doel hiervan is dat de zorgverleners horen hoe (ex-)patiënten of ouders van patiënten over de geleverde zorg denken en dat zij deze kennis aanwenden voor kwaliteitsverbetering i.d. zorg.
spiegelen 1 (med. diagn.:) uitvoeren van visueel onderzoek m.b.v. een spiegel of scoop; **2** (psychother.) techniek bij non-directieve therapie waarbij de therapeut opnieuw formuleert wat de cliënt heeft gezegd en emotionele aspecten benadrukt.
• **oog~** onderzoekmethode voor de inspectie v.d. fundus oculi, maar ook v.d. media.
Spieghel | linea Spigelii (lijn van Spigelius) = linea semilunaris.
Spielmeyer | syndroom van Stock-~-Vogt zie syndroom | stock-spielmeyer-vogt-~.
spier zie musculus. • **ademhalings~en** de bij ademhaling betrokken spieren. • **albinus~ 1** m. risorius; **2** m. scalenus medius.
• **as~tje** gladde spiercellen i.d. bindweefselkern van een villus van dunnedarmmucosa.
• **auxiliaire ademhalings~en** zie hulpademhalings~en. • **borstbeen-sleutelbeen-tepel~** zie musculus sternocleidomastoideus. • **borst~en** musculi thoracis.
• **bovendoorn~** zie musculus supraspinatus. • **buig~** zie flexor. • **buik~en** musculi abdominis. • **bulbaire ~** spier die wordt geïnnerveerd door motorische neuronen i.h. onderste deel v.d. hersenstam, de bulbus.
• **ciliaire ~** zie musculus ciliaris. • **delta~** zie musculus deltoideus. • **driehoofdige arm~** zie musculus triceps brachii. • **dubbelgevederde ~** zie bipennatus | musculus ~. • **grote borst~** zie musculus pectoralis major. • **guthrie~** zie musculus sphincter urethrae. • **hart~** zie myocardium. • **hef~** zie de diverse mm. levatores • **heup-lenden~** zie musculus iliopsoas. • **hulpademha-**

lings~ en ademhalingsspieren die gewoonlijk niet, maar bij ernstige dyspneu of bij grote zuurstofbehoefte meedoen aan de ademhaling. • **kleermakers~** *zie* musculus sartorius. • **kring~** *zie* sfincter. • **mediale rechte oog~** *zie* musculus rectus medialis bulbi. • **mondbodem~** *zie* musculus mylohyoideus. • **monnikskap~** *zie* musculus trapezius. • **oogkring~** *zie* musculus orbicularis oculi. • **oppervlakkige kuit~** *zie* musculus gastrocnemius. • **rechte buik~** *zie* musculus rectus abdominis. • **ring~** *zie* musculus orbicularis. • **riolan~** bundel spiervezels v.h. palpebrale deel v.d. m. orbicularis oculi. • **schouder-tongbeen~** *zie* musculus omohyoideus. • **skelet~** en de dwarsgestreepte, willekeurige spieren die aan het skelet ontspringen en inserteren, en de onderdelen v.h. skelet t.o.v. elkaar kunnen bewegen. • **sluit~** *zie* sfincter. • **stijgbeugel~** *zie* musculus stapedius. • **trapeziumvormige ~** *zie* musculus trapezius. • **tweebuikige ~** *zie* musculus digastricus. • **vierhoofdige dij~** *zie* musculus quadriceps femoris. • **voorste gezaagde ~** *zie* musculus serratus anterior. • **voorste scheenbeen~** *zie* musculus tibialis anterior.

spieratrofie | **bulbaire ~** hypotone parese met afgenomen spiervolume en areflexie van tong en farynxmusculatuur. • **congenitale spinale ~** v.d. geboorte af aanwezige erfelijke spinale spieratrofie. • **eichhorst~** vorm van progressieve spieratrofie, waarbij speciaal de spieren van boven- en onderbeen worden aangetast. • **infantiele progressieve spinale ~** autosomaal recessieve aandoening met degeneratie v.d. motorische voorhoorncellen v.h. ruggenmerg. • **juveniele progressieve spinale ~** vnl. proximale, neurogene spieratrofie, beginnend i.d. jeugd en langzaam toenemend. • **monomele ~** spierzwakte en atrofie v.e. extremiteit, meestal de arm. • **neurogene progressieve ~** *zie* neuropathie | hereditaire motorisch-sensibele ~. • **neurogene progressieve ~ type Charcot-Marie-Tooth** *zie* neuropathie | hereditaire motorisch-sensibele ~. • **progressieve spinale ~** meestal niet erfelijke, asymmetrische, distaal aan de extremiteiten debuterende zwakte en atrofie door aandoening van perifere motorische neuronen. • **scapuloperoneale spinale ~** autosomaal dominant, soms recessief; progressieve spierzwakte en arofie, debuterend aan schoudergordel en voethefvers. • **segmentale spinale ~** *zie* monomele ~. • **~ van Eichhorst** *zie* eichhorst~. • **~ van Stark-Kaiser** *zie* scapuloperoneale spinale ~. • **spinale ~** autosomaal recessieve aandoening gekenmerkt door verval van motorische voorhoorncellen i.h. ruggenmerg. • **spinale ~ type I** debuterend in eerste 6 levensmaanden of eerder; beloop progressief.

spiercontractie | **isotone ~** samentrekking v.e. spier bij gelijkblijvende spanning.

spierdystrofie | **congenitale ~** (CMD) autosomaal recessief; spierdystrofie die vanaf de eerste 6 maanden na de geboorte aanwezig is. • **congenitale ~ type Fukuyama** hypotonie, hersenafwijkingen, mentale retardatie, epilepsie en oogafwijkingen. • **emery-dreifuss~** X-gebonden recessief, soms autosomaal dominant, zelden autosomaal recessief; geleidelijk toenemende spierzwakte met vroegtijdig optredende contracturen en cardiomyopathie. • **oculofaryngeale ~** autosomaal dominant; laat debuterend, met progressieve spierzwakte, beginnend met ptosis en slikstoornissen. • **rigid-spine-~** hypotonie bij geboorte, gepaard met vroege stijfheid v.d. wervelkolom en respiratoire insufficiëntie; genlokalisatie: 1p35-36. • **~ van Becker** *zie* dystrofie | becker-. • **~ van Emery-Dreifuss** *zie* emery-dreifuss~.

spierhypotonie *zie* hypotonie.

spierkapsel *zie* fascia.

spierkracht contractiekracht geleverd door een of meerdere spieren.

spierloge *zie* compartimentum.

spiernecrose versterf van spierweefsel, bv. a.g.v. een dystrofinopathie.

spierpomp de als pomp functionerende spiercontractie, waardoor bloed en lichaamsvocht worden voortgestuwd.

spierrigiditeit *zie* rigor.

spierschok enkelvoudige spiercontractie; doordat de spier slechts één prikkel ontvangt, trekt de spier kortdurend samen en ontspant zich daarna weer snel.

spierspoel spoelvormig zintuigorgaantje in skeletspierweefsel dat passieve lengteveranderingen v.d. spier detecteert; bevat spiervezels, waarvan het middelste deel omwonden is door een afferent zenuwvezeltakje dat rekking registreert.

spierstijfheid *zie* kramp | spier~, rigor.

spiertonus *zie* tonus.
spiertrekking *zie* tic | motorische ~.
spiertrichine larve van *Trichinella spiralis* in spiercellen.
spierverslapping situatie na blokkade v.d. neuromusculaire overdracht door toediening v.e. spierrelaxans.
spierverzet *zie* défense musculaire.
spiervezel | angulaire ~ op dwarse doorsnede hoekige atrofische spiervezel, meestal ontstaan a.g.v. denervatie. • **hyaliene ~s** in dwarse, met hematoxyline-eosine gekleurde coupes van spierweefsel, sterk eosinofiele, glazig uitziende licht gezwollen spiervezels.
spierweefsel weefsel, bestaande uit langgerekte cellen met contractiele filamenten in cytoplasma. • **dwarsgestreept** ~ spierweefsel, bestaande uit dwarsgestreepte spiercellen/vezels, d.w.z. cellen die bij LM-onderzoek een karakteristieke dwarse streping vertonen die het gevolg is van oriëntatie van actine- en myosinemoleculen, die samen de myofibrillen (contractiele eenheid) vormen; de contracties van dit type spierweefsel staan onder invloed v.h. willekeurige zenuwstelsel, m.u.v. het hartspierweefsel. • **glad** ~ spierweefsel dat bestaat uit spoelvormige cellen met langgerekte kern en talrijke evenwijdig gerichte myofilamenten. • **hart**~ spierweefsel v.h. hart waarvan de cellen dezelfde dwarse streping vertonen als skeletspierweefsel. • **skelet**~ *zie* dwarsgestreept ~.
spijsbrok *zie* bolus.
spijsvertering het verteren van voedsel (spijs, spijsbrok, L. cibus) tot stoffen die door het lichaam kunnen worden opgenomen; dit proces omvat de opname van voedsel, het verkleinen en afbreken daarvan, de resorptie van voor het lichaam opneembare en bruikbare stoffen en de verwijdering uit het lichaam v.d. onverteerbare en onbruikbare onderdelen; dit gebeurt i.h. systema digestorium (de tractus digestivus); in engere zin wordt de term 'digestie' gebruikt voor het fragmenteren van eiwitten m.b.v. enzymen.
spijsverteringsstelsel *zie* systema digestorium.
spijsverteringsstoornis *zie* indigestie.
spike [E] snelle hoge verheffing of piek i.e. curve.
spikes and waves [E] combinatie v.e. korte snelle golf en een langzame golf i.e. elektro-encefalogram.
spildraai (obstetrie:) beweging v.d. foetus rond de lengteas tijdens de baring. • **inwendige** ~ (obstetrie:) beweging v.d. schedel v.d. foetus i.d. bekkenholte van dwars naar voor-achterwaarts, waardoor de ovale vorm v.d. schedel en de ovale vorm v.d. bekkenuitgang in dezelfde stand komen. • **uitwendige** ~ beweging v.d. schedel v.d. foetus buiten de vulva van voor-achterwaarts naar dwars, waardoor de schouders v.d. foetus i.d. ovale vorm v.d. bekkenuitgang passen.
spin [E] (natuurk.) beweging v.h. proton om zijn eigen as, waardoor een magnetisch veld ontstaat.
spina 1 wervelkolom, ruggengraat; 2 een puntig (bot)uitsteeksel. • ~ **bifida** gespleten wervelkolom doordat de bogen van enige wervels niet gesloten zijn, een vorm van dysrafie. • ~ **bifida aperta** *zie* schisis | rachi~. • ~ **bifida cystica** s. bif. met uitpuiling van ruggenmerg of ruggenmergsvliezen. • ~ **bifida occulta** uitwendig niet zichtbare s. bifida. • ~ **iliaca anterior superior** darmbeenuitsteeksel aan het voorste eind v.d. crista iliaca, oorsprong v.d. m. sartorius. • ~ **septi** puntvormig uitsteeksel v.h. benige neustussenschot basaal achter. • ~ **ventosa** chronische tuberculeuze osteomyelitis v.e. vinger of teen bij kinderen.
spinaal m.b.t. het ruggenmerg.
spinale ataxie ataxie t.g.v. een ruggenmergsaandoening.
spinale spieratrofie | distale ~ *zie* spieratrofie | spinale ~. • ~ **type II** debuterend in eerste jr.; traag beloop. • ~ **type III** debuterend voor het tweede jr.; uitgesproken chronisch. • ~ **type IV** debuut op volwassen leeftijd; gen onbekend.
spinalioom *zie* plaveiselcelcarcinoom.
spinalis 1 m.b.t. de wervelkolom; 2 m.b.t. de doornuitsteeksels; 3 m.b.t. het ruggenmerg; vb. musculus spinalis, dura mater spinalis, ganglion spinale.
spinatus 1 v.e. doorn voorzien; 2 spinalis.
spinbaarheid eigenschap van cervixslijm dat onder invloed van oestrogeen kort voor en tijdens ovulatie dun-vloeibaar is en zich tot draden laat trekken.
spinbaarheidmethode methode van periodieke onthouding waarbij het ovulatiemoment wordt bepaald door zorgvuldige waarneming v.d. consistentie v.h. vaginale

slijm.
spine [E] wervelkolom, ruggengraat. • **bamboo** ~ zie bamboewervels.
spinnbarkeit zie spinbaarheid.
spinnenkop zie naevus araneus.
spinocellulair zie spinocellularis.
spinocellularis lijkend op de stekelcellen v.h. stratum spinosum v.d. epidermis.
spinosus 1 m. b.t. de spina = wervelkolom; 2 doornvormig; vb. processus spinosus (vertebrarum), foramen spinosum.
spinotectalis v.h. ruggenmerg naar het tectum mesencephali lopend; vb. tractus spinotectalis.
spinoterisme vonken-zien, fotopsie, synchysis.
spinothalamicus v.h. ruggenmerg naar de thalamus lopend; vb. tractus spinothalamicus, spinothalame functies (pijnzin).
spinresonantie zie MRI.
spinulosus stekelvormig; vb. trichostasis spinulosa.
spiraaltje zie IUD. • **hormoon**~ zie IUD.
spiradenitis ontsteking van zweetklieren, met spiraalvormig kronkelende afvoergangen.
spiradenoom adenoom v.d. zweetklieren. • **eccrien** ~ gezwelletje dat zowel uit cellen v.h. secernerende deel v.d. zweetklier als uit cellen v.d. uitvoergang bestaat.
spiralis spiraalvormig; vb. ulcus spiralis, membrana spiralis, ganglion spirale cochleae.
spireem kluwenstadium bij de karyokinese.
spiril spiraalvormige bacterie.
Spirillaceae fam. v.d. klasse *Schizomycetes*.
spirillose ziekte door infectie met *Spirillum*.
Spirillum geslacht van spiraalvormig gewonden micro-organismen v.d. fam. *Spirillaceae*. • ~ **minus** het enige voor de mens pathogene spirillum, verwekker van rattenbeetziekte in Japan.
Spirochaeta een geslacht v.d. fam. *Spirochaetaceae*. • ~ *pallida* zie *Treponema pallidum*.
Spirochaetaceae fam. v.d. orde *Spirochaetales*.
Spirochaetales orde v.d. klasse *Schizomycetes*:.
spirocheet een spiraalvormige bacterie.
spirocheticide spirocheten dodend.
spirochetose ziekte die door spirocheten wordt verwekt; vb. lymeborreliose. • **spirochaetosis icterohaemorrhagica** zie leptospirose | leptospirosis icterohaemorrhagica.
spirografie automatische, continue registratie van ventilatie-grootheden i.e. volume-tijd-coördinatensysteem.
spirogram curve die het verloop v.d. ademhalingsbeweging en -groatheden aangeeft.
spirometer zie spirometrie.
spirometrie meting v.d. ademhalingsgrootheden m.b.v. de spirometer i.h. longfunctielaboratorium. • **incentive spirometry** [E] ademhalingstechniek waarbij de patiënt zichzelf m.b.v. eenvoudige apparatuur tot een zo diep mogelijke ademhaling kan stimuleren.
spironolactonen synthetische steroïden die, door competitieve werking t.o.v. aldosteron, de werking van mineralocorticoïden remmen.
Spirurida orde v.d. nematoden, waartoe o.m. *Dracunculus medinensis* en de *Filarioidea* behoren.
spit aspecifieke spierpijn i.d. lendenstreek, doorgaans aan één kant (vnl. links) optredend.
splanchn- voorvoegsel in woordverbindingen m.b.t. de ingewanden.
splanchnicotomie doorsnijding v.d. n. splanchnicus ter opheffing van pijn i.d. ingewanden of ter verlaging v.d. bloeddruk bij hypertensie.
splanchnicus m.b.t. de ingewanden.
splanchnopleura het inwendige, aan het entoderm grenzende blad v.h. mesoderm.
spleetlamp lamp waarmee een smalle, scherp begrensde lichtbundel van opzij i.e. te onderzoeken oog wordt gericht op de structuren v.h. oog.
splen zie milt.
splenectomie operatieve verwijdering v.d. milt.
splenemie overvulling v.d. milt met bloed.
spleneolus bijmilt, accessoire milt.
spleniculus zie milt | bij-~.
splenicus m.b.t. de milt.
splenificatie consistentieverandering van longweefsel, dat enigszins op miltweefsel gaat lijken.
splenitis ontsteking v.d. milt.
splenium 1 bandvormige structuur; 2 verband, kompres.
splenius pleistervormig; vb. musculus splenius.
splenocele hernia v.d. milt.
splenocleise het ruw maken v.h. miltoppervlak, of de transplantatie v.d. milt i.d. buikwand.

splenocyt grote mononucleaire fagocyt, door Pappenheim i.d. milt gevonden.
splenogeen afkomstig van, gevormd i.d. milt.
splenografie 1 röntgenopname v.d. milt; **2** differentiële telling v.e. miltuitstrijkpreparaat.
splenogram 1 röntgenfoto v.d. milt; **2** het resultaat v.e. differentiële telling v.e. miltuitstrijkpreparaat.
splenoïd 1 lijkend op de milt of op miltweefsel; **2** een kleine bijmilt, waarvan men soms een groot aantal verspreid i.d. buik aantreft.
splenolymfatisch m.b.t. de milt en de lymfeklieren.
splenomegalie | splenomegalia congestiva vergrote milt door veneuze stuwing, o.a. bij ziekte van Banti. • **Egyptische** ~ vergrote milt bij schistosomiasis. • **splenomegalia familiaris** familiale miltvergroting bij ziekte van Gaucher. • **splenomegalia infantum** miltvergroting bij anaemia pseudoleucaemica infantum. • **infectieuze** ~ miltvergroting bij infectieziekte.
splenopexie operatieve bevestiging v.e. milt aan de buikwand.
splenoportografie röntgenologische afbeelding v.h. portale systeem na injectie v.e. contraststof i.d. milt.
splenoptosis zie milt | zwerf-~.
splenorragie miltbloeding.
splenose aanwezigheid v.e. groot aantal eilandjes miltweefsel verspreid over de gehele buikholte.
splenotomie milt-incisie, insnijding i.d. milt.
splicing [E] vorming v.e. mRNA-molecuul uit een pre-mRNA-molecuul door verwijdering v.d. introns en het aan elkaar koppelen v.d. exons.
splint [E] zie spalk.
splinting [E] het spalken van fractuurstukken voor steun en fixatie met bijv. gips, kunststof, fixatura externa.
splitsingsregel van Mendel zie Mendel | wetten van ~.
Spoedeisende Eerste Hulp (SEH) afdeling v.e. ziekenhuis waar de eerste opvang plaatsvindt van personen met klachten die een spoedeisend karakter hebben.
spoelfiguur spoelvormige structuur die tijdens de kerndeling zichtbaar is.
spoeling | blaas~ het inbrengen en weer laten weglopen van spoe_v_oeistof i.d. blaas. • **darm**~ zie darmreiniging, klysma. • **kaak**~ punctie v.d. kaakholte via de onderste neusgang bij vnl. subacute of chronische sinusitis maxillaris. • **long**~ zie lavage | bronchoalveolaire ~. • **maag**~ het afvoeren ('hevelen') van maaginhoud door een dikke slang door de slokdarm.
spoelvormige verdikking wekedelenzwelling rond ontstoken interfalangeale gewrichten v.d. vingers.
spondyl- voorvoegsel in woordverbindingen m.b.t. een wervel of de wervelkolom.
spondylarthrosis deformans zie spondylose | spondylosis deformans.
spondylartritis ontsteking v.d. wervelgewrichten. • **spondylarthritis ankylopoetica** zie spondylitis ankylopoetica.
spondylartropathie heterogene groep van ziektebeelden die worden gekenmerkt door ontsteking v.h. axiale skelet, asymmetrische perifere artritis, enthesitis, oogontsteking en mucocutane afwijkingen;. • **seronegatieve** ~ heterogene groep van ziektebeelden die worden gekenmerkt door een verhoogde samenhang met HLA-B27.
spondylitis wervelontsteking. • ~ **ankylopoetica** zie spondylitis ankylopoetica. • ~ **ankylosans** (SA) zie spondylitis ankylopoetica. • ~ **anterior** ontsteking aan de voorkant v.e. wervellichaam. • **bechterew**~ zie spondylitis ankylopoetica. • ~ **deformans** zie spondylarthrosis deformans. • ~ **tuberculosa** tuberculeuze wervelontsteking, met kenmerkende gibbus (bochel).
⊛ **spondylitis ankylopoetica** (SA) langzaam progressieve chronische gewrichtsontsteking die leidt tot aantasting v.d. sacro-iliacale gewrichten (SI-gewrichten), de intervertebrale gewrichten, de tussenwervelschijven en ook andere gewrichten, zoals het heupgewricht, leidend tot ankylose en secundair tot verbening v.d. banden en verstijving v.d. wervelkolom (zgn. bamboewervelkolom); soms zijn ook de aanhechtingsplaatsen van pezen aan bot (b.v. bij de hiel) i.h. ziekteproces betrokken.
spondylodese operatieve ingreep waarbij elementen v.d. wervelkolom aan elkaar worden vastgemaakt. • **dorsale** ~ spondylodese waarbij de wervelkolom vanaf de rugzijde wordt benaderd. • **dwyer-zielke**~ chirurgische correctie van (thoraco)lumba-

le scoliose. • **intercorporele** ~ operatieve verstijving v.d. wervelkolom door het aanbrengen van botweefsel tussen twee wervellichamen. • ~ **van Dwyer-Zielke** *zie* dwyer-zielke-. • **ventrale** ~ spondylodese waarbij de wervelkolom vanaf de buikzijde wordt benaderd.

spondylodiscitis ontsteking v.e. discus intervertebralis plus de beide aangrenzende wervellichamen.

spondylodynie pijn i.e. wervel.

spondylofyt botappositie aan boven- en onderzijkant v.h. wervellichaam.

spondylolisthesis wervelverschuiving t.g.v. doorgaans bilaterale spondylolysis. • **pseudo**~ naar voren afglijden van wervellichaam t.g.v. de artrotische standsverandering v.h. wervelgewricht of door versmalling v.d. discus.

⊛ **spondylolyse** defect i.d. wervelboog, een- of tweezijdig, ter plaatse v.d. pars interarticularis, die gelegen is tussen de verbindingen v.d. bovenste en de onderste gewrichtsuitsteeksels met de wervelboog; dit kan leiden tot een verplaatsing v.d. complete wervelkolom boven het aangedane niveau naar anterieur; in dit geval wordt gesproken van spondylolisthesis.

spondylomalacie | **spondylomalacia traumatica** wervelverweking t.g.v. een trauma.

spondylopathie wervelaandoening. • **spondylopathia traumatica** *zie* ziekte van Kümmell-Verneuil.

spondyloptosis *zie* spondylolyse.

spondylose 1 ankylose v.e. of meer wervelgewrichten; **2** algemene term voor de door artritis teweeggebrachte degeneratieve veranderingen v.d. wervels; de term is niet te verwarren met 'spondylolyse'. • **spondylosis cervicalis** ankylose v.d. halswervelgewrichten. • **spondylosis deformans** arthrosis deformans v.d. wervelgewrichten.

spondylosyndese artrodese v.d. wervelkolom, spondylodesis.

spondylotomie 1 incisie waarbij het ruggenmerg wordt blootgelegd; **2** doorsnijding v.d. wervelkolom v.h. ongeboren kind als noodoperatie om een verlossing mogelijk te maken.

spongieus sponsachtig; vb. decidua spongiosa.

spongiform sponsachtig.

spongiitis ontsteking v.h. corpus spongiosum penis.

spongiocyt 1 neurogliacel; **2** cel met spongieus protoplasma, i.d. bijnierschors.

spongioïd met een sponsachtige structuur.

spongioplasma het netwerk-achtige deel v.h. cytoplasma in histologische preparaten (een artefact).

spongiosa orthopedisch jargon, verkorte vorm van 'substantia spongiosa ossium' *zie* substantia spongiosa ossium, spongiose.

spongiose intra- en intercellulair oedeem i.h. stratum spongiosum v.d. huid.

spongiositis *zie* spongiitis.

spongiosus sponsachtig, vb. status s-sus, substantia s-sa, corpus s-sum.

spontaan zonder aanwijsbare oorzaak.

spontane activiteit bij elektromyografie waarneembare, in rust optredende spierpotentialen, veroorzaakt door denervatie.

spontane genetische correctie *zie* reversie.

spontaneus spontaan, zonder aanwijsbare oorzaak; vb. generatio spontanea.

sporadisch afzonderlijk, in enkelvoud voorkomend, i.t.t. endemisch en epidemisch.

sporadisch voorkomende inclusion-body-myositis (sIBM) *zie* myositis.

sporangium drager van aseksuele sporen.

spore betrekkelijk resistent lichaampje, geproduceerd door een bacterie of een schimmel, met als functie de voortplanting. • **artro**~ tonvormige spore aan de hyphae van *Coccidioïdes immitis*. • **aseksuele** ~ een vegetatief door deling ontstane spore, zonder conjugatie van cellen. • **blasto**~ aseksuele spore van schimmels. • **chlamydo**~ v.e. beschermend omhulsel voorziene aseksuele spore, goed bestand tegen nadelige invloeden v.d. omgeving. • **conidio**~ *zie* exo~. • **endo**~ spore die zich binnen een cel ontwikkelt. • **exo**~ aseksuele spore die zich aan het einde van hyphae vormt door uitbottende knopvorming. • **gonido**~ *zie* endo~. • **seksuele** ~ spore die wordt gevormd door conjugatie van twee haploïde kernen van twee (gelijke of ongelijke) cellen, zonder medische betekenis. • **thallo**~ spore die direct uit myceliumdraden wordt gevormd. • **zoö**~ een zich vrij, d.m.v. een zweepdraad (flagel) bewegende endospore. • **zygo**~ een spore, gevormd door conjugatie van twee andere sporen.

sporendiertjes *zie* Sporozoa.

sporenelementen noodzakelijk voedingselement dat als chemisch element slechts in zeer kleine hoeveelheden in enig materiaal voorkomt en waarvan zeer geringe hoeveelheden voldoende zijn.

sporogonie seksuele vermenigvuldiging van *Sporozoa*.

sporomycose ziekte t.g.v. longinfectie door schimmelsporen.

sporonticide geneesmiddel dat de geslachtelijke voortplanting van malariaparasieten bij de muskiet belemmert.

Sporothrix een geslacht fungi imperfecti. • *~schenckii* verwekker van sporotrichose bij mensen en dieren.

sporotrichose chronische schimmelinfectie door *Sporothrix schenckii*.

Sporozoa klasse v.d. afd. *Protozoa*, niet i.h. bezit van bewegingsorganen, zich door sporulatie vermeerderend.

sporozoïet bij *Sporozoa* het product van schizogonie v.d. zygoot.

sportletsel trauma dat men bij het sporten oploopt, meestal aan banden rondom gewrichten, pezen, spieren of botten.

sportmedisch adviescentrum (SMA) adviescentrum met als taak het adviseren over de geschiktheid om aan sport te doen, diagnosticeren en behandelen van sportblessures.

sporulatie vorming van sporen.

spot | **cherry-red** ~ [E] kersrode macula bij afsluiting van (een tak van) de a. centralis retinae, omgeven door een grijswitte ischemische retina. • **cold** ~ [E] bij scintigrafie en SPECT met radioactieve stoffen gevonden plek waar verminderde of afwezige radioactiviteit wordt geregistreerd. • **cotton wool** ~s [E] met de oogspiegel waarneembare ischemische infarcten met wattenachtig voorkomen. • **enzyme-linked immunoabsorbent** ~ (ELISPOT) [E] methode voor het bepalen v.d. hoeveelheid cellen i.e. monster; tevens meetmethode v.d. concentratie v.e. bepaalde stof die de cellen uitscheiden. • **G-**~ *zie* grafenbergplek. • **hot** ~ [E] bij scintigrafie en SPECT met radioactieve stoffen gevonden plek waar verhoogde radioactiviteit wordt geregistreerd. • **liver** ~ [E] *zie* lentigo senilis.

spotting [E] doorbraakbloeding (bij gebruik van orale contraceptiva), onttrekkingsbloeding.

spp 1 species (mv.); **2** suppression of plaque formation of phages.

spraak het door de spraakorganen geproduceerd georganiseerd geluid als middel tot overdraging van gedachten. • **bulbaire** ~ de s. bij verlamming van lip-, tong- en gehemeltespieren t.g.v. bulbaire paralyse. • **gescandeerde** ~ het spreken i.e. gestoord ritme, alsof men een vers naar de maat opzegt. • **neus**~ nasale spraak, veroorzaakt door een te kort of disfunctioneel gehemelte of door een afgesloten neusdoorgang. • **prothese**~ *zie* synthetische ~. • **slokdarm**~ speciale manier van spreken door patiënten na laryngectomie. • **synthetische** ~ (kno-heelkunde) d.m.v. een apparaat eenvoudige spraakboodschappen voortbrengen.

spraakafzien voor slechthorenden/doven bestemde taalreceptietechniek.

spraakarmoede negatief symptoom van schizofrenie waarbij de betrokkene minder spreekt.

spraakcentrum | **motorisch** ~ centrum i.d. onderste winding v.d. linker lobus frontalis cerebri. • **sensorisch** ~ centrum achter i.d. bovenste winding v.d. slaapkwab.

spraakknoop prothese die zich bevindt tussen trachea en oesofagus bij status na totale laryngectomie.

spraakspan de hoorbaarheid van fluisterspraak, conversatiespraak en zeer luide spraak.

spraakstoornis NB: niet te verwarren met 'stemstoornis' *zie* dysartrie, afasie.

spraaktherapeut *zie* logopedist.

spreekdrang *zie* logorroe.

spreekuur | **aanloop**~ vrij toegankelijk spreekuur bij de huisarts, zonder de noodzaak v.e. afspraak vooraf. • **afspraak**~ spreekuur waarbij de patiënten op afspraak komen, niet vrij toegankelijk. • **inloop**~ *zie* aanloop~. • **open** ~ *zie* aanloop~.

SPRM (selectieve progesteronreceptormodulator) *zie* anticonceptie | **nood**-.

sproet lichtbruin vlekje, vooral i.h. gelaat, veroorzaakt door hyperactieve melanocyten.

spruw 1 (gastro-enterol.:) resorptiestoornis v.h. darmslijmvlies, gepaard gaand met steatorroe; minder gangbaar is het gebruik v.d. term 'spruw' i.d. betekenis van candidiasis oris; **2** (dermatol.) *zie* candidiasis oris, aft. • **niet-tropische** ~ resorptiestoornis met intolerantie voor gluten. • **para**~ lichte vorm van spruw. • **tropische** ~ ziektebeeld dat acuut kan beginnen met diarree, maar

vaker een sluipend beloop heeft.
spuitbuisje *zie* ductus ejaculatorius.
spuit van Luer *zie* luerspuit.
spurius vals, onecht; vb. hydrops spurius, cataracta spuria, neuroma spurium.
sputum sereuze, slijmige of etterige substantie die bij het hoesten via de mond wordt opgegeven en die afkomstig is uit de longen, de bronchi of de neus. • ~ **rufum** roestig s., bij pneumonie.
sputumvervloeier *zie* mucolytica.
SPV *zie* verpleegkundige | sociaalpsychiatrische ~.
squaleen onverzadigde koolwaterstof, bestanddeel van haaienlevertraan.
squama 1 (dermatol.) losrakend conglomeraat van hoorncellen; **2** (anat.) schubvormig beenstuk.
squameus 1 (anatomie) m.b.t. een squama, i.h.b. de pars squamosa ossis temporalis; **2** (dermatol., pathol.) schilferend; vb. margo squamosus ossis parietalis, blefaritis squamosa, eczema squamosum.
squamosomastoideus m.b.t. de pars squamosa en de processus mastoideus v.h. slaapbeen.
squeeze [E] vorm van duikersziekte waarbij de onderdruk i.e. lichaamsholte leidt tot uittreding van vocht uit de weefsels.
squint [E] strabismus, scheelzien.
SR *zie* reticulum | sarcoplasmatisch ~.
SRF somatotropin-releasing factor.
SRIF (somatotropin release inhibiting factor [E]) somatostatine.
S romanum (sigma romanum) *zie* sigmoïd.
s.s. (sensu strictiori) in engere zin.
SSEP *zie* potentiaal | somato-sensory evoked potentials.
SSG *zie* graft | split-skin ~.
ssp subspecies (gebruikt i.d. biologische terminologie).
SSPE *zie* encefalitis | subacute scleroserende pan~.
SS-plaat agarplaat, geschikt voor het kweken van *Shigella* en *Salmonella*.
SSRI selective serotonin-reuptake inhibitor *zie* serotonineheropnameremmer | selectieve ~.
SSS *zie* dermatitis exfoliativa generalisata neonatorum.
SSSS *zie* syndroom | staphylococcal scalded skin syndrome.
SST *zie* somatostatine.
SSV *zie* virus | simian-sarcoma-~.

SSYC laboratoriumjargon voor de vier micro-organismen *Salmonella*, *Shigella*, *Yersinia* en *Campylobacter*.
ST *zie* toxine | stabiel ~.
staafje 1 (anat., oogheelk.:); **2** (microbiol.:) *zie* bacil.
staafjes · staafjes van Auer *zie* lichaampje | auer-s.
staafjesrood *zie* rodopsine.
staar het troebeling worden v.h. oog; i.h. spraakgebruik doelt men op cataract *zie* cataract, glaucoom. • **grauwe** ~ *zie* cataract. • **grijze** ~ *zie* cataract. • **groene** ~ *zie* glaucoom. • **kapsel**~ *zie* cataracta capsularis. • **kern**~ *zie* cataract | kern~. • **na**~ *zie* cataract | secundair ~. • **pool**~ *zie* cataracta polaris anterior, cataracta polaris posterior. • **stippel**~ *zie* cataracta punctata. • **suiker**~ *zie* cataract | diabetisch ~.
staarsteek zeer verouderde methode tot verwijdering v.e. cataract waarbij de lens i.h. glasvocht werd gekanteld.
staartlarve *zie* cercaria.
stadersplint spalk voor externe fixatie van beenfractuurstukken.
stadia van Fontaine *zie* classificatie | fontaine-.
stadiëring 1 (pathol.:) bepaling of classificatie van duidelijk te onderscheiden fasen of perioden i.h. verloop v.e. ziekte of pathologisch proces; vb. stenose v.e. bloedvat door atherosclerose (hoog-, laaggradige st.); **2** (oncol.:) schatting v.d. mate van agressiviteit (uitbreiding) v.e. tumor ten behoeve van therapie en prognose; geschiedt aan de hand van microscopische kenmerken als celvorm, weefselopbouw en mitotische activiteit. • **EUS-**~ stadiëring m.b.v. endoscopische ultrasonografie. • **gemodificeerde Bloom-Richardson-**~ (BR-stadi ring) histologisch stadiëringssysteem voor prognose van invasief mammacarcinoom. • **minimaal invasieve** ~ vaststelling v.d. mate van uitbreiding v.e. tumor m.b.v. minimaal invasieve, meestal laparoscopische technieken. • **okselklier**~ het in kaart brengen van eventuele metastasering naar lymfklieren i.d. oksel. • **TNM-**~ bepaling van lokale en perifere uitbreiding v.e. kwaadaardig gezwel ten behoeve van therapie en prognose; indeling is gebaseerd op tumorgrootte, aangedane lymfeklieren en metastasen op afstand.
stadiëringslaparotomie *zie* laparoto-

mie | proef-~.
stadiëringsonderzoek onderzoek waarmee het stadium v.e. tumor wordt vastgesteld.
stadium tijdperk, ziektefase. • ~ **decrementi** de fase waarin de ziekte in hevigheid afneemt. • ~ **incrementi** zie stadium augmenti. • ~ **augmenti** de fase waarin de ziekte in hevigheid toeneemt. • **telogeen** ~ de op het katagene stadium volgende fase i.d. haargroeicyclus, waarin alle groei tot stilstand is gekomen.
stadiumindeling zie stadiëring.
stafylitis ontsteking v.d. huig.
stafylocoagulase coagulase die door stafylokokken wordt afgescheiden.
stafyloedeem oedeem v.d. huig.
stafylokok | **coagulasenegatieve** ~ (CNS) normale huidbacterie.
stafylolysine een door stafylokokken geproduceerde hemolysine.
stafyloom op een druif lijkende uitpuiling aan de oogbol. • **staphyloma aequatoriale** s. aan de equator v.d. oogbol. • **staphyloma anterius** s. i.h. gebied v.d. cornearand. • **staphyloma anulare** s. omgeven door een atrofische mantel van choroidea. • **staphyloma bulbi totale** algemene uitpuiling v.h. oog naar achteren, bij glaucoom. • **staphyloma ciliare** s. i.d. streek v.h. corpus ciliare. • **staphyloma conicum** zie keratoconus. • **staphyloma corneae** litteken v.h. hoornvlies, waarin een uitpuilend gedeelte v.h. regenboogvlies is vastgegroeid. • **staphyloma corneae racemosum** uitpuilingen v.d. iris door kleine openingen i.d. cornea. • **staphyloma intercalare** een s. op de overgang van cornea en sclera. • **staphyloma pellucidum** zie keratoglobus. • **staphyloma pellucidum congenitum** zie keratoglobus. • **staphyloma posterius** uitpuiling v.d. sclera aan de achterpool v.d. oogbol, bij hoge graad van myopie. • **staphyloma sclerae** s. v.d. sclera, zonder aantasting v.d. cornea.
stafylotomie 1 (kno) incisie v.d. uvula; 2 (kno) uvula-amputatie; 3 (oogheelk.) excisie v.e. stafyloom.
stagering zie stadiëring.
stageringsonderzoek zie stadiëringsonderzoek.
staging zie stagering.
stagnatie stilstand.
stalking stoornis waarbij een persoon stelselmatig een andere persoon volgt of benadert.
stam 1 (anat.:) zie truncus; 2 (microbiol.:) reincultuur van nakomelingen van één bacterie-isolaat. • **rough-type** ~ Streptococcus pneumoniae-stam zonder kapsel. • **smooth-type** ~ Streptococcus pneumoniae-stam met een kapsel.
stamboom schematisch overzicht van familierelaties.
stamcel | **embryonale** ~ pluripotente cel die uit de blastocyst wordt geïsoleerd; deze cellen zijn in principe uitermate geschikt voor weefselgeneratie, maar het gebruik ervan is beperkt door tumorgeniciteit. • **hemopoëtische** ~ pluripotente somatische cel uit het beenmerg; deze stamcellen worden o.a. gebruikt bij de behandeling van maligne en benigne bloedziekten i.h. kader van autologe of allogene stamceltransplantaties; in tegenstelling tot andere somatische stamcellen lijkt de hemopoëtische stamcel nog over een zeker vermogen tot transdifferentiatie te beschikken (hierover bestaat nog wetenschappelijke onenigheid).
stamceltransplantatie transplantatie van hemopoëtische stamcellen van autologe of allogene donor, gewonnen uit het perifere bloed; de cellen worden intraveneus toegediend.
stamelen zie dyslalie.
stamganglia grijze kernen i.d. hersenstam: thalamus en corpus striatum.
standaard minimaal te bereiken norm, waarvan niet mag worden afgeweken. • **algemeen aanvaarde** ~ diagnostische test met een erkende ideale mate van validiteit waarmee nieuw ontwikkelde meetprocedures kunnen worden vergeleken. • **gouden** ~ zie algemeen aanvaarde ~. • **NHG-**~ richtlijn zoals opgesteld door het Nederlands Huisartsen Genootschap. • **professionele** ~ de beste manier van handelen i.e. specifieke situatie met inachtneming van recente inzichten en evidence.
standaardafwijking zie deviatie | standaard-~.
standaardisatie 1 statistische methode om te corrigeren voor ongelijke verdelingen in groepen; 2 het met elkaar in overeenstemming brengen en gelijkmaken van vormen, afmetingen en procedures, waardoor een zo groot mogelijke uniformiteit wordt verkregen, bijv. door overal eenzelfde labformulier te hanteren (om ongewenste varia-

tie te reduceren).
standaardmethode *zie* proef | controle~.
standaardreeks (dermatologie) reeks van meest voorkomende allergenen die wordt gebruikt bij het opsporen v.e. mogelijke contactallergie d.m.v. epicutane tests.
standard error of the mean (SEM) *zie* fout | standaard~.
standard gamble [E] procedure voor het meten van voorkeuren voor gezondheidstoestanden.
standardized effect size effectmaat die wordt gebruikt om de resultaten v.e. meta-analyse weer te geven.
standfase fase v.h. looppatroon waarbij de voet contact met de grond maakt.
stapedectomie operatieve verwijdering v.d. stapes.
stapediolyse *zie* stapedotomie.
stapediotenotomie doorsnijding v.d. pees v.d. m. stapedius.
stapedis gen. van stapes; vb. membrana stapedis.
stapedius m.b.t. de stapes; vb. musculus stapedius.
stapedotomie mobilisatie v.d. stapes bij ooroperatie voor otosclerose.
stapeling het i.h. cellichaam opnemen en ophopen van stofwisselingsproducten en andere stoffen.
stapelingsziekte | **amyloïd~** *zie* amyloïdose. · **bilirubine~** *zie* icterus.
stapes het binnenste v.d. drie 'gehoorbeentjes', i.d. vorm v.e. stijgbeugel.
stapesfixatie aangeboren of door otosclerose veroorzaakte vergroeiing v.d. voetplaat v.d. stapes met de nis v.d. fenestra vestibuli.
stapesmobilisatie *zie* stapedotomie.
staphyle de huig.
Staphylococcus een geslacht grampositieve, bolvormige bacteriën v.d. fam. *Micrococcaceae*. · ~ *albus* zie Staphylococcus saprophyticus. · ~ *aureus* grampositieve bacterie die als huidcommensaal bij de mens voorkomt. · ~ *epidermidis* een op de huid voorkomende, vroeger weinig pathogene soort, die steeds vaker wordt herkend als (mede)veroorzaker van ziekenhuisinfecties. · ~ *pyogenes* zie *Staphylococcus aureus*. · ~ *saprophyticus* een niet-pathogene, saprofytisch op de huid levende soort.
staphyloma *zie* stafyloom.
staple [E] (chir.) nietje, gebruikt als hechtmateriaal voor anastomosen.

STARD standaardisatie van rapportage van resultaten van diagnostische studies.
Starling | **starlingkrachten** krachten over membranen en bloedvatwanden door hydrostatische en osmotische druk.
startstijfheid stijfheid (soms pijnlijk) in spieren en gewrichten door het gehele lichaam bij aanvang van beweging.
stasis stilstand v.d. inhoud van lichaamskanalen. · ~ **dermatitis** *zie* eczeem | eczema rubrum.
state anxiety *zie* angst | toestands~.
statesthesie gewaarwording v.d. lichaamshouding dankzij informatie van propriosensoren in spieren, gewrichtkapsels en -banden.
-staticum achtervoegsel in woordsamenstellingen dat betrekking heeft op een afremmend effect.
staticus m.b.t. de stand of de houding v.h. lichaam.
statiek m.b.t. de stand of de houding v.h. lichaam.
statine *zie* remmer | HMG-CoA-reductase~. · **prolacto~** *zie* hormoon | prolactine-inhibitoir ~.
station-pull-through-techniek manometrie v.d. slokdarm waarbij de druk op verschillende niveaus wordt gemeten.
statisch 1 in rust, in evenwicht, niet bewegend, i.t.t. dynamisch; 2 i.v.m. de houding, het staan; vb. statisch oedeem, statische klachten.
statische functie het tot stand komen v.h. gevoel van evenwicht en v.d. oriëntering i.d. ruimte.
statisch zintuig het i.h. labyrint zetelende zintuig voor het evenwicht.
Statistical package for social sciences (SPSS) software ten behoeve van beschrijvende en verklarende statistiek.
statistiek 1 de wetenschap betreffende het verzamelen, samenvatten, analyseren, interpreteren en presenteren van numerieke data om inzicht te krijgen in fenomenen; 2 de uitkomsten van statistische bewerkingen; 3 (anglicisme) statistische toets; 4 stelsel van officiële kwantitatieve beschrijvingen v.d. maatschappij. · **bayesiaanse ~** statistiek die is gebaseerd op het inzichtelijk maken v.d. wijze waarop de inschatting v.d. kans op een bepaalde gebeurtenis wordt beïnvloed door het optreden v.e. andere gebeurtenis. · **bio~** toepassingsgebied

v.d. statistiek dat biologische en medische fenomenen omvat. • **medische** ~ beschrijving en kwantificering van onzekerheden van observaties en uitkomsten binnen de medische wetenschap.

statistische power het vermogen v.e. onderzoek om de nulhypothese te verwerpen.

statistische software software waarmee verscheidene statistische toetsen kan worden uitgevoerd.

statoconia kleine kalkhoudende korrels, ingebed i.d. membrana statoconiorum macularum.

statolieten statoconia.

statometer instrument waarmee de graad van exophthalmus kan worden vastgesteld.

statopathie afwijking i.d. stand v.h. oog.

statosfeer *zie* centrosoom.

status 1 klinische toestand v.d. patiënt; **2** v.e. ziekenhuispatiënt dagelijks bijgehouden ziektegeschiedenis; **3** ziekten of ingrepen i.d. voorgeschiedenis v.e. patiënt. • **bloedstollings~** het complex van gegevens m.b.t. bloedings- en stollingstijd, aantal trombocyten en protrombinegetal. • **immuun~** functionele toestand v.h. immuunsysteem bij een individu. • **lymfeklier~** het totale aantal lymfeklieren, het aantal positieve lymfeklieren en de locatie hiervan, zoals vermeld i.h. pathologieverslag. • **mentale** ~ toestand van psychisch functioneren, d.w.z. het denken, voelen en handelen dat wordt beschreven als cognitieve, affectieve en conatieve functies. • **okselklier~** toestand v.d. okselklieren bij pathologisch onderzoek na een okselklierdissectie. • **performance** ~ [E] mate waarin een patiënt zelf in staat is allerlei activiteiten uit te voeren. • **sociaaleconomische** ~ sociaaleconomische klasse. • ~ **anginosus** het aanwezig zijn van aanvallen van angina pectoris.
• ~ **asthmaticus** (SA) langdurende aanval van asthma bronchiale waarbij bronchusverwijdende middelen onwerkzaam zijn.
• ~ **dysraphicus** *zie* rafie | dys~. • ~ **epilepticus** (SE) voortdurend epileptisch insult of reeks van gegeneraliseerde epileptische insulten die zo kort op elkaar volgen zonder terugkeer van bewustzijn, dat er een voortdurende epileptische toestand van >30 minuten ontstaat. • ~ **migrainosus** migraineaanval die langer dan 72 uur (drie etmalen) voortduurt. • **complex partiële** ~ **epilepticus** (CPSE) epileptische aanval die langer dan 30 minuten duurt en die de kenmerken v.e. complex-partiële aanval heeft. • **elektrische** ~ **epilepticus tijdens slaap** (ESES) specifiek epilepsiesyndroom v.d. kinderleeftijd met continue epileptische ontladingen tijdens slow-wave-diepe slaap.
• **niet-convulsieve** ~ **epilepticus** (NCSE) status epilepticus zonder gegeneraliseerde convulsies. • ~ **mentalis** *zie* status psychicus. • ~ **paralyticus** toestand van voortdurende verlamming bij progressieve paralyse. • ~ **praesens** de toestand v.d. patiënt op het tijdstip van onderzoek. • ~ **psychicus** *zie* mentale ~.

statusvoering wijze waarop de ziektegeschiedenis v.e. patiënt i.e. status wordt gedocumenteerd tot een overzichtelijk en chronologisch verslag.

STD 1 (immunol.) skin test dose; **2** (farm.) standaardtestdosis; **3** (seksuol.) sexually transmitted disease *zie* seksueel overdraagbare aandoening.

steady state [E] dynamische evenwichtstoestand na aanpassing van ademhaling en bloedcirculatie aan een bepaalde belasting die nog geen insufficiëntieverschijnselen oproept.

steatocele vettige massa i.h. scrotum.

steatocystoom goedaardige tumor, uitgaande v.d. talgklier; soms als hamartoom.
• **steatocystoma multiplex** pijnloze gelige cysten op borst, armen en bij oksels.

steatonecrose vetnecrose.

steatoom 1 *zie* atheroom; **2** *zie* lipoom.

steatorroe 1 vettige diarree t.g.v. stoornis i.d. vetvertering, voornaamste symptoom bij coeliakie en tropische spruw; **2** seborroe, overmatige afscheiding van sebum. • **idiopathische** ~ **1** spruw; **2** coeliakie bij volwassenen.

steatose 1 vervetting, infiltratie van weefsels met vet, vettige degeneratie; **2** afzetting van vet op abnormale plaatsen; **3** ziekte v.d. talgklieren v.d. huid (hypersteatosis, parasteatosis). • **zwangerschaps~** stapeling van neutrale lipiden i.d. hepatocyt tijdens de zwangerschap, m.a.g. acute leverinsufficiëntie.

steek 1 scherpe pijn van korte duur; vb. koliek, miltsteek, a.g.v. kramp van buikspieren; **2** prik of beet door een dier (i.h.b. insect) en de daardoor veroorzaakte wond; vb. muggensteek; de wond kan porte d'en-

trée voor ziekteverwekker vormen, waardoor een beet tot infectie kan leiden; 3 (verpleegk.:) *zie* beddenpan.
steekproef | aselecte ~ steekproef waarbij elk element uit een populatie op basis van toeval dezelfde kans heeft om i.d. steekproef te worden opgenomen. • **systematische** ~ steekproef waarbij elk eerste element v.e. reeks wordt geselecteerd.
steeldraaiing *zie* torsie.
steen verkalkende massa. • **afgietsel**~ niersteen die het nierbekken geheel opvult. • **blaas**~ *zie* urolithiase. • **carbonaat**~ blaas- of niersteen die (vnl.) uit carbonaten bestaat. • **choledochus**~ steen i.d. ductus choledochus die vanuit de galblaas is gemigreerd die ter plaatse is gevormd nadat een obstructie de afvloed heeft belemmerd. • **fosfaat**~ blaas- of niersteen die (vnl.) uit fosfaten bestaat. • **gal**~ verzamelbegrip voor vaste neerslagen i.d. galblaas; samenstelling kan variëren. • **galweg**~ *zie* lithiase | choledocho~. • **helse** ~ *zie* zilvernitraat. • **koraal**~ niersteen die het nierbekken en de nierkelken opvult. • **long**~ *zie* pneumoliet. • **matrix**~ niersteen, bestaande uit amorf, niet-kristallijn calciumfosfaat. • **neus**~ *zie* rinoliet. • **nier**~ concrement dat zich i.d. afvoerende urinewegen v.d. nier vormt. • **oxalaat**~ nier- of blaassteen die uit oxalaat bestaat. • **pancreas**~ steenvorming bij chronische pancreatitis a.g.v. alcoholmisbruik. • **pigmentgal**~ bruine of zwarte galsteen. • **preputium**~ concrement i.h. preputium. • **prostaat**~ concrement i.d. prostaat, vnl. bestaand uit calciumcarbonaat en -fosfaat. • **speeksel**~ *zie* sialoliet. • **talgklier**~ verharde massa i.e. talgklier. • **tand**~ 1 odontoliet; 2 afzetting v.e. mengsel van zouten en detritus rondom de tandhals. • **uraat**~ blaas- of niersteen die (vnl.) uit uraten bestaat. • **ureter**~ *zie* lithiase | uretero~. • **urine**~ *zie* urolithiase. • **urineweg**~ *zie* urolithiase. • **xanthine**~ blaas- of niersteen, hard en glad van oppervlak, rood van kleur.
steenhuisprojectie houding voor occipitofrontale röntgenopname v.d. neusbijholten waarbij de rotsbeenderen i.d. oogkassen worden geprojecteerd.
steenpuist *zie* furunkel.
steentje *zie* calculus.
steenvergruizing *zie* lithotripsie | schokgolf~.

steenvorming *zie* lithiase.
steenvrij zonder (recidief) terugkeer van vorming v.e. blaas-, nier- of galsteen.
Stegomyia een subgenus v.h. muggengeslacht *Aedes*.
stekelcellenlaag *zie* stratum spinosum epidermidis.
ST-elevatie stijging v.h. ST-segment op het ecg boven de basislijn.
stella zwachtelverband om de borstkas.
stellatectomie operatieve verwijdering v.h. ganglion stellatum (= ganglion cervicothoracicum).
stellatus stervormig; vb. ganglion stellatum, venulae stellatae (mv. van stellata).
stellula verkleinwoord van stella = ster.
stelsel complex van bij elkaar behorende delen, bijv. centraal zenuwstelsel.
stemband | valse ~ ligamentum vestibulare. • **ware** ~ ligamentum vocale.
stembandknobbeltjes lokale verdikkingen op de ware stembanden a.g.v. overmatig of ondoelmatig stemgebruik.
stembandkramp spastische kramp v.d. larynxspieren, waardoor de stemspleet bij inspiratie wordt dichtgeknepen.
stembandlateralisatie operatie bij ernstige vernauwing v.d. ademweg door een bilaterale abductorenparese, waarbij de stembanden meer naar lateraal verplaatst worden.
STEMI *zie* myocardinfarct | ST-elevatie~.
stemloosheid *zie* fonie | a~.
stemming de subjectief ervaren grondtoon v.h. gevoelsleven waarop het waarneembare affect is gesuperponeerd. • **angstige** ~ stemmingstoornis, gekenmerkt door een gevoel van sterk onbehagen, dreiging en onzekerheid zonder dat de patiënt kan aangeven waar hij precies bang voor is. • **depressieve** ~ stemmingstoornis, te omschrijven als 'mat', 'verdrietig', 'neerslachtig', 'huilerig', 'somber', 'moedeloos' of 'radeloos'. • **dysfore** ~ stemmingstoornis, te omschrijven als 'ontstemd', 'wantrouwig', 'prikkelbaar', 'boos' of 'agressief'. • **euforische** ~ stemmingstoornis met overdreven opgewektheid en ongefundeerd optimisme, uitgelatenheid en extase. • **extatische** ~ stemmingstoornis, gekenmerkt door verrukking en geestesvervoering. • **prikkelbare** ~ stemmingstoornis, gekenmerkt door lichtgeraaktheid, ongeduld, opvliegendheid en eenvoudig op te roepen

agressie.

stemmingsstabilisator geneesmiddel dat wordt gebruikt bij de behandeling v.e. bipolaire stoornis om de stemming stabiel te houden.

stemmingsstoornis algemene verzamelnaam voor een psychische stoornis waarbij de emotionele beleving v.h. zelf, de wereld, het verleden en de toekomst verstoord is; kan depressief, manisch of bipolair zijn; kent cognitieve, gedragsmatige en lichamelijke symptomen. • **bipolaire** ~ zie bipolaire stoornis. • **organische** ~ stemmingsstoornis door een somatische oorzaak; vb. depressie bij hypothyreoïdie. • **premenstruele** ~ zie premenstrueel syndroom. • **secundaire** ~ zie organische ~. • **unipolaire** ~ zie unipolaire stoornis.

stemspleet rima glottidis.

stemstoornis stoornis i.d. stemvorming, i.h.b. de zangstem.

stemvorkonderzoek eenvoudig onderzoek v.h. gehoor m.b.v. een stemvork, waarbij kan worden bepaald of er geleidings- of perceptieverlies bestaat.

stemvorkproef van Corradi zie proef | corradistemvork~.

stemwisseling stemwisseling (bij jongens) i.d. puberteit; verloopt in drie fases: 1) *premutatie*, rond 12-13 jaar is er een verlies i.d. hoge tonen, lage tonen worden onvast en er is een opvallende groei v.d. larynx; 2) *mutatie*, rond 13-14 jaar daalt de spreekstem opvallend, gepaard met schorheid en stembreuk tussen middenstem en lichte stem; 3) *postmutatie*, rond 14-15 jaar bereikt de stem een grotere omvang en wordt deze stabiel.

stenocardie zie angina pectoris.

stenopeïsche opening kleine opening (ongeveer 1 millimeter) die, vlak voor het oog geplaatst, de visus verbetert als deze door refractieafwijkingen of mediatroebelingen en niet door andere oorzaken verminderd is.

stenosans stenoserend, gepaard gaand met vernauwing; vb. tendinitis stenosans.

stenose vernauwing v.e. kanaal of een opening. • **aorta-istmus**~ congenitale, volledige of gedeeltelijke afsluiting v.d. isthmus aortae. • **aortaklep**~ vernauwing v.d. aortaklep door aangeboren vernauwing, vergroeiing of verkalking v.d. slippen.

• **aorta**~ vernauwing v.d. uitstroombaan v.d. linker ventrikel. • **aorto-iliacale** ~ vernauwing i.h. overgangsgebied v.d. buikaorta en een of beide bekkenslagaders.

• **aqueduct**~ vernauwing v.d. aqueductus mesencephali waardoor obstructieve hydrocefalus kan ontstaan. • **blefaro**~ zie blefarofimose. • **bronchus**~ verworven vernauwing v.e. bronchus of v.e. bronchustak.

• **carotis**~ vernauwing v.d. arteria carotis (halsslagader), meestal a.g.v. atherosclerose. • **cervix**~ vernauwing v.h. cervicale kanaal. • **coronaire** ~ vernauwing v.e. kransslagader. • **coronairostium**~ vernauwing v.e. coronairarterie bij zijn oorsprong, meestal sclerose i.d. wand v.d. aortawortel.

• **cranio**~ premature verbening van schedelnaden en foramina, waardoor de schedel niet kan uitgroeien. • **dacryocystorino**~ vernauwing v.d. ductus nasolacrimalis.

• **dacryocysto**~ stenose v.c. traanzak. • **dacryo**~ stenose v.h. traankanaal. • **darm**~ aangeboren of verworven vernauwing v.h. darmlumen t.g.v. obstructie van binnenuit of compressie van buitenaf. • **entero**~ stenose v.d. darm, darmstenose. • **gastro**~ (plaatselijke) maagvernauwing (door littekenschrompeling, tumor, enz.). • **hypertrofische pylorus**~ verdikking v.d. maaguitgangsspier. • **hypertrofische subaortale** ~ belemmering v.d. uitstroombaan v.h. bloed uit de linker ventrikel vóór de aortaklep door een spierwal. • **infundibulum**~ vernauwing i.h. uitstroomgebied onder de pulmonalis- of aortaklep, veelal a.g.v. atherosclerose. • **istmus**~ stenose v.d. isthmus aortae. • **lumbale spinale** ~ (LSS) (aanleg)stoornis v.h. lumbale wervelkanaal met een vnl. vernauwde sagittale diameter, leidend tot neurogene claudicatie en paretische en blijvende sensibele stoornissen.

• **maaguitgang**~ vernauwing v.d. maag ter hoogte v.d. pylorus of de bulbus duodeni.

• **meatus**~ vernauwing v.h. ostium urethrae externum (oude naam: meatus urinarius). • **mitralisklep**~ vernauwing v.d. mitralisopening (ostium atrioventriculare sinistrum), vaak door vergroeiing v.d. klepslippen, resulterend i.e. bemoeilijkte vulling v.d. linkerkamer. • **naad**~ vernauwing v.h. lumen op de plaats v.d. anastomosering. • **nierarterie**~ vernauwing v.d. a. renalis, berustend op atherosclerose of fibromusculeuze dysplasie. • **oesofago**~ vernauwing, strictuur v.d. slokdarm. • **pulmonalisklep**~ vernauwing v.d. opening v.d.

pulmonalisklep. • **pyelo-ureterale** ~ afvloedbelemmering van urine door obstructie ter hoogte van overgang van nierbekken naar ureter. • **pylorus**~ meestal aangeboren vernauwing v.d. pylorus t.g.v. hypertrofie en spasmus v.d. sfincter. • **re-**recidiverende stenose, bijv. v.e. coronairarterie na PTCA (in-stent-restenose). • **slokdarm**~ vernauwing v.h. lumen v.d. slokdarm. • **spinale** ~ vernauwing v.h. wervelkanaal. • **subpelviene** ~ congenitale afwijking v.d. ureter waardoor de urineafvloed wordt belemmerd en hydronefrose ontstaat; meest voorkomende congenitale afwijking v.d. ureter, zeldzaam (1:20.000 kinderen). • **trachea**~ vernauwing v.d. luchtpijp; ontstaat bijv. na langdurige intubatie of na een tracheotomie. • **tricuspidalisklep**~ vernauwing v.d. tricuspidalisklepopening. • **urethra**~ vernauwing v.d. urethra. • **ventiel**~ plaatselijke vernauwing v.e. luchtpijp, waarbij de lucht bij inademing ruimer wordt doorgelaten dan bij uitademing. • **vertebralis**~ vernauwing i.d. a. vertebralis, bijv. veroorzaakt door een atherosclerotische plaque. • **wervelkanaal**~ vernauwing v.h. cervicale en thoracale gedeelte v.d. canalis vertebralis.

stenostomie vernauwing v.d. mond.

stenotherm het beperkte bestaansvermogen v.e. organisme bij een temperatuur die slechts weinig mag schommelen.

stenotisch 1 vernauwd; 2 m.b.t. een stenose.

stent endoscopisch of radiologisch plaatsbare prothese, bestaande uit gaasachtig gevlochten metaal; dijt na implantatie vanzelf blijvend uit en houdt een vernauwd of verwijd buisvormig lumen doorgankelijk. • **bare-metal** ~ (BMS) traditionele stent, niet voorzien v.e. coating. • **coated** ~ *zie* drug-eluting ~. • **drug-eluting** ~ (DES) stent die is voorzien v.e. coating met antiproliferatieve cytostatica, vnl. toegepast in (coronaire) arteriën. • **non-coated** ~ *zie* bare-metal ~.

steppage *zie* gang.

step-up-step-down-methode methode van medicatietoediening waarbij laag wordt begonnen en telkens de dosis wordt verhoogd, dan wel met een relatief hoge dosis wordt begonnen en geleidelijk minder wordt gegeven.

stercobiline de met bilirubine verwante kleurstof i.d. ontlasting, die aan de ontlasting haar bruine kleur geeft.

stercobilinogeen voorstadium van stercobiline.

stercoraal met betrekking tot ontlasting; vb. *Strongyloides stercoralis*.

stercorale zweer zweer i.d. dikke darm t.g.v. druk van verharde feces.

stercoroom *zie* coproom.

stereoacusis vermogen om door samenwerking van beide oren de richting v.h. geluid waar te nemen.

stereoanesthesie verlies v.d. tastzin die herkenning van voorwerpen mogelijk maakt.

stereoblastula een blastula zonder holte.

stereocilium onbeweeglijk 'trilhaar' aan de oppervlakte v.e. cel.

stereognosie het vermogen om op het gevoel voorwerpen te herkennen.

stereopsie het zien van ruimte (diepte), berustend op het binoculair zien, het accommodatievermogen v.h. oog en het verschijnsel van parallax.

stereoscopie *zie* stereopsie.

stereoscopische röntgenografie het vervaardigen van röntgenfoto's die, bekeken door een stereoscoop, een ruimtelijke indruk geven.

stereotactisch op basis van stereotaxie; vb. stereotactische operatie.

stereotaxie methode m.b.v. driedimensionele coördinaten ter vaststelling v.e. exacte locatie i.e. anatomische structuur die niet real-time (zonder vertraging door gegevensverwerking) in beeld kan worden gebracht, bijv. de hersenen; i.h.b. toegepast i.d. stereotactische radio(neuro)chirurgie.

stereotypie voortdurende herhaling van zinloze bewegingen, houdingen of woorden.

sterfhuis *zie* hospice.

sterfte 1 *zie* mortaliteit; 2 *zie* letaliteit. • **concurrerende** ~ verschijnsel dat i.e. epidemiologisch onderzoek competitie tussen doodsoorzaken optreedt;. • **foetale** ~ dood v.e. conceptieproduct voor de volledige uitdrijving of extractie uit de moeder. • **kinder**~ sterftecijfer m.b.t. kinderen met een leeftijd tussen 1 en 14 jr. • **moeder**~ sterftecijfer onder vrouwen dat tijdens de zwangerschap of binnen 42 dagen na bevalling, abortus of miskraam overlijden door aan de zwangerschap of bevalling gerelateerde complicaties. • **neonatale** ~ sterftecijfer onder levendgeborenen jonger dan 28 dagen per 1000 levendgeborenen in Nederland. • **perinatale** ~ het aantal doodgeborenen na een zwangerschapsduur van meer dan 24 of 28 weken en sterfte i.d. eerste levensweek. • **postneonatale** ~ sterftecijfer onder levendgeborenen van 28 dagen tot 1 jaar per 1000 levendgeborenen in Nederland. • **vervangende** ~ *zie* concurrerende ~. • **zuigelingen**~ aantal overledenen i.h. eerste levensjaar.

sterftepercentage *zie* mortaliteit.

steriel 1 vrij van levende micro-organismen; vb. steriele, instrumenten, kiemvrije omgeving; 2 onvruchtbaar, niet in staat kinderen te verwekken resp. te krijgen.

sterilisatie 1 (lab.:) totale eliminatie van levende micro-organismen; 2 (gynaecol., urol.:) het onvruchtbaar maken v.d. vrouw of man i.h. kader van anticonceptie, o.a. door chir. onderbinding (ligatie) v.d. tubae resp. de ductus deferens (vasectomie). • **tubaire** ~ sterilisatie d.m.v. ligatie (afbinden) v.d. eileiders of plaatsing v.e. klipje of ringetje.

sterilisator apparaat waarmee voorwerpen, vloeistoffen enz. worden gesteriliseerd. • **droog**~ heteluchtoven waarin d.m.v. circulerende hete lucht glaswerk e.d. kan worden gesteriliseerd.

sterilitas onvruchtbaarheid.

steriliteit 1 afwezigheid van levende micro-organismen; 2 (reproduct. geneesk.:) infertiliteit.

sternaal m.b.t. het sternum.

sternalgie 1 pijn i.h. sternum; 2 angina pectoris.

sternalis m.b.t. het sternum, sternaal; vb. musculus sternalis.

sterni gen. van sternum; vb. manubrium sterni.

sternoclaviculair *zie* sternoclavicularis.

sternoclavicularis sternoclaviculair, m.b.t. sternum en clavicula.

sternocleidomastoideus m.b.t. sternum, clavicula en mamma.

sternocostalis sternocostaal, m.b.t. het sternum en een rib.

sternohyoideus m.b.t. sternum en hyoïd; vb. musculus sternohyoideus.

sternothyroideus m.b.t. het sternum en het schildkraakbeen, dan wel de schildklier.

sternotomie operatieve splijting v.h. sternum.

sternovertebralis sternovertebraal, m.b.t. het sternum en de wervelkolom.

sternum uit drie delen bestaand plat beenstuk aan de voorkant v.d. thorax.

sternutatio *zie* niezen.

sternutatoria *zie* ptarmica.

steroïd groepsnaam voor een aantal organische verbindingen, verwant aan cholesterol en tevens een cyclopentofenantreenring bevattend. • **amino-en** steroïden met digitaliswerking. • **anabool** ~ steroïdhormoonpreparaat dat een toegenomen eiwitsynthese veroorzaakt. • **bijnierschors**~ *zie* cortico-en. • **cortico-en** 1 door de bijnier afgescheiden hormonen; 2 groep van synthetische geneesmiddelen, afgeleid van hydrocortison, die veelvuldig kunnen worden gebruikt. • **inhalatiecortico~en** corticosteroïden die per inhalatie worden toegediend. • **geslachts~en** steroïdhormonen met androgene of oestrogene werking. • **hydroxycortico~en** door OH-groepen gesubstitueerde corticosteroïden. • **hydroxy~en** *zie* hydroxycortico~en. • **keto~en** steroïden met ketogroepen aan functionele C-atomen.

sterrenhemelpatroon patroon van ophelderingen tegen een donkere achtergrond, bijv. in hyperplastische reactieve lymfefollikels en i.h. Burkitt-lymfoom.

stertor rochelende ademhaling.

stervensfase de laatste uren v.h. leven v.e. stervende persoon (ter onderscheiding v.d. 'terminale fase', de laatste weken i.h. leven v.e. terminale patiënt).

stethograaf instrument waarmee de bewegingen v.d. borstkas worden opgetekend.

stethoscoop instrument waarmee men de geluiden uit de thorax, alsook die uit andere lichaamsdelen kan beluisteren. • **monaurale** ~ vaste s. voor één oor, die i.d. verloskunde wordt gebruikt om foetale harttonen te beluisteren. • **oor**~ instrument om het geluid v.h. open gaan v.d. tuba Eustachii bij politzeren of sonderen van deze buis te controleren.

steunkousen *zie* elastische kous.

steunweefsel alle weefsel dat mechanische krachten van druk, trek en vervorming weerstaat: bindweefsel, kraakbeenweefsel, beenweefsel.

steunzool *zie* inlay.

STG (Stichting Toekomstscenario's Gezondheidszorg) onafhankelijke organisatie die projecten uitvoert m.b.t. beleidsontwikkeling i.d. gezondheidszorg.

STH (somatotropic hormone [E]) groeihormoon, een v.d. hypofysehormonen.

sthenisch 1 krachtig, ferm, stevig; **2** gekenmerkt door abnormale activiteit (bij sommige koortsen).

Stieda | ziekte van Pellegrini- ~ *zie* ziekte van Pellegrini.

stiffness regulation [E] tonusregulatie van skeletspieren die op het lichaam inwerkende krachten moeten opvangen.

stigma (pathol.) symptoom dat voortdurend aantoonbaar is als teken v.e. ziekte of predispositie, zonder dat andere verschijnselen van die ziekte manifest behoeven te zijn.

stigmatisering het sociaal brandmerken van patiënten door hun ziekte (bijv. 'gekken').

stijgbeugel *zie* stapes.

stikstof | non-proteïne~ *zie* rest~. • **rest~** hoeveelheid stikstof i.h. bloedserum die niet afkomstig van eiwit is.

stikstofdioxide (NO_2) *zie* gas | lach~.

stikstofmonoxide (NO) belangrijkste vaatverwijdende factor; wordt i.h. endotheel geproduceerd ter verwijding v.d. bloedvaten.

stil gezegd v.e. ziekteproces dat ongemerkt is verlopen en dat zonder restschade is genezen.

stilbeen onverzadigde koolwaterstof die de kern vormt van stilbo-estrol en een aantal andere stoffen met oestrogene werking.

stilboestrol een kunstmatig oestrogeen zonder de steroïde structuur v.d. natuurlijke oestrogenen.

stilet 1 *zie* trocart; **2** *zie* mandrijn.

Still | ziekte van ~ juveniele chronische polyartritis.

Stiller | ziekte van ~ asthenia universalis congenita.

Stilling | stillingplaten pseudo-isochromatische platen voor onderzoek v.d. kleurenzin.

stilus *zie* stylus.

stimulans (neurofysiol.) *zie* stimulus.

stimulans (farmacol.) prikkelend, opwekkend geneesmiddel; vb. cafeïne.

stimulogeen veroorzaakt door een prikkel.

stimulus werking of een stof die via de zenuwbanen leidt tot een gewaarwording of tot een motorische of secretoire actie.

stinkneus *zie* ozaena.

stippen van Fordyce *zie* seboglandulae labiales en buccales.

ST-junctie ecg-weergave met een scherpe overgang v.h. QRS-complex naar de T-top.

STN (subthalamic nucleus) *zie* nucleus subthalamicus. • ~ **stimulation** (subthalamic-nucleus stimulation) *zie* hoogfrequente stimulatie van nucleus subthalamicus.

stochastisch 1 bepaling waarbij waarden onafhankelijk van elkaar uit een kansverdeling getrokken zijn, dus 'bepaald door het toeval'; **2** betrekking hebbend op stochastische variabelen.

stoelgang *zie* defecatie.

stoffelijk overschot *zie* lijk.

stofkam fijne kam met zeer smalle ruimte tussen de tanden.

stoflong | graan~ *zie* allergie | graankever~.

stofnaam *zie* generieke naam.

stofwisseling *zie* metabolisme. • **aangeboren defect van de** ~ erfelijke stofwisselingsziekte met een gestoord biochemisch proces op basis v.e. genetisch defect i.d. enzymsynthese; symptomen post partum die op een stofwisselingsziekte wijzen zijn o.a. voedingsproblemen, braken, neurologische afwijkingen, leverfunctiestoornissen, acidose, uitdroging enz.• **aerobe** ~ energielevering voor weefsels uit de afbraak van energierijke verbindingen waarvoor zuurstof nodig is. • **anaerobe** ~ energielevering aan weefsels vanuit de glycolyse waarvoor geen zuurstof nodig is. • **basale** ~ *zie* metabolisme. • **intracellulaire** ~ biochemische reacties die i.d. cel plaatsvinden.

stofwisselingsdefect stoornis i.d. stofwisseling, meestal door een aangeboren enzymdeficiëntie. • **koolhydraat~en** dysostosis multiplex van Hurler, galactosemie, vroege vorm van diabetes mellitus, refsumsyndroom, ziekte van Pompe. • **mineraal~en** metabole acidose, metabole alkalose, hypofosfatasemie, idiopathische hypercalciëmie, primaire fosfaatstofwisselingsstoornissen, primaire hereditaire hemosiderose, hepatolenticulaire degeneratie. • **vet~** *zie* lipoïdose.

stofwisselingsmeting bepaling v.d. energieomzet v.h. lichaam.

stofwisselingsziekte | erfelijke ~n grotendeels autosomaal recessief erfelijke ziekten, vaak berustend op het ontbreken v.e. bepaald enzym, bijv. fenylketonurie.

Stokes | kraag van ~ een krans van verwijde aderen om hals en borst, bij obstructie v.d. vena cava superior.

stolling *zie* bloed~. • **anti~** *zie* antistollingstherapie. • **bloed~** het proces waarbij uit bloed of uit bloedplasma door interactie v.d. bloedstollingsfactoren een stolsel ontstaat, bestaande uit fibrinemolecuulcomplexen. • **gedissemineerde intravasale ~** *zie* coagulopathie | verbruiks~.

stollingsstoornis *zie* bloedstollingsstoornis.

stom 1 (kno-heelk., neurol.) niet kunnende spreken, niet met spraakvermogen begaafd [L]; **2** (klinische sympt.) *zie* klinisch | sub~.

stoma 1 opening die bij het aanleggen v.e. anus preternaturalis i.d. huid wordt gemaakt of opening i.d. darm die bij darmanastomose wordt gemaakt; **2** (anat., dermatol.) kleine opening, huidporie. • **colo~** een chirurgisch aangebrachte opening i.d. buikwand met een verbinding naar het colon. • **continent ileo~** stoma waarbij v.h. terminale ileum een reservoir is gemaakt dat met een slang kan worden geleegd. • **continent uro~** pouch | vesical ~. • **entero~** de bij enterostomie vervaardigde opening waardoor darminhoud naar buiten kan worden geloosd. • **ileo~** kunstmatig aangelegde fistel tussen ileum en huid waardoor ontlasting wordt afgevoerd. • **malone~** chirurgische toegangsweg tot het proximale gedeelte v.h. colon. • **pro~** de opening v.d. oerdarm naar buiten. • **proto~** of blastoporus. • **thoraco~** open verbinding tussen thoraxholte en buitenwereld na pneumonectomie. • **urethro~** de bij urethrostomie vervaardigde opening. • **uro~** *zie* pouch | vesical ~.

stomachus *zie* maag.

stomadeum de primitieve mond v.h. embryo.

stomalgie pijn i.d. mond.

stomata mv. van stoma.

stomatitis ontsteking v.h. mondslijmvlies. • ~ **angularis** oppervlakkige kloven en erosies v.d. mondhoeken. • ~ **aphthosa** ontsteking v.h. mondslijmvlies, gekenmerkt door grijsgele plaques met rode rand (aften). • ~ **gangraenosa** *zie* noma. • **gangreneuze ~** *zie* noma. • ~ **herpetica** acute slijmvliesontsteking i.d. mond met vorming van herpesblaasjes, veroorzaakt door herpessimplexvirus. • ~ **van Plaut-Vincent** *zie* gingivitis ulcerosa. • ~ **ulcerosa necroticans** *zie* gingivitis ulcerosa.

stomatodeum *zie* stomadeum.

stomatodynie pijn i.d. mond.

stomatologie het specialisme betreffende mondziekten.

stomatonoma *zie* noma.

stomatopathie mondziekte.

stomatopoëse *zie* plastiek | stomato~.

stomatopyrose brandende pijn i.d. mond.

stomatorragie bloeding uit de mond. • **stomatorrhagia gingivarum** bloeding uit het tandvlees.

stomatoscoop instrument waarmee de mond kan worden bekeken.

stomatoscopie onderzoek v.d. mond met een stomatoscoop.

stomen het inademen van hete waterdamp.

-stomie achtervoegsel m.b.t. stoma.

stomodeum *zie* stomadeum.

Stomoxys een geslacht vliegen die mensen en dieren (pijnlijk) bijten.

stompkoker *zie* binnenkoker.

stoornis uitval of slechts beperkt functioneren van organen, ledematen, lichamelijke of geestelijke mindfuncties. • **as-1-~** verwijzing i.h. meerassige DSM-systeem.

stoornisbeperking *zie* functiestoornis.

stoornis in de motorische set-shifting *zie* motorischesetshiftingstoornis.

stoornis met verminderd seksueel verlangen seksueel probleem dat vooral hinderlijk is voor personen met een vaste partner die wel seksuele verlangens heeft.

stoottherapie behandeling v.e. ziekte door toediening v.e. enkele, zeer hoge dosis v.e. therapeuticum, dan wel kortdurende behandeling met hoge dosis.

stotteren verstoring v.d. vloeiende spraak door veelvuldige herhalingen of verlengingen van klanken of letters.

STP (serenity, tranquility, peace [E]) bewustzijnsverruimend middel.

straal 1 verbindingslijn v.e. centrum met de periferie; **2** (anat., orthop.) opeenvolging v.e. metacarpaal of metatarsaal bot en de bijbehorende falangen; worden i.d. hand genummerd van radiaal naar ulnair, i.d. voet van mediaal naar lateraal; de eerste straal v.d. hand bestaat uit de duim en het os metacarpale 1; **3** (radiol., nucl. geneesk.) bundel elektromagnetische straling. • **alfastralen** deeltjesstraling met heliumkernen omgeven door twee protonen en twee neutronen. • **bètastralen** radioactieve straling die bestaat uit elektronen en die wordt uitgezonden door atomen van uiteenvallende radioactieve elementen. • **deltastralen** stralen van deeltjes die bij het passeren van elektronen of ionen door materie ontstaan, met een reikwijdte in lucht van enige millimeters. • **gammastralen** elektromagnetische straling van korte golflengte, uitgezonden door een atoomkern gedurende radioactieve desintegratie. • **grensstralen** zeer zachte röntgenstralen van ongeveer 3 Å (0,3 nm) golflengte en geringe dieptewerking. • **infrarode stralen** de onzichtbare warmtestralen, met iets grotere golflengte dan rood. • **lichtstralen** de zichtbare stralen v.h. spectrum. • **warmtestralen** zie infrarode stralen.

straat vorm van organisatie van operaties waarbij steeds dezelfde ingreep bij opeenvolgende patiënten wordt uitgevoerd; vb. heup- en kniestraat.

straatvrees zie fobie | agora~.

⊛ **strabisme** oogafwijking, gekenmerkt door het onvermogen de gezichtsassen van beide ogen blijvend op één punt te fixeren; indeling: er worden uiteenlopende indelingen gehanteerd, w.o. 1) strabismus convergens (esotropie, convergent strabisme), waarbij de optische assen v.d. ogen elkaar kruisen; 2) strabismus divergens (exotropie, divergent strabisme), waarbij de assen uiteenwijken; 3) hypertropie/hypotropie (verticaal scheelzien); 4) cyclotropie (rotatie rondom de visuele as); 5) manifest scheelzien (esotropie, heterotropie); 6) latent scheelzien (esoforie, heteroforie); 7) primair strabisme, waarbij geen organische afwijking aantoonbaar is; 8) secundair strabisme, waarbij wel een organische afwijking aantoonbaar is, bijv. verlamming, congenitale cataract, een toxoplasmoselitteken of eenzijdige myopie; 9) concomitant strabisme, waarbij het scheelzien in nagenoeg alle richtingen aanwezig en gelijk is; 10) niet-concomitant strabisme, waarbij het scheelzien afhankelijk v.d. stand v.d. ogen is, veelal het geval bij paralytisch strabisme. • **convergent** ~ naar binnen gericht strabisme. • **divergent** ~ naar buiten gericht strabisme. • **dynamisch** ~ vorm van scheelzien die kan worden onderdrukt door fixatie v.e. voorwerp met beide ogen, maar die direct terugkeert bij bedekking van één oog. • **micro~** zeer kleine scheelzienshoek, meestal unilateraal, niet cosmetisch storend of zichtbaar. • **niet-concomiterend** ~ strabisme waarbij de scheelzienshoek veranderlijk is en wordt bepaald door de blikrichting. • **strabismus paralyticus** scheelzien a.g.v. verlamming v.d. oogspieren (oftalmoplegie). • **paralytisch** ~ vorm van niet-concomitant scheelzien a.g.v. verlamming v.e. of verscheidene oogspieren waarbij de scheelzienshoek met de blikrichting verandert. • **pseudo~** schijnbaar scheelzien waarbij de centra van beide hoornvliezen niet overeenkomen met de blikrichting. • **strabismus alternans** scheelzien waarbij nu eens het ene oog dan weer het andere afwijkt. • **strabismus bilateralis** scheelzien aan beide zijden met beide ogen. • **strabismus binocularis** zie strabismus bilateralis. • **strabismus concomitans** scheelzien waarbij de scheelzienhoek even groot blijft bij beweging v.d. ogen. • **strabismus convergens** naar binnen gericht strabisme. • **strabismus convergens alternans** toestand waarbij nu eens het ene, dan het andere oog scheelziet. • **strabismus divergens** naar buiten gericht strabisme. • **strabismus externus** zie strabismus divergens. • **strabismus intermittens** intermitterend, met onderbrekingen scheelzien. • **strabismus internus** zie strabismus convergens. • **strabismus latens** zie heteroforie. • **strabismus permanens** blijvend, voortdurend scheelzien (als tegenstelling tot s. intermittens). • **strabismus unilateralis** scheelzien door asafwijking van één bepaald oog. • **strabismus verticalis** scheelzien waarbij één van de oogassen verticaal afwijkt.

strabometer instrument waarmee de scheelzienhoek kan worden gemeten.

strabometrie het meten v.d. scheelzienhoek.

strabotomie het doorsnijden v.e. oogspierpees, ter verbetering v.h. scheelzien.

strain [E] 1 inspanning, druk, arbeid; vb. repetitive strain injury (RSI); 2 variëteit v.e. micro-organisme.

stralen zie straal.

stralengevoeligheid mate waarin weefsel met mitosen reageert op straling, samenhangend met de stofwisselingsactiviteit en de delingsactiviteit.

stralenkwaliteit spectrale samenstelling v.d. straling.

stralenschade beschadigingen i.h. lichaam en de genen die kunnen optreden a.g.v. ioniserende straling.

straling een v.d. vier fysische processen die verantwoordelijk zijn voor warmteafgifte v.h. lichaam aan de omgeving. • **becquerel**~ *zie* straal | gammastralen. • **contactbe**~ 'bestraling' op zeer korte afstand. • **elektromagnetische** ~ vorm van energietransport die ontstaat wanneer een elektrische lading wordt versneld; hierbij treedt een zich i.d. ruimte uitbreidende combinatie v.e. elektrisch en een magnetisch veld op waaraan o.a. een golfkarakter kan worden toegekend. • **kosmische** ~ straling die direct of indirect van bronnen buiten de aarde afkomstig is. • **natuurlijke** ~ alle vormen van ioniserende straling, afkomstig van natuurlijke aardse en kosmische bronnen, voor zover niet van kunstmatige bronnen afkomstig. • **rem**~ elektromagnetische straling die ontstaat wanneer elektrisch geladen deeltjes afgeremd (of versneld) worden. • **strooi**~ secundaire röntgenbestraling of gammabestraling die in willekeurige richting het gefotografeerde of bestraalde object verlaat. • **ultraviolette stralen** actinisch werkzame stralen, buiten het violet v.h. spectrum gelegen, met kleinere golflengte dan violet.

stralingsdetector instrument of materiaal waarin invallende straling processen teweegbrengt die geschikt zijn voor het aantonen of meten v.d. straling.

stralingshygiëne geheel aan maatregelen die worden getroffen ter beperking v.d. schade a.g.v. straling op biologisch materiaal.

stralingsletsel onbedoelde schadelijke blootstelling aan straling.

stralingsondoorlaatbaarheid *zie* radio-opaciteit.

stralingsongeval het oplopen van lichamelijk letsel door uiteenlopende stralingsgerelateerde oorzaken.

stralingsweegfactor (w_R) relatieve maat voor de schade aan levend weefsel van ioniserende straling.

strangileus *zie* ileus | strangulatie-~.

strangulatie scherpe bocht, die mogelijk obstructie i.e. buisvormig orgaan kan veroorzaken.

stratificatie 1 (statistiek) verdeling v.e. populatie in min of meer homogene subcategorieën op basis van bepaalde kenmerken, om te corrigeren voor verstorende variabelen; **2** (histol.).

stratigrafie *zie* tomografie.

stratum laag van ongeveer gelijke dikte. • ~ **basale** de onderste laag (v.h. baarmoederslijmvlies). • ~ **basale epidermidis** de onderste, uit cilindrische cellen bestaande laag v.d. epidermis. • ~ **germinativum unguis** de binnenste laag v.d. nagel, waaruit deze groeit. • ~ **granulosum epidermidis** korrellaag v.d. epidermis. • ~ **lucidum epidermidis** de heldere, sterk lichtbrekende, aan eleïdinevezels rijke laag v.d. epidermis. • ~ **spinosum epidermidis** de laag stekelcellen v.d. epidermis, tussen s. basale en s. granulosum. • ~ **corneum** *zie* hoornlaag. • ~ **zonale thalami** dunne laag merghoudende vezels op de thalamus.

streak ovaries [E] aangeboren afwijking waarbij de ovaria niet ontwikkeld zijn.

streamlining [E] Verband tussen vakkennis en voorschrijfgedrag: hoe meer kennis de arts over de infectie heeft, des smaller het werkingsspectrum van antimicrobiële therapie.

streep (anat.:) lijnvormige structuur. • **baillargerstrepen** twee witte strepen, een buitenste ('streep van Gennari') en een binnenste, te zien op doorsnede v.h. cerebrum, evenwijdig aan de oppervlakte, die strepen worden gevormd door dicht op elkaar verlopende mergschedehoudende, tangentiaal gerichte zenuwvezels. • **gennari**~ buitenste streep van Baillarger. • **lancisistrepen** stria longitudinalis medialis corporis callosi. • **schregerstrepen** strepen i.h. tandemail. • **witte** ~ *zie* linea alba. • **zwangerschapsstrepen** streepvormige huidatrofie op plaatsen waar de huid langzaam is gerekt op de buik en de mammae tijdens de zwangerschap; niet te voorkomen door profylactische dermatologica.

strekapparaat deel v.h. bewegingsapparaat met het vermogen om de door een gewricht gescheiden lichaamsdelen actief te strekken.

streng *zie* funiculus, tractus. • **achter**~ funiculus posterior. • **amnion**~ **en** bindweefselachtige verbindingsstrengen tussen amnion en foetus. • **DNA**~~ keten van nucleotiden, elk bestaand uit een desoxyribose ring, een fosfaatgroep en een organische base (adenine, thymine, guanine, cytosine). • **glasvocht~en** bindweefselstrengen i.h. glasvocht, meestal het gevolg v.e. netvliesscheur of een perforerend trauma. • **grens~** *zie* truncus sympathicus. • **lymfe~** een door ontsteking (lymfangitis) verdikt lymfevat, uitwendig door de huid als een rode streep zichtbaar. • **simonart~en** *zie* amnion~en. • **tunnel~** een v.d. spiraalstrengen v.h. orgaan van Corti. • **voor~** funiculus ventralis. • **zaad~** *zie* funiculus spermaticus. • **zij~** funiculus lateralis.

strepitus geraas, geruis.

streptocerciasis infectie met *Dipetalonema streptocerca*.

Streptococcaceae tribus (groep) micro-organismen v.d. fam. *Lactobacillaceae*.

Streptococcus geslacht van micro-organismen v.d. tribus (groep) *Streptococcaceae* (fam. *Lactobacteriaceae*); worden onderscheiden in vier groepen: de pyogene streptokokken, de viridans, de enterococcusgroep en de melkzuurgroep structuur van streptokokken. • ~ *agalactiae* B-streptokok die wordt gevonden in melk van koeien met mastitis en tevens in cervixslijm van zwangere vrouwen. • ~ *faecalis zie Enterococcus faecalis*. • ~ *mitis* normale bewoners v.d. mond. • ~ *pneumoniae* 70 antigene typen, verwekkers van pneumonie en andere infecties. • ~ *pyogenes* lancefieldgroep A, bètahemolytisch, omvat vele pathogene typen. • ~ *salivarius* streptokok die normaal i.d. mond voorkomt; kan bacteriële endocarditis veroorzaken. • ~ *viridans* streptokok met alfahemolyse (groene hof).

streptodermie door streptokokken veroorzaakte huidziekten, bijv. erysipelas.

streptokok | **groep-A~** groep-A-streptokokken zijn naar Lancefield a.h.v. antigeenstructuur op membraan ingedeeld in groep A. • **hemolytische ~** streptokokken met bètahemolyse. • **indifferente ~** streptokok die bij groei geen verkleuring rond de kolonies laat zien en dus geen alfa- of bètahemolytische eigenschappen bezit. • **nefritogene ~** streptokokken die i.h.b. na een huidinfectie de oorzaak zijn van nefritis t.g.v. circulerende immuuncomplexen. • **niet-hemolytische ~** streptokok met gammahemolyse, d.w.z. zonder hemolyse. • **vergroenende ~** *zie Streptococcus viridans*.

streptokokkemie aanwezigheid van streptokokken i.h. bloed.

streptolysine een toxine (hemolysine), gevormd door streptokokken; er zijn twee soorten, O en S.

Streptomyces een geslacht schimmels waaruit verschillende antibiotica zijn bereid. • ~ *albus* schimmel (in stof, stro) waaruit actinomycetine is bereid. • ~ *griseus* schimmel waaruit streptomycine is bereid. • ~ *mediterranei* schimmel waaruit rifamycine is bereid. • ~ *parvulus zie Atopobium parvulum*.

Streptomycetaceae familie v.d. sectie mycobacteriën.

streptomycine een antibioticum, in 1942 door Waksman bereid uit *Streptomyces griseus*.

stress 1 (fysiol.:) toestand van disharmonie c.q. verstoring v.d. homeostasis, die adaptieve reacties induceert om de homeostasis te herstellen of tot een nieuw evenwicht te komen; de aanpassingsreacties kunnen zowel emotioneel/mentaal (bijv. toegenomen alertheid) als fysiek zijn (bijv. hogere hartslag); **2** (psychol.:) toestand bij de mens die bij voortduring van beslissend belang is voor de uitvoering van gerichte handelingen en die in intensiteit toeneemt zodra een bedreiging of verandering plaatsvindt waarop men zich moet instellen.

stressdiathesemodel opvatting dat als iemand met een specifieke kwetsbaarheid door stress wordt beïnvloed, de symptomen van schizofrenie zich kunnen krijgen.

stresskwetsbaarheidsmodel *zie* stressdiathesemodel.

stressor dat wat een verstoring v.d. homeostase induceert en leidt tot stress bij het individu. • **psychosociale ~** stressor die het psychosociaal functioneren belast.

stressproteïnen *zie* eiwit | stress~ten.

stressreactie (psychol.) reactiepatroon a.g.v. stress dat leidt tot teweerstelling tegen, vermijding van, het blijven hangen i.e. toestand van vrees en angst, of tot aanvaarding v.d. stressor of een gelaten aanpassing hieraan.

stressrespons (psychofysiol.) reactie v.h. lichaam op stress die wordt veroorzaakt door psychologische of somatische omgevingsfactoren: verhoogde arousal, toegenomen afgifte van bijnierschors- en hypofysehormonen, sympathicusactivatie en suppressie v.h. immuunsysteem.

stressstoornis aandoening die is veroorzaakt door het blootgesteld zijn aan een heftige stressor. • **acute ~ (ASS)** angststoornis/-reactie met posttraumatische stress-symptomen die kort na de traumatische gebeurtenis optreedt en kort duurt. • **posttraumatische ~ (PTSS)** *zie* posttraumatische stressstoornis.

stretcher [E] brancard, draagbaar.

stria 1 streepvormige huidatrofie op plaatsen waar de huid langzaam is gerekt, bijv. zwangerschapsstrepen; **2** dunne vezelbundel, bijv. i.d. hersenen. • **~e albicantes** langer bestaande striae op de huid die wit en atrofisch zijn geworden. • **~e caeruleae** blauwe striae. • **~e cutis distensae** langgerekte, ietwat ingezonken rimpelige huidplekken. • **~e medullares ventriculi quarti** bundels witte vezels uit de nuclei arcuati. • **~ medullaris thalami** zwakke vezelbundel onder de taenia thalami, zich voortzettend i.d. habenulae. • **wickham~e** takkenbosvormig oppervlak met ragfijne strepen op de papels, voorkomend bij lichen ruber planus.

striair m.b.t. het corpus striatum.

striaire verschijnselen verschijnselen veroorzaakt door aandoening v.h. corpus striatum.

striatonigrale degeneratie oude benaming voor een v.d. oude multisysteematrofische ziektebeelden (MSA).

striatus gestreept; vb. lichen ruber striatus, area striata, corpus striatum.

strictuur pathol. vernauwing v.e. kanaal. • **strictura analis** anusstrictuur, congenitaal of na operatie voor hemorroïden. • **strictura anularis** ringvormige vernauwing. • **blaashals~** fibromusculaire hyperplasie v.d. blaashals, leidend tot vernauwing v.d. blaasuitgang. • **strictura esophagi** slokdarmstrictuur. • **strictura genitoanorectalis** vernauwing van urethra en anus bij lymphogranuloma venereum. • **urethra~** verworven vernauwing v.d. urethra.

strictuurvorming stenosering v.h. lumen, bijv. door een naar binnen groeiende tumor i.d. oesofagus.

stridor gewoonlijk tijdens de slaap optredend piepend geluid bij de inademing, o.a. veroorzaakt door compressie of verplaatsing v.d. luchtpijp door een struma. • **congenitus** aangeboren stridor. • **expiratoire ~** stridor, teweeggebracht door vernauwing laag i.d. luchtwegen, zoals bij asthma bronchiale. • **inspiratoire ~** stridor die wordt teweeggebracht door vernauwing hoog i.d. luchtwegen. • **laryngeale ~** stridor door afwijkingen v.d. larynx. • **~ thymicus** s. door druk v.e. vergrote thymus.

stridoreus fluitend; vb. stridoreus laryngospasme.

stridulus sissend; vb. laryngismus stridulus.

striocellularis gestreeptcellig; vb. myoma striocellulare.

striola denkbeeldig gekromde lijn die over de macula v.d. utriculus i.h. evenwichtsorgaan loopt, waarheen alle kinocilia v.d. zintuigcellen zijn gericht.

striopallidair m.b.t. het corpus striatum en het pallidum *zie* Parkinson | parkinsonisme.

strippen methode voor het verwijderen van vnl. stamvarices. • **cryo~** methode voor het verwijderen van stamvarices. • **kort ~** verwijderen v.d. vena saphena magna v.d. lies tot de knie. • **lang ~** verwijderen v.d. vena saphena magna v.d. lies tot de enkel.

stripping *zie* strippen.

strobila kop, hals en lichaamssegmenten (scolex en proglottiden) v.e. lintworm.

stroboscoop instrument waarmee men de opeenvolgende standen v.e. trillend lichaamsdeel kan afbeelden.

strofantisme vergiftiging met *Strophantus gratus*.

stroke [E] **1** (neurol.) *zie* cerebrovasculair accident; **2** (alg.) aanval v.e. ziekte. • **completed ~** *zie* cerebrovasculair accident. • **progressive ~** [E] langzaam progressieve of fluctuerende cerebrovasculaire stoornis.

stroke unit [E] speciale afdeling v.e. ziekenhuis waar een patiënt die een cerebrovasculair accident (CVA) heeft gekregen, volgens vaste protocollen wordt behandeld door een team v.e. neuroloog, speciaal getrainde verpleegkundigen, een revalidatie-arts, een fysiotherapeut, een ergotherapeut, een logopedist, een maatschappelijk werker en een neuropsycholoog.

stroma steunweefsel, interstitium, i.t.t. parenchym.

stromaal m.b.t. het stroma.

stromatogeen afkomstig v.h. stroma.

stromatolyse vernietiging v.h. cel-stroma, i.h.b. van erytrocyten.

strongyliasis infectie door *Strongylus*; niet

verwaren met strongyloidiasis.
Strongylidae een familie v.d. klasse *Nematoda*, omvat de genera *Strongylus* en *Oesophagostomum*.
Strongyloides een geslacht v.d. klasse *Nematoda*, veel voorkomend als darmparasiet. • ~ *stercoralis* kleine (2-3 mm) ronde worm, parasitair levend i.d. dunne darm v.d. mens, vooral i.d. tropen.

strongyloidiasis infectie door *Strongyloides stercoralis*; niet verwarren met strongyliasis.

strongylose infectie door *Strongylus*; niet verwarren met strongyloidosis.

strontje *zie* hordeolum.

stroomprofielmeting *zie* dopplermetrie.

strophulus bij kinderen voorkomende jeukende papels met een blaasje op de top, vaak als reactie op steken van vlooien en wandluizen. • ~ *albidus* gierstuitslag, milium.

strottenhoofd hol orgaan dat onder de keelholte ligt en de ingang v.d. luchtpijp vormt; de functie is enerzijds stemgeving en anderzijds slikken; i.h. strottenhoofd bevinden zich ook de stembanden.

structurele integratie *zie* rolfing.

structuur bouw, constellatie. • **antigene** ~ het samenstel van antigene eigenschappen (bij micro-organismen).

structuurindicator *zie* indicator.

struma vergroting v.d. schildklier; syn. 'krop' niet verwarren met 'kroep'. • **euthyreotisch** ~ *zie* euthyreotisch struma.
• **hashimoto**~ *zie* thyreoïditis | hashimoto~.
• **hyperthyreotisch** ~ nodulaire of diffuse schildkliervergroting met overmatige werking. • **hypothyreotisch** ~ schildkliervergroting met subnormale functie. • **multinodulair** ~ vergroting v.d. schildklier met daarin verscheidene afgrensbare noduli.
• **niet-toxisch** ~ *zie* euthyreotisch struma.
• **riedel**~ zeer zeldzame vorm van chronische fibreuze thyreoïditis, waarbij de schildklier door bindweefselvorming hard aanvoelt. • ~ **diffusa** gelijkmatig vergrote schildklier (i.t.t. struma nodosa). • ~ **lymphomatosa** *zie* thyreoïditis | hashimoto~.
• ~ **maligna** *zie* schildkliercarcinoom. • ~ **nodosa** knobbelig struma. • ~ **ovarii** zeldzaam teratoom i.h. ovarium, met schildklierweefsel en colloïdholten. • ~ **parenchymatosa** s. door parenchymvermeerdering (obsoleet). • ~ **van Riedel** *zie* riedel~.

strumectomie het chirurgisch verwijderen van (een deel van) de schildklier.

strumigeen strumaverwekkend.

strumitis *zie* thyreoïditis. • **peri**~ ontsteking v.d. weefsels i.d. omgeving v.e. struma.

Strümpell | strümpell-lorrainsyndroom *zie* ziekte van Strümpell. • **strümpellfenomeen 1** *zie* fenomeen | radialis~; **2** *zie* fenomeen | tibialis~. • **strümpellvoetzoolreflex** bij bestrijken v.d. voetzool buigt normaliter de grote teen zich plantair; langzame dorsale buiging is pathologisch.
• **westphal-strümpellpseudosclerose** *zie* hepatolenticulaire degeneratie.

strut [E] scharnier in Björk-Shiley-prothese.

struviet magnesium-ammoniumfosfaat ($MgNH_4PO_4 \cdot 6aq.$), bestanddeel van sommige nierstenen.

strychninisme chronische strychnine-vergiftiging.

ST-segment gedeelte op het ecg tussen QRS-complex en T-top.

stuckrathoptiek instrument voor indirecte laryngoscopie, kleine endoscoop met een blikrichtingshoek van 90 graden.

studie *zie* onderzoek. • **balans**~ proef waarbij t.a.v. een bepaalde stof de kwantitatieve verhouding tussen opneming en verlies wordt nagegaan. • **case-control study** [E] *zie* onderzoek | patiënt-controle~. • **case study** [E] diepgaande analyse van één of een beperkt aantal patiënten. • **correlatie**~ *zie* onderzoek | ecologisch ~. • **grounded theory study** [E] vorm van kwalitatief onderzoek die beoogt een theorie te ontwikkelen gebaseerd op de onderzoekgegevens.

study [E] *zie* studie.

stuip niet te verwarren met 'stupor' *zie* convulsie. • **huil-en** niet-epileptische toestand van bewustzijnsdaling en vage krampen bij kinderen aan het eind v.e. heftige huilbui.
• **koorts**~ *zie* koortsconvulsie.

stuit gebied rondom het os coccygis (staartbeen).

stunting [E] *zie* groei | dwerg~.

stupiditas 1 stompzinnigheid; **2** acute stupor.

stupor toestand van bewegingloosheid.
• **pseudo**~ schijnbare stupor bij psychiatrische patiënten van wie de aandacht geheel in beslag wordt genomen door hun hallucinaties.

stuporeus gepaard gaand met stupor.

stut *zie* stent.

stuwing | affect~ ophoping van niet-afgereageerde affecten, aanleiding gevend tot affectontlading. • **gal**~ *zie* cholestase. • **hitte**~ 1 (int. geneesk.) *zie* beroerte | hitte~; 2 (gynaecol., endocrin.) germanisme voor 'opvlieger' *zie* opvlieger. • **lever**~ veranderingen i.d. lever die het gevolg zijn van chronisch cardiale stuwing. • **long**~ stuwing van bloed i.d. longen t.g.v. linkerventrikelinsufficiëntie v.h. hart. • **veneuze** ~ veneuze stuwing met belemmering v.d. bloedstroom naar de rechter harthelft. • **warmte**~ stijging v.d. lichaamstemperatuur door verminderde warmteafgifte. • **zog**~ *zie* galactostase.

stycose aanwezigheid van calciumsulfaat i.e. orgaan, i.h.b. i.d. lymfeklieren.

stylalgie pijn die veroorzaakt wordt door verbening v.h. ligamentum stylothyroideum dat tijdens het slikken tegen de farynxwand drukt.

stylet *zie* voerder.

styloglossus m.b.t. de processus styloideus en de tong; vb. musculus s-ssus.

stylohyoideus m.b.t. processus styloideus en os hyoideum.

styloideus stiftvormig; vb. processus styloideus.

styloïditis pijnlijke prikkelingstoestand v.d. processus styloideus v.h. slaapbeen, of v.h. lig. stylohyoideum.

stylomandibularis m.b.t. processus styloideus en mandibula; vb. ligamentum stylomandibulare.

stylomastoideus m.b.t. processus styloideus en processus mastoideus.

stylopharyngeus m.b.t. processus styloideus en farynx; vb. musculus stylopharyngeus.

stylus stift. • ~ **causticus** stift van zilvernitraat of een ander causticum.

sub- onder.

subaciditeit *zie* hypaciditeit.

subaortale drukgradiënt drukverval vlak voor de overgang v.d. linker hartventrikel naar de aorta a.g.v. een belemmering v.d. bloedstroom.

subarcuatus onder een boog of eminentia arcuata gelegen; vb. fossa subarcuata.

subareolair onder de areola.

subassertiviteit het onvermogen om voor het eigen belang op te komen vanuit onzekerheid en verlegenheid.

subcallosus onder het corpus callosum gelegen; vb. fasciculus subcallosus.

subcapitaal onder de gewrichtskop v.e. pijpbeen; vb. s-tale fractuur.

subcapsulair onder een kapsel (capsula); vb. subcapsulair milthematoom, subcapsulair cataract.

subchondraal onder kraakbeen gelegen.

subchordaal onder de stemspleet.

subchoriaal onder het chorion; vb. subchoriaal hematoom.

subchoroïdaal onder de choroidea.

subclavia 'de ~' is jargonafkorting *zie* vena subclavia.

subclavian steal syndrome *zie* syndroom | subclaviaonttrekkings~.

subclavius onder het sleutelbeen gelegen; vb. musculus subclavius, arteria subclavia.

subconjunctivaal onder de conjunctiva; vb. s-vale bloeding.

subconjunctivitis ontsteking onder de conjunctiva. • ~ **juxtacornealis** kleine, diffuus rode plekjes naast of dichtbij de cornea.

subcorneaal 1 (anat., dermatol., histol.:) onder het stratum corneum v.d. epidermis; 2 (anat., oogheelk., histol.:) onder de cornea.

subcorticaal onder de schors (hersenschors, nierschors).

subcorticale centra de onder de hersenschors gelegen stamganglia.

subcostalis subcostaal, onder een rib; vb. musculus subcostalis.

subcutaan onderhuids; vb. s-tane injectie.

subcutaneus onderhuids.

subcutis *zie* bindweefsel | onderhuids ~.

subdiafragmatisch *zie* subfrenisch.

subduraal onder de dura mater, eigenlijk tussen dura mater en pia mater; vb. subduraal hematoom, subduraal empyeem.

subependymal giant cell astrocytoma *zie* astrocytoom | reuscel~.

subepidermaal onder de epidermis; vb. noduleuze subepidermale fibrose, subepidermale blaar.

suberinus kurkachtig; vb. favus suberinus.

suberose vorm van exogeen-allergische alveolitis bij kurkwerkers, t.g.v. inhalatie van met schimmels besmette kurkstof.

subfascial endoscopic perforantectomy surgery *zie* perforantectomie | subfasciale endoscopische ~.

subfebriel met temperatuurverhoging niet boven de 38° en temperatuurschommelingen minder dan 1°.

⁕ **subfertiliteit** het niet tot stand komen v.e. zwangerschap bij onbeschermde coïtus gedurende minstens 12 mnd.; absolute onvruchtbaarheid (bijv. azoöspermie of afgesloten tubae) komt niet vaak voor; meestal is er een verminderde vruchtbaarheid; indeling: onderscheid in primair (nog nooit zwanger) of secundair (ooit al eens zwanger); incidentie: bij 25% v.d. Nederlandse paren doen zich problemen voor op het gebied v.d. vruchtbaarheid; ca. 15% v.d. paren is na één jaar onbeschermde coïtus niet zwanger.

subfrenisch onder het middenrif; vb. subfrenisch abces.

subfrontaal onder het voorhoofd, onder de voorhoofdskwab v.h. cerebrum.

subgingivaal onder het tandvlees.

subglossitis ontsteking onder de tong of aan de onderkant v.d. tong.

subglotticus onder de glottis; vb. laryngitis subglottica.

subhyoideus onder het hyoïd gelegen; vb. pharyngotomia subhyoidea.

subicterisch licht icterisch.

subiculum onderlaag.

subinguinalis onder de liesstreek.

subinvolutie onvolledige terugkeer tot de normale omvang; bijv. s. uteri (na een bevalling).

subischiale beenlengte afstand tussen het zitbeen en de hiel.

subitus plotseling; vb. exitus subitus, mors subita, exanthema subitum.

subjectief m.b.t. het door een bepaalde persoon gevoelde of ondervondene of beoordeelde.

sublamina-densazone vezelrijke laag aan de onderzijde v.d. basale membraan.

sublatie opheffing, verheffing. • **sublatio retinae** *zie* ablatie | ablatio retinae.

sublimaat antiseptische stof, bestaand uit kwikchloorverbinding.

sublimatie term van Freud voor het psychisch proces van vervanging van primaire seksuele driftneigingen door hogere strevingen.

subliminaal zich onder de (waarnemings)drempel bevindend.

subliminal fringe [E.] zone waarin door i.h. czs binnenkomende impulsen de neuronen zijn gefaciliteerd.

sublimis 1 hoog; **2** oppervlakkig.

sublingualis onder de tong; vb. arteria sublingualis.

submandibularis onder de onderkaak; vb. glandula submandibularis.

submaxillaris onder de bovenkaak.

submentalis onder de kin.

submersie verdrinking.

submicronen deeltjes die te klein zijn om door de gewone lichtmicroscoop te worden waargenomen, maar wel zichtbaar kunnen worden gemaakt door ultra-, fasencontrast- en elektronenmicroscopie.

submicroscopisch kleiner dan het kleinste met de (licht-) microscoop zichtbare deeltje.

submuceus onder het slijmvlies (mucosa); vb. -e myomen.

submucosa de bindweefsellaag tussen de lamina muscularis mucosae en de tunica muscularis.

submucosus onder mucosa (slijmvlies) gelegen; vb. plexus submucosus, tela submucosa.

subnasale (antropometrie) schedelpunt voor schedelmeting, nl. het punt waar het neustussenschot i.d. bovenlip overgaat.

subnormaal geringer dan normaal.

suboccipitaal onder het occiput (achterhoofd).

suboccipitalis onder het achterhoofd; vb. nervus suboccipitalis.

subpariëtaal onder de lobus parietalis v.h. cerebrum.

subperiostaal onder het periost; vb. s-tale bloeding.

subperitonealis onder het peritoneum; vb. fascia subperitonealis.

subphrenicus subfrenisch, onder het middenrif; vb. pyopneumothorax subphrenicus.

subpiaal onder de pia (mater).

subpleuraal onder de pleura.

subpopliteus onder de musculus popliteus; vb. recessus subpopliteus.

subretinaal onder de retina.

subscapularis onder de scapula (schouderblad); vb. fossa subscapularis.

subscriptie onderschrift op een recept betreffende de toebereiding en het gebruik v.h. voorgeschreven geneesmiddel.

subsepsis allergica *zie* syndroom | wissler-fanconi-~.

subsepsis hyperergica *zie* syndroom | wissler-fanconi-~.

subsereus onder een serosa (weivlies).

subserosus subsereus, onder de serosa (weivlies) gelegen.

subsidiariteit (gezondheidsrecht) *zie* beroepsgeheim.

subsidiariteitsvereiste om een therapiedoel te bereiken moet men het minst belastende en minst ingrijpende v.d. effectieve middelen kiezen.

substance P [E] neuropeptide met de functie van neurotransmitter; afkomstig uit afferente sensorische neuronen; heeft stimulerend effect op T-celproliferatie en macrofaagactiviteit.

substantia substantie, stof; i.h.b. gebruikt i.d. neuroanatomie. • ~ **alba** de witte stof van hersenen en ruggenmerg, vnl. bestaande uit merghoudende vezels; niet te verwarren met materia alba. • ~ **compacta ossium** het harde, compacte gedeelte v.e. beenstuk, ten onderscheid v.d. substantia spongiosa ossium. • ~ **corticalis** oppervlakkige laag van skeletbeen. • ~ **ferruginea** ophoping van pigmentbevattende zenuwcellen, craniaal i.d. zijwand v.d. vierde hersenventrikel. • ~ **gelatinosa** gliarijke zone i.d. top v.d. achterhoorn v.h. ruggenmerg, die slechts zwak kleurbaar is; hangt samen met afferente banen. • ~ **gelatinosa medullae spinalis** de geleiachtige kap op kik v.d. achterhoorns v.h. ruggenmerg. • ~ **grisea** grijze substantie v.h. czs, bestaande uit zenuwcellen, ten onderscheid v.d. substantia alba. • ~ **grisea medullae spinalis** de grijze substantie v.h. ruggenmerg. • ~ **intermedia centralis** de grijze ruggenmergssubstantie rondom de canalis centralis. • ~ **intermedia lateralis** de grijze ruggenmergssubstantie tussen de s. int. centralis en de voor-, zij- en achterhoorn. • ~ **nigra** pigmentbevattende kern i.h. mesencephalon. • ~ **perforata interpeduncularis** door vele kleine arteriën doorboord veld aan de ventrale kant v.h. cerebrum, de fossa interpeduncularis. • ~ **perforata rostralis** een door vele kleine arteriën doorboord veld aan de ventrale oppervlakte v.h. cerebrum, naast het chiasma opticum. • ~ **spongiosa ossium** spongieus beenweefsel a.g.v. trabekelstructuur, o.a. aangetroffen in metafyse en bekkenkam.

substernalis onder het sternum (borstbeen); vb. struma substernalis.

substitutietherapie vervanging v.e. ontbrekende stof door dezelfde of een andere. • **hormonale** ~ *zie* hormonale substitutie.

substraat 1 het bestanddeel v.e. stof of de verbinding waarop een enzym inwerkt; **2** hoofdbestanddeel; **3** grondslag, i.h.b. v.e. diagnose.

subtalair onder de talus.

subtalaris onder de talus gelegen; vb. articulatio subtalaris.

subtemporalis onder de slaapstreek.

subtendineus onder de pees liggend.

subthalamicus onder de thalamus; vb. nucleus subthalamicus.

subtotaal bijna geheel; vb. subtotale strumectomie.

subtractie fotografische techniek om het verschil tussen twee bijna gelijke röntgenfoto's duidelijk te laten uitkomen.

subtrochantair onder de trochanter; vb. s-re fractuur, s-re amputatie.

subumbilicalis onder de navel.

subungualis onder de nagel; vb. onychia subungualis, melanoma subunguale.

succedaneus plaats innemend; vb. caput succedaneum.

succus gastricus *zie* maagsap.

sucrase enzym, dat sucrose splitst in glucose en fructose.

sucrose rietsuiker, een uit glucose en fructose samengestelde disacharide.

suctie (verpleegk., chir.:) procedure waarbij therapeutisch of diagnostisch vloeistof of weefsel door een buis of naald aan het lichaam wordt onttrokken.

sudamina *zie* miliaria.

sudden death [E] dood | acute ~.

sudden fall [E] het onverwachts neervallen zonder voorafgaande duizeligheid en zonder bewustzijnsverlies, tijdens behandeling met sommige psychofarmaca.

Sudeck | **sudeckatrofie** *zie* dystrofie | sympathische reflex-. • **sudeckdystrofie** functieverlies en een pijnlijke verstijving v.e. gewricht, gewoonlijk de hand.

SUDEP (sudden unexplained death in epilepsy) *zie* epilepsie | sudden unexplained death in epilepsy.

sudomotorisch de zweetuitscheiding bevorderend.

sudor zweet. • ~ **pedum** *zie* voet | zweet-en.

sufficiënt opgewassen tegen de gestelde eisen, aan de behoeften beantwoordend.

sufficit het is voldoende.

suggestibiliteit vatbaarheid voor suggestie, kenmerkend voor achtergebleven persoonlijkheidsontwikkeling.

suïcide het welbewust beëindigen v.h. eigen

leven. • **balans~** suïcide door iemand die na een zorgvuldige afweging tot de conclusie komt dat suïcide de 'beste' oplossing voor een uitzichtloze situatie is. • **para~** *zie* suïcidepoging.

⊚ **suïcidepoging** niet-dodelijk zelfbeschadigend gedrag, veelal bedoeld om verandering aan te brengen i.e. als ondraaglijk ervaren levenssituatie (crisis), door de bewuste ervaring stop te zetten, zichzelf te beschermen tegen dreigend onheil, anderen i.d. omgeving te beïnvloeden; personen die een poging tot zelfdoding (zelfmoord) ondernemen, zien geen andere uitweg uit hun lijden en ervaren hun levenssituatie als ondraaglijk en hun problemen als onoverkomelijk; indeling: 1) suïcidepoging; 2) suïcide, de zelfdoding als een (meestal impulsieve) keuze tussen een gewenste uitkomst (doodgaan) en een onmogelijk geachte uitkomst (doorleven) in tijden van grote crisis, emotionele ontreddering, verwardheid, verstandsverbijstering; 3) balanssuïcide, de suïcide a.g.v. een niet-impulsieve afweging; 4) parasuïcide, te weten niet-dodelijk suïcidaal gedrag dan wel een gedrag waarbij de omstandigheden aanleiding geven te denken aan een suïcidepoging, maar i.h. midden wordt gelaten of iemand zichzelf ook daadwerkelijk om het leven wilde brengen.

sui generis op zichzelfstaand, niet het gevolg van iets anders.

suikerreactie van Benedict *zie* benedictsuikerreactie.

sulciformis groefvormig, spleetvormig.

sulcus gleuf, groef, spleet. • **~ cutis** huidgroeve; vb. s. nasolabialis. • **~ gingivalis** de spleet tussen het tandoppervlak en het tandvlees. • **sub~** 1 een sulcus (groeve) die schuilgaat onder een overlapping; 2 een aanduiding v.e. sulcus.

sulfatase enzym dat zwavelzure esters splitst.

sulfatide zwavelzure ester van cerebrosiden.

sulfaverbindingen chemotherapeutica met -SO_2NH_2-groep (sulfonamiden).

sulfhemoglobinemie aanwezigheid van sulfhemoglobine i.h. bloed.

sulfonamide chemische groep van amiden van aromatische sulfonzuren (-SO_2NH_2) als werkzaam bestanddeel v.e. grote reeks bacteriostatische chemotherapeutica ('sulfapreparaten'); worden toegepast als bacteriostatische antibiotica, orale antidiabetica, diuretica en carboanhydraseremmers.

sulfonderivaten *zie* sulfonverbindingen.

sulfonen *zie* sulfonverbindingen.

sulfonverbindingen chemotherapeutica met een sulfongroep.

sulfonylureumderivaat geneesmiddel van eerste keuze bij DM type 2 bij patiënten met BMI<27 kg/m2.

summatie 1 het verschijnsel dat een prikkel die zelf niet in staat is een effect te bewerkstelligen, dit wel doet als deze enige malen wordt herhaald; 2 vergroting v.h. effect van twee of meer farmaca, zodanig dat de totale werking gelijk is aan de som v.d. werkingen der afzonderlijke stoffen.

summatiegalop het samenvallen v.d. pathologische derde en vierde harttoon, die daardoor als één toon hoorbaar zijn.

sunscreen crème of vloeistof die op de huid wordt aangebracht om de uv-straling op de aan de zon blootgestelde lichaamsdelen te verminderen.

super- voorvoegsel in woordverbindingen met de betekenis 'boven', 'meer', vgl. G. 'hyper'.

superaciditeit verhoogde zuurgraad v.h. maagsap.

superalimentatie 'mestkuur', overvoeding als therapeutische maatregel, bijv. bij chlorose.

super-ego *zie* über-ich.

superfemale [E] vrouw die in haar lichaamscellen een extra X-chromosoom herbergt.

superficialis oppervlakkig; vb. glossitis superficialis.

superficies oppervlak.

superfoetatie bevruchting en innesteling v.e. ei bij een reeds zwangere vrouw.

superior hoger, hoogste van twee; vb. margo superior, membrum superius.

supermale [E] man die in zijn lichaamscellen een extra Y-chromosoom herbergt (dus XYY i.p.v. XY).

supermedialis boven het midden.

supermotiliteit verhoogde beweeglijkheid, hypermotiliteit.

superolateralis boven-opzij; vb. facies superolateralis cerebri.

superomedialis boven-midden; vb. margo superomedialis cerebri.

superponeren boven elkaar plaatsen, summatie teweegbrengen.

superregeneratie overmatige regeneratie, de ontwikkeling van overbodig weefsel bij het regeneratieproces.
supersecretie *zie* secretie | hyper~.
supervisie methode waarbij een zorgverlener zijn werkproblemen geregeld bespreekt met een meer ervaren werker in dezelfde discipline.
supinatie 1 buitenwaartse draaiing v.d. hand, zodat de palm v.d. horizontaal gehouden hand naar boven draait; **2** draaiing v.d. voet zodat de mediale voetrand omhoog gaat.
supinator buitenwaarts-draaier.
supinatorfenomeen *zie* reflex | radius~.
supineren *zie* supinatie.
suppletie *zie* substitutietherapie.
suppositorium *zie* pil | zet~.
suppressief onderdrukkend.
suppressieve behandeling behandeling die de verschijnselen v.e. ziekte onderdrukt zonder de verwekker aan te tasten.
suppuratie *zie* pusvorming.
suppuratief *zie* purulent.
suppurativus etterig, veretterend; vb. choroiditis suppurativa.
supra- voorvoegsel in woordverbindingen met de betekenis boven of over.
suprachiasmatische kern deel v.d. hypothalamus dat in verband is gebracht met geslachtsgerelateerde verschillen i.h. denken, seksuele oriëntatie, agressie en cognitieve functies.
supraclavicularis boven de clavicula; vb. fossa supraclavicularis.
supracondylair proximaal v.d. epicondylus medialis en epicondylus lateralis van humerus of femur.
supracondylaris supracondylair; vb. processus supracondylaris humeri.
supraduraal boven de dura mater.
supraglenoidalis boven de gewrichtskom gelegen; vb. tuberculum supraglenoidale.
supraglotticus boven de glottis; vb. laryngitis supraglottica.
suprahyoideus boven het hyoïd; vb. musculus suprahyoideus (mv. musculi suprahyoidei).
supramalleolair boven de malleolus.
supranucleair boven de (hersen)kern.
supraopticohypophysialis v.d. nucleus supraopticus naar de hypofyse lopend.
supraorbitalis boven de orbita; vb. incisura supraorbitalis, foramen supraorbitale.

suprapleuralis boven de pleura gelegen; vb. membrana suprapleuralis.
suprapubicus suprapubisch; vb. sectio suprapubica.
suprapubisch boven het os pubis; vb. suprapubische prostatectomie.
suprarenalectomie operatieve verwijdering v.d. glandula suprarenalis.
suprarenalis boven de nier; vb. glandula suprarenalis, melasma suprarenale.
suprarenine *zie* adrenaline.
suprascapularis boven de scapula; vb. nervus suprascapularis.
suprasoon suprasonoor: ultrasoon, met trillingen van meer dan 15.000/s.
supraspinaal boven (rostraal van) het ruggenmerg.
supraspinatus boven de spina scapulae; vb. musculus supraspinatus, fossa supraspinata.
suprasternalis boven het sternum gelegen; vb. ossa s-lia (mv. van suprasternale).
suprasymfysair boven de symfyse; vb. s-re incisie.
supratentorieel boven het tentorium cerebelli gelegen, dus (m.b.t.) grote hersenen.
supravaginaal boven de vagina.
supraventriculair boven de(hart)ventrikels gelegen.
supravesicalis boven de vesica urinaria (urineblaas); vb. fossa supravesicalis.
supremus hoogste, uiterste; vb. venter supremus, linea nuchae suprema.
sura *zie* kuit.
suralis m.b.t. de sura (kuit); vb. nervus suralis, arteriae surales (mv. van suralis).
surditas *zie* doofheid.
surdus *zie* doof.
surface area [E] de grootte v.h. lichaamsoppervlak, te berekenen met de formule van E. F. Dubois.
surface remnants [E] resten v.d. eiwitmantel van chylomicronen en VLDL die overblijven nadat de triglyceride-inhoud door het enzym lipoproteïnelipase hieruit is verwijderd.
surfactans oppervlaktespanning verlagende fosfolipide i.h. slijmlaagje dat de longalveolen bekleedt.
surmenage [F] *zie* belasting | over~.
surrogaat 1 vervangende persoon (i.d. psychoanalyse: de koning i.p.v. de vader); **2** vervangende stof.
surveillance 1 bewaking, i.h.b. het regelma-

tig opsporen, registreren en bewaken van infectieziekten, risicofactoren en risicogroepen; 2 systematische dataverzameling i.h. kader van kwaliteitsborging. • **endoscopische** ~ *zie* follow-up | endoscopisch ~. • **immunologische** ~ immunologisch bewakingssysteem dat bij een gezond individu tumorcellen al bij hun ontstaan vernietigt. • **kiem**~ microbiologisch en epidemiologisch onderzoek naar veranderingen van circulerende ziekteverwekkers (pathogenen: bacteriën, virussen enz.) i.d. tijd. • **klinische** ~ het opsporen, registreren en bewaken van infectieziekten o.b.v. meldingen uit de kliniek.

survey [E] dwarsdoorsnedeonderzoek bij een steekproef.

surveyonderzoek *zie* survey.

survival *zie* overleving.

survival rate *zie* kans | overlevings-~.

suspenderen (chem.) in suspensie brengen.

suspensie 1 (chemie) min of meer stabiele colloïdale verdeling v.e. vaste stof in een vloeistof; **2** (neurochir.) tractiebehandeling, i.h.b. bij wervelaandoeningen, waarbij de patiënt aan het hoofd wordt 'opgehangen'; **3** (chir.) ophanging.

suspensoïd colloïdale suspensie v.e. vaste stof i.e. vloeistof (sol).

suspensor strak ondergoed ter verlichting van pijnklachten i.h. genitale gebied.

suspensorius steunend, dragend.

sutura 1 (anat.): verbinding (junctura) tussen botten i.d. vorm v.e. dunne laag bindweefsel; komt uitsl. i.d. schedel voor; **2** (chir.) *zie* hechting. • ~ **circumflexa** omwonden hechting. • ~ **clavata** spijkerhechting d.m.v. spijkers die in beenfractuurstukken worden geslagen. • ~ **coronalis** beennaad tussen de beide wandbeenderen v.d. schedel. • ~**e cranii** schedelnaden. • ~ **frontalis** (s. metopica): de beennaad tussen linker en rechter helft v.h. voorhoofdsbeen. • ~ **internasalis** beennaad tussen linker en rechter neusbeen. • ~ **nodosa** geknoopte hechting. • ~ **sagittalis** de i.h. mediane vlak lopende beennaad tussen linker en rechter wandbeen.

suturarum gen. mv. van sutura (naad); vb. ossa suturarum (z.o. os).

Sv sievert.

SV40 simian vacuolating virus.

SVP *zie* synoviitis serofibrinosa.

SVT *zie* tachycardie | supraventriculaire ~.

swab *zie* depper.

swan-neck deformity [E] *zie* malformatie | zwanenhals-~.

sway back [E.] gecompenseerde rughouding met een naar dorsaal verplaatste zwaartelijn.

swivel draaibaar aansluitstuk voor een tube.

sycose subacute tot chronische pyogene infectie v.d. gehele haarfollikel door *Staphylococcus aureus*. • **sycosis barbae** sycose v.d. baard. • **sycosis capillitii** sycose v.d. behaarde hoofdhuid.

syfilide eruptie van huid of slijmvliezen, voorkomend i.h. tweede stadium van syfilis.

● **syfilis** seksueel overdraagbare aandoening (soa) die wordt veroorzaakt door de spirocheet *Treponema pallidum*; indeling: men onderscheidt verschillende stadia: 1) vroege syfilis (besmettelijke) syfilis, infectieduur korter dan 1 jaar (syphilis recens), met symptomen (primaire en secundaire syfilis), zonder symptomen (syphilis latens recens); 2) late syfilis (syphilis tarda), met symptomen, zonder symptomen (syphilis latens tarda); als de verschijnselen v.h. eerste en tweede stadium achterwege blijven of niet onderkend worden, spreekt men van latente syfilis, die alleen d.m.v. serologische reacties aantoonbaar is; daarnaast komt nog congenitale syfilis voor, a.g.v. besmetting in utero. • **congenitale** ~ aangeboren syfilis, waarbij besmetting transplacentair van moeder op kind heeft plaatsgevonden. • **endemische** ~ treponematose die voorkomt in tropische gebieden waar toereikende hygiënische en medische voorzieningen ontbreken; vb. bejel, framboesia, pinta. • **geacquireerde** ~ verworven syfilis. • **hereditaire** ~ *zie* congenitale ~. • **late latente** ~ infectie met *Treponema pallidum* die langer dan een jaar bestaat en die zonder klinische afwijkingen is. • **latente** ~ infectie met *Treponema pallidum* zonder klinische afwijkingen. • **latente** ~ **van onbepaalde duur** infectie met *Treponema pallidum* waarvan de duur onbekend is, zonder klinische afwijkingen. • **neuro**~ infectie van hersenen en/of omhulsels door *Treponema pallidum*. • **niet-venerische** ~ *zie* endemische ~. • **pingpong**~ syfilis in sterk besmette streken, waar de besmetting met spirocheten heen en weer gaat, zoals een pingpongbal. • **recente latente** ~ infectie

met *Treponema pallidum* die korter dan een jaar bestaat en die zonder klinische afwijkingen is. • **primaire** ~ het eerste stadium van syfilis, klinisch gekenmerkt door het primair affect (ulcus durum) en evt. indolente buboen. • **quartaire** ~ term voor tabes dorsalis en dementia paralytica, waarvan men vroeger niet wist dat zij berusten op infectie met *Treponema pallidum* en die toen nog 'parasyfilis' werden genoemd.
• **secundaire** ~ tweede stadium van s., waarin de infectie zich i.h. gehele lichaam uitbreidt, kan klinisch gepaard gaand met koorts, exanthemen en evt. enanthemen.
• **tertiaire** ~ het derde stadium van s., waarin de infectie zich i.d. organen lokaliseert.
• **syphilis décapitée** [F] zeer vroeg behandelde syfilis waarbij men nog geen positieve syfilisserumwaarden heeft kunnen vaststellen. • **syphilis d'emblée** [F] syfilis die overrompelend uitbreekt zonder dat er een zichtbare sjanker is geweest.

syfilisreacties serologische reacties ter diagnosticering van syfilis: *a*. complementbindingsreacties (reactie van Wassermann, modificaties van Eagle, van Kollmer); *b*. uitvlokkingsreacties (reactie van Kahn, VDRL-reactie); *c*. immobilisatiereactie (TPI-reactie).

syfilitisch veroorzaakt door, of m.b.t. syfilis.
syllabair m.b.t. lettergrepen; vb. s-re anartrie.
Sylvius verlatijnste naam van Jacques Dubois (Jacobus Sylvius), Frans anatoom (1478-1555) en tevens v.d. Nederlandse anatoom Franciscus (Frans) de le Boë Sylvius (1614-1672); ontdekkers van resp. de aqueductus cerebri (Sylvii) = aqueductus mesencephali en de fissura cerebri lateralis *zie* aqueductus mesencephali. • **aquaeductus Sylvii** *zie* aqueductus mesencephali.
symbiose samenleving van twee of meer organismen van verschillende soort.
Symbiotes een geslacht v.d. groep *Wolbachieae* (fam. *Rickettsiaceae*).
symblepharon gedeeltelijke vergroeiing v.e. ooglid met de oogbol. • ~ **posticum** vergroeiing aan de overgangsplooien.
symbool (psychoanalyse) voorstelling i.h. onderbewuste waarvan de betekenis niet bewust wordt herkend.
symfyse verbinding waarbij zich tussen de botten vezelig kraakbeenweefsel bevindt.
• **symphysis pubica** de s. tussen de beide schaambeenderen.
symfysiolyse loslating v.d. schaambeenderen ter plaatse v.d. symfyse.
symfysiotomie klieving v.d. symfyse, waardoor de schaambeenderen uiteenwijken en het baringskanaal wijder wordt.
symfysitis ontsteking v.d. symfyse.
Symmers | syndroom van Brown- ~ *zie* syndroom | brown-symmers-~.
symmetricus symmetrisch; vb. tylositas symmetrica pollicis.
symmetrisch gekenmerkt door symmetrie.
sympathalgie *zie* dystrofie | algoneuro-~.
sympathectomie operatieve verwijdering v.d. sympathicusgrensstreng of een gedeelte ervan. • **cervicale** ~ verwijdering v.d. halssympathicus, en ev. v.h. ganglion cervicothoracicum. • **farmacologische** ~ toediening van farmaca die de geleiding via sympathische ganglia blokkeren. • **lumbale** ~ excisie v.h. lendengedeelte v.d. sympathicus-grensstreng. • **periarteriële** ~ verwijdering v.d. laag sympathicusvezels v.e. slagader.
sympathicectomie *zie* sympathectomie.
sympathicoblastoom kwaadaardig gezwel bestaande uit sympathicoblasten, bij jonge kinderen uitgaand van bijniermerg en grensstreng; protoplasmarijke cellen, soms in pseudorozetten met vorming van fijne vezels.
sympathicogonioom kwaadaardig sympathicoblastoom, zonder vezelvorming, bestaande uit sympathogonia, bij kinderen kort voor of na de geboorte.
sympathicolytica groep van geneesmiddelen die de werking v.d. sympathicus remmen; men onderscheidt alfa- en bètasympathicolytica op grond v.d. aangrijping op resp. de alfa- en bètareceptor (bèta1- en bèta-2-receptor). • **para~** groep van geneesmiddelen die de werking v.d. parasympathicus remmen door blokkering v.d. perifere cholinerge effector.
sympathicolytisch sympathicus-remmend.
sympathicomimetica | ortho~ stoffen die dezelfde uitwerking op een effector hebben als prikkeling v.d. orthosympathicus. • **para~** stoffen die dezelfde uitwerking op een effector hebben als prikkeling v.d. parasympathicus.
sympathicomimetisch sympathicus-prikkelend.

sympathicotonie toestand waarin het sympathische zenuwstelsel het parasympathische overheerst, met als kenmerken vaatspasmen, verhoogde bloeddruk, neiging tot zweten, wijde pupillen. • **para~** verschuiving v.h. evenwicht i.h. vegetatieve zenuwstelsel naar de zijde v.d. parasympathicus, met verschijnselen zoals hypotonie, langzame hartslag.

sympathicotroop met affiniteit tot het sympathisch zenuwstelsel.

sympathicus 1 (z.nw.:) *zie* zenuwstelsel | orthosympathisch ~; **2** (bijv. nw.:) m.b.t. sympathische werking of het sympathische zenuwstelsel; vb. neurosis sympathica bulbi.

sympathie 1 (psychol.) positieve neiging tot een ander mens; **2** afwijking i.e. orgaan of weefsel t.g.v. de aanwezigheid v.e. ander orgaan of weefsel op afstand.

sympathisch m.b.t. de sympathicus.

sympathisch systeem systeem | orthosympathisch ~.

sympathoblastoom *zie* sympathicoblastoom.

sympathogonia embryonale cellen v.h. primitieve neuro-ectoderm.

sympathogonioom *zie* sympathicogonioom.

sympathoom kwaadaardig gezwel, bestaande uit sympathische zenuwcellen.

symphysiolysis *zie* symfysiolyse.

symphysis *zie* symfyse.

symplasma een protoplasma-massa met vele kernen, ontstaan door atypische celdeling, waarbij de kerndelingen niet zijn gevolgd door celafsnoeringen.

symplex combinatie van stoffen met grote moleculen zoals lipoproteïnen, glycoproteïden.

symptomatisch 1 m.b.t. symptomen; vb. s-sche therapie; **2** veroorzaakt door ziekte of afwijking; vb. s-sche epilepsie; **3** kenmerkend, typisch, zoals bijv. de pijn i.d. rechter schouder bij leveraandoeningen; **4** (psychiatrie:) a.g.v. ziekteproces elders i.h. lichaam, maar niet i.h. cerebrum; vb. symptomatische psychose. • **a~** *zie* klinisch | sub~.

symptomatischeperistaltieksyndroom *zie* oesofagus | notenkraker~.

symptomatologie 1 de leer der ziekteverschijnselen; **2** (jargon, minder juist:) het complex v.d. verschijnselen bij een bepaalde ziekte, de symptomen; het aan het Duits ontleende syn. 'symptomatiek' is niet alg. aanvaard.

symptoom uiting v.e. ziekte; men onderscheidt objectieve en subjectieve symptomen (signs and symptoms), te weten de objectief door een onderzoeker waarneembare verschijnselen en de door de patiënt waargenomen, subjectieve sensaties; veel symptomen dragen namen, hetzij van onderzoekers die deze voor het eerst hebben opgemerkt (eponiemen), hetzij van lichaamsdelen of functies. • **argyll-robertson~** nauwe, onregelmatig gevormde pupillen die niet door lichtinval maar wel door convergentie nauwer worden. • **babinski~** *zie* reflex | voetzool~. • **berger~** elliptische of hoekige pupil; vroeg symptoom bij neurosyfilis. • **biermer~** de percussietoon boven een grote caverne of pyopneumothorax wordt hoger als de patiënt overeind wordt gezet. • **blumberg~** *zie* pijn | loslaat~. • **branham~** als men een arterioveneus aneurysma met de vinger dichtdrukt, wordt de polsslag langzamer, stijgt de diastolische bloeddruk, en verdwijnt het ev. aanwezige hartgeruis. • **bruns~** hevige hoofdpijnaanvallen, misselijkheid en braken, draaiduizeligheid vnl. na plotselinge hoofdbewegingen. • **codman~** bij ruptuur v.d. supraspinatuspees is actieve abductie v.d. arm onmogelijk, passieve abductie is zonder enig bezwaar mogelijk. • **cole~** littekenachtige vervorming v.h. duodenum t.g.v. een ulcus. • **cullen~** blauwe verkleuring v.d. navelkuil t.g.v. een hemoperitoneum of wijzend op acute pancreatitis. • **dissociatief ~** symptoom dat het gevolg is van dissociatie. • **duchenne~** inspiratoire intrekkingen v.h. epigastrium bij diafragmaverlamming. • **dwang~** *zie* obsessief-compulsieve stoornis. • **ettingen~** bij verlamming v.h. gehemelte kan de patiënt niet persen, doordat de lucht door de neus ontsnapt. • **ewart~** gedempt percussiegeluid en bronchiaal ademgeruis onder de scapulapunt links, bij pericardsudaat. • **frédéricq~** rode zoom v.h. tandvlees bij tuberculose. • **froment~** flexie v.h. distale duimkootje v.d. patiënt wanneer de onderzoeker een blad papier dat de patiënt tussen duim en wijsvinger houdt, probeert weg te trekken. • **gowers~ 1** oscillatie en evt. verwijding v.d. pupil bij belichting; **2** teken dat op pseudohypertrofische spierdystrofie duid.

• **guttmann**~ zoemend vaatgeruis boven de schildklier bij ziekte van Graves. • **hamman**~ krakend geluid v.d. hartslag bij mediastinaal emfyseem. • **heryng**~ verminderde oplichting van wang en infraorbitale streek bij rinodiafanoscopie. • **hill**~ toegenomen verschil in systolische bloeddruk tussen benen en armen. • **homans**~ bij trombose i.h. onderbeen wordt tijdens dorsale flexie v.d. voet v.h. gestrekte been pijn i.d. kuit en de kniekuil gevoeld. • **hoover**~ 1 (neurol.) als men een normaal mens of een patiënt met paralyse vraagt om liggend met één been tegen de onderlaag te drukken, ziet men pogingen tot opheffing v.h. andere been; dit teken ontbreekt bij simulatie; 2 (pulmon.) binnenwaarts gerichte flankbeweging die optreedt bij inspiratie a.g.v. afvlakking v.h. diafragma. • **katatoon** ~ *zie* grimasseren. • **legendre**~ bij centrale facialisparalyse kan de patiënt het oog aan de zieke zijde gemakkelijker worden geopend. • **loewi**~ verwijding v.d. pupil na indruppeling met epinefrine (adrenaline). • **ludloff**~ het onvermogen om zittend het gestrekte been te heffen terwijl dit in liggende houding wel lukt. • **mees**~ geelwitte, ingezonken dwarse strepen over de nagels, bij arsenicum- en thalliumvergiftiging. • **müller**~ bij aortaklepinsufficiëntie zichtbare capillairpols. • **musset**~ ritmische beweging van hoofd en hals, synchroon met de kamersystoles, bij aorta-insufficiëntie en aorta-aneurysma. • **naffziger**~ bij aanwezigheid v.e. hernia nuclei pulposi veroorzaakt compressie v.d. halsaderen pijn i.h. getroffen been. • **negatieve symptomen** (psych.) het geheel van schizofreniesymptomen die te maken hebben met ontbreken of verminderd zijn van verschijnselen die normaal wel aanwezig zijn, zoals minder energie en gevoelsarmoede. • **nek**~ *zie* tekenen van Brudzinski. • **pardee**~ bij trombose v.e. a. coronaria begint het ST-segment v.h. ecg boven de iso-elektrische lijn, het is zadelvormig en wordt gevolgd door een negatieve T-top. • **penzoldt**~ na belasting, i.h.b. na beweging, is bij koortsvrije tuberculoselijders de lichaamstemperatuur hoger dan bij gezonden, en ze daalt ook langzamer tot de norm dan bij gezonde personen. • **piskacek**~ asymmetrische vergroting v.d. uterus; is een vroeg zwangerschapsteken.
• **pochhammer**~ bij afscheuring v.d. trochanter minor kan de liggende patiënt het desbetreffende been alleen met gebogen knie opheffen, niet met gestrekte knie. • **porter**~ ritmische rukjes aan de trachea, synchroon met de hartslag. • **positieve symptomen** (psych.) term die wordt gebruikt i.d. symptomatologie van schizofrenie: wanen, hallucinaties en desorganisatie. • **prehn**~ acute zwelling van één scrotumhelft bij torsie v.d. testis. • **psoas**~ onderzoek bij appendicitis: pijn bij passief rekken v.d. m. psoas. • **psychotische symptomen** *zie* positieve symptomen. • **radialis**~ bij bekloppen v.d. dorsale kant v.d. pols worden de vingers gebogen, soms ook de elleboog. • **revilliod**~ bij perifere facialisparese kan de patiënt het oog aan de verlamde zijde niet sluiten zonder mede het andere oog te sluiten. • **schwartze**~ door het trommelvlies heen schijnende roodheid v.d. mediale wand v.d. trommelholte. • **spurling**~ uitstralende pijn i.v.m. wortelsegment bij het uitoefenen van druk op de schouders bij achterover-zijwaarts bewegen v.d. romp; wijst op radiculaire prikkeling. • **stewartholmes**~ het doorveren v.e. extremiteit die tracht een weerstand te overwinnen zodra de weerstand plotseling wegvalt. • **straus**~ (obsoleet) bij centrale facialisparalyse volgt op injectie van pilocarpine aan beide zijden een even sterke zweetsecretie, bij perifere facialisparalyse is de zweetsecretie aan de aangetaste kant duidelijk minder. • **symfyse**~ *zie* tekenen van Brudzinski. • ~ **van Lhermitte** voorbijgaande prikkeling v.h. myelum bij vooroverbuigen v.h. hoofd.
• **tullio**~ nystagmus en duizeligheid door geluid van bepaalde intensiteit na fenestratieoperatie wegens otosclerose. • **uhthoff**~ temporale bleekheid v.d. papilla nervi op-

tici, optredend na retrobulbaire neuritis bij multipele sclerose. • **vestibulaire symptomen** verschijnselen bij prikkeling v.h. vestibulaire apparaat: draaiduizeligheid, nystagmus, braken. • **vongraefe~** bij de ziekte van Graves volgt bij het omlaag kijken het bovenooglid niet direct de beweging v.d. oogbol. • **wanner~** de combinatie van verminderde beengeleiding bij normaal gehoor, normale bovenste toongrens en ontbreken van labyrintverschijnselen. • **wernicke~** *zie* pupilreactie | hemianopische ~. • **winckel~** drukt men i.h. nageboortetijdperk op de buik boven de symfyse, dan blijft de navelstreng onbeweeglijk als de placenta reeds los is; anders gaat ze naar binnen.

symptoomarmoede afwezigheid van symptomen die karakteristiek voor de aanwezige ziekte zijn.

symptoomhandeling (psychoanalytische theorie van Freud) voor het wezen v.d. persoonlijkheid kenmerkende en zinrijke handeling die vaak onbelangrijk lijkt en toch een betekenis heeft.

symptoomloos *zie* klinisch | sub~.

symptoomomkering presentatie v.e. symptoom dat tegengesteld is aan het verwachte symptoom.

symptoomonderdrukking (psychopathol.) het tijdelijk verdwijnen van ziekteverschijnselen onder invloed van emoties.

symptoomverdringing vervanging v.e. psychisch symptoom door een ander symptoom dat dezelfde genese heeft.

symptoomvermeerdering presentatie van één symptoom als uiting van meerdere aandoeningen tegelijkertijd.

syn- voorvoegsel in woordsamenstellingen met de betekenis samen, tegelijk.

Synacthen-test *zie* test | tetracosactide-~.

synalgie *zie* pijn | gerefereerde ~.

synaps de aanrakingsplaats v.d. uitlopers van twee naburige neuronen (of v.e. neuron met een effectorgaan zoals een spier, een klier), waar informatie wordt overgedragen, gewoonlijk door neurotransmitters. • **axodendritische** ~ synaps tussen een axon en een dendriet (v. ander neuron). • **axosomatische** ~ synaps tussen een axon en het soma (cellichaam) v.e. ander neuron. • **chemische** ~ structuur die de signaaloverdracht i.h. zenuwstelsel en van zenuwen op de eindorganen bepaalt; het elektrisch signaal v.d. zenuwprikkel wordt hier omgezet i.e. chemisch signaal (neurotransmitter). • **neuromusculaire** ~ *zie* eindplaatje.

synapsspleet *zie* synaptische spleet.

synaptisatie het proces van uitgroeien van axonen en het via een synaps contact maken met andere neuronen.

synaptisch m.b.t. een synaps.

synaptische spleet smalle ruimte die de twee celmembranen v.d. synaptische verbinding scheidt; 15-40 nm in doorsnede.

synbiotica het geheel van probiotica en prebiotica.

syncanthus symblepharon, waarbij littekenstrengen de ooghoeken met de oogbol verbinden.

syncarcinogenese verschijnsel dat twee carcinogenen elkaar in werking versterken.

syncarion *zie* synkaryon.

synchilia acquisita *zie* concretio labiorum.

syncholicum een door het lichaam opgenomen stof die met de gal weer uitgescheiden wordt.

synchondrose vorm van synartrose waarbij zich als junctura tussen de botten hyalien kraakbeen bevindt.

synchronie het gelijktijdig plaatshebben.

synchronisatie door een elektro-encefalogram geregistreerd laagfrequent ritmisch activiteitenpatroon van neuronen dat ontstaat door gelijktijdige ontladingen.

synchronizer [E] externe synchroniserende prikkel die het inwendige circadiaanse ritme aanpast bij het 24-uursritme.

synchroon gelijktijdig, op hetzelfde tijdstip plaatsvindend.

synchyse vervloeiing. • **synchysis corporis vitrei** vervloeiing v.h. corpus vitreum. • **synchysis scintillans** aanwezigheid van glinsterende kristallen i.h. corpus vitreum, ontstaan door een degeneratief proces.

synclitisme zodanige stand v.d. kinderschedel i.h. bekken dat de schedelas samenvalt met de bekkenas.

syncopaal m.b.t. een syncope; vb. syncopale aanval, syncopale episode.

⊛ **syncope** kortdurende en vanzelf overgaande bewusteloosheid door verminderde bloedtoevoer naar de hersenen, meestal met valneiging dan wel met val door het wegvallen v.d. spiertonus. • **defecatie~** reflexsyncope, een vorm en vasovagale collaps door intrathoracale drukverhoging tijdens of vlak na het produceren van ontlasting. • **houdingsafhankelijke** ~ *zie* orthostatische ~. • **mictie**~ syncope tijdens de mictie of bij snel opstaan na de mictie, veroorzaakt door verhoging v.d. intrathecale druk, waardoor het hartdebiet vermindert. • **orthostatische** ~ bewustzijnverlies na plotseling opstaan uit zittende of liggende houding. • **postprandiale** ~ *zie* dip | postprandiale ~. • **reflex**~ syncope a.g.v. verstoorde vaattonusregulatie zonder structurele afwijkingen v.d. sympathische zenuwen. • **sinuscaroticus**~ vagale reactie, leidend tot sterke bradycardie of zelfs hartstilstand a.g.v. overmatige massage v.d. sinus caroticus. • ~ **vasomotorica** *zie* collaps | vasovagale ~. • **vasovagale** ~ *zie* collaps | vasovagale ~.

syncretie *zie* concretio.

syncretisme 1 verhaspeling van woorden waarbij betekenissen i.e. nieuw woord worden samengebald; 2 versmelting van wijsgerige en religieuze opvattingen en meningen van verschillende herkomst zonder dat de tegenstrijdigheden worden opgeheven.

syncyanine het blauwe pigment dat door *Pseudomonas syncyanea* wordt geproduceerd.

syncytieel m.b.t. een syncytium, of gepaard gaand met syncytiumvorming.

syncytiolysine een cytolysine door het organisme geproduceerd na injectie v.e. emulsie van placentaweefsel.

syncytioom gezwel, bestaande uit syncytium-weefsel, vaak kwaadaardig. • **syncytioma malignum** *zie* chorionepithelioom.

syncytium veelkernig protoplasmaconglomeraat, ontstaan door samenvoeging van aanvankelijk zelfstandige cellen.

syncytium-inducerend (SI) celklontering veroorzakend.

syndactylie congenitale misvorming waarbij de huid tussen de vingers of tenen (meestal tot het eerste gewricht) is vergroeid (zgn. 'zwemvliezen'). • **acrocefalo**~ autosomaal dominant erfelijke aandoening met afwijkende schedelvorm en een onderlinge vergroeiing van vingers of tenen. • **acro**~ toestand waarbij de uiteinden v.d. vingers met elkaar vergroeid zijn. • **brachy**~ aangeboren afwijking v.d. hand of voet waarbij naast onderlinge vergroeiing van vingers of tenen ook een verkorting van vingers, tenen, middenhands- en middenvoetsbeentjes bestaat.

syndectomie operatieve verwijdering v.e. ligament of een deel ervan.

syndesmectomie *zie* syndectomie.

syndesmitis 1 ontsteking v.e. ligament; 2 conjunctivitis. • **~ metatarsea** ontsteking v.d. ligamenta metatarsalia bij langdurige intensieve belasting v.d. voet.

syndesmofyt hard, beenachtig uitgroeisel v.e. ligament.

syndesmologie de wetenschap betreffende de ligamenten.

syndesmos 1 *zie* ligamentum; 2 *zie* tunica conjunctiva.

syndesmose vorm van synartrose waarbij twee beenstukken met elkaar zijn verbonden.

syndrome of inappropriate antidiuretic hormone secretion (SIADH) *zie* syndroom van inadequate secretie van antidiuretisch hormoon.

syndrome solaire *zie* syndroom | huchard~.

syndroom complex van verschijnselen die vaker in eenzelfde combinatie voorkomen en die daarom als een eenheid worden opgevat. • **aanvoerendelis** ~ zelden voorkomend syndroom na een maagresectie waarbij (een deel van) de maaginhoud terechtkomt i.d. blind eindigende aanvoerende darmlis. • **aarskog**~ X-chromosomaal syndroom, gekenmerkt door oculair hypertelorisme, geprononceerde wenkbrauwen, dikke bovenlip, scrotale wal rond de peniswortel en kleine handen. • **abstinentie**~ combinatie van verschijnselen a.g.v. plotselinge onthouding van bepaalde drugs of medicijnen na langdurig gebruik hiervan. • **abt-siwe-letterer**~ foudroyante vorm v.h. syndroom van Hand-Schüller-Christian. • **acquired immunodeficiency syndrome** (aids) [E] *zie* aids. • **acuut coronair** ~ (ACS) klinisch beeld met pijn op de borst waarbij een sterk vermoeden bestaat op angina pectoris (instabiel) of (dreigend) myocardinfarct. • **adams-stokes**~ plotselinge aanvallen van bewusteloosheid. • **adaptatie**~ aanpassingssyndroom; onspecifieke aanpassingsreactie v.h. organisme op bepaalde prikkels. • **ademnood**~ *zie* asfyxie | perinatale ~. • **adie**~ pupilstoornis waarbij de pupil niet of nauwelijks door lichtinval, maar wel bij lang aangehouden convergentie nauwer wordt. • **adiposogenitaal** ~ *zie* dystrofie | dystrophia adiposogenitalis. • **adrenogenitaal** ~ syndroom dat wordt veroorzaakt door overmatige productie van androgene steroïden. **· adult respiratory-distress syndrome** (ARDS) [E] *zie* adult respiratory-distress syndrome. **· AHOP-**~ de combinatie van adipositas, hyperthermie, oligomenorroe, parotitis. **· aicardi**~ epilepsiesyndroom met infantiele spasmen, ernstige retardatie en retina-afwijkingen. **· aids-wasting**~ ernstig gewichtsverlies als gevolg van hiv-infectie. **· akinetisch-hypertoon** ~ beeld dat door extrapiramidale bijwerkingen van neuroleptica wordt veroorzaakt: bewegingsarmoede, maskergelaat en lopen met kleine pasjes, gepaard met opvallende rigiditeit en soms tremor van handen. **· alagille**~ zeldzame familiaire vorm van intrahepatische cholestase. **· alcoholonthoudings**~ *zie* alcoholonthoudingssyndroom. **· alcohol**~ *zie* alcoholsyndroom. **· aldrich-wiskott**~ *zie* wiskott-aldrich-. **· alice-in-wonderland**~ *zie* depersonalisatiestoornis. **· allen-masters**~ na een baring beginnende pijn onder i.d. buik a.g.v. een tijdens de baring ontstane scheur i.h. achterste blad v.h. lig. latum uteri. **· alport**~ *zie* ziekte van Alport. **· alzheimer**~ *zie* dementie | alzheimer~. **· amentieel** ~ symptomatische psychose met amentia, bewustzijnsdaling, onrust. **· amnestisch** ~ symptomencomplex, gekenmerkt door persisterend geheugenverlies en oriëntatiestoornissen, soms met confabulaties; vormt de kern van diverse vormen van dementie en is een onderdeel v.h. korsakovsyndroom. **· amnionstreng**~ het optreden v.e. of meer aangeboren afwijkingen aan de foetus doordat het amnion als een streng een deel v.d. vrucht afsnoert. **· amyostatisch** ~ extrapiramidale stoornis i.d. statische samenwerking v.d. spieren, waardoor het staan bemoeilijkt wordt. **· anderhalf**~ *zie* one-and-a-half-~. **· andersen-tawil**~ *zie* paralyse | periodieke ~. **· angelman**~ maternaal-hereditaire congenitale stoornis v.h. czs, leidend tot o.a. ernstige mentale retardatie, epilepsie, ataxie en lachaanvallen. **· angularis**~ acalculie, agrafie en anomie t.g.v. een laesie i.d. gyrus angularis v.d. dominante pariëtale kwab. **· anterior cord syndrome** anterior syndroom dat vooral optreedt bij discusruptuur en aanwezigheid van benige fragmenten i.h. spinale kanaal. **· anteriorinterosseus**~ verminderd vermogen om duim en wijsvinger naar elkaar toe te bewegen door inklemming v.d. n. interosseus anterior. **· anticholinergisch** ~ symptomencomplex, veroorzaakt door overdosering van anticholinergica of als bijwerking bij gebruik van antidepressiva en antipsychotica. **· antifosfolipiden**~ systemische inflammatoire aandoening, gekenmerkt door de aanwezigheid van antistoffen, gericht tegen fosfolipiden. **· antisynthetase**~ syndroom waarvan myositis, interstitiële longziekte, artralgie en het raynaudfenomeen deel uitmaken. **· aortabifurcatie**~ chronische aorto-iliacale occlusie, leidend tot distale ischemische klachten. **· aortaboog**~ *zie* takayasu~. **· arnold-chiari**~ *zie* malformatie | chiari-~. **· arteriabasilaristrombose**~ symptomencomplex, veroorzaakt door trombose v.d. a. basilaris. **· arteriacarotisinterna**~ circulatiestoornissen door afsluiting (meestal trombose) v.d. a. carotis interna. **· arteriacerebellisuperior**~ symptomencomplex, veroorzaakt door een circulatiestoornis i.h. verzorgingsgebied v.d. a. cerebelli superior. **· arteriaspinalisanterior**~ symptomencomplex, veroorzaakt door een circulatiestoornis i.h. verzorgingsgebied v.d. a. spinalis anterior. **· arteriaspinalisposterior**~ zeldzaam beeld met acute unilaterale uitval v.h. dorsale ruggenmerg t.g.v. infarct van a. spinalis posterior waarbij ipsilateraal gnostische sensibiliteit uitvalt, maar de vitale sensibiliteit intact blijft. **· asherman**~ symptomencomplex dat wordt veroorzaakt door verklevingen i.h. cavum uteri. **· asperger**~ gedragsstoornis bij het kind die wordt bepaald door intern gegenereerde rigide gedragspatronen; het kind is nietempathisch, eenzelvig, teruggetrokken, gaat veelal op in bijzondere hobby's of interesses en heeft een duidelijke contactstoornis, maar is normaal of bovennormaal intelligent en heeft een betrekk. normale taalontwikkeling. **· asplenie**~ het voorkomen bij een neonaat van bilateraal drielobbige longen met anatomisch gezien rechter bronchiën, en bilateraal rechter hartatria. **· astasie-abasie**~ onvermogen om te staan en te lopen, terwijl de benen in liggende positie wel kunnen worden bewogen. **· atopisch** ~ samenstel van atopische ziektebeelden als astma, atopische dermatitis, en voedselallergie, waaraan waarschijnlijk een erfelijke aanleg ten grondslag ligt. **· au**-

riculo-temporaal ~ *zie* frey~. • **auriculo-temporaal** ~ *zie* frey~. • **baastrup**~ interspinale artrose met vorming van gewrichten tussen de doornuitsteeksels.
• **bäfverstedt**~ *zie* lymfadenose | lymphadenosis cutis benigna. • **balloon mitral valve syndrome** [E] *zie* prolaps | mitralisklep~.
• **banti**~ anemie, splenomegalie en levercirrose. • **bare-lymphocyte syndrome** [E] autosomaal recessieve gecombineerde immunodeficiëntie. • **barlow**~ mitralisklepprolaps of disfunctie v.d. papillaire spier, evt. gepaard met mitralisklepinsufficiëntie.
• **bartter**~ stoornis i.d. hormonale balans en elektrolytenbalans. • **basedow**~ *zie* Graves | ziekte van ~. • **basocellulairenaevus**~ autosomaal-dominante aandoening met o.a. multiple nevoïde basalcelcarcinomen, cysten v.d. mandibula, skeletafwijkingen, karakteristiek gelaat, intracraniële calcificaties, medulloblastoom en ovariumfibroom. • **battered-child syndrome** het ziektebeeld bij kinderen de blootstaan aan ernstige en gewoonlijk herhaalde mishandeling. • **beckwith-wiedemann**~ autosomaal-dominant overervend syndroom met somatische en viscerale reuzengroei van organen tijdens de foetale ontwikkeling. • **bent-spine syndrome** gebogen wervelkolom in staande houding a.g.v. zwakte van paravertebrale rugspieren. • **bernard-soulier**~ aangeboren afwijking i.d. interactie tussen trombocyten en vaatwand door de afwijkende membraanglycoproteïne Ib.
• **biedl-bardet**~ autosomaal recessief syndroom met mentale retardatie, pigmentretinopathie, polydactylie, obesitas en hypogenitalisme. • **biemond-bogaert**~ hereditaire di-encefale degeneratie. • **bing-horton**~ *zie* hoofdpijn | cluster~.
• **blefarochalasie**~ recidiverende zwellingen v.h. ooglid. • **blefarofimose**~ autosomaal dominante aandoening met bilaterale ptosis, telecanthus, horizontaal kleine lidspleet en epicanthus inversus. • **blind-loop syndrome** [E] syndroom dat kan voorkomen bij een uitgeschakelde darmlis, die zich (retrograad) vult, • **bodypacker**~ (BPS) verschijnselen van intoxicatie of ileus a.g.v. ruptuur ergens i.h. systema digestorium (de tractus digestivus) van verpakkingsbolletjes met cocaïne door wie smokkeldoeleinden door zgn. bolletjesslikkers zijn ingeslikt. • **boerhaave**~ 'spontane' (atraumatische), complete slokdarmruptuur.
• **boksers**~ traumatische encefalopathie van boksers veroorzaakt door lokale hersenbeschadigingen t.g.v. herhaalde hoofdtraumata. • **bonnier**~ vestibulaire symptomen (draaiduizeligheid, braken, nystagmus), gehoorstoornissen (dysacusis), soms ook oculomotorische uitvalverschijnselen en trigeminusneuralgie, t.g.v. een proces i.d. nucleus vestibularis lateralis (kern van Deiters). • **brady-tachycardie**~ hartritmestoornis waarbij perioden van bradycardie worden afgewisseld met diverse vormen van supraventriculaire tachycardie,. • **branchio-otorenaal**~ autosomaal dominant overervende ziekte waarbij de aanleg v.h. kieuwboogstelsel, het oor en de nieren gestoord is. • **briquet**~ *zie* hysterie. • **brock**~ *zie* middenkwab~. • **brown-séquard**~ syndroom dat optreedt bij een eenzijdige (laterale) beschadiging v.h. ruggenmerg a.g.v. hyperextensieletsel, hyperflexie, facetblokkade, compressiefracturen of discushernia. • **brown-symmers**~ acute sereuze encefalitis bij kinderen. • **brugada**~ hartritmestoornis die een verschijnlijk gezonde jonge mensen (<40 jaar) ventrikelfibrilleren en plotselinge hartdood veroorzaakt.
• **brughoek**~ uitval v.d. hersenzenuwen V, VII en VIII door een afwijking ter hoogte v.d. brughoek, bijv. een neurilemmoom v.d. N. VIII. • **brug**~ *zie* pons~. • **brusjes**~ gedragsstoornis die kan optreden bij een of meer broer(s) of zus(sen) v.e. kind met een lich. of geestelijke beperking; indien deze 'brussen' structureel minder aandacht krijgen dan de broer of de zus met beperking, bouwt zich bij hen frustratie op.
• **burnett**~ *zie* melk-alkali~. • **burn-out**~ *zie* burn-out. • **caffey-silverman**~ *zie* Caffey | ziekte van ~ Silverman. • **calcarina**~ symptomencomplex, veroorzaakt door een circulatiestoornis i.h. verzorgingsgebied v.d. a. calcarina, leidend tot gedeeltelijke gezichtsvelduitval. • **capillairelek**~ extravasatie, oedeemvorming en shock door ernstige endotheelbeschadiging. • **caplan**~ bij mijnwerkers voorkomende vorm van pneumoconiosis, gepaard met reumatoïde artritis. • **carcinoid flush syndrome** *zie* flush. • **carcinoïd**~ symptomencomplex, bestaande uit blozen, buikklachten met diarree, bronchusobstructie, palpitaties. • **carotissinus**~ *zie* sinuscaroticus~. • **carpale-**

tunnel~ *zie* carpaletunnelsyndroom. • **carpenter**~ autosomaal recessieve afwijking gekenmerkt door een torenschedel, platte neus met epicantusplooien en hypoplasie v.d. mandibula. • **caudaalvermis**~ sterke cerebellaire ataxie v.d. romp zonder ataxie van extremiteiten. • **cauda-equina**~ (CES) syndroom dat ontstaat a.g.v. compressie/beschadiging v.d. uittredende lumbosacrale ruggenmergvezels ter plaatse van of onder wervelniveau L1-L2; wordt gekenmerkt door gevoelloosheid van perineum, scrotum, penis, achter- en binnenzijde v.d. dijen (rijbroekanesthesie), vaak met (radiculaire) pijn, al of niet met verlamming van beenspieren. • **cauda**~ symptomencomplex dat wordt gekenmerkt door gevoelloosheid van perineum, scrotum, penis, achter- en binnenzijde v.d. dijen (rijbroekanesthesie), vaak met (radiculaire) pijn, al of niet met verlamming van beenspieren. • **cava**~ *zie* venacavasuperior~. • **centraal ruggenmerg**~ syndroom bij centrale myelumnecrose. • **central cord syndrome** acute centrale ruggenmerglaesie mid- of laagcervicaal ter plaatse v.d. voorhoorns en/of de tractus corticospinalis. • **centraleslaapapneu**~ *zie* slaapapneusyndroom. • **cerebellair**~ complex van cerebellaire ataxie, verbreed gangspoor, intentietremor, hypotonie, dysdiadochokinese en soms dysartrie door disfunctie van (delen van) het cerebellum. • **cerebrohepatorenaal** ~ *zie* zellweger~. • **cervicaal radiculair** ~ obsolete term voor syndroom met nekklachten, hoofdpijn, duizeligheid, sympathische dysregulatie en geheugenstoornissen; meestal traumatisch van origine; tegenwoordig vallend onder de noemer v.d. whiplash-associated disorders (WAD). • **cervicaalvertebralis**~ prikkeling v.d. halssympathicus t.g.v. degeneratieve aandoening v.d. halswervels. • **cervicobrachiaal** ~ *zie* cervicobrachiaal syndroom. • **cervico-oculoacusticus**~ aangeboren complex van blokvorming v.d. halswervels, verlamming v.d. n. abducens en een ernstig perceptieverlies. • **cervicoradiculair** ~ pijnsyndroom v.d. nek, doortrekkend naar één schouder en arm, soms met paresthesieën; veroorzaakt door druk op cervicale ruggenmergswortels t.g.v. artrose v.d. cervicale wervelkolom en/of HNP. • **cestan**~ brugsyndroom bij laesie v.h. tegmentum boven het niveau v.d. abducens en de facialis. • **CHARGE-**~ *zie* associatie | CHARGE-~. • **charlin**~ neuralgie v.d. nervus nasociliaris met verstopte neus, tranend en rood oog en (soms hevige) pijn i.h. oog en boven de neus. • **CHILD-**~ congenitale hemidysplasie met unilaterale ichthyosiforme erytrodermie en ledemaatdefecten, een zeldzame X-gebonden aandoening, voorn. bij meisjes a.g.v. enzymstoornis i.d. cholesterolsynthese. • **Chineesrestaurant**~ acuut onwelzijn bij het nuttigen van sommige Chinese spijzen; wordt veroorzaakt door de smaakversterker natriumglutamaat (ve-tsin). • **chromosoom-4Pmin**~ *zie* wolf-hirschhorn~. • **chronisch blaaspijn**~ pijnlijke mictie zonder aanwijzingen voor een urineweginfectie. • **chronisch postwhiplash**~ *zie* whiplashsyndroom. • **churgstrauss**~ necrotiserende gesystematiseerde vasculitis met granulomen i.d. vaatwand en eosinofilie; vorm van periarteriitis nodosa waarbij ook de capillairen en venulen aangetast zijn. • **clérambault**~ *zie* syndroom van Clérambault. • **click-murmur syndrome** *zie* barlow~. • **clumsy-hand syndrome** [E] combinatie v.e. 'onhandige hand' en dysartrie, veroorzaakt door een lacunair infarct i.h. cerebrum. • **CMV-**~ *zie* congenitaal cytomegalovirus-~. • **coats**~ *zie* retinitis exsudativa externa. • **cockayne**~ autosomaal-recessief erfelijke afwijking die zich omstreeks het tweede levensjaar manifesteert met dwerggroei en preseniel uiterlijk, pigmentatrofie v.d. retina, opticusatrofie, doofheid, mentale retardatie. • **cogan**~ interstitiële keratitis met doofheid en duizelingen. • **compartiment**~ symptomencomplex dat ontstaat wanneer de inhoud v.e. compartimentum (spierloge) toeneemt, de druk erin te hoog oploopt en hierdoor binnenkomende vaten en zenuwen bekneld raken; sympt. zijn pijn, spanning met bewegingsbeperking, roodheid en warmte. • **compressie**~ 1 (neurol.) *zie* compressiesyndroom | medullair ~; 2 (nefrol.) *zie* crush~. • **concentratiekamp**~ vorm van posttraumatische stressstoornis bij overlevenden van concentratiekampen, veroorzaakt door traumatische concentratiekampervaringen. • **congenitaal cytomegalovirus**~ (congenitaal CMV-syndroom) congenitale infectie met cytomegalovirus; symptomen van TORCH-

syndroom met daarnaast doofheid, chorioïdoretinitis en intracerebrale verkalkingen. • **congenitaal hypoventilatie~** daling v.d. centrale-CO_2-gevoeligheid waardoor hypercapnie t.g.v. hypoventilatie niet tot activatie v.d. ademhaling leidt. • **congenitaal myastheen ~** aangeboren tekort aan acetylcholinereceptoren in neuromusculaire verbindingen m.a.g. ernstige spierzwakte van m.n. gelaat, tong, keel en ademhalingsspieren. • **congenitaal rubella~** (CRS) *zie* embryopathie | rubella-~.
• **conn~** primair hyperaldosteronisme a.g.v. tumor of hyperplasie v.d. bijnierschors. • **conradi-hunermann~** *zie* chondrodysplasia punctata. • **contiguous-gene syndrome** [E] afwijking die is veroorzaakt doordat een groepje aangrenzende genen zijn aangedaan. • **conus-cauda~** functiestoornissen van anus- en blaassfincter, rijbroekanesthesie, motorische uitval, lage rugpijn/ischias en seksuele disfunctie; ontstaat door compressie van conus medullaris en/of cauda equina. • **conusmedullaris~** syndroom dat meestal wordt veroorzaakt door een beschadiging v.h. ruggenmerg op wervelniveau Th11-Th12 of Th12-L1; het beeld wordt gekenmerkt door een combinatie van uitval v.h. perifeer motorisch neuron en de piramidebaan, met aanvankelijk een slappe verlamming v.d. benen (vooral de hamstrings en de voetbuigers) en sfincterparalyse, gevolgd door atrofie van beenspieren (a.g.v. uitval v.h. perifeer motorisch neuron); sfincterstoornissen (van zowel blaas als rectum) treden vaak en snel op; mannelijke seksuele functies zijn meestal gestoord. • **cornelia-de-lange~** congenitaal syndroom, gekenmerkt door kleine lengte, mentale retardatie, laag geboortegewicht, microcefalie, vissenmond, afwijkende neusvleugels en hirsutisme. • **costen~** artrose v.h. kaakgewricht met uitstralende pijn i.h. oor, hoofdpijn en droge tong. • **costoclaviculair compressie~** vorm van cervicobrachialgie met pijn, paresthesieën en veneuze stuwing, veroorzaakt door compressie v.d. vaatzenuwstreng tussen clavicula en eerste rib. • **cowden~** *zie* ziekte van Cowden.
• **CREST-~** bepaalde vorm van sclerodermie, bestaande uit subcutane calcinose (C), fenomeen van Raynaud (R), dysmotiliteit v.d. (o)esofagus (E), sclerodactylie (S) en teleangiëctasieën (T). • **creutzfeldt-jakob~** *zie* ziekte van Creutzfeldt-Jakob. • **cri-du-chat~** bij zuigelingen en jonge kinderen voorkomende aangeboren afwijking met o.a. vollemaansgezicht en voortbrenging v.e. geluid als v.e. katje. • **crigler-najjar~** zeldzame autosomaal-recessief erfelijke aandoening waarbij door tekort aan glucuronyltransferase het ongeconjugeerde bilirubine niet wordt afgebroken en o.a. in lever en hersenen wordt gestapeld. • **crouzon~** *zie* dysostose | dysostosis craniofacialis hereditaria. • **CRST-~** syndroom, bestaande uit calcinose v.d. huid, fenomeen van Raynaud, sclerodermie en teleangiëctasieën.
• **crush~** compressiesyndroom dat ontstaat na zwaar stomp trauma van spieren. • **cubitaletunnel~** klachtenpatroon a.g.v. een beknelling v.d. nervus ulnaris i.d. sulcus ulnaris. • **cushing~** *zie* Cushing | cushingsyndroom. • **cytomegalovirus~** (CMV-syndroom) *zie* congenitaal cytomegalovirus-~.
• **dancing-eye syndrome** *zie* kinsbourne-~. • **dandy-walker~** variant v.h. dysrafiesyndroom, met aangeboren hydrocefalie, atresie v.d. apertura mediana ventriculi quarti, gebrekkige ontwikkeling v.d. vermis cerebelli en ruggenmerganomalieën. • **darier-groenblad-strandberg~** *zie* elastorrexie | elastorrhexis generalisata. • **débré-kocher-sémélaigne~** ernstige hypothyreoïdie bij kinderen, met opvallende spiervergroting, spierzwakte en langzame bewegingen. • **defibrinatie~** gedissemineerde intravasculaire stolling. • **dependency~** klachten en symptomen van enkeloedeem door het voortdurend afhangen v.d. benen. • **depersonalisatie~** *zie* depersonalisatiestoornis. • **descending perineum syndrome** [E] abnormaal daling v.d. bekkenbodem t.o.v. de pubococcygeale lijn bij persen, veroorzaakt door een verlies v.d. normale anatomische structuur. • **des~** door gebruik van di-ethylstilbestrol tijdens de zwangerschap veroorzaakte afwijkingen bij het nadien geboren kind. • **devic~** combinatie van enkel- of dubbelzijdige neuritis optica en myelopathie. • **dhat~** *zie* spermatorroe. • **digeorge~** aangeboren aplasie van thymus en parathyroïd, leidend tot deficiëntie cellulaire immuniteit, voorts misvorming v.h. hart en de grote vaten, en tot tetanie. • **disaster syndrome** [E] *zie* posttraumatische stressstoornis. • **disconnec-**

tie~ neurologisch syndroom dat kan worden verklaard door beschadiging v.d. verbindingen tussen onderscheiden hersengebieden met verschillende functies. • **distaal intestinaal obstructie**~ (DIOS) obstructie v.h. terminale ileum door impactie van feces, m.a.g. buikkramp, braken en obstipatie. • **distal acquired demyelinating syndrome** (DADS) *zie* neuropathie | chronische inflammatoire demyeliniserende poly~. • **dodefoetus**~ verschijnselen die passen bij diffuse intravasale stolling die wordt veroorzaakt doordat een dode vrucht meer dan 4-5 weken i.d. uterus blijft. • **dollinger-bielschowsky**~ laat-infantiele vorm van amaurotische idiotie. • **down**~ *zie* downsyndroom. • **dravet**~ *zie* epilepsie | severe myoclonic epilepsy in infancy. • **dressler**~ pericarditis na een hartoperatie of een myocardinfarct, waarschijnlijk a.g.v. een auto-immuunreactie. • **duane**~ aangeboren afwijking waarbij de m. rectus medialis bulbi vervangen is door een fibreuze band. • **dubin-johnson**~ familiale recidiverende niet-hemolytische icterus. • **dumping syndrome** syndroom dat zich soms voordoet bij patiënten die een maagresectie (speciaal die volgens Billroth II) hebben ondergaan; zij worden plotseling onwel na een maaltijd door plotselinge val v.d. spijsmassa i.d. darm. • **dwarslaesie**~ het complex van verschijnselen zoals die zich bij een traumatische dwarslaesie v.h. ruggenmerg voordoen, echter niet-traumatisch veroorzaakt, maar bijv. door plaatselijke druk v.e. tumor of door ontstekingsproces. • **dyshematopoëtisch** ~ *zie* myelodysplasie. • **dysplastische naevus**~ syndroom, gekenmerkt door multiple atypische naevi met wisselende kleuren bruin op roze achtergrond en onregelmatige contouren. • **dysrafie**~ groep aanlegstoornissen van organen afkomstig v.d. neurale buis of middenlijnstructuren. • **eaton-lambert**~ pseudomyasthenie bij longcarcinoom, een v.d. paraneoplastische syndromen. • **eddowes**~ erfelijk syndroom, gepaard gaand met blauwe sclerae, otosclerose en fragilitas ossium. • **edwards**~ syndroom dat wordt gekenmerkt door zwakbegaafdheid en ernstige lichamelijke afwijkingen; berust op E1-trisomie.

⊚ **ehlers-danlos**~ (EDS) heterogene (meestal autosomaal-dominant) erfelijke aandoening v.h. bindweefsel, vnl. collageen; men onderscheidt o.a. het klassieke type (ca. 90%) en het vaattype (ca.10%); het klassieke type wordt vooral gekenmerkt door overrekbaarheid en hypermobiliteit v.d. gewrichten met distorsies en (sub)luxaties; het vaattype uit zich meer i.e. dunne en doorzichtige huid (sigarettenpapieraspect, fragilitas cutis) en verhoogde kans op scheuring van grote arteriën (fragilitas vasorum) en holle organen (m.n. darmen en baarmoeder). • **ellis-creveld**~ recessief erfelijke chondro-ectodermale dysplasie; dwerggroei, korte pijpbeenderen, polydactylie, multiple exostosen, hypoplasie v.h. gebit en v.d. nagels, gecombineerd met aangeboren hartafwijkingen (ca 50%), weinig of dun haar, afwijkingen van ogen, kaak en lip, vergroeiingen en afwijkende stand v.d. ledematen, kieine borstkas, hypospadie en niet-ingedaalde testes. • **entrapment**~ [E] reeks van klachten en verschijnselen die het gevolg zijn v.e. drukneuropathie. • **ernstig acuut luchtwegen**~ *zie* severe acute respiratory syndrome. • **euthyroid sick syndrome** situatie waarbij de patiënt ernstig ziek is, de concentraties van T_3 en soms ook van T_4 verlaagd zijn, maar de schildklier niet is aangedaan. • **expansief-confabulatoir** ~ manisch syndroom, gekenmerkt door confabulatie met zelfoverschatting. • **extrapiramidaal** ~ syndroom dat wordt veroorzaakt door een aandoening v.h. extrapiramidale systeem. • **facet**~ pijn in lendenen, bil en bovenbeen door artrose v.e. intervertebraal facetgewricht. • **facioscapulohumeraal** ~ distributie van spierzwakte als bij facioscapulohumerale dystrofie, maar met andere oorzaak. • **fahr**~ symptomencomplex, gekenmerkt door progressieve dementie en spastische paresen. • **fastchannel**~ autosomaal recessief; versnelde sluiting en hoog geleidingsvermogen v.h. AChR-ionkanaal; myasthene zwakte. • **felty**~ reumatoïde artritis bij volwassenen, vergrote milt, neutropenie, pigmentvlekken op de benen. • **female androgen deficiency syndrome** (FADS) klachtenpatroon waarin seksuele lusteloosheid centraal staat, gebaseerd op subnormale testosteronniveaus. • **fiessinger-leroy**~ *zie* ziekte van Reiter. • **fietsstuur**~ complex van verschijnselen bij letsel t.g.v. een val van rijwielberijder als de einden v.h. stuur tegen de lies stoten en de arteria iliaca externa wordt gelaedeerd en afgesloten. • **fisher~** variant v.h. syndroom van Guillain-Barré, met vroeg i.h. beloop hersenzenuwuitval en ataxie. • **fissuraorbitalissuperior~** combinatie van uitval van nn. oculomotorius, trochlearis, abducens, supraorbitalis bij processen ter plaatse v.d. fissura orbitalis. • **fitz-hugh-curtis~** perihepatitis a.g.v. een opstijgende infectie vanuit de inwendige vrouwelijke geslachtsorganen. • **floppy-infant syndrome** [E] algemene hypotonie en ontbreken van spontane motoriek bij zuigeling. • **flush~** zie carcinoïd~. • **foetaal alcohol~** afwijkingen bij een pasgeborene door overmatig alcoholgebruik v.d. moeder tijdens de zwangerschap. • **foramenjugulare~** uitval v.d. hersenzenuwen IX, X en XI. • **foster-kennedy~** combinatie van papilatrofie in één oog en een stuwingspapil i.h. andere. • **foville~** ipsilaterale parese v.d. n. facialis, geconjugeerde horizontale blikparese naar de kant v.d. laesie en contralaterale hemiparese. • **fox-fordyce~** sterk jeukende geelbruine papels i.d. oksels en op de mammae bij vrouwen, door zweetretentie. • **fragiele-X-~** op het X-chromosoom gelokaliseerde erfelijke afwijking, gekenmerkt door mentale retardatie, grote afstaande oren, prognathie en macro-orchidisme. • **frey~** abnormaal heftig transpireren aan één zijde v.h. gelaat, nek of bovenste deel v.d. borst a.g.v. afwijkende re-innervatie van zweetklieren. • **friderichsen~** zie purpura fulminans. • **fröhlich~** zie dystrophia adiposogenitalis. • **frontaal psycho~** door frontale hersenlaesie veroorzaakte psychische stoornis. • **frontaal~** zie frontalekwab~. • **frontalekwab~** gedrags- en persoonlijkheidsveranderingen, gekenmerkt door desinteresse, afgenomen concentratie- en probleemoplossend vermogen, apathie en impulsief, onaangepast gedrag. • **fuchs~** verschil in kleur v.d. twee irissen, met tekenen van chronische cyclitis v.h. helderste oog. • **functionele ~** zie klacht | onverklaarde lichamelijke ~. • **gamstorp~** zie paralyse | familiaire hyperkaliëmische ~. • **ganser~** syndroom, gekenmerkt door passagère dissociatieve symptomen, conversie, eventueel visuele pseudohallucinaties en paralogie. • **gardner~** mesenchymale dysplasie, gepaard met polyposis coli, schedelostemen en huidtumoren. • **gebrokenhart~** zie infarct | pseudomyocard~. • **geenbodem~** (GBS) (psychol.:) hechtingsstoornis die wordt gekenmerkt door abnormaal sociaal gedrag met een tekort aan vaardigheden om affectie te tonen; komt voor bij mensen die i.d. vroege jeugd zijn verwaarloosd. • **gélineau~** zie narcolepsie. • **gerstmann~** kenmerkend syndroom bij laesie onder i.d. linker pariëtale hersenkwab: vingeragnosie, acalculie, rechts-linksblindheid, agrafie. • **gilbert~** aangeboren deficiëntie van glucuronyltransferase m.a.g. hyperbilirubinemie. • **gilles-de-la-tourette~** multipele motorische en vocale tics. • **gitelman~** verminderde activiteit v.d. Na⁺-Cl⁻-cotransporter a.g.v. genmutatie. • **globus~** het gevoel bij organische aandoeningen v.d. keel alsof er een bolvormig voorwerp i.d. keel zit. • **goodpasture~** auto-immuunziekte waarbij antistoffen worden gevormd tegen basale membranen i.d. longen en v.d. glomeruli. • **gorlin~** zie basocellulairenaevus~. • **gougerot~** infectieus-allergische, recidiverende vasculitis met vaste huidknobbeltjes, hemorragische vlekken en kokardeachtige erythemateuspapuleuze huidveranderingen. • **gradenigo~** paralyse v.d. n. abducens en pijn i.h. gebied v.d. n. trigeminus, t.g.v. ontsteking v.d. apex partis petrosae bij otitis media. • **gregg~** zie embryopathie | rubella-~. • **grey-baby syndrome** [E] zie disease | grey ~. • **grisel~** vorm van cervicobrachiaal syndroom: scheve houding v.h. hoofd. • **guillain-barré~** zie guillain-barrésyndroom. • **gusher~** X-chromosomaal overervende congenitale stapesfixatie met een wijde ductus perilymphaticus, resulterend i.e. gemengd gehoorverlies. • **hageman~** hemorragische diathese door ontbreken van stollingsfactor XII ('hagemanfactor'). • **halsrib~** zie cervicobrachiaal syndroom. • **hamarteuzepoliepose~** syndroom, gekenmerkt door poliepen i.d. darm die uit abnormaal gerangschikte normale cellen zijn opgebouwd. • **hard water syndrome** [E] hypercalciëmiesyndroom bij dialysebehandeling met te hoog calciumgehalte i.d. dialyseervloeistof. • **harlekijn~** verschil in kleur tussen de linker en rechter gelaatshelft door een stoornis i.d. zweetsecretie bij een unilaterale onderbreking v.d. sympathische innervatie v.h. gelaat zie horner~.

- **heerfordt**~ aandoening v.d. speekselklieren, met iritis, lymfeklierzwelling, soms parese v.d. n. facialis of andere hersenzenuwen. • **HELLP-**~ (hemolysis elevated-liver-enzymes low-platelet-count syndrome) ernstige pre-eclampsie die gepaard gaat met '*h*emolysis, *e*levated *l*iver function and *l*ow *p*latelets'. • **hemiconvulsie-hemiparese-epilepsie**~ bij kinderen op de leeftijd van 6 maanden tot 3 jaar tijdens een koortsige ziekte optredende eenzijdige convulsies, gevolgd door een min of meer blijvende hemiparese en i.h. latere leven blijvende focale epilepsie. • **hemi**~ symptomencomplex dat zich tot één lichaamshelft beperkt.
- **hemolytisch-uremisch** ~ (HUS) syndroom met trombocytopenie, microangiopathische hemolytische anemie en nierfalen gooder diffuse intravasale stolling.
- **hemorragisch** ~ *zie* bloedstolling | diffuse intravasale ~. • **henoch-schönlein**~ *zie* Henoch | henoch-schönleinsyndroom. • **hepatoadrenaal** ~ door insufficiëntie van lever en bijnieren veroorzaakt syndroom met chronische diarree, pijnlijke vergrote lever, polyurie, reumatische pijnen, adynamie, oedeem v.d. benen en menstruatiestoornissen. • **hepatorenaal** ~ progressieve nierfunctiestoornis bij levercirrose. • **hereditair areflexie**~ autosomaal-dominante aandoening met loopstoornissen, areflexie, holvoeten, kyfoscoliose en een normale intelligentie. • **hersenstam**~ syndroom t.g.v. uitval van (delen van) de hersenstam. • **HHE**~ *zie* hemiconvulsie-hemiparese-epilepsie-~. • **hippel**~ *zie* syndroom van von Hippel-Lindau. • **hoffmann**~ ernstige hypothyreoïdie bij volwassenen, spierhypertrofie, zwakte, stijfheid of spasmen en langzame bewegingen.
- **hoigné**~ acute, niet-allergische reactie, soms optredend na intramusculaire toediening van procaïnebenzylpenicilline bij de behandeling van syfilis. • **holmes-adie**~ op tabes dorsalis lijkend syndroom, echter met negatieve luesserologie. • **hopf**~ *zie* acrokeratose | acrokeratosis verrucifomis.
- **hoppe-goldflam**~ myasthenia gravis pseudoparalytica. • **horner**~ combinatie van enkelzijdige ptosis en miosis door onderbreking v.d. sympathische innervatie v.h. oog. • **hospitalisatie**~ *zie* hospitalisme.
- **huchard**~ pijn links i.d. buik en gestoorde maag-darmfunctie. • **hunt**~ herpeszoster-infectie v.d. achtste hersenzenuw met pijn en veelal herpesblaasjes i.d. gehoorgang of op de oorschelp, vaak leidend tot gehoorverlies of evenwichtsletsels, in combinatie met een infectie v.d. zevende hersenzenuw of aangezichtszenuw leidend tot een paralyse of parese, waarvan de reversibiliteit dient te worden afgewacht. • **hurlerscheie**~ tussenvorm van mucopolysacharidose I, een zeldzame aangeboren en erfelijke aandoening die valt onder de lysosomale stapelingsziekten. • **hurler**~ ernstigste vorm van mucopolysacharidose I, een zeldzame aangeboren en erfelijke aandoening die valt onder de lysosomale stapelingsziekten. • **hutchinson-** 1 *zie* horner-~; 2 voor syphilis congenita kenmerkend symptomencomplex: hutchinsontanden, keratitis parenchymatosa en labyrintdoofheid (samen: trias van Hutchinson) alsmede lipkloven, zadelneus, sabelschedebeenderen en soms nefrose en artritis; NB: niet te verwarren met hutchisonsyndroom. • **hutchison**~ neuroblastoom, uitgaande v.h. bijniermerg of v.d. grensstreng, vaak enkelzijdig als sympathogonioom, met metastasering i.h. skelet, soms naar de orbita, m.a.g. secundaire exophthalmus. • **hyde**~ *zie* prurigo nodularis.
- **hyperabductie**~ *zie* cervicobrachiaal syndroom. • **hypercalciëmie**~ *zie* hypercalciëmie | maligniteit-geassocieerde ~.
- **hypereosinofiel** ~ ontwikkeling van schade aan eindorganen bij verhoogde waarden van eosinofiele granulocyten (>1,5x10^9/liter). • **hyper-IgE-**~ erfelijk syndroom, gekenmerkt door een sterk verhoogde IgE-concentratie. • **hyper-IgM-**~ zeldzame erfelijke immunodeficiëntie, gebaseerd op gestoorde T-B-celcoöperatie. • **hyperinfectie**~ syndroom van longafwijkingen, ernstige enteritis, aanhoudende gramnegatieve bacteriëmie en gramnegatieve meningitis. • **hyperkinetisch-dystoon** ~ verzamelnaam voor ziektebeelden die worden gekenmerkt door het optreden van ongewilde, min of meer abrupte en doelloze bewegingen met soms een afwijkende spiertonus in rust. • **hyperkinetisch hart**~ *zie* hyperthyreoïdie. • **hypermobiliteits**~ hypermobiliteit van banden, pezen en spieren waarbij ook gewrichtsklachten ontstaan die niet door een andere bindweefselaandoening worden veroorzaakt.

- **hyperprolactinemieamenorroe~** syndroom met hyperprolactinemie waarbij een oestrogeendeficiëntie ontstaat a.g.v. antagonisme tussen prolactine en gonadotrofine in hun werking op de ovaria. • **hyperstimulatie~** *zie* ovarieel hyperstimulatie~. • **hyperventilatie~** hyperemotionele toestand met snelle, diepe ademhalingen, angstgevoelens, verlaagd bewustzijn. • **hyperviscositeit~** syndroom dat berust op hyperviscositeit v.h. bloedserum. • **hypokinetisch-rigide ~** veelgebruikt synoniem als beschrijving v.h. symptomencomplex bij parkinsonisme *zie* Parkinson | parkinsonisme. • **hypoplastisch linkerhart~** zeldzame aangeboren hartafwijking met een sterk hypoplastische linker harthelft. • **idiopathic respiratory-distress syndrome** (IRDS) [E] *zie* respiratory-distress syndrome. • **immotielecilia~** syndroom met als kenmerk onbeweeglijkheid van de trilharen en v.d. spermacellen. • **immuunreconstitutie~** herstel v.h. afweersysteem, blijkend uit een toenemend vermogen van antiretrovirale therapie om ontstekingsreacties te genereren; kan tot de klin. paradoxale toestand leiden dat de gezondheid v.d. patiënt tijdelijk verslechtert. • **immuunrestauratie~** symptomen i.h.k.v. een herstellend immuunsysteem bij aanvang van antiretrovirale medicatie bij hiv-infectie. • **india~** populairwetenschappelijke aanduiding voor een somatisatiestoornis met desoriëntatie a.g.v. een overdaad aan cultureel-religieuze indrukken. • **infant respiratory-distress syndrome** [E] *zie* idiopathic respiratory-distress syndrome. • **inguïnaal ~** infectie i.h. genitaal gebied die gepaard gaat met klieraandoeningen i.d. liezen. • **inklemmings~** combinatie van verschijnselen bij inklemming. • **interosseus-anterieuor ~** parese van bepaalde spieren i.d. onderarm. • **intestinalovergrowth syndrome** [E] bacteriële darmovergroei, waarbij nutriënten worden geconsumeerd door de bacteriën. • **isaacs~** *zie* myotonie | neuro-~. • **janus~** gelijktijdig bestaan van twee ophelderingen op de longfoto t.g.v. verschil in doorbloeding. • **jeruzalem~** populairwetenschappelijke aanduiding voor een somatisatiestoornis met desoriëntatie die optreedt a.g.v. een overdaad aan culturele en religieuze indrukken. • **job~** *zie* hyper-IgE-~.

- **joubert~** autosomaal recessieve aandoening met a- of hypoplasie v.d. vermis cerebelli en verwijding v.d. cisterna magna, gecombineerd met afwisselend tachypneu en apneu, schokkende oogbewegingen, ernstige hypotonie, epilepsie en mentale retardatie. • **kallmann~** hypogonadotroop hypogonadisme, met eunuchoïdisme, seksueel infantilisme en anosmie. • **kampziekte~** (KZ-syndroom) *zie* concentratiekamp-~. • **kartagener~** *zie* trias | kartagener-~. • **kasabach-merritt~** trombocytopenie bij een benigne vasculaire naevus (hemangioom). • **katayama~** het acute, toxemische stadium van schistosomiasis. • **kearns-sayre~** chronisch progressieve externe oftalmoplegie, retinale pigmentdegeneratie en/of hartafwijkingen of cerebellaire ataxie of verhoogd liquoreiwitgehalte. • **kelly-paterson~** *zie* Plummer | plummer-vinson-syndroom. • **kieuwboog~** aantal uiteenlopende aangeboren misvormingen die een gevolg zijn van aplasie, hypoplasie en abnormaal of niet vergroeien v.d. kieuwbogen tijdens de embryonale ontwikkeling. • **kimmelstiel-wilson~** intercapillaire glomerulosclerose (bij lang bestaande diabetes mellitus); symptomen: proteïnurie, oedemen, hypertensie, azotemie, retinopathia hypertonica et diabetica; vermindering van serumalbumine; infaust verloop; vnl. bij mannen. • **kinky hair-syndrome** [E] *zie* kroeshaar-~. • **kinsbourne~** in enkele dagen optredende ernstige ataxie, opsoclonus en soms gegeneraliseerde myoklonieën bij kinderen. • **kleine-levin~** aanvallen van slaapzucht, polyfagie, onrust en abnormaal gedrag. • **kleinemaag~** symptomencomplex dat kan ontstaan na uitgebreide maagresectie, zich uitend in braken, diarree, malabsorptie en laag lichaamsgewicht t.g.v. onvoldoende voedselopname. • **klein-waardenburg~** autosomaal dominante aandoening met afwijkingen van o.a. gezichts-, huid- en haarkenmerken. • **klinefelter~** (KS) vorm van primair mannelijk hypogonadisme. • **klinisch ~** syndroom dat wordt vastgesteld op basis van klinische verschijnselen. • **klippel-trénaunay~** *zie* syndroom van Klippel-Trenaunay. • **klüver-bucy~** vraatzucht, seksuele ontremming en agressie a.g.v. uitgebreide traumatische beschadiging v.d. temporaalkwab. • **korsakov~** toestandsbeeld a.g.v. langdu-

rig overmatig alcoholgebruik, gekenmerkt door stoornissen i.h. kortetermijngeheugen en door oriëntatiestoornissen in tijd, plaats en persoon (alcoholpsychose), met opvallend veel confabulaties; veel al inprentingsstoornissen. • **kortedarm**~ ziektecomplex met water- en elektrolytenverlies en malabsorptie na resectie van driekwart v.d. dunne darm. • **kroeshaar**~ zie waardenburg~. • **krokodillentranen**~ stoornis i.d. traansecretie bij laesie v.d. n. facialis boven het ganglion geniculi. • **kwadranten**~ dysregulatie v.h. vegetatieve zenuwstelsel, met pijn i.e. lichaamskwadrant. • **kwetsbaarheids**~ (geriatrie:) zie frailty. • **KZ~~** (kampziektesyndroom) zie concentratiekamp~. • **laag-T₃**~ lage spiegel van tri-jodothyronine en afwezigheid van hypothyreoïdie. • **Lambert-Eaton myasthenous syndrome** (LEMS) zie lambert-eaton~.
• **lambert-eaton**~ auto-immuunziekte met antilichamen gericht tegen presynaptische calciumkanalen. • **lange**~ zie cornelia-de-lange~. • **laron**~ dwerggroei a.g.v. afwezigheid of zeer lage productie van somatomedine C of gestoorde receptoractiviteit. • **lateraal medullair** ~ zie wallenberg~. • **lateralepons**~ zie pons~. • **laurence-moon**~ autosomaal-recessief erfelijk syndroom met di-encefaloretinale degeneratie, mentale retardatie, pigmentretinopathie, hypogenitalisme en spastische paraplegie. • **ledderhose**~ bindweefselverdikking v.d. fascia plantaris. • **lennox**~ vrij zeldzaam epilepsiesyndroom, gekenmerkt door verschillende gegeneraliseerde aanvalstypen, mentale retardatie en afwijkingen i.h. elektro-encefalogram tijdens slaap.
• **LEOPARD**~~ syndroom met een combinatie van lentigines, ecg-geleidingsstoornissen i.h. myocard, (oculair) hypertelorisme, pulmonalisstenose, afwijkingen aan de genitalia, groeiretardatie en doofheid.
• **lesch-nyhan**~ X-gebonden recessief-erfelijke stofwisselingsstoornis bij jongetjes, met hyperurikemie, choreoathetosis, zwakzinnigheid, automutilatie. • **lévi-lorain**~ hypofysair infantilisme waarbij het kind niet groeit, terwijl zich bij het ouder worden wel de proporties v.h. volwassen lichaam ontwikkelen. • **libman-sacks**~ 1 endocarditis bij systemische lupus erythematodes, waarbij op de hartkleppen fibrinoïd met mononucleair infiltraat wordt gevormd; 2 progressieve anemie bij jonge mensen, met lichte, aanhoudende koorts en huiduitslag (purpura, erythema). • **liddle**~ familiaire vorm van nefropathie met kaliumverlies, alkalose, hypertensie en lage aldosteronspiegels. • **li-fraumeni**~ erfelijk syndroom, gekenmerkt door wekedelentumoren, osteosarcoom, leukemie, borstkanker, colonkanker en hersentumoren. • **limb-girdle syndrome** zie dystrofie | limb-girdle muscular dystrophy.
• **liquorhypotensie**~ houdingsafhankelijke hoofdpijn (bij staan en zitten), soms met eveneens houdingsafhankelijk gehoorverlies, bij chronische liquorhypotensie a.g.v. onvoldoende liquorproductie of weglekken van liquor door een scheurtje. • **locked-in syndrome** [E] verlamming van extremiteiten en gelaat, anartrie en opgeheven horizontale oogbewegingen met behouden bewustzijn. • **löffler**~ 1 (pulmonol.) zie pneumonie | eosinofiele ~; 2 (dermatol., reumatol.) zie myositis | dermato~. • **löfgren**~ vergrote longhilumlymfeklieren bij negatieve of zwak-positieve tuberculinereactie. • **loge**~ zie compartiment~. • **louis-bar**~ zie ataxie | ataxia telangiectasia.
• **lower-nephron syndrome** zie nefrose | lower-nephron nephrosis. • **löwe**~ syndroom op basis van metabole ziekte met als klinische kenmerken cataract en/of glaucoom, mentale retardatie, epilepsie, hypotonie en hyporeflexie. • **LUF**~ [E] zie luteinized unruptured follicle syndrome.
• **luieleukocyten**~ aangeboren stoornis i.h. chemotactische vermogen van granulocyten. • **luteinized unruptured follicle syndrome** (LUF-syndroom) [E] luteïnisatie v.d. follikel zonder ovulatie of met intra-ovariële ovulatie. • **lutz-lewandowsky**~ epidermodysplasia verruciformis, keratosis follicularis serpiginosa. • **lyell**~ eruptieve huidziekte bij volwassenen die gepaard gaat met erytheem, pseudo-irislaesie, uitgebreide blaarvorming van meer dan 30% v.h. lichaamsoppervlak (epidermolyse) en al dan niet erosies op slijmvliezen.
• **lynch**~ dominant erfelijke vorm van colorectaal carcinoom (CRC) die vanaf jonge leeftijd (25ᵉ jaar) optreedt en gepaard gaat met een verhoogde kans op endometriumcarcinoom. • **mafucci**~ chondromen v.h. skelet en angiomen v.d. weke delen, veelal beperkt tot handen en voeten; meestal niet

kwaadaardig. • **malabsorptie**~ symptomencomplex doordat voedingsstoffen niet goed i.d. darm worden opgenomen. • **maligne antipsychotica**~ zeldzaam, maar levensbedreigend syndroom dat optreedt kort na begin of verhogen of dosering van antipsychotica. • **maligne hyperthermie**~ *zie* hyperthermie | maligne ~. • **marfan**~ dominant-erfelijke bindweefselaandoening met abnormale lichaamslengte, smalle ledematen, weinig subcutaan vet, overrekbare gewrichtskapsels en ligamenten, kyfoscoliose, scapulae alatae, arachnodactylie, lensluxatie en aortadilatatie en -insufficiëntie. • **maroteaux-lamy**~ autosomaal recessieve mucopolysacharidose, klinisch gekenmerkt door dwerggroei, grof gelaat, grote lever en milt, corneatroebeling, skeletafwijkingen. • **may-thurner**~ geïsoleerde trombose v.d. vena iliaca met vaker posttrombotische verschijnselen v.h. gehele been. • **mccune-albright**~ skeletafwijkingen en cafe-au-laitvlekken die zich tot één lichaamshelft beperken. • **meconiumplug**~ afwijkingen i.d. darm door ophoping van meconium. • **meige**~ focale dystonie v.d. aangezichtsspieren; niet te verwarren met 'meigssyndroom'. • **meigs**~ ascites en hydrothorax, gecombineerd met fibroom v.h. ovarium of een andere tumor i.h. bekken. • **melk-alkali**~ hypercalciëmie en calcinosis t.g.v. overmatig gebruik van resorbeerbare alkalische stoffen. • **melkersson-rosenthal**~ zwelling v.d. lippen en v.h. gelaat, recidiverende facialisparalyse, lingua plicata of lingua scrotalis. • **mendelson**~ aspiratiepneumonie, gekenmerkt door een astma-achtige aanval. • **mendes-da-costa**~ *zie* erytrokeratodermie | erythrokeratodermia variabilis. • **ménétrier**~ *zie* Ménétrier | ziekte van ~. • **menkes**~ 1 (interne geneesk.:) *zie* disease | maple-syrup urine ~; 2 (interne geneesk., dermatol.:) *zie* waardenburg-~. • **mesenterica-superior**~ postprandiale koliekachtige pijn in epigastrio met distensie en braken bij jonge mensen met gewichtsverlies. • **metabool**~ combinatie van afwijkingen die bijdragen aan de ontwikkeling van hart- en vaatziekten, diabetes type 2 en complicaties daarvan, galstenen en mogelijk sommige vormen van kanker; syndroom is tot dusver niet exact gedefinieerd, div. indelingscriteria (ATP, WHO-criteria); men spreekt van 'metabool syndroom' bij drie of meer v.d. volgende risicofactoren: adipositas v.d. buikholte (middelomtrek >102 cm bij mannen of >88 cm bij vrouwen), hypertensie, verstoorde lipidebalans a.g.v. vetstofwisselingsstoornissen (verhoogde nuchtere bloedglucoseconcentratie, verhoogde serumtriglycerideconcentratie en verlaagde HDL-cholesterolconcentratie), insulineresistentie, toename van ontstekingsfactoren en diabetes; in therapie staan dieetmaatregelen centraal. • **middenkwab**~ atelectase v.d. rechter longmiddenkwab, met chronische pneumonitis. • **midline syndrome** [E] grote destructie van neus en mond met zeer hoge sterfte. • **miescher**~ chronische ontstekingachtige macrocheilie; waarschijnlijk deel uitmakend v.h. syndroom van Melkersson-Rosenthal. • **mikulicz**~ 1 pijnloze, jarenlang aanhoudende symmetrische zwelling van traan- en speekselklieren; 2 otitis fibrosa localisata. • **milkman**~ *zie* Milkman | ziekte van ~. • **miller-dieker**~ erfelijk syndroom met lissencefalie, misvormingen v.h. gezicht, mentale retardatie en epilepsie. • **millerfisher**~ trias van ataxie, oftalmoplegie en areflexie. • **minimal-change nephrotic syndrome** (MCNS) [E] oorzaak v.h. nefrotisch syndroom. • **möbius**~ congenitale niet-progressieve bilaterale aandoening v.d. nervi VI en VII. • **morgagni**~ frontale endocraniale hyperostose bij oudere vrouwen, gaat gepaard met obesitas en endopathische neuropsychiatrische stoornissen. • **morsier**~ *zie* septo-optische dysplasie. • **mounier-kuhn**~ aangeboren tracheobronchomegalie. • **mucocutaan lymfeklier**~ *zie* Kawasaki | ziekte van ~. • **münchhausen**~ complex van zeer wisselende, vaak onsamenhangende verschijnselen bij personen met pathologische fantasie, die v.h. ene ziekenhuis naar het andere zwerven, telkens onderzocht, evt. geopereerd worden zonder dat er een organische grond voor bestaat. • **münchhausen**~ **'by Internet'** variant v.h. münchhausensyndroom waarbij iem. aandacht trekt door een ziekte voor te wenden en die via publieke webpagina's breed uit te meten, soms hierbij zelfs overlijden te suggereren, zo publiciteit te genereren en hiermee aandacht te trekken. • **münchhausen**~ **'by proxy'** (MBPS) [E] syndroom waarbij de

overbezorgde, steeds op verder onderzoek aandringende ouder (vrijwel altijd de moeder) komt met kind met onbegrijpelijke klachten waarvoor geen oorzaak wordt gevonden; duidt op mogelijke problematiek in ouder-kindrelatie, psychopathologie v.d. ouder of verkapte kindermishandeling; NB: niet te verwarren met het münchhausensyndroom. • **myastheen** ~ zie congenitaal myastheen ~. • **myastheen ~ van Lambert-Eaton** zie lambert-eaton~. • **myelodysplastisch** ~ (MDS) zie myelodysplasie. • **myofasciaal pijn**~ zie fibromyalgie. • **naffziger~** zie scalenus~. • **nagel-patella~** zie osteo-onychodysplasie | hereditaire ~. • **nefritisch** ~ acute nierinsufficiëntie in combinatie met proteïnurie en een actief urinesediment, bestaande uit dysmorfe erytrocyten en erytrocytencylinders, wijzend op een acute glomerulonefritis. • **nefrotisch** ~ klinisch beeld met oedemen en/of ascites in combinatie met proteïnurie, verlaagd serumalbumine en verhoogd serumcholesterol gaat gepaard met verhoogde vatbaarheid voor infecties door verlies aan immunoglobulinen en complementfactoren, overgevoeligheid voor trombose door verhoogde fibrinogeenspiegels i.h. bloed en hyperlipidemie a.g.v. verlaagde serumspiegels van apolipoproteïnen. • **neglected-sibling syndrome** zie brusjes~.
• **nelson**~ hyperpigmentatie t.g.v. overmatige uitscheiding van MSH door de hypofyse. • **nèpios** ~ symptomencomplex, bestaande uit passagère torticollis, predikershand en myopia. • **netherton~** zeldzame autosomaal-recessief erfelijke aandoening die zich vaak kort na de geboorte manifesteert met gegeneraliseerde erytrodermie met fijne schilfering, gelokaliseerd dan wel gegeneraliseerde ichthyosis met gestoorde verhoorning. • **neurastheen** ~ syndroom dat vnl. wordt gekenmerkt door snelle lichamelijke en geestelijke vermoeibaarheid en uiteenlopende (subjectieve) klachten, o.a. duizeligheid, drukkend gevoel i.h. hoofd, geheugen-, concentratie- en slaapstoornissen, emotionele labiliteit en prikkelbaarheid. • **neurocutaan** ~ ziekte | neurocutane ~. • **neurotisch** ~ verouderde term voor 'neurose' zie neurose.
• **nezelof**~ congenitale thymushypoplasie met immunodeficiëntieverschijnselen.
• **nielsen**~ pterygium colli bilaterale en alle overige symptomen v.h. dysrafiesyndroom. • **niet-klinisch** ~ syndroom dat wordt vastgesteld op basis van laboratoriumuitslagen, beeldvormende diagnostiek.
• **non-thyroidal illness syndrome** zie euthyroid sick syndrome. • **noonan**~ autosomaal-dominant erfelijke aandoening, gekenmerkt door aangeboren hartafwijkingen, typische gelaatstrekken en een kleine lengte. • **oblongatasyndromen** neurologische syndromen bij functie-uitval v.d. medulla oblongata a.g.v. afsluiting v.d. a. basilaris. • **obstructieveslaapapneu**~ (OSAS) bep. type slaapapneusyndroom zie slaapapneusyndroom. • **oculocerebrorenaal** ~ zie löwe~. • **oculocutaan** ~ zie Vogt | vogt-koyanagisyndroom. • **oculoglandulair** ~ zie Parinaud | parinaudconjunctivitis. • **oculomucocutaan** ~ zie Vogt | vogt-koyanagisyndroom. • **oculourogenitaal** ~ zie Behçet | ziekte van ~.
• **ogilvie**~ pseudo-obstructie v.h. colon.
• **olivopontocerebellair** ~ oude benaming voor een v.d. oude multisysteematrofische ziektebeelden (MSA). • **one-and-a-half~** ipsilaterale blikparese en contralaterale internucleaire oftalmoplegie. • **onttrekkings~** zie subclaviaonttrekkings~. • **oral allergy syndrome** door IgE-gemedieerde allergie voor bepaalde voedingsmiddelen.
• **organic-dust syndrome** [E] zie extrinsieke allergische alveolitis. • **organisch psycho**~ (OPS) complex van psychiatrische symptomen die (overwegend) het gevolg zijn v.e. somatische aandoening i.d. hersenen. • **osler**~ zie teleangiëctasie | teleangiectasia haemorrhagica hereditaria. • **otodentaal** ~ zie costen~. • **ovarieel hyperstimulatie**~ (OHSS) syndroom, gekenmerkt door multicysteus vergrote ovaria, hypovolemie en trombose, embolie, torsie of bloeding v.d. ovaria. • **ovariëlehyperstimulatie**~ (OHSS) iatrogene complicatie die kan ontstaan bij de behandeling van anovulatie d.m.v. ovulatie-inductie en bij gecontroleerde ovariële hyperstimulatie als onderdeel v.e. techniek voor geassisteerde voortplanting; treedt vrijwel alleen op als hCG wordt toegediend of door een zwangerschap wordt geproduceerd; kenmerken: opgezette buik, buikpijn, dyspnoe en algehele malaise a.g.v. vergrote ovaria, ascites en verminderde orgaanperfusie. • **overprikkelbaarheids**~ excessieve, fladderige, soms kloni-

sche motorische reacties bij kinderen.
· **overstimulatie**~ zie ovariëlehyperstimulatie~.
· **painful-arc syndrome** [E] schouderpijn bij abduceren v.d. arm door aandoening v.d. rotatorenmanchet.
· **pallidostriair** ~ zie Parkinson | parkinsonisme.
· **pancoast**~ zie sulcussuperior~.
· **paraneoplastisch** ~ het complex v.d. verschijnselen die op afstand ontstaan bij kanker of metastasen.
· **paranoïde-hallucinatoir** ~ syndroom met wanen en hallucinaties met meestal ongunstige inhoud zoals bedreiging.
· **parinaud**~ combinatie v.e. blikverlamming naar boven en een pupilstoornis door beschadiging v.h. dorsale mesencefalon.
· **parsonage-turner**~ zie neuralgie | amyotrofische schouder~.
· **patau**~ aangeboren aandoening waarbij een extra chromosoom 13 aanwezig is, soms erfelijk, maar meestal als mutatie; cheilopalatognathoschisis, polydactylie, mentale retardatie en congenitale hartafwijkingen.
· **PCO-**~ (PCOS) zie polycysteusovarium~.
· **peeling skin syndrome** dominante en recessieve genodermatosen, gepaard gaande met zeer oppervlakkige ontvellingen aan de handen en overige huid.
· **pelvic congestion syndrome** zie insufficiëntie | bekkenvenen~.
· **pendred**~ autosomaal recessief erfelijke enzymopathie met aangeboren beiderzijdse binnenoordoofheid en sporadische, meestal euthyreoïde struma.
· **pepper**~ zie sympathicogonioom.
· **persistent sexual arousal syndrome** (PSAS) klachtenbeeld bij vrouwen waarbij, zonder enig seksueel verlangen, perioden van intense fysieke seksuele opwinding voorkomen.
· **peutz-jeghers**~ autosomaal-dominant erfelijke ziekte die zich tussen het 20e en 30e levensjaar manifesteert met multipele poliepen v.h. maag-darmkanaal en typische, rondom de lichaamsopeningen gelokaliseerde lentigines.
· **pickwick**~ cardiopulmonair obesitassyndroom: vetzucht, slaperigheid, spiertrekkingen, cyanose, periodische ademhaling, secundaire polyglobulie, rechtszijdige harthypertrofie.
· **PIE syndrome**~ zie pulmonaalinfiltraateosinofilie~.
· **pijndisfunctie**~ kaakgewrichtsklachten met pijn, knappen en ochtendstijfheid t.g.v. beschadiging v.d. gewrichtsoppervlakken of de discus daartussen.
· **piramidebaan**~ klinisch symptomencomplex van parese (paralyse), spastische hypertonie, hyperreflexie en pathologische reflexen.
· **POEMS-**~ syndroom met als symptomen polymyositis, orgaanstoornissen, oesofagusdysmotiliteit, M-proteïnen en sclerodermal-achtige huidafwijkingen.
· **poland**~ gedeeltelijke of volledige afwezigheid v.d. m. pectoralis major, samen met een onvolledige ontwikkeling v.d. aan die zijde gelegen borstklier en tepel, en aanlegstoornis(sen) van de aan die zijde gelegen arm en hand.
· **polycysteusovarium**~ (PCOS) te hoge androgeenproductie i.h. ovarium, waaruit perifeer oestrogenen worden gevormd die FSH-verlaging en LH-verhoging tot gevolg hebben en zo leiden tot ovariumvergroting door vele kleine cysten.
· **polysplenie**~ het voorkomen bij een neonaat van twee anatomisch gezien linker longen en twee linker hartatria (links-isomerisme).
· **poly-X-**~ syndroom bij vrouwen met drie of meer x-chromosomen, karyotype 47,xxx of 48,xxxx enz.
· **pons**~ complex van verschijnselen bij aandoening v.d. pons.
· **posner-schlossmann**~ lichte iridocyclitis met aanvallen van oogdrukverhoging, gunstig reagerend op atropine.
· **postcardiotomie**~ zie dressler~.
· **postcholecystectomie**~ het na een cholecystectomie zich soms ontwikkelende complex van verschijnselen: kolieken, aanhoudende pijnen, icterus.
· **postcommotioneel** ~ multipele klachten na licht schedelhersenletsel zonder uitvalsverschijnselen bij neurologisch onderzoek.
· **postconcentratiekamp**~ zie concentratiekamp~.
· **postconcussie**~ zie postcommotioneel ~.
· **posterior cord syndrome** zeldzaam syndroom, optredend bij een unilaterale afsluiting v.d. a. spinalis posterior en gekenmerkt door uitval van gnostische sensibiliteit (positie- en bewegingszin en vibratiezin) met behoud van spinothalame functies (pijnzin).
· **postgastrectomie**~ zie dumping syndrome.
· **postischemisch** ~ combinatie van metabole acidose, myoglobinurie, nierinsufficiëntie en shock a.g.v. een compartimentsyndroom.
· **postmaturiteits**~ serotiene zwangerschap met tekenen van placenta-insufficiëntie.
· **postmyocardinfarct**~ zie dressler~.
· **post-pacing syndrome** [E] voorbijgaande afwijking op het ecg bij patiënten die lang met een pacemaker zijn behandeld.
· **postperfusie**~ zie mononucleo-

se | posttransfusie~. • **postpericardiotomie**~ auto-immuunafwijking, veroorzaakt door operatie aan het pericard.
• **postpolio**~ het na vele jaren opnieuw optreden of verergeren van spierzwakte bij patiënten met spieratrofie door poliomyelitis. • **postsplenectomie**~ het verschijnsel van verhoogde vatbaarheid voor infecties met kapseldragende bacteriën na chirurgische verwijdering v.d. milt. • **posttachycardie**~ voorbijgaande afwijking op het ecg bij patiënten die lange tijd een tachycardie hebben gehad. • **posttransfusie**~ ziektebeeld dat wordt veroorzaakt door een cytomegalovirusinfectie na een bloedtransfusie. • **posttrombotisch** ~ complex van verschijnselen t.g.v. een doorgemaakte diepe veneuze trombose. • **postviraal** ~ *zie* chronischevermoeidheidssyndroom.
• **postwhiplash**~ *zie* whiplashsyndroom. • **potain**~ dilatatie v.d. rechter hartkamer en luidere tweede pulmonalistoon, komt voor bij maagdilatatie. • **potter**~ congenitale afwijking v.d. nieren, het gelaat en vele andere organen. • **prader-willi**~ complexe erfelijke aandoening a.g.v. gendefect in chromosoom 15 met uiteenlopende afwijkingen. • **pre-excitatie**~ *zie* wolff-parkinson-white-~. • **premenstrueel** ~ *zie* premenstrueel syndroom. • **prikkelbaredarm**~ (PDS) *zie* prikkelbaredarmsyndroom. • **pronator-teres**~ symptomencomplex t.g.v. compressie v.d. n. medianus ter hoogte v.d. kop v.d. m. pronator teres (pronatorloge); gaat gepaard met een doof gevoel en tintelingen v.d. vingers, krachtsverlies v.d. duim, pijn i.d. pols en onderarm. • **proteus**~ zeldzame erfelijke aandoening, gekenmerkt door overmatige groei of overmatige of asymmetrische ongelijke groei (met misvormingen) van delen v.h. lichaam, zoals huid, subcutaan weefsel, skelet, hersenen, ruggenmerg en andere organen. • **prune-belly syndrome** [E] congenitale aandoening, gekenmerkt door een vooruitstekende, gerimpelde buik, losse en dunne buikwand, cryptorchidie, een vergrote urineblaas en afwijkende ureters.
• **pseudobulbair**~ dubbelzijdige uitval v.d. aangezichts- en keelmusculatuur veroorzaakt door een dubbelzijdige stoornis v.d. tractus corticobulbaris. • **pseudofosterkennedy**~ verschijnselen v.h. foster-kennedysyndroom met een andere oorzaak.

• **psycho**~ complex van psychische afwijkingen. • **pulmonaalinfiltraateosinofilie**~ (PIE-syndroom) longinfiltraten met eosinofilie. • **punch-drunk syndrome** *zie* punch drunkenness. • **5q-'min'**~ myelodysplastisch syndroom, gekenmerkt door macrocytaire anemie, een normaal of toegenomen aantal trombocyten, micromegakaryocyten en hypoplasie v.d. rode reeks i.h. beenmerg. • **queyrat**~ *zie* erytroplasie | quéyrat~. • **radiculair** ~ syndroom dat wordt gekenmerkt door compressie of ontsteking v.e. zenuwwortel. • **rasmussen**~ *zie* encefalitis | rasmussen~. • **raymond-cestan**~ geconjugeerde horizontale blikparese naar de kant v.d. laesie, sensibiliteitsstoornissen, cerebellaire verschijnselen en contralaterale bewegingsstoornissen t.g.v. een laesie i.h. bovenste deel v.d. pons. • **rectogenitaal** ~ ulceratieve proces aan rectum, perineum en vulva. • **refsum**~ *zie* heredopathia atactica polyneuritiformis. • **reifenstein**~ familiaal voorkomende, X-gebonden afwijking bij mannen; perineoscrotale hypospadie, steriliteit, schaarse beharing, postpuberale gynaecomastie.
• **REM**~ niet te verwarren met rem = *rapid eye movement*, vgl. remslaap | reye~ mucinose | mucinosis reticularis et erythematosus.
• **resistentovarium**~ syndroom, gekenmerkt door hypergonadotrope hypo-oestrogene secundaire amenorroe met behoud van follikels i.d. ovaria, waarbij de follikels niet reageren op het aanwezige FSH en LH.
• **respiratory-distress syndrome** (RDS) [E] **1** (obstetrie, kindergeneesk.:) *zie* pneumonie | hyalienemembranen~; **2** (pulmon., int. geneesk.:) respiratoire insufficiëntie, op alle leeftijden voorkomend, door een verscheidenheid van oorzaken. • **restless legs syndrome** (RLS) *zie* rustelozebenen~. • **retractie**~ *zie* duane-~. • **rett**~ aangeboren progressieve afwijking die de grijze stof v.d. hersenen aantast; komt alleen voor bij vrouwen. • **reye**~ bij zuigelingen en kleuters voorkomende hepatocerebrale aandoening, meestal snel dodelijk verlopend, met hersenoedeem en multifocale of diffuse ischemische veranderingen i.d. hersencortex, stamganglia en hersenstam, vettige degeneratie v.d. lever, verstoord metabolisme van vetzuren en carnitine en gedaalde glycogeenconcentratie i.d. leverparenchymcellen. • **richter**~ transformatie v.e.

chronische lymfatische leukemie i.e. non-hodgkinlymfoom. • **rieger**~ aangeboren mesodermaal dysgenesiecomplex v.h. oog. • **rigid spine syndrome** stijve rug waarbij flexie noch extensie mogelijk is; kan voorkomen bij congenitale spierdystrofie, bethlemmyopathie enz. • **riley-day**~ zelden voorkomende familiale ziekte (i.h.b. bij Joden) met complexe disfunctie v.h. vegetatieve zenuwstelsel; kenmerken zijn gebrekkige of ontbrekende transecretie, vlekkig erytheem, sterke transpiratie, speekselvloed, verminderde pijngevoeligheid. • **robin**~ combinatie van misvormingen aan mond, kaak en tong. • **romano-ward**~ congenitaal syndroom gekenmerkt door een lange QT-tijd op het ecg en acute hartdood. • **rostraalvermis**~ cerebellaire ataxie van romp en benen bij staan en lopen. • **rotatorcuff**~ pijnsyndroom v.d. schouder met pijn en aanwezigheid v.e. pijnlijk bewegingstraject tussen de 60 en 120 graden. • **rothmund-thomson**~ heredofamiliale, atrofisch-teleangiëctatische dermatose met cataract. • **rotor**~ recessief erfelijke geconjugeerde hyperbilirubinemie. • **rotsbeenpunt**~ uitval v.d. hersenzenuwen V en VI, ev. met hornersyndroom, door een aandoening bij de rotsbeenpunt. • **roussy-dejerine**~ *zie* thalamus-. • **rubella**~ complex van congenitale afwijkingen, veroorzaakt door intra-uteriene rubella-infectie. • **rubinstein-taybi**~ oligofrenie, brede duimen en eerste tenen, kenmerkende gelaatsvorm, hoog gehemelte. • **ruggenmerg**~ syndroom met stoornissen van motoriek, sensibiliteit en mictie en defecatie dat wijst op letsel v.h. ruggenmerg. • **ruiterpompen-wyers**~ *zie* ziekte van Fabry. • **rustelozebenen**~ idiopathisch neurologisch pijnsyndroom waarbij m.n. 's avonds onaangename kriebelige sensaties in beide onderbenen optreden, met onbedwingbare neiging de benen te bewegen. • **sandifer**~ motorische aanval met plotseling strekken v.d. nek in opisthotonushouding, vaak met heen en weer draaien v.h. hoofd. • **sanfilippo**~ autosomaal recessief overerfbare lysosomale stapelingsziekte, te weten mucopolysacharidose. • **scalded-skin syndrome** (SSS) *zie* dermatitis exfoliativa generalisata neonatorum. • **scalenus**~ vorm v.h. cervicobrachiaal syndroom met brachialgie (schouder-armpijn, vnl. het ulnaire deel v.d. onderarm, toenemend bij het dragen v.e. last), paresthesieën v.d. ulnaire vingers, parese v.d. duimbal, bloeddrukverschil i.d. twee armen. • **schouder-hand**~ pijnlijke stijfheid v.d. schouder, hand en pols, gezwollen vingers. • **schroeder**~ hoge bloeddruk met abnormale vermindering v.h. zoutgehalte i.h. zweet, t.g.v. hyperactiviteit v.d. bijnieren, en met sterke gewichtstoeneming. • **schwartz-bartter**~ vorming van antidiuretisch hormoon door een bronchuscarcinoom. • **schwartz-jampl**~ *zie* myotonie | chondrodystrofische -. • **scimitar**~ aangeboren afwijking v.d. long. • **sézary**~ *zie* lymfoom | cutaan maligne T-cel-. • **shaken-baby-**~ (SBS) combinatie van subdurale hematomen en retinabloedingen bij baby's jonger dan een jaar. • **sheehan**~ partiële destructie v.d. hypofysevoorkwab,. • **shock**~ shock, gekenmerkt door vasodilatatie en verhoogde vaatpermeabiliteit en gemedieerd door anafylatoxinen. • **short bowel syndrome** [E] *zie* kortedarm~. • **shulman**~ *zie* fasciitis eosinophilica. • **shwachman**~ zeldzame autosomaal recessief erfelijke aandoening die zich op kinderleeftijd manifesteert, vnl. in pancreas, beenmerg en skelet, soms ook lever en huid. • **shy-drager**~ encefalomyelopathie met orthostatische hypotensie, oogverlamming, incontinentie, anhidrosis, spieratrofie. • **sicca**~ combinatie van klachten van droogheid v.d. slijmvliezen, vooral van ogen en mond en huid. • **sickbuilding**~ lichamelijke klachten (i.h.b. oog- en ademhalingsklachten) die door een werknemer worden toegeschreven aan de werkomgeving. • **sicksinus**~ *zie* brady-tachycardie~. • **sinubronchiaal**~ het vaak tegelijkertijd ontstoken zijn v.d. neus, een of meer neusbijholten en bronchi. • **sinuscaroticus**~ polsvertraging t.g.v. prikkeling van sinus caroticus i.d. wand v.d. a. carotis interna. • **sipple**~ autosomaal dominant erfelijk syndroom: feochromocytoom, medullair thyroïdcarcinoom, multipele parathyroïdadenomen, vaak gecombineerd met andere endocrinopathieën. • **sjögren-larsson**~ combinatie van ziekte van Little met congenitale ichthyosiforme erytrodermie. • **slappezuigeling**~ *zie* floppy-infant syndrome. • **sly**~ *zie* ziekte van Sly. • **somogyi**~ *zie* diabetes | brittle -. • **sotos**~ syndroom met hoog geboortegewicht, sterke

groei, snelle botrijping, grote schedel en dolichocefalie. • **spastic-pelvic-floor syndrome** [E] aantal verworven aandoeningen die gepaard gaan met obstipatie en die worden veroorzaakt door een te geringe relaxatie v.d. bekkenbodemspieren. • **spierkramp-fasciculatie~** syndroom van spierkramp en fasciculatie zonder spierzwakte. • **stafylogeen lyell~** *zie* staphylococcal scalded skin syndrome. • **staphylococcal scalded skin syndrome** (SSSS) [E] epidermolyse a.g.v. exfoliatieve toxinen van stafylokokken, optredend als eruptieve huidziekte bij neonaten en jonge kinderen.
• **steakhouse syndrome** [E] *zie* schatzkiring. • **steal syndrome** [E] *zie* subclaviaontrekkings~. • **steinbrocker~** *zie* schouderhand~. • **stein-leventhal~** polycysteuze veranderingen v.h. ovarium met dysendocrinose en amenorroe. • **stendhal~** populairwetenschappelijke aanduiding voor een somatisatiestoornis met desoriëntatie die optreedt na een overdaad aan kunstzinnige indrukken. • **steroïdontrekkings~** verschijnselen die kunnen optreden na het abrupt staken van langdurige steroïdbehandeling: gewrichts- en spierpijn, anorexie, braken, malaiseklachten, gewichtsverlies, hypotensie en desquamatie v.d. huid. • **stevens-johnson~** eruptieve vorm met erythema exsudativum multiforme. • **stewart-treves~** maligne lymfangiosarcomen in gebieden van lymfestuwing, vooral na ablatio mammae. • **stiff-man syndrome** progressieve, maar wisselende stijfheid, door (pijnlijke) spierspasmen.
• **stock-spielmeyer-vogt~** infantiele vorm van amaurotische idiotie. • **sturge-weber~** *zie* angiomatose | craniofaciale ~. • **stuur~** [E] *zie* fietsstuur~. • **subclaviaontrekkings~** stoornis i.d. bloedcirculatie v.d. hersenen waarbij de rechter a. vertebralis of de rechter a. carotis bloed naar de arm afvoert. • **subcoracoïd-pectoralis-minor~** vorm van cervicobrachiaal syndroom met pijn in schouder en arm, paresthesieën i.h. ulnarisgebied, verminderde of verdwenen radialispols, veneuze stuwing bij hooggeheven arm. • **sudden infant death syndrome** (SIDS) [E] *zie* wiegendood.
• **sulcussuperior~** symptomencomplex a.g.v. doorgroei van longtumor door de longtop heen (pancoasttumor), leidend tot aantasting van ribben, plexus brachialis en/of grensstreng. • **supinator~** drukneuropathie v.d. n. radialis i.d. onderarm daar waar de zenuw door de m. supinator heen loopt.
• **supine hypotensive syndrome** [E] plotselinge bloeddrukdaling bij hoogzwangere vrouwen die op de rug gaan liggen. • **supraspinatus~** pijn en bewegingsbeperking v.d. schouder door een aandoening v.d. pees v.d. m. supraspinatus. • **survivor's syndrome** [E] posttraumatische stressstoornis bij iemand die de (bijna) enige overlevende is v.e. ramp waarbij ook naasten van die persoon zijn omgekomen.
• **sweet~** febriele neutrofiele dermatose.
• **sympathicus~** *zie* cervicaal radiculair ~.
• **syndrome du carrefour pétrosphénoidal de Jacod** syndroom met trigeminusneuralgie, oftalmoplegie en unilaterale amaurose bij farynxcarcinoom. • ~ **van Aarskog** *zie* aarskog~. • ~ **van Abt-Siwe-Letterer** *zie* abt-siwe-letterer~. • ~ **van Adams-Stokes** *zie* adams-stokes~. • ~ **van Adie** *zie* adie~. • ~ **van Aicardi** *zie* aicardi~.
• ~ **van Alagille** *zie* Alagille | albrightsyndroom.
• ~ **van Allen-Masters** *zie* allen-masters~.
• ~ **van Alzheimer** *zie* dementie | alzheimer~. • ~ **van Andersen** glycogenose type 4 *zie* glycogenose. • ~ **van Andersen-Tawil** *zie* paralyse | periodieke ~. • ~ **van Anton** *zie* antonsyndroom. • ~ **van Apert** *zie* syndactylie | acrocefalo~. • ~ **van Arnold-Julius** *zie* malformatie | chiari~. • ~ **van Bäfverstedt** *zie* lymfadenose | lymphadenosis cutis benigna. • ~ **van Bamberger-Marie** *zie* ziekte van Marie-Bamberger.
• ~ **van Banti** *zie* banti~. • ~ **van Bárány** *zie* Bárány | báránysyndroom. • ~ **van Barlow** *zie* barlow~. • ~ **van Basedow** *zie* Graves | ziekte van ~. • ~ **van Bazex** *zie* acrokeratose | acrokeratosis paraneoplastica.
• ~ **van Beckwith-Wiedemann** *zie* beckwith-wiedemann~. • ~ **van Biedl-Bardet** *zie* biedl-bardet~. • ~ **van Biemond-van Bogaert** *zie* biemond-bogaert~. • ~ **van Bing-Horton** *zie* Sluder | sludersyndroom. • ~ **van Bonnet** *zie* Bonnet | bonnetsyndroom.
• ~ **van Bonnevie-Ullrich** cutis laxa, lymfangiëctatisch oedeem aan handen en voeten, misvormde ledematen, dyscranie.
• ~ **van Bonnier** *zie* bonnier~. • ~ **van Bourneville-Pringle** *zie* sclerose | tubereuze hersen~. • ~ **van Brock** *zie* middenkwab~.
• ~ **van Brown-Séquard** *zie* brown-sé-

quard-. • ~ van **Budd-Chiari** zie Budd | budd-chiarisyndroom. • ~ van **Burnett** zie burnett-. • ~ van **Caffey-Silverman** zie caffey-silverman-. • ~ van **Calvé** zie Calvé | calvésyndroom. • ~ van **Caplan** zie caplan-. • ~ van **Carpenter** zie carpenter-. • ~ van **Cestan** zie cestan-. • ~ van **Charlin** zie charlin-. • ~ van **Chediak-Higashi** zeldzaam autosomaal recessief immuundeficiëntiesyndroom waarbij t.g.v. v.e. stoornis i.d. functie v.d. neutrofiele granulocyten recidiverende infecties optreden. • ~ van **Chediak-Steinbrinck-Higashi** zie syndroom van Chediak-Higashi. • ~ van **Chiari-Frommel** zie Chiari | chiari-frommelsyndroom. • ~ van **Chilaiditi** zie chilaiditisyndroom. • ~ van **Churg-Strauss** zie churg-strauss-. • ~ van **Claude** zie Claude | claudesyndroom. • ~ van **Clérambault** seksueel-erotische stoornis, gekenmerkt door een hevige verliefdheid jegens een onbereikbare persoon, samengaand met de waanachtige overtuiging dat die persoon deze liefde beantwoordt zie erotomanie. • ~ van **Coats** zie coats-. • ~ van **Cogan** zie cogan-. • ~ van **Costen** zie costen-. • ~ van **Cowden** zie ziekte van Cowden. • ~ van **Creutzfeldt-Jakob** zie ziekte van Creutzfeldt-Jakob. • ~ van **Crigler-Najjar** zie crigler-najjar-. • ~ van **Cushing** zie Cushing | cushingsyndroom. • ~ van **Darier-Groenblad-Strandberg** zie elastorrexie | elastorrhexis generalisata. • ~ van **Débré-Kocher-Sémélaigne** zie débré-kocher-sémélaigne-. • ~ van **Demons-Meigs** zie meigs-. • ~ van **De Morsier** zie septo-optische dysplasie. • ~ van **De Quervain** zie Quervain | quervainsyndroom. • ~ van **Devic** zie myelitis | neuro- optica. • ~ van **De Vries** familiale, bij beide geslachten voorkomende combinatie van parahemofilie A met syndactylie. • ~ van **DiGeorge** zie digeorge-. • ~ van **Dressler** zie dressler-. • ~ van **Duane** zie duane-. • ~ van **Dubin-Johnson** familiale recidiverende niet-hemolytische icterus. • ~ van **Dubin-Sprinz** zie syndroom van Dubin-Johnson. • ~ van **Duchenne-Von Leyden** infantiele vorm van dystrophia musculorum progressiva. • ~ van **Eddowes** zie eddowes-. • ~ van **Edwards** zie edwards-. • ~ van **Ellis-Van Creveld** zie ellis-creveld-. • ~ van **Fahr** zie fahr-. • ~ van **Fanconi** zie Fanconi | fanconisyndroom. • ~ van **Felty** zie felty-. • ~ van **Fiessinger-Leroy** zie fiessinger-leroy-. • ~ van **Fitz-Hugh** zie fitz-hugh-curtis-. • ~ van **Foster-Kennedy** zie foster-kennedy-. • ~ van **Foville** zie foville-. • ~ van **Fox-Fordyce** zie fox-fordyce-. • ~ van **Franceschetti** zie dysostose | dysostosis mandibulofacialis. • ~ van **Freeman-Sheldon** craniocarpotarsale dysplasie. • ~ van **Freiberg-Köhler** spontane epifysenecrose v.h. 2e metatarsale gewricht. • ~ van **Frey** zie frey-. • ~ van **Friderichsen** zie friderichsen-. • ~ van **Fröhlich** zie dystrofie | dystrophia adiposogenitalis. • ~ van **Fuchs** zie fuchs-. • ~ van **Gamstorp** zie gamstorp-. • ~ van **Ganser** zie ganser-. • ~ van **Gardner** zie gardner-. • ~ van **Gerstmann** zie gerstmann-. • ~ van **Gilbert** zie gilbert-. • ~ van **Gilles de la Tourette** zie gilles-de-la-tourette-. • ~ van **Glanzmann** zie trombasthenie. • ~ van **Goodpasture** zie goodpasture-. • ~ van **Gordon** zie Gordon | gordonsyndroom. • ~ van **Gorlin** zie gorlin-. • ~ van **Gorlin-Goltz** zie basocellulairenaevus-. • ~ van **Gougerot** zie gougerot-. • ~ van **Gougerot-Blum** grote velden van grijsbruine pigmentering op romp en benen, met purpura en kleine vlakke papels, hinderlijke jeuk. • ~ van **Gowers** | ziekte van ~. • ~ van **Gradenigo** zie gradenigo-. • ~ van **Greggs** zie gregg-. • ~ van **Grisel** zie grisel-. • ~ van **Groenblad-Strandberg** zie xanthoom | pseudoxanthoma elasticum. • ~ van **Guillain-Barré** zie guillain-barrésyndroom. • ~ van **Gusher** zie gusher-. • ~ van **Hageman** zie hageman-. • ~ van **Hamman-Rich** cryptogene fibroserende alveolitis. • ~ van **Hand-Christian-Schüller** chronische reticuloendotheliose bij kinderen met cholesterolstapeling in granulomateus veranderd weefsel. • ~ van **Heerfordt** zie heerfordt-. • ~ van **Hoffmann** zie hoffmann-. • ~ van **Hoigné** zie hoigné-. • ~ van **Holmes-Adie** zie holmes-adie-. • ~ van **Hopf** zie acrokeratose | acrokeratosis verruciformis. • ~ van **Hoppe-Goldflam** zie hoppe-goldflam-. • ~ van **Horner** zie horner-. • ~ van **Horton-Magath-Brown** zie arteriitis temporalis. • ~ van **Huchard** zie huchard-. • ~ van **Hunter** zie Hunter | huntersyndroom. • ~ van **Hutchinson** zie hutchinson-. • ~ van **Hutchison** zie hutchison-. • ~ van **Hyde** zie prurigo nodularis. • ~ van **inadequate secretie van antidiuretisch hormoon** (SIADH) excessieve ADH-secretie zonder fysiologische noodzaak, leidend tot hyponatriëmie. • ~ **van Isaacs** *zie* isaacs~. • ~ **van Joubert** *zie* joubert~. • ~ **van Kartagener** *zie* trias | kartagener~. • ~ **van Kawasaki** *zie* Kawasaki | ziekte van ~. • ~ **van Kearns-Sayre** *zie* kearns-sayre~. • ~ **van Kelly-Paterson** *zie* Plummer | plummervinsonsyndroom. • ~ **van Kinsbourne** *zie* kinsbourne~. • ~ **van Kleine-Levin** *zie* kleine-levin~. • ~ **van Klein-Waardenburg** *zie* klein-waardenburg~. • ~ **van Klinefelter Jr.** *zie* klinefelter~. • ~ **van Klippel-Trénaunay** vasculaire naevus (naevus flammeus) aan de onderste extremiteit met grillige distributie, varices en hypertrofie v.d. desbetreffende skeletdelen. • ~ **van Klüver-Bucy** *zie* klüver-bucy~. • ~ **van Köhler II** *zie* syndroom van Freiberg-Köhler. • ~ **van Korsakov** *zie* korsakov~. • ~ **van Lambert-Eaton** *zie* eaton-lambert~. • ~ **van Landau-Kleffner** verworven epileptische afasie op de kinderleeftijd. • ~ **van Langer-Giedion** syndroom a.g.v. een kleine deletie i.h. chromosomale gebied 8q24; klinische kenmerken zijn weinig haar, een slappe huid, een peervormige neus, exostosis cartilaginea, microcefalie en mentale retardatie. • ~ **van Laurence-Moon** *zie* laurence-moon~. • ~ **van Ledderhose** *zie* ledderhose~. • ~ **van Lennox** *zie* lennox~. • ~ **van Leriche** *zie* aortabifurcatie~. • ~ **van Lesch-Nyhan** *zie* lesch-nyhan~. • ~ **van Lévi-Lorain** *zie* lévilorain~. • ~ **van Libman-Sacks** *zie* libmansacks~. • ~ **van Liddle** *zie* liddle~. • ~ **van Li-Fraumeni** *zie* li-fraumeni~. • ~ **van Little** *zie* paraplegie | paraplegia spastica congenitalis. • ~ **van Löffler** *zie* löffler~. • ~ **van Löfgren** *zie* löfgren~. • ~ **van Löwe** *zie* löwe~. • ~ **van Lyell** *zie* epidermolyse | epidermolysis acuta toxica. • ~ **van Lynch** *zie* lynch~. • ~ **van Marfan** *zie* marfan~. • ~ **van Mayer-Rokitansky-Küster** aangeboren misvorming waarbij de vagina ontbreekt en de uterus rudimentair ontwikkeld is bij aanwezigheid van normaal functionerende ovaria. • ~ **van May-Thurner** *zie* may-thurner~. • ~ **van McCune-Albright** *zie* mccunealbright~. • ~ **van Meige** *zie* meige~. • ~ **van Melkersson-Rosenthal** *zie* melkersson-rosenthal~. • ~ **van Mendelson** *zie* mendelson~. • ~ **van Ménétrier** *zie* Ménétrier | ziekte van ~. • ~ **van Menkes** *zie* disease | maple-syrup urine ~. • ~ **van Meyers en Kouwenaar** *zie* eosinofilie | tropische ~. • ~ **van Miescher** *zie* miescher~. • ~ **van Mikulicz** *zie* mikulicz~. • ~ **van Millard-Gubler** *zie* millard-gublersyndroom. • ~ **van Miller-Dieker** *zie* miller-dieker~. • ~ **van Miller-Fisher** *zie* fisher~. • ~ **van Minor** *zie* Minor | minorsyndroom. • ~ **van Möbius** *zie* möbius~. • ~ **van Morgagni** *zie* morgagni~. • ~ **van Mounier-Kuhn** *zie* mounier-kuhn~. • ~ **van Naegeli** *zie* Nägeli | nägelisyndroom. • ~ **van Naffziger** *zie* scalenus~. • ~ **van Nelson** *zie* nelson~. • ~ **van Nielsen** *zie* nielsen~. • ~ **van Noonan** *zie* noonan~. • ~ **van Ogilvie** *zie* ogilvie~. • ~ **van Ollier** *zie* chondromatose | hemi~. • ~ **van Osler** *zie* osler~. • ~ **van Osler-Libman-Sacks** *zie* libman-sacks~. • ~ **van Paget-von Schrötter** *zie* trombose | effort thrombosis. • ~ **van Pancoast** *zie* pancoast~. • ~ **van Parinaud** *zie* arteriacerebellisuperior~. • ~ **van Parrot** *zie* Parrot | parrotsyndroom. • ~ **van Patau** *zie* patau~. • ~ **van Pendred** *zie* pendred~. • ~ **van Pepper** *zie* sympathicogonioom. • ~ **van Peutz-Jeghers** *zie* peutz-jeghers~. • ~ **van Pfannenstiel** *zie* Pfannenstiel | pfannenstielsyndroom. • ~ **van Pick** *zie* Pick | picksyndroom. • ~ **van Pick-Herxheimer** *zie* Pick | pickherxheimersyndroom. • ~ **van Pickwick** *zie* pickwick~. • ~ **van Plummer-Vinson** *zie* Plummer | plummer-vinsonsyndroom. • ~ **van Poland** *zie* poland~. • ~ **van Posner-Schlossmann** *zie* posner-schlossmann~. • ~ **van Potain** *zie* potain~. • ~ **van Potter** *zie* potter~. • ~ **van Prader-Willi** *zie* praderwilli~. • ~ **van Queyrat** *zie* erytroplasie | quéyrat~. • ~ **van Ramsay Hunt** *zie* hunt~. • ~ **van Rasmussen** *zie* encefalitis | rasmussen~. • ~ **van Raymond-Cestan** *zie* raymond-cestan~. • ~ **van Refsum** *zie* heredopathia atactica polyneuritiformis. • ~ **van Reifenstein Jr.** *zie* reifenstein~. • ~ **van Reiter** *zie* ziekte van Reiter. • ~ **van Rett** *zie* rett~. • ~ **van Reye** *zie* reye~. • ~ **van Richter** *zie* richter~. • ~ **van Rieger** *zie* rieger~. • ~ **van Riley-Day** *zie* riley-day~. • ~ **van Robin** *zie* robin~. • ~ **van Romano-Ward** *zie* romano-ward~. • ~ **van Romberg** *zie* Romberg | rombergsyndroom. • ~ **van Rosenthal** *zie* hemofilie. • ~ **van Rothmund Jr.-Thomson** *zie* rothmund-thomson~. • ~ **van Rotor** *zie* rotor~. • ~ **van Roussy-Dejerine** *zie* thalamus~. • ~ **van Roussy-Lévy** *zie* hereditair areflexie~. • ~ **van Roux-**

• ~ **en-Y** *zie* Roux | roux-en-Y-syndroom.
• ~ **van Rubinstein-Taybi** *zie* rubinstein-taybi~. • ~ **van Sandifer** *zie* sandifer~. • ~ **van Sanfilippo** *zie* sanfilippo~. • ~ **van Scheie** *zie* Scheie | scheiesyndroom. • ~ **van Schroeder** *zie* schroeder~. • ~ **van Schwartz-Bartter** *zie* schwartz-bartter~. • ~ **van Schwartz-Jampl** *zie* schwartz-jampl~. • ~ **van Shulman** *zie* shulman~. • ~ **van Shwachman** *zie* shwachman~. • ~ **van Shy-Drager** *zie* shy-drager~. • ~ **van Simmonds-Sheehan** *zie* sheehan~. • ~ **van Sipple** *zie* sipple~.
• ~ **van Sjögren-Larsson** *zie* sjögren-larsson~. • ~ **van Sluder** *zie* Sluder | sludersyndroom. • ~ **van Smith-Lemli-Opitz** autosomaal-recessieve aandoening, gekenmerkt door congenitale anomalieën, microcefalie, mentale retardatie, epilepsie, hypotonie, genitale en faciale afwijkingen. • ~ **van Somogyi** *zie* somogyi~. • ~ **van Sotos** *zie* sotos~. • ~ **van Steinbrocker** *zie* steinbrocker~. • ~ **van Stein-Leventhal** *zie* polycysteusovarium~. • ~ **van Stevens-Johnson** *zie* stevens-johnson~. • ~ **van Stewart-Treves** *zie* stewart-treves~. • ~ **van Sudeck** *zie* atrofie | sudeckbot~. • ~ **van Sweet** *zie* sweet~. • ~ **van Takayasu** *zie* takayasu~.
• ~ **van Tapia** *zie* tapia~. • ~ **van Taussig** *zie* taussig~. • ~ **van Taussig-Bing** *zie* taussig-bing~. • ~ **van Terson** *zie* Terson | tersonsyndroom. • ~ **van Thibierge-Weissenbach** *zie* jicht | kalk~. • ~ **van Tolosa-Hunt** *zie* tolosa-hunt~. • ~ **van Treacher-Collins** *zie* dysostose | dysostosis mandibulofacialis. • ~ **van Trueta** *zie* Trueta | truetasyndroom. • ~ **van Tuffier** *zie* enteroptose.
• ~ **van Turcot** *zie* turcot~. • ~ **van Turner** *zie* turner~. • ~ **van Ullrich-Turner** *zie* ullrich-turner~. • ~ **van Usher** *zie* usher~.
• ~ **van Van Lohuizen** *zie* cutis marmorata telangiectatica congenita. • ~ **van Van der Hoeve** osteogenesis imperfecta met de trias: botfragiliteit, blauwe sclera, otosclerose. • ~ **van Verbiest** *zie* verbiest~. • ~ **van Verner-Morrison** *zie* verner-morrison~.
• ~ **van Vialetto-Van Laere** zwakte van bulbaire spieren en doofheid, ontstaan voor 20ste jr. • ~ **van Von Graefe-Sjögren** *zie* Sjögren | vongraefe-sjögrensyndroom. • ~ **van von Hippel-Lindau** (VHL) autosomaal dominant overervende facomatose, gekenmerkt door vasculaire malformaties i.d. retina, soms multipel en tweezijdig. • ~ **van Vrolik** *zie* vrolik~. • ~ **van Waardenburg** *zie* waardenburg~. • ~ **van Wallenberg** *zie* wallenberg~. • ~ **van Waterhouse-Friderichsen** *zie* purpura fulminans. • ~ **van Weber** *zie* weber~. • ~ **van Werner** *zie* Werner | wernersyndroom. • ~ **van Wernicke** *zie* Wernicke | wernicke-encefalopathie.
• ~ **van Wernicke-Korsakov** *zie* Wernicke | wernicke-korsakovsyndroom. • ~ **van West** *zie* west~. • ~ **van Weyers-Fülling** *zie* weyers-fülling~. • ~ **van Wiedemann-Beckwith** *zie* beckwith-wiedemann~.
• ~ **van William Dressler** *zie* postpericardiotomie~. • ~ **van Williams** *zie* williams~.
• ~ **van Wiskott-Aldrich** *zie* wiskott-aldrich~. • ~ **van Wissler-Fanconi** *zie* wisslerfanconi~. • ~ **van Wohlfart-Kugelberg-Welander** *zie* spieratrofie | juveniele progressieve spinale~. • ~ **van Wolff-Parkinson-White** *zie* wolff-parkinson-white~.
• ~ **van Young** *zie* Young | youngsyndroom.
• ~ **van Zellweger** *zie* zellweger~. • ~ **van Zieve** *zie* zieve~. • ~ **van Zollinger-Ellison** *zie* zollinger-ellison~. • ~ **X** angina pectoris met tekenen van coronairinsufficiëntie bij angiografisch normale coronairarteriën.
• **systemisch inflammatoir respons~** (SIRS) gegeneraliseerde ontstekingsreactie 4-48 uur na trauma, optredend bij een patiënt met een hoogenergetisch trauma.
• **takayasu~** necrotiserende en deels granulomateuze arteriitis, gepaard gaand met reuscellen, vooral gelokaliseerd i.d. thoracale aorta en de proximale segmenten v.d. grote hoofd-halsarteriën en andere grote arteriën. • **tapia~** unilaterale verlamming v.d. tong en de larynx, met intact velum palatinum. • **tarsaletunnel~** drukneuropathie v.d. n. tibialis ter hoogte v.h. (verdikte) retinaculum musculorum flexorum onder-achter de binnenkuit; dit geeft aanleiding tot klachten van brandende pijn onder de voet, paresthesieën i.d. tenen (o.a. 'burning feet') en zwakte v.d. intrinsieke voetmusculatuur. • **taussig-bing~** aangeboren hartafwijking waarbij zowel de aorta als de a. pulmonalis uit de rechter ventrikel komt met parallelstand v.d. grote vaten met de aorta rechts v.d. a. pulmonalis en een ventrikelseptumdefect. • **taussig~** aangeboren hartgebrek met hoog kamerseptumdefect, rijdende aorta en stenose v.d. truncus pulmonalis. • **testiculair feminisatie~** X-chromosomale recessieve stoornis die bij mannelijke individuen (genotype XY) an-

drogeenongevoeligheid veroorzaakt. • **thalamus**~ verhoging van alle drempelwaarden v.d. sensibiliteit v.d. heterolaterale lichaamshelft; hierbij verwekken alle prikkels (zelfs zwakke) een brandende pijn a.g.v. een veelal vasculaire laesie i.d. thalamus; gaat soms gepaard met hemiplegie, hemianopie, ataxie, choreoathetose en emotionele labiliteit. • **thoracic-outlet**~ (TOS) *zie* cervicobrachiaal syndroom. • **thoraxapertuur**~ *zie* thoracic-outlet~. • **tibialis anterior**~ na een lichamelijke inspanning plotseling opkomende hevige pijn, zwelling en roodheid aan de voorkant v.d. tibia. • **tietze**~ pijnlijke zwellingen van ribkraakbeenderen. • **tolosa-hunt**~ pijnlijke oftalmoplegie a.g.v. een parasellair gelegen granulomateus proces. • **TORCH**-~ eenvormig ziektebeeld bij pasgeborenen, veroorzaakt door vroege intra-uteriene infectie. • **toxischeshock**~ (TSS) *zie* toxischeshocksyndroom. • **transfusee-transfuseur**~ *zie* tweelingtransfusie~. • **transfuseur-transfusee**~ *zie* tweelingtransfusie~. • **treachercollins**~ aanlegstoornis van schedel en gelaat. • **triple-X syndrome** [E] aanwezigheid van drie vrouwelijke geslachtschromosomen. • **tunnel**~ *zie* carpaletunnelsyndroom. • **turcot**~ recessief-erfelijke of dominant erfelijke combinatie van aandoening met vorming van poliepen en kanker in de darm, poliepen i.h. colon en hersentumoren en andere tumoren. • **turner**~ aangeboren aandoening bij vrouwen, veroorzaakt door het gedeeltelijk of volledig ontbreken van één v.d. twee X-chromosomen; gonadale dysgenesie waarbij een geslachtschromosoom verloren is gegaan (45XO); kenmerkende symptomen zijn: infantilisme, onderontwikkelde geslachtskenmerken, korte gedrongen lichaamsbouw, korte, brede nek met huidplooien aan de zijkant, cubitus valgus, korte metacarpalia, amenorroe, aangeboren hartgebreken; intelligentie is doorgaans normaal. • **tweelingtransfusie**~ (TTS) syndroom waarbij in geval v.e. monochoriale tweelingzwangerschap (70% van eeneiige tweelingzwangerschappen) de bloedstroom i.d. bloedvaten over de placenta vnl. i.d. richting gaat v.d. ene foetus ten koste v.d. ander. • **twin-to-twin**-~ *zie* tweelingtransfusie~. • **ullrich-turner**~ pterygonuchaal infantilisme met agenesie v.d. gonaden, berustend op gonosomale monosomie. • **ulnairetunnel**~ reeks van symptomen, zoals krachtsvermindering en sensibiliteitsstoornissen i.h. innervatiegebied v.d. n. ulnaris t.g.v. compressie v.h. kanaal van Guyon i.d. hand. • **urethraal** ~ frequente urinedrang en pijnlijke, bemoeilijkte mictie, bij vrouwen, al of niet gepaard gaand met bacteriurie. • **urethro-oculosynoviaal** ~ *zie* ziekte van Reiter. • **usher**~ erfelijke combinatie van aangeboren doofstomheid en retinitis pigmentosa. • **vakantie**~ *zie* ziekte | vrijetijds-~. • **vascular-leak syndrome** [E] verhoogde doorlaatbaarheid v.d. vaatwand; leidt tot oedeem, gewichtstoename, daling v.d. plasma-albumineconcentratie en bloeddrukdaling door vasodilatatie. • **vasovagaal** ~ *zie* collaps | vasovagale ~. • **venacava-inferior**~ (VCIS) stuwing v.d. gehele onderste lichaamshelft inclusief het abdomen a.g.v. obstructie v.d. onderste holle ader. • **venacavasuperior**~ (VCSS) stuwing i.h. afvoergebied v.d. v. cava superior t.g.v. extra- of intravasale obstructie, vrijwel altijd door doorgroei van longkanker i.d. directe omgeving. • **verbiest**~ *zie* claudicatie | neurogene ~. • **vermis**~ bilaterale hypotonie en ataxie v.d. benen, rompataxie en wisselend aanwezige nystagmus. • **vermoeidheids**~ *zie* chronischevermoeidheidssyndroom. • **verner-morrison**~ het gezamenlijk voorkomen v.e. pancreaseilandtumor, waterige diarree en hypokaliëmie (zonder maaghyperaciditeit en zonder peptische ulcera). • **vertebralis**~ **1** ischias-achtige pijnen t.g.v. spondylarthrosis v.d. onderste lendenwervels; **2** vertebrobasilaire insufficiëntie. • **vestibularis**~ *zie* Ménière | *zie* ~. • **vialetto**~ *zie* syndroom van Vialetto-Van Laere. • **vrolik**~ *zie* osteogenese | osteogenesis imperfecta congenita. • **V**-~ standsafwijking v.d. ogen waarbij o.a. divergentie optreedt bij het zien naar boven. • **waardenburg**~ autosomaal dominant erfelijk syndroom met afwijkingen van gezicht, huid en haar. • **WAGR**-~ syndroom, gekenmerkt door tumor van Wilms, aniridie, gonadoblastoom en mentale retardatie. • **wallenberg**~ bepaald symtomencomplex door infarcering v.d. dorsolaterale medulla oblongata en ischemie i.h. verzorgingsgebied v.d. a. cerebelli inferior posterior. • **waterhousefriderichsen**~ NB: gangbare verschrijving:

'Friederichsen' *zie* purpura fulminans.
- **WDHA syndrome** [E] watery-diarrhoea-hypokalemia-achlorhydria syndrome.
- **weber~** ipsilaterale paralyse v.d. n. oculomotorius en contralaterale hemiparese.
- **weingarten~** tropische eosinofilie.
- **west~** encefalopathie, optredend i.d. kinderleeftijd (> ca. 18 mnd), gepaard gaand met acute motorische stoornissen en hypsaritmie.
- **weyers-fülling~** ectodermale dysplasie door (onbekende) noxe i.d. embryonale periode.
- **whiplash~** *zie* whiplashsyndroom.
- **wiedemann-beckwith~** *zie* beckwith-wiedemann~.
- **williams~** aangeboren afwijkingen met laag geboortegewicht, craniofaciale dysmorfie, mentale retardatie, nierstenen en stenose v.d. a. pulmonalis en aorta en hypercalciëmie.
- **wiskott-aldrich~** recessief-erfelijke, X-gebonden aandoening, met dermatitis en andere ernstige infecties en hemorragische episoden.
- **wissler-fanconi~** de combinatie van langdurige intermitterende koorts, recidiverende exanthemen, artralgieën, en (zelden) myo- en pericarditis.
- **wohlfart-kugelberg-welander~** *zie* spieratrofie | juveniele progressieve spinale ~.
- **wolff-parkinson-white~** (WPW-syndroom) paroxismale tachycardie op basis v.e. extra elektrische verbinding tussen boezems en kamers.
- **wolf-hirschhorn~** aangeboren erfelijke aandoening, leidend tot gastro-intestinale klachten, laag geboortegewicht, spierslapte, schisis, hartaandoeningen, groeiachterstand, epilepsie en motorische en mentale retardatie.
- **WPW-~** *zie* wolff-parkinson-white~.
- **XXY~** NB: niet te verwarren met XYY *zie* klinefelter~.
- **yellow-nail syndrome** trias van scleronychie, lymfoedeem en respiratoire aandoening.
- **zellweger~** autosomaal-recessief erfelijke peroxisomale stofwisselingsziekte.
- **zieve~** acute leverinsufficiëntie bij alcoholisten met de trias tijdelijke hyperlipemie, icterus en hemolytische anemie.
- **zollinger-ellison~** combinatie van niet-insulineproducerend adenoom v.d. langerhanseilandjes met hyperaciditeit v.h. maagsap en peptische ulcera.

synechie vastgroeiing, verkleving.
- **synechia (iridis) anterior** vergroeiing v.d. iris met de ervoor liggende cornea, na keratitis.
- **labia~** *zie* synechia vulvae.
- **synechia (iridis) posterior** vergroeiing v.d. iris met het erachter liggende lenskapsel.
- **synechia vulvae** aangeboren aaneengroeiing v.d. labia minora.

synechiotomie chir. doorsnijding van synechiae.

synechiotoom instrument waarmee synechiae kunnen worden doorgesneden.

synergetisch *zie* synergistisch.

synergisme wederzijdse versterking van twee entiteiten, waardoor het gemeenschappelijke effect groter is dan de som v.d. delen.

synergist spier, orgaan, medicament met dezelfde en met ondersteunende werking t.o.v. een andere spier resp. orgaan, medicament.

synergistisch samenwerkend, in dezelfde richting werkend.

synesthesie 'vertaling' of waarneming van prikkels door een niet op dezelfde prikkels afgestemd zintuig.

syngeen genetisch identiek. bijv. zoals bij eeneiige tweelingen; vb. syngeen transplantaat.

synkaryon een kern, ontstaan door fusie van twee pronuclei.

synkinese ongewild meebewegen v.e. lichaamsdeel bij een gewilde beweging.
- **mandibulopalpebrale ~** *zie* fenomeen | gunn~.

synodontie aangeboren samengroeiing van tanden.

synophrys zware en doorlopende wenkbrauwen.

synopsie 1 cyclopie; 2 waarnemen v.e. kleur bij geluidsprikkels; is vorm van synesthesie.

synopsis overzicht.

synoptisch m.b.t. synopsie.

synoptofoor instrument waarmee het binoculaire zien kan worden geoefend.

synorchidie samengroeiing van beide testes i.d. buikholte.

synostose 1 (anat.:) *zie* sutura; 2 (pathol., chir.:) vorm van synartrose waarbij twee beenstukken d.m.v. beenweefsel met elkaar verbonden zijn.
- **radio-ulnaire ~** benige verbinding tussen de proximale radius en ulna.
- **tribasilaire ~** voortijdige verbening v.d. naden v.h. os tribasilare, m.a.g. een diep ingetrokken neuswortel met cretinachtige gelaatsvorm, vaak gepaard met gebrekkige ontwikkeling v.d. hersenen.

synovectomie *zie* synoviëctomie.
synovia i.d. gewrichtsholte voorkomende slijmige vloeistof, geproduceerd door de synoviale membraan.
synoviaal m.b.t. de synovia.
synoviaal vocht viskeus, helder, lichtgeel vocht, geproduceerd door het synovium v.e. gewricht.
synovialectomie *zie* synoviëctomie.
synoviale vlokken v.d. synoviale membraan uitgaande vlokken die i.d. gewrichtsholte uitsteken.
synovialis 1 (zelfst. nw.); **2** (bijv. nw.) *zie* synoviaal.
synovialoom *zie* synovioom.
synoviëctomie excisie v.d. synoviale membraan, o.a. bij de behandeling van reumatoïde artritis.
synoviitis ontsteking v.d. synoviale membraan, klinisch gepaard gaand met zwelling door vermeerderde synoviavorming en voorts pijn, vooral bij beweging. • **reumatoïde** ~ door reuma veroorzaakte chronische ontsteking v.d. synoviale membraan i.e. gewricht of peesschede. • ~ **purulenta** s. met vorming van etter. • ~ **serofibrinosa** s. met serofibrineus aspect v.d. gewrichtsvloeistof. • ~ **serosa** s. met sereus aspect v.d. gewrichtsvloeistof. • ~ **villonodularis pigmentosa** diffuse of tumorachtige proliferatie v.d. synoviale membraan met fibroblasten, xanthoomcellen, siderofagen en vaak veel reuscellen.
synovioom een v.d. synoviale membraan uitgaand gezwel, vnl. in knie-, voet- en elleboogsgewricht.
synoviorthèse intra-articulaire injectie van radio-isotopen die de ontstoken synoviale membraan vernietigen.
syntenie ligging van twee of meer genen op verschillende loci op hetzelfde chromosoom.
synthese het opbouwen of samenstellen, meestal kunstmatig, v.e. scheikundige verbinding.
synthetase enzym betrokken bij een synthese. • **ALA-**~ (aminolaevulic-acid synthetase) mitochondriaal enzym dat delta-aminolevulinezuur vormt en de synthese van heem en porfyrine remt.
syntoon evenwichtig van karakter, als tegenstelling tot schizoïd.
syphilis *zie* syfilis. • ~ **congenita** *zie* syfilis | congenitale ~.
syphiliticus syfilitisch, veroorzaakt door, gepaard gaand met syfilis.
syringeaal 1 buisvormig, gepaard gaand met buis- of fistelvorming; **2** m.b.t. de tuba auditiva.
syringectomie excisie v.e. fistel.
syringitis ontsteking v.d. tuba auditiva.
syringobulbie syringomyelie v.d. bulbus (= medulla oblongata).
syringocystadenoom adenoom van zweetklieren met vorming van kleine witte papels.
syringocystoom *zie* syringocystadenoom.
syringo-encefalomyelie vorming van holten in hersenen en ruggenmerg.
syringohydromyelie ophoping van vloeistof i.h. ruggenmerg.
syringomyelie vorming van holten i.h. ruggenmerg; typisch is de klinische trias: 1) segmentale dissociatie van sensibiliteit (verdwenen pijn- en temperatuurgevoel, bij behouden tastgevoel) in hals, schouders en armen (soms met charcotgewricht); 2) amyotrofie; 3) thoracale scoliose; NB: syn. 'ziekte van Morvan' is niet te verwarren met 'marfansyndroom'.
syringomyelocele vorm van spina bifida met uitpuiling van ruggenmergsvliezen en ruggenmergssubstantie.
syringoom gezwelletje v.e. apocriene zweetklier, vaak bij bejaarden i.d. omgeving v.d. ogen.
syringotomie het incideren v.e. fistel, i.h.b. een anusfistel.
syringotoom fistelmes.
syrinx 1 (pathol.) buisvormige structuur, fistel; **2** (neuropathol.) vochtophoping i.h. ruggenmerg bij syringomyelie; **3** (anat., kno-heelkunde) *zie* tuba auditiva; **4** (zoöl.) zangorgaan bij vogels.
systeem geleed en geordend geheel.
• **ademhalingsregel**~ complex van regulatiemechanismen v.d. longventilatie.
• **ademhalings**~ het systeem v.d. longen en de luchtwegen waardoor het longweefsel met de buitenlucht wordt verbonden.
• **adrenerg** ~ de sympathicusvezels waar epinefrine (adrenaline) vrijkomt en als overdrachtsstof fungeert. • **afweer**~ *zie* immuun~. • **anesthesiegasafzuig**~ systeem om het uit het anesthesiesysteem ontsnappende ventilatiemengsel te verwijderen.
• **anterolateraal** ~ systeem van zenuwbanen dat informatie over vitale sensibiliteit

vervoert via de thalamus en de capsula interna naar de primaire somatosensibele cortex. • **APUD**-~ systeem van celsoorten die polypeptidehormonen produceren en daartoe amineprecursor (5-hydroxytryptofaan of DOPA) opnemen en decarboxyleren. • **arcaden**~ bloedvoorzieningssysteem i.d. darm. • **ascenderend reticulair activerend** ~ (ARAS) systeem i.d. craniale reticulaire formatie dat via de thalamus een activerende invloed op de hersenschors heeft. • **auditief** ~ reeks van structuren die samen voor de geluidswaarneming dienen. • **B-cel**~ deel van verworven humorale afweersysteem waarbij B-lymfocyten, gevormd in beenmerg, d.m.v. membraanreceptoren antigenen specifiek herkennen, antistoffen produceren en T-lymfocyten stimuleren. • **binair** ~ **van Linnaeus** *zie* binomiaal systeem van Linnaeus. • **biotineavidine**~ methode waarmee de hoeveelheid aanwezige eiwitten kunnen worden gekwantificeerd. • **bloedgroep**~ indeling van bloedgroepen op basis van antigene eigenschappen. • **bloedstollings**~ systeem i.d. hemostase waarbij d.m.v. een kettingreactie van eiwitten een fibrinenetwerk wordt gevormd dat de bloedprop verstevigt. • **cardiovasculair** ~ de organen die de bloedstroom verzorgen, i.h.b. het hart en de bloedvaten. • **complement**~ *zie* complement. • **denver**~ standaardnomenclatuur van chromosomen zoals overeengekomen op de conferentie te Denver in 1960. • **endotheel klep**~ naam voor overlappende endotheelcellen van lymfecapillairen, die daardoor als klep functioneren. • **erytropoëtisch** ~ de totaliteit van erytrocyten-vormende weefsels. • **extrapiramidaal** ~ het complex van kernen van corpus striatum en pallidum, die samen met de piramidebaan de motoriek verzorgen. • **fibrinolytisch** ~ omzetting van plasminogeen door intrinsieke en/of extrinsieke activatie in plasmine. • **galilei**~ telescopisch systeem, bestaande uit een positieve en en negatieve lens. • **glenohumeraal** ~ functioneel complex voor schouderbewegingen van scapula en humerus. • **glutathion**~ reducerend intracellulair enzymsysteem. • **hartprikkelgeleidings**~ systeem van embryonale, glycogeenbevattende hartspiercellen met prikkelgeleidend vermogen. • **hemolyserend** ~ *zie* hemolytisch ~. • **hemolytisch** ~ de bij de complementbinding als indicator gebruikte combinatie van homoloog erytrocytenantigeen, specifieke ambocepter en onspecifiek complement. • **hypothalamus-hypofyse**~ functioneel verband tussen het hormonale stelsel en het vegetatieve zenuwstelsel. • **immuun**~ het geheel van leukocyten, vnl. voorkomend in lymfoïde organen als milt, lymfeklieren, thymus en beenmerg; zorgt voor een afweerreactie tegen bedreigende lichaamsvreemde stoffen of micro-organismen. • **kallikreïne**~ deel v.h. stollingssysteem dat bestaat uit factor XI en XII, prekallikreïne en kininogeen en waarvan activatie leidt tot bradykinine-release en granulocytenactivatie. • **kepler**~ telescopisch systeem, bestaande uit twee positieve lenzen en een prisma. • **kinine**~ plasma-enzymsysteem, betrokken bij ontstekingsmodulatie. • **kwaliteits**~ het samenhangende geheel van organisatiestructuren, verantwoordelijkheden, procedures, processen en middelen dat nodig is voor het waarborgen van kwaliteit. • **lagedruk**~ gedeelten v.d. bloedsomloop waar de druk laag is. • **limbisch** ~ vaag omschreven complex van hersengedeelten waarvan de functies samenhangen met het emotionele leven. • **lymfatisch** ~ het complex van lymfeklieren, lymfevaten, milt, tonsillen en thymus. • **lymfoïde** ~ verzameling weefsels en cellen met als taak het beschermen v.h. lichaam tegen binnengedrongen lichaamsvreemde stoffen. • **lymfokinetisch** ~ het endolymfesysteem i.h. binnenoor. • **lymforeticulair** ~ het complex van thymus, tonsillen, adenoïd, plaques van Peyer, lymfeklieren, milt, en de i.h. bloed aanwezige lymfocyten en plasmacellen. • **microsomaal ethanol-oxiderend** ~ (MEOS) een i.h. endoplasmatisch reticulum aanwezig systeem dat alcohol metaboliseert. • **mononucleairefagocyten**~ reeks cellen met fagocytosefunctie (opruimen van micro-organismen en ander lichaamsvreemd materiaal) en antigeenpresenterende functie (aanbieden van antigenen aan T-helper-lymfocyten), bestaand uit neutrofiele granulocyten, monocyten i.h. bloed en macrofagen i.d. verschillende weefsels; macrofagen, osteoclasten, langerhanscellen en de kupffercellen. • **myostatisch** ~ het extra-piramidale systeem, dat de statische werking v.d. spieren coördineert. • **NER**-~ (nucleotide-excisie-reparatiesysteem) DNA-reparatiesysteem dat veel verschillende laesies in DNA kan herkennen en herstellen. • **neuro-endocrien** ~ humoraal communicatiesysteem waarmee het centraal zenuwstelsel en de periferie met elkaar in contact staan. • **orthosympathisch** ~ *zie* sympathicus. • **pallidostriair** ~ *zie* extrapiramidaal ~. • **parasympathisch** ~ *zie* sympathicus. • **pilaris** ~ de lichaamsbeharing. • **pinel**~ behandeling van geestesziekten zonder enige vorm van dwang. • **piramidebaan**~ motorische neuronen die de verbinding vormen tussen de primaire, secundaire motorische en sensomotorische schors en de neuronen i.d. grijze stof v.h. ruggenmerg; mediëren start, doel en snelheid van willekeurige bewegingen. • **postmarketingsurveillance**~ registratiesysteem v.e. farmaceutische fabrikant van (bijna)incidenten met zijn medische producten. • **projectie**~ geleidingsbanen tussen spieren of zintuigen en de cerebrale schors. • **redox**~ reductie-oxidatiesysteem waarin katalysatoren waterstof opnemen en weer afgeven. • **renine-angiotensine-aldosteron**~ (RAAS) systeem dat glomerulaire filtratie en renale natriumuitscheiding reguleert. • **resus**~ *zie* bloedgroep | resus~. • **reticulair activerend** ~ (RAS) systeem met opwekkende werking, uitgaande v.d. formatio reticularis. • **reticulo-endotheliaal** ~ (RES) verouderde term voor het functionele systeem van biologisch actieve reticulum- en endotheelcellen. • **reticulohistiocytair** ~ *zie* reticulo-endotheliaal ~. • **sarcotubulair** ~ stelsel van transversaal verlopende plasmamembraaninstulpingen in spiervezels en longitudinaal verlopende kanaaltjes. • **servo**~ regelsysteem waarbij een hoog energetische effector (bijv. spiercontractie) nauwkeurig het verloop v.e. zwak energetisch ingangssignaal (bijv. zenuwimpulsen) volgt, bijv. spierlengteregulatie voor handhaving v.d. lichaamshouding via de spierspoelen. • **sferisch** ~ optisch systeem waarvan de brekende kracht in alle meridianen gelijk is, waardoor alle evenwijdig invallende stralen i.e. punt samenkomen. • **sinoatriaal** ~ de prikkelgeleidende vezels tussen de sinusknoop en de hartboezems. • **spier-veer**~ opvang van op het lichaam inwerkende krachten door (deels) aangespannen spieren die als veer werken *zie* stiffness regulation. • **striair** ~ *zie* extrapiramidaal ~. • **systema nervosum** het zenuwstelsel. • **systema nervosum centrale** het centrale zenuwstelsel *zie* zenuwstelsel | centraal ~. • **systema nervosum periphericum** het perifere zenuwstelsel. • **systema respiratorium** *zie* ademhalingsorganen. • **systema urogenitale** *zie* tractus urogenitalis. • **transversaal tubulair** ~ (T-systeem) intra- en extracellulair geleidingssysteem voor elektrische prikkels in (hart)spiercellen. • **T-**~ *zie* lymfocyt | T~~. • **vegetatief afferent** ~ geheel van afferente zenuwvezels die vanuit viscerale organen informatie leveren aan vegetatieve regelcentra in hypothalamus en de formatio reticularis. • **veneuze** ~ *zie* veneus systeem | diepe veneuze systeem, oppervlakkige veneuze systeem. • **verrichtingen**~ betalingswijze van vrijgevestigde zorgverleners op basis van verrichtingen waaraan een tarief gekoppeld is. • **visceroafferent** ~ *zie* vegetatief afferent ~. • **visceroefferent** ~ efferente zenuwvezels waarlangs informatie vanuit de vegetatieve centra i.d. hypothalamus en formatio reticularis naar diverse organen wordt overgebracht ter besturing van hun secretie of motorisch; gericht op handhaven van homeostase. • **viscerosecretoir** ~ *zie* visceroefferent ~. • **visueel** ~ systeem dat visuele prikkels uit de omgeving opvangt, voorbewerkt en doorstuurt naar het centrale zenuwstelsel. • **waan**~ een aantal waanideeën die min of meer logisch met elkaar samenhangen en a.h.w. een systeem vormen.

systeemtheorie theoretische benadering waarbij elk georganiseerd geheel i.d. biologie, de psychologie, de sociologie enz. wordt aangeduid met de term 'systeem'.

systeemziekte | **maligne** ~**n** leukemische en niet-leukemische systeemziekten.

systeemziekten ziekten die een 'systeem' aantasten, bijv. bloedziekten, collageenziekten.

systema • **systema alimentarium** *zie* systema digestorium. • ~ **digestorium** het geheel van holten en aangrenzende functionele organen dat v.d. mond tot de anus loopt en dient tot de vertering van voedsel; NB: gangbare syn. 'tractus digestivus' maakt geen deel v.d. Terminologia Anatomica uit.

systema lymphaticum *zie* systeem | lymfa-

tisch ~.
systematisatie ordening van denkbeelden tot een logisch systeem waarbij de ordening normaal kan lijken, terwijl de denkbeelden abnormaal zijn.
systematisch 1 volgens een systeem, gekenmerkt door ordening; **2** systemisch.
systemic sclerosis [E] *zie* sclerodermie.
systemicus gesystemiseerd; vb. lupus erythematodes systemicus.
systemisch gekenmerkt door systemisering, gegeneraliseerd, het gehele lichaam betreffend.
⊛ **systemische lupus erythematosus** (SLE) chronische immuuncomplexziekte die in vrijwel alle organen kan optreden, vnl. bij jonge vrouwen; indeling: naast SLE onderscheidt men twee andere subtypen van lupus erythematosus (LE), die minder ernstig zijn: cutane discoïde LE (CDLE), waarbij alleen de huid is aangedaar , en lupus erythematosus subacutus (subacute LE), waarbij de huid een primaire rol speelt, maar ook autoantistoffen aantoonbaar zijn en vaak gewrichtsklachten optreden.
systemisering 1 ordening of uitbreiding i.h. gebied v.e. orgaansysteem; **2** generalisering, uitbreiding over het gehele lichaam.
systole periode waarin het hart zich samentrekt, waardoor het bloed uit de kamers i.d. aorta en de truncus pulmonalis wordt geperst. • **atrium~** fase v.d. hartcyclus waarin de atria contraheren om bloed het ventrikel in te persen. • **auriculaire extra~** e. door abnormale prikkelvorming i.h. hartoor.
• **extra~** (ES) premature ontlading v.e. pacemaker. • **peri~** de pauze tussen diastole en systole. • **pre~** een korte, onmiddellijk aan de systole voorafgaande periode.
systolisch m.b.t. de systole.

T

T 1 tera- = 10^{12}; **2** temperatuur; **3** tensie v.h. oog (intraoculaire druk).
T1/2 halveringstijd (minder juist: halfwaardetijd).
T$_3$ *zie* tri-jodothyronine.
T$_4$ *zie* thyroxine.
TA 1 *zie* Terminologia Anatomica; **2** *zie* analyse | transactionele ~.
TAA thoracaal aorta-aneurysma *zie* aorta-aneurysma.
TAB *zie* vaccin | TAB-~.
Tabanus een geslacht horzels v.d. fam. *Tabanidae*, berucht om de pijnlijke beet v.d. wijfjes.
tabatière anatomique de holte aan de handrug, tussen de pezen v.d. m. extensor pollicis longus en de m. extensor pollicis brevis.
tabel lijst met geordende gegevens, zo gegroepeerd dat men deze gemakkelijk kan overzien en de samenhang blijkt. • **aub-duboisstandaard~** *zie* standaard~ van Aub-DuBois. • **evidence~** overzicht v.d. belangrijkste studies die antwoord geven op een bepaalde uitgangsvraag. • **frequentie~** weergave v.d. verdeling v.d. uitkomsten v.e. kwalitatieve variabele i.e. tabel. • **kaplan-meierlevens~** levenstabel waarbij de intervallen zo klein worden gekozen dat de kans op een gebeurtenis voor elk moment kan worden bepaald. • **kruis~** weergave v.d. statistische samenhang tussen twee of meer categoriale variabelen. • **levens~** tabel die het patroon van overleving i.e. populatie beschrijft ten behoeve van overlevingsduuranalyse. • **standaard~ van Aub-DuBois** tabel van normale waarden v.h. basaal metabolisme bij mensen op verschillende leeftijd. • **twee-bij-twee-~** frequentietabel voor twee dichotome variabelen.

tabes dorsalis vorm van neurosyfilis; klinische kenmerken zijn 'schietende' (lancinerende) pijnen i.d. ledematen, aanvallen van pijn (tabetische crises) in allerlei organen (maag), braken en misselijkheid, onzekere gang (ataxie), reflectoire pupilstijfheid.
tabetisch m.b.t. tabes dorsalis *zie* tabes dorsalis.
tabula tafel.
tache [F] vlek. • **~ noire** [F] erythemateuze laesie met centrale necrose; primaire laesie bij tekenbeetkoorts.
taches laiteuses *zie* macula lactea.
tachycardie hartritmestoornis die gepaard gaat met drie of meer opeenvolgende ontladingen uit dezelfde pacemaker of uit hetzelfde hartcompartiment met een frequentie > 100/min. • **atriale ~** (AT) versneld hartritme door snelle en regelmatige activatie v.d. atria. • **atrioventriculaire ~** hartritmestoornis die gepaard gaat met hoge hartfrequentie door snel opeenvolgende prikkels vanuit een ectopische focus in of bij de atrioventriculaire knoop. • **atrium~** *zie* atriale ~. • **atriumventrikelnodale re-entry~** (AV-nodale re-entrytachycardie) verhoging van hartslagfrequentie a.g.v. het steeds opnieuw stimuleren v.h. hartweefsel door het intreden van eenzelfde prikkel via een extra elektrische verbinding. • **AV-nodale re-entry~** (AVRNT) hartritmestoornis die gepaard gaat met versneld hartritme a.g.v. het 'rondzingen' van elektrische prikkels binnen de atrioventriculaire knoop. • **cirkel~** hartritmestoornis met een snel hartritme doordat een elektrische prikkel tussen twee hartdelen 'rondzingt'. • **foetale ~** hartfrequentie v.d. foetus boven 160/min. • **kamer~** hartritmestoornis die gepaard gaat met impulsen die i.h. myo-

card v.d. hartkamers worden gegenereerd. • **non-sustained-type**-~ hartritmestoornis die gepaard gaat met een hemodynamisch niet-relevante tachycardie. • **paroxismale supraventriculaire** ~ hartritmestoornis die gepaard gaat met paroxismale tachycardie, afkomstig van structuren boven de aftakking v.d. bundel van His. • **paroxismale** ~ (PAT) hartritmestoornis die gepaard gaat met een aanvalsgewijs optredend snel hartritme. • **relatieve** ~ een polsfrequentie die hoger is dan met de lichaamstemperatuur overeenkomt. • **sinus**-~ hartritmestoornis die gepaard gaat met een hoge hartfrequentie (>100/min.) die wordt aangestuurd door een hoge vuurfrequentie v.d. sinusknoop. • **supraventriculaire** ~ (SVT) verzamelbegrip voor alle vormen van tachycardie (hartfrequentie >100/min. in rust) die worden gegenereerd i.d. SA-knoop, de boezemwand of de AV-junction. • **sustained-type**-~ hartritmestoornis die gepaard gaat met hemodynamisch relevante tachycardie. • **ventriculaire** ~ (VT) hartritmestoornis die gepaard gaat met een hoog hartritme (>100/min.). • **ventrikel**-~ zie kamer-~.
tachyfrenie versneld denkvermogen.
tachyfylaxie 1 snelle onvatbaarmaking voor een toxische stof door voorafgaande multipele injecties van subtoxische doses van de stof; **2** snel afnemende werking van geneesmiddel door herhaalde toediening daarvan, waarbij het gewenste effect door verhoging v.d. dosis niet kan worden bereikt.
tachygastrie idiopathische stoornis v.d. maag waarbij de motiliteit sterk is toegenomen.
tachypneu verhoogde ademhalingsfrequentie.
tachytrofie snelle groei, door snelle metabole assimilatie.
tachytropie zie tachytrofie.
tachytropisme zie tachytrofie.
tachyzoïet prolifererend ontwikkelingsstadium van *Toxoplasma gondii*; halvemaanvormig.
tactiel m.b.t. het tastgevoel; vb. t-le agnosie.
tactiliteit zie zin | tast-~.
tactus gevoel, tastzin.
taedium vitae (psychol.) overwaardig denkbeeld, gekenmerkt door walging v.h. leven.
Taenia een genus lintwormen v.d. fam. *Taeniidae*. • ~ *cucumerina Dipylidium caninum*. • ~ *saginata* de gewone lintworm v.d. mens, waarvan de larve (*Cysticercus bovis*) in spieren en organen v.h. rund voorkomt. • ~ *solium* varkenslintworm.
taenia vlakke of streepvormige band; niet te verwarren met de parasiet *Taenia*.
taeniasis besmetting met lintworm, bij de mens doorgaans *Taenia saginata*.
taenicidum lintwormdodend middel.
taenifugum lintwormverdrijvend middel.
Taeniidae familie v.d. orde *Cyclophyllidea*.
Taenioidea superfamilie, behorende tot de platwormen.
tag [E] aanhangsel van huid of slijmvlies; vb. *skin tag* = mariske.
TAH (totale abdominale hysterectomie) zie hysterectomie.
Taiwan acute respiratory disease (TWAR) obsolete aanduiding van longinfectie met *Chlamydia pneumoniae*.
takkenbosvenen zie corona phlebectatica marginalis pedis.
talar tilt (TT) zie taluskanteling.
talectomie operatieve verwijdering v.d. talus.
talg mengsel van glyceriden, wasesters, squalenen, cholesterol(esters) en vrije vetzuren, geproduceerd door talgklieren.
talgklierhyperplasie zie hyperplasie | seniele talgklier-~.
talgkliernaevus zie naevus sebaceus.
talipes zie pes equinovarus.
talipomanus zie hand | klomp-~.
talkose 'plakken' v.d. pleurabladen d.m.v. steriele talk.
T-ALL zie leukemie | acute lymfatische T-cel-~.
talocalcaneus m.b.t. talus en calcaneus; vb. ligamentum talocalcaneum.
talocruralis talocruraal, m.b.t. de talus en het onderbeen (crus); vb. articulatio t-ris.
talofibularis m.b.t. talus en fibula; vb. ligamentum talofibulare.
talonavicularis m.b.t. talus en naviculare; vb. ligamentum talonaviculare.
talonide het achterste deel v.e. onderkaakmolaar.
talpa zie cyste | epidermoïd-~.
talus het voetwortelbeen tussen tibia, calcaneus en naviculare.
taluskanteling [E] kanteling v.d. talus ten opzichte v.d. laterale of mediale malleolus.
tambour een trommelvormig toestel, be-

dekt met een vlies en via een buis verbonden met een aanwijsnaald die een grafiek tekent op een draaiende cilinder; wordt gebruikt om bewegingen te registreren.

tampon 1 prop, gebruikt om een holte op te vullen of een bloeding of secretie te stoppen; **2** inwendig maandverband. · **keel~tampon** i.d. farynx rondom een tube om lucht en vochtlekkage te voorkomen.

tamponnade 1 het inbrengen v.e. tampon i.e. holte om een bloeding te stoppen of vocht op te nemen; **2** het getamponneerd worden. · **ballon~** methode om met een opblaasbare buis die via de neus i.d. maag wordt gebracht om ernstig bloedende oesofagusvarices te behandelen. · **bellocq~** afsluiting v.d. uitwendige neusingang i.d. choana met een stevig gaas, waarna de neus wordt getamponneerd. · **foley~** gemodificeerde foleykatheter i.d. neus. · **hart~** zie harttamponnade. · **neus~** het inbrengen van lange stroken tampon bij een heftige neusbloeding i.d. neus. · **pericard~** zie harttamponnade. · **uterus~** stevige tamponnade v.d. uterus bij een atonische nabloeding na een baring.

tamponnement zie tamponnade.

tamponneren (chir.) enige tijd dichtdrukken totdat de bloeding stopt.

tand element v.h. gebit, te weten molaar (kies), premolaar, snijtand of hoektand. · **fournier~en** tonvormige eerste molaren met glazuurhypoplasie bij congenitale lues. · **hoek~** zie dens caninus. · **maal~** zie dens molaris. · **melk~** element i.h. melkgebit zie gebit | melk~. · **snij~** dens incisivus [L]. · **uitgeslagen ~** zie avulsie | tand~. · **zebra~en** zie enamelum | mottled enamel.

tandbederf zie cariës.

tandenknarsen zie bruxisme.

tandglazuur harde transparante deklaag v.d. tandkroon, gelegen rond de dentine; bestaat uit door hydroxylapatiet en sporen en een verbindende tussenstof.

tandkas zie alveolus dentalis.

tandkiem de eerste ontwikkeling van een gebitselement aan de buitenzijde v.d. tandlijst.

tandknop zie tandkiem.

tandkroon zie corona dentis, kunstkroon.

tandplaque bacterielaag op tanden, samengehouden door o.m. kleverige polysachariden, ontstaan door enzymen van deze bacteriën.

tandwisseling zie exfoliatie.

tandwolf zie cariës.

tandwortel zie radix dentis.

tandwortelimplantaat zie implantaat | permucosaal ~.

tang forceps.

tangentiale vezellaag laag van dwars lopende vezels i.d. schors v.d. grote hersenen.

tangentialiteit zie paralogie.

tangentieel verkeerd antwoorden zie paralogie.

tangle [E] intra- of extracellulair gelegen argyrofiele vezelkluwen i.d. hersenschors bij de ziekte van Alzheimer.

tannine stof, in combinatiepreparaten lokaal gebruikt bij aambeien en zweetvoeten.

tap [E] zie punctie. · **abdominal ~** [E] diagnostische punctie v.d. buikholte na stomp letsel om bloeding aan te tonen of uit te sluiten. · **dry ~** [E] onmogelijkheid tot opzuiging van materiaal (beenmerg) bij beenmergpunctie.

tapetoretinaal m.b.t. het tapetum nigrum.

tapetoretinale degeneraties groep van oogziekten waarbij degeneratie van netvlies en zijn pigmentblad op de voorgrond staan.

tapetum een bedekkende laag cellen. · **~ nigrum** pigmentepitheel v.d. retina.

tapirgezicht vooruitstekende, licht omkrullende lippen bij zwakte van gelaatsspieren.

tapis roulant [F] **1** (pulmon.:) zie klaring | mucociliaire ~; **2** (gynaecol.:) transport van eicellen door trilharen in eileiders; **3** (klin. fysiol.:) lopende band met een instelbare loopsnelheid en vaak ook een instelbare hellingshoek.

tapotage massage door bekloppen met tik-, klap-, hak- of stompbewegingen.

TARC thymus-and-activation-regulated chemokine.

tardivus zich laat manifesterend (zoals soms de verschijnselen van aangeboren syfilis).

tardus pulsus tardus, dermographia tarda.

target cell [E] **1** zie cel | schietschijf~; **2** doelwitcel, cel die aangrijppunt is voor een of andere stimulus.

targeted agent chemotherapeuticum dat erop gericht is één bepaald doelwit i.d. werking ervan te blokkeren.

target lesion zie laesie | iris~.

tarief prijs voor een prestatie of geheel van prestaties, door een orgaan voor gezond-

heidszorg geleverd.
tarsadenitis ontsteking v.d. tarsus v.e. ooglid en v.d. klieren van Meibom.
tarsale coalitie benige verbinding tussen twee of meer tarsale botten.
tarsalgie pijn i.d. voetwortel.
tarsalis 1 m.b.t. de tarsus (voetwortel); 2 m.b.t. de tarsus (kraakbeen v.h. ooglid); vb. blepharitis tarsalis.
tarsectomie 1 operatieve verwijdering van voetwortelbeenderen; 2 excisie v.d. tarsus v.e. ooglid.
tarsi gen. van tarsus; vb. conjunctiva tarsi.
tarsitis 1 ontsteking v.d. tarsus v.e. ooglid; 2 ontsteking v.d. ooglidrand.
tarsofalangeaal m.b.t. de tarsus en de teenkootjes.
tarsometatarseus m.b.t. de voetwortel en de middenvoet.
tarsotomie incisie, ev. excisie v.e. stuk ooglidtarsus, gevolgd door hechting.
tarsus 1 (orthop.:) voetwortel, bestaande uit calcaneus, talus, cuboïd en de drie cuneiformia; 2 (oogheelk.:) kraakbeen- of bindweefselplaat i.e. ooglid; 3 (oogheelk.:) een ooglid. • **meta~** het gedeelte v.d. voet tussen de voetwortel en de tenen.
tarweschurft jeukend, papuleus huiduitslag veroorzaakt door de tarwemijt (*Tyroglyphus farinae*).
tastbaar *zie* palpabel.
TATA tumor-associated transplantation activity.
TATA box [E] DNA-sequentie (thymine, adenine, thymine, adenine), vaak aangetroffen op 25-32 basenparen vóór het beginpunt van transcriptie in mRNA; betrokken bij de initiatie van transcriptie van mRNA.
tatoeage permanente implantatie i.d. huid v.e. onoplosbare kleurstof via kleine prikwondjes. • **accidentele** ~ bij verwonding, bijv. door explosies, i.d. huid gedrongen exogene partikels.
tauopathie groep neurodegeneratieve ziekten door afwijkingen aan het tauproteïne.
taurine zwavel bevattend aminozuur dat een belangrijke rol speelt bij de synthese van galzouten.
taurus rund.
taxis 1 repositie, i.h. bijz. v.e. buikwandbreuk; 2 reactieve beweging naar een prikkel toe (positieve t.) of ervan af (negatieve t.).
taxon een groep of categorie i.e. classificatie van natuurobjecten, zoals genus, species.

taxonomie 1 ordenende classificatie van organismen in categorieën op basis van hun onderling verband, met toekenning van passende namen; 2 de wetenschap betreffende deze ordening. • **numerieke** ~ classificatie van micro-organismen op grond v.h. aantal v.d. eigenschappen die soorten gemeen hebben.
Tay | **tay-sachschoroïditis** infantiele chororetinale degeneratie bij amaurotische idiotie of syndroom van Niemann-Pick. • **ziekte van ~-Sachs** zeldzame, autosomaal-recessief erfelijke en aangeboren stofwisselingsziekte, vallend onder de lysosomale stapelingsziekten, gekenmerkt door blindheid, mentale retardatie (infantiel type van amaurotische familiale idiotie) en epilepsie.
tb *zie* tuberculose.
TBEV (*Tick-borne encephalitis virus*) *zie* virus | tekenencefalitis~.
TBG *zie* globuline | thyroxinebindend ~.
TBI *zie* total body irradiation.
TBP thyroxine-binding protein.
TBPA thyroxinebindend prealbumine.
TBS *zie* terbeschikkingstelling.
TC *zie* cholesterol | totaal ~.
T-cel | **T-suppressorcel** lymfocyt die de activiteit v.d. T-helper cellen remt om te voorkomen dat deze doorgaan terwijl de infectie allang bestreden is.
T-celactiviteit immunologische reactie v.e. T-cel op een antigeen.
T-celdifferentiatiekinetiek proliferatie waarbij selectie voor apoptose of verdere proliferatie plaatsvindt na immigratie i.d. thymus, waarna emigratie v.d. rijpe T-lymfocyten volgt.
T-cel-NHL (T-cel-non-hodgkinlymfoom) *zie* Hodgkin | non-hodgkinlymfoom.
T-celreceptoraffiniteit *zie* antigeenaffiniteit.
T-celreceptorgenen de gencomplexen die coderen voor de ketens v.d. TcR; gelokaliseerd op chromosoom 14.
T-celreceptorgenherschikking deleties en verplaatsing i.d. gencomplexen die coderen voor de TcR.
Tc-99m-colloïd radionuclide.
Tc-99m-DMSA radionuclide.
Tc-99m-erytrocyten radionuclide.
Tc-99m-fosfonaat radionuclide.
Tc-99m-gedenatureerde erytrocyten radionuclide.

Tc-99m-HMPAO radionuclide.
Tc-99m-HMPAO-leukocyten radionuclide.
Tc-99m-Ioida radionuclide.
Tc-99m-MAA radionuclide.
Tc-99m-MAG3 radionuclide.
Tc-99m-MIBI radionuclide, bestaande uit technetiumisotoop, gebonden aan de drager methoxy-isobutylisonitril.
Tc-99m-tetrofosmine radionuclide.
TD *zie* dosis | toxische ~.
tdd (ter de die) driemaal daags (rec.).
TDI 1 totale dagdosis insuline; **2** E. *tolerable daily intake* = aanvaardbare dagelijkse inname.
TdP *zie* torsade de pointes.
technetium (Tc) element met atoomnummer 43 en atoomgewicht 98.
technetium-99m-pertechnetaat (99mTc-pertechnetaat) radiofarmacon gebruikt om verschillende radiofarmaca te produceren.
tectorius tot bedekking dienend; vb. membrana t-ria.
tectospinalis v.h. tectum naar het ruggenmerg lopend; vb. tractus tectospinalis.
tectum gen. -ti. • ~ **mesencephalicum** het dorsaal v.e. denkbeeldig dwars vlak door de aqueductus mesencephali gelegen deel v.d. middenhersenen.
teek bloedzuigende parasiet v.d. orde *Acarina*.
teelbal *zie* testis.
teelbalkanker *zie* testiscarcinoom.
teen digitus pedis [L]. • **grote** ~ *zie* hallux. • **hamer**~ teen met dorsale flexie i.h. metatarsofalangeale gewricht en rechthoekige flexie i.h. proximale interfalangeale gewricht. • **klauw**~ standsafwijking v.d. teen waarbij de metatarsofalangeale gewrichten in hyperextensie staan en er een flexiestand v.d. interfalangeale gewrichten is. • **wintertenen** *zie* pernio. • **worst**~ wekedelenzwelling rond ontstoken interfalangeale gewrichten v.d. tenen.
teenkootje phalanx digiti pedis [L].
tefloninjectie injectie v.d. submucosa met een kunststof.
tegenkoppeling *zie* terugkoppeling.
tegenoverdracht reacties v.d. psychotherapeut jegens de patiënt die eerder te maken hebben met de persoon v.d. psychotherapeut zelf dan met de patiënt.
tegenpulsatie *zie* contrapulsatieballon.
tegenstroommechanisme uitwisseling van warmte of opgeloste stoffen tussen twee parallel verlopende buizen waarin vloeistof met verschillende temperaturen of concentratie in tegengestelde richting stroomt.
tegentrek *zie* tractie | contra-~.
tegmentalis m.b.t. een tegmen of een tegmentum; vb. paries tegmentalis cavi.
tegmentum het gebied v.d. pedunculus cerebri tussen substantia nigra en tectum. • ~ **mesencephalicum** gedeelte v.h. mesencephalon, strekt zich uit tussen substantia nigra en een vlak door de aqueductus cerebri. • ~ **rhombencephali** het dorsaal v.d. olijf gelegen gebied v.h. rhombencephalon.
tegumentum 1 (anat.:) *zie* integumentum; **2** (virol.:) ruimte tussen nucleocapside en virale envelop; bevat virale eiwitten; NB: niet te verwarren met tegmentum (neuroanat.).
TEK (therapeutisch-elastische compressiekousen) *zie* elastische kous.
teken *zie* symptoom, fenomeen. • **bananen**~ echoscopische afwijking die gezien kan worden bij een foetus met een spina bifida; hierbij staan beide cerebellaire hemisferen sterk naar anterior gebogen en sluiten zij het foramen magnum af. • **citroenvorm**~ echoscopische afwijking die gezien kan worden bij een foetus met een spina bifida. • **dangling-choroid-plexus**-~ echoscopische afwijking die wel wordt gezien bij hydrocefalie. • **esculaap**~ *zie* Aesculapius | staf van ~. • **hyperkinesie**~ **van Claude** reflectoire contractie van paralytische of paretische spieren, opgewekt door pijnprikkels. • **kernig**~ *zie* teken van Kernig. • **lambda**~ echoscopische bevinding bij dichoriale tweeling: verdikking van het tussenschot tussen beide vruchtzakken en de placenta. • **lit**~ **1** het weefsel dat zich vormt bij het dichtgroeien v.e. wond; **2** de plaats v.e. dichtgegroeide wond. • **silhouet**~ onscherp of onzichtbaar gebied op een röntgenfoto dat ontstaat wanneer gebieden met dezelfde radiologische dichtheid anatomisch contact hebben. • ~**en van Brudzinski** bij een liggende patiënt veroorzaakt de buiging v.e. been de buiging v.h. andere been en veroorzaakt de buiging v.h. hoofd naar voren de buiging v.d. benen. • ~ **van Ahlfeld** men bindt een bandje om de uit de vulva hangende navelstreng; drukt men nu

op de fundus uteri en gaat hierbij het bandje omlaag, dan wijst dit erop dat de placenta los i.d. uterus ligt. • ~ **van Asboe-Hansen** het vermogen om een blaar i.d. richting v.d. periferie uit te breiden na uitoefening van mechanische druk op het intacte blaardak. • ~ **van Battle** hematoom achter het oor ter plaatse v.h. mastoïd door fractuur v.h. rotsbeen. • ~ **van Blumberg** loslaatpijn, een verschijnsel bij appendicitis, in feite bij elke lokale of diffuse peritonitis. • ~ **van Bryson** verminderde inspiratoire thoraxuitzetting bij ziekte van Graves. • ~ **van Carvallo** symptoom bij auscultatie v.e. persoon met tricuspidaalklepinsufficiëntie: bij inspiratie wordt het holosystolische blazende geruis luider. • ~ **van Chvostek** *zie* reflex | chvostek~. • ~ **van Dance** tastbare inzinking v.d. rechter fossa iliaca bij ileocaecale invaginatie. • ~ **van Dewees** door druk op de onderbuik opgewekte pijn in beide schouders, bij intra-abdominale bloeding. • ~ **van Duchenne** *zie* symptoom | duchenne~. • ~ **van Eagleton** horizontaal-rotatore nystagmus wijst op perifeer-vestibulaire genese, diagonale of verticale op centraal-vestibulaire genese, spontane rotatore op cerebellaire genese.
• ~ **van Ewart** *zie* symptoom | ewart~. • ~ **van Froment** *zie* symptoom | froment~. • ~ **van Gerdy** *zie* heup | clicking hip. • ~ **van Gowers** *zie (sub 2)* symptoom | gowers~. • ~ **van Guttmann** *zie* symptoom | guttmann~.
• ~ **van Hamman** *zie* symptoom | hamman~.
• ~ **van Hill** *zie* symptoom | hill~. • ~ **van Hoover** *zie* symptoom | hoover~. • ~ **van Howship-Romberg** uitstralende pijn (v.d. binnenzijde v.d. heup tot aan de knie) t.g.v. prikkeling v.d. n. obturatorius, bijv. door de hierop uitgeoefende druk bij hernia obturatoria. • ~ **van Itard-Cholewa** ongevoeligheid v.h. trommelvlies bij otosclerose. • ~ **van Jaccoud** suprasternale welving v.d. aorta, bij leukemie. • ~ **van Jacod** violette plek op het vaginaslijmvlies onder de urethraopening, na de 4e zwangerschapsweek. • ~ **van Katzenstein** wanneer bij dichtdrukken v.d. femoralisarteriën de bloeddruk stijgt, is het hart niet insufficiënt. • ~ **van Kernig** (bij meningitis): bij de zittende patiënt of bij de op de rug liggende patiënt met i.d. knie gebogen benen, kan het been niet gestrekt worden. • ~ **van Kussmaul** verhoging v.d. veneuze druk bij inspiratie. • ~ **van Küstner** bij palpatie v.e. beweeglijke, vóór de uterus gelegen dermoïdcyste v.h. ovarium komt deze bij loslating weer voor de uterus terug. • ~ **van Leser-Trélat** paraneoplastisch huidverschijnsel, meestal bij een adenocarcinoom v.e. intern orgaan, gekenmerkt door plotseling verschijnen of vergroting van grote aantallen verrucae seborrhoicae. • ~ **van Lhermitte** plotselinge pijnscheut, lijkend op een elektrische schok, die v.d. nek via de rug naar de benen schiet als de patiënt het hoofd voorover buigt; voorkomend bij aandoeningen in of bij het halsgedeelte v.h. ruggenmerg. • ~ **van May** bij glaucoom wordt de pupil wijder na indruppeling met epinefrine. • ~ **van Mayo** verslapping v.d. onderkaaksspieren bij diepe narcose. • ~ **van Möbius** convergentiezwakte bij de ziekte van Graves. • ~ **van Moszkowicz** wanneer na opheffing van afsnoering v.e. extremiteit ondanks blijvende afklemming v.d. toevoerende arterie een reactieve hyperemie intreedt, is de voeding v.d. extremiteit ook na afbinding v.d. arterie verzekerd.
• ~ **van Müller** *zie* symptoom | müller~.
• ~ **van Musset** *zie* symptoom | musset~.
• ~ **van Naffziger** *zie* symptoom | naffziger~.
• **pseudo-~ van Nikolsky** het vermogen om de opperhuid af te pellen door zijwaartse druk (wrijven) van alleen rode huidgebieden. • ~ **van Nikolsky** bij wrijven op de huid laat het stratum corneum zich als de schil v.e. rijpe perzik v.d. onderlaag afschuiven, a.g.v. acantholyse. • ~ **van Pick** *zie* Pick | picksyndroom. • ~ **van Pochhammer** *zie* symptoom | pochhammer~. • ~ **van Prehn** *zie* symptoom | prehn~. • ~ **van Roser-Braun** als bij operatieve vrijlegging v.d. dura deze niet pulseert, wijst dit op aanwezigheid v.e. tumor, abces of cyste eronder. • ~ **van Schlange** bij darmileus is de darm oraal v.d. afsluiting gedilateerd, terwijl anaal ervan de peristaltiek afwezig is. • ~ **van Schröder** teken dat de placenta loslaat. • ~ **van Schwartze** *zie* symptoom | schwartze~.
• ~ **van Seiro** als men op een varix v.d. vena saphena een tik geeft, kan men op de ader een bloedgolf voelen die zo ver reikt als de kleppen v.d. ader insufficiënt zijn. • ~ **van Sheklakov** het vermogen om een huidlaesie te vergroten over een beperkte afstand.
• ~ **van Stellwag** het zelden knippen v.d.

oogleden, bij ziekte van Graves. • ~ **van Stemmer** het niet kunnen oppakken v.e. huidplooi op de rugzijde v.d. tweede teen. • ~ **van Stewart-Holmes** zie symptoom | stewart-holmes~. • ~ **van Tatti** het op en neer wippen v.h. over het andere been geslagen been a.g.v. het kloppen v.d. a. poplitea. • ~ **van Ten Horn** bij acute appendicitis is het trekken aan de rechter zaadstreng pijnlijk. • ~ **van Thornton** hevige pijn tussen ribbenboog en heupbeen, bij niersteen. • ~ **van Tinel** prikkelende sensatie i.h. oorspronkelijke innervatiegebied v.e. gelaedeerde zenuw, opgewekt door het bekloppen van uitgroeiende (aanvankelijk niet gemyeliniseerde) zenuwvezeltjes. • ~ **van Trendelenburg** zie gang | trendelenburg~. • ~ **van Trousseau** bij compressie v.d. arm ontstaat (bij mensen met latente tetanie) een spasmus van hand en pols met adductie v.d. duim, zodat zich een 'obstetrische hand' in oneigenlijke zin vormt. • ~ **van Tullio** zie symptoom | tullio~. • ~ **van Uhthoff** reversibele toename van eerder aanwezige uitvalsverschijnselen bij verhoging v.d. lichaamstemperatuur bij patiënten met multipele sclerose. • ~ **van Vanzetti** bij ischias staat het bekken, ook als er scoliose v.d. wervelkolom is, steeds horizontaal. • ~ **van Wanner** zie symptoom | wanner~. • ~ **van Warthin** versterkt longgeruis bij acute pericarditis. • ~ **van Weiss** zie fenomeen | facialis~. • ~ **van Wernicke** zie symptoom | wernicke~. • ~ **ulnaris**~ zie symptoom | froment~. • ~ **wortel**~ (cardiologie) vorm v.d. drukcurve bij constrictieve pericardaandoeningen. • **zwangerschaps**~ teken of symptoom waaraan men de aanwezigheid van zwangerschap kan vaststellen of vermoeden.

tekenbeetziekte zie lymeborreliose.
tekenen (gynaecol., verlosk.): het verliezen v.d. cervixslijmprop, gemengd met wat bloed, voorafgaand aan de partus.
tekenkoorts zie koorts | tekenbeet~.
tekentang grijpapparaatje waarmee een teek v.d. huid kan worden verwijderd zonder dat deze wordt fijngedrukt en hierdoor besmette (*Borrelia burgdorferi* enz.) inhoud i.d. wond kan spuwen, zoals dit wel gebeurt bij het gebruik v.e. pincet e.d.
tela weefsel. • ~ **adiposa** vetweefsel. • ~ **cellulosa** celweefsel, bindweefsel. • ~ **choroidea ventriculi quarti** een tussen het velum medullare caudale en de taenia ventriculi quarti bevestigde vaatrijke plooi v.d. pia mater. • ~ **choroidea ventriculi tertii** het dunne, smalle dak v.d. derde hersenventrikel met de plexus choroideus ventriculi tertii.
telangiectasia zie teleangiectasie.
tele- 1 aanduiding van 'ver weg, op afstand'; 2 aanduiding v.e. einde; vb. telencephalon.
telealgie zie pijn | gerefereerde ~.
teleangiëctasie verwijding van bloedcapillairen, angioom. • **teleangiectasia haemorrhagica hereditaria** erfelijke ziekte met recidiverende bloedingen uit multipele verwijde capillairen, gewoonlijk i.d. huid of de slijmvliezen, met normaal aantal trombocyten, normale stolling, bloedingstijd en stolselretractie, vaak met secundaire anemie. • **teleangiectasia familialis** zie teleangiectasia haemorrhagica hereditaria.
teleangiectaticus teleangiëctatisch, gepaard gaande met teleangiëctasieën.
teleangiectodes gekenmerkt door teleangiëctasieën; vb. purpura annularis teleangiectodes.
telecanthus grotere afstand tussen beide binnenste oogheken dan normaal.
teledermatologie overzending d.m.v. digitale beeldoverdracht van foto's van huidaandoeningen ter beoordeling door vakgenoten elders.
telemannprocedure methode om wormeieren in ontlasting snel op te sporen wanneer er maar weinig van zijn.
telemedicine zie geneeskunde | tele~.
telemetrie het registreren van bevindingen bij een patiënt op afstand, van uit zijn lichaam via een radiozender overgeseind.
telepathie de veronderstelde overdracht van gedachten op een ander persoon zonder fysieke of fysische communicatie.
televisieloep hulpmiddel voor slechtzienden om een object vergroot op een beeldscherm zichtbaar te maken.
telkamer gekalibreerde ruimte van bepaalde dikte waarin cellen onder de microscoop kunnen worden geteld. • **bürker**~ apparaat voor het tellen van bloedcellen. • **thomazeiss**~ een in vierkantjes gekalibreerde telkamer waarin met hayemvloeistof verdund bloed i.e. laag van 0,1 mm wordt gebracht, waarna de erytrocyten of de leukocyten per bepaald aantal vierkantjes worden geteld. • **türk**~ telkamer om bloedcellen te tellen.

telodendron de opsplitsing v.h. uiteinde v.e. axon in vele eindtakjes.

telofase vierde en laatste fase v.d. mitose: de chromosomen verspreiden zich, worden langer en dunner en daardoor minder duidelijk zichtbaar; er wordt een kernmembraan gevormd en de kernlichaampjes worden weer zichtbaar.

telogeen m.b.t. telogenesis.

telogenese eindstadium van groei, rustfase.

telokinese *zie* telofase.

telolemma de membraan die een motorisch eindplaatje bedekt en bestaat uit het sarcolemma v.d. spiervezel en het endoneurium v.d. zenuwvezel.

telomeer het distale einde v.e. chromosoomarm.

telorragie bloeding uit de tepel *zie* tepeluitvloed.

temperament het complex van aangeboren emotionele, morele en intellectuele kwaliteiten die een persoonlijkheid typeren.

temperans kalmerend middel.

temperatuur relatieve warmte of koude v.e. voorwerp of substantie t.o.v. een referentiepunt. • **basale** ~ de lichaamstemperatuur 's ochtends bij het ontwaken. • **kern**~ temperatuur v.h. inwendige v.h. lichaam, het meest betrouwbaar rectaal te meten. • **neutrale** ~ (neonatolog.:) optimale omgevingstemperatuur voor de pasgeborene. • **ochtend**~ *zie* basale ~. • **onder**~ *zie* hypothermie. • **rectale** ~ temperatuur die i.d. endeldarm gemeten wordt ter bepaling v.d. lichaams(kern)temperatuur. • **subfebriele** ~ lichaamstemperatuur even boven de normale, maar onder die van 'echte' koorts (38°).

temperatuurmethode methode van periodieke onthouding waarbij de periode van ovulatie wordt bepaald door gebruikmaking v.d. temperatuurstijging die tijdens de eisprong optreedt.

temperatuursdaling | lytische ~ geleidelijke daling v.d. verhoogde lichaamstemperatuur.

temper tantrum felle uitbarsting van agressie, woede, verdediging en frustratie door schreeuwen, schoppen, slaan enz.

template [E] immunologische voorstelling dat een antistof het spiegelbeeld is v.d. antigeenstructuur, zodat antistof en antigeen in elkaar passen.

tempora mv. van tempus (slaapstreek).

temporaal aan de kant v.d. slaap; vb. temporale bleekheid v.d. papil, i.t.t. mediale. • **centro**~ i.h. midden v.d. slaap(kwab) gelegen; vb. centrotemporale spikes bij epilepsie. • **mesio**~ naar de middellijn v.d. slaap (Lat.: tempus) gericht; vb. mesiotemporale sclerose.

temporair tijdelijk.

temporalis m.b.t. de slapen, aan de kant v.d. slaap.

temporomandibulaire disfunctie (TMD) *zie* syndroom | costen~.

tempus 1 gebied boven het jukbeen; **2** tijd.

tenaciteit vasthoudendheid.

tenaculum ooglidhouder, brede wondhaak.

tenalgie *zie* tenodynie. • **tenalgia crepitans** *zie* tendovaginitis crepitans.

tenax vasthoudend.

tender point drukgevoelige anatomische locatie, bijv. bij reumatische aandoening.

tendineae vr. mv. van tendineus; vb. chordae t-eae.

tendineus m.b.t. een pees, peesachtig.

tendinitis ontsteking v.e. pees. • ~ **calcarea** peesontsteking gepaard met kalkafzetting. • **dansers**~ peesschedeontsteking v.d. m. flexor hallucis longus achter onder de malleolus medialis. • ~ **ossificans traumatica** peesontsteking met vorming van been i.h. peesweefsel, na trauma. • ~ **stenosans** ontsteking v.d. vingerpezen met vernauwing v.d. peesscheden.

tendinopathie aandoening v.e. of meer pezen. • **insertie**~ *zie* enthesiopathie.

tendinosus 1 m.b.t. een of meer pezen; **2** m.b.t. pezen; vb. panaritium tendinosum.

tendo koordvormige bindweefselverbinding tussen een spier en de oorsprong- resp. aanhechtingsplaats ervan. • ~ **Achillis** *zie* tendo calcaneus. • ~ **calcaneus** pees waarmee de m. triceps surae aan het tuber calcanei is aangehecht.

tendoperiostose *zie* enthesiopathie.

tendosynoviitis ontsteking v.e. peesschede *zie* tendovaginitis. • **pols**~ ontsteking van zowel de strek- als de buigpezen v.h. polsgewricht.

tendotomie *zie* tenotomie.

tendovaginalis m.b.t. een pees en diens peesschede; vb. hydrops tendovaginalis.

tendovaginitis ontsteking v.e. peesschede.

tendovaginopathie

- **~ crepitans** tendovaginitis waarbij beweging v.e. diep gelegen strekpees een knarsend geluid maakt. • **~ stenosans** pijnlijke knobbel i.d. buigpees van duim of vingers, vaak gepaard gaand met een verdikt en vernauwd tunnelgedeelte waardoor de pees niet door de peesschede kan schuiven.

tendovaginopathie aandoening v.e. of meer peesscheden.

tenectomie excisie v.e. deel v.e. pees of peesschede.

tenenkaas schimmelinfectie tussen de tenen.

Tenericutes divisie v.d. prokaryoten waarbij de celwand ontbreekt.

tenesmus pijnlijke aandrang tot defeceren of urineren met kramp v.d. anuskringspier (sphincter ani) en bemoeilijkte defecatie resp. mictie. • **fantoomtenesmi** pijnlijke aandrang tot defecatie, na rectumextirpatie, gevoeld op de plek waar de verwijderde anus en het rectum hebben gezeten.
• **~ ani** pijnlijke aandrang tot defeceren, gepaard met kramp v.d. sphincter ani en bemoeilijkte defecatie.

tennisarm *zie* elleboog | tennis~.

tenodese het losmaken v.d. insertie v.e. pees en opnieuw fixeren op een andere plaats.

tenodynie pijn i.e. pees.

tenolyse het losmaken v.e. pees uit adhesies.

tenomyotomie doorsnijding c.q. gedeeltelijke excisie v.e. pees plus spier.

tenosynoviitis *zie* tendovaginitis.

tenotomie doorsnijding v.e. spierpees.

TENS (transcutaneous electrical nerve stimulation) *zie* transcutaneous electrical nerve stimulation.

tensa vr. van tensus.

tensie spanning, druk (bloeddruk, oogboldruk).

tensiemeter apparaat waarmee de bloeddruk kan worden gemeten.

tension-free vaginal tape (TVT) spanningsvrij vaginaal bandje, gebruikt bij chir. verhelping van incontinentie.

tensor aanspanner; vb. musculus tensor tympani.

tensus gespannen, strak; vb. pars tensa (membranae tympani).

tentamen poging. • **~ suicidii** *zie* suïcidepoging.

tentorium tent. • **~ cerebelli** een tentvormige gedeeltelijke afsluiting v.d. achterste schedelgroeve.

tentum *zie* penis.

tenuis dun, teer; vb. meninx tenuis, intestinum tenue.

tepelhof areola mammae.

tepeluitvloed afscheiding uit de tepel die spontaan optreedt en geen verband houdt met zogen of zwangerschap.

tepelvormig uitsteeksel *zie* processus mastoideus.

TEQ *zie* equivalent | toxisch ~.

teratoblastoom *zie* teratoom | teratoma embryonale.

teratogeen 1 (bijv. nw.) misvorming bij het embryo veroorzakend; **2** (z. nw.) een stof die bij het embryo misvormingen teweegbrengt.

teratogenese de ontstaanswijze van aangeboren misvormingen.

teratogeniteit eigenschap v.e. stof of ziekte om foetale afwijkingen te veroorzaken indien de moeder tijdens de zwangerschap deze ziekte krijgt resp. met de stof in aanraking komt.

teratoïd op een monster lijkend; vb. teratoïd gezwel (= teratoom).

teratologie de wetenschap betreffende het ontstaan van aangeboren misvormingen.

teratomateus m.b.t., gelijkend op een teratoom.

teratoom gezwel, bestaande uit embryonale weefsels (uit de drie kiembladen). • **teratoma adultum** t. met duidelijk gedifferentieerde weefsels. • **teratoma embryonale** t. met onregelmatig dooreen liggende embryonale elementen. • **rijp ~** *zie* teratoma adultum.

terbeschikkingstelling (TBS) bevel tot verpleging, door de rechter opgelegd, als iemand een strafbaar feit heeft gepleegd t.g.v. een psychiatrische stoornis.

teres rond en lang; vb. ligamentum teres (mv. ligamenta teretia).

teretis gen. van teres; vb. fissura ligamenti teretis.

tergum *zie* rug. • **a tergo** ruggelings; vb. coitus a tergo tergo, vis a tergo tergo.

tering *zie* tuberculose.

termijnbepaling echoscopische bepaling v.d. zwangerschapsduur i.h. begin v.d. zwangerschap door de maten v.d. foetus te vergelijken met standaardgroeicurves.

terminaal aan het einde, m.b.t. het einde.

terminalis aan het einde v.e. voorwerp of v.e.

periode.
terminatie einde, uiteinde, grens.
terminationes nervorum liberae vrije zenuweinden.
terminationis gen. van terminatio; vb. nuclei terminationis.
termini mv. van terminus (term).
terminolateraal *zie* hechting | end-to-side-~.
Terminologia Anatomica (TA) systematisch ingedeelde verzameling van ca. 7500 anatomische begrippen ten behoeve v.d. anatomische nomenclatuur; zie het voorwoord.
Terminologia Histologica (TH) nomenclatuur v.d. microscopische anatomie.
terminologie 1 nomenclatuur; **2** de kennis v.d. vaktermen.
terminoterminaal *zie* hechting | end-to-end-~.
termon~ geslachtsbepalend hormoon. • **gyno~** vrouwelijk bepalend hormoon.
Terson | **tersonsyndroom** oculocerebraal syndroom, gekenmerkt door het samengaan van retinale en/of glasvochtbloedingen met subarachnoïdale of subdurale hemorragie/hematomen.
tertiair a.g.v. een andere (niet-primaire of secundaire) aandoening.
tertiana *zie* febris tertiana.
tertianus m.b.t. de derde (dag); vb. febris tertiana, malaria tertiana.
tertius derde; vb. nervus occipitalis tertius.
terugkoppeling mechanisme ter instandhouding v.e. evenwicht, zodanig, dat een afwijking v.h. evenwicht wordt waargenomen. • **negatieve ~** remming v.e. proces doordat het uitgaande signaal het inkomende signaal afremt. • **positieve ~** stimulatie v.e. proces doordat het signaal afkomstig v.d. uitgangsgrootheid bij het ingangssignaal wordt opgeteld, resulterend i.e. exponentiële toename v.d. uitgangsgrootheid; een vb. is de depolarisatie v.e. zenuwvezel.
terugresorptie het opnemen (terug resorberen) v.e. tevoren uitgescheiden substantie.
terugval *zie* relaps.
tesla (T) SI-meeteenheid voor magnetische veldsterkte.
test procedure, onderzoek ten behoeve van diagnostiek. • **aandachtsfunctie~** neuropsychologisch onderzoek om gestoorde informatieverwerking aan te tonen. • **acidified-serum-lysis~** *zie* ham-. • **ACTH-stimulatie~** *zie* tetracosactide-. • **ADCC-~** (antibody-dependent cell-mediated cytotoxicity test) test waarmee de activiteit v.e. resusantagonisme tijdens de zwangerschap wordt gemeten. • **adson~** *zie* proef | adson-. • **allen~** klinische test ter bepaling v.d. arteriële circulatie v.d. hand. • **allergie~** proef waarbij wordt onderzocht of een allergeen een allergische reactie oproept en bij welke concentratie dit gebeurt. • **alternate binaural loudness-balance ~** *zie* balans-. • **ames~** test om de mutagene en de carcinogene werking van bepaalde stoffen te onderzoeken. • **amine~** test op bacteriële vaginose. • **anafylax~e~** test voor het vaststellen v.e. anafylactische reactie op een allergeen. • **anel~** test om een belemmerde traanafvoer aan te tonen. • **antiglobuline~** *zie* coombs-. • **antistofafhankelijkecellulairecytotoxiciteits~** *zie* ADCC-~. • **apneu~** test die wordt uitgevoerd ter vaststelling van hersendood bij geïntubeerde patiënten om na toediening van 100%-zuurstof afwezigheid van spontane ademhaling aan te tonen. • **apprehensie~** onderzoekstechniek naar de stabiliteit v.e. gewricht, m.n. schouder of de patella. • **AP-50-~** (alternative pathway-50-test) immunologische test ter bepaling v.d. functie v.h. alternatieve complementsysteem. • **argininetolerantie~** (ATT) test voor het bepalen van eventuele groeihormoondeficiëntie. • **arousal~** test ter beoordeling v.h. gehoorvermogen bij kinderen i.d. eerste twee levensmaanden. • **azijnzuur~** test om huid- en slijmvliesafwijkingen a.g.v. humaan papillomavirus aan te tonen. • **balans~** test voor het bepalen van recruitment en de mate daarvan bij cochleaire laesie. • **Bengaals-rood~** test waarmee de mate van epitheelschade t.g.v. de droogheid van cornea en conjunctiva wordt gemeten. • **bethanechol~** test voor het aantonen van blaasdenervatie. • **bijnierfunctie~** test waarbij de bijnieren met ACTH worden gestimuleerd en vervolgens i.h. bloed de bijniersteroïden worden bepaald. • **binet-simon~** intelligentietest die de intelligentie uitdrukt i.e. getal, het intelligentiequotiënt (IQ). • **blaas~** *zie* proef | blaas-. • **blocking~ 1** het aantonen van incomplete (univalente) antistoffen, gebruikmakend

v.h. feit dat complete antistoffen niet reageren als de vrije receptoren bezet zijn door incomplete antistoffen; 2 (neurofysiologie:) singlefibre-elektromyografie (gestimuleerd), test tijdens zenuwvezelstimulatie of minimale contractie dat af en toe een spiervezelpotentiaal niet optreedt.
· **bloedallergie**~ *zie* radio-immunosorbent-. · **bonney**~ *zie* marshall-. · **boom**~ (kinderpsychiatrie) projectietest waarbij de opdracht aan het kind is een boom te tekenen. · **brückner**~ test voor vaststelling van microstrabisme en anisometropie. · **buerger**~ 1 proef die de toestand v.d. arteriën i.h. been weergeeft; 2 bij personen zonder stofwisselingsstoornissen ontstaat er hypercholesterolemie bij ingestie van cholesterol. · **calciuminfusie**~ bijschildkliersuppressietest; intraveneuze toediening van calcium en meting van parathormoonwaarden. · **cavia**~ *zie* proef | cavia-. · **cholecystokinine**~ onderzoek naar de samenstelling van duodenumvocht om pancreasinsufficiëntie aan te tonen. · **CH50**-~ *zie* CH50-complementbepaling. · **cis-trans**-proef i.d. microbiologische genetica om uit te maken of twee mutaties die beide hetzelfde fenotype teweegbrengen, op éénzelfde dan wel twee verschillende chromosomen plaatshebben. · **cold-pressure**-~ proef ter bepaling v.d. neurovasculaire motiliteit. · **combinatie**~ prenatale screening ter berekening v.d. kans op een kind met het downsyndroom. · **concentratie**~ van Bourdon v.e. gedrukte testbladzijde laat men bepaalde letters doorstrepen. · **coombs**~ antiglobulinereactie voor het aantonen van incomplete antistoffen die hetzij aan de erytrocyten v.d. patiënt gebonden zijn, hetzij vrij in diens serum voorkomen. · **cover**~ *zie* proef | afdek-. · **C1q-bindings**~ test voor het bepalen v.d. hoeveelheid circulerende immuuncomplexen. · **dexamethasonsuppressie**~ test ter evaluatie v.d. hypothalamushypofysebijnieras. · **directe coombs**~ proef waarbij gewassen erytrocyten v.d. patiënt worden samengevoegd met coombsserum. · **disacharidetolerantie**~ test voor het aantonen van destructie van microvilli v.d. dunne darm. · **dix-hallpikekantel**~ onderzoek dat wordt toegepast in diagnostiek van draaiduizeligheid. · **double blindfold** ~ [E] *zie* onderzoek | dubbelblind -. · **doublestep**~ onderzoek naar

decrementie onder ischemische conditie. · **drempeladaptie**~ *zie* toonverval-. · **D-xylose**~ test voor opsporen van darmspruw. · **ellsworth-howard**~ *zie* PTH-infusie-. · **epicutane allergie**~ diagnostische methode voor vaststelling van type-IV-allergie voor een stof waarvoor men van tevoren is gesensibiliseerd. · **ewing**~ een door het echtpaar Ewing ontworpen gehooronderzoek van jonge kinderen. · **farr**~ methode voor het bepalen v.d. affiniteit en aviditeit v.e. antilichaam voor een antigeen. · **fecaalocultbloed**~ (FOBT) test waarmee (kleine) hoeveelheden bloed in feces kunnen worden gevonden. · **fecesreductie**~ test voor het aantonen van lactose en/of glucose i.d. feces. · **fietsergometrie**~ belastingstest ter beoordeling van o.a. de cardiale functie en de longfunctie. · **fisher-exact**~ statistische test om de onafhankelijkheid van twee dichotome variabelen vast te stellen. · **fistelsymptoom**~ het testen v.d. aanwezigheid v.e. perilymfefistel door bijv. met een polizerballon over- en onderdruk aan te brengen i.d. uitwendige gehoorgang en daardoor i.h. middenoor. · **flip**~ onderzoek naar het bestaan van ischialgie; bij de zittende patiënt drukt de onderzoeker het bovenbeen op de onderlaag en wordt het pijnlijke afhangende been i.h. kniegewricht gestrekt; test is ischialgie-positief als de patiënt de rug achterover beweegt ter preventie v.h. rekken v.d. n. ischiadicus. · **flocculatie**~ reactie waarbij t.g.v. binding van antigenen aan serumeiwit vlokjes neerslaan. · **galactosetolerantie**~ leverfunctieproef waarbij de patiënt 40 g galactose in 1 liter vloeistof inneemt, waarna gedurende 6 uur zijn urine wordt verzameld; uitscheiding van meer dan 2,5 g galactose in 2 uur tijd wijst op leverfunctiestoornis. · **glauco**~ instrument voor het meten v.d. oogdruk. · **glucagon**~ test waarbij na i.v. toediening van glucagon de concentratie van C-peptide i.h. bloed wordt gemeten als maat voor de endogene insulinereservecapaciteit. · **glucosetolerantie**~ proef om na te gaan of de glucosetolerantie gestoord is; na toediening v.e. vastgestelde hoeveelheid glucose wordt de bloedglucoseconcentratie i.d. tijd vervolgd. · **GnRH**-~ gonadotrophin-releasing hormone test. · **guajac**~ test voor het aantonen van occult bloed i.d. ontlasting. · **H$_2$-adem**~ *zie* disacharidetoleran-

tie~. • **hamstereicelpenetratie**~ bepaling in vitro v.h. percentage spermatozoa dat i.e. hamstereicel penetreert. • **ham**~ (bij paroxismale nachtelijke hemoglobinurie): erytrocyten ondergaan lysis wanneer bij aanwezigheid van vers normaal serum de pH v.h. bloed v.d. patiënt tot 6,5 à 7,0 wordt verlaagd. • **hCG**~ **1** test die de aanwezigheid v.h. eiwithormoon humaan choriongonadotrofine (hCG) in urine of serum bepaalt; **2** stimulatietest voor de testosteronproducerende cellen van Leydig (leydigcellen) i.d. testes. • **hemagglutinatie**~ proef ter titrering v.d. door myxovirussen teweeggebrachte agglutinatie van heem.
• **hemolysine**~ in-vitro-lysis van lichaamsvreemde erytrocyten i.e. mengsel van serum en complement. • **heparinetolerantie**~ (HTT) kwantitatieve proef ter bepaling v.d. mate waarin het bloed door heparine onstolbaar is gemaakt. • **hepatojugulairereflux**~ terugvloeiing van bloed i.d. hals met stijging v.d. veneuze druk door drukken met de vlakke hand op een door stuwing vergrote lever. • **HER2**~~ test waarbij de aanwezigheid van HER2 (human epidermal growth factor receptor 2) wordt bepaald; het gen HER2 speelt een rol bij groei, deling en herstel van cellen en regelt de aanmaak van specifieke eiwitten; carcinomen met HER-2-overexpressie hebben een slechtere prognose en een afwijkende gevoeligheid voor chemotherapie en hormonale therapie; bovendien kunnen zij worden behandeld met specifiek tegen het HER-2-eiwit gerichte antilichamen; de uitslag v.e. HER-2-test is medebepalend voor het type VAN systemische behandeling.
• **hiv**~~ test om antistoffen tegen hiv aan te tonen. • **hiv-thuis**~ zie hiv-zelf-. • **hiv-zelf**~ hiv-test die men zelf thuis, in veelal gewenste anonimiteit, kan uitvoeren. • **howard**~ methode om vernauwing v.e. nierarterie op te sporen i.d. urine. • **huidprik**~ diagnostische methode voor vaststelling van type-I-allergie waarbij een allergeen op de huid wordt aangebracht en vervolgens erdoorheen wordt geprikt of gekrast. • **huid**~ diagnostische methode voor vaststelling v.d. reactie op epicutane applicatie of intracutane toediening van verschillende stoffen.
• **hyperabductie**~ auscultatie v.d. a. subclavia met de arm in hyperabductiehouding. • **hyperoxygenatie**~ toediening gedurende 10 tot 20 minuten van 100%-O_2 ter differentiatie tussen hypoxemie van cardiale en pulmonale oorsprong. • **hyperventilatieprovocatie**~ test die nuttig kan zijn bij de diagnose 'hyperventilatiesyndroom'. • **indirecte coombs**~ proef waarbij serum v.d. patiënt wordt samengevoegd met testerytrocyten. • **insulineglucosetolerantie**~ belastingsproef waarbij gelijktijdig insuline en glucose wordt toegediend.
• **insulinetolerantie**~ test ter evaluatie v.d. hypothalamus-hypofyse-bijnieras waar m.b.v. insuline bij patiënten een hypoglykemie wordt veroorzaakt. • **intelligentie**~ proef ter bepaling van verstandelijke begaafdheid; hiervoor bestaan vele methodes.
• **intracutane** ~ zie allergietest | intracutane ~. • **ishihara**~ onderzoek v h. kleuronderscheidingsvermogen d.m.v. platen met cijfers die gevormd zijn uit gekleurde cirkels.
• **jones-dye-disappearance**~~ test voor de fysiologische doorgankelijkheid v.h. traanafvoerapparaat. • **kay**~ zie proef | pentagastrinemaag~. • **kras** zie allergietest | intracutane ~. • **kremer**~ zie spermatozoapenetratiemeter~. • **kruishemagglutinatieremmings**~ hemagglutinatieremmingstest t.b.v. het aantonen van kleine antigene verschillen. • **kveim**~ huidtest die wordt gebruikt om de diagnose sarcoïdose te stellen.
• **lachman**~ test waarbij de knie i.e. flexiestand van 20-25° wordt gehouden terwijl de tibia naar ventraal wordt geschoven. • **lactosetolerantie**~ test waarbij een patiënt na een nuchtere periode een vloeistof met lactose te drinken krijgt, waarna ademmonsters worden afgenomen waarin de H_2-concentratie wordt bepaald. • **lang**~ test voor stereoscopisch zien. • **latexfixatie**~ een op de test van Waaler-Rose gebaseerde serologische reactie op aanwezigheid v.d. reumafactor. • **LE**~~ bloedonderzoek naar auto-antilichamen voor de diagnostiek van lupus erythematodes. • **leukocytenmigratie**~ bepaling v.d. invloed van bepaalde stoffen (bijv. geneesmiddelen) op de leukocytenmigratie. • **leverfunctie**~ (LFT) klinisch-chemische proeven ter bepaling v.d. leverfuncties. • **LHRH**~~ zie luteinizing-hormone-releasing-hormone~~. • **limulus**~ zeer gevoelige proef op aanwezigheid van endotoxinen van gramnegatieve bacteriën.
• **lissaminegroen**~ zie jones-dye-disappearance~~. • **lombard**~ test naar dubbelzijdige

voorgewende doofheid. • **loopband**~ gestandaardiseerde inspanningstest ter controle v.d. inspanningstolerantie bij o.a. hartfalen. • **luier**~ test waarbij enigszins objectief informatie wordt verkregen over de mate van urine-incontinentie. • **lundh**~ bepaling v.d. postprandiale intraduodenale trypsineconcentratie door inname van mengsel van mageremelkpoeder, maïsolie en dextrose; eenvoudige methode om de exocriene pancreasfunctie te meten. • **luteinizing-hormone-releasing-hormone**-~ (LHRH-test) [E] test waarbij wordt bekeken of eventuele ovaria via de hypofyse indirect kunnen worden gestimuleerd. • **lymfocytstimulatie**~ 1 methode om antigeenspecifieke T-cellen aan te tonen; 2 in-vitrotest voor lymfocyten, waarvan het proliferatievermogen wordt bepaald nadat de cellen zijn gestimuleerd met een mitogene stof. • **lysinevasopressine**~ test om de hypofysaire ACTH-reserve te bepalen. • **lysis**~ *zie* ham~. • **maagzuursecretie**~ test waarmee de basale en de maximale zuursecretie wordt gemeten voor en na stimulatie met pentagastrine. • **mann-whitney-U**~ non-parametrische toets om de verdeling v.e. continue variabele tussen twee onafhankelijke groepen te vergelijken. • **mantoux**~ *zie* reactie | mantoux~. • **marshall**~ test waarbij de patiënt gevraagd wordt te hoesten met een gevulde blaas. • **mazzotti**~ *zie* proef | mazzotti~. • **mcmurray**~ *zie* handgreep van McMurray. • **mcnemar**~ non-parametrische toets voor het vergelijken van verschillen tussen gepaarde categorische variabelen. • **metapyron**~ test voor bepaling v.d. hypofysaire ACTH-reserve. • **methionineremmings**~ microbiologische reactie, uit te voeren bij pasgeborenen, om ev. bestaande homocystinurie vast te stellen. • **microtrayagglutinatie**~ test waarmee de hoeveelheid antilichamen tegen spermatozoa i.h. cervixslijm kan worden bepaald. • **MIF**~ test waarmee de productie v.d. migratie-inhibitiefactor door T-lymfocyten kan worden bepaald. • **miller-kurzrok**~ test waarmee microscopisch de penetratie en migratie van spermatozoa in cervixslijm worden bestudeerd. • **minrin**~ test ter bevestiging v.d. diagnose 'diabetes insipidus' waarbij eenmalig een vasopressineanalogon wordt toegediend. • **Monosticon**-~ test voor het aantonen van antistoffen tegen het epsteinbarrvirus. • **müller**~ geforceerde inademing na diepe uitademing, bij gesloten neus en mond, versterkt de negatieve druk i.d. borstkas. • **mutageniteits**~ in-vitrotest om de carcinogeniciteit van bepaalde stoffen aan te tonen. • **NBT**-~ *zie* nitroblauwtetrazolium~. • **neutralisatie**~ een proef ter identificering v.e. virus, door toevoeging van immuunserum (met specifieke antistof) aan een met virus geïnfecteerde celkweek. • **nitriet**~ biochemische test waarmee (bacterieel) nitraatreductase in vers geloosde urine wordt aangetoond. • **nitroblauwtetrazolium**~ (NBT-test) verouderde laboratoriummethode ter differentiëring van bacteriële infecties t.o.v. andere oorzaken van koortsende ziekten. • **normalelymfocytentransfer**~ (NLT) lokale reactie a.g.v. een immunitaire reactie van intradermaal ingespoten allogene lymfocyten tegen antigenen i.d. huid v.d. patiënt. • **ober**~ test op contractuur v.d. m. tensor fasciae latae. • **occultbloed**~ *zie* fecaalocculbloed~. • **oestrogeen-progesteron**~ test ter evaluatie van amenorroe. • **omgekeerde prisma**~ variant v.d. prismatest. • **ontbijt**~ bepaling v.d. bloedglucoseconcentratie tijdens de zwangerschap in aansluiting op het normale ontbijt. • **PABA**-~ (para-aminobenzoëzuurtest) test die wordt gebruikt voor het aantonen van pancreasinsufficiëntie. • **paced auditory serial addition** ~ (PASAT) [E] test v.d. snelheid van informatieverwerking; hierbij luistert een persoon naar een reeks cijfers en moet hij het laatstgehoorde cijfer bij het voorgaande optellen. • **pacing-stress**-~ frequentiebelastingsproef om coronaria-insufficiëntie aan te tonen. • **pack**~ obsolete hartfunctieproef. • **panel-D-15-farnsworth**~ test voor het onderzoek van kleurenzien waarmee tevens de kleurzienstoornis grafisch kan worden vastgelegd. • **pap**~ *zie* uitstrikje | cervix~. • **para-aminobenzoëzuur**~ *zie* PABA-~. • **performale** ~ *zie* performance~. • **performance**~ testonderdeel v.e. psychologisch onderzoek waarbij de proefpersoon zelf iets moet doen. • **persoonlijkheids**~ *zie* projectie~. • **perthes**~ *zie* proef | perthes~. • **phalen**~ provocatieonderzoek om een carpaletunnelsyndroom te diagnosticeren. • **pintner-patterson**~ non-verbale intelligentietest waarbij voorwerpen en platen

worden gebruikt. • **pivotshift~** [E] bewegingsonderzoek v.d. knie: bij een flexiebeweging wordt valgusstress in diverse rotatiestanden uitgeoefend. • **plankton~** *zie* proef | plankton-. • **poor man's pregnancy** ~ [E. 'armeluiszwangerschapstest'] test waarbij een zwangerschap wordt geconstateerd aan de hand v.d. blijvende hyperthermie fase op een basale temperatuurcurve. • **prik~** *zie* huidprik-. • **prisma~** oogheelkundige test ter differentiatie tussen binoculair zien (mogelijkheid tot fusie) en dominantie van één oog. • **progesteronprovocatie~** diagnostische test bij amenorroe waarbij na korte behandeling met progesteron wordt bepaald of een onttrekkingsbloeding plaatsvindt. • **projectie~** psychologische onderzoekmethode waarmee getracht wordt de onbewuste gevoelsinhouden van iemand tevoorschijn te brengen. • **provocatie~** *zie* provocatie. • **psychologische** ~ test die één of meerdere individuele psychologische variabelen meet, registreert, objectiveert en systematiseert. • **PTH-infusie~** (parathormooninfusietest) test om onderscheid te maken tussen hypoparathyreoïdie en pseudohypoparathyreoïdie. • **Q-~** $\chi 2$-test die wordt toegepast om de heterogeniteit van uitkomsten van individuele onderzoeken in meta-analyses te onderzoeken. • **radioallergosorbent~** (RAST) radiodiagnostische test ter vaststelling van allergeenspecifiek IgE i.h. serum. • **radio-immunosorbent~** (RIST) radiodiagnostische test ter bepaling v.d. totale hoeveelheid IgE-antistoffen i.h. serum. • **rapid-plasma-reagin-~** (RPR-test) serologische reactie als diagnostische test bij syfilis. • **reuk~** bepaling v.h. reukvermogen m.b.v. vluchtige reukstoffen. • **rorschach~** methode ter beoordeling v.d. persoonlijke fantasie. • **rosette-inhibitie~** test waardoor men de hoeveelheid immunosuppressieve stof kan schatten, nodig om rejectie v.e. transplantaat te voorkomen. • **RPCF-~** *zie* Reiter | reiterproteïnecomplementfixatiereactie. | **RPCI-~** *zie* Reiter | reiterproteïnecomplementfixatiereactie. | **RPR-~** *zie* rapid-plasma-reagin-~.
• **saccade~** test waarbij de sprongsgewijze bewegingen v.d. ogen worden onderzocht. • **scarificatie~** (immunodiagnostiek) aanbrengen van oppervlakkige huidbeschadiging; gevolgd door indruppelen van allergeenhoudend extract. • **schaduw~** *zie* sciascopie. • **schiller~** test voor vroege diagnose van portiocarcinoom met joodjoodkalioplossing. • **schilling~** test voor de bepaling v.d. resorptie van vitamine B12 i.h. maag-darmkanaal. • **schirmer~** schatting v.d. traansecretie door een stukje filtreerpapier i.d. onderste fornix conjunctivae te plaatsen en na 5 minuten de ontstane natte vlek te meten. • **schober~** methode waarbij met een bep. handgreep de bewegingsexcursie v.d. wervelkolom wordt bepaald.
• **schuiflade~** test voor letsel v.d. voorste of achterste kruisbanden. • **SCMS-~** spermacervixmucuscontacttest. • **scratchpatch~** [E. 'kras-lapje-proef'] lapjesproef op gescarificeerde huid. • **scratch~** *zie* scarificatie~. • **scriver~** onderzoek van (veneus) bloed op aanwezigheid van sikkelcelhemoglobine (HbS). • **sedimenterings~** *zie* proef | sedimenterings-. • **shwachman~** aantoning van vermeerderde natriumchloride-uitscheiding i.h. zweet d.m.v. een zilvernitraat en kaliumbichromaat bevattende rode agarplaat. • **sikkelcel~** *zie* scriver~. • **sniderlucifer~** eenvoudige proef om de respiratoire functie te beoordelen: de patient moet trachten met wijd open mond een brandende lucifer uit te blazen die op 15 cm afstand van zijn lippen wordt gehouden. • **sperma-cervixmucuscontact~** (SCMC-test) onderzoeksmethode voor het aantonen van antispermatozoa-antistoffen in sperma en cervixslijm. • **spermapenetratie- en migratie~** onderzoek bij een paar met verminderde vruchtbaarheid waarbij aan uit de baarmoederhals opgezogen cervicaal slijm i.h. laboratorum sperma wordt toegevoegd, waarna de spermabeweeglijkheid i.h. slijm wordt beoordeeld. • **spermatozoapenetratiemeter~** (SPM-test) test ter beoordeling v.d. interactie tussen spermatozoa en cervixslijm, waarbij onder de microscoop de verste afstand gemeten wordt die de spermatozoa per tijdseenheid afleggen, alsmede het aantal spermatozoa per afstand en per tijdseenheid, de migratiesnelheid en de beweeglijkheidsduur v.d. spermatozoa worden vastgesteld. • **spiegel~** *zie* proef | blaas-. • **split-renal-functi-on-~** test om de functie v.d. afzonderlijke nieren te beoordelen. • **SPM-~** *zie* spermatozoapenetratiemeter-. • **straight leg raising** ~ *zie* symptoom | lasègue-. • **stress~**

(urolog.:) test waarbij tijdens cystoscopie de blaas wordt gevuld met circa 300 ml water en de patiënt wordt gevraagd te hoesten. • **subluxatie~** *zie* pivotshift~. • **suikerlysis~** bij paroxismale nachtelijke hemoglobinurie: lysis van erytrocyten als het bloed wordt gemengd met een medium van lage ionenconcentratie. • **~ van Binet-Simon** *zie* binetsimon~. • **~ van Buerger** *zie* buerger~. • **~ van Ellsworth-Howard** *zie* ellsworthhoward~. • **~ van Finkelstein** *zie* Finkelstein | finkelsteintest. • **~ van Kay** *zie* kay~. • **~ van Lang** *zie* lang~. • **~ van Mantel-Heuszel** *zie* toets | mantel-haenszel~. • **~ van Miller-Kurzrok** *zie* miller-kurzrok~. • **~ van Minor** *zie* Minor | minortest. • **~ van Müller** *zie* müller~. • **~ van Rinne** *zie* proef | rinne~. • **~ van Schober** *zie* schober~. • **~ van Shwachman** *zie* shwachman~. • **~ van Valsalva** *zie* Valsalva | valsalvatest. • **~ van Weber** *zie* proef | weber~. • **tetracoscetacide~** test v.d. bijnierschorsfunctie door toediening van synthetische adrenocorticotroop hormoon (ACTH) en bepaling v.d. plasmacortisolconcentratie. • **thorn~** proef ter beoordeling v.d. bijnierschorsfunctie. • **thymoltroebelings~** (TTT) een leverfunctieproef. • **tiffeneau~** bepaling v.h. luchtvolume dat de patiënt i.d. eerste seconde bij geforceerde expiratie kan uitblazen. • **tone-decay ~** *zie* toonverval~. • **toonverval~** onderzoek naar de uitputbaarheid v.h. gehoor. • **toynbee~** *zie* proef | toynbee~. • **trendelenburg~** *zie* proef | trendelenburg~. • **Treponema-pallidum-immobilisatie~** (TPI) verouderde serologische reactie als diagnostische test bij syfilis. • **TRH-~** test ter bepaling v.d. afgifte van thyroïdstimulerend hormoon en prolactine door de hypofyse na toediening van thyreotropin-releasing hormone. • **tripel~** onderzoek waarbij het risico op een foetale chromosoomafwijking wordt geschat door gebruik te maken van serummerkstoffen i.h. moederlijk bloed (alfafoetoproteïne, humaan choriongonadotrofine en ongeconjugeerd oestradiol). • **Trombo-~** gevoelige methode om bij antistollingstherapie de gewenste graad van antistolling te bepalen. • **tweetreden~** (obsolete) hartfunctieproef waarbij een ecg wordt opgenomen nadat de onderzochte persoon gedurende 90 sec. een aantal keren een trapje van twee treden op en af is gegaan. • **two-step ~** *zie* tweetreden~. • **tzanck~** cytologische test op varicella, herpes zoster, herpes simplex en pemphigus vulgaris. • **unterberger~** *zie* proef | unterberger~. • **uptake~** [E 'opnametest'] proef waarbij wordt nagegaan of een bepaalde stof wordt vastgehouden. • **varen~** zwangerschapstest waarbij het kristallisatiepatroon van op een objectglas uitgestreken opdrogend cervixslijm wordt beoordeeld. • **verdunnings~** *zie* proef | verdunnings~. • **vlokken~** *zie* biopsie | chorionvlokken~. • **waaler-rose~** schapencelagglutinatiereactie op aanwezigheid v.d. reumafactor. • **waterbelastings~** *zie* proef | waterbelastings~. • **wechsler-bellevue~** intelligentietest bij volwassenen. • **whiff~** aantonen van bacteriële vaginose door vrijkomen van visgeur (door aminen) bij vermenging van vaginale fluor met 10% KOH. • **zweet~** bepaling van natrium- en chloorconcentratie van zweet i.e. zweetmonster voor de diagnostiek van cystische fibrose.

testectomie operatieve verwijdering (castratie) v.e. testis.

testiculaire insufficiëntie testis die te kort schiet in spermatogenese door aangeboren afwijkingen of verworven oorzaken.

testiculaire sperma-aspiratie (TESA) aspiratie van goede zaadcellen uit de testikels bij een man met een obstructie v.d. zaadvoorwegen.

testiculaire sperma-extractie (TESE) *zie* testiculaire sperma-aspiratie.

testicularis testiculair, m.b.t. de testes; vb. hermaphroditismus testicularis.

testiculus verkleinwoord van testis *zie* testis.

testikel *zie* testis.

testikelontsteking *zie* orchitis.

testis mannelijke gonade (geslachtsklier of kiemklier), ovaalvormig dubbel aangelegd orgaan, schuin i.h. scrotum (balzak) gelegen; de testis is verdeeld in 200-300 lobben (lobuli testis); elk lobje is opgebouwd uit 1-4 sterk gekronkelde testisbuisjes (tubuli seminiferi contorti), waarin de mannelijke geslachtscellen (spermatozoa) worden geproduceerd *zie* cryptorchisme, testiscarcinoom. • **niet-ingedaalde testes** indalingsstoornis v.d. testes die zich i.h. lieskanaal of i.d. buikholte kunnen bevinden. • **niet-scrotale ~** (NST) niet i.h. scrotum aanwezige testis. • **retractiele testes** te hoge

positie v.d. testes door een overmatige cremasterreflex.
- **testiscarcinoom** kwaadaardige woekering van cellen uitgaande v.d. testikels; indeling: seminomen en non-seminomen zijn nagenoeg gelijk verdeeld (55 resp. 45%).

testisectopie abnormale ligging v.d. testis, buiten het normale indalingskanaal.

testisvloeistof vnl. door de sertolicellen afgescheiden vloeistof waarin de spermatozoën naar de epididymis worden vervoerd.

testitis *zie* orchitis.

testosteron androgeen hormoon, geproduceerd i.d. leydigcellen v.d. testis.

testosteronsynthesedefect defect i.d. testosteronproductie, m.a.g. een functioneel testosterontekort.

testovarium *zie* ovotestis.

testpersoon *zie* proefpersoon.

testudo verband of zwachtel voor een gewricht in rechthoekige stand.

test van Herderscheê plaatjes ten gebruike bij psychotechnisch onderzoek van doofstommen.

tetanicum middel dat tetanie veroorzaakt.

tetanicus m.b.t. tetanie; vb. cataracta tetanica.

tetanie syndroom, gekenmerkt door aanvallen van tonische spierkrampen bij helder bewustzijn.

tetanisch 1 m.b.t. tetanie; **2** m.b.t. tetanus.

tetanische fusiefrequentie minimale frequentie waarmee een spiervezel geprikkeld moet worden voor het bereiken v.e. gladde tetanische contractie.

tetanolysine een hemolytische toxine, afgescheiden door *Clostridium tetani*.

tetanospasmine *zie* toxine | tetanus~.

tetanus ernstige acute ziekte t.g.v. wondinfectie met *Clostridium tetani*, de tetanusbacil. • ~ **infantum** tetanus v.d. pasgeborene, in Ned. tegenw. amper voorkomend. • **ritter~** tetanische contractie die i.e. spier ontstaat bij opening v.e. elektrische stroom die enige tijd gesloten is geweest. • ~ **neonatorum** *zie* tetanus infantum.

tetanustoxoïd geïnactiveerd tetanusantigeen, bestemd voor actieve immunisatie tegen tetanus.

tethered cord syndrome [E] abnormaal lage ligging v.d. conus medullaris (onder de wervel L2).

tetrachloorkoolstof (CCl_4) nefrotoxisch reinigingsmiddel.

tetrade *zie* tetralogie.

tetrade van Fallot *zie* Fallot | tetralogie van ~.

tetragonum vierhoek.

tetrahydrocannabinol het voornaamste psychoactieve bestanddeel van cannabis (marihuana, hasj).

tetrajodothyronine (T4) *zie* thyroxine.

tetralogie syndroom, bestaande uit vier symptomen.

tetraplegie | spastische ~ tetraplegie met rigiditeit en hyperreflexie van aangedane spieren,.

tetraploïdie aanwezigheid van vier stellen homologe chromosomen (4n).

tetrasomie aanwezigheid van twee extrachromosomen i.e. overigens diploïde cel (2n + 2).

teugvolume *zie* ademvolume.

textuur *zie* structuur.

TF *zie* factor | transfer~.

TFCC *zie* triangulair fibrocartilagineus complex.

TG *zie* triglyceride.

TGA *zie* amnesie | transiënte globale ~.

TGV *zie* thoracaal gasvolume.

Th. borstwervel (thoraxwervel) of borstsegment.

Th-1 (T-helpercel 1) *zie* cel | T-helper~.

Th-2 (T-helpercel 2) *zie* cel | T-helper~.

THA *zie* heupartroplastiek | totale ~.

thalamocorticalis m.b.t. thalamus en cortex.

thalamostriatus m.b.t. thalamus en corpus striatum; vb. vena thalamostriata.

thalamotomie letseloperatie i.d. thalamuskern bij patiënten met de ziekte van Parkinson.

thalamus grijze massa boven i.d. laterale wand v.d. 3e hersenventrikel. • **epi~** het boven de thalamus liggende deel v.d. tussenhersenen, bestaande uit corpus pineale, habenula, trigonum habenulae en commissura habenularum. • **hypo~** deel v.d. tussenhersenen dat i.d. mediaanlijn v.h. lichaam is gelegen. • **meta~** hersendeel achter de thalamus, bestaande uit de mediale en laterale corpora geniculata. • **neo~** het zijdelingse en corticale gedeelte v.d. thalamus, dat fylogenetisch het laatst tot ontwikkeling is gekomen. • **paleo~** het fylogenetisch oudste deel v.d. thalamus, d.i. het middelste deel. • **sub~** het gebied tussen de thalamus en de hypothalamus.

thalassemie autosomaal recessief-erfelijke hemoglobinopathie met gebrekkige Hb-synthese. • **alfa~** t. met gebrekkige alfaketens i.h. hemoglobine. • **bèta~** t. met gebrekkige bètaketens i.h. hemoglobine. • **thalassaemia minor** heterozygote bètathalassemie, gekenmerkt door gebrekkige synthese van HbA. • **thalassaemia major** ernstigste vorm van thalassemie, gekenmerkt door het geheel ontbreken van HbA.

thalertechniek manuele hartmassagetechniek die bij neonaten wordt toegepast.

thalidomide geneesmiddel met sterk teratogene werking.

thallium (Tl) element met atoomnummer 81 en atoomgewicht 204.

thallium-201 (Tl-201) radioactieve isotoop.

thallus totale massa v.e. schimmel, opgebouwd uit mycelia.

thanaticum middel dat i.h.k.v. euthanasie wordt toegediend om het overlijden te bewerkstelligen of te versnellen.

thanatologie 1 de wetenschap betreffende de dood; **2** de geneeskundige begeleiding v.d. stervende.

thanatopraxie lichte vorm van balseming v.e. lijk die de ontbinding met tien dagen uitstelt.

THC (tetrahydrocannabinol) werkzame bestanddeel i.d. softdrugs hasj en marihuana.

theca omhulsel. • **~ folliculi** omhulling v.e. eierstokfollikel, afkomstig v.h. eierstokstroma (bindweefsel).

thecocellularis m.b.t., of bestaande uit thecacellen; vb. xanthofibroma thecocellulare.

thecoom tumor van thecacellen *zie* cel | theca~.

Theileria protozoa-geslacht, parasitair levend op dieren.

thelarche het begin v.d. ontwikkeling v.d. vrouwenborsten i.d. puberteit. • **premature** ~ borstontwikkeling vóór de 8e verjaardag.

thenar welving op de duimzijde v.d. handpalm.

theofylline bronchodilatantium met geringe therapeutische breedte en sterk wisselende inter- en intra-individuele kinetiek, waardoor het vnl. bij ernstige vormen van astma wordt toegepast.

theorema van Bayes *zie* bayestheorema.

theoretische integratie *zie* psychotherapie | integratieve ~.

theorie wetenschappelijke leer.

therapeutisch m.b.t. therapie. • **sub~** (farmacol.:) onder het therapeutisch venster, gezegd v.d. dosering v.e. geneesmiddel; een subtherapeutische dosering v.e. geneesmiddel blijkt doorgaans uit een ontoereikend, suboptimaal farmacotherapeutisch effect en is per definitie lager dan de therapeutische dosering. • **supra~** (farmacol.:) boven het therapeutisch venster, gezegd v.d. dosering v.e. geneesmiddel; een supratherapeutische dosering van een geneesmiddel blijkt veelal tijdens of na de farmacotherapie uit bijv. geneesmiddelintoxicatieverschijnselen of andere bijwerkingen, die dus onnodig optreden a.g.v. de te hoge dosering; ze is per definitie hoger dan de therapeutische dosering.

therapeutische breedte het verschil tussen de minimale en maximale dosis v.e. farmacon waartussen het werkzaam is zonder een bep. mate van bijwerkingen te geven.

therapeutische gemeenschap gespecialiseerde instelling voor klinische psychotherapie met als uitgangspunt dat veranderingen bij individuele patiënten bewerkstelligd worden door de staf en de bewoners v.d. kliniek gezamenlijk.

therapeutische-interventiescoresysteem *zie* TISS.

therapeutisch-elastische compressiekousen (TEK) *zie* elastische kous.

therapeutisch venster het optimale doseringsbereik v.e. geneesmiddel; hierbij wordt de ondergrens bepaald door het minimaal gewenste effect en de bovengrens door het maximaal gewenste effect, het maximaal mogelijke effect en de kans op ongewenste effecten.

therapie geneeskundige behandeling. • **actino~** behandeling d.m.v. stralen, i.h. bijzonder ultraviolet. • **activerings~ 1** (revalidatie) therapeutische methode ter verbetering v.d. ADL; **2** (psychiatrie) therapievorm waarbij activiteiten worden gebruikt om veranderingsprocessen bij de patiënt te bevorderen. • **ademhalings~** systeem van spieroefeningen ter verbetering v.d. ademhaling. • **adjuvante systemische ~** *zie* adjuvante ~. • **adjuvante ~** therapie gegeven als aanvulling op de primaire locoregionale behandeling om eventuele metastasen te vernietigen. • **anaclitische ~** vorm van psychotherapie waarbij aan de afhankelijkheidsverlangens v.d. patiënt wordt toegegeven met het doel een intensieve arts-patiëntrelatie op te bouwen, die therapeutisch kan worden benut. • **antimicrobiële** ~ therapie, gericht tegen micro-organismen. • **antisense**~ *zie* RNA-interferentie. • **aversie**~ een vorm van gedragstherapie, bedoeld om bij een patiënt een tegenzin in ongewenst gedrag te bewerkstelligen. • **bètatron**~ bestraling met versnelde elektronen. • **biofeedback**~ [E] psychologische oefentechniek waarmee een zekere mate van beheersing wordt bereikt van autonome lichaamsfuncties. • **brachy**~ radiotherapie waarbij radioactieve bronnen direct naast of i.d. tumor worden geplaatst. • **causale** ~ behandeling die gericht is op elimineren v.d. ziekte-oorzaak. • **cognitieve gedrags**~ (CGT) vorm van gedragstherapie waarbij men zich richt op verandering van zowel cognities als gedrag en waarbij opvattingen over het gedrag een belangrijke rol spelen. • **cognitieve** ~ therapie waarbij disfunctionele cognities worden blootgelegd en veranderd. • **collaps**~ het aanleggen v.e. kunstmatige pneumothorax om ter plaatse het longweefsel te laten collaberen (obsoleet). • **combinatie**~ behandeling v.e. aandoening met verschillende preparaten tegelijk. • **convulsie**~ samenvattende term voor behandelwijzen bij ernstige psychiatrische stoornissen waarbij kunstmatig convulsie of shock wordt opgewekt. • **creatieve** ~ therapievorm die als onderdeel v.e. psychotherapeutische behandeling kan worden gebruikt. • **cryo**~ chir. behandeling door applicatie van koude. • **dans**~ creatieve therapie waarbij dans wordt gebruikt. • **directieve** ~ therapie waarbij de patiënt richtinggevende adviezen krijgt. • **expectatieve** ~ behandeling die bestaat uit waakzaam afwachten. • **gedrags**~ samenvattende term voor een groot aantal interventies, gebaseerd op de behavioristische theorie dat gedrag in belangrijke mate door leerervaringen tot stand komt. • **gen**~ het binnenbrengen van genetisch materiaal in cellen v.e. patiënt om een gendefect te corrigeren of een nieuwe functie aan de cellen toe te voegen waardoor de ziekte wordt opgeheven of bestreden. • **gespreks**~ verzamelterm voor therapieën waarbij (non-)directieve gespreksinterventies als strategie worden gebruikt. • **gestalt**~ psychologische opvatting die de totaliteit v.d. psyche beschouwt als méér dan de som v.d. afzonderlijke elementen. • **gezins**~ therapie die uitgaat v.e. samenhang tussen psychische problemen en de wisselwerking tussen gezinsleden. • **hypno**~ therapie waarbij permissief en cliëntgericht van trance wordt gebruikgemaakt; deze trance wordt door de therapeut geïnduceerd, veelal met ontspanningstechnieken, en ontstaat door de medewerking v.d. cliënt. • **implosieve** ~ vorm van gedragstherapie waarbij de patient maximaal wordt blootgesteld aan datgene waarvoor hij bang is. • **inductie**~ startbehandeling met betrekkelijk veel en hoog gedoseerde farmaca. • **interpersoonlijke** ~ protocollaire en integratieve behandeling, gebaseerd op het werk van o.a. Sullivan, specifiek ontwikkeld voor de behandeling van depressie. • **larven**~ *zie* madentherapie. • **leer**~ psychotherapie die een psychiater, klinisch psycholoog of psychotherapeut zelf tijdens de opleiding voor het respectieve beroep ondergaat. • **licht**~ behandeling met optische straling ('licht'). • **moerman**~ alternatieve, controversiële behandelingsmethode voor kanker, ontwikkeld door de Nederlandse arts Moerman. • **muziek**~ creatieve therapie waarbij muziek wordt gebruikt. • **niet-directieve** ~ *zie* non-directieve ~. • **niet-richtinggevende** ~ *zie* non-directieve ~. • **non-directieve** ~ psychotherapeutische methode waarbij wordt getracht te bereiken dat de patiënt zijn problemen zelf meer gaat doordenken en zelf beslissingen gaat nemen. • **occlusie**~ *zie* amblyopie. • **ontspannings**~ *zie* relaxatie~. • **psycho**~ 1 (in ruimere zin) behandeling van psychische afwijkingen; 2 aanduiding voor bepaalde vormen van (meest verbale) behandeling van psychiatrische stoornissen m.b.v. specifieke en non-specifieke interventies, verleend door daartoe opgeleide psychotherapeuten, meestal op basis v.e. of meer psychologische theorieën; men onderscheidt o.a. psychoanalytische en psychodynamische psychotherapie, cliëntgerichte psychotherapie, cognitieve gedragstherapie en systeemtherapie; daarnaast maakt men onderscheid naar doelgroepen (kinderen en jeugd, volwassenen, ouderen) en settingen (ambulant, dagklinisch, klinisch).

- **relaxatie~** verzameling methoden om patiënten te leren zich te ontspannen, o.a. d.m.v. spierrelaxatie en suggestieve methoden. • **seks~** vorm van psychologische behandeling, meestal sterk (cognitief-)gedragstherapeutisch van opzet, waarbij gericht wordt gewerkt aan het opheffen van seksuele disfuncties. • **sero~** behandeling met immuunserum. • **shock~** behandeling van psychotische patiënten door het teweegbrengen v.e. epileptiform insult d.m.v. elektriciteit (elektroshocktherapie, elektroconvulsietherapie); vroeger ook wel door toediening v.e. grote dosis insuline (insulineshock) of cardiazol (cardiazolshock). • **socio~** door sociotherapeuten toegepaste methodische hantering v.h. leefmilieu van klinisch behandelde patiënten. • **spel~** therapie die zich richt op het zich uitdrukken en oefenen met gedrag. • **symptomatische ~** behandeling die gericht is op de bestrijding v.d. ziekteverschijnselen. • **systeem~** algemene term voor behandelingen die uitgaan v.e. samenhang tussen psychische stoornissen en problemen en de wisselwerking tussen leden v.e. systeem. • **systemische ~** therapie die het gehele lichaam betreft.

therapiefalen | **hiv-~** het niet aanslaan van hiv-therapie.

therapienaïef (immunol.) aanduiding van hiv-positief persoon die nog geen antivirale therapie heeft ondergaan.

therapieontrouw het niet opvolgen v.d. aanwijzingen v.d. arts bij het innemen van geneesmiddelen.

therapierefractair vb. therapierefractairecasus *zie* therapieresistent.

therapieresistent het uitblijven van enig effect dat bij de therapie is beoogd.

therapiestaker patiënt die uit eigen beweging een therapie voortijdig afbreekt.

therapietrouw mate waarin een patiënt het behandelplan v.d. arts opvolgt.

thermalgie pijnlijk hittegevoel a.g.v. zenuwlaesie.

thermesthesie het vermogen v.h. gevoelszintuig om warmte en koude te onderscheiden.

thermesthesiometer toestel waarmee de temperatuurzin kan worden onderzocht.

thermocaustiek cauterisatie d.m.v. een verhitte naald of metaaldraad.

thermodilutiemethode onderzoeksmethode m.b.v. een swan-ganzkatheter om het hartminuutvolume c.q. de stroomsnelheid i.e. bloedvat te bepalen.

thermofiel in warmte gedijend; vb. thermofiele bacteriën.

thermofoor een toestel waarmee men plaatselijke warmte kan appliceren.

thermogeen warmteproducerend.

thermogenese warmteproductie.

thermokoppel instrument waarmee temperaturen worden gemeten, vooral hoge en lage.

thermolabiel gevoelig voor, niet bestand tegen hoge temperaturen.

thermoluminescentiemeter (TCD) wettelijk voorgeschreven persoonsdosimeter.

thermolyse warmteafgifte.

thermometer instrument waarmee temperatuur wordt gemeten. • **koorts~** maximumthermometer, verdeeld in tienden van graden, voor het meten v.d. lichaamstemperatuur. • **maximum~** kwikthermometer die het hoogste punt aangeeft dat de kwikkolom heeft bereikt. • **trommelvliesinfrarood~** infraroodmeter die, geplaatst i.d. uitwendige gehoorgang, de lichaamstemperatuur bepaalt.

thermometerschaal van Celsius *zie* verdeling | celsiusgraad~.

thermometerschaal van Fahrenheit *zie* schaal | fahrenheitthermometer~.

thermoprecipitatie door warmte teweeggebrachte precipitatie.

thermoreceptie waarneming v.d. lichaamstemperatuur door meting v.d. kerntemperatuur en de temperatuur v.d. huid.

thermoregulator toestel dat de warmtegraad i.e. besloten ruimte op een bepaald peil houdt.

thermoresistent bestand tegen hoge temperaturen; vb. thermoresistente sporen.

thermostaat *zie* thermoregulator.

thermostabiel bestand tegen hoge temperaturen.

thermostasis de handhaving v.e. bepaalde warmtegraad in warmbloedige dieren.

thermotaxis 1 thermoregulatie; **2** thermotropismus; **3** toeneming v.d. lichaamsbewegingen met het stijgen v.d. temperatuur.

thermotherapie behandeling d.m.v. warmte bij klachten van spieren en gewrichten.

thermotropisme de oriëntatie van levende

cellen t.o.v. warmteprikkels.
thesaurismose *zie* ziekte | stapelings~. • **thesaurismosis hereditaria lipoidica** *zie* ziekte van Fabry.
thiamine *zie* vitamine B₁.
thiazolidinedionen groep van geneesmiddelen die de gevoeligheid voor insuline in spieren, vetweefsel en lever verhogen; bijwerkingen zijn vochtretentie (contra-indicatie bij hartfalen); verhogen risico van osteoporose met factor 2,2.
Thiemann | ziekte van ~ epifysenecrose bij kinderen.
thigmotaxis de reactie v.e. levende cel op een aanrakingsprikkel.
thiobacteria zwavelbacteriën, bacteriën die hun energie verkrijgen uit oxidatie van zwavelwaterstof en andere zwavelverbindingen.
Thomas • **Thomas splint** dubbelstaafs beenbeugel met tuberzit waarmee iemand gemobiliseerd kan worden zonder dat het been wordt belast.
thoracaal gasvolume (TGV) hoeveelheid lucht die aan het eind v.e. normale uitademing bij bepaling i.d. lichaamsplethysmograaf nog i.d. longen aanwezig is.
thoracicus m.b.t. de thorax; vb. ductus thoracicus, pars thoracica (esophagi).
thoracis gen. van thorax; vb. musculi thoracis.
thoracodynie pijn i.d. borstkas.
thoracolumbalis m.b.t. de thorax en de lendenen; vb. fascia thoracolumbalis.
thoracoscoop endoscoop, bestemd voor thoracoscopie.
thoracoscopie inspectie v.d. pleuraholte met een thoracoscoop. • **videogeassisteerde** ~ (VATS) thoracoscopie ten behoeve van diagnostiek en therapie in pleuraholte en mediastinum m.b.v. videoapparatuur, optieken en endoscoop.
thoracotomie incisie v.d. borstkas.
thorax de ruimte die wordt begrensd door de ribben en het middenrif. • **chylo**~ aanwezigheid van chylus i.d. pleuraholte, veelal door een peroperatieve beschadiging v.d. ductus thoracicus. • **CT-**~ CT-scan v.d. thorax. • **fibro**~ sterk verdikte pleura na pleuritis bij empyeem, hemothorax, SLE. • **fladder**~ abnormaal beweeglijke thorax na multipele ribfracturen. • **haemato**~ *zie* hemo~. • **hemo**~ uitstorting van bloed i.d. borstkas. • **hydro**~ *zie* effusie | pleura-~.
• **oleo**~ de geleidelijke vervanging v.d. bij een pneumothorax tussen de pleurabladen ingebrachte lucht door olie of vloeibare paraffine. • **pneumato**~ *zie* pneumo~. • **pneumohemato**~ *zie* pneumothorax | hemo-~. • **pneumohydro**~ *zie* pneumothorax | hydro-~. • **pneumopyo**~ de aanwezigheid van lucht en etter i.d. pleuraholte • **pneumosero**~ aanwezigheid van lucht en sereuze vloeistof i.d. pleuraholte. ⊚ **pneumo**~ aanwezigheid van lucht (gas) i.d. pleuraholte; indeling: spanningspneumothorax, idiopathische, iatrogene, traumatische en therapeutische pneumothorax. **seropneumo**~ *zie* pneumothorax | hydro-~.
• **spanningspneumo**~ (meestal) spontane pneumothorax met een naar een bronchus voerende fistel die als een ventiel werkt.
• **spontane pneumo**~ p. die zonder herkenbare aanleiding of oorzaak is ontstaan.
• **therapeutische pneumo**~ *zie* pneumothorax | kunstmatige ~. • **traumatische pneumo**~ traumatische perforering v.d. borstwand, waarbij open p. ontstaat.
• **pyo**~ *zie* empyeem | empyema thoracis.
• **sero**~ *zie* hydro-~. • **steno**~ nauwheid v.d. borstkas. • **ton**~ tonvormige borstkas bij longemfyseem. • **ventielpneumo**~ *zie* spanningspneumo-~. • **X**-~ *zie* thoraxfoto.
thoraxfoto röntgenafbeelding v.d. thorax, waarbij de longen en het hart worden afgebeeld. • **bed**~ thoraxfoto bij een in bed liggende patiënt.
thoraxwand borstkaswand.
THP (totale heupprothese) *zie* heupartroplastiek | totale ~.
thrill [E] met palpatie waarneembare abnormale trilling i.h. vaatstelsel (boven bloedvat, hart) of i.h. luchtwegstelsel.
thrix *zie* haar.
thrombus *zie* trombus.
thrush [E] *zie* candidiasis oris.
thumbprinting [E] radiologisch waarneembaar beeld, veroorzaakt door submuceus oedeem en bloedingen i.d. darmwand, waardoor lokale zwellingen v.d. slijmvlies kunnen ontstaan die i.h. lumen uitpuilen.
thymectomie operatieve verwijdering v.d. thymus.
thymicolymphaticus m.b.t. de thymus en de lymfeklieren; vb. status thymicolymphaticus.
thymicus m.b.t. de thymus.
thymine (T) heterocyclische organische ba-

se, bouwsteen van DNA-nucleotiden.
thymitis ontsteking v.d. thymus.
thymo- 1 voorvoegsel in woordverbindingen m.b.t. de schildklier; 2 voorvoegsel in woordverbindingen m.b.t. de ziel, de emoties, het affectieve leven.
thymocyt i.d. thymus voorkomende cel die zich o.i.v. thymosine tot T-lymfocyt ontwikkelt.
thymogeen 1 v.d. thymus afkomstig, door de thymus teweeggebracht; 2 psychogeen.
thymolepticum psychofarmacon met antidepressieve, activerende werking.
thymolyse involutie c.q. 'oplossing' v.d. thymus.
thymonucleïnezuur een polynucleotide i.d. thymus.
thymoom *zie* carcinoom | thymus-.
thymosine door de thymus geproduceerd hormoon.
thymus lymfoïd orgaan dat hoog i.d. borstholte ligt, achter het sternum. • **~ persistens hyperplastica** een t. die niet involueert, soms zelfs hypertrofieert.
thymushyperplasie *zie* thymus persistens hyperplastica.
thyr- voorvoegsel in woordverbindingen m.b.t. de schildklier of het schildkraakbeen.
thyreocalcitonine *zie* calcitonine.
thyreocardiacus patiënt met een hartaandoening die het gevolg is van thyreotoxicose.
thyreogeen v.d. schildklier uitgaand.
thyreoïdectomie *zie* strumectomie.
⊕ **thyreoïditis** ontsteking v.d. schildklier; indeling: acute bacteriële thyreoïditis, subacute virale (reuscel)thyreoïditis (ziekte van De Quervain), chronische lymfocytaire (hashimoto)thyreoïditis, stille thyreoïditis (variant van subacute thyreoïditis/ hashimotothyreoïditis), postpartumthyreoïditis, chronische scleroserende thyreoïditis (ziekte van Riedel). • **auto-immuun~** auto-immuunziekte waarbij antistoffen tegen schildklierweefsel focale of diffuse afwijkingen van de schildklier veroorzaken.
• **hashimoto~** schildklierontsteking t.g.v. autoantilichamen tegen schildklierperoxidase en in mindere mate thyreoglobuline.
• **pijnloze ~** pijnloze variant van subacute thyreoïditis met soms aanwezige auto-immuunantistoffen. • **silent thyreoiditis** *zie* pijnloze ~. • **subacute ~ van De Quervain** vnl. bij vrouwen van middelbare leeftijd voorkomende niet-etterige virale ontsteking v.d. schildklier, met vorming van granulomen. • **~ van Hashimoto** auto-immuunthyreoïditis. • **~ van Riedel** *zie* struma | riedel~.
thyreostatica groep van geneesmiddelen die die de werking v.d. schildklier remmen.
thyreostatisch met remmende werking op de schildklierfunctie.
thyreotoxicose ziekte die wordt gekenmerkt door verhoogde schildklierhormoonwaarden i.h. bloed. • **thyreotoxicosis factitia** hyperthyreoïdie t.g.v. verzwegen misbruik van schildklierhormoon. • **T3-~** vorm van thyreotoxicose waarbij alleen de serum-T3-concentratie en niet de serum-T4-concentratie is verhoogd.
thyreotroop met affiniteit tot de schildklier; vb. t. hormoon.
thyreotropine hormoondoor dat door de hypofysevoorkwab wordt afgescheiden onder invloed van thyreotrophin-releasing hormone (TRH); zet de schildklier aan tot productie van schildklierhormoon.
thyreotropin receptor antibody (TRAb) autoantilichaam dat voorkomt bij de ziekte van Graves, soms ook bij ziekte van Hashimoto.
thyroarytenoideus m.b.t. schildkraakbeen en arytenoïd; vb. musculus thyroarytenoideus.
thyrocalcitonine *zie* calcitonine.
thyrocervicalis m.b.t. schildklier en hals; vb. truncus thyrocervicalis.
thyroepiglotticus m.b.t. schildkraakbeen en epiglottis.
thyroglossus tussen schildklier en tong verlopend; vb. ductus t-ssus.
thyrohyoideus m.b.t. schild- en tongkraakbeen.
thyroïd schildkraakbeen. • **linguaal ~** schildkraakbeen aan de tongbasis bestaande uit persisterend embryonaal weefsel.
thyroidea 1 verkorte vorm van 'glandula thyroidea'; 2 m.b.t. de schildklier.
thyroïdectomie het chirurgisch verwijderen van (een deel van) de schildklier.
thyroideus 1 schildvormig; 2 m.b.t. de schildklier; vb. plexus thyroideus, vena thyroidea, foramen thyroideum.
thyroïdperoxidase (TPO) enzym i.d. schildklier waartegen auto-antistoffen kunnen worden gemaakt.

thyroliberine *zie* hormoon | thyreotropin-releasing hormone.
thyronine stof die bestaat uit residu van twee tyrosinemoleculen.
thyroxine (T_4) een v.d. twee schildklierhormonen.
thyroxine-binding protein *zie* globuline | thyroxinebindend ~.
THz (terahertz) 10^{12} hertz.
TI *zie* index | therapeutische ~.
t.i. tumor-inducerend.
TIA *zie* aanval | transiënte ischemische ~.
tibia het dikste v.d. twee beenderen v.h. onderbeen. • **blount**~ *zie* tibia vara. • **sabelschede**~ kromme, platte tibia met de convexiteit naar voren, bij syphilis congenita. • ~ **valga** gebogen scheenbeen met de convexiteit mediaal. • ~ **vara** gebogen scheenbeen met de convexiteit lateraal.
tibialgie pijn i.h. scheenbeen.
tibialis m.b.t. de tibia; vb. musculus tibialis.
tibiaplateau dragend gewrichtsvlak v.h. boveneinde v.h. scheenbeen, waar de knokkels (condylen) v.h. dijbeen bij bewegen v.d. knie overheen rollen en op kunnen steunen.
tibiarum gen. mv. van tibia.
tic 1 stoornis waarbij een tic of een dwanghandeling of een ritueel als geïsoleerd symptoom optreedt; **2** (zonder nadere aanduiding, in spraakgebruik:) motorische spiertrekking. • **motorische** ~ psychomotorische stoornis, bestaande uit plotselinge, snelle, herhaalde, niet-ritmisch e stereotiepe samentrekking van kleine of grotere groepen spieren. • **verbale** ~ het herhalende onwillekeurige uiting van geluiden of uitstoten van (scheld)woorden en zinnen. • **vocale** ~ stoornis i.d. gesproken taal, bestaande uit plotselinge, snelle, herhaalde, niet ritmisch optredende stereotiepe vocalisatie, die als ongewenst wordt beleefd.
tick paralysis [E] tekenparalyse.
ticstoornis groep van stoornissen waarbij het optreden van tics het voornaamste symptoom is.
t.i.d. (ter in die) driemaal daags (rec.).
tidal air [E] *zie* ademvolume.
tiède [F] lauw.
TIFT *zie* transcervical intrafallopian transfer.
tight junction celmembraanstructuur die cellen apicaal zeer dicht aan elkaar laat kleven zodat een barrière ontstaat aan de luminale zijde v.h. epitheel.

tigroïd gevlekt, vlekkig.
TIJBC *zie* capaciteit | totale ijzerbindings-~.
timbre métallique [F] hoge metaalklank v.d. tweede harttoon, bij aortaverwijding.
time series [E] reeks van gegevens die op opeenvolgende, meestal uniform i.d. tijd verdeelde, momenten zijn gemeten.
time trade-off [E] procedure voor het meten van voorkeuren voor gezondheidstoestanden.
tinctuur alcoholisch extract of alcoholische oplossing.
tinea dermatomycose die door een dermatofyt wordt veroorzaakt. • ~ **amiantacea** plaatselijke, asbestachtige schilfering v.d. hoofdhuid waarbij de haren in bundeltjes staan *zie* pityriasis amiantacea. • ~ **barbae** dermatomycose v.d. baardstreek, zich manifesterend als een inflammatoire pustuleuze folliculitis. • ~ **capitis** dermatomycose v.d. behaarde hoofdhuid, veroorzaakt door verschillende *Trichophyton*-soorten. • ~ **corporis** dermatomycose v.d. onbehaarde huid. • ~ **inguinalis** dermatofytose aan benen en liezen, veroorzaakt door *Trichophyton rubrum*, *Epidermophyten floccosum*. • ~ **intertriginosum** schimmelinfectie van huidplooien. • ~ **manus** t. v.d. hand. • ~ **nigra** asymptomatische oppervlakkige schimmelinfectie van met name de handpalmen. • ~ **nodosa** *zie* piedra. • ~ **pedis** dermatomycose v.d. voet. • ~ **cruris** *zie* tinea inguinalis. • ~ **favosa** *zie* favus. • ~ **unguium** *zie* onychomycose. • ~ **versicolor** *zie* pityriasis versicolor.
⊛ **tinnitus** het waarnemen v.e. geluid i.h. oor of het hoofd zonder evidente externe geluidsstimulus. • **intrinsieke** ~ *zie* subjectieve ~. • **niet-vibratoire** ~ *zie* subjectieve ~. • **objectieve** ~ geluid dat berust op mechanische trilling van weefsel en dat ook door anderen dan de patiënt kan worden waargenomen. • **subjectieve** ~ geluid dat alleen door de patiënt wordt waargenomen en berust op irritatie of destructie van neurale elementen. • ~ **aurium** *zie* tinnitus. • **vibratoire** ~ *zie* objectieve ~.
TIPS (transjugulaire intrahepatische portosystemische shunt) *zie* shunt portocavale ~.
TISS (therapeutic intervention scoring system [E]) scoresysteem waarmee na het vastleggen v.h. ziekzijn v.d. patiënt wordt geregistreerd wat aan behandeling is uitgevoerd.

tissue- · **tissue-** [E 'weefsel'] *zie ook* weefsel-.
tissue-plasminogen activator (tPA) [E] stof die plasminogeen omzet in plasmine, dat de afbraak van fibrine bevordert en leidt tot oplossing v.e. stolsel.
titer het gewicht of volume v.e. substantie dat bij het titreren nodig is ter binding v.d. aanwezige hoeveelheid v.e. andere substantie.
titreren het meten v.d. hoeveelheid v.e. substantie A in oplossing door na te gaan hoeveel v.e. bepaalde bekende substantie B nodig is om de aanwezige substantie A te binden.
TKP *zie* prothese | totale knie-~.
TLC (pulmon.:) *zie* longcapaciteit | totale ~.
Tl-201-chloride radionuclide, bestaande uit een middellangdurend thalliumisotoop, gebonden aan de drager chloride.
TMD *zie* temporomandibulaire disfunctie.
TME *zie* excisie | totale mesorectale ~.
TMG (temporomandibulair gewricht) kaakgewricht.
TmP/GFR maximale terugresorptie van fosfaat, gerelateerd aan glomerulusfiltratie.
TMS *zie* transcraniële magnetische stimulatie.
TNF *zie* factor | tumornecrose-~.
TNM *zie* stadiëring | TNM-~.
tocoferol *zie* vitamine E.
tocograaf apparaat om uitwendig of inwendig de intensiteit van baringsweeën te registreren.
tocolyse toediening van weeënremmende middelen om een dreigende partus praematurus te voorkomen.
tocolytica groep van geneesmiddelen waarmee voortijdige weeën worden voorkomen of gecoupeerd.
tocus bevalling, baring.
toediening *zie* geneesmiddeltoedieningsvorm, geneesmiddeltoedieningssysteem, geneesmiddeltoedieningsweg, applicatie.
toeing-in het naar binnen draaien v.d. voeten, veelal a.g.v. endorotatie v.d. knieën.
toemboevlieg *zie Cordylobia anthropophaga*.
toeschouwergedrag (seksuol.:) door teleurstellende ervaringen geïnduceerd en onderhouden gewoonte om tijdens het seksuele gebeuren steeds het bewustzijn gericht te houden op wat er gebeurt, m.n. of er wel gebeurt wat zou moeten gebeuren; voor mannen betreft het een vroegtijdig bij het vrijen optreden v.e. bezorgde observatie v.h. al dan niet uitblijven v.d. gewenste erectie.

toestemming met kennis van zaken *zie* informed consent.
toeter *zie* stethoscoop | monaurale ~.
toets proefneming i.d. statistiek; zie ook de rubriek 'test'. · **chi-kwadraat~** statistische toets om vast te stellen of twee of meer series van aantallen of frequenties significant van elkaar verschillen. · **controle~** *zie* proef | controle-~. · **friedman~** non-parametrische tweefactorvariantieanalyse (ANOVA) voor een steekproef met herhaalde waarnemingen. · **F-~** vorm van enkelvoudige variantieanalyse voor het vergelijken v.d. standaarddeviaties van twee groepen onder aanname v.e. normale verdeling. · **index~** toets waarvan de waarde in diagnostisch onderzoek wordt onderzocht. · **kruskal-wallis~** non-parametrische toets. · **mantel-haenszel~** χ2-test voor analyse van relatie tussen twee categorische variabelen na controle voor andere variabelen. · **non-parametrische** ~ statistische toets waarbij geen eisen worden gesteld aan de verdeling v.d. waarden v.e. variabele. · **parametrische** ~ statistische toets die wordt gebruikt wanneer een normale verdeling v.d. variabele kan worden verondersteld. · **pearson-chi-kwadraat~** zie chi-kwadraat~. · **rangsom~** *zie* wilcoxon-~. · **referentie~** *zie* proef | controle-~. · **statistische** ~ methode om na te gaan of een bepaalde vooronderstelling (meestal de nulhypothese) verworpen kan worden, uitgaande v.d. i.h. onderzoek gevonden waarnemingen. · **student-t-~** *zie* t-~. · **t-~** parametrische toets gebaseerd op normaal verdeelde waarden. · **wilcoxon~** statistische non-parametrische toets die wordt gebruikt om na te gaan of twee populaties waarvan men gepaarde waarnemingen heeft van elkaar verschillen. · **Z-~** toets die is gebaseerd op de standaard normale verdeling.
toetsing *zie* test, toets, validatie, review.
toeval 1 (neurol.) *zie* insult; 2 (statistiek) gebeurtenis waarvan de waarschijnlijkheid statistisch niet te bepalen is.
tofus *zie* tophus.
Togaviridae enkelstrengs-RNA-virussen met envelloppe. Hiertoe behoren de meeste arbovirussen.
toilet chirurgische reiniging, bijv. v.e.

wond, waaruit weefselflarden en vuil worden verwijderd alvorens de wond te hechten. • **bronchiaal** ~ uitzuigen v.d. grote luchtwegen m.b.v. katheter of bronchoscoop bij patiënten met sputumretentie. • **wond**~ het wegsnijden van wondranden tot i.h. gezonde (onbeschadigde) weefsel.

tolerantie 1 (toxicol.) afname in respons op een bepaalde dosis v.e. middel bij voortdurend gebruik; **2** (farmacol.) de mate waarin een geneesmiddel of een voedingsstof wordt verdragen; **3** (immunol.) situatie waarbij een specifieke immuunreactie niet of niet meer optreedt na een toediening v.h. antigeen. • **autoantigeen**~ serie mechanismen waardoor het optreden van auto-immuunreacties wordt voorkomen; centrale en post-thymustolerantie door deletie of anergie van auto-reactieve T-cellen en/of deletie of anergie van auto-reactieve B-cellen in beenmerg en circulatie. • **centrale** ~ *zie* clonal deletion. • **frustratie**~ de mate waarin iemand frustratie kan opvangen en verwerken. • **glucose**~ mate waarin men ingestie van glucose 'verdraagt' (tolereert); toetsbaar d.m.v. verscheidene glucosetolerantieproeven (glucosebelastingstests). • **immuno**~ specifieke immunitaire tolerantie voor bepaalde antigenen. • **infectie**~ bestaan van chronisch persisterende infectie zonder opwekking v.e. immunologische afweer. • **inspannings**~ hoeveelheid arbeid die een persoon kan leveren totdat verschijnselen (bijv. spierpijn of spierkramp) optreden die dwingen tot beëindiging; beperkingen hierbij kunnen een maat zijn voor spier-, hart- of longafwijkingen. • **kruis**~ verschijnsel dat gewenning aan één stof leidt tot verminderde effectiviteit van één of meer andere stoffen. • **oefenings**~ **1** het vermogen een bepaalde hoeveelheid oefeningen te verdragen voordat pijn, uitputting of schade ontstaat; **2** het verschijnsel dat steeds meer moet worden geoefend om een effect te verkrijgen of te handhaven. • **perifere** ~ mechanisme waardoor i.d. bloedbaan het ontstaan van auto-immuunreacties van autoreactieve lymfocyten wordt voorkomen.

tolerantiegrens de hoeveelheid v.e. substantie (bijv. suiker) die het lichaam net niet meer kan verwerken, zodat de substantie i.d. urine verschijnt.

tolerantie-inductie experimenteel onderzoek bij proefdieren naar het opwekken van specifieke tolerantie bij dier A voor antigenen van dier B door neonatale injectie van miltcellen van dier B.

tolerantiestadium (anesthesiologie) het stadium van volledige bewusteloosheid (3e stadium).

tollensreactie een v.d. div. reacties voor het aantonen van aldehyde, dextrose, pentose en glucuronzuur i.d. urine.

tomboy-gedrag zie cross-gendergedrag.

tomentum het netwerk van fijne bloedvaten i.d. pia mater en de hersenschors.

-**tomie** achtervoegsel in woordverbindingen met de betekenis snijden of snede; vb. tracheotomie.

tomografie beeldvormend onderzoek waarbij doorsneden v.h. lichaam worden gemaakt; door straling vanuit verschillende richtingen te laten invallen, ontstaat een verzameling schaduwbeelden die met een computer (computertomografie, CT) een beeld geven i.d. vorm v.e. dwarsdoorsnede v.h. lichaam, een tomogram. • **broncho**~ het vervaardigen van bronchogrammen op verschillende niveaus. • **computerized axial tomography** (CAT) [E] *zie* computer~. • **computer**~ (CT) computergestuurd tomografisch beeldvormend screeonderzoek met röntgenstraling waarmee afbeeldingen van dwarsdoorsneden (coupes) v.h. lichaam (schedel, buik, enz.) worden verkregen. • **emissie**~ het maken van driedimensionale afbeeldingen m.b.v. fotonen die door het te bestuderen object worden uitgezonden. • **hersenpositronemissie**~ (hersen-PET) PET v.h. brein, ter meting v.d. regionale cerebrale doorbloeding, v.h. metabolisme en van receptoren. • **kwantitatieve computer**~ methode om het kalkgehalte v.h. skelet te bepalen, gebruikmakend van dichtheidsmetingen m.b.v. een computertomograaf. • **multislicecomputer**~ (MSCT) toepassing van zeer gedetailleerde CT-scantechniek voor de diagnostiek van o.a. coronair vaatlijden. • **positronemissie**~ (PET) beeldvormende techniek m.b.v. positronen uitzendende isotopen; hiermee kan de metabole activiteit van weefsels worden gemeten en in beelden worden omgezet. • **simultaan**~ het gelijktijdig vervaardigen v.e. aantal tomografische coupes op verschillende niveaus.

tomografisch (radiologie:) driedimensionaal.

tomogram met beeldvormende apparatuur verkregen afbeelding v.e. snijvlak op bepaalde diepte.

Tonelli | tonelliconisatie uitsnijding v.e. kegelvormig stuk uit de cervix uteri. • **tonellisymptoom** bij druk op de oogbol v.e. overledene wordt de pupil ovaal of driehoekig.

tong glossa [G], lingua [L]. • **aardbeien**~ tong met vuurrode gezwollen papillen zonder beslag, komt o.a. voor bij roodvonk en bij de ziekte van Kawasaki. • **beslagen** ~ witte en afstrijkbare verkleuring v.h. tongoppervlak. • **black** ~**ue** zie lingua nigra. • **fissuur**~ zie lingua fissurata. • **frambozen**~ tong met kleine vuurrode maculae zonder beslag, b.v. i.d. late fase van roodvonk. • **haar**~ tong met haarachtige papillen. • **landkaart**~ zie lingua geographica. • **magenta**~ pijnlijke, hoogrode, rauwe tong bij gebrek aan vitamine B_2. • **strawberry** ~**ue** [E] zie aardbeien~. • **witte** ~ zie lingua alba. • **zwarte** ~ zie lingua nigra.

tongbasis proximale eenderde deel v.d. tong, naar de tongpunt toe begrensd door de sulcus terminalis.

tongbeslag zie tong | beslagen ~.

tongfollikels kleine lymfefollikels die aan de tongwortel uitpuilen en samen de tonsilla lingualis vormen.

tongpapillen papillae lingualis.

tongriem zie frenulum linguae.

tongtoompje zie frenulum linguae.

tongue tie [E] abnormale kortheid v.d. tongriem.

tongwortel zie tongbasis.

toniciteit zie tonus.

tonicum 1 (bijv. nw.) onz. van tonicus; **2** (z. nw.) 'toniserend', 'versterkend' (genees)middel.

tonicus gepaard met spanning; vb. spasmus tonicus.

tonisch m.b.t. tonus (spanning).

tonischepupilsyndroom zie syndroom | adie~.

tonofant toestel waarmee tonen zichtbaar worden gemaakt.

tonofilament cytokeratine, intermediair filament.

tonolyse vermindering of verdwijning v.e. tonus.

tonometer toestel om spanning of druk mee te meten, i.h.b. intraoculaire druk.

tonometrie het meten van spanning of druk. • **applanatie** ~ een vorm van oogdrukmeting waarbij de kracht die nodig is om de cornea af te platten een maat is voor de intra-oculaire druk.

tonoplast een intracellulaire vacuole, omgeven door een semipermeabele membraan, met mogelijkheid van zwelling.

tonsil | farynx~ zie tonsilla pharyngealis. • **kissing** ~**s** [E] vergrote tonsillen bij die de ademweg afsluiten; veroorzaakt nachtelijke apneu.

tonsilla kleine massa lymfoïd weefsel, al of niet i.d. vorm van. apart orgaantje. • ~ **lingualis** een ophoping van lymfefollikels aan de tongbasis. • ~ **palatina** amandelvormige weefselmassa beiderzijds achter i.d. keel. • ~ **pharyngealis** het lymfoïde weefsel i.h. dak en de achterwand v.d. nasofarynx.

tonsillectomie operatieve verwijdering v.d. gehele tonsil; frequent uitgevoerde chirurgische ingreep; meestal is de indicatie steeds terugkerende keelinfecties.

tonsillen dubbelzijdig aangelegde organen die een krans vormen van lymfoïd weefsel (ring van Waldeyer, waldeyerring) rondom de farynx; deze ring bestaat uit: 1) keelamandelen; 2) neusamandel; 3) tongamandel.

• **tonsillitis** acute ontsteking v.d. keelamandelen. • ~ **acuta** zie angina tonsillaris. • ~ **lacunaris** tonsilontsteking waarbij de crypten met een kaasachtige massa gevuld zijn. • ~ **lingualis** ontsteking v.d. tongamandel. • ~ **ulceromembranacea** tonsillitis met vorming van zweren en pseudomembranen (Paul-Vincent).

tonsillogeen uitgaande v.d. tonsil.

tonsilloliet een concrement i.e. tonsilcrypte.

tonsillopathie ziekte v.d. tonsil.

tonsillotomie 1 incisie v.e. tonsil; **2** het afsnijden v.e. deel v.d. tonsil.

tonsillotoom instrument waarmee een tonsil kan worden afgesneden (tonsillectomie).

tonus de spanning v.d. spier wanneer deze in rust is. • **acerebrale** ~ toestand van tonische contractie van spieren i.h. gedecerebreerde organisme. • **bio**~ de algemene levenskracht, spankracht, vitaliteit v.e. levend organisme. • **chemische** ~ de geringe maar voortdurende chemische activiteit in rustend spierweefsel. • **myogene** ~ de in onwillekeurig spierweefsel heersende intrinsieke tonus. • **neurogene** ~ de spanningstoestand in willekeurig spierweefsel. • **ortho~** tonische strekkramp v.h. lichaam bij tetanus. • **plastische** ~ spiervezelverlenging bij orgaanvulling door relaxatie, gaat niet gepaard met intraluminale drukverhoging totdat een bepaalde vullingsgraad is bereikt, waarna de elastische vezels onder spanning komen. • **reflex~** spanningstoestand waarin dwarsgestreepte spieren onder invloed van afferente impulsen voortdurend verkeren en die wordt opgeheven wanneer men de afferente baan doorsnijdt. • **rust~** spanning v.e. spier in rust. • **squeeze~** de druk i.e. katheter die nodig is om afsluiting v.h. katheterlumen door uitwendige sfincterdruk te voorkomen. • **vaat~** de door de vaatwand uitgeoefende druk op de vaatinhoud. • **veneuze** ~ druk i.d. veneuze vaatwand door vulling v.d. ader.

tonusregeling modulatie van isometrische spiercontracties door reflexen die via spierspoeltjes verlopen.

tonusverlies afname van spierspanning, wordt veroorzaakt door onderbreking van spierrekkingsreflexboog.

toompje *zie* frenulum.

toon geluid met standvastig frequentiepatroon. • **doos~** het hypersonore percussiegeluid dat te horen is bij ernstig longemfyseem. • **klik~** *zie* klik.

toonaudiometrie *zie* audiometrie | toondrempel~.

toondrempel de geringste sterkte waarbij een toon kan worden waargenomen.

toonverzwakkingstoets *zie* test | toonverval~.

top- voorvoegsel in woordsamenstellingen m.b.t. een bepaalde plaats.

topalgie het voelen van pijn op een bepaalde plaats zonder dat er een aandoening of trauma voor aanwijsbaar is.

tophus knobbel. • ~ **syphiliticus** syfilitische exostose of knobbelvormige ossificerende periostitis syphilitica v.h. schedeldak. • ~ **arthriticus** uraatdepositie die macroscopisch, als knobbel, onder de huid zichtbaar is bij of op gewrichten, peesscheden of op de oorschelpen.

topicum middel voor plaatselijke aanwending.

topisch plaatselijk; vb. topische diagnose, ~ pijnstiller.

topognosis het vermogen de plaats v.h. lichaam aan te wijzen, die door de onderzoekende arts wordt aangeraakt.

topografie beschrijving v.d. plaats en de onderlinge plaatselijke verhouding v.d. organen en lichaamsdelen.

topografisch m.b.t. de topografie; vb. topografische anatomie.

topologisch m.b.t. de kennis omtrent de totale omgeving v.h. individu.

torcular *zie* tourniquet.

torderen *zie* torsie.

torpidus verstijfd, gevoelloos.

torpitudo gevoelloosheid, verdoving, traagheid.

torsade de pointes (TdP) F | hartritmestoornis i.d. vorm v.e. polymorfe ventriculaire zeer snelle tachycardie.

torsie het draaien om een lengteas (torderen), het draaien v.e. steel of kanaal of v.e. orgaan om een steel. • **de~** het terugdraaien v.e. getordeerd orgaan, bijv. v.e. getordeerde testis. • **dis~** overmatige rekking en scheuring v.h. gewrichtskapsel, evt. ook v.d. gewrichtsbanden. • **endo~** binnenwaartse rotering om lengte-as. • **exo~** buitenwaartse rotatie om lengteas. • **latero~** afwijking v.d. verticale mediaan naar rechts of links. • **torsio testis** zeer pijnlijke en peracute verdraaiing van de zaadstreng. • **torsio uteri** asdraaiing v.d. baarmoeder.

torti mv. van tortus; vb. pili torti.

torticollis scheve hals a.g.v. dystonie of contractuur van hals- en nekspieren, waardoor het hoofd voortdurend opzij wordt gebogen. • **dermatogene** ~ scheve hals t.g.v. littekenvorming en samentrekking v.d. huid v.d. hals. • **gefixeerde** ~ blijvend scheve hals t.g.v. spierverkorting. • **labyrintaire** ~ scheve hals t.g.v. unilaterale aandoening v.d. halfcirkelvormige kanalen. • **myogene** ~ voorbijgaande 'stijve nek' door reuma, fibrositis of 'kouvatting'. • **neurogene** ~ scheve hals door contractie v.e. m. sternocleidomastoideus t.g.v. prikkeling van of druk op de n. accessorius. • **reflex~** scheve hals door reflectoire spasmus v.e. m. sternocleidomastoideus t.g.v. ontsteking of verettering i.d. hals. • **symptomatische** ~ scheve hals als symptoom bij een andere aandoening (ontsteking, hematoom a.a.). • ~ **atlantoaxialis** *zie* syndroom | grisel~. • ~ **congenitalis** aangeboren scheve hals door hematoomvorming i.e. m. sternocleidomastoideus tijdens de geboorte. • ~ **mentalis** scheve hals door tic of aangewende houding. • ~ **ocularis** scheve hals bij astigmatisme. • ~ **spastica** scheve hals t.g.v. spasmus v. e. m. sternocleidomastoideus. • ~ **vestibularis** scheve houding v.h. hoofd bij aandoening v.h. vestibulaire-kerngebied aan dezelfde zijde.

tortuositas kromming, kronkeling.
• ~ **vasorum retinae** aangeboren sterk gekronkelde loop v.d. netvliesvaten.

tortuosus gekromd, gewonden, gekronkeld (van bloedvaten).

tortus gedraaid; vb. pilus tortus (mv. pili torti).

Torula vroeger gebruikte naam voor een geslacht van gistachtige fungi. • ~ **histolytica** *zie Cryptococcus neoformans*.

toruli mv. van torulus.

Torulopsis glabrata geslacht van bij de mens voorkomende gisten.

torulose *zie* cryptokokkose.

torulus een lichte verhevenheid. • ~ **tactilis** klein huidvel aan de vingertoppen, met vet gevulde en voorzien van veel sensibele zenuwvezels.

torus ronde zwelling, verhevenheid.
• ~ **mandibularis** een exostose v.d. onderkaak.

TOS *zie* syndroom | thoracic-outlet-~.

totaal extraperitoneale preperitoneale plastiek (TEPP) techniek waarbij endoscopisch volledig extraperitoneaal mesh wordt aangebracht bij de behandeling v.e. liesbreuk.

total body check (TBC) onderzoek waarbij functieonderzoek, bloedbepalingen en beeldvormende diagnostiek worden verricht om maligne processen op te sporen en vroegtijdig vast te stellen.

total body irradiation (TBI) [E] totale lichaamsbestraling.

totale abdominale hysterectomie (TAH) *zie* hysterectomie.

totalis geheel, als tegenstelling tot partialis; vb. albinismus totalis.

Totenlade [D] nieuw gevormd kapsel van beenweefsel rondom een door botnecrose onstane sekwester.

totipotentie het vermogen van embryonale cellen om zich in alle richtingen te differentiëren.

toucher 1 onderzoek van vagina of rectum m.b.v. een of meer vingers v.e. gehandschoende hand die gelubriceerd is; **2** het bestrijken van een lapisstift of ander causticum. • **rectaal** **~en** het met de ingebrachte wijsvinger aftasten v.h. anale kanaal en het onderste deel v.d. endeldarm. • **vaginaal** ~ lichamelijk onderzoek ter beoordeling van vaginawand, portio, de fornices, uterus, adnexa en parametri.

Tourette *zie* syndroom | gilles-de-la-tourette-~.

tourniquet koordachtig instrument waarmee vaten i.e. lichaamsdeel kunnen worden afgesnoerd.

tox- voorvoegsel in woordverbindingen met de betekenis 'vergift', 'gif'.

toxalbuminen giftige eiwitstoffen die bij de stofwisseling van bacteriën i.d. bacteriën of i.d. voedingsbodem ontstaan.

toxemie algemene intoxicatie t.g.v. i.h. bloed geraakte bacteriële toxinen.

toxiciteit giftigheid. • **cyto**~ immunologische reactie, gericht tegen geïnfecteerde cellen die te groot zijn voor fagocytose.
• **embryo**~ *zie* teratogeniteit. • **foto**~ eigenschap v.e. stof die een (verhoogde) toxische werking van licht veroorzaakt. • **hepato**~ mate van giftigheid voor de lever. • **mitochondriale** ~ giftig effect van bepaalde geneesmiddelen op mitochondriën, waardoor deze minder goed functioneren.
• **radio**~ beschadigende werking van radio-isotopen i.h. lichaam. • **selectieve** ~ eigenschap dat een stof slechts toxisch is voor een deel v.h. levende milieu waarin de stof zich bevindt.

⊛ **toxicodermie** uitgebreide schadelijke huidreactie op een geneesmiddel die ontstaat bij voor de mens gebruikelijke doseringen; **indeling**: bij de erythemat(o-papulo-squam)euze erupties (geneesmiddelenexantheem) onderscheidt men macu(lo-papu)leuze (roseoliforme), partieel confluerende (morbilliforme) en diffuus confluerende (scarlatiniforme) erupties; andere vormen van toxicodermie zijn erythema perstans, (urticariële) vasculitis, urticaria/angio-oedeem, erythema (exsudativum) multiforme, lichenoïde erupties, vesiculobulleuze erupties, eczemateuze erupties, purpura en exfoliatieve dermatitis; de geneesmiddelen die de meeste reacties veroorzaken zijn penicilline, ACE-remmers, sulfapreparaten, thiaziden en NSAID's.

toxicologie wetenschap die zich met giftige

stoffen bezighoudt.

toxicose ziekte a.g.v. exogene of endogene gifstoffen (toxinen) i.h. lichaam.
- **hashimoto~** tijdelijke episode met verhoogde concentraties van circulerend schildklierhormoon. • **myco~** vergiftiging door besmetting met een schimmel; vb. ergotisme. • **testo~** autonome, hypofyseonafhankelijke productie van testosteron door de leydigcellen, waardoor puberteitsverschijnselen optreden. • **zuigelingen~** ernstige acute voedingsstoornis of gastroenteritis v.d. zuigeling. • **zwangerschaps~** syndroom dat i.d. tweede helft v.e. zwangerschap kan optreden, met bloeddrukverhoging, vochtretentie, proteïnemie, buikklachten, nier- en leverfunctiestoornissen en verstoorde stolling.

toxicum 1 (bijv. nw.) onz. van L. toxicus = 'giftig, vergiftigend'; vb. adenoma toxicum; **2** (z. nw., mv. -ca) *zie* gif. • **adenoma** ~ *zie* adenoom | heet ~. • **cyto~** geneesmiddel met toxische werking op cellen.

toxicus vergiftigend, giftig, ontstaan door vergiftiging.

toxidermie *zie* toxicodermie.

toxificatie vorming van toxische intermediaire oxidatieproducten bij het metabolisme van stoffen i.h. endoplasmatisch reticulum.

toxigeen toxine-producerend.

toxikemie *zie* toxemie.

toxine schadelijke stof die wordt gevormd door lichaamseigen cellen, als extracellulair product van bepaalde micro-organismen en hogere planten- en diersoorten of door een combinatie ervan. • **afla~** verzamelnaam voor bepaalde schimmelmetabolieten met hepatocarcinogene werking, o.a. afkomstig v.d. o.a. op pinda levende *Aspergillus flavus*. • **alfa~** exotoxine van *Staphylococcus aureus* die hemolyse en necrose veroorzaakt. • **ana~** *zie* toxoïd. • **antineuro~** substantie (evt. een antistof) die de werking v.e. neurotoxine tegengaat. • **anti~** *zie* gif | tegen~. • **auto~** een i.h. eigen lichaam gevormd giftig stofwisselingsproduct.
- **bèta~** exotoxine van *Staphylococcus aureus* die weefseldestructie veroorzaakt. • **bufo~** paddengif. • **ceno~** *zie* keno~. • **cholera~** direct op epitheelcel van darm inwerkend exotoxine. • **cyto~** stof met giftige werking op cellen van bepaalde organen; men onderscheidt nefrotoxinen (giftige werking op niercellen), neurotoxinen (op zenuwcellen), hepatotoxinen (op levercellen) enz. • **difterieanti~** antistof tegen difterie, (bij uitbreiding) difterieantiserum. • **difterie~** de door difteriebacteriën afgescheiden exotoxine. • **endo~** inwendig toxine van gramnegatieve bacteriën, komt pas bij afsterven v.d. bacteriën vrij. • **entero~** door darmbacteriën geproduceerde toxine.
- **erytrogene** ~ een streptokokkentoxine die de oorzaak is v.h. roodvonkexantheem.
- **exo~** naar buiten uitgescheiden stofwisselingsproduct van bepaalde bacteriesoorten, zoals de verwekkers van difterie, roodvonk, tetanus, botulisme en gasgangreen.
- **fyto~** plantaardige gifstof. • **gamma~** exotoxine van *Staphylococcus aureus* dat hemolytisch en leukotoxisch effect heeft.
- **hemo~** *zie* hemolysine. • **hittestabiel ~** *zie* thermostabiel~. • **keno~** vermoeidheidstoxine die bij spiercontractie zou ontstaan en de verschijnselen van vermoeidheid zou teweegbrengen. • **leuko~n** celgiffen die leukocyten beschadigen of vernietigen. • **lymfo~** TNF-β. • **membraanactief** ~ bacterieel enzym dat membranen afbreekt of necrose en afbraak van bindweefsel veroorzaakt. • **myda~** een dodelijke ptomaïne uit rottend vlees en rottende vis.
- **mytilo~** een neurotoxische substantie in mosselen. • **nefro~** cytotoxine met specifiek destructieve werking op niercellen. • **neuro~** stof met vergiftige of destructieve werking op zenuwweefsel, i.h.b. exotoxinen van bacteriën, bijv. van *Clostridium tetani*.
- **sapo~** toxische saponine. • **saxi~** een neurotoxine in sommige in zee levende protozoa (dinoflagellaten). • **sito~** een toxine dat in voedsel (i.h.b. graan) ontstaat door bacterie- of schimmelwerking. • **spermo~** een voor spermatozoa toxische stof. • **stabiel ~** (ST) stabiel t. van enterotoxine-producerende *Escherichia coli*. • **tetanus~** neurotoxine, afgescheiden door *Clostridium tetani*.
- **thermolabiel ~** (LT-toxine) toxine van enterotoxine-vormende *E. coli* die bij verhitting uiteenvalt. • **thermostabiel ~** toxine dat bestand is tegen hoge temperaturen; vb. enterotoxine van *E. coli*. • ~ **antitoxine** (TAT) mengsel van toxine en antitoxine. • **uro~** de giftige bestanddelen i.d. urine. • **zoö~** toxine van dierlijke afkomst.

toxisch door een gif veroorzaakt, m.b.t. vergiftiging, lijkend op vergiftiging. • **anti~**

tegen de werking v.e. toxine gericht. • **auto~** 1 door autotoxinen teweeggebracht; 2 (minder juist) idiopathisch. • **cyto~** met toxische, schadelijke uitwerking op cellen. • **hepato~** met toxische werking op levercellen. • **myelo~** met toxische werking op het beenmerg. • **nefro~** giftig voor de nieren, met toxisch-destructieve werking op niercellen. • **neuro~** giftig of destructief werkend op zenuwweefsel. • **nucleo~** giftig voor de celkern. • **oto~** met toxische werking op het gehoororgaan of de gehoornuw. • **thyreo~** gekenmerkt door thyreotoxicose; vb. thyreotoxische crisis.
• ~ epidermale necrolyse *zie* syndroom | lyell~.

toxisch bloedbeeld bloedbeeld met een leukocytose met linksverschuiving, toxische korreling, insluitsels van Döhle en vacuolisatie van cytoplasma.

toxische korreling *zie* granula | toxische ~.

⊛ **toxischeshocksyndroom** (TSS) acuut ziektebeeld dat klinisch met sepsis overeenkomt; wordt veroorzaakt door bepaalde stammen van *Staphylococcus aureus*; een soortgelijk ziektebeeld kan optreden bij fasciitis necroticans door *Streptococcus pyogenes* groep A.

toxische vestibulopathie zeldzame aandoening van labyrint, optredend bij gebruik van aminoglycosiden, salicylaten en kinine.

toxisterol giftig isomeer van ergosterol, ontstaan bij ultraviolette bestraling hiervan.

Toxocara een geslacht spoelwormen v.d. klasse *Nematoda*. • ~ *canis* de hondenspoelworm. • ~ *cati* de kattenspoelworm.

toxocariasis infestatie met *Toxocara*.

toxofiel met affiniteit tot toxinen.

toxofore groep de atoomgroep v.e. toxine die de vergiftige werking uitoefent nadat de haptofore groep het toxinemolecuul heeft verankerd.

toxogeen 1 (bijv. nw.) vergiftproducerend; 2 door vergift of vergiftiging ontstaan; 3 (z.nw.) iets dat vergift produceert.

toxoïd geïnactiveerde bacteriële endotoxine.

toxolysine *zie* toxine | anti~.

toxomucine een toxische mucine in kweken van tuberkelbacteriën.

Toxoplasma geslacht v.d. fam. *Toxoplasmatidae*, voorkomend in endotheelcellen van zoogdieren en vogels als een banaanvormig insluitsel, bij de mens oorzaak van congenitale infectie v.h. zenuwstelsel en van verworven infecties. • ~ *gondii* de enige species v.h. geslacht *Toxoplasma*.

toxoplasmine antigeen dat wordt bereid met peritoneale vloeistof v.d. muis, waarin zich *Toxoplasma gondii* bevindt.

toxoplasmose zoönose die ook op de mens kan overgaan, veroorzaakt door *Toxoplasma gondii*. • **congenitale** ~ congenitale besmetting met *Toxoplasma gondii*. • **glandulaire** ~ meer algemene infectie door *Toxoplasma* met vnl. lymfadenopathie, koorts en algemene klachten. • **miliaire** ~ uitzaaiing van *Toxoplasma* naar vele organen.

toxoproteïne 1 een giftige proteïne; 2 een mengsel v.e. toxine en een proteïne.

tPA *zie* tissue-plasminogen activator.

TPO thyroïdperoxidase.

TPR *zie* reflex | tricepspees~.

T-proteïne eiwitcomponent op celmembraan van bepaalde *Streptococcus pyogenes*-stammen.

traan lacrima [L], dakryon [G].

traanfilm de dunne, uit drie lagen bestaande vloeistofmantel, die een op de oogbol geplaatste contactlens omhult.

traanfistel *zie* fistel | fistula lacrimalis.

traanheuvel *zie* caruncula lacrimalis.

traanklier *zie* glandula lacrimalis.

trabecula (anat.:) steunende bundel of strook, steunend schot; komt bijv. in spongieus bot voor.

trabecularis voorzien van trabeculae.

trabeculectomie glaucoomoperatie waarbij het trabeculum corneosclerale van buitenaf wordt geopend.

trabeculotomie glaucoomoperatie, m.n. voor congenitaal glaucoom.

trabekel *zie* trabecula.

trabs balk.

tracer [E] radioactieve isotoop die met een i.h. lichaam ingebrachte niet-radioactieve verbinding meeloopt en d.m.v. meetapparatuur kan worden gevolgd.

trachea buisvormig deel v.d. luchtweg, i.h. midden v.d. hals en de borstholte gelegen.

trachealgie pijn i.d. luchtpijp.

trachealis m.b.t. de trachea; vb. musculus trachealis.

tracheïtis ontsteking v.h. slijmvlies v.d. luchtpijp.

trachelisme bij een epileptisch insult voorkomende spastische samentrekking v.d. halsspieren, waardoor het hoofd achterover wordt getrokken.

tracheobronchoscopie inwendige inspectie van trachea en bronchi.

tracheocele uitpuiling v.h. tracheaslijmvlies door een zwakke plek v.d. tracheawand.

tracheolaryngotomie incisie van trachea en larynx.

tracheopathia · **tracheopathia chondroosteoplastica** abnormale vorming van kraakbeen- en beenweefsel i.d. luchtpijp.

tracheopathie ziekte v.d. trachea.

tracheoscopie inwendige inspectie v.d. trachea d.m.v. een tracheoscoop. · **perorale ~** tracheoscopie via de mond. · **transcervicale ~** tracheoscopie via een tracheostoma.

tracheostoma directe verbinding tussen de trachea en voorste thoraxwand (meestal transsternaal); te onderscheiden v.e. tracheotomie, waarbij een niet door slijmvlies beklede verbinding tussen de luchtweg en de buitenwereld (meestal i.d. hals) wordt gemaakt.

tracheostomie het maken v.e. tracheostoma (ook, maar minder juist, het stoma zelf).

tracheotomie operatieve opening v.d. trachea, dwars door de huid aan de voorkant v.d. hals; door deze opening wordt een buisje (tracheacanule) i.d. luchtpijp geschoven; zo ontstaat een kunstmatige verbinding tussen luchtpijp en buitenlucht (het tracheostoma). · **crico~** tracheotomie, uitgevoerd door incisie v.d. cartilago cricoidea.
· **tracheotomia inferior** incisie onder de isthmus v.d. schildklier. · **laryngo~** operatieve opening van larynx en trachea.
· **nood~** zie spoed~. · **spoed~** coniotomie die wordt uitgevoerd bij een acute noodsituatie waarbij de ademhaling belemmerd wordt. · **tracheotomia superior** incisie boven de isthmus v.d. schildklier.

tracheotoom instrument waarmee de tracheotomie wordt uitgevoerd.

trachomatosus gepaard gaande met, veroorzaakt door trachoom; vb. pannus trachomatosus.

trachoom chronische keratoconjunctivitis, veroorzaakt door *Chlamydia trachomatis*.
· **stemband~** chorditis tuberosa.

trachoomkorrels granuleuze woekeringen i.d. conjunctiva bij trachoom.

tracing [E] nucleairgeneeskundig onderzoek d.m.v. het inbrengen v.e. tracer.

tractie 1 het trekken, bijv. met een verlostang, met een rekverband; **2** (neurochir.) zie suspensie. · **bryant~** tractie loodrecht omhoog aan het been bij femurschachtfractuur v.h. kind. · **contra~** tegengestelde trekkracht, nodig bij extensie om de desbetreffende extremiteit op zijn plaats te houden of uitgeoefend bij manuele repositie wegens een fractuur of een luxatie. · **glasvocht~** tractie aan het netvlies, uitgeoefend door bindweefselstrengen i.h. glasvocht.
· **halo~** tractie bij cervicaal wervelletsel, waarmee bij instabiliteit v.d. halswervelkolom het hoofd ten opzichte van schouders en romp wordt gefixeerd. · **huid~** trekken aan de huid voor oppervlakvergroting.
· **overhead~** extensiebehandeling die wordt uitgevoerd bij gedislokeerde fracturen. · **skelet~** tractie waarbij aan een metalen pin door de tibia een beugel met gewichten wordt bevestigd.

tractografie beeldvormende diagnostiek waarbij m.b.v. MRI zenuwbanen en functionele neuronale netwerken zichtbaar worden gemaakt.

tractor [E] trekker, instrument waarmee getrokken wordt. · **air~** [E] zie vacuümextractor.

tractotomie doorsnijding v.e. zenuwbaan i.h. ruggenmerg of i.h. mesencephalon, vnl. toegepast bij onduldbare carcinoompijnen; men snijdt dan de pijngeleidende tractus spinothalamicus door.

tractus 1 vezelbundel, langwerpig orgaan; **2** systeem van fysiologisch bijeenhorende organen; vb. tractus digestivus = systema digestorium; enkele tractussen i.d. *Nomina Anatomica* zijn i.d. *Terminologia Anatomica* door 'systema' vervangen (vb. systema digestorium, ~ respiratorium, ~ urinarium, ~ genitale femininum, ~ genitale masculinum, ~ cardiovasculare, ~ lymphoideum, ~ nervosum). · **~ circulatorius** het stelsel van hartvaten en bloedvaten. · **~ corticopontinus** zenuwvezelbaan v.d. schors v.d. occipitale, temporale en frontale hersenkwabben naar de ponskernen. · **~ corticopontinus mesencephali** de t. corticopontinus i.h. mesencephalon, mediaal v.d. piramidebaan. · **~ corticopontinus metencephali** in h. metencephalon lopende deel v.d. t. corticopontinus. · **~ corticospinalis** zie systeem | piramidebaan~. · **~ cuneatus** ascenderende, i.d. achterstreng v.h. ruggenmerg opstijgende ongekruiste collaterale vezels. • ~ **digestivus** *zie* systema digestorium. • ~ **dorsolateralis** zenuwbaan i.d. funiculus lateralis v.h. ruggenmerg, tussen de substantia gelatinosa en de achterhoorn v.h. ruggenmerg. • ~ **gastrointestinalis** het maag-darmstelsel als deel v.h. systema digestorium. • ~ **gracilis** zenuwvezelbaan mediaan i.d. achterstreng v.h. ruggenmerg, die opstijgt naar de nucleus gracilis, voor de gnostische sensibiliteit v.d. onderste lichaamshelft. • ~ **mesencephalicus nervi trigemini** sensibele vezels v.d. n. trigeminus die naar de nucleus tractus mesencephalicus nervi trigemini lopen. • ~ **olfactorius** zenuwvezelbaan tussen bulbus en trigonum olfactorium. • ~ **olivospinalis** kruisende bundel uit de nucleus olivaris naar de voorhoorncellen v.h. halsmerg. • ~ **pyramidalis mesencephali** het i.h. mesencephalon lopende deel v.d. piramidebaan. • ~ **pyramidalis metencephali** het i.h. metencephalon lopende deel v.d. piramidebaan. • ~ **respiratorius** *zie* systeem | systema respiratorium. • ~ **reticulospinalis** i.d. voorstreng lopende zenuwvezels uit de substantia reticularis naar de voorhoorncellen i.d. medulla oblongata. • ~ **rubrospinalis** zenuwvezelbaan tussen nucleus ruber en de voorhoorncellen v.h. ruggenmerg. • ~ **solitarius medullae oblongatae** een afdalende zenuwbaan i.d. medulla oblongata; bevat smaakvezels v.d. VIIe, IXe en Xe hersenzenuw, lopende naar de nucleus tractus solitarii. • ~ **spinalis nervi trigemini** zenuwvezelbaan i.h. ruggenmerg, met vezels v.d. n. trigeminus voor pijn- en temperatuurzin. • ~ **spinoreticularis** vezels uit de dorsale hoorn die i.h. anterolaterale deel v.h. ruggenmerg opstijgen en informatie over de pijn- en temperatuurszin voortgeleiden naar de reticulaire formatie in verlengde merg en pons. • ~ **spinotectalis** de fylogenetisch oudste zenuwbaan i.d. t. spinothalamicus; het is een reflexbaan die eindigt i.d. colliculus cranialis. • ~ **spinothalamicus** *zie* lemniscus spinalis. • ~ **trigeminothalamicus** opstijgende bundel van axonen die uit alle trigeminuskernen komen en naar de thalamus gaan. • ~ **urogenitalis** de urineproducerende organen en urineafvoerende organen alsmede de geslachtsorganen.

• ~ **uropoeticus** afvoersysteem van urine, bestaande uit nierkelken, nierbekkens, ureteren, blaas en urethra.

tragus kraakbeenplaatje aan de voorkant v.d. uitwendige gehooropening. • **anti~** kleine verhevenheid aan het ondereind v.d. anthelix (v.d. oorschelp).

trait [E] erfelijke aanleg of neiging tot ontwikkeling i.e. bepaalde richting. • **thalassaemia** ~ *zie* thalassemie | thalassaemia minor.

trait anxiety [E] *zie* dispositie | angst~.

TRALI *zie* transfusion-induced acute lung injury.

tramspoor verdikte bronchuswanden die zich op een röntgenfoto als evenwijdige lijnen manifesteren.

trance geestestoestand van diepe ontspanning en veranderd bewustzijn waarin contact met het onbewuste kan worden gemaakt.

tranenmeer *zie* lacus lacrimalis.

tranquillizer *zie* anxiolytica.

transabdominaal door de buikwand heen.

transabdominale preperitoneale plastiek (TAPP) liesbreukplastiek waarbij laparoscopisch mesh preperitoneaal wordt aangebracht.

transacetylering het overdragen v.d. acetylgroep.

transaminase enzym dat een aminogroep (-NH_2) v.d. ene stof op een andere kan overdragen, dat daarbij i.e. aminozuur wordt omgezet. • **glutamaatoxaalacetaat~** (GOT) *zie* transferase | aspartaatamino~. • **glutamaatpyruvaat~** (GPT) *zie* transferase | alanineamino~.

transaminering overdracht v.e. aminogroep van de ene stof op de andere door het enzym transaminase.

transaortaal dwars door de wand v.d. aorta.

transbronchiaal dwars door de bronchuswand.

transcellulair vocht vocht in verschillende lichaamsholten: hersenvocht (liquor cerebrospinalis), vocht i.h. maag-darmkanaal, oogkamervocht, vocht in borst- en buikholte, gewrichtsvocht (synoviaal vocht); vormt met het intravasculaire vocht (bloedplasma) en het interstitiële vocht het extracellulaire vocht.

transcendentaal buiten het gebied v.d. zintuiglijke ervaring.

transcervical intrafallopian transfer

(TIFT) [E] het echoscopisch geleid inbrengen v.d. bevruchte eicel i.d. tuba door een katheter via de cervix.

transcobalamine een i.h. bloed voorkomende transport-proteïne die vitamine B_{12} bindt.

transcorticaal m.b.t. de verbinding van hersenschorsgedeelten; vb. t-cale afasie.

transcortine *zie* globuline | cortisolbindend ~.

transcraniële magnetische stimulatie (TMS) therapie waarbij met een korte magneetpuls stroom i.d. hersenen wordt opgewekt en neuronen worden geactiveerd; deze neuronale activatie kan gebruikt worden om verstoorde hersenactiviteit bij patienten met 'therapieresistente' hallucinaties, wanen en zware depressies tijdelijk uit te schakelen.

transcriptase enzym dat een RNA-kopie v.h. DNA-genoom kan maken. • **omgekeerde** ~ enzym dat een DNA-kopie kan maken v.h. RNA-genoom. • **reverse** ~ enzym van hiv.

transcriptie het omzetten van genetische informatie i.e. complementaire sequentie van RNA.

transcutaan *zie* cutaan | per-~.

transcutane elektrische zenuwstimulatie *zie* transcutaneous electrical nerve stimulation.

transcutaneous electrical nerve stimulation (TENS) [E] middel ter symptomatische bestrijding van chronische pijn d.m.v. prikkeling van huidreceptoren met huidelektroden op het ruggenmergsegment waar de bron van pijn zich bevindt.

transcutane zenuwstimulatie *zie* transcutaneous electrical nerve stimulation.

transcytose *zie* cytopempsis.

transdermaal door of via de huid.

transdermale elektrische zenuwstimulatie *zie* transcutaneous electrical nerve stimulation.

transdermale geneesmiddeltoediening toediening v.e. geneesmiddel via diffusie door de huid in plasma d.m.v. een pleister op de huid.

transdermale zenuwstimulatie *zie* transcutaneous electrical nerve stimulation.

transdifferentiatie overgang v.e. stamcel naar een andere celsoort.

transducer 1 instrument dat de ene energievorm i.d. andere omzet; 2 instrument waarmee elektrische energie in geluidsenergie en geluidsenergie in elektrische energie wordt omgezet; bij echografie zit de transducer i.d. kop die op het lichaam wordt geplaatst; 3 kop v.e. echoapparaat die op het lichaam v.d. patiënt wordt geplaatst.

transductie overdracht v.e. erfelijke eigenschap van de ene bacteriesoort op de andere door uitwisseling van DNA c.m.v. een bacteriofaag.

transductiemechanisme mechanisme waarmee een bepaalde eigenschap of prikkel wordt overgebracht of geïnduceerd naar/binnen een bepaald systeem.

transectie *zie* transsectie.

transfectie laboratoriumtechniek voor introductie van nucleïnezuur in dierlijke gastheercellen, waarna het gen d.m.v. de cel tot expressie komt.

transferase een enzym dat een chemische groep v.e. verbinding op een andere overdraagt. • **acetylcholine**~ het enzym (o.a. i.d. hersenen) dat de acetylering van choline tot de neurotransmitter acetylcholine bewerkstelligt. • **alanineamino**~ (ALAT) enzym in serum (serum-GPT, SGPT) en in sommige weefsels, vooral lever; bij leveraandoeningen wordt het enzym in verhoogde activiteit i.h. serum gevonden; afk. ALT is gebruikelijk in Engelstalige landen. • **amino**~ *zie* transaminase. • **aspartaatamino**~ (ASAT) enzym dat normaal voorkomt in cytoplasma en mitochondria van allerlei lichaamscellen (serum en in weefsels, i.h.b. hart en lever); activiteit is verhoogd bij aandoeningen van lever en myocard, verhoogde concentratie wordt dan gevonden i.h. bloed bij beschadiging van cellen door ontsteking of celdood. • **catechol-O-methyl**~ (COMT) enzym in lever en nieren, werkzaam bij de afbraak van epinefrine en norepinefrine. • **glucuronyl**~ een enzym i.d. lever dat bilirubine bindt aan glucuronzuur. • **nucleotidyl**~ groep van enzymen die nucleotideresten van nucleosidedifosfaten of -trifosfaten omzetten in polymere vormen. • **zuurstof**~ *zie* oxygenase.

transferrine niet aan porfyrine gebonden metalloproteïne i.h. serum; dient als transporteiwit voor ijzer.

transfixie doorsnijding, doorsteking. • **transfixio iridis** operatie bij secundair glaucoom door seclusio pupillae (Fuchs).

transformatie 1 modus van overdracht v.e.

erfelijke eigenschap van de ene bacteriesoort op de andere; **2** (orthop.) verandering van beenstructuur na een fractuur door de zich wijzigende belasting. • **blastaire** ~ *zie* crisis | blasten~. • **fourier-** *zie* analyse | fourier~. • **maligne** ~ mutatie i.d. genetische samenstelling v.d. cel, waardoor deze eigenschappen krijgt die ongebreidelde (kwaadaardige) groei mogelijk maken.

transformatiezone de grens tussen ectocervicaal plaveiselepitheel en endocervicaal cilinderepitheel.

transfunderen bloed bij een transfusie toedienen.

transfusie het inbrengen van bloed of een vervangende vloeistof i.h. bloedvaatstelsel. • **autologe** ~ het afnemen, bewaren en op een later tijdstip teruggeven v.h. eigen bloed v.d. patiënt. • **auto-** *zie* autologe ~. • **bloed~** overbrenging van onstolbaar gemaakt bloed v.d. bloeddonor i.d. bloedvaten v.e. ontvanger. • **directe** ~ rechtstreekse overbrenging van bloed uit een ader v.d. donor naar een ader v.d. recipiënt. • **erytrocyten~** transfusie van alleen erytrocyten om het hemoglobinegehalte en daarmee de O_2-transportcapaciteit v.h. bloed bij een patiënt te verhogen. • **exsanguïnatie~** *zie* wissel~. • **foetomaternale** ~ transplacentaire overgang van foetaal bloed naar het bloed v.d. moeder. • **indirecte** ~ toediening van bloed dat i.e. fles is opgevangen en ev. werd bewaard, ev. ook gepoold. • **overtransfusion** [E] overlading v.d. bloedcirculatie door overmatige transfusie van bloed of infusie v.e. andere vloeistof. • **trombocyten~** transfusie van uit plaatjesrijk donorplasma geïsoleerde trombocyten. • **wissel~** het onttrekken van veel bloed aan de circulatie, gewoonlijk gevolgd door het inbrengen van donorbloed.

⊙ **transfusiereactie** gegeneraliseerde reactie na een transfusie van incompatibel bloed met destructie van donorbloedcellen; indeling: men onderscheidt immunologische (o.a. hemolytisch en febriel) en niet-immunologische reacties en qua tijdstip acute (onmiddellijke) en vertraagde (laattijdige) reacties. • **hemolytische** ~ afbraak van getransfundeerde donorerytrocyten door antistoffen van patiënt, gericht tegen donorerytrocyten.

transfusion-induced acute lung injury (TRALI) [E] na bloedtransfusie optredende immunologische reactie die leidt tot het ontstaan van longoedeem van niet-cardiale oorsprong.

transgeen dier dier waarbij op kunstmatige wijze een gen voor een bepaald molecuul niet of in gewijzigde vorm tot expressie wordt gebracht, om zo de functie van dit molecuul te bestuderen.

transgender (seksuol.) individu dat zich qua emotionele zelfbeleving en -presentatie bewust presenteert als qua identiteit georiënteerd op beide geslachten.

transiënt vb. transiënte globale amnesie *zie* passager.

transilluminatie methode om de consistentie v.e. lichaamsdeel te schatten op grond van zijn doorschijnendheid.

transitie 1 veranderingsmomenten of processen van verandering n.a.v. ingrijpende gebeurtenissen; **2** de verschuivingen i.d. relaties tussen de contactreden v.d. patiënt, de diagnose v.d. huisarts en de diagnostische en therapeutische interventies. • **demografische** ~ overgang v.e. situatie van hoge geboorte- en sterftecijfers naar een situatie van lage geboorte- en sterftecijfers. • **epidemiologische** ~ overgang v.e. tijdvak waarin infectie en gebrekziekten de belangrijkste doodsoorzaken zijn naar een tijdvak waarin chronische en degeneratieve aandoeningen dat zijn.

transitional object *zie* overgangsobject.

transitoir *zie* passager.

transitorius voorbijgaand; vb. mania transitoria.

transketolase glyco-aldehydtransferase, een enzym in erytrocyten en i.d. myeline van zenuwmergscheden; beïnvloedt de instandhouding v.d. mergschede; de t.-activiteit v.d. erytrocyten is een maatstaf voor de vitamine-B_1-status v.h. individu.

translatie vorming v.e. eiwit a.d.h.v. codons op messenger RNA.

translational research onderzoek dat wordt uitgevoerd i.e. laboratorium ten behoeve van patiëntbehandeling.

translatus verplaatst, van plaats veranderd; vb. vaccinia translata.

translocatie structurele chromosoomafwijking, veroorzaakt door het optreden van twee of meer breuken, gevolgd door versmelting van gedeelten van verschillende chromosomen. • **bacteriële** ~ verplaatsing van bacteriën over een natuurlijke barrière.

- **robertsoniaanse** ~ translocatie waarbij de lange armen van twee acrocentrische chromosomen met elkaar zijn versmolten.

transluminaal via het lumen v.e. buis of vat.

transmaxillair via de maxilla; vb. transmaxillaire orbitadecompressie.

transmeataal via de meatus acusticus externus.

transmethylering overgang v.e. methylgroep v.d. ene verbinding naar een andere.

transmigratie 1 verplaatsing i.h. bijz. v.h. ei, dat v.e. eierstok overgaat naar de heterolaterale eileider; **2** diapedesis.

transmissie 1 (neurofysiol.) impulsoverdracht v.h. ene neuron op het andere, via een synaps of v.e. zenuwvezel op een spiervezel, via een motorisch eindplaatje; **2** (infectieziekten:) overbrenging v.e. ziekteagens door een vector. • **horizontale** ~ overdraging van ziektekiemen door contactbesmetting, i.t.t. verticale transmissie. • **neuro**~ overdracht van zenuwimpulsen i.d. synapsen. • **orofecale** ~ orale overdracht van pathogenen door (sporen van) feces, bijv. bij oroanaal seksueel contact. • **transovariële** ~ overdraging van ziektekiemen via de ovaria. • **verticale** ~ het overdragen (cytoplasmatisch, extrachromosomaal) van ziektekiemen door de moeder op de foetus.

transmitter substantie die betrokken is bij de impulsoverdracht v.h. ene neuron op het andere door diffusie via de nauwe spleet in de synaps. • **exciterende** ~ transmitter die bij aanwezigheid i.d. synapsspleet een verlaging van postsynaptische membraanpotentiaal veroorzaakt, waardoor de prikkelbaarheid v.h. neuron toeneemt. • **inhiberende neuro**~ transmitter die bij aanwezigheid i.d. synapsspleet stabilisatie v.d. postsynaptische membraanpotentiaal veroorzaakt, waardoor actiepotentialen minder snel voortgeleid worden.

transmitter release [E] uitstorting van transmitterstof uit blaasjes i.h. axonuiteinde.

transmuraal de gehele wanddikte omvattend; vb. transmuraal myocardinfarct, transmurale incisie.

transorbitaal door de orbita heen; vb. t-ale lobotomie.

transovarieel via de ovaria; vb. t-iële transmissie.

transpeptidase enzym dat de overgang v.e. of meer aminozuren v.d. ene peptideketen op de andere bewerkstelligt.

transperitoneaal dwars door het buikvlies heen.

transpiratie 1 het afscheiden van zout bevattend vocht door de huidporiën; **2** het bij transpiratie uitgescheiden vocht.

transplacentair *zie* diapacentair.

transplantaat orgaan of weefsel voor transplantatiedoeleinden. • **allogeen** ~ transplantaat dat afkomstig is v.e. genetisch niet-identiek individu van dezelfde species. • **composiet**~ samengesteld transplantaat, bijv. uit huid en kraakbeen. • **hetero**~ transplantaat van xenogeen weefsel. • **samengesteld** ~ t. met weefsel dat uit verschillende weefselcomponenten bestaat. • **xeno**~ *zie* hetero~.

transplantaatafstoting afstoting v.e. transplantaat wegens incompatibiliteit. • **acute** ~ beschadiging v.e. transplantaat door immuunreactie. • **chronische** ~ immuunreactie die pas na vele jaren op gang komt. • **hyperacute** ~ afstoting v.e. transplantaat onmiddellijk na herstel v.d. circulatie. • **inductie**~ afstotingsreactie die in gang wordt gezet door lichaamsvreemde HLA-moleculen.

transplantaatafstotingsinfiltraat cellulair ontstekingsinfiltraat dat bij verdenking op afstoting via een transplantaatbiopsie de diagnose bevestigt, doordat het kenmerkend is voor afstoting.

transplantaatontvanger *zie* recipiënt.

transplantatie overplanting van weefsel of v.e. orgaan naar een plaats of naar een lichaam waarvan dit weefsel of orgaan verloren is gegaan of in uiterst slechte toestand verkeert. • **allogene beenmerg**~ transplantatie van humane leukocytenantigenen (HLA)-identieke donorbeenmergcellen. • **allo**~ **1** overplanting van weefsel of v.e. orgaan naar een plaats of naar een lichaam; **2** het inbrengen van dood materiaal in het lichaam v.d. patiënt. • **autologe beenmerg**~ teruggave van eerder afgenomen beenmergmateriaal aan dezelfde patiënt. • **autologe vet**~ *zie* liposculptuur. • **auto**~ overplanting van eigen weefsel of een orgaan naar een nieuwe ontvangstplaats i.h. eigen lichaam. • **beenmerg**~ infunderen van pluripotente hematopoëtische stamcellen. • **cornea**~ vervanging v.e. troebele, ondoorzichtige cornea door een heldere.

• **gesteelde** ~ overbrenging v.e. huidlap die aanvankelijk nog bloed blijft ontvangen uit de plaats van herkomst. • **hart-long**~ transplantatie die wordt uitgevoerd bij irreversibele beschadiging van hart en longen. • **hart**~ transplanteren v.e. hart van donor naar ontvanger. • **heterotope** ~ overplanting van weefsel of orgaan naar een plaats waar het gewoonlijk niet thuishoort. • **homogene** ~ zie allo-. • **homologe** ~ zie allo-. • **homotope** ~ zie orthotope ~. • **huid**~ overplanting van huid, vaak autoloog. • **isotope** ~ t. waarbij overeenkomst bestaat zowel in plaats als in weefsel. • **kabel**~ overbrugging v.e. zenuwdefect met één of meer segmenten v.e. vrij getransplanteerde zenuw. • **mucosa**~ autologe transplantatie van slijmvlies. • **nier**~ chir. ingreep waarbij een nier v.e. overleden persoon of een levende donor wordt getransplanteerd i.e. patiënt met nierfalen; indicatie: irreversibele, terminale nierinsufficiëntie. • **omentum-majus**-~ autologe overplanting (maar veelal enkel verplaatsing) v.e. deel v.h. omentum majus. • **orthotope** ~ overplanting van weefsel (of orgaan) naar de anatomische positie v.h. desbetreffend orgaan of weefsel die gewoonlijk de zetel ervan is. • **pre-embryo**~ zie diagnostiek | pre-implantatiegenetische ~. • **syngene** ~ overplanting van weefsel afkomstig v.e. donor die genetisch identiek is met de recipiënt. • **thierschtransplantaat** zie graft | split-skin ~. • **vetdermis**~ autologe overplanting van vet en huid, ter opvulling v.e. wekedelendefect elders i.h. lichaam. • **vrije** ~ overplanting van weefsel dat geheel van zijn oorspronkelijke plaats gescheiden is. • **xenogene** ~ zie xeno-. • **xenologe** ~ zie xeno-. • **xeno**~ overplanting van weefsel afkomstig v.e. soortvreemd individu.

transplantatieantigenen zie antigeen | histocompatibiliteits~.

transpleuraal dwars door de pleura heen.

transponeren zie positie | trans-.

transport de beweging of overdracht van biochemische stoffen in biologische systemen. • **axonaal** ~ snelle, energie verbruikende vorm van anterograad transport door het axon, waarmee in blaasjes verpakte neurotransmitters, neuropeptiden, secretie-eiwitten enzovoorts naar het axoneinde worden vervoerd. • **blaasjes**~ transport van deeltjes of vloeistof tussen intra- en extracellulaire ruimte door exocytose of endocytose. • **chloride**~ opname dan wel uitscheiding van Cl$^-$-ionen via de celmembraan, meestal een actief proces ('pomp'). • **co**~ membraantransport van twee stoffen tegelijk waarbij de beweging v.d. ene stof (ion) op basis v.e. elektrochemische gradiënt de energie levert voor het transport v.e. tweede stof. • **intercellulair** ~ traag passief transport tussen aangrenzende cellen op basis van diffusie via spleetvormige ruimten. • **inwendig warmte**~ warmteoverdracht van lichaamskern naar lichaamsoppervlak voor warmteafgifte aan de omgeving. • **ionen**~ verplaatsing van geladen deeltjes over een membraan. • **koolzuur**~ vervoer van koolstofdioxide via bloed vanuit weefsels naar longen. • **membraan**~ verplaatsing van stoffen door een membraan. • **mucociliair** ~ transport van slijm langs het epitheel v.d. luchtwegen door trilhaardragende cilindercellen. • **natrium**~ transport van natriumionen over de cellulaire plasmamembraan. • **ovum**~ het transport v.d. eicel v.h. ovarium door de tuba tot i.d. uterus. • **poriën**~ passief uitwisselingsmechanisme voor deeltjes in capillairen via spleetvormige ruimten tussen aangrenzende endotheelcellen. • **transendotheliaal** ~ transport dwars door endotheelcellen van capillairen heen. • **water**~ verplaatsing van watermoleculen. • **zuurstof**~ 1 het vermogen van bloed om weefsels van zuurstof te voorzien door de reversibele zuurstofbinding aan hemoglobine; 2 diffusie van zuurstof door de celmembraan.

transpositie | **pees**~ verplaatsing v.d. peesinsertie v.e. intacte spier, zodat de gewrichtsfunctie wordt overgenomen. • ~ **van de grote vaten** aangeboren hartafwijking met discordante verbinding v.d. grote vaten met de ventrikels, waarbij de aorta uit de rechter ventrikel en de arteria pulmonalis uit linker ventrikel ontspringt; het rechter atrium en het linker atrium draineren i.d. corresponderende ventrikel, zodat er twee parallelle circulaties ontstaan.

• ~ **van de longvaten** aangeboren hartafwijking waarbij de longaderen uitmonden i.d. rechterboezem of in een v. cava. • **transpositio viscerum** zie situs inversus viscerum.

transposon specifiek DNA-segment dat v.h.

ene plasmide op een ander kan 'overspringen', of op een bacterieel chromosoom, en daarbij een erfelijke eigenschap kan overbrengen.

transpulmonaal door de wand v.d. truncus pulmonalis heen.

transsectie dwarse doorsnede.

transsegmentaal zich uitstrekkend tot voorbij een segment.

transseksualiteit *zie* transseksueel.

transseksueel 1 persoon die d.m.v. chirurgische ingrepen en evt. hormoonbehandelingen de voornaamste (uiterlijke) geslachtskenmerken v.h. andere geslacht heeft gekregen; **2** persoon die volgens zijn of haar gevoel tot de andere sekse behoort.

transseptaal door, of voorbij een tussenschot.

transsfenoïdaal met doorboring v.h. os sphenoidale.

transsoon afwezigheid van terugkaatsing van ultrageluidsgolven.

transsternaal door het borstbeen heen.

transsudaat vloeistof die door een membraan gesijpeld is of door weefsel wordt afgescheiden en zich i.e. lichaamsholte (bijv. pleuraholte) ophoopt. • **pleura~** extravasaat, zich ophopend i.d. pleuraholte t.g.v. lage colloïd-osmotische druk en/of hoge hydrostatische druk en derhalve per definitie eiwitarm; o.a. bij decompensatio cordis.

transsudatie het 'uitzweten' (doorsijpelen) van transsudaat.

transthalamisch de thalamus doorkruisend.

transurethraal via de urethra.

transurethrale elektrovaporisatie behandelmethode bij benigne prostaathyperplasie waarbij overtollig weefsel wordt gecauteriseerd.

transventriculair door de wand v.e. hartkamer heen.

transversa vr. van transversus.

transversaal in dwarse richting.

transversale relaxatietijd *zie* waarde | T2~~.

transversalis transversaal; vb. fascia transversalis.

transversarius dwars verlopend, in dwarse richting; vb. foramen transversarium.

transversectomie 1 resectie v.e. dwarsuitsteeksel of een aantal ervan; **2** verwijdering v.h. colon transversum.

transversocostalis m.b.t. een dwarsuitsteeksel en een rib.

transversospinalis m.b.t. de processus transversus en de processus spinosus v.d. wervels.

transversotomie doorsnijding v.e. processus transversus vertebrae (of een aantal ervan).

transversus dwars, in dwarse richting; vb. sinus transversus, diameter transversa, colon transversum.

transvesicaal dwars door de urineblaas heen.

trapezium 1 een onregelmatige vierhoek; **2** het os trapezium.

trapezius trapeziumvormig; vb. musculus trapezius, os trapezium.

trapezoïd 1 een trapezium met twee evenwijdige zijden; **2** het os trapezoideum.

trapezoideus lijkend op een trapezium; vb. linea trapezoidea, os trapezoideum.

trapjesproef *zie* test | twee-treden~.

trapped air lucht die na elke ademteug i.d. longen achterblijft *zie* hyperinflatie | pulmonale ~.

Traube | **dubbele toon van** ~ bij aorta-insufficiëntie kan, met de stethoscoop boven de a. femoralis, na de luide systolische toon een zwakkere tweede toon worden gehoord. • **ruimte van** ~ het boven de maag gelegen gebied, begrensd door linker ribbenboog, hart-, milt- en leverdempingsfiguur. • **traubecurve** curve waarop de periodieke schommelingen v.d. bloeddruk tijdens de ademhaling te zien zijn.

trauma 1 verwonding; **2** de traumatiserende kracht. • **acceleratie-deceleratie~** vorm van traumatisch hersenletsel waarbij lineaire versnelling van hersenen ten opzichte van schedel beschadigingen veroorzaakt door contact v.d. hersenen met de binnenkant v.d. schedel. • **barings~** *zie* geboorte-. • **baro~** laesie t.g.v. snelle wisseling v.d. atmosferische druk, i.h. bijzonder beschadiging v.h. trommelvlies en het binnenoor. • **~ cerebri** hersenletsel; men onderscheidt commotio en contusio cerebri. • **elektrisch** ~ beschadiging van weefsel t.g.v. een elektriciteitsongeval. • **explosie~** beschadiging van trommelvlies en/of cochleaire structuren door plotselinge drukverandering. • **extensie-flexie~** *zie* whiplashsyndroom. • **geboorte~** trauma v.d. neonaat door (mechanische) krachten tijdens de geboorte. • **geluids~** letsel, veroorzaakt door een teveel aan geluid. • **hoogenergetisch** ~ (HET) trauma dat met hoge snelheden of met val van grote hoogte gepaard is gegaan. • **inhalatie** ~ letsel v.d. luchtwegen door inademing van hete lucht of rook of prikkelende gassen. • **knal** ~ *zie* explosie ~. • **micro** ~ gering trauma. • **multi** ~ letsels van verschillende lichaamsdelen en/of organen. • **neuro** ~ traumatisch zenuwletsel. • **onderdruk** ~ letsel door snelle daling v.d. atmosferische druk. • **psychisch** ~ **1** gebeurtenis die of het agens dat een kwetsende uitwerking op de psyche heeft; **2** pijnlijke, kwetsende psychische ervaring. • **psycho** ~ *zie* psychisch ~. • **rotatie-acceleratie** ~ mechanisme van traumatisch schedel-hersenletsel waarbij rotatie van hersenen ten opzichte van omgevende schedel optreedt. • **schedel-hersen** ~ trauma door op de schedel inwerkend mechanisch geweld (verkeersongeluk, val). • **schedel** ~ verwonding v.h. benige skelet v.h. hoofd. • **seksueel** ~ **1** traumatische gebeurtenis van seksuele aard; **2** psychische toestand, waarbij het psychische en seksuele welbevinden nog schade ondervindt van een seksueel-traumatisch verleden. • **stomp** ~ letsel v.h. lichaam met veelal intacte huid en zonder overige zichtbare uitwendige verwondingen en waarbij echter dikwijls sprake is van ernstig inwendig letsel is. • **thermo** ~ een letsel veroorzakende inwerking van te hoge of te lage temperaturen.

⊚ ~ **capitis** letsel aan het hoofd, veelal leidend tot hersenletsel (trauma cerebri); indeling: bij ontbreken van bewustzijnsverlies en posttraumatische amnesie (PTA) spreekt men v.e. trauma capitis; bij bewustzijnsverlies korter dan 15 minuten en een PTA korter dan een uur spreekt men van 'commotio cerebri'; bij bewustzijnsverlies langer dan 15 minuten of een PTA van meer dan een uur spreekt men van 'contusio cerebri'; de ernst v.e. contusio cerebri kan verder aangegeven worden m.b.v. de Glasgow-comaschaal score; een licht hersenletsel is een score van 13 tot 15, middelzwaar 9 tot 12, en ernstig is kleiner of gelijk aan 8; de ernst v.h. trauma kan achteraf worden bepaald met de duur v.d. posttraumatische amnesie. • **whiplash** ~ *zie* whiplashsyndroom.

traumakamer speciale ongevalskamer met daarin de benodigde apparatuur om snel de ernst v.h. letsel vast te stellen.

traumascore | **champion** ~ beoordelingsschaal waarbij de ernst v.d. verwondingen wordt beoordeeld.

traumateam ongevalsteam, bestaande uit een chirurg, traumatoloog, anesthesist, radioloog, neuroloog, neurochirurg, kinderarts en verpleegkundigen.

traumaticus m.b.t. of t.g.v. een trauma; vb. malacia traumatica, aneurysma traumaticum.

traumatisch m.b.t. of t.g.v. een trauma; vb. traumatische neurose.

traumatisme stoornis i.d. algemene toestand t.g.v. een trauma.

traumatogeen door trauma veroorzaakt.

traumatologie de wetenschap of het chirurgisch specialisme m.b.t. de door traumata veroorzaakte afwijkingen.

travestie het zich kleden als een persoon v.h. andere geslacht waarbij seksuele opwinding een belangrijke rol speelt, zonder dat de wens bestaat van geslacht te willen veranderen.

travestiet persoon die zich kleedt als een lid v.h. andere geslacht en daar (seksuele) voldoening in vindt.

trechterborst *zie* pectus excavatum.

tredmolen ergometer i.d. vorm v.e. lopende band waarmee de looparbeid kan worden gedoseerd door een instelbare loopsnelheid en dikwijls ook een instelbare hellingshoek.

Treitz | **boog van** ~ vaatplooi v.h. peritoneum tussen het laatste derde deel v.h. duodenum en de linker nier.

T1-relaxatie *zie* waarde | T1~~.

T2-relaxatie *zie* waarde | T2~~.

Trematoda klasse v.h. subfylum *Platyhelminthes*.

tremens sidderend; vb. delirium tremens.

tremograaf instrument waarmee een tremor kan worden geregistreerd.

tremor ritmisch alternerend aanspannen van elkaar antagonerende spieren. • **essentiële** ~ posturale tremor met frequentie 7-10 Hz, aanwezig wanneer spieren v.e. arm, been of nek worden geactiveerd. • **fijne** ~ snelle t. met geringe amplitude, bijv. bij ziekte van Graves. • **flapping** ~ tremor met grove, langzame uitslagen; vooral bij metabole en toxische encefalopathie, i.h.b. hepatische encefalopathie. • **grove** ~ trage t. met grote amplitude. • **intentie** ~ tremor van hand en of vingers die optreedt bij een doelgerichte beweging. • **seniele** ~ op hoge leeftijd optredende, fysiologische tremor bij houding en beweging. • **toxische** ~ tremor bij vergiftigingen (lood, kwik). • ~ **essentialis** *zie* essentiële ~. • ~ **senilis** *zie* seniele ~.

tremulans sidderend; vb. cataracta tremulans.

tremulatie *zie* tremor | fijne ~.

trench mouth [E] *zie* stomatitis ulcerosa necroticans.

trend ontwikkeling i.d. tijd die op de lange termijn in één richting wijst.

Trendelenburg | **canule** ~ tracheacanule, omgeven door een gummiballon, die in opgeblazen toestand de luchtpijp naar boven geheel afsluit. • **trendelenburgligging** rugligging v.d. patiënt met het hoofd laag en het bekken hoog. • **trendelenburgoperatie 1** (o.a.) embolectomie uit de a. pulmonalis; **2** afbinding v.d. v. saphena ter behandeling van varices.

treonine essentieel aminozuur, noodzakelijk voor de optimale groei van kinderen en voor de handhaving v.h. stikstofevenwicht bij volwassenen.

trepaan instrument voor de uitvoering van trepanatie.

trepanatie het maken v.e. boorgat i.h. schedeldak, een pijpbeen of de oogbol.

trepidans bevend, sidderend; vb. myotonoclonia trepidans.

Treponema een geslacht v.d. fam. *Treponemataceae* (v.d. orde *Spirochaetales*). • ~ *pallidum* verwekker van syfilis. • ~ *pertenue* verwekker van framboesia.

Treponema-pallidum-hemagglutinatie (TPHA) verouderde serologische reactie als diagnostische test bij syfilis.

Treponemataceae een fam. v.d. orde *Spirochaetales*.

treponematose ziekte door infectie met een v.d. volgende *Treponema*-soorten: syfilis (door *T. pallidum*), framboesia (door *T. pertenue*), pinta (door *T. carateum*), endemische syfilis (non-venerische treponematose; door *T. pallidum subspecies endemicum*).

tretinoïne *zie* zuur | vitamine-A-~.

TRH *zie* hormoon | thyreotropin-releasing hormone.

tri- voorvoegsel in woordsamenstellingen met de betekenis drie.

triacylglycerine *zie* triglyceride.

triade *zie* trias. • ~ **van Fallot** *zie* Fallot | trilogie van ~. • **unhappy triad** [E] trauma v.h. kniegewricht waarbij er een combinatie van letsels bestaat van mediale band, voorste kruisband en mediale meniscus.

triage 1 medische screening van patiënten om hun relatieve prioriteit voor behandeling te bepalen; **2** (rampengeneeskunde:) het verdelen van grote groepen gewonden in drie afzonderlijk groepen naar prioriteit van behandeling.

trial *zie* onderzoek | experimenteel ~. • **before-after** ~ [E] (statist., epidemiol.) *zie* voor-na-vergelijking. • **case-control** ~ [E] *zie* onderzoek | patiënt-controle-~. • **clinical** ~ [E] klinisch experimenteel onderzoek ter bepaling v.d. werkzaamheid en veiligheid v.e. behandeling. • **community-intervention** ~ [E] onderzoek waarin grote populaties afkomstig uit verschillende geografische gebieden aan een experimentele dan wel een controle-interventie worden toegewezen. • **field** ~ [E] toetsing v.e. hypothese of opvatting door onderzoek op een groot aantal objecten of personen. • **mega**~ trial met zeer veel (bijv. duizenden) onderzoekspersonen. • **multicenter** ~ *zie* onderzoek | multicenter-~. • **N=1** ~ onderzoeksmethodiek waarbij één persoon een aantal opeenvolgende behandelingen ondergaat. • **randomized clinical** ~ *zie* onderzoek | gerandomiseerd gecontroleerd ~. • **randomized controlled** ~ (RCT) [E] onderzoek waarbij het effect v.e. interventie of de voorspellende waarde v.e. diagnostische test wordt vergeleken met die v.e. of meer andere interventies of tests na aselecte toewijzing van patiënten aan de index- en controlegroep(en).

triangulair fibrocartilagineus complex (TFCC) fibrocartilagineus weefsel tussen radius, ulna, os lunatum en os triquetrum vormt belangrijkste stabilisator v.h. distale radio-ulnaire gewricht.

triangularis triangulair, driehoekig; vb. fossa triangularis, ligamentum triangulare.

triangulum driehoek.

trias combinatie van drie symptomen of kenmerken. • **beck**~ verlaagde arteriële, verhoogde centraal-veneuze druk en zwakke harttonen. • **bezold**~ (bij otosclerose): vertraagde beengeleiding, verminderde waarneming van lage tonen, negatieve proef van Rinne. • **gallizia**~ het samengaan van pijnlijke fibreuze verkalkende knobbeltjes i.h. kraakbeen v.h. oor met palmaire fibrose en induratio penis. • **kartagener**~ autosomaal recessief-erfelijke misvorming, t.w. bronchiëctasieën, situs inversus en anomalieën v.d. neusbijholten. • **lethal triad** het samengaan van hypothermie, metabole acidose en stollingsstoornissen. • **luciani**~ asthenie, atonie en astasie als drie belangrijkste symptomen bij aandoeningen v.h. cerebellum. • **Merseburger** ~ exophthalmus, struma en tachycardie, kenmerkend voor de ziekte van Graves. • ~ **van Beck** *zie* beck-. • ~ **van Hutchinson** *zie* Hutchinson | hutchinsontrias. • **virchow**~ drie factoren die het optreden van trombose bevorderen, nl. beschadigingen v.d. endotheelcellen, veranderingen i.d. stroomsnelheid v.h. bloed en verstoring v.h. evenwicht tussen stollingsbevorderende en -remmende factoren.

Triatoma een geslacht v.d. orde *Hemiptera*, belangrijk als overbrengers van *Trypanosoma cruzi*.

triatriatus van drie atria voorzien; vb. cor triatriatum.

tribasilair m.b.t. het os tribasilare.

tribasilare os tribasilare [L].

tribasilaris uit drie bases bestaand; vb. os tribasilare.

tribe instrument om te verbrijzelen.

tribus de 'groep' die i.d. biologische systematiek deel uitmaakt v.d. erboven geordende familie en zelf onderverdeeld is in geslachten.

TRIC (trachoma or inclusion conjunctivitis [E]) trachoom of insluitselconjunctivitis.

TRIC agent [E] verwekker van 'trachoma or inclusion conjunctivitis' (TRIC) bij pasgeborenen.

TRIC-agent *zie Chlamydia trachomatis*.

triceps driehoofdig; vb. musculus triceps.

trich- voorvoegsel in woordsamenstellingen m.b.t. een haar of haren.

trichiase het naar binnen gekromd zijn v.d. oogharrtjes, waardoor erosies aan de cornea kunnen ontstaan. • **trichiasis ani** het naar binnen groeien v.d. haartjes rondom de anus.

Trichinella een geslacht v.d. klasse *Nematoda* (fam. *Trichinellidae*). • ~ *spiralis* verwekker van trichinose.

trichinose ziekte t.g.v. infectie met *Trichinella spiralis*, door het eten van onvoldoende verhit varkensvlees.

trichisme beenbreuk met een haardunne fractuurlijn.

trichobezoar *zie* bezoar.

trichocardia *zie* cor villosum.

trichodynie pijn aan de hoofdhuid, vooral bij het aanraken v.d. haren.

tricho-epithelioom | trichoepithelioma papillosum multiplex *zie* epithelioom | epithelioma adenoides cysticum.

trichofagie gewoonte om aan haar te knabbelen.

trichofytide niet-infectieuze allergische reactie op *Trichophyton* op afstand v.h. infectieuze focus.

trichofytie infectie van vnl. huid, nagels en haren met uiteenlopende species v.d. schimmel *Trichophyton*.

trichofytine stofwisselingsproduct van *Trichophyton*.

trichofytose *zie* trichofytie.

trichoglossie haartong.

trichogram microscopisch diagnostisch onderzoek bij patiënt met haarverlies.

Trichomonas geslacht v.d. klasse *Mastigophora*.

trichomoniasis seksueel overdraagbare aandoening; verzamelnaam voor alle vaginale infecties met *Trichomonas vaginalis*.

Trichomycetes groep schimmels met fijne haartjes.

trichomycose ziekte v.h. haar door infectie met schimmels. • **trichomycosis axillaris** *zie* trichomycosis palmellina. • **trichomycosis chromatica** *zie* trichomycosis palmellina. • **trichomycosis palmellina** oppervlakkige infectie van haren in oksels en pubisstreek, veroorzaakt door infectie met corynebacteriën. • **trichomycosis nodosa** *zie* piedra.

trichomycosis nodularis *zie* piedra.

trichonocardiasis infectie van haar met *Nocardia* (= *Corynebacterium*) *tenuis*. • ~ **axillaris** *zie* trichomycose | trichomycosis palmellina.

trichonodose aanwezigheid van knopen i.h. haar; oorzaak onbekend.

trichonose haarziekte.

trichoom 1 (oogheelk.:) niet te verwarren met oogheelk. term 'trachoom' *zie* entropion; **2** (oogheelk.:) *zie* trichiase; **3** (dermatol.:) *zie* Poolse vlecht.

trichopalmellina *zie* trichomycose | trichomycosis palmellina.

trichopathie haarziekte.
trichophytia profunda *zie* kerion.
trichophytinus veroorzaakt door *Trichophyton*; vb. onychomycosis trichophytina.
Trichophyton schimmelgeslacht dat ziekten van huid, haar en nagels veroorzaakt. • ~ *mentagrophytes* een dermatofyt, een der verwekkers van tinea. • ~ *rosaceum* een dermatofyt die tinea veroorzaakt. • ~ *rubrum* een der verwekkers van dermatofytosen. • ~ *schoenleinii* een dermatofyt die tinea capitis veroorzaakt. • ~ *verrucosum* een verwekker van tinea.
trichopoliose het grijs worden der haren.
trichoptilosis *zie* scissura pilorum.
trichorexie *zie* trichorrexie.
trichorrexie brosheid v.d. haren, die daardoor afbreken. • **trichorrhexis nodosa** zeldzame afwijking v.d. haren.
trichose 1 ziekte v.h. haar; **2** *zie* trichiase | trichiasis ani.
trichosporie *zie* piedra.
Trichosporon gistachtige schimmels die zowel blasto- als artrosporen vormen. • ~ *cutaneum* verwekker van piedra alba.
trichosporosis nodosa *zie* piedra alba.
Trichostrongylus een geslacht nematode-wormen i.d. ingewanden van huisdieren, vee, mensen.
trichotillomanie (kinderpsychiatrie) dwangmatig uittrekken van haar, als neurose vnl. voorkomend bij kinderen en adolescenten.
trichotomie verdeling in drieën.
trichoxerose splijting v.d. haren, die hierdoor op veren gaan lijken.
trichromaat persoon met normale kleurenzin, die dus alle kleuren objectief juist waarneemt.
trichromasie het (normale) vermogen om de drie grondkleuren, rood, groen, violet, te onderscheiden.
trichromatopsie normaal kleurenonderscheidingsvermogen, trichromasie.
trichuriasis infectie met *Trichuris*.
Trichuris een geslacht nematode-wormen. • ~ *trichiura* darmparasiet bij mensen, bewoont de dikke darm; gewoonlijk apathogeen.
tricuspidalis 1 drieslippig; vb. valva tricuspidalis; **2** gangbare verkorte aanduiding van 'tricuspidaliskleep'.
trid. triduum = drie dagen (rec.).
trifasisch in drie fasen verlopend.
trifidus in drie delen gespleten.

trigeminalis m.b.t. de nervus trigeminus; vb. ganglion trigeminale.
trigemini drielingen. • ~ **conjuncti** met elkaar vergroeide drielingen.
trigeminie hartritme waarbij elk tweede complex v.h. basisritme wordt gevolgd door een extrasystole.
trigeminus *zie* nervus trigeminus.
• **trigeminusneuralgie** aanvalsgewijs optredende flitsende pijnen, meestal i.d. tweede of de derde tak v.d. trigeminus.
trigger condition [E] bijkomstige factor die de aanleiding vormt dat een ziekte uitbreekt.
trigger finger [E] *zie* Quervain | quervain-syndroom.
triggerpunt beperkte gevoelige plek waarvan een lichte prikkeling een hevige pijnaanval veroorzaakt, zoals de gelaatshuid of het mondslijmvlies bij trigeminusneuralgie of de schouder bij het schouder-hand-syndroom.
triglyceride (TG) vetten die afgeleid zijn van glycerine waarbij alle drie OH-groepen veresterd zijn. • **langeketen**~ vetzuur met langere C-ketens. • **middellangeketen**~ vetzuur met een keten van 6-12 C-atomen.
trigonitis ontsteking v.h. trigonum vesicae. • ~ **pseudomembranosa** trigonitis bij de vrouw, met vorming v.e. grijsrose pseudomembraan.
trigonum driehoek. • ~ **vesicae** driehoekig gebied onder i.d. blaas tussen de uitmondingen v.d. ureters en de beginopening v.d. urethra.
trigonus driehoekig; vb. os trigonum.
tri-jodothyronine (T3) een v.d. twee schildklierhormonen die het basaal metabolisme reguleren.
trilhaardiertjes *zie* Ciliata.
trilocularis van drie ruimten voorzien; vb. cor triloculare.
trilogie *zie* trias.
Trimbos-instituut landelijk kennisinstituut voor geestelijke gezondheidszorg, verslavingszorg en maatschappelijke zorg.
trimeer driedelig.
trip het geheel van ervaringen die zijn opgewekt door inname van hallucinogene middelen. • **bad** ~ [E] negatieve effecten van druggebruik op stemming, denken en perceptie, zich uitend in hallucinaties, onrust, angst, depressies en derealisatie.
tripeldiagnostiek driedelige diagnostiek,

bestaande uit lichamelijk onderzoek, beeldvormende diagnostiek en cytologisch onderzoek.

tripelskeletonderzoek *zie* scintigrafie | driefasenskelet~.

tripeltherapie behandeling v.e. aandoening met drie verschillende preparaten tegelijk.

triplet drie-eenheid.

triploïdie aanwezigheid van 3 x 23 = 69 chromosomen i.p.v. het normale aantal 2 x 23 = 46 (= diploïdie).

triplopie gezichtsstoornis die bestaat uit de vorming v.e. drievoudig beeld van één voorwerp.

tripolaire prikkeling prikkeling door stroomtoevoer via drie elektroden.

-tripsie achtervoegsel in woordverbindingen met de betekenis verbrijzelen; vb. lithotripsie.

trismus onwillekeurige kortdurende pijnlijke contractie v.d. kauwspieren (m. masseter); oorzaken: aanspannen zonder dat de spier op rustlengte is, tetanus, elektrolytstoornissen, extrapiramidale ziekten en bijwerking van fenothiazinen. • **~ nascentium** kaakklem bij de pasgeborene, door tetanusinfectie v.d. navelwond.

trisomie vorm van aneuploïdie waarbij de celkern 2n + 1 chromosomen bevat (i.p.v. 2n), doordat één der chromosomen niet in 2-voud, maar in 3-voud aanwezig is; vb. G-21-trisomie (downsyndroom, mongoloïde idiotie), trisomie 13 (patausyndroom), trisomie 18 (edwardssyndroom). • **autosomale ~** trisomie v.e. der autosomen. • **D-~** aanwezigheid van drie chromosomen v.d. groep D. • **E1-~** *zie* syndroom | edwards~. • **G-21-~** aanwezigheid van drie chromosomen G21, zoals bij mongolisme.

tristichia zeldzame erfelijke aandoening waarbij drie rijen ooghaartjes bij de uitmondingen v.d. kliertjes van Meibom aanwezig zijn.

tritanomalie gestoord rood-, groen- en blauwzien.

tritanopsie ontbrekend gezichtsvermogen voor blauw.

TRITC (tetramethylrodaminethiocyanaat) veel gebruikt fluorchroom; fluoresceert rood bij groene aanstraling.

trituratie pulverisering, fijnwrijving v.e. geneesmiddel.

trocart stilet met een driehoekig geslepen punt en omgeven door een canule, waarmee een punctie kan worden verricht.

trochanter beenuitsteeksel v.h. os femoris. • **~ major** groot, plat uitsteeksel, boven lateraal aan het os femoris, waar verschillende spieren aangehecht zijn. • **~ minor** kleiner beenuitsteeksel, boven-mediaal aan het os femoris, waar de m. iliopsoas is aangehecht.

trochantericus m.b.t. de trochanter; vb. fossa trochanterica.

trochlea een rolvormige structuur.

trochlearis m.b.t. de trochlea; vb. fovea trochlearis, nervus trochlearis.

trochocefalie rondhoofdigheid door te vroege verbening v.d. kroonnaad.

trochoginglymus combinatie van rad- en scharniervorm in één gewricht, bijv. de articulatio humeroradialis.

trochoideus radvormig; vb. articulatio trochoidea (radgewricht).

trofisch m.b.t. de voeding.

trofische stoornis stoornis i.d. voeding van weefsel.

trofoblast | persisterende ~ trofoblast die ontstaat door proliferatie van actieve elementen v.d. trofoblast na een mola-zwangerschap.

trofoderm *zie* ectoderm.

trofoplasma het vormende plasma v.d. cel.

trofotroop m.b.t. trofotropisme.

trofotropisme beïnvloeding van cellen door voedseloplossing.

trofozoïet amoeboïde, vegetatieve, aseksuele vorm van sommige *Sporozoa,*.

tröltschzakjes recessus membranae tympani anterior posterior en superior.

tromb- voorvoegsel in woordsamenstellingen m.b.t. stolling of stolsel.

trombangiitis ontsteking v.d. vaatwand met vorming van trombi (stolsels). • **obliterende ~** *zie* thrombangiitis obliterans. • **thrombangiitis obliterans** vorm van trombangiitis met afsluiting en verschrompeling v.d. aangetaste vaten.

trombarteriëctomie resectie v.e. door trombi afgesloten slagader, evt. gevolgd door arterietransplantatie.

trombase *zie* trombine.

trombasthenie aangeboren autosomaal-recessieve ziekte waarbij bloedingen ontstaan door gebrekkige trombocytenaggregatie en stolselretractie. • **glanzmann~** gebrekkige aggregatie van trombocyten

a.g.v. het onvoldoende vormen van fibrinogeenverbindingen tussen de bloedplaatjes.
trombectomie operatieve verwijdering v.e. trombus.
Trombicula geslacht van mijten, v.d. familie *Trombiculidae*, overbrengers van *Rickettsiae*.
• ~ *autumnalis* Europese mijt die i.d. herfst jeuk veroorzaakt.
trombiculiasis infestatie met *Trombicula*.
Trombiculidae een familie van mijten waarvan de larven parasiteren op vertebraten.
trombidiose *zie* trombiculiasis.
trombine een uit protrombine gevormd enzym, dat fibrinogeen omzet in fibrine.
trombinogeen *zie* protrombine.
trombocyt kleine kernloze, schijfvormige bloedcel met een doorsnede van 1-4 μm en een dikte van 0,5-0,75 μm.
trombocytemie *zie* trombocytose.
trombocytenaggregatie hechting van trombocyten aan elkaar d.m.v. het glycoproteïne IIb/IIIa op de bloedplaatjesmembraan.
trombocytenfunctiestoornis *zie* trombocytopathie.
trombocytine *zie* serotonine.
trombocytogenese vorming van bloedplaatjes o.i.v. interleukine-3 doordat uitsteeksels van grote stamcellen door afsnoering loslaten i.d. capillairen v.h. beenmerg en meegevoerd worden met het bloed.
trombocytopathie erfelijke of verworven functiestoornis van trombocyten waardoor een verlengde bloedingstijd optreedt.
trombocytopenie vermindering v.h. aantal trombocyten i.h. perifere bloed (<150×10⁹/liter) door verhoogd verbruik, verhoogde afbraak of verlaagde productie. • **allo-immuno~** (AITP) ernstige trombocytopenie bij de pasgeborene door allo-immunisatie, gericht tegen trombocyten. • **essentiële ~** idiopathische trombopenische purpura.
trombocytopenisch gepaard gaand met trombocytopenie; vb. trombocytopenische purpura.
trombocytopoëse *zie* trombopoëse.
trombocytose verhoogd trombocytenaantal i.h. perifere bloed (>450×10⁹/liter) t.g.v. verhoogde productie of veranderde distributie.
trombofilie neiging tot trombose. • **constitutionele ~** aangeboren of verworven neiging tot trombose door afwijkingen van stollingsfactoren, bloedplaatjes, stollingsremmers, fibrinolytische factoren.
tromboflebitisch gepaard met tromboflebitis; vb. tromboflebitische splenomegalie.
trombogeen *zie* protrombine.
trombokinase | **weefsel~** bloedstollingsfactor III; obsolete term.
trombolyse intraveneuze infusie van trombolytica.
trombolyticum geneesmiddel dat trombi oplost d.m.v. lysis van fibrinepolymeren; werkt door direct of indirect het plasminogeen tot plasmine te activeren; wordt o.a. toegepast bij een acuut infarct ter ontbinding v.d. trombus.
trombolytisch stolsel-oplossend.
trombomoduline een op endotheelcellen voorkomend eiwit met stollingswerende werking.
trombopathie stoornis i.d. bloedstolling door functiestoornis v.d. trombocyten.
• **thrombopathia haemophilica** bij hemofilie voorkomende functiestoornis v.d. trombocyten.
trombopenie *zie* trombocytopenie.
trombopenisch *zie* trombocytopenisch.
tromboplastine factor, vermoedelijk uit bloedplaatjes, die helpt protrombine om te zetten in trombine. • **extrinsieke ~** de protrombine-activator die wordt gevormd onder invloed van factoren buiten de bloedvaten. • **intrinsieke ~** de protrombine-activator die wordt gevormd door uitsl. intravasculaire factoren. • **weefsel~** stollingsfactor III.
tromboplastisch trombusvormend.
trombopoëse 1 (hemopathol.) de vorming v.e. trombus; 2 (celbiol.) de vorming van trombocyten.
trombopoëtine cytokine dat bij de aanmaak van trombocyten betrokken is.
trombose intravasculaire vorming v.e. bloedstolsel (trombus). • **angularis~** trombose v.d. vena angularis. • **athero~** trombose i.e. arterie die ontstaat na een ruptuur v.e. pre-existent gevormde atherosclerotische plaque. • **cerebraal veneuze en durale sinus~** (CVST) zeldzame vorm van trombose; symptomen v.e. cerebrale sinustrombose zijn afhankelijk van plaats v.d. trombose i.h. adersysteem v.d. hersenen. • **cerebrale ~** trombusvorming i.e. hersenarterie.
• **chronische aorto-iliaca ~** *zie* Leriche | lerichesyndroom. • **coronaire ~** trombusvorming i.e. kransslagader. • **diepe-**

kuitvenen~ *zie* diepveneuze trombose.
• **diepveneuze** ~*zie* diepveneuze trombose.
• **diffuse intravasculaire** ~ *zie* coagulopathie. • **effort thrombosis** [E] zeldzame vorm van diepe trombose v.d. arm. • **flebo**~ aanwezigheid v.e. trombus i.e. oppervlakkige ader waarvan de wand niet ontstoken is.
• **hersen**~ *zie* cerebrale ~. • **kuitvenen**~ *zie* diepveneuze trombose. • **marantische** ~ trombusvorming bij algemeen verval van krachten. • **micro**~ aanwezigheid van microtrombi i.d. kleine bloedvaten en capillairen. • **niervenen**~ trombo-embolische complicatie die bij nefrotisch syndroom kan voorkomen. • **puerperale** ~ trombusvorming tijdens het puerperium. • **pyle**~ trombose v.d. poortader. • **shunt**~ trombose i.e. voor dialyse chir. aangelegde shunt.
• **sinuscavernosus**~ acuut klinisch beeld, gekenmerkt door retro-orbitale of frontotemporale hoofdpijn, gevolgd door koorts, periorbitaal oedeem, chemosis, proptosis en oftalmoplegie, veelal veroorzaakt door *Staphylococcus aureus*, streptokokken en pneumokokken. • **sinus**~ trombusvorming i.e. hersensinus (sinus sagittalis, transversus, cavernosus). • **trunculaire pyle**~ trombose i.d. poortaderstam. • **venen**~ *zie* diepveneuze trombose. • **veneuze** ~ vorming of aanwezigheid v.e. stolsel i.e. vene.
tromboseprofylaxe geheel van maatregelen dat het risico op het ontstaan van trombose beperkt.
trombosering trombusvorming.
trombosine *zie* trombine.
trombostase stagnatie v.d. bloedstroom, gepaard met trombusvorming.
trombostenine bestanddeel van bloedplaatjes dat spiervezels doet contraheren.
trombosuctie opzuigen via een katheter v.e. trombus die een bloedvat heeft afgesloten ter voorkoming van complicaties i.h. achterliggende vaatbed.
trombotisch gepaard gaand met, betrekking hebbend op trombose of trombus.
trombotonine *zie* serotonine.
tromboxaan (Tx) in trombocyten gevormde prostaglandine.
trombus intravasculair ontstaan bloedstolsel. • **consecutieve** ~ trombus die met de stroom mee doorgroeit i.h. vaatlumen.
• **murale** ~ een aan de wand (v.h. hart) vastzittende trombus. • **pariëtale** ~ wandstandige trombus i.h. hart of de vaten.

• **witte** ~ trombus die ontstaat in snelstromend bloed waardoor het trombine v.d. trombus wordt afgespoeld.
trommelvlies | gescheurd ~ *zie* perforatie | trommelvlies~.
trommelvliesbuisjes drains bij otitis serosa.
-troof achtervoegsel in woordverbindingen m.b.t. de voeding.
-troop achtervoegsel in woordverbindingen m.b.t. aantrekking of affiniteit.
tropeïnisme vergiftiging door tropeïnen = tropa-alkaloïden en de nachtschadeplanten, waarin deze stoffen voorkomen.
troph- voorvoegsel in woordsamenstellingen m.b.t. voeding.
trophicus m.b.t. de voeding (van weefsel); vb. ulcus trophicum.
trophoedema voedingsoedeem, chronische oedemateuze zwelling v.d. benen en voeten t.g.v. onder- of wanvoeding.
trophonucleus macronucleus, een v.d. twee kernen van sommige protozoa, die niet voor de voortplanting, maar voor de voeding dient.
trophoplasma *zie* trofoplasma.
trophospongium 1 het Golgi-apparaat; **2** het vaatrijke endometrium tussen uteruswand en trofoblast.
tropica malaria tropica.
tropicalis tropisch, m.b.t. de tropen; vb. adenitis tropicalis.
tropicus m.b.t. de tropen.
tropinen bacteriotropinen, opsoninen.
tropisme door een prikkel van buiten veroorzaakte beweging i.d. richting van die prikkel of van die prikkel af.
tropocollageen de fundamentele eenheden van collageenfibrillen.
tropometer 1 instrument waarmee de draaiing v.d. oogbol kan worden gemeten; **2** instrument waarmee de mate van torsie in lange beenderen kan worden bepaald.
tropomyosine een v.d. twee contractie-regulerende proteïnen in spierweefsel.
troponine contractieregulerende proteïne in spierweefsel, bouwsteen v.h. myocard en als cardiospecifiek enzym een biochemische merker voor necrose v.d. hartspier.
trottoir roulant [F] *zie* tredmolen.
TRP tubulaire reabsorptie van fosfaat, uitgedrukt in percentage van zijn klaring.
Trueta | truetabehandeling wondexcisie gevolgd door circulair gipsverband. • **true**-

tasyndroom gestoorde bijnierschorsfunctie bij verbrandingen.

trunculair m.b.t. de stam v.e. bloedvat; vb. t-re pyletrombosis.

truncus 1 de stam v.h. lichaam of v.e. groot bloedvat of grote zenuw; 2 lymfevaatstam.
· ~ **brachiocephalicus** de v.d. aortaboog ontspringende gemeenschappelijke stam.
· ~ **coeliacus** gemeenschappelijke stam v.d. a. gastrica sinistra, a. hepatica communis en a. lienalis. · ~ **lumbosacralis** een zenuwstam gevormd door samenvoeging van L.5 en een deel van L.4. · **trunci plexus brachialis** de meestal door een of twee ruggenmergszenuwtakken gevormde drie primaire stammen v.d. plexus brachialis.
· ~ **pulmonalis** de arteriestam tussen de rechter hartkamer en het begin v.d. rechter en linker a. pulmonalis. · ~ **superior plexus brachialis** de uit C.5 en 6 gevormde bovenste primaire zenuwstam v.d. plexus brachialis. · ~ **sympathicus** grensstreng v.d. sympathicus, een door zenuwvezels verbonden reeks van ganglia rechts en links voor de wervelkolom, v.d. schedelbasis tot het stuitbeen;. · ~ **vagalis anterior** voorste zenuwvlecht, ontstaan uit de plexus esophageus met vezels uit beide nervi vagi.
· ~ **vagalis posterior** achterste zenuwvlecht, ontstaan uit de plexus esophageus met vezels uit beide nervi vagi.

trypanocide 1 (bn. nw.) trypanosomen-dodend; 2 (z.nw.) stof met trypanosomen-dodende werking.

trypanolyse vernietiging van trypanosomen.

trypanoom steekwond waar de tseetseevlieg heeft gestoken met de eromheen ontstane lokale ontstekingsreactie.

Trypanoplasma een protozoëngeslacht dat parasitair in vissen leeft, voor de mens apathogeen.

Trypanosoma een geslacht v.d. klasse *Mastigophora* (afd. *Protozoa*), obligate bloedparasiet met een undulerende membraan en een enkele zweepdraad. · ~ *cruzi* in 1908 door Chagas ontdekt i.d. darm v.e. roofwants (*Panstrongylus megistus*), verwekker van Zuid-Amerikaanse trypanosomiasis (chagasziekte, ziekte van Chagas); het gordeldier (syn. armadillo) is in Zuid-Amerika het natuurlijk reservoir van deze bloedparasiet; leprabacteriën blijken in grote hoeveelheden op deze dieren te gedijen. · ~ *gambiense* in 1902 in Gambia ontdekt, een der twee verwekkers van Afrikaanse slaapziekte. · ~ *rhodesiense* in 1903 in voormalige Rhodesië (thans: Zimbabwe) ontdekt; een der twee verwekkers van Afrikaanse slaapziekte (trypanosomiasis), wordt overgebracht door de tseetseevliegen *Glossina morsitans* en *Glossina fuscipes*.

trypanosomiasis infectieziekte, verwekt door een der soorten *Trypanosoma* en voorkomend in Afrika en Zuid-Amerika; vector is de tseetseevlieg (*Glossina palpalis*, *Glossina morsitans*). · **Afrikaanse ~** infectie door *Trypanosoma gambiense* of *T. rhodesiense*. · **Zuid-Amerikaanse ~** infectie met *Trypanosoma cruzi*.

trypsine werkzame vorm v.h. proteolytisch pancreasenzym.

trypsinogeen onwerkzaam voorstadium van trypsine.

trypsis *zie* fractuur | comminutieve ~.

tryptase eiwitsplitsend enzym.

tryptofaan amino-indol-propionzuur, een essentieel aminozuur, noodzakelijk voor de optimale groei van kinderen en voor de handhaving v.h. stikstof-evenwicht bij volwassenen.

TSC (tubereuzesclerosecomplex) *zie* sclerose | tubereuze hersen-~.

tschebullröntgenogram *zie* opname | tschebull-~.

tseetseevlieg vlieg die trypanosomiasis (slaapziekte) overbrengt.

TSH (thyroïdstimulerend hormoon) *zie* thyreotropine.

TSH-RF thyroid-stimulating-hormone-releasing factor.

TSI thyroid-stimulating immunoglobulin.

TSS *zie* toxischeshocksyndroom.

T-stuk van Ayre hulpmiddel om een halfgesloten anesthesiesysteem te maken.

T-suppressorlymfocyt *zie* T-cel | T-suppressorcel.

TT 1 (labdiagn.); 2 (orthop.) talar tilt *zie* taluskanteling.

t-toets | gepaarde ~ statistische toets om gemiddelden te vergelijken tussen twee groepen gepaarde waarnemingen.

T-top *zie* golf | T-~.

TTP *zie* purpura | trombotische trombocytopenische ~.

TTS *zie* transdermale geneesmiddeltoediening, syndroom | tweelingtransfusie-~.

TTT thymoltroebelingstest.

tuba buisvormig orgaan. • ~ **auditiva** buis, deels kraakbenig, deels benig, die het middenoor met de keelholte verbindt. • ~ **Eustachii** *zie* tuba auditiva. • ~ **uterina** *zie* eileider.

tubae gynaecol. afkortingsjargon voor 'tubae uterinae' (de eileiders).

tubage *zie* intubatie.

tubair m.b.t. een tuba.

tubarius m.b.t. een tuba; vb. ramus tubarius, plica tubaria.

tube [E] **1** beademingsbuis; **2** ampul. • **Brown's** ~**s** dichtgesmolten glazen ampullen met bariumsulfaat die worden gebruikt voor het standaardiseren van bacteriesuspensies. • **carlens**~ eerste dubbellumentube met haak voor vasthaking aan de carina tracheae (1950). • **dubbellumen**~ tube met twee kanalen voor per long gescheiden ventilatie. • **endotracheale** ~ min of meer starre beademingsbuis, aan het eind meestal voorzien v.e. manchet, die een vrije luchtweg garandeert bij anesthesie of bij beademde patiënten en beschermt tegen aspiratie van maaginhoud. • **gecufte** ~ manchetbuis die wordt gebruikt bij endotracheale narcose. • **gewapende** ~ met spiraal verstevigde tube, die minder neiging tot afknikken heeft. • **guedel**~ orofaryngeale tube met versteviging i.h. orale uiteinde. • **linton-nachlas**~ ballonsonde die via de neus i.d. maag wordt gebracht. • **mayo**~ orofaryngeale tube die wordt toegepast in gevallen waarbij de tong een obstructie v.d. ademwegen veroorzaakt. • **montandon**~ U-vormige tube voor gebruik bij een laryngectomie. • **nasofaryngeale** ~ tube die wordt ingebracht door de neus en die reikt tot i.d. farynx. • **nasotracheale** ~ tube die wordt ingebracht door de neus en die reikt tot i.d. trachea. • **orofaryngeale** ~ tube die wordt ingebracht door de mond en reikt tot i.d. farynx. • **orotracheale** ~ tube die wordt ingebracht door de mond en die reikt tot i.d. trachea. • **photomultiplier** ~ *zie* scintillatieteller. • **robertshaw**~ dubbellumentube in linker en rechter uitvoering. • **tracheostomie**~ tube die via een tracheostoma i.d. trachea wordt gebracht. • **tracheotomie**~ gehoekte tube die via tracheotomie i.d. trachea wordt gebracht. • **van Sengstaken-Blakemore** *zie* sonde | sengstaken-blakemoreballon~.

tuber 1 een knobbel, zwelling; **2** (neuroanat. pathol.) aggregaat van dysplastische cortex waarin zich aberrante en dysmorfe neuronen bevinden; **3** een circumscripte, solide verhevenheid v.d. huid, > 1 cm in diameter. • ~ **calcanei** het stompe uitsteeksel achteronder de calcaneus. • ~ **omentale pancreatis** uitpuiling v.d. voorzijde v.d. pancreas i.d. bursa omentalis.

tuberalis m.b.t. een tuber; vb. nuclei tuberales (mv. van tuberalis).

tuberbank *zie* tuberzit.

tuberculeus 1 m.b.t. tuberculose; **2** lijdend aan tuberculose.

tuberculide papuleuze huidafwijking als allergische reactie op elders i.h. lichaam aanwezige tuberkelbacteriën.

tuberculine extract uit tuberkelbacteriën, gebruikt bij tuberculinereacties. • **gezuiverde** ~ *zie* purified protein derivative.

tuberculinereactie | **intradermale** ~ *zie* reactie | mantoux~. • **probatoire** ~ de reactie die door een zeer kleine dosis tuberculine wordt uitgelokt bij personen die met tuberkelbacteriën besmet zijn.

tuberculoïd lijkend op een tuberkel of op tuberculose; vb. t-de lepra.

tuberculomyces een groep bacteriën, waartoe o.a. *Mycobacterium tuberculosis* behoort.

tuberculoom een duidelijk afgegrensde gezwelachtige massa van tuberculeus weefsel.

⊛ **tuberculose** (tbc) chronische infectieziekte die wordt veroorzaakt door de tuberkelbacterie (*Mycobacterium tuberculosis*) en die tegenwoordig vrijwel alleen door besmetting v.d. longen wordt verkregen; tuberculose (tbc, ook wel: tb) veroorzaakt aldaar karakteristieke haardjes met weefselverval en kan zich in geval van onvoldoende weerstand bij de gastheer via de lymfebanen en de bloedbaan naar elk ander orgaan verplaatsen (botten, nieren, lever, hersenvliezen enz.). • **bot**~ vorm van extrapulmonale tuberculose. • **boviene** ~ *zie* runder~. • **extensief-resistente** ~ (XDR-tbc) zeer gevaarlijke variant van tuberculose waarbij *Mycobacterium tuberculosis* resistent is tegen ten minste twee v.d. effectiefste medicijnen. • **extrapulmonaire** ~ tuberculose van andere organen dan de long. • **gesloten long**~ longtuberculose met afgesloten ontstekingshaarden. • **gesloten** ~ *zie* gesloten long~. • **huid**~ verschillende huidmanifestaties van infectie met *Mycobacterium tuber-*

culosis. • **long**~ tuberculeuze ontsteking v.d. long. • **MDR-**~ (MDR-tbc) moeilijk te behandelen vorm van tuberculose waarbij de tuberkelbacil voor de meeste antibiotica resistent is geworden. • **miliaire** ~ hematogene uitzaaiing van tuberkelbacteriën door het gehele lichaam. • **multiresistente** ~ (MDR-tbc) tuberculose a.g.v. resistentie van *Mycobacterium tuberculosis* voor krachtige tuberculostatica. • **nier**~ frequentste extrapulmonale manifestatie v.e. infectie met *M. tuberculosis*. • **open long**~ longtuberculose waarbij tuberkelbacteriën worden opgehoest. • **open** ~ *zie* open long~. • **postprimaire** ~ tuberculeus proces volgend op een primaire tuberculeuze haard. • **primaire** ~ vorm van tuberculose met solitaire primaire haard. • **pseudo**~ 1 samenvattende term voor tuberculoseachtige longziekten die niet zijn veroorzaakt door tuberkelbacillen; 2 *zie* sarcoïdose. • **runder**~ tuberculose bij runderen (overdraagbaar op mensen), veroorzaakt door *Mycobacterium bovis*. • **tuberculosis cutis** *zie* huid-. • **tuberculosis pulmonum** *zie* long-. • **yersiniapseudo**~ pseudotuberculose bij knaagdieren die door *Yersinia* is veroorzaakt.

tuberculostatica groep van geneesmiddelen die de groei van tuberkelbacteriën remmen.

tuberculostatisch met groeiremmende werking op de tuberkelbacterie.

tuberculosus tuberculeus; vb. spondylitis tuberculosa.

tuberculum knobbeltje.

tubereus knobbelig, gekenmerkt door tubera; vb. t-euze hersensclerose.

tuberkel knobbelvormig ontstekingshaardje, meestal veroorzaakt door tuberkelbacteriën. • **miliaire** ~ gierstkorrelgrote t. • **pseudo**~ een tuberkel, lijkend op die bij tuberculose, maar niet veroorzaakt door de tuberkelbacil. • **vreemdvoorwerp**~ tuberkel die zich heeft gevormd rondom een klein corpus alienum.

tuberkelbacterie | atypische ~ zuurvaste mycobacterie die alleen infecties kan veroorzaken bij immuungecompromitteerde patiënten.

tuberositas knobbel, knobbelige verhevenheid. • ~ **tibiae** een ruw vlak aan het boveneind v.d. tibia, waar het lig. patellae is aangehecht.

tuberosus knobbelig; vb. chorditis tuberosa, angioma tuberosum.

tuberzit verbreding v.d. bovenrand v.e. bovenbeenskoker.

tubo-ovarieel m.b.t. de tuba uterina en het ovarium.

tubotympanaal m.b.t. de tuba auditiva en de trommelholte.

tubouterinus m.b.t. tuba uterina en uterus; vb. graviditas tubouterina.

tubovaginaal m.b.t. de tuba uterina en de vagina.

tubulair 1 buisvormig; vb. t-laire klieren; **2** m.b.t. buisjes; vb. tubulair ademhalingsgeruis (= bronchiaal ademgeruis), t-re nierontsteking (waarbij de tubuli zijn aangetast), distaal tubulair syndroom (beschadiging v.h. distale eind v.d. niertubuli).

tubulair apparaat *zie* tubulus | tubuli renales.

tubulaire aggregaten ophopingen van structuren die bij elektronenmicroscopie buisvormig blijken.

tubulaire necrose *zie* necrose | tubulus-.

tubularis tubulair; vb. adenoma tubulare.

tubulines eiwitten waaruit de microtubuli zijn opgebouwd.

tubulisatie methode om een doorgesneden zenuw te behandelen.

tubulus buisje. • **distale** ~ i.d. nierschors gelegen, sterk gekronkeld buisje waarvan het eerste, voor water impermeabele, deel natriumchloride resorbeert uit de voorurine en i.h. tweede deel o.i.v. ADH de waterterugresorptie geregeld kan worden. • **microtubuli** rechte, holle, cilindervormige organellen in kernhoudende cellen, i.h.b. in cilia en i.d. spoel die zich bij de mitose i.d. cel vormt. • **myotubuli** onrijpe spiervezels. • **neurotubuli** microtubuli in perikaryon en axon van zenuwcel. • **proximale** ~ corticaal gelegen, gekronkeld deel v.h. nefron direct achter de glomerulus, waarin o.a. het grootste deel v.h. gefiltreerde natrium, kalium, chloride, bicarbonaat en glucose wordt teruggeresorbeerd. • **T-tubuli** buisvormige structuren, vanaf de spiervezelmembraan loodrecht op de lengterichting van spiervezels diep i.h. inwendige binnendringend. • **tubuli contorti** *zie* tubuli renales contorti. • **tubuli recti** *zie* tubuli renales recti. • **tubuli renales** microscopisch kleine kanaaltjes tussen de glomeruli en de verzamelkanaaltjes. • **tubuli renales contorti** het gekronkeld lopende deel v.d. nierkanaaltjes.

- **tubuli renales recti** het rechte deel v.d. nierkanaaltjes. • **tubuli seminiferi contorti** de gekronkeld lopende testiskanaaltjes.
- ~ **contortus secundus** zie distale ~.

tubulusnecrose | **acute** ~ zie necrose | tubulus~.

tubulussysteem onderdeel v.h. nefron, bestaande uit 1) proximale tubulus, 2) het dunne segment (de lis van Henle), 3) de distale tubulus, en 4) de verzamelbuis; het tubulussysteem zorgt voor terugresorptie van glucose en aminozuren die door glomeruli zijn doorgelaten, voor selectieve resorptie van water o.i.v. antidiuretisch hormoon (ADH) en selectieve resorptie of secretie van natrium, kalium, calcium, fosfaat en waterstofionen ter handhaving v.d. homeostase.

tubus 1 (anat.) buisvormige structuur; vb. tubus digestorius; 2 (beademing) zie tube.

tuchtcollege instantie die is belast met de behandeling van tuchtrechtzaken. • **centraal** ~ instantie waaraan een uitspraak v.e. regionaal tuchtcollege in hoger beroep ter heroverweging kan worden voorgelegd.
- **regionaal** ~ instantie die de kwaliteit van medisch handelen van bepaalde beroepsgroepen toetst.

tuchtrecht recht inzake de gedragsregels bij de uitoefening v.e. bepaald beroep en de op te leggen straffen.

tuffieroperatie zie apicolysis.

tuftsinen polypeptiden, vermoedelijk i.d. milt geproduceerd, die de fagocytose stimuleren.

tularemie op pest lijkende ziekte van knaagdieren, een enkele maal ook bij mensen.

tumescentie zwelling, i.h.b. v.d. penis, m.a.g. een erectie.

tumidus verheven, gezwollen; vb. lupus erythematodes tumidus.

tumor 1 (pathol., oncol.) gezwel dat het gevolg is van cel- of weefselvermeerdering; 2 (pathol.) weefselzwelling als een der vijf klinische kenmerken van ontsteking.
- **adenomatoïde** ~ benigne tumor, ontstaan uit en met kenmerken van klierweefsel. • **adnex~** 1 tumor, uitgaande v.e. v.d. huidadnexen, t.w. de haren, talgklieren, apocriene en eccriene klieren; 2 ovariumtumor. • **amine-precursor-uptake and decarboxylation** ~ zie APUD-oom. • **anaplastische** ~ tumor waarvan de cellen zo verschillend v.d. oorspronkelijke weefselcellen zijn. • **APUD-~** (amine-precursor-uptake and decarboxylation tumor) groep tumoren die zou ontstaan uit cellen met de mogelijkheid peptide hormonen te synthetiseren door opname en decarboxylering van aminevoorlopers. • **bednar~** gepigmenteerd dermatofibrosarcoom protuberans. • **bot~** zie bottumor. • **branchiogene** ~ zie branchioom. • **brenner~** fibro-epithelioom v.h. ovarium, ontstaan uit walthardcelnesten, goedaardig. • **brughoek~** ruimte-innemend proces i.d. brughoek, de ruimte tussen os petrosum, hersenstam en cerebellum. • **bruine** ~ tumorachtige bothaard, bestaande uit vaatrijk bindweefsel, veelal met veel reuscellen waarbij t.g.v. oude bloedingen een bruine kleur ontstaat. • **burkitt~** zie lymfoom | burkitt~. • **carotid-body-~** subtype v.h. paraganglioom, genoemd naar een v.d. mogelijke locaties v.h. paraganglioom.
- **chiasma-opticum~** zie glioom | opticus~.
- **codman~** zie chondroblastoom. • **conn~** adenoom v.d. bijnierschors, oorzaak van verhoogde productie van aldosteron.
- **dooierzak~** zie entodermalesinus~. • **dysembryoplastische neuro-epitheliale** ~ (DNT) goedaardige tumor die meestal i.d. temporale cortex gelokaliseerd is. • **entodermalesinus~** zeer maligne kiemceltumor v.h. ovarium met cellen die uit de blastocyst afkomstig zijn. • **gastro-intestinale stromale** ~ (GIST) maligniteit die ontstaat uit het steunweefsel in en rond het maag-darmkanaal, behorende tot de groep van wekedelentumoren. • **glomus~** multipel voorkomende kleine tumor, uitgaande v.d. arteriovenze shuntorgaantjes. • **granulairecel~** goedaardige tumor die v.d. hypofysesteel of neurohypofyse uitgaat.
- **granulosacel~** (veelal) maligne ovariumtumor; cellen lijken op de granulosacellen v.d. eicelfollikel. • **grawitz~** verouderde benaming v.h. niercelcarcinoom. • **hersen~** algemene aanduiding voor 'tumor i.d. hersenen'; zie o.a. adamantinoom; adenomen: acidofiel, ACTH-producerend adenoom, basofiel adenoom, macroadenoom, microadenoom; *astrocytomen*: desmoplastisch cerebraal ~, gemistocytisch ~, pilocytair ~, reuscel~; *blastomen*: angioblastoom, esthesioneuro~, ganglioneuro~, hemangio~, medullo~, pinealo~, spongio~; cavernus an-

gioom; *cavernomen*; centraal ganglioneuroom; chordoom; craniofaryngioom; gangliocytoom: dysplastisch ~; gliocytoom; *gliomen*: ganglioglioom; hersenstam-, micro-, oligodendro-, opticus-; gliosarcoom; hemangiopericytoom; hypofysetumor; infundibuloom; leptomeningeaal carcinoom; meningeoom; multiform glioblastoom; *neurilemmomen*: antoni-type-A-neurilemmoom, antoni-type-B-neurilemmoom; *neurinomen*: acusticusneurinoom; neurinoma acusticum, ~ malignum, ~ plexiforme; neurocytoom; neurofibroom; neuroma spurium, neuroma traumaticum; paraganglioom; pinealoom; *neurofibromen*: plexiform ~; lymfoom: ~ primair centraalzenuwstelsel; schwannoom; subependymoom; sympathoom; virchowpsammoom.
· **hypofyse~** tumor, meestal v.d. adenohypofyse uitgaande; doorgaans goedaardig.
· **kiemcel~** verzamelnaam voor alle neoplasmen die van kiemcellen uitgaan; betreft vnl. rond de midline gelegen tumoren i.h. czs. · **klatskin~** scleroserend adenocarcinoom op de plaats waar de linker en rechter ductus hepaticus samenkomen. · **koenen~** fibromateuze tumor onder of bij de nagels (bij tubereuze hersensclerose). · **krukenberg~** tumormetastase i.d. ovaria bij maag-darmcarcinoom. · **kwaadaardige** ~ *zie* kanker. · **lever~** *zie* carcinoom | hepatocellulair ~. · **leydigcel~** testistumor, uitgaande v.d. interstitiële cellen i.d. testes.
· **lindau~** erfelijk tumorsyndroom, met o.a. hemangioblastomen. · **long~** *zie* bronchuscarcinoom. · **maligne perifere zenuwschede~** neurinoom met maligne kenmerken. · **maligne** ~ *zie* kanker.
· **mediastinale** ~ tumor i.h. mediastinum.
· **meng~** *zie* adenoom | pleiomorfe speekselklier-. · **midline-** ~ [E] intracraniale tumor, gelegen tussen beide hemisferen, vooral voorkomend bij kinderen. · **neuroendocriene** ~ tumor die uitgaat v.d. neuroendocriene APUD-cellen of organen als hypofyseadenoom, medullaire schildklier, darmcarcinoïd en insulinoom v.d. pancreas. · **neuro~** *zie* neuroom. · **pancoast~** gezwel v.d. longtop i.d. sulcus superior.
· **parotis~** *zie* parotistumor. · **peripheral malignant nerve sheath** ~ *zie* maligne perifere zenuwschede~. · **pott~** ophoping van etter onder het epicranium, gepaard met osteomyelitis v.d. schedelbeenderen. · **pri-**

maire ~ de eerste manifestatie v.e. gezwel.
· **primitieve neuro-ectodermale** ~ (PNET) verzamelnaam voor een groep zeldzame en heterogene maligne tumoren v.h. czs, voorkomend op de kinderleeftijd. · **pseudohersen~** *zie* hypertensie | idiopathische intracraniële ~. · **pseudo-** gezwelachtige tumor zonder gezwelcellen, meestal vanzelf verdwijnend. · **pseudo- cerebri** *zie* hypertensie | idiopathische intracraniële ~. · **Rathke pouch** ~ [E] tumor die uitgaat van niet-geïnvolueerde resten v.d. aanleg v.d. hypofysevoorkwab. · **residuale** ~ achtergebleven tumorweefsel na resectie. · **schmincke~** lymfo-epitheliale tumor i.h. lymfatisch weefsel v.d. nasofarynx. · **sexcordstroma~** verzamelnaam voor goedaardige en kwaadaardige ovarium- en testistumoren. · **speekselklier~** verzamelnaam voor nieuwvormingen i.e. speekselklier.
· **spier~** *zie* myoom. · **sulcussuperior~** *zie* pancoast-. · **superieuresulcus~** *zie* pancoast-. · **testis** ~ *zie* testiscarcinoom. · **tulband~** *zie* cilindroom. · ~ **van het zakje van Rathke** *zie* Rathke pouch -. · ~ **villosus** gezwel dat bezet is met fibrinevlokken. · **vanishing~** [E] tumorachtige schaduw op de thoraxfoto, berustend op vochtophoping.
· **wekedelen~** verzamelnaam voor maligne tumoren v.d. weke delen. · **warthin~** papillair cystadenolymfoom. · **wilms~** zeer maligne niergezwel bij kinderen. · **zandloper~** spinaal neurilemmoom dat deels in en deels buiten het wervelkanaal tot ontwikkeling is gekomen; het tussenliggende gedeelte bevindt zich i.h. foramen intervertebrale, dat, hoewel het dooruisuur is verwijd, het gezwel ter plaatse insnoert.

tumoraffien met affiniteit tot tumorweefsel.

tumor-associated transplantation antigenicity *zie* antigeniteit | tumorspecifieke transplantatie~.

tumorclassificatie *zie* stadiëring.

tumordebulking chirurgische verwijdering van zoveel mogelijk tumorweefsel.

tumorgradering *zie* stadiëring.

tumorlysis 1 het afbreken v.d. tumor door het immuunsysteem; **2** het snel afbreken v.d. tumor door cytostatica, waardoor allerlei intracellulaire stoffen i.d. circulatie komen.

tumornavel inzinking i.e. orgaan t.g.v. centrale necrose i.e. tumor die dicht onder de

oppervlakte van dit orgaan groeit.
tumorprogressie het proces waarbij tijdens de uitgroei v.e. kwaadaardige tumor door genetische instabiliteit subklonen ontstaan die een verhoogde groeisnelheid en/of de mogelijkheid tot metastaseren ontwikkelen.
tumorresidu hoeveelheid tumorweefsel die achterblijft nadat een tumor onvolledig is verwijderd.
tumorrest *zie* tumorresidu.
tumor spill [E] het ongewild verplaatsen van tumorcellen i.h. operatiegebied of i.d. peritoneale holte met metastasering als mogelijk gevolg.
tumorstadiëring *zie* stadiëring.
Tunga een vlooiengeslacht v.d. fam. *Hectopsyllidae*. • ~ *penetrans* zandvlo in tropisch Amerika.
tungiasis jeukende ontstekingsreactie v.d. huid t.g.v. het binnendringen v.h. bevruchte wijfje v.d. zandvlo.
tunica vlies, laag, omhulsel. • ~ **albuginea** wit-achtige, fibreuze schede om een orgaan of weefselgedeelte. • ~ **conjunctiva** dun, doorschijnend bindweefselvlies v.d. ogen en de oogleden. • ~ **mucosa** slijmvlieslaag. • ~ **muscularis 1** de spierlaag; **2** tunica muscularis bronchiorum, coli, ductus deferentis, esophagi, intestini tenuis, pharyngis, recti, tracheae, tubae uterinae, ureteris, urethrae femininae, uteri, vaginae, ventriculi, vesicae fellae, vesicae urinariae, vesiculae seminalis: de omhullende spierlaag v.d. genoemde organen. • ~ **serosa** vlies dat een lichaamsholte bekleedt. • ~ **vaginalis testis** de uit de processus vaginalis peritonei overgebleven omhullende laag om de testis.
tunnelvisus *zie* zien | koker-.
turban zeldzame tumor, uitgaande v.d. apocriene klieren v.d. behaarde hoofdhuid.
turbanstadia drie stadia (Turban I, II en III) die i.h. beloop v.e. longtuberculose zijn te onderscheiden.
turbulent wervelend.
turcicus Turks; vb. sella turcica.
turgor weefselspanning, weefselzwelling. • ~ **vitalis** de normale druk i.d. bloedvaten.
turista diarree bij toeristen die een verminderde weerstand tegen de plaatselijke bacteriële flora op hun vakantiebestemming bezitten.
Türk | türkoplossing oplossing van azijn en gentiaanviolet waarmee bloed wordt verdund ter telling v.h. aantal leukocyten.
Turks zadel *zie* sella turcica.
turnover (fysiol, chem.) het overgaan v.d. ene toestand i.d. andere. • ~-**time** [E] de tijdsduur die aan een bepaalde turnover verbonden is.
TURP *zie* resectie | transurethrale ~ van de prostaat.
turricefalie *zie* schedel | toren-.
tussengastheer *zie* gastheer.
tussenruimte *zie* interstitium.
tussenschot *zie* septum.
tussenwervelschijf *zie* discus intervertebralis.
tussenwervelschijfkern *zie* nucleus pulposus.
tussis *zie* hoest.
tutamen een beschermende laag.
TV-loep een gesloten televisiecircuit met een regelbare vergroting tot maximaal 25-voudig.
TVT *zie* tension-free vaginal tape.
TWAR *zie* Taiwan acute respiratory disease.
TWC total white cells, het aantal leukocyten per mm³.
tweecompartimentmodel | tweecompartimentenmodel (farmacologie) model waarbij het lichaam wordt voorgesteld als bestaande uit een centraal en perifeer compartiment.
tweede mening *zie* second opinion.
twee-eiig *zie* dizygoot.
tweeling twee gelijktijdig i.d. uterus aanwezige één- of meereiige foetussen en de twee daaruit ontwikkelde individuen samen. • **discordante** ~**en** twee-eiige tweelingen, ongelijk in aanleg. • **dizygote** ~ *zie* twee-eiige ~. • **eeneiige** ~ tweeling die is ontstaan uit één bevruchte eicel. • **homologe** ~ tweelingpaar binnen één chorion. • **monozygote** ~ *zie* eeneiige ~. • **twee-eiige** ~ tweeling die is ontstaan uit twee afzonderlijke eicellen die tegelijkertijd of kort na elkaar bevrucht zijn.
tweepuntsdiscriminatie kleinste afstand waarbij men twee naast elkaar op de huid geplaatste naalden als afzonderlijke stimuli kan waarnemen.
twijfelzucht (psychol.) afweermechanisme waarbij men voortdurend twijfelt over (on)belangrijke) verrichtingen of handelingen.
twijntakvarices *zie* varix | bezemrijsvarices.
twisted cord [E] röntgenbeeld v.e. sterk ver-

nauwde darmlis.
twitch [E.] *zie* spierschok.
twitching [E] spiertrekking.
TWK thoracale wervelkolom.
two-step hypothesis *zie* hypothese | twee-stappen~.
tyfase enzym dat bacteriolyse v.d. tyfusbacil teweegbrengt.
tyfeus 1 lijkend op het ziektebeeld bij buiktyfus; **2** m.b.t. buiktyfus; vb. tyfeuze pneumonie = tyfopneumonie.
tyflitis ontsteking v.h. laatste deel v.h. ileum, het caecum of het proximale deel v.h. colon.
tyfo- voorvoegsel in woordsamenstellingen m.b.t. tyfus.
tyfoïd *zie* tyfus | typhus abdominalis. • **biliair** ~ *zie* leptospirose | leptospirosis icterohaemorrhagica.
tyfus i.h. spraakgebruik verkorte aanduiding van 'buiktyfus' *zie* typhus abdominalis. • **buik~** *zie* typhus abdominalis. • **endemische vlek~** *zie* muriene vlek~. • **epidemische vlek~** *zie* vlek~. • **muriene vlek~** goedaardige soort vlektyfus, veroorzaakt door *Rickettsia mooseri*, overgebracht door rattenvlooien. • **North-Asian tick typhus** [E] *zie* koorts | Noord-Aziatische teken-~. • **para~** ziekte die klinisch overeenkomt met buiktyfus, maar lichter verloopt. • **rattenvlek~** *zie* muriene vlek~. • **typhus abdominalis** besmettelijke ziekte die wordt veroorzaakt door de bacterie *Salmonella typhi*. • **vlek~** door een rickettsia veroorzaakte infectieziekte; overgebracht door geïnfecteerde kleerluizen en vlooien.
tyloom *zie* callus.
tylose 1 callositas; **2** t. palmarum et plantarum (keratosis palmaris et plantaris).
tylositas eeltvorming.
tyloticus gepaard met eeltvorming; vb. eczema tyloticum.
tylotisch gepaard met eeltvorming; vb. tylotisch eczeem.
tympanectomie onjuiste term voor myringectomie *zie* myringectomie.
tympani gen. van tympanum.
tympanicus m.b.t. het trommelvlies of de trommelholte.
tympanie zwelling v.h. abdomen door gasvorming i.d. darmen of het peritoneum.
tympanion het bovenste en het onderste punt v.d. beenring waaraan het trommelvlies bevestigd is.

tympanisch 1 (anat., kno-heelk.) m.b.t. het trommelvlies; **2** (gastro-enterol., pathol.) klank van percussietoon boven een gas-bevattende holte met gladde, veerkrachtige wand.
tympanisme *zie* tympanie.
tympanitis ontsteking v.h. trommelvlies door dysfunctie v.d. buis van Eustachius.
tympanitisch (kno-heelk.) met betrekking tot tympanitis (trommelvliesontsteking).
tympano- voorvoegsel in woordverbindingen m.b.t. de trommelholte.
tympanogram curve verkregen bij tympanometrie.
tympanometrie meetmethode waarbij de gehoorgang wordt afgesloten met een dopje waarbij via een kanaal geluid wordt doorgelaten.
tympanotomie onjuiste term voor myringotomie of paracentese.
tyndalleffect verstrooiing van licht door kleine deeltjes i.e. vloeistof of gas.
type 1 geheel van kenmerken die een ziekte onderscheiden van soortgelijke ziekten; **2** aanduiding van verloop van ziekteverschijnselen (m.n. koorts).
type-I-allergie | **onmiddellijke** ~ *zie* hypersensitiviteit | immediate-type hypersensitivity.
type-III-overgevoeligheidsreactie *zie* ziekte | immuuncomplex-~.
type-I-interferon *zie* interferon-alfa/bèta.
type-I-overgevoeligheid *zie* hypersensitiviteit | immediate-type hype-sensitivity.
typeren het type bacterie binnen een bacteriesoort bepalen.
typering vaststelling v.h. type; vb. bloedtypering.
typhoideus tyfeus, m.b.t. tyfus; vb. febris typhoidea (= buiktyfus).
typhosus (buik)tyfusachtig, m.b.t. tyfus; vb. status typhosus, facies typhosa.
typhus *zie* tyfus | typhus abdominalis. • **Kenya tick** ~ *zie* koorts | tekenbeet~. • ~ **exanthematicus** *zie* tyfus | vlek-~.
typing [E] *zie* typering.
typologie de wetenschap betreffende de verschillende typen (van mensen).
typus type, kenmerkend beeld. • ~ **inversus** omgekeerd fysiologisch beeld bij lichaamstemperatuur bij tbc en gebruik van corticosteroïden: 's ochtends hoge temperatuur, 's avonds lage temperatuur.
tyramine een vasoactieve monoamine, af-

braakproduct van tyrosine, voorkomend in chocolade, koffie, varkensvlees e.a.; verwekt bij sommige mensen migraine.

tyrodevloeistof vloeistof die overeenkomt met bloedserum en die bij dierproeven wordt gebruikt als doorspoelingsvloeistof.

Tyroglyphus een mijtengeslacht.

tyrosinase enzym dat de hydroxylering van tyrosine tot dihydroxyfenetylamine katalyseert.

tyrosine p-oxyfenylaminopropionzuur, een der essentiële aminozuren, het eerst in kaas gevonden. • **di-jodo~** (DIT) aan thyreoglobuline gebonden jodiumtyrosine. • **monojodo~** (MIT) aminozuur tyrosine met een jodiumatoom.

tyrosinefosfatase enzym dat verwijdering van tyrosineresiduen van eiwitten katalyseert; vermindert of remt de celgroei; tyrosinefosfataseantilichamen zijn doorgaans voor en bij eerste manifestatie van type-1-diabetes mellitus aantoonbaar i.h. serum.

tyrosinemie aangeboren stofwisselingsstoornis met verhoogd tyrosinegehalte v.h. bloed.

tyrosinose autosomaal-recessieve stofwisselingsziekte waarbij tyrosine niet wordt afgebroken.

tysonitis ontsteking v.d. glandulae preputiales (klieren van Tyson).

U

U (unit) internationale eenheid van enzymactiviteit; 1 U = 16,67 nkat.
über-ich [D] *zie* ich.
ubiquitair zeer wijd verspreid voorkomend.
ubiquiteit alom-aanwezigheid, de eigenschap ubiquitair te zijn.
UD *zie* ulcus duodeni.
uitademing de ademhalingsbeweging waarbij, passief of actief, de inhoud v.d. thorax verkleind wordt, m.a.g. dat de gasinhoud v.d. longen via de luchtwegen wordt uitgeblazen.
uitbehandeld inadequate, misleidende aanduiding v.d. status waarbij geen behandeling meer voorhanden zou zijn.
uitbochting *zie* aneurysma.
uitbraak eerste uiting v.e. epidemie.
uitdoving *zie* extinctie.
uitdrijving 1 fase v.d. partus waarbij de baarmoederspierwand de baarmoederinhoud naar buiten perst; 2 (cardiol.:) *zie* ejectie.
uitdrijvingsfase 1 (obst.:) fase tijdens de bevalling waarbij het kindje a.g.v. de persweeën uit de uterus door de vagina wordt geperst; 2 (cardiol.) *zie* ejectiefase.
uitdrijvingstijdperk de baringsperiode gedurende welke de vrucht door de baarmoeder wordt uitgedreven.
uitdroging *zie* hydratie | de~.
uithoudingsvermogen het vermogen om arbeid met een bepaalde intensiteit gedurende een langere tijd vol te houden; te vergroten door trainingen met een langere duur waardoor de aerobe spierstofwisseling wordt vergroot.
uitkomst (statist., epidemiol.) *zie* punt | eind-~.
uitkomstmaat dat wat men meet om het resultaat v.e. gebeurtenis of interventie te meten; men maakt onderscheid in harde eindpunten (dood, invaliditeit, e.d.) en intermediaire eindpunten (surrogaateindpunten), die meestal slechts indirect met harde eindpunten samenhangen (vb. serumcholesterolwaarden; bloeddruk, waarbij optreden van cardiovasculaire ziekten harde uitkomsten is).
uitlijning het bepalen v.d. gewenste stand, bijv. v.e. prothese.
uitmiddelen het berekenen v.d. gemiddelde kans op een gunstige uitkomst i.e. beslisboom bij iedere kansknoop die men onderweg tegenkomt.
uitputting onvermogen om nog meer arbeid te verrichten.
uitroeiing *zie* eradicatie.
uitscheiding 1 (celbiologie:) afgifte van intracellulaire afvalstoffen door een cel aan de extracellulaire ruimte; 2 (op lichaamsniveau:) afvalafgifte aan het externe milieu door lever, nieren en longen; 3 (farmacodynamiek) *zie* eliminatie.
uitslaapkamer *zie* verkoeverkamer.
uitslag 1 (dermatol.) *zie* exantheem; 2 (lab.diagn., lekenterm) onderzoeksresultaat. • **hitte-~** *zie* miliaria. • **luier-~** *zie* eczeem | luier-~. • **warmte-~** *zie* miliaria. • **zweet~** *zie* miliaria rubra
uitsluipen het stapsgewijs verlagen v.d. dosering v.e. geneesmiddel, waardoor de serumconcentratie geleidelijk daalt.
uitsluitend recept (UR) *zie* geneesmiddel | receptplichtig ~.
uitstelgedrag wachten door een patiënt met het bezoeken v.e. arts na constatering v.e. klacht of verschijnsel.
uitstrijkje 1 preparaat met microscopisch te onderzoeken epitheelcellen; 2 (in engere zin, gynaecol.:) *zie* cervix-~. • **cervix~** preparaat van cervixepitheel voor cytologisch on-

derzoek om cervixcarcinoom en voorstadia daarvan op te sporen. • **feces**~ fecesonderzoek op pathogene micro-organismen door bacteriën en virussen op een voedingsbodem te enten. • **vaginaal** ~ preparaat v.d. vagina ten behoeve van cytologisch onderzoek.

uittering *zie* cachexie.

uitval 1 (pathofysiol.) het wegvallen v.e. functie; vb. uitval v.e. zenuw; **2** (statist., epidemiol.) aantal personen die om welke reden dan ook een onderzoek verlaten voor het einde van onderzoek; selectieve uitval kan de resultaten v.e. studie vertekenen; **3** (pathol.) loslating; vb. haaruitval (alopecia).

uitvaller (statistiek) patiënt i.e. onderzoeksgroep die de therapie voortijdig afbreekt.

uitvlokking *zie* flocculatie.

uitvoeringsinstelling organisatie die ervoor zorgdraagt dat de werknemers die krachtens werknemersverzekeringen verzekerd zijn datgene krijgen waarop ze conform de verzekering aanspraak kunnen maken.

uitwendige getromboseerd hemorroïde *zie* uitwendige hemorroïden.

uitwendige hemorroïden gangbare, maar onjuiste aanduiding van marisken (skintags) *zie* mariske.

uitwerpselen *zie* feces.

uitzaaiing 1 (dochtergezwel) *zie* metastase; **2** (proces) *zie* metastasering.

uitzuigapparaat apparaat om secreet weg te zuigen.

ulcera decubitalia palati *zie* aft | bednar~en.

ulceratie verzwering, zweervorming.

ulceratief zwerend, gepaard met zweervorming.

ulcereren tot een zweer worden.

ulcereus gepaard met zweervorming; vb. colitis ulcerosa.

ulceromembranaceus gepaard met vorming van ulcera en membranen; vb. angina ulceromembranacea.

ulcus door verval van weefsel ontstaan oppervlaktedefect met geringe neiging tot genezing. • **anastomose**-~ ulcus dat kan ontstaan op de plek v.e. anastomose. • **boeroeli**~ ulcus a.g.v. infectie met *Mycobacterium ulcerans*. • **boordenknoop**~ radiologisch waarneembare, boordenknoopvormige ulcus i.h. darmkanaal. • **colon**~ zweer i.d. dikke darm; wordt o.a. veroorzaakt door trofozoïeteninfectie. • **curling**~ een i.d. buurt v.d. pylorus gezeteld ulcus ventriculi of ulcus duodeni. • **decubitus**~ *zie* decubitus. • **druk**~ ulcus door hoge druk ter plaatse; komt o.a. voor bij diabetische voet. • **fenwick**~ zweer v.h. trigonum vesicae. • **genitaal** ~ ulcererende huid- en slijmvliesafwijkingen i.h. genitale gebied, al dan niet op een soa berustend. • **hajek**~ defect i.h. voorste kraakbenige deel v.h. neustussenschot. • **hypertensief** ~ *zie* martorell~. • **lateraal** ~ *zie* martorell~. • **maag**~ *zie* ulcus pepticum. • **martorell**~ zeer pijnlijk en therapieresistent arterieel ulcus cruris. • **meleney**~ chronische huidzweer met sterk ondermijnde randen. • **neuropathisch** ~ *zie* malum perforans pedis trophoneuroticum. • **NSAID** ~ *zie* NSAID-ulcus. • **pinpoint**~ *zie* speldenknop~. • **postbulbair** ~ peptisch ulcus i.h. duodenum dat zich achter de verwijding (bulbus) bevindt. • **rand**~ *zie* ulcus marginale catarrhale. • **rectum**~ zweer i.d. endeldarm; kan bij de ziekte van Crohn en colitis ulcerosa optreden. • **ring**~ ringvormige zweer i.d. rand v.h. hoornvlies, ontstaan door conflueren v.e. aantal kleinere zweren. • **röntgen**~ een door schadelijke inwerking van röntgenstralen veroorzaakte zweer. • **slokdarm**~ oppervlaktedefect i.d. slokdarm. • **speldenknop**~ zeer kleine zweren i.h. rectum bij amoebiasis. • **stress**~ acute maagzweer die tijdens periode van stress ontstaat. • ~ **aphthosum** afteachtige zweer. • ~ **atheromatosum** een door verval v.e. atheromateuze arteriewand ontstaan defect. • ~ **callosum** maagzweer met harde, steile randen. • ~ **carcinomatosum** carcinoom (waar dan ook) dat door centrale necrose gaat ulcereren. • ~ **corneae** zweer op het hoornvlies. • ~ **corneae serpens** voortkruipende zweer op het hoornvlies. ⊚ ~ **cruris** zweer aan het onderbeen; gewoonlijk wordt bedoeld een ulcus cruris venosum a.g.v. varices en chronisch veneuze insufficiëntie (CVI); een ulcus cruris arteriosum ontstaat t.g.v. arteriële insufficiëntie, veelal o.b.v. van arteriosclerose en hypertensie. • ~ **cruris** *zie* ulcus cruris. • ~ **cruris arteriosum** ulcus aan het onderbeen a.g.v. arteriële insufficiëntie veelal op basis van arteriosclerose en hypertensie, al of niet in combinatie met diabetes mellitus of hypertensie. • ~ **cruris hypertonicum Martorell** *zie* martorell~. • ~ **cruris**

postthromboticum beenzweer die zich ontwikkelt door belemmering v.d. veneuze bloedafvoer uit het been a.g.v. trombose.
• ~ **cruris varicosum** beenzweer als complicatie van varices en veneuze insufficiëntie.
• ~ **cruris venosum** *zie* ulcus cruris varicosum. • ~ **cum hypopyon** *zie* ulcus corneae serpens. • ~ **duodeni** (UD) zweer i.h. duodenum, meestal gelokaliseerd i.d. bulbus duodeni. • ~ **durum** harde, niet-pijnlijke zweer op de plaats van infectie waar de spirocheten zijn binnengedrongen. • ~ **jejuni** zweer v.h. jejunum. • ~ **marginale catarrhale** langs de rand v.h. hoornvlies gelegen ulceratie. • ~ **molle** *zie* chancroïd. • ~ **neuroparalyticum** zweer die ontstaat na doorsnijding of ziekte van zenuwen. • ~ **neurotrophicum** zweer die het gevolg is van neurotrofe stoornissen, bijv. syringomyelie. • ~ **oesophagei** ulcererende oesofagitis met een Los Angeles-classificatie D.
⊛ ~ **pepticum** zweer a.g.v. de inwerking van maagzuur; scherp omschreven slijmvliesdefect van ten minste 0,5 cm, reikend door de muscularis mucosae; indeling: strikt genomen omvat het ulcus pepticum alle ulcera aan het spijsverteringsorgaan o.b.v. maagzuursecretie; de anatomische indeling is die in ulcus i.d. maag (ulcus ventriculi) en de twaalfvingerige darm (ulcus duodeni); ook een ulcus oesophagei (ulcererende oesofagitis LA-classificatie D) zou hiertoe kunnen worden gerekend, evenals het ulcus a.g.v. ectopisch maagslijmvlies (bijv. in meckeldivertikels); het i.d. maag gelegen NSAID-ulcus is een variant die gewoonlijk niet met 'ulcus pepticum' wordt aangeduid. • ~ **perforans** perforerende zweer (aan de voetzool, i.d. darmwand).
• ~ **phagedaenicum** een op zich heen vretende zweer, zoals u. tropicum. • ~ **phlyctaenulosum** kleine oppervlakkige corneazweer bij keratoconjunctivitis phlyctaenulosa. • ~ **rodens** ulcererend basocellulair carcinoom. • ~ **serpens** voortkruipende zweer. • ~ **syphiliticum** syfilitische zweer.
• ~ **trophicum** zweer die ontstaat in weefsel waar de voeding gestoord is. • ~ **tropicum** ulcus t.g.v. synergetische infectie met minimaal twee verschillende organismen.
• ~ **van Curling** *zie* curling-. • ~ **van Martorell** *zie* martorell-. • ~ **varicosum** *zie* ulcus cruris varicosum. • ~ **ventriculi** (UV) *zie* ulcus pepticum.

ulcusnis een op de röntgenfoto zichtbare nisvormige onderbreking v.d. schaduwlijn v.d. maagbegrenzing, kenmerkend voor ulcus ventriculi.
ulectomie *zie* gingivectomie.
ulna (anat., orthoped.:) mediaal gelegen onderarmbeen.
ulnad (antropologie) naar de zijde v.d. ulna.
ulnair i.d. richting van, aan de kant v.d. ulna, als pendant van radiaal.
ulnaris ulnair, m.b.t. de ulna; vb. nervus ulnaris; os ulnare (= os triquetrum).
ulnarisverschijnsel 1 teken van Biernacki; **2** contractie v.d. door de n. ulnaris geïnnerveerde spieren bij matige druk op de n. ulnaris (bij tetanus en tetanie).
ulnocarpale m.b.t. de ulna en de carpus; vb. ligamentum ulnocarpale.
ulnoradialis m.b.t. ulna en radius.
ultimobranchiale klieren *zie* lichaampje | ultimobranchiale ~s.
ultimus laatste. • **ultimum refugium** allerlaatste te kiezen therapie, vaak vanwege risico's en nadelen hiervan
ultra- voorvoegsel in woordverbindingen met de betekenis 'overtreffende graad'.
ultracentrifuge centrifuge met zeer hoog toerental waardoor een centrifugale kracht wordt ontwikkeld van 100.000 maal de zwaartekracht.
ultradiaan langer dan een dag (etmaal) durend; vb. ultradiaan ritme.
ultrafiltraat *zie* glomerulusfiltraat.
ultrafiltratie 1 filtratie door collodionmembranen met poriën van bekende diameter, gebruikt om colloïde deeltjes van verschillende grootte te scheiden; **2** filtratie door filters met poriën van 10-20 nm diameter.
ultrageluidsonderzoek *zie* echografie.
ultramicron het kleinste deeltje dat met de ultramicroscoop kan worden waargenomen.
ultramicroscopie onderzoek d.m.v. de ultramicroscoop.
ultrasonografie *zie* echografie. • **endoscopische bronchiale** ~ (EBUS) endo-echografie via de luchtwegen. • **endoscopische** ~ (EUS) *zie* echografie | endo-~. • **transrectale** ~ (TRUS) vorm van echografie waarbij de sonde i.h. rectum wordt ingebracht om v een beter echografisch beeld te krijgen v.d. prostaat. • **uitwendige** ~ (UUS) vorm van echografie die bij het oesofaguscarcinoom wordt toegepast bij de evaluatie van lymfe-

klieren i.d. hals.

ultrasoon 1 m.b.t. niet hoorbare 'geluidstrillingen'; **2** m.b.t. onhoorbare 'geluidsgolven' met trillingen van > 15.000/s, dat is met een golflengte > 1 mm (beter 'suprasoon' genoemd).

ultraviolet (UV) **1** onzichtbaar deel v.h. zonnespectrum (lichtspectrum), grenzend aan de violette zijde v.d. regenboog; **2** jargon voor 'ultraviolette stralen'.

umbilectomie uitsnijding v.d. navel.

umbilicalis m.b.t. de navel; vb. hernia umbilicalis, ligamentum umbilicale.

umbilicus littekenachtige inzinking op de plaats waar de navelstreng aangehecht is geweest.

umbo 1 stipje, stigma, puntvormige uitpuiling; **2** umbilicus.

unciformis haakvormig, uncinatus.

Uncinaria een nematoden-genus (waartoe men vroeger ook *Ancylostoma* en *Necator* rekende).

uncinate fit *zie* aanval | uncinatus~.

uncinatus haakvormig; vb. fasciculus uncinatus, gyrus uncinatus.

uncontrollable laughing *zie* dwanghuilen.

uncotomie het aanbrengen v.e. plaatselijke laesie i.d. uncus, ter behandeling van psychotische toestanden.

unctio inwrijving met zalf.

uncus voorste, haakvormig uiteinde v.d. gyrus parahippocampalis.

undercutting [E] het ondergraven v.d. cortex cerebri, een operatie ter vervanging van lobotomie.

undine flesje voor spoeling v.d. conjunctivazak.

undulans golvend; vb. febris undulans.

undulatie golfbeweging.

undulerend golvend.

undulosus vol golven; vb. pulsus undulosus.

unguentum zalf. • ~ **leniens** verzachtende zalf.

ungues mv. van unguis.

unguiculus nageltje.

unguis *zie* nagel. • ~ **hippocraticus** in lengterichting overmatig gekromde nagel. • ~ **incarnatus** i.h. vlees gegroeide nagel, dwangnagel, bijna altijd alleen v.d. grote teen. • **lectulus** ~ *zie* nagelbed.

unguis | ungues aduncti *zie* onychogrypose.

unguis • unguis incarceratus *zie* unguis incarnatus.

unguium gen. mv. van unguis; vb. dystrophia unguium. • **gryposis** ~ *zie* onychogrypose.

unguliformis hoefijzervormig; vb. ren unguliformis.

uni- voorvoegsel in woordverbindingen met de betekenis 'één'.

unicellulair uit één cel bestaande.

unicentrisch uitgaand van één (groei)centrum, als tegenstelling van pluricentrisch.

uniceps i.h. bezit van één 'hoofd'.

uniceptor een ceptor met één haptofore groep.

unicornis voorzien van één hoorn; vb. uterus unicornis.

unifocaal i.h. bezit van, uitgaande van één focus.

uniformiteitsregel van Mendel *zie* Mendel | wetten van ~.

unilateralis éénzijdig, enkelzijdig, aan één zijde.

uniloculair NB: niet te verwarren met 'unioculair' *zie* uniocularis.

unilocularis éénkamerig, uit één compartiment of holte bestaande, i.t.t. multilocularis.

uninucleair éénkernig, i.h. bezit van één kern, i.t.t. polynucleair.

uniocularis m.b.t. tot slechts één van beide ogen; NB: niet te verwarren met 'uniloculair'.

unipara *zie* para | primi-~.

unipennatus enkelgevederd, naar één zijde gevederd; vb. musculus unipennatus.

unipolair m.b.t. of i.h. bezit van één pool.

unipolaire stoornis *zie* depressieve stoornis.

unipolair manisch-depressief met alleen depressieve of (zelden) alleen manische fasen.

unit [E] **1** eenheid, waarmee hoeveelheden worden aangegeven, afgekort tot U of E; **2** organisatie-eenheid, een groep samenwerkende mensen voorzien v.h. benodigde materiaal; vb. intensive care unit. • **folliculaire** ~ *zie* folliculaire eenheid. • **reductive cremation** ~ *zie* hydrolyse | alkalische ~.

unitarisme 1 theorie betreffende de eenheid van verschillende verschijnings- of ziektevormen; **2** verouderde theorie van Ehrlich dat alle witte bloedcellen door één stamcel worden voortgebracht.

unius *zie* unus.

univariaat m.b.t. één enkele variabele; vb. ~ analyse, ~ regressie.

univentriculair betrekking hebbend op één ventrikel.

universalis universeel; over het hele lichaam verspreid.

universeel 1 het gehele lichaam betreffend; **2** voor allen bruikbaar of van allen profiterend; vb. 'universele bloeddonor', wiens bloed voor alle mensen gebruikt kan worden, en 'universele ontvanger', recipiënt die het bloed van alle andere mensen verdraagt.

Unna | kleuring volgens ~ kleuring van mestcellen met methylviolet. • **kleuring volgens ~-Pappenheim** kleuring van plasmacellen met methylgroenpyronine. • **unnanaevus** congenitale teleangiëctasie, vnl. multipel voorkomend i.d. nek, op het hoofd en op de oogleden.

unus één.

Unverricht | unverrichtfistel kunstmatige brede fistel i.d. borstkas, ter behandeling van tuberculeuze pneumothorax. • **ziekte van ~-Lundborg** myoclonusepilepsie.

UP zie ureter praeternaturalis.

uptake [E] opname, nl. van stoffen in weefsel, bloed enz.

UR (uitsluitend recept) zie geneesmiddel | receptplichtig ~.

uraat zie zuur | urine~.

uraatkristal naaldvormig kristal van uraat.

urachus tijdens het embryonale leven aanwezige verbinding tussen de cloaca en de allantois.

urase zie urease.

uraticus m.b.t. afzetting van uraten, m.b.t. jicht; vb. dermatitis uratica.

Ureaplasma genus v.d. fam. *Mycoplasmataceae*.

Ureaplasma urealyticum genus van mycoplasmata dat ammoniak uit ureum vrijmaakt.

urease een tot de amidasen behorend enzym, dat de omzetting van ureum in ammoniumcarbonaat katalyseert.

uremie aanwezigheid van ureum i.h. bloed.

uremisch met betrekking tot, gekenmerkt door, a.g.v. uremie; vb. asthma uraemicum.

urese het urineren.

ureter het retroperitoneaal gelegen afvoerkanaal v.d. urine uit de nier, uitmondend i.d. urineblaas. • **hydro-~** overmatige vulling v.d. ureter t.g.v. afvoerbelemmering, gevolgd door stuwing en secundaire verwijding v.d. ureter. • **~ praeternaturalis** (UP) ureterostoma i.d. buikhuid.

ureteraal m.b.t. de ureters.

ureterectasie verwijding v.d. ureter.

uretericus m.b.t. de ureter; vb. plexus uretericus, enuresis ureterica.

ureteris gen. van ureter; vb. ostium ureteris.

ureteritis ontsteking v.e. ureter; vorm van hoge-urineweginfectie (HUWI).

ureterocele zakvormige verwijding aan het distale uretereinde t.g.v. vernauwing v.h. ostium ureteris.

ureterocutaneostomie het chir. aanleggen v.e. ureter preternaturalis, door de buikhuid heen, zodat de urine rechtstreeks naar buiten kan afvloeien.

ureterocystostomie operatie waarbij een nieuwe uitmonding v.d. ureter i.d. blaas wordt gemaakt.

uretero-enterostomie het maken v.e. verbinding tussen een ureter en de darm.

ureterografie röntgenafbeelding v.e. ureter, na injectie v.e. contraststof.

uretero-intestinaal tussen ureter en darm (i.h.b. colon).

ureterolithotomie incisie v.e. ureter om er een steen uit te verwijderen.

ureteroneocystostomie chir. bevestiging v.d. ureter aan een nieuw aangelegde opening i.d. blaaswand.

ureteropyelitis ontsteking van ureter en nierbekken.

ureterosigmoïdeostomie implanting v.d. ureters i.h. sigmoïd.

ureterostomie het maken v.e. nieuwe opening waardoor urine uit de ureter kan afvloeien.

ureterotomie het incideren v.e. ureter.

uretero-ureterostomie operatie waarbij een verbinding wordt gemaakt tussen twee gedeelten van een zelfde ureter of tussen de beide ureters. • **transmidline ~** het chir. aanleggen v.e. verbinding tussen de beide ureters vóór langs de wervelkolom.

ureterverdubbeling anatomische variant met twee ureteren uit één nier.

urethra het kanaal waardoor de urine uit de blaas naar buiten stroomt. • **priktol~** radiologisch beeld bij distale urethrastenose of meatusstenose bij meisjes.

urethraal m.b.t. de urethra.

urethradrukprofiel afbeelding v.d. i.d. urethra bestaande drukken.

urethrakalibratie onderzoek bij een urethrastenose of -strictuur met sondes van verschillende dikte.

urethralis *zie* urethraal.
urethrectomie resectie v.d. urethra of gedeelte daarvan.
urethrisme kramp i.d. urethra.
urethritis ontsteking v.d. urethra. • **chlamydia-**~ ontsteking v.d. plasbuis, veroorzaakt door *Chlamydia trachomatis*. • **gonorroïsche** ~ *zie* gonorroe. • **mechanische** ~ ontsteking v.d. urethra (plasbuis), veroorzaakt door overmatige manipulatie. • **niet-specifieke** ~ ontsteking v.d. plasbuis die niet is veroorzaakt door specifieke micro-organismen. • **niet-gonorroïsche** ~ (NGU) urethritis die niet het gevolg is v.e. infectie met *Neisseria gonorrhoeae*. • **para-**~ 1 ontsteking v.h. weefsel rondom de urethra; 2 ontsteking v.d. para-urethrale klieren. • **trichomonas-** ontsteking v.d. plasbuis, veroorzaakt door *Trichomonas vaginalis*.
• ~ **anterior** ontsteking v.h. voorste gedeelte v.d. urethra. • ~ **gonorrhoica** *zie* gonorroe. • ~ **herpetica** urethritis, veroorzaakt door herpessimplexvirus. • ~ **non-gonorrhoica** *zie* niet-gonorroïsche ~.
• ~ **non-specifica** *zie* niet-specifieke ~.
• ~ **posterior** ontsteking v.h. achterste gedeelte v.d. urethra. • ~ **post-gonorrhoica** postgonorroïsche urethritis, meestal veroorzaakt door gelijktijdige infectie met *Chlamydia trachomatis*.
urethro- woordvoorvoegsel m.b.t. de urethra.
urethrobulbair m.b.t. de urethra en de bulbus penis.
urethrocele 1 prolaps v.h. slijmvlies v.d. vrouwelijke urethra door het ostium urethrae externum; 2 diverticulum v.d. urethra.
urethrocystitis ontsteking v.d. urethra en de urineblaas.
urethrocystografie röntgenafbeelding van urethra en urineblaas na inbrengen v.e. contraststof.
urethrocystoscopie diagn. onderzoek v.d. urethra en de urineblaas m.b.v. een scoop.
urethrografie radiologisch onderzoek v.d. urinewegen m.b.v. röntgencontrastmiddel.
urethrogram röntgenafbeelding v.d. urethra en eventueel aanwezige aandoening, na inspuiting van contraststof.
urethrometer instrument waarmee het kaliber v.d. urethra wordt gemeten.
urethropexie fixatie v.d. urethra aan de achterkant v.d. symfyse.
urethrorragie hevige bloeding uit de urethra.
urethroscoop instrument waarmee de urethra van binnen wordt bekeken.
urethroscopie endoscopie v.d. urethra d.m.v. een urethroscoop.
urethrostomie het maken v.e. opening waardoor de urine naar buiten kan afvloeien.
urethrotomie incisie v.d. urethra. • **urethrotomia externa** uitwendige urethrasnede. • **urethrotomia interna** incisie v.d. urethra van binnen uit (met de urethrotoom van Maisonneuve).
urethrotoom instrument (Maisonneuve) voor de urethrotomia interna. • **maisonneuve-**~ instrument voor interne urethrotomie bij klepstrictuur v.d. urethra.
uretr- *Pinkhof Geneeskundig woordenboek* handhaaft in alle Nederlandstalige afleidingen v.h. Griekse woord *urethra* (urinebuis) de h.
ureum wateroplosbaar afvalproduct v.d. eiwitafbraak.
ureumcyclusdefect enzymdefect i.d. ureumcyclus.
uricemie *zie* urikemie.
uricolyse hydrolytische splitsing van urinezuur.
uricometer instrument waarmee het urinezuurgehalte v.d. urine wordt gemeten.
uricostatica groep van geneesmiddelen die de productie van urinezuur remmen.
uricosuricum geneesmiddel dat de uitscheiding van urinezuur via de urine bevordert.
uricus m.b.t. urinezuur en uraten; vb. arthritis urica.
uridine heterocyclische base, bouwsteen van RNA-nucleotiden.
urie | -~ woordvormend achtervoegsel met betrekking tot uitscheiding van stoffen i.d. urine. • **aceton**~ *zie* keton-. • **achol**~ het ontbreken van galkleurstoffen i.d. urine.
• **acid**~ uitscheiding v.e. abnormale hoeveelheid zuur i.d. urine, bijv. bij congenitale enzymdeficiënties. • **agalactos**~ afwezigheid van galactose i.d. urine.
• **albumin**~ *zie* proteïn~. • **alimentaire pentos**~ uitscheiding van arabinose (een pentose) i.d. urine, na het eten van kersen of pruimen. • **alkapton**~ aangeboren stofwisselingsstoornis, waarbij de eiwitten tyrosine en fenylalanine niet verder worden

afgebroken dan tot homogentisinezuur.
• **aminoacid**~ aanwezigheid van (te veel) aminozuur i.d. urine. • **aminos**~ *zie* aminoacid~. • **amin**~ (overmatige) uitscheiding van aminen i.d. urine. • **amoeb**~ aanwezigheid van amoeben i.d. urine. • **androgen**~ (verhoogde) uitscheiding van androgenen met de urine (vnl. 17-ketosteroïden). • **an**~ geheel of bijna geheel ontbreken van urineproductie door de nieren. • **argininosuccininacid**~ congenitale stofwisselingsanomalie waarbij een verhoogde concentratie van argininosuccininezuur i.h. bloed en de urine voorkomt. • **aspartylglycosamin**~ aanwezigheid van aspartylglycosamine i.d. urine, aangeboren metabolismedefect.
• **bacteri**~ aanwezigheid van bacteriën i.d. urine. • **bilirubin**~ aanwezigheid van bilirubine i.d. urine. • **bili**~ aanwezigheid van gal of galzouten i.d. urine. • **brady**~ vertraagde uitscheiding van gedronken vloeistof door de nieren. • **calci**~ aanwezigheid van calcium i.d. urine, soms i.d. betekenis van hypercalciurie. • **carnosin**~ aanwezigheid van carnosine i.d. urine. • **chol**~ aanwezigheid van gal, galzouten of galkleurstoffen i.d. urine. • **chromat**~ lozing van abnormaal gekleurde urine. • **chyl**~ aanwezigheid van chylus i.d. urine, die er daardoor melkachtig uitziet. • **cilindr**~ de aanwezigheid van cilinders i.d. urine. • **coproporfyrin**~ aanwezigheid van coproporfyrine i.d. urine. • **creatinin**~ aanwezigheid van creatinine i.d. urine. • **creatin**~ aanwezigheid van creatine i.d. urine. • **cylindr**~ *zie* cilindr~. • **cystathion**~ aangeboren stofwisselingsstoornis, berustend op een tekort aan het enzym cystathioninase, dat als functie heeft het afbreken van cystathionine, welke stof met de urine wordt uitgescheiden. • **cystin**~ autosomaal recessief erfelijke stofwisselingsziekte. • **diaceet**~ uitscheiding van acetylazijnzuur (diaceetzuur) i.d. urine. • **dys**~ *zie* strang~, strang~.
• **erytrocyt**~ voorkomen van meer dan 13.000 erytrocyten per ml in ongecentrifugeerde urine. • **fenylketon**~ aangeboren autosomaal-recessief erfelijke stofwisselingsziekte ('inborn error of metabolism') door deficiëntie v.h. leverenzym fenylalaninehydroxylase, zodat fenylalanine niet of onvoldoende in tyrosine wordt omgezet; sinds 1974 wordt bij pasgeborenen op fenylketonurie gescreend bij de hielprik tussen de vierde en zevende levensdag; als bij een kind fenylketonurie wordt vastgesteld, geve men zo snel mogelijk een streng eiwitbeperkt dieet, aangevuld met een aminozurenmengsel waarin (vrijwel) geen fenylalanine aanwezig is. • **fosfat**~ aanwezigheid v.e. (te) hoog gehalte aan fosfaten i.d. urine. • **fructos**~ aanwezigheid van fructose i.d. urine. • **galactos**~ aanwezigheid van galactose i.d. urine; niet verwarren met lactosurie. • **galact**~ melkachtig uiterlijk v.d. urine. • **glaucos**~ lozing van groenachtige urine door indicaan. • **glischr**~ slijmige urine door aanwezigheid van glischrine. • **globulin**~ aanwezigheid van globuline i.d. urine. • **glucos**~ aanwezigheid van glucose i.d. urine. • **glycos**~ *zie* glucos~.
• **hematin**~ aanwezigheid van hematine i.d. urine; NB: niet te verwarren met hematurie. • **hematochyl**~ aanwezigheid van bloed en chylus i.d. urine, bij filariasis.
• **hematoporfyrin**~ aanwezigheid van (hemato)porfyrine i.d. urine. • **hemat**~ aanwezigheid van erytrocyten i.d. urine; men spreekt van macroscopische hematurie als het bloed met het blote oog zichtbaar is en van microscopische hematurie als het niet zichtbaar is, maar wel met een test aantoonbaar is; NB: niet te verwarren met hematinurie. • **hemoglobin**~ aanwezigheid van hemoglobine zonder erytrocyten in urine t.g.v. intravasale hemolyse. • **hipp**~ aanwezigheid van te veel hippuurzuur i.d. urine. • **histidin**~ aanwezigheid van histidine i.d. urine. • **homogentisin**~ aanwezigheid van homogentisinezuur i.d. urine. • **hydroxylysin**~ uitscheiding van excessieve hoeveelheden hydroxylysine. • **hydr**~ uitscheiding van veel urine met lage soortelijke massa.
• **hyperaminoacid**~ te hoog aminozuurgehalte v.d. urine. • **hypercalci**~ verhoogd calciumgehalte v.d. urine; veelal a.g.v. hypercalciëmie. • **hyperchlor**~ uitscheiding van abnormaal veel chloriden met de urine.
• **hyperfosfat**~ overmatige uitscheiding van fosfaat met de urine. • **hyperhomocystin**~ autosomaal-recessief erfelijke stofwisselingsstoornis waarbij methionine niet in cysteïne wordt omgezet. • **hyperkali**~ overmatige uitscheiding van kalium met de urine. • **hyperoxal**~ overmaat aan oxaalzuur of oxalaten in urine, primair door oxalosis, secundair bij malabsorptie. • **hyperuricos**~ overmatige uitscheiding van urine-

zuur via de urine. • **hypocalci~** verlaagde calciumuitscheiding met de urine. • **hypochlor~** te laag chloridegehalte v.d. urine. • **hypofosfat~** te geringe uitscheiding van fosfaten met de urine. • **isch~** retentie van urine i.d. blaas. • **isosthen~** uitscheiding van urine met constant soortelijk gewicht, onafhankelijk v.d. vloeistofopname. • **keton~** aanwezigheid van ketonlichamen i.d. urine, o.a. bij ernstige ontregeling diabetes mellitus of langdurig hongeren, kan ook tijdens de zwangerschap optreden. • **kristal~** aanwezigheid van kristallen i.d. urine. • **leukocyt~** aanwezigheid van leukocyten i.d. urine. • **malariahemoglobin~** die koorts | zwartwater~. • **mellit~** *zie* glucos~. • **methemoglobin~** aanwezigheid van methemoglobine i.d. urine. • **myoglobin~** cola-achtige verkleuring v.d. urine door uitscheiding van myoglobine a.g.v. rabdomyolyse. • **nyct~** overmatige productie van urine gedurende de nacht (vaak meer dan overdag) en gepaard met frequentere mictie 's nachts; symptoom bij o.a. diabetes mellitus, hartinsufficiëntie, benigne prostaathypertrofie. • **olig~** verminderde uitscheiding van urine. • **paraglobulin~** de aanwezigheid van paraglobuline i.d. urine. • **paraproteïn~** uitscheiding van grote hoeveelheid monoklonaal eiwit i.d. urine, geproduceerd door één B-cel-kloon. • **pentos~** aanwezigheid van pentose(n) i.d. urine. • **pepton~** aanwezigheid van pepton i.d. urine. • **pneumat~** lozing van gas met de urine. • **pollakis~** frequente urinelozing (vaker dan eenmaal per uur). • **porfyrin~** aanwezigheid van porfyrine i.d. urine. • **proteïn~** aanwezigheid van te veel proteïne (serumalbumine, serumglobuline) i.d. urine. • **protoporfyrin~** uitscheiding van protoporfyrinen met de urine. • **pseudoalbumin~** schijnbare albuminurie. • **py~** mictie met afscheiding van pus i.d. urine. • **renale glucos~** aanwezigheid van glucose i.d. urine a.g.v. lage drempelwaarde v.d. nier, bij een normale bloedglucoseconcentratie. • **semin~** de aanwezigheid van spermatozoa i.d. urine. • **sinterklaasavondglucos~** *zie* glucosurie | alimentaire ~. • **spermat~** *zie* semin~. • **sporthemoglobin~** bloedafbraak bij intensieve spierarbeid, met daarop aansluitende uitscheiding van hemoglobine i.d. urine. • **stercobilin~** uitscheiding van stercobiline met de urine. • **strang~** langzame, pijnlijke urinelozing t.g.v. kramp van blaas en urethra. • **tachy~** snelle uitscheiding van gedronken vloeistof door de nieren. • **urat~** aanwezigheid van (overmatig veel) uraten i.d. urine. • **uricos~** *zie* hyperuricos~. • **urobilin~** aanwezigheid van urobiline i.d. urine.

urikemie aanwezigheid van overmatig veel urinezuur (acidum uricum) i.h. bloed.

urinaal bedpan, ondersteek, een vlakke of wigvormige po, waarmee bij de liggende patiënt de urine kan worden opgevangen.

urinarius m.b.t. urine; vb. vesica urinaria.

urine uitscheidingsproduct v.d. nieren, bestaande uit ca. 96 procent water en 4 procent stofwisselingsproducten. • **middenstroom~** *zie* midstraal~. • **midstraal~** de middenportie v.e. urinelozing. • **rest~** urine die na urinelozing (mictie) ongewild i.d. blaas achterblijft. **urina cruenta** bloedige urine. **urina residualis** *zie* rest~. • **voor~** celvrij en eiwitarm ultrafiltraat dat door filtratie van bloed door de glomerulaire membraan i.h. kapsel van Bowman komt; het grootste deel wordt teruggeresorbeerd i.h. renale tubulaire gangstel.

urineblaas | atone ~ *zie* detrusorareflexie. • **automatische** ~ *zie* blaasverlamming. • **autonome** ~ perifeer gedenerveerde urineblaas met kleine blaaswandcontracties onder invloed van spontane myogene contracties. • **balken~** hypocontractiele urineblaas met compensatoir gehypertrofieerde, i.h. lumen uitspringende bundels v.d. m. detrusor vesicae. • **bricker~** *zie* operatie | bricker~. • **cerebraal ongeremde** ~ variant van neurogene blaas met een verstoord mictiepatroon a.g.v. hersenaandoening. • **gedenerveerde** ~ urineblaas met weggevallen deel v.d. innervatie. • **hyperactieve** ~ vorm van overactiviteit v.d. urineblaas. • **hypocontractiele** ~ *zie* detrusorareflexie. • **hypotone** ~ *zie* atone ~. • **ileum~** een uit een ileumlis geconstrueerde urineblaas, met het distale uiteinde i.d. huid bevestigd. • **instabiele** ~ *zie* incontinentie | aandrang~. • **neo~~** chir. voorziening na cystectomie, 'prothese' van darmweefsel (orthotope blaasvervanging). • **neurogene** ~ blaas met een functiestoornis door laesie v.d. innervatie hetzij v.d. intrinsieke blaaszenuwen, de sacrale wortels, de cauda equina of het czs (myelitis,

tabes dorsalis). • **open** ~ *zie* blaasextrofie.
• **overactieve** ~ verhoogde prikkelbaarheid v.d. blaas waarbij er voortdurend aandrang tot urineren bestaat terwijl daarvoor geen oorzaken te vinden zijn. • **overloop**~ door dwarslaesie i.h. acute stadium ontstane hypotone verlamming v.d. urineblaas met onwillekeurig urineverlies door overvulling.
• **prikkelbare** ~ *zie* overactieve ~. • **pseudodivertikel**~ *zie* balken~. • **reflex**~ vorm van autonome urineblaas waarbij deze een eigen reflexactiviteit heeft *zie* autonome ~.
• **schrompel**~ verschrompelde en verlittekende urineblaas. • **slappe** ~ *zie* detrusorareflexie. • **trabekel**~ *zie* balken~.
urineblaasontsteking *zie* cystitis.
urinebuis *zie* urethra.
urinedichtheid soortelijke dichtheid van urine.
urinedrijvend middel *zie* diureticum.
urinedruppelen *zie* incontinentie | overloop~.
⊕ **urine-incontinentie** onwillekeurig verlies van urine dat ten minste tweemaal per maand optreedt: indeling: 1) *stressincontinentie*: urineverlies doordat de intravesicale druk verhoging v.d. abdominale druk (door hoesten, niezen, lachen, plotselinge houdingsveranderingen) de maximale urethrale druk overstijgt in afwezigheid van activiteit v.d. M. detrusor; 2) *aandrangincontinentie (urge-incontinentie)*: urineverlies door onwillekeurige, niet bewust te remmen activiteit v.d. M. detrusor, al dan niet met de bewustwording van mictiedrang; 3) *gemengde incontinentie*: een combinatie van stress- en urge-incontinentie; 4) *overloopincontinentie*: urineverlies door een overrekte overvulde blaas, waarbij de intravesicale druk door het vollopen v.d. blaas de maximale urethrale druk overschrijdt in afwezigheid van detrusorcontracties; 5) *reflexincontinentie*: urineverlies a.g.v. abnormale ruggenmergreflexactiviteit in afwezigheid v.e. normale mictiedrang; 6) *totale incontinentie*: urineverlies door totaal ontbreken v.d. sfincterfunctie door aangeboren of verworven oorzaken (bekkentrauma met urethraruptuur, iatrogeen na prostaatoperatie); 7) *functionele incontinentie*: urineverlies bij een intact mictiemechanisme door cognitieve stoornissen en/of mobiliteitsstoornissen; 8) *continu urineverlies*: urineverlies a.g.v. een fistel (bijv. vesicovaginale fistel).
urineleider *zie* ureter.
urinelozing *zie* mictie.
urineretentie | **acute** ~ onvermogen tot spontaan plassen binnen een tijdsbestek van enkele uren ondanks aandrang en verscheidene pogingen bij een gevulde blaas.
urinesediment het bezinksel dat zich op de bodem verzamelt als men een fles met urine laat staan; door centrifugeren v.d. urine wordt de afzetting v.h. sediment bespoedigd.
urinestotteren mictie met herhaalde onderbreking v.d. straal.
urineverlies *zie* urine-incontinentie.
urinewegen *zie* tractus uropoeticus.
urinoom chronische ophoping van urine buiten de tractus urogenitalis.
urinosus urine-achtig; vb. sudor urinosus.
uro- voorvoegsel in woordsamenstellingen m.b.t. urine of urineren.
urobiline amorf, bruin pigment in feces, soms ook in urine.
urobilinemie aanwezigheid van urobiline in bloed.
urobilinogeen kleurloze stof die i.d. darm door reductie van bilirubine ontstaat.
urocanase enzym dat de omzetting van urocaninezuur in FIGLU bevordert.
urochromogeen kleurloos voorstadium van urochroom.
urochroom de normale kleurstof in urine.
urocystitis ontsteking v.d. urineblaas, cystitis.
urodynamica de hydrodynamica van de urinewegen.
urodynamisch onderzoek onderzoek naar de i.d. urinewegen bestaande drukken, krachten en stromingen en bepaling van afgeleide parameters.
urodynie pijn bij het urineren.
uro-erytrine rode kleurstof die bij koortstoestanden en leverstoornissen i.d. urine verschijnt en het sediment rood kleurt.
urofaan de eigenschap v.e. stof dat deze na te zijn ingeslikt, onveranderd i.d. urine wordt uitgescheiden.
uroflowmetrie test die de kracht v.d. urinestraal bepaalt.
urogeen uit de urine voortkomend, v.d. urinewegen uitgaand; vb. urogene sepsis.
urogenitaal m.b.t. de urine- en de geslachtsorganen.
urogenitalis urogenitaal, m.b.t. de urine- en

de geslachtsorganen.
urografie röntgenologische afbeelding v.d. urinewegen na inspuiting v.e. contraststof.
urogram röntgenafbeelding v.d. urinewegen die bij urografie is verkregen. • **antegraad** ~ röntgenafbeelding v.d. urinewegen na inspuiting van contrastvloeistof i.h. nierbekken. • **intraveneus** ~ (IVU) röntgenafbeelding v.d. urinewegen.
urokinetisch veroorzaakt door stoornis i.d. voortbeweging v.d. urine.
urolagnie (seksuol.:) seksuele lustbeleving i.c.m. urine.
uroliet *zie* urolithiase.
⊕ **urolithiase** vorming van concrementen (urinestenen, urolieten) i.d. afvoerende urinewegen v.d. nier; indeling: naar samenstelling v.d. stenen: calciumfosfaatstenen, calciumoxalaatstenen, urinezuurstenen, struvietstenen ('infectiestenen') en cysteïnestenen.
urologie de wetenschap of het geneeskundig specialisme m.b.t. de urineproducerende (organa uropoetica) en de uitscheidende organen (organa urogenitalia).
uroloog specialist i.d. urologie.
urometer areometer waarmee de soortelijke massa van urine wordt bepaald.
uropathie pathologische verandering v.d. urinewegen.
uropoëse de productie van urine.
uropoeticus uropoëtisch, urinebereidend.
uropoëtisch urinebereidend; vb. uropoëtisch stelsel, uropoëtische organen.
uroporfyrie *zie* urie | porfyrin~.
uroporfyrine oxidatieproduct van porfyrine, voorkomend in urine bij congenitale porfyrinurie.
uroporfyrinogeen kleurloos voorstadium van uroporfyrine, hierin door oxidatie overgaand.
urorectalis m.b.t. urogenitaal systeem en rectum; vb. septum urorectale.
uroroseïne rode kleurstof die soms i.d. darm en i.d. urine voorkomt, bij rotting.
uroscoop *zie* kwakzalver.
uroscopie verouderde term voor 'urineonderzoek'.
uroselectief (farmacol.:) eigenschap v.e. geneesmiddel dat relaxatie geeft v.h. gladde spierweefsel i.d. prostaat, urethra en blaashals.
urotheel epitheel v.d. urinewegen.
uroxanthine gele kleurstof i.d. urine.

urtica *zie* kwaddel.
⊕ **urticaria** vluchtige huideruptie, bestaande uit plotseling optredende en meestal in korte tijd weer spontaan verdwijnende, vaak jeukende erythemateuze kwaddels (urticae), die na confluering grote grillige plaques kunnen vormen; indeling: gewoonlijk onderscheid in acuut en chronisch (regelmatig terugkeren van klachten langer dan 6 wkn.); morfologische varianten: 1) cholinergische urticaria (fijne papuleuze, hevig jeukende vorm van urticaria die binnen enkele minuten na inspanning, warmte of emotionele spanning ontstaat, ook wel inspanningsurticaria genoemd), 2) urticaria factitia (urticaria die onder invloed van wrijven, krabben, knijpen of knellende kleding ontstaat), 3) anulaire urticaria (uitgebreide zwellingen die zich ringvormig uitbreiden, erythema anulare centrifugum), 4) angio-oedeem (zwelling van huid en slijmvliezen; kan gepaard gaan met bloeddrukdaling, bronchospasme en larynxoedeem), 5) urticariële vasculitis (immuuncomplexziekte met neerslag van circulerende complexen i.d. bloedvatwanden; histologisch: leukocytoclastische vasculitis). • **aquagene** ~ sterk jeukende kleine urticae met omgevend erytheem op een plaats waar de huid in contact is geweest met water. • **cholinerge** ~ 1-3 mm grote reflexurticae met uitgebreid confluerend erytheem, fijn-papuleus en heftig jeukend, optredend binnen enkele minuten verspreid over het lichaam na inspanning, warmte of emotionele stress. • **chronische** ~ urticaria die langer dan drie maanden in aanvallen optreedt. • **contact~** urticaria, optredend na contact met bepaalde uitlokkende stoffen. • **fysische** ~ urticaria, veroorzaakt door fysische factoren als warmte, koude, druk, inspanning en zonlicht. • **hitte~** *zie* cholinerge ~. • **inspannings~** *zie* cholinerge ~. • **koude~** zeldzame familiale vorm van urticaria waarbij een positieve reactie optreedt tijdens opwarmingsfase na tien minuten durende applicatie v.e. koudebron, bijv. ijsblokjes op huid. • **licht~** *zie* urticaria actinica. • **mechanische** ~ kwaddels die ontstaan na mechanisch trauma, waarbij de huid over de onderlaag verschuift. • ~ **actinica** urticaria als reactie op bestraling. • ~ **e frigore** *zie* koude~. • ~ **factitia** urticae (kwaddels) die

ontstaan door mechanische druk, zoals krachtig bestrijken v.d. huid. • ~ **medicamentosa** u. als allergische reactie op een gebruikt geneesmiddel. • ~ **papulosa** *zie* strophulus. • ~ **pigmentosa** chronische dermatose bij kinderen gekenmerkt door geelbruine huidvlekken. • ~ **solaris** u. door zonbestraling. • **vertraagdedruk**~ zeldzame chronische urticaria waarbij zwelling ontstaat, 3-5 uur na een tien minuten durende gewichtsbelasting v.h. betreffende huidoppervlak.

urticarieel met urticaria gepaard gaand.
urticatus gepaard gaand met, of lijkend op urticae.
usureren aanvreten; vb. usurerend ulcus.
usuur plaatselijke atrofie t.g.v. druk.
ut aliquid fiat 'om iets te doen', het voorschrijven v.e. op zichzelf onwerkzaam geneesmiddel, ter geruststelling v.d. zieke.
ut aliquid fieri videatur opdat iets schijne gedaan te worden.
ut dictum gelijk gezegd is (rec.).
uterien *zie* uterinus.
uterinus m.b.t. de uterus; vb. plexus (venosus) uterinus, tuba uterina, chloasma uterinum.
uteroabdominaal m.b.t. de uterus en het abdomen.
uteroglobine plasma-eiwit dat i.d. baarmoederwand voorkomt tijdens de innesteling v.d. blastocyste.
uterografie röntgenologische afbeelding v.d. uterus.
uterolyse *zie* tocolyse.
uterolytica *zie* tocolytica.
uteroplacentair m.b.t. de uteruswand en de placenta.
uterorectaal m.b.t. de uterus en het rectum; vb. u-tale fistel.
uterotonica groep van geneesmiddelen die de spiertonus v.d. uterus verhogen.
uterovaginalis uterovaginaal, m.b.t. de uterus en de vagina; vb. plexus uterovaginalis.
uterovesicaal m.b.t. de uterus en de urineblaas.
uterus peervormig, dikwandig orgaan met een kleine holte (cavitas uteri) i.d. mediaanlijn v.h. lichaam; maakt deel uit v.d. vrouwelijke inwendige geslachtsorganen; ca. 8-10 cm lang, craniale deel is 5-6 cm breed, versmalt caudaalwaarts; i.d. uterus ontwikkelt zich de foetus tijdens de zwangerschap; de uterus drijft aan het einde v.d. zwangerschap het kind door heftige samentrekkingen v.d. spieren i.d. wand (weeën) *zie* endometriumcarcinoom, cervixcarcinoom, endometriose, extra-uteriene zwangerschap, pelvic inflammatory disease, prolapsus uteri. • ~ **acollis** baarmoeder zonder cervix. • ~ **arcuatus** baarmoeder met boogvormige, ingedeukte fundus. • ~ **bicornis** tweehoornige baarmoeder. • ~ **bilocularis** baarmoeder die door een tussenschot (septum) in twee compartimenten is verdeeld. • ~ **bipartitus** *zie* uterus bilocularis. • **des**~ afwijkingen v.h. cavum uteri bij vrouwen die in utero aan di-ethylstilbestrol blootgesteld zijn geweest, bijv. een T-vormig klein cavum. • ~ **didelphys** verdubbeling v.d. baarmoeder. • ~ **duplex** *zie* uterus didelphys. • ~ **duplex separatus** verdubbeling v.d. uterus met aan elk exemplaar een eigen vagina. • ~ **gravidus** zwangere baarmoeder. • ~ **myomatosus** *zie* myomatose | myomatosis uteri. • ~ **septus** *zie* uterus bilocularis. • ~ **unicornis** baarmoeder waarvan zich slechts één helft heeft ontwikkeld. • ~ **masculinus** *zie* utriculus prostaticus.

uterusatonie slapte v.d. uterusspier tijdens de uitdrijvingsfase bij de bevalling.
uteruscontractie samentrekking v.d. baarmoeder tijdens de partus.
uterusfibroïd baarmoederspiergezwel *zie* myoom.
uterusmyoom *zie* myoom. | myoma uteri.
uterussegment | onderste ~ (OUS) het halsgedeelte v.d. uterus dat i.d. tweede helft v.d. zwangerschap i.h. corpus uteri wordt opgenomen.
uterusspasmolyticum *zie* tocolytica.
uterusvirgo vrouw die nog niet zwanger is geweest, van wie de baarmoeder dus nog maagdelijk is.
uterusvloeistof vloeistof die wordt geproduceerd i.d. uterus en die het voedende milieu vormt tijdens de eerste fasen v.d. ontwikkeling v.h. jonge embryo.
utilisme denkrichting binnen de medische ethiek waarbij de juistheid van medische beslissingen wordt beoordeeld op basis v.h. uiteindelijke nut (nutsdenken).
utiliteit weegfactor die wordt toegekend bij het berekenen v.d. winst die men als uitkomst v.e. bepaalde interventie kan bereiken.
utricularis m.b.t. de utriculus; vb. nervus

utricularis.
utriculitis 1 (urol.:) ontsteking v.d. utriculus prostaticus; **2** (kno-heelk.:) ontsteking v.d. utriculus i.h. vliezige labyrint.
utriculus zakvormige anatomische structuur. • ~ **prostaticus** zakvormige, ca. 10 mm lange holte i.d. colliculus seminalis.
uursurine | 24-~ totale hoeveelheid urine die in 24 uur wordt geproduceerd.
UV 1 (natuurk.:) ultraviolet; **2** (chir.:) *zie* ulcus ventriculi.
uveïtis 1 ontsteking v.d. uvea; de term wordt vaak slordig als syn. van iridocyclitis gebruikt; **2** ontsteking van uvea + retina + n. opticus + corpus vitreum. • **uveitis anterior** ontsteking v.h. hoornvlies en het voorste deel v.d. uvea. • **uveitis posterior** ontsteking v.h. achterste deel v.d. uvea (choroidea plus corpus ciliare).

uveoparotideus m.b.t. de uvea en de parotis; vb. febris uveoparotidea.
uveoparotitis ontsteking van uvea en glandula parotidea = febris uveoparotidea.
uveoscleritis ontsteking v.d. uvea, die zich voortzet i.d. sclera.
UV-filter 1 glasfilter met een specifieke absorptie voor een deel v.h. UV-spectrum; **2** (dermatol.:) *zie* sunscreen.
uvula 1 (kno-heelkunde) klein vlezig aanhangsel aan de achterrand van het zachte gehemelte; **2** (anatomie) hangende vlezige structuur gelijkend op de keelhuig. • ~ **bifida** gespleten huig.
uvulectomie chir. verwijdering v.d. huig.
uvulitis ontsteking v.d. huig.
uvulotomie het afsnijden v.d. huig of een deel ervan.
UWI *zie* infectie | urineweg~.

V

V 1 *zie* virus; **2** *zie Vibrio*.
v. *zie* vena.
vaatbed intravasculair compartiment dat samen met de interstitiële ruimte de extracellulaire ruimte vormt.
vaatcentrum *zie* vaatlaboratorium.
vaatendoscopie *zie* angioscopie.
vaatkluwen *zie* malformatie | arterioveneuze ~.
vaatlaboratorium ruimte waarin met verschillende technieken vaataandoeningen worden onderzocht.
vaatlijden | **perifeer arterieel obstructief** ~ (PAOV) *zie* perifeer arterieel ~. • **perifeer arterieel** ~ (PAV) langzaam progressieve degeneratieve aandoening v.d. arteriële vaatwand i.h. perifere vaatstelsel die leidt tot vernauwing v.h. bloedvat. • **perifeer** ~ *zie* perifeer arterieel ~, insufficiëntie | chronische veneuze ~.
vaatloos *zie* vasculair | a~.
vaatlumen *zie* lumen.
vaatnieuwvorming *zie* angiogenese.
vaatonderzoek onderzoek bestaande uit fysisch-diagnostische en instrumentele technieken om de toestand v.d. bloedvaten in beeld te brengen.
vaatplastiek *zie* plastiek | angio~.
vaatsiddering *zie* thrill.
vaatsteel *zie* pedunculus.
vaatstelsel het complex van bloed- en lymfevaten; in engere zin: het stelsel van bloedvaten.
vaatstut [Zn.] *zie* stent.
vaatvernauwer *zie* vasopressor.
vaatvernauwing *zie* vasoconstrictie.
vaatverwijders *zie* vasodilatator.
vaatverwijding *zie* dilatatie | vaso~.
vaatvoorziening geheel van bloedvaten dat bij een weefselgebied behoort.

vaatvorming *zie* vascularisatie.
vaatweerstand weerstand v.d. doorstroming; te berekenen met de wet van Poisseuille. • **totale perifere** ~ (TPV) weerstand waartegen de linker ventrikel moet pompen. • **totale** ~ *zie* totale perifere ~.
VAC vacuum-assisted closure *zie* vacuümwondbehandeling.
vaccin stof die bestaande uit levende of dode kiemen, waarmee actieve immunisatie wordt uitgevoerd. • **adenovirus**~ oraal toegediend vaccin tegen infecties met adenovirus. • **auto**~ entstof, bereid uit bacteriën v.d. patiënt zelf (bijv. bij furunculose). • **autoloog** ~ vaccin bereid uit micro-organismen afkomstig v.d. aandoening bij de patiënt die men d.m.v. dit vaccin wil immuniseren. • **BCG**-~ vaccin dat wordt bereid uit de *Bacille Calmette Guérin*, waarmee actieve immuniteit tegen tuberculose kan worden opgewekt. • **bmr**-~ vaccin tegen bof, mazelen en rodehond; bevat levend verzwakte virusstammen; i.h. Rijksvaccinatieprogramma wordt het tweemaal gegeven: op de leeftijd van 14 maanden en 9 jaar. • **cytomegalovirus**~ (CMV-vaccin) aanvankelijke experimenten met het towne vaccin hebben nooit geleid tot CMV-vaccinatie op grote schaal. • **DKTP-Hib**-~ pentavalent vaccin tegen difterie, kinkhoest, tetanus, poliomyelitis en *Haemophilus influenzae* type B. • **DKTP**-~ vaccin tegen difterie, kinkhoest, tetanus en poliomyelitis. • **DKT**-~ vaccin tegen difterie, kinkhoest en tetanus. • **dood** ~ niet-levende intacte micro-organismen die voor vaccinatie worden gebruikt. • **dtp**-~ vaccin tegen difterie, tetanus en poliomyelitis. • **gesplitsvirus**~ griepvaccin dat wordt verkregen door de hemagglutinine- en neuramidasecompo-

nent v.h. virus af te splitsen en deze als vaccin te gebruiken. • **hepatitis A-**~ vaccin dat bestaat uit geïnactiveerd hepatitis A-virus. • **hepatitis B-**~ niet-infectieus vaccin dat is bereid uit deeltjes v.h. hepatitis-B surface antigen, een recombinant DNA-vaccin. • **hetero**~ vaccin, bereid uit andere ziektekiemen dan die welke de ziekte hebben verwekt. • **Hib-**~ (*Haemophilus-influenzae*-type-b-vaccin) conjugaatvaccin, bestaande uit synthetisch kapselpolysacharide, gekoppeld aan een eiwitdrager. • **levend**~ levende (natuurlijk of verzwakte) micro-organismen die voor vaccinatie worden gebruikt: virussen en bacteriën. • **plasma**~ term, gebruikt voor de eerste vaccins tegen hepatitis B en bereid uit bloedplasma van virusdragers. • **pneumokokken**~ vaccin tegen infectie door *Streptococcus pneumoniae*; samengesteld uit de kapselpolysachariden van 23 veel voorkomende typen. • **pokken**~ (gevriesdroogde) suspensie van vacciniavirus in bufferoplossing, vroeger gebruikt ter vaccinatie tegen mensenpokken. • **recombinant-DNA-**~ vaccin, geproduceerd m.v.b. recombinant-DNA-technieken. • **slik**~ vaccin van levend virus dat oraal wordt toegediend; vb. Sabin-polio-myelitisvaccin. • **subunit**~ vaccin, bestaande uit één of meer componenten v.h. infectieuze agens, dat echter de pathogene eigenschappen mist. • **TAB-**~ vaccin tegen tyfus, paratyfus A en paratyfus B. • **tetra**~ vaccin tegen de vier ziekten tyfus, paratyfus A en B en cholera.

vaccina *zie* vaccinia.

vaccinatie elke vorm van behandeling waarbij levende of dode ziekteverwekkers of daarvan afkomstige componenten aan het lichaam worden toegediend met het doel de afweer tegen een bepaalde ziekteverwekker op te wekken. • **bof**~ actieve immunisatie met levend bofvirus ('bofvaccin'), meestal d.m.v. trivalente vaccinatie. • **booster**~ injectie met een antigeen die een i.d. loop der tijd afgenomen immuniteit weer snel op peil brengt. • **influenza**~ geïnactiveerd vaccin dat zo veel mogelijk recente epidemische of nauw verwante stammen v.h. influenzavirus bevat. • **postexpositie**~ vaccinatie na mogelijke blootstelling aan infectieus agens met lange incubatietijd, i.h.b. hepatitis-B-virus en rabiësvirus. • **primo**~ eerste inenting met een vaccin (i.h.b. pokstof); NB: niet te verwarren met priming. • **re**~ *zie* booster~. • **sero**~ gelijktijdige inspuiting van serum en vaccin ten einde zowel passieve als actieve immuniteit op te wekken.

vaccinatus m.b.t. (koepok)inenting; vb. eczema vaccinatum.

vaccine koepokstof.

vaccineren het uitvoeren v.e. vaccinatie.

vaccinia 1 (aanvankelijke betekenis) koepokken, de pokken die bij koeien voorkomen; **2** min of meer uitgebreide infectie met vacciniavirus bij de mens.

vaccinostyle pennetje dat wordt gebruikt voor scarificatie bij vaccinatie.

vacileren het los staan van tanden bij parodontose.

VACTERL-afwijking combinatie van aangeboren afwijkingen i.d. lichaamszones/-delen: v̱ertebral, a̱nal, c̱ardiac, ṯracheo-e̱sophageal, ṟenal, ḻimb.

vacuolair m.b.t. vacuolen, gepaard gaand met vacuolen; vb. v-re degeneratie.

vacuolating agent [E] *zie* virus | SV40-~.

vacuole kleine holte i.h. celprotoplasma. • **contractiele** ~ vacuole die ritmisch groter en kleiner wordt en functioneert bij de stofwisseling v.d. cel. • **pulserende** ~ *zie* contractiele ~. • **rimmed** ~ onregelmatig begrensde vacuolen met donkere rand door ophoping van afbraakmateriaal in spiervezels. • **voedings**~ vacuole waarin voedselpartikels verteerd worden.

vacuolisatie vacuolaire degeneratie.

vacutainer vacuümbuisje dat wordt gebruikt voor bloedafname.

vacuum-assisted closure (VAC) *zie* vacuümwondbehandeling.

vacuümextractie beëindiging v.e. baring door trek aan het voorliggende hoofd d.m.v. een vacuümextractor.

vacuümextractor verloskundig instrument dat zich op het hoofd v.h. kind vastzuigt en dat i.p.v. een verlostang wordt gebruikt voor extractie v.h. kind.

vacuümwondbehandeling methode waarbij een wond na occlusie met onderdruk wordt behandeld.

vacuus leeg.

vadum ondiepe plaats (i.e. hersengroeve).

vagale stimulatie *zie* vagus | nervus~-stimulatie.

vagalis m.b.t. de nervus vagus; vb. truncus vagalis.

vagantium van vaganten (zwervers); vb. cutis vagantium.

vagina 1 (anat., orthop.) schede, omhullend vlies; **2** (gynaecol.:) ca. 7 cm lang buisvormig deel v.d. inwendige vrouwelijke geslachtsorganen, met voor- en achterwanden die tegen elkaar aan liggen; de voorwand ligt tegen de blaas en de urineleider, de achterwand tegen de endeldarm; tijdens de geslachtsgemeenschap kan de vagina uittrekken; de vagina leidt v.d. vulva (schedevoorhof) naar de cervix uteri (baarmoederhals) en loopt onder een kleine hoek van vooronder naar achter-boven; aan het buiteneinde ligt de ingang (ostium vaginae, orificium vaginae, introitus vaginae), die bij een niet-ontmaagde vrouw min of meer wordt afgesloten door het hymen (maagdenvlies), een plooi op de achterwand; aan het binneneinde stulpt de portio vaginalis v.d. cervix uteri uit i.d. vagina; de ruimte tussen de portio en de vaginawand wordt de fornix vaginae (vaginagewelf) genoemd; het epitheel dat de vagina aan de binnenzijde bekleedt, is meerlagig plaveiselepitheel; de dunne musculairis v.d. vagina bestaat uit aan de binnenzijde gelegen circulaire en aan de buitenzijde gelegen longitudinale vezels van glad spierweefsel; een slijmig vocht dat de wand vochtig houdt, is afkomstig van klieren uit de baarmoederhals en van gewone slijmkliertjes i.h. vaginaslijmvlies; het vertoont een zure reactie (pH 3,5-4,5) door gisting tot melkzuur v.h. glycogeen uit de epitheelcellen door melkzuurbacteriën; i.d. postmenopauze wordt deze vochtproductie minder door het ontbreken v.d. cyclische oestrogenenproductie i.d. eierstokken *zie* vulvovaginitis.
• **~ externa nervi optici** dikke bindweefsellaag om de gezichtszenuw, de buitenste omhulling v.d. n. opticus en voortzetting v.d. dura mater. • **neo**~ vaginablindzak, bij vaginale agenesie soms gerealiseerd door manipulaties met een pelotte, bij mannaar-vrouwtransseksuelen door chirurgisch ingrijpen.

vaginaal van, in of via de vagina; vb. v-nale keizersnede.

vagina-atrofie atrofie v.d. vagina, gekenmerkt door een afname i.d. dikte v.h. vaginale epitheel en vermindering v.d. vaginale rugae.

vaginafixatie fixatie van of aan de vagina.

vaginalectomie operatieve verwijdering v.d. tunica vaginalis testis.

vaginale wind *zie* flatus vaginalis.

vaginalis vaginaal, m.b.t. een schede.

vaginalitis ontsteking v.d. tunica vaginalis testis; NB: niet te verwarren met 'vaginitis'.

vaginectomie 1 vaginalectomie; **2** operatieve verwijdering v.d. vagina.

vaginisme lichamelijke en/of emotionele reactie v.e. vrouw op een poging tot penetratie van haar vagina, gekenmerkt door adductorenspanning en tonische contractie v.d. bekkenmusculatuur, waardoor intromissie v.d. penis niet (compleet vaginisme) of alleen met pijn (partieel vaginisme) mogelijk is.

vaginitis 1 (gynaecol.:) ontsteking v.d. vagina; NB: niet te verwarren met 'vaginalitis' *zie* vulvovaginitis; **2** (reumat., pathol.) ontsteking v.e. peesschede. • **candida**~ *zie* schimmelinfectie | vaginale ~. • **niet-specifieke** ~ symptomatische vaginitis, veroorzaakt door een toegenomen groei van zowel anaerobe bacteriën als *Gardnerella vaginalis*.
• ~ **senilis** schede-ontsteking bij oude vrouwen t.g.v. onvoldoende oestrogeensecretie.
• ~ **testis** *zie* vaginalitis.

vaginocele *zie* hernia vaginalis.

vaginofixatie | vaginofixatio uteri bevestiging v.d. fundus uteri aan de voorwand v.d. vagina, bij retroflexio uteri.

vaginografie röntgenafbeelding v.d. vagina.

vaginomycose schimmelinfectie v.d. vagina.

vaginopexie operatieve hechting v.d. vagina aan de voorste buikwand.

vaginoplastiek chirurg. ingreep aan de vagina.

vaginoscopie inspectie v.d. vagina d.m.v. een speculum.

vaginose aandoening v.d. vagina. • **bacteriële** ~ overgroei van vaginale flora met anaerobe bacteriën. • **trichomonas**~ ontsteking v.d. vagina door infectie met *Trichomonas vaginalis*.

vagoaccessorius de n. vagus en de n. accessorius, samen als een eenheid beschouwd.

vagomimetisch met eenzelfde werking als prikkeling v.d. n. vagus.

vagosympathisch m.b.t. de innervatie door de vagus en de sympathicus.

vagotomie doorsnijding van vezels v.d. nervus vagus (Xe hersenzenuw) die de maag innerveert, ter bestrijding van overmatige zuursecretie op indicatie van ulcus duodenalis/pepticum wanneer farmacotherapie ontoereikend is; men onderscheidt: 1) truncale vagotomie, *zie aldaar*; 2) selectieve stamvagotomie, waarbij uitsl. de zenuwtak naar de maag wordt doorgesneden, soms i.c.m. een pyloroplastiek; zenuwvertakkingen naar lever, pancreas en darm blijven intact; 3) hoogselectieve vagotomie, *zie aldaar*; NB: niet te verwarren met 'vagotonie'. • **hoogselectieve** ~ (HSV) gecompliceerde chirurgische ingreep ter behandeling v.e. ulcus pepticum of duodeni waarbij de proximale zijtakken v.d. n. vagus t.h.v. de kleine maagcurvatuur worden doorsneden; maagontlediging blijft hierbij intact, waardoor geen pyloroplastiek noodzakelijk is. • **truncale stam**~ obsolete operatietechniek ter behandeling v.e. ulcus ventriculi waarbij de twee takken v.d. n. vagus langs de onderzijde v.d. slokdarm (naar maag, lever, pancreas en darm voerend) worden doorgesneden; leidt tot stopzetting van maagzuurproductie, functieverlies van pylorus en zo een verstoorde maagontlediging.

vagotonie 1 voortdurende activiteit v.d. cardiale takken v.d. beide nn. vagi; wisselingen hierin (bijv. o.i.v. de ademhaling) leiden tot schommelingen v.d. hartfrequentie; NB: niet te verwarren met 'vagotomie'; **2** verschuiving v.h. evenwicht i.h. vegetatieve zenuwstelsel naar de zijde v.d. vagus.

vagotroop invloed uitoefenend op de n. vagus.

vagus *zie* nervus vagus. • **nervus~stimulatie** niet-medicamenteuze behandelwijze voor i.h.b. medicatieresistente epilepsie; betreft prikkeling d.m.v. een soort pacemaker die links op de borst wordt geïmplanteerd en die met de linker nervus vagus wordt verbonden; kan aanvalsreductie geven; bijwerkingen: heesheid, hoesten.

vagusprikkeling *zie* vagus | nervus~stimulatie.

VaIN *zie* neoplasie | vaginale intra-epitheliale ~.

Val *zie* gramequivalent.

valgus krom, naar buiten gebogen, i.t.t. varus; vb. pes valgus, coxa valga, genu valgum.

validatie controle en ijking v.e. procedure, test e.d.

valide 1 gezond, krachtig, in staat tot werken; **2** geldig.

validiteit (statist., epidemiol.) mate van waarschijnlijkheid waarmee de onderzoeksresultaten overeenkomen met de werkelijkheid v.h. fenomeen dat men onderzoekt. • **begrips**~ *zie* construct validity. • **construct validity** [E] mate waarin een meting overeenkomt met het theoretisch raamwerk of achterliggend concept van het gemeten fenomeen. • **content validity** [E] mate waarin de verschillende componenten v.e. meetinstrument het totale domein v.h. te meten fenomeen dekken. • **expert validity** [E] mate waarin de uitkomst v.e. diagnostische test overeenkomt met de verwachting van deskundigen. • **externe** ~ de mate waarin het resultaat v.e. onderzoek naar de doelpopulatie kan worden geëxtrapoleerd. • **face validity** [E] mate waarin een meetinstrument 'op het oog' meet wat het beoogt te meten. • **inhouds**~ *zie* content validity. • **interne** ~ mate waarin geconstateerde verschillen tussen onderzoeksgroepen het effect v.d. interventie zijn.

valine een der essentiële aminozuren.

vallatus omwald, omgeven door een wal; vb. papilla vallata (mv. papillae vallatae).

vallecula kleine inzinking, gleuf.

vallum wal.

valneiging term gebruikt voor neiging tot vallen, gepaard met duizeligheid, nystagmus en draaisensaties.

valpreventie combinatie van maatregelen ter voorkoming dat iemand valt en daardoor iets breekt.

valrisico risico dat iemand valt tijdens lopen en een fractuur oploopt.

vals onecht; vb. ~e stemband, ~ aneurysma.

Valsalva | valsalvamanoeuvre methode waarbij men de patiënt diep laat inademen en dan bij gesloten glottis flink laat persen. • **valsalvatest** bij gesloten mond en neusgaten persen.

valva vliezige klep die de stroom i.e. buisvormig orgaan slechts in één richting toelaat. • **~ aortae** aortaklep, bestaande uit drie halvemaanvormige slippen aan de oorsprong v.d. aorta i.d. linker hartkamer. • **~ atrioventricularis dextra** drieslippige klep tussen rechter hartboezem en -kamer.

• **~ atrioventricularis sinistra** tweeslippige klep tussen linker hartboezem en -kamer.
• **~ mitralis** valva atrioventricularis sinistra.
• **~ tricuspidalis** valva atrioventricularis dextra. • **~ trunci pulmonalis** driedelige klep aan het begin v.d. truncus pulmonalis.
• **~ bicuspidalis** *zie* valva atrioventricularis sinistra.

valvotomie incisie v.e. klep (een hartklep, of een Houston-klep i.h. rectum).

valvula kleine klep. • **~e lymphaticae** kleppen i.d. lymfevaten. • **~ semilunaris anterior trunci pulmonalis** halvemaanvormige slip v.d. pulmonalisklep. • **~ tricuspidalis** valva atrioventricularis dextra. • **~ venosa** plooivormige klep, voorkomend op verschillende plaatsen in grotere aders; belet het bloed terug te stromen.

valvulair m.b.t. een valvula of valva.

valvularis valvulair; vb. endocarditis valvularis.

valvularum gen. mv. van valvula; vb. noduli valvularum aortae.

valvulitis ontsteking v.e. valvula of v.e. valva.

valvulotomie *zie* valvotomie.

vancomycineresistente *Enterococcus faecium* (VRE) *Enterococcus faecium* is een gangbare commensaal i.d. darmen en wordt vooral via de handen verspreid; kan bij immuungecompromitteerden tot een infectie leiden.

Vancouver-notatie methodiek en notatie voor het weergeven van literatuurreferenties.

vanus lekenaanduiding voor perineum voor de vrouw, nl. samenvoeging van 'vulva' en 'anus'.

vapeur *zie* opvlieger.

vaporisatie vast weefsel of een vloeistof in damp omzetten.

vaporisator *zie* vernevelaar.

vara vr. van varus.

variabele 1 elke hoeveelheid die kan variëren; 2 (statistiek) elk aspect, fenomeen of gebeurtenis (al dan niet waarneembaar) waaraan i.h. kader van wetenschappelijk onderzoek verschillende waarden kunnen worden toegekend. • **afhankelijke ~** variabele waarvan de uitkomst afhankelijk is v.h. effect v.e. of meer andere onafhankelijke variabele(n). • **categorische ~** variabele die slechts een beperkt aantal, niet-numerieke waarden kan aannemen. • **continue ~** numerieke variabele die elke waarde binnen bepaalde grenzen kan aannemen ofwel op een intervalschaal te rangschikken is. • **discrete ~** numerieke variabele die slechts een eindig aantal vaste waarden binnen bepaalde grenzen kan aannemen.
• **dummy~** geconstrueerde variabele met de waarde 1 of 0, gebruikt in regressieanalyse.
• **effect~** *zie* afhankelijke ~. • **kans~** (statist., epidemiol.) *zie* stochastische ~. • **kwalitatieve ~** variabele met een beperkt aantal meetuitkomsten die niet in maat en getal zijn uit te drukken. • **kwantitatieve ~** *zie* numerieke ~. • **metrische ~** variabele die een onbeperkt aantal numerieke waarden kan aannemen. • **nominale ~** kwalitatieve variabele waarvan de meetuitkomsten namen zijn en geen ordening bezitten. • **numerieke ~** variabele waarvan de meetuitkomsten in maat en getal kunnen worden uitgedrukt. • **onafhankelijke ~** variabele die niet door de afhankelijke variabele wordt beïnvloed, maar die de afhankelijke variabele juist veroorzaakt of beïnvloedt.
• **ordinale ~** kwalitatieve variabele waarvan de classificatie van meetuitkomsten een natuurlijke ordening heeft. • **random variable** [E] (statist., epidemiol.) *zie* stochastische ~. • **rangorde ~** *zie* ordinale ~. • **stochastische ~** variabele i.d. kansberekening waarbij de uitkomst v.h. toeval afhangt.
• **verklaarde ~** *zie* afhankelijke ~. • **verklarende ~** *zie* onafhankelijke ~. • **verstorende ~** *zie* confounder. • **voorspellende ~** *zie* onafhankelijke ~.

variabilis variabel, niet constant; vb. erythrodermia variabilis.

variabiliteit vatbaarheid voor verandering.

variant (genetica) individu v.e. genetisch gelijkwaardige populatie, dat in belangrijke mate afwijkt v.h. gemiddelde type, hetzij 'naar boven', hetzij 'naar beneden'.

variantie maat voor de spreiding v.d. waarden v.e. variabele i.e. onderzoek.

variantieanalyse | **meervoudige ~** (MANOVA) variantieanalyse met meer dan één afhankelijke variabele.

variatie geringe afwijking v.e. bestaand type. • **allotype~** genetische variatie tussen individuen binnen een soort waarbij verschillende allelen op een bepaalde locus betrokken zijn. • **antigeen~** het veranderen v.d. oppervlakteantigenen i.h. verloop v.d. tijd bij bepaalde parasitaire protozoa en vi-

russen. • **fluctuerende** ~ onregelmatig verschijnende en verdwijnende variatie.
• **interdokter**~ variatie in medisch handelen tussen individuele artsen die kan worden toegeschreven aan verschillende manieren van werken door artsen.
• **interobserver**~ zie interwaarnemer~. • **interwaarnemer**~ variatie i.d. waarneming van eenzelfde fenomeen door verschillende onderzoekers. • **intraobserver**~ zie intrawaarnemer~. • **intrawaarnemer**~ variatie in waarnemingen van eenzelfde fenomeen door één onderzoeker. • **isotype**~ genetische variatie binnen een familie van proteïnen of peptiden. • **sprong**~ zie mutatie.

varicella ziekte die wordt veroorzaakt door het varicella-zostervirus.

varicelliform lijkend op varicella.

varices 1 meervoudsvorm van L. varix; 2 (ziekteaanduiding:) het optreden v.e. of meer varices, lekentaal: het hebben van spataderen.

variceus door varices veroorzaakt, gepaard gaand met varices. • **post**~ volgend op (de genezing van) spataderen. • ~ **eczeem** zie eczeem | eczema rubrum.

varicocele 1 (urol., chir.:) tumor, veelal i.h. scrotum gelegen, bestaande uit een kluwen uitgezette aderen; 2 (flebol.:) kluwen van varices. • ~ **parovarialis** uitzetting v.d. aderen i.d. brede baarmoederbanden.

varicografie röntgenologische afbeelding van varices.

varicomphalos zie varix umbilici.

varicositas verspreide aanwezigheid van varices.

varicositeiten (anat., celbiol.) reeksen verdichtingen i.d. eindtakjes van postganglionaire orthosympathische vezels die op glad spierweefsel eindigen.

varicosus tot een varix behorend, door varices veroorzaakt.

varicula varix v.d. conjunctivale aderen.

variegatus bont, gevlekt.

varikeus zie variceus.

variola ernstige infectieziekte die wordt veroorzaakt door het pokkenvirus (variolavirus); meestal is bedoeld (de inmiddels uitgeroeide) variola major. • ~ **major** gewone, ernstige vorm van pokken. • ~ **minor** zie alastrim. • ~ **mitigata** goedaardige vorm van pokken. • ~ **nigra** zie variola haemorrhagica. • ~ **pemphigosa** pokken met vorming van grote huidblazen. • ~ **sine eruptione** pokkenziekte zonder vorming van echte pokken, maar met alleen wat koorts en een 'rash'. • ~ **haemorrhagica** variola met petechiën op huid en bloedingen in conjunctiva en slijmvliezen; malaise, hartfalen, diffuse bloedingen en beenmergdepressie. • ~ **vera** echte pokken. • ~ **verrucosa** een lichte vorm van pokken, waarbij de eruptie niet verder gaat dan het stadium van papels.

variolatie inenting met het virus van echte pokken, vóór de ontdekking v.d. vaccinatie toegepast om immuniteit tegen pokken op te wekken.

varioliformis lijkend op variola; vb. acne varioliformis.

varisatie verandering v.d. infantiele valgusstand v.d. dijbeenhals in de varusstand.

◉ **varix** uitgezette en meestal gekronkelde vene met insufficiënte kleppen en een retrograde bloedstroom; varices komen vooral voor i.d. onderste extremiteiten, i.h. gebied v.d. vena saphena magna en de vena saphena parva; daarnaast kunnen variceuze veranderingen voorkomen i.d. slokdarm als complicatie van portale hypertensie, i.d. plexus haemorrhoidalis en i.d. plexus pampiniformis als varicokèle; indeling: varices v.d. benen kunnen worden onderscheiden in primaire ('aangeboren', 80-90% v.d. gevallen) en secundaire varices a.g.v. een andere aandoening, zoals diepe veneuze trombose, die onopgemerkt kan zijn verlopen; men onderscheidt naar lokalisatie: stamvarices, zijtakvarices, reticulaire varices, besenreiservarices (penseelvarices, blauwscheuten). • **besenreiservarices** zie bezemrijsvarices. • **bezemrijsvarices** 1 (flebol.:) vlak onder de huid parallel gelegen verwijde kleinste venen (microvarices), i.h.b. voorkomend op de dijen bij vrouwen; wordt vaak om cosmetische redenen verwijderd (sclerotherapie, laser); 2 (neuroradiol.:) dunne bloedvaten nabij een intracerebraal ruimte-innemend proces, pathognomonisch voor een maligne glioom.
• **lymfe**~ varix v.e. lymfevat of lymfeklier.
• **oesofagusvarices** verwijde kronkelende venen in vnl. het distale deel v.d. slokdarm.
• **orbitale varices** congenitale, vaak enkelzijdige verwijdingen van veneuze vaten i.d. orbita. • **reticulaire varices** netvormige subcutane varices,. • **slokdarmvarices** variceuze verandering i.d. slokdarm als com-

plicatie van portale hypertensie. • **stamvarices** volledige of gedeeltelijke verwijding v.d. vena saphena magna of de vena saphena parva. • ~ **aneurysmaticus** kluwen van onderling communicerende veneuze kanalen of spatader met aneurysma-achtige verwijding. • ~ **haemorrhoidalis** zie hemorroïden. • ~ **lymphaticus** zie lymfe~.
• ~ **umbilici** zwelling v.d. aderen aan de navel. • **vulvaire varices** zie vulvavarices.
• **vulvavarices** varices op de schaamlippen.
• **zijtakvarices** variceuze veranderingen v.d. zijtakken v.d. v. saphena magna of v. saphena parva.

varixachtig zie variceus.
varkenslintworm zie Taenia solium.
varoliobrug pons Varoli.
varus krom, naar binnen gebogen, i.t.t. valgus; vb. pes varus, coxa vara, genu varum.
VAS zie schaal | visueel-analoge ~.
vas vat. • ~ **aberrans** erv. resp. vaten met abnormaal verloop. • ~ **deferens** zie ductus deferens. • ~**a praevia** foetale vaten i.d. vliezen die de cervixopening afsluiten. • ~**a vasorum** kleine voedende bloedvaten i.d. wand van grotere bloedvaten.
vasa recta lange rechte capillairlussen gelegen langs de lissen van Henle tot diep i.h. niermerg die vanuit het peritubulaire capillaire netwerk ontspringen.
vasculair m.b.t. vaten; vb. nervus vascularis.
• a~ **1** niet voorzien van bloedvaten; **2** bij afwezigheid van vaatvoorziening; vb. a-re botnecrose. • **broncho~** m.b.t. de bronchi en de bloedvaten; vb. b-re schaduwen (op de longfoto). • **cardio~** m.b.t. hart en vaten.
• **cerebro~** m.b.t. de hersenbloedvaten.
• **intra~** binnen i.e. (bloed)vat of i.d. vaten; vb. intravasculaire coagulopathie. • **neo~** m.b.t., a.g.v. neovascularisatie; vb. neovasculair glaucoom. • **neuro~** m.b.t. de bloedvoorziening v.h. zenuwstelsel. • **peri~** rondom de vaten. • **reno~** m.b.t. de niervaten; vb. r-re hypertensie.
vasculaire-endotheelcelgroeifactor (VEGF) peptide dat vrijkomt uit endotheelcellen bij hypoxie, ischemie of hypoglykemie.
vascularisatie 1 de ontwikkeling van bloedvaten i.e. lichaamsdeel of in weefsel; **2** voorzien van bloed; vb. gevascularisseerde gesteelde huidlap. • **neo~** nieuwgroei van (kleine) bloedvaten, i.h.b. woekering in weefsel waar de bloedvaten niet thuishoren.
vasculariseren doorbloeden, van bloed voorzien; vb. gevasculariseerde huidlap.
vasculatuur zie vaatstelsel.
• **vasculitis** aandoening die wordt gekenmerkt door ontsteking en necrose v.d. vaatwand en waarbij verschillende organen betrokken kunnen zijn; indeling: 1) grotevatenvasculitis, te weten ontsteking v.d. grote vaten: arteriitis temporalis, ziekte van Takayasu; 2) middelgrotevatenvasculitis, te weten ontsteking v.d. middelgrote vaten: ziekte van Kawasaki, polyarteriitis nodosa; cerebrale angiitis; 3) kleinevatenvasculitis, te weten ontsteking v.d. kleine vaten: ziekte van Wegener, syndroom van Churg-Strauss, microscopische polyangiitis (alle drie ANCA-geassocieerd), ziekte van Henoch-Schönlein, cutane leukocytoclastische vasculitis; tot de laatste groep (kleine vaten) behoren ook de vasculitiden die het gevolg zijn v.e. reumatische aandoening, zoals reumatoïde artritis, SLE, MCTD, sclerodermie, syndroom van Sjögren, dermatomyositis, ziekte van Behçet.
• **allergische** ~ vasculitis van de kleine bloedvaten i.d. huid door vorming van circulerende immuuncomplexen. • **ANCA-geassocieerde** ~ vasculitis van vnl. de kleinere vaten met autoantistoffen die gericht zijn tegen enzymen i.h. cytoplasma van neutrofiele granulocyten; gaat gepaard met weefselbeschadiging, o.a. i.d. nier.
• **cutane leukocytoclastische** ~ ziektebeeld dat wordt gekenmerkt door aantasting v.d. capillairen en de postcapillaire venulen; gepaard met fibrinoïde necrose v.d. bloedvatwand, extravasatie van erytrocyten en infiltratie van polymorfonucleaire leukocyten, waarbij leukocytoclasie (verval van kernen) optreedt; klinisch beeld is variabel. • **eosinofiele granulomateuze** ~ zie syndroom | churg-strauss~. • **geïsoleerde cerebrale** ~ vasculitis die zich beperkt tot de intracraniële vaten, met als gevolg ischemie in meerdere vaatterritoria i.d. hersenen, met de bijbehorende neurologische (uitvals)verschijnselen. • **geïsoleerde neuropathische** ~ zie neuropathie | geïsoleerde vasculitische ~. • **granulomateuze** ~ intra- en perivasculaire necrotiserende granulomateuze ontsteking v.d. kleine bloedvaten. • **immuuncomplex~** zie allergische ~. • **leukocytoclastische** ~ ziekte-

beeld, gekenmerkt door aantasting v.d. capillairen en de postcapillaire venulen.
• **lymfocytaire** ~ vaatwandbeschadiging door lysosomale enzymen van geactiveerde macrofagen. • **peri~** ontsteking v.d. tunica adventitia en (of) v.h. omgevende weefsel.
• **reumatoïde** ~ necrotiserende vaatontsteking met gegeneraliseerde verschijnselen bij reumatoïde artritis. • **small-vessel** ~ kleinevatenvasculitis. • **urticariële** ~ vasculitis, gekenmerkt door brandende, 24-72 uur persisterende urticae, soms bulleuze laesies en angio-oedeem. • ~ **allergica** zie allergische ~. • ~ **nodularis** niet-tuberculeuze vorm van erythema induratum.

vasculogenese de ontwikkeling v.h. vaatsysteem.

vasculosus voorzien van, of m.b.t. (bloed-)vaten; vb. plexus vasculosus, meninx vasculosa.

vasculum verkleinwoord van vas (L., vat).

vasectomie operatieve verwijdering v.d. ductus deferens of een deel ervan.

vaseline koolwaterstofverbinding; kan o.a. de vetfase (basis) vormen van hydrofobe zalven.

vasitis 1 ontsteking v.e. bloedvat (vasculitis); 2 (urol.:) ontsteking v.d. ductus deferens (vroegere naam: vas deferens).

vasoactief invloed uitoefenend op de vaattonus, i.h.alg. tonus-verhogend.

vasoconstrictie vernauwing v.e. bloedvat door samentrekking van contractiele elementen i.d. vaatwand. • **perifere** ~ samentrekking van arteriolen i.d. weefsels.
• **secundaire** ~ reflexmatige samentrekking v.e. beschadigd vat door verscheidene neurogene, myogene en hormonale effecten.

vasoconstrictivum zie vasopressor.

vasoconstrictor 1 (anat.) vaatvernauwende zenuw; 2 (farm.) zie vasopressor.

vasoconstringens zie vasopressor.

vasocorona vaatkrans, de kleine arteriën die i.h. ruggenmerg straalsgewijs naar de periferie lopen.

vasodentine gevasculariseerde dentine.

vasodilatans zie vasodilatator.

vasodilatatie | **koude~** vaatverwijding optredend in acra en aangezichtshuid ter voorkoming van te sterke lokale afkoeling.

vasodilatator 1 (farmacol.) geneesmiddel dat de bloedvaten verwijdt; vb. coronaire v.; 2 (neuroanat.) vaatverwijdende zenuw.

• **perifere ~en** groep van geneesmiddelen die de perifere vaatweerstand verlagen door perifere vaatverwijding te induceren en/of perifere vasodilatatie te inhiberen.

vasoformatief bloedvatvormend.

vasolabiliteit zie collaps | vasovagale ~.

vasoligatuur afbinding v.d. ductus deferens (vroegere term: vas deferens).

vasomotoren zenuwen met vaatverwijdende of -vernauwende werking.

vasomotoricus vasomotorisch; vb. rhinitis vasomotorica.

vasomotorisch m.b.t. verwijding of vernauwing van bloedvaten; vb. v-torische reflex.

vasomotorische zenuwen zie vasomotoren.

vasopressine hormoon dat i.d. hypothalamus wordt gevormd en bevordert dat meer water wordt teruggeresorbeerd. • **1-deamino-8-D-arginine-~** zie desmopressine.

vasopressor geneesmiddel met vaatvernauwende werking.

vasorum gen. mv. van vas (vat); vb. fragilitas v-rum.

vasospasme | **episodische digitale ~n** zie fenomeen | raynaud~.

vasotocine vasopressineachtig hormoon i.d. hypofyseachterkwab.

vasotomie incisie v.d. ductus deferens (vroeger geheten vas deferens).

vasotonicum een geneesmiddel met een tonus verhogende (toniserende) werking op de bloedvaten.

vasotonie de tonus (spanning) v.d. vaten.

vasovagaal m.b.t. bloedvaten en nervus vagus.

vaso-vasostomie chir. ingreep ter rekanalisatie v.d. ductus deferens, waarmee een vasectomie ongedaan wordt gemaakt.

vasten zie carentie.

vastus zeer groot; vb. musculus vastus.

vat | **bloed~** zie arteria, arteriole, vena, venule, capillair, ader | poort~. • **capaciteits~en** benaming voor venen i.h. kader v.d. bloeddrukregulatie. • **chylus~** de centrale lymferuimte i.d. darmvlokken. • **lymfe~** zie lymfevaatstelsel.

VATS zie chirurgie | video-assisted thoracic surgery.

VBP zie plasma | vers bevroren ~.

VC vitale capaciteit.

VCAM vasculair cellulair adhesiemolecuul.

VCIS zie syndroom | venacavasuperior~.

VCSS *zie* syndroom | venacavasuperior~.
VD (venereal disease [E]) *zie* seksueel overdraagbare aandoening.
V-D-J-herschikking willekeurige samenvoeging van verschillende V-, D- en J-genen, die coderen voor het variabele deel van immunoglobulinen; hierdoor verwerven B-lymfocyten immunologische specificiteit.
VDRL Venereal Diseases Research Laboratory.
vector 1 (infectiologie) dier, i.h.b. een insect, dat een infectieus agens overdraagt v.d. ene persoon op de andere; **2** (med. statistiek) grootheid die niet alleen een getalwaarde heeft, maar ook een richting.
vectorcardiogram de curve die bij vectorcardiografie wordt verkregen.
veeartsenijkunde *zie* geneeskunde | dier~.
veganisme streng vegetarisme met onthouding van alle dierlijke eiwitten.
vegetans woekerend, abundant groeiend; vb. pemphigus vegetans.
vegetariër iemand die uitsl. vegetarisch voedsel gebruikt.
vegetarisch m.b.t. vegetarisme.
vegetarisme leefwijze waarbij men zich onthoudt van dierlijk voedsel.
vegetatie groeiend weefsel. • **endocarditis~** aanhangsel, bestaande uit fibrine, trombocyten, ontstekingscellen en microörganismen op de plaats waar de endocarditis gezeteld is, bijv. bij aan de klepslippen een valvulaire infectie.
vegetatief 1 m.b.t. groei en voeding; vb. v-ieve functies (vgl. animale functies); **2** buiten het bewustzijn om.
vegetatief integrerende stelsels vegetatief zenuwstelsel en hormonale systemen ter regulering van vegetatieve organen met als doel het constant houden v.h. interne milieu v.h. lichaam.
vegetatieve toestand toestand van bewusteloosheid waarbij de patiënt de ogen in perioden geopend heeft en oogknipbewegingen en oogbewegingen maakt, waardoor hij wakker lijkt; er zijn echter geen fixatie- of volgbewegingen met de ogen; ook ontbreekt willekeurige of gerichte motoriek als reactie op visuele, tactiele of auditieve prikkels.
vegetatieve verschijnselen verschijnselen die optreden t.g.v. activering v.h. vegetatieve (autonome) zenuwstelsel, b.v. misselijkheid, perifere vasoconstrictie en zweten bij duizeligheidsaanvallen of tranenvloed en conjunctivale roodheid bij neuralgie van Horton.
vegetationes woekeringen. • **~ adenoideae** woekerende groei v.d. neusamandel.
vegeterend als een plant (zonder bewustzijn) voortlevend.
VEGF *zie* vasculaire-endothcelcelgroeifactor.
vehiculum onwerkzaam bestanddeel als basis v.e. geneesmiddel, waarin de werkzame stoffen worden opgelost.
Veillonella genus v.d. fam. *Veillonellaceae*. • **~ *parvula*** apathogene parasiet i.d. mond en het maag-darmkanaal.
Veillonellaceae familie v.d. sectie anaerobe gramnegatieve kokken.
vela mv. van velum.
velamentosus m.b.t. de vliezen of een vlies; vb. placenta velamentosa.
velamentum velamen [L].
veldje van Cohnheim *zie* cohnheimveldje.
veldt sore *zie* zweer | woestijn~.
vellus *zie* haar | vellus~.
velofaryngeaal m.b.t. het velum palatinum en de farynx.
velofaryngeaal afsluitmechanisme het uit twee componenten bestaande afsluitmechanisme tussen neusholte en mondholte: de klepwerking v.h. palatum molle en het sfinctermechanisme v.d. farynxmusculatuur.
Velpeau | schouderverband van ~ de arm aan de getroffen zijde wordt met gebogen elleboogsgewricht voor op de borst zó ingezwachteld dat de getroffen schouder naar buiten, boven en achter wordt gedrukt.
velum een sluiervormige structuur. • **~ palatinum** het achterste deel v.h. zachte gehemelte (= palatum molle).
vena (V.) [L.] bloedvat dat bloed vervoert v.d. weefsels i.d. richting v.h. hart; een ader heeft een dunne wand waardoor deze kan uitzetten en grote hoeveelheden bloed kan bevatten als het lichaam in rust is; een grote ader bevat (ader)kleppen om te voorkomen dat het bloed terugstroomt *zie* diepveneuze trombose, varix. • **~ angularis** begin v.d. v. facialis i.d. mediale ooghoek. • **~ basilica** een boven het distale eind v.d. ulna beginnende ader, die zich met de venae brachiales verenigt tot v. axillaris. • **~ cava** holle

ader. • ~ **cava inferior** onderste, opstijgende holle ader. • ~ **cava superior** bovenste, afdalende holle ader. • ~ **cephalica** een ader i.d. arm, die men vroeger voor aderlating gebruikte bij ziekten v.h. hoofd. • ~**e communicantes** verbindingsvenen tussen het oppervlakkige en diepe veneuze systeem i.d. onderste extremiteiten. • ~ **femoralis** dij-ader. • ~**e hepaticae** venae hepaticae dextrae, mediae, sinistrae: korte aderen i.d. lever. • ~ **mediana basilica** een naar de v. basilica lopende tak v.d. v. mediana antebrachii. • ~**e perforantes** verbindingsvenen tussen een oppervlakkig (extrafasciaal) en een diep (intrafasciaal) netwerk. • ~ **portae hepatis** korte, dikke ader die ontstaat uit de vereniging v.d. v. mesenterica superior en de v. lienalis. • ~ **saphena magna** (VSM) de langste ader v.h. lichaam. • ~ **saphena parva** kleine saphena-ader. • ~**e sectio** *zie* venasectie. • ~ **subclavia** ondersleutelbeenader. • ~ **umbilicalis** navelvene die van placenta naar foetale lever loopt. • ~ **perforans** *zie* venae perforantes. • **watervenen** verbindingen tussen de voorkamer v.h. oog, via het kanaal van Schlemm, met de episclerale venen.

venacavatrechter *zie* cavatrechter.

venarum gen. mv. van vena; vb. ostia venarum pulmonalium.

venasectie incisie v.d. huid ter plaatse v.e. ader.

vene *zie* vena. • **giacomini**~ verbindende vene tussen de vena saphena magna en de venae op het bovenbeen. • **labbé**~ variabele veneuze anastomose tussen sinus sagittalis superior en sinus transversus. • **anastomotica inferior** (labbévene) ~ veneuze anastomose (verbinding) tussen twee veneuze vaten of sinussen; vb. vena anastomotica inferior (labbévene), verbindt op het hersenoppervlak de vena cerebri superficialis en de sinus sagittalis superior; ruptuur hiervan bij bijv. trauma capitis leidt tot subdurale bloeding.

venectasie *zie* varix.

venenconstrictie *zie* venoconstrictie.

venenpols | positieve ~ *zie* pols | ader-~.

venenum (ver)gif.

venereologie de wetenschap van het specialisme betreffende seksueel overdraagbare ziekten.

venereoloog specialist i.d. venereologie.

venereus m.b.t. of veroorzaakt door een seksueel overdraagbare ziekte.

veneris gen. van Venus; vb. corona veneris, mons veneris.

venerisch 1 m.b.t. een seksueel overdraagbare ziekte (soa); 2 m.b.t. geslachtelijk verkeer.

venesectie *zie* venasectie.

venestripping *zie* strippen.

veneus m.b.t. de aderen.

veneus aanbod bloedvolume dat vanuit de lichaamscirculatie het rechter atrium bereikt.

veneus bloed het bloed dat zich naar het hart toe beweegt.

veneus systeem stelsel van aderen (venen). • **diepe veneuze systeem** onderdeel v.h. veneuze systeem v.d. benen dat subfasciaal gelegen is. • **oppervlakkige veneuze systeem** onderdeel v.h. veneuze systeem v.d. benen dat suprafasciaal gelegen is.

veneuze druk bloeddruk i.d. aderen, gewoonlijk 0-5 mmHg bij horizontale stand (orthostatisch).

veneuzedrukmeting invasieve manier van drukmeting i.d. dorsale voetvene.

veneuze pooling toename v.d. capaciteit van beenvenen o.i.v. de hoge hydrostatische druk in staande positie bij onvoldoende compensatie door venenconstrictie en spierpompactiviteit.

veneuze retour terugvloed v.h. veneuze bloed naar het rechter atrium.

veneuze sinus bloedruimten i.d. milt, gelegen tussen de strengen van Billroth.

venoconstrictie spiervezelaanspanning i.e. venenwand waardoor de capaciteit v.h. vaatbed afneemt.

venografie *zie* flebografie.

venogram *zie* flebogram.

venomotorisch invloed uitoefenend op de diameter v.e. ader.

venositeit overmaat van veneus bloed i.e. lichaamsdeel.

venostase *zie* stuwing | veneuze ~.

venosus veneus; vb. ductus venosus, cor venosum.

venous hum [E] functioneel geruis uit de v. jugularis dat sterk lijkt op een continu geruis v.h. hart.

venous lake [E] bijzondere vorm van angioma senile, een kleine donkerblauwe verhevenheid op de huid, die bij druk kleurloos wordt.

venovenostomie het maken v.e. anastomose tussen twee aderen.

venstermes van Beckmann *zie* Beckmann | beckmanringmes.

vensterperiode periode die verstrijkt tussen besmetting met een micro-organisme en de manifestatie v.d. infectie.

venter 1 de buik; 2 een spierbuik.

ventilatie 1 (pulmonol.:) transport van lucht naar en v.d. longen; 2 (chir., anesthesiol.:) *zie* beademing; 3 (alg.:) toevoer van verse lucht en afvoer van afgewerkte lucht, bijv. i.e. vertrek. • **alveolaire** ~ gaswisseling i.d. alveolen. • **hoogfrequente** ~ (HFV) mechanische beademing m.b.v. zeer hoge frequenties. • **long**~ het cyclische proces van in- en uitademing, waarbij verse lucht wordt ingeademd en CO_2-houdende lucht wordt uitgeademd. • **mechanische** ~ *zie* beademing. • **natuurlijke** ~ *zie* ademhaling.

ventilatiemengsel gasmengsel in gespecificeerde samenstelling voor ventilatie.

ventilatie-perfusiestoornis verstoorde verhouding tussen doorstroming en ventilatie i.d. longen, leidend tot een verlaagde zuurstofsaturatie v.h. arteriële bloed.

ventilatie-perfusieverhouding getal dat de verhouding tussen ventilatie en perfusie v.d. longen weergeeft.

ventilatoir respiratoir, m.b.t. de ademhaling.

ventilator *zie* beademingsmachine.

ventraal aan of naar de buikzijde.

ventralis ventraal; vb. hernia ventralis.

ventre [F] *zie* buik.

ventriculair m.b.t. de hersen- of hartkamer (s); vb. v-re extrasystole.

ventricular escape [E] ventriculaire hartritmestoornis waarbij de impuls wordt gevormd i.d. wand v.d. hartkamer als reactie op het uitblijven van supraventriculaire prikkels.

ventricularis m.b.t. de hart- of hersenventrikels, ventriculair; vb. hydrocephalus ventricularis.

ventricular premature beats (VPB) *zie* extrasystole | ventriculaire ~.

ventriculi gen. van ventriculus.

ventriculitis ontsteking v.e. of meer hersenkamers.

ventriculocisternostomie *zie* drainage | torkildsen~.

ventriculografie röntgenologische afbeelding v.d. hersenkamers of hartkamers, na injectie v.e. röntgencontraststof.

ventriculorum gen. mv. van ventriculus (kamer); vb. septum v-rum cordis.

ventriculoscoop endoscoop waarmee de hersenkamers worden bekeken.

ventriculoscopie het bekijken v.d. hersenkamers m.b.v. een ventriculoscoop.

ventriculostomie neurochirurgische operatie bij hydrocefalus.

ventriculus 1 kamer v.h. hart of v.d. hersenen; NB: toegestaan is zowel 'de ventrikel' als 'het ventrikel'; 2 maag; 3 holte. • ~ **cerebri** *zie* ventrikel | hersen~. • ~ **cordis** hartkamer.

ventrikel *zie* ventriculus. • **hersen**~ normale, fysiologische holte v.d. hersenen.

ventrikeldepolarisatie elektrische ontlading v.d. kamers die tot de systole leidt.

ventrofixatie hechting aan de ventrale buikwand. • **ventrofixatio uteri** operatie bij retroflexio uteri.

ventrolaterad (antropologie) i.d. richting v.d. zijkanten v.d. buik.

ventromedialis ventraal-mediaal; vb. nucleus ventromedialis.

ventroscopie bezichtiging v.d. inhoud v.d. buikholte d.m.v. een door de buikwand gestoken endoscoop.

venula vene met doorsnede tot 0,3 mm. • **hoog-endotheliale venulen** (HEV) gespecialiseerde delen van postcapillaire venules, waardoor lymfocyten de bloedbaan verlaten.

venule 1 (anat.) *zie* venula; 2 (lab.diagn.) zelfwerkende aspiratiebuis voor het steriel aftappen van bloed en andere lichaamsvochten; niet te verwarren met 'venula'.

venulitis ontsteking van venulae.

venusheuvel *zie* mons veneris.

venuskrans *zie* corona veneris.

VEP *zie* evoked potential | visually ~s.

VER (visually evoked responses) *zie* evoked potential | visually ~s.

vera vr. van verus (werkelijk, echt); vb. conjugata vera.

veranderlijkheid (statist., epidemiol.) *zie* variabiliteit.

verbaal 1 m.b.t. of d.m.v. woorden; 2 mondeling, i.t.t. schriftelijk; vb. verbale afasie, verbaal IQ.

verbalis verbaal; vb. caecitas verbalis, surditas verbalis.

verband zwachtel of omwinding, dient ter bescherming v.e. wond. • **baynton**~ dakpan-kleefpleisterverband op onderbeen, bij ulcus cruris. • **desault**~ zwachtelverband bij sleutelbeenfractuur. • **distensie**~ rekverband. • **druk**~ *zie* compressieverband. • **extensie**~ rekverband. • **gips**~ verband uit gips gebruikt voor immobilisering bij fracturen. • **horlogeglas**~ afdekking v.h. oog aan de verlamde zijde met een doorzichtige pleister bij een facialisparalyse of -parese ter voorkoming van conjunctivitis of keratitis. • **korenaar**~ *zie* spica. • **niet-elastisch** ~ verband dat wordt gebruikt bij de behandeling van chronische veneuze insufficiëntie en ulcus cruris venosum. • **occlusief wond**~ wondverband dat door afsluiting v.d. wond de genezing bevordert. • **ongevoerd gips**~ een rechtstreeks op de huid aangebracht gipsverband. • **ransel**~ kruislings over de rug lopend verband, dat de schouders naar achteren trekt. • **rek**~ bij de behandeling van botfracturen gebruikt verband waaraan d.m.v. gewichten constant wordt getrokken om fractuurstukken op hun plaats te houden. • **sayre**~ kleefpleisterverband bij sleutelbeenfractuur, overeenkomend met het verband volgens Desault. • **scultetus**~ zwachtelverband om de ledematen, samengesteld uit afzonderlijke, elkander ten dele dekkende zwachtelstroken. • **spijkerrek**~ *zie* draadextensie. • **steinmannrek**~ spijkerrekverband. • **zweefrek**~ rekverband voor een extremiteit die met uitgebalanceerde gewichten zwevend wordt opgehangen.

verbandkous elastische kous die naar keuze 23 of 35 mm Hg-druk geeft aan benen met vochtretentie door chronisch veneuze insufficiëntie.

verbigeratie (psychol.) ernstige vorm van verbale perseveratie, gekenmerkt door het zinloos herhalen van betekenisloze woorden en zinnen.

verbloeden dodelijk leegbloeden, i.h.b. i.h. kraambed.

verbloeding 1 (alg. chir.:) *zie* exsanguïnatie; **2** (verlosk.:) dodelijk bloedverlies tijdens of na de bevalling.

verbranding 1 (pathofysiologie, dermatologie:) verschijnselen t.g.v. thermisch letsel; **2** (fysiologie, lekentaal:) 'verbranding van calorieën'.

verdamper het hulpmiddel om een inhalatieanestheticum vanuit vloeibare toestand i.h. ventilatiemengsel te verdampen.

verdamping *zie* evaporatie.

verdeling verspreiding. • **binomiale** ~ discrete kansverdeling v.h. aantal successen i.e. rij onafhankelijke identieke experimenten waarbij voor elk afzonderlijk experiment twee uitkomsten mogelijk zijn. • **bivariate** ~ de gezamenlijke kansverdeling van twee stochastische variabelen. • **celsiusgraad**~ graadverdeling waarbij als 0° het vriespunt en 100° als het kookpunt van water is gekozen. • **F**-~ kansverdeling die is gebaseerd op de normale verdeling. • **gauss**~ *zie* normale ~. • **kans**~ relatieve verdeling v.d. kansen waarop een variabele verschillende uitkomsten kan aannemen. • **normale** ~ continue kansverdeling waarbij een specifieke symmetrische klokvorm ontstaat. • **poisson**~ statistische verdelingsfunctie die wordt gebruikt om het voorkomen van zeldzame gebeurtenissen of de steekproefverdeling van geïsoleerde tellingen i.e. continuüm van tijd of ruimte te beschrijven. • **posteriorkans**~ gecorrigeerde priorkansverdeling nadat nieuwe gegevens zijn verzameld. • **random**~ verdeling van patiënten over de onderzoeksgroep en de controlegroep op basis van aselecte trekking. • **scheve** ~ niet-symmetrische kansverdeling. • **student**~ *zie* t~. • **t**~ verdeling v.e. (toets)grootheid (t) waarbij een normaal verdeelde stochastische variabele wordt gedeeld door de wortel v.e. daarvan onafhankelijke $\chi 2$-verdeelde variabele. • **uniforme** ~ *zie* normale ~.

verdelingsfase distributiefase; periode waarin een stof na resorptie over de verschillende lichaamscompartimenten wordt verdeeld.

verdelingsvolume het virtuele vloeistofvolume waarin een farmacon zich met een concentratie gelijk aan het plasma verdeelt.

verdichting 1 (pathologie) *zie* consolidatie, solidificatie; **2** (psychiatrie) *zie* syncretisme.

verdoofd gevoel *zie* hypo-esthesie.

verdoving *zie* stupor, anesthesie, narcose.

verdovingsmiddel; NB: niet te verwarren met 'verdovend middel' (narcoticum) *zie* anestheticum.

verdraaglijkheid *zie* tolerantie.

verdringing (psychol.) afweermechanisme om krenkende ervaringen of traumatische gebeurtenissen niet tot het bewustzijn te laten doordringen.

verdrinking het doodgaan in of onder water, het omkomen door verstikking onder wa-

ter.
verdubbelingstijd zie generatietijd.
verdunnend vermogen vermogen v.d. nier om de urine te verdunnen door NaCl-terugresorptie zonder H$_2$O i.h. dikke opstijgende been v.d. lis van Henle en de distale tubulus.
verdunningsproef · verdunningsproef van Volhard zie proef | verdunnings-~.
veretteren het vormen en/of afscheiden van plus door geïnfecteerde wonden of ontstoken weefsel.
vergeetachtigheid stoornis in één gebied v.h. geheugen of meerdere geringe stoornissen in verschillende gebieden, vooral optredend tijdens spanning en stress; bij normale geheugenachteruitgang, passend bij de leeftijd, en bij een milde geheugenstoornis weet men achteraf dat men iets vergeten is; bij dementie is de vergeetachtigheid uitgebreider.
vergentie de beweging v.d. oogassen bij convergentie, divergentie.
vergiftenleer zie toxicologie.
vergiftiging het vergiftigd worden met een lichaamseigen gif (toxine) of lichaamsvreemd gif. • **bloed**~ verwarrend begrip, wordt gebruikt voor zowel sepsis als lymfangitis zie sepsis, lymfangitis. • **kolendamp**~ zie koolmonoxide-~. • **koolmonoxide**~ intoxicatie door inademing van koolstofmonoxide (CO). • **kwik**~ intoxicatie met het zware metaal kwik. • **urine**~ zie uremie. • **voedsel**~ gastro-intestinale reactie op inname van voedsel of drank, besmet met toxinen die van micro-organismen afkomstig zijn. • **worst**~ zie botulisme.
• **zelf**~ zie intoxicatie | auto-~. • **zuur**~ zie acidose. • **zwangerschaps**~ zie toxicose | zwangerschaps-~.
vergroeiing 1 (orthop. chir.:) blijvende verandering i.d. anatomische stand v.h. skelet; **2** (pathol., chir.:) littekenverbinding tussen wondoppervlakken.
verhemelte zie palatum. • **gespleten** ~ zie palatum fissum.
verheven boven het (huid)oppervlak uitstekend; vb. verheven huidlaesie, plaque, wondrand.
verhoging zie temperatuur | subfebriele ~.
verhoorning zie keratinisatie. • **harde** ~ zie keratinisatie | harde ~.
verhouding (statist., epidemiol.) zie proportie.

verkalking kalkneerslag buiten het skelet, zoals in bloedvaten en organen. • **pancreas**~ verkalking i.d. alvleesklier; wordt gevonden bij chronische pancreatitis. • **pericard**~ kalkafzetting i.h. pericard; typisch na tuberculeuze pericarditis.
verkazend onderhevig aan het proces van verkazing.
verkazing necrose waarbij het weefsel overgaat i.e. kaasachtige massa.
verklaring schriftstuk waarin iets wordt verklaard; in medische context i.h.b. gezegd van documenten met gezondheidsrechtelijke relevantie voor de medische behandeling. • **artsen**~ verklaring waartoe een arts verplicht is bij het voorschrijven v.e. niet-geregistreerd geneesmiddel (bijv. thalidomide bij lepra); eventuele bijwerkingen moeten worden gemeld bij de Inspectie voor de Gezondheidszorg; niet te verwarren met 'artseneed' (eed van Hippocrates) en 'doktersverklaring' (het doktersattest). • **bewustzijns**~ zie artsen-~. • **euthanasie**~ document waarin iemand zijn wensen kenbaar maakt met betrekking tot levensbeëindigende medische interventie op een moment i.d. toekomst dat die persoon een beslissing daarover niet meer zelf kan mededelen. • **Helsinki-~** internationale code voor medische experimenten met mensen, opgesteld door de WHO. • **laatmijgaan**~ specifieke vorm v.e. niet-behandelverklaring waarin men elke medische behandeling verbiedt, zelfs als die tot genezing v.e. kwaal zou kunnen leiden. • **nietbehandel**~ document waarin wordt aangegeven welke behandelingen iemand niet wil ondergaan. • **overlijdens**~ verklaring, afgegeven door de behandelend arts of gemeentelijk lijkschouwer, wanneer deze ervan overtuigd is dat de dood bij een patiënt is ingetreden a.g.v. een natuurlijke doodsoorzaak. • **voltooidleven**~ zie laatmijgaan-~. • **wils**~ document inzake toekomstige medische handelingen met de bedoeling dat deze worden geëerbiedigd als de betrokkene niet meer in staat is hierover beslissingen te nemen; in Nederland is een wilsverklaring rechtsgeldig mits de verklaring is opgemaakt ten tijde dat de patiënt wilsbekwaam was en mits deze is voorzien van naam, recente datum en handtekening.
• **zorg**~ persoonlijk ondertekende verklaring waarin op wettelijk erkende wijze

wordt vastgelegd welke medische verzorging men i.d. laatste levensfase verlangt.
verklaring van Helsinki *zie* verklaring | Helsinki-~.
verkleving *zie* adhesie.
verkoeverkamer ruimte i.h. ok-complex waar een geopereerde patiënt bijkomt uit de algehele anesthesie onder bewaking door apparatuur en personeel.
verkortingswarmte warmte die extra vrijkomt tijdens contractie indien de spier zich kan verkorten.
verkoudheid *zie* kouvatting, neusverkoudheid.
verkrachting met geweld afgedwongen seksueel verkeer met penetratie.
verkramping *zie* kramp | spier-~.
verlamming 1 (neurol.:) *zie* paralyse; 2 (alg.:) falende functie v.e. motorische zenuw of v.e. effectororgaan (spier, klier). • **accommodatie**~ verlamming v.d. accommodatiespier of -zenuw (m. ciliaris, n. oculomotorius). • **ademhalings**~ onvermogen tot ademhalen, hetzij door uitval v.h. ademhalingscentrum, hetzij door uitval van delen v.h. ruggenmerg of v.d. perifere zenuwen. • **alternerende** ~ *zie* hemiplegie | hemiplegia alternans. • **anticus**~ verlamming v.d. m. anticus. • **atrofische** ~ een met atrofie gepaard gaande verlamming van dwarsgestreepte spieren t.g.v. uitval v.h. perifere motorische neuron. • **axillaris**~ verlamming v.d. spieren die door de n. axillaris worden geïnnerveerd (m. deltoideus en m. teres minor). • **bell**~ *zie* facialisparalyse.
• **blik**~ *zie* parese | blik-~. • **centrale** ~ verlamming door aandoening v.h. centrale motorische neuron, gekenmerkt door specifieke verdeling van verlamming.
• **diafragma**~ v. v.d. diafragmaspier. • **erb-duchenne**~ verlamming door beschadiging v.h. bovenste deel v.d. plexus brachialis, een geboortetrauma dat ontstaat door een overrekking v.h. zenuwnetwerk van arm- en schouderspieren. • **fonische** ~ verlamming v.d. stembanden tijdens stemvorming, terwijl ze tijdens hoesten of ingespannen ademhaling wél worden bewogen. • **geconjugeerde oogspier**~ opheffing v.d. zijwaartse beweging van beide oogbollen in dezelfde richting. • **gekruiste** ~ *zie* hemiplegie | hemiplegia alternans. • **infranucleaire** ~ verlamming t.g.v. aandoening v.h. axon. • **kinder**~ *zie* poliomyelitis.

• **klumpkeplexus**~ verlamming v.d. onderste wortels v.d. plexus brachialis, bij laesie van C.8 en Th.1, vaak bij kinderen die met de forceps geboren zijn. • **narcose**~ verlamming v.e. perifere zenuw a.g.v. verkeerde ligging v.d. genarcotiseerde patiënt; typische vormen: plexus-brachialis-verlamming, nervus-radialis-verlamming. • **nucleaire** ~ verlamming door aandoening v.d. ganglioncellen i.d. voorhoorn v.h. ruggenmerg. • **obstetrische** ~ verlamming die tijdens de baring bij de kraamvrouw ontstaat. • **perifere** ~ aandoening v.h. tweede motorische neuron, m.a.g. uitval van motorische functies, hypo- of atonie v.d. spieren, hypo- of areflexie, spieratrofie.
• **plexus**~ verlamming v.d. zenuwplexus van arm of been. • **posticus**~ stembandverlamming t.g.v. verlamming v.d. m. cricoarytenoideus posterior. • **pott**~ dwarslaesie t.g.v. wervelftuberculose (malum Potti).
• **psychogene** ~ verlamming v.e. lichaamshelft of ledemaat zonder somatische oorzaak. • **radialis**~ verlamming v.d. n. radialis, met als kenmerkend symptoom de 'dropping hand'. • **radiculaire** ~ verlamming door vernietiging v.e. motorische ruggenmergswortel. • **recurrens**~ uitval v.d. n. recurrens of zijn eindtak. • **schijn**~ *zie* paralyse | pseudo-~. • **schud**~ *zie* Parkinson | ziekte van-~. • **slaap**~ het verschijnsel dat kort na het ontwaken of voor het inslapen het lichaam gedurende korte tijd niet kan worden bewogen. • **slappespier**~ *zie* parese | slappe ~. • **spastische kinder**~ *zie* diplegie | diplegia spastica infantilis.
• **spastische** ~ verlamming gekenmerkt door rigiditeit v.d. spieren en verhoogde reflexen. • **spinale** ~ *zie* paralyse | spinale ~.
• **supranucleaire** ~ verlamming t.g.v. een aandoening v.h. supranucleaire gedeelte v.d. hersenen. • ~ **van Erb-Duchenne** *zie* erb-duchenne-~.
verloskunde *zie* obstetrie.
verloskundige persoon die gerechtigd is de normale, ongecompliceerde zwangerschap en bevalling te begeleiden.
verlossing geneeskundige hulp bij de bevalling (partus). • **kunst**~ het kunstmatig beëindigen v.d. baring d.m.v. verlostang, vacuümpomp of sectio. • **tang**~ verlossing d.m.v. een verlostang.
verlostang instrument dat wordt gebruikt bij een bevalling.

vermagering *zie* cachexie.
vermes wormen.
vermicidum wormendodend middel.
vermicularis wormvormig; vb. appendix vermicularis.
vermiculatus wormvormig; vb. atrophoderma vermiculatum.
vermiculitis ontsteking v.h. wormvormig aanhangsel.
vermiformis wormvormig; vb. appendix vermiformis.
vermifugum wormenverdrijvend middel.
vermijdbaar een complicatie, incident of adverse event welke achteraf had kunnen worden voorkomen.
vermijdingsgedrag inperking van (sociale) activiteiten om angstverwekkende situaties te voorkomen.
verminderde botsterkte *zie* osteoporose.
verminderde visus *zie* slechtziendheid.
verminderde voetgewrichtsbeweeglijkheid verminderde beweeglijkheid v.d. voetgewrichten a.g.v. bindweefselveranderingen.
verminderde vruchtbaarheid *zie* subfertiliteit.
verminosus m.b.t. of veroorzaakt door wormen; vb. asthma verminosum.
vermis worm, wormvormige structuur.
• ~ **cerebelli** het i.h. mediaanvlak gelegen, onparige deel v.h. cerebellum.
vermogen de prestatie waartoe iemand, een orgaan of een apparaat in staat is.
vernalis m.b.t. het voorjaar; vb. conjunctivitis vernalis.
vernevelaar apparaat om water of een vloeibaar geneesmiddel in zeer fijn verstoven vorm toe te dienen.
vernix vernis. • ~ **caseosa** het mengsel van huidsmeer en epidermiscellen dat de huid v.d. foetus bedekt.
veroudering geleidelijke afname v.e. groot aantal stofwisselingsfuncties door cellulaire en moleculaire veranderingen i.e. organisme die leiden tot een verhoogde sterftekans.
verplanten *zie* positie | trans~.
verpleegkundige iemand die die beroepshalve patiënten verpleegt (i.d. zin van art. 3 v.d. Wet BIG) en daartoe een hogere of middelbare beroepsopleiding heeft gevolgd; de syn. 'verpleegster' en 'verpleger' zijn verouderd, evenals de aanduidingen 'broeder' en 'zuster' als beroepsaanduiding (als aanspreekvorm door patiënt nog gangbaar).
• **mammacare~** i.e. mammapolikliniek werkzame verpleegkundige die de hiertoe vereiste opleiding heeft gevolgd;. • **omloop~** verpleegkundige i.d. operatiekamer die assisterende niet-ch.r. taken uitvoert, voor de operatie het instrumentarium klaarzet, preparaten verzorgt, benodigdheden aan het steriele team aanreikt en de operatieadministratie verzorgt. • **sociaalpsychiatrische~** (SPV) gediplomeerd verpleegkundige die op het terrein v.d. sociale psychiatrie werkzaam is. • **sociaal** ~ verpleegkundige gediplomeerd werkzaam op het terrein v.d. sociale gezondheidszorg.
• **stoma~** verpleegkundige gespecialiseerd i.d. zorg voor patiënten met een stoma.
• **transfer~** verpleegkundige die zich bezighoudt met een optimale overgang voor (jeugdige) patiënten v.d. ziekenhuis- naar de thuissituatie.
verpleegkundig specialist verpleegkundige i.d. zin van art. 14 v.d. Wet BIG (te onderscheiden v.d. niet-gespecialiseerde verpleegkundige, vlg. art. 3 v.d. Wet BIG); dient een geaccrediteerde masteropleiding te hebben gevolgd, en voldoende praktijkervaring te hebben; dient voorts i.h. specialistenregister te zijn ingeschreven.
verpleegster *zie* verpleegkundige.
verpleger *zie* verpleegkundige.
verpleging alle handelingen die gericht zijn op de verzorging van zieken (zowel lichamelijk als geestelijk zieken) en van gehandicapte mensen, met het doel hun lichamelijke, geestelijke en sociale functies zoveel mogelijk in stand te houden. • **barrière~** vorm van verpleging met extra maatregelen ter voorkoming v.h. verspreiden v.e. infectie; echter minder strikt dan bij geïsoleerd verplegen. • **box~** *zie* geïsoleerde ~.
• **geïsoleerde** ~ vorm van verpleging waarbij patiënten in een aparte ruimte liggen omdat anderen een gevaar voor hen kunnen vormen.

verruca 1 (dermatol.:) *zie* wrat; **2** (cardiopathol.:) papilloom op het endocard, optredend bij endocarditis. • ~ **digitata** een vorm v.e. verr. filiformis, met een aantal smalle uitlopers op een gemeenschappelijke basis.
• ~ **filiformis** kleine, sterk verheven wrat met smalle basis en weke, gele of bruine hyperkeratotische punt. • ~ **plana** kleine, platte wrat. • ~ **plantaris** wrat op de voetzool.

- **~ seborrhoica** week aanvoelende vlakke papillomateuze huidafwijking, geelbruin tot bruinzwart van kleur. • **~ senilis** *zie* verruca seborrhoica. • **~ vulgaris** door wrattenvirus veroorzaakte grijsgele papel met bloemkoolachtig oppervlak.

verruceus wratachtig.

verruciformis wratvormig.

verrucositas papillomatosis met hyperkeratotische epidermis.

verrucosus verruceus, wratachtig.

versatilis met grote onrust; vb. typhus versatilis.

verschijnsel *zie* symptoom, teken. • **~ van Tonelli** *zie* Tonelli | tonellisymptoom.

verschoningsrecht recht v.d. arts om te zwijgen tegenover de rechter(-commissaris) en de politie.

verschuiving *zie* Arneth | linksverschuiving volgens ~.

versicolor veranderend in kleur, bont gekleurd; vb. pityriasis versicolor.

versie 1 verloskundige ingreep om het kind uit een ongewenste ligging i.e. betere te brengen; **2** afwijkende ligging v.d. baarmoeder.

verslavend middel psychoactieve stof die wordt gebruikt als stimulerend middel, genotsmiddel of pijnverlichtend middel.

verslaving fysieke en/of psychische afhankelijkheid v.e. bepaalde stof, met als kenmerk dat zich bij stopzetting v.h. gebruik onthoudingsverschijnselen voordoen. • **alcohol~** *zie* afhankelijkheid | alcohol~. • **cocaïne~** *zie* opiaatverslaving. • **heroïne~** *zie* opiaatverslaving. • **morfine~** *zie* opiaatverslaving. • **opiaat~** *zie* opiaatverslaving. • **seks~** verzamelterm voor uiteenlopende typen van dwangmatig seksueel gedrag.

verslavingsontwikkelingsmodel denkwijze i.d. toxicologie/psychiatrie die tracht de oorzaak v.e. verslaving aan te duiden. • **biopsychosociaal ~** ontwikkelingsmodel i.d. toxicologie/psychiatrie dat uitgaat van relatieve verschillen tussen verslaafden en niet-verslaafden met vloeiende overgangen tussen gebruik, overmatig gebruik, excessief gebruik, misbruik, schadelijk gebruik en verslaving. • **farmacologisch ~** ontwikkelingsmodel i.d. toxicologie/psychiatrie dat uitgaat van enkel de verslavende stof als oorzaak v.d. verslaving. • **moreel ~** ontwikkelingsmodel i.d. toxicologie/psychiatrie dat uitgaat v.h. asociale gedrag v.d. verslaafde en dat dient als leermodel.

verslikking *zie* aspiratie.

versmelting *zie* colliquatie.

versnellingsarbeid *zie* arbeid | drukvolume~.

verstandelijk beperkt zwakzinnig.

versterf *zie* necrose. • **droog ~** *zie* gangreen | droog ~. • **weefsel~** *zie* necrose.

versterkingsscherm scherm waarin röntgenstralen worden omgezet in zichtbaar licht.

versterven het ophouden, spontaan of als zorgvuldig voorbereide keuze (vg. auto-euthanasie), met eten en drinken i.e. toestand waarin door ouderdom of een terminale ziekte de behoefte aan voedsel en vocht van nature is gedaald.

verstikking *zie* asfyxie.

verstopping *zie* obstipatie.

verstrekking de medische zorg, behandeling of hulpverlening waarop iemand ingevolge de gezondheidswet- en regelgeving aanspraak kan maken.

verstrijken 1 (pathol. anat.:) verdwijnen van anat. morfol. kenmerk, i.h.b. gezegd van fysiol. voetgewelf (verminderende curvatuur, 'verstreken voetgewelf'), van wervelkolom ('verstreken wervelkolom' = hypolordose), van portio vaginalis cervicis tijdens de partus (= korter worden v.d. baarmoedermond), van hersenwindingen (lissencefalie); **2** (pathol. anat.:) vergroeien v.d. naden van aan elkaar grenzende beenstukken; vb. verstrijken van schedelnaden.

verstrooiing verspreiding van fotonen buiten een primaire stralingsbundel. • **coherente ~** vorm van verstrooiing waarbij de energie v.d. fotonen klein is in vergelijking met de bindingsenergie v.d. elektronen en verstrooiing aan het gehele atoom optreedt. • **incoherente ~** vorm van verstrooiing waarbij de fotonen worden verstrooid door interactie met elektronen.

verstuiking *zie* enkelbandletsel. • **enkel~** *zie* enkelbandletsel.

verstuiver *zie* vernevelaar.

verstuivingsapparaat *zie* vernevelaar.

vertebra~e wervel. • **~e cervicales** de 7 halswervels. • **~e coccygeae** de 4 staartwervels. • **~e lumbales** de 5 lendenwervels. • **proto~** de mesenchymale aanleg v.e. wervel, ontstaan uit de fusie v.e. paar segmentale sclerotomen. • **~e sacrales** de 5 heiligbeenwervels, samen vergroeid tot het heiligbeen (os sacrum). • ~**e thoracicae** de 12 borstwervels. • ~ **plana van Calvé** vorm van avasculaire necrose v.d. centrale beenkern i.e. wervellichaam.

vertebralis m.b.t. een of meer wervels; vb. canalis vertebralis, foramen vertebrale.

vertebrarum gen. mv. van vertebra; vb. processus transversus v-rum.

Vertebrata gewervelde dieren.

vertebrectomie operatieve verwijdering v.e. wervel.

vertebrobasilair systeem arteriële bloedvoorziening van hersenstam en cerebellum.

vertebron een bewegingssegment v.d. wervelkolom, bestaande uit een discus intervertebralis, de tussenwervelgewrichten en de verbindende ligamenten en spieren.

vertebroplastiek operatieve techniek waarbij botcement percutaan wordt geïnjecteerd i.e. pijnlijke osteoporotische inzakingsfractuur v.e. wervel.

vertekening *zie* bias. • **diagnosevervroegde** ~ *zie* bias | lead-time ~. • **duur~** [E] *zie* bias | length-time ~.

vertering | **vet~** afbraak van vetten; i.d. dunne darm vindt eerst emulgatie door galzouten plaats, waarna o.i.v. pancreaslipase splitsing in mono- en diglyceriden optreedt; aggregaten van galzouten en lipiden (micellen) diffunderen naar de darmmucosa, waar resorptie van lipiden plaatsvindt; de resorptie v.d. galzouten vindt pas plaats i.h. laatste deel v.d. dunne darm (ileum). • **zelf~** *zie* autolyse.

vertex 1 kruin, top; 2 vortex (draaikolk). • ~ **cordis** *zie* apex cordis.

vertexafstand afstand tussen hoornvlies en correctielens.

verticale baringshouding uitdrijving in verticale houding, hurkend met baarkrukje.

verticale lach verschijnsel bij myasthenia gravis waarbij bij lachen de mond alleen in verticale richting geopend wordt.

verticalis loodrecht; vb. strabismus verticalis, musculus verticalis linguae.

vertige d'abîme [F 'duizeling van de afgrond'] *zie* hoogtevrees.

vertigineus duizelig, m.b.t. duizeligheid.

vertigo draaiduizeligheid. • **benigne recurrente** ~ duizeligheidsaanvallen bij migrainepatiënten. • **perifere** ~ in episoden voorkomende duizeligheid, veroorzaakt door aandoeningen v.h. labyrint en/of het extracraniale deel van hersenzenuw VII; vaak in combinatie met auditieve symptomen als bijv. oorsuizen. • **subjectieve** ~ *zie* vertigo rotatoria. • ~ **ocularis** duizeling bij oogspierverlamming. • ~ **optica** duizeligheid door visuele indrukken. • ~ **rotatoria** het gevoel alsof het eigen lichaam draait, i.t.t. objectieve vertigo. • ~ **verticalis** duizeligheid die opkomt bij het op en neer kijken.

verumontanitis ontsteking v.h. verumontanum (= colliculus seminalis).

verumontanum (VM) *zie* colliculus seminalis.

verus echt, waar.

vervangingsgeneeskunde *zie* geneeskunde | transplantatie~.

vervetting *zie* steatose.

vervloeiing *zie* colliquatie.

vervreemding verschijnsel dat voorkomt o.a. in reactie op een meegemaakte traumatische gebeurtenis of bij een beginnende psychose.

verwaarlozing *zie* neglect. • **emotionele** ~ verwaarlozing van kinderen t.g.v. gebrek aan werkelijke genegenheid en warmte v.d. kant v.d. ouders. • **halfzijdige** ~ *zie* deprivatie | emotionele ~.

verwardheid *zie* desoriëntatie.

verweking *zie* maceratie • **ruggenmerg~** *zie* malacie | myelo~.

verwerkingsvermogen *zie* coping.

verwijdering NB: niet te verwarren met 'verwijding' = dilatatie.

verwijding NB: niet verwarren met met 'verwijdering' *zie* dilatatie, ectasie, aneurysma.

verwijlkatheter *zie* katheter | catheter à demeure.

verwijsbrief brief aan een specialist naar wie een patiënt wordt verwezen.

verwijtbaar een incident of adverse event is in retrospectie verwijtbaar als na systematische analyse v.d. gebeurtenis(sen) blijkt dat de zorgverlener is tekortgeschoten.

verwonding *zie* wond.

verworvenimmunodeficiëntiesyndroom *zie* aids.

verworven pseudo-ichtyose *zie* pityriasis rotunda.

verzakking *zie* prolaps.

verzanden (psychol.) stoornis i.d. samenhang v.h. denken waarbij de gesproken taal aanvankelijk nog wel logisch en begrijpbaar is, maar langzamerhand incoherent en

doelloos wordt.
verziendheid *zie* hypermetropie. • **ouderdoms~** *zie* presbyopie.
verzwikking *zie* enkelbandletsel.
VES *zie* extrasystole | ventriculaire ~.
vesica 1 (anat., urol.:) blaas; **2** (dermatol.:) vloeistofophoping onder de hoornlaag v.d. huid. • ~ **urinaria** *zie* blaas | urine~. • ~ **fellea** de *Terminologia Anatomica* vermeldt 'vesica biliaris' en 'vesica fellea' als gelijkwaardige synoniemen *zie* galblaas.
vesicalis m.b.t. de blaas; vb. calculus vesicalis (blaassteen).
vesicoabdominalis m.b.t. de blaas en de buik; vb. fistula vesicoabdominalis.
vesico-intestinaal m.b.t. de urineblaas en de darm.
vesicoprostaticus m.b.t. de blaas en de prostaat.
vesicopubicus m.b.t. de blaas en schaamstreek.
vesicorectalis m.b.t. de blaas en het rectum.
vesicorenalis m.b.t. de blaas en de nieren (of een nier).
vesicotomie incisie v.d. blaas, cystotomie.
vesico-ureteraal m.b.t. de urineblaas en de ureters; vb. v-rale reflux.
vesicouterinus m.b.t. de blaas en de uterus; vb. excavatio vesicouterina.
vesicovaginalis m.b.t. de (urine)blaas en de vagina; vb. fistula vesicovaginalis.
vesicula 1 (anat.:) kleine holte, blaasje; vb. vesiculae i.d. long = longblaasjes; **2** (pathol., dermatol.) zichtbare holte i.d. huid, gevuld met vocht, <1 cm in diameter.
vesiculair 1 (dermatol.) m.b.t. blaren; **2** (pulmonol.) m.b.t. longblaasjes.
vesicularis *zie* vesiculair.
vesiculase een in prostaatvloeistof aanwezig enzym dat semen coaguleert.
vesiculeus gepaard met blaasjes; vb. vesiculeus exantheem.
vesiculitis 1 ontsteking v.e. vesikel; **2** (urol.:) ontsteking v.d. zaadblaasjes.
vesiculopapuleus gepaard met blaasjes en papels; vb. vesiculopapuleus exantheem.
vesiculosus vesiculeus, gepaard met blaasjes; vb. keratitis vesiculosa, eczema vesiculosum.
vesikel *zie* vesicula.
vespere (receptuur) 's avonds.
vessel sealing techniek voor bloedstelping tijdens operatie.
vestibulair m.b.t. het vestibulum.

vestibularis vestibulair, m.b.t. het vestibulum.
vestibularisschwannoom *zie* tumor | brughoek~.
vestibulitis nasalis diffuse ontsteking i.h. vestibulum nasi met jeuk en branderig gevoel v.d. huid i.d. neuspunt.
vestibulocochleair apparaat de eenheid v.h. inwendige gehoororgaan en het evenwichtsorgaan.
vestibulocochlearis m.b.t. vestibulum en cochlea.
vestibulogeen afkomstig van, ontstaan i.h. vestibulum v.h. oor.
vestibulometrie *zie* cupulometrie.
vestibulospinalis v.h. vestibulum lopend naar het ruggenmerg; vb. tractus vestibulospinalis.
vestibulum toegang; meestal is bedoeld het vestibulum auris. • ~ **auris** het centrale deel v.h. benige labyrint, dat de utriculus en de sacculus omvat. • ~ **nasi** het onmiddellijk achter de uitwendige neusopening gelegen deel v.d. neusholte. • ~ **oris** de ruimte vóór de tandboog tussen de tanden enerzijds en de lippen en wangen anderzijds. • ~ **vaginae** uitwendig deel v.h. vrouwelijk genitaal, buiten de hymenring.
vestigium rudiment.
vestimentum kleding; vb. pediculosis v-ti.
vet 1 (biochemie:) samenvattende term voor alle esters van glycerine (mono-, di-, triacylglycerinen); alle i.d. natuur voorkomende vetten zijn mengsels van triacylglycerinen; **2** (anatomie:) adipeus lichaamsweefsel, lichaamsvet; **3** (bijv. naamw., omgangstaal) dik, zwaarlijvig, obees.
veterinair m.b.t. vee.
vethals • vethals van Madelung *zie* adenolipomatose | adenolipomatosis symmetrica.
vetmobilisatie afbraak van vet o.i.v. epinefrine (adrenaline) en glucagon bij een dalende bloedglucoseconcentratie, waarna de vetzuren in de circulatie komen en als brandstof kunnen gaan dienen.
vetnecrose van Balser *zie* balservetnecrose.
vetopslag vorming v.e. brandstofvoorraad i.d. vorm van vet i.d. vetcellen wanneer de voedselopname de energiebehoefte overschrijdt; leidt tot toename v.h. lichaamsgewicht.
vetresorptie vertering en opname van vetten; verloopt in drie fasen: 1) emulgerende

werking van gal en inwerking v.h. enzym lipase; 2) resorptie van splitsingsproducten in met name het jejunum; 3) resynthese tot triglyceriden, waarna deze i.d. vorm van chylomicronen naar intercellulaire ruimte en lymfebanen i.d. tunica propria worden afgevoerd.

vetsynthese het opbouwen van sterolen, vetzuren en glyceriden door o.a. lever en darm.

vetweefsel bijzondere vorm van bindweefsel waarin adipocyten (vetcellen) overheersen; functies: energiereservoir, warmte-isolatieweefsel, vulweefsel en vormgeving v.h. lichaam; men onderscheidt twee soorten: wit of univacuolair vetweefsel en bruin of plurivacuolair vetweefsel. **· bruin** ~ vetweefsel dat aanwezig is rond aorta, nieren en bijnieren, vanaf de geboorte tot aan de adolescentie.

vetzucht *zie* obesitas. **· appel**~ vorm van obesitas waarbij de vetstapeling vooral i.d. buik plaatsvindt. **· constitutionele** ~ v. die samenhangt met de constitutie, meestal zich ontwikkelend op hereditaire basis. **· hypofysaire** ~ **1** *zie* dystrofie | dystrophia adiposogenitalis; **2** *zie* Cushing | cushingsyndroom. **· peer**~ vorm van vetzucht met vnl. vetophoping i.h. onderste deel v.d. romp, de billen en de bovenbenen. **· pituïtaire** ~ *zie* hypofysaire ~.

vetzuur | essentieel ~ vetzuur dat voor een normale stofwisseling v.h. lichaam noodzakelijk is. **· hydroxy**~ vetzuur dat ontstaat door hydroxylering v.e. onverzadigd langeketenvetzuur, veelal onder invloed van bacteriële darmflora. **· korteketen**~ (KKV) vetzuur met een koolstofketen van 6, 8 of 10 koolstofatomen. **· onverzadigd** ~ vetzuur met een of meer dubbele bindingen. **· verzadigd** ~ alifatisch monocarbonzuur. **· vluchtig** ~ vetzuur met een korte keten. **· vrij** ~ niet-verestered vetzuur, aanwezig i.h. serum en daar gebonden aan albumine; komt vrij bij afbraak van onderhuidse vetdepots; vrije vetzuren worden bij o.a. diabetes mellitus, verhoogde lipolyse, hyperthyreoïdie en epinefrineafgifte sterker i.h. bloed afgegeven en worden i.d. lever in ketonlichamen omgezet.

vezel draadvormige, langgerekte structuur. **· adrenerge** ~s zenuwvezels die geactiveerd worden door epinefrine (adrenaline) of zelf (nor)epinefrine uitscheiden. **· anker**~s **1** bindweefselvezels, geassocieerd met de epitheliale laag, bestaande uit collageen type VII; **2** bindweefselvezels rond lymfevaten. **· associatie**~s zenuwvezels (axonen) die schorsgedeelten v.h. cerebrum onderling verbinden. **· A-zenuw**~ z. met de grootste diameter en de snelste prikkelgeleiding (tot 120 m/s). **· bètazenuw**~s matig snel geleidende A-vezels, merghoudend, motorisch of sensoor. **· B-zenuw**~s merghoudende autonome z. met geleidingssnelheid van 11-17 m/s. **· collagene** ~s in bindweefsel voorkomende, uit collageen bestaande vezels, die een soort geraamte vormen tussen de bindweefselcellen. **· C-zenuw**~s dunne, mergloze, meestal autonome z. met langzame prikkelgeleiding (0,7 m/s). **· deltazenuw**~s perifere afferente z. (van mechano-, thermo- en pijnreceptoren), ondergroep v.d. A-vezels, met matige geleidingssnelheid (15-25 m/s). **· dentine**~s cytoplasma-uitsteeksels v.d. odontoblasten, uitgaande v.h. tandmerg, en lopend i.d. intercellulaire substantie v.d. dentine. **· elastische** ~s in bindweefsel voorkomende vezels van elastine. **· gammazenuw**~s de langzaamst geleidende A-vezels, merghoudend, afferent of efferent. **· gemyeliniseerde zenuw**~s merghoudende zenuwvezels waarbij het axon wordt omhuld door een lipoproteïnecomplex, het myeline. **· mahaim**~s extra bundel van geleidende vezels tussen boezem of atrioventriculaire knoop en ventrikel of geleidingssysteem, met atrioventriculair-nodale eigenschappen. **· mclain**~s verbindingen tussen de bundel van His en de spiercellen v.d. ventrikel. **· merghoudende zenuw**~s z. voorzien v.e. myelineschede, wit-glinsterend van uiterlijk. **· mergloze zenuw**~s z. zonder myelineschede, grauw van uiterlijk. **· mos**~s afferente cerebellaire vezels; eindigen i.d. granulaire laag v.d. cerebellaire cortex; afkomstig uit o.a. ruggenmerg, reticulaire hersenstamkernen en pontiene kernen. **· niet-gemyeliniseerde zenuw**~s *zie* mergloze zenuw~s. **· preganglionaire** ~s zenuwvezels die v.h. ruggenmerg naar de vegetatieve ganglia lopen. **· sharpey**~s collagene vezels die v.h. periost uit i.d. botsubstantie of v.h. periodontium uit i.h. tandcement dringen. **· spier**~ *zie* cel | spier~. **· voedings**~s grotendeels onverteerbaar voedingsbestanddeel dat i.d.

dunne darm niet wordt afgebroken. • **zenuw~s** draadvormige uitlopers van zenuwcellen, vaak in bundels (zenuwen) verlopend.
vezels van Sharpey *zie* vezel | sharpey~s.
VF *zie* fibrillatie | ventrikel~.
VGV (vrouwelijkegenitaliënverminking) *zie* besnijdenis | vrouwen~.
viability [E] *zie* levensvatbaarheid.
viability rate [E] *zie* overlevingspercentage.
viable [E] levensvatbaar, typering v.e. foetus die in staat is zichzelf geheel onafhankelijk v.d. moedercirculatie in stand te houden.
via naturalis de natuurlijke weg.
vibrans trillend; vb. pulsus vibrans.
vibratie vorm van massage door trillende bewegingen, met de masserende hand of met een instrument.
vibratiegewaarwording *zie* pallesthesie.
vibratiesensibiliteit *zie* pallesthesie.
Vibrio (V.) geslacht v.d. fam. *Spirillaceae*, kommavormige, half-schroefvormige bacteriën, actief bewegend, gramnegatief. • *~ cholerae* verwekker van cholera asiatica. • *~ comma V. cholerae*. • *El Tor* biotype van *V. cholerae*.
Vibrionaceae familie v.d. sectie facultatief anaerobe gramnegatieve staven.
vibriosis besmetting met een bacterie uit het geslacht *Vibrio*.
vicieus schadelijk.
vicieuze cirkel aaneenschakeling van factoren die schadelijk op elkaar inwerken, m.a.g. dat de totale situatie steeds slechter wordt.
Vidal | **vidaloperatie** subcutane afbinding van aderen bij varicokèle.
Vidian neurectomy *zie* nervus-Vidiani-doorsnijding.
Vidius | **nervus Vidiani** nervus canalis pterygoidei.
vierpuntsgang een v.d. looppatronen met krukken: twee benen en twee krukken worden kruislings belast en in gelijke mate over been en kruk verdeeld.
Vieussens | **ventriculus Vieussenii** het lumen v.h. septum pellucidum.
vigilantie niveau van alertheid.
vijfjaarsdoorgankelijkheid *zie* vijfjaarsdoorgankelijkheidspercentage.
vijfjaarsdoorgankelijkheidspercentage maat voor de prognostiek van stenoserende vaataandoeningen.
vijfjaarsoverlevingspercentage het percentage v.d. patiënten i.e. populatie die vijf jaar na het vaststellen v.d. bij hen allen gediagnosticeerde ziekte nog in leven zijn.
villeus *zie* villosus.
villi *zie* villus.
villosus villeus, vlokkig; vb. tumor villosus, lingua villosa, cor villosum.
villus vlok. • **villi intestinales** *zie* darmvlokken.
viltgevoel typerend symptoom van gestoorde gnostische sensibiliteit, waarbij de patiënt het gevoel heeft op vilt te lopen.
VIN *zie* neoplasie | vulvaire intra-epitheliale ~.
Vincent | **Fusobacterium plautivincenti** komt in symbiose met *Treponema vincentii* voor bij ulcus tropicum en bij angina Plaut-Vincent. • *Treponema vincenti* in symbiose met *Fusobacterium plautivincenti* voorkomende spirocheet bij angina van Plaut-Vincent en ulcus tropicum.
vincula mv. van vinculum.
vinculum bandvormige structuur. • *~ longum* langere peesvezels die de diepe buigpezen v.d. vingers verbinden met de oppervlakkige.
vinger digitus manus [L], daktylos [G]. • **dode ~s** *zie* digitus mortuus. • **hamer~** gebogen stand v.h. distale vingerlid, gevolg van teloorgegane verbinding v.h. strekapparaat met de eindfalanx. • **hippocrates~s** *zie* trommelstok~s. • **klim~** ruptuur van A2-pulley (midden op het eerste vingerbotje) bij sportklimmers. • **knipmes~** *zie* tendovaginitis stenosans. • **spek~** infectie v.e. door robben veroorzaakt of met producten van deze dieren gecontamineerde verwonding aan de vinger. • **spinnenkop~s** *zie* arachnodactylie. • **spring~** vinger die sprongsgewijs naar flexie of extensie beweegt. • **trommelstok~s** verbrede vingertoppen bij chronische longziekten.
vingerfenomeen *zie* Souques | souquesfenomeen.
vingerkootje *zie* falanx | phalanx distalis digitorum manus, phalanx media digitorum manus.
vingerkussen *zie* torulus tactilis.
vinosus wijnkleurig; vb. naevus vinosus.
violistenknobbeltjes eeltbultjes op de vingers v.d. linkerhand en onder de kin, beroepsziekte bij violisten.
VIP *zie* peptide | vasoactief intestinaal poly~.
viperine het werkzame bestanddeel van ad-

dergif.
vipoom VIP-producerende tumor (pancreas-eilandadenoom).
viraal m.b.t. een virus.
virale meningitis *zie* meningitis.
Virales een orde v.d. klasse *Microtatobiotes*.
virale shedding *zie* shedding.
viremie aanwezigheid van virus i.h. bloed.
virginale mammahyperplasie hyperplasie van borstweefsel dat meestal voor de puberteit tot een- of dubbelzijdige mammahypertrofie leidt.
virginalis m.b.t. maagdelijkheid; vb. claustrum virginale.
virgo *zie* maagd.
viricide *zie* virucide.
viridis groen; vb. cataracta viridis.
viriel *zie* potent.
virilis mannelijk, m.b.t. de man; vb. potentia virilis, mamma virilis, climacterium virile.
virilisatie *zie* masculinisatie.
viriliserend mannelijke kenmerken verwekkend, vermannelijkend.
virilisme 1 (endocrin.) aanwezigheid van mannelijke kenmerken bij een vrouw; 2 (alg.) mannelijkheid. • **adrenaal** ~ *zie* syndroom | adrenogenitaal ~.
virion extracellulaire rustfase van virus, bestaande uit een nucleïnezuurkern (nucleoïd) die óf RNA óf DNA bevat, gehuld i.e. proteïnemantel (nucleokapside, bestaande uit capsomeren) en soms hieromheen nog een hulsel van lipoproteïnen.
viroïd 1 virusachtig organisme; 2 het kleinste bekende infectieuze agens dat ziekten verwekt in sommige hogere planten; bestaat slechts uit een korte keten RNA-moleculen, zonder proteïnemantel.
virologie de leer en de kennis omtrent de virussen.
viroloog een specialist i.d. virologie.
virostatica groep van geneesmiddelen die de groei v.e. virus remmen; vb. zidovudine.
virtueel voorwaardelijk aanwezig.
virtueel beeld een niet in werkelijkheid bestaand beeld, geometrisch te construeren uit convergerende stralen.
virtuele coloscopie *zie* CT-colografie.
virucide 1 (bijv. nw.) virusdodend; 2 (z.nw.) een stof met virusdodende werking; vb. zidovudine.
virulent i.h. bezit van virulentie, giftig, infectieus, aanvalskrachtig.
virulentie mate van pathogeniteit, infectiositeit, levenskracht, aanvalskracht v.e. micro-organisme.
virus infectieuze biologische eenheid zonder celstructuur, zonder enzymen, niet in staat zelfstandig te leven, kan zich alleen in cellen handhaven en vermenigvuldigen; buiten de gastheer verkeert een v. i.e. rustfase (virion). • **adeno-associated** ~ *zie* parvo~. • **adenosatelliet**~ *zie* parvo~. • **adeno~sen** groep virussen die vnl. i.d. keelholte leven. • **aftc**~ *zie* mond-en-klauwzeer~. • **AHC**~ picornavirus dat acute hemorragische conjunctivitis verwekt. • **aids**~ *zie* humaan immunodeficiëntie~. • **alastrim**~ soort pokkenvirus dat alastrim verwekt. • **apenpokken**~ virus, behorende behoort tot de groep v.d. pokkenvirussen, verwekt apenpokken. • **aphthae-epizooticae**~ *zie* mond-en-klauwzeer~. • **arbo**~ (arthropod-borne vi~) door *Arthropoda* overgebrachte RNA-virussen die bij de mens meestal encefalitis of encefalomyelitis veroorzaken. • **ARD**~ (acute-respiratory-disease virus [E]) *zie* adeno~sen. • **arena**~ enkelstrengs-RNA-virus met enveloppe; vb. LCM-virus, Lassa-virus. • **astro**~ nog niet nader als familie beschreven groep van virussen met stervormige structuur. • **BK**~ humaan polyomavirus, waarschijnlijk aerogeen overgebracht. • **BK**~ *zie* parotitis~. • **Bunya**~ enkelstrengs-RNA-virus zonder enveloppe. • **B-**~ *zie* simian-B~~. • **calici**~ 35-39 nm groot virus met kelkvorm. • **california-encefalitis**~ verzamelnaam voor groep van encefalitisvirussen die tot de bunyavirussen behoren. • **chikungunya**~ (CHIKV) *Alpha virus* uit het geslacht v.d. *Togaviridae*, dat behoort tot de groep van arbovirussen. • **common-cold** ~ [E] *zie* verkoudheids~. • **corona**~ enkelstrengs-RNA-virus met enveloppe; omvat een groep van verkoudheidsvirussen. • **coxsackie**~ twee subgroepen A en B. • **cytomegalo**~ (CMV) *zie* humaan herpes~ type 4. • **delta**~ 35 nm groot virus, bestaande uit een klein RNA omgeven door een delta-antigeen. • **dengue**~ arbovirus B dat i.d. tropen dengue veroorzaakt. • **depend**o~ virustype dat een helpervirus nodig heeft voor zijn replicatie. • **diplorna**~ virus met dubbelstrengs RNA; alleen de reovirussen behoren hiertoe. • **DNA**~ (*zie* adeno~, herpes~, pokkenvirus). • **ebola**~ veroorzaker van ebolakoorts; morfologisch verwant aan

marburgvirus. • **ECHO-~** (enteric cytopathogenic human orphan virus) groep enterovirussen met 32 antigene typen; deze veroorzaken meningitis en meningo-encefalitis. • **EMC-~** (encephalomyocarditisvirus) een picornavirus, vnl. bij knaagdieren en apen. • **entero~** ondergroep v.d. picornavirussen. • **epstein-barr~** (EBV) *zie* humaan herpes~ type 5. • **flavi~** virus behorend tot de *Togaviridae*:. • **geïnactiveerd ~** dood virus dat voor vaccinatiedoeleinden wordt gebruikt. • **gelekoorts~** een arbovirus B, verwekker van gele koorts; wordt overgedragen door muggen. • **griep~** *zie* influenza~. • **hantaan~** virus dat behoort tot de hantavirussen, subgroep v.d. *Bunyaviridae*. • **hanta~sen** subgroep v.d. *Bunyaviridae*. • **hepa-DNA~~** dubbelstrengs-DNA-virus zonder enveloppe. • **hepatitis A-~** (HAV) verwekker van hepatitis A. • **hepatitis B-~** (HBV) verwekker van hepatitis B. • **hepatitis C-~** (HCV) verwekker van hepatitis C. • **hepatitis D-~** (HDV) *zie* delta~. • **hepatitis E-~** (HEV) verwekker van hepatitis E; enkelstrengs RNA-virus; besmettingsroute is enteraal. • **herpes-B-~** herpesvirus waarvan bep. apensoorten drager zijn. • **herpessimplex~ type 1** (HSV-1) oudst bekende herpesvirus. • **herpessimplex~ type 2** (HSV-2) genitaal type herpes simplex; wordt overgebracht door geslachtsgemeenschap; veroorzaakt herpes genitalis en congenitale en perinatale infecties die kunnen leiden tot o.a. groeiachterstand, microcefalie en encefalitis. • **herpessimplex~ type 3** (HSV-3) virus, door druppelinfectie overgebracht, dat als primaire infectie varicella (waterpokken) veroorzaakt, daarna latent i.d. spinale ganglia aanwezig kan blijven en bij reactivering herpes zoster (gordelroos) kan veroorzaken. • **herpesvaricellazoster~** (HVZ-virus) *zie* herpessimplex~ type 3. • *Herpes~ hominis zie* herpessimplex~ type 1. • *Herpes~ simiae zie* herpes-B-~. • **humaan herpes~ type 1** (HHV-1) *zie* herpessimplex~ type 1. • **humaan herpes~ type 3** (HHV-3) *zie* herpessimplex~ type 3. • **humaan herpes~ type 4** (HHV-4) na primaire infectie bij volwassene vaak symptoomloos aanwezig. • **humaan herpes~ type 5** (HHV-5) herpesvirus, voor het eerst geïsoleerd uit Burkitt-lymfoom. • **humaan herpes~ type 6** (HHV-6) virus dat voor eerst in 1986 uit patiënten met lymfoproliferatieve ziekten is geïsoleerd. • **humaan herpes~ type 7** (HHV-7) virus dat niet met ziekten bij de mens is geassocieerd. • **humaan herpes~ type 8** (HHV-8) virus, in 1994 voor eerst aangetoond in kaposisarcoom bij aidspatiënten. • **humaan immunodeficiëntie~** (hiv) retrovirus dat als verwekker van aids en hiv-gerelateerde ziekten wordt beschouwd; men onderscheidt twee typen: hiv-1 en hiv-2, beide met verschillende subtypen, nl. A, B, C en D. • **humaan immunodeficiëntie~ type 1** (hiv-1) virulent lentivirus met complex genoom, het meest voorkomende soort hiv i.d. wereld; hiv-1 kent verschillende subtypen (ondersoorten): groep M (van 'main': hoofdgroep) bestaat uit subtype A t/m H; daarnaast bestaan subtype O en subtype N. • **humaan immunodeficiëntie~ type 2** (hiv-2) lentivirus, gerelateerd aan hiv-1, maar minder virulent, vnl. in West-Afrika voorkomend; de levensverwachting bij infectie met hiv-2 is langer dan bij hiv-1. • **humaan leukemie~** *zie* humaan-T-celleukemie~ type I. • **humaan papilloma~** (HPV) verwekker van genitale wratten; sommige HPV-typen spelen vanwege oncogene potentie een rol i.h. ontstaan van cervixdysplasie en cervixcarcinoom. • **humaan papova~** *zie* humaan papilloma~. • **humaan-T-celleukemie~ type I** (HTLV-I) een RNA-retrovirus. • **human immunodeficiency ~** *zie* humaan immunodeficiëntie~. • **human T-cell lymphotropic ~ type III** (HTLV-III) [E] obsolete term *zie* humaan immunodeficiëntie~ type 1. • **influenza~** subgroep v.d. myxovirussen; drie hoofdtypen: A, B en C, waarvan C alleen 'kouvattingen' veroorzaakt, terwijl A en B aanleiding geven tot epidemieën. • **influenza-D-~** *zie* para-influenza~. • **Japanse-encefalitis~** arbovirus dat meningomyelo-encefalitis bij de mens veroorzaakt. • **JC~** (JCV) bep. type humaan polyomavirus. • **junin~** een arenavirus in Z.-Amerika, verwekt hemorragische koorts ('juninkoorts'). • **kanker~** lekenterm voor 'tumorvirus' *zie* tumor~. • **koepok~** verwekker van koepokken, bij het rund, vnl. aan de uiers. • **langat~** virus behorende tot de flavivirussen (*Togaviridae*); oorzaak van encefalitis. • **lassa~** arenavirus, verwant aan junin~ en machupovirus. • **latent ~** symptoomloze aanwezigheid v.e. niet-replicerend virus i.h. lichaam na primaire infectie.

- **lenti~** subgroep v.d. familie der retrovirussen. • **levend verzwakt** ~ virusstammen die door herhaald kweken of door toepassing van recombinant-DNA-technieken i.e. laboratoriumsituatie hun ziekmakend vermogen hebben verloren. • **lymfadenopathie-geassocieerd** ~ (LAV) *zie* humaan immunodeficiëntie~. • **maedi~** geslacht van virussen behorende tot de *Lentiviridae*. • **marburg~** tot de rabdovirussen behorend, lang, cilindrisch RNA-virus, verwekker v.e. hemorragische koorts die in Europa voor het eerst te Marburg werd waargenomen. • **mazelen~** paramyxovirus, verwekker van morbilli; aerogene besmetting. • **mimi~** zeer groot virus. • **molluscumcontagiosum~** (MCV) pokkenvirus dat de huidaandoening molluscum contagiosum veroorzaakt. • **mond-en-klauwzeer~** picornavirus dat mond- en klauwzeer veroorzaakt, vnl. bij runderen en varkens, soms in lichtere vorm bij de mens. • **monkey-pox ~** [E] *zie* apenpokken~. • **muizenleukemie~** een niet classificeerbaar virus dat bij muizen leukemie verwekt. • **murrayvalleyencefalitis~** arbovirus B; veroorzaakt meningoencefalitis. • **myxo~** middelgroot, rond RNA-virus met affiniteit tot mucoproteïnen; veroorzaakt hemagglutinatie. • **nairobi~** behoort tot de nairovirussen, een genus uit de familie *Bunyaviridae*. • **noro~** klein rond virus met een diameter van 27-32 nm, behorende tot de *Caliciviridae*. • **norwalk~** [E] *zie* noro~. • **oncogeen ~** virus dat vooral bij individuen met een immunodeficiëntie een verhoogde kans op het ontstaan van bepaalde kwaadaardige tumoren geeft. • **onco~** *zie* oncogeen ~. • **o'nyongnyong~** een arbovirus in Oeganda en Kenia; veroorzaakt een dengueachtige ziekte. • **orbi~** *zie* rota~. • **orphan ~** *zie* wees~. • **orthomyxo~** groep RNA-virussen van 90-120 nm diameter. • **pantroop ~** verouderde benaming voor virussen die voor meerdere organen tegelijk pathogeen zijn. • **papilloma~** groep van virussen uit de papovagroep. • **papova~** dubbelstrengs-DNA-virussen zonder enveloppe. • **para-influenza~** paramyxovirus dat bij jonge mensen catarrale aandoeningen v.d. luchtwegen veroorzaakt. • **paramyxo~** enkelstrengs-RNA-virus met enveloppe. • **parotitis~** verwekker van parotitis epidemica, behorend tot de groep paramyxovirus. • **parvo~** enkelstrengs-DNA-virus zonder enveloppe. • **picodna~** parvovirus. • **picorna~** enkelstrengs-RNA-virus zonder enveloppe; hiertoe behoren o.a. de enterovirussen. • **pokken~** groot DNA-virus dat i.h. cellichaam groeit en te zien is als elementaire lichaampjes van Paschen. • **poliomyelitis~** verwekker van poliomyelitis. • **polyoma~** een v.d. oncogene papovavirussen; veroorzaakt bij knaagdieren allerlei ('poly')tumoren. • **pox~** verzamelnaam voor een groep virussen die i.d. epidermis necrotiserende haarden teweegbrengen, zoals bij variola, vaccinia, molluscum contagiosum, myxomatose. • **pro~** stadium in vermeerdering van retrovirussen waarbij het virusgenoom i.h. DNA v.d. gastheercel is geïntegreerd. • **pseudorabiës~** herpesvirus dat pathogeen is voor varkens en andere dieren, maar niet voor de mens. • **rabdo~** min of meer staafvormige RNA-virussen. • **rabiës~** rabdovirus in speeksel van zieke dieren; wordt door de beet v.e. dol dier overgebracht en beweegt zich vervolgens langs de zenuwen naar de hersenen; veroorzaakt encefalitis. • **recombinant~** virus met d.m.v. recombinant-DNA-techniek veranderd genoom, toegepast als verzwakt virus in o.a. vaccins. • **reo~** dubbelstrengs-RNA-virus zonder enveloppe. • **respiratoir-syncytieel ~** (RSV) RNA-virus. • **retro~** enkelstrengs-RNA-virus met envelop, gekenmerkt door het bezit v.h. enzym reverse transcriptase; dit enzym is een RNA-afhankelijke DNA-polymerase dat DNA overschrijft van RNA; tot de retrovirussen behoren oncovirussen, spumivirussen en lentivirussen. • **riftvalley~** arbovirus, verwekker van riftvalleykoorts. • **rino~** een picornavirus. • **RNA-~** virus met RNA (picorna~, reo~, arbo~, myxo~, myxo-achtig en rabiësvirus). • **rota~** klein virus, enigszins wielvormig, verwekker van abacteriële gastro-enteritis bij kleine kinderen. • **rubella~** myxoachtig virus met aerogene verspreiding; veroorzaakt rubella (rodehond). • **rubi~** groep van virussen behorende tot de *Togaviridae*; hiertoe behoort ook het rubellavirus. • **runderpest~** virus dat een dodelijke ziekte bij runderen verwekt; nauw verwant aan mazelenvirus. • **saintlouisencefalitis~** arbovirus, veroorzaakt i.d. VS meningo-encefalitis. • **SARScorona~** *zie* severe acute respiratory syndrome. • **semlikiforest~** een uit muggen geïsoleerd virus, apathogeen voor mensen. • **sendai**~ para-influenzavirus type 1. • **simian-B-**~ [E] een door Sabin en Wright bij een patiënt B gevonden herpesvirus, dat bij mensen een dodelijke infectie kan veroorzaken. • **simian-sarcoma-**~ (SSV) [E] oncogen, aanwezig op de voor chronische myeloïde leukemie kenmerkende breukplaats in chromosoom 22. • **sindbis**~ *zie* arbo-. • **slow** ~ [E] *zie* slow-virus infections. • **SV40**~ (simian-vacuolating-40 virus [E]) bij apen voorkomend oncogeen virus. • **tekenencefalitis**~ flavivirus dat door het tekengeslacht *Ixodes* wordt overgedragen en dat bij de mens na infectie tekenencefalitis veroorzaakt. • *Tick-borne encephalitis* ~ (TBEV) *zie* tekenencefalitis-. • **tumor**~ een aantal virussen die tumoren verwekken. • **vaccinia**~ *Poxvirus officinalis*. • **varicellazoster**~ (VZV) verwekker van varicella en herpes zoster, een typisch herpesvirus. • **variola**~ pokkenvirus, verwekker v.d. klassieke, tegenwoordig uitgeroeide pokken. • **verkoudheids**~ subgroep van rinovirus; verwekt aandoeningen die als 'verkoudheid' worden samengevat. • **visna**~ geslacht van virussen behorende tot de Lentiviridae. • **waterpokken**~ *zie* varicellazoster-. • **wees**~ virus dat men heeft geïsoleerd en geïdentificeerd zonder verband te kunnen leggen met een bepaalde ziekte. • **wildtype**~ [E] i.d. natuur voorkomend virus. • **wratten**~ *zie* humaan papilloma~.

virusisolatie het aantonen van virus in materiaal dat afkomstig is v.e. patiënt, door het kweken van virus in cellen of kippenembryo's.

viruslatentie vermogen v.e. virus om na het veroorzaken v.e. primaire infectie onopgemerkt door het immuunsysteem, i.h. lichaam aanwezig te blijven, waardoor het nooit geheel uit het lichaam kan worden verwijderd.

viruspartikel *zie* virion.

virusreplicatie vermeerdering v.e. virus.

virustatisch met remmende werking op de groei van virus.

vis kracht, energie. • ~ **a fronte** zuigkracht v.h. rechter atrium onder invloed van respiratie. • ~ **a latere** kracht van opzij op de venen ter bevordering v.d. veneuze terugstroom naar het hart. • ~ **medicatrix naturae** de geneeskracht der natuur, zelfgenezend vermogen.

viscera *zie* ingewanden.

visceraal 1 m.b.t. de ingewanden; **2** aan de zijde v.d. ingewanden; vb. visceraal pleurablad (i.t.t. pariëtaal).

visceralis 1 visceraal; **2** m.b.t. de viscera (ingewanden); vb. leishmaniasis visceralis; **3** aan de kant v.d. viscera; vb. cranium viscerale (aangezichtsschedel), peritoneum viscerale.

viscerocranium het gedeelte v.d. benige schedel dat het aangezicht vormt.

visceromotorisch m.b.t. de beweging v.d. ingewanden. • ~ **systeem** *zie* systeem | viscero-efferent ~.

visceropariëtaal m.b.t. de ingewanden en de buikwand.

viscerotomie postmortale uitsnijding v.e. stuk lever voor onderzoek op gele koorts.

viscerotroop met affiniteit tot de ingewanden.

viscerum gen. van viscera (ingewanden); vb. transpositio viscerum.

visceus *zie* viskeus.

viscidus kleverig.

viscositeit de mate van inwendige wrijving van stromende en weke vloeistoffen, bepaald door inwendige wrijving.

viscus ingewand.

visibilis zichtbaar; vb. minimum visibile.

visioen gezichtshallucinatie, i.h. bijz. van religieus-extatische aard.

visitatie controlerend onderzoek naar de kwaliteit van medische zorg, onderzoek, onderwijs e.d. door een overheidscommissie van medisch deskundigen, uitgevoerd op regelmatige basis.

visite 1 bezoek v.d. arts met gevolg aan alle patiënten op een verpleegafdeling, waarbij de decursus van elke afzonderlijke patiënt wordt besproken; men onderscheidt grote visite en kleine visite; NB: niet te verwarren met 'visitatie'; **2** bezoek v.d. arts aan de patiënt thuis. • **grote** ~ bezoek aan het ziekenhuisbed v.d. patiënt(e) door behandelende specialist(en), zaalarts, evt. coassistent(en), chef de clinique, medisch afdelingshoofd en gespecialiseerd verpleegkundige(n), waarbij per patiënt aan de hand v.d. decursus het medisch beleid voor de komende week wordt besproken; het syn. 'zaalronde' wordt vnl. in Vlaanderen gebruikt. • **kleine** ~ bezoek aan het ziekenhuisbed v.d. patiënt(e) door afdelingsarts en verpleegkundige(n) waarbij per patiënt de decursus

wordt besproken. • **thuis**~ bezoek v.d. huisarts aan de patiënt thuis.
viskeus stroperig, taai/dik vloeibaar.
visueel-auditief m.b.t. gezicht (visus) en gehoor (auditus).
visuele beperking situatie waarbij het gezichtsvermogen minder dan 0,5 (lekentaal: 50%) bedraagt bij de beste correctie v.h. beste oog of waarbij het gezichtsveld kleiner is dan 30 graden met het beste oog.
visuele inattentie zie extinctiefenomeen | visueel ~.
visuometer instrument waarmee de gezichtsscherpte wordt gemeten.
visuospatiaal met betrekking tot ruimtelijk inzicht.
visus gezichtsvermogen. • **binoculaire** ~ de gezichtsscherpte bij binoculair zien. • **centrale** ~ het centaal gezichtsvermogen (v.d. macula retinae) i.t.t. de perifere visus.
• ~ **coloratus** zie chromopsie. • ~ **defiguratus** zie metamorfopsie. • ~ **dimidiatus** zie hemianopsie. • ~ **diminutus** zie micropsie.
• ~ **diurnus** zie hemeralopie. • ~ **duplicatus** zie diplopie. • ~ **juvenum** zie myopie. • ~ **lucidus** zie fotopsie. • ~ **muscarum** het zien van (niet aanwezige) muggen en vliegen ('mouches volantes'). • ~ **oculi dextri** (VOD) de gezichtsscherpte v.h. rechter oog.
• ~ **oculi sinistri** (VOS) de gezichtsscherpte v.h. linker oog. • ~ **reticulatus** gezichtsveld met talrijke scotomen. • ~ **senilis** zie presbyopie.
visuskaart kaart met letters of figuren van verschillende grootte en dikte met behulp waarvan de visus (gezichtsscherpte) wordt gemeten.
visusstoornis zie visuele beperking.
vitaal m.b.t. het leven.
vitaalkleurstof zie kleuring | trypaanblauw.
vitae gen. van vita; vb. arbor vitae.
vitale functies de lichamelijke functies die door het czs worden gereguleerd en die van essentieel belang zijn voor het functioneren v.h. lichaam.
vitale kenmerken 1 (pathofysiol.); **2** (psychiatrie) zie depressie | vitale ~.
vitalis vitaal, m.b.t. het leven of levensbehoud; vb. indicatio vitalis.
vitalisme idealistische theorie volgens welke bovennatuurlijke, niet-materiële kracht voor de instandhouding en de ontwikkeling v.h. leven zorgt.
vitaliteit levensvermogen.

vitam acc. van vita = leven; vb. intra vitam.
vitamine | **1-alfa,25-dihydroxy~ D$_3$** actieve metaboliet van vitamine D, de actieve vorm waarin alle soorten vitamine D moeten worden omgezet om de antirachitische werking te effectueren. • ~ voor het leven noodzakelijke organische substantie zonder calorische waarde, oplosbaar in water of in vet. • **pro~** onwerkzaam voorstadium v.e. vitamine. • **pro~ A** caroteen. • **pro~ D$_2$** ergosterol. • ~ **A** een in vet oplosbare vitamine dat essentieel is voor de visus en een belangrijke rol speelt bij regulatie v.d. celgroei en celdifferentiatie, o.a. i.h. immuunsysteem en bij het behoud v.d. integriteit van epitheliale cellen; bij tekort ontstaat o.a. nachtblindheid, oogafwijkingen (xeroftalmie), hyperkeratosis cutis en verhoogde infectiekans • ~ **B$_1$** in water oplosbaar co-enzym dat een rol speelt i.h. koolhydraatmetabolisme en een belangrijke functie heeft bij prikkeloverdracht in zenuwstelsel; bij tekort ontstaan o.a. beriberi, neuropathie en spierzwakte; een acuut gebrek leidt tot het syndroom van Wernicke, soms tot neuritis optica retrobulbaris. • ~ **B$_{11}$** zie zuur | folium~. • ~ **B$_{12}$** co-enzym bij methyleringsreacties; onontbeerlijk voor de erytropoëse en vooral het functioneren van zenuwcellen; bij tekort ontstaan o.a. neuropathie en megaloblastaire anemie doordat de synthese van DNA gestoord raakt. • ~ **B$_2$** co-enzym dat een belangrijke functie heeft i.d. oxidatie- en reductiereacties v.d. vetzuurverbranding.
• ~ **B$_3$** co-enzym dat een belangrijke functie heeft i.d. oxidatie- en reductiereacties bij de energieproductie. • ~ **B$_5$** vitamine dat een belangrijke rol heeft i.h. vetzuurmetabolisme bij de overdracht van acylgroepen.
• ~ **B$_6$** co-enzym in aminozuur(eiwit)metabolisme. • ~ **B$_7$** biotine. • ~ **B$_8$** biotine.
• ~ **B$_9$** zie zuur | folium~. • ~ **Bc** zie zuur | folium~. • ~ **B-complex** mengsel van vitamines v.d. B-groep, gewoonlijk vit. B$_1$, B$_2$, B$_3$, B$_5$ en B$_6$. • ~ **C** in water oplosbaar antioxidant, co-enzym bij hydroxyleringsreacties.
• ~ **D** vitamine dat de calciumabsorptie i.d. darm bevordert en dat essentieel is voor de botstofwisseling, de celdifferentiatie en de spierfunctie. • ~ **D$_2$** ergocalciferol, bestraald ergosterol. • ~ **D$_3$** bestraald 7-dehydrocholesterol, de sterkst werkzame antirachitische vitamine. • ~ **E** in olie oplosbaar

antioxidant dat met name de onverzadigde vetzuren i.d. celmembranen beschermt tegen oxidatie; betrokken bij de signaaloverdracht i.d. cel en bij de immuunafweer. • ~ **H** *zie* biotine. • ~ **K** vitamine dat noodzakelijk is voor de biosynthese van protrombine, factoren VII, IX, X en proteïnen C en S en voor de botstofwisseling. • ~ **M** *zie* zuur | folium~. • ~ **P** antihemorragische factor. • ~ **BT** *zie* carnitine.

vitelline een fosfoproteïne in dooier.
vitellinus lijkend op, of m.b.t. eierdooier; vb. area vitellina.
vitellus dooier. • ~ **nutritivus** het gedeelte dat voedsel levert aan de vrucht.
vitiligineus m.b.t., gepaard gaand met vitiligo; vb. vitiligineuze huid.
⊛ **vitiligo** verworven, vaak familiair voorkomende pigmentstoornis, klinisch gekenmerkt wordt door gedepigmenteerde maculae en histologisch door het ontbreken van melanocyten i.d. epidermis; indeling: gegeneraliseerde vitiligo of non-segmentale vitiligo en segmentale vitiligo (ook wel unilaterale vitiligo genoemd); de gegeneraliseerde vitiligo wordt onderverdeeld in focale vitiligo (slechts een of enkele laesies aanwezig), acrofaciale vitiligo (distale deel extremiteiten en gelaat aangedaan), vulgaire vitiligo (talrijke laesies, symmetrisch verspreid over gehele lichaam) en universele vitiligo (meer dan 80% depigmentatie).
• **non-segmentale** ~ *zie* vitiligo generalisata. • ~ **acrofacialis** symmetrische vitiligo met depigmentaties i.h. gelaat en op de acra (handen en voeten). • ~ **focalis** slechts een of twee kleine (tot enkele centimeters doorsnee) vitiligoplekken; kan stabiel zijn of begin v.e. zich verder uitbreidende vitiligo. • ~ **generalisata** symmetrische vitiligo met depigmentatie verspreid over het lichaam. • ~ **gravior** vorm van lepra, zogenaamde lepra maculosa, met grote bruine en pigmentloze vlekken. • ~ **iridis** depigmentatie v.d. iris. • ~ **mucosae** vitiligo met depigmentatie enkel op de slijmvliezen (bijv. de lip). • ~ **segmentalis** asymmetrische, unilaterale bandvormige lokalisatie van vitiligo. • ~ **universalis** symmetrische vitiligo waarbij vrijwel de gehele huid is gedepigmenteerd. • ~ **vulgaris** symmetrische vitiligo met depigmentatie verspreid over het gehele lichaam.
vitiosus ondeugdelijk, gebrekkig; vb. circulus vitiosus.
vitium gebrek. • ~ **cordis** *zie* hartgebrek.
vitrectomie chirurgische verwijdering van (delen van) het corpus vitreum.
vitrectoom apparaat waarmee vitrectomie wordt uitgevoerd.
vitreum onzijdige verbuiging van L. vitreus = glasachtig, glazig.
vitreus glasachtig; vb. membrana vitrea, corpus vitreum.
vitritis ontsteking v.h. glasachtig lichaam (v.h. oog).
vitro *zie* in vitro.
vitusdans *zie* chorea minor.
vividiffusie het onttrekken van schadelijke stoffen aan het bloed door dit door een apparaat te leiden ('kunstnier').
vivificatie de omzetting van levenloze stof in levende, via het assimilatieproces.
vivipaar levendbarend, in staat om jongen levend ter wereld te brengen, i.t.t. ovipaar.
viviperceptie het bestuderen van levensverrichtingen zonder vivisectie.
vivisectie het verrichten van operatieve proefnemingen op levende dieren.
vivo *zie* in ~. • **ex** ~ onderzoek naar, gebruik of plaatsing v.e. weefsel of een cel na verwijdering uit een organisme waarbij het weefsel of de cel levensvatbaar blijft. • **in** ~ i.h. levende organisme; vb. mutagenese in vivo.
vivus levend; vb. contagium vivum.
VKF (voorkamerfibrilleren) *zie* fibrillatie | ventrikel~.
vlak *zie* planum. • **Frankfurter** ~ (antropometrie) oriëntatievlak, gaande door de bovenzijde v.d. porus acusticus externus beiderzijds en het onderste punt v.d. linker orbitarand. • **lichaams**~ *zie* as | lichaams~. • **mediaan** ~ het verticale vlak dat het rechtopstaande lichaam i.e. rechter en linker helft verdeelt. • ~**ken van Hodge** vier onderling evenwijdige vlakken op verschillende plaatsen v.h. geboortekanaal.
vlakke lijn elektro-encefalogram (eeg) c.q. elektrocardiogram (ecg) met rechte lijn, zonder uitslagen.
VLDL *zie* lipoproteïne | very-low-density~.
vlecht *zie* plexus.
vlechtwerk *zie* plexus.
vleesboom *zie* myoom | myoma uteri.
vleesvlieg *zie* Sarcophaga.
vlek *zie* macula. • **blinde** ~ *zie* discus nervi optici. • **brushfield**~ kleine geel-witte vlek

op de iris. • **café-au-lait**~ congenitale pigmentvlek, al dan niet als onderdeel van neurofibromatose. • **embryonale** ~ *zie* embryonaal schild. • **fuchs**~ gepigmenteerde vlek i.d. macula retinae. vb. myope ogen. • **geboorte**~ *zie* angioom | angioma tuberosum, naevus vinosus, Unna | unnanaevus. • **gele** ~ *zie* macula retinae. • **kiem**~ de nucleolus v.h. menselijk ei. • **lever**~ *zie* lentigo senilis. • **lijken**~ *zie* livor mortis. • **moeder**~ *zie* naevus. • **mongolen**~ vooral bij mensen met een donkere huid voorkomende, vaak i.d. sacrale regio bruine of blauwe vlek van wisselende grootte. • **ouderdoms**~ *zie* lentigo senilis. • ~**jes van Fordyce** *zie* seboglandulae labiales et buccales. • **vuur**~ *zie* naevus flammeus. • **wijn**~ *zie* naevus vinosus.

vlekkentest *zie* test | rorschach~.

vleugelstand resttoestand van hemiplegie met typische stand v.d. arm bij het lopen.

vliegenkop *zie* myiocephalon.

vliegenlarfinfestatie *zie* myiasis.

vlies niet-gepigmenteerd dun weefsel. • **ader**~ *zie* choroidea. • **been**~ *zie* periost. • **bind**~ *zie* tunica conjunctiva. • **blaasslijm**~ overgangsepitheel, tezamen met een dunne lamina propria die de blaasspier aan de binnenzijde bekleedt. • **bronchusslijm**~ tunica mucosa bronchiorum. • **buik**~ *zie* peritoneum. • **druif**~ *zie* uvea. • **eivliezen** *zie* vruchtvliezen. • **hersen**~ *zie* meninx. • **hoorn**~ *zie* cornea. • **kraakbeen**~ *zie* perichondrium. • **lams**~ *zie* amnion. • **maagden**~ *zie* hymen. • **mondslijm**~ tunica mucosa oris. • **net**~ *zie* retina. • **pees**~ *zie* fascia, aponeurose. • **regenboog**~ *zie* iris. • **reukslijm**~ meerrijig epitheel; bevat 3 celtypen: steuncellen, basale cellen en reukcellen. • **ruggenmergs**~ meninx. • **sereuze vliezen** *zie* tunica serosa. • **slijm**~ *zie* tunica mucosa. • **spier**~ *zie* fascia. • **spinnenweb**~ *zie* arachnoidea. • **vaat**~ *zie* choroidea. • **vleugel**~ *zie* pterygium. • **vruchtvliezen**, amnion, chorion en decidua, de vliezen die de intra-uterien het embryo omhullen. • **wei**~ *zie* tunica serosa. • **wortel**~ *zie* periodontium. • **zilver**~ dun, perkamentachtig, vitamine-B$_1$-bevattend vlies om de rijstkorrel: bij te veel polijsten v.d. rijst verdwijnt dit vlies.

vliezenbreker instrument met scherp, haakvormig puntje, waarmee tijdens de baring de vliezen kunstmatig kunnen worden gebroken.

vlinderbad type bad, toegepast i.d. orthopedische revalidatie; maakt door de vlindervorm bewegingen v.d. ledematen mogelijk.

vlinderconfiguratie op een vlinder lijkende verdichtingen op een thoraxfoto bij een vorm van longoedeem.

vlinderfragment bijkomend botfragmentje bij een fractuur.

vlo *zie* Pulex, Siphonaptere. • **honden**~ *zie* Ctenocephalides canis. • **katten**~ *zie* Ctenocephalides felis. • **mensen**~ *zie* Pulex irritans. • **ratten**~ *zie* Xenopsylla cheopis. • **zand**~ *zie* Tunga penetrans.

vloeibaar mozaïekmodel modelbeschrijving v.h. zich voortdurend wijzigende patroon v.d. structuur v.d. membraan.

vlokkenkweek *zie* cultuur | langetermijn~.

vlos afkorting onder leken *zie* verloskundige.

vluchtgedrag het toegeven aan afleiding om te ontkomen aan een onaangename verplichting of neiging.

vlugzout een excitans dat men als opwekkend middel laat opsnuiven; vb. ammonii carbonas, ammoniumsesquicarbonaat of ammoniumcarbonaat, vermengd met ammonia en etherische oliën.

VMA (vanillyl mandelic acid [E]) vanillylamandelzuur.

vocalis m.b.t. de stem; vb. ligamentum vocale.

vochtigheidsletsel letsel v.d. huid dat wordt gezien bij incontinente bedlegerige patiënten met of zonder decubitus.

vochtigverbandmethode *zie* wet wrap.

vochtinbrengend (dermatologica) 'vochtbalansregulerend', een eigenschap van vettige crème, die de verdamping van vocht i.d. huid tegengaat.

vochtretentie het vasthouden van overtollig vocht i.h. lichaam.

vochtsuppletie waterinname ter compensatie van overmatig vochtverlies.

vochttekort *zie* watertekort.

vochtuittreding *zie* exsudatie, transsudatie, extravasatie.

VOD | **A**~ (acies visus oculi dextri) gezichtsscherpte v.h. rechter oog.

voeding 1 het geheel van voedingsstoffen, dienend tot instandhouding en opbouw van weefsels en tot voorziening in lichaamswarmte; bij benadering bestaat goede voeding uit 0,9 g eiwit, 0,9 g vet en 5 g koolhydraten per kg lichaamsgewicht per dag; **2** het door een organisme opnemen van stoffen die via de stofwisseling energie en bouwstoffen leveren. • **borst~ geven** (handeling:) het voeden van moedermelk aan de pasgeborene door het kind te laten zuigen aan de borst; voordelen van borstvoeding boven flesvoeding zijn o.a. overdracht van humorale afweerstoffen, hygiëne, antibacteriële factoren, goede moeder-kindbinding; nadelen zijn o.a. mogelijk tekort aan ijzer, fluoride en vitamine D en K. • **elementaire ~** complete voeding, samengesteld uit de afzonderlijke nutriënten op basis v.d. chemisch specifieke bestanddelen van voedingsmiddelen. • **enterale ~** toediening van voedsel direct i.h. maagdarmkanaal via maagsonde, dunnedarmsonde of via een jejunostoma-fistel. • **intraveneuze ~** *zie* parenterale ~. • **kunstmatige ~** meer of minder vloeibare oplossing van voedingsmiddelen die dient ter vervanging van of aanvulling op de gewone maaltijden. • **lactosebeperkte ~** voeding die weinig melksuiker bevat. • **licht verteerbare ~** voeding waarbij voedingsmiddelen worden weggelaten die niet of minder gemakkelijk door maag en darmen worden geresorbeerd. • **natriumbeperkte ~** *zie* natriumbeperking. • **on-demand~** aanpassen v.h. aantal voedingen en de hoeveelheid daarvan aan de honger die de zuigeling zelf aangeeft. • **onder~** langdurig tekort aan voedingsstoffen i.h. lichaam t.g.v. slechte eetlust, malabsorptie of een sterk verhoogde stofwisseling. • **palliatieve ~** voeding die primair gericht is op maximaal welbevinden en op het oplossen van of kunnen omgaan met klachten. • **parenterale ~** toediening van voeding buiten het spijsverteringskanaal om, via sonde, infuus enz. • **perioperatieve ~** regeling v.d. voeding voor en na de operatie. • **rectale ~** voeding via het rectum, door toediening v.e. voedingsklysma. • **sonde ~** dun vloeibare enterale voeding. • **totale parenterale ~** (TPV) toediening van alle voor de patiënt noodzakelijke voedingsstoffen en vocht buiten het spijsverteringskanaal om.

voedingsbodem *zie* medium.
voedingstoestand lichamelijke status, te beoordelen a.d. hand van uiterlijke kenmerken als gewicht, dikte van onderhuidse vetplooi, uiterlijk van haren, huid en slijmvliezen; wordt bepaald door inname, resorptie en verbruik van voedingstoffen.
voedselaversie voedselovergevoeligheid die op een psychische oorzaak is terug te voeren.
voedselintoxicatie *zie* vergiftiging | voedsel~.
• **voedselovergevoeligheid** verzamelbegrip voor voedselallergie en voedselintolerantie; indeling: naast voedselallergie (immunologisch gemedieerde reactie, veelal uiting v.h. atopisch syndroom) en voedselintolerantie (geen aantoonbare immunologische reactie) kent men voedselvergiftiging, te weten gastro-intestinale reactie op inname van voedsel of drank dat bedorven is of besmet met toxinen van micro-organismen (*zie ook de profielterm* gastro-enteritis).
voedselpassagestoornis *zie* dysfagie.
voerder mandrijn in lumen van tube of katheter om inbrengen te vergemakkelijken.
voerspiraal *zie* sonde | voer~.
voet lichaamsdeel waarop men staat. • **athlete's foot** [E] *zie* tinea pedis. • **diabetische ~** *zie* diabetische voet. • **dropping foot** *zie* vallende ~. • **hak~** *zie* pes calcaneus. • **hiel~** *zie* pes calcaneus. • **hol~** *zie* pes excavatus, pes cavovarus. • **horrel~** *zie* pes varus. • **hypermobiele ~** *zie* pes-planovalgusbandslapte. • **immersion foot** *zie* loopgraaf~. • **klap~** verschijnsel dat optreedt bij een parese van voetheffersperen. • **klomp~** *zie* pes equinovarus. • **knik~** *zie* pes valgus. • **loopgraaf~** koudeletsel zonder dat sprake is geweest v.e. voorafgaande bevriezing. • **madura~** *zie* mycose | maduro~. • **mars~** *zie* syndesmitis metatarsea. • **midden~** het gedeelte v.d. voet tussen de voetwortel en de tenen. • **plat~** *zie* pes planovalgus. • **SACH foot** *zie* solid-ankle cushion-heel foot. • **schommel~** *zie* pes convexus. • **solid-ankle cushion-heel foot** (SACH foot) prothesevoet zonder beweeglijkheid i.h. enkelscharnier, en met een buffer i.d. hiel. • **spits~** *zie* pes equinus. • **spreid~** *zie* pes transversoplanus. • **trench foot** *zie* loopgraaf~. • **vallende ~** teken van verlamming v.d. voetheffers, die door de n. peroneus worden geïnnerveerd: de voet kan niet worden opgetrokken, hangt slap omlaag. • **voor~** deel v.d. voet dat bestaat uit de vijf middenvoetsbeenderen en de tenen.

- **zweet~en** hyperhidrosis aan de voeten, samenhangend met verstoord vegetatief evenwicht.
voetboog 1 (bloedvat); **2** (voet) *zie* wreef.
voetstandafwijking afwijkende stand v.d. voet.
voetwortel *zie* tarsus.
voetwortelbeenderen *zie* ossa tarsi, os cuboideum.
voetzool planta pedis.
voetzoolspanner *zie* musculus plantaris.
- **vogelgriep** aan influenza verwante ziekte bij vogels.
vogelhouderslong *zie* long | duivenmelkers~.
vogelnest nidus avis.
Vogt | vogtcataract *zie* cataract | cornea~.
- **vogt-koyanagisyndroom** uveitis, alopecia, ablatio retinae, dysacusis, vitiligo van handen, voeten en borst. • **ziekte van Batten-Spielmeyer-~** (BSV) juveniele vorm van neuronale ceroïdlipofuscinose. • **ziekte van ~-Spielmeyer** de juveniele vorm van cerebromaculaire degeneratie (amaurotische idiotie).
VOK (voorste oogkamer) *zie* oogkamer.
vola een concaaf oppervlak.
volair m.b.t. of i.d. richting v.d. handpalm; vb. v-re luxatie v.h. os lunatum.
volaire plaat bindweefselplaat gelegen aan de buigzijde v.d. vingergewrichten.
volaris volair, m.b.t. de handpalm.
volbloedigheid *zie* polyemie.
voldragen aterm geboren; vb. een voldragen foetus (= aterm geboren neonaat, geboren *à terme*).
volemie de verhouding v.d. bloedhoeveelheid tot het lichaamsgewicht. • **hyper~** te groot bloedvolume. • **hypo~** te gering bloedvolume. • **normo~** normale verhouding v.d. bloedhoeveelheid tot het lichaam.
volgbewegingen *zie* oogvolgbeweging.
volhoudtijd maximale duur v.e. periode van ingehouden adem.
volitans zwevend; vb. muscae volitantes.
volitioneel m.b.t. de wil.
vollemaansgezicht rood, gezwollen gelaat, bij cushingsyndroom.
volley [E] gelijktijdige ontlading van zenuwimpulsen i.e. groep centrale neuronen, die langs verschillende zenuwbanen naar een enkel orgaan worden geleid. • **antidrome** ~ volley van impulsen die i.e. tegengestelde richting door een zenuw lopen.

volmacht voor geneeskundige zorg document waarin een persoon iemand anders aanwijst die namens hem of haar beslissingen over de medische behandeling mag nemen.
voltage-clamp method [E] onderzoeksmethode v.e. prikkelbare cel waarbij door intracellulaire toediening v.e. stroom een bepaalde membraanpotentiaal gehandhaafd wordt.
volume de ruimte die door een lichaam of vloeistof of gas wordt ingenomen. • **geforceerd expiratoir** ~ de maximale hoeveelheid lucht die een persoon na maximaal diepe inademing kan uitademen binnen een bepaalde tijd. • **geforceerd inspiratoir** ~ de maximale hoeveelheid lucht die een persoon na maximaal diepe uitademing kan inademen i.e. bepaalde tijd.
- **minuut~** (MV) *zie* ademminuutvolume, hartminuutvolume. • **tidal** ~ [E] *zie* ademvolume.
volumedepletie vermindering v.d. hoeveelheid lichaamswater.
volume-expansie vergroting bij een patient met hypotensie of shock v.h. intravasculaire volume.
volumen pulmonum auctum de bij emfyseem toegenomen thoraxinhoud.
volumetrie het meten v.h. volume v.e. extremiteit; vooral gebruikt bij lymfoedeem.
voluntarius vrijwillig.
volvulus draaiing v.e. langgerekte anat. structuur, i.h.b. darm. • **maag~** draaiing v.d. maag over meer dan 180 graden waardoor de in- en uitgang v.d. maag worden afgesloten. • ~ **intestini** knoop i.d. darm door draaiing of knoopvorming, kan tot ileus leiden. • ~ **ventriculi** *zie* maag~.
vomer ongepaard plat been dat het achteronderste deel v.h. neustussenschot vormt.
vomeren *zie* braken.
vomeronasalis m.b.t. het vomer en het os nasale; vb. organum vomeronasale.
vomerovaginalis m.b.t. het vomer en de processus vaginalis v.h. sfenoïd.
vomitivum braakmiddel.
vomitorium *zie* emeticum.
vomitus 1 het braken; **2** product v.h. braken, hetgeen is opgebraakt. • ~ **biliosus** *zie* emesis | chol-. • ~ **cruentus** bloederig braaksel. • ~ **faecalis** fecaal braaksel. • ~ **gravidarum** zwangerschapsbraken. • ~ **marinus** zeeziekte. • ~ **matutinus** het ochtendbraken,

bij dronkaards, bij gastritis.
V-oncogen *zie* oncogen | viraal ~.
vonwillebrandziekte *zie* Willebrand | ziekte van von ~.
voorbeeld (statist., epidemiol.) *zie* sample.
voorbehoedsmiddel 1 (gynaecol.) *zie* anticonceptivum; **2** (farmacol., verouderd) *zie* profylacticum.
voorbehouden handeling handeling die risico's voor de gezondheid v.d. patiënt met zich meebrengt indien uitgeoefend door ondeskundigen.
voorheesballon een ballon die leeg i.d. cervix uteri wordt gebracht en dan met water wordt gevuld, ter oprekking v.d. cervix.
voorhof 1 (anat., hart) *zie* atrium; **2** *zie* vestibulum.
voorhoofd *zie* sinciput.
voorhoofdsholte *zie* sinus frontalis.
voorhoofdsholteontsteking *zie* sinusitis.
voorhoorncel | **motorische ~len** neuronen waarvan cellichaam en dendrieten i.d. voorhoorn v.h. ruggenmerg liggen en de axonen via de voorwortels en vervolgens de spinale zenuwen de skeletspieren innerveren.
voorhuid bij man en vrouw aanwezige geheel of partieel bedekkende huidplooi over de glans penis resp. glans clitoridis; bij jongens is bij de geboorte de voorhuid vaak nauw en nog gedeeltelijk vastzittend aan de glans.
voorkeursplaats *zie* predilectieplaats.
voorkomen (statist., epidemiol.) *zie* incidentie.
voorkoming (statist., epidemiol.) *zie* preventie.
voorloper *zie* precursor.
voormelk *zie* colostrum.
voor-na-vergelijking onderzoek waarbij men metingen verricht voor en na een interventie i.e. niet-gerandomiseerde setting.
voorstanderklier verouderde benaming v.d. prostaat, die meer dan een klier is.
voorverbinding *zie* precursor.
voorvocht secreet van klieren van Cowper en kliertjes van Littré dat voorafgaand aan de ejaculatie wordt afgescheiden.
voorwaardelijk geconditioneerd.
voorwerp *zie* corpus alienum.
voorwerpglas objectglas vgl. dekglas.
vorbeireden *zie* paralogie.
vormepitoop *zie* conformatie-epitoop.

vortex een patroon of vormsel met een centraal punt of as waaromheen wervelende lijnen.
VOS | **A~** (acies visus oculi sinistri) gezichtsscherpte v.h. linker oog.
vossiusringtroebeling *zie* cataract | vossius~.
voussure cardiaque [F] opwelving v.h. borstbeen en linkerthoraxhelft bij sommige aangeboren hartaandoeningen.
vox stem. • **~ anserina** hese stem bij verlamming v.d. n. laryngeus recurrens. • **~ rauca** hese stem.
voxel driedimensionale digitale meeteenheid.
voyeurisme parafilie, gekenmerkt door het ondergaan van seksuele opwinding door het heimelijk kijken naar naakt of naar seksuele verrichtingen van anderen.
V-patroon toename v.d. scheelzienshoek bij naar beneden kijken en de afname bij naar boven kijken.
vraagverheldering 1 in samenspraak met de patiënt zo duidelijk mogelijk diens reden v.h. consult, de klacht en hulpvraag formuleren; **2** de fase i.h. consult waarin de communicatie etc.) plaatsvindt.
vraatzucht abnormaal groot hongergevoel dat slechts kan worden gestild door inname van grote hoeveelheden voedsel.
vragengrens het over drie jaar gerekende totaal te verzekeren bedrag waaronder bepaalde vragen over de gezondheidstoestand van degene die een (levens)verzekering wil afsluiten (bij de medische keuring) niet mogen worden gesteld en bepaald onderzoek niet mag worden verricht (bijv. testen op hiv).
VRE *zie* resistentie | multi~.
vreemdlichaamgevoel gevoel alsof er een lichaamsvreemd voorwerp en een lichaam aanwezig is, vb. 'zandkorrelgevoel bij beschadigd hoornvlies '.
vrees onlustgevoel i.v.m. dreigend gevaar.
vreetbui *zie* binge-eating.
vriescoupeonderzoek histologisch onderzoek waarbij een coupe wordt beoordeeld van vers, ongefixeerd weefsel dat door bevriezing hard is gemaakt voor het snijden.
vriesdrogen door droging bij zeer lage temperaturen conserveren van biologisch materiaal.
vrije fractie verhoudingsgetal v.d. niet-eiwitgebonden concentratie v.e. farmacon

t.o.v. de totale som v.d. gebonden en niet-gebonden concentratie.
vrije tekstwoorden zelfgekozen woorden waarmee kan worden gezocht i.e. literatuurdatabank.
vrijheidsgraad aantal vrij te variëren waarden onder statistische restricties.
vrij verkrijgbaar categorieaanduiding van geneesmiddelen die zonder overlegging v.e. artsenrecept door de apotheker mogen worden verstrekt.
vroedvrouw verouderend synoniem van 'verloskundige'.
vroege opsporing i.e. vroeg stadium zoeken en diagnosticeren van bepaalde afwijkingen door o.a. zelfonderzoek v.d. patiënt en bevolkingsonderzoek.
vrouwelijkegenitaliënverminking (VGV) *zie* besnijdenis | vrouwen~.
vrouwelijk genitaal stelsel de vrouwelijke inwendige en uitwendige geslachtsdelen, bestaande uit vulva, vagina, uterus en ovaria.
VRSA vancomycineresistente *Staphylococcus aureus*, door genmutatie resistent tegen alle beschikbare antibiotica, incl. het laatst bekende werkzame antibioticum vancomycine (dus een vancomycineresistente MRSA); sinds eind 1996 zijn ook bij mensen infecties met VRSA bekend.
vruchtbaarheid *zie* fertiliteit.
vruchtbaarheidsonderzoek *zie* fertiliteitsonderzoek.
vruchtbare leeftijd levensfase v.d. vrouw waarin zij, behoudens uitzonderingen, biologisch in staat is kinderen te baren.
vruchtdood | intra-uteriene ~ (IUVD) sterfte van foetus voor de geboorte.
vruchtensuiker *zie* fructose.
vruchtwater de door de vruchtzak omsloten vloeistof die de foetus aan alle zijden omgeeft. • **meconiumhoudend ~** vruchtwater waarin voor de geboorte meconium door het kind is geloosd.
vruchtwaterpunctie *zie* centese | amnio~.
vruchtzak de door de vliezen gevormde zak die de foetus en het vruchtwater omgeeft.
VSD *zie* septumdefect | ventrikel~.
VSM *zie* vena saphena magna.
VT *zie* tachycardie | ventriculaire ~.
VTO *zie* hypersensitiviteit | delayed-type~.
V-top systolische drukgolf i.d. registratie v.d. veneuze druk.

vue, à ~ *zie* à vue.
vulgaris gewoon; vb. lupus vulgaris. • **sycosis ~** *zie* sycose.
vullingsdefect aanduiding v.d. uitsparingen die bij röntgenfoto's van holle organen met contrastvloeistof ontstaan door de aanwezigheid van massa's die i.h. lumen uitpuilen.
vullingsdruk drukverschil dat over de wand v.h. hart bestaat, verschil tussen de druk i.h. atrium en de intrathoracale druk.
vulnerabel kwetsbaar.
vulnerabiliteit kwetsbaarheid.
vulnus wond. • **~ incisivum** snijwond. • **~ morsum** bijtwond. • **~ penetrans** doorborende, ver doordringende wond. • **~ perforans** perforerende, tot i.e. lichaamsholte doordringende wond. • **~ scissum** *zie* wond | scheur~.
vulva het gehele vrouwelijke genitaal, tot aan het hymen.
⊙ **vulvacarcinoom** maligne tumor, uitgaande v.d. epitheliale structuren v.d. vulva; indeling: meestal (ca. 90%) plaveiselcarcinoom, veelal verhoornend en hoog gedifferentieerd; melanomen en adenocarcinomen komen relatief vaker voor bij jonge vrouwen.
vulvair vestibulitissyndroom (VVS) vorm van dyspareunie bij de vrouw.
vulvectomie chir. verwijdering van (een deel van) de huid v.d. vulva.
vulvisme *zie* vaginisme
vulvitis ontsteking v.d. vulva *zie* vulvovaginitis.
vulvodynie pijn en branderig gevoel aan de vulva.
vulvovaginaal m.b.t. vulva en vagina.
vulvovaginalis m.b.t. vulva en vagina.
⊙ **vulvovaginitis** ontsteking v.d. vagina, veel in combinatie met de vulva, door verschillende micro-organismen; indeling: afh. v.d. verwekker onderscheidt men bij vaginitis o.a. candidiasis, trichomoniasis en bacteriële vaginose; vulvitis kan secundair ontstaan, a.g.v. een vaginitis, of primair bijv. door een herpessimplexvirusinfectie (herpes genitalis).
vuurwerkmist type smog met verhoogde fijnstofconcentratie a.g.v. overmatig gebruik van vuurwerk.
v/v volume per volume
VvIK Vereniging van Integrale Kankercen-

tra.
VVS *zie* vulvair vestibulitissyndroom.
VW- *zie* waarde | voorspellende ~.

VWF *zie* Willebrand | vonwillebrandfactor.
vWF *zie* Willebrand | vonwillebrandfactor.
VZV *zie* virus | varicellazoster~.

waan stoornis v.h. denken als uiting v.e. ernstige geestesziekte. • **achtervolgings**~ zie paranoïdie. • **beïnvloedings**~ complex van ziekelijke gedachten bij een patiënt die meent door anderen langs fysieke, psychische, of zelfs magische weg beïnvloed te worden. • **betrekkings**~ abnormale neiging om het uitwendige gebeuren op de eigen persoon te betrekken. • **dermatozoën**~ eigenlijk geen waan, maar neuropathie met een door kriebelende prikkels veroorzaakte overtuiging v.d. patiënt dat er wormen of luizen in zijn huid zijn. • **gesystematiseerde** ~ zie systeem | waan~.
• **grootheids**~ abnormale subjectieve beleving v.d. eigen grootheid en belangrijkheid, bij schizofrenie meer gericht op ideële grootheid, bij dementia paralytica meer op materiële grootheid. • **ontkennings**~ de patiënt ontkent het bestaan van zijn lichaamsdelen of van zijn eigen persoon of van zijn omgeving. • **paranoïde**~ waanbeleving waarin de patiënt centraal staat, bijv. achtervolgings-, jaloersheids- of grootheidskarakter. • **querulanten**~ geen echte waan, maar een waanachtige reactie die op zichzelf nog begrijpbaar is; de querulant komt op tegen vermeend onrecht, maar overschrijdt in zijn reactie het redelijke.
• **zoönose**~ overtuiging dat de huid vol zit met kleine beestjes die men voelt lopen en die jeuk geven.
waanrust de opvallende afwezigheid van angst bij een psychotische patiënt door het alles verklarende karakter van zijn wanen.
waanwaarneming abnormaal proces waarbij een patiënt aan een zintuiglijke waarneming onmiddellijk een eigen, ireële betekenis hecht a.g.v. zijn paranoïde instelling.

waanzin verouderde aanduiding v.e. (ernstige) geestelijke ziekte, een psychose zie psychose.
waarde grootte v.e. getal in positieve of negatieve zin. • **ademgrens**~ het fictieve gasvolume dat i.e. minuut maximaal willekeurig kan worden geventileerd. • **diagnostische** ~ zie voorspellende ~. • **drempel**~ de hoeveelheid of concentratie v.e. stof of de sterkte v.e. prikkel waarboven en waaronder geen werking of gewaarwording volgt. • **kritieke** ~ de drempelwaarde v.e. statistische test (bijv. T-toets) voor een gegeven significantieniveau waarboven de nulhypothese wordt verworpen. • **normale** ~ zie referentie~. • **predictieve** ~ zie voorspellende ~. **P**-~ (p) statistische kans dat het i.e. onderzoek gevonden resultaat op toeval berust. • **referentie**~ 1 waarde i.h. referentie-interval; het syn. 'normale waarde' is minder juist; 2 waarde i.h. interval tussen twee uiterste waarden waarbinnen aanvaardbare of wenselijke testuitkomsten liggen. • **slope**~ zie weerstandscoëfficiënt.
• **streef**~ zie referentie~. • **T1**-~ tijd bij het maken v.e. MRI-opname die na het uitschakelen v.d. radiogolfpuls nodig is voor de terugkeer v.d. magnetische vector i.d. richting v.h. magnetisch hoofdveld. • **T2**-~ tijd bij het maken v.e. MRI-opname die nodig is voor de uitdoving v.d. magnetische vector i.h. transversale vlak. • **voorspellende** ~ kans dat een uitslag v.e. test overeenstemt met de werkelijkheid. • **Z**-~ gestandaardiseerde waarde v.e. stochastische variabele die wordt gevonden door het gemiddelde v.d. uitkomst af te trekken en het resultaat te delen door de standaardafwijking.

waarneemgroep huisartsen i.e. regio die

met onderling de waarneming hebben geregeld.

waarschijnlijkheid verhouding tussen het aantal gebeurtenissen met een bepaalde uitkomst en het totale aantal mogelijke gebeurtenissen, waarbij iedere gebeurtenis evenzeer mogelijk is.

WAD (whiplash-associated disorders) *zie* syndroom | cervicaal radiculair ~.

WAIS Wechsler Adult Intelligence Scale *zie* test | wechsler-bellevue-~.

waking erectile assessment (WEA) *zie* plethysmografie | penis-~.

Waldenström | ziekte van Johann Henning ~ osteochondrosis v.d. bovenste epifyse v.h. os femoris.

waldeyer-hartzgleuf sulcus spiralis v.d. cochlea.

Walker | syndroom van Dandy-~ *zie* syndroom | dandy-walker-~.

wandspanning mate van rek op een bepaald moment in ventrikel-, atrium- of vaatwand.

wandstandig i.e. dunne laag tegen een wand aan gelegen.

wang *zie* bucca.

wanverhouding *zie* proportie | dis-~.

warmbloedigheid *zie* homeothermie.

warming-down [E] periode van matige inspanning na afloop v.e. grote inspanning door sporten om het lactaat zo snel mogelijk te laten verwijderen.

warming-up [E] arbeid voorafgaande aan en ter verbetering v.e. sportprestatie waarbij de spierperfusie toeneemt en de aerobe stofwisseling eerder op gang komt.

warmtecentra centra i.d. hersenen die de lichaamstemperatuur regelen.

warmteregulering de instandhouding v.d. lichaamstemperatuur op een bepaald niveau.

warmtesteek *zie* beroerte | hitte-~.

warning leaks [E] plotselinge hoofdpijn die kan worden toegeschreven aan bloedverlies uit een aneurysma v.e. v.d. hersenarteriëen.

Wartenberg | teken van ~ **1** de onderzoeker plaatst zijn middelvinger en wijsvinger over de licht gebogen vingers v.d. patiënt en slaat met de reflexhamer op zijn eigen vingers; **2** het vóór een tonisch-klonisch insult met beide handen i.d. ogen of over de neus wrijven. · **wartenbergfenomeen** vermindering of afwezigheid bij een perifere facialisparese v.d. vibratie die men gewoonlijk voelt om een dichtgeknepen oogild te openen. · **wartenbergsymptoom** het niet of verminderd meebewegen v.d. armen tijdens het lopen. · **wartenbergsyndroom** *zie* neuritis migrans. · **ziekte van** ~ aandoening met onbekende oorzaak waarbij verschillende huidzenuwen in verloop van langere tijd aangedaan raken.

wash-outeffect snelle, massale uitstorting van hartenzymen i.d. circulatie die men ziet bij geslaagde reperfusietherapie i.d. vroege fase v.h. acute myocardinfarct.

wash-out period [E] **1** (farmacol.) periode waarin een bepaald farmacon na het stoppen van toediening nog in actieve concentraties aanwezig is i.h. lichaam; **2** (statist., epidemiol.) fase i.e. wetenschappelijk onderzoek, met name i.e. cross-over-onderzoek, waarin een behandeling wordt stopgezet zodat de effecten ervan verdwijnen.

water- en zoutretentie het vasthouden van water en zout door de nier.

waterexcretie uitscheiding van water door de nieren.

waterhoofd *zie* hydrocephalus.

waterscheidingsgebied gebied i.d. hersenen dat op de grens van twee arteriële verzorgingsgebieden ligt en daardoor bij verminderde bloedtoevoer als eerste tekortkomt.

waterslot voorziening bij een thoraxdrain die voorkomt dat lucht i.d. pleuraholte lekt.

waterstofchloride (HCl) sterk zuur dat geproduceerd wordt i.d. pariëtale cellen v.d. maag.

waterstofelektrode elektrode waarmee waterstof (H_2) kan worden geregistreerd.

waterstofionenconcentratie *zie* pH.

waterstofperoxide (H_2O_2) antisepticum met bactericide en fungicide werking.

watersuppletie *zie* vochtsuppletie.

watertekort gebrek aan lichaamswater, resulterend i.e. stijgende osmolariteit v.h. bloed en een verhoogde ADH-afgifte en urineconcentratie.

waterzucht *zie* oedeem. · **buik**~ *zie* ascites.

watten veerkrachtige, zachte massa van ontvette katoenvezels, gebruikt als verbandmiddel.

WBMV Wet Bijzondere medische verrichtingen.

WCPV *zie* wet | Wet Collectieve preventie

volksgezondheid.
WEA (waking erectile assessment) *zie* plethysmografie | penis~.
wearing-off-effect dalende geneesmiddeleffectiviteit.
webbed neck [E] *zie* pterygium colli.
Weber | gevoelskringen van ~ gebied v.d. huid waarbinnen twee punten v.e. passer als slechts één punt worden gevoeld. • **syndroom van Sturge-**~ *zie* angiomatose | craniofaciale ~. • **ziekte van ~-Christian** vasculitis v.d. subcutis met secundair lobulaire panniculitis en vetcelnecrose.
webermesje geknopt mesje om het traankanaal te splijten.
Wechsler Adult Intelligence Scale (WAIS) *zie* test | wechsler-bellevue-~.
wedge pressure [E] druk i.d. capillairen zoals die wordt gemeten met een katheter die door een groot vat i.d. richting v.h. capillaire gebied wordt voortgeschoven totdat de punt klem zit.
weeën ritmische contracties v.d. baarmoeder voor en tijdens de bevalling. • **barings**~ *zie* weeën. • **nageboorte**~ ritmische contracties post partum, waardoor de placenta loslaat en volledig wordt uitgedreven. • **na**~ weeën die in afnemende mate optreden nadat het kind is uitgedreven. • **ontsluitings**~ ritmische en gecoördineerde contracties i.d. baarmoeder die toenemen in kracht en frequentie en leiden tot ontsluiting v.d. baarmoederwand. • **pers**~ *zie* uitdrijvings~. • **premature** ~ *zie* voortijdige ~. • **uitdrijvings**~ krachtige ritmische contracties v.d. baarmoeder tijdens de uitdrijvingsperiode die het kind via het baringskanaal uitdrijven i.c.m. de verhoging v.d. buikdruk. • **voortijdige** ~ weeën die vóór de 34e week v.d. zwangerschap optreden.
weeënstimulatie het opwekken met een weeënstimulerend geneesmiddel van weeën die niet effectief of te traag zijn.
weeënstorm het zonder tussenpozen, onophoudelijk optreden van weeën.
weeënzwakte uitputting v.d. baarmoeder, waardoor baarmoedercontracties onvoldoende zijn en de uitdrijving stagneert. • **primaire** ~ weeënzwakte die optreedt vanaf het begin v.d. ontsluiting tijdens een bevalling. • **secundaire** ~ weeënzwakte die optreedt na een aanvankelijk afdoende weeënactiviteit.

weefsel complex van gelijksoortige cellen en intercellulaire substantie, met specifieke functie; voorbeelden zijn dekweefsel, steunweefsel, spierweefsel, zenuwweefsel; tot het steunweefsel worden gerekend bindweefsel (incl. vetweefsel), been- en kraakbeenweefsel.
weefselcoupe *zie* coupe.
weefselexpansie het oprekken van weefsel) d.m.v. een onderhuids geplaatste siliconenballon die stapsgewijs wordt opgevuld met een fysiologische zoutoplossing.
weefselleer *zie* histologie.
weefselmatching het streven naar een zo klein mogelijk verschil in histocompatibiliteitsantigenen tussen donor en ontvanger om het risico op transplantaatafstoting te minimaliseren.
weefselplasminogeenactivator essentieel enzym bij de fibrinolyse.
weefseltypering bepaling v.d. op leukocyten aanwezige weefselantigenen.
weekmaking *zie* maceratie.
weerstand 1 (anat., chir.) wrijvingskracht die wordt ondervonden bij het passeren van (holle) weefsels; **2** (immunologische) resistentie; **3** (psychoanalyse) het onbewuste verzet tegen de bewustmaking v.e. met onlust beladen voorstelling.
weerstandscoëfficiënt (compressietherapie bij varices) mate waarin de druk v.e. therapeutische kous stijgt met het toenemen v.d. omvang.
weerstandsoefening oefening waarbij de spieren tegen een weerstand in bewegen.
weerstandsvaten de kleine arteriën en arteriolen die de weefseldoorbloeding regelen.
weerstandsvermogen *zie* resistentie.
Wegner | ziekte van ~ NB niet te verwarren met 'ziekte van Wegener' = 'wegenergranulomatose' *zie* Parrot | ziekte van ~.
wegraking *zie* syncope.
wegspuiten (varices) *zie* sclerotherapie.
weighted mean difference (WMD) [E] *zie* gewogen gemiddeld verschil.
Weil | ziekte van ~ *zie* leptospirose | leptospirosis icterohaemorrhagica.
wekaminen een groep psychotonica met opwekkende werking.
weke delen weefsel rond parenchymateuze organen en onder de huid, o.a. pezen, spieren, bindweefsel en vetweefsel.
weke röntgenstralen *zie* röntgenstralen.

wenkbrauw supercilium [L], ophrys [G].
wensgeneeskunde *zie* electieve geneeskunde.
werkhervatting het na ziekteverzuim of arbeidsongeschiktheid volgende proces dat erop gericht is de patiënt zijn vroegere werkzaamheden weer te laten uitoefenen.
werkhypothese *zie* diagnose | werk~.
Werlhof | ziekte van ~ *zie* purpura | auto-immuuntrombocytopenische ~.
Werner | wernersyndroom familiaal voorkomende ziekte waarvan de verschijnselen tussen het 20e en 30e levensjaar duidelijk worden: grijze haren, kaalheid, cataract, huidatrofie, arteriosclerose.
Wernicke | wernickeafasie vloeiende a. waarbij het taalbegrip ernstig gestoord is en de spontane spraak veel parafasieën bevat. ● **wernicke-encefalopathie** ernstige stoornis i.d. hersenen a.g.v. vitamine-B1 tekor.• **wernicke-korsakovsyndroom** *zie* syndroom | korsakov~. • **wernickesyndroom** *zie* wernicke-encefalopathie.
Wertheim | wertheimklem lange, gebogen klem voor het afklemmen v.h. parametrane weefsel en de vagina bij de wertheimoperatie.
wervel deel v.d. ruggengraat *zie* spondylolyse, spondylitis ankylopoetica. • **assimilatie**~ een w. die met de voorgaande of volgende is vergroeid. • **blok**~ soms aangeboren, meestal verworven vergroeiing van twee of meer wervellichamen met elkaar. • **borst**~ vertebra thoracica. • **hals**~ vertebra cervicalis [L], atlas [G]. • **heiligbeen**~ vertebra sacralis [L]. • **lenden**~ vertebra lumbalis. • **oer**~ *zie* vertebra | proto~. • **staart**~ vertebra coccygea. • **stuitbeen**~ vertebra coccygea [L]. • **vis**~ een wervel met een biconcaaf lichaam, bij osteoporose.
wervelkolom i.d. mediaanlijn v.h. lichaam gelegen botstructuur met een steungevende functie voor het lichaam en beschermende functie voor het ruggenmerg *zie* radiculair syndroom | lumbosacraal ~, scoliose.
westergrenmethode veneus bloed wordt met een anticoagulans gemengd en i.e. lange gekalibreerde buis opgezogen.
wet wet m.b.t. het Nederlandse (gezondheids)recht. • **Algemene** ~ **bijzondere ziektekosten** (AWBZ) wet die de kosten van onverzekerbare zware gezondheidsrisico's (bijv. bep. chronische ziekten en handicaps) van rechtswege verzekert. • **Arbeidsomstandigheden**~ (Arbo-wet) wet waarin de verantwoordelijkheid is geregeld voor werkgevers in Nederland om voor veiligheid, gezondheid en welzijn v.d. werknemers gedurende de arbeid te zorgen. • **Arbo**~ *zie* Arbeidsomstandigheden~. • **Embryo**~~ in 2001 in Nederland ingevoerde wet m.b.t. de toepassing v.d. snelle ontwikkelingen binnen de voortplantingsgeneeskunde. • **Geneesmiddelen**~ (GW) wet inzake de kwaliteit van geneesmiddelen en de geneesmiddelendistributie; heeft in 2007 de Wet op de Geneesmiddelenvoorziening (WOG) vervangen. • **Gezondheids**~ wet met als doel de beregeling v.d. organisatie v.d. zorg. • **Infectieziekten**~ wet die in 1999 in werking is getreden als opvolger v.d. oude Wet Bestrijding Infectieziekten en Opsporing Ziekteoorzaken; regelt de melding v.e. aantal infectieziekten aan de overheid en beschrijft de maatregelen die de overheid kan nemen om verspreiding te voorkomen; de mogelijkheid bestaat om een nieuwe ziekte die een gevaar kan vormen voor de volksgezondheid, aangifteplichtig te maken of om de indeling i.d. categorieën A, B, C van aangifteplichtige ziekten te veranderen. • **Kwaliteits**~ **zorginstellingen** wet die beoogt de kwaliteit van zorg zoals door instellingen verleend, van overheidswege te waarborgen. • **Opium**~ wet die zich tot doel stelt het gebruik van drugs in enige zin te beperken en onder controle te brengen. • **Tabaks**~ wet die aangeeft dat er geen tabak aan kinderen onder de 16 jaar mag worden verkocht, reclame en sponsoring sterk aan banden legt en rookverboden op bepaalde plekken instelt. • **Wet Afbreking zwangerschap** wet die enerzijds het recht van het ongeboren leven te beschermen en anderzijds de waarborg vormt voor hulpverleningsmogelijkheden voor vrouwen die ongewenst zwanger zijn geraakt. • **Wet Ambulancevervoer** wet die voorziet i.h. stellen van regels waarbij de verbetering v.d. kwaliteit en organisatie v.h. ambulancevervoer wordt beoogd. • **Wet Bijzondere opnemingen in psychiatrische ziekenhuizen** (BOPZ) wet die vrijwillige en gedwongen opname regelt van psychiatrische patiënten in geval van (dreigend) gevaar voor patiënt of omgeving; in afwachting v.e. inbewaringstelling (IBS) of rechterlijke machtiging (RM)

hiertoe kan een patiënt krachtens de regeling Observatiemachtiging (jan. 2006) drie weken lang onvrijwillig worden opgenomen. • **Wet Collectieve preventie volksgezondheid** (WCPV) wet waarin de diverse wettelijke taken op het terrein v.d. collectieve preventie staan omschreven en die de basis vormt voor veel v.d. werkzaamheden v.e. Gemeentelijke Geneeskundige Dienst (GGD); taken hebben o.a. betrekking op infectieziektenbestrijding, jeugdgezondheidszorg, medische milieukunde en epidemiologisch onderzoek. • ~geving met betrekking tot preventie het geheel v.d. Wet collectieve preventie volksgezondheid, Infectieziektenwet, enz. • **Wet Klachtrecht cliënten zorgsector** wet die zorgaanbieders verplicht een regeling te treffen voor de behandeling van klachten van hun cliënten. • **Wet Maatschappelijke ondersteuning** (WMO) in 2006 aangenomen wet die o.a. de welzijnswet vervangt en waarbij een groot aantal taken op het terrein v.d. maatschappelijke ondersteuning aan de gemeenten wordt opgedragen. • **Wet medezeggenschap cliënten zorginstellingen** wettelijke regeling die zorginstellingen verplicht via cliëntenraden de belangen van cliënten in instellingen te behartigen. • **Wet medisch ~enschappelijk onderzoek met mensen** wet met als oogmerk de verbetering v.d. bescherming v.d. positie van mensen die zijn betrokken bij experimenteel wetenschappelijk onderzoek. • **Wet mentorschap meerderjarigen** wet die een regeling treft voor de nietvermogensrechtelijke belangenbehartiging van meerderjarigen. • **Wet op de beroepen in de individuele gezondheidszorg** (BIG) wet die de beroepen regelt van degenen die werkzaam zijn op het terrein v.d. individuele gezondheidszorg d.m.v. inschrijving i.e. register; de wet is gebaseerd op een systeem van titelbescherming: titels die i.h. BIG-register zijn opgenomen, mogen alleen door geregistreerden worden gevoerd. • **Wet op de geneeskundige behandelingsovereenkomst** (WGBO) wet die beoogt de rechtspositie van patiënten te verduidelijken en te versterken, waarbij rekening wordt gehouden met de eigen verantwoordelijkheid v.d. hulpverlener. • **Wet op de geneesmiddelenvoorziening** (WOG) *zie* Geneesmiddelen-~.

• **Wet op de lijkbezorging** wet met algemene bepalingen voor lijkbezorging, ter regeling van sectie met toestemming van betrokkene of diens nabestaanden behoudens gerechtelijk bevel, i.h. belang v.d. volksgezondheid of bij vliegtuigongevallen; staat de traditionele vier lijkbestemmingen toe: begraven, cremeren, het zeemansgraf en terbeschikkingstelling aan de wetenschap. • **Wet op de medische keuringen** wet die de rechtspositie versterkt van hen die een keuring ondergaan. • **Wet op de toegang tot ziektekostenverzekeringen** wet die particuliere ziektekostenverzekeraars verplicht bepaalde mensen een verzekeringsovereenkomst aan te bieden; de overheid stelt de vergoedingen en de premie vast. • **Wet op de zorgverzekering** rechtsopvolger v.d. Ziekenfondswet; in 2006 van kracht geworden wettelijke verzekeringsregeling van ziektekosten waarbij sprake is v.e. door private zorgverzekeraars i.e. privaatrechtelijk stelsel op basis v.e. competitieve markt uit te voeren basisverzekering die iedere Nederlander verplicht is af te sluiten; voor deze verzekering geldt een acceptatieplicht. • **Wet op het bevolkingsonderzoek** (Wbo) wet die is bedoeld om mensen te beschermen tegen vormen van screening die een gevaar (o.a. i.d. vorm van onnodige onrust en valse geruststelling) kunnen betekenen voor de lichamelijke of geestelijke gezondheid; sommige vormen van bevolkingsonderzoek zijn krachtens deze wet verboden zonder vergunning, zoals screening met ioniserende straling, screening op kanker en screening op ernstige ziekten of afwijkingen waarvoor geen behandeling of preventie mogelijk is; over het al dan niet verlenen v.e. vergunning beslist de minister van VWS; aan niet-vergunningplichtig bevolkingsonderzoek stelt de wet geen specifieke eisen. • **Wet orgaandonatie** wet met als oogmerk de waarborg van bescherming v.d. donor en de ontvanger in geval van orgaandonatie. • **Wet persoonsregistraties** (WPR) uitwerking v.h. grondwettelijke recht op privacy m.b.t. medische gegevens die i.e. persoonsregistratie opgeslagen zijn. • **Wet tarieven gezondheidszorg** (WTG) wet die beoogt een evenwichtig stelsel van tarieven te bevorderen, mede met het oog op de beheersing v.d. kostenontwikkeling;

na invoering v.d. Wet op de zorgverzekering per 2006 zal steeds meer van vrije prijsvorming sprake zijn en vervalt de centrale tariefstelling vanwege de WTG. • **Wet ziekenhuisvoorzieningen** (WZV) wet met als doel de bevordering v.d. doelmatigheid v.d. ziekenhuisvoorzieningen.

wet medisch-wetenschappelijke wetmatigheid. • **alles-of-niets**~ als een inductiestroom sterk genoeg is om het hart te doen samentrekken, gebeurt deze contractie maximaal. • **biogenetische grond**~ bij de ontwikkeling v.e. individu uit een ei doorloopt het alle stadia die de hoogst ontwikkelde diersoorten hebben doorlopen bij hun ontwikkeling uit de laagste. • **isodynamische** ~ *zie* wet van Rubner. • **tangentie**~ de wetmatigheid dat alleen de grensvlakken tussen verschillende absorberende delen worden afgebeeld die door röntgenstralen worden geschampt. • **transformatie**~ **van Wolff** bij vermeerderde druk hypertrofieert het beenweefsel, bij verminderde druk atrofieert het. • ~ **van Bell** de voorste ruggenmergswortels bevatten efferente zenuwvezels, de achterste wortels afferente. • ~ **van Courvoisier** wanneer bij een afsluitingsicterus een palpabele en dus vergrote galblaas wordt aangetroffen, is de oorzaak v.d. afsluiting meestal geen steen, maar een tumor. • ~ **van du Bois-Reymond** elektrische prikkeling v.e. spier en v.e. motorische zenuw is niet afhankelijk v.d. absolute stroomdichtheid, maar v.d. snelheid waarmee de stroomdichtheid toeneemt (dus v.d. steilheid v.d. curve die deze verandering grafisch weergeeft). • ~ **van het constante groeiquotiënt** *zie* wet van Rubner. • ~ **van Hoorweg** een elektrische prikkel moet een minimumtijd aanhouden om een neuromusculaire reactie op te wekken. • ~ **van Horner** kleurenblindheid wordt overgeërfd van man op kleinzoon, via schijnbaar normale dochter. • ~ **van Kahler** de sensibele vezels v.d. direct opstijgende achterstrengbaan i.h. ruggenmerg liggen eerst tegen de mediale rand v.d. achterhoorn. • ~ **van Laplace** regel die zegt dat de wandspanning varieert met de radius als de druk constant blijft. • ~ **van Louis** tuberculose begint gewoonlijk i.d. linker long en een tuberculeuze haard ergens i.h. lichaam gaat altijd gepaard met een haard i.d. long. • ~ **van Magendie** i.e. reflexboog kan de impuls slechts in één richting worden voortgeleid. • ~ **van Nysten** lijkstijfheid begint i.d. kaakspieren, breidt zich daarna uit over het gelaat en de hals, daarna over de romp en de armen, en het laatst over de benen en de voeten. • ~ **van Pflüger-Arndt** (biologische grondwet) zwakke en middelmatig sterke prikkels stimuleren, sterke prikkels remmen of verlammen de levensfuncties. • ~ **van Poiseuille** de cerebrale bloedstroom wordt vooral bepaald door de cerebrale perfusiedruk en de druk aan de buitenkant v.d. cerebrale bloedvaten, de intracraniële druk. • ~ **van Ritter** een zenuw kan worden geprikkeld door zowel openen als sluiten v.e. stroom. • ~ **van Ritter-Valli** wanneer een zenuw van zijn cellichaam wordt afgesneden, wordt de prikkelbaarheid v.d. zenuw eerst verhoogd, daarna verdwijnt de prikkelbaarheid, het eerst nabij de cel, het laatst i.h. perifere zenuwgedeelte. • ~ **van Rubner 1** de groeisnelheid is evenredig aan de intensiteit v.d. stofwisseling; **2** hetzelfde gedeelte v.d. gehele energie wordt besteed aan de groei; dit groeiquotiënt is bij jonge individuen veel groter dan bij volwassene. • ~ **van Semon** bij progressieve aandoeningen v.d. motorische zenuwen die de intrinsieke larynxspieren innerveren, valt de abductie eerder uit dan de adductie. • ~ **van Vulpian** bij laesie v.e. deel v.d. hersenen worden de functies ervan door een ander deel overgenomen.

wetting agent [E] een oppervlakte-actieve substantie die als detergens werkt en het contact tussen een oppervlak en water bevordert.

wet wrap methode die wordt toegepast bij uitgebreide vormen van eczeem; het aanbrengen v.d. voorgeschreven zalf, het aanleggen v.e. vochtige laag en daarover heen een droge laag buisverband.

WFW Wet Foetaal weefsel.

Wharton | gelei van ~ het geleiachtig embryonaal bindweefsel v.d. navelstreng. • **whartonitis** ontsteking v.d. ductus submandibularis.

wheezing [E] bemoeilijkte ademhaling met fluitend geluid, zoals bij asthma bronchiale.

⊛ **whiplashsyndroom** symptomencomplex dat optreedt a.g.v. een acceleratie-deceleratietrauma (flexie-extensietrauma) v.d. cervicale wervelkolom; men spreekt v.e. 'laat whiplashsyndroom' of 'post-whiplashsyndroom' (voorheen: 'chronisch whiplashsyndroom') wanneer de klachten meer dan zes mnd. na het ongeval persisteren.

Whipple | whippleprocedure partiële, pylorussparende pancreaticoduodenectomie. • **ziekte van** ~ darmaandoening met idiopathische primaire vetresorptiestoornis.

white flux diarrhoea alba.

white gum [E] *zie* strophulus albidus.

whitehead gesloten comedo.

white leg [E] *zie* flegmasie | phlegmasia alba dolens.

white purging *zie* white flux.

whitlow [E] *zie* paronychia. • **herpetic** ~ paronychia door infectie met herpessimplexvirus.

whorls [E] de gewonden rangschikking v.d. tumorcellen bij fibrosarcoma protuberans.

wiechenschema stapsgewijs ontwikkelingsschema voor kinderen van 0-4 jaar.

⊛ **wiegendood** het onverwacht overlijden van ogenschijnlijk gezonde baby's (<2 jr.) in hun wieg of bedje tijdens een slaapperiode zonder dat daarvoor een oorzaak wordt gevonden.

wijdlopigheid (psychol.:) stoornis i.d. samenhang v.h. denken, gekenmerkt door het onvermogen in gesproken taal bijzaken van hoofdzaken te onderscheiden, het zich verliezen in details (overgedetailleerdheid), zonder echter de draad v.h. verhaal helemaal te verliezen; komt o.a. voor bij dwangmatige persoonlijkheid.

wijsproef van Bárány *zie* proef | cerebellaire wijs-~.

Wilde | lis van ~ lus om oorpoliepen te verwijderen. • **snede van** ~ incisie evenwijdig aan de aanhechting v.d. oorschelp, 1 cm daarachter, tot op het bot, bij periostitis mastoidea.

wild type meest voorkomende vorm v.e. coderende DNA-sequentie en v.h. eiwit.

wild vlees hypertrofisch granulatieweefsel dat ontstaat tijdens heling v.e. open wond [L].

Willebrand | vonwillebrandfactor (vWF) glycoproteïne dat bij weefselbeschadiging een rol vervult bij de adhesie van trombocyten aan subendotheliaal gelegen collageen en tevens een complex vormt met stollingsfactor VIII. ⊛ **ziekte van von** ~ stollingstoornis die berust op autosomaal dominant overgedragen tekort aan het eiwit van von Willebrand; type 1: heterozygote deficiëntie, type II (zeldzaam): kwalitatief defect v.d. vonwillebrandfactor (vWF, ook wel VWF, vonwillebrandeiwit), type III (zeldzaam) homozygote deficiëntie.

willekeurig 1 (fysiol., psych.) aan de wil onderhevig; vb. willekeurige spieren; **2** (stat.) *zie* random. • **on-** 1 niet aar de wil onderhevig, buiten de wil om; vb. onwillekeurig uitstoten van klanken; **2** zonder een patroon; vb. een willekeurige beweging (maaien v.d. armen); **3** (statist., epidemiol.)

Williams | teken van ~ verminderde uitzetting v.h. onderste deel v.d. thorax bij concretio pericardii. • **williamstracheatoon** tympanisch percussiegeluid links boven het borstbeen en onder het sleutelbeen.

Willis | cirkel van ~ *zie* circulus arteriosus cerebri. • **paracusis ~i** doofheid waarbij het gehoor nog het best is in lawaaiige omgeving.

wilsbekwaam juridische benaming voor de toestand waarin een individu verkeert dat zelf kan bepalen i.e. medische behandeling toe te stemmen.

Wilson | syndroom van Kimmelstiel-~ *zie* syndroom | kimmelstiel-wilson-~. • **ziekte van** ~ *zie* hepatolenticulaire degeneratie.

wilsonbekwaamheid het onvermogen om een redelijke waardering te maken v.d. eigen belangen met betrekking tot een beslissing of situatie.

wimpers *zie* cilia.

wind *zie* flatus.

winderigheid *zie* flatulentie.

windowfase *zie* vensterperiode.

windowing [E] **1** (nucleaire geneeskunde) het instellen v.e. venster over een energiespectrum waarbinnen de energie v.h. gebruikte isotoop ligt waarmee scintigrafische beelden worden gemaakt; **2** het instellen v.h. grijswaardenbereik v.e. beeldscherm voor een optimale beoordeling van digitale opnamen.

window of opportunity periode waarin de symptomen van reumatoïde artritis zich aandienen en waarin snel ingestelde farmacotherapie een relatief grote kans op remissie biedt.

windowperiode *zie* vensterperiode.

wing-like position [E] *zie* vleugelstand.

Winslow | pancreas ~i processus uncinatus v.d. pancreas.
winterhanden *zie* pernio.
winti (etnopsychiatrie:) Afro-Surinaamse godsdienst, waarin o.a. bovennatuurlijke wezens voorkomen die men kan oproepen met ritmische muziek en waardoor een persoon bezeten kan raken.
wire loops [E] verdikte capillairen in gedegenereerde nierglomeruli.
wishful thinking *zie* denken | dereïstisch ~.
withdrawal bleeding [E] bloeding tijdens de ovulatie door daling v.d. hoeveelheid oestrogenen i.h.b. bloed.
witkop *zie* favus.
witte kraamvloed *zie* lochia alba.
witte stof *zie* substantia alba.
witte vloed *zie* fluor vaginalis.
witzelsucht [D] gedragspatroon dat optreedt na letsel v.d. frontaalkwabben, bestaand uit o.a. ontremming, agitatie en de neiging om veelvuldig ongepaste grapjes te maken.
WMD (weighted mean difference) *zie* gewogen gemiddeld verschil.
WMO *zie* wet | Wet Maatschappelijke ondersteuning.
wobble-effect basenparing tussen mRNA-codon en tRNA-anticodon waarbij de eerste base v.h. anticodon niet helemaal correct paart met de derde base v.h. codon.
woelen (minder gangbaar) *zie* atriumfibrillatie, atrium.
W/O-emulsie een water-olie-emulsie met olie als buitenste fase, en water als binnenste fase.
Wohlfartia een vliegengeslacht v.d. fam. *Sarcophagidae*.
woldraden van Holmgren *zie* holmgren-woldraden.
wolff-chaikoffeffect remming van synthese en afgifte van schildklierhoormoon door blootstelling aan een overmaat van jodium.
wolfflin-kruckmannvlekken *zie* laesie | iris-~.
wolfftransformatiewet *zie* wet | transformatie~ van Wolff.
wolhyniakoorts *zie* koorts | vijfdedags-~.
wond plotselinge gewelddadige verbreking v.d. natuurlijke samenhang van weefsel(s), met neiging tot genezing. • **brand**~ verwonding v.d. huid en/of vijmvlies, ontstaan door inwerking van hitte; wordt geclassificeerd naar wonddiepte (erytheem, blaarvorming, necrose), wondgrootte (percentage v.h. lichaamsoppervlak) en lokalisatie; de hierop gevormde korst heet 'eschar'.
• **doorlig**~ *zie* decubitus. • **schaaf**~ zeer oppervlakkige huidverwonding. • **scheur**~ wond die is ontstaan door tractie en/of tangentiële krachten op weefsels. • **schot**~ kogelverwonding, gekenmerkt door een grote hoeveelheid aan weefselbeschadiging i.d. diepte v.d. wond. • **steek**~ door een mes, stiletto of ander steekvoorwerp ontstane verwonding.
wondbesmetting besmetting v.e. wond met bacteriën; infectie behoeft niet te volgen.
wondernet *zie* rete mirabile.
wonderolie *zie* ricinusolie.
wondgenezing genezing v.e. defect dat is veroorzaakt door verlies of afsterven van weefsel, i.h.b. epitheel. • **primaire** ~ wondsluiting die zonder complicaties verloopt; treedt alleen op bij gehechte wonden.
• **secundaire** ~ genezing v.e. niet-ideale wond.
wondkram *zie* agrafe.
wondrandexcisie *zie* debridement.
wondspreider scharend instrument dat een operatiewond openhoudt.
woodlamp ultraviolet met golflengte van ongeveer 3650 A° (365 nm).
woodlicht *zie* woodlamp.
woordvindingsstoornis stoornis i.h. spontaan of op verzoek de juiste woorden en namen vinden.
work-up (oncol.) onderzoek dat wordt uitgevoerd om de uitgebreidheid v.h. proces vast te stellen.
worm 1 lid v.d. ongewervelde groep *Vermes* (Gr. helminthes); 2 elk op *Vermes* lijkend organisme, i.h.b. de organismen die als parasieten van mensen en dieren leven; als verwekkers van ziekte bij de mens zijn van belang de klasse *Trematoda* (o.a. leverbotten), de klasse *Cestoda* (o.a. lintwormen), beide v.d. afd. *Platyhelminthes* (= platte wormen), de klasse *Nematoda* (afd. *Nemathelmintes* = ronde wormen) en de klasse *Hirudinea* (afd. *Annelida* = gesegmenteerde wormen); 3 dermatomycose a.g.v. infestatie met een dermatofyt; vb. ringworm. • **blaas**~ *Cysticercus*, hydatide. • **dauw**~ vroeg constitutioneel eczeem bij kinderen van omstreeks drie maanden oud, vnl. i.h. gezicht; niet te verwarren met eczema seborrhoicum in-

fantum. • **draad**~ zie Nemathelminthes.
• **dwerglint**~ zie Hymenolepis nana.
• **guinea**~ Dracunculus medinensis. • **haak**~ zie Ancylostoma. • **haring**~ zie Anisakis simplex. • **hondenspoel**~ Toxocara canis. • **kattenspoel**~ zie Toxocara cati. • **lint**~ Cestoda.
• **medina**~ zie Dracunculus medinensis.
• **mijn**~ zie Ancylostoma. • **plat**~ zie Platyhelminthes. • **rainbow** ~ zie laesie | iris~. • **ring**~ schimmelziekte v.d. huid met adnexen, veroorzaakt door een dermatofyt. • **rond**~ type parasitaire worm die de mens kan infecteren wanneer ze met voedsel wordt doorgeslikt. • **spoel**~ zie Ascaris. • **zuig**~ zie Trematoda. • **zweep**~ zie Trichuris trichiura.
wormbeentjes naadbeentjes, sesambeentjes.
wormmiddel zie anthelminthicum.
wormvormig aanhangsel zie appendix vermiformis.
wortel zie radix.
wortelkanaalbehandeling uimen v.h. wortelkanaal en vullen daarvan t.b.v. het behoud v.h. gebitselement.
wortsalat [D] **1** onsamenhangend onbegrijpelijk gebabbel van psychotische patiënten; **2** onbegrijpelijk en schijnbaar onsamenhangend gepraat van lijders aan receptieve afasie t.g.v. verhaspeling van woorden en letters.
wrapping [E] (neurochir.:) het met spierweefsel of gaas omhullen v.e. aneurysma cerebri dat niet aan zijn basis kan worden afgeclipt.
wrat een door een virus veroorzaakt huidpapilloom, bestaande uit onregelmatige verdikking v.d. epidermis met hyperkeratose [L]. • **anogenitale** ~ zie condyloom | condyloma acuminatum. • **doorn**~ voetwrat (verruca plantaris) die i.d ciepte groeit en daardoor veel pijnklachten geeft. • **genitale** ~ zie condyloom | condyloma acuminatum. • **mozaïek**~ het geheel van geconflueerde voetzoolwratten (verrucae plantares). • **vijg**~ zie condyloom | condyloma acuminatum. • **voetzool**~ zie verruca plantaris. • **water**~ zie molluscum contagiosum.
wreef hoogste deel van voorzijde v.d. voet.
Wrisberg | wrisbergganglia ganglia cardiaca.
wrist drop [E] zie hand | dropping ~.
WTG zie wet | Wet tarieven gezondheidszorg.
Wuchereria geslacht van draadvormige ronde wormen v.d. orde *Filaroidea*. • ~ *bancrofti* belangrijkste verwekker van filariasis.

X

X symbool voor het vrouwelijk geslachtschromosoom.

X19 stam van *Proteus vulgaris* die gebruikt wordt bij de agglutinatiereactie volgens Weil-Felix, bij vlektyfus.

xanthelasma oranjegele, vlakke opeenhopingen van met LDL-lipiden beladen macrofagen i.d. huid.

xanthelasmoides lijkend op xanthelasma; vb. urticaria xanthelasmoides.

xanthine 2,6-dioxypurine, ontstaat i.h. organisme bij de afbraak van purine.

xanthochromie 1 gele verkleuring v.d. huid; 2 gele verkleuring v.d. liquor cerebrospinalis.

xanthocyanopsie rood-groenblindheid waarbij geel en blauw wél worden gezien.

xanthodermie gele verkleuring v.d. huid.

xanthofaan de gele kleurstof i.d. kegeltjes v.h. netvlies.

xanthofyl 1 luteïne, een geel carotenoïd pigment in groene bladeren, eierdooier, bloedplasma; 2 algemene term voor hydroxycaroteen of xanthine in planten.

xanthogranuloom tumor met het histologische beeld van zowel xanthoom als granuloom. • **xanthogranuloma juvenile** bij zeer jonge kinderen voorkomende plat geel tumortje.

xanthomateus gepaard met xanthoomvorming.

xanthomatose intracellulaire ophoping van lipiden in weefsels, meestal a.g.v. een stoornis i.h. lipidenmetabolisme. • **cerebrotendineuze** ~ zeldzame erfelijke stoornis i.d. omzetting van cholesterol in galzuren, gepaard gaande met stapeling van cholesterol en cholesterolmetabolieten in pezen, hersenen en coronaire arteriën bij een normaal serumcholesterol. • **chronische idiopathische** ~ *zie* syndroom van Hand-Christian-Schüller.

Xanthomonas bacteriegeslacht v.d. familie *Pseudomonadaceae*, sectie gramnegatieve aerobe staven en kokken.

xanthoom zwelling i.d. huid of in andere weefsels, gekenmerkt door ophoping van lipiden in schuimcellen. • **fibro**~ kleine histiocytaire tumor waarin lipiden zijn gestapeld; gaat gepaard met normolipidemie.
• **naevoxantho-endothelioom** enkele verspreide, gele, verheven huidgezwelletjes, die i.d. loop der eerste levensjaren spontaan verdwijnen. • **pseudoxanthoma elasticum** zeldzame, autosomaal-recessief (soms ook autosomaal-dominante) erfelijke aandoening v.h. bindweefsel a.g.v. degeneratie van elastisch weefsel (elastorrhexis generalisata) met secundaire calciumafzetting en vaatafwijkingen in allerlei organen. • **xanthoma diabeticorum** xanthoom a.g.v. de stofwisselingsstoornissen bij diabetes.
• **xanthoma eruptiva** kleine, intradermale ophoping van cholesterol en triglyceridebevattende schuimcellen, meestal gelokaliseerd op de nates. • **xanthoma papulosum disseminatum** *zie* xanthoma eruptiva.
• **xanthoma planum** platte tot zeer licht verheven gele verkleuring v.d. huid over grote gebieden, voorkomend bij monoklonale gammopathie. • **xanthoma striata palmaris** lijnvormige, gele verkleuring i.d. plooien v.d. handpalmen t.g.v. ophoping van cholesterolbevattende schuimcellen in de handlijnen. • **xanthoma tendineum** ophoping van cholesterolbevattende schuimcellen in peesscheden. • **xanthoma tuberosum** geelbruin gekleurde tumoren i.d. huid die ontstaan door ophoping van cholesterolbevattende schuimcellen, vooral op

de ellebogen en de knieën.

xanthopsie stoornis i.h. kleurenzien waarbij alles wat men ziet een gele bijtint heeft.

xanthose gele verkleuring, i.h. bijzonder v.d. huid. • **xanthosis cutis** gele verkleuring v.d. huid bij nuttigen van excessieve hoeveelheden caroteenrijk voedsel. • **xanthosis diabetica** xanthose bij diabetes mellitus.

X-BOZ *zie* buikoverzichtsfoto.

X-chromosomaal m.b.t. het X-chromosoom; vb. X-chromosomale erfelijkheid.

XDR-tbc | XDR-tuberculose niet te behandelen vorm van tuberculose waarbij de tuberkelbacil voor alle antibiotica resistent is geworden.

xen- voorvoegsel in woordsamenstellingen met als betekenis 'vreemd'.

xenobiotisch lichaamsvreemd.

xenogeen afkomstig v.e. soortvreemd individu.

xenogenese voortbrenging van nakomelingen met ongelijke kenmerken i.d. opeenvolgende generaties.

xenograft heteroloog transplantaat, afkomstig v.e. andere (dier)soort; vb. varkenshartklep.

xenoloog *zie* xenogeen.

xenon (Xe) radionuclide.

Xenopsylla een geslacht v.d. fam. *Pulicidae*. • ~ *cheopis* belangrijkste overbrenger v.d. pest, een rattenvlo die overal voorkomt.

Xenopus een geslacht van padden. • ~ *laevis* pad die vroeger veel i.h. laboratorium voor zwangerschapsreacties werd gebruikt.

xero woordvoorvoegsel met de betekenis 'droog'.

xero- woordvoorvoegsel met de betekenis 'droog'.

xeroderma ichthyosis-achtige aandoening, gekenmerkt door ruwe en droge huid met schilfering. • ~ **follliculare** *zie* keratose | keratosis follicularis. • ~ **pigmentosum** zeldzame autosomaal recessief erfelijke aandoening waarbij een defect is aan enzym (en) die dienen voor het herstel van door UV-straling veroorzaakte DNA-schade. • ~ **simplex** uitdroging v.d. huid, die er wit en strak uitziet, terwijl de opperhuid als dunne vliesjes loslaat.

xerogel *zie* gel.

xerose abnormale droogheid v.d. huid of v.d. conjunctiva. • **xerosis bulbi** uitdroging v.d. oogbol. • **xerosis conjunctivae** uitdroging v.d. conjunctiva, xeroftalmie. • **xerosis cutis** droogheid v.d. huid. • **xerosis vaginae** uitdroging v.h. vaginale slijmvlies.

xerostomie droogheid v.h. mondslijmvlies door deficiënte speekselsecretie.

xeroticus xerotisch, gekenmerkt door, of m.b.t. xerosis; vb. balanitis xerotica obliterans.

xerotisch m.b.t. xerosis.

X-foto *zie* röntgenonderzoek.

X-gebonden overerving | X-chromosomaal gebonden overerving aandoeningen die via een afwijkend allel op het X-chromosoom worden overgeërfd en vrijwel alleen bij mannen tot uiting komen.

xifodynie pijn aan de processus xiphoideus.

xifoïd *zie* processus xiphoideus.

xifoïdaal m.b.t. het xifoïd (de processus xiphoideus); vb. subxifoïdaal.

xiphoideus zwaardvormig; vb. processus xiphoideus.

X-linked-agammaglobulinemie *zie* agammaglobulinemie | brutor~.

XO afwijkende chromosoomconstitutie bij gonadale dysgenesie (syndroom van Turner).

X-patroon toename v.d. scheelzienshoek bij esotropie bij zowel naar boven als naar beneden kijken.

X-ray *zie* röntgenonderzoek.

X-stralen *zie* röntgenstralen.

XTC *zie* ecstasy.

XX-man mannelijk fenotype met hypogonadisme en soms met gynaecomastie.

XXX afwijkende chromosoomconstitutie met infantiel vrouwelijk fenotype.

XY-chromosomenpatroon *zie* 46,XY-configuratie.

xylase *zie* arylkoolwaterstofhydroxylase.

xyloketose een pentose-suiker; soms voorkomend in urine.

XYY afwijkende chromosoomconstitutie bij veelal lange mannen met normale geslachtsfunctie.

Y

Y symbool voor het mannelijk geslachtschromosoom.
yatescorrectie (statist., epidemiol.) correctie voor continuïteit.
yaw de afzonderlijke laesie bij framboesia tropica. • **bos~s** in Suriname gangbare aanduiding van mucocutane leishmaniasis. • **mother** ~ [E] het primair affect van framboesia tropica. • **ringworm** ~ ringvormige eruptie van framboesia tropica.
yaws *zie* framboesia tropica.
yellow nail [E] verdikking en verharding v.d. nagels, meestal met gele verkleuring gepaard gaand.
Yersinia in 1964 als afzonderlijk genus afgescheiden groep van *Pasteurella*. • ~ *enterocolitica* verwekker van diarree met koorts. • ~ *pestis* verwekker van ratten- en mensenpest; vroeger geheten *Pasteurella pestis*.
yersiniasis ziekte t.g.v. infectie met *Yersinia enterocolitica*.
yersiniose *zie* yersiniasis.
yoga 1 (oorspr.:) uit India stammende filosofie, gericht op het bereiken v.d. hoogste geestelijke toestand d.m.v. contemplatie; **2** (hedendaagse, westerse vorm:) het geheel van ademhalings- en lichaamsoefeningen die gericht zijn op het bereiken v.e. bewuste ontspanning en hierdoor een hoger geestelijk en lichamelijk welzijn.
Y-90-orthofosfaat radionuclide.
Young | **driekleurentheorie van ~-Helmholtz** alle kleuren zijn mengingen v.d. drie primaire kleuren rood, groen en violet. • **regel van ~ voor kinderdosering** vermenigvuldig de volwassendosis (V) met het leeftijdsgetal (L) v.h. kind (in jaren) en deel door het leeftijdsgetal vermeerderd met 12, aldus: $V \times L / L + 12$. • **youngsyndroom** zelden voorkomen chronische ontsteking i.d. hogere en diepere luchtwegen i.c.m. azoöspermie.
yttrium (Y) zeldzaam metaal, vergelijkbaar met cesium; atoomnummer 39, atoomgewicht 88,905.

Z

zaad *zie* sperma.
zaadbal *zie* testis.
zaadbalkanker *zie* testiscarcinoom.
zaadbuisjes sterk gekronkelde buisjes i.d. testis, via korte tubuli recti uitmondend i.h. rete testis.
zaadheuvel *zie* colliculus seminalis.
zaadleider *zie* ductus deferens.
zaadlozing *zie* ejaculatie. • **voortijdige** ~ *zie* ejaculatie | ejaculatio praecox.
zaaduitstorting *zie* ejaculatie.
zaadvloed *zie* spermatorroe.
zaadvloeistof mengsel v.d. secretjes v.d. glandulae bulbourethrales (kliertjes van Cowper), de prostaat en de glandulae vesiculosa.
zaailing tumorhaard die door verplaatsing van elders is ontstaan.
zaalronde *zie* visite.
zachte lichaamsdelen *zie* weke delen.
zadelneus | **benige** ~ neus met ingezonken neusrug, vnl. a.g.v. een trauma. • **kraakbenige** ~ neus met ingezonken neusrug vnl. a.g.v. septumafwijking.
zahnlijnen ribbels in trombi als deze tijdens het leven v.d. patiënt zijn ontstaan.
zakjes van Tröltsch *zie* tröltschzakjes.
zalf smeersel dat bestaat uit vet, al dan niet gecombineerd met geneesmiddelen. • **oog**~ zalf voor lokale toediening van middelen i.h. oog. • **whitfield**~ zalf met benzoëzuur en salicylzuur.
zalfgezicht glimmende gelaatshuid door seborroe, o.a. een symptoom van parkinsonisme.
zandlopermaag een door een cirkelvormige insnoering in tweeën gedeelde maag.
zandvlieg *zie* Phlebotomus papatasii.
ZBC *zie* zelfstandig behandelcentrum.
zeeleeuwenblaf hoest in twee tonen, bij endothoracale stridor.
zeemeeuwgeruis *zie* seagull murmur.
zegelring cel | vet-~.
zelfafgrenzingsstoornis stoornis i.d. zelfwaarneming met verlies van gevoel van autonomie, verlies van gevoel van eenheid, verlies van zelfafgrenzing of overmatig sterke zelfafgrenzing.
zelfbehoud alle gedrag dat bijdraagt tot overlevingskansen v.e. organisme.
zelfbeleving (psychol.) het besef en de emotionele ervaring bij de persoon zelf als zijnde een individu dat denkt, voelt en handelt.
zelfbeperkend *zie* zelflimiterend.
zelfbeschikking vrijheidsrecht om over het eigen lichaam te beschikken.
zelfbesmetting *zie* infectie | auto-~.
zelfbevrediging *zie* masturbatie.
zelfdoding *zie* suïcidepoging. • **hulp bij** ~ het opzettelijk hulp verlenen bij een levensbeëindigend handelen door betrokkene op diens verzoek. • **poging tot** ~ *zie* suïcidepoging.
zelfdodingshulp *zie* zelfdoding | hulp bij ~.
zelflimiterend vanzelf eindigend na een bepaalde periode; gezegd van ziekten.
zelfmoord *zie* zelfdoding.
zelfregulering het overlaten van verantwoordelijkheden aan het veld v.d. gezondheidszorg.
zelfreiniging een term m.b.t. waterhygiëne; open water reinigt zich zelf doordat verontreinigende deeltjes bezinken.
zelfstandig behandelcentrum (ZBC) organisatievorm van medisch-specialistische zorg buiten het ziekenhuis.
zelfsuggestie *zie* autosuggestie.
zelfverminking *zie* mutilatie | auto-~.
zemelen *zie* vezel | voedings-s.
⊙ **zenkerdivertikel** lokale uitstulping v.h.

slijmvlies v.d. farynx op de overgang v.d. beide delen v.d. musculus constrictor pharyngis inferior of op de overgang v.d. farynx naar de oesofagus.

zenuw zich vertakkende, draadvormige bundel zenuwvezels, bestaand uit honderden vertakkende uitlopers van zenuwcellen; i.d. regel zijn deze uitlopers axonen (v.d. cel afgaande uitlopers), zelden dendrieten (naar de cel toegaande uitlopers); cellichamen v.d. zenuwcellen vindt men i.d. hersenen, ruggenmerg, ganglia (zenuwknopen) en zenuwvlechten; vervoert informatie i.d. vorm van elektrische impulsen, enerzijds tussen zintuigen en centrale zenuwstelsel (afferente vezels) en anderzijds tussen centrale zenuwstelsel en doelorganen (spieren, klieren) (efferente vezels). • **aangezichts~** *zie* nervus facialis. • **craniale ~en** *zie* hersen~en. • **dorsale ~en** de spinale zenuwen van Th.1-12, nervi thoracici. • **gehoor~** *zie* nervus vestibulocochlearis. • **gemengde ~** een z. die zowel motorische als sensibele zenuwvezels bevat. • **gewrichts~** nervus articularis. • **gezichts~** *zie* nervus opticus. • **hersen~en** de twaalf paar zenuwen die aan de hersenen ontspringen: I. nervus olfactorius; II. n. opticus; III. n. oculomotorius; IV. n. trochlearis; V. n. trigeminus; VI. n. abducens; VII. n. facialis; VIII. n. vestibulocochlearis; IX. n. glossopharyngeus; X. n. vagus; XI. n. accessorius; XII. n. hypoglossus; de hersenzenuwen treden (met uitzondering van IV) door de schedelbasis uit de schedel (ten onderscheid v.d. ruggenmergszenuwen), verdelen zich over hoofd en hals en via de n. vagus (X) ook over borst en buik. • **heup~** *zie* nervus ischiadicus. • **huid~** nervus cutaneus. • **ischias~** *zie* nervus ischiadicus. • **motorische ~** centrifugaal geleidende zenuw waarlangs bewegingsimpulsen naar de spieren worden geleid. • **parasympathische ~** een tot het parasympathische zenuwstelsel behorende zenuw. • **pilomotorische ~en** zenuwen die de pilo-erectoren innerveren en zo de haren doen bewegen. • **ruggenmerg~en** de aan de ruggenmergsegmenten ontspringende 31 paren zenuwen: 8 cervicale, 12 thoracale, 5 lumbale, 5 sacrale, 1 coccygeale zenuwen (coccyx = stuit); elk is ontstaan door vereniging v.e. voor- en een wortel; treden uit via de foramina intervertebralia. • **sacrale ~en** de vijf paar ruggenmergszenuwen die uit het sacrale merg ontspringen. • **sensibele ~** centripetaal geleidende zenuw waarlangs zintuigprikkels het czs bereiken. • **sensorische ~en** zenuwen die de zintuigen innerveren. • **spinale ~en** *zie* ruggenmerg~en. • **sympathische ~** een tot het sympathische zenuwstelsel behorende zenuw. • **trofische ~en** zenuwen die de voeding (en de groei) v.d. weefsels regelen.

zenuwaandoening *zie* neuropathie.
zenuwachtigheid *zie* nervositeit.
zenuwbaan | motorische ~ bundel zenuwvezels die bewegingsimpulsen vanuit het czs naar de spieren geleiden. • **sensibele ~** bundel zenuwvezels die de van receptoren afkomstige impulsen naar het czs en binnen het czs verder leiden naar hersen- of ruggenmergscentra.
zenuwbehandeling *zie* wortelkanaalbehandeling.
zenuwblokkade het onderbroken zijn v.d. zenuwgeleiding na een blokkering.
zenuwceluitloper *zie* axon.
zenuwgeleidingsonderzoek meting v.d. geleidingssnelheid en latentie van perifere zenuwen.
zenuwinzinking lekenterm voor een combinatie van verschijnselen van overbelasting die zich psychisch kan uiten in paniek (stoornis) en andere hevige emoties en lichamelijk in o.a. extreme vermoeidheid, palpitaties en benauwdheid.
zenuwknoop *zie* ganglion.
zenuwmerg *zie* myeline.
zenuwmergschede *zie* schede | myeline~.
zenuwpijn *zie* neuralgie.
zenuwsegment het gedeelte v.e. zenuwvezel tussen twee insnoeringen van Ranvier.
zenuwstam verzameling van bundels van zenuwvezels, ingesloten i.e. bindweefselschede.
zenuwstelsel complex van i.h. lichaam aanwezige zenuwcellen, verbonden met alle delen en organen die ontvankelijk zijn voor prikkels uit de buitenwereld, deze prikkels voortgeleiden en verwerken en impulsen naar doelorganen doen uitgaan; naar ligging onderscheidt men het centrale zenuwstelsel (czs) en het perifere zenuwstelsel. • **animaal ~** het complex van zenuwcellen en zenuwen die de somatische functies en de betrekkingen tot de omgeving verzorgen: sensibiliteit, temperatuurgevoel, somati-

sche reflexen, bewegingen (tegenover vegetatief, autonoom, sympathisch zenuwstelsel). • **autonoom** ~ (azs) het zenuwstelsel dat de gladde spieren, de hartspier, de klieren en de inwendige organen bestuurt, onafhankelijk v.d. wil. • **centraal** ~ (czs) hersenen plus ruggenmerg. • **orthosympathisch** ~ deel v.h. vegetatieve zenuwstelsel dat katabole stofwisselingsprocessen voor het verrichten van arbeid stimuleert en de anabole processen remt; vergroot tevens de prikkelbaarheid van veel zintuigen. • **parasympathisch** ~ deel v.h. vegetatieve zenuwstelsel dat anabole stofwisselingsprocessen voor groei en herstel van cellen stimuleert. • **perifeer** ~ (pzs) het buiten het centrale zenuwstelsel (czs) gelegen netwerk van zenuwvezels die prikkels v.h. czs naar de periferie of prikkels v.d. periferie naar het czs geleiden. • **sympathisch** ~ zie orthosympathisch ~. • **vegetatief** ~ zie autonoom ~. • **visceraal** ~ zie autonoom ~.
zenuwvezels | **alfa**~ vezels met de snelste geleiding uit de groep A-zenuwvezels.
zenuwvlecht plexus nervorum.
zetmeel | **dierlijk** ~ zie glycogeen.
zetten (botbreuk) zie positie | re~.
zevenpuntshuidplooimeting zie huidplooimeting.
ziekenhuis gebouw waar mensen die ernstig ziek of gewond zijn, worden onderzocht, behandeld en verpleegd en waar dag en nacht een of meer vormen van medische specialistische hulp en de daarmee verband houdende verpleging en verzorging kunnen worden geboden.
ziekenhuisvoorziening inrichting voor gezondheidszorg, behorend tot een aangewezen categorie of een deel hiervan, alsmede een hiermee verbonden bouwkundige voorziening.
ziekte verstoring v.d. gezondheid (definitie v.d. Wereldgezondheidsorganisatie, WHO), stoornis v.d. normale functies v.h. lichaam (of delen daarvan) of v.d. geest.
• **acute exanthematische** ~ infectieziekte die met een plotseling verschijnend exantheem gepaard gaat. • **Afrikaanse slaap**~ (tropengeneesk.) zie trypanosomiasis.
• **ahornstroop**~ zie disease | maple-syrup urine ~. • **auto-immuun**~ aandoening die berust op de vorming van antistoffen, gericht tegen lichaamseigen cellen en weefsels, doordat het lichaam het vermogen heeft verloren om eigen en lichaamsvreemde eiwitten van elkaar te onderscheiden, m.a.g. een reactie met afbraak van eigen weefsel. • **auto**~ zie wagen~. • **A**-~ categorie van ziekten als genoemd i.d. Infectieziektenwet waarbij de arts in geval van vermoeden of constateren onmiddellijk kennis moet geven aan de GGD. • **berg**~ 1 zie hoogte~; 2 polycytemie bij bergbewoners. • **beroeps**~ ziekte die veroorzaakt wordt door schadelijke invloeden, verbonden aan beroepsarbeid. • **besmette ijke** ~ zie infectie~.
• **bewegings**~ toestand van onwelbevinden door bewegingen tijdens het reizen. • **bijkomende** ~ zie morbiditeit | co~. • **bindweefsel**~ ziekte met uiteenlopende oorzaak waarbij de integriteit en stabiliteit van bindweefsel wordt bedreigd. • **bloeder**~ niet te verwarren met de (verouderende) term 'bloedziekte' (hemopathie) zie hemofilie. • **bloed**~ ziekte v.h. bloed en de bloedbereidende organen. • **B**-~ categorie van besmettelijke ziekten zoals aangeduid i.d. Infectieziektenwet waarbij de patiënt in principe thuis kan worden verpleegd. • **caisson**~ symptomencomplex, gekenmerkt door gewrichtsklachten, pulmonale klachten, huidafwijkingen en neurologische stoornissen bij duikers, piloten en caissonwerkers die een decompressie ondergaan, waardoor i.d. bloedbaan uit opgelost stikstof bij het overschrijden v.d. drukafhankelijke verzadigingsgrens stikstofgasbelletjes (luchtembolieën) worden gevormd. • **celinsluitsel**~ zie megalie | cyto-~. • **cholesterolstapelings**~ zie syndroom van Hand-Christian-Schüller. • **chronische granulomateuze** ~ (CGD) erfelijke ziekte, gekenmerkt door recidiverende infecties en door verhoogde gevoeligheid voor katalase-positieve microorganismen. • **chronische inflammatoire darm**~ chronische ontsteking v.d. darm.
• **constitutionele** ~ ziekte die i.d. constitutie verankerd is. • **C**-~ categorie van besmettelijke ziekten, bepaald op grond v.d. Infectieziektenwet, waarbij de kennisgeving niet op naam is gesteld, tenzij de minister anders heeft bepaald. • **decompressie**~ zie caisson~. • **deficiëntie**~ ziekte door het ontbreken v.e. of meer noodzakelijke stoffen. • **degeneratieve bot**~ zich aan de gewrichten als arthrosis deformans manifesterende afwijkingen. • **derde** ~ zie mor-

billi. • **dereïstische** ~ toegewenste imaginaire ziekte ('krijg de...'). • **eerste** ~ *zie* roodvonk. • **Engelse ~ 1** (geneesk.:) *zie* rachitis; **2** (taalkunde:) '*vak term die taal kundigen gebruiken voor het onjuiste gebruik v.h. spatie teken in Nederlandse samen stellingen in navolging v.d. Engelse spelling regels*' (taalkundig juist is: 'vakterm die taalkundigen gebruiken voor het onjuiste gebruik v.h. spatieteken in samenstellingen in navolging v.d. Engelse spellingregels'). • **esdoornstroop~** *zie* disease | maple-syrup urine ~. • **extrapiramidale ~n** functiestoornissen i.d. basale ganglia en het cerebellum die aan de basis liggen van abnormale bewegingen. • **galsteen~** ziekte die is veroorzaakt door de aanwezigheid van galstenen *zie* lithiase | chole-~. • **gastheer-versus-transplantaat-~** *zie* reactie | host-versus-graft~. • **gebreks~** *zie* deficiëntie-~. • **gecombineerde streng~** aandoening van zij- en achterstrengen v.h. ruggenmerg, voorkomend o.a. bij perniceuze anemie. • **gekkekoeien~** *zie* encefalopathie | boviene spongiforme ~. • **geslachts~** *zie* seksueel overdraagbare aandoening. • **glycogeenstapelings~** *zie* glycogenose. • **hand-voet-mond~** virusziekte, meestal door Coxsackie-A16-virus als verwekker, gekenmerkt door pijnlijke zweertjes op het mondslijmvlies, de handen en de voeten. • **hardmetaal~** interstitiële longfibrose a.g.v. expositie aan metalen zoals kobalt. • **haringworm~** *zie* anisakiasis. • **hart~** cardiopathie. • **HbH~** vorm van alfathalassemie. • **hepaticoveno-occlusieve** ~ *zie* Budd | budd-chiarisyndroom. • **heredodegeneratieve ~n** verouderde term voor erfelijke neurodegeneratieve ziekten van grijze of witte stof. • **hiv-gerelateerde** ~ ziekte die ontstaat door de verzwakking v.h. immuunsysteem a.g.v. hiv-infectie. • **hoogte~** symptomencomplex van vermoeidheid, kortademigheid, hoofdpijn, duizeligheid, misselijkheid, gebrek aan eetlust, braken, slapeloosheid, verwardheid en antisociaal gedrag, veelal optredend bij personen die niet aan verblijf op grote hoogte (> ca. 3000 m) zijn geacclimatiseerd; hoogteziekte kan dodelijk verlopen. • **immuuncomplex~** complement- en effectorcel-gemedieerde weefselschade door neerslag van immuuncomplexen. • **import~** ziekte die i.h. eigen land niet endemisch voorkomt, die men i.h. buitenland oploopt en die zich soms pas na terugkomst manifesteert. • **infectie~** ziekte die ontstaat door een algemene infectie. • **inhalatie~** ziekte t.g.v. het inademen van stof van biologische of organische oorsprong. • **ischemische hart~** aandoeningen v.h. hart die het gevolg zijn van atherosclerose v.d. kransarteriën. • **juveniele** ~ ziekte die i.d. kinderjaren of puberteit wordt opgelopen/doorgemaakt. • **kattenkrab~** regionale lymfadenitis, veroorzaakt door infectie door *Bartonella henselae* na beet of krab v.e. kat. • **kinder~** infectieziekte die een levenslange immuniteit achterlaat en dus vnl. bij kinderen voorkomt. • **knobbeltjes~** *zie* tuberculose. • **koudeagglutinatie~** pathologisch hoge concentratie koudeantistoffen. • **legionairs~** *zie* legionellose. • **long~** aandoening v.d. longen; vb. COPD, astma, atelectase, pneumonie. • **lucht~** *zie* reis-~. • **lysosomale stapelings~** erfelijke ziekte door deficiëntie of gestoorde werking van lysosomale enzymen, waardoor bepaalde macromoleculen zich i.d. lysosomen stapelen. • **maandag~** kenmerkend syndroom bij byssinose waarbij de borstklachten op maandag, na het vrije weekend, het intensiefst optreden en in de loop v.d. week afnemen. • **marmerbeen~** *zie* osteopetrose | osteopetrosis generalisata. • **metabole bot~** botziekte die wordt veroorzaakt door stoornis in calcium- of fosfaatstofwisseling en/of calciotrope hormonen. • **motorneuron~** primaire aandoening van voorhoorncellen en van hersenkernen. • **na~** *zie* secundaire ~. • **neurocutane** ~ ziekte waarbij zowel het zenuwstelsel als de huid is aangedaan. • **neuromusculaire ~n** verzamelnaam voor aandoeningen v.h. perifere motorische neuron, de myoneurale synaps en de spier. • **onderliggende** ~ *zie* ziekteproces | primair ~. • **overdraagbare** ~ *zie* infectie-~. • **papegaaien~** *zie* psittacose. • **peroxisomale ~n** erfelijke stofwisselingsziekten a.g.v. een defect i.d. peroxisomen. • **plica~** al dan niet traumatische aandoening v.d. plicae synoviales v.h. kniegewricht. • **prion~** *zie* prionziekte. • **rattenbeet~** infectie na de beet v.e. rat. • **reflux~** *zie* refluxoesofagitis. • **reis~** *zie* bewegings-~. • **resus~** *zie* erytroblastose | erythroblastosis foetalis. • **riet~** hevig jeukend erytheem, veroorzaakt door een zwam op *Arundo donax*, een bij de papierindustrie gebruikte rietsoort. • **schilders**-NB: niet te verwarren met 'ziekte van Schilder' *zie* encefalopathie | chronische toxische ~. • **schimmel**~ *zie* mycose. • **schrik**~ *zie* hyperekplexie. • **schub**~ *zie* psoriasis. • **secundaire** ~ ziekte die veroorzaakt is door een voorafgaande ziekte, de primaire ziekte. • **seksueel overdraagbare** ~ *zie* seksueel overdraagbare aandoening. • **serum**~ allergisch ziektebeeld, ontstaan door toediening van lichaamsvreemd eiwit, waarbij allergeen-antistof-immuuncomplexen worden gevormd. • **siaalzuurstapelings**~ erfelijke stofwisselingsziekte a.g.v. een afwijking i.h. glycoproteïnemetabolisme. • **sikkelcelhemoglobine-C-**~ vorm van sikkelcelziekte waarbij de hemoglobine voor de helft uit HbS en voor de helft uit HbC bestaat. • **sikkelcel**~ erfelijke aandoeningen met als gemeenschappelijke factor de aanwezigheid van sikkelcelhemoglobine i.d. erytrocyten. • **simulator**~ duizeligheid en misselijkheid a.g.v het gebruik v.e. simulator. • **slaap**~ (tropengeneesk.) Afrikaanse ~ of trypanosomiasis. • **stapelings**~ ziekte waarbij een ophoping van het substraat i.d. cel en een tekort aan het reactieproduct ontstaan. • **stofwisselings**~ familiaire aandoening die wordt veroorzaakt door een stoornis v.e. biochemisch mechanisme in cellen en weefsels. • **stralings**~ ernstig lichamelijk letsel a.g.v. een stralingsongeval met potentieel dodelijke afloop. • **suiker**~ *zie* diabetes. • **systemische** ~ ziekte die het gehele lichaam betreft. • **taaislijm**~ *zie* cystische fibrose. • **tampon**~ *zie* toxischeshocksyndroom. • **tangier**~ autosomaal recessief-erfelijke ziekte, gekenmerkt door o.a. ernstige hypolipoproteïnemie, hypocholesterolemie en hypertriglyceridemie. • **transplantaat-versus-gastheer-**~ *zie* reactie | graft-versus-host~. • **trofoblast**~ groep van aandoeningen waarbij het trofoblast persisteert na evacuatie v.e. mola i.h. eerste trimester. • **tweede** ~ *zie* rubella. • **ulcus**~ neiging tot het ontwikkelen van zweren i.d. maag of duodenum waardoor recidiverend peptische ulcera optreden. • **vaat**~ *zie* angiopathie. • **vaccinatie**~ lichte koorts en/of exantheem, optredend na vaccinatie met (verzwakt) levend virusmateriaal. • **vallende** ~ *zie* epilepsie. • **vegetatieve inhala-**

tie~ *zie* alveolitis | exogeen-allergische ~. • **venerische** ~ *zie* seksueel overdraagbare aandoening. • **veteranen**~ *zie* legionellose. • **vierde** ~ *zie* rubella scarlatinosa. • **vijfde** ~ *zie* erytheem | erythema infectiosum. • **vlieg**~ *zie* kinetose. • **vouw**~ groep van ziekten waarbij moleculen van één specifiek eiwit i.e. abnormale vouwvorm een onoplosbaar, disfunctioneel aggregaat vormen. • **vrijetijds**~ stelselmatig ziek zijn in vakantie of weekend, zich meestal uitend in griepachtige symptomen als hoofdpijn, misselijkheid, vermoeidheid en spierpijn. • **wagen**~ misselijkheid, opkomend bij het rijden i.e. wagen. • **worm**~ *zie* helminthiasis. • **zee**~ *zie* reis~. • **zelflimiterende** ~ ziekte die vanzelf na een bepaalde periode eindigt. • **zenuw**~ verouderde, zeer brede en daardoor onnauwkeurige aanduiding v.e. aandoening v.h. zenuwstelsel, met inbegrip van psychiatrische stoornissen. • **zesde** ~ *zie* exanthema subitum. • ~ **van Abt-Siwe-Letterer** *zie* syndroom | abt-siwe-letterer-~. • ~ **van Addison** *zie* Addison | ziekte van ~. • ~ **van Addison-Biermer** *zie* pernicieuze anemie. • ~ **van Albright** combinatie van polyostotische fibroplasie, pigmentstoornissen en pubertas praecox. • ~ **van Alexander** vorm van leukodystrofie; zeldzame, erfelijke stofwisselingsziekte bij kinderen met psychomotorische achteruitgang, spasticiteit en epilepsie. • ~ **van Alpers** erfelijke progressieve neurologische aandoening met moeilijke te behandelen epilepsie, ataxie, oftalmoplegie, myopathie, neuropathie en leverfalen. • ~ **van Alport** X-gebonden erfelijke aandoening, leidt bij mannen op jongvolwassen leeftijd tot binnenoordoofheid en ernstige nierafwijkingen (focale glomerulopathie). • ~ **van Alzheimer** *zie* dementie | alzheimer-~. • ~ **van Andrews** *zie* pustulose | pustulosis palmaris et plantaris. • ~ **van Baelz** *zie* myxadenitis labialis. • ~ **van Bang** boviene brucellose, febris undulans. • ~ **van Barraquer-Simons** *zie* lipodystrofie | lipodystrophia progressiva. • ~ **van Barth** X-gebonden aandoening met cardiomyopathie, groeiretardatie, myopathie en neutropenie. • ~ **van Basedow** in Duitstalige landen gangbaar synoniem van 'ziekte van Graves' *zie* Graves | ziekte van ~. • ~ **van Bassen-Kornzweig** zeldzame autosomaal-recessieve aandoening met vet-

malabsorptie vanaf de geboorte, retinitis pigmentosa, progressieve ataxieën en acanthocytosis. • ~ **van Batten** *zie* neuronale ceroïdlipofuscinose. • ~ **van Bazin** vorm van huidtuberculose met knobbels en grillige vlakke paarsrode infiltraten aan de onderbenen. • ~ **van Becker** *zie* dystrofinopathie. • ~ **van Behr** ziekte die wordt gekenmerkt door opticusatrofie, heredofamiliale ataxie en (matige) oligofrenie.
• ~ **van Berger** *zie* nefropathie | IgA~. • ~ **van Besnier-Boeck** *zie* sarcoïdose. • ~ **van Besnier-Boeck-Schaumann** *zie* sarcoïdose.
• ~ **van Biermer** ziekte van Addison-B. = anaemia perniciosa. • ~ **van Blount** *zie* tibia vara. • ~ **van Bornholm** *zie* myalgie | myalgia epidemica. • ~ **van Bourneville-Pringle** *zie* sclerose | tubereuze hersen~. • ~ **van Bright** nefritis, gepaard met proteïnurie en oedeem. • ~ **van Brill-Symmers** lymfoblastoom met reuzenfollikels als laat recidief van epidemische vlektyfus. • ~ **van Brill-Zinsser** *zie* ziekte van Brill-Symmers.
• ~ **van Brissaud-Sicard** *zie* hemispasme | hemispasmus facialis alternans. • ~ **van Brocq** *zie* parakeratose | parakeratosis variegata. • ~ **van Brodie** chronische synoviitis v.h. kniegewricht. • ~ **van Brody** autosomaal recessief; deficiëntie van Ca2+ -ATPase i.h. sarcoplasmatische reticulum, met inspanningsintolerantie, spierstijfheid.
• ~ **van Busquet** periostitis ossificans v.d. metatarsalia. • ~ **van Byler** familiaire recessieve aandoening waarbij intrahepatische cholestase optreedt. • ~ **van Canavan** erfelijke stofwisselingziekte waarbij substantia alba wordt afgebroken, leidend tot o.a. mentale retardatie, verminderde visus, myokloniën, macrocefalie. • ~ **van Caroli** congenitale dilatatie v.d. intrahepatische galwegen. • ~ **van Carrion** bartonellose (infectie met *Bartonella bacilliformis*). • ~ **van Chagas** Zuid-Amerikaanse trypanosomiasis bij kinderen in Brazilië, verwekt door *Trypanosoma cruzi*, overgebracht door wantsen. • ~ **van Chanarin-Dorfman** triglyceridestapelingsziekte met ichtyose, neurologische afwijkingen en te veel vetdruppels in spiervezels. • ~ **van Chandler** idiopathische vorm van avasculaire botnecrose, vnl. bij mannen die overmatig alcohol gebruiken. • ~ **van Christmas** *zie* hemofilie.
• ~ **van Civatte** *zie* poikilodermie. • ~ **van Cowden** autosomaal dominant erfelijke genodermatose met multiple hamartomen van huid en viscera. • ~ **van Creutzfeldt-Jakob** snel progressief verlies van neuronen i.d. hersenschors en subcorticale structuren, bij mensen van middelbare leeftijd, met toenemende dementie, spierschokken, hyperkinesie. • ~ **van Crouzon** dysostosis craniofacialis hereditaria. • ~ **van Cushing** hypercortisolisme t.g.v. een verhoogde ACTH-productie door de hypofysevoorkwab. • ~ **van Danielssen-Boeck** lepra mixta. • ~ **van Darier** erfelijke verhoorningsstoornis v.d. huid, met bruine hoornkorsten, soms woekerend. • ~ **van De Almeida** Zuid-Amerikaanse blastomycose.
• ~ **van Degos** papulosis atrophicans maligna. • ~ **van De Quervain** *zie* thyreoïditis | subacute ~ van De Quervain. • ~ **van Dietrich** epifysenecrose v.d. metacarpalia (vnl. het tweede en derde). • ~ **van Dressler** intermitterende hemoglobinurie.
• ~ **van Dubreuilh** *zie* lentigo maligna.
• ~ **van Duchenne** geslachtsgebonden (alleen bij jongetjes voorkomende), recessief erfelijke spierziekte. • ~ **van Duhring** *zie* dermatitis herpetiformis. • ~ **van Durand-Nicolas-Favre** *zie* lymfogranuloom | lymphogranuloma venereum. • ~ **van Eales** recidiverende bloedingen in retina en glasvocht. • ~ **van Ebstein** zeldzame aangeboren hartafwijking waarbij de slippen v.d. tricuspidalisklep zijn misvormd en gedeeltelijk aan de anulus fibrosis en met het bekledingsweefsel v.d. rechterkamer zijn vergroeid. • ~ **van Ehlers-Danlos** *zie* syndroom | ehlers-danlos-~. • ~ **van Erb-Charcot** *zie* paralyse | spastische spinale ~.
• ~ **van Fabry** zeldzame X-gebonden recessief erfelijke stofwisselingziekte, vallend onder de lysosomale stapelingsziekten, waarbij het lysosomale enzym alfagalactosidase A (ceramidetrihexosidase) ontbreekt *zie* thesaurismose | thesaurismosis hereditaria lipoidica. • ~ **van Farber** gedissemineerde lipogranulomatosis, met multiple granulomen, periarticulaire zwellingen, aantasting v.h. skelet, leververgroting.
• ~ **van Favre-Racouchot** elastoidosis cystica et comedonica. • ~ **van Fazio-Londe** progressieve spierzwakte, debuterend in uitwendige oogspieren en bulbaire spieren. • ~ **van Feer** *zie* acrodynie. • ~ **van Filatow-Dukes** *zie* rubella scarlatinosa.
• ~ **van Fox-Fordyce** *zie* syndroom | fox-for-

dyce~. • ~ **van Frei** lymphogranuloma venereum. • ~ **van Freiberg-Köhler** vorm van avasculaire necrose v.h. kopje van het os metatarsale. • ~ **van Funk-Hyde** zie sarcoom | sarcoma multiplex cutaneum gummatodes. • ~ **van Gaucher** familiaire lysosomale stapelingsziekte t.g.v. genetische afwijking waarbij deficiëntie v.h. enzym glucocerebrosidase leidt tot stapeling van glucocerebroside (glucasylceramide) in macrofagen van lever, milt, lymfklieren, longen, beenmerg en in zeldzame gevallen ook het zenuwstelsel; manifesteert zich klinisch als spleno- en/of hepatomegalie, trombocytopenie, anemie, geelzucht, skeletafwijkingen en epilepsie. • ~ **van Gerlier** endemische paralytische vertigo.
• ~ **van Gianotti-Crosti** syndroom bij jonge kinderen a.g.v. hepatitis-B-infectie: kenmerkende huidafwijkingen, lymfklierzwelling, anicterische hepatomegalie en algehele malaise. • ~ **van Gilchrist** zie blastomycose | Noord-Amerikaanse ~. • ~ **van Goldscheider** zie epidermolyse | epidermolysis bullosa. • ~ **van Grisel** pijnlijke verdraaiing v.d. nek door atlantoaxiale dislocatie bij kinderen en adolescenten, gepaard met een keelontsteking of een tonsillitis.
• ~ **van Grover** transiënte acantholytische dermatose. • ~ **van Guillain-Barré** zie guillain-barrésyndroom. • ~ **van Guillain-Barré-Strohl** zie neuritis | polyradiculo-.
• ~ **van Haglund** aseptische necrose i.d. apofyse v.d. calcaneus. • ~ **van Hailey en Hailey** zie pemfigus | pemphigus familialis benignus chronicus. • ~ **van Halban** persisterend corpus luteum bij pseudozwangerschap. • ~ **van Hallopeau** zie pemfigus | pemphigus vulgaris Hallopeau. • ~ **van Hamman 1** spontaan interstitieel emfyseem v.d. long; **2** spontaan mediastinaal emfyseem (beter: pneumomediastinum).
• ~ **van Hand-Christian-Schüller** zie syndroom van Hand-Christian-Schüller.
• ~ **van Hansen** zie lepra. • ~ **van Hartnup** recessief autosomaal erfelijke aandoening waarbij in alle lichaamscellen het transport van bepaalde aminozuren (i.h.b. tryptofaan) verstoord is, o.a. leidend tot renale hyperaminoacidurie, cerebellaire ataxie en intelligentiedefecten, i.h.b. bij de resorptie van tryptofaan; het eerst waargenomen bij het Britse gezin Hartnup. • ~ **van Heine-Medin** zie poliomyelitis. • ~ **van Henoch-**

Schönlein zie Henoch | henoch-schönleinsyndroom. • ~ **van Hodgson** aneurysma aortae. • ~ **van Huchard** presclerose.
⊛ ~ **van Huntington** progressieve neurodegeneratieve afwijking die wordt gekenmerkt door motorische stoornissen, cognitieve functiestoornissen en psychiatrische verschijnselen; indeling: naast de vorm die zich op volwassen leeftijd openbaart, is er een zeldzame juveniele vorm (westphalvariant), gekenmerkt door rigiditeit en overerving via de paternale lijn • ~ **van Hurler-Scheie** autosomaal-recessieve lysosomale stapelingsziekte met fataal beloop. • ~ **van Jadassohn 1** pityriasis lichenoides; **2** erythema perstans faciei. • ~ **van Jaffé-Lichtenstein** polyostotische fibreuze dysplasie, met zwelling van epifyse en diafyse door ontwikkeling van sponsachtig fibreus weefsel i.h. beenmerg. • ~ **van Jan Gösta Waldenström** niet te verwarren met de ziekte van Johann Henning Waldenström zie macroglobulinemie van Waldenström.
• ~ **van Jensen** choroidoretinitis juxtapapillaris. • ~ **van Jessner** benigne huidaandoening gekenmerkt door paarsrode lymfocytaire infiltraten i.h. gezicht en op de borst. • ~ **van Kahler** zie Kahler | ziekte van ~. • ~ **van Kanner** zie autisme. • ~ **van Kennedy** zie neuropathie | bulbospinale ~.
• ~ **van Köhler I** aseptische necrose v.h. os naviculare v.d. voet; NB: typeaanduiding '...-I' is gangbaar en daarmee betekenisonderscheidend, dus niet enkel ~. • ~ **van Köhler II** NB: typeaanduiding '...-II' is gangbaar en daarmee betekenisonderscheidend zie syndroom van Freiberg-Köhler. • ~ **van König** dissecans | osteochondritis ~. • ~ **van Kostmann** zie agranulocytose | infantiele ~. • ~ **van Krabbe** zie leukodystrofie | globoïdcellige ~.
• ~ **van Kugelberg-Welander** zie spinale spieratrofie type III. • ~ **van Kümmell-Verneuil** compressiefractuur v.e. of meer borstwervels na gering trauma. • ~ **van Kwok** zie syndroom | Chineesrestaurant~.
• ~ **van Landouzy-Dejerine** zie facioscapulohumerale dystrofie. • ~ **van Larsen-Johansson** ossificatiestoornis i.h. gebied v.d. patella, vnl. bij jonge mensen. • ~ **van Leber** zie opticusneuropathie van Leber.
• ~ **van Legg-Calvé-Perthes** aseptische necrose v.d. femurkopepifyse bij jeugdige personen (6-14 jaar). • ~ **van Leriche** zie atro-

fie | sudeckbot~. • ~ **van Letterer-Siwe** *zie* syndroom | abt-siwe-letterer-~. • ~ **van Lhermitte-Duclos** dysplastische ganglioncellen. • ~ **van Little** *zie* diplegie | diplegia spastica infantilis. • ~ **van Lutz-Splendore-De Almeida** *zie* ziekte van De Almeida. • ~ **van Lyme** *zie* lymeborreliose. • ~ **van Magitot** osteoperiostitis v.d. tandkassen. • ~ **van Majocchi** purpura annularis teleangiectodes. • ~ **van Manson** *zie* schistosomiasis. • ~ **van Marie-Bamberger** verdikking v.d. distale einden of de gehele schacht van lange botten, soms met erosie v.h. gewrichtskraakbeen. • ~ **van McArdle-Schmid-Pearson** glycogeenstapelingsziekte met deficiëntie v.h. enzym fosforylase i.h. skeletspierweefsel voor snelle vermoeidheid bij inspanning zorgt; de symptomen verminderen in ernst na het 40e of 50e levensjaar. • ~ **van Meige-Milroy** *zie* ziekte van Milroy. • ~ **van Ménière** *zie* Ménière | ziekte van ~. • ~ **van Mikulicz** *zie* syndroom | mikulicz-~. • ~ **van Milroy** oedeem en fibrosis t.g.v. aangeboren stenose v.d. grote lymfevaten. • ~ **van Minor** centrale hematomyelie. • ~ **van Möbius** zeldzame aandoening, meestal op kinderleeftijd beginnend, met recidiverende aanvallen van eenzijdige migraineuze hoofdpijn. • ~ **van Morquio** systeemziekte met mucopolysacharidose en IVA-deficiëntie, leidend tot dwerggroei. • ~ **van Morvan** *zie* syringomyelie. • ~ **van Moschcowitz** *zie* purpura | trombotische thrombocytopenische ~. • ~ **van Mucha-Habermann** *zie* parapsoriasis guttata acuta. • ~ **van Munk** lipoïdnefrose. • ~ **van Nicolas-Favre** *zie* lymfgranuloom | lymphogranuloma venereum. • ~ **van Norrie** recessief-X-chromosomaal overerfbare aandoening met bilateraal persisterend hyperplastisch primair glasvocht, doofheid en hypogonadisme. • ~ **van Norum** *zie* familiaire primaire lecithine-cholesterolacyltransferasedeficiëntie. • ~ **van Oppenheim** myatonia congenita. • ~ **van Osgood-Schlatter** *zie* osteochondrose | osteochondrosis tuberositas tibiae. • ~ **van Owren** *zie* parahemofilie A. • ~ **van Paget** meestal wordt hiermee bedoeld 'ostitis deformans' *zie* ostitis deformans. • ~ **van Parkinson** *zie* Parkinson | ziekte van ~. • ~ **van Pauzat** *zie* periostitis ossificans van de metatarsalia. • ~ **van Pellegrini** een halvemaanvormig beentje boven i.h. lig. collaterale mediale v.d. knie, ontstaan t.g.v. trauma. • ~ **van Perthes** *zie* ziekte van Legg-Calvé-Perthes. • ~ **van Peyronie** chronisch voortschrijdende bindweefselverharding v.d. wand v.d. zwellichamen v.d. penis (tunica albuginea v.d. corpora cavernosi), zich meestal manifesterend in verkromming v.d. penis in erectie, leidend tot dyspareunie en mechanische coïtusbelemmering. • ~ **van Pfeiffer** *zie* mononucleose | mononucleosis infectiosa. • ~ **van Pick** *zie* Pick | pickhersenatrofie. • ~ **van Pick-Herxheimer** *zie* Pick | pick-herxheimersyndroom. • ~ **van Pinkus** lichen nitidus. • ~ **van Plummer** hyperthyreoïdie t.g.v. overactieve knobbels i.d. schildklier. • ~ **van Pompe** autosomaalrecessieve glycogeenstapelingsziekte (type II) met vnl. stapeling i.d. spieren, waardoor spierzwakte ontstaat. • ~ **van Pott** *zie* spondylitis tuberculosa. • ~ **van Preiser** avasculaire necrose v.h. os scaphoideum. • ~ **van Pringle** fibroadenomen i.h. gezicht, fibromen aan vingers en tenen, pigmentnaevi op de romp. • ~ **van Purtscher** traumatische angiopathie v.d. retina. • ~ **van Reclus** multipele goedaardige cysten i.d. mamma. • ~ **van Refsum** *zie* heredopathia atactica polyneuritiformis. • ~ **van Reiter** zelden voorkomende, wereldwijd verbreide postinfectieuze reactieve seronegatieve spondylartritis op basis van kruisreagerende antistoffen tegen lichaamseigen structuren a.g.v. infectie met gramnegatieve bacteriën uit het systema digestorium (de tractus digestivus) of tractus urogenitalis, zoals *Chlamydia trachomatis*. • ~ **van Riggs** chronische etterige periodontitis. • ~ **van Rittershain** *zie* syndroom | staphylococcal scalded skin syndrome. • ~ **van Roger** klein, geïsoleerd asymptomatisch defect i.h. hartkamerseptum. • ~ **van Romberg** *zie* atrofie | progressieve hemifaciale ~. • ~ **van Ruiter-Pompen-Wyers** *zie* thesaurismose | thesaurismosis hereditaria lipoidica. • ~ **van Schamberg 1** progressieve pigmentstoornis, vnl. aan de onderbenen; **2** dermatitis veroorzaakt door mijten die in stro leven. • ~ **van Scheuermann** groeistoornis v.d. wervelkolom bij kinderen van 10-18 jaar waarbij a.g.v. osteochondropathia juvenilis een stugge thoracale of lumbale kyfose ontstaat. • ~ **van Schilder** meest bij jonge mensen voorkomende pro-

gressieve demyeliniserende aandoening v.d. hersenen, een sudanpositieve vorm van leukodystrofie; NB: niet te verwarren met 'schilderziekte' (chronische toxische encefalopathie). • ~ **van Schintz** *zie* ziekte van Sever. • ~ **van Schmorl** degeneratie van tussenwervelschijven en wervels a.g.v. een ontwikkelingsstoornis. • ~ **van Scholz** juveniele vorm van diffuse hersensclerose, een familiale, demyeliniserende encefalopathie. • ~ **van Schroeder** hypertrofisch endometrium, excessieve bloedingen, vermoedelijk t.g.v. tekort aan gonadotroop hormoon. • ~ **van Schwartz-Jampl** *zie* syndroom | schwartz-jampl-. • ~ **van Sever** avasculaire juveniele botnecrose v.d. apofyse v.d. calcaneus. • ~ **van Simmonds-Sheehan** *zie* syndroom | sheehan-. • ~ **van Sinding-Larssen-Johansson** *zie* osteochondrose | osteochondrosis patellae juvenilis. • ~ **van Sjögren** *zie* Sjögren | sjögrensyndroom. • ~ **van Sly** mucopolysacharidose a.g.v. een defect i.h. enzym bètaglucuronidase. • ~ **van Sneddon en Wilkinson** *zie* dermatose | subcorneale pustuleuze ~. • ~ **van Sneddon-Wilkinson** *zie* dermatose | subcorneale pustuleuze ~. • ~ **van Souques-Charcot** dunne, rimpelige huid, infantiele genitalia, eunuchoïde lichaamsbouw, progeria en overmatige rimpelvorming. • ~ **van Sternberg** *zie* lymfogranulomatose. • ~ **van Strümpell** erfelijke spierziekte met toenemende stijfheid i.d. spieren v.d. benen die tot spasticiteit kan leiden. • ~ **van Talma** *zie* myotonie | myotonia acquisita. • ~ **van Tarui** glycogeenstapelingsziekte o.b.v. fosfofructokinasedeficiëntie. • ~ **van Thomsen** *zie* myotonie | myotonia congenita. • ~ **van Tommaselli** kininevergiftiging, gepaard gaand met koorts en hematurie. • ~ **van Tooth** peroneale vorm van progressieve spieratrofie. • ~ **van Tornwaldt** chronische bursitis pharyngealis, soms gepaard gaand met vorming van cysten. • ~ **van Trousseau** *zie* hemochromatose. • ~ **van Van Buren** *zie* ziekte van Peyronie. • ~ **van Van Creveld** *zie* Gierke | ziekte van von ~. • ~ **van Vaquez-Osler** *zie* polycytemie | polycythaemia vera. • ~ **van von Recklinghausen** de term betreft twee verschillende ziekten *zie* neurofibromatose, osteodystrofie | osteodystrophia fibrosa cystica generalisata.
• ~ **van von Willebrand** *zie* Wille-brand | ziekte van von ~. • ~ **van Waldenström** term betreft twee verschillende ziekten, ontdekt door twee verschill. Zweedse artsen *zie* Waldenström | ziekte van Johann Henning ~, ziekte van Jan Gösta Waldenström. • ~ **van Wardrop** onychia maligna. • ~ **van Wegener** *zie* granulomatose | wegener-. • ~ **van Werdnig-Hoffmann** *zie* spieratrofie | spinale - type I. • ~ **van Werner-His** *zie* koorts | vijfdaags-. • ~ **van Winkelman** progressieve pallidumdegeneratie. • ~ **van Wolman** zeldzame erfelijke vetstapelingsziekte van cholesterolesters in weefsel.

ziektebeeld constellatie van symptomen en verschijnselen dat het beeld v.e. bepaalde ziekte geeft i.d. presentatie en voorts i.d. laboratoriumuitslagen en de beeldvormende diagnostiek.

ziektebeloop *zie* naad | vaat-.

ziektebesef het besef aan een psychiatrische of somatische ziekte of stoornis te lijden.

ziekteduur de tijdsduur waarin een patiënt een stoornis v.d. normale functie van (een deel van) het lichaam of de geest ervaart.

ziektefrequentie maat voor aantal zieken i.e. populatie.

ziektegedrag elke activiteit ten aanzien v.h. vinden van hulp die wordt ondernomen door iemand die zich ziek voelt of denkt een ziekte te hebben.

ziektegeschiedenis 1 het beloop v.e. ziekte; **2** (medisch gebruik) het dagelijks bijgehouden verslag omtrent het ziektebeloop.

ziektegeval *zie* casus.

ziektehaard *zie* focus.

ziekte-inzicht (psychol., psychiatrie) gevoelsmatig en cognitief inzicht i.d. aanwezigheid en de ontstaanswijze v.h. eigen lijden.

ziektekostenverzekeraar *zie* zorgverzekeraar.

ziektekunde *zie* pathologie.

ziekteproces 1 ontwikkeling v.e. aandoening; **2** (minder juist) het deel v.h. lichaam waar een ziekte zich i.h. weefsel manifesteert. • **primair** ~ haard waaruit de ziekte is ontstaan. • **secundair** ~ ziekte die het gevolg is v.e. ziekteproces elders.

ziekteverschijnsel *zie* symptoom.

ziektevoorbode *zie* prodroom.

ziektewinst psychologische term om, veelal onbewuste, winst t.g.v. een ziekte te omschrijven. • **primaire** ~ z. door de ziekte zelf. • **secundaire** ~ z. door de reactie v.d. omgeving op het ziekzijn.

zielkunde *zie* psychologie.

ziemannstippeling stippeling v.d. met een quartana-malariaparasiet geïnfecteerde erytrocyt.

zien visus [L.]. • **daglicht~** *zie* fotopisch ~. • **dubbel~** *zie* visus duplicatus. • **dyskritisch** ~ het waarnemen van licht zonder meer (zonder differentiëring of lokalisering). • **epikritisch** ~ het genuanceerde zien van vorm en kleur, i.t.t. dyskritisch zien. • **excentrisch** ~ perifeer zien, d.w.z. met het buiten de fovea centralis gelegen deel v.h. netvlies. • **fotopisch** ~ het zien bij adaptatie aan helder licht, waarbij kleuren kunnen worden waargenomen. • **indirect** ~ gezichtswaarneming door het buiten de macula lutea gelegen netvliesgedeelte. • **kegel~** dubbelzijdige hemianopsie met uitsparing v.h. centrale zien. • **kleuren~** NB: niet te verwarren met 'kleurenzin' *zie* blindheid | kleuren~, Young | driekleurentheorie van ~-Helmholtz. • **koker~** 1 (oogheelk.) concentrische beperking v.h. gezichtsveld die gelijk is op verschillende afstanden v.h. oog en die daarom niet op een organische aandoening kan berusten; 2 (psych.) uitsluiting van nevenfactoren i.d. beoordeling v.e. kwestie doordat men al gepreoccupeerd is met de conclusie die men in gedachten heeft. • **latent scheel~** *zie* strabisme | dynamisch ~. • **mesoptisch** ~ het zien i.d. schemering. • **musivisch** ~ het bij insecten voorkomende zien met facetogen; hierbij ontstaat een mozaïekachtig beeld dat is samengesteld uit de door de facetten ontworpen afzonderlijke beeldjes. • **natuurlijk** ~ adequate visus zonder gebruikmaking van visuele hulpmiddelen (bril enz.). • **perifeer** ~ gezichtswaarneming door het netvliesgedeelte buiten de macula lutea. • **scheel~** *zie* strabisme. • **scotopisch** ~ het zien bij adaptatie aan zwak licht; hierbij domineert de staafjesfunctie. • **sleutelgat~** concentrische beperking v.h. gezichtsveld die afneemt met de afstand tot het oog. • **synkritisch** ~ de hoogste ontwikkelingsvorm v.h. zien: integrerend, ontledend, verklarend, coördinerend.

ZIFT *zie* zygote intrafallopian transfer.

zijdigheid bij gepaarde organen: links of rechts i.h. lichaam.

zijketentheorie *zie* Ehrlich | zijketentheorie van ~.

zilverimpregnatie techniek waarbij met impregnatie van zilverzouten weefselstructuren zichtbaar worden.

zilvernitraat zilververbinding met etsende werking.

zin 1 (neurofysiol.:) zintuiglijk vermogen; 2 (seksuel..) hebben:) zie seksueel verlangen. • **gevoels~** waarneming van prikkels van buitenaf via oppervlakkig of dieper gelegen sensoren die fijne en grove tast, druk, koude, warmte, pijn e.d. registreren. • **kleuren~** het vermogen verschillen in golflengte van licht waar te nemen en zo kleuren te onderscheiden; verstoord bij disfunctie van kegeltjes i.d. retina; NB: niet te verwarren met 'kleurenzin'. • **pijn~** vermogen om pijn te voelen; vormt samen met de temperatuurzin en de grove tast de vitale sensibiliteit. • **positie~** het vermogen om (met gesloten ogen) de stand van gewrichten te beoordelen. • **tast~** aanrakingsgevoel, gemedieerd door verschillende huidsensoren. • **temperatuur~** het vermogen om verschillende graden van warmte (of koude) te onderscheiden. • **trillings~** *zie* pallesthesie.

zinkoxide stof met geringe antiseptische werking.

zinsbedrog *zie* illusie. • **~ van Aristoteles** als men een balletje strijkt tussen de gekruiste wijs- en middelvinger, meent men er twee te voelen.

zintuig orgaan dat prikkels uit de buitenwereld in gewaarwordingen omzet.

zintuiglijk *zie* sensorisch.

zintuigzenuwcellen *zie* cel | neurosensorische ~.

zitvlak deel v.h. lichaam waarop men zit, de billen.

zoekfilter ontwikkelde zoekstrategie voor literatuuronderzoek over een specifiek onderwerp.

zoekreactie *zie* reactie | magneet~.

zoekstrategie aantal stappen om in literatuurdatabases te komen tot een relevante set van literatuurreferenties.

zogen een kind met moedermelk voeden, aan de borst laten zuigen.

zogsecretie afscheiding van moedermelk i.d. borstklieren.

zöllnerfiguren figuren die een gezichtsbedrog oproepen.

zomercatarre *zie* pollinose.
zomersproet *zie* sproet.
zona 1 cirkelvormig gebied (gordel); **2** (vnl. in België) herpes zoster. • ~ **compacta** de bovenste smalle laag v.h. i.d. secretiefase verkerende endometrium, met opeengepakte grote stromacellen. • ~ **fasciculata** de middelste en breedste laag v.d. bijnierschors, met radiaire epitheelstrengen. • ~ **glomerulosa** buitenste laag v.d. bijnierschors, met kluwens epitheelcellen. • ~ **pellucida** lichtbrekend vlies tussen het oppervlak v.d. eicel en de corona radiata. • ~ **reticularis** binnenste laag v.d. bijnierschors, met netvormig gerangschikte cellen.
zonalis gordelvormig; vb. stratum zonale.
zone gebied, lichaamsgedeelte. • **epileptogene** ~ hersengebied waarvan prikkeling een epileptisch insult kan teweegbrengen. • **head**~ overgevoelige huidzone die correspondeert met een inwendig orgaan; bij ziekte v.h. dat orgaan voelt de patiënt pijn i.d. corresponderende headzone. • **loosertransformatie**~ onderbreking van corticalis met lijnvormige tekening in lange pijpbeenderen op röntgenfoto's. • **motorische** ~ voorste centrale streek v.d. cerebrale schors met de aangrenzende delen v.d. frontale windingen; hier liggen de centra voor de willekeurige bewegingen. • **perinucleaire** ~ *zie* perinucleaire hof. • ~ **van Head** *zie* head~.
zonnebrand ontstekingsreactie op toxische schade i.d. huid veroorzaakt door blootstelling aan uv-straling.
zonnebrandmiddel *zie* zonwerend middel.
zonnesteek *zie* beroerte | hitte~.
zonnevlecht *zie* plexus coeliacus.
zonula verkleinwoord van zona. • ~ **adhaerens** celmembraanstructuur verbonden met microfilamenten die cellen in nauw contact met elkaar brengt. • ~ **ciliaris** de rondom de ooglens bevestigde ophangband. • ~ **occludens** afsluitende cel-cel-verbindingsstructuur d.m.v. lokale fusie van celmembranen volgens een complex patroon; komt alleen voor in epithelia; celoppervlak wordt hierdoor gescheiden i.e. apicaal en een basolateraal gedeelte.
zonularis m.b.t. de zonula ciliaris.
zonwerend middel middelen met beschermende werking tegen UV-A- of UV-B-licht van zonnestralen door filterende werking van bep. absorberende stoffen, door reflectie of verstrooiing.
zoö- voorvoegsel in woordsamenstellingen m.b.t. dieren.
zoöamylum 'dierlijk zetmeel', glycogeen.
zoöfilie parafilie, gekenmerkt door (fantasieën over) seksuele handelingen met dieren.
zoografting [E] overplanting van dierlijk weefsel op de mens.
zool planta (pedis) [L].
zoolwaarts *zie* plantair.
zoom kant of rand aan de buitenzijde, i.h.b. gezegd van weefsel. • **bismu**~ afzetting van metallisch bismut langs de rand v.h. tandvlees, teken van bismutvergiftiging. • **borstel**~ zoom van microvilli aan het oppervlak van epitheelcellen waardoor het apicale celgrensvlak een veel groter oppervlak krijgt. • **burton**~ *zie* lood~. • **kwik**~ donkere rand v.h. tandvlees door afzetting van metallisch kwik, bij kwikvergiftiging. • **lood**~ donkere rand v.h. tandvlees door afzetting van metallisch lood, teken van loodvergiftiging. • **osteoïd**~ laag van onverkalkte botmatrix die door osteoblasten tegen bestaand bot is afgezet.
Zoomastigophorea klasse van *Protozoa*, behorende tot de afdeling *Sarcomastigophora*.
zoömorf op een dier gelijkend, als een dier gevormd.
zoönose ziekte die v.h. dier op de mens kan overgaan.
zoosporangium een zoösporen-dragend receptaculum.
zoötomie 1 de anatomie van dieren; **2** dissectie van dieren.
zorg het geheel van maatregelen ter verbetering v.d. gezondheid v.e. patiënt, i.h.b. de geneeskundige behandeling en verpleging. • **gehandicapten**~ **1** zorg voor personen met een handicap of zorg voor mensen met een functiebeperking; **2** overkoepelende term voor alle organisaties, diensten en instellingen binnen de gezondheidszorg die zich bezighouden met verlening van zorg, hulp en diensten aan de genoemde doelgroep. • **gezondheids**~ **1** zorg voor de gezondheid; **2** de instanties en de handelingen voor het onder 1) genoemde. • **integrale** ~ zorg die is gericht op de lichamelijke, geestelijke en sociale aspecten v.e. aandoening. • **keten**~ het op elkaar afstemmen van verschillende processen en activi-

teiten i.e. zorgketen met het doel enerzijds kosteneffectief te voldoen aan verwachtingen van patiënten en anderzijds te voldoen aan opgestelde richtlijnen en protocollen. • **mantel**~ zorgverlening door mensen uit de naaste omgeving v.d. patiënt. • **na**~ geheel aan maatregelen, getroffen om iemand gedurende de fase na een ziekte, ongeluk of trauma te begeleiden. • **postoperatieve** ~ het gehele stelsel van intramurale medische, paramedische en verpleegkundige zorg na de operatie. • **preconceptie**~ het geheel van maatregelen die men al vóór de conceptie kan nemen ter bevordering v.d. gezondheid v.d. (aanstaande) moeder en haar kind. • **terminale** ~ integrale zorg aan een patiënt i.d. laatste periode v.h. leven. • **thuis**~ geheel van activiteiten op het gebied v.d. verzorging en verpleging van ziekten i.d. thuissituatie. • **topklinische** ~ zorg waarbij geavanceerde apparatuur, bijzondere voorzieningen en/of specifieke deskundigheid nodig zijn; de kosten hiervan zijn bovengemiddeld hoog; de zorgvorm wordt daarom alleen verleend in ziekenhuizen (i.h.b. universitaire medische centra) die hiervoor een speciale vergunning v.h. Ministerie van VWS hebben. • **topreferente** ~ specialistische patiëntenzorg die de uitsl. wordt verstrekt na verwijzing door een klinisch specialist; behelst zeer gespecialiseerde diagnostiek en behandeling (vb. hyperbarezuurstoftherapie); hierna is geen doorverwijzing meer mogelijk. • **transmurale** ~ zorg waarbij de optimale samenwerking en afstemming tussen intra- en extramurale zorg worden nagestreefd. • **verantwoorde** ~ zorg v.e. goed niveau die ten minste doeltreffend, doelmatig en patiëntgericht is. • **zelf**~ zorgverlening door de patiënt zelf waarbij zelfredzaamheid en eigen verantwoordelijkheid worden benadrukt.

zorgaanbieder 1 (in ruime zin) elke natuurlijke of rechtspersoon die een instelling instandhoudt of die zorg aanbiedt; 2 (in engere zin) natuurlijk(e) perso(o)n(en) of rechtsperso(o)n(en) die een instelling instandhoud(en) of vorm(en).

Zorgautoriteit *zie* College Tarieven Gezondheidszorg.

zorgbehoefte enerzijds subjectieve behoefte aan zorg volgens patiënten en anderzijds objectieve behoefte aan zorg.

zorggebruik het daadwerkelijk gebruik van zorg.

zorgketen samenwerking tussen verschillende zorgaanbieders om de continuïteit en afstemming i.d. zorg te waarborgen.

zorgpad methode om de leden v.e. multidisciplinair en interprofessioneel team op elkaar af te stemmen en taakafspraken voor een specifieke patiëntenpopulatie te maken.

zorgpas smartcard waarop informatie over een verzekerde wordt vastgelegd.

zorgsector benaming v.e. deel v.d. gezondheidszorg.

zorgverlener iemand die werkzaam is binnen de gezondheidszorg en in direct contact staat met de zorgvrager.

zorgverzekeraar uitvoeringsorgaan v.d. Wet op de zorgverzekering.

zorgvraag door de patiënt expliciet uitgesproken zorgbehoefte.

zorgvrager persoon die n.a.v. gezondheidsklachten professionele medische hulp en eventuele behandeling zoekt.

zoster verkorte aanduiding van 'herpes zoster'. • ~ **bullosus** z. waarbij zich grote blazen ontwikkelen. • ~ **corneae** z. v.h. hoornvlies. • ~ **gangraenosus** ernstig verlopende z. met bloedingen en necrose en vorming van diepe zweren. • ~ **generalisatus** gegeneraliseerd zosterexantheem, gelijktijdige eruptie van zoster en varicella. • ~ **ophthalmicus** zoster i.h. gebied dat door de n. ophthalmicus (1e trigeminustak) wordt geïnnerveerd. • ~ **oticus** z. v.h. ganglion geniculi; gaat gepaard met facialisparalyse en binnenoordoofheid.

zoutbeperking *zie* natriumbeperking.

zoutdepletie uitputting v.d. zoutreserve v.h. lichaam.

zouthuishouding regulering v.d. elektrolytenuitscheiding zodat deze in evenwicht is met de niet-selectieve opname vanuit voedsel.

zoutsuppletie toediening of inname van zout om een ontstaan tekort hieraan te compenseren.

zuckergussleber *zie* perihepatitis chronica hyperplastica.

Zuckerkandl | zuckerkandlorgaan paraganglion aan weerszijden v.d. buikaorta, deel uitmakend v.h. chroomaffiene systeem.

zuigdrainage • zuigdrainage volgens Mo-

naldi *zie* drainage | monaldizuig~.
zuigeling kind van geboorte tot eerste verjaardag.
zuigelingenperiode periode vanaf de leeftijd van 4 weken tot 1 jaar.
zuigkoker bovenbeensprothesekoker met ventiel.
zuil van Clarke *zie* clarkezuil.
zuster aanspreekvorm voor of naamloze verwijzing naar vrouwelijke verpleegkundige i.e. ziekenhuis of zorginstelling; ook wel verouderende lekenaanduiding van 'verpleegkundige'.
zuur stof die in oplossing vrije waterstofionen afgeeft. • **acetylsalicyl~** (ASZ) prostaglandinesynthetaseremmer met pijnstillende, koortswerende en ontstekingsremmende werking. • **adenyl~** *zie* adenosinemonofosfaat. • **aminolevuline~** een verbinding van glycine en succinyl-co-enzym A. • **5-aminosalicyl~** (5-ASA) stof met ontstekingsremmend effect door remming v.d. prostaglandine- en leukotriënensynthese. • **arachidon~** onverzadigd vetzuur dat bij ontstekingsprocessen uit de fosfolipiden v.d. celmembraan ontstaat. • **ascorbine~** *zie* vitamine C. • **bètahydroxyboter~** ketonlichaam, geproduceerd i.d. lever tijdens de ketogenese; belangrijke energiebron voor extrahepatische weefsels, o.a. zenuwstelsel en spieren. • **bètaketoboter~** tussenproduct bij de afbraak van vetzuren en ketogene aminozuren; wordt bij gestoorde koolhydraatstofwisseling (o.a. diabetes mellitus) in versterkte mate i.d. lever gevormd. • **boor~** zuur met lichte desinfecterende werking. • **chenodesoxychol~** door de levercel uit cholesterol gevormd primair galzuur, dat vervolgens bindt met taurine of glycine. • **chol~** zuur dat in gal voorkomt. • **chondroïtine-zwavel~** een polysacharide in kraakbeentussenstof. • **citroen~** stof die wordt gevormd i.d. citroenzuurcyclus uit reactie van oxaalacetaat met de acetylgroep van acetylco-enzym A. • **deoxychol~** secundair galzuur, gevormd uit hydroxylering v.h. primaire galzuur cholzuur. • **di-ethyleentriaminepenta-aceet~** (DTPA) chelator, drager voor o.a. radionucliden bij scintigrafie, zoals Tc-99m DTPA. • **foline~** derivaat van foliumzuur, nodig voor de groei van *Leuconosta citrovorum*. • **folium~** co-substraat bij overdracht C1-(methyl)fragmenten in aminozuurmetabolisme en bij de DNA-synthese. • **fool~** *zie* folium~. • **galzuren** belangrijkste bestanddeel v.d. gal. • **gamma-aminoboter~** (GABA) inhibitoire neurotransmitter; binding van GABA leidt tot opening van postsynaptische GABA-gestuurde chloorionenkanalen, waardoor de postsynaptische membraan verminderd exciteerbaar wordt; benzodiazepinen en barbituraten versterken deze inhiberende werking. • **gammahydroxyboter~** (GHB) anestheticum en analgeticum. • **gammalinoleen~** stof die door het lichaam uit linolzuur kan worden gemaakt. • **glucuron~** van glucose afgeleid zuur; inactiveert en ontgift verschillende stoffen door conjugatie met deze stoffen i.d. lever. • **glutamine~** een aminozuur, belangrijke bouwsteen bij de eiwitsynthese; eindproduct v.d. omzetting van tetrahydrofoliumzuur en formiminoglutaminezuur (FIGLU) door het enzym formiminotransferase. • **glycochol~** geconjugeerde vorm v.e. galzuur met glycine dat meestal als natrium- of kaliumzout i.d. gal wordt uitgescheiden. • **glycyrretine~** werkzaam bestanddeel in succus liquiritiae met mineralocorticoïd effect. • **hippuur~** zuur dat in urine van planteneters voorkomt, slechts in kleine hoeveelheden in mensenurine. • **homogentisine~** intermediair afbraakproduct van fenylalanine en tyrosine. • **hyaluron~** zure mucopolysacharide, polymeer van acetylglucosamine en glucuronzuur, gelachtig bestanddeel van bindweefsel, huid, corpus vitreum, navelstreng, synovia. • **hydroxy-imino-di-azijn~** (HIDA) stof die na koppeling aan een radioactieve marker wordt ingespoten voor HIDA-scintigrafie. • **isoascorbine~** *zie* vitamine C. • **kool~** *zie* kooldioxide. • **linol~** een der (hogere onverzadigde) essentiële vetzuren. • **maag~** zuur dat door de pariëtale cellen i.d. maagwand wordt geproduceerd. • **muramine~** bestanddeel v.h. peptidoglycaan dat verantwoordelijk is voor de stijfheid v.d. celwand van bacteriën. • **N-acetylneuramine~** geacetyleerd neuraminezuur. • **neuramine~** polyhydroxyaminozuur met een skelet van negen koolstofatomen. • **nicotine~** acidum nicotinicum, bestanddeel van vitamine B-complex. • **pantotheen~** een component van vitamine B-complex, heeft bij ratten en kuikens een anti-dermatitiswerking en voorkomt het grijs worden van dieren met donker gekleurde haren.

- **para-aminobenzoë~** onderdeel van vitamine-B-complex; noodzakelijk voor de synthese van foliumzuur. • **para-aminohippuur~** zuur dat i.d. diagnostiek van nieraandoeningen wordt gebruikt. • **para-aminosalicyl~** (PAS) geneesmiddel met bacteriostatische werking op *Mycobacterium tuberculosum*. • **pteroylglutamine~** *zie* folium-. • **pyrodruiven~** eindproduct v.d. anaerobe glycolyse en de embden-meyerhofketen en het katabolisme van verschillende aminozuren; kan na omzetting in acetyl-CoA als substraat voor de citroenzuurcyclus dienen en kan anaeroob in lactaat worden omgezet. • **retinoïne~** keratolyticum dat o.a. werkzaam is tegen acne. • **retoïne~** van retinol afgeleid zuur. • **siaal~** N-acylderivaat van neuraminezuur. • **taurochol~** conjugaat v.e. galzuur met taurine dat vrijwel geheel als galzout aanwezig is en dus beter wateroplosbaar dan het ongeconjugeerde galzuur. • **teichoïne~** celwandelement van grampositieve bacteriën, vormt een virulentiefactor. • **tetrahydrofolium~** (THF) tussenproduct i.h. foliumzuur-metabolisme. • **urine~** onoplosbaar eindproduct v.d. purinestofwisseling. • **ursodeoxychol~** galzuur, gebruikt als geneesmiddel bij de behandeling van primaire biliaire cirrose en om cholesterolgalstenen op te lossen. • **vanillylamandel~** afbraakproduct van catecholaminen, i.d. urine aantoonbaar. • **vet~** organisch zuur dat de basis v.e. vet vormt; vnl. monocarbonzuren met 2 tot 26 C-atomen; men onderscheidt vetzuren met korte, middellange en lange ketens, afhankelijk v.d. ketenlengte; onverzadigde vetzuren: vetzuren met dubbele of drievoudige bindingen i.h. molecuul; verzadigde vetzuren: zuren zonder dubbele binding. • **vitamine-A-~** keratolyticum dat o.a. werkzaam is tegen acne. • **zout~** *zie* waterstofchloride.

zuuranhydride verbinding die bronchiale hyperreactiviteit opwekt.

zuurbranden *zie* pyrose.

zuurgraad mate waarin een vloeistof zuur is.

zuursecretieremmer *zie* remmer | protonpomp~.

zuurstofaanbod zuurstofvoorziening v.e. weefsel die bij toegenomen stofwisselingsactiviteit vergroot kan worden.

zuurstofbindingskromme S-vormige curve die ontstaat wanneer de relatieve zuurstofverzadiging van hemoglobine i.e. grafiek tegen de zuurstofspanning wordt uitgezet.

zuurstofconcentratie zuurstofpercentage i.e. gasmengsel.

zuurstofconcentrator apparaat dat zuurstof uit de buitenlucht extraheert.

zuurstofgebrek *zie* hypoxie.

zuurstofgehalte relatieve hoeveelheid zuurstof i.e. vloeistof, meestal bloed.

zuurstofradicaal reactieve chemische verbinding, gevormd uit zuurstofmoleculen door o.a. geactiveerde macrofagen.

zuurstofreserve hoeveelheid zuurstof i.h. arteriële bloed die niet wordt verbruikt i.d. weefsels.

zuurstofsaturatiemeter *zie* oxymetrie | puls~.

zuurstofschuld het totaal van processen die het mogelijk maken dat zware arbeid wordt verricht zonder opname v.d. vereiste hoeveelheid zuurstof.

zuurstofspanning jargon voor arteriële zuurstofspanning i.h. bloed.

zuurstoftent stellage met wanden van transparant plastic, te plaatsen rondom het bed v.e. patiënt met dyspneu, waardoor permanent zuurstofrijke lucht beschikbaar wordt gesteld.

zuurstofutilisatie gebruik van zuurstof door weefsels.

zuurstofverzadiging fractie v.h. hemoglobine die van zuurstof is voorzien.

zwaaifase fase die deel uitmaakt v.h. looppatroon.

zwaaigang een v.d. looppatronen met krukken: twee krukken worden tegelijk naar voren gezet en beide benen zwaaien tegelijk door.

zwaardvormig xiphoideus.

zwaardvormig aanhangsel *zie* processus xiphoideus.

zwakbegaafdheid intellectueel niveau op de grens van beneden-gemiddeld en zwakzinnigheid.

zwakte|associatie~ verminderd vermogen tot associatie of meer specifiek tot associatief denken. • **detrusor~** *zie* detrusorareflexie. • **erectie~** verminderde stijfheid en dikte van penis bij erectie, waardoor i.d. meeste gevallen coïtus niet goed mogelijk is. • **lees~** *zie* dyslexie. • **spier~** *zie* myasthenie.

zwakzinnigheid aangeboren of zeer vroeg

verworven verstandelijke beperking (IQ <70) in combinatie met tekorten in of beperkingen v.h. aanpassingsgedrag op het gebied van o.a. communicatie, zelfverzorging, werk, ontspanning, gezondheid en veiligheid; NB: de voorkeursterm die artsen voor verstandelijk gehandicapten (AVG's) per 2009 hanteren, is 'verstandelijke beperking', 'verstandelijk beperkt', *niet* 'verstandelijk (ge)handicap(t)'. • **diepe** ~ zwakzinnigheid bij een IQ <20. • **ernstige** ~ zwakzinnigheid bij een IQ van 20-35. • **lichte** ~ zwakzinnigheid bij een IQ van 50-71. • **matige** ~ zwakzinnigheid bij een IQ van 35-50.

zwaluwnestschaduw schaduw op de röntgenfoto van koude abcessen langs de wervelkolom.

zwangerschap de toestand v.d. vrouw vanaf de innesteling v.e. bevrucht ei tot aan de geboorte v.h. kind. • **abdominale** ~ buitenbaarmoederlijke zwangerschap waarbij een bevrucht ei zich ergens i.d. wand v.d. vrije buikholte (heeft ingenesteld. • **aterme** ~ zwangerschap met de normale, uitgerekende duur. • **buik**~ *zie* abdominale ~. • **buitenbaarmoederlijke** ~ *zie* extra-uteriene zwangerschap. • **cervicale** ~ zwangerschap met innesteling v.h. ei i.d. cervix uteri. • **dichoriale** ~ zwangerschap waarbij het chorion zich tussen de amnionvliezen bevindt. • **ectopische** ~ 1 *zie* buitenbaarmoederlijke ~; 2 intra-uteriene ~. op een ongewone plaats, bijv. interstitieel, cervicaal, in de tubahoek. • **eierstok**~ vorm van extra-uteriene graviditeit waarbij het bevruchte ei zich i.h. ovarium heeft ingenesteld. • **eileider**~ *zie* tubaire ~. • **extra-membraneuze** ~ z. met de foetus buiten de vliezen, door onevenredigheid tussen de groei v.d. baarmoeder en die v.d. placenta, of door mislukte poging tot abortus. • **extra-uteriene** ~ *zie* extra-uteriene zwangerschap. • **fantoom** ~ *zie* ingebeelde ~. • **ingebeelde** ~ een zo sterk ontwikkelde overtuiging v.d. vrouw zwanger te zijn, dat alle zwangerschapsverschijnselen zich kunnen voordoen zonder dat zich een foetus i.d. uterus bevindt. • **interstitiële** ~ zwangerschap met innesteling v.h. ei i.h. deel v.d. eileider dat i.d. uteruswand ligt. • **meerling**~ aanwezigheid van meer dan één foetus in utero. • **pseudo**~ *zie* ingebeelde ~. • **risico**~ zwangerschap die meer risico's inhoudt voor moeder en/of kind dan een gewone zwangerschap. • **schijn**~ *zie* ingebeelde ~. • **serotiene** ~ zwangerschapsduur van 42 weken of meer na de eerste dag v.d. laatste menstruatie. • **tubaire** ~ innesteling v.h. bevruchte ei i.d. wand v.e. tuba uterina.

zwangerschapsafbreking *zie* abortus.

• **zwangerschapsonderbreking** medisch onjuist, eufemistisch synoniem van 'zwangerschapsafbreking' *zie* abortus.

zwangerschapsmasker (dermatol.) *zie* melasma gravidarum.

zwangerschapsproduct alles wat uit de bevruchte eicel voortkomt, ongeacht het stadium v.d. ontwikkeling.

zwangerschapsteken • zwangerschapsteken van Hegar samendrukbaarheid v.h. onderste uterussegment, zodat bij bimanueel onderzoek uterus en cervix los van elkaar lijken. • ~ **van Pinard** na de 16e zwangerschapsweek kan men ballottement v.h. voorliggende kindsdeel opwekken als men met een vinger i.h. voorste schedegewelf een duwtje tegen de uterus geeft.

zwarting (radiologie) verbonding tussen opvallend en doorvallend licht.

zwavel (S) element; komt o.a. voor i.d. aminozuren cysteïne en methionine.

zwavelkorrels grijswitte tot gele korrels, bestaande uit *Actinomyces*-'kolonies' en leukocyten, die men in pus van actinomycesinfecties kan aantreffen.

Zweedse band *zie* onrustband.

zweepdraad *zie* flagel.

zweepslag *zie* zweepslagkwetsuur.

zweepslagkwetsuur spierscheur, meestal i.d. kuit of i.h. bovenbeen.

zweer oppervlaktedefect, dieper reikend dan epidermis of slijmvlies, ontstaan door verval van weefsel, en met weinig neiging tot genezing. • **bloed**~ *zie* steenpuist. • **chiclero**~ goedaardige, spontaan genezende cutane leishmaniosis Mexicana op oorschelp. • **chromaat**~ hardnekkige zweer, vooral aan het neustussenschot, bij arbeiders in fabrieken waar veel met chromaten wordt gewerkt. • **clarke**~ ulcus corrodens v.d. portio vaginalis bij oude vrouwen. • **duodenum**~ *zie* ulcus duodeni. • **maag**~ *zie* ulcus pepticum. • **malabar**~ *zie* ulcus tropicum. • **oosterse** ~ *zie* leishmaniasis cutanea. • **pijp**~ *zie* fistel. • **torpide** ~ atonische, slappe zweer. • **tropische** ~ *zie* ulcus tropi-

cum. • **woestijn**~ zweer, vooral aan de benen, vrijwel uitsl. veroorzaakt door streptokokken. • ~ **van Fede-Riga** zie federigazweer.
zweet het product v.d. zweetklieren. • **doods**~ zie reeuw. • **lijken**~ zie reeuw. • **nacht**~ 's nachts zodanig zweten dat wisseling van pyama/beddengoed noodzakelijk kan zijn.
zweetafscheiding zie diaforese.
zweetklierontsteking zie hidradenitis.
zwelling nota bene: 'tumor' wordt doorgaans gebruikt voor 'gezwel' zie tumor. • **troebele** ~ zwelling van protoplasma dat daarbij troebel wordt, een teken van degeneratie of afsterven v.d. cel. • ~ **van Passavant** zie passavantzwelling.
zwellingvermindering zie congestie | de~.
zwembadlupus zie granuloom | zwembad~.
zwemergometer klein zwembad waar water met een regelbare snelheid door wordt gepompt en waarin het mogelijk is tijdens het zwemmen bijv. de zuurstofopname te bepalen.
zwerfdrang bij tijden opkomende, onbedwingbare drang tot het ontvluchten v.d. eigen omgeving.
zweten het uitscheiden v.e. waterige afscheiding door grote delen v.h. huidoppervlak ten behoeve v.d. warmteafgifte. • **decolleté**~ sterke transpiratie boven het niveau v.d. thoracale dermatomen als teken van letsel ter hoogte v.d. pontomesencefale overgang.
zwever zie mouches volantes.
zwezerik zie thymus.
zwijgplicht plicht tot verzwijging door de arts tegenover derden van kennis die deze bij de uitoefening van haar/zijn beroep heeft verkregen.
zwoerd littekenachtige bindweefselstreng of -plaat. • **pleura**~ verdikking v.d. pleura door fibrineafzetting of bindweefselvermeerdering.
zwoerdvorming verbindweefseling van sereuze vliezen na een ontsteking.
zygodactylie aaneengroeiing van vingers of tenen.
zygoma jukboog.

zygomaticus m.b.t. het jukbeen; vb. arcus zygomaticus, regio zygomatica, os zygomaticum.
Zygomycetes klasse van schimmels met seksuele en aseksuele reproductie.
zygoot 1 (embryol./gynaecol./celbiologie:) cel die is ontstaan uit de versmelting van twee gameten; **2** (genetica:) individu dat is ontstaan uit de conjugatie van twee gameten.
zygose geslachtelijke vereniging van twee eencelligen.
zygoteen stadium van meiose 1 waarin de chromosomen iets dikker worden en de paring v.d. homologen begint.
zygote intrafallopian transfer (ZIFT) [E] het na IVF inbrengen v.d. bevruchte eicel i.d. tuba m.b.v. een laparoscoop.
zymase 1 een enzym; **2** perssap van gistcellen, dat suiker ontleedt tot kooldioxide en alcohol (Buchner).
zymodeem term voor micro-organismenstam die alleen in iso-enzymstructuur v.e. andere stam verschilt.
zymofoor receptor, de groep atomen i.h. molecuul v.e. enzym, die het specifieke enzym-effect teweegbrengen.
zymogeen inactief voorstadium v.e. enzym.
zymogenesis de vorming v.e. enzym uit een zymogeen.
zymografie elektroforetische scheiding van enzymatisch werkzame componenten.
zymogram de bij zymografie verkregen grafiek.
zymohydrolysis zie zymolysis.
zymolysis ontleding, fermentatie of vertering door enzymwerking.
Zymonema dermatitidis zie Blastomyces dermatitidis.
zymoplastisch enzym-vormend.
zymosis 1 enzymwerking; **2** een door micro-organismen teweeggebrachte infectieziekte. • ~ **gastrica** vorming van organische zuren i.d. maag, door gistwerking.
zymostheen enzymwerking-bevorderend.
zymotisch m.b.t. zymosis; vb. zymotische ziekte (= zymosis).
zymotoxische groep de groep v.e. complement die zich met antigeen bindt.

Pinkhof Medische spellingcontrole

auteur: Arnoud van den Eerenbeemt
redacteur *Pinkhof Geneeskundig woordenboek*

- voor Microsoft Office 2007 en eerdere versies
- voegt 170.000 medische termen aan spellinglijst toe
- met nieuwe spelling
- nieuwe anatomische naamgeving: *Terminologia Anatomica*
- tienduizenden opzoekbare Latijnse woordgroepen
- handig zoekscherm

ISBN 978 90 313 6153 3

www.bsl.nl

Deze invoegtoepassing voor Microsoft Office controleert Nederlandstalige documenten op spelfouten in medische vaktermen.

Een onmisbaar instrument voor
professionele medische communicatie!

probeerversie, product-
en prijsinformatie op **www.pinkhof.nl**

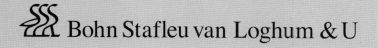

Verkrijgbaar bij boekhandel en op www.bsl.nl

Pinkhof Medisch Engels

KWiC-Web taaltrainer en vakwoordenboek voor onderwijs en onderzoek

Michael & Ingrid Friedbichler

vertaler: Arnoud van den Eerenbeemt, redacteur *Pinkhof Geneeskundig woordenboek*

- vertaalwoordenboek met ruim 100.000 medische vaktermen
- twee zoekrichtingen: Engels-Nederlands en Nederlands-Engels
- Amerikaans Engels en Brits Engels
- praktische zinswendingen voor op de werkvloer
- boek- en pc-editie

ISBN 978 90 313 7722 0

www.bsl.nl

Pinkhof Medisch Engels vertaalt medische sleutelbegrippen in het Engels, verklaart ze en plaatst ze in hun gangbare Engelstalige context door vele voorbeeldzinnen en woordverbindingen.

Als Nederlandstalige student, onderzoeker of docent vindt u in *Pinkhof Medisch Engels* moeiteloos de geschiktste vertaling voor uw Engelstalige artikel, verslag of brief dankzij twee zoekregisters, vele voorbeelden en heldere begripsomschrijvingen. Bovendien maakt u zich de Engelse medische vaktaal spelenderwijs eigen.

boekeditie | pc-editie (download, cd-rom, netwerkeditie)

download voorbeeld-pdf (60 boekblz.) en
gratis pc-probeerversie op www.pinkhof.nl

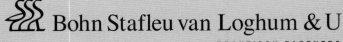

PRAKTISCH PARTNERS